アジア・太平洋戦争辞典

吉田　裕・森　武麿
伊香俊哉・高岡裕之【編】

吉川弘文館

戦時下のポスター

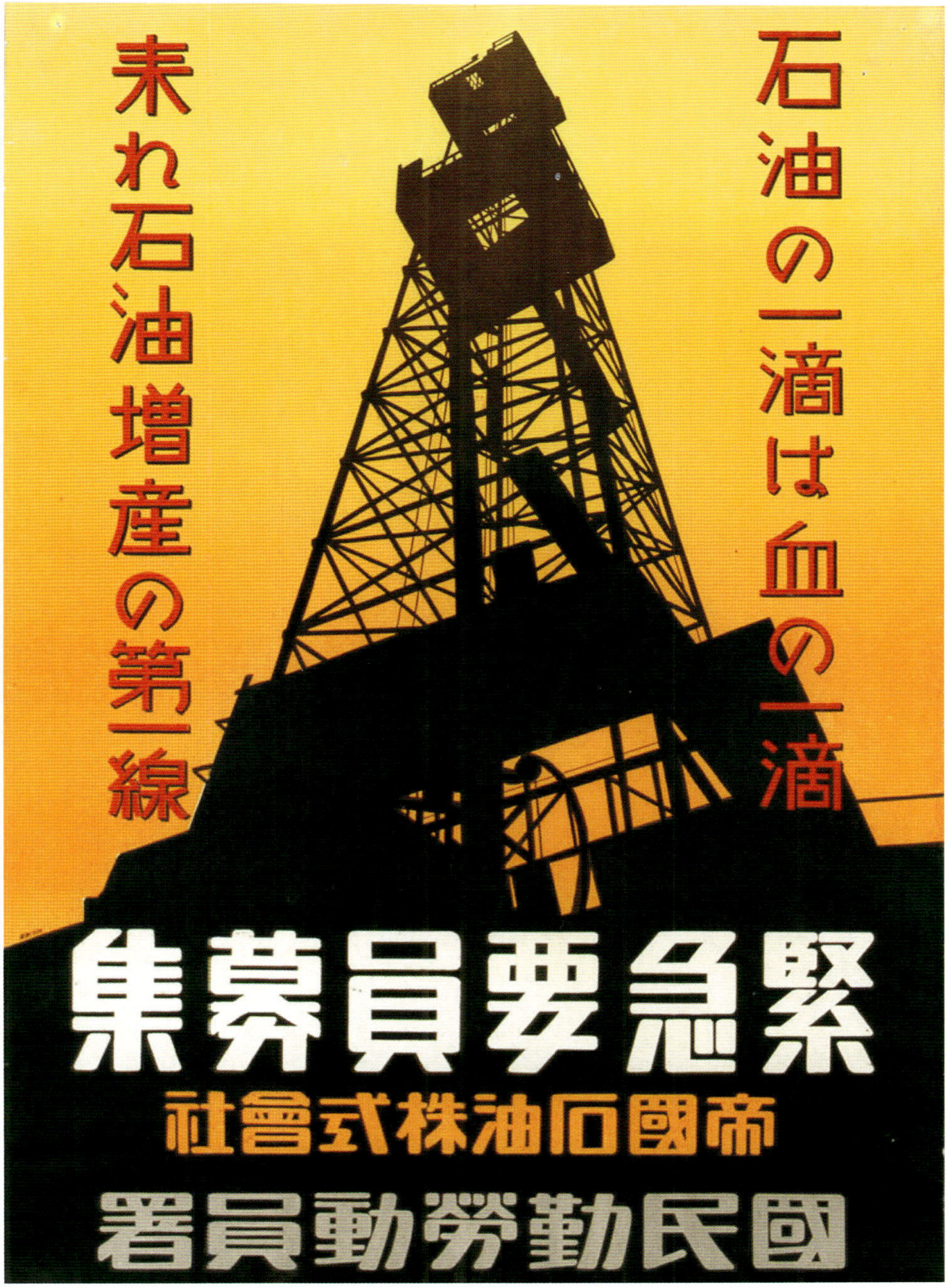

1　石油の一滴は血の一滴　1944年頃　国民勤労動員署　昭和館所蔵　1941年７月23日，日本の南部仏印進駐の断行に対して，米英蘭は７月26日から対日資産凍結と石油の全面禁輸で応えた．このため12月８日，日本は米英開戦後，インドネシア占領によって原油を確保しようとした．

2　百億貯蓄は保険から　1939年頃　大同生命　昭和館所蔵　1938年６月，政府は国民精神総動員運動として貯蓄報国強調週間を設定した．軍拡財政を支えるための国債の消化を目標とした．政府の呼びかけに呼応して民間金融機関，保険会社はポスター・立看板・懸垂幕・新聞を通して預金奨励を進めた．

3　日本中ノヨイコドモガ毎日一銭ヅツ貯蓄スレバ一年四百余機ノセントウ機ガツクレマス　1944年　大蔵省・文部省・大日本青少年団　昭和館所蔵　1942年６月に大政翼賛会の戦時貯蓄動員本部が設置されて，国民貯蓄増強方策が立てられて，大蔵省主導のもとに国民すみずみまで貯蓄増強運動を展開した．特に文部省では大日本青少年団を動員して子供たちにまで貯金を強制して戦時国債消化の役割を担わせた．

4　大満洲帝国万歳　奉天承運軍民共仰　満洲国軍政部　南部町祐生出会いの館所蔵　1932年3月，日本の関東軍の強い影響の下に「満洲国」建国が宣言された．元首として満洲国執政（のちに皇帝）に清朝最後の皇帝愛新覚羅溥儀がついた．中国から独立した国家であると宣言したが，全て関東軍が作りあげたシナリオである．

5　大陸日本　築け若人　1938年　満洲移住協会　舞鶴引揚記念館所蔵　1938年1月に満洲国支配の安定化のために，14歳から19歳の農家の次三男を「満蒙開拓青少年義勇軍」として募集し，武装移民として満洲国に送りこんだ．ソ満国境の軍事的要衝に送られて，敗戦前後に多数の戦死者を出した．

6　南方共栄圏資源地図　1942年　コロムビアレコード　昭和館所蔵　1941年12月のアジア・太平洋戦争開戦による南方資源確保と資源開発は，日本軍の戦略的課題となった．これはコロムビアレコードが1942年に発売した「大東亜決戦の歌」などを所収したレコードのポスターで，大東亜共栄圏の資源を書きこんだものである．

7　国民総決起　1944年　大政翼賛会・翼賛政治会　昭和館所蔵　1944年３月から大政翼賛会・翼賛政治会は国民総決起運動を展開した．女性から子供まで全ての国民が戦争に動員される状況となった．都市部で食糧増産に励む女性の姿を描くポスターは，食糧危機の深刻さを表し戦争の終末を予感させる．

8　疎開　空襲必至　1944年　防空総本部・大日本防空協会　昭和館所蔵　1942年４月のドゥーリトル隊の日本初空襲以後，44年11月から本格的な空襲が始まる．中島飛行機，三菱飛行機工場などの軍需工場，大都市への空襲が敗戦まで続く．43年暮からは空襲対策として疎開が始まり，44年春からは学童や老人の疎開が奨励される．

戦争画

1　阿部合成「見送る人々」 1938年　137.4×165.6cm　兵庫県立美術館所蔵　出征兵士を見送る人々の群れが，声を限りに叫ぶ人，うなだれて立ち去る人を交え画面いっぱいにとらえられている．当初，戦争画として二科展に発表された本作は，掲載誌を目にした一外交官の批判により一転反戦画の烙印を押され，作者は官憲にマークされることになった．

２　鶴田吾郎「神兵パレンバンに降下す」　1942年　194.0×255.0cm　東京国立近代美術館所蔵（無期限貸与作品）　1942年末の第１回大東亜戦争美術展の出品作．陸軍の委嘱で南方に従軍した作者は，当時の流行歌にも歌われたスマトラ島パレンバン油田地帯への落下傘降下作戦を描いた．その画面は緒戦の勝利にも後押しされてか，爽やかなまでに明るい．

３　川端龍子「水雷神」　1944年　243.8×482.4cm　大田区立龍子記念館所蔵　作者みずからの構想による戦争画連作「南方篇」の第３作．熱帯魚の群れる海中を３人の鬼神に担がれた魚雷が突き進む．「この武器の神格化を想念」したという作者の言葉通り，魚雷の先端部は密教で用いる法具の「金剛杵」にかたどられている．

4　藤田嗣治「アッツ島玉砕」 1943年　193.5×259.5cm　東京国立近代美術館所蔵(無期限貸与作品)　描かれているのは1943年５月にアリューシャン列島アッツ島で起きた「日本軍初」の玉砕の場面．作者が自発的に手がけたこの作品は，陰惨な敗北の主題にもかかわらず，あたかも殉教者を描いた宗教画のように人々から拝まれ，否定的な反応は見られなかった．

5　横山大観「南溟の夜」 1944年　81.5×90.0cm　東京国立近代美術館所蔵(無期限貸与作品)　戦艦献納芸術院会員美術展の出品作．日本画家の多くは戦闘そのものよりも，他の象徴的な景物に託して時局を表すやり方を好んだ．日本美術報国会の会長として画壇をリードした作者も例にもれず，南方の島を押し包む夜のとばりにことよせて逼迫する戦況への思いを描き出している．

6　北川民次「鉛の兵隊(銃後の少女)」 1939年　54.7×70.0cm　個人蔵　1939年の第1回聖戦美術展出品作．だが，青い目の人形を背負った日本人の少女が玩具の兵隊をもてあそぶ画面からは単純な戦争協力の意図は読み取れない．日中開戦の直前まで長く北米，メキシコで過ごした作者が祖国の戦いに抱いていた，複雑な感情を思わせる作品でもある．

体験者が描いた戦争

1　東京大空襲　市川浩「奥州街道を埋めた被災者の長い列」 すみだ郷土文化資料館所蔵　1945年3月10日の東京大空襲では，1665トンの焼夷弾が投下され，26万8000戸，100万をこえる人々が被災した．この絵は，3月11日，奥州街道を通り栃木県に向かう被災者の長い列を描いたものである．

2　沖縄戦　上間信治「赤ちゃんを泣かすな！」沖縄県平和祈念資料館所蔵　住民たちが潜んでいた壕に米軍が近づいてくると，避難民の男が「赤ちゃんを泣かすな」と，赤ん坊を抱いていた母親を責め立てた．母親は，やむなく子供の口を手でふさいだ．当時８歳だった上間さんの作品．

3　広島原爆　菅葉子「縮景園北側の川岸」広島平和記念資料館所蔵　被爆後，歴史のある庭園，縮景園には，多くの被災者が避難してきた．ところが，縮景園の森も燃え始めたため，火に追われるようにして，人々は京橋川を渡ろうとした．川岸の惨状を描いた作品である．

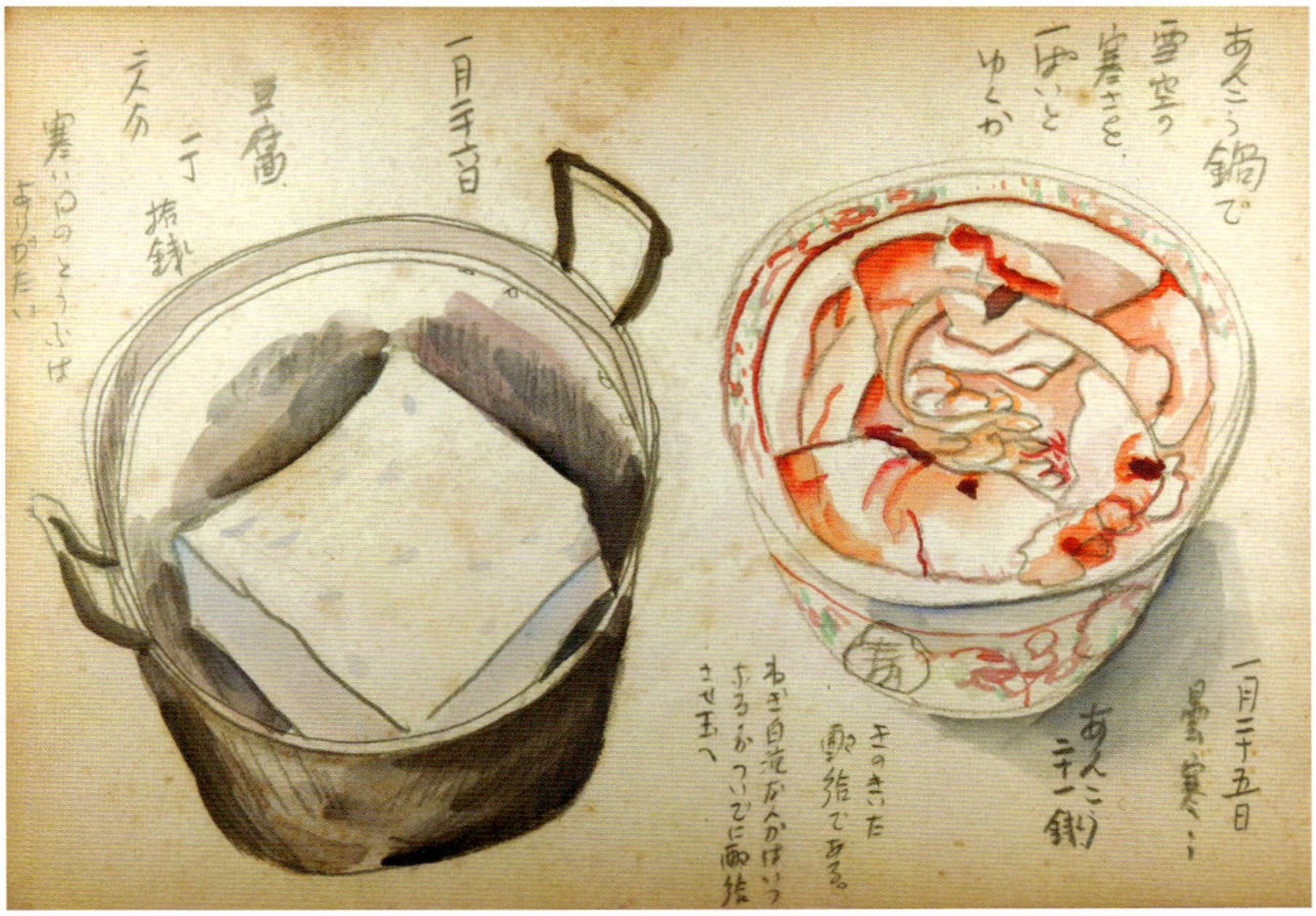

4　配給物の記録　小泉癸巳男『配給物絵日記』第１冊（1944年）より　昭和館所蔵
小泉は，版画家で風景画を得意とした．1944年から1945年初めにかけて，スケッチブック４冊に，配給の日付・品目・数量・値段などを克明に記録するとともに，水彩で主な配給品の挿絵を描いている．

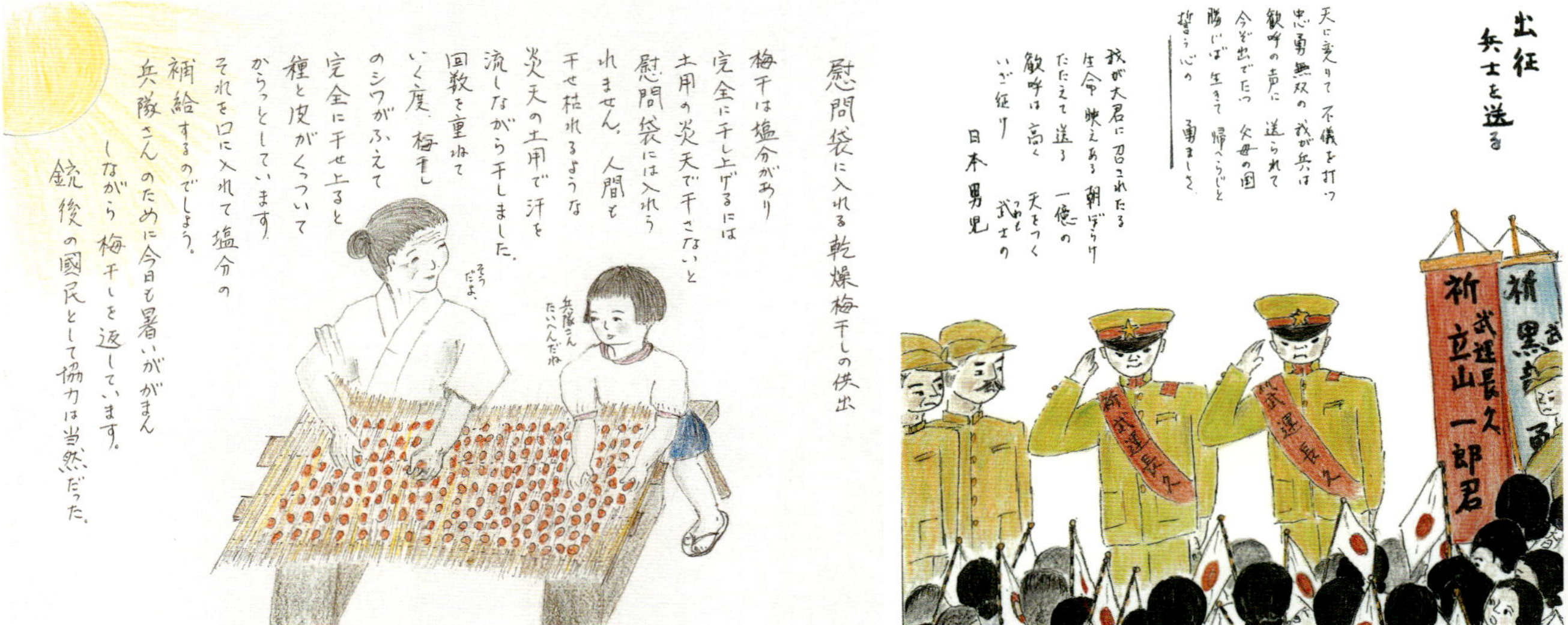

5　銃後の生活　酒井キミ子「出征兵士を送る」「慰問袋に入れる乾燥梅干しの供出」『戦争していた国のおらが里』（2012年，桂書房）より　酒井さんは，1928年に富山県に生まれた．退職後の1993年頃から，子供のころの村の生活を，色鉛筆やクレヨンで描き始めたという．450枚をこえる絵には，会話や説明が書き添えられている．戦時下の農村を描いた貴重な記録である．

6　シベリア抑留　川口光治「坑内切羽」 平和祈念展示資料館所蔵　シベリア各地の収容所で，ソ連は劣悪な環境のもとで苛酷な労働を旧日本軍将兵に強制した．抑留中の死亡者は８万人を超えるとも言われている．「切羽(せっぱ)」とは炭鉱や鉱山における採掘作業などの現場のことである．

戦争遺跡

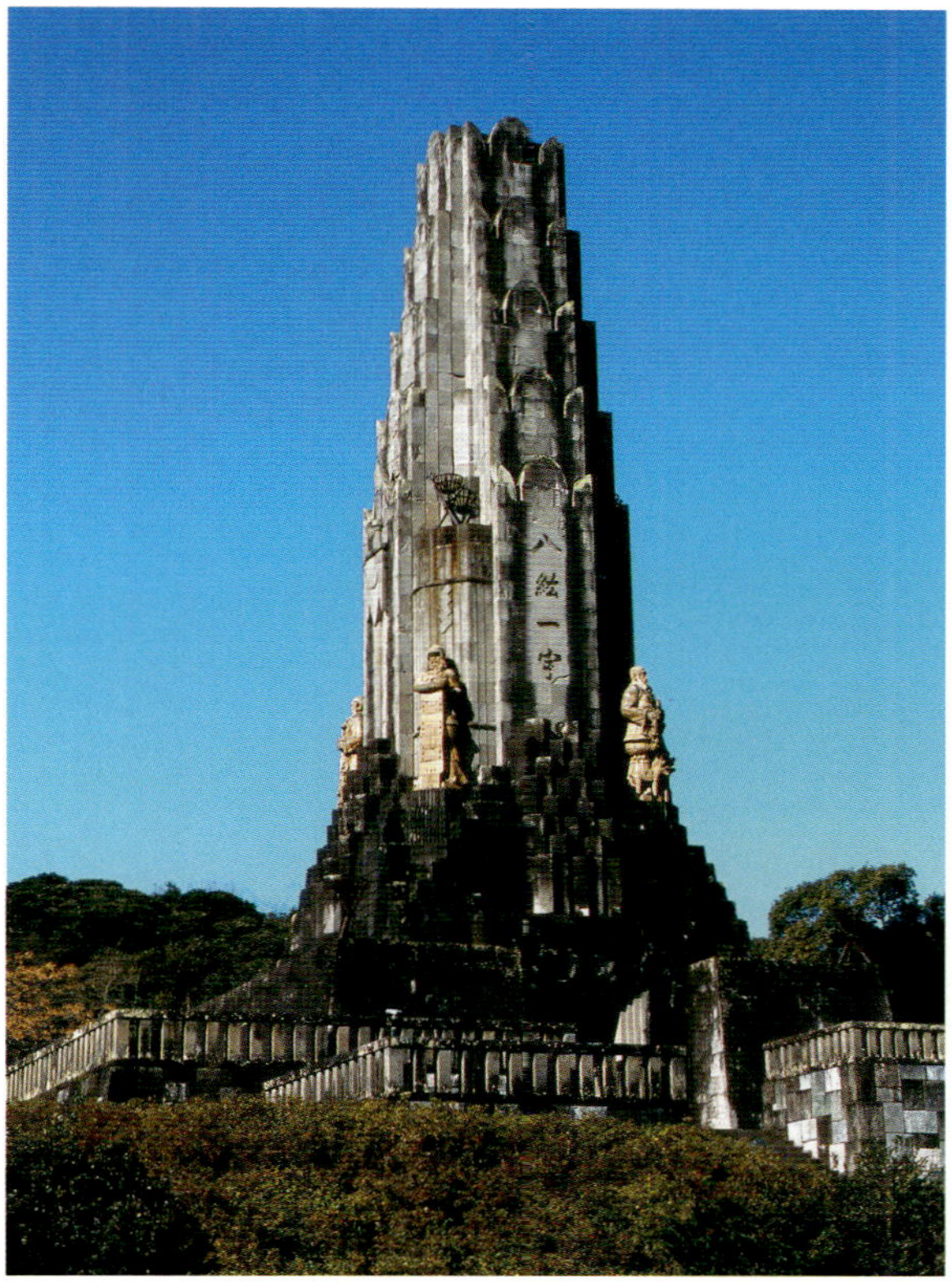

1　八紘一宇の塔　宮崎県宮崎市　安島太佳由撮影　1940年，宮崎県が「紀元2600年」を記念して建設した塔．正式名称は「八紘之基柱(あめつちのもとはしら)」．土台部分は，国内各地や海外の日本人会から寄贈された切石でつくられている．戦後は「平和の塔」と改称．

2　原爆ドーム　広島県広島市　もともとは，爆心地の近くにあった広島県産業奨励館のドーム．広島の原爆被害を象徴する建物として，1966年に市議会が永久保存を決定し，補強工事が行われた．1996年には，ユネスコの世界文化遺産に登録されている．

3　東寧要塞　中国黒龍江省　安島太佳由撮影　対ソ戦に備えて，満洲国の国境地帯に建設された要塞群の一つ．ソ連参戦時には，南方などへの兵力の転用によって，国境守備隊の兵力は大きく減少していたが，東寧要塞では1945年8月末まで激戦が続いた．

4　七三一部隊ボイラー跡　中国黒龍江省　安島太佳由撮影　七三一部隊は，密かに細菌戦兵器の開発・実験にあたっていた関東軍防疫給水部の秘匿名．ソ連参戦後，関東軍は証拠隠滅のため，資料を焼却し関連施設を破壊した．跡地にはボイラーの壁や煙突などが残されている．

5　戦地に残る米軍の戦車　北マリアナ諸島サイパン島　安島太佳由撮影　1944年７月，米軍の攻撃によって，サイパン島の日本軍守備隊が全滅した．このサイパン島をめぐる攻防戦では，約１万人の日本人民間人が死亡し，多数の民間人が戦闘に巻きこまれた最初の戦闘となった．

6　松代大本営象山地下壕跡
長野県長野市　安島太佳由撮影
本土決戦に備えて，日本政府と陸海軍は，松代に巨大な地下壕の建設を開始した．大本営や天皇を松代に移して，あくまで徹底抗戦を続けるためである．しかし，造営工事が完成する前に，日本は敗戦の日を迎えることになった．

7　日立航空機立川工場変電所跡
東京都東大和市　安島太佳由撮影
戦闘機のエンジンを製造していた立川工場は，３回にわたる米軍の空襲をうけ壊滅した．破壊を免れた変電所の建物には，機銃掃射による生々しい弾痕が残されている．現在は東大和市の文化財に指定されている．

8　「回天」発射訓練基地跡
山口県周南市　安島太佳由撮影
周南市大津島には，人間魚雷「回天」の発射訓練基地が設けられ，多くの隊員がここで訓練を受けた．「回天」は，魚雷を改造した一人乗りの特攻兵器である．現在，同島には市立の回天記念館が開設されている．

序

アジア・太平洋戦争の敗戦から今年で七〇年。戦争体験世代や軍隊経験者の急速な減少、戦友会や軍人関係団体などのあいつぐ解散に象徴されるように、一つのまとまりを持った時代が確実に終わりを告げようとしている。戦争体験を有する世代が総人口に占める割合は、すでに一割を切ったと推定される。そのことは、直接の記憶や体験に裏打ちされた歴史教育や歴史研究が、従来のような有効性を持ち得なくなる時代が到来したことを意味している。

その一方で、かつての戦争の性格や植民地支配の歴史をどのように評価するのか、という歴史認識上の問題が、一九八〇年代以降、東アジアにおける国際関係の上で、大きな争点となっている。一九八二年の教科書検定の国際問題化に始まり、首相の靖国神社参拝問題、「慰安婦」や強制連行問題をはじめとする戦後補償要求、さらには、教科書叙述のあり方をめぐる批判など、アジア諸国からの対日批判は厳しさを増すばかりである。こうした批判に対して、日本国内ではかつてない規模の反中・反韓感情が台頭してきている。冷戦によって、先送りにされてきた戦争責任や戦後処理の問題が国際関係上の不安定要因となり、日中間・日韓間でナショナリズムの負のスパイラル現象が深刻化する可能性すら生じているのである。また、比較的安定している日米関係においても、繰り返し論壇をにぎわす「東京裁判史観」の克服論、「ローズヴェルトの陰謀論」、あるいは、「バタアン死の行進」に代表される日本軍による戦争犯罪や「慰安婦」問題に対する対日批判など、歴史認識をめぐる摩擦や相克は決して少なくない。重要なことは、歴史認識の問題は、日本とアジア、日本とアメリカとの間だけの問題では決してないということである。かつての戦争を侵略戦争とみるか否か、侵略戦争と植民地支配の歴史に対して、日本国内の世論にも鋭い亀裂がみられる。

他方でアジア・太平洋戦争の研究状況に目を転じてみると、新しい研究状況が生まれつつある。特に、一九九〇年代に入る頃から、広い意味での軍事史研究が大きな進展をみせたことは注目に値する。戦後の歴史研究の中にあって、狭い意味での軍事史研究を担ってきたのは主として自衛隊・旧軍関係者だった。しかし、一九九〇年以降、戦後生まれの世代の研究者を中心にして、戦争や軍隊を、地域史、民衆史、社会史の文脈からとらえ直そうとする研究が活性化してきた。また、近年、戦時文化史、戦時思想史の研究が大きな進展をみせたことも、もう一つの大きな変化として指摘できるだろう。それも、頂点的な思想家や文化人に関する研究だけではなく、民衆思想史、民衆文化史にかかわる研究が急速に厚みを増しつつある。さらに、軍事史研究にしても、文化史、思想史研究にしても、戦中・戦後の断絶面だけでなく、戦中・戦後の連続面にも目を向けている点に大きな特徴がある。

本辞典では、国際関係史、外交史、政治史、経済史、民衆史、社会史、女性史、軍事史などの最新の到達点を正確に踏まえるとともに、こうした新たな研究潮流を積極的に取り入れることを重視した。また、戦争体験世代の減少という事態に配慮して、今や死語となってしまった「軍隊生活用語」のようなものもできるだけ収録するよう留意した。くわえて、戦争を、日米戦争を中心に考えるのではなく、中国戦線や東南アジアとの関係、ヨーロッパの戦局との関係にも意を用いた。この辞典が、研究者だけではなく、学校教育の現場などで幅広く利用され、今を生きる私たちが、「あの戦争は何だったのか」とあらためて問い直すための礎石となることを願ってやまない。

二〇一五年八月

吉田裕
森武麿
伊香俊哉
高岡裕之

編集

吉田裕（一橋大学教授）
森武麿（神奈川大学教授）
伊香俊哉（都留文科大学教授）
高岡裕之（関西学院大学教授）

協力

安達宏昭
春日豊
河田明久
昆野伸幸
戸邉秀明
奈須恵子

執筆者

相澤淳　相庭和彦　青井哲人　青木哲夫　赤澤史朗　浅井良夫　麻島昭一　安達宏昭　阿部浩己　荒敬　粟津賢太　粟屋憲太郎　庵逧由香　井口治夫　池川玲子　池田浩士　伊香俊哉　石島紀之　石田勇治　石原豪　一ノ瀬俊也　市原博　伊藤淳史　伊藤悟　伊藤正直　井上祐子　井上義和　今井修　今泉裕美子　井村哲郎

岩崎正弥　岩本憲児　殷燕軍　丑木幸男　宇田川幸大　宇田川勝　内田尚孝　内山史子　内海愛子　梅野正信　榎一江　永廣顕　遠藤美幸　遠藤芳信　大門正克　大澤聡　大塩武　太田久元　大谷栄一　太田原準　大塚桂　大庭大輝　大淀昇一　岡佑哉　岡部桂史　岡本拓司　小川正人　荻野富士夫　荻野喜弘　小澤考人

小田部雄次　大日方悦夫　大日方純夫　折井美耶子　神子島健　笠井雅直　笠原十九司　柏木一朗　春日豊　加瀬和俊　加藤厚子　加藤公一　加藤哲郎　加藤祐介　金子文夫　金子牧　上田誠二　川内淳史　川上裕子　川崎賢子　川島高峰　河島真　河田明久　川田稔　河西晃祐　河西英通　河西秀哉　官田光史　菊池一隆　北河賢三

北澤満　吉川容　木畑洋一　木村元　木村玲欧　吉良智子　国武雅子　神代健彦　倉沢愛子　栗田尚弥　栗原俊雄　榑松かほる　黒川みどり　黒沢文貴　黒瀬郁二　郡司淳　剣持久木　小池聖一　小磯隆広　纐纈厚　小沢節子　小谷賢　後藤致人　小林正彬　小林元裕　小堀聡　小山亮　近藤昭二　近藤正己　昆野伸幸

齋藤一晴　齋藤憲　齋藤義朗　佐賀朝　坂上康博　坂口太助　迫内祐司　佐々木啓　佐々木浩雄　佐藤宏治　佐藤卓己　佐藤広美　佐藤政則　里見脩　沢井実　塩崎弘明　塩出環　篠原初枝　四宮俊之　芝健介　柴田陽一　柴野均　清水正義　清水康幸　下谷政弘　白川哲夫　白木沢旭児　白山眞理　杉山裕　須崎慎一

鈴木晃仁
鈴木多聞
鈴木勇一郎
須永徳武
関口哲矢
瀬畑源
高岡裕之
高田馨里
高野邦夫
高橋禎雄
高橋泰隆
高橋陽一
高原秀介
竹内栄美子
竹内祐介
武田知己
田中利幸
田中宏
田中宏巳
田中隆一
多仁安代
玉井金五
千地健太
茶谷誠一
長木誠司
塚田穂高
土田哲夫
土田宏成
土持法一
坪井秀人
都留俊太郎

鶴見太郎
手嶋泰伸
手塚雄太
等松春夫
戸塚悦朗
戸ノ下達也
戸邉秀明
冨井正憲
富田武
豊田雅幸
永井均
永江雅和
中生勝美
長崎暢子
長島修
長嶋圭哉
中園裕
長妻三佐雄
中野良
中村江里
中村崇高
中村元
西澤泰彦
沼尻晃伸
根本敬
萩原稔
長谷正人
長谷川信
長谷川雄一
長谷川亮一
波田永実

畑中健二
服部聡
服部龍二
早川大介
早川紀代
林英一
林博史
林美和
原不二夫
原田敬一
半澤健市
疋田康行
樋口雄一
平井一臣
平川均
平瀬礼太
平野敬和
廣川和花
福家崇洋
藤原辰史
古川隆久
古田元夫
細谷亨
堀田慎一郎
邊英治
本庄十喜
前田一男
前田哲男
前田寿紀
松井慎一郎
松浦正孝

松田英里
松原洋子
松村高夫
松本俊郎
三木理史
水沢光
源川真希
三宅明正
三輪泰史
村上勝彦
村嶋英治
森茂樹
森武麿
盛田良治
森山優
谷ヶ城秀吉
矢島桂
柳沢遊
柳澤治
矢野久
山口浩志
山口由等
山崎志郎
山田朗
山田恵吾
山辺昌彦
山本公徳
山本唯人
山本智之
山本裕
山本礼子

横島公司
横関至
芳井研一
吉川圭太
吉田則昭
吉田悠樹彦
吉田裕
吉田律人
吉長真子
吉原潤
吉本宙矢
米田俊彦
米谷匡史
米原謙
劉傑
鹿錫俊
和田一夫
渡辺治
渡辺和靖
渡辺純子
渡哲郎

*　　*　　*

凡例

項目

一　本辞典は、一九四一年十二月八日に開始されたアジア・太平洋戦争期を中心として、満洲事変前後から戦後処理に関わる歴史事象を項目として採録した。

二　一つの項目で、別の呼称や読みのある場合は、適宜その一つを選んで見出しを立て、他は必要に応じてカラ見出しを設けた。

三　関連する項目は、適宜その一つを選んで見出しを立て、まとめて記述した場合もある。

四　見出しは、かな見出し、本見出しの順に示した。

1　かな見出し

イ　現代かなづかいによるひらがな書きとした。

ロ　原則として、外国語・外来語はカタカナ書きとし、原語の読みに近いように表記した。長音は長音符号(ー)を用いた。

ハ　本見出しがカタカナ書きのものは、かな見出しもカタカナ書きとした。

ニ　原則として「日本」は「にほん」、「大日本」は「だいにっぽん」とした。

ホ　欧米人名は、ファミリー＝ネームで表記した。

ヘ　中国の人名は、日本の漢字音によるひらがな書きとした。

ト　朝鮮の人名は、原語発音によるカタカナ書きとした。

チ　その他漢字圏以外のアジアの人名は、現地の一般的表記によった。

2　本見出し

イ　日本読みのものは、漢字とひらがなおよびカタカナを用いた。

ロ　外国語・外来語はカタカナ書きが慣用されているものを除き原語の綴りを用いた。

ハ　日本語と外国語・外来語を合成したものは、外国語・外来語の部分をカタカナ書きとした。

ニ　欧米人名は、パーソナル＝ネーム、ファミリー＝ネームの順に示した。

ホ　中国の人名は、本見出しの後に原語のローマ字綴り(ピン音)を付記した。

配列

一　かな見出しの五十音順とした。清音・濁音・半濁音の順とし、また、促音・拗音も音順に加えた。長音符号(ー)はその前の語の母音をくり返すものとみなして配列した。

二　かな見出しが同じ場合は、本見出しの字数・画数、アルファベットの綴りの順とした。

三　かな見出し・本見出しが同じ場合は、(一)(二)を冠して一項目にまとめた。

記述

一　文体・用字

1 記述は、平易簡潔な文章を心がけ、敬語・敬称の使用は避けた。
2 漢字は、原則新字体を用い、歴史用語・引用史料などのほかは、なるべく常用漢字で記述した。なお、「満州」「満洲」の表記は後者を用い、「聯隊」は「連隊」と表記するなどの統一を図った。
3 史料名や引用史料中のカタカナはひらがなに改めた。
4 数字は、漢数字を使用し、十・百・千・万などの単位語を付けた。ただし、西暦、西洋の度量衡、百分比、文献の編・巻・号などは単位語を省略し、桁数が多い時は、万以上の単位語を付けた。壱・弐・参・拾・廿などの数字は、引用文などのほかには使用しなかった。横書きの場合は、アラビア数字を用いた。

二 年次・年号

1 年次表記は原則として西暦を用い、上二桁を適宜省略した。
2 太陽暦採用(明治五年、一八七二年)以前の年月日はグレゴリオ暦で表記し、( )内に和暦を示した。

三 一九四九年以前に没した日本人、および中国人・朝鮮人の年齢はかぞえ年齢とし、そのほかは満年齢で示した。

四 記述の最後に、基本的な参考文献となる著書・論文・史料集をあげ、発行年、発行所を示し、研究の便を図った。

五 項目の最後に、執筆者名を( )内に記した。

六 記号

〔 〕 小見出しをかこむ。

『 』 書籍・雑誌・叢書・映画などの題名をかこむ。

「 」 引用文または引用語句、特に強調する語句、および論文・歌曲・絵画の題名などをかこむ。

( ) 注をかこむ。角書・割注も一行にして、( )でかこむ。

⇩ カラ見出し項目について、参照すべき項目を示す。
→ 参考となる関連項目を示す。
・ 並列点および小数点に用いる。
＝ 原語の二語連形をカタカナ書きにする時に用いる。ただし、日本語として熟し切っていると思われるものは省略する。
例 ダグラス＝マッカーサー、ニューヨーク

函 写真
表 (上から時計回りに)
焼夷弾を投下するB29 アメリカ国立公文書記録管理局所蔵
『写真週報』第一五二号(一九四一年一月二十二日)
「四月十三日、燃える新宿の町」(須崎八郎画) すみだ郷土文化資料館所蔵
ポスター「まづ健康まづ兵役」(一九三五年頃、日本国防協会) 昭和館所蔵
裏 平和祈念像 長崎原爆資料館提供

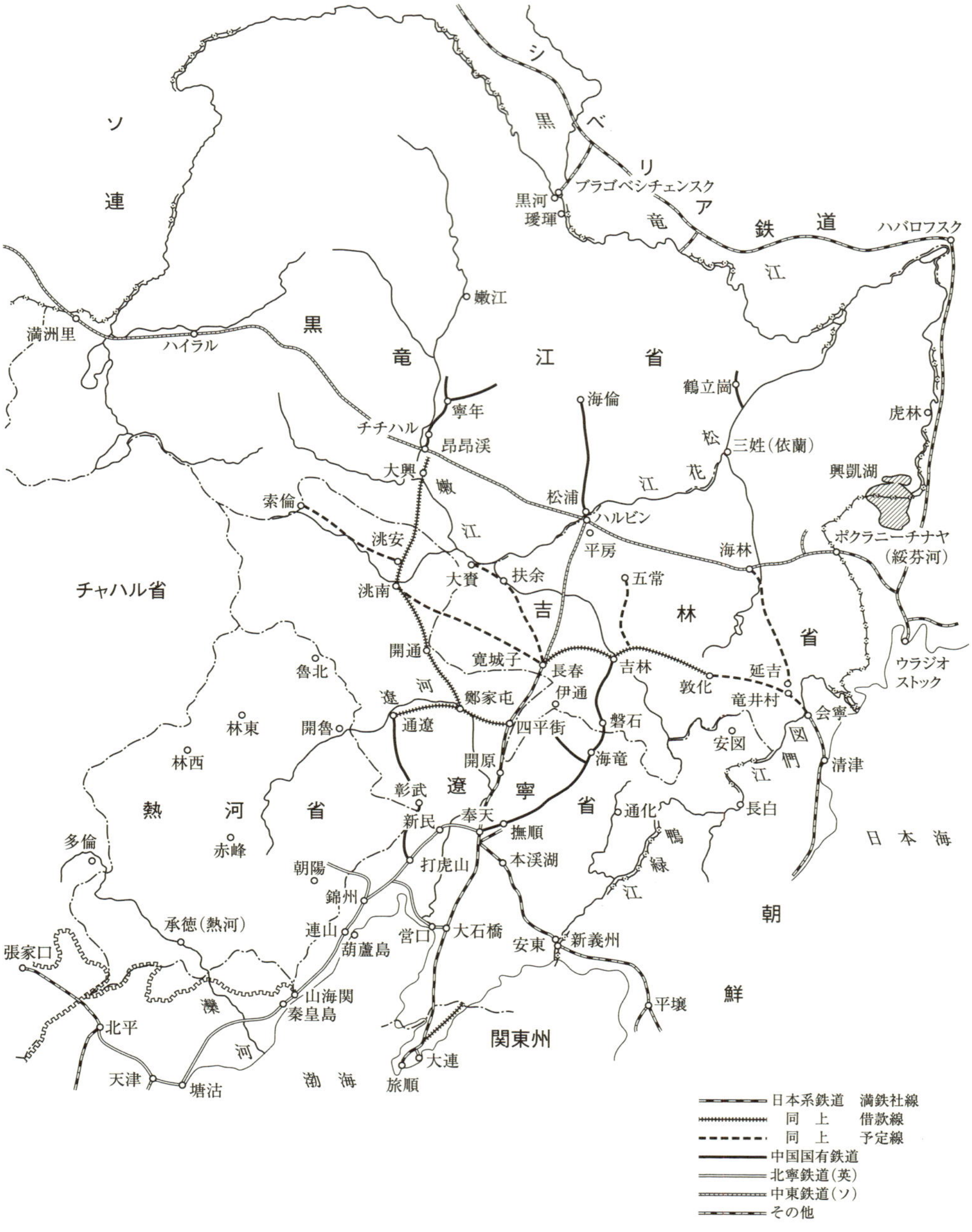

満洲事変関係地図（江口圭一『十五年戦争小史（新版）』1991，青木書店より）

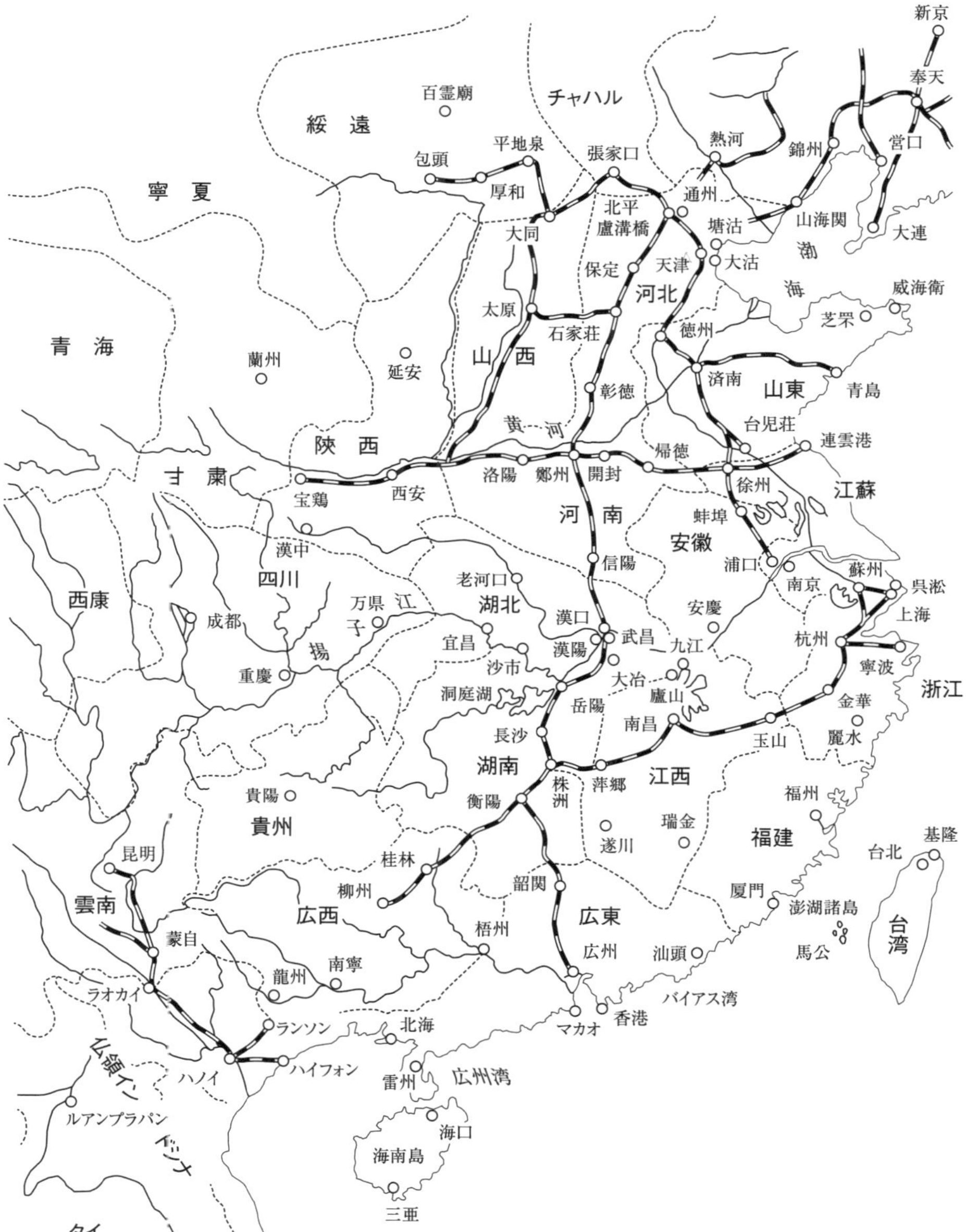

日中戦争関係地図（江口圭一『十五年戦争小史（新版）』1991，青木書店より）

千島列島
アッツ
キスカ
アリューシャン列島
ミッドウェー
太　平　洋
ハワイ諸島
ウェーク
マーシャル諸島
トラック
クェゼリン
東カロリン諸島
マキン
ギルバート諸島
タラワ
ビスマルク諸島
ラバウル
ソロモン諸島
ニューブリテン
ガダルカナル
サモア諸島
フィジー諸島
珊瑚海

アジア・太平洋戦争関係地図（江口圭一『十五年戦争小史（新版）』1991，青木書店より）

あ

アーノルド Henry Harley Arnold 一八八六―一九五〇 米国の軍人。陸軍航空軍司令官。一八八六年六月二十五日、ペンシルベニア州グラッドウィンで生まれる。第一次世界大戦ではほぼ前線に出ることなく銃後で過ごし、終戦の年に出会った「米空軍の父」ミッチェルに親炙したが、彼の失脚とともに不遇の時期を送った。しかし、航空戦力が重視されるようになるにつれて復権し、一九三八年九月には、前任者が事故で急死したため、後任として陸軍航空隊(アーミー＝エア＝コー)司令官に就任するに至った。その陸軍航空隊が四一年六月に航空隊総司令部(ジェネラル＝ヘッドクオーターズ・エア＝フォース)と統合されて陸軍航空軍(アーミー＝エア＝フォース)が発足すると、司令官に就任した。また日米開戦後に設置された統合参謀本部に、陸軍参謀総長マーシャル、米国艦隊司令長官兼海軍作戦部長キングとともに、陸軍航空軍代表として参画した。さらに英米連合参謀本部の米国代表にも就任した。四四年十二月、マーシャル、マッカーサー、アイゼンハワーに続いて陸軍元帥に昇進した。その後、独立した空軍の創設に尽力したが、心臓疾患のために四六年三月に退役した。五〇年一月十五日に死去。六十三歳。

参考文献 生井英考『空の帝国 アメリカの二〇世紀』(『興亡の世界史』一九、二〇〇六、講談社)、源田孝『アメリカ空軍の歴史と戦略』(二〇〇八、芙蓉書房出版)、Mark M. Boatner III, *The Biographical Dictionary of World War II* (Novato, 1996, Presidio Press)

(加藤 公一)

アーリントンこくりつぼち アーリントン国立墓地 Arlington National Cemetery。バージニア州アーリントン郡にあるアメリカ合衆国の国立墓地。もともとは南北戦争時の南軍の将軍であったリー将軍の妻の土地であったが、一八六四年に合衆国のすべての戦死者が埋葬され、六七年には現在のメモリアルデイに相当する追悼式がアーリントンで開催され、国家的な意味を持つようになった。九二年より、南北戦争からさかのぼり、独立戦争の戦死者も埋葬されるようになった。また、奴隷であるとされた四千名を越える黒人も「市民」として埋葬されており、第二次大戦の敵軍であるイタリアやドイツ兵も六十名ほど埋葬されている。無名戦士の墓には第一次大戦、第二次大戦、朝鮮戦争、ベトナム戦争の一戦役ごとに一遺体が象徴的に埋葬されている。宗教的多様性を持つアメリカでは、兵士たちは宗派を超えて国家に殉じたのであり、国立墓地は信仰の自由を保証する形で運営されており、二〇一三年現在、五十七種の宗教的紋章が公式に認められている。それらにはキリスト教諸派、イスラム教、ユダヤ教、仏教、ヒンドゥー教のほか、金光教、天理教、生長の家、創価学会インターナショナルなどの日本の新宗教なども含まれている。同時に、国立墓地は国家的な聖地として考えられており、相応しくない者を除外する規定もある。これは、第百五回アメリカ合衆国議会(一九九七年)で公法として承認され、現在は「連邦規則集」に規定されている。合衆国法によってキャピタル＝クライム(死刑)の確定した者や死刑が執行された者の埋葬や記念碑の建立は禁止されている。この規定に基づき、すでに埋葬された者であっても遺灰を掘り起こし、撤去することを行なっている。

参考文献 『朝日新聞』二〇〇一年七月十五日、Philip Bigler, *In Honored Glory: Arlington National Cemetery, the Final Post* (*third edition*) (Arlington, 1999, Vandamere Press), United States Congress Senate Committee, *Preserving Sacred Ground: Should Capital Offenders Be Buried in America's National Cemeteries?* (Washington, 2010, Bibliogov)

(粟津 賢太)

あいいくかい 愛育会 皇太子の誕生を記念して「本邦児童及母性に対する教化並に養護に関する諸施設の資」(御沙汰書)として下賜された内帑金を基金とし、一九三四年三月に設立された恩賜財団。四三年十二月には日本母性保護会と日本小児保健報国会を合併し、恩賜財団大日本母子愛育会と改称された。恩賜財団愛育会の主管省は文部省であったが、このときに厚生省に変更された。四四年五月には厚生次官通牒によって全都道府県に大日本母子愛育会支部が設けられることとなり、同年度末までに全国に支部が設置され(沖縄県は設置中止)、各知事が支部長に就任した。愛育会は戦時下の母子保健、乳幼児保護ならびに家庭教育振興に指導的役割を果たしたが、最も力を注いだのは農山漁村の乳幼児死亡率低減を目指した愛育村事業である。愛育班と呼ばれる地域組織(女性班員が保健婦の指導のもと家庭訪問看護を行う)を特徴とする愛育村は、戦争末期には支部を通じて千を超える町村が指定されて事業を行なった。

参考文献 『母子愛育会五十年史』(一九八八)、吉長真子「妊産婦・乳幼児保護の戦時体制(一)―恩賜財団大日本母子愛育会地方支部の創設―」(『東京社会福祉史研究』八、二〇一四)

(吉長 真子)

あいかわかつろく 相川勝六 一八九一―一九七三 昭和期の官僚、政治家。一八九一年十二月六日、佐賀県に生まれる。一九一九年東京帝国大学法学部卒。内務省に入り、警視庁刑事部長、京都府学務部長、神奈川県警察部長などを歴任。三四年警保局保安課長となり、局長唐沢俊樹の補佐役をつとめた。二・二六事件後、警保局の「新官僚」とともに潮恵之輔の広田内閣内相への就任に反対し、朝鮮総督府警務局外事課長に左遷される。三七年

鮎川義介

宮崎県知事に就任し、祖国振興隊運動を推進して国民精神総動員運動の典型となった。また、紀元二千六百年奉祝記念事業の一環として「八紘之基柱」の建設を発案。三九年広島県知事、四一年愛知県知事、四二年六月大政翼賛会実践局長、四三年七月愛媛県知事、四四年四月厚生次官を経て、四五年二月小磯内閣に厚生大臣として入閣した。四六年から五一年八月公職追放。五二年から七二年まで衆議院議員。七三年十月三日死去。八十一歳。

参考文献 相川勝六『思い出づるまま』(一九七二、相川勝六)
(大日方純夫)

あいかわよしすけ　鮎川義介　一八八〇―一九六七　新興財閥日産コンツェルンの形成者。一八八〇年十一月六日、山口県の旧長州藩士の家に生まれる。一九〇三年東京帝国大学工科大学機械工学科卒業後、一職工として芝浦製作所に勤務し、さらに渡米して実地に可鍛鋳鉄製造技術を習得する。一〇年に戸畑鋳物を創立して、大正末年までに可鍛鋳鉄製品の国産化と輸出を実現した。二八年に義弟久原房之助家の事業経営再建を委嘱され、久原鉱業を公開持株会社日本産業(日産)に改組し、満洲事変以後、公開持株会社機構を活用して拡大戦略を展開し、三七年までに三井、三菱両財閥に次ぐ日産コンツェルンを形成する。同年日産を満洲国に移転して満洲重工業開発(満業)に改組し、「満洲産業開発五ヵ年計画」に専念するが、日中戦争の拡大の中で成果を上げることができず、四二年に満業総裁を退任した。戦後、公職追放を経て参議院議員となり、中小企業助成会、日本中小企業政治連盟(中政連)を創立し、中小企業の助成・育成に尽力した。六七年二月十三日没。八十六歳。

参考文献 小島直記『鮎川義介伝―赤い夕陽の昭和史―』(一九六七、日本経営出版会)、佐々木義彦編『鮎川義介先生追想録』(一九六八)、井口治夫『鮎川義介と経済的国際主義―満洲問題から戦後日米関係へ―』(二〇一二、名古屋大学出版会)
(宇田川　勝)

アイケルバーガー　Robert Lawrence Eichelberger　一八八六―一九六一　アメリカの陸軍軍人。一八八六年三月九日、オハイオ州アーバナに生まれる。オハイオ州立大学で学んだ後、陸軍士官学校に入学、第一次世界大戦ではおもに新兵訓練を担い、その後、シベリアに出兵した。一九二〇―三〇年代に中国、フィリピン駐在武官、陸軍参謀本部軍事諜報部員などを歴任し、三〇年陸軍大学校を卒業、四〇年に陸軍士官学校校長に就任。太平洋戦争勃発後、マッカーサーの指揮下に入り、四二年十一月から四三年一月のニューギニアのブナの戦で「飛び石作戦」の緒戦勝利を収めた。四四年、陸軍第八軍司令官となり、レイテ島上陸作戦を率い、フィリピンを解放した。四五年八月三十日、日本占領軍の第一陣としてアイケルバーガーの第八軍とともにマッカーサーが厚木に上陸、日本占領統治が始まった。四八年に帰国。六一年九月二十六日没。七十五歳。

参考文献 John F. Shortal, *Forged by Fire: General Robert L. Eichelberger and the Pacific War* (Columbia, 1987, University of South Carolina Press)
(高田　馨里)

あいこくこうしんきょく　愛国行進曲　一九三七年十二月に内閣情報部の作詞・作曲公募により発表された楽曲。内閣情報部は国民精神総動員運動を契機として「国民が永遠に愛唱し得べき国民歌」の制定を主導した。このため、三七年十月締切で歌詞公募を行い、内閣情報部、東京音楽学校校長の乗杉嘉壽、東京中央放送局長の片岡直道、法学者の穂積重遠のほか、河合酔茗、佐佐木信綱、北原白秋、島崎藤村に歌詞審査を委嘱した。この楽曲制定を推進していた京極鋭五(高鋭)は「「愛国行進曲」は、場所、時、其の他何時でも凡ゆる場合時を問はず愉快に歌えて、我々が歌いたいと云う欲望を満足させてくれるものでありたい」と、国民大衆に広く受け入れられる楽曲制定という狙いを述べている。作詞公募は五万七千五百七十九編が寄せられ、十一月三日に「見よ東海の　空明けて旭日高く輝けば…」で始まる森川幸雄の作品が発表された。同時に作曲公募が発表され、内閣情報部、陸軍軍楽隊長の岡田國一、海軍軍楽隊長の内藤清五のほか、作曲家や評論家として橋本國彦、堀内敬三、信時潔、山田耕筰、小松耕輔、近衛秀麿に作曲審査が委嘱された。締切までに九千五百五十五編の応募があり、十二月十九日に瀬戸口藤吉の一等入選が発表され、同月二十四日に内閣情報部内発表会が首相官邸で、また二十六日に発表演奏会が日比谷公会堂で大々的に開催された。「愛国行進曲」は、内閣情報部の公募という、まさに国家が制定した楽曲で、日中戦争を契機とした文化領域の動員であっ

愛国行進曲レコード

た。瀬戸口藤吉(一八六八—一九四一)は海軍軍楽隊出身、行進曲「軍艦」の作曲者でもある。三八年一月にはレコード各社が一斉に「愛国行進曲」を新譜として発売し、その数二十種類以上で発売枚数は百万枚ともいわれた。レコード発売においても「挙国一致」体制であったといえる。また演奏面でも、アジア・太平洋戦争期に至るまで、ラジオ放送や、さまざまな演奏会や音楽挺身活動で活用された。

参考文献 戸ノ下達也『「国民歌」を唱和した時代—昭和の大衆歌謡—』(『歴史文化ライブラリー』、二〇一〇、吉川弘文館)

(戸ノ下達也)

あいこくごう・ほうこくごう 愛国号・報国号 広く国民からの献金により作られた軍用機。戦前期から日本では一般民衆から軍へ、鉄兜から艦船までさまざまな献納が行われたが、軍用機献納運動もその一つ。陸軍、海軍に献納された主に飛行機を指してそれぞれ「愛国号」、「報国号」と呼んだ。陸軍が献納機に愛国号の名称を付与したのは一九三二年十二月七日である。翌年一月十日に愛国一号、二号機が示威飛行を行い、海軍の報国号第一号機は同年三月三日に、二号機はこれより早い二月十七日に献納式が行われている。機種は主に戦闘機で、一機あたりの価格は陸軍機で約七万五千円(戦闘機)、海軍機は三～四万円(艦上爆撃機・戦闘機)であった。軍用機献納運動は日本本土にとどまらず台湾や朝鮮、南洋諸島などにも広まり、敗戦時には愛国号、報国号合わせて一万機を越えた。献金の形態は一企業や同業組合から個人、学生の小遣いを倹約したものなど多種多様であり、これらは主に県や市、軍部と在郷軍人会の主導により行われた。三一年の満州事変は特に出征元の地域感情を刺激し、民衆の間でも戦争がより身近なものとなった。人々の心情はお守りなどによる近親者の無事祈願から、慰問袋や献金へと形を変えつつ各地に広まっていった。一方、軍部は新兵器充実と国民に対する国防思想普及を目標としてこれに合致するように働きかけ、民間に発生した献金の流れを航空機中心の新兵器充実費に組み込むよう誘導した。そのため、寄付に際しては一部強制的な性格を有していたことも指摘されている。戦後その資料を確認することは困難で、当時の全国民的な盛り上がりとは裏腹に詳細については不明な点が多い。戦後になって献納者が戦争協力者として連合国側より追及され、不利益を被ることを考慮して資料を焼却処分したことによるためともいわれている。

参考文献 横井忠俊「報国号海軍機の全容を追う」(『航空情報』四六三、一九八四)、同「昭和初期戦争開始時における大衆的軍事支援キャンペーンの一典型—軍用機(愛国号・報国号)献納運動の過程について—」(『駿河台大学論叢』六、一九九二)、横川裕一「陸軍愛国号献納機調査報告」(『航空ファン』六〇ノ一〇、二〇一一)

(河西英通)

軍用機献納運動強化のポスター(1939年，朝日新聞社)

あいこくひゃくにんいっしゅ 愛国百人一首 日本文学報国会立案、情報局後援、大政翼賛会賛助、東京日日新聞社・大阪毎日新聞社協力で、一九四二年十一月に情報局が発表した公選の和歌。その目的は、「短歌を通して日本精神の真髄を国民の心胸に浸透せしめん」というもので、国策や天皇賛美をテーマとした和歌により国民教化動員や統合をはかるものであった。和歌の選定は、日本文学報国会の委嘱で、佐佐木信綱・斎藤茂吉・北原白秋(選定の途中で死去)、尾上柴舟・窪田空穂・折口信夫・土屋文明ほか五名が選定委員、情報局・大政翼賛会・文部省・陸軍省・海軍省・日本放送協会などが選定顧問として関わっていた。選定は、万葉集から幕末までに発表された和歌を対象に、一般に理解しやすく、愛国の精神を扱った健やかで、朗らかで、積極性のあるものから百首を選ぶもので、発表後は、定本やカルタの発売、新聞紙上での解説のほか、日本音楽文化協会などの協力により、十首を選定して歌曲を発表するなどの、周知徹底と

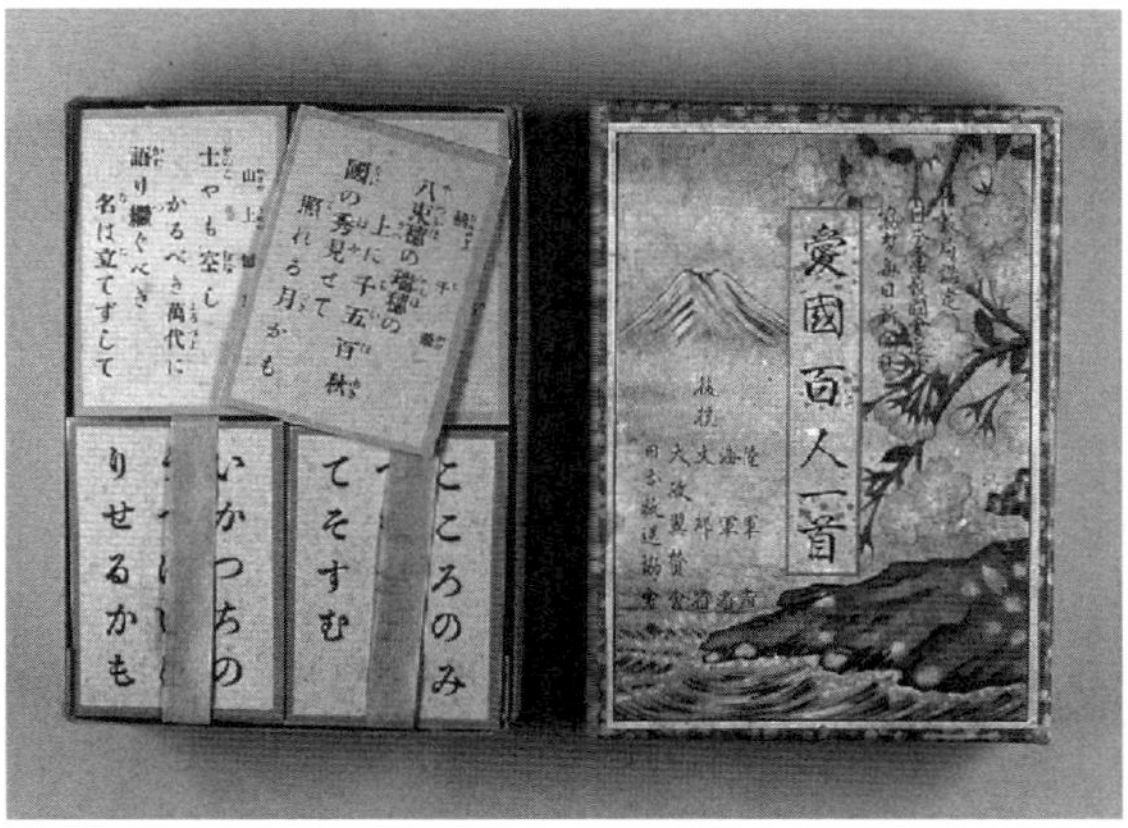

愛国百人一首(1942年情報局発行)

意識発揚が行われた。

参考文献 川田順『愛国百人一首評釈』(一九四三、朝日新聞社)　(戸ノ下達也)

あいこくふじんかい　愛国婦人会　日本で最初の女性の全国的軍事援護団体。北清事変に際し真宗大谷派の北清軍慰問使に参加した奥村五百子は、「日本婦人も安穏にしてはおられませぬぞ」と女性の軍事援護団体を提唱する。近衛篤麿や下田歌子らの積極的支援を受けて、一九〇一年三月二日発会式を行なった。会長は岩倉久子。その後の組織拡大や活動については内務省の強い支援があり、奥村の全国遊説もあって全国組織の官製団体としての地位を確立、〇二年三月には機関誌『愛国婦人』を創刊。「男は外、女は内」のもとでの女性の社会的活動の矛盾をはらみながらも、〇四年日露戦争が勃発すると上流の女性を中心に会員は急増、出征軍人送迎、留守家族・遺家族慰問などに活躍、台湾などの植民地にまで支部が結成された。しかし、大正期の平時には活動は停滞し「不要論」なども出て一七年定款を改正、下田歌子を会長に選出、広く社会事業にも対象を広げた。三一年満洲事変を機にその軍事援護活動は再び活発化する。その前年には文部省直轄の大日本連合婦人会が設立、さらに三二年には大阪国防婦人会から出発した大日本国防婦人会が陸軍省の強い援助のもとに設立、三団体は鼎立して精力的に軍事援護活動を展開。割烹着姿に襷掛けで庶民女性を大量動員する国婦に拮抗して、愛婦は一般会員も活躍する婦人報国運動を提唱した。国・県・市町村の指導のもと、軍事援護―軍人送迎、慰問金募集・慰問袋作製、遺族訪問、出征家族への労力奉仕など、婦人報国―愛国・国防貯金・献金、資源回収、節米運動など、行政協力―婦人常会、生活改善などを行なった。しかし愛婦、国婦、連婦への加入競争により二重三重の加盟の矛盾が激化、大政翼賛会の論議などを経て、四一年には「新婦人団体結成要綱」が閣議決定、四二年二月二日に大日本婦人会が発足し、愛国婦人会とともに国婦、連婦も解散した。

愛国婦人会員による出征兵士の留守家庭訪問

参考文献 千野陽一「(解題)愛国・国防婦人運動の軌跡」(『愛国・国防婦人運動資料集』別冊所収、一九九六、日本図書センター)、伊藤康子「愛国婦人会と女性の社会的活動」(早川紀代編『軍国の女たち』所収、二〇〇五、吉川弘文館)、永原和子『近現代女性史論―家族・戦争・平和―』(二〇一二、吉川弘文館)　(折井美耶子)

あいざわさぶろう　相沢三郎　一八八九―一九三六　昭和期の陸軍軍人。一八八九年九月九日、裁判所書記をつとめていた父の任地であった福島県に生まれる。陸軍士官学校(第二十二期)を卒業後、仙台・青森などの連隊に勤務、一九三〇年には士官学校剣術教官に補せられた。この前後から国家改造運動に関心を寄せ、西田税、村中孝次、磯部浅一らと親交を深めた。村中や磯部が検挙された士官学校事件や、青年将校に理解があるとされていた真崎甚三郎の陸軍教育総監更迭に憤激、その黒幕とみなした永田鉄山軍務局長の暗殺を決意し、三五年八月十二日、陸軍省にて永田を斬殺した(相沢事件)。事件は陸軍全体に衝撃を与え、右翼の一部も相沢の行動を擁護し、青年将校の決起にも影響を及ぼした。ただし、相沢は二・二六事件の直前の時期に西田を刑務所に呼び、青年将校の軽挙妄動を戒め、彼らの自重を要望している。公判は途中から非公開となり、三六年五月七日に死刑判決、七月三日に処刑。四十八歳。

参考文献 林茂他編『二・二六事件秘録』一(一九七一、小学館)、須崎慎一『二・二六事件―青年将校の意識と心理―』(二〇〇三、吉川弘文館)　(荻原　稔)

あいざわじけん　相沢事件　一九三五年八月十二日に、陸軍省軍務局長の永田鉄山少将が、相沢三郎陸軍中佐によって殺害された事件。永田事件ともいう。その背景には、当時の陸軍内部の激しい抗争があった。三五年七月、皇道派の指導者である真崎甚三郎陸軍大将が教育総監を罷免されたことに憤激した青年将校らによる怪文書を読んだ相沢は、任地の広島県福山市から上京し、陸軍省で執務中の永田を軍刀で殺害した。永田を失い、事件後には林銑十郎陸軍大臣が辞任するなど、統制派も打撃を受けたが、皇道派の勢力が回復することはなく、ついに皇道派を支持する青年将校が暴発する形で二・二六事件を引き起こした。青年将校の攻撃目標の一つが陸軍統制派であったことを考えると、この事件は二・二六事件と類似した背景を持っており、日本がアジア・太平洋戦争への道を進んでいく過程における重大事件の一つといえる。

↓永田鉄山　↓二・二六事件

参考文献 田中時彦「二・二六事件―(付)永田軍務局長刺殺事件―」(我妻栄他編『日本政治裁判史録』昭和・後所収、一九七〇、第一法規出版)、堀真清「十一月事件から相沢事件へ」(『早稲田政治経済学雑誌』三四四、二〇〇〇)、森靖夫『永田鉄山―平和維持は軍人の最大責務なり―』(『ミネルヴァ日本評伝選』、二〇一一、ミネルヴァ書房)　(堀田慎一郎)

あいぜんかつら　愛染かつら　原作は川口松太郎の小説

で、松竹大船撮影所の製作で封切になった映画。監督は野村浩将、主演は田中絹代と上原謙。一九三八年に前・後編が公開され、翌年に続編と完結編、四〇年に総集編が公開された。ストーリーは、典型的なすれ違いのメロドラマだったが、戦時色の無い娯楽映画として、女性層を中心に大ヒットした。その主題歌が、西條八十作詞、万城目正作曲、霧島昇と松原操（ミス・コロムビア）の歌唱による「旅の夜風」であった。戦後も映画化やテレビドラマ化されているほか、「旅の夜風」も、藤原良と高石かつ枝、神戸一郎と青山和子によってリバイバルされているように、戦前から戦後にわたり映画も主題歌も親しまれた。三九年十月に映画法が施行され、国民教化動員の観点から映画統制も強化されたが、映画法施行の時期に封切られ、続編が製作され続けた『愛染かつら』は、国民の受容の一方で、映画評論家などからは「催涙映画」として糾弾され批判され続ける対象となっていた。

参考文献 古川隆久『戦時下の日本映画―人々は国策映画を観たか―』(二〇〇三、吉川弘文館)　（戸ノ下達也）

アイゼンハワー Dwight David Eisenhower 一八九〇―一九六九 アメリカの陸軍軍人、政治家。一八九〇年十月十四日、テキサス州に生まれ、カンザス州で育つ。一九一五年に陸軍士官学校卒業、幕僚を務めながらも昇進は遅かった。三九年にマーシャル参謀総長に認められ、陸軍少将として四二年に陸軍省作戦局長に着任した。同年六月、マーシャルよりフランス領北アフリカ上陸作戦司令官に任命された。ヴィシー政府と交渉し、合同参謀本部の司令官として米英連合軍による作戦を率いて、ローズヴェルト米大統領、チャーチル英首相からも信頼を得た。イタリアに侵攻してムッソリーニ政権の崩壊を導くと、四四年六月のノルマンディ上陸作戦を率いた。ドイツ敗北後、占領軍司令官を務めたのち、マーシャルを引き継ぎ、四五年末に参謀総長となった。戦後は、コロンビア大学学長、北大西洋条約機構の最高司令官、第三十四代大統領を歴任。六九年三月二十八日没。七十八歳。

アイゼンハワー

参考文献 William B. Pickett, *Dwight David Eisenhower and American Power* (Wheeling, Ill., 1995, Harlan Davidson, Inc.)　（高田　馨里）

あいちこうくうきかいしゃ　愛知航空機会社 一八九八年七月創立の愛知時計電機株式会社（一九一二年までは愛知時計製造）が、四三年二月に同社航空機関係製造部門を分離して設立した航空機製造会社。愛知時計電機の航空機部門への進出は二〇年であり、横須賀海軍工廠への技師・職工の派遣、独国ハインケル社などからの航空機・発動機の製造権購入により航空機の国産化をすすめた。三四年に制式採用となった九四式艦上爆撃機は日本初の急降下爆撃機であった。海軍専用工場であった同社は、海軍の増産命令に応えて艦上爆撃機「彗星」(同社開発の「アツタ二〇型」ほか発動機搭載)を四二年から四五年までに千八百十八機量産した。この増産計画を推進したのが永徳工場と熱田発動機製作所を基盤とする愛知航空機であった。それまでの年産約三百機から千機以上へと拡大し、永徳工場の従業員数は一万六千二百二十五人(四五年)までになっていた。

参考文献 『愛知時計電機八十五年史』(一九六四、愛知時計電機株式会社)、『愛知機械工業五十年史』(一九九六、愛知機械工業株式会社)、『愛知県史』資料編三〇(二〇〇八)　（笠井　雅直）

あいみつ　靉光 一九〇七―四六 昭和期の洋画家。本名は石村日郎（いしむらにちろう）。一九〇七年六月二十四日、広島県で出生。高等小学校卒業後、広島市内の印刷所の見習い職人、大阪のデザイン社などを経て二四年に上京、太平洋画会研究所に学ぶ。西欧近代美術から日本画・東洋画までさまざまな表現を研究、独自の画風を確立する。また同郷の日本画家丸木位里らとともに広島県産業奨励館（現、原爆ドーム）など郷里で開催された展覧会への出品をつづけた。三八年第八回独立美術協会展に入賞した「風景（眼のある風景）」は日本のシュルレアリスム絵画の代表作とされる。三九年美術文化協会結成に参加。四三年に麻生三郎、糸園和三郎、井上長三郎、大野五郎、鶴岡政男、寺田政明、松本竣介と新人画会を結成、自画像をはじめとする作品を発表。四四年五月に応召し中国戦線に送られ武昌で敗戦を迎えるが、病と栄養失調に倒れ、四六年一月十九日上海の第百七十五兵站病院で戦病死。四十歳。

参考文献 菊池芳一郎編『靉光(増補改定版)』(『現代美術家シリーズ』四、一九七五、時の美術社)、水沢勉編『不安と戦争の時代』(青木茂・酒井忠康監修『日本の近代美術』一〇、一九九三、大月書店)　（小沢　節子）

アインシュタイン Albert Einstein 一八七九―一九五五 物理学者、相対性理論の発見者。一八七九年三月十四日ドイツ、バイエルン地方の中都市ウルムに生まれる。一九〇五年にベルンで相対性理論を発表し、チューリッヒ工科大学、プラハ大学を経て、その後ベルリンのプロイセン＝アカデミーで研究に従事するが、ユダヤ人であったためナチスドイツの迫害を受け、三三年アメリカに移住し、プリンストン大学高等研究所に籍を置いた。三九年十月、ローズヴェルト大統領に原爆開発を促す書簡に署名をした。アインシュタイン自身は、国際連盟の知的協力委員会の活動に参加するなど平和主義者といわれていたが、物理学者のレオ＝シラード・エンリコ＝フェルミーの薦めによって、ドイツの原爆開発可能性を懸念しこの手紙に署名したといわれている。戦後は、核兵器廃絶の立場を表明し、没後五五年七月には「ラッセル＝アインシュタイン書簡」が発表され、科学者の結集を訴えた。五五年四月十八日に死去した。七十六歳。

参考文献　フィリップ＝フランク『評伝アインシュタイン』(矢野健太郎訳、『岩波現代文庫』、二〇〇五、岩波書店)　(篠原　初枝)

アウト＝レンジせんぽう　アウト＝レンジ戦法　相手の攻撃が及ばない地点から、一方的に攻撃を行なって打撃を与えようとする戦術のこと。日本海軍では主に、(一)射程距離の長い巨大な主砲を搭載した戦艦によって、相手の射程距離外から攻撃する方法、(二)相手の航空機の航続距離範囲外の地点から、航続距離の長い航空機を使用して先制攻撃を行う方法、の二つの方法が構想されていた。(一)の構想を前提としていたのが大和型戦艦である。大和型戦艦に搭載された四六チセン砲は、米国海軍の戦艦の有効射程外から目標を攻撃することのできるものであった。大和型戦艦はいわば、大艦巨砲主義に基づくアウト＝レンジ戦法の一端をなすものであった。これに対して、航続距離の長い航空機を開発し、機動部隊から発進させて相手に打撃を与えようとするのが(二)の構想であった。零式艦上戦闘機や一式陸上攻撃機といった、航続距離の長い航空機がこの構想のもとに開発されている。しかし、日本海軍が構想したアウト＝レンジ戦法はいずれも奏功しなかった。大艦巨砲主義の象徴として誕生した大和型戦艦も、機動部隊による航空戦が中心となったため、相手の艦船群に向けて主砲を発射する機会そのものが減少していた。大和型戦艦の主砲はもっぱら来襲した航空機への防御に使用されることとなった。一方の機動部隊艦載機によるアウト＝レンジ戦法も、マリアナ沖海戦(一九四四年六月)で日本海軍の機動部隊によって実施されているが、搭乗員の錬度不充分や米側の対空砲火とレーダー設備の充実により、撃墜される機が続出して失敗している。→大艦巨砲主義(たいかんきょほうしゅぎ)

参考文献　篠原幸好他『連合艦隊艦船ガイド　一八七二―一九四五(改訂第二版)』(一九九五、新紀元社)、野村實『日本海軍の歴史』(二〇〇二、吉川弘文館)　(宇田川幸大)

アウンサン　Aung San　一九一五―四七　ビルマ独立運動の指導者。一九一五年二月十三日、マグエー県ナッマウで弁護士の父ウー＝パーと母ドオ＝スーとの間に生まれる。地元の学校を経て三三年ラングーン大学に進学、三六年学生ストライキを指導。三八年タキン党入党、すぐに本部派(主流派)書記長となる。三九年バモオ率いる貧民ウンターヌ結社と組んで反英大衆組織「自由ブロック」を結成。四〇年八月植民地政庁から逮捕状が出されアモイに密出国、同年十一月参謀本部第二部八課の鈴木敬司大佐の策略によって日本に連れて来られ、四一年二月ビルマ謀略を行う南機関の結成に参加。同年四月以降ビルマから密出国した青年三十人とともに海軍占領下の海南島で軍事訓練を受ける。同年十二月南機関が結成したビルマ独立義勇軍(BIA)の少将となりビルマに進攻、英印軍や植民地軍と戦う。四二年八月、日本軍占領下でビルマ防衛軍(BDA)司令官、四三年八月ビルマへの「独立」付与に伴いバモオ内閣の国防相に就く。しかし「独立」の内実に不満を強め、四四年八月地下組織の共産党と人民革命党と組み反ファシスト人民自由連盟(パサパラ)を結成、秘密裏に準備を進め四五年三月から抗日武装闘争を展開。戦後はパサパラ議長として英国と独立交渉を推し進め、四六年九月ランス総督の指名により行政参事会副議長に就任。四七年一月ロンドンでアウンサン＝アトリー協定締結、一年以内の独立ないしは英連邦自治領(ドミニオン)の地位獲得が確定すると、少数民族と交渉して連邦制国家として独立することの同意を得(パンロン協定)、続く制憲議会議員選挙にも勝利、憲法草案の作成に臨む。しかし同年七月十九日閣僚六名とともに政敵ウー＝ソオの部下に暗殺され、独立を見ることはなかった。享年三十二。現在も国民から「アウンサン将軍」と呼ばれ敬愛されている。

参考文献　根本敬『抵抗と協力のはざま―近代ビルマ史のなかのイギリスと日本―』(『戦争の経験を問う』、二〇一〇、岩波書店)、*Burma's Challenge* (Rangoon, 1946, Tatheta Sarpay)　(根本　敬)

あおきかずお　青木一男　一八八九―一九八二　官僚、政治家。一八八九年十一月二十八日、長野県の農家に生まれる。一九一六年東京帝国大学卒業。大蔵省に入省し、三三年外国為替管理部長、三四年理財局長。馬場鍈一蔵相の人事一新により、三六年辞任。三七年十月、新たに設置された企画院の次長に就任、三九年一月平沼内閣の企画院総裁になる。同年八月、阿部内閣の成立とともに大蔵大臣に就任(企画院総裁兼任)。三九年八月、貴族院議員(勅選議員)になる。四〇年阿部内閣辞任後、中華民国派遣大使顧問として南京政府の中央儲備銀行設立に携わり、同年十二月、汪精衛の経済顧問となる。四二年九月東条内閣に国務相として入閣し、十一月に新設された大東亜省の大臣になる。四三年、占領地を歴訪し、同年十一月開催の大東亜会議の準備工作を行なった。四五年十二月戦犯容疑者として巣鴨拘置所に収容(四八年十二月釈放)。五三年自民党から参議院全国区に出馬し、当選(七七年まで)。八二年六月二十五日没。九十二歳。

参考文献　青木一男『わが九十年の生涯を顧みて』(一九八一、講談社)　(浅井　良夫)

あかおびん　赤尾敏　一八九九―一九九〇　昭和から平成期の右翼運動家。一八九九年一月十五日赤尾織之助の長男として愛知県に出生。一九一二年愛知県立第三中学校に入学するが結核のため中退。社会主義運動に身を投じ投獄されるが、獄中で転向し、以後、右翼運動に生涯を捧げる。二六年二月十一日に宮城前で建国祭を敢行したのを契機として、上杉慎吉を会長に据え建国会を結成し、みずからは書記長となる。四二年の翼賛選挙では、非推薦候補として東京六区から立候補し、三位で当選。反共を唱え日ソ中立条約だけでなく対米英戦争にも反対の姿勢をとった。四二年、建国会は大日本皇道会と改称し、赤尾は会長に就任。四三年六月東条内閣の戦時刑事特別法改正案に反対し、東条批判を展開したため、翼賛政治会から除名された。戦後、公職追放となるが、解除後の五一年に大日本愛国党を結成し総裁となり、親米反共右翼として活動。九〇年二月六日没。九十一歳。著書に『滅共反ソか反英米か』などがある。

参考文献 猪野健治『評伝・赤尾敏—叛骨の過激人間—』(一九九一、オール出版)、同『日本の右翼』(『ちくま文庫』、二〇〇五、筑摩書房)　(塩出　環)

あかがみ　赤紙　召集令状の俗称。充員召集・臨時召集などの召集令状は淡赤色であったため、この俗称がついた。なお、兵士の召集は、「一銭五厘のはがき一枚でいくらでも召集することのできる消耗品」という意味で「一銭五厘」と言う習慣があるが、これは俗語である。はがき一枚の値段は大量召集開始直前の一九三七年四月に二銭になっている。また、召集令状は、はがきではなく封筒に入れて送達された。→召集令状

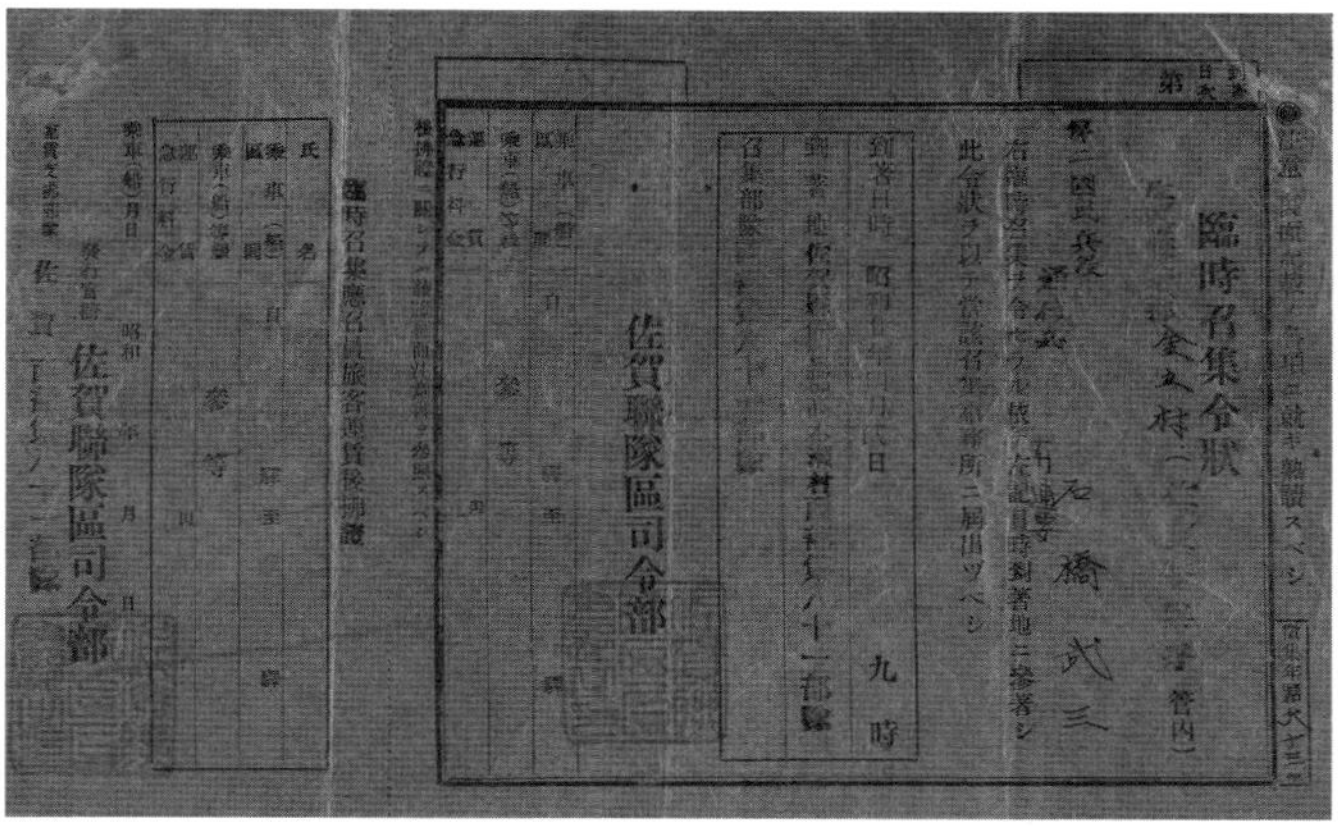
臨時召集令状
佐賀聯隊區司令部

赤紙(臨時召集令状)

参考文献 大江志乃夫『徴兵制』(一九八一、岩波書店)、小沢真人・NHK取材班『赤紙—男たちはこうして戦場へ送られた—』(一九九七、創元社)　(松田　英里)

あかぎ　赤城　航空母艦。戦争初期、「加賀」とともに空母機動部隊の主力。艦名は群馬県の赤城山にちなむ。一九二〇年、八八艦隊計画に基づき、天城型重巡洋艦の二番艦として起工。建造中にワシントン海軍軍縮条約締結により、建造中止になり航空母艦へと改造された。二七年、呉工廠で竣工。三八年、佐世保工廠での改装工事により、竣工時の三段甲板から単一の飛行甲板を持つ近代的空母へと改修された。改装後の基準排水量三万六五〇〇トン。搭載機数は常用六十六機、補用二十五機。開戦時の常用機は、零式艦上戦闘機十八機、九九式艦上爆撃機十八機、九七式艦上攻撃機二十七機。第一航空艦隊旗艦として、四一年十二月の真珠湾攻撃、四二年二月のオーストラリアのポートダーウィン空襲、同年四月のインド洋のセイロン沖海戦などに参加。同年六月、ミッドウェー海戦でアメリカ艦載機の攻撃を受け大破炎上し、味方駆逐艦の魚雷で自沈処分。

赤　城

参考文献 防衛庁防衛研修所戦史室編『ハワイ作戦』(『戦史叢書』一〇、一九六七、朝雲新聞社)、福井静夫『日本空母物語』(『福井静夫著作集』七、一九九六、光人社)、多賀一史『写真集日本海軍艦艇ハンドブック』(『PHP文庫』、二〇〇一、PHP研究所)　(水沢　光)

あかしじゅんぞう　明石順三　一八八九—一九六五　キリスト教の一派である灯台社の主幹として、治安維持法違反で投獄された抵抗者。一八八九年七月一日、滋賀県生まれ。明石は一九〇八年に渡米し日系新聞記者をしていたが、ものみの塔聖書小冊子協会に接してその講演伝道者となり、二六年その日本支部の責任者として帰国した。明石は日本支部を灯台社と名付けて伝道に従事する。三〇年代以降は、日中戦争やファシズムが悪魔の業であると説き、皇室も国民も早く悔い改めねば日本も世界も滅びると唱えた。三九年、徴兵中の長男明石真人らが銃器の返納をして軍法会議にかけられた事件をきっかけに、灯台社は治安維持法違反容疑で弾圧を受ける。明石順三は国体変革を目的とする結社の組織者として懲役十年となるが、非転向を貫いた。敗戦後に占領軍によって釈放された明石は、アメリカの総本部を批判し四八年除名された。六五年十一月十四日没、七十六歳。

参考文献 『昭和思想統制史資料』一一・一二(一九八〇、生活社)、佐々木敏二「灯台社の信仰と抵抗の姿勢」(同志社大学人文科学研究所編『戦時下抵抗の研究―キリスト者・自由主義者の場合―』一所収、一九六八、みすず書房)、稲垣真美『兵役を拒否した日本人―灯台社の戦時下抵抗―』(『岩波新書』、一九七二、岩波書店)
(赤澤 史朗)

あかしてるお 明石照男 一八八一―一九五六 大正・昭和時代の銀行家。一八八一年三月三十日、岡山県に静一郎の長男として生まれ、一九〇六年東京帝国大学法科大学政治学科を卒業。欧米留学後、一一年第一銀行に入行、本店支配人・取締役などを経て、三五年十月、第四代頭取に就任。戦時下の貸出拡大基調の中で経営健全性の確保にも努めた。四三年四月に三井銀行との合併により帝国銀行会長に就任、四五年三月に辞任。五六年九月二十九日没。七十五歳。主著は『明治銀行史』(一九三五年)など。

参考文献 第一銀行八十年史編纂室編『第一銀行史』下(一九五八)、青潮社編『日本財界人物列伝』二(一九六四、青潮出版)
(邉 英治)

あかつきにいのる 暁に祈る 野村俊夫の作詞、古関裕而の作曲、伊藤久男の歌唱で発表された楽曲。一九四〇年七月に封切となった松竹映画『征戦愛馬譜・暁に祈る』の主題歌として発表された。陸軍省は国民意識昂揚を目的とした愛馬思想普及のため、三九年に公募による行進曲「愛馬進軍歌」や童謡の制定を行なったが、四〇年になると、映画による愛馬思想普及を実施した。「暁に祈る」の創作は、陸軍省馬政課が、この映画の主題歌を、コロムビアに委嘱したものであった。作曲者である古関は、「自分としても快心の作」と述べている。レコードは、コロムビアから四〇年五月に発売され、伊藤久男の情感溢れる歌唱が人々の心を魅了してヒットした。それは、四三年十一月から一年間のレコード発売枚数が四万一千枚で、発売から三年余りを経過してもなお第五位にランクされていること、また戦後も、伊藤久男のみならず、他の演奏家によるカバーも含めて新たに録音され、レコードが再販されていることからも支持の広さが伺える。

参考文献 古関裕而『鐘よ鳴り響け―古関裕而自伝―』(一九八〇、主婦之友社)
(戸ノ下達也)

あがの 阿賀野 軽巡洋艦。阿賀野型の一番艦。艦名は、福島県および新潟県を流れる阿賀野川にちなむ。水雷戦隊旗艦として建造。一九四二年十月竣工。基準排水量六六五二トン。一五センチ連装砲三基(六門)。第十戦隊旗艦として輸送作戦などに従事。四三年十一月、ブーゲンビル島沖海戦に参加後、米国潜水艦の攻撃を受けて航行不能となり、四四年二月、内地への回航中、米国潜水艦スケートの魚雷により沈没。同型艦に「能代」「矢矧」「酒匂」がある。

参考文献 多賀一史『写真集日本海軍艦艇ハンドブック』(『PHP文庫』、二〇〇一、PHP研究所)
(水沢 光)

あかまつかつまろ 赤松克麿 一八九四―一九五五 大正・昭和期の社会運動家。一八九四年十二月四日、山口県に生まれる。妻は吉野作造娘。徳山中学中退後、第三高等学校を経て一九一五年東京帝国大学法科大学政治科に進学。在学中に新人会を結成し、卒業後は東洋経済新報社に勤務。二一年総同盟に参加し、のち政治部長に就任。同時期日本共産党に加入したが、第一次共産党事件で検挙される。二六年社会民衆党中央委員となり、三〇年同党書記長に就任。満洲事変後は国家社会主義から日本主義へ立場を進め、所属先も社民党から日本国家社会党、国民協会、日本革新党と変わった。三七年の総選挙に立候補当選。同年陸軍嘱託として上海派遣軍報道部に所属。四〇年には大政翼賛会企画部長に就任。敗戦後は追放処分となり、五一年に解除。五三年には日本産業協力連盟理事長に就任したが、五五年十二月十三日死去。六十一歳。

参考文献 福島良一「赤松克麿における政治志向の芽生え」(『埼玉学園大学紀要 人間学部篇』一二、二〇一二)
(福家 崇洋)

あかまつさだお 赤松貞雄 一九〇〇―八二 陸軍軍人。陸軍大佐小松崎清職の三男として、一九〇〇年五月二十一日に秋田県に生まれる。一五年、赤松久吾の養子となる。京華中学、陸軍幼年学校を経て、二二年、陸軍士官学校卒業(第三十四期)。陸士の同期にはのちに名を馳せた服部卓四郎、西浦進、堀場一雄などがいる。三四年、陸軍大学校恩賜卒業。スイス駐在などを経て、四〇年十一月、東条英機陸軍大臣秘書官に就任。翌年十月、東条が首相に就任すると、首相秘書官に就任。同年、大佐に進級。その後、アジア・太平洋戦争に突入し、東条が各大臣を兼任するようになると、あわせて軍需大臣秘書官などを一時的に兼任した。四五年二月、歩兵第百五十七連隊長となり、中国戦線へ出征。そこで敗戦をむかえる。赤松は、持ち前の度胸のある性格もあり、政界・軍などに顔が広く、東条が握っていたとされる莫大な機密費を裏方としてさばく立場にあったといわれる。東条との関係は、東条のおかげで陸軍大学校に入れたと証言を残すほど、青年時代から親密であり、戦後は、東京裁判における東条弁護の裏方を務めるなどしている。八二年八月十六日没。八十二歳。

参考文献 赤松貞雄『東条秘書官機密日誌』(一九八五、文藝春秋)
(山本 智之)

あきづき 秋月 日本海軍の駆逐艦。同型艦に「照月」などがある。一九四二年六月十一日、舞鶴工廠で竣工。排水量二七〇一トン、全長一三四・二メートル、速力三三ノット(時速約六一キロ)。六十五口径一〇センチ連装高角砲四基、二五ミリ連装機銃二基、六一センチ魚雷発射管四連装一基搭載。「秋月」型駆逐艦は、日本海軍ではじめて計画された防空を主任務とする艦であった。ソロモン海などでの海戦に出動し

秋　　月

た。四四年十月二十五日、米国潜水艦の雷撃を受けて沈没した。

参考文献 篠原幸好他『連合艦隊艦船ガイド 一八七二—一九四五(改訂第二版)』(一九九三、新紀元社)　(宇田川幸大)

あきながつきぞう 秋永月三 一八九三—一九四九 陸軍軍人。一八九三年十二月二十一日に、秋永澄蔵の三男として生まれる。大分県出身。一九一五年、陸軍士官学校卒業(第二十七期)、二四年、陸軍大学校卒業。陸軍省整備局勤務などを経て、東京帝国大学経済学部に派遣となる。三二年、陸軍省軍務局に勤務。三五年、関東軍参謀。三七年九月、第十八師団参謀。三八年五月、商工省臨時物資調整局計画課長に就任。翌年、企画院調査官に任命。四一年三月には少将に進級した上、翌月には、企画院第一部長となる。その後、第十七軍参謀長、西部軍司令部付などを歴任し、中将に進級直後の四四年十一月には軍需官・中国軍需監理部長(その後、次長)となり、四五年四月には綜合計画局長官に就任して、戦争末期の国力判断に参画した。秋永は、近衛文麿の親戚でその協力者であった細川護貞の日記によると、当時の偏見とはいえ近衛一派からは陸軍内における赤化(共産主義化)勢力の中心人物とみなされていたことがわかる。四九年四月二十三日没。五十七歳。

参考文献 細川護貞『細川日記(改版)』(『中公文庫』、二〇〇二、中央公論新社)　(山本 智之)

アキノ Benigno Simeon Aquino 一八九四—一九四七 フィリピンの政治家。ベニグノ=アキノ=シニアとも呼ばれる。一八九四年九月四日、タルラク州に生まれ、サント=トマス大学などで法学を学ぶ。フィリピン議会下院議員、上院議員を歴任し、三八年にコモンウェルス政府の農商務長官に就任。日本軍政下の四二年一月、比島行政府の内務部長官となる。同年十二月八日のカリバピの発足に伴い同職を辞任し、カリバピの副総裁兼事務総長に就任すると、宣伝局長のベニグノ=ラモスらとともにフィリピン各地を周り、日本軍への協力を呼びかけた。四三年十月十四日に成立したフィリピン共和国では国民議会議長に選出された。四五年、ラウレル大統領とともに日本へ脱出し、四六年にフィリピンに帰国したものの政界に復帰しないまま、四七年十二月二十日に病没した。五十三歳。 →カリバピ

参考文献 ニック=ホアキン『アキノ家三代—フィリピン民族主義の系譜—』(鈴木静夫訳、一九八六、井村文化事業社)　(内山 史子)

あきまるじろう 秋丸次朗 一八九八—一九九二 昭和前期・太平洋戦争期の陸軍軍人。一八九八年九月十日、宮崎県で生まれる。一九二〇年陸軍経理学校卒(主計候補生第十四期)。三〇年には経理学校の甲種学生課程に入校し、三二年同課程卒業後に東京帝国大学経済学部に派遣される。三五年関東軍交通監督部員、三六年九月には関東軍参謀部付となり、満洲国経済建設の主任となった。三九年九月陸軍省経理局課員並軍務局課員を命ぜられ帰国、ここで軍務局軍事課長の岩畔豪雄より、戦争経済研究班長となり英米独日の抗戦力について調査する任務を与えられた。そのため部外の学者よりなる研究グループを結成(秋丸機関)する。調査結果は、日本は対英米戦において二年の抗戦は可能であるが、それ以降の抗戦は耐え難いというもので、これは四一年七月・八月に陸軍省および政府・統帥部に説明されていた。四一年十月主計大佐となる。その後、経理学校研究部員などを経て、終戦時は第六航空軍経理部長。九二年八月二十三日没。九十三歳。

参考文献 牧野邦昭『戦時下の経済学者』(『中公叢書』、二〇一〇、中央公論新社)　(相澤 淳)

あきやまけんぞう 秋山謙蔵 一九〇三—七八 昭和期の日本史学者。一九〇三年二月一日、広島県に出生。第七高等学校造士館を経て、二八年東京帝国大学文学部国史学科卒業。一学年上に末松保和、一学年下に森克己がいた。三一年大正大学文学部教授、三九年国学院大学教授。この間、史学会主務委員(二九年)や庚午会結成から歴史学研究会創立(三二年)に関与し、卒業論文「中世に於ける琉球の国際的地位」を出発点に中世対外交渉史の分野を専攻。『日支交渉史話』(三五年、内外書籍)『日支交渉史研究』(三九年、岩波書店)を刊行するなど少壮史家として注目されたが、戦争激化とともに『歴史の前進』(四〇年、四海書房)『日本の歴史』(四一年、岩波書店)『歴史の確認』(四二年、三笠書房)など時局迎合的書物を多数著し、全国各地を遊説した。戦後公職追放、解除後の五四年から女子美術大学教授、七〇年東京女学館短期大学教授。七八年三月五日死去。七十五歳。

参考文献 森克己「秋山謙蔵氏を哭す」(『日本歴史』三六二、一九七八)、歴史学研究会編『歴研半世紀のあゆみ』(一九八二、青木書店)、阿部猛『太平洋戦争と歴史学』(『歴史文化ライブラリー』、一九九九、吉川弘文館)

(今井　修)

あさのあきら　浅野晃　一九〇一—九〇　詩人、国文学者。一九〇一年八月十五日、陸軍薬剤官であった父の勤務地滋賀県に生まれる。東京府立第一中学校から京都の第三高等学校へ進学、中谷孝雄や梶井基次郎と知り合う。東京帝国大学法学部に入学、新人会に入る。東大経済学部大学院に進学、中退後、産業労働調査所の所員となり、野坂参三、水野成夫と知り合う。二六年、日本共産党(第二次)に入党。二八年、三・一五事件で検挙され、転向して保釈後、ショーペンハウワーや岡倉天心国民文学論を唱える。『日本浪曼派』に接近する一方、新日本文化の会『新日本』編集委員に就任、さらに保田与重郎とともに大東塾系の日本主義文化同盟や新国学協会に参加、日本文学報国会では評論随筆部会幹事をつとめた。四二年、陸軍宣伝班員としてジャワ遠征に同行、乗船した佐倉丸が撃沈され救助される。四五年の東京大空襲で自宅全焼。戦後しばらく北海道で沈黙をまもったが、詩作を再開、『寒色』で読売文学賞を受賞した。また立正大学文学部教授として教鞭をとった。九〇年一月二十九日、心不全で死去した。八十八歳。

参考文献 浅野晃『ジャワ戡定余話』(一九四四、白水社)、中村一仁編『浅野晃詩文集』(二〇一一、鼎書房)

(渡辺　和靖)

あさはらけんぞう　浅原健三　一八九七—一九六七　大正・昭和期の労働運動家。一八九七年二月二十八日、福岡県生まれ。嘉穂中学中退後、行商人、坑夫などを経て一九一四年日本大学専門部法科に入学するが中退。二〇年八幡製鉄所労働争議を指導し、同地で日本労友会を組織。その後九州機械職工組合代表、総同盟中央委員・九州連合会執行委員長を歴任。二五年九州民権党を結成し、二八年の総選挙で福岡第二区から立候補当選。同年末の七党合同で同党を解党し、日本大衆党中央執行委員に就任。三五年満洲国協和会東京事務所に勤めるが、三八年憲兵隊により検挙(浅原事件)。翌年の釈放後上海へ追放移住させられ、実業家として活躍。四四年九月東条英機暗殺未遂容疑で憲兵隊により東京へ拘引、翌年二月不起訴釈放。五一年には西日本建設国民連盟を結成。六七年七月十九日死去。七十歳。

参考文献 桐山桂一『反逆の獅子—陸軍に不戦工作を仕掛けた男・浅原健三の生涯—』(二〇〇三、角川書店)

(福家　崇洋)

あさはらせいき　浅原正基　一九一六—九六　シベリア抑留における民主運動のリーダー。一九一六年東京府生まれ、東京帝国大学卒。四三年、陸軍召集。敗戦を満洲で迎えた。ソ連がシベリア抑留者の思想教育のため創刊した『日本新聞』で編集、執筆を担当。ペンネームは、ロシアの政治家モロトフをもじって諸戸文夫。ソ連側に重用され「シベリア天皇」と呼ばれたが四九年秋に失脚。四九年のハバロフスク軍事法廷で矯正労働二十五年を言い渡されるが、五六年に帰国。九六年五月十四日死去。

参考文献 浅原正基『苦悩のなかをゆく—私のシベリア抑留記断章—』(一九九一、朝日新聞社)

(栗原　俊雄)

あさままるじけん　浅間丸事件　一九四〇年一月二十一日午後一時ごろ、サンフランシスコを出港しハワイを経由して横浜に向かっていた日本郵船所有の定期船「浅間丸」が、千葉県野島崎沖三五海里の公海上で英国の巡洋艦「リバプール」に停船を命じられ、臨検をうけ、ドイツ人乗客五十一人のうち二十一人が連れ去られた事件。当時、英国はドイツと交戦状態にあり、中立国経由で帰国しようとするドイツ人に対する監視を強化していた。事件が起きると、各新聞によって大々的に英国批判が展開されただけでなく、右翼団体による反英運動も激しく行われ、国民の排英熱を煽り、高揚させ、反英世論の形成に大きな役割を果たした。成立間もない米内光政内閣の外務大臣有田八郎は、英国との交渉で英国側がドイツ人九名を引き渡すことに加え、英国側が臨検手続きの不備を認め遺憾の意を表し、日本側が交戦国軍人の乗船を禁止することなどで合意して二月二十九日、事件は決着した。

浅間丸

参考文献 野村実「浅間丸事件(昭和一五年)と日本海軍」(『軍事史学』八ノ一、一九七二)、松永智子「英字紙読者の声—ジャパン・タイムスと浅間丸事件(一九四〇年)—」(『マス・コミュニケーション研究』八一、二〇一二)

(塩出　環)

あさみふかし　浅見淵　一八九九—一九七三　小説家、

評論家。一八九九年六月二十四日、土木技師を父として兵庫県に生まれる。早稲田大学国文科卒業後、いくつかの同人雑誌に拠りながら創作活動をつづけ、一九三七年から『早稲田文学』編集同人となった。最初の評論集『現代作家研究』(三六年、砂子屋書房)と第一小説集『目醒時計』(三七年、赤塚書房)によって本格的な作家活動を開始したが、それは日本国家が日中戦争へと突き進む時期であった。三九年三月に結成された大陸開拓文芸懇話会に参加し、第二小説集『無国籍の女』(三九年、赤塚書房)、四〇年夏の満洲旅行の成果である『文学と大陸』(評論集、四二年、図書研究社)、四二年二月の渡満の所産『蒙古の雲雀』(随筆集、四三年、赤塚書房)、『満洲文化記』(四三年、新京、国民画報社)などにより、深く時局と関わる文学活動を展開した。日本文学報国会では評論随筆部会幹事。戦後は回想記的な作品に主力を注ぎ、七三年三月二十八日没。七十三歳。

参考文献　『浅見淵著作集』(一九七四、河出書房新社)、浅見淵『昭和文壇側面史』(『講談社文芸文庫』、一九九六、講談社)

(池田　浩士)

アジアしゅぎ　アジア主義　竹内好が喝破したように、アジア主義とは何かについての定まった定義はなく、「アジア主義とよぶ以外によびようのない心的ムード、およびそれに基づいて構築された思想」である。それを使う人の定義次第と言えよう。ひとまず、アジア主義を「自らの帰属地域を起点として、『アジア』という概念を使うことで『他者』を競争・抗争・排除の対象とし、『アジア』という範囲の中での連帯を求める政治プロジェクト」と定義したい。

「アジア」概念がそもそも「西洋」の対立概念として立てられたことから、「他者」は西洋とされることが多かった。しかし、日本の大アジア主義が中華を克服すべきものと考えていたように「アジア」内のものが「他者」とされることもあるし、「ハワイ人のためのハワイ」が異人種の入植や異人種との混血を排除しなかったように、「アジア」の中に「西洋」が含まれることもある。「他者」をどうイメージするかによるのである。

自分の帰属地域を含む「アジア」の範囲をどう規定するかもまた、論者に委ねられている。中華を中心とする朝貢システム・華夷意識は一つのアジア主義と言えようし、日中韓を中心とする(北)東アジア共同体論、アセアン諸国を中心とする東南アジア地域共同体、フィンランド・ハンガリー・トルコなどをも含むトゥーラン主義、オーストラリアなどを含むアジア太平洋地域構想(アメリカまでも含むこともある)、中東地域までも含む汎アジア主義、「第三世界」論なども、アジア主義のカテゴリーに含めることができる。それぞれ、何を「他者」と考え、どのような政治的・経済的・文化的な「共同体」を創ろうと考えるのかによる。

大アジア主義というイデオロギーは孫文、汪兆銘(精衛)らによっても使われたが、その内容や範囲においては大きな違いがある。日本に亡命したラース＝ビハーリー＝ボースは、故国インド解放のための反英革命を夢見た。松井石根を中心とする大亜細亜協会の掲げた大亜細亜主義は、彼らの思想を利用しながら、「大東亜戦争」へと日本を誘う上で大きな役割を果たした。

「アジア」という概念を特徴づけるものとして、肌や髪の色、漢字の使用、仏教信仰などの人種的、文化的な要素が挙げられる。しかし貨幣による非人格的交換を原理とする資本主義、テキストを読み理解することを前提とするマルクス主義が、普遍的性格を強く持つのと異なり、アジア主義で最も重要なのは、「会う」という直接対面的契機である。隣人との人格的結びつきや、祖先や故人を含む共通の知人を介してのネットワークを通じて、(実際には会ったことがないとしても)自分が「アジア」的共同体に属していると実感・想像できることが、アジア主義には不可欠である。

日本で通常「アジア主義」として語られるのは、西郷隆盛など幕末の志士から玄洋社＝黒龍会、石原莞爾、中野正剛、重光葵らに至る大アジア主義の系譜であることが多い。竹内好や松本健一はアジア主義に、資本主義を批判し抵抗した異議申し立てや「アジア的なコンミューン」を見た。確かに、コミンテルンの一員としてゾルゲ事件で刑死した尾崎秀実にとどまらず、共産主義運動から転向したアジア主義者も多いし、反資本主義的な石原莞爾の東亜連盟論もある。しかし、「東亜先覚志士」の祖とされ松井石根が崇敬した荒尾精、白岩龍平や対満蒙積極政策を推進した森恪、戦前は大亜細亜協会評議員として反英運動を担い戦後は日中国交回復に尽力した村田省蔵大阪商船社長らは、経済発展や膨張を求め資本主義と結びついたアジア主義者であったし、現在経済的発達を遂げ「後進地域」を脱しつつあるアジア各地にも、「生産性の政治」に即した新たなアジア主義が育っている。資本主義との関係一つをとっても、繰り返し語られてきたのとは異なる物語が、実は日本の内外に豊富にある。人口に膾炙したアジア主義の物語を事実とともに掘り返して相対化し、アジア各地を起点とする政治プロジェクトとして、時代や地域、政治的意図などに即して歴史に位置づけ直す作業は、緒についたばかりである。

参考文献　竹内好『竹内好全集』八(一九八〇、筑摩書房)、松本健一『竹内好「日本のアジア主義」精読』(『岩波現代文庫』、二〇〇〇、岩波書店)、梅森直之・平川幸子・三牧聖子編著『歴史の中のアジア地域統合』(二〇一三、勁草書房)、松浦正孝『「大東亜戦争」はなぜ起きたのか―汎アジア主義の政治経済史―』(二〇一〇、名古屋大学出版会)、同編著『アジア主義は何を語るのか―記憶・権力・価値―』(二〇一三、ミネルヴァ書房)、Sven Saaler, Christopher W. A. Szpilman (eds), *Pan-Asianism: A Documentary History*, 2 vols. (Rowman & Littlefield, 2011)

(松浦　正孝)

アジア・たいへいようせんそう　アジア・太平洋戦争　第二次世界大戦の一環として、アジア・太平洋地域で日本と連合国との間で戦われた戦争。一九四一年十二月八日に開始され、日本政府が降伏文書に調印した四五年九月二日に正式に終結した。

「太平洋戦争」と呼ぶ場合もあるが、この呼称では日本とアメリカとの戦争が中心となりがちで、中国や東南アジアでの戦闘が抜け落ちてしまうので、最近では「アジア・太平洋戦争」と呼ぶ。四〇年九月調印の日独伊三国同盟によって、日本が武力南進政策を開始して以来、日米間の緊張がたかまったため、四一年四月からは、戦争回避のための日米交渉が始まった。しかし、アメリカ側が日本軍の中国からの撤退などを要求すると、日本側は態度を硬化させて開戦に踏み切った。その意味では、日中戦争の延長線上に生起した戦争だといえる。日本側は、四一年七月二日、九月六日、十一月五日、十二月一日の四回の御前会議を経て開戦を決定したが、「戦争を決意」して、作戦準備を完成させることを決めた十一月五日の御前会議で実質上開戦を決めたとみなすことができる。アメリカ側の対日要求をまとめたハル＝ノートが日本側に手交されたのは、この御前会議決定後の十一月二十六日のことだった。

戦争は、十二月八日、日本軍のマレー半島と真珠湾への奇襲攻撃によって始まったが、その後の戦局は、四期に分けることができる。第一期は、開戦から四二年五月までの時期である。この時期、日本軍は戦略的な攻勢をとり、フィリピンのバタアン半島の攻略に手間取ったものの、東南アジアの広大な地域を短期間のうちに支配下におさめた。日中戦争以降、軍備の急速な充実に努めてきた日本軍が、戦争準備が立ち遅れ、統一した戦争計画を持てなかった米英軍、オランダ軍を圧倒したのである。

第二期は、四二年六月から四三年二月までであり、米軍を中心にした連合軍の反撃が始まった時期である。四二年六月のミッドウェー海戦に勝利した米軍は、八月には、ガダルカナル島への上陸を開始する。以後、同島の争奪をめぐって激しい攻防戦が展開されたが、結局、翌四三年二月には、戦いに敗れた日本軍がガダルカナル島から撤退する。この激しい攻防戦で日本軍は、多数の航空機と熟練した搭乗員、多くの艦船を失った。船舶の喪失も深刻であり、特に、多数の新鋭輸送船の喪失は、多数の商船の軍への徴用と相まって、日本の戦争経済に深刻なダメージを与えた。陸上戦においても、日本軍は、優秀な装備の米軍に完敗した。この攻防戦における日本陸海軍の敗北は、戦局の決定的な転換点となったのである。なお、この時期に行われたニューギニア作戦では、オーストラリア陸軍が果たした役割も大きい。

第三期は、四三年三月から、四四年六、七月ごろまでの時期である。米軍の戦略的攻勢期、日本軍の戦略的守勢期である。この時期、戦争経済が本格的に稼動し始めたアメリカは、多数の正規空母の就役や新鋭航空機の開発などによって、戦力を充実させた。その結果、日米の戦力比は完全に逆転し、日米間の戦力格差は急速に拡大していった。そして、充実した戦力によって、太平洋の制空・制海権を握った米軍は、各地で本格的攻勢を開始した。これに対して日本側は、戦線を縮小し、後方の防備をかためつつ、連合軍との本格的決戦に備えるため、四三年九月の御前会議で「絶対国防圏」を設定する。しかし、「絶対国防圏」の防備の強化が進まないうちに、四四年六月、米軍はマリアナ諸島のサイパン島への上陸を開始した。この時、日本海軍は、機動部隊を出撃させて米機動部隊に決戦を挑んだが、反撃にあって完敗した。このマリアナ沖海戦の敗北によって、日本の機動部隊は事実上壊滅する。また、サイパン島の日本軍守備隊も七月には全滅し、米軍はマリアナ諸島を完全に制圧する。

第四期は、四四年八月から、敗戦までの時期である。この時期は、日本による絶望的抗戦期として特徴付けられる。フィリピン、沖縄、硫黄島などがつぎつぎに陥落し、ビルマ戦線でも日本軍の後退が始まった。また、マリアナ諸島の陥落によって、日本本土の大部分が、米軍の新鋭大型爆撃機B29の行動圏内に入り、十一月からは、マリアナ諸島を基地とするB29による本土空襲が開始された。一方、米潜水艦部隊の攻撃によって、多数の船舶が失われ、日本本土と東南アジアの占領地を結ぶ海上輸送路は、随所で切断された。このことは、占領地からの資源の移入によって成り立っていた日本の戦争経済にとって、致命的な打撃となった。日本の戦争経済の崩壊が始まったのである。そして、この四期を通じて、中国は、国共の対立や日本軍の攻撃によって動揺した時期があったものの、日本に対する抗戦を継続した。そのため、日本軍は多数の兵力を中国戦線に配備し続けなければならなかったのである。

こうした中で、四五年七月、米英ソの連合国首脳が会談し、日本に降伏を求めるポツダム宣言を発表した。この宣言への対応をめぐって、日本政府は混乱を続けたが、結局、四五年八月六日の広島への原爆投下、同九日の長崎への原爆投下、同八日のソ連の対日宣戦布告によって、日本政府はポツダム宣言の受諾を決定する。その事実を天皇の「玉音放送」によって国民に知らせたのが八月十五日のことであり、六三年以降、この日が終戦記念日とされている。

重要なことは、アジア・太平洋戦争期の戦死者の大部分が、戦争の帰趨が明確となった絶望的抗戦期に生じていることである。年次別の戦死者数は公表されていないが、この時期の戦死者数が全体の八割を超えると考えられる。日本政府の戦争終結決意が遅れたことが、この悲劇を生み出したのである。また、日中戦争以降の戦死者の内、約六〇%が餓死者だともいわれる。国力を無視した無謀な作戦による戦線の拡大、制空・制海権の喪失による補給の途絶、軍事衛生の不備などが、その原因である。日本政府の発表によれば、日中戦争から敗戦までの日本人の戦没者数は、軍人・軍属が約二百三十万人(うち朝鮮人・台湾人が約五万人)、外地の一般邦人が約三十万人、空襲などによる国内の戦災死没者が約五十万人、合計で約三百十万人である。戦場となったアジア地域の民衆の犠牲者数は、千九百万人以上ともいわれる。→十五年戦争 →第二次世界大戦 →日中戦争

参考文献 日本国際政治学会太平洋戦争原因研究部編『太平洋戦争への道—開戦外交史—』(一九六三、朝日新聞社)、防衛庁防衛研修所戦史室編『戦史叢書』(一九六六-八〇、朝雲新聞社)、歴史学研究会編『太平洋戦争史』(一九七一-七三、青木書店)、倉沢愛子他編『(岩波講座)アジア・太平洋戦争』(二〇〇五-〇六、岩波書店)、吉田裕『アジア・太平洋戦争』(『岩波新書』、二〇〇七、岩波書店) (吉田 裕)

アジア＝モンローしゅぎ　アジア＝モンロー主義　欧米勢力のアジアへの介入を拒絶し、アジアのことはアジア諸民族に、あるいは日本に処理させるべきだとする考え方、外交路線。アメリカ合衆国のモンロー主義になぞらえた言い方で、一八九八年に近衛篤麿が「亜細亜のモンロー主義」と唱えたことがはじまりとされる。当初は、論者によってアジアの連帯による欧米への抵抗を訴えるものから、アジア結束の際の日本の指導性を強調するものまで幅があったが、一九一〇年代には徳富蘇峰を代表的論者として日本の膨張論の典型的見解となった。アジア＝モンロー主義の主たる担い手は陸軍であり、民間右翼勢力と政友会の対外強硬論者がそれに連なる存在であった。三〇年代になり大陸への膨張が既成事実化されると三四年の天羽声明に見られるように外務省においてもそれまでの対英米協調路線にとってかわり、次第に日本外交路線の主流を形成するようになり、のちの東亜新秩序・大東亜共栄圏思想を生み出した。→天羽声明

参考文献 江口圭一『十五年戦争小史(新版)』(一九九一、青木書店)、井上寿一『アジア主義を問いなおす』(『ちくま新書』、二〇〇六、筑摩書房) (山田 朗)

あしかさくせん　あしか作戦　第二次世界大戦におけるナチ＝ドイツ国防軍のイギリス本土上陸作戦の暗号名。一九四〇年五月の西部攻勢大成功によって対英攻撃のための基地を獲得したヒトラーは、七月十六日、英本土の対独戦基地を無力化し、必要ならば完全占領するための作戦準備を指令。英海峡および英本土南部の制空権を独軍に譲り渡さなかった英空軍は、独空軍の休養と準備の間に五十二ものレーダー基地建設による早期警戒システムをすでに整え、独軍機を迎え撃った。八月一日ヒトラーは使用可能な機の全投入による英空軍撃滅を命じたが、天候の悪化もあって全部は参加しえず、対独暗号解読テクニック(ウルトラ)とレーダー網によって、英側には独軍の攻撃時期、なかんずく大攻勢の日(「荒鷲の日」)も、戦隊の動きまで逐一読まれており、独軍の損害は甚大化した。バトル＝オブ＝ブリテンのさなかの九月十五日のロンドン上空空中戦で大敗を喫した独軍は、翌日の大攻勢中止を機に作戦自体を放棄断念した。

参考文献 リチャード＝コックス『幻の英本土上陸作戦』(土屋哲朗・光藤亘訳、一九八七、朝日ソノラマ)、『英独航空決戦』(『歴史群像　欧州戦史シリーズ』三、一九九七、学習研究社)、Monika Siedentopf, *Unternehmen Seelöewe* (Stuttgart, 2014, Dtv Deutscher Taschenbuch) (芝 健介)

あしだひとし　芦田均　一八八七—一九五九　昭和時代の政治家。一八八七年十一月十五日京都府生まれ。一九一二年東京帝国大学法科大学を卒業後、外務省に入る。大使館書記官、外務事務官、大使館参事官などを歴任。ロシア、フランス、トルコなどに駐在。満洲事変を機に外務省を辞し政友会入党、三二年総選挙に京都三区から立候補し初当選。四〇年、反軍演説を行なった斎藤隆夫議員への懲罰動議に反対票を投じ、政友会を除名された。大政翼賛会を批判し、四一年に翼賛会予算削減の動議に賛成票を投じている。四二年翼賛選挙で非推薦候補として当選、議会内会派同交会の一人として、翼賛会に批判的な議員や知識人の交流を主導した。戦時期の芦田は軍部批判で一貫していたが、その主眼は国力無視の無謀な戦争を主導した点にあり、近代日本の歩み自体には疑問を持たなかった。その意味で近代日本リベラリズムの到達点と限界を体現した人物といえる。四八年三月、片山内閣総辞職の後、三党連立内閣を引継いで首相に就任、同年中に昭和電工疑獄のため総辞職。五九年六月二十日没。七十一歳。

芦 田 均

参考文献 福永文夫・下河辺元春編『芦田均日記—一九〇五〜一九四五—』(二〇一二、柏書房)、宮野澄『最後のリベラリスト・芦田均』(一九八七、文藝春秋) (山本 公徳)

あそうこうぎょうかいしゃ　麻生鉱業会社　⇩筑豊炭鉱

あそうたかきち　麻生太賀吉　一九一一—八〇　昭和期の炭鉱経営者。一九一一年九月二十九日、筑豊の炭鉱経営者麻生太吉の嫡孫として福岡県で出生。福岡中学校、九州帝国大学聴講生を経て、麻生商店入社、三四年社長就任。後継の麻生鉱業、麻生産業、麻生セメントの社長を歴任。四九年より、岳父吉田茂首相補佐のため衆議院議員を三期つとめる。七三年麻生セメント会長就任、八〇年十二月二日死去。六十九歳。長男太郎は第九十二代首相。

参考文献 『麻生太吉伝』(一九三四、麻生太吉伝刊行委員会)、『麻生太吉翁伝』(一九三五、麻生太吉翁伝刊行委員会)、『麻生百年史』(一九七五、麻生セメント) (荻野 喜弘)

あそうひさし 麻生久 一八九一—一九四〇 大正・昭和期の労働運動家、政治家。一八九一年五月二十四日、大分県生まれ。一九一〇年第三高等学校入学後、棚橋小虎や山名義鶴らと縦横会を結成、学生運動を起こす。一三年に東京帝国大学仏法科に進学、卒業後は東京日日新聞に入社。このころから社会主義研究を行う水曜会や、黎明会、新人会結成に参加、『解放』創刊にも尽力した。二〇年には全日本鉱夫総連合会を結成し、足尾争議を指導。同時に友愛会に関わり、一九年に新聞記者を辞して友愛会出版部長に就任、のち総同盟政治部長となる。二六年から労働農民党中央委員、日本労農党書記長、日本大衆党中央執行委員長、全国労農大衆党書記長・中央執行委員長などを歴任し、無産政党中間派の一角をなした。三二年に社会大衆党が結成されると書記長に就任。のち軍部接近や東方会との合同を画策するなかで近衛新体制に協力して、四〇年七月に社大党を解党。同年九月六日死去。五十歳。

参考文献 河上丈太郎編『麻生久伝』(一九五八) (福家 崇洋)

あたご 愛宕 高雄型一等巡洋艦の二番艦。一九二七年四月二十八日、呉海軍工廠において起工、三〇年六月十六日進水、三二年三月三十日竣工した。基準排水量一万二九八六トン、主要兵装二〇・三センチ連装砲五基、六一センチ連装魚雷発射管四基、速力三五・五ノット(時速約六六キロ)。三八年四月から三九年十月まで実施された改装で後檣を四番主砲塔直前に移設した。アジア・太平洋戦争では、南方攻略作戦支援、ミッドウェー作戦、南太平洋海戦、第三次ソロモン海戦、マリアナ沖海戦など主要な海戦に参加した。比島沖海戦では第二艦隊旗艦として栗田健男中将が座乗したが、パラワン沖西方で米潜水艦の雷撃を受け沈没した。

愛　宕

参考文献 福井静夫『日本巡洋艦物語』(『福井静夫著作集』四、一九九二、光人社)、海軍歴史保存会編『日本海軍史』七(一九九五、第一法規出版)、雑誌「丸」編集部編『(ハンディ版)日本海軍艦艇写真集』一〇(一九九七、光人社) (太田 久元)

あたごやまじけん 愛宕山事件 右翼団体である尊攘同志会が、アジア・太平洋戦争末期にポツダム宣言受諾に反対して、愛宕山に籠城・自決した事件。一九四五年八月、飯島与志雄・摺建富士夫らを中心とする尊攘同志会は、日本がポツダム宣言を受諾して降伏するという情報を得るや、これに反対して、終戦派と目される木戸幸一内大臣をはじめ近衛文麿・岡田啓介・平沼騏一郎ら重臣層の暗殺を計画し、同月十五日・十六日に木戸邸に押し入り、また都内で手榴弾を炸裂させ、不穏ビラを配布した。これに対し警察当局は飯島・摺建らが籠城する愛宕山を包囲し、投降を呼びかけたが拒否された。警官隊は二十二日に実力行使にとりかかり、それを受けて尊攘同志会会員十名は自決した。同月二十七日には会員の妻三名が愛宕山で自決を図り、うち二名が死亡した。

参考文献 林茂他編『日本終戦史』上(一九六二、読売新聞社) (加藤 祐介)

あだちただし 足立正 一八八三—一九七三 財界人。アジア・太平洋戦争期の王子製紙社長。一八八三年二月二十八日、鳥取県に生まれる。生家の隣は藤原銀次郎夫人の実家。一九〇五年東京高等商業学校を卒業、三井物産に入社、藤原の部下となる。一一年に藤原の誘いで王子製紙へ転職、苫小牧工場長などを経て、四二年社長就任、戦時の国家統制に対応。四六年辞任、四七—五〇年公職追放。戦後は日本商工会議所会頭などを歴任。七三年三月二十九日死去、九十歳。

参考文献 東京放送編『足立先生を語る』(一九七五) (四宮 俊之)

あだちはたぞう 安達二十三 一八九〇—一九四七 陸軍軍人。一八九〇年六月十七日、陸軍教授安達松太郎の四男として石川県に生まれる(東京生まれ説もある)。一九一〇年、陸軍士官学校卒業(第二十二期)。同年十二月、少尉となり、近衛歩兵第一連隊付となる。二十二年、陸軍大学校卒業。翌年、参謀本部付。二六年、少佐に進級。三十二年、欧州へ出張。翌年、関東軍司令部付。翌々年の三四年には関東軍鉄道線区司令官に就任。三六年には歩兵第十二連隊長。その後、関東軍司令部付、歩兵第二十六旅団長を歴任し、四〇年には中将となり、第三十七師団長となった。アジア・太平洋戦争開戦直前の四一年十一月には、中国戦線の北支那方面軍参謀長に就任したが、開戦後の四二年十一月には、風雲急をつげる南方戦線・東部ニューギニア方面を担当する第十八軍司令官に就任した。戦後の四七年四月には終身刑の判決を受けるが、同年、九月十日に自決した。五十八歳。安達が担当した東部ニューギニア方面の戦闘は、病死者・栄養失調死者が続出しただけに、その責任を取って自決したといわれる。

[参考文献] 今井武夫他『日本軍の研究・指揮官』上(一九八〇、原書房)、小松茂朗『愛の統率安達二十三—第十八軍司令官ニューギニア戦記—』(一九八六、光人社)
(山本 智之)

アダム＝マリク **Adam Malik** 一九一七—八四 インドネシアのジャーナリスト、民族主義者、政治家。一九一七年七月二十二日、北スマトラ生まれ。インドネシア党の東スマトラ支部で活動したのち、バタヴィア(現在のジャカルタ)に移り、三七年にアンタラ通信社を設立。またゲリンドや、タン＝マラカのインドネシア共和国党に参加。日本軍政期には、同盟通信ジャカルタ支局の記者として活躍。スカルノら旧世代の指導者に対抗して急進的な性格をもった新しい世代のリーダーとして台頭し、軍政監部宣伝部のインドネシア人スタッフを中心とする革命的な青年(プムダ)グループに属していた。日本軍の降伏時には、態度を渋るスカルノ、ハッタを拉致して独立宣言を迫った一人である。独立戦争期にはタン＝マラカの影響を強く受けてムルバ党に参加し、また闘争同盟の結成にも加わった。その後はスカルノ政権下で国会議員、駐ソ大使を経た後、六五年の政変後はスハルト政権を支える重要な役割を果たして外相や副大統領(一九七八—八三)を務めた。八四年九月五日死去、六十七歳。

[参考文献] アダム＝マリク『共和国に仕える—インドネシア副大統領アダム・マリク回想録—』(尾村敬二訳、一九八一、秀英書房)
(倉沢 愛子)

あたらしいけんぽうのはなし **あたらしい憲法のはなし** 日本国憲法の施行時に発行された、主に児童生徒向けの解説書。一九四六年十一月、CIE(民間情報教育局)は、新憲法の要点を説明するガイドブックの作成を文部省に要請する。文部省では教科書局での調整を経た後、四七年三月初旬、浅井清(慶応義塾大学)が中学生を対象として執筆を始め、四月初旬に成案が完成する。五月初旬には執筆者、CIE教育課、GS(民政局)裁判所・法律課、文部省間での調整や確認が終わり(GHQ会議報告)、四七年八月二日、『あたらしい憲法のはなし』として発行された(全五十三頁)。「これを戦力の放棄といいます。「放棄」とは、「すててしまう」ということです」(六「戦争の放棄」)、「人間らしい生活には、必要なものが二つあります。それは「自由」ということと、「平等」ということです」(七「基本的人権」)など憲法の要点を優しく語りかける筆致となっている。違憲立法審査権(十一「司法」)や「憲法を改正するときは、国会だけできめずに、国民が、賛成か反対かを投票してきめることにしました」(十四「改正」)のように権力を制限する憲法の役割を強調する一方で、「天皇陛下を私たちのまん中にしっかりとお置きして、国を治めてゆくについてごくろうのないようにしなければなりません」(五「天皇陛下」)など占領下で調整段階にあった記述の特徴もうかがえる。『あたらしい憲法のはなし』は、新制中学校の全生徒と教師用に五百万部、成人教育用に五十万部が印刷され、中学校社会科の副読本として使用されたが、四八年度および四九年度使用教科用図書目録には中学一年生用社会科教科書として、五十年度および五一年度用目録に補助教材扱いで記載された後、五二年度用目録以降は記載されなくなる。

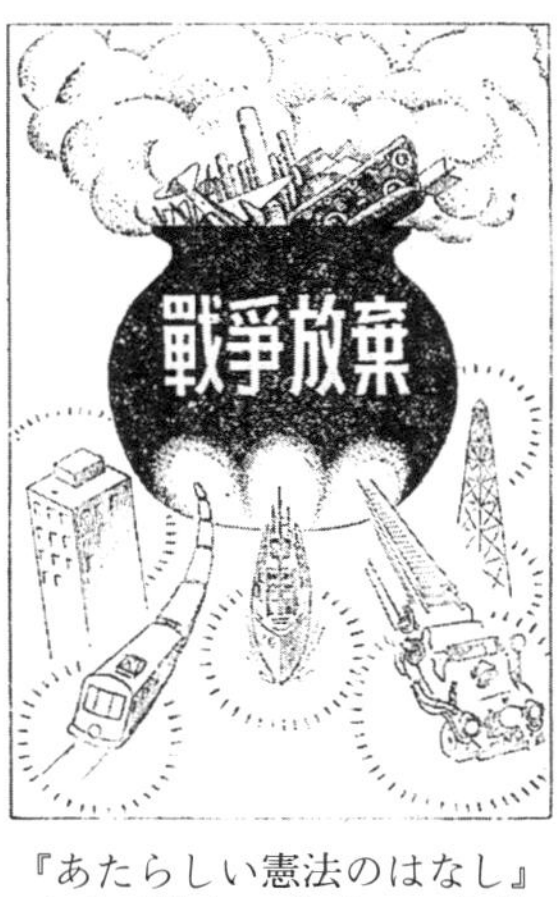

『あたらしい憲法のはなし』より「戦争の放棄」の挿絵

[参考文献] 小山常美『戦後教育と「日本国憲法」』(一九九三、日本図書センター)、片上宗二『日本社会科成立史研究』(一九九三、風間書房)、杉原誠四郎「戦後教育改革と憲法教育」(『戦後教育の総合評価—戦後教育改革の実像—』所収、一九九九、国書刊行会)
(梅野 正信)

あつぎこうくうたい **厚木航空隊** 厚木航空隊と呼称された部隊は二つある。一つは一九四三年に戦闘機操縦士練成部隊として開隊し、四四年二月第二百三海軍航空隊と改称された部隊である。この部隊は改称とともに練成部隊から実施部隊に編入され、基地としていた厚木飛行場を二つ目の厚木航空隊である第三百二海軍航空隊に明け渡した後、フィリピン戦線・沖縄戦線での戦闘に従事した。その第三百二海軍航空隊は、四四年三月に横須賀鎮守府の戦闘機隊を発展させる形で、当初は追浜飛行場を基地として設置されていた部隊である。この部隊は、ポツダム宣言受諾後に「厚木航空隊事件」と呼ばれる事件を起こしたことで有名である。この事件は日本の降伏を受け入れられなかった司令の小園安名が、降伏反対の檄文を航空機から部隊に散布させた騒乱事件で、海相米内光政や高松宮宣仁が説得にあたるも解決されず、最終的にはマラリアの高熱で人事不省となった小園を入院させて鎮定された。 →小園安名(こぞのやすな)

[参考文献] 防衛庁防衛研修所戦史室編『海軍航空概史』(『戦史叢書』九五、一九七六、朝雲新聞社)、岡本喬『海軍厚木航空基地』(一九七〇、同成社)
(手嶋 泰伸)

あつぎしんちゅう **厚木進駐** 一九四五年八月の連合国軍(米軍)先遣隊とマッカーサー最高司令官の本土初上陸。ブラックリスト作戦(第三版、AFPAC四五年八月八日作成、JCS十一日承認、本土占領作戦)による米太平洋陸軍(AFPAC、マッカーサー総司令官)の東京地域侵攻計画に基づいて実施された。東京地域には航空着

厚木飛行場に降り立つマッカーサー

陸地が十四ヵ所あったが神奈川県厚木基地（現在の綾瀬市・大和市）を第一の空挺堡と決定。八月十九―二十日の日本政府代表（降伏準備使節団、主席は陸軍参謀次長河辺虎四郎中将ほか十七名）とのマニラ会談で降伏調印関係、着陸拠点・日程などの指令が手交された。日程は台風のためすべて二日遅れとなった。八月二十八日、米第十一空挺師団の先遣隊約百四十名が、チャールス・T・テンチ大佐の指揮のもと輸送機十機で厚木に着陸。本土進駐の第一陣で外国軍隊による占領が始まった。受け入れは厚木委員会（委員長有末精三陸軍中将）が主に担当した。三十日、マッカーサーもみずから三千名を率いて愛機バターン号で厚木に降り立った。GHQ/AFPACは上級司令部の暫定的移駐先として「鎌倉―逗子―葉山地域」を考慮していたが、横浜地区占領軍受入設営委員会（委員長秋山理敬特命全権公使、二十二日設置）が横浜進駐を強く勧奨した結果、午前十一時、マッカーサーは第八軍司令部幕僚連と横浜へ移動、横浜税関本局内に臨時総司令部を設置した。三十一日以降、連合国軍の進駐は本格化した。

参考文献　『終戦秘史―有末機関長の手記―』（一九七六、芙蓉書房）、外務省編『終戦史録』（一九七七―八〇、北洋社）、江藤淳編『降伏文書調印経緯』（『占領史録』一、一九八一、講談社）　（荒　敬）

アッツとうのたたかい　アッツ島の戦　アリューシャン列島アッツ島をめぐる日米の攻防戦。アッツ島は、キスカ島とともにミッドウェー作戦（一九四二年六月）の陽動作戦として実施されたアリューシャン作戦によって日本軍が無血占領していたが、同島が米国領であるという以外には戦略的価値は乏しかった。四三年五月十二日、米軍は米領奪回とキスカ島孤立をねらってアッツ島の三ヵ所に陸軍第七師団一万一千人を上陸させた。日本軍守備隊（陸軍北海守備隊第二地区隊と若干の海軍部隊）二千六百五十人は、米軍側に戦死六百人、戦傷千二百人の損害を与えたが、重砲や戦車をもたない守備隊は次第に圧迫された。大本営は当初のアッツ確保から十八日には放棄へと方針を転換し、濃霧などの悪天候にもわざわいされて増援も撤退もなされないままで守備隊は全滅した（生存者は捕虜の二十八人）。大本営は同島の全滅をはじめて「玉砕」と発表し、守備隊長山崎保代陸軍大佐は二階級特進のうえ「軍神」とされた。

アッツ島を占領した日本軍

参考文献　防衛庁防衛研修所戦史室編『大本営陸軍部』六（『戦史叢書』六六、一九七三、朝雲新聞社）　（山田　朗）

あなみこれちか　阿南惟幾　一八八七―一九四五　大正・昭和期の陸軍軍人、ポツダム宣言受諾時の陸軍大臣。一八八七年二月二十一日、東京府に生まれる。一九〇五年に陸軍士官学校を卒業（十八期）。一八年に陸軍大学校を卒業。侍従武官、陸軍省兵務局長、陸軍省人事局長、第百九師団長などを経て、三九年に陸軍次官。その後は在中国第十一軍司令官、第二方面軍司令官、航空総監兼航空本部長を経て、四五年に陸相（鈴木貫太郎内閣）。ポツダム宣言受諾の条件について議論された同年八月十日の御前会議において国体護持・自主的な戦犯処罰・自発的な武装解除・連合軍の進駐地域の限定の四条件を付すことを主張し、国体護持のみを条件とすることを主張した東郷茂徳外相・米内光政海相・平沼騏一郎枢密院議長らと対立した。また十四日の御前会議においても、連合国回答文（バーンズ回答）に対して再照会を主張した。十五日未明に自決。五十九歳。

阿南惟幾

参考文献　鈴木多聞『「終戦」の政治史一九四三―一九四五』（二〇一一、東京大学出版会）　（加藤　祐介）

あのはたをうて　あの旗を撃て　一九四四年二月十日公

開の日本映画。東宝製作、阿部豊監督。陸軍省後援、比島派遣軍報道部協力。当時の宣伝文では「日・比・合作の一大国民映画」であり、フィリピンでは同年三月に公開。主題はアメリカからフィリピンを解放する日本、大東亜共栄圏におけるフィリピンの民族的覚醒。マニラ、バターン半島、コレヒドール島などで現地ロケが行われて、言語は日本語、タガログ語、英語が使われている。時代劇の大スターだった大河内伝次郎、モダン青年の役が多かった大川平八郎、フィリピンのスター、フェルナンド＝ポウほか両国の俳優や、現地の住民・米軍捕虜などが多数出演し、当時の日本映画には珍しく国際性が濃厚で、スケールも大きい。四二年十二月公開の『ハワイ・マレー沖海戦』に連なる、国策映画を代表する戦争プロパガンダ映画。フィリピン側の出演者に、アンヘル＝エスメラルダほか。撮影＝宮島義勇、脚本＝八木隆一郎・小国英雄。音楽＝春日邦雄、美術＝北猛夫など。

参考文献 笹川慶子「日比合作映画『あの旗を撃て』の幻影—占領下フィリピンにおける日米映画戦はいかにして戦われたか—」(『関西大学文学論集』六〇ノ一、二〇一〇)　(岩本　憲児)

あべいそお　安部磯雄　一八六五—一九四九　明治・大正・昭和期における社会運動家、政治家。一八六五年三月一日(元治二年二月四日)、福岡藩生まれ。同志社在学中、新島襄より受洗。卒業後は同志社などでの勤務、米独への留学、同志社での再勤務を経て、九九年東京専門学校(のちの早稲田大学)に勤務。キリスト教社会主義の立場から社会主義研究会(のち社会主義協会)を結成してその普及に努め、一九〇一年社会民主党結党に参加。日露戦争では非戦論の立場で『平民新聞』を支援し、自身も『新紀元』を創刊。大逆事件後は社会主義から離れ、野球の普及に献身したが、二四年になると日本フェビアン協会や政治研究会創立に参加。二六年には労働農民党顧問となるがすぐに辞任し、社会民衆党の産婆役として同党中央執行委員長に就任。二八年の総選挙に立候補当選、以後当選四回に及ぶ。三七年から四二年まで東京市議も勤めた。三二年の社会大衆党結党に伴い中央執行委員長に就くが、四〇年の反軍演説に伴う斎藤隆夫除名問題を機に党を離れた。のち勤労国民党結党を準備するなかで結社禁止に遭い、代議士を辞した。敗戦後は日本社会党顧問。四九年二月十日死去。八十五歳。

安部磯雄

参考文献 井口隆史『安部磯雄の生涯—質素之生活高遠之理想—』(二〇一一、早稲田大学出版部)　(福家　崇洋)

あべげんき　安倍源基　一八九四—一九八九　昭和期の内務官僚。一八九四年二月十四日、山口県に生まれる。一九二〇年東京帝国大学法学部卒。内務省に入り、愛知県特別高等課長などを経て、内務事務官として広東・北京に駐在。帰国後、警保局図書課で検閲を担当。山形県学務部長を経て、三二年六月警視庁特別高等警察部の初代部長に就任。以後四年間、共産主義運動の根絶に辣腕をふるう。警視庁官房主事、静岡県総務部長、警保局保安課長などを経て、三七年六月第一次近衛内閣の警保局長、ついで十二月から三九年一月まで警視総監。四〇年一月米内内閣で警視総監に再任。四一年十二月企画院次長。四五年四月鈴木内閣の内務大臣に就任し、ポツダム宣言受諾に際し国体護持の保障についての再照会を主張。四五年十一月A級戦犯容疑者として拘置所に収容され、四八年十二月不起訴で釈放。四七年九月から五二年三月まで公職追放。四九年弁護士登録。八九年十月六日死去。九十五歳。

参考文献 安倍源基『昭和動乱の真相』(一九七七、原書房)、安倍基雄『最後の内務大臣安倍源基の半生』上・下(一九八三、サンケイ出版、改訂版『歴史の流れの中に』上・下、一九九〇、原書房)、大村立三・土谷文基編『安倍源基伝』(一九八三、安倍基雄)　(大日方純夫)

あべしげたか　阿部重孝　一八九〇—一九三九　大正・昭和戦前期の教育学者。ドイツ教育学の影響を強く受けた文化哲学的な思弁的手法が大勢を占めていた戦前の教育学界にあって、アメリカの教育科学を取り入れ、実証的研究を進めて戦後の教育学研究の先鞭者として戦後評価されてきた。一八九〇年二月十一日、新潟県に生まれる。一九一三年東京帝国大学文科大学を卒業、副手を経て、文部省普通学務局に勤務して「時局に関する教育資料」の調査にあたった。一九年、東京帝国大学文学部助教授として着任して、二二年より第五講座「教育制度、学校管理」を担当した。その間、日本ではじめての学校調査といわれている三学級二教員制の調査を実施して、『小月小学校外三校学校調査』(二二年)をまとめた。二三年六月サンフランシスコで開催された万国教育会議に派遣されたが、出張に伴いアメリカ、イギリス、フランスに一年間在留して、アメリカにおける学校行政の調査をはじめ教育学研究に従事した。帰国後は、「学校制度改造に関する諸問題」「教育的事実の数量研究」などを講義題目に掲げる一方、演習ではジャッドやカバレーなどの著作を取り上げて、科学的、実証的研究の立場を確立した。三四年、教授に昇任。中学教育調査会委員、女子中等教育調査委員、壮丁教育調査委員会委員、実業教育振興委員会委員、大学制度審査委員会委員や文部省社会教育官などを歴任した。また、三一年には、後藤隆之助らと教育研究会(のち教育改革同志会)の結成に参加して、「教育制度改革案」「青年学校義務制案要綱」「教科内容の改革要領」の作成に参画した。城戸幡太郎らと岩波書店『教育学辞典』（一九三六―三九年刊行）の編者として活躍したが、三九年六月五日癌のため死去。五十歳。著書は『欧米学校教育発達史』『学科課程論』『教育改革論』『小さい教育学』など。

参考文献 『教育』七ノ七（阿部重孝教授追悼号、一九三九）、「阿部先生追悼文」（『教育思潮研究』一三ノ二、一九三九）、『阿部重孝著作集』（一九八三、日本図書センター）　（榑松かほる）

あべしずえ　**阿部静枝**　一八九九―一九七四　歌人、評論家。一八九九年二月二十八日、父二木芳次郎、母つねの長女として宮城県で生まれる。本名志つゑ。東京女子高等師範学校在学中に尾上柴舟に学び、卒業後は仙台の東華高等女学校で教師となる。柴舟の『水甕』に入社し、仙台では石原純の指導も受けた。一九二二年、退職して上京し弁護士の阿部温知と知り合い結婚。翌年、『水甕』同人であった小泉苳三主宰の『ポトナム』に参加し、二六年、第一歌集『秋草』を刊行。二九年に社会民衆党より東京市議会議員に当選した温知をよく支え、静枝も社会民衆婦人同盟の中央執行委員として活動、『労働婦人』に寄稿し日本労働総同盟婦人部で活躍するに至った。三八年に温知が脳溢血で亡くなってからは、歌人としてよりも批評家としての発言が増え、『女性教養』『結婚の幸福』『若き女性の倫理』『愛の新書』などの著作を著して、国民としての女性の自覚を促し国策に寄与した。戦後は、社会党から立候補して豊島区議会議員となり三期つとめた。早くから女性解放問題や社会問題に関与したことが作風にもあらわれている。脳出血のため七四年八月三十一日没。七十五歳。

参考文献 「阿部静枝追悼号」（『ポトナム』五二ノ二、一九七五）、内野光子「内閣情報局は阿部静枝をどう見ていたか」（同八三ノ一・二、二〇〇六）　（竹内栄美子）

あべのぶゆき　**阿部信行**　一八七五―一九五三　大正・昭和期の陸軍軍人、政治家。一八七五年十一月二十四日石川県生まれ。九七年陸軍士官学校卒（第九期）。一九〇七年に陸軍大学校を卒業後、ドイツ留学を経て、参謀本部総務部長・陸軍省軍務局長となり、二八年陸軍次官に就任、宇垣一成陸相の病気療養中には一時陸相代理を務めた。その後第四師団長、台湾軍司令官を経て、三三年陸軍大将、軍事参事官を務めたが、二・二六事件後に辞職し三六年予備役に編入された。三九年八月、平沼騏一郎内閣の後を受けて組閣、第二次大戦への不介入、日中戦争の早期解決などを声明したが、陸軍からの支持が得られず、政党との協力関係も作れないまま翌年一月、内閣総辞職に追い込まれ、四ヵ月余りの短命内閣に終わる。その後、四〇年中国の汪兆銘政権成立時の日華基本条約締結交渉のための特命全権大使、四二年翼賛政治会総裁、四四年朝鮮総督などを歴任した。戦後、A級戦犯容疑者となるも不起訴。五三年九月七日没。七十七歳。

阿部信行

参考文献 林茂・辻清明編『日本内閣史録』五（一九八一、第一法規出版）　（山本　公徳）

あべのぶゆきないかく　**阿部信行内閣**　陸軍大将（予備役）阿部信行を首班とする内閣。一九三九年八月三十日成立。独ソ不可侵条約締結を契機に突然総辞職した平沼騏一郎内閣の後を受けて後継首班任命は混乱した。この時陸軍が阿部を推し西園寺公望も同意した。理由は阿部が皇道派にも統制派にも属さず、実務能力に長けていたためといわれている。しかし、政治経験のない阿部の組閣には不安要因も大きかった。内閣成立時点で外相を兼任していた阿部に対して、その外相人事や陸相人事に天皇がかなり具体的な条件を示していたことが『西園寺公と政局』に記されている。当時日本政府の抱える最大の外交課題が三国同盟締結問題であったが、平沼内閣末期に交渉の打ち切りが閣議決定されていた。阿部内閣でも棚上げ状態で、九月二十五日になって海軍大将野村吉三郎を外相にすえたことでも内閣のこの問題での消極的姿勢がうかがえるし、それには天皇の注文の影響があったと考えられる。こうしたことから、内閣の中心課題は「支那事変の処理」にあった。「処理」とはここでは戦争を拡大させず停戦にもち込むことを意味したが、これは阿部内閣を推した陸軍の支持を失わせる原因となった。外交面では、九月三日のドイツのポーランド侵攻を受けて、英仏がドイツに宣戦布告、第二次世界大戦が始まったが、内閣は不介入を声明した。内政面では価格等統制令で物価安定を試みたがあまり成果はでず、外務省をはじめ諸省の反対を押し切って貿易省の新設を閣議決定したが、外務官僚の強い反発にあって結局これも失敗した。議会・政党対策においても、閣僚増加に際しての民政党総裁のとり込みに失敗し、年末の議会招集を前に衆議院の過半数の議員が内閣不信任を協議するに至った。阿部は衆議院の解散も考えたが、予算成立前での解散には陸軍の反発が予想された。ここにおいて陸海相が阿部首相に決断を求め、四〇年一月十四日総辞職した。

参考文献 遠山茂樹・今井清一・藤原彰『昭和史（新版）』（『岩波新書』、一九五九、岩波書店）、勝田龍夫『重臣たちの昭和史』（一九八一、文藝春秋）　（波田　永実）

あべよししげ　**安倍能成**　一八八三―一九六六　哲学者。京城帝国大学教授、第一高等学校長、文部大臣。一八八三年十二月二十三日、医師安倍義任、品の八男として愛媛県で出生。松山中学校から第一高等学校一部甲（文科）、東京帝国大学文科大学哲学科へと進む。主としてスピノザ、カントを研究。一高時代には野上豊一郎・藤村操・岩波茂雄・阿部次郎らと親交があり、東京帝大在学中にはケーベルや波多野精一、さらに夏目漱石にも影響を受けた。藤村操の妹恭子と結婚。一高を中途退学した同期の岩波茂雄との交流は終生続き、岩波の没後には『岩波茂雄伝』を著した。一九〇九年、東京帝大卒業後大学院を経て、女子英学塾講師、日蓮宗大学講師、慶応義塾大学予科教師（ドイツ語）、法政大学教授、第一高等学校講師（倫理学）、法政大学教授を歴任。この間自然主義の文芸評論を手がけた。二四年四月から二六年一月まで官命によって哲学・哲学史研究のため一年間ヨーロッパ（英・独・仏・伊）留学。帰国後、同年四月に京城帝国大学教授に就任し哲学・哲学史を担当。四〇年九月まで在職し、朝鮮の文化を詳細に検討。二八年から三〇年にかけて同大の法文学部長を務める。四〇年九月から四六年一月まで第一高等学校長。この間、軍部が進める高等学校の年限短縮に反対するとともに、近衛文麿に早期和平を進言。戦後は、四五年十二月に貴族院議員に勅選され、前田多門辞任のあとを受けて翌四六年一月から五月まで幣原改造内閣で文部大臣となる。就任に先立ち、高校三年制の即時復活や中学校五年制に復する意向を示す。教育刷新委員会初代委員長に就任、副委員長の南原繁とともに戦後教育改革の重要な審議にあたった。文相退任後は、帝室博物館長職を一時務めたのち、十月からは新制学習院院長となり、没時まで在任した。岩波書店の『世界』創刊期の代表責任者。また「平和問題談話会」の発起人。戦前・戦後を通じて一貫した自由主義者。六六年六月七日没。八十二歳。

安倍能成

参考文献 安倍能成『安倍能成選集』（一九四八・四九、小山書店）、『安倍能成・天野貞祐・辰野隆集』（『昭和文学全集』一〇、一九五三、角川書店）、安倍能成『戦後の自叙伝』（一九五九、新潮社）、同『我が生ひ立ち—自叙伝—』（一九六六、岩波書店）、助川徳是「安倍能成年譜」（『香椎潟』一四、一九六八）

（木村　元）

あへんせいさく　阿片政策　日本の近代、特に日中戦争以後における阿片、モルヒネ、コカインなど麻薬に関する政策。その立案、生産、配給、管理などについては、日本国内では内務省、厚生省が、国外では外務省、興亜院、大東亜省および植民地官庁が管掌、占領地では日本軍が実質的に遂行した。明治維新後、日本は国内における阿片の製造、販売、使用を医療目的に限って厳重に取り締まり、阿片禍が国内に広がることはなかった。しかし日清戦争以降、植民地として台湾・朝鮮を、租借地として関東州を、さらに上海、天津などの租界や山東半島を獲得すると日本は阿片問題に直面することになった。台湾と大連では阿片の漸禁政策を採用して専売制度を導入、朝鮮では阿片原料の罌粟（けし）を栽培した。第一次世界大戦によって医療用モルヒネの輸入が途絶すると日本の製薬会社は一九一五年にモルヒネを国産化、大阪府の農民である二反長音蔵が罌粟の栽培に尽力した。日本は一二年から三一年にかけて阿片・麻薬の生産、輸出入、販売の制限に関する四つの国際条約に調印、批准したが、大連、天津、上海などの地で多くの日本人、朝鮮人が日本産モルヒネの密売に従事、日本政府の阿片取り締まりに対する非協力的な態度が国際連盟や国際会議で非難された。中国では南京国民政府が二八年から本格的な禁煙政策に取り組んだが、日本は三二年満洲国を樹立して罌粟の生産と専売を開始、三七年日中戦争が勃発すると内蒙古に蒙疆政権を樹立して阿片を生産、他地域・国に移輸出させた。日本軍は民間人の里見甫を起用して上海に華中宏済善堂を設立、当初は三井物産が密輸入したイラン産阿片を、三九年末からは蒙疆阿片を中国人商人の阿片ネットワークを利用して販売させた。その巨額な収益は汪兆銘政権の樹立工作やその財源、また日本軍の資金源として使用された。アジア・太平洋戦争勃発後、日本は占領したシンガポールでも阿片を精製、販売した。急激なインフレが進む占領地において阿片は物資購入の通貨の役割を果たした。四三年南京その他の都市で学生らの反阿片デモが発生すると里見は華中宏済善堂を辞職、四五年敗戦によって国策としての日本の阿片政策は終わりを告げた。四六年東京裁判は日本の阿片政策の犯罪性を追及、事実関係の一端を明らかにした。

参考文献 江口圭一『（資料）日中戦争期阿片政策—蒙疆政権資料を中心に—』（一九八五、岩波書店）、『続・現代史資料』一二（一九八六、みすず書房）、江口圭一『日中アヘン戦争』（『岩波新書』、一九八八、岩波書店）、倉橋正直『阿片帝国・日本』（二〇〇八、共栄書房）、小林元裕『近代中国の日本居留民と阿片』（二〇一二、吉川弘文館）

（小林　元裕）

あまかすまさひこ　甘粕正彦　一八九一—一九四五　大正から昭和期の陸軍軍人、企業家。一八九一年一月二十六日、甘粕春吉の長男として宮城県にて出生。津中学から名古屋陸軍幼年学校を経て、陸軍士官学校卒（第二十四期）。一九一八年朝鮮京畿道楊州の憲兵分隊長に就任。二一年、大尉に昇進し千葉県市川市の憲兵分隊長就任。二二年渋谷憲兵分隊長、二三年渋谷と麹町の憲兵分隊長を兼任。直後、大杉栄虐殺事件を起こし服役。二六年に仮出獄、二七年—二九年まで渡仏、のち満洲へ移住し、満

甘粕正彦

洲事変以後、関東軍のもとで数々の謀略に関与し、清の廃帝溥儀が天津を脱出する際の手助けをした。三二年に満洲国民政部警務司長、三七年に協和会総務部長に就任。翌年、満洲国の親善使節として欧州歴訪。三九年満洲映画協会(満映)理事長に就任し、満洲国の国策映画製作に携わり、日中の多くの映画人を育てた。四五年八月二十日、満映理事長室で青酸カリにて自決。五十五歳。

参考文献 太田尚樹『満州裏史―甘粕正彦と岸信介が背負ったもの―』(二〇〇五、講談社)、佐野眞一『甘粕正彦乱心の曠野』(二〇〇八、新潮社)
(塩出 環)

あまのたつお 天野辰夫 一八九二―一九七四 昭和期の国家主義者。神兵隊事件総司令。一八九二年二月二十二日、天野千代丸の長男として静岡県に出生。第八高等学校を経て一九一三年東京帝国大学法学部独法科に入り、一九年卒業。在学中、師事した上杉慎吉とともに興国同志会を組織し、吉野作造の新人会に対抗。二七年成立した全日本興国同志会の中心人物として活動。三〇年津久井龍雄らと愛国勤労党を組織。三三年七月、血盟団事件、五・一五事件を踏まえて神兵隊事件を計画するも、実行直前に検挙。同事件は、自身が総司令となり、前田虎雄を行動部隊司令、鈴木善一、片岡駿、影山正治、奥戸足百らを幹部とし、政府要人を殺害し、皇族内閣を樹立し昭和維新を達成しようとするものだった。保釈中の三九年まことむすび社に世話人として参加。四一年平沼騏一郎国務相狙撃事件に関わり検挙。四三年東条英機内閣打倒を計画し検挙。七四年一月二十日没。八十一歳。

参考文献 今井清一・高橋正衛編『現代史資料』四(一九六三、みすず書房)、「国家主義系団体員の経歴調査(一)」(奥平康弘他編『昭和思想統制史資料』一八上、一九八〇、生活社)
(昆野 伸幸)

アミル＝シャリフディン Amir Sjarifuddin 一九〇七―四八 インドネシアの左翼民族主義者。一九〇七年四月二十七日、メダン生まれ。オランダ本国で中等教育を受けたのち、バタヴィア法科大学で学んだ。対オランダ非協力路線のパルティンドに参加。その後一九三七年に反ファシズムという点で、オランダと共闘姿勢をとる左翼民族団体ゲリンドを設立、さらに三九年民族団体の連合体であるガピを結成した。日本の侵攻直前には非合法共産党を結成し、オランダから密かに反日活動のための地下レジスタンス運動を組織する資金を得ていたといわれる。日本軍政下で四三年末に他の五十四名の左翼民族主義者とともに逮捕され、四四年二月死刑判決を受けたが、スカルノらのとりなしによって終身刑に減刑された。独立宣言後は政権に参加し国務相、その後は首相を務めた。シャフリルらと共同してインドネシア社会党の結成にあたったが、のちに共産党に参加した。間もなく四八年九月に東ジャワのマディウンで、共産党を中心とする人民民主戦線が政府の公共機関を襲撃して革命政府を樹立するという事件(マディウン事件)が発生し、その首謀者として同年十二月十九日に射殺され、四十一歳の生涯を閉じた。

参考文献 増田与『インドネシア現代史』(一九七一、中央公論社)
(倉沢 愛子)

アメリカきょういくしせつだん アメリカ教育使節団 アメリカ教育使節団は連合国軍最高司令官マッカーサーの要請により、著名な教育関係者二十七名から構成された。約一ヵ月の滞日後、一九四六年三月三十日に「報告書」を提出した。「報告書」は、戦後教育改革の「聖典」とも称され、すべての教育制度改革が網羅され、初等・中等学校における教育行政など六章から構成され、六・三・三制、男女共学、義務教育の延長など重要な勧告がされた。ローマ字改革や四年制大学の抜本的な改革については日本側の反対もあって間接的な表現にとどまった。朝鮮戦争中の五〇年八月に第二次アメリカ教育使節団が再来日した。特に「社会教育」の章では、「極東において共産主義に対抗する最大の武器の一つは、日本の啓発された選挙民である」と述べるなど、極東における共産勢力の進出に伴う占領教育政策の転換を示唆した。

参考文献 土持法一『米国教育使節団の研究』(一九九一、玉川大学出版部)
(土持 法一)

アメリカきょくとうりくぐん アメリカ極東陸軍 フィリピン陸軍を在比米陸軍に統合して編成した部隊。一九四一年七月二十七日(フィリピン時間)、米大統領ローズヴェルトの行政命令によって、フィリピンの自治植民地(コモンウェルス)政府の正規軍を、在比米国陸軍に編入してアメリカ極東陸軍(USAFFE)を組織した。当時すでに米国陸軍参謀総長を退任して、コモンウェルス政府の軍事顧問だったマッカーサーが現役復帰して司令官に就任した。その兵力は諸説あって確定しがたいが、全体で四万人強とされ、これに予備役兵や義勇兵が加わった。ウェインライト指揮下の北部ルソン軍とパーカー指揮下の南部ルソン軍がマニラ防衛にあたったが、同年末にマニラは陥落した。しかし、翌年初からの日本軍政開始後も、ルソン島バタアン半島やコレヒドール島を拠点に抵抗した。結局、バタアン半島が陥落したのは同年四月九日、オーストラリアへ脱出したマッカーサーから指揮を引き継いだウェインライトがコレヒドール島で全軍の降伏を認めたのは五月六日だった。しかし、その後も一部の部隊が山間部などで対日ゲリラ活動を続けた。

参考文献 池端雪浦「フィリピン現代史のなかの日本

占領期」(同編『日本占領下のフィリピン』所収、一九六六、岩波書店)、中野聡『フィリピン独立問題史』(一九九七、龍溪書舎)、増田弘『マッカーサー―フィリピン統治から日本占領へ―』(『中公新書』、二〇〇九、中央公論新社)

(加藤 公一)

アメリカのぐんせい　アメリカの軍制　米国軍の起源は、陸海軍とともに独立戦争期の大陸軍にあるが、建国後の米国で常備軍が強大化することはなかった。その理由の第一は、大西洋という自然で無償の安全保障の存在である。第二に、アメリカ社会での恒常的な人的資源の不足から、軍事に専心する階層の存在を許す余裕がなかった。第三に、中央権力に対する不信から、軍事力の集中への反発が強かった。第四には、平時での常備軍の存在そのものが共和政にとって危険であり、民兵こそが社会の防衛の担い手だとする共和主義思想があった。こうして、米国では民兵(南北戦争後には州兵(ナショナル＝ガード)の形態)が軍事力の中心であり、第二次世界大戦に至るまで平時に強大な軍事力を持つことがなかった。

第一次世界大戦での動員解除後、その講和に対する失望感の影響から米国では、常備軍増強への意欲は減退し民兵依存に回帰した。一九二〇年には国家防衛法が制定され、陸軍は二十八万人の将兵からなる常備軍と四十三万五千人の州兵を想定した。しかし、その後十年間、常備軍は十三万人規模に留まり、州兵は十八万人だった。三〇年にマッカーサーが参謀総長に就任したが、米本土を侵略から防衛するための大規模な陸軍ではなく、対日戦のような現実の危機に対応できる四十万人規模の「初動防衛軍」の必要を唱えた。また兵器については、第一次世界大戦で大量に余剰となった武器弾薬を有していたため、機械化など装備の近代化のために予算を獲得することは困難を極めた。

一九三九年、第二次世界大戦の開戦を受け、陸上戦力については、最高司令官である大統領が四〇年六月に現役召集令を出し、九月に州兵を連邦軍に編入した結果、翌年六月までに約三十万の州兵を現役復帰させた。さらに四〇年九月、平時では史上初の選抜徴兵・訓練法を制定し、六十万人以上を徴兵した。結局、米国陸軍は、参戦までに百六十八万人、三十六個師団(歩兵二十九、機甲五、騎兵二)を擁するようになり、終戦時までには千二百三十五万人、八十九個師団にまで膨張した。

海上戦力については、もともと戦闘艦隊(バトル＝フリート)・偵察艦隊(スカウティング＝フリート)・艦隊基地部隊(フリート＝ベース＝フォース)・潜水艦艦隊(コントロール＝フォース)の編成だった米国艦隊を、四一年二月、大西洋艦隊・太平洋艦隊・アジア艦隊(日米開戦後に壊滅的打撃を受けてまもなく廃止)の三艦隊に再編した。さらに米国艦隊司令長官(コマンダー＝イン＝チーフ・ユーエス＝フリート)の称号は、三艦隊の司令官が交替で使用し、二艦隊以上が合同して作戦する場合、または全海上部隊に統一的な手続きや訓練基準を発令する時に限り用いられた。日米開戦後、兼任での職制を廃止し、米国艦隊司令長官は海軍全体の作戦管理にあたるとしたが、海軍作戦部長(チーフ＝オブ＝ネイバル＝オペレーションズ)との職掌関係が問題になった。そのため四一年末に整理して、米国艦隊司令長官は全艦隊を指揮すると同時に将来作戦計画を立て、海軍作戦部長はその作戦計画に基づき、艦船・航空機・軍需品・人員等の種類や量や時期を詳細に算出し、海軍長官はその算出を予算化し調達作業を行うとともに人員の募集や訓練を管掌し、さらに広報を担当するものとした。また航空戦力に関しては、二一年に海軍省内に航空局を設立し、二二年に最初の空母を就役させ、二年後に戦闘艦隊に編入して海軍航空隊を正式に割り当てていた。

航空戦力については、もともと、三五年設立の航空隊総司令部(ジェネラル＝ヘッドクオーターズ・エア＝フォース)が作戦を、陸軍航空隊(アーミー＝エア＝コー)が訓練・補給・調達・技術を、それぞれ分掌していた。英国本土空襲開始後の四一年六月に両者を統合し、新たに陸軍航空軍(アーミー＝エア＝フォース)を発足させた。その結果、陸軍航空軍は、陸軍参謀本部の指揮命令から脱し、独自で機材の開発・調達、要員の訓練、作戦の計画が可能になった。対日戦では、まず四二年初めにアラスカとアリューシャンの防衛のために第一一航空軍をアラスカに、第十航空軍をインドに新編した。さらにマッカーサー指揮下の極東空軍を第五航空軍に、ハワイ空軍を第七航空軍に改編した。四三年一月にソロモン諸島防衛のために新編した第十三航空軍を、四四年六月に第五航空軍と統合して極東空軍を編成した。またB29戦略爆撃機を完成させると、四四年四月に第二十航空軍を新編しワシントンに司令部を置いた。その隷下の第二十爆撃軍を中国の成都に進出させる一方、同年八月にマリアナ諸島を占領すると第二十一爆撃軍を新編し、対日爆撃の拠点をマリアナに移すに伴い第二十爆撃軍を第二十一爆撃軍に統合した。一方、中国大陸では、シェンノートが四一年七月以来編成していた米義勇航空隊(アメリカン＝ボランティア＝グループ)を、四二年七月に中国航空任務軍(チャイニーズ＝エア＝タスク＝フォース)に改編して第十航空軍に統合した。さらに四三年三月に、第十航空軍から分離した上で、中国空軍との混成で第十四航空軍に改編した。

三軍の上位組織については、四一年末から翌年初の英米首脳会談で英米合同参謀本部(コンバインド＝チーフズ＝オブ＝スタッフ)(ＣＣＳ)の設立を決定した時、英国側にはすでに参謀本部が存在していたが、米国側には対応する組織がなかった。そのため、四二年初のＣＣＳ創設の際、米国三軍の首脳がはじめて参集した時に統合参謀本部(ジョイント＝チーフズ＝オブ＝スタッフ)(ＪＣＳ)の名称を用いた。さらに同年七月に大統領付参謀としてリーヒーが任命された際、事実上のＪＣＳ議長となった。

[参考文献] 齋藤眞『アメリカ革命史研究―自由と統合―』(一九九二、東京大学出版会)、源田孝『アメリカ空軍の歴史と戦略』(二〇〇八、芙蓉書房出版)、A・R・ミレット、P・マスロウスキー『アメリカ社会と戦争の歴史―連邦防衛のために―』(防衛大学校戦史研究会訳、二〇一一、彩流社)、田所昌幸・阿川尚之編『海洋国家としてのアメリカ―パクス・アメリカーナへの道―』(二〇一三、千倉書房)、Norman Polmar & Thomas B. Allen, *World War II: America at War, 1941-1945*(New York, 1991,

Random House), John Whiteclay Chambers II, ed., *The Oxford Companion to American Military History*(New York, 1999, Oxford University Press)

（加藤　公一）

あもうえいじ　天羽英二　一八八七―一九六八　昭和前期の外交官。一八八七年八月二十一日、徳島県生まれ。一九一二年に東京高等商業学校を卒業して外務省に入省。一三年に安東、一四年にシドニー、一七年にイギリス、二〇年にスイス駐在。二一年に帰国して欧米局第二課勤務、ワシントン会議と山東会議で随員を務める。その後は二三年に広東総領事、二五年にハルビン総領事、二七年に駐中華民国公使館一等書記官を歴任。三〇年に駐ソ臨時代理大使・大使館参事官となり、三三年六月に内田康哉外相のもとで外務省情報部長に就任。塘沽停戦協定の締結によって満洲事変が事実上の終結を見た中で、広田弘毅外相のもとで、天羽は情報部長として三四年四月に非公式談話を発表する。のちに「天羽声明」と呼ばれる同談話は、日中提携を謳う広田外相の和協外交に対応して発表されたものであり、日本が東アジア地域の秩序維持に責任を持つとしたうえで、欧米諸国や国際連盟による中国援助に反対を表明するものであった。同談話は、東アジアは日本の勢力圏であると宣言したような内容であるため、日本による東亜モンロー宣言として国際的な非難を招いた。その後は三七年八月にスイス大使、三九年十一月にイタリア大使に就任。四一年八月に豊田貞次郎外相のもとで外務次官となる。天羽は外務次官として日米交渉の成立に努力したが、十月の第三次近衛内閣の退陣に伴って辞任し、四三年三月に情報局総裁となる。戦後はA級戦犯容疑者指名を受けて四五年に収監されるが、訴追されることはなく、四七年にGHQによる公職追放処分を受けて翌四八年に釈放された。公職追放は五一年に解除され、日本国連協会専務理事を務めた。六八年七月三十一日死去。八十歳。

参考文献　『天羽英二日記・資料集』(一九八二―九二)

（服部　聡）

あもうせいめい　天羽声明　一九三四年四月十七日、外務省情報部長天羽英二が定例記者会見で発表した中国問題に関する非公式談話。天羽の談話は、「日本は、中国とともに東亜における平和・秩序を維持する使命があり、中国が、他国を利用して日本を排斥するようなことや、列国が中国に対して各種援助など共同行動を取るようなことがあれば、日本は主義として反対せざるを得ない」という、アジア＝モンロー主義的なもので、欧米各国からはもちろん、中国からも強い反発と不信感を招いた。内容は、四月十三日に広田弘毅外務大臣が有吉明公使に宛てた電報とほぼ一致し、起案には重光葵外務次官が深く関与していた。この談話の背景にある東アジア秩序観は、前年十月の五相会議決定に出ており、三五年以降、対等・平等な二国間関係の構築を目指す中国と鋭く対立することとなる。→アジア＝モンロー主義　→東亜新秩序

参考文献　冨塚一彦「一九三三、四年における重光外務次官の対中国外交路線―「天羽声明」の考察を中心に―」(『外交史料館報』一三、一九九九)、西村茂雄「国際連盟・ワシントン体制下の中国と日本」(歴史学研究会・日本史研究会編『日本史講座』九所収、二〇〇五、東京大学出版会)

（内田　尚孝）

あやべきつじゅ　綾部橘樹　一八九四―一九八〇　大正・昭和期の陸軍軍人。一八九四年四月十八日、大分県生まれ。矢野黙三郎を実父とし、綾部伝一郎の養嗣子となった後、熊本陸軍地方幼年学校、中央幼年学校を経て一九一五年に陸軍士官学校(二十七期)を卒業。四〇年八月少将に就任した後、山下奉文中将の随員としてドイツにもわたっている。四一年四月、参謀本部第四部長に就任し、同年七月から関東軍参謀副長となり、アジア・太平洋戦争の開戦を迎えた。綾部の名が広く知られるようになったのは、ガダルカナル島戦への民間船の徴用などをめぐって東条英機と対立し更迭された田中新一陸軍少将の後任として、参謀本部第一部長となったからである。綾部はガダルカナル撤退を含めた作戦指導を担当した後、終戦時には第七方面軍参謀長としてシンガポールにあった。八〇年二月十四日没。八十五歳。

参考文献　福川秀樹『日本陸軍将官辞典』(二〇〇一、芙蓉書房出版)、秦郁彦編『日本陸海軍総合事典(第二版)』(二〇〇五、東京大学出版会)

（河西　晃祐）

あゆかわよしすけ　鮎川義介　⇨あいかわよしすけ

あらきさだお　荒木貞夫　一八七七―一九六六　大正・昭和期の陸軍軍人。いわゆる皇道派の指導者。一八七七年五月二十六日東京生まれ。旧一橋家臣で小学校長の荒木貞之助の長男。日本中学中退、九七年陸軍士官学校卒業(九期)、翌年少尉に任官して近衛歩兵第一連隊付。一九〇二年陸軍大学校に入るも中退、日露戦争に出征。戦後復学し、〇七年陸大を首席で卒業、参謀本部ロシア班に出仕。〇九年ロシア駐在、一二年ロシア公使館付武官補佐官。陸軍省副官を経て一五年ロシア出張、一八年四月まで第一次世界大戦中のロシア軍に従軍、ハルピン特務機関にも勤務。一八年大佐となり、浦塩派遣軍参謀としてシベリアに出征。一九年歩兵第二十三連隊長、二一年参謀本部欧米課長、二三年少将となり歩兵第八旅団長、二四年憲兵司令官。二五年参謀本部第一部長となり統帥

荒木貞夫

綱領を策定。二七年中将に昇進、二八年陸軍大学校長、二九年第六師団長。満洲事変直前の三一年八月教育総監部本部長、十月事件では首相候補に擬せられる。同年十二月から三四年一月まで犬養毅内閣・斎藤実内閣の陸相。国本社理事も務めた荒木は国体観念や精神主義を説き、軍隊を皇軍と呼ぶ皇道主義者として知られ、下級将校とも親しく接する人柄もあり、陸軍の中堅・若手将校から軍内の改革と国家改造を期待しうる人物として声望を集めた。三三年大将。三四年一月予算獲得や国策樹立をめぐる陸相としての力量への部内の失望もあり、軍事参議官に異動。三五年男爵。翌年二・二六事件直後の寺内寿一陸相の粛軍で予備役編入。三八年五月から三九年八月まで近衛文麿内閣・平沼騏一郎内閣の文相となり、軍国主義教育と国民精神総動員を推進。四〇年一月から七月まで内閣参議。四五年十一月逮捕、東京裁判ではA級戦犯として起訴され、終身禁錮刑。五五年六月病気のため仮釈放。六六年十一月二日奈良県十津川に講演旅行中急逝、八十九歳。

参考文献 荒木貞夫『皇国の軍人精神』(一九三三、朝風社)、橘川学『秘録陸軍裏面史—将軍荒木の七十年—』上(一九五四、大和書房)、橘川学『嵐と闘ふ哲将荒木』(一九五五、荒木貞夫将軍伝記編纂刊行会)、有竹修二編『荒木貞夫風雪三十年』(一九七五、芙蓉書房)

(黒沢 文貴)

ありさわひろみ 有沢広巳 一八九六—一九八八 経済学者。一八九六年二月十六日、高知県生まれ。一九一九年東京帝国大学経済学部入学。二二年卒業、同年助手、二四年助教授。統計学講座担当。二六—二八年にドイツ留学し、社会民主党関係者と交流。三八年に教授グループ事件により逮捕・休職。三九年に保釈、四四年に無罪確定。この間四〇—四一年には陸軍省戦争経済研究班(通称秋丸機関)にて各国の経済力分析に従事。その報告書は日米の経済格差を指摘したために陸軍から無視されたと従来いわれてきたが、近年の研究では、むしろ対米開戦の正当化に利用されたとの評価がなされている。戦後、東大に復職し、石炭小委員会にて傾斜生産方式の策定に関与。朝鮮特需前後の時期には日本の軍需工業化への警鐘を鳴らす。その後、原子力委員会、総合エネルギー調査会などでエネルギー政策への関与を続けた。八八年三月七日没。九十二歳。

参考文献 『有澤廣巳の昭和史』(一九八九)、牧野邦昭『戦時下の経済学者』(『中公叢書』、二〇一〇、中央公論新社)

(小堀 聡)

ありすえきかん 有末機関 占領軍と旧軍側の連絡機関として設置された組織。日本政府は一九四五年八月、連合国軍の日本占領にあたって現地受入機関として厚木地区連合軍受入設営委員会を設置し、委員長に大本営参謀本部第二部長の有末精三中将を任命した。同委員会は、基地整備、宿舎手配、接待などを担当し、占領軍との折衝にあたった。有末は、占領軍が横浜に進駐すると、軍側の連絡機関として設置された大本営横浜連絡委員会の委員長となった。同委員会は、その後「陸海軍連絡機関」、「東京復員連絡機関」と改称された。同委員会は、旧軍関係者で組織され、通称「有末機関」と呼ばれた。有末機関は、翌四六年六月に解散されるまで、十ヵ月にわたって、GHQの占領政策実施に協力した。特に、諜報・検閲などを担当したGHQ第二部(GII)部長のチャールズ＝ウィロビー少将と密接に連絡をとり、その情報収集活動に協力した。

参考文献 有末精三『ザ・進駐軍—有末機関長の手記—』(一九八四、芙蓉書房)

(大日方悦夫)

ありすえせいぞう 有末精三 一八九五—一九九二 陸軍軍人。一八九五年五月二十二日、北海道で屯田兵工兵大尉有末孫太郎の長男として生まれる。一九一七年陸軍士官学校卒(第二十九期)、二四年陸軍大学校卒業。三一年少佐、第八師団歩兵第五連隊大隊長、三二年陸軍省副官兼陸相(荒木貞夫)秘書官となり、押しの強さとその情報収集力、問題解決力をもって名秘書官とうたわれる。三六年中佐・イタリア大使館付武官を経て、三八年大佐、三九年陸軍省軍務課長となり、平沼内閣退陣後の阿部内閣組閣に深く関与し天皇および宮中から忌避される。当時、侍従武官長で米内内閣陸相に就任した畑俊六に「オッチョコ」と評される。同年北支那方面軍参謀、四一年少将、四二年参謀本部第二部長(情報)、四五年中将。終戦後、対連合軍陸軍連絡委員長(有末機関長)に就任し、GHQの信任を得る。四六—五六年駐留米軍顧問。九二年二月十四日没。九十六歳。

参考文献 有末精三『有末精三回顧録』(一九七四、芙蓉書房)、同『有末機関長の手記—終戦秘史—』(一九七六、芙蓉書房)、同『政治と軍事と人事—参謀本部第二部長の手記—』(一九八二、芙蓉書房)、寺崎英成・マリコ＝テラサキ＝ミラー『昭和天皇独白録』(一九九一、文藝春秋)、『元帥畑俊六回顧録』(二〇〇九、錦正社)

(柏木 一朗)

アリゾナ Arizona 一九一六年にニューヨークのブルックリン海軍工廠で竣工したアメリカ海軍超弩級戦艦ペンシルベニア級の二番艦。基準排水量は三万一四〇〇トン(改装後、三万二六〇〇トン)。本級はアメリカ海軍戦艦としてはじめて排水量三万トンを超え、三六センチ砲十二門を装備した。速力こそ同時期竣工の扶桑型(日本)に劣るものの、同等の攻撃力を持ち、防御力は本級が上であった。新造時の本艦は、アメリカ戦艦独特の籠マストを前後に装備していたが、二九年から三一年にかけての大規模改装を経て主砲砲戦能力、水平・水中防御面、航続力が向上し、籠マストを廃して三脚檣を新設したことで外観上も大きく変貌した。本艦は、四一年十二月七日(現地時間)、ハワイ真珠湾に碇泊中、日本海軍機動部隊の艦載機による真珠湾攻撃(ハワイ作戦)で、複数の魚雷・爆弾を被弾して爆発を起こし、船体は二つに裂け沈没。この時千百七十七名が死亡した。六二年から、船体上にはアリゾナ記念館が建てられ、現在公開されている。

参考文献 福井静夫『世界戦艦物語』(『福井静夫著作集』六、一九九三、光人社)、『アメリカ戦艦史』(『世界の艦船』七六八、二〇〇三)、*Conway's All the World's Fighting Ships, 1922–1946*(London, 1980, Conway Maritime Press Ltd) (齋藤 義朗)

ありた・クレーギーかいだん 有田・クレーギー会談 天津租界封鎖問題解決のために一九三九年七月東京で開かれた日英外相会談。天津の英租界で同年四月に発生した親日派中国人の暗殺事件をきっかけに六月、北支那方面軍は天津英仏租界を封鎖、この問題解決は東京の有田八郎外相とR・L・クレーギー駐日英大使の交渉に委ねられた。日本政府は七月十三日、陸軍案に基づいた「天津租界問題に関する日英交渉要領大綱」を閣議決定し、まず英側に中国における現状の承認と日本軍に対する利敵行為の排除を了解させてから租界の経済・治安問題に移る方針を確定した。日英会談は十五日から開始され、当初クレーギーは日本側の要求に難色を示したが、当時の不穏なヨーロッパ情勢に配慮して二十二日協定が成立。英側は中国における日本軍の治安維持に関し妨害となる行為の抑制を承認、しかし二十六日米国が日本に日米通商航海条約の破棄を通告すると態度を改め、以後、現地交渉で法幣の流通禁止と現銀の引き渡しについて日本に譲歩せず、八月二十日交渉は決裂、租界問題の解決は先送りとなった。→天津租界封鎖問題(てんしんそかいふうさもんだい)

有田・クレーギー会談　左が有田，右がクレーギー

参考文献 永井和「日中戦争と日英対立—日本の華北占領地支配と天津英仏租界—」(古屋哲夫編『日中戦争史研究』所収、一九八四、吉川弘文館)、臼井勝美「日中戦争の政治的展開」(日本国際政治学会太平洋戦争原因研究部編『太平洋戦争への道—開戦外交史—』(新装版)四所収、一九八七、朝日新聞社) (小林 元裕)

ありたはちろう 有田八郎 一八八四—一九六五 外交官、政治家。一八八四年九月二十一日、新潟県佐渡に生まれる。東京帝国大学法科大学卒。パリ講和会議の随員であったとき、重光葵・堀内謙介・斎藤博らと外務省革新同志会を結成し、大正以降の外務省の中核を担う。一九二七年九月には田中義一外相の下で亜細亜局長となり、次官、ベルギー大使、中国大使を歴任した後、三六年四月—三七年二月、三八年十月—三九年八月、四〇年一—七月の都合三度、外務大臣の要職にあった。この間、日独防共協定(三六年十一月)、日中戦争の処理、防共協定強化問題(四〇年)など、日本外交の枢機に携わる。有田は、強い現状打破的あるいはアジア=モンロー主義的傾向を有する外務省「アジア派」の代表格であったが、ドイツに急接近する「革新派」とは異なり、日本が枢軸側につくことには反対した。また、終戦直前には英米との直接和平を天皇に上奏している。戦後は都知事戦に出馬するも落選。六五年三月四日没。八十歳。

参考文献 有田八郎『馬鹿八と人はいう—一外交官の回想—』(一九五九、光和堂)、山本悌二郎編『有田八郎の生涯—信念に生きた人—』(一九六八、考古堂)、服部総「有田八郎」(佐道明広・小宮一夫・服部龍二編『人物で読む近代日本外交史—大久保利通から広田弘毅まで—』所収、二〇〇九、吉川弘文館) (武田 知己)

ありままさふみ 有馬正文 一八九五—一九四四 海軍軍人。一八九五年九月二十五日、鹿児島県生まれ。一九一五年海軍兵学校卒(第四十三期)。海軍大学校教官を経て、三七年十二月、大佐、「神川丸」艦長。日中戦争期には、佐世保空司令、木更津空司令、横浜空司令を歴任。重慶爆撃では部下を失った。アジア・太平洋戦争では、「翔鶴」艦長として南太平洋海戦を戦い、米機動部隊の徹底追撃を進言した。四三年五月少将となり、四四年四月、第二十六航空戦隊司令官。同年十月十五日、台湾沖航空戦にあたっては、司令官みずから体当たり攻撃を試みて戦死した。死後中将に進級。五十歳。

参考文献 防衛省防衛研究所所蔵『有馬正文海軍中将史料日記』(一・日誌回想・三)、有馬俊郎『有馬正文』(一九六四)、菊村到『提督有馬正文』(一九七〇、新潮社)、土門周平「有馬正文—ストイズムに徹した悲将—」(『別冊歴史読本』四三、一九八六) (鈴木 多聞)

ありまよりやす 有馬頼寧 一八八四—一九五七 大正・昭和期の華族政治家。一八八四年十二月十七日、旧久留米藩主有馬伯爵家当主の頼万の長男として東京で生まれ、一九一〇年東京帝国大学農科大学卒業。二七年伯爵襲爵、産業組合中央会監事。二九年貴族院議員当選、近衛文麿や木戸幸一などと並んで、政治改革を志す革新華族として注目される。「協同主義」を掲げ、産業組合の指導に力を注いだ。三二年斎藤実内閣の農林政務次官、三三年に産業組合中央金庫理事長、翌年同中央会会頭。三七年第一次近衛内閣の農林大臣。その後、近衛などによる新体制運動の中核メンバーとして活動し、四〇年の大政翼賛会成立とともに初代事務総長に就任。しかし、翼賛会を

「アカ」と見る右派勢力からの攻撃を受けて翌年辞任。四五年、A級戦犯容疑者として巣鴨拘置所に入所したが翌年釈放。晩年は日本中央競馬会理事長などを務めた。五七年一月十日没、七十二歳。

参考文献 尚友倶楽部・伊藤隆編『有馬頼寧日記』(一九九七―二〇〇三、山川出版社)、後藤致人『昭和天皇と近現代日本』(二〇〇三、吉川弘文館) （瀬畑 源）

ありみつじろう 有光次郎 一九〇三―九五 文部官僚。一九〇三年十二月十五日、高知県生まれ。一九二七年東京帝国大学法学部卒、文部省入省。三四年から文部書記官として四一年まで専門学務局学務課長、四一年一月から大臣官房文書課長、四二年一月から秘書課長を歴任、四五年六月に科学動員を主管する科学局長に就任し、九月に体育局長に転じたあと、十月から教科書局長となって、戦時教育の手段であった教科書の全面的な刷新を担当した。四七年二月から四八年十月まで、高橋誠一郎・森戸辰男文相のもとで文部次官をつとめて退官し、以後東京家政学院大学学長などを歴任した。学務課長として天皇機関説事件以後の思想・学問統制や科学動員体制の構築など高等教育の戦時体制化を中心的に担い、またアジア・太平洋戦争下で教育全体の「錬成」体制化、狂信化を推進した橋田邦彦文相(在任四〇年七月―四三年四月)を直接に支えた文部官僚であったが、教学局に勤務しなかったことなどから教職追放とはならなかった。九五年二月二十二日没。九十一歳。

参考文献 楠山三香男編『有光次郎日記』(一九八九、第一法規出版) （米田 俊彦）

あわまるじけん 阿波丸事件 大型貨客船「阿波丸」が、一九四五年四月一日シンガポールからの帰路、台湾海峡で米潜水艦により撃沈された事件。二千名余りの乗客乗員は一名を除き全員死亡した。「阿波丸」は、連合国の要請で日本占領下の捕虜や民間人へ赤十字の救援物資を届けるため、航海安全を保証されていた緑十字船だった。日本政府は撃沈直後から戦時国際法違反として抗議し、米政府も責任を認めた上で賠償問題は終戦後改めて交渉を行うことを提案した。戦後、日本側から賠償請求が出され、米政府も当初は応じる方針だったが、マッカーサーが強く拒否。米政府は代案として日本に対する有償食糧援助の借款額を引き下げる代わりに賠償請求権を放棄するよう求め、日本政府もこれを了承。五〇年、国会で法律が成立、一人あたり七万円の見舞金が遺族へ支給された。七二年からの中国政府による引揚げ作業によって三回にわたり「阿波丸」の遺骨・遺品は日本に返還。遺骨は東京港区の増上寺境内の阿波丸殉難者合同慰霊碑と、奈良市西紀寺町の璉珹寺境内の阿波丸慰霊塔に分骨された。

参考文献 松井覚進『阿波丸はなぜ沈んだか―昭和二〇年春、台湾海峡の悲劇―』(一九九四、朝日新聞社) （本庄 十喜）

あわやのりこ 淡谷のり子 一九〇七―九九 声楽家。一九〇七年八月十二日に青森県で出生。本名は淡谷規(のり)。東洋音楽学校初の女性主席卒業生として二九年に卒業し、ブラームスやウェーバーなどを演奏したが、クラシックの道を断念しポリドールからデビュー、のちコロムビアに移籍。三七年の「別れのブルース」、三八年「雨のブルース」が大ヒットし「ブルースの女王」と呼ばれ、またシャンソンやタンゴにも傾倒した。戦時中もドレス姿で公演するなどみずからの信念を貫き、戦後まで心情溢れる歌唱で活躍した。九九年九月二十二日没。九十二歳。

参考文献 淡谷のり子『歌わない日はなかった』(『女の自叙伝』、一九八八、婦人画報社)、『あおもり はやり歌人もよう』(二〇〇七、東奥日報社) （戸ノ下達也）

あんごうせん 暗号戦 暗号戦とは相手の通信を秘密裏に傍受し、暗号化された通信内容を解読するものである。逆に通信を行う側はみずからの暗号が解かれないようにするため、暗号の強度や運用等には細心の注意を払うことになる。相手の暗号を解読できれば作戦上有利な情報を得ることができるため、第二次世界大戦中には連合国、枢軸国双方がお互いに対する暗号戦を行なった。暗号解読には、相手の暗号書や暗号機を密かに入手して暗号を解く方法と、数学的に暗号を解くものがある。前者には日本陸軍の憲兵隊が各国の大使・公使館に侵入して暗号書を入手した事例や、連合軍がセブ島に不時着した日本海軍機から暗号書を入手した、海軍乙号事件などがある。暗号戦の主流は後者の数学的な暗号解読の方であり、英国の暗号解読組織による独エニグマ暗号の解読や、米海軍による日本海軍の作戦暗号解読など枚挙に暇がない。日本陸海軍も特種情報活動(もしくは科学諜報)と称して、連合軍の暗号通信の傍受・解読を行なっていた。

参考文献 デーヴィッド＝カーン『暗号戦争』(秦郁彦・関野英夫訳、一九六八、早川書房)、小谷賢『日本軍のインテリジェンス―なぜ情報が活かされないのか―』(『講談社選書メチエ』、二〇〇七、講談社) （小谷 賢）

あんざいふゆえ 安西冬衛 一八九八―一九六五 詩人。一八九八年三月九日、奈良県に生まれる。本名、勝。一九一六年、大阪府立堺中学校卒。このころ、短詩型創作を行う。二〇年、父の赴任先の大連に移住。二一年、南満洲鉄道株式会社に入社。同年、右膝関節炎に冒され右足切断。二三年、満鉄を退社、このころより詩作を開始。二四年、大連にて北川冬彦らと詩誌『亜』を創刊。二八年、創刊された『詩と詩論』に同人として参加。二九年、第一詩集『軍艦茉莉』を刊行。独自の短詩形式でモダニズム詩人としての地位を確立する。三三年には詩集『亜細亜の鹹湖(かんこ)』『渇ける神』を刊行。三四年、父が死去、満洲を引き揚げて堺市に移る。三五年から堺市役所に勤務(五二年退職)。四二年、日本文学報国会詩部幹事。四三年、詩集『大学の留守』刊行。戦後は詩誌『日本未来派』『現代詩』『詩文化』に同人として参加、『韃靼海峡と蝶』『座せる闘牛士』などの詩集を刊行する。六五年八月二十四日没、六十七歳。

参考文献　明珍昇『評伝安西冬衛』(一九七四、桜楓社)、山田野理夫編『安西冬衛全集』(一九七七-八六、宝文館出版)　(坪井　秀人)

あんざんせいてつじょ　鞍山製鉄所　⇨昭和製鋼所(しょうわせいこうじょ)

あんどうきさぶろう　安藤紀三郎　一八七九―一九五四　大正・昭和期の軍人、政治家。一八七九年二月十一日、兵庫県に生まれる。九九年陸軍士官学校(第十一期)卒業。日露戦争に従軍。一九二七年陸軍少将、三一年陸軍中将・旅順要塞司令官を最後に三四年予備役に編入。三七年日中戦争に際し応召して兵団長となった。三九年新民会(北支那方面軍が擁立した中華民国臨時政府下の民衆団体)顧問、ついで副会長に就任。四一年十月大政翼賛会の改組に際し東条英機首相の要請により副総裁となったが、国務大臣就任は辞退。四二年一月大日本翼賛壮年団の結成に際し団長に就任。六月翼賛会と政府との関係強化をはかるため無任所国務大臣として東条内閣に入閣。八月大政翼賛会の「下情上通」機関の中央協力会議議長を兼任した。四三年四月東条内閣の内務大臣となり、戦時下の国民統制を担当。四五年十二月戦犯容疑者として巣鴨拘置所に収容され、四八年十二月釈放。五四年五月十日死去。七十五歳。　(大日方純夫)

あんどうてるぞう　安藤輝三　一九〇五―三六　昭和期の陸軍軍人。一九〇五年二月二十五日、石川県に生まれる。二六年に陸軍士官学校(第三十八期)を卒業、歩兵第三連隊に配属。三四年に大尉昇進、翌年には歩兵第三連隊第六中隊長となる。国家改造運動に共鳴するも、北一輝や西田税らとは距離があり、また決起を説く青年将校とも異なる態度をとっていた。それゆえに三六年の二・二六事件の計画には批判的であったが、士官学校の同期であった磯部浅一や、栗原安秀の参加要請、また野中四郎の説得を受け翻意、事件に際しては鈴木貫太郎侍従長宅を襲撃し、重傷を負わせるも、鈴木の妻の懇請もありとどめを刺さずに現場を立ち去った。また一部の決起将校が情勢の不利を受けて撤退を唱えた際には、徹底抗戦を主張した。同年七月五日に死刑判決を受け、同月十二日に処刑。三十二歳。農村出身の部下に対する温情や、歩兵第三連隊時代の秩父宮雍仁親王との交友はよく知られている。また日蓮宗の信者でもあった。

参考文献　河野司編『二・二六事件―獄中手記・遺書―(新装版)』(一九八九、河出書房新社)、須崎慎一『二・二六事件―青年将校の意識と心理―』(二〇〇三、吉川弘文館)　(萩原　稔)

あんどうまさきち　安藤政吉　一九〇二―四八　戦前・戦時期の労働問題研究者。一九〇二年十二月、神奈川県に生まれる。二〇年に上京し、苦学して日本大学専門部政治科を卒業、東京市社会局に入り、「細民調査」を担当して、生計費調査のほかに、「異常児、精神病、アルコール、性病、結核」などの研究に専念。のちに、賀川豊彦との共著『日本道徳統計要覧』(改造社、一九三四年)に結実する。三五年に日本能率連合会に転じ、生産管理、労務管理などの研究に従事。調査研究の集大成として、主著『最低賃金の基礎的研究』(ダイヤモンド社、四一年)をまとめ、「標準家族」「標準最低生活費」を論じる。戦前の生活論は、二〇年代の多様な議論から、戦時期に入ると、国民生活論のなかの「標準生活」「最低生活」に集約される。安藤は戦時期の議論の担い手の一人だった。四一年、労働科学研究所に入り、旺盛な執筆活動を続ける。戦後、日本生活問題研究所を設立、四八年十月、四十七歳で死去。

参考文献　中川清『日本都市の生活変動』(二〇〇〇、勁草書房)　(大門　正克)

あんどうまさずみ　安藤正純　一八七六―一九五五　大正・昭和期の政治家、ジャーナリスト。一八七六年九月二十五日、東京市の住職安藤嶽寿の子として出生。哲学館、東京専門学校卒。『明教新誌』、『日本』、『大阪朝日新聞』記者、東京朝日新聞社編集局長等を経て、一九二〇年総選挙で初当選(無所属)。二四年立憲政友会入党。田中義一内閣文部参与官、犬養毅内閣文部政務次官。政友会では鳩山一郎と政治行動をともにし、政治的盟友となる。四一年同交会世話人。第七十九議会では同交会を代表して候補者推薦制による総選挙を批判する質問主意書を提出、翼賛選挙は非推薦で当選した。選挙後は翼賛政治会に属す一方、鳩山グループ「思斉会」に参加。戦時中は全日本私設社会事業連盟理事長、大日本仏教青年会連盟理事長等を務めた。敗戦後公職追放。五二年総選挙で議席を回復。第五次吉田内閣国務相、第一次鳩山一郎内閣文相となる。当選十四回。五五年十月十四日没。七十九歳。

参考文献　安藤正純『政界を歩みつつ』(一九五二、大智書房)、伊藤隆・季武嘉也編『鳩山一郎・薫日記』(一九九九・二〇〇五、中央公論新社)、楠精一郎『大政翼賛会に抗した四十人―自民党源流の代議士たち―』(『朝日選書』、二〇〇六、朝日新聞社)　(手塚　雄太)

あんどうりきち　安藤利吉　一八八四―一九四六　陸軍軍人。一八八四年四月三日生まれ。宮城県出身、一九〇四年陸軍士官学校卒(第十六期)、一四年陸軍大学校卒。二八年大佐・第六師団歩兵第十三連隊長、三一年陸軍省軍務局兵務課長、三二年英国大使館付武官となる。三二年少将、三四年歩兵第一旅団長、三六年中将・第五独立守備隊司令官、三七年教育総監部本部長、三八年第五師団長・第二十一軍司令官を経て、四〇年南支那方面軍司令官となる。日中戦争の長期化に伴い、日本は三九年に中国側への軍需物資輸送を遮断するため仏印当局と交渉を進めた。四〇年交渉に業を煮やした方面軍隷下の第五師団は越境して仏印軍と衝突、安藤は責任を問われ軍司令官を解任、四一年予備役に編入される。同年台湾軍司令官、四四年大将・第十方面軍司令官・台湾総督となり、終戦後の四六年四月十九日に上海で自決した。六十三歳。

参考文献 額田坦『陸軍省人事局長の回想』(一九七七、芙蓉書房)
(柏木 一朗)

あんないじょうがいせいさく 安内攘外政策 満洲事変後の対外的課題と対内的課題の優先順序を定めた中国政府の政策。満洲事変当時の中国は軍事的脆弱と経済的貧困のうえ、多重の政治的分裂に陥っていた。まず、中国共産党の反政府武装革命は多数の地域に波及し、中国国民党が率いる国民政府にとっての最大の脅威となっていた。次に、中国国民党の内部においても蒋介石勢力と反蒋介石勢力の対立が根強かった。さらに、東北の張学良政権も含めて、旧地方勢力は、形式的には国民政府に帰順したとはいえ、自分の本拠地においては依然として独立的または半独立的な地位を維持していた。こうしたばらばらな状況の中で日本の侵略に直面したため、中国では挙国一致の対日抵抗が行われなかった。そのため、国民政府は、安内(国内の諸問題を解決し、国の統一と安定を実現すること)を先に成功させてから、攘外(日本の侵略を解消すること)を行うのが現実的だと考え、満洲事変後、このような優先順序を内外問題を解決するための基本政策とした。これは一時的に対日妥協をもたらしたため、中国国内で長年批判を受けたが、近年、現実的な方針として評価される傾向がある。

参考文献 鹿錫俊『中国国民政府の対日政策 一九三一―一九三三』(二〇〇一、東京大学出版会)、川島真・服部龍二編『東アジア国際政治史』(二〇〇七、名古屋大学出版会)
(鹿 錫俊)

い

いあくじょうそう 帷幄上奏 「統帥権独立」の慣例により、参謀総長・軍令部総長(一九三三年までは海軍軍令部長)が、作戦用兵に関する事項について内閣と無関係に独自に上奏し、允裁を得ることをいう。ただし、帷幄上奏の際は侍従武官長が侍立することがあり、原則として第三者が立ち会わない国務大臣の内奏とは異なる。陸海軍自身もこうした相違を認識しており、参謀総長・軍令部総長の機能については「輔弼」の語を避け、「輔翼」と称することが多かった。しかし、国務大臣であって統帥には関与しないはずの陸海軍大臣もこの帷幄上奏権を行使していた。裁可を得るための上奏は本来総理大臣が行わねばならなかったが、陸海相はその例外として首相の統制を受けなかったことになる。一八八〇年代末の黒田清隆内閣の時期にすでに軍部大臣が帷幄上奏を行い、統帥事項からはずれた軍の編制や組織に関する事項まで裁可を受けていたが、これが一八八九年に内閣官制第七条で追認され、以後軍部の政治介入の武器となったのである。

参考文献 山崎丹照『内閣制度の研究』(一九四二、高山書院)、永井和『近代日本の軍部と政治』(一九九三、思文閣出版)
(森 茂樹)

いあんふ 慰安婦 日本軍酒保の慰安施設(慰安所)で将兵への性的奉仕を強いられた女性。規制する軍事法規がない法外制度で公的定義はない。「当時は公娼制度があった」ので慰安所制度は「戦時中合法だった」とする説(二〇一三年稲田朋美行政改革相)があるが、娼妓取締規則(内務省令)による公娼制度(奴隷制との評価がある)とは似て非なるもの。一九三二年上海事変に際し海軍指定慰安所設置のため慰安婦募集が必要になり、就職詐欺の方法が取られた。長崎地検が刑法上の誘拐・国外移送犯罪として募集業者を検挙、実刑を含む有罪判決を下した長崎地裁・控訴院判決(三六年)は三七年大審院に支持された。中国戦線で兵士による強姦が多発し、陸軍も慰安所を設置し始めた。これは、「婦人及児童の売買禁止に関する国際条約」など醜業三条約・ＩＬＯ強制労働条約に違反(処罰義務があった)したが、日本政府・軍は不処罰政策をとった。慣習国際法だった奴隷制禁止にも抵触したが、軍は必要悪としてこれを廃止せず、十五年戦争による侵略で広がったアジア太平洋全占領地に拡充した。銃後に知られ、「皇軍」の名誉を汚すことを恐れた軍は、慰安婦制度を秘匿した。

九〇年六月「従軍慰安婦」に関する調査を政府に要求した本岡昭次議員の国会質問(参議院予算委員会)に対し答弁した労働省高官が、民間業者が連れ歩いたものと軍の関与を否定、調査を拒否、韓国の女性団体の憤激をかった。九〇年七月韓国で挺身隊研究会が創立された。韓国教会女性連合会など諸団体は、同年十月十七日付公開書簡で、事実承認、公式謝罪、真相究明、慰霊碑建立、補償、歴史教育を日本政府に要求した。同年十一月韓国挺身隊問題対策協議会が結成された。九一年八月十四日韓国の被害者(金学順)が証言し、同年十二月東京地裁に損害賠償請求訴訟を起こした。九二年一月十一日吉見義明中央大学教授が発見した「慰安所軍関与示す文書」を朝日新聞が報道し、宮沢喜一首相の謝罪につながった。同年七月日本政府は、第一次調査に基づき加藤紘一官房長官談話で朝鮮半島の被害者募集等について日本政府の関与を認め、お詫びを述べた。九三年八月第二次調査に基づく河野洋平官房長官談話は、アジア太平洋全地域(日本を含む)の被害者について、軍による慰安婦の募集・

処遇等が総じて被害女性の意に反していたと認め、お詫びを述べた。河野談話で政府は「慰安所は、当時の軍当局の要請により設営されたものであり、慰安所の設置、管理及び慰安婦の移送については、旧日本軍が直接あるいは間接にこれに関与した。慰安婦の募集については、軍の要請を受けた業者が主としてこれに当たったが、その場合も、甘言、強圧による等、本人たちの意思に反して集められた事例が数多くあり、更に、官憲等が直接これに加担したこともあったことが明らかになった。また、慰安所における生活は、強制的な状況の下での痛ましいものであった。なお、戦地に移送された慰安婦の出身地については、日本を別とすれば、朝鮮半島が大きな比重を占めていたが、当時の朝鮮半島は我が国の統治下にあり、その募集、移送、管理等も、甘言、強圧による等、総じて本人たちの意思に反して行われた。」と認めた。しかし、日本政府は、条約の抗弁(サンフランシスコ平和条約と日韓請求権協定など二国間条約で補償問題は解決済みとの主張)に固執し政治解決に失敗し続けた。九五年自さ社三党連立政権の村山富市首相の民間基金政策も、被害女性(一部被害国に限定)への橋本龍太郎首相のおわびの手紙も被害者全体による許しを得るに至らなかった。日本政府は、「国家補償はできない」と、国民の寄付を集めて「償い金」を民間基金から支払うという不明瞭な方法をとった。多数の被害女性が国家賠償を求め民事訴訟を日本の裁判所で起こしたが、最高裁判所はすべての請求を退けた。国家補償のための立法不作為を違憲とした九八年山口地裁下関支部判決(関釜元慰安婦訴訟。控訴審で覆された)は、立法解決運動を促進した。二〇〇〇年以来、戦時性的強制被害者問題解決促進法案が野党(民主党・共産党・社会民主党)によって八回参議院に提出されたが、立法に至らなかった。一九九二年二月NGOが国連人権委員会に慰安婦問題を提起して以降、国連の決議・報告書、ILO報告書、国際人権条約機関勧告が日本政府に解決を求め続けている。二〇〇七年米国やEUなど諸外国議会も日本政府に解決を求めた。一一年八月韓国憲法裁判所が、条約の抗弁に関する日韓政府の争いについて、一九六五年の日韓請求権協定に基づき外交交渉および国際仲裁による解決を進めるべき韓国政府の憲法上の義務を認めた。そのため、二〇一一年十二月李明博韓国大統領が野田佳彦首相との首脳会談でその解決を強く求めたが、野田首相は政治決断しなかった。一三年には、朴槿恵大統領のもとで韓国政府が安倍晋三首相の日本政府に同様の要求をした。

参考文献 吉見義明編『従軍慰安婦資料集』(一九九二、大月書店)、韓国挺身隊問題対策協議会・挺身隊研究会編『証言―強制連行された朝鮮人軍慰安婦たち―』(一九九三、明石書店)、吉見義明『従軍慰安婦』(『岩波新書』、一九九五、岩波書店)、戸塚悦朗『日本が知らない戦争責任―日本軍「慰安婦」問題の真の解決へ向けて―(普及版)』(二〇〇八、現代人文社)

(戸塚 悦朗)

いいだしょうじろう 飯田祥二郎 一八八八―一九八〇 大正・昭和期の陸軍軍人。一八八八年八月八日、山口県生まれ。熊本陸軍地方幼年学校、中央幼年学校を経て一九〇八年陸軍士官学校を卒業(二十期)。歩兵第四十四連隊大隊長、歩兵学校教官などを経て、三七年三月少将に昇進して、兵務局長を務めた。翌三八年一月に第一軍参謀長、同年十一月には台湾混成旅団長に就任。三九年八月には陸軍中将に昇進し、同年九月には近衛師団長に着任した。その後第二十五軍司令官を経て、第十五軍司令官としてアジア・太平洋戦争を迎え、タイ国への進駐を行なってビルマ攻略も担当、約五ヵ月で同地を制圧し、ビルマ「独立」にも携わった。その後、防衛総司令部付、中部軍司令官を経て四四年十二月には予備役となるも、翌二〇年七月に第三十軍司令官として応召され、ソ連軍の捕虜となってシベリアに抑留された。復員は五〇年のことであった。八〇年一月二十三日没。九十一歳。

参考文献 福川秀樹『日本陸軍将官辞典』(二〇〇一、芙蓉書房出版)、武島良成『日本占領とビルマの民族運動―タキン勢力の政治的上昇―』(二〇〇三、龍渓書舎)、秦郁彦編『日本陸海軍総合事典(第二版)』(二〇〇五、東京大学出版会)

(河西 晃祐)

イーデン Robert Anthony Eden 一八九七―一九七七 イギリスの政治家。一八九七年六月十二日、イギリスのダラム州の旧家に生まれ、オックスフォード大学在学中に第一次世界大戦に従軍した。一九二三年に保守党下院議員となり、特に外交問題に積極的に取り組んだ。三五年に外相に就任し、スペイン内戦への不干渉政策の推進などを行なったが、対イタリア政策をめぐってチェンバレン首相と対立し、三八年二月に辞任した。三七年秋には、日本の中国侵略に対して経済制裁を中心とする英米共同戦線を構築することを試みたが、実を結ばなかった。第二次世界大戦開始で政府に復帰し、自治領相、陸相、外相を歴任した。外相として出席したヤルタ会談で米ソがとりきめたソ連の対日参戦条件をのちに知り憤激した。戦後は、五一年からまた外相をつとめた後、五五年首相の座についたものの、スエズ運河会社を国有化したエジプトを、イスラエル、フランスとともに軍事攻撃した五六年秋のスエズ戦争で、国際的な批判にさらされ、五七年一月に辞任した。七七年一月十四日没。七十九歳。

参考文献 細谷雄一『外交による平和―アンソニー・イーデンと二十世紀の国際政治―』(二〇〇五、有斐閣)

(木畑 洋一)

いいむらじょう 飯村穣 一八八八―一九七六 陸軍軍人。一八八八年五月二十日、筑波神社神職のち筑波町長飯村長臣の四男として茨城県で生まれる。一九〇九年陸軍士官学校卒(第二十一期)、二一年陸軍大学校卒業。三二年大佐、三三年参謀本部欧米課長、三七年少将、三八年陸軍大学校長、三九年関東軍参謀長、中将、四一年第五軍司令官、総力戦研究所所長兼任。同研究所は首相直属の機関として設置され、陸海軍将校、各省官僚が集められ総力戦に関する教育を行なった。四四年第二方面軍司令官、四五年憲兵司令官。終戦後、連合軍の進駐を前にして国内治安の主体は憲兵部隊におかれ憲兵司令部は軍司令部並みの編成となった。飯村は最後の憲兵司令官として進駐軍の受け入れと治安維持に尽力した。七六年二月二十一日没。八十七歳。

参考文献　大谷敬二郎『昭和憲兵史』(一九六六、みすず書房)、森松俊夫『総力戦研究所』(一九八三、白帝社)

（柏木　一朗）

いいもりしげとう　飯守重任　一九〇六—八〇　昭和期の裁判官。一九〇六年八月十三日福岡県に生まれる。三〇年東京帝国大学法学部卒業、同年司法官試補(東京)、三二年判事に任官、横浜、浜松、東京各地に在職し、三八年より四五年まで満洲国司法部で勤務、治安維持法や各種統制経済法の立法に参与したほか、満鉄調査部事件では審判長を務めた。シベリア・撫順で抑留され、五六年八月帰国、東京簡裁、地裁、高裁判事、鹿児島地裁所長を歴任したが、革新団体違憲論や平賀書簡擁護論などを展開、七〇年に辞職した。田中耕太郎は兄である。八〇年十一月五日死去。七十四歳。

参考文献　青木英五郎『裁判官の戦争責任』(一九六三、日本評論新社)、飯守重任『護憲愛国論』(『時事新書』、一九七一、時事通信社)、上田誠吉『司法官の戦争責任—満洲体験と戦後司法—』(一九九七、花伝社)

（田中　隆二）

イウン　李垠　一八九七—一九七〇　大韓帝国最後の皇太子、日本陸軍軍人。李王垠とも。一八九七年十月二十日大韓帝国皇帝高宗の第四王子として誕生。母は純献皇貴妃厳妃。幼少時は英親王李垠。一九〇七年異腹兄李坧(純宗)の皇帝位引継ぎに伴い皇太子に。同年教育係の伊藤博文と日本に渡る。一〇年八月「韓国併合」で大韓帝国皇族が「王族」となるに伴い、王公家軌範で陸海軍武官に任ずることが定められている王世子に。一七年陸軍士官学校卒(第二十九期)。二〇年梨本宮守正王第一女子の方子と結婚。二三年陸軍大学校を卒業。二六年純宗死去により李王を継ぎ、李王垠に。歩兵第五十九連隊長(歩兵大佐)、陸軍予科士官学校教授部長、近衛歩兵第二旅団長などを歴任し、四一年第五十一師団長(中将)となり中国を視察。四三年第一航空軍司令官、四五年軍事参議官を経て日本敗戦後の十二月に予備役。四七年王族の身分と日本国籍を喪失、李承晩政権に受け入れられず、無国籍のまま日本や米国で過ごす。六三年に帰国、七〇年五月一日死去。七十四歳。

参考文献　李王垠伝記刊行会編『英親王李垠伝—李王朝最後の皇太子—(新装版)』(二〇〇一、共栄書房)

（庵逧　由香）

いえながさぶろう　家永三郎　一九一三—二〇〇二　昭和戦前・戦後の思想史家、思想家。一九一三年九月三日、愛知県に出生。父直太郎の熊本八代連隊区司令官転任直後で、小学校以来退職軍人の末子として成長。東京高等学校文科甲類を経て、三七年三月東京帝国大学文学部国史学科卒業。卒業論文題目は「上古初期に於ける新文化発展の精神史的考察」。石母田正と同期。同年四月東京帝国大学史料編纂所嘱託、『大日本史料第二編』原本校正担当。四一年五月新潟高等学校専任講師、九月教授。四三年十月辞任帰京し、美濃部達吉主宰の『帝室制度史』編纂事務のため帝国学士院嘱託。四四年六月東京高等師範学校教授任官、十一月結婚。四六年四月文部省教科書編纂委員嘱託、『くにのあゆみ』を分担執筆。四九年八月新制大学発足により東京教育大学文学部教授となり、七七年四月停年退職。七八年四月から八四年三月まで中央大学法学部教授。田辺(元)哲学の影響下に執筆した四〇年十一月刊行の『日本思想史に於ける否定の論理の発達』(弘文堂書房)を出発点に、戦中期の単行著作のみでも四二年『上代倭絵年表』(座右宝刊行会)『上代仏教思想史研究』(畝傍書房)、四四年『日本思想史に於ける宗教的自然観の展開』(創元社)を続刊。さらに空襲で組版を焼失した『上代倭絵全史』(高桐書院)を四六年、戦時下起草の論文集『中世仏教思想史研究』(法蔵館)を四七年、戦争中完成の『外来文化摂取史論』(岩崎書店)を四八年、『上宮聖徳法王帝説の研究』各論編を五一年、総論編を五三年に公刊。敗戦後は五〇年刊『近代精神とその限界』(角川書店)を皮切りに日本近代思想史の分野を主要な研究領域としていくが、歴史学論や時評類を含めての膨大な著作と研究活動の根本には、十五年戦争下に「傍観者」であったことの加担責任の痛切な自覚があった。六八年の『太平洋戦争』(八六年に第二版、岩波書店)と八五年の『戦争責任』(同)を問い、美濃部・津田左右吉・田辺の思想と学問を戦時下の営為に焦点をすえて追究した『思想史的研究』三部作をまとめ、六五年六月の提訴から九七年八月までの三十二年間に及んで三次にわたる教科書裁判を「ライフワーク」とも意義づけて闘い抜いた。病弱痩身ではあったが、強烈な実践的主体性と求道的精神が詳密な実証主義的方法と独自に結合された学風で一貫し、民主主義精神の擁護と歴史的遺産の探求に巨大な足跡を残した。二〇〇二年十一月二十九日死去。八十九歳。主要業績をテーマ別に巻別構成した『家永三郎集』全十六巻(一九九七—九九年、岩波書店)があるが、その「著作目録」は全貌の提示からほど遠い。

参考文献　家永三郎『一歴史学者の歩み』(『岩波現代文庫』、二〇〇三、岩波書店)、鹿野政直「家永三郎の学問と歴史認識」(家永三郎生誕一〇〇年記念実行委員会編『家永三郎生誕一〇〇年—憲法・歴史学・教科書裁判—』所収、二〇一四、日本評論社)

（今井　修）

いおうとうのたたかい　硫黄島の戦　戦争末期における小笠原諸島硫黄島をめぐる日米の攻防戦。硫黄島は日本軍にとっては本土防衛の要衝、米軍にとってはマリアナ諸島からの日本本土空襲への中継基地(B29爆撃機の不時着場、護衛戦闘機の飛行場)として戦略的価値が高かった。

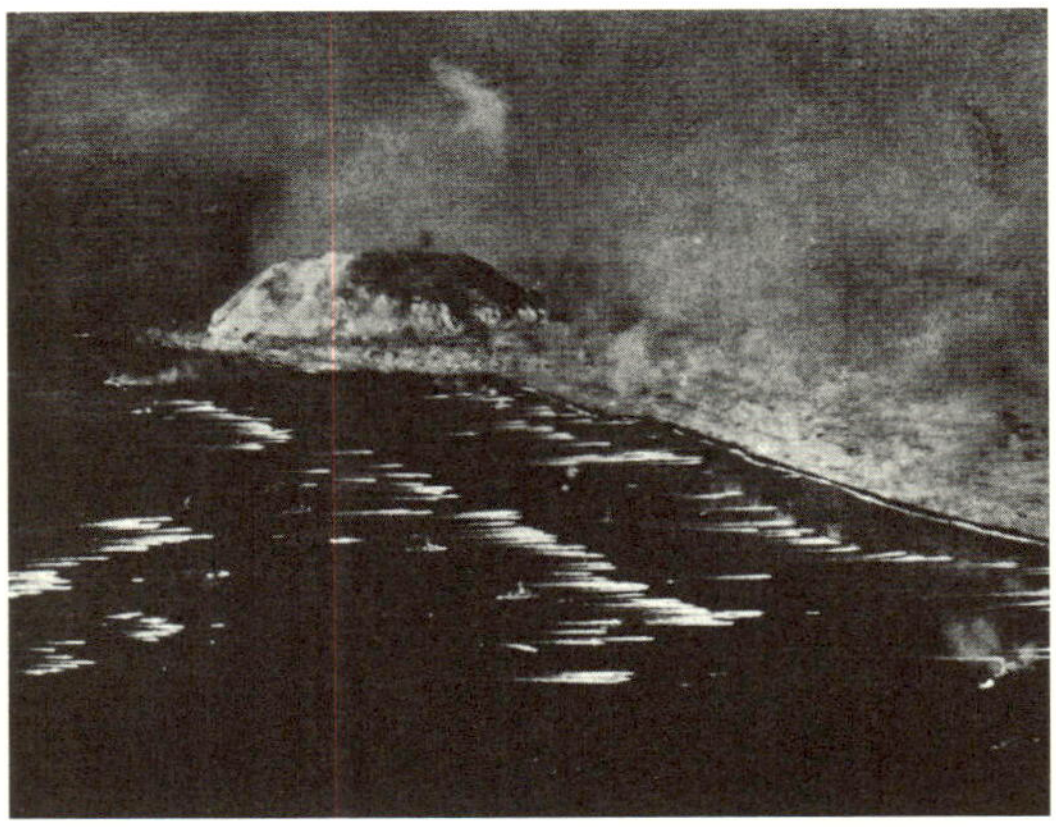

硫黄島の戦　海岸に殺到する米軍の舟艇

一九四五年二月十九日、米機動部隊の砲爆撃の支援のもとに米海兵第四師団・第五師団の約四万人(のちに増援の海兵第三師団を含め約六万一千人)が上陸し、小笠原兵団長栗林忠道陸軍中将率いる第百九師団を中心とする約二万一千人(陸軍一万六千人・海軍五千人)の守備隊との間で激戦が展開された。守備隊は、四四年六月以来、延長一八キロに及ぶ坑道陣地を構築するとともに、狭小な島内に二百二十門に及ぶ火砲を死角のないように配置(サイパン島の一八%の面積の島に火砲は一二二%を配置)、一般住民をすべて島外に疎開させるなどして米軍を迎え撃った。栗林兵団長は、サイパン島などで日本軍が実施した水際防御方式(海岸線に主抵抗線を築く)をとらず、ペリリュー島で効果をあげた内陸防御方式(抵抗拠点を内陸部に縦深配置する)を採用して激しい抵抗を行い、米軍に戦死六千八百人、戦傷二万一千九百人の損害を与えた。島外からの支援・補給が得られない守備隊は、次第に戦力を消耗し、最後の攻撃を実施するべく三月十七日、栗林兵団長は大本営に決別電報を打った。二十一日、大本営は「硫黄島部隊の玉砕」を発表したが、日本軍の組織的抵抗が終了したのは二十六日のことである。日本軍守備隊は、約一千人の戦傷者(捕虜)を除いて栗林陸軍大将(三月十七日付で進級)以下全員が戦死をとげた。硫黄島の陥落の結果、米陸軍のP51戦闘機がB29爆撃機に随伴するようになり、日本本土上空の制空権は完全に米軍側に帰することになったが、硫黄島での戦いは沖縄での戦いと相まって、日本本土上陸作戦に対する米軍の姿勢を慎重にさせたとも指摘されている。

参考文献　防衛庁防衛研修所戦史室編『中部太平洋陸軍作戦』二(『戦史叢書』一三、一九六八、朝雲新聞社)、堀江芳孝『闘魂硫黄島―小笠原兵団参謀の回想―』(『光人社NF文庫』、二〇〇五、光人社)、川相昌一『硫黄島戦記―玉砕の島から生還した一兵士の回想―』(『光人社NF文庫』、二〇一一、潮書房光人社)
（山田　朗）

いかわただお　井川忠雄　一八九三―一九四七　大蔵官僚出身の経済人、政治家。日米交渉の端緒をつけた人物。一八九三年二月十五日島根県生まれ。仙台第一中学校から第一高等学校(近衛文麿と同級)、東京帝国大学法科大学政治学科を経て、一九一七年に大蔵省に入省。二〇年、ニューヨークに派遣され、二七年に帰国した。四一年二月、渡米した井川はメリノール会のウォルシュ、ドラウトと接触、岩畔豪雄と協力して「日米諒解案」(四月十六日)を作成、野村吉三郎大使が追認する形で日米交渉を軌道に乗せた。正規の外交ルートから外れたやり方のため、外務省関係者からは警戒され、交渉が失敗に終わったことからも、長らく評価が低かった。しかし、井川の行動が近衛首相や武藤章陸軍省軍務局長からも支持されていたことが、八〇年代の研究の進展によって明らかとなっている。戦後は、日本協同党ついで協同民主党の書記長に就任、四六年六月には貴族院議員に勅選された。四七年二月十八日没。五十五歳。

参考文献　伊藤隆・塩崎弘明編『井川忠雄日米交渉史料』(『近代日本史料選書』五、一九八二、山川出版社)、塩崎弘明『日英米戦争の岐路―太平洋の宥和をめぐる政戦略―』(『近代日本研究双書』、一九八四、山川出版社)
（森山　優）

いきているへいたい　生きてゐる兵隊　日中戦争における南京攻略戦を描いた戦争小説。石川達三作。『中央公論』一九三八年三月号発表。高島本部隊西沢部隊は中国大陸に上陸したあと、南京に侵攻する。冒頭、放火犯の疑いをかけられた中国人青年を惨殺する笠原伍長をはじめとして、非戦闘員の殺戮、強姦、掠奪など日本兵士による残虐行為が描かれる。凄惨をきわめる戦場で、生と死との間におかれた倉田少尉、平尾一等兵、近藤一等兵は、心のバランスを保つことに苦しみ、狂気の様相を呈する者も出てくる。人を殺すことに無感覚になっていき、精神に異常を来すようになる戦争の実態が描かれた。南京侵攻時の虐殺を題材とした小説として知られている。三五年『蒼氓』により第一回芥川賞を受賞した石川は、中央公論社の特派員記者として、三七年十二月下旬から三八年一月にかけて中国大陸に渡り南京および上海を取材した。帰国して一気呵成に書き上げたものの、あまりにリアルな描写であるため、問題となりそうな箇所を編集部で伏せ字削除にし、特に最後の二章分「十一」「十二」はすべて削除の処置がほどこされた。印刷を進めながらの伏せ字作業であったため、数種類の本文ができたのが災いして発行直前に発売禁止処分となる。三八年八月、本作により石川は新聞紙法違反で起訴され、九月、禁錮四ヵ月執行猶予三年間の判決を受けた。編集長の雨宮庸蔵、発行人の牧野武夫も有罪となった。検事の控訴により翌年四月、第二審公判。判決は第一審と同じであった。判決理由は「皇軍兵士の非戦闘員の殺戮、掠奪、軍紀弛緩の状況を記述し」ているため「安寧秩序を紊乱する」というものである。公判の際石川は「国民は出征兵士を神様の様に思ひ我軍が占領した土地には忽ちにして楽土が建設され支那民衆も之に協力して居るが如く考へて居るが戦争とは左様な長閑なものでは無く戦争と謂ふものの真実を国民に知らせる事が真に国民をして非常時を認識せしめる此の時局に対して確乎たる態度を採らしむる為に本当に必要だと信じて居りました」(「第一審公判調書」)と述べて、戦争の真実を知らせたい意図であったという。当時の言論統制の恰好の対象とされた。戦後、復元された本文で読めるようになり、九九年には伏字復元版が中公文庫に収録された。→石川達三(いしかわたつぞう)

参考文献 白石喜彦『石川達三の戦争小説』(二〇〇三、翰林書房) (竹内栄美子)

イギリスとうようかんたい　イギリス東洋艦隊　一九四一年から七一年まで存在したイギリス海軍の艦隊の呼称。東方艦隊とも訳される。インド洋以東に展開していた東インド艦隊と中国艦隊が、日本による英米領攻撃が行われた四一年十二月八日に合体し、シンガポールを基地とする東洋艦隊となった。シンガポールが日本軍によって占領されると、艦隊の基地はセイロン(現スリランカ)へ移り、さらに一部の部隊はケニアのキリンジニに移った。ヨーロッパ方面への海軍力集中のため、東洋艦隊の力は限られていたが、ヨーロッパ・地中海での戦況がイギリス側に有利に展開するようになると、戦力は増強され、四四年から四五年にかけてアメリカ軍とも協力する形で日本に対する作戦に従事した。第二次世界大戦終結後は、基地をシンガポールに戻し、マラヤ共産党蜂起に対する「非常事態」や、インドネシアとマレーシアの「対決」でイギリス軍の一翼を担ったが、「スエズ以東」からのイギリス軍事力撤退の決定により、七一年十月三十一日、終焉を迎えた。

参考文献 赤木完爾「イギリス海軍の太平洋戦域参加問題(一九四二年―一九四五年)」(『軍事史学』一九ノ三、一九八三) (木畑洋一)

イギリスのぐんせい　イギリスの軍制　陸軍、海軍、空軍の三軍から成り、アジア・太平洋戦争時は、それぞれ陸軍省(直訳すると戦争省)、海軍省、空軍省が統括していた。十七世紀中葉の王制復古後チャールズ二世の統治期に王立海軍という名前で呼ばれることになった海軍は、世界に広がるイギリス帝国を軍事的に支える強大な存在であったが、十九世紀末以降、台頭してきたドイツとの建艦競争に入るなど、その相対的優位性は後退していった。一九〇二年にイギリスが日本との間で日英同盟を結んだ要因の一つも、太平洋方面での海軍力補強が困難になっていたことであった。海軍は、第二次世界大戦に至るまで世界最大の海軍としての位置を保ちつづけたものの、四一年暮のアジア・太平洋戦争開戦直後に、「プリンス＝オブ＝ウェールズ」「レパルス」の両戦艦が日本軍に容易に撃沈されたことによって、その威信は大いに傷つけられた。一方陸軍も、同じくチャールズ二世時代に常備軍としての形を整えた。一六八九年、名誉革命時の権利の宣言によって定められた、平時の陸軍維持に関して年ごとに議会の承認が必要になるという制度は、一九五三年までつづいていった。イギリス陸軍は帝国各地に広がる比較的小規模な軍隊という特徴を示すようになり、第一次世界大戦半ばに至るまで徴兵制もしかれなかった。一六年に導入された徴兵制は戦後廃止されたが、第二次世界大戦に際しては、ヨーロッパでの戦争が始まる前の三九年五月に導入され、戦争終結後も六三年までつづけられた。こうしたイギリスの陸軍力は、帝国内の植民地人兵士、とりわけインド人兵士に支えられ、アジア・太平洋戦争でのビルマ戦線などにおける日本軍との戦闘でも、植民地人兵士への依存度は高かった。三軍の内最も新しい軍隊である空軍は、一一年にはじめて編成され、第一次世界大戦での活動を経て一八年に王立空軍として独立した。アジア・太平洋戦争では、空軍は開戦後すぐにマラヤやシンガポールからの撤退を余儀なくされたが、四四年にはビルマ戦線への食糧・物資輸送で大きな役割を演じた。

参考文献 池田久克・志摩篤『イギリス国防体制と軍隊』(『入門新書』、一九七九、教育社) (木畑洋一)

いけがいてっこうじょ　池貝鉄工所　日本でもっとも長い歴史を有する工作機械メーカーの一つ。大隈鉄工所、唐津鉄工所、東京瓦斯電気工業、新潟鉄工所とともに五大メーカーを構成した。池貝庄太郎と弟の喜四郎が一八八九年に開業した池貝工場は日露戦後に東京高等工業学校元教師W・C・A・フランシスを招聘して技術水準を高め、一九〇六年に合資会社、一三年に株式会社に改組した。工作機械だけでなく、早くから発動機生産、印刷機械生産も行い、長い不況期を乗り越えて満洲事変期以降拡大に転じた。池貝は従来からの田町工場に加えて、三六年に川崎市に自動車部工場、三七年に川崎市に戸手工場(工作機械)・溝ノ口工場(工作機械)・神明工場(発動機)を相ついで新設した。戦時期には子会社の設立も相つぎ、三八年に池貝本社が設立され、池貝は総合機械グループに成長した。

参考文献 花房金吾編『池貝鉄工所五十年史』(一九四一、池貝鉄工所)、ダイヤモンド社編『池貝鉄工―省力・無人化にいどむ機械メーカー―』(一九六九) (沢井実)

いけだしげあき　池田成彬　一八六七―一九五〇　明治・大正・昭和期の銀行家。一八六七年八月十五日(慶応三年

池田成彬

七月十六日)、米沢藩士(のち両羽銀行頭取、山形県会議長)池田成章の長男として山形県に生まれる。英学塾進文学舎、慶応義塾別科を経て九〇年大学部理財科入学。九五年ハーバード大学卒、帰国して時事新報、ついで三井銀行入社。一九〇四年の営業部長就任以後、三井銀行の中枢として近代化を進めるとともに、日本の金融システム安定と銀行間協調を守り産業合理化を推進した。一九年筆頭常務となり二三年からは東京手形交換所理事長を兼務したが、金解禁をめぐり「ドル買い」批判を浴びた。三三年三井合名常務理事に就任し三井財閥の転向を実現。三七年第十四代日銀総裁に就任、日銀の産業金融進出などの改革を断行。日中戦争勃発後近衛内閣の新設した内閣参議に就任、三八年五月第三十八代大蔵大臣兼第十六代商工大臣となり戦時経済確立と戦争収拾に尽力。平沼内閣でも商工省中央物価委員会会長として戦時経済を支え、その後二度首相候補とされた。枢密顧問官となり東条内閣と対立したが、敗戦後A級戦犯容疑者に指定された。吉田茂のブレインとして政治・経済に大きな影響を与えたが、五〇年十月九日死去。八十三歳。

参考文献　今村武雄『池田成彬伝』(一九六二、慶応通信)、小島直記『池田成彬―富と銃剣―』(『近代人物叢書』四、一九六七、人物往来社)、松浦正孝『日中戦争期における経済と政治―近衛文麿と池田成彬―』(一九九五、東京大学出版会)、同『財界の政治経済史―井上準之助・郷誠之助・池田成彬の時代―』(二〇〇二、東京大学出版会)

(松浦　正孝)

いけだすみひさ　池田純久　一八九四―一九六八　大正期・昭和戦前期の陸軍軍人(最終階級は中将)、経済官僚。一八九四年十二月十五日、大分県に生まれる。陸軍士官学校(第二十八期)、陸軍大学校を卒業。大尉・少佐時代に陸軍派遣学生として東京帝国大学経済学部で学んだ。陸軍統制派を自認し、その国防国家論を提唱した中心人物とされている。一九三四年十月、陸軍省軍事局軍事課員の時、陸軍が国防国家論を世に問うた『国防の本義と其強化の提唱』(いわゆる陸軍パンフレット)を執筆したとされる。その後、三七年八月から二年間、内閣資源局企画部第一課長や企画院調査官として、国家総動員体制の推進に陸軍の枠を超えて関わった。四〇年八月に奉天特務機関長に転じてのちは満洲にあり、四一年九月に関東軍第五課長、四二年七月には関東軍参謀副長となった。四五年七月、内閣総合計画局長官に就任した。六八年四月二十九日、七十三歳で死去。

参考文献　池田純久『陸軍葬儀委員長―支那事変から東京裁判まで―』(一九五三、日本出版協同)、同『日本の曲り角―軍閥の悲劇と最後の御前会議―』(一九六八、千城出版)、林美和「派閥対立史観の形成とその虚構―池田純久と「統制派」を中心に―」(『鶴山論叢』四、二〇〇四)

(堀田慎一郎)

いごうせんすいかん　伊号潜水艦　日本海軍の潜水艦の名称。一九一三年、一〇〇〇トン以上の排水量を持つ潜水艦は伊号と呼称。ほかに呂号、波号の区分があった。伊号は漸減邀撃作戦に従事するための設計であり、長距離航海が可能であった。三〇〇〇トンを超えた航空機搭載可能の艦も存在したが、連合国軍のように大規模な通商破壊に従事することはなかった。輸送、機雷敷設、僚艦の補給、特殊潜航艇や回天の母艦に使用された伊号艦も存在した。

参考文献　『日本海軍潜水艦史』(一九七九)

(佐藤　宏治)

いざわひろし　井沢弘　一八八九―一九六七　大正・昭和期のジャーナリスト。一八八九年、栃木県生まれ。東京朝日新聞社文化部記者、東京日日新聞社学芸部課長を経て、一九三一年から読売新聞社論説委員。四一年、斎藤忠、花見達二、西谷弥兵衛を同人として日本世紀社を結成。日本世紀社同人「聖戦の本義」が発表された『文藝春秋』四二年新年号で、井沢は座談会「大東亜戦争完遂のために」に出席し、「国内思想戦」の徹底を要求した。「燃えあがる民論」(『公論』四一年十月号)、「文化昂揚の原理―大東亜結集と世界新秩序の建設」(『改造』四四年一月号)など時局論文を量産し、大日本言論報国会常務理事として企画部長、錬成所長をつとめた。主要著作に『日本の理想』(四二年、国民評論社)、『反共世界戦争』(四二年、亜細亜学会)、『ユダヤ論攷』(四四年、旺文社)などがある。六七年八月十四日没。七十七歳。

(佐藤　卓己)

いしいあきほ　石井秋穂　一九〇〇―九六　開戦直前に決定された「国策」の策定に関わった陸軍軍人。一九〇〇年十一月二日山口県生まれ。広島地方幼年学校から二二年陸軍士官学校卒(第三十四期)。三二年陸軍大学校卒。三三年第十六師団参謀、三五年参謀本部部員、三七年支那駐屯軍参謀、三八年北支那方面軍参謀、三九年八月陸軍省軍務局課員、十二月支那班長。蔣介石との直接和平工作に期待し「桐工作」を推進。失敗後は持久戦に転じる「支那事変処理要綱」を起草。四一年八月の対日全面禁輸により対米戦必至と考えたが、近衛文麿首相とローズヴェルト米大統領の直接会談による外交交渉が成立すると判断した。対米開戦の画期となった「帝国国策遂行要領」(九月、十一月)の起草にあたっては、戦争目的を「自存自衛」に限定しようとした。日米交渉の最後を見届けることなく十一月二十七日に南方軍参謀に転じる。九六年八月二十五日没。九十五歳。

参考文献　石井秋穂『石井秋穂大佐回想録』(一九五四、防衛省防衛研究所戦史研究センター所蔵)、上法快男『軍務局長武藤章回想録』(一九八一、芙蓉書房)

(森山　優)

いしいいたろう　石射猪太郎　一八八七―一九五四　大正・昭和前期の外交官。一八八七年二月六日、福島県生まれ。一九〇八年に上海東亜同文書院商務科を卒業して南満洲鉄道に入社。一一年に退職して一五年に外務省入省。上海、広東、天津、サンフランシスコで領事館補、アメリカ大使館付三等書記官を務め、ワシントン会議に随員として参加。その後はメキシコ公使館二等書記官を経て通商局第三課長に就任し、移民問題の処理にあたる。イギリス大使館付一等書記官、吉林総領事、上海総領事を経て三六年十月にシャム公使。佐藤尚武外相のもとで三七年五月に東亜局長に就任する。盧溝橋事件に際しては、主管局長として事態の不拡大に尽力するが奏功しなかった。その後は三九年四月にオランダ公使、四〇年十一月にブラジル大使に就任し、アジア・太平洋戦争が勃発すると四二年七月に引き揚げ帰朝。その後は本省事務を経て四四年十月にビルマ大使となる。敗戦によって帰国すると、翌四六年に依願免職した。五四年二月八日死去。六十七歳。

参考文献 『外務省の百年』(一九六九、原書房)、石射猪太郎『外交官の一生』(『中公文庫』、二〇〇七、中央公論新社)

（服部　聡）

いしいしろう　石井四郎　一八九二―一九五九　陸軍軍人、軍医。一八九二年六月二十五日、千葉県の地主の四男として生まれる。一九二〇年京都帝国大学医学部卒業後、二一年東京第一病院に軍医として勤務。清野謙次のすすめで二四―二六年京都帝大大学院で防疫学の基礎研究を行い、二七年「グラム陽性双球菌に就ての研究」で医学博士号を取得。二年余りの海外視察により、「ジュネーヴ議定書」(二五年)に着目し、細菌戦研究の重要性を認識し、三〇年帰国したのち細菌戦部隊の設立を軍幹部に説得。三二年東京の陸軍軍医学校の教官に就任し、軍医学校内の「防疫研究室」主幹(三三年十月)となる。三二年八月満洲に出張し、背陰河に「東郷部隊」設立を開始。それを平房の七三一部隊(関東軍防疫部、のち関東軍防疫給水部)にまで発展させ、同部隊長を三六―四二年、四五年三月―敗戦まで務め、各種細菌の研究・製造と細菌戦の実行を指導した。四五年三月、陸軍軍医中将。戦後は米国・GHQと交渉し、七三一部隊関係者の戦犯免責を実現。石井自身もその罪を問われることなく、五九年十月九日、六十七歳で喉頭癌により死亡した。→七三一部隊(ななさんいちぶたい)

参考文献 常石敬一『消えた細菌戦部隊―関東軍第七三一部隊―』(一九八一、海鳴社)、青木冨貴子『七三一』(二〇〇五、新潮社)

（松村　高夫）

いしいばく　石井漠　一八八六―一九六二　日本の現代舞踊の原点。一八八六年十二月二十五日、秋田県に生まれる。門下から崔承喜(朝鮮半島の現代舞踊の原点)、李彩娥(台湾の現代舞踊の原点)、石井みどりらを輩出した。一九三七年、日本舞踊連盟創立、理事。三九年、朝鮮芸術賞舞踊部門審査員を務める。同年、『皇軍慰問―北支から中支へ―』を発表。四〇年、大日本舞踊連盟が設立されると、現代舞踊部の部長となる。同年、皇紀二千六百年奉祝芸能祭で制定作品現代舞踊「日本」三部作(九月三十日、東宝劇場)の第三部「前進の脈動」を構成演出。四二年「地理の書」(詩高村光太郎、作曲石井五郎)を発表。四三年、大日本皇国文化協会主催、軍事関係者慰安芸能大会(三月十日、小石川後楽園運動場)で「海ゆかば」「地理の書」(三月十日(陸軍記念日)小石川後楽園運動場)、四四年、日本文学報国会主催、秋季軍人擁護強化運動「起て一億の夕」(十月三日、日比谷公会堂)で「起て一億」(詩西条八十)を舞踊。六二年一月七日没。七十五歳。

石　井　漠

参考文献 石井歓『舞踊詩人　石井漠』(一九九四、未来社)、Yukihiko Yoshida, "Lee Tsia-oe and Baku Ishii before 1945-Comparing Origin of Modern Dance in Taiwan and Japan", *Pan-Asian Journal of Sports & Physical Education*, 3 (3), 2011.

（吉田悠樹彦）

いしがきあやこ　石垣綾子　一九〇三―九六　評論家。一九〇三年九月二十一日、東京に生まれる。府立第一高等女学校を経て自由学園に進学し、社会問題に関心を深める。卒業後、早稲田大学聴講生になるが、女性が自由に生きられる国を求めて、二六年アメリカに渡った。画家の石垣栄太郎にめぐり逢い、二九年結婚。大恐慌下で窮乏生活を送りながら、満洲事変後反戦活動に立ち、中国友の会の中国支援運動に参加、スペイン内乱、日中戦争に対して反軍国主義・反ファシズムの講演・文筆活動を続け、ハーバート＝ノーマン、パール＝バックらの知遇を得、アグネス＝スメドレーと親交を結んだ。四〇年ハル＝マツイの名で自伝『憩いなき波』*Restless Wave*を著した。日米開戦後の四二年からアメリカの戦時情報局(OWI)に勤め、日本人向け反戦ビラの作成や翻訳を担当した。戦後マッカーシー旋風によってアメリカを追われ、五一年帰国した。帰国後は評論家として女性の自立を主張し、五五年には「主婦論争」の口火を切った。九六年十一月十二日死去。九十三歳。

参考文献 石垣綾子『我が愛―流れと足跡―』(一九八二、新潮社)

（北河　賢三）

いしかわいちろう　石川一郎　一八八五―一九七〇　大正・昭和期の化学者、実業家、財界人。一八八五年十一月五日東京に関東酸曹株式会社創設者石川卯一郎の長男として生まれる。一九〇九年東京帝国大学工科大学応用化学科卒業後、関東酸曹に技師として入社、一一年東京帝国大学応用化学科助教授となり、一五年関東酸曹に復帰。第一次世界大戦後の反動対策として一九年曹達晒粉同業会を発足させ、理事長として業界の自主調整を推進。二三年関東酸曹を大日本人造肥料・日本化学肥料と合併させ、その大日本人造肥料を三七年日本産業株式会社傘下の日本炭礦と合併し、日産化学工業株式会社と改称、専務取締役に就任、四一年社長。三七年塩素連合会委員長、三八年日本電解曹達工業組合理事長、四二年化学工業統制会会長として戦時統制経済を運営した。四六年化学工業連盟会長、日本産業協議会会長、四七年工業化学会会長となり四八年日本化学会と合同して成立した日本化学会の初代会長。四五年経済団体連合委員会の有力メンバーとして参加、四六年経済団体連合会結成とともに代表理事、四八年から五六年まで初代会長として「財界総理」と呼ばれた。四九年昭和電工株式会社社会長。五四年経済審議会会長、五六年原子力委員長代理。日仏工業技術会会長、日仏協会理事長、日仏会館理事長を歴任。七〇年一月二十日死去。八十四歳。

参考文献　東京大学経済学部図書館所蔵『石川一郎文書』(マイクロフィルム版、雄松堂)、経済団体連合会編『石川一郎追想録』(一九七一)、阪口昭『石川一郎―日本を開いた財界人の生涯―』(一九七三、鹿島研究所出版会)

(松浦　正孝)

いしかわじまぞうせんじょ　石川島造船所　ペリー来航の一八五三年、幕府の命を受け、水戸藩が石川島に建設した日本最初の近代的造船所に始まる。明治維新後は政府に移管され、大型船修理と小型船建造にあたったが、七六年八月に閉鎖。平野富二が施設を借り受け、十月に最初の民営造船所となる石川島平野造船所を創業し、八八年に民間初の軍艦「鳥海」を建造した。八九年一月、個人経営から会社組織に改組し、渋沢栄一の援助を受けて有限責任石川島造船所とし、九三年に株式会社東京石川島造船所に改めた。一九〇二年、大規模ドックであった浦賀分工場を浦賀船渠へ売却し、第一次世界大戦後の造船業の不振を機に、重機や橋梁工事など船舶以外の部門を拡張し、航空機や自動車部門にも進出した。四二年以降、戦時標準船の建造、機械部門では舶用タービン、クレーン生産に力を注いだ。四五年六月石川島重工業に改称し、その後六〇年十二月株式会社播磨造船所と合併して石川島播磨重工業となり、二〇〇七年七月ＩＨＩに改称して今日に至る。

参考文献　石川島播磨重工業株式会社編『石川島播磨重工業社史』(一九九二)

(山崎　志郎)

いしかわしんご　石川信吾　一八九四―一九六四　海軍軍人。一八九四年一月一日生まれ。山口県出身。海軍兵学校四十二期(一九一四年卒)で成績は芳しいとはいえなかった。海軍大学校甲種第二十五期に進み、のちに空軍設立を主張する加来止男、東条英機暗殺を計画した高木惣吉らと机を並べた。このころに、能弁にして文才ありといわれた彼の才能が開花した。一九二九年はじめての中央勤務である艦政本部員となり、三一年軍令部参謀になった。ロンドン軍縮問題直後の軍令部は軍縮条約反対の牙城であり、この空気を反映し大谷隼人名で『日本之危機』(森山書店)を無断で出版し、大正時代に一度頭をもたげた対米戦争論に再び火を付けた。三三年、「次期軍縮対策私見」をまとめて海軍上層部の回覧に付し、俗に「艦隊派」と呼ばれる条約反対派の若手行動隊長格へと成長した。私見は対米強硬論を骨子に、独立国家間の軍備は均等であるべきとし、超大型戦艦の建造を訴える内容であった。三四年に山本五十六が軍縮会議予備交渉代表として英国に赴き、決裂して帰国するが、この際の山本の主張は石川案に基づいていた。超大型戦艦建造案は大和型四隻計画に発展する。これも発案者は石川と思われるが、異論もある。二・二六事件後の気風刷新の流れの中で、石川は危険人物と見なされ予備役に編入されそうになったが、同郷の山口県出身でしかも同じ中学校の先輩であった岡敬純に救われ、しばし海上勤務、地方勤務で追及を避けた。四〇年中央に復帰し、海軍国防政策委員会第一委員会委員となり、委員会を主導して対米戦争開戦の筋書きを仕上げたといわれる。開戦後は南西方面で司令部付、参謀副長などを歴任、四三年に第二十三航空戦隊司令官になり、チモール島のクーパンに進出し、ダーウィンなどオーストラリア各地に対する爆撃を指揮して少なからぬ戦果を上げ、前線司令官として高い評価を受けている。その後、中央に戻ると高木惣吉の終戦工作に参加したといわれる。六四年十二月十七日死去。七十歳。

参考文献　高木惣吉『自伝的日本海軍始末記―帝国海軍の内に秘められたる栄光と悲劇の事情―』(『光人社ＮＦ文庫』、一九九五、光人社)、中山定義『一海軍士官の回想―開戦前夜から終戦まで―』(一九八一、毎日新聞社)

(田中　宏巳)

いしかわたつぞう　石川達三　一九〇五―八五　昭和期の作家。一九〇五年七月二日、秋田県に生まれる。早稲田大学英文科中退。三五年八月、「蒼氓」で第一回芥川賞を受賞。『中央公論』特派員として日本軍占領直後の南京を取材し、同誌三八年三月号に「生きてゐる兵隊」を執筆したが発売禁止に。新聞紙法違反で起訴され、執行猶予付き有罪となる。戦時下の作家への弾圧の代表例として知られる。四一年十一月に徴用を受け、アジア・太平洋戦争開戦後は報道班員として海軍に従軍。四二年一月から七月までシンガポール、仏印などに滞在。四五年一月には日本文学報国会実践部長に就任。四五年七月からの『毎日新聞』連載小説「成瀬南平の行状」は、辛辣な政府批判を含み十五回目で打ち切られた。この時期に執筆した小説は少なく、戦後執筆した回想記『恥かしい話・その他』『包囲された日本―仏印進駐誌』がある。八五年一月三十一日没。七十九歳。　→生きてゐる兵隊(いきてゐるへいたい)

参考文献　久保田正文『石川達三論』(一九七二、永田書房)、白石喜彦『石川達三の戦争小説』(二〇〇三、翰林書房)

(神子島　健)

いしかわひであき　石川栄耀　一八九三―一九五五　昭和期の都市計画官僚、都市計画家。通称は「えいよう」と読む。一八九三年九月七日山形県に生まれ、九八年、鉄道技師の叔父石川銀次郎の養子となる。盛岡中学、第二高等学校を経て一九一四年、東京帝国大学工科大学土木工学科進学、一八年卒業。その後民間会社勤務を経て二〇年、内務省が管掌する都市計画地方委員会の技師として都市計画名古屋地方委員会に赴任、三三年に都市計画東京地方委員会に転じる。アジア・太平洋戦争期には、生産と消費、都市と農村の均衡を重視し、戦時人口政策論とも呼応しつつ、大都市人口の小都市への分散を主張する独自の国土計画論を提起した。四二年には興亜院嘱託、四三年七月には都制施行に伴い東京都技師を兼任、同十月都計画局道路課長に就任。四四年同局都市計画課長、四八年都建設局長を歴任し、五一年の退職後早稲田大学教授就任。五五年九月二十五日没。六十二歳。

参考文献 石川栄耀『国土計画—生活圏の設計—』(一九四二、河出書房)、中島直人他編『都市計画家 石川栄耀—都市探究の軌跡—』(二〇〇八、鹿島出版会)、高岡裕之『総力戦体制と「福祉国家」—戦時期日本の「社会改革」構想—』(『戦争の経験を問う』、二〇一二、岩波書店)

(中村 元)

いしぐろただあつ 石黒忠篤 一八八四—一九六〇 官僚、政治家。大正、昭和期の農政の中心人物。一八八四年一月九日、石黒忠悳(のちの陸軍軍医総監・子爵)の長男として東京市で出生。東京高等師範付属中学、第七高等師範学校を経て一九〇八年に東京帝国大学卒業、農商務省に入る。一九年七月農務局農政課長、二四年四月より農務局小作課長、二四年十二月より農商務省農務局長、二五年四月より農林省農務局長、二七年五月より農林省蚕糸局長、二九年七月に農林省農務局長、三一年十二月より三四年七月まで農林次官。三五年十二月、社団法人農村更生協会会長。農政の中枢に位置し、小作法制定に取り組み、農村経済更正運動や満洲移民を推進した。四〇年第二次近衛内閣農林大臣。四三年から四六年二月まで貴族院議員。四五年鈴木内閣の農商大臣。四六年から五一年八月まで公職追放。五二年五月から六〇年三月まで参議院議員。六〇年三月十日病死。七十六歳。

参考文献 石黒忠篤『農政落葉籠』(一九五六、岡書院)、日本農業研究所編『石黒忠篤伝』(一九六六、岩波書店)、大竹啓介『石黒忠篤の農政思想』(一九八四、農山漁村文化協会)

(横関 至)

いしざかたいぞう 石坂泰三 一八八六—一九七五 第一生命保険・東芝の経営者、第二代経団連会長。一八八六年六月三日東京生まれ。一九一一年東京帝国大学法科大学法律学科(独法)卒、逓信省に入り、業務部北部貯金課長を最後に一五年退官、矢野恒太の誘いで第一生命保険会社に入社。欧米巡遊を経て一七年支配人、三四年専務取締役、三八年から四六年まで社長。四八年労使紛争の激しい東京芝浦電気再建を佐藤喜一郎帝国銀行社長・津守豊治東芝社長に請われ取締役就任、四九年から五七年まで社長、五七年から六五年まで会長。四六年渋沢敬三蔵相に日銀総裁就任を、五三年吉田茂に蔵相就任を要請されたが断る。五六年経済団体連合会第二代会長となり「財界総理」と呼ばれたが、自由経済を信奉して業界の自主規制に反対し政治との距離を保った。六三年日本工業倶楽部理事長。六四年ボーイスカウト日本連盟総裁、六五年日本万国博覧会協会会長となり七〇年の大阪万博を実現。山下太郎の中東石油開発を支援し六七年アラビア石油社長。七五年三月六日死去。八十八歳。国立国会図書館憲政資料室に『石坂泰三関係文書』(整理中)がある。

参考文献 石山賢吉編『石坂泰三物語』(一九六二、ダイヤモンド社)、日本経済新聞社編『私の履歴書—経済人一—』(一九八〇)、城山三郎『もう、きみには頼まない—石坂泰三の世界—』(一九九五、毎日新聞社)、梶原一明監修『石坂泰三—困難に打ち勝つ知恵—(永久保存版)』(二〇〇八、アスペクト)

(松浦 正孝)

いしだれいすけ 石田礼助 一八八六—一九七八 実業家。一八八六年二月二十日、静岡県に生まれる。一九〇七年東京高等商業学校(現一橋大学)卒業後、三井物産に入社。大連支店を振り出しに、ボンベイ支店長・大連支店長・ニューヨーク支店長・取締役を経て、三六年に常務取締役に就任した(三九年代表取締役兼務)。米国との開戦直前の四一年十月、主要経済人を工業倶楽部に集め、開戦回避を東条英機に進言することを工業倶楽部理事長に提案。その後開戦は既定事実として理事長からの進言は取り止めとなる。四一年末に三井物産を辞任、直後に産業設備営団設立に伴い請われて同顧問となり、四三年の交易営団設立に際し、同総裁に就任した。敗戦直後、東久邇宮内閣の商工大臣として入閣を要請されるが固辞。その後、公職追放令の適用を受け、いったん実業界を引退したが、五六年国鉄監査委員長に就任し、六三年には同総裁に就任。七八年七月二十七日没。九十二歳。

参考文献 『回顧録 三井物産株式会社』(一九七六)、城山三郎『粗にして野だが卑ではない—石田礼助の生涯—』(『文春文庫』、一九九二、文藝春秋)

(春日 豊)

いしどうきよとも 石堂清倫 一九〇四—二〇〇一 昭和期のマルクス主義・社会思想史研究者。一九〇四年四月五日、石川県の中学校教師の家に生まれる。東京帝国大学文学部に入学し新人会で活動。卒業後は日本共産党に入党し三・一五事件で検挙。保釈・転向後に日本評論社出版部を経て、三八年、大連の満鉄調査部に入社、資料課で『満鉄調査月報』の編集に関わり、四一年から満鉄大連図書館に勤務。調査部内の派閥抗争では国策調査に批判的な資料課派とみなされ、四三年七月の満鉄調査部事件第二次検挙で投獄される。四五年五月、新京高等法院で執行猶予付き有罪判決を受け、直後に召集され二等兵としてハルビンで敗戦を迎えた。十月、大連に復員して日本人労働組合本部・消費組合事務局・日本人引揚対策協議会などを経て四九年十月に帰国。日本共産党を経て離党後は東京グラムシ会・運動史研究会などで活躍。二〇〇一年九月一日死去。九十七歳。

参考文献 井村哲郎編『満鉄調査部—関係者の証言—』(『研究双書』、一九九六、アジア経済研究所)、石堂清倫『大連の日本人引揚の記録』(一九九七、青木書店)、同『わが異端の昭和史』(『平凡社ライブラリー』、二〇〇一、平凡社)

(盛田 良治)

いしばししょうじろう 石橋正二郎 一八八九—一九七六 ブリヂストンの創業者。仕立業石橋徳次郎の次男として一八八九年二月二十五日福岡県に生まれる。久留米商業学校卒業後家業を継ぐが、一九〇七年足袋製造専業に改め、一八年兄と日本足袋株式会社を創立し専務となり、三〇年社長(三七年日本ゴムと改称、四七年日本タイヤと分離)。二三年に地下足袋を発売するとともに、同社タイヤ部が国産初の自動車用タイヤを完成。三一年ブリッヂストンタイヤ株式会社を創立し社長(六三年から七三年まで会長)となる。タイヤは純国産として軍用トラック・飛行機などに使われ、輸出も伸ばし、満洲・朝鮮・台湾・青島・上海・タイに工場を建設、ジャワ・スマトラの米蘭系接収工場を委託経営し、航空機関連工業にも進出するなど飛躍的に発展した。四二年社名を日本タイヤに変更(五一年ブリヂストンタイヤに復旧)、四四年軍需会社に指定。戦後は自転車産業に進出するなど民需に転換。長女安子が鳩山一郎の長男威一郎と結婚し、正二郎は一郎の日本自由党創立を援助した。五二年ブリヂストン美術館開館、五六年石橋財団設立、六九年東京国立近代美術館を建設寄付。七六年九月十一日死去。八十七歳。

参考文献 石橋正二郎『私の歩み』(一九六二)、創立五十周年社史編纂委員会編『ブリヂストンタイヤ五十年史』(一九八二、ブリヂストンタイヤ株式会社)、石橋財団ブリヂストン美術館編『コレクター石橋正二郎—青木繁、坂本繁二郎から西洋美術へ—』(二〇〇二)、林洋海『ブリヂストン石橋正二郎伝—久留米から世界一へ—』(二〇〇九、現代書館)

(松浦 正孝)

石橋湛山

いしばしたんざん 石橋湛山 一八八四—一九七三 大正・昭和期の経済評論家、政治家。一八八四年九月二十五日東京生まれ。日蓮宗僧侶杉田湛誓、きんの長男(石橋は母方の姓)。一九〇三年に早稲田大学高等予科に入学、翌年早稲田大学文学科に入学し哲学を専攻し、〇七年卒業。〇八年に東京毎日新聞社に入社し、社会部に配属された。〇九年、麻布の第一師団に一年志願兵として入営する。一一年に東洋経済新報社に入社、当初は社会評論誌『東洋時論』の編集を担当したが、翌年の同誌廃刊とともに『東洋経済新報』の記者となった。同誌上で一五年の対華二十一ヵ条要求を批判し、一九年には朝鮮三・一独立運動を支持するなど、アジア諸国の民族自決を支持した。この主張はワシントン体制下において、経済的に割に合わない植民地領有を放棄し、貿易によって日本の経済的振興をはかるべきという、いわゆる小日本主義に結実していった。また二〇年代には婦人参政権も含めた普通選挙支持を表明するなど、石橋は大正デモクラシーの一翼を担う存在であった。だが、世界経済の不振と中国ナショナリズムの台頭によりワシントン体制が動揺し始めると、石橋の小日本主義は動揺をみせる。三二年三月の時点で、中国人の自治を尊重すべきとしつつも、満洲国の存立を受け容れたのである。石橋は、小日本主義が、自由貿易的な世界経済秩序という前提なしには成立しないものであると認識していたものと思われる。戦後には再び小日本主義を掲げつつ、保守政治家として活動した。四七年六月に公職追放されたが、五一年六月に追放が解除されると、反吉田派の中心人物として第一次・第二次鳩山一郎内閣の閣僚をつとめた。日ソ国交回復を機に鳩山首相が退陣すると、五六年十二月に首相に就任するが、翌年一月に病に倒れ、長期療養のため二月二十三日に辞職した。以後は中ソ両国との親善に尽力している。七三年四月二十五日没。八十八歳。

参考文献 上田美和『石橋湛山論—言論と行動—』(二〇一二、吉川弘文館)、松尾尊兊『近代日本と石橋湛山—『東洋経済新報』の人びと—』(二〇一三、東洋経済新報社)

(山本 公徳)

いしはらかんじ 石原莞爾 ⇨いしわらかんじ

いしはらさんぎょうかいしゃ 石原産業会社 石原広一郎が中心となって経営した鉱山開発会社。一九一六年以来マレー半島でゴム園経営をしていた石原が、一九年にジョホール州スリメダンで鉄鉱山を発見し、その採掘のために二〇年に資本金十万円で南洋鉱業公司を設立、その鉱石を八幡製鉄所の支援を受けて納入し、事業を拡大した。さらに鉱石輸送のため二四年に船舶部を設け、日本製品の輸出にもあたり、二九年には石原産業海運に改組した。この間、日本のマラヤからの鉄鉱石輸入は、中国を抜いて第一位となった。その後、鉄鉱石開発のため、フィリピンや海南島に進出し、マラヤからのボーキサイトの開発、輸入にも乗り出した。内地でも紀州銅山はじめ鉱山経営を行なった。アジア・太平洋戦争が始まると、石原系企業は、戦前の開発経験を重視され、南方占領地で鉱業・倉庫・海運などで七十八の受命事業を委託された。四三年に海運業を切り離し、石原産業となり、フィリピン・マラヤで多数の鉱山開発にあたった。敗戦後は、在外資産を失い、農薬や酸化チタンなど化学メーカーとして存続し、現在に至る。

参考文献 石原産業株式会社社史編纂委員会『創業三十五年を回顧して』(一九五六、石原産業株式会社)、疋田康

行編『南方共栄圏—戦時日本の東南アジア経済支配—』(一九九五、多賀出版)　(安達　宏昭)

いしはらひろいちろう　石原広一郎　一八九〇—一九七〇　大正・昭和期の実業家、国家主義者。一八九〇年一月二十六日、京都に生まれる。立命館大学を卒業後、家族とともに弟二人が移住するマラヤに渡航。ゴム園経営が順調でない中、一九一九年にジョホール州スリメダンに鉄鉱石を発見、台湾銀行の中川小十郎の援助を得て開発、南洋鉱業公司(のちに石原産業海運株式会社)を設立した。その後、八幡製鉄所の支援を受けて事業を拡大、三〇年代以後フィリピン・海南島にも進出し、マラヤではボーキサイトも開発した。一方、満洲事変後、国家主義運動に身を投じ、大川周明や徳川義親と神武会を結成し資金援助を行い、五・一五事件後は明倫会を結成・後援した。二・二六事件の際には斎藤瀏陸軍少将を通して栗原安秀同中尉に千円を提供し反乱幇助容疑で検挙されたが、証拠不十分で無罪となった。その後、日中戦争期には排英運動に参加し、南進政策を主張した。敗戦後、東京裁判ではA級戦犯容疑者として巣鴨拘置所に収容、四八年に釈放された。戦後は実業界で化学工業などを経営した。七〇年四月十六日没。八十歳。

参考文献　石原産業株式会社社史編纂委員会『創業三十五年を回顧して』(一九五六、石原産業株式会社)、赤澤史朗・粟屋憲太郎・立命館百年史編纂室編『石原広一郎関係文書』(一九九四、柏書房)、赤澤史朗「石原広一郎小論—その国家主義運動の軌跡—」(『立命館法学』二四五・二四八、一九九六)　(安達　宏昭)

いしもだしょう　石母田正　一九一二—八六　昭和期の日本史学者。一九一二年九月九日、北海道に出生。宮城県石巻町で育ち、第二高等学校在学中に社会科学研究会での活動で検挙・停学処分を受けた。三一年東京帝国大学文学部西洋哲学科に入学するが、日本労働組合全国協議会の活動に参加、逮捕二回。三四年国史学科に転科し三七年卒業。卒業論文「中世寺院に於ける集会制度の研究」。同年冨山房に入社、三八年春ごろから渡部義通(わたなべよしみち)を中心に松本新八郎・藤間生大(とうませいた)と史的唯物論の立場からする日本古代・中世史の共同研究を始め、古代家族・村落・奴隷制をめぐって問題提起に富んだ論考を『歴史学研究』などに精力的に寄稿。四二年の「宇津保物語についての覚書」が戦前公表できた最後の論文。四三年冨山房を退社し日本出版会入社、歴史学研究会幹事就任。翌四四年八月の会活動停止決定後の九月中旬から一ヵ月の集中執筆で、敗戦後の四六年六月に刊行されて戦後歴史学の出発を鮮烈に画し圧倒的影響力をもつことになる『中世的世界の形成』(伊藤書店)をまとめあげた。四四年朝日新聞東京本社入社、四七年法政大学法学部講師。戦後歴史学の発展と科学運動に尽力し、八六年一月十八日死去。七十三歳。『石母田正著作集』全十六巻(一九八八—九〇年、岩波書店)に業績が集成されている。

参考文献　「特集・石母田正氏の人と学問」(『歴史評論』四三六、一九八六)、藤間生大・西嶋定生・斎藤博「歴史学と学習運動」(『我孫子市史研究』一三、一九八九)、石井進『中世史を考える』(一九九一、校倉書房)、永原慶二『二十世紀日本の歴史学』(二〇〇三、吉川弘文館)　(今井　修)

いしわたそうたろう　石渡荘太郎　一八九一—一九五〇　大正・昭和期の大蔵官僚。一八九一年十月九日、検事石渡敏一(のち第一次西園寺内閣内閣書記官長)の長男として東京に生まれる。学習院、第一高等学校を経て東京帝国大学法科大学法律学科(英法科)卒、一九一六年大蔵省に入り税務畑を歩み、三一年主税局国税課長、三四年主税局長。三六年馬場鍈一蔵相により内閣調査局調査官に転出、三七年結城豊太郎蔵相のもとで大蔵省主税局長に復帰、賀屋興宣蔵相のもとで大蔵次官。三九年池田成彬後任の蔵相に就任、池田・結城ラインを継承した。平沼内閣総辞職とともに大蔵省顧問、汪精衛政権顧問、四〇年米内内閣書記官長。四〇年七月貴族院議員。四一年三月大政翼賛会の改組に伴い事務総長に就任、四二年国民政府最高経済顧問。四四年二月から東条内閣の蔵相となり結城日銀総裁を更迭、小磯内閣の四五年二月に内閣書記官長に転じた。四五年六月から翌年一月まで宮内大臣を務め、玉音放送、天皇の人間宣言などに立ち会った。五〇年十一月四日死去。五十九歳。

参考文献　石渡荘太郎伝記編纂会編『石渡荘太郎』(一九五四)、石渡さんを偲ぶ会『心如水—石渡さんを偲ぶ—』(一九八二、東京ポスト)　(松浦　正孝)

いしわらかんじ　石原莞爾　一八八九—一九四九　陸軍軍人。一八八九年一月十八日、山形県に生まれる。一九〇九年陸軍士官学校(第二十一期)、一八年陸軍大学校卒業。二〇年四月、日蓮宗系国家主義団体国柱会(田中智学主催)会員になる。二一年陸大教官。二二—二五年のドイツでの軍事研究などを通じて、世界最終戦に日本が登場する条件は、満蒙を領土として持久戦体制をつくることだとした。二八年関東軍参謀。「謀略により機会を作成し、軍部主導となり国家を強引」するとして、三一年柳条湖事件勃発を主導。三三年、国際連盟総会出席の松岡洋右全権随員、第四連隊長を経て三五年八月参謀本部作戦課長。戒厳参謀として、二・二六事件処理にあたる。三七年参謀本部第一作戦部長。同七月盧溝橋事件では、全面戦争化の危険を察知し不拡大に努力しつつも、武藤章作戦課長ら戦争拡大派の抵抗にあい、戦火が上海に飛火す

石原莞爾

るや二個師団派遣を決断。三七年九月関東軍参謀副長に転出。参謀長の東条英機、磯谷廉介と対立。三八年八月辞表を提出し帰国。舞鶴要塞司令官、第十六師団長を経て四一年三月退役。四月立命館大学講師。他方、満洲国での日本人の横暴という現実から、政治(内政)の独立・国防の共同・経済の一体化を説く東亜連盟論を主唱。その趣旨に共鳴し三九年結成された東亜連盟協会を退役後指導。ヒトラーを賛美する一方、対米英開戦後も、「日本だけが特別の皇国であるかのような考え方はよくない。日本は、ほかの国よりも悪いことをしている。日本の支那における行動は侵略主義で(中略)満洲および支那にたいしても(中略)無法なことを平気でやる」(四三年二月座談会)といった発言を行う。敗戦直後、国民総懺悔、中国への謝罪、米の原爆投下批判などを表明。四六年一月、東京帝大病院に入院。以後不自由な闘病生活に。三月連合国検事により臨床尋問。戦犯だと主張するもリストから除外。同年十月、山形県高瀬村西山の開拓地に入植。翌年三月極東裁判酒田出張法廷に証人として出廷。四九年八月十五日死去。六十一歳。著書に『世界最終戦論』(一九四〇年)などがある。

参考文献 『石原莞爾全集』(一九七六・七七)、角田順編『石原莞爾資料―国防論策編―』(『明治百年史叢書』、一九六四、原書房)、『戦前における右翼団体の状況』下一(一九六五、公安調査庁)、阿部博行『石原莞爾―生涯とその時代―』(二〇〇五、法政大学出版局)　(須崎 慎一)

イスンマン 李承晩 一八七五―一九六五 大韓民国初代大統領(在任期間一九四八―六〇)。号は雩南。一八七五年三月二十六日、朝鮮黄海道平山郡で生まれる。九五年から培材学堂に学び、卒業後は万国共同会運動に参加。五年半の獄中生活の後一九〇四年に渡米。プリンストン大学などで学位取得後に帰国し、一二年に再渡米。一九年九月上海の大韓民国臨時政府(臨政)臨時大統領に選出、米国で独立のための外交宣伝活動を展開。二五年に独断的活動などで臨政から弾劾される。四一年四月臨政の駐米外交委員部委員長に就任、戦争終結まで臨政を代表して対米交渉を専任。四五年十月に帰国。四六年六月に朝鮮半島南側だけの単独政府樹立計画を発表し、右翼保守勢力の支持のもと信託統治反対運動を展開。四八年七月大韓民国初代大統領に選出されて以後、米国援助と徹底した反共主義を基盤に大統領四選を果たすが、六〇年四月の四・一九革命で辞任し米国に亡命、六五年七月十九日ハワイで死亡。九十一歳。

参考文献 柳永益編『李承晩研究』(ソウル、二〇〇三、延世大学校出版部)　(庵逧 由香)

いせ 伊勢 超弩級戦艦。艦名は三重県の旧国名にちなむ。一九一七年竣工。竣工時の主砲三六センチ連装砲六基(十二門)。三七年改装後の基準排水量は三万五八〇〇トン、速力は二五・四ノット(時速四七キロ)。ミッドウェー海戦での主力空母喪失を受けて、四三年、後部主砲塔二基(四門)を撤去し、射出甲板、格納庫を設けて、航空戦艦に改造。搭載機二十二機(カタパルトから射出)。広い格納庫を用いて、本土と南方との物資輸送に従事。四五年七月の呉軍港空襲で大破着底。同型艦に「日向」がある。

伊勢

参考文献 福井静夫『写真日本海軍全艦艇史』(一九九四、ベストセラーズ)　(水沢 光)

いそがいれんすけ 磯谷廉介 一八八六―一九六七 明治後期から昭和戦前期の陸軍軍人。最終階級は中将。一八八六年九月三日、兵庫県に生まれる。陸軍士官学校(第十六期)、陸軍大学校卒業。一九一〇―二〇年代には、中国の事情に詳しい「支那通」の中でも国民党を重視する軍人として知られた。三三年八月に参謀本部第二部長、三五年三月に中華民国公使館(のち大使館)付武官となり、華北分離工作を指導した。三六年三月には陸軍省軍務局長に就任、二・二六事件後の陸軍の中枢を担った。三七年三月に第十師団長となり、日中戦争に参戦、三八年六月には関東軍参謀長に就任した。翌三九年のノモンハン事件では、陸軍中央の意向を無視して戦線を拡大、同年十二月に予備役編入。四二年一月に再召集され香港占領地総督。敗戦後、四七年七月に南京軍事法廷で終身刑の判決を受けたが、五年後に釈放された。六七年六月六日、八十歳で死去。防衛省防衛研究所戦史研究センターに関連史料がある。

参考文献 戸部良一『日本陸軍と中国―「支那通」にみる夢と蹉跌―』(『講談社選書メチエ』、一九九九、講談社)、小林一博『「支那通」一軍人の光と影―磯谷廉介中将伝―』(二〇〇〇、柏書房)　(堀田慎一郎)

いそべあさいち 磯部浅一 一九〇五―三七 昭和期の陸軍軍人。一九〇五年四月一日、山口県に生まれる。陸軍士官学校(第三十八期)を卒業後、朝鮮の第八十連隊で

磯部浅一

歩兵中尉まで進級するが、国家改造運動に共鳴して上京の意志を固め、三二年に陸軍経理学校に入学。この時期に北一輝、西田税と出会う。三三年に同校を卒業、三四年に一等主計に進級するが、同志の村中孝次らとともにクーデターを計画した嫌疑で憲兵隊に検挙される(士官学校事件)。証拠不十分で不起訴となったが、この事件を通報した辻政信らを誣告罪で訴え、三五年七月には「粛軍に関する意見書」を陸軍関係者に配布、それを理由に村中とともに免官となる。三六年の二・二六事件では決起将校の中心的存在として立案・実行に携わり、同年七月五日に死刑判決を受ける。北の『日本改造法案大綱』の内容を完全に実現すべきと主張し、反乱軍の鎮圧を命じた昭和天皇を痛烈に批判する内容の獄中手記を残し、翌年八月十九日に処刑。三十三歳。

参考文献　河野司編『二・二六事件—獄中手記・遺書—(新装版)』(一九八九、河出書房新社)、山崎國紀『磯部浅一と二・二六事件—わが生涯を焼く—』(一九八九、河出書房新社)　(萩原　稔)

いそむらえいいち　磯村英一　一九〇三—九七　昭和期の公吏、都市社会学者。一九〇三年一月十日、東京に生まれる。東京外語学校ロシア語科卒業。東京市役所に入り、東京帝国大学文学部卒業。市役所職員として社会事業にたずさわり、社会調査・社会事業論、アメリカ社会学の紹介などを雑誌に発表した。昭和初期の市行政の中心人物となり、三五年に市役所内の政策研究組織である市政研究会の結成にあたった。選挙粛正運動や四〇年に開催が予定されたオリンピック誘致に尽力。また社会事業から厚生事業への転換を「人的資源」の再生・活用と位置づけ、厚生運動の理論的・実践的担い手にもなる。その後、豊島区長、戦時生活局配給部長、渋谷区長などを務め敗戦を迎えた。戦後は渉外部長としてＧＨＱとの交渉にあたり、民生局長、都民室長として安井誠一郎知事を支えた。五三年東京都立大学教授、のち東洋大学学長となり都市社会学の重鎮として活躍した。九七年四月五日死去。九十四歳。

参考文献　磯村英一『私の昭和史』(一九八五、中央法規出版)、源川真希『東京市政—首都の近現代史—』(二〇〇七、日本経済評論社)　(源川　真希)

いそむらとよたろう　磯村豊太郎　一八六八—一九三九　戦前期の三井財閥系会社の経営者。貴族院議員。一八六八年十二月二十日(明治元年十一月七日)、中津奥平藩の下士の長男として奥平藩城下で出生。福岡中学校を経て、八九年慶応義塾を卒業。九〇年逓信省大臣官房文書課雇員となるが、九一年に辞職して慶応義塾普通部教員となる。九四年日本銀行に入行したが、二ヵ月で辞職し、九六年三井物産に入社。一九〇五年営業部長、〇九年ロンドン支店長に就任。一三年経営危機に瀕していた北海道炭礦汽船の専務取締役に就任して同社の再建を果たし、二八年同社社長に就任。二九年貴族院議員に勅選され、三一年に研究会に入会。三〇年代の経済統制の運用に積極的に関与し、三一年重要産業統制委員会委員、全国産業団体連合会常任委員、三四年日本製鉄取締役、三六年日本経済連盟会常務理事等に就任。三九年日本工業倶楽部理事長となる。三九年十月二十六日死去。七十二歳。

参考文献　前田一編『磯村豊太郎伝』(一九四三)　(市原　博)

いたがきせいしろう　板垣征四郎　一八八五—一九四八

板垣征四郎

大正・昭和期の陸軍軍人。一八八五年一月二十一日生まれ。岩手の旧南部藩士板垣政徳の四男。祖父は藩家老。嗣子正はのち参議院議員。盛岡中学、仙台地方幼年学校、中央幼年学校を経て、一九〇四年陸軍士官学校卒(十六期)、一六年陸軍大学校卒。一七年参謀本部付として雲南省昆明に駐在。一九年漢口の中支那派遣隊司令部付、同参謀。この部隊で約一年間、石原莞爾と同時勤務。以後参謀本部支那課勤務や中国在勤を繰り返し、中国情報専門の支那通としての道を歩む。この間、二〇年少佐、二三年中佐。二八年大佐となり歩兵第三十三連隊長。二九年五月関東軍高級参謀、三一年十月同情報主任参謀。石原作戦主任参謀とともに満洲事変を計画し、柳条湖事件を契機に全満洲を占領し、満洲国を樹立。また満洲国樹立工作推進のため田中隆吉上海駐在武官補佐官に上海での謀略を要請し、第一次上海事変を起こさせた。三二年八月少将に昇進、満洲国執政顧問、満洲国軍政部最高顧問などを歴任して満洲国の育成にあたった。三四年十二月から三七年三月まで関東軍参謀副長兼駐満大使館付武官、関東軍参謀長。在任中、中国を分立させ個々の地域と直接提携を結ぶ分治合作論に基づき、華北内蒙での政治工作を推進。三六年四月中将。三七年三月第五師団長。日中戦争勃発後、三七年八月華北戦線に出征。三八年六月から三九年八月まで近衛・平沼両内閣の陸相。在任中、汪兆銘擁立、防共協定強化問題、張鼓峰・ノモンハン両事件の処理などに従事。三九年九月支那派遣軍総参謀長となり対重慶直接和平工作(桐工作)を推進するも失敗。四一年七月大将となり朝鮮軍司令官に転出。四五年四月第七方面軍司令官となりシンガポールで終戦を迎えた。戦後、東京裁判にA級戦犯として起訴され、侵略戦争遂行の共同謀議および遂行、捕虜虐待などの罪を問われ、四八年十二月二十三日刑死。六十四歳。

参考文献 板垣征四郎刊行会編『秘録板垣征四郎』(一九七二、芙蓉書房)、戸部良一『日本陸軍と中国—「支那通」にみる夢と蹉跌—』(一九九九、講談社) (小磯 隆広)

いだまさたか 井田正孝 一九一二—二〇〇四 昭和期の陸軍軍人。一九一二年十月五日、岐阜県に生まれる。三三年に陸軍士官学校を卒業(四十五期)。皇国史観の国史学者である平泉澄の影響を受ける。四一年に陸軍大学校を卒業。第十方面軍参謀などを経て、四五年に軍務局軍事課課員。ポツダム宣言受諾反対・本土決戦を掲げるクーデターに関わり、八月十五日の宮城占拠事件に参加する。戦後は在日米軍司令部戦史室に勤務。二〇〇四年二月六日死去。九十一歳。

参考文献 林茂他編『日本終戦史』上(一九六二、読売新聞社) (加藤 祐介)

イタリアこうふく イタリア降伏 一九四三年九月八日、連合軍司令官アイゼンハワーはイタリアの降伏と停戦の受諾をラジオを通じて発表した。ドイツ軍の緒戦の勝利に引きずられる形で四〇年六月に参戦したイタリアはいたるところで負け続け、四三年に入ると北アフリカ戦線での敗北をきっかけに、ムッソリーニの排除と連合軍との休戦の可能性を探るさまざまな動きが指導層(王室周辺・軍部・ファシスト党)に現れてくる。七月九日に連合軍がシチリア島に上陸すると、そうした陰謀が国王を中心にまとまり、七月二十四—二十五日のファシズム大評議会での決議でムッソリーニは首相を解任され、直ちに拘束された。代わって首相の座についたバドリオは、一方でドイツに対して同盟関係維持と戦争の継続を保証し、他方で連合軍との停戦のための秘密交渉を進めた。その結果、九月八日にイタリアは降伏。しかし、バドリオが配下のイタリア軍部隊に明確な指令を出さなかったために、ドイツ軍によるイタリア半島北中部の占領を招き、ドイツ軍＋ファシスト部隊対連合軍＋レジスタンス勢力のあいだで一年半にわたる激しい戦闘が半島全域に展開されることになった。

参考文献 ニコラス＝ファレル『ムッソリーニ』(柴野均訳、二〇一一、白水社) (柴野 均)

いちおくそうざんげ 一億総懺悔 直接的には一九四五年九月五日帝国議会で行われた東久邇宮稔彦首相の施政方針演説で「敗戦の因って来る所は固より一にして止まりませぬ。前線も銃後も、軍も官も民も総て、国民悉く静かに反省する所がなければなりませぬ。我々は今こそ総懺悔し、神の御前に一切の邪心を洗い清め、過去を以て将来の戒めとなし、(後略)」と述べたことに発している。この言葉は、天皇はもとより、政府、軍部などの戦争責任を曖昧にするものとみなされている。

参考文献 遠山茂樹・今井清一・藤原彰『昭和史(新版)』(『岩波新書』、一九五九、岩波書店)、外務省編『終戦史録』(一九七八、北洋社) (波田 永実)

いちかわふさえ 市川房枝 一八九三—一九八一 大正・昭和期の女性運動家、政治家。一八九三年五月十五日、愛知県の農家に出生。小学校教師、新聞記者、大日本労働総同盟友愛会書記などを経て、平塚らいてうらと新婦人協会を創立。渡米後、一九二四年婦人参政権獲得期成同盟会(翌年婦選獲得同盟と改称)の結成に参加し、運動の中核を担う。満洲事変に際しては、女性の政治参加が軍部を抑え、政党政治を支え、平和につながると主張するが、対議会運動は困難になり、母性保護、地方行政への協力、選挙粛正運動などを展開。日中戦争開始後は、女性の生活防衛と政治参加を意図して、国民精神総動員運動や大政翼賛運動に協力し、公職に就任。四〇年婦選獲得同盟を解散し、以後婦人時局研究会、婦人問題研究所を拠点に、戦時下の女性政策について提言を続ける。戦後、大日本言論報国会理事であったことが理由で公職追放。その後参議院議員を務めるとともに、女性の解放と地位向上を求める運動、選挙と政治を浄化する運動に力を尽くした。八一年二月十一日死去。八十七歳。

参考文献 菅原和子『市川房枝と婦人参政権獲得運動—模索と葛藤の政治史—』(二〇〇二、世織書房)、市川房枝研究会編『市川房枝の言説と活動—年表で検証する公職追放 一九三七〜一九五〇—』(二〇〇八、市川房枝記念会出版部)、新藤久美子『市川房枝と「大東亜戦争」—フェミニストは戦争をどう生きたか—』(二〇一四、法政大学出版局) (国武 雅子)

いちききよなお 一木清直 一八九二—一九四二 陸軍軍人。一八九二年十月十六日に生まれる。静岡県出身、旧姓加藤。一九一六年陸軍士官学校卒(第二十八期)、二六年大尉。二七年第一師団歩兵第五十七連隊中隊長、三十四年少佐、三十六年支那駐屯軍歩兵第一連隊第三大隊長となる。三七年七月、第三大隊隷下の第八中隊が北京郊外盧溝橋付近で夜間訓練中に中国軍と衝突、これが日中全面戦争の発端となる。三八年中佐・歩兵学校教官、四一年大佐・第七師団歩兵第二十八連隊長。四二年、ミッドウェー島攻略のため第二十八連隊を基幹に一木支隊を編成。ミッドウェー海戦の敗北により、一木支隊はガダルカナル島の飛行場奪回に投入される。一木は情報、兵力、兵器不足のまま優勢な米軍に対し攻撃を敢行して四二年八月二十一日に戦死(少将に進級)、支隊は壊滅した。享年五十一。

参考文献 伊香俊哉『満洲事変から日中全面戦争へ』(『戦争の日本史』二二、二〇〇七、吉川弘文館)、吉田裕・森茂樹『アジア・太平洋戦争』(同二三、二〇〇七、吉川弘文館) (柏木 一朗)

いちごうさくせん　一号作戦　⇩大陸打通作戦

いちまだひさと　一万田尚登　一八九三―一九八四　日本銀行総裁。一八九三年八月十二日、大分県の農家に生まれる。一九一八年、東京帝国大学卒業。日本銀行に入行し、京都支店長、考査局長、名古屋支店長を経て、四六年六月大阪支店長から総裁に抜擢された(五四年まで)。金融界・産業界に大きな影響力を持ち、「法王」と呼ばれた。五四年十二月―五六年十二月(鳩山一郎内閣)、五七年七月―五八年六月(岸内閣)に大蔵大臣を務めた。八四年一月二十二日没。九十歳。

参考文献　『一万田尚登伝記・追悼録』(一九六六、徳間書店)

(浅井　良夫)

いっけんいっこうしゅぎ　一県一行主義　地方銀行に対する銀行統合方針。太平洋戦争突入とともに急速に具体化、一九四五年には一県一行がほぼ実現。小規模銀行の乱立による弊害を是正し、大規模化の促進とそれによる競争制限は大蔵省銀行行政の一貫した柱であったが、地域的な経済圏は尊重されていた。そこに行政単位の発想を導入し、具体的な数値目標を示したのは三六年五月の馬場鍈一大蔵大臣(広田弘毅内閣)の表明である。弱小銀行の整理のための統合ではなく、大都市と地方とを区分し、地方銀行の金融機能を高めるために「一県一行、乃至二行」をめざすとした。三六年末全国地方銀行協会の会員銀行数は兵庫県の三十四行を最多として四百二十四行を数えたことからきわめて強力な統合方針と受け取られ「一県一行主義」と呼ばれた。しかし内実はやはり「一経済地域一中心銀行主義」(小宮陽銀行課長)であり、各地の実情を考慮して緩やかな段階的統合をめざすものであった。様相が一変するのは四〇年九月の全国金融協議会発足ごろからである。四一年七月の「財政金融基本方策要綱」に金融機関の整理統合が掲げられ、四二年五月結成の全国金融統制会でも主要任務の一つとなり、同時に金融事業整備令が公布施行され、都市銀行の合同も含め急速に進展した。ここにおいて従来は補助者役に終始していた日本銀行が金融統制会と一体化したことから能動的な教導役に変じた。四三年一月に同行が大蔵省の要請を受け、貯蓄銀行業務および信託業務の「兼営法」施行を前提に、各支店長の意見を徴求して作成した「全国銀行統合並店舗整理案」は、戦時期最大のマスタープランであった。東京は三行、大阪は一行への集約を含む全国プランであり、普通銀行だけではなく貯蓄銀行や信託会社の統合も含み、店舗整理まで考案されていた。このプランどおりには実現しなかったが、四一年末全国地方銀行協会の会員銀行数百八十六行は四五年九月に五十四行に統合され、地方銀行と都市銀行という戦後の業態が確立した。

参考文献　大蔵省昭和財政史編集室編『昭和財政史』一一(一九五七、東洋経済新報社)、全国地方銀行協会企画調査部編『全国地方銀行協会五十年史』(一九六八)、後藤新一『銀行合同の実証的研究』(一九九一、日本経済評論社)、伊藤正直・靏見誠良・浅井良夫編『金融危機と革新―歴史から現代へ―』(二〇〇〇、日本経済評論社)

(佐藤　政則)

いっしきせんとうき　一式戦闘機　⇩隼・一式戦闘機

いっしきちゅうせんしゃ　一式中戦車　九七式中戦車の改良版。一九四一年八月の制式改正により、順次九七式中戦車の車体に四七ミリ戦車砲を搭載した九七式中戦車改(新砲塔チハ)が開発された。しかし、新たに生産する同型の戦車の車体は、装甲の組み立てに溶接を採用し、発動機を変換した。これが一式中戦車である。各種試験は四三年九月に終了し、翌年から量産され、主に本土決戦用の部隊に配備された。最終生産数は百七十輌といわれている。

参考文献　佐山二郎『機甲入門―機械化部隊徹底研究―』(『光人社NF文庫』、二〇〇二、光人社)

(中村　崇高)

いっしきりくじょうこうげきき　一式陸上攻撃機　日本海軍の中型陸上攻撃機。陸上の基地から飛び立ち、爆撃や雷撃を行う機種である。九六式陸攻の後継機として三菱重工で開発された。海軍からは、日中戦争での戦訓などから速力の増大、航続距離延伸、武装の強化が要求された。海軍の要求に応えるため三菱側は四発機案を提示したが、海軍側から却下された。要求を双発機で実現するため、主翼内を燃料タンクとする構造(インテグラル＝タンク)を採用して燃料搭載量を増やしたり、胴体を太い葉巻型とするなど思い切った設計を行なった。一九四一年(皇紀二六〇一)四月に一式陸上攻撃機として制式採用された。アジア・太平洋戦争開戦初頭のマレー沖海戦では九六式陸攻とともに出撃し、イギリス海軍の戦艦「プリンス＝オブ＝ウェールズ」と「レパルス」を撃沈した。その後も、改造を施されながら、アジア・太平洋戦争の全期間を通して中攻の主力として各作戦に参加した。しかし、長距離航続性能を優先して採用したインテグラル＝タンクは、被弾すると発火しやすいという重大な弱点を

一式陸上攻撃機

有していた。そのため米軍からは「ワンショット＝ライター」とあだ名された。その後、消火装置や防弾ゴムを貼り付けるなどの改造がなされたが、効果は薄かった。防御力より攻撃力を重視する日本海軍の思想、日本の技術力の限界がそこには現れていた。四三年に山本五十六連合艦隊司令長官が戦死した際の搭乗機であった。戦争末期には、ロケット特攻機「桜花」の母機としても使われた。終戦後、機体全体を白く塗り、緑十字を記され、降伏に関する打合せをする軍使を伊江島まで運んだ。初期の一一型はエンジン一五〇〇馬力×二、最高速度二四〇ﾉｯﾄ(時速約四四四ｷﾛ)、武装二〇ﾐﾘ機銃×一、七・七ﾐﾘ機銃×四、魚雷×一または爆弾最大一〇〇〇ｷﾛ。→桜花(おうか)

参考文献　野沢正編『日本航空機総集(改訂新版)』一(一九八一、出版協同社)、海軍歴史保存会編『日本海軍史』五・七(一九九五、第一法規出版)、碇義朗『海軍空技廠(全)―誇り高き頭脳集団の栄光と出発―(新装版)』(一九八六、光人社)　(土田　宏成)

いっせきかい　一夕会　満洲事変約二年前の一九二九年五月に結成された、陸軍中堅幕僚の政治グループ。構成員は四十名前後で、陸士十四期から二十五期にわたる。のちの陸軍で重要な役割を果たす軍人が多く含まれている。主要な会員は、永田鉄山、小畑敏四郎、岡村寧次、東条英機、河本大作、山岡重厚、板垣征四郎、土肥原賢二、磯谷廉介、渡久雄、山下奉文、鈴木貞一、石原莞爾、根本博、土橋勇逸、鈴木率道、牟田口廉也、武藤章、田中新一、冨永恭次など。永田、小畑、岡村が主導的位置にあり、永田がその中心的存在だったとされている。東条、武藤、田中は、アジア・太平洋戦争開戦決定に中心的な役割を果たす。一夕会は、第一回会合で、陸軍人事の刷新、満洲問題の武力解決、荒木貞夫・真崎甚三郎・林銑十郎の非長州系三将官の擁立、の三点を取り決め、陸軍中央の重要ポスト掌握にむけて動いていく。満洲事変前には、陸軍中央の主要実務ポストを掌握し、満洲事変時には、関東軍を支援する方向で動いた。

参考文献　稲葉正夫「永田鉄山と二葉会・一夕会」(『秘録永田鉄山』所収、一九七二、芙蓉書房)、筒井清忠『昭和期日本の構造―二・二六事件とその時代―』(『講談社学術文庫』、一九九六、講談社)、川田稔『満州事変と政党政治―軍部と政党の激闘―』(『講談社選書メチエ』、二〇一〇、講談社)　(川田　稔)

いとうえんきち　伊東延吉　一八九一―一九四五　文部官僚。昭和戦前期の思想統制を推進し、「教学刷新」路線を主導した。一八九一年五月愛知県に生まれ、第一高等学校(独法科)を経て、一九一六年に東京帝国大学法科大学を卒業。前年に文官高等試験(行政科)に合格。同期には、その後文部大臣になる安井英二、文部次官になる河原春作、菊池豊三郎がいた。伊東は、内務官僚として出発し、一九年に文部省に入省。文部省では、普通学務局、実業学務局に勤務し、大臣官房秘書課長を経て、二九年に二代目の学生部長となる。専門学務局の学生課が独立して新設された学生部は、ピークを迎えていた思想問題に対して組織的な対策を緊急に立てる部局であった。さらに学生部が三九年に思想局に拡大されると、そのまま初代思想局長となる。足かけ八年にわたって思想問題に取り組んだ伊東は省内でも思想問題のエキスパートとしての独自の地位を築き、当時「役人には、ちょっと類例のない思想家」「当代稀に見る教学思想家」(藤原喜代蔵)と評された。三六年には専門学務局長も兼ね、高等教育機関への指導力も発揮、翌三七年に第一次近衛文麿内閣の文相になった安井英二のもとで文部次官に就任する。この間、三三年には国民精神文化研究所の所長代理を務め、三六年には『国体の本義』編纂の事務方として活動し、翌年に刊行。一高校長に橋田邦彦を抜擢するなど、国体明徴路線に沿った人材の抜擢も積極的に行なった。教学刷新評議会や教育審議会といった審議機関の実質的な組織者としても活躍し、初等教育から高等教育に至るまで、「教学刷新」路線の文部行政に独自の役割を果たした。三八年十二月、依願免本官。退官後は、国民精神文化研究所所長、教学錬成所所長を務めたが、喉頭結核のため四四年二月七日に死去。五十五歳。

参考文献　前田一男「「教学刷新」の設計者・伊東延吉の役割」(寺崎昌男・編集委員会編『近代日本における知の配分と国民統合』所収、一九九三、第一法規出版)　(前田　一男)

いとうさきお　伊藤佐喜雄　一九一〇―七一　作家。一九一〇年八月三日、島根県に生まれる。母親は新劇女優の伊沢蘭奢。結核性関節炎のため大阪高等学校中退。在学中に保田与重郎と知り合い、保田が大阪高校の出身者を中心として創刊した雑誌『コギト』に同人として参加、同じく保田が中心となって創刊した『日本浪曼派』にも参加した。この時期、保田はしばしば津和野を訪れ伊藤と交遊している。入院治療中に執筆し『日本浪曼派』に連載された『花の宴』は、第二回の芥川賞候補となった。また、四二年に発表した『春の鼓笛』(鬼沢書店)は第八回池谷信三郎賞を受賞した。戦後は、主に少女小説や児童向けの名作の再話や偉人伝などを執筆した。また創価学会に入信した。最後の著書『日本浪曼派』(七一年、潮新書)は内側から経緯を語るものであり、絶筆の歴史小説『いのちの砦』は『公明新聞』に連載された。七一年十月十七日に死去した。六十一歳。

参考文献　中島栄次郎他『「日本浪曼派」集』(『新学社近代浪漫派文庫』三三、二〇〇七、新学社)　(渡辺　和靖)

いとうせいいち　伊藤整一　一八九〇―一九四五　海軍軍人。一八九〇年七月二十六日福岡県に伊藤梅太郎の長男として生まれる。伝習館中学から海軍兵学校に進み一九一一年卒業(第三十九期)。二三年海軍大学校(甲種)卒業。二七年から二年間アメリカに駐在し、エール大学で学ぶ。アメリカの国力を知悉していた。「榛名」「愛宕」

「最上」艦長など艦長歴が豊富で、中央では人事局勤務が中心。水雷出身だったが、航空兵力の重要性を理解していた。三七年第二艦隊参謀長、三八年人事局長、四〇年第八戦隊司令官。山本五十六連合艦隊司令長官の要望で、四一年四月連合艦隊参謀長に引き抜かれる。九月には穏健な思考を買われ、軍令部次長に就任。日米開戦に消極的だった。四四年十二月に第二艦隊司令長官に補せられるまで、作戦指導の中枢にあった。四五年四月七日、沖縄水上特攻作戦を指揮し、戦艦「大和」とともに戦死。五十六歳。

参考文献 吉田満『提督伊藤整一の生涯』(二〇〇八、洋泉社)

(森山 優)

いとうひさお　伊藤久男 一九一〇—八三 声楽家。一九一〇年七月七日、福島県で出生。本名は伊藤四三男。二九年東京農業大学に入学するも、音楽家志望の夢を捨てきれず、三一年帝国音楽学校に転じた。三三年にコロムビアからレコードデビューし、戦後まで第一線で活躍した。豊かな声量と叙情性ある歌声で、「お島千太郎旅唄」「高原の旅愁」「暁に祈る」、藤山一郎などとの共演による「海の進軍」「あの旗を撃て」、戦後も「あざみの歌」「山のけむり」「イヨマンテの夜」など数々の名作を演奏した。八三年二月二十五日没、七十二歳。 ↓暁に祈る(あかつきにいのる)

参考文献 伊藤久男生誕百周年記念事業実行委員会資料部会編『その歌声は時代を越えて』(二〇一〇)

(戸ノ下達也)

いとうまさのり　伊藤正徳 一八八九—一九六二 ジャーナリスト。一八八九年十月十八日、茨城県に生まれる。一九一三年三月に慶応義塾大学理財科を卒業、五月に三井物産に入社したが七月には退社、十二月に時事新報に入社している。翌一四年から一七年にかけては、海軍担当記者を務めた。ロンドン特派員、ワシントン会議特派を務めた後、政経部長となった。その後は、財政経済時報社を経て、時事新報取締役編集局次長、中部日本新聞社専務・主筆・編集局長、共同通信社理事長、時事新報社長、産業経済新聞取締役(および同主幹)などの要職を歴任している。六一年には菊池寛賞を受賞した。六二年四月二十一日死去。七十二歳。著作には、『大海軍を想う』(文藝春秋新社、五六年)、『連合艦隊の最後』(文藝春秋新社、五六年)、『軍閥興亡史』(一—三、文藝春秋新社、五七年—五八年)などがある。

参考文献 秦郁彦編『日本近現代人物履歴事典』(二〇〇二、東京大学出版会)、半藤一利「時事新報と伊藤正徳」(『三田評論』一一〇〇、二〇〇七)

(宇田川幸大)

いなだまさずみ　稲田正純 一八九六—一九八六 陸軍軍人。一八九六年八月二十七日陸軍三等軍医稲田清淳の次男として生まれる。鳥取県出身。陸軍大将阿部信行の女婿。兄は陸軍中将坂西一良。一九一七年陸軍士官学校卒(第二十九期)、二五年陸軍大学校卒業。三七年参謀本部第一部第二課、陸軍省軍事課高級課員、三八年参謀本部第一部第二課長・大佐。盧溝橋事件からノモンハン事変にかけて陸軍の戦争指導の中枢で活躍。三九年ノモンハン事変の事後処理で参謀本部および関東軍の首脳は更迭、稲田は習志野学校付に左遷され、その後は中央の要職に戻ることはなかった。四〇年阿城重砲連隊長、四一年第五軍参謀副長・少将、関東軍特種演習の準備に携わる。四二年第五軍参謀長、四三年南方軍総参謀副長となり、インパール作戦実施を抑制しようとするが解任され失敗、第二野戦根拠地隊司令官、四四年第六飛行師団長心得・停職を経て、第三船舶輸送司令官、四五年中将・第十六方面軍参謀長(九州)。戦後戦犯として逮捕され、四六年から五一年まで服役。八六年一月二十四日没。八十九歳。

参考文献 竹山護夫編『稲田正純氏談話速記録』(一九六九、木戸日記研究会)、板垣征四郎刊行会『秘録板垣征四郎』(一九七二、芙蓉書房)

(柏木 一朗)

いなのかんたろう　伊那の勘太郎 一九四三年に、長谷川一夫の主演で封切となった、やくざ者の勘太郎が勤皇の志士を助けるというストーリーの股旅もの映画。東宝製作。佐伯孝夫作詞、清水保雄作曲、小畑実と藤原亮子の歌唱による主題歌「勘太郎月夜唄」は、四三年一月にビクターからレコード発売され戦後まで親しまれた。アジア・太平洋戦争期は、「国民歌」のような上からの公的流行歌が主流だったが、そうした状況下で「勘太郎月夜唄」は、一九三〇年代以降支持を集めていた股旅歌謡の系譜として、大衆の求める本来の流行歌の役割を担っていた。さらにこの映画の物語が記憶されたのは、主題歌のほか、戦時期の慰問隊や慰安会、戦後の青年団の演芸会などで演じられた素人演劇での「やくざ芝居」や「やくざ踊り」であろう。股旅ものの歌やレコードにあわせて踊る「やくざ踊り」では、この映画を題材とした「伊那の勘太郎」がレパートリーの一つとして演じられていた。

参考文献 北河賢三『戦後の出発—文化運動・青年団・戦争未亡人—』(二〇〇〇、青木書店)

(戸ノ下達也)

いなのぶお　伊奈信男 一八九八—一九七八 写真評論家、写真史家。一八九八年三月三十一日、愛媛県生まれ。松山中学、第一高等学校を経て、一九二二年に東京帝国大学(美術史)卒業。東京高等師範学校、聖心女子専門学校などの講師を務める。三一年『ソヴエートの友』編集長。三二年、写真同人誌『光画』創刊号に「写真に帰れ」を執筆し二号より同人。三三年、日本工房設立同人となり、名取洋之助の説く「ルポルタージュフォト」を「報道写真」と訳す。三四年、日本工房を脱退し、木村伊兵衛の中央工房、国際報道写真協会設立に参加。三五年、外務省文化事業部第三課嘱託となり美術・写真を担当。四〇年より情報局第五部第二課情報官として映画を担当し、大日本映画協会、日本移動映写連盟に関わる。戦後は、写真評論の傍ら、六八年開設のニコンサロンで名誉館長。七八年十月七日没。八十歳。著作は、『写真・昭和五十年史』(一九七八年、朝日新聞社)、大嶋洋編『写真に帰れ―伊奈信男写真論集―』(二〇〇五年、平凡社)。ニコンサロンにより七六年に「伊奈信男」賞制定。

[参考文献] 川崎賢子・原田健一『岡田桑三 映像の世紀―グラフィズム・プロパガンダ・科学映画―』(二〇〇二、平凡社)、白山眞理・堀宜雄編『名取洋之助と日本工房一九三一―四五』(二〇〇六、岩波書店)、白山眞理『〈報道写真〉と戦争 一九三〇―一九六〇』(二〇一四、吉川弘文館) (白山 眞理)

いなばまさお 稲葉正夫 一九〇八―七三 昭和期の陸軍軍人、戦史研究者。一九〇八年五月一日、新潟県に生まれる。三〇年に陸軍士官学校を卒業(四十二期)。皇国史観の国史学者である平泉澄の影響を受ける。三九年に陸軍大学校を卒業。関東軍参謀、陸軍省軍務局軍事課課員、陸軍大学校教官などを経て四五年に大本営参謀に就任。ポツダム宣言受諾反対・本土決戦を掲げるクーデターに関わり、阿南惟幾陸相名で出された「全軍将兵に告ぐ」を執筆した。戦後は防衛庁において戦史室編纂官を務め、『真田穣一郎日誌』『太平洋戦争への道』『杉山メモ』『宇垣一成日記』などの収集・公刊に携わった。七三年十月十日没。六十五歳。

[参考文献] 林茂他編『日本終戦史』上(一九六二、読売新聞社) (加藤 祐介)

いぬかいつよしないかく 犬養毅内閣 立憲政友会総裁犬養毅を首班とする政党内閣。一九三一年十二月十三日発足。第二次若槻礼次郎内閣が閣内不一致で総辞職した後、次の政権としては、政策の継続を重視して若槻を再度首相とする、政友会総裁の犬養を首相として政友会と民政党との協力内閣を組織させる、そして犬養を首相として政友会の単独内閣を組織させる、の三つの可能性が考えられた。元老西園寺公望は、このうち第三の道を選択し、三一年十二月十二日、後継首相に犬養を推薦して、翌日内閣が発足した。主要閣僚には、大蔵大臣高橋是清、陸軍大臣荒木貞夫、内閣書記官長森恪らがいる。三二年一月八日、朝鮮人李奉昌が天皇の馬車に爆弾を投げつける桜田門事件が起こり、その責任をとって犬養は閣員の辞表を提出するが、西園寺の判断もあって辞表は却下され、内閣はそのまま継続した。少数与党であった犬養内閣は、一月二十一日に衆議院を解散、犬養の人気もあって、二月二十日に行われた総選挙では政友会が圧勝した。外交では、独自に満洲事変解決のために動き、首相就任直後に旧知の萱野長知を南京に派遣して交渉にあたらせようとしたが、強硬外交を唱える森書記官長や軍部、外務省の知るところとなり、失敗した。中国ではその後、一月二十八日に第一次上海事変が起こるなどして日中関係はさらに悪化、三月一日に建国された満洲国は国際連盟の承認するところではなく、犬養の意図に反して日本の国際的孤立はますます深まっていった。もともと生粋の政友会党員ではなかった犬養は党内基盤が脆弱であり、中国問題では森書記官長、荒木陸相ら強硬路線を主張する閣僚らに主導権を握られていた。懸案であった経済対策について、犬養内閣は高橋蔵相のもとで発足後ただちに金輸出を再禁止し、経済の再建をはかろうとしたが、すでに金輸出再禁止を想定したドル買いが横行しており、結果として財閥が潤ったことに対する世論の反発はむしろ強まった。こうしたことなどを背景として、二月九日には井上準之助前蔵相が、三月五日には三井合名理事団琢磨が相ついで暗殺される血盟団事件が起こる。そして五月十五日夜、犬養首相は、海軍青年将校らに首相官邸を襲撃され、銃撃を受けて死去し(五・一五事件)、翌日内閣は総辞職した。

[参考文献] 鷲尾義直編『犬養木堂伝』下(『明治百年史叢書』、一九六八、原書房)、馬場信也「第二九代犬養内閣―最後の政党内閣―」(林茂・辻清明編『日本内閣史録』三所収、一九八一、第一法規出版)、増田知子「政党内閣制の崩壊―一九三〇―一九三二年―」(東京大学社会科学研究所編『現代日本社会』四所収、一九九一、東京大学出版会) (河島 真)

いのうえしげよし 井上成美 一八八九―一九七五 ラディカル=リベラリストを自認する海軍軍人。一八八九年十二月九日宮城県生まれ。旧幕臣井上嘉矩の十一男。仙台二中から海軍兵学校に進み、一九〇九年次席で卒業(第三十七期)。二四年海軍大学校(甲種)卒業、軍務局局員。三二年軍務局第一課長、海軍軍令部が発議した海軍軍令部条例・省部互渉規程の改訂に抵抗する。三七年軍務局長、米内光政海相のもと、三八―三九年の日独伊防共協定強化に反対する。三九年十月支那方面艦隊参謀長兼第三艦隊参謀長、四〇年五月に百一号作戦を実施。十月海軍航空本部長に就任し、四一年一月航空主兵論を骨子とする「新軍備計画論」を立案。七月「情勢の推移に伴ふ帝国国策要綱」を批判し、第四艦隊司令長官に転出させられる。四二年五月珊瑚海海戦を指揮。十月海軍兵学校長。四四年八月海軍次官、高木惣吉に戦争終結の研究を指示。敗戦後は横須賀市長井に隠棲生活を送る。七五年十二月十五日没。八十六歳。

井上成美

[参考文献] 井上成美伝記刊行会『井上成美』(一九八二) (森山 優)

いのうえしろう 井上司朗 一九〇三―九一 アジア・太平洋戦争期の官僚。情報局課長。思想・文化団体の統制担当者として活動。逗子八郎の名の歌人でもあった。

一九〇三年二月、東京生まれ。東京帝国大学法学部卒業後銀行員となる。横溝光暉内閣情報部長の斡旋で三九年十月内閣情報部情報官となり、四一年三月革新官僚の奥村喜和男の推薦で、文学・美術・音楽・文芸・文化団体の指導をする情報局第五部第三課長に就任した。同課は第四部文芸課、第二部文芸課と変転するが、その課長は戦争末期まで井上だった。日本美術報国会、日本文学報国会、大日本言論報国会、日本音楽文化協会、日本少国民文化協会などの結成と役員選出に関与し、指導統制にあたった。井上は、四五年四月大蔵省監督官に転出し、四八年公職追放のG項パージが確定後、後楽園スタジアム取締役となり、五四年ニッポン放送の創立に参画し総務局長となる。九一年七月七日没、八十八歳。

参考文献 井上司朗『証言・戦時文壇史―情報局文芸課長のつぶやき―』(『(シリーズ)昭和裏面史』二、一九八四、人間の科学社)　(赤澤 史朗)

井上日召

いのうえにっしょう 井上日召 一八八六―一九六七 昭和期の国家主義者。一八八六年四月十二日、井上好人(こうじん)の四男として群馬県に出生。本名は昭。一九〇五年前橋中学校卒業。早稲田大学、東洋協会専門学校ともに中退。一〇年満洲に渡り、陸軍参謀本部の嘱託として諜報活動に従事。二〇年帰国。二二年から三徳庵というお堂に籠り、日蓮宗の修行に明け暮れる。二四年九月上京し、日召と改名。二六年建国会の創立に加わるも脱会。静岡県松陰寺で修行。二九年茨城県大洗の立正護国堂に入り青年を教育。三〇年十月立正護国堂を去り、上京。血盟団を組織し、三二年門下の小沼正が井上準之助を、菱沼五郎が団琢磨を暗殺(血盟団事件)。井上も殺人罪で無期懲役。四〇年大赦により仮出獄。四一年近衛文麿の相談役をつとめ対米開戦の回避を主張。同年、三上卓、四元義隆らとひもろぎ塾を設立し、有為の青年を育成しようとするも活動は停滞。六七年三月四日没。八十歳。

参考文献 『血盟団事件公判速記録』(一九六七・六八)、井上日召『一人一殺』(一九七二、新人物往来社)、中島岳志『血盟団事件』(二〇一三、文藝春秋)　(昆野 伸幸)

いのぐちりきへい 猪口力平 一九〇三―八三 昭和前期・太平洋戦争期の海軍軍人。一九〇三年十月十七日、鳥取県で生まれる。兄に同じく海軍軍人の猪口敏平がいる。二四年海軍兵学校卒(第五十二期)。三六年海軍大学校卒。四四年八月に第一航空艦隊参謀(同年十月海軍大佐)となり、同艦隊司令長官の大西滝治郎の提案で行われた航空機による体当たり攻撃を計画、神風(しんぷう)特別攻撃隊の名付け親でもあった。八三年七月十三日没。七十九歳。

参考文献 猪口力平・中島正『神風特別攻撃隊の記録』(一九六三、雪華社)　(相澤 淳)

いのひろや 井野碩哉 一八九一―一九八〇 官僚、政治家。一八九一年十二月十二日東京で生まれる。開成中学、第一高等学校を経て、一九一七年東京帝国大学卒。二四年農商務省書記官、農務局米穀課長、二五年農林省書記官、農務局米穀課長、三三年五月農林省蚕糸局長。三七年五月、企画庁次長。三七年九月から三八年九月まで農林次官。三八年九月から四〇年八月まで日本水産株式会社専務取締役。四〇年八月農林次官。四一年六月から四三年四月まで第二次・三次近衛内閣、東条内閣の農林大臣。東条内閣では四一年十二月から四二年十一月まで拓務大臣を兼任。四二年四月から四五年十二月まで衆議院議員。四四年九月から四五年十月まで日本肥料株式会社理事長。岸信介の護国同志会に参加。A級戦犯容疑者とされるが釈放。四六年九月から五一年八月まで公職追放。五三年より参議院議員。第二次岸内閣法務大臣。八〇年五月十九日没。八十八歳。

参考文献 井野碩哉『時局下に於ける本邦水産業に就て』(一九四〇、日本工業倶楽部経済研究会)、『藻汐草―井野碩哉自叙伝―』(一九八六、暁山会)　(横関 至)

いまいごすけ 今井五介 一八五九―一九四六 大正・昭和期の実業家、貴族院議員。一八五九年十二月八日(安政六年十一月十五日)、信濃国諏訪郡川岸村(長野県岡谷市)の豪農片倉市助の三男として出生。片倉製糸を創業した初代兼太郎は実兄。今井家の婿養子となり、片倉家の製糸事業からいったん離れ、八六年から九〇年にかけてはアメリカで生活したが、帰国とともに松本製糸所長に就任して再び片倉家の製糸経営に加わった。地域経済の振興にも大きな役割を果たし、一九一五年一月に開通した信濃鉄道や二二年に設立された中央電気株式会社などの社長を歴任した。二〇年片倉製糸紡績株式会社が設立されるとその副社長となり、三三―四一年には社長に就任し、御法川式多条繰糸機の導入など片倉製糸の高級糸戦略を推進した。また、帝国蚕糸株式会社や日本蚕糸統制株式会社など蚕糸業全体の救済および統制にも尽力した。他方、一九一八年以降貴族院多額納税議員となり、三二年からは勅選議員となった。四六年七月九日、東京にて死去。八十八歳。

参考文献 『今井五介翁伝』(一九四八、西ケ原同窓会)、松村敏『戦間期日本蚕糸業史研究―片倉製糸を中心に―』(一九九二、東京大学出版会)　(榎 一江)

いまいずみたけじ 今泉武治 一九〇五―九五 報道技術研究会および東方社において、国家宣伝に携わった宣伝技術者。一九〇五年二月二十三日福島県生まれ。三〇年に明治大学商学部を卒業し、森永製菓株式会社広告部に入社。四〇年夏、消費節約の国策や原材料の逼迫などにより広告が衰退する中、同僚の新井静一郎や資生堂宣伝部の山名文夫らによびかけ、同年十一月、国策宣伝物の制作プロダクションである報道技術研究会をたちあげる。同会機関誌『報道技術研究』などで集団による宣伝物制作のあり方を論じるなど、同会の理論的支柱となった。東方社ではグラフ雑誌『FRONT』のほか、パンフレットやビラなど、対敵・対占領地向けの宣伝物の制作に従事した。戦後は、丸見屋宣伝部長、博報堂取締役などを歴任。新井・山名とともに『戦争と宣伝技術者—報道技術研究会の記録—』(七八年、ダヴィッド社)を編集し、報研の記録をまとめた。九五年十月二十九日没。九十歳。

[参考文献] 難波功士『「撃ちてし止まむ」—太平洋戦争と広告の技術者たち—』(『講談社選書メチエ』、一九九八、講談社)、井上祐子「太平洋戦争下の報道技術者—今泉武治の「報道美術」と写真宣伝—」(『立命館大学人文科学研究所紀要』七五、二〇〇〇)、加島卓『〈広告制作者〉の歴史社会学—近代日本における個人と組織をめぐる揺らぎ—』(二〇一四、せりか書房)　(井上　祐子)

いまいたけお　今井武夫　一九〇〇—八二　陸軍軍人。一九〇〇年二月二十三日長野県の自作農家庭に出生。一八年陸軍士官学校卒業(三十期)。二八年陸軍大学校卒。三一年三月参謀本部第二部支那課支那班に配属。三三年奉天特務機関員。三五年北平の大使館付陸軍武官補佐官となり三七年盧溝橋事件の際、現地で停戦交渉を行う。十月参謀本部支那班長。三九年支那派遣軍第二課長。影佐禎昭とともに高宗武、ついで汪兆銘(精衛)に対する「和平」工作を行う。太平洋戦争開始後、マニラ防衛司令官。大東亜省参事官。四二年中国に復帰し、四四年支那派遣軍参謀副長等を歴任。四五年日本敗戦後、支那派遣軍代表として国民政府と交渉。その後、中国で渉外部長として戦後処理に努め四七年日本帰国。八二年六月十二日脳梗塞で死去。八十二歳。

[参考文献] 今井貞夫『幻の日中和平工作—軍人今井武夫の生涯—』(二〇〇七、中央公論事業出版)、同「『幻の日中和平工作』を執筆して」(『中国21』三一、二〇〇九)　(菊池　一隆)

いまむらひとし　今村均　一八八六—一九六八　陸軍軍人。一八八六年六月二十八日、新発田区裁判所長今村虎尾の七男として宮城県で生まれる。一九〇七年陸軍士官学校卒(第十九期)、一五年陸軍大学校卒業。三〇年大佐・陸軍省軍務局徴募課長。三一年参謀本部作戦課長、満洲事変勃発に際して不拡大方針を堅持する。三二年第一師団歩兵第五十七連隊長、三五年少将・歩兵第四十旅団長、三六年関東軍参謀副長、ソ連の赤化工作、蔣介石政権の策謀に備えるため内蒙古独立工作を支持する。三七年盧溝橋事件の際、不拡大を主張する参謀本部第一作戦部長石原莞爾に対し北支への派兵を求める。三八年陸軍省兵務局長・中将・第五師団長、四〇年教育総監部本部長、四一年第二十三軍司令官、第十六軍司令官。四二年第八方面軍司令官、四三年大将。戦後、戦犯として巣鴨に収監されるがみずからの意思でマヌス島(パプアニューギニア)の収容所に入所、五三年巣鴨に移り、翌年出所。六八年十月四日没。八十二歳。

[参考文献] 今村均『今村均大将回想録』(一九六〇—六一、自由アジア社)、角田房子『責任　ラバウルの将軍今村均』(一九八四、新潮社)　(柏木　一朗)

いもとくまお　井本熊男　一九〇三—二〇〇〇　能吏型の陸軍軍人、自衛隊幹部。一九〇三年五月一日山口県生まれ。熊本地方幼年学校を経て二五年陸軍士官学校卒業(第三十七期)。三四年陸軍大学校卒業。三五年参謀本部付勤務(作戦課)を皮切りに、旧軍でのほとんどのキャリアを参謀として過ごす。三九年九月支那派遣軍参謀。四〇年十月参謀本部部員(第二課)、「支那事変処理要綱」、大持久戦計画の策定に携わる。対英米戦には慎重だった。四二年十二月、新設の第八方面軍参謀。ガダルカナル撤退作戦を現地で指揮。四三年七月参謀本部作戦課に戻るも入院し、十月陸軍大臣秘書官。四四年九月第十一軍参謀として湘桂作戦(大陸打通作戦の一部)を実施、四五年二月第十三軍(上海)参謀。四月第二総軍(広島)参謀。本土決戦準備中に被爆して重傷。五二年警察予備隊入隊、五四年統合幕僚会議事務局長、五九年陸上自衛隊幹部学校長。二〇〇〇年二月三日没。九十六歳。

[参考文献] 井本熊男『支那事変作戦日誌』(一九九八、芙蓉書房)、同『大東亜戦争作戦日誌』(一九九八、芙蓉書房)　(森山　優)

いもんぶくろ　慰問袋　戦時に将兵を慰問し、その士気を鼓舞するため、銃後から送られた袋。日本基督教婦人矯風会が一九〇四年三月にアメリカ矯風会の勧めにより、百個を佐世保鎮守府司令官宛に送ったのがはじまり。語源は米西戦争の際に作製されたComfort bag。衣類、食品、医療・医薬品、読み物、写真、絵画、お守りなどに慰問文を添えて出した。日中戦争以後は、国民を戦争に協力させるため、国家的事業として取り組まれ、道府県から市町村、のちにこれに設置された銃後奉公会を通じて各住民組織、あるいは学校・各種団体に募集個数が割り当てられた。日中戦争開始後一年間で陸軍に寄贈され

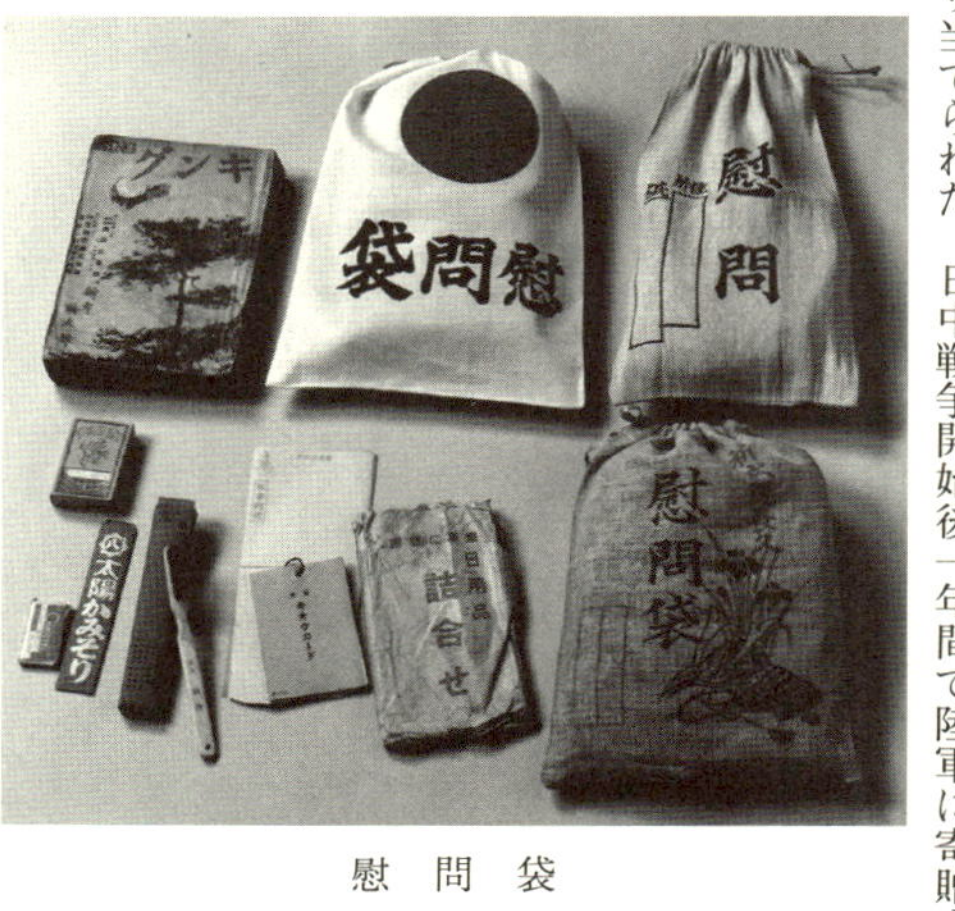

慰問袋

た慰問袋の合計は、満洲事変全期間の七百十八万余個を上回る七百八十七万余個。しかしその後は減少したようで、アジア・太平洋戦争期には、物資の不足に加え、戦局の悪化に伴い輸送も困難となり、さらに十九年末以降本土空襲が本格化すると、作製そのものが困難になった。

参考文献　井上寿一『日中戦争下の日本』(『講談社選書メチエ』、二〇〇七、講談社)　（郡司　淳）

いりょうきっぷ　衣料切符　⇨配給制度

いわくろきかん　岩畔機関　⇨F機関

いわくろひでお　岩畔豪雄　一八九七―一九七〇　謀略工作を得意とした陸軍軍人。一八九七年十月十日広島県生まれ。一九一一年名古屋地方幼年学校入学、一八年陸軍士官学校卒業(第三十期)。二六年陸軍大学校卒業。二八年陸軍省整備局で軍需動員計画を担当。三二年関東軍参謀として満洲国の経済政策を指導。三七年参謀本部第二部第八課(謀略)勤務、中野学校・登戸研究所の設立に関わる。三八年陸軍省軍務局課員(軍事課)、三九年同軍事課長。日独伊防共協定強化交渉を推進。四〇年春の欧州戦線の激動に対応する「世界情勢の推移に伴ふ時局処理要綱」起案の端緒をつけ、東条英機陸相にシンガポール攻略を訴えるも一蹴される。四一年三―八月、渡米して日米交渉にあたる。開戦後は四二―四三年インド独立協力機関(岩畔機関)長として自由インド仮政府の発足に関与。六五年京都産業大学理事世界問題研究所長。七〇年十一月二十二日死去。七十三歳。

参考文献　木戸日記研究会・日本近代史料研究会『岩畔豪雄氏談話速記録』(『日本近代史料叢書』B七、一九七七)　（森山　優）

いわさきこやた　岩崎小弥太　一八七九―一九四五　実業家。三菱の重化学工業化や組織の近代化に貢献。一八七九年八月三日、東京府に誕生。父は三菱創業岩崎弥太郎弟の二代弥之助、母は後藤象二郎長女早苗。ケンブリッジ大学で学位をとり一九〇六年帰国、三代久弥が社長の三菱合資副社長に。第一次大戦中の一六年、三十六歳で四代社長。造船・商事・鉱業・銀行など分系会社を独立させ、三七年株式会社三菱社とし岩崎家事業を公開へ。金融恐慌の時、商事に「所期奉公、処事光明、立業貿易」三綱領で国家奉仕、公明正大、政治不関与を指示。昭和戦時期に入り重化学工業化が進展、造船と航空機を合併し三菱重工業とするが Heavy Industries を小弥太が直訳した名称で、日本化成(四四年三菱化成)も中国易経「天下化成」から命名。敗戦で財閥解体を求められたが、病床にあったかれは、軍部に迎合したのではなく、国家から「生産」を委託されたのだと拒否。翌年十月一日の三菱本社の解体を見ることなく、四五年十二月二日死去。六十七歳。

参考文献　編纂委員会編『岩崎小彌太傳』(一九五七)、「重化学工業化と岩崎小彌太」(小林正彬『三菱の経営多角化―三井・住友と比較―』、二〇〇六、白桃書房)　（小林　正彬）

いわさきひこやた　岩崎彦弥太　一八九五―一九六七　実業家。戦時は三菱社長岩崎小弥太を支え、戦後は金曜会設立に貢献。東京駿河台で一八九五年九月誕生。一九二〇年東京帝国大学卒業後大学院に進学し、二年余りを英米視察。二六年帰国で三菱合資会社入社、三四年同社副社長。十六歳年上の四代小弥太社長を補佐。三代久弥の長男でもあり、財閥解体がなければ五代を襲名したであろう。昭和期、敗戦までに三菱は軍艦の三分の一を製造。長崎造船所で三七年起工、四二年竣工した「武蔵」は七万二八〇九排水トン・一五万馬力。海軍工廠製「大和」とともに世界最大の戦艦だが、フィリピン沖で敗戦前年十月に撃沈された。軍用機では陸軍偵察機「神風」、海軍艦上戦闘機「零戦」(皇紀二六〇〇年＝昭和十五年一月採用)製造。海軍機の四分の一、基礎の発動機の四割を三菱が製造した。戦後、本社解体後、三菱金曜会(会長・社長懇談会)設立の相談を受けている。三菱地所取締役在任中の六七年九月八日没。七十二歳。

参考文献　大槻文平編著『私の三菱昭和史』(一九八七、東洋経済新報社)、『岩崎小彌太小伝』(二〇〇三、三菱史料館)　（小林　正彬）

いわさきひさや　岩崎久弥　一八六五―一九五五　実業家。三菱社長。日清・日露戦争を支え、叙勲。五十歳で社長を小弥太に譲り、農牧業に専念。一八六五年十月十四日(慶応元年八月二十五日)、土佐安芸郡井ノ口村に岩崎弥太郎長男として誕生。ペンシルヴァニア大学で学位を得、弥太郎弟二代弥之助を継ぎ、九四年の三菱合資会社設立で三代社長就任。在任中の三菱は炭坑・鉱山が収入の六割を占め、日清戦争時、政府の石炭徴収に応じて男爵。戦後、中国向け石炭輸出再開。日露戦争直前の一九〇三年八―十一月、社長在任のまま単独英国滞在。戦争開始直後勲三等、戦後勲二等。日清戦争の九倍の日露戦費を英国と財界に頼る政府に応じたもので、岩崎別邸(現、六義園)へ海軍凱旋将兵六千人招待が象徴的である。造船所を長崎のほか神戸に設立、三菱電機の基礎ともなる。北朝鮮に兼二浦製鉄所設立、のち八幡製鉄所と合併するが、鉄鉱石供給は続けた。一六年に社長を小弥太に譲るが、東山農事など農牧事業を続け、ブラジルやアジアに進出。戦後、末広農場で五五年十二月二日没。九十歳。

参考文献　岩崎家伝記刊行会『岩崎久彌伝(復刊)』(一九七九、東京大学出版会)、「三代社長」(小林正彬『岩崎彌太郎』、二〇一一、吉川弘文館)　（小林　正彬）

いわさなおじ　岩佐直治　一九一五―四一　海軍軍人。一九一五年五月六日、群馬県で農業岩佐直吉の五男として生まれる。三八年、海軍兵学校卒(第六十五期)。同十一月、少尉。三九年十一月、中尉。四一年十月、大尉。十二月八日、特殊潜航艇指揮官としてハワイにて戦死。二十七歳。真珠湾奇襲攻撃における「九軍神」のひとり。「九軍神」とは、特殊潜航艇「甲標的」による第一次特別攻撃隊戦死者九名のことである（戦死後、すべて二階級特進）。真珠湾奇襲攻撃では航空機による攻撃と同時に、特殊潜航艇による魚雷攻撃も行われた。この特殊潜航艇は艦首に魚雷を二本もち乗員二名による小型の特殊潜水艦であった。真珠湾攻撃に参加した第一次特別攻撃隊は五隻、計十名であった。攻撃は、実際には一隻も成功しなかったが、軍部とマスコミによって、その事実は隠蔽され「軍神」として祀りあげられた。アメリカ軍の捕虜となった一名は削除され、「九軍神」となったのである。この攻撃は海軍によって「特別攻撃隊」と命名され、以降は「特殊潜航艇」などの名称を使わぬようにと発表され、この名称が公式のものとなった。四二年四月八日には、日比谷公園において九軍神の海軍葬が岩佐の母てる以下、九名の遺族を喪主として神式により大々的に行われた。

参考文献『東京日日新聞』一九四二年三月七日、一九四二年四月九日、山中恒『御民ワレ』（『ボクラ少国民』二、一九七五、勁草書房）、牛島秀彦『九軍神は語らず―真珠湾特攻の虚実―』（『光人社NF文庫』、一九九六、光人社）、蘆間圭『英傑の最期の言行―日本魂の神髄―』（一九四二、国民図書協会）　（粟津賢太）

いわたあいのすけ　岩田愛之助　一八九〇―一九五〇　大正・昭和期の右翼運動家、大陸浪人。一八九〇年一月三日、兵庫県に生まれる。一九一一年の辛亥革命では、革命軍に参加し負傷。一三年に帰国、外務省政務局長の阿部守太郎暗殺事件に関与し無期懲役となる。二四年仮出所、北一輝らと交流を持つ。二八年に「大陸積極政策の遂行」を唱えて愛国社を結成し、二九年には神奈川県に愛国社生田村塾を設立した。ほか、愛国学生連盟・愛国青年連盟など各種の右翼団体を創設した。三〇年に浜口雄幸首相を狙撃した佐郷屋留雄は愛国社に参加しており、愛国社同人が逮捕された三三年の若槻礼次郎民政党総裁暗殺未遂事件、三四年に岩田自身が関与した不動貯金銀行恐喝事件など、右翼運動において大きな存在感を示した。三七年、林銑十郎内閣の組閣に際して、小川平吉の使嗾を受け、組閣に助言していた石原莞爾を排除すべく干渉した。同年七月に始まった日中戦争では「暴支膺懲」を唱え、上海に岩田公館を設置し対中国工作に努めた。戦後は公職追放となり、五〇年三月十五日死去。六十歳。

参考文献　堀幸雄『戦前の国家主義運動史』（一九九七、三嶺書房）　（萩原稔）

いわたふみお　岩田富美夫　一八九一―一九四三　大正・昭和期の右翼運動家。一八九一年十月二十七日、東京府に生まれる（秋田県出身とも言われる）。一九一五年、日本大学を中退後、中国大陸に渡り、諜報活動に従事。ロシア革命の際にはシベリアで投獄された。その後上海にて北一輝と知り合い、その配下となる。一九年に帰国、老壮会・猶存社に加入して北と行動をともにした。二三年一月、上杉慎吉と高畠素之を仲介、経綸学盟の結成に尽力し、同年六月には北・上杉・高畠らの後援のもと大化会を組織し、同年の大杉栄遺骨奪取事件などで暗躍。二六年の朴烈・金子文子怪写真事件では北の指示を受け政府当局を徹底的に批判した。三二年『やまと新聞』の社長となり、同紙を大化会の機関紙とした。三六年の二・二六事件では西田税を隠匿。また磯部浅一の手記の頒布を試み検挙される。日中戦争時には大化会員を上海の特務機関に送り込むなど、積極的に軍に協力した。四三年七月六日死去。五十三歳。岩田の死後、大化会は解散した。

参考文献　堀幸雄『戦前の国家主義運動史』（一九九七、三嶺書房）、クリストファー・W・A・スピルマン『近代日本の革新論とアジア主義』（二〇一五、芦書房）　（萩原稔）

いわむらみちよ　岩村通世　一八八三―一九六五　大正・昭和期の司法官僚。一八八三年八月二十一日、男爵岩村通俊の五男として東京府に生まれる。一九一〇年東京帝国大学法科大学卒。検事となり、東京地裁検事、司法省参事官、司法大臣秘書官、東京控訴院検事、名古屋地裁・東京地裁検事正などを歴任。八幡製鉄所疑獄事件、帝人事件などの審理に関係した。三五年司法省刑事局長となり、二・二六事件に対処。三七年大審院検事次長となり、神兵隊事件に検事として立ち会い、被告から天皇機関説を不起訴処分にした元凶と攻撃された。同年司法次官、四〇年検事総長に就任し、ゾルゲ事件に対処。四一年七月第三次近衛内閣の司法大臣となり、東条内閣にも留任して、司法の戦時体制確立にあたった。尾崎行雄不敬事件、中野正剛事件などにも関与。四五年九月戦犯容疑者として逮捕されたが、四八年十二月巣鴨拘置所から釈放。弁護士などをつとめ、六五年三月十三日死去。八十一歳。

参考文献　岩村通世伝刊行会編『岩村通世伝』（一九七一）　（大日方純夫）

いわやだいし　巌谷大四　一九一五―二〇〇六　昭和後期から平成期の文芸評論家、編集者。童話作家である巌谷小波の四男として一九一五年十二月三十日、東京に生まれる。四〇年早稲田大学英文科卒業後、文芸家協会書記となり、以後、長く文壇の中枢部でまとめ役的な役割を果たす。戦時期は文芸家協会書記のほか、日本文芸中央会などの事務にも携わり、日本文学報国会設立後は同会事務局書記となるが四四年末辞職、四五年一月、東方社入社。戦後は鎌倉文庫出版部長、『文芸』編集長、『週刊読書人』編集長を歴任。豊富な文壇体験と交友関係をいかし、六五年から多数の回想記、交遊録、作家論などの文筆活動に入る。なかでも『非常時日本文壇史』（五八年、中央公論社）、『戦後日本文壇史』（六四年、朝日新聞社）は貴重な証言となっている。父を描いた『波の跫音　巌谷小波伝』（七四年、新潮社）も労作である。二〇〇六年九月六日没。九十歳。

参考文献　巌谷大四『私版昭和文壇史』（一九六八、虎見書房）　（大澤聡）

いんじょこう　殷汝耕 Yin Rugeng 一八八九―一九四七　中国の政治家。一八八九年、浙江省平陽県生まれ。一九〇四年、来日し、第七高等学校などで学ぶ。この間、中国同盟会加入。辛亥革命後、再来日し、早稲田大学政治経済学科を卒業。二八年、国民政府非公式駐日外交代表として東京に駐在、三二年には上海市政府参事として第一次上海事変の処理にあたり、上海停戦協定の成立に尽力する。三三年塘沽停戦協定を受けて設置された非武装地帯の薊密区行政督察専員となり、関東軍との交渉にあたる。三五年十一月、日本軍の華北分離工作に呼応して通州に冀東防共自治委員会を成立させ、委員長に就任、十二月二十五日に冀東防共自治政府に改称し、政務長官に就いた。盧溝橋事件後に発生した通州事件の責任を取って辞職。四三年四月、汪兆銘首班の国民政府によって経済委員会委員に任命され、水利関係の要職を歴任した。四五年十二月漢奸として北平(北京)で逮捕され、翌年六月南京老虎橋監獄に移送、四七年十二月一日、銃殺刑に処せられた。五十九歳。

参考文献　益井康一『漢奸裁判史―一九四六～一九四八―』(一九七七、みすず書房)　（内田　尚孝）

インデペンデンス Independence　米国海軍の航空母艦。一九四三年一月十四日にニューヨーク造船所で竣工。基準排水量一万一〇〇〇トン、全長一八九・八九メートル、速力三一ノット(時速約五七キロ)。航空機四十五機、一二・七センチ両用砲二門、四〇ミリ機銃十八挺、二〇ミリ機銃多数などを搭載。「クリーブランド」型軽巡洋艦の船体を利用して空母に改造された。「インデペンデンス」型空母は、マリアナ沖海戦や日本本土への空襲などに参加している。

参考文献　岡田幸和・太平洋戦争研究会・谷井建三『航空母艦―THE AIRCRAFTCARRIERS OF WORLD WAR II―』(『ビッグマンスペシャル』、一九九七、世界文化社)　（宇田川幸大）

インドこくみんぐん　インド国民軍　アジア・太平洋戦争中に日本軍の支援によってつくられたインド人主体の陸軍部隊。当初のリーダーはモハン＝シン Mohan Singh。一九四一年十二月、日本軍のマレー作戦の最中、藤原岩市少佐の通称「藤原機関(F機関)」と協力体制にあったインド独立連盟の呼びかけにこたえる形で投降したモハン＝シンは、同年十二月末にインド独立義勇軍とよばれていたインド独立連盟の作戦部隊をインド国民軍として再編成させた。四二年六月のバンコック会議においてラス＝ビハリ＝ボース Rash Behari Bose がインド独立連盟の会長に就任し、インド国民軍はその傘下に入ることが決定されると、モハン＝シンと日本陸軍側の対立が表面化し、シンは解任されるに至る。その後の四三年二月に組織の立て直しがはかられ、藤原機関を引き継いだ岩畔豪雄の岩畔機関とともにビルマ戦線に投入され、宣伝工作を展開した。のち四三年十月二十一日のインド独立連盟代表者大会において自由インド仮政府が結成されると、同政府の軍隊となった。四四年三月からは日本陸軍とともにインパール作戦に従事し、英印軍兵士への投降工作などを行なったものの、補給不足などによって同作戦は失敗、同年七月十日に作戦中止が決定された。チャンドラ＝ボース Subhas Chandra Bose は同月二十一日にインド国民軍の撤退命令を出したが、英印軍の追撃を受け敗走した。その後四四年九月から翌年三月末にかけて、ビルマ南部をめぐるイラワジ会戦にも投入されたが、英印軍の進軍を止めることはできず、ビルマからも撤退を余儀なくされ、八月十五日の日本敗北後にイギリス軍に降伏した。→インド独立連盟　→F機関　→自由インド仮政府

インド国民軍

参考文献　長崎暢子編『南アジアの民族運動と日本』(一九八〇、アジア経済研究所)、丸山静雄『インド国民軍―もう一つの太平洋戦争―』(『岩波新書』、一九八五、岩波書店)、長崎暢子『インド独立―逆光の中のチャンドラ・ボース―』(一九八九、朝日新聞社)　（河西　晃祐）

インドシナきょうさんとう　インドシナ共産党　フランス領インドシナ(今日のヴェトナム・ラオス・カンボジア)を管轄した共産党。一九三〇年二月にホー＝チ＝ミンが結成したヴェトナム共産党が、同年十月にインドシナ共産党と改称した。「インドシナ全域のプロレタリアートを結集した単一の共産党」を標榜したが、党員の大半はヴェトナム人だった。コミンテルン指導のもとに階級闘争を重視する路線をとったが、四一年五月の第八回中央委員会で、ホー＝チ＝ミンの指導のもとに「民族解放革命」を当面の最重要課題とする路線に転換し、ヴェトナムではヴェトミンを結成、四五年の八月革命でヴェトナム民主共和国の樹立を導いた。第二次大戦後の抗仏戦争(インドシナ戦争)の中で、ラオス人・カンボジア人の党員も増大し、五一年の第二回党大会で、ヴェトナム・ラオス・カンボジアの三つの党に分離することになった。今日のヴェトナム共産党・ラオス人民革命党・カンボジア人民

党は、その歴史的淵源をインドシナ共産党に遡ることができる。 →ヴェトミン →ホー＝チ＝ミン

参考文献 古田元夫『ベトナム人共産主義者の民族政策史—革命の中のエスニシティ—』(一九九一、大月書店)、同『ベトナムの世界史—中華世界から東南アジア世界へ—』(一九九五、東京大学出版会)、栗原浩英『コミンテルン・システムとインドシナ共産党』(二〇〇五、東京大学出版会)

（古田 元夫）

インドどくりつれんめい インド独立連盟 イギリスによる植民地支配からの脱却を目指す在東南アジアインド人らによって、一九二〇年代に結成された政治組織。アジア・太平洋戦争中に参謀本部第八課の藤原岩市少佐によって率いられた、通称「藤原機関(F機関)」とともにマレー作戦に従軍した。日本軍と協力した時期の当初のリーダーはプリタム＝シン。二〇年代に活動を開始し、バンコックに本部を置いて上海、東京、香港、インド、ベルリン、タイ南部、マレー半島各地に支部網を設けて反英植民地運動を展開した。四一年九月十八日にバンコックで藤原機関が結成されると、プリタム＝シンは藤原らと覚書を交わして日本軍との協力関係構築を表明した。四一年十二月、マレー半島に上陸した日本陸軍第二十五軍とともに進軍し、各地でマレー人、インド人への投降を呼びかけた。当初は同連盟の軍事作戦部隊はインド独立義勇軍と呼ばれていたが、四一年十二月末にインド国民軍となる。四二年三月、東京にいたラス＝ビハリ＝ボースRash Behari Boseの呼び掛けに応じて開催された東京会議において活動方針が決定され、四二年六月のバンコック会議でボースが会長に就任、インド国民軍は同連盟の傘下に入ることが決定された。四三年十月二十一日のインド独立連盟代表者大会において、自由インド仮政府へと発展解消された。 →インド国民軍 →F機関 →自由インド仮政府

参考文献 長崎暢子編『南アジアの民族運動と日本』(一九八〇、アジア経済研究所)、丸山静雄『インド国民軍—もう一つの太平洋戦争—』(『岩波新書』、一九八五、岩波書店)、長崎暢子『インド独立—逆光の中のチャンドラ・ボース—』(一九八九、朝日新聞社)、Fay, Peter W. *The Forgotten Army: India's Armed Struggle for Independence, 1942-1945* (Ann Arbor, 1993, University of Michigan Press)

（河西 晃祐）

インドネシア インドネシア インドネシアでは、一九四二年三月九日に日本軍が宗主国オランダを降伏させ、これ以後終戦まで日本軍による軍政が行われた。広大な地域を三分割して、政治経済の中心地であったジャワ島は陸軍第十六軍が、スマトラ島はマラヤ、シンガポールとまとめて(四三年四月に分離)陸軍第二十五軍が、カリマンタン島、スラウェシ島、ニューギニア島などをふくむ東部地域は海軍が軍政を担当することになった。「アジアの解放」をかかげてスカルノら著名な民族主義者の協力を得るとともに、学校教育や巧みな宣撫活動を通じて大衆を啓蒙し、軍政協力に向けて動員した。天然資源や労働力の豊かな地域であったため、日本はここを永久確保するという方針で臨み、さまざまな収奪を行なった。戦況の悪化に伴って四四年九月に将来独立させる方針に転換し、準備が進められたものの、実現前に終戦となり計画はとん挫した。しかしそれとは無関係にスカルノらの手によって終戦二日後の八月十七日に独立が宣言された。

参考文献 ジョージ・S・カナヘレ『日本軍政とインドネシア独立』(後藤乾一・近藤正臣・白石愛子訳、『早稲田大学社会科学研究所翻訳選書』、一九七七、鳳出版)、後藤乾一『日本占領期インドネシア研究』(一九八九、龍渓書舎)、倉沢愛子『日本占領下のジャワ農村の変容』(一九九二、草思社)

（倉沢 愛子）

インドネシアきょうさんとう インドネシア共産党 一九二〇年にオランダ植民地下でアジアにおける最初の共産党として設立された。民族ブルジョアジーと共闘すべきであるというコミンテルンの方針に従い当初は国共合作を進め、イスラーム同盟と提携して勢力を伸ばしたが、二六年に時期尚早の武力蜂起を起こして粉砕された。それ以後非合法であったが、第二次大戦開戦直前にオランダが第五列活動として共産党に資金を供給し、スパイ活動や反日活動に活用しようとした。日本軍政期の共産党の活動は口頭や秘密印刷物による反日宣伝であったが、日本軍は共産党が連合軍と通じているのではないかと恐れアミル＝シャリフディンら多くの党員が逮捕されたため、壊滅状態になった。ところが、独立宣言後四五年十月に合法的に再建され、独立戦争の一翼を担うことになったが、四八年九月に東ジャワのマディウンで反乱を起こし政府と対立した。その後復活しスカルノ大統領時代にはナサコム体制のもとで党勢を拡大したが、六五年の九・三〇事件で非合法化され、今日ではまったく勢力を失っている。

参考文献 増田与『インドネシア現代史』(一九七一、中央公論社)

（倉沢 愛子）

インドようさくせん インド洋作戦 緒戦期における連合艦隊機動部隊によるインド洋での作戦。マレー沖海戦とシンガポール攻略に引き続き、大本営は英国への圧力を強化することを企図、連合艦隊司令部も英極東艦隊の残存部隊掃討とインド沿岸・セイロン島の航空兵力撃滅、後方支援施設破壊、インドと欧州・豪州方面の海上交通線遮断などをめざして一九四二年四月、機動部隊と南遣艦隊馬来部隊をインド洋に派遣した。機動部隊は、五日から九日にかけてインド沿岸・セイロン島を空襲し、出動した英巡洋艦二隻・空母一隻などを撃沈した。馬来部隊もベンガル湾で船舶数十隻を沈めた。この作戦中、英空母攻撃準備中の日本空母がセイロン島から発進した英爆撃機に急襲される場面があり、艦隊・地上の両面攻撃の危険性、索敵や対空戦闘の不備などについて重要な教

訓を得たが、連合艦隊司令部は真剣には省みることをせず、これらの問題点を放置したことがミッドウェー海戦での敗北の一因となった。

参考文献 防衛庁防衛研修所戦史室編『大本営海軍部・聯合艦隊』一(『戦史叢書』九一、一九七五、朝雲新聞社)　（山田　朗）

インパールさくせん　インパール作戦　アジア・太平洋戦争末期、日本陸軍第十五軍により実施されたインド北東部のインパールに対する進攻作戦(ウ号作戦と呼称)。一九四二年五月、日本軍はビルマ全土を制圧したが、四三年に英米連合軍はビルマ奪回作戦を開始した。北ビルマの密林に英軍ウィンゲート空挺部隊を落下させ、日本軍の補給を遮断し、同軍のビルマ防衛線の拡大を阻害した。あわせて重慶の蒋介石政府支援のためにインドの東部を起点としたビルマルート(レド公路)の建設を開始した。これに対抗して四四年三月、第十五軍司令官の牟田口廉也中将が、北ビルマを起点としたインド進攻作戦(インパール作戦)を強硬に推し進めた。そのねらいは、ビルマ奪回をねらう英軍の作戦拠点であるインパールを攻略し、さらにはチャンドラ＝ボースのインド独立運動に乗じてインドの反英独立の気運を醸成し、英国の支配からインドを脱却させようということだった。軍上層部では補給や装備の観点から反対意見も出されたが、ビルマ方面軍司令官河辺正三中将の後押しもあり、大本営は四四年一月、同作戦を認可した。牟田口中将は、同年三月、第十五師団(師団長、山内正文中将)、第三十一師団(同、佐藤幸徳中将)、第三十三師団(同、柳田元三中将)の三師団を主力にインパール攻略を開始した。第三十一師団はコヒマを攻略し、第十五師団、第三十三師団もおのおのインパールを目指したが、航空兵力の支援を受けた英印軍の強力な反撃と補給の遮断によって同作戦はひと月足らずで失速した。食糧の補給を求めた第三十一師団の佐藤中将をはじめ三人の師団長全員が牟田口中将の意に反するとの理由で罷免され、第十五軍は内部崩壊し、同作戦は七月に中止。補給を全く無視した同作戦は史上最悪の作戦となり、日本兵の「白骨街道」を残して終わった(死傷者数七万二千名)。同作戦は、日本軍上層部の硬直性を露呈し、その失敗によりビルマ戦線の崩壊を早めた。

インパール作戦
密林を進む日本兵

参考文献 防衛庁防衛研修所戦史室編『インパール作戦—ビルマの防衛—』(『戦史叢書』一五、一九六八、朝雲新聞社)、磯部卓男『インパール作戦—その体験と研究—』(一九八四、丸ノ内出版)、後勝『ビルマ戦記—方面軍参謀悲劇の回想—』(一九九一、光人社)　（遠藤　美幸）

う

ウィカナ　Wikana　一九一四—?　ジャカルタの海軍武官府職員。左翼民族主義者。一九一四年十月十八日西ジャワ生まれ。オランダ式の中等教育を終えた後、マルクス主義の影響を受け、一九三〇年代に再建された共産党の地下組織や他の左翼政党に参加した。オランダ末期には投獄されていたが日本軍によって釈放され、スノトという偽名を使ってジャカルタの海軍武官府に就職。武官府が独立に備えてインドネシアの青年たちを訓練する機関として独立養成塾を設立した時、教育課程の作成、講師の人選など塾管理の仕事を引き受けるとともに、みずからも教壇にたった。「アンカタン＝バル(新世代)」と呼ばれる急進的な青年グループに組し、日本軍の降伏とともに、スカルノ、ハッタを拉致して直ちに独立宣言をすることを迫った。四八年の、共産党を中心とする人民民主戦線が政府の公共機関を襲撃して革命政府を樹立するというマディウン事件に連座して失脚したのち、五〇年代に共産党中央委員会のメンバーとして名を連ねた。六五年の九・三〇事件発生時は国慶節出席のため北京訪問中であったが、帰国後逮捕され、その後今日に至るまで行方不明である。

参考文献 増田与『インドネシア現代史』(一九七一、中央公論社)　（倉沢　愛子）

ヴィシーせいふ　ヴィシー政府　一九四〇年のドイツ軍の電撃戦によって、休戦(事実上の敗戦)を余儀なくされたフランスに成立した政府。パリから疎開した政府が、フランス中部の温泉町ヴィシーで上下両院議員の総会を開催、七月十日にペタン元帥に全権を委任し、第三共和国憲法を停止させることで成立。フランスの北半分と大西洋岸はドイツ軍占領下に置かれたものの、海外植民地の維持は認められ、ドイツに対して自発的に協力する、いわゆる対独協力政策をとった。イギリスとは断交したものの、日本などの枢軸国はもちろん、アメリカをはじめ世界各国と外交関係を維持。一九四二年十一月に、連合軍の北アフリカ上陸に対応してドイツ軍がフランス全土を占領下において以後は、次第に主権が制限され、対独従属が顕著になっていく。四四年の連合軍ノルマンディー上陸以後は、ペタンらヴィシー政府首脳はドイツ軍に連行され、ドイツ南部の古城ジグマリンゲンで文字通りの傀儡政府となった。→ペタン

参考文献 ロバート・O・パクストン『ヴィシー時代のフランス―対独協力と国民革命 一九四〇～一九四四―』(渡辺和行・剣持久木訳、二〇〇四、柏書房)

(剣持 久木)

ウー＝ソオ Saw, U 一九〇〇―四八 英領ビルマの政治家、アウンサン暗殺事件の主犯。一九〇〇年、タラワディ県に地主の息子として生まれ、有力ビルマ字紙『トゥーリヤ』の株を買占め三八年筆頭株主となる。この間、二八年植民地議会に入り、三〇―三二年の下ビルマ農民大反乱で反徒を支援。三六年ミョウチッ(愛国)党を結成、三九年ウー＝プ内閣時に初入閣、四〇年首相となる。四一年英国を訪問、ビルマ自治領化を認めるよう交渉するも失敗。真珠湾奇襲に動揺し、帰国途上ポルトガルで日本公使館に接触、公使館から東京宛の暗号電報を米国が解読し英国に連絡したため、四二年一月首相職から解任、ウガンダに抑留される。四六年解放、しかしビルマ政界の主流に復帰できず、四七年七月アウンサンら閣僚七名暗殺事件の首謀者となり、四八年五月八日死刑に処された。

参考文献 根本敬『抵抗と協力のはざま―近代ビルマ史のなかのイギリスと日本―』(『戦争の経験を問う』、二〇一〇、岩波書店)

(根本 敬)

ウー＝ヌ Nu, U 一九〇七―九五 ビルマ(ミャンマー)の政治家、独立後の初代首相。タキン＝ヌとも。一九〇七年五月二十五日、ミャウンミャ県ワーケーマ生まれ。二九年ラングーン大学卒業後、高校教師となるが、三五年学士入学で法学部に入りなおし同大学学生同盟議長に選ばれる。三六年スロス学長を批判した廉で退学処分を受け、それをきっかけにアウンサンらと学生ストライキを指導。三八年タキン党入党、幹部として反英独立運動に専念(このときタキン＝ヌを名乗る)。四〇年逮捕・投獄されるが、日本軍のビルマ侵入時に出獄、四三年八月から「独立」ビルマ政府(バモオ内閣)の外相を務めた。四五年抗日統一組織の反ファシスト人民自由連盟(パサパラ)副議長に就任、四七年七月アウンサンらが暗殺されると同議長に就任、ランス総督の指名によって行政参事会副議長(独立準備内閣首相級)に任命され、同年十月英国とヌ＝アトリー協定を締結、ビルマが共和制国家として完全独立する最終合意を得た。四八年一月独立とともに首相に就任、議会制民主主義に基づく社会主義国家の建設を目指すが、カレン民族同盟(KNU)やビルマ共産党(BCP)との内戦、中国国民党軍残党の雲南からの侵入に悩まされた。さらに与党パサパラの分裂による政情不安のため、五八年ネーウィン大将に選挙管理内閣を委ねる。六〇年総選挙で連邦党を率いて勝利、首相に返り咲くが、仏教国教化問題や少数民族の自治権強化要求に苦しみ、六二年三月ネーウィン大将によるクーデターで失脚。その後僧侶になり、六九年出国。タイ・ビルマ国境で反政府闘争を展開するも失敗、八〇年に恩赦で帰国、政治活動から引退した。八八年の全土的民主化運動の際、一転して六二年の失脚を認めず首相としての地位が続いていると主張したが、支持を得ることなく、九〇年五月総選挙ではみずから率いた政党が一議席も取れず惨敗した。九五年二月十四日死去。八十七歳。

参考文献 Nu, U, *Burma under the Japanese: Pictures and Portraits* (edited and translated by J. S. Furnivall, Macmillan), *Towards a Socialist State* (Director of Information, the Union of Burma)

(根本 敬)

ウェークこうりゃくせん ウェーク攻略戦 一九四一年十二月八日から二十三日にかけて行われた海空戦。ウェーク島は米軍の中部太平洋における重要な拠点の一つであり、日本軍は開戦直前からウェーク島の攻略計画に着手した。日本海軍単独での作戦として、主にトラック諸島を拠点にしていた第四艦隊に任務が割り当てられた。十二月八日、第四艦隊隷下の第二十四航空戦隊はウェーク島を空襲し、飛行場および米軍戦闘機を破壊。攻略部

ウェーク攻略戦 米軍飛行場に立つ日本兵

隊は十二月十日未明、支援部隊掩護のもとウェーク島に向かったが、大発(上陸用舟艇)卸しに失敗し、上陸が難航した。敵の残存戦闘機および陸上砲台からの反撃により駆逐艦二隻が爆沈するなどの損害を受けたため、作戦を変更してクェゼリン環礁に一時避退した。第四艦隊は連合艦隊に増援を要請し、ハワイ攻撃の帰途にあった機動部隊の一部で米軍戦闘機を制圧。攻略部隊は二十二日、ウェーク島に向かい、哨戒艇を海岸に擱座させて上陸を強行した。激しい戦闘の末、米軍は二十三日早朝に降伏した。

参考文献 防衛庁防衛研修所戦史室編『中部太平洋方面海軍作戦』一(『戦史叢書』三八、一九七〇、朝雲新聞社)

(林　美和)

ウェスト＝バージニア West Virginia 米国海軍の戦艦。一九二三年十二月一日、ニューポート＝ニューズ造船所で竣工。基準排水量三万一八〇〇トン、全長一九〇・二メートル、速力二一ノット(時速約三九キロ)。四十五口径四〇・六センチ主砲八門、一五センチ副砲十門、一二・七センチ高角砲八門などを搭載。四一年十二月八日の真珠湾攻撃では、魚雷六本、爆弾二発を受けて着底した。翌四二年からピュージェット＝サウンド海軍工廠で修理が行われ、四四年七月に作業が完了した。修理完了後は、米軍のレイテ島上陸作戦支援(四四年十一月)、硫黄島攻略(四五年二月)、沖縄攻略(四五年三月)などに参加している。四七年一月九日に退役。

参考文献 岡田幸和・太平洋戦争研究会・谷井建三『世界の戦艦―THE BATTLESHIPS OF WORLD WAR II―(大艦巨砲編)』(『ビッグマンスペシャル』、一九九六、世界文化社)

(宇田川幸大)

うえだひろし 上田広 一九〇五―六六 昭和期の小説家。本名、浜田昇。一九〇五年六月十八日、浜田源三郎とあきの長男として千葉県に生まれる。子供のころから憧れていた機関士を志し国鉄に入社。勤務のかたわら、同人誌『文学建設者』などに執筆。国鉄の現場労働者である自身の体験に題材を得て、プロレタリア文学の手法で描く作品を残した。また、一九三七年に応召して中国大陸に赴き、戦場で執筆した『黄塵』(三八年、改造社、芥川賞候補)、『鮑慶郷』(三八年)で火野葦平と並んで兵隊作家としても文壇に認められる。二九年に同人雑誌『鍛冶場』を創刊。三四年、『文学建設者』同人。三九年に帰還し作家として活動。四〇年、『文学界』同人。四一年には文化奉公会幹事をつとめた。アジア・太平洋戦争でも従軍。戦後も鉄道に関する著作を多く残した。六六年二月二十七日没。六十歳。

参考文献 都築久義「上田広素描―戦時体制下の文学者(三)―」(『愛知淑徳大学論集』七、一九八二)

(大澤　聡)

ウェッブ William Flood Webb 一八八七―一九七二 オーストラリアの司法官。東京裁判(極東国際軍事裁判)の裁判長。一八八七年一月二十一日、ブリスベーンに生まれ、クインズランド大学を卒業後、法曹界で活動し、一九四〇年から四六年までクインズランド州最高裁判所長官。その後五八年までオーストラリア最高裁判所判事をつとめた。アジア・太平洋戦争中はオーストラリア政府の求めによりニューギニア戦での日本軍の残虐行為を調査し、報告書を作成した。日本敗戦後、東京裁判のオーストラリア代表裁判官になり、四六年二月、マッカーサーによって裁判長に任命された。オーストラリア政府の政策と同じく昭和天皇有責の立場にたち、公判中、天皇の戦争責任の追及をめぐってキーナン首席検事と激しく対立した。ウェッブの「粗野で気むずかしい性格」もあり、判事団内部では次第に対立が生じ、多数派判事が、ウェッブを疎外し、裁判長をこえて法廷での主導権を握った。判決ではウェッブは別個意見を提出し、裁判所憲章の意義を認め侵略戦争を犯罪としたが、共同謀議が国際法上の犯罪であることには否定的であった。また天皇が免責された以上、被告の量刑について、そのことを考慮に入れる必要があると述べた。七二年八月十一日死去。八十五歳。

ウェッブ

参考文献 日暮吉延『東京裁判の国際関係―国際政治における権力と規範―』(二〇〇二、木鐸社)

(粟屋憲太郎)

ヴェトミン ヴェトミン 一九四一年五月、インドシナ共産党の指導のもとに結成された、ヴェトナムの独立をめざす民族統一戦線。正式名称は、ヴェトナム独立同盟。当時ヴェトナムを含むフランス領インドシナには、日本軍が駐屯しており、日仏共同支配のもとにあった。ヴェトミンは、反日、反仏の立場をとり、ヴェトナム民主共和国の樹立という構想を掲げた。当初は、中国との国境に近い越北地方に根拠地をおいたが、四五年三月の仏印処理で日本がフランス植民地政権を打倒すると、折からヴェトナム北部で発生していた大飢饉に、日本の支援で成立したチャン＝チョン＝キム政権が有効に対処できない中、ヴェトミンは急速に平野部農村や都市にも勢力を拡大し、日本の降伏の報が伝わると、ヴェトナム全土で総蜂起を組織し(八月革命)、同年九月二日にホー＝チ＝ミンが独立を宣言するヴェトナム民主共和国の樹立を導いた。→インドシナ共産党 →ホー＝チ＝ミン

参考文献 古田元夫『ベトナムの世界史―中華世界から東南アジア世界へ―』(一九九五、東京大学出版会)、同『ホー・チ・ミン―民族解放とドイモイ―』(『現代アジ

アの肖像』一〇、一九九六、岩波書店)、油井大三郎・古田元夫『第二次世界大戦から米ソ対立へ』(『(中公文庫)世界の歴史』二八、二〇一〇、中央公論新社)、阿曽村邦昭編『ベトナム国家と民族』上(二〇一三、古今書院)

(古田　元夫)

うえはらえつじろう　植原悦二郎　一八七七—一九六二　大正・昭和期の政治家。一八七七年五月十五日、長野県に繁太郎の次男として生まれる。一九〇七年ワシントン州立大学卒、一〇年ロンドン大学大学院修了後、明治大学教授に就任。一七年の第十三回総選挙に長野県から立候補し当選(以後通算十三回)、国民党、革新倶楽部、政友会に所属。加藤高明内閣の逓信参与官、田中義一内閣の外務参与官、衆議院副議長を務めた。「挙国一致」内閣期以降、鳩山一郎のグループに属して新体制運動、大政翼賛会に批判的な態度をとったことから、四二年の第二十一回総選挙(翼賛選挙)では翼賛政治体制協議会の推薦を受けられず激しい選挙干渉に遭い落選。四三年の都議会議員選挙にも立候補したが落選した。戦後、日本自由党の結成に参加、第一次吉田内閣の国務大臣、内務大臣を歴任。講和後は、鳩山自由党、日本民主党に加わった。六二年十二月二日死去。八十五歳。

参考文献　植原悦二郎『八十路の憶出』(一九六三)、高坂邦彦・長尾龍一編『植原悦二郎集』(二〇〇五、信山社出版)

(官田　光史)

うえむらこうごろう　植村甲午郎　一八九四—一九七八　戦前の商工官僚、戦後の財界人。一八九四年三月十二日、東京に旧旗本植村澄三郎(北海道炭礦鉄道監事、札幌麦酒専務)の長男として生まれる。一九一八年東京帝国大学法科大学政治学科卒、農商務省に入り、商務局、工務局を経て、二七年内閣資源局調査課長、三五年資源局総務部長、三七年企画院調査部長、四〇年企画院次長となり総動員計画に従事し、四〇年退官。ドイツ出張を経て四一年石炭統制会理事長となり事務局長を兼ねて戦時統制経済を運営。四五年十一月日本経済連合委員会副委員長兼事務局長、四六年八月経済団体連合会事務局長として財界再編に関わる。公職追放を経て、五二年経済団体連合会副会長となり経団連を再編成し、五五年政府派遣親善使節団長としてカンボジア出張。五六年経団連東南アジア親善使節団団長となり、ヴェトナムとの戦後賠償交渉に関与し、ブラジルのウジミナス製鉄所建設を援助したほか、米国、韓国、ソ連との民間経済外交に関与。五四年ニッポン放送社長、六三年日本航空会長。経済再建懇談会、国民協会、国民政治協会を設立し政治献金のシステムを作る。六八年から七四年まで第三代経団連会長。七八年八月一日死去。八十四歳。

参考文献　『私の履歴書』三二(一九六八、日本経済新聞社)、植村甲午郎伝記編集室編『人間・植村甲午郎—戦後経済発展の軌跡—』(一九七九、サンケイ出版)、安原和雄『経団連会長の戦後史』(『権力者の人物昭和史』四、一九八五、ビジネス社)

(松浦　正孝)

ヴェルサイユたいせい　ヴェルサイユ体制　第一次世界大戦の終結後、ヨーロッパを中心に作り上げられた国際秩序。大戦に勝利した連合国側と敗戦国の間で一九一九年以降に結ばれたヴェルサイユ条約(対ドイツ)、サン＝ジェルマン条約(対オーストリア)、ヌイイ条約(対ブルガリア)、トリアノン条約(対ハンガリー)、セーヴル条約(対オスマン帝国)という一連の講和条約での取り決めを基礎として成立した国際秩序で、二一—二二年のワシントン会議で生み出されたアジア太平洋地域に関わるワシントン体制とともに、大戦後の世界の形を規定した。ただし、この体制はさまざまな問題を伴った。集団安全保障という仕組みをもつ国際組織として国際連盟が結成されたものの、それはうまく機能しなかったし、平和実現の手段として同様に重視された軍縮の試みは、さまざまな不満を呼んだ。敗戦国ハプスブルク帝国の領域であった東欧やバルカンでは新たな独立国が作りだされたが、これら諸国は複雑な民族問題と土地問題をかかえて出発することになり、不安定さがつきまとった。ハプスブルク帝国領に適用された民族自決の原則が、戦勝国の植民地には適用されず、かえって、ドイツやオスマン帝国の領土が国際連盟のもとでの委任統治領という形でイギリス、フランス、日本などの戦勝国の支配下に組み入れられたことは、ヴェルサイユ体制が戦勝国側の利益に合致するように作られたことをよく示していた。この体制は、敗戦国に大戦の戦争責任を負わせ、その弱体化を図ることを前提として成立したため、ドイツではヴェルサイユ体制批判勢力が力を伸ばし、その中からヒトラー率いるナチ党が台頭した。戦勝国側でもイタリアでは、自国の領土要求が満たされなかったことから、この体制を批判するファシスト党が政権を掌握するに至った。また、社会主義国家として成立したソ連がこの体制の外に置かれたことや、米国が国際連盟に加わらなかったことなども、この体制が当初からかかえる問題となった。　→国際連盟

参考文献　斉藤孝『戦間期国際政治史』(『岩波現代文庫』、二〇一五、岩波書店)

(木畑　洋一)

ヴォー＝グエン＝ザップ　Vo Nguyen Giap　一九一一—二〇一三　ヴェトナムの軍事指導者。一九一一年八月二十五日、クアンビン省に生まれる。一九二〇年代、フエのクォックホック校の学生時代に学生運動の指導者として頭角をあらわし、二七年には共産党の前身組織の一つである新越革命党に参加した。三〇年代にはハノイのタンロン校で歴史を教える一方で、インドシナ共産党系の政治活動で活躍した。四〇年五月に中国でホー＝チ＝ミンに会い、インドシナ共産党に入党し、中国共産党の根拠地延安で軍事について学習し、四一年に帰国してからは、越北地方でホーの側近として活動。四四年十二月には、のちのヴェトナム人民軍の前身であるヴェトナム解放軍宣伝隊を組織した。四五年、八月革命の総蜂起の

ヴォー＝グエン＝ザップ

最中、インドシナ共産党の最高指導部である中央常務委員会の委員に選出され、ヴェトナム民主共和国の誕生後は、内務相を経て、四六年十一月からは国防相、四八年にはヴェトナム軍最初の大将となり、四九年からは軍総司令官となった。抗仏戦争、抗米戦争におけるヴェトナムの勝利を導いた軍事指導者として、世界にその名を知られた。二〇一三年十月四日死去。百二歳。

参考文献　ジェラール＝レ＝クアン『ボー・グエン・ザップ―ベトナム人民戦争の戦略家―』(寺内正義訳、一九七五、サイマル出版)、ボー＝グエン＝ザップ『ベトナム解放軍宣伝隊―人民の軍隊の誕生から八月革命へ―』(加茂徳治訳、一九七六、すずさわ書店)、同『忘れられない年月―フー・マイによる聞き書き―』(中野亜里訳、一九九二、穂高書店)、小高泰『ベトナム人民軍隊―知られざる素顔と軌跡―』(二〇〇六、暁印書館)　（古田　元夫）

ウォーナー　**Langdon Warner**　一八八一―一九五五　米国の東洋美術研究者。ハーバード大学附属フォッグ美術館東洋部長。一八八一年八月一日にマサチューセッツ州ケンブリッジの名家に生まれる。一九四三―四六年に米大統領のもとで活動した「戦争地域における美術的・歴史的記念物の保護・救済に関するアメリカ委員会」(ロバーツ委員会)の一員として、日本の主な文化施設・文化財のリスト(ウォーナー＝リスト)を作成した。その結果、京都や奈良が爆撃を免れたのは米国の文化財保護政策のためで、その責任者がウォーナーだとされた(ウォーナー伝説)。しかし、実際には、ロバーツ委員会の目的は、枢軸国が略奪した文化財をもとの所有に返還することであり、それが紛失・破損していた場合、同等の価値の文化財で代物弁済させるために作成されたリストこそが、ウォーナー＝リストだった。一方、京都が空襲を免れたのは、原子爆弾の投下目標だったからであり、結果的に三発目以後の目標として投下する前に終戦を迎えたにすぎない。それにもかかわらず、ウォーナー伝説が人口に膾炙したのは、戦後のGHQの民間情報教育局(CIE)が宣伝工作の一環として流布に関与したことが大きい。さらに、五五年六月九日に七十三歳で死去すると、日本政府から勲二等瑞宝章が追贈されたことも、噂に拍車をかけた。

参考文献　吉田守男『京都に原爆を投下せよ―ウォーナー伝説の真実―』(一九九五、角川書店)　（加藤　公一）

ウォルシュ　**James Edward Walsh**　一八九一―一九八一　アメリカのローマ＝カトリック司祭。一八九一年四月三十日、メリランド州カンバーランドで誕生。ボストン大司教区のJ・A・ウォルシュ司祭らがニューヨークで創設し、一九一一年にローマ教皇より認可を受けたメリノール宣教会のジェイムズ・E・ウォルシュは一五年から同会の司祭を務め、一八年より中国広東省江門で宣教活動を展開した。J・A・ウォルシュが亡くなると三六年よりメリノール宣教会第二代総会長に選出された。メリノール宣教会神父が初来日したのは一七年で、三五年より滋賀県で本格的な宣教が始まった。ウォルシュは、四〇―四一年にかけてジェイムズ・M・ドラウト神父とともに来日し、帰国後、民間の日米交渉に従事したことで知られている。戦後、中国に戻り、中華人民共和国成立後も宣教活動を継続したが、五九年に逮捕、スパイ容疑で二十年の禁錮刑を受けた。七〇年に釈放されて帰国し、八一年七月二十九日に死去。九十歳。

参考文献　R. J. C. Butow, *The John Doe Associates: Back door Diplomacy for Peace, 1941* (Stanford, California, 1975, Stanford University Press)　（高田　馨里）

うがきかずしげ　**宇垣一成**　一八六八―一九五六　明治期から昭和期の陸軍軍人、朝鮮総督、政治家。一八六八年八月九日(明治元年六月二十一日)、備前国(岡山)に生まれる。九〇年に陸軍士官学校を卒業(一期)。一九〇〇年に陸軍大学校を卒業。〇二年から〇四年にかけてドイツに留学。日露戦争に第八師団の参謀として出征した後、〇六年から〇八年まで駐在武官として再びドイツに駐在。帰国後、一一年に陸軍省軍事局軍事課長に就任したが、一三年に軍部大臣現役武官制廃止に反発して怪文書を配布し、歩兵第六連隊長に左遷される。一五年に軍事課長に復帰し、参謀本部第一部長、陸軍大学校長、教育総監部本部長などを経て、二三年に陸軍次官。二四年から二七年にかけて陸相に就任し(清浦奎吾内閣、加藤高明内閣、第一次若槻礼次郎内閣)、四個師団削減と軍備近代化を骨子とする「宇垣軍縮」を実現した。二九年から三一年にかけて再度陸相に就任(浜口雄幸内閣)。二〇年代の宇垣は、少なくとも表面上はワシントン体制と政党政治を尊重する態度をとった。また立憲民政党の総裁に擬せられることもあった。三一年から三六年にかけて朝鮮総督に就任し、軍需産業の育成と食糧の増産に努めた。三七年の広田弘毅内閣総辞職に際して宇垣に組閣の大命が降下

宇垣一成

したが、陸軍中堅層の強い反対のため組閣に失敗した。宇垣は日中戦争については戦争目的の不明確さと明確な指導方針の欠如を問題視しており、三八年に第一次近衛文麿内閣に外相兼拓相として入閣した際には、軍事的圧力を一方で用いつつも、国民政府行政院長である孔祥熙との外交交渉による和平を追及した。この路線は外務省・陸軍参謀本部内において一定の支持を得たが、閣内の積極的な協力を得ることができず、宇垣は辞任を余儀なくされた。以後は政界から事実上引退する。戦後は公職追放を経て、五三年に参議院議員に就任。五六年四月三十日没。八十七歳。

参考文献　渡辺行男『宇垣一成―政軍関係の確執―』(『中公新書』、一九九三、中央公論社)、北岡伸一『官僚制としての日本陸軍』(二〇一二、筑摩書房)　(加藤　祐介)

うがきまとめ　宇垣纏　一八九〇―一九四五　艦隊と軍令部を主なキャリアとした軍令系の海軍軍人。砲術系の大艦巨砲主義者。一八九〇年二月十五日岡山県に宇垣善蔵の次男として出生。岡山県立第一中学校を経て一九一二年海軍兵学校卒業(第四十期)。一九年海軍砲術学校高等科卒業。二四年海軍大学校卒業(甲種)。三五年連合艦隊参謀兼第一艦隊参謀。三八年軍令部第一部長。大和型三番艦「信濃」の建造を進めた。四〇年日独伊三国同盟締結に反対。四一年四月に第八戦隊司令官。八月、軍令部次長に転じた伊藤整一の後任として連合艦隊参謀長。四三年四月、山本五十六連合艦隊司令長官とともに搭乗機が撃墜され重傷。四四年二月第一戦隊司令官に着任し、六月マリアナ沖海戦、十月レイテ沖海戦を指揮。二〇年二月第五航空艦隊司令長官となり沖縄戦での特攻作戦を実施。八月十五日、玉音放送を聞いた後、十一機の特攻機とともに沖縄方面に出撃し、未帰還。五十六歳。

参考文献　宇垣纏『戦藻録(新装版)』(一九九六、原書房)　(森山　優)

うしじまみつる　牛島満　一八八七―一九四五　陸軍軍人。第三十二軍司令官。一八八七年七月三十一日、東京府にて鹿児島藩中士の四男に生まれる。一九〇八年陸軍士官学校卒(第二十期)、一六年陸軍大学校卒。一八―二〇年シベリアに派遣。その後、歩兵学校教官、歩兵大隊長などを経て三三年陸軍省副官、三六年歩兵第一連隊長、三七年歩兵第三十六旅団長、三九年第十一師団長、四二年陸軍士官学校校長などを経て、四四年八月第三十二軍司令官として沖縄に赴任。沖縄戦準備を進め、四五年三月米軍を迎え撃つ。五月下旬に首里から南部への軍司令部撤退を命令、そのことが住民の被害を大きくしたこと、六月十九日「最後迄敢闘せよ」との命令を出して将兵の降伏の機会を奪ったことが議論を呼んでいる。南部の摩文仁の丘の司令部壕で六月二十三日(二十二日の説もある)長勇参謀長とともに自決した。五十九歳。

参考文献　『沖縄軍司令官牛島満伝』(一九七二、春苑堂書店)　(林　博史)

うしろくじゅん　後宮淳　一八八四―一九七三　明治後期・大正・昭和戦前期の陸軍軍人。最終階級は大将。一八八四年九月二十八日、京都府に生まれる。一九〇五年に陸軍士官学校(第十七期)、一七年に陸軍大学校を卒業。鉄道を専門分野とし、満洲などで関係の諸職を多く歴任。三四年三月には参謀本部第三部長となった。陸軍省人事局長を経て、三七年三月に陸軍省軍務局長に就任、日中戦争期は第二十六師団長、第四軍司令官、南支那方面軍司令官、支那派遣軍総参謀長を歴任した。四二年八月、大将に昇進して中部軍司令官。四四年二月、東条英機首相兼陸相が参謀総長を兼任する際、異例で参謀次長が二人置かれたが、大将で上席の次長となった。三月には航空総監と陸軍航空本部長も兼任した。第三方面軍司令官として満洲で敗戦をむかえ、シベリアに抑留された(五六年十二月帰国)。七三年十一月二十四日、八十九歳で死去。

参考文献　額田坦『陸軍省人事局長の回想』(一九七七、芙蓉書房)、草地貞吾『将軍三十二人の「風貌」「姿勢」―私が仕えた回想の将軍たち―』(一九九二、光人社)　(堀田慎一郎)

うちきむらじ　打木村治　一九〇四―九〇　農民文学者、児童文学者。一九〇四年四月二十一日、父徳三郎、母けい子の次男として大阪府で生まれ三歳で埼玉県に移る。本名保。早稲田大学経済科を卒業後、しばらく大蔵省に勤めたが、三五年「喉仏」が『文学評論』の「創作特集号」に掲載され、以後「般若」「部落史」が芥川賞候補、なかでも「支流を集めて」(『文学界』三七年十月号)が高く評価され、農民作家として認められるようになる。三八年十一月、農林大臣有馬頼寧の指導により農民文学懇話会が発足するが、その準備段階から和田伝、島木健作らとともに参画した。三九年に新潮社より刊行された『光をつくる人々』は、第一次満洲移民団を描いたもので大陸開拓文学の先駆的作品となった。国家の移民政策に従った内容ではあるものの、武装移民団の苦しい生活がリアルに描かれ文壇的評価を得た。日本文学報国会、中央公論社、大東亜省などから特派員として満蒙地域を数度視察し、少年たちに満洲国の繁栄を説いた『拓けゆく国土　満洲開拓義勇隊ものがたり』などの作品もある。戦後は、日本農民文学会の『農民文学』創刊に参加して農民文学を継続する一方、児童文学者としても『天の園』『大地の園』などの作品を書いた。九〇年五月二十九日没。八十六歳。

参考文献　榎本了「打木村治の文学について」(『打木村治作品集』所収、一九七〇、まつやま書房)、川村湊「打木村治『光をつくる人々』解説」(『日本植民地文学精選集』二四所収、二〇〇一、ゆまに書房)　(竹内栄美子)

うちだのぶや　内田信也　一八八〇―一九七一　大正・昭和期の企業家、政治家。一八八〇年十二月六日茨城県で旧藩士の六男に生まれる。東京高等商業学校(現、一橋大学)卒後、三井物産の船舶部で活躍。一九一四年傭船ブローカーとして独立し造船にも進出。第一次大戦の海運、造船ブームに乗り「船成金」となる。二〇年の水戸高校(旧制)設立に百万円を寄付。二一年に造船輸出で三菱造船と競合し原敬首相への贈賄疑惑で苦境に陥る。戦後不況を察知して保有船舶、商品を手仕舞い破綻を免れる。二四年政治家に転身し政友会を基盤として連続七回衆議院議員当選。三四年七月岡田啓介内閣に鉄道相として初入閣(三六年三月まで)、三六年着工・四二年七月開通の関門トンネル建設に関して、事前調査、技術者重視、工事促進に注力した。また、三等寝台・ホームの案内係・弁当車内販売の開始、観光事業の国際化など利用者サービスにも努力した。四三年地方行政協議会の設置で東北地方長官となり宮城県知事を兼任。東条内閣農商相。戦後は五二年自由党から復活し当選、第五次吉田内閣で農相。明治海運社長として海運再建にも努力した。七一年一月七日死去。九十歳。

参考文献 内田信也『風雪五十年』(一九五一、実業之日本社)、上岡一史「第一次大戦期における船成金の出現―内田信也と山下亀三郎―」(『日本の企業家活動シリーズ』五四、二〇二三、法政大学イノベーション・マネジメント研究センター)

(半澤 健市)

うちだりょうへい 内田良平 一八七四―一九三七 明治・大正・昭和期の国家主義者。一八七四年二月十一日、内田良五郎の三男として福岡県に出生。一九〇一年黒龍会を結成し、主幹となる。〇六年伊藤博文に随行して韓国に渡る。一進会を掌握し韓国併合を推進。第一次世界大戦後は国内問題にも積極的に関わり、普通選挙法に反対し家長選挙権を主張。また治安維持法改正緊急勅令案の成立に向けた促進運動を展開。三一年大日本生産党を結成、総裁となる。同党には黒龍会、八幡博堂、鈴木善一らの日本国民党、津久井龍雄の急進愛国党などの国家主義団体や大阪印刷職工組合、大阪市電自動車親友会などの労働組合が合流。三四年出口王仁三郎を統管とする昭和神聖会(大本教の外郭政治団体)に副統管として参加。右翼の戦線統一を果たし、大本教と提携して国家改造に邁進するも、大日本生産党の内部分裂、大本教の弾圧により挫折。三七年七月二十六日没。六十四歳。

参考文献 初瀬龍平『伝統的右翼内田良平の研究』(『北九州大学法政叢書』、一九八〇、九州大学出版会)、『内田良平著作集』(一九八五-八六、皇極社出版部)、内田良平関係文書研究会編『内田良平関係文書』(一九九四、芙蓉書房出版)

(昆野 伸幸)

うちてしやまむ 撃ちてし止まむ 一九四三年の第三十八回陸軍記念日に際し、制定された国策標語。「撃たずば止まじ」と同義。『古事記』に記された神倭伊波礼毘古命(神武天皇)の歌からとられた。神武天皇が長兄五瀬命とともに東征に向かった際、大和の登美毘古(那賀須泥毘古)との闘いで五瀬命は命を落としたが、その後、兄の仇であり大和平定の最大の敵である登美毘古との闘いに臨んで神武天皇は、「みつみつし／久米の子らが／垣下に／植えしはじかみ／口ひひく／われは忘れじ／撃ちてし止まむ」などと詠み、将兵の士気を大いに鼓舞したといわれる。「撃ちてし止まむ」の句はほかの歌にも詠み込まれているが、上記の歌の意味は、「若々しい久米の子が／垣根にはえた生薑を／噛めばぴりりと口疼く／亡兄を思えば胸疼く／おのれ撃て撃て／撃ち果たせ」(蓮田善明『現代語訳古事記』二〇一三年、岩波現代文庫)であり、「敵を撃たずにおくものか」あるいは「敵を撃ち滅ぼさない限り終わりはない」という強い敵愾心や決戦の精神を表す言葉として、国民の戦意高揚のために使用された。陸軍は標語として制定するにあたり、米英の国旗を踏んで進む兵士の絵(宮本三郎作)を配したポスター五万枚を制作、国内および占領地に配布した。また、爆弾がさく裂する中で突撃する兵士二人をとらえた写真に「撃ちてし止まむ」の文字を入れた百畳敷きの大写真壁画が、東京有楽町の日本劇場に掲げられるなど、第三十八回陸軍記念日は「撃ちてし止まむ」の言葉にあふれた。映画・演劇・演芸・紙芝居などでも「撃ちてし止まむ」に因むものが制作・上映・上演され、商業広告にも「撃ちてし止まむ」の言葉が挿入された。その後も決戦の気運を醸成し、覚悟を促す合言葉として利用された。

撃ちてし止まむ 日本劇場に掲げられた大写真壁画

参考文献 「撃ちてし止まむ」(『週報』三三二、一九四三)、山中恒『撃チテシ止マム ボクラ少国民』三(一九七三、勁草書房)

(井上 祐子)

うちはらくんれんじょ 内原訓練所 茨城県内原(東茨城郡下中妻村)に設立された満蒙開拓青少年義勇軍の訓練施設。正式名称は満蒙開拓青少年義勇軍訓練所。用地には、同じく内原にあった日本国民高等学校の所有地があてられた。一九三八年三月に開所し、財団法人満洲移住協会が運営にあたった。所長は日本国民高等学校長の加藤完治。三九年には河和田分所と義勇軍農場(六十二町歩)が併設。常時一万人の義勇軍の収容と訓練が可能となった。敷地内に古賀弘人の考案による簡易家屋「日輪兵舎」が建設されたことはよく知られている。義勇軍の訓練期間は二～三ヵ月で、中隊(三百名)を単位とした集団的生活訓練が行われた。訓練科目には農事・武道・軍事教練があり、一部では栄養・木工・鍛工・縫工・農産加工・畜産・鍼灸など特技訓練も実施された。また日課には、加藤の信奉する古神道から編み出された「日本体操(やまと

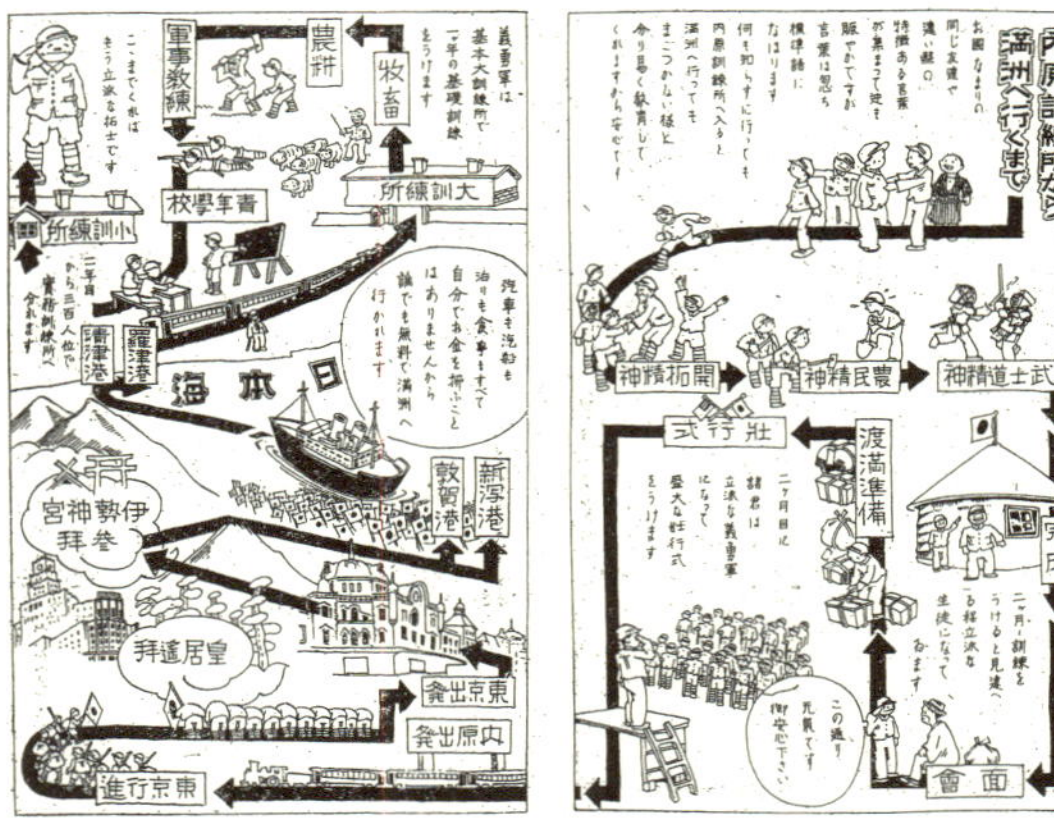

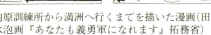

内原訓練所から満洲へ行くまでを描いた漫画(田河水泡画『あなたも義勇軍になれます』拓務省)

ばたらき)」と呼ばれる独特の型をもった体操が取り入れられるなど、日本精神の鼓吹が重視されたことも特徴であった。 ↓満蒙開拓青少年義勇軍(まんもうかいたくせいしょうねんぎゆうぐん)

参考文献 内原訓練所史跡保存会事務局編『満州開拓と青少年義勇軍―創設と訓練―』(一九九八、内原訓練所史跡保存会)

(細谷 亨)

うみゆかば 海ゆかば 日本放送協会が、一九三七年十月の国民精神総動員運動強調週間のラジオ番組のテーマ曲として大伴家持の長歌を選定し、作曲を信時潔に委嘱して発表した楽曲。その格調ある厳粛な音楽は、当初『国民唱歌』として放送され、三七年十一月には同協会のラジオ番組『国民歌謡』でも放送された。その後、式典や儀式で国民精神や意識涵養面から活用されたが、アジア・太平洋戦争期には、国民運動やラジオ放送などで国民教化の手段として重用された。大政翼賛会は、四二年十二月に「海ゆかば」を「国民の歌」に指定し、各種会合や町内会、隣組常会等の会合での斉唱を義務付けた。また国民皆唱運動では、「海ゆかば」と「この決意」が「必唱歌曲」に選定され歌唱指導された。さらにこの時期のラジオ放送では、戦況報道時のテーマ音楽として、「分列行進曲」、行進曲「軍艦」、「敵は幾万」、「海ゆかば」が放送されていたが、「海ゆかば」は、四二年三月の真珠湾特別攻撃隊のラジオ報道で、はじめて「戦死報道のテーマ」として、戦死者讃仰の音楽の役割を担った。これ以降、さまざまな局面で玉砕報道のテーマ曲として活用され、さらに鎮魂の音楽として人々に記憶された。 ↓国民皆唱運動(こくみんかいしょううんどう) ↓信時潔(のぶときぎよし)

参考文献 竹山昭子『太平洋戦争下 その時ラジオは』(二〇一三、朝日新聞出版)、CD「「海ゆかば」のすべて」(二〇〇五、キングレコード)

(戸ノ下達也)

うめづ・かおうきんきょうてい 梅津・何応欽協定 支那駐屯軍が国民政府施政下から華北の分離を狙った取決め。現地日本軍は、一九三五年五月上旬、天津日本租界で発生した親日的新聞社社長暗殺事件を口実に、華北分離工作に本格着手した。事件発生直後から、関東軍と支那駐屯軍は緊密に連携を取りながら対中国要求を練った。五月二十九日、支那駐屯軍参謀長酒井隆と大使館付武官補佐官高橋坦は何応欽を往訪し、中国国民党機関、中央軍、第五十一軍の河北省からの撤退、中国における排日行為の禁止などを要求し、六月十日、何応欽はこれを口頭受諾した。その後日本側が執拗に文書による回答を求めてきたため、七月六日、何応欽は、支那駐屯軍司令官梅津美治郎宛に「六月九日酒井参謀長の提出せし各事項は悉く之を承諾し自主的に之が遂行を期す」とした書簡を送った。なお、梅津・何応欽協定という呼称は、同年十月下旬以降、日本側が用い始めたもので、何応欽は、一貫して協定の存在を否認している。 ↓華北分離工作(かほくぶんりこうさく)

参考文献 内田尚孝『華北事変の研究―塘沽停戦協定と華北危機下の日中関係一九三二～一九三五年―』(二〇〇六、汲古書院)

(内田 尚孝)

うめづよしじろう 梅津美治郎 一八八二―一九四九 大正・昭和期の陸軍軍人、日本陸軍最後の参謀総長。一八八二年一月四日、梅津芳米の次男として大分県に生まれ、一時是永家の養嗣子となるが、のちに梅津家に復籍。中学済々黌、熊本地方幼年学校、中央幼年学校を経て一九〇三年陸軍士官学校卒(第十五期)、一一年陸軍大学校卒(第二十三期)。ドイツ・デンマーク駐在、スイス公使館付武官、参謀本部部員、陸軍省軍務局軍事課課員等を経て、二四年大佐となり歩兵第三連隊長、二六年参謀本部編成動員課長、二八年軍務局軍事課長を務める。三〇年少将に昇進し、歩兵第一旅団長、三一年参謀本部総務部長。三四年支那駐屯軍司令官となり(同年中将)、在任中の三五年六月に梅津・何応欽協定を結ぶ。同年八月第二師団長となり、翌年の二・二六事件では当初より反乱軍の討伐を主張。事件後に陸軍次官となり、寺内寿一陸相を補佐して粛軍を断行した。日中戦争の拡大には消極的だったが、三八年五月第一軍司令官として華北に派遣され、占領地の治安確立にあたる。三九年九月関東軍司令官となり、ノモンハン事件後の関東軍を再建、ソ連に対する戦備充実を図り、翌年八月大将に昇進。北方優先のため対米英開戦には反対だったが、四四年七月参謀総長に就任、戦争末期の連合軍の反攻に対する作戦を指導。四五年六月、昭和天皇に対し、関東軍および支那派遣軍の弱体化を上奏。より弱体な本土の部隊では連合軍への

梅津美治郎

反撃は期待できず、天皇は本土決戦から戦争終結への転換を表明。梅津は徹底抗戦を主張しながらも、戦争終結を模索し、陸軍省の若手将校による終戦反対のクーデターにも同意せず。ポツダム宣言受諾後も大本営の統制を維持し、陸軍部隊の停戦および武装解除を実行。九月二日のミズーリ号上での降伏調印式で大本営代表として降伏文書に署名。東京裁判ではA級戦犯として起訴され、終身禁錮刑となる。四九年一月八日、服役中に病死。六十八歳。

参考文献 梅津美治郎刊行会・上法快男編『最後の参謀総長梅津美治郎』(一九七六、芙蓉書房)、山田朗『昭和天皇の軍事思想と戦略』(二〇〇二、校倉書房)、山本智之『主戦か講和か—帝国陸軍の秘密終戦工作—』(『新潮選書』、二〇一三、新潮社) (石原 豪)

うんのじゅうざ 海野十三 一八九七—一九四九 昭和期の文学者、科学小説を手がける。一八九七年十二月二十六日徳島県生まれ。本名佐野昌一。他の筆名に丘丘十郎。一九二三年早稲田大学理工学部卒、逓信省電気試験所に勤務。科学解説記事や小説を執筆する。三八年電気試験所を辞し弁理士として佐野電気特許事務所開設。四〇年七月創立の国防文芸連盟評議委員(翌年理事)、同連盟の国防文芸叢書より『パナマ影に怖びゆ』(四一年、興亜文化協会)、『空中漂流一週間』(四二年、成武堂)を上梓、四一年八月創設のくろがね会幹事など文化団体で活躍、江田島海軍兵学校や所沢陸軍飛行場の見学、文芸銃後運動講演会、日本文学報国会および読売報知共同主催・情報局後援「日本の母」顕彰運動に参加した。四二年海軍報道班員として南方派遣、翌年海軍報道班挺身隊結成に参画。四七年公職追放の仮指定を受けるが翌年非該当として解除、四九年五月十七日結核のため死去。五十三歳。

参考文献 橋本哲男編『海野十三敗戦日記』(一九七一、講談社)、『海野十三全集』別巻二(一九九三、三一書房) (川崎 賢子)

うんゆつうしんしょう 運輸通信省 戦時下の中央官庁。戦局悪化で海上輸送路と船腹が急減したのを契機に、逓信省(海運)と鉄道省(陸運)に分かれていた運輸行政を一本化したもの。一九四三年十一月に設置された。他官庁と一部業務の移受管があった。しかし職員八十万人の新組織は巨大に過ぎ運営に機動性を欠いた。そこで四五年五月に運輸部門と通信部門が分かれ(「運輸省」新設と「逓信院」の内閣への編入)、一年半の短命で消滅した。

参考文献 『運輸省五十年史』(一九九九) (半澤 健市)

うんりゅう 雲龍 雲龍型航空母艦一番艦。アジア・太平洋戦争開戦直前、戦時建造計画がたてられ、戦争中に建造された軍艦の一隻。艦型設計などを省略するために、飛龍型の船型をほとんどそのまま採用した。一九四二年八月一日、横須賀海軍工廠において起工、四三年九月二十五日進水、四四年八月六日竣工した。基準排水量二万四〇〇〇トン、主要兵装一二・七センチ連装高角砲六基、搭載機五十三機、速力三四ノット(時速約六三キロ)。竣工したものの搭載する母艦機が無く、同年十二月十九日、マニラへの航空機緊急輸送任務中、尖閣諸島北方で米潜水艦の雷撃を受け、沈没した。

参考文献 海軍歴史保存会編『日本海軍史』七(一九九五、第一法規出版)、福井静夫『日本空母物語』(『福井静夫著作集』七、一九九六、光人社) (太田 久元)

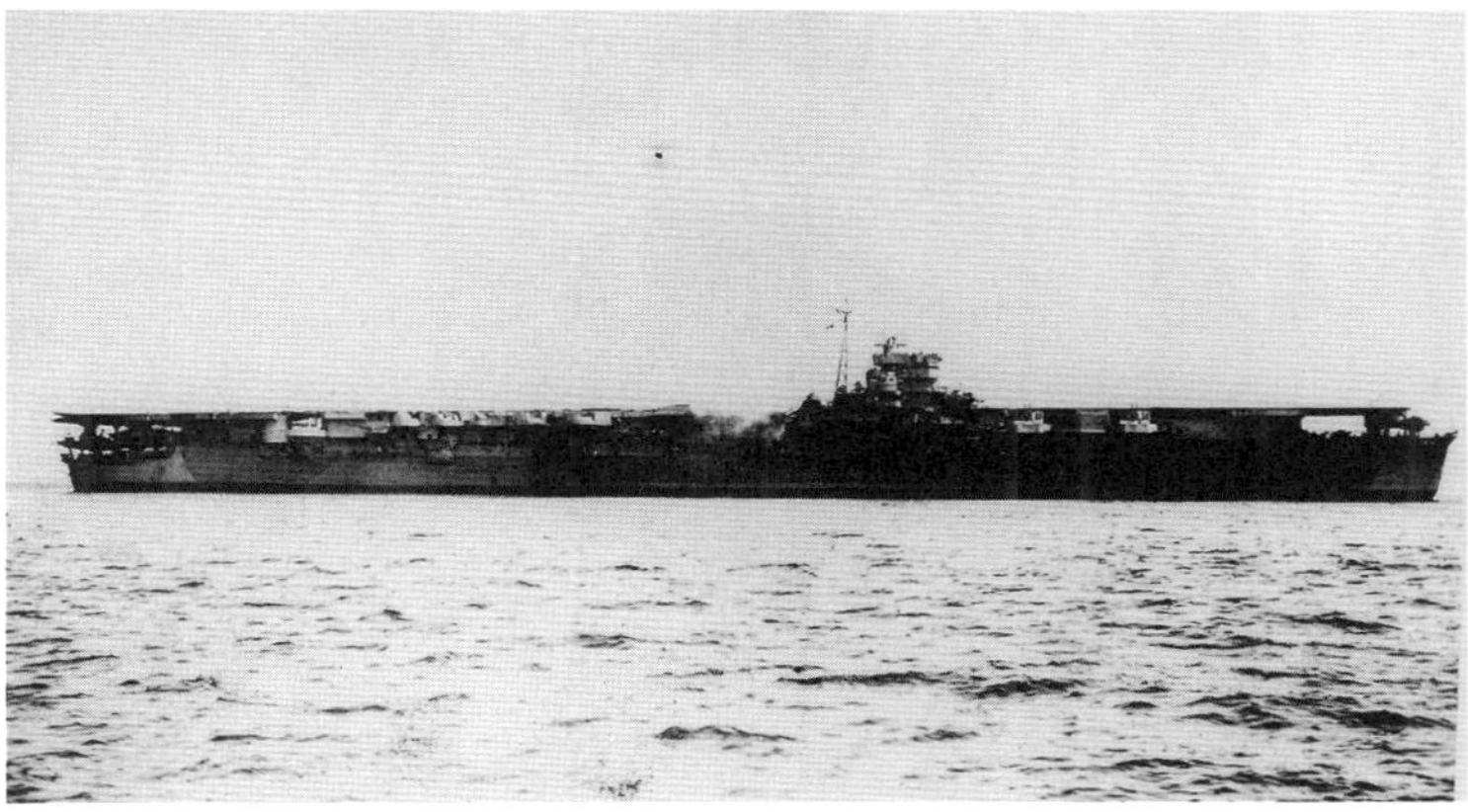

雲　龍

え

えいがこうしゃ　映画公社　一九四五年六月一日から十一月三十日の解散まで映画の製作・配給・興行を一元的に管理した社団法人。前年秋から映画関連団体である大日本映画協会、映画配給社、大日本興行協会の合同が議論され、その結果日本橋区室町の三越本店六・七階を本社として発足した（社長大谷竹次郎）。設立は情報局からの提案とする説もあるが、自主的統制により映画産業を保全する目的で映画会社側が提案した可能性が高い。映画公社は映画配給社の機構人事を継承、その地方支部を下部組織として、作品の画一購入制度を採用、劇映画一種につき直接費二十五万円、間接費月額三十五万円を劇映画製作会社に支払い、年間一社十六種と算定して各社に年額八万円の加配金を支払うほか、戦災都市への慰問映写や一部映画館の直営を行なった。解散後、所蔵資料は日本映画連合会に移管され、国会図書館への寄贈を経て、現在は東京国立近代美術館フィルムセンターが所蔵している。

参考文献　田中純一郎『日本映画発達史』三（『中公新書』、一九七六、中央公論社）、佐崎順昭「映画公社旧蔵資料目録」（『東京国立近代美術館研究紀要』一六、二〇一二）、東京国立近代美術館フィルムセンター監修『映画公社旧蔵戦時統制下映画資料集』（二〇一四、ゆまに書房）
（加藤　厚子）

えいがはいきゅうしゃ　映画配給社　映画臨戦体制により設立された一元的映画配給機関（一九四二年四月一日業務開始、社長植村泰二）。略称映配。一九四二年十月、配給機関を社団法人とすることが決定され、各映画会社の配給部門から機構・人事を継承・統合して設立された。映配は全国約二千三百五十館あった映画館を紅白二系統に再編、地域人口、映画館数・規模等を考慮し上映する映画館の順番（番線）を新たに設定し、会社別系統配給を解体した。映配は各社作品から上映作品を選定し、興行収益を製作者側五七・五％、興行者側四二・五％の規定比率で分配した。映配未承認の経費は興行者の自由意思で支出不可能となる一方、興行収益の保証により映画館経営は一定程度安定し、映画会社による興行支配が断ち切られた。四二年九月には南方局を新設、南方の配給・興行も管轄した。四五年六月、大日本映画協会と映配の統合により映画公社が設立され、以降配給業務は映画公社が所管した。→映画臨戦体制（えいがりんせんたいせい）

参考文献　田中純一郎『日本映画発達史』三（『中公新書』、一九七六、中央公論社）、加藤厚子『総動員体制と映画』（二〇〇三、新曜社）
（加藤　厚子）

えいがほう　映画法　一九三九年四月五日に公布された映画に対する総合的統制を定めた法律（同年十月施行）。三五年秋から内務省警保局では国産映画の保護・育成を主眼とした法制定が検討されていたが、日中戦争に伴う速成の戦争映画が急増すると、警保局は作品の質的低下を問題視し、映画事業の健全発達と作品の質的向上を図る総合的映画統制法の制定を決定、三七年十二月、舘林三喜男を中心に策定作業を開始した。映画法は芸術文化の一分野に対し制定され、取締だけではなく保護・助成を規定した点で既存法規に類例がなく、当時「初の文化立法」と呼ばれた。映画製作・配給事業許可制度は事業者の増加抑制、監督・俳優・カメラマンの登録制度は製作従事者の技能向上が直接の目的であるが、新規市場参入と製作従事者の移籍を防止し、激化していた会社間競争を鎮静化する目的が存在した。検閲は従来の完成フィルム検閲に脚本事前検閲が加わり、製作現場の負担は増加した。興行では国産映画保護を目的とした外国映画年間上映本数制限、十四歳未満が観覧可能な一般用映画の認定による年少者観覧制限のほか、文化映画の強制上映が規定された。これは劇映画上映時に文化映画上映を義務付け、一回の上映時間を三時間に制限することで間接的に劇映画の長さを抑制すると同時に、文化映画の上映機会確保により国民精神涵養と教養の向上を目指すものであり、四〇年九月には強制上映にニュース映画が追加された。また、文部省による優良映画選奨制度や資料的価値のある作品の複写保存も規定され、さらに命令権付与によって主務大臣は強力な統制権を有することになった。映画法はその後の映画統制政策の根幹となったが、映画法施行のみでは関係官庁が期待した映画の質的向上は達成されず、四〇年九月には命令権発動により年間製作本数制限が実施され、翌年秋には映画臨戦体制による映画産業の構造改革が決定された。四五年十二月廃止。

参考文献　不破祐俊『映画法解説』（一九四一、大日本映画協会）、加藤厚子『総動員体制と映画』（二〇〇三、新曜社）、同「映画法案作成過程における統制構想の明文化―「初の文化立法」の条文作成過程―」（『文化政策研究』二、二〇〇八）
（加藤　厚子）

えいがりんせんたいせい　映画臨戦体制　一九四一年九―十月に決定され、劇映画製作会社統合、製作本数制限、配給一元化により映画産業の構造改革を図った体制。四一年八月十六日、情報局は映画会社に対し、生フィルム不足を理由に映画事業再編を要請、二ヵ月以上の官民討議を経て再編案が決定された。官庁側は当初劇映画会社二社案を提示したが、三社も可としたため、新興キネマ・大都映画・日活製作部門の統合による大日本映画製作株式会社（大映）が四二年一月二十七日設立され、劇映画製作会社は松竹・東宝・大映の三社となり、中小規模会社は三社に吸収された。一元的配給は新設の映画配給社が実施することとなり、大映とともに同年四月一日より業務を開始した。映画館に供給されていた本数は、従来は月約二十作品×プリント各十五本の約三百本であったが、月六作品×プリント各三十本の百八十本に減少、作品多様性の喪失と長期間上映、会社別系統配給の解体は興行にも大きな影響を及ぼした。↓映画配給社

参考文献 加藤厚子『総動員体制と映画』(二〇〇三、新曜社)、浅利浩之「映画臨戦体制に求められたこと」(黒沢清他編『日本映画は生きている』三所収、二〇一〇、岩波書店)
(加藤 厚子)

えいそう 営倉 陸軍軍人が、軍紀違反や風紀紊乱などの罪に問われ、陸軍刑法にあたらないと上官が判断した場合、陸軍懲罰令による処罰が科せられる。重いものから、降等(改悛の情のない者)、重営倉(故意の場合。一日以上三十日以内、寝具なし、飯・湯・塩のみ支給し、勤務に服させない。ただし三日に一日の割合で寝具・糧食も支給)。軽営倉(過失の場合。期間は同じ。寝具・糧食は普通通り)、譴責となる。部隊内の営倉は駐屯地に設けられていた留置場施設。

参考文献 木村晋三編『軍隊入門必携』(一九四一、明正堂)
(原田 敬一)

えいだん 営団 戦時統制経済の運営に必要で、かつ民間企業では採算上担えない事業のため、政府による半額ないし全額出資で設立された公共性の強い特殊法人。出資者は利益配当を受けられたが、株式会社形態を維持した国策会社と異なり、株主総会のような出資者の経営参与は認められていない。運営はもっぱら政府が任命する役員によってなされ、政府の強い監督下に置かれた。一九四一年に住宅営団、帝都高速度交通営団、農地開発営団、産業設備営団、四二年には中央・地方の食糧営団、重要物資管理営団(四三年に貿易統制会と統合して交易営団)、日本医療団などが設立された。戦後、これらは帝都高速度交通営団を除き、閉鎖機関に指定され、四六―四七年に清算された。その後、復興期の配給統制を担うため類似の性格を持つ各種公団が設立され、配給業務や価格調整業務を担った。↓交易営団 ↓国策会社 ↓住宅営団 ↓食糧営団 ↓帝都高速度交通営団

参考文献 高重久任「営団、金庫及統制会の法律的性質について」(『司法研究』三二ノ一一、一九四三)、魚住弘久『公企業の成立と展開―戦時期・戦後復興期の営団・公団・公社―』(二〇〇九、岩波書店)
(山崎 志郎)

A級戦犯 東京裁判開廷日の被告席(上段2列)

エーきゅうせんぱん A級戦犯 戦後、連合国が「平和に対する罪」に該当するとした日本の戦争犯罪人。「主要戦争犯罪人」ともいう。東京裁判の根拠法である極東国際軍事裁判所憲章(条例)は、その第五条「人及び犯罪に関する管轄」で「本裁判所は、平和に対する罪を含む犯罪につき、個人として、又は団体員として訴追された極東戦争犯罪人を審理し、処罰する権限を有する」とし、次に掲げる各行為またはそのいずれかは、本裁判所の管轄に属する犯罪とし、これについては個人的責任が成立すると定めている。a「平和に対する罪 すなわち宣戦を布告し、若しくは布告しない侵略戦争若しくは国際法、条約、協定若しくは誓約に違反する戦争の計画、準備、開始若しくは遂行又はこれらの各行為のいずれかを達成するための計画若しくは共同謀議への参加」と規定し、さらにb「通例の戦争犯罪」、c「人道に対する罪」を列記している。国際検察局は被告選定にあたって、「平和に対する罪」に該当する者しか、訴追しないとしている。すなわち検察局は、「平和に対する罪」を最重要視したのである。そして二十八人を被告としたのである。そのためすべての被告は、「a」級に該当するとした。こののち二十八名の被告は「A級戦犯」と称されることになった。なお二十八名の被告のほかにもA級戦犯容疑でスガモプリズンで拘禁(私宅拘禁も含む)された約六十人の容疑者がおり、当初は第二次・第三次の国際軍事裁判が予定されていた。しかし東京裁判が予想以上に長期化し、米ソを中心とする冷戦状況が進み、連合国が共同で新たな国際裁判を開催する条件が薄れてきて、第二次、第三次の裁判は実現しなかった。このため東京裁判開始前後から皇族や財界人の釈放が実施され、さらに一九四七年八月からは、つぎつぎに不起訴、釈放が行われることになった。これらの人物は「A'(エーダッシュ)級戦犯容疑者」と称された。これらのA'級容疑者の釈放は、米、英両国が主導し、実際にはGHQの国際検察局、法務局と、GII(参謀第二部)の協議のうえ実行された。↓平和に対する罪

参考文献 粟屋憲太郎『東京裁判への道』(『講談社学術文庫』、二〇一三、講談社)
(粟屋憲太郎)

エー＝ビー＝シーきょうてい ABC協定 米英最高軍事参謀会議(American-British Conversations＝ABC)において締結された軍事協定。一九四一年一月二十九日か

ら三月二十九日にかけてワシントンで開催された第一回ABCにおいてアメリカが欧州戦争に参戦した場合の英米の方策が検討され、最終日に協定（ABC1）が締結された。協定は、対日問題が急迫しても対英武器援助＝ヨーロッパ第一主義は不変であることを大前提とし、両国の防衛目標（米国と西半球、英国の安全を優先し、中東・極東では戦略拠点の保持にとどめることなど）・攻撃戦略（独伊打倒を優先し、日本が参戦した場合でも極東では当面、守勢をとることなど）、米英とオーストラリアなど関係国の陸海軍と航空部隊の地域別の任務分担などを明確にした。この協定は、三月に成立した武器貸与法に基づく対英武器援助とその護送に米海軍があたることを具体化するもので、米国は四月四日にこの協定をアメリカの軍事戦略レインボー5として承認した。

参考文献 福田茂夫『第二次大戦の米軍事戦略』（『叢書国際環境』、一九七九、中央公論社）
（山田　朗）

エー＝ビー＝シー＝ディーほういじん　ABCD包囲陣　開戦直前に日本政府が国民に宣伝した米（America）・英（Britain）・中（China）・蘭（Dutch）四国による対日包囲網のこと。一九四〇年九月の北部仏印進駐と日独伊三国同盟によって英米蘭は対日警戒感を強め、航空機用ガソリン・屑鉄の禁輸、四一年には石油の全面禁輸へと日本への経済封鎖を強めた。政府・軍部は、四一年八月以降、この用語を使って四国が日本の生存を脅かしていると喧伝し、国民の危機感と敵愾心をあおった。→対日禁輸問題

参考文献 池田美智子『対日経済封鎖―日本を追いつめた一二年―』（一九九二、日本経済新聞社）
（山田　朗）

エスビーディードーントレス　SBD Dauntless　米海軍用に開発された艦上機。日本では艦上爆撃機（急降下爆撃機）として知られているが、正確には艦上偵察爆撃機であり、偵察機としても使用された。また、米海軍のほか、海兵隊、英海軍、自由フランス空軍などでも使用され、米陸軍航空軍でも攻撃機A24として使用された。設計は、当初ノースロップ社が担当したが、のちにダグラス社が引き継いだ。一九四〇年にまず海兵隊に配備され、日米開戦時には海軍、陸軍航空軍にも配備されていた。最初に実戦投入されたのは、フィリピン、ニューギニア方面に配備されていた陸軍航空軍のA24であったが、四二年五月の珊瑚海海戦では海軍のSBDが日本の軽空母「祥鳳」を撃沈し、さらに六月のミッドウェー海戦では「赤城」など日本の主力空母四隻を撃沈した。同時期に開発された日本海軍の九九式艦上爆撃機に比し、速度、航続距離、爆弾搭載量などほとんどすべての点で勝っており、また後継機のSB2Cヘルダイバーよりも安定性、操縦性に優れていたため、改良を重ねアジア・太平洋戦争の全期間を通じて使用された。総生産機数は、全型合計で約六千機。諸元（SBD―5）、乗員＝二、出力＝一二〇〇馬力、全備重量＝約四八〇〇キロ、最高速度＝約四〇〇キロ、武装＝爆弾一六〇〇ポンド（七二六キロ）×一（胴体下）のほか主翼下に最大六五〇ポンド（二九五キロ）。一二・七ミリ機銃×二（機首）、七・六二ミリ旋回連装機銃×一（後部座席）。

参考文献 『SBDドーントレス、SB2Cヘルダイバー』（『世界の傑作機』四〇、一九九七、文林堂）、ゴードン＝ウィリアム＝プランゲ『ミッドウェーの奇跡（新装版）』（千早正隆訳、二〇〇五、原書房）
（栗田　尚弥）

エスビーにシーヘルダイヴァー　SB2C Helldiver　SBDドーントレスの後継機としてアメリカのカーチス社によって開発生産された艦上爆撃機（正確には艦上偵察爆撃機）。米海軍のほか、海兵隊、陸軍航空軍（名称はA25）、英海軍、自由フランス軍などでも使用された。一九四三年十一月から実戦投入され、戦艦「大和」の撃沈（四五年四月）など艦船攻撃に大きな役割を果たし、沖縄戦や日本本土空襲など対地攻撃にも使用された。胴体下に爆弾倉を設け、折り畳み翼を採用するなどの新機軸を盛り込み、速度、爆弾搭載量、航続距離など諸性能はSBDを上回ったが、安定性、操縦性に難があり、搭乗員の評価はSBDよりも低かった。それでも、各型合計で七千機以上生産され、戦後もフランス海軍などで五〇年代まで使用された。諸元（SB2C―4）、乗員＝二名、出力＝一九〇〇馬力、全備重量＝約七五〇〇キロ、速度＝約四八〇キロ、武装＝胴体下爆弾倉に爆弾最大二〇〇〇ポンド（九〇七キロ）もしくは魚雷×一、翼下に五〇〇ポンド（二二七キロ）爆弾×二もしくはロケット弾×八、二〇ミリ機銃×二（主翼内）、七・六二ミリ連装旋回機銃×一（後席）。

参考文献 『SBDドーントレス、SB2Cヘルダイバー』（『世界の傑作機』四〇、一九九七、文林堂）、『週間ワールド・エアクラフト』一〇四・一九三（二〇〇一・〇三、デアゴスティーニ）
（栗田　尚弥）

エセックス　Essex　一九四二年にニューポート＝ニューズ造船所で竣工したアメリカ海軍空母エセックス級の一番艦（CV―9）。基準排水量二万七一〇〇トン、搭載機数八十～百機。本級はヨークタウン級の拡大改良型で、ワシントン軍縮条約失効後の設計であるため、水中・水平防御および対空兵装が大幅に強化され、基準排水量は約七〇〇〇トン増加した。また、現代空母では常識となっている舷側エレベータを左舷中央部にはじめて装備した。太平洋戦争中に十七隻、戦後さらに七隻が竣工しており、戦争後半におけるアメリカ海軍高速機動部隊の中核を形成した。本級の就役は日米の空母兵力を逆転させ、連合国の勝利に貢献した。戦後、ジェット機が実用化されるに伴い、その運用を前提とした近代化改装が逐次実施され、朝鮮戦争、ベトナム戦争にも一部の艦が参戦している。戦後も長く現役にとどまり、エセックスは七三年に除籍となっているが、本級最後の一隻、「レキシントン」が除籍されたのは九一年であった。

参考文献 福井静夫『世界空母物語』（『福井静夫著作集』三、一九九三、光人社）、『アメリカ航空母艦史（新版）』（『世

界の艦船』五五一、一九九九）、*Conway's All the World's Fighting Ships, 1922–1946* (London, 1980, Conway Maritime Press Ltd)

（齋藤　義朗）

えとうげんくろう　江藤源九郎　一八七九—一九五七　明治期から昭和戦前期にかけての陸軍軍人、衆議院議員。一八七九年二月二十五日、奈良県生まれ。佐賀の乱の首謀者として処刑された江藤新平の甥。九九年に陸軍士官学校（第十一期）を卒業、一九〇四年の日露戦争に出征。二七年に少将、同年予備役に編入。二八年・三〇年の衆議院選挙に奈良県選挙区から立候補するも落選、三二年の衆議院選挙で初当選して立憲政友会に所属するが、三四年の帝人事件を契機に離党。三五年の天皇機関説事件に際しては、衆議院で機関説を攻撃する急先鋒となり、二月には東京地裁検事局に美濃部達吉を不敬罪で告発（三月に追加告発）、右翼団体とも結んで岡田啓介内閣を激しく批判した。三七年、赤松克麿らと日本革新党を結成し総務委員長に就任したが、平沼騏一郎内閣への姿勢をめぐって分裂、離党に追い込まれた。四二年の翼賛選挙では非推薦ながら四度目の当選を果たした。戦後に公職追放。五七年五月三日に死去。七十八歳。

参考文献　宮沢俊義『天皇機関説事件—史料は語る—』（一九七〇、有斐閣）

（萩原　稔）

えどひでお　江戸英雄　一九〇三—九七　昭和期の経営者。一九〇三年七月十七日、茨城県生まれ。東京帝国大学法学部卒。二七年三井合名会社入社、四〇年三井総元方に所属、四四年三井本社に入社、四七年三井不動産に入社、五五年社長、七四年会長、八七年相談役。三井合名会社の文書課員として、団琢磨暗殺、池田成彬による財閥転向などに間近で接する。四〇年の三井合名会社の改組（三井物産への合併、三井総元方設置）、四四年の三井本社設立など一連の三井財閥機構改革に際し、向井忠晴のもとで重要な役割を果たす。敗戦直後は、三井本社解散などの財閥解体措置への対応にあたる。GHQによる財閥商号・商標使用禁止措置の実施回避に成功する。三井不動産時代には、京葉工業地帯の埋め立て・霞ヶ関ビル建設・東京ディズニーランド設立などを手がけ、同社を日本を代表する不動産会社に発展させ、不動産協会理事長も務める。三井グループの取り纏め役としても活躍。九七年十一月十三日死去。九十四歳。

参考文献　江戸英雄『三井と歩んだ七〇年』（『朝日文庫』、一九九四、朝日新聞社）、『江戸英雄追悼集』（一九九八）

（吉川　容）

エヌ＝イー＝シー　NEC　⇨住友通信工業会社（すみともつうしんこうぎょうかいしゃ）

えのもとしげはる　榎本重治　一八九〇—一九七九　日本海軍の代表的な国際法顧問。一八九〇年一月十一日、榎本善治の四男として東京府に生まれる。第二高等学校を経て、一九一三年文官高等試験に合格。一四年東京帝国大学法科大学英法科を卒業。一五年十月海軍教授兼海軍省参事官兼海軍大学教官となる。一七年海軍省参事官、二四年海軍省書記。二七年四月ジュネーブ軍縮会議全権委員随員、二九年十一月ロンドン海軍会議全権委員随員。三一年四月海軍大学教官、同九月海軍教授兼海軍書記官、十二月ジュネーブ一般軍縮会議全権委員随員、三四年九月軍縮会議予備交渉専門委員・外務省事務嘱託、三五年十一月ロンドン軍縮会議全権委員随員。四二年七月、大臣官房書記官兼教授。四五年十二月、第二復員省書記官（四六年六月免官）。四八年三月、公職追放（五〇年十月まで）。七九年十一月三十日死去、八十九歳。

参考文献　水交会編『回想の日本海軍』（一九八五、原書房）

（横島　公司）

エノラ＝ゲイ　Enola Gay　広島市に原子爆弾（原爆）を投下したB29爆撃機。原爆投下部隊である米陸軍航空軍第五百九混成航空団に所属した。原爆投下用に改造された十五機のB29（シルバープレート形態）の一機で、航空団司令官ポール＝ティベッツ大佐の乗機である（ビクターナンバー12のちに82、機体番号44—86292）。機名は、ティベッツの母親の名に由来する。一九四五年五月十八日に第五百九混成航空団に配属となり、七月六日テニアン島に到着し直ちに原爆投下用に爆弾倉の改造がなされた。改造後、原爆投下のリハーサルのために、模擬原爆（パンプキン爆弾）を投下し、八月四日には最後の準備としてテニアン沖でパンプキン爆弾の投下訓練を行なった。八月六日午前一時四十五分（マリアナ時間、日本時間は午前一時四十五分）、「エノラ＝ゲイ」は、機長ティベッツ大佐以下、乗員十二名とウラニウム型原爆リトル＝ボーイを載せてテニアン島を飛び立った。乗員の中には、起爆装置担当として、原爆開発チームのウィリアム＝パーソンズ海軍大佐が含まれていた。また、「エノラ＝ゲイ」には、科学観測任務と写真撮影任務のB29二機が随伴した。午前九時十五分（マリアナ時間、日本時間は午前八時十五分）、「エノラ＝ゲイ」は、広島上空約九〇〇〇㍍でリトル＝ボーイを投下した。リトル＝ボーイは上空六〇〇㍍で核分裂爆発を起こした。「エノラ＝ゲイ」は、八月九日の長崎への原爆投下にも気象観測機として参加（機長はロバート＝ルイス）、アジア・太平洋戦争終結後も、原爆実験機として使用され、四六年に退役した。九五年、ワシントンのスミソニアン博物館航空宇宙博物館において、「エノラ＝ゲイ」の展示が行われた。当初この展示は、原爆の被害や歴史的背景を含めてなされるはずであったが、米国の在郷軍人会などの反対により中途半端なものとなり、航空宇宙博物館長が辞任する騒ぎとなった。現在、「エノラ＝ゲイ」は、同博物館の別館であるスティーブン・F・ウドヴァー＝ヘイジー＝センターに展示されているが、そこでは原爆の被害や歴史的背景についての解説は一切なされていない。　→B29スーパー＝フォートレス

参考文献　ゴードン＝トマス・マックス＝モーガン＝ウイッツ『エノラ・ゲイ—ドキュメント・原爆投下—』（松田銑訳、一九八〇、TBSブリタニカ）、カール＝バーガー『B—29』（中野五郎・加登川幸太郎訳、『第二次世

界大戦文庫』二一、一九六五、サンケイ出版)、山極晃・立花誠逸編『(資料)マンハッタン計画』(岡田良之助訳、一九九三、大月書店)、『(米軍資料)原爆投下報告書―パンプキンと広島・長崎―』(奥住喜重・工藤洋三・桂哲男訳、一九九三、東方出版)
(栗田　尚弥)

エフ＝エスさくせん　FS作戦　大本営がアメリカとオーストラリア連絡線の遮断を企図した作戦。オーストラリアが連合国の反攻拠点になると想定した大本営は、アメリカ・オーストラリア間の中間点に位置するニューカレドニア、フィジー、サモア諸島を攻略することで、南方戦線におけるオーストラリアの勢力を排除し、アメリカとの連絡線を遮断することを計画した。さらには、英連邦軍を弱体化させるべく、オーストラリアを孤立させたいという狙いもあった。第十七軍が一九四二年五月に編成され、作戦準備を進めていたが、珊瑚海海戦で空母が損害を受けたことによるポートモレスビー攻略作戦の中止、およびミッドウェー海戦で主力空母四隻を失ったことにより、機動部隊による作戦実施が困難となり、作戦延期が決定された。その後、陸上航空基地として、ガダルカナル島での飛行場建設が進められたことから、七月十一日、大本営はFS作戦の中止を命令した。

参考文献　防衛庁防衛研修所戦史室編『南太平洋陸軍作戦』二(『戦史叢書』二八、一九六八、朝雲新聞社)
(林　美和)

エフきかん　F機関　アジア・太平洋戦争開戦に際してマレーでの諸工作を実施するために結成された機関。一九四一年秋に参謀本部第八課の藤原岩市少佐がタイに派遣され、十一名の機関員により工作が開始された。機関は通称F機関と称されたが、FはFriendship、Freedom、Fujiwaraの頭文字をとったと言われる。四一年十二月の開戦前、タイにおいてインド独立連盟代表との間で行動計画に合意。日本陸軍はマレー作戦を展開する傍ら、現地に住むインド人や英印軍のなかのインド兵の多さに着目し、その支持・協力を得るため、反英宣伝・インド独立支持の宣伝、すなわちインド人・インド兵工作を実行し始め、やがてインド国民軍の結成に至った。四二年春に対インド施策を担当する岩畔機関(機関長岩畔豪雄陸軍大佐)が編成され、F機関の大半が吸収されたが、藤原は編入されなかった。四三年春には機関長が交代し、名称も「光機関」と改称された。　→インド国民軍(こくみんぐん)　→インド独立連盟(どくりつれんめい)

参考文献　藤原岩市『F機関』(一九六六、原書房)、丸山静雄『インド国民軍―もう一つの太平洋戦争―』(『岩波新書』、一九八五、岩波書店)
(長崎　暢子)

エフよんエフワイルドキャット　F4F Wildcat　グラマン社によって開発されたアメリカ海軍の艦上戦闘機。グラマン社およびゼネラルモーターズ社において合計七千機以上生産され、米海軍のほか海兵隊や英海軍でも使用された。アジア・太平洋戦争初期の米海軍の主力戦闘機であったが、速度、航続力、旋回性能などエンジン出力を除くほとんどすべての点において零式艦上戦闘機など日本軍戦闘機に劣っていた。しかし、頑丈な機体と一撃離脱戦法の採用により、また武装強化などの改良も何度かなされ、日本軍機相手に善戦し、終戦まで使用され続けた。諸元(F4F―4)、エンジン出力＝一二〇〇馬力、全備重量＝三三五九キロ、最高速度＝五一五キロ、武装＝一二・七ミリ機銃×六、一〇〇ポンド(四五キロ)爆弾×二。

参考文献　『グラマンF4Fワイルドキャット』(『世界の傑作機』六八、一九九八、文林堂)
(栗田　尚弥)

エフよんユーコルセア　F4U Corsair　チャンス＝ヴォート社によって開発されたアメリカ海軍の戦闘機。逆ガル型の独特の主翼が特徴である。空母艦載機として設計されたが、空母への着艦に問題があり、当初は海兵隊の陸上機として運用された。また、日本軍機に比し高速であったが、旋回性能で劣り、一九四三年二月のブーゲンビル島上空の戦闘では、日本海軍の零戦隊によって大敗北を喫した。しかし一撃離脱戦法の採用と数度の改修によって性能を向上させ、戦争末期には艦上機としても使用され、朝鮮戦争でも主として対地攻撃機として使用された。チャンス＝ヴォート社のほか、グッドイヤー社でも生産され(総生産機数、一万二千機以上)、アメリカのほか、イギリス、フランス、ニュージーランドなど数カ国で使用された。諸元(F4U―1D)、エンジン出力＝二二五〇馬力、全備重量＝五五〇〇キロ以上、最高速度＝六七〇キロ以上、武装＝一二・七ミリ機銃×六(もしくは二〇ミリ機銃×四)、ロケット弾×八、爆弾四〇〇〇ポンド(約一八〇〇キロ)。

参考文献　『ヴォートF4Uコルセア』(『世界の傑作機』八八、二〇〇一、文林堂)
(栗田　尚弥)

エフろくエフヘルキャット　F6F Hellcat　グラマン社が開発したアメリカ海軍の艦上戦闘機(一九四一年六月試作機完成)。カナダでも生産され、米海軍のほか、イギリス海軍やフランス海軍などでも使用された。また、多くの型が作られ、夜間戦闘機型も製造された(総生産機数、一万二千機以上)。同じグラマン社開発のF4F艦上戦闘機の後継機であり、アジア・太平洋戦争中盤以降の海軍の主力戦闘機となった。二〇〇〇馬力という大出力の割には最高速度が遅く、日本陸軍の四式戦闘機(「疾風」)よりも劣速であったが、米軍機には珍しく旋回性能に優れ、一撃離脱戦法のみならず格闘戦も得意とした。米海軍航空部隊が撃墜した日本軍機のうち、実に七五％以上がF6Fによるものである。航続力、上昇力、急降下能力にも優れ、また操縦性も良好で機体も堅牢であった。爆弾やロケット弾、魚雷の搭載も可能で、空中戦闘のほか、対地、対艦攻撃にも従事した。諸元(F6F―5)、エンジン出力＝二〇〇〇馬力、全備重量＝五七〇〇キロ以上、最高速度＝六一二キロ、武装＝一二・七ミリ機銃×六(もしくは二〇ミリ機銃×二、一二・七ミリ機銃×四)、その他、胴体下に二〇〇〇ポンド(九〇七キロ)爆弾もしくは航空機魚雷×一を搭載可能、また翼下に最大二〇〇〇ポンドまでの爆弾もしくはロケット弾を搭載可能。

参考文献 宮崎勇『還って来た紫電改—紫電改戦闘機隊物語—』(一九九三、光人社)、『グラマンF6Fヘルキャット』(『世界の傑作機』七一、一九九八、文林堂)、坂井三郎『大空のサムライ』正・続・戦話・完結編(『光人社NF文庫』、二〇〇三、光人社) (栗田 尚弥)

えましょうこ 江間章子 一九一三—二〇〇五 詩人。一九一三年三月十三日、父勝三郎、母リツの長女として新潟県で生まれる。父は陸軍大尉で高田師団の教官であり、部下の不祥事から自決したため、母の実家のある岩手県に移り、祖母の愛情を受けて育つ。のち兄の進学で静岡に移住、静岡高等女学校を卒業後、母と上京して駿河台女学院(現YWCA英語専門学校)で学び、外務省外郭団体の国際問題研究所に就職した。春山行夫編集の『詩と詩論』によってモダニズム詩に目覚める。仕事で知り合った阪本越郎のすすめで『椎の木』に参加、佐川ちかを知り『マダム・ブランシュ』の同人にもなる。三六年、VOUクラブ出版より第一詩集『春への招待』を刊行し、清々しい西欧風のシュルレアリズム的な物語世界が展開する内容で高い世評を得た。戦時下には、そのモダンで清新な作風から一転、四一年刊行の大政翼賛会宣伝部編『興亜詩集』に収録された「興亜大行進曲」をはじめとする「亜細亜の日」「栄えあれアジヤ」など、アジアを称揚する詩や戦意昂揚の詩が書かれるようになる。戦後には、再びモダニズムの詩風に戻って詩作。抒情的な歌曲の作詞も手がけ、なかでも「夏の思い出」は人口に膾炙した。二〇〇五年三月十二日没。九十一歳。

参考文献 江間章子『詩の宴わが人生』(一九九五、影書房)、江間章子『江間章子全詩集』(一九九九、宝文館出版) (竹内栄美子)

えまなかし 江馬修 一八八九—一九七五 小説家。一八八九年十二月十二日、県会議員を勤めていた父弥平、母とみの四男として岐阜県に生まれる。斐太中学中退。放浪の旅に出たあと東京や郷里で過ごし、代用教員や水道局雇員となる。一九一一年『早稲田文学』に「酒」を発表。一六年に刊行した長篇小説『受難者』がベストセラーとなり、人道主義的作家として一躍有名になった。関東大震災後は、プロレタリア作家同盟に参加したが、三七年には故郷の高山に戻り郷土研究誌『ひだびと』を発行、飛驒の調査研究に従事した。また、文化の普及と向上を目指した飛驒文化連盟を創設し高山芸術座による演劇活動に力を入れた。江馬が脚本を書いた郷土史劇としての「嘉念坊物語」は天皇制ファシズムに抵抗する作品と位置づけられる。さらに、ライフワークともいうべき長篇小説『山の民』を完成、四〇年に飛驒考古土俗学会から自家版として刊行した。飛驒高山の農民一揆を扱った本作は、当初、文壇から無視されたが、その後、すぐれた歴史小説として高く評価される。戦時下の抵抗文学と評価される自家版、戦後の冬芽書房版、理論社版、北溟社版と改稿を重ねた。四六年に日本共産党に入党、五〇年問題の際には『人民文学』の代表的存在であり、のちには当時の妻であった豊田正子とともに文化大革命中の中国に渡り、六四年に『延安賛歌』を刊行した。老衰、脳軟化症のため七五年一月二十三日没。八十五歳。『江馬修作品集』全四巻(北溟社)がある。

参考文献 天児直美『炎の燃えつきる時—江馬修の生涯—』(一九八五、春秋社)、永平和雄『江馬修論』(二〇〇〇、おうふう) (竹内栄美子)

エムいちガーランド M1 Garand アジア・太平洋戦争中にアメリカ軍が使用した自動小銃。名称は開発者であるジョン・C・ガーランドから採られており、一九三六年に制式化された。口径は七・七ミリで、装塡はガス圧を利用した。この銃は戦後も使用され、五百五十万挺が製造されたといわれている。

参考文献 須川薫雄『日本の機関銃—日露戦争百周年を迎えて—』(二〇〇三、SUGAWAWEAPONS社) (中村 崇高)

エムさんけいせんしゃ M3軽戦車 第二次世界大戦のアフリカ戦線や、太平洋戦線でアメリカ軍が使用した戦車。「スチュアート」とも呼ばれている。M2A4軽戦車が三七ミリ戦車砲に対して装甲厚が不充分なことや、設計に不備があることを克服するために、一九四一年から生産が開始された。主砲は三七ミリ戦車砲M6で、イギリス、ソ連、中国などに供与された。フィリピンやビルマ、ガタルカナル、ニューギニア戦線で活躍した。この戦車にはさまざまな派生型が存在する。

参考文献 スティーヴン＝ザロガ『M3&M5スチュアート軽戦車 一九四〇—一九四五』(武田秀夫訳、二〇〇三、大日本絵画) (中村 崇高)

エムさんちゅうせんしゃ M3中戦車 アメリカ軍がはじめて開発した中戦車。イギリス軍向けに生産されたものがグラント戦車、アメリカ軍向けのものがリー戦車と呼ばれ、両者は砲塔の形などが異なっていた。一九四〇年に制式化、翌四一年から生産が開始された。主砲は砲塔部分に三七ミリ砲を、車体右側に七五ミリ砲を搭載していた。この戦車はビルマでの戦闘で威力を発揮し、M4中戦車登場後も、アジア戦域で使用された。最終生産台数は四千九百二十四輌である。

参考文献 スティーヴン＝ザロガ『M3リー&グラント中戦車 一九四一—一九四五』(平田光夫訳、二〇〇八、大日本絵画) (中村 崇高)

エムよんちゅうせんしゃ M4中戦車 第二次世界大戦中のアメリカ軍における代表的な主力戦車。M4シャーマンとも呼ばれている。一九四〇年にフランス軍がドイツ軍に敗北したことにより、アメリカ軍は主力戦車の整備を急ぐことになった。そこで、以前開発されていたM2A1中戦車の設計変更を行い、七五ミリ砲搭載の新たな戦車の量産計画が立てられた。しかし、この主砲を搭載できる砲塔の生産設備が整わなかったため、急遽M3中戦車の生産を開始することになった。そして、この戦車の車体などを利用し、七五ミリ砲搭載の大型鋳造砲塔を備えたのがM4中戦車であり、四二年二月から出荷されることとなった。この戦車は、イギリスやソ連などに供与され、主にヨーロッパ戦線で活躍したが、一部は海兵隊に配備され、四三年のタラワ島上陸作戦から太平洋戦線に参加している。M4中戦車にはさまざまな派生型が存在したが、M4A3E8形は、戦後陸上自衛隊にも供与されている。

参考文献 スティーヴン＝ザロガ『シャーマン中戦車一九四二―一九四五』(岡崎淳子訳、二〇〇〇、大日本絵画)　(中村 崇高)

えんしゃくざん　閻錫山　Yan Xishan　一八八三―一九六〇　中華民国の軍人・政治家、地方軍閥。一八八三年十月八日、山西省五台県の地主兼高利貸の家庭に生まれる。一九〇四年に官費留学生として日本へ渡り、〇九年に陸軍士官学校を卒業。留学中に知り合った孫文の革命思想に影響を受け、中国同盟会に加入。〇九年に帰国し、山西新軍の連隊長などを務めた。一一年に辛亥革命が起こると、山西省で部隊を率いて蜂起し、山西都督に就任。一七年には山西省長となり、以後、山西省における実権を握る。北伐が始まると国民革命に参加し、山西省外にも勢力圏を広げたが、三〇年、蔣介石との中原大戦に敗北し、大連へ逃れた。三一年、日本軍の庇護によって山西省に戻ると、翌年には太原綏靖公署主任となり、復権した。三七年、日中戦争が始まると、第二戦区司令長官として日本軍に抗戦するも、省都太原が陥落すると、省の西南部に退き、自軍の強化と地盤の確保に努め、日本側の懐柔・傀儡化工作に対して、不即不離の対応をとった。アジア・太平洋戦争が始まり、中国戦線において共産党軍が台頭してくると、実質的には傀儡となることで、日本軍との相互依存の関係を築きつつ、地盤を回復していった。日本の敗戦後、山西地区における日本軍の降伏を受理したが、山西省に隣接する陝西省を根拠地とする共産党勢力に対抗すべく、日本軍の残留工作を図った。現地の日本軍上層部においても、これに呼応する動きが見られ、日本人将兵の一部が残留し、共産党軍との内戦に参加した。四九年三月、太原が共産党軍に包囲されると、飛行機で脱出し、南京に逃れた。同年六月には国民党政府の行政院長に任じられるが、内戦での劣勢によって台湾へ逃れた。六〇年五月二十三日没。七十八歳。

閻　錫　山

→山西残留問題

参考文献 徐珌鴻「閻錫山」(王成斌他編『民国高級将領列伝』一所収、北京、一九八八、解放軍出版社)、児野道子「日本陸軍の対閻錫山工作」(『二〇世紀アジアの国際関係―衛藤瀋吉先生古稀記念論文集―』二所収、一九九五、原書房)　(豊田 雅幸)

えんしゅう　演習　訓練した戦闘能力を検証するために実戦を想定して行う軍事行動。日本陸軍は、実戦に近い状態で幹部・兵卒を訓練し、教育の完璧を期することを目的に、次のとおり演習を実施した。(一)諸兵連合演習。諸兵を連合して協同の戦闘原則を演練することを目的に各団隊が適宜実施。(二)師団秋季演習。師団長が統監して毎年秋季に六～八日間師団ごとに実施。(三)師団対抗演習。二個の師団が対抗して毎年三日間実施。(四)特別大演習。天皇が統監して二個以上の師団等が対抗して毎年四日間実施。(五)各兵特別演習。騎兵・砲兵・工兵・航空兵・輜重兵ごとの兵科専門の演習を毎年実施。(六)特種演習。特別陣地攻防演習・衛生隊演習などを総称した。そのほか、旅団など師団以下の規模で実施する(七)小機動演習と、一師団以上が参加する(八)大機動演習があり、(七)は毎年騎兵・砲兵・工兵・輜重兵を歩兵旅団に加えた混成旅団を編成して、各隊の野外演習に継続して約八日間実施した。(八)は小機動演習に継続して約三日間実施した。また、机上演習として将官演習旅行、幹部演習旅行を実施した。日本海軍は、次のとおり三種類に区分して実施した。(一)月次演習。一艦隊、一営ごとに毎月実施。(二)小演習。鎮守府、艦隊ごとに毎月実施。(三)大演習。鎮守府、艦隊が連合して実施。一八九七年に「海軍演習令」を定め、(一)を四季演習と改めて、要港部等ごとに各四季に三～七日間実施した。一九〇一年に天皇が統監する大演習を(四)特別大演習とした。三四年に改正し、演習の目的を実戦勤務の習熟、指揮官の軍隊運用能力の醸成、軍事計画の適否と諸機関の機能の検証とし、(一)を基本演習と改め、艦隊、鎮守府、要港部の全部または一部が参加して随時実施、(二)小演習は軍令部総長が統監して毎年実施、(三)大演習は軍令部総長が統監して臨時に実施。(四)特別大演習は天皇が統監した。また、陸海軍連合大演習は、陸軍一個師団以上、海軍一鎮守府または一艦隊以上の兵力が参加し、天皇が統監して実施した。→陸軍特別大演習　→海軍特別大演習

参考文献 「陸軍演習令」(一九二四年三月二十九日)、「海軍演習概則」(一八八七年六月一日)、「海軍演習規則」(一九〇一年四月十五日)、「海軍演習令」(一八九七年二月十二日、一九三四年八月七日改正)、「陸海軍連合大演習条例」(一八八九年一月二十八日)、「陸海軍連合演習令」(一九二七年九月十二日)　(丑木 幸男)

えんしょうルート　援蔣ルート　日中戦争期、重慶に首

都を移して抗戦を続ける中国国民政府(蔣介石政権)への支援物資輸送に使われた対外貿易ルートに対する日本側の呼称。蘭州から新疆を通ってソ連領中央アジアに抜ける西北ルート、雲南・広西両省からフランス領インドシナに至る仏印ルート、雲南省から英領ビルマに至るビルマルートなどがある。貿易量は仏印ルートが最大だったが、日本軍の北部仏印進駐(一九四〇年九月)により遮断。中国政府は開戦直後からビルマ経由の輸送路開発を重視し、二十万人を動員して雲南省昆明から峻険な山脈を縫ってビルマのラシオ(ラングーンからの鉄道終点)に至る道路(滇緬公路)を建設。日本の対英圧力により四〇年七月から三ヵ月間一時閉鎖されたが、アジア・太平洋戦争開戦直前には最も重要な貿易ルートとなる。四二―四五年初め、日本軍の侵攻・占領によりビルマルートは閉鎖され、アメリカはインド北部からの空路輸送で中国抗戦を支援した。→ハンプ作戦(さくせん) →ビルマルート

参考文献 石島紀之「雲南省経由の援華ルートをめぐる国際関係」(西村成雄・石島紀之・田嶋信雄編『国際関係のなかの日中戦争』所収、二〇一一、慶応義塾大学出版会)

(土田 哲夫)

エンタープライズ Enterprise 一九三八年にニューポート＝ニューズ造船所で竣工したアメリカ海軍空母ヨークタウン級の二番艦(CV―6)。基準排水量一万九八〇〇トン、搭載機数八十一～九十機。艦橋と煙突を一体とした島型構造物、飛行甲板上には三基のエレベータが設置されるなど、本級船型は後のエセックス級の基本となっており、アメリカ海軍近代空母の原型といえる。本艦は、太平洋戦争の全期間を通じて第一線で任務を遂行し、マーシャル諸島攻撃、日本本土初空襲のドゥーリトル隊を搭載した空母「ホーネット」の護衛、ミッドウェー海戦、第二次ソロモン海戦、南太平洋海戦、ガダルカナル海戦、マリアナ沖海戦、レイテ沖海戦、沖縄攻略戦など大小十八の海戦に連続して参加、幾度か損傷したものの、その都度修理を経て前線に復帰。アメリカ海軍空母中、最高の殊勲艦となった。戦時中、「ビッグE」の愛称で呼ばれた本艦は、四七年に退役。記念艦として保存を希望する声もあったが、五六年に除籍、五八年に売却・解体された。

参考文献 福井静夫『世界空母物語』(『福井静夫著作集』三、一九九三、光人社)、『アメリカ航空母艦史(新版)』(『世界の艦船』五五一、一九九九)、*Conway's All the World's Fighting Ships, 1922-1946* (London, 1980, Conway Maritime Press Ltd)

(齋藤 義朗)

えんどうさぶろう 遠藤三郎 一八九三―一九八四 陸軍軍人。一八九三年一月二日、呉服商遠藤金吾の三男として山形県に生まれる。一九一四年陸軍士官学校卒(第二十六期)、二二年陸軍大学校卒業。三〇年参謀本部作戦課課員、満洲事変の際、柳条湖に派遣され事件現場を視察する。三二年関東軍参謀(作戦主任)となり、熱河省作戦計画を立案。三四年陸大教官、三六年野戦重砲兵第五連隊長、三七年大佐・参謀本部戦争指導課長兼陸大教官、三九年少将。ノモンハン事変後、関東軍参謀副長に就任、対ソ戦の不可を力説する。四〇年第三飛行団長となり、重慶爆撃の指揮をとる。四二年中将・陸軍航空士官学校校長、四三年軍需省航空兵器総局長官。四七年巣鴨入所(翌年出獄)、六一年日中友好元軍人の会を結成。八四年十月十一日没。九十一歳。

参考文献 遠藤三郎『日中十五年戦争と私―国賊・赤の将軍と人はいう―』(一九七四、日中書林)、宮武剛『将軍の遺言―遠藤三郎日記―』(一九八六、毎日新聞社)、吉田曠二『元陸軍中将遠藤三郎の肖像』(二〇一二、すずさわ書店)

(柏木 一朗)

えんブロック 円ブロック ⇨ブロック経済(けいざい)

お

おいかわこしろう 及川古志郎 一八八三―一九五八 温厚で中国古典に詳しい学者肌の海軍軍人。一八八三年二月八日岩手県生まれ。医師及川良吾の長男。盛岡中学卒業後、一九〇三年海軍兵学校卒業(第三十一期)。一五年海軍大学校(甲種)卒業、七年にわたり東宮(のちの昭和天皇)武官を勤める。その後、二四年軍令部第一班第一課長、三〇年軍令部第一班長、三二年第一航空戦隊司令官、三三年海軍兵学校長、三五年第三艦隊司令長官、三六年航空本部長、三八年支那方面艦隊司令長官兼第三艦隊司令長官を歴任。四〇年九月海相。就任と同時に豊田貞次郎次官のリードのもと、日独伊三国同盟締結を容認する。日米開戦には消極的だったが、四一年十月十二日の荻窪会談では「総理一任」を主張、開戦回避へ強力なリーダーシップを発揮することはなかった。第三次近衛内閣の総辞職とともに海相を辞任。四三年、新設の海上護衛総隊司令長官。四四年八月軍令部総長。四五年五月軍事参

及川古志郎

議官。五八年五月九日没。七十五歳。

[参考文献] 野村実『歴史のなかの日本海軍』(一九八〇、原書房)　(森山　優)

おうか　桜花　体当たり攻撃を組織的に行うために開発された海軍の特攻専用機。搭乗者が死ぬことを前提に開発された。海軍中央では、一九四三年より、特別攻撃の実施について検討していたが、四四年、特攻艇「回天」などの特攻専用兵器の試作を開始し、同年八月、本機の開発を決定した。大田正一(海軍特務少尉)の発案とされるが、開発決定過程の詳細は未解明である。海軍航空技術廠が開発。主設計者は三木忠直。一式陸上攻撃機につるして、敵艦近くまで運び、母機から離脱、滑空後、ロケット推進で加速し、目標に体当たり攻撃することを想定して設計された。搭乗者は、上空で母機から、本機に移乗する。開発、生産は急ピッチで進み、同年九月、試作機完成、同年十一月、五十機製作完了。全長六メートル、乗員一名。最大滑空速度三五〇ノット(時速六四八キロ)。航続距離、高度三五〇〇メートルから投下して二〇海里(三七キロ)。全備重量二一四〇キロ。機首に一二〇〇キロ爆弾を装備。後部の火薬ロケット三基により、各九秒間推進する。主翼を木製とするなど代用品を使用し、製作工程も簡素化されていた。同年十月、百里原基地(茨城県)に、桜花による特攻を目的とする第七百二十一航空隊(別称、神雷部隊)編成。同年十一月、同隊は、神之池基地(茨城県)に移転。四五年一月、第一陣が鹿屋基地(鹿児島県)、出水基地(鹿児島県)などの九州各地に進出。その後、残留した分隊を基幹として新たに第七百二十二航空隊(別称、竜巻部隊)編成。搭乗員は、第一線以外の各地の航空隊から「志願」をもとに集められ、十代後半から二十代前半の実戦経験のない者が多かった。同年三月、一式陸上攻撃機十八機、桜花十五機、零式艦上戦闘機三十機で、初出撃。本機をつるした一式陸上攻撃機は、過重量のため速度、運動性が低く、敵戦闘機約五十機に迎撃されて、本機もろとも全滅。戦果はなかった。その後も、同年六月まで数次にわたり、合計四十機以上が出撃したが、戦果は乏しかった。生産機数、約八百五十機。→一式陸上攻撃機(いっしきりくじょうこうげきき)

[参考文献] 多賀一史『写真集日本陸海軍航空機ハンドブック』(『PHP文庫』、二〇〇一、PHP研究所)、文藝春秋編『人間爆弾と呼ばれて―証言・桜花特攻―』(二〇〇五)、西山崇「軍事技術者の戦争心理―海軍特別攻撃機「桜花」の事例―」(『科学史研究』二五九、二〇一一)　(水沢　光)

沖縄の嘉手納飛行場で米軍に鹵獲された「桜花」

おうこくびん　王克敏　Wang Kemin　一八七三―一九四五　中国の政治家、金融・経済分野で活躍。一八七三年五月四日、浙江省杭県生まれ。一九〇三年、留日浙江学生監督、のちに駐日公使館参賛、〇七年に帰国する。一三年、中法実業銀行董事、一七年七月、中国銀行総裁に就く。同年十二月、北京政府財政部総長に就任、その後二度同職を務める。三三年五月、国民政府行政院駐北平政務整理委員会委員に就任し、財政処主任となる。三五年十二月、冀察政務委員会委員、三六年七月に同経済委員会主席委員に任じられる。三七年十二月、北支那方面軍が占領下の北平(北京)に中華民国臨時政府を組織すると、行政委員会委員長に就く。その後、新民会会長、国立新民学院院長に就任。汪兆銘首班の国民政府が成立すると、華北政務委員会委員長に任命される。日中戦争終結後、漢奸として逮捕され、四五年十二月二十五日、北平の陸軍監獄で死去。七十三歳。

[参考文献] 劉寿林他編『民国職官年表』(北京、一九九五、中華書局)、徐友春編『民国人物大辞典(増訂版)』(石家荘、二〇〇七、河北人民出版社)　(内田　尚孝)

おうじせいしかいしゃ　王子製紙会社　一八七三年に渋沢栄一や三井などにより抄紙会社として設立された製紙会社。東京王子村にイギリス製抄紙機を備えた工場を建設、洋紙製造を開始。七六年に製紙会社、九三年に王子製紙と改称。当初は渋沢が管掌したが、九八年に三井が実権を掌握、三井の傍系企業となる。一九一〇年北海道苫小牧工場を竣工、当時の需要が多かった新聞用紙の国内自給化を実現。三三年に富士製紙と樺太工業を合併、国内洋紙製造高の八割以上をおさえる巨大企業として業界の覇権を握った。また、それまでの樺太に加え、朝鮮や満洲への工場進出にも取り組んだが、アジア・太平洋戦争期には政府からの事業統制や軍需工場への転換などを余儀なくされた。敗戦で外地の工場群やパルプ材資源を喪失、四九年過度経済力集中排除法により苫小牧製紙(現王子製紙)、十条製紙(現日本製紙)、本州製紙(現王子製紙)に分割、解体された。

[参考文献] 成田潔英『王子製紙社史』(一九五六―五九)、四宮俊之『近代日本製紙業の競争と協調―王子製紙、富士製紙、樺太工業の成長とカルテル活動の変遷―』(一九九七、日本経済評論社)　(四宮　俊之)

おうせいえい　汪精衛　⇨汪兆銘(おうちょうめい)

おうせいてい　王正廷　Wang Zhengting　一八八二―

一九六一　中国の政治家、外交官。一八八二年九月八日浙江省奉化県生まれ。北洋大学を経て、一九〇五年から日本で二年間学ぶ。〇七年渡米、エール大学などで留学、在米中国人留学生のリーダー的存在となる。一一年帰国。中華民国誕生後、参議院副議長や工商部次長などを務める。のちに孫文の広東軍政府に参加。パリ講和会議では南方政府代表として活躍した。二二年以後、中国側全権委員として山東主権の中国返還の実現に成功した。二八年から国民政府の外交部長として、いわゆる革命外交を推進する。満洲事変の直後、政府の無抵抗政策に抗議する学生に襲われ、外交部長を辞める。三六年から駐米大使として国際社会で援中抗日活動を展開。三八年離任した後、国民党中央委員、行政院戦犯調査委員会主任などを務める。また、政治活動の傍ら、教育、体育、実業、宗教などの分野でも活躍。四九年中華人民共和国成立以降、香港で晩年を過ごし、六一年五月二十一日没。八十歳。

参考文献　劉紹唐編『民国人物小伝』一(台北、一九七三、再版、伝記文学出版社)　(鹿　錫俊)

おうちょうけい　王寵恵　Wang Chonghui　一八八一―一九五八　中華民国の法律家、外交官、政治家。原籍は広東省東莞県、字は亮疇。一八八一年十二月一日香港生まれ。天津北洋大学堂法科卒業後、エール大学で法学博士の学位を取得。一九一二年南京臨時政府の外交総長、北京政府の司法総長、大理院院長などを務める。二一―二二年ワシントン会議に中国全権として参加、二七年南京国民政府司法部部長、その後、司法院院長、立法院顧問など政府、党の要職を歴任。三一年ハーグ国際司法裁判所判事となり、三五年二月帰任の途次日本で広田弘毅外相らと会談、日本との対等な関係を求める中日関係改善の三原則を提示し、両国公使館の大使館昇格を提起した。三七年三月外交部部長に就任、日中戦争勃発直後に中ソ不可侵条約を締結、四〇年には日本軍の北部仏印進駐に抵抗してビルマ＝ルートの再開を英米に働きかけた。四一年国民党国防最高委員会秘書長となり、蒋介石のインド訪問やカイロ会議出席に随行。四四年日本の戦争犯罪調査や戦犯容疑者リスト作成にあたった連合国戦争犯罪委員会極東太平洋小委員会の議長を務め、四五年国連創設会議に中国代表として出席した。四八年司法院院長に再任され、五八年三月十五日台湾で病没。七十八歳。

参考文献　王寵恵『困学斎文存』(台北、『中華叢書』、一九五七、中華叢書委員会)、『王寵恵先生文集』(台北、一九八一、中国国民党中央委員会党史委員会)、段彩華『民国第一位法学家―王寵恵伝―』(台北、一九八二、近代中国出版社)、虎門鎮人民政府編『王寵恵与中華民国』(広州、二〇〇七、広東人民出版社)　(小林　元裕)

おうちょうし　応徴士　国民徴用令によって民間の工場事業場に動員された被徴用者に対する呼称。一九四一年八月以来、民間の工場事業場(政府の管理工場、厚生省の指定工場)への徴用が実施されていたが、被徴用者が軍属として扱われる軍管理工場と比較して、その位置づけは曖昧であり、労務管理のあり方についても不統一かつ未整備な点が多かった。当事者からの不満や批判の声が強かったこともあり、政府は四三年七月の国民徴用令改正によって徴用の国家性を明確化する方針を打ち出した。具体的には、事業主に対する徴用を実施したほか、民間工場に動員された被徴用者に対して、栄誉性を含んだ呼称である「応徴士」を用いることと定めた。同年八月には、応徴士の遵守すべき紀律を明文化した応徴士服務紀律が定められ、同紀律に違背するか応徴士の本分にもとる行為があった場合に、訓告、譴責、罷免といった懲戒がなされることとなり、企業経営に対する国家介入がさらに強化された。→国民徴用令(こくみんちょうようれい)

参考文献　労働省編『労働行政史』一(一九六一、労働法令協会)、佐々木啓「徴用制度下の労資関係問題」(『大原社会問題研究所雑誌』五六八、二〇〇六)　(佐々木　啓)

おうちょうめい　汪兆銘　Wang Zhaoming　一八八三―一九四四　中国の政治家。広東省三水県出身。中国では精衛と称されることが多いが、季新、季恂、季辛などの字もある。一八八三年五月四日、四男六女の十人兄弟の末子として生まれ、父母は兆銘が十三歳になったころに亡くなり、長兄と叔父に育てられた。一九〇四年に科挙の試験を受け、院試で首位になった。同年、法政大学速成科官費留学生の採用試験にも合格して来日した。在学中、梅謙治郎、富井政章の講義を受け、「固有の民族思想」と「民権思想」に接した。〇五年八月二十日、孫文を中心とする中国同盟会が東京で成立し、汪は評議部の議長に指名され、機関紙『民報』の主筆として活躍した。速成科を卒業した後、法令集などを中国語に翻訳して学費を稼ぎ、法政大学専門部に進学した。一〇年四月北京で清朝の摂政王載灃を暗殺する計画が発覚し、逮捕されたが、一一年十月の辛亥革命後の大赦で釈放された。翌年、暗殺計画に協力した陳璧君と結婚した。一二年一月孫文を臨時大総統とする中華民国臨時政府が成立すると、汪は「共和統一会」を作り、袁世凱を中心とする共和政府の実現に尽力した。同年八月フランスへ出国し、一七年まで文学の研究に専念した。第一次世界大戦後、帰国した汪は孫文が創刊した雑誌『建設』に寄稿し、「中国は開国以来、各国の軍国主義の圧迫を受け、混乱極まりない日々を過ごしてきた。列国の中でもっとも中国を圧迫

汪兆銘

し、中国最大の脅威は他でもなく、日本だ」という厳しい対日認識を示した。二四年一月の国民党第一回全国大会で、汪は胡漢民、廖仲愷、李大釗らとともに中央執行委員に選ばれ、宣伝部長として孫文の容共政策を実行した。二五年三月孫文が亡くなる前に、汪は孫文の遺言書を執筆し、民衆の喚起、世界上平等をもって我を待つ民族との連合、建国方略・建国大綱・三民主義および第一次全国代表大会宣言の遵守、国民会議の開催、不平等条約の廃除などの内容を盛り込んだ。

二五年七月、国民政府軍事委員会主席に就任したが、北伐が始まると、武漢派の支持を得て、二七年四月に外遊先から帰国し、武漢を拠点に反共に転じた南京の蔣介石政権と対立した。やがて汪もこれまでの容共政策を放棄し、蔣介石の南京政府に合流。しかし、蔣と汪の対立は簡単には解消されず、権力闘争に敗北した汪は十二月に再度ヨーロッパに渡った。二九年に帰国し、満洲事変後の三二年一月二十八日に行政院長に就任し、蔣汪合作政権を成立させた。その後、外交部長も兼任し、「一面抵抗一面交渉」の方針を掲げ、華北進出の機会を伺う日本との外交交渉を指導した。三五年十一月南京で銃撃され重傷を負ったが、ドイツでの治療を経て三七年一月に帰国した。

三七年七月七日盧溝橋事件が勃発すると、二十九日汪は南京で「国土を焦土に化しても日本と戦わなければならない」と演説した。翌三八年三月国民党副総裁にも選ばれた汪は、外交部亜洲司長高宗武らを通じて日本との接触を試み、対日抗戦を主張する蔣介石と決別し、対日講和の道を選ぶ。十二月国民政府の所在地重慶を脱出し、第三次近衛声明に呼応して「艶電」を発表し、日本との和平交渉に応じるように呼びかけた。しかし、有力な賛同者が現れず、汪は日本の占領地に政権を樹立すると決断し、四〇年三月南京国民政府を成立させた。十一月三十日、日本と日華基本条約を結び、日本による共同防共のための駐兵を認めるなど、苛酷な条件を受け容れた。

アジア・太平洋戦争が勃発すると、日本は汪兆銘政権の強化策を打ち出し、従来の政策の見直しを行なった。それに応じて、四三年一月南京政府は日本と「戦争完遂に付いての協力に関する宣言」、「租界還付及治外法権撤廃等に関する協定」を締結した。同年十一月汪は大東亜会議に出席するため東京を訪れたが、多発性骨髄腫で健康状態が急速に悪化し、四四年十一月十日名古屋大学付属病院で死去した。六十二歳。対日協力政権を組織したことで、戦後も漢奸の代表的人物として中国の人々から厳しく軽侮されている。名古屋大学大幸医療センター内に、汪家に寄贈された「汪兆銘氏記念の梅」が植えられている。

参考文献 汪精衛『汪精衛自叙伝』(安藤徳器編訳、一九四一、大日本雄弁会講談社)、松本重治『上海時代』(一九七七、中央公論社)、今井武夫『日中和平工作—回想と証言一九三七〜一九四七—』(二〇〇九、みすず書房)、劉傑「汪精衛—対日協力を選んだ革命家—」(趙景達他編『東アジアの知識人』四所収、二〇一四、有志舎)
(劉 傑)

おうちょうめいこうさく 汪兆銘工作 日中戦争中、日本が中国側の抗日に消極的なグループに対して行なった和平工作。一九三八年一月十六日の近衛声明が発表された後、中国に駐在した同盟通信の松本重治、満鉄社員西義顕らが国民政府外交部亜洲司第一科長董道寧、司長高宗武に働きかけ、日本と蔣介石以外の「第三勢力」の育成を提案した。国民党副総裁汪兆銘はこれに応じ、同年十一月高宗武、梅思平を代表に指定し、陸軍省軍務課長影佐禎昭、参謀本部支那課員今井武夫らとの交渉にあたらせた。双方の代表は、日本軍の防共駐屯、日本への華北資源開発の優先権供与、新政府の樹立などを内容とする「日華協議記録」に調印した。十二月十八日汪らは重慶を脱出し、昆明を経由して十九日ハノイに到着。しかし汪に同調する地方有力者が少なく、汪は四〇年三月三十日日本軍占領下の南京で「国民政府」を成立させた。重慶政府との和平を模索し続けた日本が南京政府と日華基本条約を締結したのは十一月三十日のことである。

参考文献 戸部良一『ピース・フィーラー—支那事変和平工作の群像—』(一九九一、論創社)、劉傑『日中戦争下の外交』(一九九五、吉川弘文館)、今井武夫『日中和平工作—回想と証言一九三七〜一九四七—』(二〇〇九、みすず書房)
(劉 傑)

おうちょうめいせいけん 汪兆銘政権 日中戦争中の一九四〇年三月から四五年八月まで日本占領地に存続した政権。首都を南京に置いたため、南京国民政府とも呼ばれた。中華民国臨時政府と維新政府を吸収し、汪兆銘は主席代理兼行政院長に就任した。日本は四〇年十一月に同政権を正式承認した。抗日に消極的な汪兆銘グループに対する和平工作の結果成立した同政権は、日本の強い影響下にあった。四一年五月から華中、華南の共産党勢力を一掃するため清郷運動を展開した。アジア・太平洋戦争勃発後の四三年、日本は同政権の強化策を打ち出し、米英への宣戦を承認したほか、租界返還・治外法権撤廃などに関する日中協定に署名した。十月三十日日本は同政権と同盟条約を締結。十一月には汪兆銘が東条内閣主催の大東亜会議に列席した。しかし、終戦直前まで日本には同政権を軽視する傾向があり、蔣介石政権との和平の可能性を模索し続けた。四四年十一月汪兆銘が名古屋で死去したあと、陳公博が主席代理に就任し、敗戦を迎えた。戦後、政権関係者の多くは対日協力者として漢奸裁判で裁かれた。

参考文献 蔡徳金編『周仏海日記—一九三七〜一九四五—』(村田忠禧他訳、一九九二、みすず書房)、臼井勝美『(新版)日中戦争—和平か戦線拡大か—』(『中公新書』、二〇〇〇、中央公論新社)、劉傑「汪兆銘政権論」(倉沢愛子他編『(岩波講座)アジア・太平洋戦争』七所収、二〇〇六、岩波書店)
(劉 傑)

おおあさただお　大麻唯男　一八八九―一九五七　政治家。一八八九年七月七日熊本県生まれ。熊本中学、第五高等学校を経て東京帝国大学へ。一九一四年卒業後、内務省に入省。二〇年九月、内務事務官、警保局勤務。二三年十月、内務書記官・警保局外事課長。二四年一月から六月まで、同郷の総理大臣清浦奎吾の秘書官。二四年から四五年十二月まで衆議院議員。当初は政友本党に所属。二七年に創設された民政党に参加。民政党幹事長をつとめた。民政党系の代表として、翼賛政治会の常任総務となった。四三年四月から四四年七月まで東条内閣国務大臣。四五年十一月、元民政党総裁町田忠治の日本進歩党総裁就任に尽力。四六年五月から五一年八月まで公職追放。五二年十月から五七年二月まで衆議院議員。五四年十二月から五六年十二月まで第一次―第三次鳩山一郎内閣国務大臣・国家公安委員長。五七年二月二十日没。六十七歳。

参考文献　坂田大『人間大麻唯男』(一九六〇、坂田情報社)、大麻唯男伝記研究会編『大麻唯男』伝記編・談話編・論文編(一九九六、桜田会)　(横関　至)

おおいあつし　大井篤　一九〇二―一九四　昭和前期・太平洋戦争期の海軍軍人。一九〇二年十二月十一日、山形県で生まれる。二三年海軍兵学校卒(第五十一期)、二八年四月より三〇年三月まで東京外国語学校(英語)に派遣。その後二年間アメリカ駐在(バージニア大・ノースウェスタン大)となる。三六年海軍大学校卒。三七年十二月から軍令部第三部第八課で英国情報を担当、反英米感情の強い軍令部内でも対英米妥協の見解を示していた。その後第二遣支艦隊参謀となり、四〇年九月の北部仏印進駐の際は、現地で陸軍側との調整にあたる。四〇年十一月には海軍省調査課員、対米英開戦時は海軍省人事局第一課局員。その後軍令部第一部部員などを経て、四三年十一月海上護衛総司令部参謀となる。四四年五月海軍大佐、同年十月連合艦隊参謀を兼ねる。戦後は、GHQ歴史課に勤務し、戦史編さんに携わる。九四年十二月二十七日没。九十二歳。

参考文献　大井篤『統帥乱れて―北部仏印進駐事件の回想―』(一九八四、毎日新聞社)、同『海上護衛戦』(『学研M文庫』、二〇〇一、学習研究社)　(相澤　淳)

おおうちひょうえ　大内兵衛　一八八八―一九八〇　大正・昭和期の経済・財政学者。一八八八年八月二十九日、兵庫県に生まれる。第五高等学校を経て、一九一三年東京帝国大学法科大学経済学科を卒業。大蔵省勤務の後、東大経済学部の助教授に着任。二〇年、森戸事件で有罪となり退職し、大原社会問題研究所の嘱託となる。二二年、特赦をうけ東大に復職し、翌年教授。代表的著作として『財政学大綱』『日本財政論(公債編)』などがある。三八年二月、人民戦線事件で労農派教授グループの一人として検挙され休職。三九年七月保釈出所、四四年九月第二審で無罪確定。保釈後は大原社研に出入りし、『統計学古典選集』の刊行に関わり、ペティ著『政治算術』(四一年)、ワーグナー著『統計学』(四二年)を翻訳した。また、四〇年から五年間、岩波書店からスミス著『国富論』を翻訳出版した(全五冊)。四五年四月、渋沢敬三の招きで日本銀行に入り、調査局特別調査室を主宰。戦後は四五年十一月に東大復職(四九年退官)。五〇年法政大学総長に就任(五九年退任)。日本社会党のブレーンとして活躍し、山川均・向坂逸郎らと社会主義協会設立(五一年)に参加したほか、五八年結成の憲法問題研究会の代表となるなど平和・護憲運動に尽力した。六八年には「明るい革新都政をつくる会」代表委員となり、美濃部亮吉都政の誕生に貢献した。八〇年五月一日死去。九十一歳。

参考文献　大内兵衛『経済学五十年』(一九五九、東京大学出版会)、ローラ＝ハイン『理性ある人びと　力ある言葉―大内兵衛グループの思想と行動―』(大島かおり訳、二〇〇七、岩波書店)　(吉川　圭太)

おおかわしゅうめい　大川周明　一八八六―一九五七　大正・昭和期の国家主義者、アジア主義者。一八八六年十二月六日、大川周賢の長男として山形県に出生。第五高等学校を経て一九〇七年東京帝国大学文科大学に入学。一一年卒業。一七年全亜細亜会を結成し代表となる。一八年老壮会結成。一九年猶存社結成。二五年行地社創立。三一年満洲事変前後に計画されたクーデター未遂事件(三月事件、十月事件)に関与。三二年国家改造に向けた国民運動を起こすべく神武会を結成するも、同年の五・一五事件に連座、逮捕され挫折。三七年仮出所。三九年『日本二千六百年史』がベストセラーとなるも、不敬な記述があるとして問題視される。対米開戦を避けるため和平工作に従事するも、開戦後は欧米列強によるアジア侵略の歴史を指弾し、日本を中心とする「大東亜秩序」の建設を主張。四五年A級戦犯容疑で逮捕。四八年不起訴処分。五七年十二月二十四日没。七十一歳。

大川周明

参考文献　『大川周明全集』(一九六一―七四、岩崎書店)、大塚健洋『大川周明と近代日本』(一九九〇、木鐸社)、大川周明関係文書刊行会編『大川周明関係文書』(一九九八、芙蓉書房出版)　(昆野　伸幸)

おおきあつお　大木惇夫　一八九五―一九七七　大正・昭和期の詩人。本名は大木軍一。一八九五年四月十八日、広島県生まれ。三十四銀行、博文館勤務などを経て文筆活動に入る。北原白秋の知遇を得て、第一詩集『風・光・木の葉』によってひろく認められた。一九四一年に徴用され、第十六軍宣伝班員の一員としてジャワ島にわたった。四二年にジャカルタで出版された詩集『海原にありて歌へる』には「言ふなかれ、君よ、わかれを」と始まる「戦友別盃の歌」が収められ、前線の兵士に愛唱された。同詩集はのちに日本国内でも出版され、第二回大東亜文学者大会を期して創設された第一回大東亜文学賞を受賞した。その後、依頼に応じる形で『椰子・りす・ジャワの子』(四三年)といった紀行文や、新聞紙上に発表した作品を収録した『神々のあけぼの』(四四年)、『豊旗雲』(四四年)、『雲と椰子』(四四年)などの詩集をつぎつぎに刊行した。戦後はこのような活動への批判を受け、文壇から事実上追放されたといわれている。七七年七月十九日没。八十二歳。

[参考文献]『大木惇夫詩全集』(一九六九、金園社)、木村一信編『南方徴用作家叢書(ジャワ編)』八・九(『南方軍政関係史料』、一九九六、龍渓書舎)　(河西　晃祐)

おおきみさお　大木操　一八九一—一九八一　昭和戦前期の衆議院官僚。一八九一年十月十九日、鈴木亀次郎の三男として生まれ、大木保爾の養子となる。東京府立四中、第一高等学校を経て、一九一七年、東京帝国大学法科大学卒、文官高等試験合格。会計検査院に入り衆議院に転じ、三八年より四五年まで衆議院書記官長。この間、戦時議会の運営を担い、常置委員会の設置など議会機能の強化を試みた。戦後、貴族院議員、東京都副知事を歴任。八一年八月十三日死去。八十九歳。

[参考文献]大木操『大木日記—終戦時の帝国議会—』(一九六九、朝日新聞社)、同『激動の衆議院秘話—舞台裏の生き証人は語る—』(一九八〇、第一法規出版)　(官田　光史)

おおぐしとよお　大串兎代夫　一九〇三—六七　昭和期の法学者、国家学者。一九〇三年一月十九日、大阪府に生まれる。二六年東京帝国大学法学部卒業。上杉慎吉に師事。二八年から三三年にドイツ留学。イェナ大学でナチスを支持していたオットー＝ケルロイターのもとで国家学・憲法学を学び、権威の意味を重視、明治憲法の基本原理は天皇親政であるとし国家機関説を否定した。三四年国民精神文化研究所嘱託を経て同所員、文部省教学局教学官、国学院大学教授。四三年言論報国会理事、四四年教学錬成所指導部長に就任。アジア・太平洋戦争の歴史的意義を強調するとともに、非常時の政治のあり方を討究した。四六年に公職追放。その後名城大学総長などを歴任。六七年一月三日没。六十三歳。主要著書に『帝国憲法と臣民の翼賛』(国体の本義解説叢書第八、一九三八年、教学局)、『国家権威の研究　大串兎代夫戦後著作集』(二〇一〇年、皇学館大学出版部)がある。

[参考文献]宮本盛太郎「大串兎代夫と日本国家学」(『知識人と西欧(第二版)』所収、一九八三、蒼林社出版)、官田光史「非常事態と帝国憲法—大串兎代夫の非常大権発動論—」(『史学雑誌』一二〇ノ二、二〇一一)、大谷伸治「昭和戦前期の国体論とデモクラシー—矢部貞治・里見岸雄・大串兎代夫の比較から—」(『日本歴史』七七七、二〇一三)　(山口　浩志)

おおくまたけお　大熊武雄　一九〇五—?　昭和期のジャーナリスト、作家。一九〇五年四月二十九日生まれ。東京外国語大学を卒業後、二八年東京日日新聞社に入り政治部記者、三三年読売新聞社北京支局長などを経て、陸軍省報道部の外郭団体大東研究所所員、陸軍省報道部嘱託となる。「宣伝戦とスパイ戦」(『国民防空』四〇年一月号)、「戦争と宣伝戦」(『外交時報』四〇年一月上)など多数の時局論説を執筆。その大半は『推進語録』(四四年、矢貴書店)にまとめられた。また、内閣情報部鈴木庫三少佐との『世界再建と国防国家』(四〇年、朝日新聞社)、大本営報道部堀田吉明中佐との『密林縦断血戦記』(四四年、新生閣)など軍人との共著も多い。幼児・少年向けにも『ゐとおはなし・ざうとへいたいさん』(四三年、新生閣、黒崎義介絵)、『勝ち抜く力』(同、大石哲路絵)などがある。戦後は公職追放により米沢繊維工業総務部長となり、「元毎日新聞政治部長」の肩書きで時局評論を続けた。　(佐藤　卓己)

おおくまのぶゆき　大熊信行　一八九三—一九七七　配分原理による国家総力戦理論を説いた経済学者、歌人。一八九三年二月十八日、大熊亨吉の五男として山形県に生まれる。一九一六年東京高等商業学校本科を卒業、教員ののち、一九年東京高商専攻部へ入学、福田徳三に学び、二一年東京商大を卒業した。二二年小樽高商教授を経て、二七—四二年高岡高商教授となる。この間二九—三一年、欧米へ留学した。『経済本質論』(三七年)などの著作で配分原理の学説を展開し、また国家総力戦理論として、物的資源と同時に人的な諸力の配分、国民の「生活の持続」を重視する「生活原理」を主張した。四二年、大日本言論報国会の理事、思想戦対策委員会の委員となり、そのため四七年公職追放を受ける(五二年解除)。戦後、みずからの戦争責任について雑誌に「告白」を発表した。五二年以降、富山大学、神奈川大学、創価大学の各教授を歴任した。七七年六月二十日没。八十四歳。著書は、『マルクスのロビンソン物語』(一九二九年、同文館)ほか多数。

[参考文献]赤松要・中山伊知郎・大熊信行『国防経済総論』(一九四一、巌松堂)、大熊信行『戦中戦後の精神史』(一九七九、論創社)、池田元『日本国家科学の思想』(二〇一一、論創社)　(柳澤　治)

おおくらきしちろう　大倉喜七郎　一八八二—一九六三　大倉財閥の二代目当主。一八八二年六月十六日、大倉喜八郎の嗣子として東京で出生。初名は喜七、のちに喜七郎。一九〇〇年にケンブリッジ大学に留学し、〇七年に帰国。一一年に株式会社大倉組取締役となり、鉱山部長として中国諸鉱山の採掘権取得に取り組む。二五年の父の引退で合名会社大倉組頭取、大倉関係各社の会長・重役、男爵となり、帝国ホテル社長として幾つかのホテルを建設。国際通を買われて二七年に暹羅協会設立に関わり、三七年にイタリアへの遺外国民使節となる。三〇年に大倉スマトラ農場を設立し、三九年に満洲での持株会社、大倉事業株式会社の会長となって満洲産業開発五ヵ年計画のために本渓湖煤鉄公司などでの増産に努める。四七年に財閥家族に指定されて追放。その解除後にホテルオークラを設立。日本棋院の創設、大和楽、楽器オークラウロの創作など広い趣味を持った。六三年二月二日没。八十歳。→大倉財閥

参考文献 大倉雄二『男爵―元祖プレイボーイ大倉喜七郎の優雅なる一生―』(一九八九、文藝春秋)、東京経済大学史料委員会編『(稿本)大倉喜八郎年譜(第三版)』(二〇一二)　(村上　勝彦)

おおくらきんもち　大蔵公望　一八八二―一九六八　官僚、政治家。大蔵平三(のちの陸軍中将・男爵)の三男として、一八八二年七月二十三日東京で出生。開成中学、第一高等学校から一九〇四年東京帝国大学工科大学土木工学科を卒業し、鉄道技術習得のため渡米。〇八年四月帰国。〇八年十二月、鉄道院雇。〇九年十二月、鉄道院技師。一一年襲爵(男爵)。一九年満鉄に入社。二一年十二月から二七年九月まで満鉄理事・運輸部長。二七年十一月から二九年七月までソ連、欧米を視察。二九年から三一年まで満鉄理事。三二年より四六年二月まで貴族院議員。三五年、満洲移住協会理事長。三七年、宇垣一成内閣流産の際の組閣参謀。その後も、戦中・戦後と宇垣内閣実現のために活動。三八年九月より財団法人東亜研究所副総裁。四四年五月より調査研究動員本部総裁。矢次一夫主催の国策研究会に参加。四五年十月、労働組合法制定委員会委員長。四六年から五一年八月まで公職追放。六八年十二月二十四日没。八十六歳。

参考文献 大蔵公望『日満経済統制論』(『日本統制経済叢書』五、一九三三、日本評論社)、同『大蔵公望之一生』(一九五九、大蔵公望先生喜寿祝賀委員会)、内政史研究会・日本近代史研究会編『大蔵公望日記』(一九七三―七五)　(横関　至)

おおくらざいばつ　大倉財閥　戦前の八大財閥の一つで商事・土木・鉱業部門を主とし、大倉喜八郎が一代にして創設。一八七三年設立の大倉組商会から始まり、九三年の合名会社大倉組、大倉土木組の設立を経て、一九一一年設立の株式会社大倉組で現業部門が統合。一七年に同社から分離して大倉鉱業株式会社、株式会社大倉土木組が設立され、翌年に株式会社大倉組が大倉商事株式会社に改称される一方、存続中の合名会社大倉組が増資されて持株会社機能を備え、財閥機構が整備。大倉財閥の特徴は銀行不在とアジア、特に中国での積極的事業にある。日露戦争直前から三井物産とともに大量の武器を中国へ輸出し、〇八年の泰平組合結成となり、のちの昭和通商株式会社につながる。資本輸出では日本初の対中国借款である〇三年の漢陽鉄廠局借款をはじめ一二年の臨時革命政府借款など多種多額に及び、事業投資では一〇年に民間初の日中合弁企業、本渓湖煤礦公司を設立。翌年、製鉄業従事のため煤鉄公司と改称し、のちに低燐の鉄鉱石・石炭による純銑鉄を生産してアジア・太平洋戦争における日本海軍の資源的宝庫となる。日中戦争勃発後、中国関内では日本軍占領下の山西省の工場・鉱山の軍委託命令をうけて製鉄・採炭などに従事し、以前から山東省南定炭鉱の増産に努める。満洲では三九年に持株会社である大倉事業株式会社を設立して大倉系企業を再編し、満洲産業開発五ヵ年計画のもとで本渓湖煤鉄公司などでの急激な増産を図ったが、銀行不在で資金力の弱体な大倉財閥にとって同公司増資は大きな負担となる。土木部門では国内およびアジア近隣諸地域で幅広く各種工場・ダム・鉄道などの建設に従事し、農業部門では一九〇〇年に北海道大倉農牧場、〇三年に朝鮮大倉農場で米生産、三〇年に大倉スマトラ農場でゴム・油椰子栽培を始める。戦後、財閥解体政策の対象となり、海外資産の消滅と銀行不在とによって企業グループとして再建が不可能となる。→大倉喜七郎

参考文献 鶴友会編『大倉鶴彦翁』(一九二四)、大倉財閥研究会編『大倉財閥の研究―大倉と大陸―』(一九八二、近藤出版社)　(村上　勝彦)

おおくらのうじょう　大倉農場　大倉財閥が蘭領スマトラに設けたゴム・油椰子・古々椰子栽培の農場。大倉農場としてほかに米生産の朝鮮農場、北海道農牧場がある。一九三〇年に合名会社大倉組は株式会社大倉スマトラ農場を資本金二百万円で設立、スマトラで二万余ヘクタールを租借し、その一部でゴムなどの栽培を始め、三七年にゴム工場・油搾工場を建設。四三年に二万余ヘクタールの敵産農園委託経営を受命し、戦後の五〇年に解散した。

参考文献 柴田善雅『南洋日系栽培会社の時代』(二〇〇五、日本経済評論社)　(村上　勝彦)

おおこうちかずお　大河内一男　一九〇五―八四　社会政策学者。一九〇五年一月二十九日に東京府に生まれる。二九年に東京帝国大学を卒業すると同時に、経済学部の助手として採用された。その後、助手を三年、嘱託三年を経て、講師となる。三九年に助教授、四五年に教授に昇進した。この間、大河内はドイツの社会政策思想史の批判的検討等を通じて、「労働力の保全、培養」にこそ社会政策の本質が宿されているという、いわゆる「大河内理論」を構築していった。その考え方は戦時労働政策の方向性と合致する面もあり、一部の論者から大河内の生産力説的な視点に対して批判が生じた。大河内の『戦時社会政策論』(四〇年)はその一指標でもある。戦後になると、服部英太郎東北大学教授の大河内理論批判を皮切りに社会政策本質論争が生起し、戦前から続く大河内の生産力説に対して階級的視点の欠如等の激しい論難が加えられた。戦後は東京大学総長、社会保障制度審議会会長を務めた。八四年八月九日没。七十九歳。

参考文献　『大河内一男集』(一九八〇―一九八一、労働旬報社)　(玉井　金五)

おおこうちまさとし　大河内正敏　一八七八―一九五二　東京帝国大学造兵学の教授で、理化学研究所第三代所長。一八七八年十二月六日旧大多喜藩主大河内正質の長男として東京府に生まれ、九八年旧吉田藩子爵大河内信好の妹一子と結婚、養嗣子として入籍、一九〇七年子爵となる。東京帝国大学工科大学造兵学科へ入学、〇三年首席で卒業、同大学講師に就任して、一一年造兵学教授となる。彼の生涯は、造兵学の近代化と武器・弾薬を製造するための工業力の育成に傾注された。一一年造兵学科に物理学を導入、近代化を促進。一五年貴族院議員に初当選。二一年理化学研究所第三代所長に就任。二七年理化学興業の設立を皮切りに理研コンツェルンを創り、三九年六十三社まで成長させた。四二年産業機械統制会会長、四三年内閣顧問、四四年行政査察使、四五年軍需省顧問と、戦時中は軍事技術のわかる人物として重用された。戦後公職追放に仮指定されたが、五一年解除。五二年八月二十九日脳軟化症のために死去。七十三歳。→科学主義工業　→理化学研究所　→理研コンツェルン

参考文献　大河内記念会編『大河内正敏、人とその事業』(一九五四、日刊工業新聞社)、齋藤憲『大河内正敏―科学・技術に生涯をかけた男―』(『評伝・日本の経済思想』、二〇〇九、日本経済評論社)　(齋藤　憲)

おおさかしょうせんかいしゃ　大阪商船会社　日本の代表的な海運会社。西南戦争後の不況に対処するため関西五十五船主が連携し、住友総理人広瀬宰平が中心となり、一八八四年に資本金百二十万円で「有限責任大阪商船会社」として発足した。寄合所帯の困難を克服し政府の助成も獲得した。中橋徳五郎、堀啓次郎、村田省蔵らによる積極経営により社船海運業者として一九三〇年代には船腹、移民輸送を含む内外航路、収益力において日本郵船に肉迫する企業に成長した。世界恐慌への対応として日本郵船などと三一年に結んだ三社協定(「郵商協定」)は、競合航路の整理調整、陸海施設の相互利用などを内容とした。この結果、主に南米東岸線、東南・東北アジアの航路で優位に立った。三七年開始の優秀船建造助成施設で建造した大型船の「あるぜんちな丸」「ぶらじる丸」はよく知られている。前者は改造空母となり空爆により大破、後者は雷撃で沈没した。開戦時の船腹保有量は百九隻、五六万総トンで国内二位、世界六位であった。戦中は船舶増強にもかかわらず連合軍の攻撃で二百十九隻、九九万総トンを失い、敗戦時に残ったのは四十五隻、一一万総トンに過ぎなかった。戦病死した船員数は陸上勤務者も含めて四千七百六十名を数える。戦後は六四年に政府の海運統合政策で三井船舶と合併し、さらに統合を重ね、現在は株式会社商船三井となっている。

参考文献　岡田俊雄編『大阪商船株式会社八十年史』(一九六六、大阪商船三井船舶株式会社)、野間恒編『商船が語る太平洋戦争―商船三井戦時船史―』(二〇〇二)　(半澤　健市)

おおさかてっこうじょ　大阪鉄工所　造船、鉄鋼会社。一八八一年イギリス人実業家E・H・ハンターによって創業され、一九〇〇年大阪、桜島において造船業を開始した。一四年株式会社に改組し、第一次大戦中の海運・造船ブームにのって事業を拡大したが、大戦後のブームの収束により経営は急速に悪化した。大阪鉄工所は、造船の傍ら、平炉・圧延設備を所有し、造船素材を確保するため、鉄鋼部門(平炉・圧延部門)にも進出した。三四年株式会社大阪鉄工所は日本産業に吸収され、三六年には、大阪鉄工所の株式は、すべて日立製作所が取得することになった。四三年主力を造船に注ぎ、日立系の旗幟を明確にするために、社名を日立造船株式会社に変更した。敗戦後の四六年十二月、財閥解体による第二次指名をうけて、日立グループから離脱した。

参考文献　『日立造船株式会社七十五年史』(一九五六)、『日立造船百年史』(一九八五)　(長島　修)

おおさかほうへいこうしょう　大阪砲兵工廠　⇨造兵廠

おおしかたく　大鹿卓　一八九八―一九五九　昭和期の詩人、小説家。本名、大鹿秀三。一八九八年八月二十五日、愛知県に生まれる。実兄は金子光晴。一九二一年、秋田鉱山専門学校冶金科を卒業後、京都帝国大学経済学部に入るも同年中退。翌二二年東京府立第八高女の科学教師となり、三五年まで奉職。大正末期に実兄の詩人金子光晴を通じて詩作を開始。二六年に詩集『兵隊』を上梓するが、小説に移り佐藤春夫に師事する。三五年「野蛮人」で『中央公論』懸賞小説一席。三七年「探鉱日記」で芥川賞候補。四二年『渡良瀬川』で新潮社文芸賞受賞。以後、晩年まで足尾鉱毒問題と田中正造を追及し、五七年『谷中村事件』を残した。鉱山専門学校出身の経歴をいかした『火薬』(三七年)、『金山』(三九年)などの作品もある。四二年に日本文学報国会が設立されると小説部会幹事、企画委員会の委員となった。五九年二月一日没。六十歳。

参考文献　吉野孝雄『文学報国会の時代』(二〇〇八、河出書房新社)　(大澤　聡)

おおしたうだる　大下宇陀児　一八九六―一九六六　大正・昭和期の推理小説家。本名、木下龍夫。別名、XYZ。一八九六年十一月十五日、長野県に生まれる。九州帝国大学を卒業後、農商務省臨時窒素研究所に勤務(一九二一―二八年)。そこで出会った同僚である甲賀三郎の探偵小説文壇における活躍に触発され探偵小説を書き始め、二五年博文館の探偵雑誌『新青年』誌上に「金口の巻煙草」を発表しデビューを果たす。二九年から文筆に専念。『週刊朝日』に「蛭川博士」を発表して以後注目を集め、江戸川乱歩や甲賀三郎と比肩するほどの代表的な探偵小説作家となる。四〇年には戸川貞雄らとともに国防文芸連盟を設立するが、戦争が激しくなるにつれて軍部は探偵小説を弾圧し、宇陀児は作品発表の場を次

第に無くすことになる。戦後の社会性も加味された『石の下の記録』(五一年)で第四回探偵作家クラブ賞を受賞。六六年八月十一日没。六十九歳。

参考文献 北河賢三編『大政翼賛会文化部と翼賛文化運動』(『資料集 総力戦と文化』一、二〇〇〇、大月書店) (大澤 聡)

おおしまひろし 大島浩 一八八六―一九七五 日本陸軍の軍人、外交官、最終階級は中将。一八八六年四月十九日、岐阜県生まれ。父はのちに陸軍大臣となった大島健一。一九〇五年に陸軍士官学校(第十八期)を卒業し、一五年に陸軍大学校卒業。ドイツ語が非常に堪能で、在ドイツ大使館付陸軍武官補佐官、在オーストリア公使館付陸軍武官を経て、三四年に在ドイツ大使館付陸軍武官に任ぜられる。ドイツ駐在武官在任中に少将に昇格した大島は、ナチス党外交部長であったリッベントロップと接触し、対ソ防衛と反共での協力を目的に日独提携を模索した。この動きは日独防共協定の締結として結実する。その後、三八年に予備役に編入された大島は、同年十月に駐独大使に任命され、ドイツ側が提案してきた日独伊防共協定の普遍的軍事同盟化を実現させようと、白鳥敏夫駐伊大使とともに努力する。だが、この試みは独ソ不可侵条約の成立によって破綻し、大島は大使を依願免職して帰国する。四〇年九月、日独伊三国同盟が成立すると、リッベントロップをはじめとするドイツ要路への人脈を買われて四一年二月に駐独大使に再起用された。独ソ開戦と日米開戦をドイツで迎え、駐独大使として、ドイツ軍の作戦を逐次日本政府や日本軍に報告した。だが、在独大使館が発信する外交暗号電信は、アメリカの情報機関によってことごとく傍受・解読されており、大島の情報は連合軍の勝利に多大な貢献をしたとも評されている。また、大使としての大島は、生来の過剰なドイツ贔屓故に、ドイツ側が歪曲して提供する情報をそのまま信じ込んで報告したり、ドイツ軍劣勢の戦況を意図的に優勢と判断して報告したりしており、大使としての資質に大きな欠陥があった。日独の敗戦をドイツで迎えた大島は、帰国後、東京裁判においてA級戦犯として訴追され、終身刑の判決を受けて服役する。五五年に減刑を受けて出獄するが、その後は日本とドイツを結びつけることで敗戦を招いたことに責任を感じるとして、神奈川県で隠遁生活を送った。七五年六月六日死去。八十九歳。

参考文献 鈴木健二『駐独大使大島浩』(一九七九、芙蓉書房)、カール＝ボイド『盗まれた情報―ヒトラーの戦略情報と大島駐独大使―』(左近允尚敏訳、一九九九、原書房) (服部 聡)

おおすみみねお 大角岑生 一八七六―一九四一 海軍軍人、男爵。一八七六年五月一日、愛知県生まれ。九七年海軍兵学校卒(二十四期)、一九〇七年海軍大学校卒。一五年大佐、海軍省副官、フランス大使館付武官、二〇年少将、海軍省軍務局長、二四年中将、海軍次官、第二艦隊司令長官、横須賀鎮守府司令長官と、軍政の要職や海外勤務を歴任。三一年四月大将に進級、十二月には海軍大臣(犬養毅内閣)となる。三二年、五・一五事件で内閣総辞職となるが、軍事参議官を経て三三年一月再び海軍大臣(斎藤実内閣・岡田啓介内閣)。この二度目の大臣在職時、いわゆる「条約派」の将官を予備役に編入する人事(「大角人事」)や軍令部条例・省部互渉規程の改定(三三年)が行われている。三五年男爵。三六年、二・二六事件後は軍事参議官となり、四一年二月五日、中国南部を視察中に飛行機事故により死亡。六十六歳。

参考文献 大角大将伝記刊行会編『男爵大角岑生伝』(一九四三、海軍有終会) (坂口 太助)

おおたこうぞう 太田耕造 一八八九―一九八一 昭和期に活躍した政治家、教育者、弁護士。一八八九年十二月十五日太田貞郎の四男として出生。福島県出身。東京中学、第四高等学校を経て、一九二〇年九月東京帝国大学法学部卒業。大学在学中に右翼学生団体の興国同志会の結成に参加。二二年弁護士登録し、血盟団事件など右翼系事件の弁護を担当した。平沼騏一郎の国本社に参加し、二五―三四年まで機関誌『国本』、『国本新聞』の編集、発行を担当。三八年に法政大学教授となる。三九年一月、平沼内閣で内閣総理大臣秘書官、四月には内閣書記官長に就任。同年、貴族院議員に勅選され、翼賛政治会では常任総務となる。四五年四月鈴木貫太郎内閣の文部大臣に就任し、七月に学徒動員局を設け、学徒隊の編成に関与。終戦に際し無条件降伏に反対した。戦後は、戦犯容疑で拘留、公職追放となるが、五五年に亜細亜大学を設立して学長に就任した。八一年十一月二十六日没。九十一歳。

参考文献 『太田耕造全集』(一九八三―九三、亜細亜大学)、亜細亜学園創立五十周年記念学術論文集編纂小委員会別巻編集委員会編『太田耕造の思想と教育』(一九九一) (塩出 環)

おおだちしげお 大達茂雄 一八九二―一九五五 昭和期の官僚、政治家。一八九二年一月五日、島根県に生まれる。一九一六年東京帝国大学法科大学卒。内務省に入り、衛生局医務課長、地方局行政課長などを経て、三二年福井県知事。三四年地方局長と対立して辞職し、同年満洲国法制局長、三六年総務庁長に就任したが、協和会問題で関東軍首脳部と対立して辞任。中華民国臨時政府法制顧問などを経て、三九年九月阿部内閣の内務次官に就任し、米内内閣でも留任。四二年三月昭南特別市(シンガポール)市長に就任。四三年七月東京都の発足に際し初代東京都長官となり学童疎開などを推進した。四四年七月小磯内閣に内務大臣として入閣。四五年十二月戦犯容疑者として巣鴨拘置所に収容されたが、四七年八月釈放。四六年公職追放、五二年追放解除。五三年自由党に入党し参議院議員に当選。第五次吉田内閣の文部大臣として教育二法案の成立を強行した。五五年九月二十五日死去。六十三歳。

参考文献 大達茂雄伝記刊行会編『大達茂雄』(一九五六) (大日方純夫)

おおたにけいじろう 大谷敬二郎 一八九七―一九七六 陸軍軍人。一八九七年九月七日、農業大谷藤吉の次男として滋賀県に生まれる。一九一九年陸軍士官学校卒(第三十一期)。三〇年憲兵に転科、三二年東京帝国大学法学部派遣聴講生、三五年千葉憲兵分隊長、三六年少佐・赤坂憲兵分隊長、三九年中佐、四一年京都憲兵隊長。四二年第二十五軍軍政監部、マライ軍政監部部員(シンガポール)となる。四三年大佐・京城憲兵隊長、四四年東京憲兵隊長を経て、四五年東部憲兵隊司令官となり、近衛上奏文などを流布した疑いで吉田茂らを検挙、東部憲兵隊は四四年末から終戦に至るまで、約三百名の俘虜を取り調べ、隊内の留置場に収容した。大谷は俘虜虐待による国際法違反として四六年戦犯容疑者に指名され四九年逮捕、五六年仮釈放。釈放後は憲兵に関する多くの著作を執筆した。七六年十二月九日没。七十九歳。

参考文献 大谷敬二郎『昭和憲兵史』(一九六六、みすず書房)、同『憲兵』(『光人社NF文庫』、二〇〇六、光人社) (柏木 一朗)

おおたにぶいち 大谷武一 一八八七―一九六六 一九二〇年代から戦後改革期における学校体育の中心的指導者。一八八七年五月十四日、兵庫県に生まれる。一九一四年、東京高等師範学校研究科卒業と同時に同校の助教授に就任。一七年から二年間アメリカに留学し、二一年に教授に昇任。その後、文部省体育研究所の兼任技師、学校体操科教授要目の改正委員、体育運動審議会委員等を務め、『体育の諸問題』『ティーム・ゲームス』『教育体操』『最近体育思潮』『低鉄棒運動』等多くの著書を著し、三七年には建国体操を創案した。四一年、体育研究所の廃止と同時に設立された東京高等体育学校の専任教授、四四年七月には、東京体育専門学校と改称した同校の校長に就任。体力章検定委員、国民学校・中等学校・師範学校の体錬科教授要目制定委員等を務め、『正常歩』『鍛と体錬』『健民への道』等を著し、戦時体育に関しても中心的な役割を果たす。戦後、教育刷新委員会委員等に就任し、戦後改革期の学校体育をも主導した。六六年一月二十九日没。七十八歳。 →建国体操(けんこくたいそう)

参考文献 『大谷武一体育選集』(一九六〇・六七、杏林書院)、坂上康博「大谷武一」(『体育の科学』五六ノ二、二〇〇六) (坂上 康博)

おおつかひさお 大塚久雄 一九〇七―九六 比較経済史・ヴェーバー研究を確立した社会科学者。一九〇七年五月三日、実業家大塚英太郎の次男として京都府で生まれる。第三高等学校を経て、二七年東京帝国大学経済学部に入学、本位田祥男ゼミに所属した。三〇年卒業後、同助手、法政大学助教授を経て、三九年東京帝大経済学部助教授に就任、経済史を担当した。三八年に『株式会社発生史論』、四四年には『近代欧州経済史序説(上)』などを公にし、前期的資本、農村工業、中産的生産者層などの諸概念に基づき、近代資本主義形成に関する斬新な学説を発表した。他方M・ヴェーバーの「資本主義の精神」に関する研究を進め、それを戦時経済の経済倫理問題に関連づけ、エートスとしての生産倫理や生産責任の重要性を説いた。これらの社会科学的成果は戦後に引き継がれ、大塚史学として大きな影響を残した。九六年七月九日没。八十九歳。著書は『大塚久雄著作集』十三巻(一九六九―七〇、八六年、岩波書店)ほか。

参考文献 石崎津義男『大塚久雄 人と学問』(二〇〇六、みすず書房)、柳澤治『戦前・戦時日本の経済思想とナチズム』(二〇〇八、岩波書店)、楠井敏朗『大塚久雄論』(二〇〇八、日本経済評論社) (柳澤 治)

おおつきまさお 大槻正男 一八九五―一九八〇 戦前―戦後の農業経営学者。一八九五年三月十二日、宮城県に出生。一九一八年第二高等学校卒業、二一年東京帝国大学農学部卒業。同年農商務省嘱託、農務局農政課で農家経済調査を担当。二二年退職して東京帝大農学部助手、二五年京都帝大農学部助教授。二七―二九年農業計算学研究のため欧米留学、往路をともにした和辻哲郎の風土論に示唆を与える。三二年京都帝大農学部教授。農業経営の計算的把握を追求し、「京大式農家経済簿」を創案。戦時期には国家における小農の重要性を強調して農村人口の維持を主張、また風土論的見地から芋や大豆に重点を置いた食糧政策への転換を説く。戦後は五八年に京都大学を退官し東京農業大学教授。米価審議会、農政審議会等の委員を歴任。八〇年十二月八日没。八十五歳。

参考文献 『大槻正男著作集』(一九七七―八〇、楽游書房)、大槻正男『農業生産費論考・農業簿記原理』(『昭和前期農政経済名著集』一六、一九七九、農山漁村文化協会)、足立泰紀「戦時体制下の農政論争」(野田公夫編『戦後日本の食料・農業・農村』一所収、二〇〇三、農林統計協会) (伊藤 淳史)

おおにしたきじろう 大西滝治郎 一八九一―一九四五 海軍軍人。一八九一年六月二日、兵庫県生まれ。一九一二年海軍兵学校卒(第四十期)。英仏留学を経て、三六年四月、航空本部教育部長に着任し、海軍航空の発展に貢献した。日中戦争下では、第二連合航空隊司令官、第一連合航空隊司令官などを歴任し、重慶爆撃を行なっている。アジア・太平洋戦争では、第十一航空艦隊参謀長としてフィリピン方面の作戦を指導した。四二年三月航空本部総務部長、四三年五月中将となる。四三年十一月軍需省の設置とともに航空兵器総局総務局長となった。四四年七月のサイパン陥落の際には、サイパン奪回を強硬に主張した。同年十月、第一航空艦隊司令長官に就任すると、戦局の挽回には体当たり攻撃もやむを得ないと考えるようになり、いわゆる特攻作戦を決意した。四五年五月、軍令部次長に転じ、本土決戦の戦備の充実に努めた。ポツダム宣言の受諾にあたっては降伏に反対し、八月十六日、割腹自決。五十五歳。特攻は「統率の外道」

であると認識しており、遺書には「特攻隊の英霊に曰す善く戦ひたり深謝す」とある。→神風特別攻撃隊

参考文献 故大西滝治郎海軍中将伝刊行会『大西滝治郎』(一九五七)、草柳大蔵『特攻の思想―大西滝治郎伝―』(一九七二、文藝春秋)、秋永芳郎『海鷲の割腹―海軍中将大西滝治郎―』(一九八三、光人社)、生出寿『特攻長官大西滝治郎』(一九八四、徳間書店)　（鈴木　多聞）

おおひなたむら　大日向村　一九四〇年十月三十日公開の日本映画。東宝・東京発声・前進座の三者提携による製作、豊田四郎監督。原作は和田伝の同名小説、一九三九年刊。小説の刊行と同年、前進座による舞台版も上演された。長野県佐久郡大日向村（現在は佐久穂町大日向）を舞台に、村の生活のひどい窮乏ぶりと、分村計画によって村民が満洲移住を決意、出発するまでを描く。時代背景は三六年末から三七、八年ごろまで。この映画は、国策による満蒙開拓のための移住計画に大きな役割をはたした。原作には苦いユーモアもあり、移民が県是となっていたこと、また村の大地主による村民収奪の構造も説明されているが、映画では単純化されている。出演者は舞台版と同じく、移住の先導者に河原崎長十郎、村長に中村翫右衛門。脚色＝八木隆一郎、撮影＝小原譲治。戦後のドキュメンタリー映画に『大日向村の四十六年満洲移民・その後の人々』（山本常夫監督、一九八六年）、また、テレビドキュメンタリーに『大日向開拓物語―「満州」そして軽井沢』（制作＝長野放送、二〇〇五年）などがある。

参考文献 伊藤純郎「語られた満州分村移民、描かれた大日向村、満州」(『信濃』六二ノ二、二〇一〇)　（岩本　憲児）

おおむらのうしょう　大村能章　一八九三―一九六二　作曲家。一八九三年十二月十三日に山口県で出生、本名大村秀弌。一九〇九年に横須賀海軍軍楽隊に入隊するも父の死去により一〇年に一旦帰京。家業の米穀商を継いだが倒産し、国鉄門司鉄道管理局に入り門鉄オーケストラを結成し音楽活動を再開、二六年に再度上京して作曲家を目指した。三一年に日本歌謡学院を設立し、後進の育成にも注力している。三五年の「野崎小唄」を皮切りに、「旅笠道中」「麦と兵隊」「同期の桜」、戦後は「小判鮫の歌」などの楽曲を発表し、戦時期から戦後に至るまで愛唱された。また情報局の作詞・作曲公募で四五年一月に発表された「必勝歌」も作曲している。これは三七年に内閣情報部が制定した「愛国行進曲」以来、二度目の国家による楽曲の制定であった。六二年一月二十三日没。六十八歳。

参考文献 『大村能章を讃える―永遠に歌い続けられる能章の心―』(一九六六、大村能章まつり実行委員会)　（戸ノ下達也）

おおもと　大本　一八九二年に神がかった出口なおと娘婿の出口王仁三郎が創始した習合神道系の民衆宗教・新宗教。「大本教」は通称。京都府綾部市と亀岡市に聖地。なおの啓示「筆先」による「立替え立直し」の変革思想と、王仁三郎の神がかり法「鎮魂帰神法」が、大正期に知識人や海軍将校などを集めた。教団展開の中で国家神道体制との緩衝を図るも、一九二一年、不敬罪容疑などで取締りを受ける（第一次大本事件）。その後は国際主義的側面を展開するも、頭山満・内田良平らの賛同を得て、三四年には昭和神聖会を発足。種々の政治的活動の活発化が、再び官憲の警戒を招く。三五年十二月、不敬罪と治安維持法違反容疑で王仁三郎をはじめ計数百人が検挙され、苛烈な取調べを経て六十一人が起訴。教団の解散、施設の破壊など大弾圧を受ける（第二次大本事件）。終戦後の大赦令により無罪となったが、国家に対する損害賠償請求権は放棄。教団は再発足し、平和活動などに力を注いでいる。→出口王仁三郎

参考文献 『大本七十年史』(一九六四・六七、大本)、島薗進「国家神道とメシアニズム―「天皇の神格化」からみた大本教―」(網野善彦他編『(岩波講座)天皇と王権を考える』四所収、二〇〇二、岩波書店)、早瀬圭一『大本襲撃―出口すみとその時代―』(二〇〇七、毎日新聞社)　（塚田　穂高）

おおやそういち　大宅壮一　一九〇〇―七〇　ジャーナリスト、文芸評論家。一九〇〇年九月十三日、大阪府に生まれる。川端康成が三学年上に在籍していた旧制茨木中学時代、川端とともに懸賞や名誉牌の数を競った。東京帝国大学進学後は新人会に加盟したが、賀川豊彦らの影響を受け、日本フェビアン協会の主事に迎えられ創立に参加。二六年、「文壇ギルドの解体期」で文壇に登場。二九年には『千夜一夜物語』を集団で翻訳し話題になった。三三年、『人物評論』を創刊。三四年、『東京日日新聞』の嘱託となったのを契機に日本のアジア進出に伴う取材旅行が多くなり、戦時期には徴用され従軍記者となる。戦後は農耕生活に入った。五六年『無思想人宣言』を発表。社会評論家として戦後のマスコミ界で活躍し、「一億総白痴化」、「駅弁大学」などの流行語を作った。『炎は流れる　明治と昭和の谷間』(文藝春秋新社)で菊池寛賞。七〇年十一月二十二日没。七十歳。

参考文献 大隈秀夫『マスコミ帝王裸の大宅壮一』(一九九六、三省堂)　（大澤　聡）

おおやまいくお　大山郁夫　一八八〇―一九五五　大正・昭和期の政治学者、社会運動家。労働農民党委員長。一

大山郁夫

八八〇年九月二十日、医師福本剛策の次男として兵庫県に生まれ、九七年に銀行員大山晨一郎の養子となる。神戸商業学校を経て、一九〇五年早稲田大学を卒業。〇六年早大講師、一五年同教授となるが、一七年早稲田騒動に関係して辞職し、大阪朝日新聞社に論説記者として入社。一八年いわゆる白虹事件で長谷川如是閑らと退社し、黎明会創立に参加、また『我等』を創刊して民本主義の論陣を張った。二一年四月早大教授に復帰。二六年十二月、労働農民党委員長に就任し、早大教授を辞職。二八年四月の同党結社禁止後、新労農党を結成し委員長となり、三〇年東京第五区から衆議院議員に当選。新労農党解消問題の後、三一年七月の全国労農大衆党成立にあたっては顧問就任を辞退した。三二年三月渡米し、ノースウェスタン大学のコールグローブ教授の厚意で同大学政治学部研究嘱託となる。また、ワシントンのAmerican Council of Learned Society の委嘱を受け、美濃部達吉『憲法精義』の英訳などに従事する。四二年には日米両国の在留民の交換船による帰国を拒否した。また、アメリカ国務省のジョン＝エマーソンからの「日本人革命政府」樹立の要請にも拒否している。四七年十月に帰国し、翌年早大に復帰。五〇年京都地方区から参議院議員に当選。五一年、世界平和評議会理事となって平和運動に尽力し、国際スターリン平和賞受賞。五五年十一月三十日没。七十五歳。

参考文献　大山郁夫記念事業会編『大山郁夫伝』(一九五六、中央公論社)、『大山郁夫著作集』七(一九六八、岩波書店)、丸山真男他『大山郁夫〔評伝・回想〕』(一九八〇、新評論)、黒川みどり『共同性の復権—大山郁夫研究—』(『学術選書』、二〇〇〇、信山社)　(吉川　圭太)

おがさわらみちなり　小笠原道生　一八九九—一九五五　戦中の体育行政の中核を担った文部官僚、スポーツ医学研究者。一八九九年九月十六日、和歌山県生まれ。和歌山中学時代に第一回全国中等学校野球大会に出場。第六高等学校、東京帝国大学医学部、同大学院卒業。一九二六年七月から文部省体育研究所技師、三〇年三月には文部省学校衛生官となり、スポーツ医事研究会に所属し、『体育生理学要綱』『スポーツと衛生』を著す。三二—三四年に英国およびドイツに留学し、三六年に医学博士となる。三九年八月に文部省体育課長兼体育研究所長、四一年一月には体育局設置に伴い、その長に就任し、四四年七月に退官するまで、体育行政のトップを務め、また、国民体力審議会、武道振興委員会、教授要目制定委員会等の委員として、戦時下の体育行政を牽引した。大日本武徳会の本部理事を務めていたため、戦後公職追放の対象者となったが、審査の結果非該当と判定された。五五年十一月二十七日没。五十六歳。

参考文献　小笠原道生『体育は教育である』(一九六二、不昧堂書店)、坂上康博「武徳会パージの審査実態—審査結果の全体像と本部役員のパージを中心に—」(『一橋大学スポーツ研究』三〇、二〇一一)　(坂上　康博)

おかたかずみ　岡敬純　一八九〇—一九七三　海軍軍人。一八九〇年二月十一日大阪生まれ。攻玉社中学から海軍兵学校に入学し、一九一一年卒業(第三十九期)。二三年海軍大学校(甲種)卒業、潜水学校教官。二四年フランス駐在。二五—二六年トルコ駐在。二六年第一潜水戦隊付、「呂六十一」潜水艦艦長。潜水艦乗りから中央の要職に進む。二七年軍令部第一班第二課(軍備計画)、三一年五月軍令部第二班第三課(出師準備、軍備計画)、三二年十一月ジュネーヴ軍縮会議全権随員として国際連盟派遣。三三年十一月国際連盟陸海空軍問題常設諮問委員会における帝国海軍代表随員。三四年十一月臨時調査課長。三六年十二月から一年間「迅鯨」艦長。三八年一月軍務局第一課長。この後、敗戦直前まで海軍省部の要職を歴任した。日独伊防共協定強化に当初は積極的だったが、上層部の意向を受けて反対に転じる。三九年十月軍令部第三部長。三国同盟締結の際には、豊田貞次郎次官のもと、同盟容認の方向で調整したとされる。四〇年十月海軍省軍務局長。ただちに軍務局の改組を実施(軍務局を分割し、兵備局を新設)、軍務二課長(国防政策など)には、石川信吾大佐を起用した。十二月に発足した海軍国防政策委員会(第一—第四)の委員長をつとめ、海軍政策全般を統括。枢軸派との指摘もあるが、温和で慎重な人物であり、上司の意向に反した行動をとることはなかった。在米資産凍結に際し対米戦決意を主張する中堅層を抑え、九月六日決定の「帝国国策遂行要領」をめぐる陸軍との交渉では、即時開戦決意を迫る田中新一参謀本部作戦部長に反対し、その骨抜き化を策した。対米開戦には消極的で、外交交渉による解決に努力した。四四年七月十八日海軍次官。東条内閣総辞職に伴い在任二週間で出仕、九月に鎮海警備府長官。四五年四月出仕、六月予備役。四八年A級戦犯として終身禁錮の判決を受けるも、五四年病気のため釈放。七三年十二月四日没。八十三歳。

参考文献　防衛庁防衛研修所戦史部編『大本営海軍部大東亜戦争開戦経緯』二(『戦史叢書』一〇一、一九七九、朝雲新聞社)、水交会編『帝国海軍提督達の遺稿　小柳資料—敗戦後十余年海軍の中枢が語った大東亜戦争への想い—』(二〇一〇、水交会)　(森山　優)

おかだきくさぶろう　岡田菊三郎　一八九七—一九八五　軍需動員を専門とした陸軍軍人。一八九七年一月十三日岡田安次郎の次男として京都に生まれる。大阪地方幼年学校から一九一八年陸軍士官学校卒業(第三十期)。二七年陸軍大学校卒業。三二年関東軍司令部付(満洲国軍顧問)。三五年陸軍省整備局課員(動員課)、兼内閣資源局課員、三六年陸軍省整備局課員(戦備課)と、国家総動員と陸軍軍需動員を担当。三九年支那派遣軍司令部付、四〇年陸軍省整備局戦備課長。南方進出の場合の日本の物的国力判断を算定し、四一年三月に陸軍省部の首脳・主任者に報告した。これは、蘭印を占領して資源を内地に還送し(輸送船舶は確保)、かつソ連と事を構えないという仮定に基づいていたが、現状維持より有利な点はなく、南方武力行使の無益さを説くものであった。南部仏印進駐に反対。四三年三月第十五師団参謀長、四四年十月燃料本部付。八五年一月二十二日没。八十八歳。

参考文献　岡田菊三郎「開戦前の物的国力と対英米戦決意」(中村隆英・原朗編『現代史資料』四三所収、一九七〇、みすず書房)、同「太平洋戦争の前夜」(『現代史資料月報』一九七〇年二月、みすず書房)　（森山　優）

おかだけいすけ　岡田啓介　一八六八—一九五二　大正・昭和期の海軍軍人、政治家。一八六八年一月二十一日(明治元年一月二十一日)福井県生まれ。八九年海軍兵学校卒(第十五期)。一九〇一年海軍大学校卒。二三年海軍次官、二四年海軍大将。二七年田中義一内閣の海相、二九年に辞任して軍事参議官となった。三〇年のロンドン海軍軍縮会議では、米国の妥協案をめぐり、大型巡洋艦と潜水艦の比率を不満とし反対する海軍軍令部と、軍縮会議決裂を避けようとする浜口雄幸内閣との間に立って、受諾はやむをえないが海軍は総括七割の原則を捨てないという方向で調停し、軍縮条約締結に導いた。三二年斎藤実内閣の海相となり、森恪を通じて議会に絶対多数を持つ政友会に働きかけ、内閣安定に尽力した。三四年七月に組閣したが三六年の二・二六事件で襲撃を受け総辞職する。四一年日米交渉では開戦回避をめざすが失敗。四三年には東条英機内閣の倒閣を画策、重臣らとはかり内閣改造に非協力の姿勢を打ち出し、総辞職に追い込んだ。五二年十月十七日没。八十四歳。

岡田啓介

参考文献　『岡田啓介』(一九五六)、岡田良寛編『岡田啓介回顧録(改版)』(『中公文庫』、二〇〇一、中央公論新社)、上坂紀夫『宰相岡田啓介の生涯—二・二六事件から終戦工作—』(二〇〇一、東京新聞出版局)　（山本　公徳）

おかだけいすけないかく　岡田啓介内閣　海軍大将岡田啓介を首班とする「挙国一致内閣」。一九三四年七月八日発足。元老西園寺公望が周囲の意見も聞きながら最終的には単独で次期首相を推挙する方式がこの時から改められ、岡田啓介の推挙は首相経験者などから成る重臣会議で決定された。外務大臣広田弘毅、陸軍大臣林銑十郎、海軍大臣大角岑生は留任し、大蔵大臣には藤井真信、内務大臣には後藤文夫、そして内閣書記官長には河田烈ら、当時「新官僚」と評された官僚たちが就任した。立憲政友会からは三人、立憲民政党からは二人の入閣をみたものの、政友会総裁の鈴木喜三郎は野党の立場を選択し、政友会からの入閣者はいずれも党を除名されている。政友会の野党化を受けて、岡田内閣は三五年五月十一日に、政財官界の重鎮を網羅する内閣審議会と、官僚・専門家を集めて重要国策の調査にあたらせる内閣調査局を設置し、政権基盤の強化をはかった。岡田内閣では、三四年八、九月に議論された在満機構改革問題で拓務省の抵抗を退け満洲経営の主導権を握った陸軍が、十月に『国防の本義と其強化の提唱』(陸軍パンフレット)を発表するなど、その存在感を強めた。在満機構改革問題は、拓務省職員が反対意見を具申するなどその後もくすぶりを残したものの、十二月二十六日の対満事務局官制の公布によって収束をみる。一方海軍は、ワシントン海軍軍縮条約問題で強硬な姿勢をとり、岡田内閣はやむなく十二月三日の閣議で単独廃棄を決定、三六年一月のロンドン海軍軍縮会議においても会議脱退を通告した。三五年二月には、貴族院で美濃部達吉の天皇機関説が問題となり、これを機に国体明徴運動が開始されて、軍部と政友会による攻撃が強まり、岡田内閣は八月三日と十月十五日の二度にわたって国体明徴声明を出すことを余儀なくされた。少数与党で議会対策に苦しんだ岡田内閣は、任期満了に伴う三六年二月二十日の総選挙で民政党が勝利したことによって、ようやく議会内に足場を築くことができたが、直後の二・二六事件によって政権は瓦解する。このころ、陸軍内部では真崎甚三郎を中心とする皇道派とそれと対立する勢力(統制派)との関係が悪化していた。まず三五年七月十六日に真崎が教育総監を罷免される。これに対して皇道派の相沢三郎が陸軍省軍務局長永田鉄山を斬殺する事件を起こし、林陸相は両派の対立が激化する中で辞任に追い込まれた。真崎罷免などに危機感をつのらせた皇道派の青年将校らは、三六年二月二十六日に千四百人余りが決起し、大蔵大臣高橋是清、教育総監渡辺錠太郎、内大臣斎藤実などを暗殺する二・二六事件を起こす。陸軍は当初鎮圧を躊躇していたが、最後は天皇の意向も働いて反乱軍と認定、二月二十九日に鎮定された。岡田首相は当初死亡したと思われ、後藤内相が臨時首相代理に任命されて総辞職の手続きをとったが、実際には官邸内に隠れていて無事であり、救出後改めて総辞職した。

参考文献　岡田貞寛編『岡田啓介回顧録』(一九七七、毎日新聞社)、田中時彦「第三一代岡田内閣—『現状維持』の限界に立って—」(林茂・辻清明編『日本内閣史録』三所収、一九七六、第一法規出版)　（河島　真）

おがたたけとら　緒方竹虎　一八八八—一九五六　昭和期のジャーナリスト、政治家。一八八八年一月三十日山形県生まれ。一九一一年早稲田大学専門部卒、大阪朝日新聞社に入社。二五年東京朝日新聞編集局長に就任。二・二六事件で襲撃を受けたが、緒方が直接応対し夕刊休刊という被害にとどめた。広田弘毅内閣成立に際し、文官勢力強化のため新聞として内閣を支持すべきと主張、反対する論説委員数名が社を去った。この時大阪・東京両社主筆を一本化、その初代主筆に就任。四〇年新体制準備委員、大政翼賛会成立後は総務に就任。四一年近衛文麿内閣が全国新聞一元会社化という新聞統制案を提唱すると、読売の正力松太郎らとともに反対し、統制会的な日本新聞会に後退させた。東条英機内閣期に主筆を解かれ副社長に就任。四四年小磯国昭内閣の入閣の求めに応じて政界に転じ、国務相兼情報局総裁として戦時下の言論統制を担った。同年大政翼賛会副総裁。四五年貴族院議員。戦後、東久邇内閣の内閣書記官長。四五年末A級戦犯指名、四六年公職追放、四七年戦犯容疑解除、五一年追放解除。五五年保守合同に尽力。五六年一月二十八日没。六十七歳。

[参考文献]『緒方竹虎』(一九六三、朝日新聞社)　(山本　公徳)

おかだたすく　岡田資　一八九〇—一九四九　陸軍軍人。一八九〇年四月十四日鳥取県生まれ。一九一一年陸軍士官学校卒(第二十三期)。二二年陸軍大学校卒業、四一年に中将。四五年二月、第十三方面軍司令官兼東海軍管区司令官となる。四五年五月の名古屋空襲の際に撃墜・捕獲されたB29搭乗員十一人が七月の軍律会議で死刑宣告を受け翌日斬首された。別の搭乗員二十七人も捕獲されたが、彼らは軍律会議を開かず岡田の命により斬首された。戦後、これらの斬首事件は横浜のBC級戦犯裁判で審議(四八年三—五月)され、岡田は三十八人の殺害に寄与した理由で絞首刑に処された。岡田は日蓮宗の信者で裁判を「法戦」と称し、法廷闘争を本土防衛作戦の延長と考えた。また、無差別爆撃行為者は重罪容疑者であり俘虜ではなく、方面軍司令官の判断で軍律会議の手続きを省くことができると主張した。さらに、みずからに司令官としての最終的責任が帰すことを明確にした上で、各人の責任の所在を明らかにしようとした。本裁判では死刑判決は岡田のみでほかに起訴された十九人は終身刑または有期刑となった。四九年九月十七日刑死。六十歳。

[参考文献]『東京裁判ハンドブック』(一九八九、青木書店)、横浜弁護士会BC級戦犯横浜裁判調査研究特別委員会『法廷の星条旗—BC級戦犯横浜裁判の記録—』(二〇〇四、日本評論社)　(本庄　十喜)

おかだただひこ　岡田忠彦　一八七八—一九五八　大正・昭和期の内務官僚、政治家。一八七八年三月二十一日、岡山県に小学校教師岡田吟平の長男として出生。一九〇三年東京帝国大学法科大学政治学科卒。内務省に入り、埼玉・長野・熊本各県知事を歴任。二三年、内務省警保局長となるが虎ノ門事件で引責辞任。二四年総選挙に無所属で立候補し当選、二五年立憲政友会入党。三六年衆議院副議長。三九年の政友会分裂時は久原派に属し幹事長を務めた。政党解消後は、大政翼賛会総務、翼賛議員同盟総務委員となる。四二年五月衆議院議長に就任、四五年四月の鈴木内閣厚相就任までの三年にわたり戦時議会の運営者となる。東条内閣末期の政府議会懇談会で東条の政治運営を窘めたことなど、議長としての動向は衆議院書記官長として岡田に仕えた大木操の日記、著作に詳しい。敗戦後公職追放。五二年総選挙で政界復帰。当選八回。五八年十月三十日死去。八十歳。

[参考文献]大木操『大木日記—終戦時の帝国議会—』(一九六九、朝日新聞社)、『岡山県歴史人物事典』(一九九四、山陽新聞社)、古川隆久『戦時議会』(『日本歴史叢書』、二〇〇一、吉川弘文館)　(手塚　雄太)

おかべなおざぶろう　岡部直三郎　一八八七—一九四六　陸軍大将。一八八七年九月三十日広島県の陸軍文官家庭に出生。一九〇五年陸軍士官学校(第十八期生)卒、一五年陸軍大学校卒。東京外国語学校でロシア語を学ぶ。一六年砲兵大尉、一七年参謀本部部員。二二年在ポーランド日本公使館付武官、二六年砲兵中佐、三二年第一次上海事変勃発で上海派遣軍参謀。陸軍ではじめて慰安所設置を指示。三四年陸軍少将、陸軍大学校研究部主事となる。三七年盧溝橋事件後、北支那方面軍参謀長、陸軍中将。軍司令官寺内寿一を補佐して河北・山東・山西作戦を立案、保定作戦や徐州作戦を担当する。三八年第一師団長、三九年九月駐蒙軍司令官(張家口)、四〇年陸軍技術本部長、四二年軍事参謀官兼陸軍大学校長等を務める。四三年二月陸軍大将へと進み、十月関東軍第三方面軍(チチハル)司令官、四四年八月北支那方面軍(北京)司令官、十一月第六方面軍(漢口)司令官となり、湘桂作戦を指揮する。十二月広東の天河飛行場で負傷。戦後、戦犯容疑で拘留、四六年十一月二十三日上海の独房で脳溢血死した。六十歳。

[参考文献]今井武夫他『日本軍の研究・指揮官』下(一九八〇、原書房)、岡部直三郎『岡部直三郎大将の日記』(一九八二、芙蓉書房)　(菊池　一隆)

おかべながかげ　岡部長景　一八八四—一九七〇　大正・昭和期の外交官、政治家。一八八四年八月二十八日、旧岸和田藩主岡部長職子爵の長男として東京で生まれ、一九〇九年東京帝国大学法科大学卒、外務省入省。二六年子爵襲爵。二九年内大臣秘書官長。三〇年貴族院議員となり、最大会派研究会の中心メンバーとして活躍。三五年岡田内閣の陸軍政務次官。四〇年大政翼賛会総務。四三年四月—四四年七月東条内閣の文部大臣。学徒出陣や勤労動員の計画作成を指導した。敗戦後は戦犯容疑者として巣鴨拘置所に収監されるが不起訴処分となる。その後は国立近代美術館長を務めるなど、もっぱら文化交流事業に力を注いだ。七〇年五月三十日没。八十五歳。

[参考文献]尚友倶楽部編『岡部長景日記—昭和初期華族官僚の記録—』(一九九三、柏書房)、奈良岡聰智「岡部長景と戦前・戦中・戦後」(『創文』五二六、二〇〇九)　(瀬畑　源)

おかむらやすじ　岡村寧次　一八八四—一九六六　陸軍大将。一八八四年五月五日東京府で旧幕臣岡村寧永の次男に生まれる。一九〇四年陸軍士官学校第一六期卒、〇五年日露戦争に参戦。〇七年歩兵中尉、陸軍士官学校で学生隊副隊長、また「清国学生隊」区隊長を兼任したが、その中に陳儀、閻錫山、孫伝芳らがいた。一三年陸軍大学校を卒業し歩兵第一連隊中隊長。一四年参謀本部勤務、一五年青島に駐在。二三年上海総領事館武官。二四年北洋軍閥直隷派の孫伝芳が福建・浙江巡閲使になると、岡村は高級軍事顧問として長江下流域の情報を収集する。三二年第一次上海事変の際、上海派遣軍参謀副長となり、「強姦防止」のため「慰安婦案」を提起し、実現。事変後、少将。三三年塘沽停戦協定締結の際、同派遣軍司令官白川義則を補佐、中国政府代表の熊斌と談判した。三二年関東軍参謀副長、翌年在満洲国大使館付武官。三五年陸軍参謀本部第二部長。三六年第二師団長。三七年盧溝橋事件の際には、戦争長期化を憂慮。三八年中支那派遣軍第十一軍司令官として武漢、南昌、長沙、宜昌各作戦を指揮。四〇年帰国、軍事参議官、四一年四月陸軍大将、七月北支那方面軍司令官として華北で五回の治安強化運動、三光作戦を実施。四四年四月大陸打通作戦が実施されると、六月、第六方面軍司令官となり、桂林、柳州、南寧など華南作戦を指揮、粤漢・湘桂両鉄道を打通。他方、蔣介石・重慶国民政府に対して「和平工作」を模索するが失敗。十一月支那派遣軍総司令官に就任、二十六個師団、二十二個旅団を統率、中国での日本軍最高司令官(関東軍を除く)となる。四五年日本敗戦後、陸軍総司令何応欽に投降。九月九日、南京で中国政府代表の何応欽との間で降伏書に署名。岡村は処刑を覚悟していたが、八路軍やソ連関係の大量の情報提供により国民党の厚遇を受けた。四六年南京総連絡班長。国共内戦後、蔣介石は秘密裏に岡村を軍事顧問に任用、四九年一月戦犯裁判で無罪釈放、日本帰国。五〇年日本軍事顧問団「白団」を台湾に派遣。また、蔣は高級教官として岡村を招聘した。六六年九月二日東京で死去。八十二歳。

岡村寧次

参考文献 稲葉正夫編『岡村寧次大将資料―戦場回憶編―』(一九七〇、原書房)、舩木繁『支那派遣軍総司令官岡村寧次大将』(一九八四、河出書房新社)、沈莉唐「岡村寧次」(『民国人物伝』一一、二〇〇二、中華書局)
(菊池 一隆)

おかもといっぺい 岡本一平 一八八六―一九四八 大正・昭和戦前期に活躍した漫画家。一八八六年六月十一日北海道生まれ。東京美術学校西洋画科在学中の一九〇九年から、『東京朝日新聞』に漫画を寄稿。一〇年東京美術学校卒業。漫画漫文という独自のスタイルを確立し、大正・昭和初期に人気を博した。二八年には一平塾を開催し、後進の指導に努めた。四三年五月、大政翼賛会文化部の下に漫画家の一元化団体である日本漫画奉公会が結成されると、同会の顧問に就任し、同会発行の『決戦漫画輯』(四四年、教学館)などに米英を嘲笑するような漫画を描いた。また、四〇年には国民歌謡「隣組」を作詞しているが、私生活では隣組組長、町内会副会長を務め、その経験を随筆「画描きの組長」(翼賛会宣伝部『随筆集私の隣組』四二年、翼賛図書刊行会)に綴ってもいる。四八年十月十一日脳溢血にて死去。六十三歳。

参考文献 井上祐子「戦時下の漫画―新体制期以降の漫画と漫画家団体―」(『立命館大学人文科学研究所紀要』八一、二〇〇二)
(井上 祐子)

おかもとすえまさ 岡本季正 一八九二―一九六七 大正・昭和期の外交官。一八九二年八月十六日、京都府に生まれる。一九一七年に東京帝国大学法科大学を卒業し、外務省に入る。イギリス、アメリカ駐在などを経て、三六年に外務省アメリカ局長。その後は中国、イギリス駐在などを経て、四二年に駐スウェーデン公使。ポツダム宣言受諾をめぐる外交交渉に関わった。戦後は駐オランダ大使などを歴任。六七年十一月二十三日没。七十五歳。

参考文献 鈴木多聞『「終戦」の政治史一九四三―一九四五』(二〇一一、東京大学出版会)
(加藤 祐介)

おがわきんごろう 小川近五郎 一八八六―？ 内務官僚。一八八六年七月三日生まれ。専修大学卒業後、森村商事や台湾電力を経て、一九二八年に内務省に入省。その後、内務省警保局図書課でレコード検閲主任として検閲を担当。情報局発足後は、情報局第四部第一課情報官も兼務、レコード会社の統制や指導なども担当した後、四三年に奈良県警察部勤労課長に異動した。レコード検閲は、三四年の出版法改正で開始されたが、流行歌などの音楽関係のレコードの検閲が強化されたのは盧溝橋事件後のことで、思想・風俗統制や国民教化動員の強化と連動していた。小川は、このレコード検閲を担当し、流行歌の「実体の根絶は不可能である。それ故に、善き変質をなさしめて存置する他はないのであろう」という姿勢を鮮明にして、健全なる「国民歌」育成と、頽廃的な流行歌批判と駆逐を実践した。

参考文献 小川近五郎『流行歌と世相―事変下に於ける歌謡の使命―』(一九四〇、日本警察新聞社)、大日本音楽協会編『音楽年鑑』昭和十六年度版(一九四一、共益商社書店)
(戸ノ下達也)

おぎくぼかいだん 荻窪会談 一九四〇年七月十九日、近衛文麿の私邸荻外荘で開催された会談。四〇年七月十七日、組閣の大命を受けた近衛は、政戦両略および陸海軍の一致を重視し、組閣前に国家の最高方針を決める必要性を認識。十九日に荻外荘で閣僚予定者の東条英機(陸軍)、吉田善吾(海軍)、松岡洋右(外務)と会談し、(一)戦時経済政策の強化確立のための政府の一元的指導、(二)

世界政策の根本方針、㈢日中戦争の処理、㈣国内体制、を申し合わせた。㈡では日独伊の枢軸強化・ソ連との国境不可侵協定の締結と対ソ不敗の軍備充実・東亜の英仏蘭葡植民地を新秩序に包含させるための積極的処理・アメリカとの衝突回避と東亜新秩序建設に対する干渉の排除、が示された。㈢では南京政府の支援・重慶政府との和平など、㈣では新政治組織の結成などを規定。以上は二十二日成立の第二次近衛内閣下で決定された「基本国策要綱」や「世界情勢の推移に伴ふ時局処理要綱」に内容が反映された。

参考文献 原田熊雄『西園寺公と政局』八(一九五二、岩波書店)、矢部貞治『近衛文麿』下(一九五二、弘文堂)　(関口 哲矢)

荻窪会談　左より近衛，松岡，吉田，東条

おぎすりゅうへい 荻洲立兵 一八八四―一九四九 陸軍軍人。愛知県出身。一八八四年一月二十四日伊藤松左衛門の四男として生まれ、陸軍二等薬剤官荻洲郁次郎の養子となる。一九〇五年陸軍士官学校卒(第十七期)、一六年陸軍大学校卒業。二九年大佐・第十一師団歩兵第四十四連隊長、三二年第一師団参謀長、三三年少将・第五師団歩兵第九旅団長。三五年台湾軍参謀長となり、台湾人に対する皇民化教育を熱心に進める。三七年中将・第十三師団長となり、徐州作戦に参加。三九年第六軍司令官。満洲西北部の防衛を目的に設置された第六軍は、ノモンハン事変で戦闘中の第二十三師団他を隷下に収めソ連軍と交戦する。四〇年予備役となる。四九年十二月二十二日没。六十六歳。

参考文献 軍事史学会編『元帥畑俊六回顧録』(二〇〇九、錦正社)　(柏木 一朗)

おきなわけんへいわきねんしりょうかん 沖縄県平和祈念資料館 ⇨平和博物館(へいわはくぶつかん)

おきなわせん 沖縄戦 沖縄を戦場として行われたアジア・太平洋戦争末期における日米両軍の戦闘。一九四四年三月、沖縄守備軍として第三十二軍が編成された。当初はマリアナ方面を支援するための飛行場建設が進められたが、七月にサイパンが陥落すると約十万人の地上守備軍も配備された。四五年一月、大本営は本土決戦の計画を決定したが、沖縄は「本土」とは見なされず、本土決戦準備のための時間をかせぐ持久戦の場とされた。二月に元首相近衛文麿は天皇に戦争の早期終結を上奏したが、天皇は「もう一度戦果を挙げてから」と沖縄戦に期待し、早期終結を拒んだ。他方、米軍は日本本土進攻作戦のための拠点として沖縄を占領しようとし四四年十月以来、準備を重ねてきた。第三十二軍は沖縄の「一木一草」に至るまで戦力化することをはかる一方で、沖縄県民を不信の目で見ていた。かつては琉球王国であり日本に編入されてから日が浅く愛国心に欠けること、移民が多いので英語を話す者や米本土・ハワイに親類がいる者が多く、スパイになる危険性が高いことなどが理由としてあった。また軍司令部の会報では「沖縄語を以て談話しある者は間諜として処分す」という命令を出していた。本土の者には理解できない沖縄の言葉を話すだけでスパイとして処刑するというこの命令に軍の県民への不信感が示されている。

沖縄戦は四五年三月二十三日、米軍の空襲によって始まり、二十六日に米軍は慶良間列島に上陸、四月一日には沖縄本島に上陸した。米軍は日本軍のあまりいなかった北部には速やかに進攻していったが、沖縄島中南部に主力を配備した日本軍とは五月下旬まで激しい戦闘を繰りひろげた。首里の地下壕にいた第三十二軍司令部は戦闘を長引かせるために南部撤退を行い、軍司令部は摩文仁に移った。このため南部に避難していた住民が日本軍によって壕から追い出されたり殺害されたりして多大の犠牲を生み出すことになった。六月二十三日(二十二日説もある)、軍司令官らは自決し、組織的な抵抗は終わった

嘉手納沖から上陸する米軍戦車隊

が、米軍が沖縄作戦終了を宣言したのは七月二日だった。なお宮古八重山に残っていた日本軍が沖縄守備軍を代表して降伏調印式を行なったのは九月七日である。

沖縄戦の重要な特徴は、多くの沖縄県民が日本軍の手によって虐殺・迫害されたことである。米軍に投降しようとした人たちや保護されて米軍から食糧をもらった住民までもが殺害された。壕内で泣く声が敵に聞こえると言って赤ん坊や幼児が殺された。また日本軍が壕から住民を追い出したため、米軍の砲爆撃が荒れ狂う中に放り出された住民の多くが犠牲になった。壕を出ることを拒否した住民が日本軍に殺されたことも少なくなかった。日本兵による住民からの食糧強奪も横行した。

那覇市内の民家を進む米軍

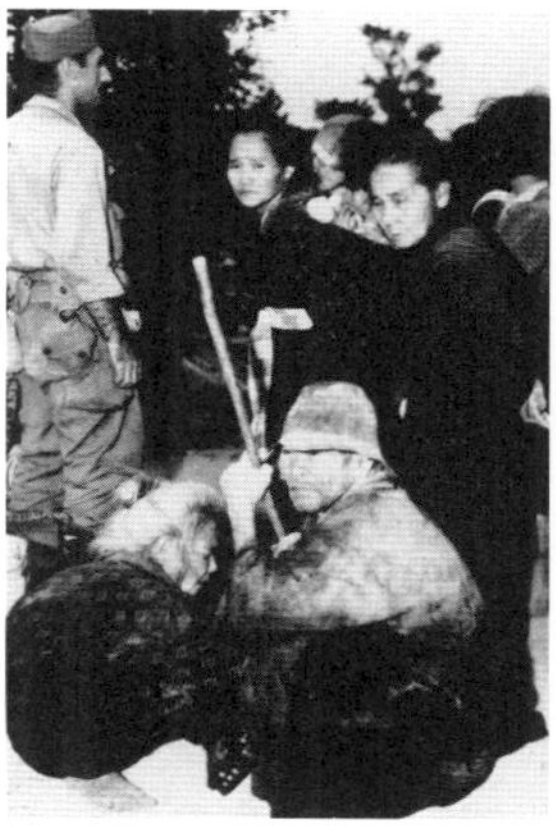

アメリカ軍に収容された沖縄県民

宮古八重山では米軍は上陸しなかったが、米軍と英軍による空襲を受けた。また大量の日本軍が駐屯したうえ飛行場建設などのために農地を潰され、軍によって酷使されたため食糧難に陥り、飢えとともにマラリヤが猛威をふるった。人口三万一千人の八重山では一万六千人がマラリヤにかかり三千六百人余りが死亡した。特に波照間島では軍によって強制的に島民全員が西表島のマラリヤ地帯に移住させられ、島民千二百七十五人中四百六十一人、三六％がマラリヤの犠牲になった。

沖縄戦で、日本軍の軍人軍属約九万四千人(うち沖縄出身二万八千人)が亡くなった。沖縄県民の死者は政府の数字では約九万四千人と推定されているが、漏れている人を含めると、軍人軍属を含めて約十五万人の沖縄県民が亡くなったと推定されている。ほぼ県民の三人に一人になる。米軍は約一万四千人が戦死した。沖縄に強制連行された朝鮮人軍夫や日本軍慰安婦の死者も多数あったと見られるがよくわからない。あわせて二十万人を超える死者が出た戦闘だった。 ↓集団自決 ↓チビチリガマ ↓鉄血勤皇隊 ↓ひめゆり学徒隊 ↓平和の礎 ↓防衛隊

参考文献 大田昌秀『総史沖縄戦―写真記録―』(一九八二、岩波書店)、藤原彰編『沖縄戦―国土が戦場になったとき―』(一九八七、青木書店)、林博史『沖縄戦と民衆』(二〇〇一、大月書店)、同『沖縄戦が問うもの』(二〇一〇、大月書店)、アメリカ合衆国陸軍省戦史局編『沖縄戦―第二次世界大戦最後の戦い―』(喜納健勇訳、二〇一一、出版舎Mugen)
(林　博史)

おくみやまさたけ　奥宮正武　一九〇九―二〇〇七　昭和前期・太平洋戦争期の海軍軍人。一九〇九年七月二十七日、高知県に生まれる。義兄には同じく海軍軍人の山口多聞がいる。三〇年海軍兵学校卒(第五十八期)。三三年四月に第二十四期飛行学生を命ぜられ、艦上爆撃機の操縦者となる。三七年十二月には第十三航空隊分隊長となるが、このとき、南京付近揚子江上の米砲艦パネー号を誤爆し、海軍大臣より戒告処分を受ける。対米英開戦時は、第十一連合航空隊参謀。四二年四月以降は、第四航空戦隊をはじめとして空母および陸上基地の航空戦隊の参謀を歴任、北はアリューシャン作戦から南はラバウル・ソロモン方面での南太平洋海戦、い号作戦、そしてマリアナ沖海戦などの航空戦に参加した。四四年八月に軍令部第一部第一課部員となり、海軍中佐(四四年十一月)で終戦を迎える。戦後は、航空自衛隊に入隊し、空将で退官。二〇〇七年二月二十二日没。九十七歳。

参考文献 奥宮正武『翼なき操縦士』(一九五一、日本出版協同)、淵田美津雄・奥宮正武『機動部隊』(『学研M文庫』、二〇〇八、学習研究社)
(相澤　淳)

おくむめお　奥むめお　一八九五―一九九七　女性運動家、参議院議員。一八九五年十月二十四日、福井県の鍛冶屋和田甚三郎・はまの長女として生まれる。戸籍名梅尾。県立高女ののち日本女子大家政学部を卒業。社会問題に関心を持ち、紡績女工になるが、すぐ身元がわかって馘首される。一九二〇年新婦人協会に参加、治安警察法第五条の改正に尽力した。協会解散後、議会運動に限界を感じて二三年職業婦人社を設立、『職業婦人』(のち『婦人と労働』『婦人運動』と改題)を発行した。二五年には『婦人問題十六講』を出版。消費組合運動にも参加、働く女性のための婦人セツルメントや婦人の家なども設立した。戦時下には大政翼賛会の調査委員となる。戦後は最初の参院選に出馬し当選、六五年まで三期十八年にわたって議員をつとめた。四八年には主婦連合会を設立、しゃもじをシンボルとした主婦の目線での活動を行なった。九七年七月七日に百一歳で死去。著書に自伝『野火あかあかと』(一九八八年、ドメス出版)などがある。

参考文献 成田龍一「母の国の女たち」(山之内靖・ヴ

イクター＝コシュマン・成田龍一編『総力戦と現代化』所収、一九九五、柏書房）、古川奈美子『奥むめおものがたり―女性解放への厳しい道を歩んだ人―』（『ジュニア＝ノンフィクション』、二〇〇二、銀の鈴社）　（折井美耶子）

おくむらきわお　奥村喜和男　一九〇〇―六九　昭和戦前・戦中期の官僚。一九〇〇年一月四日、福岡県に生まれる。第五高等学校を経て二一年東京帝国大学法学部に入学。二三年在学中に高等試験行政科試験合格。大学では上杉慎吉に師事。二五年大学を卒業、逓信省入省。同盟通信社、満洲電信電話会社の設立に参画。三五年に内閣調査局が設立されると同調査官となり、国防充実、産業発展、国民生活安定の観点から、民有国営による経済統制を主張し、電力国家管理案を作成、実現に尽力した。三七年約半年間欧米を視察しナチス＝ドイツ、ファシズム＝イタリアに感化され全体主義に傾倒する。三七年企画院設立によって同書記官となり戦時統制の立案にあたる。統制経済の推進役、革新官僚の代表的存在であったが、「思想戦」といった言葉を好んで用いるなど精神主義的傾向を強め、四一年十月東条英機内閣成立時に内閣に設けられていた情報局の次長に転じた。十二月八日真珠湾攻撃の夜には、ＮＨＫラジオで「宣戦の布告に当り国民に愬う」というタイトルで米英への宣戦布告の意味を説き、最後に「天皇陛下万歳、帝国陸海軍万歳、大日本帝国万歳」と絶叫したことが有名である。その後も、愛国心・敵愾心喚起の実務を担い、言論統制を遂行した。谷正之情報局総裁が四二年九月に外相を兼任したこともあり、次長として大きな役割を果たした。四三年四月に情報局次長を辞任し退官。戦後は四八年三月から五二年四月にかけて公職追放。追放解除から半年後の衆議院議員総選挙に福岡四区から出馬したが候補者十五人中十三位（定数四名）で落選した。五三年東陽通商（現東陽テクニカ）を創設、社長となり経済界で活躍した。六九年八月十九日没。六十九歳。主な著書に『電力国策の全貌』（一九三六年、日本講演通信社）、『変革期日本の政治経済』（一九四〇年、ささき書房）、『尊皇攘夷の血戦』（一九四三年、旺文社）などがある。

参考文献　橋川文三「新官僚の政治思想」（『近代日本政治思想の諸相』所収、一九六八、未来社）、奥村勝子『追憶奥村喜和男』（一九七〇）、古川隆久『昭和戦中期の総合国策機関』（一九九二、吉川弘文館）　（山口　浩志）

小倉正恒

おぐらまさつね　小倉正恒　一八七五―一九六一　実業家、住友財閥の最高経営者。一八七五年三月二十二日旧金沢藩士小倉正路の長男として石川県に生まれる。九七年東京帝国大学法科大学英法科卒業、内務省に入り土木監督署事務官、山口県参事官を歴任したが、九九年鈴木馬左也の勧誘で住友に入り、住友倉庫、住友銀行を経て、商務研究のため三年間欧米に留学。帰国後住友神戸支店支配人、住友本店副支配人、住友総本店支配人に進み、一九二一年住友合資会社常務理事、三〇年代表社員・総理事となった。住友系主要企業の会長を兼ね、住友財閥全体の統轄を担った。三三年貴族院議員に勅選され、内閣審議会委員を引き受け、次第に政界との関係を深めたが、四一年四月総理事、住友各社の役員を辞任、第二次近衛内閣に国務大臣として入閣、経済新体制問題に取り組む。同年七月第三次近衛内閣では大蔵大臣に転じたが、十月に総辞職した。四二年から戦時金融金庫総裁（二年間）、東亜経済懇談会会長、大東亜建設審議会委員、中支経済最高顧問などを務め、戦時下の日本経済運営に寄与した。敗戦後、四六年追放令に該当し、五一年追放解除となるが、石門心学会会長、修養団後援会長を務めたものの、経済活動を再開することはなかった。六一年十一月二十日没。八十六歳。　→住友財閥（すみともざいばつ）

参考文献　小倉正恒『星巌集註』（一九二八）、同『蘇浙游記』（一九二九）、同『五千巻堂集』（一九三五）、栂井義雄『小倉正恒伝・古田俊之助伝』（『日本財界人物伝全集』一〇、一九五四、東洋書館）、小倉正恒『小倉正恒談叢』（一九五五）、神山誠『小倉正恒』（一九六二、日月社）、小倉正恒伝記編纂会編『小倉正恒』（一九六五）　（麻島　昭二）

おざきほつみ　尾崎秀実　一九〇一―四四　ジャーナリスト、批評家。一九〇一年四月二十九日、東京に生まれる（戸籍上は五月一日）。生後すぐに台北へ移住し、中学卒業まで台湾で過ごす。東京帝国大学法学部卒業後、東京朝日新聞社・大阪朝日新聞社に勤務。二八―三二年に記者として上海に赴任。リヒャルト＝ゾルゲと出会い、ソ連・コミンテルンの諜報活動に参加。極東情勢の情報分析・収集活動の協力者となる。日中戦争期には、中国問題をめぐる批評で頭角を現し、『現代支那批判』『現代支那論』などを刊行。また、近衛文麿のブレーン集団である昭和研究会に参加し、第一次近衛内閣の嘱託、ついで満鉄調査部の嘱託となる。「東亜新秩序」声明をささえる「東亜協同体」論や近衛新体制運動に関与し、抗日戦争をつうじて民族解放・社会解放をすすめる中国に向き合うべきことを訴え続けた。アジア・太平洋戦争開戦前夜の四一年十月、ゾルゲらとともに検挙され（ゾルゲ事件）、四四年十一月七日に刑死した。四十四歳。

参考文献　『尾崎秀実著作集』（一九七七―七八、勁草書房）、米谷匡史編『尾崎秀実時評集―日中戦争期の東アジア―』（『東洋文庫』、二〇〇四、平凡社）　（米谷　匡史）

おざきゆきお　尾崎行雄　一八五八―一九五四　明治から昭和期の政治家。一八五八年十二月二十四日（安政五年十一月二十日)、相模国津久井郡(神奈川県)に尾崎行正の長男として出生。慶応義塾、工学寮を経て『新潟新聞』主筆。八一年、統計局統計院権少書記官となるが、明治十四年政変により大隈重信らとともに退官し立憲改進党の設立に参加。九〇年の第一回総選挙に立候補し当選、以後約六十三年間議席を有し続けた。第一次大隈内閣文相、東京市長を歴任。一九一二年の第一次護憲運動では犬養毅とともに先頭に立ち、「憲政の神様」と並び称された。第二次大隈内閣法相辞任後は政府・議会の主な役職に就くことはなかったが、高邁な政治理念を高唱する政治教育家、警世家として存在感を高めた。政党内閣崩壊後は軍部の政治介入を批判、議会政治擁護を議政壇上で唱え続けた。翼賛選挙では非推薦ながら当選。敗戦後は世界連邦建設を提唱。五三年、衆議院名誉議員。当選連続二十五回。五四年十月六日没。九十五歳。

参考文献 伊佐秀雄『尾崎行雄伝』(一九五一)、古川隆久『政治家の生き方』(『文春新書』、二〇〇四、文藝春秋)、楠精一郎『大政翼賛会に抗した四十人—自民党源流の代議士たち—』(『朝日選書』、二〇〇六、朝日新聞社) (手塚 雄太)

おざきゆきおふけいじけん　尾崎行雄不敬事件　一九四二年四月の翼賛選挙の応援演説中の尾崎行雄の言葉が不敬とされた事件。東条英機首相の翼賛政治に反発した尾崎は、総選挙に非推薦で立候補する一方、東京第三区の田川大吉郎の応援演説に際し「売家と唐様で書く三代目」という川柳を引き、「憲法を遵守する限り国運常に隆昌なる」ことを力説した。これが現天皇に対する不敬言辞だとして起訴され、十二月、東京地裁では尾崎の書いたものを根拠に自由民権運動の影響を受けて天皇を功利的に軽くみているとみなし、懲役八ヵ月、執行猶予二年の有罪とした。三宅正太郎を裁判長とする大審院では、四四年六月、「陛下の御徳を批判し奉るが如き不遜不敬の意図なかりし」と認定して無罪とした。第一審と上告審の弁護人は鵜沢総明と海野晋吉であった。戦時下の無罪判決は東条の威光が陰りつつある時点とはいえ勇断だったといえるが、不敬罪そのものについては「悪逆天地に容れざる所為」と当然視していた。

参考文献 我妻栄他編『日本政治裁判史録』五(一九七〇、第一法規)、森長英三郎『史談裁判』三(一九七二、日本評論社) (荻野富士夫)

おさだあらた　長田新　一八八七—一九六一　教育学者。一八八七年二月一日長野県に父長田五郎作と母志かの長男として出生。広島高等師範学校、京都帝国大学文科大学哲学科卒。戦時色が強まるなかで一九三九年には「この国にはまだ真の知育はない」として『新知育論』を著すなど偏狭な日本主義的風潮に対してみずからの学説に即した批判を展開した。日本教育学会の創設に寄与すると同時に、日本諸学振興委員会の教育学部臨時委員となり四三年に「錬成の本義」と題する講演を行なった。四一年にはスイス政府よりペスタロッチー賞を受賞。広島に投下された原爆で被爆。戦後は四五年より四九年まで広島文理科大学学長を務める。四七年には日本教育学会会長に就任。「日本子どもを守る会」を結成しその初代会長を務めた。六一年四月十八日没。七十四歳。

参考文献 『長田新博士小伝—年譜並びに著作目録—』(一九五三、長田新博士退官記念事業会)、木村元「自由教育派の教育学と国民学校論—長田新の教育学における「教授」と「錬成」—」(『日本の教育史学』三三、一九九〇) (木村 元)

おざわじさぶろう　小沢治三郎　一八八六—一九六六　海軍軍人。一八八六年十月二日、宮崎県生まれ。一九〇九年海軍兵学校卒(三十七期)、二一年海軍大学校卒。三〇年大佐、海大教官、重巡洋艦「摩耶」艦長、戦艦「榛名」艦長、三六年少将、海大教官、連合艦隊参謀長、第八戦隊司令官、水雷学校校長と、主に水雷関係の経歴を歩む。一方で三九年には第一航空戦隊司令官を務めるなど航空とも関わりを持ち、同職在職中の四〇年六月、吉田善吾海軍大臣に提出した「航空艦隊編制に関する意見」では当時としては画期的といえる航空母艦の集中運用を提言しており、これがのちの第一航空艦隊の新編にも影響した。海上勤務や教官勤務が長く、またこうした独創的・画期的な着想の持ち主であることなどから、戦略家・兵術家などと評価されることが多い。四〇年十一月中将に進級、第三戦隊司令官、海大校長を経て開戦時は南遣艦隊司令長官。第二十五軍のマレー攻略作戦、第十六軍の蘭印(インドネシア)攻略作戦を支援した。四二年十一月には航空母艦部隊である第三艦隊司令長官、さらに四四年三月には第三艦隊と水上部隊(戦艦・巡洋艦部隊)の第二艦隊を合わせて新編された第一機動艦隊司令長官となる。同年六月、米軍のマリアナ来攻に際しては同艦隊を率いて米空母部隊との決戦に臨んだが、空母九隻のうち三隻と搭載機の大半を失う大敗を喫した(マリアナ沖海戦)。続く十月のレイテ沖海戦では弱体化し「囮部隊」となった空母部隊を指揮、米空母部隊を引き付け囮の任は果たしたが、主力である栗田健男中将率いる艦隊の反転により海戦自体は日本側の大敗に終わった。その後は十一月軍令部次長、さらに四五年五月には中将のまま海軍総隊司令長官兼連合艦隊司令長官・海上護衛司令長官となり終戦を迎え、日本海軍最後の連合艦隊司令長官となった。六六年十一月九日没。八十歳。

参考文献 防衛庁防衛研修所戦史室編『ハワイ作戦』(『戦史叢書』一〇、一九六七、朝雲新聞社)、『提督小沢治三郎伝(増補・普及版)』(一九九四、原書房) (坂口 太助)

オスメニア　Sergio Osmeña　一八七八—一九六一　フィリピンの政治家、第二代フィリピン＝コモンウェルス大統領。一八七八年九月九日、セブ市の裕福な中国系メスティーソの家に生まれ、サントトマス大学法学部などで学ぶ。九九年の比米戦争からフィリピン革命に関わった。一九〇四年からセブ州知事を務め、〇七年三月、フィリピン議会に当選し、同議会議長を二二年まで務めた(一六年に二院制となって以降は下院議長)。二二年、上院議員に転身。三五年、コモンウェルスの発足に伴い、副大統領兼公教育長官に就任。日本軍の侵攻により四二年にケソンとともにワシントンDCに亡命し、四四年八月、ケソンの死去により大統領に昇格。十月二十日に米軍とともにレイテ島に上陸し、四五年二月二十七日にマニラでコモンウェルス政府を再建した。四六年四月、大統領選でロハスに敗れ、政界を引退。六一年十月十九日、死去。八十三歳。→フィリピン=コモンウェルス

参考文献 中野聡『フィリピン独立問題史―独立法問題をめぐる米比関係史の研究(一九二九―四六年)―』(一九九七、龍溪書舎)、Resil B. Mojares, "The Dream Goes On and On" Alfred W. McCoy, ed., *An Anarchy of Families : State and Family in the Philippines* (Manila, 1994, Ateneo de Manila University Press)
(内山 史子)

おだいらなみへい 小平浪平 一八七四―一九五一 実業家。技術国産主義を掲げ日立製作所を創業し、総合電機メーカーに育てた専門経営者。一八七四年、栃木県に生まれる。一九〇〇年東京帝国大学工科大学電気工学科卒。藤田組小坂鉱山、広島水力電気、東京電燈を経て、〇六年久原鉱業日立鉱山に入社。電気機械修理から製作事業に着手し、一〇年日立製作所を創業、第一次大戦期に大型水力機器の国産化を進めた。一八年東京に本社を移転、二〇年に株式会社日立製作所となり、社長不在のまま小平は専務として経営にあたった。一般機械などに事業を拡大。久原房之助の破綻から日産傘下に移り、二九年に社長就任、工場建設を進めた。鮎川義介の影響力のもと、日立製作所は国産工業などを合併、軍需に対応して、電気機械、機械、金属工業を事業基盤とする産業コンツェルンに成長した。四七年社長退任、公職追放を経て、五一年追放解除後の十月五日没。

参考文献 『小平さんの想ひ出』(一九五二、小平浪平翁記念会)、『日立製作所史』一(一九六〇)
(長谷川 信)

オット Eugen Ott 一八八九―一九七七 ドイツ外交官、少将。一八八九年四月八日ドイツのロッテンブルクに生まれ。ヴァイマル期に防衛省で国内政策担当。上司ライヒ防衛相シュライヒャーのクーデター構想に関与(三三年一月)。その直後ヒトラーが政権を掌握。オットは三三年六月一日、オブザーバーとして日本軍に配属。三四年二月、東京の大使館付き駐在武官となる。三四年六月三十日のレーム一揆でシュライヒャーの犠牲に伴い、暗殺者リストに載せられ、日本に留まる。三六年十一月二十五日調印の防共協定交渉に参画。大使大島浩と交渉。外相リッベントロップの積極的日本政策に関連し、三八年三月十八日ディルクセンの後任として駐日大使。四〇年九月二十七日の日独伊三国軍事同盟の事前交渉には参加しなかった。四二年十一月二十三日ゾルゲ事件に関連して解任された。戦争終結まで北京に民間人として滞在。戦後、トゥツィング(オーバーバイエルン)に引きこもり、七七年一月二十三日没。八十七歳。

参考文献 テオ=ゾンマー『ナチスドイツと軍国日本―防共協定から三国同盟まで―』(金森誠也訳、一九六四、時事通信社)、三宅正樹『日独政治外交史研究』(一九九六、河出書房新社)、田嶋信雄『ナチズム極東戦略―日独防共協定を巡る諜報戦―』(『講談社選書メチエ』、一九九七、講談社)、Gordon A. Craig and Felix Gilbert, eds., *The Diplomats 1919-1939* (Princeton, N.J., 1953, Princeton University Press), Bernd Martin *Deutschland und Japan im Zweiten Weltkrieg* (Göttingen, 1969, Musterschmidt)
(矢野 久)

オッペンハイマー Julius Robert Oppenheimer 一九〇四―六七 原爆開発に関わったアメリカ人物理学者。一九〇四年四月二十二日、ニューヨーク生まれ。四二年、マンハッタン計画の中核となったロスアラモス研究所の所長となり、特に優秀な科学者を集めるという人材確保に中心的役割を果たした。開発の終盤、ほかの科学者のなかには投下に反対する者もいたが、オッペンハイマーは、原爆使用の是非に明確な意思表明を当時はしなかった。戦後、アメリカの核兵器行政に関与し影響力を保持するなかで、核兵器の国際管理案「アチソン=リリエンソール報告書」の執筆にも関与し、ソ連との核開発競争に懸念を抱き水爆開発には反対した。五三年七月号の『フォーリン=アフェアーズ』誌に、アメリカの核政策に批判的な論考を発表し、政府から要注意人物と目された。五三年十二月アメリカ政府はオッペンハイマーに身分保障停止処分を下し、彼は異議申し立てを行い五四年四月から公聴会が開催されたが、これは「オッペンハイマー事件」とも当時称された。六七年二月十八日死去。六十二歳。→マンハッタン計画

参考文献 中沢志保『オッペンハイマー―原爆の父はなぜ水爆開発に反対したか―』(『中公新書』、一九九五、中央公論社)
(篠原 初枝)

おぬまなみお 小沼洋夫 一九〇七―六六 文部省教学局教学官。一九〇七年一月十七日、田上宗績の五男として秋田県に出生。一一年、小沼彦七・同ヤスの養子となる。第一高等学校を経て、二七年に東京帝国大学文学部倫理学科入学。三〇年卒業後、文部省大臣官房秘書課事務を嘱託され、三一年に文部省学生部事務を委嘱される。三五年弘前高等学校講師、三六年同教授兼生徒主事。三九年内地研究員として和辻哲郎に学ぶ。四一年文部省図書監修官。四二年文部省教学官に任ぜられ、同局指導部に勤務。臨時国史概説編纂部の編纂会議員の一人として『国史概説』編纂の実務にあたる。紀平正美らとともに和辻哲郎や西田幾多郎を盛んに批判し、「日本倫理学」を提唱するとともに、文部省内における「皇国史観」の主唱者となる。四五年文部省教学局思想課長。戦後、

公職追放を受けるが、解除後は文部省等に勤務。六六年七月一日没。五十九歳。

参考文献 平塚益徳編『小沼洋夫遺稿集』(一九六六、小沼洋夫遺稿集刊行委員会)、荻野富士夫『戦前文部省の治安機能―「思想統制」から「教学錬成」へ―』(『歴史科学叢書』、二〇〇七、校倉書房)、昆野伸幸『近代日本の国体論―〈皇国史観〉再考―』(二〇〇八、ぺりかん社)

(昆野 伸幸)

おのだひろお 小野田寛郎 一九二二―二〇一四 残留元日本兵。一九二二年三月十九日、和歌山県生まれ。中学卒業後に田島洋行に就職し、中国の漢口支店に勤務。四二年、徴兵検査に甲種合格し、同社を退社。四四年一月、久留米の第一予備士官学校に入校、九月に陸軍中野学校二俣分校で学び、十二月、フィリピン戦線に派遣される。四五年二月にルバング島が米軍に占領されると、四十数名を率いて遊撃戦を指導。日本の降伏を悟った四十一人はやがて投降するも、最後まで敗戦を信じなかった小野田は、島田庄一・小塚金七・赤塚勇一と四人でジャングルに潜伏し、住民や警察と衝突を繰り返した。七二年以後は、一人となる。七四年、日本からきた旅行者の鈴木紀夫と遭遇し、その後フィリピン空軍司令官に投降して、三十年ぶりに日本に戻るも、翌年にブラジルに移住。八四年に福島で小野田自然塾を発足させ、日本とブラジルを行き来する人生を送り、二〇一四年一月十六日死去。九十一歳。

参考文献 小野田寛郎『わがルバン島の三〇年戦争』(一九七四、講談社)、津田信『幻想の英雄』(一九七七、図書出版社)

(林 英一)

おのぶし 小野蕪子 一八八八―一九四三 大正・昭和初期に活動した俳人、陶芸研究家。本名は小野賢一郎。一八八八年七月二日、福岡県に生まれる。小学校準教員検定試験に合格して代用教員となった。のち、『朝鮮日報』記者、毎日電報社(のち東京日日新聞)記者・社会部長、NHK文芸部長・企画部長等を歴任。俳句は高浜虚子、村上鬼城、原石鼎に学んだ。一九一八年、『草汁』創刊。二七年『虎杖』の選者となり二九年には『鶏頭陣』と改題し主宰。四〇年、日本俳句作家協会の常任理事となり、協会がのちに日本文学報国会俳句部会に変わる際に多大な協力をし、常任幹事となる。この後新興俳句弾圧事件が起こり多くの優れた若い俳人が検挙されるが、小野蕪子はその黒幕あるいは特高警察への密告者と考えられている。戦後、水原秋桜子、中村草田男など多くの俳人が小野から恫喝されていたことが明らかになった。句集『雲煙供養』、随筆集『戦争と梅干』(ともに四一年、宝雲舎)。四三年二月一日没。五十六歳。

参考文献 村山古郷『石田波郷伝』(一九七三、角川書店)

(大澤 聡)

おばせたくぞう 小場瀬卓三 一九〇六―七七 昭和期のフランス文学者。一九〇六年五月十二日、兵庫県に生まれる。一九三〇年、丸善に入社。三二年、日仏会館図書係。三六年から三八年までパリに留学。四九年、東京都立大学人文学部教授(のちに名誉教授)。ほかに日本フランス語フランス文学会会長などを歴任。十六―十八世紀フランスの思想・演劇について、とりわけドゥニ＝ディドロやモリエールの研究で知られる。また、『フランスにおける党芸術』(国民文庫、五五年)、『デュヴァル氏の甥』(理論社、五六年)などアラゴンの翻訳をはじめ、多くの著書訳書を著した。主な著作は『フランス古典喜劇成立史―モリエール研究 特にイタリア喜劇の影響―』(生活社、四八年)、『ディドロ研究』(白水社、六一年)。また戦中は、四〇年に発足した大政翼賛会において文化局員をつとめた(文化部長は岸田国士)。七七年十一月十二日没。七十一歳。

参考文献 北河賢三編『大政翼賛会文化部と翼賛文化運動』(『資料集 総力戦と文化』一、二〇〇〇、大月書店)

(大澤 聡)

おばたただよし 小畑忠良 一八九三―一九七七 昭和期の実業家、政治家。一八九三年三月十六日、大阪府に生まれる。東京帝国大学卒業後、住友合資に入り経理畑を歩む。住友電線製造所取締役、住友本社経理部長などを務めた。一九四〇年七月に第二次近衛文麿内閣が発足、企画院総裁は星野直樹が務めたが、小畑に次長就任の依頼があり住友を辞した。同年十月、大政翼賛会企画局長となる。続いて大日本産業報国会理事長、翼賛会事務総長、大日本翼賛壮年団副団長、愛知県知事、四五年六月、東海北陸地方総監を歴任した。企業人から統制経済の担い手への転身に関わって、小畑は次のような認識を持っていた。自由主義・営利主義の社会機構・経済組織は驚くべき魔力があったが、これらはすでに行き詰まっているのだと。戦後は、平和運動や日中・日ソ国交回復運動などに関わり、革新陣営に推されて、五五年から三度にわたり大阪府知事選挙に立候補したが落選。七七年十月十一日死去。八十四歳。

参考文献 小畑忠良『皇国勤労体制の理念』(『翼賛壮年叢書』一七、一九四三、大日本翼賛壮年団)、『小畑忠良を偲ぶ』(一九八五)

(源川 真希)

おばたとししろう 小畑敏四郎 一八八五―一九四七 陸軍軍人。「作戦の鬼」といわれ、皇道派の領袖の一人とみなされていた。一八八五年二月十九日に元土佐藩下士で元老院議官小畑美稲の四男として東京に生まれる。一

小畑敏四郎

九〇三年、陸軍幼年学校卒業。翌年、陸軍士官学校卒業(第十六期)。その後、陸軍大学校を優秀な成績で卒業し、恩賜の軍刀が授与される。一八年、陸軍省軍務局に勤務。また元帥伏見宮貞愛親王副官となる。二六年、参謀本部作戦課長。翌年、陸軍大佐。三二年、再び作戦課長に就任。三五年、陸軍大学校校長。二・二六事件後の三六年三月に中将となるが、八月に予備役に編入。三七年八月、召集されて留守第十四師団長に就任。翌年、召集解除。四一年のアジア・太平洋戦争開戦後は、戦況が悪化するなか近衛文麿グループと結びつくなどして東条内閣打倒工作に関与したといわれ、常に憲兵の監視がつく存在であった。反東条派の細川護貞の『細川日記』にはたびたび小畑の名が登場する。戦後、東久邇宮内閣の国務大臣に就任している。四七年一月十日没。六十三歳。

参考文献　須山幸雄『作戦の鬼小畑敏四郎』(一九八三、芙蓉書房)、細川護貞『細川日記(改版)』(『中公文庫』、二〇〇二、中央公論新社)　(山本　智之)

おりたたみしゅう　折畳舟　陸軍工兵が架橋作業のため使用した渡河器材の一種。木製で、陸上輸送に便利なよう折り畳み式になっていた。最初に開発された九三式は手漕ぎ式だったが、九五式以降の制式では操舟機(エンジンスクリュー)を取り付ける仕様となった。人員や架橋器材の渡河輸送のほか、架橋の際に門橋の土台としても使用された。

参考文献　吉原矩『日本陸軍工兵史』(一九五六、九段社)、佐山二郎『工兵入門―技術兵科徹底研究―』(『光人社NF文庫』、二〇〇一、光人社)　(中野　良)

オリンピックさくせん　オリンピック作戦　連合国軍による日本本土侵攻作戦(暗号名「ダウンフォール」)の一環で、一九四五年十一月一日に予定された南九州上陸作戦の暗号名。情報漏洩の恐れから、四五年八月初めに暗号名が「マジェスティック」に変更された。対日進攻ルートに関しては、米陸海軍の間で主導権が争われたが、結局、四五年五月二十五日の統合参謀本部(JCS)による決定で、同年十一月一日(Xデイ)にオリンピックを実行し、その「一義的な責任」をマッカーサーが、同作戦の「海上・上陸の両段階の実施に対する責任」をニミッツが、それぞれ負うことになり、それを六月十八日に大統領が承認した。マッカーサーは同作戦の担当に第六軍を選び、以下のように計画した。まずXデイの四日前に甑島列島に一個歩兵師団＋αが上陸し、Xデイには三個海兵師団が串木野に、二個歩兵師団と一個機甲師団が志布志湾奥に、三個歩兵師団が宮崎付近に、それぞれ同時に上陸するというものだった。一方、不採用になった海軍の作戦は、暗号名「パステルII」という偽装作戦となった。その内容は、十月一日に中国の上海・舟山地域に、十二月一日に四国に、それぞれ上陸するとともに、南九州上陸作戦と同時に内陸部に空挺部隊が強襲するというものだった。　↓コロネット作戦

参考文献　福田茂夫『第二次大戦の米軍事戦略』(一九七九、中央公論社)、トーマス＝アレン他『日本殲滅―日本本土侵攻作戦の全貌―』(栗山洋児訳、一九九五、光人社)、Thomas M. Huber, *Pastel : Deception in the Invasion of Japan* (Washington, D.C., 1988, US Army Command and General Staff College)　(加藤　公一)

オリンピックとうきょうたいかい　オリンピック東京大会　一九四〇年に開催が予定されていたが、返上により幻に終わった第十二回オリンピック東京大会のこと。三一年十月、東京市議会は、紀元二千六百年の国家的祝祭の一環として、オリンピック招致を決定し、翌三二年に立候補するとともに、欧米に議員等を派遣するなど招致活動を展開した。三五年二月にはムッソリーニにローマの立候補取り下げを要請し、これに成功する。さらに翌三六年三―四月にはIOC会長ラツールを東京に招待し、オリンピックベルリン大会へも大選手団が派遣された。このような五年におよぶ招致活動の結果、ベルリン大会の開催前日、三六年七月三十一日のIOC総会で、三六対二七でヘルシンキを下し、東京開催が決定する。同年十二月に決定された東京大会開催の基本方針は、(一)現在の情勢および紀元二千六百年という特殊な意義に鑑み、国民精神の発揚と文化をアピールする、(二)名実ともに挙国一致の事業とする、(三)軽佻浮薄なお祭り騒ぎに陥らず、質実剛健の精神で開催するという、国家的な色彩が濃厚なものであった。開催準備が進められるなか、三八年四月には紛糾した主競技場についても、駒沢に収容人員十万人を目標とする新競技場を建設することで決着をみたが、日中戦争が大きな障壁として立ちはだかる。IOC総会で直接批判されることはなかったが、三八年初頭より交戦国である日本での開催を疑問視する国が増加し、大会招請状を発送する三九年一月までに戦争が終結しなければ、多くの国々が参加を拒否することが必至となった。こうした中、三八年六月、重要物資の需給計画に関する閣議決定がなされ、オリンピック会場の建設が「戦争遂行に直接必要ならざる土木建築工事」と断定され、工事の中止が決定された。その三週間後の七月十五日、閣議で大会の返上が決定され、翌日には東京オリンピック組織委員会がこれを受け入れ、開催決定から二年で、東京大会は幻と化した。

参考文献　中村哲夫「第十二回オリンピック東京大会研究序説」(『三重大学教育学部研究紀要　人文・社会科学』三六・四〇・四四、一九八五・八九・九三)、坂上康博・高

オリンピック東京大会開催決定後の東京銀座街

岡裕之編『幻の東京オリンピックとその時代―戦時期のスポーツ・都市・身体―』(二〇〇九、青弓社)
（坂上　康博）

おんがくていしんたい　**音楽挺身隊**　一九四一年九月に演奏家協会音楽挺身隊として発足、四三年八月に日本音楽文化協会に統合され、日本音楽文化協会音楽報国挺身隊となった。四〇年二月施行の警視庁令第二号「興行取締規則」は、新たに興行出演を業とする「技芸者」に鑑札（技芸者之証）を発行し携帯を義務化する技芸者制度と、技芸者団体の組織化を規定した。これに対応し、音楽界の技芸者団体として四〇年七月に演奏家協会（会長山田耕筰）が発足し、この演奏家協会会員を居住地別に動員して「吾等は身を国難に挺し以て民心を鼓舞し銃後の護りを固うし以て聖恩の渥きに応へ奉らん事を期す」（音楽挺身隊綱領）ために結成されたのが演奏家協会音楽挺身隊だった。音楽挺身隊は、声楽家と伴奏者で班をつくり、大政翼賛会や情報局、警視庁、大日本産業報国会、行政などと連携して、職場や学校、農山漁村など全国を巡回し、歌唱指導や「国民歌」演奏により国民の士気昂揚や教化動員を担った。→国民皆唱運動（こくみんかいしょううんどう）　→日本音楽文化協会（にほんおんがくぶんかきょうかい）

参考文献　戸ノ下達也『音楽を動員せよ―統制と娯楽の十五年戦争―』(二〇〇八、青弓社)
（戸ノ下達也）

か

カートホイールさくせん　**カートホイール作戦**　日本軍の拠点ラバウルの孤立を企図して、連合国軍が行なった作戦。車輪作戦ともいう。南方における日本軍の前線基地であったラバウルを攻撃するため、一九四三年初頭、南西太平洋方面最高司令官マッカーサーは五個師団を援軍として要求。米軍統合参謀本部は三月二十八日、米第六軍を増援として派遣し、カートホイール作戦を命令。六月三十日、連合国軍はニューブリテン島およびニュージョージア島を攻撃し、ソロモンとニューギニアからの北上を開始した。レンドバ島に砲陣地を構築し、ニュージョージア島の飛行場があるムンダを砲撃し、上陸。日本軍は地形を利用して抵抗したが、八月五日、連合国軍はムンダを占領した。一方、連合国軍ニューギニア部隊はニューブリテン島を攻略した。ニューギニア部隊は東部ニューギニアの東海岸を海岸沿いに進軍を続け、ブナ、ラエ・サラモア地区にいた日本軍を攻撃。連合国軍は同地区の奪還に成功した。

参考文献　防衛庁防衛研修所戦史室編『大本営陸軍部』六(『戦史叢書』六六、一九七三、朝雲新聞社)
（林　美和）

かいうんじちれんめい　**海運自治連盟**　戦時海運統制の初期に存在した海運業者による価格カルテル。一九三六年ごろから国際緊張と欧州穀物不作で海運市況は急騰した。これに対応し日本船主協会会長村田省蔵の提案で、三七年七月日本郵船など大手七社が海運自治連盟を結成した。欧州大戦時の価格乱高下の経験に学び急展開する経済統制を業界が先取りして自由市場を確保するのが狙いだった。定款に「帝国現下の非常時に即する公正なる船舶の運営をなす為め協調的精神を以て提携し重要物資の輸送を円滑ならしめることを目的とす」とうたった。連盟は運賃・傭船料の料率を設定し、加盟業者の増加により影響力を拡大し、料率改定を重ねて市況の安定につとめた。しかし設立直後に日中戦争勃発、国家総動員法公布（三八年）が続き、さらなる運賃上昇、軍用船徴用の増加、海運組合法（三九年）など国家統制が強化され、業界の「自主統制」は約二年の短期間で終わった。

参考文献　岡田俊雄編『大阪商船株式会社八十年史』(一九六六、大阪商船三井船舶株式会社)、防衛庁海上幕僚監部調査部編『第二次大戦時海運施策』(一九六六、日本海事振興会)
（平澤　健市）

かいうんとうせい　**海運統制**　民間海運業者を航海・航路・造船への助成金で援助する行政を、広義の海運統制とみればその歴史は明治政府に始まる。アジア・太平洋戦争期の海運統制は一九三〇年代、業界主導の価格統制に始まり全面的な船舶国家管理に至り商船隊の壊滅に結果した。三六年のワシントン軍縮条約の失効や三七年の日中開戦を契機に政府は三七年九月の臨時船舶管理法で船舶輸出入、航路や貨客、価格に対する許認可と制限を実施した。統制は当初、大手七社で三七年七月に発足した海運自治連盟（のちに海運統制委員会）が主導し業界自治色をみせたが、三八年四月の国家総動員法公布で戦時色が強まり船腹不足が激化して重要物資の輸送確保が喫緊の課題となった。統制強化は三九年九月発足の官民からなる海運統制協議会設置に始まり、三九年十二月の海運組合法と四〇年二月の海運統制令が画期となった。海運組合法と「海運統制国策要綱」（四〇年九月）により、四〇年十一月には小型船業者の機帆船海運組合を含む特殊法人海運中央統制輸送組合（組合）が発足した。業者を糾合した組合に対し、政府は輸送計画を策定し重要十五品目の共同引受と運賃の共同計算を命じた。重要品目とは石炭・鉱石・木材・セメント・穀物などである。ほかの物資も輸送に政府承認を必要とした。これにより個別業者による荷主との相対取引は不可能となった。一方、配船業務は事実上、組合が運営した。海運統制令は全国的な価格等統制令(三九年)の意図を受け三七年の臨時船舶管理法を補強するものであった。そのため造船、船舶修理、船舶貸借、運賃に強い統制が課せられた。米国は四一年七月に在米日本資産の凍結、八月に対日石油輸出禁止を行なった。八月閣議決定の「戦時海運管理要綱」は、船舶、船員、造船のすべてを国家管理下においた。日米開戦を機に逓信省に海務院が新設された。四二年三月に国家総動員法に基づく戦時海運管理令が公布され、特殊法人船舶運営会(運営会)が設置された。海運業者は船舶を運営会に貸与し運営会が政府計画に従い海運業務を一元管理することになった。業者は自社船舶の運営に介入できず、運営会から船舶使用料を受領するだけの存在となった。運営会の実体は海運業者であるから運航実務者として活動し運航事務処理手数料を受領した。船員は徴用の対象となった。四五年四月に一〇〇総トン以上の全船舶が国家使用船舶として大本営海運総監部所属となり運営会は海運総監部分室となった。この時点で日本軍は海上輸送力を完全に喪失していた。海運統制を「自主」「官民協力」「国家管理」と時期区分することもある。しかし業界からみたアジア・太平洋戦争の三年八ヵ月は、世界第三位、六三〇万総トンの保有船舶が一五〇万総トンへ激減し、海陸上勤務者六万名余りを喪失した痛恨の歴史である。

参考文献　石井照久『海運統制法論』(一九四四、岩波書店)、寺谷武明『海運業と海軍—太平洋戦争下の日本商船隊—』(『日本海運経営史』三、一九八一、日本経済新聞社)、日本経済連盟会調査課編『大東亜海運研究』(『アジア学叢書』、二〇一三、大空社)
(半澤　健市)

かいうんとうせいきょうぎかい　海運統制協議会　⇨海運統制(かいうんとうせい)

かいうんとうせいれい　海運統制令　⇨海運統制(かいうんとうせい)

かいがいこうぎょうかいしゃ　海外興業会社　一九一七年、東洋移民・南米殖民・日本殖民・日東殖民の四社の営業権を継承して発足した移民会社。資本金九百万円。主な出資者は大阪商船・東洋拓殖・日本郵船の三社であり、内務官僚出身の神山閏次が初代社長に就任し、東京本社・ブラジル支店・ペルー出張所が設けられた。同社は、一九年に伯剌西爾(ブラジル)拓植会社を合併し、二〇年には森岡移民会社を買収し、ここに海外移民会社の大合同が成立した。営業内容は広範囲に及び、ブラジルへの日本人移民の送出を中心に、イグアペ植民地の経営やフィリピンの海南産業会社などへの投資も行なった。同社が創業期の低迷を脱して事業を軌道に乗せたのは、内務省がブラジル渡航費を全額補助した二四年以降のことであり、ブラジル移民は三〇年代初めに最盛期を迎え、年間二万人近くに達した。しかし三四年のヴァルガス政権による排日移民法によってブラジル移民は激減し、四一年を最後に日本人の移住は途絶えた。

参考文献　ブラジル日本移民百周年記念協会『ブラジル日本移民百年史』五(二〇一三、トッパン・プレス印刷出版)
(黒瀬　郁二)

かいがいじんじゃ　海外神社　海外に設立された神社の総称。小笠原省三が『海外神社史上巻』(一九五三年)等の著作で用いた言葉で、行政用語ではないが、学術研究等でも便宜的に使われる。「海外」は、戦前に日本の統治が及んだ領域と、その他の日本人移住地を含み、北海道や沖縄を加えることもある。朝鮮釜山の龍頭山神社のような近世起源の神社は稀で、ほとんどが明治以降の日本と日本人の海外進出に関わる。アジア・太平洋戦争終結の時点で、北海道・沖縄をのぞく総数は約六百社にのぼったが(神社の規格に満たない公認の神祇奉祭施設を加えれば千数百社)、ブラジル・ハワイ以外ではほぼ消滅した。台湾・樺太・朝鮮・関東州・満洲国等では内地に準じた一定の神社行政がおのおの行われ、首府に鎮座する総鎮守以下、行政上の待遇が階層的に定められた。祭神は内地のごとき多様性を欠き、たとえば北海道・台湾・樺太では開拓三神、朝鮮では天照大神・明治天皇が卓越するが、国魂神の奉祭、護国神社および各地域独自の忠霊施設の例もみられる。

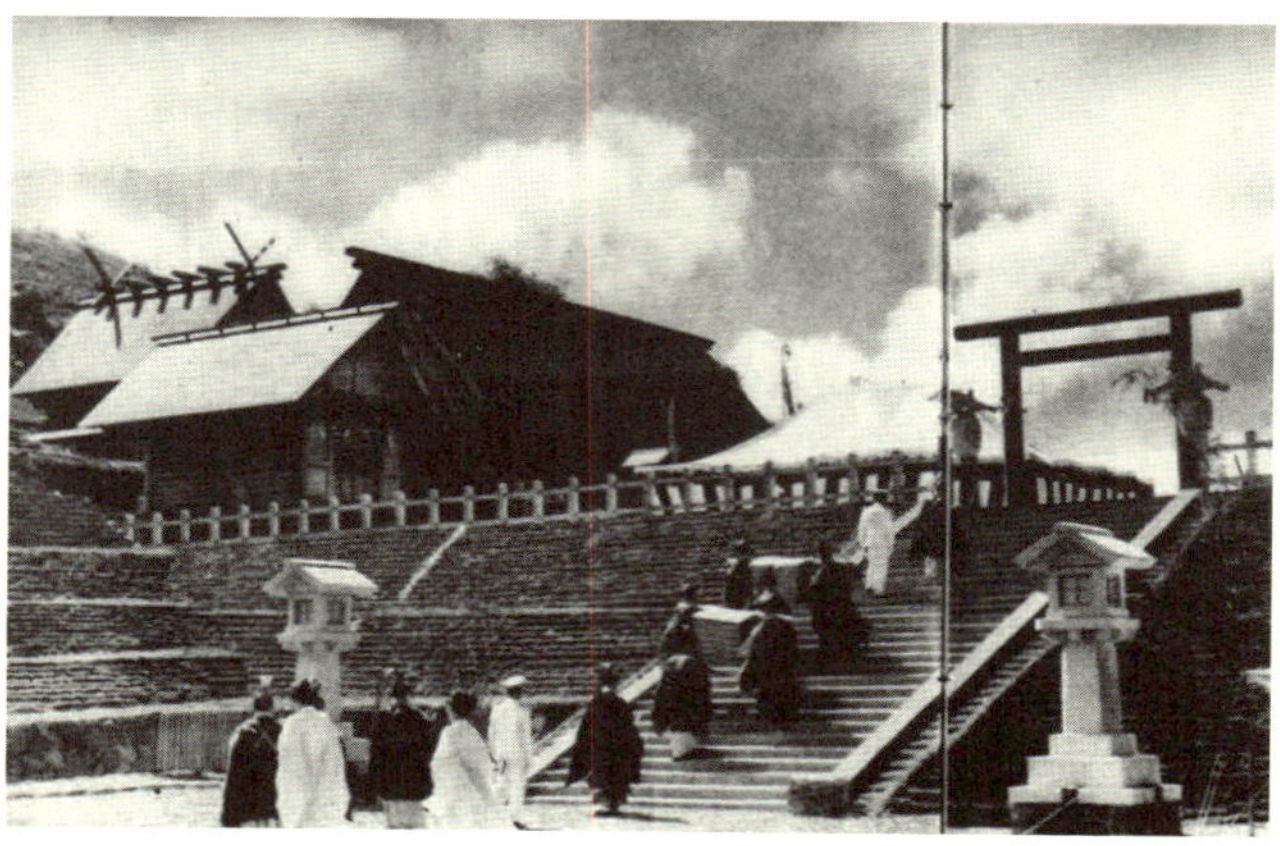
海外神社　パラオの南洋神社鎮座祭

参考文献　嵯峨井建『満洲の神社興亡史—日本人の行くところ神社あり—』(一九九八、芙蓉書房出版)、菅浩二『日本統治下の海外神社—朝鮮神宮・台湾神社と祭神—』(『久伊豆神社小教院叢書』、二〇〇四、弘文堂)、青井哲人『植民地神社と帝国日本』(二〇〇五、吉川弘文館)
(青井　哲人)

がいかわりあてせい　外貨割当制　外貨資金の有効な利用を確保するため、為替管理のもとで政府が、輸入や貿易外取引の用途別に外貨を配分する制度。一九三三年三月二十九日公布の外国為替管理法にもとづき、三七年から実施された。関係部局は、大蔵省為替局、商工省臨時物資調整局、陸軍省整備局、海軍省軍務局など。外貨割当においては軍関係調達が優先された。四一年に円為替圏外との貿易が縮小するなかで為替割当制の重要度は減少し、占領地との間の交易統制に伴う資金操作に重点が置かれるようになった。第二次大戦後は、四九年十二月一日公布の外国為替及び外国貿易管理法にもとづいて、五〇年一月からＩＭＦ八条国に移行する直前の六四年三月まで、外国為替予算（外貨予算）制度の形態で外貨割当制が実施された。外貨予算（五二年三月までは四半期ごと、その後は半年ごとの予算）によって品目別の外貨割当額が公表され、原則として先着順に応募者に対して外貨割当が行われた。

参考文献　大蔵省財政史室編『昭和財政史—終戦から講和まで—』一一（一九九九、東洋経済新報社）、柴田善雅『戦時日本の金融統制—資金市場と会社経理—』（二〇一一、日本経済評論社）
（浅井　良夫）

かいきゅう　階級　〔海軍〕アジア・太平洋戦争時の海軍における階級は、将校が上から大将・中将・少将・大佐・中佐・少佐・大尉・中尉・少尉、特務士官が特務大尉・特務中尉・特務少尉、准士官が兵曹長、下士官が上等兵曹・一等兵曹・二等兵曹（一九四二年十一月までは一等—三等兵曹）、兵が兵長・上等水兵・一等水兵・二等水兵（四二年十一月までは一等—四等水兵）となっていた。こうした階級に、軍医・薬剤・主計・技術・歯科医・法務・機関・飛行・整備・工作・軍学・看護といった各兵科の兵職をつけて呼称されていた。なお、准将の制度があるアメリカなどと比較した場合、海軍兵学校の卒業席次を重視し、海軍諸学校卒業者は大佐まで在職させる人事慣行などの影響もあり、日本の人事制度は硬直・停滞しやすいという特徴がみられたため、アジア・太平洋戦争時には日露戦争時に比べて指揮官の高齢化が進んでいたことを指摘し、敗戦の一因とみる研究もある。

参考文献　池田清『海軍と日本』（『中公新書』、一九八一、中央公論社）、秦郁彦編『日本陸海軍総合事典（第二版）』（二〇〇五、東京大学出版会）
（手嶋　泰伸）

〔陸軍〕陸軍での階級は上から次のように定められていた。大将、中将、少将、大佐、中佐、少佐、大尉、中尉、少尉、准尉、曹長、軍曹、伍長、兵長、上等兵、一等兵、二等兵（以上、一九四五年の兵科）。准尉は特務曹長が改称されたもので（三六年）、兵長は四一年に新設されたものである。少尉以上の階級（将官、佐官、尉官）は将校である。将官のうち大将が親任官、中将と少将が勅任官で、佐官と尉官は奏任官であった。准尉が准士官、曹長—伍長が下士官、兵長—二等兵が兵である。なお、三一年における陸軍将校の棒級は以下のとおりである。大将（六千六百円）、中将（五千八百円）、少将（五千円）、大佐（四千百五十円）、中佐（三千二百二十円）、少佐（二千三百三十円）、大尉（千九百～千四百七十円）、中尉（千百三十～千二十円）、少尉（八百五十円）。軍人恩給は軍の階級に基づいており、勤続による年金制を採っていた。

参考文献　百瀬孝『事典昭和戦前期の日本—制度と実態—』（一九九〇、吉川弘文館）、田中伸尚・田中宏・波田永実『遺族と戦後』（『岩波新書』、一九九五、岩波書店）、秦郁彦編『日本陸海軍総合事典（第二版）』（二〇〇五、東京大学出版会）
（宇田川幸大）

かいぐんおつじけん　海軍乙事件　一九四四年三月三十一日に、連合艦隊司令長官の古賀峯一が、搭乗していた飛行機の墜落により殉職した事件。前任の山本五十六の搭乗機が撃墜された四三年四月十八日の事件を海軍甲事件と呼ぶことから、本事件は乙事件と呼ばれる。その際、機密文書が漏洩したことでも知られている。四十四年三月三十日に優勢な米機動部隊がパラオ諸島に進出した際、司令部要員とともに古賀が飛行艇でダバオに向けて脱出する途中、悪天候の中で行方不明となり、四月一日付で殉職とされた。一方、参謀長福留繁らの乗った二番機はセブ島沖に不時着し、搭乗者は現地ゲリラの捕虜となった。のちに解放されたものの、新Z作戦計画書・司令部用信号書・暗号書といった多くの最重要軍事書類がゲリラによって没収され、それらはアメリカ軍に渡り、以後の作戦に活用された。

参考文献　吉村昭『海軍乙事件』（一九七六、文藝春秋）
（手嶋　泰伸）

かいぐんかんせいほんぶ　海軍艦政本部　海軍省外局として海軍大臣に隷属し、艦船・兵器の計画・審査・造修保存を管掌した組織であり、海軍技術研究所と海軍火薬廠が隷下にあった。一九二七年に航空本部が、四三年に潜水艦部がそれぞれ独立するまでは、航空部隊・潜水艦関係業務も担当していた。艦艇の設計はすべて艦政本部の所管であるが、装備などについては軍令部との間で協議することとなっていたため、特にワシントン海軍軍縮条約・ロンドン海軍軍縮条約後は軍令部の強硬な要求を容れて過重武装・船体強度不足となり、そのことが三四年の友鶴事件（水雷艇「友鶴」の沈没事故）や翌年の第四艦隊事件（駆逐艦「夕霧」「初雪」の船体切断事故）が引き起こされる要因となった。そうしたことにもみられるように、艦政本部による艦艇の整備には海軍内部の戦術要求が大きく影響しており、戦時中も長く大艦巨砲主義に基づいて艦艇の建造や修理を行なっていた。

参考文献　池田清『日本の海軍』下（一九六七、至誠堂）、外山三郎『海軍』（『日本史小百科』一八、一九九一、近藤出版社）
（手嶋　泰伸）

かいぐんきかんがっこう　海軍機関学校　海軍の機関科将校を補充・養成する学校。海軍兵学校・海軍経理学校と並ぶ海軍三校の一つ。艦船は機関部をやられては操艦不能となり戦闘能力を失う。その点では艦底で働く機関部将兵は重要な役割を担っていた。一八六九年、築地に海軍操練所が設けられた時は未だ兵科・機関科の区別はなかった。七三年ドーグラス顧問団の来日で海軍兵学寮内に機関科が設置され、翌年五月、横須賀村に分校を設置、座学は東京で機関学の実習は分校でのシステムとなり、六月開校式を行なった。七六年海兵付属機関学校と改称、八一年七月兵学校から分離・独立、海軍機関学校となった。海兵の江田島移転に伴い廃止、海兵内の機関生徒となった。九三年十一月、勅令「海軍兵学校条例」が改正され、横須賀汐留に新たに海軍機関学校として正式に発足、海兵から三十八名が機関学校生徒として移駐した(本科四年、専科二年)。一九二四年十月、舞鶴移転が認可され、二六年全校の移転が完了した。入学資格(十六—二十歳)、教育年限、少尉任官まではほぼ海兵と同様で、優秀な若者を先に確保するため試験日を変えたりの試みが何度かなされたが、海兵同様の難関で三八年度の採用では八十名に対して百倍の倍率、とくに理数系が重視された。四二年十一月、かねてからの懸案であった指揮・命令権をめぐる兵科・機関科の一系問題が井上成美によって解決され兵科一本となった。体育では海兵の棒倒しに対してラグビーが奨励され、ほかにスキーの用具・靴も全員に用意された。四四年十月、海機は海兵に合併されて舞鶴分校となり、海機五十七期生は海兵七十六期生として分校に入学した。海兵と同じく二〇年選修学生の制度を設け、機関科・工作科の優秀な准尉・下士官を選抜のうえ一年八ヵ月の教育で、特務士官への道を開いた(同年十一月、第一期生二十五名が入校)。八月十五日、敗戦を告げる玉音放送の正午以降、若手武官教官、一部生徒に自決の不穏なうごきが生じたが、説得によりことなきを得、二十三日特別列車三輛で復員の途についた。

参考文献 水交会編『海軍兵学校・海軍機関学校・海軍経理学校』(一九七一、秋元書房)　(高野　邦夫)

かいぐんきねんび　海軍記念日　日露戦争における日本海海戦第一日目の一九〇六年五月二十七日を記念して翌年海軍省が定めた戦勝記念日。日本海海戦記念日ともいう。当初五月二十八日に定めたが、〇六年三月十九日の覚書によって改められた。海軍記念日は鎮守府ごとにそれぞれ趣向をこらし、宮中喪、諒闇(天皇が父母の崩御にあたり喪に服する期間)をのぞいて、四五年まで毎年開催された。東京では天皇の臨席する水交社主催記念式典が行われ、海軍軍楽隊の演奏や陸戦隊の行進があり、また各地の団体や学校でも記念行事が行われた。たとえば呉軍港では、在泊各艦艇選抜の短艇競争が恒例となっていた。また祝賀宴にとどまらず、練兵場や海兵団では運動会、相撲大会が催され、市も協賛して幔幕を張り、児童、生徒による旗行列が行われた。三五年の三十周年記念は特に盛大で、模擬日本海海戦も行われている。戦後、多くの祝祭日、記念日が名称や趣旨を変え存続したのに対し、海軍記念日と陸軍記念日、「陸軍始め」は軍の消滅とともになくなった。　→陸軍記念日

参考文献 北村恒信「海軍記念日と陸軍記念日」(『近現代史ものしり用語物語』所収、二〇〇五、光人社)、河西英通「地域の中の軍隊」(『(岩波講座)アジア・太平洋戦争』六所収、二〇〇六、岩波書店)　(河西　英通)

かいぐんぐんいがっこう　海軍軍医学校　海軍の軍医を系統的に補充・養成した学校。一八七三年、海軍病院学舎の新設以来、たびたび改称されながら八九年、海軍軍医学校となる。一度廃止されたが九八年、東京築地に再設置。「海軍々医科士官、薬剤科士官及び歯科医科士官に対し之に必要なる学術を教授し兼て之をして職務を練習せしむ」術科学校でもあった。大学令による大学医学部、医学専門学校、薬学専門学校、歯学専門学校(いずれも旧学制)を卒業するとおのおの見習い医官(少尉候補生に準ずる)として採用、砲術学校などで数ヵ月間、海軍士官としての躾教育をうけた後、軍医学校の普通科教程にすすみ、大学卒業者は中尉、専門学校卒者は少尉に任ぜられた。高等科学生は軍医大尉に対し一年間、要職につくため医学全般にわたってより高度の学術を学ばせた。ほかに選科学生(専門科目を指示して研修)、選修学生制度(衛生兵曹長・上等兵曹から選抜)、有能な看護科特務士官とする課程もあった。　(高野　邦夫)

かいぐんぐんれいぶ　海軍軍令部　⇨軍令部

かいぐんけいほう　海軍刑法　⇨軍刑法

かいぐんけいりがっこう　海軍経理学校　海軍の主計科士官(経理担当の将校相当官)を養成した学校。海軍兵学校・海軍機関学校と並ぶ海軍三校の一つだが、士官・下士官・兵に簿記など実際の経理実務まで教授する術科学校(陸軍では実施学校という)の性格をも併せもっていたのが特色である。一八七四年、海軍省により芝公園内に海軍会計学舎として創設、七六年海軍主計学舎と改称、将来海軍主計官たるべき生徒を教育・養成する所と各府県に通達・募集した。年齢は十八—二十五歳、在学期間は三年。八六年海軍主計学校と改称、定員五十名、各学年を一、二、三号生徒と呼び、海相に直属した。修得学科は和漢学・英語・数学・経済学・簿記・法律の六科目、九三年に廃止された。一九〇七年「海軍経理学校条例」により、〇九年正式に開校、生徒の入学資格・教育期間・少尉任官までは海兵・海機とほぼ同様だったが、身体検査では裸眼視力〇・二でも合格(海兵は一・〇以上)、メガネをかけていても入学できた。主計科士官は戦闘時には戦闘食を用意した後は看護要員となるが、平時は将兵の給与、衣食住の手当て、文書管理(暗号書も)など日常不断にきわめて重要な役割を果たした。日中・日米戦争で海軍が艦船部隊・航空隊とも大拡張すると、主計科二年現役士官制度(短現と俗称)により、大学の法学・経済・商学部を卒業した者を補習学生として海経校で教育、主計中尉として、専門学校卒者は同少尉として採用、約半

年の教育で実務につけた。三八年の第一期生三十五名から四五年四月卒の九百三名まで約三千五百名が採用された。補習学生出身者としてはのちに首相となる中曽根康弘が最も著名。海経校教育の特色は、東京に所在したことから東京帝国大学や東京商科大学などからの出張講義があり、文化的でリベラルな雰囲気があった。戦時中でも図書室には『改造』や『中央公論』、『マルクス＝エンゲルス全集』がおかれていたという。海兵・海機と同じく優秀な下士官を選修学生として教育する課程をもち、また選科学生のうち三年間帝大の法・経済学部で学べる課程は、兵科将校の甲種学生に相当するエリートコースであった。

参考文献 水交会編『海軍兵学校・海軍機関学校・海軍経理学校』(一九七一、秋元書房)　（高野　邦夫）

かいぐんこうくうたい　海軍航空隊　日本海軍所属の航空部隊。最初の海軍航空隊は一九一六年四月に横須賀に置かれ、その後、海軍所属の航空部隊を増強するため、三〇年には海軍航空隊令が改定されて、各軍港とその他の要地に海軍航空隊が置かれた。それらの航空隊は、所在地の名称を冠し、たとえば「横須賀海軍航空隊」のように呼称され、恒常的に置かれたものであったため、常設航空隊と俗称された。また、そうした常設航空隊とは別に、戦時・事変の際に番号を冠する臨時の特設航空隊も編成された。最初の特設航空隊は、北海事件により三六年に編成された第十一航空隊で、事件解決後解隊された。それから、アジア・太平洋戦争開戦時までに十五隊が開隊され、その内六隊が継続して編成されていた。四二年十一月からは常設航空隊も含めて、三桁から四桁の番号を冠称するように部隊名が変更となり(百番台は偵察機航空隊、二百番台は艦上戦闘機航空隊、三百番台は局地戦闘機航空隊というように、百の位ごとに主要任務が異なっていた)、アジア・太平洋戦争において航空戦力が重視されるに伴い、つぎつぎに新しい部隊が編成され、大きな戦力となっていった。しかし、それに伴って、戦死者も増加していき、アジア・太平洋戦争中の海軍航空隊の戦死者は搭乗者・下士官を含めて少なくとも一万六千名をこえている。特に、ミッドウェー海戦で正規空母四隻を失った日本海軍は、同時に多くの艦載機と熟練の搭乗員をも失っており、そうしたベテランパイロットに依存していた海軍航空隊の高い攻撃力は、航空隊の拡大に優秀な搭乗員の育成が追いつかなかったために、急速に低下していった。そして、戦争末期には航空機に爆弾を搭載したまま敵艦に体当たり攻撃を行う、いわゆる「特別攻撃」が恒常化しており、これによっても多くの犠牲者が生まれた。

参考文献 防衛庁防衛研修所戦史室編『海軍航空概史』(『戦史叢書』九五、一九七六、朝雲新聞社)　（手嶋　泰伸）

かいぐんこうくうほんぶ　海軍航空本部　海軍省外局として海軍大臣に隷属し、航空兵器および艦船搭載航空機の計画・審査・修理を管掌した組織。航空機の進歩により、一九二七年四月に艦政本部から独立して設置されており、海軍省教育局の所掌した航空術の教育業務も継承していたことが艦政本部と異なる大きな特徴であった。特に戦時中に航空戦力の増強に伴い機構が拡大されているが、海軍内部では長く大艦巨砲主義に基づいた戦術思考が支配的であり、航空部隊は決戦兵力としてではなく、補助兵力として捉えられていたため、四〇年十月に航空本部長となった井上成美が、海相の及川古志郎へ提出した「新軍備計画」にみられる、将来航空兵力による決戦が起こるという見通しや、それに基づいた航空兵力整備の必要性といった見解は、海軍内部では長く主流とはならなかった。

参考文献 『井上成美』(一九八二)、外山三郎『海軍』(『日本史小百科』二八、一九九一、近藤出版社)　（手嶋　泰伸）

かいぐんこうしょう　海軍工廠　艦船や航空機など海軍の兵器の開発・製造・修理等を行う施設。海軍工廠は一九〇三年の海軍工廠条例によって創設され、横須賀、呉、佐世保、舞鶴の各海軍工廠からなっていた。海軍の製造所は、歴史的には幕府創設の横須賀製鉄所(一八六六年)を起点とする横須賀造船所(七一年)、旧薩摩藩造船所の造兵機械移管を基礎とする築地兵器製造所(七四年)からなっていたが、日清・日露の両戦争を通じて急拡大を遂げる(一九〇七年度の職工数は横須賀が一万四千七百四十三人、呉が二万二千九百九人、佐世保が六千百六人、舞鶴が四千四百二人)。海軍工廠は兵器艦船だけでなく、製鋼事業国産化の担い手でもあった。航空機分野では一三年に、横須賀海軍工廠でファルマンの改造機が完成したように機械化兵器国産化を主導した。二〇年には呉海軍工廠広支廠が開設され、二三年に広海軍工廠となったが、航空機の量産は民間工場の担当とし、海軍工廠では研究試作と修理を担当した。日中戦争以降、地上兵器から航空・対空兵器へと軍事生産の重点が転換するなか、兵器生産において、海軍工廠を中心としたのは砲熕兵器であり、艦艇、火薬爆薬、航空機は民間が中心であった。海軍の艦艇建造(艦艇建造進水数)においては、海軍工廠が三九%で民間工場が六一%であった(三七―四五年)。海軍工廠は主要艦艇の開発と第一号艦の建造を担当し、二号艦以降は海軍工廠と民間造船所で建造された。三九年以降、海軍工廠は、豊川、光、鈴鹿、多賀城、相模、沼津、川棚、高座、津にも設置され、拡充される。戦時下の海軍工廠造船部の在籍工員数は横須賀が九千五百人、呉が一万三百三人、佐世保が七千七百五十八人、舞鶴が三千三百人(四一年)であり、各工廠の過半を占めていた。対米英との開戦以降、激増する砲熕兵器、火薬爆薬の製造は主として海軍工廠で製造された。海軍工廠の兵器部門の従業員数は、四一年の約一万七千人から四四年の六万二千人へと激増する(同製造民間工場の従業員数は一万二千人)。特に三九年設置の豊川海軍工廠の機銃・弾薬生産は圧倒的なものであった(四四年、全生産数の六〇%以上)。

参考文献 防衛庁防衛研修所戦史室編『海軍軍戦備』一(『戦史叢書』三一、一九六九、朝雲新聞社)、山田盛太郎『日本資本主義分析』(『岩波文庫』、一九七七、岩波書店)、村上勝彦「軍需産業」(大石嘉一郎編『日本帝国主義史』三所収、一九九四、東京大学出版会)、奈倉文二『日本軍事関連産業史―海軍と英国兵器会社―』(二〇一三、日本経済評論社)

(笠井　雅直)

かいぐんしょう　海軍省　日本海軍にあって軍政部門を担った行政機関。明治国家の成立に伴い、一八六八年二月十日(明治元年一月十七日)、三職七科の制度が整えられた。そのなかで軍政・軍令事項を直接担当した機関は海陸軍科であり、その長官である海陸軍総督は海軍・陸軍・練兵・守衛などを所掌事項とした。海陸軍総督は三職七科制における最高指導者である総裁に直属したことから独立した軍令機関は存在せず、軍政・軍令は総裁のもとに一元的に支配された。三職七科の制は同年二月二十五日(二月三日)に三職八局の制に改正されたが軍政・軍令を所掌する機関は軍防事務局と名称を変更したにすぎず、実質は不変であった。同年六月十一日(閏四月二十一日)に制定された太政官制において軍政・軍令を担当する機関は軍務官と称した。

この軍務官のもとに海軍局が設置されたが、六九年八月十五日(明治二年七月八日)の官制改革によって軍務官は兵部省となり、その長官を兵部卿と称した。七〇年三月十日(同三年二月九日)に兵部省内に海軍掛が設置され、七一年十月二十一日(同四年九月八日)の官制改革において兵部省海軍部となった。同時に兵部省陸軍部内には参謀局が設置され、軍政・軍令の機能に関して二元主義的な要素が見られることになる。すなわち、参謀局が作戦用兵・軍令事項に関する特殊専任機関であることが示されたのである。所掌事項からして後年の参謀本部の母体ともいえる。七二年四月四日(同五年二月二十七日)、太政官布告第六二号により陸海軍務を担当してきた兵部省が廃止され、代わって陸軍省と海軍省が設置された。ここにおいてはじめて、一九四五年の敗戦の年まで続く海軍省が誕生した。以後、陸海軍務は陸軍省と海軍省とが分担することになった。

海軍省は内閣の一省であり、長は海軍大臣で形式的には天皇から任命された。海軍省の役割は海軍組織の編成や予算に関わる海軍行政を担い、海軍の作戦用兵に関わる軍令事項に対し、軍政事項を管掌する機関であった。海軍大臣は軍部大臣現役武官制度により現役の海軍大将または中将から任命された。ただし、一九一三年六月十三日、第一次山本権兵衛内閣の時に予・後備役にも拡大された。しかし、三六年、広田弘毅内閣の折に再び軍部大臣現役武官制が復活した。海軍省は内部部局として軍務局を筆頭に、兵備局・軍需局・人事局・教育局・調度局・経理局・医務局・主船局・艦政局・建築局・法務局などから構成され、外局として海軍艦政本部・海軍航空本部・海軍教育本部・水路部・潜水艦部・特攻部・電波本部・施設本部・化兵戦部・運輸本部、学校関係として海軍大学校・海軍兵学校・海軍機関学校・海軍経理学校・海軍軍医学校などがあった。

特に重要な内部組織として軍備・国防・条約など海軍行政の全般にわたり中心的な役割を担ったのが軍務局であった。第一次世界大戦を経て、戦争形態の総力戦化に対応して燃料調達や軍備管理を統括する軍需局が、二〇年十月一日に設置された。同様に総力戦対応の重要な鍵となった海軍軍人と国民の国防意識の向上を図るため、二三年四月一日に教育局が設置された。ついでアジア・太平洋戦争期において国家総動員・出師準備・動員など戦争遂行上において総合的な見地から国防計画を作成する兵備局が、四〇年十一月十五日に設置された。

明治国家成立当初は陸軍省優位の時代が続いていたが、日清・日露戦争で日本勝利の立役者となったこともあり、次第に海軍の地位が向上すると同時に海軍省機構の拡充が見られるようになった。対英米戦争が迫るなかで西太平洋地域が英米を相手とする戦場域となるや、海軍および海軍省の役割期待は一層拡大する。対英米戦争の開戦は東条英機陸軍内閣の時であり、東条内閣の後も陸軍軍人の小磯国昭が政権を形成するが、日本の終戦工作は海軍出身の岡田啓介や米内光政らが水面下で活動し、戦前期最後の首相として海軍出身の鈴木貫太郎が就任したことから、日本の終戦工作とポツダム宣言の受諾、聖断による天皇制の存続と戦後保守権力の再生に海軍および海軍省が大きな役割を果たしていく。

海軍省は日本敗戦後、四五年十一月三十日、勅令第六八〇号により廃止され、第二復員省として陸軍省解体後

海　軍　省

の第一復員省とともに、おおよそ八百万人とされた元日本軍人・軍属の復員業務を担った。

参考文献 工藤美知尋『日本海軍と太平洋戦争』(一九八二、南窓社)、野村実『太平洋戦争と日本軍部』(『近代日本研究双書』、一九八三、山川出版社)、波多野澄雄『幕僚たちの真珠湾』(『朝日選書』、一九九一、朝日新聞社)、笠原十九司『日中全面戦争と海軍―パナイ号事件の真相―』(一九九七、青木書店)、森山優『日米開戦の政治過程』(一九九八、吉川弘文館)、樋口秀実『日本海軍から見た日中関係史研究』(二〇〇二、芙蓉書房出版)、小林俊二『対米開戦の原因―何が日本を対米戦争に追い込んだのか―』(二〇〇二、南窓社)

(纐纈　厚)

かいぐんしょうぐんむきょく　海軍省軍務局　海軍省で軍政を担当する主要部局。海軍の編制・戒厳・軍紀・教育・水路測量・儀式・海上保安・艦政などの諸制度を掌理する海軍省の各局のなかで最も重要な部局。軍令を担う海軍軍令部に対し、海軍軍政を担い、なかでも兵員・予算を獲得することが最大の役割とされた。その長である海軍省軍務局長は、海軍大臣、海軍次官に次ぐ海軍省の最重要ポストであり、海軍大臣の有力候補者となった。陸海軍の政治関与は原則として制約されてはいたが、軍政事項を担う軍務局長は勢い政治との関わりが深くならざるを得ず、それが満洲事変以降において軍部の発言力が増すなかで一段と政治的な動きをとるようになった。海軍省の前身は兵部省のなかに設置された海軍部であり、そのなかに軍務局が置かれた。その後、軍制改革が断続的に行われ、幾度もの改編を経て一八九〇年代以降は、日清・日露戦争を前後して軍事制度の大枠が固まっていく。特に八五年の内閣制度発足に伴う海軍省官制により八六年一月二十九日設置の海軍省軍務局が基本的には一九四五年に海軍省が解体されるまで存続し、同省の中心部局として機能する。軍務局は陸軍の軍務局と同様に海軍省内における最重要部署と位置付けられ、軍務局長は海軍大臣と海軍次官に次ぐポストと見なされていた。軍務局は政策の実現や予算獲得が主たる役割であったことから、勢いさまざまな政治活動を行なった。海軍大臣に大・中将、海軍次官に中・少将クラスが就任し、軍務局長には中・少将クラスが就任するのを常とした。初代の軍務局長は樺山資紀で、樺山はこのとき海軍次官を兼務した。特に三〇年代においては左近司政三、堀悌吉、寺島健、井上成美ら、三〇年のロンドン海軍軍縮条約締結を支持した人物が軍務局長に就任したこともあって、海軍内リベラル派の拠点と見なされた時代もあった。そのこともあって、軍務局長のポストは条約派と艦隊派の海軍内二派閥による争奪の場ともなった。

参考文献 杉本健『海軍の昭和史―提督と新聞記者―』(一九八二、文藝春秋)、御田俊一『帝国海軍はなぜ敗れたか』(二〇〇〇、芙蓉書房出版)、黒羽清隆『日米開戦・破局への道―黒羽清隆日本史料講読―』(二〇〇二、明石書店)

(纐纈　厚)

かいぐんせいしんちゅうにゅうぼう　海軍精神注入棒　海軍において主に下士官が新兵の制裁に用いたものである。樫製で長さ六〇センチ、直径五〇ミリほどのバット状であった。新兵が日常生活や訓練中にミスをした場合、また は下士官の気に入らない行動をとった場合、これで尻を叩かれるという行為が海軍内で慣例となっていた。艦長等の意向で中止される場合もあったが、アジア・太平洋戦争中の回想にも登場するものであり、海軍では解体まで使われ続けた。

参考文献 小林孝裕『海軍よもやま物語』(一九八〇、光人社)

(手嶋　泰伸)

かいぐんそうたいしれいぶ　海軍総隊司令部　一九四五年四月二十五日に創設された日本海軍の中央作戦機関。すでに兵力の激減していた海軍の組織再編のため設置された。海軍総司令長官は作戦に関しては連合艦隊、支那方面艦隊、鎮守府、警備府、商港警備府、海上護衛総司令部の司令長官を指揮するものとされ、一部を除く全海軍部隊の統一指揮機関となった。司令長官は豊田副武で、連合艦隊司令長官を兼務した。

参考文献 防衛庁防衛研修所戦史室編『本土方面海軍作戦』(『戦史叢書』八五、一九七五、朝雲新聞社)

(青木　哲夫)

かいぐんだいがっこう　海軍大学校　一八八八年、勅令五五号による「海軍大学校官制」が制定され同年十一月、築地の海軍兵学校跡に開設された海軍兵科将校の最高学府。一九二三年研究部が創設、三二年には品川区大崎の新校舎に移転。敗戦まで存続したが、四四年三月には閉鎖された。一八八七年の西郷従道海相(隆盛の弟)のヨーロッパ視察の途次、英海軍当局と折衝してジョン＝イングルス大佐を招いて開校することになった。しかしその後、制度・教育内容などを研究・整備し海大教育を確立・発展させたのは坂本俊篤中将である(海軍教育本部長も経験)。海大教育の主眼であり最も重視された兵棋演習・図上演習は、山屋他人中佐が教官時代に陸軍大学校の兵棋演習を研究・改良して海軍向きに取り入れたもので、その後アメリカ留学から帰国した秋山真之少佐がさらに改善を加え、一九一〇年代に確定した。応募資格は任官後六年以内でかつ艦船(航空隊も可)勤務一年以上の海軍大尉・少佐で、書類選考のうえ初審は筆記、再審は口頭、最終的に海相が銓衡・決定した。陸大も同様であったが、卒業生は数年後教官として戻り後輩の教育にあたる場合が多かった。教育内容は戦略・戦術、戦務・軍政など多様であったが、普通学では国際法が重視されるなど特色があった。教育期間は原則として二年間、一・二学年とも年間千四百二十～四十時間であった。陸大同様、戦争のたびごとに中断・閉鎖された。制度の変遷により学生の名称はたびたび変わったが、最終的には甲種・機関・特修・選科の四種におちついた。甲種は将来高級指揮官や参謀を想定した高等の学術・兵学を二年間で学び、修了者は七百五十五名、陸軍とちがって海軍省や軍令部要員となるための必要条件ではなかった。機関学生は機関大・中尉に二年、特修学生は甲種課程を経ない大・中佐を艦長または参謀にするための一年間の教育、選科学生は海大独自の制度で一～四年間、理工・法経、労働・教育、外国語を部内または各帝国大学、東京外国語学校(現在の東京外語大)で学んだ。教育は政戦略一致の観点がよわく、「海戦要務令」を絶対化・教条化した艦隊決戦主義の色彩が強かった。

[参考文献] 実松譲『海軍大学教育―戦略・戦術道場の功罪―』(一九七五、光人社)、海軍教育本部編『帝国海軍教育史』五(『明治百年史叢書』、一九八三、原書房)、島田謹二『ロシヤ戦争前夜の秋山真之―明治期日本人の一肖像―』(一九九〇、朝日新聞社)、千早正隆『日本海軍の戦略発想(復刻版)』(二〇〇八、プレジデント社)
(高野 邦夫)

かいぐんだいじん 海軍大臣 日本海軍で軍政を担当する軍部大臣。海軍行政に関わる役割で、一方の軍令事項は軍令部総長が担当した。海軍大臣は軍部大臣現役武官制では、現役の海軍大将か海軍中将から天皇によって親補された。本来、軍人は政治に関与しないことが原則とされたが、海軍大臣と陸軍大臣は軍政事項の担当者ということから必然として政治に関与せざるを得ない局面が多かった。また時代の変遷に伴い変動はあるが、海軍大臣は海軍将官会議、海軍技術会議などの諸会議、海軍艦政本部、海軍航空本部、海軍教育本部などの組織、海軍高等軍法会議、海軍東京軍法会議などの軍法会議、海軍大学校、海軍兵学校ほか諸学校などを所掌した。一八七〇年三月十日(明治三年二月九日)に兵部省内に海軍掛が設置され、翌年に兵部省海軍部となり、七二年四月五日(同五年二月二十八日)に海軍省として独立した折、その長官は海軍卿と呼ばれ、八五年十二月二十二日、内閣制度成立後から海軍大臣とされた。初代の海軍大臣は西郷従道、二代目が大山巌(兼任)、三代目が西郷従道の再任、四代目が樺山資紀で、西郷と大山は陸軍軍人であった。それだけ日本軍部にあっては陸軍優位の時代が続いた。なかでも陸軍軍人であった西郷従道は海軍大臣歴が十年一ヵ月と最長在任記録を残した。しかし、日清・日露戦争を通して海軍の貢献度が高く評価されるに従い、海軍出身の海軍大臣が当然となり、以後、海軍にあっては軍令部総長と並ぶ顕職として位置づけられていった。また、海軍大臣経験者が大命降下を受けて首相に就任するケースも増え、山本権兵衛、加藤友三郎、斎藤実、岡田啓介、米内光政らがいる。鈴木貫太郎は戦前期最後の首相となったが、海軍大臣を経ていない。海軍大臣と陸軍大臣は軍部大臣として行政に関わった。必要以上に政治に関心を抱き、時には政治介入が目立った陸軍大臣と比べ、海軍大臣は政治的な動きは相対的に小さかった。しかし、対英米戦争の終結においては、岡田啓介や米内光政ら首相および海軍大臣の経験者が、戦争継続を主張する陸軍を押し切るかたちで天皇による聖断を引き出すことに成功する。

[参考文献] 肥田理吉『陸海軍大臣文官論』(一九二三、自由評論社)、吉田俊雄『五人の海軍大臣』(一九八三、文藝春秋)
(纐纈 厚)

かいぐんとくべつだいえんしゅう 海軍特別大演習 天皇が統監する海軍大演習。特定の艦隊・鎮守府・要港部が連合して行う大演習のうち、大元帥である天皇が統監して実施するものを特別大演習と称した。一八九〇年三月から四月に愛知県下で実施した陸海軍連合大演習に引き続いて神戸沖で「海軍観兵式」を実施したのが最初であり、終了後軍艦等四十九艦が参加して観艦式を挙行した。さらに呉鎮守府、江田島海軍兵学校、佐世保鎮守府などに行幸した。一九〇〇年四月に四十九艦が参加した大演習後、翌〇一年に特別大演習と称するようになった。その後、〇三年、〇八年、一二年、一九年、二七年、三〇年、三三年、三六年に実施し、三〇年十月の特別大演習には百六十五艦、飛行機七十二機が参加した。海軍特別大演習終了後に観艦式を挙行し、一般人を参観させ、また、海軍施設への行幸を実施し、天皇制定着に寄与した。

[参考文献] 海軍有終会編『近世帝国海軍史要』(『明治百年史叢書』二二七、一九七四、原書房)
(丑木 幸男)

かいぐんひこうよかれんしゅうせい 海軍飛行予科練習生 海軍の飛行科の少年兵。予科練は略称で、少年飛行兵または航空兵とも。現行の各種辞(事)典のほとんどにのっている陸海軍を通じての少年兵の代名詞的存在。ロンドン軍縮条約の発効を目前に海軍は航空兵力の増強にふみきるが、その第一弾として一九二九年十二月末、海軍省令一一号により横須賀の海軍航空隊に予科練習部を設置したのがはじまり。経済的事情で中等学校に進学できない主として地方の優秀な少年を対象とした。応募資格は高等小学校卒程度の学力を持つ十五―十七歳の心身ともに健康な者、第一期生は志願者五千八百七名中から、厳重な学力・体力検査、身元調査をパスした七十九名が操縦・偵察要員として三〇年六月、海軍四等航空兵(新兵、同時に兵籍に編入)で入隊した。三年の普通学教育(のち二年半以下に短縮)、一年の飛行術練習(飛練)課程を経て十年間で飛行兵曹長、さらに特務士官までを想定した。三六年十二月、名称を飛行予科練習生と改めた。日中全面戦争の開始にあわせて三七年八月、基礎教育課程の短縮を目的に甲種予科練(甲飛と略称)が新設された。応募資格は中学四年一学期修了(以降三年以下とくり下げる)程度の学力で、志願者二千八百七十四名から第一期生二百五十人が四等航空兵として入隊した(兵籍に編入)。この甲飛の新設によって思いがけない事態が発生した。甲乙両飛生のなぐり合いまで発展するすさまじい対立・抗争である。これは基本的には昇進の早さのちがいによるものであったが、海軍当局の命名や待遇など無神経な取扱いによるところが大きかった。乙飛の命名は第八期生からであるが、さかのぼってすべてが乙飛とされた。予科練にはこのほか一般志願兵から適性者に短期教育(四ヵ月)を施した丙種、乙種中から十六歳半以上の年長者をえらんだ特乙飛の制度もあった。予科練の入隊者は約二十四万千五百人、そのうち戦没者は約一万九千人。敗戦直前には本土決戦の要員として土木工事にかりたてられ、少年たちは「土科練(どかれん)」と自嘲せざるをえず、敗戦後は一転して「予科練くずれ」と戦争中は天まで持ちあげた社会と大人からバッシングをうけた。

参考文献　『予科練・特年兵―空と海に戦った若き戦士の記録―』(『別冊一億人の昭和史　日本の戦史』別巻八、一九八一、毎日新聞社)、小池猪一編『海軍飛行予科練習生』(一九八三、国書刊行会)、倉町秋次『予科練外史』一―六(一九八七―九三、教育図書研究会、七以降は未刊)　(高野　邦夫)

かいぐんひこうよびがくせい・せいと　海軍飛行予備学生・生徒　海軍の飛行科将校を大学ほかの高等教育機関の卒業生および在学生から補充する制度。一九三四年十月、「海軍飛行予備学生規則」が制定されて発足。第一―八期は航空予備学生、第九―十二期は飛行科予備学生、第十三―十六期は飛行専修予備学生と呼ばれたが、十三期以降は「回天」の要員にもふり向けられた。日米開戦後は予科練とともに海軍航空隊の主要な戦力となり、特攻隊でも主力となった。この点では陸軍の特操と同じである。四三年九月の卒業予定者を対象に、翌年五月に募集した第十三期飛行専修予備学生の場合には約七万人の応募者から五千百九十九人が採用され、うち少尉任官が四千九百八十八人、戦没者は千六百十六人、うち特攻死が四百四十八人だった。航空隊の激増とあわせて、その地上業務一切をとりしきる飛行要務士が四三年末から三重航空隊で生まれた。発足後すぐ整備科予備学生が独立して飛行科と二本立てであった。

参考文献　海軍飛行科予備学生・生徒史刊行会編著『海軍飛行科予備学生・生徒史』(一九八八)　(高野　邦夫)

かいぐんへいがっこう　海軍兵学校　海軍の正規現役兵科将校の補充・養成の機関(学校)。一八六九年、東京築地に海軍操練所が開校されたのが起源。一九四五年十月二十日、敗戦で廃校。卒業生は七十七年間(一八七六年八月、正式に海軍兵学校となる)に約一万千名、うち戦公死は約四千人。敗戦時は第七十五―七十七期生と予科生徒(七十八期)計約一万五千名が在校中であった。家庭の経済的事情から、旧制中学→高校→帝国大学に進学できない身体強健の秀才が学歴不問で応募した。入試の困難さは戦前一のエリート校、第一高等学校と同じで(特に理数系重視)、三十~四十倍の競争率も珍しくなかった。陸軍士官学校は三日間の入試の合計点で合否が判定されたが、海兵は一日ごとにふるい落とされ、合格者は最後の関門である厳重な身体検査(裸眼視力一・〇以上ほか)と身元調査のうえ入校を許可されたが、同時に兵籍に編入された。七三年イギリスからドーグラス少佐を団長とする下士官・兵を含む計三十四名の顧問団が来日、海兵生徒の教育にあたった。日本最初の運動会がここで行われたのも教育史上有名である。修学期間は平均して三年八ヵ月、一―三(四)号生徒混在の分隊に組織され、最上級生から伍長・伍長補(ゴホとよむ)が任命され下級生の指導にあたった。有名な「五省(ごせい)」は温習(夜の自習)後、至誠・言行・努力・気力・不精の五点にわたって一日をふり返るもので、三十四代校長松下元(まつしたはじめ)少将が始めたものであった。陸士の「切磋琢磨」に対して海兵では「修正」と称したが下級生に対する私的制裁が半ば黙認されていた。最後の第七十八期生は学力・体力とも格段におちていた当時の状況を考慮して予科生徒とされた。海兵本校は一八八八年の江田島(広島県)移転以降動かなかったが、日米戦争開戦後の大拡張に伴い、岩国・舞鶴・大原・針生(予科生徒のみ)とつぎつぎと分校を開設していった。体育も奨励され棒倒しと遠泳が特に有名である。一九二〇年、兵曹長・上等兵曹からのちの特務士官たるべき優秀者を選抜して約一年の修学期間を学生として教育する選修学生制度が創設され、四五年の採用取止めまで約千百人がこの課程を卒業した。

参考文献　海軍兵学校編『海軍兵学校沿革』(一九一九)、水交会編『海軍兵学校・海軍機関学校・海軍経理学校』(一九七一、秋元書房)、有終会編『続　海軍兵学校沿革』(『明治百年史叢書』、一九七八、原書房)　(高野　邦夫)

かいぐんよびがくせい・せいと　海軍予備学生・生徒　平時には不要だが戦時に大量に必要となる予備役士官の補充制度。一九四〇年大井篤中佐が、大学生を将校補充要員にあてるアメリカの制度を参考に考案したといわれる。三四年、海軍航空予備学生制度が先行したのがはじまり。大学令による大学の学部または予科、高等学校、専門学校の卒業者を一年の搭乗員教育ののち、海軍予備員たる海軍少尉に任官した。この制度は日米戦争開戦直前に一般兵科にも拡張され、第一期兵科予備学生は四二年一月、基礎教育のため各海兵団に入団した。四一年十月、海軍省令三七号「海軍予備学生規則」が大臣告示されると応募者が殺到した。新兵教育のあと陸戦・対空・特信(暗号)・通信・気象・対潜などに分かれ、対応する各術科学校で約一年の教育をうけたのち、第一線に配属された。四四年一月、前記の高等教育機関に在学する者が志願すると予備生徒となり、約一年半の基礎・実務教育をうけたのち海軍少尉に任官した。また艦船部隊・航空隊の激増によって大量の主計科士官が必要となり、約三千五百人の経理科士官が二年間の短期現役士官制度(短現と略称)のもとで海軍経理学校の補習学生として教育され、大学出は中尉、高専卒は少尉に任官した。

参考文献　蝦名賢造『海軍予備学生』(一九七七、国書刊行会)、小池猪一編著『海軍予備学生・生徒』(一九八六、国書出版社)、市岡揚一郎『短現の研究―日本を動かす海軍エリート―』(一九八七、新潮社)　(高野　邦夫)

かいけいほうせんじとくれい 会計法戦時特例 第七十九回帝国議会の協賛を得て、一九四二年二月十八日に公布され、四月から施行された会計法の戦時特例。軍関係の予算施行については、会計法第一七条、第二一条により、前金払、概算払、随意契約などの特例的支出を認める範囲が限定されていたが、日中戦争開始以降は、会計法の改正によらずに臨時法令の形式で、その範囲は次第に拡大された。会計法戦時特例は、こうした特例制度を戦時会計という前提に立って恒久化することを目的とした法律である。また、特例的規定の拡大は、臨時法令では陸海軍関係官庁にのみ認められていたが、戦時特例では一般行政官庁にも適用されるものであった。その後、戦時特例はさらに拡大し、四三年十月、ついで四五年二月に改正が行われ、終戦時の会計法は、予算実行の統制という会計制度の本来の機能を果たし得ない状態となった。

参考文献 大蔵省昭和財政史編集室編『昭和財政史』一七(一九五九、東洋経済新報社)、『大蔵省史—明治・大正・昭和—』二(一九九八、大蔵財務協会)　（永廣　顕）

かいげんれい 戒厳令 戦時もしくは事変の際に兵力を以て全国あるいは一地域を警戒する「戒厳」を定めた法令。条文は国民の権利を制限する「戒厳」の内容を具体的に定めている。一八八二年八月五日の太政官布告第三六号によって制定され、八六年十一月三十日の勅令第七四号で部分改正が行われた。規定上、戒厳には、戦時もしくは事変に際して警戒すべき地域を定める「臨戦地境」と、敵の包囲もしくは攻撃に際して警戒すべき地域を定める「合囲地境」の二種類があり、前者の場合は地方行政および司法の一部を、また、後者の場合は地方行政および司法のすべてを戒厳司令官の管轄下に置いた。戒厳令は戦時における軍事拠点の警備以外に、暴動や災害が発生した際の治安維持に用いられたが、平時における条文の適用は臨戦・合囲のいずれにも該当しないため、「行政戒厳」という概念が提唱されている。第二次世界大戦中の戒厳令の適用はなく、同法令は戦後の一九四七年五月十七日に政令第五二号で陸軍刑法や海軍刑法とともに廃止された。

参考文献 大江志乃夫『戒厳令』(一九七八、岩波書店)、北博昭『戒厳—その歴史とシステム—』(二〇一〇、朝日新聞出版)　（吉田　律人）

かいこうしゃ 偕行社 一八七七年に東京の九段に設けられた陸軍将校・同相当官の集会所、親睦団体。その後、全国の師団や連隊の所在地に設けられた。機関誌として『偕行社記事』を発行し、研究団体としての性格も有していたほか、図書館や宿泊・集会施設、売店、冠婚葬祭の援助など、その役割は多岐にわたった。明治前期には偕行社以外の将校による研究団体も存在したが、八九年に偕行社以外の研究団体が禁止され、既存の団体が偕行社に一本化されたため、公式には陸軍唯一の将校研究団体であった。『偕行社記事』の編纂方針に陸軍当局の意向が反映されるなど、軍の半公式団体という性格が強い。一九二四年に東京の本部が財団法人偕行社に改組した。敗戦により解散したが、五二年に陸軍士官学校出身者を中心とした旧軍人の有志団体として復活した。

参考文献 原剛・安岡昭男編『日本陸海軍事典』(一九九七、新人物往来社)、黒沢文貴『大戦間期の日本陸軍』(二〇〇〇、みすず書房)　（中野　良）

がいこくかわせかんりほう 外国為替管理法 一九三三年三月二十九日に公布された外国為替の管理・統制法。三一年十二月の金輸出再禁止以降、資金の海外流出を防ぐため翌三二年六月に資本逃避防止法が制定された。しかし、この法律では、資金流出の防止という実効をあげることができなかったため、外国為替取引、外国貿易について、政府が全面的に規制しうるきわめて強い統制権限をもつ法律として同法が制定された。同法は、四一年、アジア・太平洋戦争の勃発を前に、強化・改訂されたが、敗戦とともに無効化し、四九年には、新たに外国為替及び外国貿易管理法が制定された。

参考文献 伊藤正直『日本の対外金融と金融政策 一九一四—一九三六』(一九八九、名古屋大学出版会)　（伊藤　正直）

かいごときおみ 海後宗臣 一九〇一—八七 教育学者、教育史研究者。東京大学名誉教授。一九〇一年九月十日海後淳の長男として茨城県に生まれる。弟の海後勝雄は教育史研究に社会科学的な方法を取り入れようとした教育史研究会の代表を務めた教育学者。水戸中学校、第五高等学校を経て、二三年東京帝国大学文学部教育学科入学。二六年に同卒。卒業論文題目は「ディルタイの思想と其の教育学説上に於ける発展」。大学院に進学し、指導教官である吉田熊次のもとで日本の教育学説史研究に着手する。同年九月より助手として文学部教育学科に勤務。吉田からの委嘱により『明治文化全集』教育編の編集にあたる。三二年に国民精神文化研究所所員へ転出。教育勅語成立史、修身科教育史といった徳育史研究に取りかかる。三四年には同研究部編輯主任となり日本思想、日本史関係史料の刊行に着手。三六年に春山作樹の後任として東京帝国大学助教授に就任し日本教育史および教育学演習などを担当。三七年には貴族院議員岡部長景の委託研究費により東京帝国大学内に設置された岡部教育研究室を主催し、農村青年や都市勤労青年のおかれた教育状況に関する科学的調査研究を実施。同年十二月外務省の嘱託により中華民国へ調査出張。その後も三九年八月、四三年七月に文部省の命により中国へ調査出張、中国占領地の教育状況調査などを行なった。それにより小学校を普通学科と職能学科から構成する一方、社会教育としてさまざまな民衆教育機関を包括した民衆学校の設立を提唱し、伝統的な人間形成の方式に着目することで制度としての学校を相対化する視座を示した。この時期の研究について「私自身の学問、或は教育に対する様々な仕事をより発展させるやう」に取り組んだと戦後述懐しているように、教育現実が提起している問題をみずからの研究において深めようとしており、戦後、「陶冶」「教化」「形成」というかたちで定式化される教育概念の基盤を作り上げた。四一年六月には日本教育学会の創設に委員として参加。同年から大日本雄弁会講談社の援助により石川謙などとともに日本教育史関係史料の調査・収集・編輯事業に着手する。四二年に文部省の委嘱により師範学校用国定教育科教科書『師範教育』一上・下の編輯執筆。四三年に大日本教育会研究部長を務めた。四四年には文部省の嘱託により日本諸学振興委員会教育学専門委員。戦後は、アメリカ教育使節団事務局業務部員、東京帝大教育制度研究員などの任に着き戦後教育改革に関わるとともに、中央教育研究所を拠点に戦後地域教育計画を代表する川口プランに関与した。東京大学教育学部の創設にあたって実質的な担い手となり、六二年まで教育史講座の教授を務めた。五八年には日本教育学会会長に就任。八七年十一月二十二日没。八十六歳。

参考文献　海後宗臣『教育学五十年』(『評論社叢書』、一九七一、評論社)、『海後宗臣著作集』(一九八〇・八一、東京書籍)

(木村　元)

かいじまたいち　貝島太市　一八八一―一九六六　大正・昭和期の炭鉱経営者。一八八一年十一月三日、筑豊の炭鉱経営者である貝島太助の四男として福岡県で出生。中学修猷館、東京商工中学校を経て、東京高等商業学校を中途退学後、一九〇五年三井物産入社。兄健次と欧米遊学後、一〇年貝島鉱業総務長就任、一九年貝島合名副会長、貝島商業社長に就任した。二一年の貝島合名改組で代表業務執行社員に就任し貝島家事業の全体を統括した。三一年貝島炭礦社長、四三年会長に就任。四五年貝島炭礦社長復帰、六三年社長辞任。二〇年代半ばより石炭の販売統制の必要性を痛感し、二五年九州炭の販売カルテル甲子会の結成に参加、三二年昭和石炭相談役、四〇年日本石炭参与、四一年石炭統制会評議員に就任した。筑豊の業界団体では、三三年筑豊石炭鉱業組合総長、三八年筑豊石炭鉱業会会長に就任した。六六年八月二十八日下関市長府町の貝島邸で死去。八十四歳。

参考文献　高野孤鹿編『貝島太市翁追悼録』(一九六七、貝島太市翁追悼録刊行会)、貝島炭礦編「貝島会社年表草案」(『石炭研究資料叢書』一〇所収、一九八九、九州大学石炭研究資料センター)、辰巳豊吉「貝島太助伝(稿本)」(『石炭研究資料叢書』二〇所収、一九九九、九州大学石炭研究資料センター)、畠中茂朗『貝島炭礦の盛衰と経営戦略』(二〇一〇、花書院)

(荻野　喜弘)

かいじまたんこうかいしゃ　貝島炭礦会社　⇨筑豊炭鉱(ちくほうたんこう)

かいしゃけいりとうせいれい　会社経理統制令　経済新体制論の一環として、一九四〇年十月十九日、企業利潤の社外流出の防止と自己資金の有効活用を目的に公布された勅令。軍需関連企業の高利益高配当に対する軍や革新官僚の反発を受けて、すでに三九年四月の会社利益配当及資金融通令によって企業の配当制限が実施されていたが、会社経理の総合的な監督を強化するため、三九年十月の会社職員給与臨時措置令と統合して会社経理統制令が発令された。配当制限のほか、法定準備金以外の特別積立金の積み立てと運用、役員給与(報酬、手当、賞与等を含む)・退職金規定、さらに社員給与(基本給、手当、賞与)・退職金の規定について主務大臣の監督下においた。配当は前期の配当額か自己資本の八%以下のいずれか低い方に制限され、経費支出や資金運用に関する規定、経理監査規定が設けられるなど、広範で強力な経理統制が実施された。これにより企業資金の社外流出は抑制され、内部留保と償却が促進された。四五年十二月国家総動員法廃止に伴い失効。

参考文献　柴田善雅『戦時日本の金融統制―資金市場と会社経理―』(二〇〇一、日本経済評論社)

(山崎　志郎)

かいしゃりえきはいとうおよびしきんゆうずうれい　会社利益配当及資金融通令　一九三九年四月一日、国家総動員法第一一条に基づいて公布され、四月十日に施行された勅令(勅令第一七九号)。臨時資金調整法のもとで資金割当が実施されていたが、戦時経済が拡大するなかでより強力な統制法令が要請され制定された。会社の利益金処分に関しては、配当を制限し資産の償却と積立金に当てるよう求めた。銀行の資金運用に関しては、時局に緊要な産業資金の供給を円滑にするために必要があると認めた場合に日本興業銀行に対して特定企業への資金融通を命令することが可能となった。四〇年十月、さらなる統制強化を目的とした会社経理統制令、銀行等資金運用令の公布に伴い廃止された。➡銀行等資金運用令(ぎんこうとうしきんうんようれい)

参考文献　大蔵省昭和財政史編集室編『昭和財政史』一一(一九五七、東洋経済新報社)、柴田善雅『戦時日本の金融統制―資金市場と会社整理―』(二〇〇二、日本経済評論社)

(早川　大介)

かいじょうごえいせん　海上護衛戦　海上輸送路を防衛するための戦い。日本海軍は、日露戦争においてウラジオストク艦隊に翻弄された経験や両大戦におけるドイツの通商破壊戦の教訓があったにもかかわらず、広域経済圏を維持するための海上護衛(商船保護)についての作戦研究・装備開発・人材養成に関心を有していなかった。軍縮期にも正面装備の充実に関心が集中し、レーダーやソナーなど海上護衛に必要な装備の開発には投資が行われなかった。開戦前の船舶被害の見積りもきわめて楽観的なものであったが、開戦後半年ほどは米潜水艦の活動も低調で、魚雷の性能不良もあり、連合艦隊が資源輸送の商船保護にはほとんど戦力を割かなかったにもかかわらず深刻な被害は受けなかった。開戦時、日本は約二千五百隻・六三〇万トンの商船を保有していたが、戦争経済維持のためには、少なくとも民需用商船三〇〇万トンが必要とされていた。しかし、このレベルが維持できたのは、一九四二年八月から同年十二月までのわずか五ヵ月間だけで、国内への物資輸送量は、四二年九月をピークに下降の一途をたどる。米潜水艦による通商破壊戦が四二年後半期から活発化して被害が深刻になると、日本海軍は四三年十一月、海上護衛総司令部を設置して護衛作戦に専念させ、低速力の海防艦を大量に建造して護衛戦力にあてたが、水上・水中の潜水艦を探知するためのレーダー・ソナーなどの装備の遅れと、海上護衛の専門知識・技能を有する将兵の不足は挽回しようもなかった。四四年二月にトラック島の海軍根拠地が壊滅すると潜水艦だけでなく、海上輸送路は米機動部隊の艦上機によっても脅かされるようになった。四四年十一月になってようやく常設の護衛部隊である第百一戦隊が編成されたが、すでに南方資源地帯からの資源輸送と南方への兵力輸送は途絶した状態に陥っていた。敗戦までに日本商船は二千二百六十隻、約八三〇万ﾄﾝが失われ、乗組船員と将兵約四十万人が戦死した。

参考文献 防衛庁防衛研修所戦史室編『海上護衛戦』(『戦史叢書』四六、一九七一、朝雲新聞社)、大井篤『海上護衛戦』(『航空戦史シリーズ』二四、一九八三、朝日ソノラマ) （山田　朗）

かいじょうごえいそうしれいぶ　海上護衛総司令部　一九四三年十一月十五日付で発足した日本海軍の海上護衛強化のための中央機構。四三年には連合軍の攻撃による日本の輸送船など船舶の被害が増加し、戦争遂行に困難をもたらしていた。このための対策として創設された海上護衛総司令部は天皇に直属し、第一・第二海上護衛隊という部隊をもって船団護衛にあたるとともに、海上交通保護と対潜水艦作戦に関しては各鎮守府・警備府司令長官を指揮するという、それまでの日本海軍の制度にないものであった(初代の海上護衛総司令長官は及川古志郎)。四五年四月、海軍総隊司令部が創設されると、その指揮下にはいった。海上護衛総司令部の創設の時期は、すでに海上兵力自体が大きく減少した状態であり、あらたな組織・部隊に割く余裕もなく、期待された成果をあげることはできずに、敗戦をむかえた。

参考文献 防衛庁防衛研修所戦史室編『海上護衛戦』(『戦史叢書』四六、一九七一、朝雲新聞社) （青木　哲夫）

かいせんにかんするじょうやく　開戦に関する条約　一九〇四年の日露戦争開始に際して日本が開戦通告を行わなかったとするロシア政府の発議を受けて、〇七年の第二回ハーグ平和会議で作成された条約。「開戦」ではなく「敵対行為の開始」に関する条約と訳出するのが精確である。一〇年に発効し、日本も一一年に批准した。敵対行為の開始には、「理由を付したる開戦宣言」か「条件付き開戦宣言を含む最後通牒」の形式による、明瞭かつ事前の通告が必要とされる(第一条)。ただし、「事前」とはいっても、通告と同時に敵対行為を開始することも必ずしも禁じられない。四一年十二月七日に野村吉三郎駐米日本大使によりハル米国務長官に手交された通牒は、時間的な遅れ以上に、敵対行為の開始を告げる明瞭な表現になっておらず、本条約の要請を満たすものではなかった。もっとも、第一次世界大戦後になると、敵対行為を開始する国が事前に開戦を通告することは行われなくなっていた。

参考文献 大平善梧「太平洋戦争と開戦法理」(日本外交学会編『太平洋戦争原因論』所収、一九五三、新聞月鑑社)、田岡良一『国際法III(新版)』(一九七三、有斐閣) （阿部　浩己）

かいせんようむれい　海戦要務令　海軍の戦闘において、指揮官が準拠または心得とすべき兵術の基準を示した教典。軍機(海軍の最高機密事項)指定であり、四回行われた改定の際にも慎重な審議がなされた後、天皇の允裁を経ている。一九〇一年に秋山真之が起草した「海戦に関する綱領」(または「海軍戦術」)をもとに制定され、海軍関係の技術革新(航空機・潜水艦の発達)や第一次世界大戦の教訓、軍縮条約などを背景として、一〇年、二〇年、二八年、三四年にそれぞれ改定された。そうした改定にもかかわらず、航空機や潜水艦を補助兵力として位置付け、艦隊決戦に重きを置いた戦術思想は根本的には変化せず、海戦要務令の聖典化が艦隊決戦主義を教条化したという指摘もなされている。そのようにして形成された海軍における艦隊決戦重視の風潮は強固で、四〇年三月に起案された海戦要務令続編(航空戦の部)は、航空決戦思想を打ち出していたものの、草案のままとなった。

参考文献 池田清『海軍と日本』(『中公新書』、一九八一、中央公論社)、秦郁彦編『日本陸海軍総合事典(第二版)』(二〇〇五、東京大学出版会) （手嶋　泰伸）

かいだし　買い出し　物資不足と配給制度実施に伴い、市民の生活手段として広く行われるようになった、食料品など生活必需物資の産地買い付け行為のこと。一九四

終戦直後，買い出し列車に殺到する人々

〇年以降、生活品に配給制度が本格導入されるなか、四一年ごろから米穀類、野菜類、あるいは鮮魚などを、消費者が個人もしくは集団で産地に出向いて購入する動きが広がった。政府による公定価格設定に不備があった生鮮食料品については、配給品が枯渇するなか、青果物配給統制規則・鮮魚介配給統制規則などで正式な供出・配給ルート以外に一定量の産地からの持ち出しが許容されていたため、生活物資の不足を補う手段として多くの都市住民が農漁村へ出向いた。四二―四三年には、郊外鉄道などがリュックサックを背負った「買い出し部隊」で混雑する事態も生じた。買い出しには、往々にしてヤミ価格による売買も伴ったため、経済警察がこれを取り締まったほか、商工省は配給統制規則の改正により持ち出し許容量の制限を強化したが、配給制度の欠陥を補う「安全弁」としてこれを公認せよとの議論が出るなど、買い出し部隊の根絶は困難であった。戦争末期、政府は生鮮食料品に自由価格制を導入し、配給統制は事実上破綻した。戦後、買い出しは公然化し、一層広がった。→経済警察(けいざいけいさつ) →配給制度(はいきゅうせいど)

[参考文献] 『資料日本現代史』一三(一九八五、大月書店)、佐賀朝「配給と闇」(『日本二十世紀館』所収、一九九九、小学館) (佐賀 朝)

かいてん 回天 太平洋戦争末期の日本海軍の水中特攻兵器。魚雷に人間が乗り込んで操縦できるよう改造した有人体当たりの人間魚雷で、搭乗員は一名。頭部には約一・五トンの爆薬を搭載。潜水艦や母艦に搭載され、洋上で敵艦を襲撃するほか、泊地襲撃などにも使用された。また、出撃の機会はなかったものの、九州、四国、本州などの沿岸部にも回天隊が配備された。開発段階での呼称は㊅(マルロク)金物。「回天」の発案と実現の中心となったのは黒木博司大尉(海機五十一期)と仁科関夫中尉(海兵七十一期)ら青年士官であった。企画立案は一九四三年に始まるが、海軍上層部は当初、特攻を前提とした兵器採用に反対であった。しかし、四四年二月、連合艦隊前線基地のトラック環礁壊滅を機に採用が決定され、同年七月に試作一号艇が完成している。「回天」には、既存の九三式魚雷三型を改造した「一型」(および同改一、同改二)のほか、燃料に水化ヒドラジン、酸化剤を過酸化水素とした大型・高速の「二型」、大型ながら燃料を酸素魚雷式とした「四型」、電池式の九二式魚雷を改造した小型の「十型」などもあった。このうち実戦に投入されたのはほとんど一型系統で、四四年九月から四五年八月までに約四百二十基が完成していた。「回天」は、一度潜水艦を離れると停止・再起動はできず、目標とする敵艦に突入できなかった場合、幾度も浮上して標的を追った。それでも目標艦に突入できないまま自爆・自沈するものもあった。また、内部から開閉可能なハッチはあったものの、水圧がかかった状態では搭乗員には開けることができない構造であった。回天作戦は連合国軍に「海中の見えない脅威」とされたが、「回天」の名のごとく戦局を打開することは叶わず、搭乗・出撃した八十九名、訓練中の殉職者十五名、戦後、基地内で自決した搭乗員二名、回天搭載潜水艦に同乗していた整備員三十五名、潜水艦乗組員八百十二名と数多の若者の命が失われた。

「回天」模型(周南市回天記念館)

[参考文献] 鳥巣建之助『人間魚雷―特攻兵器「回天」と若人たち―』(一九八三、新潮社)、奥本剛『(図説)帝国海軍 特殊潜航艇全史』(二〇〇五、学習研究社)、『人間魚雷回天―命の尊さを語りかける、南溟の海に散った若者たちの真実―』(二〇〇六、ザメディアジョン) (齋藤 義朗)

かいなんこうえきこうしゃ 海南交易公社 戦時下に中国海南島に設立された輸移出入統制機関。中国の海南島の貿易は、一九三九年二月の日本軍による同島占領後、海軍省の協力要請に応じた三井物産が軍・官より輸移出入の一手取扱いを委託されていた。四二年八月に海南交易公社が設立され、三井物産の一手独占は打破され、同公社が輸移出入の統制機関となった。同公社は、三井物産、大同貿易、万和公司の三商社と開発会社二十八社で構成する公社員と軍・官が合体して運営され、三商社は輸移出入の代行者に任命された。しかし、その実態は公社が形式的な「トンネル」組織であり、実質的担い手が三井物産中心であることに変わりはなかった。

[参考文献] 木村孫八郎「貿易新体制の一模型―海南島の交易公社に就て―」(『貿易統制会会報』一ノ六、一九四二)、春日豊『帝国日本と財閥商社―恐慌・戦争下の三井物産―』(二〇一〇、名古屋大学出版会) (春日 豊)

かいなんとうこうりゃくせん 海南島攻略戦 日中戦争期に日本軍が海南島を占領した戦い(Y作戦)。中国沿岸の海上封鎖強化と航空攻撃による援蔣ハノイルートの遮断、あわせて鉄鉱石(石油の埋蔵も期待)などの資源獲得をめざした日本軍は、一九三九年二月九日、海南島攻略作戦を開始した。この作戦には、陸軍飯田支隊(六個大隊基幹)と第五艦隊が参加した。日本陸海軍は、十四日に同島を占領し、その後、日本軍は同島南部の三亜に海軍根拠地と航空基地を設定したが、陸路の援蔣ルートを遮断することはできなかった。しかし、仏印に近接する同島の占領、日本による新南群島(南沙群島)の領有宣言(三月)、広東省汕頭の占領(六月)に、華南と同島に権益を有していた米英仏三国は強く反発し、海南島攻略を中心とする日本軍の南進作戦は、日本と欧米諸国との対立をさらに深める結果を招いた。また、占領後も同島では抗日ゲリラの活動が活発で、日本軍はしばしば組織的な粛清作戦を実施せざるをえなかった。

参考文献 藤原彰・今井清一編『日中戦争』(『十五年戦争史』二、一九八八、青木書店) (山田 朗)

かいへいだん 海兵団 主に各軍港におかれ、軍港の警備を担った海軍の陸上部隊であるが、実質は海軍の新兵教育機関となっており、そのほかに、予備・後備兵の招集・訓練も担当した。海軍兵として海軍に入籍した者は、志願兵と徴兵の別を問わずにすべて海兵団に入団して、半年程度の新兵教育を受けることになっていた。一九四一年十一月以前においての海兵団は横須賀・呉・佐世保・舞鶴の各鎮守府に置かれた四つだけであったが、アジア・太平洋戦争中の学徒出身者や海軍特別年少兵の教育も担当するようになったため、既存のものだけでは足りなくなり、警備府などにも設置されるようになった。四五年春までに相浦・大阪・大竹・大湊・田辺・平・高雄・武山・鎮海・浜名・針尾・安浦の十二海兵団が新たに設置され、終戦時には合計で十六個の海兵団があった。

参考文献 外山三郎『海軍』(『日本史小百科』二八、一九九一、近藤出版社)、秦郁彦編『日本陸海軍総合事典(第二版)』(二〇〇五、東京大学出版会) (手嶋 泰伸)

かいぼうかん 海防艦 沿岸防備を主務とする艦艇。明治以来、日本海軍では旧式軍艦をこの任にあてていたが、一九三七年度から小型かつ軽快な専用の新造艦を用いることになり、四二年、類別も軍艦から補助艦艇に変更、太平洋戦争中は、対潜哨戒と船団護衛が主務となった。新造海防艦には、占守型、択捉型、御蔵型、日振型、御蔵型を簡易量産化した鵜久型、小型量産版の丙型、丁型など計百七十一隻がつぎつぎと建造されたが、終戦までに七十二隻が失われた。

参考文献 福井静夫『日本補助艦艇物語』(『福井静夫著作集』一〇、一九九三、光人社) (齋藤 義朗)

かいほうく 解放区 ⇨抗日根拠地(こうにちこんきょち)

がいまい 外米 外米とは、仏領インドシナ・タイ・ビルマなど東南アジア産で輸入された米穀のこと。外米を大量輸入するようになったのは、アジア・太平洋戦争直前の一九三九年末に、円ブロックで顕在化した米不足を中心とした食糧問題を調整するためであった。食糧問題が生じたのは、西日本や朝鮮での旱害が直接的な契機であったが、日中戦争開始以後、圏外からの小麦供給が停止状態となり、各地の米穀消費が増大したにもかかわらず、諸政策が対応しておらず矛盾が露呈したからであった。四〇年には南方からの外米は七百六十二万石、四一年には九百五十七万石、四二年には九百二十一万石が輸入される一方で、三〇年前半には一千万石を超える量を移入していた朝鮮・台湾からの外地米は、急激に減少した。戦争末期には輸送力の喪失により外米の輸入は途絶したが、南方の占領地では日本軍への供出や従来の流通システムが破壊されたことなどから、局地的に激しい米不足が発生した。戦争末期のベトナム北部での飢饉では、死者約二百万人ともいわれている。

参考文献 古田元夫「ベトナム」(『歴史評論』五〇八、一九九二)、大豆生田稔「戦時食糧問題の発生―東アジア主要食糧農産物流通の変貌―」(大江志乃夫他編『膨張する帝国の人流』所収、一九九三、岩波書店)、松本武祝「円ブロックにおける食糧自給構想の展開」(野田公夫編『戦後日本の食料・農業・農村』一所収、二〇〇三、農林統計協会) (安達 宏昭)

かいらんばん 回覧板 政府の戦時政策を国民に伝えるために、一九三九年ごろから主として市町村が発行した広報紙。正式名称は隣組回報。A4判の大きさの一枚の用紙を板に貼り付けて十世帯ぐらいの隣組にまわした。用紙には閲覧済みの印鑑を押印する欄が設けてあるので、情報は確実に全世帯に伝達された。初期は肇国精神強調週間、金属回収など政策の伝達、四〇年ごろからは配給品の通知など、四四年ごろからは空襲対策、疎開、カボチャ栽培などの情報を掲載した。

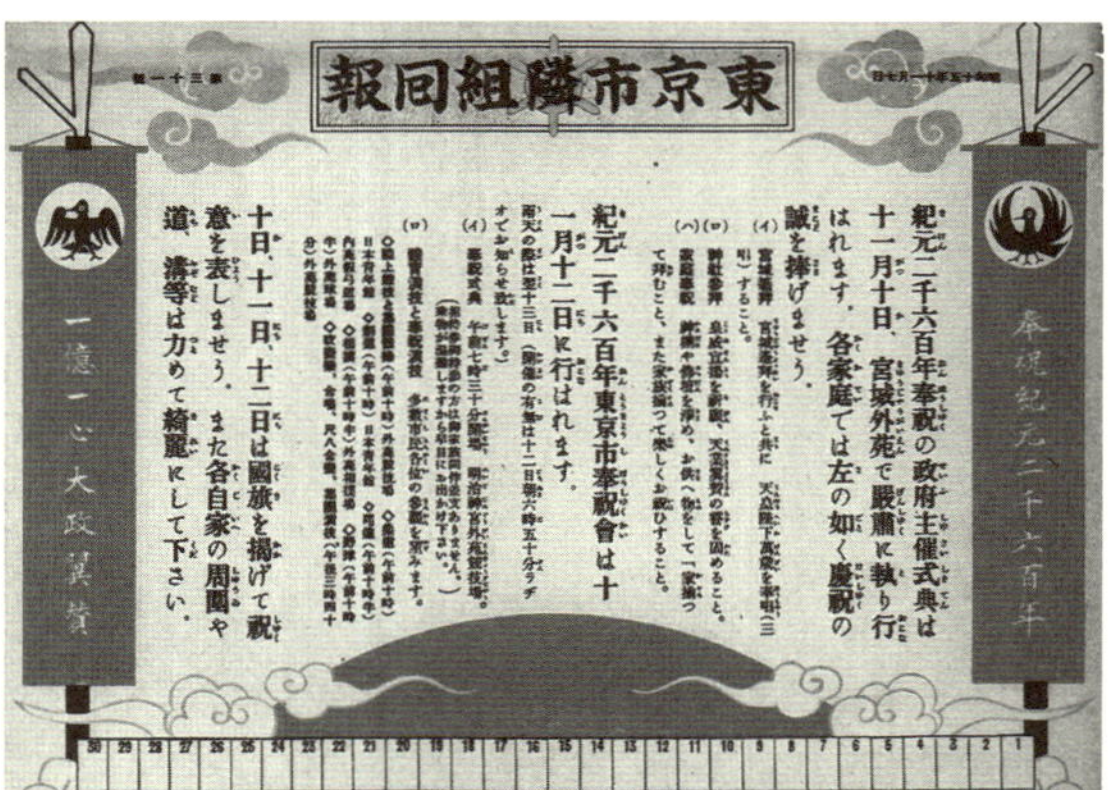

東京市隣組の回覧板

参考文献 江波戸昭『戦時生活と隣組回覧板』(『明治大学人文科学研究叢書』、二〇〇一、中央公論事業出版) (早川 紀代)

カイロせんげん カイロ宣言 第二次世界大戦中の一九四三年十一月二十二日から二十六日にかけてエジプトのカイロで開かれた、アメリカ・イギリス・中国の首脳会談の結果、二十七日に出された宣言。アジア・太平洋戦

カイロ会談　左より蔣介石，ローズヴェルト，チャーチル

争の戦局がすでに連合国側にとって有利に転じた状況の中で、連合国側の対日戦争目的を改めて明らかにし、戦争終結の形と、日本の領土処理方針を固めることが、カイロ会談の目的であった。宣言では、日本の侵略を制止し日本を罰するために三国は戦争を行なっているのであり、自国のための利益獲得や領土拡大は意図していないという基本的な姿勢が述べられた後、第一次世界大戦開始以後に日本が奪取したり占領したりした太平洋でのすべての島を日本からはく奪すること、満洲、台湾、澎湖島のように日本が中国から奪ったすべての地域を中国に返還することが、連合国の目的として明示され、暴力や強欲によって日本が略取したほかのすべての地域からも日本を駆逐し、朝鮮を自由で独立した存在にするという決意が表明された。さらに、対日戦争終結の形として無条件降伏が確認され、三国が、日本と交戦中のほかの連合国と協調しながら、日本の無条件降伏を確保するために必要な作戦を続けていくという方針も示された。カイロ会談で中国の国民政府主席蔣介石が、ローズヴェルト米大統領、チャーチル英首相と同席したことは、蔣が国際政治に登場する機会となった。またこの会談は、すぐ後にイランのテヘランで開かれた、アメリカ、イギリス、ソ連の首脳によるテヘラン会談と対になる会談であったが、これらの会談を通じてローズヴェルト大統領が示した、米英ソ中の四ヵ国が戦後世界における平和維持の中心になっていくという「四人の警察官構想」に中国が含まれたことにより、中国はアジアの大国として認知され、その国際的位置が高まった。→テヘラン会談

参考文献　W・S・チャーチル『第二次世界大戦』下(佐藤亮一訳、一九七二、河出書房新社)　(木畑 洋一)

カウラじけん　カウラ事件　一九四四年八月五日、オーストラリアのカウラ捕虜収容所に収容されていた日本兵捕虜千百四人が決起、脱走を試みた事件。鎮圧の過程で死者二百三十一人、負傷者百八人(うち三人がのちに死亡)を出し、豪軍側にも死者・負傷者各四人の犠牲が出た。捕虜たちの多くは日本には二度と戻れないことを覚悟しており、所内には自暴自棄的な空気が広がっていた。にもかかわらず豪軍の待遇が寛大、ルーズだったことが逆に反乱計画を進行させる一因になったともいえる。四四年六月、捕虜たちの間で脱走計画が進められていることを察知した豪軍側が下士官をカウラに残し、兵を別の収容所へ移すと通告したことが決起の直接的な契機となった。捕虜たちが事前に決起の可否を投票したところ、各班の約八割が賛成して無謀な突撃が実行された。手製のナイフ程度の武器しか持たない捕虜たちは豪軍の機関銃で射殺され、柵外に出た者も逮捕されて決起は失敗した。

参考文献　秦郁彦『日本人捕虜―白村江からシベリア抑留まで―』(一九九八、原書房)　(一ノ瀬俊也)

かえんほうしゃき　火焔放射器　陸軍で近接戦闘用に使用された兵器。日本陸軍では、正式には「火焔発射機」と称した。タンクで圧縮したガスや空気と油液を混合し、蛇管から発射管に送って点火し、目標に対し火焔を放射する。人馬への攻撃やトーチカなどの掃蕩に使用された。アジア・太平洋戦争期には旧式の九三式小火焔発射機と改良型の一〇〇式火焔発射機が使用された。

参考文献　原剛・安岡昭男編『日本陸海軍事典』(一九九七、新人物往来社)、佐山二郎『工兵入門―技術兵科徹底研究―』(『光人社NF文庫』、二〇〇一、光人社)

(中野 良)

沖縄戦で火焔放射器を用いる米軍

かおうきん　何応欽　He Yingqin　一八九〇―一九八七　中国の軍人。一八九〇年四月二日、貴州省興義県生まれ。一九〇九年、武昌陸軍第三中学に入学するが、同年来日し、一〇年、振武学校に入学する。辛亥革命期に一旦中国に戻るが、第二革命失敗後、日本に再留学、陸軍士官学校に入学し、一六年に卒業する。帰国後は貴州省の軍関係機関を渡り歩く。二四年、広州に設立された黄埔軍官学校で軍事総教官となる。二六年に北伐が開始されると、国民革命軍第一軍長兼東路軍総指揮となり、福州、杭州、上海、南京など主要都市を攻略、占領した。国民政府成立後、軍事委員会常務委員、三〇年に軍政部長に

任命される。一九三三年三月、軍事委員会北平分会代理委員長就任後は、行政院駐北平政務整理委員会委員長の黄郛とともに関東軍との交渉にあたった。日本軍が華北分離工作に乗り出した三五年、天津日本租界事件を口実に支那駐屯軍が中央軍などの河北省からの撤退を要求すると、これを受諾し(梅津・何応欽協定)、十二月には第二十九軍と交渉して冀察政務委員会の設置に目途をつけ、華北事変の収拾を図った。三六年十二月の西安事件では、討逆軍総司令となって武力解決を図ろうとし、抗日民族統一戦線を目指す勢力から非難された。盧溝橋事件後の三七年八月、第四戦区司令長官を兼任する。三八年一月、軍事委員会参謀総長に任命され、徐州会戦、武漢会戦を指揮した。四四年十一月、中国戦区中国陸軍総司令に任命され、十四年余り務めた軍政部長を辞任、西南地域の作戦指導に専念する。四五年九月九日、南京の中国陸軍総司令部大講堂で行われた中国戦区の日本軍降伏文書調印式では、支那派遣軍総司令官岡村寧次が調印した降伏文書を受け取った。四六年、米国に派遣され、連合国軍事参謀団の中国代表団団長に就き、駐米軍事代表団団長を兼任する。四八年国防部長、四九年に行政院長となったが、上海失陥を受け辞任する。六五年、日本政府から勲一等旭日大綬章を授与される。八七年十月二十一日、台北で死去。九十八歳。→梅津・何応欽協定

参考文献 『何応欽将軍九五紀事長編』(台北、一九八四、黎明文化事業) (内田 尚孝)

かが 加賀 太平洋戦争初期の機動部隊作戦の中核を担った航空母艦。基準排水量二万六九〇〇トン(改装後、三万八二〇〇トン)、搭載機数六十機(改装後、九十機)。一九二〇年度成立の八八艦隊計画で、土佐型戦艦の二番艦として神戸川崎造船所で起工したが、ワシントン軍縮会議で廃棄処分が決定。しかし、空母改造中であった巡洋戦艦「天城」が二三年の関東大震災で大破したため、急遽、代艦として横須賀海軍工廠で空母に改造された。二八年の竣工時は、「赤城」と同様に三段飛行甲板・三層格納庫方式であった。しかし、本艦で独自に採用した飛行甲板直下両舷を通る誘導煙突は不具合が多く、改善のため三三年から三五年にかけて全通一段飛行甲板式の島型空母への近代化改装を施され、大型の艦隊型空母に変容した。太平洋戦争初期、「赤城」とともに第一航空戦隊を編成し、四一年十二月のハワイ作戦、四二年一月のラバウル攻撃、カビエン攻撃などに参加。同年六月五日、ミッドウェー海戦において、アメリカ海軍艦載機の急降下爆撃により大火災を起こし、沈没した。

加　賀

参考文献 福井静夫『日本空母物語』(『福井静夫著作集』七、一九九六、光人社) (齋藤 義朗)

かがくぎじゅつしんぎかい 科学技術審議会 一九四一年五月閣議決定をみた「科学技術新体制確立要綱」に示された措置の一つとして設立を求められた機関。技術院の設置に遅れて四二年十二月二十八日に設置。内閣総理大臣が総裁、技術院総裁が副総裁で委員は二百名定員であった。審議会は第一から第八までの部会と特別重点の航空部会と材料部会の計十通常部会、さらに発明奨励、南方資源活用、研究体制の三特別部会で構成されていた。官制第一条には「科学技術審議会は内閣総理大臣の監督に属し関係各大臣の諮問に応じて重要国策の科学技術的検討其の他科学技術に関する重要事項の調査審議を行ふ」と日本行政史上画期的な役割が示される。四三年一月二十六日に第一回総会が開催され、内閣総理大臣から七件ほか各大臣から計十八件の諮問が発せられた。この時の文部大臣からの第一号諮問への答申に基づく閣議決定が四三年八月二十日の「科学研究の緊急整備方策要綱」であり、文部大臣からの第二号諮問と内閣総理大臣からの第六号諮問が同じ内容で、これへの答申に基づく閣議決定が同年十月一日の「科学技術動員総合方策確立に関する件」であった。前者によって文部省は学術研究会議の整備強化を推進し、後者によって内閣に研究動員会議が設けられ、戦時研究員制度も発足した。

参考文献 大淀昇一『近代日本の工業立国化と国民形成―技術者運動における工業教育問題の展開―』(二〇〇九、すずさわ書店)、沢井実『近代日本の研究開発体制』(二〇一二、名古屋大学出版会) (大淀 昇一)

かがくぎじゅつしんたいせいかくりつようこう 科学技術新体制確立要綱 一九四一年五月二十七日閣議決定をみた戦時下における科学技術動員プログラムといえるもの。四〇年七月に成立した第二次近衛内閣のもとでの閣議決定「基本国策要綱」には国防経済確立のために「科学の画期的振興並生産の合理化」という項目があり、それに基づいて企画院でまとめられた。軍部の報告書または施策要綱に従って第一方針、第二要領、第三措置、の組み立てになっている。方針に「科学の画期的振興と技

術の躍進的発達(中略)国民の科学精神を作興し以て大東亜共栄圏資源に基く科学技術の日本的性格の完成を期す」とあり、ついで要領では「科学技術研究の振興方策」として八項目、「技術の躍進方策」として八項目、「科学精神の涵養方策」として四項目の計二十項目が挙げられ、措置として「科学技術行政機関の創設」(これは「仮称技術院」となっている)三項目、「科学技術研究機関の総合整備」三項目、「科学技術審議会の設置」の施策事項があった。日本行政史上画期的なこの要綱は、科学を管掌するという文部省、技術を管掌するという商工省の執拗な抵抗を打破した技術官僚たちの働きで実現したのである。
↓技術院

参考文献 大淀昇一『宮本武之輔と科学技術行政』(一九八九、東海大学出版会) (大淀 昇一)

かがくしゅぎこうぎょう　科学主義工業　理研コンツェルンの創業者、大河内正敏が標榜した経営理念。東京帝国大学造兵学の教授(一九一一―二五年)であり、理化学研究所の所長であった大河内正敏は、戦時体制下遅れているのが大量生産技術であると考えた。大河内は「戦時下生産力拡充と科学主義工業」という講演の中で、自動車の試作はできるが、一万台造る工場設計をというと、専門の教育者ですら試作設備を百倍すれば百倍できると考えていた。しかし現在では百倍の機械も入手できないし、それを造る熟練工も得られない。機械科でも電気工学科でもない生産に関する学科、単独の生産工学という学科を創らねばならない、と述べている。そして婦女子にもできる単能工作機械の開発や、理研各社を部品製造に特化させ、コンツェルン全体で大量生産をしようと考えたのである。戦後開花した日本の量産技術は、こうして種をまかれたのである。　↓大河内正敏　↓理研コンツェルン

参考文献 齋藤憲『新興コンツェルン理研の研究―大河内正敏と理研産業団―』(一九八七、時潮社)、同『大河内正敏―科学・技術に生涯をかけた男―』(『評伝・日本の経済思想』、二〇〇九、日本経済評論社) (齋藤 憲)

かがくどういんきょうかい　科学動員協会　一九四〇年十二月八日に設立された企画院の外郭団体、財団法人。三九年八月国家総動員法第二五条に基づく総動員試験研究令が公布された。しかし科学動員は法令のみで実現し得るものではなく、動員実施のための協力組織が設立されることとなった。設立趣旨は「現下緊迫せる国際情勢に対処し外交の自主独往と相俟って経済の独立強化を図り(中略)国防経済の要諦たる自給自足の確立は、既存輸入技術に基く生産の拡張従つて多くの原料は海外依存から脱却し得ない方策では到底其の目的を達成し得ざるのみならず、兵器を始め各種工業製品の性能に付ても現下の国際的技術鎖国情勢下に於ては科学研究の応用に依る新技術の創造なくしては明日の世界工業界に活躍を期待し得ないこと勿論である。」と前文的にあり、そして新技術の創造のためには国民一般の科学知識を高め科学動員思想を普及させて民間的協力体制を組むことが必要であると謳われている。これが事業内容の第一であった。もう一つ、「科学動員上必要なる科学研究に対する研究用資材の配給」という事業内容が科学動員協会の主として果たした役割であった。

参考文献 科学動員協会編『科学技術年鑑(昭和十七年版)』(一九四二) (大淀 昇一)

かかくとうとうせいれい　価格等統制令　第二次欧州大戦勃発による海外の物価上昇が国内へ波及するのを防ぐため、一九三九年九月十九日、「価格等統制の応急的措置に関する件」が閣議決定され、国家総動員法に基づいて価格、運送費、保険料、賃貸料、賃金等を九月十八日の額を超えて引き上げることが禁止された。これを十月十八日に価格等統制令(いわゆる九・一八価格ストップ令)として法制化した。すべての価格等は九月十八日に一旦原則的に釘付けされ、その上で漸次公定価格が設定された。それまでは、輸出品等臨時措置法を根拠法とする物品販売価格取締規則により、個別商品ごとに国際価格を基準とした公定価格が設定されていたが、価格等統制令以降、公定価格を生産費＋適正利潤に改め、商品間の価格体系の不均衡の是正を図ろうとした。しかし、価格体系の歪みは容易に解消されず、低物価安定政策と生産増強課題の矛盾が戦時期を通じて問題となった。四六年三月物価統制令の公布により廃止。　↓物価統制令

参考文献 通商産業省編『商工政策史』一一(一九六四、商工政策史刊行会)、岡崎哲二「戦時計画経済と価格統制」(近代日本研究会編『年報近代日本研究』九所収、一九八七、山川出版社) (山崎 志郎)

かがみけんきち　各務鎌吉　一八六九―一九三九　東京海上火災保険の経営者。一八六九年二月三日(明治元年十二月二十二日)、岐阜県に農家の次男として生まれる。東京高等商業学校卒業後、京都府立商業学校教師、大阪府立商品陳列所監事を経て、九一年東京海上保険株式会社(一九一八年に東京海上火災保険と商号変更)入社、九四年から九九年にかけてイギリスにおける収支悪化解決のためロンドンに派遣され、代理店を整理するとともに近代的会計制度と経営手法を導入し、同社の経営危機を救った。帰朝して本店営業部長、一九〇六年総支配人、一七年専務取締役、二二年明治火災保険株式会社社会長、二五年から三九年まで三菱海上火災保険株式会社社会長・東京海上火災保険株式会社社会長。三〇年日本工業倶楽部理事。保険業界の代表として電力統制に尽力し、三五年岡田内閣の内閣審議会に銀行業界の池田成彬とともに財界代表委員となる。二七年から三六年まで三菱信託株式会社会長、二九年日本郵船社長、三五年同会長となるなど三菱財閥企業のトップを務めた。三〇年貴族院議員勅選、三七年日本銀行参与理事となり、大蔵省顧問にもなった。三九年五月二十七日死去。七十二歳。

参考文献 宇野木忠『各務鎌吉』(一九四〇、昭和書房)、鈴

木祥枝編『各務鎌吉君を偲ぶ』(一九四九、各務記念財団)、岩井良太郎『各務鎌吉伝 加藤武男伝』(『日本財界人物伝全集』、一九五五、東洋書館)、日本経営史研究所編『東京海上火災保険株式会社百年史』(一九七九・八二)、小島直記『小島直記伝記文学全集』八(一九八七、中央公論社)

(松浦 正孝)

かがわとよひこ 賀川豊彦 一八八八―一九六〇 大正・昭和期の牧師、社会運動家。一八八八年七月十日、兵庫県生まれ。徳島中学在学中に受洗。卒業後は明治学院神学部予科から神戸神学校に転じ、在学中に伝道・社会事業に従事。一九一四年から一七年までアメリカ留学、神学などを学び、帰国後は神戸神学校や日本基督教会で教鞭をとりながら労働運動、消費組合運動に関わり、友愛会関西労働同盟会、神戸購買組合、大阪労働学校設立に関わった。二〇年には『死線を越えて』がベストセラー。二六年には労働農民党中央執行委員となったのち、宗教活動に力を注ぎ、四〇年、四三年に反戦論の嫌疑で逮捕。四一年にはキリスト教平和使節団の一員として戦争回避のため渡米。敗戦後は東久邇宮内閣参与、貴族院議員となるが、GHQにより登院停止。また、日本社会党、日本協同組合同盟、日本教育者組合、全国農民組合、日本生活協同組合連合会など各団体創設に関わった。六〇年にはノーベル平和賞候補に挙げられたが、同年四月二十三日死去。七十一歳。

賀川豊彦

参考文献 小南浩一『賀川豊彦研究序説』(二〇一〇、緑蔭書房)

(福家 崇洋)

かきょうぎゃくさつ 華僑虐殺 シンガポールやマレー半島で日本軍が行なった華僑虐殺事件。一九四二年二月十五日にシンガポールを占領した第二十五軍(軍司令官山下奉文中将)は、「敵性」と断じた者は直ちに処刑せよという華僑粛清命令を発した。日本から侵略を受けていた祖国中国への支援運動を行なっていた華僑を敵視し、「抗日分子」を一気に一掃しようとしたものだった。市街地はシンガポール警備隊と憲兵隊、郊外は近衛師団が粛清を担当、十八歳から五十歳までの華僑男子が指定された地区に集められた。かんたんな尋問だけで「抗日」的とみなされた者はトラックに乗せられて郊外の海岸などに運ばれ、機関銃で射殺された。軍参謀辻政信は各地の検問所をまわって「おれはシンガポールの人口を半分にしようと思っているのだ」と処刑を促してまわった。シンガポール警備司令官河村参郎の日記には二月二十三日に各憲兵隊長を集め、そこで「処分人員総計五千名」と報告を受けたことが記されている。殺された人数は日本軍関係者が戦後に作成した文書では約五千人、シンガポール側では四～五万人と言われている。さらに第二十五軍は第五師団と第十八師団にマレー半島での粛清を命じ、三月から四月にかけてマレー半島各地でも虐殺が行われた。都市部ではシンガポールと同じように検問によって選ばれた者が郊外に連行されて処刑され、農村部では抗日ゲリラに協力しているとみなされた村やゴム園の集落が女性や子どもも含めて皆殺しにされた。第五師団歩兵第十一連隊が粛清を担当したネグリセンビラン州では、三十数ヵ所の村・集落で三千数百人の華僑が虐殺されたと推定されている。全体の犠牲者はシンガポールを含めて数万人にはなるとみられる。大きな虐殺は四二年三、四月に集中しているが、その後も粛清は続けられ、このことがかえって華僑の反感をかい抗日運動を強めることになった。

参考文献 林博史『華僑虐殺―日本軍支配下のマレー半島―』(一九九二、すずさわ書店)、同『シンガポール華僑粛清―日本軍はシンガポールで何をしたのか―』(二〇〇七、高文研)、シンガポール＝ヘリテージ＝ソサエティ編『日本のシンガポール占領―証言「昭南島」の三年半―』(越田稜監訳、二〇〇七、凱風社)

(林 博史)

かくしんかんりょう 革新官僚 一九二〇年代に東京帝国大学法学部を卒業し、経済官庁に入ったキャリア官僚で、戦時期に国家総動員政策の計画・立案に関わった一群の勢力を指す。既成政党を批判し、「天皇の官僚」としての独立性を強調した一世代前の「新官僚」に対し、当初は「新々官僚」などと呼ばれていたが、四〇年ごろからマスメディアで「革新官僚」と呼称されるようになって、定着した。彼らはいずれも学生時代にマルクス主義に触れ、その影響を受けたが、官僚になってからは、経済優先で人間性を破壊するものとして、マルクス主義および資本主義を否定し、ファシズム的な社会改造の推進力となった。また、国際秩序としては「東亜ブロック」の形成を主張するなど、対外侵略を推し進めた。商工官僚の岸信介、椎名悦三郎、美濃部洋次、大蔵官僚の毛里英於菟、迫水久常、逓信官僚の奥村喜和男、鉄道官僚の柏原兵太郎などがその中心とされる。特に内閣調査局、資源局、企画庁、企画院、興亜院などの諸官庁で活動し、陸軍経済官僚の鈴木貞一や秋永月三、池田純久などとともに、戦時統制経済をリードした。日中戦争期以降成立した、国家総動員法、電力国家管理法、物資動員計画、生産力拡充計画など、戦時統制に関わる重要な法律や計画は、いずれも革新官僚の手によるところが大きく、とりわけ四〇年の「経済新体制確立要綱案」は、革新官僚の理想とする政策体系を示すものとして注目を集めた。だが、そこに示された資本と経営の分離や、企業の利潤制限、公益優先などの諸施策は、財界などから強い反発を受け、「赤化」思想として批判された。四一年には企画院事件が起こり、企画院調査官であった革新官僚らが治安維持法違反の容疑で逮捕され、岸商工次官も罷免されるに至った。戦後、多くは公職追放になったが、和田博雄など一部の人びとは経済安定本部に入った。また、自由民主党をはじめとする保守政党や日本社会党などで活躍する者もいた。↓企画院 ↓経済新体制 ↓新官僚

参考文献 橋川文三「革新官僚」(神島二郎編『現代日本思想大系』一〇所収、一九六五、筑摩書房)、古川隆久「革新官僚の思想と行動」(『史学雑誌』九九ノ四、一九九〇)、高橋彦博「新官僚・革新官僚と社会派官僚—協調会分析の一視角として—」(『社会労働研究』四三ノ一・二、一九九六)

(佐々木 啓)

かくたかくじ 角田覚治 一八九〇—一九四四 大正期から太平洋戦争期の海軍軍人。一八九〇年九月二十三日、新潟県で生まれる。一九一一年海軍兵学校卒(第三十九期)、二五年海軍大学校卒。新鋭巡洋艦「古鷹」砲術長、第一艦隊参謀兼連合艦隊参謀などを経て、三三年海軍大佐となる。三六年海軍兵学校教頭となり、その時来校して航空主兵論を生徒たちの前で講演した源田実に対して、即座に戦艦主兵論的なコメントで釘を刺したという典型的な砲術将校であった。しかし、その後戦艦「山城」艦長を経て、三九年十一月海軍少将となった後は、四〇年十一月の第三航空戦隊司令官を皮切りとして、第四・第二航空戦隊と太平洋戦争期にかけて空母部隊の指揮官を歴任、その積極果敢な戦闘指揮ぶりへの評価は高い。四二年十一月海軍中将、四三年七月には改編されて陸上基地の航空部隊となった第一航空艦隊司令長官となる。最後は、航空戦力を失った状態で地上戦となったテニアン島で四四年八月二日に戦死。五十五歳。

参考文献 横森直行『提督角田覚治の沈黙—一航艦司令長官テニアンに死す—』(一九六八、光人社)

(相澤 淳)

がくどうそかい 学童疎開 空襲にそなえて都市の子どもたちを地方に移し、生活させること。疎開政策の一つ。個々に親類や知人を頼って地方に移る縁故疎開と、学校単位に集団で移る集団疎開とがあった。縁故疎開は一九四四年初めから人員疎開の一環として行われた。集団疎開の必要性は一部で主張されていたが、家族主義との関連や実施上の困難がみこまれ、実現は遅れた。東京都では、戦時疎開学園として、四四年三月以降、小規模に集団疎開が実施された。学童集団疎開の実施が国レベルで決定されたのは四四年六月三十日の閣議決定である。マリアナ諸島への米軍侵攻により、本土空襲が必至となったことが大きい。集団疎開実施地域は東京都(区部)および川崎・横浜・横須賀・名古屋・大阪・神戸・尼崎の各市であり、対象は縁故疎開が不可能な国民学校初等科の三年以上であった。病気などで集団生活になじめない者は除外された。付添い教員のほか、子どもたちの世話をするための寮母および作業員が雇われた。沖縄における学童の本土移動も内容的には集団学童疎開と同じものであるが、政策的には別のものと扱われ、財政的措置などで差別があった。疎開は、子どもたちの安全確保ではなく、空襲対策上の足手まといを除くことに重点があり、新たな戦闘配置であると宣伝された。

集団疎開に応じた学童たちは八月初めから九月半ばまでに、割り当てられた疎開先に向かった。疎開先の宿舎(学寮)は旅館・寺院などであった。食糧は配給によって賄うとされていたが、全国的な食糧難もあり、食糧不足は次第に深刻となっていった。保護者の負担は学童一人あたり月十円であったが、学校後援会費などの名目での追加負担があった。疎開学童たちの通学した地元の学校では、特別教室の使用や二部授業の実施などが迫られ、また、学寮での授業(坐学)が通常となった場合もあった。集団疎開先ではシラミ発生が一般化し、女子の性病感染も問題となった。四五年二月以後、六年生が都市へ帰っ

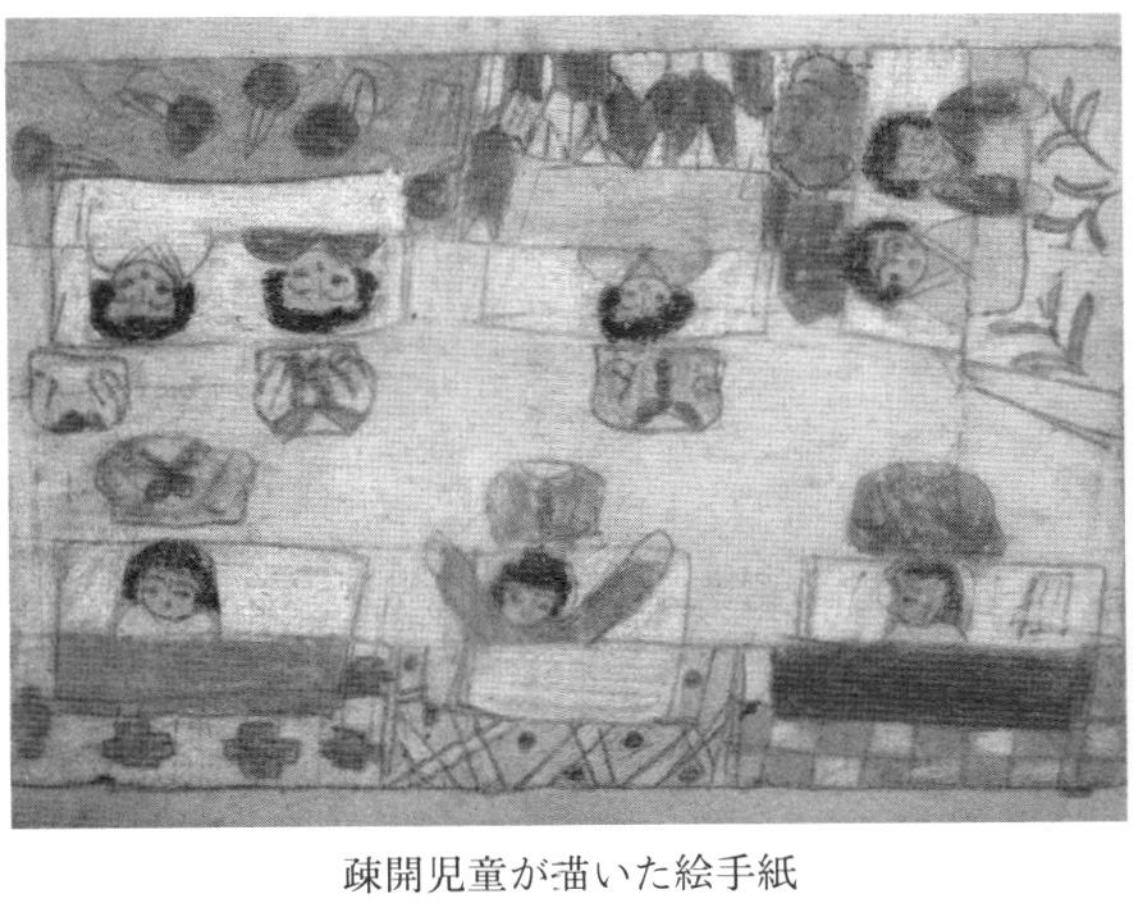

疎開児童が描いた絵手紙

学童集団疎開の列車内

たが、彼らは、激化した米軍の大都市無差別空襲に直面することになる。新年度から対象が一年生までに拡大され、また、三月から六月にかけて疎開地を移す再疎開が実施された。再疎開は、安全上の問題、温泉地などの過密の問題のほか、傷痍軍人の療養のための宿舎明け渡しも大きな理由であった。他方、空襲の激化によって、京都・舞鶴・西宮・芦屋・広島・呉・釜石・山形・函館などで新たに集団疎開が実施された。

　敗戦後、十一月中には大部分が疎開先から帰還したが、親の空襲死などで四六年三月まで疎開先にとどまった子どももいた。沖縄の子どもが帰還したのは四六年十月であった。親や家族が空襲で亡くなり、戦災孤児として苦難の道を歩まざるを得ない者も多かった。集団疎開参加者数は時期によって増減が著しいが、約四十万人とされる。なお、東京の肢体不自由児学校、光明国民学校のように自力で疎開先(長野県上山田村)を探し、実施したようなケースもあった。

　縁故疎開の場合でも、疎開先の家庭の生活もきびしく、疎開者とのあいだで各種のトラブルを生じるケースがあった。子どもは、集団疎開と違い、多くは一人で地元の学校に投げ込まれることで、いじめなどの対象にされることもあり、また、きびしい農作業を強いられるようなこともあった。一方、地元に溶け込み、良好な関係をもった家族や子どもの事例もあり、疎開先との関係などによって、さまざまな実態が生まれた。→対馬丸事件(つしままるじけん)

参考文献　全国疎開学童連絡協議会編『学童疎開の記録』(一九九四、大空社)、逸見勝亮『学童集団疎開史―子どもたちの戦闘配置―』(一九九八、大月書店)　(青木　哲夫)

がくときんろうどういん　学徒勤労動員　日中戦争以後、高等・中等教育機関の学生・生徒(学徒)を、召集された成人男性の労働力の補充のために勤労させたこと。当初は勤労奉仕と呼称されていたが、一九四一年から勤労動員となって計画性と強制力が高まり、しかも勤労の成果が期待されるようになっていった。動員目的は、食糧増産、軍需品生産、燃料増産、防空・国土防衛などで、大学生や専門学校・実業学校生徒はそれぞれの専門を生かした動員先に配置されたケースが多かった。四四年度にはいわゆる通年動員が開始され、内陸にある学校の生徒が遠く離れた海岸沿いの工場での長期の労働に従事することとなった。また、校舎を軍需工場に転用した学校工場が作られた場合には、その学校の学生・生徒が自校の校舎で勤労した。終戦直後の四五年八月十六日、農業や運輸通信関係以外の動員が解除されたが、食糧危機が深刻化したため、しばらく学校農園を整備したうえで学生生徒に農作業が課され続けた。

参考文献　福間敏矩『(集成)学徒勤労動員』(二〇〇二、ジャパン総研)　(米田　俊彦)

がくとしゅつじん　学徒出陣　アジア・太平洋戦争下に実施された、在学徴集延期の停止による学生生徒(学徒)の陸海軍への入営・入団措置。従来、兵役法では「帝国臣民たる男子」の兵役が義務付けられていたが、中学校以上の学校に在学する者には、最高二十七歳まで軍隊への徴集が猶予されるという特権が付与されていた。しかし戦局の展開に伴って、一九三九年三月の「兵役法中改正」で勅令により必要に応じた徴集延期の停止が可能とされたのを皮切りに、在学・修行年限の臨時短縮(卒業期の繰り上げ)と在学徴集延期期間の短縮によって、在学徴集延期は実質的に空洞化していく。四三年九月二十一日には「現情勢下に於ける国政運営要綱」が閣議決定され、そのなかで在学徴集延期の停止、法文系学生の即時徴集、理工科学生に対する新たな入営延期措置などが明示された。これに伴って、同十月二日には勅令七五五号「在学徴集延期臨時特例」が公布および即日施行され、それまでの在学徴集延期が停止されることとなったのである。結果、理工科系など一部の入営延期措置の適用者を除いた学徒のうち徴兵適齢に達した者に、ただちに入営・入

学徒出陣に際して扇子に書かれた寄せ書き

学徒出陣壮行会

団への手続きが開始された。該当する学徒は、四三年十月二十一日に神宮外苑競技場で挙行された出陣壮行会を経て、臨時徴兵検査ののち、同年十二月には陸海軍に入営・入団していった。これが学徒出陣である。ところで、語中の「学徒」が指す範囲には広狭がある。そもそも学徒出陣は、学生生徒の身分のままの徴集を意味し、一般的には在学徴集延期が停止されて以降の最初の入隊者(四三年十二月入隊)を指す場合が多い。ただし、学生生徒の身分のまま徴集される例は四四年以降敗戦まで継続するため、これを含めて広く考えることもできる。さらに、それ以前の繰り上げ卒業者は学生生徒の身分を離れており厳密には学徒ではないが、これを含めて使用される例もある。

参考文献 福間敏矩『(増補)学徒動員・学徒出陣―制度と背景―』(一九九三、第一法規出版)、東京大学史史料室編『東京大学の学徒動員・学徒出陣』(一九九八、東京大学)、蜷川壽惠『学徒出陣―戦争と青春―』(『歴史文化ライブラリー』、一九九八、吉川弘文館)
(神代　健彦)

がくとせんじどういんたいせいかくりつようこう　学徒戦時動員体制確立要綱 ⇨学徒動員

がくとどういん　学徒動員　日中戦争以後、高等・中等教育機関の学生・生徒(学徒)を戦争の遂行に直接あるいは間接に協力させるために行なったさまざまな動員。国家総動員法(一九三八年公布)に基づく勤労動員を指すことが多いが、広義には学校の制度や機能を変えて卒業生の資質や進路を戦争に強く結びつけるものも含まれる。三八年から高等・中等教育機関で実施された集団勤労作業は、精神教育的な趣旨のものであり、学徒勤労動員の前史として位置づけられる。四一年二月の青少年学徒食糧飼料等増産運動以後、勤労奉仕が本格的な勤労動員に転換した。同年八月には高等・中等教育機関に学校報国隊が組織され、これが同年十一月の国民勤労報国協力令による国民勤労報国隊とみなされた。四三年六月には「学徒戦時動員体制確立要綱」が閣議決定された。「教育錬成内容の一環」として学校報国隊を国土防衛と勤労作業に動員できる体制を確立することが目指され、これ以後軍需工場への勤労動員が本格化した。十月の閣議決定「教育に関する戦時非常措置方策」では「教育実践の一環として学徒の戦時勤労動員を高度に強化」して一年の三分の一に相当する期間を勤労動員にあてるものとされた。四四年一月の閣議決定「緊急学徒勤労動員方策要綱」では「勤労即教育の本旨」に徹して継続して四ヵ月間の動員を行うこととされたが、三月の閣議決定「決戦非常措置要綱に基く学徒動員実施要綱」により動員対象が中等学校一・二年生や国民学校高等科児童にまで拡大されるとともに、いわゆる通年動員が開始されることになった。四月には文部省に学徒動員本部が設置され、八月には学徒勤労令が制定されて勤労動員の制度化が図られた。さらに四五年三月の閣議決定「決戦教育措置要綱」により国民学校初等科以外の学校の授業を一年間停止し、教職員と学生・生徒によって学徒隊が組織されることとなった。学徒隊は五月制定の戦時教育令によって制度化された。七月には文部省の総務局と体育局が廃止され、筆頭局として学徒動員局が設置された。

学徒動員　軍需工場で働く中学生

学校の制度や機能を変更しての広義の学徒動員としては、さまざまなものが挙げられる。(一)在学徴集延期の廃止。四三年十月の勅令「在学徴集延期臨時特例」により理工系・教員養成系を除き、徴兵年齢に達した学生・生徒の徴集が行われた(一般に「学徒出陣」と呼称される)。(二)在学・修業年限の臨時短縮。四一年度は大学の在学年限と専門学校・実業学校などの修業年限が三ヵ月短縮されて卒業期が十二月となり、四二年度以降は高等学校・大学予科を加えて六ヵ月の繰上げとなった(実業学校は三ヵ月、四五年度は実業学校と高等学校・大学予科を除外)。(三)修業年限の恒久的短縮。高等・中等教育機関の卒業生を早期に社会に出して職業や軍務に就く時期を早めるとともに結婚と出産の時期を早めて人口を増やすといった人口政策に基づき、四三年度から中等学校の修業年限が四年に、高等学校・大学予科の修業年限が二年に、それぞれ一年短縮された。中等学校は四四年度の第四学年在学者から実施された(中等学校は四五年三月に二学年同時卒業)。(四)工学・医学系学校の拡張。三九年の閣議決定「生産力拡充計画要綱」を契機として、官立工業専門学校の増設拡張(機械・電気・採鉱冶金・応用化学の四学科に重点化)、帝国大学工学部の新設(三九年名古屋帝大理工学部、四二年東京帝大第二工学部)や講座・学科の増設が行われ、四四年四月には多数の公立私立商業学校を工業学校に転換させた。また、軍医の需要拡大に伴う医師不足を補うため、三九年に各帝大・官立医科大学計十三校に臨時附属医学専門部を設置し(四四年に「臨時」を削除)、四三年以降医学専門学校を官立で六校を設置し、公立私立二十三校を創設させた。これら工学・医学系学校の拡張により、研究者(大学教員など)に対する科学動員を補助する学生スタッフが大量に供給された。また、特に工学系の学生・生徒は、専門的な知識を要する工場での生産要員としても大量に動員された。

参考文献 米田俊彦「教育審議会の研究　高等教育改革」(『野間教育研究所紀要』四三、二〇〇〇)、福間敏矩『(集成)学徒勤労動員』(二〇〇二、ジャパン総研)
(米田　俊彦)

かくまつじゃく　郭沫若　Guo Moruo　一八九二―一九七八　中国の文学者、政治家。一八九二年十一月十六日、四川省楽山県の中地主の家に生まれる。九州大学医学部に留学中の一九一九年、北京で起こった五・四運動に触発されマルクス主義に接近、留学生仲間の郁達夫、田漢らと文学結社「創造社」を創立した。卒業帰国後、孫文の革命運動に共産側に立って参加するも蔣介石の反共クーデターに追われ日本に亡命、千葉県市川で日本官憲による監視をうけながら、金石文解読など考古学を通じ中国古代社会研究に没頭する日々を送った。一九三七年、盧溝橋事件勃発の報に接し七月末ひそかに日本を脱出、上海に渡り、以後、国共合作政権の軍事委員会政治部(部長・陳誠、副部長・周恩来)のもとで第三庁長(のち同部文化工作委主任)として宣伝・文化工作の指導にあたった。同組織には日本人鹿地亘、長谷川テルらも所属していた。南京陥落後、抗日政権が武漢抗戦を経て四川省重慶に陪都(臨時首都)を設置すると、抗日文化戦線をいっそう発展させ、三八年以降、間断なく続く日本軍機による無差別爆撃下の日々を組織者、また、汪兆銘(精衛)政権に対抗する「自由中国」(Free China)の世界に向けたスポークスマン(おもに対ソ連)として、さらに戯曲、詩作、評論執筆の面でも旺盛な活動を行なった。抗日戦時代の詩に「民族復活の祝砲」(武漢保衛戦期三七年八月)、「最も怯懦な者こそ最も残忍だ」(同十月)、「惨目吟」(重慶時代三八年五月)などがある。あとの二首は武漢と重慶における空襲の情景が詩題となっている。また戯曲の代表作『棠棣(とうてい)の花』と『屈原』は、空爆が一時中断する霧の季節に実施された「霧季芸術節」に向け市民の愛国心鼓舞を目的に書かれたものである。抗日戦と解放戦争勝利後は人民政府政務院副総理、中国科学院長などの要職につき、中日友好協会名誉会長を務めた。魯迅とならぶ中国新文学の巨人二人が、ともに日本で医学を学んだ人物であったことは興味深い。七八年六月十三日死去。八十七歳。

参考文献　『郭沫若自伝』(小野忍・丸山昇訳、『東洋文庫』、一九六七-七三、平凡社)、『郭沫若詩集』(須田禎一訳、一九七二、未来社)、劉徳有『郭沫若日本の旅』(村上孚訳、一九九二、サイマル出版会)　(前田　哲男)

かけいかつひこ　筧克彦　一八七二―一九六一　明治―昭和期の法学者、神道思想家。一八七二年十二月二十八日(明治五年十一月二十八日)、士族の筧朴郎の長男として筑摩県(長野県)に生まれる。第一高等学校を経て九七年東京帝国大学法科大学法律学科を首席で卒業。翌九八年から六年間ドイツに留学し、ハルナックの神学、ディルタイの哲学、ギールケの法学などの影響を受け、またキリスト教への関心を強めた。一九〇三年に帰国し東京帝国大学教授となり、行政法講座を担当。キリスト教との比較を通じて仏教・神道への関心を強め、一一年最初の著書『仏教哲理』を発表。以後、神道思想に基づく独特の法学・国体理論を展開し、二九年には神社制度調査会委員に就任して国家神道の制度的強化に関与した。三三年東京帝国大学を定年退官後も、積極的な講演活動や著作を通じて国体思想の普及に努めた。六一年二月二十七日没。八十八歳。著書に『国家の研究』『古神道大義』『神ながらの道』など。

参考文献　筧泰彦「父筧克彦のことども」(『学士会会報』六九〇、一九六五)　(白川　哲夫)

かげささだあき　影佐禎昭　一八九三―一九四八　陸軍軍人。一八九三年三月七日、小学校長影佐造次の長男として生まれる。広島県出身。一九一四年陸軍士官学校卒(第二十六期)、二三年陸軍大学校卒業。三〇年秋、国家改造運動の推進を目的に陸軍省、参謀本部の少壮将校を中心に桜会が結成されるとその会員となる。陸軍では中国情報の収集・分析に精通した「支那通」として知られる。三三年参謀本部支那課支那班長・中佐、三七年大佐・参謀本部支那課長、三八年陸軍省軍務課長、三九年梅機関長・少将となる。梅機関は外交官、軍人、民間人をメンバーに構成、日中和平工作の一環として汪兆銘の離反に成功。四十年汪政府軍事顧問、四二年第七砲兵司令官・中将、四三年第三十八師団長、ラバウルで終戦。四八年九月十日没。五十六歳。

参考文献　戸部良一『日本陸軍と中国―「支那通」にみる夢と蹉跌―』(『講談社選書メチエ』、一九九九、講談社)、人間影佐禎昭出版世話人会『人間影佐禎昭』(一九八〇)　(柏木　一朗)

かげやましょうへい　影山庄平　一八八六―一九四五　大正・昭和期の神道家。一八八六年二月十四日、影山愛蔵の長男として愛知県に出生。一九〇二年愛知県立第四中学校中退。〇五年豊橋区裁判所の雇として勤務。一三年名古屋区裁判所書記。一四年神道修成派教師となり、一五年豊橋区裁判所書記、神道修成派権少講義となり、一宮区裁判所書記。二二年病気のため退官し、病気療養と本格的布教準備のため愛知県宝飯郡蒲郡町に近い砥神山に入山、山籠もり七年に及ぶ。二四年神道修成派中講義。以後昇進を重ね、三一年権大教正。三三年随神大孝道機関紙『大孝』創刊。三五年神道修成派管長新田邦達の名による勧告に従い、同派を離脱。四一年大東塾顧問。四三年大孝道場建設、道場長。四四年出征する影山正治大東塾塾長に代わり塾長代行。四五年八月二十五日、代々木練兵場で塾生十三人とともに割腹自殺。六十歳。

参考文献　大東塾十四烈士遺稿集編纂委員会編『影山庄平翁遺稿集』(『大東塾十四烈士遺稿集』上、一九七六、大東塾出版部)、「略年譜(一)」(『影山正治全集』三二所収、一九九五、影山正治全集刊行会)　(昆野　伸幸)

かげやままさはる　影山正治　一九一〇―七九　昭和期の国家主義者、歌人。一九一〇年六月十二日、影山庄平の長男として愛知県に出生。豊橋中学を経て二九年国学院大学予科入学。三一年同大学本科道義学科進学。弁論部に入り、松永材の指導を受ける。同年大学内に日本主義芸術研究会を設立。弁論部を中核とする全国的青年組織の全国大日本主義同盟を結成。三二年大日本生産党に入党し、同党中央委員。三三年神兵隊事件に連座し下獄。三五年仮出獄。三六年維新寮を開設し、三九年これを大東塾と改め、塾長となる。四〇年七・五事件に関わり、下獄。四一年、東条英機内閣に対し、皇族内閣の樹立、財閥解体、宮中からの親英米派重臣の追放、自由主義的言論の禁止、神道の国教化等を要求する檄文を発送し、下獄。四二年出獄。四四年忠霊公葬神式統一運動を展開、北支駐屯高射砲第十五連隊に二等兵として入隊。四六年帰国。七九年五月二十五日自殺。六十八歳。

参考文献　大東塾三十年史編纂委員会編『大東塾三十年史』(一九七三、大東塾出版部)、『影山正治全集』(一九八九-九三、影山正治全集刊行会)、長沢雅春「日本浪曼派と影山正治(大東塾主宰)」(『国文学解釈と鑑賞』六七ノ五、二〇〇二)

(昆野　伸幸)

かげろう　陽炎　一九三七年度の㊂(マルサン)計画、三九年度の㊃(マルヨン)計画で建造された一等駆逐艦陽炎型(甲型)十九隻の一番艦。基準排水量二〇〇〇トン、兵装は、一二・七チセン連装砲三基、六一チセン魚雷発射管四連装二基など。軍縮条約失効後、制約から開放された中、友鶴事件、第四艦隊事件の教訓を基本計画段階から盛り込み、兵装は特型程度、航続力の延伸に重点を置いた朝潮型の発展型として設計された。結果、本型は、実用性に富む艦隊型駆逐艦として太平洋戦争中活躍したが、「雪風」を除いて全艦が失われた。

参考文献　福井静夫『日本駆逐艦物語』(『福井静夫著作集』五、一九九三、光人社)、『日本駆逐艦史』(『世界の艦船』七七二、二〇一三)

(齋藤　義朗)

かこ　加古　一九二三年度計画により神戸川崎造船所で建造された一等巡洋艦古鷹型の二番艦。基準排水量七一〇〇トン(改装後、八七〇〇トン)、兵装は、二〇・三チセン単装砲六基(改装後、同連装砲三基)、六一チセン魚雷発射管連装六基(改装後、同発射管四連装二基)など。設計者は平賀譲造船大佐。八八艦隊計画川内型の予算費目を変更したため、河川名が艦名となった。三六年から三七年の近代化改装で単装の主砲塔は連装となった。太平洋戦争では、グアム島攻略作戦、ウェーキ島攻略作戦、ラバウル攻略作戦、珊瑚海海戦などに参加。四二年八月、第一次ソロモン海戦の帰途、アメリカ軍潜水艦の雷撃により沈没した。

参考文献　福井静夫『日本巡洋艦物語』(『福井静夫著作集』四、一九九二、光人社)

(齋藤　義朗)

かこうしょうぎょうぎんこう　華興商業銀行　日中戦争下の華中占領地に設立された発券銀行。一九三九年五月、中華民国維新政府法人として上海に設立された。資本金五千万円(維新政府二千五百万円、日本興業銀行五百万円、朝鮮・台湾・三井・三菱・住友銀行各四百万円)は横浜正金銀行から融資された。三七年八月以降、華中占領地で日本側は日銀券、ついで軍票を使用し、中国側通貨(法幣)との通貨戦を展開したが、三八年三月の維新政府、十一月の中支那振興会社設立を受け、興亜院は、占領地経済支配政策の一環として、華中に新通貨発行銀行を設立した。しかし、中央銀行券の要件を有することなく、貿易金融を通じて法幣の駆逐をねらった華興券の流通力は弱体であり、日本軍の支持する軍票との対立もあり、目的を達せられないまま、国民政府(汪兆銘政権)の中央銀行として四一年一月に設立された中央儲備銀行に発券機能を吸収され、以後は普通銀行として存続した。→中央儲備銀行

参考文献　多田井喜生編『占領地通貨工作』(『続・現代史資料』一一、一九八三、みすず書房)、岩武照彦『近代中国通貨統一史—十五年戦争期における通貨闘争—』上(一九九〇、みすず書房)、柴田善雅『占領地通貨金融政策の展開』(一九九九、日本経済評論社)

(金子　文夫)

かさぎやまかついち　笠置山勝一　一九一一—七一　昭和前期の相撲界の理論家として知られたインテリ力士。一九一一年一月七日、奈良県に生まれる。本名仲村勘治。郡山中学在学中の二八年、出羽海部屋に入門するが親方から進学を勧められ、早稲田大学専門部に進学、三二年二月在学中に初土俵を踏み、三三年専門部を卒業した。三四年勝一と改名し、三五年初場所で十両全勝優勝して入幕する。最高位関脇。体格に恵まれなかったが正攻法で技を駆使して大物力士を倒し、八ミリの映像で相撲を分析するなど、相撲技を理論的に解明した。また素人相撲の指導にもあたり、相撲協会の中では力士会の立場を代弁して活動し、論壇で相撲界改革を唱えた。四五年引退して年寄秀ノ山となる。五四年から日本相撲協会理事となり、五五年相撲規則の制定を進め、時津風理事長時代に相撲界改革を推進した。相撲技の基本を解説した『相撲範典』の著書がある。七一年八月十一日没。六十歳。

参考文献　赤澤史朗「戦時下の相撲界—笠置山とその時代—」(『立命館大学人文科学研究所紀要』七五、二〇〇〇)

(赤澤　史朗)

かさぎよしあき　笠木良明　一八九二—一九五五　大正・昭和期の国家主義者。一八九二年七月二十二日、笠木良七の次男として栃木県に出生。第二高等学校を経て一九一六年東京帝国大学法学部入学。一九年同卒業、満鉄東亜経済調査局勤務。猶存社、行地社の同人として国家改造運動に従事。二六年行地社を脱退し、東興聯盟結成。二七年大邦社創立。同年来日した清朝の遺臣鄭孝胥(のち満洲国国務院総理)と面会し、以後親密に。二九年大連の満鉄本社に転勤、大雄峯会を組織し、満鉄青年層を教育。三一年満洲事変後、于沖漢を部長とする奉天地方自治指導部に参加。三二年満洲国資政局局長となるも、関東軍と対立し下野。三三年帰国し、大亜細亜建設協会(のち大亜細亜建設社と改称)設立。その後も頻繁に満洲に渡る。日中戦争のさなか、軍部の専横を批判しつつ、皇道に立

脚した青年の育成、登用を主張。三九年皇都興亜塾開塾。五五年九月二十二日没。六十三歳。

参考文献 笠木良明遺芳録出版委員編『笠木良明遺芳録』(一九六〇、笠木良明遺芳録刊行会)、山室信一『キメラ—満洲国の肖像—(増補版)』(『中公新書』、二〇〇四、中央公論新社) (昆野 伸幸)

カサブランカかいだん　カサブランカ会談　第二次世界大戦中の一九四三年一月十四日から二十四日にかけてモロッコのカサブランカで開かれた、アメリカのローズヴェルト大統領とイギリスのチャーチル首相による首脳会談。四二年十一月の米英連合軍による北アフリカ上陸作戦(トーチ作戦)の成功を受けて、その後の戦略方針を討議した。ソ連のスターリンも招請されたが、ソ連戦線の状況もあり、出席しなかった。当時ソ連は、自国の負担を軽減するためフランスでの第二戦線形成を米英側に求めていたが、この会議では、イギリスが重視していた、イタリアを標的とするシチリア島上陸作戦などの地中海での作戦を当面追求することが決められた。アジア・太平洋戦争については特に大きな決定はなされなかったが、最終日の会談終了後、ローズヴェルトが、枢軸国に「無条件降伏」を求める方針に両首脳が合意したと述べたことにより、それがこの戦争の終結方式として一挙に浮上し、日本の降伏の形もこれによって規定されることになった。

参考文献 W・S・チャーチル『第二次世界大戦』下(佐藤亮一訳、一九七二、河出書房新社) (木畑 洋一)

かざみあきら　風見章　一八八六—一九六一　昭和期の政治家。一八八六年二月十二日、茨城県に生まれる。一九〇九年早稲田大学政治学科卒業後、大阪朝日新聞社、国際通信社、信濃毎日新聞主筆を経て、三〇年衆議院議員。立憲民政党、国民同盟に所属したが、三六年中国視察で日中関係の危険性、その解決のため政界革新の必要性を痛感し脱党。三七年第一次近衛文麿内閣書記官長。四〇年七月第二次近衛内閣法相として新体制運動を推進したが、観念右翼の巻き返しで十二月法相辞任、影響力を失った。第一次近衛内閣で内閣嘱託とした尾崎秀実が四一年十月ゾルゲ事件で逮捕され自身も訊問を受けた。四二年翼賛選挙に立候補せず政界引退。四六—五一年公職追放。解除後の五二年無所属で衆議院議員に復活。五五年左派社会党入党、護憲運動、日中国交回復運動などに参加した。衆議院議員のまま六一年十二月二十日没。七十五歳。著書に『近衛内閣』(初版一九五一年、一九八二年に中公文庫)がある。

参考文献 風見章『風見章日記・関係資料　一九三六—一九四七』(二〇〇八、みすず書房)、須田禎一『風見章とその時代』(一九六五、みすず書房) (山口 浩志)

かざんばいち　火山灰地　日中戦争期に久保栄が発表した戯曲、および新協劇団によるその舞台公演。一九二〇年代からプロレタリア演劇運動を推進してきた久保栄は、三四年に新協劇団演出部に加入、三六年に『ファウスト』の演出を成功させた後、北海道を訪れ、この踏査をもとに北海道十勝地方を舞台とする戯曲『火山灰地』を執筆した。『火山灰地』は二部構成をとり、第一部は『新潮』の三七年十二月号、第二部は同三八年七月号に掲載された。新協劇団による公演は、第一部が三八年六月八日から二十六日まで、第二部は六月二十七日から七月八日まで連続して行われた。演出は久保栄自身が行い、舞台装置は伊藤熹朔、音楽は久保の伴侶である吉田隆子が担当した。火山灰地の農業問題をめぐる厳しい現実を描いたこの作品は、戦前リアリズム演劇の頂点を示すものと高く評価され、戦後も俳優座や劇団民芸によって再演された。

『火山灰地』の上演

参考文献 大笹吉雄『日本現代演劇史』昭和戦中篇一(一九九三、白水社)、久保栄『火山灰地』(井上理恵解題・解説、二〇〇四、新宿書房) (高岡 裕之)

かしかんへい　下士官兵　陸軍では、下から伍長・軍曹・曹長を下士官、二等兵・一等兵・上等兵・兵長(一九四〇年九月新設)を兵と言う。海軍では、同じく二等兵曹・一等兵曹・上等兵曹を下士官、二等兵・一等兵・上等兵・兵長(一九四二年十月新設)を兵と言う。陸軍の特務曹長(一九三二年准尉と改称)、海軍の兵曹長は准士官で、営外居住も許可される。下士官と准士官は官吏で判任官のランクになり、一応の生活給が支給される。国民の義務である兵役の一環として入営し、階級を与えられた兵と異なり、下士官は職業として軍人を選んだ者で、将校とともにいわゆる職業軍人と呼ばれた。 (原田 敬一)

がしたいさくこくみんたいかい　餓死対策国民大会　戦争末期からつづく激しい食糧不足の解決を訴えるため、一九四五年十一月一日、東京都の日比谷公園で開催された市民集会。児玉誉士夫を中心とする日本国民党が主催した。約二万人の聴衆が参加したとされ、政府に対する要求として、(一)緊急非常対策として即時三合配給制を実施すること、(二)全国の原野、平地林、戦災未利用跡地な

餓死対策国民大会

ど百万町歩を開拓し、馬鈴薯二五億㌧を増産すること、㈢財閥、資産階級、一般国民より貴金属類を供出させ、これを見返り物資として主食三〇〇万㌧を輸入すること、の三点を決議した。また、日本国民大衆の名において米国民より一時緊急借入輸入を行うとする、マッカーサー司令官宛ての飢餓救済嘆願書を決定した。大会終了後、児玉らは連合国軍最高司令官総司令部を訪問して嘆願書を提出し、別の主催者数名は首相官邸を訪問して幣原喜重郎首相に決議文を手交した。

参考文献 明治大正昭和新聞研究会編『新聞集成昭和編年史』昭和二十年版六（一九九七、新聞資料出版）

（佐々木 啓）

かすがひろむ　春日弘　一八八五―一九七〇　実業家。一八八五年八月八日春日喜一郎の長男として長野県に生まれる。一九一一年東京帝国大学法科大学政治学科を卒業、住友総本店に入り、製銅販売店支配人、伸銅所支配人、住友伸銅鋼管常務を経て、三八年住友金属工業専務、四一年社長となる。四〇年、住友本社理事。住友の重工業部門の充実、発展を推進した。敗戦後の四六年住友本社理事・取締役、住友金属工業社長を退任、追放令に該当した。追放解除後、大阪金属工業会長となり、大阪公安委員会委員長、日本陸上競技連盟会長を務めた。業務の傍ら日本のオリンピック活動に貢献したことは著名。七〇年九月十二日没、八十五歳。

参考文献 住友金属工業株式会社編『春日弘氏追懐録』（一九七四）

（麻島 昭二）

かせしゅんいち　加瀬俊一　一八九七―一九五六　大正・昭和期の外交官。一八九七年十月二十三日、東京生まれ。東京帝国大学法学部在学中の一九二〇年に外交官試験に合格し、中退して外務省に入省した。ドイツ、ポーランド、ソ連、アメリカなどに勤務したのち、三五年には欧亜局第一課長に就任、三八年十二月には一等書記官としてアメリカ大使館に勤務した。アジア・太平洋戦争開戦後の四二年六月には特命全権公使としてイタリアに駐在した。四四年八月以降のスイス駐在時代に、のちにCIAとなるOSSの職員であったアレン＝ウェルシュ＝ダレス（のちのCIA長官）と接触し、「ダレス工作」と呼ばれる終戦工作に関与した。五六年九月九日没。五十八歳。

参考文献 『日本外交史辞典（新版）』（一九九二、山川出版社）

（河西 晃祐）

かせとしかず　加瀬俊一　一九〇三―二〇〇四　昭和期の外交官。一九〇三年一月十二日、千葉県に生まれる。二五年に東京商科大学を中退。同年高等試験外交科試験に合格し、外務省在外研究員としてアマースト大学、ハーバード大学に留学。その後はイギリス駐在などを経て、四〇年に外相秘書官（松岡洋右外相）に就任。また四一年にはアメリカ局一課長兼外相秘書官（東郷茂徳外相）に就任し、日米交渉の事務を担当した。四二年から政務局に勤務し、四三年から外相秘書官（重光葵外相）を兼任した。ポツダム宣言受諾に際しては、「国体護持」のみを条件とする一条件論の立場から、松谷誠（首相秘書官）・迫水久常（内閣書記官長）・松平康昌（内大臣秘書官長）らと連携しつつ講和派の活動を支えた。また占領期には天皇の免責工作に関与した。戦後は国際連合代表部大使なども務めた。二〇〇四年五月二十一日没。百一歳。

参考文献 『加瀬俊一回想録』（一九八六、山手書房）、吉田裕『昭和天皇の終戦史』（『岩波新書』、一九九二、岩波書店）

（加藤 祐介）

かたくらただし　片倉衷　一八九八―一九九一　大正後期・昭和戦前期の陸軍軍人。最終階級は少将。一八九八年五月十八日、宮城県に生まれる。陸軍士官学校（第三十一期）、陸軍大学校卒業。一九三〇年八月、関東軍参謀部付（三一年十月に参謀）となり、満洲事変や満洲国建国に深く関与した。三三年八月から三七年三月まで、参謀本部第二部、陸軍省軍務局など陸軍の中枢で勤務した。その間、士官学校事件（十一月事件）に関与して皇道派系青年将校の恨みを買い、二・二六事件では撃たれて負傷した。「政治的非常事変勃発に処する対策要綱」を策定したり、石原莞爾の意をうけて組閣工作に動いたりするなど、政治的な行動が目立った。その後、関東軍参謀、関東防衛軍参謀、第十五軍参謀などを経て四三年三月にビルマ方面軍参謀となり、インパール作戦に参加した。戦後は、戦前を語る多くの著作、証言、史料群を残した。九一年七月二十三日、九十三歳で死去。

参考文献 小林龍夫・島田俊彦編『現代史資料』七（一九六四、みすず書房）、片倉衷『片倉参謀の証言―叛乱と鎮圧―』（一九八一、芙蓉書房）、同『片倉衷氏談話速記録』（『日本近代史料叢書』、一九八二・八三、木戸日記研究会・日本近代史料研究会）

（堀田慎一郎）

かだてつじ　加田哲二　一八九五―一九六四　昭和期の社会学者、思想史家、評論家。一八九五年十一月二十六日、東京府に生まれる。本名は忠臣。慶応義塾大学部理財科卒業後、欧米留学を経て慶応義塾大学経済学部教授。マルクス主義の影響を受けつつもリベラルな視点から社会経済思想史を研究。日中戦争期には民族的基本社会論に傾斜し評論活動を展開。昭和研究会の東亜経済ブロック研究会に参加し、中国の民族自決容認と日本の指導的地位の確保の両立を開発的経済政策によって実現させる独自の東亜協同体論を唱え、植民政策学・戦争社会学研究もすすめた。一九四二年の大日本言論報国会発足で理事となり、四三年の慶大亜細亜研究所設立で同所の民族部長を兼任。四四年十月には海軍省嘱託として上海に出張、同地で敗戦を迎えた。帰国後慶大を辞職し公職追放。処分解除後、山口大学教授などを経て日本大学経済学部教授。六四年四月二十四日死去。六十八歳。

参考文献　秋元律郎『日本社会学史―形成過程と思想構造―』(一九七九、早稲田大学出版部)、川合隆男「加田哲二」(川合・竹村英樹編『近代日本社会学者小伝―書誌的考察―』所収、一九九八、勁草書房)、石井知章「加田哲二の「東亜協同体」論」(石井知章・小林英夫・米谷匡史編『一九三〇年代のアジア社会論』所収、二〇一〇、社会評論社)

（盛田　良治）

かたやまてつ　片山哲　一八八七―一九七八　大正・昭和期の社会運動家、政治家。一八八七年七月二十八日和歌山県生まれ。一九一二年東京帝国大学卒。一八年東京で相談料一件一円の簡易法律相談所を開設。二四年無産政党準備会たる政治研究会結成に参加するが、革命論への違和感から安部磯雄らと脱退、独立労働協会を組織した。二六年議会制民主主義に立脚する社会民衆党結党に尽力し、書記長に就任。二八年第一回普選に落選するが、三〇年当選、初質問で陸軍予算半減論を展開した。また議員立法で労働組合法・小作人保護法・母子扶助法・家事調停法を提出、のちの政府立法に影響を与えた。三二年結成の社会大衆党の中央執行委員・労働委員長となるが、四〇年反軍演説をした斎藤隆夫への懲罰の本会議に欠席、西尾末広らとともに離党。四二年の翼賛選挙に非推薦で立候補し落選。戦後日本社会党結成に参加、四七年には内閣を組織した。七八年五月三十日没。九十歳。

参考文献　片山哲『回顧と展望』(一九六七、福村出版)

（山本　公徳）

ガダルカナルとうのたたかい　ガダルカナル島の戦　一九四二年八月七日から翌四三年二月七日まで半年にわたって行われた南太平洋ソロモン諸島のガダルカナル島をめぐる日米両軍の戦闘。ミッドウェー海戦に敗北した後の日本海軍は、フィジー・サモア攻略(FS作戦)を中止する代わりに、オーストラリアを拠点にした米軍の反攻を阻止するため米豪遮断を図った。その一環として英領ソロモン諸島のガダルカナル島(以下ガ島と略)に航空基地の設定を図り、七月六日に基地設営隊約二千と海軍陸戦隊約二百を上陸させた。これを察知した米軍は海兵隊一個師団約一万一千を急遽投入し、八月七日にガ島と対岸のツラギ島に上陸して少数の日本軍守備隊を排除して完成間近の飛行場を占領した。米軍は飛行場をヘンダーソン基地と命名し、航空部隊を進出させガ島周辺の制空権を確保した。これに対して最も近い航空基地が一〇〇〇キロ以上離れたラバウルにあった日本軍は、ガ島周辺の制空権を奪回できなかった。

ガ島失陥を知った大本営は、一木清直大佐指揮の陸兵約九百を急遽ガ島に逆上陸させた。また、八月八日夜半には三川軍一中将指揮下の日本海軍第八艦隊がガダルカナル周辺に展開していた米豪艦隊を急襲し、巡洋艦五隻撃沈破の戦果をあげた(第一次ソロモン海戦。米側呼称はサボ島沖海戦)。しかし、揚陸作業中の米軍輸送船団を日本艦隊が攻撃しなかったため、上陸した米軍は橋頭保の確立に成功した。八月二十日夜半、飛行場に対し一木支隊が夜襲を行なったが、支隊長戦死を含む壊滅的打撃を受け、第一次奪還作戦は失敗した。事態を重く見た大本営は陸海軍共同でガ島の奪還を目指し、八月中旬から川口清健少将指揮下の約四千の陸兵と軍需品の輸送を行なった。九月十二日から十四日にかけて川口支隊と一木支隊残存勢力による攻撃が行われ、一部は米軍飛行場内に突入したが、大幅な増援と補給に成功していた米軍の反撃で第二次奪還作戦も約七百の戦死者を出して頓挫した。

ガダルカナル島に上陸する米軍

ここに至り大本営は、百武晴吉中将を司令官とする第十七軍を編成し、ジャワから転用した第二師団を中核に二万以上の大兵力と重火器を投入して本格的奪還作戦を計画した。しかし、ガ島周辺の制空権を確保した米軍のため日本軍の補給作戦は困難をきわめ、陸上の日本軍部隊は武器弾薬のみならず食糧の不足に苦しんだ。十月十二日から十三日にかけて日本海軍は戦艦「金剛」「榛名」などによる米軍飛行場砲撃を行なって一時的に米軍の制空権を封殺し、その間にガ島への大規模な補給作戦が実

ガダルカナル島の密林を進む日本軍

施されたが、急速に制空権を回復した米軍の反撃で補給物資の多くが揚陸中に失われた。そのため、日本軍は重火器と弾薬の不足に悩まされ、参加各部隊の統合の失敗と相まって十月二十四—二十六日の第三次奪還作戦も破綻した。十一月十日にはさらに第三十八師団の一部が増派されたが、それ以降、陸上の日米両軍は対峙状態に入っていった。多数の輸送用船舶を失った日本軍は、駆逐艦を使用した「鼠輸送」と呼ばれる輸送作戦で細々とガ島の陸上部隊への補給を続けたが、ジャングル内の日本軍は飢餓に晒され、急速に戦力を低下させていった。対照的に安定した補給線の維持に成功した米軍の戦力は強化されていった。

　陸上で死闘が続く間、九月から十一月にかけてガ島周辺では第一次から第三次までのソロモン海戦、南太平洋海戦、ルンガ沖夜戦が日米海軍によって戦われ、双方ともほぼ同量の水上艦艇を喪失した。第三次奪還作戦の失敗後、大本営ではガ島奪還をめぐり激しい論議が生じたが、これ以上の船舶の損失に耐えられないとの判断から、四二年十二月三十一日の御前会議においてガ島放棄が決定された。翌四三年二月一日から七日まで三次にわたる駆逐艦を活用した撤収作戦(ケ号作戦)が実施され、生存していた陸兵約一万の救出に成功した。陽動作戦が功を奏し、米軍は日本軍の撤収に気付かなかった。

　日本軍はガ島に陸兵約三万一千を投入し約二万を失ったが、その内の約一万五千は戦闘死ではなく餓死と戦病死であった。このためガ島は日本軍将兵に「餓島」と呼ばれた。日本海軍は駆逐艦以上の艦艇二十四と航空機九百八十三を喪失した。また、徴用していた輸送用船舶を大量に喪失したことは以後の作戦を大きく制約した。米軍の損害は投入陸兵約六万のうち戦死約千六百、戦傷約四千三百、艦艇の喪失二十四、航空機六百十五であった。日本軍は図らずもガ島で消耗戦に引きずり込まれ、以後、米軍に対する戦略的な主導権を回復できなかった。→ソロモン海戦(かいせん)

参考文献　防衛庁防衛研修所戦史室編『南太平洋陸軍作戦』一・二(『戦史叢書』一四・二八、一九六八・六九、朝雲新聞社)、同編『南東方面海軍作戦』二(同八三、一九七五、朝雲新聞社)、五味川純平『ガダルカナル』(『文春文庫』、一九八三、文藝春秋)、「ガダルカナル作戦」(野中郁次郎他『失敗の本質』所収、一九九一、中央公論社)、亀井宏『ガダルカナル戦記』(『光人社NF文庫』、一九九四、光人社)、森本忠夫『ガダルカナル　勝者と敗者の研究』(『光人社NF文庫』、二〇〇八、光人社)、土井全二郎『ガダルカナルを生き抜いた兵士たち』(『光人社NF文庫』、二〇〇八、光人社)

(等松春夫)

かちぐみ・まけぐみ　勝組・負組　アジア・太平洋戦争終戦後のブラジルで日本の勝敗をめぐり繰り広げられた、日系人同士の派閥争い。ブラジルに渡航した日本人移民は過酷な生活環境や労働条件、現地での排日運動に直面して日本への帰国願望を高めていった。一九三〇年代以降ブラジル政府のとった国家主義・同化主義政策によって、それは一層強められた。アジア・太平洋戦争勃発後の日系人社会では、日本の勝利後に晴れて日本ないしは「大東亜共栄圏」に戻って苦境から逃れたいという願望が高まった。一方で薄荷(はっか)、生糸の生産者を火薬、落下傘の原料を敵に供給する「国賊」視するなど、祖国への忠誠をめぐる亀裂も深まった。しかし四五年の日本降伏は彼らの願望を完全に打ち砕き、反発するかのように日本大勝利のデマが各地で拡散した。これを信じる者と信じない者がそれぞれ勝組と負組に分かれて殺人・暴行を含む激しい争いを繰り広げ、余波は五〇年代まで続いた。

参考文献　前山隆『移民の日本回帰運動』(『NHKブックス』、一九八二、日本放送出版協会)

(一ノ瀬俊也)

かちゅうてつどうかいしゃ　華中鉄道会社　一九三九年四月三十日から終戦まで日本が華中の鉄道復興と運行を主たる業務として設立した鉄道会社。同社は日中戦争の進展に伴い破壊の著しい華中の鉄道施設復興を担う組織の求めに応じ、内地の鉄道省関係者を中心に編成した。三七年十一月にはいち早く鉄道省から技師が派遣され、上海付近の線路復旧と車両組立業務に着手した。翌三八年十二月には中支派遣軍の直属組織として中支軍鉄道局が設置され、その営業範囲を継承して三九年四月に華中鉄道会社創立総会を開催し、翌五月一日から営業を開始した。会社は資本金五千万円の特殊法人として設立され、中華民国維新政府一千万円、中支那振興会社二・五千万円、日本通運・鉄道省関係車両会社等八百五十万円が主たる出資者であった。その事業は、当初鉄道の復旧が中心であったが、次第に拡大して鉄道事業を軸に、船舶事業、自動車運輸事業、工作機械修理請負、福利厚生施設経営などにまで及んだ。

参考文献　関根保右衛門編『華中鉄道沿革史(未定稿)』(一九六一、華鉄会)、高橋泰隆『日本植民地鉄道史論—台

湾、朝鮮、満州、華北、華中鉄道の経営史的研究―』(『鉄道史叢書』八、一九六五、日本経済評論社)

（三木　理史）

がっこうきょうれん　学校教練　主に一九二五年四月公布の陸軍現役将校学校配属令にもとづく、中等学校以上の男子学生・生徒の軍事教練をいう。各校に配属された現役将校を中心に、正課体育として週二―三時間、各個教練、部隊教練、射撃等が行われ、また、年に四―六日の野外演習が行われたが、重点は軍事技術よりも心身の鍛練や徳育等に置かれた。日中戦争の拡大は、教練の必要性を高めるとともに現役将校の配属を困難にし、三七年八月には予備・後備役将校での代替を認め、翌年には年齢制限を六十一歳に延長した。こうして四二年には現役将校の割合が一割以下となる。他方、三九年三月には大学での教練を必修化し、四一年十一月には学校教練教授要目を改正して「軍事的基礎訓練」としての性格を強めた。また、三八年二月には学校教練修了者の在営期間短縮の特典が廃止され、四三年十月には理工系および教員養成系の学生以外の徴兵猶予が停止され、学校と軍隊が直結するようになる。

参考文献　木下秀明「学校内の軍事教育」(日本近代教育史事典編集委員会編『日本近代教育史事典』所収、一九七一、平凡社)、秦郁彦「第二次大戦期の配属将校制度」(『軍事史学』一六〇、二〇〇五)

（坂上　康博）

がっこうほうこくだん　学校報国団　戦時体制に合わせ、「修練組織強化」を目的として結成された校内団体。国民精神総動員実践機関に代わる新校内団体として学校報国団を組織することが、一九四〇年九月十七日付で文部大臣より高等学校長に指示された。以後、他の高等教育機関でも組織されるようになり、四一年三月には中等学校にも拡大した。全職員・生徒によって組織され、総務部・鍛錬部・国防訓練部・文化部・生活部が置かれた。これにより、従来の校内団体は発展的に解消された。四一年八月八日、時局の緊迫化に対応するため、文部省訓令第二七号「学校報国団体制確立方」が出され、「学校報国団の内に指揮系統の確立せる全校編隊の組織」、すなわち「学校報国隊」を作ることが命じられた。学校報国隊には、本部(文部省)と地方部が置かれ、報国団の組織強化と統轄連絡が図られた。当初、内部からの盛り上がりを企図した学校報国団は、国家的組織へと昇華した。

参考文献　山本哲生「戦時下の学校報国団設置に関する考察」(『教育学雑誌』一七、一九八三)

（豊田　雅幸）

かつまたせいいち　勝間田清一　一九〇八―八九　昭和期の官僚、政治家。一九〇八年二月十一日、静岡県に生まれる。二八年宇都宮高等農林学校を卒業後、京都帝国大学農学部に進学。宇都宮時代に社会主義的思想を持った。大学卒業後、財団法人協調会に就職。三五年に内閣調査局専門委員として農業問題、三七年企画院調査官として物資動員計画に関わる。同年昭和研究会に参加、その主宰者後藤隆之助との関係で、四〇年十二月に企画院を退官し、直後に大政翼賛会組織部九州班長に就任するが、四一年四月企画院事件で検挙される。十二月に起訴されるが、四三年四月に釈放・保護観察、戦後の四五年九月に無罪が確定した。四七年衆議院総選挙に社会党から立候補して初当選し、その後、日本社会党委員長、衆議院副議長などを歴任した。八九年十二月十四日没。八十一歳。著書に『勝間田清一著作集』全三巻(一九八七年、日本社会党中央本部機関紙局)がある。

参考文献　宮地正人「企画院事件」(我妻栄他編『日本政治裁判史録』昭和・後所収、一九七〇、第一法規出版)、読売新聞社編『昭和史の天皇』一七・一八(一九七二)

（山口　浩志）

かとうかんじ　加藤完治　一八八四―一九六七　「満蒙開拓の父」と称された農民教育者。一八八四年一月二十二日、東京市に出生。一九〇五年第四高等学校卒業、一一年東京帝国大学農科大学卒業。帝国農会嘱託・内務省雇を経て一三年愛知県立農林学校教諭。一五年山形県立自治講習所長。二七年日本国民高等学校を開校し(茨城県西茨城郡宍戸町友部、のち東茨城郡下中妻村内原)、「日本農民魂」の鍛練に打ち込む。三二年より石黒忠篤・那須皓らとともに関東軍・拓務省に対し満洲移民の実現を訴えて奔走。三五年満洲移住協会理事、三八年満蒙開拓青少年義勇軍訓練所長、四〇年農業増産報国推進隊訓練本部長、四一年農業報国連盟常任理事。四二年「満蒙開拓士の錬成」により朝日奉公賞。四六年公職追放・教職追放。戦後は福島県の旧白河軍馬補充部への入植を経て、日本国民高等学校に復帰(校長・名誉校長)。六七年三月三十日没。八十三歳。

参考文献　『加藤完治全集』(一九六七―八二)、日本国民高等学校協会編『写真で見る六〇年の歩み』(一九六七、加藤完治先生顕彰会)、伊藤淳史『日本農民政策史論―開拓・移民・教育訓練―』(二〇一三、京都大学学術出版会)

（伊藤　淳史）

かとうかんじゅう　加藤勘十　一八九二―一九七八　大正・昭和期の労働運動家、政治家。一八九二年二月二十五日、愛知県生まれ。中学中退後、職を転々としたあと二年間兵役を務め、除隊後は日本大学法科(夜学部)に入学。中退後は『労働世界』記者を経て東京毎日新聞記者となる。一九二〇年の八幡製鉄所争議に参加し、騒擾罪で起訴。同年全日本鉱夫総連合会創立に際して書記となったほか、日本社会主義同盟発起人を務めた。二三年から日本労働総同盟主事、鉱夫総連合会主事に就任。二六年には日本労農党中央執行委員に選出。その後も日本労働組合同盟、全労統一全国会議、日本労働組合全国評議会を結成するなど労働運動で指導的な役割を果たす一方、日本労農党、日本大衆党など無産政党中間派幹部として活躍。三六年には総選挙に立候補当選し、翌年から東京市会議員も勤めた。この間労農無産協議会を結成して反ファッショ人民戦線運動に尽力したが、社会大衆党との合同はかなわず、三七年日本無産党へ改組。同年末の人民戦線事件で検挙起訴。敗戦後は日本社会党結党に参加、常任中央執行委員、労働連絡部長に就き、党内左派として活躍。以後当選を九回重ね、芦田内閣では労働大臣に就任。五一年の分裂時には右派社会党に所属し、組織局長、教宣局長、統制委員長などを歴任。七八年九月二十七日死去。八十六歳。

参考文献 加藤勘十『加藤勘十の事ども』(一九八〇、加藤シヅエ)

(福家 崇洋)

かとうたけお 加藤武男 一八七七―一九六三 銀行家、三菱財閥の指導者。一八七七年六月五日、栃木県の庄屋加藤昇一郎の長男として生まれ、一九〇一年慶応義塾大学理財科卒業、三菱合資会社銀行部に入り、京都・大阪支店長を経て、銀行部改組で成立した三菱銀行の常務、さらに会長へ進み、四三年頭取、三菱本社取締役理事となる。四五年敗戦直後に辞任、戦前多くの三菱系企業の役員を兼ね、東京手形交換所理事長、東京銀行集会所会長も務めた。六三年十月十七日没、八十六歳。

参考文献 岩井良太郎『各務鎌吉伝・加藤武男伝』(『日本財界人物伝全集』九、一九五五、東洋書館)

(麻島 昭一)

加藤建夫

かとうたてお 加藤建夫 一九〇三―四二 陸軍軍人。一九〇三年九月二十八日、北海道で屯田兵加藤鉄蔵の次男として生まれる。父鉄蔵は日露戦争に軍曹として従軍し、奉天会戦にて戦死、曹長。兄、農夫也は、陸軍士官学校を卒業し、陸軍砲工学校在学中に早逝する(陸軍砲兵少尉)。建夫は、旭川中学、仙台陸軍幼年学校、陸士予科を経て、二五年七月、陸軍士官学校(第三十七期)卒業。同年十月札幌歩兵第二十五連隊付陸軍歩兵少尉に任官したが、翌日、航空兵に転科し飛行第六連隊付の陸軍航空兵少尉。二六年六月、所沢陸軍飛行学校に操縦学生として入校。三七年十月日中戦争(支那事変)に陸軍航空兵大尉・飛行第二大隊中隊長として従軍。三八年五月に陸軍大学校入校を命じられ帰国。三九年三月に同大専科卒業後、陸軍航空総監部兼陸軍航空本部部員として、同年七月、寺内寿一陸軍大将らの欧米視察旅行に随行。四二年五月二十二日、ビルマ戦線において戦死。四十歳。四二年九月二十二日、築地本願寺にて陸軍葬が仏式にて執行された。二階級特進(陸軍少将)および功二級金鵄勲章授与。陸軍のエースパイロットとして部隊感状六回、個人感状一回。メディアによって「空の軍神」と称揚され、豪放磊落かつユーモアに溢れる性格が広く親しまれ、四四年三月には『加藤隼戦闘隊』の映画も公開された。

参考文献 樋口紅陽『軍神加藤建夫少将伝』(一九四二、金鈴社)、仁村俊『航空五十年史』(一九四三、鱒書房)

(粟津 賢太)

かとうはやぶさせんとうたい 加藤隼戦闘隊 一九四四年三月九日公開の日本映画。東宝製作、山本嘉次郎監督。陸軍航空本部監修、情報局国民映画参加作品。製作意図には、西南太平洋における戦闘が重大局面を迎えていたため、国民の戦意高揚を図り、飛行機増産を宣伝し、来る「航空決戦」に勝利するねらいがあった。一般に不人気だった国策・国民映画のなかで、この映画は観客に迎えられてヒットした。主人公は、陸軍航空隊の戦闘機操縦士で数々の武勲をたてた加藤建夫がモデル。加藤は、日中戦争と太平洋戦争初期に多くの作戦に参加、四二年五月に戦死し、「空の軍神」と称えられた。映画はほぼ実話に即しており、四一年四月、中国広東の航空基地に加藤が飛行機で着任するシーンから始まる。部下の将兵たちが歓迎して歌う「エンジンの音 轟々と」で始まる隊歌はレコードや映画によって広まり、一般でも愛唱された。加藤隊は当時最新鋭の戦闘機「隼」を操り、マレー半島における日本陸軍の作戦を掩護し、あるいは敵基地を攻撃する。すでに『ハワイ・マレー沖海戦』の映画化で力量を見せた監督と特殊撮影＝円谷英二の手腕がここでも発揮され、編隊飛行の雄姿や空中戦、基地爆破の迫力など、戦闘シーンの再現にすぐれ、日本軍初の落下傘部隊、その降下シーンは強い印象を残す。部隊は各地に転戦、四二年五月、加藤隊長はビルマのアキャブ基地から英軍追撃に向かったまま帰還せず、映画はそこで終わる。隊長役には藤田進が扮して、豪胆、研究熱心、率先行動、部下思いの軍人ぶりをよく体現した。映画公開は、加藤隊長の戦死からほぼ二年後であり、実際の戦況は日本軍が敗退していく時期で、都市における大劇場の閉鎖と、強制疎開が始まっていた。脚本＝山本嘉次郎・山崎謙太、撮影＝三村明ほか。音楽＝鈴木静一。美術＝松山崇。出演者＝黒川弥太郎・沼崎勲・灰田勝彦ほか。なお、実在の軍人を主人公にした映画には『西住戦車長伝』(松竹、吉村公三郎監督、四〇年、文部大臣賞受賞)もある。

参考文献 遠藤健・檜與平『加藤隼戦闘部隊』(一九四三、鱒書房)

(岩本 憲児)

かとうひろはる 加藤寛治 一八七〇―一九三九 海軍軍人。一八七〇年十二月二十三日(明治三年十一月二日)、福井県に生まれる。九一年、海軍兵学校卒(第十八期)。日露戦争時に戦艦「三笠」の砲術長。ワシントン会議に首席随員として参加し、条約締結を望む加藤友三郎海相と対立。一九二六年十二月、連合艦隊司令長官兼第一艦隊司令長官。翌年、大将昇進。二九年一月、侍従長に転出する鈴木貫太郎の後任として軍令部長に補される。在任中、ロンドン海軍軍縮条約における補助艦の対米比率

加藤寛治

七割を強硬に主張し「艦隊派」と呼ばれ、批准賛成の「条約派」とされた財部彪海相、山梨勝之進次官等に対抗。同条約批准後の三〇年六月、同職を辞職。海軍部内に深刻な確執を残した。三五年十一月、後備役編入。三九年二月九日没。七十歳。

[参考文献]『加藤寛治大将伝』(一九四一)、麻田貞雄『両大戦間の日米関係—海軍と政策決定過程—』(一九九三、東京大学出版会)　(佐藤　宏治)

かどけいざいりょくしゅうちゅうはいじょほう　過度経済力集中排除法　市場集中度の高い大企業の解体を目的とする時限立法。戦後改革の一環として、GHQの指示により制定された(一九四七年十二月十八日公布)。独占禁止法が新たな独占の形成を禁止するのが目的であるのに対して、同法の目的は既存の独占の解体にあった。エドワーズ調査団の勧告にもとづいてアメリカが極東委員会に提案した政策(FEC230)にもとづき、GHQ経済科学局反トラスト・カルテル課長E・ウェルシュが中心となり集中排除政策が推進された。持株会社整理委員会が同法の審査対象に指定した企業は三百二十五社、その資本金総額は全国株式会社資本金の三分の二に及んだ。しかし四八年にアメリカ政府は集中排除政策の見直しに転じ、最終的には十八社が企業分割などの措置を実施したにとどまった。ただし戦時中に合同した企業には、戦後、企業再建整備法にもとづいて自発的に分割・工場処分を行なった事例も多くみられる。

[参考文献]大蔵省財政史室編『昭和財政史—終戦から講和まで—』二(一九八二、東洋経済新報社)、浅井良夫『戦後改革と民主主義—経済復興から高度成長へ—』(二〇〇一、吉川弘文館)　(浅井　良夫)

かどのちょうきゅうろう　門野重九郎　一八六七—一九五八　明治末期から太平洋戦争初期まで大倉財閥本社の副頭取をつとめた実業家。一八六七年十月六日(慶応三年九月九日)、のちに家老の鳥羽藩士門野豊右衛門親賢の次男として鳥羽(三重県)で出生。慶応義塾を経て帝国大学工科大学で鉄道工学を学び、九一年の卒業後に渡米してペンシルバニア鉄道会社に四年ほど、帰国後は山陽鉄道会社に勤める。九七年に合名会社大倉組に入社し、すぐにロンドン支店長となり、一九一〇年の帰国直後に同社副頭取となる。以後長く大倉喜八郎・喜七郎二代の補佐役をつとめ、大倉の商事・土木・鉱業の各社会長などを兼任。英語が堪能で欧米事情に通じ、三三年にロンドン国際経済会議の日本全権顧問、三七年に日本経済使節団団長となり、国内では同年に東京および日本商工会議所の各会頭となる。太平洋戦争初期に実業界を引退し、戦後一時追放。千代田生命保険会社創業者の門野幾之進が実兄。五八年四月二十四日没。九十歳。

[参考文献]門野重九郎『平々凡々九十年』(一九五六、実業之日本社)、東京経済大学史料委員会編『(稿本)大倉喜八郎年譜(第三版)』(二〇一二)　(村上　勝彦)

かなみつつねお　金光庸夫　一八七七—一九五五　大正・昭和期の政治家。一八七七年三月十三日、大分県に芳蔵の次男として生まれる。税務官吏から実業界に転じ、保険業界で成功した。一九二〇年の第十四回総選挙に大分県から立候補し当選(以後通算九回)。政友会に所属し、衆議院副議長、阿部内閣の拓務大臣、第二次近衛内閣の厚生大臣を歴任した。この間、三九年の政友会分裂にあたって中島(知久平)派・久原(房之助)派の中間で金光派を結成したが、四〇年の新体制運動において他党とともに解消。四二年、翼賛政治会の結成に加わり常任総務となる。四三年の政務調査会長在任中は、政調委員の大部分が兼任する内閣各省委員に協議会・世話人制を導入することで政調活動の適正化に努めた。四五年三月の大日本政治会結成に際しては、同郷の南次郎元朝鮮総督(陸軍大将)の総裁擁立に尽力し、総務会長に就任した。四六年公職追放。解除後、五三年の第二十六回総選挙に自由党から立候補して当選した。五五年三月五日死去。七十七歳。

[参考文献]「昭和十八年度　翼賛政治会の概況」(『大政翼賛運動資料集成』四、一九八八、柏書房)、古川隆久『戦時議会』(『日本歴史叢書』、二〇〇一、吉川弘文館)　(官田　光史)

かねがふちじつぎょうかいしゃ　鐘淵実業会社　津田信吾社長時代の鐘淵紡績株式会社が戦時経済に即応した積極経営を行うために一九三八年に設立した子会社。日本内地のほか朝鮮・中国・満洲・樺太などで事業拡大や新規投資を進めていた鐘紡は、資金調達の必要からこの別会社を設立し繊維以外の諸事業を管轄させた。軍需に依存し、鐘紡本社とともに収益をあげていたものの、苛烈化する軍需増産の要請のもと、本社の借入金依存体質や不採算事業など不安定要因も抱えた。軍需省の指導斡旋により四四年に両社を合併し鐘淵工業株式会社を設立し、数十に及ぶ直営工場・事業所と直系・傍系の子会社を擁する一大コンツェルンを形成。事業は繊維、華パルプ、農牧畜産、化学品、航空機用燃料、鉱物資源、機械、金属、兵器、ゴム、合板、食品など多岐にわたる。四六年に鐘淵紡績株式会社に社名を復し、本業以外の雑多な非繊維事業の一部は、本社から分離設立した鐘淵化学工業株式会社(現カネカ)が継承。外地の資産は全て接収された。

[参考文献]『鐘紡百年史』(一九八八、鐘紡)、田辺雅勇『鐘

渕紡績創業六十余年と鐘渕化学設立』(一九五五)
(渡辺　純子)

かのこぎかずのぶ　鹿子木員信　一八八四—一九四九　明治後期から昭和期の哲学者、国家主義者。一八八四年十一月三日、旧肥後藩士鹿子木才七の三男として山梨県で出生。一九〇四年、海軍機関学校卒業、日露戦争従軍。〇六年、中尉で退官、京都帝国大学に入り哲学専攻。米コロンビア大学、独イェーナ大学等に留学、哲学博士。慶応義塾大学教授を経て、二六—三九年、九州帝国大学教授。大正期は老荘会、猶存社に参加、三三年にアジア主義団体の大亜細亜協会創立委員・理事、平沼騏一郎襲撃事件(四一年八月)を起こす勤皇まことむすび世話人など政治運動にも関係。三九年三月、国民精神総動員委員会委員。四二年十二月、大日本言論報国会専務理事・事務局長となり雑誌『言論報国』の発行(四三年十月)や講演活動を行う。四五年十一月、A級戦犯指定を受け収容、四七年二月釈放。四九年十二月二十三日、鎌倉で没。六十六歳。↓大日本言論報国会

参考文献　鹿子木員信『すめらあじあ』(一九三七、同文書院)、宮本盛太郎『宗教的人間の政治思想　軌跡編—安部磯雄と鹿子木員信の場合—』(一九八四、木鐸社)、片山杜秀『近代日本の右翼思想』(『講談社選書メチエ』、二〇〇七、講談社)
(岡　佑哉)

カノンほう　カノン砲　大砲の区分の一つ。長砲身で初速が大きく、遠距離を射撃するのに使用する。榴弾砲や臼砲がおもに曲射を用途とするのに対し、カノン砲はもっぱら平射を用途とする。日本陸軍では要塞砲や野戦重砲として使用された。また、日本海軍の軍艦に搭載されていた主砲は、性能や発射原理からはカノン砲に分類される。

参考文献　桜井忠温編『国防大事典(復刻版)』(一九七八、国書刊行会)、竹内昭・佐山二郎『日本の大砲』(一九八六、出版協同社)、佐山二郎『(日本陸軍の火砲)要塞砲—日本の陸戦兵器徹底研究—』(『光人社ＮＦ文庫』、二〇一一、光人社)
(中野　良)

かばやまあいすけ　樺山愛輔　一八六五—一九五三　実業家、政治家。伯爵。一八六五年六月三日(慶応元年五月十日)、鹿児島藩士の資紀(のち伯爵、海相など)の長男として鹿児島で生まれ、八九年アマースト大学卒。北海道炭礦汽船などの重役を歴任。一九二五年貴族院議員。敗戦直前は吉田茂などの早期和平派の活動にも参加。滞米経験が長かったこともあり、日米協会会長を勤めるなど、日米文化交流の推進に尽力した。五三年十月二十一日没。八十八歳。

参考文献　グルー基金・バロクロフト奨学基金・国際文化会館編『樺山愛輔翁』(一九五五、国際文化会館)
(瀬畑　源)

かほくこうえきとうせいそうかい　華北交易統制総会　日中戦争下、華北占領地に設立された物資流通統制機構の統轄組織。日中戦争開始以来、中国各地の物価高に乗じて、多量の日本商品が華北に流入した。これを統制すべく内地側では各種の商品別輸出組合を設立し、また、天津、青島においても各種の商品別輸入統制組合が設立された。これらの輸入統制組合を統轄する組織として、一九四一年三月、華北輸入組合総連合会が北京において設立された。のちに同連合会は、輸出統制にも乗り出すこととなり四二年三月、名称を華北貿易組合総連合会と改めた。四三年四月にはいわゆる対華新政策に対応し、中国法人たる華北交易統制総会に改組された。本部を北京に、支部を天津、青島に置き、会長森岡皐(前興亜院華北連絡部長官)、対華中貿易については日本人商人、中国人商人を、無条件に傘下の商品別統制機関に加入させる方針をとった。終戦時には華北交易配給統制総会と改称している。

参考文献　貿易奨励会編『最近華北経済事情』(『貿易奨励資料』四二、一九四四)、柴田善雅『占領地通貨金融政策の展開』(一九九九、日本経済評論社)
(白木沢旭児)

かほくこうつうかいしゃ　華北交通会社　一九三九年四月十七日から終戦まで日本が華北の鉄道、自動車、水運の経営を目的に設立した運輸事業者。日本軍の華北占領進行に伴い、その経済の主導権掌握を志した南満洲鉄道は、いち早く活動を開始して、関内・外の交通・通信一元経営を目論んだ。しかし、三八年十一月七日に北支那開発会社が設立されると、満鉄は同社と緊密な関係のもとに新会社を設立する方向へと方針を転換した。その後曲折を経ながらも、華北交通設立時の資本金三億円は、北支那開発が一・五億円、それについで満鉄が一・二億円、そして中華民国臨時政府が〇・三億円を出資し、同政府の特殊法人として本店を北京に置いて成立した。この間にも満鉄社内ではその主導権が確立されない限り、出資を留保する考えが強かったが、結局名を捨て実をとって実現した。そのため内地の鉄道省の影響の強かった華中鉄道に対し、華北交通は隣接する満鉄と技術・経営双方に深い関係をもつことになった。

参考文献　中村隆英『戦時日本の華北経済支配』(『近代日本研究双書』、一九八三、山川出版社)、華北交通株式会社『華北交通株式会社創立史(復刻版)』(一九九五、本の友社)、林采成「日中戦争下の華北交通の設立と戦時輸送の展開」(『歴史と経済』一九三、二〇〇六)
(三木　理史)

かほくしょくりょうへいこうそうこ　華北食糧平衡倉庫　日中戦争下に設立された食糧流通に関する施設。一九三八年、天津の英仏租界隔絶工作の際、北支那方面軍参謀長の委託により、三井物産、三菱商事両社が「特殊機構勘定」を設け小麦粉、米、雑穀等の買い付けおよび配給業務にあたった。当時、これを「食糧特殊買付機構」と称した。同機構は、その後も天津水害の際の手持品放出や市場に対する食糧買い上げと売却による需給調節に役割を果たした。四一年七月、日本に対する米英による資産凍結措置の後、第三国からの食料輸入が期待できない

こととなり、同機構を一元的に統合し、法人格を持たせ、財団法人華北食糧平衡倉庫が設立された。同倉庫は日本法人であり、事務所を北京市に置き、小麦粉、小麦、米、粟、高粱、玉蜀黍等の主要食糧の買い付け、保管、加工、売却を行うもので、主要食糧を常時保管し、その需給の調整、価格の平衡を図るものである。朝鮮銀行、横浜正金銀行等から巨額の融資を受け、穀物収買に役割を果たし、終戦時まで存続した。

参考文献　華北食糧平衡倉庫『財団法人華北食糧平衡倉庫　趣意書　寄附行為　設立要綱抜萃　役員名簿』(一九四二)、柴田善雅『占領地通貨金融政策の展開』(一九九九、日本経済評論社)、同『中国占領地日系企業の活動』(二〇〇八、日本経済評論社)　(白木沢旭児)

かほくせんいとうせいそうかい　華北繊維統制総会　日本占領下の華北において綿業をはじめとする繊維統制を行う最高機関として一九四三年七月に設立された。華北政務委員会に直属し、下部組織として華北棉産改進会、華北紡織工業会、北支繊維公司、華北繊維協会、華北合作事業総会を傘下におさめ、総合的な指導調整にあたるものとされた。事業内容としては第一に綿花の生産、輸送の指導統制、第二に綿・絹・人絹・毛・その他雑繊維の紡績・織布・染色の生産統制、第三に特需繊維品の買付・配給・輸出入などである。華北は世界有数の綿花生産地帯であることから綿花増産事業が国民党政権時代から継続的に行われていた。日本占領下では、各種奨励策にもかかわらず生産は減退し、市場への出回りはさらに縮小していた。日本側は乱立した統制団体の整理統合をはかったが、綿花減産には歯止めがかからなかった。

参考文献　春日豊『帝国日本と財閥商社―恐慌・戦争下の三井物産―』(二〇一〇、名古屋大学出版会)、安達宏昭『「大東亜共栄圏」の経済構想―圏内産業と大東亜建設審議会―』(二〇一三、吉川弘文館)　(白木沢旭児)

かほくぶんりこうさく　華北分離工作　華北地域を国民政府の施政下から切り離し、日本の支配下に置くことを企てた軍事的工作。このような志向性は満洲事変期から見られるが、一九三四年秋以降、現地日本軍を中心に顕在化し、三五年に本格化する。根底には、中国は近代的統一国家にあらずという対中国観や、国民政府を中央政府とは見なさないという姿勢などがあった。三五年六月の梅津・何応欽協定や土肥原・秦徳純協定成立に向けた動きを第一段階とすると、第二段階は八月四日の灤州事件に始まった。同事件をめぐる交渉で、日本側は北平市長袁良の罷免や軍事委員会北平分会の廃止などを要求、他方で奉天特務機関長土肥原賢二は華北の実力者宋哲元らに「自治」を迫った。この間、新任の支那駐屯軍司令官多田駿は、華北分離のためには実力行使も辞さないと述べ、中国側の強い反発を招いている。しかし日本軍の工作に呼応する実力者は現れず、三五年十一月、冀東防共自治委員会の成立に終わる。他方、国民政府は、事態収拾を図るため、十二月に冀察政務委員会を発足させた。なお、中国では華北事変と呼ぶ。→梅津・何応欽協定　→冀察政務委員会　→冀東政権

参考文献　日本国際政治学会太平洋戦争原因研究部編『太平洋戦争への道』三(一九六二、朝日新聞社)、安井三吉『柳条湖事件から盧溝橋事件へ―一九三〇年代華北をめぐる日中の対抗―』(二〇〇三、研文出版)、内田尚孝『華北事変の研究―塘沽停戦協定と華北危機下の日中関係一九三二～一九三五年―』(二〇〇六、汲古書院)　(内田　尚孝)

かほくろうこうきょうかい　華北労工協会　中国人の日本内地への強制連行を担った組織。一九四一年七月、華北政務委員会の指導と監督を受ける財団法人として、華北政務委員会と北支那開発株式会社の折半出資によって設立された。本部は北京特別市に置かれる。同協会は当初、「華北内に於ける労働者を保護し労働力の涵養を図り華北内外に対する労働力の供給配分を円滑にし以て労働対策の遂行に資するを目的」としていた。しかし、四二年十一月の「華人労働者内地移入に関する件」の閣議決定により、中国人の「試験的」な強制連行が開始されて以降、それを担う組織へと急速に変化していった。華北からの労働力「供出」を担った組織としては、このほかに日華労務協会、華北運輸公司、福昌華工会社などがあったが、華北労工協会は全「移入」中国人のうちの八九%を扱っており、最も大きな役割を果たした組織であった。

参考文献　西成田豊「労働力動員と労働改革」(大石嘉一郎編『日本帝国主義史』三所収、一九九四、東京大学出版会)、同『中国人強制連行』(二〇〇二、東京大学出版会)、金子文夫「占領地・植民地支配」(石井寛治・原朗・武田晴人編『日本経済史』四所収、二〇〇七、東京大学出版会)　(杉山　裕)

かみいずみひでのぶ　上泉秀信　一八九七―一九五一　大正・昭和期の劇作家、評論家、新聞記者。一八九七年二月十二日、山形県に生まれる。大正初期から短歌、戯曲を発表。尾崎士郎の「人生劇場」の連載(都新聞)を都新聞学芸部長として推し進め、尾崎士郎の文名を高めるきっかけを作った。第二次大戦中は、一九四〇年に発足した大政翼賛会において文化部の副部長をつとめた(文化部長は岸田国士)。戯曲集に『村道』(竹村書房、三五年)、評論随筆集に『わが山河』(羽田書店、四〇年)などがある。五一年五月十四日没。五十四歳。

参考文献　中山雅弘『農民作家上泉秀信の生涯』(二〇一四、歴史春秋出版)　(大澤　聡)

かみかぜとくべつこうげきたい　神風特別攻撃隊　日本海軍が編成した航空機による組織的体当たり攻撃部隊の総称。一九四四年十月のレイテ沖海戦に際し、海軍は第一航空艦隊司令長官大西滝治郎中将の主張を容れ、米空母の活動を一時的に封じるために航空機(主に二五〇キロ爆弾を装着した戦闘機)による体当たり攻撃を実施した。こ

の最初に編成された攻撃隊を「第一神風（しんぷう）特別攻撃隊敷島隊・大和隊・朝日隊・山桜隊」と称した。以後、海軍航空隊が行う航空特攻部隊は「神風特別攻撃隊○○隊」と命名されたが、ニュース映画や新聞での報道では「かみかぜ～」と呼称され、それが一般化した。一般に特攻第一号は、十月二十五日にルソン島マバラカット基地から飛び立ち、アメリカ護衛空母「セント＝ロー」に突入し撃沈した関行男大尉（海兵七十期）を指揮官とする敷島隊の爆装零戦五機であるとされているが、組織的な航空特攻作戦の出撃・未帰還の第一号は、十月二十一日にセブ基地から出撃した久納好孚中尉が指揮する大和隊の爆装零戦二機である。航空特攻は、緒戦においては熟練搭乗員を使ったために比較的戦果があがり、そのため以後恒常的な戦法として採用されたが、それは戦況の悪化と日本軍の「玉砕」が恒常化するなかで、米軍との戦力・機材性能の格差が開き、同時に、日本軍のパイロットの技量が全般的に低下（燃料不足で十分な訓練ができないことが主因）し、通常の爆撃・雷撃による戦果が望めなくなったために実施されたものであった。特攻はあくまでも「志願」によるものとされたが、次第に命令による部隊ぐるみの特攻が常態となり、敗戦までに海軍では約千九百機（陸軍では約千機）が特攻に投入された。作戦のピークは沖縄戦で、四五年四月だけで海軍は九百四十九機が出撃している。海軍の航空特攻によって戦果を挙げたとされる者は、その特攻隊名・所属部隊名・階級・氏名が連合艦隊司令長官から全軍に布告され、二階級特進の措置がとられた。

米艦に突入する攻撃機

参考文献 奥宮正武『海軍特別攻撃隊―特攻と日本人―』（『航空戦史シリーズ』二〇、一九八二、朝日ソノラマ）、森本忠夫『特攻―外道の統率と人間の条件―』（一九九二、文藝春秋）、山田朗『日本は過去とどう向き合ってきたか―〈河野・村山・宮沢〉歴史三談話と靖国問題を考える―』（二〇一三、高文研）
（山田　朗）

かみしげのり　神重徳　一九〇〇―四五　昭和前期・太平洋戦争期の海軍軍人。一九〇〇年一月二十三日、鹿児島県で生まれる。二〇年海軍兵学校卒（第四十八期）、三三年海軍大学校卒、同年十二月からドイツ駐在となり、三五年四月からはドイツ大使館付武官補佐官となった。帰国後、三六年三月に海軍省軍務局第一課局員となり、海軍部内での親ドイツ派の論客となる。その後、第五艦隊参謀を経て、三九年十一月軍令部第一部第一課部員、四一年十月には海軍大佐となり、対米英開戦を迎えた。四二年七月第八艦隊参謀、四三年六月「多摩」艦長と前線勤務ののち、同年十二月教育局第一課長、この時東条英機首相暗殺計画に加担するが未遂に終わる。四四年七月連合艦隊参謀となり、翌四五年四月に行われた「大和」沖縄海上特攻作戦を推進した。同年六月第十航空艦隊参謀になり終戦を迎えるが、一ヵ月後の四五年九月十五日三沢沖で飛行機事故により殉職、特別進級で海軍少将となる。四十六歳。

参考文献 秦郁彦『昭和史の軍人たち』（一九八二、文藝春秋）
（相澤　淳）

かみむらかつや　上村勝弥　一八九六―？　昭和期の編集者、出版業経営者。旧名清敏。一八九六年鹿児島県に生まれ、一九二〇年中央大学法科を卒業後、改造社に入社、『改造』編集主任を務めるなど山本実彦社長の片腕として働く。二八年改造社を退職後、先進社社長、新京印書館代表を経て、三九年実兄の哲弥とともに第一公論社を設立、総合雑誌『公論』を創刊。副社長兼編集長を務める。四〇年以降日本出版文化協会や日本編輯者協会にも積極的に関与したため、言論弾圧史上の重要人物とみなされた。戦後の足跡を辿るのは困難であるが、両親教育協会機関誌『いとし児』一九五一年十二月号に「勝弥生」の名を確認でき、兄哲弥の教育事業を裏方として支えていたことがうかがえる。没年不詳。

参考文献 黒田秀俊『血ぬられた言論』（一九五一、学風書院）、畑中繁雄『覚書昭和出版弾圧小史』（一九六五、図書新聞）、山領健二『転向の時代と知識人』（一九七八、三一書房）
（井上　義和）

かみむらてつや　上村哲弥　一八九三―一九七八　昭和期の教育事業家、出版業経営者。旧名清彦。一八九三年七月三十一日鹿児島県に生まれ、第七高等学校を経て、一九一九年東京帝国大学法学部政治学科を卒業後、南満洲鉄道株式会社に入社。東亜経済調査局に勤務、二五年からの欧米留学で両親教育運動に触発され、帰国した翌二八年に日本両親再教育協会を設立し『子供研究講座』を刊行、二九年機関誌『いとし児』を創刊。三二年満洲国建国と同時に文教部学務司長、三六年満鉄参与兼総裁室福祉課長などを歴任。三九年満鉄を退職して実弟の勝弥とともに第一公論社を設立、総合雑誌『公論』を創刊。四一年に日本女子大学教授に就任（六二年退職）、同年日本少国民文化協会の設立に参加。戦後は民主主義新教育運動の指導者として活躍、五二年には文部省社会教育審議会ＰＴＡ分科審議会委員長を務める。七八年三月二十八日没。八十四歳。

参考文献 山領健二『転向の時代と知識人』（一九七八、三一書房）、小林恵子「両親再教育運動と上村哲弥」（『国立音楽大学研究紀要』二七、一九九三）、志村聡子『一九三〇年代日本における家庭教育振興の思想―「教育する

母親」を問題化した人々—』(『埼玉学園大学研究叢書』六、二〇三、三元社)　(井上　義和)

かみやましげお　神山茂夫　一九〇五—一九七四　昭和期の社会運動家。元日本共産党中央委員。一九〇五年二月一日、山口県に生まれた。台湾台北の小学校を卒業し、二一年上京、二四年成城中学を卒業。二七年、アナルコ＝サンジカリズム系の江東自由労働者組合に入り活動した。三・一五事件以後、次第に共産党の支持者となり、二九年に日本共産党に入党。日本労働組合全国協議会(全協)の武装闘争に反対し、三〇年六月に佐藤秀一・南巌とともに全協刷新同盟を結成したが、同年八月にプロフィンテルンより分派活動と批判を受け解体した。三五年三月の共産党・全協中央壊滅後、独自に党再建運動にとりかかるが、同年七月に検挙された。偽装転向して三六年十一月釈放され、工場労働者の組織化や中国との連絡のための活動を続ける。また三七年ごろ、理論作業を進め、四七年に発表される『天皇制に関する理論的諸問題』『日本農業における資本主義の発達』の原本を書き上げる。四一年五月に再逮捕され、敗戦後の四五年十月に出獄した。戦後は共産党再建に参加し、四六年から四七年にかけて帝国主義論をめぐり志賀義雄と論争を展開した。四九年衆議院議員に当選するも、翌年公職追放を受ける。共産党分裂後は国際派として活動を続け、五四年除名される。五八年除名が取り消され中央委員に選出された。六四年分派活動の理由で再度除名され、志賀義雄・中野重治らと「日本のこえ」を結成したが分裂し、中野とともに「クラブ有声社」を発足した。七四年七月八日死去。六十九歳。

[参考文献]　神山茂夫研究会編『神山茂夫研究』一—六(一九七五—七九)、思想の科学研究会編『共同研究転向』下(一九六二、平凡社)　(吉川　圭太)

かめいかんいちろう　亀井貫一郎　一八九二—一九八七　大正・昭和期の外務官僚、政治家。一八九二年十一月十日、東京府生まれ。一九一七年東京帝国大学法科大学政治学科卒業後、外務省入省。天津、ニューヨークに在勤し二四年依願免本官。日本電報通信社嘱託、慶応義塾大学講師を経て、二七年社会民衆党に入党し、中央委員、国際部長に就任。翌年の総選挙に立候補当選し、以後四回当選。三二年の社会大衆党結党後は中央執行委員、国際部長に就任。のち麻生久らと軍への接近や近衛内閣樹立を図った。四〇年同党解党後に成立した大政翼賛会では総務兼東亜部長に就任するが翌年退任。四二年には軍機保護法違反で検挙。翌年聖戦技術協会理事長。敗戦後は公職追放中に軍服払い下げ事件で起訴され有罪判決。八七年四月七日死去。九十四歳。

[参考文献]　高橋正則『回想の亀井貫一郎—激動の昭和史を陰で支えた英傑—』(二〇〇〇、産業経済研究協会)　(福家　崇洋)

かやおきのり　賀屋興宣　一八八九—一九七七　大正・昭和期の大蔵官僚。一八八九年一月三十日、広島県に国学者の子として生まれる。一九一七年東京帝国大学法科大学政治学科卒、大蔵省に入り、主計畑を歩む。二七年ジュネーブ海軍軍縮会議全権委員随員、二九年ロンドン海軍軍縮会議全権委員随員などを経て、三四年主計局長、三六年理財局長、三七年大蔵次官。三七年六月第一次近衛内閣の蔵相に昇任し、吉野信次商工大臣と財政経済三原則(生産力の拡充、国際収支の適合、物資需給の調整)を定め、産業五ヵ年計画とともに軍部の要求を国際収支の範囲内に収めようとしたが、日中戦争勃発により池田成彬を蔵相に引き出し、みずからは大蔵省顧問として貯蓄奨励運動を行なった。貴族院議員となり、三九年北支那開発会社総裁。四一年東条内閣で大蔵大臣となり四四年二月の改造で辞職。A級戦犯として終身刑判決を受け、五五年仮釈放。五八年から七二年まで衆院議員、六二年から日本遺族会会長、六三年法務大臣。七七年四月二十八日死去。八十八歳。『賀屋文書』は財務省財政史室所蔵。

賀屋興宣

[参考文献]　賀屋興宣『戦前・戦後八十年』(一九七六、経済往来社)、『渦の中—賀屋興宣遺稿抄—』(一九七九、賀屋正雄・賀屋和子)、宮村三郎『評伝賀屋興宣』(一九七七、おりじん書房)、原朗『日本戦時経済研究』(二〇一三、東京大学出版会)　(松浦　正孝)

からさわとしき　唐沢俊樹　一八九一—一九六七　昭和期の官僚、政治家。一八九一年二月十日長野県に生まれる。一九一五年東京帝国大学法科大学卒。内務省に入り、内務属・内務書記官を務めたが、一七年辞職して欧米留学。二〇年帰国後、再入省し、内務事務官・参事官・書記官などを歴任して社会局・警保局に勤務。地方局町村課長・警保局保安課長などをつとめた。三一年和歌山県知事。その実績をかわれ三二年内務省土木局長に抜擢。三四年七月警保局長となり陸軍「革新」派に接近。政党政治の弊害排除を理由に高等警察を廃止し、選挙粛正運動を展開した。三六年四月二・二六事件の責任を理由に免官。三九年八月阿部内閣の組閣参謀をつとめ法制局長官に就任。四〇年一月貴族院議員に勅選。四三年四月から四四年七月まで東条内閣時の内務次官。四六年九月から五一年八月まで公職追放。五五年衆議院議員となり、五七年から五八年まで法務大臣。六七年三月十四日死去。七十六歳。

[参考文献]　有竹修二『唐沢俊樹』(一九七五、唐沢俊樹伝記刊行会)　(大日方純夫)

からふとこうぎょうかいしゃ　樺太工業会社　大川平三郎が植民地樺太にて設立した製紙会社。王子製紙の先行する木材パルプ製造へ対抗すべく一九一三年資本金二百万円で設立。一五年泊居(トマリ)に建設した工場でパルプ生産を開始した。その後、島内の真岡(ホルムスク)などにも工場を新設し製紙業に進出、二六年大川系国内製紙企業を合併、国内有力製紙企業の一角を占めたが、三三年王子製紙に合併された。→王子製紙会社

参考文献　四宮俊之『近代日本製紙業の競争と協調―王子製紙、富士製紙、樺太工業の成長とカルテル活動の変遷―』(一九九七、日本経済評論社)　（四宮　俊之）

からふとじんぞうせきゆかいしゃ　樺太人造石油会社　⇨石油

からふとせきたんかいしゃ　樺太石炭会社　アジア・太平洋戦争期に存在した石炭統制機関。一九四〇年二月に創立し、本社は樺太島内の豊原市樺太鉱業会館に設置した。総務部・石炭部・労資部の三部を有し、樺太炭の樺太内外における一元的配給統制と、炭鉱における必要物資・労働者の需給斡旋を行なった。会社組織を採用しているが、株主は樺太において稼行する事業所の本社であった。

参考文献　樺太鉱業会編『樺太鉱業案内』(一九四三)　（北澤　満）

カリバピ　KALIBAPI　一九四二年十二月八日に結成されたフィリピンの翼賛組織。日本語では新比島奉仕団。日本軍政監部は、開戦一周年を記念してフィリピンのすべての政党を解散し、かわってフィリピン版大政翼賛会ともいえる翼賛組織としてカリバピを結成した。総裁に比島行政府長官ホルヘ＝バルガス、副総裁兼事務総長にベニグノ＝アキノが就任。また、親日派として知られた元フィリピン大学教授ピオ＝デュランが総務局長に、ガナップ党党首ベニグノ＝ラモスが宣伝局長に就いた。アキノやラモスらは全国を遊説し、抗日ゲリラの投降と日本軍への協力を呼びかけた。カリバピは全国に四百六十六の支部を置き、州知事を支部長、町村長を分団長とし、フィリピンの人びとを日本軍政支持の宣伝活動に組み込んだ。

参考文献　太田弘毅「日本軍政下のフィリピンと新比島奉仕団(カリバピ)」(『政治経済史学』一四五、一九七八)　（内山　史子）

かわいえいじろう　河合栄治郎　一八九一―一九四四　社会政策学者、社会思想家。一八九一年二月十三日、東京の酒業者河合善兵衛の次男に生まれる。第一高等学校、東京帝国大学法科大学を経て、一九一五年農商務省入省。二〇年東京帝大経済学部助教授となり、二二年欧米留学。帰国後教授に昇進、英国社会思想史研究を専門とし、理想主義的自由主義の立場からマルクス主義を批判。滝川事件以後、軍部や右翼に対する批判を積極的に展開。三六年十二月、『学生叢書』刊行開始。三八年十月、『ファッシズム批判』以下四著が発売禁止となる。三九年一月、休職処分となり、同年二月、出版法違反として起訴される。四一年四月、対英米戦の不可避とそれに対する国民の覚悟を説いた『国民に愬ふ』を出版するも情報局により発売差し止めとなる。晩年は、戦後日本の思想状況を見据えて、理想主義思想体系の構築を目指し精力的に研究活動を行なった。四四年二月十五日没。五十四歳。

参考文献　社会思想研究会編『河合栄治郎　伝記と追想』(一九四八)、松井慎一郎『河合栄治郎―戦闘的自由主義者の真実―』(『中公新書』、二〇〇九、中央公論新社)　（松井慎一郎）

かわいよしなり　河合良成　一八八六―一九七〇　昭和期の財界人・政治家、小松製作所の経営者。一八八六年五月十日、富山県に酒造業・回漕業河合藤吉の長男として生まれる。第四高等学校を経て一九一一年東京帝国大学法科大学政治学科卒、農商務省に入る。臨時外米監理部業務課長、外米課長を経て一九年退官。東京株式取引所支配人、同常務理事を経て二四年川崎財閥系の日華生命保険会社常務(二九年同専務)、三一年からは同じく福徳生命保険専務を兼ねる。二〇年から三四年まで東大経済学部、農学部講師。三三年六月両社の取締役に退き帝国人造絹糸監査役に就任し、全国産業団体連合会で日本団体生命保険を立案・準備したが、帝人株売買に絡む帝人事件で三四年検挙、拘禁、三七年無罪判決。三八年日本厚生協会理事、三九年から四〇年まで満洲国総務庁嘱託、四二年東京市助役、四四年木造船建造本部長(その後五島慶太運輸相のもとで運輸通信省海運総局船舶局長と兼務)、四五年七月大東亜省顧問、四五年十月農林次官として食糧問題に従事、四六年貴族院議員、四六年五月厚生大臣、衆院選立候補中の四七年四月公職追放。四七年十月第百生命の社長に就任。同十二月小松製作所の社長となりこれを再建、六四年同会長。五二年から五三年まで衆院議員。七〇年五月十四日死去。八十四歳。

参考文献　河合良成『明治の一青年像』(一九六九、講談社)、同『帝人事件―三十年目の証言―』(一九七〇、講談社)、同『孤軍奮闘の三十年』(一九七〇、講談社)、小松商工会議所機械金属業部会編『沈黙の巨星―コマツ創業の人・竹内明太郎伝―』(一九六六、コマツ創業者竹内明太郎・中興の祖河合良成伝記発刊と顕彰銅像建立委員会)　（松浦　正孝）

かわかみこういち　河上弘一　一八八六―一九五七　銀行家。一八八六年六月十四日、上海駐在総領事河上謹一の長男として上海に生まれる。一九一一年東京帝国大学卒業。日本興業銀行に入行し、三一年理事、三七年副総裁。四〇年十二月総裁に就任し、戦時金融を推進した。戦時金融金庫が新設された際には反対した。四六年二月辞任、同年九月公職追放。五〇年十二月、日本輸出銀行(五二年日本輸出入銀行と改称)総裁(五四年十二月まで)。五七年三月三日没。七十二歳。

参考文献　河上弘一記念事業世話人会『河上弘一回想

録』(一九六八)　(浅井　良夫)

かわかみじょうたろう　河上丈太郎　一八八九―一九六五　大正・昭和期の政治家。一八八九年一月三日、東京府生まれ。一九〇八年の第一高等学校入学後に受洗し、大逆事件を受け徳富蘆花に「謀反論」の講演を依頼。一五年東京帝国大学法科大学政治学科卒業後、立教大学、明治学院各講師を経て、一八年関西学院教授に就任(二七年まで)。二二年大阪、翌年神戸で設立された労働学校でも講師を勤めた。二四年政治研究会結成に参加し神戸支部長に就任。二七年弁護士開業。日本労農党入党後の二八年の総選挙に立候補当選、以後戦後の追放期を除き十回当選。三二年の社会大衆党結党に伴い中央執行委員に就任。四〇年大政翼賛会総務に就き、翼賛選挙時は推薦議員となる。四五年、敗戦後に日本社会党顧問に就任するが翌年公職処分。追放解除後の五二年右派社会党委員長に就任。五五年に社会党が統一すると顧問に就任。六一年から党委員長を勤め以後五選。六五年十二月三日死去。七十六歳。

参考文献　河上前委員長記念出版委員会編『河上丈太郎―十字架委員長の人と生涯―』(一九六六、日本社会党)　(福家　崇洋)

かわさきかつ　川崎克　一八八〇―一九四九　政治家。一八八〇年十二月二十八日三重県で出生。一八九八年郷土の先輩の尾崎行雄を頼って上京。一九〇一年日本法律学校卒業。〇三年、東京市長の尾崎のもとで市書記。〇六年日本新聞の記者。〇七年朝鮮元山時事新報主幹。〇九年帰郷。一一年東京市嘱託。一二年尾崎の東京市長退任で市嘱託を辞す。尾崎の指導のもと、憲政擁護運動に参加。一五年の第十二回総選挙当選。以後、十回当選。護憲三派内閣の宇垣一成陸相のもとで陸軍参与官。三七年民政党総務。四〇年大政翼賛会入会を拒否。四一年帝国議会予算総会で大政翼賛会を憲法違反と批判。同年、鳩山一郎、芦田均らと同交会を結成。四二年の翼賛選挙では非推薦で当選。四五年九月、宇垣一成の進歩党総裁擁立運動に関与。四五年十一月、日本進歩党常議員会長。四六年、陸軍参与官の経歴の故に公職追放令に該当。四九年二月三日没。七十歳。

参考文献　川崎克『欽定憲法の真髄と大政翼賛会』(一九四一、固本盛国社)、北森俊一編『克堂政論集』(一九四五)、『川崎克伝』(一九五六)　(横関　至)

かわさきこうくうきこうぎょうかいしゃ　川崎航空機工業会社　⇩川崎重工業会社(かわさきじゅうこうぎょうかいしゃ)

かわさきじゅうこうぎょうかいしゃ　川崎重工業会社　造船、産業機械、一般機械製造会社。海運業を営んでいた川崎正蔵は、一八七八年東京の築地南飯田町(現在の中央区築地七丁目)の隅田川沿いの官有地を借りて川崎築地造船所を開設した。川崎正蔵は、後継者として、同郷で川崎の事業もバックアップしていた松方正義の三男幸次郎を指名し、松方幸次郎が九六年、株式会社川崎造船所初代社長に就任した。松方幸次郎は、一九二八年までの三十二年間にわたってその座にあり、鉄道車輛、航空機事業、海運業など各種関連事業部門に進出し、わが国初の八時間労働制の実施などの諸施策を通じて、当社をわが国有数の重工業会社に育て上げた。一九〇二年神戸に乾ドックを完成させ、造船業に本格的に進出、〇六年機関車、貨客車などの鉄道関連製品を製造する兵庫工場を開設した。その後、軍艦、潜水艦などの艦船の製造、航空機、自動車など軍需関連重工業製品へと生産の多角化を進めていった。二八年川崎車輛、三七年川崎航空機工業と分社化し、戦後、五〇年に製鉄部門を川崎重工業から分離し、川崎製鉄が設立した。六九年川崎重工業、川崎航空機、川崎車輛が合併し、日本を代表する重工業メーカーとなった。

参考文献　『川崎重工業株式会社社史』(一九五九)　(長島　修)

かわさきぞうせんじょ　川崎造船所　⇩川崎重工業会社(かわさきじゅうこうぎょうかいしゃ)

かわしまさぶろう　川島三郎　一八八三―一九五九　昭和期の経営者。一八八三年十一月生まれ。東京帝国大学卒。一九一二年、三井鉱山入社。三池鉱業所所長などを経て、三六年取締役、三八年常務取締役。三九年会長(四四年、職制変更で社長)に就任し、三井鉱山と傘下企業の経営を指揮(四五年辞任)。三井総元方参与理事、三井本社常務理事なども務め、三井財閥の最高指導部の一翼を担う。五九年一月二十七日死去。七十五歳。

参考文献　三井文庫編『三井事業史』本篇三下(二〇〇一)　(吉川　容)

かわしまなにわ　川島浪速　一八六六―一九四九　明治・大正・昭和期の大陸浪人。川島芳子の養父。一八六六年一月二十三日(慶応元年十二月七日)、川島良顕の長男として松本北馬場町(長野県)に出生。興亜会の主張に共鳴し、八二年東京外国語学校支那語科入学。八六年退校し、中国に渡る。九四年日清戦争に際し陸軍通訳官として従軍。九六年台湾総督府阿片令施行巡察官監督として台湾に渡る。一九〇〇年義和団事件に際し陸軍通訳官として従軍。〇一年北京警務学堂を創設し、監督。警察官の養成に尽力。一一年辛亥革命により清朝が滅びると、粛親王を擁して、後年「第一次満蒙独立運動」と称される謀略に従事。ただし、必ずしも運動と呼べるほどの実体があったわけではない。一四年ごろ粛親王王女金璧輝を養女とし、川島芳子と改名。一六年再び粛親王を擁した「満蒙王国」樹立を夢みて策動するも、失敗。政府要路に満蒙政策について建言を続け、満洲国建国の際は帝制を主張。その後大陸への影響力は低下させるも、持論の皇道論を展開し続ける。四九年六月十四日没。八十五歳。

参考文献　牛山雪鞋編『惟神大道の展行く途筋　難局に直面して皇国及国民の覚悟』(一九二八、東洋学会)、会田勉『川島浪速翁』(『伝記叢書』、一九九七、大空社)、中見立夫『「満蒙問題」の歴史的構図』(二〇一三、東京大学出版会)　(昆野　伸幸)

かわにしこうくうきかいしゃ　川西航空機会社　日本最初の航空機会社といわれる会社。一九一八年に川西清兵衛と中島知久平(中島飛行機の創業者)によって設立された合資会社日本飛行機製作所に始まる。同所の解散の後、二〇年に神戸市に川西機械製作所が設立される(三〇年に武庫郡鳴尾村に本社・工場移転)。二八年に同所飛行機部が川西航空機株式会社(社長川西龍三)として分離独立し、同年に、海軍指定工場となり、海軍機の専業メーカーとして水上機と飛行艇を設計・製造する。大量生産の機種として、競争試作を経て海軍制式機となった九四式水上偵察機(三二―四一年に四百七十三機)、そして三八年以降の海軍からの生産力拡充命令により工場を新増設し(宝塚、甲南、姫路の各製作所)製造した局地戦闘機「紫電」(四二―四五年に千七機)、そして局地戦闘機「紫電改」(四三―四五年に四百機)があった。従業員数は三七年の千六百七十三人、四一年の九千八百三十人、そして四四年の四万八千三百六十五人へ激増し、同年、千機生産体制となった。戦後、新明和興業、さらに新明和工業となり、現在に至る。

参考文献　『日本航空史』昭和前期編(一九七五、日本航空協会)、新明和工業株式会社社史編集委員会編『社史一』(一九七八、新明和工業)　(笠井　雅直)

かわばたりゅうし　川端龍子　一八八五―一九六六　大正から昭和期の日本画家。一八八五年六月六日和歌山県に生まれる。本名は昇太郎。洋画家として出発し、挿絵画家としての活動を経て、一九一四年日本画に転向。一七年日本美術院同人となるが二八年脱退。翌二九年青龍社を結成・主宰し「健剛なる芸術」「会場芸術」を標榜、大衆の関心に応えるテーマを取り上げ、豪放な筆致によって大作をつぎつぎに発表した。帝国美術院・帝国芸術院会員の辞退(一九三六年・三七年)や、紀元二千六百年奉祝美術展(四〇年)への不参加表明など、画壇の官僚統制に抵抗し在野団体としての姿勢を貫く一方、日本軍の中国進出に機敏に反応、軍部への協力を積極的に行い、時局的画題に旺盛に取り組んだ。三四年南洋委任統治領を取材旅行し、三七年以降はたびたび陸海軍省の嘱託画家として中国大陸や南方戦線に従軍。日本の国策を象徴的に表現した「太平洋」四部作(三三―三六年)、「大陸策」四部作(三七―四〇年)、「国に寄する」四部作(四一―四四年)、「南方篇」三部作(四二―四四年)などの連作を青龍展に発表。なかでもロンドン軍縮会議脱退をテーマに軍艦を建造する造船所の職工たちを描いた「海洋を制するもの」(三六年)、中国の景勝地廬山上空を日本の戦闘機が飛行する「香炉峰」(三九年)、戦争末期の特攻攻撃を鬼神の姿によって表した「水雷神」(四四年)などが代表的なものとして知られる。聖戦美術展(三九年・四一年)、大東亜戦争美術展(四二年)、陸軍美術展(四三年・四五年)などの戦争美術展にも出品を重ねた。また、四〇年新京美術院院長、四五年新京芸術学院院長に就任するなど、満洲国の美術行政にも携わった。四五年八月には空襲により自宅が壊滅したが、この経験をもとに「爆弾散華」を制作。五九年文化勲章受章。六六年四月十日東京で没。八十歳。

参考文献　飯島勇編『川端龍子と青龍社』(『近代の美術三四、一九七六、至文堂)、菊屋吉生「川端龍子と時局画連作―「太平洋」、「大陸策」、そして「国に寄する」、「南方篇」連作について―」(『科学研究費補助金研究成果報告書「戦争・他者・芸術―美意識における異文化理解の可能性―」』、二〇〇五)　(長嶋　圭哉)

かわべとらしろう　河辺虎四郎　一八九〇―一九六〇　陸軍軍人。陸軍大将河辺正三の弟。一八九〇年九月二十五日、河辺純三の四男として富山県に生まれる。名古屋陸軍地方幼年学校、陸軍中央幼年学校本科を卒業した後、一九一二年、陸軍士官学校卒業(第二十四期)。二一年、陸軍大学校恩賜卒業。参謀本部勤務、ソ連およびポーランド駐在、陸軍大学校教官、関東軍参謀などを経て、三七年三月、参謀本部戦争指導課長。同年十月には、参謀本部作戦課長に就任。日中戦争では不拡大派の代表とされ、三八年三月に浜松飛行学校教官に左遷された。四一年八月、中将となる。アジア・太平洋戦争中は、第二飛行師団長、航空総監部次長など航空畑の重職を歴任した。四五年四月には、日中戦争不拡大派の中央起用の一環として、河辺も参謀次長に抜擢された。参謀次長として強烈な戦争継続派としてのイメージもあるが、陸軍内の早期講和派筋からは終戦に導く有用な人材として期待されるなどその人物像が捉えにくい一面もある。四五年八月、敗戦に伴う日本側の交渉使節としてマニラに赴き、降伏の足場固めをした。六〇年六月二十五日没。六十九歳。

参考文献　河辺虎四郎『河辺虎四郎回想録―市ヶ谷台から市ヶ谷台へ―』(一九七八、毎日新聞社)、河辺虎四郎文書研究会『承詔必謹―陸軍ハ飽マデ御聖断ニ従テ行動ス―』(二〇〇五、国書刊行会)、山本智之『主戦か講和か―帝国陸軍の秘密終戦工作―』(『新潮選書』、二〇一三、新潮社)　(山本　智之)

かわべまさかず　河辺正三　一八八六―一九六五　大正、昭和初期の陸軍軍人。一八八六年十二月五日、富山県に生まれる。河辺虎四郎(陸軍軍人)の兄。一九〇七年陸軍士官学校卒(第十九期)。十五年陸軍大学校卒。三一年歩兵大佐、三六年少将、三七年盧溝橋事件の際には支那駐屯歩兵旅団長を務める。その後教育総監本部長、中将となり、四三年ビルマ方面軍司令官となり、四四年インパール作戦を指揮するが、失敗して解任される。河辺中将は同作戦の熱烈な推進者の第十五軍の牟田口廉也中将の直属の上司であった。補給輸送の不備を理由に無理があることを指摘されていた同作戦は、開始後ひと月足らずで失速した。軍上層部の間で、同作戦の終了が議論となった際も、河辺は常に牟田口を庇護し、最終的に無謀な作戦構想が推し進められた。方面軍司令官解任後は、本土決戦に備えて、四五年三月大将となり、航空総軍司令官、第一総軍司令官を歴任した。六五年三月二日没。七十八歳。

参考文献　防衛庁防衛研修所戦史室編『インパール作戦—ビルマの防衛—』(『戦史叢書』一五、一九六八、朝雲新聞社)、磯部卓男『インパール作戦—その体験と研究—』(一九八四、丸ノ内出版)、後勝『ビルマ戦記—方面軍参謀悲劇の回想—』(一九九一、光人社)　(遠藤　美幸)

かわむらさぶろう　河村参郎　一八九六—一九四七　陸軍軍人。一八九六年十月七日、石川県で陸軍大尉の子として生まれ、教員河村寛二の養子となる。一九一七年陸軍士官学校卒(第二十九期)、二四年陸軍大学校卒、その後、軍務局課員、二八—三一年東京大学法学部派遣学生、三一—三四年フランス駐在、三六年二・二六事件軍法会議判士を務める。北支那方面軍参謀、軍務課長などを経て、四一年少将となり歩兵第九旅団長としてマレー進攻作戦に参加した。シンガポール攻略後、山下奉文第二十五軍司令官によってシンガポール警備司令官に任命され、華僑粛清命令を受けて粛清を指揮した。その後、師団長などを歴任するが終戦後、戦犯として逮捕され、シンガポール華僑粛清の責任でイギリスの戦犯裁判によって死刑判決を受けた。四七年六月二十六日、チャンギ刑務所で絞首刑に処せられた。五十二歳。

参考文献　河村参郎『十三階段を上る』(一九五二、亜東書房)、林博史『シンガポール華僑粛清—日本軍はシンガポールで何をしたのか—』(二〇〇七、高文研)　(林　博史)

かんえつてんこ　簡閲点呼　予備役・補充兵役・国民兵役にある下士官・兵を、時期と場所を定めて参会させ、在郷軍人の軍人精神・軍事教育保持の程度、軍事思想普及の程度、健康状態、服役上の義務履行の確否を査閲する目的で行われた。連隊区を数区に分かち、点呼執行官には連隊区司令官と部員の佐官があてられた。参会者は、軍服もしくは質素端正を旨とする衣服の着用が奨励され、点呼執行官を中心に会場内に定められた形で整列し、点呼を受けた。また、勅諭・勅語の奉読、訓示などが行われた。

参考文献　現代史の会『季刊現代史』九(一九七八)、藤井忠俊『在郷軍人会—良兵良民から赤紙・玉砕へ—』(二〇〇九、岩波書店)　(松田　英里)

がんけいけい　顔恵慶　Yan Huiqing　一八七七—一九五〇　中国の外交官、政治家。一八七七年四月二日、キリスト教の牧師の四男として上海で出生。九五年アメリカに留学。一九〇〇年にヴァージニア大学を卒業し、六年間にわたって上海の聖約翰大学で教鞭をとる。〇七年から清の外交官として外遊、アメリカ滞在中に外交や国際法を学ぶ。〇九年に帰国、外務部に勤める。一二年に中華民国が誕生した後、外交部次長、同総長および国務総理として活躍。二六年六月に辞職した後、南開大学の理事を務める。三一年九月満洲事変が勃発すると、国民政府の特種外交委員会委員に就任し、十一月駐米公使となる。三二年国際連盟理事会に出席し日本の侵略を批判、同年末の中ソ国交回復の実現にも尽力。三三年駐ソ大使を務めるとともに、連盟総会で中国代表として日本に対する反対演説を行なった。三六年夏駐ソ大使を辞し公職から離れる。三九—四〇年に蔣介石の依頼を受けてアメリカで連米制日の外交活動を展開。五〇年五月二十四日上海で没。七十四歳。英文の日記は中国語に翻訳・出版されている。

参考文献　『顔恵慶日記』(北京、一九九六、中国档案出版社)　(鹿　錫俊)

かんこくこうふくぐん　韓国光復軍　一九四〇年に大韓民国臨時政府(臨政)の正規軍として創設された抗日武装部隊。臨政では正規軍の必要性が一九年の樹立当初から提起されてきたが、四〇年九月に「中華民国国民と合作して連合軍の一員として日本に抗戦を続ける」とする「韓国光復軍宣言文」を発表して同軍創設に至った。総司令には早くから満洲地域で独立軍を指揮していた李青天、参謀長には同じく李範奭がなり、日本陸軍士官学校や中国軍官学校の出身者を中心に三個支隊を構成。四一年に蔣介石の指示で中国軍事委員会の統括指揮を受けることになり、四五年四月まで独自の行動権を持てなかったが、四二年には左翼陣営の武装勢力である朝鮮義勇隊も光復軍に編入して第一支隊に編制され、中国関内の朝鮮人武装勢力がほぼ集結した。四五年ころになると中国戦線で日本軍から脱出した朝鮮人兵士が加わるなど兵力も増加していった。米国の戦略情報局OSSと国内潜入作戦を準備したが、実施直前で日本敗戦を迎えた。→大韓民国臨時政府

参考文献　姜萬吉編『朝鮮民族解放運動の歴史—平和的統一への模索—』(二〇〇五、法政大学出版局)　(庵逧　由香)

かんしょ　甘藷　一九三六年六月、資源局、大蔵・陸軍・海軍・農林・商工・拓務省参加で「アルコールに関する協議会」が開かれ、国防上・貿易上ガソリンにアルコールを混和する必要、アルコール製造に甘藷・馬鈴薯がよいことなどの議事がもたれた。このころより甘藷から作られるアルコールのガソリンへの混入が本格的に検討され始めた。商工省が法案を作成し、結果三七年揮発油及アルコール混用法が公布された。農林省は、三七年には農林省指定の甘藷育種試験地を四県内に設置、国庫補助による甘藷・馬鈴薯の地方試験を開始(二十四県)するなどした。三八年、農林省は供出数量を各農家と契約調印するよう府県に指示した。四一年、農林省農政局特産課に藷類専任職員を設置した。戦中、甘藷は以下のように統制された。(一)三九年から原料甘藷配給統制規則により「原料(用)として重視」という形で統制、(二)四一年八月、国家総動員法に基づく生活必需物資統制令による藷類配給統制規則を公布し「主食として統制」、(三)四四年四月以降、米麦と同様「食糧営団を通じての配給制」へ、(四)同

年十月、食糧管理法により「主要食糧として統制」、米麦と同様最強度の統制対象になる。国内の人々の状況に関して、①四〇年、農林省「食糧増産指導中央本部」が設置され大規模食糧増産へ、②四三年・四四年は輸入米輸送が困難で、代替食糧として甘藷を投入、③銃後を守る人々の農業労働政策でも甘藷を増産、④戦中・戦後期のヤミに甘藷が出回る、⑤四五年から四七年の食糧危機に甘藷が力を発揮、などがあった。なお、貴族院議員・大日本報徳社副社長のち社長河井弥八と大日本報徳社講師丸山方作は、戦中・戦後に多収穫可能とされた「丸山式」甘藷増産法を各層、広域に広めた。戦後の五〇年に甘藷の統制は撤廃された。

参考文献 農林大臣官房総務課編『農林行政史』一(一九五八、農林協会)、同二(一九五七、農林協会)、前田寿紀『戦中・戦後甘藷増産史研究』(『淑徳大学総合福祉学部研究叢書』、二〇〇六、学文社)　(前田　寿紀)

かんじょう　感状　戦地において功績のあった将兵個人や部隊に対して送られた賞状。一九〇四年の「陸海軍感状授与規定」で規則が定められた。軍司令官・独立師団長・司令長官・独立司令官や大本営に直属する団体・艦隊が授与することができ、様式は授与者が適宜定め、感状が授与されると陸海軍大臣を通して天皇に伝えられるとされた。アジア・太平洋戦争期を通して、陸軍で四百八十六件、海軍で五十九件が天皇に伝えられたとされる。　(小山　亮)

かんぜんぐんそう　完全軍装　将兵が戦闘態勢のために必要と定められた全ての装具・携帯品を身につけること、またはその状態。兵科・階級によって異なるが、陸軍の歩兵の場合は、軍衣袴・雑嚢・水筒・弾薬盒・編上靴・脚絆・背嚢・外套・小円匙・飯盒・小銃・銃剣などで、作戦に応じて食料や弾薬などの量が増加し、重量は三〇キロ以上となった。二人以上で使用する兵器を扱う人員は小銃ではなく銃剣や拳銃を装備した。

参考文献 笹間良彦『日本の軍装』(一九七〇、雄山閣出版)、中西立太『日本の軍装』(二〇〇一、大日本絵画)　(小山　亮)

かんたい　艦隊　単独で一方面の戦争を遂行可能な海軍の部隊編成単位。必要に応じ、戦隊や小隊に区分された。編成上、駆逐隊、潜水隊、海防隊、水雷隊、掃海隊、駆潜隊等を編入し、港務部や防備隊、航空隊等を付属することもあった。日本海軍の場合、「艦隊令」(一九一四年十一月)では、当初、軍艦二隻以上で編成された部隊と定義されていたが、太平洋戦争直前には、航空隊二隊以上による航空艦隊のほか、潜水戦隊で編成された第六艦隊なども置かれた。　→戦隊

参考文献 海軍省編『海軍制度沿革』三ノ二(『明治百年史叢書』、一九七一、原書房)　(齋藤　義朗)

かんたいけっせんしゅぎ　艦隊決戦主義　⇨大艦巨砲主義

かんたいは　艦隊派　海軍省内における大艦巨砲主義を標榜する一派閥。一九二〇年代に入り、世界の主要海軍国間では、激化する建艦競争が国内の財政状況を圧迫する点で共通課題と受け止めていた。そこで主要海軍国間ではまず、二二年二月六日にワシントン会議で主力艦の制限枠の設定に合意し、続いて潜水艦や巡洋艦などの建造枠について、三〇年一月二十一日にロンドン会議を開催して協議を行なった。日本全権の一人であった海軍大臣財部彪海軍大将は補助艦の総トン数は対米比率六九・七五％で妥協する方針を固め、東京に同意するよう伝えたものの、海軍軍令部長の加藤寛治、次長の末次信正は対米比率七割を堅持するよう主張した。ここから海軍内だけでなく陸軍と政府内部で条約締結の賛成派と反対派に分かれて激しい対立が表面化する。海軍部内では対立と混乱が増すばかりであったが、浜口雄幸民政党内閣は締結の方針で臨んだ。これに対して、反対派は東郷平八郎を担ぎ出して断固反対の論陣を張った。さらに野党であった政友会は財部海相が締結反対を主張する海軍軍令部の意向を無視して締結に踏み切ろうとすることは統帥権の干犯ではないかとの主張を掲げて、混乱に一層の輪をかけることになった。世に「統帥権干犯論争」と称されるものである。このうち条約を締結して過剰な建艦競争に対し海軍国諸国間で制限枠を設定し、財政負担を軽減すると同時に、相互信頼関係を構築して安定した国際秩序の維持を図ることが賢明とする集団を条約派と称し、これとは反対に将来における日米決戦は不可避であり、また、日本海軍が第一の仮想敵国をアメリカとする以上、対米建艦比率が抑制されれば日米決戦に勝利する見込みが立たないとする集団を艦隊派と称する。これらの名称は後付けのものであり、便宜的に区分するものに過ぎなかったものの、以後海軍内部では両派の対立が日米開戦時まで持ち越される。なお、ロンドン条約は最終的に締結されるが、条約締結方針を貫いた浜口雄幸は、同年十一月十四日に右翼団体の佐郷屋留雄に狙撃され重傷を負うことになった。　→条約派　→大艦巨砲主義

参考文献 秦郁彦『軍ファシズム運動史―三月事件から二・二六後まで―』(一九六二、河出書房新社)、高木惣吉『太平洋戦争と陸海軍の抗争』(一九六七、経済往来社)、秦郁彦『昭和史の軍人たち』(一九八二、文藝春秋)　(纐纈　厚)

かんだまさたね　神田正種　一八九〇—一九八三　明治末期・大正期・昭和戦前期の陸軍軍人。最終階級は中将。愛知県出身。一八九〇年四月二十四日、佐枝種永の二男として生まれ、陸軍軍人神田正富の養子となった。陸軍士官学校(第二十三期)、陸軍大学校卒業。ロシア通軍人として知られた。満洲事変では関東軍と呼応し、朝鮮軍参謀として林銑十郎司令官に満洲への独断越境を強く進言したとされる。三五年三月には参謀本部第二部欧米課長に就任、教育総監部第一課長、同第一部長、参謀本部総務部長などを歴任した。四一年四月に第六師団長。四三

年から第六師団を率いてソロモン諸島のブーゲンビル島に派遣されアメリカ軍と戦ったが壊滅的な打撃を受け、補給も絶たれ苦闘した。敗戦時には第十七軍司令官で、現地日本軍の武装解除を指揮した。四七年に復員したが戦犯容疑に問われ、四八年十一月に禁錮十四年の判決をうけた(五二年釈放)。八三年一月十五日、九十二歳で死去。

参考文献 防衛庁防衛研修所戦史室編『南太平洋陸軍作戦』四(『戦史叢書』五八、一九七二、朝雲新聞社)　(堀田慎一郎)

ガンディー Mahatma Gandhi　一八六九―一九四八　インド民族運動の指導者。一八六九年十月二日、インドのポールバンダルで藩王国の宰相を歴任した家系に生まれる。八八年に渡英し、九一年弁護士の資格を取得。九三年から一九一四年まで南アフリカで弁護士として活動し、民族差別反対運動を展開した。帰国後、二〇年にイギリス植民地当局によるインド人弾圧に抗して「非協力運動」を開始、民族運動の中心勢力である国民会議派の活動にも深く関わり始めた。三〇年、ガンディーは「不服従運動」を展開したが、三四年に入ると運動の失敗を宣言、九月に国民会議派からの引退を表明した。その後ガンディーは会議派左派のネルーを支持し、最左派のスバス＝チャンドラ＝ボースを孤立化させるなど影響力をもった。日本軍のインド侵攻の可能性が高まるなか、四二年八月にガンディーの影響下で国民会議派は「インドから立ち去れ」決議を採択した。イギリスのみならず、日本に対してともとれるこの決議の直後、ガンディーは逮捕された(四四年釈放)。インド独立の翌四八年一月三十日、ヒンドゥー教徒の青年により射殺された。七十八歳。

ガンディー

参考文献 山田晋『インド民族運動史―ガンディーとイギリス植民地支配―』(『教育社歴史新書』、一九八〇、教育社)、長崎暢子『ガンディー―反近代の実験―』(『現代アジアの肖像』八、一九九六、岩波書店)、『ガンディー自叙伝』(田中敏雄訳、『東洋文庫』、二〇〇〇、平凡社)　(伊香俊哉)

かんとうぐん　関東軍　一九四五年まで中国東北地域に駐留した日本陸軍の部隊。日露戦争後に設置された関東都督府守備隊に始まる。〇九年に南満洲鉄道の守備のための独立守備隊と南満洲駐箚派遣一箇師団により満洲駐箚軍が編成された。一九年四月の関東庁官制公布に伴い関東都督府は廃止され、新たに関東軍司令部条例にもとづく関東軍が発足した。司令官は大将または中将で、天皇に直隷した。作戦と動員については参謀総長の指揮を仰いだ。関東軍は、満鉄や関東州の守備とともに、対ソ戦準備を担う第一線の軍隊として位置づけられていたので、「満蒙特殊権益」維持を標榜して次第に独自の行動をとるようになった。二二年の第一次奉直戦争と二四年の第二次奉直戦争では張作霖を支援したが、蔣介石が第一次北伐を開始すると、一転して二八年六月に河本大作関東軍参謀などが奉天に戻る張作霖を爆殺した。後任の関東軍参謀には板垣征四郎が赴任し、石原莞爾参謀とともに対ソ戦準備計画を練った。石原らは世界最終戦論の実行のためには満蒙問題の解決が必須であるとし、三一年九月に謀略により満鉄線を爆破する柳条湖事件を起こした。関東軍は朝鮮軍の支援を得て中国東北一帯を軍事占領し、三二年三月に日本の傀儡国の満洲国を創立した。三三年一月には熱河作戦を実施。塘沽停戦協定締結後には華北分離工作の遂行のため土肥原・秦徳純協定を結んで同地域にも影響力を行使した。三六年には綏遠事件を起こしたが、田中隆吉参謀の工作による蒙古軍の蜂起は失敗した。盧溝橋事件により日中全面戦争が始まってのち、三九年五月にはノモンハン事件でソ連に大敗北した。四一年七月から八月にかけて、南北併進の御前会議決定に沿って七十万人の兵力を動員した関東軍特種演習を実施した。その後も独ソ戦の推移をにらみつつ関東軍の対ソ戦準備は続けられた。しかし精鋭兵力は南方軍などに引き抜かれて弱体化し、四五年八月にソ連極東軍による進攻を受けて敗北した。→関東軍特種演習(かんとうぐんとくしゅえんしゅう)

関東軍司令部

参考文献 島田俊彦『関東軍―在満陸軍の独走―』(『中公新書』、一九六五、中央公論社)　(芳井研二)

かんとうぐんぐんばぼうえきしょう　関東軍軍馬防疫廠　一九三六年八月に満洲国の新京(現長春)に設置された家畜を対象とした細菌戦部隊で、関東軍司令部の直隷下にあった。その前身は三一年十一月に成立した関東軍臨時病馬収容所(のちに関東軍臨時病馬廠)であった。三九年に新京孟家屯の新庁舎に移転した。四一年に部隊通称名が「一〇〇部隊」となる。部隊長は高島一雄、並河才三から若松有次郎が四二年七月に引き継いだため、一〇〇部隊は通称「若松部隊」ともいわれる。部隊の表向きの活動は鼻疽の予防等、在満部隊保有の軍馬に対する防疫であったが、四一年の時点で関東軍司令官の命令により細菌戦の準備を開始した。四一年当時の編成は、総務部五十～六十名、第一部(検疫)三十～四十名、第二部(試験研究)百五十～二百名、第三部(血清製造)約百名、第四部(資材補給)二十～三十名、その他獣医の下士官教育隊や対ソ細菌戦実施をめざした五十名ほどの牡丹江支部があった。部隊の維持費は陸軍省から、細菌兵器の研究・製造費用は関東軍司令部機密費から支出された。七三一部隊とは、満洲進出から部隊の正式発足、大規模施設の建設・移転等、ほぼ時を同じくしており、日本軍の細菌戦の両輪であった。 →細菌戦(さいきんせん) →細菌兵器(さいきんへいき) →七三一部隊(ななさんいちぶたい)

参考文献 三友一男『細菌戦の罪―イワノボ将官収容所虜囚記―』(一九八七、泰流社)、江田いづみ「関東軍軍馬防疫廠―一〇〇部隊像の再構成―」(松村高夫他『戦争と疫病―七三一部隊のもたらしたもの―』所収、一九九七、本の友社) (松村 高夫)

かんとうぐんとくしゅえんしゅう 関東軍特種演習 日本陸軍が発動した演習名義の対ソ戦準備行動。関特演と略称された。関東軍は、対ソ戦に即応できるよう一九三二年夏より本格的に対ソ作戦研究を進めていたが、三七年以降、部隊の増強を背景に次第に挑発的になり、ノモンハン事件などを引き起こした。四一年六月、独ソ両国が開戦すると陸軍は、ソ連軍の苦境に乗じて好機北進(対ソ開戦)を計画、関東軍はこの動員を秘匿するため関特演という呼称を使った。七月七日に始まった動員により内地から兵員約五十万、馬十五万頭が満洲に増派され、その結果、関東軍は従来の約三十万人から約八十万人(朝鮮軍を含む)へ、航空機六百機の大兵力に膨張した。関特演は関東軍の諸部隊を戦時編制化するとともに、作戦実施のための食糧・弾薬の備蓄、作戦道路・鉄道の建設を飛躍的に進めたが、日本側が期待したほどに極東ソ連軍が減少せず、またアメリカの石油禁輸と対英米戦準備のために対ソ作戦は発動の機を失った。 →関東軍(かんとうぐん)

参考文献 防衛庁防衛研修所戦史室編『関東軍』一(『戦史叢書』二七、一九六九、朝雲新聞社)、浅田喬二・小林英夫編『日本帝国主義の満州支配―十五年戦争期を中心に―』(一九八六、時潮社)、山田朗『軍備拡張の近代史―日本軍の膨張と崩壊―』(『歴史文化ライブラリー』、一九九七、吉川弘文館) (山田 朗)

かんとうぐんぼうえききゅうすいぶ 関東軍防疫給水部 ⇨七三一部隊(ななさんいちぶたい)

かんとうじけん 館陶事件 一九四二年十二月二十七日、中国の山東省西部の館陶県で発生した、日本軍隊内の上官に対する暴行、反乱事件。山東省館陶県館陶に駐屯していた第十二軍麾下の第五十九師団歩兵第五十三旅団第四十二大隊第五中隊に所属する兵士六名(兵長一、上等兵四、一等兵二)は、再度の転属命令に不満を抱き、許可なく飲酒酩酊のうえ、平素からの中隊幹部に対する反感を爆発させ、翌二十八日には中隊長、少尉、准尉、下士官に対して侮辱的言辞をはいて殴打暴行を加えた。彼らは衛兵所にも乱入し、小銃を乱射、手榴弾を投げて暴発させ、将校、下士官を皆殺しにすると叫びながら中隊長らを追い回し、上官室に侵入して発砲、器物を破壊した。事件発生に際し、中隊長らは断固たる処置を執ることなく、身の危険を恐れて兵営外に逃避した。軍規弛緩事件の発生に衝撃を受けた北支那方面軍は、中隊長を引責自殺させ、首謀者二名を死刑、一名を無期懲役とするなど厳罰で臨み、第十二軍司令官から大隊長までを退役させた。

参考文献 防衛庁防衛研修所戦史室編『北支の治安戦』二(『戦史叢書』五〇、一九七一、朝雲新聞社)、桑島節郎『軍隊内反乱―小説館陶事件―』(一九八〇、勁草出版サービスセンター)、本多勝一・長沼節夫『天皇の軍隊』(『朝日文庫』、一九九一、朝日新聞社) (笠原十九司)

かんとうしゅう 関東州 中国遼東半島南端と島嶼部から成る租借地。一九〇五年、日露講和条約により旅順・大連を中心とする遼東半島の租借権を取得すると、〇六年関東都督府が設置された。関東都督府は関東州を管轄し、南満洲における鉄道線路の保護および取締を掌る一方、満鉄業務を監督した。当初、都督は親任官で陸海軍大中将から任命され、外務大臣の監督下に諸般政務を行うこととされた。一九年、関東庁が設置されたが、関東長官には従来の陸海軍中大将に限るとの制限が撤廃されたことにより、駐満軍隊統率のための関東軍司令部が設

関東州 大連の大広場

置された。三四年、対満行政一元化のため在満洲国大使館内に関東局が設置され、関東州現地には関東局の下部機関として関東州庁が置かれ、大使の指揮監督下に関東州庁長官が州内行政事務を掌った。四二年、大東亜省設置に伴い、大東亜大臣が関東局事務を掌ることとなった。

参考文献 関東局編『関東局施政三十年史(復刻版)』(『明治百年史叢書』、一九七四、原書房)、山崎丹照『外地統治機構の研究』(一九四三、高山書院) (田中 隆二)

かんとくえん 関特演 ⇨関東軍特種演習

カントンぐんぴょうこうかんようぶっしはいきゅうくみあいれんごうかい 広東軍票交換用物資配給組合連合会 ⇨軍配組合

カントンさくせん 広東作戦 一九三八年九月日本が武漢作戦に呼応させた形で、対中国際物資流入を切断するために行なった作戦。第五、第十八各師団など四万人余りに広州を攻撃させた。これに対する広州地区の中国軍は第四戦区(司令官は何応欽)副司令長官余漢謀の実質的指揮下にある第六十二―六十五各軍などで十個師、二個旅の計八万人余である。当時、中国政府は広州が香港の近隣で、イギリス権益との関係から日本軍は攻撃することができないと考え、防備は手薄であった。この結果、十月日本軍がバイアス湾に上陸した時、中国側の守備部隊はわずかに抵抗しただけであった。日本軍第十八師団が博羅を占領した際も中国軍はすぐに撤退した。二十一日には、日本軍第十八師団が広州を攻略、広九・粤漢両鉄道を切断した。二十三日日本軍は虎門要塞を占領したが、余漢謀は応戦できず退却。こうして、わずか十数日で日本軍の勝利に終わった。ただし当時、中国側は主力を温存できたとした。

参考文献 防衛庁防衛研修所戦史室編『支那事変陸軍作戦』二(『戦史叢書』八九、一九七六、朝雲新聞社)、軍事科学院軍事歴史研究部『中国抗日戦争史』中(北京、一九九四、解放軍出版社)、王秀鑫・郭徳宏『中華民族抗日戦争史一九三一―一九四五』(石島紀之監訳、二〇一二、八朔社) (菊池 一隆)

かんなんじへん 皖南事変 別名「新四軍事変」。皖は安徽省の別称。日中戦争中、国民政府と中国共産党との間に起こった最大の軍事衝突事件。共産党の勢力の拡大を恐れた国民政府は、一九四〇年十月、共産党に長江南北で活動している八路軍と新四軍を黄河以北に撤去するよう命令し、さらに十一月、年内に新四軍の長江以北への移動を完了するよう要求した。四一年一月六日、長江に向かって移動中の新四軍九千余人が安徽省南部の涇県茂林地区で国民政府軍に包囲攻撃され、新四軍は壊滅し、軍長葉挺は捕虜になり、副軍長項英は戦死した。十七日、国民政府は新四軍を「反乱軍」であると発表し、その部隊番号を取り消した。共産党は長江以北の新四軍を再建する一方、武力対決を避け、政治的攻勢をとった。事件は全国各界に衝撃を与え、内戦に反対する声が広く起こった。また英米やソ連も強い懸念を表明し、中国に団結と抗戦の継続を求めた。内外の批判を受けて国民政府も妥協せざるをえなくなり、事態は収拾に向かった。

参考文献 劉大年・白介夫編『中国抗日戦争史』(曽田三郎他訳、二〇〇二、桜井書店) (石島 紀之)

かんぶこうほせい 幹部候補生 予備役の将校または下士官を養成するための候補者。一九二七年に兵役法が制定された際、それ以前の一年志願兵制を改称する形で制定された。配属将校がついた旧制中学校以上の学校の卒業者、ならびに旧制高等学校高等科と大学予科の第一学年修了者のうち学校教練検定に合格した者が、兵として三～四ヵ月在営し、志願・選考を経て候補生となった。当初は将校・下士官の区別はなかったが、三三年に将校養成の甲種と下士官養成の乙種に分離した。また、当初は在営して教育を受けていたが、三八年の法改正により甲種は予備士官学校において教育することとなった。さらに、この改正において幹部候補生の在営期間が一般兵と同じ二年に延長され、一年志願兵制以来の兵役年限短縮の特典という性格が消滅した。

参考文献 大江志乃夫『徴兵制』(『岩波新書』、一九八一、岩波書店)、原剛・安岡昭男編『日本陸海軍事典』(一九九七、新人物往来社) (中野 良)

かんぽうしゃげき 艦砲射撃 艦船が陸地の諸施設などを破壊するために、附近の海上から発砲して攻撃すること。アジア・太平洋戦争では、日本海軍の戦艦・巡洋艦によるガダルカナル島の米軍飛行場に対する艦砲射撃、米軍による日本軍占領地、および日本本土への艦砲射撃などが行われている。

参考文献 篠原幸好他『連合艦隊艦船ガイド 一八七二―一九四五(改訂第二版)』(一九九五、新紀元社)、藤原彰『日本軍事史』上(二〇〇六、社会批評社) (宇田川幸大)

かんもんトンネル 関門トンネル 山陽本線下関―門司間に所在する延長約三・六キロの海底トンネル。本州と九州間を海底トンネルで接続する計画は、一八九六年に博多商業会議所の建議ですでに芽生え、一九〇一年五月二十七日山陽鉄道(〇六年政府が買収)の馬関(現下関)開業時には関門連絡船も運航を開始した。そして、一一年には後藤新平の指示で調査が始まったが、第一次世界大戦後の物価騰貴や関東大震災の復興優先などに阻まれ、計画は足踏みした。しかし、日中戦争勃発で輸送量が急増し、さらにアジア・太平洋戦争突入後は海上貨物輸送の鉄道転嫁方針も加わり、特に九州炭の輸送経路として重視され、掘削を急いだ。四二年四月一日に工事が完了、七月一日にまず貨物、十一月十五日に旅客の各列車が運行を開始し、四四年九月十四日に複線化も完成した。本トンネルの開通は筑豊炭輸送船の大陸および南方連絡への転用を主目的とし、同時に本州―九州間の輸送量増加にも貢献した。

参考文献 日本国有鉄道編『鉄道技術発達史』(一九五八―五九)、田村喜子『関門とんねる物語』(一九九二、毎日新聞社)、小

野田滋「海の底さえ汽車は行く—関門トンネル—」(『土木学会誌』九二ノ三、二〇〇七)　(三木　理史)

かんりつうかせいど　管理通貨制度　金本位制度に対比される制度。一国の通貨発行量が何らかの形で通貨当局の金保有量に結び付けられている金本位制度に対し、金保有量にかかわりなく、通貨当局が通貨発行量を人為的に調整することができる制度を管理通貨制度と呼ぶ。日本では、一九三一年十二月の金輸出再禁止以降の時期が、管理通貨制度の時代とされている。この金輸出再禁止措置は、直接には、ドル買いによる膨大な正貨流出に対処したものであった。日本の正貨保有高は、三〇年一月金解禁時点の十三億四千四百万円から三一年十一月末には五億四千三百万円に激減した。二年間の正貨減少額は八億円に達し、これに横浜正金銀行売為替未決済高や政府・日銀保有在外有価証券減少高を加えると、じつに十億円近くの正貨を失った勘定になる。このような巨額の正貨流出が金輸出再禁止の直接の契機であったが、高橋是清蔵相は、三二年六月、兌換銀行券条例を改正して、日銀の保証準備発行限度一億二千万円を一挙に十億円に増加させた。高橋蔵相は、同時に、日本銀行券の制限外発行についても、大蔵大臣許可制を緩和し、発行税の賦課減免範囲を拡大するとともに、限外発行税率も最低年五分から三分に引き下げた。この措置は、正貨準備による発行高の制約を事実上解除し、通貨の供給限界を通貨当局の判断にゆだねるという意味で、管理通貨制度への移行措置といい得る。金融政策上の大転換がこの法改正によって実現された。

参考文献　伊藤正直『日本の対外金融と金融政策　一九一四—一九三六』(一九八九、名古屋大学出版会)

(伊藤　正直)

き

キーナン　Joseph Berry Keenan　一八八八—一九五四　東京裁判の米国代表検事、国際検察局長。一八八八年一月十一日、米ロードアイランド州ポータケットに生まれる。一九一〇年にブラウン大学を卒業後、ハーヴァード大学ロースクールに進学して一三年に卒業。一四年よりオハイオ州クリーヴランドで弁護士を開業した。第一次世界大戦に米国が参戦すると、野戦砲兵隊の下士官として従軍、海外駐在将校に任じられた。三二年には民主党の大統領候補フランクリン＝ローズヴェルトの選挙戦を支援し、ローズヴェルト政権誕生後の三三年七月、司法長官特別補佐官に任命された。その後、司法省犯罪課長、司法長官補を歴任。三九年二月に司法省を退職してからは、ワシントンDCとクリーヴランドで弁護士業を再開した。ハリー＝トルーマン大統領により、日本人戦犯を起訴する米国法律顧問団の団長に任命されたのは四五年十一月二十九日のことである。

キーナン

同年十二月六日の夜、キーナンは米国検察陣三十九名と東京に到着した。十二月八日にダグラス＝マッカーサー最高司令官は連合国軍総司令部(GHQ)の一部局として国際検察局(IPS)を設置、キーナンをその局長に任命した。キーナンは十二月二十二日に、東京放送局で日本人記者団とのはじめての共同会見に臨んだ。毎日新聞記者は、その時の印象を「白髪、赭ら顔で鋭く大きな眼、ひきしまつた特徴ある口など米国検事総長次席として幾つかの劇的大事件の審理に当つただけ、キビ〳〵としかし慎重に応答、紺縦縞のダブルの服に赤のネクタイで米国法曹界の代表たる貫禄を示し」た、と書き記している。会見の中でキーナンは、十二月二十日に飛行機で広島を訪れ、「破壊のあとは惨憺たるもので深い印象を受けた」と述べる一方、「この破壊こそは故意に戦争を開始した指導者の犯した国際的な罪科が齎した結果に外ならない」と指摘した。また東京裁判の目的は、復讐ではなく、「今後戦争の再発を防止し、暴力の支配から理性を復活するためであつて、あくまで公平を旨とするが決して生易しいものではない」とも語った(『毎日新聞』一九四五年十二月二十三日付)。IPSは、証拠の収集と日本人関係者への尋問などを通じて被告の選定を急いだ。被告選定過程における重要局面に天皇訴追問題があったが、キーナンはマッカーサーの意向を受け、被告からの除外を決めるうえで指導的役割を担った。四六年四月二十九日、東条英機元首相ら二十八名に対する起訴状が手交され、五月三日に東京裁判が開廷した。キーナンは法廷で「全世界を破滅から救ふ為に文明の断乎たる闘争の一部を開始して居る」と宣言、四万字にも及ぶ長大な冒頭陳述を読み上げ、ここに検察側立証が始まった。その後、突如帰米し、天皇を裁くことは誤りで、不訴追が決定していると単独会見で述べるなど、キーナンのスタンドプレーぶりなどに英連邦検事らが強い不満を抱き、罷免運動に発展したこともあった。IPSは十一ヵ国(降伏文書に調印した九ヵ国とインド・フィリピン)から派遣された検事と米国人法務官、日本人などからなる大所帯であったが(スタッフはピーク時で約五百名をも擁した)、キーナンは局長として、この「世紀の裁判」での戦犯訴追という大任を果たした。

東京裁判終了後、米国に帰国し、四九年には国連のパレスティナ委員会の米国代表を務めた。五四年十二月八日、ノースカロライナ州アシェボロにて死去。六十六歳。母校ハーヴァード大学ロースクール図書館には「キーナン文書 Joseph Berry Keenan Papers」が所蔵されており、東京裁判時代に同僚検事らと交わした書簡や政策文書、写真などが含まれている(デジタル版 http://www.law.harvard.edu/library/digital/keenan-digital-collection.html 参照)。 →国際検察局

参考文献 アーノルド＝ブラックマン『東京裁判—もう一つのニュルンベルク—』(日暮吉延訳、一九九一、時事通信社)、粟屋憲太郎『東京裁判への道』上(『講談社選書メチエ』、二〇〇六、講談社)、"Biographical Statements of IPS" n.d., IPS Papers, GHQ/SCAP Records, microfilm, IPS-7, Reel 16(国立国会図書館憲政資料室所蔵)

(永井 均)

きかくいん 企画院 戦時統制経済の調査、立案を担った内閣直属の総合国策機関。一九三七年十月、内閣調査局から改組された企画庁と資源局を統合するかたちで設置された。日中戦争の拡大に伴い、物資動員計画や国家総動員法案、電力国家管理法案などの重要な計画・法案を作成して、国家総動員体制の確立を進めるなど、総力戦の遂行を牽引する役割を果たした。歴代の総裁には滝正雄、青木一男、竹内可吉、星野直樹などが就任し、主要メンバーには革新官僚が多く入っていたほか、軍部の中堅将校や左翼前歴者なども深く関与した。企画院は、設立当初から企業の経済活動を官僚的統制の下に置く改革を提案したため、財界との間にしばしば緊張関係が生じた。とりわけ四〇年九月に発表した「経済新体制確立要綱案」は、資本と経営の分離、利潤配当制限など官僚統制の強化を多分に含むものであったため、「赤化」思想の産物として、財界から激しい批判を受け、近衛文麿内閣の小林一三商相も強く反対した。こうした状況を背景に、四一年には企画院事件が起こり、和田博雄、正木千冬、勝間田清一ら革新官僚の多くが企画院から排除されたため、以後は鈴木貞一陸軍中将が総裁になるなど、軍部の主導権が強まった。アジア・太平洋戦争期に入ると、戦線の後退に伴う船舶輸送力の低下によって、物資動員計画は行き詰まり、陸海軍の作戦上の要求や航空機増産要求に振り回されて、立案そのものもままならない状態に陥っていった。企画院の役割は次第に国内の増産、輸送対策の立案・調整へと限定されるようになり、その権威や求心力は失われていった。戦況の悪化がさらに進み、行政運営の決戦化をめざす大規模な行政整理・機構改革が提唱されるようになると、四三年十月に企画院は廃止され、総合国策部門は内閣参事官に、総動員計画部門は商工省の軍需工業行政部門と合併して、軍需省に移管された。 →革新官僚 →軍需省 →資源局

参考文献 古川隆久『昭和戦中期の総合国策機関』(一九九二、吉川弘文館)、池田順『日本ファシズム体制史論』(『歴史科学叢書』、一九九七、校倉書房)

(佐々木 啓)

きかくいんじけん 企画院事件 一九四一年一月から四月にかけて、企画院調査官・職員十名が、治安維持法違反の容疑で検挙された事件。背景には、経済新体制をめぐる軍部・財界・観念右翼・革新官僚らの間での激しい抗争があったとされる。すなわち、四〇年九月、企画院によって、公益優先、資本と経営の分離、利潤配当制限などの内容を含んだ「経済新体制確立要綱」の原案が発表されると、財界や観念右翼はこれに強く反発し、日本の「赤化」を進めるものとして批判した。その結果、同要綱の内容は大幅に修正されることとなったが、平沼騏一郎が内相に就任すると、原案作成に関与した、和田博雄、正木千冬、勝間田清一、佐多忠隆、稲葉秀三らの検挙が実行に移され、企画院官僚主導の戦時統制経済構想は事実上頓挫した。戦後、四五年九月に事件の第一審判決が下り、和田・正木・勝間田・稲葉は無罪となったが、佐多のみ『櫛田民蔵全集』の編纂にあたったという理由で、有罪となった。なお、三八年から四〇年にかけて、芝寛、岡倉古志郎、大原豊らが検挙された「企画院判任官グループ事件」を含めて企画院事件と呼ぶ場合もある。

参考文献 宮地正人「企画院事件—戦時計画経済をめぐる抗争の犠牲—」(我妻栄編『日本政治裁判史録』昭和・後所収、一九七〇、第一法規出版)

(佐々木 啓)

きかんじゅう 機関銃 単銃身で、自動連続発射が可能な銃。日本陸軍が本格的にこれを導入したのは、一九〇一年にフランスのホチキス社が製造したホチキス式機関砲の製造権を買収し、大量生産を開始、翌〇二年制式化してからである。これが「保式機関砲」であり、日露戦争で威力を発揮した。そして、〇七年の三八式機関銃の制式化により、口径一一ミリ以下のものを機関銃と定めた。なお、三六年からは、制式制定ごとに重機関銃・軽機関銃の区分を設けた。

参考文献 佐山二郎『小銃拳銃機関銃入門—日本の小火器徹底研究—』(『光人社NF文庫』、二〇〇〇、光人社)

(中村 崇高)

きぎょうせいびれい 企業整備令 一九四二年五月十三日、非軍需部門の中小商工業の整理統合を促進するために公布され、十五日に施行された法令。これにより政府は、設備または権利の譲渡、出資、処分等を制限し、設備または権利の譲渡、賃貸、事業の廃止・休止・合併を命じることができるようになった。原料・資材難から四一年には所管庁から業種別の企業整備要綱がつぎつぎと通牒され、企業整備が本格化した。所管省庁が原料資材割当制限措置を圧力に使いながら企業合同、廃業を勧奨した結果、事業者団体は各省・府県庁の方針に沿って、

残存企業・転廃業企業の選定、合併計画、転廃業者への補償金支給等の整備計画をとりまとめた。企業新設を制限した四一年十二月の企業許可令と本令によって企業整備に法的強制が認められたが、企業整備は行政指導を原則とし、法的強制力が発動されることは少なかった。しかし四三年六月の「戦力増強企業整備要綱」を機に、政府による大規模な補償措置をとって事業者団体の自治的整備計画を超えた徹底した計画的整備と設備・資材、労働力の軍需部門への徹底的な転用が進められた。

参考文献　山崎志郎『戦時経済総動員体制の研究』(二〇一一、日本経済評論社)　(山崎　志郎)

きくちたけお　菊池武夫　一八七五—一九五五　明治・大正期の陸軍軍人。昭和期の貴族院議員。一八七五年七月二十三日、菊池武臣の嗣子として鹿児島県に出生。九六年陸軍士官学校卒業(第七期)。一九〇四年歩兵二十三連隊中隊長として日露戦争に出征。二〇年男爵。二七年中将、予備役。三一年貴族院議員。三二年大川周明の神武会に参加。三四年中島久万吉商相の「足利尊氏論」を攻撃し、辞任に追い込む。三五年原理日本社による美濃部達吉の天皇機関説攻撃に便乗して、貴族院本会議で機関説を批判。貴族院内における国粋派議員の急先鋒であり、同じく機関説排撃に熱心な井田磐楠、井上清純とともに「三勇士」と呼ばれる。しかし、その活動は貴族院内では疎まれ、三九年有爵互選議員総改選において落選。同年国民精神総動員中央連盟理事。四一年興亜専門学校(現亜細亜大学)校長となり、「大東亜共栄圏」建設のための人材育成に携わる。五五年十二月一日没。八十歳。

参考文献　対支功労者伝記編纂会編『続対支回顧録』下(一九四一、大日本教化図書)、西米良村史編さん委員会編『西米良村史』(一九七三、西米良村役場)、『菊池武夫伝』(一九七六、西米良村役場)　(昆野　伸幸)

きけわだつみのこえ　きけ　わだつみのこえ　アジア・太平洋戦争期の日本の戦没学徒兵の遺稿集のうち、最も著名な書物。一九四九年十月、東京大学協同組合出版部刊行。四七年刊行の東京帝国大学戦没学生の遺稿集『はるかなる山河に』の反響を受け、全国から募集した遺稿中、七十五名の手紙や日記、句歌、遺言等を収めた(日中戦争時の数編を含む)。六三年には続篇を刊行(現在、第二集と呼称)。八二年に岩波文庫版、九五年には各遺稿の原文を尊重した改訂・増補版が「新版」として同文庫で刊行された(第二集の改訂新版も同文庫で二〇〇三年刊行)。日本人の戦争体験の象徴として長く読み継がれたが、戦後の政治的対立のなかで、一方では学徒を反戦の殉教者扱いしたと非難され、他方ではエリートの戦争責任を問う批判も受けた。五〇年、『きけ、わだつみの声』の題で映画化(東映)されて成功し、九五年に再制作された。また編集にあたった東大学生らを中心に、五〇年に日本戦没学生記念会(通称わだつみ会)が結成され、担い手を変えながらも現在まで戦争体験の継承を続けている。

参考文献　保阪正康『「きけわだつみのこえ」の戦後史』(『文春文庫』、二〇〇二、文藝春秋)、福間良明『「戦争体験」の戦後史—世代・教養・イデオロギー—』(『中公新書』、二〇〇九、中央公論新社)　(戸邉　秀明)

きげんせつだいゆそう　紀元節大輸送　一九四〇年の紀元二千六百年を機に進んだ国民意識統合と国威高揚に向けた各種行事への参加者輸送。紀元節祝典は当初東京へのオリンピックと万国博覧会誘致、建国の地とされた奈良県の橿原神宮拡張を軸に計画された。ところが、前者は日中戦争による戦時体制強化のなかで計画縮小を余儀なくされ、オリンピックが競技場建設資材入手難によって中止、万博が日中戦争終了まで延期となって、実際には奈良県と神都伊勢(三重県)への輸送が中心となった。特に両地を直結する大阪電気軌道・参宮急行電鉄および奈良電気鉄道(いずれも現近畿日本鉄道)は、大規模な輸送に向けて車輌や施設の拡充を行なった。特にそれまで散在していた橿原神宮周辺の駅を橿原神宮駅(現橿原神宮前駅)に統合し、その中央駅舎を村野藤吾設計による木造トラス構造に「大和棟」風の中央部駅舎として輸送のシンボルとした。

参考文献　古川隆久『皇紀・万博・オリンピック—皇室ブランドと経済発展—』(『中公新書』、一九九八、中央公論社)、近畿日本鉄道株式会社編『近畿日本鉄道一〇〇年のあゆみ—一九一〇~二〇一〇—』(二〇一〇)　(三木　理史)

きげんにせんろっぴゃくねんきねんしきてん　紀元二千六百年記念式典　総力戦下に天皇中心主義を強化する目的のもと、各地で挙行された奉祝行事で、一九四〇年は、初代天皇の神武天皇即位から二千六百年目にあたるとした、皇国史観に基づく祝典。同年予定されていた東京オリンピックが中止となっていたこともあり、国民は紀元二千六百年記念式典に祭り気分を味わい、文化領域も奉祝行事に動員された。この奉祝行事は、三七年七月、秩父宮を総裁として設立された半官半民の財団法人紀元二千六百年奉祝会や、元内務省警保局長の松本学が中心となって設立された財団法人日本文化中央連盟(三八年八月

紀元2600年を祝う行進

認可）などが、リーダーシップを執り実施した国家儀礼である。この儀礼に、各省庁のほか、地方自治体、各種学校や各種団体が賛同し、全国でさまざまな祝祭行事が地域社会レベルでも実施された。内閣主催の公式行事は十一月十日に宮城外苑で天皇・皇后臨席のもと「紀元二千六百年式典」として挙行されているが、政府広報誌『週報』（四〇年十一月六日号）によれば、この式典は「一億一心聖寿の無窮を祈念」し、「和衷戮力を以て国難を排し国威を宣撫」するものだという。翌十一日には、紀元二千六百年奉祝会主催の「奉祝会」が挙行され、奉祝舞楽「悠久」の演奏や、「金鵄かがやく」の歌い出しの奉祝国民歌「紀元二千六百年」の斉唱が行われた。こうした奉祝行事によって国民共同体・国家有機体を創出しようとする志向は、特に松本学に顕著で、彼は国家儀礼を中心に各地で国策的文化運動を展開させ、全国的な祝祭ムードを形成し、挙国一致の実現を目指していた。松本は、日本文化中央連盟主催の「紀元二千六百年奉祝芸能祭」において、交声曲「海道東征」や長唄「元寇」、国民舞踊「建国音頭」、宝塚少女歌劇団による「すめらみくに」や新劇「大仏開眼」など、洋楽・邦楽・舞踊・レビュー・新劇に至るまで公式作品を制定し、文化人を幅広く動員した。この奉祝行事によって文化事業が活性化し、文化人たちはその勢いを日米開戦後も継続していく。

参考文献 古川隆久『皇紀・万博・オリンピック―皇室ブランドと経済発展―』（『中公新書』、一九九八、中央公論社）、上田誠二『音楽はいかに現代社会をデザインしたか―教育と音楽の大衆社会史―』（二〇一〇、新曜社）

（上田誠二）

ぎごうさくせん 義号作戦 ⇩義烈空挺隊

きさつせいむいいんかい 冀察政務委員会 国民政府が、日本の華北分離工作に対する事態収拾策として北平（北京）に設置した行政機関。管轄範囲は、河北（冀）・察哈爾（察）の二省と北平・天津の二市。一九三五年十二月十一日、国民政府は冀察政務委員会を設置し、第二十九軍の宋哲元軍長を委員長に任命することを決定、十八日、正式に発足した。設置後も国民政府に第二十九軍と現地日本軍を加えた三者の間で、構成委員や委員会の権限などをめぐって激しい駆け引きが続いた。委員会内には、外交や経済、交通などを検討する専門の委員会が設けられ、日本人顧問が配された。日本側が、支那駐屯軍増強を強行したことや、冀東防共自治政府を解消しなかったことなどにより、反日的傾向を強めていった。ただ、日本との間で三六年九月三十日に「経済開発に関する了解事項」に、十月十七日には「北支航空協定」に独断で調印し、国民政府との関係を悪化させもしている。盧溝橋事件後の三七年八月十九日、解消。→華北分離工作 →冀東政権

参考文献 安井三吉『盧溝橋事件』（一九九三、研文出版）、内田尚孝「冀察政務委員会の設置と日本の対華北政策の展開」（『言語文化』一五ノ一、二〇〇三）、同「冀察政務委員会と華北経済をめぐる日中関係」（『言語文化』一五ノ二・三、二〇〇三）

（内田尚孝）

きしだくにお 岸田国士 一八九〇―一九五四 劇作家、小説家、評論家。一八九〇年十一月二日、東京に生まれる。父は軍人。陸軍幼年学校・士官学校を経て少尉に任官するが、軍務に嫌悪を覚え辞職。東京帝国大学仏文科選科に入学し、念願のフランス文学に取り組み、一九一九年渡仏。その後ジャック＝コポーに演劇理論を学び、二三年に帰国後、戯曲『古い玩具』『チロルの秋』『紙風船』を発表、劇作家としての地位を確立した。多くの戯曲のほか、ルナールの『にんじん』などの翻訳、長編小説『由利旗江』『双面神』『暖流』などがある。三七年文学座を結成、三八年明治大学文芸科長となり、映画演劇科を新設。二・二六事件前後から『風俗時評』など社会風刺的作品を発表。日中戦争開始後、文藝春秋社特派員として北支戦線を視察して『北支物情』を発表。四〇年十月明治大学を辞し、大政翼賛会文化部長に就任、各地を講演して回り地方文化運動に力を注いだ。また四一年六月発足の日本移動演劇連盟委員長に就任、四三年同理事。四二年七月翼賛会文化部長を辞任したが、四七年それが原因で公職追放となった。五四年三月五日死去。六十三歳。

岸田国士

参考文献 古山高麗雄『岸田国士と私』（一九七六、新潮社）、渡邊一民『岸田国士論』（一九八二、岩波書店）、田中千禾夫他編『岸田国士全集』二八（一九九二、岩波書店）、日本近代演劇史研究会編『岸田国士の世界』（二〇一〇、翰林書房）

（北河賢三）

きしのぶすけ 岸信介 一八九六―一九八七 昭和期の官僚、政治家。一八九六年十一月十三日、山口県に生まれる。一九二〇年東京帝国大学法学部卒。農商務省に入り、二五年商工省に配属。欧米各国に出張してドイツの

岸信介

産業合理化運動に注目した。三一年重要産業統制法の立案・実施に従事。革新官僚として軍部統制派との連携を強めた。三五年工務局長となったが、翌三六年満洲国実業部次長に就任して渡満。満洲国の経済政策の実質的な最高責任者として関東軍と連携し、満洲産業開発五ヵ年計画などの推進にあたった。また、その後につながる政治的人脈を形成した。三九年十月商工次官就任のため帰国し、月曜会に属して革新官僚の一員として活動。経済新体制のあり方をめぐり小林一三商工大臣と衝突し、四一年一月企画院事件をきっかけに辞任。同年十月東条内閣の成立にあたり商工大臣に抜擢され、省内幹部に革新官僚を配置。統制会を結成して戦時体制確立のための生産力増強政策を推進した。四二年四月翼賛選挙で当選し衆議院議員。四三年十一月軍需省創設にあたり国務大臣兼軍需次官となり(大臣は東条英機首相兼任)、議員は辞職。同省の実質的な最高責任者として戦時統制経済体制の推進にあたった。四四年七月サイパン陥落後、戦況悪化から反東条気運が高まるなか、内閣改造にあたって東条首相の辞職勧告を拒否し、内閣総辞職の一因をつくった。以後、在野で政治活動を継続。敗戦後の四五年九月A級戦犯容疑者として逮捕され、四八年十二月不起訴となって釈放。五二年四月公職追放を解除され、日本再建連盟を結成したが挫折。五三年自由党に入り、総選挙に当選して政界に復帰。五四年自由党を除名され、日本民主党結成に参加して幹事長。五五年自由民主党の初代幹事長となり、五六年石橋内閣の外相に就任。五七年自民党総裁に選ばれ内閣を組織し、六〇年日米安全保障条約改定の強行後、総辞職。八七年八月七日死去。九十歳。
↓革新官僚(かくしんかんりょう)

参考文献　吉本重義『岸信介伝』(一九五七、東洋書館)、岸信介・矢次一夫・伊藤隆『岸信介の回想』(一九八一、文藝春秋)、原彬久『岸信介—権勢の政治家—』(『岩波新書』、一九九五、岩波書店)

(大日方純夫)

ぎじゅついん　技術院　一九四一年五月に閣議決定をみた「科学技術新体制確立要綱」に挙げられた措置の一つである「科学技術行政機関の創設」(仮称技術院)に基づいて設置された日本初の科学技術行政機関。文部省と商工省の抵抗で設置は難航したがようやく四二年一月三十一日に官制公布となった。文部省が一元的、総合的な科学技術行政機関になることに反対し、陸軍の意向を取り入れたため航空技術院といわれた。官制第一条は「技術院は内閣総理大臣の管理に属し科学技術に関する国家総力を総合発揮せしめ科学技術の刷新向上就中航空に関する科学技術の躍進を図るを以て目的とす」となっている。初代総裁井上匡四郎、第一部長本多静雄、第二部長海軍大佐佐波次郎、第三部長陸軍少将岡田重一郎、第四部長笹森巽と主要人事を技術官僚系で固めて出発した。四三年末、商工省の軍需省への転換とともに技術院も改組され、それまでの外局特許局を内に取り込んで、総務部、研究動員部、生産技術部、規格部、審査第一部、審査第二部、審判部の七部構成となった。四四年十二月東京工業大学学長八木秀次が第二代総裁となり、翌年五月陸軍中将予備役多田礼吉が第三代総裁となり、敗戦によりこの年九月五日廃止となった。　↓科学技術新体制確立要綱(かがくぎじゅつしんたいせいかくりつようこう)

参考文献　大淀昇一『技術官僚の政治参画—日本の科学技術行政の幕開き—』(『中公新書』、一九九七、中央公論社)

(大淀　昇一)

ぎしょうさくせん　宜昌作戦　一九四〇年五月から六月中旬、日本軍が湖北省宜昌を攻略した作戦(宜昌—重慶間は約四八〇キロ)。その結果、熾烈な宜城争奪戦が演じられたのである。中国第五戦区には第三十三集団軍総司令張自忠(日本陸軍士官学校出身で知日家)。中原大戦では馮玉祥とともに蔣介石と戦闘)下の六個集団軍が日本軍に対して地形を利用して迎撃した。日本軍第十三師団が長寿店等を占領時、中国軍は猛攻後、その主力部隊は日本軍の大包囲網を突破、安全に移動した。五月十日、日本軍第十三師団、第三十九師団が唐白河で合流、中国軍は襄東平原で日本軍に逆包囲をかけた。十一日、日本軍は被害が大きくつぎつぎと撤退、中国軍各部隊が追撃し、一旦棗陽を奪還した。その時、張自忠は直属の第七十四師団特務大隊を率いて出撃、他方、日本軍も十万の兵を集結させ挟撃した。張自忠は陽動作戦をとったが、全滅に近くみずからも戦死。日本軍は棗陽に戻り、他方、中国軍は反攻の機会を待った。三十一日日本軍は襄河を強硬渡河し、陳誠の第六戦区と宜昌奪還戦を演じた。六月日本軍は一日襄陽、三日宜城を攻略し、転じて南進したので、中国軍が即刻襄陽を奪還。この時、漢宜線の日本軍第十三師団等が襄河を渡り、中国の江防軍を攻撃した。江防軍は頑強に抵抗した。日本軍主力は当陽に猛攻をかけ、中国軍右翼陣地を突破。守備軍は非常に多くの死傷者を出し、宜昌の外囲陣地に退却。十四日日本軍は宜昌を占領。十六日中国軍は全面反攻を開始し、十七日宜昌を奪還。ついで当陽の日本軍に猛攻をかけ、日本軍の交通線を遮断した。他方、日本軍は湖南、湖北両省の交通を切断した。この戦闘で再び宜昌を占領。日本軍には、重慶爆撃の中継基地を獲得しようとする意図があった。また、中国軍に「甚大な打撃」を与え、かつ重慶政権内の「抗戦・和平」両派を「分裂激化」させたなどと楽観的な総括をした。だが、実際は中国軍主力を抑えられず、武漢に対する脅威を解消できず、結局、対峙したままであった。

参考文献　防衛庁防衛研修所戦史室編『支那事変陸軍作戦』三(『戦史叢書』九〇、一九七五、朝雲新聞社)、『抗日戦争時期国民党正面戦場重要戦役介紹』(成都、一九八五、四川人民出版社)、菊池一隆『中国抗日軍事史　一九三七—一九四五』(二〇〇九、有志舎)

(菊池　一隆)

きたアフリカさくせん　北アフリカ作戦　一九四二年十一月八日の米英軍によるフランス領モロッコとアルジェ

リアへの上陸作戦(トーチ作戦)に始まり、四三年五月十三日のチュニジアにおける独伊軍の降伏に至る戦闘。アメリカのアイゼンハワー将軍による指揮のもと、米英軍は、フランスのヴィシー政権支配下にあったモロッコのカサブランカとアルジェリアのオランおよびアルジェで、上陸作戦を敢行した。軍事作戦と同時に、この地域に展開していたフランス軍との交渉も行われた結果、十一月十日にフランス軍のダルラン将軍は休戦に合意したが、ヴィシー政権がそれを否認したため、ダルランはヴィシー政権と袂を分かち米英との協力関係に入った。ダルランは十二月に暗殺されたが、フランス軍は米英軍とともに連合国軍として戦うことになった。その後独伊軍はチュニジアに進攻して連合国軍の進撃をくいとめようとし、しばらくの間は成功をおさめたものの、連合国軍側も体制をたて直し四三年三月から攻勢を強めた。その結果、独伊軍はチュニス周辺に押し込められる形となり、五月の降伏に至った。

参考文献 P・カルヴォコレッシー、G・ウィント、J・プリッチャード『トータル・ウォー―第二次世界大戦の原因と経過―』上(八木勇訳、一九九一、河出書房新社) (木畑 洋一)

きたいっき 北一輝 一八八三―一九三七 明治・大正・昭和期の革命思想家。一八八三年四月三日、新潟県佐渡島に生まれる。社会主義思想に共鳴し、一九〇六年『国体論及び純正社会主義』を刊行、国体論イデオロギーを痛烈に批判し発禁処分を受ける。中国の革命運動に協力したのち、一九年『国家改造案原理大綱』(のち『日本改造法案大綱』)を執筆、天皇を擁した軍事クーデターによる日本の「国家改造」を訴え、私有財産や土地所有の制限などを主張した。また日本を「国際的無産者」と規定して西洋列強との軍事的対決と日本の領土拡張を正当化すると同時に、「アジア」、特に中国・インドの「救済」を唱えた。ただし彼が仮想敵国と位置づけたのはイギリス・ソ連であり、アメリカに対しては晩年に至るまで融和的であった。国家改造運動の指導者として右翼思想家や青年将校に影響を与えたが、三六年の二・二六事件の首謀者とみなされて逮捕、翌年八月十九日に処刑。五十五歳。 →国家改造運動 →二・二六事件

参考文献 『北一輝著作集』(一九五九―七二、みすず書房)、渡辺京二『北一輝』(『ちくま学芸文庫』、二〇〇七、筑摩書房)、萩原稔『北一輝の「革命」と「アジア」』(二〇一一、ミネルヴァ書房) (萩原 稔)

きたざわきよし 北沢清 一九〇三―八〇 戦時期の文部省において体育行政の中核を担った人物。一九〇三年九月十七日、東京に生まれる。東京農業大学陸上部時代に日本学生陸上競技連合の設立に参加。二九年に大学を卒業し、大阪毎日新聞社の運動部記者となり、三四年十二月に東京日日新聞社に転じ、オリンピックベルリン大会の特派員、日本自転車連盟専務理事、大日本体育協会評議員等を務めた。厚生省設立後は同省の担当記者となり、国防競技の普及を推進するとともに強力な「体育国策」の樹立、体育行政の文部省への一元化を主張した。四〇年十月に東京日日新聞を退社して大政翼賛会総務部員(のちに庶務部副部長)に就任し、四一年五月には文部省体育局体育運動課長に抜擢され(四二年十一月より体育振興課長)、小笠原道生局長とともに戦時期の体育行政の中核を担った。四六年に公職追放により文部省を免官。戦後は、国立競技場常任理事等を務めた。八〇年三月十五日没。七十六歳。筆名は泉五郎。

参考文献 今村嘉雄・宮畑虎彦編『新修体育大辞典』(一九七六、不昧堂出版)、高岡裕之「大日本体育会の成立―総力戦体制とスポーツ界―」(坂上康博・高岡裕之編『幻の東京オリンピックとその時代―戦時期のスポーツ・都市・身体―』所収、二〇〇九、青弓社) (坂上 康博)

きたしなかいはつかいしゃ 北支那開発会社 日中戦争下の華北占領地の経済開発を推進するために設立された投資会社。すでに株式会社興中公司(一九三五年十二月設立)が日中戦争勃発後、軍の行動に即応して炭鉱・電気などの事業の接収を行なっていたが、一民間企業である興中公司ではなく総合的計画的に活動しうる強力な機関を求める機運が醸成され、三八年三月十五日、閣議において開発会社設立が決定され、北支那開発株式会社法が四月三十日公布・施行され、同年十一月七日、創立総会が開催され北支那開発株式会社が誕生した。資本金は当初、三億五千万円、政府が半額出資し、残りは満鉄、三井、三菱などが出資した。四五年の閉鎖時には資本金四億千三百万円、払込三億千百七十五万円であった。設立当初の総裁は大谷尊由であり、その後賀屋興宣、津島寿一、八田嘉明にかわった。同社は、交通事業、鉱工業等の事業会社に投資および融資を行なったが、四二年三月の北支那開発株式会社法改正により事業の直営に道が開かれ、四四年四月からは政府の命令事業が追加された。四五年九月三十日、連合国最高司令官の「外地ならびに外国銀行および戦時特別機関の閉鎖にかんする覚書」により即日閉鎖を命ぜられ、十月二十六日、大蔵・内務・司法省令第一号により閉鎖機関に指定された。 →興中公司

参考文献 閉鎖機関整理委員会編『閉鎖機関とその特殊清算』(一九五四)、槐樹会編『北支那開発株式会社之回顧』(一九八一)、中村隆英『戦時日本の華北経済支配』(『近代日本研究双書』、一九八三、山川出版社) (白木沢旭児)

きたはらたいさく 北原泰作 一九〇六―八一 昭和戦前・戦後期の部落解放運動家。一九〇六年一月一日、岐阜県出身。高等小学校卒業。青年期の思想遍歴を経て水平社運動の初期にはアナキストとして活躍。二七年軍隊内の差別を天皇に直訴し懲役に服する。その後共産主義者となり、三一年、階級一元論の立場から朝田善之助と水平社解消論を提起。戦中は転向して、国民一体のもとに民族協同体建設をめざす部落厚生皇民運動を担う。戦後直ちに部落解放全国委員会の立ち上げに加わり、六

一年、部落解放同盟から同和対策審議会委員として答申作成に参加。その後部落解放同盟中央本部を批判して七五年に国民融合論を提唱し、運動の一潮流を作る。八一年一月三日没。七十五歳。

参考文献 北原泰作『賤民の後裔—わが屈辱と抵抗の半生—』(一九七四、筑摩書房)、『北原泰作部落問題著作集』(一九八一—八三、部落問題研究所) (黒川みどり)

きたれいきち 北昤吉 一八八五—一九六一 政治家、教育者、哲学者。一八八五年七月二十一日、新潟県の佐渡で生まれる。兄は輝次郎(一輝)。一九〇八年に早稲田大学哲学科を卒業し、中学教員、同大学講師を経てハーバード大学やベルリン大学、ハイデルベルク大学などで学んだ。帰国後は大東文化学院などで教鞭をとり、『日本新聞』や自身が主幹をつとめた雑誌『祖国』の紙上で、東西文化の融合や日本主義を唱えた。三二年から欧米に外遊、ファシズムの台頭に刺激を受けて『再革命の独逸』を著した。三六年第十九回衆議院議員選挙で当選し、民政党に入党。のちに翼賛政治への反発から鳩山一郎らと同交会を結成、翼賛選挙に非推薦で当選した。戦中も祖国会(祖国同志会から改称)を基盤に雑誌『祖国』上で活発に時局を論じ、復古的な国家主義への批判や憲政の擁護を説く一方、戦争の意義について日本主義の立場から解釈を試みた。戦後自由党の発足に加わるが、『祖国』誌上に「国家主義的及び軍国主義的記事を多数掲載した」として四七年六月公職追放。五一年に解除。自民党衆議院議員として内閣委員会理事等を歴任後、五八年選挙に落選、翌年に政界引退。六一年八月五日没。七十六歳。

参考文献 本間恂一「忘れられた哲人政治家 北昤吉・現代に生きる信念」(『新潟日報』連載、二〇〇四—〇五)、楠精一郎『大政翼賛会に抗した四〇人—自民党源流の代議士たち—』(『朝日選書』、二〇〇六、朝日新聞社)、大庭大輝「北昤吉の『日本主義』—公職追放関係資料を手掛かりとして—」(『史境』六一、二〇一〇) (大庭 大輝)

きっかいてつどう 吉会鉄道 吉長鉄道(吉林—長春)を延長して吉林から朝鮮の会寧に至る鉄道で、日本は一九〇九年「間島に関する日清協約」で敷設権を獲得。日本から満洲への最短経路として軍事上および権益拡張の観点から重要視した。このうち吉林—敦化(吉敦線)を中華民国政府との工事請負契約で満鉄が一九二八年に建設し、三三年に満洲国国有鉄道敦図線(敦化—図們)が竣工し、吉会鉄道は京図線(長春—図們)として全線完成した。

参考文献 南満洲鉄道株式会社『満洲鉄道建設誌』(一九三九)、加藤聖文「吉会鉄道敷設問題—「満鮮一体化」の構図—」(『日本植民地研究』九、一九九七) (矢島 桂)

きっぷせい 切符制 ⇨配給制度(はいきゅうせいど)

きとうせいけん 冀東政権 華北分離工作の行き詰まりを受けて奉天特務機関長土肥原賢二が発足させた傀儡政権。一九三五年十一月二十四日、土肥原は、殷汝耕に河北省(冀)北東部の通州で「自治」宣言を発表させ、翌日、

冀東防共自治政府

殷を委員長とする冀東防共自治委員会を成立させた。委員には池宗墨、王厦材、殷体新、張慶余、張硯田、趙雷、李海天、李允声ら、殷汝耕の部下と戦区保安隊の隊長が任命された。管轄範囲は、塘沽停戦協定に基づく停戦ラインと長城線に囲まれた戦区(非武装地帯)二十二県にほぼ相当し、人口およそ六百五十万人、河北省税収の二割強を占めた。十二月二十五日、冀東防共自治政府に改称し、国民政府からの離脱をアピールした。冀東政権成立後、同地域経由の密輸(冀東密貿易)が激増、公然化し、これに国民政府が強く反発、日中関係悪化の一要因となった。また、冀察政務委員会も冀東政権解消に応じない日本に不信感を募らせた。三八年二月、中華民国臨時政府に吸収合併された。 →華北分離工作(かほくぶんりこうさく) →冀察政務委員会(きさつせいむいいんかい)

参考文献 神田隆介『冀東綜覧』(一九三六、東洋事情研究会)、日本国際政治学会太平洋戦争原因研究部編『太平洋戦争への道』三(一九六二、朝日新聞社) (内田 尚孝)

きどうぶたい 機動部隊 航空母艦とその補助艦によって編成される、航空戦を主任務とした艦隊。欧米諸国において一九一〇—二〇年代に空母の開発が進み、日本では二七年に「鳳翔」「赤城」と第六駆逐隊で最初の航空戦隊が作られたが、四一年に独立した部隊として第一航空艦隊が編制されるまでは、航空戦隊は戦艦中心の各艦隊に付随されているにすぎない状況であった。これは諸外国でもほぼ同様である。四一年の日本海軍による真珠湾奇襲攻撃の成功や、マレー沖海戦で日本海軍の航空機が英海軍の最新鋭戦艦二隻を撃沈したことにより、航空兵力の優位性は諸外国で広く認知されるようになったが、日本海軍では大艦巨砲主義と艦隊決戦思想が根強く残った。しかし、機動部隊による戦闘の帰趨は戦争全体を左右するようになっており、四四年三月には第一機動艦隊が新編され、アメリカに遅れること二年三ヵ月で、ようやく空母優先の艦隊編制が整えられた。

参考文献 池田清『海軍と日本』(『中公新書』、一九八一、中央公論社)、平間洋一「空母機動部隊とは何か―その誕生から今日まで―」(『世界の艦船』五五八、一九九九)
(手嶋　泰伸)

きどこういち　木戸幸一　一八八九―一九七七　昭和戦前期の宮中政治家。一八八九年七月十八日、旧萩藩士で明治維新の三傑とされる木戸孝允(桂小五郎)の養子となった侯爵木戸孝正の長男として東京府に生まれる。学習院を経て、一九一一年に京都帝国大学法科大学に入学、近衛文麿や原田熊雄とは学友であった。一五年に卒業し、農商務省に入る。一七年に侯爵を継ぎ、貴族院議員となる。近衛(公爵)や有馬頼寧(伯爵)、岡部長景(子爵)らとともに、二二年十一月十一日、新進華族のグループである十一会を結成し、元老の西園寺公望や宮中重鎮の牧野伸顕らの英米協調路線とは異なる親軍的な革新政策の実現をめざした。三〇年、近衛や岡部らの支援で内大臣秘書官長兼宮内省参事官に就任し、西園寺や牧野のもとで天皇側近の宮内官となった。

三一年の三月事件以後の軍部や右翼のテロ・クーデター事件に、宮中や政財界をはじめとする上層階層の立場から、西園寺の私設秘書となった原田と連携しながら対応し、昭和天皇や西園寺の信任を得ていった。また、三三年に宮内省宗秩寮総裁を兼任し、当時、頻発した華族のダンスホール事件や赤化事件などの処理にあたった。この間、木戸は十一会メンバーとともに住友別邸や東京倶楽部などで午餐会や宴会を催し、秩父宮雍仁、高松宮宣仁、東久邇宮稔彦、朝香宮鳩彦ら皇族夫妻と親睦を深め、情報交流につとめた。また、当時、昭和天皇はじめ皇族、宮内官、政治家たちの間にゴルフが普及し、木戸もその一人として朝霞ゴルフ場などでプレーしながら、政財官界との非公式会合の場とした。三六年の二・二六事件では、天皇側近として軍部や軍部に煽られた皇族軍人たちの動静探査と事件処理に奔走した。三七年十月、

木戸幸一

第一次近衛文麿内閣の安井英二文相が二・二六事件の恩赦をめぐり辞任し、その後任として文相となった。昭和天皇は「木戸が入れば大赦の問題につき近衛公を説いて無理をさせない」とその異動を許した。三八年一月、厚生省発足で初代厚相となり、国民体力の向上、結核の罹患防止、傷痍軍人や戦死者の遺族への対応につとめた。三九年一月、平沼騏一郎内閣の内相となり、国民精神総動員下の内務行政の円滑化をすすめ、日独軍事同盟締結をめぐる反英運動や政変の動向に対応した。

四〇年、近衛、有馬らと新体制運動を進めるなか、元老西園寺や近衛の意向で病気辞任した湯浅倉平の後任の内大臣に就任、戦時下の天皇側近としての重役を担った。西園寺亡き後、元老に代わり後継首班奏請を行い、第二次・第三次近衛に続き、対米戦突入の危機を前に、「万一予期の結果を得られざるときは皇室は国民の怨府となる」との理由で皇族内閣案を退け、開戦論者の東条英機を首相に推薦した。開戦初期の戦果は、天皇と木戸を安堵させ歓喜させたが、長びく戦局と四四年七月のサイパン陥落以後の政治情勢は、重臣による倒閣機運を高め、木戸もそうした動きのなかで天皇とともに戦争終結の機会をうかがうようになった。また、木戸は天皇への非公式な進言を排除するため、重臣の意見も封じるようになり、高松宮や近衛らとも戦争終結をめぐる見解を異にするようになった。

当初、天皇と木戸は一大決戦で勝機を得て、有利な和平に導く道を模索していたが、結局は、圧倒的な米軍の戦力の前に犠牲を重ねるだけとなり、四五年七月二十五日、木戸は天皇に三種神器護持による皇統保持のため「難を凌んで和を媾ずるは極めて緊急」と進言し、八月十日、聖断によるポツダム宣言受諾を決意させた。同年十二月、A級戦争犯罪人として逮捕令が発され巣鴨に入所、東京裁判国際検察局(IPS)の尋問を受け、三〇年から四五年までの日記が検察局に提出された。木戸は「内大臣が無罪なれば陛下も無罪」との決意で臨み、弁護団は東条責任論と木戸の和平への功績を主張する立場をとったが、四八年十一月終身禁錮判決。五一年、松平康昌式部官長に獄中から講和後の天皇退位を進言するも実現はしなかった。五五年十二月仮釈放。七七年四月六日死去。八十七歳。

参考文献 『旧侯爵木戸家資料』(国立歴史民俗博物館所蔵)、『木戸幸一日記』(一九六六、東京大学出版会)、『木戸幸一関係文書』(一九六六、東京大学出版会)、『木戸幸一日記　東京裁判期』(一九八〇、東京大学出版会)、粟屋憲太郎他編『木戸幸一尋問調書』(一九八七、大月書店)
(小田部雄次)

きどこういちにっき　木戸幸一日記　昭和期の華族政治家である木戸幸一が書き記した日記。日記全体の記述は、一九〇〇年一月分から七七年三月の死の直前まで続いており、国立歴史民俗博物館に原典が所蔵されている。このうち、木戸が商工官僚を辞し、内大臣秘書官長に就任する一九三〇年一月分から敗戦後、GHQから戦犯逮捕令をうけ巣鴨プリズンに入所する直前の四五年十二月十五日分までの記録が、『木戸幸一日記』上下巻として、また、同年十二月十五日分から四八年十二月分までの巣鴨プリズン収容期間の記録が、『木戸幸一日記　東京裁判期』として、いずれも、木戸日記研究会の校訂で翻刻され、東京大学出版会から刊行されている。日記の内容は、個

人的な見解や感情を表さず、事実事項のみを客観的に書き綴った業務日誌に近い形態となっている。この点が、かえって、史料としての価値を高めており、近現代史を研究するうえでの重要資料として位置づけられている。なお、木戸は巣鴨プリズンへ入所後、GHQ戦争犯罪人審理の担当官に日記を提出している。

参考文献 『木戸幸一関係文書』(一九六六、東京大学出版会)

(茶谷　誠一)

きどまんたろう　城戸幡太郎　一八九三―一九八五　心理学者、教育学者、教育科学運動の指導者。北海道大学名誉教授。一八九三年七月一日愛媛県生まれ。一九〇六年、東京帝国大学文科大学心理学選科卒業。その後ドイツのライプチッヒ大学留学(二二―二四年)を経て当時の教育科学に接し、心理学から教育学への接近をはかる。一九二四年法政大学教授。三一年から三三年にかけて刊行された岩波講座『教育科学』(全二十巻)の編集をはじめ、三三年の雑誌『教育』の創刊、さらに『教育学辞典』(全五巻、岩波書店、三六―三九年)の発刊に携わった。三六年には保育問題研究会を、三七年には教育科学研究会を組織。「生活主義」と「科学主義」をスローガンとした、国民生活に密着し調査に裏づけられた実証性を持ち、かつ教育内容・教育制度の改革のための計画論に根ざした日本の教育科学の樹立に取り組んだ。さらに人口問題全国協議会や日本諸学振興委員会哲学会にも関わり、前者では人口移動と労働力構成の転換など社会動態的な課題への対応として教育を位置づけ、後者では国体の本義を指導原理とした「民生の慶福」の前進を学問研究の課題とする報告を行なった。四一年の教育科学研究会解散後は国民生活学院理事や同附属生活科学研究所所長として女子教育分野に新たな可能性を見出す。四四年に治安維持法違反容疑で検挙されるものの不起訴。戦後、官僚や軍部の「戦争責任」ではなく「敗戦責任」を問題とし、北海道国立教育研究所所長、北海道大学教育学部教授、北海道教育大学学長などを歴任。八五年十一月十八日没。九十二歳。

参考文献 城戸幡太郎先生八十歳祝賀記念論文集刊行委員会『日本の教育科学』(一九七六、日本文化科学社)、城戸幡太郎『教育科学七十年』(一九七八、北海道大学図書刊行会)、民間教育史料研究会他編『教育科学の誕生―教育科学研究会史―』(一九九七、大月書店)、木村元編『人口と教育の動態史―一九三〇年代の教育と社会―』(二〇〇五、多賀出版)

(木村　元)

きはんせんかいうんくみあい　機帆船海運組合　⇩海運統制(かいうんとうせい)

きひらただよし　紀平正美　一八七四―一九四九　昭和期の日本主義的哲学者。一八七四年四月三十日、県会議員、自由党員紀平雅次郎の長男として三重県に出生。第四高等学校で西田幾多郎に学び、九七年東京帝国大学文科大学哲学科入学。一九〇〇年卒業、大学院進学。一九年学習院教授。日本におけるヘーゲル哲学研究の草分け的存在。『行の哲学』(一九二三年)で「我は日本人なり」という意識に基づきヘーゲル哲学と華厳経を同一視。三一年三月「陛下の修養方法如何」という題目で御進講。三二年国民精神文化研究所所員兼事業部長。三六年から三七年にかけて文部省『国体の本義』編纂に関わる。必ずしも時局便乗型の御用学者ではなく、近代への懐疑の念と西洋哲学、仏教、儒教、神道に関する深い知識に裏打ちされて「日本精神」論を展開。四三年小沼洋夫らとともに京都学派を批判し、「皇国史観」を提唱。同年教学錬成所所員。四九年九月十九日没。七十六歳。

参考文献 船山信一「昭和前期の日本主義哲学―紀平正美・和辻哲郎・蓑田胸喜・鹿子木員信・「生み」の哲学―」(藤井松一・岩井忠熊・後藤靖編『日本近代国家と民衆運動』所収、一九八〇、有斐閣)、平野孝「昭和戦前・戦中期日本の精神史と紀平正美書簡」(『龍谷法学』二六ノ三・四、一九九四)、石井公成「大東亜共栄圏の合理化と華厳哲学(一)―紀平正美の役割を中心にして―」(『仏教学』四二、二〇〇〇)

(昆野　伸幸)

きほんこくさくようこう　基本国策要綱　第二次近衛内閣が組閣直後に決定した国策。一九四〇年七月二十六日閣議決定。第二次欧州大戦におけるドイツの伸張を「歴史的一大転機」と位置づけ、内外政策を根本的に刷新して国防国家体制の完成をめざすとした。武藤章陸軍省軍務局長が国策研究会に依頼して作成させた「総合国策十年計画案」の流れに位置する。三項目からなり、「根本方針」で日満支の強固な結合を根幹とする大東亜の新秩序建設、「国防及び外交」で軍備充実と大東亜新秩序建設を外交の根幹とし、その重点を日中戦争の解決に置いた。「国内態勢の刷新」では、功利思想を廃し奉仕の観念を一義とする国民道徳の確立と科学的精神の振興、強力な政治新体制の確立のための新国民組織、議会制度改革、行政刷新による官場新体制、国民の資質・体力の向上と人口増加に関する恒久的方策、国民犠牲の不均衡是正と厚生施策の徹底などをあげていた。

参考文献 外務省編『日本外交年表並主要文書』下(一九六五、原書房)、原朗他『革新と戦争の時代』(『日本歴史大系(普及版)』一七、一九九七、山川出版社)

(森山　優)

きみつひ　機密費　公にできない機密の用途にあてるために、その使用が担当主任者に一任されていた財政上の経費のこと。戦前は歳出の科目として認められており、各省庁や植民地の特別会計にはたいてい計上されていた。戦前の会計検査院法では、機密費は検査しえないものとされていたが、原則的には流用は禁じられていた。しかし、年々機密費の額は膨張し、流用も行われていたと考えられている。事の性質上、その用途が表に出ることはほとんどなかったが、政治問題化した一番有名な事例が、「陸軍機密費事件」であった。これは一九二六年三月の第五十一議会において憲政会の中野正剛が、当時の政友会総裁田中義一の陸相時代の臨時軍事費中の機密費に関するスキャンダルを追及したことに端を発していた。中野は田中が機密費の一部を公債に換え、神戸の金貸し乾新兵衛から三百万円を借り、これを政界にばら撒き政友会総裁の椅子を手に入れたと主張した。中野はまた、シベリア出兵時に押収した金塊の処理についても疑惑があると指摘した。機密費に関しては当時、元陸軍二等主計の三瓶俊治が田中と山梨半造陸軍次官(当時)を検事総長に告発していた。機密費事件は一九二七年の五十二議会でも清瀬一郎が追及した。政友会は中野はロシアのスパイであるとか、悪質な中傷で軍の動揺を企図したとして自決を促す決議案を提出、清瀬の追及にも懲罰動議で対抗するなど防戦した。結局疑惑は解明されなかったが、田中に関する政治資金の悪い噂として政界に長く残った。

参考文献 我妻栄編『日本政治裁判史録』昭和・前(一九七〇、第一法規出版)、松本清張『昭和史発掘(新装版)』一(『文春文庫』、二〇〇五、文藝春秋)　(波田　永実)

キムイルソン　金日成　一九一二―九四　朝鮮の独立運動家、朝鮮民主主義人民共和国初代最高指導者。一九一二年四月十五日、平安南道大同郡古平面(現平壌市万景台)で父金亨稷、母康盤石の間に生まれる。父とともに満洲に渡り、吉林の毓文中学などに通う。二六年ころ打倒帝国主義同盟を組織・指導したとされ、三二年ころ中国共産党入党、抗日遊撃隊運動に参加。三六年東北抗日聯軍第二軍第三師長となり、白頭山に根拠地を移し、在満韓人祖国光復会を組織。三七年六月普天堡の戦を指揮し朝鮮内で高い名声を得る。四〇年日本軍の追撃を避けソ連領に入り、東北抗日聯軍教導旅第一営営長になる。日本降伏後四五年九月に元山に帰国、十月朝鮮共産党北部朝鮮分局の第一書記に就任。四六年北朝鮮臨時人民委員会委員長となり、社会主義制度導入に向けて諸改革を実施。四八年建国後首相に就任、四九年朝鮮労働党委員長に。六〇年代後半に主体思想による唯一思想体系を確立、七二年から国家主席。九四年七月八日南北首脳会談を前に急死。八十三歳。

金　日　成

参考文献 和田春樹『金日成と満州抗日戦争』(一九九二、平凡社)、水野直樹・和田春樹編『朝鮮近現代史における金日成』(一九九六、神戸学生・青年センター)　(庵逧　由香)

キムグ　金九　一八七六―一九四九　朝鮮の独立運動家、政治家。号は白凡。一八七六年八月二十九日、朝鮮黄海道海州に生まれる。東学農民戦争、義兵闘争に参加し、九六年には閔妃殺害の復讐で日本人を殺害して投獄される。出獄後、朝鮮各地で新教育事業に邁進。一九一〇年には新民会に参加、翌年「百五人事件」で有罪判決を受け服役するが、五年後に仮釈放。一九年三月末、上海に亡命。上海の大韓民国臨時政府(臨政)では、内務総長、国務領など要職を歴任。三一年十月には日本人要人暗殺を目的とする韓人愛国団を創立し、李奉昌・尹奉吉の個人爆弾闘争など強力な抗日武装闘争を展開。四〇年に臨政主席に選出され、臨政承認を各国に要求する外交活動や韓国光復軍設立に邁進。四五年二月には日独に宣戦布告して日本本土侵入作戦を準備する中、日本敗戦。四五年十一月の帰国後、韓国独立党を率いて統一自主独立路線を志向、単独政府樹立に反対して李承晩と対立。四九年六月二十六日、陸軍少尉安斗熙に暗殺される。七十四歳。

参考文献 金九『白凡逸志―金九自叙伝―』(梶村秀樹訳、『東洋文庫』、一九七三、平凡社)、鶴園裕「金九―貧農の子から民族の指導者へ―」(歴史科学協議会編『歴史が動く時―人間とその時代―』所収、二〇〇一、青木書店)　(庵逧　由香)

キムドゥボン　金枓奉　一八八九―？　朝鮮の独立運動家、ハングル学者、朝鮮民主主義人民共和国初期指導者(延安派)。一八八九年三月十七日慶尚南道東萊生まれ。十七歳でソウルに上京し培材学校などで学んだのち、周時経のもとでハングル研究に没頭。一九一九年三月三・一運動に参加後、上海に亡命。ハングル研究の傍ら海外僑胞に朝鮮語を教えるなど教育運動に従事。二九年一月韓国独立党秘書長になり、三二年韓国対日宣戦統一同盟結成を主導するなど中国地域の独立運動統一戦線形成に奔走。四二年四月延安に渡り、華北朝鮮独立同盟の主席となる。四五年十一月帰国後は延安派の中心として独立同盟を率いて政治活動を行う。四六年二月創設の北朝鮮臨時人民委員会では副委員長を務め、八月金日成とともに北朝鮮労働党を創立、委員長に就任。四八年建国以後は、最高人民会議常任委員会委員長として法制度整備に従事。五七年延安派粛正に伴い反党宗派分子とされ党から除籍。以後順安の農場で農業労働者となり、死去。

参考文献 沈之渕『忘れられた革命家の肖像―金枓奉研究―』(ソウル、一九九三、人間サラン)　(庵逧　由香)

キムハクスン　金学順　一九二四―九七　元日本軍「慰安婦」の韓国人女性運動家。一九二四年中国吉林生まれ。四一年に十七歳で北京に渡り、そこで日本軍人に強姦され部隊横の施設で「慰安婦」生活を送る。九一年八月韓国ではじめて実名で「慰安婦」だったことを公表、「慰安婦」問題を世界に広めるきっかけをつくった。以後、アジア・太平洋戦争韓国人犠牲者補償請求訴訟で原告の一人になるなど、解決のために積極的に活動を行なった。九七年十二月十六日ソウルで死去。七十四歳。

参考文献 解放出版社編『金学順さんの証言—「従軍慰安婦問題」を問う—』(一九九三)、歴史教育者協議会編『平和や自由、独立を求めて』(『歴史を生きた女性たち』三、二〇一〇、汐文社) (庵逧 由香)

きむらいへえ 木村伊兵衛 一九〇一—七四 写真家。一九〇一年十二月十二日、東京市生まれ。一九年京華商業学校卒業後、台湾の砂糖問屋勤務を経て二四年に日暮里で写真館開業。二九年に長瀬商会広告部嘱託。三二年に野島康三、中山岩太と社会的存在たる写真をテーマにした同人誌『光画』創刊。三三年に名取洋之助の呼びかけで日本工房創設に参加し、三四年に脱退して原弘らと中央工房設立。同年、対外写真配信の国際報道写真協会を設立し、外務省文化事業部、国際文化振興会、鉄道省国際観光局、南満洲鉄道などの対外宣伝写真を撮影。四一年に岡田桑三創設の東方社で写真部長となり、四二年創刊の対外宣伝グラフ誌『FRONT』に携わる。戦後はサン＝ニュース＝フォトス嘱託を経て四九年にフリーランスとなる。七四年五月三十一日没。七十二歳。著作は『JAPAN THROUGH A LEICA』(三八年、三省堂)、『王道楽土』(四三年、アルス)、『木村伊兵衛傑作写真集』(五四年、朝日新聞社)ほか多数。朝日新聞社により七五年に「木村伊兵衛賞」制定。

木村伊兵衛

参考文献 田沼武能・金子隆一監修『(定本)木村伊兵衛』(二〇〇二、朝日新聞社)、三島靖『木村伊兵衛と土門拳—写真とその生涯—』(『平凡社ライブラリー』、二〇〇四、平凡社)、白山眞理『〈報道写真〉と戦争 一九三〇—一九六〇』(二〇一四、吉川弘文館) (白山 眞理)

きむらきょうたろう 木村京太郎 一九〇二—八八 戦前・戦後の部落解放運動家。一九〇二年六月十一日、奈良県に生まれる。御所尋常高等小学校卒業。二二年三月の全国水平社創立を知り、同年四月、直ちに小林水平社を立ち上げる。全国水平社本部書記となり、二三年十二月には全国水平社青年同盟の中央委員として水平社が無産階級運動の一翼を担うことを推進。二七年日本共産党員となる。二六年の福岡連隊事件、二八年の三・一五事件により懲役五年の判決を受け三五年まで獄中で過ごす。戦時下には、国民一体のもとに民族協同体建設をめざす部落厚生皇民運動に参加。戦後は、部落解放全国委員会の結成から運動に復帰し、四八年部落問題研究所創立の中心メンバーとしてその常務理事となる。同機関誌『部落問題研究』の編集発行等に尽力。八八年六月十一日没。八十五歳。

参考文献 木村京太郎『水平社運動の思い出』(『部落問題新書』、一九六八・七三、部落問題研究所出版部)、同『道ひとすじ』(一九七六、部落問題研究所出版部) (黒川みどり)

きむらくすやた 木村久寿弥太 一八六五—一九三五 実業家、三菱財閥最高指導者。一八六六年一月十八日(慶応元年十二月二日)、土佐藩士田岡亨一の次男として高知県に生まれたが、七七年叔父木村漸の養子となる。九〇年帝国大学法科大学政治学科を卒業、岩崎家の家庭教師であった縁から三菱社に入った。三菱合資会社長崎支店長、神戸支店長、庶務部長、炭坑部長を歴任、一九一六年炭坑部専務理事となり、三菱鉱業、三菱製紙、三菱製鉄の会長も兼任している。一七年管事に昇格、二〇年江口定条とともに総理事となる。三五年総理事を勇退するまで三菱財閥の最高指導者として運営にあたり、三菱系諸会社の役員を多数兼ね、数多くの委員を務め(文政審議会、経済審議会、商工審議会、臨時産業調査会など)、日本工業倶楽部理事長、日本商工会議所・東京商工会議所顧問など財閥外の職務もこなしている。三五年十一月二十三日病没。七十一歳。

参考文献 藤原楚水『現代財界人物』(一九三一、東洋経済出版部)、実業之世界社編輯局編『財界物故傑物伝』上(一九三六) (麻島 昭一)

きむらそうじゅう 木村荘十 一八九七—一九六七 明治期から昭和期の小説家。一八九七年一月十二日、東京に生まれる。慶応義塾大学中退後に満洲に渡り、新聞記者生活や満蒙評論社経営を経験。帰国したのち、小説執筆に専念し、一九三二年、『血縁』でサンデー毎日大衆文芸賞を受賞。四一年、『雲南守備兵』で直木賞を受賞。自伝小説に『嗤う自画像』(五九年、雪華社)がある。異母姉の木村曙や異母兄木村荘太も作家。異母兄の木村荘八は画家、異母弟の木村荘十二は映画監督である。四〇年には戸川貞雄らとともに国防文芸連盟を結成、四二年に日本文学報国会が設立されると小説部会幹事をつとめた。六七年五月六日没。七十歳。

参考文献 吉野孝雄『文学報国会の時代』(二〇〇八、河出書房新社) (大澤 聡)

きむらへいたろう 木村兵太郎 一八八八—一九四八 陸軍軍人。陸軍次官、ビルマ方面軍司令官、陸軍大将。一八八八年九月二十八日、東京生まれ。一九〇八年五月に陸軍士官学校(二十期)、一六年十一月に陸軍大学校を卒業。参謀本部勤務、ドイツ駐在、陸軍大学校教官などを経て、二六年八月に野戦砲兵第二十四連隊大隊長。二九年十一月、ロンドン海軍軍縮会議随員を拝命。三一年八月、野戦砲兵第二十二連隊長、三五年三月、陸軍省整備局統制課長。三六年八月、陸軍省兵器局長に就任。三九年三月、中将に昇進し、第三十二師団長として中国に出征、四〇年十月には関東軍参謀長となる。四一年四月、陸軍次官に就任。四三年三月、軍事参議官兼兵器行政本部長、四四年八月、ビルマ方面軍司令官。英軍のビルマ侵攻を受け、ラングーンを撤退する中で、四五年五月七日付で陸軍最後の大将に昇進。戦後、東京裁判で訴追され、(陸軍次官として)「侵略的な計画に全幅の支持を与え」、また捕虜虐待の防止策を講じなかったとして、四八年十一月十二日に絞首刑を宣告された。同年十二月二十三日、刑死。六十一歳。

参考文献 秦郁彦編『日本陸海軍総合事典』(一九九一、東京大学出版会)、粟屋憲太郎・吉田裕編『国際検察局(IPS)尋問調書』九(一九九三、日本図書センター)、新田満夫編『極東国際軍事裁判速記録』一〇(一九六八、雄松堂書店)　(永井　均)

きむらまさとみ　木村昌福　一八九一―一九六〇　大正期から太平洋戦争期の海軍軍人。一八九一年十二月六日、静岡県で生まれる。兄近藤憲治、弟近藤一声ともに海軍軍人。一九一三年海軍兵学校卒(第四十一期)。「車曳き」と呼ばれた現場たたき上げの駆逐艦乗りで、駆逐艦長や駆逐隊司令の勤務を重ね、三七年十二月海軍大佐に進級。その後、軽巡洋艦「神通」艦長などを経て、四〇年十月重巡洋艦「鈴谷」艦長となり、対米英開戦を迎える。四二年十一月海軍少将、四三年二月第三水雷戦隊司令官となるが、翌月戦傷内地帰還。同年六月第一水雷戦隊司令官として復帰、この時キスカ島守備隊の撤収作戦に従事し、キスカを包囲していた米艦隊の虚に乗じて、全守備隊員五千名余を無事救出した。四四年十一月第二水雷戦隊司令官、その後連合艦隊司令部付、対潜学校長などを経て、四五年七月海軍兵学校教頭兼防府通信学校長となり、終戦を迎える。同年十一月海軍中将に特別進級。六〇年二月十三日没。六十八歳。

参考文献 星野清三郎『ヒゲの提督木村昌福伝』(一九九三―九四)　(相澤　淳)

ぎゃくえんこん　逆縁婚　夫が戦死した寡婦が夫の兄弟と再婚する婚姻形態で、敗戦後、特に農村部で多く見られた。明治憲法下では夫の遺産はその子どもに直接移転されたが、戦後の新憲法では妻にも分配されることになった。しかしそれでは零細規模の農地をさらに細分化することになってしまうため、同じ戸籍を持った夫の兄弟と結婚することで農業経営を維持するため、このような婚姻形態が選択されることがあった。逆縁婚は夫の親族の経済的利得を維持するためのいわば戦略的行為であり、当時における女性の地位の低さを物語るようではある。しかしその一方で特に中・上層の戦争未亡人に経済的支援を提供するという面もあり、その意味で複雑な性格を有していた。→戦争未亡人

参考文献 青木デボラ『日本の寡婦・やもめ・後家・未亡人―ジェンダーの文化人類学―』(二〇〇八、明石書店)　(一ノ瀬俊也)

きゅう・いちはちかかくストップれい　九・一八価格ストップ令　⇨価格等統制令

きゅうかこくじょうやく　九ヵ国条約　一九二二年二月六日、ワシントンで調印された中国に関する条約。アメリカ、ベルギー、中国、フランス、イギリス、イタリア、日本、オランダ、ポルトガルが署名した。ワシントン会議冒頭では、中国首席全権の施肇基駐米公使が中国の領土保全など十原則を提案した。これに対してヒューズ米国務長官は、原則の起草をアメリカ全権ルートに託した。そこでルートは現状維持的な四原則を作成し、ほぼ原案通りに認められた。その第四項は、一七年十一月二日に締結された石井・ランシング協定秘密議定書とほぼ同一であった。他方でヒューズは、門戸開放原則を再定義する方針を打ち出し、門戸開放原則に関する決議案が採択されたものの、日本の反対によって既得権益についでは審議の対象外とされた。

二二年二月六日に可決された九ヵ国条約は、ルート四原則を第一条として採用したものであり、各国の既得権益に急激な変更を求めたものではなかった。第三条には「一切の国民の商業及工業に対し支那に於ける門戸開放又は機会均等の主義を一層有効に適用する」と盛り込まれた。これはアメリカ外交における伝統的な門戸開放原則の潮流を受けたものであり、駐米大使の幣原喜重郎全権は第三条を重視した。満洲事変後に日本軍が三二年一月に錦州を占領すると、アメリカ国務長官スティムソンは、九ヵ国条約や不戦条約に反する行為を承認しないとの立場を日中に伝えた。スティムソン＝ドクトリンと呼ばれるものであり、スティムソンはその内容をほかの九ヵ国条約締結国にも通達した。アメリカは日中戦争の初期にも、日本の行動が九ヵ国条約と不戦条約に反すると声明した。三七年十一月には、日本を除く九ヵ国条約締結国がブリュッセルで会議を開催したものの、日本に対する制裁で合意するには至らなかった。九ヵ国条約に罰則規定がなかったことは、条約の限界となるものだった。→ワシントン会議

参考文献 麻田貞雄『両大戦間の日米関係―海軍と政策決定過程―』(一九九三、東京大学出版会)、服部龍二『東アジア国際環境の変動と日本外交　一九一八―一九三一』(二〇〇一、有斐閣)、川島真『中国近代外交の形成』(二〇〇四、名古屋大学出版会)　(服部　龍二)

きゅうかこくじょうやくかいぎ　九ヵ国条約会議　九ヵ国条約の調印国などが一九三七年十一月、ベルギーの首都ブリュッセルで開催した国際会議。日中戦争について意見を交したものであり、ブリュッセル会議と呼ばれることが多い。日本とドイツは九ヵ国条約会議に不参加を表明したものの、イタリアは出席した。中国は著名な外交官の顧維鈞駐仏大使らを代表として送り込んだ。かつてパリ講和会議で全権となった顧は、ワシントン会議でも全権として九ヵ国条約に調印していた。それだけに顧は、九ヵ国条約を起源とするブリュッセル会議の象徴的存在であり、国際的に高い知名度を誇った。顧は同年九

月に日中戦争をジュネーブの国際連盟に提訴しており、英仏から、アメリカも参加していた国際連盟極東問題諮問委員会に提起するよう説かれ、同委員会を開催していた。連盟総会は十月、日本が九ヵ国条約と不戦条約に違反しているとの決議を採択した。

九ヵ国条約会議の直接的な契機はイギリスの発案だった。イギリスがアメリカと協議し、九ヵ国条約の調印国が国際会議を開催して、日中戦争について議論することを提起したのである。イギリスのイーデン外相、フランスのデルボス外相、アメリカのデイビス元国務次官など、有力な代表がブリュッセル会議に参加した。九ヵ国条約の締結国ではないソ連からも、リトヴィノフ外務人民委員が参加した。参加国は九ヵ国条約の枠を大きく超えて、十九ヵ国に上った。顧はデイビスやイーデンなど各国首脳に水面下で懸命に働きかけ、対日経済制裁を主張したものの、受け入れられなかった。中国に同情的だったのがアメリカ代表団であり、デイビスはハル国務長官やイーデン英外相に対日制裁を打診した。だがハルは対日制裁に否定的であり、批判声明だけを考慮の対象とした。このため九ヵ国条約会議は、日本への批判声明を採択するにとどまった。イタリアはその声明に反対した。会議は最終報告書をまとめて解散した。

参考文献 劉傑『日中戦争下の外交』(一九九五、吉川弘文館)、臼井勝美『日中外交史研究—昭和前期—』(一九九八、吉川弘文館)、服部龍二「顧維鈞とブリュッセル会議—『条約の神聖』を求めて—」(中央大学人文科学研究所編『中華民国の模索と苦境—一九二八～一九四九—』所収、二〇一〇、中央大学出版部)

(服部 龍二)

きゅうきゅうしきかんじょうばくげきき 九九式艦上爆撃機 日本海軍の艦上爆撃機。空母から飛び立ち、急降下爆撃を行う機種である。愛知時計電機(愛知航空機)製。従来の艦爆は複葉羽布張りであったが、全金属製の低翼単葉機として開発された。ドイツのハインケル社の技術が参考にされている。一九三九年(皇紀二五九九)に九九式艦上爆撃機として制式採用された。主翼下に急降下速度を一定に抑えるための起倒式抵抗板を装備していた。脚は固定脚だった。日中戦争で中国南部に投入されて以降、アジア・太平洋戦争中期まで主力艦爆として各作戦で使用された。真珠湾攻撃では米軍艦船および陸上基地への爆撃を行い、戦果を挙げた。インド洋ではイギリス海軍の空母を含む艦船を撃沈した。戦争末期には特攻機としても使われた。初期の一一型はエンジン一〇七〇馬力×一、最高速度二〇六ノット(時速約三八二キロ)、武装七・七ミリ機銃(胴体)×二、同(旋回)×一、六〇キロ爆弾×四または二五〇キロ爆弾×一。

参考文献 野沢正編『日本航空機総集(改訂新版)』二(一九八一、出版協同社)、海軍歴史保存会編『日本海軍史』五・七(一九九五、第一法規出版)、『九九式艦上爆撃機』(『世界の傑作機』一三〇、二〇〇九、文林堂)

(土田 宏成)

きゅうきゅうしきしゅうげきき 九九式襲撃機 陸軍で実用化された唯一の襲撃機。超低空ならびに急降下爆撃に適した襲撃機として、三菱重工業が開発。一九三九年、制式採用。軽快な運動性を持つ。乗員二名。エンジン九五〇馬力×一。最大速度時速四二四キロ。爆弾搭載量は二〇〇～二五〇キロ。マレー作戦における地上部隊への支援をはじめ、南方作戦全般において、敵飛行場や陣地の奇襲などに幅広く用いられた。後継機の開発が遅れたため、四四年まで生産が続けられ、戦争全期にわたって使用された。

参考文献 松岡久光『みつびし飛行機物語(改訂重版)』(二〇〇三、アテネ書房)

(水沢 光)

きゅうきゅうしきそうはつけいばくげきき 九九式双発軽爆撃機 陸軍の主力軽爆撃機。九三式双発軽爆撃機の後継機として、川崎航空機工業が開発。敵飛行場の航空機および諸施設の破壊を主任務とし、運動性を重視して設計。一九四〇年、制式採用。乗員四名。エンジン一一五〇馬力×二。最大速度時速五〇四キロ。爆弾搭載量は三〇〇～五〇〇キロ。陸軍制式機としてははじめて引込脚を採用。四四年まで生産が続けられ、戦争全期にわたって使用された。末期には、機首に信管をつける改修を施し、陸軍初の特攻専用機として用いられた。

参考文献 野沢正編『日本航空機辞典』上(一九八九、モデルアート社)

(水沢 光)

きゅうきゅうしきはこうばくらい 九九式破甲爆雷 アジア・太平洋戦争期の陸軍で使用された対戦車兵器の一種。一九四〇年制式化。内部に火薬の入った円形の本体(麻布製、直径一二八ミリ、厚さ三八ミリ)に信管を装着した構造で、本体の外縁に取り付けられた磁石によって戦車の装甲板に吸着させ爆砕する。外見が亀に似ていることから「亀ノ子」と呼ばれた。

参考文献 原剛・安岡昭男編『日本陸海軍事典』(一九九七、新人物往来社)、佐山二郎『工兵入門—技術兵科徹底研究—』(『光人社NF文庫』、二〇〇一、光人社)

(中野 良)

きゅうきゅうしきほへいじゅう 九九式歩兵銃 アジア・太平洋戦争期に日本陸軍が使用した代表的小銃。一般に「九九式小銃」と呼ばれる。陸軍は一九三八年四月、三八式歩兵銃の後継となる歩兵銃の研究を技術本部に命じ、翌三九年七月仮制式化、四一年より生産が開始された。九九式歩兵銃は、威力向上のために口径を従来の六・五ミリから七・七ミリとしたこと、量産性を高めるために部品の規格化を図ったこと、弾薬を九九式軽機関銃と共通化したことなどが特徴である。

参考文献 佐山二郎『小銃拳銃機関銃入門—日本の小火器徹底研究—』(『光人社NF文庫』、二〇〇〇、光人社)

(中村 崇高)

きゅうぐんしん 九軍神 アジア・太平洋戦争劈頭の真珠湾攻撃において、特殊潜航艇「甲標的」五隻に乗組み、未帰還となった海軍大尉岩佐直治ら将校四人・下士官五

九軍神を報じる『写真週報』212号(1942年3月18日)

人を指す(死後二階級特進)。岩佐らが軍神とされたのは、一九四二年三月六日の大本営発表とその解説が、決死の作戦をみずから立案、実行し、戦艦「アリゾナ」の撃沈など大戦果を挙げたのち、艇と運命をともにしたと報じ、当初から生還を期していなかったと強調したうえで、その行動を日本人にも巣くう「利己的唯物的米英観念」を一掃する犠牲的精神の発露として、「大東亜戦争」の理念を象徴するものとみなしたことによる。しかし実際には、湾内潜入に成功したのは岩佐艇のみで戦果もなく、また将校一人(酒巻和男)が捕虜となった事実は秘匿された。岩佐らの行動は、四四年十月以降、陸海軍によって組織的に編成されることになる特別攻撃隊の先駆けとなった。

参考文献 中村英樹『本当の特殊潜航艇の戦い―その特性を封じた無謀な用兵―』(『光人社NF文庫』、二〇〇七、光人社)、山室建徳『軍神―近代日本が生んだ「英雄」たちの軌跡―』(『中公新書』、二〇〇七、中央公論新社)

(郡司 淳)

きゅうごしきけいせんしゃ 九五式軽戦車 日本陸軍の主力戦車。一九三〇年代の陸軍は機械化部隊創設を目指しており、満洲に機械化兵団である独立混成旅団を創設した。しかし、ここで使用された八九式中戦車は、自動車などと行動をともにするのが困難であった。このため、陸軍技術本部は機動専門戦車の研究を開始し、三五年九月設計を完了した。その後、試作車による試験を行い、三六年仮制式された。主砲には九四式三七ミリ(のちに九八式三七ミリ)を採用した。アジア・太平洋戦争期には、マレー半島作戦などで使用されている。

参考文献 佐山二郎『機甲入門―機械化部隊徹底研究―』(『光人社NF文庫』、二〇〇二、光人社)

(中村 崇高)

きゅうしゅうだいがくいがくぶじけん 九州大学医学部事件 一九四五年の五月から六月にかけて、米軍捕虜八名が陸軍(西部軍)の収容所から九州帝国大学医学部に送られ、実験手術を受けて殺された事件。四八年に横浜でBC級戦犯として裁判が行われ、陸軍と九大合わせて五名が絞首刑、四名が終身刑、重労働が十四名、無罪が七名という判決が下ったが、のちにいずれの受刑者も大幅に減刑された。実験手術の対象は、四五年五月初めに墜落したB29の搭乗員であった。捕らえられた空襲機の搭乗員は、無差別爆撃の罪で、軍律会議の裁判を経て処刑されるのが正式な手続きであったが、裁判を省略して現場の司令官の処置に任されるケースもあり、この実験手術もそのように考えられる。中心となったのは、西部軍司令部の佐藤吉直大佐、九大出身の軍医で佐藤を診療した小森卓見習士官、そして小森の師で九大の第一外科教授であった石山福二郎である。石山は、九大の解剖実習室を借りて、四回にわたって合計八名の捕虜に対して、肺や肝臓などの臓器の摘出手術や、輸血の際の代用血液として海水を用いる手術などを実施した。主に石山と小森が執刀し、第一外科の助教授や講師なども参加した。佐藤をはじめとする西部軍の将校らも同席した。これらの手術を医学的に必要としていた捕虜は一人もおらず、石山らが関心を持つ手術を生体上で実験することが目的であった。実験手術による殺害の後で、平光吾一が教授を務める解剖学教室の助教授らが死体から臓器を採取して標本とした。敗戦後、西部軍と九大の関係者は捕虜虐待の戦争犯罪として追及されることを恐れて隠ぺいしようとしたが、四六年の七月に主要な関係者が逮捕された。詳細な供述書や裁判記録が残されているが、小森はすでに四五年七月に爆撃で死亡しており、石山は逮捕後すぐに獄中で自殺したため、もっとも重要な証人の証言を欠く。九州大学医学部事件を関東軍七三一部隊と較べたときに、七三一部隊が計画的・組織的な人体実験であるのに対し、九大事件は偶発性とある種の日常性を持ち、だからこそ、医療と倫理の問題を考えさせる主題である。遠藤周作の『海と毒薬』(一九五八年)はこの事件に取材した創作として名高い。

参考文献 上坂冬子『生体解剖―九州大学医学部事件―』(一九七九、毎日新聞社)

(鈴木 晃仁)

きゅうじょう 宮城 一八六八年十一月(明治元年十月)に明治天皇が東京入りした際に江戸城西の丸御殿を皇居とし、名を東京城と改めた。皇居は七三年の失火により炎上し、八八年、西の丸に新たな明治宮殿が完成した。これ以降、皇居は「宮城」と改称された。戦争末期の一九四五年五月二十五日に米軍による東京山手方面への空襲の際に火の粉が宮殿に舞い込み、正殿などが焼失した。敗戦後、四八年に宮城の呼称は廃され、もとの皇居という呼称に戻された。

参考文献 『皇室事典』(二〇〇九、角川学芸出版)

(茶谷 誠一)

きゅうじょうろくおんばんじけん 宮城録音盤事件 玉音放送用の録音盤を奪うことで降伏を阻止しようとするクーデター未遂事件。一九四五年八月十日未明の聖断によりポツダム宣言の受諾が決定されると、それをくつがえすためにテロやクーデターが起こる可能性が高まった。こうした動きに対する治安維持のため、十二日、陸軍の竹下正彦中佐は若松只一次官に、東部軍管区および近衛師団を宮城や陸海軍省に配して、天皇や皇族を守る計画を具申。十三日に竹下らが阿南惟幾陸相に、十四日には阿南らが梅津美治郎参謀総長に同意を求めたが拒否された。二回目の聖断が下ると、陸軍省軍務局軍務課の畑中健二少佐らは宮城の占領を近衛師団に求め、全軍の決起をも画策した。十四日夜、畑中や椎崎二郎中佐らが近衛師団長の森赳中将に師団の決起を要請したが反対されたため、森を殺害して偽の師団長命令を出す。反乱軍は宮城や放送局に侵入し録音盤を探したがみつけられなかった。東部軍司令官の田中静壱大将が鎮圧に動き出すと、宮城や放送局は平穏に戻る。椎崎・畑中らは自決し、近衛師団も正規命令に服した。正午には玉音放送が流された。 →玉音放送

参考文献 外務省編『終戦史録』下(一九五二、新聞月鑑社)、参謀本部所蔵編『敗戦の記録』(『明治百年史叢書』、一九六七、原書房)、防衛庁防衛研修所戦史室編『大本営陸軍部』一〇(『戦史叢書』八二、一九七五、朝雲新聞社)

(関口 哲矢)

きゅうちゅうグループ 宮中グループ 明治憲法体制において天皇大権の総覧的位置にあり、天皇大権の発動に関して国家諸機関やさまざまな社会集団との間に立って調整を図る政治集団。「宮中グループ」が実際の政治局面において天皇大権を運用するのは、後継内閣首班奏薦、天皇権威による重要国策の決定などの時である。

「宮中グループ」を構成するのは、天皇・元老・重臣・内大臣・宮内大臣・侍従長・枢密院議長などであるが、この宮中周辺の政治集団は政治的求心力が強く、人的境界線もあいまいで、公的役職だけで定義することができない。近衛文麿は宮中の公的役職に一時期しか就いていないが、「宮中グループ」の重要な構成員で、宮中人事にも関わっている。

昭和天皇は、首相や大臣・参謀総長など輔弼・輔翼者の意見や宮中における元老や内大臣の進言を尊重していた。昭和天皇は、(一)上奏を否決してみたり、(二)輔弼・輔翼者に対して執拗に意見表明を繰り返したり、(三)最終決断を下したりすることは、本来立憲君主としてあるべき姿ではないと考えている。だから、田中義一首相の更迭、二・二六事件での反乱軍の鎮圧、そして終戦の決断は、立憲君主として例外的行動であると天皇の中で整理されている。ただし、輔弼・輔翼者に対しての天皇の「御下問」は、政治介入にはあたらないと認識しており、一方統帥部などでは天皇の素朴で鋭い「御下問」を恐れていた。

第一次世界大戦ころまでは、山県有朋・松方正義・西園寺公望ら元老が「宮中グループ」の中心であり、後継内閣首班も元老会議で事実上決まっていた。ただ元老どうしの申し合わせで以後元老は増やさないことになっていた。第一次世界大戦後、宮中某重大事件の影響で山県有朋が失脚、その後失意の中で死去し、ほぼ同じころ松方正義らが死去すると、元老は西園寺公望一人となった。そして宮内大臣として宮中某重大事件の収拾に尽力した牧野伸顕が内大臣に就任すると、西園寺と牧野が「宮中グループ」の中心となる。西園寺は、国際協調外交を支持し、政党政治についても理解を示していたので、後継内閣首班を憲政の常道に基づいて奏薦した。

五・一五事件が起き、政党政治が行き詰まると、西園寺はロンドン海軍軍縮条約を支持する海軍穏健派の斎藤実を後継内閣首班に奏薦、中間内閣によってファッショ的流れを抑えようとした。しかし一九三五年貴族院において天皇機関説問題が表面化し、宮中内部には天皇機関説を支持する法制官僚出身者も含まれ、内大臣牧野伸顕はついに抗しきれず辞任、その後任には首相を辞していた斎藤実が就任した。そして三六年二月二十六日陸軍の皇道派青年将校がクーデタを起こし、内大臣斎藤実が暗殺された。二・二六事件の結果、元老西園寺公望の影響力は次第に低下していく。

四〇年六月近衛新体制運動に参加していた木戸幸一の内大臣就任と七月第二次近衛内閣の成立で、西園寺公望の「宮中グループ」における指導性は失われた。木戸は後継内閣首班奏薦方法を策定し、内大臣が主催する重臣会議が元老に相談する前に開かれることになった。米内光政内閣が総辞職すると、木戸はこの方法で後継首班選定を進め、近衛新体制運動をナチス的だとして反対していた元老西園寺の意向を抑えて、第二次近衛文麿内閣を誕生させた。その後、西園寺は死去し、後継首班選定は内大臣の木戸を中心に進められる。四一年十月、第三次近衛内閣が総辞職すると、木戸は重臣会議での反対論を押し切る形で、陸軍大臣であった東条英機を後継首班に奏薦している。四四年七月、岡田啓介ら重臣は東条内閣の倒閣に動き、東条首相は閣内不一致に陥って総辞職した。この後レイテ決戦の敗北が決定的となった四五年一月、昭和天皇の発案で重臣から意見を聴取することになった。近衛文麿ら重臣は連絡を取り合い、以後終戦工作を活発化させる。四五年六月内大臣の木戸は戦局の絶望的悪化を認識し、昭和天皇の了解のもと、宮中主導の終戦工作を進め、ポツダム宣言受諾に導いた。 →元老 →重臣 →内大臣

参考文献 岡義武「解題」(『木戸幸一日記』上所収、一九六六、東京大学出版会)、後藤致人『昭和天皇と近現代日本』(二〇〇三、吉川弘文館)

(後藤 致人)

きゅうななしきかんじょうこうげきき 九七式艦上攻撃機 日本海軍の艦上攻撃機。空母から飛び立ち、爆撃や雷撃を行う機種である。それまで複葉だった艦攻を単葉化した。中島飛行機と三菱重工に試作が発注され、一九三七年(皇紀二五九七)に中島機が九七式一号艦上攻撃機、三菱機が九七式二号艦上攻撃機として制式採用された。中島機では日本海軍の単発機としては初となる引込脚が採用されている。海軍では中島機を主に採用し、三九年にはエンジンを換装した九七式三号艦上攻撃機が制式採用となった。日中戦争から戦場に投入され、アジア・太平洋戦争においては真珠湾攻撃で爆弾と魚雷により米軍艦船および陸上基地への攻撃を行なった。四四年六月の

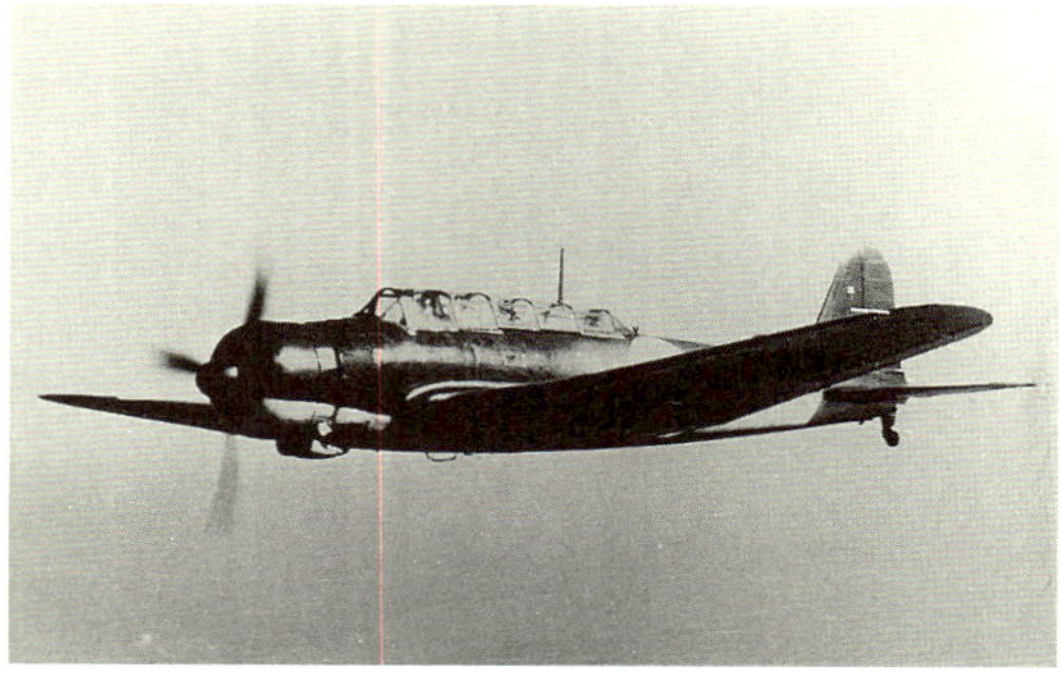

九七式艦上攻撃機

マリアナ沖海戦のころまで主力艦攻として使用された。三号(一二型)は、エンジン一〇〇〇馬力×一、最高速度二〇四ノット(時速約三七八キロ)、武装七・七ミリ機銃(旋回)×一、魚雷×一または爆弾最大八〇〇キロ。

参考文献　野沢正編『日本航空機総集(改訂新版)』一・五(一九八一・八三、出版協同社)、海軍歴史保存会編『日本海軍史』五・七(一九九五、第一法規出版)　(土田　宏成)

きゅうななしきけいばくげきき　九七式軽爆撃機　陸軍初の単発単葉の軽爆撃機。九三式単軽爆撃機の後継機として、三菱重工業が開発。敵飛行場の航空機および諸施設の破壊を主任務とし、急降下爆撃のため機体強度および運動性を重視して設計。一九三八年、制式採用。乗員二名。エンジン八五〇馬力×一。最大速度時速四二三キロ。爆弾搭載量は三〇〇〜四〇〇キロ。日中戦争期からアジア・太平洋戦争初期に、中国大陸およびフィリピン、ビルマなどの南方各地で、主に、戦場の味方部隊を掩護するための戦術爆撃に用いられた。

参考文献　松岡久光『みつびし飛行機物語(改訂重版)』(二〇〇三、アテネ書房)　(水沢　光)

きゅうななしきじゅうばくげきき　九七式重爆撃機　陸軍の主力重爆撃機。九三式重爆撃機の後継機として、三菱重工業が開発。敵飛行場の航空機および諸施設の破壊を主任務として設計。一九三七年、制式採用。陸軍初の流線型重爆撃機。乗員七名。エンジン一五〇〇馬力×二。最大速度時速四七八キロ。速度を重視したため、重爆撃機という名称ながら、爆弾搭載量は七五〇〜一〇〇〇キロと比較的少なかった。後継機の開発が遅れたため、四四年まで生産が続けられ、戦争全期にわたって使用された。

参考文献　松岡久光『みつびし飛行機物語(改訂重版)』(二〇〇三、アテネ書房)　(水沢　光)

きゅうななしきしれいぶていさつき　九七式司令部偵察機　陸軍初の戦略偵察機。三菱重工業が開発。一九三七年、制式採用。エンジン五五〇馬力×一。最大速度時速四八〇キロ。日中戦争期からアジア・太平洋戦争初期まで、敵戦闘機の追撃を回避する高速を生かして、敵勢力圏の奥深くに入り込む長距離隠密偵察などに用いられた。高性能のため、海軍向けに改造され、海軍の九八式陸上偵察機としても使用された。また、三七年には、朝日新聞社に払い下げられた試作機が、連絡機「神風」として、東京からロンドンまでの連絡飛行を行なった。

参考文献　松岡久光『みつびし飛行機物語(改訂重版)』(二〇〇三、アテネ書房)　(水沢　光)

きゅうななしきせんとうき　九七式戦闘機　開戦時の陸軍の主力戦闘機。陸軍初の全金属製、単葉の戦闘機。中島飛行機が開発。一九三七年、制式採用。エンジン六五〇馬力×一。最大速度時速四七〇キロ。運動性に優れ、ノモンハン事件、マレー作戦などでは、主力戦闘機として用いられた。後続機として一式戦闘機が開発されたため、四二年で生産終了。戦争中期以降は、練習機や連絡機などとして主に後方で用いられた。また、四二年には、本機を改造した二式高等練習機が制式採用された。生産機数、約三千四百機(二式高等連絡機を除く)。

参考文献　野沢正編『日本航空機辞典』上(一九八九、モデルアート社)　(水沢　光)

きゅうななしきちゅうせんしゃ　九七式中戦車　日本陸軍の主力中戦車。一九三〇年代における陸軍の戦車運用は、歩兵の行動を支援すること(歩兵直協)が基本で、対戦車戦闘を想定したものではなかった。しかし、満洲事変により極東ソ連軍との対峙を余儀なくされると、三六年陸軍技術本部は、「新様式中戦車研究方針」を策定し、当時の主力戦車であった八九式中戦車にかわる歩兵支援用戦車の開発に着手した。これに際して、参謀本部は重量の軽減を、戦車学校は性能の充実を求めたため、技術本部は両者の主張を採用した二案を試作することになった。結局、日中戦争の勃発により新型戦車の開発が急務であったこともあり、陸軍は戦車学校案(チハ車)を採用し、三八年から生産が開始された。「チハ」とは秘匿名称であり、三番目に開発された中戦車という意味である。九七式中戦車は主砲に口径五七ミリの九七式五七ミリ戦車砲を採用し、マレー作戦などで活躍した。四四年までに計二千百二十三輌生産されたといわれている。

参考文献　佐山二郎『機甲入門—機械化部隊徹底研究—』(『光人社NF文庫』、二〇〇二、光人社)　(中村　崇高)

きゅうななしきひこうてい　九七式飛行艇　海軍の大型飛行艇。川西航空機が開発。一九三八年、制式採用。四発の大型機で、乗員九名。エンジン一〇七〇馬力×四。最大速度一八四ノット(時速三四〇キロ)。機体の胴体部分で水上に浮かび、両翼下に補助フロートを持ち、水面離着陸することができた。アジア・太平洋戦争中期までは、全戦域で、哨戒、爆撃、輸送に用いられ、戦争後期には、主に後方連絡、郵送に用いられた。航続距離に優れていたが、速度が遅く、装甲も薄かったため、対空砲火、空戦により被害が多かった。

参考文献 野沢正編『日本航空機辞典』上(一九八九、モデルアート社) (水沢 光)

きゅうにしきじゅうきかんじゅう 九二式重機関銃 日本陸軍の主力機関銃の一つ。第一次世界大戦後、欧米諸国は口径七・七ミリの重機関銃を標準装備していたが、そのころの日本陸軍の主力機関銃は、一九一四年制式化された口径六・五ミリの三年式機関銃であり、口径の拡大を図ることが検討されていた。そこで、陸軍は二九年に飛行機用として制定された七・七ミリの八九式旋回機関銃の実包を使用できるよう三年式機関銃の改良に着手し、三九年八月、制式化した。

参考文献 佐山二郎『小銃拳銃機関銃入門—日本の小火器徹底研究—』(『光人社NF文庫』、二〇〇〇、光人社) (中村 崇高)

きゅうのうぎかい 救農議会 第六十三帝国議会(臨時)の別称。五・一五事件の衝撃の中で農村問題が焦点となり、一九三二年八月二十二日から九月五日まで開かれた。深刻な恐慌状態にある農村に対して有効な救済策を樹立することが求められた。自治農民協議会による農村救済請願運動や、小作争議の激化に対して、斎藤実内閣は、議会に先立ち国民に自力更生を呼びかけた上で、臨時議会を招集し、時局匡救事業を決定した。議会で通過した主な救農対策は、公共事業によって窮乏農民に対して現金収入を与える救農土木事業、米穀法改正による米価対策、産業組合中央金庫特別融通及損失補償法などによる負債整理事業の三つであった。このための追加予算は一億七千六百万円で、そのうち四割は土木事業であった。斎藤首相の自力更生の提唱は、すぐさま農山漁村経済更生運動として実施され、米価対策は翌年の米穀統制法、負債整理事業は農村負債整理組合法で完成する。→時局匡救事業 →農山漁村経済更生運動

参考文献 社会問題資料研究会編『帝国議会誌』第一期第一三巻(一九七六、東洋文化社)、安富邦雄『昭和恐慌期救農政策史論』(一九九四、八朔社) (森 武麿)

きゅうのうどぼくじぎょう 救農土木事業 農業恐慌で困窮した農民に現金収入を与えるために一九三二—三四年度に実施された公共土木事業。農業恐慌は一九三〇年代前半を通じて継続し、農民の困窮度は国民各層の中で特に深刻であったため、五・一五事件を機に本格的に積極財政に転換した政府は、貧困農民の救済を目的として道路改良を中心とする内務省管轄事業と農地改良を中心とする農林省管轄事業を全国にわたって拡張した。農民全体の所得が減少しているもとで、農民全体を平均的に少日数ずつ就労させるべきか、少数の極貧者を日数多く就労させるべきかが事業実施上の大きな問題となったが、その決定は地元町村に任されたので村内の力関係によって種々のタイプが生じている。三四年度の予算の審議過程で、この事業の規模が圧縮されるとともに同年度限りで打ち切られることに対して政党側から軍事予算増額の皺寄せだとの批判が出され、これに対して陸海軍が共同で「軍民離間声明」(三三年十二月九日)を出して強く反論するなど、その存廃をめぐって政治問題が生じた。

参考文献 猪俣津南雄『踏査報告窮乏の農村』(一九三四、改造社)、加瀬和俊『戦前日本の失業対策—救済型公共土木事業の史的分析—』(一九九八、日本経済評論社) (加瀬 和俊)

きゅうはちしきちょくせつきょうどうていさつき 九八式直接協同偵察機 陸軍初の全金属製、単葉の偵察機。立川飛行機が開発。地上部隊と直接協力して、捜索、指揮、連絡、着弾観測などを行うことを目的に設計された。一九三八年、制式採用。乗員二名。エンジン四五〇馬力×一。最大速度時速三四九キロ。短距離、不整地でも離着陸可能で、運動性、低空での安定性に優れる。三九年には、本機を改造して複式操縦装置を装備した、九九式高等練習機が制式採用。両機とも、四四年まで生産が続けられた。

参考文献 野沢正編『日本航空機辞典』上(一九八九、モデルアート社) (水沢 光)

ぎゅうへいえきほう 義勇兵役法 本土決戦をひかえて、兵役法を補完するために制定された法律。一九四四年六月のサイパン島の守備隊玉砕と住民全滅という事態を契機として考案されはじめ、四五年六月二十三日、鈴木貫太郎内閣のもとで法律第三九号として公布され、即日施行された。この法律によって、十五歳から六十歳までの男子と十七歳から四十歳までの女子が義勇兵役に服することになった。義勇兵は、国民義勇戦闘隊編成下令によって召集され、国民義勇戦闘隊に編入されることになっていた(義勇兵役法施行令第一〇条)。任務としては、本土決戦に際しての直接的な戦闘のほか、運輸・通信・築城・軍需品の生産補給・修理などの後方任務につくことが期待された。本法では男子を服役の対象とするにあたり、兵役法との関係について、第一条で「本法は兵役法の適用を妨ぐることなし」との規定を設け、兵役法の補完的位置づけであることを明らかにしている。そのため、義勇兵役に服する男子より、現役にある将卒・召集されている者・志願により部隊に編入された者・陸海軍の学生あるいは生徒で兵籍にある者は除外された(施行令第一条)。だが、本法と徴用の関係については、義勇兵たると同時に徴用に応じることはできるという陸軍省兵備課の建前に対し、政府部内でも実現性を疑問視する声があがり、兵役義務と軍事負担の区別が問題視されていた。また、これまで「家」制度による配慮から政府や軍は労働動員や軍事動員に女性を動員することに消極的であった。そのため、女子に兵役を課した本法は画期的な意味を持った。だが、国民義勇戦闘隊の編成前に日本が敗戦を迎えたため実際には編成は行われず、本法が実質的に機能したかどうかについては疑問が持たれている。また、本土決戦が予想されるようになる時点まで女性兵士の構想が実現しなかったことは、総力戦体制下における日本の

女性動員政策の特徴をみる上で重視されるべきである。
↓国民義勇隊（こくみんぎゆうたい）　↓兵役法（へいえきほう）

参考文献　加藤陽子『徴兵制と近代日本　一八六八―一九四五』（一九九六、吉川弘文館）、吉田裕「日本陸軍と女性兵士」（早川紀代編『戦争・暴力と女性』二所収、二〇〇五、吉川弘文館）　（松田　英里）

きゅうろくしきかんじょうせんとうき　九六式艦上戦闘機　日中戦争期の海軍の主力艦上戦闘機。海軍初の全金属製、単葉の艦上戦闘機。三菱重工業が開発。主設計者は堀越二郎。一九三六年、制式採用。エンジン六八〇馬力×一。最大速度二三五ノット（時速四三五キロ）。運動性に優れる。三七年の南京空襲で実戦初参加。九六式陸上攻撃機の援護戦闘機として用いられたが、中国奥地への爆撃には航続距離不足であった。四〇年に、後継機として零式艦上戦闘機が登場すると、生産が打ち切られた。

九六式艦上戦闘機４号型

参考文献　野沢正編『日本航空機辞典』上（一九八九、モデルアート社）　（水沢　光）

きゅうろくしきけいきかんじゅう　九六式軽機関銃　日本陸軍が独自に開発した代表的機関銃。一九二二年に制式化された十一年式軽機関銃は、拳銃の弾丸を使用できるのが特徴であったが、構造が複雑で故障が多発した。このため、陸軍技術本部は満洲事変後に新たな軽機関銃の設計に着手した。その設計は陸軍造兵廠のほかに、南部銃製造所などにも依頼し、三八年六月制式化された。口径は六・五ミリで、合計四万挺以上が生産されたといわれている。

参考文献　佐山二郎『小銃拳銃機関銃入門―日本の小火器徹底研究―』（『光人社NF文庫』、二〇〇〇、光人社）　（中村　崇高）

きゅうろくしきりくじょうこうげきき　九六式陸上攻撃機　日本海軍の中型陸上攻撃機。陸上の基地から飛び立ち、爆撃や雷撃を行う機種である。一九三六年（皇紀二五九六）に九六式陸上攻撃機一一型として制式採用された。三菱重工で開発・生産され、その後、中島飛行機でも生産された。三七年に勃発した日中戦争の初期には、その長い航続性能を活かして、九州や台湾の基地から中国本土を爆撃する「渡洋爆撃」を実施した。のちには漢口基地から重慶など中国奥地への爆撃にも参加する。アジア・太平洋戦争開戦初頭のマレー沖海戦では一式陸攻とともに、イギリス海軍の戦艦「プリンス＝オブ＝ウェールズ」と「レパルス」を撃沈した。戦争中期以降は輸送機や対潜哨戒機として使用された。三九年五月に制式採用され、アジア・太平洋戦争初期に活躍した二二型は、エンジン一〇〇〇馬力×二、最高速度二〇八ノット（時速約三八五キロ）、二〇ミリ機銃×一、七・七ミリ機銃×四、魚雷×一または爆弾最大八〇〇キロ。

九六式陸上攻撃機21型

参考文献　防衛庁防衛研修所戦史室編『海軍航空概史』（『戦史叢書』九五、一九七六、朝雲新聞社）、野沢正編『日本航空機総集（改訂新版）』一（一九八一、出版協同社）、海軍歴史保存会編『日本海軍史』五・七（一九九五、第一法規出版）　（土田　宏成）

きょういくかがくけんきゅうかい　教育科学研究会　戦前の民間教育研究運動団体の最後の拠り所となった組織。略称「教科研」。一九三七年五月結成、四一年四月解散。従来の教育学は政治・経済との関係を断って観念的な議論に終始する思弁的教育哲学であると批判し、教育政策を含めた教育現実の実証的研究を重視して教育研究の「科学主義」と「生活主義」を掲げ、「教育改革のための教育科学」を志向した。

阿部重孝（教育行政学）や城戸幡太郎（心理学）らが編集責任となった岩波講座『教育科学』（三一―三三年、全二十冊）の刊行が運動の母体となる。三三年四月には、この講座の付録『教育』を、読者の要望に応えて独立の雑誌として刊行した。教育科学研究会は、『教育』読者を中心に、その間に組織された地理教育研究会、保育問題研究会、『教育』談話会、校外教育研究会などを基盤にして、三七年五月に結成された。会長の城戸や幹事長の留岡清男らを指導者にして、「教育科学の建設を以て目的とし、広義教育の批判、改革の研究審議をなす」（会則）を目的に、言語教育、科学教育、技術教育、生活教育、教育科学の五つの研究部会を設けて研究活動を展開。三九年八月には全国研究協議会を開催し、各地に支部を持つ全国組織に発展した。会員は約千名に達した。本部では研究部会や教養講座の開催、機関誌『教育科学研究』の発行、地方支部では月々の例会、子どもや教師の生活実態調査、教育紙芝居をはじめとする児童文化運動、教師の教養獲得に向けた読書会の取り組みなどが展開された。この間に『教育』などに発表される大衆青年教育構想や国民教養の最低必要量、あるいは国民保育構想は、教科研の科学主義と生活主義の重要な成果であった。

教科研は、プロレタリア教育運動を担った旧「新教・教労」(新興教育研究所・日本教育労働者組合)関係者と関係を持ち、北方性教育運動を展開し、子どもに生活知性の獲得をめざした生活綴方教師の期待を集めた。また、羽仁五郎、戸坂潤、長谷川如是閑、山田勝次郎、尾崎秀実、矢内原忠雄、山川菊栄、宮本百合子ら唯物論研究者、社会主義者、自由主義者との交流を行なった。『教育』には、そうした人々の教育運動論、生活綴方論、子ども論、教養論、歴史教育論、植民地教育論、婦人教育論などが載っている。幹事長の留岡は、教育政策の「統制主義」「官僚主義」を批判し、それに対抗する教育運動を展開して教育改革を進める考えがあった。

しかし、四〇年四月の「教育科学研究会綱領」(たとえば「国家の課題を達成せんが為の政策との関係に於いて、教育刷新の根本的指標を確立」など)発表前後から国策と戦争への協力姿勢が顕著となる。十月に大政翼賛会が結成されると、城戸や留岡はこれに参画する。城戸や留岡は、また、宗像誠也や宮原誠一ら若い幹部は、早くから、新官僚、革新官僚たちが集う国策研究機関(昭和研究会、教育研究会、教育改革同志会、国策研究会など)に参加していた。これが、「総力戦体制の革新性」によって教育改革を進めることができるという期待(=幻想)を生み出す原因となった。先の生活綴方教師らの期待に適う教育運動との矛盾は深まっていく。同年末以降、生活綴方教師をはじめ地方会員に一斉に弾圧が行われ、四一年五月には解散を余儀なくされる。その後も元会員や中央幹部への弾圧は続き、城戸・留岡も四四年六月に検挙された。それより少し前、四四年三月に『教育』は廃刊になり、戦前教育科学研究運動は息の根を止められた。

[参考文献] 山田清人『教育科学運動史―一九三一年から一九四四年まで―』(『教育科学選書』、一九六八、国土社)、民間教育史料研究会編『教育科学の誕生―教育科学研究会史―』(一九九七、大月書店)、佐藤広美『総力戦体制と教育科学―戦前教育科学研究会における「教育改革」論の研究―』(一九九七、大月書店)
(佐藤　広美)

きょういくきほんほう　教育基本法　アジア・太平洋戦争の反省に立って日本国憲法の精神による教育の理念を明示した教育全般にわたる基本法。戦後教育改革の基本となり、現在に至る教育法令は教育基本法の実施のための法令として位置づけられる。法律番号などは昭和二十二年法律第二五号であるが、二〇〇六年十二月の全部改正により現在は平成十八年法律第一二〇号である。戦後教育改革を審議した教育刷新委員会は、教育の理念を法律として定める方針をとり、一九四六年十二月二十七日に「教育の理念及び教育基本法に関すること」を建議としてまとめた。四七年三月四日に法律案が閣議決定され、帝国議会で可決ののち、三月三十一日に公布され、即日施行された。

教育基本法がアジア・太平洋戦争の反省に立つものであることは、当時の法律としては異例の前文を付して、「われらは、さきに、日本国憲法を確定し、民主的で文化的な国家を建設して、世界の平和と人類の福祉に貢献しようとする決意を示した」として、「世界の平和」が明記されたことに示されている。さらに日本国憲法の精神を実現するために「教育の力」の必要を記し、「個人の尊厳を重んじ、真理と平和を希求する人間の育成」を期するとしている。また、第一条において教育の目的は「人格の完成」をめざすもので、「平和的な国家及び社会の形成者」の育成だと規定している。こうした三回の「平和」という文言は、教育全般にわたる平和教育の必要を規定したものである。第二条は教育の方針を定めて、学問の自由を尊重して「あらゆる機会に、あらゆる場所に」おいて教育を行うものとした。第三条は教育の機会均等を定めて教育上の差別の禁止と奨学を定めた。第四条は九年間の義務教育、第五条は男女共学、第六条は学校教育、第七条は社会教育を定めている。第八条は政治教育について、政治的教養の尊重とともに、特定政党の支持や反対を学校教育法第一条で定める学校に禁止して、教育の中立性を確保した。第九条は宗教教育として寛容の態度や宗教の地位を尊重するとともに、政教分離の原則から国公立の学校では特定宗教の宗教教育を禁止して、同時に私立学校における宗教教育の自由を認めた。第十条は教育における「不当な支配」を禁止し、教育行政を「諸条件の整備確立」に限定した。第十一条では教育基本法の実施のための法令の制定を定めて、教育全般にわたる基本法としての位置を明確にした。

教育基本法が基本法として制定されたことは、明治天皇の言葉である教育勅語と勅令による教育の勅令主義から、国会で法律として教育理念を定める教育基本法と実施のための学校教育法その他の法律による法律主義へという原則の変化であった。教育基本法は、平和教育、個人の尊厳、不当な支配の除去という戦後教育の基本理念として機能して、住民や教員が教育統制に異議を唱えるときの根拠となる一方で、教育基本法改正論が政府与党から主張されることが多かった。

二〇〇〇年三月二十四日に内閣総理大臣の私的諮問機関である教育改革国民会議が設置されて十二月二十二日に「教育改革国民会議報告―教育を変える十七の提案」

により教育基本法の見直しが提起され、文部科学省の中央教育審議会で〇三年三月二十日に「新しい時代にふさわしい教育基本法と教育振興基本計画の在り方について」が答申され、〇六年四月二十八日の閣議決定を受けて、国会で十二月十五日に教育基本法の全部改正が成立して、十二月二十二日に公布、即日施行された。審議の過程では教育関係者や学界から反対論や慎重論が出された。全部改正された教育基本法は前文に「伝統を継承し」、第二条に「我が国と郷土を愛する」などの文言を追加して、旧法と異なる愛国心などに通じる内容を盛り込んだ。一方、旧法の多くの条項と平和教育、個人の尊厳、不当な支配の除去なども継承され、戦後教育改革の原則がおおむね継承されている。

参考文献　田中耕太郎『教育基本法の理論』(一九六一、有斐閣)、鈴木英一他編『教育基本法文献選集』(一九七七-七八、学陽書房)、高橋陽一『教育通義』(二〇一三、武蔵野美術大学出版局)
(高橋　陽一)

きょういくしんぎかい　教育審議会　一九三七年十二月に内閣に設置され四二年五月に廃止されるまで、アジア・太平洋戦争のもとでの教育改革プランを創案した諮問機関。総裁は荒井賢太郎(途中で原嘉道、さらに鈴木貫太郎に交代、いずれも枢密院副議長)、委員には内閣書記官長、法制局長官、各省次官、直轄学校長、帝国議会議員のほか、元文部官僚、大学教員、中等学校長、私学・教化団体・財界などの関係者が委嘱された。総会の下に特別委員会、さらにその下に案件別の五つの整理委員会が設けられた。特別委員長は田所美治(元文部次官)、整理委員長はすべて林博太郎(元東京帝大教授、元満鉄総裁)がつとめた。三五年五月設置の内閣審議会が教育改革案を審議しつつも二・二六事件の影響で審議途中で廃止され、三七年五月に林銑十郎内閣が文教審議会を設置したものの同月末に内閣が総辞職し、第一次近衛内閣の安井英二文相が主導して七月六日の閣議で教育審議会の設置が承認されたが、日中戦争の勃発で官制制定が十二月にずれ込んだ。三〇年代を通じて盛り上がった学制改革(中等・高等教育の一元化)の是非や方策、天皇機関説問題に端を発した教学刷新の具体策、そして日中戦争により急浮上した国民精神総動員や総力戦体制構築への教育面での対応策を示すことが期待された。会議の開催数は総会が十四回、特別委員会が六十一回、整理委員会が百六十九回の合計二百四十四回に達した。会議は四一年十月十三日の総会をもって終了した。

答申は青年学校義務制実施(三八年七月)、国民学校・師範学校・幼稚園(三八年十二月)、中等教育(三九年九月)、高等教育(四〇年九月)、社会教育(四一年六月)、各種学校など(四一年六月)、教育行財政(四一年十月)の七件にわたる。それらの要点は次のとおり。㈠青年学校を男子について義務化する(中等学校在学者は免除)との政府方針を追認する。㈡小学校を国民学校に改組し、「皇国民」の「錬成」を主眼とするとともに、教科目を国民科、理数科などの教科と各教科に属する科目に構造化する(錬成や教科・科目化は中等学校などにも共通)。㈢国民学校高等科までの八年間を義務教育とする。㈣師範学校第二部の修業年限を三年に延長して専門学校程度とする。㈤中学校・高等女学校(女子中学校と改称)・実業学校を中等学校に統合する(三種の学校の区分は存置)。㈥高等学校は修業年限三年のまま存置し、七年制は「特別の場合に限り」認める。㈦高等学校に準じた女子高等学校の制度を認める。㈧大学・専門学校ともに現状を大きく変更しない。ただし女子大学の制度を認める。㈨中等学校などの教員は大学卒業者をあてることを原則とする。㈩入学志願者をなるべく全員入学させるように中等学校を増設する。以上のほか、社会教育各領域(青少年団体、成人教育、家庭教育、文化施設)、各種学校、私立学校、興亜教育、教育行財政などについても多数の提言を行なった。

教育審議会はアジア・太平洋戦争のもとでの教育改革を提言した。女子高等学校・女子大学の制度創設、中等学校教員の大学での養成の原則、国民学校高等科の義務化など実現しなかったものもあり、逆に、中等学校・高等学校の修業年限短縮、師範学校の官立化、青年師範学校制度の官立での創設、工学・医学に傾斜した高等教育機関の拡張など、答申にはなくて実現した改革もある。終戦までに実現した提言は少なくないが、そもそも中等学校と青年学校の一元化、高等教育全体の一元化といった学制改革の根本課題については見送った内容の答申になったため、改革提言のスケールはそれほど大きいものではなかった。また、「錬成」は戦時下の教育を象徴する語となるが、必ずしも戦争遂行と直接結びつけて考案された理念ではなく、また、審議を通じて大学関係者などが大学令第一条に「皇国の道」「錬成」を入れることに強く反発し、結局同令にはこれらの語が盛り込まれなかった。時局との間に一定の距離を保っていた面もある。

参考文献　清水康幸他編『資料教育審議会(総説)』(『野間教育研究所紀要』三四、一九九一)、米田俊彦『教育審議会の研究　中等教育改革』(同三八、一九九四)、同『教育審議会の研究　青年学校改革』(同三九、一九九五)、清水康幸『教育審議会の研究　師範学校改革』(同四二、二〇〇〇)、米田俊彦『教育審議会の研究　高等教育改革』(同四三、二〇〇〇)、同『教育審議会の研究　教育行財政改革(付国民学校・幼稚園審議経過)』(同四四、二〇〇二)
(米田　俊彦)

きょういくそうかん　教育総監　陸軍の教育統括機関である教育総監部の最高責任者。陸軍大臣・参謀総長とともに陸軍三長官の一つとして将官人事への関与などの権限をもつ、陸軍枢要ポストの一つ。ただ陸軍の中枢的な実務である軍政事項や軍令事項には関わらず、職務上は陸軍大臣や参謀総長ほど重要な地位ではなかった。教育総監は、陸軍大臣や参謀総長と同様、陸軍大将、陸軍中将から任命される親補職(天皇による直接任命)で、天皇に直属した。陸軍組織全体の上では、陸軍大臣・参謀総長に比して副次的な位置にとどまり、明治期には、それほど重要な役割を果たしていなかった。だが、一九一三年「陸軍省・参謀本部・教育総監部関係業務担任規定」に付随する「協定事項」で、将官人事が、陸軍大臣・参謀総長・教育総監の協議事項となり、陸軍全体の将官人事に発言権をもつようになる。また、教育総監部の人事についても、従来は陸軍大臣の管轄下にあったが、この「協定事項」で、まず教育総監が所管し、それを陸軍大臣に移牒（文書によって通知）することとなった。教育総監部の人事に、教育総監が正式に関与することとなったのである。教育総監に関わる歴史上の重要事件として知られる、三五年の真崎甚三郎教育総監罷免問題は、この教育総監の将官人事関与が背景となっている。岡田啓介内閣の林銑十郎陸軍大臣は、陸軍中央から皇道派幕僚を一掃しようとしたが、その人事案が皇道派の一人である真崎教育総監の賛同を得られず、教育総監部および将官人事に関しては実行し得なかった。そこで林陸軍大臣は、みずからの人事案を実現するために真崎教育総監を更迭した。このことが、当時の陸軍内での皇道派と統制派の派閥抗争を激化させ、統制派の指導者とされていた永田鉄山軍務局長暗殺事件を引き起こすこととなる。その後、二・二六事件を経て、陸軍大臣の人事権の強化が図られ、教育総監部および将官の人事権は、基本的には陸軍大臣の管轄下に置かれることとなっていく。

参考文献 松下芳男『明治軍制史論(改訂版)』(一九七八、国書刊行会)、百瀬孝『事典昭和戦前期の日本―制度と実態―』(一九九〇、吉川弘文館)、秦郁彦編『日本陸海軍総合事典』(一九九一、東京大学出版会)、加藤陽子『模索する一九三〇年代―日米関係と陸軍中堅層―』(一九九三、山川出版社)

（川田　稔）

きょういくそうかんぶ　教育総監部　陸軍の教育統括機関。陸軍省や参謀本部とは独立した組織で、親補職（天皇の直接任命）である教育総監（中将・大将）が最高統括者。所在地は、麴町区代官町（現在の北の丸公園）。教育総監本部と、騎兵監部、砲兵監部、工兵監部、輜重兵監部などからなる。それぞれ、教育総監本部長、騎兵監、砲兵監、工兵監、輜重兵監（すべて中将もしくは少将）が統括する。将校・下士官の養成にあたる「補充学校」（陸軍幼年学校、陸軍士官学校、陸軍教導学校など）、将校・下士官の学識技能の向上のための「実施学校」（陸軍歩兵学校、陸軍騎兵学校、陸軍工兵学校、陸軍野戦砲兵学校、陸軍戦車学校、陸軍戸山学校など）を含め、陸軍諸学校を管理・監督した。教育総監本部は教育総監部全体の統括機関で、庶務課、第一課（軍隊教育一般、操典、教範などを担当）、第二課（補充学校、将校生徒の召募、試験などを担当）からなり、陸軍士官学校や陸軍幼年学校など補充学校の多くを管理した。騎兵監以下各兵監は、その兵種の関係教育機関を管理し、当該兵科の調査研究を行うとともに、その兵種部隊を検閲した。陸軍の関係教育機関は、ほとんど教育総監部の管轄下にあったが、陸軍大学校は参謀本部が管理し、陸軍経理学校、陸軍軍医学校などは陸軍省が管理した。歴史的には、一八九八年教育総監部条例によって従来の監軍部を廃して教育総監部が新設され、陸軍大臣の管轄のもとに陸軍教育を管掌した。一九〇〇年同条例が改正され、教育総監部の最高責任者である教育総監が天皇直属となり、教育総監部自体も組織として実質的に独立して天皇に直属するかたちとなった。旧監軍部も、形式的には天皇直属であったが、なお教育総監は陸軍大臣の管轄下にあり、実質的なかたちでは陸軍省から独立していなかったのである。

参考文献 松下芳男『明治軍制史論(改訂版)』(一九七八、国書刊行会)、百瀬孝『事典昭和戦前期の日本―制度と実態―』(一九九〇、吉川弘文館)、秦郁彦編『日本陸海軍総合事典』(一九九一、東京大学出版会)

（川田　稔）

きょういくちょくご　教育勅語　一八九〇年十月三十日、明治天皇の名のもとに出された国家の道徳に関する文書の通称。正式名称は「教育に関する勅語」。天皇・皇后の公式肖像写真である「御真影」とともに、近代天皇制公教育のシンボルとも言われる教育勅語は、発布から敗戦まで日本の公教育において大きな影響力をもった。作成は当初、帝国大学文科大学教授中村正直が起草にあたったが、法制局長官井上毅の厳しい批判を受け、結局起草は井上の手に委ねられた。最終的には、井上草案をベースに元田永孚が修訂に協力することで完成した。

全文で三百十五字のこの文書は、形式的に二段落、内容的には三段落に分けられるが、その特色は前段、すなわち日本の教育の「淵源」を、歴代天皇の徳治とそれに対する臣民の一貫して変わらぬ忠誠という擬制的な歴史的関係に求めたことにあると言われる。また中段では

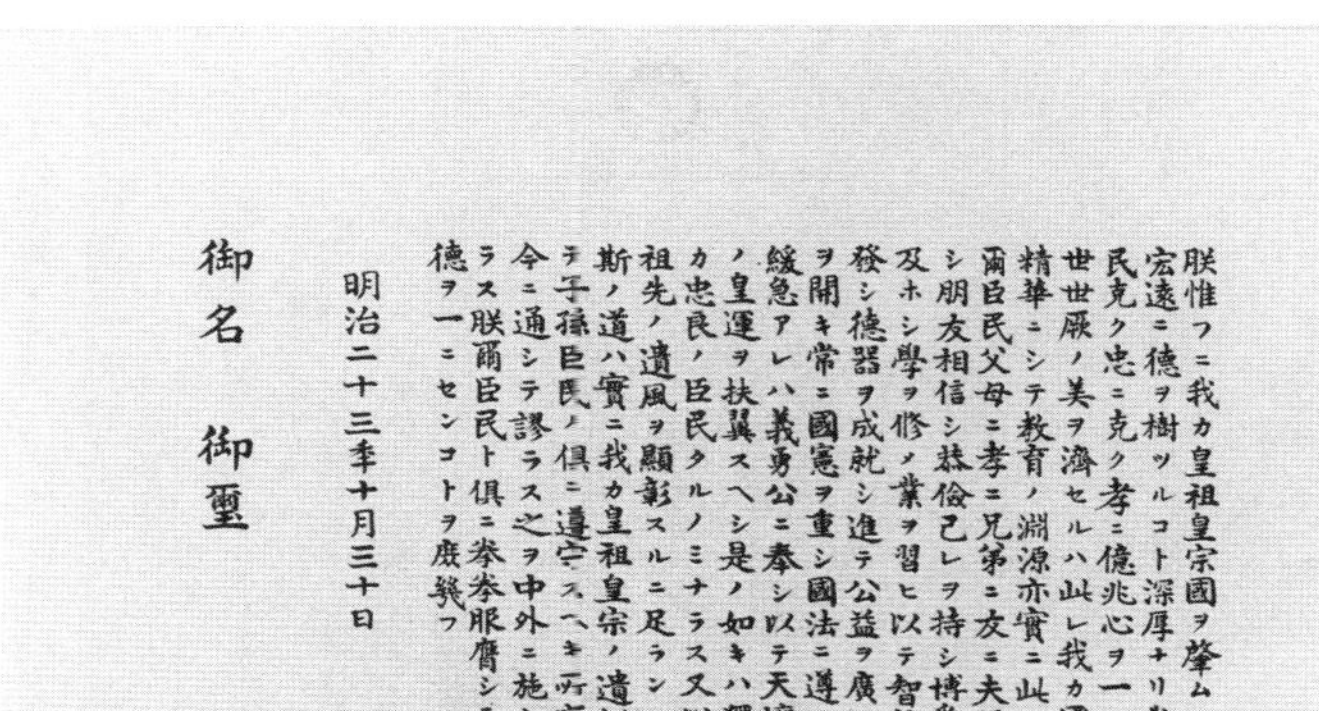
朕惟フニ我カ皇祖皇宗國ヲ肇ムルコト宏遠ニ徳ヲ樹ツルコト深厚ナリ我カ臣民克ク忠ニ克ク孝ニ億兆心ヲ一ニシテ世世厥ノ美ヲ濟セルハ此レ我カ國體ノ精華ニシテ教育ノ淵源亦實ニ此ニ存ス爾臣民父母ニ孝ニ兄弟ニ友ニ夫婦相和シ朋友相信シ恭儉己レヲ持シ博愛衆ニ及ホシ學ヲ修メ業ヲ習ヒ以テ智能ヲ啓發シ徳器ヲ成就シ進テ公益ヲ廣メ世務ヲ開キ常ニ國憲ヲ重シ國法ニ遵ヒ一旦緩急アレハ義勇公ニ奉シ以テ天壤無窮ノ皇運ヲ扶翼スヘシ是ノ如キハ獨リ朕カ忠良ノ臣民タルノミナラス又以テ爾祖先ノ遺風ヲ顯彰スルニ足ラン斯ノ道ハ實ニ我カ皇祖皇宗ノ遺訓ニシテ子孫臣民ノ倶ニ遵守スヘキ所之ヲ古今ニ通シテ謬ラス之ヲ中外ニ施シテ悖ラス朕爾臣民ト倶ニ拳拳服膺シテ咸其徳ヲ一ニセンコトヲ庶幾フ

明治二十三年十月三十日

御名　御璽

教育勅語(謄本)

「父母に孝に」から「一旦緩急あれば義勇公に奉じ」と十五の徳目が数え上げられるが、それらは「以て天壌無窮の皇運を扶翼すべし」に構造づけられる。後段では、それまでに述べた道徳を「皇祖皇宗の遺訓」として位置付け、それを唯一の道徳として体得することが求められた。しかしこのように大枠で理解することはできるものの、勅語の厳密な解釈は、むしろそれ自体が重要な歴史過程である。勅語解釈については、標準の解説書とされた帝国大学教授井上哲次郎の『勅語衍義』のタイトルをとって「教育勅語衍義書」と総称される解説書が流通した。しかし一九三九年には、この教育勅語および「青少年学徒に賜はりたる勅語」の公式解釈を定めるため、「聖訓の述義に関する協議会」が文部省内に設置されることとなる。これは発布後五十年の間に多様化した勅語解釈の再検討を趣旨としたものであり、秘密裏に当時の倫理学・教育学・国文学・漢文学の権威が集められ、教学刷新を進める文部官僚とともに公式解釈が確定されていった。

　もっとも、勅語の意味を理解するには、内容自体もさることながら、その取扱いの儀式性にも注目すべきである。勅語は「御真影」と同様、下付から日常的な保管・取扱いまで、きわめて厳重な配慮が要求された。発布後はその謄本が全国の官公私立学校へ一律下付されたが、下付を受けた地方では厳粛かつ荘重な式典の挙行が要求され、府県ではこれを受けて「奉読式」式典が催された。なお「奉読式」は謄本下付の際の一度きりではなく、新年・紀元節・天長節の三大節、勅語発布記念日、卒業式日、学校創立記念日、さらに毎月一定日等に施行することとされ、全国で定着していった。このような儀式は、それ自体が教育勅語の権威の確認であり、児童・生徒・学生・一般国民にその聖性を絶えず印象付け、イデオロギーを補完し続けたと考えられる。また保管についても、勅語謄本が全国にほぼ行き渡った一八九一年十一月、文部省は「御真影」および勅語謄本について「校内一定の場所を撰び最も尊重に奉置せしむべし」との訓令を発しており、ここにも特別な配慮がうかがえる。保管に際しては、湿気や塵芥を避け、非常時の避難場所を定めること、日常不断の警衛のため教員の当直制を敷くことなどの対策がとられた。さらに一九〇〇年代ごろからは、不意の火災等に対応するため、校舎から一定の距離を置いた場所にコンクリートあるいは土壁の防火性をもった「奉安庫」「奉安殿」が設営された。災害時に何よりも「御真影」と教育勅語の避難を優先させるというファナティックな体制のなかで、教員が火災などから勅語や「御真影」を守ろうとして殉職する事態も発生し、またそれが美談として喧伝された。なお日露戦争後の「戊申詔書」(〇八年)、関東大震災後の「国民精神作興に関する詔書」(二三年)、日中戦争開始後の「青少年学徒に賜はりたる勅語」(三九年)は、折々の社会情勢の変動に対応した勅語の補完の意味合いを持つ。

[参考文献] 海後宗臣『教育勅語成立史研究』(『海後宗臣著作集』一〇、一九六一、東京書籍)、高橋陽一「「皇国ノ道」概念の機能と矛盾―吉田熊次教育学と教育勅語解釈の転変―」(『日本教育史研究』一六、一九九七)、佐藤秀夫『教育の文化史』一(二〇〇四、阿吽社)

(神代　健彦)

きょういくちょくごのしっこう　教育勅語の失効　戦後教育改革のなか教育勅語の効力が失われて国会決議により失効が最終確認されたこと。一九四六年十月八日の文部次官通牒「勅語及詔勅の取扱について」により学校儀式での「奉読」など「神格化」が中止され、教育基本法により戦後の教育理念は明示されたが、勅語は法令上の廃止手続きが不明確で、教育勅語の肯定的評価を述べる文部大臣らも多かった。国会における失効の確認として、四八年六月十九日の衆議院と「教育勅語等の排除に関する決議」と同日の参議院の「教育勅語等の失効確認に関する決議」が行われた。

(高橋　陽一)

きょういくにかんするせんじひじょうそちほうさく　教育に関する戦時非常措置方策　戦局の悪化に伴い、一九四三年十月十二日に閣議決定された教育に関する非常措置。「国内体制強化方策の一環」として、教育も当面の戦争遂行能力の増強を図ることに集中するものとされ、「行学一体の本義に徹し」て、国防訓練の強化と勤労動員の積極的かつ徹底的実施のための措置が講じられた。これにより、国民学校の義務教育八年制の延期、修業年限の抑制、理科系教育の拡充および文科系教育の抑制、学校の統合整理、戦時勤労動員の強化(一年の三分の一)などが定められた。特に大学および専門学校については、文科系から理科系への転換、適当な箇所への移転整理の方向性が示された。さらに私立については、教育内容の整備改善を図り、「相当数の大学は之を専門学校に転換せしめ専門学校今後の入学定員は概ね従前の二分の一程度たらしむるやう之が統合整理を行ふ」とされた。また、「本要綱実施の為必要あるときは学校及学科の廃止、授業の停止、定員の減少、学校の移転等を命じ得る如く法制上必要なる措置を構ず」とも定められた。実施にあたっては、十月二十二日付で関係各校に通牒が送られ、「意見」「希望」等の回答が求められた。その後、個別に実施要領が定められた。高等教育については、十二月二十三日付で「教育に関する戦時非常措置方策に基く学校整備要領」が出され、再びその対応策の回答が各校に求められた。そのため、私立の文科系大学では存続へ向けた運動が展開された。結果的に専門学校や理科系への転換、他校との統合といった事態にまでは発展しなかったが、キリスト教系の大学などでは一部の学部が閉鎖されるなど、文科系の大幅な縮小を余儀なくされた大学も少なくなかった。

[参考文献] 文部省編『学制百年史』(一九七二、帝国地方行政学会)、豊田雅幸「教育における戦時非常措置と立教学院」(老川慶喜・前田一男編『ミッション・スクール

と戦争―立教学院のディレンマ―』所収、二〇〇八、東信堂）　（豊田　雅幸）

きょうがくきょく　教学局　⇩文部省教学局

きょうがくさっしんひょうぎかい　教学刷新評議会　一九三五年十一月に教育と学問の刷新のために設置された文部大臣の諮問機関。美濃部達吉の天皇機関説が同年の帝国議会で取り上げられ、著書が発禁処分となり、八月と十月の二度にわたり天皇機関説が国体に反するという国体明徴声明を岡田啓介内閣が出した天皇機関説事件をうけて設置されたものである。三五年十一月十八日の勅令第三〇七号「教学刷新評議会官制」により設置され、十二月五日に諮問事項が「我が国教学の現状に鑑み其の刷新振興を図るの方策如何」として示され、総会四回と特別委員会九回を開催して三六年十月二十九日に答申をまとめ、三七年六月二十三日勅令第二六五号により廃止された。

官制で文部大臣を会長とするため短期間に松田源治、川崎卓吉、平生釟三郎が就任した。六十人以内と定められた委員には、紀平正美、筧克彦、平泉澄、山田孝雄といった日本精神論で知られた学者が目立つが、吉田熊次、三上参次、和辻哲郎、西田幾多郎といった人文社会科学の代表的学者も参加している。委員や幹事には陸軍省と海軍省から次官や将官が加わった点も特徴である。司法省刑事局長、内務省警保局長も文部省の各局長とともに幹事となり、特に文部省思想局長の伊東延吉が幹事として活躍して思想対策部門の意向を反映する体制であった。三六年には二・二六事件によって審議が中断するが、十月二十九日には「教学刷新に関する答申」を確定した。答申は祭祀と政治と教学は一体不可分であるとして、国体と日本精神による教学刷新を求めて、教学刷新の中心機関を置くことを主張した。教学とは、教育全般と学問全般に及ぶものであるが、天皇機関説事件を発端とするだけに答申は大学の教育と学問研究の刷新を中心として論じて、学生の思想対策に及んでいる。さらに中等学校や教員養成の比重も高く、社会教育や芸術文化にも及んでいる。

この答申がその後の国家による教育統制を強めた意味は大きいが、実際には文部省には三二年に国民精神文化研究所が置かれて思想研究や教員の研修の場となっており、学生思想対策として二九年に置かれた学生部が三四年には思想対策全般を扱う思想局に昇格していたため、その施策をさらに拡充する効果をもたらした。教学刷新評議会審議中の三六年九月には文部省には学者を学会形式で組織した日本諸学振興委員会が置かれ、三七年七月には文部省思想局が外局の教学局に昇格した。また、文部省から三七年に『国体の本義』や四一年に『臣民の道』が刊行され、高等教育や中等教育に浸透していった。

一方で日本精神を掲げて教学を再編しようとした意図は、総力戦下の政策や学術研究の必要性と実態とは乖離したものであった。三七年十二月に内閣に設置された教育審議会は、教学刷新の路線に乗りつつも、むしろ主に制度改革を中心に議論を行い、戦後教育改革につながる側面をも持った。教学刷新のテーマを直接に引き受けた日本諸学振興委員会の各学会では日本精神をそのまま学術研究に結びつけることは成功せず、むしろ総力戦や「大東亜建設」の課題に即応しないものと見なされて、四四年二月には日本諸学振興委員会規程から日本精神の文言が削除されるに至っている。↓教育審議会　↓国民精神文化研究所　↓日本諸学振興委員会

参考文献　高野邦夫『天皇制国家の教育論―教学刷新評議会の研究―』（一九八九、あずみの書房）、駒込武・川村肇・奈須恵子編『戦時下学問の統制と動員―日本諸学振興委員会の研究―』（二〇一一、東京大学出版会）
（高橋　陽一）

きょうじゅグループじけん　教授グループ事件　⇩人民戦線事件

きょうしょくついほう　教職追放　アジア・太平洋戦争終結後の連合国対日占領下において、日本の非軍事化・民主化政策の一環として、その障害となる軍国主義的・超国家主義的言動を教育界から払拭するための人事刷新政策である。連合国軍最高司令官総司令部（ＧＨＱ）は、「ポツダム宣言」および「降伏後における米国の初期対日方針」（一九四五年九月二十二日）に基づき、教育に関するＧＨＱ四大指令を日本政府に示した。その第一および第二指令が「教職追放」で、全教職員の教職適格審査を指令した。民間情報教育局（ＣＩＥ）がこれを担当し、日本政府はこれを法制化し、勅令第二六三号とその施行規則（一九四六年五月七日）により施行した。占領初期には占領軍覚書による教職者の罷免（メモランダムケース）が数件あったが、主体は、文部省が審査基準を示し、審査対象別に都道府県教職員適格審査委員会、学校集団教員適格審査委員会、大学教員適格審査委員会、教育職員適格審査委員会を設置し、適格審査委員会規程による審査委員による審査であった。司法審査制による上告再審機関として中央教職員適格審査委員会を設置した。さらに第三審として文部大臣による特別審査請求が可能であった。しかし、日本側の主体性を勧めながらもＣＩＥの指導監督の姿勢は厳しく、中央教職員適格審査委員会が原審の不適格判断を覆し適格にした場合、その審査内容を批判し、みずからが携わるＣＩＥ再審査委員会を設置して再審査体制を開始した。これによる承認を得なければ適格の最終判断にならなかった。審査は審査機構が機能した四六年五月七日現在在職の全国の教職員が提出した調査票により行われた。施行規則による教職不適格者の範囲は、概略すると、侵略主義・好戦的国家主義を鼓吹する言動、独裁主義的言動、人種的理由による他人の迫害、占領政策の反対者、宗教の迫害・弾圧者などとされた。地域によりその判断・解釈が異なり統一を欠いたが、中央教職員適格審査委員会の再審によりある程度修正され

た。CIE再審査委員会は、日本側の適格・不適格理由の正当性・論理性・正当な立証を指導した。適格・不適格基準条項の解釈は「アメリカの民主主義」に準じた公正な審査であるよう指導することにより、民主主義の啓蒙に努めた。教職適格審査の結果は、前述の審査によって不適格となった者および審査にかけず経歴のみにより不適格者指定を受ける者(いわゆる「自動追放」、おもに旧軍人、指定団体の関係者)を合わせ約六千人であるが、審査機構が機能する以前に退職した者は約十一万五千人とGHQに報告されている。

参考文献 阿部彰『戦後地方教育制度成立過程の研究』(一九八三、風間書房)、山本礼子『占領下における教職追放―GHQ・SCAP文書による研究―』(一九九四、明星大学出版部)、同『米国対日占領下における「教職追放」と教職適格審査』(二〇〇七、学術出版会)
(山本 礼子)

ぎょうせいささつし　行政査察使　戦時下の増産奨励のために、勅命によって現地査察を行う役職。戦局打開を目指して一九四三年三月に戦時行政特例法、戦時行政職権特例、内閣顧問制、戦時経済協議会、行政査察制度の増産政策が打ち出される。行政査察制度は内閣顧問または国務大臣のなかから行政査察使を任命して、経済総動員上の隘路打開策を検討するものであり、現地で行政査察が実施された。行政査察は四三年五月から四五年六月まで十三回実施され、そのなかで内閣顧問の藤原銀次郎は行政査察使として、第二回(対象は石炭)、第三回(航空機)、第六回(甲造船(長さ五〇メートル以上の鋼船))ともっとも多くの行政査察を担当した。第六回査察の結果、藤原は有名な「雪達磨方式」による鉄と造船の繰り上げ増産を提唱し、これを受けて四四年三月に四四年度の二五五万総トン建造計画が発足するものの、その実現は不可能であった。

参考文献 古川由美子「行政査察に見る戦時中の増産政策」(『史学雑誌』一〇七ノ一、一九九八)、山崎志郎『戦時経済総動員体制の研究』(二〇一一、日本経済評論社)
(沢井 実)

きょうせいしゅうようじょ　強制収容所　アジア・太平洋戦争の間、敵国に居住する日本人・日系人を拘束し、強制的に移住させた収容所。その数は約五十六万人を数えた。アメリカ政府は一九四一年十二月七日(現地時間)、約十二万七千人の日系人は「敵性外国人として強制収容および制限を受ける」と宣言した。四二年二月十九日、ローズヴェルト大統領は陸軍長官および各地の司令官に、特定地域から敵性外国人を「強制転住」させる権限を与えた(行政命令第九〇六六号)。日本人、アメリカ生まれの二世で市民権をもつ日系人が四二年八月八日までに十カ所の強制収容所に収容された(十万九千六百五十人)。カナダでは開戦三カ月前に十六歳以上の日系カナダ人の「外国人在留登録」が行われていた(二万三千百四十九人)。四二年二月二十四日、すべての日本人、日系人を敵性外国人として太平洋岸から強制転住させると宣言(行政命令第一四七六号)。二万八百八十一人(九〇・一%)が内陸部へ転住させられた。オーストラリアでは四一年十二月三十一日、年齢、男女を問わず日本人、日系人の収容を決定し、三カ所に抑留した(千百四十一人)。蘭印などからも三千百六十人が移送され収容された。シンガポール、マレー半島などの日本人はチャンギ刑務所などに収容されたが、一部はインドに移送、収容された(五千人)。フィリピンではマッカーサーが開戦と同時に「日本人強制収容命令」をだしている。なお、日本も占領地で「敵国人」を強制収容、抑留している。四八年、アメリカは財産損害請求法により財産損失に若干の損害金を支払ったが、対象は約二万人にすぎなかった。八八年「市民的自由法」が成立し、九〇年十月九日からブッシュ大統領署名入り手紙と二万ドルの補償金の支給が始まった。中南米から強制収容された日本人、日系人については、九九年一月七日、大統領の謝罪と一人五〇〇〇ドルの補償金が米連邦請求裁判所によって承認された。カナダは八八年九月二十二日、モロニー首相が日系人コミュニティに対し大戦および戦後の不正義を謝罪、補償する同意書に署名、九〇年五月十七日、二万一〇〇〇カナダドル小切手が各人に送られた。なお、ソ連は戦後、元日本兵などをシベリアの強制収容所に送り強制労働させている。→シベリア抑留　→抑留

カリフォルニア州マンザナール強制収容所跡地での慰霊式(2015年4月)

参考文献 アメリカ合衆国戦時民間人再定住・抑留に関する委員会編『拒否された個人の正義―日系米人強制収容の記録―』(読売新聞社外報部訳、一九八三、三省堂)、竹沢泰子『日系アメリカ人のエスニシティ―強制収容と補償運動による変遷―』(一九九四、東京大学出版会)、永田由利子『オーストラリア日系人強制収容の記録』(二〇〇二、高文研)
(内海 愛子)

きょうせいれんこう　強制連行　日本政府が第二次大戦末期、朝鮮および中国から重筋労働力の不足を補うために進めた政策。一九四二年二月十三日「朝鮮人労務者活

用に関する方策」が閣議決定され、同年十一月二十七日、「華人労務者移入に関する件」が閣議決定された。三九年度から始まった「労務動員計画」の中にも、朝鮮人、中国人が計上された。戦争終結時の日本の炭鉱労働者約三十九万人のうち、三〇・二％は朝鮮人、二・四％は中国人だった。

朝鮮人については、「募集」「官斡旋」「徴用」の三段階に分かれ、時代がさがるにつれて強制力が強まった。中国人については、戦後、外務省が『華人労務者就労事情調査報告書』(一九四六年三月)をまとめ、三十五企業、百三十五事業場に約四万人(個々の中国人の氏名、出身地などを記載)が投入され、うち六千八百三十人が日本で死亡したことなどが明らかにされた。戦勝国となった中国と異なって、朝鮮人については約七十万人が日本内地に連行されたとされるが、それがどの企業のどの事業所か、死亡者はどれくらいか、個々人の氏名、出身地などは明らかになっていない。

日本は、ＩＬＯ二九号条約(強制労働禁止条約)を三二年に批准。戦時中の強制労働に係った企業が、その責任を問われるようになったのは、冷戦終結後の九〇年代に入ってからである。韓国関係では、九件の戦後補償請求訴訟が、中国関係では十五件が、それぞれ日本の裁判所に提起されたが、ごく一部で「和解」がみられただけで、すべて原告側敗訴に終わった。被害実態は認定されるが、時効・除斥という時の壁、国家無答責の法理、請求権放棄による訴求権喪失などがその理由とされた。

一方、韓国内での日本企業を被告とする訴訟では、二〇一二年五月、大法院は「反人道的不法行為や植民地支配に直結した不法行為による損害賠償請求権が、請求権協定の適用対象に含まれたとみなすことは困難」として、徴用工らの請求権は消滅しなかったとした。これをうけた差し戻し審で、一三年七月、ソウル高裁は新日鉄住金にひとり一億ウォン(約八百九十万円)、釜山高裁は三菱重工にひとり八千万ウォン(約七百五十万円)をそれぞれ支払うよう命じた。両社とも上告した。→花岡事件(はなおかじけん)

参考文献 杉原達『中国人強制連行』(『岩波新書』、二〇〇二、岩波書店)、外村大『朝鮮人強制連行』(『岩波新書』、二〇一二、岩波書店)、田中宏他『未解決の戦後補償―問われる日本の過去と未来―』(二〇一二、創史社)　(田中　宏)

きょうちょうかい　協調会　第一次世界大戦後に社会政策の調査研究を主目的として設立され、日中戦争期には産業報国運動を推進した半官半民の団体。労働運動が本格化するなかで、労資協調の理念を広めることを意図し、原敬内閣の内務大臣床次竹二郎、財界長老の渋沢栄一らが一九一九年に設立(会長徳川家達、常務理事桑田熊蔵ほか)、労働運動および社会政策の調査研究、さらに政策提言や労働争議の調停などを実施し、『社会政策時報』などを刊行した。当初は労資の対等な関係を前提とした協調主義を唱えていたが、三五年に前内務次官の河原田稼吉が常務理事に就任したころから、労資対立の存在そのものを否定する労資一体主義に傾斜した。日中戦争が起きると町田辰次郎常務理事のもと、三八年二月時局対策委員会を設け、三月労資関係調整方策を可決、これを基に協調会は産業報国運動を提唱し、七月には産業報国連盟が結成されるに至った。四六年六月に解散した。

参考文献 協調会偕和会編『財団法人協調会史―財団法人協調会三十年の歩み―』(一九六〇)、法政大学大原社会問題研究所編『協調会の研究』(『法政大学大原社会問題研究所叢書』、二〇〇四、柏書房)　(三輪　泰史)

きょうとがくは　京都学派　京都帝国大学の西田幾多郎、田辺元を中心に、独自の哲学をうみだして、同時代の思想界に大きな影響を与えた学派。西田、田辺の門下生のうち、高山岩男、高坂正顕、西谷啓治は、西洋・ヨーロッパ中心の世界史をのりこえる転換期の「世界史の哲学」を唱え、アジア・太平洋戦争期の座談会『世界史的立場と日本』(『中央公論』初出、一九四三年刊行)で脚光をあびた。

京都学派の哲学者たちが、近代世界の矛盾をのりこえる転換期の世界史的意義を唱えて時局的な発言を始めたのは、日中戦争が長期化したころからである。マルクス主義に接近した左派の三木清は、資本主義の問題の解決と東洋の統一を課題として「支那事変の世界史的意義」を唱え、日中がナショナリズムの抗争をこえて提携する「東亜協同体」の建設をめざした。それは、自由主義・共産主義・ファシズムの抗争を克服し、西洋・ヨーロッパ中心の世界史をのりこえる「世界史の哲学」の必要性を訴えるものであった。また、西田幾多郎や田辺元も、日本が帝国主義的な主体となることなく、自己の否定をつうじて東アジアの広域秩序を形成し、多元的な世界の実現を主導すべきことを訴えていた。

このような日本の世界史的使命をもっとも明瞭に定式化したのは高山岩男である。「文化類型学」を論じて多文化的な世界を構想していた高山は、西洋・ヨーロッパを中心とする「近代世界」の没落、東洋・アジアの台頭による多元的な「現代世界」の到来を論じる「世界史の哲学」を展開した。それは、一国史的な国粋主義・日本主義を批判し、世界史的転換を主導する日本の使命を「世界史的立場」から考察するものであった。

高山、高坂、西谷は、歴史学者鈴木成高とともに、アジア・太平洋戦争開戦前後に『中央公論』誌上で連続座談会を行い、「世界史的立場」によって戦争理念を弁証する議論を展開した。「世界史的立場と日本」(四二年一月)、「東亜共栄圏の倫理性と歴史性」(同年四月)、「総力戦の哲学」(四三年一月)の三回にわたる座談会は、単行本『世界史的立場と日本』にまとめられ、「大東亜戦争」の世界史的意義を哲学的に解釈する議論として注目をあつめた。西谷、鈴木が参加した『知的協力会議　近代の超克』(『文学界』初出、四三年刊行)とともに、戦時下の近代批判の思潮を体現する討議である。当時の関連著作に、高山

『世界史の哲学』(四二年)、同『日本の課題と世界史』(四三年)、高坂『民族の哲学』(四二年)、西谷『世界観と国家観』(四一年)、鈴木『歴史的国家の理念』(四一年)などがある。

当時の高山は、高木惣吉が主宰する海軍省調査課のブレーン組織のメンバーとなっており、『中央公論』誌上の座談会は、海軍の後援を受けながら戦争理念をめぐる思想闘争の一翼を担うものでもあった。やがて、西田、田辺、高山ら京都学派の議論は、国粋主義・日本主義の側から批判・攻撃を受けるに至る。

その後、日本の敗色が増すにつれて、海軍や宮中・重臣グループなどから終戦工作を試みる勢力が台頭し、戦後の秩序・理念をめぐる議論が胎動し始めるが、高山らはその動向にも関与した。それは、戦後の「文化国家」の理念を基礎づける議論へと展開する。高山は、超大国として台頭した米ソが、英仏中とともに国連の常任理事国となった戦後世界について、国民国家をこえた広域秩序の並存からなる多元的世界とみなした。そして、核戦争を抑止する恒久平和の実現を展望し、日本は平和的な文化国家として、道義的な世界秩序の形成を担っていくべきことを訴えた。これは、西洋・ヨーロッパを中心とした「近代世界」が行き詰まり、多元的な「現代世界」が到来することを論じた戦時下の「世界史の哲学」が、戦後に再構築された議論であった。　→近代の超克(きんだいのちょうこく)　→世界史の哲学(せかいしのてつがく)

参考文献　高木惣吉『太平洋戦争と陸海軍の抗争』(一九六七、経済往来社)、廣松渉『〈近代の超克〉論―昭和思想史への一視角―』(『講談社学術文庫』、一九八九、講談社)、米谷匡史「「世界史の哲学」の帰結―戦中から戦後へ―」(『現代思想』二三ノ一、一九九五)、同「三木清の「世界史の哲学」―日中戦争と「世界」―」(『批評空間』二期一九号、一九九八)、花澤秀文『高山岩男―京都学派哲学の基礎的研究―』(一九九九、人文書院)

(米谷　匡史)

きょうどぶたい　郷土部隊　各地に設置された陸軍歩兵連隊を中心とする地域と密着した部隊。一八八九年に徴兵令を改正し、徴兵制度に本籍地徴集原則を採用したことが、郷土部隊意識形成の契機となった。陸軍歩兵連隊は原則として兵営を設置した駐屯地を移動せずに、ほぼ府県単位に設けられた連隊区から兵士を徴集したので、同じ府県出身兵が多く、地域との関わりが強く郷土部隊と意識された。歩兵連隊以外でも兵営を設置して地域と密接な関係を形成した部隊は郷土部隊といえる。記念誌を作成し、郷土部隊と意識された師団や旅団などもある。また、郷土の地域は府県と一致するとは限らなかった。

一個師団に四個歩兵連隊が所属し、一八八八年に鎮台を改編して六師団を配置したので合計二十四個歩兵連隊が設置され、日清戦争後の軍拡により九八年に十三個師団(四十八個歩兵連隊)、一九〇五年に十七個師団(六十八個歩兵連隊)と増加し、連隊の徴集区域をほぼ府県単位に置いたので、郷土部隊と意識されはじめた。日露戦争における戦地での活躍と、地域新聞等による報道、地域からの慰問活動により地域と部隊との関係が密接になり、郷土部隊意識が定着した。第一次世界大戦、満洲事変では郷土出身兵の戦地での活躍、出征兵士の歓送迎、地域からの慰問活動の新聞報道によりさらに郷土部隊意識は深まった。四一年十一月に歩兵連隊区司令部を府県庁所在地に置き(兵庫県は神戸と姫路)、連隊区と府県域とがほぼ一致した。また、連隊が外地に出動した後も連隊区は残って徴募し、兵士を供給しつづけたので郷土部隊意識は続いた。しかし、アジア・太平洋戦争期になると、軍事機密として部隊の活動が秘密にされ、地域から部隊の活動がみえなくなり、郷土部隊意識は薄れていった。さらに戦争末期になると出征部隊が戦地に到着以前に海没したり、部隊が戦地で壊滅したりして、郷土部隊が消滅する事例が多くなった。

参考文献　荒川章二『軍隊と地域』(『シリーズ日本近代からの問い』六、二〇〇一、青木書店)

(丑木　幸男)

きょうわかい　協和会　一九三九―四五年にかけて存在した、戦時下にすべての在日朝鮮人を管理・統制するために作られた官製組織。三九年六月二十八日に在日朝鮮人統制を目的に東京で中央協和会が設立された。厚生省が担当とされていたが、実質的には内務省警保局が中心となって運営した。理事長は朝鮮総督府学務局長、日本の地方長官などを歴任した内務官僚の関屋貞三郎であった。

日本の韓国併合以降、在日朝鮮人労働者は増加し、関東大震災では数千の朝鮮人労働者が虐殺された。これを契機に内務省・朝鮮総督府は虐殺の多かった神奈川県に内鮮協会(二五年)、朝鮮人の多かった大阪に内鮮協和会(二四年)、兵庫県内鮮協会(二五年)を設立した。朝鮮人の「善導」「救護」などを掲げたが活動は活発ではなかった。植民地支配の過酷さのなかで在日朝鮮人は増加し、三五年には六十万人を超える人々が生活し、労働・民族運動も活発に展開するようになっていた。一部の警察署では管内朝鮮人対策組織を組織していたが、三四年には大阪府内の各警察署で直接朝鮮人対策組織として「矯風会」という名称で皇民化を含めた組織化が始まった。三六年、政府は大阪での警察管内を中心にした朝鮮人対策組織を全国に普及するために主要府県に予算を付け協和会を設立させた。東京・愛知・京都・山口・福岡各府県で協和会が設立された。その後、戦争の拡大と朝鮮人の大量強制動員の開始(三九年)という要因からさらなる朝鮮人対策組織の強化が必要になり、全国に組織化が進められ、中央協和会が指導機関になり、全道府県に組織された。一般在住朝鮮人と強制動員労働者すべてが対象になった。

協和会の実質的組織は各県警察部が担当し、個別警察署が朝鮮人を管理、統制、戦時動員した。協和会の支部は警察署内におかれ、支会長は警察署長、幹事は特別高等警察課内鮮係であった。朝鮮人有力者と日本人が補導員・指導員という名の協力者で構成されていた。協和会は警察組織そのものであった。すべての在日朝鮮人戸主に協和会手帳を所持させ警察は必要に応じて提示を要求した。警察は朝鮮人在住者名簿管理、移動・思想把握を含めて日常業務として行なっていたが、それに加えて協和会を組織してからは戦時動員、隣組、配給体制への組み込み、創氏改名なども担当した。警察は故郷への渡航許可も担当していたから生活のすべてを協和会が管理することとなった。強制動員労働者に対しては初期の訓練、皇民化政策、協和会手帳(実際は会社で管理し配布されなかった)への登録などを担当した。

この強力な管理体制の外で朝鮮人が暮らすことは配給体制からの除外を意味しており、統制から逃れることはできなかった。朝鮮人は神社参拝・清掃、国防献金、神棚の設置、和服・もんぺの着用のほか、日本料理講習会などへ動員され、女性は国防婦人会などに参加させられた。朝鮮人子弟には「協和教育」が実施され、朝鮮語を知らない世代が育てられていた。一般在日朝鮮人も勤労動員で炭鉱・工場などにも動員され、道路などの整備も勤労奉仕が割り当てられた。在日朝鮮人志願兵動員、四二年に朝鮮人の徴兵が発表されると徴兵適齢者探しと徴兵検査に主導的な役割を果たした。こうした動員は協和会が朝鮮人に「憎悪の語句になっていた」と評される原因ともなった。

四四年十一月二十日、協和会は「興生会」と名称を変えたが、警察管理という基本が変わることなく、動員数が多くなった朝鮮人強制動員労働者の管理に力点が置かれるようになった。協和会は敗戦と同時に機能が失われたが特別高等警察体制解体まで形式的には存続した。協和会は敗戦後の朝鮮人社会にも影響を与え左右対立の原因の一つにもなり、朝鮮語ができない子どもたちの母語取得の民族学校設立の必要などが課題となった。

参考文献 樋口雄一『協和会—戦時下朝鮮人統制組織の研究—』(『天皇制論叢』五、一九八六、社会評論社)、中央協和会編『協和事業年鑑』(一九四〇、社会評論社)、樋口雄一編『協和会関係資料集—戦時下における在日朝鮮人統制と皇民化政策の実態史料—』(一九九五、緑陰書房)、樋口雄一「協和会から興生会体制への転換と敗戦への移行」(『海峡』二三、二〇〇九)

(樋口 雄一)

ぎょくおんほうそう　玉音放送　一九四五年八月十五日正午に天皇みずからが国民に対して、敗戦による戦争終結を告げるために行われた詔書のラジオ放送のこと。八月十四日の御前会議で天皇みずからがポツダム宣言受諾を決定し、その旨を詔書の形で発表することになった。天皇が生放送でマイクに向かい発表する案もあったが、結局事前にレコード盤に吹き込み、十五日正午に放送するという形で実施された。録音は十四日深夜宮内省の一室で日本放送協会(NHK)の手によって行われた。その夜、あくまで本土決戦を主張する近衛師団の一部将校が放送を阻止するため皇居を占拠、録音盤を捜索したが発見できず、反乱は十五日早朝までに東部軍によって鎮圧された。NHKも反乱軍によって一時占拠されたが、結局、放送は予定通り行われた。録音とはいえ、国民ははじめて天皇の肉声を聴いたことになる。そしてこれが敗戦に伴う破滅的混乱が起こらなかった一因となったともいえる。　→宮城録音盤事件　→終戦の詔書

参考文献 大宅壮一『日本の一番ながい日—運命の八月十五日—』(一九六五、文藝春秋新社)

(波田 永実)

ぎょくさい　玉砕　日本軍の部隊が全滅した際に表現される言葉。一九四三年五月二十九日、アッツ島の日本軍守備隊が全滅した際に、大本営ははじめて「玉砕」という言葉を用いて公式発表を行なった。これは「全滅」という言葉が国民に動揺を与えることを避け、また戦死を美化することで戦争批判や軍上層部への責任論を回避する意図があった。「玉砕」という言葉は、唐代の史書『北斉書』元景安伝の「大丈夫寧可玉砕、何能瓦全」(立派な男子は無事に生き延びるよりも、玉のように美しく砕け散ったほうがよい)という一節が由来となっている。また、四一年一月に示達された『戦陣訓』の「生きて虜囚の辱を受けず」という一節が軍隊内に浸透し、捕虜となるより死を選ぶことが名誉だという価値観が形成され、戦死の美化が顕著になった。大本営が「玉砕」という表現を用いたのはアッツ島守備隊の全滅のみであり、ほかについては「総員壮烈なる戦死」という表現を用いて発表された。

参考文献 防衛庁防衛研修所戦史室編『北東方面陸軍作戦』一(『戦史叢書』二一、一九六八、朝雲新聞社)

(林 美和)

きょくとういいんかい　極東委員会　戦後の対日占領政策に関する連合国の最高決定機関。Far Eastern Commission、略称FEC。対日戦に指導的役割を果たした連合国が排他的権限をもつイタリア方式を主張する米国と、ドイツ型の「連合国管理理事会」方式を望むソ連との妥協の中から生まれた。一九四六年二月発足、ワシントンDCに設置。対日参戦国の米英中ソ(拒否権もある四大国一致原則)とフランス・カナダ・オーストラリア・ニュージーランド・インド・オランダ・フィリピンの十一カ国で構成された(多数決制。四九年十一月、ビルマ・パキスタンも参加)。米国は緊急時にFECを通さないマッカーサー総司令官への「中間指令」権をもっていた。だが占領管理体制の根本的改革や憲政機構などの変更はそれに含まれていなかった。またマッカーサーもFECの干渉を嫌った。FECには賠償、経済財政、憲法司法、民主化、戦犯、在日外国人、非武装化の七専門委員会があり、全期間中に六十五の政策が決定された。米ソ協調が終焉する四十八年初めまでに三分の二以上が決定された。賠償、財閥解体などの面で政策は一定の影響力を及ぼした。特に四六年五月の「新憲法の採択に関する原則」

や同七月の「新憲法の基本原則」は改正手続きや国民主権・文民統制などの国会審議・条文確定のうえで重要な意味をもった。また四六年十二月に決定された「労働組合に関する十六原則」は日本労働運動に大きな影響を与えた。

参考文献 George H. Blakeslee, *The Far Eastern Commission; A Study in International Cooperation: 1945 to 1952*(Washington, 1953, Division of Publications, Department of State) (荒 敬)

きょくとうこくさいぐんじさいばん 極東国際軍事裁判 ⇨東京裁判

きよさわきよし 清沢洌 一八九〇—一九四五 ジャーナリスト、外交評論家。一八九〇年二月八日、長野県の農業清沢市弥の三男に生まれる。一九〇三年井口喜源治主宰の研成義塾に入学、キリスト教的人格主義の影響を受ける。〇六年渡米、『北米時事』『新世界』の記者として活躍。帰国後の二〇年中外商業新報に入社。二七年東京朝日新聞社企画部次長となるが、二九年に『自由日本を漁る』所収の「甘粕と大杉の対話」が右翼の攻撃対象となり退社。以後、フリーランスの評論家として『中央公論』などの総合雑誌を舞台に評論活動を展開する。四一年以降は、言論弾圧を受けたため日本外交史の研究に没頭する。四二年『外政家としての大久保利通』『日本外交史』を刊行。四二年十二月から記録し始めた「戦争日記」と題する日記は、戦争や軍部・政府に対する率直な見解を表した貴重な資料であり、戦後『暗黒日記』として出版された。四五年五月二十一日没。五十六歳。

参考文献 山本義彦『清沢洌の政治経済思想—近代日本の自由主義と国際平和—』(一九九六、御茶の水書房)、北岡伸一『清沢洌—外交評論の運命—(増補版)』(『中公新書』、二〇〇四、中央公論新社) (松井慎一郎)

きよせいちろう 清瀬一郎 一八八四—一九六七 大正・昭和期の政治家、弁護士、法学者。一八八四年七月五日、兵庫県の農業清瀬一寿の長男として出生。一九〇八年京都帝国大学法科大学を卒業後、司法官試補を経て弁護士となる。二〇年総選挙に立憲国民党公認で出馬し当選。以後、革新倶楽部、革新党、国民同盟に属した。二五年の治安維持法制定時には衆議院で反対票を投じた一方、三三年には五・一五事件裁判の海軍青年将校官選弁護人となり熱弁を振るって情状酌量を求めた。その後、新体制運動へ積極的に関与するようになり、政党解消後は大政翼賛会総務となる。その後も翼賛議員同盟総務委員、翼賛政治会総務・常任総務を歴任する。敗戦後公職追放されるが、極東国際軍事裁判では日本側弁護団副団長、東条英機の主任弁護人を務めた。政界復帰後、第三次鳩山一郎内閣で文相、六〇年衆議院議長就任。当選十四回。法学博士。六七年六月二十七日没。八十二歳。

参考文献 黒澤良『清瀬一郎—ある法曹政治家の生涯—』(一九九四、駿河台出版会) (手塚雄太)

きよのけんじ 清野謙次 一八八五—一九五五 病理学者、人類学者、考古学者。一八八五年八月十四日岡山県立医学校長兼病院長の清野勇の長男として出生。京都帝国大学医科大学を卒業後、ドイツ留学で生体染色を学び、その応用で組織球性細胞系を発見し、帝国学士院賞を受賞。旧石器人論争で、アイヌ説を否定して南北混血説を唱え、原日本人論の主流となった。しかし骨董収集で問題を起こし、窃盗罪で有罪判決を受けたため一九四一年に免職。戦時中は、妻方の親戚にあたる平野義太郎の主宰する太平洋協会で多くの著作を出版し、他方で満洲七三一部隊の病理解剖最高顧問を勤めた。戦後も、医学、考古学に影響力を残し、戦前から書いた論文を三部作として出版した。五五年十二月二十七日死去。七十歳。

参考文献 清野謙次『古代人骨の研究に基づく日本人種論』(一九四九、岩波書店)、同『日本考古学・人類学史』(一九五五、岩波書店)、同『日本貝塚の研究』(一九六九、岩波書店)、春成秀爾『考古学者はどう生きたか—考古学と社会—』(二〇〇三、学生社) (中生勝美)

ぎょらいてい 魚雷艇 魚雷を主武装とする小型快速艇。日本海軍では、八〇トン級の甲型、一五—二五トン級の乙型、機銃兵装を強化した隼艇の三種計五百四十一隻が建造されたといわれる。沿岸部での警戒・哨戒・偵察・連絡などを主務としたほか、小型船団護衛も行なったが、当初計画ほど活躍できなかった。一方、アメリカ海軍のPT艇は著しい戦果を残している。両者の違いは、小型高速艇に適した高性能機関を製造する能力の有無にあった。

参考文献 福井静夫『日本補助艦艇物語』(『福井静夫著作集』一〇、一九九三、光人社) (齋藤義朗)

きらい 機雷 機械水雷の略語。爆薬が内蔵されており、水面下や海底に設置された。艦船がこれに触れたり接近したりすると爆発する仕組みになっている。機雷を設置するのが敷設艦(一九二〇年設立の艦種)で、日本海軍では「勝力」「常盤」「厳島」「八重山」「沖島」「津軽」などの艦があった。

参考文献 坂本正器・福川秀樹編『日本海軍編制事典』(二〇〇三、芙蓉書房出版) (宇田川幸大)

キリーノ Elpidio Quirino 一八九〇—一九五六 フィリピンの政治家、独立後の第二代大統領。一八九〇年十一月十六日、南イロコス州ビガンで生まれ、国立フィリピン大学法学部を卒業。一九一九年にフィリピン議会下院議員、二五年には上院議員に選出され、三四年には独立使節団の一員として渡米した。コモンウェルスでは財務長官、内務長官を歴任。日本軍占領下では協力を拒否して投獄され、戦争末期四五年二月のマニラ戦では妻と五人の子のうち三人を殺害された。四六年七月の独立に伴い副大統領に就任、四八年四月のロハス大統領急逝により大統領に昇格し、翌四九年の大統領選ではラウレルを破って再任された。五三年、フィリピンで服役中の日本人戦犯百名以上に恩赦を与えて帰国させる。同年、大統領選でマグサイサイに敗れて政界を引退、五六年二月二十九日に死去。六十五歳。

参考文献　永井均『フィリピンBC級戦犯裁判』(『講談社選書メチエ』、二〇一三、講談社)　(内山　史子)

きりこうさく　桐工作　日中戦争中、汪兆銘政権樹立にあたって、一九三九年末から四〇年九月まで支那派遣軍が中心になって実施した戦争収拾工作。三九年十二月下旬、香港大学教授張治平の斡旋で香港駐在武官鈴木卓爾は西南運輸公司主任、宋子文の弟宋子良と自称する人物との接触を試みた。その後四〇年三月中国側は陸軍中将陳超霖、最高国防会議秘書主任章友三を委員として香港に派遣し、日本側の今井武夫支那派遣軍参謀、臼井茂樹参謀本部謀略課長らと会談した。交渉は中国の満洲国承認問題、日本軍の中国への一部駐兵問題、汪兆銘政権の処置問題をめぐって難航したが、三月九日に一応の合意が成立。六月四日から六日まで第二回目の会談が澳門で行われ、蔣介石、汪兆銘および板垣征四郎支那派遣軍総参謀長による三者会談の計画まで策定された。一連の交渉に蔣介石の妻で宋子文の姉にあたる宋美齢が関与したとの情報もある。しかし、満洲国の承認、日本軍の中国への一部駐兵、および汪兆銘政権の処置問題をめぐる対立が埋まらないまま、七月の米内内閣更迭後、第二次近衛内閣の東条英機陸軍大臣は現地軍の和平工作に反対した。九月に打ち切られたこの工作は、重慶側が汪兆銘政権樹立を阻止するための謀略の色彩が強い。自称宋子良も藍衣社首領戴笠の部下であった。

参考文献　今井武夫『日中和平工作―回想と証言一九三七～一九四五―』(二〇〇九、みすず書房)、日本国際政治学会太平洋戦争原因研究部編『太平洋戦争への道―開戦外交史―』四(一九六三、朝日新聞社)　(劉　傑)

きりしまのぼる　霧島昇　一九一四―八四　声楽家。一九一四年六月二十七日に福島県で出生。本名は坂本栄吾。東洋音楽学校を経て三六年にコロムビア専属となり「赤城しぐれ」でデビュー。その後、のちに妻となる松原操との共演による「旅の夜風」「誰か故郷を思わざる」、李香蘭との共演による「さうだその意気」、波平暁男との共演による「若鷲の歌」、戦後は「三百六十五夜」などの楽曲がヒットした。独唱だけでなく他の歌手とのデュエット曲も多く手掛け、丁寧かつ歌詞を大切に歌う歌唱で支持された。八四年四月二十四日没、六十九歳。→さうだその意気(いき)　→若鷲(わかわし)の歌(うた)

参考文献　池田憲一『昭和流行歌の軌跡』(一九八五、白馬出版)　(戸ノ下達也)

きりはらしげみ　桐原葆見　一八九二―一九六八　心理学者、産業心理学分野を開拓。一八九二年十一月十日、広島県に生まれる。東京帝国大学・大学院で心理学を学び、二一年に設立された倉敷労働科学研究所(現労働科学研究所)に招かれて参加。月経と作業能力の関連を調査研究し、桐原ダウニー式性格検査法を開発するなど、産業心理学の分野を開拓。テーラーの科学的管理法に対して批判的立場をとり、労働者の生産と効率、健康のバランスを重視する労働科学を追求。戦時中に女性労働者の生産力増強を求められたとき、労働科学の観点から女性労働者を保護する発言を行う一方で、四二年から四三年にかけて大政翼賛会厚生部長をつとめ、戦時末期には勤労と国体の一体化を強調することもあった。五一年労働科学研究所所長を務め、六一年日本女子大学教授。『産業心理学』『月経と作業能力』『女子勤労』『疲労と精神衛生』などの主著がある。六八年五月二日に七十五歳で死去。

参考文献　暉峻義等博士追憶出版刊行会『暉峻義等博士と労働科学』(一九六七)　(大門　正克)

きりゅうゆうゆう　桐生悠々　一八七三―一九四一　ジャーナリスト。一八七三年五月二十日石川県で生まれ、九五年に第四高等学校大学予科を卒業、同年帝国大学法科大学に入学、九九年に同大学政治学科卒業。東京府、博文館などに勤めた後、一九〇一年東京帝大法科大学大学院で法理学を学ぶ。『下野新聞』『大阪毎日新聞』『東京朝日新聞』などを経て、一〇年『信濃毎日新聞』の主筆として長野を舞台に言論活動を行う。一二年には「陋習打破論―乃木将軍の殉死―」を掲載し、殉死が「陋習」であることを指摘した上で、大正の日本では「万機公論に決す」べきであり、言論によって自説を展開することの重要性を訴えた。三三年八月「関東防空大演習を嗤ふ」を発表し、東京が空襲に対して脆弱であること、「近代的科学の驚異」を考慮しなければならないことを指摘した。この文章が問題化して、同年十月に『信濃毎日』を退社する。翌三四年個人雑誌『他山の石』を刊行し、そこで言論の自由を擁護するとともに日米戦争の勃発を危惧する発言を行う。四一年九月十日没。六十九歳。

桐生悠々

参考文献　井出孫六『抵抗の新聞人桐生悠々』(『岩波新書』、一九八〇、岩波書店)、太田雅夫『評伝桐生悠々―戦時下抵抗のジャーナリスト―』(一九八七、不二出版)　(長妻三佐雄)

ぎれつくうていたい　義烈空挺隊　敵飛行場に強行着陸し破壊することを目的に編成された空挺特攻隊。義号作戦と呼ばれる。B29が配備されつつあったサイパンの米軍飛行場に一九四四年十一月初め以来、航空攻撃を行なったが、それではB29による本土空襲を防ぐには不十分だと考えた陸軍は、同月末、教導航空軍に義烈空挺隊を編成させた。しかしサイパン攻撃は中止され、その後米軍の沖縄来襲を受けて第六航空軍の下に義烈空挺隊が配属された。ようやく大本営の認可を受け、四五年五月二十四日夜、九七式重爆撃機十二機に搭乗員三十二名のほか百三十六名の義烈空挺隊員が乗込み、熊本飛行場を出撃した。隊員は強行着陸と同時に外に出て、自動短銃や爆薬などで飛行機やガソリンタンクなどを破壊する任務を負っていた。同日深夜、米軍が占領していた沖縄の北飛行場(読谷)に一機が胴体着陸、米軍機約三十機や燃料などに損害を与えたが、翌朝には米軍は飛行場を使用可能に回復させた。着陸した搭乗員は全員死亡した。出撃した十二機中、四機は不時着などで戻り、残りは撃墜されたとみられる。

参考文献 防衛庁防衛研修所戦史室編『沖縄・台湾・硫黄島方面陸軍航空作戦』(『戦史叢書』三六、一九七〇、朝雲新聞社)　(林　博史)

ぎんが　銀河　海軍の陸上爆撃機。海軍航空技術廠が開発。主設計者は三木忠直。速度と航続距離を重視して設計。一九四四年、制式採用。高性能を目指して、当時開発途上だった中島飛行機製の発動機「誉」を搭載。日本の双発爆撃機としては小型で、乗員三名。エンジン一六七〇馬力×二。最大速度二九六ノット(時速五四八キロ)。「誉」発動機の不安定、精密な設計のため、量産時や第一線の整備において不具合が多発。発動機を既存の中島飛行機製「火星」に転装した型もある。雷撃機としても使用可能。主に中島飛行機で生産。生産数約千百機。八〇〇キロ爆弾一個または、五〇〇キロ爆弾二個、もしくは魚雷一本を搭載。制式採用前のマリアナ沖海戦から実戦参加。戦争末期には、特攻機としても多数使用された。四五年三月には、本土から二〇〇〇キロ以上離れた西太平洋、ミクロネシア南部にあるウルシー環礁に碇泊中のアメリカ空母への特攻作戦が実施されたが、戦果は少なかった。夜間戦闘機への改修も試みられたが成功しなかった。

参考文献 野沢正編『日本航空機辞典』上(一九八九、モデルアート社)　(水沢　光)

きんがくじゅん　金学順　⇩キムハクスン

きんきゅう　金九　⇩キムグ

きんきゅうこくみんどういんほうさくようこう　緊急国民動員方策要綱　国民の勤労動員を強化する方策を規定した一九四四年一月十八日の閣議決定。労務動員計画が四二年度以降国民動員計画に変更され、全国民的規模での労務動員が強化されてきていたが、四四年に入り、労務給源が枯渇し、動員計画の充足が困難となったことに対応して作成され、国民登録制度の確立、国民徴用運営の改善、学校卒業者の勤労動員、女子の勤労動員、勤労給源の確保、勤労配置の適正、勤労能率の増進、行政の刷新、国民運動の展開といった諸方策を打ち出した。実際の動員はもっぱら学徒勤労報国隊と女子挺身隊の出動と、既充足労働の配置調整により行われ、国民登録要申告者の範囲も年齢十二歳以上六十歳以下の男子、年齢十二歳以上四十歳以下の女子にまで拡大された。しかし、戦争末期には生産青年層の新規給源がほとんど皆無になり、勤労動員の需給調整は至難の状況に陥った。

参考文献 労働省編『労働行政史』一(一九六二、労働法令協会)　(市原　博)

キング　キング　「雑誌王」野間清治が一九二四年十二月に創刊した日本初の「百万部雑誌」。文化史上、戦前・戦中期の大衆文化の象徴と評価されてきた。「日本一おもしろい、日本一為になる、日本一安い雑誌」を謳った『キング』二五年新年号の創刊を契機に、『雄弁』『現代』などを発行する大日本雄弁会と『講談倶楽部』『婦人倶楽部』などを発行する講談社は合体して大日本雄弁会講談社となる。創刊号の初刷五十万部から増刷を繰り返して七十四万部を売り尽くし、明治節制定を記念した箱入別冊『明治大帝』を付けた二七年十一月号は百四十万部、翌二八年十一月の御大典臨時増刊号「国民修養絵巻物」は百五十万部に達した。この成功を追って二八年『朝日』(博文館)と『平凡』(平凡社)、三一年『オール読物号』(文藝春秋社)、三三年『日の出』(新潮社)などが創刊され、「十五年戦争期」に大衆雑誌の黄金時代を現出した。野間は三一年には日本ポリドールと提携し「紙のラジオ放送」キングレコードを発売し、三五年ドイツのテレフンケン社と提携して翌三六年ポリドールとの契約を解消、名実ともに「講談社のキングレコード」となった。キングレコードも戦時歌謡の流行とともに大躍進を遂げた。『キング』の成功を踏切板として、野間は三〇年報知新聞社長、三六年日本雑誌協会会長、三七年内閣情報部参与などを歴任。『キング』は日米開戦後も百万部を維持し、四三年三月号でタイトルを『富士』と改題。敗戦後は四六年新年号からアルファベット入りの『キング KING』とした。GHQ占領下では用紙制限もあり戦前部数の回復はならず、週刊誌ブームのなかで五七年十二月号に休刊した。後継誌は総合雑誌『日本』で、のちに『月刊現代』となった。『キング』休刊を契機に大日本雄弁会講談社は現在の講談社に改称した。

『キング』(『富士』改題号)

参考文献 佐藤卓己『『キング』の時代―大衆国民雑誌の公共性―』(二〇〇二、岩波書店)　(佐藤　卓己)

キング　Ernest Joseph King　一八七八―一九五六　米国の軍人。米国艦隊司令長官兼海軍作戦部長。一八七八年十一月二十三日、オハイオ州ロレインで生まれる。三〇年に空母「レキシントン」艦長を務め、三三年から三六年まで航空局長を務める。四〇年末に大西洋戦隊(スクオドロン)司令官に任命され、四一年に戦隊が艦隊(フリート)に昇格すると大西洋艦隊司令長官になった。真珠湾攻撃の責任を問われて前任者が更迭されると四一年末に米国艦隊司令長官に指名された。さらに四二年三月からは海軍作戦部長も兼務した。第二次世界大戦では欧州第一主義を受け入れたが、それでも太平洋戦場に可能な限り資源を投入するよう主張した。さらに対日戦略では、フィリピンを迂回して中国大陸に接岸し中国軍と合流することを主唱して、フィリピンに拘泥するマッカーサーと対立したが、結局、フィリピン案が採用された。四四年十二月に統合参謀本部議長リーヒーに続いて海軍元帥に昇進した。その後、急死したノックスの後任の海軍長官フォレスタルとそりが合わず、みずからの後任人事でも反対されたが、この件では大統領の支持を得てニミッツを後任とし、四五年二月に退役した。五六年六月二十六日に死去。七十七歳。

参考文献 Norman Polmar & Thomas B. Allen, *World War II: America at War, 1941-1945*(New York, 1991, Random House), Mark M. Boatner III, *The Biographical Dictionary of World War II*(Novato, 1996, Presidio Press), John Whiteclay Chambers II, ed., *The Oxford Companion to American Military History*(New York, 1999, Oxford University Press)

（加藤　公一）

ぎんこうとうしきんうんようれい　銀行等資金運用令　国家総動員法第一一条に基づき、金融機関の資金運用計画に対する変更命令・指定権限を含む統制、運転資金等の貸出調整、会社利益配当及資金融通令の命令融資規定の金融機関への拡張適用等を内容とする勅令。一九四〇年十月十九日公布。勅令第六八一号。すでに臨時資金調整法(三七年九月)によって一定額を超える事業設備資金の貸付等は許可制であったが、表面上運転資金を偽装し実際には設備資金に使用するようなケースがみられた。そこで三九年十二月から大蔵省は日本銀行を通じて一件十万円以上の運転資金向け貸付の報告を、翌七月からは四半期ごとの運転資金貸付残高報告を徴することとし、運転資金への監視を強めた。本令により同一人に対する運転資金向け貸付五万円以上は許可制となり、許可を要する貸付のうち特に重要な事案については臨時資金審査委員会で付議された。本令施行以後も命令融資を主に担ったのは日本興業銀行であり、その額は四三年二月末時点で二十億円に達した。→会社利益配当及資金融通令(かいしゃりえきはいとうおよびしきんゆうずうれい)

参考文献 大蔵省昭和財政史編集室編『昭和財政史』四一一(一九五七、東洋経済新報社)、『日本銀行百年史』四(一九八四)、山崎志郎『戦時経済総動員体制の研究』(二〇一一、日本経済評論社)

（邉　英治）

きんしくんしょう　金鵄勲章　軍人軍属の武功抜群者に与えられた軍人勲章。軍人最高の栄誉とされた。名称の由来は神武天皇の東征の際に金色の鵄(とび)が弓にとまり、長髄彦(ながすねひこ)の軍勢の目を眩ませ、降参させたという『日本書紀』の故事による。これにちなんで一八九〇年二月十一日の紀元節を記念して制定された。功一級から功七級まであり、受勲者にはいずれも終身年金が付されたが、一九四一年からは一時金制に改められた。金鵄勲章は他の勲章と異なり、日清・日露両戦争、両世界大戦へと日本が軍国主義を拡大化する過程で国民を軍人として「絶対帰依」させるため重要な機能を果たした。制定から廃止までの五十七年間に金鵄勲章を授与された者は十万八千六百五十二名にのぼり、このうち最高の功一級を受けた者は四十一名。アジア・太平洋戦争下においては山本五十六など六名が受勲した。戦後、日本国憲法施行に伴い四七年五月三日に政令第四号によって廃止されたが、復活要求がしばしばなされている。

参考文献 藤樫準二『日本の勲章—国の表彰制度—』(一九六五、第一法規出版)、栗原俊雄『勲章—知られざる素顔—』(『岩波新書』、二〇一一、岩波書店)

（河西　英通）

きんしゅうばくげき　錦州爆撃　柳条湖事件から二十日後の三一年十月八日、遼寧省の交通・行政の中心地である錦州市街地に対し関東軍独立飛行隊が行なった空中爆撃。規模は小さいとはいえ第一次世界大戦以後初の都市爆撃であり、また、日中十五年戦争期における最初の空爆として記憶される。偵察機六機と軽爆撃機五機の十一機で実施され、計画立案者の関東軍作戦主任参謀石原莞爾中佐も同行した。目的は、奉天(瀋陽)を占領され拠点を錦州に移した張学良東北辺防軍司令官を威嚇、控制するためであった。投弾と機銃掃射により辺防軍司令部が置かれた東北交通大学でロシア人教授一人、兵士一人の死者、駅周辺などで市民十四人が死亡、二十人以上負傷と中国外交部は非難した。翌年現地調査した国際連盟調査団は「リットン報告」で、爆撃区域は制限されていたとする日本側主張に疑問を呈した。続く錦州占領により、米国の「不承認政策」(スティムソン＝ドクトリン)を誘発した。

参考文献 防衛庁防衛研修所戦史室編『満洲方面陸軍航空作戦』(『戦史叢書』五三、一九七二、朝雲新聞社)

（前田　哲男）

きんぞくひんかいしゅう　金属品回収　アジア・太平洋戦争中、国内資源が少ない金属類を補充するため工場からでる金属類の廃物や家庭、学校など民間にある鉄、銅、

金属品回収　東京市麻布三河台国民学校校庭での銅鉄類の応召

金製品などを回収して、兵器生産など軍需物資の生産にあてた。商工省は一九三八年前後に廃品回収協議会を設置し、東京など五大都市では金属類、ゴム、繊維品の廃品回収運動を展開した。四二年には金属回収令により、寺院の仏具や鐘楼を強制供出の対象とし、学校のストーブや、家庭の鉄・銅製の鍋や釜、コンロ、指輪なども隣組を通して供出させた。

参考文献 木坂順一郎『太平洋戦争』(『昭和の歴史』七、一九八二、小学館)、東京歴史科学研究会婦人運動史部会『女と戦争—戦争は女の生活をどう変えたか—』(『昭和史叢書』五、一九九一、昭和出版) (早川 紀代)

きんだいのちょうこく 近代の超克 近代文明の危機、西洋の没落が意識された戦時下の日本で、近代の思想・文化ののりこえを唱えた議論。日中戦争期の三木清らの思想にすでに萌芽が見られるが、アジア・太平洋戦争期のシンポジウム「知的協力会議 近代の超克」(『文学界』一九四二年九・十月号、翌年に単行本化)において脚光をあびた。このシンポジウムは、河上徹太郎・亀井勝一郎・小林秀雄らの『文学界』同人が、哲学・歴史学・神学・科学・映画・音楽など各界の専門家を招いて議論したイベントである。「世界史の哲学」を唱える京都学派(西谷啓治・鈴木成高・下村寅太郎)が参加し、亀井は日本浪曼派の出身であることから、近代批判の思潮の結集として注目をあつめた。近代日本にとって、ながらく西洋は文明開化のモデルとなってきたが、世界戦争による西洋の動揺は、座標軸の喪失を意味した。「近代の超克」論は、そのような危機の時代の分裂・混迷をのりきる精神的支柱を模索するものであった。そこでは、「勤皇の心」を唱える林房雄や、西洋近代批判から日本主義への安易な横すべりを批判する中村光夫など、さまざまな議論が分裂しながら共存し、空虚な混沌を示している。これは、明治以来、「欧化」と「国粋」、「脱亜」と「興亜」の間で揺れ動いてきた近代日本の矛盾した歩みが、戦時下の「知的戦慄」のもとで集約されたものであった。このような「近代の超克」論が、「日本近代史のアポリア(難関)の凝縮」(竹内好)として再び議論の的になるのは、戦後の近代主義・進歩主義が相対化されていく五〇年代後半以降のことである(竹内好・花田清輝・橋川文三など)。その後も、近代を批判する新左翼運動やポスト=モダニズムの思潮のなかで、戦時期日本の「近代の超克」論は、くり返し批評の対象となっている。→京都学派 →世界史の哲学

参考文献 河上徹太郎・竹内好他『近代の超克』(『冨山房百科文庫』、一九七九、冨山房)、廣松渉『〈近代の超克〉論—昭和思想史への一視角—』(『講談社学術文庫』、一九八九、講談社)、子安宣邦『「近代の超克」とは何か』(二〇〇八、青土社) (米谷 匡史)

きんとほう 金枓奉 ⇨キムドゥボン

きんにっせい 金日成 ⇨キムイルソン

きんのうまことむすび 勤皇まことむすび ⇨まことむすび社

きんゆうきんきゅうそちれい 金融緊急措置令 インフレ対策と金融恐慌の防止のために一九四六年二月十七日に公布された勅令。同時に日本銀行券預入令が公布され、この二つの勅令にもとづき、流通中の日本銀行券を強制的に金融機関に預け入れさせ、預金を封鎖し、旧円の効力を停止させたうえで、三月三日に新円が発行された。封鎖預金からの家計消費のための個人の引き出しは、世帯主月額三百円、世帯員一人百円に制限され、法人の給与支払いのための預金引き出しは一人月額五百円に制限された。この措置によって日銀券発行残高は二月末の五百四十三億円から三月末には二百三十三億円に急減した。戦時期の通貨増発により累積したインフレ要因が、戦争終結とともに爆発的な物価上昇の形で顕在化したことに対処するための措置であった。しかし、半年後の九月には日銀券発行高は以前の水準に戻り、インフレ抑制の効果は薄かった。なお、封鎖預金は四八年七月にすべて解除された。

参考文献 大蔵省財政史室編『昭和財政史—終戦から講和まで—』一二(一九七六、東洋経済新報社)、西村吉正編『復興と成長の財政金融政策』(一九九四、大蔵省印刷局) (浅井 良夫)

きんゆうくみあい 金融組合 朝鮮において主に農民金融を担った機関。一九〇七年の地方金融組合規則、一四年の地方金融組合令により、朝鮮各地に設置。当初は貨幣整理事業に伴う新貨普及の役割も果たした。一八年朝鮮殖産銀行が新設されるとともに法令は金融組合と改められ、都市組合、および各道の連合会が設立。これにより、殖銀—各連合会—金融組合という資金流通ルートが成立するとともに、各連合会間で資金の相通調節が行われるようになり、本格的に農民金融機関として発展。三三年に各連合会は解散、朝鮮金融組合連合会という単一組織となる。組合員の構成比は下層農が高い一方、組織率では上層農が高かった。三五年「殖産契」という下部組織が村落単位で設置された以後は、下層農でも高い組織率を実現。戦時には貸付よりも農民の余裕資金を吸収する貯蓄業務機能を強め、それらは殖銀を通じて時局産業に投資された。敗戦後、同連合会は閉鎖機関に指定された。→朝鮮殖産銀行

参考文献 秋定嘉和「朝鮮金融組合の機能と構造」(『朝鮮史研究会論文集』五、一九六八)、波形昭一『朝鮮における金融組合』(一九八二、国際連合大学)、松本武祝「植民地朝鮮農村における金融組合の組織と機能—貸付事業を中心に—」(『農業史研究』四五、二〇一一) (竹内 祐介)

きんゆうじぎょうせいびれい 金融事業整備令 国家総動員法第一六条の三の規定に基づき、主務大臣による金融機関の整理統合を命令する法的権限を規定した勅令。一九四二年五月十五日公布施行。勅令第五一一号。適用を受ける金融機関は、銀行・信託会社・保険会社・無尽

会社・信用組合等、ひろく金融業務を営むもの。命令は相手方金融機関を定めて発せられ、金融機関間の協議によって合併等の条件を調整するが、協議に効力が生じるためには主務大臣の認可が必要で、協議が整わない場合には主務大臣に裁定が任された。すでに大蔵省は「一県一行」を目安とする金融機関の整理統合を推進していたが、本令は金融機関に「無言の圧力」をかけることで自主的な合併を促す役割を果たした。ほぼ同時期に発せられた金融統制団体令と相まって銀行合同は促進され、一九四五年末時点の普通銀行数は六十一行まで減少した。本令は発動されなかったとされるが、共同融資銀行の資金統合銀行への吸収合併(四五年八月)のように発動事例もある。

参考文献　大蔵省昭和財政史編集室編『昭和財政史』一一(一九五七、東洋経済新報社)、『日本銀行百年史』四(一九八四)、伊牟田敏充『戦時体制下の金融構造』(一九九一、日本評論社)　(邉　英治)

きんゆうしんたいせい　金融新体制　一九四一年七月十一日閣議決定された「財政金融基本方策要綱」に基づき、日本銀行を中核とする金融機関の組織団体を結成させ、競争を排除し協調的資金運用によって国家資金の計画的動員を図る金融界の新体制。翌年の金融統制団体令と全国金融統制会を頂点とする九業態別統制会の設立につながった。四〇年十二月「経済新体制確立要綱」が発表され、産業別統制機構の整備と政府による指導監督方針が明らかにされたが、企画院は金融界の再編成も指向していた。また三九年欧州大戦の勃発後、金融市場では起債市場の不振・信用動揺の兆しがみられ、金融界からは市場安定化措置が求められていた。大蔵省は企画院案を修正、新体制という単語を避けて「財政金融基本方策要綱」の成案に至った。本要綱は概して具体性を欠いていたが、金融制度改革に関連する方針については、日本銀行改組・時局共同融資団結成・戦時金融金庫設立・金融統制会結成・銀行合同促進など、つぎつぎと具体化された。→財政金融基本方策要綱

参考文献　大蔵省昭和財政史編集室編『昭和財政史』一一(一九五七、東洋経済新報社)、山崎志郎『戦時経済総動員体制の研究』(二〇一一、日本経済評論社)　(邉　英治)

きんゆうとうせいだんたいれい　金融統制団体令　国家総動員法第一八条の規定に基づき、政府による統制のため金融業者の統制団体を規定するもの。一九四二年四月十八日公布施行。勅令第四四〇号。五月十一―十四日にかけて、勧農金融統制会・普通銀行統制会・地方銀行統制会・貯蓄銀行統制会・信託統制会・生命保険統制会・無尽統制会・証券引受会社統制会・市街地信用組合統制会の九業態別統制会、十五日に統括組織の全国金融統制会が設立された。全国金融統制会は同時期に改組された日本銀行の「分身のごときもの」であり、統制会関係事務のため日銀内部に考査局を設置、会長には日銀総裁結城豊太郎が就任した。主務大臣の権限として統制会に対する報告徴収・臨検検査等が規定されていたが、統制会の性格は官庁事務簡便化のための自律的統制団体であり、金融機関の資金吸収目標と国債消化等運用枠の設定、軍需産業に対する共同融資の斡旋、金融機関の合併等整備促進、上限金利の規制といった活動を行なった。

参考文献　大蔵省昭和財政史編集室編『昭和財政史』一一(一九五七、東洋経済新報社)、『日本銀行百年史』四(一九八四)　(邉　英治)

きんゆしゅつさいきんし　金輸出再禁止　⇨管理通貨制度　⇨高橋財政

きんろうしんたいせい　勤労新体制　一九四〇年十一月八日閣議決定の「勤労新体制確立要綱」に基づき形成されていった、労働統制のための勤労組織(労働組織)や労働イデオロギー、労務管理施策のこと。「要綱」では、事業所における企業経営者を指揮者とする勤労組織、その上位に位置づけられた地方勤労組織、地方組織を束ねる中央組織という三層の組織論が提示された。労働組合の解散や、「労資一体」を謳って同年同月に創設された大日本産業報国会に示されるように、産業報国運動もそれに沿った形で展開されていった。また「要項」では、イデオロギー面について生産力増強運動への献身と「皇国」に対する責務としての勤労が強調された。こうした組織論やイデオロギーは、労働の反対給付としての賃金という考え方や労働条件をめぐる労使の調整・懇談といった制度と相容れないものであったことから、政府による生活給の推奨など労務管理の面での変化を生み出していくことにもなった。

参考文献　労働省編『労働行政史』一(一九六一、労働法令協会)、佐口和郎『日本における産業民主主義の前提―労使懇談制度から産業報国会へ―』(『東京大学産業経済研究叢書』、一九九一、東京大学出版会)、法政大学大原社会問題研究所編『日本の労働組合一〇〇年』(一九九九、旬報社)　(杉山　裕)

きんろうどういん　勤労動員　日中戦争からアジア・太平洋戦争期にかけて実施された戦時労働力動員政策の総称。国家総動員法(一九三八年公布)に基づく多数の勅令によって遂行され、三九年以降企画院が年度ごとに策定した労務動員計画(四二年度から国民動員計画と改称)に基づいて進められた。勤労動員は、まず従業者雇入制限令(三九年三月公布)、工場事業場技能者養成令(同)、青少年雇入制限令(四〇年二月公布)、従業者移動防止令(同年十一月公布)といったように、労働力移動防止政策・新規労働力の軍需産業への優先配置、という方法で実行に移され、つづいて、国民徴用令(三九年七月公布)などによる軍需産業への強制的な労働力移動政策が実行に移された。徴用は、実施初年こそ少数の動員にとどまったものの、四一年以降飛躍的に拡大し、勤労動員の中軸的な施策となっていった。これらの施策では、まず技能者の

確保が最優先され、ついで新規学卒者などを中心とする青少年男子、青少年女子の確保が重視された。四三年後半以降は、壮年男子の動員も増大し、戦局が行き詰った四四年八月には、女子挺身勤労令や学徒勤労令が公布されるなど、未婚女子や学徒の動員が強化されるに至り、いわゆる「根こそぎ動員」と呼ばれる状況が現出した。これらに加えて朝鮮・台湾など植民地の労働力は戦時下一貫して重視され、多数の人びとが軍属や鉱山労働者などとして動員されたほか、中国人や連合軍の捕虜動員も実行された。戦争末期には、動員制度の複雑化に対応するため、四五年三月に、国民徴用令など主要な勅令を廃止して一本化した国民勤労動員令が公布され、本土決戦体制の準備が進められた。以上のような勤労動員の拡大は、産業報国会を中軸とする勤労新体制の確立と同時並行で進められ、激しい社会移動をもたらすとともに、労働災害の増大や青少年工の「不良化」など、種々の問題を惹起した。特に戦争末期には、資材や食糧の不足などを背景に労働・生活環境も劣悪化したため、労働者の無届欠勤や逃亡が広範化した。→労務動員計画

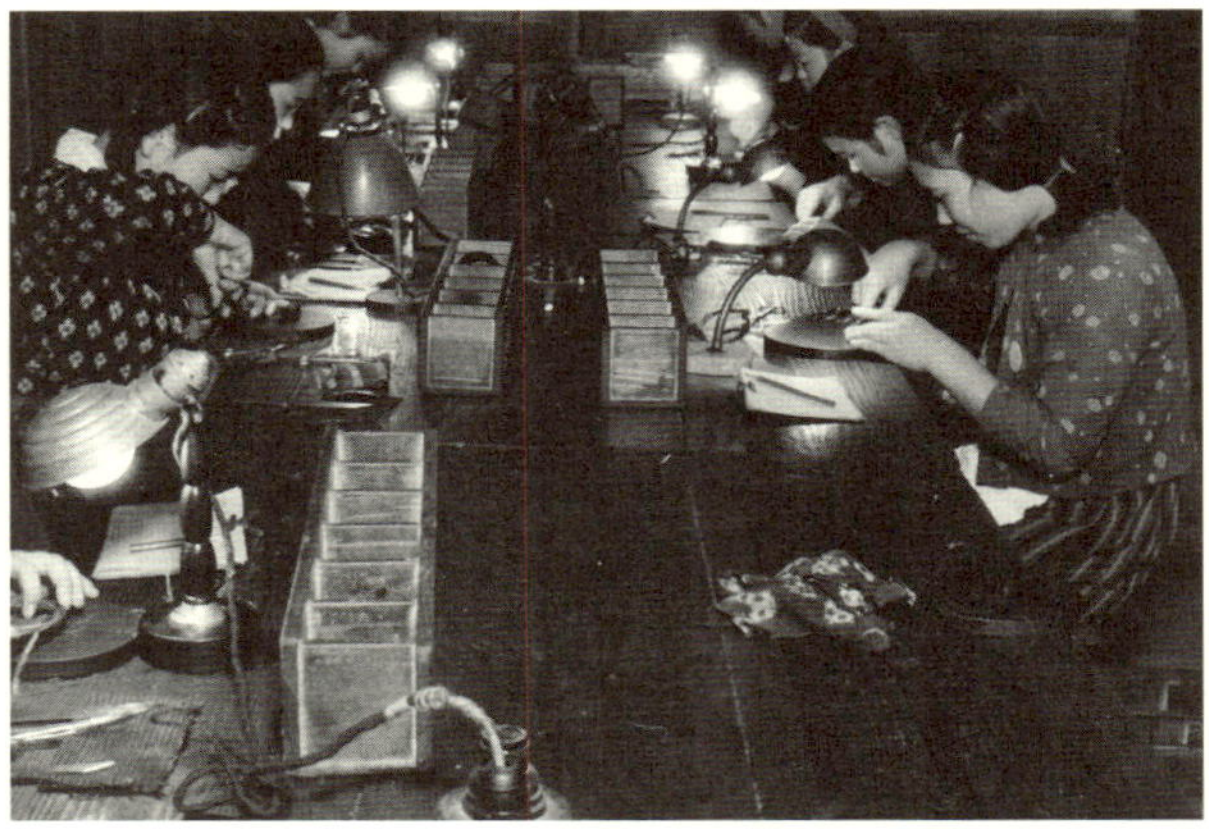
勤労動員　精密機械作業に従事する女子労働者

参考文献　法政大学大原社会問題研究所編『太平洋戦争下の労働者状態・労働運動』(『日本労働年鑑』、一九七一、労働旬報社)、西成田豊『近代日本労働史―労働力編成の論理と実証―』(二〇〇七、有斐閣)、同『労働力動員と強制連行』(『日本史リブレット』、二〇〇九、山川出版社)
(佐々木　啓)

きんろうほうこくきょうりょくれい　勤労報国協力令　⇨国民勤労報国協力令

きんろうほうこくたい　勤労報国隊　⇨国民勤労報国協力令

く

グアムこうりゃくせん　グアム攻略戦　開戦直後の日本軍によるグアム島占領作戦(G作戦)。日本軍は、この作戦でマリアナ諸島唯一の米国領であったグアム島の米軍根拠地を攻略し、ハワイ・フィリピン間の海上交通線と航空路を遮断することをめざした。海軍の重巡洋艦四隻に支援された上陸部隊は、南海支隊(支隊長堀井富太郎少将、歩兵第百四十四連隊基幹四千九百人)と海軍陸戦隊(四百人)から成り、一九四一年十二月十日未明、グアム島(北岸・東岸・西岸)に上陸した。同島の米軍守備隊は、海兵隊四百人を基幹とする約七百人で、北岸で戦闘が交えられたが、圧倒的な戦力格差のために、同日午前中に日本軍はグアム政庁などの同島要地を占領、グアム総督以下、米守備隊はすべて降伏した。日本軍の戦死一人・戦傷六人、米軍の戦死五十人・戦傷八十人であった。日本軍が五千人以上の大兵力を同島に投入したのは、事前の敵情分析が不十分で実態以上の守備隊が存在していると見積もったためである。

参考文献　佐々木隆爾他編『ドキュメント真珠湾の日』(一九九一、大月書店)
(山田　朗)

くうぐんどくりつもんだい　空軍独立問題　陸海軍から独立した空軍の創設をめぐる議論。一九二〇年前後から陸軍の井上幾太郎や海軍の飯倉貞造らが提起し、三〇年代には中島知久平らが両軍器材の統一を目的とした空軍省の設立を提案している。しかし陸海相は、関係各機関の統制が厳しいことなどを理由に反対した。三六年五月

に海軍の加来止男が陸軍の青木喬と作成した独立空軍建設に関する意見には、㈠陸海軍分属の航空兵力のほかに独立空軍を建設する、㈡陸海空軍を統括する軍令最高機関を常設する、㈢空軍軍政機関は民間航空関係事項を統轄することが盛り込まれた。ただし空軍の独立に対しては陸相・海相ともに否定的であった。三七年四月、陸軍の菅原道大がドイツ空軍を例に独立空軍の保持を主張した際には、海軍航空本部は同意しなかった。海軍内でも軍令部と航空本部の意見は分かれており、軍令部から「海軍の立場より見たる空軍の独立に就て」の提出を受けた航空本部は否定的な見解を示し、陸軍の航空省案にも反対している。七月の「航空軍備に関する研究」からも、空軍の独立は不採用であり、海軍による併合空軍制というのが航空本部の一貫した姿勢であることがうかがえる。四〇年代初めに山下奉文や野村直邦らの軍事視察団がドイツへ派遣されたのちも、陸軍は空軍の独立、海軍はその反対意見を述べるといったように、主張は平行線をたどった。四三年には海軍側によって航空兵力の統合が検討されている。海軍の空軍化のために、まずは両軍の航空機配分比率を海軍に有利とする主張が盛り込まれた。空軍化が実現した際に「海軍」という名称をどの時期に取るかなども意識されている。しかし航空機の配分が思い通りに進まず、四四年のマリアナ海戦後に大本営陸海軍部の間で航空部隊の統一指揮が話し合われたこともあったが実現しなかった。結局、陸海軍の意見は一致せず、協同作戦というかたちから発展することのないまま終戦をむかえた。

参考文献　「空軍独立問題」(『日本海軍航空史』一所収、一九六九、時事通信社)、生田惇「帝国陸海軍の空軍独立論争」(『軍事史学』一〇ノ三、一九七四)、防衛庁防衛研修所戦史室編『大本営海軍部・聯合艦隊』五(『戦史叢書』七一、一九七四、朝雲新聞社)
(関口　哲矢)

くうちゅうちょうおんき　空中聴音機　来襲する敵航空機を発見するため、その飛行音を探知するための装置。第一次世界大戦後、航空機による攻撃や偵察に対処するために開発された。音をとらえ拡大して測定するため、拡声器を逆にした原理によるラッパ型のものや、反射鏡型のものなどがあった。日本でも防空部隊で照空灯とともに使用された。

参考文献　高橋昇「日本陸軍の防空兵器〝聴音機〟システム」(『丸』六五ノ七、二〇一二)
(青木　哲夫)

くうぼ　空母　⇨航空母艦(こうくうぼかん)

くがのぼる　空閑昇　一八八七—一九三二　陸軍軍人。一八八七年十二月八日、地方裁判所監督書記であった空閑正尚の長男として佐賀県に生まれる。広島陸軍地方幼年学校、中央幼年学校を経て、一九一〇年五月、陸軍士官学校卒業(第二十二期)。同年十二月歩兵少尉。青島守備歩兵第三大隊付、歩兵第六十九連隊付などを経て、シベリア出兵に従軍。二五年五月、陸軍歩兵学校卒業(甲種)。歩兵第七連隊中隊長、歩兵第三十五連隊付(射水中学校配属将校)を経て、二八年三月、陸軍少佐。三〇年八月、歩兵第七連隊大隊長。三二年、第九師団歩兵第七連隊第二大隊の隊長として出征。二月二十二日に負傷、戦場に遺棄されたが、中華民国捕虜として野戦病院に収容される。軍法会議で無罪となり、捕虜交換によって身柄は上海兵站病院へ移されたが、捕虜となったことを恥じ、三月二十八日、拳銃自決した。四十六歳。その死はのちに「軍人の鑑」として美談とされ、映画や小説などが作られた。自決後間もない四月八日には映画『大和魂空閑少佐』(河合映画製作社)が公開された。三四年四月、靖国神社に合祀。

参考文献　綿貫六助『空閑大隊長—武人の鑑—』(一九三三、金蘭社)、蘆間圭『英傑の最期の言行—日本魂の神髄—』(一九四三、国民図書協会)
(粟津　賢太)

くさかりゅうのすけ　草鹿龍之介　一八九二—一九七一　大正期から太平洋戦争期の海軍軍人。一八九二年九月二十五日、東京で生まれる。従兄に同じく海軍軍人である草鹿任一がいる。一九一三年海軍兵学校卒(第四十一期)、二六年海軍大学校卒。二九年飛行船グラーフツェッペリン号でアメリカ出張。三〇年第一航空戦隊参謀となる。三四年十一月海軍大佐で航空本部総務部第一課長、その後三六年空母「鳳翔」艦長、三八年軍令部第一部第一課長等を経て、三九年空母「赤城」艦長。四〇年十一月海軍少将、四一年四月第一航空艦隊参謀長となり、同年十二月八日のハワイ作戦に参画する。一七年六月のミッドウェーでの敗戦後も、空母機動部隊として新編された第三艦隊の参謀長を続けた。四四年四月連合艦隊参謀長、五月海軍中将となる。四五年四月兼海軍総隊参謀長、六月軍令部出仕。終戦後の八月十七日、最後の特攻攻撃を行なった宇垣纏の後を受けて第五航空艦隊司令長官となる。七一年十一月二十三日没。七十九歳。

参考文献　草鹿龍之介『一海軍士官の半生記』(一九七三、光和堂)、同『連合艦隊参謀長の回想』(一九七九、光和堂)
(相澤　淳)

くしだまんぞう　串田万蔵　一八六七—一九三九　明治・大正・昭和期の銀行家。海産物商で渡辺銀行副頭取の串田孫三郎の長男として、一八六七年三月十五日(慶応三年二月十日)、江戸に生まれる。八五年アメリカ留学、九〇年ペンシルバニア大学を卒業しドレクセル銀行勤務。九四年帰国して三菱銀行の前身第百十九国立銀行に入社、三菱合資会社に転じ、大阪支店、神戸支店を経て、一九一四年三菱合資銀行部長、一六年同専務理事、一九年三菱銀行創立とともに常務取締役、二一年から三五年まで取締役会長、三五年三菱合資会社総理事。二七年の金融恐慌に際しては、東京手形交換所理事長の三井銀行筆頭常務池田成彬とともに東京銀行集会所会長として収拾にあたった。当時「三菱の串田、三井の池田」と並び称せられたが、池田は、銀行家としては「串田の方が一枚上」とその手堅さを称えている。二九年からは国際商業会議所日本委員会会長も務め、三九年九月五日死去。七十三歳。長男は哲学者・詩人の串田孫一、その子が俳優・演出家の串田和美。

参考文献 池田成彬『財界回顧』(一九五〇、世界の日本社)、加藤俊彦『日本の銀行家』(『中公新書』、一九七〇、中央公論社)、三菱銀行史編纂委員会『三菱銀行史』(一九五四)

(松浦 正孝)

くずうよしひさ 葛生能久 一八七四―一九五八 明治期から昭和期にかけての国家主義者。別名修亮。一八七四年七月二十五日、千葉県に出生。九三年朝鮮に渡り天佑侠を組織し、内田良平に接近。一九〇一年内田が設立した黒龍会に参加。三一年内田が結成した大日本生産党に参加し、関東本部常任委員長。三七年内田の死をうけて黒龍会主幹。四一年統制の一環として五十三の革新団体が統合されて大日本興亜同盟が結成されるが、その際黒龍会も加盟し、葛生は同同盟の総務委員に就任(のち常務顧問)。右翼の長老的存在であり、多くの国家主義的団体と関わり、顧問等を務める。四二年以後、大政翼賛会総務として静岡県、千葉県、埼玉県、群馬県など各地を巡訪して懇談会、講演会を開催。地方指導者の意見を聞き、政府要路に届けることを目指す。五八年二月三日没。八十三歳。亜細亜大学太田耕造文庫に「葛生修亮文書」がある。

参考文献 葛生能久『聖戦懇談全国巡訪第四回報告』(一九四三、黒龍会本部)

(昆野 伸幸)

くせんてい 駆潜艇 爆雷を用いて潜水艦を駆逐することを主務とする小型快速艇。アメリカ海軍は、第一次大戦で多数建造し、太平洋戦争でも急造可能な二八〇トンのディーゼル艇(PC)を採用した。日本海軍では遅れて一九三四年に最初の艇が完成。四〇年竣工の十三号型は、水中聴音機やソナー能力を向上させたが大型化し、速力は一六ノット(時速約三〇キロ)に低下した。本来は局地の対潜防備用だが、航洋護衛艦の不足から船団護衛にも使用された。

参考文献 福井静夫『日本補助艦艇物語』(『福井静夫著作集』一〇、一九九三、光人社)

(齋藤 義朗)

くだんのはは 九段の母 石松秋二の作詞、能代八郎の作曲、塩まさるの歌唱で、一九三九年四月にテイチクから発売された楽曲。日中戦争が始まると戦死者が著しく増加し、陸軍省と海軍省直轄だった靖国神社への合祀も、三八年十月の臨時大祭の合祀数が一万三百三十四と同年四月の臨時大祭時の倍以上となり、以降年々増加していく。このような時局の展開は、「靖国神社」や「英霊」概念を国民動員の重要な手段として位置付けることとなった。たとえば、国民精神総動員運動では、三八年四月閣議決定の「昭和十三年度に於る国民精神総動員実施の基本方針」や、翌年四月閣議決定の「国民精神総動員新展開の基本方針」で「銃後後援の強化」が盛り込まれ、これに連動した靖国神社の英霊奉迎や臨時大祭などが継続して実施された。また、靖国賛奉は、音楽や演劇、浪花節などさまざまな文化領域で展開したが、「靖国の母」を歌った代表的な流行歌が「九段の母」で、戦後に至るまでの靖国の表象は『国民歌謡』に顕著で、春と秋の臨時大祭の時期にあわせて毎年のように楽曲が発表され放送された。また四一年五月に「国民総意の歌」として発表された「さうだその意気」も靖国を歌詞にうたい込んだ代表的な楽曲といえる。→さうだその意気

参考文献 『靖国神社百年史』(一九八四、靖国神社)

(戸ノ下達也)

くちくかん 駆逐艦 水雷艇を駆逐することを主任務とする艦種。だが実際には水雷攻撃を行う小ぶりの艦艇を指すことが多い。日本海軍では当初、駆逐艇と呼ばれたがのちに駆逐艦と称されるようになった。一等駆逐艦(排水量一〇〇〇トン以上)、二等駆逐艦(排水量六〇〇トン以上一〇〇〇トン未満)、三等駆逐艦(排水量六〇〇トン未満)に区分された。アジア・太平洋戦争では、日本海軍の駆逐艦は多様な作戦に用いられた。むろん、水雷戦闘を行うこともあったが、日本軍占領地域への輸送・補給などにも使用されている。日本海軍の駆逐艦によるガダルカナル島やニューギニアへの補給作戦は著名である。一方、米軍側の駆逐艦は、Uボートからの船団護衛や日本軍の航空機対策などに導入された。

参考文献 篠原幸好他『連合艦隊艦船ガイド 一八七二―一九四五(改訂第二版)』(一九九五、新紀元社)、坂本正器・福川秀樹編『日本海軍編制事典』(二〇〇三、芙蓉書房出版)

(宇田川幸大)

くにのあゆみ くにのあゆみ 一九四六年九月発行の戦後はじめての国定日本史教科書。上下二冊。上は国民学校初等科第五学年および高等科第一学年用、下は同第六学年および高等科第二学年用。A5判二段組で上は四十五頁、下は五十三頁、各年表一葉。日本書籍株式会社発行本と東京書籍株式会社発行本がある。全十二章の構成で、上は「第一 日本のあけぼの」以下「開け行く日本」「平安京の時代」「武家政治」「鎌倉から室町へ」「安土と桃山」の六章、下は「第七 江戸幕府」以下「江戸と大阪」「幕府の衰亡」「明治の維新」「世界と日本」「大正から昭和へ」。敗戦後も文部省は「国体護持」の「国史教育ノ方針」をとろうとしたが、GHQは四五年十二月三十一日「修身、日本歴史及び地理停止」を指令。三教科中で根本的書き直しを要求された国史教科書編纂を担当した豊田武図書監修官の草稿(「暫定初等科国史 上 案」)が、記紀神話にもとづく叙述を執拗に温存したものであったため、民間情報教育局(CIE)は四六年五月段階で文部省外の専門研究者の執筆への変更を決断。豊田は更迭されて、家永三郎(古代―平安)森末義彰(鎌倉―桃山)岡田章雄(江戸)大久保利謙(明治以後)がわずか一ヵ月半の期限で分担執筆した。ついで中学校用『日本の歴史』(関晃・森末義彰・伊東多三郎・小西四郎)と師範学校用

『日本歴史』(竹内理三(たけうちりぞう)・新城常三(しんじょうつねぞう)・丸山国雄・箭内健次(やないけんじ))もでき、文部省は新教科書の編纂方針として、科学的・客観的態度、王侯貴族の歴史だけでない人民の歴史の視点、世界史的立場、産業・経済・文化の重視、の四点をあげ、ジャーナリズムも教育民主化の象徴として大々的に報道した。石器時代から始まる記述は画期的ではあったが、なお不徹底な内容で、民主主義科学者協会・歴史学研究会・日本史研究会のマルクス主義史学者らからの依然として皇室中心主義であるとする『くにのあゆみ』批判もつよかった。教育現場では四七年度からの新学制による社会科設置によって使用期間は実際には短かったが、戦後歴史教育の出発点として大きな意義をもった。

参考文献　久保義三『占領と神話教育』(一九八八、青木書店)、家永三郎編著『「くにのあゆみ」編纂始末』(二〇〇一、民衆社)、加藤章『戦後歴史教育史論』(二〇一三、東京書籍)

（今井　修）

くはらざいばつ　久原財閥　⇩日産財閥(にっさんざいばつ)

くはらふさのすけ　久原房之助　一八六九―一九六五　実業家、政治家。藤田組創業者藤田伝三郎の次兄である久原庄三郎の四男として、一八六九年七月十二日(明治二年六月四日)長州萩に生まれる。慶応義塾卒業後、森村組に勤務するが、九一年に藤田組に転じ、閉山寸前の小坂鉱山を製錬法の刷新と鉱山電化によって再建する。一九〇五年、赤沢銅山を買収して日立鉱山と改称し、一二年に久原鉱業を設立した。第一次世界大戦景気で巨利を得ると、多角的事業分野に進出し、久原財閥の形成を企図するが、大戦後の反動恐慌によって久原商事が大破綻を起こし、経営困難に陥った。二八年に久原鉱業の再建を義兄の鮎川義介に委託して政界に転進し、田中義一内閣の逓信大臣に就任以後、衆議院議員、政友会幹事長、総裁を歴任する。戦後、公職追放解除後の五二年に八十三歳で衆議院議員に当選し、日ソ・日中国交回復国民会議議長に就任。六一年に萩市名誉市民第一号に推挙された。六五年一月二十九日死去。九十五歳。

久原房之助

参考文献　『久原房之助』(一九七〇、日本鉱業)、米本二郎『(伝記)久原房之助翁を語る』(一九九一、リーブル)

（宇田川　勝）

くぼたしょうぞう　久保田省三　一八八二―一九四三　八幡製鉄所、昭和製鋼所で活躍した製鉄技術者。一八八二年六月十五日、長野に生まれる。一九一〇年に京都帝国大学採鉱冶金科を卒業し、研究員として八幡製鉄所に就職。一年間は職工とともにスコップを握り、平炉の鉱石投入作業に加わって技術を磨いたという。平炉係、製鋼所技師、製鋼科長などを歴任し、二四年に製鋼部長に就任。この間、ドイツ、アメリカなどの製鉄所を視察し、日本鉄鋼業の製銑部門の立ち後れを憂慮するようになった。三三年六月に八幡製鉄所を退官し、設立されたばかりの昭和製鋼所に常務取締役として転じた(十二月)。昭和製鋼所では銑鋼一貫作業の実現や満洲産業開発五ヵ年計画(鉄鋼部門)の実行に取り組み、四一年には鉄鋼統制会の会長に転出した小日山直登の後を襲って同製鋼所の理事長に就任した。四三年十二月五日、鞍山で病死。六十二歳。長年にわたって製鉄事業の発展に貢献した功績により勲二等瑞宝章を受けた。

参考文献　浅輪三郎・箱崎正吉編『昭和製鋼所廿年誌』(一九四〇、昭和製鋼所)、総理府賞勲局編『特別叙勲類纂(死没者)』上(一九八三)、竹中憲一編『人名辞典「満州」に渡った一万人』(二〇一二、皓星社)

（松本　俊郎）

くまがいたいぞう　熊谷岱蔵　一八八〇―一九六二　医学者。東北帝国大学第七代総長。一八八〇年七月十九日、長野県に熊谷陸蔵の長男として生まれる。一九〇六年、東京帝国大学医科大学卒業。〇七年、同大学附属医院副手。〇八年、同大学医科大学助手。一一―一三年、ドイツ留学。内科学、免疫学、実験治療、医化学等を学んだ。一三年、東北帝国大学医学専門部教授。一五年、同大学医科大学教授。一六年、医学博士。内科学第一講座担任。糖尿病に関する膵ホルモンの分離、のちに肺結核の研究を行なった。一八年、同大学附属医院長。三七年、日本学術振興会から結核に関する事項の調査を委嘱された。四〇―四六年、総長。「科学研究ノ緊急整備方策要領」(四三年八月二十日)の閣議決定後、東北帝国大学科学研究協議会を組織し、同大学における科学動員体制を確立させた。これは総長としての熊谷の指導性によるものであり、戦局の緊迫性も相まって、熊谷の総長在任中、東北帝国大学に附置研究所が八つ設置された。この内、結核およびハンセン病の研究を目的とした抗酸菌病研究所の設置にあたり、総長就任以前から中心的役割を担い、設置の際には所長も兼務した。六二年二月十九日、死去。八十一歳。

参考文献　東北大学医学部第一内科同窓会編『追慕』(一九六四)、一戸富士雄「帝国大学の戦争協力体制と戦時研究―東北大学の場合を例として―」(一)―(三)(『宮城歴史科学研究』四一、四二、四三・四四合併号、一九九六―九七)、『東北大学百年史』一・五(二〇〇七・〇五)

（高橋　禎雄）

くらはらしんじろう　蔵原伸二郎　一八九九―一九六五　詩人、作家、評論家。一八九九年九月四日、熊本県に阿蘇神社大宮司家の次男として生まれる。本名は惟賢(これかた)。プロレタリア文学の理論家蔵原惟人は従弟。慶応大学文学部仏文科に入学し、在学中、萩原朔太郎の詩集『青猫』

の影響を受けて詩を書き始め、保田与重郎の求めて『コギト』に作品を発表した。一九三九年に詩集『東洋の満月』を刊行。四一年に「四季」同人となる。四二年、大東亜省派遣視察団員として渡満、日本文学報国会では詩部会幹事、企画委員会委員となる。『戦闘機』『天日の子ら』『旗』と三冊の戦争詩集をものしている。疎開先の都下青梅で敗戦を迎え、戦後は埼玉県入間郡飯能町(飯能市)で過ごす。戦時下の活動について指弾を受け、貧困のなかで贖罪の生活を送った。九州北部の炭坑で強制労働にかり出された朝鮮人の解放を迎えた喜びを描いた詩「朝鮮人のいる道」はその表れである。六五年三月十六日に病没した。六十五歳。

参考文献 岩本晃代『蔵原伸二郎研究』(一九九八、双文社出版) (渡辺 和靖)

くりたたけお 栗田健男 一八八九—一九七七 海軍軍人。一八八九年四月二十八日、茨城県生まれ。一九一〇年海軍兵学校卒(三十八期)。三二年大佐、水雷学校教頭、戦艦「金剛」艦長、三八年少将、第一水雷戦隊司令官、第四水雷戦隊司令官と、海軍大学校(甲種)は出ておらずほぼ水雷関係の海上勤務一筋の経歴を歩む。開戦時は第七戦隊司令官として南方攻略作戦に従事。四二年五月中将に進級、六月のミッドウェー海戦に参加したのち七月第三戦隊司令官となり、十月にはガダルカナル島砲撃に成功している。四三年八月、第二艦隊司令長官。四四年六月のマリアナ沖海戦に参加後、十月のレイテ沖海戦では事実上海軍最後の決戦兵力となった同艦隊を率いてフィリピンのレイテ湾突入を目指すが、同湾を目前にして反転し「謎の反転」とされる。その後、四五年一月に海軍兵学校校長となり終戦を迎える。七七年十二月十九日没、八十八歳。

参考文献 児島襄『悲劇の提督—南雲忠一中将栗田健男中将—』(一九六七、中央公論社)、水交会編『帝国海軍提督達の遺稿—小柳資料—』上(二〇一〇) (坂口 太助)

くりばやしただみち 栗林忠道 一八九一—一九四五 陸軍軍人。一八九一年七月七日、地主栗林鶴治郎の次男として長野県に生まれる。一九一四年陸軍士官学校卒(第二十六期)、二三年陸軍大学校卒業。二八年米国駐在、三〇年少佐・陸軍省軍務局課員、三一年カナダ公使館付武官、三三年中佐・軍務局課員、三六年騎兵第七連隊長。三七年大佐・陸軍省馬政課長、四〇年少将・騎兵第二旅団長を経て、騎兵第一旅団長、四一年第二十三軍参謀長、四三年中将・留守近衛第二旅団長となる。四四年には第百九師団長に就任し、硫黄島の地下に陣地を作り、全島を要塞化して長期持久戦を図る。米軍上陸までに全長一八キロにわたる地下道を建設し、四五年二月十九日に上陸した米軍に対して約一ヵ月にわたり抗戦し甚大な損害(死傷者二万八千六百八十六人)を与えるが劣勢となり三月十七日に大本営へ訣別の電報を送り、硫黄島で戦死、大将進級。享年五十五。

参考文献 梯久美子『散るぞ悲しき—硫黄島総指揮官・栗林忠道—』(二〇〇五、新潮社)、同『硫黄島栗林中将の最期』(二〇一〇、文藝春秋) (柏木 一朗)

くりはらやすひで 栗原安秀 一九〇八—三六 昭和期の陸軍軍人。歩兵中尉。一九〇八年十一月十七日陸軍大佐栗原勇の長男として佐賀県に生まれる。名教中学を経て二九年陸軍士官学校卒(第四十一期)。三一年八月、歩兵第三連隊に所属していた菅波三郎中尉と知り合い、菅波に傾倒、師事した。三三年の埼玉挺身隊事件で事件を起こした民間人は、栗原の強い影響を受けていたとされる。十月事件のころから国家改造運動に加わり、三六年の二・二六事件では中心的役割を果たす。事件当時、歩兵第一連隊所属の栗原は、対馬勝雄中尉、林八郎・池田俊彦の両少尉ら二百六十七名の下士官・兵とともに首相官邸の襲撃を担当した。岡田啓介首相は難を逃れたものの、首相と間違われた松尾伝蔵大佐のほか警察官四名が殺害された。栗原は青年将校の中でも直接行動を強く訴えていた一人で、民間人に与えた思想的影響も大きい。軍法会議では死刑判決を受け、三六年七月十二日刑死。二十九歳。

参考文献 高橋正衛『二・二六事件—「昭和維新」の思想と行動—』(『中公新書』、一九六五、中央公論社)、須崎慎一『二・二六事件—青年将校の意識と心理—』(二〇〇三、吉川弘文館) (塩出 環)

くりもとよしひこ 栗本義彦 一八九七—一九七四 戦時期の厚生省において体育行政の中核を担った人物。一八九七年七月十八日、和歌山県に生まれる。一九二四年、東京高等師範学校卒業。同校在学中、二二—二四年の第三—五回箱根駅伝などで活躍し、卒業後、第五高等学校助教授、体育運動主事等に就任し、三二年にはアメリカおよび欧州各国へ出張した。その後、文部省体育課体育運動係長等を経て、三七年五月に文部省体育官となり、三八年四月に厚生省体力局体育官に転じた。当時の厚生省体力局(のちに人口局、健民局)には、ほかにも専任の体育官が二～四名いたが、栗本は主に社会体育行政を担当し、体力章検定の立案等でもその中心を担った。四〇年には『国民体力と体育運動』『体力章検定必携』を著し、翌四一年一月からは文部省体育官を兼任した。敗戦後、四六年に文部省体育局体育振興課長に就任し、その後、日本体育大学学長等を務めた。七四年八月二十三日没。七十七歳。 →体力章検定(たいりょくしょうけんてい)

参考文献 栗本義彦記念集刊行委員会編『栗本義彦記念集』(一九九一) (坂上 康博)

グルー Joseph Clark Grew 一八八〇—一九六五 アメリカの外交官。一八八〇年五月二十七日、ボストンに生まれる。ハーバード大学卒業後、世界を旅し、一九〇三年に日本を経由して帰国した。〇四年に国務省入省、外交官となる。駐独代理大使を務めたのち、第一次世界大戦が勃発。グルーは一九年にパリ講和会議、二二—二三年にドイツの賠償問題を協議するローザンヌ会議に代表団として参加した。二四年—二七年、共和党政権下で国務次官、二七—三二年に駐トルコ大使を務め、三二—四一年の長期間、駐日大使を務めた。

三一年九月に満洲事変が勃発、日本では右翼や軍部による要人の暗殺が相ついでいた。犬養毅首相が海軍将校によって暗殺されたのは、三二年六月半ばにグルーが着任する一ヵ月前のことだった。満洲事変に対し、ヘンリー＝スティムソン国務長官が不承認政策を提起しており、日本における反米感情が高まっていた。着任後、グルーは、日本軍部に深い不信感を抱きつつも、知米派やリベラル派の吉田茂らと人脈を築き、日米友好こそが平和の鍵であり、日本こそが共産ソ連の防波堤になると、国務省に衝突回避のための進言を送り続けた。三二年の大統領選挙で民主党のフランクリン・D・ローズヴェルト政権が誕生し、国務長官にコーデル＝ハルが就任した。政権交代にもかかわらずグルーの留任が決定した。しかし、外交経験のないハルは、スタンレー＝ホーンベック極東部長に信頼を寄せ、対日強硬路線をとる。同時期、日本は国際連盟を脱退、ワシントン条約破棄を示唆したため、ローズヴェルト政権は海軍の増強に着手した。

グルー

グルーは、日本政府の独伊両国への接近、さらに三七年、日中戦争勃発に直面したものの、日米対決を回避するため、日中両国との関係を維持し、日本を刺激しないよう国務省に報告を送り続けた。とりわけ、日本政府に対して毅然とした態度をとりながらも日本を追い詰める経済制裁は控えるべきだと提案した。しかし、グルーのこうした姿勢はアメリカ政府から「宥和的」であるとみなされた。アメリカは、ヨーロッパでの戦争勃発と日本軍による南進の可能性を考慮し、四〇年一月には日米通商航海条約を破棄し七月には航空機燃料や屑鉄の禁輸に踏み切るなど対日制裁を強めたのである。

日米交渉再開から開戦に至るまで、グルーの意見は対日政策に反映されることはなかった。四一年三月にホーンベックからの報告で民間人が主導して再開に至ったハル・野村会談の開始をはじめて知った。ハル・野村会談が日米両国首脳会談につながるとみた近衛文麿首相はグルーに働きかけたが、日本の南進による日米関係の冷却もあって、首脳会談は、ホーンベックの反対によって実現しなかった。この後、近衛内閣が総辞職、東条英機が首相に就任、ハル＝ノートを最期通牒と見た東条内閣は、日本海軍による真珠湾攻撃を決定した。

開戦後、グルーら大使館員は、四二年八月にアメリカに帰国した。その後、グルーはハル国務長官の後援によって全米で日本についての講演を行い、同時に、駐在時代の記録をもとに『滞日十年』を執筆した(『ちくま学芸文庫』に所収)。戦況が好転すると日本の軍国主義者と一般の人々を分けてとらえるべきだと主張、昭和天皇を擁護する発言をなし、批判を受けた。だが、国務省内では対日政策の失敗などからホーンベックが失脚し、代わって極東部長に就任すると、対日占領政策策定に関与、天皇制存続の重要性を主張した。四四年、ローズヴェルト四選後、新国務長官エドワード＝ステティニアスに要請され、国務次官に着任した。四五年八月、日本の敗北を見届け、国務次官を辞任した。六五年五月二十五日没。八十四歳。

参考文献 廣部泉『グルー—真の日本の友—』(『ミネルヴァ日本評伝選』、二〇一一、ミネルヴァ書房)、Waldo H. Heinrichs, Jr., *American Ambassador: Joseph C. Grew and the Development of the United States Diplomatic Tradition* (New York, 1986, Oxford University Press)

（高田　馨里）

くるすさぶろう　来栖三郎　一八八六—一九五四　大正・昭和前期の外交官。一八八六年三月六日、神奈川県生まれ。一九〇九年に東京高等商業学校領事科を卒業して外務省入省。漢口、アメリカ各地、ヨーロッパ各地などの在外勤務を経て二九年五月にペルー公使となる。三二年十一月に内田康哉外相のもとで通商局長。その後は三六年六月にベルギー大使、三九年十二月にドイツ大使となった。四〇年九月、ドイツ大使として日独伊三国同盟を調印。その後、ドイツ大使交代によって帰国し、四一年十一月に特命全権大使として渡米。日米交渉にあたっていた野村吉三郎駐米大使を補佐するものの、日米開戦を阻止できなかった。四二年に引き揚げ帰朝すると四五年に退官。戦後はGHQによる公職追放を受けた。大使として日独伊三国同盟の調印にあたったとはいえ、アメリカ人を夫人に持つ来栖は日米関係の安定を重視しており、日独接近には否定的であった。五四年四月七日死去。六十八歳。

参考文献 来栖三郎『日米外交秘話—わが外交史—』(吉村道男監修『日本外交史人物叢書』一八、二〇〇二、ゆまに書房)、同『泡沫の三十五年—日米交渉秘史—』(『中公文庫』、二〇〇七、中央公論新社)

（服部　聡）

クレーギー　Sir Robert Leslie Craigie　一八八三—一九五九　イギリスの外交官。一八八三年十二月六日、イギリス海軍軍人の子供として生まれ、ドイツのハイデルベルクで個人教授を受けた後、一九〇七年イギリス外務省に入り、駐米大使館などで勤務、三〇年と三五年の二度にわたるロンドンでの海軍軍縮会議にも参加した。日中戦争勃発直後の三七年九月に駐日大使に任命されて来日し、日英関係の調整にあたった。三八年七月末には

クレーギー

宇垣一成外相と会談したが、反英的世論のひろがりのなか、成果をあげられなかった。また三九年七月には、天津租界をめぐる危機状況打開のため有田八郎外相と交渉し、日本における穏健派の力が強まることを願って妥協的態度を示したが、その目的は達せられなかった。日本の対英開戦により四二年に帰国した後、チャーチル政権の対日政策を批判し、開戦は避けられたはずであったとする報告書を提出、チャーチルの怒りをかった。戦後はロンドン日本協会理事長などをつとめ、五九年五月十六日没。七十五歳。 ↓有田・クレーギー会談

参考文献 アントニー＝ベスト「サー＝ロバート＝クレイギー」(サー＝ヒュー＝コータッツィ編『歴代の駐日英国大使 一八五九—一九七二』所収、二〇〇七、文眞堂) (木畑 洋一)

くれかいぐんこうしょう 呉海軍工廠 ⇨海軍工廠

グローブス Leslie Richard Groves 一八九六—一九七〇 米国の軍人。陸軍将軍で「マンハッタン計画」責任者。一八九六年八月十八日、ニューヨーク州オルバニーで長老派の従軍牧師の家に生まれる。ワシントン大学を卒業し、マサチューセッツ工科大学で学んだ後、陸軍士官学校を二百二十七人中四位の成績で修了した。一九四二年九月、准将に昇進して原子爆弾を開発する「マンハッタン管区」の責任者に任命された。陸軍工兵隊の建設部門の主任代理として陸軍省庁舎の建設を完成に導いたことから、ウランやプルトニウムの分離・精製用など巨大施設の建設を必要とする計画に適任と考えられたのだった。それ以後、投下目標の選定でも重要な役割を果たし、原爆開発を成功させた。四八年二月末に中将として退役し、民間会社の経営に参画した。七〇年七月十三日に死去。七十三歳。 ↓マンハッタン計画

参考文献 レスリー・R・グローブス『原爆はこうしてつくられた』(冨永謙吾・実松譲訳、一九六四、恒文社)、Norman Polmar & Thomas B. Allen, *World War II: America at War, 1941-1945* (New York, 1991, Random House), Mark M. Boatner III, *The Biographical Dictionary of World War II* (Novato, 1996, Presidio Press) (加藤 公一)

くろしまかめと 黒島亀人 一八九三—一九六五 大正期から太平洋戦争期の海軍軍人。一八九三年十月十日、広島県に生まれる。一九一六年海軍兵学校卒(第四十四期)、二八年海軍大学校卒。その後、戦艦「陸奥」副砲長、重巡洋艦「羽黒」「愛宕」の砲術長を歴任した砲術将校であった。三三年海軍省軍務局第一課局員、三六年第五戦隊参謀、三七年第二艦隊参謀。三八年十一月海軍大佐となり、海軍大学校教官を経て、三九年連合艦隊参謀となる。この時、連合艦隊司令長官山本五十六のもと、先任参謀として対米英開戦劈頭のハワイ作戦をはじめとする作戦計画策定にあたった。四三年七月に軍令部第二部長となると、のちの特攻作戦につながる「体当たり攻撃」の必要を説き、その準備を推進した。同年十一月には海軍少将に進級、四四年二月兼軍令部第四部長、四五年五月軍令部出仕兼部員兼大本営参謀となり、終戦を迎える。六五年十月二十日没。七十二歳。

参考文献 香川亀人『黒島亀人伝—其の資料の研究—』(一九七二)、小林久三『連合艦隊作戦参謀黒島亀人—一国の命運を分けた山本五十六と黒島亀人—』(『光人社NF文庫』、一九九六、光人社) (相澤 淳)

くろだしげのり 黒田重徳 一八八七—一九五四 陸軍軍人。第十四方面軍司令官、中将。一八八七年十月二十五日生まれ。福岡県の伝習館中学校卒業。一九〇九年五月に陸軍士官学校(二十一期)、一六年十一月に陸軍大学校を卒業。一八年から翌年にかけてシベリア出兵に従軍。二二年に渡英し、二五年まで駐在。二八年三月、歩兵第五十七連隊大隊長、三二年、歩兵第五十九連隊長。三五年八月、インド駐在武官。三七年五月に帰朝、十月に第二十六師団歩兵団司令官となる。三八年十一月、第四独立守備隊司令官。三九年八月、中将に昇進し、第二十六師団長に就任。四一年七月、教育総監部本部長、四二年七月、南方軍総参謀長。四三年五月、第十四軍司令官、四四年七月、第十四方面軍司令官。マニラが米軍に初空襲を受けた直後、四四年九月二十六日付で解任。戦後、フィリピン軍の戦犯法廷で訴追され、終身刑を宣告。五一年十二月にフィリピン大統領による恩赦を受け、翌年二月に帰国。五四年四月三十日、死去。六十六歳。

参考文献 秦郁彦編『日本陸海軍総合事典』(一九九一、東京大学出版会)、永井均『フィリピンBC級戦犯裁判』(『講談社選書メチエ』、二〇一三、講談社) (永井 均)

くろだひでとし 黒田秀俊 一九〇五—八九 昭和期の編集者、社会運動家。一九〇五年四月十五日、静岡県生まれ。二九年早稲田大学政治経済学部中退、三四年明治大学高等新聞研究科修了。三七年に中央公論社に入社し『中央公論』を担当。四二年十月に陸軍報道部の企画した主要雑誌編集長の南方占領地視察旅行に代理参加。翌四三年、横浜事件で検挙された畑中繁雄に代わって『中央公論』編集長となり、四四年七月号の廃刊まで在職。戦後は、五五年原水協常務理事(事務局長)、日本平和委員会機関紙『平和新聞』編集長などを歴任、晩年は東京都中野区の教育委員準公選運動にも関わった。八九年六月十四日没。八十四歳。

参考文献 黒田秀俊『昭和言論史への証言』(『フロンテ

イア・ライブラリー』、一九六六、弘文堂)、黒田秀俊・大槻重信「原水協結成のころ」(『唯物史観』二六、一九六五)、黒田秀俊『もの言えぬ時代―回想の戦時ジャーナリズム受難記―』(一九六六、図書出版社)　　(佐藤　卓己)

ぐんか・せんじかよう　軍歌・戦時歌謡　「軍歌」とは、多くの場合、明治期から十五年戦争期に発表された戦争や軍隊、天皇制、国策宣伝や教化動員などの戦時体制下の社会に関わるテーマによる歌詞を伴う楽曲を指す便宜上の総称。また「戦時歌謡」は「軍歌」の枠組を根底に幅広く捉えた、十五年戦争期に発表された流行歌の総称で、両者には替歌や兵隊ソングなどを含めることもある。これらには客観的かつ明確な定義はなく、使用者によってその意味が異なる曖昧な単語である。そもそも狭義の軍歌は「兵士が行軍しながら歌う歌謡」を指し、戊辰戦争時に薩摩・長州・土佐・肥後の官軍兵士が進撃の際に歌った「宮さん宮さん」がその起源といわれている。その後、日清・日露戦争を契機として、戦争や帝国主義化を題材としたさまざまな「軍歌集」の発行等により、「軍歌」と総称される楽曲が軍隊のみならず次第に国民に普及していった。この時期には、学校教育のために文部省が制定した「唱歌」にも「軍歌」のような役割を担った曲が創作され十五年戦争期に継続していく。一九二〇年代には、ラジオ放送開始、蓄音器やレコードの普及、映画や演劇と音楽との協業などメディアの発達と娯楽の多様化が流行歌を生みだすことになるが、「軍歌」と総称される楽曲もラジオ放送やレコードなどで普及していくことになる。以降、十五年戦争へと続く武力行使と帝国主義化の波は、その時々の戦局や社会情勢、軍隊組織や軍神、天皇などを題材とした歌の創作・発表を促し、また戦意昂揚や国策宣伝、国民動員を目的とした楽曲が量産され「軍歌」が拡大していった。もっとも、当時これらの歌が全て「軍歌」と呼ばれていたわけではなく、従来の不健全で頽廃的と捉えられていた「流行歌」に対し、「歌謡曲」と呼ばれていた時期もあった。これらの歌は、敗戦を境にその創作は断絶する。しかし戦後になっても、明治百年を起因とする復古基調や懐メロブームの中で、その楽曲を歌った演奏家の歌唱とともに、テレビ番組やレコードなどで「軍歌」「戦時歌謡」「軍国歌謡」などの総称で受容された。またザ・ドリフターズのようにメロディを流用した替歌としてその音楽が復活するような事例も見られる。

参考文献　堀内敬三『(定本)日本の軍歌』(一九六九、実業之日本社)　　(戸ノ下達也)

ぐんかんき　軍艦旗　日本海軍の軍艦たることを示す旗。一八八九年十月七日海軍旗章条例が制定され、軍艦旗が制定された。陸軍の軍旗と同じく旭日旗であり、軍艦の艦尾に掲揚された。陸軍の軍旗の場合は、天皇が直接連隊長に親授したため、尊厳性が付与され軍旗を交換することはなかったが、軍艦旗の場合はそれと異なり、物品として取り扱われ、汚損した場合は、新品の物と交換された。また、陸戦隊も軍艦旗を掲持した。　→軍旗　　(太田　久元)

ぐんかんく　軍管区　陸軍の各軍が管轄する区域。一八七三年に六鎮台が六軍管を管轄し、同年七月に七軍管に増設し十四師管が所属したが、八八年五月に鎮台を師団に改編し軍管を師管、師管を旅管に改称し、軍管の用語は消えた。一九四〇年八月に本土を東部・中部・西部・北部の四軍管区に分け、それぞれ軍司令部を置き、翌四一年十一月に台湾・朝鮮・関東(中国東北部)にも軍管区を設けた。四五年六月には北部(旭川)・東北(弘前・仙台)・東部(東京・宇都宮・長野)・東海(金沢・名古屋)・中部(京都・大阪)・中国(広島)・四国(善通寺)・西部(熊本・久留米各師管区)・台湾・朝鮮の十軍管区を設置し、本土決戦と行政事務を一体的に進めるために、陸軍大将か中将で天皇に直隷する軍管区司令官が統轄し、部下諸部隊を統率、軍管区の防衛を担当し、方面軍司令官を兼任した。国内の軍管区には十四師管区が所属し、各師管区にほぼ府県ごとの連隊区が所属した(北部軍管区は道内四連隊と樺太の豊原連隊が所属)。　→師管区　→連隊区　　(丑木　幸男)

ぐんき　軍紀　軍隊の規律を言う。軍隊の命脈と説明されるように、軍紀があってはじめて軍隊が成立するとも言える。日本の場合、軍紀は軍人勅諭によって入営前から軍人教育の中心とされた。軍人勅諭は、忠節・礼儀・武勇・信義・質素の五ヵ条をたてるが、軍紀では特に上官に服従して規則を守り、軍務に精励することを求め、第二条にうたう天皇への忠節「上官の命を承ること実は直に朕が命を承る義なりと心得よ」を、上官への忠節と読み替えて教育された。ここから非合理的な命令にも服従のみが求められる日本の軍隊が誕生する。

参考文献　木村晋三編『軍隊入門必携』(一九四一、明正堂)　　(原田　敬一)

ぐんき　軍旗　軍隊を表象する旗章。日本陸軍では連隊旗を指す。連隊編成時に天皇が連隊長に宮中で軍旗を授与し、連隊の象徴として神聖視され、天皇に対すると同様に敬礼することを規定した。一八七九年十二月二日に陸軍歩兵・騎兵・砲兵各連隊旗が制定されたが、それ以前の七四年一月二十三日に近衛歩兵第一連隊・第二連隊に軍旗が授与されたのが最初である。騎兵連隊には九六年十一月十八日に授与されたが、砲兵連隊への授与はなかった。寸法は歩兵連隊旗は縦約八〇センチ、横約九一センチ、騎兵連隊旗は縦横約六四センチ。白羽二重の布地に中心の日章から十六条の旭光を放つ旭日旗で、旗竿の竿頭に菊花紋章を付けた。厳重に保管されたが、再交付はされなかったので戦闘などにより破損・汚損した軍旗が多かった。連隊廃止時に返還が規定されたが、ほとんどは敗戦時に現地で焼却され、一部が保存された。海軍の軍艦旗は旗幟鮮明を維持するために汚損すると新調した。　→軍艦旗

参考文献 「陸軍礼式令」(一九四〇年一月二十五日制定)

(丑木 幸男)

ぐんきほごほう 軍機保護法 一八九九年七月十五日に公布された軍事上の秘密を守るための法律。日中戦争勃発後に規定内容を大幅に改正し、一九三七年十月十日に施行された。日中戦争勃発後、つぎつぎに制定された秘密保護立法の一つで、三九年には軍用資源秘密保護法、四一年には国防保安法が制定されている。いずれもアジア・太平洋戦争終結後の四五年十月十三日に廃止された。改正の最大目的は刑罰規程を厳重にしたことである。業務により秘密を知り得て、これを外国に漏洩させたり公にした場合、死刑か無期ないし四年以上の懲役に処するなど、総じて外国への秘密漏洩に最も重い刑が科せられた。検挙者数は日中戦争以降、アジア・太平洋戦争開戦前後にかけて激増したが、実際に有罪となった人数はきわめて少なかった。違反動機の多くは、写真趣味に起因する撮影禁止区域での撮影だった。このことは、国民の多くが軍事上の秘密事項を具体的に理解していないことを何よりも象徴していた。改正軍機保護法が定める軍事上の秘密は、作戦、用兵、動員、出師に関するものなどを意味したが、その種類や範囲は、陸・海軍大臣が省令で定めるとしていた。このため軍部当局の運用次第で、秘密事項の種類や範囲は無制限に拡大解釈される性質を伴っていた。大臣の命令で死刑を含む重刑が科せられる規定に対しては、議会でも危険性を指摘する意見が多かった。軍機保護法は検閲制度にも大きな影響を与えた。軍事施設に関する記事の掲載について、誇大刺激的な記事や原因の憶測を禁じるなど、陸・海軍省から執拗に新聞紙面の編集に容喙する機会が増えた。軍人の関与した日常の過失事件が憲兵司令部の依頼により、検閲対象となる運用傾向も生み出した。また、メディア側の自主規制を強める役割も果たすなど、戦時下の言論報道に大きな影響を与えた。

参考文献 日高巳雄『(改訂)軍機保護法』(一九四二、羽田書店)、社会問題資料研究会編『軍機保護法に関する議事速記録並委員会議録―第七十回第七十一回帝国議会―』(『社会問題資料叢書』一、一九七四、東洋文化社)、藤原彰・雨宮昭一編『現代史と「国家秘密法」』(一九八五、未来社)

(中園 裕)

ぐんけいほう 軍刑法 陸軍と海軍の組織と統制・秩序維持に対する侵害行為としての軍事犯罪と刑罰を規定し、主に軍人に適用された特別刑罰法。軍刑法は、軍隊の兵力行使のための命令貫徹と規律・安寧の維持を目的にして制定され、特別裁判所としての軍法会議と、軍刑務所の独立設置とをセットにして、軍事犯の刑事処分が行われた。また、軍人が日本国外で軍刑法の罪を犯した場合にも適用され、刑の種類は死刑・懲役・禁錮であるが、死刑規定が多く、死刑執行は銃殺である。アジア・太平洋戦争期まで施行された軍刑法は、一九〇八年に改正された陸軍刑法と海軍刑法である。両軍の軍刑法の罪はともに十一に分けられ、叛乱の罪(反乱と利敵の罪)、擅権の罪(司令官・指揮官が外国に対して理由なく戦闘を開始する)、辱職の罪(司令官・指揮官が尽くすべきところを尽くさずして単独で軍隊・艦船を率いて降服する)、抗命の罪(上官の命令・制止に服従せず、または反抗する)、暴行脅迫の罪(上官や哨兵・守兵および職務執行中の軍人に対して暴行脅迫する)、侮辱の罪(上官または哨兵・守兵をその面前で侮辱する)、逃亡の罪(故なく職役を離れ、もしくは職役につかず、艦船乗員が故なく艦船発航の期に後れる)、軍用物損壊の罪(軍用に供する物件を損壊する)、掠奪の罪(戦地・占領地において住民の財物を掠奪し、またはその際婦人を強姦し、戦場で戦死傷者の衣服・財物を褫奪する)、俘虜に関する罪(俘虜を逃走させ、またはその逃走を庇護し、あるいは奪取する)、違令の罪(軍の法令紀律に違反する罪で、哨兵・守兵を欺き哨所・守所を通過し、または制止に背く、兵役や召集を免れる目的により疾病を作為し詐欺の行為をする、政治に関して上書建白や請願をなし、または演説・文書により意見を公にする、服従義務に違うべきことを目的にして結党する、など)が規定された。

参考文献 瓜生良介・平塚柾『証言記録敵前逃亡―生きている陸軍刑法―』(一九七四、新人物往来社)

(遠藤 芳信)

ぐんこくしゅぎ 軍国主義 軍事力の行使・威嚇による国益の実現、国家的威信の増大をねらい政治・経済・生活を軍事力の拡充に従属させようという政治体制、思想。軍国主義は、古代国家にも封建末期の絶対主義国家にも、また後発の資本主義国家、さらには帝国主義の国家にも現れることからわかるように、さまざまな時代、さまざまな経済体制の下で出現する。明治維新で誕生した明治国家は、欧米列強による植民地化の危機から脱却して国家の独立をはかり、アジアの強国として列強に対峙すべく「富国強兵」を掲げた軍国主義体制を追求した。そのため、政府は早くから徴兵制を採用し、大日本帝国憲法では天皇を中心とする政府が自由に軍事力を行使できるよう、天皇に宣戦講和の大権、統帥大権、編制大権を付与し、また、軍の意思が政治によって掣肘されないように、軍部大臣の現役武官制を採用した。世界史的には、第一次世界大戦を境として、国家が総力を挙げて長期の戦争を戦う総力戦の段階に入ると、軍国主義は新たな形態をとるようになった。日本でも、一九三〇年代以降に総力戦段階の軍国主義が台頭した。総力戦を戦うために、国家の資源の総動員がはかられ、国家総動員法のもとで、生産、労働、分配が戦争遂行に全面的に従属し、国家による統制が議会の審議抜きに行われる体制がつくられた。国家の意思決定を迅速かつ効率的に行うべく、大政翼賛会がつくられ政党は解散に追い込まれた。国民を戦争に動員するために、戦争に批判的な言論の取り締まりから国民を戦争に動員する言説の強制の方向へ、言論統制のありかたも変わった。さらに、国民から長期にわたる戦争への同意を調達するイデオロギーとして「国防国家」「天皇への帰一」を求める言説が流布された。その結果、日本では、最後までアジア・太平洋戦争に反対し講和を求める声は現れず、戦争を遂行した政府自身の手によるポツダム宣言受諾・降伏を待たねばならなかった。日本軍国主義の国民統合の「成果」であった。敗戦後日本を占領した連合国は、占領目的の第一に、日本軍国主義の解体と復活の阻止を掲げ、日本国憲法は、九条の戦争放棄・戦力不保持の条文をはじめ軍国主義復活を阻むことを目的につくられたといっても過言ではない。

参考文献 井上清『日本の軍国主義(新版)』(一九七五―七七、現代評論社)　(渡辺　治)

ぐんじきゅうごほう　軍事救護法　下士兵卒・傷病兵・戦死者とその遺家族を救護する法律。一九一七年七月二十日公布。従来は救護を親族・地域に任せていたが、日露戦争後救護運動が高まり、国が現役兵家族、傷病兵家族、戦病死者遺家族のうち生活不能者に対して、生業扶助、医療、現品給与、現金給与の救護をした。三一年に改正し、生活扶助、助産の救護を加え、生活困窮者も対象とし、救護額を増加した。三七年に軍事扶助法と改称。⇨軍事扶助法

参考文献 金太仁作『軍事救護法と武藤山治』(一九三五、国民会館公民講座部)、郡司淳「軍事救護法の成立と陸軍」(『日本史研究』三九七、一九九五)　(丑木　幸男)

ぐんじきょうれん　軍事教練　⇨学校教練

ぐんじとくべつそちほう　軍事特別措置法　日本本土の築城・設営その他勅令の定める軍事上緊要な事項を整備した法律。一九四五年三月二十八日公布。軍事特別措置法施行令とともに五月五日施行。朝鮮・台湾にも適用。硫黄島の失陥や東京大空襲などによって本土決戦準備が急務になると、非協力者や緊急の場合に備えて簡便な法が必要とされ、陸軍省軍務局軍務課を中心に法制化が推進された。勅令の定めるところに従い、政府による土地・建物等の物件管理および使用、移転・除却・新築・改築等の命令・禁止や制限、住居の移転命令や禁止・人の移動等の禁止・制限、国民の所要業務への従事や必要な場所への立ち入り検査、生じた損失への補てん等が行えるとされた。沖縄戦による戦況悪化を受け、「本法適用の区域は勅令を以て之を定む」を「勅裁を以て之を定む」と簡素化。六月十九日から、本土の一部沿岸地域だけであった適用範囲が日本領土全部に拡大された。四五年十月二十四日廃止。

参考文献 参謀本部所蔵編『敗戦の記録』(『明治百年史叢書』、一九六七、原書房)、防衛庁防衛研修所戦史室編『本土決戦準備』一(『戦史叢書』五一、一九七一、朝雲新聞社)、同『大本営陸軍部』一〇(同八二、一九七五、朝雲新聞社)　(関口　哲矢)

ぐんじふじょほう　軍事扶助法　兵役義務の服行により生活困難に陥った傷病兵、下士官兵の遺族家族に対して扶助を行う法律で、戦時下における軍事援護の中核をなした。日露戦後の廃兵遺族、現役兵家族の困窮に対応するために制定された軍事救護法(一九一七年七月二十日公布、翌一八年一月一日施行)を三七年三月三十日に軍事扶助法と改正公布、同年七月一日より施行した。同法の趣旨は兵士遺家族の生活不安を除去して社会的名誉・地位を保持し、出征兵士の士気を維持することにあり、一般の救貧法とはその趣旨を完全に異にしていた。法律の名称が「救護」から「扶助」に改められたのもこの点をより明確にするためであった。三七年改正にあたって従来の軍事救護法の救助対象者が「生活すること不可能なる者」だったのを「生活すること困難なる者」に改めるなど、一定の救助要件の緩和が計られた。同法はちょうど同じ時期に勃発した日中戦争に伴う大量の兵力動員を下支えすることになった。ただし、生活困難者に対する扶助の責任は第一に親戚知己、第二に隣保相扶による情義の発露を待つとされ、これらが及ばない場合にはじめて国家がその責務として援護を行うという建前は最後まで堅持された。

制定の趣旨に照らし「貧困の為にする公費の救助に非ざるものと看做」して扶助対象者の選挙権を剝奪しない、などの特別扱いがなされたが、その一方で逃亡中、もしくは陸軍教化隊に収容中の下士官兵に対してはその間家族に対する扶助を行わない、「怠惰又は素行不良なる」傷病兵、下士官兵には本人やその家族遺族に「情状に因り」扶助を行わないとする条文もあり、兵士たちを軍に束縛する意味合いも有していた。同法による扶助の決定は、三一年の軍事救護法改正で(本人からの)申請主義を原則とし、例外として職権主義(扶助機関たる地方長官の決定)をとっていた。しかし困窮しながらも近隣の偏見を恐れて申請しない者が多数にのぼったため、三七年の改正時に扶助を受けんとする者もしくはその住所地市町村長などの申請によって行う、地方長官が必要と認めた時は申請のない場合でも扶助を行うことができるとした。つまり本人が申請しなくとも市町村長や地方長官の申請・決定で扶助可能とされた。しかし実際には成績不良とみなされることを恐れて申請を忌避した市町村もあったとされる。

扶助の内容は生活扶助、医療、助産、生業援護、埋葬、臨時生活扶助の六種であった。このうち生活扶助は金銭・物品給与である。扶助限度額は制定当初一人一日三十五銭以内、六大都市などでは五十銭以内としていたが、三八年一月一日より六大都市は現行限度額の二割増(特に低いものは大体三割増)、人口五万以上の市は四十二銭以内、五万未満の市四十銭以内、町村三十五銭以内と増額、さらに四一年一月一日より六大都市七十銭または六十五銭、人口五万以上の市五十銭、未満の市四十八銭、町村四十三銭以内まで限度を引き上げた。さらに四三年八月一日より六大都市九十銭、人口三十万以上の市七十五銭、十

五万以上三十万未満七十銭、五万以上十五万未満六十五銭、人口五万未満六十銭、町村五十銭に再度引き上げた。医療は治療費を、助産は分娩費をそれぞれ支給するものである。生業扶助は勤労能力を有する者に対する資金、器具などの給与・貸与や生業に必要な技能を授けて自活を促すことである。四三年の改正で「傷病兵」の範囲拡張、現役下士官の家族も扶助対象とするなどの改正が行われた。

参考文献 藤原孝夫『戦力増強と軍人援護』(一九四五、日本経国社)

(一ノ瀬俊也)

ぐんじほごいん　軍事保護院　戦時下、軍事援護の中枢機関として全般的企画、各種援護施設施策の直接実施、および都道府県その他の事業の指導監督助成にあたった機関。厚生省外局。政府は一九三七年十一月一日、内務省社会局に臨時軍事援護部を設けて軍事扶助、傷兵保護などの任にあたらせた。同部は翌三八年一月十一日に厚生省が新設されるとともに同省へ移管された。三八年四月十八日、厚生省外局として傷兵保護院(総裁は陸軍大将本庄繁)が設置されると傷兵保護に関する事務は同院へ移管され、軍人遺族・家族および召集解除者の援護は臨時軍事援護部、傷痍軍人の援護は傷兵保護院で取り扱うことになった。同院は同年五月八日全国に傷痍軍人療養所の設置を決定、同年十二月三日傷痍軍人千葉療養所の開所に続き、福岡、愛知、宮城と順次開所していった。

日中戦争の長期化とともに臨時軍事援護部と傷兵保護院は積極的かつ総合的な軍事援護の企画運営のため統合され、三九年七月十五日に軍事保護院(厚生省外局)として新たに発足した。同院総裁には本庄繁(四五年五月十九日より陸軍大将中村孝太郎)が就任、その下に副総裁、総裁官房(人事、文書、会計に関する事務を所管)、援護局(軍事扶助法の施行、軍人家族・遺族の援護などを所管)、業務局(傷痍軍人の療養、職業保護などを所管)が置かれ、都道府県その他の事業の指導監督も所掌した。同院には四〇年二月二十二日厚生省予防局所管の国立結核療養所が移管された。同院は敗戦までに結核療養所三十七(ほか骨結核療養所を山梨県に建設中敗戦)、温泉療養所十、精神療養所二、頭部療養所一、癩療養所一、脊椎療養所一、傷痍軍人職業補導所三、軍人遺族職業補導所一、失明傷痍軍人寮一、失明傷痍軍人教育所一、傷痍軍人中等教員養成所二、東京特設中等教員養成所(戦没者寡婦)一、奈良特設中等教員養成所(戦没者寡婦)一、傷痍軍人国民学校訓導養成所五、傷痍軍人国民学校初等科訓導養成所五、特設国民学校初等科訓導養成所(戦没者寡婦)五、特設国民学校本科訓導養成所(戦没者寡婦)二、傷兵院一、戦没軍人維持保育所二(うち一は開所に至らず敗戦)と多数の施設を擁するに至った。軍事保護院は四三年十一月一日、行政簡素化に伴い官房、援護・業務の両局を廃止、総務・指導・職業・医療・整備・工営の六課を置いた。しかし四五年一月十七日に再び総裁官房、援護局、管理局を置き、援護局の下に扶助・輔導・指導の各課、管理局の下に職業・医療・整備・工営の各課をそれぞれ置いた。

軍事保護院の発足

敗戦後の四五年十一月十三日、連合国最高司令部から軍事保護院に関する件の覚書が発せられ、軍事保護院の全病院、療養所、患者収容所その他病院施設を厚生省に移管すること、これらの諸施設において行う入院医療は退役軍人およびその家族に限定しないこととされた。また、同月十九日には、内務省が日本陸海軍の全病院、療養所などの監督権を占領軍司令官から受領した際にはただちに厚生省に移管すること、入院医療は傷痍軍人およびその家族に限定しないこととされた。これにより軍事保護院の所管する傷痍軍人療養所と陸海軍病院をそれぞれ国立療養所、国立病院として経営することになり、軍事保護院から分離して同年十二月一日新設された厚生省外局の医療局の所管とした。医療局の設置と同時に軍事保護院は保護院と改められ、総裁は厚生大臣芦田均が兼任した。その後、占領軍の方針で従来の軍事援護対象者への特別の取扱いは一切せず、被保護者は無差別平等とされたため四六年三月七日保護院を廃止、事務のほとんどすべてを厚生省社会局・同職業局に移管、各種の施設も廃止または転換などの措置がとられた。

参考文献 藤原孝夫『戦力増強と軍人援護』(一九四五、日本経国社)、甲賀春一編『本庄総裁と軍事保護院』(一九六一、青州会)

(一ノ瀬俊也)

ぐんじゅがいしゃほう　軍需会社法　一九四三年十月三十一日、軍需関連産業の重要企業に対する国家管理を強化するため公布された法律。同法により軍需会社に指定された企業は、生産計画の遂行について国家に責任を負い、経営方針は政府の強い指揮下に置かれた。四四年十二月までに六百八十余社が指定されたが、指定企業は、陸海軍が直接管理・監督下においた武器・弾薬等を供給するものよりも、軍需省所管の兵器素材、各種機械類を供給するものが多かった。社長、役員の中から所管省によって任命された生産責任者は、株主総会の規制を受けずに業務を執行できる権限が与えられた。政府は、生産責任者や役員の任免権、生産、労務管理、資金調整、経理、事業委託などに関する命令権など強い統制権限を持った。その一方で資材、労力、資金調達の面で重点化措置、種々の規則や認可手続きの制約解除、利益保証、損失補償などの優遇措置も講じていた。四五年一月には、軍需充足会社令が制定され、同様の企業管理が鉄道・倉庫・配電事業・小運送業などにも拡大された。四五年十二月廃止。

参考文献 通商産業省編『商工政策史』一一(一九六四、商工政策史刊行会)、岡崎哲二「戦時計画経済と企業」(東京大学社会科学研究所編『現代日本社会』四所収、一九九一、東京大学出版会)　(山崎　志郎)

ぐんじゅこうぎょうどういんほう　軍需工業動員法　⇩戦時統制三法

ぐんじゅしょう　軍需省　航空兵器の生産管理や資材統制などを担った機関。一九四三年十一月一日官制公布。四三年九月二十八日に「国力を挙げて軍需生産の急速増強を図り特に航空戦力の躍進的拡充を図る為軍需生産を計画的且統一的に遂行確保する目的」を閣議決定。陸海軍・企画院・商工省や各省の所管事項を軍需省のもとに置くことで、資材・労務・資金・動力などを集中的に動員し、特に航空機の計画生産・多量生産が目指された。具体的には、(一)国家総動員、(二)鉄工業一般、(三)鉱山物および工業品の生産・配給・消費・価格、(四)主要軍需品の原料・材料・特定軍需品の生産管理・発注・調弁、(五)民間工場の利用・設備経営の指導・軍需上必要な統制、(六)電力の生産・配給を目的とする企業の勤労管理・賃金・資金調整・経理統制、(七)電気・発電水力、(八)アルコール・石油の専売、の各事項を担った。軍需省内には、大臣官房のほかに、総動員局・航空兵器総局・機械・鉄鋼・軽金属・非鉄金属・化学・燃料・電力の各局が置かれ、外局として企業整備本部が置かれた。航空兵器総局では航空機とその関連兵器材などの事務を扱い、物資調弁およびその事務を所掌。機械局以下はそれぞれの所管物資に関する事務を、企業整備本部は企業整備の統轄と金属類の回収に関する事務をつかさどった。軍需監理官は、現場の生産状況の考査・生産隘路の打開・指揮監督を担当。地方の必要な場所には軍需省の事務所や出張所が置かれ、資金調達・経理統制などに関する事務を行なった。設置当初、軍需大臣に東条英機首相、次官には岸信介国務相(前商工相)が就任。航空兵器総局内局長のほか、局長・部長には多くの陸海軍現役将官が充てられた。軍需省は航空機増産に特化した面が強く、軍需の動員を一元化するには至らなかった。また陸軍兵器行政本部や海軍艦政本部が強力な軍需動員力を保持し続けたことは、発注一元化や航空機増産用の資材確保の障害になった。四五年八月二十六日廃止。

参考文献 防衛庁防衛研修所戦史部編『陸軍軍戦備』(『戦史叢書』九九、一九七九、朝雲新聞社)、原朗・山崎志郎編『軍需省関係資料』(一九九七、現代史料出版)、山崎志郎「太平洋戦争期の工業動員体制―臨時生産増強委員会・軍需省行政をめぐって―」(『経済と経済学』八一、一九九六)　(関口　哲矢)

ぐんじゅゆうししていきんゆうきかんせいど　軍需融資指定金融機関制度　大蔵省の指定する金融機関が軍需会社へ専担的に融資する制度。軍需会社所要資金の迅速な供給と使用資金の効率化を図るため一九四四年一月発足。四三年十二月軍需会社法が施行され軍需会社の指定が開始されると、全国金融統制会のあっせんによる共同融資方式に代えて、指定金融機関が軍需会社への融資を一本化して行うこととなり、地方銀行等すべての金融機関が軍需融資に関係することとなった。第一次指定(四四年一月)では日本製鉄など大企業百五十社を対象に指定が行われ、以降第二次―第四次指定を経て指定会社は六百社に及んだ。軍需融資の実績は日本興業銀行がもっとも高く、五大銀行を含む軍需融資残高総額は四五年一月末時点で約二百億円に達した。本制度によって指定金融機関と企業とのメインバンク的取引関係の緊密化・固定化が国家公認されるとともに、指定金融機関には戦時金融金庫の債務保証が与えられ、放漫な軍需融資に帰結した。

参考文献 大蔵省昭和財政史編集室編『昭和財政史』一一(一九五七、東洋経済新報社)、『日本銀行百年史』四(一九八四)、伊藤修『日本型金融の歴史的構造』(一九九五、東京大学出版会)　(邉　英治)

くんしょう　勲章　国家や公共に対して功労があったと認められた者を表彰し、国が授ける記章。日本では現在、毎年春と秋に叙勲が行われ、それぞれおよそ四千人に贈られる。十一～十三世紀、イスラム教徒と戦った十字軍が起源とされる。日本の勲章は幕末の一八六七年、パリ万博に参加していた薩摩藩が「薩摩琉球国勲章」をフランス政府高官らに贈ったのが嚆矢となった。明治維新後は七五年、「勲章従軍記章制定の件」(太政官布告第五四号)が公布され、現在の旭日章のもととなる勲章制度が始まった。八八年には、戦功重視の旭日章を補完するための瑞宝章と、女性を対象として宝冠章が設けられた。また最高勲の大勲位菊花章頸飾もこの年に制定された。旭日・瑞宝・宝冠の三章は勲一等旭日大綬章、勲二等旭日重光章などと、勲一―八等と数字で等級が分かれていた。叙勲は、三菱財閥を創り上げた岩崎弥太郎が勲四等旭日小綬章にとどまったことからわかる通り、官、特に軍人偏重で行われ、民間人は軽視された。さらに九〇年、軍人だけを対象とする金鵄勲章(功一―七級)が設けられた。また、一九三七年には文化勲章が制定された。四五年の敗戦後はGHQの圧力で金鵄勲章は廃止(叙勲者は計十万八千六百五十二人)。ほかの勲章も生存者叙勲が停止されたが、六三年、池田勇人内閣の閣議決定で復活した。生存者叙勲復活当時、勲章は五種二十八に上った。だが、勲一―勲八等など数字による等級区別には「国家が国民をランク付け」といった反発が強かった。政府は二〇〇三年に制度改革を行い、旭日大綬章、旭日重光章などと従来の数字表記がなくなった。栄典に特権を付すことを禁じた日本国憲法一四条三項により、勲章に年金を付与することはできない。ただ文化勲章は事実上の例外。受章者は原則として文化功労者から選ばれ、文化功労者には終身年金(一三年現在、年間三百五十万円)が支給され

ているため。 →金鵄勲章

参考文献 栗原俊雄『勲章―知られざる素顔―』(『岩波新書』、二〇一一、岩波書店) (栗原 俊雄)

ぐんしん 軍神 前近代の軍神(いくさがみ)と異なり、生身の人間である軍人がその死や人格のありようによって神格化されたもの。軍とマスメディアによって主に戦意高揚を目的として創り出され、国民が模範とすべき伝統的な日本精神の体現者として受容されることで社会に定着した。軍神第一号は日露戦争における広瀬武夫で、橘周太がこれに続き、戦後の乃木希典・東郷平八郎とともに彼らを祀る神社や銅像が各地に建てられ、その高潔な人格が国定教科書の題材となった。しかし満洲事変以後は、戦車・航空機などの新兵器の登場や陸海軍・地域間の対抗意識によって多様な軍神が生み出される一方、「九軍神」「山崎軍神部隊」のように若年の下士官・兵を含む集団に対してもその称号が与えられた。またこれに伴い、軍神を生み育てた家庭環境、とりわけその母の存在に関心が集まるようになった。こうした新たな軍神像の登場は、総力戦という戦争段階に照応するものであった。 →九軍神

九軍神の合同葬

参考文献 新谷尚紀「慰霊と軍神」(藤井忠俊・新井勝紘編『戦いと民衆』所収、二〇〇〇、東洋書林)、本康宏史「「軍神」空閑少佐再考―捕虜/自決をめぐる言説と伝承」(『歴史と民俗』二〇、二〇〇四)、山室建徳『軍神―近代日本が生んだ「英雄」たちの軌跡―』(『中公新書』、二〇〇七、中央公論新社) (郡司 淳)

ぐんじんえんごかい 軍人援護会 一九三八年十月に民間の銃後後援活動を一元化すべく、既存の三団体(帝国軍人後援会・大日本軍人援護会・振武育英会)を統合して設立された民間の軍事援護団体。正式名称は恩賜財団軍人援護会。生業扶助や医療援護、生活援護、身上相談、育英、慰藉などの援護事業を行なった。同会は、同年十月三日に「軍人援護に関する勅語」が発布されると、天皇の内帑金三百万円を基本財産として設立された。各道府県には支部が置かれ、地方長官を支部長とした。事実上の官制団体でありながら、民間団体の中核として、軍事援護事業を推進する役割を果たした。三九年一月には各市町村に銃後奉公会が設置され、軍人援護会の「分会」としての役割を担った。同会は敗戦後の四六年一月三十日に解散し、恩賜財団戦災援護会と合併し、同年三月十三日に恩賜財団同胞援護会が発足した。 →銃後奉公会

参考文献 吉田久一『現代社会事業史研究』(一九七九、勁草書房)、池田敬正『日本社会福祉史』(一九八六、法律文化社) (松田 英里)

ぐんじんおんきゅう 軍人恩給 軍人とそれに準ずるものが、一定の在職年数を満たして退職したとき、公務に起因して死亡、あるいは傷病を負ったときに、国が本人や遺族に支給する年金(普通恩給、増加恩給、傷病年金、扶助料)・一時金(一時恩給、傷病賜金、一時扶助料)。一九二三年、それ以前の諸制度を統合して恩給法が制定された。財源がほとんど国庫負担という特権的制度であり、軍人は文官より優遇された。三三年に恩給費の増大を抑えるための法改正が行われたものの、戦争の拡大とともに、軍事援護のため、遺族や傷病者への増額、支給要件の緩和、加算制度の拡大などが行われた。敗戦後、GHQの反軍国主義政策によって、一部の例外を除いて軍人恩給は廃止された(文官恩給は存続)。しかし、占領政策の変化や旧軍人団体と遺族会の復活運動を背景に、五二年の「戦傷病者戦没者遺族等援護法」(以下、援護法)制定に続き、五三年に復活した。恩給法と援護法(対象は軍属と準軍属)は、戦争被害者への国家補償の根幹をなす制度として一体的に運用された。なお、軍人恩給には階級格差があるが援護法にはない。その復活には、大きな財政負担への懸念に加え、戦争犠牲者への援護は社会保障制度で行うべきという批判や、再軍備を準備するものだとする批判があった。復活の際には、階級格差の圧縮や支給額の抑制などが行われたが、その後、増額や支給要件の緩和が繰り返され、戦犯刑死者や責任自殺者も対象になっていく。このような対象拡大に合わせて、靖国神社の合祀基準も拡大された。五六年以降、公務員は共済組合制度に移行。受給者数(年金)のピークは六九年度の約二百八十三万人、恩給費(当初予算額)のピークは八三年度の約一兆七千三百五十八億円。軍人恩給と援護法の手厚い措置と、「国との雇用関係」がないとされた民間人戦災被害者や、国籍条項で排除された旧植民地出身者などの戦争被害者が補償されないこととの不均衡が問題とされてきた。 →戦傷病者戦没者遺族等援護法

参考文献 総理府恩給局編『恩給百年』(一九七五)、木村卓滋「軍人たちの戦後」(倉沢愛子他編『(岩波講座)アジア・太平洋戦争』五所収、二〇〇六、岩波書店)、赤澤史朗「一九五〇年代の軍人恩給問題(一)」(『立命館法学』三三三・三三四、二〇一〇) (千地 健太)

ぐんじんちょくゆ 軍人勅諭 一八八二年一月四日、明

治天皇から軍隊に下賜された勅諭。勅諭の前文では、軍隊は天皇が統帥権を直接掌握してきた歴史と国体を述べ、続いて軍人の守るべき徳目として、忠節・礼儀・武勇・信義・質素の五つを絶対的至上命令として示し、厳守することを求めている。この勅諭が、大元帥としての天皇から絶対命令として軍隊と軍人に与えられたことで、国家の軍隊が天皇の軍隊に容易に切り替わることになった。忠節以下の五つの徳目は封建的武士道徳であり、その近代的再生という側面を持つ。勅諭の暗誦や厳守は、軍隊での義務であり、その必要性は、一八八二年という下賜された時期から出たものである。起草を命じた山県有朋陸軍卿は、軍隊の思想的中心を天皇に置くことによって、自由民権運動の影響から防衛できると考えた。それだけ軍隊と自由民権運動のつながりを警戒しなければならない時期であった。山県は井上毅の協力を得て、明治十四年の政変直後の一八八一年末には完成させていた。その前史は、一八七八年、やがて実現する帝国議会と政府から分離し、独立させる統帥権の独立と、軍隊の精神を「軍人訓戒」の起草・伝達によって行おうとしたところにある。この二つも、自由民権運動の影響を排除する意図から現実化した。軍隊で厳守されるべき勅諭であったが、国民の兵役義務という広い基盤から、教育勅語と同じように青年を中心に社会へ浸透していった。青年に対する徴兵検査前教育として、在郷軍人会が、軍人勅諭の暗誦と解説を積極的に行なった。さらに準中等教育としての青年訓練所(一九二六年制度化、四年制)、それが実業補習学校と合併となった青年学校(一九三五年制度化、普通科二年・本科五年、七年制)での軍事教練と並んで軍人勅論の教育が行われ、その成績によって入営期間が半年短縮されるという特典も与えられた。こうして国民のよく知る勅諭としての教育勅語と軍人勅諭が成立する。

参考文献　梅溪昇『軍人勅諭成立史』(二〇〇〇、青史社)

(原田　敬一)

ぐんせい　軍政　軍部にあって主に予算や人事を管理すること。その行政組織が陸軍省および海軍省、その長官が陸軍大臣および海軍大臣である。軍部大臣も他の大臣と同様に天皇の親補によって任命されたため、内閣を構成する一人として内閣の政策や指針におおむね従うことが慣例であった。その一方で、軍政事項と軍令事項の棲み分けが必ずしも明確でないことから、軍政担当者と軍令担当者の間に軋轢が生まれ、対立的様相を呈したことも珍しくなかった。代表事例として一九三〇年のロンドン海軍軍縮条約がある。軍政担当者は軍装備が予算を伴うことからみずからの所管事項と主張したが、軍令担当者は建造比率が直ちに作戦立案に影響することから軍令事項と主張し、海軍部内で深刻な対立が生まれる事例があった。最終的には首相を筆頭に政府の責任において条約締結に成功するが、国家の統治機構に内在する課題としてあり続けた。→軍令

参考文献　渡邊幾治郎『人物近代日本軍事史』(一九三七、千倉書房)、熊谷直『帝国陸海軍の基礎知識―日本の軍隊徹底研究―』(『光人社NF文庫』、二〇〇七、光人社)

(纐纈　厚)

ぐんぜせいしかいしゃ　郡是製糸会社　一八九六年に京都府何鹿郡(京都府綾部市)の「郡是」として成立した製糸会社。「郡是」とは郡のあるべき姿という意味で、養蚕農家との共存共栄を旗印に、優良糸を生産する製糸工場を全国各地に展開した。朝鮮総督府の蚕業政策に呼応して朝鮮半島へも進出し、一九二六年には忠清南道に大田工場を、二九年には忠清北道に清州工場を設置して生糸生産を行なった。戦時統制下、四三年に内地の同社全工場が日本蚕糸製造株式会社に移管されると、製糸を担う工場は清州、大田工場のみとなる。加えて、大邱紡織工場、株式会社柳町染工場、朝鮮編織株式会社、仁川化学工業株式会社、新義州工場を設け、朝鮮での事業活動を展開した。同社は、社名を郡是工業に変更して内地で軍需生産を行なったが、四四年には全体の三〇%を朝鮮に依存するに至った。戦後、社名を郡是製糸に戻して生糸生産を再開し、現在はグンゼ株式会社として存続している。

参考文献　グンゼ株式会社『グンゼ一〇〇年史　一八九六―一九九六』(一九九八)、榎一江『近代製糸業の雇用と経営』(二〇〇八、吉川弘文館)

(榎　一江)

ぐんぞく　軍属　日本陸海軍の構成員のうち、将校・兵などの武官以外の者の総称。陸海軍文官及同待遇者、および「軍属読法」の宣誓により軍の勤務に服する者からなる。日本軍においては、直接戦闘に関わらず、かつ長期間にわたり同一の職務に従事する必要がある業務、武官から見て重要とみなされない業務などを担当した。軍属のうち、準軍人として軍事法制の適用を受けた。また、陸海軍文官及同待遇者は、軍において公務に服する文官官吏である。普通文官(事務官・理事官)・教官・技師・法務官・監獄官・通訳官・看護婦・司政官などの職種があった。また官吏としての官等については、親任官・勅任官・奏任官の高等文官と、下級文官である判任文官(技手・属など)に分かれていた。陸海軍文官の下に位置付けられた、「軍属読法」の宣誓による軍属としては、雇員・傭人・嘱託などがあった。ただし、具体的な区分や職掌に関する規定は曖昧であり、海軍には軍属の任用規則である「雇員傭人規則」があったのに対し、陸軍では明確な任用規則が存在しなかった。一般に、雇員は官吏としては任用されないが官吏と同様に軍の公務に服する者を指し、おもに技術職と事務職から構成された。傭人は軍が常時雇用する雑用係であり、おもに肉体的労働に従事した。このほか、軍の任務を担う武官以外の構成員として、職工・工員があった。彼らは軍や軍工廠が雇用する工業労働者であるが、通常は軍属には含まれないとされた。ただし、工長など一部の上級工員や、戦時など特段の事情がある場合には、軍属の身分を与えられた。

また、徴用船舶の船員は、徴用期間中は軍属の身分を与えられた。

参考文献　秦郁彦編『日本陸海軍総合事典』(一九九一、東京大学出版会)、原剛・安岡昭男編『日本陸海軍事典』(一九九七、新人物往来社)、氏家康裕「旧日本軍における文官等の任用について—判任文官を中心に—」(『防衛研究所紀要』八ノ二、二〇〇六)　(中野　良)

ぐんたいきょういくれい　軍隊教育令　陸軍の兵営を基本にした軍隊教育の目的と計画指針等を規定し、軍令により公示された法令。軍隊教育令は、軍隊教育の目的として軍人精神と軍紀の養成を強調し、従来の各種の教育規則類を整理統合し、全軍画一の指針化を目ざし、一九一三年二月五日にはじめて制定され、通常はポケット携帯用のA7判の冊子に製本された。一三年軍隊教育令は、一般教育(一般兵員の教育)、特業教育(機関銃操作や通信等の特別な技能の教育)、特別教育(将校・下士、一年志願兵や補充兵等の教育)、勤務演習教育(現役終了後の復習の教育)の計画指針等を規定し、良民育成を図り国民教育への関与の意図を含めた。四〇年改正の軍隊教育令は満洲事変等を経て大陸軍備増強に対応すべく、「戦時教育」(留守部隊や戦地の教育)を新設し、航空兵隊を含む全軍隊へ適用範囲を拡張した。

参考文献　遠藤芳信『近代日本軍隊教育史研究』(一九九四、青木書店)　(遠藤　芳信)

ぐんたいくぶん　軍隊区分　⇨戦闘序列・軍隊区分(せんとうじょれつ・ぐんたいくぶん)

ぐんたいてちょう　軍隊手帳　陸軍軍人が所持し、身分を証明した手帳。記載事項は軍人勅諭、教育勅語、軍人読法、誓文、戦陣訓(一九四一年以後)などであり、所属連隊、部隊号、兵科、階級、得業、被服サイズ、本籍、住所、氏名、生年月日、身長などを記載し、余白に入隊から除隊までの異動、昇進などの経歴が記載された。身分証明書と履歴書を兼ねた。軍人勅諭など記載事項全てを暗記することが求められた。海軍兵士は履歴表を所持した。　(丑木　幸男)

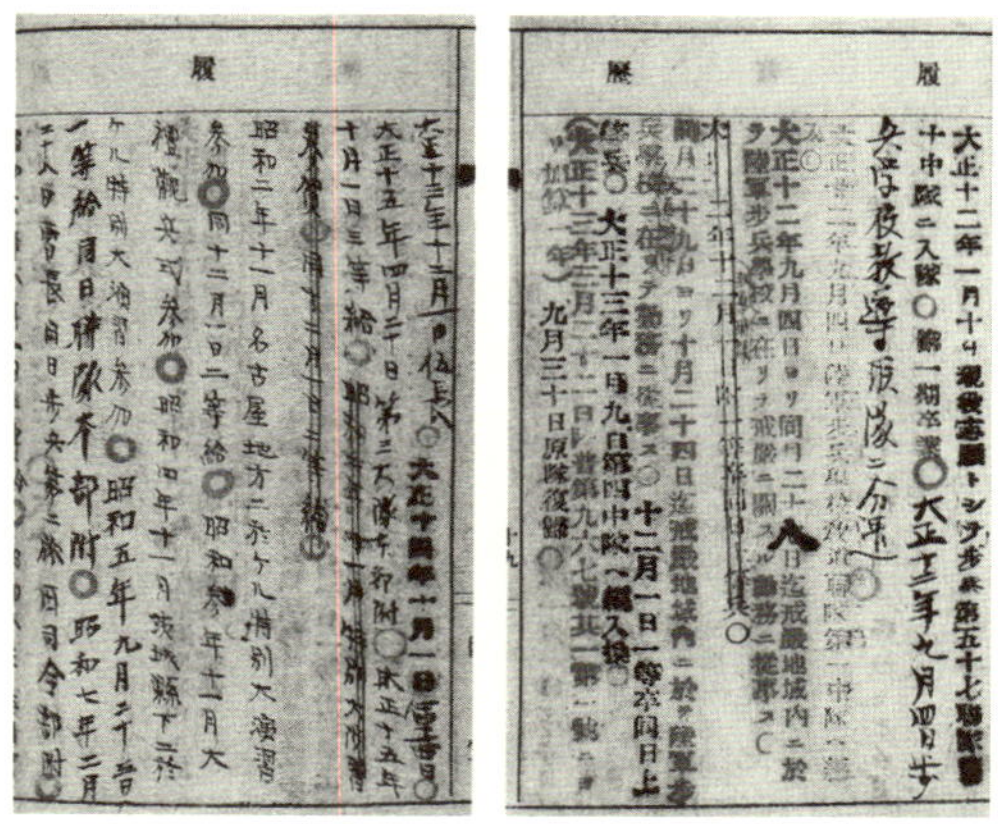

軍隊手帳

ぐんたいないむしょ　軍隊内務書　陸軍の兵営における職務・勤務および服従規則と生活規律や懲罰等に関する全軍画一の管理規定書で、その規定事項は官衙と学校等にも準用され、一九〇八年改正の軍隊内務書からは軍令により公示された。〇八年軍隊内務書は兵営を「軍人の家庭」と称揚し、上官への絶対的な服従励行による軍紀の維持・強化と日露戦争後の思想対策を基本にして、一般兵員への詳細な禁止・制限事項の規定増加による監視・統制を強め、日本軍隊の兵営生活の原型をつくった。満洲事変を経て三四年に改正された軍隊内務書は携帯に便利なA7判に製本され、皇軍意識の徹底のもとに天皇親率の軍隊による国威宣揚を強調し、軍隊への思想宣伝策動の防止方針のもとに所属隊長は信書を開披できることや、中隊付諸官による兵員の身元調査内容に交友関係や信書への注意を増設し、思想対策を強化した。

参考文献　遠藤芳信『近代日本軍隊教育史研究』(一九九四、青木書店)　(遠藤　芳信)

ぐんたいないむれい　軍隊内務令　一九四三年八月十一日に制定された陸軍の兵営における職務・勤務および服従規則と生活規律や懲罰等に関する管理規定の軍令であり、同規定事項は官衙と学校等にも準用され、作戦部隊にも適用された。陸軍は兵営生活の管理規定書の軍隊内務書を制定し、上官への絶対的な服従励行による軍紀の維持を強化したが、特に日露戦争後は思想対策を基本にして、一般兵員への詳細な禁止・制限事項の規定増加による監視・統制を強め、満洲事変後は皇軍意識を徹底化した。アジア・太平洋戦争下の軍隊内務書は軍令制定の格式の本旨強調のために四三年に軍隊内務令として制定され、外地駐屯地域の拡大と気候等環境変化、防諜・防空等への対応を規定し、特に外地駐屯の連隊長の職務として、住民への皇軍の威武を顕揚すべきことや、外地の住民家屋を兵営とする場合の兵営区域設定の手続等を設けた。

参考文献　遠藤芳信『近代日本軍隊教育史研究』(一九九四、青木書店)　(遠藤　芳信)

ぐんとう　軍刀　陸海軍において、将校および一部下士官が佩用した刀剣。陸海軍それぞれの「服制」によって制式が定められた。陸軍では満洲事変ごろまで軍刀の拵えは洋装サーベル式であったが、実戦での実用性や日本精神の称揚などの理由から、一九三四年には鎌倉末期の太刀形に、三八年にはより実戦的な拵えに変更された。海軍も陸戦隊の佩刀として、三七年に日本刀式の軍刀を採用した。

参考文献　吉田裕『日本の軍隊—兵士たちの近代史—』(『岩波新書』、二〇〇二、岩波書店)、柳生悦子『日本海軍軍装図鑑—幕末・明治から太平洋戦争まで—』(二〇〇三、並木書房)、熊谷直『帝国陸海軍の基礎知識—日本の軍隊徹底研究—』(『光人社NF文庫』、二〇〇七、光人社)　(中野　良)

ぐんば　軍馬　日本軍において軍用に使用された馬匹の総称。用途により、将校などの乗馬、砲や輜重車を輓曳する輓馬、背中に荷を駄載する駄馬などに区分される。日本全国に置かれた軍馬補充部が購買・育成を担当し、幼駒を軍で育成する平時保管馬に加え、戦時には民有馬匹からの徴発によって定員が補充された。日本の在来馬は軍用に適さなかったため、明治期以来洋種との交配による改良が進められたほか、去勢技術の普及が図られた。第一次大戦後に陸軍では機械化が進められ、騎兵が戦車兵に転換された。しかし、軍全体の機械化が遅れたため、兵站輸送は輓馬・駄馬への依存度が高く、また重火器の使用が増加したため、軍馬の需要はますます高まった。一九三八年には、従来の馬政計画よりも軍馬育成に特化した内地馬政計画が樹立され、種馬統制法や軍馬資源保護法により、馬産農家への統制が強化された。→輓馬(ばんば)

参考文献 武市銀治郎『富国強馬―ウマからみた近代日本―』(『講談社選書メチエ』、一九九九、講談社)、森田敏彦『戦争に征った馬たち―軍馬碑からみた日本の戦争―』(二〇一一、清風堂書店)、大瀧真俊『軍馬と農民』(『プリミエ＝コレクション』、二〇一三、京都大学学術出版会)　(中野　良)

ぐんぱいくみあい　軍配組合　軍票交換用物資配給組合の略称。日中戦争で、日本軍は中国本部の円ブロックへの編入と諸資源の開発・獲得を図ったが、主要都市と鉄道沿線しか占領できず、国民党の法幣と共産党の辺区券との間で流通地域・購買力をめぐる熾烈な通貨戦が生じた。とくに法幣が強力な華中では、軍票を強化するため、三八年十一月以降各地で軍票と生活必需品を交換した。三九年八月に上海に中支那軍票交換用物資配給組合が設立され、日本から輸入する繊維製品や化学製品、食料品などの取扱品目別の独立採算制八部門と総務部を置き、漸次取扱品目を増やしつつ軍票の価値維持に努めた。日本の物資供給が削減されるにつれ、対日供給物資の獲得に重点が移った。四三年十月で軍票の新規発行を停止して傀儡政権の中央銀行券である中央儲備銀行券に替えることになり、同時に軍配組合も業務を停止した。なお、華南にも広東軍票交換用物資配給組合連合会が置かれた。→軍票(ぐんぴょう)

参考文献 中村政則・高村直助・小林英夫『戦時華中の物資動員と軍票』(一九九四、多賀出版)　(疋田　康行)

ぐんばつ　軍閥　軍首脳部や上級軍人集団が、軍事力や軍事的特権を利用し、政府や議会など他の政治勢力と対抗して、国政を左右する強大な政治勢力となったもの。一九三〇年代から四〇年代にかけての陸軍指導部が典型。この時期の陸軍は、満洲事変によって政治的発言力を強め、五・一五事件、二・二六事件、日中戦争を経るなかで国政を左右する影響力をもつようになった。そして日米開戦前には、陸軍軍人の東条英機が陸相のみならず、内閣総理大臣に就任し、国策の最高決定権を掌握した。ただこの間の陸軍指導部は、一連の派閥抗争によって、荒木貞夫・真崎甚三郎らの皇道派から、永田鉄山・東条英機らの統制派、石原莞爾を中心とするグループ、東条英機・武藤章・田中新一らの統制派系集団へと変遷しており、これら各陸軍派閥を軍閥と呼ぶ場合もある。また、明治期の陸海軍を支配した薩摩・長州勢力も軍閥と呼ばれる。なお、軍閥の他の用法として、中国清朝末期に、地方長官が武装して局地的に割拠する政治勢力となったものを軍閥もしくは地方軍閥という。

参考文献 高橋正衛『昭和の軍閥』(『中公新書』、一九六九、中央公論社)、松下芳男『明治軍制史論(改訂版)』(一九七八、国書刊行会)、百瀬孝『事典昭和戦前期の日本―制度と実態―』(一九九〇、吉川弘文館)　(川田　稔)

ぐんぴょう　軍票　軍隊が、占領した地域で、軍需物資や労力の調達、軍人・軍属への給与支払などに用いる疑似通貨である軍用手票の略称。日本軍は、日中戦争では当初は朝鮮銀行券や日銀券を用いたが、一九三七年十一月から軍票を使い始めた。中国本部では都市部と主要鉄道沿線しか占領できず、対円域供給物資の開発や蒐買のため、国民党の法幣および共産党の辺区券との間で流通地域や購買力を巡って熾烈な闘争をした。戦地のインフレが日本に波及するのを恐れ、傀儡政権に中央銀行を設立させて日本銀行代理店との間の預け合いで現地中央銀行券を調達するようになった。アジア・太平洋戦争では、占領当初は現地通貨と等価の軍票が用いられたが、南方開発金庫に発券機能を付与し、四三年四月から同金庫券(南発券)を用いた。これら事実上の軍票による軍需物資や対日供給物資の大量買付けに対し、日本からの物資供給は少なく、各地で加速度的なインフレを引き起こした。→軍配組合(ぐんぱいくみあい)

軍　　票

参考文献 島崎久弥『円の侵略史―円為替本位制度の

形成過程―』(一九六六、日本経済評論社)、小林英夫『日本軍政下のアジア―「大東亜共栄圏」と軍票―』(『岩波新書』、一九九三、岩波書店)

(疋田 康行)

ぐんぶ 軍部 最広義には、陸海軍主要機関の指導部全体の総称。実質的には、陸軍省・参謀本部・教育総監部、海軍省・海軍軍令部などの上級軍人によって構成される。また、陸海軍それぞれに、軍政機関と軍令機関を包含した意味でも使用される。たとえば昭和初期浜口雄幸首相(民政党総裁)は、ロンドン海軍軍縮条約締結の際、「政府はひとり海軍軍令部のみではありませぬ。軍部の専門家の意見は十分これを斟酌しております」、と議会で述べている。ここでは明らかに海軍に限定して、海軍省・軍令部を包括した意味で使っている。この使用法はきわめて意識的なもので、「軍令部長という言葉が題目になることはなるべく避けたいという考えから、軍部ということを申し上げております」、と付言している。これは陸軍・海軍それぞれの指導部を軍部と呼ぶ例である。より狭義には、陸海軍主要機関の指導部が、官僚・政党などとならぶ政治勢力として、国政に少なからぬ影響力を発揮するようになってからの呼称として使用される。この場合は、おもに日露戦後期からの陸海軍指導部を指す。以上のような意味での「軍部」の用語が、歴史上実際にいつごろから一般的に使われるようになったかについては諸説がある。日露戦後から、政党政治期から、満洲事変以後などが主要な見解となっているが定説はない。

さらに、満洲事変以後、政治的発言力を増大していった陸海軍指導部全体をさす場合も多々ある。この時期、陸海軍指導部は、独立した政治集団として行動し、国政に大きな影響力を与えるようになっていく。陸海軍指導部全体の政治化は、満洲事変を主導した陸軍がリードし、海軍全体としては、そのインパクトを受けて政治的発言や行動を活発化させる。ただし、満洲事変前のロンドン海軍軍縮条約締結問題の際には、加藤寛治ら海軍軍令部首脳が条約反対の方向で政治的動きをみせたが、彼らは間もなく更迭された。したがって、海軍指導部全体が政治化するのは満洲事変以後となる。満洲事変後、荒木貞夫陸相のもと陸軍が政治化するとともに、海軍でも大角岑生海相(斎藤実内閣)のもとで、海軍指導部からロンドン海軍軍縮条約に賛成した山梨勝之進ら「条約派」が一掃され、同条約に反対した加藤寛治ら「艦隊派」主導で、海軍指導部の政治化が進行した。

最狭義には、満洲事変以後、政治的発言力を増大していった陸軍指導部(陸軍省・参謀本部・教育総監部を含む)をさす。満洲事変開始後、若槻礼次郎民政党内閣が総辞職し、犬養毅政友会内閣が成立。荒木貞夫陸相のもと、参謀総長に皇族(閑院宮)を置き、陸軍指導部は、統帥権の独立と軍部大臣武官制を利用して政治的発言力を増大させていく。そして、五・一五事件、二・二六事件の陸軍クーデター事件を経て、陸軍指導部(軍部)は日中戦争期前から実質的に国政への政治的指導権を掌握した。この時期以降の軍部の中枢は、武藤章・田中新一らの統制派系幕僚が占めることとなる。それまで陸軍内部で、荒木貞夫らの皇道派、永田鉄山らの統制派、石原莞爾らの旧満洲グループなどによる派閥抗争があったが、これ以後、軍部は永田鉄山の影響を受けた統制派系主導で動いていく(永田自身は二・二六事件前に暗殺される)。一九三七年の日中戦争開始以降、国政の主導権を握った軍部は、華北華中の主要都市を占領することによって中国国民政府を屈服させようとした。だが、国民政府蒋介石政権は容易に日本側に屈服せず、軍部は、華北に「中華民国臨時政府」、華中に「中華民国維新政府」などの傀儡政権を立て占領地統治を行なった。その後、武藤章が陸軍省軍務局長に、田中新一が参謀本部作戦部長に、永田直系の東条英機が陸軍大臣に就任し、間もなく東条が首相兼陸相となる。ここに名実ともに軍部独裁体制が成立し、そのもとでアジア・太平洋戦争に突入していく。

参考文献 三宅正樹他編『昭和史の軍部と政治』(一九八三、第一法規株式会社)、百瀬孝『事典昭和戦前期の日本―制度と実態―』(一九九〇、吉川弘文館)、川田稔『浜口雄幸と永田鉄山』(『講談社選書メチエ』、二〇〇九、講談社)

(川田 稔)

ぐんぶだいじんげんえきぶかんせい 軍部大臣現役武官制 戦前期日本の軍制で軍部大臣の任用資格を現役の武官に限る制度。戦前期日本陸海軍大臣の補任資格を現役軍人に限るか、あるいは予備役などにまで拡げるかは、日本政治史および軍制史の面からきわめて重大な問題であった。日本陸海軍は統帥権独立制や軍部大臣現役武官制などをしくことで政治の介入を回避し、みずからの方針を貫徹する明確な意思を持ち続けた。特に本制度は陸海軍の軍部大臣の補任資格を文官ではなく武官の大将や中将に限定する軍部大臣武官制よりもさらに厳しく、武官のなかでも予備役や後備役は対象とせず、現役武官に限定するというものであった。現役武官の人事は天皇の保有する統帥大権に所属したことから、本制度によって陸海軍大臣は事実上天皇によって指名される形となり、ほかの閣僚が内閣総理大臣によって指名されるのとは異なっていた。つまり、総理大臣と陸海軍大臣は同等の位置にあると解せられ、内閣が軍の方針と異なった場合は軍部大臣を恣意的にでも辞職させ、後任指定を放棄した場合には内閣は総辞職に追い込まれる格好となった。したがって本制度は単に軍事への政治の介入を阻止するという側面だけではなく、むしろ軍部の政治介入を担保する制度として実際に機能することになる。本制度は陸軍出身の山県有朋首相によって、一九〇〇年五月十九日に規定された。山県は当時勢力を張りつつあった政党の動きを警戒し、極力政治の軍事への介入を阻止するために導入した。ところが一三年六月十三日、第一次山本権兵衛内閣が補任資格から現役を削除し、予備役・後備役・退役まで補任資格を拡げる改正を行なった。背景には第一次護憲運動が盛んとなって、軍部への風当たりが強くなり、何らかの譲歩が必要となったことにある。補任任用資格が拡がったことは組閣の折に多くの軍部大臣候補者が存在することになった。しかし、三六年二月二十六日に起きた軍の反乱事件である二・二六事件以後、軍部の影響力が強まり、軍部大臣現役武官制度が復活する。このため、三七年一月二十五日、一旦は元陸軍大臣の宇垣一成に大命降下があったものの、以前から宇垣に反発する陸軍から陸軍大臣候補者を得られず、結局は組閣を断念した事例などがある。文字通り政争の具ともなった。

参考文献 井上清『天皇の戦争責任』(一九七五、現代評論社)、サミュエル＝ハンチントン『軍人と国家』(一九七八、市川良一訳、一九七八、原書房)、藤原彰『天皇制と軍隊』(一九七八、青木書店)、五味川純平『御前会議』(一九七八、文藝春秋)、三宅正樹他編『昭和史の軍部と政治』四(一九八三、第一法規出版)

(纐纈 厚)

ぐんぽうかいぎ 軍法会議 現役軍人等の軍事犯に対する裁判権を有し、軍に属した特別の刑事裁判所。軍法会議の組織・種類と訴訟手続を規定した一九二一年制定の陸軍軍法会議法と海軍軍法会議法はほぼ同一内容であり、アジア・太平洋戦争期まで施行された。軍法会議は常設(陸軍の高等軍法会議と師団軍法会議や関東軍軍法会議等、海軍の高等軍法会議と鎮守府軍法会議等)、特設(特定の部隊・艦隊または地域に臨時設置の特設軍法会議)に区別された。軍法会議は兵力行使のための司令権貫徹と規律・安寧秩序の維持を目的にして設置され、当該の軍団隊や現地の司令官・指揮官が長官になり、裁判手続(審判を除く)全体を主宰する立場にあった。裁判官は判士(将校)と法務官(予審官・検察官の職務従事)から構成され、特設軍法会議の審判手続には弁護人関与は認められず、公開制は適用されず、上告は許されなかった。

参考文献 NHK取材班・北博昭『戦場の軍法会議』(二〇一三、NHK出版)

(遠藤 芳信)

ぐんむきょく 軍務局 ⇨海軍省軍務局(かいぐんしょうぐんむきょく) ⇨陸軍省軍務局(りくぐんしょうぐんむきょく)

ぐんようきけんのうんどう 軍用機献納運動 ⇨愛国号(あいこくごう)・報国号(ほうこくごう)

ぐんようけん 軍用犬 警備や伝令などの軍事目的で利用された犬。軍犬とも。シェパード種が主。陸軍では一九一九年から研究を開始、三二年には犬を集め育成する目的で帝国軍用犬協会が設立、三四年には「軍犬管理規則」が制定され、日中戦争やアジア・太平洋戦争では陸軍の前線部隊に派遣された。四四年十月現在の「軍犬定数表」に内地・朝鮮・台湾で四千三百十五頭とあるほか、同年六月現在で南方軍・支那派遣軍で三千四百五十三頭が所属していたとの回想がある。

軍用犬の訓練(帝国軍用犬協会第2回展覧会記念絵葉書)

参考文献 白木正光『軍用犬育成読本』(一九四二、犬の研究社)、今川勲『犬の現代史』(一九九六、現代書館)、森田敏彦「戦没軍馬・軍犬・軍鳩と民衆―軍用動物碑にみる慰霊と顕彰―」(『鷹陵史学』三三、二〇〇七)

(小山 亮)

ぐんようじどうしゃほじょほう 軍用自動車補助法 一九一八年三月二十五日公布、同年五月一日に施行細則が陸軍省令により制定公布され、同日に施行された。有事の際の自動車(主にトラック)徴用を目的として、日本国内における自動車製造・保有を助成する法律である。軍用馬の補充難を背景として、〇七年から日本陸軍は正式に軍用自動車の研究を大阪・東京の両砲兵工廠で進め、一〇年に大阪砲兵工廠で第一号トラックの試作車が完成した。その後、第一次世界大戦の青島攻略においてトラックの実用性が認められ、陸軍主導の国産自動車振興策の策定が本格化し、本法の制定に至る。本法により、陸軍の制定した性能基準に合格した軍用保護自動車の製造および所有者の購買・維持に対して補助金が公布された。軍用保護自動車の認定第一号は東京瓦斯電気工業のTGE―A型トラックである。三〇年代前半には、陸軍および商工省は、外国メーカーに対抗すべく、鉄道省とも協力して、商工省標準形式自動車の制定を進めた。「いすゞ」と命名された同車は、本法の補助対象とされ、のちに陸軍が開発・採用した九四式六輪自動貨車等の軍用トラックのベースともなった。四五年十月二十四日に廃止。

参考文献 『日本自動車工業史稿』一・二(一九六五・六七、日本自動車工業会)、三宅宏司『大阪砲兵工廠の研究』(一九九三、思文閣出版)、呂寅満『日本自動車工業史―小型車と大衆車による二つの道程―』(二〇一一、東京大学出版会)

(岡部 桂史)

ぐんようしゅひょう 軍用手票 ⇨軍票(ぐんぴょう)

ぐんようばと 軍用鳩 通信を主として軍事目的でさまざまな用途に利用された鳩。軍鳩(ぐんきゅう)とも。陸海軍とも明治期に研究を行うも実用化せず研究は中断。第一次世界大戦で鳩通信が使用されたことを機に、陸軍は一九一九年にフランスから専門家を招聘、鳩通信班を編成。シベリア出兵以来、アジア・太平洋戦争まで使用され、関東軍や支那派遣軍などには鳩の育成所が設置された。正確な数は明らかではないが、約一万羽が各部隊に配属されていた。海軍でも研究されたが使用は一部にとどまった。

参考文献　黒岩比佐子『伝書鳩―もうひとつのＩＴ―』(『文春新書』、二〇〇〇、文藝春秋)、吉田和明『戦争と伝書鳩　一八七〇―一九四五』(二〇一一、社会評論社)、柳澤潤「日本陸軍における初期の伝書鳩導入―『偕行社記事』を中心に―」(『軍事史学』一八六、二〇一一)　(小山　亮)

ぐんりつかいぎ　軍律会議　陸軍の作戦地域(国内では地上と領海海上や上空での戦闘を予期する場合)と占領地における敵国住民等の軍律違反者を審判した現地軍の軍事裁判機関。初期の軍律会議には、日清戦争期に参謀総長の上奏を経て制定された一八九五年占領地人民処分令により、日本軍への反逆・敵対や間諜(スパイ)および人心惑乱・軍事行動妨害等の軍律違反者を審判処分した軍事法院がある。日露戦争と第一次世界大戦では軍事法廷(海軍は軍罰処分会議)と称され、軍司令官の権限により軍律と軍律審判規則が制定され、刑罰は死刑(銃殺)や監禁等であった。日中戦争以降は軍律会議と称され、軍律審判規則の無規定事項には軍法会議法中の特設軍法会議の諸規定の準用が多かったが、軍律制定と軍律会議の設置は作戦上の必要による統帥権限に属するとされ、兵力行使による占領地住民等への威圧と威嚇の効用を図った。

参考文献　北博昭『軍律法廷―戦時下の知られざる「裁判」―』(一九九七、朝日新聞社)　(遠藤　芳信)

ぐんれい　軍令　軍部にあって主に作戦を管理すること。作戦とは、軍の作戦方針や年度国防計画など多義にわたり、具体的な戦場での作戦遂行とは異なる。その権能については、軍政権に対して軍令権と呼称することもあるが、日本の軍令は天皇直結の形式を踏み、統帥権とも呼称された。軍令を担う陸軍組織が参謀本部、海軍組織が軍令部となる。とりわけ、両軍令機関の軍事官僚は天皇直結ゆえにきわめてエリート意識が高く、戦争期において戦争指導の中核を担い、広義における政治指導を回避する傾向が強かった。すなわち、大局的に国家戦略からする視点が弱く、軍事優先の戦術的な観点からする判断がもっぱらであった。そのため、大極的な見地からする戦争指導が不十分となり、視野狭窄の無謀な作戦を強行する傾向が頻繁に見られるようになった。アジア・太平洋戦争期におけるインパール作戦などがその象徴事例であった。日本の戦争指導の矛盾ともなった軍政と軍令、あるいは政府と統帥部(軍令部)との対立の背景に統帥権独立制がある。同制度は、一八七八年十二月五日に制定された参謀本部条例によって、参謀本部が陸軍省から独立した機関として設置されたことを以て制度化された。当初、統帥権独立制は一面において軍令担当機関である参謀本部の軍政担当機関である陸軍省からの独立を意味する純粋な軍制改革であった。しかし、その反面で統帥権独立制は、その形成要因のなかで軍事の政治からの「独立」という思惑も込められていた。それもあって統帥権独立制は、時代の進展に伴い次第に統帥機関(＝軍部)の行政機関(＝政府)からの政治的独立を意味することになっていった。そのことが必然的に政略と戦略との不一致、あるいは軍政と軍令の対立という結果を生むことになったのである。軍部は、国務(＝政治)と統帥(＝軍事)との関係を、「軍人以外の者を以て統帥の事に参画せしめ又は政略上の見地のみを以て統帥に干渉を試みるが如きは断じて許さるべきものにあらざるなり」(防衛省防衛研究所蔵『軍制学講義録』一九二六年)とする見解に集約される通り、統帥の特殊的性格からして戦略と政略との一致は有り得ないとする考えを終始一貫堅持したのであった。以上は広義の軍令についてだが、狭義の軍令として、一九〇七年九月十二日、勅令として「軍令に関する件」(軍令第一号)が制定された。ここでは陸・海軍大臣の帷幄上奏権などを定めるなどして、天皇の軍事の輔弼者として位置づけていた。　→軍政

参考文献　渡邊幾治郎『人物近代日本軍事史』(一九三七、千倉書房)、熊谷直『帝国陸海軍の基礎知識―日本の軍隊徹底研究―』(『光人社ＮＦ文庫』、二〇〇七、光人社)　(纐纈　厚)

ぐんれいしょうこうれい　軍令承行令　海軍の艦隊における軍令(作戦や戦闘等の指揮命令)の継承順次を規定した海軍部内の規則。一八九九年の「軍令承行令に関する件」は、軍令は将校の官階の上下と任官の先後により順次継承すると規定した。海軍の将校は大将から少尉までの官階にある武官(兵科将校)である。機関官の武官は一九〇六年に機関中将から機関少尉までの機関将校になったが、軍令承行令は機関将校に適用されなかった。一五年制定の軍令承行令は、軍令の継承順次に召集中の予備役と後備役の兵科将校を加え、兵科将校が皆無になったときに機関将校(一九年に機関科将校と改称)が軍令を継承すると規定した。四四年改正の軍令承行令は兵科将校と機関科将校を統合した将校による軍令の継承順次を規定したが、特例的に軍艦・駆逐艦・潜水艦には兵科将校優先の軍令継承順次を残した。　(遠藤　芳信)

ぐんれいぶ　軍令部　帝国海軍での軍令機関。帝国陸軍の軍令機関としては参謀本部があった。合わせて統帥部とも呼ぶ。軍令機関の長は天皇に直属し、作戦・指揮を統括した。軍令部の最大の任務は、平時から仮想敵国を念頭に据えての、作戦の立案、用兵の運用であった。戦時においては連合艦隊司令長官が海軍の指揮・展開を担った。その場合にも軍令部は総合的な見地から作戦目標を設定し、個々の作戦遂行を支援した。軍令部の長官である海軍軍令部長(のちに軍令部総長)は海軍大将か中将から天皇によって親補され、次長が補佐した。戦時や事変が起きた場合、大本営が設置され、軍令部は大本営海軍部となって、形式上は大本営の下に陸海軍統帥部が統合された。たとえば、一八九三年五月十九日、戦時大本営条例が制定され、大本営が設置され、大本営が天皇直属の「最高統帥部」と規定されたが、従来からの天皇直

属の軍令機関として参謀本部、海軍軍令部のほかに新たな大本営が設置されたことから、三つの軍令機関が存在することになった。また、大本営は陸軍が参謀本部を設置して以来、制度化されてきた指揮権の一元性・単一指揮官・単一幕僚制のライン＝スタッフ組織の思想を制度化したものであり、この意味から大本営が陸海軍共同の軍令機関ではなく、統合軍令機関の性格を与えられた。このことから、軍令機関としては、常に陸軍優位の制度設計が先行し、軍令部は勢い参謀本部の下位に置かれがちであった。しかし、一九三三年十月、軍令海第五号の軍令部令によって、陸軍と実質同格の軍令部と改称されることになった。軍令部には第一部(作戦)、第二部(軍備)、第三部(情報)、第四部(通信・暗号)があった。特に対英米戦争では日本海軍が前面に出ることになったこともあり、勢い軍令部の役割は大きくなった。真珠湾奇襲で一定の戦果を挙げた時点では軍令部の役割は高く評価されたものの、戦局の悪化がたび重なる海戦での敗北に起因したこともあって次第に立場を失っていった。四五年十月十五日廃止。

参考文献 海軍歴史保存会編『日本海軍史』八(一九九五)、三浦裕史『近代日本軍制概説』(二〇〇三、信山社出版)、田中宏巳『東郷平八郎』(『読みなおす日本史』、二〇一三、吉川弘文館)　（纐纈　厚）

ぐんれいぶそうちょう　軍令部総長　日本海軍で作戦の立案などを所管する軍令部の長官。陸軍の軍令機関の長である参謀総長と並び統帥権(軍令権)を行使した。しかし、一九三三年十月に軍令部総長と名称変更する前の海軍軍令部長時代においては、陸軍統帥部との関係はきわめて微妙であった。すなわち、戦時大本営条例(一八九三年五月十九日制定)に基づき、参謀総長と海軍との関係規定案を「勅令第五二号」として、「陸海軍をして一地の運動を為さしむる為め参謀総長は平時より陸海軍務の要領を審にし矛盾の事無からしむべし」とされ、陸軍参謀総長が陸海軍統合軍令機関と規定されていた。つまり、陸軍部隊だけでなく、海軍部隊も法制上・名目上は天皇直属の軍隊でありながら、事実上は参謀本部が主導権を掌握した時代が続いた。こうした規定は戦時において大本営が設置されたおり、常に陸軍優位の戦争指導が実行されることを意味した。確かに日清戦争時の大本営設置は参謀本部の主導で進められ、開戦外交、開戦機会、作戦指導、軍隊の展開配置、軍事力の発動などすべてに関して参謀本部の構想通りに事が進められた。しかし、日露戦争における日本海海戦などの勝利で海軍の役割が評価されるようになると海軍側から陸軍と同等の役割と評価を期待する声が挙がり始める。一九三〇年代に入り、海軍軍縮条約締結交渉を通して、海軍内では海軍自立への志向が強まり、軍縮条約が廃棄されることを見越しつつ、三三年十月、軍令海第五号の軍令部令によって、陸軍と実質同格の軍令部総長と改称され、伏見宮博恭王が就任した。以後、軍令部総長は参謀総長と同等な位置に置かれることになった。とりわけ、四〇年代に入り、対英米開戦の可能性が表出するや、海軍軍拡が求められるなかで、軍令部総長の役割も一段と重要となっていった。軍令部総長は、勅裁を得た命令(大海令)を関係指揮官に伝え、天皇の委任を受けて幕僚や各指揮官に指示(大海指)を行う権能を果たした。博恭王以後、嶋田繁太郎、及川古志郎、豊田副武と続き、戦後廃止された。

参考文献 稲葉正夫編『大本営』(『現代史資料』三七、一九六七、みすず書房)、防衛庁防衛研修所戦史室編『大本営海軍部・聯合艦隊』七(『戦史叢書』九三、一九七六、朝雲新聞社)、生出寿『帝国海軍軍令部総長の失敗―天皇に背いた伏見宮元帥―』(一九八七、徳間書店)、太平洋戦争研究会編『日本海軍将官総覧』(二〇一〇、PHP研究所)　（纐纈　厚）

け

けいざいけいさつ　経済警察　輸出入品等臨時措置法・国家総動員法などを受け、物品販売価格取締違反や配給統制違反を取り締まった警察組織の総称。一九三八年七月に経済保安課が内務省に設置されたのに伴い、各府県でも経済警察が発足し、三九年に入ると官・民による経済警察協議会の設置や厳罰主義の強化によって業者の検挙が増加した。また、欧州世界大戦による商品不足とインフレに対応するために九・一八物価停止令が出されると経済警察の人員も大幅に増員されたが、深刻な旱害のために価格・流通管理が破綻した米穀の警察配給が行われるなど、同年は取り締まりよりも配給管理に忙殺された。その後、主要日用品の切符制・通帳制の施行や、食糧営団などの各種営団・配給組合の設立、各地の市役所配給課などの整備が進み、内務省でも経済保安課が四一年に経済警察部に昇格した。しかし、生産減少や企業整備などにより流通が破綻する中、軍需会社が公然と産地買い付けを行うなど、経済警察による取り締まりは徹底しなかった。

参考文献 加瀬和俊「太平洋戦争期食糧統制政策の一側面」(原朗編『日本の戦時経済』所収、一九九五、東京大学出版会)、山口由等「食糧配給機構の再編と国民更生金庫」(原朗・山崎志郎編『戦時日本の経済再編成』所収、二〇〇六、日本経済評論社)　（山口　由等）

けいざいしんたいせい　経済新体制　一九四〇年第二次近衛文麿内閣の新体制運動の一環として革新官僚によっ

て構想された経済改革構想。資源制約・低物価政策などによる基礎資材の生産停滞を、市場性を排除して経済の計画性を強化することで打開しようとした。その政策的支柱は、経営目的の利潤追求から公益優先への転換、経営と資本の分離(株主権限の規制)、利潤の制限、ナチス的な指導者原理に基づく統制団体の組織化などであった。しかし財界が強く反対し、近衛内閣内でも激しい論争が起きた。四〇年十二月に閣議決定された「経済新体制確立要綱」は、経営と資本の分離については直接触れず、国家目的のもとに企業担当者の自主的経営と適正利潤を承認するなど財界の主張が取り入れられた。当初の理念は後退したものの、閣議決定と前後して、価格統制および会社経理統制が強化され、産業別統制会の設立、統制会の政府への協力と所属企業への指導、統制権限強化など、同要綱に沿った統制が実施された。 →重要産業団体令 →統制会

参考文献 中村隆英・原朗「経済新体制」(日本政治学会編『「近衛新体制」の研究』所収、一九七二、岩波書店)
(山崎 志郎)

けいしゃせいさんほうしき 傾斜生産方式 戦後経済復興の支障となっている石炭業・鉄鋼業に資材・資金・労働力を最優先配分し、ついで増産された石炭を重要産業に供給することで国内生産回復を目指した経済政策構想。一九四六年に有沢広巳・大来佐武郎ら石炭小委員会を中心に立案された。関係官庁や石炭業界は当初この構想を過大な計画とみて冷淡であったが、GHQが製鋼用重油の輸入を許可したことなどを機に四七年初頭から開始され、四八年度まで実施。計画を金融面から補完する機関として復興金融金庫も設立された(四七年一月)。四八年度の生産計画遂行率は石炭九七%、銑鉄九四%などおおむね達成された一方、インフレも同時に進行し、四九年のドッジ=ラインを機に終焉。また、当時の石炭増産は生産性上昇ではなく政府資金に支えられた大量の労働力投入を主要因とするものであった。このため、五十年代には石炭鉱業合理化が大きな課題となる。

参考文献 『通商産業政策史』二(一九九一、通商産業調査会)、杉山伸也「「傾斜生産」構想と資材・労働力・資金問題」(杉山伸也・牛島利明編『日本石炭産業の衰退—戦後北海道における企業と地域—』所収、二〇一二、慶応義塾大学出版会)
(小堀 聡)

けいせんしゃ 軽戦車 騎兵の機械化を目的として開発された、重量一〇トン未満の戦車。自動火器の発達に伴い騎兵の機械化が求められたため、欧米各国や日本では騎兵に自動車や戦車が配備され、最終的に騎兵は完全に機械化された。自動車との併用を意図していたため速力が重視され、火力や装甲は中戦車に劣る。日本では一九三二年の九二式重装甲車、三五年の九五式軽戦車などが実用化された。

参考文献 原乙未生・栄森伝治・竹内昭『日本の戦車(新版)』(一九七八、出版協同社)、土門周平『日本戦車開発物語—陸軍兵器テクノロジーの戦い—』(『光人社NF文庫』、二〇〇三、光人社)
(中野 良)

けいたいこうりょう 携帯口糧 戦地などで作戦中に兵員が携帯する予備食料。他に給養の方法がない非常時に、上官の命令があった場合にのみ使用し、使用後は速やかに補充するものとされた。アジア・太平洋戦争期には、精米か乾パン一日分と副食物が用いられた。

参考文献 原田政右衛門『大日本兵語辞典』(一九八〇、国書刊行会)、原剛・安岡昭男編『日本陸海軍事典』(一九九七、新人物往来社)
(中野 良)

けいびふ 警備府 ⇨要港部

けいぼうだん 警防団 一九三九年に成立した防空を目的とした団体。大都市で設置されていた防護団と、全国に従来からある民間消防組織消防組とを統合して設けられた。防護団は、在郷軍人や青年団員を中心として、防空演習など防空活動を住民に指導する組織として、三二年、東京市において設置されたのをはじめとして、各地の大都市に及んでいた。防護団の役割をめぐっては、警察や消防組との間に摩擦があり、その解決策として、勅令によって警防団の設置が定められた。警防団は警察署の管轄区域ごとに設置され、団員は地域の住民から警察署長が任命した。以後、戦時下において、訓練や空襲時の灯火管制・消火・避難・救護などに住民を指導・統制した。警防団は防空のみならず、事実上、治安などもふくめ警察の補助組織の役割を担うことになった。

参考文献 土田宏成『近代日本の「国民防空」体制』(二〇一〇、神田外語大学出版局)
(青木 哲夫)

ケソン Manuel Luis Quezon 一八七八—一九四四 フィリピンの政治家、初代フィリピン=コモンウェルス大統領。一八七八年八月十九日、タヤバス州バレル町の小学校教師の家庭に生まれ、サント=トマス大学などで法学を学ぶ。九九年の比米戦争からフィリピン革命軍に参加し、一九〇一年に投降。地方検事、タヤバス州知事を務めた後、〇七年にフィリピン議会に当選、上院議長(一六年以降)として権勢をふるった。三四年には独立使節団を率いて渡米して独立法を成立させ、三五年十一月、コモンウェルス初代大統領に就任。日米関係が悪化するなか、三八年にはフィリピン中立化を模索したが、四一年十二月の開戦後マッカーサーの要請に応じてコレヒドール島に退避し、四二年二月二十日にはコレヒドール島を脱出、オーストラリアを経由してアメリカに渡り、五月にワシントンDCで亡命政府を組織した。しかし独立を見ることなく、四四年八月一日に結核によりニューヨーク州で客死した。六十五歳。 →フィリピン=コモンウェルス

参考文献 中野聡『フィリピン独立問題史—独立法問題をめぐる米比関係史の研究(一九二九—四六年)—』(一九九七、龍溪書舎)、Manuel L. Quezon, *The Good Fight*, Filipiniana Reprint Series Book 9 (Manila, 1985,

Cacho Hermanos, INC.)　(内山　史子)

げつげつかすいもくきんきん　月月火水木金金　日本海軍において休日返上で行われた猛訓練を形容する言葉であったが、アジア・太平洋戦争中には勤労奨励の意味で一般にも広まった言葉である。その契機となったのは、一九四〇年に海軍省軍事普及部の推薦で発売された同名の軍歌(作詞高橋俊策、作曲江口夜詩)がラジオを通じて流行したことであったとされる。いつごろから使われだしたのかは不明だが、日露戦後の伊集院五郎の訓練をそのように評していたという記録もある。　(手嶋　泰伸)

げっこう　月光　海軍初の夜間戦闘機。一九四三年、南方前線で、B17爆撃機による夜間爆撃を迎撃するために、双発複座式で夜間航法に優れた二式陸上偵察機に二〇ミリ銃を装備して戦果をあげたことを受けて、同年八月、二式陸上偵察機を改造して制式採用された。エンジン一〇七〇馬力×一。最大速度二七四ノット(時速五〇七キロ)。B17爆撃機、B29爆撃機を迎撃するために用いられたが、高高度を飛行するB29爆撃機の迎撃には、上昇力、速力ともに性能不足だったため、四四年には機体生産が打ち切られた。

参考文献　野沢正編『日本航空機辞典』上(一九八九、モデルアート社)　(水沢　光)

けっせんひじょうそちようこう　決戦非常措置要綱　戦争末期、戦力の増強および国民総決起のために非常行政措置の断行を企図した要綱。以下(一)(二)の種類がある。(一)東条英機内閣下の一九四四年二月二十五日閣議決定。この中では、①学徒動員体制の徹底、②国民勤労体制の刷新、③防空体制の強化、④簡素生活徹底の覚悟と食糧配給の改善整備、⑤空地利用の徹底、⑥製造禁止品目の拡大と規格統一の徹底、⑦高級享楽の停止、⑧重点輸送の強化、⑨海運力の刷新強化、⑩平時的または長期計画的事務および事業の停止、⑪中央監督事務の地方委任、⑫裁判検察の迅速化、⑬保有物資の積極的活用、⑭信賞必罰の徹底と査察の強化、⑮国民運動の展開、⑯国民指導啓発、⑰官庁休日の縮減・常時執務態勢の確立、が規定された。(二)小磯国昭内閣では、四五年一月四日の最高戦争指導会議において、普通鋼材・アルミニウム・燃料・造船・航空機生産などの国力・戦力造出目標を示した「決戦非常措置要綱案」を提議。二十五日の最高戦争指導会議で了承された。要綱は「第一　方針」「第二　国力並戦力造成要綱」「第三　国内態勢強化刷新要綱」からなり、「第一」では「今後採るべき各般の非常施策は即刻之を開始し昭和十九(四四)年度末を目途として之が完成を図るものとす」と期日が設定されている。「第二」では、戦力造成上の基本方針として、日満支を基盤に自給が不能な南方資源を充足した上での近代戦争遂行能力の確立、地域ごとの政戦略態勢の強化が掲げられ、具体的な目標に陸海軍の軍需整備・物的国力確保の規模・船舶建造、生産防空態勢の強化があげられた。しかし航空機や燃料だけをみても、多分に希望的観測を有する造出目標が示されていたため、その達成は至難と判断され、梅津美治郎参謀総長が疑義を呈する場面もあるなど審議は難航した。対して杉山元陸相が早急の決定を主張し原案のまま了承されたが、同年、終戦に至った。

参考文献　『苛烈なる世界戦局』(『朝日東亜年報』昭和十九年第一輯、一九四四、朝日新聞社)、防衛庁防衛研修所戦史室編『大本営海軍部・聯合艦隊』七(『戦史叢書』九三、一九七六、朝雲新聞社)　(関口　哲矢)

けつめいだんじけん　血盟団事件　⇨井上日召(いのうえにっしょう)

ゲルニカばくげき　ゲルニカ爆撃　一九三七年四月二十六日、内戦下のスペインバスク地方の古都ゲルニカに対し、ドイツ空軍が行なった爆撃。都市無差別爆撃のはじまりとして知られる。爆撃はフランコ反乱軍を支援するコンドル軍団の秘密参戦の一環として実施された。爆撃機(ユンカース Ju52)と戦闘機(ハインケル He51)など四十九機からなる編隊が三波、三時間にわたり市街地全域、住宅と街路に投弾、機銃掃射を加えた。堅固な建物を破壊する榴弾とともに対人殺傷を狙ったエレクトロン焼夷弾(アルミニウムと酸化鉄の粉末を混合)が使用されたことも特徴である。全住民七千人中千六百五十四人が殺され、負傷者は八百八十九人とされる(諸説あり)。当時パリにいたピカソは壁画「ゲルニカ」を描き恐怖爆撃の出現を告発した。フランコ政権は事実を否定していたが、独裁体制崩壊後、歴史の訂正が行われた。ドイツ政府も一九九七年、「ドイツ兵士の罪ある関与」を認定、謝罪した。

爆撃で破壊されたゲルニカの町

参考文献　ゴードン＝トマス・マックス＝モーガン＝ウィッツ『ゲルニカ―ドキュメント・ヒトラーに魅入られた町―』(古藤晃訳、一九八一、TBSブリタニカ)、ニコラス＝ランキン『戦争特派員―ゲルニカ爆撃を伝えた男―』(塩原通緒訳、二〇〇八、中央公論新社)　(前田　哲男)

げんえき　現役　徴兵検査における身体検査の結果、甲種・第一乙種・第二乙種とされた者から抽選で選ばれ、入営する者のこと。徴兵令では、陸軍は三年(一九〇七年十月二十六日の「陸軍現役歩兵科兵卒の帰休に関する件」により、歩兵に限り一年帰休させ、在営期間を二年に短縮）、海軍は四年服役することになっていた。二七年に徴兵令に代わり制定された兵役法では、陸軍は二年（青年訓練所で一定の教練を修めた者は一年半に短縮）、海軍は三年と、徴兵令に比べ服役期間が短縮されている。日中戦争による徴集人員の増加により、三九年三月八日の兵役法改正では抽選制度が廃止され、同年十一月十日には兵役法施行令改正で第三乙種が新設された。↓後備役 ↓予備役

参考文献 大江志乃夫「資料目録および解説」（黒田俊夫編『村と戦争―兵事係の証言―』所収、一九八八、桂書房）、加藤陽子『徴兵制と近代日本 一八六八―一九四五』（一九九六、吉川弘文館） （松田 英里）

けんえつ 検閲 軍隊の内部監察制度。一九四〇年の陸軍検閲令などでその施行方法と対象が定められており、以下の三種に分類できる。第一に、陸軍の各部隊が定期的に軍事技術の現状、出師準備の状況などを調査する検閲がある。これは、一八八〇年代から実施されており、定期検閲（師団長検閲）・臨時検閲（兵監検閲）・特命検閲があった。なお、海軍も陸軍と同様に検閲を実施していた。第二に、陸軍の出先機関である連隊区司令部が郡市役所・町村役場の兵事事務執行状況を検閲するものがある（事務検閲）。これは主に、地方行政機関の徴兵・召集事務を督励することが目的であり、兵事事務執行体制を維持するために重要な機能であった。第三に、特命検閲の一環として各府県で実施される検閲がある。これは軍隊と一般社会の関係などについて、府県庁が書類を作成し、特命検閲使に提出する方法をとっており、日露戦後の陸軍が抱いていた問題関心を反映したものである。

参考文献 松下芳男『（改訂）明治軍制史論』下（一九七八、国書刊行会）、防衛庁防衛研修所戦史部編『陸軍軍戦備』（『戦史叢書』九九、一九七九、朝雲新聞社）、中村崇高「明治期陸軍の検閲制度」（『日本歴史』六五九、二〇〇三） （中村 崇高）

けんえつせいど 検閲制度 公権力が新聞・出版物・映画・放送などの表現内容を検査すること。一八七五年に制定された新聞紙条例と出版条例以来、日本の検閲制度は二元主義的な取締体系を敷いていた。前者が新聞や雑誌など定期刊行物を、後者は一般書籍や専門雑誌、ビラなどの宣伝印刷物を対象としていた。新聞紙条例は一九〇九年に新聞紙法へ、出版条例は一八九三年に出版法へと改訂され、ともに一九四九年の廃止まで威力を発揮した。検閲の目的は基本的に国内治安の維持にあった。このため治安維持を管轄する内務省警保局の図書課が検閲実務を執り行なった。検閲は出版物の発行後に実施し、発売頒布禁止処分を施す事後検閲を建前とした。しかし満洲事変以降、陸・海軍および外務省からの検閲依頼が激増し、警保局図書課との合議により検閲が実施された。新聞を中心に戦局報道が激化すると、図書課は発禁処分となりえる記事に対し、事前に新聞界へ警告の命令を発する「内務省差止命令」により、相当な取締効果を上げた。また発禁出版物の差押を強化するため、各庁府県の警察職員を増員し、組織・資金・速報態勢に優れる大手全国紙や通信社などを、優先的に取り締まる合理的な運用を講じた。日中戦争勃発後、陸・海軍および外務省が新聞紙法第二七条に基づき、新聞検閲にも直接介入する姿勢を強めた。国家総動員法が発動され統制経済が推進されると、商工省や農林省などが、国民経済の逼迫状況を秘匿するため検閲を要請しだした。事変解決のため輿論指導の強化を求める情勢に対し、図書課は「記事編集上注意事項」という詳細な命令を事前に多発。書かせない方針から書かせる方針を強め、実質的に事前検閲的な運用手段を講じた。四〇年に情報局が設置されると、警保局の図書課は検閲課と改称され、情報局第四部に包括された。しかし第四部の大半は検閲課の職員が兼務していた。検閲制度は依頼省庁からの要請に基づき、内務省の検閲課が執行する合議体制を、最後まで維持していたのである。アジア・太平洋戦争開戦前の検閲基準は、国内輿論の動揺を回避し、国論不統一を防御する一方、アメリカへの配慮が重視されていた。しかし、政府や統帥部の戦争決意に伴い、検閲の基準は日本がアメリカの圧迫により、自衛的に開戦する記事を誘導する側面が強くなった。開戦以降は検閲の基準も刷新され、開戦目的に対する誹謗、三国同盟や日ソ中立条約への批判、大東亜共栄圏構想の侵略性や資源奪取の意図などが検閲対象事項となった。翼賛議会に関する政府や議員の発言に対しても検閲が執拗に行われた。戦局が悪化するに伴い、検閲の目的は反戦・厭戦的記事の取締が中心となった。空襲に関しては軍当局発表に記事を統制し、被害状況の誇張や罹災者の狼狽状況は掲載を禁止された。開戦と同時に実施された気象管制の影響で、愛知・東海地方を襲った二度の大地震の被害報道も検閲対象事項となった。それでも空襲や災害からの救済や復興記事は、敵愾心を昂揚するとして掲載を推進されていた。しかし、執拗かつ強固な日本の検閲制度も、敗戦後のＧＨＱによる一連の言論統制法規の廃止措置で一気に崩壊した。そしてＧＨＱは、占領軍に都合の悪い記事を制限し、ＧＨＱ当局の発表事項に記事掲載を統制する目的で、みずから検閲を開始した。日本の検閲制度と目的や手段が類似しており、制度自体が継承された側面も強かった。日本の検閲制度は新聞紙法と出版法の各条文に基づいて、さまざまな運用解釈が構築され、合理化され威力を発揮した。検閲制度が威力を発揮した背景には、新聞を中心とするメディア界が、国益を重視し、国民を鞭撻する立場を維持する点から検閲を許容し、常に検閲当局との間に相互補完関係を保っていたことも大きく関わっている。なお、日本国憲法では第二一条の第二項で検閲を禁止しており、税関を除いて現在の日本に検閲は存在しない。

参考文献　奥平康弘「検閲制度」(鵜飼信成他編『講座日本近代法発達史』一一所収、一九六七、勁草書房)、荻野富士夫『特高警察体制史—社会運動抑圧取締の構造と実態—』(一九八四、せきた書房)、中園裕『新聞検閲制度運用論』(二〇〇六、清文堂)　（中園　裕）

けんこくだいがく　建国大学　一九三八年五月、満洲国経営に役立つ人材の養成を目的として、新京(長春)に開設された文科系大学。民生部所轄の他大学とは異なり、満洲国国務院の直轄機関であった。関東軍参謀長を通じて人事が行われたため、教員には内地から招聘された国家主義的な思想を持つ日本人が多かった。学科教育は前期三年(旧制大学の予科に相当)と後期三年(学部に相当、政治・経済・文教の三学科)の計六年。学生と教員がともに寝起きする塾教育や、学費・生活費の学校負担が特色となっていた。毎年百五十名前後入学した学生は、日本人(内地生まれの者)が約五割、中国人(満洲国内外を含む)が約四割を占め、それ以外は朝鮮・モンゴル・ロシアの各民族であった。多民族が共同で生活し、学ぶことを通じて満洲国の掲げる民族協和の実践を目指していた。総長は国務総理大臣の張景恵が務めていたが、実質的な指導者は副総長の作田荘一であった。大学創設準備委員の一人(ほかは平泉澄・筧克彦・西晋一郎)であり、京都帝国大学経済学部兼国民精神文化研究所教授を務めていた作田は、学内で絶大な影響力を持っていた。三八年九月に研究院を設置した作田は、政府や協和会などと協力して満洲国の国策と一体化した調査研究を実施しようとした。研究院には基礎・文教・政治・経済・綜合の五つの研究部、およびそれぞれの下にテーマごとの研究班が組織されたが、たとえば、『満洲帝国国勢図表　康徳七年版』は、基礎研究部の図表研究班と国務院総務庁統計処の連携による研究成果である。しかし、四一年十一月と翌年三月には、思想的な理由から数多くの中国人学生が関東軍憲兵隊に逮捕される事件が発生。その責任をとって同年六月に作田が辞職し、後任に退役中将の尾高亀蔵が就任すると、学内の研究や思想上の自由は次第に圧迫されていったといわれている。四三年六月に第一回卒業式を挙行したものの、同年秋から日本人学生の学徒出陣のしわ寄せで学生数が減少。敗戦後まもなく閉校した。強固な同窓会組織が存在し、戦後も民族間の交流が続けられ、多くの資料や回想録が刊行されている。

参考文献　湯治万蔵編『建国大学年表』(一九八一、建国大学同窓会建大史編纂委員会)、建国大学同窓会『歓喜嶺遙か—建国大学同窓会文集—』(一九九一、「歓喜嶺遙か」編集委員会)、宮沢恵理子『建国大学と民族協和』(一九九七、風間書房)、山根幸夫『建国大学の研究—日本帝国主義の一断面—』(二〇〇三、汲古書院)　（柴田　陽一）

けんこくたいそう　建国体操　一九三六年、日本体育保健協会会長であった松本学の依頼をうけて東京高等師範学校教授の大谷武一が考案した体操。前操(七種)・後操(七種)・終操(一種)の十五の運動からなる。「純日本的」な体操をめざして日本古来の武道のなかにその様式を求め、突く・打つ・切るなどの武道的な動作をその要素とした。武道に象徴される日本精神の体得や、規律・共同精神の涵養が期待された。集団実施に際しては行進によって入場し、体操の前後には「建国体操前奏歌」と「建国体操讃歌」(いずれも北原白秋作詞、山田耕筰作曲)を歌うことなど、実施の形式も定められた。日中戦争開戦後の国民精神総動員という時局の流れに後押しされて、三七年以降、日本体育保健協会や全日本体操連盟等によって組織的な普及活動が行われた。四〇年の紀元二千六百年奉祝を念頭に置いて企画されたものであり、同年には「皇紀二千六百年奉祝橿原神宮奉納建国体操大会」が実施された。戦後は実施されていない。

参考文献　「松本学関係文書」(国立国会図書館憲政資料室所蔵)、石橋武彦・佐藤友久『(増補)日本の体操—百年の歩みと実技—』(一九六六、不昧堂書店)、藤野豊『強制された健康—日本ファシズム下の生命と身体—』(『歴史文化ライブラリー』、二〇〇〇、吉川弘文館)、佐々木浩雄「量産される集団体操」(坂上康博・高岡裕之編『幻の東京オリンピックとその時代』所収、二〇〇九、青弓社)　（佐々木浩雄）

げんすい　元帥　陸海軍大将の内、陸軍大臣等の推薦により天皇が裁可して与えられる栄誉称号。一八七二年から七三年までは階級としての元帥(一等官)があり、西郷隆盛を任じた。七三年にこの制度は廃止となり、大将が一等官になった。九八年一月、明治天皇の詔書により「朕が軍務を輔翼せしむる為」の機関として元帥府を置き、「陸海軍大将の内老功卓抜なる者」を選抜して元帥とし、「朕が軍務の顧問」とするとされた。元帥となっても階級はあくまで大将。大将以下は陸軍・海軍がその階級の前につくが、元帥は陸海軍の別を表現しない。天皇の軍事上の最高顧問であるから、最高優遇がなされ、元帥佩刀と元帥徽章(天保銭型)とを天皇から下賜される。定年はなく終身現役。一九四五年敗戦までに、陸軍十七名(皇族五名、山口四名、鹿児島四名など)、海軍十三名(皇族三名、鹿児島五名など)が任じられた。乃木希典、山本権兵衛、秋山好古などは任じられていない。親子で元帥になったのは山口出身の寺内正毅と寺内寿一。元帥府に列し、天皇の諮問に答えるほか、天皇の下に置かれた軍事参議院(元帥、陸海軍大臣、参謀総長、軍令部長、参議官専任の大将・中将)の構成員でもあり、軍縮などの抵抗勢力は彼らであった。

参考文献　成田篤『陸海軍腕比べ』(一九二七、大日本雄弁会)、松下芳男『話題の陸海軍史』(一九二七、忠勇社)　（原田　敬一）

けんせい　建制　陸軍では、国軍建設の根本制度の総称を指す。法律もしくは軍令によって規定されるものだが、編制上の規定に従う団結および上下の隷属関係も建制といい、一指揮下に固定結合された部隊を建制部隊と称した。海軍では、制度をもって恒久的に建設された編制を指す。

参考文献 偕行社編『軍事機密 統帥綱領・統帥参考』(一九六二)、防衛庁防衛研修所戦史部編『陸海軍年表』(『戦史叢書』一〇二、一九八〇、朝雲新聞社)　（一ノ瀬俊也）

げんだみのる　源田実　一九〇四―八九　昭和前期・太平洋戦争期の海軍軍人。一九〇四年八月十六日、農業・酒造源田春七の次男として広島県に生まれる。一九二四年海軍兵学校卒（第五十二期）、二八年十二月第十九期飛行学生を命ぜられ、戦闘機操縦員となる。その後、大尉時代に行なった三機編隊によるアクロバット飛行は「源田サーカス」と呼ばれ、またこのころ太平洋戦争期に活躍することになる急降下爆撃機の用法についての研究にも従事した。三五年十月に海軍大学校に入学、三七年七月に卒業するが、すでにこの時代に強く戦艦廃止・航空主兵論を説くようになっていた。三七年第二連合航空隊参謀、三八年横須賀海軍航空隊飛行隊長、同年十二月からはイギリス大使館付武官補佐官となり、この駐在期間に第二次世界大戦の勃発をヨーロッパで迎えた。帰国後は、四〇年十一月第一航空戦隊参謀、四一年四月には新編された第一航空艦隊参謀となり、山本五十六連合艦隊司令長官が推進したハワイ作戦に関してその作戦構想の段階から係わり、また作戦実施部隊として南雲忠一第一航空艦隊司令長官を補佐した。ミッドウェー作戦においては、その実施を急ぐ連合艦隊司令部に対して、作戦準備期間が短いなどの理由から山口多聞第二航空戦隊司令官とともに作戦実施の延期を具申していたが受け入れられなかった。ミッドウェー海戦敗戦後は、空母「瑞鶴」飛行長、第十一航空艦隊参謀を経て、四二年十一月軍令部第一部第一課部員として航空作戦を担当する。四四年十月海軍大佐に進級し、四五年一月には第三百四十三航空隊司令となる。この司令時代、新鋭戦闘機「紫電改」よりなる部隊を指揮して、終戦まで西日本の防空にあたる。同年十月佐世保鎮守府付、十一月予備役となる。戦後は航空自衛隊に入隊して、五九年七月には航空幕僚長となる。また、さらにその後六二年七月には参議院議員となり、四期二十四年間を務めた。八九年八月十五日没。八十四歳。

参考文献 源田実『海軍航空隊始末記』(一九九六、文藝春秋)、同『海軍航空隊、発進』(一九九七、文藝春秋)、同『真珠湾作戦回顧録』(一九九八、文藝春秋)　（相澤　淳）

げんちちょうたつ　現地調達　対外戦争において、糧秣などの物資調達を後方からの補給によらず、戦地で入手すること。日本陸軍では建軍以来弾薬の補給が優先され、糧秣の補給は軽視されていた。そのため、必要な物資の現地調達が不可欠であった。本来は所定の代価を支払う建前であったが、実際には住民避難後の住居から持ち去る、住民から強奪する、といった事例が多発した。

参考文献 山田朗「兵士たちの日中戦争」(倉沢愛子他編『(岩波講座)アジア・太平洋戦争』五所収、二〇〇六、岩波書店)　（中野　良）

げんばくさいばん　原爆裁判　原爆・核兵器使用または被爆者に対する損害賠償・原爆症認定についての司法判断。国内では一九五五年広島の被爆者が東京地裁に、国を相手に被爆者への損害賠償を求め、またアメリカによる原爆投下を国際法違反とする旨の訴訟を行なった。六三年東京地裁は個人に国際法上の損害賠償権はないと訴えを棄却したが、この事例は国による被爆者援護政策の推進に役割を果たした。またその後も原爆症の認定をめぐり個別あるいは集団訴訟がなされてきた。国際的な司法判断としては、核兵器の使用・威嚇に関する合法性について、九三年世界保健機関と国連総会が国際司法裁判所に勧告的意見を要請した。国際司法裁判所の勧告的意見は、核兵器の使用・威嚇が国際人道法に「一般的」に違反するとした一方で、「国家の存亡」そのものが危険にさらされている自衛の極端な状況において」、合法・違法性について裁判所は結論をくだすことができないとされ、判事間での意見対立を示すものとなった。

参考文献 松井康浩『原爆裁判―核兵器廃絶と被爆者援護の法理―』(一九八六、新日本出版社)、ジョン＝バロース『核兵器使用の違法性―国際司法裁判所の勧告的意見―』(浦田賢治監訳、二〇〇一、早稲田大学比較法研究所)　（篠原　初枝）

げんばくとうか　原爆投下　一九四五年八月六日広島、八月九日に長崎に原子爆弾がアメリカによって投下された。原爆投下をめぐっては、歴史学上の論争がなされてきた。アメリカでは、原爆投下によって日本の降伏がもたらされたとする解釈が終戦直後から提示されたが、六〇年代になるとこれに対し、むしろ戦後ソ連に対して優位な立場を形成するために原爆を投下したのであるという「修正主義」の解釈が示された。さらに両者を架橋するような形で、原爆は終戦を早め、かつ外交上の武器であるといった折衷派の議論がなされるようになった。最近では、日本や旧ソ連の一次史料を用いた研究も増えるようになり、日本側の要因についてもより詳細な研究がなされるようになった。

原爆開発の原点は、科学的にはドイツで三八年十二月に核分裂が発見されたことであり、政治的にはドイツが戦争を開始しアメリカがドイツの原爆開発を懸念したことにある。アメリカは、マンハッタン計画といわれる秘密プロジェクトで原爆の開発を進めた。外交レベルでは四三年八月十九日、ケベック協定が結ばれ、原爆にかんする英米の協力が約束された。ローズヴェルト大統領は、原爆が戦争に勝つための武器のみならず、戦後世界に持つ意味を理解していた。ローズヴェルトは大国による協調によって戦後世界が維持できると考えており、イギリスのチャーチル首相は、ソ連に不信感を抱いており、英米主導の戦後秩序において原爆が大事な役割を持つと予測していた。当初は対ドイツ向けの武器として開発され

上空からみた原爆投下直後の広島

長崎の浦上天主堂

た原爆であったが、四五年五月七日にドイツが降伏したことによって、ドイツに使用するという選択肢はなくなった。太平洋戦線では、沖縄が陥落した後も日本は徹底抗戦を主張していた。七月十六日原爆実験成功のニュースは、ポツダム会議中のトルーマン米大統領のもとにもたらされ、会議の場でソ連のスターリンにも伝えられた。これはかねてより英米への不信を募らせていたソ連の極東戦線への準備を加速させた。七月二十六日に発せられたポツダム宣言では、アメリカ政府内で議論されていた日本の無条件降伏の緩和策はとられず、一方、日本の重臣は「国体護持」が明確でないと懸念し軍部も徹底抗戦を主張したことで、ポツダム宣言は「黙殺」されることになった。この間、太平洋のテニアン島におかれた原爆投下部隊では、投下準備が進められていた。投下地の候補としては新潟や小倉なども挙げられていたが、当日の天候によって広島と長崎に投下された。

原爆投下は、二十世紀国際政治史上重要な分水嶺であった。原爆は、最初の開発段階から軍事的兵器であると同時に外交的武器であることも意識されており、英米が原爆をソ連に秘密裡に開発したことで、ソ連の不信を招きソ連の対日参戦を早めたといわれる。戦争の終結わずか一週間前にソ連が参戦したことで、東アジアにおける米ソの勢力範囲を示す境界線は、アメリカが予想したよりもはるかにソ連に有利な位置で引かれることとなった。原爆投下は日本の降伏を導く一因だったとしても、第二次世界大戦の終盤で米ソの競争を激化させ、冷戦および朝鮮半島分断の一因ともなり、戦後の米ソ核軍拡競争にもつながった。原爆が投下された広島と長崎では、広島十四万、長崎七万(四五年末までの推定原爆死没者)という犠牲者をもたらした。アメリカの対日占領下では、原爆報道は検閲対象とされたが、その情報は世界中にもたらされ、被害の甚大さが知られるようになっていった。日本の戦後史においては、原爆投下は核廃絶を希求する「平和国家日本」という国民的アイデンティティ形成の礎ともなった。広島平和記念資料館、長崎原爆資料館には多くの人々が訪れている。また、ジョン＝ハーシーによる『ヒロシマ』、中沢啓治『はだしのゲン』、丸木位里・俊「原爆の図」など多くの文化的表象作品が生まれ、被爆者による証言とともに、この経験を語り継ぐものとなっている。

参考文献　マーティン＝シャーウィン『破滅への道程―原爆と第二次世界大戦―』(加藤幹雄訳、一九七八、TBSブリタニカ)、荒井信一『原爆投下への道』(一九八五、東京大学出版会)、吉田裕『昭和天皇の終戦史』(『岩波新書』、一九九二、岩波書店)、麻田貞雄「原爆投下の衝撃と降伏の決定」(細谷千博他編『太平洋戦争の終結―アジア・太平洋の戦後形成―』所収、一九九七、柏書房)、長谷川毅『暗闘―スターリン、トルーマンと日本降伏―』(二〇〇六、中央公論新社)

（篠原　初枝）

げんばくドーム　原爆ドーム　原子爆弾で被爆した広島県産業奨励館の建物。残骸の頂上の円蓋鉄骨の形から原爆ドームと呼ばれる。建物はチェコ人の建築家ヤン＝レツルの設計により、一九一五年四月に建物が完成し、八月に広島県物産陳列館として開館した。建物は一部鉄骨の煉瓦造で、外装には石材とモルタルが使われた。窓の多い三階建で、正面中央部分は五階建の階段室であり、その上に銅板の楕円形のドームが載っていた。産業奨励の展示や事業のみでなく、美術展・博覧会などの会場としても使われた。館の名前は、二一年に広島県立商品陳列所、三三年には広島県産業奨励館に変わった。戦争末期の四四年三月末で館の機能は終わり、官公庁や統制組合の事務所となった。四五年八月六日の原子爆弾投下により、爆心地から北西約一六〇メートルの至近距離で被爆し、

被爆直後の原爆ドーム

爆風と熱線を浴びて大破し、天井から火を吹いて全焼した。本屋の中心部は奇跡的に倒壊を免れた。この建物の中にいた職員は全員即死した。戦後当初は、原爆の惨禍を伝える記念物として残すべきという考えと、危険建造物であり被爆の悲惨な思い出を忘れたいので取り壊すべきという考えとの対立があった。市街地が復興し、被爆建物がつぎつぎとなくなる中で、次第に原爆ドームを保存しようという考えが強くなり、保存運動が本格化していった。建物の痛みがひどくなり、六七年度に第一回、八九年度に第二回、二〇〇二年度に第三回の保存工事をしている。日本の世界遺産条約加盟を契機に、原爆ドームの登録を求める動きが始まった。まず前提として、九五年六月に文化財保護法による国史跡に指定され、九六年十二月には世界遺産に登録された。被爆した当時の姿のまま立ち続ける原爆ドームは、核兵器の惨禍を伝え、核兵器の廃絶と世界の恒久平和の大切さを訴え続ける人類共通の平和記念碑となっている。

参考文献　広島市『広島原爆戦災誌』二(一九七一)、江崎一博「原爆ドーム」(『月刊文化財』四三一、一九九九)、広島県立美術館編『廣島から広島—ドームが見つめ続けた街展—』(図録、二〇一〇)

(山辺　昌彦)

げんばくのず　原爆の図　水墨画家丸木位里(一九〇一—九五)と洋画家丸木俊(旧姓赤松俊子、一九一二—二〇〇〇)夫妻の共同制作による全十五部の日本画作品。原爆被害を主要なテーマに三十二年間にわたって描きつづけられた。各作品とも縦一・八×横七・二メートルの四曲一双の屏風。第一—十四部は原爆の図丸木美術館、第十五部は長崎原爆資料館所蔵。四五年八月、丸木夫妻は原爆投下後の広島の惨状を目撃。占領下の検閲により被爆直後の人的被害を撮影した写真や映像の公開が制限されるなか、四八年ごろから被爆の実態を伝える絵画の制作をめざした。五〇年二月第三回日本アンデパンダン展に、検閲を慮って「八月六日」というタイトルで、のちの原爆の図第一部「幽霊」を発表。同年八月には第二部「火」、第三部「水」を発表。広島出身の位里の親族をはじめとする直接体験者の証言、松重美人や山端庸介らの写真、大田洋子の小説などを参考に制作された写実的な等身大の裸体群像、とりわけ被爆した女性や嬰児の姿が反響を呼ぶ。同年秋からは三部作の全国巡回展が開始され、発表時の板張りパネルから持ち運びに便利な掛け軸へと仕立て直された。巡回展当初には作者も同行し、俊が絵の前で行なった解説は現在も作品とともに展示されている。朝鮮戦争下での巡回展は労働組合や大学生らを担い手とした反米平和運動としても展開。五二年には青木文庫『原爆の図』刊行、今井正監督映画「原爆の図」も制作され、再制作版、写真版の原爆の図も巡回するなど、占領終結前後の日本人の原爆イメージを形作る上で大きな役割を果たした。五三年には第一部から第三部が、五六年からは第十部までが世界約二十ヵ国を巡回し、六四年に帰国。

「原爆の図」第一部「幽霊」

六七年、埼玉県東松山市に原爆の図丸木美術館開館。七〇年のアメリカ巡回展後、丸木夫妻は第十三部「米兵捕虜の死」、朝鮮人被爆者を描いた第十四部「からす」を発表、さまざまな被爆者、戦争犠牲者の存在に眼を向けるようになる。

参考文献　ヨシダ＝ヨシエ『丸木位里・俊の時空—絵画としての『原爆の図』—』(一九九六、青木書店)、小沢節子『原爆の図』—描かれた〈記憶〉、語られた〈絵画〉—』(二〇〇二、岩波書店)　(小沢　節子)

けんぺい　憲兵　陸海軍の警察として、直接戦闘には参加せず、(一)軍事警察、(二)軍事行政および一般の行政警察、(三)司法警察のすべてを司り、主として軍人の軍紀・風紀・犯罪などを取り締まる。日中戦争以後の国防保安法・軍機保護法のもとでは、民間人の監視・捜査なども行うようになった。駐屯地だけでなく、都市部にも憲兵派出所が置かれ、取締りを行なった。戦地ではさらに任務が拡大され、戦地の不正行為の取締り、交通・治安の維持、軍用建造物の保護、敵意ある人民の抑圧・鎮撫、スパイの取締りなどにもあたった。採用は、一年以上在営の現役兵で「志操確実な者」の志願者中から行う。採用されると、憲兵教習兵として三ヵ月間憲兵学校に入り、卒業後憲兵上等兵となる。したがって憲兵の最下級階級は上等兵となる。現役兵として六年以上勤務し、そのうち憲兵上等兵として二年以上勤務し「志操確実」と認められた者は憲兵下士官(伍長・軍曹・曹長)に採用される。憲兵下士官は准尉に昇進ののち、憲兵学校に再入学し、卒業すれば憲兵士官に採用される。

参考文献　陸軍壮丁教育会編『戦時壮丁宝典　昭和十五年』　(原田　敬一)

げんまいしょく　玄米食　玄米(精白していない米)食は戦時期より以前から一部の学者などにより健康食として推奨されていたが、白米に慣れた者には味が劣り消化も悪いため普及しなかった。しかし戦時体制に入ると搗き減りがなく栄養豊富な玄米食の普及が叫ばれ、陸軍でも胚芽米(胚芽を残して精白)食の導入が進められた。一九三九年十一月には節米のため白米を禁止、七分搗米(ぬか層、胚芽の七割を除いたもの)が法定標準米とされた。その後帝国議会にも玄米食導入の請願が出されるようになったが、厚生省などは七分搗米が最適と消極的であった。しかし大政翼賛会が玄米食を強硬に主張し、厚生省や反対論者も同調せざるを得なくなった。それでも各家庭での精米は認められていたため、玄米の配給は各家庭での一升瓶による米搗きを普及させた。陸軍にも精米機を購入して七分搗米を給養する部隊があったし、海軍は玄米食にまったく同調しなかったという。

参考文献　萩原弘道『栄養と食養の系譜—主食論争から健康食品まで—』(一九八五、サンロード)　(一ノ瀬俊也)

けんみんうんどう　健民運動　アジア・太平洋戦争期、厚生省と大政翼賛会を中心に展開された国民運動およびその関連施策。一九四一年一月に「人口政策確立要綱」が閣議決定されると、厚生省は人口政策を基軸とする厚生行政の再編強化に乗り出した。その際厚生省は、人口政策を単なる行政施策としてではなく国民運動として展開する構想をたてた。この国民運動には民族増強運動といった名称が予定されていたが、四一年七月に厚相に就任した小泉親彦は、厚生行政の目的を「健兵健民」という言葉で表現することを好み、小泉の意向により健民運動という名称で呼ばれることとなった。四二年度から開始された健民運動では、同年七月に新設された大政翼賛会厚生部が、運動の組織面における中心的役割を担った。保健医療施設の整備や保健医療関係者の組織化など、健民運動を進める上での体制整備も進められた。四三年には日本医師会・日本歯科医師会・日本薬剤師会・大日本産婆会・日本保健婦協会・大日本体育会の六団体をもって健民運動中枢団体連絡会が組織され、また町内会・部落会には健民部、官公庁・会社・商店・工場等には健民会を設置するよう指示がなされた。こうした施策の拡大につれて、健民運動という用語は、「健兵健民」政策の実現を目指す施策の総称へとその意味を拡大していった。

→人口政策確立要綱

参考文献　高岡裕之編『厚生運動・健民運動・読書運動』(『資料集　総力戦と文化』二、二〇〇一、大月書店)、高岡裕之『総力戦体制と「福祉国家」—戦時期日本の「社会改革」構想—』(『戦争の経験を問う』、二〇一一、岩波書店)　(高岡　裕之)

けんみんしゅうれん　健民修錬　アジア・太平洋戦争期、体力的「弱者」を対象に実施された特別訓練。一九四〇年に国民体力法による体力検査が開始されると、体力が不足していると判定された者への対策が課題となり、四一年度から国民体力向上修錬会が実施された。これは筋骨薄弱者(胸囲・体重などの不足により、軍務に耐えられない体格とみなされる者)と判定された者のうち、昼間通年制の学校に在学する学生・生徒などを除いた勤労青年で事情が許す者について、学校・寺社などに一週間収容して体力向上に向けた短期集中指導を行うというものであった。こうした対象の限定のため、国民体力向上修錬会の参加目標とされた人員は五万人程度であった。他方、四二年八月には、小泉親彦厚相の主唱により「結核対策要綱」が閣議決定された。この要綱では、体力検査の結果「弱者」(筋骨薄弱者・軽症結核患者・恢復期結核患者)と判定された者に対して、「一定期間療養及修錬を併施する健民修錬の施設をなす」ことがうたわれていた。ここに登場した健民修錬を実施するため、一九四三年には全国約二千ヵ所にのぼる健民修錬所が寺院・道場などを利用して開設され、約四十万人にのぼる青年「弱者」が二ヵ月間に及ぶ修錬を受けた。結核対策を名目として開始された健民修錬であったが、実際の入所者の多数を占めたのは筋骨薄弱者であり、しかも筋骨薄弱と結核の相関関係については関係者の間でも疑義が存在していた。また筋骨薄弱者であっても、陸軍の選兵基準に満たない身長一四九ｾﾝﾁ未満の者(十八、十九歳の場合)や視力〇・三未満の者は除外されており、健民修錬の目的が筋骨薄弱者の体力強化による兵員確保にあったことは疑いえない。それゆえ修錬の内容も体力向上に主眼が置かれ、その基準は体力章検定の級外甲以上合格とされた。四四年になると、国民体力検査の一環に体力章検定が組み込まれ、その成績が級外乙以下の者は「一般要鍛錬者」として健民修錬の対象とされるようになったほか、徴兵検査において筋骨薄弱のため第二乙種・第三乙種と判定された者も「壮丁要鍛錬者」として健民修錬が義務付けられるなど、兵員確保のための特別訓練としての性格は一層明確となった。 →国民体力法 →体力章検定

参考文献 高岡裕之「戦争と「体力」」(阿部恒久・大日方純夫・天野正子編『モダニズムから総力戦へ』所収、二〇〇六、日本経済評論社) (高岡 裕之)

げんりにほんしゃ 原理日本社 三井甲之、蓑田胸喜、松田福松らが中心となって一九二五年十一月五日に創立された国家主義団体。三井が伊藤左千夫とともに創刊した文芸誌『アカネ』の後継誌にあたる『人生と表現』を刊行していた人生と表現社が前身である。機関誌『原理日本』を発行。三井を精神的指導者としつつ、特定の主義によらず、あるがままの日本を最高絶対の原理として随順する同人たちによる信仰共同体的性質をもつ団体であり、同人は人間的な温かみあふれる強固な絆によって結ばれている反面、彼らが非日本的と見定めた存在に対しては激烈な攻撃でもって対応した。原理日本社は、帝国大学こそ日本に政治的革命が起こるのを阻止するための「思想参謀本部」として機能しなければならないにもかかわらず、むしろ革命を促すような思想をもつ教員が多いことを問題視し、帝国大学の学風を改革する「学術維新」を遂行することによって思想問題を解決し、革命を防ぐことができると考えていた。そのため特に東京帝国大学法学部教員に対する批判は執拗であり、『原理日本』誌上での論難にとどまらず、貴族院議員菊池武夫、三室戸敬光らとの関係を利用して政府に対して教員の免職、著書の発禁などの行政処分を要求したり、告訴を繰り返し、三三年の滝川事件、三五年の美濃部達吉天皇機関説排撃事件、四〇年の津田左右吉筆禍事件の火付け役となった。原理日本社の批判対象は、河上肇らマルクス主義者、河合栄治郎ら自由主義者にとどまらず、大川周明ら国家主義者や西田幾多郎、三木清ら京都学派にも及んだ。ただし、四〇年以降、帝国大学や論壇における日本主義化の進展に三井の帰郷、蓑田の病気といった事情も重なり、原理日本社の活動性・影響力は低下していく。そのさなかの四三年田所広泰ら精神科学研究所幹部はみずから指導を受けた三井や蓑田らを乗り越え、東条内閣打倒運動に踏み込み、東京憲兵隊に検挙されるに至る。

参考文献 『蓑田胸喜全集』(二〇〇四、柏書房)、竹内洋・佐藤卓己編『日本主義的教養の時代―大学批判の古層―』(二〇〇六、柏書房)、植村和秀『「日本」への問いをめぐる闘争―京都学派と原理日本社―』(二〇〇七、柏書房) (昆野 伸幸)

げんろう 元老 明治中期から一九四〇年最後の元老西園寺公望の死去まで続いた、憲法その他の法令に基づかない政界長老の称で、天皇から「元勲優遇」の詔勅を受けたか、またはこれに準ずる者。大正中期には山県有朋ら元老が相ついで亡くなり、西園寺が唯一の元老となって宮中において権威を確立、後継内閣首班奏薦では絶対的な発言権を有していた。西園寺は国際協調外交を支持し、政党政治を推進した。五・一五事件で政党政治を続けることが困難と判断しても、中間内閣として協調外交に理解を示す斎藤実を奏薦し、ファッショ的流れを抑えた上でいずれは政党政治に戻そうと考えていた。しかし、二・二六事件で西園寺系の宮中官僚が襲撃されると、次第にその影響力を失っていき、一九四〇年六月木戸幸一が内大臣に就任すると、近衛新体制運動をナチス的だとして嫌っていたにもかかわらず、第二次近衛文麿内閣の成立を阻止できなかった。その後西園寺は失意のなかで死去し、同時に元老も消滅した。 →宮中グループ →西園寺公望

参考文献 永井和『青年君主昭和天皇と元老西園寺』(二〇〇三、京都大学学術出版会) (後藤 致人)

げんろんしゅっぱんしゅうかいけっしゃとうりんじとりしまりほう 言論出版集会結社等臨時取締法 アジア・太平洋戦争開戦直後の一九四一年十二月十九日公布、二十一日に施行された治安法。対米英開戦を予測して七月ごろから立案され、九月初めには緊急勅令案として全十九条の「言論、出版、集会、結社等臨時取締令」が準備されていた。当初の案では新聞・出版物などの編集の直接指導、新聞記者に対する登録制度の実施なども盛り込まれていた。おそらく国民に与える心理的な衝撃の大きさを配慮して、緊急勅令案は断念され、議会審議による法案に転換したと思われる。国家総力戦遂行の妨害となるものを排除し、戦時下の治安の完璧を期するとして、国論の統一と流言蜚語の取締の徹底強化を目的とした。全十八条で、第七十八帝国議会の貴族院・衆議院の審議は委員会・本会議とも異論なく一日で終わり、原案通り可決された。

すでに言論・出版・集会・結社などの取締については治安警察法・新聞紙法・出版法の規定があり、おおむね届出主義をとっていたが、戦時下国内の安寧秩序保持のために政事結社・政事集会・屋外集会・多衆運動を許可制度とし、従来は届出も必要なかった思想結社・思想集会も許可制とした。また、出版物の新規発行を許可制とするほか、出版物については発禁処分となった以後の発行停止をできるようにした。現行法規に比べて刑罰を相当加重している。戦時下において結社の許可取消はこの

臨時取締法が適用されるが、臨時取締法に規定のない事項については治安警察法が適用された。政事結社・思想結社については、臨時取締法にもとづく監視が加えられていた。大政翼賛会は公事結社とされた。

　臨時取締法のもう一つの目的は流言蜚語の取締にあり、こちらの運用が戦時下の国民の言動・生活に深くかかわった。すでに刑法・陸軍刑法・海軍刑法・国防保安法・警察犯処罰令などに流言蜚語の規定があったが、陸・海軍刑法では「軍事に関すること」に限られ、警察犯処罰令では軽罪であったため、使い勝手のよい取締法が必要とされた。第一七条は「時局に関し造言飛語を為したる者」に対して、「二年以下の懲役若しくは禁錮、又は二千円以下の罰金」を科す。「時局に関し人心を惑乱すべき事項を流布したる者」を処罰する第一八条は、その事項が「事実であろうとも、其表現せることが思想に出でたると、信仰の為めなると、臆説なると、個人的意見の開陳たる」(静岡県特高課『言論出版集会結社等臨時取締法解説』四二年一月)と関係なく処罰するというものであった。

　治安維持法違反とされる事犯が一定のイデオロギー性をもち、組織性・集団性を有するのに比べて、臨時取締法違反では思想性・イデオロギー性の薄い個人的犯罪が対象となった。この二つの治安法がそれぞれの機能を分担することによって、戦争遂行態勢に障害となるとみなした言動を封殺した。違反とされる事件は偶発的、無知に起因する場合が多く、大半は警察・憲兵段階で訓戒・釈放された。検事局への送致・起訴率は低い。

　検事局に送致された一九四五年度分の臨時取締法による第一七条・第一八条の違反事件に関する報告をみると、「敗戦」に関する流言蜚語がもっとも多く、ついで「空襲」、「官民離間」に関するものとなる。司法処理の状況は各検事局間の差が目立ち、統一的な基準は確立されていなかったと思われる。起訴猶予の割合が多いが、略式命令の罰金刑や懲役刑という有罪判決となった場合でもその幅が大きい。戦局が劣勢を加えるなかで運用は活発化し、国民の言動・生活を抑圧する治安法としての機能を発揮した。敗戦後も臨時取締法の運用を継続して厳罰を科した事例がある一方、事態の転換を受けて不起訴にした事例もある。

　政府は敗戦直後、臨時取締法を緩和し、集会結社などの届出による許可制に改めようとしたが、査察は継続した。そのため、ＧＨＱの「人権指令」発令により、十月十三日に廃止となった。

参考文献　粟屋憲太郎・黒田康弘編『言論・出版・集会・結社等臨時取締法制定資料』(二〇〇五、現代史料出版)、荻野富士夫『「戦意」の推移―国民の戦争支持・協力―』(二〇一四、校倉書房)

(荻野富士夫)

こいきん　顧維鈞　Gu Weijun　一八八八―一九八五　中国の外交官。一八八八年一月二十九日江蘇省嘉定県で出生。一九〇一年上海聖約翰書院に入学。〇五年コロンビア大学に留学、一二年に論文「中国における外国人の法的地位」で国際法と外交の博士号を取得。中華民国が誕生した後、一二年五月に帰国し政府に参加。国務院秘書や外交部参事などを歴任した後、一五―二〇年に駐米公使兼駐キューバ公使となる。その間、一九年のパリ講和会議では中国の全権代表として、日本に二十一ヵ条要求の取消と山東権益の返還を求める。二〇年九月―二二年五月駐英公使となるが、二〇年の国際連盟中国首席代表、二一年のワシントン会議中国全権代表として不平等条約の撤廃を訴え続けた。二二―二七年には外交総長や国務総理などを務める。二八年、中国国民党が率いる北伐革命により北京政府が倒れ、南京の国民政府が中国を支配し始めた後、顧は海外に亡命した時期もあったが、

顧維鈞

三一年の満洲事変を契機に国民政府に起用され、十一―十二月に外交部長に就任した。翌年には中国代表として国際連盟のリットン調査団に対応した。三二―三六年に駐仏公使、三六―四一年同大使として、日中問題をはじめとする外交課題にあたる。その間、三七年のブリュッセル九ヵ国会議では全権代表として、対日制裁を求めた。四一―四六年に駐英大使を務める。四五年サンフランシスコ会議代表団の団長代理として、国際連合の創設と国連憲章の起草に尽力した。四六年から駐米大使兼駐国連代表団団長に就任、国民党政権が台湾に移った後の五六年まで続ける。五六―六七年にハーグ国際司法裁判所判事、六四年に同裁判所次長に任命された。引退後米国に移住、八五年十一月十四日没。九十八歳。著書に『顧維鈞回憶録』（北京、一九八三―九四年、中華書局）などがある。

参考文献 『顧維鈞回憶録』（北京、一九八三―九四、中華書局）

（鹿 錫俊）

こいけまさとら 小池正彪 一八八五―一九六一 昭和期の経営者。一八八五年十月二日生まれ。東京帝国大学法科卒。一九〇九年、三井銀行入社、三四年取締役、三五年常務取締役。四一年、三井総元方常務理事に就任、三井本社設立の衝にあたる。四四年三月、三井本社の代表取締役・筆頭常務理事（専門経営者トップ）に就任、四五年四月取締役・参与理事に退き、十二月退任。六一年三月三十一日死去。七十五歳。

参考文献 三井文庫編『三井事業史』本篇三下（二〇〇一）

（吉川 容）

こいずみちかひこ 小泉親彦 一八八四―一九四五 大正・昭和期の陸軍軍医、医学者、第八・九代の厚生大臣。一八八四年九月九日、旧鯖江藩医・陸軍軍医である小泉親正の三男として父の任地大阪で出生。第六高等学校を経て一九〇四年に東京帝国大学医学部進学、陸軍衛生部依託学生となり、〇八年卒業と同時に陸軍見習医官となる。一四年から陸軍軍医学校教官をつとめ、二一年には医学博士、三〇年より陸軍軍医監。三二年近衛師団軍医部長となるが、翌三三年には陸軍軍医学校長、三四年には陸軍軍医総監に昇進、軍医の最高職である陸軍省医務局長に就任。三七年、陸軍武官官等表改正により陸軍軍医中将。専門は生化学であり、治療・防疫を中心とする従来の陸軍衛生を批判、医学の応用により兵士の能力向上を目指す独自の「衛生」論を展開した。第一次大戦時にはいち早く毒ガスの研究を行い、三〇年代には石井四郎の細菌戦研究を支持。二・二六事件後は「国民体位低下」論を展開して「衛生省」設立を主張、厚生省の創設を導いたが、三八年十二月、突如として予備役に編入された。三九年からは日本産業衛生協会会長をつとめ、国民精神総動員運動委員会委員、国民体力審議会委員に就任。四一年七月、第三次近衛内閣の厚生大臣に就任、東条内閣の厚相もつとめた。厚相としては「健兵健民」を標榜して厚生行政の戦時的強化につとめ、国民医療法の制定、国民健康保険普及運動、結核対策・国民体力管理の強化、妊産婦手帳制度の創設などを推進した。また生活科学の振興を主張し、国民生活科学化協会の名誉会長となった。厚相辞任後は貴族院議員、日本赤十字社理事。一九四五年九月十三日、戦犯容疑者としての取調を前に、割腹自殺した。六十二歳。

参考文献 小泉親彦『軍陣衛生』（一九二七、金原商店）、常石敬一・朝野富三『細菌戦部隊と自決した二人の医学者』（一九八二、新潮社）、窪田義男『小泉親彦』（二〇〇三、鯖江地区まちづくり推進協議会）、高岡裕之『総力戦体制と「福祉国家」―戦時期日本の「社会改革」構想―』（『戦争の経験を問う』、二〇一一、岩波書店）

（高岡 裕之）

こいそくにあき 小磯国昭 一八八〇―一九五〇 大正・昭和期の陸軍軍人、政治家。一八八〇年三月二十二日栃木県生まれ。一九〇〇年陸軍士官学校卒（第十二期）。日露戦争に中尉で従軍。一〇年陸大卒。早くから総力戦に着目し一七年「帝国国防資源」を書く。航空本部総務部長、陸軍省整備局長などを経て、三〇年軍務局長となり在任中に三月事件に関与。三二年犬養毅内閣で陸軍次官。同年関東軍参謀長、建国直後の満洲国の指導にあたり、日満議定書作成、日本人官吏招聘、反乱鎮圧などを手がけた。その後第五師団長、朝鮮軍司令官を歴任し、三七年大将に昇進したが、翌年予備役編入。三九年平沼内閣、四〇年米内内閣で拓務大臣をつとめ、四二年朝鮮総督。四四年七月、「大東亜戦争の目的完遂に努むべし」との勅語を受け組閣、最高戦争指導会議を設置したが、国務と統帥の一元化は果たせず、四五年四月、米軍沖縄上陸を機に総辞職した。戦後A級戦犯となり終身刑判決を受ける。五〇年十一月三日巣鴨の収容所内で病没。七十歳。

小磯国昭

参考文献 小磯国昭『葛山鴻爪』（一九六八、丸ノ内出版）

（山本 公徳）

こいそくにあきないかく 小磯国昭内閣 一九四四年七月二十二日、東条英機内閣のあとを受けて成立した内閣。首班（総理）は朝鮮総督であった小磯国昭予備役陸軍大将。この内閣は、昭和天皇の意向もあり、小磯単独首班とはならず、重臣の一人であった米内光政（元首相・海軍大将）が副総理格の海軍大臣として入閣して隈板内閣以来の（小磯・米内）連立内閣として発足した。主要閣僚としては、陸軍大臣に杉山元（元帥・陸軍大将）、海軍大臣には米内、外務大臣に重光葵が就任した。小磯内閣が成立した時期、まさに日本はサイパン島を喪失し、日本本土の大半が米軍による戦略爆撃の圏内に入り、欧州では第二戦線もすでに結成されていて日独の敗北が決定的となっていた。そのため小磯内閣は、日独の敗戦を意識しながらも、国内施策として決戦態勢を固めつつ、外交施策として日中和平といった和平工作の実現に期待をかけた。小磯首相自身は、軍が軍事情報を独占し、政府（内閣）が軍に追随している状況の改善を図り、首相の大本営列席を希望したが陸軍の反対で頓挫し、四四年八月、かわりに最高戦争指導会議を設置するも、会議の実態は大本営政府連絡会議とかわらなかった。小磯内閣は、女子挺身勤労令・学徒勤労令公布（ともに八月二十三日）、国民勤労動員令公布（四五年三月六日）、「決戦教育措置要綱」の閣議決定（三月十八日）、国民義勇隊構想の閣議決定（三月二十三日）などを矢継ぎ早に決定し、国内動員・決戦態勢の強化を図った。こうした施策は、本土空襲が本格化するなか国民の厭戦気分醸成を防ぐ狙いもあった。一方で小磯内閣は、英米との和平実現にも期待し、表向きは徹底抗戦を国民に声明している建前、主敵である英米に直接交渉をするわけにもいかず、日中和平から全面和平へと移行させようとした。小磯は、四五年三月十六日には念願の大本営列席をはたして、繆斌工作に並々ならぬ期待をかけた。しかしこの工作に対し、謀略の匂いを感じ取った天皇、重光外務大臣らが反対し、さらに陸相兼務にも失敗して、四五年四月五日、退陣した。国民から「木炭自動車」と揶揄され、戦争継続内閣と評価されている小磯内閣は、終戦実現のための工作が水面下で徐々に進められたことを考えると、和平実現の基礎作りをはたしたことも事実であり、単に戦争継続内閣と評価するのは早計である。

小磯国昭内閣

［参考文献］ 小磯国昭『葛山鴻爪』（一九六三、小磯国昭自叙伝刊行会）、藤原彰・粟屋憲太郎・吉田裕編『昭和二〇年一九四五年』（一九九五、小学館）、寺崎英成・マリコ＝テラサキ＝ミラー『昭和天皇独白録』（『文春文庫』、一九九五、文藝春秋）、重光葵『昭和の動乱』下（『中公文庫』、二〇〇一、中央公論新社）、吉田裕『アジア・太平洋戦争』（『岩波新書』、二〇〇七、岩波書店）　（山本　智之）

こいそりょうへい　小磯良平　一九〇三―八八　昭和期に活躍した洋画家。一九〇三年七月二十五日、兵庫県に生まれる。一九二二年東京美術学校入学、二七年主席で同校を卒業する。その後三〇年までパリに留学、ヨーロッパの古典絵画へ深く傾倒する。三六年に美術学校の同窓生とともに新制作派協会（現新制作協会）を創設。三八年より陸・海軍からの委託で数多くの作戦記録画を手がける。中でも第二回聖戦美術展（四一年）に陸軍省より貸下出品された「娘子関を征く」はその高い技術力が評価を得、同年第一回帝国芸術院賞を受賞する。戦争画の第一人者として名声を博し数多くの作品を手がけるが、戦後は自身の戦争協力に対して後悔の念を抱いていたことが知られており、生前は自身の戦争画の公開を許可しなかったといわれている。二〇〇七年には小磯が新制作派協会の同僚であった内田巌に宛てた戦時中の書簡など三十八点が発見され、うち一通に戦争画制作に対する強い懸念がすでに記されていたことから、従軍画家の複雑な立場と心中を示す貴重な一次資料として注目を浴びた。八八年十二月十六日死去。八十五歳。

［参考文献］ 丹尾安典・河田明久『イメージのなかの戦争―日清・日露から冷戦まで―』（『岩波近代日本の美術』一、一九九六、岩波書店）、針生一郎他編『戦争と美術一九三七〜一九四五―』（二〇〇七、国書刊行会）、廣田生馬「小磯良平と戦争画―従軍の記録と制作の過程―」（『神戸市立小磯記念美術館研究紀要』三、二〇〇八）　（金子　牧）

ご・いちごじけん　五・一五事件　一九三二年五月十五日に起こった海軍青年将校・陸軍士官候補生・橘孝三郎らによるクーデタ未遂事件。結果として政党政治を崩壊させる重大な役割を果たす。三一年八月二十六日、日本青年館で陸軍青年将校運動の中心菅波三郎らと、海軍青年将校運動のリーダー藤井斉、ならびに三上卓・古賀清志、民間の西田税・井上日召・橘孝三郎ら三十数名が会合。西田を中心として井上が助ける中央機関設立を申し合わせた。しかし満洲事変や未発の十月事件を経て、十二月、犬養毅内閣で荒木貞夫陸相が誕生。菅波と関係の深い荒木の登場という有利な情勢下、西田や陸軍青年将校運動はテロ・クーデタに消極的になる。藤井が戦死する中、井上・海軍青年将校は焦りを強め、三二年二月、

五・一五事件　襲撃された首相官邸

井上配下は血盟団事件を起こす。拳銃の出所をめぐって、海軍側に捜査の手が伸びそうになるや、三月二十日、海軍側は、陸軍側の村中孝次・安藤輝三らに共同決起を要望。陸軍側は拒絶。海軍側は、陸軍の軍服着用者の参加を不可欠とし、菅波指導下の陸軍士官候補生へ働きかけ、要請。橘は、軍部側だけの単独行動では「軍部独裁政治実現の目的」だと誤解されるとし、参加を決意。五月十五日、川崎長光が西田を撃ち、事件勃発。首相官邸などの襲撃、警視庁襲撃による決戦（首都中央に混乱を惹起）、愛郷塾生による変電所襲撃（「帝都暗黒化」）、および一部の海軍青年将校が、東郷平八郎元帥を推戴し、宮中へ参内。戒厳令施行と平沼騏一郎らによる内閣の実現を目指した。しかし警視庁「決戦」も、変電所襲撃もできず、東郷を推戴すべき青年将校も上京し得ないまま、事件は、犬養首相の殺害に止まる。しかし、三三年の後藤映範ら士官候補生の法廷での政党・財閥を激しく攻撃する陳述が新聞などで大きく報道されることを通じて、五・一五事件被告減刑運動が、陸軍の背後からの支援もあり高まり、政党政治復帰の可能性も消滅した。

参考文献　原秀男・澤地久枝・匂坂哲郎編『検察秘録五・一五事件』一（『匂坂資料』一、一九八九、角川書店）、須崎慎一『日本ファシズムとその時代―天皇制・軍部・戦争・民衆―』（一九九八、大月書店）、同『二・二六事件―青年将校の意識と心理―』（二〇〇三、吉川弘文館）

（須崎　慎一）

こういん　興亜院　第一次近衛文麿内閣期の一九三八年十二月、日中戦争の拡大に対応して対中政策の統一を図るため内閣に設置された機関。近衛首相は盧溝橋事件勃発後に対華中央機関設立の構想をもっており、企画院からも「東亜事務局」案が打ち出されていた。外務省は、陸海軍をはじめ各省が対中国外交に介入することへの危機感からこの動きに反対した。三八年五月の内閣改造で外相に就任した宇垣一成は近衛声明を見直し、外務省を中心に対華直接交渉に着手したが、陸軍は中央機構の新設を推進した。外交の主導権を奪われた宇垣は「一大侮辱」を感じ大臣を辞任した。結局設置された興亜院は総裁（首相）、副総裁（外務、大蔵、陸軍、海軍の各大臣）のもと、政務、経済、文化の各部を設け、現地軍の権限を行政官庁に移管しようとしたが、外務省の対華外交の機能が縮小され、現地軍による政務主導は止まらなかった。アジア・太平洋戦争勃発後の大東亜省設置に伴い、四二年十一月に廃止された。　→大東亜省

参考文献　『外務省の百年』下（一九六九、原書房）、石射猪太郎『外交官の一生』（『中公文庫』、二〇〇七、中央公論新社）

（劉　傑）

こうあほうこうび　興亜奉公日　日中戦争の長期化、国民精神の弛緩に伴い、全国民がこぞって「戦場の労苦を偲び、自粛自省」するとされた日。一九三九年八月八日の閣議決定、同月十一日の内閣告諭で同年九月より毎月一日を興亜奉公日と定め、各地方の実情に応じて早起きや遙拝、神社参拝が奨励され、禁酒禁煙、一汁または一菜などの簡素生活が励行された。また、「都市生活の非戦時色抹殺」のため料理店や飲食店、カフェー、バーなどの業者は自粛を求められた。同日は「事変中之を継続する」とされたが、形式にながれて「興亜」の趣旨にそぐわぬ消極的な一日を送る者もあるという反省から、四一年二月、従来の簡素生活や自粛方針は維持したまま「勤労と増産」の日という積極的な位置づけで再出発することになった。しかし四二年一月二日、内閣告諭で毎月八日を大詔奉戴日と制定したのに伴い廃止、同日に「発展帰一」させられた。　→大詔奉戴日

興亜奉公日

参考文献　「興亜奉公日設定さる」（『週報』一四八、一九三九）、大政翼賛会「〝勤労と増産〟の日」（同二二五、一九四一）、「大詔奉戴日の設定」（同二七四、一九四二）

（一ノ瀬俊也）

こうえきえいだん　交易営団　戦時下の一元的貿易統制・運営の政府代行機関。一元的貿易統制は、一九四二年一月の日本貿易会設立（五月、貿易統制会に改称）で開始された。同年四月には重要物資管理営団も設立された。同営団は生産力拡充のため、重要物資の買入・輸入などを統制・実施する役割を担った。その結果、貿易統制会が輸出、管理営団が輸入の統制を担う二元的統制になり、貿易統制がうまく機能しなかった。その克服策として、両組織を廃止して、四三年六月に設立されたのが交易営団（資本金三億円）である。総裁には、三井物産元常務石田礼助が就任し、三井物産から多くの職員が移った。同営団は、物資の輸出入・買入・譲渡・保管を実施し、物資の輸出入価格の決定にも関与した。しかし、実際には営団直属の三十二の輸出入受託機関（日本綿糸布輸出組合など）を下請化し、その受託機関から委託された貿易業者が実質的な下請けの担い手であった。南方占領地物資・専売局品・米麦などが除外されたため、同営団の全貿易（交易）額占有率は四四年輸入三三％・輸出五六％にとどまった。敗戦後の四六年六月に交易営団解散令の公布により、解散した。

参考文献　通商産業省編『商工政策史』六（一九七一、商工政策史刊行会）、春日豊『帝国日本と財閥商社―恐慌・戦争下の三井物産―』（二〇一〇、名古屋大学出版会）

（春日　豊）

こうかくほう　高角砲　航空機を対象とする砲のことを

日本海軍では高角砲といった。大正初期に建造された戦艦扶桑級に四十口径三年式八㌢高角砲がはじめて搭載された。当初は旋回俯仰とも人力操作であったが、航空機の性能向上に伴い、動力操縦装置や機力装塡装置などを追加し能力を向上させた。また、高初速化した九八式一〇㌢高角砲(長一〇㌢砲)を開発し、秋月級駆逐艦に搭載した。→高射砲

参考文献 海軍歴史保存会編『日本海軍史』五(一九九五、第一法規出版)

(太田 久元)

こうくうきせいぞうじぎょうほう 航空機製造事業法 一九三八年三月三十日に公布された法律で、満洲事変以降、新規参入が相ついだ航空機工業に対して、航空機とその機体、発動機、プロペラの製造と航空機の部品、附属品、材料の製造および航空機の修理の事業に対して政府の許可制とした。航空機工業を統制し、国家的要請に対応する生産力拡充を推進することを主眼とした。同法の運用を担ったのは、陸海軍関係者を含む航空機製造事業委員会であり、航空機技術委員会であった。この法律の実施により提出された事業許可申請に対して、逓信省では陸海軍などと連絡協議のすえ、三八年十二月現在の会社のなかから十四社を許可とした。日中戦争勃発以降、陸軍は、主要な航空機メーカーに生産力拡充要請を行い、海軍でも三七年に第一次製造能力拡充計画を民間航空機メーカーに指示したが、航空機製造事業法は、航空機工業の軍需動員を本格化させるものであった。

参考文献 『日本航空史』昭和前期編(一九七五、日本航空協会)、通商産業省『商工政策史』一八(一九七六)、岡崎哲二「第二次世界大戦期における三菱重工業の航空機生産と部品供給」(『三菱史料館論集』九、二〇〇八)

(笠井 雅直)

こうくうけんきゅうじょ 航空研究所 東京帝国大学にあった航空工学に関する研究所。学術研究を主務とする研究所であったが、一九三〇年代末以降、軍からの委託研究を受け入れ、研究機の試作なども行なった。一九一八年、東京市深川区越中島に東京帝国大学付属航空研究所として設立。二一年、同附置研究所となる。二三年の関東大震災で壊滅的な被害を受け、駒場に移転。三八年、試作した長距離機「航研機」が、周回長距離飛行の世界記録(一〇六五一㌔)を樹立。三九年以降、陸軍からの委託で、高高度研究機「航二」、高速機「研三」の基礎設計を担当。四三年、「航二」が日本初の与圧飛行を実施。同年、「研三」が時速六九九㌔の日本速度記録(非公認)を樹立。四四年、朝日新聞社の皇紀二六〇〇年記念事業として試作した長距離機A26が、周回長距離飛行の世界記録(非公認)を樹立。終戦後、国内でのすべての航空研究を禁じた航空禁止令を受け、四六年一月廃止。跡地は、現在の東京大学駒場リサーチキャンパス。

参考文献 日本航空学術史編集委員会編『日本航空学術史 一九一〇―一九四五』(一九九〇)

(水沢 光)

こうくうそうぐん 航空総軍 日本陸軍による本土防衛のために編成された陸軍航空の組織。同じく本土防衛のための組織である第一総軍、第二総軍とともに一九四五年三月三十一日に発令され、四月十五日に編成を終えた。四五年になって、本土防衛のために多数の方面軍が設置されたが、それらを防衛総司令部が統一的に指導することが困難となり、また、連合軍の上陸によって本土が分断された場合に備えるため、東日本(東北・東部・東海軍管区)に第一総軍、西日本(中部・西部軍管区)に第二総軍を設置して、それぞれ総軍司令部を創設することになった。また、複雑であった本土の陸軍航空組織を一元化して効率よく対処するため、航空総軍を創設した。四月七日発令された第一総軍司令官は杉山元、第二総軍司令官は畑俊六、航空総軍司令官は河辺正三であった。第一・第二総軍は、本土上陸を図る連合軍に決戦をいどむとともに、空襲から本土の重要地や施設を守ることを中心の任務としており、航空総軍は本土攻撃を図る連合軍をできるだけ洋上において攻撃し、また、本土重要地への空襲の際は敵機を迎え撃つことを中心任務としていた。なお、一部の航空部隊については、連合軍の空襲に備えて、第一総軍および第二総軍司令官の指揮下にいれることになった。これ以後、「決号作戦準備要綱」などによって、本土決戦に備えた作戦準備がすすめられる。航空総軍では敵上陸に際しては、全軍特攻となって連合軍の輸送船団にあたることとされた。また、兵力温存を図るため、消耗戦闘機などは小飛行場に分散して隠すこととされ、相手小型機攻撃に対しては出動しないことになった。本土決戦が行われることなく敗戦に至ったが、連合軍の空襲に対しては、効果的な防衛を行うことはできなかった。

参考文献 防衛庁防衛研修所戦史室編『本土防空作戦』(『戦史叢書』一九、一九六八、朝雲新聞社)、同『本土決戦準備』一(同五一、一九七一、朝雲新聞社)

(青木 哲夫)

こうくうぼかん 航空母艦 軍艦の一種。甲板において航空機を発艦・着艦させる構造を有し、船体に搭載機の補給・修理が可能な施設を持つ軍艦。空母とも呼ばれる。ワシントン海軍軍縮条約の締結により、日本海軍は主力艦の制限から大型空母の増強に踏み切り、アジア・太平洋戦争の初期は質・量ともに優勢な空母部隊を有するに至った。

参考文献 牧野茂・福井静夫『海軍造船技術概要』(一九八七、今日の話題社)、山田朗『軍備拡張の近代史―日本軍の膨張と崩壊―』(『歴史文化ライブラリー』、一九九七、吉川弘文館)

(佐藤 宏治)

こうぐん 紅軍 中国共産党が組織、指導した中国工農紅軍の通称、ソ連の赤軍をモデルにした革命軍。一九二七年八月一日江西省の南昌で周恩来・朱徳・賀竜・葉挺らが率いる国民革命軍(国民党軍)中の共産党の部隊が武装蜂起を行なったのが建軍の日とされる。紅軍はその後、勢力を拡大し、三〇年代前半、江西省の瑞金を首都とす

る中華ソヴィエト共和国臨時中央政府を樹立、江西省を中心に湖南・湖北・福建・広東・浙江の各省にまで広がる地方革命政権へと発展させた。しかし、蔣介石の国民政府軍の周到な包囲作戦に遭って江西省から「長征」といわれる大移動を決行、陝西省の延安に革命拠点を移した。この間に毛沢東が共産党ならびに紅軍の指導権を確立した。抗日戦争(日中戦争)が開始されると、国民党と共産党の第二次国共合作が成立して、紅軍は国民革命軍に編成され、国民革命軍第八路軍(八路軍)、同新編第四軍(新四軍)と称した。抗日戦勝利後は中国人民解放軍と改称され、現在、八月一日が人民解放軍の建軍の日とされて記念行事が行われている。→新四軍 →八路軍

参考文献 エドガー＝スノー『中国の赤い星』(松岡洋子訳、『ちくま学芸文庫』、一九九五、筑摩書房)、アグネス＝スメドレー『偉大なる道―朱徳の生涯とその時代―』(阿部知二訳、『岩波文庫』、二〇〇三、岩波書店)

(笠原十九司)

ごうこきよし 郷古潔 一八八二―一九六一 実業家。一八八二年十一月十三日、岩手県の郷古玉三郎の長男として生まれた。一九〇八年東京帝国大学法科大学英法科を卒業、三菱合資会社に入り、門司、若松支店勤務、三菱商事会社庶務課長、漢口支店長、若松支店長を歴任、二一年三菱造船に転じ、本社総務課長、神戸造船所副長、総務部長を経て、二八年本店営業課長・取締役となり、三菱航空機常務も兼ねた。三四年三菱造船と三菱航空機の合併により三菱重工業が成立すると、その筆頭常務となり、四一年社長に昇進した。四三年東条内閣の内閣顧問を引き受けたことが、三菱の総帥岩崎小弥太の怒りを買い、社長を解任され、会長に退いた。大政翼賛会の生産拡充委員長を務め、軍需省顧問ともなり、戦時経済の指導者でもあった。敗戦後、A級戦犯に指定され、公職追放となったが、追放解除後は財界活動に復帰、日本兵器工業会会長として軍事工業の再建にも尽くした。六一年四月二十八日没、七十八歳。

参考文献 郷古潔『弾丸下の経済建設』(一九四三、東邦書院)

(麻島昭二)

こうこくしかん 皇国史観 皇国史観は、最も広い意味では、前近代の尊皇論から戦後の教科書検定までも含めて天皇や国家を重視する歴史観一般を指し、逆に最も狭い意味では、一九四二年ごろから小沼洋夫、吉田三郎ら文部官僚、国民精神文化研究所所員らによって使われた「皇国史観」という語の実際の用例に即した概念をいう。ただし、厳密には皇国史観とは三〇年代から敗戦までの時期に盛行した歴史観であり、天皇家の祖先神アマテラスによってだされたいわゆる天壌無窮の神勅を歴史の起点におき、万世一系の天皇が日本を統治するという「国体」に至上の価値をおいて歴史を描く考え方を意味する。とはいえ、皇国史観の核心をなす「国体」をどのように理解するのかによって、皇国史観の解釈にもある程度の幅が生じてくる。そのため皇国史観の全体像の輪郭は必ずしも明確ではなく、文部省『国体の本義』(一九三七年)・『国史概説』(四三年)、六国史を継ぐ「正史」編修事業(四三―四五年、未完)、神宮皇学館大学学長山田孝雄などに示される伝統的な考えから、それと対立する東京帝国大学教授平泉澄、大川周明、宮内省掌典星野輝興などに代表される新しい考えまでを包含する。専門的な歴史学者のみに限定されず、多様な人物、団体によって説かれた皇国史観は、共通してマルクス主義史学を敵視しつつも、その内実は決して画一的・一枚岩的なものではなく、さまざまな思想・運動と結びつきながら現れ、国民に対して強い影響を与えた。対外的には日本民族の優越性を根拠づけ、他民族への蔑視・差別や植民地支配を正当化するものとして機能し、また国内的には戦争に対する国民の積極的な支持・協力を促し、総力戦体制の主体的な担い手を生みだしていった。皇国史観がこのような機能を効果的に果たすためには、国民の自尊心を満足させる神話的な要素のみならず、一定の合理性も求められた以上、皇国史観は単なる非合理的な歴史観にとどまるものではなく、また必ずしもアカデミズムの実証史学と根本的に矛盾するものでもない。文部省編纂史書ですら「国体」原理に反しない限りは実証史学の成果を貪欲に取り込んでいった。皇国史観の抱える内容的多様性や幅広い場面で機能する柔軟性は、一元的な思想運動としての活動を阻害する面をもった反面、国民に対して重層的、複合的に機能し、結果としてより強い抑圧をもたらし、大きな犠牲を強いることになった。

三〇年代以降隆盛を示す皇国史観であるが、その歴史観の原型は大日本帝国憲法の制定、教育勅語の発布をみる十九世紀末ごろに成立している。大日本帝国がその骨格を完成させるに伴い、万世一系の「国体」を説明する国体論も一定の鋳型のもとに固められ、それは天壌無窮の神勅・神代に根拠をおいた天皇統治の正統性、神話と歴史が連続した不変性・一貫性を尊ぶ時間意識(革命の否定)、国民は生まれながらにして尊皇心をもつとされる天皇と国民との先天的な君臣関係といった三点を特質とするものへと収斂していった。そして、このような特質をもつ国体論は、十九世紀末の時期のみにとどまらず、以後アジア・太平洋戦争の終結に至るまで右翼はもちろんのこと政治家、官僚、軍人、教育者らによって幅広く保持・展開され、久米邦武筆禍事件(一八九二年)をはじめ南北朝正閏問題(一九一一年)、津田左右吉不敬事件(一九四〇年)などを生みだす強力な原動力となり、歴史認識としては『国体の本義』『国史概説』などに結実する。国体論はこのように強い影響力をもったとはいえ、二十世紀に入ると、国民の国家への一体感は減退し、人文諸科学の進展もあって、一〇年代から二〇年代にかけて記紀神話はその価値を相対的に低下させ、二〇年代後半のころには、十九世紀末以来の記紀神話に依拠する伝統的な国体論は影響力や統合力を弱めることになる。さらに三〇

年代後半には日中戦争が本格化し、人的資源も含めてあらゆる要素が戦争遂行に動員される総力戦体制へと国内が編成替えされていくに伴い、『国体の本義』に代表される伝統的国体論やそれに基づく皇国史観では、すべてを神や天皇に任せてしまうだけで、国民自身の主体的な努力などむしろ排されてしまい、総力戦下において要請される国民の自発的動員、戦争への主体的な参加を促すことはできず、時代遅れのものとなっていく。

　限界を迎えた伝統的国体論やそれを核とする皇国史観を克服すべく、平泉澄、大川周明などによって、神々の世界から自立した自発的・主体的な国民による翼賛を目指す方向で国体論の再編が行われる。新しい国体論は、国民の自発的な忠義心の発揮を第一義的なものとし、ややもすると神代や神勅といった神話的権威を相対化しかねないため、伝統的国体論とは鋭く対立し、相対的に合理的な性格を強めたものになった。この新しく再編された国体論を核とする皇国史観こそが、当時喫緊の課題と目された総力戦体制の構築と結びつき、日本的総力戦体制を形作っていくこととなる。しかし、その背後では伝統的国体論と新しい国体論との対抗関係が温存されており、万世一系の天皇という「国体」の根拠は神勅に求められるのか、それとも国民の主体性に基づくものなのかをめぐって、皇国史観内部では激論が闘わされる。そのさなか神話的権威よりも国民の主体性発揮を重視する新しい国体論やそれを核とする皇国史観との対立関係におられるかたちで、伝統的国体論はますますその思想を極端化し、三井甲之の思想に典型的なように、国民の主体性を否定して神々や現人神天皇の権威に頼るような非合理的性格を強めた皇国史観として現れてくる。その結果、平泉澄の『神皇正統記』論を不敬とする動き(一九三四年)、大川周明『日本二千六百年史』をめぐる不敬書事件(三九―四〇年)、星野輝興の神話解釈に対する弾劾運動(四二年)など、新しい国体論に支えられた皇国史観に対して多くの批判が展開された。さらに四二年以降には時代遅れと批判された伝統的国体論(『国体の本義』)の復権をはかって、小沼、竹下直之ら文部官僚、吉田、紀平正美ら文部省周辺の知識人たちは「皇国史観」を唱え、神話と歴史とを一体化し、「皇国史観」を体現した『国史概説』を以て今後の歴史叙述の基準と位置づけようとする活発な運動を展開し、一九四三年度より全国各府県において中等学校教員を対象とした皇国史観錬成会が開催されるようになる。彼らにとって「皇国史観」とは『国体の本義』『国史概説』に収斂するものであり、その延長として「正史」編修事業が構想されており、これもまた平泉澄や柳田国男に批判されていた。アジア・太平洋戦争期における国体論・皇国史観の多元化は、国民の多様な傾向に対応できた反面、日本的総力戦体制の不徹底を招き、そのまま大日本帝国は敗戦を迎えた。→国史概説　→国体の本義　→国体論

参考文献　永原慶二『皇国史観』(『岩波ブックレット』、一九八三、岩波書店)、若井敏明「皇国史観と郷土史研究」(『ヒストリア』一七八、二〇〇三)、成田龍一『歴史学のポジショナリティ―歴史叙述とその周辺―』(二〇〇六、校倉書房)、池田智文「日本近代史学の思想史的研究―「国史学」と「皇国史観」の関係について―」(『龍谷大学大学院文学研究科紀要』二八、二〇〇六)、長谷川亮一『「皇国史観」という問題―十五年戦争期における文部省の修史事業と思想統制政策―』(二〇〇八、白澤社)、昆野伸幸『近代日本の国体論―〈皇国史観〉再考―』(二〇〇八、ぺりかん社)

(昆野　伸幸)

こうこくのうそんかくりつうんどう　皇国農村確立運動　一九四二年十一月十二日の閣議決定、「皇国農村確立促進に関する件」により推進された戦時農村再編政策。基本方針は、戦時下の食糧危機に対応して、食糧自給力の充実を実現するために、標準農村の設定、自作農創設事業の拡充強化、修錬農場組織の整備拡充の三つである。これらは、従来の自作農創設政策と農山漁村経済更生運動を引き継ぐものであるが、戦時統制の強化の中で、一段と政策目標を引き上げた。特に「大東亜建設」に伴い日満を通じる主要食糧自給力の充実確保を実現するため、国内では適正規模の専業自作農を中核として編成し、部落内の農地事情に応じて土地の少ない農民は満洲に分村移民を進めることにした。標準農村は従来の経済更生指定町村を引き継ぎ、四三年から三百村(計画では五百村)を指定し逐年拡大する予定であった。自作農創設政策は、二十五年間に百五十万町歩に自作農を創設し、未墾地五十万町歩を開墾し自作農を新たに創設するとした。修錬農場も農村経済更生運動の農民道場を引き継いだもので、中央と地方道府県ごとに「農業に精通する気魄」と「高度の技術」を習得することを目的とした。→自作農創設政策

参考文献　農林大臣官房総務課編『農林行政史』二(一九五七、農林省)、暉峻衆三『日本農業問題の展開』下(一九八四、東京大学出版会)、森武麿『戦時日本農村社会の研究』(一九九九、東京大学出版会)

(森　武麿)

こうさかまさあき　高坂正顕　一九〇〇―六九　哲学者。一九〇〇年一月二十三日、愛知県に生まれる。京都帝国大学文学部哲学科で西田幾多郎、田辺元らに学ぶ。東京文理科大学助教授などを経て、四〇年より京都帝国大学文学部教授となり、京都学派の一翼を担う。歴史哲学と実存哲学を媒介する人間存在論を追究し、『歴史的世界』(三七年)、『歴史哲学と政治哲学』(三九年)などを刊行。『カント解釈の問題』(三九年)などでカント哲学の再解釈を行なった。アジア・太平洋戦争期には、高山岩男、西谷啓治、鈴木成高と座談会『世界史的立場と日本』(『中央公論』初出、四三年刊行)を行い、「大東亜戦争」の世界史的意義を哲学的に解釈する討議として脚光をあびた。また、『民族の哲学』(四二年)などを刊行。戦後は公職追放を受けた後、関西学院大学教授、京都大学教育学部教

授、東京学芸大学学長。六六年には中央教育審議会特別委員会主査として、答申「期待される人間像」をまとめた。六九年十二月九日、死去。六十九歳。

参考文献 『高坂正顕著作集』(一九六四―七〇、理想社)　(米谷　匡史)

こうさくきかいせいぞうじぎょうほう　工作機械製造事業法　戦時期の業種別増産立法の一つ。一九三八年三月三十日に公布され、七月から施行された事業法は、一般工作機械製造については設備工作機械二百台以上、自動旋盤、歯切盤、ジグ中ぐり盤などの特殊工作機械製造の場合には設備工作機械五十台以上の工作機械企業を許可会社に指定した。許可会社に指定されると税制面などでさまざまな保護を受けることができたが、工作機械の完全な売り手市場であった戦時期には事業法の実質的効果は弱く、日中戦争初期には中小零細企業の新規参入が工作機械の量的な生産拡充をもたらした。しかし中小零細企業製品の場合、製品品質面で問題も多く、三九年九月公布の機械設備制限規則は金属工作機械の新増設、機械設備の工作機械生産への転用を許可制にし、これによって中小機械メーカーの新増設および工作機械工業への新規参入が抑制された。

参考文献 沢井実『マザーマシンの夢―日本工作機械工業史―』(二〇一三、名古屋大学出版会)　(沢井　実)

ごうしこうへい　郷司浩平　一九〇〇―八九　経済団体役員・財界人。一九〇〇年十月十六日郷司精一の長男として大分県に生まれる。二八年青山学院大学神学部を卒業、キリスト教伝道師を志して米国ユニオン神学校で学び、コロンビア大学も修了したが、折からの世界恐慌の経験で経済分野に関心が移り、経済記者志望へ転換した。三一年帰国後、高橋亀吉が主宰する『経済情報』編集長、三六年中外商業新報社に転じ『中外財界』主筆を務め、三七年高橋経済研究所『高橋財界月報』主幹となる。国策研究会調査部長、重要産業協議会調査部長、事務局長を歴任、戦時経済について論陣を張り続けた。敗戦後、四六年、若手財界人に呼びかけ経済同友会を結成、同会の常任幹事・事務局長を務め、また生産性向上運動を提唱し、五五年日本生産性本部を立ち上げ、石坂泰三を会長に据え、みずからは専務理事となって、運動を展開した。六八年には理事長となり、七二年以降会長を務めた。八九年十月十一日没、八十八歳。

参考文献 郷司浩平『決戦経済体制論』(一九四三、昭和刊行会)、同『文明の片隅から』(一九八〇、東京書房)、同『MIS革命―経営戦略の新武装―』(一九六八、講談社)、中村隆英・伊藤隆・原朗編『現代史を創る人びと』一(一九七一、毎日新聞社)　(麻島　昭一)

こうしゃほう　高射砲　航空機を地上から攻撃することを目的とした火砲。移動する目標の未来位置を測定して発射する機構を備える。防空、野戦、船舶の護衛などに使用された。陸軍では試作や野砲の臨時使用を経て一九二二年に制式採用し、以降も開発を続けた。アジア・太平洋戦争期には主に三〇年に制式採用の八八式八センチ高射砲、ついで四一年採用の九九式八センチ高射砲が使用されたが、アメリカ軍のB29による本土空襲に対しては効果は限定的であった。海軍のものは高角砲と呼ばれた。→高角砲(こうかくほう)

参考文献 木俣滋郎『陸軍兵器発達史―明治建軍から本土決戦まで―』(『光人社NF文庫』、一九九六、光人社)、三野正洋『日本軍兵器の比較研究―技術立国の源流・陸海軍兵器の評価と分析―』(『光人社NF文庫』、二〇〇一、光人社)、佐山二郎『日本陸軍の火砲 高射砲』(『光人社NF文庫』、二〇一〇、光人社)　(小山　亮)

こうしょうき　孔祥熙　Kong Xiangxi　一八八〇―一九六七　一八八〇年九月十一日生まれ。中国の政治家、実業家。字は庸之、山西省太谷出身。一九〇一年アメリカに留学し、オベリン大学とイェール大学で政治経済、法律などを学び、〇七年に帰国し、郷里で銘賢学校を創立した。辛亥革命に参加したあと、民国初期に閻錫山より督署参議に任命された。一三年の第二革命後日本に亡命し、東京留日中華青年会総幹事を務めた。二八年以降、工商部長、実業部長、財政部長、中央銀行総裁、行政院副院長などを歴任し、国民政府の財政を支え、三五年には宋子文と協力して幣制改革に貢献した。三八年の行政院長在任中に宇垣一成外務大臣の和平構想に関心を示し、秘書の喬輔三を通じて日本との講和の可能性を探った。一方、商業、貿易、金融業を展開し、実業においても成功を収めた。四五年各種要職を辞任、四八年にはアメリカに移住した。六七年八月十六日ニューヨークで死去した。八十八歳。妻宋靄齢は慶齢(孫文の妻)、美齢(蔣介石の妻)とともに宋氏三姉妹といわれる。

参考文献 松本重治『上海時代』(一九七七、中央公論社)　(劉　傑)

こうじょうしゅうぎょうじかんせいげんれい　工場就業時間制限令　金属・機械器具製造業の工場法適用工場を対象に、工場法での労働時間規制の対象になっていなかった十六歳以上の男子労働者の就業時間の制限を規定した勅令。一九三九年三月三十一日公布、五月一日施行。最長就業時間一日十二時間、毎月最低二日の休日、就業時間に応じた休憩時間を規定した。四二年一月に緩和され、四三年六月に廃止された。

参考文献 法政大学大原社会問題研究所編『太平洋戦争下の労働者状態』(一九六四、東洋経済新報社)　(市原　博)

こうしょうせいど　公娼制度　公認された性買売の制度。芸・娼妓解放令といわれる一八七二年太政官布告第二九五号によって江戸期の公娼制を再編した近代公娼制度は、女性本人の意思によって貸座敷業者とあらかじめ親などが借金する金額をとり決める前借金契約と貸座敷業者のもとで性の売買を行う年数を定める年期契約からなりたち、娼妓・貸座敷業者は免許届を所管の警察に提出し、賦金(税金)を地方官庁に納付するものであった。娼妓は月二回の性病検査が義務付けられた。また娼妓の外出は制限されたため、この制度は身体を拘束された女性が身体を抵当にして性を売り、親などの借金を支払う制度であった。全国一律の内務省令「娼妓取締規則」は廃業を願う娼妓の訴訟が複数勝訴した後、一九〇〇年になって制定された。娼妓救済を中心にした廃娼運動は、三〇年前後から地方議会への公娼制廃止の請願運動に転換し、四〇年までに廃娼を決議した県は神奈川県など十四県、廃娼実施県は四一年までに十四県に至る。実際には酌婦などの名目で継続したが、石川県は廃娼理由に公娼制は事実上の奴隷制度であることをあげている。三三年に遊郭地からの娼妓の外出自由が制定されるなど、娼妓の待遇は徐々に改善された。こうした動向の背景に、一八年以来帝国議会に提出されている公娼制の存廃にかんする提案、二一年「婦人児童の売買禁止に関する国際条約」の批准にかかわる論議(年齢留保の撤廃)、公娼制廃止後の私娼取締論などの議会の動向、国際連盟による東洋婦女売買にかんする日本調査などがある。四〇年前後から待合などの営業時間短縮などにより、遊郭は軍需工場寄宿舎などに転換され、娼妓も転業した。しかし、一方では日中戦争後、女性を詐欺などにより中国に連れて行き売買する業者が激増している。さらに国内の公娼制が廃止にむかうこの時期に、日本軍の占領地、戦闘地では軍「慰安所」が激増し、朝鮮・台湾・中国・インドネシアなどの女性たちを拘束し、日本兵の性の相手を強要した。女性たちは肉体的暴力も加えられる性奴隷とされた。

参考文献 早川紀代「日本社会と公娼制」(吉見義明・林博史編『(共同研究)日本軍慰安婦』所収、一九九五、大月書店)、同「近代公娼制度の成立過程—東京府を中心に—」(『近代天皇制と国民国家—両性関係を軸として—』所収、二〇〇五、青木書店)、小野沢あかね『近代日本社会と公娼制度—民衆史と国際関係史の視点から—』(二〇一〇、吉川弘文館)

(早川 紀代)

こうじょうそかい 工場疎開 政府による強制的な工場疎開は、防空法に基づいて行われた。一九四一年十一月に改正された防空法では、地方長官は、防空上必要のあるときに勅令を以て物件の移転を命じることができる(第五条ノ七)とのみ定められていたが、工場・家屋などの疎開を京浜・阪神・名古屋および北九州地域に属する重要都市で実施することを定めた「帝都及重要都市に於ける工場家屋等の疎開及人員の地方転出に関する件」(四三年十月十五日閣議決定)後の防空法改正(同年十月三十一日)により、命令する主体は主務大臣または地方長官となり、命令の内容に「分散疎開」が加わった。しかし、工場疎開に関する政府方針である「工場緊急疎開要綱」が閣議決定されたのは四五年二月二十三日であった。このため、実際には軍の勧告や遊休工場を軍需工場に転換させようとする道府県の政策などに基づく工場疎開がそれ以前から進むなど、工場疎開は統一した形で実施されなかった。戦争末期の防空法に基づく工場分散疎開命令に関しては、東京芝浦電気株式会社の事例が知られている。

参考文献 『東京芝浦電気株式会社八十五年史』(一九六三)、『軍・政府(日米)公式記録集』(『東京大空襲・戦災誌』三、一九七三、東京空襲を記録する会)

(沼尻 晃伸)

こうしよく 洪思翊 ⇨ホンサイク

こうしょくついほう 公職追放 ポツダム宣言第六項に基づき軍国主義者・超国家主義者の影響力を排除するための一連の措置。一九四六年一月四日GHQは以下のA—G項に該当するもの全員の公職追放を命じた。Aは戦争犯罪人、Bは職業軍人・憲兵隊員、Cは超国家主義団体などの有力者、Dは大政翼賛会・翼賛政治会などの有力者、Eは日中戦争以後の植民地・占領地の開発・金融機関の役員、Fは植民地・占領地の行政長官、Gはその他であった。なお「公職」とは、官職だけでなくGHQが指定した政党・企業・団体・報道機関などを含む。同年十一月には追放範囲が地方公職・経済界・マスコミなどに拡大され、追放該当者は二十万人以上にのぼった。四八年以降の冷戦の激化により、共産党員や共産党支持者が追放されるようになった(レッドパージ)反面、朝鮮戦争勃発後は追放解除が始まり、五二年、サンフランシスコ平和条約発効により追放制度は廃止された。⇩教職追放

参考文献 ベアワルド『指導者追放』(袖井林二郎訳、一九七〇、勁草書房)、増田弘『公職追放—三大政治パージの研究—』(一九九六、東京大学出版会)

(伊藤 悟)

こうせいうんどう 厚生運動 本来の厚生運動とは、日中戦争下に導入が図られたレクリエーション運動のこと。この意味での厚生運動は、ドイツの「クラフト＝ドゥルヒ＝フロイデ」などの余暇運動をモデルとして東京市や大阪市などの大都市によって推進され、市民への体操やスポーツ、ハイキング、旅行などの普及が行われた。また大日本産業報国会が成立すると、厚生運動は同会の事業の一つとなったが、そこでの運動には音楽・演劇など娯楽・文化的色彩が強かった。ところが一九四〇年前後から、農村部における保健医療の向上を目指す運動が、農村厚生運動と称されるようになり、大政翼賛会や厚生省、産業組合関係では、こうした意味で厚生運動という言葉が用いられた。また厚生運動はしばしば厚生事業とも呼ばれたが、やはり四〇年ごろから従来の社会事業も厚生事業と呼ばれるようになった。厚生運動を調べる上では、その言葉がどのような運動を指しているかを個別に確認する必要がある。

参考文献 高岡裕之編『厚生運動・健民運動・読書運動』(『資料集 総力戦と文化』二、二〇〇一、大月書店)

(高岡 裕之)

こうせいじぎょう 厚生事業 戦時用語の一つ。一九三八年に厚生省が設立されたことを契機として、医療・福

祉に関連するさまざまな領域で厚生事業という呼称が用いられるようになった。特に社会事業界では、ごく一部の困窮者のみを対象とする従来の社会事業を、全国民を対象とした生活保障に転換することを求める議論が台頭し、こうした文脈から社会事業を厚生事業へと改称する主張が展開された。だが戦時下には、レクリエーションとしての厚生運動でなされる事業や、産業組合などが推進した農村の保健医療・生活改善施設、産業報国会で行われた勤労者の福利施設、さらには保健医療施設一般についてもしばしば厚生事業という呼称が用いられ、固有の意味を持つ用語として確立することはなかった。なお社会事業から厚生事業への改称については、しばしば「社会」という言葉が忌避されたためという説明がなされるが、厚生省での呼称は敗戦に至るまで社会事業のままであった。

参考文献 池田敬正『日本社会福祉史』(一九八六、法律文化社)　(高岡　裕之)

こうせいしょう　厚生省　日中戦争期に創設された官庁。一九三八年一月十一日官制公布。二・二六事件後の陸軍は、国民体位の低下を指摘し、その対策として「衛生省」の設立を提唱した。他方、三七年六月に成立した近衛文麿内閣は、「社会保健省」の新設を閣議決定したが、その名称は陸軍の要求に配慮して「保健社会省」に変更され、ついで官制案を審査した枢密院により厚生省と改められた。設立時の厚生省の機構は、内務省社会局・衛生局を拡大したものであったが、日中戦争の拡大に対応し、のちに軍事保護院や職業局が新設された。設立後しばらく厚生省の歳出の七割以上は軍事援護関連で占められていた。しかしその比率は、勤労動員の本格化や、小泉親彦厚相のもとで推進された国民皆保険政策や健民修錬などにより低下、四四年には四割以下となった。敗戦後、労働行政は四七年九月に新設された労働省の管轄となったが、二〇〇一年の中央省庁再編により厚生省と労働省が統合され、厚生労働省が発足した。

参考文献 労働省編『労働行政史』一(一九六一、労働法令協会)、厚生省五十年史編集委員会編『厚生省五十年史』(一九八八、厚生問題研究会)、高岡裕之『総力戦体制と「福祉国家」―戦時期日本の「社会改革」構想―』(『戦争の経験を問う』、二〇一一、岩波書店)　(高岡　裕之)

ごうせいのすけ　郷誠之助　一八六五―一九四二　明治・大正・昭和期の財界人。一八六五年二月三日(慶応元年一月八日)、大坂町奉行家老郷純造(のち大蔵事務次官)の次男として大坂に生まれる。東京帝国大学法学部選科に入学後、八四―九一年ドイツ留学、ハイデルベルク大学より哲学博士学位を取得。帰国して農商務省嘱託となったのち、日本運輸、日本鉛管、入山採炭の社長、王子製紙取締役として経営を再建し、財界世話業としての地位を得た。一九一一―二四年東京株式取引所理事長として第一次世界大戦後の株価大暴落などを乗り切り、株式市場を確立し、世話業として日本郵船・東洋汽船の合併、日本製麻・帝国製麻の合併、十五銀行・川崎造船所救済、内国通運設立、東京モスリン整理、日魯漁業問題解決、電力連盟結成、製鉄合同などを成功させた。三〇年東京商工会議所会頭、三一年全国産業団体連合会会長、三二年日本経済連盟会会長となり権力を集中したため、武藤山治らによる番町会批判を受け帝人事件を招く。三六年に財界の第一線からの引退を表明し、それ以降も三七年内閣参議となるなど政府関係の要務につくが、四二年一月十九日肺炎のため死去。七十八歳。

参考文献 郷誠之助『財界随想』(一九三九、慶応書房)、郷誠之助『財界我観』(一九四一、慶応書房)、郷男爵記念会編『男爵郷誠之助君伝』(一九四三)、小島直記『極道』(『中公文庫』、一九八二、中央公論社)　(松浦　正孝)

こうせんけんこくこうりょう　抗戦建国綱領　一九三八年三月二十九日から四月一日まで武漢で開かれた中国国民党臨時全国代表大会で採択された国民党の戦時基本綱領。抗戦建国綱領は、国民党と蔣介石の指導を前提としながらも、外交面では世界の中国に同情する国家・民族と連合すること、軍事面では軍隊の政治訓練を強化し、民衆の武力を充実させること、政治面では国民参政機関を組織すること、経済面では軍事を中心とした経済建設をすすめ、民衆生活を改善し、農村経済を発展させること、民衆運動の面では全国民衆を動員し、一定の範囲内で言論・出版・集会・結社について十分な保障を与えることなどの抗戦の堅持・発展、国民の団結を促進する積極的内容がふくまれていた。中国共産党も抗戦建国綱領に対して「もっとも誠実な、積極的な立場をとるべきである」とその内容を共同綱領に準ずるものとして評価していた(中共六期六中全会の決議)。

参考文献 日本国際問題研究所中国部会編『中国共産党史資料集』九(一九七四、勁草書房)　(石島　紀之)

こうそうぶ　高宗武　Gao Zongwu　一九〇六―九四　中華民国の外交官。浙江省楽清出身。一九〇六年生まれ。二八年来日し九州帝国大学と東京帝国大学で学んだ。帰国後、三二年日本で起きた五・一五事件を論評したエッセイを『中央日報』に投稿したことを契機にコラムニストとなり、中央政治学校教授も兼任した。三二年十一月国民政府国防設計委員会専員に就任し、蔣介石のブレーンとなる。三四年五月外交部に入り、科長、幇弁を経て三五年五月亜洲司長に就任した。三七年七月盧溝橋事件が勃発した後、蔣介石と汪兆銘は相ついで高宗武と会談し、日本との外交ルートの確保を依頼した。八月上旬、日本外務省は事変の早期解決と日中の関係調整を図るため、在華日本紡績同業会総務理事船津辰一郎を中国に派遣したが、高は国民政府の代表として船津や川越茂大使と会談した。近衛文麿首相が今後蔣介石政府を「対手とせず」と声明した後、三八年二月から香港に移り、日本との交渉チャンネルの確保、情報収集活動を展開。二月に董道寧を日本に派遣するのに続いて、六月高はみずから秘密裏に来日し、多田駿参謀次長や板垣征四郎陸軍大臣と面会した。この訪日で、日本側は国民政府内の和平派が蒋介石を中心とした日中間の事変収拾策を断念したと確信した。十一月十二日から十四日にかけて、高宗武と梅思平は中国側代表として日本側代表の影佐禎昭、今井武夫と会談し、中国による満洲国の承認、中国における治外法権の撤廃、華北資源の開発利用、協約以外の日本軍撤退、新政権の樹立などを含む「日華協議記録」に調印。三九年五月には汪兆銘とともに訪日し、政権樹立に向けての準備に参画したが、四〇年一月、日本の苛酷な条件を理由に陶希聖とともに和平派グループを離脱し、『大公報』紙上に日華協議書類を暴露した。汪兆銘政権樹立直後の四〇年四月高其昌の偽名でアメリカへ出国し、九四年九月に八十九歳で亡くなるまでアメリカで生活し、対日交渉についてはほとんど語らなかった。なお、売国の罪で出された指名手配は蒋介石の命令で四一年二月に取り消された。

参考文献 松本重治『上海時代』(一九七七、中央公論社)、犬養健『揚子江は今も流れている』(『中公文庫』、一九八四、中央公論社)、劉傑『日中戦争下の外交』(一九九五、吉川弘文館)、今井武夫『日中和平工作―回想と証言一九三七～一九四七―』(二〇〇九、みすず書房)、『高宗武回憶録』(北京、二〇〇九、中国大百科全書出版社)　(劉　傑)

ごうたかし　郷隆　一八九五―一九四四　戦前・戦中のスポーツ界の中心的人物。一八九五年十月二十六日、東京府に医師である父郁太郎の長男として生まれる。一九二〇年に東京帝国大学医学部を卒業し、その後医学博士となる。第一高等学校・帝大在学中に漕艇部に籍を置き、ラグビーや陸上競技でも活躍し、二五年からは大日本体育協会の理事、専務理事などを務め、三五年には東京オリンピック招致委員会幹事、翌年には同組織委員会競技部長に就任。この間、オリンピックアムステルダム大会およびロサンゼルス大会に役員として参加。大政翼賛会中央協力会議委員に選出され、四〇年十二月の同臨時会議、翌四一年六月の同第一回会議で、スポーツ界を代表して体育新体制について主張し、四二年六月には大日本体育会理事長・事務局長に就任して、戦時期のスポーツ界を牽引したが、四四年四月十八日病死。五十歳。この時、大日本体育会の総務部長を務めた久富達夫は実弟。なお、三九年五月―四二年七月には南洋貿易株式会社社長を務めた。→大日本体育会(だいにっぽんたいいくかい)

参考文献 郷隆追想録編集員会編『郷隆』(一九七五)　(坂上　康博)

こうちゅうコンス　興中公司　一九三〇年代半ば、華北(中国北部)経済開発をねらいとして設立された国策会社。三五年十二月、南満洲鉄道会社(満鉄)が全額出資する子会社(社長十河信二)として設立されたが、満鉄との関係は、首脳陣の確執を反映して微妙なものがあった。本社は大連に置かれ、資本金は一千万円(二百五十万円払込み)であった。日本の対華北経済進出の尖兵として、同公司は電気事業・塩業・製鉄・炭鉱・綿花・運輸などの業種に、投資あるいは直営事業の形で関与を進め、三七年七月の日中全面戦争開始以降は占領地における重要事業を軍(北支那方面軍)委託として管理したが、資本金規模が小額であったため事業能力には限界があった。三八年に入り、華北の総合的な経済開発計画が立案され、その中核的投資会社として北支那開発会社が同年十一月に設立されると(資本金三億五千万円、政府半額出資)、興中公司の事業の多くは北支那開発に順次移管されていった。→北支那開発会社(きたしなかいはつがいしゃ)

参考文献 中村隆英『戦時日本の華北経済支配』(一九八三、山川出版社)　(金子　文夫)

こうつうとうせい　交通統制　一九二〇年代末の世界恐慌期から四〇年代の戦時体制期までの交通事業に関わる計画化・統制の総称。二〇年代末から交通業界にも産業統制的な合理化・計画化思考が浸透し、それを交通統制または交通調整と呼び、関係産官学界挙げての議論となったが、その主対象は当該期の都市化による輸送の大量化と自動車の出現により競合の激化した都市交通と小運送(こうんそう)にあった。そのためこれに関わる論著は、二九年から陸・海・空交通事業者の連絡調整機関である日本交通協会が『交通研究資料』の刊行を開始したのを皮切りに、三〇年代半ばには大槻信治『交通統制論』(『鉄道交通全書』第七巻)や井上篤太郎『交通統制概論』(『鉄道交通全書』第九巻)(いずれも春秋社)が相ついで刊行された。そして、三八年四月二日にはその根拠法として陸上交通事業調整法が公布されたため、これらの統制は「交通調整」と呼ぶことが多い。一方、同法の公布が遅れたため、奇しくもそれと同月に国家総動員法が公布されて戦時動員体制へと移行し、それにもとづく陸運に関する勅令である陸運統制令が四〇年二月一日に公布された。そのため交通業界には平時立法と戦時立法が並存し、四〇年代以後に進められた統制や事業者統合が、いずれに依拠したのかを曖昧にしてきた。狭義にはこれら後半の統制を「交通統制」と呼ぶことが多い。交通調整は原則として陸運に関わるものであったが、交通統制は水・陸双方に跨がり、船舶徴用による国内貨物輸送の鉄道転嫁のように、より大規模な施策が中心になった。また、終戦後も国家総動員法の法的枠組を形成した統制法規の多くが五〇年前後まで存続したため、狭義の交通統制もその時期まで実質的に継続した。一方、交通調整は戦中期の断絶を経て五〇年に法制度の一部が改変を経て再燃し、その計画化思考は高度経済成長期の都市交通審議会へと継承された。→陸運統制令(りくうんとうせいれい)

参考文献 大槻信治『交通統制論―特に陸上交通に就て―』(一九四三、岩波書店)、鈴木清秀『交通調整の実際』(一九五四、交通経済社)、三木理史『都市交通の成立』(二〇一〇、日本経済評論社)　(三木　理史)

こうてつしゅん　向哲濬　Xiang Zhejun　一八九二―一

九八七　中国の法律家。東京裁判の中国代表検察官。一八九二年一月二十九日湖南省寧郷県双江口生まれ。字は明思。一九一七年游美肄業館卒業後、米国エール大学で文学士、ジョージ＝ワシントン大学で法学士の学位を取得。二五年に帰国した後、北京大学、北京交通大学などで教鞭を執り、二七年南京の国民政府司法部秘書に就任。三二年江蘇省呉県地方法院院長、三三年には上海第一特区地方法院首席検察官を務める。アジア・太平洋戦争勃発により上海が日本軍に占領されると同地を逃れ、四二年重慶で国防最高委員会秘書となる。四三年国民党に入党。同年春、湖南省桂陽県の最高法院湘粤分廷首席検察官、四五年八月抗日戦争勝利後は上海高等首席検察官を務める。四六年一月東京裁判中国代表に選ばれるとみずから検察官に任じ、裁判官には梅汝璈を推薦した。四八年十二月まで中国案件の証拠収集・立証に力を注ぎ、法廷で土肥原賢二、板垣征四郎らの戦争責任を追及した。裁判終了後、国民政府司法院大法官に任命されるも辞退して上海に留まり、以後、大夏大学、東呉大学、復旦大学などの教授を歴任。八七年八月三十一日病没。九十六歳。

参考文献　向隆万編『東京審判中国検察官向哲濬』(上海、二〇一〇、上海交通大学出版社)　（小林　元裕）

こうどうは　皇道派　昭和戦前期、特に一九三〇年代に激化した陸軍内部の派閥抗争のなかで形成されたグループ。荒木貞夫、真崎甚三郎らをリーダーに仰ぎ、小畑敏四郎、柳川平助、山岡重厚、山下奉文、鈴木率道（すずきよりみち）などが含まれる。元来陸軍は山県有朋を中心とした長州閥の強い影響のもとにあったが、第一次世界大戦後の総力戦体制に対応した軍改革を目指す思想の台頭とともに、長州閥を中心とする陸軍派閥支配への批判も強まった。二〇年代後半には、二葉会、木曜会などの中堅幕僚層の集団が形成され、二九年五月の一夕会（いっせきかい）結成に至り、人事刷新、満蒙問題の武力解決、荒木・真崎・林銑十郎擁立などが話し合われた。荒木・真崎の擁立路線は、三一年十二月に成立した犬養内閣に荒木が陸相として入閣し、その後真崎が参謀次長に就任したことにより達せられた。荒木・真崎らは、一夕会の小畑敏四郎らを重用する一方、小畑と対立関係にあった永田鉄山らを冷遇、また、軍部内の隊付青年将校運動に対しては融和的な姿勢を示した。荒木・真崎らの皇道派優位の人事は反発を招き、軍の組織的一体性を重視する統制派の形成を促した。皇道派の軍人は、対ソ開戦を前提とした軍備拡張路線を主張するとともに、荒木に典型的に見られる著しい精神主義が特徴であった。しかし、三四年一月の荒木の陸相辞任以後、同年八月、翌三五年三月の人事異動を通して皇道派の軍人は陸軍中枢から外されていき、三五年七月の真崎の教育総監更迭により、皇道派の後退は決定的となった。さらに彼らが融和的な姿勢を示した隊付青年将校らによる二・二六事件勃発と事件後の粛軍人事や真崎の逮捕などによって陸軍中枢での影響力を喪失していった。派閥としての皇道派は消失したものの、荒木が第一次近衛内閣の文相に就任し、国民精神総動員運動を積極的に推進するなど、皇道派の著しい精神主義は、日本軍の玉砕精神と結びついた。→統制派（とうせいは）　→二・二六事件（ににろくじけん）

参考文献　須崎愼一『二・二六事件―青年将校の意識と心理―』(二〇〇三、吉川弘文館)、片山杜秀『未完のファシズム―「持たざる国」日本の運命―』(『新潮選書』、二〇一二、新潮社)　（平井　一臣）

こうにちきゅうこくじゅうだいこうりょう　抗日救国十大綱領　日中戦争初期、中国共産党が採択した抗戦綱領。一九三七年八月二十二日から二十五日に共産党は陝西省北部の洛川で中央政治局拡大会議(洛川会議)を開き、勝利の獲得の鍵は「国民党によって発動された抗戦を全面的・全民族的な抗戦に発展させることである」として、以下の抗日救国十大綱領を採択した。㈠日本帝国主義打倒、㈡全国の軍隊の総動員、㈢全国人民の総動員、㈣政治機構の改革、㈤抗日の外交政策、㈥戦時の財政・経済政策、㈦人民生活の改善、㈧抗日の教育政策、㈨漢奸・売国奴・親日派の一掃、後方の強化、㈩抗日の全民族の団結。共産党はみずからの抗戦の方針を「全民抗戦」(全面抗戦)とし、国民党の方針を「政府抗戦」(片面抗戦)であると批判した。

参考文献　日本国際問題研究所中国部会編『中国共産党史資料集』八(一九七四、勁草書房)　（石島　紀之）

こうにちこんきょち　抗日根拠地　日中戦争時期、中国共産党(中共)指揮下の八路軍・新四軍などが日本軍の後方に建設した戦略基地。抗日民族統一戦線が成立したのち、陝西省北部を中心とする旧ソヴィエト区は中華民国特区(辺区)とされ、陝甘寧(陝西・甘粛・寧夏)辺区となり、中共中央の所在地として各地の共産党組織を指導した。辺区政府とはいくつかの省にまたがった政府の意味である。中共中央は一九三七年八月に開かれた洛川会議で日本軍後方に抗日根拠地を建設することを決定した。この決定にもとづいて、まず三八年一月に晋察冀(山西・チャハル・河北)辺区政府が成立し、一月三十日、国民政府は晋察冀辺区行政委員会を正式に承認した。これは国民政府が唯一承認した日本軍後方の抗日根拠地である。以後、華北には晋冀魯豫(魯は山東、豫は河南)、晋綏(綏は綏遠)、山東などの根拠地が、華中には蘇北(蘇は江蘇)、蘇浙皖(浙は浙江、皖は安徽)、浙東、淮北(淮は淮河)、鄂豫皖(鄂は湖北)、湘鄂(湘は湖南)などの根拠地が、華南には東江(広東の珠江デルタ)、瓊崖(海南島)の根拠地が建設された。これらのうち強力だったのは華北の諸根拠地である。抗日根拠地では選挙による政府の選出、負担の合理化、減租減息(小作料と利息の引き下げ)などの社会改革が実施された。アジア・太平洋戦争勃発前後、日本軍は日中戦争を早期に終結させるため、また占領地支配を維持し資源を確保するために、華北の根拠地に対しては掃蕩を、華中に対しては清郷を大規模に実施した。

その結果、根拠地は縮小し、危機的状況をむかえた。しかし、根拠地内部では大生産運動、民衆運動の推進、民兵の強化などの危機克服のための諸政策が行われ、また北支那方面軍の南方への移動や大陸打通作戦への兵力の投入などによる日本の治安能力の低下によって、四四年から根拠地は局部的反攻に転じ、勢力を回復した。この四四年以降、抗日根拠地は解放区と呼ばれるようになる。→新四軍 →八路軍

参考文献 劉大年・白介夫編『中国抗日戦争史』(曽田三郎他訳、二〇〇二、桜井書店)、石島紀之『中国民衆にとっての日中戦争』(二〇一四、研文出版) (石島 紀之)

こうにちみんぞくとういつせんせん 抗日民族統一戦線 抗日戦争を遂行するためにすべての抗日勢力を結集しようとした政治路線。中国国民党と中国共産党の提携が中心だったため、第二次国共合作とも呼ばれる。一九三一年の満洲事変(九・一八事変)後の民族的危機に際しても、国民党と共産党は互いに相手の打倒をかかげてきびしく対立していた。しかし三五年にコミンテルンが反ファッショ人民戦線戦術を採用し、他方、日本の華北侵略の歩みが強まるなかで、八月に共産党は「八・一宣言」を発して内戦の停止と一致抗日を呼びかけた。十二月の一二・九運動を契機に都市を中心とした抗日運動が高まると、共産党も蔣介石をふくむ統一戦線政策に転換した。国民党も三六年十二月の西安事件を経て共産党との提携を認めるに至り、盧溝橋事件勃発後、ついに第二次国共合作が成立した。国共間の統一戦線は成文も規定もない不安定なものだったが、長年、武力対決をつづけてきた両党が合作したことは中国各界の抗日勢力を結集するうえできわめて大きな役割を果たした。その象徴的表れは、国民政府の諮問機関として三八年七月から全国の各民族・各階級・各党派を集めた国民参政会が招集され、各界の民意が一定程度政治に反映されるようになったことである。国共関係も三八年の武漢会戦時期までは比較的良好だったが、共産党の勢力拡大を脅威に感じた国民党は三九年以後、反共政策を強め、国共間の武力衝突も発生した。特に四一年一月には国民政府軍が安徽省南部の新四軍部隊を殲滅させる事件が起こり(新四軍事件、皖南事件)、抗日民族統一戦線は崩壊の危機におちいった。しかし団結と抗戦の継続を求める内外からの声はつよく、内戦の勃発には至らなかった。国共両党は抗戦初期のような協力関係をとりもどすことはなかったが、国共交渉はその後もくり返し行われ、日中戦争終結までなんとか合作を維持することができた。

参考文献 王秀鑫・郭徳宏『中華民族抗日戦争史』(石島紀之監訳、二〇一二、八朔社) (石島 紀之)

こうのないかくかんぼうちょうかんだんわ 河野内閣官房長官談話 一九九三年八月四日、宮沢喜一内閣の官房長官を務めていた河野洋平が出した「慰安婦関係調査結果発表に関する河野内閣官房長官談話」のこと。一般に「河野談話」と略される。九一年十二月、韓国の元「慰安婦」が日本政府に謝罪と補償を求める訴訟をはじめて起こした。これを受けて日本政府は元日本兵や元「慰安婦」からの聞き取り調査を行い日本軍の関与を認めた。さらに「慰安婦」の徴収・管理に日本軍が関わっていたことを示す公文書が発見され、九二年七月、日本政府は「慰安婦」の募集、「慰安所」の管理について国の関与を認めた。ところが「慰安婦」は強制的に集められたものではないとしたため、同年十二月、四名の元「慰安婦」が新たに裁判を起こした。政府はこうした裁判と国内外の批判を受けて聞き取りを進め出したのが本談話である。「慰安婦」に対する「強制的な状況」があったことを認め「お詫びと反省」を記したが強制連行についてはふれていない。

参考文献 「戦争と女性への暴力」リサーチ・アクションセンター編、西野瑠美子・金富子・小野沢あかね責任編集『「慰安婦」バッシングを越えて―「河野談話」と日本の責任―』(二〇一三、大月書店)、吉見義明「「河野談話」をどうみるか」(『季刊戦争責任研究』八二、二〇一四) (齋藤 一晴)

こうのみつ 河野密 一八九七―一九八一 大正・昭和期の政治家。一八九七年十二月十八日、千葉県生まれ。第一高等学校卒業後、東京帝国大学法学部に入学。在学中吉野作造に師事し、新人会に参加。卒業後の一九二二年朝日新聞に入社するが翌年退社。二四年から同志社大学に講師として赴任。二七年に退社後日本労農党に入党し、調査部長に就任。他党と合同してできた日本大衆党では書記長に就任。その後、全国大衆党、全国労農大衆党を経て三二年に生まれた社会大衆党では常任中央執行委員に就いた。同年に全国労働組合中央委員長、三四年に日本労働組合会議副議長、三六年に全日本労働総同盟副会長に就任するなど労組幹部としても活躍。三六年の総選挙に立候補当選。戦後の一時期を除き六九年まで十二回当選。四〇年の社大党解党に伴い大政翼賛会結成に参加、四二年には翼賛政治会に加入。敗戦後は公職追放となり、解除後の五二年の総選挙で日本社会党右派から立候補当選。五五年の社会党統一後は国会対策委員長や副委員長を歴任。七二年の総選挙に立候補・落選して政界引退。八一年一月四日死去。八十三歳。

参考文献 中村隆英・伊藤隆・原朗編『現代史を創る人びと』一(『エコノミスト・シリーズ』、一九七一、毎日新聞社) (福家 崇洋)

こうびえき 後備役 現役・予備役を終えた者が服する兵役。一九二七年の兵役法では陸軍は十年、海軍は五年服するとされた。後備役を終えた者は、第一国民兵役に編入された。四一年二月十四日の兵役法改正で後備役制度は廃止され、従来の後備役は予備役に繰り入れられた。→現役 →予備役

参考文献 大江志乃夫「資料目録および解説」(黒田俊雄編『村と戦争―兵事係の証言―』所収、一九八八、桂書

房）、加藤陽子『徴兵制と近代日本　一八六八－一九四五』（一九九六、吉川弘文館）　（松田　英里）

こうひょうてき　甲標的　⇩特殊潜航艇（とくしゅせんこうてい）「甲標的（こうひょうてき）」

こうふくぶんしょちょういんしき　降伏文書調印式　一九四五年九月二日、東京湾のアメリカ海軍戦艦ミズーリ号上で行われた日本の連合国に対する降伏文書の調印式。この文書の調印によって第二次世界大戦が終結した。九月二日はVictory over Japan Day(VJ Day)と呼ばれアメリカやイギリス、ロシアなどでは対日戦勝記念日とされる。文書に署名したのは日本側は重光葵外務大臣と梅津美治郎参謀総長、連合国側は連合国軍最高司令官ダグラス＝マッカーサー、アメリカ合衆国代表チェスター＝ニミッツ、中華民国代表徐永昌、イギリス代表ブルース＝フレーザー、ソヴィエト連邦代表クズマ＝デレヴャーンコ、オーストラリア代表トーマス＝ブレイミー、カナダ代表ムーア＝ゴスグローブ、フランス代表フィリップ＝ルクレール、オランダ代表コンラート＝ヘルフリッヒ、ニュージーランド代表レナード＝イシットであった。なお沖縄で日本軍がアメリカ軍に降伏する文書に調印したのは、同年九月七日のことである。

参考文献　豊下楢彦『日本占領管理体制の成立－比較占領史序説－』（一九九二、岩波書店）　（三宅　明正）

ミズーリ号上の降伏文書調印式

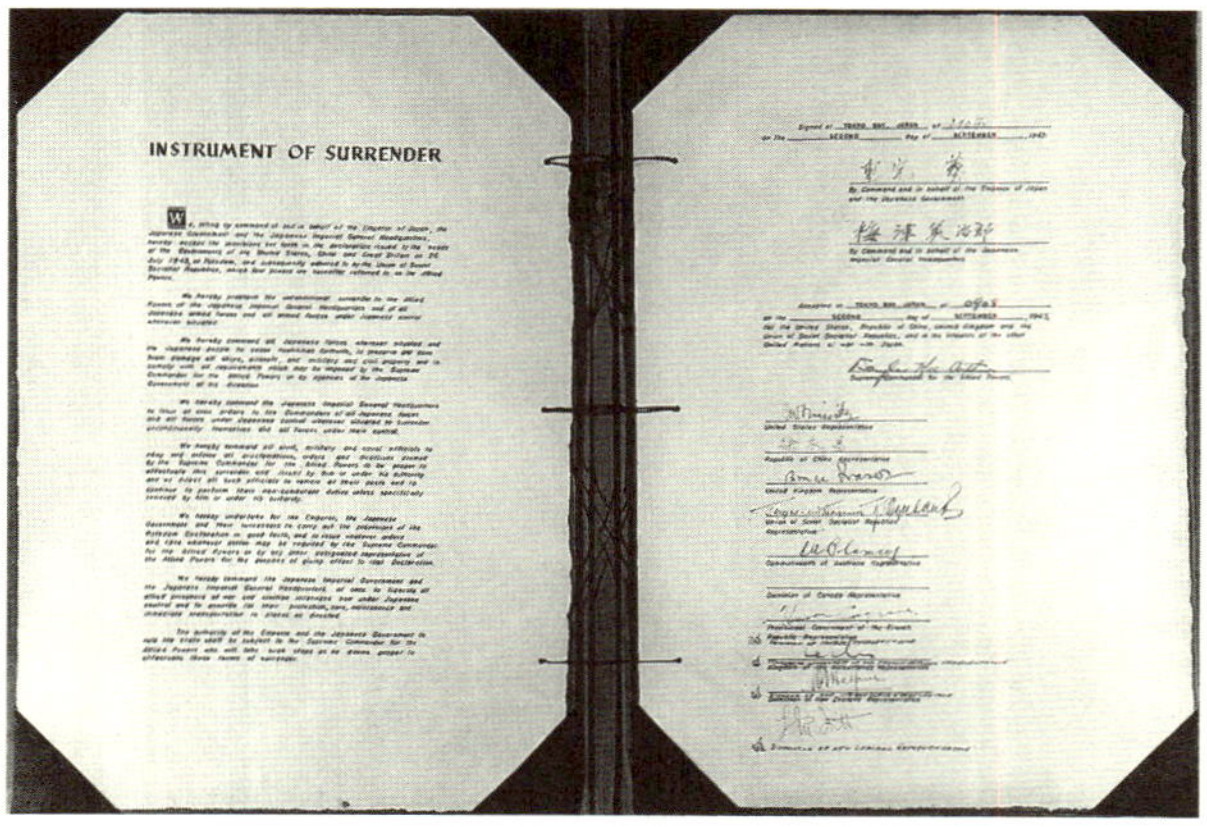
INSTRUMENT OF SURRENDER

降伏文書

こうみんかせいさく　皇民化政策　日本が朝鮮や台湾などで行なった教化政策。

〔朝鮮〕朝鮮人を戦争に動員するために忠良な「皇国臣民」にしようとして、朝鮮総督府により一連の政策が行われた。「皇国臣民」という言葉は以前から使われていたが、一九三七年七月日中戦争全面化以後、「朝鮮人の皇国臣民化」が朝鮮総督府の政策目標の一つに据えられ、「内鮮一体（日本と朝鮮は一体である）」をスローガンに多様な政策が実施された。志願兵制度の実施・第三次朝鮮教育令の改正・創氏改名を三本柱とし、神社参拝、宮城遥拝、国旗掲揚、「皇国臣民の誓詞」斉唱、君が代の普及、日本語常用化などが行われた。朝鮮総督府が考えた「皇国臣民」とは、「天皇陛下に忠義をつく」して忍苦鍛錬する、「天皇のために笑って死ねる」人間だった。まず三七年十月に「皇国臣民の誓詞」が一般向け・児童向けにそれぞれ制定され、日本語がわからない朝鮮人にも「皇国臣民」であることを証明させられるように、日本語で暗記・暗唱させた。朝鮮人に徴兵制を適用する前提として、三八年二月から陸軍特別志願兵制度を、四三年から海軍特別志願兵制度を実施した。三八年三月には第三次朝鮮教育令改正により、教育目標として「忠良なる皇国臣民」の育成が明示されるようになった。同年学校内で体罰や懲戒によって朝鮮語使用が禁止され、四〇年に朝鮮語新聞・雑誌が廃刊されるなど「日本語の常用化」が推し進められるが、実際は朝鮮人の日本語普及率に大きな限界があり、民衆用の政策宣伝ビラやポスターにはハングルで記載されるものも少なくなかった。四〇年には創氏改名が実施され、日本の家制度を朝鮮に導入すべく朝鮮人の姓を義務的に日本式の「氏」に変えさせた。神社参拝や国旗（日の丸）掲揚、宮城遥拝は、学校教育や愛国班などを通じて行われた。学校教育を受ける年齢層以外の幅広い社会層には、これらの皇民化政策実施にあたり国民総力朝鮮連盟の活動や組織が利用された。

朝鮮市街に掲げられた「内鮮一体」のスローガン

↓国民総力朝鮮連盟（こくみんそうりょくちょうせんれんめい）　↓創氏改名（そうしかいめい）　↓特別志願兵制度（とくべつしがんへいせいど）

参考文献　宮田節子『朝鮮民衆と「皇民化」政策』（『朝鮮近代史研究双書』、一九八五、未来社）、同「皇民化政策の構造」（『朝鮮史研究会論文集』二九、一九九一）　（庵逧　由香）

〔台湾〕日中戦争－アジア・太平洋戦争期の植民地台湾において、被統治者である台湾人は文化・慣習における日本化政策と軍事動員へ巻き込まれることになった。台湾総督府により推進されたこれら一連の政策は、一般に

正月に皇居に向かい遥拝する台湾の人々

「皇民化政策」と呼ばれる。三〇年代前半に総督府は台湾人の社会・文化への介入の程度をすでに深めつつあったが、海軍出身の小林躋造の台湾総督就任(三六年)、盧溝橋事件による日中間の全面戦争の勃発を背景として、三七年ごろにかかる傾向は一層の加速を見る。新聞の漢文欄や公学校における漢文教育の廃止、民間宗教の寺廟の整理に代表されるように中国大陸に由来する文化が抑圧されるとともに、日本語普及事業の拡充、神社参拝や神棚崇拝の強要がなされた。四〇年には朝鮮における創氏改名と並行して漢人への改姓名が実施された(先住民に対しては、早くも三〇年代末に日本式の名前を名乗るよう勧誘されはじめている)。もっとも、朝鮮とは異なり台湾の改姓名の場合は許可制であり、強制性が相対的に低かったため、四三年末の時点でも改めた者は人口の二%程度にとどまった。内地で大政翼賛会が四〇年に成立するのと軌を一にして、台湾でも四一年四月に皇民奉公会が成立し、施策の重点が訓練、増産、銃後生活の整備におかれることになる。同会の参与・委員には林献堂をはじめとする台湾人有力者が網羅され、ここに動員組織が本格的に整備されるに至る。台湾人は島内の軍需産業・工業生産へと動員されただけでなく、同時に内地や南方へも軍夫として派遣されることになった。さらに台湾では元来、徴兵制は敷かれていなかったが、四二年に陸軍、四三年に海軍の志願兵制度が設けられた。また、先住民については特に「高砂義勇隊」が組織され南方へ派遣された。一連の施策に対する台湾人の反応はきわめて複雑かつ多岐にわたったが、神道の強制や寺廟整理、改姓名に対しては広範な反発や忌避が見られた一方で、日本語の普及が一定程度は実現し、また志願兵制度についても往々にして熱烈な応募があったとされる。→高砂義勇隊(たかさごぎゆうたい)

参考文献 近藤正己『総力戦と台湾—日本植民地崩壊の研究—』(一九九六、刀水書房)、周婉窈『海行兮的年代』(台北、二〇〇三、允晨文化)、蔡錦堂編『戦争体制下的台湾』(台北、二〇〇六、日創社文化)

(都留俊太郎)

こうみんほうこうかい 皇民奉公会 台湾における大政翼賛会。第二次近衛文麿内閣は、一九四〇年十月十二日に首相を総裁とする大政翼賛会を結成し、「大政翼賛の臣道実践」をスローガンに掲げる大政翼賛運動を推進したが、植民地では朝鮮で国民総力朝鮮連盟、台湾では皇民奉公会が設立された。皇民奉公会は四一年四月十九日に発会式を挙げ、長谷川清台湾総督が総裁、斎藤樹総務長官が中央本部長に就いた。組織としては、五州三庁に支部、市・郡に支会、街・庄に分会を置き、市支会の下に区会、街庄分会の下に部落会を設け、末端組織には奉公班がおかれた。部落会と奉公班は従来の「保」「甲」の区域に置かれた。台湾全島民を組織対象とし、スローガンとして「台湾一家」が強調され内地人と「本島人」の一体化が叫ばれた。中央本部には総務部・訓練部・生活部・文化部・宣伝部・経済部が設置され、運動目標には青年訓練・増産実施・銃後生活の整備などが掲げられたが、特別志願兵制度や憲兵補制度が始まると台湾人青年の動員組織として機能した。

参考文献 近藤正己『総力戦と台湾—日本植民地崩壊の研究—』(一九九六、刀水書房)

(近藤 正己)

こうもとだいさく 河本大作 一八八三—一九五三 陸軍軍人。「支那通」軍人の一人。一八八三年一月二十四日、地主で西播郡長河本参二の次男として兵庫県に生まれる。陸軍幼年学校を経て、一九〇三年、陸軍士官学校卒業(第十五期)。日露戦争に出征し、負傷。一四年、陸軍大学校卒業。参謀本部支那課勤務などを経て、一九年に中国成都駐在となる。二一年、支那公使館付武官補佐官として北京勤務となる。二三年、参謀本部支那班長に就任。二六年、大佐、関東軍参謀。二八年の張作霖爆殺事件の中心的人物として停職処分。三十年、予備役に編入。三十二年、満鉄理事に就任。その後、満洲炭鉱株式会社理事長を務めた後、アジア・太平洋戦争開戦後の四二年九月に日本軍が管理する山西産業社長(山西省太原所在の会社)に就任し、「山西の帝王」と呼ばれるなどしてその手腕を発揮した。敗戦後の四九年、中国共産党軍に捕えられ、太原収容所で過ごした。五三年八月二十五日に同収容所で死去。七十歳。

河本大作

参考文献 相良俊輔『赤い夕陽の満洲野が原に—鬼才河本大作の生涯—』(『光人社NF文庫』、一九九六、光人社)、戸部良一『日本陸軍と中国—「支那通」にみる夢と蹉跌—』(『講談社選書メチエ』、一九九九、講談社)

(山本 智之)

こうやまいわお 高山岩男 一九〇五—九三 哲学者。一九〇五年四月十八日、山形県に生まれる。京都帝国大学文学部哲学科で西田幾多郎、田辺元らに学ぶ。三八年より京都帝国大学文学部助教授となり、京都学派の一翼を担う。『哲学的人間学』(三八年)、『文化類型学』(三九年)などを刊行。日中戦争、アジア・太平洋戦争期に「世界史の哲学」を唱え、西洋を中心とする近代世界の没落、東洋の台頭による多元的な現代世界の形成を論じる。高坂正顕、西谷啓治、鈴木成高と座談会『世界史的立場と日本』(『中央公論』初出、四三年刊行)を行い、「大東亜戦争」の世界史的意義を哲学的に解釈する討議として脚光をあびた。海軍省嘱託、総力戦研究所参与、大東亜省嘱託などとなる。『世界史の哲学』(四二年)、『日本の課題と世界史』(四三年)などを刊行。戦後は公職追放を受けた後、神奈川大学教授、日本大学教授、東海大学教授、秋田経済大学学長。『場所的論理と呼応の原理』(五一年)などを刊行。九三年七月五日、死去。八十八歳。

参考文献 『高山岩男著作集』(二〇〇七―〇九、玉川大学出版部)

(米谷 匡史)

古賀政男

こがまさお　古賀政男　一九〇四―七八　作曲家、演奏家。一九〇四年十一月十八日、福岡県で出生。二三年、明治大学に入学しマンドリン倶楽部を創設。三〇年にビクターから「影を慕いて」で作曲家としてレコードデビュー。三一年にコロムビア専属となり「酒は涙か溜息か」「丘を越えて」、三四年に一旦テイチクに移籍し「東京ラプソディ」「人生の並木道」「人生劇場」などを発表、三九年にコロムビアに復帰した後は「誰か故郷を想わざる」「さうだその意気」「勝利の日まで」、戦後は「湯の町エレジー」「無法松の一生」「柔」「悲しい酒」など、数多くのヒット作を手掛けた。生涯の作品数は四千曲を超える。古賀自身、「歌や音楽は、最高のそして総合的な文明批評である」と述べているが、戦前から戦後まで一貫して作曲とマンドリンアンサンブルの指導や指揮に尽力したほか、戦後は、日本作曲家協会設立や日本レコード大賞創設など、音楽文化の普及拡大にも注力した。七八年七月二十五日没、七十三歳。

参考文献 古賀政男『我が心の歌』(一九六五、展望社)

(戸ノ下達也)

こがみねいち　古賀峯一　一八八五―一九四四　海軍軍人。一八八五年九月二十五日、佐賀県生まれ。一九〇六年海軍兵学校卒(三十四期)、一七年海軍大学校卒。二六年大佐、フランス大使館付武官、海軍省副官、戦艦「伊勢」艦長、三二年少将、軍令部第二部長、三六年中将、軍令部次長、第二艦隊司令長官。軍令系の勤務が長いが、三〇年のロンドン会議時は海軍省副官として条約成立に尽力している。開戦時は支那方面艦隊司令長官で中国方面作戦の全般指揮に任じ、四二年五月大将に進級、十一月横須賀鎮守府司令長官。四三年四月、山本五十六前長官の戦死を受け連合艦隊司令長官となる。退勢挽回のため東正面(太平洋方面)での米艦隊との決戦を企図していたが果たせず、戦局の悪化を食い止めることはできなかった。四四年三月三十一日、パラオからフィリピンのダバオに航空機で移動中、搭乗機が消息不明となり殉職と認定、元帥となった。六十歳。

参考文献 防衛庁防衛研修所戦史室編『中部太平洋方面海軍作戦』二(『戦史叢書』六二、一九七三、朝雲新聞社)

(坂口 太助)

こくさいけんさつきょく　国際検察局　東京裁判において被告選定、証拠収集、起訴などを目的に設置された組織。一九四五年十二月六日、J・B・キーナンを団長とするアメリカ検察陣が来日した。十二月八日、マッカーサーはGHQ内に国際検察局 International Prosecution Section(略称IPS)を設置し、キーナンを局長に任命した。唯一の首席検事もキーナンが就任した。十二月二十八日、米国務省は、日本の降伏文書調印国およびインド、フィリピンに参与検察官の派遣を要請した。またアメリカ検察陣は、四六年一月極東国際軍事裁判所憲章(条例)を作成、公布した。連合国の検事たちは、まず英連邦諸国が四六年二月初め以降、来日したが、イギリスのコミンズ＝カーは、アメリカ検察陣の活動が不十分だとし、検察活動の全面的な編成替えを求めた。キーナンはこれを認め、四六年三月二日、執行委員会と三つの小委員会が設置され、コミンズ＝カーが執行委員会の議長となった。執行委員会は被告の選定を進め、裁判の起訴状と被告の選定作業を進めた。四六年四月二十九日、キーナンは極東国際軍事裁判所に起訴状を提出し、同年五月三日、東京裁判が開廷することになった。　↓キーナン　↓東京裁判開廷

参考文献 粟屋憲太郎『東京裁判への道』(『講談社学術文庫』、二〇一三、講談社)

(粟屋憲太郎)

こくさいれんごう　国際連合　国際的な平和と安全の維持と世界の経済的、社会的発展を目的として、第二次世界大戦後の一九四五年十月二十四日に発足した国際機構で、国連と略称される。第一次世界大戦後に組織された国際連盟が平和の維持に失敗したことを念頭に置いて、第二次世界大戦後に新たな国際機構を作ろうとする動きは、四一年八月の米英首脳による大西洋会談の時に始まり、四三年十月のモスクワにおける米英ソ三国外相会議で一般的国際機構を創設する具体的方向性が示された。これを盛り込んだモスクワ宣言には中国代表も署名した。国際連合憲章を討議し採択したサンフランシスコ会議(四五年四―六月)には、連合国を中心に五十ヵ国が参加

し、同年十月の発足時の原加盟国は五十一ヵ国であった。国際連合という名称が、英文では大戦中の連合国と同じである点に示されるように、この機構は戦勝国によって構成される組織という性格をもち、敗戦国日本が加盟したのは、サンフランシスコ講和の発効によって日本が独立を回復してから五年近くが経過した五六年十二月のことであった。国連に加盟することは、当該国の主権国家としての独立性が認められることを意味し、二〇一五年現在では百九十三ヵ国が加盟国となっている。国連の組織は、総会、安全保障理事会、経済社会理事会、信託統治理事会、国際司法裁判所、事務局という六つの主要機関と、国連児童基金(ユニセフ)などの総会補助機関、世界保健機関などの専門機関から成る。国連は互いに平等な主権国家によって作り上げられた組織であるものの、安全保障理事会の常任理事国である米・英・仏・ロシア・中国の五ヵ国が拒否権をもっていることは、大戦中の連合国陣営主要国が優位を保ちつづけている状況を示している。日本政府は自国の常任理事国化を軸として国連の機構改革を求めてきているが、それへの抵抗は大きく、実現していない。国連の中心的任務である平和維持に関しては、安全保障理事会のもとで展開される平和維持活動(PKO)が中心となっており、日本も一九九二年のPKO協力法成立後、カンボジアなどいくつかの活動に参加してきている。

国際連合第１回総会

参考文献　明石康『国際連合―軌跡と展望―』(『岩波新書』、二〇〇六、岩波書店)、緒方貞子・半澤朝彦編『グローバル・ガヴァナンスの歴史的変容―国連と国際政治史―』(『ガヴァナンス叢書』三、二〇〇七、ミネルヴァ書房)

(木畑　洋一)

こくさいれんごうけんしょう　国際連合憲章　国際連合の加盟国の権利・義務、国連の主要機関や手続きを定めた条約。第二次世界大戦後に新たに国際組織を設立するための連合国間の協議は、一九四三年十月のモスクワ外相会議から本格化し、四四年八月から十月にかけてワシントン郊外のダンバートン＝オークスで開かれたアメリカ・イギリス・ソ連・中国の専門家会合で国際連合憲章の草案となる文書が作成され、「ダンバートン＝オークス提案」として発表された。これにもとづく国連憲章を採択するための会議は、四五年四月末からサンフランシスコのオペラハウスを会場として開始された。当初この会議に招請される国は第二次世界大戦中の連合国共同宣言の署名国とされていたが、若干の変動があり、五十ヵ国が参加した。大戦中の連合国の会議では戦争を主導した大国のみが討議を行なっていたのに対し、この会議では中小諸国も積極的に発言し、提案された修正は千二百にのぼった。中小国の要求が受け入れられる場合もあったが、国連組織の中核となる安全保障理事会で大国が拒否権をもつという点については、それを批判する中小国の意見は通らなかった。会議の結果完成した国連憲章は、まだ日本との戦争が続行中の六月二十六日に調印された。

→連合国共同宣言

参考文献　明石康『国際連合(第二版)』(『岩波新書』、一九九五、岩波書店)

(木畑　洋一)

こくさいれんめい　国際連盟　第一次世界大戦後に創設された国際機関。平和維持のための国際機関創設を提唱したウィルソン米大統領主導のもと、一九一九年一月からパリ講和会議において協議が進められた。連盟の組織・活動を規定する連盟規約はヴェルサイユ講和条約の一部として六月に調印された。二〇年一月に右講和条約発効と同時に連盟も成立した。連盟の中央機関は、全連盟国によって構成される総会、常任理事国と非常任理事国によって構成される理事会、常設事務局からなり、常任理事国は当初、英・仏・日・伊四ヵ国であった。アメリカは結局上院の反対により加盟ができなかった。同盟国の植民地は連盟の委任統治下に置かれ、日本は旧ドイツ領の南洋諸島を委任統治領とした。連盟は、国際平和維持に加え、労働問題・財政経済問題・アヘン取締・保健衛生・国際司法裁判など幅広い分野で活動を展開した。創

国際連盟本部

設以来国際平和維持については、国際紛争の平和的解決や軍縮に取り組み、一定の成果をあげていたが、三一年に日本が開始した満洲事変を平和的に解決することに失敗し、連盟の権威は動揺した。三三年には常任理事国であった日本とドイツ(二六年に連盟加入、常任理事国)が連盟を脱退した。三五年にイタリアが開始したエチオピア戦争に際しては、理事会はイタリアを侵略国と認定し、経済制裁を実施したが、成果をあげられなかった(イタリアは三七年に脱退)。三七年に日本が開始した日中戦争に際して、対日関係の悪化を恐れる英仏は中国が正式に連盟に提訴することを回避させる対応を取ったが、三八年九月には中国が提訴したことを受けて、連盟は実質的に日本を侵略国と認定した。三九年九月に第二次世界大戦が始まると連盟の機能不全はいっそう深まった。三九年末にはフィンランドに侵攻したソ連(三四年に連盟加入、常任理事国)を侵略国と認定して、連盟から除名したが、連盟はほとんど機能停止状態となっていった。国際連合成立後、四六年四月に解散した。 ↓ヴェルサイユ体制

参考文献 海野芳郎『国際連盟と日本』(『近代日本外交史叢書』六、一九七二、原書房)、伊香俊哉『近代日本と戦争違法化体制―第一次世界大戦から日中戦争へ―』(二〇〇二、吉川弘文館)、篠原初枝『国際連盟―世界平和への夢と挫折―』(『中公新書』、二〇一〇、中央公論新社)

(伊香 俊哉)

こくさいれんめいきやく 国際連盟規約 ヴェルサイユ条約(一九一九年六月二十八日調印)をはじめとする、第一次世界大戦後の諸講和条約の冒頭に掲げられ、国際連盟の機関・活動を規定した。一九二〇年一月十日発効。国際連盟創設の主要な目的であった国際平和の維持については第八―一七条で、軍縮への取り組み、連盟国の領土保全、連盟国の外部からの侵略に対する擁護、連盟や国際裁判による国際紛争の平和的解決を謳うとともに、実質的な侵略戦争を国際法上違法とし、侵略国に対する経済的制裁・軍事的制裁を連盟国が実施できることとした。第二二条では旧トルコ所属地域・旧ドイツ領植民地を連盟国の委任統治領とすることを定めた。第二三条では労働者の権利保護、婦人・児童の売買、アヘン取り締まり、疾病予防などへの取り組みが謳われ、ILO(国際労働機関)の創設などにつながった。

参考文献 立作太郎『国際連盟規約論』(一九三二、国際連盟協会)、海野芳郎『国際連盟と日本』(『近代日本外交史叢書』六、一九七二、原書房)

(伊香 俊哉)

こくさいれんめいだったい 国際連盟脱退 国際連盟は平和の維持を目的に第一次世界大戦後の一九二〇年に創立された国際機構である。日本はその誕生から加盟し、常任理事国でもあったが、満洲事変以降、国際社会の批判を浴びて、連盟における立場が悪化した。三三年二月二十四日、連盟総会はリットン報告書を土台にした十九人委員会の満洲事変に関する報告書を採決に付したが、反対したのは日本のみで、他の四十二ヵ国はこれに賛成した。満洲事変への日本の対応に対する国際社会の否定は明白になった。これに反発して、松岡洋右以下日本代表団が連盟総会会場から引き揚げ、三月二十七日、日本政府は国際連盟から脱退することを宣言した。その後、日本は政治活動以外の分野での対連盟協力関係を維持したが、連盟脱退を契機に、みずから国際的孤立への歩みを加速した。そのなかで、三七年七月日中全面戦争が勃発し、翌年対日経済制裁(制裁国の自由参加)が連盟で決議された。これにより日本と国際連盟との協力関係はすべて断絶した。 ↓リットン報告書

国際連盟脱退 演説する松岡洋右

参考文献 海野芳郎『国際連盟と日本』(『近代日本外交史叢書』六、一九七二、原書房)、鹿錫俊『中国国民政府の対日政策 一九三一―一九三三』(二〇〇一、東京大学出版会)

(鹿 錫俊)

こくさくがいしゃ 国策会社 政策の実現を事業目的とした公的性格の強い企業体の総称。その多くは会社ごとの勅令または特別法に基づき、政府出資を入れて設立された特殊会社であり、民間企業との競合の少ない事業分野で、政府の厳格な監督と保護のもと、独占的に業務を行なった。しかし、戦時期には従来の会社形態の制約を外したさまざまな事業体が作られたため、以下では、公的性格を持つ組織も含めて国策会社とし、多様な経営体にも触れておく。

単行法や勅令による特殊会社には、植民地開発と投資に関わる南満洲鉄道、東洋拓殖、台湾拓殖、北支那開発、中支那振興、樺太開発などがあり、植民地や軍事占領地域での開発、投資に関与した。内地の地域開発では東北興業、東北振興電力などがあった。一九三〇年代には総動員準備や産業合理化の観点から大規模特殊会社の設立が増加し、交通、通信分野の強化では、既存企業の統合、改組によって、大日本航空、日本通運、東亜海運、日本発送電などが誕生した。重要戦略産業の生産力拡充政策としては、企業統合による日本製鉄や、開発投資会社として帝国燃料興業、帝国石油、日本産金振興(のちに帝国鉱業開発に合併)、帝国鉱業開発などが設立された。また戦時統制期には、物資動員計画に基づく需給調整を目的に、日本肥料、日本石炭、日本米穀(のちに食糧営団)、

帝国水産統制、海洋漁業統制、日本蚕糸統制、日本木材、日本輸出農産物などが設立され、既存の商社、卸・小売商を組織して配給統制機構を整備した。なお投資事業を行う特殊会社の場合は、傘下の投資会社を含めて国策会社的性格を有した。

銀行事業にも公的性格をもつ特殊銀行が数多く設立された。近代金融制度の根幹となった日本銀行のほか、民間銀行ではカバーしがたい領域では横浜正金銀行、日本興業銀行、日本勧業銀行のほか、各府県の農工銀行、北海道拓殖銀行などが設立された。植民地の拡大に伴って台湾銀行、朝鮮銀行、満洲中央銀行、満洲興業銀行などが設立されて、円系通貨の発行と通貨圏の拡大を進め、合わせて開発資金融資を行なった。このほか農民、中小商工業者の組合系統中央機関として産業組合中央金庫、商工組合中央金庫などの金庫が設立され、戦時に入ると恩給金庫、庶民金庫など退職公務員や零細商工業者への小口融資機関が設置された。さらに転廃業者への融資、資産処分を担当する国民更生金庫、重要戦略事業であるが高リスクである事業への投融資、株価安定操作を行う戦時金融金庫が設立された。

戦時下の占領地域を円系通貨圏に包摂するための金融機関も設立された。中華民国臨時政府(華北政務委員会)のもとに中国連合準備銀行、蒙古連合自治政府のもとに蒙疆銀行、華中では中華民国維新政府のもとに華興商業銀行、中華民国(汪兆銘政権)の中央銀行として中央儲備銀行が設立された。各地の円系銀行券は国民党政府(蔣介石政権)の法幣との間で安定通貨の地位と流通範囲の拡大を巡って通貨戦を展開した。太平洋に戦域が拡大すると南方開発金庫が設立され、フィリピン、英領マラヤ、蘭領インドでは、現地通貨単位を継承しつつ軍票に代わる南方開発金庫券を発券し、現地軍政当局や日本からの進出企業のために所用資金を供給した。

四一年以降、民間では採算性がない高リスク事業を扱う政府出資の企業形態として営団が誕生し、住宅営団、帝都高速度交通営団、農地開発営団、産業設備営団、中央・地方の食糧営団、重要物資管理営団(貿易統制会と統合して交易営団)、日本医療団などが設立された。

なお、民間企業に公的性格を付与し、従業員を徴用工として扱い、生産命令を発動する一方、損失を補償するための措置は、工場事業場管理令による管理工場指定、軍需会社法・軍需充足会社令による指定などがあった。また各種の配給統制規則によって指定あるいは設立された配給会社や、配給統制機関に指定された商業組合、工業組合、同業組合にも公的性格が付与された。さらに商工組合法によって、組合組織は統制組合、施設組合に統合・改組され、組合員に対して強い統制権限を持つことになった。

これらの国策会社および統制機関のほとんどは、敗戦後GHQの指示により閉鎖、精算処理されることになった。→営団(えいだん)

[参考文献] 野田経済研究所編『戦時下の国策会社』(一九四〇)、松沢勇雄『国策会社論』(一九四一、ダイヤモンド社)、日本経済連盟会『営団・金庫要覧』(一九四三、経済図書)、松田二郎『軍需会社法と統制会社令—統制経済法上の株式会社形態—』(『司法研究』報告集第三三ノ一、一九四六)。

(山崎 志郎)

こくさくけんきゅうかい　国策研究会　日中戦争期からアジア・太平洋戦争期にかけて、国家政策に重要な影響を与えた民間の国策研究機関。会の中心となったのは、労働事情調査所の主催者である矢次一夫。矢次は、陸軍統制派の池田純久と国策改革の具体案作成について協議した上で、小野武夫・道家斉一郎らの学者や貴族院議員の大蔵公望らとともに会の構想について検討を重ね、一九三四年三月に国策研究同志会を設立した。同会は二・二六事件を機に一度解散したが、三七年二月、国策研究会として再結成され、以後本格的な活動に乗り出した。同志会のころは、会員も少なく、私的な研究会としての色彩が濃かったが、再結成後は革新官僚、財界人、政治家、学者などから多数の会員を得て、陸海軍、財界からの資金援助を受けながら、本格的な調査・研究・立案活動を進めた。再結成当初の研究委員会は、第一(外交問題)、第二(政治・行政)、第三(財政・経済)、第四(文教政策)、第五(社会問題・社会政策)の五つからなり、その他必要に応じて特別委員会などが設けられた。機関誌としては『国策研究会会報』(のち『新国策』)と『調査週報』の二誌を発行し、四一年からは両者を合併した『国策研究会週報』を発行したほか、報告書やパンフレット類も積極的に発行し、研究成果を各方面に広めることを目指した。同会は、電力国家管理法案などの重要な戦時政策の立案に影響を与えたほか、「新体制試案要綱」や大東亜共栄圏構想などのように、総力戦体制の全般的な構想を続々と発表し、戦争の遂行をイデオロギー的な側面から支えていく役割を果たしたが、アジア・太平洋戦争末期には空襲の激化によって活動を休止し、そのまま敗戦を迎えた。戦後しばらくは、新政研究会、国政研究会と名乗って活動していたが、サンフランシスコ講和条約調印後、五三年六月に国策研究会として再結成され、現在に至るまで活動をつづけている。

[参考文献] 矢次一夫『昭和動乱私史』(一九七一―七三、経済往来社)、伊藤隆「「挙国一致」内閣期の政界再編成問題(二)」(『社会科学研究』二五ノ四、一九七四)

(佐々木 啓)

こくさくのきじゅん　国策の基準　一九三六年八月七日に開かれた五相会議で決定された国策。大陸の地歩確保、南方海洋進出、軍備拡充を国策の基本とする。同年三月に海軍政策及制度検討委員会がつくられ、海軍軍縮条約の失効を前提とした日本の中国大陸における権益確保策と南方発展策が検討された。中国大陸と「満蒙」の諸権益を確保するためには対ソ・対米軍備を強化する必要がある、そのため不足資源を求めて南方に進出しなければならない、南方進出のためには宗主国であるイギリス・オランダに優越する軍備が必要となる、と認識された。陸軍では世界最終戦論を持論とする石原莞爾が作戦課長として影響力を発揮して六月に「国防国策大綱」を作成した。同案をもとに陸海軍事務当局によって陸海軍間の妥協をはかり「国策大綱」をまとめた。その後外務省と調整した案が、南進を日本の国策としてはじめて決定した八月七日の五相会議の「国策の基準」である。→南進論

参考文献 『日本外交年表並主要文書』下(一九六六、原書房)　(芳井 研一)

こくしがいせつ　国史概説　文部省教学局編纂の皇国史観に基づく日本通史。上下二巻。一九四一年編纂開始、四三年刊(ただし下巻は実際には四四年完成)。四二年度より高等試験(高文)の必須科目に国史が追加されたことに伴い、『国体の本義』に基づく歴史書として編纂されたもので、読者対象は高等専門諸学校卒業程度の知識層とされた。編纂嘱託は板沢武雄・魚澄惣五郎・大塚武松・高橋俊乗・竹岡勝也・時野谷勝・肥後和男・福尾猛市郎・藤岡蔵六。また調査嘱託として辻善之助・中村孝也・平泉澄・西田直二郎など多くの研究者が動員された。叙述対象期間は「肇国」から四三年までであり、上世・中世・近世・最近世の四時代区分で構成され、社会経済史や文化史などの記述も多く含んでいる。刊行後は教員の再教育などに用いられた。四五年十月、『国体の本義』などとともに絶版・廃棄処分。なお、四二年度より姉妹編として『大東亜史概説』の編纂が始められたが、未刊に終わった。

参考文献 小沼洋夫「皇国史観の確立と『国史概説』」(『文部時報』七八九、一九四三)、長谷川亮一『「皇国史観」という問題—十五年戦争期における文部省の修史事業と思想統制政策—』(二〇〇八、白澤社)　(長谷川亮一)

こくたいのほんぎ　国体の本義　『古事記』『日本書紀』の神話にもとづいて天皇の統治の正統性を説明し、国体の観念を明らかにするものとして、文部省が編纂した書物。一九三七年刊。「国体を明徴にし、国民精神を涵養振作すべき刻下の急務に鑑みて編纂」された同書は、全国の中等学校、小学校、青年学校教員や地方教育関係者に配布され、また高等学校、専門学校、軍関係学校入学試験の必読書となり、国体の観念を公式に説明する「聖典」として、戦時下の思想統制において大きな役割を担った。その作成は、文部省思想局長伊東延吉の影響下で作られた原案に、学界の有力者らで構成された編纂委員会が意見を述べ、推敲・修正される形で進行した。編纂委員を委嘱されたのは吉田熊次(国民精神文化研究所研究部長)、紀平正美(同事業部長)、和辻哲郎(東京帝国大学教授)を含む十四名、編纂調査嘱託として国民精神文化研究所関係者や文部省督学官、図書監修官らが関わった。

参考文献 久保義三『(新版)昭和教育史—天皇制と教育の史的展開—』(二〇〇六、東信堂)、荻野富士夫『戦前文部省の治安機能—「思想統制」から「教学錬成」へ—』(二〇〇七、校倉書房)　(神代 健彦)

こくたいめいちょうもんだい　国体明徴問題　一九三五年、戦前の大日本帝国憲法の通説的な解釈の基礎となっていた憲法学者美濃部達吉の天皇機関説に対して、日本固有の国体にもとるものという批判が高まり、政治運動化した問題。具体的には、同年二月、貴族院での菊池武夫による美濃部学説批判で口火が切られ、国家主義団体や在郷軍人会などによる社会運動が激化し、陸軍皇道派や政友会もまたこの運動に同調した。当時の岡田啓介内閣は八月と十月の二度にわたり政府声明を出し事態の沈静化に努めたが、美濃部は貴族院議員を辞任。牧野伸顕内大臣、一木喜徳郎枢密院議長、金森徳次郎法制局長官らが辞任し、美濃部の著書も発禁となった。三〇年の統帥権干犯問題のころまでは、政党および議会による権力のコントロールを理論づけたのが美濃部学説であったが、美濃部自身は、三〇年代の政党政治の危機の進展のなかで、次第に内閣独裁制の発想をとるようになっていた。三〇年代半ばの国体明徴問題は、二〇年代に定着することに失敗した政党政治に代わる権力の正統性をめぐる憲法論争という性格をもっていた。また、美濃部学説批判が特に帝国憲法第三条「天皇は神聖にして侵すべからず」の解釈を問題としており、教育勅語や軍人勅諭に記された神権的天皇の考えに立って憲法を読み直すことを意味してもいた。大衆運動を喚起する形で展開した国体明徴運動は、美濃部の天皇機関説を葬ることには成功したものの、新たな体制イデオロギーを確立することに成功したわけではなかった。国家総動員法や近衛新体制運動とその帰結である大政翼賛会の位置づけをめぐって、総動員体制下での憲法論争が黒田覚、佐々木惣一、大石義雄、尾高朝雄、里見岸雄らによって繰り広げられたが、さまざまな国体論の氾濫状況を生み出すにとどまった。また、美濃部憲法学説が保障していた天皇無答責の問題を深刻な危機に陥らせることにもなった。→美濃部達吉

参考文献 官田光史「国体明徴運動と政友会」(『日本歴史』六七二、二〇〇四)、加藤陽子『昭和天皇と戦争の世紀』(『天皇の歴史』八、二〇一一、講談社)、林尚之『主権不在の帝国—憲法と法外なるものをめぐる歴史学—』(二〇一二、有志舎)　(平井 一臣)

こくたいろん　国体論　日本の国家としての正しいあり方(国体)を、皇祖神＝天照大神の子孫である万世一系の天皇による永久の統治、ということに求める論の総称。このような国体を持つ国家は日本のみであり、それゆえ日本は世界で最も優れた国であるとされる。「国体」という語は「くにがら」「国家の状態」といった意味の普通名詞であり、また穂積八束らの国法学では統治権の所在による国家体制の区別を示す概念として用いられた。しかし一般的には、上述のような、日本の天皇中心的な国家

体制を指す語として用いられることが多い。近代日本においては絶対的な国是とされ、国家神道・国民教育等の基盤となり、思想・言論統制に大きな役割を果たしたイデオロギーであるが、その具体的な内実は漠然としており、多様な解釈が存在した。国体論は、近世の水戸学・国学において古代の天皇神話を再構成する形で形成され、明治維新において天皇による統治を正当化するための理念として浮上し、万世一系の天皇による統治を謳った大日本帝国憲法と「国体の精華」を称揚した教育勅語において国是とされた。その後、いったん後景に退くが、一九二五年の治安維持法において「国体変革」が犯罪とされたことを機に、強力な束縛的機能を担うことになる。三五年の天皇機関説事件＝国体明徴運動では、天皇機関説のみならず、国体に反する外来思想すべての排除が求められ、それを受けて岡田内閣が発した第二次国体明徴声明では、「政教其他百般の事項総て」が「国体の本義」を基とすることが要求された。文部省はこれを受けて三七年に『国体の本義』を発行する。以後、国体に反する思想・学問・宗教等はその存在を許容されなくなる。しかし、何をもって国体に反するものとするかは曖昧であり、恣意的に判断されていた。大日本帝国の崩壊過程では「国体護持」が問題とされたが、その具体的な意味についての明確な合意は最後まで成立しなかった。

参考文献　渡辺治「国体」(原武史・吉田裕編『岩波天皇・皇室辞典』所収、二〇〇五、岩波書店)、昆野伸幸『近代日本の国体論—〈皇国史観〉再考—』(二〇〇八、ぺりかん社)、長谷川亮一『「皇国史観」という問題—十五年戦争期における文部省の修史事業と思想統制政策—』(二〇〇八、白澤社)
(長谷川亮一)

こくていきょうかしょ　国定教科書　国または国が指定する機関が著作権を有する著作物で、各学校の教師および児童が教科書(教科用図書)としてその使用を強制されたもの。日本の近代教育制度が創設された明治初年、学校教科書は自由発行・自由採択制であった。しかし一八八〇年の第二次教育令(改正教育令)以降、小学校を中心に教科書への統制は徐々に強化される。使用教科書の報告を義務付ける開申制(八一年)、文部省による認可制(八三年)、そして八六年の検定制という形で変遷してきた教科書制度は、一九〇三年四月の小学校令中改正により国定制となった。以降、初等教育における国定教科書制は、敗戦後検定制に改められるまで約四十年間続くこととなる。

ただし、小学校令施行規則と教科書の発行状況を踏まえた分析によれば、国定制下の教科書使用の形態は、教科目ごとに異なる。すなわち、「A、児童用・教師用とも文部省著作本に限るもの(児童の教科書使用義務がある)」(修身、国語読本、日本歴史、地理)、「B、校長の判断で児童に教科書を使用させなくともよいが、使用の場合、ならびに教師用は文部省著作本に限るもの」(国語書き方、のちに算術、図画、理科、家事などが追加)、「C、児童用・教師用とも文部省著作本・検定済本の中から、知事裁定によりいずれを使用してもよいもの」(高等小学の唱歌、農業、商業、英語など)、「D、教師用に限り、文部省著作本・検定済本の中から、知事裁定によりいずれを使用してもよいもの(児童の教科書使用を禁止)」(理科、体操、裁縫、手工、尋常小学の唱歌、のちに理科は削除)である。なお国定教科書と言えば一般的にはAおよびBを指すが、C・Dの文部省著作教科書を加える場合もある。

この体制が転換するのが、四一年の国民学校令下においてである。同令下では、「郷土に関する図書」を除いたすべての教科の教科書は、児童用・教師用とも文部省著作本に限る(A)と定められた。それに先立つ四〇年の国民学校教科書「編纂方針案」では、新しい国定教科書は、国民学校制度のもと、教科書の教材配列も四期の段階を追って進むとされている。すなわち、第一期(国民学校初等科第一・二学年)、第二期(初等科第三学年)、第三期

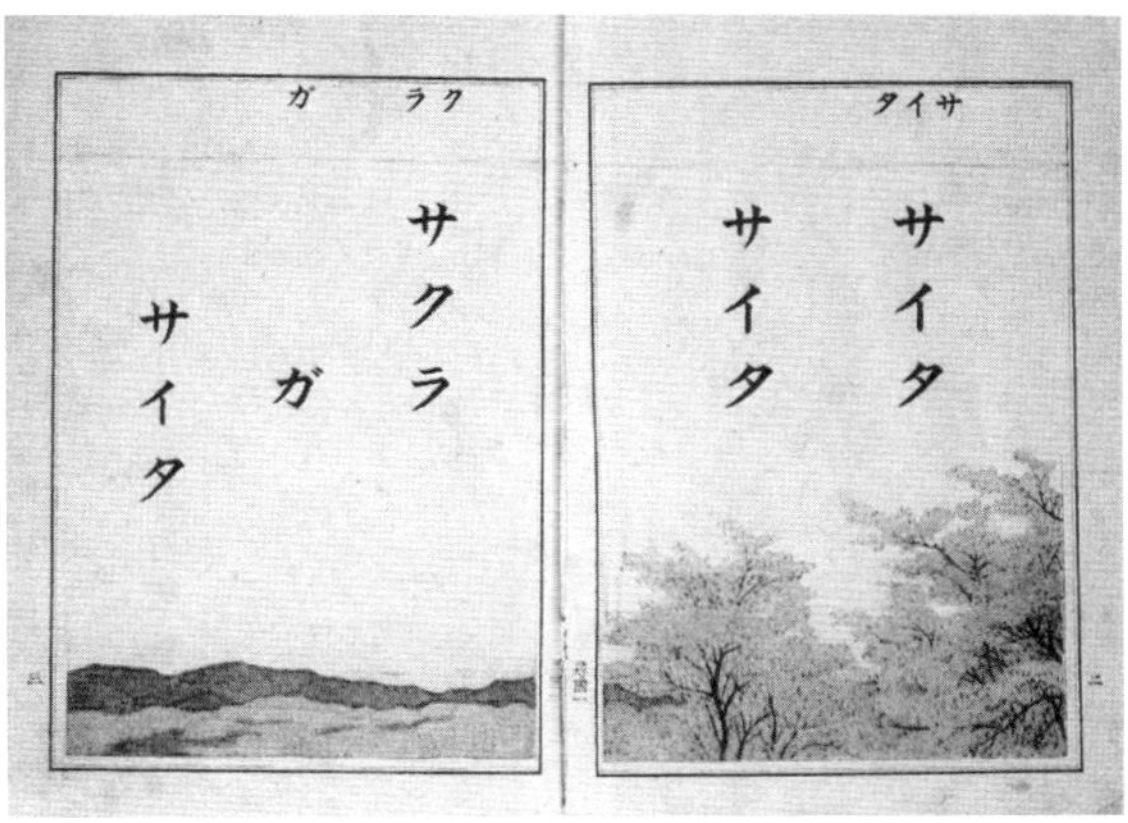

『小学国語読本』巻1(1933年)

『ヨイコドモ』上(1941年)

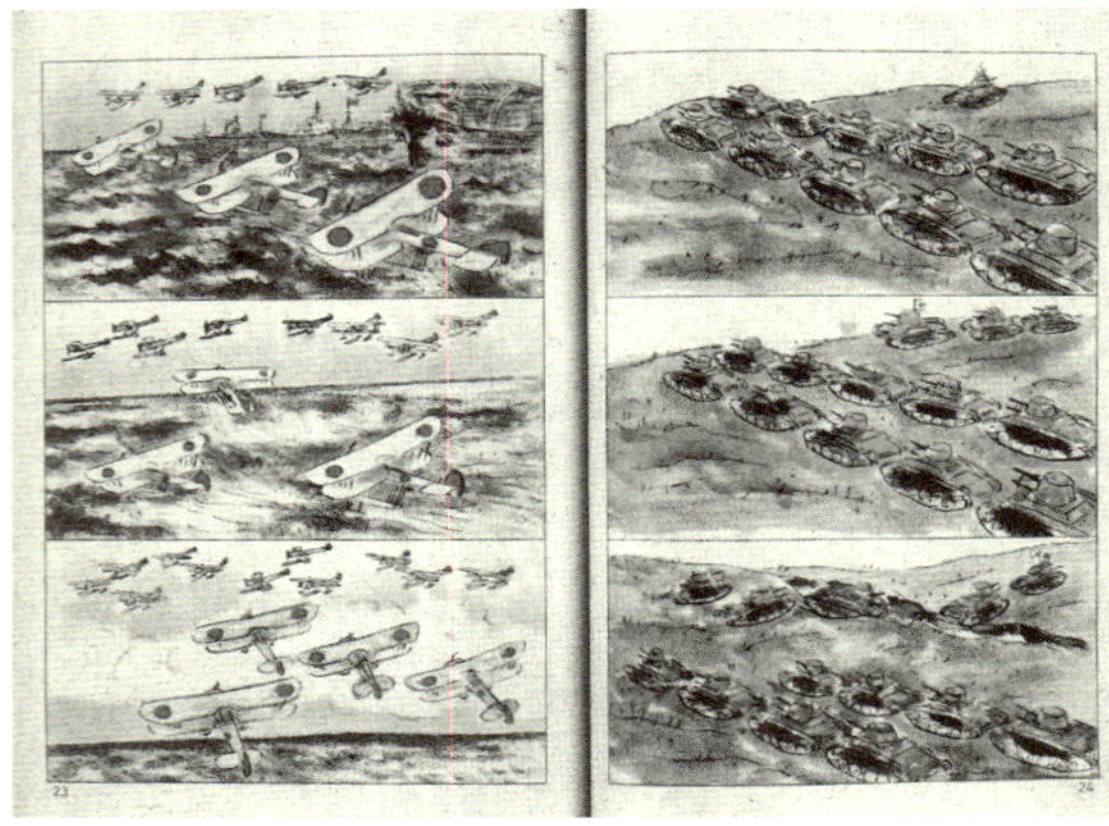

『カズノホン』1（1941年）

（初等科第四―六学年）、第四期（高等科第一・二学年）である。第一期では童心に適合するものをとり、躾と初歩的訓練を重視することとし、以下各期の児童の心理的発達に応じて、実際の生活と環境に照応させた教材を順次系統的に整備し、第三期で基礎教育を終えること、そして第四期では実際的知識技能と大国民たる自覚を培う、というのがそこで示された骨子であった。実際に編纂された教科書も、これに忠実に作成されている。

内容については、とりわけ筆頭教科とされた修身に明らかであるが、総じて、戦争遂行という国家目的を前提に、天皇と国体に関する内容が強調され、少国民錬成にもっとも効果のある教材編成が目指されていたといえる。なお、この国定制は制度としては四七年の学校教育法で検定制に改められているが、実際には当該年度以降も文部省著作教科書が使用されていた実態がある。これは検定教科書の供給不足などによるものだが、このときの使用教科書を国定教科書に含めるかという点については、複数の考え方があるとされている。すなわち、㈠学校教育法がすでに検定制を定めており、文部省著作教科書の使用は教科書の供給不足によること、またそれも使用の強制と言えるほどの供給を達成できていなかったことから、国民学校令下の四七年三月末まで使用の「暫定教科書」までを国定教科書とするもの、㈡実際に検定教科書の使用が開始される時期を区切りとして、四九年三月末までに使用されたものを国定とするもの、㈢国定ないし検定という制度の別に関わりなく、文部省著作教科書を国定教科書とするもの、の三つである。

参考文献　海後宗臣・仲新編『日本教科書大系近代編』（一九六一―六七、講談社）、中村紀久二『教科書の社会史―明治維新から敗戦まで―』（『岩波新書』、一九九二、岩波書店）、中村紀久二編『国定教科書編纂趣意書（復刻版）』別巻一（二〇〇八、国書刊行会）　（神代　健彦）

こくどけいかく　国土計画　国土計画に関しては、一九三〇年代から内務省、企画院などの省庁で調査研究が進められた。四〇年七月二十六日に第二次近衛文麿内閣が閣議決定した「基本国策要綱」で「綜合国力の発展を目標とする国土開発計画の確立」を定めた後に、計画の立案を担ったのは企画院である。同年九月二十四日には企画院が作成した「国土計画設定要綱」が閣議決定され、以後同要綱に基づいての国土計画の立案が始まったが、計画案の作成にとどまった。四二年六月二日に「工業規制地域及工業建設地域に関する暫定措置要綱」が閣議決定され、四三年二月一日からは「学校規制に関する暫定措置」が関係省庁の次長・次官の申し合わせにより実施されるなど、暫定的な具体策も取られたが、前者に関しては商工省地方工業化委員会での工業の地方分散計画に関する策定内容との共通点がみられる。四三年十月末における企画院廃止後は、国土計画の事務は内務省に移管された。

参考文献　酉水孜郎『国土計画の経過と課題』（一九七五、大明堂）、同『資料・国土計画』（一九七五、大明堂）、沼尻晃伸『工場立地と都市計画』（二〇〇二、東京大学出版会）　（沼尻　晃伸）

こくぼうきょうぎ　国防競技　戦時下に青年訓練のため実施された体育の一種。日中戦争が始まると大阪毎日新聞社は「国防スポーツ」を提唱、一九三八年には東京日日新聞社と陸軍戸山学校により訓練的効果がより高い「国防体育」が考案された。国防体育は三九年の第十回明治神宮国民体育大会実施にあたり、「国防競技」の名称で青年学校・中学校の演技種目に採用が決定。その後陸軍戸山学校において種目につき若干の修正がなされ、四〇年五月に「国防競技要綱」が制定された。国防競技は手榴弾投擲・障碍通過・土嚢運搬・牽引・行軍の五種目からなる。その狙いは軍が求める基礎体力を総合的に身につけることとされ、「体力章検定を競技化したものが即ち国防競技である」とも説明されていた。四一年十二月に学徒体育振興会が発足すると国防競技は戦場運動と改称され、中学校や青年学校生徒の必修となった。

参考文献　藤田辰三「国防競技に就いて」（『学校体錬』一ノ一一、一九四一）、高岡裕之「大日本体育会の成立」（坂上康博・高岡裕之編『幻の東京オリンピックとその時代』所収、二〇〇九、青弓社）　（高岡　裕之）

こくぼうけんきん　国防献金　国防費補充のために陸海軍へ献納した金品。一九三一年十月、満洲事変発生後、東京府駒場青年団の退役歩兵大佐が、鉄兜を在中国の陸軍部隊に送付するための献金を提唱し、陸海軍、地方行政組織、在郷軍人分会、新聞社などが推進した。『東京日日新聞』（三七年八月二十九日）によると、国防費・将兵慰問金をあわせた献納金が陸軍省へ九百八十四万余円、海軍省へ六百五万余円あったという。三六年九月現在、陸軍飛行機愛国号百二十七機、海軍飛行機報国号八十七機が献納された。そのほか、機関銃などの兵器が寄付された。三七年十月に海軍省は「国防献金取扱規程摘要」、陸軍省は「国防献金品寄附取扱手続」、四四年五月に軍需省は「国防献金出納規則」を定め、その後も国防献金を促した。諸記録類から三二年から四五年までに献納された愛国号は千七百九十五機、報国号は千五十八機が確認できる。→愛国号(あいこくごう)・報国号(ほうこくごう)

参考文献 軍人会館出版部編『陸海軍軍事年鑑―昭和一四年版―』、江口圭一『日本帝国主義史研究』(一九九八、青木書店)、横川裕一「陸軍愛国号献納機調査報告」(二〇一三年)

(丑木 幸男)

こくぼうのほんぎとそのきょうかのていしょう 国防の本義と其強化の提唱 陸軍省の新聞班・調査班は満洲事変以後多くの冊子を発行した(陸軍パンフレット)が、そのなかでも最も著名で発行部数十六万部に及ぶもの。「たたかひは創造の父、文化の母である」に始まるこのパンフレットは、国防観念の再検討・国防力構成の要素・現下の国際情勢と我が国防・国防国策強化の提唱・国民の覚悟の五項目からなる(本文五十七頁)。従来このパンフレットは、陸軍「統制派」の主張を示すものとみなされてきたが、折からの東北冷害深刻化の中で、農村窮乏の原因が、軍事費の増大にあるのではなく現在の経済機構にあるとして統制経済を主張するデマゴギー的色彩の強いもの。国防国策強化の提唱の項では、「国民の一部のみが経済上の利益特に不労所得を享有し、国民の大部分が塗炭の苦しみを嘗め、延ては階級的対立を生ずる如き事実ありとせば、一般国策上は勿論国防上の見地よりして看過し得ざる問題」と、反資本主義的印象を与える主張を展開。満洲事変以降増大の一途を辿ってきた軍事費が、低額に抑えられてきた農村救済費との矛盾が顕在化する情勢下での主張であった。さらなる軍事費増大を図る軍部にとって不都合な状況が到来する中、折からの予算編成期にあわせて発行。そのデマゴギー的性格は、衆議院での既成政党側の追及に対して、林銑十郎陸相が、「決して陸軍として確定致したものではない」と答弁したことにも示される。陸軍皇道派の将官クラスは、このパンフレットに反発したが、真崎甚三郎は、「議会に於て攻撃を受くる場合には陸軍は結束して閉口せざること必要なり」と、オール軍部的姿勢を示す。村中孝次ら皇道派の青年将校といわれる人々も、このパンフレットが「陸軍の予算分捕策てはないか」といった非難に対する釈明として、「陸軍パンフレット」支持運動を展開。必ずしも「統制派」の主張といえない点を示唆している。

『国防の本義と其強化の提唱』

参考文献 須崎愼一『日本ファシズムとその時代―天皇制・軍部・戦争・民衆―』(一九九八、大月書店)、同『二・二六事件―青年将校の意識と心理―』(二〇〇三、吉川弘文館)

(須崎 愼一)

こくぼうほあんほう 国防保安法 一九四一年三月七日に公布された国家機密保護のための治安法。「国防上外国に対し、秘匿することを要する外交、財政、経済其の他に関する重要なる国務に係る事項」の保護や諜報・謀略の処罰を規定する。最高刑は死刑で、ゾルゲ事件に適用された。特別の刑事手続として、検事・司法警察官に強制的な捜査権を認めることや控訴審の省略、弁護人の制限などを定めた。陸軍省が主導し、先行する軍機保護法や軍用資源秘密保護法とともに防諜法制を完成させた。実際の適用事例は少ないが、議会での政府説明とは裏腹に一般国民が入手しうる情報の伝聞さえもが国家機密の漏洩として立件、処罰された。防諜取締法の機能以上に戦時下の「国民防諜」の引締めと徹底に寄与し、その遵守が「日本精神」ゆえに可能であるという道徳律的な強制をもって国民を縛ったといえる。四五年十月十三日にGHQ「人権指令」の発令を受けて、四五年十月十三日に廃止となった。

参考文献 大竹武七郎『国防保安法』(一九四一、羽田書店)、荻野富士夫『「戦意」の推移―国民の戦争支持・協力―』(二〇一四、校倉書房)

(荻野富士夫)

こくみんいりょうほう 国民医療法 戦時下日本の医療制度を規定した法律。一九四二年二月二十五日公布。一九三七年三月、国民健康保険法案を審議した衆議院は、同法の付帯決議として、官制による調査会を設け医薬制度に関する根本方策の樹立を求めた。こうした要望を背景に、政府は三八年六月、医薬制度調査会官制を公布、新たな医療制度の検討に着手した。同調査会小委員会では、厚生省側が示した構想に医師会側が猛反発し、四〇年十月に至りようやくその結論である「医療制度改善方策」が決定された。この方策を受け四一年度に予定されていた新法制定は見送られたが、同年七月の小泉親彦の厚相就任、十二月のアジア・太平洋戦争開戦を背景に国民医療法が成立した。国民医療法は、医師・歯科医師の「本分」を「医療及保健指導を掌り国民体力の向上に寄与する」ことと規定し、また従来の医師会に代わり、「国民体力の向上に関する国策に協力」することを目的とした日本医師会、道府県医師会、日本歯科医師会、道府県歯科医師会が設置されることとなった。さらに、厚生大臣は医療関係者を指定業務に従事させることができるなど、医療機関および医師に対する強力な指導・監督権が行政に付与された。なお医師会に関する具体的規程は、四二年八月に公布された医師会及歯科医師会令で定められ、日本医師会・歯科医師会長の任免は厚生大臣の奏請により内閣が、道府県医師会・歯科医師会長の任免は地方長官の具申によって厚生大臣が行うものとされた。以上の内容は、「医療制度改善方策」の具体化であったが、国民医療法全九十六条のうち四十五条は、小泉厚相のもとで新たに構想された日本医療団に関するものであった。国民医療法は、従来の医師法・歯科医師法（一九〇六年制定）に代わるものとして制定された。しかし、敗戦後の四八年七月三十日には新たな医師法が公布され、国民医療法は廃止となった。↓日本医療団

参考文献 厚生研究会編『国民医療法と医療団』（一九四三、研進社）、厚生省医務局編『医制百年史』（一九七六、ぎょうせい）、高岡裕之『総力戦体制と「福祉国家」―戦時期日本の「社会改革」構想―』（『戦争の経験を問う』、二〇一一、岩波書店）（高岡 裕之）

こくみんえいが　国民映画　日中戦争に続き太平洋戦争が勃発するなかで、文部省や情報局が広く国民に鑑賞を推奨した映画。日中戦争前後から「国策映画」という呼称が頻繁に使われはじめ、当初は中国大陸や南方諸国を視野に入れた一種のプロパガンダ記録映画を指すことが多かった。一方「国民映画」は一九四二年春ごろから、より広範な国民に向けて推奨された映画を指し、劇映画では同年公開の『将軍と参謀と兵』（日活、田口哲）『父ありき』（松竹、小津安二郎）『元禄忠臣蔵』（前編、興亜・松竹、溝口健二、後編は翌年公開）などがある。国策映画同様、国民映画も観客の入りは芳しくなかったものの、同年の記録映画『マレー戦記』（日本映画社）は大きな観客動員をはたし、国策映画かつ事実上の国民映画ともなった。なお、「国民映画」という呼称は戦後のレッドパージ直後、独立系映画作品の鑑賞運動のなかで唱えられるようになり、位置づけが逆転した。↓マレー戦記

参考文献 古川隆久『戦時下の日本映画―人々は国策映画を観たか―』（二〇〇三、吉川弘文館）（岩本 憲児）

こくみんえいがふきゅうかい　国民映画普及会　特定観客層を計画的に動員し文部省推薦映画や情報局国民映画など特定作品について割引料金による集団鑑賞を実施した組織。一九四二年十二月『ハワイ・マレー沖海戦』公開を契機に、優良な映画の普及を図り映画を通じ国策遂行に寄与する目的のもと、東京府・愛知県・岐阜県・愛媛県で結成され、午後のみ興行していた常設館の午前中が利用された。動員対象は「一般」「中等学校程度以上の生徒学生、教化・公共・婦人・翼賛関係及びこれに準ずるもの」「国民学校児童、軍事ならびに軍人援護関係及びこれに準ずるもの」であった。普及会は県ごとに設立され、四四年一月時点で宮城・神奈川・千葉・栃木・福島・富山・沖縄の七県を除く全国で組織され、これら七県でも普及会に準じた活動が実施された。普及会は特定観客層の動員により、自由意志で一般興行に来場する不特定多数の観客以外にも、「優秀」映画の供給範囲を拡大しようとするものであった。

参考文献 古川隆久『戦時下の日本映画―人々は国策映画を観たか―』（二〇〇三、吉川弘文館）、加藤厚子『総動員体制と映画』（二〇〇三、新曜社）（加藤 厚子）

こくみんかいしょううんどう　国民皆唱運動　音楽挺身隊が地域を巡回し、指定された楽曲の歌唱指導を行う、大政翼賛会提唱で実施された国民運動。第一回は、日本音楽文化協会・演奏家協会音楽挺身隊・日本蓄音機レコード文化協会・日本放送協会協力で、一九四三年一月から三月にかけて、関東・近畿・四国・九州と北海道で「海ゆかば」と「この決意」を必唱歌曲、『国民歌謡』など七十四曲を「皆唱歌曲」に指定して、また第二回は、日本音楽文化協会協力、情報局後援で四三年七月から八月にかけて、東北・甲信越・北陸・東海・山陰で「みたみわれ」を指定歌曲として、それぞれ開催された。この運動は、運動のための楽曲制定や指定がなされ、それらの楽曲を音楽挺身隊が数人ずつ都市部や農山漁村を巡回し歌唱指導を行う、国民の教化動員や統合を目指す移動文化運動であったが、参加者からは「菩提樹」や「荒城の月」などの愛唱歌を歌いたいという声も寄せられ、国民のホンネとタテマエが錯綜する面も見られた。↓音楽挺身隊

参考文献 戸ノ下達也『音楽を動員せよ―統制と娯楽の十五年戦争―』（二〇〇八、青弓社）（戸ノ下達也）

こくみんかくめいぐん　国民革命軍　中華民国時代、中国国民党が組織した軍隊。南京政府期以降は国民政府軍、国軍とも呼ばれる。一九二三年より孫文はロシアを模範に革命運動の再建に取り組み、党に絶対的忠誠を誓う党軍創立のため、二四年六月に蔣介石を校長に黄埔軍官学校を創立した。軍校学生軍は最初の党軍となり、広東平定に活躍、また卒業生は黄埔系と呼ばれ、蔣の権力を支えた。二五年八月、国民政府は党軍を中核に国民革命軍全五軍を編成し、軍事委員会（主席汪兆銘、ついで蔣介石）を設けて軍を指導した。ソ連赤軍に倣い、国民革命軍には党代表と政治部が設けられ、党による監視と政治工作を行なった（党代表制は国共分裂後廃止）。二六年六月、蔣は国民革命軍総司令に就任、七月北伐を開始した。国民革命軍は兵力約十万だったが、兵力に勝る北洋軍閥諸軍を順次撃破し、二六年十月武漢、二七年三月に上海、南京を占領した。党内抗争のため北伐は一時中断されたが、二八年四月には第二次北伐が再開され、国民革命軍は第一（蔣介石、中央軍）、第二（馮玉祥、国民軍）、第三（閻錫山、山西軍）、第四（李宗仁、広西軍）の四集団軍、計約九十万の兵力をもって安国軍（張作霖、奉天派）を破り、六月六日北京を占領し、全国統一を達成した。

二八年十月、蔣介石は南京で国民政府主席兼陸海空軍総司令に就任し、近代化と集権化をめざしたが、二九―三一年にかけて反蔣運動（内乱）が継起し、また中国共産党も勢力を拡大した。内乱のため、国民政府は満洲事変に対し消極的な対応を余儀なくされた。三二年初め、蔣介石は軍事委員会委員長に復帰すると中共根拠地の討伐に努め、三四年十月に江西ソヴィエトを平定、さらに中共軍を追撃して四川など西南、西北地域に進出し、三六年には両広を平定、西安事変後の国共停戦を経て、ほぼ

全国統一を実現した。また、南京政府はドイツ軍事顧問を招聘し、軍事訓練、国防工事、武器調達などで援助を得、軍事委員会に資源委員会を置き、国防工業化、資源探査、対独貿易などを進めた。

三七年七月七日、日中戦争勃発後、中国では各地方軍、中共軍も国民政府中央軍とともに抗戦に従い、中共軍は華北では国民革命軍第八路軍（八路軍）に、長江以南では新編第四軍（新四軍）に編成された。中国の抗戦は三期に区分され、第一期では「空間をもって時間を勝ち取る」戦略で日本の速戦即決主義に対抗し、上海、武漢防衛の激戦を行なったほか、広大な国土を利用し、長期抗戦体制を整えた。三八年十月の武漢陥落後は第二期・持久戦期で、国民党政権は奥地の経済開発と国際的支援により抗戦を続けた。日米開戦後、中国には米国軍事代表団も派遣され、米国式訓練・装備の軍隊も編成された。四五年七―八月は第三期・反攻期で、中国軍は広西、広東などで対日反攻を行なった。戦時期、中国の動員兵力は千四百五万人余りとされ、四川など奥地社会は徴兵、徴用、食糧徴発などの巨大な負担を担った。戦時中の中国軍死傷者は約三百二十二万人とされる。政治面では、抗戦期は軍事委員会の機能が拡大し、委員長蔣介石に党政軍の権力が集中した。

四五年八月日本降伏後、国共両党は日本占領地接収をめぐり激しく争い、国軍が米軍の援助を得て東部主要都市を接収したのに対し、中共軍はソ連軍占領下の東北・内蒙古の大部分と華北農村部を掌握し、対峙した。米国による調停も挫折し、四六年以降国共間で激しい内戦が展開され、四八年後半には中共軍の猛攻に国軍は敗退を続け、四九年四月二十四日には首都南京が陥落、十二月八日には中華民国政府は台北に移転した。国軍部隊も数十万人が台湾に撤退したと推定される。なお、中華民国の憲政移行（四八年五月二十日）により、国民革命軍は国民党と切り離され、中華民国国軍を正式名称とした。

→国民政府　→蔣介石　→新四軍　→中国国民党　→八路軍

参考文献　袁継成・李進修・呉徳華編『中華民国政治制度史』（武漢、一九九一、湖北人民出版社）、蔣永敬『中国対日抗戦史』（台北、一九九二、正中書局）、F. F. Liu, *A Military History of China, 1924-1949* (Princeton, 1956, Princeton University Press)
（土田　哲夫）

こくみんがっこう　国民学校　戦時体制に即応した「皇国民錬成」を目的に、従来の小学校に代わるものとして設置された初等教育機関。国民学校令（一九四一年三月一日勅令第一四八号）により同年四月に発足し、敗戦後四七年三月に廃止された。この六年間は、一八七二年の「学制」以来、初等教育機関が小学ないし小学校と呼ばれなかった唯一の期間であった。国民学校は、一九三七年十二月に内閣に設置された教育審議会の答申（一九三八年十二月）に基づいて構想され実施された。国民学校令は、一九〇〇年の小学校令を全面的に改訂したもので、その目的を「皇国の道に則りて初等普通教育を施し国民の基礎的錬成を為す」と規定した。「錬成」は「少国民」を皇民にまで錬磨育成する方式であり、学校は「知徳相即心身一体の修練道場」と再定義された。教育制度面では、義務教育の年限を二年延長して初等科六年、高等科二年の八年間とした。四四年、戦時非常措置として高等科義務制実施は無期延期とされたものの、戦後六・三制につながる一つの布石になった。教育内容面では、細分化した知識の詰め込みではなく、皇国民錬成に向けて教科の統合が図られ、国民科（修身、国語、国史及地理）、理数科（算数及理科）、体錬科（体操及武道）、芸能科（音楽、習字、図画及工作、裁縫など）、実業科（高等科のみ、農業など）の五つに統合された。「算術」「唱歌」「手工」の科目名もこの時に改められた。教育方法面では、理科における実験や観察の重視、修身教育における生活題材の活用など大正自由教育を継承しようとしていた側面も見受けられるように、一〇年代以降の近代学校への批判を、総力戦への体制づくりや軍事的要請に応えることで克服しようとした教育改革運動の性格も内在させていた。国民学校改革は、その後の中等学校以降の改革にも貫徹される雛形でもあった。四七年、学校教育法制定に伴い廃止された。

東京市の明石国民学校

参考文献　長浜功『国民学校の研究―皇民化教育の実証的解明―』（一九八五、明石書店）、寺崎昌男・戦時下教育研究会編『総力戦体制と教育』（一九八七、東京大学出版会）
（前田　一男）

こくみんがっしょう　国民合唱　⇩国民歌謡

こくみんかよう　国民歌謡　日本放送協会制作で放送されたラジオ番組。『国民歌謡』は、『われらのうた』『国民合唱』と名称を変え、一九四六年五月に『ラジオ歌謡』、六一年四月に『みんなのうた』と継続し現在に至る。日本放送協会は、ラジオ放送開始当初から一貫して「健全かつ明朗で真の慰安となる」目的で、演芸放送を拡充しつつクラシック音楽も重視した。三〇年代になると思想・風俗統制強化という社会状況も相まって、頽廃的な流行歌への対抗が模索され、大阪中央放送局の奥屋熊郎の発案で三六年四月に『国民歌謡』の原点となる『新歌謡曲』十三曲が放送された。この番組は、清新・健康・明朗、明日の生活創造への慰楽を目的としたもので、同様のコンセプトで同年六月の「日本よい国」から『国民歌謡』

が始まり、一週間に一曲のペースで、独自制作の楽曲を同一時間帯に放送し、全二百五曲が発表された。また楽譜も発売され「椰子の実」「春の唄」などは戦後も愛唱された。しかし三七年の盧溝橋事件以降は、時局との連動が顕著となり「愛馬進軍歌」「暁に祈る」などすでにレコード発売されていた楽曲も放送された。四一年二月からは『われらのうた』が放送開始となったが、放送も不定期で取り上げる楽曲も玉石混交であった。それでも「大政翼賛の歌」「さうだその意気」「アジアの力」など大政翼賛会とその施策に連動した楽曲の放送など、上からの国民教化・統合の思惑が見て取れる。続いて四二年二月の「此の一戦」から『国民合唱』の放送が始まった。放送だけでなく情報局発行の『週報』での旋律譜掲載や、楽譜の発売も行われた。四五年八月の「戦闘機の歌」まで全九十余曲が発表された『国民合唱』は、家庭の健全音楽普及と、職場の慰安および作業効率向上を目指したもので、国民の支持を獲ることを至上命題に、流行歌に範をとったことが特徴だったが、国民運動との連携や、「みたみわれ」「ああ紅の血は燃ゆる」「必勝歌」など、教化動員や国策宣伝のために制定された楽曲の発信に終始した。当初、いつでもどこでも誰でも歌える健全なホームソングの普及を目指した『国民歌謡』は、社会状況に翻弄されながら国民教化・統合の役割を担わされ『われらのうた』『国民合唱』へと継続した。

参考文献 戸ノ下達也『音楽を動員せよ―統制と娯楽の十五年戦争―』(二〇〇八、青弓社)、竹山昭子『太平洋戦争下 その時ラジオは』(二〇一三、朝日新聞出版)

(戸ノ下達也)

こくみんぎゆうたい 国民義勇隊 アジア・太平洋戦争末期、本土決戦段階において創設された全国民を動員するための組織。一九四五年一月に大本営が策定した本土作戦計画に基づき、小磯国昭内閣は三月二十三日に国民義勇隊の結成を閣議決定した。国民義勇隊は、国民学校初等科卒業者で六十五歳以下の男子および四十五歳以下の女子によって構成され、職域・学校・地域ごとに隊を編成するとされた。その任務としては、軍隊・警察と一体となって防空・戦災復旧・疎開・輸送・食糧増産・陣地構築・警備などの作業に従事することとされ、有事の際には国民義勇戦闘隊に改編されて軍の統率下に入るとされていた。四月二日には、「国民義勇隊組織に関する件」によって、大政翼賛会をはじめとする官製国民運動団体を解体し、国民義勇隊に改編することが決定された。さらに、六月二十三日公布の義勇兵役法によって、十五―六十歳までの男子と十七―四十歳までの女子が義勇兵役に服することになり、国民義勇隊を国民義勇戦闘隊に改編するための法的整備が図られた。しかし、国民義勇隊は当初より生産活動に主たる任務を求められ、政府も同隊に対して竹槍訓練を否認して生産増強を強調していた。さらに、戦闘組織に転換しても軍隊的規律で生産に従事し、生産力向上を図ることが期待された。また、国民義勇隊をめぐっては、内務省と大日本政治会による主導権争いが結成過程から起きていた。結果として、同隊は総司令、中央機関を設置せずに内務省の管轄となった。国民義勇隊は、「国民総武装」「一億玉砕」のスローガンを掲げながら、生産活動を中心とする組織として実質的な活動をなし得ないまま敗戦を迎え、八月二十一日の閣議決定に基づき、九月二日に解散した。 →義勇兵役法

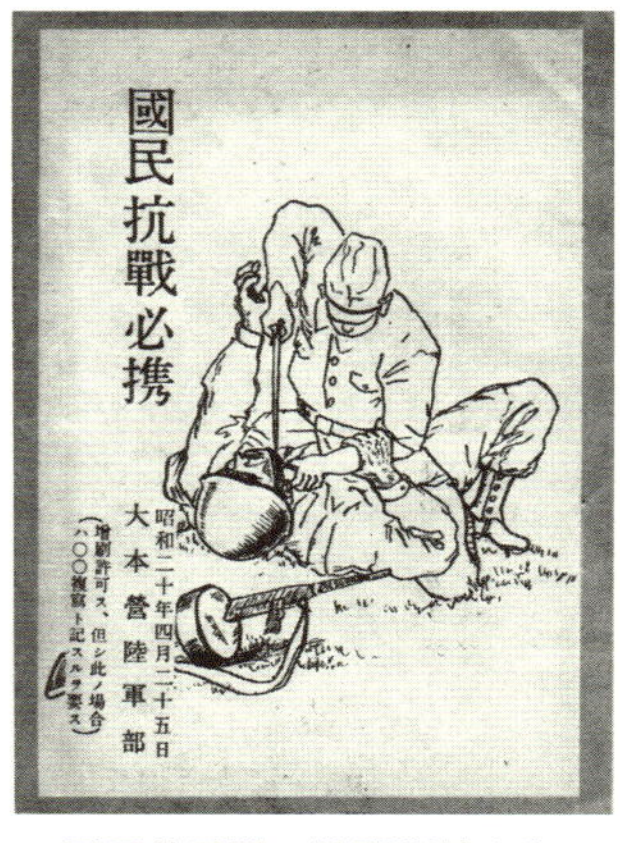

国民義勇隊の戦闘訓練を記した『国民抗戦必携』(1945年4月，大本営陸軍部)

参考文献 木坂順一郎「日本ファシズムと人民支配の特質」(『歴史学研究』別冊特集、一九七〇)、照沼康孝「国民義勇隊に関する一考察」(近代日本研究会編『年報近代日本研究』一所収、一九七九、山川出版社)、北博昭『十五年戦争極秘資料集』二三(一九九〇、不二出版)

(松田　英里)

こくみんきんろうほうこくきょうりょくれい 国民勤労報国協力令 兵力動員と軍需産業の労働力需要増大により発生した労働力不足に対処するため定められた、労務動員のための法令。勅令により一九四一年十一月二十二日に公布、十二月一日に施行された。この法令は、労働力の不足を補うため、十四―四十歳未満の男子と十四―二十五歳未満の未婚の女子を勤労報国隊に組織し、軍需産業(のちには農業分野も加わる)で働かせた。勤労報国隊は四二年一月に東京府下の中等学校ではじめて結成され、次第に全国に波及していった。また六月からは中小商工業者を石炭増産運動に動員した。国民徴用令が長期強制の動員制度であったのに対し、勤労報国協力令は短期(年間三十日以内)かつ任意(半強制)の動員制度であった。その後、戦局の悪化で動員は強化される。四三年六月に同協力令は改正され、参加する男子の対象年齢の上限が十歳引き上げられ、動員期間も二ヵ月に延長された。また、大政翼賛会を通じた組織化の強制も進んだ。女子については、四三年より女子挺身隊の組織化と軍需工場への動員が始まった。

参考文献 労働省編『労働行政史』一(一九六一、労働法令協会)、法政大学大原社会問題研究所編『太平洋戦争下の労働者状態』(一九六四、東洋経済新報社)、西成田豊「労働力動員と労働改革」(大石嘉一郎編『日本帝国主義史』三所収、一九九四、東京大学出版会)、法政大学大原社会問題研究所編『日本の労働組合一〇〇年』(一九九九、旬報社)

(杉山　裕)

こくみんけんこうほけん 国民健康保険 昭和恐慌下に

おいて、医療費は農家家計圧迫の大きな原因となっており、その対策を講じる必要性があった。また同時期には都市型医療を求める声が農山漁村部において広がっており、産業組合法を利用した「医療利用組合運動」が展開されていた。この状況を受け、一九二二年に労働者疾病保険として創設された健康保険制度を参考とする、農山漁村対象の疾病保険が構想された。さらに日中戦争を契機とする政府・軍部による「保健国策」の提唱のもと、三八年四月に国民健康保険法(旧国保法)が成立した。旧国保法では、市町村を範囲とする国保組合による運営がなされた。戦時体制の進展に伴い、健兵健民政策を推進する小泉親彦厚相のもとで「国民皆保険」方針が採られ、四二年の旧国保法第二次改正により強制設立・強制加入制の強化がなされ、四三年度末の段階で全市町村の約九五%に組合が設立されるに至った(第一次皆保険時代)。しかしその事業内実は組合ごとに大きな差異があり、敗戦後、戦後インフレの進行とともに国保事業は急速に崩壊状況へと陥った。

[参考文献] 国民健康保険協会『国民健康保険小史』(一九四八)

(川内　淳史)

こくみんさんせいかい　国民参政会　日中戦争期中国の政治討議・諮問機関。一九三八年三月に中国国民党臨時代表大会が議決した「抗戦建国綱領」に基づき、民意を反映し、政府の重要政策審議・提案・調査などを行う機関として設置。代表には国民党員以外に共産党員、各界指導者、華僑代表など広い範囲が含まれ、戦時中国の抗戦団結体制を支え、抗日世論を強化。三八年十一月一日には「蔣委員長の持久抗戦宣言を擁護する案」「日本侵略者のわが領土撤退前に和平を論じることを得ずの案」を採択し、和平運動を批判。議長は当初汪兆銘(精衛)、汪の重慶脱出後、蔣介石が兼務。三八年七月に漢口で第一期第一次会議開会(計五回開会)。以後、第二期(四一年三月から二回開会)、第三期(四二年十月から三回開会)、第四期(四五年七月から三回開会)。各回の会期は十日程度と短く、さらに国共対立の激化により次第に政治的役割を失い、四八年三月、国民党の憲政実施、国民大会開催により終結を宣言した。

[参考文献] 孟広涵主編『国民参政会紀実』(重慶、一九八五—八七、重慶出版社)

(土田　哲夫)

こくみんしんしんたんれんうんどう　国民心身鍛錬運動　一九三七年七月、内務省・文部省が訓令を発し、八月一日より二十日までの期間に「国民体位の向上と国民精神の錬磨」を目的として実施された施策。その後、日中戦争開戦に伴って国民精神総動員運動が展開されるなか、政府が主導して国民全体に心身鍛錬を促す国民教化・総動員の具体的施策の一つとして定着・拡大した。三八年一月に厚生省が誕生すると、同年六月には厚生省、文部省の各次官から道府県長官宛に通牒が発せられ、「国民教化運動方策に定むるところに則り、国民の心身鍛錬の実践的関心を促進するに至り」という判断から、「ラヂオ体操の普及奨励(一般国民特に都市生活者)、戸外運動の指導奨励(主として都市生活者)、夏季休暇を利用する心身鍛錬」について方針が示された。その骨子は、誰でもすぐにできる四つの運動種目(体操、水泳、徒歩、集団的勤労作業)の実践を促すことであったが、特に夏季ラジオ体操の会が運動の中核として広く実施された。→ラジオ体操(たいそう)

[参考文献] 『週報』四一・二五二(一九三七・一九四一)、佐藤隆徳『集団勤労作業教育の実際』(一九三八、啓文社)

(佐々木浩雄)

こくみんせいしんそうどういんうんどう　国民精神総動員運動　日中戦争期に実施された、国民の戦意を昂揚し、戦争動員を推進するための官製国民運動。一九三七年八月、第一次近衛文麿内閣によって「国民精神総動員実施要綱」が決定され、「挙国一致・尽忠報国・堅忍持久」のスローガンのもとに展開された。運動を主導したのは、同年十月に結成された国民精神総動員中央連盟で、会長には有馬良橘海軍大将が、理事には政・官・財の有力者十五名が就任し、町村長会や在郷軍人会、婦人団体などがこれに加盟した。同年九月に文部省が出した通牒「国民精神総動員運動実践事項」によれば、運動目標は㈠社会風潮の一新、㈡銃後の後援の強化持続、㈢非常時経済政策への協力、㈣資源の愛護といった四点に置かれていた。また、実施細目としては、㈠については「不動の精神の鍛錬」や「必勝の信念の堅持」「生活の刷新」など、㈡については派遣軍人家族慰問、家業幇助、殉国者慰霊、銃後後援献金・献品など、㈢については国産品使用、輸入品使用制限、奉仕作業の推進など、㈣については消費の抑制、代用品の使用、廃品の蒐集提供、国防資源の提供などが定められた。これらの方針に基づいて運動は進められ、ラジオ放送や講演会、印刷物の発行などの宣伝・啓蒙活動と、国民精神総動員強調週間や国民精神作興週間、健康週間、新年奉祝など、各種イベントが断続的に行われた。また、日常的な活動は、道府県単位の国民精

国民精神総動員大演説会(1937年9月)

神総動員地方実行委員会が中心となるかたちで進められた。

だが、このような運動のあり方については、三八年に入るころから早くも批判の声が出始める。まず第一に、運動組織の構成が問題とされた。組織の構成上地域末端の実践に関して市町村の行政機関に頼らざるをえなかったため、下部組織が弱体であるという点が問題とされたのである。その結果、同年四月には「国民精神総動員実践網要綱」が発表され、地域における運動の担い手組織として部落会・町内会・隣組を整備することが定められるなど、運動の実動部分の整備が進められた。これらの地域住民組織は、その後敗戦に至るまで、資源の節約・供出などを通して地域住民の持つ財産・資源を徹底して吸収し、総力戦に転用する機能を果たすこととなった。第二の批判は、運動の精神主義的、形式主義的な実態を問題化するものであった。初期の運動が、右のような多様な諸実践のなかでも、とりわけ「日本精神」や「敬神精神」の昂揚といった、精神教化の側面に重点が置かれていたことに対する批判であったといえる。

こうした批判を背景に、運動は、愛国公債購入や貯蓄報国、一戸一品献納運動など、次第に経済国策協力的な活動を重視するようになっていった。三九年三月には、運動強化のために組織再編が実行された。従来の中央連盟に加え、荒木貞夫文部大臣を委員長とする国民精神総動員委員会が新設され、中央連盟と二本建ての構成に再編されたほか、地方でも道府県に運動の主務課を設置するようになるなど、中央の指導力の強化が図られた。同年八月には、毎月一日を興亜奉公日と定めることが決定され、宮城遥拝、神社参詣、勤労奉仕、一汁一菜、酒類の販売禁止などが、同日に集中的に実行されるようになった。さらに、四〇年四月には、再度組織再編を行い、連盟と委員会の両方を廃止して首相を本部長とする国民精神総動員中央本部を新設したほか、道府県に知事を本部長とする地方本部を設置して、一元的な指導体制が確立された。

しかし、第二次近衛内閣のもとで新たに新体制運動が始まり、四〇年十月に大政翼賛会が設立されると、組織は全面的に解消され、翼賛会に引き継がれることとなった。この運動は、総じて戦時体制に対する国民の自発性を引き出したとはいいがたいが、民衆の日常生活に与えた影響は大きく、とりわけ「経済戦」への組織化に伴う精神的・身体的な束縛や、経済的な収奪は、戦時生活の苦い記憶として、戦後の民衆意識を規定していくことになる。

参考文献　木坂順一郎「日本ファシズムと人民支配の特質」(『歴史学研究』別冊特集、一九七〇)、木坂順一郎「大政翼賛会の成立」(朝尾直弘他編『(岩波講座)日本歴史』二〇所収、一九七六、岩波書店)、須崎慎一「翼賛体制論」(鹿野政直・由井正臣編『近代日本の統合と抵抗』四所収、一九八二、日本評論社)、池田順『日本ファシズム体制史論』(『歴史科学叢書』、一九九七、校倉書房)、山本悠三『近代日本の思想善導と国民統合』(『歴史科学叢書』、二〇一一、校倉書房)

(佐々木　啓)

こくみんせいしんぶんかけんきゅうじょ　国民精神文化研究所　一九三二年八月、マルクス主義に対抗しうる日本固有の理論を構築するとともに、その理論に基づいた教員・元学生の再教育を行うことを目的とした文部省直轄の研究・再教育機関。当時から「精研」と略称された。三一年六月に設置された文部大臣の諮問機関である学生思想問題調査委員会は、三二年五月、答申を提出し、「国体に関する理論的研究の不振」「我が国固有文化の研究の不振」「教師の教育者としての自覚並びに識見及び修養の不十分」といった数々の問題点を克服するために有力な機関の設置を求めた。この答申を受け、精研は「国民精神文化研究所官制」(勅令二三三号)により文部省内に設立された。三二年九月、神田一ツ橋の旧東京商科大学跡の仮庁舎に移り、三三年五月、旧品川区上大崎の新庁舎に新築移転。

精研の組織は主に研究部と事業部からなる。研究部は三四年に歴史、国文学、芸術、哲学、教育、法政、経済、自然科学、思想の九科を設け、研究体制を整備(ただし芸術科、自然科学科の活動は四一年から)。研究部長は吉田熊次で、歴史科に西田直二郎、その弟子吉田三郎ら、国文学科に久松潜一、その弟子志田延義ら、哲学科に西晋一郎、紀平正美ら、教育科に吉田熊次、その弟子海後宗臣ら、法政科に藤沢親雄、大串兎代夫ら、経済科に作田荘一、山本勝市らが集められた。研究部は当時における各学界の権威を揃え、専門研究に携わるとともに、文部省『国体の本義』(三七年)の編纂にも密接に関与。『国民精神文化研究所所報』、『国民精神文化』(のち『教学』に改称)の発行、『国民精神文化類輯』、『国民精神文化文献』など叢書の編集・刊行も研究部の所管である。他方、事業部は紀平正美を部長とし、そのもとに教員研究科(主任小野正康)と研究生指導科(主任山本勝市)が置かれた。教員研究科は師範学校、官公立中学校の教員(三八年以降は高等女学校、実業学校の教員まで拡大)で校長または地方長官の推薦による者を対象に、一期五十名前後、期間半年にわたって講義や演習による再教育を実施。この科の修了生は各自の勤務校に戻った後も同窓会組織(志同会)を通じて精研と連絡を保ち続けた。また研究生指導科は、左翼運動に関わり大学や高等学校を退学になった学生を本人の希望により入所させ、個人指導や講義を通じて転向させることを目指した。在所期間は約一年で、ほとんどの者が元の学校に復学している。ただし、三八年九月以降は入所希望者が絶え、実質的に活動を停止。このような組織からなる精研は、マルクス主義に対抗する理論を構築すべく研究を行いつつ、その成果を教員の再教育に活用し、かつ再教育を受けた修了生が全国各地に散らばって実践にあたるというシステムをもち、単なる思想対策機関としての性格のみならず、当時における教育と学問のありかた自体を大きく変え、両者の関係を再編成する性格をもっており、そのため文部省(教学局)や軍部の意向と衝突・齟齬することもまま見られた。四一年六月、関屋龍吉の後を襲い伊東延吉が所長として就任するが、この前後に研究職員の増加による精研の強化がなされ、研究部は「大東亜共栄圏」実現のための政策学を研究する機関と化し、事業部においても高等学校の教員を対象に再教育を行うような新たな活動を見せるようになる。しかし、四三年十一月、行政簡素化に伴い、精研は国民錬成所(四二年十一月設立)と合併し、教学錬成所になり、小金井に移転。戦局の悪化により、研究体制は崩壊し、教学錬成所に精研の研究活動が引き継がれることはなく、両者は全くの別機関となった。教学錬成所は杉靖三郎、田代秀徳、佐藤通次らが中心となり、東京近辺のあらゆる国民層を対象に約二週間程度の錬成会を繰り返した。四五年九月、橋田邦彦所長自殺。同年十月、「教育研修所官制」(勅令五七二号)に基づき、教学錬成所は廃止。

参考文献 『現代史資料』四二(一九七六、みすず書房)、前田一男「国民精神文化研究所の研究―戦時下教学刷新における「精研」の役割・機能について―」(『日本の教育史学』二五、一九八二)、宮地正人「天皇制ファシズムとそのイデオローグたち―「国民精神文化研究所」を例にとって―」(『季刊科学と思想』七六、一九九〇)、今井隆太「国民精神文化研究所における危機の学問的要請と応答の試み―藤澤親雄・大串兎代夫・作田荘一・河村只雄―」(『ソシオサイエンス』七、二〇〇一)、中村顕一郎「十五年戦争下の朝鮮・台湾における教員「研修」―国民精神文化研究所の役割を中心に―」(『創価大学大学院紀要』二六、二〇〇五)、荻野富士夫『戦前文部省の治安機能―「思想統制」から「教学錬成」へ―』(『歴史科学叢書』、二〇〇七、校倉書房)、駒込武「国民精神文化研究所と日本諸学振興委員会」(駒込武・川村肇・奈須恵子編『戦時下学問の統制と動員―日本諸学振興委員会の研究―』所収、二〇一一、東京大学出版会)
(昆野 伸幸)

南京国民政府委員就任式(1927年9月)

こくみんせいふ 国民政府 一九二五―四八年、中国国民党の指導下で組織された中華民国の中央政府。二五年七月一日、中国国民党の指導下に国民革命を推進する政府として、広州にはじめて国民政府が樹立された。国民政府は委員制を取り、汪兆銘(汪精衛)が初代政府主席に選ばれた。中国における党＝国家体制のはじまりである。広州国民政府は広東省内を統一して基盤を固め、二六年七月から全国統一を目指して北伐を開始した。だが、北伐の進展とともに内部対立が激化し、二七年初めに武漢に移った国民政府が党内左派と中国共産党の拠点となったのに対し、国民革命軍総司令蔣介石は四・一二政変で共産党を弾圧し、南京に別個の国民政府を樹立した。やがて南京に両派合同の国民政府が成立し、二八年四月より第二次北伐を推進、同六月八日に北京を占領、一応の全国統一を果たした。

二八年十月三日、国民党中央は「訓政綱領」と「国民政府組織法」を可決し、統一後の「訓政」時期は、国民党中央の指導監督下の国民政府が治権を総攬し、国民政府は国民政府委員と行政・司法・立法・考試・監察の五院をもって構成されることなどを規定し、蔣介石が政府主席兼陸海空軍総司令に就任した。だが二九年三月以降、蔣介石・中央政府と党内反対派・地方軍の間で内戦が展開し、三一年五月には反蔣派は広州に国民政府を樹立し、南京側と対峙した。同年九月の満洲事変勃発後、両派は「国難」対処のため合同し、三二年一月、党元老の林森が国民政府主席に就任、日常の政務は行政院長(三二―三五年汪兆銘、ついで孔祥熙)が担い、軍務は軍事委員会委員長の蔣介石が統括することとなった。南京国民政府は関税自主権確立などの国権回収、交通や国防工業など経済建設、そして国内の統一化の面で一定の成果を上げ、中国における近代国家建設を促進した。だが、中国共産党は農村根拠地を建設して「ソヴィエト革命」を推進、国共間では内戦が続いた。このため、国民政府は「先安内後攘外」(まず国内を安定化した後に外敵に対処する)戦略を取り、満洲事変以後の日本の侵略拡大に対して宥和的政策で時間を稼ぎつつ、共産党討伐を進め、国内統一化と国防力強化を図った。だが、反日ナショナリズムの発展の中、この政策はきわめて不評で、政府は国内世論および救国運動側から批判された。三七年七月七日、日中全面戦争が勃発し、東部沿岸部は日本軍に占領されたが、国民政府は十一月二十日、重慶への首都移転を宣言し、持久抗戦を続けた。

　四五年八月、対日戦勝利後、国民政府は戦後復興と憲政実施を目標とし、四六年五月五日には南京に首都を戻した。戦後復興の前提条件は、戦時中に強大化した共産党と国民党・政府との平和的な統一、民主政治の実現であり、四五年十月には米国の調停下に「双十協定」が結ばれ、これに基づき四六年一月には国共両党および第三勢力を含む政治協商会議が開催された。だが、国共両党は旧日本占領地域の接収、支配と戦後政治の主導権をめぐって激しく対立し、やがて四六年以降、国共の全面的な内戦が展開した。その間、四六年十二月、制憲国民大会は中華民国憲法を可決(翌年一月公布)し、四八年三月、行憲国民大会は中華民国総統に蔣介石、副総統に李宗仁を選出、五月二十日にそれぞれ就任した。これで国民党による訓政は終了し、国民政府はその使命を終え、中華民国の政治は憲政段階に移行したとされる。だが、国民党側は軍事戦略、経済政策などの失敗から内戦で危機的な状況に陥ったため、四八年四月十八日、憲法を修正して「動員戡乱時期臨時条款」を定め、総統の臨時処分権を広範に認め、事実上、軍政に逆戻りさせた。四九年四月二十三日、中国人民解放軍の攻撃を受けて首都南京は陥落、十二月七日、中華民国政府は台北遷都を決め、中国大陸での歴史を閉じた。→汪兆銘政権 →国民革命軍 →重慶国民政府 →蔣介石 →中国国民党

参考文献　中国現代史研究会編『中国国民政府史の研究』(一九八六、汲古書院)、中央大学人文科学研究所編『民国後期中国国民党政権の研究』(『中央大学人文科学研究所研究叢書』三五、二〇〇五、中央大学出版部)

(土田　哲夫)

こくみんそうりょくちょうせんれんめい　国民総力朝鮮連盟　朝鮮社会を総動員体制に組み込むために国民総力運動を主導した朝鮮総督府の外郭団体。一九三八年七月に創立された国民精神総動員朝鮮連盟が、四〇年十月日本の大政翼賛運動発足に呼応して改編されたもの。連盟総裁は朝鮮総督。総務部・思想部など九つの各部長は総督府各局長が兼任し、下部組織には総督府の地方行政機構を踏襲した地方連盟(道・府・郡島・邑面連盟―町・洞里・部落連盟)や統廃合された各種社会団体、および「実践部」として七～十戸を単位とする「愛国班」が置かれるなど、朝鮮全域を組織に包摂した。自発的な戦争協力を引き出すために、「皇国臣民の誓詞」暗記、神社参拝強要などの「皇国臣民化」政策をはじめ、強制貯蓄や米の配給・供出、勤労報国隊結成など、さまざまな動員政策が「愛国班」を通じて実施された。四五年六月に国民義勇隊に改編された。

参考文献　庵逧由香「朝鮮における戦争動員政策の展開―「国民運動」の組織化を中心に―」(『国際関係学研究』二一別冊、一九九四)

(庵逧　由香)

こくみんたいりょくほう　国民体力法　国民体力向上のため体力検査を実施することを定めた法律。一九四〇年四月八日公布、九月二十六日施行。法案段階の名称は国民体力管理法。厚生省設立過程では、体力検査を中心とする国民体力管理制度の創設が陸軍側から要望されていた。厚生省は一九三八・三九年度に準備調査を行なった上で「国民体力管理法案」を第七十五帝国議会に提出、国民体力法と改称された以外は原案通り可決をみた。体力検査は身体計測(身長・体重・胸囲)、機能検査(視力・色神・聴力および智能・運動能力)、疾病異常検診の三部門からなり、被管理者には検査結果を記録する体力手帳の保持が義務づけられた。なお機能検査のうち運動能力検査には、二五キロの俵を担いで三十秒間に移動できた距離を測定する荷重速行という方式が用いられた。本法は未成年男女を被管理者とするものであったが、実際の被管理者は勅令により十七歳以上の男子に限定された。しかし四二年の改正により、男子の被管理者の年齢が二十六歳未満まで延長されたほか、地方長官が必要と認めた場合には被管理者に非ざる者についても体力管理が可能となり、また三九年度から実施されていた乳幼児体力向上指導も同法に基づく体力検査として行われるようになった。さらに四三年度からは、体力検査で「弱者」と判定された者を対象とする健民修錬が開始された。国民体力法は敗戦後運用が停止され、五四年に廃止となった。→健民修錬

参考文献　吉武和『改正国民体力法の解説』(一九四二、大沢築地書店)、厚生省五十年史編集委員会編『厚生省五十年史』(一九八八、厚生問題研究会)、高岡裕之『総力戦体制と「福祉国家」―戦時期日本の「社会改革」構想―』(『戦争の経験を問う』、二〇一一、岩波書店)

(高岡　裕之)

こくみんちょうようえんごかい　国民徴用援護会　⇨国民徴用令

こくみんちょうようれい　国民徴用令　一九三九年七月八日に公布、十五日に施行された労働力動員のための法令。三八年四月の国家総動員法公布後、政府は賃金統制令や従業者雇入制限令(ともに三九年三月)などで労働力統制を進めたが、日中戦争の長期化・激戦化で一連の施策の限界が露呈する。国民徴用令は、国民(学校卒業者、無職者、平和産業部門の転廃業者、農村労働力)を重要時局産業に強制的に動員し、この限界を突破しようとする施策であった。この法令による徴用は、当初、職業指導所の紹介など「通常」の方法で人員を確保できない場合に限定されていた。しかし、さらなる労働力不足に対処すべく四〇年十月に改正され、徴用者の動員先は無制限に広がっていく。徴用対象者とその家族の経済的困窮に対処するため、厚生省令の国民徴用扶助規則が施行(四二

年一月)され、四三年五月には扶助規則の範囲外の援護を行うことを目的とする財団法人国民徴用援護会が設立された。

参考文献　労働省編『労働行政史』一(一九六一、労働法令協会)、佐々木啓「徴用制度下の労資関係問題」(『大原社会問題研究所雑誌』五六八、二〇〇六)、法政大学大原社会問題研究所編『日本の労働組合一〇〇年』(一九九九、旬報社)　(杉山　裕)

こくみんふく　国民服　戦時体制下、軍人以外の男性が着用した、軍服に似た衣服。政府は資源節約と民間における軍服貯蔵をねらい、すべての男性がすべての場所で着用できる統一的な衣服の制定をはかった。三八年十一月から翌三九年一月にかけて厚生省と国民精神総動員中央連盟の協力で「総動員服」のデザインが話し合われたが、同連盟の改組により一度頓挫した。同じ三九年十一月、陸軍の被服協会主導により、皇紀二六〇〇年記念として「国民服」デザインの懸賞募集が行われた。その要項ではただちに軍服になることが求められていたが、「日本固有の服装」や「保健的」「経済的」という文言が含まれており、その意味で国民服は以前からの生活改善運動、生活合理化の影響も受けているといえる。審査の結果、一号から四号までのデザインが採用された。いずれも色は国防色(カーキ)、上衣・中衣・袴からなり、必要に応じて外套、帽を着用、儀礼章を付けることで公式な場にも出られるとされた。政府は四〇年八月に大日本国民服協会を設立するなどして普及をはかったが、軍服に似過ぎている、格好悪いなどと不評であり、進まなかった。同年十一月に国民服令(勅令七二五号)が公布、即日施行されたが、同令に定められた国民服は前出の一号上衣と中位を組み合わせた甲号(上衣の立折襟開襟などが特徴)、四号上衣と三号中衣を組み合わせた乙号(上衣は立折襟のみ、ただし開襟も可)の二種類となり、選択の幅は狭くなった。その後国民服の準軍服化はより進められ、四三年六月の「戦時衣生活簡素化実施要綱」では男子は国民服乙号を着用するよう指示された。四三年六月十五日に国民服制式特例が出されて暑熱にあわせた半ズボンが規定され、同時に脚絆(ゲートル)もはじめて法制化されている。国民服は本土空襲の始まった四四年ごろようやく「防空服」として着用率一〇〇%の状況に達したとされ、普及には長い時間を要した。

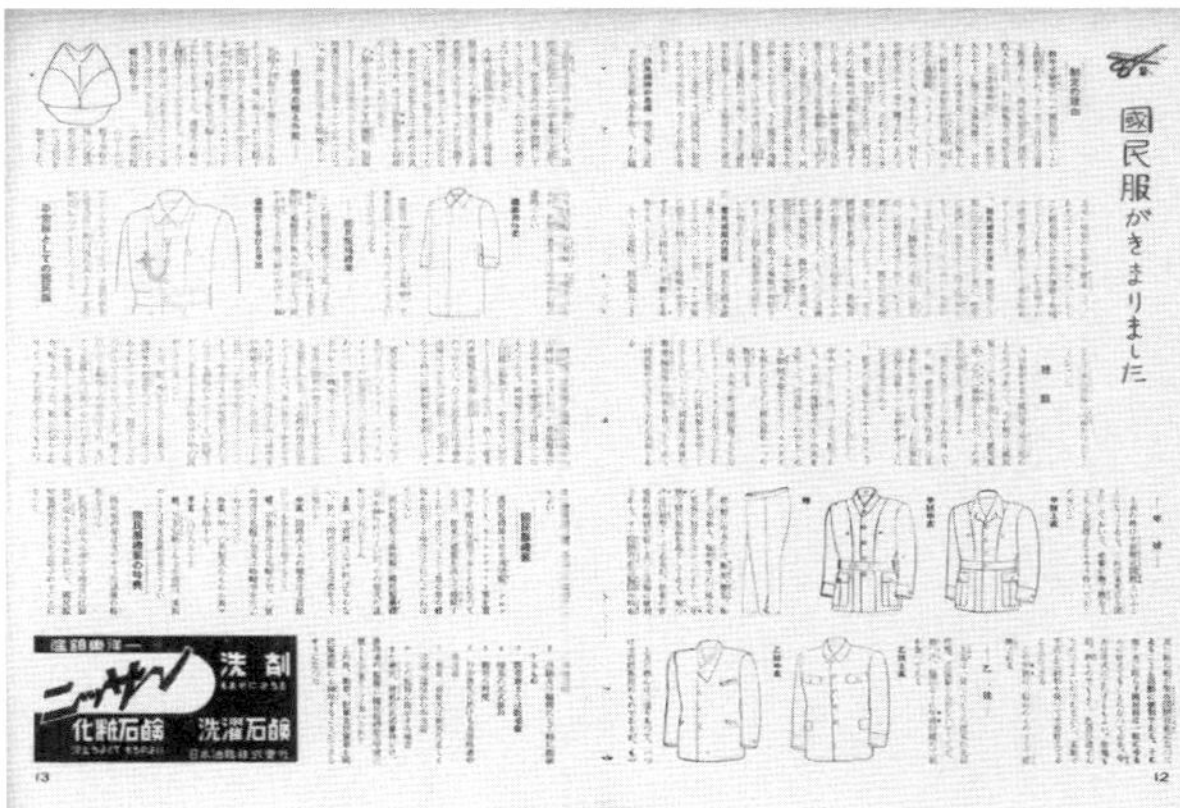

国民服決定の報道(『写真週報』142号，1940年11月13日)

参考文献　井上雅人『洋服と日本人—国民服というモード—』(二〇〇一、広済堂出版)　(一ノ瀬俊也)

こくみんへいえき　国民兵役　十七歳から四十歳までの男子で、現役・予後備役・補充兵役のいずれにも属さない者と後備役・補充兵役を終えた者が編入される。第一国民兵役と第二国民兵役の二つがある。アジア・太平洋戦争末期は国民兵役にある者も召集された。第一国民兵役は、常備兵役と軍隊教育を受けた補充兵で補充兵役を終えた者が服する。第二国民兵役は、年齢満十七歳以上四十歳までの者で、常備兵役・補充兵役・第一国民兵役ではない者(軍隊教育を受けたことのない者)が服する。徴兵検査において丙種とされた者が第二国民兵役に服する者とされた。一九四三年十一月一日の兵役法改正(法律第一一〇号)により国民兵役の年齢上限は四十五歳まで引き上げられた。

参考文献　現代史の会『季刊現代史』九(一九七八)、秦郁彦編『日本陸海軍総合事典(第二版)』(二〇〇五、東京大学出版会)、藤井忠俊『在郷軍人会—良兵良民から赤紙・玉砕へ—』(二〇〇九、岩波書店)　(松田英里)

こくみんゆうせいほう　国民優生法　厚生省の「民族優生方策」として一九四〇年五月一日に公布された日本初の断種法。ナチス断種法(一九三三年成立)をモデルに立案され、「遺伝性精神病」などの「悪質なる遺伝性疾患の素質」を持つ者の増加防止を目的とする「優生手術」(精管・卵管の結紮・切除などによる不妊手術)が合法化された。優生学的理由による妊娠中絶の合法化や強制断種は、帝国議会での審議過程で見送られ、同法による断種実績は政府の予測を大幅に下回る結果となった。なお、国立癩療養所で断種が実施されてきたハンセン病患者については、遺伝性疾患ではないため対象外とされた。当初優生断種法として構想された国民優生法だが、立案過程で人口増強策が加味され、「健全なる素質」を持つ者の不妊手術や人工妊娠中絶の取り締まりを強化する規定も盛り込まれた。戦後廃止されたが、断種政策は形を変えて優生保護法(四八年公布)に継承された。

参考文献　藤野豊『日本ファシズムと医療—ハンセン病をめぐる実証的研究—』(一九九三、岩波書店)、松原洋子「日本—戦後の優生保護法という名の断種法—」(米本昌平他『優生学と人間社会—生命科学の世紀はどこへ向かうのか—』所収、二〇〇〇、講談社)　(松原洋子)

こくみんろうむてちょうほう　国民労務手帳法　軍需生産の拡大と生産力拡充に必要となる労働力の適正配置を

目的に制定。工鉱業等に従事する十四歳以上六十歳未満で、女子、事務職員、臨時被用者を除く技術者と労働者に、氏名、年齢、職業、学歴、経歴、技能程度、賃金・給料等を記載した政府発行の手帳を持たせ、これを国民職業指導所に登録させて、彼らの移動防止、労務統制を強化した。一九四一年三月七日公布、七月二十一日施行。

参考文献　労働省編『労働行政史』一(一九六一、労働法令協会)

（市原　博）

こくむだいじん　国務大臣　大日本帝国憲法第五五条によれば、国務全般に関して天皇を輔弼し、法律勅令等天皇が国務に関して表明する意思や命令に副署する天皇の最高の助言者であり、宮中席次は、内閣総理大臣が大勲位に次いで二位、他の国務大臣は五位である。天皇の大権発動には必ず国務大臣の輔弼すなわち助言・補佐が必要だというのが憲法学の多数説であり、国務大臣はそのためにいつでも自由に、第三者の介在なしに天皇に拝謁し、内奏することができた。帝国議会や枢密院の議決を採納するかどうかも国務大臣の輔弼による。その結果、天皇の国務上の行為についてはすべて国務大臣が責任を負うことになり、これは参謀総長や軍令部総長のような他の補佐役とは大きく異なる点である。国務大臣は内閣に属し、閣議で合議したが、憲法には内閣についての条項はなく、内閣官制で定められていた。国務大臣は同等かつ独立の輔弼権限を持ち、内閣を統率する総理大臣の権限は弱く、他の国務大臣に対する指揮命令権や任免権もなかった。

参考文献　山崎丹照『内閣制度の研究』(一九四二、高山書院)、同『天皇制の研究』(一九五九、帝国地方行政学会)、家永三郎『歴史のなかの憲法』(一九七七、東京大学出版会)

（森　茂樹）

ごこくじんじゃ　護国神社　戦没者を祭神として祀り、慰霊・顕彰するために全国各地に創建された神社。祭神の範囲は府県を単位とするものと市町村などより狭い地域のものがあり、神社の規模や形態もさまざまである。もっとも初期のものは、幕末から明治初期に創建されたもので、当初は招魂社ないしは招魂場という名称であった。その起源もまたさまざまであり、㈠戦死者の墳墓が最初に設けられたもの、㈡古来の忠臣・烈士を祀った神社の境内社から発展したもの、㈢最初に慰霊碑などが建てられたもの、㈣当初から神社として建てられたものなどに分けられる。このうち㈣以外の形態は幕末・明治初期からすでにあった。現在、全国に存在ないしは過去に存在した護国神社の数は確定されていないが、小規模なものを含めれば数百社にのぼるとみられ、台湾や朝鮮など植民地にも存在していた。その分布には地域的な偏りがあり、山口・鹿児島の両県だけで六十社以上が確認される一方、県内に一社のみの場合もある。最初の招魂社は一八六五年の長州藩内における桜山招魂社(招魂場)であり、長州藩は幕末に戦死・刑死した藩士を祀るため、約二十社の招魂社をつぎつぎと建てた。また薩摩藩でも六八年一月から戊辰戦争の戦死者を祀るために建設に着手している。同年五月には新政府が太政官布告で五三年のペリー来航以来の「殉難者」を祀るため、京都東山に施設を設けることを布達し、これに基づき東山には各藩が招魂社を建設した。現在の京都霊山護国神社はこれを起源とするものとされ、同時に各藩の地元でもつぎつぎと建てられていった。翌六九年六月には遷都した東京で東京招魂社が建てられ、戊辰戦争の戦没者が祭神として合祀された。当初は京都で幕末以来の「殉難者」、東京で戊辰戦争の戦死者を別々に祀る形となっていたが、七五年の太政官通達で東京に両者を合祀することが決定され、東京招魂社が国家レベルの招魂社として確定し、のちの靖国神社へと発展していった。

群馬県護国神社

七一年の廃藩置県によって各地の招魂社は内務省の管理下におかれることになり、七四年には祭祀や施設の修繕費を国費で定額負担し、敷地が免税されることになった。そして九〇年には受持神官をおくことが義務化され、一九〇一年には国費を出している招魂社を官祭、それ以外を私祭として区別することが定められた。こうして制度上は整備が進んでいったが、国費の定額負担はその後増加しなかったし、受持神官の給与は低く、また祭祀料も一八七四年以前に祀られた祭神の数に応じての支給であり、新たに祀られた祭神は対象外になっていた。西南戦争や日清・日露戦争など、戦死者が大量に発生した戦争を通じ、招魂社の数は増加していったが、国家はむしろ建設に抑制的であり、一九〇六年には各町村に招魂社を建設するよう求める請願を政府が却下した記録が残っている。実態としてその管理・運営は地元に任せられており、たとえば靖国神社が祀っていない祭神を祀る場合もあった。したがって、地域への定着度や管理・運営のあり方もさまざまであり、軍人や学生の集団参拝や地域主催の戦没者慰霊行事が行われるなど、靖国神社の地域版としての役割を早くから担っていた場合もあれば、遺族や関係者を中心とした祭祀を続けるにとどまり、地元でも存在すら知られていないという場合もあった。

こうした状況が変化するのは昭和に入って軍国主義の風潮が高まってからであり、戦争が続く中で、戦没者の慰霊行事が恒例化していくこともあって、全国的に施設の拡張や祭典の厳粛化が進んだ。一連の動きには軍の意向もかかわっており、軍が独自に行なっていた戦没者慰霊の行事である招魂祭と融合していくのもこの時期である。招魂社が各地で整備されるようになると、その制度的な不備が問題となり、三八年には神社制度調査会で招魂社を「護国神社」とすることについて議論が行われ、同年三月に招魂社を護国神社とする内務省令が出され、翌三九年四月に護国神社が各地に成立した。その際、一般の神社同様の制度が護国神社にも適用されるようになり、府県社相当の三十三社を指定護国神社(敗戦までに四十六社に増加)、その他の村社に相当する小規模なものを指定外護国神社とした。このうち指定護国神社は東京・神奈川以外の全府県に存在し、原則一府県一社とされたが、北海道・岐阜・島根・兵庫・広島など、師団の設置場所や旧藩の枠組みの強さなどの事情によって、複数存在する場合もあった。戦時期には、護国神社は地域における戦意高揚を図る行事が行われる場となり、住民も戦勝や武運長久のために参拝するなど、戦没者の慰霊・顕彰を通じて地域の戦時体制の強化に大きな役割を果たした。施設整備は戦時中も進められたが、戦局の悪化によって計画を果たせず、また戦火の中で施設に大きなダメージを受けたものも少なくなかった。

敗戦後、GHQの神道指令によって護国神社は他の神社と同様に国家の保護を離れた。したがって、国家の制度としての護国神社はわずか六年間しか存在しなかったことになる。またGHQは、護国神社を靖国神社とともに、軍国主義や過激な国家主義と直結した神社として問題視した。このため神社側は「護国」の名称を外し、戦死者に限らず社会公共のために殉じた人々を祀る場とすることなどを示した改革案をGHQに提示し、交渉の結果存続の危機を回避することに成功した。占領が終わると「護国」の名称を復活させるとともに、戦没者の慰霊行事を再開し、施設も再建されていった。五一年には元の指定護国神社の宮司が連携して全国護国神社会(当初の名称は浦安会)を結成し、以後現在まで靖国神社と連携・協力関係にあるが、宗教団体としては神社本庁に属し、靖国神社とは別組織として運営している。現在では祭祀の対象として第二次大戦までの戦没者に加え、自衛官・警察官・消防士などの公務員を含んでいる場合もあり、七三年には山口県護国神社への自衛官合祀拒否訴訟が起こっている。護国神社は遺族会や戦友会、あるいは保守系団体の活動拠点や交流の場として機能しており、忠魂碑・忠霊塔はじめ戦争関連のモニュメントが敷地内に多数存在する独特の空間を形成している。一方で地域の催しや初詣の場として定着している側面もあり、近年では戦死者の遺品を展示・公開するなど、戦争博物館的な要素も持ちつつある。 →忠魂碑 →忠霊塔 →靖国神社

参考文献 小林健三・照沼好文『招魂社成立史の研究』(『国学研究叢書』一、一九六九、錦正社)、『全国護国神社会五十年史』(一九九七)、白川哲夫「招魂社の役割と構造—「戦没者慰霊」の再検討—」(『日本史研究』五〇三、二〇〇四)、同「一九三〇〜五〇年代「戦没者慰霊」の動向—護国神社を中心に—」(同五七一、二〇一〇)
(白川 哲夫)

ごこくどうしかい　護国同志会　岸信介を中心に、太平洋戦争末期に徹底抗戦を主張して結成された衆議院の院内会派。一九四四年七月の東条内閣退陣後、小磯国昭内閣が言論結社の制限を緩和したことから、当時唯一の政治団体だった翼賛政治会内部では、早期終戦のため、保守系代議士たちが、徹底抗戦派議員を排除した新党結成を企てた。十一月以降必勝国内体制確立を主張し、四五年三月初旬に新党運動を始め、四月に入り大日本政治会を結成する。こうした中、徹底抗戦派代議士の中でも、三宅正一(旧社会大衆党)、井野碩哉元農相、船田中、小山亮、赤城宗徳、木村武雄、橋本欣五郎ら、岸信介前国務相の周辺に集まる議員たちは別会派結成をもくろんだ。まず井野ら二十五名が三月十一日に徹底抗戦を主張する院内会派護国同志会を結成、翌日以後二十日までにさらに五人が参加した。岸は議員ではないため、井野が代表格となった。ただし、岸が東条内閣の倒閣に重要な役割を果たしたため、陸軍の一部には強い反感があった。井野らは護国同志会を政党(合法的政治団体)とすべく内務省に届け出たが、国内の混乱を恐れた内務省は許可せず、院内会派にとどまった。四五年六月に召集された第八十七臨時議会において、護国同志会は、倒閣を狙って、政府提出の戦時緊急措置法案を違憲として批判したり、鈴木貫太郎首相の施政方針演説の一部を失言として追及したりしたが、倒閣には至らなかった。八月十日ごろ、終戦の情報を得た護国同志会は、多数派に合流した方が終戦阻止に有効と判断し、十五日付で大日本政治会に合流したが、この日終戦を迎え、終戦阻止に失敗した。

参考文献 東中野多聞「岸信介と護国同志会」(『史学雑誌』一〇八ノ九、一九九九)
(古川 隆久)

こさくりょうきんのうか　小作料金納化　明治維新の地租改正で、政府の土地課税は、年貢物納から金納化されたが、小作料は田では依然として物納であり、小作料金納化が実現するのは、戦後GHQによる農地改革を待たなければならなかった。しかし、一九四〇年十月の米穀国家管理を契機として、生産者(自作農・小作農)および地主は、自家保有米以外はすべて管理米として国家に供出することが規定され、翌年度から全国実施される。地主の小作米は小作人から直接国家の手(市町村産業組合の農業倉庫)に集荷され、地主に対して代金のみが支払われ、

実質的には代金納となった。四四年三月の臨時農地等管理令改正では「小作料金納化を必要とする根拠」が出され、四五年七月には「物納小作料の金納化に関する件」が出された。農地改革以前に農政官僚は金納化を考えていたが、戦前、小作料の物納基準は変わらなかった。
→米穀供出制度(べいこくきょうしゅつせいど)

[参考文献] 農地制度資料集成編纂委員会編『戦時農地立法に関する資料』(『農地制度資料集成』一〇、一九七二、御茶の水書房)、暉峻衆三『日本農業問題の展開』下(一九八四、東京大学出版会)、野田公夫「農地改革の史的前提—戦時農地政策の帰結—」(『京都大学生物資源経済研究』一一、二〇〇六) (森 武麿)

こさくりょうとうせいれい 小作料統制令 一九三九年十二月六日に公布された、国家総動員法にもとづく勅令で、同年の九・一八価格停止令が小作料へ適用されたもの。小作料額と率、種別、減免条件など小作条件を三九年九月十八日現在に固定すること、条件の変更は地方長官の許可を必要とする。また、農地委員会に、地主・小作人の同意を得て、不当な小作料の適正化を命ずる権限を与えたものである。小作料適正化事業の実施町村は四〇年から四三年まで増加し、それ以降減少する。四五年三月まで認可町村実数二千四百八十一町村、田三十九万三千四百四十六町歩、畑十三万八千二百一町歩である。全市町村に占める割合は二三%、全小作地に占める面積は二〇%である。契約小作料の一〇~二〇%の引下げ、小作料率の五割前後以下への引下げである。規模の狭隘性、地域的不均衡などから、食糧増産効果はほとんど見られず、何よりも高率小作料の是正には程遠いものであった。しかしこれは、地主制を規制してでも、農家経営の安定と食糧増産を達成して総力戦に小作農民を動員することが急務であったことを示す。

[参考文献] 農地制度資料集成編纂委員会編『戦時農地立法に関する資料』(『農地制度資料集成』一〇、一九七二、御茶の水書房)、暉峻衆三『日本農業問題の展開』下(一九八四、東京大学出版会)、坂根嘉弘『日本戦時農地政策の研究』(二〇一二、清文堂出版) (森 武麿)

ごしきせんとうき 五式戦闘機 陸軍の戦闘機。三式戦闘機を改修して、川崎航空機工業が開発。主設計者は土井武夫。一九四四年、三式戦闘機に装備する発動機の生産が間に合わず、発動機のない機体が工廠に多数並ぶ事態となったため、機体を一部改修して別の発動機を換装したところ、性能が良く、四五年、制式採用された。エンジン一三五〇馬力×一。最大速度時速五八〇キロ。三式戦闘機に比べ、速度はやや低下したが、運動性能は向上した。戦争末期には、国内基地に配備されて本土防空戦に用いられた。

[参考文献] 野沢正編『日本航空機辞典』上(一九八九、モデルアート社) (水沢 光)

こじまひでお 小島秀雄 一八九六—一九八二 海軍軍人。一八九六年四月五日、兵庫県生まれ。一九一六年海軍兵学校卒(四十四期)、三〇年海軍大学校卒。三七年大佐、四三年少将。二三—二五年、三六—三八年、四三—四五年と三度にわたりドイツで勤務しており(三度目は潜水艦で渡独、戦後帰国)、数少ないドイツとの関係が深い海軍軍人。戦後は日独協会の副会長も務めた。八二年三月二十二日没。八十五歳。

[参考文献] 日独協会編『日独文化交流の史実』(一九七四)、田嶋信雄『ナチズム極東戦略—日独防共協定を巡る諜報戦—』(一九九七、講談社) (坂口 太助)

ごしょうかいぎ 五相会議 主要な国務大臣のみで合議して重要国策を決定するための会議。通常、首相・外相・陸相・海相・蔵相の五人で構成された。大日本帝国憲法の規定ではすべての国務大臣は同等で、独立して天皇を輔弼することができた。内閣総理大臣はこの憲法の壁に阻まれ、他の国務大臣を指揮できなかった。そこで、憲法に抵触せずに重要国策を効率的に審議し、強い指導力を発揮するために考案されたのがこの方式で、一九三三年に斎藤実内閣で軍備拡充問題を協議したのが最初である。その後も、「国策の基準」を決定した広田弘毅内閣における三六年八月の五相会議などの例があるが、三八年六月、第一次近衛文麿内閣において、閣議の承認を得て、日中戦争処理等に関する最高審議機関とした。次の平沼騏一郎内閣でも防共協定強化問題をめぐって五相会議が頻繁に開催されている。平沼内閣の跡を襲った阿部信行内閣は、陸軍から首相権限強化や少数閣僚制を要求され、これに応じるために国務大臣の数を絞って複数の省を兼担させたため、五相会議は開催されなくなった。

[参考文献] 山崎丹照『内閣制度の研究』(一九四二、高山書院)、宮沢俊義『日本憲政史の研究』(一九六八、岩波書店) (森 茂樹)

ごしんえい 御真影 天皇・皇后の公式肖像写真の通称。「御影」「聖影」とも。宮内省(庁)の公式呼称は「御写真」。天皇の権威を示すものであった御真影は、一八七〇年代ごろから府県庁・師団本部・軍艦など、さらに官の機関の証として官立諸学校にも下付(「下賜」)されていた。しかし初代文部大臣森有礼は、これを天皇と民衆の一君万民的君臣関係、臣民感覚を涵養するための媒体と位置づけ、八七年九月の沖縄県尋常師範学校を皮切りに、府県立学校へと下付範囲を拡大させていった。森の死後も下付範囲は拡大される。八九年に市町村立の高等小学校への下付が許可される一方、九二年には市町村立尋常小学校や幼稚園において「複写御真影」「市販御真影」の「奉掲」が認められ、学校祝祭日儀式における御真影拝礼が広く可能となった。他方で私学への下付は、当局の私学軽視の風潮もあって当初はごく一部の例外的な事例に留まり、私学を含めたすべての学校・幼稚園が下付の対象となるのは、一九一〇年代後半を待たなければならなかった。ところで、御真影はその取扱いにも最大限の配慮が要求された。まず下付自体が当該校の自発的な願い出

御真影が収められた奉安殿

に待つとされており、下付の「恩典」に浴した学校では盛大な「奉戴式」が催され、以後御真影の「拝礼」は、当該校の学校行事に組み込まれることとなる。また保管に際しては、湿気や塵埃による汚損を避けるのはもちろん、非常の際の避難(「奉遷」)の手続きが定められ、警備のため教員の当直制が施行されたほか、三〇年代には防火性の堅牢な「奉安庫」「奉安殿」が建築されるなど、御真影の神聖性が演出されていった。なお前述の通り下付は学校側の希望によるとされていたが、三五年以降天皇機関説事件や教学刷新の動きのなかで、軍部の圧力や文部省の指導により、それまで御真影下付を受けていなかった私立の高等教育機関にも実質的な強制の下付が行われるという状況が生まれた。

参考文献　佐藤秀夫『学校の構造』(『教育の文化史』一、二〇〇四、阿吽社)、小野雅章「一九三〇年代の御真影管理厳格化と学校儀式—天皇信仰の強制と学校教育—」(『教育学研究』七四ノ四、二〇〇七)
（神代 健彦）

こせきゆうじ　古関裕而　一九〇九—八九　作曲家、指揮者。一九〇九年八月十一日に福島県で出生。福島商業学校に入学後から独学で作曲・編曲を始め、二八年に銀行就職後も福島ハーモニカ・ソサイエティなどで音楽活動を継続する。三〇年に上京しコロムビア専属となり、三五年「船頭可愛や」が初のヒット作となる。三七年の「露営の歌」のほか、「愛国の花」「暁に祈る」「海の進軍」「若鷲の歌」「ラバウル海軍航空隊」など、戦後も愛唱される多くの作品を発表した。戦時期には、ミヤタ・ハーモニカバンドの指揮者としても活躍し、三八年に中支従軍、四二年に南方慰問団、四四年にインパール作戦特別報道員などにも関わった。戦後は、歌曲や「長崎の鐘」「イヨマンテの夜」などの流行歌のみならず、菊田一夫とのコンビによる「鐘の鳴る丘」「君の名は」などの放送番組の音楽のほか、ミュージカルや劇場音楽、映画音楽、校歌・社歌、戦前の「紺碧の空」「阪神タイガースの歌」などに続いて東京オリンピックの選手入場行進曲「オリンピック・マーチ」のようなスポーツ関連楽曲など、多方面の創作活動を展開し五千曲に及ぶ作品を発表した。八九年八月十八日没、八十歳。→暁に祈る　→若鷲の歌

参考文献　古関裕而『鐘よ鳴り響け—古関裕而自伝—』(一九八〇、主婦の友社)
（戸ノ下達也）

ごぜんかいぎ　御前会議　天皇が輔弼の臣を召集して国家の重大事をみずから決した会議。法令規則上の定めはなく、法文上に現れたのは、一八七九年の御前議事式と、一九四一年の国防保安法で機密保持の対象とされた例があるのみである。後者の審議の際には、御前会議について法令で定めるのは畏れ多いという反対論が出ているが、これは、天皇の最終的な意思表明を拘束することはできないという見解からであろう。こうした性格に鑑みて、御前会議は、制度上の会議に臨御した枢密院本会議や大本営御前会議、天皇親臨の閣議とは本来異なるものである。御前会議は、太政官政府の時代には大臣・参議を召集して頻繁に開かれているが、内閣制度創設後は頻度が急減している。以後大正期まではおもに開戦を決定するような場合に限って御前会議が開かれ、戦争指導方針の協議・決定に臨御を仰ぐ場合は大本営御前会議が用いられた。しかし、日中戦争勃発後の大本営は首相ら政府側人員を排除したため、戦争指導方針は大本営政府連絡会議(または大本営政府連絡懇談会)で審議した後に御前会議で正式決定するようになり、一九三八年一月以降、御前会議が頻繁に開かれた。出席者は大本営から参謀総長・軍令部総長、内閣から総理大臣・外務大臣・陸軍大臣・海軍大臣・大蔵大臣・企画院総裁などで、宮中では彼らを輔弼責任者と認識していたが、これは国務大臣のみを

御前会議(1937年11月24日)

輔弼責任者とする憲法の規定とは異なる。このほか、枢密院議長や参謀次長・軍令部次長が特旨によって出席する場合がある。宮中の見解では御前会議は輔弼者として召集された者だけが参列するものであり、それ以外の第三者が立ち会わない点は国務大臣の内奏と同様である。しかし、四〇年十一月十三日の御前会議の際に内閣と宮中が協議し、本来の御前会議ではなく、大本営政府連絡会議に天皇が親臨するものであるという解釈で合意した結果、御前会議には連絡会議幹事である内閣書記官長、陸海軍務局長が陪席するようになった。もっとも、奏請・決定手続を見る限りその後も本来の御前会議と同じであり、他方で四二年十二月十日に、「御前会議」より軽易なものとして奏請手続等を省略した「御前に於ける大本営政府連絡会議」が開催されている。また、四四年八月十九日にも同様の趣旨で「御前に於ける最高戦争指導会議」が開催された。御前会議を開催するときは総理大臣と参謀総長・軍令部総長が連名で奏請するが、閣議決定は要件ではない。決定には出席者が花押し、そのまま裁可を受けて、閣議決定なしで正式の国家意思となる。しかし、これでは御前会議に出席しない国務大臣に輔弼の機会がなく、憲法の規定との間に扞格を生じる。そこで、実際には御前会議の議題は事前に大本営政府連絡会議で合意に達したあと閣議で承認を得、その上で御前会議決定、上奏裁可という複雑な手順を踏むことで内閣側の権限に配慮せざるを得なかった。だが、四〇年十一月から大本営政府連絡懇談会が頻繁に開かれて実質的な戦争指導機関になると、閣議での承認は次第に等閑にされ、統帥事項が省略されたり、要旨のみが提出されたりするようになる。四二年十二月二十一日の御前会議からは、決定して裁可を得た後で閣議の事後承諾を得ることも多くなった。御前会議の本来の趣旨からすれば、天皇は自由に発言し、議論を主導することも可能である。当初、御前会議開催に積極的だった陸軍はむしろ天皇の発言を利用して内閣管掌の外交などに介入しようとしたが、内閣側は議題を事前に閣議決定して内奏しておき、御前会議席上では天皇に発言させまいとした。かくして、天皇を利用しようとする諸勢力の攻防の均衡点に立たされた昭和天皇は、政治的配慮から発言を差し控えるようになった。もちろん、発言を禁じられていたわけではないから、四一年九月六日の御前会議では海軍に質問しているし、四四年八月十九日の会議でも最後に発言している。また、四五年六月二十二日には最高戦争指導会議構成員を召集して和平工作促進を指示し、八月十日および十四日の御前会議ではみずから裁定してポツダム宣言受諾を決定している。→最高戦争指導会議　→大本営御前会議　→大本営政府連絡会議

参考文献　稲葉正夫編『大本営』(『現代史資料』三七、一九六七、みすず書房)、参謀本部編『杉山メモ』(『明治百年史叢書』、一九六七、原書房)、森茂樹「国策決定過程の変容―第二次・第三次近衛内閣の国策決定をめぐる『国務』と『統帥』―」(『日本史研究』三九五、一九九五)、軍事史学会編『大本営陸軍部戦争指導班機密戦争日誌』(一九九八、錦正社)、森茂樹「戦時天皇制国家における『親政』イデオロギーと政策決定過程の再編―日中戦争期の御前会議―」(『日本史研究』四五四、二〇〇〇)、伊藤隆・武田知己編『重光葵　最高戦争指導会議記録・手記』(二〇〇四、中央公論新社)

(森　茂樹)

ごぞくきょうわ　五族協和　「民族自決」理念に対する対案として満洲国において提唱された複合民族国家の政治理念。ここでいう「五族」とは、基本的には漢族・満洲族・モンゴル族・日本人・朝鮮人を指すが、白系ロシア人が入ることもあり、その他少数民族を含めて広く「民族協和」とも称される。満洲事変直後には満洲国建国を正当化するべく「民族自決」が一時、唱えられたこともあったが、間もなく「五族協和」「民族協和」が定着する。中華民国の「五族共和」を模しているが、満洲国では日本人を指導民族として位置づけ、他民族を差別・抑圧する植民地支配の現実を隠ぺいするイデオロギーとして機能した。

参考文献　田中隆一『満洲国と日本の帝国支配』(二〇〇七、有志舎)、貴志俊彦『満洲国のビジュアル・メディア―ポスター・絵はがき・切手―』(二〇一〇、吉川弘文館)

(田中　隆一)

こぞのやすな　小園安名　一九〇二―六〇　大正・昭和期の海軍軍人。一九〇二年十一月一日、鹿児島県に生まれる。二三年に海軍兵学校を卒業(五十一期)。その後は空母「赤城」乗組、空母「加賀」乗組、横須賀航空隊分隊長、第十二航空隊飛行隊長、第二百五十一航空隊司令などを経て、四四年に第三百二航空隊司令。四五年に第三航空艦隊参謀、第七十一航空戦隊参謀を兼任。ポツダム宣言受諾に反対し、いわゆる厚木航空隊の反乱を首謀した。小園は各地の航空隊に偽の出撃命令を出し、またビラを撒布して継戦を呼びかけた。この結果、千葉県の茂原基地の航空隊が出撃の上、偵察飛行中の米軍機と交戦し、双方に死傷者が出た。その後は高松宮宣仁親王の電話での説得もあって反乱は収束に向かい、八月二十一日には武装解除がなされた。この件で小園は軍法会議で無期禁錮に処せられるが、五三年に恩赦により釈放。六〇年十一月五日没。五十八歳。→厚木航空隊

参考文献　林茂他編『日本終戦史』上(一九六二、読売新聞社)

(加藤　祐介)

ごだいかいかくしれい　五大改革指令　マッカーサー最高司令官による占領初期の民主化指令。一九四五年十月十一日、マッカーサーは幣原喜重郎首相に、(一)参政権の賦与による婦人の解放、(二)労働組合の結成奨励、(三)教育の自由主義化、(四)秘密警察などの廃止と人権擁護、(五)日本経済の民主的再編、という五項目にわたる改革を口頭で指示した。その前置として、ポツダム宣言の達成は「国民を従属させてきた伝統的社会秩序を崩壊」させ、

「この社会改革」により「国民生活に対する政府の一切の介入」と言論などの自由制限から「国民を解放する」と意味づけた。十月四日の人権指令で東久邇内閣が総辞職し、十一日、幣原は後継内閣の首相としてマッカーサーに就任挨拶に来たのであるが国民解放指令の第二弾を直接聞くことになった。

参考文献 天川晃他編『戦後日本―占領と戦後改革―』(一九九五、岩波書店)　(荒　敬)

ごだいじゅうてんさんぎょう　五大重点産業　一九四二年秋以降、重点的な資源の投入、生産増強政策の対象となった鉄鋼、石炭、軽金属、造船、航空機産業のこと。この時期の経済総動員の根幹は、海上輸送力をもって共栄圏から石油、鉄鉱石、石炭、ボーキサイトなどの重要資源を確保することであった。しかしガダルカナル戦での陸海軍の膨大な船舶徴用、船舶喪失の増加により海上輸送力は激減した。日本への資源の還送は困難となり、基礎資材の生産が減少し、全般的な生産力拡充は不可能になった。こうした背景から、四二年十一月、内閣に臨時生産増強委員会が設置され、鉄鋼、軽金属、石炭、造船および航空機を対象にした生産増強措置が講じられた。四三年三月には、行政の壁を超えて五大重点産業に資材、労働力、輸送力、電力等を集中するため、戦時行政特例法、戦時行政職権特例が公布された。前者は、生産力拡充において特に必要な場合は他法律で定められた統制措置、行政庁の職権を勅令によって解除・変更すること、後者は五大重点産業に関して総理大臣が各省大臣の職権を直接行使することを可能にしたものであり、総理大臣へ行政権限を集中し、一元化をはかろうとした。各種統制会等の経済団体も五大重点産業との取引を優先することを申し合わせた。また同じ三月に発足した内閣顧問による行政査察制度も実施され、五大重点産業を中心に増産の隘路の打開策などが検討された。物資輸送の一層の悪化と航空機生産能力増強という作戦上の要請を背景に、四三年九月以降は、五大重点産業からさらに航空機への超重点化方針が取られた。航空機への資源の集中、航空機生産の一元的統制のため、企画院と商工省の大部分と、陸海航空本部の工業動員部局を統合した軍需省を設置し、軍需会社法による政府の企業経営に対する統制強化などの措置が講じられた。しかし、鉄鋼、石炭などの基礎資材は四三年まで生産を維持するもその後減少し、最後まで重点化措置がとられた航空機も四四年秋をピークに生産は急減した。

参考文献 原朗「太平洋戦争期の生産増強政策」(『日本戦時経済研究』所収、二〇一三、東京大学出版会)　(山崎　志郎)

こだいらごんいち　小平権一　一八八四―一九七六　大正・昭和期の農政官僚、政治家。一八八四年一月六日生まれ。長野県出身、一九〇三年第一高等学校入学後にキリスト教の洗礼を受ける。高校長新渡戸稲造の影響といわれる。一〇年東京帝国大学農科・法科で卒論「小作論」を提出後、一四年「農民の救済」を目標に農商務省に入り農政課に配属、石黒忠篤課長とともに小作立法制定のため小作争議地を回る。二二年農務課長となり産業組合中央金庫法を制定するなど産業組合の普及につとめ、二四年同中央金庫参事として出向、二六年農政課長、二八年米穀課長、二九年蚕糸局長、三一年農務局長を経て、三二年経済更生部長となる。同年農業金融論で博士号を取得。後藤文夫農林大臣、石黒忠篤農林次官とともに昭和恐慌期の農村不況対策として農村経済更生運動推進の中心的役割を果たす。ドイツの協同組合研究に、二宮尊徳の報徳思想を生かす。三六年満洲移民推進で陸軍省嘱託関東軍顧問に就く。三八年第一次近衛内閣の有馬頼寧農林大臣のもとで農林次官、翌年退官。三九年退官後満洲糧穀株式会社理事長、四一年満洲国経済顧問、満洲国参事、四二年翼賛選挙で衆議院議員、大政翼賛会総務局長、四三年皇国農村委員会会長、中央農業会副会長、四五年満洲移住協会理事、戦時農業団副総裁、戦後公職追放。七六年八月一日死去。九十二歳。

参考文献 楠本雅弘編『農山漁村経済更生運動と小平権一』(一九八三、不二出版)、『小平権一と近代農政』(一九八五、日本評論社)　(森　武麿)

こだまひでお　児玉秀雄　一八七六―一九四七　大正・昭和時代の官僚、政治家。一八七六年七月十九日、児玉源太郎の長男として山口県で出生。第二高等学校、東京帝国大学卒。大蔵省、朝鮮総督府勤務を経て、一九一六年寺内正毅内閣書記官長に就任。その後関東長官、朝鮮総督府政務総監、三四年拓務大臣、三七年逓信大臣、四〇年内務大臣。四二年三月、陸軍省事務嘱託・第十六軍軍政顧問として、ジャワ・南方方面で活動。四四年、小磯内閣国務大臣・文部大臣となる。四六年八月公職追放。四七年四月七日没。七十二歳。

参考文献『児玉秀雄関係文書』二(二〇一〇、同成社)、『大阪朝日新聞』一九四二年三月十八日　(横島　公司)

こだまよしお　児玉誉士夫　一九一一―八四　昭和期の国家主義者。一九一一年二月十八日、児玉酉四郎(とりしろう)の四男として福島県に出生。二九年建国会入会。三一年津久井龍雄が結成した急進愛国党入党。三二年満洲に渡り、笠木良明の大雄峯会に参加。同年帰国し、独立青年社を結成、頭山秀三の天行会とともに重臣の暗殺を計画したが発覚し、逮捕。三七年出獄し、国粋大衆党参加。三八年大化会の岩田富美夫と連携して二月会を結成し、国家総動員法案・電力国家管理法案支持の運動を始める。三九年中国に行き、陸軍参謀本部嘱託として汪兆銘政権樹立工作や物資調達、情報収集に従事。四一年海軍航空本部の依頼で上海に児玉機関を設立し、情報を集めるとともに、タングステンやラジウムなどを調達し海軍航空本部に納入。四二年翼賛選挙に東京五区で立候補するも落選。同年国粋大衆党が思想結社に改組された国粋同盟の総務

東亜局長。八四年一月十七日没。七十二歳。

参考文献 児玉誉士夫『悪政・銃声・乱世―風雲四十年の記録―』(一九六一、弘文堂)、栗原一夫編『児玉誉士夫著作選集―風雲―』(一九七二、日本及日本人社)、有馬哲夫『児玉誉士夫―巨魁の昭和史―』(『文春新書』、二〇一三、文藝春秋)

(昆野 伸幸)

こっかかいぞううんどう 国家改造運動 大正・昭和初期において、日本における既存の国家体制を変革することを説く運動の総称。一般的に右翼勢力による運動を指すことが多いが、その内実は多様である。日清・日露戦争によって、明治維新以来の悲願であった日本の対外的独立がほぼ確立されると、日露講和条約に対する日比谷焼き打ち事件のように、国民のあいだに現実の国家の状況に対する不満が公然と示されるようになる。そして第一次世界大戦やロシア革命などを受け、日本でも自国の「改造」の必要性が声高に叫ばれ、各種の国家改造運動が展開された。

右翼勢力における国家改造運動の指針として名高いのは北一輝の『国家改造案原理大綱』(一九一九年、のち『日本改造法案大綱』と改題して公刊)である。北は同書で天皇を擁した軍事クーデターによって「軍閥吏閥財閥党閥」を一掃し、私有財産や資本・土地所有に制限を加え、国家の手による経済的平等を実現することを説き、あわせて言論・出版の自由や女性・労働者の権利などを明記した。他方で、領土が狭小な日本を「国際的無産者」と位置づけ、自国の領土拡大、および中国・インドの救済のためのイギリスやソヴィエト＝ロシアとの戦争を「国家の権利」として正当化した。このような国内における格差の是正と対外膨張の論理は、他の国家改造運動にも濃淡の差はあれ大きな特徴として継承されている。

昭和期以降の国家改造運動には、大きく分けて以下の六つの流れがある。第一に、北と陸軍出身の門弟西田税、およびその周囲に集まった陸軍の青年将校は、北の『日本改造法案大綱』をもとに国家改造を実現していくという方向性を採った。ただし、三六年に二・二六事件を実行した青年将校の多くは、磯部浅一ら数少ない例外を除き、天皇の意向を無視した国家改造には批判的であり、あくまで国家改造運動の「カリスマ」としての北に興味を抱いたと考えられる。第二に、権力者に対する暗殺、すなわち建設よりも「破壊」を重視した人々があげられる。血盟団事件の指導者である井上日召はその典型的な例である。五・一五事件における海軍青年将校、また前述した二・二六事件の陸軍青年将校の多くもこれに該当し、特に後者は天皇中心主義を説いた荒木貞夫ら陸軍「皇道派」に共鳴していた。第三に、疲弊した農村の復興を説いた、権藤成卿や橘孝三郎らに代表される農本主義がある。彼らは五・一五事件などにも共鳴したが、国家改造後における、あるべき日本の姿を想定していたことは間違いない。第四に、橋本欣五郎など、クーデターを志向した軍の幕僚将校と、これに協力した大川周明ら民間右翼のグループである。彼らは三一年、三月事件・十月事件を計画したが未遂に終わった。第五に、三〇年代前半に陸軍内の実権を掌握した永田鉄山を中心とする軍の幕僚将校、いわゆる「統制派」と呼ばれる人々である。彼らは総力戦などの非常時に備えるため、軍の統制を保持し、穏健な手段によって国家改造を実現することを志向しており、それゆえに青年将校が恣意的に北や西田などの民間右翼と結びつくことには警戒的であった。第六に、高畠素之を代表とする、国家社会主義の流れがある。彼らは資本主義を否定的にとらえ、国家による経済の統制を説いており、北の主張とも親和性がある一方で、「一君万民」を理想とする観念的な右翼勢力とも提携する余地があった(高畠は二三年、北の配下である岩田富美夫の仲介により、上杉慎吉と「経綸同盟」を結成)。また、無産政党の多くも日中戦争以後の経済統制の流れを肯定的にとらえ、結果的に戦争を支持する傾向を強めていった。

これらの運動は、格差の拡大に伴う財閥や政党への不満、そして満洲事変以後の対外的危機の高まりを受けて一定の広がりを見せた。そして二・二六事件以後は、革新官僚とも結んだ統制派の幕僚将校が政治権力を掌握し、最終的に日中戦争、アジア・太平洋戦争を主導することになった。 →北一輝(きたいっき)

参考文献 今井清一・高橋正衛編『国家主義運動』(『現代史資料』四・五・二三、一九六三-七四、みすず書房)、堀幸雄『戦前の国家主義運動史』(一九九七、三嶺書房)、須崎慎一『二・二六事件―青年将校の意識と心理―』(二〇〇三、吉川弘文館)、筒井清忠『二・二六事件とその時代―昭和期日本の構造―』(『ちくま学芸文庫』、二〇〇六、筑摩書房)

(萩原 稔)

こっかそうどういんほう 国家総動員法 日中戦争からアジア・太平洋戦争期における、戦時統制遂行のための基本法。一九三八年四月一日に公布され、五月五日に施行された。国家総動員法制としては、第一次世界大戦段階で、すでに軍需工業動員法(一八年四月公布)が制定されていたが、日中戦争の勃発を契機として、より包括的な統制を実行するため、企画院の立案によって制定された。内容は、戦時下における人的・物的資源の統制運用に関する包括的な権限を政府に委ねるものであり、人びとの生活の全面的な統制を可能にするものであった。

条文は全五十条にわたる。まず第一条において、国家総動員の定義を行い、第二条で総動員物資、第三条で総動員業務を定義する。第四条から第二〇条までが戦時条項にあたり、戦時における労務(第四条から第七条、第一三条第二項)、物資(第八条から第一〇条)、資金(第一一条、第一二条)、施設(第一三条、第一六条)、事業(第一七条、第一八条)、物価(第一九条)、出版(第二〇条)の国家統制について規定する。第二一条から第二六条は平時・戦時共通条項で、職業能力に関する申告または検査(第二一条)、技能者養成(第二二条)、物資保有(第二三条)、計画の設定と演練(第二四条)、試験研究(第二五条)、事業助成(第二六条)の国家統制について規定している。第二七条から第三一条は補償または監督に関する規定で、第三二条から第四九条までが罰則、第五〇条が国家総動員審議会についての規定となっている。

以上のような広範にわたる国家統制の執行のうち、試験研究(第二五条)以外は勅令によって行うとされたため、法案の審議過程においては、議会の権限を侵害するものとして、政友会・民政党を中心に反対意見が続出した。また、天皇大権の侵犯や、臣民の自由・権利・義務の制限などの観点から同法案を憲法違反とする批判、拘束的法律による国民の自発的協力はできないとする批判も出された。しかし、軍部の強硬的な態度や近衛新党への期待感、運用に関する諮問機関として国家総動員審議会を設置するなどの妥協策(第五〇条)が相まって、議会の反対は長く続かず、結局、わずかな付帯決議がつけられただけで、原案は全会一致、無修正で可決された。制定後しばらくの間は、主に労務統制・国民登録制・技能者養成など、戦時労働力動員に関する施策に適用されることが多く、工場事業場管理令(三八年五月)、国民職業能力申告令(三九年一月)、賃金統制令(三九年三月)、従業者雇入制限令(三九年三月)、国民徴用令(同年七月)などの勅令が同法に基づいて制定された。他方で、三八年後半には日中戦争の長期化を背景に、経済界に対する統制も議論されるようになり、同年十一月の閣議では、第一一条(会社の設立、資金、利益金処分等に対する統制)の発動が提起された。これに対して財界は強く反発し、一時議論は紛糾したが、結果としては翌年四月に会社利益配当及資金融通令が制定され、経済界への統制が強められた。

国家総動員法　衆議院特別委員会で答弁する広田弘毅外相

四一年三月に同法が改正され、産業統制に関する政府の権限がさらに拡大されると、重要産業団体令(四一年八月)、物資統制令(四一年十二月)などが制定され、経済界への統制はさらに強められた。戦時統制が破綻していく戦争末期には、学徒勤労令(四四年八月)、女子挺身勤労令(同)、国民勤労動員令(四五年三月)など労働力動員強化の勅令が相ついで出されたが、体制の崩壊を取り繕うことはできないまま敗戦をむかえ、四五年十二月二十日、国家総動員法は廃止された。同法については、概して議会制を形骸化したとの評価がなされる場合が多いが、近年は、配当制限、新聞統制、配電統制、小作料統制、農業水利などに関して、国家総動員審議会における議会側委員の一定程度のチェック機能が果たされていた、とする見解も出されている。　→総力戦

参考文献　通商産業省編『商工政策史』一一(一九六四、商工政策史刊行会)、長尾龍一「帝国憲法と国家総動員法」(近代日本研究会編『年報近代日本研究』四所収、一九八二、山川出版社)、古川隆久『昭和戦中期の議会と行政』(二〇〇五、吉川弘文館)、原朗『日本戦時経済研究』(二〇一三、東京大学出版会)
(佐々木　啓)

こっきょうがっさく　国共合作　中国国民党と中国共産党の協力体制。第一次・二次ともにソ連・コミンテルンの中国民族勢力支援が前提。

[第一次国共合作(一九二四―二七年)]　二四年一月、国民党は第一回全国大会で改組を行い、「連ソ・容共・扶助工農」の三大政策を採択した。以後、両党の協力で国民革命運動が急速に発展し、二六年北伐が開始されたが、内部対立が激化し、二七年四月十二日の蒋介石の反共政変、七月十五日の武漢政府の分共決定により国共合作は崩壊、以後十年にわたり国共内戦が続いた。

[第二次国共合作(三七―四五年)]　日中戦争勃発後、三七年八月二十二日、国民政府は中共軍の国民革命軍編入を許可、九月二十三日に正式に国共合作が成立、全国一致の抗日体制が確立された。だが、やがて国共関係は冷却化し、四一年一月の皖南事変のような軍事衝突も発生した。四五年八月、日本が降伏すると、国共両党は日本占領地の接収と戦後中国の主導権をめぐって激しく争い、やがて全面的内戦に突入した。　→皖南事変　→中国共産党　→中国国民党

参考文献　波多野善大『国共合作』(『中公新書』、一九七三、中央公論社)、栃木利夫・坂野良吉『中国国民革命―戦間期東アジアの地殻変動―』(一九九七、法政大学出版局)
(土田　哲夫)

こてき　胡適　Hu Shi　一八九一―一九六二　中華民国時代を代表する知識人。戦時中の駐米大使。「こせき」とも。本籍安徽省。一八九一年十二月十七日、江蘇省川沙県に生れる。上海で学び、義和団賠償金による公費留学生として米国コーネル大学、コロンビア大学に留学、文学・哲学を学ぶ。一九一七年一月、『新青年』に「文学改良芻議」を発表、新文化運動に影響を与える。同年帰国、若くして北京大学教授に就任。近代的方法による中国哲

学史、文化史の研究を開拓。政治的には自由主義者で、左派知識人に批判されたが、三〇年代には友人らと『独立評論』を創刊し、国民党独裁を批判し民主憲政を主張。のち、対日関係の緊迫とともに次第に国民政府に接近。日中戦争勃発後、欧米に派遣され、宣伝活動に従事。三八年九月―四二年九月、駐米大使に任じ、学者大使として中国の抗戦宣伝のための講演や学術活動で活躍。借款や武器調達などの交渉は宋子文らが担当。四六年帰国、北京大学学長就任。国共内戦末期の四九年四月に渡米。五八年台湾に渡り、中央研究院院長に任じた。六二年二月二十四日死去。七十二歳。

参考文献 胡頌平編『胡適之先生年譜長編初稿』(台北、一九八四、聯経出版) (土田 哲夫)

ごとうけいた 五島慶太 一八八二―一九五九 東急グループの創業者。一八八二年四月十八日、長野県の農家に生まれる(旧姓小林、久米万千代と結婚し五島に改姓)。小学校代用教員、商業学校英語教師を経て、一九一一年東京帝国大学法科大学政治学科卒、農商務省に入り鉄道院に転じる。監督局総務課長となり二〇年退官。同年武蔵電気鉄道社長郷誠之助の誘いで常務取締役となり、二四年同社を東京横浜電鉄と改称し専務取締役、三六年社長、三八年玉川鉄道を吸収合併。また、小林一三の紹介で二二年、田園都市株式会社の子会社である荏原鉄道の専務となり同社を目黒蒲田電鉄と改称、二八年田園都市株式会社、三四年池上鉄道を吸収合併。三九年東京横浜電鉄と目黒蒲田電鉄を統合、東京横浜電鉄と改称し社長。東横沿線に住宅地を開発、東横百貨店を建設し、東京工業大学・慶応義塾など多くの大学を誘致。同年東京市会疑獄で入獄(三七年大審院無罪判決)。三四年東京高速鉄道を設立し常務、四〇年東横学園理事長、四一年東京地下鉄道株式会社を合併し帝都高速度交通営団として理事、小田急電鉄社長、四二年東京急行電鉄社長。四〇年鉄軌道連合会長、四一年東京商工会議所副会頭、大政翼賛会理事、中央協力会議議員、四三年翼賛政治会政務調査会委員、東条内閣の内閣顧問、行政査察使、四四年運輸通信大臣。公職追放後、五二年東急電鉄会長。東映・白木屋百貨店を買収し再建。五九年八月十四日死去。七十七歳。

参考文献 五島慶太『七十年の人生』(一九五三、要書房)、三鬼陽之助『五島慶太伝』(『日本財界人物伝全集』一五、一九五五、東洋書館)、五島慶太伝記並びに追想録編集委員会編『五島慶太の追想』(一九六〇)、北原遼三郎『東急・五島慶太の生涯―わが鉄路、長大なり―』(二〇〇八、現代書館) (松浦 正孝)

ごどうたくお 伍堂卓雄 一八七七―一九五六 海軍軍人、政治家。海軍造兵中将。祖父は金沢藩御典医、父の卓爾は軍医。一八七七年九月二十三日、東京で生まれ四歳まで住む。卓爾が金沢へ赴任し、卓雄は師範付属小入学、九歳まで住む。東京帝国大学工科大学卒、海軍造兵中尉。一九二三年呉工廠砲熕部長兼製鋼部長、翌年呉海軍工廠長、ここを最後に退職。海軍時代の二十七年間に四回の欧米出張、特に一九―二〇年のドイツ視察に刺激され、海軍生活の晩年には「労働問題、科学的管理並にリミット・ゲージ・システムの研究に没入し」、呉工廠に導入した。海軍中将に進み、二八年予備役となる。同年山本条太郎満鉄総裁から誘われて、鉄の専門家として入社し二九年昭和製鋼所社長、三〇年満鉄理事、工学博士。ナチス政権成立後のドイツでヒトラー総統ら有力者と会談した。三七年林内閣の商工大臣兼鉄道大臣、日商、東商会頭。三九年阿部内閣の商工大臣兼農林大臣、四二年日本能率協会初代会長。戦後戦犯容疑で拘束されたが間もなく釈放。五六年四月七日没。七十八歳。

参考文献 伍堂卓雄『東の日本・西の独逸』(一九三六、金星堂)、裴富吉『伍堂卓雄海軍造兵中将―日本産業能率史における軍人能率指導者の経営思想―』(二〇〇七、三恵社) (高橋 泰隆)

ごとうふみお 後藤文夫 一八八四―一九八〇 昭和期の内務官僚、政治家。いわゆる新官僚の代表的人物。一八八四年三月七日、後藤義知の五男として大分県に出生。大分中学、第五高等学校を経て、一九〇八年七月東京帝国大学法科大学政治学科卒。同年内務省入省。内務書記官、警保局長、台湾総督府総務長官などを歴任。二五年ごろから青年団運動に積極的に関与し、三〇年に大日本連合青年団理事長に就任。同年、貴族院議員に勅選。三二年には国維会理事。同年斎藤内閣で農林大臣となり、産業組合の拡大発展に力を発揮。三四年、岡田内閣の内務大臣となる。二・二六事件の際には、内閣総理大臣臨時代理となる。近衛文麿の側近の一人として新体制運動を推進し、四〇年に大政翼賛会中央協力会議議長に就任して以降、事務総長・副総裁など大政翼賛会での要職を歴任する。東条内閣では国務大臣として入閣。戦後、A級戦犯に指定されるが、のち釈放された。公職追放解除後、五三―五九年参議院議員、五六年には日本青年館理事長に就任。八〇年五月十三日没。九十六歳。

参考文献 森有義『青年と歩む後藤文夫』(一九七九、日本青年館) (塩田 環)

ごとうりゅうのすけ 後藤隆之助 一八八八―一九八四 昭和戦前期の社会・政治運動家。一八八八年十二月二十日、千葉県に生まれる。第一高等学校、京都帝国大学の同窓近衛文麿の側近。一九二一年近衛が理事長であった日本青年館嘱託、その後主事となり、青年団や壮年団の運動を指導。三二年から三三年に欧米を視察後、後藤隆之助事務所を作り、国策研究機関昭和研究会に拡大し主宰。三七年第一次近衛内閣組閣時にスポークスマンとして注目される。既成政党を嫌いそれに代わる国民組織の創設を目指し、四〇年八月に新体制準備会常任幹事を経て、十月大政翼賛会組織局長に就任。直後昭和研究会を解散。しかし、議会、財界、観念右翼などからの批判を招き翌年四月辞任。この間、昭和塾塾長も務めた。アジア・太平洋戦争期には近衛、海軍の高木惣吉少将らの東条英機内閣倒閣の動きに連なった。戦後公職追放後、昭和同人会主宰。八四年八月二十一日死去。九十五歳。

参考文献 内政史研究会編『後藤隆之助氏談話速記録』（『内政史研究資料』六六―七〇、一九六八）、昭和同人会編『昭和研究会』（一九六八、経済往来社）、酒井三郎『昭和研究会―ある知識人集団の軌跡―』（『私の現代史シリーズ』一九七九、ＴＢＳブリタニカ） （山口 浩志）

ごにんのせっこうへい 五人の斥候兵 一九三八年一月七日公開の日本映画。日活多摩川製作、田坂具隆監督。前年七月に勃発した日中戦争により、武力衝突が続く中で製作された。敵陣を突破したあとの部隊から、さらに前方の敵陣状況を探索するため五人の斥候兵が選ばれ、彼らの帰隊を待つまでの緊迫した最前線を描く。部隊長役の小杉勇、斥候兵役の見明凡太郎ほか俳優陣も適役で、兵士たちの束の間の休息にユーモアと人間味も見られる。ラストで部隊の出発に際し、部隊長が兵士に戦争の意義を訓示、「東洋平和のために」が強調され、「海征かば」の合唱が聞こえてくる。簡潔でむだのない描写とともに高い評価を得て、戦時下でもあり、観客動員に成功した。文部省推薦の国策映画。同年、ヴェネツィアの国際映画祭で大衆文化大臣賞受賞。原作は監督自身（高重屋四郎名）、脚色＝荒牧芳郎、撮影＝伊佐山三郎。田坂監督は続く『土と兵隊』（一九三九年）でも戦争映画の佳作を発表している。 （岩本 憲児）

こねんへい 古年兵 兵役法（一九二七年四月公布施行）では陸軍二年の兵役で、二年目以降の兵士を古年兵や古参兵と呼んで重んじた。軍隊の建前では、兵士教育の区分である内務班は「家庭」、内務班の集合体である中隊の中隊長（大尉・中尉）は「父」、内務班の班長（下士官）は「母」、古年兵は「兄」と家族主義的に説明されたが、実際は古年兵が初年兵の動作を監視し、あげつらうなどイジメとなっていた。

参考文献 木村晋三編『軍隊入門必携』（一九四一、明正堂） （原田 敬二）

このえしだん 近衛師団 陸軍師団の一つ。宮城の守衛・儀仗・供奉などのために設置された近衛が、一八九一年の近衛司令部条例改正により改組。近衛二個連隊を統轄する近衛師団が創設され、近衛都督は近衛師団長と改められた。近衛師団は本来天皇の護衛に任ずるものであったが、戦時には他の師団と同様に野戦師団として出征した。出征の際、代わりに宮城の護衛にあたった近衛師団を留守近衛師団と称した。アジア・太平洋戦争期には一九四一―四二年のマレー作戦および同年のシンガポールの戦に加わった。創設以来長く一個師団であったが、四三年六月には、近衛第一師団（近衛歩兵第一・第二・第六・第七連隊）と近衛第二師団（近衛歩兵第三・第四・第五連隊）となり、さらに四四年四月には近衛第三師団（近衛歩兵第八・第九・第十連隊）が編成された。敗戦時、近衛第一師団は宮城の守衛、第二師団はスマトラの防衛、第三師団は千葉県下で連合国の関東上陸作戦に備えていた。敗戦時には戦争降服に反対する若手参謀のクーデター未遂事件が起こっている（宮城事件）。

近衛師団司令部庁舎（現東京国立近代美術館工芸館）

参考文献 松下芳男『（改訂）明治軍制史論』下（一九五六、国書刊行会） （河西 英通）

このえじょうそうぶん 近衛上奏文 戦争末期の一九四五年二月十四日、近衛文麿が天皇に奏上した際に示した文書。四五年初め、天皇は重臣などの意見を聞く必要性を木戸幸一内大臣に相談。木戸は消極的であったが、再び同様の話を受けたため、二月七日からの平沼騏一郎ら七人の重臣による奏上が実現した。十四日に近衛は、米英が国体の変更までは考えておらず、敗戦だけなら国体護持は心配ないゆえ早期終戦を行うこと、憂慮すべきは軍部内の革新運動が共産革命に向かうことであり、その対策として人事刷新による軍部内のたて直しを提案。天皇はアメリカの国体への認識や粛軍人事などを下問した。近衛は、アメリカが皇室に敬意をもっていることを述べるとともに、陸軍の人事案として宇垣一成・真崎甚三郎・小畑敏四郎ら皇道派系の人物を推薦したようである。しかし天皇は、もう一度戦果をあげないと難しいと述べ、提案を却下した。否定的な態度の背景には、天皇がこの段階では無条件降伏まで考えていなかったこと、また皇道派への嫌悪感もあった。

参考文献 木戸日記研究会編『木戸幸一関係文書』（一九六六、東京大学出版会）、藤田尚徳『侍従長の回想』（一九八七、中央公論社）、庄司潤一郎「「近衛上奏文」の再検討―国際情勢分析の観点から―」（『国際政治』一〇九、一九九五） （関口 哲矢）

このえせいめい　近衛声明　日中戦争中、近衛文麿首相が三回にわたって発表した対中政策声明。一九三七年七月七日の盧溝橋事件で始まった日中戦争は、八月揚子江流域に拡大。日本は駐華ドイツ大使トラウトマンを通じての和平工作を試みたが、南京が陥落するなど戦局が拡大するなか、和平条件を加重していった。中国の対応に不満を抱く近衛首相は三八年一月十六日に声明を発表し、「帝国政府は爾後国民政府を対手とせず、帝国と真に提携するに足る新興支那政権の成立発展を期待し」、新政権と国交調整を進める考えを表明した。十八日には、「対手とせず」とは政府の否認よりも強いものと補足の説明を行い、事実上国民政府との外交断絶を宣告した。しかし、近衛首相は徐州占領の機会を捉えて、宇垣一成を外相に起用するなど内閣改造を実施し、重慶に首都を移した蔣介石政府との和平の可能性を探ったが、中国側は蔣介石下野の要求を受け容れず、交渉は宇垣の辞任とともに立ち消えた。一方、陸軍の影佐禎昭大佐らは民間人を巻き込んで、蔣介石の抗日路線に批判的な汪兆銘グループに対する和平工作を推進し、重慶政府の分裂に狙いを絞った。この動きに呼応して近衛首相は十一月三日に「帝国の冀求する所は、東亜永遠の安定を確保すべき新秩序の建設に在り」と第二回目の声明(東亜新秩序声明)を発表し、「日満支三国相携へ、政治、経済、文化等各般に亘り互助連環の関係を樹立するを以て根幹とし、東亜に於ける国際正義の確立、共同防共の達成、新文化の創造、経済結合の実現」を呼びかけた。声明は重慶政府が従来の政策を変更し、人的構成を変えれば、新政権の参加者として拒否しないことも表明したが、これは蔣介石政府を正統政府として認めた意味ではない。汪兆銘が重慶を脱出したのに合わせて近衛首相は十二月二十二日に第三回目の声明を発表し、日満中三ヵ国による「善隣友好、共同防共、経済提携」の三原則を提示した。これに応えてハノイに滞在した汪兆銘は声明を発表し、蔣介石に日本との和平交渉に応じるように呼びかけたが、拒否された。その後、汪兆銘ら和平派は上海に拠点を移し、新政権樹立へ動き出した。

参考文献　戸部良一『ピース・フィーラー―支那事変和平工作の群像―』(一九九一、論創社)、臼井勝美『(新版)日中戦争―和平か戦線拡大か―』(『中公新書』、二〇〇〇、中央公論新社)、有馬学『帝国の昭和』(『日本の歴史』二三、二〇〇二、講談社)
(劉　傑)

このえひでまろ　近衛秀麿　一八九八―一九七三　国際的に活躍した指揮者、作曲家。日本のオーケストラ運動の功労者。東京で五摂家のひとつ近衛家に一八九八年十一月十八日に生まれ、東京帝国大学中退後、一九二三年に渡欧。ベルリンでE・クライバーほかに指揮、作曲を師事する。翌年ベルリン＝フィルを雇って欧州での指揮者デビューを果たし、同年に帰国。二五年に山田耕筰とともに日本交響楽協会を設立。国内初のオーケストラ定期演奏会を開始するが、山田と訣別し、二六年に新交響楽団(NHK交響楽団の前身)を設立。三〇年に渡欧、三六年に渡米・渡欧して各地のオーケストラを振るが、三八年の渡米・渡欧の際には独日協会とドイツ赤十字後援による演奏会をドイツ国内および占領地域で多く行う。独占領期のパリでは「オーケストラ・グラーフ・コノエ」を組織して占領軍慰問を行い、欧州で終戦を迎える。戦後も東宝交響楽団(東京交響楽団の前身)、近衛管弦楽団などを振って活発な活動を続けた。七三年六月二日没。七十四歳。→日本交響楽団

参考文献　近衛秀麿『風雪夜話』(一九六七、講談社)、大野芳『近衛秀麿―日本のオーケストラをつくった男―』(二〇〇六、講談社)、藤田由之編『音楽家近衛秀麿の遺産』(二〇一四、音楽之友社)
(長木　誠司)

このえふみまろ　近衛文麿　一八九一―一九四五　昭和戦前期の宮中政治家、首相。一八九一年十月十二日、藤原鎌足嫡流、五摂家筆頭の近衛篤麿公爵の長男として東京府に生まれる。母は文麿を生んだ産褥熱で他界。学習院中等科在学中の一九〇四年には父篤麿が亡くなり、公爵家を継いだ。東京帝国大学哲学科から、河上肇を慕って京都帝国大学法科へ転学、一四年にオスカー＝ワイルド『社会主義下の人間の魂』を翻訳掲載した『新思潮』が発禁処分となった。一六年、貴族院議員。一七年に京大を卒業し、西園寺公望の斡旋で内務省に入り地方局見習となる。一八年、『日本及日本人』誌上に、「英米本位の平和主義を排す」を発表し、英米など「持てる国」の平和は現状維持のことなかれ主義であり、「持たざる国」の日本人の生存権のためには時に平和を捨てなければならぬこともあると主張した。

近衛文麿

一九年、近衛は西園寺に願い出てパリ講和会議随員となり、英字紙に反英米、反国際連盟の主張者として非難された。帰国後、『戦後欧米見聞録』を著し、英米による力の支配への不満、将来の外交にプロパガンダが重要となること、外交官の人材登用の門戸開放などを説いた。二一年、中橋徳五郎文相問責事件に対する貴族院の態度に憤慨し、憲法研究会を設けて貴族院改革や華族の辞爵制度などを論じたりした。二二年には政治理想実現のため貴族院最大派閥の研究会に入り、また同年十一月十一日、新進華族のグループである十一会を結成し、木戸幸一(侯爵)、有馬頼寧(伯爵)らとともに、時局問題を論ずるようになった。二六年、父の遺業を継いで上海の東亜

同文書院院長となる。二七年、政党化し内部紛争中の研究会を脱会し、公侯爵議員による火曜会を結成、貴族院制度調査会を設け、毎週火曜日に例会を開いた。

三一年に貴族院副議長となり、三三年に議長となる。このころ軍部の政治台頭が活発となり、木戸や原田熊雄とともに情報収集や善後処理に奔走した。西園寺は軍部への抑えの切り札として期待したが、近衛は満洲事変後の軍部の動きに一定の理解を示し、西園寺ら穏健派による一時的な糊塗は不可とみていた。しかし、貴族的性格の近衛は決断と実行力に欠けるため、軍部への先手論を唱えつつ、結果的に軍部に迎合的な政策を重ねた。一方、対英米関係への配慮は欠かさず、三四年には日米関係悪化を懸念して渡米、米政財界の首脳らと会談し、満洲事変後の日米親善の道を求めた。三六年の二・二六事件後の組閣大命は辞したが、三七年六月に第一次内閣を組閣。翌七月に勃発した盧溝橋事件への対応に追われ、三度の近衛声明を発するも事態は収拾せず、他方、国内では国家総動員法や国民精神総動員運動など、国防国家への道が強化された。防共協定の対象に英米を加えるという強硬派の意見を処理できず総辞職するが、この間、近衛新党問題が持ち上がり、四〇年七月第二次内閣が発足、「大東亜新秩序建設」、日独伊三国同盟締結、大政翼賛会結成、日ソ中立条約調印などを果たした。四一年に日米交渉問題などで対立する松岡洋右外相を更迭させて第三次内閣とし、日米交渉に尽力したが、御前会議での決定を理由に交渉打ち切りを主張する東条英機陸相と対立して総辞職。

四二年のミッドウェー海戦以後の戦況悪化のなかで、近衛を中心とした和平運動がひそかに進められ、四四年にドイツ崩壊を予測し、高松宮宣仁や皇道派の反東条運動と連動して、ソ連の斡旋による和平工作を考えるようになった。四五年二月、天皇に早期和平を訴える上奏(「近衛上奏文」)を行い、七月に天皇からソ連への和平仲介依頼を命ぜられたが実現せず敗戦。戦後、マッカーサーから憲法改正調査を示唆されて改正案を起草したが、十二月六日にA級戦争犯罪人容疑者として逮捕令が発され、杉並区荻窪の「荻外荘」で十六日未明に服毒自殺した。五十五歳。なお、長男文隆はシベリアに抑留されて禁錮刑となり、五六年に収容所にて病死した。→近衛上奏文 →近衛声明 →新体制運動

[参考文献] 矢部貞治『近衛文麿』(一九五二、弘文堂)、岡義武『近衛文麿―「運命」の政治家―』(『岩波新書』、一九七二、岩波書店)、近衛忠大・NHK「真珠湾への道」取材班『近衛家の太平洋戦争』(『NHKスペシャルセレクション』、二〇〇四、日本放送出版協会)、筒井清忠『近衛文麿―教養主義的ポピュリストの悲劇―』(『岩波現代文庫』二〇〇九、岩波書店)

(小田部雄次)

このえふみまろないかく　近衛文麿内閣　公爵近衛文麿を首班とする内閣。〔第一次〕一九三七年六月四日に成立。この時近衛は四十七歳、若く長身の貴公子ということで国民の人気は高かった。七月七日、盧溝橋事件が勃発し日中戦争が始まった。近衛は当初事件の不拡大を声明したが現地軍はこれを無視し戦火は拡大した。八月十五日に閣議は当初の不拡大方針を放棄し「中華民国政府断乎膺懲」を声明し全面戦争へと拡大した。近衛は駐華ドイツ大使トラウトマンを介して蔣介石に和平条件を通告したがこの工作は結局不調に終わった。その間も日本軍は進撃を続け、十一月二十日には大本営が設置され本格的な戦時体制へと進んでいった。翌三八年一月十六日、政府は「爾後国民政府を対手とせず」という声明を発表し、みずから戦争終結の途を閉ざしてしまった。その後汪兆銘の重慶脱出を契機に近衛は第二次声明を出した。これが「東亜新秩序建設」声明である。この前後の時期から近衛とその周辺は陸軍の暴走を押さえ、事態を収拾するには強力な政治力の結集が必要と考え始めており、これが近衛新党運動となり、新体制運動へと展開していった。しかし、当時陸軍は日独伊防共協定の軍事同盟化をはかり、これに消極的な海軍や外務省などとの対立が深刻化した。また、新党運動も難航した近衛は辞職を考え始め、三九年一月四日内閣は総辞職した。〔第二次〕三国同盟問題で米内光政内閣が崩壊した後、四〇年七月二十二日に成立した。組閣に先立ち近衛は陸海外相の就任予定者を荻窪の別邸に招き、枢軸強化の内閣方針を確認していた(荻窪会談)。こうして九月二十七日に日独伊三国同盟が締結された。また、十一月三十日には汪兆銘政権を承認した。三国同盟締結のためベルリンにいた松岡洋右外相は帰路モスクワを訪問し、四一年四月十三日に日ソ中立条約を締結した。内政面では新体制運動は四〇年十月十二日大政翼賛会の成立となり、十二月七日には「経済新体制確立要綱」を閣議決定した。さらに翌四一年三月三日国家総動員法を改正公布するなど戦時体制の確立を進めた。しかし主観的にはアメリカとの戦争を回避したい近衛は日米交渉をめぐって松岡と対立し、自分への大命

第一次近衛文麿内閣

再降下を見越して七月十六日に総辞職した。〔第三次〕こうして七月十八日に第三次近衛内閣が成立したが、日本が七月二十八日に南部仏印進駐を強行したことからアメリカの態度はさらに硬化し、七月二十五日の在米日本資産凍結に続いて八月一日には対日石油輸出を全面的に停止した。近衛はなおローズヴェルト大統領との直接交渉に期待をいだいていたが、十月二日アメリカはハル四原則の確認と仏印、中国からの撤兵を要求する覚書を手交した。ここにおいて、近衛は日米開戦かアメリカの要求をのむかの決断を迫られ、どちらも決断できずに十月十六日内閣を投げ出して総辞職した。

参考文献 矢部貞治『近衛文麿』(一九五二、弘文堂)、波田永実「矢部貞治における『共同体的衆民政』論の展開」(一)・(二)(『流経法学』二ノ二・四ノ一、二〇〇三・〇四)

(波田 永実)

小林一三

こばやしいちぞう　小林一三　一八七三—一九五七　阪急電鉄の創業者。一八七三年一月三日、山梨県の富商の家に生まれる。学生時代から新聞に小説を連載、九二年慶応義塾正科卒、翌年三井銀行入社、大阪支店、名古屋支店、本店調査係検査主任などを経て一九〇七年退職。北浜銀行の岩下清周に誘われ大阪に移り、国有化で買収される阪鶴鉄道の監査役となり、新会社箕面有馬電気軌道株式会社(一八年阪神急行電鉄と改名)の専務取締役を経て二七年阪急電鉄社長(三四年から会長)。沿線の宅地を分譲し、動物園、宝塚新温泉、宝塚唱歌隊(一三年に組織)、百貨店などを創設して鉄道会社を発展させる手法を発明、五島慶太の東急経営も支援した。二七年東京電灯取締役となり、副社長を経て三三年社長、三六年兼会長。三二年東京宝塚劇場社長。四〇年三月遣伊経済使節、七月第二次近衛内閣の商工大臣(革新官僚岸信介と対立して翌年辞任)、蘭領印度特派大使、四一年貴族院議員。四五年幣原内閣の国務大臣兼戦災復興院総裁。公職追放となり、五一年宝塚音楽学校校長、東宝社長、五六年新宿コマ=スタジアム社長。五七年一月二十五日死去。八十四歳。

参考文献 小林一三『逸翁自叙伝』(一九五三、産業経済新聞社)、三宅晴輝『小林一三伝』(『日本財界人物伝全集』五、一九五四、東洋書館)、小林一三翁追想録編纂委員会編『小林一三翁の追想』(一九六一)、小島直記『鬼才縦横—評伝・小林一三—』(一九八三、PHP研究所)

(松浦 正孝)

こばやしじゅんいちろう　小林順一郎　一八八〇—一九六三　大正・昭和期の陸軍軍人、企業家、右翼運動家。一八八〇年一月十三日旧長岡藩士小林保四郎の長男として新潟県に生まれる。一九〇一年陸軍士官学校卒(第十三期)。〇九年軍事研究のためフランスに駐在、一六年からはフランス軍に従軍。帰国後、軍の改革をめぐって陸軍首脳と対立し、これがもとで二四年、大佐で予備役に編入。退役後は企業経営に乗り出し、MTM共販社長、日本蒸溜工業取締役会長に就任。右翼運動にも積極的で、昭和期に入り自衛社を結成したのを皮切りに、三三年に三六倶楽部を組織し、機関誌『三六情報』『一九三六』を刊行。天皇機関説排撃事件では、攻撃の急先鋒に立つ。二・二六事件では、機関誌に奉勅命令を掲載し、軍上層部に革新運動の推進を打電したことにより取り調べを受けた。三六年愛国労働農民同志会を主宰し、時局協議会を主導した。四二年に翼賛政治会総務。四五年戦犯として逮捕されるが、四七年に釈放。六三年十一月二十日没。八十三歳。

参考文献 五明祐貴「天皇機関説排撃運動の一断面—「小林グループ」を中心に—」(『日本歴史』六四九、二〇〇二)、同「小林順一郎の思想と行動—二・二六事件から近衛内閣まで—」(『日本歴史』六六七、二〇〇三)

(塩出 環)

こばやしせいぞう　小林躋造　一八七七—一九六二　海軍軍人、台湾総督、貴族院議員。首相・海相を務めた加藤友三郎海軍大将の甥。一八七七年十月一日、広島県生まれ。一八九八年海軍兵学校卒(二十六期)、一九〇九年海軍大学校卒。一七年大佐、海軍省副官、イギリス大使館付武官、二二年少将、海軍省軍務局長、二六年中将、海軍次官、連合艦隊司令長官、三三年大将。主に軍政の要職を務め海軍大臣候補の一人と見られていたが、軍事参議官を経て三六年予備役となり、同年から四〇年まで台湾総督。開戦後、東条英機首相への不満が高まる中で首相候補として擁立する動きもみられた。四四年七月小磯国昭内閣が成立すると八月には翼賛政治会総裁となり、十二月には国務大臣として入閣(四五年三月まで)。四四年八月から四六年二月まで貴族院議員。四五年十二月、戦犯容疑者として巣鴨に収容されるが四七年釈放。六二年七月四日没。八十四歳。

参考文献 伊藤隆・野村実編『海軍大将小林躋造覚書』(『近代日本史料選書』三、一九八一、山川出版社)

(坂口 太助)

こひやまなおと　小日山直登　一八八六—一九四九　昭和期の政治家、実業家。一八八六年四月二十六日、福島県生まれ。会津中学、第二高等学校、東京帝国大学法学部を卒業し、南満洲鉄道株式会社に入社した。一九四三年には満鉄総裁になった。三七年六月から四一年三月まで、満洲における最大の製鉄会社、昭和製鋼所の社長となり、満洲における産業開発計画の実現につとめた。三八年三月から四一年三月まで、満洲産業開発の中核的推進会社である満洲重工業の理事などを歴任し、満洲における産業開発に努めた。四一年十一月から四三年一月まで鉄鋼統制会の理事長をつとめ、戦時下鉄鋼業の統制事業に従事した。四五年四月、鈴木貫太郎内閣の運輸通信大臣に就任した。四五年五月、同内閣の運輸大臣となり、終戦の際、閣僚としてポツダム宣言の受諾の意思をしめした。同年十月依願免官となったが、同年十二月から四六年一月まで石炭庁長官にも就任した。四五年十月から四六年四月まで貴族院議員、四六年十月公職追放となった。四九年八月二十八日死去、六十四歳。

参考文献 小日山直登『鉄鋼統制会の進路』(一九四二、新経済社)、衆議院・参議院編『議会制度百年史』貴族院・参議院議員名鑑(二〇〇〇、大蔵省印刷局)、伊藤隆・季武嘉也編『近現代日本人物史料情報辞典』三(二〇〇七、吉川弘文館)　(長島　修)

こまきさねしげ　小牧実繁　一八九八―一九九〇　昭和期の地理学者。一八九八年十月二十八日、滋賀県滋賀郡下阪本村で出生。膳所中学校、第三高等学校を経て、京都帝国大学文学部に入学。一九二二年に史学科地理学専攻を卒業後、同専攻の助手・講師・助教授・教授を務めた。海岸平野や砂丘に関する先史地理学研究で学界にデビュー。二七―二九年に欧米留学。帰国後、「或る時の断面」の地理的事象ないし景観の復原を主目的とする画期的な歴史地理学方法論を発表した。教授就任の三八年に、『京都帝国大学新聞』紙上で従来の地理学を批判し、国策の基礎となる新しい地理学として「日本地政学」を唱道。四〇年に『日本地政学宣言』を刊行。その後、著書・論文・講演・ラジオなどのメディアを通じて地政学に関する言論活動を幅広く展開。四三年一月に大日本言論報国会理事に就任した。また、小牧が専攻関係者とともに組織した綜合地理研究会は、参謀本部の外郭団体からの支援と依頼を受け、占領地や侵略予定地についての地誌的な報告書を作成するなど、陸軍の戦略研究の一翼を担った。戦後、言論報国会の理事を理由に公職追放されるも、解除後の五二年、滋賀大学教授に就任。同大学学長も務めた。九〇年二月十八日没。九十一歳。

参考文献 角田文衛編『考古学京都学派』(一九九四、雄山閣出版)、柴田陽一「小牧実繁の著作目録と著述活動の傾向」(『歴史地理学』四七ノ二、二〇〇五)、同「小牧実繁の『日本地政学』とその思想的確立―個人史的側面に注目して―」(『人文地理』五八ノ一、二〇〇六)、同「思想戦と『日本地政学』―小牧実繁のプロパガンダ活動の展開とその社会的影響―」(『人文学報』一〇五、二〇一四)　(柴田　陽一)

コミンズ＝カー　Arthur Strettell Comyns-Carr　一八八二―一九六五　東京裁判の英国代表検事。一八八二年九月十九日、英国ロンドン生まれ。オックスフォード大学出身で、地方税法の専門家。一九〇八年より弁護士を開業。ごく短期間だが、二三年から二四年まで英国議会下院の議員(自由党、イズリントン東選挙区)を務めた。三四年、勅選弁護士。三八年にはグレイ法曹院評議員に就任。四六年二月、東京裁判英国検事として来日し、国際検察局(IPS)執行委員会の委員長として、被告選定作業をリードした。東京裁判後の四九年八月、ドイツのハンブルグで英国が実施したドイツ軍元帥エーリッヒ＝フォン＝マンシュタインに対する戦犯裁判において首席検事を務めた。その後、母国で攻府の海外補償委員会委員長(五〇―五八年)、および自由党総裁(五八―五九年)を歴任した。東京裁判に関する論考に"The Tokyo War Crimes Trial"(*Far Eastern Survey*, 18(10), 18 May 1949)がある。六五年四月二十日、ロンドンで死去。

参考文献 "Biographical Statements of IPS," n. d., IPS Papers, GHQ/SCAP Records, microfilm, IPS-7, Reel 16(国立国会図書館憲政資料室所蔵)、*The Times*, 21 Apr. 1965.　(永井　均)

コミンテルン　Comintern　共産主義インターナショナル Communist International の略称。一九一九年創立、四三年解散。第三インターナショナルとも呼ばれるように、マルクスの時代の第一インター(国際労働者協会)、エンゲルスの関わった第二インター(社会主義インター)の延長上に、ロシア革命を成功させたレーニンが世界各国の共産主義政党を糾合して作った国際共産主義組織。「鉄の規律」である民主集中制で世界の共産主義運動をモスクワから指導し、たとえば中国共産党や日本共産党はコミンテルン支部として発足した。当初は第二インターの社会民主主義に飽き足らない世界の急進主義者を組織し、第二インターとは異なり非西欧の植民地・従属国にも党を作った。三〇年代には事実上スターリンのソ連外交の衛星機関・道具となり、反ファシズム統一戦線・人民戦線でナチズム・ファシズムには抵抗した。一方、ソ連国内では多くのコミンテルン活動家が粛清犠牲者となった。英米との協調のため四三年に解散したが、その伝統は戦後も長く残された。→反ファシズム統一戦線

参考文献 村田陽一編『コミンテルン資料集』(一九七八―八五、大月書店)、ケヴィン＝マクダーマット、ジェレミ＝アグニュー『コミンテルン史―レーニンからスターリンへ―』(萩原直訳、一九九八、大月書店)　(加藤　哲郎)

こむらせんたろう　小村千太郎　一八八五―一九六九　実業家、三菱鉱業経営者。一八八五年一月、小村甚平の次男として島根県に生まれる。一九〇八年神戸高等商業学校を卒業、三菱合資会社に入り、神戸支店勤務から始めて二四年三菱鉱業営業部副長、二八年美唄鉱業所副長、若松支店長、三四年石炭部長、三七年常務となり茂山鉄鉱開発常務も兼ねた。四一年社長制がしかれ、初代社長となるが、戦時下の三菱鉱業運営の指揮を執るとともに、三菱鉱業の事業に関連する諸企業の役員を多数兼任した(釧路埠頭倉庫社長、雄別炭礦鉄道常務ほか、国内外の多数企業)。四六年二月公職追放令に該当し、社長を退任し

た。六九年十二月十九日没。八十四歳。

参考文献 『三菱鉱業社史』(一九七六、三菱鉱業セメント株式会社) (麻島 昭一)

こやなぎつぐいち 小柳次一 一九〇七—九四 写真家。一九〇七年二月五日、福岡県生まれ。福岡県立中学伝習館卒業後、二四年に東京学芸通信社へ入社して給仕から写真部員となる。三一年に日刊自動車新聞に転じ、写真通信社を経て、三七年日本工房入社。三八年初頭より四五年まで日本工房から派遣されて上海派遣軍特務部報道班、中支派遣軍報道部写真班、陸軍省報道部などの嘱託となり、中国各地、フィリピン、マニラなどの前線や、知覧基地(鹿児島)、健軍基地(熊本)から沖縄へ向かう特攻隊を撮影。三九年二月に上海で狙撃されて右手に被弾。スタッフカメラマンであったため小柳のクレジット記載はないが、日本工房から配信された写真が『写真週報』『LIFE』などに掲載された。戦後は、『週刊サンニュース』に参加し、フリーランスを経てINP通信社カメラマン。九四年八月三日没。八十七歳。

参考文献 石川保昌『報道写真の青春時代—名取洋之助と仲間たち—』(一九九一、講談社)、小柳次一・石川保昌『従軍カメラマンの戦争』(一九九三、新潮社)、白山眞理『〈報道写真〉と戦争 一九三〇—一九六〇』(二〇一四、吉川弘文館) (白山 眞理)

こやまえいぞう 小山栄三 一八九九—一九八三 社会学者。一八九九年二月十二日北海道の商家の三男として生まれ、東京帝国大学文学部社会学科、同法学部政治学科を卒業。一九二九年東京帝国大学新聞研究室の発足と同時に研究員となった。小山は民族学・社会学・人口学・新聞学で多くの業績を残し、厚生省人口問題研究所研究官(四一年)企画院調査官(四二年)、文部省民族研究所所員(四三年)を兼任した。最初の著作『人種学総論』(一九二九年、岡書院)を出版して以来、『戦時宣伝論』(四二年、三省堂)、『南方建設と民族人口政策』(四四年、大日本出版)など、国策である民族政策と同時に宣伝情報についての著作を公表した。戦後は、立教大学文学部の教授に就任し、新聞学・世論調査・広報学・行政広報論で先駆的な業績を上げたが、これらの基礎は、戦時中の宣伝論の延長線上にある。八三年八月十六日死去。八十四歳。

参考文献 川合隆男・竹村英樹編『近代日本社会学者小伝—書誌的考察—』(一九九八、勁草書房) (中生 勝美)

こやよしお 古屋芳雄 一八九〇—一九七四 大正・昭和期の医学者。一八九〇年八月二十七日大分県に生まれる。一九一二年、第七高等学校造士館から東京帝国大学医科大学に進学、一九一六年卒業後は横田千代之助の衛生学教室で学ぶ一方で文学に傾倒、『地を嗣ぐ者』(一九一九年、岩波書店)を皮切りに相ついで小説・戯曲を発表した。二六年より千葉医科大学助教授、三二年より金沢医科大学教授。千葉医科大学時代より民族衛生学の体系化に着手する一方、北陸地方の結核研究で成果を挙げる。三九年厚生省勅任技師となり民族主義的人口政策の樹立に尽力した。戦後は公衆衛生院院長、日本医科大学教授、日本家族計画連盟会長、人口問題審議会委員などを歴任。七四年二月二十二日死去。八十三歳。

参考文献 古屋芳雄『老学究の手帖から』(一九七〇、日本家族計画協会)、松村寛之「「国防国家」の優生学—古屋芳雄を中心に—」(『史林』八三ノ二、二〇〇〇)、高岡裕之『総力戦体制と「福祉国家」—戦時期日本の「社会改革」構想—』(『戦争の経験を問う』、二〇一一、岩波書店) (高岡 裕之)

コロネットさくせん コロネット作戦 連合国軍による日本本土侵攻作戦(暗号名「ダウンフォール」)の一環で、一九四六年三月一日に予定された関東平野上陸作戦の暗号名。四五年五月二十五日に統合参謀本部(JCS)(ジョイント=チーフス=オブ=スタッフ)がオリンピック作戦を決定したとき、コロネット作戦については詳細が未定だった。その時点では、「オリンピック作戦が開始される頃までには、状況に変化が生じていて」コロネット作戦が不要になるだろうという「希望的観測が大勢を占めて」いた。コロネット作戦は終戦時でさえ海上・上陸の両段階が未確定だったが、最終的な概要は以下のような計画だった。四六年三月一日(Yディ)およびその五日後には、欧州戦線を歴戦した第一軍(六個歩兵師団と三個海兵師団)が片貝以南の九十九里浜に上陸して三方向に分かれる。第一の部隊は関東平野を進撃して東京東端に達し占領する。第二の部隊は房総半島を南西方向に横断して東京湾の東側を制圧する。第三の部隊は北上して銚子を中心とする利根川河口を確保して小舟艇の物資揚陸地点にする。同時に、第八軍の四個歩兵師団が相模湾から上陸して東進し三浦半島を掃討しつつ横須賀を占領する。Yディの十日後には、太平洋戦線ではじめて機甲部隊が二個師団投入され、相模湾から北上して熊谷・古河方面を確保することによって、南北のルートを断ち切って日本側の増援部隊を阻止する。第八軍の残りの部隊は横浜を占領するとともに、第一軍の東京攻撃を援護する。一方、コロネット作戦の偽装作戦は暗号名が付けられるに至らなかったが、以下のような計画だった。Yディの三十日後に四国占領を開始して爆撃基地を確保する。六十日後には朝鮮半島南岸に上陸し、本州の海上封鎖を実施して日本本土への部隊の移動を阻止する。九十日後には北海道を制圧して津軽海峡を封鎖し本州への食糧供給を断つとともに、さらなる航空・海軍基地を獲得する。こうした三方面の偽装作戦で日本側の戦力分散を図る予定だった。 →オリンピック作戦(さくせん)

参考文献 福田茂夫『第二次大戦の米軍事戦略』(一九七九、中央公論社)、トーマス=アレン他『日本殲滅—日本本土侵攻作戦の全貌—』(栗山洋児訳、一九九五、光人社)、Thomas M. Huber, *Pastel: Deception in the Invasion of Japan* (Washington, D.C., 1988, US Army Command and General Staff College) (加藤 公一)

こんごう　金剛　日本海軍の戦艦。英国のヴィッカース社で一九一三年に竣工。同名の艦に巡洋艦「金剛」(一八七八年竣工)がある。同型艦は「比叡」「榛名」「霧島」。排水量三万六三一四トン、速力三〇・五ノット(時速約五六キロ)。三五・六センチ砲八門、一五・二センチ砲十四門、一二・七センチ高角砲四門などを搭載(以上、最終改装工事後のデータ。排水量は公試排水量)。「金剛」はアジア・太平洋戦争で多くの作戦に従事している。一九四一年十二月にはマレー作戦に出動、翌四二年四月のインド洋作戦では機動部隊の護衛を行なっている。その後もミッドウェー海戦(四二年六月)、ガダルカナル島への砲撃や同島からの撤退作戦(四二年十月、四三年一―二月)、レイテ沖海戦(四四年十月)に参加した。レイテ作戦ののちに日本内地へ帰航中、台湾沖で米国潜水艦の雷撃を受けて沈没(四四年十一月二十一日)、翌四五年一月二十日に除籍された。

金剛

参考文献　坂本正器・福川秀樹編『日本海軍編制事典』(二〇〇三、芙蓉書房出版)、篠原幸好他『連合艦隊艦船ガイド　一八七二―一九四五(改訂第二版)』(一九九五、新紀元社)
（宇田川幸大）

こんごとるべきせんそうしどうのたいこう　今後採るべき戦争指導の大綱　一九四三年九月三十日、東部ニューギニアにおける戦況悪化や欧州におけるイタリア降伏などの情勢を受け、御前会議で決定された新たな戦争方針。日ソ関係の好転や独ソの和平斡旋を試みること、大東亜諸民族の民心把握に努めること(日華同盟条約や大東亜会議として実現)、決戦用の航空兵力増強などが定められた。また、戦線を縮小して防備を固め、要地との海上補給連絡を確保する「絶対国防圏」が設定された。その範囲は、北は千島、東は小笠原諸島からミクロネシア中西部、南は西部ニューギニア、ジャワ、スマトラ、ビルマを含む範囲とされた。しかし、海軍は前方決戦主義に執着してこれに反対し、連合艦隊の拠点であるトラック環礁防衛のために、国防圏の外に飛び出したラバウルやマーシャルに資材や兵力、船舶を投入した。他方、陸軍も米軍による本土空襲の拠点となり得る華南の飛行場破壊のため四四年一月から一号作戦を準備して大量の戦力を動員し、「絶対国防圏」防備は有名無実化した。→絶対国防圏(ぜったいこくぼうけん)

参考文献　参謀本部編『杉山メモ』(『明治百年史叢書』、一九六七、原書房)、防衛庁防衛研修所戦史室編『大本営陸軍部』七(『戦史叢書』六七、一九七三、朝雲新聞社)、鈴木多聞『「終戦」の政治史　一九四三―一九四五』(二〇一一、東京大学出版会)
（森　茂樹）

ごんだやすのすけ　権田保之助　一八八七―一九五一　余暇・娯楽研究者。一八八七年五月十七日、東京府で出生。一九一四年東京帝国大学哲学科を卒業し、以後、社会政策の視点をもちながら、文部省や大原社会問題研究所の嘱託などを務め、活動写真に代表される「民衆娯楽」の調査・研究を行なった。権田が活躍し始めた一〇年代後半は、文部省の社会教育行政が本格的に始動するなど、大正期の社会改造・デモクラシーの機運が盛り上がりをみせていた。社会教育行政は、労働大衆の動向に対して目を光らせており、健全な民衆娯楽を選定し、労働大衆を善導しようと画策していた。権田はこうした行政サイドの要望を受け活動を展開し、戦時下には「国民娯楽」を提唱し、時流に同調した。とはいえ、文部省による明治期以来の紋切り型の教育スタイルを、余暇・娯楽を通したトータルな人間形成という切り口で捉え返した権田は、資本主義社会にあって、娯楽が宿してしまう消費財としての性格や欲望追求志向を認めた上で、それでもなお娯楽が有する教育の可能性を模索しつづけたといえる。五一年一月五日没。六十三歳。

参考文献　『権田保之助著作集』(『学術著作集ライブラリー』、二〇一〇、学術出版会)
（上田　誠二）

ごんどうせいきょう　権藤成卿　一八六八―一九三七　東洋的社会思想家。一八六八年四月十三日(明治元年三月二十一日)、福岡県に生まれる。本名善太郎。父は久留米藩の藩医。二松学舎退学。青年期を主に久留米と長崎で過ごすが、一九〇二年に上京、内田良平らが結成した黒竜会に関わる。二〇年五十三歳の時『皇民自治本義』を出版、同年自治学会を発足させた。権藤思想の核心は

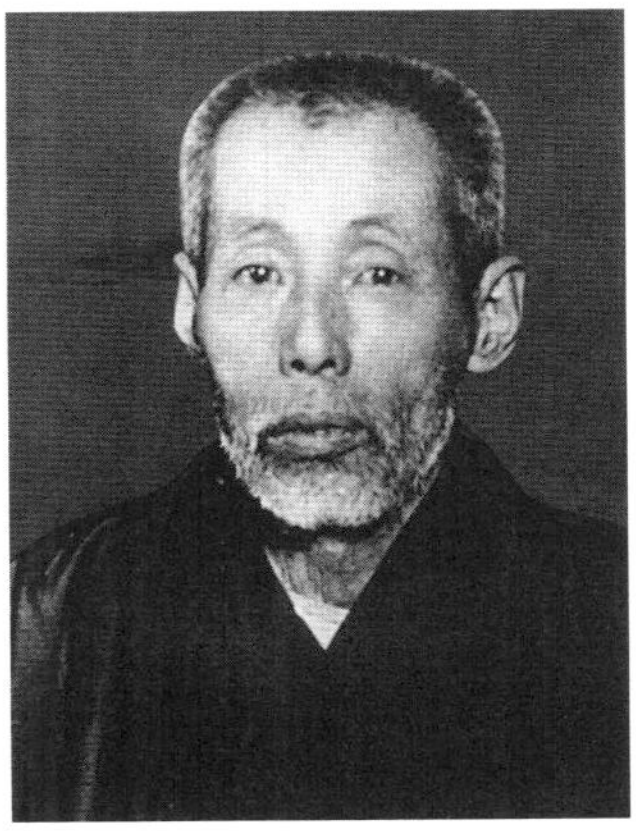
権藤成卿

「社稷」(自治的共同体)から中央集権体制を批判するものであった。二七年金鶏学院(学監安岡正篤)にて制度学を講じ共鳴者を得る。三二年の血盟団事件、五・一五事件の黒幕として権藤の名が世に出るも、その著作には直接行動を煽るような思想や軍部への期待は見られない。権藤自身彼らの行動を容認してはいなかった。むしろ農民自身の自覚による自治運動に期待し、三二年以降は長野朗らの農民運動を支援した。主著『自治民範』(一九二七年)。三七年七月九日没。七十歳。

参考文献　滝沢誠『権藤成卿その人と思想—昭和維新運動の思想的源流—』(一九九六、ぺりかん社)　(岩崎　正弥)

こんどうのぶたけ　近藤信竹　一八八六—一九五三　艦隊と軍令部を主なキャリアとした軍令系の海軍軍人。一八八六年九月二十五日、近藤堅三の次男として大阪に生まれる。天王寺中学から海軍兵学校に入り、一九〇七年に首席で卒業(第三十五期)。一四年海軍砲術学校高等科卒業。一九年海軍大学校(甲種)卒業。一九—二〇年ロシア派遣。二〇—二三年ドイツ駐在。二四年二月から二年十ヵ月にわたり東宮(のち昭和天皇)武官兼侍従武官をつとめる。二六年連合艦隊参謀。海大教官、「加古」艦長を経て三〇—三二年軍令部第一班第一課長。「金剛」艦長、海大教頭から三五年軍令部第一部長。三九年軍令部次長。四一年七月末の在米日本資産の凍結に際し、ジリ貧論による開戦を主張したが、国力の関係から消極化する。九月に第二艦隊司令長官。開戦後の南方攻略作戦を指揮する。四三年十二月支那方面艦隊司令長官、四五年五月軍事参議官に補せられ、九月予備役。五三年二月十九日没。六十六歳。

参考文献　伊藤隆・沢本倫生・野村実編「沢本頼雄海軍次官日記—日米開戦前夜開戦か避戦か〈政軍首脳部の苦衷〉(新資料)—」(『中央公論』一九八八年一月号)　(森山　優)

こんどうひさし　近藤寿治　一八八五—一九七〇　戦時中に日本教育学を提唱した教育学者、文部官僚。一八八五年一月二十一日鳥取県生まれ。一九一二年京都帝国大学文科大学哲学科卒。耐久中学校教諭(修身、英語担当)、和歌山中学校校長を経て二七年に台湾総督府在外研究員として欧米に滞在。二八年に台北帝大教授。文政学部哲学・哲学史を担当(附属農林専門部教授を兼任)したが、本務は、学生主事(二八年は学生監)であり、学生の「思想問題」に対処した。在任中に担当講座が教育学となる。三四年に伊東延吉の推挙で文部省督学官に着任。翌三五年に京都帝国大学に提出した学位論文をもとに『日本教育学』を刊行。この書は刊行後すぐに文部省思想局の「推薦並選定」を受け、膨大な版を重ねることになる。同書は、アカデミズムの手法をもって論じ、従来の教育学研究の動向とは意識的に切り離した展開によって欧米教育学を土台とした教育学に批判を加えており、天皇機関説以降の動向を先取りするものであったと捉えられる。三六年に日本諸学振興委員会教育学部臨時委員、三七年に教学局教学官、三八年に文部省図書局長、四〇年に教学局指導部長・日本諸学振興委員会常任委員、四二年に教学局長と要職を歴任したほか、『国体の本義』『日本文化大観』の編集、日本諸学振興委員会や教学錬成所の運営に携わるなど教学刷新の中枢に位置した。四五年六月に広島文理科大学兼広島高等師範学校長(十二月まで)。戦後、四七年に教学局時代の教学刷新の役割が問われ公職追放となるが、五一年に公職追放指定が取り消された。五三年には学校図書株式会社取締役、五五年に文部省中央審議会委員となる。七〇年二月十三日没。八十五歳。

参考文献　近藤寿治『ひとすじの道』(一九六七、学校図書)、駒込武・川村肇・奈須恵子編『戦時下学問の統制と動員—日本諸学振興委員会の研究—』(二〇一一、東京大学出版会)　(木村　元)

さ

さいうん　彩雲　海軍の艦上偵察機。初の本格的な艦上偵察専用機として、中島飛行機が開発。空母のエレベーターに合わせた短い全長を持ちながら、敵戦闘機の追撃を回避するため、高速性を重視して設計。一九四四年、制式採用。エンジン一八二五馬力×一。最大速度三二九ノット(時速六〇九キロ)。乗員三名。実戦配備時には、すでに戦局悪化のため搭載する空母はなかったが、陸上偵察機として、マーシャル諸島、サイパン島、ミクロネシア南部ウルシー環礁などの強行偵察を行なった。

参考文献　野沢正編『日本航空機辞典』上(一九八九、モデルアート社)　(水沢　光)

さいおんじきんもち　西園寺公望　一八四九—一九四〇　明治から昭和期の政治家。公爵。一八四九年十二月七日(嘉永二年十月二十三日)、徳大寺公純の次男として京都で生まれ、同じ清華家の西園寺家の養子となる。文部大臣、枢密院議長などを歴任。首相を二度務めた(一九〇六

西園寺公望

一〇八、一一―一二年）。大正末期から昭和前期にかけては「最後の元老」として後継首相の選定に大きな影響力を及ぼした。元老を補充することには否定的であり、首相奏薦は次第に内大臣が中心となって行うようにした。西園寺は宮中からの恣意的な政治介入を控えさせ、天皇に政治的責任が及ばないことを重視したため、満洲事変以後の国務と統帥の分裂の解決策として提起された御前会議の開催に対しては消極的な態度を取った。こうした現状維持的な西園寺の態度に不満を持つ木戸幸一をはじめとする宮中革新派の台頭により、次第に政治的影響力を失っていった。四〇年十一月二十四日没、国葬。九十二歳。

参考文献　立命館大学西園寺公望伝編纂委員会編『西園寺公望伝』（一九九〇―九七、岩波書店）、安田浩『天皇の政治史―睦仁・嘉仁・裕仁の時代―』（一九九八、青木書店）、茶谷誠一『宮中からみる日本近代史』（『ちくま新書』、二〇一二、筑摩書房）　（瀬畑　源）

さいおんじこうとせいきょく　西園寺公と政局　元老西園寺公望の私設秘書を務めた原田熊雄の口述を週に一、二回の頻度で筆記したもの。通称は「原田日記」。口述は一九三〇年三月六日に始まり、四〇年十一月二十一日の西園寺死去の直前まで計四百数十回にわたり、近衛秀麿夫人泰子に筆記させた。西園寺のために情報収集、連絡役をこなした原田の仕事を象徴するように、記録には当時の政界、官界、財界など国家指導者層との会談内容も多く紹介されている。原田は口述記録を西園寺のもとに持参し、全編には及ばないものの、西園寺の校閲をうけていた。なお、口述記録は、四六年二月に原田が病没した直後、国際検察局から東京裁判の証拠書類として提出を命じられ、公判でも採用された。裁判閉廷後に記録を保管していた岩波書店から刊行の話がすすみ、五十年から公刊された。全八巻と別巻からなる。『木戸幸一日記』とともに、昭和戦前期の政治史を研究するうえで必須の資料に位置づけられる。→原田熊雄（はらだくまお）

参考文献　勝田龍夫『重臣たちの昭和史』（一九八一、文藝春秋）、立命館大学西園寺公望伝編纂委員会編『西園寺公望伝』（一九九〇―九七、岩波書店）、茶谷誠一『昭和戦前期の宮中勢力と政治』（二〇〇九、吉川弘文館）　（茶谷　誠一）

ざいかぼう　在華紡　一九〇二年から四五年まで中国に立地した日本資本の綿紡織会社の総称。特に二〇年代に日本の綿紡織会社の対中国直接投資（資本輸出）が進み、イギリス資本や中国資本を凌駕して中国国内市場で圧倒的優位を占めるとともに第三国輸出の拠点とした。当初は上海など華中が中心であったが、満洲事変以後、日本軍部の華北進出に伴い青島・天津など華北への進出が進んだ。日中戦争により在華紡工場は中国側の爆撃の被害を受けたが、日本軍の占領拡大とともに復旧、占領地の中国資本工場までも、「民生安定」を目的とする軍部からの委任により軍管理工場として在華紡が経営した。戦時の綿花政策や綿業統制と相まって、在華紡は四一年ごろをピークに戦前を上回る利潤をあげた。綿花不足により綿糸布生産が縮小すると、在華紡は遊休資金を軍需関連産業にも投資した。敗戦とともに在華紡の工場は接収され、大部分は中華人民共和国の国営工場として継承された。

参考文献　大日本紡績聯合会編『東亜共栄圏と纖維産業』（一九四一、文理書院）、山崎広明「戦時下における在華北日本紡績会社の経営動向に関する覚書」（『社会科学研究（東京大学社会科学研究所研究紀要）』二八ノ四・五合併号、一九七七）、高村直助『近代日本綿業と中国』（一九八二、東京大学出版会）　（渡辺　純子）

さいきんせん　細菌戦　細菌兵器を用いた実戦。日本軍は七三一部隊で培養・製造した細菌を一九四〇年から四二年にかけて中国十数地域で空からまたは地上で散布した。散布したのは主に「ペスト感染蚤」（ＰＸ）。四〇年六月四日に吉林省農安でＰＸ五グラムを、同月四―七日に農安・大賚間の地域でＰＸ一〇グラムを地上散布した。続いて四〇年秋、浙江省の三都市に日本軍機から散布した。すなわち十月四日に衢県（衢州）にＰＸ八キロを、十月二十七日に寧波にＰＸ二キロを空中散布。十一月二十七日・二十八日には金華にＰＸではなくペスト生菌を空中投下し、ＰＸと生菌の効果を比較した。さらに約一年後の四一年十一月四日には湖南省常徳にＰＸ一・六キロを、七三一部隊航空班増田美保操縦の軍機より空中投下した。四二年の浙贛作戦（五月十三日開始）では浙贛鉄道打通後日本軍が撤退する際に同年八月十九―二十一日、広信、広豊、玉山にＰＸ一三一グラムを地上散布。さらに同月二十七日日本軍の衢県、麗水撤退に伴い、両地域ではチフス菌とＰＡ蚤を散布し、江山と常山では井戸にコレラ菌を直接投入するなどして散布した。これら四〇―四二年の細菌作戦は、日本軍中央の指示のもとで関東軍指揮下の七三一部隊と中支那派遣軍指揮下の南京の栄一六四四部隊（「多摩部隊」）が共同で実施した。細菌散布による実際の死者数は確定されていないが、細菌戦裁判の最高裁判決（二〇〇七年五月）で確定された数値によると、被害八地域（衢県、義烏、東陽市、崇山村、義烏市塔下洲、寧波、常徳、江山）における死者数の合計は一万六百九十四人。また、七三一部隊所属の医師金子順一の「ＰＸノ効果略算法」（『陸軍軍医学校防疫研究報告』第一部、第六〇号、一九四三年十

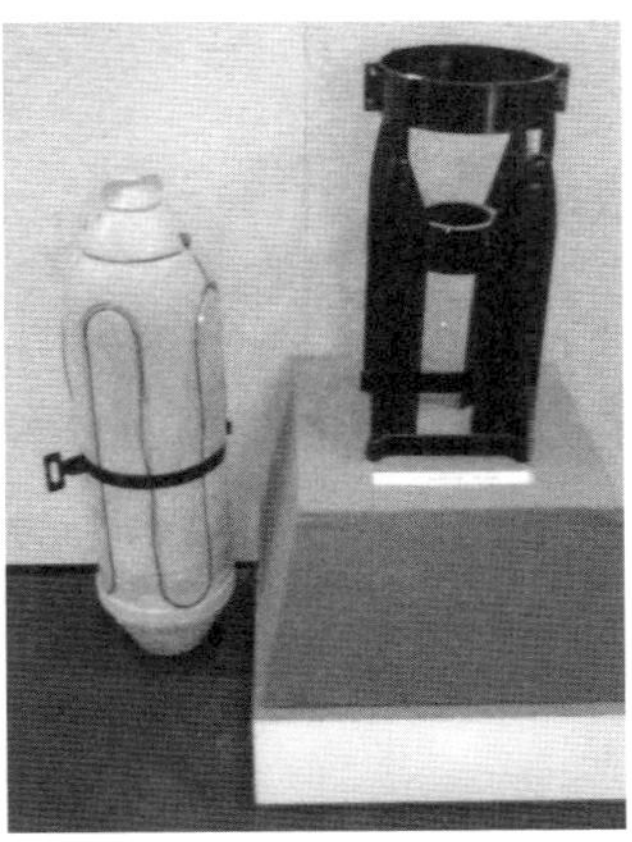
七三一部隊が開発した陶器製のペスト蚤爆弾（複製，1991年撮影）

二月)によると、PX散布による被害六地域(農安、農安・大賚、衢県、寧波、常徳、広信・広豊・玉山)の死者数は一次感染、二次感染を合計すると一万九千六百四十六人。ただしこれらの数値は、家族全員死亡などのため未確認のものや未調査地域が多数あるので、実際の犠牲者の一部にすぎないことに留意すべきである。

細菌戦の恐ろしさは、二次感染、三次感染とつぎつぎに疫病が伝播することにある。前記農安の四〇年六月のPX地上散布は同年十二月までに農安で三百人近いペスト患者を発生、死亡させたが、同年九月下旬、農安から六〇キロほど離れた新京(現長春)に伝播した。この「一九四〇年新京ペスト流行」は満洲国の首都での流行だったため影響も深刻で、ハルビン(平房)から石井四郎を隊長とする「関東軍臨時ペスト防疫隊」が公然と新京に現れた。石井主宰で防疫会館で開かれた防疫会議には、関東軍参謀部、関東憲兵隊司令部、新京憲兵隊、満洲国総務局、新京市、警察、協和会、紅十字会、満鉄新京支社、新京駐屯隊など満洲の権力機関が総動員され、石井はその権力機構の重要な一角を占めることができた。防疫隊は七三一部隊員を主体とし軍医、衛生兵など二百数十人、別働隊を含めると七百人を越えた。農安にも千数百人の防疫隊が派遣された。防疫隊はペスト患者の死体から臓器を摘出し、新種のペスト菌株とともに平房に持ち帰って研究材料とし、常徳へのより効果的なPX投下の準備をした。また、四〇年十月の衢県へのPX空中投下は、年内の患者(死者)は二十四人に抑えられたが、翌年三月上旬、衢県県城で二次感染が起こり、同年中のペスト死者は二百七十四人になった。さらに周辺地域にも伝播(三次感染)し、その死者数は計約千五百名となった。衢県に出張中の鉄道員がペストに感染し、一二〇キロ離れた義烏の自宅に戻ると、義烏で二百三十人以上のペスト患者を発生、死亡させ(四次感染)、さらに義烏市周辺の農村や東陽市に伝播(五次感染)した。周辺農村の一つ崇山村では、約千二百人の住民の三分の一にあたる四百人以上がペストで死亡した。また、四一年十一月に常徳に投下されたPXによりペストが周辺農村に伝播し、七千人以上が死亡した。このような数次の感染により、ペスト流行の発生原因が日本軍のPX散布にあることが隠蔽された。

浙江と湖南両省の細菌戦被害者遺族が、日本政府に謝罪と補償を求めて、九七年八月(第一次)に百八人、九九年十二月に七十二人、計百八十人が提訴。この細菌戦裁判の一審判決(二〇〇二年八月)は、四ヵ所への細菌戦の事実を上記八地域の犠牲者数を含め詳細に認定した画期的判決となった。最高裁判決(〇七年五月)では法律論で原告敗訴となったが、細菌戦の事実認定は確定された。

→関東軍軍馬防疫廠　→七三一部隊

[参考文献] 吉見義明・伊香俊哉『七三一部隊と天皇・陸軍中央』(『岩波ブックレット』、一九九五、岩波書店)、松村高夫他『戦争と疫病—七三一部隊のもたらしたもの—』(一九九七、本の友社)、『裁かれる細菌戦—資料集シリーズ—』一—七(七三一・細菌戦裁判キャンペーン委員会、二〇〇一—〇三)、吉林省檔案館・日中近現代史研究会・ABC企画委員会編『「七三一部隊」罪行鉄証—特移扱・防疫文書編集—』(長春、二〇〇三、吉林人民出版社)、聶莉莉『中国民衆の戦争記憶—日本軍の細菌戦による傷跡—』(二〇〇六、明石書店)、松村高夫・矢野久編『裁判と歴史学—七三一細菌戦部隊を法廷からみる—』(二〇〇七、現代書館)

(松村　高夫)

さいきんへいき　細菌兵器　有害な微生物を用いて作られる兵器。ジュネーブ議定書(一九二五年)では戦場での使用は禁止されていたが、開発・保存は規制されていなかった。日本軍は安価でかつ強力な兵器として世界に先駆けて七三一部隊で開発し、中国十数地域で実戦に使用した。同部隊は多数の種類の細菌の兵器化を研究したが、最も「効果的」なのはペスト菌と炭疽菌との結論に達した。とくにペスト感染蚤(PX=ケオプスネズミノミ)は、実戦で最も多用された。その伝染メカニズムはPXを穀物などと飛行機から投下し地上に達すると、穀物を食べにきた地元の鼠に蚤がたかり、ペストに感染した鼠類の拡散をとおして人間にも感染し、ペスト感染者を多発させるというものである。地上でPXを散布することもあった。二次、三次…と感染するので、ペストの流行が日本軍機からのペスト菌投下、あるいは地上散布に起因するものであることが隠蔽される点が日本軍にとっての「メリット」であった。生菌を投下しても地上に着くまでに死滅するというのが当時の世界の生物学・細菌学の定説だったため、日本軍がPXを使用したと中国が世界に向けて発信しても、当初は連合国でさえ信用しなかったほど、PXは七三一部隊の独自的な発明であった。

→関東軍軍馬防疫廠　→七三一部隊

[参考文献] 和気朗『生物化学兵器—知られざる「死の科学」—』(『中公新書』、一九六六、中央公論社)、ピーター=ウィリアムズ・デヴィッド=ウォーレス『七三一部隊の生物兵器とアメリカ—バイオテロの系譜—』(西里扶甬子訳、二〇〇三、かもがわ出版)

(松村　高夫)

さいぐさひろと　三枝博音　一八九二—一九六三　昭和期の哲学・科学史研究者。一八九二年五月二十日、広島県の僧侶の家に生まれる。第五高等学校を経て東京帝国大学哲学科卒業。カント研究から出発してディルタイ、ヘーゲル、マルクス主義に関心を寄せる。一九三二年に戸坂潤、岡邦雄らと唯物論研究会を結成し『唯物論研究』の編集長となるが、翌年治安維持法で検挙される。このころ、医学史家の富士川游のすすめで三浦梅園など江戸期以前の日本の自然哲学や科学技術史にも研究を広げ、『日本哲学全書』『日本科学古典全書』などを編纂、また四一年みずからが発起人となって日本科学史学会を創設した。一方で、三八年から三木清らとともに近衛文麿の昭和研究会に参加。戦後には明治大学教授をつとめるかたわら、自宅のある鎌倉市で鎌倉大学校(のち鎌倉アカデミアに改称)に参加、校長として学園運営に奔走する。五二年横浜市立大学教授。六一年に横浜市立大学長に就任するが、在任中の六三年十一月九日国鉄鶴見事故で死去。七十一歳。『三枝博音著作集』全十二巻・別巻(七二―七三年、中央公論社)がある。

参考文献 飯田賢一『回想の三枝博音—人間の技術と教育—』(一九九六、こぶし書房)、前川清治『三枝博音と鎌倉アカデミア—学問と教育の理想を求めて—』(『中公新書』、一九九六、中央公論社) (畑中 健二)

サイクロトロン Cyclotron 米国のローレンス Ernest Orlando Lawrence が一九三二年に完成させた荷電粒子の加速器。五〇年代まで原子核・素粒子実験に使われ、現在でも重イオン加速などに用いられる。日本では理化学研究所(理研)の仁科芳雄が三五年に建設を始め、ローレンスの協力を得て三七年に電磁石の直径二六インチの機器を完成。仁科はその前後から直径六〇インチの機器の建造を計画し、ローレンスの勧めで米国で購入した部品を理研で組み立てたが、電力を効率的に伝えることができず、真空保持も不充分だったため稼動に至らなかった。四〇年に矢崎為一らを米国に派遣して改良の指針を得る。第二次大戦下、陸軍より委託された核兵器開発計画(「ニ」号計画)にサイクロトロンを使うとして資材・資金を機器完成のために用い、四四年に粒子線の発生に成功。大阪帝国大学では菊池正士が二四インチの機器を三八年に完成、四二年に戦争のために運転休止。京都帝国大学では四〇年ごろから荒勝文策が一〇〇センチの機器建造を開始したが完成を見なかった。敗戦後、以上四つの機器は、米軍により四五年十一月二十四日から三十日にかけて破壊・投棄された。五一年、ローレンスの助言で理研において小型サイクロトロンの建造が開始、五二年に完成。しかしこのころ、世界的には、新たな型の加速器であるシンクロトロンが主流の機器となっていた。 ↓仁科芳雄(にしなよしお)

参考文献 日本物理学会編『日本の物理学史』上(一九七八、東海大学出版会) (岡本 拓司)

ざいごうぐんじん 在郷軍人 現役の軍隊生活を終えて予備役・後備役などに退いた軍人のこと。一九一〇年十一月三日には陸軍の主導のもと、在郷軍人を指導・監督するための組織として帝国在郷軍人会が発足した。帝国在郷軍人会は、予備役・後備役、第一補充兵役、四十歳までの第一国民兵役にある者を正会員とした。四二年からは、第二国民兵役にある者も正会員に含まれることになった。 ↓帝国在郷軍人会(ていこくざいごうぐんじんかい)

参考文献 藤井忠俊『在郷軍人会—良兵良民から赤紙・玉砕へ—』(二〇〇九、岩波書店) (松田 英里)

さいこうせんそうしどうかいぎ 最高戦争指導会議 小磯国昭内閣下の一九四四年八月四日、戦争指導の根本方針の策定および政戦両略の吻合調整を行うために設置された機関。四四年七月二十二日に小磯内閣が成立すると、小磯首相は統帥部に、(一)首相の大本営会議への出席、(二)単行軍令で首相が大本営の構成員に列すること、(三)首相が戦争指導に強力に関与するための組織を設置することを打診した。その結果、従来の大本営政府連絡会議が最高戦争指導会議と改称され、天皇に奏上のうえで発足。会議は宮中で開催され、重要な案件は天皇の親臨を奏請することとされた。構成員は内閣総理大臣・陸軍大臣・海軍大臣・参謀総長・軍令部総長・外務大臣の六名であり、必要に応じてほかの国務大臣・参謀次長・軍令部次長、説明員も出席を許された。幹事は内閣書記官長と陸海軍省軍務局長がつとめ、幹事補佐として大本営・内閣・陸海外各省高等官若干名が充てられた。鈴木貫太郎内閣でも存続したが、定例開催ではなくなっている。また、大本営政府連絡会議と同様に幹事レベルで準備された案件の承認にとどまり、構成員による自由討議とはいえないものであった。ソ連を仲介する終戦工作の意図をもっていた東郷茂徳外相は、自由討議の実現と討議内容が下部にもれることへの対策として、構成員のみの会議開催に動いていく。その結果、四五年五月十一日・十二日・十四日に最高戦争指導会議構成員会議(六巨頭会談)が開催され、ソ連の好意的中立と終戦への仲介を軸とする戦争終結が模索された。七月二十八日にはポツダム宣言の「黙殺」を申し合わせたとされる。その後の原爆投下とソ連の参戦を経て、八月九日の会議では同宣言の受諾をめぐり議論が紛糾した。御前会議として開催された会議で、十日未明に条件つき受諾を決定。バーンズ回答を受けた十四日の御前会議で、その回答を受諾することでの終戦を決定した。八月二十二日に廃止が決定され、終戦処理会議へと改組された。 ↓御前会議(ごぜんかいぎ) ↓大本営政府連絡会議(だいほんえいせいふれんらくかいぎ)

参考文献 佐藤元英『アジア太平洋戦争期政策決定文書』(『明治百年史叢書』、二〇〇〇、原書房)、伊藤隆・武田知己編『最高戦争指導会議記録・手記』(二〇〇四、中央公論新社)、関口哲矢「鈴木貫太郎内閣期の国策決定をめぐる政治過程—最高戦争指導会議の運営を中心に—」(『日本歴史』七一六、二〇〇八) (関口 哲矢)

ざいさんぜい 財産税 一九四六年十一月十二日公布の財産税法にもとづいて実施された個人財産に対する一回限りの課税措置。国債・戦時企業補償などの政府債務の整理を目的に、渋沢敬三蔵相期の四五年十月、大蔵省が立案したのが発端である。その後、四六年五月末にＧＨＱが戦時補償支払に対する一〇〇％課税(戦時補償の事実上の打ち切り)を提案したため、財産税賦課の計画規模は縮小されることになった。法人財産課税が除かれるとともに、個人財産に対する課税も免税点が十万円に引き上げられ、税率も最高九〇％の強度の累進税率になったため、富裕層に対する課税の性格が強まった。また、申告納税方式がはじめて導入され、物納も認められた。農地改革などの他の戦後改革の措置と相まって、華族・大地主・財閥家族など資産階級の没落を促し、ある程度の富の再配分効果を持った。華族の没落は太宰治の小説『斜陽』(四七年)に描かれ、「斜陽族」という言葉が流行語となった。

参考文献 大蔵省財政史室編『昭和財政史—終戦から講和まで—』七(一九七七、東洋経済新報社)

(浅井 良夫)

さいしょうき 崔承喜 ⇨チェスンヒ

ざいせいきんゆうきほんほうさくようこう 財政金融基本方策要綱 「経済新体制」に対応すべく一九四一年七月に第二次近衛文麿内閣が発表した財政金融に関する改革方針。(一)国家資金動員に関する計画、(二)財政政策の改革、(三)金融政策の改革、(四)行政機構の改革を掲げた。さらに(二)では会計制度、予算編成方法、税制、公債の発行・消化、地方財政の改革を、また(三)では産業資金の計画化、金融制度の改革、有価証券取引機構の合理化、企業資本の活用、企業設備に関する国家の資本的援助、外国為替政策の改革、満支に対する投資の調整を挙げた。なかでも金融制度の改革は重点分野であり、(イ)日本銀行の機能整備、(ロ)金融機関に対する統制の強化、(ハ)金融機関の組織化、(ニ)金融機関の整理統合、(ホ)金融資金の蒐集および運用に関する措置、(ヘ)金融の各種系統間の調和、(ト)政府資金および政府関係資金運用の統一を指定した。アジア・太平洋戦争突入によって実現が急がれ、日本銀行法公布、南方開発金庫および戦時金融金庫設立、金融事業整備令公布施行、全国金融統制会設立、全国的な銀行統合などがつぎつぎと具体化された。

参考文献 大蔵省昭和財政史編集室編『昭和財政史』一一(一九五七、東洋経済新報社)、鈴木武雄『財政史』(『日本現代史大系』、一九六二、東洋経済新報社)、山崎志郎『戦時経済総動員体制の研究』(二〇一一、日本経済評論社)

(佐藤 政則)

ざいせいけいざいさんげんそく 財政経済三原則 一九三七年六月第一次近衛文麿内閣の成立とともに発表された同内閣の財政経済政策に関する基本方針。「生産力の拡充」「国際収支の均衡」「物資需給の調整」の三原則に基づいて日満両国を一体とする見地から総合的経済計画の策定を表明した。これを機に体系的な経済統制へと急速に進む。三原則の表明は、戦時経済の遂行には生産力の拡充だけではなく、国際収支の均衡と物資の需給調整も必要になったことを示した。また林銑十郎内閣末期の大蔵省や商工省では貿易・為替管理、国内消費規制、産業資金統制、生産力拡充計画などが作成されつつあったが、それらを含めて関係諸機関の統合調整を新発足した企画庁が行うことを明示した。大蔵、商工両省の代表的官僚であった賀屋興宣蔵相と吉野信次商工相の合意として「賀屋・吉野三原則」ともいわれる。三七年七月の日中戦争勃発から経済統制は一挙に本格化するが、それ以前に統制の実施は不可避となっていたのである。

参考文献 大蔵省昭和財政史編集室編『昭和財政史』一一(一九五七、東洋経済新報社)、鈴木武雄『財政史』(『日本現代史大系』、一九六二、東洋経済新報社)、山崎志郎『戦時経済総動員体制の研究』(二〇一一、日本経済評論社)

(佐藤 政則)

ざいせいちょうせいせいど 財政調整制度 地方自治体間、特に同位の間における水平的な財政力格差を調整し、完全もしくは部分的に平準化する目的で設けられる制度。財政調整は、人口、課税力、行政サービスに対する財政需要等が地方自治体間で著しく異なっているという理由から必要とされる。日本における本格的な財政調整制度の確立は、一九四〇年税制改革に際して創設された地方分与税制度であった。地方分与税は、国税として徴収した一定の税を国が地方自治体に交付するもので、還付税と配付税からなっていた。このうち配付税が、所得税、法人税徴収額の一七・三八%、入湯税および遊興飲食税徴収額の五〇%を徴税地とは無関係に道府県および市町村に対して平衡的に交付する財政調整機能を持っていた。配付税の配分基準となる課税力には前々年度の地租、家屋税、営業税の三税が、財政需要の測定には割増人口が用いられた。地方分与税は四八年に地方配付税と改称され、翌四九年に地方配付税制度は廃止された。

参考文献 自治省財政局『地方交付税制度沿革史』(一九六九)、大蔵省昭和財政史編集室編『昭和財政史』一四(一九五四、東洋経済新報社)

(永廣 顕)

さいとうしょう 斎藤晌 一八九八—一九八九 昭和期の哲学者、評論家。一八九八年一月十五日、愛媛県生まれ。一九二四年、東京帝国大学文学部哲学科卒。東洋大学教授となり、報知新聞社客員、読売新聞社客員、中央教化団体連合会参与、民族国策研究会委員などを経て、四三年三月設立の日本出版会で常務理事(書籍部長)をつとめた。「知識人の臨戦動員」(『現代』四一年十月号)、「思想戦の意義」(『理想』四三年六月号)など論説を多数執筆し、日本主義の体系化をめざして『日本文化の諸問題』(四一年、朝倉書店)、『日本的世界観』(四三年、同)を公刊した。戦争協力者として公職追放令の適用をうけたが、解除後の五二年に明治大学政経学部教授、翌年には東洋大学文学部教授を兼任し、五六年東洋大学文学部長となった。八九年没。九十一歳。

参考文献 協同出版社編『現代出版文化人総覧』昭和十八年版(一九四三)

(佐藤 卓己)

さいとうたかお 斎藤隆夫 一八七〇—一九四九 大正・昭和期の政治家。一八七〇年九月十三日(明治三年八月十八日)、兵庫県に農業斎藤八郎右衛門の次男として出生。九四年東京専門学校を卒業後、弁護士。イェール大学留学を経て、一九一二年の総選挙で立憲国民党から立候補し初当選。一三年の立憲同志会結成参加後は憲政会・立憲民政党に所属した。浜口内閣内務政務次官、第二次若槻内閣法制局長官。三二年斎藤内閣で再度内務政務次官。二・二六事件後の第六十九議会で陸軍の政治関与を批判した「粛軍演説」、四〇年の第七十五議会で陸軍の戦争政策を批判した「反軍演説」等、議政壇上での演説は著名である。「反軍演説」で衆議院を除名。斎藤除名積極派議員による聖戦貫徹議員同盟の結成は、結果的に新体制運動の契機となる。十七年の翼賛選挙で非推薦ながら最高点当選。敗戦後、第一次吉田内閣・片山内閣の国務相・行政調査部総裁となる。当選十三回。四九年十月七日没。八十歳。

参考文献 伊藤隆編『斎藤隆夫日記』(二〇〇九、中央公論新社)、斎藤隆夫『回顧七十年』(『中公文庫』、一九八七、中央公論社)、松本健一『評伝斎藤隆夫―孤高のパトリオット―』(『岩波現代文庫』、二〇〇七、岩波書店)

(手塚 雄太)

さいとうちゅう　斎藤忠　一九〇二―一九四　昭和期の評論家、ジャーナリスト。一九〇二年十二月二十九日新潟県生まれ。二八年東京帝国大学文学部英文科を卒業、三〇年同大学院を修了。国際文化振興会に入り、三六年より東京帝大附属図書館に前館長姉崎正治と日本文化資料を調査する研究室を主宰。日本評論家協会常任委員、海軍省外交委員会委員、日本放送協会対外放送委員、読売新聞社論説委員などを歴任。大日本言論報国会結成に尽力し、津久井龍雄の退任後に常務理事(総務局長)に就任。『日本戦争宣言』(四二年、春陽堂書店)、『世界維新戦論』(四二年、第一公論社)などを執筆。戦後、「尾浜惣一」名義でL・ロン・ハバード『宇宙航路』(五六年、元々社)などSF小説を翻訳、公職追放解除後はジャパンタイムズ論説主幹、国民新聞社会長などをつとめた。九四年一月十二日没。九十一歳。

参考文献 斎藤忠『祖国復興の宿願』(一九八二、日本教文社)

(佐藤 卓己)

さいとうまことないかく　斎藤実内閣　海軍大将斎藤実を首班とする「挙国一致内閣」。一九三二年五月二十六日発足。犬養毅内閣瓦解の原因がクーデタ未遂であったため、立憲政友会内部には、引き続き自党が政権を担当することになるとの空気が広がっていた。しかし元老西園寺公望は、政党を加えた「挙国一致内閣」の構想へと傾き、穏健派とみられた斎藤実を後継首相に推薦した。斎藤は、議会で多数を握る立憲政友会から大蔵大臣高橋是清ら三人、立憲民政党から内務大臣山本達雄ら二人を入閣させる一方で、ほかの閣僚に官僚出身者などを充てて「挙国一致内閣」を発足させた。斎藤内閣の外交は、七月六日に満鉄総裁から転じて外務大臣に就任した内田康哉が主導するところとなった。内田は軍部と気脈を通じ、三二年八月二十五日には国を焦土としても満洲国を承認するとする「焦土外交」演説を展開、九月十五日には日満議定書に調印して満洲国を承認した。十月一日に国際連盟からもたらされたリットン調査団の報告内容は、日本の満洲における特殊権益を認めるなど、日本に妥協的な内容を含むものであった。しかし斎藤内閣は、三三年二月十七日の閣議で、国連における満洲からの撤退勧告案反対と熱河作戦の実施を決定、このことが決定的となって三月に国際連盟を脱退し、国際的孤立をさらに深めた。ただし、中国との間には五月三十一日に、塘沽停戦協定が締結された。また、内田に代わって同年九月十四日に外相に就任した広田弘毅は、「和協外交」と呼ばれる姿勢をとり、同年十月に開催された五相会議で、大幅な軍備拡張を主張する陸相、海相に対し、高橋蔵相とともに財政・外交を優先する主張を展開して軍部を抑えるなど、軍部主導の外交を牽制した。内政では、農村救済を第一の課題とし、農林大臣後藤文夫のもとで、三二年九月に農林省に臨時経済更生部を設置、翌月から農山漁村経済更生運動を開始した。翌年十一―十二月の内政会議では、これを補完するため協同組合の拡充などを柱とする農村対策が決定され、産業組合とその担い手を中心とする農村再建方針が実施に移されることになった。また、斎藤内閣は思想統制を強化し、共産党の徹底的な弾圧や、滝川事件など自由主義思想の弾圧も推し進めた。五相会議、内政会議など、政党を排除した政策決定に反発を強めた政友会非総裁派と民政党は、財界の一部の支援を受けた商工大臣中島久万吉の仲介で、三三年十月から政民連携運動を開始する。これに対して軍部は、十二月九日に政党は軍と国民とを引き離そうとしているとする「軍民離間声明」を発表して対抗。こうした中で、三四年二月に中島が筆禍事件で、三月に文部大臣鳩山一郎が汚職疑惑でそれぞれ閣僚を辞職し、さらに五月に入ると帝人事件に連なって大蔵次官、銀行局長らが相ついで逮捕されるに及び、斎藤は政権維持を断念、高橋蔵相、山本内相と相談の上、七月三日に総辞職した。

参考文献 田中時彦「第三〇代斎藤内閣―『非常時』の鎮静を担って―」(林茂・辻清明編『日本内閣史録』三所収、一九七六、第一法規出版)、増田知子「斎藤実挙国一致内閣論―立憲君主制の再編と日本ファシズムの台頭―」(坂野潤治他編『現代社会への転形』所収、一九九三、岩波書店)、堀田慎一郎「平沼内閣運動と斎藤内閣期の政治」(『史林』七七ノ三、一九九四)

(河島 真)

ざいにちちょうせんじん　在日朝鮮人　朝鮮半島にルーツを持ち、日本に生活基盤を持つ人々の総称。その多くは、日本の植民地下で日本に在住するようになった人々と、その子孫。近年では、「在日コリアン」ともいう。一九一〇年「韓国併合」以後、植民地農政により困窮した農民層を中心に朝鮮から日本に移住した朝鮮人が急増し、三〇年代末には約八十万人に達していた。戦時体制下では三九年の労務動員実施計画により朝鮮人労働力の移入が閣議決定されると、それ以降日本の工場、鉱山、土木建築などに毎年数万から数十万人が動員され、敗戦時には約二百万人の朝鮮人が日本にいた。日本政府は治安を理由に炭鉱労働者を除く「移入朝鮮人労働者」のほとんどを四五年内に帰還させるが、朝鮮の政治的緊張や生活状態の不安などから約六十数万人が日本に残った。しかし日本政府は彼らを「日本国籍を持つ外国人」として日本の管理下に置き、五二年には「日本国籍喪失」を一方的に宣言。戦後は朝鮮半島の南北分断状況下で、日本社会の根強い差別にさらされ生活せざるをえなかった。

参考文献 樋口雄一『日本の朝鮮・韓国人』(『同成社近現代史叢書』四、二〇〇二、同成社)
(庵逧 由香)

さいばいか 蔡培火 Cai Peihuo 一八八九―一九八三 台湾の政治家。一八八九年五月二十二日、雲林県北港鎮に生まれ、一九一〇年に台湾総督府国語学校師範部を卒業後、一時は公学校にて教鞭を取るも台湾同化会に参加したため失職、東京へ留学する。二〇年代から三〇年代前半を通じて、抗日運動の右派に属し、台湾議会設置請願運動・台湾文化協会などの活動に従事する一方で、台湾語ローマ字化運動・白話字運動を推進した。三三年末には東亜共栄協会の創設にも携わり、アジア主義との関わりを深める。三七年に東京へ転じ、台湾料理店を経営する。同年に岩波書店から出版した『東亜の子かく思ふ』は、戦時体制下の言論統制に抵触し、四十日の拘禁に処せられた。四三年初頭、大政翼賛会事務総長後藤文夫による手配のもとで上海に赴き、日中和平の可能性を模索する。終戦を迎えると重慶に赴き中国国民党に入党、帰台後の四八年に立法委員に当選、五〇年から六六年までは行政院政務委員を務めた。八三年一月四日没。九十五歳。

参考文献 張漢裕編『蔡培火全集』(台北、二〇〇〇、呉三連台湾史料基金会)
(都留俊太郎)

ざいばつ 財閥 近現代社会で、家族あるいは同族による封鎖的所有・支配の下にある独占的企業を内包する多角的事業体のこと。明治期に使用されたジャーナリズム用語であり、大正期に特定の企業集団を呼称する用語となり、一九三〇年代には学術用語としても使用されるようになった。国際的にみて日本が最も普及し、近代日本経済に支配的な力を有した。財閥は、大きく二類型に分けられる。既成財閥と「新興財閥」である。前者は近世―幕末維新期に起源を持つ三井・三菱・住友・安田・大倉・浅野・古河などであり、三井が〇九年に三井合名を設立したのを皮切りに、日露戦後から第一次世界大戦前後の時期に、持株会社を設立するなどして財閥組織を確立する。後者は満洲事変後の軍事化に伴う重化学工業化の波に乗って急成長した日産・日窒・森・日曹・理研などである(これらは多数の企業を傘下に治めたが、家族・同族の封鎖的所有がないので、先の財閥概念に適応しないため「新興コンツェルン」と称える有力な学説がある)。独占が成立した重要産業部門で、これら財閥の決定的な支配力がないのは、電力業と綿紡績業だけであった。この新旧財閥の中間に、第一次大戦期に先発の既成財閥に迫るほど急成長し、財閥化を推進した鈴木・久原・岩井などがあるが、二〇年代の不況と金融恐慌・昭和恐慌により、鈴木は倒産、久原も経営を鮎川へ委譲する(日産として再出発)などこれら企業は大打撃を受け、三〇年代初頭には三井・三菱・住友・安田の四大財閥は経済的に不動の地位を確立した。

既成財閥は、その事業部門の相違により、金融部門・産業部門を傘下に収める三井・三菱・住友の三大総合財閥(住友は商事部門を持たず、三井物産に依存した)、金融部門主軸の安田・川崎・野村、産業部門中心の大倉・古河・浅野などに分類できる。これら既成財閥は、満洲事変以降の新興財閥の台頭にもかかわらずその地位をほぼ維持し、三大総合財閥は時局に対応して日中戦争、アジア・太平洋戦争期に重化学工業や植民地・占領地への投資を急増させ、資本集中度を高めた。敗戦時には三大財閥だけで、その系統会社を含めれば全日本の企業払込資本金(三七年百七十七億円から三百二十四億円へ)の四割に達し、三井一七%、三菱一五%、住友八%になっている(三七年では、三菱は三井の七割、住友が三割ほどであった)。在外会社投資も三大財閥は、三七年の九千万円(対全国比三割)から敗戦時には十一億円に増大させた(同上比五割超)。三井は三菱を若干上回り、住友は三井の六割ほどになった(三七年では、三菱は三井の半分以下、住友は一割以下)。

三菱、住友が急増したのは、三井に比較して軍需に密着した重工業の比重が高かったからである。急増する軍需に対応するための多額の資金調達と戦時増税に対応するため、各財閥は本社部門の株式会社化を進めた。三七年に、三菱合資会社が株式会社三菱社(のち三菱本社)に、住友合資会社も株式会社住友本社に改組され、四四年に三井も曲折を経て株式会社三井本社を設立した。安田は四四年から合名会社安田保善社の株式会社化が企図されたが実現しなかった。財閥本社や巨大化した傘下直系会社の膨大な資金は、株式の公開と金融機関からの巨額の融資によって賄われた。封鎖的所有の財閥本社の株も敗戦直前には、三井家所有は七・五割に低下した。本社と三井家が所有する全直系会社株も六割強となり、三菱、住友ではほぼ三割になっていた。それを補完したのが、傘下会社同士の株式の持合いであった。それに加え、傘下会社は、指定金融機関(融資機関を政府が指定)となった傘下金融機関から巨額な資金を調達した。四大財閥傘下銀行を含む六大銀行(四三年三井と第一が合併、五行)の対全国普通銀行貸出金比率は、三五年末の四五%から敗戦時には八三%にも達していた。戦後の日本の特徴となる系列融資と会社同士の株式持合いが、戦時下で進行していた。敗戦後、四五年十一月のGHQの持株会社解体指令に基づいて、全財閥が解体された。→新興財閥(しんこうざいばつ)

参考文献 高橋亀吉『日本財閥の解剖』(一九三〇、中央公論社)、持株会社整理委員会調査部第二課編『日本財閥とその解体』(一九五一、持株会社整理委員会)、柴垣和夫『日本金融資本分析』(一九六五、東京大学出版会)、山崎広明「戦時下の産業構造と独占組織」(東京大学社会科学研究所編『ファシズム期の国家と社会』二所収、一九七九、東京大学出版会)、森川英正『財閥の経営史的研究』(一九八〇、東洋経済新報社)、麻島昭一編『財閥金融構造の比較研究』(一九八七、御茶の水書房)、安岡重明『財閥経営の歴史的研究—所有と経営の国際比較—』(一九九八、岩波書店)
(春日　豊)

ざいばつかいたい　財閥解体　敗戦後に日本経済民主化の一環としてGHQによって実施された財閥および大独占の解体措置。広義には独占禁止政策・集中排除政策を含む。一九四五年十一月六日、GHQは持株会社の解体に関する「覚書」を公表し、財閥解体を指令した。日本経済を独占的に支配している財閥の存在が、戦争の遠因の一つであり、侵略戦争継続を可能にした拠点と認識していたからである。GHQは自発的解体の方針をとり、日本政府に求めていた財閥解体案が四日に提出されたのを待って、同案を承認する形式で発令した。解体政策の核心は、持株会社の解体・財閥家族の企業支配力の排除・株式所有の分散化の三点にあり、その実施機関としての持株会社整理委員会の設立と同時に独占組織の解体と独占の予防措置が「覚書」に盛り込まれた。二十四日に「制限会社令」が制定され、企業解散・資産処分を認可制として解体逃れを防止し、翌年三月の米国調査団報告により全体構想が示され、四月の持株会社整理委員会令制定を経て、八月に同委員会が設立され、解体政策が本格的に開始された。八十三社が持株会社に、三井、三菱、住友、安田など十財閥の五十六人が財閥家族に指定され、持株会社・財閥家族の所有株式の整理委員会への強制譲渡・売却、財閥本社の解体が実施された。四八年一月には財閥同族支配力排除法が公布され、財閥家族・財閥役員の役職強制辞任と企業役員就任などが制限された。独占禁止政策では、四七年四月に独占禁止法、同十二月に過度経済力集中排除法が制定された。前者は将来への予防法であり、後者では翌年二月に三百二十五社が指定されたが、非軍事化・民主化から経済復興重視への占領政策の転換により、最終的に三井鉱山、三菱重工業、日本製鉄など十八社のみに限定され(分割など)、金融機関は大規模でも対象とならなかった。五一年六月に政府は財閥解体関係法令の原則廃止を決定し、五一年七月十日持株会社整理委員会が廃止され、財閥解体措置が終結した。

参考文献　持株会社整理委員会調査部第二課編『日本財閥とその解体』(一九五一、持株会社整理委員会)、E・M・ハードレー『日本財閥の解体と再編成』(小原敬士・有賀美智子訳、一九七三、東洋経済新報社)、浅井良夫『戦後改革と民主主義—経済復興から高度成長へ—』(二〇〇一、吉川弘文館)
(春日　豊)

ざいばつてんこう　財閥転向　一九三二—三六年にかけて財閥批判を回避するために実施された一連の改革。閉鎖性の打破、公共性の重視、株式公開などがその内容である。金融恐慌・昭和恐慌で国内が疲弊するなかで起きた三井合名理事長団琢磨の暗殺は、財閥関係者に衝撃を与えた。この事件を契機に、三井では三三年九月に池田成彬が三井合名筆頭常務理事に就任し、「財閥転向」を主導した。傘下企業の東洋レーヨン、東洋高圧などの株式を公開し、三井合名所有の傍系会社株式を売却した。翌年二月には三井同族を傘下企業のトップから一斉に退陣させ、四月には三千万円を寄付し、公益事業・福祉事業・文化学術事業の資金助成を目的に三井報恩会を設立した。三六年には三井合名・直系会社役員の定年制も実施された。三菱も三四年二月に「三綱領」(所期奉公・立業貿易・処事光明)を制定、三月には「三菱精神綱要」を発表し、財閥批判の世論に応じた。他方で、この改革は、財閥が軍部の意向に沿って軍事化・重化学工業化を推進する契機ともなった。

参考文献　春日豊「『財閥転向』の一側面—三井報恩会の設立と推移—」(東敏雄・丹野清秋編『近代日本社会発展史論』所収、一九八八、ぺりかん社)、三井文庫編『三井事業史』本編三中(一九九四)、安田常雄「財閥批判と財閥の転向」(石井寛治・原朗・武田晴人編『日本経済史』三所収、二〇〇二、東京大学出版会)
(春日　豊)

サイパンとうのたたかい　サイパン島の戦　一九四四年六月十五日から七月九日にかけて起きた中部太平洋マリアナ諸島のサイパン島をめぐる日米両軍の戦い。米領グアムを除くマリアナ諸島は第一次世界大戦に際し日本海軍が占領し、一九年のパリ講和会議を経て日本を受任国とする国際連盟C式委任統治下に置かれ、事実上日本の植民地となった。サイパンは製糖業や漁業で繁栄し、アジア・太平洋戦争勃発時には日本人人口約三万、島民人口約四千で、委任統治領南洋群島中最大の人口を有していた。日米開戦後、日本軍はサイパンを南方作戦の策源地の一つとして活用したが、防備はほとんど施されていなかった。米軍の日本本土爆撃は四三年秋以降、蔣介石政権下の中国大陸の成都基地群から行われていたが、B29爆撃機の航続距離では九州・本州西端までしか爆撃圏

サイパン島の戦　攻撃を受ける日本軍飛行場

内に入らず、関東や中部など日本の工業中枢を爆撃圏内に入れられる航空基地が必要となり、サイパンを含むマリアナ諸島がその候補に挙がった。

日本軍は四三年九月に絶対国防圏を設定し拡大した戦線を縮小し、防備態勢を固めることを試みた。マリアナは絶対国防圏の要と位置付けられ、陸軍の第三十一軍(司令官は小畑英良中将)、海軍の中部太平洋方面艦隊(司令長官は南雲忠一中将)、および海軍基地航空部隊(司令長官は角田覚治中将)がサイパン、テニアン、グアムに展開した。米軍来攻の場合は、約千五百機の基地航空部隊の攻撃で米艦隊の戦力を削ぎ、来援する海軍の空母機動部隊の攻撃で米艦隊を撃滅する計画であった。

サイパン守備隊の任務は連合艦隊の到着までマリアナ諸島を維持することであった。守備隊は第四十三師団(斎藤義次中将)を中核とする陸海軍部隊約三万一千名であった。米軍は六月十五日にホランド＝スミス海兵隊中将指揮下の海兵隊二個師団、陸軍一個師団を中心にした約六万七千名でサイパンに上陸を開始し、水際で激戦が続いた。この間、ギマラスを出撃した小沢治三郎中将指揮下の日本海軍第一機動艦隊がマリアナに接近、上陸軍を援護中のレイモンド＝スプルーアンス大将指揮下の米海軍第五十八任務艦隊との間で六月十九—二十日にマリアナ沖海戦(米側呼称はフィリピン沖海戦)が生起した。海戦は日本海軍の一方的な敗退に終わり、第一機動艦隊は内地に撤収し、マリアナ救援計画は挫折した。米軍の上陸に対して陸上では六月十六—十七日に米軍の海岸橋頭保に対して戦車四十四輌を含む約八千の日本軍が反撃を行なったが、兵力と火力に優る米軍に撃退された。以後日本軍は徐々に島内に追い詰められ、タポチョウ山からの七月七日の万歳突撃を最後に日本軍の組織的抵抗は終焉した。サイパンの斎藤師団長と南雲司令長官は自決、テニアンの角田長官とグアム視察中の小畑司令官は戦死した。

日本軍の損害は戦死・自決約二万九千、捕虜約九百であった。日本の民間人も約一万が戦死または自決し、島民にも約九百の死者が生じた。追い詰められた多数の日本民間人が、米軍がバンザイ＝クリフと命名した北岸の断崖から飛び降り自殺する凄惨な光景は内外に衝撃を与えた。米軍の損害は戦死約三千五百、戦傷約一万三千であった。この間、大本営は水上艦艇による封鎖突破と逆上陸作戦を検討したが、マリアナ沖海戦に敗退して島の周囲の制海・制空権を完全に喪失した状況ではまったく不可能で、六月二十四日、サイパン奪還計画は放棄された。「敵がサイパンに来たらわが思うつぼである」と豪語していた東条英機内閣は、サイパン失陥を契機に強まった倒閣運動を受けて七月十八日に総辞職に追い込まれ、小磯国昭内閣に交替した。

サイパンを含むマリアナ諸島の失陥は日本の絶対国防圏の要が崩れたことを意味した。マリアナに航空基地を整備した米軍は四四年十一月以降、関東や中部など日本の工業中枢部にB29重爆撃機による大規模な戦略爆撃を開始し、日本の工業生産力は急激に低下していった。なお、生き残った少人数の部隊を指揮してサイパンの山中からゲリラ的な抵抗を続けていた大場栄陸軍大尉ら四十七名が投降したのは戦争終結後の四五年十二月一日であった。→南洋委任統治領 →マリアナ沖海戦

[参考文献] 防衛庁防衛研修所戦史室編『中部太平洋陸軍作戦』一(『戦史叢書』六、一九六七、朝雲新聞社)、同編『マリアナ沖海戦』(同一二、一九六八、朝雲新聞社)、福田幸弘『連合艦隊—サイパン・レイテ海戦記—』(一九八一、時事通信社)、下田四郎『サイパン戦車戦—戦車第九連隊の玉砕—』(『光人社NF文庫』、二〇〇一、光人社)、野村進『日本領サイパン島の一万日』(二〇〇五、岩波書店)、平櫛孝『サイパン肉弾戦—玉砕戦から生還した参謀の証言—』(『光人社NF文庫』、二〇〇六、光人社)

(等松 春夫)

ざいべいにほんしさんとうけつれい 在米日本資産凍結令 一九四一年七月二十六日発効。日本の南部仏印進駐の情報を得たアメリカは対日経済制裁の強化を決定。二十五日夜(現地時間)に発表し、翌日発効した。この措置により日本の在米資産はアメリカ政府の管理下に置かれ、貿易の決済が不可能となった。当初アメリカ政府は、資産凍結は全面禁輸を意味するものではなく、決済のたびごとに必要な資金の凍結が解除されると説明した。八月一日アメリカはさらなる石油禁輸措置を発表。日中戦争前の消費量を越える量の石油の禁輸に加え、潤滑油、航空機用ガソリンを輸出禁止とした。これが文字通り実施されれば一定の石油(米政府の試算で四三〇万バレル)は輸出されるはずであり、事実、低質のガソリンとディーゼル燃料の輸出許可証も発行された。しかし、実際には決済に必要な資金の凍結解除は実施されず、結果的に対日全面禁輸となった。→対日禁輸問題

[参考文献] 荒川憲一「対日全面禁輸決定の構造」(『防衛大学校紀要社会科学分冊』七二、一九九六)、三輪宗弘『太平洋戦争と石油—戦略物資の軍事と経済—』(二〇〇六、日本経済評論社)

(森山 優)

ざいまんちょうせんじん 在満朝鮮人 中国東北地区(満洲)在住の朝鮮人の意。今日、中国吉林省延辺朝鮮族自治州(旧間島)を中心に居住する中国朝鮮族の直接の祖先は、十九世紀半ば以降、朝鮮半島から中国東北へ移住した人々とされる。当初は朝鮮時代末期の地方政治の乱れや洪水・飢饉などの天災が原因で移住した人々が多かったが、朝鮮半島への日本の植民地支配の進展に伴い、中国東北を政治的亡命地として移住する人々が増加した。そのため、義兵運動をはじめ満洲は朝鮮人の独立運動基地となり、やがて社会主義運動も活発に展開された。一九三〇年代には朝鮮総督府による朝鮮農民の国策移民政策も推進される一方、失業と貧困から逃れるための「機会の場」として単身で移住する青年層も増加した。四五

年八月当時二百万人以上とも推計される朝鮮人が東北地区に居住していた。日本帝国崩壊後には朝鮮半島に帰還する者、東北現地に定着して中国朝鮮族としての生を送る者など、新たな人口移動が生じた。

参考文献　金美花『中国東北農村社会と朝鮮人の教育―吉林省延吉県楊城村の事例を中心として(一九三〇―四九年)―』(二〇〇七、御茶の水書房)、李海燕『戦後の「満洲」と朝鮮人社会―越境・周縁・メディア―』(二〇〇九、御茶の水書房)、金永哲『「満洲国」期における朝鮮人満洲移民政策』(二〇一二、昭和堂)　(田中 隆一)

さかいさぶろう　坂井三郎　一九一六―二〇〇〇　昭和前期・太平洋戦争期の海軍軍人。一九一六年八月二十六日、佐賀県に生まれる。三三年佐世保海兵団入団(四等水兵)。戦艦「霧島」「榛名」乗組みを経て、三七年第三十八期操縦術練習生となり、その後戦闘機操縦員として中国大陸の各地を転戦する。四〇年十月には、それまでの九六式艦上戦闘機から零式艦上戦闘機に機種転換し、対米英開戦時は台南航空隊に所属し、フィリピンのクラークフィールド基地空襲に参加する。開戦後は、特にソロモン方面で活躍し多くの敵機を撃墜するが、四二年八月のアメリカ軍ガダルカナル上陸直後の空中戦で負傷し、その後内地で操縦教官などを務める。しかし、その後も負傷による右目の視力喪失にもかかわらず、サイパン戦以降の実戦に参加するなどした。四四年八月海軍少尉、同年十二月には源田実司令の第三百四十三航空隊付になり、終戦時は横須賀航空隊付。四五年九月海軍中尉となる。戦後は日本海軍の撃墜王として有名になった。二〇〇〇年九月二十二日没。八十四歳。

参考文献　坂井三郎『大空のサムライ』(一九六七、光人社)、同『(続)大空のサムライ』(一九七〇、光人社)　(相澤 淳)

さかいさぶろう　酒井三郎　一九〇七―九三　民間諸団体・民放関係者。一九〇七年四月七日、静岡県に生まれる。三〇年青山学院大学卒業後、大日本連合青年団勤務を経て、三三年後藤隆之助事務所に入る。事務所は昭和研究会に発展、同会勤務のかたわら壮年団期成同盟会の活動に従事した。四〇年昭和研究会解散後、大政翼賛会文化部地方班に所属し地方文化運動の方針作成にあたり、地方文化団体の組織化に尽力した。五一年日本民間放送連盟の創立に参画、のち専務理事。その後日本音楽著作権協会理事長を勤めた。九三年一月二十三日死去。八十五歳。

参考文献　酒井三郎『昭和研究会―ある知識人集団の軌跡―』(一九七九、TBSブリタニカ)　(北河 賢三)

さかいたかし　酒井隆　一八八七―一九四六　陸軍軍人。一八八七年十月十八日、地主二宮民四郎の子として広島県に生まれ、陸軍大尉酒井次郎の養子となる。一九〇八年陸軍士官学校卒(第二十期)、一六年陸軍大学校卒業。三二年大佐・参謀本部支那課長、三四年支那駐屯軍参謀長を経て、三七年少将・第十四師団歩兵第二十八旅団長となる。三五年、天津の日本租界で親日派の新聞社社長二人が国民党系のテロ組織に暗殺された。軍司令官梅津美治郎は満洲に出張中で不在だったが、酒井は武力を背景に独断で国民政府軍政部長兼軍事委員会北平分会委員長代理何応欽に対し、抗日事件の取り締まりを強圧的な姿勢で要求した。同年六月、梅津・何応欽協定が締結され中国側は大きな衝撃と屈辱を与えられた。三八年張家口特務機関長、三九年興亜院蒙疆連絡部長官・中将、四一年第二十三軍司令官、四三年予備役。四五年北京に酒井機関設置。戦後、戦犯として国民政府に逮捕され四六年九月十三日刑死、六十歳。

参考文献　戸部良一『日本陸軍と中国―「支那通」にみる夢と蹉跌―』(『講談社選書メチエ』、一九九九、講談社)　(柏木 一朗)

さかきやまじゅん　榊山潤　一九〇〇―八〇　小説家。本名源蔵。一九〇〇年十一月二十一日、神奈川県に生まれる。少年時代に父が財政破綻したのを機に家出して放浪生活を送り、のち時事新報社に入社、創作を始めた。第一作品集『戦場』(『版画荘文庫』、三七年、版画荘)以後、『上海戦線』(三七年、砂子屋書房)、『一機還らず』(四三年、偕成社)、『航空部隊』(四四年、実業之日本社)などによって、戦争文学を代表する一人となった。三九年には大陸開拓文芸懇話会に参加。対米英戦の開始とともに徴用、従軍作家としてビルマ方面に派遣された。作家の平野零児と行をともにした従軍中の日記をもとに、戦後、『ビルマ日記』(六三年、南北社)を発表した。もう一つのテーマ領域は歴史小説で、その代表作は戦中戦後に書き継がれた『歴史』三部作(三九―五一年、砂子屋書房、春歩堂)。また銃後の生産を描いた長編小説『生産地帯』(四〇年、報国社)などによっても戦時体制に寄与した。八〇年九月九日没。七十九歳。

参考文献　榊の会編『回想・榊山潤』(一九八一)、『南方徴用作家叢書―ビルマ編―』五―七(木村一信他編『南方軍政関係史料』二五ノ二、二〇一〇、龍渓書舎)、神子島健『戦場へ征く、戦場から還る―火野葦平、石川達三、榊山潤の描いた兵士たち―』(二〇一二、新曜社)　(池田 浩士)

さかまきかずお　酒巻和男　一九一八―九九　海軍軍人、実業家。最終階級は海軍少尉。一九一八年十一月十八日、農業酒巻惣三郎の次男として徳島県に生まれる。四〇年海軍兵学校卒(第六十八期)。特殊潜航艇「甲標的」による奇襲攻撃時に座礁し、米軍の捕虜となる。彼を除く搭乗員は戦死し、いわゆる「九軍神」となった。収容所では自決を思いとどまり、他の多くの日本人捕虜の説得にもあたった。ハワイからアメリカ本土の収容所に移され四年間の捕虜生活を送った。四六年一月復員、帰郷したが、「ただちに割腹して国民にわびよ」との文面の手紙が送りつけられたこともあったという。郷里で田畑を手伝っていたが、同姓の酒巻家の婿養子となり、時代を考えサラリーマンの道へ進んだ。豊田自動車入社後は収容所で覚えたバドミントンの実業団クラブを創設し、みずから出場するとともに全国優勝へチームを導いてもいる。豊田自動車輸出部車輌課長、部次長を経て、六九年に海外初の現地法人であるトヨタ＝ド＝ブラジルの社長に就任し、また日系商工会議所専務理事も兼任した。酒巻の人生はテレビドラマや小説にも何度か取りあげられ、彼を主人公とした小説「約束の海」は山崎豊子の絶筆である。九九年十一月二十九日死去。八十一歳。戦後早い段階で著作を残しており、それらは米軍の捕虜の扱い方、収容所での生活などを知る資料である。

参考文献　酒巻和男『俘虜生活四カ年の回顧』(一九四七、東京講演会)、同『捕虜第一号』(一九四九、新潮社)、同「真珠湾に沈むわが青春」(『潮』六四、一九六五)　(粟津　賢太)

さかもとこうざぶろう　坂本孝三郎　一八九四―一九三五　大正・昭和期の労働運動家。一八九四年一月十七日、京都府生まれ。小学校卒業後、職工として工場を転々とする。一九一六年西尾末広、堂前孫三郎らと職工組合期成同志会を結成。二三年に日本労働組合連合会、二六年に日本労働組合総連合を組織して執行委員長に就任。二九年大阪市会議員選挙に日本大衆党から立候補当選。三一年に日本労働倶楽部、翌年に日本労働組合会議に参加し、三三年にはＩＬＯ第十七回総会に労働代表として出席。一方で三一年には全国労農大衆党を脱党し、翌年新日本国民同盟に参加し常任中央委員に就任。三五年三月四日腸チフスで死去。四十二歳。　(福家　崇洋)

さかもとせいいちろう　阪本清一郎　一八九二―一九八七　大正・昭和期の部落解放運動家。一八九二年一月一日、奈良県出身。中国・東京での生活体験を経て故郷に戻り、家業の膠業に従事するかたわら、西光万吉らと燕会を結成し、それを母胎に一九二二年全国水平社を創立。その中心メンバーとして全水総本部常任中央委員等を務め、大衆闘争の組織化と、運動の統一の保持に尽力した。普選実施後の二九年掖上村村会議員に当選。戦後は部落解放全国委員会に顧問として加わり、部落解放同盟に改組後は中央委員となる。六五年戦前期水平社同人を中心に荊冠友の会を結成。八七年二月十九日没。九十五歳。

参考文献　阪本清一郎『扉を開く』(『水平社パンフレット』、一九二五、全国水平社大島支部)、駒井忠之「全国水平社創立期における阪本清一郎」(『水平社博物館研究紀要』四、二〇〇二)　(黒川みどり)

さきさかいつろう　向坂逸郎　一八九七―一九八五　大正・昭和期の経済学者、マルクス主義理論家。一八九七年二月六日、福岡県に三井物産社員の長男として生まれる。第五高等学校を経て、二一年に東京帝国大学経済学部卒業。同年東大経済学部助手。二二年末からドイツに留学し、二五年帰国とともに九州帝国大学法文学部の助教授となり、翌年教授に昇任。二八年の三・一五事件の余波で九大を追われ上京し、留学中に収集した文献を基礎とする『マルクス・エンゲルス全集』(改造社)の編集に携わる一方、『労農』の同人となり、「労農派」の論客として「地代論争」「封建論争」を展開。三七年十二月の人民戦線事件で検挙され、三九年五月に保釈出所。四二年九月の東京地裁判決は執行猶予付の懲役二年であった。保釈後は翻訳と農作業で生活を凌いだ。戦後は四六年に九大教授に復帰(六〇年退官)。『資本論』を中心とするマルクス主義の理論的研究を進める。一方、四六年九月、「平和革命論」を提唱し、翌年には労農派の理論雑誌『前進』を山川均らと創刊。再軍備問題などをめぐる内部対立による『前進』廃刊後の五一年には、山川らと社会主義協会を設立し、『社会主義』を創刊。左派社会党の理論的指導者として地位を確立する。五四年左派社会党採択の「左社綱領」を稲村順三と作成した。また、三池炭鉱争議で学習活動を指導するなど労働者教育にも尽力した。八五年一月二十二日死去。八十七歳。

向坂逸郎

参考文献　向坂逸郎『流れに抗して―ある社会主義者の自画像―』(『講談社現代新書』、一九六四、講談社)、坂本守『向坂逸郎・向坂ゆき―叛骨の昭和史―』(一九八二、西日本新聞社)、『大原社会問題研究所雑誌』五一三(特集・向坂逸郎―人と蔵書―、二〇〇一)　(吉川　圭太)

さくせんきろくが　作戦記録画　アジア・太平洋戦争時に、陸海軍報道部の委託で制作された公式の戦争絵画作品の名称。「戦争記録画」および「戦争画」の名称でも知られる。二百号ほどの大作が多く、軍の活動の恒久的な記録、西欧の歴史画に匹敵する日本絵画の創造を目的として制作された。一九三八年四月上海の中支那派遣軍報道部が八名の洋画家を招致したのが嚆矢とされているが、この時点では作戦記録画という名称は使われていない。この際制作された十作品は、翌年第一回聖戦美術展に貸下出品された。この展覧会が好評を得たこともあってか、その後陸海軍報道部は競って画家・彫刻家を招致・動員、現在確認されているだけでも二百二十点の制作が委託されている。作戦記録画は、大東亜戦争美術展(四二年十二月、四三年十二月)などの軍部主催の戦争美術展覧会に貸下出品され全国を巡回しているが、最終的には宮中の御府に献納される予定であったといわれている。敗戦後、記録画は占領軍の指導のもとで各地より接収、五一年アメリカへ移送される。七〇年に百五十三点が永久貸与として日本に返還され、返還後は東京国立近代美術館が管

理、その一部は同館にて常設展示されている。 ↓聖戦美術展

参考文献 丹尾安典・河田明久『イメージのなかの戦争—日清・日露から冷戦まで—』(『岩波近代日本の美術』一、一九九六、岩波書店)、針生一郎他編『戦争と美術—一九三七～一九四五—』(二〇〇七、国書刊行会)、多木浩二・藤枝晃雄監修『日本近現代美術史事典』(二〇〇七、東京書籍) (金子 牧)

さくせんようむれい 作戦要務令 陸軍作戦軍の陣中諸勤務と諸兵連合戦闘の準拠要点を規定した軍令。作戦要務令は、一九二四年陣中要務令と二九年戦闘綱要(諸兵連合戦闘を規定)を合併し、予想作戦地として満洲・ソ連国境接壌地方を想定し、三八年に綱領・総則と第一部(戦闘序列・軍隊区分、指揮・連絡、情報、警戒、行軍、宿営、通信)、第二部(戦闘指揮、攻撃、防禦、追撃・退却、持久戦、諸兵連合の機械部隊・大なる騎兵部隊の戦闘、陣地戦・対陣、特殊地形の戦闘)を制定した。さらに四〇年三月に第三部(輸送、補給・給養、衛生、兵站、戦場掃除、気象、憲兵、宣伝の実施・防衛、陣中日誌・留守日誌)、軍事極秘扱いの第四部(特殊陣地の攻撃、大河の渡河、湿地と密林地帯における行動、ガス用法、上陸戦闘)を制定し、また、附録として同七月に軍隊符号、同十月に極寒時の行動を制定した。 ↓陣中要務令 (遠藤 芳信)

さくらいたけお 桜井武雄 一九〇八—二〇〇二 戦前—戦後の農業評論家。一九〇八年六月十四日、茨城県に出生。二九年水戸高等学校退学。翌年上京し、三二年よりマルクス主義講座派の雑誌『歴史科学』に日本農業史・農政思想史に関する論稿を発表。三五年主著『日本農本主義』刊行、「農村の半封建体制を代表・擁護・礼賛」するイデオロギーとして日本農本主義の展開を論じる。三六年『日本封建制講座』執筆予定者の一斉検挙を受ける(コム・アカデミー事件)。転向を表明し翌年釈放。戦時期には生産力理論の形で戦時農政に対する発言を続けていたが、『日本農業の再編成』(四〇年)など中央公論社における言論が左翼の啓蒙活動であるとして、四四年再検挙(横浜事件)。四五年九月に釈放され、不起訴処分。戦後は茨城県地方労働委員会会長、茨城大学人文学部講師などをつとめ、『茨城県農業史』を編さん。二〇〇二年六月十日没。九十三歳。

参考文献 中村智子『横浜事件の人びと』(一九七九、田畑書店)、桜井武雄・川俣浩太郎『日本農業の再編成/農業生産の基本問題』(『昭和前期農政経済名著集』一一、一九八〇、農山漁村文化協会) (伊藤 淳史)

さくらいただよし 桜井忠温 一八七九—一九六五 陸軍軍人。一八七九年六月十一日、桜井信之の三男として生まれる。愛媛県出身。兄は英文学者桜井鷗村。一九〇一年陸軍士官学校卒(第十三期)。〇四年第二十二連隊旗手として日露戦争に出征、旅順第一回総攻撃で重傷を負う。〇五年陸軍経理学校生徒監、〇六年実体験をもとに執筆した戦記文学『肉弾』を発表、大反響を呼ぶ。同年明治天皇に拝謁、〇七年『肉弾』の英語版を刊行、米国大統領、ドイツ皇帝の賞賛をうける。翻訳に際しては兄の桜井鷗村が協力した。その後、乃木希典、大隈重信、田中義一らの知遇を受け執筆を続ける。一六年少佐、京都連隊区司令部付、二一年歩兵第十四連隊付、二四年兵器本部付(陸軍省新聞班長)大佐を経て、三〇年少将・予備役編入、その後は講演や執筆にいそしむ。六五年九月十七日没。八十六歳。著書に『国防大事典』(一九三二年)、『大将白川』(三三年)、『大乃木』(四三年)、『戦ふ国戦ふ人』(四四年)などがある。

参考文献 『桜井忠温全集』(一九三〇、誠文堂)、木村毅編『明治戦争文学集』(『明治文学全集』九七、一九六九、筑摩書房)、木村久邇典『帝国軍人の反戦—水野広徳と桜井忠温—』(一九九三、朝日新聞社) (柏木 一朗)

さくらたい 桜隊 広島に投下された原子爆弾により壊滅した劇団。前身は一九四二年七月、八田尚之・薄田研二・丸山定夫・徳川夢声・藤原釜足により設立された劇団苦楽座。苦楽座は四四年二月、十一—十二月に移動演劇に従事したが、翌年一月からは日本移動演劇連盟の準専属劇団「苦楽座移動隊」として再出発した。この時丸山以外の設立メンバーは参加せず、旧苦楽座は事実上解散した。四五年三月以降本土空襲が激化すると、日本移動演劇連盟は劇団の地方疎開に踏み切り、苦楽座移動隊は広島市に常駐することとなった。劇団の広島移転は六月に行われ、この時に名称が「移動演劇桜隊」と改められた。桜隊は七月の山陰巡演を終えて広島に戻っていたところを、八月六日の原爆投下に遭遇、当時広島にいた丸山ら九名全員が死亡した。戦後は関係者により東京目黒の五百羅漢寺に移動劇団さくら隊原爆殉難碑、広島市に移動演劇さくら隊殉難碑が建てられたほか、新藤兼人監督による映画『さくら隊散る』(八八年公開)や井上ひさし作『紙屋町さくらホテル』(九七年初演)も作られた。

参考文献 八田元夫『ガンマ線の臨終』(一九六五、未来社)、江津萩枝『桜隊全滅』(一九八〇、未来社) (高岡 裕之)

さこみずひさつね 迫水久常 一九〇二—七七 昭和期の大蔵官僚、企画院官僚、政治家。一九〇二年八月五日、鹿児島県に生まれる。夫人は総理大臣を務めた岡田啓介の娘。二六年に東京帝国大学法学部を卒業し、大蔵省に入省。大蔵省事務官などを経て、三四年に首相秘書官(岡田啓介内閣)。その後は大蔵省理財局金融課長などを経て、四一年に企画院第一部第一課長に就任し、「革新官僚」の一翼を担った。アジア・太平洋戦争期は大蔵省総務局長、同銀行保険局長などを歴任する一方で、重臣として活動する岡田に機密情報の提供を行なった。四五年に内閣書記官長に就任(鈴木貫太郎内閣)して終戦工作を担い、終戦詔書の起草にも参画した。また占領期には天皇の免責工作に関わった。戦後は公職追放を経て、衆議院議員、参議院議員を務め、六〇年に国務大臣兼経済企画庁長官(池田勇人内閣)、六一年に郵政大臣(同)に就任

した。七七年七月二十五日没。七十四歳。

参考文献 吉田裕『昭和天皇の終戦史』(『岩波新書』、一九九二、岩波書店)、鈴木多聞『「終戦」の政治史一九四三―一九四五』(二〇一一、東京大学出版会)

(加藤 祐介)

さこんじせいぞう 左近司政三 一八七九―一九六九 明治期から昭和期の海軍軍人、政治家。一八七九年六月二十七日、山形県に生まれる。一九〇〇年に海軍兵学校を卒業(二十八期)。日露戦争には測量艦「磐城」の航海長として参加。一二年に海軍大学校を卒業。その後はオランダ駐在、イギリス駐在、海軍省軍務局第一課長、同人事局長を経て、二七年に同軍務局長に就任。二九年のロンドン海軍軍縮会議では主席専門委員として財部彪海相を補佐した。三一年に海軍次官、三二年に第三艦隊司令長官、佐世保鎮守府司令長官に就任。ロンドン海軍軍縮条約に対する批判が高まる中で左近司は「条約派」として排斥され、三四年に予備役編入。三五年に北樺太石油会社社長、四一年に商工相(第三次近衛文麿内閣)、四三年に貴族院議員に就任。四五年に国務大臣に就任(鈴木貫太郎内閣)し、ポツダム宣言即時受諾の立場をとる米内光政海相を支えた。戦後は公職追放。六九年八月三十日没。九十歳。

参考文献 鈴木多聞『「終戦」の政治史一九四三―一九四五』(二〇一一、東京大学出版会)

(加藤 祐介)

ささかわりょういち 笹川良一 一八九九―一九九五 昭和期の国家主義者、衆議院議員。一八九九年五月四日、笹川鶴吉の長男として大阪府に出生。一九一四年豊川尋常高等小学校高等科卒業。二五年豊川村村会議員。三一年三月、藤吉男ら在阪の政友会院外団が大阪でつくった国粋大衆党の顧問。同年九月同党総裁。三二年明治製糖の脱税事件を糾弾。同年飛行士の無料養成を目指して国粋義勇飛行隊を設立し隊長。三五年恐喝容疑で検挙。三七年出獄。三九年飛行機で単身ローマに飛び、ムッソリーニと会見。四一年南進協議会事務所を設置。対米戦争には慎重な態度であり、東条英機内閣の政策に反対の姿勢を見せたため、四二年の翼賛選挙では非推薦候補となるも、大阪五区から立候補し当選。同年国粋大衆党を政治結社から思想結社国粋同盟へと改組し、総裁。四三年以降何度も中国を訪問するとともに、国内的には刑務所も含め各地で講演会を頻繁に開催。九五年七月十八日没。九十六歳。

参考文献 佐藤誠三郎『笹川良一研究―異次元からの使者―』(一九九八、中央公論社)、伊藤隆編『国防と航空―国粋大衆党時代―』(『笹川良一と東京裁判』別巻、二〇一〇、中央公論新社)、伊藤隆『評伝笹川良一』(二〇一一、中央公論新社)

(昆野 伸幸)

佐々木惣一

ささきそういち 佐々木惣一 一八七八―一九六五 憲法学者。一八七八年三月二十八日、鳥取県に生まれる。京都帝国大学法科大学卒業。京大教授となる。大正期、立憲政治支持の論説を多く発表した。三三年、京大で刑法学を担当した滝川幸辰が思想弾圧で免官となると、法学部教官を率いて抗議辞職した。三五年から『公法雑誌』を主宰、在野で研究を発表した。佐々木後の京大では黒田覚が憲法学を講じ、日中戦争後に国家総動員法、大政翼賛会を擁護する憲法論を展開した。佐々木はこれに対抗して翼賛体制批判の論陣を張った。他方、四三年一月『公法雑誌』の「編輯月誌」には「聖寿万歳、皇室万歳、帝国万歳、英霊拝謝、将士武運長久祈願、国民奮励警戒。これ新年初頭の思」とある。敗戦後は、近衛文麿による憲法改正作業に従事し憲法案を作成、また貴族院議員として新憲法には反対。新憲法公布後には国体変更を主張し、和辻哲郎との間で論争になった。六五年八月四日死去。八十七歳。

参考文献 松尾尊兊「佐々木惣一」(『大正デモクラシーの群像』所収、一九九〇、岩波書店)、出原政雄「佐々木惣一における自由主義と憲法学―『国体』論の内実と変遷を中心にして―」(『立命館大学人文科学研究所紀要』六五、一九九六)

(源川 真希)

ささめゆき 細雪 谷崎潤一郎(一八八六―一九六五)の長篇小説。前中下の全三巻。アジア・太平洋戦争下に書き進められ、戦後になってから全巻完結した。一九四三年一月の『中央公論』に連載が開始されるも、時局の圧力から二回で掲載中止。四四年、上巻を私家版で刊行。同年末に完成した中巻も公刊あたわず、その後も疎開先の岡山県で書き続けられ、四七年に中巻を刊行、下巻を『婦人公論』に連載し、翌四八年に完結、下巻の単行本も刊行された。物語の時間は三六年から四一年までの時代に設定され、大阪船場の旧家蒔岡家の四姉妹(鶴子・幸子・雪子・妙子)とその家族の生活が、雪子の数度の見合い話を物語の主脈に配して語られている。不自由になっていく世相や交流する在日外国人たちを媒介して国際情勢の悪化が描かれるものの、物語の主調は、姉妹たちが行う花見などの年中行事や伝統芸能など、ある種、反時代的な趣で反復される日常の時間の円環によってつくり出されている。

参考文献 『谷崎潤一郎全集』一五(一九八二、中央公論社)、谷崎松子『湘竹居追想―潤一郎と「細雪」の世界―』(一九八三、中央公論社)

(坪井 秀人)

させぼかいぐんこうしょう 佐世保海軍工廠 ⇨海軍工廠(かいぐんこうしょう)

さたいねこ　佐多稲子　一九〇四—九八　小説家。一九〇四年六月一日、父田島正文、母高柳ゆきの長女として長崎県で生まれるが、両親は学生だったので当時は結婚せずのちに入籍した。母病没後に一家で上京、小学校五年生で中退し、以後、女工や女給として働いた。中野重治や堀辰雄ら『驢馬』同人と知り合って文学に目覚め、プロレタリア文学運動に参加する。最初の結婚に破れたあと『驢馬』同人の窪川鶴次郎と再婚。仕事と家庭の間で苦悩する女性をテーマにした『くれない』で文壇的評価を得る。『素足の娘』がベストセラーとなり流行作家となった四〇年、朝鮮総督府鉄道局に招待され、壺井栄とともに朝鮮を旅行、このころより戦時体制への抵抗が薄らぐようになる。以後、新聞社や軍当局からの派遣で中国、台湾、東南アジアなどの各地を慰問した。戦後、新日本文学会発足の際に、この戦地慰問を批判され戦争責任を問われた。佐多は戦争協力とは思わず庶民に寄り添う気持ちであったために批判には大きな打撃を受けたものの、深く内省し『私の東京地図』をはじめとする作品でみずからの戦争責任を問い続けていった。ほかの作品に『歯車』『灰色の午後』『渓流』『塑像』『樹影』『時に佇つ』などがある。敗血症のため九八年十月十二日没。九十四歳。『佐多稲子全集』全十八巻(講談社)がある。

参考文献　婦人民主クラブ編『群れ翔ぶ—佐多稲子追悼—』(一九九九)、佐多稲子研究会編『凜として立つ—佐多稲子文学アルバム—』(二〇一三、菁柿堂)　(竹内栄美子)

さっさひろお　佐々弘雄　一八九七—一九四八　昭和研究会を中心に活動したジャーナリスト。一八九七年一月二十三日、衆議院議員佐々友房の三男として熊本県で生まれる。第五高等学校を経て、一九二〇年東京帝国大学法学部政治学科卒業、同助手、外務省嘱託、二二—二四年ヨーロッパへ留学、二四年九州帝大法学部教授を経て、二八年東京朝日新聞社論説委員となる。近衛文麿のブレーン集団である昭和研究会の結成(三六年)に関与し、常任委員として活動した。日中戦争期には陸軍皇道派に接触、戦争の早期解決の道を探った。また、日独伊三国同盟結成の動きに対して大山岩男らと反対する文書を軍に提出し、新体制運動に際しては「新しい国民組織」を提案した。他方三六年には、麻生久・風見章らと時局懇談会を結成し、また三八年には、平貞蔵らと昭和塾を組織したりした。戦後、四六年参議院議員となり、緑風会の結成に参加した。四八年十月九日没。五十二歳。著書は、『強力政治の将来』(一九三四年、河出書房)ほか。

参考文献　酒井三郎『昭和研究会—ある知識人集団の軌跡—』(『中公文庫』、一九九二、中央公論社)、紀平悌子『父と娘の昭和悲史』(二〇〇四、スタジオK)　(柳澤　治)

さとうけんりょう　佐藤賢了　一八九五—一九七五　陸軍軍人。一八九五年六月一日、石川県で農業佐藤教信の次男として生まれる。金沢第一中学校を卒業。一九一七年、陸軍士官学校卒業(第二十九期)。二五年、陸軍大学校卒業。翌年、陸軍省整備局付。三〇年から三二年まで軍事研究のため米国に駐在。その後、陸軍大学校教官、陸軍省軍務局課員、陸軍報道部長、南支那方面軍参謀副長を歴任。四一年三月には陸軍省軍務課長に就任。十月には少将に進級。東条英機の側近として対英米開戦過程に参画。四二年四月、陸軍省軍務局長に昇任した。四四年十二月には支那派遣軍総参謀副長。四五年三月、中将に進級し、翌月に第三十七師団長として仏印に赴任し、終戦を迎えた。四五年十二月にA級戦犯の指定を受け、東京裁判では終身刑。五六年、出所。対英米開戦には慎重だったといわれるが、アジア・太平洋戦争中は、主戦派の東条の側近として反対派を取り締まった。「東条の納豆」とも呼ばれた。七五年二月六日没。七十九歳。

参考文献　佐藤賢了『大東亜戦争回顧録』(一九六六、徳間書店)、同『佐藤賢了の証言—対米戦争の原点—』(一九七六、芙蓉書房)、同『軍務局長の賭け—佐藤賢了の証言—』(一九八五、芙蓉書房)　(山本　智之)

さとうこうとく　佐藤幸徳　一八九三—一九五九　大正、昭和前期の陸軍軍人。一八九三年三月五日、山形県で生まれる。仙台陸軍幼年学校を経て、一九一三年陸軍士官学校卒(第二十五期)。二一年陸軍大学校卒。四三年第三十一師団(烈兵団)長となり、四四年第十五軍のインパール作戦に参加。コヒマを攻略するが、第十五軍司令官牟田口廉也中将の補給を無視した無謀な統帥に反撥して独断で撤退し、更迭される。五九年二月二十六日没。六十五歳。

参考文献　磯部卓男『インパール作戦—その体験と研究—』(一九八四、丸ノ内出版)　(遠藤　美幸)

さとうなおたけ　佐藤尚武　一八八二—一九七一　外交官、政治家。一八八二年十月三十日、旧津軽藩士の次男として大阪に生まれるが、のちに外交官佐藤愛麿の養子となる。東京高等商業学校卒。一九〇五年十月外務省に入省後は、国際連盟帝国事務局長などをつとめ、国際会議の専門家として活躍する。年齢の故もあり、退職の意を固めて帰国した佐藤は、三七年三月、期せずして林銑十郎内閣で外務大臣に就任し、日中戦争直前に特にイギリスとの関係改善を試み、イギリスのクライブ駐日大使やイーデン外相も佐藤外交の始動を好感をもって迎えたが、同内閣は三ヵ月の短命内閣に終わった。日米開戦前に東郷茂徳外相に請われて外務省顧問となるも、開戦を

佐藤尚武

めぐって東郷と激論を交わす。開戦後はクイヴィシェフ、モスクワの双方で駐ソ大使の重責を担い、東郷、重光葵両外相に、ソ連を仲介とした「名誉ある和平」の可能性はないことを訴え続けた。戦後は参議院議員。七一年十二月十八日没。八十九歳。

参考文献 佐藤尚武『回顧八十年』(一九六三、時事通信社)、栗原健・海野芳郎・馬場明『佐藤尚武の面目』(一九八一、原書房)、臼井勝美『日中外交史研究―昭和前期―』(一九九八、吉川弘文館)
（武田 知己）

さどがたけたかいちろう 佐渡ヶ嶽高一郎 一八九七―一九七二 昭和期に学童・青年相撲の指導者として知られた力士。一八九七年九月三十日、栃木県生まれで、本名永井高一郎。一九一五年から二九年まで阿久津川の名で力士を勤め、二九年に年寄佐渡ヶ嶽となる。大正末から埼玉県川口市に相撲道場を設けて学童・青年相撲の指導を始め、三〇年安全に相撲を取るための相撲基本体操を考案した。三六年教育・体育関係者を会員とする大日本国技研修会を設立し、四一年長野県戸隠山にその道場を建設した。四二年相撲は国民学校体操の格力養成の一つと認められ、佐渡ヶ嶽は文部省の委嘱で相撲基本動作ほか教授要項細目を作成し、国技研修会の夏の講習を通じて教員の指導を行なった。同時に大日本相撲協会の理事・指導部長の任に就き、相撲普及にあたる。五四年に年寄は廃業するが、日本相撲研修会を通して青年相撲指導者の養成を続けた。七二年十月二十日没、七十五歳。

参考文献 高橋栄「戸隠まゐり」(『相撲』八ノ九、一九四三)、久琢磨「国民学校学童の相撲興隆を希ふ」(『アサヒ・スポーツ』一九四三年四月第一号)、赤澤史朗「戦時下の相撲界―笠置山とその時代―」(『立命館大学人文科学研究所紀要』七五、二〇〇〇)
（赤澤 史朗）

さとみきしお 里見岸雄 一八九七―一九七四 昭和期の「国体学」研究者。罟川（こせん）とも号す。一八九七年三月十七日、国柱会創始者の田中智学の三男として、東京府に生まれる。一九二〇年に早稲田大学哲学科卒業、二二年から英・独・仏に留学。二四年に帰国、兵庫県西宮に里見日本文化研究所を開設。三一年に拠点を京都に移し、翌年国体主義同盟を結成。三六年にこれを改組して日本国体学会を創立し、東京武蔵野に移転。四一年、立命館大学法学部教授に就任し、翌年同大学に国体学科が創設されると主任教授となる。四三年から四七年にかけて『日本国体学』全十三巻を執筆、五〇年にその第一巻『国体学総論』を刊行した。ほか『天皇とプロレタリア』(一九年)、『吼えろ日蓮』(三一年)、『国体法の研究』(三八年)など多数の著書があり、日蓮主義を基盤とした国体学の形成に努めた。戦後は日本国憲法の改正を唱えるなど、引き続き言論活動を展開した。七四年四月十八日死去。七十七歳。

参考文献 『国柱会百年史』(一九八四)
（萩原 稔）

さとむらきんぞう 里村欣三 一九〇二―四五 昭和期の小説家。一九〇二年三月十三日、岡山県生まれ。本名、前川二享。二二年に徴兵検査を受け甲種合格となるも、姫路第十師団歩兵第十連隊(二五年に岡山に移転)には入営せずに逃亡した(巷説に流布するように、入営後に脱営したわけではない)。二六年には『文芸戦線』の同人となり、中国大陸での放浪生活をもとにした「苦力頭の表情」で作家として認められた。日中戦争が勃発すると、第十連隊の通信隊輜重兵として召集され、三九年まで中国各地を転戦した。四一年十一月に徴用され、アジア・太平洋戦争では、井伏鱒二や海音寺潮五郎らとともに第二十五軍宣伝班員としてマレー攻略作戦に従軍し、四二年八月から十一月までは北ボルネオに滞在し、『河の民―北ボルネオ紀行―』(有光社、四三年)を刊行した。里村はその後、徴用解除を受けて帰国するが、報道班員として四三年以後も北千島や中国に派遣された。そして帰国後の同年十月には今日出海らとともにフィリピンに派遣されたが、ルソン島バギオ付近で至近弾の爆風を受けて負傷、四五年二月二十二日に死亡した。四十四歳。

参考文献 里村欣三『里村欣三著作集』(一九九七、大空社)、大家眞吾『里村欣三の旗―プロレタリア作家はなぜ戦場で死んだのか―』(二〇一一、論創社)
（河西 晃祐）

さなだじょういちろう 真田穣一郎 一八九七―一九五七 陸軍省、参謀本部の中枢を歴任した能吏型の陸軍軍人。一八九七年十一月二十一日、屯田工兵中隊幹部真田嘉七の長男として北海道に生まれる。札幌第一中学校、仙台地方幼年学校を経て一九一九年陸軍士官学校卒業(第三十一期)。二七年陸軍大学校卒業。三一年陸軍省副官。三二年陸軍省軍務局課員(軍事課)兼整備局課員兼参謀本部部員。三七年整備局課員。三八年陸相秘書官兼陸軍省副官。四〇年支那派遣軍参謀。四一年二月陸軍省軍事課長、対ソ戦に反対。四二年四月陸軍省軍務課長、十二月参謀本部作戦課長、ガダルカナルからの撤退作戦を指揮。四三年十月参謀本部作戦部長。四四年六月のアメリカのサイパン島上陸に際し撃退は容易と発言するなど、米軍の軍事力に対する認識は乏しかった。十二月陸軍省軍務局長、四五年三月中部軍管区司令部付、四月第二総軍参謀副長、広島で被爆し重傷。五七年八月三日没。五十九歳。

参考文献 細野勉『真田穣一郎将軍を偲ぶ』(出版時期不明、私家版)
（森山 優）

さのまなぶ 佐野学 一八九二―一九五三 大正・昭和期の社会運動家。戦前の日本共産党指導者。一八九二年二月二十二日、大分県の旧藩医の家に生まれた。麻布中学校、第七高等学校を経て、一九一七年東京帝国大学法科大学政治学科を卒業。一八年新人会創立に参加。一九年満鉄東亜経済調査局嘱託となるが、翌年四月辞して早稲田大学講師となり、経済学・経済史を担当。『解放』二一年七月号に執筆した「特殊部落解放論」は全国水平社創立に大きな影響を与える。二二年七月、創立直後の日本共産党に参加し常任幹事となる。第一次共産党事件直前にソ連に亡命し、日本共産党代表としてコミンテルン第五回大会、上海会議に出席。二五年七月に帰国し、『無産者新聞』を創刊し主筆となる。二六年三―十二月、第一次共産党事件で入獄。二七年テーゼによる福本・山川両イズム批判の後、党中央委員長に就任。三・一五事件直前に亡命したが、二九年六月上海租界で逮捕された。共産党中央統一公判では法廷委員となり代表陳述を行なった。第一審判決は無期懲役。三三年六月、鍋山貞親とともに「共同被告同志に告ぐる書」を発表、一国社会主義の立場から転向を声明し、その後の大量転向を生み出す契機となった。三四年三月の控訴審判決では懲役十五年に減刑され服役した。獄中では古典や東洋思想などを研究し、四三年十月二日、満期で小菅刑務所を出獄、保護観察に付された。戦後、四六年八月、「天皇制下の一国社会主義建設」を旗印に結成した労農前衛党の委員長となるが翌年解党。四六年四月には早稲田大学商学部に復帰し、四九年教授に昇任。四七年日本政治経済研究所を設立。五三年三月九日死去。六十一歳。

参考文献 鍋山貞親・佐野学『転向十五年』(一九四九、労働出版社)、思想の科学研究会編『共同研究転向』上(一九五九、平凡社)

(吉川 圭太)

サボとうおきかいせん サボ島沖海戦 一九四二年十月十一日の夜戦。米軍に奪われたガダルカナル島飛行場奪回を図る陸軍は、弾薬食糧の補給を要求していた。これに対応すべく水上機母艦による緊急輸送を実施することになった。海軍は、この輸送を支援するために、第六戦隊(司令官五藤存知少将、旗艦重巡洋艦「青葉」)が重巡三隻、駆逐艦二隻の兵力でガダルカナル島の米軍飛行場砲撃を実施するために出撃したが、二十三時三十分過ぎにガダルカナル沖のサボ島北西海面でスコット少将指揮の重巡二隻、駆逐艦五隻からなる米艦隊の待ち伏せ攻撃を受け海戦となった。当初五藤司令官は、この米艦隊を味方の輸送部隊と誤認して攻撃を躊躇した。米軍は直ちにレーダー射撃により重巡「古鷹」、駆逐艦「吹雪」を撃沈。旗艦「青葉」も艦橋に命中弾を受けて五藤司令官は戦死した。米軍は駆逐艦一隻を失ったが、第六戦隊の飛行場砲撃は失敗に終わった。以後、レーダーの前に、日本海軍が期待していた夜戦での優位は失われることとなった。

参考文献 防衛庁防衛研修所戦史室編『南東方面海軍作戦』二(『戦史叢書』八三、一九七五、朝雲新聞社)

(林 美和)

さむかわこうたろう 寒川光太郎 一九〇八―七七 昭和期の小説家。一九〇八年一月一日、北海道生まれ。本名菅原憲光。小学校教員であった父親の転勤に従って八歳で樺太に移住。北海中学校を経て法政大学中退。樺太と満洲で新聞記者となった後、樺太庁博物館の館員を務めるなどしてから上京し、短編小説『密猟者』で三九年下半期の芥川賞を受賞した。その後『北風ぞ吹かん』といった開拓小説を執筆した。アジア・太平洋戦争中には二度、海軍報道班員として南方に派遣され、『薫風の島々―南方従軍手帖より―』(文松堂書店、四三年)、『従軍風土記』(興亜日本社、四三年)、『敵―南方戦記小説集―』(金星堂、四三年)、『波未だ高し』(万里閣、四三年)などを相ついで刊行した。四四年十一月フィリピンでアメリカ軍の捕虜となり、収容所の通訳などを務めながら三年間を過ごして、四七年に帰国した。七七年一月二十五日没。六十九歳。

参考文献 神谷忠孝「寒川光太郎と樺太」(『植民地文化研究』二、二〇〇三)、勝又浩・斎藤秀明・大西望他「寒川光太郎書誌(含年譜)」(『日本文学誌要』七五、二〇〇七)

(河西 晃祐)

サラトガ Saratoga 米国海軍の航空母艦。姉妹艦に「レキシントン」がある。一九二七年十一月十六日にニューヨーク造船所で竣工。全長二七〇・六六メートル、速力三三・二五ノット(時速約六二キロ)、基準排水量三万六〇〇〇トン。航空機九十機、二〇・三センチ砲八門、一二・七センチ高角砲十二門などを搭載(以上、四二年の改装前の数値)。建造が計画された段階では巡洋戦艦であったが、ワシントン軍縮条約を受けて空母に改装されることになった。日米開戦後は、ガダルカナル島への米軍上陸支援(一九四二年八月)、第二次ソロモン海戦(同年八月二十三日から)、ラバウル攻撃(四三年十一月)などに参加、四五年二月には硫黄島上陸作戦の支援に出動した。この硫黄島上陸作戦の間に、特攻機の攻撃で被害を受けたのでピュージェット＝サウンド海軍工廠で修理がなされた。四六年七月二十五日、ビキニ環礁での原爆実験に使用されて沈没した。

参考文献 岡田幸和・太平洋戦争研究会・谷井建三『航空母艦―THE AIRCRAFTCARRIERS OF WORLD WAR II―』(『ビッグマンスペシャル』、一九九七、世界文化社)

(宇田川幸大)

さわだしげる 沢田茂 一八八七―一九八〇 陸軍軍人。一八八七年三月二十九日高知県に沢田栄之助の三男として生まれる。海南中学校から一九〇〇年広島陸軍幼年学校入学、〇五年陸軍士官学校卒業(第十八期)。一四年陸軍大学校卒業。一八年参謀本部四課ロシア班でシベリア出兵の準備作業に従事し、一九年浦塩派遣軍司令部付(オムスク特務機関員、翌年ウラジオ機関付)、二〇年、浦塩派遣軍参謀。二八年から約三年間ハルピン特務機関長。三五年ポーランド公使館付武官。三八年第四師団長から三九年十月参謀次長。閑院宮総長のもと、参謀本部の実質的なトップとして、四〇年の米内内閣の倒閣や「世界情勢の推移に伴ふ時局処理要綱」の決定など、陸軍による政治介入の原動力となった。四〇年十二月第十三軍司令官に転じ四二年予備役。敗戦後ドゥーリトル飛行隊員の処刑問題で重労働五年の判決を受け、五〇年一月出獄。八〇年十二月一日没。九十三歳。

参考文献 森松俊夫編『参謀次長沢田茂回想録』(一九八二、芙蓉書房)

(森山 優)

さわだれんぞう 沢田廉三 一八八八―一九七〇 大正・

昭和期の外交官。一八八八年十月十七日、鳥取県生まれ。東京帝国大学法科大学卒業後の一九一四年に外交官試験に合格して外務省に入省した。第一回国際連盟総会全権随員、イギリス大使館一等書記官、フランス大使館参事官などを経て、三八年九月からは外務次官（第一次近衛内閣、平沼内閣）を務めた。翌三九年からはフランス大使となり、アジア・太平洋戦争中の四四年九月には外務次官に再任された（小磯内閣）。戦後は国連大使として、国際連合加盟交渉に携わり、日ソ国交回復の予備交渉にも尽力した。また日韓国交正常化交渉においては、五八年に四年半ぶりに再開された第四次交渉の首席代表となって交渉を進め、六〇年八月以降の第五次会談でも首席代表を務めた。一方で社会事業家である妻、美喜（岩崎久弥の長女）を助けて滝乃川学園の理事長を務めるなど、社会事業活動家としての一面も持っていた。七〇年十二月八日没。八十二歳。

参考文献　鳥取県立公文書館編『沢田廉三と美喜の時代』（二〇一〇）、『日本外交史辞典（新版）』（一九九二、山川出版社）　（河西　晃祐）

さわむらえいじ　沢村栄治　一九一七―四四　戦前のプロ野球選手。一九一七年二月一日、三重県に生まれる。京都商業学校の投手として三三年春、三四年春・夏の全国中等学校野球大会に出場。三四年十一―十二月に読売新聞社主催で開催された日米野球に出場するため、同校を中退し、五試合に登板。全日本チームは、大リーグ選抜チームに十八戦全敗したが、〇対一という唯一接戦となった試合を演じたのが沢村だった。大日本東京野球倶楽部（のちの東京巨人軍）に入団し、三六年に十四勝、翌三七年には三十三勝をあげたが、徴兵により三八年一月―四〇年四月まで入隊し、中国戦線で左手を銃弾貫通で負傷。四〇年に復帰し、この年七勝一敗、翌四一年は九勝五敗であったが、同年十月に二度目の徴兵により、南方の最前線に送られ、四三年一月に除隊した。その後、復帰するもこの年〇勝三敗に終わり、巨人軍を解雇。四四年十月に三度目の徴兵があり、同年十二月二日に乗船していた輸送船が東シナ海で撃沈され戦死。二十八歳。早逝を惜しまれ、投手に対する表彰制度として沢村賞が制定された。

参考文献　北原遼三郎『沢村栄治とその時代』（一九九二、東京書籍）　（坂上　康博）

さわもとよりお　沢本頼雄　一八八六―一九六五　大正期から太平洋戦争期の海軍軍人。一八八六年十一月十五日、山口県に生まれる。一九〇八年海軍兵学校卒（第三十六期）。一九年海軍大学校卒。二四年イギリス大使館付武官補佐官となる。二八年十二月海軍大佐、軽巡洋艦「天龍」艦長。二九年軍務局第一課長、三二年重巡洋艦「高雄」艦長、三三年戦艦「日向」艦長を歴任し、三四年十一月海軍少将となった。三五年海軍大学校教頭、三六年艦政本部総務部長、三七年第七戦隊司令官。三八年十一月海軍中将になり、三九年四月練習艦隊司令官、同年十二月海軍大学校長、一五年十月第二遣支艦隊司令長官を経て、四一年四月から四四年三月まで海軍次官。対米英開戦には消極的で、嶋田繁太郎海軍大臣が開戦決意をした際辞任を申し出る一幕もあった。四四年三月海軍大将、軍事参議官、海軍次官事務取扱。同年七月呉鎮守府司令長官、四五年五月軍事参議官で終戦を迎える。戦後は水交会会長を務めた。六五年六月二十九日没。七十八歳。

参考文献　半藤一利他『歴代海軍大将全覧』（『中公新書ラクレ』、二〇〇五、中央公論新社）　（相澤　淳）

さんあうんどう　三A運動　ジャワ軍政開始直後（一九四二年三月）、第十六軍宣伝部によって提唱された対日協力のための運動で、そのスローガン「アジアの光ニッポン」「アジアの保護者ニッポン」「アジアの指導者ニッポン」の頭文字をとって三A運動と呼ばれた。三亜（さんあ）運動と表記されることもある。日本側からは宣伝部員の清水斉（しみずひとし）、インドネシア側からはパリンドラ党の指導者で、当時は宣伝部から俸給を得ていたサムスディンが中心的な役割を果たした。この段階では多くの著名な民族主義者は流刑先からまだジャカルタに戻っていなかったため参加しておらず、これが一つの弱みになっていた。日本軍はこの運動の一環として青年層への宣撫に力を注ぎ、ジャカルタに三亜青年訓練所を設立し、合宿生活を通じて日本精神をたたきこんだ。活動は多彩であったが運動としてはあまり浸透せず、民衆の支持も充分に得られなかったうえ、宣伝部の民間人主導で行われたことに対し陸軍の支持も得られず短命に終わった。

参考文献　ジョージ・S・カナヘレ『日本軍政とインドネシア独立』（後藤乾一・近藤正臣・白石愛子訳、『早稲田大学社会科学研究所翻訳選書』、一九七七、鳳出版）　（倉沢　愛子）

さん・いちごじけん　三・一五事件　日本共産党に対する一回目の大弾圧事件。一九二八年二月、普選による初の総選挙に際し、共産党は公然と大衆の前に姿を現し、宣伝活動を展開した。それに対し政府は三月十五日未明、全国の警察網を動員して一斉検挙を行い、治安維持法違反容疑で千五百六十八人を検挙、以後共産党は地下活動を余儀なくされた。

参考文献　山辺健太郎編『社会主義運動』三―七（『現代史資料』、一九六五―六六、みすず書房）　（三輪　泰史）

さんがつじけん　三月事件　一九三一年三月、未発に終わった陸軍や大川周明らのクーデタ計画。三〇年、浜口雄幸首相が凶弾で倒れ、三一年二月、幣原喜重郎首相代理失言問題で議会が混乱、政党政治の混乱と、折からのロンドン海軍軍縮条約をめぐる衆議院の論戦の中で、政府委員として出席する軍首脳にとって、政府との答弁を一致させなければいけない立場と、陸軍の真意との矛盾の中で、政党政治は桎梏になりつつあった。さらに満蒙の日本権益の「危機」の進行の中で、宇垣一成陸相をはじめ軍首脳部・幕僚層は危機感を強める。国民の、腐敗・

堕落した既成政党への不満も折から次第に高まりをみせ、政党政治の基盤が緩みだしていた。そうした条件下、三月事件計画は具体化の道を歩む。すでに前年、桜会を組織していた橋本欣五郎・重藤千秋らの幕僚将校は民間の大川周明と結び、さらに軍中央部の小磯国昭軍務局長、二宮治重参謀次長、建川美次参謀本部第二部長、そして宇垣一成陸相自身、「満蒙」権益の危機感の高まりの中で何らかの打開策を必要としていた。三月二十日を期して、無産派のデモで議会を包囲し、陸軍から渡された擬砲弾で民心を激昂させ、戒厳令をしき、宇垣内閣実現を計画。しかし永田鉄山軍事課長・岡村寧次補任課長の反対で一応中止し、小磯と大川で計画を進める。浜口首相の容体が思わしくない中、後継首班に宇垣が有力候補として浮上。この条件下、大川との会見で、一度は決意した宇垣は計画の中止を命じ、小磯から大川に伝えられる。大川は激昂し自分たちだけで強行しようとする。小磯らは、徳川義親に二十万円を出してもらい、大川の単独行動の断念に成功。この未発に終わった陸軍中枢もからんだクーデタ計画の存在は、三一年八月ごろから天皇周辺にも伝わり、満洲事変に際して事変を「陸軍のクーデタの序幕」とみなすような見解を生み、不拡大方針にブレーキをかける役割を果たす。また、以後の軍内派閥対立の一因にもなった。

参考文献　芳井研一「三月事件と陸軍中堅幕僚層」(『新潟大学人文科学研究』六七、一九八五)、須崎慎一『日本ファシズムとその時代—天皇制・軍部・戦争・民衆—』(一九九八、大月書店)　(須崎　慎二)

さんぎょうくみあい　産業組合　一九〇〇年の産業組合法により法人格を得て設立された協同組合。農民の協同経済活動による信用、販売、購買、生産(のち利用)の四種の組合と兼営事業を行う。産業組合は農商務省の官僚の指導により、農村の小地主・自作農を中心とした中産階級の保護育成を目的とした。〇五年に平田東助が代表となり、大日本産業組合中央会(一〇年に産業組合中央会と改名)が設立され、その傘下に道府県連合会、市町村産業組合の設置が推進された。とりわけ、昭和恐慌による農村危機を克服する手段として、政府は産業組合を重視して、三三年から三七年まで産業組合拡充五ヵ年計画を実施し、さらに三ヵ年延長して、四〇年まで、大規模な産業組合の設置と拡充を進めた。これにより産業組合の未設置町村はほぼなくなった。特に日中戦争以後は、農産物の供出・集荷・出荷組織として、戦時農業統制機関の役割を果たした。四三年には農業団体法により、産業組合は官製の農業会に解消された。→農業団体法

参考文献　産業組合編纂会編『産業組合発達史』(一九六五－六六、産業組合刊行会)、斎藤仁編『(シンポジウム)日本資本主義の展開と産業組合—産業組合運動から農協へ—』(一九七九、日本経済評論社)、森武麿『戦間期の日本農村社会—農民運動と産業組合—』(二〇〇五、日本経済評論社)　(森　武麿)

さんぎょうくみあいかくじゅうごかねんけいかく　産業組合拡充五ヵ年計画　昭和恐慌対策としての政府の農村経済更生計画に対応したもので全国に産業組合を整備拡充する計画。産業組合拡充五ヵ年計画が民間の産業組合中央会で議題になったのが一九三二年一月の第二十八回全国産業組合大会であり、四月に五ヵ年計画の樹立の件が決議された。十月産業組合拡充五ヵ年計画が策定され、三三年一月から全国一斉に実施された。計画内容は全町村に産業組合を設置、有限責任から保障責任・無限責任へ、四種兼営事業(信用、販売、購買、利用)、区域内全農業者の加入、系統機関加入が目標とされた。産業組合の農家加入率は三〇年の六一％から四〇年には九五％となり、四種兼営組合化もほぼ八割に達した。五ヵ年計画を通して、農村における産業組合と農会の地位は逆転した。これによって、恐慌期に産業組合が農村の流通過程の支配的地位を占めるようになると、従来農産物を取り扱ってきた商人たちは商権擁護を掲げて反産運動(反産業組合運動)を展開した。→全日本商権擁護連盟　→農会

参考文献　産業組合史編纂会編『産業組合発達史』(一九六五－六六、産業組合史刊行会)、森武麿『戦間期の日本農村社会—農民運動と産業組合—』(二〇〇五、日本経済評論社)　(森　武麿)

さんぎょうごうりか　産業合理化　⇨臨時産業合理局

さんぎょうほうこくかい　産業報国会　⇨大日本産業報国会

さんこうさくせん　三光作戦　日中戦争、中国でいう抗日戦争において、日本軍が中国共産党と八路軍が指導する抗日根拠地(解放区)、抗日ゲリラ地区に対して行なった、中国側でいう「焼光、殺光、搶光」をあわせた「三光」作戦のことである。日本語にすると「焼きつくし、殺しつくし、奪いつくす」という意味である。中国では、「三光政策」ともいうのは、それが日本軍の占領・統治政策とみなされたからである。日本軍の用語では「燼滅掃蕩作戦」「掃蕩作戦」「剔抉掃蕩作戦」「治安強化作戦」などといい、総じて「治安戦」と称した。なお、中国では、中国共産党と八路軍の支配、活動する地域に対するものでなくても、日本軍が中国の広い地域で行なった、殺戮、掠奪、放火などの侵略、加害行為を指して三光作戦と称する場合がある。

一九三七年七月七日の盧溝橋事件を契機に中国への全面戦争を開始した日本軍は、北支那方面軍が華北の侵略、占領を担当し、三八年前半までに華北の主要地域を占領した。これに対して、中国共産党と八路軍は、日本軍の占領支配地域に抗日根拠地(解放区)を築いて拡大し、日本の軍事占領から領土を解放していく戦闘を行なった。三八年九月には山東抗日根拠地が成立、四〇年には晋冀魯抗日根拠地が成立、四一年八月には晋冀魯豫辺区が樹立された。晋は山西省、冀は河北省、魯は山東省、豫は河南省の別称で、華北の四つの省にまたがった広大な抗

日解放区が建設されたのである。辺区では、共産党の指導による抗日根拠地政権(抗日政権)が共産党政権として樹立され、国民党政府から独立した地方政治権力を築き、民衆を組織していった。抗日政権は、町や農村、山村をふくんだ広い地域を支配し、食糧・物資など経済的にも独立した生活自給体制をとった。抗日根拠地には、共産党の指導機関と八路軍の司令部が設置され、共産党の政治工作員を養成する党学校がつくられ、八路軍兵士を養成する兵学校がつくられた。抗日根拠地で訓練された八路軍兵士や政治工作員は、各地に派遣されて民衆を抗日ゲリラに組織したり、解放区を拡大したりするために、活発な活動を展開した。抗日ゲリラ地区は、抗日根拠地を中心にして周辺の広大な地域に形成され、そこでは住民(多くは農民)が武装して民兵(ゲリラ兵)となり、住民と結びついて遊撃戦(ゲリラ戦)を展開した。

抗日根拠地、抗日ゲリラ地区の拡大に危機感をつのらせた北支那方面軍は、三九年から本格的な「燼滅掃蕩作戦」を展開した。四〇年八月下旬から十月上旬に八路軍が決行した百団大戦により、大きな損害をうけ、面目を失った北支那方面軍は、報復掃蕩作戦を行なった。北支那方面軍第一軍参謀長の田中隆吉少将(当時)は、「敵根拠地を燼滅掃蕩し、敵をして将来生存する能わざるに至らしむ」と指示した。抗日根拠地・ゲリラ地区の住民に対して徹底的に殺戮、破壊、放火、略奪を行い、生存不可能な状態にせよ、と命じたのである。百団大戦は、北支那方面軍の八路軍に対する認識を一変させ、日中戦争の主敵が国民政府軍から共産党軍に移っただけでなく、軍隊を相手にすることから、抗日民衆を相手にする三光作戦に変化していった。「剿共(共産党を滅ぼすこと)なくして治安維持は達成せられない」と考えた支那派遣軍と北支那方面軍の指揮官たちは、共産主義という「悪」を根絶・絶滅するためには手段を選ぶ必要がなく、戦時国際法や国際人道法などの適用などを考慮する必要はないとした。八路軍は戦力維持のため、負ける戦闘は避けて待避戦法をとることが多かったので、民衆の犠牲のほうがはるかに膨大となった。中国側の文献には、日本軍が日中戦争期に華北で引き起こした虐殺事件は千五百四十件に及び、そのなかで百人から六千四百人に至る規模の民間人虐殺事件は三百七十七件に及び、晋綏(山西・綏遠省)、冀熱遼(河北・熱河・遼寧省)、晋冀魯豫の抗日根拠地で、日中戦争の八年間に、日本軍に直接・間接に殺害された者が二百八十七万七千三百六人に及んだと記されている。

→抗日根拠地 →百団大戦

参考文献 笠原十九司『南京事件と三光作戦―未来に生かす戦争の記憶―』(一九九九、大月書店)、同『日本軍の治安戦―日中戦争の実相―』(『戦争の経験を問う』、二〇一〇、岩波書店)

(笠原十九司)

さんごかいかいせん　珊瑚海海戦　一九四二年五月七日から八日にかけて南太平洋の珊瑚海で行われた日本海軍と米豪海軍の海戦。両軍の水上艦艇が互いを視認せず、空母を発した航空機のみが交戦した史上はじめての空母機動部隊間の戦闘であった。日本海軍の戦力は大型空母二、小型空母一、水上機母艦二、重巡洋艦七、軽巡洋艦二、駆逐艦十五、空母搭載機百二十一。総指揮官はラバウルに位置する第四艦隊司令長官の井上成美海軍中将。一方、第十七任務部隊を基幹とする米海軍と豪海軍の戦力は大型空母二、重巡洋艦七、軽巡洋艦二、駆逐艦十三、空母搭載機百二十二。指揮官はジョン=フレッチャー海軍少将。米国とオーストラリア間の連絡路遮断を狙う日本海軍はオーストラリアの対岸にあたるニューギニア南東岸の連合軍基地ポート=モレスビーの攻略をめざし、輸送船十二船に陸軍南海支隊を乗せ、小型空母「祥鳳」基幹の護衛艦群を付けた攻略部隊を四月三十日にラバウルから出撃させた。これを援護する第四艦隊指揮下の空母「瑞鶴」「翔鶴」を基幹とする第五航空戦隊は、五月一日にトラック島を出撃した。米豪海軍は攻略部隊の接近を察知し、航空先制攻撃で空母「祥鳳」を撃沈した。この結果モレスビー攻略部隊は反転した。この間、索敵で米豪艦隊の所在を探知した第五航空艦隊は六十九機の攻撃隊を出撃させ、米大型空母「レキシントン」と駆逐艦、油槽船各一隻を撃沈した。米豪艦隊もほぼ同時に日本艦隊を発見し、七十三機の攻撃隊で空母「翔鶴」を大破させた。日本艦隊は八十一機、米豪艦隊は六十九機を喪失した。戦況有利と判断した呉の連合艦隊司令部は第四艦隊に米豪艦隊の追撃を命じたが、井上長官は作戦を中止し、艦隊を引き揚げた。珊瑚海海戦は戦術的には日本海軍の勝利に見えたが、日本軍に海路からのポート=モレスビー攻略を断念させ、搭載機の損失が甚大な第五航空戦隊が翌月のミッドウェー海戦に参加できなかったため、米豪海軍が戦略的な勝利を収めたといえる。なお、オーストラリアではミッドウェー海戦以上に珊瑚海海戦が戦局の転換点と評価されている。

珊瑚海開戦　攻撃を受けるレキシントン

参考文献　防衛庁防衛研修所戦史室編『南東方面海軍作戦』一(『戦史叢書』四九、一九七一、朝雲新聞社)、エドウィン＝ホイト『サンゴ海の戦い―史上最初の空母戦―』(志摩隆訳、『角川文庫』、一九七六、角川書店)、森史朗『暁の珊瑚海』(二〇〇五、光人社)　(等松　春夫)

さんごくどうめい　三国同盟　⇨日独伊三国同盟(にちどくいさんごくどうめい)

さんしきせんとうき　三式戦闘機　⇨飛燕・三式戦闘機(ひえん・さんしきせんとうき)

さんせいざんりゅうもんだい　山西残留問題　一九四五年八月、無条件降伏した旧日本軍の将兵たちは、武装解除され各地より帰国することになった。しかし、中国山西省に駐屯していた北支派遣軍第一軍の将兵約二千六百人は、中国国民党系軍閥の部隊に編入され、戦後も三年八ヵ月にわたり中国共産党軍と戦った。そのうち五百五十人余りが戦死、七百人以上が捕虜となり抑留生活を強いられ、彼らの帰国は五五年前後になってからだった。山西省残留措置は、共産党軍との戦闘に日本軍側の装備や戦略を必要とした国民党系軍閥の閻錫山側と現地日本軍によって交わされた密約によるもので、第一軍司令官澄田睞四郎中将ら上官の残留命令があったと考えられる。しかしながら、日本軍の武装解除を定めたポツダム宣言との兼ね合いから彼らは「平病死」や「現地除隊」と処理され、恩給等補償措置からも外されるなど苦難を強いられた。軍命があったとする彼らは、「みずからの意思で残留した」とみなす日本政府の措置に対し、公務認定と現地除隊措置の取り消しを求め続け、二〇〇一年には訴訟を提起した(〇五年上告棄却)。↓太原戦犯管理所(たいげんせんぱんかんりしょ)

参考文献　池谷薫『蟻の兵隊―日本兵二六〇〇人山西省残留の真相―』(二〇〇七、新潮社)　(本庄　十喜)

サンソム　Sir George Bailey Sansom　一八八三―一九六五　イギリスの外交官、歴史家。一八八三年十一月二十八日、イギリスのロンドンで生まれ、一九〇三年に外交官試験に合格、〇四年に来日し、日本各地の領事館で勤務する傍ら、日本史や日本文化への造詣を深めた。第一次世界大戦中、一五年から日本を離れたが、二〇年に再来日し、三〇年代は商務担当参事官として、日印会商などを担当した。三〇年代後半には、戦争に向かう日本の姿勢について、日本の穏健派の力は強くないとして、その力を評価するクレーギー大使との間で意見の違いをみせた。その間、三一年には『日本文化小史』を刊行し、日本史家としての名を高めた。四〇年にいったん外交官をやめたものの、四二年からはワシントンのイギリス大使館で対日政策についての助言などを行なった。戦後は四六年に極東委員会のイギリス代表となり、日本を再訪した。四七年からはコロンビア大学で東アジア研究所長として、研究と教育にあたった。六五年三月八日没。八十一歳。

参考文献　細谷千博「ジョージ・サンソムと敗戦日本」(『日本外交の座標』所収、一九七九、中央公論社)　(木畑　洋一)

さんたいさんぎょうかいしゃ　三泰産業会社　満洲における農産物収買会社。一九四〇年一月二十二日、三井物産が、子会社である哈爾浜三泰桟股份有限公司・株式会社新京三泰桟・株式会社四平街三泰桟の三社を合併させて設立した(全額三井物産出資)。これら三社は、三井物産の子会社である三泰油房が、原料調達を目的として、三〇年代半ばまでに買収し糧桟として営業をさせていたが、その後株式会社化され、三九年五月に三泰油房から三井物産へ移譲されていた。設立後、三泰産業は、康徳八(一九四一)特産年度に満洲農産公社の特約収買人に指定され、同年の特産物収買割当量の約二四%を割り当てられた。四四年満洲農産公社の特約収買人制度廃止により、三泰産業の農産品収買業務は終焉を迎えた。同社は、三宝窯業、三江製油、東亜農産工業などの子会社を設立した。また、一時期、協和煙草株式会社のほぼ全株式を所有していたが、四二年九月に三井物産へ売却した。

参考文献　三井文庫編『三井事業史』本篇三中・下(一九七四・二〇〇一)　(吉川　容)

サンダカンしのこうしん　サンダカン死の行進　日本は、北ボルネオのサンダカンにあるボルネオ俘虜収容所(所長菅辰次大佐)第一分所に収容されていた二四三四人の捕虜(オーストラリア人一七九三人、イギリス人六四一人)を二六〇キロ離れたラナウの第二分遣所へ移動させた。行軍中に一〇四七人が死亡した。オーストラリアでは「死の行進」と呼ばれ、日本の捕虜虐待を象徴する事件ととらえられている。一九四五年一月二十九日、四五三名が九班に分かれて行進を開始、二月六日には最後のイギリス人捕虜五〇人が出発した。途中で落伍した者、落伍して「処分」された者が多く、ラナウについたのは三三九人だった。五月二十九日、五三六人が十一班に分かれて出発、ラナウに一八三人が到着した。六月九日、三回目の移動が強行され、七五人の捕虜と引率の日本軍兵士のほとんどが死亡した。サンダカンに残された捕虜も餓死あるいは銃殺され、死者は一三八一人にのぼった。ラナウに到着した捕虜もその後、餓死、病死や「抹殺」により死亡した。二四三四人の捕虜のうち生き残ったのは、ラナウで逃亡した四人と第二回行進の途中で逃亡した二人の六人のみである。戦後、オーストラリアはラブアン島で開いた軍事裁判で「死の行進」と「捕虜抹殺」の日本の責任を追及した。責任者三人が死刑になり、多くの有罪者が出ているが、その中には台湾人軍属が含まれている。

参考文献　田中利幸『知られざる戦争犯罪―日本軍はオーストラリア人に何をしたか―』(一九九三、大月書店)　(内海　愛子)

さんたんいせいしだん　三単位制師団　所属する歩兵連隊を四個から三個に規模を縮減した師団。師団は師団司令部、二個歩兵旅団(歩兵連隊が各二個所属するので合計四個連隊)、騎兵・砲兵各連隊(または旅団)、工兵連隊、輜重兵連隊などから構成され、独立して作戦を遂行できる戦略単位。基幹の歩兵連隊の数から四単位制師団といわれたが、一九三六年六月に改定された「帝国国防方針」により師団数四十個をめざし、それに対応して同年十一月二十六日に陸軍省が制定した「軍備充実計画の大綱」で、歩兵旅団を廃止し基幹である歩兵連隊を三個に改めた三単位制師団に、三九年からの四年間で改編することを決定した。中国戦線の拡大に対応して人員を減少する代わりに装備を改善し、また機動性を重視して師団長の指揮運用を軽快にした。各師団から一個歩兵連隊を抽出し、師団数を増加させ、三七年に十七個から二十四個に増加し、さらに四一年には五十一個、四五年に百六十九個に激増した。

参考文献 上法快男『陸軍省軍務局』(『昭和軍事史叢書』、一九七九、芙蓉書房)
(丑木 幸男)

サントス José Abad Santos 一八八六―一九四二 フィリピンの法律家。一八八六年二月十九日、ルソン島中部パンパンガ州サンフェルナンドで生まれ、一九〇四年に官費留学生として渡米してイリノイ大学などで法学を学び、〇九年にジョージ＝ワシントン大学で法学修士号を取得。帰国後、法務局に入局し、二〇年代に二度にわたって司法長官を務めた。コモンウェルスでは最高裁判所判事、司法長官を歴任し、四一年十二月の戦争勃発後、ケソンの戦時内閣で最高裁判所長官に任命されて十二月三十日にケソン大統領とオスメニア副大統領の就任宣誓を執り行なった。ケソンが国外脱出する際、四二年三月十七日付で大統領代行に任命されたが、四月十一日にセブ市で日本軍に逮捕され、協力を拒否したために五月二日にミンダナオ島コタバトで銃殺された。五十六歳。実兄はフィリピン社会党創設者のペドロ＝アバド＝サントス。

参考文献 Ramon C. Aquino, *Chief Justice Jose Abad Santos, 1886–1942: A Biography* (Quezon City, 1985, Phoenix Publishing House)
(内山 史子)

さんぱちしきほへいじゅう 三八式歩兵銃 日露戦争後の一九〇六年、日本陸軍が制式採用した小銃。口径六・五ミリ、全長一二八センチ、重量三・九五キロ。初速は七六二メートル、最大射程距離は約三七〇〇メートル。日本人の体格と、日本の弾薬製造能力を鑑みて、欧米の小銃に比して小さな口径が採用された結果、発砲時の反動が小さく、命中精度は良好であった。三十年式銃剣を装着した際の全長は一六六・五センチに達し、白兵突撃を重視した日本陸軍を象徴する兵器であった。装弾数は五発であったが、発砲する度にボルト(「槓桿」と称した)を手動で操作することで空薬莢を排出し、次弾を薬室へ送り込む必要があった。

本銃は、一八九八年に制式採用された三十年式歩兵銃(開発者は有坂成章)を、南部麒次郎らが改良して開発した銃であり、機関部の構造簡略化や、砂塵の侵入を防ぐ遊底覆の設置といった、三十年式歩兵銃との相違点の多くは、日露戦争の戦訓を踏まえたものであった。後継の九九式小銃の製造・配備が遅れていたこともあり、本銃は一九四一年まで製造が続けられ、第二次世界大戦期にも広く使用された。だが、対米戦線では米軍が標準装備していた半自動小銃、M1ガーランド(発砲ごとのボルト操作を必要とせず、引き金の操作だけで連続発砲できた)に圧倒されることとなった。なお、第二次世界大戦期において、半自動小銃の普及に成功していたのは、世界的にみても米軍のみであった。

明治初期の日本陸軍は、幕末維新期に幕府や諸藩がおのおの輸入した雑多な小銃を接収・選別し、必要に応じて改造を施した上で兵士に装備させた。当時、日本国内における小銃の新規製造は行われていなかった。だが、一八七七年に勃発した西南戦争において、主力小銃であったスナイドル銃が不足し、代替品として雑多な小銃を兵士に装備させたことで、補給が煩雑化するなど、外国製小銃に依存することの危険性が顕在化した。このような状況下で、村田経芳が開発し、一八八〇年に制式採用された小銃が、十三年式村田銃であった。十三年式村田銃は、銃身用鋼材を輸入に頼っていたものの、日本人が開発し、日本国内で製造された最初の小銃であった。その後、一八八五年には、十三年式村田銃の機関部などに若干の改良を施した十八年式村田銃が採用され、一八八六年ごろには、これら「村田銃」が陸軍の全常備歩兵に行き渡った。「村田銃」は、十三年式・十八年式ともに口径一一ミリ、装弾数は一発のみで、発砲するたびに新たな弾薬筒を装填し直す必要のある、単発銃であった。「村田銃」の製造が終了したことで、一八八九年には、村田経芳によって開発され、当時最先端の技術であった無煙火薬を発射薬として導入した、二十二年式村田連発銃が採用された。この銃は、口径八ミリ、八発の弾薬筒を装填し、ボルト操作によって連続で発砲することのできる、連発銃であった。

村田連発銃は、日本陸軍がはじめて採用した連発銃であったが、無煙火薬の国内製造実現に時間を要したため、部隊配備が大幅に遅延した。村田連発銃の配備が開始されたのは日清戦争開戦後のことであり、清国本土での戦闘において本格的に使用されることはなく、台湾での戦闘に用いられるにとどまった。日清戦争における日本陸軍の主力小銃は、単発式の「村田銃」であった。また、村田連発銃は構造的に欠陥を抱えていたことから、一八九八年に三十年式歩兵銃が採用されたこともあり、北清事変で陸軍が使用したのを最後に、実戦において大規模に使用されることはなかった。村田連発銃の経験を踏まえ、有坂成章が新たに開発した連発銃が、三八式歩兵銃の原型となった、三十年式歩兵銃であった。なお、日本国内における小銃の銃身用鋼材の製造が開始されたのは、一九〇九年、すなわち三八式歩兵銃採用後のことであった。

参考文献 工学会『明治工業史』火兵・鉄鋼篇(一九二九、工学会明治工業史発行所)、大江志乃夫『日露戦争の軍事史的研究』(一九七六、岩波書店)、桑田悦・前原透編『日本の戦争―図解とデーター』(一九六二、原書房)、佐山二郎『小銃　拳銃　機関銃入門―日本の小火器徹底研究―』(『光人社NF文庫』、二〇〇〇、光人社)　(吉本　宙矢)

サンフランシスコへいわじょうやく　サンフランシスコ平和条約　一九五一年九月八日に調印され五二年四月二十八日に発効した連合国と日本国との平和条約。前文と本文七章計二十七条からなる。日本と連合国との戦争状態は国際法上この条約によって終結した。調印が行われたのがサンフランシスコのオペラハウスであったので、サンフランシスコ平和(講和)条約と呼ばれる。戦争終結後、講和条約は短期間のうちに結ばれるのが一般的であったが、第二次世界大戦の場合、国内でファシスト政権を打倒して降伏したイタリアなどを別として、冷戦のもと、日本とドイツは講和までに長い時間がかかった。

　連合国軍最高司令官マッカーサーも当初は短期間で日本占領を終えることを予定しており、その際には厳しい賠償の取り立てが考えられていた。しかしアメリカ国務省のジョージ＝ケナンGeorge Frost Kennanらは、冷戦下のソヴィエト封じ込め政策のもと、反共の防波堤として、アメリカの友好国としての日本の再建という方針を強く打ち出した。そこでは、非軍事化・民主化よりも日本の早期の立ち直りが重視され、基本的には賠償も取り立てない政策(「寛大なる講和」政策)となった。国務長官顧問として対日講和を担当したジョン＝ダレスJohn Foster Dullesは、こうした政策で関係国との調整を図った。だが無賠償方針には日本によって多大な被害を受けたフィリピンなどアジア諸国が猛反発し、結果として条約では個別に希望する国に対しては日本が役務を提供することとなった(第一四条)。ただし香港の場合などをみると、宗主国イギリスが「寛大なる講和」で無賠償を宣言したため、日本の占領下に直接被害を受けた人びとへの賠償が行われず、のちのちの問題となった。平和条約では、連合国は条約発行後九十日以内に日本から撤退することとなっていたが、日本と協定した国は軍隊を国内にとどめることができるとされており(第六条)、当初からアメリカが日本国内に基地を置くことが前提とされていた。実際に平和条約調印と同日に、サンフランシスコの米軍施設で日米安保条約が調印された。

サンフランシスコ平和条約調印式

　講和の準備はアメリカの主導で進められた。日本の軍事行動で最大の被害を受けた中国は、共産党政権の代表権についてアメリカとイギリス間で意見の調整がつかなかったため、結局招請されず、参加を希望した韓国は北朝鮮とともに交戦国ではないという理由でこれも招請されなかった。インド、ビルマ、ユーゴスラビアは会議に招請されたものの参加をしなかった。インドはアメリカが占領終結後も日本に軍事基地を置くことに反対し、ビルマは賠償政策への批判から欠席した。サンフランシスコ講和会議に参加はしたものの署名をしなかったのはソ連、ポーランド、チェコスロヴァキアで、講和を主導するアメリカが日本をみずからの陣営に引き込もうとすることへの反対からであった。結局講和会議には五十二ヵ国が参加し、条約に署名したのは日本を含めて四十九ヵ国であった。内訳は日本を除くと、ヨーロッパ七、アフリカ四、アジア十三、大洋州二、北米二、中南米二十ヵ国で、日本を取り巻く周辺諸国(現在のロシア、北朝鮮、韓国、中国)はすべて入っておらず、領土などでさまざまな問題を残すこととなった。

　日本国内では当時、こうした講和が冷戦下の一方の陣営のみとの片面講和となることへの強い反対意見があり、全面講和への要求となった。南原繁は早くからソ連を含む全面講和を唱え、安倍能成、上原専禄、大内兵衛、清水幾太郎、都留重人、丸山眞男などの学者からなる平和問題談話会は吉田内閣による片面講和方針に反対して四九年一月から五〇年十二月にかけて声明を三度にわたって発し、全面講和と中立政策、非武装を求めた。こうした動きは特に日本社会党や総評に影響を与えた。日本共産党も中ソ両国を含む全面講和を要求した。日本社会党は、講和・安保の両条約に反対する左派と、講和賛成・安保反対の右派とに分かれ、この問題で組織的に分裂した。吉田茂は五〇年に南原繁を名指して「曲学阿世の徒」と激しく非難した。保守政党の議員のなかにも、吉田内閣が講和と安保条約の交渉を秘密裏に進めることを批判する動きがあった。講和会議の日本全権団は、吉田茂(首相)、池田勇人(蔵相)、星島二郎(自由党常任総務)のほか、一万田尚登(日銀総裁)、苫米地義三(国民民主党最高委員長)、徳川宗敬(参議院緑風会議員総会議長)の六人であった。吉田首相は「超党派」の全権団を望んだが、日本社会党は応じず、国民民主党からも国会の批准に際しては党議に従わない議員も出た。個別交渉にゆだねられた日本の賠償は、まずサンフランシスコ平和条約を調印したフィリピンとヴェトナム(南ヴェトナム)が請求し、会議に参加しなかったビルマと調印したが批准しなかったインドネシアがこれに続き、日本と賠償協定を結んだ。そのほかタイやマレーシアなどに、日本が無償資金を供与した準賠償があった。

条約の第二章は日本の「領域」である。日本は朝鮮、台湾、澎湖諸島、千島列島、南樺太、南洋諸島、新南諸島、西沙諸島、南極に関する権原をすべて放棄し、北緯二九度以南の南西諸島と南方諸島などをアメリカの信託統治領とすることに同意した。奄美諸島、琉球諸島、小笠原諸島はこうして日本から切り離された。沖縄などの分離が確定することにより、現地の人びとはこののちさまざまな困難を強いられることとなった。また千島列島の放棄は、実際には北方領土問題のはじまりとなった。ちなみに日本政府はその後、国後、択捉は千島列島に含まれないと主張するが、ソ連・ロシアの実効支配が続くこととなった。すでに述べた通り、近隣諸国がいずれも講和条約にかかわっていないことは、日本の国境・領土に関する紛争が起きた際、対応を難しいものとした。また第一次世界大戦以降、宗主国の領土が変更され併合地が独立する際には、植民地出身者の国籍が問題となるためこれを講和条約で規定するのが一般的になったが、サンフランシスコ平和条約はこの点にいっさい触れなかった。日本政府は五二年四月十九日付法務府民事局長の通達で、植民地出身者に対してなし崩し的に国籍を喪失させるという措置をとったが、このような例はほかになく(国籍選択権や重国籍を認めるのが一般的)、その後の旧植民地出身者の問題を複雑にした。なおサンフランシスコ平和条約の発効によって日本は主権を回復し、国際連合への加盟を申請したものの、西側陣営のみとの片面講和であったため、ソ連などが反対し、加盟は認められなかった。国連加盟が実現するのは、五六年のソ連との国交回復によってであり、この時が日本の国際社会への本格的な復帰となった。

[参考文献] 細谷千博『サンフランシスコ講和への道』(『叢書国際環境』、一九八四、中央公論社)、五十嵐武士『対日講和と冷戦―戦後日米関係の形成―』(一九八六、東京大学出版会)、三浦陽一『吉田茂とサンフランシスコ講和』(一九九六、大月書店)、豊下楢彦『安保条約の成立―吉田外交と天皇外交―』(『岩波新書』、一九九六、岩波書店)、和田春樹『領土問題をどう解決するか』(『平凡社新書』、二〇一二、平凡社)、波多野澄雄「サンフランシスコ講和体制」(井上寿一他編『日本の外交』二所収、二〇一三、岩波書店)

(三宅　明正)

さんぼう　参謀　高級指揮官の職務を補佐し、作戦・用兵・軍隊錬成・兵站などを担当した将校。参謀本部条例が制定された翌年の一八七九年に幕僚参謀条例が制定され、近衛師団などに大佐・中佐の参謀長一人と、少佐と大尉・中尉の参謀それぞれ一人が置かれた。八八年に参謀職制が、九六年には師団司令部幕僚服務規則が定められ、参謀は師団の動員計画や作戦計画を担当すると規定された。さらに九八年の陸軍参謀条例において、参謀は大尉以上で陸軍大学校を卒業後一年以上隊付勤務を経た将校で参謀総長が適任と認めたものとされた。これが以後適用される基礎条例となった。柳条湖事件の際には関東軍高級参謀の板垣征四郎と石原莞爾参謀が謀略を主導し、朝鮮軍の神田正種参謀が呼応した。アジア・太平洋戦争期を通して、参謀は各軍や師団の作戦や兵站、人事や教育の実質的な指導権を握っていた。四一年十二月の幕僚服務令の改正では、参謀は軍隊の統率や作戦指導の要であると再規定された。

[参考文献] 「幕僚参謀条例ヲ定ム」(アジア歴史資料センター、A01000056200)、「幕僚服務令改正ノ説明ニ関スル件陸軍一般へ通牒」(同、C12120559800)

(芳井　研一)

さんぽう　山砲　歩兵・砲兵が操作する小型の火砲。輓曳または分解して駄載運搬が可能なためさまざまな地形における行動が可能であるが、軽量であるため野砲と比較すると火力では劣る。アジア・太平洋戦争期には九四式山砲(一九三五年制式採用)・九九式山砲(一九四一年)や、歩兵用に改修された四一式山砲(一九三八年制定)が使用された。中国での山岳戦や悪路の平地戦、東南アジアでの密林戦など、大型兵器の運搬が困難な地形で多用された。→歩兵砲　→連隊砲

[参考文献] 陸上自衛隊富士学校特科会『日本砲兵史』(一九八〇、原書房)、木俣滋郎『陸軍兵器発達史―明治建軍から本土決戦まで―』(『光人社NF文庫』、一九九六、光人社)、三野正洋『日本軍兵器の比較研究―技術立国の源流・陸海軍兵器の評価と分析―』(『光人社NF文庫』、二〇〇一、光人社)、佐山二郎『日本陸軍の火砲　野砲　山砲』(『光人社NF文庫』、二〇一二、光人社)

(小山　亮)

さんぼうそうちょう　参謀総長　陸軍の中央軍令統括機関である参謀本部の最高責任者。陸軍大将・陸軍中将から任命される親補職(天皇による直接任命)で、国政の最高決定機関である閣議の拘束を受けず、天皇に直属した。参謀本部のみならず、各部隊を含め、参謀の職にある陸軍将校を統括し、参謀本部の管轄下にある各種組織、学校を監督した。軍令事項については、内閣や陸軍大臣を経ずに、天皇に直接上奏できる帷幄上奏権をもち、内閣や陸軍大臣から独立した存在だった。そして、天皇の統帥命令には、必ず参謀総長の署名を要した。その点は、軍政事項における陸軍大臣と同様だった。明治期には、法制上は、参謀本部を含め、全陸軍の人事権は陸軍大臣にあったが、一九一三年の「陸軍省・参謀本部・教育総監部関係業務担任規定」およびその付属「協定事項」で、参謀本部の人事を掌握し、また全陸軍の将官人事に関与するようになった。また二四年以降、陸軍大臣、教育総監とともに陸相推薦の陸軍三長官会議を構成し、しばしば次期陸相選出に関与した。政治的には、明治期には山県有朋などの参謀総長は、陸軍内で陸軍大臣をしのぐ影響力をもっていたが、二〇年代(大正中期以後)になると、

田中義一陸相のもと、参謀総長の人事が陸軍大臣主導で行われるようになり、陸軍大臣に比し参謀総長の影響力が低下した。その後宇垣一成陸相時代にもその傾向が続き、田中陸相と対立した上原勇作参謀総長のあとは、河合操、鈴木荘六、金谷範三と、田中・宇垣系の参謀総長が続いた。また、荒木貞夫陸相時には、陸軍全体の発言力を高めるため、参謀総長に皇族の閑院宮載仁親王を据えたが、陸軍全体では陸相主導体制は変わらず、日米開戦直前、杉山元が参謀総長となった。四四年、戦局の悪化のなかで、統一的戦争指導の強化のため、東条英機首相兼陸相が参謀総長を兼任し、軍政と軍令の統合を図ったが、まもなく失脚。梅津美治郎が参謀総長となり終戦を迎え、廃止された。

[参考文献] 松下芳男『明治軍制史論(改訂版)』(一九七八、国書刊行会)、百瀬孝『事典昭和戦前期の日本―制度と実態―』(一九九〇、吉川弘文館)、秦郁彦編『日本陸海軍総合事典』(一九九一、東京大学出版会)、藤田嗣雄『明治軍制』(一九九二、信山社)
(川田　稔)

さんぼうほんぶ　参謀本部　陸軍の作戦・用兵を担当する「軍令」統括機関。陸軍省とともに陸軍中央を構成し、戦時においては陸軍省をしのぐ強い発言力を有した。参謀総長が最高統括者。明治憲法下では、第一一条の「天皇は陸海軍を統帥す」との規定に基づき、天皇による陸軍の統帥を実施する組織として位置づけられた。制度的には天皇に直属し、軍令面で天皇を補佐する役割をもつ。組織的にも、指揮命令系統においても、内閣や陸軍省から独立した存在だった(統帥権の独立)。歴史的には、一八七八年の参謀本部条例によって、天皇直属の陸軍軍令専掌機関として設置された。その後、陸海統一軍令管掌機関となり、八九年の参謀本部条例によって、再び陸軍のみの軍令統括機関となった。組織的には何度かの改変があり、一九〇八年以降、ほぼ固定化された。参謀本部の基本的な組織編成は、総務部、作戦部、情報部、運輸通信部、戦史部の五つの部からなり(正式には、作戦部は第一部、情報部は第二部、運輸通信部は第三部、戦史部は第四部)、それぞれの部の下に複数の課がおかれている。編制動員課(総務部)、作戦課(作戦部)、欧米課・支那課(情報部)などが主要なものといえる。そのほか、各国大使館・公使館付武官も参謀本部の管轄下にあった。なお、軍関係の教育機関はおもに教育総監部が所管しているが、陸軍大学校は参謀本部が所管した。また陸地測量部も参謀本部の所管だった。参謀本部のなかで最も中心的な部は作戦部で、なかでも作戦部作戦課が中枢的な役割を果たした。日中戦争開始時の作戦部長は石原莞爾、作戦課長は武藤章で、事態の拡大・不拡大をめぐって激しく対立したことはよく知られている。また日米開戦時には、田中新一作戦部長が事実上参謀本部を牽引し開戦決定に重要な役割を果たした。なお、戦時には参謀本部組織が大本営陸軍部の大部分を構成した。敗戦後の四五年十月十五日に廃止された。

[参考文献] 松下芳男『明治軍制史論(改訂版)』(一九七八、国書刊行会)、百瀬孝『事典昭和戦前期の日本―制度と実態―』(一九九〇、吉川弘文館)、秦郁彦編『日本陸海軍総合事典』(一九九一、東京大学出版会)、藤田嗣雄『明治軍制』(一九九二、信山社)
(川田　稔)

ざんりゅうもとにほんへい　残留元日本兵　大日本帝国の崩壊後に復員することなく、海外に一定期間留まった日本軍将兵・軍属。このなかには植民地出身者である朝鮮人、台湾人も含まれる。残留の範囲は、広い。現在のヴェトナム、ラオス、カンボジア、インドネシア、タイ、ミャンマー、中国、マレーシア、シンガポール、フィリピン、ロシア、モンゴルなどアジア全土に及び、その総数は一万人単位にのぼると目される。その多くは若い下級兵士であったが、残留理由は多様かつ複合的であり、個人の自由意志の要素が強い場合もあれば、強制の色合いがある場合もあった。個々には、「アジア解放」の理想によるもの、恋人や妻子の存在、戦前の居住体験、流言蜚語に惑わされた、「戦犯」となることへの恐怖、上官に命令された、現地側に拉致監禁されたなどさまざまである。敗戦後、アジアで民族独立の機運が高まるなか、彼らの運命は各地域の社会的状況に大きく左右された。

[参考文献] 林英一『残留日本兵―アジアに生きた一万人の戦後―』(『中公新書』、二〇一二、中央公論新社)
(林　英一)

さんわぎんこう　三和銀行　一九三三年十二月九日、大阪に本店を置く三十四銀行・山口銀行・鴻池銀行の三行が合併して設立された都市銀行。初代頭取は前日本銀行理事中根貞彦が就任した。公称資本金一億七百二十万円、三三年末の預金残高十億円超、店舗数二百七十五にのぼり全国普通銀行の中で首位となった。同行は大阪を中心とする近畿地方の繊維工業が融資基盤であり、預金吸収に消極的であり資金運用についても堅実な経営方針をとっていた。戦時経済の進展を受けて経営方針を大きく転換し、四〇年に東京本部の新設など内部体制の整備を図り、四一年八月には時局共同融資団に参加し軍需関係の重工業への融資を開始した。都市銀行間の競争が激化する中で資金の充実と店舗網の獲得を意図して地方銀行との関係も強化していった。二〇〇二年一月、東海銀行と合併しＵＦＪ銀行となり、その後〇六年一月、東京三菱銀行と合併し三菱東京ＵＦＪ銀行となった。

[参考文献] 『三和銀行史』(一九五四)、佐藤政則「合同政策と三和系地方銀行」(伊牟田敏充編『戦時体制下の金融構造』所収、一九九一、日本評論社)、後藤新一『銀行合同の実証的研究』(一九九一、日本経済評論社)
(早川　大介)

し

シー＝アイ＝イー　CIE　民間情報教育局。連合国軍最高司令官総司令部(GHQ)に置かれた部局の一つ。国務・陸軍・海軍三省調整委員会の極東委員会は一九四五年九月三日、日本人の再教育に関する政策文書を審議するなかでマッカーサー連合国軍最高司令官に対して、日本人を再教育するために日本に精通したスタッフから構成される部局を設置するように勧告した。そして、九月二十二日、マッカーサーは軍政局から独立したCIEを設置した。その目的は、公的情報・教育・宗教および他の日本の社会的・文化的諸問題に関する政策について助言することであった。CIEは、分析と調査、美術と史跡、企画と特別計画、情報普及および教育の各課に分かれた。特に、教育課は敗戦後の日本の教育を抜本的に改革するために、アメリカ教育使節団の派遣を本国陸軍省に要請するなど、戦後教育改革に大きく貢献した。

参考文献　久保義三『昭和教育史―天皇制と教育の史的展開―』下(一九九四、三一書房)　（土持　法一）

ジー＝エイチ＝キュー　GHQ　総司令部。General Headquarters。GHQ／AFPAC(アメリカ太平洋陸軍総司令部)は日本上陸前に直接統治を前提に軍政局(MGS)を設けていたが、ポツダム宣言が間接統治の可能性を示し、また予想外の早期降伏によって日本政府が残存したため間接統治方式へ転換することになったため、一九四五年十月二日、MGSに代えてGHQ／SCAP(連合国軍最高司令官総司令部)を設置した。この時点でAFPACとSCAPの二つのGHQができ、二重機構となった。AFPAC組織は日本だけでなく沖縄・南朝鮮・フィリピンなども管轄地域とする戦域軍である。SCAP組織は日本占領統治に関わる非軍事(民政)部門を担当する日本政府と国民への「顔」となった。

GHQが使用した第一生命ビル

　二重機構ではマッカーサーが総司令官と最高司令官を兼任してトップにあり、直下の参謀長、副参謀長がマッカーサーを支えて任務を遂行した。その下に参謀部(General Staff)が位置し、参謀一部(G1、部長は参謀次長)―四部(G4)が両GHQを兼任し、マッカーサー執務室と同じ日比谷の第一生命ビルにあった。SCAP組織には参謀部とは別に特別参謀部が設けられ、日本の非軍事化・民主化政策を実施するための専門部局として民政局(GS)・経済科学局(ESS)・民間情報教育局(CIE)など九局がおかれた。これと別に国際検察局(IPS)・法務局(LS)・外交局(DS)が参謀長直属の下におかれた。これらの局長がAFPACの幕僚部の軍法務部(JA)・情報教育部(IE)・防空部(AAS)などの部長を兼任した場合もあった。またG2とGSの対立に代表されるように、任務の重複に関わる軍事中心の参謀幕僚部と民間専門家を多く抱えた特別参謀部局との対抗やニューディーラーと保守派の対立が生じた。

　マッカーサーの側近将校グループ「バターン＝ボーイズ」は元老的存在だった。四二年のコレヒドールで日本軍の包囲網から決死の脱出を敢行した十一人中八人が日本に随行した。マッカーサーへの熱烈な忠誠心で結束していた。四六年には四人となったが参謀長R・サザランド少将もその一人である。G2部長チャールズ＝ウィロビー少将は、当初、日本の好戦的旧軍人・右翼などの監視を行なっていたが次第に日本の左翼・GHQ内改革派の調査に力を入れた。民主化をめぐってのGSなどとの対立も多かった。マッカーサーへの熱狂的な忠誠主義者で部下からも恐れられた。対照的だったのはESS局長となったウィリアム＝マーカット陸軍少将である。頭脳明晰、温厚な人柄で占領終結まで残り、ニューディーラーの反トラスト・カルテル課三代目課長エドワード＝ウェルシュや同労働課二代目課長S・コーエンも抱え込んで財閥解体・労働関係の民主化を進めた。部局長クラスで予約なしでマッカーサーに面会できたのはGS局長コートニー＝ホイットニー少将だけだった。弁護士を経てフィリピン抗日ゲリラの指揮を担当、バターン＝ボーイズではなかったが、占領中は側近ナンバー＝ワンだった。「初期基本指令」を支持し、部下の若い民間専門家と精力的に働いた。部下にニューディーラーの代表格の一人、次長のチャールズ・L・ケーディス大佐がいた。公職追放や憲法制定に辣腕をふるい、選挙など政治・行政分野での改革をホイットニーのもとで進めた。GHQ内で改革の担い手はニューディーラーであった。→国際検察局　→財閥解体　→神道指令　→対日理事会　→農地改革　→マッカーサー

〔参考文献〕 セオドア＝コーエン『日本占領革命―GHQからの証言―』上（大前正臣訳、一九八三、TBSブリタニカ）、竹前栄治『GHQ』（『岩波新書』、一九八三、岩波書店）、油井大三郎「占領改革の政治力学」（歴史学研究会編『敗戦と占領』所収、一九八〇、青木書店）、ハワード・B・ショーンバーガー『占領一九四五～一九五二―戦後日本をつくりあげた八人のアメリカ人―』（宮崎章訳、一九九四、時事通信社） （荒　敬）

ジー＝エイチ＝キュー れきしか　GHQ歴史課　主に戦史編纂を担当した戦域軍参謀部（General Staff）の下部組織。一九四二年、米国陸軍省はダグラス＝マッカーサー総司令官（南西太平洋方面軍総司令部、GHQ／SWPA。四五年四月、太平洋陸軍総司令部、GHQ／AFPACに再編・改称）に「太平洋戦史」編纂を命令。参謀三部（G3、作戦担当）の下に歴史課を設置。日本敗戦直後から「占領史」作成も加わり、日本側の資料収集を本格化させ、四五年十二月からは参謀二部（G2、情報担当、部長チャールス＝ウィロビー少将）が、四六年二月以降は下部組織の陸軍諜報部（WDI、War Department Intelligence）が収集の中心となり、その下に歴史課（Historical Section）を設置。組織は二本立てとなった。G3歴史課の戦史草稿は四六年十一月に完成したが、マッカーサーは連合国諸国や海軍の海戦関連の記述を省くよう強く求め承認しなかった。これを機に十二月、ウィロビーは編纂の任務を掌握し、G3歴史課は解散した。草案は「マッカーサー戦史」に大幅に書き直されたがマッカーサーは認めなかった。以後、メリーランド大学ゴードン・W・プランゲ教授を主幹として編纂は進められ、朝鮮戦争勃発後にほぼ完成し、G2歴史課は五一年一月に軍事史課（Military Historical Section、課長プランゲ博士）と改編された。この間、日本の旧軍幹部二百名近くが資料収集のため極秘に雇われ、将官からの戦史陳述と調書作成に携わった。同年四月、マッカーサーが朝鮮戦争での原爆投下発言でトルーマン大統領から最高司令官を解任されると、後任のマシュウ＝リッジウェイ大将は編纂を停止し、軍事史課も廃止した。なお六六年、政府刊行物として『マッカーサー＝レポート』が出された。

〔参考文献〕 H・E・ワイルズ『東京旋風―これが占領軍だった―』（井上勇訳、一九五四、時事通信社）、有末精三『終戦秘史―有末機関長の手記―』（一九七六、芙蓉書房）、佐藤元英・黒沢文貴編『GHQ歴史課陳述録―終戦史資料―』（『明治百年史叢書』、二〇〇二、原書房）、GHQ, FEC, Military Intelligence Section, "A Brief History of the G-2 Section, GHQ, SWPA and Affiliated Units," (8 July 1948, Library of Congress) （荒　敬）

しいな えつさぶろう　椎名悦三郎　一八九八―一九七九　昭和期の官僚、政治家。一八九八年一月十六日、のちの岩手県胆沢郡水沢町長後藤広の三男として同町に生まれる。後藤新平の姉の婚家椎名家に養子入りしたため新平は戸籍上の叔父にあたる。二二年高等試験行政科試験合格。二三年東京帝国大学法学部卒業、農商務省入省。同省が農林省と商工省に分離後商工省に移る。三三年商工省の三期先輩岸信介に見込まれ満洲に渡り満洲国実業部総務司計画科長などを歴任。資源調査、開発にあたり、三六年湯崗子会議で、満洲国日本人官吏のほか、関東軍参謀、満鉄社員とともに満洲産業開発五ヵ年計画策定にむけた動きに参画。三九年帰国、商工省総務局総務課長を経て同局長。このころ、武藤章陸軍省軍務局長を中心とし、さまざまな領域で国家統制を指向する陸軍軍人、革新官僚による月曜会に岸とともに参加。四一年東条英機内閣で岸商工大臣のもとで次官、四三年商工省と企画院を改編した軍需省でも岸次官のもとで総動員局長を経て四五年次官。戦争遂行のための物資統制で重要な役割を果たした。同年終戦後商工次官を最後に退官。四七―五一年公職追放。五五年日本民主党から衆議院議員に立候補し当選。五九年当選二回で岸内閣官房長官に就任、六〇年安保闘争に対処。その後自民党政調会長、通産相、外相就任。六四年佐藤栄作内閣で外相に留任し、翌年日韓基本条約締結の際に日本側使節団長。その後自民党総務会長、副総裁。七四年長老として、少数派閥の三木武夫を田中角栄の後継総裁に指名した椎名裁定は有名。七九年九月三十日没。八十一歳。残された文書は国立国会図書館憲政資料室所蔵。主な著書に『戦時経済と物資調整』（初版一九四一年、日本図書センターより二〇〇〇年に復刻）があるほか、『私の履歴書』第四一集（一九七〇年、日本経済新聞社）、中村隆英・伊藤隆・原朗編『現代史を創る人びと』四（一九七二年、毎日新聞社）が刊行されている。

〔参考文献〕 『記録　椎名悦三郎』（一九八二、椎名悦三郎追悼録刊行会）、野島博之「椎名悦三郎と戦時統制経済」（『現代史研究』三七、一九九一） （山口　浩志）

ジェノサイドじょうやく　ジェノサイド条約　「ジェノサイドの予防と処罰に関する条約 Genocide Convention」。一九四八年十二月、国際連合第三回総会で採択された。本条約でいうジェノサイドとは、国民的・民族的・人種的または宗教的集団の全部または一部を、集団それ自体を破壊する意図をもって行われる殺人等の行為を意味し、戦時・平時を問わず、また公人・私人を問わず、それを犯した個人の刑事責任が問われる国際法上の犯罪である。歴史的なジェノサイドとしてナチ勢力下のヨーロッパで起きたユダヤ人大虐殺（ホロコースト）がよく知られているが、近年ではルワンダでのツチ人虐殺（九四年）を裁いたルワンダ国際刑事裁判所（ICTR）が、被告アカイェスが虐殺を命じたとして、ジェノサイドで有罪の判決を言い渡した。本条約におけるジェノサイドの定義は、二〇〇三年に開設された国際刑事裁判所（ICC）の法的根拠となる「ローマ規程」（一九九八年）に継承された。

〔参考文献〕 石田勇治・武内進一編『ジェノサイドと現代世界』（二〇一一、勉誠出版） （石田　勇治）

シェンノート　Claire Lee Chennault　一八九〇―一九五八　米国の軍人。陸軍航空軍指揮官。正確な発音はシェノー。一八九〇年九月六日、テキサス州コマースで生まれる。第一次世界大戦時に陸軍で戦闘機操縦士の訓練を受けたが、戦場に赴く前に終戦を迎えた。その後、陸軍航空隊に志願したが、一九三七年に聴覚の障害で退役し、代わりに中国空軍の軍事顧問に就任した。日中戦争で四〇年秋に一時帰国し米義勇航空隊の派遣を主張し、大統領の承認を得て、中国に供与されたP40戦闘機約百機を、四一年夏からビルマで編成し、「飛虎」の勇名を馳せた。日米開戦後には、四二年夏に正式に解散した米義勇航空隊を改編して第十航空軍に統合された中国航空任務軍の指揮を続けた。四三年春には、中国航空任務軍を中国空軍との混成で改編した第十四航空軍司令官に就任した。その間、陸上戦力重視のスティルウェルに対し、航空戦力の偏重を主張して対立し、自軍の陸上戦力の温存を図る蔣介石の支持を得た。しかし、四四年春からの大陸打通作戦で航空基地が壊滅的打撃を受け後退を余儀なくされ、四五年夏に司令官を辞任した。戦後には台湾の民間航空の設立に尽力し、妻の陳香梅とともに米国共和党保守派に影響力を持った。五八年七月二十七日に肺癌のために死去。六十七歳。

参考文献　吉田一彦『一九四一・十二・二〇 アメリカ義勇航空隊出撃』(『徳間文庫』、一九九六、徳間書店)、源田孝『アメリカ空軍の歴史と戦略』(二〇〇八、芙蓉書房出版)、Mark M. Boatner III, *The Biographical Dictionary of World War II* (Novato, 1996, Presidio Press)　（加藤　公一）

しおうでんのぶたか　四王天延孝　一八七九―一九六二　大正・昭和期の陸軍軍人。一八七九年九月二日、埼玉県に出生。九九年陸軍士官学校卒(第十一期)、工兵隊に所属し、義和団事件、日露戦争に出征、一九〇九年陸軍大学校卒。一六―一九年までフランス軍に従軍。二三年に軍務局航空課長。二四年国際連盟陸軍代表、翌年には国際連盟空軍代表も兼任。二七年豊予要塞司令官を経て、二九年八月一日中将に昇進、三十一日に予備役編入。四二年の翼賛選挙では推薦候補として、東京五区から立候補しトップ当選。国本社、帝国飛行協会で理事、日本反ユダヤ協会と大日本回教協会で会長を務めた。第一次世界大戦の経験から、航空戦力の重要性を知り、航空隊の拡充を主張した。二・二六事件では、反乱軍への電話連絡が反乱幇助と見なされ、取り調べを受ける。退役後は、義和団事件から帰国後にキリスト教の洗礼を受けたことが契機となり、ユダヤ問題に取り組み反ユダヤ主義を唱えた。六二年八月八日没。八十二歳。

参考文献　『四王天延孝回顧録』(一九六四、みすず書房)、上杉千年『猶太難民と八紘一宇』(二〇〇二、展転社)　（塩出　環）

しおのすえひこ　塩野季彦　一八八〇―一九四九　大正・昭和期の司法官僚、一九三七年から三九年にかけて司法大臣。一八八〇年一月一日、東京に生まれる。一九〇六年東京帝国大学法学部を卒業後、司法官試補となる。二三年東京地方裁判所次席検事、二六年東京控訴院次席検事を歴任。二七年東京地裁検事正となり、「思想部」を創設、二八年の三・一五事件では検察陣の総指揮にあたる。平沼騏一郎・鈴木喜三郎系とされ、「思想検事」を代表する一人であり、検察で主流となる「塩野閥」をかたちづくっていく。三〇年司法省行刑局長となり、思想犯の行刑整備に努める。三四年からの名古屋控訴院検事長時代には思想犯保護団体の明徳会を創設する。三六年大審院次長検事となる。林内閣、第一次近衛内閣の法相となり、「司法精神の作興」を提唱した。四〇年、日本法理研究会を結成して会長となり、戦時下にふさわしい司法理念を樹立する。戦後はA級戦犯容疑者として拘置。四六年、公職追放となった。四九年一月七日没。七十歳。　→日本法理研究会

参考文献　『塩野季彦回顧録』(一九五八)　（荻野富士夫）

しかたりょうじ　四方諒二　一八九六―一九七七　陸軍軍人。一八九六年四月二十八日、兵庫県に四方素の次男として生まれる。一九一七年、陸軍士官学校卒業(第二十九期)。二四年、東京外語修了。三四年、関東憲兵隊司令部員。同年、憲兵少佐。四一年、憲兵大佐。アジア・太平洋戦争開戦後の四二年八月、東京憲兵隊長に抜擢。四四年七月には、憲兵司令部本部長兼東京憲兵隊長。陸軍大学校は出ていなかったが、陸軍中央に強固なパイプがあり、「東条の私兵」といわれた憲兵を動かして反東条派を弾圧した。四四年七月十二日の『細川日記』には、「三時富田氏来り、今朝憲兵司令官四方に呼ばれたる事情を聞くに、要するにイヤガラセなり」とあり、四方自身が反対派を取り締まった記述がある。七七年十二月十三日没。八十一歳。

参考文献　大谷敬二郎『昭和憲兵史(新装版)』(一九七九、みすず書房)、細川護貞『細川日記(改版)』(『中公文庫』、二〇〇二、中央公論新社)　（山本　智之）

しがよしお　志賀義雄　一九〇一―八九　大正・昭和期の社会主義運動家。一九〇一年一月八日、福岡県に生まれ、母方の志賀家の養子となる。一九年第一高等学校に進み、在学中に新人会加入。二二年東京帝国大学文学部社会学科に入学、二三年十一月共産党に入党。二五年の東大卒業後、共産党再建ビューローに参加。二七年一月、

志賀義雄

中央委員の多数がコミンテルンへ発った後、留守中央常任委員となり政治部長を務める。二八年三・一五事件で検挙され、獄内の元中央委員で構成された法廷委員の一員となる。三二年十月、懲役十年の判決を受け、非転向を一貫し上告したが三四年棄却、函館刑務所に服役。その後、千葉刑務所、小菅刑務所に移され、四一年十二月刑期満了とともに予防拘禁所に移された。四五年十月十日釈放され、徳田球一らと「人民に訴う」を発表、「天皇制打倒、人民共和政府樹立」を唱えた。同年十二月第四回大会で中央委員・政務局員となる。四六年衆議院総選挙で当選、以後六回当選した。五〇年の党中央分裂に際しては「国際派」に属したが、ソ連寄りで宮本顕治らとは立場を異にした。同年六月マッカーサーによる公職追放令で議席を剝奪されたが、五五年二月総選挙で再選。五八年共産党第七回大会で中央委員・幹部会員となるが、六四年五月、衆議院で党議に反して部分核停止条約批准に賛成し、党から除名され、ソ連共産党支持の立場から「日本のこえ同志会」を結成。八九年三月六日没。八十八歳。

参考文献 徳田球一・志賀義雄『獄中十八年』(一九四七、時事通信社)、中村隆英・伊藤隆・原朗編『現代史を創る人びと』二(一九七一、毎日新聞社)　(吉川　圭太)

しかんく　師管区　陸軍各師団が管轄する区域。一八七三年七月、全国を七軍管に区分し、各軍管を二〜三師管に区分し、十四師管を設けた。八八年に師団を改編し、従来の軍管を師管、師管を旅管に改称した。その後、師団の増設に伴い師管が増設、細分化され、一九一五年に二十一師管になったが、宇垣軍縮により二五年に四個師団を廃止したので、十七師管に減少した。満洲事変後軍備が拡大され、四〇年に七個師団を新設し、その後増設し、師団司令部所在地の地名で師管を呼称することに改めた。四一年十一月、北部軍管区(旭川・弘前)・東部(仙台・東京・宇都宮・金沢)・中部(名古屋・京都・姫路・広島)・西部(善通寺・熊本・久留米各師管区)と、四軍管区を設置し十三師管区を所属し、さらにその下部に各府県庁所在地に連隊区を置いた(北海道は四連隊区と樺太が所属)。師団が外地に出征したあとに留守師団を設置したが、四五年二月以後に改編して師管区司令部を設置し、師管区の防衛も担任した。　→連隊区(れんたいく)　(丑木　幸男)

しかんこうほせい　士官候補生　陸軍兵科将校となるべき候補者。一八八五年J・メッケルの来日とともに兵制・兵学がフランス式からプロシア式に全面的に改められ、将校の補充には陸軍士官学校卒業者をあてていたが、士官候補生制度に変わった。陸軍将校志願の中学校卒業者は志願兵として入隊、兵籍に編入。一等兵の階級から出発し六ヵ月後に上等兵、八ヵ月後に伍長、一年後に軍曹に進級、その間兵士・下士官の勤務を体験し、その部隊(原隊)から陸軍士官学校に進む。中央幼年学校卒業者は六ヵ月の隊付勤務の後、陸士に派遣される。陸士の卒業試験に及第すると曹長の位で原隊で平均半年間の見習士官の勤務につく。連隊将校団の銓衡会議を経て少尉任官たるべきことが陸相に上申されるが、この任官までが見習士官である。一九二〇年、陸士に予科が設けられ(三七年予科士官学校として分離・独立)、中学校・幼年学校卒業者はまず予科に入学、同じ教育をうけ卒業後、士官候補生を命じられ各部隊で隊付教育をうけ、その後陸士本校に派遣されるように改められた。海軍にはこの制度および呼称はない。　→見習士官(みならいしかん)　→陸軍士官学校(りくぐんしかんがっこう)

参考文献 編集山崎正男・協力偕行社『保存版　陸軍士官学校』(一九六九、秋元書房)　(高野　邦夫)

しかん・しょうこう　士官・将校　軍隊の幹部を士官(海軍)・将校(陸軍)と呼んだ。階級は尉官以上で官吏としては奏任官(尉官)・勅任官(佐官)・親任官(将官)に位置づけられる。日本の軍事制度のモデルとした欧米では、たとえば大尉は、英語では、captain(陸軍)・lieutenant(海軍)と呼ぶが、中尉はsub lieutenantで、直訳すれば「副中尉」になる。大将はadmiralだが、中将はvice-admiralで「副大将」になる。日本で、尉・佐・将の文字を使用し、それぞれ尉官・佐官・将官の階級を、いずれも大中小で表したのは欧米語の翻訳ではなく、古代の律令制からの転移である。下士官と士官・将校は職業として軍人を選択した者で、いわゆる職業軍人である。士官・将校は軍隊の中枢であり、軍人精神・軍紀の源泉であると、陸軍幼年学校・陸軍士官学校・海軍兵学校で教育されており、兵士への教育の際も強調された。名誉のわりに給与体系は豊かでなく、「貧乏少尉、遣繰中尉、ヤットコ大尉」と戯れ言葉にあるように、妻の豊かな実家に頼る士官・将校も多かった。それは官給品を支給される下士官・兵士と異なり、士官・将校はヨーロッパの貴族を見習い、軍装や銃剣などの軍装品が私費で賄われるものであったためである。士官・将校のみの交際クラブとして、陸軍では、師団司令部の所在地に偕行社、海軍では鎮守府所在地に水交社が設けられ、その購買部が軍装品なども扱っていた。各地の偕行社のいわば本部組織が、東京の九段に建てられた軍人会館の中に置かれた東京偕行社である。また偕行社・水交社ともに、食堂もあり、テーブルマナーなどを習得する場でもあった。現在、金沢市・善通寺市・旭川市などに偕行社の建物が保存・活用されている。ヨーロッパの貴族をモデルとする日本の士官・将校のあり方は、馬を自宅で飼養し、通勤に乗馬を使用するよう命じた陸軍乗馬飼養条例(一八八八年)・陸軍将校乗馬令(一九〇七年)にも表れている。これは一九二三年の廃止まで続いた。海軍では、軍艦内などでの士官のみの食事会では西洋料理やウィスキーが一般的だった。

参考文献 成田篤『陸海軍腕比べ』(一九二七、大日本雄弁会)、木村晋三編『軍隊入門必携』(一九四一、明正堂)　(原田　敬一)

しがんへい　志願兵　兵役制度の枠内で、志願により軍の兵員を充足するための制度。徴兵制が義務であったのに対し、志願兵は国家と本人との合意によった。一八八三年の徴兵令改正では、満十七歳以上二十歳未満の者に陸海軍ともに現役志願を認めることとなった。陸軍ではまず、高学歴者に対する一年志願兵制度が設けられたが、これは八九年の徴兵令改正を経て予備役幹部の養成が目的となった。また後年、飛行兵・戦車兵・通信兵などの少年兵制度が設けられ、一九三五年の時点で志願兵の比率は徴兵の一割程度であった。三八年には朝鮮人に対する特別志願兵制度を創設、アジア・太平洋戦争末期には下士官を急速養成する目的で特別幹部候補生制度が創設された。一方海軍では、熟練した理工系の技能者を要していたため長期勤務可能な志願兵を重視した。当初志願兵のみを採用したが、一八八三年の徴兵令改正により志願兵を採用した上で定員不足分のみ徴兵で補うこととした。この方針は基本的に終戦まで続いた。陸軍同様、少年兵の枠が漸次拡大され、一九三六年に少年水兵の制度を創設、十五歳以上十六歳未満の志願者を採用した。海軍志願兵は三二年ごろに四～五千名程度で徴兵の約五割だったものが、その十年後には六万名を突破し、徴兵の数を越えた。

参考文献 大江志乃夫『徴兵制』(『岩波新書』、一九八一、岩波書店) (河西 英通)

じきゅうせんろん 持久戦論 日中戦争に際して、毛沢東と蔣介石という中国の二人の抗日戦争の指導者が構想した対日戦略論。広く知られているのは、毛沢東の「持久戦論」(一九三八年五月)であるが、蔣介石も対日戦略として持久戦論を構想し、両者の持久戦論がともに成功して、短期決戦の「中国一撃論」を唱えて日中戦争に突入した日本は、長期戦争に引きずり込まれて敗北した。毛沢東は、日中戦争が持久戦であり、第一の段階は、敵の戦略的侵攻と我の戦略的防御の時期、第二の段階は、敵の戦略的保持と我の戦略的対峙の時期、第三の段階は、我の戦略的反抗と敵の戦略的退却、という三つの段階を経て、最後は国際的な抗日統一戦線の完成に伴い、中国は勝利するとした。蔣介石の対日持久戦略は、第一段階において、列強の権益が交錯する上海・南京・武漢という長江流域において激しく抵抗して列強の対日武力制裁や対日干渉を引き出すようにし、それが実現しなければ第二段階として、四川省や雲南省などの奥地経済を開発して「民族復興の根拠地」にして長期持久戦に耐えて戦い、最終的には日中戦争に起因する世界戦争によって日本を敗北させる、というものであり、戦略どおりに、日中戦争はアジア・太平洋戦争へと発展し、日本は敗北した。

参考文献 『毛沢東選集』三(一九六五、三一書房)、笠原十九司「国民政府軍の構造と作戦―上海・南京戦を事例に―」(中央大学人文科学研究所編『民国後期中国国民党政権の研究』所収、二〇〇五、中央大学出版部) (笠原十九司)

じぎょうほう 事業法 満洲事変後の国際的緊張を背景に、国防上の重要産業に対して政府の保護と監督を規定した各種法律。国防の整備、戦争遂行上の重要資源開発や重化学工業の設備拡充、自給体制の確立などが狙いであった。一九三四年三月石油業法、三六年五月自動車製造事業法が先駆けとなり、日中戦争勃発後、生産力拡充計画の本格的スタートに対応して、三七年から四一年にかけて以下のような事業法がつぎつぎと制定された。三七年八月人造石油製造事業法、製鉄事業法、三八年三月工作機械製造事業法、航空機製造事業法、三九年四月造船事業法、三九年五月軽金属製造事業法、四〇年四月有機合成事業法、四一年五月重要機械製造事業法。内容はほぼ共通しており、事業経営を許可制とし、多くの場合、外資の排除方針をとった。そして、一定規模以上の事業経営のみを許可会社とした上で、土地収用法の適用、所得税、法人税、輸入税等の免除、奨励金、助成金の交付、社債発行に関する商法上の特例、設備の強制償却などの保護・助成措置を講じた。その一方で、許可会社は政府の強い規制も受け、事業計画の提出、規格統一、業務上の監督、生産、販売、価格の統制を受け、さらに軍事上・公益上必要な場合は、設備投資、作業方法、生産事業計画、原材料・生産品の貯蔵や保有についての命令を受けた。これら事業法による助成措置は、既存企業だけでなく新たに市場に参入しようとする企業の投資も刺激した。銑鋼一貫製鉄事業に取り組む新興製鉄企業や既存企業の規模を遥かに超える軽金属企業、船舶量産体制を組む造船会社などが誕生し、資材の割当を巡って既存企業との間に摩擦を生むこともあった。こうした野心的な企業の参入によって生産力拡充計画は支えられていた。重点産業に対する産業政策としては、五〇年代の機械工業振興臨時措置法など各種の臨時措置法との類似性が認められる。

参考文献 通商産業省編『商工政策史』一一(一九六四、商工政策史刊行会) (山崎 志郎)

じきょくきょうきゅうじぎょう 時局匡救事業 一九三二年の救農議会で決められた、昭和恐慌に際して農村救済のために行われた大規模な土木事業を中心とした政府の救農事業。本来の時局匡救政策は、救農土木事業を含み、米価政策、負債整理対策など広範なものであるが、時局匡救事業としては、恐慌下の農産物下落による窮乏農民や、失業して帰農した農村貧窮民救済のための救農土木事業であった。三二年度の政府の時局匡救予算はその四割強が救農土木事業である。三二年から三四年までの三年間の時限立法であり、一般会計・特別会計を通じて国費約六億円、地方費約二億円の予算に、大蔵省預金部資金からの融資約八億円を加えて合計十六億円の大事業となった。各省別予算では内務省・農林省が大部分を占める。両省の時局匡救予算の八割は土木事業である。労賃収入として貧窮民の一時的救済になったがその効果は就労日数、賃金とも限定的であった。 →救農土木事業

業

参考文献　大石嘉一郎『近代日本の地方自治』(一九九〇、東京大学出版会)、加瀬和俊『戦前日本の失業対策—救済型公共土木事業の史的分析—』(一九九八、日本経済評論社)　(森　武麿)

じきょくしょりようこう　時局処理要綱　⇩世界情勢の推移に伴ふ時局処理要綱

しげみつまもる　重光葵　一八八七—一九五七　外交官、政治家。一八八七年七月二十九日、大分県生まれ。東京帝国大学法科大学独法科を卒業した一九一一年、外交官試験に首席で合格、ドイツ勤務から外交官生活を開始する。その直後に勃発した第一次大戦中に交戦国となったドイツを離れてイギリスに滞在、以降、開戦までの日英関係に一貫して深い関わりを持ちつづけた。また、当時イギリス大使館に勤務していた本多熊太郎の影響を受け、中国問題にも強い関心を持つ。さらに、二〇年代以降は、共産主義・社会主義に対する強い警戒心を持ちつづけた。将来の外務省を背負うべき逸材として期待の高かった重光は、満洲事変直前に中国公使の重責を担った。重光は、その後、事変の勃発から第一次上海事変までの一連の危機の処理に奔走するも、三二年、上海での停戦協定成立直前の天長節に白川義則、野村吉三郎らとともに爆弾事件に遭遇し、生死の境をさまよい、結局右足切断の大手術によってかろうじて一命を取り留めた。復帰は絶望的とされたが、三三年五月、奇跡的に次官として外務省に返り咲き、その後駐ソ大使、駐英大使を歴任する。この間、重光は、有田八郎や天羽英二などとともに「アジア派」(東亜派)などといわれるグループに属し、講演や意見書で、国際連盟、地域取り決め(極東においてはワシントン体制)、不戦条約に象徴される第一次大戦後の国際秩序に挑戦し、日中提携を基礎とした東アジア新秩序を模索する論陣を張った。他方で、重光は、中国大陸の共産勢力およびソ連を仮想敵とし、イギリス、中国、そしてアメリカとも二〇年代とは異なる形での協調のシステムを築くことにも尽力する。言い換えれば、危機の時代における自主と協調の調和が重光外交の課題であった。しかし、力及ばずに日中戦争、そして日英米開戦を迎えた重光は、汪兆銘政府の中国大使となり、日本の中国政策を武力侵略中心から転換すべく「対支新政策」を主張した。その直後、東条内閣改造の目玉として外相に就任した重光は、その政策を「大東亜」全域に拡大することを主張、ビルマやフィリピンの独立や大東亜会議開催と共同宣言の作成に深く関わった。小磯内閣でも外相に留任し、同時に大東亜相も兼摂するが、繆斌工作を巡って小磯国昭や緒方竹虎と対立し、小磯内閣総辞職とともに外相を辞任する。戦後は東久邇宮内閣の外相として降伏文書調印の全権の重責を果たすも、極東国際軍事裁判の被告となり、禁錮七年の判決を受ける。追放解除後の五二年六月に改進党総裁となり、民主党・自民党副総裁、鳩山内閣外相などを歴任した。五七年一月二十六日没。六十九歳。

重光葵

参考文献　渡辺行男『重光葵—上海事変から国連加盟まで—』(『中公新書』、一九九六、中央公論社)、波多野澄雄『太平洋戦争とアジア外交』(一九九六、東京大学出版会)、武田知己『重光葵と戦後政治』(二〇〇二、吉川弘文館)、小泉憲和『重光葵と昭和の時代—旧制五高で学んだ外交官の足跡—』(『明治百年史叢書』、二〇一〇、原書房)　(武田　知己)

しげんきょく　資源局　一九二七年五月に内閣に設置された、総動員準備のための総括機関。文官官庁ながら陸海軍の現役武官が事務官に起用され、総務・調査・施設・企画の四課のもとで、総動員計画立案、資源保有、資源調査の三つの業務を担った。同年七月には資源局長官を幹事長とする資源審議会が新設され、官僚・軍人・議員・財界・学界などから委員を起用して、各界を一体化した総動員準備体制が整えられた。三〇年度から総動員計画の立案を開始し、三三年七月には、同年度から三五年度にかけて戦争があった場合に適用する「暫定総動員期間計画」を策定して、閣議決定された。その後も第二次、第三次期間計画が立案され、それぞれ閣議決定されているが、これらの立案の成果が現実の施策に生かされることはほとんどなく、予算の制約もあって、軍部などが期待したほどの成果は上がらなかった。日中戦争勃発後の三七年十月、新たに設置された企画院に統合された。
→企画院

参考文献　古川隆久『昭和戦中期の総合国策機関』(一九九二、吉川弘文館)　(佐々木　啓)

しこうさくせん　芷江作戦　一九四五年四月、日本軍が湖南省の芷江飛行場の占領を目指して行なった作戦。日本軍は第百十六、第三十四、第四十七、第六十四各師団など約五万人。数方面に分かれて進軍した。中国軍は第三、第四各方面軍の九軍二十六個師であった。その内、十五個師は米国軍の訓練を受け、米国製の近代的武器で装備された精鋭部隊であった。第四方面軍は第十八軍団を常徳から南下させ、他方で新編第六軍団を芷江に空輸した。邵陽方面では、第四方面軍が日本軍第百十六師団の攻撃を打ち破った後、全線で反撃、日本軍の数部隊を殲滅した。この時、日本軍第百十六師団第百九連隊は補給を断たれ、弾薬は尽き、餓死寸前に陥った。結局、日本軍の芷江飛行場占領は失敗した。六月二十六日から中国空軍第四大隊と中米混合連隊は芷江を基地として頻繁に出動し、衡陽など日本軍の主要陣地・飛行場を爆撃した。芷江作戦での日本軍の戦死・傷病者二万人以上で、これ以降、日本軍の士気は急激に衰えた。

参考文献 湖南省政協文史資料研究委員会編『芷江受降』(長沙、一九九七、岳麓書社)、菊池一隆『日本人反戦兵士と日中戦争―重慶国民政府地域の捕虜収容所と関連させて―』(二〇〇三、御茶の水書房)、王秀鑫・郭徳宏『中華民族抗日戦争史 一九三一―一九四五』(石島紀之監訳、二〇一三、八朔社) (菊池 一隆)

じさくのうそうせついじほじょじょせいきそく 自作農創設維持補助成規則 ⇨自作農創設政策(じさくのうそうせつせいさく)

じさくのうそうせつせいさく 自作農創設政策 自作農創設政策は一九二六年五月公布の自作農創設維持補助規則によって開始された。政府の狙いは、小作争議が激しくなり、小作問題への対策として地主の所有する土地を、小作人に低利融資することによって両者の対立をなくそうとしたものであった。実際、この時の自作農創設は、二十五年間で十一万七千町歩、全小作地の約四%とわずかなもので争議激化地帯の小作農懐柔策であり、地主の土地売り逃げ策であった。これに対して、戦時下の三七年十月に制定した自作農創設維持補助成規則による第二次自作農創設事業では戦時下の食糧増産の要請もあり、四十二万町歩全小作地の一四%。四三年の皇国農村確立運動で実施された第三次自作農創設事業は既墾地百五十万町歩で六〇%、加えて未墾地五十万町歩が自作農創設地として計画された。しかしこれらの政策は二十五年間という長期計画であり、すぐさま敗戦を迎え四六年までで十三万町歩全小作地の五・六%の解放に終わった。戦前の自作農創設政策の特徴は小作地の売却は地主の自由譲渡であり、戦後の農地改革のような強制譲渡規定を欠いていた。 ↓皇国農村確立運動(こうこくのうそんかくりつうんどう)

参考文献 農地制度資料集編纂委員会編『自作農創設維持に関する資料』(『農地制度資料集成』六、一九七〇、御茶の水書房)、小倉武一『土地立法の史的考察(復刻版)』(一九九五、中外書房)、暉峻衆三『日本農業問題の展開』下(一九八四、東京大学出版会) (森 武麿)

じじゅうぶかんふ 侍従武官府 一八八七年ごろから侍従武官府の前身にあたる侍中武官が宮中におかれたものの、制度化されるには至らなかった。その後、九六年四月制定の勅令一一三号によって侍従武官官制が公布され、侍従武官長と陸軍将校・佐尉官五名、海軍将校・佐尉官三名の定員が定められた。侍従武官の任務については、大元帥である天皇に「常侍奉仕」して「軍事に関する上奏や命令の伝達」にあたるほか、陸海軍の観兵、演習、行幸、祭儀、礼典、謁見などの際に陪侍扈従し、演習や軍事視察のために天皇の代理として差遣されることも定められていた。また、陸海の両統帥部長が軍令関係について上奏(帷幄上奏)する際には、侍従武官長がこれを取り扱うとともに、軍令事項につき、天皇からの諮問に答えることができるよう軍内の状況を把握しておくことが求められた。侍従武官長には陸海軍大中将をもって親補するとされたが、実際には、陸軍の大中将によって占められた。

参考文献 四竈孝輔著『侍従武官日記』(一九八〇、芙蓉書房)、大澤博明「侍従武官設置経緯に関する覚書」(『日本歴史』五六八、一九九五)、波多野澄雄・黒沢文貴・波多野勝編『侍従武官長奈良武次日記・回顧録』(二〇〇〇、柏書房) (茶谷 誠一)

しせいかん 司政官 アジア・太平洋戦争中の一九四一年から、南方諸地域の占領統治のために陸・海軍が雇用した文官である。司政官の中でも特に親任待遇となすことのできる司政官、勅任の司政官を司政長官とした。海軍においては四一年十二月二十七日に「特設海軍部隊臨時職員設置制」によって、海軍司政長官一名、海軍司政官九名が任命されたのを嚆矢とする。陸軍においては四二年三月七日公布の「陸軍特設部隊等臨時職員設置制」によって、陸軍司政長官五十五名、陸軍司政官三百五十名が任命されたのを最初とした。その後、人員は増員されたが、四二年三月七日に公布された「陸軍司政官及海軍司政官特別任用令」、七月二日に閣議決定された「占領地行政に従事せしむる文官に関する件」によって、陸海軍統一の運用が決まった。

参考文献 太田弘毅「陸軍占領地行政に従事せし、文官の人数と配置」(『日本歴史』三二八、一九七五)、同「海軍南方占領地行政に従事せし文官―その人数と配置―」(『日本歴史』三六九、一九七九)、岩武照彦『南方軍政論集』(一九八九、巌南堂書店) (河西 晃祐)

しそうはんほごかんさつほう 思想犯保護観察法 治安維持法違反者のうち、思想転向者に対してはふたたび罪を犯す危険を防止し、非転向者に対しては転向を促進するという趣旨で、一九三六年五月二十九日公布、十一月二十日施行された治安法。三四年と三五年の治安維持法改正案のなかに盛り込まれていたが、いずれも廃案となったために、「保護観察」の部分を実現させた。処分期間は二年、対象となったのは起訴猶予者・執行猶予者・仮釈放者・満期釈放者で、共産主義者だけでなく宗教者にも及んだ。「転向」確保のための「思想の指導」と職業斡旋・就学・復校などの「生活の確立」をめざすとされたが、重点は前者にあり、完全な「転向」と認められるまでは処分が更新された。全国に二十二の保護観察所を設置し、保護司による監視のもと、定期的な思想チェックがなされるほか、通信・交友や旅行・転居も制限された。四一年の治安維持法改正により、非転向・準転向者は「予防拘禁」制の対象者となった。全期間の処分者は五千人を超え、GHQ「人権指令」によって廃止となる四五年十月十五日の時点でも二千人を数えた。この制度は朝鮮と関東州でも施行された。 ↓転向(てんこう)

参考文献 奥平康弘『治安維持法小史』(一九七七、筑摩書房)、荻野富士夫『思想検事』(『岩波新書』、二〇〇〇、岩波

書店）　　（荻野富士夫）

したい　支隊　特別な作戦任務に基づき、一時的に独立して行動する陸軍部隊。多くの場合、歩兵（旅団もしくは連隊）を基軸に特科隊などが配属され、少将が支隊長となった。作戦中に臨時に編成されるが、場合によっては戦闘序列や大命により編成される場合もあった。日露戦争やシベリア出兵などでも編成されたが、日中戦争やアジア・太平洋戦争では多数の支隊が編成された。ガダルカナル島攻防戦に派遣された一木支隊や川口支隊が著名。

参考文献　秦郁彦編『日本陸海軍総合事典』（一九九一、東京大学出版会）、原剛・安岡昭男編『日本陸海軍事典』（一九九七、新人物往来社）　　（中野　良）

しだん　師団　陸軍の平時の部隊編制における最大単位。統御・経理・衛生などの各機関を備えた諸兵連合の部隊として、独立して作戦遂行可能な戦略単位。規模は平時には約一万名、戦時には約二万五千名。師団長には中将が任じられ、当初は天皇に、一九四〇年八月からは軍司令官に直隷した。一八八八年の師団司令部条例により従来の鎮台が師団に改編されて六個師団を設置し、戦時のみ編成されていたものが常備配置となる。戦時には数個師団を合わせて軍を編成するか、独立師団として使用された。師団は歩兵旅団二（歩兵連隊各二）・騎兵旅団一・砲兵旅団一・工兵大隊一・輜重兵大隊一・師団司令部などから構成されたが、アジア・太平洋戦争期になると諸兵連合の一般師団のほか、飛行師団・航空整備師団・戦車師団・高射師団など兵科別の師団も編成された。宇垣軍縮から日中戦争前まで師団数は十七だったが、戦争開始から二年間で倍増し、アジア・太平洋戦争の敗戦前には百八十九にまで増大した。各師団には俗称もあり、北海道旭川の第七師団は「北鎮師団」、青森県弘前の第八師団は「国宝師団」と呼ばれた。　→近衛師団（このえしだん）

参考文献　防衛庁防衛研修所戦史部編『陸軍軍戦備』（『戦史叢書』九九、一九七九、朝雲新聞社）、北村恒信「師団」（『戦前・戦中用語ものしり物語』、一九九一、光人社）　　（河西　英通）

しち・しちきんれい　七・七禁令　⇩奢侈品等製造販売制限規則（しゃしひんとうせいぞうはんばいせいげんきそく）

じちのうみんきょうぎかい　自治農民協議会　一九三二年四月、長野朗が権藤成卿を理論的指導者として、橘孝三郎、稲村隆一らと結成した農本主義組織。昭和恐慌による農村窮乏下の農民救済を求めて、第六十二議会に対して全国的署名運動を展開し、救済請書を提出した。請願内容は農家負債三ヵ年据え置き、肥料反当一円補助、満蒙移住費五千万円補助を掲げた。長野県、茨城県、山梨県、新潟県など、繭価暴落に苦しむ中部養蚕地帯を中心に五万人（内務省発表一万八千八百人）の署名を集め、さらに請願項目を増やして第六十三臨時議会（救農議会）には十万人（内務省発表四万二千八百人）の署名による農村救済請願運動を展開した。　→救農議会（きゅうのうぎかい）

参考文献　協調会編『農村社会運動の動向』（一九三三）、長原豊『天皇制国家と農民―合意形成の組織論―』（一九八九、日本経済評論社）　　（森　武麿）

しちょうそんのうちいいんかい　市町村農地委員会　⇩農地調整法（のうちちょうせいほう）

しちょうとくむへい　輜重特務兵　陸軍において、輜重兵のもとで物品の輸送に従事した兵卒。一八七九年の徴兵令改正時に輜重輸卒として創設された。体格の劣る者でもよいとされ、進級も不可能であるなど差別的な待遇を受けた。一九三一年十一月、陸軍兵卒等級表の改正に伴い輜重特務兵と改称されたが待遇は変わらず、三九年三月に輜重兵二等兵と改称し進級制度が整備された。

参考文献　輜重兵史刊行委員会編『輜重兵史』（一九七九、輜重兵会）　　（小山　亮）

じつえきていねんめいぼ　実役停年名簿　現代社会で言う「定年」は、職業軍人の場合現役御免を意味し、少尉中尉の四十五歳（陸軍。海軍は三十八歳）から大将の六十五歳（陸海軍同じ）である。現在の自衛隊はもう少し上げている。「停年」は各階級にとどまる規定年数を意味し、逆に言えば進級資格年数となる。少尉と中尉は二年（海軍は一年と一年半）、大尉は四年（陸海軍同じ）、少佐と少将は三年（海軍少佐は二年）、中佐・大佐は二年（陸海軍同じ）、中将は四年（海軍に規定なし）を最低勤め上げて「進級停年」となり、次の階級に進むことができる。それを個人別に表した名簿である。実際には年数通りには進めず、士官・将校の不平のもとでもあった。海軍は士官全員の進級を海軍全体の将官会議で決めるが、陸軍では、大尉まではその連隊長、佐官は師団長、将官は陸軍省人事局長・陸軍次官、陸軍大臣で決め、軍事参議官（元帥、一部の大将中将ら）の承認を経なければならない。

参考文献　成田篤『陸海軍腕比べ』（一九二七、大日本雄弁会）　　（原田　敬一）

しつぎょうきゅうさいじぎょう　失業救済事業　失業者に就労機会を与えるために主に都市自治体が実施した公共土木事業であり、一九二五年度から実施され、人手不足になった戦時期に廃止された後、戦後の失業対策事業に引き継がれた。第一次世界大戦でバブル景気を経験した日本は、戦後の条件変化のもとで一九二〇年代には経済の停滞局面に入り失業問題が深刻化しつつあった。特に屋外の土木事業の求人が少なくなる冬季には日雇失業者が増加し、野宿・残飯あさり・物乞い・窃盗などが増加した。これに対する対策として一九二五年度から冬季限定・六大都市限定で大都市自治体が失業労働者の雇用を目的とする公共土木事業（失業救済事業）を実施する場合には国庫補助が与えられることになった。民政党内閣が金本位制復帰のためにデフレ政策を採った一九二九―三一年度には失業者の急増に迫られて季節限定・事業実施地限定の条件が除かれ、周年的に全国各地で実施可能な事業となり、三一年度に事業規模がピークとなった。他に就業機会のないこの時期には、農村の二三男、朝鮮

失業救済事業　東京市の日傭労働者登録受付

人渡航者など満足な所得機会を持てなかった人々が事業実施地に移動し、限られた就労機会をその地域の従来からの失業者と争う事態となり、日本人日雇労働者が植民地出身者に反感を深める一因ともなっている。これに対して、金本位制への復帰に失敗して民政党内閣が倒れ、高橋是清蔵相が積極財政政策をとった三二年以降は、都市部の失業救済事業は縮小に向かい、逆に本来の公共土木事業がその規模を回復・増加させている。輸出増加と軍需工業化に伴う好景気によって失業救済事業の規模は急速に縮小し、三二年には十七万人を超えた登録失業者は三八年には二万人台に減っている。一方、日中戦争以降の企業整備(民需産業の強制的廃業措置)によって生じた失業者に対しては、商店の経営者や工場労働者は失業救済事業には従事しなかったという経験をふまえて、失業救済事業を増やすことはせず、徴用制度によって就労先を割り振られる措置がとられた。

参考文献　加瀬和俊『戦前日本の失業対策―救済型公共土木事業の史的分析―』(一九九八、日本経済評論社)

(加瀬　和俊)

してきせいさい　私的制裁　軍隊内で上級者が下級者に対し暴力で制裁を加えること。陸海軍とも表向きは軍民離間防止の観点から暴力による制裁の根絶をたびたび通達していたため、「私的」の文字が冠されている。しかし私的制裁は上官の目を盗んでしばしば行われたし、また上官がその存在を知りながらこれも教育の一環だと見て見ぬふりをすることもあった。私的制裁は古参兵が初年兵に対して行うイメージが強いが、下士官・将校によるものも多かったらしく、たとえば一九四四年の陸軍省通達によると、露見した制裁者百六十八名中兵八十六名、下士官二十九名、将校二十四名といった数字がある。私的制裁は殴打など直接的な暴力によるものに加え、言葉により屈辱を加えるなど精神的な「いじめ」に近いものも行われた。しかし当の兵士たちの間にも、軍隊で揉まれないと一人前になれないとする観念が根強く、そうした心性に支えられて私的制裁が根絶されることはなかった。

参考文献　大牟羅良「軍隊は官費の人生道場?!」(大濱徹也編『近代民衆の記録』八所収、一九七八、新人物往来社)、吉田裕・松野誠也編『十五年戦争期軍紀・風紀関係資料』(二〇〇一、現代史料出版)

(一ノ瀬俊也)

しではらがいこう　幣原外交　一九二〇年代半ばから一九三〇年代初頭にかけて、加藤高明内閣、第一次若槻礼次郎内閣、浜口雄幸内閣、第二次若槻内閣で外相を務めた幣原喜重郎の外交を指す。ワシントン体制下における中国に対する不干渉政策、経済主義、対米英協調を特徴とし、山東出兵などの強硬策で知られる田中外交と対比されることが多い。幣原はワシントン会議でも全権の駐米大使として活躍し、日英同盟の廃棄を率先しつつも、理性的なイギリス外交を理想としていた。対中政策では不干渉を堅持し、経済関係を深めることでワシントン会議の精神に基づいた秩序を導こうとした。北京関税特別会議では硬直した経済主義を露呈し、北伐への対処では「軟弱外交」と非難されたものの、蔣介石による時局の収拾を描いていた。ロンドン海軍軍縮会議などの成果もあったが、満洲事変のなかで解体した。幣原の外相在任は憲政会、民政党の内閣で五年三ヵ月に及び、外交官試験に合格した最初の外相でもあった。

参考文献　西田敏宏「ワシントン体制と幣原外交」(川田稔・伊藤之雄編『二〇世紀日米関係と東アジア』所収、二〇〇二、風媒社)、小池聖一『満州事変と対中国政策』(二〇〇三、吉川弘文館)、服部龍二『幣原喜重郎と二十世紀の日本―外交と民主主義―』(二〇〇六、有斐閣)

(服部　龍二)

しではらきじゅうろう　幣原喜重郎　一八七二―一九五一　外交官、政治家。一八七二年九月十三日(明治五年八月十一日)大阪生まれ。帝国大学法科大学法律学科を卒業後、農商務省に勤務するも、外交官の志を捨てきれずに、翌九六年に外交官試験に合格、朝鮮勤務を皮切りに外交官生活を開始する。時あたかも日清戦争直後から日露戦争期にあたり、若き幣原は、日本外交の最重要課題の一つであった朝鮮問題や中国大陸の諸権益の獲得といった

幣原喜重郎

案件に直接間接に携わった。またお雇い外国人の一人であったデニソン外務省顧問の薫陶を受け、西欧近代外交の手法に習熟していった。こうした修練期間を経て、一九一五年以降、名次官として四人の外相に仕えることとなり、さらにワシントン会議時の駐米日本大使として名を馳せた。そして、二四年六月から二七年四月まで、また二九年七月から三一年十二月までの二度にわたり外相をつとめ、のちに国際協調主義者として歴史に名を残すこととなったのである。しかし、幣原が外交官として頭角を現した時代は、日本が近代の「帝国」の一員として国際的に台頭してくる時期に相当した。その中で幣原は、欧米との協調を重視したが、世評ではアジアへのさらなる進出や欧米への自主独立心を重視する議論が少なくなかった。また、幣原は、当時日本との緊張を強めていたアメリカとの関係改善を最優先し、日英関係を必ずしも重視しなかったが、それゆえ、イギリスが幣原外交に特に親近感を抱かなかったのは自然であったし、近年も幣原外交の特徴を「英米」協調外交と呼ぶことへの違和感が提起されている。さらに第一次大戦後に台頭する中国ナショナリズムに対して幣原は不干渉政策を採用するが、その外交は無為無策とも見えた。幣原が日本の中国進出を断念していたわけではなかったし、中国との経済的な利益はむしろ積極的に重視していたのだが、政友会系あるいは大陸派やアジア派などと言われた対中積極干渉論者には頗る評判が悪かったのであった。こうした外交を展開した幣原だったが、二度目の外相在任中に満洲事変が勃発した際には無力であった。三〇年代に幣原が政治の表面で活躍することはなかった。終戦後の四五年十月には、英語ができ、渉外業務にも長けた幣原は首相に担ぎ出され、サンフランシスコ講和前には衆議院議長として、熱心に超党派外交の実現を模索した。五一年三月十日没。七十八歳。

参考文献 幣原平和財団編『幣原喜重郎』(一九五五)、幣原喜重郎『外交五十年』(『中公文庫』、一九八七、中央公論社)、服部龍二『幣原喜重郎と二十世紀の日本―外交と民主主義―』(二〇〇六、有斐閣)
(武田 知己)

しでん 紫電 日本海軍の局地戦闘機。川西航空機製。水上で離発着するために脚部にフロートが付いていた十五試水上戦闘機(強風)を陸上用に改造したもの。一九四三年八月に紫電一一型として制式採用された。しかし、強風の中翼構造を継承したことにより、斜前下方の視界不良や、長くなった主脚の強度・機構上の不調などに悩まされた。エンジン「誉」一九九〇馬力、最高速度時速五八三キロ、武装二〇ミリ機銃×四。七・七ミリ機銃×二、六〇キロ爆弾×二。

参考文献 防衛庁防衛研修所戦史室編『海軍航空概史』(『戦史叢書』九五、一九七六、朝雲新聞社)、海軍歴史保存会編『日本海軍史』五・七(一九九五、第一法規出版)、碇義朗『紫電改入門―最強戦闘機徹底研究―(新装版)』(『光人社NF文庫』、二〇一二、光人社)
(土田 宏成)

しでんかい 紫電改 日本海軍の局地戦闘機。川西航空機製。中翼型であった紫電の欠陥を是正するために低翼型に改造したもの。一九四五年一月に紫電二一型として制式採用され、旧式化した零戦に代わる主力戦闘機として期待された。戦争末期の本土防空戦で、米新鋭機にも対抗し得る優れた性能を発揮したが、空襲や資材不足により生産は遅れた。エンジン「誉」一九九〇馬力、最高速度時速五九六キロ、武装二〇ミリ機銃×四、六〇キロ爆弾×四または二五〇キロ爆弾×二。

参考文献 防衛庁防衛研修所戦史室編『海軍航空概史』(『戦史叢書』九五、一九七六、朝雲新聞社)、海軍歴史保存会編『日本海軍史』五・七(一九九五、第一法規出版)、碇義朗『紫電改入門―最強戦闘機徹底研究―(新装版)』(『光人社NF文庫』、二〇一二、光人社)
(土田 宏成)

じどうしゃせいぞうじぎょうほう 自動車製造事業法 一九三六年五月二十九日に法律第三三号により公布、同年七月十一日に施行。外国資本の日本フォード(一九二五年設立)や日本ゼネラル＝モータース(二七年設立)が主導する国内の自動車生産に対して、軍用自動車の国産化を図る陸軍と国産自動車産業の確立を目指す商工省の革新官僚の連携によって、三五年八月九日、事業許可制と外国資本排除を柱とする「自動車工業法要綱」が閣議決定された。同要綱に基づき制定された自動車製造事業法は自動車製造事業を許可制とし、許可対象を、一定の生産数量を満たし、かつ株主・取締役・資本金の半数以上、議決権の過半数を日本人・国内法人に属する株式会社に限定した。同法による許可会社は、日産自動車と豊田自動織機製作所の二社であり、のちに東京自動車工業が加わった。大型の大衆車生産を対象としていたため、当時、興隆しつつあった小型車生産の発展を阻害した面もあったが、外国企業の新規参入を制限した同法は、国産自動車産業確立の重要な契機であったと評価できる。四五年十二月二十一日に廃止。

参考文献 『日本自動車工業史稿』三(一九六六、日本自動車工業会)、宇田川勝「戦間期の日本自動車産業」(『神奈川県史』各論編二所収、一九八三)、呂寅満『日本自動車工業史―小型車と大衆車による二つの道程―』(二〇一一、東京大学出版会)
(岡部 桂史)

じどうしょうじゅう 自動小銃 引き金を一回引くと一回発射して、自動的に次の弾薬を装填する銃のことで、装填方法の差異によりピダーセン方式とガーランド方式に分類できる。日本では「半自動銃」とも呼ばれており、一九三〇年代から陸軍造兵工廠で試作されていたといわれている。しかし、高価格であることや、多量の弾薬を消費することなどにより制式化には至らなかった。一方、アメリカ軍は、M1ガーランドを大量に製造し、アジア・太平洋戦争で使用した。なお短機関銃とは(拳銃の弾を使用する)小型の機関銃である。アメリカやヨーロッパでは大量に生産されたが、日本では挺進隊用として使用するため四一年二月、一〇〇式機関銃が制式化されたのみである。

参考文献 須川薫雄『日本の機関銃―日露戦争百周年を迎えて―』(二〇〇三、SUGAWAWEAPONS社)

(中村 崇高)

しとつばくらい 刺突爆雷 一・五メートルほどの棒の先端に爆雷の付いた形状の対戦車肉薄攻撃兵器。刺突地雷とも。先端の爆雷は円錐状で、三本の釘が付けられていた。戦車の足止めを目的とする制圧資材で、歩兵が戦車に対し刺突・投擲することで使用した。攻撃要員の生還は絶望的で事実上の自殺兵器であった。一九四二年末以降大量に生産され、戦況が逼迫して対戦車兵器の生産が困難になった四四年以降フィリピン戦や沖縄戦で使用されたほか、本土決戦用としても準備されていた。

参考文献 中西立太『日本の歩兵火器』(一九九八、大日本絵画)、佐山二郎『工兵入門―技術兵科徹底研究―』(『光人社NF文庫』、二〇〇一、光人社)、『帝国陸軍戦車と砲戦車―欧米に比肩する日本の対戦車戦闘車両の全容―』(『「歴史群像」太平洋戦史シリーズ』三四、二〇〇二、学習研究社)

(小山 亮)

しなじへんしょりようこう 支那事変処理要綱 一九四〇年十一月十三日の御前会議で決定された日中戦争解決策。桐工作が不調に終わり、重慶政府に対する和平工作の見直しが迫られるなか、四〇年九月の三国同盟締結で日米対立が激化し、十月のビルマルート再開で対日持久戦に国力を集中する重慶政府は勇気づけられた。要綱は従来軍民によって行われてきた対重慶和平工作を中止して政府に一本化すること、政府による和平工作も年末までと期限を決めて実施すると決定した。重慶との交渉にあたって、南京政府と締結すべき基本条約に準じて、満洲国承認、蒙疆、華北における日本の駐兵、海南島と華南での艦部隊の駐留などを要求することとした。同時に桐工作で延期された汪兆銘の南京政府との条約締結は十一月末までに完了することも決めた。また、年末までに重慶政府との間に和平が成立しない場合、長期戦方略に転換し、同政権の屈服を期することとした。要綱に基づいて十一月三十日、日本は南京政府を正式承認した。

参考文献 日本国際政治学会太平洋戦争原因研究部編『太平洋戦争への道―開戦外交史―』四(一九六三、朝日新聞社)、劉傑「汪兆銘政権論」(倉沢愛子他編『(岩波講座)アジア・太平洋戦争』七所収、二〇〇六、岩波書店)

(劉 傑)

しなちゅうとんぐん 支那駐屯軍 義和団事件後に締結された北京議定書により一九〇一年四月に日本の清国駐屯歩兵隊が天津に設けられ、一二年に支那駐屯軍と名称変更した。公使館や領事館、在留邦人の保護を直接の目的として二個大隊が置かれた。軍隊は日本国内から交替で派遣された。華北分離工作に伴う紛争に対応するため、三六年四月に新たに支那駐屯歩兵旅団や戦車隊・騎兵隊・工兵隊が加えられた。混成一個旅団、約五千人の独立兵団に増強された支那駐屯軍は、さらに中国側の了解なく北京近郊の鉄道分岐点にある盧溝橋附近の豊台に歩兵連隊用の兵営を新設して演習を実施した。すぐ近くには中国第二十九軍の駐屯地があったので、この兵営新設が盧溝橋事件勃発のきっかけをつくったことになる。日中戦争の全面化に伴い、支那駐屯軍は第二十、五、六、十師団などを組み込んで三七年八月三十一日に第一軍となり、同駐屯軍は廃止された。

参考文献 「支那駐屯軍全部隊集結完了ノ件報告」(アジア歴史資料センター、C01002711500)

(芳井 研一)

しなの 信濃 日本海軍の航空母艦。排水量六万二〇〇〇トン、全長二五六メートル。四十口径一二・七センチ連装高角砲八基、二五ミリ三連装機銃三十七基、一二センチ二十八連装噴進砲十二基、航空機四十七機搭載。重装甲の飛行甲板を有した。一九四〇年五月四日に、「大和」型戦艦の三番艦として起工、四二年六月に日本海軍がミッドウェー海戦で空母四隻を失ったのを受け、戦艦から航空母艦への改装が行われることになった。「信濃」はそれまで海軍が建造(もしくは他の艦種から改装)してきた空母と大きな違いがあった。通常の航空母艦は、前線の後方から搭載している航空機を発進させ、目標を攻撃するという順序で作戦を行うことが多い。作戦を終えた艦載機は発進した母艦に戻って収容される。これに対して「信濃」は、他の空母の作戦を側面から支援する目的で建造された。「信濃」は、前線に進出して待機し、目標を攻撃して帰還した他の空母の艦載機をいったん収容・補給し、再度これらの航空機を発進させて目標を再び攻撃するという、いわば「中継補給基地」としての役割を期待されたのである。このため「信濃」自体の攻撃機はわずかしか搭載されず、艦載機は戦闘機が中心になった。他の空母の艦載機への補給が主なので、航空機用の燃料、爆弾、魚雷は多く搭載された。海軍の空母不足を補うため、「信濃」の空母への改装は急ピッチで行われ、工事は簡略化された。四四年十一月二十八日、残りの工事を呉の海軍工廠で行うために横須賀を出港したが、翌二十九日に潮ノ岬沖で米国潜水艦の攻撃を受けて沈没した。

参考文献 篠原幸好他『連合艦隊艦船ガイド 一八七二―一九四五(改訂第二版)』(一九九五、新紀元社)

(宇田川幸大)

しなのよる 支那の夜 一九三八年十二月に、竹岡信幸の作曲、西條八十の作詞、渡辺はま子の歌唱でコロムビアからレコード発売された楽曲。日中戦争下に発表された楽曲ながら、中国の風景を詩情豊かに表現した歌詞が、郷愁をさそうメロディで歌われた、戦時下という状況を感じさせない楽曲である。この曲のヒットは継続し、四〇年に、楽曲をモチーフとした李香蘭と長谷川一夫主演の映画『支那の夜』も封切となった。映画では「支那の夜」のほか、「蘇州夜曲」が主題歌として発表されている。しかし日米開戦を受けて、情報局は四一年十二月に、レコード業界に対し「時局に適合せず」として「支那の夜」などを廃盤や発売停止とするよう要請した。一方で、この時期は「国民歌」氾濫の反面、ラジオ番組『国民合唱』の方針にも見られたように国民の流行歌への支持は依然として高く、特に中国大陸や南方などの最前線では流行歌の兵士らへの影響のみならず、占領地の宣撫工作の手段としても重視された。このため四三年七月には、情報局の意向を受けた日本音楽文化協会が南方向け楽譜や音盤を決定した際には、「支那の夜」も優秀歌曲として銓衡された。このような動きは、文化統制の強化の一方で、民衆意識の反映という政策の矛盾を物語るものであった。

参考文献　中田整一『モンテンルパの夜はふけて―気骨の女・渡辺はま子の生涯―』(二〇〇四、NHK出版)、『音楽文化新聞(復刻版)』(二〇一〇、金沢文圃閣)

(戸ノ下達也)

しなはけんぐん　支那派遣軍　一九三九年九月に、中支那派遣軍・北支那方面軍・第二十一軍を指揮するために設置された軍。それまで大本営に直属していた中支那派遣軍や北支那方面軍を統一指揮するために支那派遣軍総司令部を南京に新設し、泥沼化しつつある中国戦線の立て直しをはかった。このとき中支那派遣軍司令部は廃止された。歴代総司令官は西尾寿造・畑俊六・岡村寧次の三人である。三九年末には二十六個師団、八十五万人の兵力を擁したが、南寧作戦に対する中国軍の激しい反攻などに苦戦を強いられるなかで、長期持久の消耗戦を戦った。四二年四月のドゥーリトル空襲後には華中の航空基地破壊のため浙贛作戦を実施した。四四年三月からは、陸軍史上最大規模の四十万人をこえる兵力を動員して大陸打通作戦(一号作戦)を行なった。日本本土空襲用の航空基地を破壊し京漢・粤漢鉄道沿線を確保したものの戦局の転換には役立たず、むやみに戦力を消耗する結果となった。

参考文献　「支那派遣軍司令部開設ノ件」(アジア歴史資料センター、C04121449900)

(芳井　研一)

じぬしせい　地主制　地主が小作農に対して土地を貸付け、地代＝小作料を徴収する土地制度で、明治維新以降、戦後農地改革に至るまでの日本の支配的な土地制度。明治維新後の地租改正で領主の土地所有が撤廃され地租の金納化と土地私有制が認められると、土地抵当金融が広まり、土地移動が活発になった。町の商人・金貸や在村名望家による土地金融活動は、農村不況や凶作・水害という自然条件の変化によって、没落した農民の土地が所有移転して富裕層に集中し、地主としての成長をもたらすことになった。すでに江戸中期以降、経済的先進地方では商人・金貸により質地地主が広がっており、小作地率は明治初年には三〇%に達していたという。一八八一年に始まる松方デフレにより自作農の没落が進み、近代第一波の急激な地主への土地集中を引き起こし、さらに九〇年代半ばからの資本主義の勃興と不況によって第二波の地主への土地集中が進行した。一九〇五年には小作地率四三・九%に達した。この時の小作料は収穫高の五〇%をこえる高額高率小作料であり、地主に対する小作農の身分的格差、近世以来の共同体的諸関係とともに半封建的性格を持つといわれた。同時に資本主義の急速な勃興は出稼ぎ先を作ることによって、小作農に家計補充的低賃金労働を供給し、高率高額小作料を補塡する役割を果たした。地主制は資本主義と共棲関係にあるという近代的性格を持っていた。また、日本の地主制は、少数の巨大地主・不在地主のもとに、膨大な耕作地主・零細不耕作地主というピラミッド型構成を取っていたことが世界的特徴であった。

第一次世界大戦を転機に地主制は衰退過程に入る。大戦景気による労働市場の拡大は農村の過剰人口を都市に排出し、小作地をめぐる過当競争は低下した。また一八年米騒動を経て、植民地米や外米の輸入は、米価を押し下げ地主的利益を抑制した。さらには高額高率小作料への小作農の怒りは、小作争議の激発を招き、小作料減免・耕作権確立を求めて地主との闘いが激化した。このため、小作地率は一八年の四二・六%をピークに一旦下降し、一九年から全国の五十町歩以上地主は漸減し始める。

しかし一九三〇年に始まる昭和恐慌は、農民の急激な没落をもたらし、その年の小作地率四七・七%と、戦前ピークを記録する。特に中小地主・耕作地主たちは、小作料を支払えない小作農から土地を取り上げたために、本来農民生活の基礎である隣保共助の部落内部の亀裂を生み、地主・小作対立は深刻な様相を呈した。昭和恐慌による農村危機が、政府の救農議会から農山漁村経済更生運動の官製国民運動を導く。この運動を通して、部落の機能回復と耕作地主、自作農、小作農を含む生産農民優位の増産政策が大々的に展開された。これが地主・小作関係の矛盾をいっそう内攻化させ、不在地主への批判をあからさまに顕在化させたのである。

三七年に日中戦争が始まると、国家総動員法をもって戦時統制経済に突入した。総力戦体制構築のために、食糧増産、農業生産力発展の障害となる地主制を抑制する政策が展開する。三八年の農地調整法、三九年の小作料統制令、四〇年の米穀国家管理、四一年の二重米価制、四二年の食糧管理法、四三年の皇国農村確立運動による自作農創設政策が展開され、地主制の社会経済的機能は喪失していった。

このように戦前日本の地主制は資本主義の形成と並行して成長し、資本主義の発展、危機とともに衰退した。衰退過程は小作争議、昭和恐慌、戦時農政と三段階を経るが、それを前提に戦後の農地改革が日本主導とGHQ主導の二段階にわたり展開する。この農地改革によって地主制は最終的に解体された。

参考文献　栗原百寿『現代日本農業論』(『栗原百寿著作集』四、一九七八、校倉書房)、中村政則『近代日本地主制史研究—資本主義と地主制—』(一九七九、東京大学出版会)、暉峻衆三『日本農業問題の展開』(一九七〇・八四、東京大学出版会)、森武麿『戦時日本農村社会の研究』(一九九九、東京大学出版会)　(森　武麿)

しのぶじゅんぺい　信夫淳平　一八七一—一九六二　大正・昭和時代の国際法学者。一八七一年九月一日、信夫恕軒の長男として鳥取県に生まれる。東京高等商業学校卒業後、朝鮮の日本公使館、北海道庁などに勤務。このころ、有賀長雄に師事して国際法、外交史を学ぶ。九七年外交官及領事官試験に合格し、外務省に入省。日露戦争は占領地行政に関与し、その後カルカッタ総領事などを歴任し、一九一七年、退官。一九年早稲田大学(兼法政大学)講師として国際法、外交史を講義する傍ら、『新愛知』主筆・顧問として執筆活動を行う。二一年中華民国政府顧問、三五年中華民国政府国際法顧問となり、三六年同国政府より藍色大綬采玉勲章を贈られている。三九年、法学博士、四三年『戦時国際法講義』によって、帝国学士院恩賜賞を受賞。四四年後半、陸軍は国際法学者に嘱託し、ヴェルサイユ条約などの終戦条約の研究を密かに行なっており、信夫もその一員として参加している。戦後、早稲田大学教授に再任。六二年十一月一日没。九十一歳。

参考文献　清瀬一郎『秘録東京裁判』(『中公文庫』、一九八六、中央公論社)　(横島　公司)

しばかつお　柴勝男　一九〇一—七〇　昭和前期・太平洋戦争期の海軍軍人。一九〇一年九月四日、千葉県に生まれる。義父は海軍軍人の石川秀三郎。二二年海軍兵学校卒(第五十期)。三四年海軍大学校卒。三五年四月よりドイツ駐在、同年十二月ドイツ大使館付武官補佐官となる。帰国後は、海軍大学校教官を経て、三八年一月軍令部第一部部員、三九年五月軍務局第一課局員、そして四〇年十一月には国防政策を所掌する新設の軍務局第二課局員となる。この海軍中央部での勤務の間、日独伊三国同盟締結や対米英開戦などをめぐる問題で、海軍内で積極論を展開した中堅層の一人として活動した。四三年五月海軍大佐、四四年二月軽巡洋艦「大井」艦長、同年七月乗艦は米潜水艦の雷撃を受け沈没したが生還。同年八月軍令部第一部部員兼参謀本部部員、終戦後の四五年九月、米戦艦ミズーリ艦上の降伏文書調印に随員として立ち会った。七〇年一月三日没。六十八歳。

参考文献　新名丈夫編『海軍戦争検討会議記録—太平洋戦争開戦の経緯—』(一九七六、毎日新聞社)　(相澤　淳)

しばこうしろう　斯波孝四郎　一八七五—一九七一　実業家。三菱財閥重工業部門の最高経営者、工学博士。一八七五年一月二十四日、加賀藩家老斯波蕃の次男として石川県に生まれる。一八九九年東京帝国大学工科大学造船学科を卒業、三菱合資会社に入り、長崎造船所勤務、一九一七年造船部長兼造船工場支配人を経て二〇年長崎造船所長、二五年三菱造船常務、三四年会長となる。その直後、三菱造船と三菱航空機を統合させて、三菱重工業が成立するや、同社の初代会長となる。四二年会長を退くが、造船統制会会長を敗戦まで務めた。日本光学工業会長、三菱電機取締役も兼任している。四六年追放令に該当、五一年追放解除後、経団連評議会議長、日経連顧問、日本海事協会理事長、日本工業倶楽部評議会副会長など、財界活動を展開、造船業界の長老として重きをなした。七一年六月十三日没、九十六歳。

参考文献　『三菱重工業株式会社史』(一九五六)　(麻島　昭一)

しばやまけんしろう　柴山兼四郎　一八八九—一九五六　陸軍軍人。陸軍の「支那通」の一人。一八八九年五月一日、柴山定次郎の三男として茨城県に生まれる。下妻中学卒業後、一九一二年、陸軍士官学校卒業(第二十四期)。二二年、陸軍大学校卒業。二八年、張学良顧問補佐官。三三年、支那公使館付武官補佐官。三七年三月、陸軍省軍務課長。日中戦争開始とともに不拡大派の中心となるが、三八年六月、天津特務機関長に転任。アジア・太平洋戦争直前の四一年十月には、中将に昇進し、輜重兵監に就任。開戦後は、第二十六師団長、南京政府最高軍事顧問を歴任。四四年八月、人事権を掌握した梅津美治郎参謀総長が、日中戦争での不拡大派を寵用したこともあって、陸軍次官に抜擢される。「支那通」としての政治的な手腕を発揮し、小磯国昭内閣が決めた重慶工作を実施するため南京政府との連絡役を務めた。四五年、病気療養のため陸軍次官を退き、敗戦をむかえた。戦後、戦犯裁判で禁錮七年の判決を受けたが、三年足らずで仮釈放となった。五三年には、軍人恩給全国連合会会長に就任した。五六年一月二十三日没。六十六歳。

参考文献　軍事史学会編『機密戦争日誌—大本営陸軍部戦争指導班—』(一九九八、錦正社)、戸部良一『日本陸軍と中国—「支那通」にみる夢と蹉跌—』(『講談社選書メチエ』、一九九九、講談社)　(山本　智之)

しぶさわけいぞう　渋沢敬三　一八九六—一九六三　財界人、民俗学者。一八九六年八月二十五日、東京生まれ、渋沢栄一の嫡孫。一九二一年東京帝国大学経済学部卒、横浜正金銀行勤務のあと、二六年から祖父の創設した第一銀行に移り、取締役、三二年常務取締役、四一年副頭取となる。四二年日銀副総裁に転出し、四四年に日銀総裁となる。敗戦後の四五年十月に幣原内閣の蔵相、経済混乱期に、財閥解体、通貨増発、金融緊急措置令による預金封鎖、財産税創設などで、三田の自宅豪邸を物納するなどGHQの指令で自己の財閥基盤をみずからとり崩す政策を実行した。四六年に公職追放、五一年に追放解除され、国際電信電話公社初代社長、日本国際商業会議所会頭などを歴任し、戦後財界の世話役を務めた。もう一つの顔は民俗学者である。二一年自宅にアチック＝ミューゼアム＝ソサエティを創設し、四二年日本常民文化研究所と改称し(現在神奈川大学付属施設)、宮本常一、山口和雄など多くの民俗学者、漁業史研究者を後援・育成した。三四年には日本民族学会を設立して理事となり、その後会長になり、日本人類学会会長となった。みずからも漁業民俗、水産史、民具、常民生活絵引研究などをリードし、新たな民俗学の分野を切り拓いた。渋沢敬三は柳田国男、折口信夫とならぶ三大民俗学創始者の一人といわれる。六三年十月二十五日死去。六十七歳。

参考文献 渋沢敬三伝記編纂刊行会『渋沢敬三』(一九七九・八一)、『渋沢敬三著作集』(一九九二-九三、平凡社)、佐野真一『旅する巨人―宮本常一と渋沢敬三―』(一九九六、文藝春秋)、福田アジオ編『日本の民俗学者―人と学問―』(『神奈川大学評論ブックレット』二一、二〇〇二、お茶の水書房)、『歴史と民俗』三〇(「特集渋沢敬三没後五〇年」、二〇一四)

(森　武麿)

シベリアよくりゅう　シベリア抑留　第二次世界大戦終結後、ソ連は満洲などに在留していた日本人を拘束し自国領内やモンゴルに移送、五十七万五千人を抑留した(厚生労働省の推計)。軍人・軍属が九割以上を占め、民間人も三万九千人に上った。収容所はおよそ二千ヵ所とされる。実際の抑留地はシベリアだけでなく東はカムチャッカ、ベーリング海に面する東経一六〇度から西はモスクワ近郊ドニエプル川流域の東経四〇度に至り、北は北極圏に近い北緯七〇度から南は中央アジアを経てパミール高原の西麓、北緯四〇度に及ぶ。零下四〇度もの極寒と飢え、重労働の「三重苦」のもと五万五千人が亡くなった(同省推計)。樺太や北朝鮮などでの犠牲者を加えると、ソ連による抑留の死者は八万人を超える。抑留初期、下級兵は特に肉体的、精神的苦痛を強いられた。この差別に対する反感を背景に、旧軍秩序解体のための運動が広まった(民主運動)。この過程では、日本人が同胞を集団でリンチする「つるし上げ」が行われたり、「アクチブ」と呼ばれる民主運動のメンバーと反対派が鋭く対立した。一九四六年十二月から一部の帰国が始まり、五六年、日ソ共同宣言の締結で最後の一千二十五人が帰国、抑留は終わった。だが帰還者は就職差別などに苦しめられた。また同宣言で両国は戦争に関連する補償請求権を相互に放棄したため、抑留経験者らはソ連が支払わなかった労働賃金の補償を日本政府に求めたが政府は拒否。訴訟が相ついだが司法は「戦争被害受忍論」をもとに棄却した。二〇一〇年、議員立法により、抑留期間に応じて国が特別給付金一人あたり二十五〜百五十万円を支払うことを柱とする「戦後強制抑留者に係る問題に関する特別措置法」(シベリア特措法)が成立、生存者六万八千八百四十七人に支給された。日本の戦後補償史上画期的な法律だが、犠牲者の正確な人数の把握や個人の特定、未帰還の遺骨など未解決の問題が多い。

↓抑留(よくりゅう)

参考文献 栗原俊雄『シベリア抑留―未完の悲劇―』(『岩波新書』、二〇〇九、岩波書店)

(栗原　俊雄)

シベリア抑留体験者が描いた絵(早田貫一画「吹雪のなか労働へ向かう」)

しほんとうひぼうしほう　資本逃避防止法　資本の国外移動を制限することで、円相場下落・本邦外貨証券下落による資本の海外流出を止めることを目的とする法規。大蔵省理財局国庫課長の青木一男が立法作業を主担、一九三二年七月一日公布施行。法律第一七号。本法は包括規定のみであり、具体的な統制内容は大蔵省令による委任命令で対処する形式をとっており戦時統制立法の先鞭をつけた。本法に関わる重要事項を審議するため資本逃避防止委員会が設置され、会長には大蔵次官黒田英雄が就任した。本法によって自由な為替取引が不可能となったため、投資家は外貨証券から国内債券へと投資先をシフトするなど一定の効果もあったが、輸入品の代金支払いなどの形態を取ることで短期資金の逃避が可能であり、実際に円相場下落の傾向は止まらず、より強力な為替管理が求められるに至った。三三年五月短期資金の管理・輸入貿易への為替割当の実施なども可能とする外国為替管理法が新たに施行され、本法は廃止された。

↓外国為替(がいこくかわせ)

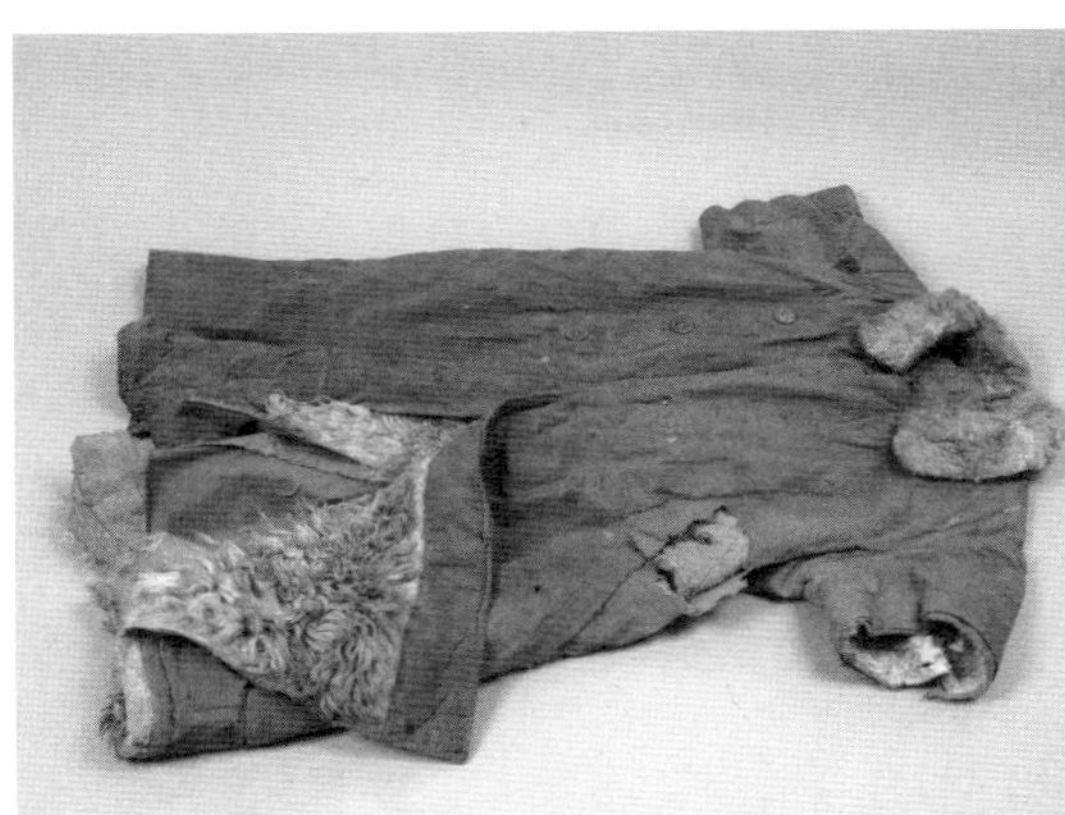

シベリア抑留者が着用した袖無しの防寒外套

為替管理法（かわせかんりほう）

参考文献 『日本銀行百年史』四(一九八四)、伊藤正直『日本の対外金融と金融政策 一九一四―一九三六』(一九八九、名古屋大学出版会)、柴田善雅『戦時日本の金融統制―資金市場と会社経理―』(二〇一一、日本経済評論社)

(邉 英治)

しまだかつのすけ 島田勝之助 一八八四―一九六〇 昭和期における三井財閥の経営者。一八八四年三月五日、東京府で島田慶助の三男として生まれる。一九〇三年東京外国語学校仏語学科を卒業、同年三井物産に入社。以後、同社ロンドン支店長、石炭部長、取締役を経て、三五年持株会社である三井合名会社理事、翌三六年常務理事に就任。三五年には三井財閥の傍系会社である北海道炭礦汽船の取締役にも就任し、三九年、磯村豊太郎会長の死去を受け、同社会長に就任、アジア・太平洋戦争期における炭鉱経営を掌る。四七年、公職追放に伴い会長を辞任したが、追放解除後の五二年に再度会長に就任した。戦後期には、日本石炭協会会長、日本経営者団体連盟顧問など業界団体、および財界の重職も歴任している。六〇年二月十日死去。七十五歳。

参考文献 『北海道炭礦汽船株式会社七十年史』(一九五八)、三井文庫編『三井事業史』本篇三下(二〇〇一)

(北澤 満)

しまだしげたろう 嶋田繁太郎 一八八三―一九七六 明治後期から太平洋戦争期にかけての海軍軍人。一八八三年九月二十四日、旧幕臣で神官の嶋田命周の長男として東京に生まれる。日露戦争中の一九〇四年十一月に海軍兵学校を一ヵ月の繰り上げで卒業、同期(第三十二期)生には山本五十六や吉田善吾らがいた。約二ヵ月の練習航海を経て乗り組んだ三等巡洋艦「和泉」で初陣となる日本海海戦に参加。この時「和泉」は海戦当日早朝よりロシアのバルチック艦隊に触接、情報を送る任務に就いており、候補生の嶋田はその艦橋で測距儀の測手を務めていた。〇五年八月海軍少尉に任官、再度の練習航海を経て、〇六年七月第七艇隊付、〇八年十二月には三等巡洋艦「音羽」の乗組みとなり中国方面の警備に従事、この「音羽」艦長が日本海海戦時の連合艦隊作戦参謀秋山真之であり、その薫陶を受けた。

一〇年十二月海軍大学校(乙種学生)、一一年五月には砲術学校(高等科学生)をそれぞれ卒業し、一等巡洋艦「筑波」、戦艦「摂津」の分隊長を歴任。一三年十二月海軍大学校甲種学生となり一五年十二月に卒業、海軍少佐に進級し戦艦「敷島」砲術長となった。しかし、わずか三ヵ月後の一六年二月にはイタリア駐在を命ぜられ、同年八月イタリア大使館付武官補佐官、引き続き一七年十二月からは大使館付武官となり、第一次世界大戦の休戦(一八年十一月)もイタリアで迎えた。帰国(一九年五月)後は練習艦隊参謀として地中海を周り、二〇年六月から二二年十一月までは海軍軍令部参謀として勤務(第一班第一課)、この間前半はワシントン会議の準備、後半は軍縮条約に対する軍備整備と作戦立案にあたったが、上司の第一課長は軍縮反対論者の末次信正であった。

二二年十一月に戦艦「日向」副長、二三年十二月からは約三年間海軍大学校教官を務め、この間の二四年十二月海軍大佐に進級。なお、この教官時代の教え子(甲種学生)には、太平洋戦争時に海軍の中核の世代となる山口多聞、福留繁、草鹿龍之介、石川信吾、高木惣吉らがいた。

嶋田繁太郎

二六年十二月第七潜水隊司令、二八年八月軽巡洋艦「多摩」艦長、同年十二月には戦艦「比叡」艦長。二九年十一月海軍少将に進級して第二艦隊参謀長、そして三〇年十二月連合艦隊参謀長と艦隊勤務が続いた。三一年十二月には潜水学校長となりいったん陸上勤務となったが、翌三二年一月に勃発した上海事変(第一次)に対し急遽編成された第三艦隊の参謀長となり、再び海上(揚子江上)勤務に戻り、同艦隊司令長官野村吉三郎の作戦指揮を補佐した。

三二年六月、海軍軍令部第三班長、十一月同第一班長、三三年十月には海軍軍令部が軍令部に改編され、職名も第一部長となるが、この改編によって海軍省(軍政)に対する軍令部(軍令)の権限が大きく拡張されていた。三四年十一月海軍中将に進級、さらに三五年十二月からは二年間軍令部次長を務めた。この(海軍)軍令部勤務時代を通した上司の軍令部総長(海軍軍令部長)が伏見宮博恭王であり、この間に嶋田は伏見宮の信頼を得ることになったとされる。その後は三七年十二月第二艦隊司令長官、三八年十一月呉鎮守府司令長官、四〇年五月支那方面艦隊司令長官、そして同年十一月には海軍大将に進級し、四一年九月横須賀鎮守府司令長官と、長く海軍中央の勤務から離れていたが、その翌十月、対米英開戦間際の段階で及川古志郎海軍大臣より後任となるよう指名され、一度は強く辞退したが、伏見宮の説得もあり、東条英機内閣の海軍大臣となり、対米英開戦を迎えた。その後四四年二月、戦況の悪化する中で、東条の参謀総長兼任に合わせて軍令部総長を兼任するが、こうした東条に対する協調姿勢は海軍部内で批判を集めるようになり、同年七月から八月にかけて海相、総長の座を後任に譲って軍事参議官に退き、四五年一月には予備役編入となった。戦後は東京裁判において終身刑(A級戦犯)となるが、五五年四月に仮釈放。七六年六月七日没。九十二歳。

参考文献 秦郁彦『昭和史の軍人たち』(一九八二、文藝春秋)、半藤一利他『歴代海軍大将全覧』(『中公新書ラクレ』、二〇〇五、中央公論新社)、水交会編『帝国海軍提督達の遺稿—小柳資料敗戦後十余年海軍の中枢が語った大東亜戦争への想い—』(二〇一〇) (相澤　淳)

しまだとしお　島田俊雄　一八七七—一九四七　明治から昭和期の政治家。一八七七年六月十八日、島根県に大工島田斗吉の長男として出生。一九〇〇年、東京帝国大学法科大学政治学科を卒業後、東京市教育課長等を経て弁護士。一二年の衆院選に無所属で出馬し当選。一三年立憲政友会に入党する。政友会では党総務・幹事長等を歴任し、犬養内閣で法制局長官となる。広田内閣では農林大臣として入閣した。三七年、鳩山一郎、前田米蔵、中島知久平とともに政友会総裁代行委員となる。三九年の党分裂に際しては中島派に属した。平沼内閣では内閣参議、米内内閣で再度農林大臣を務めた。四〇年の政党解消後は、翼賛議員同盟・翼賛政治会・大日本政治会に属した。四四年に小磯内閣農商大臣、四五年には衆議院議長に就任するなど、戦時期の議会主流派長老として、たびたび要職を担った。敗戦後公職追放。当選九回。四七年十二月二十一日没。七十一歳。

参考文献　沖島鎌三『島田俊雄先生—勤続表彰記念—』(一九三五)、島根県教育委員会『明治百年島根の百傑』(一九六八) (手塚　雄太)

しまだとよさく　島田豊作　一九一二—八八　陸軍軍人。一九一二年三月三十一日、地主島田勘助の三男として群馬県に生まれる。三三年陸軍士官学校卒(第四十五期)。三五年独立守備隊歩兵第九大隊付・中尉、三八年大尉・第二国境守備隊付、三九年戦車第八連隊中隊長、四〇年戦車第六連隊中隊長、四一年少佐、太平洋戦争開戦時、マレー半島東岸アンゴラに上陸。十五輌の戦車を率いて短期間でペラク州スリム突破に成功。敵約二個旅団を補足殲滅する原動力となる。部隊感状を授与され、天皇に単独拝謁。四三年陸軍士官学校教官、四五年戦車第十八連隊長。八八年七月十一日没。七十六歳。

参考文献　島田豊作『サムライ戦車隊長』(一九六八、光人社) (柏木　一朗)

しみずのりつね　清水規矩　一八九〇—一九六八　明治末期・大正期・昭和戦前期の陸軍軍人。最終階級は中将。一八九〇年二月十日福井県に生まれる。陸軍士官学校(第二十三期)卒業。一九三七年八月から四一年三月まで侍従武官として昭和天皇に近侍した。四一年三月に第四十一師団長、四二年七月に教育総監部本部長、四三年五月に南方軍総参謀長、四四年三月に第七方面軍参謀長、同年六月に第五軍司令官を歴任、敗戦を満洲でむかえた。ソ連軍に捕らえられて長くシベリアに抑留、五六年に帰国した。六八年一月十九日、七十七歳で死去。 (堀田慎一郎)

しもなかやさぶろう　下中弥三郎　一八七八—一九六一　教育・社会運動家。平凡社(一九一四年創立)創業者。終生、民間の社会運動家として活躍。その思想は、教育と文化運動を通して社会改造を意図するもので(政治運動と経済運動と教育運動の「環状的関係」の展開と表現した)、政治的にはアナーキズムの立場に近い。一八七八年六月十二日、兵庫県に生まれる。生家は陶工。〇二年に上京し、教員検定試験を経て、小学校訓導、埼玉県師範学校教諭などの教職を歴任。大正デモクラシーの文化運動と教員組合の思想との結合をめざし、一九年、埼玉県下の小学校教員を主とする啓明会を組織、二〇年に日本教員組合啓明会と改称する。「教育改造の四綱領」を発表し、学習権(教育を受ける権利)、教育自治の実現(教育委員会の設置)、教育の動的組織(教科書の加除に関する自由など)を主張した。二三年『万人労働の教育』を刊行し、全人類の平等と人類愛に基づくあらゆる分業の廃止—万人労働の世界を説く。クロポトキンの相互扶助論の影響を受けたアナーキズムの色濃い理想主義であった。同年、野口援太郎らと「教育の世紀社」を結成。教育方法の革新運動ばかりでなく、学校や教育の民衆的組織化をめざした。教育者—被教育者といういっさいの指導—被指導の関係を否定する平等思想があった。下中のアナーキズムは、やがて、農民自治会の農本主義的運動にその将来を託すようになり、二四年には農民自治会を結成するなど、各種の教育・労働・農民・婦人運動に取り組む。農本主義的傾向は、ファッシズム肯定の態度へ傾斜し、戦時中、日本興亜同盟、大政翼賛会などの参加となり、国家主義運動のリーダー的存在へと変容していく。戦後公職追放となる。世界平和連邦の活動と思想の普及などに尽力。六一年二月二十一日没。八十二歳。

下中弥三郎

参考文献　下中弥三郎伝刊行会編『下中弥三郎事典』(一九六五、平凡社)、坂元忠芳・柿沼肇編『近代日本教育論集』二(一九六九、国土社)、小林千枝子『教育と自治の心性史—農村社会における教育・文化運動の研究—』(一九九七、藤原書店) (佐藤　広美)

しもむらさだむ　下村定　一八八七—一九六八　大正・昭和期の陸軍軍人、最後の陸軍大臣、参議院議員。一八八七年九月二十三日、高知県に生まれる。一九〇八年に陸軍士官学校を卒業(二十期)。一六年に陸軍大学校を卒業。一九年から二一年にかけてフランスに駐在(フランス陸大卒)。その後は長く参謀本部に勤務する傍らで、陸大教官、ジュネーブ軍縮会議委員などを歴任。三七年に参謀本部作戦部長に就任。その後は陸大校長、第十三軍司令官、西部軍司令官、北支那方面軍司令官を経て、四五年八月に陸軍大臣兼教育総監に就任（東久邇宮稔彦王内閣、幣原喜重郎内閣）し、陸軍解体にあたる。下村と東久邇は陸軍幼年学校時代・フランス駐在時代以来の知友であり、そのことが入閣に繋がったとされる。五九年から六五年にかけて参議院議員。六八年三月二十五日没。八十歳。

参考文献　林茂・辻清明編『日本内閣史録』五（一九八一、第一法規出版）　（加藤　祐介）

しもむらひろし　下村宏　一八七五―一九五七　大正・昭和期の新聞社経営者、終戦時の国務大臣兼情報局総裁。一八七五年五月十一日、和歌山県に生まれる。号、海南。九八年に東京帝国大学法科大学を卒業し、逓信省に入省。郵便貯金局長、為替貯金局長などを経て、一九一五年に台湾総督府民政長官（のちに機構改革で総務長官）に就任。一九年に法学博士。二一年に大阪朝日新聞社取締役に就任し、三〇年に副社長に就任。下村は皇室報道を重視し、また新メディアとしてのラジオにも早くから関心を寄せていた。三七年に大日本体育協会会長に就任し、東京オリンピック（四〇年開催予定、三八年に返上）の企画立案を主導した。その後は日本放送協会会長を経て、四五年に国務大臣兼情報局総裁（鈴木貫太郎内閣）に就任し、玉音放送によって国民に終戦を周知させるという構想を、昭和天皇・宮中の信頼を得つつ推進・実現した。戦後は公職追放。五七年十二月九日没。八十二歳。

参考文献　坂本慎一『玉音放送をプロデュースした男下村宏』（二〇一〇、PHP研究所）　（加藤　祐介）

しゃかいたいしゅうとう　社会大衆党　右派および中間派の社会民主主義政党の合同によって成立した、一九三〇年代を代表する合法無産政党。一九三一年満洲事変が勃発すると、右派の社会民衆党では赤松克麿書記長ら国家社会主義派が台頭、帝国主義戦争反対を唱えていた中間派の全国労農大衆党からも国家社会主義に転ずる者が続出した。双方の国家社会主義派が合流して、三二年五月に日本国家社会党を結成すると、彼らが脱党したあとの社民・労大両党は急速に接近し、七月社会大衆党を発足させた（委員長安部磯雄、書記長麻生久）。同党は事実上の「単一無産政党」を自称し、反共・反ファッショの穏健な運動路線を掲げたが、左右両派の華々しい活動に比して、必ずしも相応の存在感を発揮できなかった。そのなかで麻生書記長が三四年、陸軍パンフレット「国防の本義と其強化の提唱」支持を表明するなど、幹部は軍に接近することで党勢拡大を図ろうとした。他方、共産主義運動が弾圧によって衰微し、右翼の運動も不振におちいるにつれて、同党はほとんど唯一の無産政党として比重を高め、三六年二月の総選挙では、軍国主義化への歯止めを期待する人々の支持を得て十八議席に躍進した。このころから共産主義者および左派社会民主主義者が、「社大党の門戸開放、党内民主主義の確立」を求めて同党に合流する動きが広がったが、十月同党幹部は「人民戦線派」排除の方向を明確にし、日本の反ファシズム人民戦線運動は挫折するに至った。三七年四月の総選挙では

1937年総選挙の結果に喜ぶ社会大衆党員

三十七議席に躍進したが、七月日中戦争が始まると麻生ら党主流は「聖戦」協力を表明し、綱領を「国体の本義」を基本理念とするものに改訂した。また三九年には東方会との合同を画策し、四〇年反軍演説をなした斎藤隆夫の議員除名が問題化すると、党主流は除名反対の阿部ら旧社民党系党員などを除名、さらに近衛新体制運動が起こると、みずから解党しこれに参加した。

参考文献　増島宏・高橋彦博・大野節子『無産政党の研究―戦前日本の社会民主主義―』（一九六九、法政大学出版局）、犬丸義一『日本人民戦線運動史』（一九七八、青木書店）　（三輪　泰史）

しゃしひんとうせいぞうはんばいせいげんきそく　奢侈品等製造販売制限規則　九・一八物価停止令（一九三九年）後に増加した闇取引や闇価格の上昇を防止し、さらに奢侈品の消費を規制するため、四〇年七月に輸出入品等臨時措置法に基づいて定められた規則。通称七・七禁令。金属製品、宝石・貴金属、高級織物・家具などの指定品が、輸出品を除いて製造と猶予期間後の販売を禁止された。その後、規格外品の奢侈品扱いや指定範囲拡大が進み、取引縮小や業者の転廃業・企業合同が進んだ。

参考文献　山口由等「戦時統制と自営業の転廃業」（『愛媛経済論集』二二ノ三、二〇〇三）、柳沢遊「戦時体制下の流通統制」（石井寛治編『近代日本流通史』所収、二〇〇五、東京堂出版）　（山口　由等）

しゃしんしゅうほう　写真週報　一九三八年に創刊された政府の宣伝広報・国民啓発のための週刊グラフ雑誌。写真という視覚メディアを中心とすることで、『週報』よりも広い大衆に国策や時局を理解させ、啓発することを目的としたもので、三八年二月十六日に『週報』の姉妹誌として創刊され、「国策のグラフ」ともいわれた。『写真週報』に掲載する写真の撮影・収集にあたる機関として、写真協会が三八年七月に発足するが、同協会は海外への写真の頒布発送業務も行なっており、『写真週報』に

は対外宣伝写真の収集という隠された役割もあった。『写真週報』の編集には、『週報』同様、内閣情報部、四〇年十二月以降は情報局があたるが、写真協会だけでなく、新聞社などからも写真を収集するとともに民間の写真家も動員し、また読者にも写真の投稿を呼びかけた。四五年七月十一日付の三七四・三七五合併号までが発行され、三一五―三六五号はA3判となるが、それ以外はA4判で十銭であり、アジア・太平洋戦争期の発行部数は平均約三十万部といわれる。雑誌の頁数や記事内容の比重は時期によって異なり、四一年七月の読者調査で最も掲載希望の多かった「戦況の写真と記事」も掲載されてはいるが、総じていえば模範的な国民の姿を写した写真によって、為政者たちが考える国民のあるべき姿を具体的に示す記事が主流であった。上記の読者調査からは学校や職場、隣組単位で購読されていたことが窺えるが、

「時の立札」(199号, 1941年12月17日)

『写真週報』創刊号

一〇〇号からは読み物頁が増え、一五九号からは「常会の頁」が掲載されるなど、『週報』の大衆版という性格を強めた。また、一九四号からは表紙裏に「写真週報」の顔ともいえる「時の立札」が掲載されるようになり、当局はこれを学校や役場の掲示板などに張り出して利用することを奨励した。戦争末期には、「時の立札」も時事報道をまとめたものから国民に心構えを説くポスター風のものへと変化し、戦う国民の姿と決戦の言葉に埋め尽くされるようになった。 →週報 →情報局

参考文献 奥平康弘監修『言論統制文献資料集成』二〇(一九九二、日本図書センター)、玉井清編『戦時日本の国民意識―国策グラフ誌『写真週報』とその時代―』(二〇〇八、慶応義塾大学出版会)、太平洋戦争研究会『「写真週報」に見る戦時下の日本』(二〇一一、世界文化社) (井上 祐子)

ジャズはいげき ジャズ排撃 ⇨敵性音楽

シャフリル Sutan Sjahrir 一九〇九―六六 インドネシアの民族主義者。一九〇九年三月五日、西スマトラのパダン生まれ。西洋的な民主主義を信奉し、大衆的な運動よりも、知識人による指導力を強調した社会民主主義者。オランダ式教育を受けた後、一九二六年にレイデン大学法学部に留学。留学先でインドネシア協会に参加。オランダ女性と結婚して一男を設けた。三一年に学業半ばで帰国し、翌年オランダからもどった同じく西スマトラ出身のハッタとともにインドネシア国民教育協会を指導した。三四年にオランダ植民地当局に逮捕され、イリアンのボーヴェン＝ディグルに流刑になった。その後ジャワへ戻されてスカブミに拘留されていたところ、一九四二年に日本軍によって釈放された。しかし反日的姿勢を貫いて協力を拒否し地下に潜った。独立宣言後の四五年十一月、対日協力に手を染めなかった指導者としての強みからオランダとの交渉の窓口として初代の首相に就任した。その後知識人を中心とする社会党を結成して党首となったが、のちにスカルノと対立し、六六年四月九日に亡命先のスイスで死去した。五十七歳。

参考文献 ロシアン＝アンワル『シャフリル追想―「悲劇」の初代首相を語る―』(後藤乾一・首藤もと子・小林寧子訳、一九九〇、勁草書房) (倉沢 愛子)

ジャワほうこうかい ジャワ奉公会 日本占領下のジャワで作られた大衆動員のための翼賛団体。軍政監を総裁とし、民族主義者スカルノを中央本部長として、一九四三年三月にジャワ制圧一周年を記念して結成され、軍政への奉仕、防衛強化、戦時生活体制強化、人民救護補導などを目的としていた。既存の諸団体をこの奉公会に参加させ、一元的な住民支配を試みようとしたもので、日本の大政翼賛会を模していたといわれる。地方行政単位ごとに村落レベルに至るまで支部が作られ、県長、郡長などおのおのの首長が支部長を兼ねた。直接の下部組織ではないが、ほぼ並行して行政首長の妻たちをリーダーとする婦人会もつくられ、女性たちへの啓蒙や動員にあたった。なお、独立後のインドネシアで長期(一九六六―九八年)にわたって開発独裁体制を強固に維持したスハルト政権の屋台骨となったゴルカルという団体は、ジャワ奉公会にアイディアを得たものだとも言われている。

参考文献 ジョージ・S・カナヘレ『日本軍政とインドネシア独立』(後藤乾一・近藤正臣・白石愛子訳、『早稲田大学社会科学研究所翻訳選書』、一九七七、鳳出版)、倉沢愛子『日本占領下のジャワ農村の変容』(一九九二、草思社) (倉沢 愛子)

シャンハイじへん 上海事変 ⇨第一次上海事変 ⇨第二次上海事変

じゆうインドかりせいふ 自由インド仮政府 インド独立連盟を母体とする、一九四三年十月二十一日のインド独立連盟代表者大会において結成された政治組織。主席にはスバス＝チャンドラ＝ボース Subhas Chandra Bose が就任し、同日に日本政府からの承認を受けた。仮政府

は二十四日にイギリス、アメリカに対して宣戦を布告した。四三年十一月五―六日に開催された大東亜会議に合わせる形で、日本軍が占領していたアンダマン、ニコバル諸島を仮政府の領土とした。四四年になると日本陸軍のインド侵攻作戦に呼応してビルマのラングーンに本部を移動させ、日本軍とともにインド国民軍をインパール作戦に従軍させた。四五年八月十五日の日本の敗戦と、同十八日の主席スバス＝チャンドラ＝ボースの事故死によって事実上消滅した。→インド国民軍 →インド独立連盟

参考文献 長崎暢子編『南アジアの民族運動と日本』（一九八〇、アジア経済研究所）、丸山静雄『インド国民軍―もう一つの太平洋戦争―』（『岩波新書』、一九八五、岩波書店）、長崎暢子『インド独立―逆光の中のチャンドラ・ボース―』（一九八九、朝日新聞社）、Fay, Peter W. *The Forgotten Army: India's Armed Struggle for Independence, 1942-1945* (Ann Arbor, 1993, University of Michigan Press)
（河西 晃祐）

しゅうおんらい 周恩来 Zhou Enlai 一八九八―一九七六 中国共産党の指導者の一人。原籍は浙江省紹興。一八九八年三月五日、江蘇省淮安の没落した読書人の家に生まれた。一九一七年、天津の南開学校卒業後、日本に留学し、東京神田の東亜高等予備学校に入学したが、一九年四月に帰国。天津で五四運動に参加し、九月、進歩的青年団体の覚悟社を結成。二〇年末、フランス勤工倹学運動（働きながら学ぶ留学）に参加してヨーロッパにわたった。二一年、中国共産党に加入、二三年二月に成立した旅欧中国共産主義青年団の書記となった。二四年秋に帰国し、この年六月、広州に開校した中国国民党陸軍軍官学校（通称、黄埔軍官学校）の政治部主任になった。二五年八月、鄧頴超と結婚。二七年三月、上海労働者の武装蜂起を指導。五月の第五回党大会で中央政治局員に選出され、以後、南昌蜂起に参加するなど共産党中央の指導的地位にあった。

周恩来

三一年十二月末、江西省の中央革命根拠地にうつり、ソヴィエト区中央局書記に就任し、国民政府軍の包囲攻撃に対する紅軍の軍事作戦を指導した。三四年十月、国民政府軍の第五次包囲攻撃に敗れた共産党は長征を開始し、三五年一月、貴州省遵義で中央政治局拡大会議（遵義会議）が開かれた。周恩来は第五次包囲攻撃における秦那憲（博古）・オットー＝ブラウンの軍事指導の誤りを批判し、新たに周恩来・毛沢東・王家祥の三人軍事指導グループが形成された。この会議は毛が紅軍の指揮権を回復する端緒となった。毛沢東は紅軍が陝西省北部に到達したあと西北革命軍事委員会の主席に就任し、周恩来は副主席に就任して毛を補佐する立場にかわった。三六年十二月、張学良・楊虎城が蔣介石を監禁する西安事件が起こると、周恩来は共産党代表として西安に飛び、両者の間を調停して事件の平和的解決に貢献した。その後、三七年二月から国民党との交渉を担当し、第二次国共合作の実現のために努力を重ねた。

三七年七月七日の盧溝橋事件をきっかけに日中全面戦争が勃発すると、周恩来は山西省に派遣され、この地方の実力者の閻錫山と協力して山西省における抗戦を指導した。十二月には、武漢に派遣され、中共中央長江局の副書記になり（書記は王明）、おもに統一戦線工作を担当した。三八年十月の武漢陥落後、三八年十一月の六期六中全会で華南と西南各省を管轄する南方局が設置されると、周恩来は書記に選出された。三九年春から安徽省・浙江省に行き、新四軍の活動を指導した。三九年七月、延安で落馬し、右腕に重傷を負ったため九月にモスクワで治療をうけるとともに、コミンテルンの活動に参加した。四〇年二月末に帰国し、南方局の活動を指導するため、五月に重慶におもむいた。以後、重慶を拠点に国民党との複雑で困難な交渉を担当するとともに、統一戦線工作に従事し、卓越した政治的外交的手腕を発揮した。四三年七月、延安に帰り、整風運動に参加した。この運動で三〇年代の中央ソヴィエトにおける行動をきびしく批判されて自己批判し、以後、党の最高指導者の地位を確立した毛沢東の権威に服するようになった。

日中戦争終結後、国民党との和平会談（重慶会談）に参加し、国共内戦期には中央軍事委員会副主席として内戦を指導した。中華人民共和国成立後は死去するまで国務院総理の地位にあり、政治・外交の諸活動に重要な役割を果たしつづけた。特に五五年のアジア・アフリカ会議や七二年のニクソン訪中などで発揮された外交手腕は国際的にも高い評価を受けた。しかし、大躍進や文化大革命に対しその極端化を制御する努力をはらいつつも、毛沢東に追随して基本的に支持したことは、周恩来の晩年の負の側面であった。七六年一月八日没。七十九歳。

参考文献 金冲及主編『周恩来伝 一八九八―一九四九』（狭間直樹監訳、一九九二・九三、阿吽社）、高文謙『周恩来秘録―党機密文書は語る―』（上村幸治訳、二〇〇七、文藝春秋）
（石島 紀之）

じゅうがつじけん 十月事件 一九三一年の柳条湖事件後に、橋本欣五郎ら桜会に参加していた陸軍中堅将校らが企図したクーデター未遂事件。計画の背景には、政府による満洲事変の不拡大方針に対する牽制という意味合いもあった。クーデター計画は、若槻礼次郎首相ら閣僚の殺害と荒木貞夫内閣の樹立を意図したもので、民間右

翼や隊付青年将校との連携もとりつつ準備が進められていた。計画は事前に漏れ、十月十七日、橋本らは憲兵隊に拘束されたが、刑事処分はなく、首謀者への行政処分にとどまった。関係者の処分や陸軍首脳の責任をめぐって陸軍内部が混乱する一方、民政党と政友会の連携を模索する協力内閣運動に踏み切れない若槻首相は、民政党単独政権維持のため陸軍との対決は不得策との判断から陸軍に対する本格的な責任追及には乗り出さなかった。また、この事件を契機に、隊付青年将校層は陸軍中堅幕僚層への不信感を強め、独自の運動への志向性を強めていった。

参考文献 須崎慎一『二・二六事件―青年将校の意識と心理―』(二〇〇三、吉川弘文館)、筒井清忠『二・二六事件とその時代―昭和期日本の構造―』(『ちくま学芸文庫』、二〇〇六、筑摩書房)、小林道彦『政党内閣の崩壊と満州事変　一九一八―一九三二』(二〇一〇、ミネルヴァ書房)　(平井　一臣)

じゅうぎょうしゃいどうぼうしれい　従業者移動防止令 ⇨労務調整令

しゅうきょうだんたいほう　宗教団体法　一九三九年四月八日に公布された、宗教の保護と取り締まりを目的とした、はじめての統一的な宗教法。これ以前には単発の法令の積み重ねとしてしか宗教法はなかった。第二次世界大戦後の四五年十月四日のGHQの指令で思想弾圧法の一つとして廃止が命ぜられ、四五年十二月二十八日に廃止された。同法で既成教団に適用される宗教団体には、神道の教派、仏教の宗派、キリスト教の教団と、寺院・教会の五種があり、これらには税の賦課減免などの特典が認められたが、新興宗教団体を公認するための宗教結社には特典はなかった。寺院・教会が属する教派・宗派には管長が、教団には教団統理者が置かれ、宗教教師などの任命権が与えられた。教派・宗派・教団の設立には文部大臣の認可が、寺院・教会・宗教結社には地方長官の認可が必要であったが、監督官庁の不当・違法な処分には、訴願・訴訟が認められていた。宗教団体法は四〇年四月に施行され、宗教団体・宗教結社は一年以内の認可が求められる。排外主義が強まり新体制運動による団体統合が進む中で、文部省はこの認可権を武器に、外来のキリスト教新教の諸教派と仏教の諸宗派に対し合同への圧力をかける。ただし教派神道十三派は、合同を求められなかった。キリスト教新教では現在の諸教派の生き残りを目的に、四一年六月に参加した諸教派を十一の部に分けて日本基督教団が設立される。この部の内部では広範な自治が認められていたが、教団設立認可時の文部省との内約に基づいて、四二年二月部制は解消されて、教団としての信条の制定もないまま、全教派は合同されることになった。仏教では従来十三宗五十六派が存在したが、文部省では一宗祖一派主義を唱えた。だが合同に強く抵抗した真宗十派は結局十派とも認可され、臨済宗十四派では十三派が合同したが小さな国泰寺派が独立を認められるなど、仏教は五十六派から二十八派への統合にとどまり、文部省の政策も一貫性を欠く結果となった。

参考文献 家永三郎・赤松俊秀・圭室諦成監修『日本仏教史』三(一九六七、法蔵館)、井上恵行『(改訂)宗教法人法の基礎的研究』(一九七六、第一書房)、土肥昭夫『日本プロテスタント・キリスト教史』(一九八〇、新教出版社)　(赤澤　史朗)

しゅうきょうほうこくうんどう　宗教報国運動　一九四一年五月に神仏基の既成宗教団体の中堅分子によって結成された、宗教翼賛運動の中核体の名称。この運動の推進機関として大日本宗教報国会が創設され、同年六月に第一回大会が開かれる。この大会では、宗教界の翼賛運動の不活発が反省されるとともに、政府に内閣直属の宗教に関する特別官衙の設置を建議し、大政翼賛会に宗教担当の独立部門の設置を建議することが決められ、実際に陳情されている。これは前年の神祇院設立に対抗しようとするものであろう。また従来の神道教派連合会、大日本仏教会、日本基督教連盟を有機的に結合して、強力な大日本宗教会(仮称)を組織すること、宗教界を打って一丸とする挺身隊組織を府県市町村に作ることが決議された。宗教報国運動は周囲からの批判に対応した既成教団側の自主的な翼賛運動であったが、設立直後に有名無実化し、神仏基の枠を越えた運動を作れなかった。

参考文献 『中外日報』一九四一年六月十七日　(赤澤　史朗)

じゅうぐんいあんふ　従軍慰安婦 ⇨慰安婦

じゅうぐんがか　従軍画家　軍部について戦地に赴いた画家の総称。大掛かりな画家の従軍が行われるのはアジア・太平洋戦争時であるが、一八九四―九五年の日清戦争、一九〇四―〇五年の日露戦争においても、すでに数多くの画家がさまざまな資格にて従軍を経験している。三七年七月、日中戦争が勃発すると、多くの美術家が従軍を志願し、三七年九月に吉原義彦・小早川篤四郎・岩倉具方が通信員として海軍に従軍を許され、九月末に等々力巳吉、十月に清水登之・向井潤吉が陸軍に従軍し中国へ渡る。そのほか新聞社の通信員や個人資格にて戦地に赴いた画家は多く、三八年六月の時点で従軍を体験した画家の数は数十名に上っていたといわれている。こうした従軍画家の有志が集い三八年四月に大日本陸軍従軍画家協会が発足。翌三九年四月には発展解消、陸軍美術協会となる。陸軍美術協会は会長に陸軍大将松井石根を擁し、戦争美術展の開催、展覧会図録・絵葉書・従軍画家の画集の出版などの事業を通じ、陸軍の外郭美術団体として美術界に大きな影響力を持った。また厳密には従軍画家のみの団体ではないが、四一年二月と五月にそれぞれ発足した大日本海洋美術協会(三七年六月設立の海洋美術会が改称)と大日本航空美術協会も、美術による軍事思想の普及を推進した。従軍には前述のようにさまざまな形があったが、アジア・太平洋戦争期の特徴は軍報道部主導による大規模な美術家の動員である。三八年四月、中支那派遣軍報道部が八名の洋画家を招致、作戦記録画制作を依頼したのを嚆矢とし、以後六回にわたり記録画制作のための大規模な画家の戦地派遣が行われ、延べ百名ほどが従軍を経験した。また四一年には宣伝班として多くの画家が徴用され、南方占領地にて宣伝・宣撫活動にあたっている。戦局が悪化する中での従軍には多大な危険が伴う一方、従軍画家にはさまざまな特典・便宜も与えられていた。従軍画家は戦地において佐官クラスの厚遇を受け、さらに物資が欠乏する中で画材などが優先的に配当されていたともいわれている。↓作戦記録画 ↓陸軍美術協会

参考文献　多木浩二・藤枝晃雄監修『日本近現代美術史事典』(二〇〇七、東京書籍)、丹尾安典・河田明久『イメージのなかの戦争—日清・日露から冷戦まで—』(『岩波近代日本の美術』一、一九九六、岩波書店)、東京文化財研究所美術部編『昭和期美術展覧会出品目録　戦前篇』(二〇〇六、中央公論美術出版)　(金子　牧)

じゅうぐんかんごふ　従軍看護婦　アジア・太平洋戦争時、傷病兵の看護にあたった従軍看護婦には、日本赤十字社(以下日赤)の看護婦と、陸海軍の看護婦が存在した。日赤の救護看護婦は、日赤の養成所で課程を修めた甲種救護看護婦と乙種救護看護婦、すでに有資格者として働いている看護婦や退職看護婦を対象に、日赤支部病院や陸軍病院で戦時救護訓練を修めた臨時救護看護婦に分類できる。いずれも日赤道府県支部に召集されて従軍した。日赤の救護班は日本が植民地支配をしていた朝鮮・台湾においても編成され、少数ながら従軍看護婦となった朝鮮人・台湾人女性もいた。一九四一年十二月十六日の国民徴用令改正により十六歳から二十五歳までの女子の徴用が可能となり、同日公布された医療関係者徴用令では女医や看護婦も徴用の対象となった。戦争の進行につれて看護婦不足は深刻となり、教育期間の短縮や看護婦資格年齢の引き下げといった形で看護婦の養成には質よりも量が重視されることとなった。戦争末期には沖縄で「ひめゆり学徒隊」が結成され陸軍病院で傷病兵の治療にあたり、沖縄戦で多くの犠牲を出した。また、満洲では現地の女子学生が陸軍特別看護婦として速成された。これだけ多くの看護婦が集まったのは、従軍看護婦が兵役に代わる国家奉仕の道として女性たちの目に映っていたためである。しかし、将兵とともに戦地へと送られた従軍看護婦たちは、敵軍による爆撃、過重労働や伝染病への罹患、栄養失調、性暴力被害などの過酷な戦争体験を余儀なくされた。また、戦後の混乱の中で中国やソ連で捕虜生活を送って長年帰国できなかった者や、GHQの要請により朝鮮戦争に召集された者もいた。戦時中の従軍看護婦の身分は「軍属」であったが、戦後の恩給法では「志願軍属」として「傭人」扱いとなり恩給の対象から外され、七五年国際婦人年の開始とともに、元日赤看護婦らが戦後補償を求める活動を開始した。

参考文献　亀山美知子『戦争と看護』(『近代日本看護史』二、一九八四、ドメス出版)、内藤寿子「戦争と看護」(早川紀代編『軍国の女たち』所収、二〇〇五、吉川弘文館)、川口啓子・黒川章子編『従軍看護婦と日本赤十字社—その歴史と従軍証言—』(二〇〇八、文理閣)　(中村　江里)

満洲に向かう日赤看護婦(1931年11月)

じゅうけいこくみんせいふ　重慶国民政府　日中戦争期、重慶におかれた中華民国の中央政府。一九三七年十一月二十日、国民政府は重慶移転を宣言し、対日持久抗戦の意志を表明した。中国共産党や地方勢力も抗戦のため政府に協力し、三八年には国民参政会が設置された。国民政府は東部沿岸地域を日本軍に占領されて近代的産業と財源、貿易路を失ったが、奥地の経済建設と統合を進め、抗戦を継続した。政治的には、蒋介石は軍事委員会委員長のほか国民党総裁、国民政府主席(四三年十月就任)なども兼ね、党政軍の最高指導者となったが、これに不満な汪兆銘は重慶を脱して対日和平に進んだ。アジア・太平洋戦争勃発後、中国は連合国の一員となり、四三年一月には米英と不平等条約を撤廃、同年末のカイロ宣言では四大国とされるなど国際的地位を向上させた。抗戦後期には猛烈なインフレ昂進の中、国民党の独裁政治を批判する民主憲政運動が高まり、四五年五月の国民党第六回大会は戦後の憲政実施を約束した。↓国民参政会 ↓国民政府

参考文献　石島紀之・久保亨編『重慶国民政府史の研究』(二〇〇四、東京大学出版会)　(土田　哲夫)

じゅうけいばくげき　重慶爆撃　日中戦争期の一九三八年十二月から四一年九月にかけて、当時中国の臨時首都(陪都)が置かれた四川省重慶および周辺都市に向け日本陸海軍航空部隊が行なった大規模な都市無差別爆撃の総称。特に三九年五月から四一年九月にかけての期間、蒋介石政権の死命を制し継戦意志放棄に導くべく、組織的、継続的な空爆が反復実施された。回数は重慶市のみで二百十八次、死者一万千八百八十五人にのぼる(諸説あり)。屈敵の目的は果たせなかったが、第二次世界大戦期に英米軍が行なった戦略爆撃の原型として戦史に位置づけられる。空爆のみによって敵屈服を所期した理由は、(一)同地が西南部奥地にあり長江の急流と大巴、巫山山脈に遮

られて地上軍と艦艇による接近が地理的に困難であった、㈡武漢三鎮攻略後、日本軍の動員能力は限界に達し兵站維持が不可能と判定された、㈢長距離爆撃に不可欠な航空機調達が、海軍の九六式陸上攻撃機（略称中攻、三六年度制式化）の登場で見通せるようになった、などによる。その結果、陸海軍航空兵力を武漢（漢口）周辺に推進配備し、飛行距離で七八〇キロ西方の重慶を連続爆撃、空から蔣政権の聖域を崩すことで抗戦断念を強要する方策が選択された。攻撃開始は三八年十二月。以後、日米開戦に至る直前まで霧季を除き連続的な空爆が敢行された。最盛期には一回の攻撃に百機近くの陸海軍爆撃機が参加、通常爆弾とともに焼夷弾（陸軍五〇キロ「カ4弾」、海軍六〇キロ「七番」）が投下された。また四〇年以降は爆撃区域をA、B、C―Tと細分し、「定時・定大・定量」の公算爆撃も導入された。爆撃による被害は、防空洞が未整備だったこともあり初期に多く三九年の「五・三、五・四空襲」では約四千人が死んだ。このほか中国側には、四〇年の「百一号作戦」による被害と四一年六月、「百二号作戦」の際に防空洞に避難した多数の市民が窒息死した事件が「惨案」として記憶されている。二〇〇六年、被害者遺族百八十八人が謝罪と補償を求めて東京地裁に提訴した。→百一号作戦　→百二号作戦

重慶爆撃

参考文献　防衛庁防衛研修所戦史室編『中国方面海軍作戦』二（『戦史叢書』七九、一九七五、朝雲新聞社）、「重慶爆撃」（秦郁彦・佐瀬昌盛・常石敬一監修『世界戦争犯罪事典』、二〇〇二、文藝春秋）、戦争と空爆問題研究会編『重慶爆撃とは何だったのか―もうひとつの日中戦争―』（二〇〇九、高文研）　（前田　哲男）

じゅうけん　銃剣　小銃の先に装着する剣。敵を突き刺す用途に用いられた。三十年式小銃とともに一八九七年に制式採用された三十年式銃剣はその後に採用された小銃全てに装着することができた。この三十年式銃剣がアジア・太平洋戦争においても主に使用された。日中戦争以降は黒に着色された。「ゴボウ剣」と呼ばれたのは野菜の牛蒡に形が似ていることから。日本軍では白兵戦を重視したこともあり、銃剣術として訓練が行われ、戦後は銃剣道として民間にも普及した。

参考文献　木俣滋郎『陸軍兵器発達史―明治建軍から本土決戦まで―』（『光人社NF文庫』、一九九八、光人社）　（小山　亮）

じゅうけんどう　銃剣道　小銃の先端に短剣を装着して敵を刺殺する戦技。木銃と左胸部の防具、小手、面、胴を使用する。陸軍戸山学校において、フランス式の銃剣に槍術と剣術を取り入れて、一八九〇～九三年ごろに創案がなされ、白兵戦の訓練として軍隊に導入された。一九四一年三月、帝国在郷軍人会会長・陸軍大将井上幾太郎を会長として大日本銃剣道振興会が設立される。大日本銃剣道振興会は、帝国在郷軍人会と表裏一体の組織であり、本部レベルでは、理事参事等が陸・海軍両省、文部省、厚生省より選出されるとともに、これらの関係省庁の各大臣が顧問となり、官軍一体の組織構成をとった。翌四二年三月に新たに設立された大日本武徳会は、銃剣道を取り入れ、その部会長に大日本銃剣道振興会の総務部長が就任したが、段位認定権などをめぐる対立から大日本武徳会への包摂を拒否し、独自に活動を展開した。戦後、スポーツとして復活し、八〇年に国民体育大会の競技種目となった。

参考文献　兼坂弘道編『銃剣道百年史』（二〇〇七、全日本銃剣道連盟）、坂上康博「武道界の戦時体制下―武道綜合団体「大日本武徳会」の成立―」（坂上康博・高岡裕之編『幻の東京オリンピックとその時代―戦時期のスポーツ・都市・身体―』所収、二〇〇九、青弓社）　（坂上　康博）

じゅうご　銃後　戦場の後方。また、戦時に前線を支援するための一般の国民および国内体制のこと。当初は桜井忠温『銃後』（丁未出版社、一九一三年）にあるように、銃を執る兵士の精神力のことを指していた。日本の場合は、国防婦人会などが組織された満洲事変期に民衆を戦争に動員するための銃後が形成されたといわれている。なお、総力戦で戦われたアジア・太平洋戦争では前線と銃後の区別はほとんどなくなり、空襲や原爆投下、沖縄戦などで一般の国民が多数犠牲になっている。

参考文献　江口圭一『十五年戦争の開幕』（『昭和の歴史』四、一九八二、小学館）、松谷みよ子『銃後―思想弾圧・空襲・原爆・沖縄戦・引揚げ―』（『現代民話考』六、一九八七、立風書房）　（松田　英里）

じゅうごねんせんそう　十五年戦争　一九三一年九月十八日の柳条湖事件を発端として始められ、四五年八月十四日のポツダム宣言受諾、八月十五日の昭和天皇の終戦の詔書の放送（玉音放送）および九月二日の連合国に対する降伏文書調印によって終結した十五年にわたる一連の戦争。十五年戦争は、三一年九月十八日以降の満洲事変、三七年七月七日の盧溝橋事件を発端とする日中

戦争、四一年十二月八日の真珠湾攻撃、イギリス領マレー半島奇襲上陸に端を発するアジア・太平洋戦争という三つの戦争(段階)から構成される。第一段階の満洲事変については、三三年五月三十一日の塘沽停戦協定の調印を境として、狭義の満洲事変(三一年九月十八日―三三年五月三十一日)と華北分離工作(三三年六月一日―三七年七月六日)という二つの小段階にさらに区分される。

十五年戦争という呼称は、五六年に哲学者・思想家の鶴見俊輔によってはじめて用いられた。鶴見は戦争当時、満洲事変、上海事変、日支事変、大東亜戦争などとばらばらに伝えられ、認識された戦争を、ひと続きのものとしてとらえることによって、戦争の構造と日本人の戦争責任が明らかになると考えたのである。鶴見の主張のように、満洲事変と日中戦争とアジア・太平洋戦争とはばらばらの戦争ではなく、相互に内的に関連した一連の戦争であった。満洲事変の延長上に華北分離工作を介して日中戦争が発生し、日中戦争の延長上に第二次世界大戦と連動してアジア・太平洋戦争が生起した。しかも、満洲事変の産物であった満洲国を解消するか否かが日米交渉の最大の争点の一つであったことから、満洲事変とアジア・太平洋戦争の間にも直接的な関連が存在していた。日本の中国に対する軍事侵略は、十五年間にわたって間断なく継続、拡大されていったので、これらの三つの戦争は十五年戦争という総称のもとに一括される。十五年戦争は、戦争当時の日本において、満洲事変、北支事変、支那事変、大東亜戦争と呼称されたが、支那という呼称は、戦前の日本が中華民国(中国)という正式な国号を意図的に使用せず、中国や中国人を差別、蔑視するために「シナ」「支那人」と呼んだのであり、戦後は中国政府からの抗議もあって、公的には使用されなくなった。替わって、支那事変ないし日支事変は日中戦争と呼称されるようになった。また、大東亜戦争は、対米英戦争開戦の二日後に、東条英機内閣が、「大東亜新秩序建設を目的とする戦争」であるとして決定した名称である。

敗戦直後の四五年十二月十五日、GHQから大東亜戦争という用語の使用禁止が指令され、以後、太平洋戦争という呼称が一般化するようになった。太平洋戦争という呼称は、アメリカが日米戦争をThe Pacific Warと名づけたことに由来する。しかし、この呼称では、中国戦場、東南アジア戦場で戦われた戦争、そして日本軍が東南アジアなどのアジア諸国と地域の住民に与えた侵略・加害の事実が等閑視されるとして、副島昭一が「アジア太平洋戦争」という呼称を提起した(八四年十二月八日大阪歴史科学協議会主催のシンポジウムでの報告)。それを木坂順一郎、江口圭一らが積極的に支持して使用、以後学界から一般的にも広まるようになった。戦争の呼称は、固有名詞ではないので、後世から見て、その戦争の実態と歴史的意義を理解するのに相応しい呼称が定着していくことになる。中国でもっとも通用している呼称は「抗日戦争」であり、三一年九月十八日の「九一八事変」から三七年七月七日の「七七事変」を経て四五年八月十五日の「抗戦勝利」までをいう。「抗日戦争」と呼称するのは、中国の人民が日本の軍国主義の侵略戦争に抵抗したことを重視するからである。ここ十年来、中国の学会では、「九一八事変」から「七七事変」までを「局部抗戦」と呼び、「七七事変」以降を「全面抗戦」と呼び、合わせた十五年戦争を「抗日戦争」と呼称している。中国では、アジア・太平洋戦争については、第二次世界大戦の一部、世界反ファシズム戦争の東アジア戦場という見方が主流である。　→アジア・太平洋戦争　→日中戦争　→満洲事変

参考文献　鶴見俊輔『戦時期日本の精神史―一九三一～一九四五―』(一九八二、岩波書店)、副島昭一「日中戦争とアジア太平洋戦争」(『歴史科学』一〇二、一九八五)、江口圭一『十五年戦争小史(新版)』(一九九一、青木書店)

(笠原十九司)

じゅうごほうこうかい　銃後奉公会　一九三九年、全国各市区町村に設立された軍事援護団体。日中戦争勃発とともに全国各市区町村では独自の団体を設立して出征兵士の歓送迎や遺家族への慰問、労力奉仕などの援護を行なっていた。戦争の長期化に伴いその基盤強化、各市区町村間の事業内容均一化がはかられ、三九年一月十四日の厚生・内務・陸軍・海軍の四省大臣訓令により、これらの団体を一律に「〇〇市(区町村)銃後奉公会」へと改組することになった。会長は市区町村長、会員は区域内の全世帯主とされ、応分の会費を支出して兵役義務心の高揚(歓送迎など)や兵役義務服行の準備(軍服給与など)、軍事援護(精神指導や生活援護)、労力奉仕、弔意、慰問慰藉(軍隊慰問、軍人やその家族遺族の慰問、見舞)、犒軍(部隊通過時などにおける接待)、身上および家事全般の相談など、各種の事業を行なった。同会は前年の三八年に設立された全国規模の民間軍事援護団体である恩賜財団軍人援護会の事実上の分会として、地域における援護の中核的援護団体と位置づけられた。同会には同時期に全国各地で「兵役義務負担の均衡」を旗印に設立されていた護国協同組合の趣旨も一部取り入れられ、兵役服務者とそうでない者との負担の均衡がめざされた。しかし会員の会費が兵役者に対する報酬と化すことは崇高な兵役義務を単なる賃労働に換えるものだとして慎重に回避され、会の事業は出征時の餞別贈呈など出征間の所得補償にはほど遠いものとなった。同会には軍事援護相談所が置かれて留守家族の生活監視などにあたったが、地域間の経済力に起因する不均衡すなわち事業内容の均一化は最後まで実現できなかった。　→軍人援護

参考文献　藤原孝夫『戦力増強と軍人援護』(一九四三、日本経国社)、佐賀朝「日中戦争期における軍事援護事業の展開」(『日本史研究』三八五、一九九四)、一ノ瀬俊也『近代日本の徴兵制と社会』(二〇〇四、吉川弘文館)

(一ノ瀬俊也)

しゅうさくじん　周作人　Zhou Zuoren　一八八五―一九六七　中国の文学者。魯迅(周樹人)の弟。一八八五年一月十六日、浙江省紹興生まれ。南京の江南水師学堂卒業後、一九〇六年、公費で日本留学、立教大学で英文学と古典ギリシャ語を学ぶ。在日中に魯迅と『域外小説集』を出版し、西洋近代文学を翻訳、紹介。〇九年、日本の羽太信子と結婚。一一年帰国、地元の教職を経て、一七年、北京大学教授就任。新文化運動で活躍し、伝統道徳を批判し、個人主義とヒューマニズムの理想を称揚、また民俗学研究でも先駆的役割を果たす。日中戦争開始後、北京大学教員・学生の多くが奥地に避難する中、日本軍占領下の北平に残留、対日協力に進む。三九年秋、北京大学文学院院長、同年末、華北政務委員会教育総署督弁に就任。日本の敗戦後、国民政府により「漢奸」として逮捕され、四七年十二月、対敵通謀、祖国反逆の罪で懲役十年の判決確定。四九年一月、保釈。中華人民共和国成立後、海外文学の翻訳と魯迅関係資料執筆などに従事。六七年五月六日死去。八十三歳。

参考文献　木山英雄『周作人「対日協力」の顛末―補注『北京苦住庵記』ならびに後日編―』(二〇〇四、岩波書店)、蕭棟梁「周作人」(中国社会科学院近代史研究所編『民国人物伝』一二所収、北京、二〇〇五、中華書局)

(土田　哲夫)

じゅうしん　重臣　首相経験者らのことで、元老亡き後の宮中にあって、重要な局面で天皇に助言を求められた。昭和初期、元老は西園寺公望一人であり、将来元老亡き後の後継首班奏薦のための方法を準備する必要があった。五・一五事件後、西園寺は個別に首相経験者らと会談し、政党内閣を断念して斎藤実を推した。これは暫定的な方法であり、元老西園寺と牧野伸顕内大臣は、後継内閣首班奏薦のため首相経験者らによる重臣会議の設置を模索した。ただ問題は重臣の範囲で、首相経験者には前官礼遇者とそうでないものが存在した。斎藤内閣が倒れると、元老は内大臣らに加えて前官礼遇されている首相経験者を集め、元老の責任で岡田啓介を後継首班に推した。その後しばらくは重臣会議が開かれなかったが、一九四〇年六月近衛新体制運動に参加していた木戸幸一が内大臣に就任すると、後継内閣首班奏薦方法を策定し、内大臣が主催する重臣会議が元老に相談する前に開かれることになった。重臣の範囲も前官礼遇にこだわらず、首相経験者すべてを対象とした。西園寺は、近衛新体制運動はナチス的だとして、第二次近衛内閣の成立に反対していたが、木戸は重臣会議を開き、そこでの議論を前提にして、元老の反対を封じた。十一月に西園寺が死去すると、後継内閣首班奏薦方法のうち元老への相談という手順が省かれた。ただ重臣会議には決定権がないため、内大臣の役割は増していた。四一年十月第三次近衛内閣退陣後、木戸幸一は重臣会議での反対を押し切って、東条英機を後継首班に奏薦した。四四年七月、岡田啓介ら重臣は東条内閣の倒閣に動き、東条首相は閣内不一致に陥って総辞職した。この後開かれた重臣会議では、倒閣の中心であった重臣が案を出すべきだとして木戸は発言を控え、一方重臣からは有力な案は出されず、結局場当たり的に小磯国昭を選定した。レイテ決戦の敗北が決定的となった四五年一月、昭和天皇の発案で重臣から意見を聴取することになった。翌月、近衛文麿は、憂慮すべきは敗戦よりも革命であるとする「近衛上奏文」を提出した。近衛文麿ら重臣は連絡を取り合い、以後終戦工作を活発化させる。近衛を特使としてモスクワに派遣する話も進んでいたが、ソ連参戦が伝えられるとポツダム宣言受諾に転換した。重臣は、元老亡き後の宮中にあって後継首班選定の機能を期待されてはいたが、決定権もなく、元老に比べると権限は限られていた。　→宮中(きゅうちゅう)グループ

参考文献　『木戸幸一関係文書』(一九六六、東京大学出版会)

(後藤　致人)

しゅうせんこうさく　終戦工作　戦前期日本で第二次世界大戦を終結させるために水面下で実行された政治工作。日本のいわゆる終戦工作が始まったのは、いつなのかを特定するのは難しい。その定義も多様で担い手が複雑に絡みあっているからである。また、終戦工作を和平工作と称する場合もあるし、終戦工作を厳然たる戦争終結方針の具体化として定義し、和平工作をソ連を仲介として連合諸国と講和を結び、戦争状態から平和状態への転換を図る政策とする位置づけもあろう。ここでは、両者に厳密な区分を特にしないことにする。日本において終戦工作が本格化するのは、東条英機内閣が戦局の悪化を背景に独裁的な権限を集め、戦争指導体制の強化を図り、戦争継続の方針を貫こうとした時点といってよい。対英米戦に踏み切った意味で開戦内閣となった東条内閣下で緒戦の勝利で一時的に東条人気が沸騰しこそすれ、一九四三年二月一日に日本軍のガダルカナル島撤退が開始されるころから、東条英機内閣打倒工作が海軍の岡田啓介らを中心にして展開されるようになる。東条内閣は戦争継続方針を貫こうとし、終戦工作への警戒と弾圧の姿勢で臨んだ。終戦工作が進捗しなかった最大の理由として昭和天皇の戦争継続への意思が固く、東条内閣もそれを拠り所としていたことがある。だが、日本の戦力が底を突き始めた状況を背景に天皇も敗戦による国体護持が危うくとなるとの判断を抱くことになり、急速に戦争終結方針へ転換する。こうして、四五年五月十四日の最高戦争指導会議の構成員による会議で対ソ交渉による戦争終結方針が決定されはした。一方で、六月八日決定の「今後採るべき戦争指導の基本大綱」にみえるように本土決戦が叫ばれていたところに、終戦工作自体の政治性が明確である。特に問題なのは終戦工作の目的である。それが結局は国体護持に収斂されるものである以上、本来の意味での平和を取り戻すための和平工作と異なり、国体護持を担保する目的で推進されたものが終戦工作であった。実際に八月十四日の御前会議でのポツダム宣言受諾

による戦争終結の決定に至るまで戦争指導部内で激しい対立と妥協が繰り返されたなかで国民の生命と財産の保守という視点が完全に欠落していたのである。↓対ソ和平工作　↓反東条運動　↓ポツダム宣言受諾工作　↓繆斌工作

参考文献　大江志乃夫『御前会議―昭和天皇十五回の聖断―』(『中公新書』、一九九一、中央公論社)、吉田裕『昭和天皇の終戦史』(『岩波新書』、一九九二、岩波書店)、中村政則『戦後史と象徴天皇』(一九九二、岩波書店)、纐纈厚『日本海軍の終戦工作―アジア太平洋戦争の再検証―』(『中公新書』、一九九六、中央公論社)、佐藤卓己『八月十五日の神話―終戦記念日のメディア学―』(『ちくま新書』、二〇〇五、筑摩書房)、纐纈厚『日本降伏』(二〇一三、日本評論社)

(纐纈　厚)

しゅうせんのしょうしょ　終戦の詔書　日本の終戦を内外に告知するために昭和天皇が発した宣言書。終戦工作は、最終的には昭和天皇による聖断によって決着する。一九四五年八月十四日の御前会議と閣議を受けて同日、天皇は戦争終結を告知する「終戦の詔書」を発する。詔書は戦争終結のために、「非常の措置を以て」時局収拾にあたったとして聖断により戦争終結を行なった事実を強調し、戦争終結に至った原因を、「戦局必ずしも好転」しなかった点に求め、戦局の悪化と日本の敗北という事実に必ずしも正面から向き合うものではなかった。日本が降伏を受け入れる要因として、敵の「残虐なる爆弾」(原子爆弾のこと)により多くの死傷者を出したことにあるとし、このまま戦争を継続すれば日本民族の滅亡と、人類文明の破滅を招来する恐れがあり、これを聖断によって救ったのだという。敗戦に伴う戦争指導・政治指導の最高責任者としての天皇の地位と天皇制温存への新たなシナリオが、この「戦争終結の詔書」において企画されたとする見解もある。↓玉音放送

参考文献　荒井信一『日本の敗戦』(『岩波ブックレッ

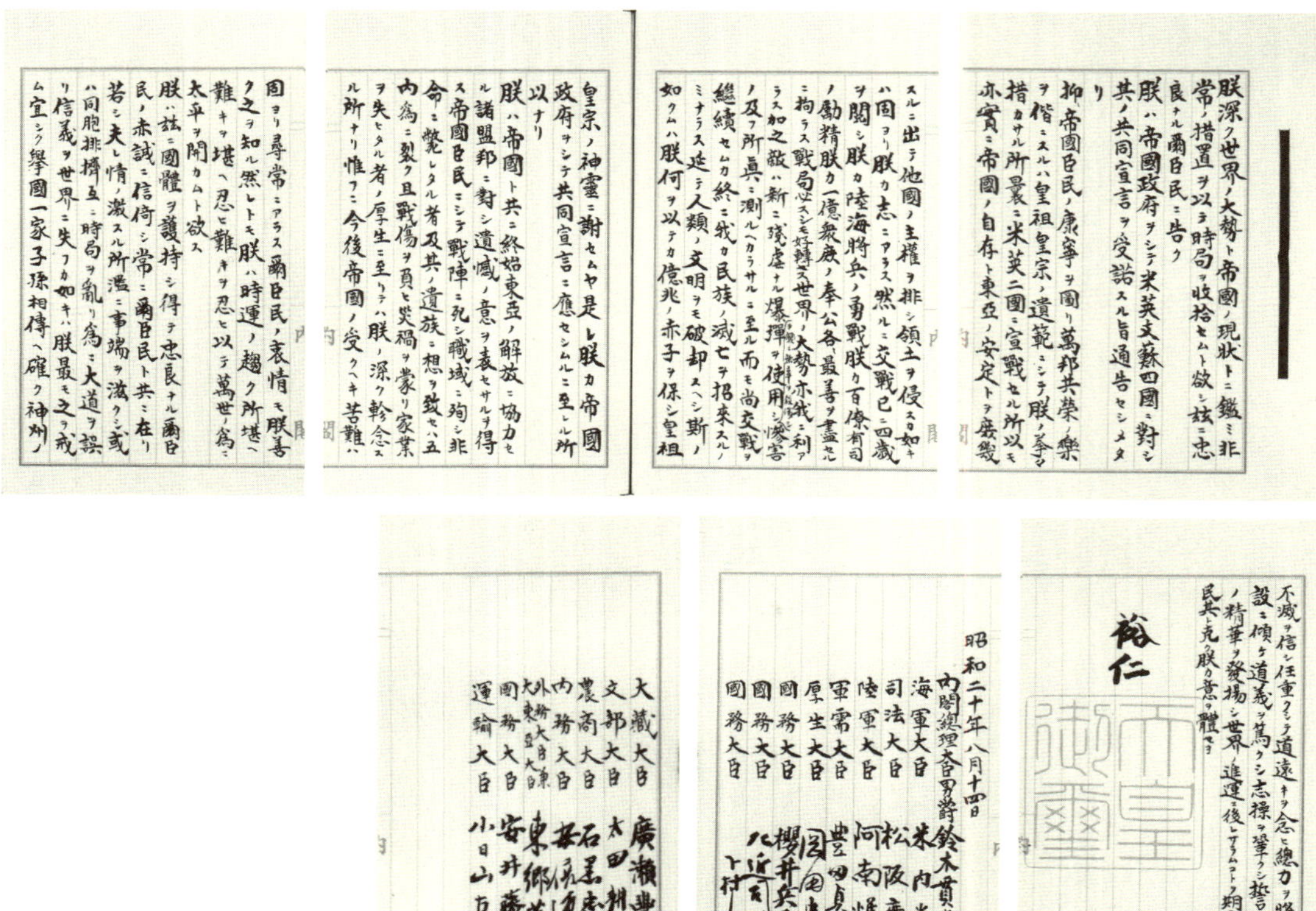
朕深ク世界ノ大勢ト帝國ノ現状トニ鑑ミ非常ノ措置ヲ以テ時局ヲ收拾セムト欲シ茲ニ忠良ナル爾臣民ニ告ク

朕ハ帝國政府ヲシテ米英支蘇四國ニ對シ其ノ共同宣言ヲ受諾スル旨通告セシメタリ

抑々帝國臣民ノ康寧ヲ圖リ萬邦共榮ノ樂ヲ偕ニスルハ皇祖皇宗ノ遺範ニシテ朕ノ拳々措カサル所曩ニ米英二國ニ宣戰セル所以モ亦實ニ帝國ノ自存ト東亞ノ安定トヲ庶幾スルニ出テ他國ノ主權ヲ排シ領土ヲ侵スカ如キハ固ヨリ朕カ志ニアラス然ルニ交戰已ニ四歳ヲ閲シ朕カ陸海將兵ノ勇戰朕カ百僚有司ノ勵精朕カ一億衆庶ノ奉公各々最善ヲ盡セルニ拘ラス戰局必スシモ好轉セス世界ノ大勢亦我ニ利アラス加之敵ハ新ニ殘虐ナル爆彈ヲ使用シテ頻ニ無辜ヲ殺傷シ慘害ノ及フ所眞ニ測ルヘカラサルニ至ル而モ尚交戰ヲ繼續セムカ終ニ我カ民族ノ滅亡ヲ招來スルノミナラス延テ人類ノ文明ヲモ破却スヘシ斯ノ如クムハ朕何ヲ以テカ億兆ノ赤子ヲ保シ皇祖皇宗ノ神靈ニ謝セムヤ是レ朕カ帝國政府ヲシテ共同宣言ニ應セシムルニ至レル所以ナリ

朕ハ帝國ト共ニ終始東亞ノ解放ニ協力セル諸盟邦ニ對シ遺憾ノ意ヲ表セサルヲ得ス帝國臣民ニシテ戰陣ニ死シ職域ニ殉シ非命ニ斃レタル者及其ノ遺族ニ想ヲ致セハ五内爲ニ裂ク且戰傷ヲ負ヒ災禍ヲ蒙リ家業ヲ失ヒタル者ノ厚生ニ至リテハ朕ノ深ク軫念スル所ナリ惟フニ今後帝國ノ受クヘキ苦難ハ固ヨリ尋常ニアラス爾臣民ノ衷情モ朕善ク之ヲ知ル然レトモ朕ハ時運ノ趨ク所堪ヘ難キヲ堪ヘ忍ヒ難キヲ忍ヒ以テ萬世ノ爲ニ太平ヲ開カムト欲ス

朕ハ茲ニ國體ヲ護持シ得テ忠良ナル爾臣民ノ赤誠ニ信倚シ常ニ爾臣民ト共ニ在リ若シ夫レ情ノ激スル所濫ニ事端ヲ滋クシ或ハ同胞排擠互ニ時局ヲ亂リ爲ニ大道ヲ誤リ信義ヲ世界ニ失フカ如キハ朕最モ之ヲ戒ム宜シク擧國一家子孫相傳ヘ確ク神州ノ不滅ヲ信シ任重クシテ道遠キヲ念ヒ總力ヲ將來ノ建設ニ傾ケ道義ヲ篤クシ志操ヲ鞏クシ誓テ國體ノ精華ヲ發揚シ世界ノ進運ニ後レサラムコトヲ期スヘシ爾臣民其レ克ク朕カ意ヲ體セヨ

裕仁

天皇御璽

昭和二十年八月十四日

内閣總理大臣　鈴木貫太郎
海軍大臣　米内光政
司法大臣　松阪廣政
陸軍大臣　阿南惟幾
軍需大臣　豊田貞次郎
厚生大臣　岡田忠彦
國務大臣　櫻井兵五郎
國務大臣　左近司政三
國務大臣　下村宏
大藏大臣　廣瀬豊作
文部大臣　太田耕造
農商大臣　石黒忠篤
内務大臣　安倍源基
外務大臣兼大東亞大臣　東郷茂徳
國務大臣　安井藤治
運輸大臣　小日山直登

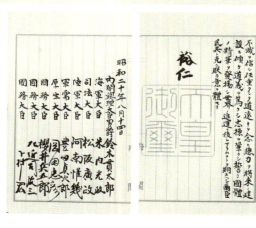

終戦の詔書

ト』、一九六八、岩波書店）、茶園義男『密室の終戦詔勅』（一九八九、雄松堂出版）　（纐纈　厚）

じゅうたくえいだん　住宅営団　日中戦争の激化とともに戦時下の国民生活の安定を図る国策の一環として労務者その他庶民の住宅の供給を目的に、一九四一年五月に設立された、わが国はじめての国家住宅供給代行機関。また、この国策代行機関は朝鮮、台湾、中国関東州にも設立され、住宅建設供給や住宅団地開発はもちろん、植民地文化政策の一端をも担った。住宅営団の設立にあたっては厚生省住宅課がその命運をかけて発案主導し、同潤会の組織・人物・資産をそっくり引き継いで実現させた。その事業は戦争遂行・東亜共栄圏の確立・高度国防国家建設を達成させることを目的とした戦時軍需政策および新興工業都市事業として位置づけられる。具体的には住宅の建設・経営・受託、団地における水道、乗り合い自動車、市場、浴場、保育所、集会所等の建設と経営、住宅建設資金の貸付、住宅売買貸借の仲介ほかである。五年間に三十万戸の建設を予定したが、戦局の激化により終戦までの建設実績は九万九千戸ほどにとどまった。戦後は戦争協力機関としてＧＨＱによって閉鎖機関に指定され、四六年十一月に閉鎖された。その後再び国策代行機関としての日本住宅公団が設立されるのは九年後の五五年である。戦時政策として誕生し、戦争協力機関として閉鎖された短命の住宅営団の事業実績は乏しかった。しかしながら官学民各分野の専門家が一堂に集結してわが国初の国民住宅と団地をいかに計画し建設するかを企画実践した住宅営団の存在とその経験は近代住宅史の上で重要な位置を占める。五百戸規模の一団地の住宅の経営、土地区画整理と組合わせた住宅地の開発手法、中空街区構成の格子型住宅地の建設、住み方調査による不特定多数の規格住宅設計の提案、規模別に型を準備する型計画理論の確立と実践等は戦後の団地開発システムや規格住宅の大量建設システムを必要とした公営住宅に多大な影響を与えた。

参考文献　西山夘三記念すまい・まちづくり文庫住宅営団研究会編『住宅営団―戦時・戦後復興期住宅政策資料―』（二〇〇〇・〇一、日本経済評論社）、同編『幻の住宅営団―戦時・戦後復興期住宅政策資料目録・解題集―』（二〇〇一、日本経済評論社）　（冨井　正憲）

しゅうだんじけつ　集団自決　地域の住民が集団で死を強制・誘導された事件。日本軍によって配られた手りゅう弾を爆発させたり、男たちが女性や子どもを殺してみずからも死ぬ方法が取られることが多かった。長らく「集団自決」と表現されてきたが、住民はみずから死んだのではないので「強制集団死」と呼ぶべきという主張がなされている。他方、国家のためにみずから命を捧げたと殉国美談視することはできないが、「自決」と語られるような状況があったことを受けとめ、強制された「集団自決」として考えるべきという主張もある。集団自決として有名なのは沖縄戦における慶良間列島である。一九四五年三月下旬、米軍が上陸する中で座間味島百七十七人、慶留間島五十三人、渡嘉敷島三百三十人が集団自決で亡くなったとされている。軍中央では日本軍が玉砕するときには民間人も一緒に死ぬことが名誉あることと考えられ、敵軍に捕まるとひどい目にあわされて殺されるという恐怖心を植えつけるキャンペーンがなされていた。また捕虜になるのは恥であるという教育がなされ、「軍官民共生共死の一体化」が叫ばれ、軍が全滅するときには住民も死ぬという意識が植え付けられていた。さらに現地の軍も住民に手りゅう弾を配布し、いざという場合に自決するように仕向けていた。沖縄ではほかに読谷のチビチリガマなどでも起きているが、慶良間に集中しているのは、小さな離島でありもはや逃げ場がないと思ったこと、自決の「軍命」が出されたと聞いたことが大きかったとみられる。全体として日本軍の強制と誘導によって起こされたと言える。この集団自決は沖縄以外でも、日本軍が多くの在留邦人を抱えて戦ったサイパン、テニアン、フィリピンのパナイ島、ソ連軍侵攻下の旧満洲でも起きている。軍が民間人を保護しようとしていれば多くは避けられたと考えられ、民間人であっても捕虜になることを許さず死を強制する当時の日本軍と国家体制が引き起こしたものであると言える。

→チビチリガマ

集団自決跡地の碑（渡嘉敷島，2015年６月）

参考文献　宮城晴美『母の遺したもの―沖縄・座間味島「集団自決」の新しい事実―（新版）』（二〇〇八、高文研）、林博史『沖縄戦　強制された「集団自決」』（『歴史文化ライブラリー』、二〇〇九、吉川弘文館）、下嶋哲朗『非業の生者たち―集団自決　サイパンから満州へ―』（二〇一二、岩波書店）　（林　博史）

しゅうふつかい　周仏海　Zhou Fohai　一八九七―一九四八　中国の政治家。一八九七年五月二十九日生まれ。湖南省沅陵県出身。幼少時私塾で学び、「中国魂」を唱える梁啓超の作品を愛読した。県立中学を経て一九一七年に来日し、翌年第一高等学校特設予科に入学した。一年間の基礎教育を経て第七高等学校に入り、卒業後京都帝国大学経済学部に入学した。日本留学中、陳独秀ら中国の共産主義者と連絡をとり、二一年七月中国共産党成立大会に留学生代表として参加した。二四年国民党中央宣伝部長戴季陶の要請に応じて帰国し、同年共産党を離党して、広東大学教授を務めながら国民党宣伝部秘書に就任した。この間広東大学の教授らと雑誌『社会評論』を創刊し、孫文の三民主義を主張した。二六年には国民革命軍総司令部秘書として北伐に参加し、翌年一月武昌軍事政治学校秘書長兼政治部主任に就任した。二八年に入ると、戴季陶と上海で新生活書店を創設して、月刊『新生命』を発刊した。二九年以降、国民政府訓練総監部政治訓練処処長と国民革命軍総司令部訓練主任などの要職に就き、三一年には国民党中央執行委員に選出され、江蘇省政府委員兼教育庁長にも就任した。その後、中央民衆訓練部長、軍事委員会委員長侍従室副主任、国防参議会参議員にもなったが、日中戦争勃発後の三八年には国民党中央党部宣伝部副部長として蒋介石を輔佐した。しかし、同年十二月汪兆銘とともに国民政府所在地重慶を脱出し、日本占領下の南京に対日協力政権の樹立に参画した。四〇年三月に成立した南京国民政府のなかでは、財政部部長、警政部部長、行政院副院長、中央儲備銀行総裁、全国経済委員会副委員長などを歴任したが、終戦が近い四四年には中央税警総団長、軍事委員会副委員長、上海市長にもなった。一方、重慶政権とも密かに連絡をとり、終戦直後には重慶国民政府より軍事委員会上海行動総隊司令に任命された。しかし、戦争下の対日協力で罪が問われ、南京高等法院で一旦死刑の判決を受けたが、その後無期懲役に減刑され、四八年二月二十八日獄死した。五十二歳。

参考文献 蔡徳金編『周仏海日記』(村田忠禧他訳、一九九二、みすず書房)、劉傑『日中戦争下の外交』(一九九五、吉川弘文館)

(劉　傑)

しゅうほう 週報 一九三六年に創刊された政府の宣伝広報・国民啓発のための週刊誌。従来官報に設けられていた雑報欄を拡充し、情報委員会が編集して、官報に付録として添付するとともに独立の雑誌『週報』としても販売することとなった。内閣印刷局を発行者として、三六年十月十四日に創刊。その趣旨は「政府の行はうとする政策の内容や意図を広く一般国民に伝へてその正しい理解を求め」、新しく制定された法令の趣旨や内容の普及を図ることとされた。編集は情報委員会の拡大強化に伴い、三七年九月より内閣情報部、四〇年十二月より情報局となるが、戦中は四五年七月十一日発行の四五〇・四五一合併号まで継続して発行され、同年八月二十九日に発行された四五二号が最終号。表紙の色から「緑の週報」とも呼ばれ、「国策のパンフレット」ともいわれた。A5判、頁数は時期によって異なるが創刊時は二十八頁、定価は最末期の四五年四月から十銭に値上げされるが、それまでは五銭。創刊当初の発行部数は十数万部であったが、四三年には約百五十万部に至り、臨時号「新体制早わかり」(第二〇八号)などは約二百万部を発行したという。内容の重点は、時期によって変動するが、軍部や外務省、厚生省などの各省庁の官僚が執筆した各種政策・法令の解説、内外一般情勢、時事解説、経済・産業に関する記事などが中心であり、政府・軍部による上意下達、国策浸透のためのメディアであった。また、『週報』をグループで読み、より理解を深め合う場として「週報会」も結成された。四一年七月の読者調査によると、読者層としては学生生徒、官公吏、教員、サラリーマンなどが多く、『週報』が狙っていた国民中堅層にほぼ匹敵する。部落会・町内会・隣組が整備されると、部落会長や隣組長などの購読者も増え、常会のテキストとしても用いられた。また海外での利用のために、『週報』英訳版として月刊『東京ガゼット』(三七年八月創刊)も発行された。→写真週報 →情報局

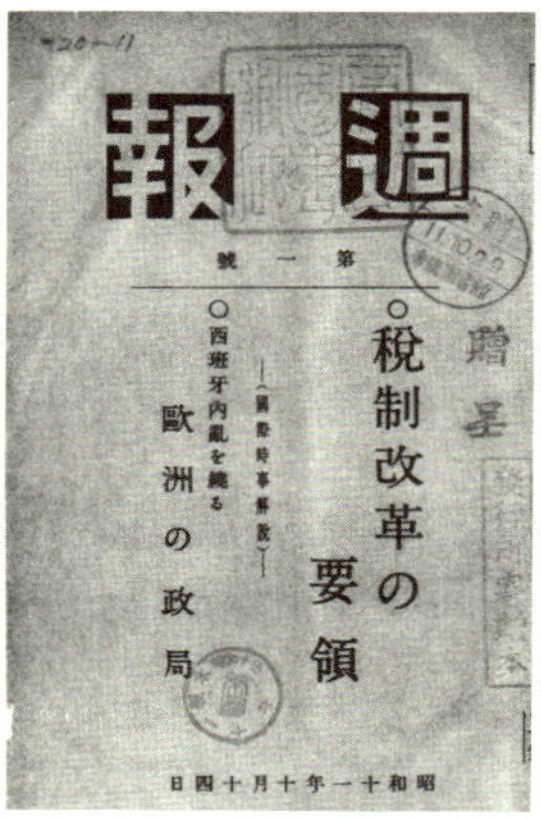

『週報』創刊号

参考文献 伊香俊哉「解説」(『史料週報(復刻版)』解説、一九八六、大空社)、奥平康弘監修『言論統制文献資料集成』二〇(一九九二、日本図書センター)

(井上　祐子)

じゅうようさんぎょうごかねんけいかく 重要産業五ヵ年計画 ⇨生産力拡充計画

じゅうようさんぎょうだんたいれい 重要産業団体令 「経済新体制確立要綱」に掲げられた指導者原理による統制団体の設立を具体化するため、一九四一年八月三十日、国家総動員法一八条に基づいて公布された勅令。政府は国策遂行上重要な産業に対して統制会の設立を命じることができ、指定を受けた産業は統制会設立と全企業の加盟が強制された。統制会の事業として、政府の各種動員計画の立案への参画や計画実施への協力、生産および配給に関する統制・指導、企業整備と重点生産の確立、生産性向上のための施策、当該産業の調査・検査等が規定された。政府は統制会長の任免権を、会長は統制会役員の任免権のほか、傘下企業の役員解任命令権という強い権限を持っており、これにより政府→統制会→企業という垂直的な統制機構が整備されることになった。四一年十月の第一次指定で十二産業、四二年五月に鉄道軌道、四二年八月の第二次指定で九産業が指定された。→経済新体制 →統制会

参考文献 通商産業省編『商工政策史』一一(一九六四、商工政策史刊行会)、中村隆英・原朗「経済新体制」(日本政治学会編『「近衛新体制」の研究』所収、一九七二、岩波

書店）

（山崎　志郎）

じゅうようさんぎょうとうせいほう　重要産業統制法　重要産業における製品の需給調整、価格・収益の安定、産業合理化を推進することを目的に、カルテルの形成と強化をはかった法律。一九三一年四月一日公布。その内容は、重要産業における生産と販売に関する業界の協定を届出制として政府の監督下に置き、収益の安定と高い稼働率を維持することで当該産業の合理化を進めるものであった。この目的のため、政府は製品価格、稼働率をモニターし、必要に応じて協定の加盟者およびアウトサイダーに協定への参加を命じ得ること、協定が公益に反する場合は協定の変更取消を命じ得ることなどが規定されていた。同年十二月には紡績、製紙、カーバイド、セメント、鉄鋼など十九産業が指定され、その後石炭などが追加されて、計二十四産業が重要産業に指定された。三六年五月の改正では、業界での設備投資調整も可能とし、トラスト取締規定を設けるなどで内容を強化した上で、五年間の施行期間をさらに五年延長した。同法による実際のアウトサイダー規制の発動は、セメント製造業一例のみであったが、同法を基にカルテル協定は増加し、昭和恐慌下の市場安定化に寄与した。

参考文献　通商産業省編『商工政策史』一一（一九六四、商工政策史刊行会）、宮島英昭「産業合理化と重要産業統制法―日本的対独占政策の成立過程―」（近代日本研究会編『政党内閣の成立と崩壊』所収、一九八四、山川出版社）　（山崎　志郎）

じゅうようぶっしかんりえいだん　重要物資管理営団　⇨交易営団

シュールリアリズムじけん　シュールリアリズム事件　一九四一年四月五日に詩人・美術評論家の瀧口修造と画家の福沢一郎が治安維持法違反で検挙された事件。ともに七ヵ月の拘留の後に起訴猶予処分で釈放。戦後、こうした名称で呼ばれるようになったが、官憲の資料では「前衛絵画グループ事件」として「シュール・リアリズムは反ファッショ的傾向を濃厚に持ち且つ共産主義理論の革命性と相通ずるもの」と記述されている（『特高月報昭和十六年四月分』）。瀧口と福沢は三〇年代後半に流行したシュルレアリスム美術の理論的な指導者として若い作家たちの啓蒙と組織化に尽力、三九年春には在野の美術団体である美術文化協会を創立。瀧口の場合はアンドレ＝ブルトンらフランスのシュルレアリストとの国際的な交流も問題とされた。その後、広島、名古屋、神戸でも同様の理由で詩人や画家の検挙がつづき、美術文化協会も転向声明を発表。前衛的な芸術表現は逼塞した。
→瀧口修造

参考文献　鶴岡善久『日本超現実主義詩論』（一九六六、思潮社）、中村義一『日本の前衛絵画―その反抗と挫折―Kの場合―』（一九六八、美術出版社）　（小沢　節子）

シュターマー　Heinrich Georg Stahmer　一八九二―一九七八　ドイツの外交官。一八九二年五月三日ハンブルクに生まれる。第一次世界大戦後、貿易関係に携わり、のちのドイツ外相リッベントロップと知り合う。ナチス政権掌握後、ナチ党の外務担当組織リッベントロップ機関に入り、三八年二月リッベントロップの外相就任に伴い外務省入省、極東関係を担当した。大島浩大使との連絡に携わる。四〇年春ドイツ赤十字総裁に同行して来日し、親ドイツ政治家や軍関係者と会見、独ソ不可侵条約により悪化した日独関係の改善に尽力。同年八月対日交渉のリッベントロップの特別代理人になる。九月外相松岡洋右と交渉。四〇年九月二十七日ベルリンで日独伊三国軍事同盟条約に署名。四二年駐華（南京）大使。四三年一月一日東京へ。ゾルゲ事件でのスパイ容疑として駐日大使を解任されたオットの後任。四五年五月日本人に抑留され、日本敗戦後は九月米軍に抑留され、巣鴨刑務所に収容される。三国軍事同盟締結の件で尋問を受け、東京裁判で証言。四七年九月日本を発つ。ドイツでは四八年九月末まで抑留。戦後は主にスイスで貿易業に専念。リヒテンシュタインに居住し、七八年六月十三日没。八十六歳。

参考文献　テオ＝ゾンマー『ナチスドイツと軍国日本―防共協定から三国同盟まで―』（金森誠也訳、一九六四、時事通信社）、三宅正樹『日独伊三国同盟の研究』（一九七五、南窓社）、Bernd Martin, *Deutschland und Japan im Zweiten Weltkrieg* (Göttingen, 1969, Musterschmidt)　（矢野　久）

しゅっぱんほう　出版法　⇨検閲制度

しゅとく　朱徳　Zhu De　一八八六―一九七六　中国共産党の最高軍人、「建軍の父」。一八八六年十二月一日四川省の小作人家庭に出生。成都師範学校卒。一九〇九年雲南陸軍講武堂入学、中国同盟会加入。一一年辛亥革命に参加、中隊長となる。一二年中国国民党に加入。一三年袁世凱反対の雲南蜂起に参加、護国軍支隊長。一七年雲南軍旅長となり、四川で段祺瑞反対の護法戦争に参加。二二年ドイツのゲッチンゲン大学留学、周恩来の紹介で中共に加入。二五年モスクワの東方労働者共産主義大学に留学中、秘密軍事訓練班で戦闘法を学ぶ。二七年八月南昌蜂起に参加、第九軍副軍長。二八年四月井崗山で毛沢東と合流し、五月中国工農革命軍第四軍を成立させ、軍長となる。三〇年中国工農紅軍総司令。三一年江西省瑞金に中華ソヴィエト臨時中央政府を樹立、革命軍事委

朱　徳

員会主席。三四年中央政治局委員、長征参加。三五年遵義会議で毛を支持。三七年六月軍事研究委員会を設立し、対日作戦を研究。盧溝橋事件後の八月、中共代表として周とともに南京で国防会議に参加、国民党と交渉。国民革命軍第八路軍総指揮（八路軍は十八集団軍と改名、同総司令）。九月国民党軍に呼応し、平型関戦闘を指揮。十月晋冀魯豫辺区を樹立。四〇年各辺区で大生産運動を指揮。四一年中共中央革命軍事委員会副主席。四二年日本人反戦兵士や朝鮮人義勇隊を激励。四五年四月中共七全大会で「解放区戦場を論ず」を報告。戦争末期、ソ連参戦に呼応し、毛とともに華北、東北で日本軍攻撃を指揮。国共内戦が勃発すると、四六年人民解放軍総司令となる。四八年遼瀋・淮海・平津三大戦役を指揮、中共を勝利に導く。四九年九月第一回政治協商会議全国委員会委員。十月中華人民共和国が成立すると、人民政府副主席に就く。五〇年朝鮮戦争参戦に賛同、軍の近代化を主張。五四年九月国防委員会副主席。五九年人民代表大会常務委員長。文化大革命期、林彪らに「大野心家」などと非難され、六九年広東省従化に下放。だが、その戦歴、功績からわずか一年で北京で中央政治局員に復帰。七六年七月六日北京医院で死去。九十一歳。

参考文献 A・スメドレー『偉大なる道―朱徳の生涯とその時代―』（阿部知二訳、一九七七、岩波書店）、朱敏『回憶我的父親朱徳委員長』（北京、一九七六、中国少年児童出版社）、竇益山『朱徳的故事』（北京、一九八五、解放軍出版社）、中共中央文献研究室編『朱徳年譜』（北京、一九八六、人民出版社）
（菊池 一隆）

ジュネーブぎていしょ ジュネーブ議定書 第一次世界大戦においてドイツ軍による化学兵器の使用が大きな犠牲を出したことを背景に、一九二五年六月十七日、世界四十四ヵ国の代表が毒ガス戦・細菌戦の禁止を定めて調印した国際条約「窒息性ガス、毒性ガス又はこれらに類するガス及び細菌学的手段の戦争における使用の禁止に関する議定書」。日本からも作成に参加し、調印はしたが、批准はしなかった。ただし、この議定書は化学・生物兵器の使用を禁止しているだけの限定的なもので、それら兵器の研究開発、製造、保有、移譲の問題については扱っていない。そこに着目したのちの関東軍防疫部（満洲第七三一部隊）長石井四郎は、陸軍中央を説得し、生物兵器開発のための軍の機関を設置、人体実験を含む大規模な研究を展開して、四〇年から数次にわたって中国の諸都市で生物戦を試行、明らかにジュネーブ議定書に違反した。同様に、化学兵器の生産も陸軍で二九年から始められ、中国各地で実戦に使用された。

参考文献 外務省国際連合局『化学・細菌（生物）兵器とその使用の影響―ウ・タント国際連合事務総長報告―』（一九七〇、大蔵省印刷局）、エドワード・M・スピアーズ『化学・生物兵器の歴史』（上原ゆうこ訳、二〇一二、東洋書林）
（近藤 昭二）

ジュネーブぐんしゅくかいぎ ジュネーブ軍縮会議 一九二七年六月二十日から八月四日までジュネーブで開催された補助艦艇制限のための国際会議。ワシントン会議後、補助艦艇、なかでも一万トン、八インチ砲搭載の大型巡洋艦と潜水艦の建艦競争が再燃するなか、二七年二月十日、クーリッジ米国大統領より、ワシントン海軍軍縮条約提携国に軍縮が提議された。しかし、仏伊両国は参加を拒否し、日英米三ヵ国の会議となった。日本は、斎藤実朝鮮総督と石井菊次郎駐仏大使を全権に任命し、補助艦艇を水上艦艇と潜水艦に分け、大型巡洋艦と潜水艦で対米七割を目標とする水上補助艦通算主義を採用して会議に臨んだ。会議は、海外植民地との海上交通路確保のため多数の小型巡洋艦を必要とする英国と、両洋に艦隊を擁するため航行距離の長い大型巡洋艦を必要とする米国が激しく対立。日本は会議妥結に奔走したが、英米両国の対立により会議は失敗に終わっている。その後、巡洋艦をめぐり英米間で妥協が成立したため、ロンドン軍縮会議では日米間の対立が中心となった。

参考文献 外務省編『日本外交文書』ジュネーヴ海軍軍備制限会議（一九八二）、小池聖一「海軍軍縮をめぐる二つの国際関係観の相剋―ジュネーヴからロンドンへの間で―」（伊藤隆編『日本近代史の再構築』所収、一九九三、山川出版社）
（小池 聖一）

ジュネーブじょうやく ジュネーブ条約 公式名称は「一九二九年七月二十七日の俘虜の待遇に関する条約」（一八六四年締結、一九〇六年、一九二九年改訂）。二九年条約は九十七条の規定をもち、第一次世界大戦時より捕虜に有効な保護とはるかによい待遇をもたらすと評されている。規定には保護国の代表が捕虜が留置されているすべての場所に立ち入ることが許可される、立会人なく捕虜と会談できる条項などがある。日本は署名したが陸海軍や枢密院の反対により批准できなかった。開戦後、米英や赤十字国際委員会などから条約を相互主義で「適用する」ことを求めてきた。一九四二年一月二十九日、日本は「準用」を回答している。英米は「準用」を批准と同じ程度に条約に拘束されると解釈し、条約に違反する日本の捕虜虐待、粗悪な待遇に抗議を繰り返していた。日本は「準用」の回答はしたが条約に抵触する国内法の改正を行なっていない。「準用」を国内法規や現実の事態に即応するように条約に必要な修正を加えて適用すると解釈していた（東条英機元陸軍大臣の極東国際軍事裁判法廷での陳述）。開戦直後の「準用」の回答、弱体な管理機構、捕虜の軽視などから、「ポツダム宣言」第一〇項に明記されるほどの捕虜虐待を生んだ。戦後、連合国は条約に違反した捕虜虐待を厳しく裁いた。二九年条約は四九年に改訂された。五三年四月二十一日、日本は一九四九年のジュネーブ四条約に留保条項なしで加入し、同年十月二十一日公布した。 →赤十字条約（せきじゅうじじょうやく）

参考文献 一又正男「戦争裁判研究余論（一）―一九二九年捕虜条約準用問題―」（『国際法外交雑誌』六六ノ一、

一九六七）、枡居孝『太平洋戦争中の国際人道活動の記録（改訂版）』（一九九四、日本赤十字社）、内海愛子『日本軍の捕虜政策』（二〇〇五、青木書店）　（内海　愛子）

しゅりゅうだん　手榴弾　歩兵などが手で投げて人員の殺傷や施設を破壊することなどを目的とする兵器。「てりゅうだん」とも。本体からピンを抜き、衝撃を与え点火させると、種類によるが多くは四～五秒程度で爆発する。小銃で投擲できるものも存在した。仕掛け爆弾として使用されることもある。陸軍では日露戦争時に急造したものを使用し、一九〇七年から制式採用した。アジア・太平洋戦争期には、一九三七年制式採用の九七式や三九年採用の九九式が主に使用され、末期には陶器製のものも作られた。傷病兵の自殺用や、沖縄戦で民間人の「集団自決」（強制集団死）に用いられた例もある。

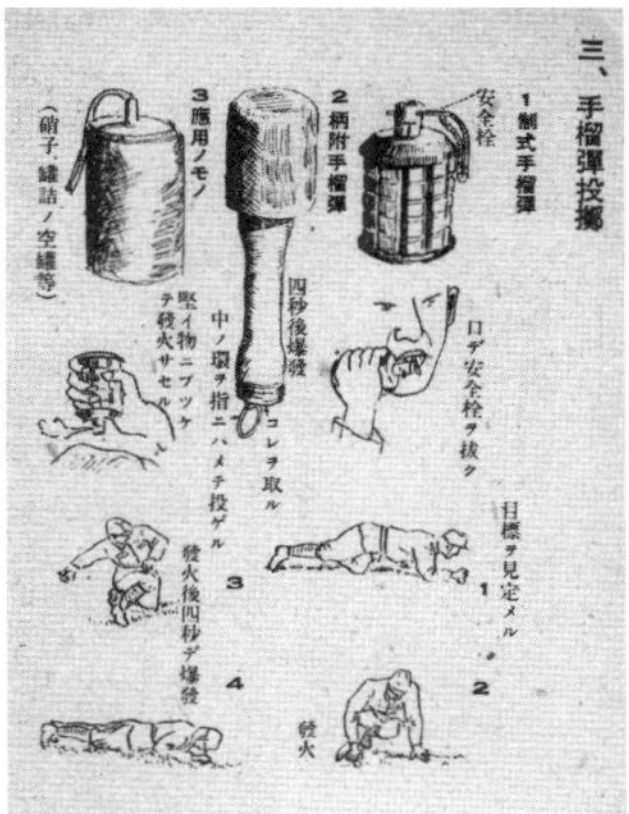

手榴弾投擲の解説（『国民抗戦必携』1945年，大本営陸軍部）

参考文献　木俣滋郎『陸軍兵器発達史―明治建軍から本土決戦まで―』（『光人社ＮＦ文庫』、一九九八、光人社）、林博史『沖縄戦　強制された「集団自決」』（『歴史文化ライブラリー』、二〇〇九、吉川弘文館）、一ノ瀬俊也『米軍が恐れた「卑怯な日本軍」―帝国陸軍戦法マニュアルのすべて―』（二〇一二、文藝春秋）　（小山　亮）

じゅんしかん　准士官　将校と兵の中間に位置する軍人の階級の一種。下士官（陸軍は曹長・軍曹・伍長、海軍は一―三等兵曹）の上位に位置し、広義では下士官に含む。陸軍では一九三六年まで兵科と経理部・衛生部とで呼称が分かれていたが、三七年准尉に統一された。海軍では二〇年以降兵曹長と呼称した。

参考文献　秦郁彦編『日本陸海軍総合事典』（一九九一、東京大学出版会）、原剛・安岡昭男編『日本陸海軍事典』（一九九七、新人物往来社）　（中野　良）

じゅんようかん　巡洋艦　索敵や警戒を主任務とする艦種。高速力が特徴。一九一〇年前後に英国で軽巡洋艦が登場したのが近代における巡洋艦のはじまりである。十九世紀～二十世紀初頭にかけての巡洋艦の呼称は、スループ、コルベット、クルーサーなどと称されていたが、各国ごとに用途は異なった。日本海軍では一八九八年に「巡洋艦」の種別が設定されたが、この時は一等巡洋艦（排水量七〇〇〇トン以上）、二等巡洋艦（排水量三五〇〇トン以上七〇〇〇トン未満）、三等巡洋艦（排水量三五〇〇トン未満）に区別された。近代軽巡洋艦の厳格な定義をするのは難しいが、軽量な船体の構造や高出力機関の萌芽、速力二五ノット（時速約四六キロ）以上、常備排水量五〇〇〇トン以上の三点を取りあえずの目安とすると、Blonde型（英国、一九〇五年竣工）、Chester型（米国、〇八年竣工）、「筑摩」型（日本、一二年竣工）などが先駆となる。

参考文献　篠原幸好他『連合艦隊艦船ガイド　一八七二―一九四五（改訂第二版）』（一九九五、新紀元社）、坂本正器・福川秀樹編『日本海軍編制事典』（二〇〇三、芙蓉書房出版）、『近代巡洋艦史』（『世界の艦船』七一八、二〇〇九、光人社）　（宇田川幸大）

しょういぐんじん　傷痍軍人　戦闘または公務による傷痍疾病のため軍人恩給法上の増加恩給を受ける者はかつて「癈兵」と呼ばれていたが、この言葉が喚起する否定的なイメージを避けるため、一九一七年軍事救護法の成立によって「傷病兵」という呼称が使用され、三一年一月の兵役義務者及癈兵待遇審議会の答申によって、満洲事変以降は「傷痍軍人」へと統一された。また、「不具癈疾」に達する程度の傷病に限定されていた「癈兵」と比べて「傷痍軍人」はより対象を広げた定義となっているが、これは総力戦段階において傷病者を戦時労働力として戦争に動員するという狙いがあったためである。中国大陸への派兵増加に伴い結核による除隊が増えたことを受けて、三七年三月、従来の軍事救護法を改正して軍事扶助法が制定された。傷痍軍人の援護事業は、三七年十一月内務省社会局に設置された臨時軍事援護部、続いて三八年四月に厚生省外局として設置された傷兵保護院が担っていたが、三九年七月に両者が合併して軍事保護院が設置された。三八年一月には傷痍軍人保護対策審議会の答申が出され、その後の傷痍軍人保護の方向性が優遇、医療保護、傷痍軍人の精神教育、職業教育・職業保護、一般国民の教化の五つに定められた。増加恩給または傷病賜金の受給権が確定した者には軍人傷痍記章が授与され、名誉の証となると同時に、国からの恩典を受ける証明となった。義肢や補装具、義眼は国費で支給された。また、長期療養を必要とする者を対象に、四十六の傷痍軍人療養所が開設された。その大半は結核であったが、精神病、ハンセン病、脊椎・頭部損傷患者のための療養

傷兵工場での作業

所もあった。さらに、傷痍軍人が社会復帰し、「第二の御奉公」を目指すために、職業教育・職業保護が重視された。これらの国家による優遇は敗戦とともに廃止されることとなり、戦後もみずからの心身に傷病を抱えた傷痍軍人たちは、困難な生活を余儀なくされた。

参考文献 山田明「軍事援護対策の歴史と日中戦争下の軍事援護事業」(上平正治『軍事援護事業概要(復刻版)』所収、一九九三、日本図書センター)、郡司淳『軍事援護の世界―軍隊と地域社会―』(二〇〇四、同成社)、植野真澄「傷痍軍人・戦争未亡人・戦災孤児」(『(岩波講座)アジア・太平洋戦争』六所収、二〇〇六、岩波書店)

(中村 江里)

しょういこうほしゃ 少尉候補者 日本陸軍における将校採用方式の一つ。士官候補生志願者の減少と質的低下に対応すべく、一九二〇年の陸軍補充令改正により設けられ、将校生徒と並ぶ現役将校補充系統となった。三十八歳未満の現役准士官(特務曹長、のち准尉)から選抜・採用され、のちに曹長も対象となった。採用された候補者は「己種学生」として士官学校で一年間教育ののち、原隊での将校勤務を経て少尉に任官した。

参考文献 秦郁彦編『日本陸海軍総合事典』(一九九一、東京大学出版会)、遠藤芳信『近代日本軍隊教育史研究』(一九九四、青木書店)

(中野 良)

しょういこうほせい 少尉候補生 海軍士官任官直前の階級(身分)。海軍兵学校・海軍機関学校・海軍経理学校を卒業するとおのおの少尉候補生に任ぜられ、練習艦隊で遠洋航海など約一年間の乗艦・実習訓練をうけたのち少尉(奏任官)に任官する。海兵の場合は卒業式後、教官や教員、後輩に見送られ江田島湾から海上を東京湾まで回航・上陸、天皇陛下に拝謁後、正式に海軍少尉に任官した。この間は准士官(兵曹長)の上位で少尉の下位である。一字ちがいの「少尉候補者」は、陸軍の現役兵科将校補充制度のことで一九二〇年制度化された。満三十八歳未満の身体強健、人格・成績ともに優秀な准尉・下士官(曹長・軍曹)を陸士の学生として一ヵ年教育し、所属部隊で将校の勤務を習得させ陸軍少尉に任官した。この制度の出身将校は第一期から二十四期まで八千九百十四人。これは海軍における特務士官制度創設の時期と同じである。陸海軍とも優秀な下士官から将校(士官)を抜擢・補充する制度を設けていた。

(高野 邦夫)

しょういだん 焼夷弾 発火性の薬剤が充填され、火災を発生させることを目的とした砲弾・爆弾。発火方式としてテルミット、油脂、黄燐などがある。アジア・太平洋戦争中、日本軍では火砲の砲弾としてや航空機からの投下により使用したほか風船爆弾にも搭載された。一九四四年以降のアメリカ軍による本土空襲においても焼夷弾が使用され、四五年三月十日の東京大空襲では一発の親爆弾から多量の焼夷弾が散布される収束焼夷弾が大量に投下され大火災を発生させた。

横浜に焼夷弾を投下するB29

参考文献 『東京大空襲・戦災誌』三(一九七三、東京空襲を記録する会)

(小山 亮)

しょうかいせき 蔣介石 Jiang Jieshi 一八八七―一九七五 中国の軍人、政治家。一八八七年十月三十一日、浙江省奉化県の塩商人の家に生まれる。名は中正、介石は字。一九〇七年、日本に留学し、東京の振武学校に入学。この年、中国同盟会に加入。〇九年、振武学校卒業後、士官候補生として新潟県高田の砲兵連隊に入隊した。一一年十月に辛亥革命が勃発すると帰国し、杭州で革命に従事した。その後、孫文に認められ、二三年夏にソ連に派遣された。二四年五月には、孫文により中国国民党陸軍軍官学校(通称、黄埔軍官学校)の校長に任命された。孫文の死後、国民革命が発展するなかで二六年、国民革命軍総司令に就任し、北伐を指導した。翌年、四・一二クーデタをおこして中国共産党を弾圧し、十二月には孫文夫人宋慶齢の妹、宋美齢と結婚した。二八年四月には北伐を再開し、十月、南京国民政府主席に就任した。三一年九月の満洲事変勃発後、蔣介石は日本に対する軍事的抵抗をさけ、「安内攘外」(外的をうちはらうには、まず国内を安定させなければならない)政策を推進した。すなわち共産党討伐の戦いをすすめて国内の統一をはかるとともに、経済建設、幣制改革、新生活運動などの国内体制強化の政策を優先したのである。しかし、三五年後半以後の日本軍の華北分離工作に対抗する抗日ナショナリズムが発展するなかで、「攘外」を実行しようとしない蔣介石への不満が強まり、三六年十二月、張学良と楊虎城が蔣を監禁する西安事件が起こった。この事件の平和的解決後、蔣介石は内戦停止、一致抗日の方向に転換した。

蔣 介 石

三七年七月七日に盧溝橋事件が起こり、日中全面戦争へと発展すると、蒋介石は対日抗戦に踏み切り、第二次国共合作も実現した。中国は七月末に北平(当時の北京の呼称)、十一月に上海、十二月に首都南京、翌年十月に広州と武漢を占領され、沿海地域と主要都市を失ったが、国民政府は首都を奥地の重慶に移して抗戦をつづけた。蒋介石の対日戦争に対する基本的構想は、中国が長期にわたって抵抗すれば、日中戦争はかならず第二次世界大戦に発展し、日米開戦が起こり、そのときに中国にとって勝利の展望がうまれるというものだった。したがって、かれは日本軍を奥地深くおびきよせて消耗させる持久戦・消耗戦の戦略をとったのである。他方、蒋介石は共産党の勢力拡大に対する危機感をつよめ、三九年一月に開かれた国民党五期五中全会では反共政策をとることが決定された。以後、国共関係は悪化し、四一年一月には安徽省南部で新四軍部隊が国民政府軍によって殲滅される事件(新四軍事件、皖南事件)が起こった。四一年十二月八日のアジア・太平洋戦争の勃発は、蒋介石の長年の期待が実現したことを意味していた。かれは中国戦区の最高司令官に就任し、四三年九月には前月に死去した林森にかわって国民政府主席に選出された。十一月にはカイロ会議に出席し、満洲・台湾などを戦後、中華民国に返還することをもりこんだ「カイロ宣言」に署名した。また四二年二月には、インドを訪問し、イギリスと国民会議派との関係の仲裁を試みた。しかし、アジア・太平洋戦争勃発後、蒋介石は戦争の帰趨をアメリカ・イギリスにゆだね、援助によって得た軍需物資を保存し、戦後の共産党との対決にそなえようとし、そのため蒋の戦争指導に不満をもつアメリカ側とのあいだに一時、深刻な対立もうまれた(スティルウェル事件)。アジア・太平洋戦争終結後、四六年から国民党と共産党は全面的内戦に突入し、アメリカの支援をうけた国民党軍は初期に優位を占めたが、四八年には形勢は逆転。四九年十二月、蒋介石は台湾にのがれ、中華民国の正当性と大陸反攻を主張したが、七五年四月五日に病死した。八十九歳。

[参考文献] 黄仁宇『蒋介石—マクロヒストリー史観から読む蒋介石日記—』(北村稔・永井英美・細井和彦訳、一九九七、東方書店)、石島紀之・久保亨編『重慶国民政府史の研究』(二〇〇四、東京大学出版会)
(石島　紀之)

しょうかく　翔鶴　日本海軍の航空母艦。同型艦に「瑞鶴」がある。一九四一年八月八日、横須賀工廠で竣工。排水量二万五六七五トン、全長二五七・五メートル、速力三四・二ノット(時速約六三キロ)。四十口径一二・七センチ連装高角砲八基、二五ミリ三連装機銃十二基を搭載。航空機八十四機(補用十二機)搭載。四一年十二月八日の真珠湾攻撃に出動、翌四二年五月には珊瑚海海戦に参加している。ミッドウェー海戦で日本海軍の主力空母「赤城」「加賀」「蒼龍」「飛龍」が撃沈されてからは、日本海軍の中心的な空母として多くの作戦に従事した。その後は、第二次ソロモン海戦(四二年八月)、南太平洋海戦(四二年十月)などに参加、四四年六月十九日のマリアナ沖海戦で米国潜水艦の雷撃を受けて沈没した。四五年八月三十一日に除籍された。

翔　鶴

[参考文献] 篠原幸好他『連合艦隊艦船ガイド　一八七二—一九四五(改訂第二版)』(一九九五、新紀元社)
(宇田川幸大)

しょうき・にしきせんとうき　鍾馗・二式戦闘機　陸軍初の重戦闘機。中島飛行機が開発。従来の格闘性能を重視した軽戦闘機とは異なり、速度を重視して設計。一九四二年、制式採用。敵機に対する一撃離脱戦法を得意とする。エンジン一四五〇馬力×一。最大速度時速六〇五キロ。B29爆撃機による本土爆撃の際には、高速を生かして迎撃戦闘機として用いられたが、高空性能は十分ではなく、戦果は限定的だった。四四年に、後継機の四式戦闘機が完成すると、生産が打ち切られた。

[参考文献] 野沢正編『日本航空機辞典』上(一九八九、モデルアート社)
(水沢　光)

しょうぎょうほうこくかい　商業報国会　都市部の商業営業者を、配給機構整備、企業整備などの戦時国策に動員するためにつくられた官製組織。一九四〇年十一月商業報国会中央本部が結成され、物資不足に伴う業者の売り惜しみを取り締まり、物資の適正な配給任務を果たす経済道徳昂揚運動の担い手として当初に期待された。商業報国会は、商業再編成(企業合同が中心)のなかで、各地・各業種に組織化され、四二年五月には、八千七百二十六の単位商業報国会が設立された。同年春からは、第一次小売業整備に伴う業種ごとの職業転換(転廃業)を強力に推進するための組織になり、時局産業・軍需産業への労務供出と生産が減少した諸物資の配給機構の創出という、二律背反的な国策の遂行に商業者を動員するための受け皿となった。戦局が悪化した四三年度には、家庭の事情などでただちに転業が困難な商業者に対して、勤労報国隊の結成による部分的な工場入所(半転業)に商業者を動員する運動体になった。

[参考文献] 山崎志郎・原朗編『戦時中小企業整備資料』一(二〇〇四、現代史料出版)、柳沢遊「戦時体制下の流通統制」(石井寛治編『近代日本流通史』所収、二〇〇五、東京堂出版)、同「東京における中小商業企業整備」(原朗・山崎志郎編『戦時日本の経済再編成』所収、二〇〇六、日本経済評論社)　(柳沢　遊)

しょうくうとう　照空灯　夜間、来襲する敵航空機を強力な光によって探知する装置。空襲が一般化した第一次世界大戦後、都市や重要施設において空襲対策として使用された。複数の照空灯によって敵機の進行方向・高度・速度を計り、連動する高射砲によって撃墜することを狙った。艦船などが海上・海中で用いるものは探照灯という。　(青木　哲夫)

しょうこう　将校　⇩士官・将校

しょうこうけいざいかい　商工経済会　市場システムを前提として業種横断的な地域経済の振興・発展と市場拡張を目的とした商工会議所が、戦時経済統制の進展に対応してその組織編成と活動内容を変化させた団体。一九四三年三月十二日公布の商工経済会法に基づき、市単位で組織されてきた全国百四十四の商工会議所は四十七都道府県単位の商工経済会に統合された。主務大臣の命により設立される商工経済会は、地方長官が会員を指定した官選制の翼賛組織であり、これを統括する全国組織として日本商工会議所も全国商工経済会協議会へと改組された。商工経済会の目的は「産業経済の連絡と改善向上」とされたが、産業経済体制は軍需省に直結する統制会など系統機関を中軸にすでに再編されており、その活動は統制団体間の連絡調整、配給機構の再編、銃後運動の展開など限定的であった。さらに地方行政機構に編入された結果、商法会議所時代から継承されてきた商工業者による自治的組織としての性格も一掃されることとなった。→日本商工会議所

[参考文献] 須永徳武「商工会議所の機構改変と商工経済会の活動」(柳沢遊・木村健二編『戦時下アジアの日本経済団体』所収、二〇〇四、日本経済評論社)　(須永　徳武)

しょうごうさくせん　捷号作戦　一九四四年七月二十六日、太平洋方面における連合軍の反撃にそなえて大本営が策定した作戦計画。捷一号(フィリピン方面)、捷二号(九州南部、南西諸島、台湾方面)、捷三号(本州、四国、九州、小笠原諸島方面)、捷四号(北海道方面)があったが、実際に発動されたのは捷一号のみであった。米軍のフィリピン来攻に際して陸軍はルソン島で地上決戦を、海軍は周辺海域で艦隊決戦を計画した。しかし米海軍の通商破壊戦により日本本土とフィリピンの間の海上輸送が困難となり、ルソンの地上防備は遅々として進まなかった。また、日本海軍は四四年六月のマリアナ沖海戦で空母機動部隊に大損害を被ったため、基地航空部隊と戦艦を中心とする水上部隊に依存せざるを得なかった。ダグラス＝マッカーサー大将指揮下の米軍は当初十二月にフィリピン中部のレイテ島に上陸する計画であったが、日本軍の急激な戦力低下を察知して実施時期を早め、十月十八日にレイテに来攻した。これを契機に捷一号作戦が発令され、米艦隊に対して日本海軍は台湾所在の基地航空部隊による大規模な攻撃を行い、空母十三隻以上撃沈の大戦果(台湾沖航空戦)を発表したが誤認であった。この誤認に基づき大本営は捷一号作戦の主戦場を急遽ルソンからレイテに変更し、ルソン防衛に充当予定の陸軍戦力はレイテに転用された。この間、栗田健男中将指揮下の日本海軍水上部隊は十月二十五日にレイテ湾内の米艦隊と輸送船団に対する攻撃を試みたが、米空母部隊出現の誤報で反転した(レイテ沖海戦)。栗田艦隊の損耗は甚大で、組織的な戦闘能力を失った。以後十一月から十二月にかけレイテに逆上陸した日本陸軍部隊と米上陸軍の間で激戦が展開されたが、補給基地オルモックを米軍に奪取された日本軍の戦力は枯渇し、残存部隊はセブ島に脱出、レイテは米軍に占領された。日本軍は陸上戦力八万以上と戦艦「武蔵」を含む二十四隻以上の艦艇を失い、ルソン防衛も不可能となり、捷一号作戦は破綻した。

[参考文献] 防衛庁防衛研修所戦史室編『捷号陸軍作戦』一(『戦史叢書』四一、一九七〇、朝雲新聞社)、同編『海軍捷号作戦』一・二(同三七・五六、一九七〇・七二、朝雲新聞社)、同編『比島捷号陸軍航空作戦』(同四八、一九七一、朝雲新聞社)、大岡昇平『レイテ戦記』(一九七一、中央公論社)、福田幸弘『連合艦隊―サイパン・レイテ海戦記―』(一九八一、時事通信社)　(等松　春夫)

しょうこうだん　将校団　「下士兵とともに起居する特定の連隊またはこれに準ずる独立部隊に所属する将校の集団」(浅野祐吾)をいう。士官候補生制度のもとで原隊(隊付教育をうけ見習士官勤務をする部隊)の観念が生まれたのを契機として将校団が形成された。独立した連隊や大隊の兵科将校、主計官・軍医官など将校相当官から成り、また予後備役将校や退役した在郷軍人の将校も一連隊区所管のもとで組織された。したがって将校団の長は在隊者では連隊長、在郷者では連隊区司令官が兼務した。見習士官に任官した青年将校もまずこの将校団の一員となり、団長の指導で将校としての軍事知識や修養の向上に努めた。それゆえ親睦団体というより連隊における指揮統率体系の一部のようになった。一九〇八年の軍令陸一一号「陸軍将校団条例」により、隊付将校だけでなく全軍の現役や予後備役、将校相当官、学校勤務者をも含むものとなった。各連隊では将校団加入者だけが出入できる将校集会所が設けられた。→士官候補生

[参考文献] 浅野祐吾『帝国陸軍将校団』(一九八三、芙蓉書房)　(高野　邦夫)

しょうこくみん　少国民　戦前の日本で第二国民たる少年少女のことを指した言葉。「少国民」という言葉は明治期から存在したが、一般的に用いられるものではなかった。戦時期の用例としては、一九三七年十一月に毎日新聞社が行なった「少国民愛国歌」募集が先駆けとされるが、それが多用されるようになるのは、国民学校制度が実施され社団法人日本少国民文化協会が設立された一九四一年以降である。特に日本少国民文化協会は、従来の児童文化団体を統合して設立されたもので、アジア・太平洋戦争期には同協会主催により、「全国少国民「ミンナウタヘ」大会」や大詔奉戴一周年記念「大東亜少国民大会」などが開催され、「少国民」の戦争への動員がはかられた。

参考文献　山中恒『ボクラ少国民』(『講談社文庫』、一九八九、講談社)、同『少国民戦争文化史』(二〇一三、辺境社)　(高岡　裕之)

しょうじたろう　東海林太郎　一八九八―一九七二　演奏家。一八九八年十二月十一日、秋田県で出生。早稲田大学卒業後、一九二三年に南満洲鉄道株式会社に入社するが退社して帰国し、下八川圭介に師事して声楽を学び、三三年にクラシック音楽演奏家の登竜門だった「音楽コンクール」(現在の日本音楽コンクール)で入賞。同年にレコードデビューを果たす。翌年ポリドールから発売された「赤城の子守唄」「国境の町」がヒット、ほかに「名月赤城山」「麦と兵隊」などの曲を、直立不動の姿勢で澄んだ歌声で歌唱し、戦後に至るまで聴く者を魅了した。七二年十月四日没、七十三歳。

参考文献　菊池清麿『国境の町―東海林太郎とその時代―』(二〇〇六、北方新社)　(戸ノ下達也)

しょうしゅう　召集　戦時または事変に際しあるいは平時において、必要に応じ、帰休兵・予備兵・国民兵・補充兵などの兵役にある者を軍隊に召致すること。一九二七年十一月三十日の陸軍召集規則(陸軍省令第二五)によれば、召集には、充員召集・臨時召集・国民兵召集・演習召集・教育召集・補欠召集がある。(一)充員召集は、動員にあたって諸部隊の要員を充足するために在郷軍人を召集すること。陸軍の場合は動員令、海軍の場合は充員令により実施される。(二)臨時召集は、警備その他の必要によって帰休兵または服役第一年次の予備兵を召集すること。臨時動員令または陸軍大臣の命令により実施される。ただし、充員召集実施後に欠員を補充する場合は、師団長の命令により実施される。四一年の関東軍特種演習がその代表例。(三)国民兵召集は、戦時または事変に際し国民兵を召集すること。国民兵動員令によって実施される。(四)演習召集は、勤務演習のために予備役・後備役にある在郷軍人を召集すること。定期と臨時の二種類がある。充員召集の手続きに準じて実施する演習召集を臨時演習召集という。(五)教育召集は、軍隊で未だ教育を受けたことのない第一補充兵を教育のため召集すること。(六)補欠召集は、在営兵の補欠を必要とする際に帰休兵を召集すること。なお、四二年九月二十六日には陸軍防衛召集規則(陸軍省令第五三)が制定され、新たに防衛召集が加えられた。防衛召集とは、空襲の際など必要な場合に付近の在郷軍人や国民兵役を召集して防衛にあたらせることである。防衛召集は、防空召集と警備召集の二種類に分けられた。また、防衛召集は、本籍地で召集を行う他の召集とは異なり、現住地で召集され、召集時以外は一般の職場で勤務することとされた。四四年十一月には、徴兵検査を受けていない未成年者も召集対象とされ、沖縄戦ではこの制度が現地軍に利用され、沖縄の住民に大きな犠牲を強いることとなった。

参考文献　防衛庁防衛研修所戦史部編『陸海軍年表』(『戦史叢書』一〇二、一九八〇、朝雲新聞社)、大江志乃夫「資料目録および解説」(黒田俊雄編『村と戦争―兵事係の証言―』所収、一九八八、桂書房)、加藤陽子『徴兵制と近代日本　一八六八―一九四五』(一九九六、吉川弘文館)、秦郁彦編『日本陸海軍総合事典(第二版)』(二〇〇五、東京大学出版会)　(松田　英里)

しょうしゅうれいじょう　召集令状　戦時または事変に際し、あるいは平時において、所用に応じ兵役にある者を軍隊に召致する際に、連隊区司令部によって出される命令書のこと。淡赤色の紙を用いたため、俗に「赤紙」という。召集令状は、軍用封筒に入れられて連隊区司令部から警察署を経由し、役場に届けられた。役場では、兵事係が村長または助役の面前で開封し、在郷軍人名簿と召集令状に必要事項を記入し、記載事項に誤りがないか照合・点検したのち、役場から召集を受ける本人の家に直接手渡しで届けられた。受け取った者は、召集令状の片偏の受領証部分を切り離して月日時を記入し、記名捺印しなければならず、その手続きは非常に厳密であった。→赤紙(あかがみ)

参考文献　黒田俊雄編『村と戦争―兵事係の証言―』(一九八八、桂書房)、小沢真人・NHK取材班『赤紙―男たちはこうして戦場へ送られた―』(一九九七、創元社)　(松田　英里)

じょうせいのすいいにともなうていこくこくさくようこう　情勢の推移に伴ふ帝国国策要綱　独ソ戦の開始(一九四一年六月二十二日)に対応するため、日本の当面の外交・軍事方針を「南北準備陣」と定めた「両論併記」の国策。七月二日御前会議決定。「方針」として「大東亜共栄圏建設」による世界平和確立への寄与を掲げ、日中戦争の解決、自存自衛のための南方進出、好機の場合の対ソ攻撃と、内容は総花的である。「対英米戦を辞せず」という強硬な文言があるが、陸海軍ともにそのような覚悟はなかった。このころ、松岡洋右外相はシンガポール攻略(対英戦)の覚悟がないタイ・仏印施策には反対というスタンスで、規定方針だった該地との関係強化の実行を渋っていた。これに加え日蘭会商(蘭印からの資源買い付け交渉)の頓挫をうけ、陸海軍は南部仏印進駐による蘭印への圧力強化をめざし、六月二十五日に「南方施策促進に関する件」(南部仏印に進駐するため武力行使も辞さないとする)を大本営政府連絡懇談会に提出し、正式決定した。帝国国策要綱の「対英米戦」云々という強硬な文言は、松岡外相を説得するための表現として当初「南方施策促進に関する件」の原案に盛り込まれていた。しかし、南部仏印進駐に対する松岡の主張は変転を極め、幾度となく進駐の中止を訴え、さらには撃ソ論(北進論)を唱えるに至った。松岡の頑な態度や北進論への対抗意識が、一度消えた強硬な文言を導いたのである。この国策には対ソ武力行使と対ソ戦準備も明記されたが、それには対英米戦争準備を阻害しないという牽制的な文言も海軍の意向で加えられた。とはいえ、陸軍内の北進論者は、この国策に記された対ソ戦準備を論拠として東条英機陸相に動員を迫り、関特演が開始された。北か南か、両論のせめぎ合いは、その後のドイツ軍のソ連進撃の鈍化と、アメリカの対日全面禁輸により、南へと収斂したが、それには新たな国策(帝国国策遂行要領)決定を必要とすることになる。→帝国国策遂行要領(ていこくこくさくすいこうようりょう)

参考文献 森山優『日米開戦の政治過程』(一九九八、吉川弘文館)、同「『南進論』と『北進論』」(『(岩波講座)アジア・太平洋戦争』七所収、二〇〇六、岩波書店)

(森山 優)

じょうせつしだん 常設師団 平時から常設される師団。一九三六年十一月に陸軍省が制定した「軍備充実計画の大綱」で、四二年までに四十個師団に増設することを計画し、そのうち常設師団を十個増加して二十七個師団、戦時、事変に設置する特設師団を十三個増設する計画であった。それまでの近衛・第一―十二、十四・十六・十九・二十の十七個師団を常設(甲)師団とし、新たに設置された特設(乙)師団と区別した。→特設師団(とくせつしだん)

(丑木 幸男)

しょうたい 小隊 中隊内の区分で、独立の戦闘単位ではない。一個小隊あたり約四十名で、歩兵工兵は三個小隊、騎兵は四個小隊、砲兵は二個小隊で中隊を編成した。少尉以上の将校が指揮をとり、平時には初年兵教育の教官となった。また馬匹、兵器、陣営具、被服などの業務の責任をもっていた。一つの内務班は戦時編成になると一個の小隊となる。アジア・太平洋戦争期、小隊単位における南洋・シベリア・沖縄などでの体験を記した日記や手記が多く残されている。

(河西 英通)

しょうだいき 章乃器 Zhang Naiqi 一八九七―一九七七 中国の経済学者、実業家。一八九七年三月四日浙江省青田県で出生。一九一三年浙江省立甲種商業学校に入学、一八年卒業して浙江実業銀行の見習いとなる。のちに独学で経済関係の論文を発表し、副支配人に昇進。三二年、中国人が経営する最初の信用調査機関である中国征信所を創立。三六年『中国貨幣金融問題』を出版。その間、日本の中国侵略に反対し、国民政府の「安内攘外」政策を批判し、抗日救国運動の中心的な活動家となる。三六年十一月投獄された(抗日七君子事件)が、翌年日中戦争の勃発により釈放。三八年安徽省財政庁長として財政の健全化に貢献。重慶に移動した後、経済を研究しながら、工場も経営する企業家となる。四五年十二月、「民主建国会」の創立に携わり、国共両党以外の「第三勢力」として活躍。中華人民共和国成立後は糧食部長などを歴任したが、五七年右派分子とされ失脚。七七年五月十三日没。八十一歳。

参考文献 水羽信男『中国の愛国と民主―章乃器とその時代―』(『汲古選書』、二〇一二、汲古書院)

(鹿 錫俊)

じょうとくさくせん 常徳作戦 一九四三年十一月、日本軍が発動した作戦。常徳は交通、物流両面で湖南省西北の要衝である。日本軍の戦力は汪兆銘(精衛)傀儡軍数万人を含めて総兵力十万人、日本軍機二百五十三機であった。それに対して中国側は第六戦区の四個集団軍、江防軍など三十個師、約二十万人、中国空軍と中米混合連隊の計約二百機であった。中国軍事委員会は日本軍の包囲殲滅計画を立て中国軍を常徳に配備した。二十四日日中両軍は常徳郊外で激戦となった。中国の大軍が次第に包囲網を縮めた。三十日中国軍が常徳南部の徳山を奪還。日本軍は局面打開のため、常徳全城を猛爆し、かつ大量の毒ガスを放った。それに対して、中国守備隊は反復突撃した。常徳城の争奪戦となり、十二月日本軍が一旦常徳を占領した。だが、常徳外囲の中国攻撃部隊は勢いが強く奪還。日本軍は全線で動揺、潰走した。中国軍は準備が整っており、空軍が恩施、芷江、衡陽等から飛行機を出動、中国陸軍も攻勢をかけた。こうして、日本軍の常徳占領という企図を粉砕した。

参考文献 虞奇『抗日戦争簡史』上(台北、一九八二、黎明文化事業股份有限公司)、陳応明・廖新華編『浴血長空―中国空軍抗日戦史―』(北京、二〇〇六、航空工業出版社)、菊池一隆『中国抗日軍事史 一九三七―一九四五』(二〇〇九、有志舎)

(菊池 一隆)

しょうねんへい 少年兵 少年兵はすべて志願兵(制)である。一九二七年の兵役法によれば十七歳から志願可能だが、敗戦直前では志願年齢が引き下げられ、陸軍では国民学校高等科卒業または卒業見込みの十五歳、海軍では陸軍には秘密であったが特別年少兵(特年兵と略、練習兵と称した)が十四歳で(十六歳まで)志願できた。特年兵は第一―四期まで約一万七千二百人、一・二期生は硫黄島戦にも参加し、戦死者は全体で約五千人といわれる。心身ともに活気にあふれ、イデオロギー的には世間知らずで純粋、教育の可能性に富む少年兵は洋の東西を問わず近現代戦には必須の存在であった。家父長制・長子相続制の戦前日本では農家の次三男、都市部でも貧しい家庭では、志願兵は将来の職業選択の有力な一つであり、徴兵よりは昇進がはやい志願入隊が多くみられた。父母の承認と願書に認印が必要条件だったが、印鑑を盗用したり、年齢を偽る場合も多かった。陸軍では一八七五年、砲兵本廠に生徒舎が設けられて十七名が採用されたのがはじまりである。何度かの制度と名称の変遷があったが、一九四〇年陸軍兵器学校生徒となり、敗戦時には第六・七期生三千七百九十名が在校中だった。その他少年飛行兵、戦車兵、通信兵が著名であるが、四二年三月の「陸軍諸学校生徒教育令」で少年野砲兵・重砲兵・高射兵が設けられた。四三年十二月には「陸軍現役下士官補充及服役臨時特例」で陸軍特別幹部候補生(特幹と略称)が兵科と技術部の双方で新設された。陸軍の少年兵は十五～十七万人と推定されている。海軍では予科練が少年兵の代名詞的存在で著名であるが、将来の特務士官を目ざして一般水兵のほか少年電信兵・軍楽兵・水測兵・信号兵・船匠兵・電測兵・暗号兵などがあった。総数は不明。少年兵の問題は、少女を含む子ども兵(children soldiers)の存在として国際的にはアフリカ、中東、アジアなどで二十～三十万人とみられているが、国連でもその実数と現状は把握できずにいる。児童の権利条約では十五歳未満の軍隊参加を禁止しているが(第三八条)、日本の自衛隊生徒のように制度化されている場合もある。→海軍飛行予科練習生　→陸軍少年飛行兵

参考文献 『陸軍少年兵—飛行・戦車・通信・野砲・重砲・高射・工科・船舶　若き戦士の記録—』(『別冊一億人の昭和史　日本の戦史』別巻七、一九八一、毎日新聞社)、海軍特年会編『海軍特別年少兵』(一九八四、国書刊行会)、高野邦夫『軍隊教育と国民教育—帝国陸海軍軍学校の研究—』(二〇一〇、つなん出版)　(高野　邦夫)

じょうほうきょく　情報局　内閣情報部を整備強化して発足した機関。一九四〇年十二月六日官制公布。総裁官房と五部十七課から構成され、企画、宣伝・文化工作、報道・検閲・編集に関する事項を担当。具体的な業務は、国策遂行の基礎になる情報収集、報道・啓発宣伝、出版物に関する国家総動員法第二〇条に規定する処分、電話による放送事項に関する指導取締り、映画・演劇・演芸などの国策遂行に関する啓発宣伝上必要な指導取締り、である。組織の中でも第二部は新聞雑誌の用紙統制権を握り、言論統制力を強めた。当初は陸軍・海軍・外務・内務・逓信各省などの事務を統合して発足する予定であったが、実現できておらず、発足後に改正を重ねた。四三年三月の改正で四部制となり、大臣官房に審議室が設置され、作戦指導面を視野に入れた情報収集および官房や四部を通じた企画立案事項の具体化が期待された。十一月には三部制に改められ、国内外の情報を担当する戦時資料室を設置。四五年には陸軍省報道部・海軍省軍務局第四課の所掌事務や外務省・大東亜省の対外宣伝事務などの一部を行うことになった。同年十二月三十一日廃止を決定。

参考文献 有山輝雄・西山武典編『情報局関係資料』(『近代日本メディア史資料集成』第二期、二〇〇〇、柏書房)、荻野富士夫編『情報局関係極秘資料』(二〇〇三、不二出版)　(関口　哲矢)

じょうやくは　条約派　海軍省内において親英米的路線を標榜する一派閥。ロンドン海軍軍縮条約の締結をめぐる海軍内の派閥対立のなかで命名された派閥名。明確な定義がある訳ではないが、一九三〇年代以降、特に海軍部内では英米との協調路線を堅持するなかで合理的な軍装備の充実を図ろうとする勢力と、海軍における第一の仮想敵国であるアメリカとの太平洋を挟んでの最終決戦に備え、特に軍艦を主力とする艦隊決戦に臨むべきだとする勢力が機会あるごとに対立していた。ロンドン海軍軍縮条約では潜水艦や巡洋艦など主力艦の補助艦と位置付けられた艦艇の建造比率をめぐり英米日の海軍国間で調整が図られた。最終的には対米比率が七割に達しなかったことから、艦隊派と称されることになった一群と、条約締結を主張する条約派との間に激しい論争が起きた。これに陸軍の勢力や当時野党であった政友会が加勢する格好となり、政府内外は締結か決裂かで世論をも巻き込み重大問題となった。最終的には、あくまで英米との協調路線をしくことで合理的な軍備充実を図ろうとする条約派が優位となりはしたが、その後海軍部内では両派の対立は深まるばかりであった。条約派と見なされた将官には、ロンドン海軍軍縮会議の全権の一人だった海軍大臣財部彪海軍大将を筆頭に、谷口尚真、山梨勝之進、左近司政三、堀悌吉などが挙げられる。彼らは海軍リベラル派に属する人材であり、基本的には英米との協調路線を堅持しようとした。この派閥対立は、その後において対英米開戦の是非をめぐる対立にも持ち込まれ、開戦に慎重な姿勢を貫こうとした勢力に条約派と目された将官らが存在した。しかし、三〇年代半ばから軍縮条約の縛りが解かれ、建艦競争の時代が到来したこともあって、艦隊決戦を志向する、文字通りの艦隊派が海軍部内では幅を利かすようになる。四一年十二月八日の対英米開戦時には、海軍部内では条約派が不在となり、主力艦による艦隊決戦を志向し、航空母艦や潜水艦など、いわゆる補助艦などとの連携運用のなかで戦力を構築しようとする作戦構想が後退することになった。→艦隊派

参考文献 松下芳男『日本軍閥の興亡』(一九七五、芙蓉書房)、岡田貞寛編『岡田啓介回顧録』(一九七七、毎日新聞社)、豊田譲『激流の孤船—提督・米内光政の生涯—』(一九七八、講談社)　(纐纈　厚)

しょうりきまつたろう　正力松太郎　一八八五—一九六九　昭和期の政治家、実業家。一八八五年四月十一日富山県生まれ。一九一一年東京帝国大学独法科卒。一三年警視庁入り、一七年第一方面監察官、一九年刑事課長、二一年官房主事兼高等課長。米騒動、東京市電スト、普選運動などの鎮圧で功績を挙げ、第一次共産党検挙にも深くかかわったが、二三年虎ノ門事件で引責辞任した。これを機に後藤新平の援助を受けて読売新聞社長に就任。ラジオ番組欄の新設や、囲碁対局や大リーグ来日と

いったイベントとのタイアップなど新聞の大衆娯楽化を強力に進めた。三六年には東京巨人軍を立ち上げている。また満洲事変以後は戦争報道を通じて飛躍的に部数を伸ばし、東京一の発行部数となった。政府の新聞統制には強硬に反対しつつ、大政翼賛会や大日本政治会に総務としてかかわり、四四年貴族院議員。敗戦直後、読売争議中にA級戦犯として逮捕された。四七年釈放。五二年『大阪読売新聞』を発刊して全国紙体制を実現、同年には「日本テレビ放送網」も発足させた。六九年十月九日没。八十四歳。

参考文献　正力松太郎『悪戦苦闘』(一九五二、早川書房)、佐野眞一『巨怪伝―正力松太郎と影武者たちの一世紀―』(一九九四、文藝春秋)　(山本　公徳)

しょうわいしん　昭和維新　一九二〇年代末から三〇年代の、右翼・ファッショ的国家改造のスローガン。「維新」の目標の中味は、二〇年代、三〇―三三年、三六年の二・二六事件までと、それ以降で異なる。明治後期から第二維新が必要との声は現れていた。その後、米騒動、第一次大戦と戦後の新たな国際秩序、関東大震災、虎ノ門事件などの中で、国本社といった国家主義的団体が誕生。軍内部でも、いかにして大日本帝国を世界の最強国にするのかが、国本社系高級軍人・一部青年将校らの課題になる。民間でも、金融恐慌、左翼運動の活発化、政争の激化と、政党の腐敗、資本主義の弊害の顕在化の中で、二九―三〇年、国家改造をめざすファッショ団体が誕生。一方、軍内でも三〇年のロンドン海軍軍縮条約問題＝「統帥権干犯問題」、「満蒙の危機」感の強まりは、菅波三郎・藤井斉ら青年将校運動の草分けが構想した腐敗した軍内部改造の課題を後景に退け、政党政治とその支柱＝財閥が敵として前面に出る。三〇年三上卓(五・一五事件の中心人物)作詞・作曲の「青年日本の歌」(昭和維新の歌)は象徴的。さらに大恐慌の襲来による悲惨な国民生活は、政党・財閥への怒りと、正しいはずの天皇の「聖明」を覆う「君側の奸」の打破を次第に焦点としていく。そしてテロ・軍事力の利用を通じて戒厳令を導き、国家改造を実現しようとする方向が、三月事件、十月事件、五・一五事件などで現れる。とりわけ一九三三年、五・一五事件の公判での維新の必要を叫ぶ海軍青年将校・陸軍士官候補生の政党・財閥攻撃が、新聞などで大きく取り上げられ、政党政治復活の可能性は消滅。昭和維新は時代の言葉になる。さらに三三年、財閥「転向」の中で、昭和維新は、二・二六事件に端的に現われる大軍拡の実現と「尊王討奸」が主内容に。二・二六事件後、日中全面戦争から対米英戦争の中で、昭和維新は、戦争を支える国内体制構築を主たる課題とする。以後も石原莞爾らが使用するも、新聞での出現頻度は減少する。→五・一五事件　→三月事件　→十月事件　→二・二六事件

参考文献　『戦前における右翼団体の状況』上・中・下一(一九六四・六五、公安調査庁)、『石原莞爾全集』三(一九七六)、橋川文三『昭和維新試論』(一九八四、朝日新聞社)、須崎慎一「日本ファシズムとその時代―天皇制・軍部・戦争・民衆―」(一九九八、大月書店)、同『二・二六事件―青年将校の意識と心理―』(二〇〇三、吉川弘文館)　(須崎　慎一)

しょうわきょうこう　昭和恐慌　一九二九年夏から三一年にかけて生起した戦前日本で最大かつ深刻な恐慌。恐慌の推移は以下のとおりであった。二九年夏からの銀貨下落に伴う綿製品・重化学工業品の価格下落、三〇年一月の金解禁実施直後の金流出に始まる第一期。三〇年五月からの株価暴落、同年六月からの生糸価格暴落と価格下落の諸商品への拡大、企業倒産、賃金切り下げと大量解雇の発生という第二期。同年十月の米価暴落と農業恐慌の発生という第三期。三一年九月のイギリス金本位停止以降の猛烈なドル買い投機の発生から同年十二月の若槻内閣総辞職、犬養内閣高橋是清蔵相による金輸出再禁止までの第四期という四期に区分することができる。この過程でカルテルがほとんどの産業に行きわたって産業合理化が進められ、連盟融資等の救済政策も展開された。恐慌からの脱出は、三一年十二月の金本位離脱とその後の高橋財政によって図られ、三二年夏ごろに景気の底入れ反転がみられ、その後景気回復が実現していった。

昭和恐慌は世界恐慌の一環としての性格をもっていたが、国際的にみて、最も遅れた金本位制への復帰と前後して恐慌が発生したこと、物価・企業利潤・労賃は大幅に下落したが、生産数量の縮小は軽微であったこと、深刻な農業恐慌を併発したこと、早期に景気回復に転じたことなどの特徴があった。すなわち、まず、第一に、景気循環という点からみると、日本は恐慌前の好況をもたなかった。欧米諸国が二一年を谷とし二九年を山とする循環を示したのに対し、わが国の場合は二四年以降後退局面に入っていた。さらに、二七年には国際的連関をもたない独自の金融恐慌が起きており、この結果として三〇―三一年の恐慌時には大規模な信用恐慌を併発しなか

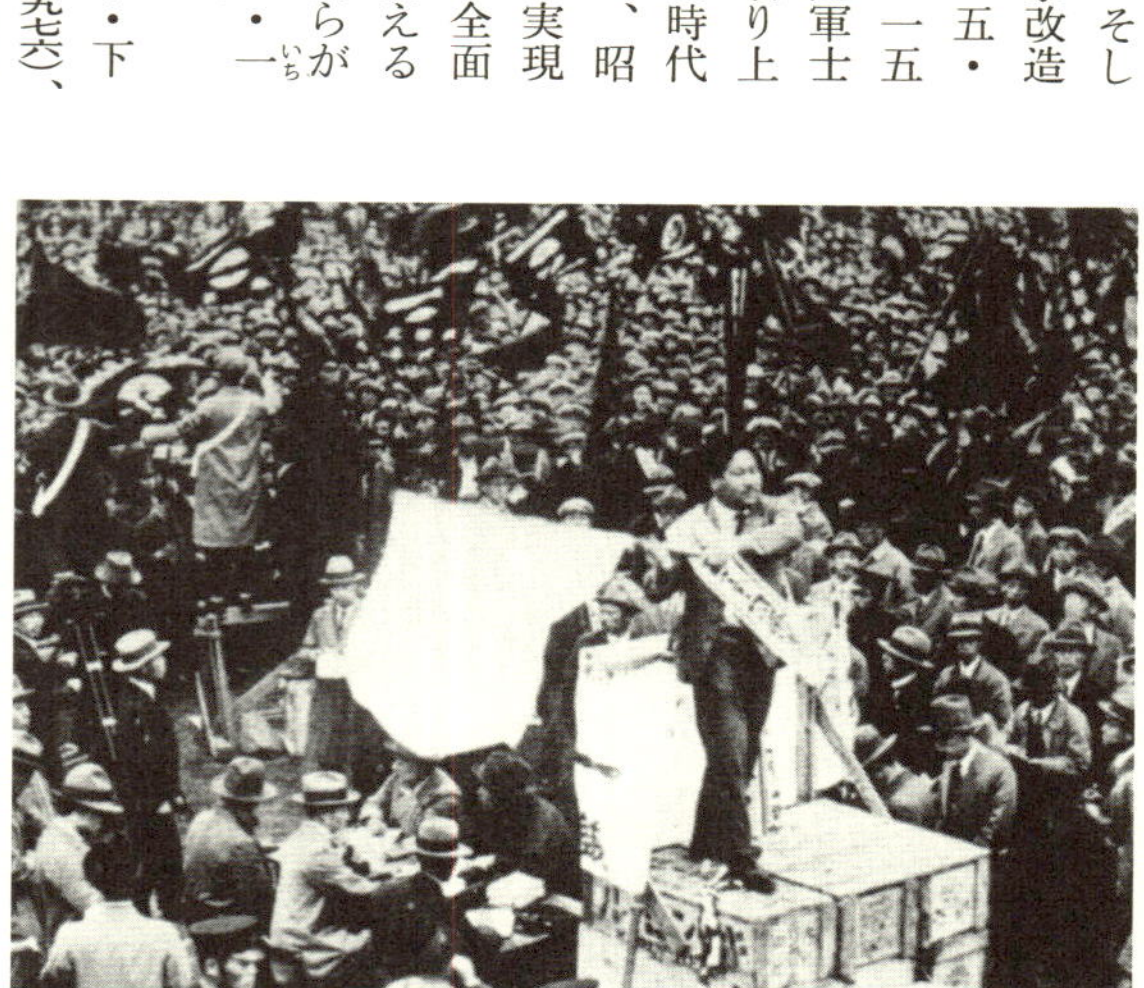

昭和恐慌下の第11回メーデー(1930年5月，東京芝公園)

った。第二に、恐慌下の物価の下落率、貿易の縮小率は欧米諸国よりも大きかった。三〇、三一年の物価下落率はイギリス、アメリカより大きく、加えて生糸(五二・三%、三〇年末／二九年六月、以下同)、綿糸(四三・一%)、金巾(三九・六%)、米(三九・六%)、大豆(五四・六%)等の輸出関連商品、農村と結びついた商品の下落率が大きかった。株価の下落率も同様に大きかったが、その低落は二八年から先行的に生じており、造船(六六・九%、三一年十一月／二九年六月、以下同)、鉱業および石油(五九・六%)、電力(五九・五%)、化学(五八・六%)等の重化学工業分野で大きいことを特徴としていた。第三に、金本位制への復帰が三〇年一月と主要資本主義国のなかで最も遅れ、恐慌下に莫大な正貨の流出がみられた。正貨の流出額は三〇—三一年の二年間で七億八千七百万円に達し、正貨保有高は解禁時点の十三億四千四百万円から三一年十二月末には五億五千七百万円へと激減した。第四に、上述のような激しい価格下落の反面、欧米とは対照的に生産の数量調整はきわめて弱く、恐慌下にあっても鉱工業生産指数は保ち合いか、逆に若干の増加傾向すらみせていた。そして、この過程で製品自給率、特に重化学工業品自給率が大幅に上昇した。また、通貨発行高・流通高は正貨の流出ほどには縮小しなかった。そして、これこそが最大の特徴というべきであるが、恐慌からの回復はきわめて急速であった。アメリカやイギリスでは卸売物価の二九年水準への回復が三〇年代末、実質国民総生産のそれが三〇年代後半であったのに対し、わが国の場合は卸売物価は三四年にはほぼ二九年水準に回復し、実質国民総生産は全くといってよいほど落ち込まなかった。

つまり、価格の激しい低落と生産数量の維持、雇用や貿易の急角度の縮小と自給率の上昇、膨大な正貨流出と信用秩序の維持というアンビバレンスが、わが国の三〇—三一年の恐慌を特徴づけていたのであって、世界大恐慌の一環として発現し、大恐慌の影響下にありながらも、以上のような独自性を三〇—三一年の恐慌は有していた。そして、これらの独自性が三二年以降の他国に先駆けての急速な景気回復の前提条件となった。

景気回復の直接の契機となったのは、第一に金輸出再禁止による為替相場の低落と輸入防遏・輸出促進、第二に金利引き下げ・マネーサプライの急増による金融緩和政策、第三に軍需に傾斜した拡張的財政政策、第四に関税改正による重化学工業保護であった。第一の為替の低落はきわめて急速であって、金輸出再禁止の十二月十三日からわずか二週間の間に、円の対ドル相場は四九・四四ドルから三四・五〇ドルへと急落した。三二年に入っても円の下落は続き、三二年十一月にはついに二〇ドルの大台を割りこんだ。金輸出再禁止後一年を待たずに円は四〇%も切り下げられた。第二の金融緩和政策については、三二年三月の公定歩合引き下げに始まる低金利政策、同年六月の日銀券保証準備発行の大拡張、制限外発行税率の引き下げ、同年七月の国債担保貸出金利引き下げ、同年十一月の国債日銀引受の開始などの措置が矢継ぎ早に進められた。第三の拡張的財政政策＝政府支出増大については、満洲事件費、陸軍兵備改善費、海軍補充計画等の軍事費の急増がまず実現された。満洲事件費は、陸軍省費を主軸に十一億二千三百万円が支出され、陸軍はこれをてこに軍備充実を遂行した。海軍も、「補助艦艇製造、航空兵力増備、内容充実」を主内容とする膨大な海軍兵力整備計画を提出し、艦艇製造費ほか三億二千五百万円を獲得した。また、こうした軍拡財政の膨張とともに、農業恐慌対策としての時局匡救費の供給が並行して進み三六年までに八億六千四百八十七万円が支出された。第四の関税改正については三二年六月、二十四品目の関税率引き上げと、それを除く他の従量税品目の税率一律三五%引き上げが決定された。二〇年代から一貫して要求されながらも実現されなかった銑鉄関税引き上げによって、インド銑の防遏＝日満銑鉄自給政策の推進が可能となった。また従量税一律三五%引き上げについては、有税品のほとんどすべてに適用されるという全面的保護関税の性格をもっていた。これらを契機として日本経済は、三二年から景気回復過程に入り、産業構造の重化学工業化が達成されていった。 →世界恐慌 →高橋財政

参考文献 東京大学社会科学研究所編『ファシズム期の国家と社会』一(一九七八、東京大学出版会)、橋本寿朗『大恐慌期の日本資本主義』(一九八四、東京大学出版会)、大石嘉一郎編『日本帝国主義史』二(『東京大学社会科学研究所研究報告』三七、一九八七、東京大学出版会)、伊藤正直『日本の対外金融と金融政策 一九一四—一九三六』(一九八九、名古屋大学出版会)、岩田規久男編『昭和恐慌の研究』(二〇〇四、東洋経済新報社) (伊藤 正直)

しょうわけんきゅうかい　昭和研究会　昭和戦前期の国策研究団体であり、近衛文麿のブレーントラストとされる。会の活動の中心は、政治・経済・外交・文化など内外のさまざまな問題に関する非公開の研究会であり、この研究会で討議された政策試案・大綱を随時発表して軍部勢力に対抗しつつ急進的な体制内変革をめざした。その参加者はのべ三千名近くにのぼり、政界・官界・言論界など当時の著名知識人のほとんどを網羅する一大知的集団となり、同種の機関・団体としては企画院・国策研究会と並ぶ存在であった。

昭和研究会の発足は一九三三年十月一日の後藤隆之助事務所の発足にさかのぼるが、これは近衛文麿の友人である後藤が近衛と協議し、蠟山政道を加えて設立したものであり、同年十二月に発起人会を開催して昭和研究会と改称した。この時点の会員は後藤・蠟山に近い有馬頼寧・河合栄治郎・東畑精一・那須皓らの自由主義・社会民主主義系の知識人・政治家や河上丈太郎・松岡駒吉ら無産政党関係者などからなり、近衛を中心とする非公式な個人的研究会としての性格が強かったとみられる。この時期の活動は、後藤隆之助が大日本連合青年団時代に

関与した青年思想問題・農村問題の研究会を継承しており、阿部重孝・城戸幡太郎らの教育問題研究会や小平権一・千石興太郎・東畑精一・那須皓らによる農林計画委員会などが開催された。その過程で有田八郎・賀屋興宣・唐沢俊樹・後藤文夫ら革新派を中心とする官僚、風見章・佐々弘雄・高橋亀吉・三木清らの左派知識人らが新たに参加し、三六年十一月に設立趣旨および常任委員・委員の人事を公表した。

これ以降の昭和研究会は大規模化と専門化が進むこととなり、分会ともいうべき小研究会のなかで主要なものとしては、亀井貫一郎・河野密・佐々弘雄・長谷川如是閑・前田多門・蠟山政道らの政治機構改革研究会、有田八郎・大蔵公望・高橋亀吉・蠟山らの世界政策研究会、尾崎秀実・佐々・平貞蔵・堀江邑一らの支那問題研究会(のち東亜政治研究会)、有沢広巳・笠信太郎らの経済再編成研究会、加田哲二・高橋・和田耕作・三浦銕太郎らの東亜ブロック経済研究会、近藤康男・高橋雄豺・諸井貫一らの国土計画研究会、稲葉秀三・大河内一男・風早八十二らの労働問題研究会、三木清・三枝博音・清水幾太郎らの文化研究会などがあった。研究内容についてみると、当初は国内問題の現状分析が中心であったが、第一次近衛内閣の成立と日中戦争の勃発を経て対中国政策立案のための研究が中心となり、次第に尾崎秀実・矢部貞治・笠信太郎らのより若手の人々が研究会の主導権を握るようになった。さらに三六年末以降、会は政策提言を発表するようになり、主要なものとしては「新日本の思想原理」(執筆は三木清、三九年一月)・「協同主義の哲学的基礎」(同右、同年九月)・「日本経済再編成試案」(四〇年八月)、三九—四〇年の東亜新秩序に関する一連の提言などがある。その一方で各研究会のメンバーは著書の刊行や『中央公論』『改造』など総合誌での論説の執筆を通じて個別に研究活動の一端を世に問い、三木清・蠟山政道・尾崎秀実らによる東亜協同体をめぐる論争などが会の内外で展開されることになった。また同時期には関連団体として、各研究会の横の連絡と政・官・財の著名人に軍人も加えて実践活動も担う昭和同人会(三八年四月)、国家社会の指導者育成のため平貞蔵を塾長として発足した昭和塾(同年九月)、後藤隆之助・羽生三七らによる国民運動研究会などが結成された。四〇年になって近衛文麿を中心とする新党運動・新体制運動が本格化した前後から、昭和研究会は協同主義の哲学とそれに基づく国民組織論を唱道するようになり、第二次近衛内閣成立後は有馬頼寧・後藤や矢部貞治などの幹部がこの運動に協力した。同年十月の大政翼賛会発足に際しては、有馬が同会の事務局長、後藤が組織局長にそれぞれ就任し、勝間田清一・三輪寿壮・和田耕作など多くの主要メンバーが組織局を中心に翼賛会の役職を占めることとなったが、下意上達の国民組織という昭和研究会の構想が反映されることはなかった。加えて会は後藤隆之助という結集軸や事務局メンバーを翼賛会に奪われる結果となり、協議によっても後藤の後継となるべき人物が得られなかったため、同年十一月十九日に解散した。

これよりさき、利益本位でなく生産本位の経営形態をめざす笠信太郎らの経済再編成論が財界・右翼によって社会主義的であると批判され、昭和研究会に対して「アカ」であるとの攻撃が強まっていたが、解散後の四一年一—四月には、企画院からの参加者であった稲葉・勝間田・和田らが治安維持法違反で検挙される企画院事件が起こった。さらに三月には有馬・後藤が翼賛会を辞したため、旧研究会の政治的影響力は後退した。そして十月、尾崎秀実がゾルゲ事件により検挙された直後、彼を講師としていた昭和塾は自主的解散をよぎなくされた。昭和塾関係者はその後も独自の研究会を組織し日米開戦後も活動を続けていたが、四三年半ば以降、横浜事件の一環として十三名が検挙されるなど、昭和研究会関係者への弾圧が続いた。一方、後藤隆之助は翼賛会辞職後に大東亜研究室を運営したが、その他の戦時下における旧関係者の活動としては、元昭和研究会委員で比島軍政監部の最高顧問となった村田省蔵のもと、四二—四三年に蠟山政道が東畑精一・大島正徳ら会の関係者とともに比島調査委員会を組織し現地の調査にあたったことが挙げられる。敗戦後、関係者の多くは政界・財界・言論界などで指導的な地位に就き、特に経済安定本部では昭和研究会＝企画院出身者である稲葉秀三・佐多忠隆・勝間田清一らが戦後の経済復興の構想立案にあたった。昭和同人会も戦後、後藤隆之助によって再建され、昭和塾関係者による後継団体としては四六年に設立された新民主主義協会・新民政治学校が短期間活動したのち、五一—五七年に新時代協会が研究団体として活動した。

昭和研究会の活動は当時の世論に大きな影響を与えたが、メンバーの多くが反ファッショを志向しながら、軍部独裁確立と日米開戦へと向かう情勢に歯止めをかけることに失敗するなど、現実の政治過程に対する影響力は小さく、次第に既定の政策の理論的正当化をはかる方向へと変質していった。このため会の評価は、戦前期の最終局面での知識人の抵抗とその挫折という側面を強調するものから、協同主義の唱道を通じて知識人が転向を遂げ戦時体制へと動員されていく過程をみるもの、さらに戦後体制を構想した先駆的存在とするものまで多様であり、今に至るまで定まっているとはいえない。

参考文献 昭和同人会編『昭和研究会』(一九六八、経済往来社)、馬場修一「一九三〇年代における日本知識人の動向—第一部 昭和研究会の思想と行動—」(『社会科学紀要』一九、一九六九)、伊藤隆「「挙国一致」内閣期の政界再編成問題」二(『社会科学研究』二五ノ四、一九七四)、室賀定信『昭和塾—弾圧の嵐の中でも自由の灯を守りつづけたひとつの塾があった—』(一九七八、日本経済新聞社)、鶴見俊輔「翼賛運動の設計者—近衛文麿—」(思想の科学研究会編『共同研究 転向(改訂増補版)』中所

収、一九六八、平凡社)、酒井三郎『昭和研究会—ある知識人集団の軌跡—』(『中公文庫』、一九九二、中央公論社)、米谷匡史「戦時期日本の社会思想—現代化と戦時変革—」(『思想』八八二、一九九七)　(盛田　良治)

しょうわせいこうじょ　昭和製鋼所　遼寧省鞍山にあった製鉄会社。戦前日本と満洲国の域内では八幡製鉄所につぐ生産規模を持ち、一九四三年の生産高は銑鉄一三〇万八〇〇〇トン、鋼塊八四万三〇〇〇トン、鋼材二六万五〇〇〇トン、域内生産に占める割合は銑鉄二一・五%、鋼塊一一・六%、鋼材五・四%であった。二九年七月に朝鮮の京城(ソウル)に本店、新義州に生産拠点を置いて設立されたが(資本金一億円)、満洲事変を契機に鞍山への移転が検討され、満鉄の経営していた鞍山製鉄所(一八年設立)を吸収して事業を再開した(三三年六月)。三七年十二月に満洲重工業が発足すると、譲渡と新株の発行を通して同社の持株率が高められ(三八年九月、七七・五%)、満鉄からの分離が進んだ。満洲産業開発五ヵ年計画により生産を急速に拡大。四四年四月には本渓湖煤鉄公司、東辺道開発とともに満洲製鉄に再編され、満洲製鉄鞍山本社として敗戦を迎えた。四六年二月に閉鎖機関に指定され、翌四七年五月に閉鎖機関整理委員会の特殊清算にまかされて使命を終えた。

参考文献　松本俊郎『「満洲国」から新中国へ—鞍山鉄鋼業から見た中国東北の再編過程　一九四〇〜一九五四—』(二〇〇〇、名古屋大学出版会)、趙光鋭「昭和製鋼所」(松村高夫・解学詩・江田憲治編『満鉄労働史の研究』所収、二〇〇二、日本経済評論社)、池田拓司編『鉄都鞍山・満洲終戦前後日誌　一九四五〜一九五八年』(『鉄都鞍山年誌』別巻一、二〇〇三)　(松本　俊郎)

昭和製鋼所の工場

しょうわつうしょうかいしゃ　昭和通商会社　陸軍主導で設立された兵器商社。一九三九年四月二十日設立。陸軍の中国占領地政策遂行のうえで、兵器取扱商社が必要とされ、泰平組合(陸軍兵器の対中国売却シンジケート、〇八年設立)を解散して、昭和通商が設立された。三井物産、大倉組、三菱商事が出資する民間の株式会社であるが、陸軍省の監督下に置かれ、陸軍退役将校の堀三也が経営の中心に座り、軍の意向に従って業務が行われた。当初は、日本と華北が事業地域で、次第に華中・華南へ事業を拡張し、日本軍占領地域の拡大とともに、東南アジアへも展開した。対占領地兵器輸出や占領地における軍需物資調達が主要業務であったが、アヘン取扱いやタイでの兵器工場経営にも手を拡げた。日本兵器の海外市場(南米など)への売込、欧州戦争勃発後のドイツ支援貿易なども遂行した。商事部門のほかに調査部門を持ち、軍事情報の収集なども行なっていたと言われている。四五年八月廃業。

参考文献　柴田善雅「陸軍軍命商社の活動—昭和通商株式会社覚書—」(『中国研究月報』六七五、二〇〇四)　(吉川　容)

しょうわでんこうかいしゃ　昭和電工会社　昭和初期に顕在化した余剰電力の消化を促すという問題意識で設立された昭和肥料会社と日本電工会社の両社を合併して設立された電気化学工業会社。森矗昶はみずからが設立した総房水産が第一次大戦後に破綻したとき、旧知の鈴木三郎助が経営する東信電気(電力卸売会社)への吸収合併を実現、同社の取締役に就任した。東信電気と東京電燈は石灰窒素、あるいは合成アンモニアによって硫安を製造する昭和肥料会社を一九二八年に設立、森矗昶に経営を担わせた。一方、森矗昶は、鈴木家(東信電気)の協力も得て、二六年にみずから設立した日本沃度会社(三四年日本電工に商号変更)でアルミナ精製とアルミニウム精錬の事業を開始した。朝鮮半島で産出される明礬石からアルミナ精製を試みたが失敗、このとき森矗昶の経営を不安視した鈴木忠治が経営に介入、原料のボーキサイトへの転換を促し経営を軌道に乗せた。三九年昭和肥料と日本電工は合併して昭和電工になる。→森矗昶

参考文献　麻島昭一・大塩武『昭和電工成立史の研究』(一九九七、日本経済評論社)　(大塩　武)

しょうわてんのう　昭和天皇　一九〇一—八九　一九二六年から八九年まで在位した天皇。一九〇一年四月二十九日、皇太子嘉仁(のちの大正天皇)と皇太子妃節子(のちの貞明皇后)の長男として東宮仮御所に近接した青山御産所(現在の赤坂御用地内の三笠宮邸のあたり)で生まれる。七日目の命名の儀で、明治天皇より裕仁と命名され、称号(幼名)を迪宮とした。生後七十日目となる七月七日、宮中の慣行により、海軍創設の功労者の一人であった川村純義伯爵家に里子に出され、ジョサイア=コンドルが建てた麻布区狸穴の川村邸で育てられた。翌年、弟の淳宮雍仁(のちの秩父宮)も川村家に里子に出され、一緒に育った。〇四年八月に川村が他界し、十一月に東宮侍従長の木戸孝正(幸一の実父)が養育の任にあたることとな

昭和天皇

った。日露戦争中であり、青山御産所を皇孫仮御殿に改修する間を沼津御用邸で過ごし、翌〇五年一月に光宮宣仁(のちの高松宮)が生まれ、九月に東宮侍従の丸尾錦作が皇孫御養育掛長となった。なお、裕仁の四歳から十三歳までの保母は足立孝(のち鈴木貫太郎の後妻)であり、母のように慕っていた。〇七年に乃木希典陸軍大将が学習院長となり、翌〇八年に学習院初等科に入った。

一二年、明治天皇崩御により裕仁は将来の天皇であり、陸海軍を統帥する大元帥としての使命を負い、陸海軍少尉となった。そして年が近い弟二人は、雍仁が陸軍、宣仁が海軍への道を進んだ。また、年の離れた末弟の澄宮崇仁(のちの三笠宮)は陸軍に入った。一四年に初等科を卒業すると東郷平八郎海軍大将を総裁とする東宮御学問所で帝王学などを学ぶ。一六年、立太子礼を行い皇太子となった。一八年、久邇宮邦彦の長女良子と婚約内定するも、山県有朋ら長州閥の反対運動である宮中某重大事件が起こった。また、裕仁の外遊をめぐる賛否の世論も沸騰し、大正天皇の病状悪化もあり宮中は混乱した。婚約問題は紛糾の末、二一年二月に内定通りとなった。外遊は、帝王学教育の一環として第一次大戦後の欧州を視察させようとする原敬首相ら政府高官の強い意向により、二一年三月三日に軍艦香取で横浜を出発し、スエズ運河を通過して五月七日に英国に着いた。ポーツマス港には英国皇太子のプリンス＝オブ＝ウェールズ(のちのエドワード八世)の出迎えを受け、ヴィクトリア駅で国王ジョージ五世と握手を交わした。バッキンガム宮殿での晩餐会、アソル公爵のブレア城での静養、ヴェルダンの戦跡視察、ヴァチカン訪問などを経て、同年九月三日に帰国した。この外遊は、昭和天皇の思想に大きな影響を与え、戦後になってみずから「外国に行って自由を味わうことができました」「あのときの経験が役立ち、勉強になって、今日の私の行動がある」と語った。その後、二三年に台湾、二五年に樺太を、次代の天皇として視察した。この間、二三年九月の関東大震災では皇太子として焼け跡を視察し、秋に予定されていた結婚式を延期した。同年十二月には帝国議会開院式に臨む途中の虎ノ門で、無政府主義者の難波大助に狙撃された。二四年一月に良子と結婚し、家庭的な生活のために側室としての女官の廃止などの改革を進める。

二八年十一月、京都で即位式が行われ、全国に夫妻の御真影が配布された。天皇になったばかりの裕仁は、二九年六月に張作霖爆殺事件の処理をめぐり田中義一首相を叱責、翌七月、内閣は総辞職した。このため以後は、みずからの影響と責任を意識し、政治判断決定の発言を避けるようになったという。このころ、夫妻は宮内官や女官たちと那須御用邸などでゴルフを楽しむなど仲むつまじく過ごしたが、女子ばかりで男子が生まれず、皇位継承問題が持ち上がっていた。三〇年のロンドン海軍軍縮条約調印以後の軍部や右翼の強硬派のなかには、欧米好みで平和主義者の天皇を暗に批判する者もあった。韓国愛国団員による抗日テロも活発となり、三二年一月、桜田門通過中に李奉昌に手榴弾を投げつけられる。同年四月の天皇誕生日には上海の虹口公園での祝賀式典で尹奉吉が爆弾を投げつけ、白川義則陸軍大将らが死傷した。三三年に皇太子明仁誕生、三五年には次男の義宮正仁(のちの常陸宮)が生まれ、男系問題は落ち着いた。他方、足利尊氏讃美や天皇機関説への貴族院右派議員による攻撃が過熱化し、北朝系の天皇や美濃部達吉の弟子である宮中側近らへの間接的な批判となった。

三六年の二・二六事件では、側近が殺害され、天皇みずから収拾にあたろうとした結果、事件は終熄したが、ロンドン軍縮以後、天皇や側近が保持しようとした国際協調路線は衰退、軍部がめざす国防国家路線が加速し、三七年七月の盧溝橋事件勃発後ゴルフをやめる。天皇の命令なく独断侵攻を続ける現地軍や出先外交機関の動向に批判的であったが、公的にみずからの強い反対意見を述べることはなく、既成事実を追認する状態が続いた。このことを天皇は「立憲的態度」とし、四五年のポツダム宣言受諾まで、そうした立場をとった。他方、三八年の張鼓峰事件における武力行使方針の一時差し止め、四〇年の宜昌再確保への作戦転換など、統帥部の意見と一致した場合は天皇の発言が戦局に少なからぬ影響を与えた事実もあった。四一年のアジア・太平洋戦争開始後も、四二年にガダルカナル撤退におけるニューギニアでの新たな攻勢、アッツ島「玉砕」後における海上決戦への要求と海軍の消極的姿勢への叱責、四五年の沖縄戦における攻勢作戦など、天皇は一つ一つの戦局に重大な関心をはらい、必勝の信念でみずからの意見を述べていた。とりわけ、四四年のサイパン陥落後は、講和を有利にするための一大決戦での勝利を求め、高松宮宣仁、近衛文麿ら早期和平を願う勢力の意見を黙視した。結局、四五年八月の原爆投下やソ連参戦の動きのなか、戦争継続と「一億玉砕」を主張する軍部の強硬派を抑え、三種神器護持による皇統保持を優先する木戸幸一内大臣の意見をいれて「聖断」による戦争終結の道を選んだ。

敗戦後、天皇は占領政策を受け入れ、みずからも内大臣府廃止などの宮中改革を進めた。同年九月二十七日、マッカーサーを訪問した天皇は、占領政策の助言を求められ、以後もマッカーサーとの会談を重ねた。四六年一月一日、天皇は神格否定(人間宣言)の詔書を発し、戦後民主改革が先鋭化するなか、背広とソフト帽姿で全国を行幸し、戦争犠牲者を悼み、祖国再建を激励した。四七年の日本国憲法施行で、天皇は戦前の現人神、大元帥の地位を否定し、「日本国民統合の象徴」となった。当時、天皇は戦争への道義的責任を感じていたといわれ、また退位をほのめかす側近もいたが、それらを公に表明することはなかった。皇太子妃に民間から正田美智子を迎え、皇太子夫妻の皇室外交を推進させた。天皇自身は良子皇后とともに七一年にヨーロッパを、七五年にアメリカをはじめて訪問した。当時、公式記者会見で、原爆投下について気の毒だったがやむを得ないと発言。またA級戦犯を合祀したため靖国神社参拝をやめたとされる。八九年一月七日、十二指腸部腺癌で亡くなる。八十七歳。二〇一四年、宮内庁編修『昭和天皇実録』(本文全六十巻)が完成し、翌一五年より公刊が開始された。

参考文献 吉田裕『昭和天皇の終戦史』(『岩波新書』、一九九二、岩波書店)、山田朗『大元帥昭和天皇』(一九九四、新日本出版社)、寺崎英成・マリコ＝テラサキ＝ミラー『昭和天皇独白録』(『文春文庫』、一九九五、文藝春秋)、中尾裕次編『昭和天皇発言記録集成』(二〇〇三、芙蓉書房出版)、原武史『昭和天皇』(『岩波新書』、二〇〇八、岩波書店)、豊下楢彦『昭和天皇・マッカーサー会見』(『岩波現代文庫』、二〇〇八、岩波書店)、古川隆久『昭和天皇「理性の君主」の孤独』(『中公新書』、二〇一一、中央公論新社)、伊藤之雄『昭和天皇伝』(二〇一一、文藝春秋)、加藤陽子『昭和天皇と戦争の世紀』(『天皇の歴史』八、二〇一一、講談社)、髙橋紘『人間昭和天皇』(二〇一一、講談社)

(小田部雄次)

しょうわてんのうどくはくろく 昭和天皇独白録 敗戦後の一九四六年三月から四月にかけ、当時の側近ら五名(五人の会)が昭和天皇から張作霖爆殺事件以降の記憶を計五回にわたって聞き取った内容をまとめたもの。聞き取りに参加した五人のうちの寺崎英成によって筆記された記録が一九九〇年十二月の『文藝春秋』に「昭和天皇独白録」のタイトルで全文掲載され、大きな話題をよんだ。直後の翌九一年春には、寺崎の戦後の日記を付した『昭和天皇独白録』が文藝春秋より刊行された。独白録は上下巻からなり、張作霖爆殺事件から敗戦に至るまでの重要な政治外交問題について、天皇がじかに語る体裁となっている。独白録のなかで、天皇は政治家や軍人などに対する評価をくだしており、好悪の感情をみせている。独白録の公開直後は、その性格をめぐって種々の議論が巻き起こったものの、近年では実証的な研究により、開廷間近の東京裁判に対する弁明書として作成されたことが明らかとなっている。

参考文献 吉田裕『昭和天皇の終戦史』(『岩波新書』、一九九二、岩波書店)、東野真『昭和天皇二つの「独白録」』(『NHKスペシャルセレクション』、一九九八、日本放送出版協会)

(茶谷 誠一)

しょうわひりょうかいしゃ 昭和肥料会社 ⇨森コンツェルン

しょくぎょうしょうかいじょ 職業紹介所 第一次大戦後の失業対策の一環として一九二一年に職業紹介法が制定され、市町村が無料の職業紹介所を設置した場合に国庫補助が与えられる制度が作られた。労働力不足が顕在化しつつあった三八年には市町村営から国営へ改変されるとともに、求職者の要望に対して求人情報を提供していた消極的組織から労働力動員のための積極的機関に転じるに至り、四一年二月からは国民職業指導所と改称されて遊休労働力の存在を許さない戦時労働行政の第一線を担った。

参考文献 労働省編『労働行政史』一(一九六一、労働法令協会)

(加瀬 和俊)

しょくみんち 植民地 ラテン語のコロニアに起源をもつ植民地は、居住地を離れた移住社会の建設を意味していたが、近代以降になると、帝国主義国家が他国領土を政治的、あるいは経済的に支配する地域を指すことが多い。近代日本は、日清戦争によって台湾を清から割譲、日露戦争によって南樺太をロシアから割譲、関東州を租借、やがて朝鮮も保護国から併合の形で植民地とし、第一次世界大戦によって南洋群島を委任統治し、満洲事変によって満洲国を樹立し傀儡政権によって植民地統治した。植民地の性格は一様ではないが、台湾、朝鮮には総督府、樺太、関東州、南洋群島には庁を置き、内地とは異なる法域とされた。台湾から砂糖・樟脳・米、朝鮮からは米、満洲からは大豆、南洋群島からは燐鉱石が移入され、内地からは日用品などが移出され、貨幣も台湾銀行券、朝鮮銀行券が発行されながらも円による経済圏が確立されていた。言語・風俗・習慣などが異なる植民地住民に対しては内地のそれに同化する政策がとられた。

参考文献 矢内原忠雄『植民及植民政策』(『矢内原忠雄全集』一、一九六三、岩波書店)、マーク＝ピーティ『植民地―帝国五〇年の興亡―』(浅野豊美訳、『二〇世紀の日本』四、一九九六、読売新聞社)

(近藤 正己)

しょくりょうえいだん 食糧営団 食糧管理法(一九四二年二月公布)に基づいて設立された特殊法人。中央食糧営団と地方食糧営団(各都道府県や樺太等に設立)から構成され、政府・地方長官の配給計画に基づき、主要食糧の買い入れ(移輸入を含む)、指定者に対する売渡、指定食糧の貯蔵、加工・製造および保管等の業務を行なった。中央食糧営団の設立は一九四二年九月。従来の日本米穀株式会社、全国製粉配給株式会社、全国米穀商業組合連合会、日本精麦工業組合連合会、日本製麺工業組合連合会が合併されて組織され、政府の半額出資により設立された。地方食糧営団は主に政府・中央食糧営団から払い下げられた主要食糧を一般消費者に配給する業務を担当した。両営団の設立により、主要配給は一元的に統制されることとなった。戦後四八年二月、大蔵・農林両省告示第六号により閉鎖機関に指定され、その機能は食糧配給公団に継承された。

参考文献 『東京都食糧営団史』(一九五〇)、魚住弘久『公企業の成立と展開―戦時期・戦後復興期の営団・公団・公社―』(二〇〇九、岩波書店)

(永江 雅和)

しょくりょうかんりせいど 食糧管理制度 米穀統制法・米穀配給統制法の廃止とともに公布された食糧管理法(一九四二年二月―九五年十二月)に基づき実施された、主要食糧(主に米穀)の生産・流通に関わる政府の関与(統制)の総体を指す呼称。戦時期から一九五四年度までは、生産者(地主)から、政府が割り当てた数量を市場価格を下回る公定価格で集荷し、食糧営団(のちに食糧配給公団)を通じて国民に配給する、農業生産者抑圧的性格を持つ制度であった。しかし、五五年の予約売渡制度への移行により、集荷の強権性が薄れ、また五九年より政府買入米価に生産費および所得補償方式が導入された結果、六一年以降政府買入価格と政府売渡価格が逆転する「逆ざや」が生じて以降は、むしろ国内農業を保護する政策としての性格を帯びるようになり、「逆ざや」に由来する政府の財政負担、すなわち「食管赤字」が問題視されるようになった。食管法の後継法である食糧法にも流通・価格への政府関与の制度は一部残されているが、それは食糧制度という呼称で区別されている。

参考文献 『戦後日本の食料・農業・農村』三(二〇〇四、農林統計協会)、永江雅和『食糧供出制度の研究—食糧危機下の農地改革—』(二〇一三、日本経済評論社)

(永江 雅和)

しょくりょうかんりほう 食糧管理法 ⇩食糧管理制度

しょくりょうぞうさん 食糧増産 国内(本土内)における主要食糧生産の増加を意味する語、スローガン。日本の食糧政策は第一次世界大戦以降、朝鮮半島や台湾からの移入米を前提とする食糧自給構想から組み立てられており、本土における生産量は停滞していた。しかし一九三九年に朝鮮半島で発生した干害により、植民地からの移入が急減した結果、本土における主要食糧増産を唱える議論が高まりを見せ、以後戦時期から戦後食糧難時期における農政上の主要スローガンとして用いられた。このスローガンを足掛かりに、直接の生産者である自作農、小作農等を優遇すべきであるという機運が生じ、自作農創設維持政策の推進や、生産者米価を優遇する二重米価制度が採用されるなどの影響も生じた。戦後、五〇年代に入ると国内食糧事情は緩和したものの、国際収支上、輸入食料を抑制する観点から用いられ続けたが、六一年に農業基本法により「選択的拡大」が謳われるようになると用いられることが少なくなった。

食糧増産 ポスター「肥料事情と対策(米増産図絵五)」(一九四一年頃)

参考文献 大豆生田稔『近代日本の食糧政策—対外依存米穀供給構造の変容—』(一九九三、ミネルヴァ書房)、橋本玲子『日本農政の戦後史』(一九九六、青木書店)、『戦後日本の食料・農業・農村』一(二〇〇三、農林統計協会)

(永江 雅和)

じょしていしんたい 女子挺身隊 正式には女子勤労挺身隊。戦時下の女子に対する強制的な労働政策。一九三七年の日中戦争開始後、男子労働者の大量出征による労働力不足のため、女子労働政策は軍需工場への重点的配置という統制が行われるようになる。三九年七月の国民徴用令では、女医・女歯科医・看護婦を例外として女子の徴用はまだ除外されていた。しかし四一年十二月の「改正令」で十六歳以上二十五歳未満の未婚の女子に対して徴用が可能となる。同年十一月には国民勤労報国協力令により、十四歳以上二十五歳未満の未婚の女子に対して年間三十日以内の勤労奉仕が法制化された。さらに四三年九月の次官会議決定による「女子勤労動員の促進に関する件」により、一～二年の長期にわたる女子勤労動員挺身隊組織が呼びかけられ、四四年八月公布施行の女子挺身勤労令により罰則を伴う徴用となった。戦時下の労働力不足を支えるための女子動員を図る一方で、「女は内」という家族制度との矛盾、さらには出産力増強を図る人口政策も重大な問題であり、あくまで「未婚の女子」が対象となった。女子挺身隊員が最も多く投入されたのは軍需工場であり、現場では熔接や旋盤などの重労働にも従事した。石炭鉱業では三九年に一定の条件のもとで坑内労働が認められると女子の比率は急激に増加した。運輸関係でも男子就業禁止の出改札、車掌、バスやトラックの運転手などに女子が採用され、教員や事務部門への女子の増加は特に著しかった。こうして動員された女性たちの労働条件は厳しく、乏しい食糧事情のなかで、早朝や深夜の勤務、女性用トイレや更衣室もない職場、男性と同じ仕事をしながら給料は安かった。過酷な労働で病気になる者、生理不順や止まる者も続出した。戦争

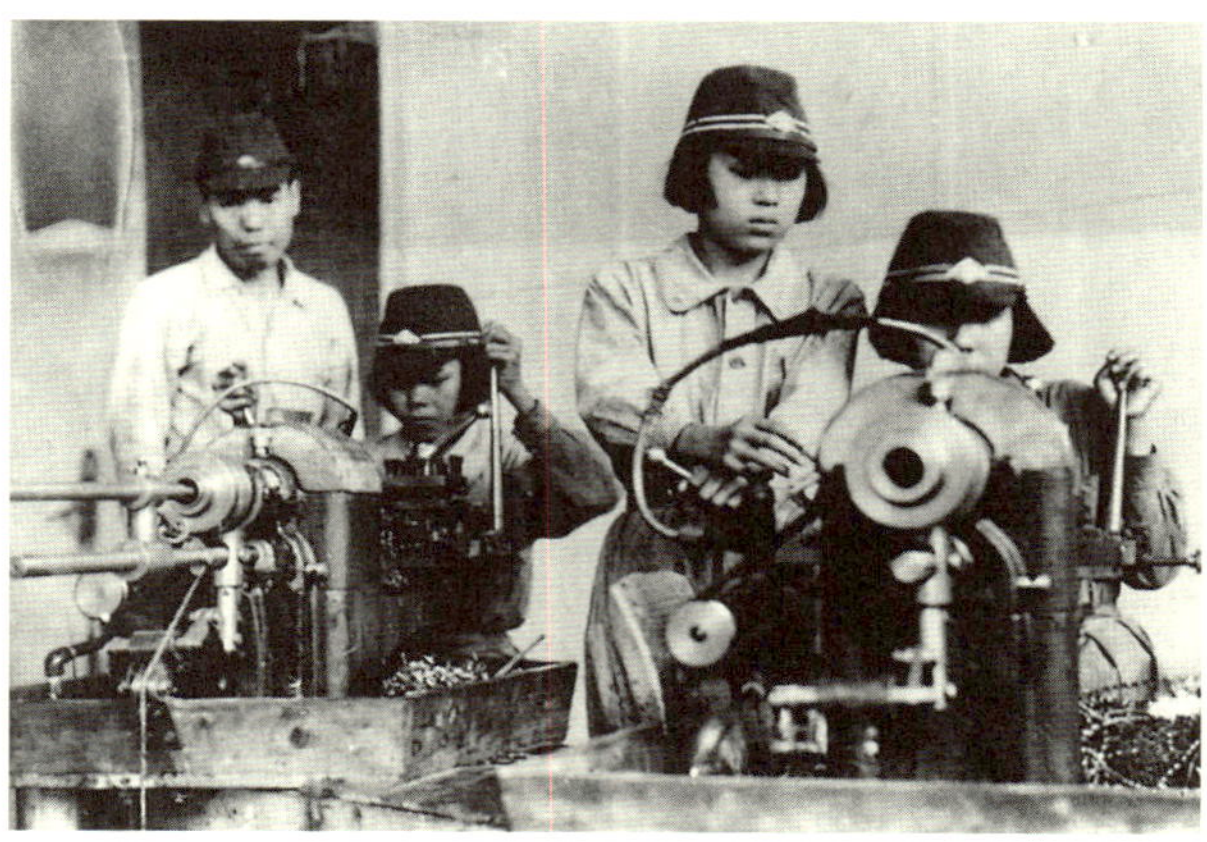

工場で働く女子挺身隊

末期には空襲による被害も急増したが、なかでも沖縄では女子師範や高女の生徒がひめゆり学徒隊や白梅学徒隊として動員され、激烈な地上戦で多くの犠牲者を出した。

参考文献 山室静編『十六歳の兵器工場―長野県野沢高女勤労動員の手記―』(一九七五、太平出版社)、東京歴史科学研究会婦人運動史部会編『女と戦争―戦争は女の生活をどう変えたか―』(『昭和史叢書』五、一九九一、昭和出版)、岡野幸江他編『女たちの戦争責任』(二〇〇四、東京堂出版) (折井美耶子)

じょしゅうさくせん 徐州作戦 津浦鉄道沿線での五ヵ月余りに及ぶ戦闘。徐州は津浦・隴海両鉄道の中枢で、かつ山東・河南・安徽・江蘇四省の戦略要地である。一九三七年十二月、日本軍約八万人が津浦鉄道南区間を攻撃し、徐州に向けて侵攻した。中国第五戦区(司令長官李宗仁)がそれを迎撃した。一ヵ月の激戦後、日本軍と対峙する形となった。そこで、日本軍第十師団が山東省南部

徐州を占領する日本軍

の台児荘を徐州侵攻の拠点にしようとした。三八年三月日本軍約四万人が台児荘攻撃を開始、李宗仁は第二集団軍に迎撃を命じた。この時、国共合作下、朱徳と彭徳懐の八路軍が津浦鉄道北区間を襲撃、日本軍の補給路を断った。日本軍は台児荘で苦戦し、被害が増大した結果、本来の目的の徐州に「転進」。四、五月、津浦鉄道南区間、同西区間の日本軍も徐州に迫った。中国軍も四十五万人にも上る軍隊を集結したが抑えきれず、日本軍は六方面から徐州に大包囲をかけた。守備軍は危険な状態に陥ったことから、五月十五日中国政府軍事委員会は部隊温存の方針を固め、全軍撤退を命じた。十九日徐州は陥落し、日本勝利に終わった。だが、日本軍と五ヵ月余りにわたり戦い、中国軍は武漢作戦準備の十分な時間を創りだしたとされる。

参考文献 防衛庁防衛研修所戦史室編『支那事変陸軍作戦』二(『戦史叢書』八九、一九七六、朝雲新聞社)、虞奇『抗日戦争簡史』上(台北、一九八八、黎明文化事業股份有限公司)、『抗日戦争時期国民党正面戦場重要戦役介紹』(成都、一九八五、四川人民出版社)、菊池一隆『中国抗日軍事史 一九三七―一九四五』(二〇〇九、有志舎) (菊池 一隆)

じょたい 除隊 兵役年限が満期となると、現役兵から予備兵となり、一般社会に戻ることを一般に除隊と言う。兵役法(一九二七年)では陸軍は二年、海軍は三年が現役兵の入営期間で、期間満了になると除隊となる。入営は一般の師団・海兵団の場合、毎年十二月一日だから、除隊はその前日の十一月三十日となる。この二日間を中心に、駐屯地の都市は、入営者・除隊者・見送り・迎えなどの人々で賑わった。国民教育としての小学校は卒業する人が多くなっても中等教育に進む者は男女を問わず少なかった戦前社会では、軍隊はもう一つの学校という位置づけもされ、除隊まで進んだ青年たちは、そのことを誇りと考えた。除隊前の兵士たちが、故郷の役場や名望家などに、上等兵に進んだこと、善行証書や下士官適認証を受領する予定であることなどを伝える手紙やはがきを送っている例が多数みられるが、それは軍隊教育をステップに社会へ出ようとする青年たちの考えを示している。

参考文献 原田敬一『国民軍の神話―兵士になるということ―』(二〇〇一、吉川弘文館) (原田 敬一)

しょっこうのうか 職工農家 日中戦争以降における軍需工業の発展と地方分散のもとで出現した、工場通勤者をかかえた兼業農家。軍需工業化は、農家労働力の流出を促す一方で、防空上の理由と農村の低賃金労働力の利用、地方からの工場誘致などが相まって工場の地方分散を進め、それに伴って農家から通勤する工場通勤者をかかえた兼業農家(職工農家)が全国的に大量に出現した。これにより、重化学工業の労働市場と農家労働力の結びつきが一層緊密になり、小作農家にとっての地主制の制約は掘り崩される方向に作用した。

参考文献 法政大学大原社会問題研究所編『太平洋戦争下の労働者状態』(『日本労働年鑑・特集版』、一九六四、東洋経済新報社)、暉峻衆三『日本農業問題の展開』下(一九八四、東京大学出版会) (大門 正克)

しょねんへい 初年兵 平時の場合、春の徴兵検査の後、入営者が甲種・第一乙種合格者の中から抽籤で決定され、その者は秋に「現役兵証書」(入営部隊・部隊所在地・入営期日と時刻を記す)と鉄道乗車証明書を受け取る。これを持参して毎年十二月一日に入営し、初年度は初年兵と呼ばれる二等兵である。明治期は第一期検閲(集団行動訓練を主とする)を受けるまで三ヵ月間を「生兵」と呼んでいた。一日七時間程度の座学と演習が繰り返され、それ以外の時間も、掃除・洗濯・入浴・食事・被服と兵器の手入れと忙しい。半年後に多くの者は一等兵に、一年後に一部の優秀者が選抜されて、上等兵になる。六ヵ月以上上等兵勤務を果たし、成績優秀な者は兵長(兵士の最上

級)になる。

参考文献 木村晋三編『軍隊入門必携』(一九四一、明正堂)　(原田 敬一)

じらい 地雷 地面の中に埋めておき、踏まれた圧力などに反応して爆発し人員の死傷や戦車などへの攻撃を目的とする兵器。日本軍はアジア・太平洋戦争期に地雷を多用した。一九三三年制式採用の九三式対戦車地雷は、対人員にも効力を発揮した。他の爆弾などを付近に埋めて起爆剤として使用されることもあった。四三年採用の三式地雷は陶器製の甲型と木製の乙型があった。このほか、爆弾・砲弾などを使用して戦地で即製された地雷も使用された。

参考文献 佐山二郎『工兵入門』(『光人社NF文庫』、二〇〇一、光人社)、一ノ瀬俊也『米軍が恐れた「卑怯な日本軍」—帝国陸軍戦法マニュアルのすべて—』(二〇一二、文藝春秋)　(小山 亮)

しらいしもとじろう 白石元治郎 一八六七—一九四五 実業家。一八六七年八月二十日(慶応三年七月二十一日)福島県に生まれる。九二年、帝国大学卒業後、浅野総一郎が経営する浅野商店に入社し、石油部支配人となった。浅野総一郎の次女万子と結婚。九六年東洋汽船会社の創立とともに、同社支配人となり、浅野財閥系会社の役員を歴任した。白石は、一九一二年大阪鉄商岸本吉右衛門、官営八幡製鉄所技師(製鋼部長などを歴任)今泉嘉一郎、大川平三郎らとともに、日本鋼管株式会社の創立に参加し、インド銑鉄と屑鉄を利用した製鋼事業を創出した。日本で最初の熱間圧延鋼管の量産を実現し、さらに普通圧延鋼材へと品種を拡大していった。創立時から二一年まで日本鋼管社長、その後副社長となり、三七年再び社長となり、日本鋼管の経営者として、民間鉄鋼企業・日本鋼管の経営の中枢を担っていた。三六年日本鋼管は、高炉を建設し、銑鋼一貫体制を構築し、三八年にはトーマス転炉の操業を実現した。四〇年鶴見製鉄造船を合併し、造船部門をもつ重工業経営となった。四二年日本鋼管の会長となった。四五年十二月二十四日没、七十九歳。

→日本鋼管会社

参考文献 鉄鋼新聞社編『鉄鋼巨人伝 白石元治郎』(一九六七、工業図書出版)　(長島 修)

しらとりとしお 白鳥敏夫 一八八七—一九四九 大正・昭和前期の外交官。一八八七年六月八日、千葉県生まれ。元外相の石井菊次郎は叔父。東京帝国大学法科大学卒業後、外務省入省。中国とアメリカでの在外勤務を経て、本省で欧米局第三課と情報部第二課に勤務。その後、中国とドイツでの在外勤務を経て再び本省勤務。情報部第二課長を経て一九三〇年十月に情報部長となる。満洲事変が発生すると、情報部長として陸軍との連絡調整を担う中で、白鳥は、陸軍が進める現状打破政策に共鳴するようになった。皇道主義という独自の思想に基づいた白鳥の現状打破政策は、反共産主義に加えて欧米崇拝からの脱却とアジア回帰を唱えるものであり、仏教用語である大乗の思想に根ざした現状打破政策は、欧米によるアジア支配を覇道として否定し、代わりに盟主として日本がアジアを牽引するというものであった。このような思想は、白鳥の国士的な人物像と相まって外務省の中堅層に支持者を得てゆき、白鳥シンパとして革新派が形成されるに至った。白鳥は、三二年ごろから発生した考査部設置問題の事後処理として在外勤務を命ぜられるが、その後、外務省内では、革新派によって白鳥次官擁立運動が展開され続ける。三六年に一旦帰国するが、三八年十二月に駐伊大使として転出すると大島浩駐独大使と連携して、日独伊防共協定の軍事同盟化を実現させるべく画策した。三九年九月の独ソ不可侵条約の成立によって防共協定の軍事同盟化が破綻すると、現状打破を反共に優先させた白鳥は日独伊ソの四国提携を訴えるようになる。四〇年八月に松岡洋右外相のもとで外務省顧問に就任。対立関係にあった松岡外相の政策に多少の影響を与えたものの、結局、外務省内で革新派が影響力を持つことはなく、白鳥の次官就任も実現しなかった。四一年に外務省を辞職し、四二年に衆議院議員に当選する。日本が敗戦を迎えると東京裁判においてA級戦争犯罪人として訴追され、終身禁錮刑の判決を受ける。服役中の四九年六月三日に六十三歳で死去し、七八年に靖国神社に合祀された。

白鳥敏夫

参考文献 塩崎弘明「『パックス・アングロ・サクソニカ』と外務省革新派」(有馬学・三谷博編『近代日本の政治構造』所収、一九九三、吉川弘文館)、戸部良一『外務省革新派—世界新秩序の幻影—』(『中公新書』、二〇一〇、中央公論新社)　(服部 聡)

じりきこうせいうんどう 自力更生運動 ⇨農山漁村経済更生運動

シン Mohan Singh 一九〇九—八九 インド独立連盟・インド国民軍に参加した元投降英印軍大尉。一九二七年にインド軍部隊に志願し、Indian Military Academyなどで軍事学を学んだ。大尉であった四一年十二月、日本軍がマレー侵攻作戦を開始すると、藤原岩市少佐の「藤原機関(F機関)」と協力体制にあったプリタム＝シンの率いるインド独立連盟の呼びかけにこたえる形で投降した。同年十二月末、モハン＝シンはインド独立義勇軍とよばれていた独立をインド国民軍として再編成させた。のち四二年六月にバンコックで開催された会議において、ビハリ＝ボース Rash Behari Bose がインド独立連盟の会長に就任し、インド国民軍がその傘下に入ることが決定されると、その運営方針などをめぐって日本陸軍部や岩畔機関と対立した。両者の対立は解消せず、四二年十一月二十日にシンは解任され、日本軍憲兵隊によって身柄を拘束された。

参考文献　長崎暢子編『南アジアの民族運動と日本』(一九八〇、アジア経済研究所)、丸山静雄『インド国民軍―もう一つの太平洋戦争―』(『岩波新書』、一九八五、岩波書店)、長崎暢子『インド独立―逆光の中のチャンドラ・ボース―』(一九八九、朝日新聞社)、Fay, Peter W. *The Forgotten Army: India's Armed Struggle for Independence, 1942-1945* (Ann Arbor, 1993, University of Michigan Press)

(河西　晃祐)

シンガポールこうりゃくせん　シンガポール攻略戦　一九四二年一月三十一日から二月十五日にかけて戦われたシンガポール島をめぐる日本軍と英軍の攻防戦。マレー半島の戦に敗北した英軍は、シンガポール島に撤収すると同時に半島と島を結ぶ橋を爆破した。日本軍は二月三日から準備砲撃を始め、八日にはジョホール水道を舟艇で渡りシンガポール島への上陸を開始した。日本軍は紀元節の二月十一日までの全島占領をめざした。半島から撤収した部隊を戦力に加え、比較的豊富な弾薬を保有していた英軍は火力で日本軍に対抗した。対照的に二ヵ月近い戦闘の末シンガポール島に上陸した日本軍には疲労が目立ち、弾薬が不足する兆候が見え始めていた。英軍は正規軍のみならず華僑の義勇軍部隊まで投入し、島の中央部にあるブキテマ高地をめぐる攻防戦は熾烈を極めた。しかしながら水源地を制圧する日本軍の作戦が功を奏し、二月十五日に英軍は降伏した。フォード自動車工場における停戦交渉において山下奉文中将がアーサー＝パーシヴァル中将に「イエスかノーか」と降伏を迫る模様はよく知られている。シンガポール島攻略における日本軍の損害は戦死千七百十五、負傷三千三百七十八。英軍の損害は戦死約五千、約八万が捕虜となり、莫大な量の軍需物資が捕獲された。シンガポールは「昭南島」と改名され、寺内寿一を司令官とする南方軍の司令部が置かれた。また大型ドックをはじめ本格的な港湾施設を有するシンガポール軍港は、南東・南西方面で活動する日本海軍の一大拠点となった。英軍捕虜の大半は島内のチャンギー収容所に収監されたが、一部は労働力としてビルマや内地に送られて酷使され、多くの犠牲者を出した。一方、インド兵捕虜の一部はのちに日本の支援で作られた自由インド仮政府隷下のインド国民軍に参加した。また、日本軍は軍政下で抗日華僑の大粛清を行い、戦後に多数のBC級戦犯が処罰される原因となった。シンガポールの陥落は英国にとって単なる軍事的敗北にとどまらず、東南アジア植民地における政治的権威の失墜を意味した。

シンガポール攻略戦　山下奉文とパーシヴァルの交渉

参考文献　防衛庁防衛研修所戦史室編『マレー進攻作戦』(『戦史叢書』一、一九六六、朝雲新聞社)、A・J・バーカー『〝マレーの虎〟山下奉文―栄光のシンガポール攻略戦―』(鳥山浩訳、『第二次世界大戦ブックス』、一九七六、サンケイ新聞社出版局)、E・J・H・コーナー『思い出の昭南博物館―占領下シンガポールと徳川侯―』(石井美樹子訳、『中公新書』、一九八二、中央公論社)、岩畔豪雄『シンガポール総攻撃―近衛歩兵第五連隊電撃戦記―』(『光人社NF文庫』、二〇〇〇、光人社)、明石陽至編『日本占領下の英領マラヤ・シンガポール』(二〇〇一、岩波書店)

(等松　春夫)

しんかんりょう　新官僚　満洲事変前後における軍部の政治的進出、政党勢力・議会機能の弱体化という情勢下、政治的に台頭してきた親軍的・ファッショ的色彩をもつ官僚勢力。斉藤実内閣、岡田啓介内閣期に脚光を浴びた。政党政治のもとでは、内閣が交代すると、内務省幹部・地方官も一斉に交代してきた(「地方官二部制」)。この政友会系・民政党系官僚というあり方は、政策の継続性などで大きな問題を孕み、天皇も不満を述べ、官僚内部でも反発が強まっていた。そうした雰囲気をまとめていったのが、安岡正篤の提唱で満洲事変をきっかけに三二年一月結成された国維会(三四年十二月解散)である。腐敗した既成政党に反対し、日本主義に基づき、退廃した世相・荒廃した道徳を再建しようとする同会から斎藤内閣で後藤文夫(農相、岡田内閣で内相)、松本学(内務省警保局長)らが要職につく。また永田鉄山ら陸軍中枢とも接触、二・二六事件後独自のイデオロギーを持って登場する革新官僚の先駆けとなった。→革新官僚(かくしんかんりょう)

参考文献　橋川文三「革新官僚」(『現代日本思想大系』一〇所収、一九六五、筑摩書房)、河島真「国維会論―国維会と新官僚―」(『日本史研究』三六〇、一九九二)

(須崎　慎一)

しんきんじゅ　沈鈞儒　Shen Junru　一八七五―一九六三　中国の抗日・民主運動指導者。本籍浙江省。一八七五年一月二日、蘇州に生まれ、伝統教育を受け、一九〇四年進士。〇五―〇七年日本留学、法政大学卒業。帰国後、浙江省諮議局副議長。辛亥革命後、浙江省教育司長、護法軍政府検察長、参議院秘書長などを歴任。二六―二七年、地方自治運動に従事、蒋介石の反共政変後、一時投獄。三三年、宋慶齢・魯迅らとともに中国民権保障同盟創立。三五年上海文化界救国会創立に参加、翌三六年全国各界救国連合会創立。同年十一月、ほかの救国運動指導者とともに逮捕され、「抗日七君子」として著名になる。日中開戦後、釈放。国民参政会参政員就任。四二年民主政団同盟参加、四四年中国民主同盟に改組、中央常務委員。戦後の国共内戦下、国民党政権を批判し、中国共産党に追随する民主同盟左派の代表に。四九年十月中華人民共和国建国に参加、最高人民法院院長、全国人民代表大会常務委員会副委員長、民主同盟中央委員会主席などを歴任。六三年六月十一日死去。八十九歳。

参考文献　周天度「沈鈞儒」（中国社会科学院近代史研究所編『民国人物伝』二所収、北京、一九八〇、中華書局）
（土田　哲夫）

しんこうざいばつ　新興財閥　一九三〇年代に、三井・三菱・住友に代表される財閥（既成財閥）に対抗するような形で簇生した企業集団、日産（日本産業）、日窒（日本窒素肥料）、森（昭和電工）、日曹（日本曹達）、そして理研（理化学興業）などに与えられた呼称。ジャーナリスティックな用語であり、学術的な批判に耐え得るまでには、概念規定は精緻化されていない。既成財閥の場合、異なる産業分野に多角的に事業を展開した結果として企業集団が形成された。多角化は明確な戦略的意図のもとになされ、多角的に展開した事業を担う子会社を合理的にマネジメントするため、持株会社を頂点とするコンツェルンという経営組織が採用された。「組織は戦略にしたがう」（チャンドラー）という命題を援用すれば、戦略（多角化）に相応しい組織（コンツェルン）が形作られたのである。コンツェルンの頂点に立つ持株会社は、三井の場合は三井家、三菱の場合は岩崎家、住友の場合は住友家という財閥家族によって排他的に出資され、金融も内部留保に依存する割合が高かった。コンツェルン組織と財閥家族の封鎖的排他的出資関係が、旧財閥の特徴である。このような旧財閥の特徴を念頭において個々の新興財閥を以下に一瞥する。

日産（日本産業）…久原房之助から久原鉱業の再建を依頼された鮎川義介は、日産自動車、日立製作所などを子会社とするコンツェルンを形成した。子会社株式売却益を新たな企業吸収合併費用に充てたり、取得予定企業の株式を持株会社である日本産業株式と交換して子会社にするなど、日産コンツェルンはコングロマリット的な操作を繰り返した。

日窒（日本窒素肥料）…石灰窒素を原料に硫安を製造するため日本窒素肥料を設立した野口遵は、大戦後合成アンモニアを原料とする硫安の製造を開始、その後朝鮮半島に主力工場を移して、アンモニアを軸に多角化を展開した。日窒は生産会社と同時に持株会社として、旭ベンベルグ絹糸（現旭化成）をはじめとする子会社を擁する一大コンツェルンを形成、コンツェルンの経営管理機能を活用して成長を実現した。

森（昭和電工）…味の素本舗の創業家であり、東信電気（電力卸売会社）を経営する鈴木家、ならびに森矗昶が経営に関与する企業から形成された企業集団で、東信電気、昭和肥料、日本電工などから成り立っていた。一般には森コンツェルンと呼ばれたが、「鈴木・森企業集団」と呼ぶのが適当である。そこにはコンツェルンという経営組織に相応しい経営管理機能を有する持株会社が存在しなかったからである。

日曹（日本曹達）…中野友礼は一九二〇年に苛性ソーダを製造する日本曹達を設立、併産品の塩素と水素利用による多角化を展開した。その後異種事業分野へも進出して日本曹達を中心とする企業集団を形成した。しかし、コンツェルンという経営組織に相応しい経営管理が実現された形跡はない。

理研（理化学興業）…科学工業技術の立ち後れを憂えた研究者と財界人によって一九一七年に設立された理化学研究所の三代目所長大河内正敏は、研究成果の工業化を目的とする理化学興業を設立した。同社を中心とする企業三十社以上からなる企業集団は理研コンツェルンとも「理研産業団」とも呼ばれた。コンツェルンに相応しい経営管理が行われたとはいい難く、「コンツェルン」より「産業団」という呼称が適当である。

当時すでに創立後三十年近い歴史を有する日窒を別にすれば、新興財閥は既成の財閥のようにコンツェルン組織で企業集団を経営管理した形跡は見られない。財閥家族による排他的封鎖的出資に基づく自己金融も存在しない。その意味で、「財閥」といいながら財閥とは似て非なるものである。日本で最初の重化学工業化が進展した一九三〇年代に、反財閥という社会的風潮の中で、時代の寵児のごとくに出現した企業集団に、ジャーナリスティックな観点から与えられた呼称、それが新興財閥である。

→財閥

参考文献　大塩武「新興コンツェルン」（『社会経済史学』四七ノ六、一九八二）、宇田川勝『新興財閥』（『日本財閥経営史』、一九八四、日本経済新聞社）
（大塩　武）

じんこうせいさくかくりつようこう　人口政策確立要綱　第二次近衛内閣で決定された基本国策の一つ。一九四一年一月二十二日閣議決定。日中戦争が長期化するなかで、人口問題研究者の間では、戦争の影響による人口増加率低下への懸念が強まった。一九三九年八月に設置された厚生省の人口問題研究所では、人口増殖を基調とする人口政策案の検討がなされ、四〇年七月には「人口政策要綱案」(第一次案)がまとめられた。他方、七月二十二日に成立した第二次近衛内閣が決定した「基本国策要綱」は、「国策遂行の原動力たる国民の資質、体力の向上並に人口増加に関する恒久的方策」を樹立することを定め、その具体案が企画院および厚生・農林・拓務の各省により立案されることとなった。こうして策定された「人口政策確立要綱」の基本目標とされたのは、㈠人口の永遠の発展性を確保すること、㈡増殖力および資質において他国を凌駕すること、㈢高度国防国家における兵力・労力の必要を確保すること、㈣東亜諸民族に対する指導力を確保するため人口の適正配置をなすことの四つであり、これらを達成するため一九六〇年の「内地人」総人口を一億人とするという全体目標が掲げられた。この目標を実現する具体策は、㈠人口増加に関する方策、㈡資質増強の方策、㈢指導力確保の方策の三つに区分され、㈠では婚資貸付制度、独身税、家族手当制度などの創設や女子の就業抑制、保健指導網の確立、医療施設などの拡充が、㈡では国土計画による大都市人口の疎開と分散、「内地人」人口の四割を「日満支を通じ」て農業に確保すること、青少年の心身鍛成対策の強化などが盛りこまれた。また㈢では、「日満支不可分関係強化の趣旨に則り人口の一定割合に相当する内地人人口を其の地域に移住せしむ」べく、「一層大規模の総合的移民計画を樹立する」ことがうたわれたが、この部分は報道発表されなかった。これらの政策案は、アジア・太平洋戦争開戦により実施が見送られたものが多いが、四二年五月に大東亜建設審議会第三部会で決定された「大東亜建設に伴ふ人口及民族政策」では、「人口政策確立要綱に掲げられたる諸方策を全面的且強力に実施する」ことが求められるなど、アジア・太平洋戦争期の諸政策にも強い影響力を保持し続けた。

参考文献 厚生省五十年史編集委員会編『厚生省五十年史』(一九八八、厚生問題研究会)、高岡裕之『総力戦体制と「福祉国家」―戦時期日本の「社会改革」構想―』(『戦争の経験を問う』、二〇一一、岩波書店)
（高岡 裕之）

しんしぐん 新四軍 日中戦争時期、主に華中で戦った中国共産党の軍隊。一九三七年十月十二日、紅軍主力の長征出発後、華中にのこっていた部隊は、国民革命軍新編第四軍(略称、新四軍)に改編された。軍長はもと共産党員の葉挺、副軍長は項英。四〇年には華中の安徽省・江蘇省・湖北省・河南省などに抗日根拠地を建設し、華北との連携を成立させた。新四軍の発展に脅威を感じた蔣介石は新四軍に長江以北への移動を命令し、四一年一月、国民政府軍は北へ移動中の新四軍軍部とその所属部隊を安徽省南部で攻撃・殲滅し、葉挺は捕らえられ、項英は殺害された(新四軍事件、皖南事件)。蔣介石は新四軍の解散を宣言したが、中共中央軍事委員会は新四軍の再建を命令し、一月二十三日、江蘇省北部の塩城で新四軍の新軍部が成立した(軍長代理陳毅、政治委員劉少奇)。その後、新四軍は日本軍と汪精衛(兆銘)政権による掃蕩と「清郷」との困難な戦いをつづけ、四四年からは局部的反攻に転じた。 →紅軍 →抗日根拠地

参考文献 三好章『摩擦と合作―新四軍 一九三七～一九四一―』(二〇〇三、創土社)
（石島 紀之）

しんじゅわんこうげき 真珠湾攻撃 一九四一年十二月八日未明(現地時間七日早朝)、日本海軍空母機動部隊が米領ハワイのオアフ島の真珠湾軍港を攻撃し、在泊の米艦隊と航空機に大損害を与えた作戦。航空戦力を集中使用した打撃力が、水上艦艇に優越することを証明した。日本海軍の伝統的対米戦略は来攻する米艦隊を西太平洋で撃破する漸減邀撃作戦であった。しかし、国力に優る米国に対して短期間で軍事的優勢を確立し、早期講和に持ち込むべきと考える山本五十六連合艦隊司令長官は、開戦劈頭の米国太平洋艦隊への奇襲攻撃を主張。また、南方作戦の円滑な実施にはハワイの米艦隊の無力化が必要と考える軍令部も最終的に山本案を承諾した。南雲忠一中将が指揮する航空母艦六隻を基幹とする機動部隊は十一月二十六日に択捉島の単冠湾を出撃、北方航路からオアフ島に接近し、日本時間十二月八日未明、二波約三百六十機の攻撃隊を発進させた。哨戒の不徹底、レーダーの不調、重要情報共有の失敗から米海軍は奇襲をゆるし、雷爆撃で米艦隊は八隻の戦艦を撃沈破され、陸上基地の航空機二百五十機以上を喪失、戦死者は二千四百三名にのぼった。真珠湾の水深が浅いため米海軍は航空機による雷撃が不可能と考えたが、日本海軍は浅海で使用可能な魚雷を開発し攻撃に成功した。日本側損害は航空機喪失二十九機、戦死五十五名に過ぎなかったが、急降下爆撃機の破損が非常に多く、また燃料補給に手間取ったため第二撃は実施されなかった。このため、第二撃の可能性をめぐる論争がいまだに絶えないが、その可能性と有効性を最新の研究は否定している。なお、母潜水艦から発進した二人乗り小型潜航艇(甲標的)五隻が水中攻

真珠湾攻撃　日本軍の攻撃を受けるアメリカ太平洋艦隊

撃を実施したが、全艇が失われ(九名戦死、一名捕虜)、戦果は不明である。南方作戦の実施中に米海軍を無力化した点では日本の戦略的成功であるが、宣戦布告前の攻撃になったため米国民を憤激させ対日復讐に団結させてしまった点は政治的な大失敗であった。また、攻撃時に空母が不在で損傷を免れたため、米海軍は珊瑚海とミッドウェーで日本海軍に有効な反撃を行うことが可能となった。

参考文献 防衛庁防衛研修所戦史室編『ハワイ作戦』(『戦史叢書』一〇、一九六七、朝雲新聞社)、ゴードン・W・プランゲ『真珠湾は眠っていたか』(土門周平他訳、一九八六・八七、講談社)、秦郁彦『検証・真珠湾の謎と真実—ルーズベルトは知っていたか—』(『中公文庫』、二〇一一、中央公論新社)、半藤一利『「真珠湾」の日』(『文春文庫』、二〇〇三、文藝春秋)、森史朗『運命の夜明け—真珠湾攻撃全真相—』(二〇〇三、光人社)

(等松 春夫)

じんぞうせきゆ 人造石油 ⇩石油

しんたいせいうんどう 新体制運動 近衛文麿を中心として新しい政治団体を創設し、政治・経済体制の再編を行おうとする構想と取り組み。日中戦争開始後、秋山定輔、それに社会大衆党の麻生久、亀井貫一郎らが、近衛を担いだ新政治団体結成をもくろんだが、近衛自身が乗り気でなく挫折した。一九四〇年春ごろから、後藤隆之助や有馬頼寧それに風見章らが近衛を中心として政界を再編する計画を立て、政治学者である矢部貞治に参加を呼びかけて新しい政治体制の構想を検討した。こうして、第二次近衛文麿内閣が発足するころから新体制運動が本格化した。矢部の構想によれば、国務と統帥の統一をはかるため新政治団体を結成し、国民の組織化により新政治団体を支え、さらに国民運動を展開しながら政治を運営するというものであった。またドイツやソ連のような一国一党をめざす構想もあったが、治安警察法の規定により新政治団体には軍部は参加できなかった。こうした動きが展開するなかで、社会大衆党、政友会、民政党などの政党が解散して新政治団体への参画を競った。だが十月に結成された大政翼賛会は、以上の構想とはかけ離れたものであり、行政の補助機関にすぎない存在であった。また翼賛会は「幕府」的存在であり、違憲であるという批判も噴出した。さらに同時期に企画院などにより立案された経済新体制構想は、「資本と経営の分離」をうたったため、財界、旧既成政党、精神右翼などから「共産主義」であるとの攻撃を受けた。四〇年の年末から翌年にかけて開催された第七十六帝国議会では翼賛会への激しい反発が起こった。その過程で新体制を進めた閣僚の更迭があり、保守派の平沼騏一郎らが入閣した。矢部貞治はこのようすを、新体制・新秩序に対する旧体制的・現状維持的なものの逆転の気配と表現した。四一年春の翼賛会改組で、新体制運動を進めたメンバーは多くが排除された。 ➡大政翼賛会

第1回新体制準備会

参考文献 伊藤隆『近衛新体制—大政翼賛会への道—』(『中公新書』、一九八三、中央公論社)、赤木須留喜『近衛新体制と大政翼賛会』(一九八四、岩波書店)、源川真希『近衛新体制の思想と政治—自由主義克服の時代—』(二〇〇九、有志舎)

(源川 真希)

じんちゅうようむれい 陣中要務令 陸軍作戦軍の陣中諸勤務の準拠要点を規定した軍令。陣中要務令は一九〇七年野外要務令(第一部は陣中勤務、第二部は秋季演習を規定)の第一部を改正し、特に兵站、機関銃、航空機、自動車等に関する規定を加え、また、機密漏洩の防遏等を規定し、一四年六月五日に軍令として制定された。第一次世界大戦後の編制・装備の改編を経て二四年に陣中要務令は改正され、戦闘序列・軍隊区分、命令・通報・報告、捜索、諜報、警戒、行軍、宿営、通信、給養・補充・衛生、戦場掃除、鉄道・船舶輸送、憲兵、陣中日誌・留守日誌の各編と附録(戦闘詳報等の各種調製表の様式、人馬糧秣の定量等)から編集された。二四年陣中要務令は特に航空隊による捜索や夜間行動の記述を増補し、防空と対ガス警戒および戦車に関する規定を加え、操典・教範等の基礎として位置づけられるに至った。 ➡作戦要務令

(遠藤 芳信)

しんとうしれい 神道指令 一九四五年十二月十五日、GHQが日本政府に発した訓令(SCAPIN-448)。国家神道の廃止、政府による神道支援の禁止を定めた。アメリカは、近代日本国家が天皇制国家として出現した理由を、天皇神聖規程(帝国憲法第三条)とそれを支える国家神道イデオロギーにあるととらえ、日本の民主化と非軍事化のためには信教の自由、ならびに政治と宗教の分離が不可欠であるとした。神道指令はGHQ民間情報教育局宗教課長のウィリアム＝バンス William K. Bunce が中心となって作成された。この指令によって神道そのものも自由化され、さまざまな宗教の一つとしてその存在が認

められることとなった。また「大東亜戦争」や「八紘一宇」など、戦時中に用いられた軍国主義用語の使用が禁止された。神道指令は日本国憲法の政教分離原則のもととなった。

参考文献　久保義三『(新版)昭和教育史―天皇制と教育の史的展開―』(二〇〇六、東信堂)　　(三宅　明正)

じんどうにたいするつみ　人道に対する罪　第二次世界大戦後、ナチス＝ドイツ戦争犯罪人を裁いた国際軍事裁判所の根拠法となった国際軍事裁判所憲章第六条C項にはじめて掲げられた犯罪概念である。C項によれば人道に対する罪とは「戦前もしくは戦時中にすべての民間人に対して行われた殺人、絶滅、奴隷化、追放及びその他の非人道的行為、または犯行地の国内法に違反すると否とを問わず、本裁判所の管轄に属する犯罪の遂行として、もしくはこれに関連して行われた政治的、人種的ないし宗教的理由に基づく迫害行為」である。「絶滅、奴隷化、追放」といった表現がナチス＝ドイツのユダヤ人迫害を念頭においたものであることは明白である。この罪の概念は第二次世界大戦中、連合国が設立した戦争犯罪委員会で萌芽的に提起されたが、本格的にはアメリカ陸軍省内で考案され、陸軍長官ヘンリー＝スティムソンの支持を得て法文化され、一九四五年春から夏にかけてロンドンで行われた米英ソ間協議を経て国際軍事裁判所の管轄として承認された(のちに仏も参加)。ユダヤ人大量虐殺などの甚大な暴力犯罪を処断する法的根拠として同罪は考案された。人道に対する罪は極東国際軍事裁判(東京裁判)の根拠法である極東国際軍事裁判所憲章にもほぼそのまま踏襲されたが、東京裁判では人道に対する罪の適用は見送られた。戦後、人道に対する罪はナチス犯罪の枠を大きく超え、各種の非人道行為を国際法上の犯罪として適用する場合の基礎となった。四八年に国際連合総会で採択されたジェノサイド条約(発効は五一年)に同罪の一部が反映され、二〇〇三年に設立された国際刑事裁判所の管轄にも同罪は含まれている。また旧ユーゴスラヴィア紛争などの紛争時に生じる非人道的迫害行為は同罪で訴追される場合が多く、さらに近代奴隷制度と奴隷交易、さらにアジア・太平洋戦争時の日本軍によるいわゆる「従軍慰安婦」制度なども人道に対する罪に該当すると指摘されている。

参考文献　清水正義『「人道に対する罪」の誕生―ニュルンベルク裁判の成立をめぐって―』(『白鷗大学法政研究所叢書』三、二〇一一、丸善プラネット)　　(清水　正義)

しんとくじゅん　秦徳純　Qin Dechun　一八九三―一九六三　中国の軍人。一八九三年十二月十一日、山東省沂水県生まれ。一九一六年、保定陸軍軍官学校を、二二年に陸軍大学を卒業する。三二年、東北政務委員会委員、北平軍事整理委員会常務委員に就く。三三年、軍事委員会北平分会委員、第三軍団副総指揮に任命され、喜峰口の戦で日本軍を破る。同年八月、察哈爾(チャハル)省政府委員兼民政庁長、第二十九軍参謀長に就く。三五年六月、察哈爾省政府代理主席に任命され、同月二十七日、奉天特務機関長土肥原賢二との間で、塘沽停戦協定に基づく停戦ラインを察哈爾省に延伸し、同ライン以西・以南に中国軍を撤退させることなどを内容とする協定を結ぶ(土肥原・秦徳純協定)。八月、察哈爾省政府主席、十二月、冀察政務委員会委員となる。盧溝橋事件発生後の七月二十六日、北平城防総指揮に任命される。三八年三月、軍事委員会点検委員会副主任、四四年十一月、兵役部政務次長に就く。六三年九月七日、台北で死去。七十一歳。

参考文献　『秦徳純回憶録』(『伝記文学叢書』七、台北、一九六七、伝記文学出版社)　　(内田　尚孝)

じんにくしょくじけん　人肉食事件　アジア・太平洋戦争末期において、太平洋地域、とくにニューギニアとフィリピン各地で日本軍は人肉食を頻繁に犯した。ニューギニア戦線における人肉食事件については、豪州陸軍が多数の詳細な報告記録を残している。日本軍による人肉食の被害者には、豪州軍兵士、ニューギニア原住民、日本軍に「労務者」として連行されてきたアジア人、日本兵自身の四つのグループがあった。豪州兵が犠牲者の場合には、日本軍が攻撃・死体獲得・解体処理・料理・嗜食・退却というプロセスを敵軍と向かいあった戦場のまっただ中で機動的、組織的に繰り返していたことが明らかである。一九四四年十一月十八日に日本陸軍は人肉食を禁止する命令書を出しているが、「敵のそれは除外する」とされているところからも、人肉食がかなり広く行われていたことがわかる。現地戦没者十三万五千名のうち餓死者九万名という数字が、食糧事情の劣悪さを証明している。

参考文献　尾川正二『東部ニューギニア戦線―棄てられた部隊―』(一九九三、図書出版社)、田中利幸『知られざる戦争犯罪―日本軍はオーストラリア人に何をしたか―』(一九九三、大月書店)　　(田中　利幸)

しんにほんまんがかきょうかい　新日本漫画家協会　一九四〇年八月に結成された漫画家の統合団体。当時、漫画家たちの多くは、同好の士が相寄ったグループに分かれて活動しており、新漫画派集団、新鋭マンガグループ、三光漫画スタジオ、漫画協団などがあった。四〇年八月三十日、国民精神総動員中央本部が漫画家との懇談会を開催し、漫画家に精動運動への協力を要請する。漫画市場の縮小や内容の行き詰まりなどの問題を抱えていた中堅・若手の漫画家たちは、これを受けて新日本漫画家協会を結成し、グループあるいは個人として六十名余りが参加した。「日本新体制建設運動の文化的協力者たり得る新時代的漫画家」への達成を目標とする諸研究を第一義と」して発足した協会は、研究会や展覧会も行なったが、雑誌『漫画』の編集を中心に活動し、大政翼賛会宣伝部と結んで「翼賛一家大和家」という漫画キャラクターも考案した。これらを通して、協会は日常生活にひきつけて国策を知らせることに協力したが、当初は国策の無理や矛盾を衝いた作品も発表された。しかし四一年半ば以降は、翼賛会宣伝部の介入も強まり、戦局や国際情勢を絵解きしたものや米英を嘲笑するもの、あるいは戦時下のあるべき生活態度を描いた漫画が主流となった。またそのころから『写真週報』の漫画も担当するようになる。協会の主導権は近藤日出造など新漫画派集団が握っており、協会内にも対立があったが、協会員ではない漫画家も多数あり、漫画家の統合問題はくすぶっていた。翼賛会文化部による美術分野の一元化が進められる中、四三年五月一日に日本漫画奉公会が結成され、新日本漫画家協会は同会に吸収される形で解散する。会長北沢楽天以下大家から新進作家まで約八十名を擁した日本漫画奉公会は、「全日本漫画家を打って一丸とした強力なる一元化体制を確立し、その総力を挙げて国家目的の達成に粉身する」ことを謳い、『漫画』の発行のほか、展覧会や慰問活動などを行なった。

参考文献 梶井純『執れ！ 膺懲の銃とペン—戦時下マンガ史ノート—』(一九九六、ワイズ出版)、櫻本富雄『戦争とマンガ』(二〇〇〇、創土社)、井上祐子「戦時下の漫画—新体制期以降の漫画と漫画家団体—」(『立命館大学人文科学研究所紀要』八一、二〇〇三) (井上 祐子)

しんぷうとくべつこうげきたい 神風特別攻撃隊 ⇨かみかぜとくべつこうげきたい

しんぶんしほう 新聞紙法 ⇨検閲制度

しんぶんとうごう 新聞統合 戦時期に国策として実施された新聞社の統廃合を目的とした言論統制で、国家が新聞を発刊する母体である新聞社の生殺与奪を強制するため「言論統制の象徴」と位置付けられる。だが一方で、統合のスケールメリットにより地方紙が、全国紙に淘汰されるのを防御し、その存在を保全したことも確かで、全国紙の販売攻勢に危機感を募らせた地方紙が自発的に進んで統廃合した例も少なくない。

新聞統合は一九三八年八月、末次信正内相の日中戦争下で新聞の数を減少することで言論統制の簡便性を図り、用紙節約もできるという意図に基づく指示により開始された。だが、新聞社の統廃合を命じる国家の権限を定めた法令(根拠法)は制定されていなかった。このため内務省が配下の庁府県警察部へ密かに示達し、都道府県警察部も斡旋(「懇諭」)にとどめ、あくまで新聞社が自主的に統廃合するという形式がとられた。四〇年十二月、情報局が設立されると、新聞統合の主管は情報局へ移管され、新聞業界も自主的統制団体日本新聞連盟を結成し、情報局側と協議しながら言論統制を進めるという体制が整備された。情報局は新聞統合について四一年十一月、全国の新聞社を新聞共同会社(仮称)という一つの会社に統合するという厳しい新聞統合案を提示した。この案に地方紙は賛成したが、朝日・毎日・読売の全国紙は強く反対し、協議は紛糾した。結局、同案は見送られたものの、新聞統合の推進は国策として閣議決定され、アジア・太平洋戦争開始直後の同年十二月十三日、国家総動員法に基づき新聞事業令が公布された。新聞事業令は国家が新聞社の統廃合を命令する法的根拠となり、統廃合に難色を示す新聞社の抵抗も弱まり、四二年十一月までに、全国四十七庁府県で一県一紙が成立し、統合は終結した。

内務省内部文書(『出版警察資料』『出版警察報』)に記載された数値によると、新聞統合が実施された三八年八月から四二年十一月まで四年三ヵ月の間に、一万二千九百四十三紙(三八年七月)が三千二百六紙(四二年十二月)と、九千七百三十七紙が統廃合された。内務省は新聞を「有保証金紙」と「無保証金紙」、「日刊紙」と「月、旬、週刊紙」、「普通紙」と「特殊紙(団体機関紙)」に区分けし、把握していた。

統合は下草を刈り取り、そのうえで樹木を伐採するように、規模の小さな新聞社から順に四段階で実施された。すなわち第一段階(三八年八月から四〇年五月)は「無保証金紙」を、第二段階(四〇年六月から四一年八月)は「有保証金紙」の「月、旬、週刊紙」や「特殊紙(団体機関紙)」を、第三段階(四一年九月から四二年一月)は「有保証金紙」「日刊紙」「普通紙」の中の規模が小さい新聞社を、第四段階(四二年二月から同年十一月)は規模の大きな「有保証金紙」「日刊紙」「普通紙」新聞社を、段階を踏んで統廃合し最終的に一県一紙が完成した。一県一紙は、三九年十月に鳥取県ではじめて成立して以来、四〇年に六県、四一年に十三県、四二年に二十七庁府県という推移で完成した。全国四十七庁府県の半数以上が四二年の最終段階で完成しているが、これは新聞事業令の効力を証している。

一県一紙の例外は東京五紙、大阪四紙、広島二紙(朝日・毎日は東京・大阪でそれぞれ別の新聞として扱われ、広島の二紙は中国新聞および同社が経営する呉新聞)で、すなわち四十七庁府県で五十二社、五十五紙である。また統合によって日本の全ての新聞が五十五紙に統廃合されたのではなく、統合終結後の四二年十二月になお三千二百六紙が存在している。統合によって規模の大きな地方紙は存続し、県当局の官報として用紙の安定供給など庇護され恩恵を享受したが、多くの弱小な地方紙は強制的に廃合され姿を消したという言論統制の事実は留意すべきである。戦時下で再編された新聞業界の一県一紙という体制や、「県紙」という呼称は、現在も継続されている。

↓日本新聞会

参考文献 小野秀雄『新聞研究五十年』(一九七一、毎日新聞社)、里見脩『新聞統合—戦間期におけるメディアと国家—』(二〇一一、勁草書房) (里見 脩)

じんぼこうたろう 神保光太郎 一九〇五—九〇 詩人、ドイツ文学者。一九〇五年十一月二十九日、山形県に生まれる。山形中学、山形高校を経て、京都帝国大学ドイツ文学科に入学、在学中から詩や短歌を発表した。三四年十二月、埼玉県浦和市(さいたま市)の別所沼のほとりに移住し生涯の活動拠点とした。立原道造がしばしば訪問した。このころから、初期のリアリズムから伝統美を歌うロマン主義へ移行、三五年の『日本浪曼派』創刊に同人として参加した。誌名は訪ねてきた保田与重郎と亀井勝一郎と三人で別所沼を散策しながら神保の発案で決まったといわれている。四二年一月、陸軍宣伝班員としてマレー方面に派遣、四四年に『南方詩集』を発表した。占領地シンガポール(昭南市)に昭南日本学園を設立し校長を務めた。戦後は深い挫折感のなかで沈黙した。日本大学芸術学部教授を務めた。九〇年十月二十四日に死去した。八十四歳。

[参考文献] 神保光太郎『昭南日本学園』(一九四三、愛之事業社)、秋谷豊「神保光太郎」(伊藤信吉他編『現代詩鑑賞講座』一〇所収、一九六九、角川書店)　(渡辺　和靖)

しんぽしょく　親補職　天皇親ら補す親補式をもって補せられる職のことで、親任官の待遇を受ける。首相や国務大臣・陸海軍大将など親任官の任命のときに行われる親任式とは形式上区別される。司法官と武官特有のもので、司法官では大審院長・検事総長、武官では陸軍の参謀総長・教育総監・師団長・東京警備司令官・軍司令官、海軍の軍令部総長・鎮守府司令長官・艦隊司令長官、また軍事参議官・侍従武官長が親補職である。中将は任官上高等官一等の勅任官であるが、師団長など親補職に補せられた場合は、そのときのみ親任官待遇となる。

[参考文献] 百瀬孝『事典昭和戦前期の日本―制度と実態―』(一九九〇、吉川弘文館)　(後藤　致人)

しんみょうたけお　新名丈夫　一九〇六―八一　昭和期のジャーナリスト。一九〇六年十一月三日、香川県に生まれ、慶応義塾大学法学部政治学科を卒業後、東京日日新聞社に入社。四四年二月二十三日付『毎日新聞』第一面に、黒潮会(海軍省記者倶楽部)主任記者として「竹槍では間に合はぬ、飛行機だ、海洋飛行機だ」と書き、東条英機首相の逆鱗にふれ、三十七歳で陸軍二等兵として懲罰召集された。この「竹槍事件」の背景には軍需資材をめぐる陸海軍の対立があり、海軍側の抗議により新名は三ヵ月で召集解除となり、海軍報道班員としてフィリピンに派遣された。六一年に毎日新聞社を退社するまで政治記者として活躍、軍事評論家として多くの著書を残した。八一年四月三十日没。七十四歳。

[参考文献] 新名丈夫『昭和政治秘史―その一断面―』(『三一新書』、一九六一、三一書房)、同編『海軍戦争検討会議記録―太平洋戦争開戦の経緯―』(一九七六、毎日新聞社)　(佐藤　卓己)

しんみんかい　新民会　日中戦争勃発後に樹立された中華民国臨時政府と表裏一体の関係にあった民衆教化団体。正式名称は中華民国新民会。一九三七年十二月二十四日、北京に創設された。北支那方面軍は臨時政府を強化するために民衆団体の組織の結成を急ぎ、満洲国協和会を退会していた小沢開作や元満洲国外交部大臣張燕卿らの協力を得て新民会を成立させた。設立時の「章程」では、「日満支の共栄を顕現し剿共滅党(共産党を討伐し国民党を滅亡させる)の徹底を期す」ことが目的としてうたわれた。三八年三月には中央指導部が成立し、その下に省指導部、県指導部が置かれ、いずれも中国人と日本人によって構成された。三九年九月、新民会設立の主要メンバーだった小沢ら旧満洲協和会系の人びとが離任し、新民会は軍の直接指導下に入れられた。さらに四〇年三月には日本軍宣撫班が新民会に統合された。その結果、組織化が進んでいた河北省以外の山西省や河南省にも組織が拡大した。また新民会が工作の重点とした合作社も進展をみせた。しかし、軍の指導下に入り、宣撫班と統合することによって、日本軍の華北占領政策に奉仕する団体としての性格がさらに強まり、中国の民心とは完全に離反した存在になった。アジア・太平洋戦争勃発後、北支那方面軍は新民会を「華人を中心とする会」とするよう指示し、その結果、新民会における日系職員の割合は減少した。さらに四二年十二月には、南京国民政府の「自発的活動を促進」するという御前会議の方針にもとづき、日系職員の新民会からの離任がすすめられた。また日本軍の治安強化運動の進展によって新民会は拡大し、四二年末には会員数は三百五十万を突破した。しかし、「新民会諸機関を民衆工作に関する軍の補助者」とする日本軍の方針に変化はなく、さらに日系職員の離任により新民会の工作は手薄になった。新民会の主要任務は日本軍に協力する治安粛清工作にしぼられてゆき、日本の降伏とともに解散した。

[参考文献] 防衛庁防衛研修所戦史室編『北支の治安戦』(『戦史叢書』一八・五〇、一九六八・七一、朝雲新聞社)、堀井弘一郎「新民会と華北占領政策」(『中国研究月報』五三九―五四一、一九九三)　(石島　紀之)

じんみんせんせんじけん　人民戦線事件　日中戦争の開始後に起きた左翼社会民主主義の思想と運動に対する弾圧事件。一九三七年十二月十五日、コミンテルンの反ファシズム人民戦線戦術に呼応し活動したとして、政府は合法左翼の活動家や学者・評論家など四百四十六人を一斉検挙し、同二十二日には日本無産党および日本労働組合全国評議会を結社禁止とした。主な被検挙者は衆議院議員の加藤勘十・黒田寿男、労農派文化人の猪俣津南雄・大森義太郎・向坂逸郎、および荒畑寒村・鈴木茂三郎・高野実・山川均らである。翌三八年二月の二次検挙では東京帝国大学の有沢広巳・大内兵衛ら(いわゆる教授グループ事件)、および社会大衆党の江田三郎・佐々木更三など三十八人が検挙された。これにより合法的な反ファシズム運動は壊滅した。

[参考文献] 小田中聰樹「人民戦線事件―反戦・反ファシズム勢力への弾圧―」(我妻栄他編『日本政治裁判史録』昭和・後所収、一九七〇、第一法規出版)　(三輪　泰史)

しんみんのみち　臣民の道　文部省教学局が編纂した、戦時下国民生活の道徳規範を示した書物。一九四一年刊。

編纂は教学局指導部普及課長の志水義暲らを中心に行われたが、その出発点は四〇年第二次近衛内閣成立の際閣議決定された「基本国策要綱」にある。すなわち、この閣議決定の趣旨を受けた「自我功利の思想を排し国家奉仕を第一義とする国体具現の道徳解説書」の作成が、この書物の編纂に課された課題であった。なお『臣民の道』はしばしば、三七年に文部省が編纂した『国体の本義』の注解篇ないしは姉妹篇として説明されるが、『国体の本義』が西洋文化を摂取醇化の対象として許容するのに対して、『臣民の道』では欧米思想の弊を除くことが必須とされ、より思想の帰一化が強調されるなどの変化も見受けられる。また編纂の過程で圧縮された「家」や「勤労」についての規範を詳述する続編『家の本義』『勤労の本義』も計画されたが、いずれも未刊である。→国体の本義

参考文献 久保義三『(新版)昭和教育史—天皇制と教育の史的展開—』(二〇〇六、東信堂)、荻野富士夫『戦前文部省の治安機能—「思想統制」から「教学錬成」へ—』(『歴史科学叢書』、二〇〇七、校倉書房)　(神代　健彦)

しんむらたけし　新村猛　一九〇五—九二　フランス文学者。一九〇五年八月二日、東京府で東京帝国大学文科大学助教授新村出の次男として生まれる。二三年に第三高等学校に進学、二六年に京都帝国大学文学部史学科に入学するが、翌二七年同仏文科に転科。三〇年卒業後に大学院に進み、三一年には同志社大学予科講師になり、翌三二年には同予科教授となる。三四年、中井正一らの第二次『美・批評』に参加、三五年に第二次『美・批評』が発展して『世界文化』が創刊されたときも中心的な同人として参加した。そこで精力的に諸外国の文化事情を紹介する。三六年に中井や能勢克男らが発刊した『土曜日』にも参画する。三七年、治安維持法違反容疑で逮捕され、同志社大学予科教授を辞職する。四〇年、京都大学附属図書館嘱託となり、四六年同志社大学予科教授に復職、四九年名古屋大学文学部教授に就任する。六九年名古屋大学を定年退官後もパリやブダペストの世界平和会議へ出席するなど積極的に平和運動に取り組んだ。七四年京都橘女子大学学長になり、九二年に亡くなるまで『広辞苑』の改訂や平和のために尽力した。九二年十月三十一日没。八十七歳。

参考文献 今江祥智・川村孝則編『新村猛著作集』(一九九一、三一書房)　(長妻三佐雄)

しんめいまさみち　新明正道　一八九八—一九八四　昭和期の社会学者、評論家。一八九八年二月二十四日、日本統治下の台北市で総督府官吏の家に生まれる。東京帝国大学法科在学中に新人会で活動。卒業後関西学院大学教授を経て東北帝国大学法文学部助教授となり、ドイツ留学中にナチス党の台頭を目撃した。一九三一年の帰国後、マルクス主義に接近しファシズム研究をすすめるとともに評論家として活躍。日中戦争期には東亜協同体論争に参加し国民社会再組織を主張、四〇年に東亜連盟協会に加入し汪兆銘政権下の南京で講演を行う。四二年、大日本言論報国会発足に際し理事に就任。その一方『社会本質論』『民族社会学の構想』(四二年)、『社会学辞典』(四四年)などを著し綜合社会学の体系を確立した。敗戦後の公職追放で東北帝大教授を辞職し、国民性改造論など言論活動を再開。その後東北大に復帰し日本社会学会会長などを歴任。八四年八月二十日死去。八十六歳。

参考文献 山本鎮雄編『新明正道時評集』(二〇〇七、日本経済評論社)、加藤哲郎『ワイマール期ベルリンの日本人—洋行知識人の反帝ネットワーク—』(二〇〇八、岩波書店)、道場親信「二十世紀社会学の課題と「東亜」」(石井知章・小林英夫・米谷匡史編『一九三〇年代のアジア社会論』所収、二〇一〇、社会評論社)　(盛田　良治)

しんよう　震洋　日本海軍が開発した特攻兵器。全長五・一メートル、幅一・六七メートル、排水量一・三五トン、速力二六ノット(時速約四八キロ)。爆薬缶二五〇キロ一個搭載。開発当時の秘匿名は「マル四」(「④」の意味)。戦局を挽回するための兵器の一つとして構想された。五メートル余りのベニヤ張りのモーターボートに爆薬を積んで目標に体当たりするか、もしくは目標直前で爆雷を投下してUターンするものとされた。海軍中央では、体当たり直前での乗員の脱出を望んでいたともいわれるが、事実上、乗員の生還はきわめて困難な兵器であった。エンジンは車両用のものが使用されている。一九四四年四月に海軍軍令部から艦政本部と航空本部に対して提案され、開発がスタートした。艦政本部第四部が設計を担当し、同年五月には試作が完成した。制式採用されて「震洋」と名付けられたのが八月二十八日である。完成した「震洋」は多くの地域に配備され、日本「内地」、小笠原、フィリピン、ボルネオ島、台湾、中国、奄美大島、沖縄・石垣島・宮古島、そして慶良間諸島といった地域に展開している。日本軍がすでに制海権を失っていたこともあり、「震洋」が輸送中に攻撃を受けて海没することも多かった。フィリピンや沖縄方面では実際に洋上出撃をした部隊があるが、出撃命令を待って待機状態にあった部隊も多い。なお、戦後に元海軍軍人によって行われた「反省会」で、「震洋」や「回天」といった特攻兵器は大きな論点となり、これらの兵器を採用した海軍中央の責任が提起される場面もあった。

参考文献 木保滋郎『日本特攻艇戦史—震洋・四式肉薄攻撃艇の開発と戦歴—』(一九九六、光人社)、NHKスペシャル取材班『日本海軍四百時間の証言—軍令部・参謀たちが語った敗戦—』(二〇一一、新潮社)　(宇田川幸大)

す

ずいかく　**瑞鶴**　日本海軍の航空母艦。同型艦に「翔鶴」がある。一九四一年九月二十五日、川崎重工神戸で竣工。

瑞　　鶴

排水量二万五六七五トン、全長二五七・五メートル、速力三四・二ノット(時速約六三キロ)。四十口径一二・七センチ連装高角砲八基、二五ミリ三連装機銃十二基を搭載。航空機八十四機(補用十二機)搭載。四一年十二月八日の真珠湾攻撃に出動、翌四二年五月には珊瑚海海戦に参加している。四二年六月のミッドウェー海戦で日本海軍の主力空母四隻が喪失したこともあり、その後は、同型艦の「翔鶴」とともに機動部隊の中心的空母として多くの作戦に従事した。第二次ソロモン海戦(四二年八月)、南太平洋海戦(四二年十月)、マリアナ沖海戦(四四年六月)などを経て、四四年十月二十五日のレイテ沖海戦に参加、米国機動部隊の艦載機の攻撃を受けて沈没した。四五年八月二十六日に除籍。

参考文献　篠原幸好他『連合艦隊艦船ガイド　一八七二—一九四五(改訂第二版)』(一九九五、新紀元社)

(宇田川幸大)

すいこうしゃ　**水交社**　日本海軍の奏任官以上の武官と文官による懇親団体。一八七六年三月二十一日、東京芝公園内に創設され、海軍に関する学術研究や社員相互の友誼を厚くすること、またその便益を図ることを目的とした。海軍少尉候補生以上の武官と高等文官、試補とで構成され、社費は社員が供出した。一九二八年五月、財団法人となる。総裁には海軍武官たる皇族が就任し、社長は海軍大臣が務めた。東京および各鎮守府各要港部の所在地に置かれ、所在地名を冠して東京水交社、横須賀水交社などと称した。また、月刊の機関誌を発行し、海軍当局が刊行していた『海軍雑誌』の内容を引き継いで、一八八七年から『水交雑誌』を、九〇年から『水交社記事』を刊行した。アジア・太平洋戦争終結後、解散させられたが、一九五二年に財団法人水交会が発足している。

参考文献　山内大蔵・内田丈一郎『海軍辞典(複製)』(一九六五、今日の話題社)

(太田　久元)

すいしじゅんび　**出師準備**　艦船部隊・特設艦船部隊その他の官衙・学校などを含む海軍諸機関を平時状態から戦時状態に移行し、かつこの状態を持続維持するために必要とする準備のこと。陸軍の動員に相当する。戦時に際し全海軍を迅速に戦時状態に移行させるため、平時から出師準備計画が策定され、艦船部隊・特設艦船部隊などの整備手順、器材の準備、人員の充実と補充・速成教育、兵器軍需品・燃料・衣糧・治療品などの充実と補給、運輸の方法などについて細部にわたる計画がなされていた。出師準備を計画順序に基づいて実施することを出師準備計画といい、第一着作業と第二着作業の二つに区分された。㈠第一着作業は、開戦初期の活動に必要な作業の実施がなされた。主要艦船部隊・特設艦船部隊その他の諸機関の整備などが該当し、第一期—第四期作業に区分された。㈡第二着作業は、第一着作業で未着手の艦船部隊・特設艦船部隊・その他諸機関の整備と各部の増進に必要な作業および艦船の戦時急速建造工事の着手などがなされた。いわゆる「太平洋戦争」の場合、第一着手作業は一九四〇年十一月十五日に、第二着作業の一部は四一年八月十五日に及川古志郎海相によってそれぞれ発令され、同年十一月五日に全面的移行が発令された。出師準備は予算の裏付けを必要とするので、閣議決定を経て天皇の名で発動された。いわゆる「太平洋戦争」の開戦決定は、事実上この段階でなされたと考えることもできよう。

参考文献　防衛庁防衛研修所戦史部編『陸海軍年表』(『戦史叢書』一〇二、一九八〇、朝雲新聞社)、秦郁彦編『日本陸海軍総合事典(第二版)』(二〇〇五、東京大学出版会)

(松田　英里)

すいじょうきぼかん　**水上機母艦**　水上機を搭載した艦種。日本海軍では一九三四年に設けられた。多数の水上偵察機を搭載しており、航空母艦の補助を行うものとされた。大型飛行艇の母艦として設計された艦や、戦時に航空母艦への改装を考慮されていた艦もあった。水上機母艦には、「千代田」(のちに航空母艦に改装)「千歳」(の

ちに航空母艦に改装)「瑞穂」「日進」「秋津州」などがある。

参考文献 篠原幸好他『連合艦隊艦船ガイド 一八七二―一九四五(改訂第二版)』(一九九五、新紀元社)、坂本正器・福川秀樹編『日本海軍編制事典』(二〇〇三、芙蓉書房出版) (宇田川幸大)

すいせい 彗星 戦争後期の海軍の主力艦上爆撃機。急降下爆撃可能な九九式艦上爆撃機の後継機として、海軍航空技術廠が開発。速度を重視して設計。試作機の高性能から、偵察機に改装され、一九四二年、まず、二式艦上偵察機として制式採用された。四三年、艦上爆撃機として、制式採用。日本の多くの軍用機が空冷発動機を搭載していたのに対して、ドイツのダイムラー=ベンツ社製の発動機を国産化した液冷発動機「アツタ」を搭載。発動機の信頼性に問題があり、生産が遅延したため、中島航空機製の「金星」発動機を搭載した型式も開発された。乗員二名。エンジン一〇一〇馬力×一。最大速度二九八ノット(時速五五二キロ)。爆弾搭載量は二五〇〜五〇〇キロ。ほとんどの機体を愛知航空機が生産。戦争末期まで生産が続けられ、生産機数、約二千百五十機(二式艦上偵察機を含む)。マリアナ沖海戦で、主力艦上爆撃機。マリアナ沖海戦以降は、搭載する空母がほとんどなく、地上基地に配備され、戦争末期には、特攻機としても多数、使用された。

参考文献 野沢正編『日本航空機辞典』上(一九九六、モデルアート社) (水沢 光)

すいちゅうたんしんぎ・すいちゅうちょうおんき 水中探信儀・水中聴音機 潜水艦対策兵器。これらのシステムを一括してソナーとも呼ばれる。日本海軍は水中の岩礁・氷山の測定と潜水艦の探索目的のため、第一次大戦中に欧米から購入した音波機械を分析。探信儀は水中に発した電波が固形物に当たって反射した電波の分析によって具体的な形状、移動方向を探知。ブラウン管の発達により、これを組み合わせて探知の目視化が可能となった。探信儀によって電波を発することはみずからの位置を提示することとなり、これを避ける場合は聴音機(パッシブソナー)を使用。聴音機は艦船の動力音を探知することによって探索を行なった。日本海軍は九三式等の水中探信儀・水中聴音機を戦時中は採用していたが、連合国軍のものと比べて性能が低く、各艦船への普及も遅れた。そのために日本は前線の艦船のみならず、海上交通網においても甚大な被害を受けた。

参考文献 前島正裕「旧日本海軍における電波探信儀の開発過程―大野茂資料を中心に―」(『国立科学博物館研究報告』二〇、一九九七) (佐藤 宏治)

すいらい 水雷 爆薬を容器に詰め、それを水中で爆発させて艦船を攻撃する兵器。魚形水雷(魚雷)、機械水雷(機雷)などがある。水雷攻撃を主な任務とする艦艇が水雷艇(一八九八年に艦種として設立)である。日本海軍では「千鳥」「真鶴」「友鶴」「初雁」「鴻」「鵯」「隼」などの水雷艇があった。

参考文献 篠原幸好他『連合艦隊艦船ガイド 一八七二―一九四五(改訂第二版)』(一九九五、新紀元社)、坂本正器・福川秀樹編『日本海軍編制事典』(二〇〇三、芙蓉書房出版) (宇田川幸大)

すうじくこく 枢軸国 ⇨日独伊三国同盟(にちどくいさんごくどうめい)

スータン=シャフリル Sutan Sjahrir ⇨シャフリル

すうみついん 枢密院 一八八八年四月、大日本帝国憲法や皇室典範などの法令を審議するために設置された機関。翌年の憲法発布後も、天皇の最高顧問府として勅令や国際条約、省庁の官制などにつき、天皇からの諮詢をうけて審議にあたった。枢密院にはみずから発議する権限はなかった。院内の構成は議長、副議長、書記官長、書記官、顧問官から成り、諮詢案件の表決時には国務大臣も顧問官としてこれに加わった。また、成年に達した親王も会議への出席が認められていたものの、実際には、明治初期や戦後の一時期のみの参加にとどまった。創設当初は、枢密院と内閣との関係は良好であったが、時の経過とともに枢密院の性格も変化していった。大正期以降は内閣に対する牽制機関としての性格を強め、台湾銀行救済の緊急勅令案の否決やロンドン海軍軍縮条約の批准問題では、内閣側と激しく対立した。戦後、新憲法案などの審議を最後に、一九四七年五月の日本国憲法の施行によって廃止された。

参考文献 諸橋襄『明治憲法と枢密院制―枢密院制度論―』(一九六四、芦書房)、三谷太一郎「明治期の枢密院」(『枢密院会議議事録』一五所収、一九九五、東京大学出版会)、由井正臣編『枢密院の研究』(二〇〇三、吉川弘文館) (茶谷 誠一)

すえかわひろし 末川博 一八九二―一九七七 大正・昭和期の民法学者。一八九二年十一月二十日、山口県に生まれる。第三高等学校を経て、一九一七年京都帝国大学法科大学を卒業、同年同大学院に入学。一九年京大法学部講師に就任、翌年同助教授。二二年からアメリカ・フランスなどに留学し、二四年帰国。翌年京大教授、民法講座担当。三〇年、参照条文・事項索引付の当時としては画期的な『岩波六法全書』を編集・刊行。三一年、「権利侵害論」によって法学博士の学位を取得。社会法の方法を取り入れた権利論を展開し、またソヴィエト・ロシアの労働法なども紹介した。三三年の滝川事件に際しては、佐々木惣一・恒藤恭ら七教授とともに辞職して京大を去り、同年九月、恒藤とともに大阪商科大学専任講師となった。三八年には満鉄主催夏季大学のため中国東北部各地で講演した。四二年にはフィリピン大使の招請により「比島調査委員会」の委員となり五十数日間マニラに滞在したが、調査報告書は作成できなかった。四五年十一月より立命館大学学長、四八年二月より同総長兼学長を務め、六九年退任。この間、大学運営に学生の意見を反映させるなどの大学改革を手がけ、五三年末には立命館大学校庭に「わだつみの像」を建立し、毎年十二月八日に像の前で「不戦の集い」を開催。また、民主主義科学者協会会長、世界平和委員会評議員などを務めた。七七年二月十六日死去。八十四歳。

[参考文献] 末川博先生追悼文集編集委員会編『追想末川博』(一九七九、有斐閣)、兼清正徳『末川博―学問と人生―』(一九七七、雄渾社)　(吉川　圭太)

すえつぐのぶまさ　末次信正　一八八〇―一九四四　明治から昭和期の海軍軍人、政治家。海軍大将。一八八〇年六月三十日、末次操九郎の次男として山口県に出生。広島第一中学校から九九年海軍兵学校卒(第二十七期)。第一艦隊参謀や「筑摩」艦長などを歴任し、一九二八年軍令部次長。三〇年舞鶴要港部司令官、三三年連合艦隊司令長官兼第一艦隊司令官、三四年横須賀鎮守府長官などを経て、三七年近衛内閣の内務大臣に就任。潜水艦戦術の理論家として知られ、潜水艦による対米艦隊漸減作戦を完成した。ワシントン会議には反対の立場をとり、軍令部次長時代のロンドン会議では加藤寛治とともに条約に反対し「統帥権干犯」問題の中心人物の一人となった。三九年東亜建設国民連盟を結成し会長となる。四〇年大政翼賛会中央協力会議議長に就任。四四年、嶋田繁太郎海軍大臣兼軍令部総長を米内光政海軍大臣、末次軍令部総長の体制に変えようとする動きがあったが、天皇の反対により実現しなかった。四四年十二月二十九日没。六十五歳。著書に『世界戦と日本』(一九四〇年、平凡社)などがある。

[参考文献] 永井煥生「戦史研究(日本海軍のドクトリン)　対米漸減要撃作戦の源流―末次信正大将と潜水艦による漸減要撃作戦構想―」(『波濤』二五ノ三、一九九九)　(塩出　環)

スカルノ　Soekarno　一九〇一―七〇　インドネシアの初代大統領。一九〇一年六月六日、東ジャワ生まれ。日本軍政期に日本が協力者として最も信頼し、大きな役割を与えたインドネシアの民族主義者。教員の息子として生まれ、オランダ式の高等学校教育を受けたのち、当時国内での教育の最高峰であったバンドゥン工科大学で学んだ。一九二七年にインドネシア国民党を設立し、オランダ植民地支配からの独立をめざしオランダとの非協力を貫く路線で闘争を指導した。オランダ政庁によって危険視され、一九二九―三一年には投獄される。一旦釈放されたのち再度逮捕され三三年からフローレス島のエンデに、ついでスマトラのベンクルーへ流刑になった。オランダから権力を奪ってジャワの軍政を担当することになった日本の陸軍第十六軍司令官は、統治にあたって、民衆に大きな影響力を持つスカルノの協力を得たいと考え、彼をスマトラの流刑地から救出しジャカルタへ連れ戻した。スカルノは、日本のアジア主義的なスローガンにわずかな希望を託し、協力を受け入れ、プートラ運動のリーダー、ジャワ奉公会総裁、中央参議院議長などの要職を歴任した。四四年九月に日本が将来の独立を約束したのち、憲法起草など国づくりに向けて奔走していたが、終戦によってこの計画が中断したため、終戦二日後の八月十七日に日本軍の意に反して独立宣言を行い、初代大統領となった。オランダとの文武両面の闘いを経て四九年にオランダからの正式な主権委譲をかちとった。対日協力の中で、ロームシャ徴発などの過酷な政策にも加担したという汚点はあったものの、インドネシアを独立に導いたという功績のゆえにその責任は追及されなかった。非常にカリスマ的な指導者で国民の人望も厚く、また五五年には歴史的なアジア・アフリカ会議をバンドゥンで開催し、第三世界の盟主として世界的に名をはせたが、容共的な政策を嫌う軍部やイスラーム勢力の反対にあって、六五年十月のクーデター未遂事件(九・三〇事件)を機に失脚し、七〇年六月二十一日に六十九歳で死去した。しかし現在は再びその功績が見直され、インドネシアの独立の父として国民的評価を得ている。

スカルノ

[参考文献] 白石隆『スカルノとスハルト―偉大なるインドネシアをめざして―』(『現代アジアの肖像』一一、一九九七、岩波書店)　(倉沢　愛子)

すがわらみちおお　菅原道大　一八八八―一九八三　陸軍軍人。一八八八年十一月二十八日生まれ、長崎県出身。父は小学校教員菅原道胤。一九〇九年陸軍士官学校卒(第二十一期)、一九年陸軍大学校卒業。二五年新設の航空兵科に転科。三三年大佐・飛行第六連隊長、三七年少将・第二飛行団長、三八年第三飛行団長。三九年中将となり下志津陸軍飛行学校長。四〇年第一飛行集団長、四一年第三飛行集団長を経て、四二年第三飛行師団長・第三航空軍司令官に就任。パレンバン空挺作戦、シンガポール作戦では航空作戦の最高司令官として活躍。四三年航空士官学校長、四四年航空本部次長、航空総監兼航空本部長、第六航空軍司令官。二〇年の沖縄戦では陸軍機による米軍艦艇への特攻作戦を、また義烈空挺隊を乗せた爆撃機を米軍占領下の飛行場に強行着陸させる義号作戦を指揮した。八三年十二月二十九日没。九十五歳。

[参考文献] 大貫健一郎・渡辺考『特攻隊振武寮―証言・帰還兵は地獄を見た―』(二〇〇九、講談社)　(柏木　一朗)

すぎたいちじ　杉田一次　一九〇四―九三　陸軍軍人。一九〇四年三月三十一日、農業杉田徳太郎の長男として奈良県に生まれる。二五年陸軍士官学校卒(第三十七期)、三二年陸軍大学校卒業。三四年大尉・参謀本部情報部英米班、三七年米国陸軍第一師団第二十六連隊付・米国大使館付武官補佐官、三八年少佐・英国大使館付武官補佐官、三九年参謀本部情報部欧米課英米班長。四一年に中佐・第二十五軍参謀となり、マレー作戦に参加。シンガポール陥落の際、英軍の降伏交渉に立ち会う。四二年大本営参謀・第八方面軍参謀、四三年大本営陸軍部・参謀本部情報部英米課課長、四四年大佐・大本営陸軍部・作戦部作戦課高級参謀(兼作戦班長)、四五年第十七方面軍高級参謀(司令部ソウル)に就任、親独派が主流を占める陸軍部内で数少ない英米通の情報将校として活躍した。戦後の六〇年に陸上自衛隊幕僚長となる。九三年四月十二日没。八十九歳。

参考文献 杉田一次『情報なき戦争指導—大本営情報参謀の回想—』(一九八七、原書房)、『杉田一次遺稿集』(一九九三、日本世界戦略フォーラム)

(柏木　一朗)

すぎのただお　杉野忠夫　一九〇一—六五　農業経済学者、開拓運動家、満洲国開拓局参与。一九〇一年四月六日、田中小太郎の次男として大阪府で出生。二二年、東京帝国大学法学部政治学科に入学。新人会に入り、社会主義運動に投身。二五年、東京帝国大学卒業後、京都帝国大学農学部大学院(農史・農政学専攻)に進学。橋本伝左衛門の指導のもと、チャヤーノフの翻訳や愛知の農村調査に没頭。同研究室副手、助手を経て、三五年五月に助教授。三六年一月、石黒忠篤に請われ、大学を辞して、財団法人農村更生協会主事に。分村移民運動の実動部隊として特に広報活動を指揮。四〇年四月、満洲国開拓総局参与として満洲に渡る。四四年九月に帰国、石川県修練農場長。戦後は、農村更生協会理事、東京農業大学農業拓殖学科長(五六年二月就任)として、農村青少年の海外移民指導を行う。六五年六月二十九日、急性心不全のため死去。六十四歳。

参考文献 『杉野忠夫博士遺稿集』(一九六七)、杉野忠夫『海外拓殖秘史—ある開拓運動者の手記—』(一九五九、文教書院)、藤原辰史「学に刻まれた「満洲」の記憶—杉野忠夫の「農業拓殖学」—」(山本有造編『満洲—記憶と歴史—』所収、二〇〇七、京都大学学術出版会)

(藤原　辰史)

すぎはらちうね　杉原千畝　一九〇〇—八六　大正・昭和前期の外交官。一九〇〇年一月一日、岐阜県生まれ。日露協会学校特修科を修了した後に外務省入省。ハルビン総領事館二等通訳官、満洲国外交部事務官、在ヘルシンキ総領事館(フィンランド)を経て、三九年一月に在カウナス領事館(リトアニア)領事代理となる。救いを求めてカウナス領事館にやって来たユダヤ人難民たちに同情した杉原は、本省からの訓令に反して通過ビザを発給した。この杉原の行為によって数千人のユダヤ人の命が救われた。四〇年八月のカウナス領事館閉鎖後は、在ケーニヒスベルク総領事館、ルーマニア公使館勤務を経て四七年に外務省を依願退職。その後は外務省による冷遇を受ける中でさまざまな職を転々とし、不遇な後半生を送る。その一方でイスラエル政府は、カウナス領事館勤務時の杉原の人道的行為を称え、杉原を「諸国民の中の正義の人」に列した。八六年七月三十一日死去。八十六歳。

参考文献 杉原幸子『六千人の命のビザ』(一九九四、大正出版)、杉原誠四郎『杉原千畝と日本の外務省—杉原千畝はなぜ外務省を追われたか—』(一九九九、大正出版)、渡辺勝正『杉原千畝の悲劇—クレムリン文書は語る—』(二〇〇六、大正出版)

(服部　聡)

すぎやましげまる　杉山茂丸　一八六四—一九三五　明治・大正・昭和期の国士。号は其日庵。夢野久作(本名杉山直樹)の父。一八六四年九月十五日(元治元年八月十五日)、杉山三郎平の長男として福岡城下に出生。八五年頭山満に初対面し、自己の偏狭・過激な主義(テロリズム)を放棄。終生頭山とは親密な関係を続け、玄洋社の活動に協力し、特にその経済基盤を支える。九五年日清講和の際、遼東半島割譲に反対し、台湾領有の必要性を全権伊藤博文に説く。一九〇五年後藤新平に満鉄総裁への就任を打診。伊藤や松方正義、山県有朋、桂太郎、児玉源太郎、田中義一らと太いパイプをもち、日本興業銀行や台湾銀行の創立、博多湾築港計画に関わるなど資本主義経済の発展のもと才覚を発揮し、長らく政界の黒幕として活動。晩年は陸軍内部の対立を憂慮し、真崎甚三郎らに結束を促したり、松岡洋右に満鉄総裁就任を要請。三五年七月十九日没。七十二歳。福岡県立図書館に「杉山文庫」がある。

参考文献 一又正雄『杉山茂丸—明治大陸政策の源流—』(一九七五、原書房)、野田美鴻『杉山茂丸伝—もぐらの記録—』(一九九二、島津書房)、堀雅昭『杉山茂丸伝—アジア連邦の夢—』(二〇〇六、弦書房)、坂上知之「法螺丸の虚実—杉山茂丸抄—」(杉山茂丸『其日庵の世界』所収、二〇〇六、書肆心水)

(昆野　伸幸)

すぎやまはじめ　杉山元　一八八〇—一九四五　明治から昭和期にかけての陸軍軍人。元帥陸軍大将。一八八〇年一月二日、小倉女学校長杉山貞の長男として福岡県に生まれる。一九〇〇年陸軍士官学校卒(第十二期)、一〇年陸軍大学校卒(第二十二期)。インド駐在、航空第二大隊長、国際連盟空軍代表随員等を経て、二一年大佐。二二年陸軍省軍務局航空課長、二三年軍務局軍事課長、二五年航空本部補給部長(同年少将)、二六年航空本部付、

杉　山　元

二七年国際連盟陸軍兼空軍代表と、航空関連の配置が多い。二八年軍務局長、三〇年陸軍次官(同年中将)、三二年第十二師団長、三三年航空本部長、三四年参謀次長兼陸軍大学校長。二・二六事件では参謀次長として反乱軍鎮圧を指揮。事件後、教育総監となり、十一月には大将に昇進。翌年、林銑十郎内閣および近衛文麿内閣で陸軍大臣に就任。盧溝橋事件の拡大には、国民の支持獲得に対する不安から消極的だったが、陸軍では強硬論が主流化、日中全面戦争となる。三八年十二月、北支那方面軍司令官となり、華北の治安確保にあたる。四〇年十月、参謀総長に就任し、陸軍三長官(陸軍大臣・参謀総長・教育総監)をすべて経験するが、「ロボット」「便所の扉」と綽名され、自身の意志を示した場面は少ない。アジア・太平洋戦争の開戦決定過程では、中堅層の圧力もあり、対米英戦に慎重な昭和天皇の説得にあたるが、曖昧な発言でたびたび天皇の叱責を受ける。四三年六月元帥。作戦を指導してきたが戦局の悪化により、四四年二月、東条英機陸軍大臣の参謀総長兼任で杉山は辞任。同年七月教育総監、直後に小磯国昭内閣の陸軍大臣に就任。四五年四月、本土決戦で東日本を担当する第一総軍司令官に就任。降伏後、復員が一段落した四五年九月十二日、ピストルで自決。妻啓子も後を追って自決。六十六歳。参謀総長時代の筆記記録である『杉山メモ』(一九六七年、原書房)はアジア・太平洋戦争研究に欠かせない重要史料。
→杉山メモ

参考文献 『杉山元帥伝』(『明治百年史叢書』、一九六九、原書房)、森靖夫「国家総力戦への道程—日中全面戦争と陸軍省軍政官僚たちの葛藤—」(小林道彦・黒沢文貴編『日本政治史のなかの陸海軍—軍政優位体制の形成と崩壊 一八六八～一九四五—』所収、二〇一三、ミネルヴァ書房)　(石原　豪)

すぎやまへいすけ　杉山平助　一八九五—一九四六　昭和期の文芸評論家。一八九五年六月一日、大阪府に生まれる。慶応義塾大学理財科中退。大正初年から昭和の初めにかけての青年期はほとんどが闘病生活であった。一九二五年、長篇処女小説『一日本人』を刊行、生田長江の知遇を得る。昭和の初めには匿名批評で名をあげる。三一年十二月から『東京朝日新聞』に雑誌短評欄「豆戦艦」が設立され、翌月より氷川烈の筆名で執筆担当、評判をよぶ。それに伴い実名でも花形コラムニストとなる。三一年満洲事変が勃発すると、三二年一月二十五日・二十六日付の『東京朝日新聞』の文芸時評で「ひとつの告白—砲声を耳にしつゝ—」で知識人の反応や大衆の動向を述べている。以後、文芸評論で活躍し、『氷河のあくび』(三四年、日本評論社)、『人物論』(三四年、改造社)、『文学的自叙伝』(三六年、中央公論社)、『文芸五十年史』(四二年、鱒書房)など多くの著書を出版するが、次第にファッショ的な色彩を強めていった。日中戦争期には「東亜協同体」論への批評も多く発表している。四六年十二月二十一日没。五十二歳。

参考文献 都築久義「杉山平助論」(『愛知淑徳大学論集』六、一九八二)　(大澤　聡)

すぎやまメモ　杉山メモ　陸軍軍人の杉山元が参謀総長在職時代に記録したメモのことで、その翻刻版が『杉山メモ』上下巻として原書房から刊行されている。杉山メモには、大本営政府連絡会議や御前会議の議事内容を筆記したものを中心に、軍令部総長との会談や上奏時の御下問奉答を筆記したものも含まれている。なお、メモの原本は杉山の自決までに処分されたらしく、杉山参謀総長時代における歴代の参謀本部戦争指導班(第二十班)長が杉山の伝達事項を筆記、浄書したうえ、杉山の点検をうけた後に修正加筆した記録が整理、保管されており、これが活字化された。対米英開戦の直前から戦争末期に至るアジア・太平洋戦争期の戦争指導の実態や当時の陸海軍上層部の動向を知るうえで、杉山メモは非常に貴重な資料として位置づけられてきた。また、近年では、統帥部に勤務していた軍人の日記や組織の記録も刊行され、『杉山メモ』と合わせ、軍事史研究の質を飛躍的に高めている。

参考文献 参謀本部編『敗戦の記録』(一九六七、原書房)、『杉山元帥伝』(一九六九、原書房)　(茶谷　誠一)

すぎやまもとじろう　杉山元治郎　一八八五—一九六四　農民運動家、政治家。一八八五年十一月十八日、大阪府で出生。大阪府立農学校卒業後、和歌山県農会技師。一九〇二年洗礼を受ける。〇六年東北学院に入学。卒業後、福島県小高教会の牧師。二二年賀川豊彦とともに日本農民組合を結成し初代組合長。以後、全日本農民組合、全国農民組合の組合長を歴任。三二年、三六年、三七年衆議院議員当選。三八年全国農民組合を解体し、大日本農民組合を結成し、組合長。大日本農民組合は満洲移民を推進した。三九年十一月の農地制度改革同盟の結成に参加したがのちに脱退。四二年の翼賛選挙では推薦候補で当選。四五年、岸信介の護国同志会に参加。四八年五月から五〇年十月まで公職追放。五二年、五三年、五五年と衆議院議員当選。五五年に衆議院副議長。五八年、六〇年と当選したが、六三年総選挙で落選。六四年十月十一日没。七十八歳。

参考文献 『土地と自由のために—杉山元治郎伝—』(一九六五)、『大正デモクラシーと東北学院—杉山元治郎と鈴木義男—』(二〇〇六、東北学院)、横関至「杉山元治郎の公職追放」(『農民運動指導者の戦中・戦後—杉山元治郎・平野力三と労農派—』所収、二〇一一、御茶の水書房)　(横関　至)

すけかわけいしろう　助川啓四郎　一八八七—一九四三　戦前・戦時期の農政議員。一八八七年八月二十三日、福島県に出生。一九〇六年早稲田大学専門部政治経済科卒業、早稲田消費組合理事を経て一五年に帰郷し福島県田村郡片曽根村長。二三年福島県会議員。三〇年第十七回総選挙に立候補し繰上当選(立憲政友会)、三四年中島知久平の設立した国政一新会に参加(政友会中島派)。三七年三月、吉植庄亮・風見章らと産業組合系の議員集団、農村振興議員同盟(のち農村議員同盟)を結成、同年六月第一次近衛内閣の農林参与官に就任。四一年農村議員同盟幹事長、大政翼賛会参与。農業団体法の成立に尽力し、四三年中央農業会理事。同年十月五日、日満総合食糧対策に関する翼賛政治会調査団の一員として渡航中、乗船した関釜連絡船崑崙丸が玄界灘で撃沈され殉職。五十七歳。

[参考文献] 助川啓四郎『戦時体制下の農村対策』(一九三六、日本青年教育会出版部)、同『決戦時の農業構造』(一九四四、故助川啓四郎君農政彰徳碑建立ノ会)、古川隆久『昭和戦中期の議会と行政』(二〇〇五、吉川弘文館)

(伊藤 淳史)

すずきかんたろう 鈴木貫太郎 一八六八—一九四八 明治・大正・昭和期の海軍軍人、政治家、戦時下最後の首相。一八六八年一月十八日(慶応三年十二月二十四日)大阪生まれ。八七年海軍兵学校卒(第十四期)、九八年海軍大学校卒。日清・日露戦争に従軍。海軍省人事局長を経て、一九二三年海軍大将、二四年連合艦隊司令長官、二五年海軍軍令部長。二九年予備役となり侍従長兼枢密顧問官に就任。三〇年ロンドン海軍軍縮問題では、加藤寛治軍令部長の上奏を思い止まらせたために穏健派と目され、二・二六事件で襲撃を受けた。三六年侍従長を辞して男爵となり、四〇年枢密院副議長、四四年同議長。四五年四月首相就任。天皇から「和の機会を掴む」ことを期待されたともいわれるが、国民には「あくまでも戦いぬくという固き決意」を求めた。戦後、新憲法制定による皇室の危機を回避するべく枢密院議長に就任、憲法草案が枢密院本会議で可決されると依願免官となった。同年公職追放。四八年四月十七日没。八十二歳。

鈴木貫太郎

[参考文献]『鈴木貫太郎伝』(一九六〇)、『鈴木貫太郎自伝』(『人間の記録』二四、一九九七、日本図書センター)

(山本 公徳)

すずきかんたろうないかく 鈴木貫太郎内閣 小磯国昭内閣が倒れた直後の一九四五年四月七日に成立した内閣。老齢(七十九歳)の鈴木貫太郎海軍大将が首班(総理)となった。昭和天皇は、連合艦隊司令長官、軍令部長、侍従長、枢密院議長など国家の要職を歴任した経験豊かな鈴木を特に信任して大命降下した。鈴木内閣の主要な布陣としては、陸軍大臣に阿南惟幾陸軍大将、海軍大臣に米内光政海軍大将、外務大臣に東郷茂徳が就任した。鈴木内閣が成立した時期は、四五年三月下旬の硫黄島陥落、沖縄戦も始まった直後で、米軍は日本本土に迫っていた。一方、同盟国ドイツの情勢も、風前の灯であり、米英ソ軍はドイツ本土に進攻して、ソ連軍によるベルリン攻略戦(四月十六日開始)が始まろうとしていた。鈴木内閣自体は、東条英機内閣、小磯国昭内閣が陸軍系統の内閣であったのに対し、鈴木自身が海軍出身の非陸軍系(海軍系)の首相であったので、和平内閣の出現と海外では受け止められた。鈴木内閣の課題は、迫りくる米軍に対して本土での決戦態勢を確立していきながら、早期戦争終結への段取りをつけることであった。

鈴木内閣は、「本土決戦・一億玉砕」をスローガンにして、本土決戦構想を推進するために政府(内閣)に強大な権限を与えた戦時緊急措置法を公布(六月二十二日)して集権化を図るとともに、義勇兵役法を公布(六月二十三日)して、未召集の十五—六十歳の男性、十七—四十歳の女性を国民義勇戦闘隊に編入して兵力化を図り、女性の戦闘員化もなされた。しかし日本の戦争経済はすでに破壊され、国民に供給するまともな武器もなく、出刃包丁、ナタ、竹槍などが義勇隊員に配布されることとされ、いわゆる「竹槍訓練」も日本各地で頻繁に行われていた。それは国民の総武装化を図ることで、崩壊しかけた国民の戦意を昂揚するという狙いもあったが、現実は、ドイツの降伏(五月七日)、沖縄陥落(六月二十三日)、国内における食糧不足、本土空襲の激化による国民の犠牲者の増大、インフラへの被害も拡大しているため、国民の戦意昂揚は困難であり、鈴木内閣が早期の戦争終結路線に傾斜していくのはむしろ当然であった。

鈴木貫太郎内閣

ドイツ降伏直後の四五年五月九日、鈴木内閣は「帝国政府声明」発表をしてドイツの降伏に関係なく単独で抗戦を続けるとの強がりともいえる声明を発表していたが、水面下では、ドイツ降伏を転機として極秘の最高戦争指導会議が開催されてソ連を仲介者とした対英米終戦工作の準備が進められていた。六月六日の最高戦争指導会議と八日の御前会議では、本土決戦構想が国策として確認されたが、一転して六月二十二日には天皇召集による御前会議が開催されて、ソ連仲介の終戦工作が国策として確認された。鈴木内閣は、このソ連仲介の終戦工作に期待をかけ、ソ連側の返答に期待をかけた。七月二十六日には英米中の連合国によってポツダム宣言が発表されるも、鈴木首相は、この宣言を「黙殺」すると発表した。

四五年八月に入り六日と九日には広島・長崎に原爆が投下され、八日にはソ連が対日参戦を布告したので、ソ連仲介の終戦工作が破綻し、軍部を中心とした本土決戦論も事実上瓦解したのを見計らい、鈴木内閣は、早期講和路線にさらに傾斜した。鈴木内閣は、八月十日と八月十四日の二度の「聖断」により降伏を決定させて、「終戦の詔書」を作成した。「終戦の詔書」は、八月十五日正午降伏受容を伝える天皇の声とともに全国に流れた。同日、鈴木内閣は総辞職して終戦実現の大任を果たしその使命を終えている。

従来の終戦史研究では、内閣内で阿南惟幾陸軍大臣と東郷茂徳外務大臣らが意見対立しながら、最終的に「聖断」によって終戦を迎え、それは和平派・主戦派との(内閣内)対立論・対立図式が通説であったが、近年こうした見解は否定されつつある。むしろ「聖断」を引き出すために強硬派をかかえた陸軍も含めた指導者層の「聖断」合作論(政治的な演出)として終戦過程の説明がなされる動きもあり、鈴木内閣の評価そのものも変わりつつある。また鈴木内閣は一般的には和平(終戦)内閣と評価されているが、本土決戦準備が八月十五日まで進められ、戦後幻であったかのように国民の記憶から急速に忘れ去られた事実にも目をむける必要もある。鈴木内閣が近代戦観念を逸脱し国民を道連れにした国民総武装態勢の確立を着実に進めていたという冷酷さは見落とされがちである。

参考文献　藤原彰・粟屋憲太郎・吉田裕編『昭和二〇年一九四五年』(一九九五、小学館)、歴史教育者協議会編『幻ではなかった本土決戦』(一九九五、高文研)、吉田裕・森茂樹『アジア・太平洋戦争』(『戦争の日本史』二三、二〇〇七、吉川弘文館)、山本智之『日本陸軍戦争終結過程の研究』(二〇一〇、芙蓉書房出版)、鈴木多聞『「終戦」の政治史一九四三—一九四五』(二〇一一、東京大学出版会)

（山本　智之）

すずきくらぞう　鈴木庫三　一八九四—一九六四　陸軍軍人。情報局情報官として「日本思想界の独裁者」(清沢洌)と呼ばれた陸軍将校。一八九四年一月十一日、茨城県にて農業鈴木利三郎の七男に生まれる。里子に出され苦学の末、下士官から陸軍士官学校を受験して卒業(第三十三期)後、輜重兵少尉となり、夜学で日本大学文学部倫理教育科を首席卒業。陸軍自動車学校教官から東京帝国大学文学部陸軍派遣学生となり『軍隊教育学概論』(一九三五年、目黒書房)を出版。一九三八年陸軍省新聞班(九月に情報部へ改組)付となり雑誌指導を担当。四〇年情報局情報官(第二部第二課)となり日本出版文化協会文化委員、陸軍中野学校教官なども兼任。四二年海軍側との対立から満洲に連隊長として転出。戦後は熊本県菊池郡で農業を営み、大津町公民館長となる。『教育の国防国家』(四〇年、目黒書店)など多数の著作がある。六四年四月十五日没。七十歳。

参考文献　佐藤卓己『言論統制—情報官・鈴木庫三と教育の国防国家—』(『中公新書』、二〇〇四、中央公論新社)

（佐藤　卓己）

すずきしげたか　鈴木成高　一九〇七—八八　昭和期の西洋史家。一九〇七年三月十一日、高知県で出生。高知高等学校文科甲類を経て、二六年京都帝国大学文学部入学。早死した坂口昂(さかぐちたかし)・植村清之助の指導を受け、「西洋中世史」を研究題目として大学院特選給費生、三二年に若年にして京都帝国大学文学部講師となる。三六年第三高等学校教授。『ランケと世界史学』を弘文堂教養文庫で三九年に刊行、一躍注目を集めた。四一年には『歴史的国家の理念』(弘文堂)にくわえランケ『世界史概観』(岩波文庫)を相原信作と共訳。四二年京都帝国大学助教授に転じ、四三年に『世界史的立場と日本』(中央公論社)にまとめられる「京都学派」哲学グループの座談会や『文学界』の「近代の超克」座談会に参加。四七年病のため京大を辞任、翌四八年に戦前の研究を集成した主著となる『封建社会の研究』(弘文堂)を上梓。五四年早稲田大学文学部教授。八八年三月七日死去。八十歳。

参考文献　「追悼鈴木成高先生」(『創文』二八八、一九八八)、『西田幾多郎　西谷啓治他　世界史の理論』(『京都哲学撰書』、二〇〇〇、燈影舎)、今井修「「世界史の哲学」と「皇国史観」」(苅部直・片岡龍編『日本思想史ハンドブック』所収、二〇〇八、新書館)、土肥恒之『西洋史学の先駆者たち』(『中公叢書』、二〇一二、中央公論新社)

（今井　修）

すずきていいち　鈴木貞一　一八八八—一九八九　陸軍軍人、企画院総裁。一八八八年十二月十六日千葉県生まれ。横芝の私塾成蹊学舎を経て一九一〇年陸軍士官学校卒業(第二十二期)、一七年陸軍大学校卒業。主に参謀本部でキャリアを重ね、中国問題に通じていた。一九年研究生として十ヵ月間大蔵省派遣、経済的知識を得る。二七年参謀本部作戦課部員、佐官級の将校を中心に木曜会を結成し、国防・満蒙問題などを議論。政界や革新官僚とも交流を持つ。三一年軍務局勤務、十二月満蒙班長、荒木貞夫陸相の懐刀として活動。三三年新聞班長を経て三八年十二月興亜院政務部長、四〇年十二月興亜院総務長官心得、四一年四月予備役、企画院総裁。当初は日米開戦に消極的だったが、東条内閣組閣後の国策再検討では開戦有利と主張した。四三年企画院総裁を辞し貴族院議員、内閣顧問。敗戦後、A級戦犯として終身刑を宣告される。五六年釈放。八九年七月十五日没。百歳。

参考文献 木戸日記研究会・日本近代史料研究会編『鈴木貞一氏談話速記録』(『日本近代史料叢書』Bノ四、一九七一・七四)、伊藤隆・佐々木隆編「鈴木貞一日記」(『史学雑誌』八七ノ一・四、一九七八) （森山 優）

すずきひらく 鈴木啓久 一八九〇—一九八二 陸軍軍人。一八九〇年九月二十日福島県に生まれる。仙台地方幼年学校、中央幼年学校を経て、一九一一年陸軍士官学校卒(第二十三期)。その後、三八年歩兵大佐・独立守備歩兵第十二大隊長、四〇年第十五師団歩兵第六十七連隊長を経て、四一年少将・第二十七歩兵団長となる。四三年中ごろまで河北省で警備討伐にあたり、長城沿いに無住地帯を設定するなど、抗日根拠地や遊撃地区に対する「三光作戦」を指揮した。四四年一月河南省新郷地区にあった独立歩兵第四旅団長となり、同年七月同旅団を改変して第百十七師団が新設されると同師団長心得となり、四五年四月中将・同師団長となった。同年六月関東軍に移り、八月公主嶺でソ連軍の捕虜となった。五〇年七月中国に引き渡され、撫順戦犯管理所に勾留。五六年六月特別軍事法廷で禁錮二十年の刑となるが、六三年六月刑期満了前に釈放された。八二年十二月五日没。九十二歳。

参考文献 新井利男・藤原彰編『侵略の証言—中国における日本人戦犯自筆供述書—』(一九九九、岩波書店) （豊田 雅幸）

すずきもさぶろう 鈴木茂三郎 一八九三—一九七〇 大正・昭和期の社会運動家、政治家。一八九三年二月七日、愛知県生まれ。一九一三年早稲田大学専門部政治経済科二年に編入、卒業後は報知新聞などに勤めた。二〇年に渡米後、在米日本人社会主義者集団に参加、また読売新聞記者として二二年の極東諸民族大会に出席した。帰国後は東京日日新聞に勤めながら結党間もない日本共産党、政治問題研究会、農民労働党などに参加するが、次第に共産党とは離れ、二六年の『大衆』発刊、翌年の『労農』創刊に尽力。二八年には新聞社を辞して無産大衆党書記長、日本大衆党常任中央執行委員に就任したが、清党問題で辞任、除名後は東京無産党を結党、三〇年から翌年にかけ全国大衆党、全国労農大衆党で常任中央執行委員に就任。満洲事変には対支出兵反対闘争委員会を設置。三二年結成の社会大衆党に参加したが幹部にならず、翌年日本経済研究所所長となる。三六年の総選挙では加藤勘十の選挙事務長を引き受けたため党を除名された。その後、加藤と労農無産協議会を結成し、社大党との合同を画策したが拒否され、三七年日本無産党を結党し書記長に就任。同年人民戦線事件で検挙、控訴中に敗戦を迎えた。敗戦後は日本社会党結党に参加し中央執行委員に就任。四六年の総選挙で立候補当選、以後九回連続当選。党内では左派指導者として党書記長、委員長を歴任し、分裂後は左派社会党委員長、五五年の党統一後も委員長を勤めた。七〇年五月七日死去。七十七歳。

参考文献 鈴木徹三『片山内閣と鈴木茂三郎』(一九九〇、柏書房) （福家 崇洋）

すずきりょうとく 鈴木良徳 一九〇二—九一 戦時期における満洲国スポーツ界の中心的人物。一九〇二年一月二十五日、栃木県に生まれる。九州帝国大学卒業。父親が経営する会社を退社した後、『大日本体育協会史』(三六年刊)の編集に携わりながら、『オリムピック読本』等を著す。三七年末にオリンピック東京大会組織委員会競技部の書記に就任し、翌年カイロで開催されたIOC総会に随行した。オリンピック東京大会返上に伴う同組織委員会解散後、三九年二月に大満洲帝国体育連盟の主事に抜擢され、その後事務局長に就任し、満洲国スポーツ界の代表として、日満華交驩競技大会(三九年九月)、紀元二千六百年奉祝東亜競技大会(四〇年六月)等の開催に携わり、東洋体育協会、東亜体育代表者会議等に参加した。この間、東亜化学工業株式会社取締役も務める。四六年十月に帰国。戦後、国民体育大会委員長、第二回アジア大会調査員、陸上競技連盟理事長等を務めた。九一年九月十四日没。八十九歳。

参考文献 鈴木良徳「返上した東京オリンピック時代」(郷隆追想録編集員会編『郷隆』所収、一九七五)、高嶋航『帝国日本とスポーツ』(二〇一二、塙書房) （坂上 康博）

スターリン Joseph Stalin 一八七八—一九五三 旧ソヴィエト社会主義共和国連邦の政治指導者。一八七八年十二月十八日生まれ。グルジア出身。レーニン死後のソ連共産党書記長で、これまで現存した社会主義の代表的国家であるソ連邦の骨格をつくり、東欧やアジアのほかの社会主義国、世界の共産党に対しても大きな影響を与えた。スターリンとは「鋼鉄の人」という意味の筆名で、本姓はジュガシヴィリ。ロシア正教の神学校に学んだのちに共産主義に近づき無神論者となる。レーニン率いるロシア社会民主労働党ボリシェヴィキ派(のちのロシア共産党)に加わり、一九一七年二月革命時はシベリア流刑中であったが、十月革命にはレーニン、トロツキーらとともにペトログラード(のちにレニングラード、現在サンクト＝ペテルブルグ)の指導者として社会主義革命に参加、革命政府の民族人民委員、ソ連共産党政治局員、二二年四月レーニンにより党書記長に任命される。当初の書記局は政治局に従属した実務行政機構であったが次第に権力を増強し、二二年五月にレーニンが脳梗塞で倒れると、スターリンはレーニンとの面会者を決定する権限を握っ

スターリン

た。いわゆる「レーニンの遺書」には、グルジア問題やレーニンの妻クルプスカヤへの乱暴な態度から「スターリンはあまりに粗暴過ぎる。この欠点は、われわれ共産主義者の仲間うちやその交際の中では我慢できるが、書記長の職務にあっては我慢ならないものとなる」と記された。それは二四年一月レーニン死後に中央委員会メンバーにのみ公表され、そのころスターリンはレーニンの葬儀を仕切り遺体をクレムリンに防腐保存するなど、レーニンの威信を背景に政敵トロツキー、カーメネフ、ジノヴィエフらに対し有利な立場に立った。二〇年代には一国社会主義かトロツキーの唱える世界革命への拡延かという論争で一国社会主義建設優先の立場をとり、トロツキー、カーメネフ、ジノヴィエフらをつぎつぎに共産党から追放した。レーニンの新経済政策(ネップ)を実行してきたブハーリンを日和見主義と批判し、農業集団化・工業化を優先する第一次五ヵ年計画を強行、二九年にはブハーリンをも失脚させた。二九年十二月のスターリン五十歳誕生日が、ソ連共産党および各国共産党の国際組織として出発したコミンテルンでのスターリン独裁、指導者個人崇拝確立の転換点となった。

三〇年代には独裁者として権力を拡大する一方、自分の権力を脅かす者に懐疑的になった。いわゆるスターリン粛清の端緒とされる三四年十二月キーロフ暗殺事件は、政治局員キーロフへの支持拡大をおそれたスターリンの陰謀という説が今日でも根強い。かつての政敵ジノヴィエフ、ブハーリンらの公開裁判による処刑をはじめ、共産党、赤軍、政府機関のみならず一般党員、亡命外国人、普通の市民までが「人民の敵」と烙印され、銃殺ないし強制収容所(ラーゲリ)に送られた。海外に逃れたトロツキーにはメキシコまで刺客を送り暗殺した。内務人民委員部(NKVD)が諜報機関として粛清を実行し、強制収容所の奴隷労働を管理した。国際的には反ファシズム統一戦線とフランス・スペイン人民戦線政府の時代であったが、ナチズム・ファシズムに対して民主主義擁護を唱える一方、国内では数百万人が自由を奪われ処刑された。粛清規模は未だに未確定で、かつての数千万人説は誇大な数字とされたが、五十万人説から七百万人説までソ連崩壊後の今日も論争が続く。

第二次世界大戦での連合国としての勝利が、大粛清やポーランド「カチンの森」虐殺、日露戦争への報復としての終戦時の千島列島占領・シベリア抑留などを覆い隠し、スターリンの名声は戦後も衰えなかった。米英とならぶ大国としての地位を確立し、中東欧、アジアの中国・朝鮮まで影響力を広げた。朝鮮戦争中の五三年三月五日に死去。七十四歳。その後、五六年ソ連共産党第二十回大会でのスターリン批判により独裁者スターリンの数々の圧政が明らかになったが、その最終的な歴史的審判は八九年東欧革命、九一年ソ連解体まで待たなければならなかった。

参考文献 『スターリン全集』(一九五二-五三、大月書店)、『スターリン戦後著作集』(一九五四、大月書店)、フルシチョフ『スターリン批判—フルシチョフ秘密報告—』(志水速雄訳、『講談社学術文庫』、一九七七、講談社)、アルド＝アゴスティ『評伝スターリン』(坂井信義訳、一九八五、大月書店)、E・H・カー『ロシア革命—レーニンからスターリンへ、一九一七～一九二九年—』(塩川伸明訳、『岩波現代文庫』、二〇〇〇、岩波書店)、ジョレス＝メドヴェージェフ、ロイ＝メドヴェージェフ『知られざるスターリン』(久保英雄訳、二〇〇三、現代思潮新社)

(加藤　哲郎)

スターリングラードこうぼうせん　スターリングラード攻防戦　第二次世界大戦中、ソ連のスターリングラード市(現ボルゴグラード市)をめぐって独ソ両軍の間で展開された激戦。ヨーロッパ戦線局面で連合軍が勝利する重大な転換点になった。ヒトラーは一九四二年夏、ボルガ川下流の工業都市で戦略的要衝でもあるこの都市を攻略目標とし、パウルス将軍指揮下第六軍三十万人を市内に突入させたが、激しい抵抗に遭い全市制圧には至らなかった。ソ連軍は深入りしてきた独軍を包囲殲滅する作戦を立て、十一月には弱体な独同盟国ルーマニア第五軍を市西方で破り、続いて第二軍を攻撃敗走させた。補給困難で袋の鼠同然になった独軍は四三年一月末降伏に追い込まれ、生存将官二十四人、将校二千五百人を含む九万千人がソ連軍の捕虜となる大打撃を受けた。ソ連側も戦死者・行方不明者四十七万八千七百四十一人、負傷者六十五万八百七十八人と膨大な損害を出しながらこの都市を死守。以後ソ連軍は戦略的主導権を握り、独軍を追撃しながらベルリンに向かった。

参考文献 ソ連共産党中央委員会附属マルクス・レーニン主義研究所編『スターリングラードの攻防戦』(川内唯彦訳、一九六四、弘文堂)、ジェフレー＝ジュークス『スターリングラード—ヒトラー野望に崩る—』(加登川幸太郎訳、一九七一、サンケイ新聞社出版局)、アントニー＝ビーヴァー『スターリングラード—運命の攻囲戦一九四二～一九四三—』(堀たほ子訳、二〇〇二、朝日新聞社)

(芝　健介)

破壊されたスターリングラード市街

スタルヒン　Victor Starffin　一九一六—五七　プロ野

球選手。一九一六年五月一日、ロシアに生まれる。一九二五年にロシアから一家で日本に亡命。旭川中学で頭角を現し、三四年の日米野球で全日本チームの投手に抜擢され、その後、沢村栄治とともに大日本東京野球倶楽部(のちの東京巨人軍)に入団した。無国籍のため徴兵を免れ、巨人軍では八年間で百九十九勝をあげたが、四〇年には須田博と改名し、四四年には「敵性人種」として軟禁された。戦後は、パリーグで五五年までプレーし、通算三百三勝をあげた。五七年一月十二日、交通事故により没。四十歳。

参考文献 ナターシャ＝スタルヒン『白球に栄光と夢をのせて―わが父V・スタルヒン物語―』(一九七九、ベースボール・マガジン社)、牛島秀彦『巨人軍を憎んだ男―V・スタルヒンと日本野球―』(『福武文庫』、一九九一、福武書店)

(坂上 康博)

スティムソン Henry Lewis Stimson 一八六七―一九五〇 アメリカの政治家。一八六七年九月二十一日、ニューヨーク市に生まれる。イエール大学とハーバード大学法科大学院で学んだ後、ウォールストリートの法律事務所で、高平・ルート協定締結で知られるのちの国務長官エリヒュー＝ルートの共同経営者となり、セオドア＝ローズヴェルト大統領をはじめとする共和党人脈を築いた。一九一一―一三年、ウィリアム＝タフト共和党政権の陸軍長官として軍の近代化を推進し、スティムソンは第一次世界大戦では陸軍大佐としてフランス戦線で砲兵隊を指揮した。第一次世界大戦を通じてウッドロウ＝ウィルソン大統領の外交・国防政策をしばしば批判したが、孤立主義とは一線を画し、アメリカ合衆国の国際的な役割を重視していた。二〇年代の共和党政権下、内戦で揺れる中米諸国の安定を提唱し、特使としてニカラグア内戦を終結させ、また、二七―二九年にはフィリピン総督を務めた。

二九―三三年、ハーバート＝フーヴァー政権の国務長官を務め、三一年に勃発した満洲事変を巡って、介入に消極的なフーヴァー大統領と見解を異にし、国際連盟への働きかけを提唱した。三二年一月、国際連盟が採用した不戦条約を根拠に、「スティムソン＝ドクトリン」、すなわち中国の独立・領土・主権の侵害、中国における門戸開放原則に反するいかなる事態の正当性も認めず、また日本が軍事的手段を用いて締結するいかなる条約も承認しない、という「不承認政策」を提起した。スティムソンは、フーヴァー大統領の忠告やアメリカ国内の孤立主義の強さによって武器禁輸解除など追加措置を講じることはできなかったが、この政策は、フランクリン・D・ローズヴェルト民主党政権にも引き継がれることになった。

三三年に六十五歳で国務省を去ると、三四年にプリンストン大学で教鞭をとり、三六年、満洲事変に対するみずからの政策について著書を出版した。スティムソンは、孤立主義的な共和党とは距離を置き、外交政策に関してはローズヴェルト政権を支持した。三九年十二月、ローズヴェルトは、三六年の共和党副大統領候補フランク＝ノックスと連絡を取り始め、四〇年六月、超党派政権を組織するため、ノックスを海軍長官に就任させる旨をスティムソンに伝え、陸軍長官就任を要請し、スティムソンはそれを受諾した。陸軍長官就任後、ヨーロッパ情勢こそが最優先であるというヨーロッパ第一主義を唱え、世論を臆することなく積極的介入を主張し、武器貸与法可決に尽力した。アジアに関しては国務省による厳しい対日経済制裁政策を支持した。日系人強制収容決定については、その必要性を認めたものの、国内法の観点から市民権を持つ日系人の収容に慎重な見解を示し、陸軍省として「できる限り人道的な」措置を講じるよう命じた。

スティムソンは陸軍長官として、かつてないほど軍人と文民の戦時協力体制を築いた。そのプロジェクトの一つに原子爆弾の開発が存在した。三九年の科学者らによるローズヴェルトへの進言以降、それまで科学者を中心に行われていた開発は、四二年より政府の全面的な指揮下に入り、レスリー＝グローヴス准将が調整役を、最終的な責任をスティムソンが負った。四四年、スティムソンは、原子爆弾が軍事的のみならず外交的にもきわめて重要な意味を持つと考えており、ソ連との原爆技術の共有に強く反対した。ローズヴェルト亡き後、大統領に就任したハリー・S・トルーマンに、日本上陸作戦は百万人の犠牲を伴うと指摘したことが、原爆投下の正当化の根拠になったと指摘されている。四五年九月二十一日、七十八歳で陸軍長官を辞任した。五〇年十月二十日死去。八十三歳。

参考文献 David F. Schmitz, *Henry L. Stimson: The First Wise Man* (Wilmington, Del., 2001, Scholarly Resources)

(高田 馨里)

スティルウェル Joseph Warren Stilwell 一八八三―一九四六 米国の軍人。陸軍司令官。一八八三年三月十九日、フロリダ州パラトカで生まれる。中国には、辛亥革命直後の短期訪問をはじめ、軍事諜報部の計画の一環で中国語を習得し二〇―二三年に北京に駐在しつつ各地をまわった。二六年に第十五歩兵連隊の大隊長として天津に着任した際は、連隊の参謀だったマーシャルの知遇を得、二九年まで在任した。また三五―三九年には陸軍武官として中国で勤務し日中戦争を実見した。その後、マーシャルが参謀総長に就任すると重用されるようになり、四二年二月末にインドに派遣され、三月、「中緬印(CBI)米陸軍(USAF)」を創設し、その司令部を重慶に設置した。同司令官を務めるとともに、CBI戦場における連合国最高司令官である蔣介石の参謀、対中武器貸与法援助の監督官、さらに四三年夏の東南アジア軍司令部の創設以後は司令官マウントバッテンの副官も兼務した。日本側によるビルマ作戦のために連合国軍は北部ビルマから撤退を余儀なくされ、「ビルマ＝ルート」が日本軍に占領されたために、対中援助はヒマラヤ越えの困難な空輸が中心となった。その後、スティルウェルは、対日反攻の戦略面で蔣と対立するようになり、陸路再開のために北部ビルマでの積極的な軍事行動を主張し、中英側に要求し続けた。やがて中国共産党の軍も含む中国軍に対して、みずからの指揮下で米軍式の訓練を施し、対日戦に活用することを企図するようになった。しかし、当時、共産党との対立を激化させて軍事衝突も辞さなかった蔣は、当然この案に反対で、航空戦力を中心にしたシェンノートの対日作戦案に与した。四四年春からの日本側による大陸打通作戦のために在中航空基地が壊滅的打撃を受けると、スティルウェルはマーシャルの支持を背景に強硬になり、全中国軍の指揮権を要求するに至り、蔣との対立は決定的になった。同年夏に調停役として派遣されたハーレーの勧告が決め手になり、マーシャルも擁護を諦め、十月に召還命令が出された。その決定の背景には、対日爆撃基地としての比重が太平洋側に移ったうえ、対日進攻の際にフィリピンを迂回して中国大陸に接岸し中国軍と合流するキングの案が最終的に却下されるなどして、中国戦場の重要性が相対的に低下したことがあった。CBI戦場の英雄の帰国は、十一月の大統領選挙に影響を及ぼす懸念があったため、マスコミから遠ざけられ、しばらく国内勤務で過ごした。四五年六月には沖縄の第十軍司令官に任命され、日本本土上陸作戦に備えつつ終戦を迎えた。その後、国内勤務に就いたが体調を崩し、四六年十月十二日に胃癌のため死去。六十三歳。

参考文献　バーバラ・W・タックマン『失敗したアメリカの中国政策―ビルマ戦線のスティルウェル将軍―』(杉辺利英訳、一九九六、朝日新聞社)、山極晃『米中関係の歴史的展開―一九四一年～一九七九年―』(一九九七、研文出版)、Mark M. Boatner III, *The Biographical Dictionary of World War II* (Novato, 1996, Presidio Press)

(加藤　公一)

スバルジョ　Ahmad Soebardjo　一八九六―一九七八　西ジャワ出身の民族主義者。一八九六年三月二十三日生まれ。一九一九年レイデン大学に留学。民族主義的な志向の強い留学生組織インドネシア協会で活躍。三四年に帰国し翌年から『マタハリ』紙の特派員として東京に滞在した。日本軍占領下で四三年初めからジャカルタの海軍武官府に勤務。ここでは、スバルジョ分室を任されて主として情報収集や調査の仕事を担当するとともに前田精海軍大佐や西嶋重忠らとの親交を深めた。武官府を中心に青年たちに民族主義的な教育を行うべく作られた独立養成塾で指導にあたった。四五年三月に設立された独立準備調査会のメンバーにも選ばれた。終戦直後、独立宣言を渋るスカルノ、ハッタたちとそれを急がせる青年たちの間に入って前者を突き動かし、彼の努力で宣言起草のための会合の場として日本海軍の武官宅を提供してもらうことに成功した。独立後は何度か外相として活躍し、五一年のサンフランシスコ平和会議にはインドネシアを代表して出席し条約に調印した。七八年十二月十五日死去。八十二歳。

参考文献　スバルジョ『インドネシアの独立と革命』(奥源造編訳、一九七三、龍渓書舎)

(倉沢　愛子)

スピットファイア　Spitfire　英スーパーマリン社が開発した戦闘機。英空軍をはじめ多くの連合国軍で使用され、海軍型(「シーファイア」)も作られた。初飛行は一九三六年と古いが、改良による性能向上が容易で第二次大戦の全期間を通じて英空軍の主力戦闘機として使用され、大戦終了後も六〇年代まで複数の国で使用された(生産総機数、約二万三千機)。英本土防空戦(バトル＝オブ＝ブリテン)では、「ホーカー＝ハリケーン」とともに大きな役割を果たしたが、太平洋戦線では、ヨーロッパとの気候の差によるエンジン稼働率の低下、交換部品の不足、英空軍パイロットの格闘戦(日本軍機が得意とする)へのこだわりによりヨーロッパほどの戦果をあげることはできなかった。諸元(スピットファイアMk. Vc)、エンジン出力＝一二三〇馬力、全備重量＝三三〇〇キロ以上、最高速度＝約六〇〇キロ、武装＝七・六九ミリ機銃×四、二〇ミリ機銃×二(もしくは二〇ミリ機銃×四)、五〇〇ポンド(二二七キロ)爆弾×一もしくは二五〇ポンド(一一三キロ)爆弾×二を搭載可能。

参考文献　ジョン＝ベダー『スピットファイア―英国を救った戦闘機―』(山本親雄訳、『第二次世界大戦ブックス』一六、一九七一、サンケイ新聞出版局)、『スピットファイア』(『世界の傑作機』一〇二、二〇〇三、文林堂)

(栗田　尚弥)

スフ　スフ　ステープル＝ファイバーの略。一九三八年前後から綿製品・羊毛などの繊維製品にかわって使用された新しい化学繊維。三七年に軍需工業動員法の適用に関する法律、輸出入品等臨時措置法が制定され、軍需工

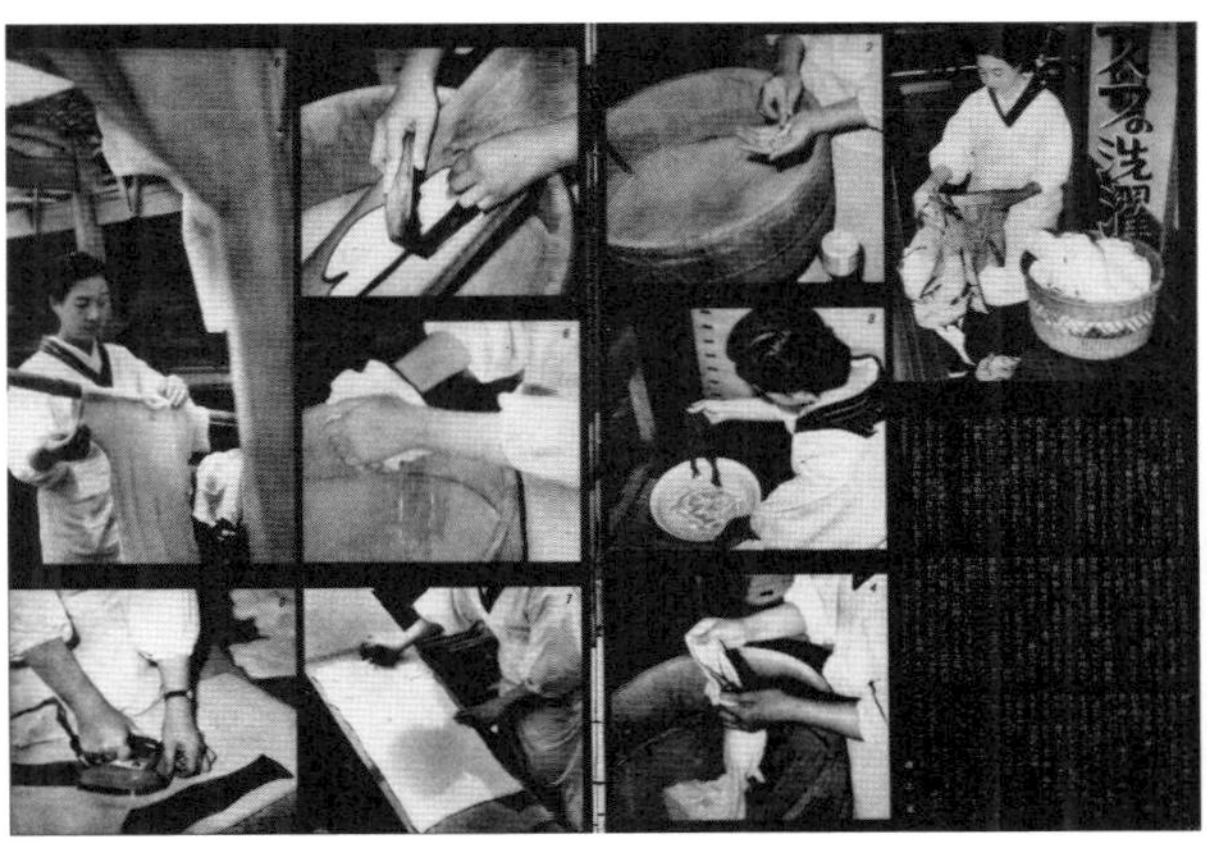

スフの洗濯(『写真週報』70号，1939年6月21日)

業を最優先する生産体制がとられた。原料を輸入し、また軍服などの材料である綿や羊毛などの繊維製品は国民の使用(民需)を制限する主要な対象であった。スフを三〇％混紡する規則が三七年にだされ、翌三八年には民需用の綿糸・綿布の国内での製造、販売・使用を禁止する措置がとられた。そのため商店の売り惜しみや庶民の買いだめ、闇売りが広がった。四二年には綿製品をふくむ衣料は世帯単位に配布される切符を使ってお金と交換する切符制になった。スフは湿気に弱く、濡れると縮み、しわになりやすく、一回の洗濯で縮んで使い物にならなかった。小田原国防婦人会などは大勢の会員を集めて洗濯講習会を開いている。衣料が不足した戦後もしばらく使用された。

参考文献 東京歴史科学研究会婦人運動史部会編『女と戦争―戦争は女の生活をどう変えたか―』(『昭和史叢書』五、一九九一、昭和出版) (早川 紀代)

スプルーアンス Raymond Ames Spruance 一八八六―一九六九 米国の軍人。海軍提督。一八八六年七月三日、メリーランド州ボルチモアで生まれる。日米開戦後、ハルゼーの副官だったが、一九四二年五月から病気療養に入ったハルゼーに代わって指揮を執った。そのため、六月四―五日のミッドウェー海戦に遭遇し、日本側が空母四隻を失って太平洋での戦況の転換点となったこの海戦で大きな役割を果たした。同海戦後の四二年六月にハルゼーが復帰したため、ニミッツの参謀に任命された。さらに四三年八月には中央太平洋方面司令官に任ぜられ、終戦まで指揮を執った。ハルゼーと交互に指揮を執った艦隊は、ハルゼー指揮下では第三艦隊、スプルーアンス指揮下では第五艦隊として編成される二重部隊編成システムを採った。参加した主な作戦は、四四年六月のマリアナ諸島上陸作戦、マリアナ沖海戦(フィリピン海海戦)、十月のレイテ湾海戦、四五年二月に始まる硫黄島上陸作戦、四月以後の沖縄戦などである。同年十一月にはニミッツの後継として太平洋艦隊司令長官に就任した。四八年の退役後は、駐フィリピン大使(五二―五五年)を務めた。六九年十二月二十三日に死去。八十三歳。

参考文献 トーマス・B・ブュエル『提督・スプルーアンス』(小城正訳、一九七五、読売新聞社)、Norman Polmar & Thomas B. Allen, *World War II: America at War, 1941-1945*(New York, 1991, Random House), Mark M. Boatner III, *The Biographical Dictionary of World War II*(Novato, 1996, Presidio Press), John Whiteclay Chambers II, ed., *The Oxford Companion to American Military History*(New York, 1999, Oxford University Press) (加藤 公一)

スマランじけん スマラン事件 終戦後の一九四五年十月、中部ジャワ北海岸の大都市スマランで発生した日本軍とインドネシア各種部隊との衝突で、十五日から十九日までの五日間続いた。当時終戦処理のための連合軍はまだ到着しておらず、それまでの間警備は敗戦国の日本軍に任されていた。すでに八月十七日に独立を宣言したインドネシア側の各種武装集団は、やがて上陸してくる連合軍と闘うために武器を必要としており、警備を担当していた城戸部隊に強く要求した。同部隊はごく一部を引き渡したがあとは断固として拒否した。日本人民間人等は、徐々に身柄を拘束されていくつかのキャンプに収容されていたが、十月十四日にインドネシアの州長官は日本人の全面拘束を発表し、多くがブル刑務所に収容された。この刑務所で日本人収容者に対する殺戮が行われ、百四十九名が死亡、三十名が行方不明となった。これを知った日本軍はインドネシア武装部隊に対して一斉攻撃を開始し、五日間にわたる戦闘で市内を制圧した。

参考文献 宮元静雄『ジャワ終戦処理記』(一九七三) (倉沢 愛子)

すみいときお 住井辰男 一八八一―一九六二 昭和期の経営者。一八八一年一月八日生まれ。九七年三井物産入社、香港支店「支那修業生」を振り出しに、京城支店長・査業課長などを歴任、一九三六年取締役、三九年常務取締役。四二年重要物資管理営団理事長、四三年交易営団副総裁。四四年三月、三井物産会長兼三井本社取締役・参与理事。同年十二月、三井本社代表取締役・筆頭常務理事(三井財閥の専門経営者トップ)に就任。敗戦後GHQの財閥解体方針への対応にあたり、三井本社解散への道筋をつける。四五年十二月退任。六二年七月十七日死去。八十一歳。

参考文献 三井文庫編『三井事業史』本篇三下(二〇〇一) (吉川 容)

スミス David Fillmore Smith 一九〇三―? 東京裁判の米国人弁護人。一九〇三年七月八日、米ワシントンDC生まれ。ジョージタウン大学ロースクール卒業。学生時代は、「冷厳な事実」と「隠されたもの」を見抜く鋭い見識と計り知れない才能から、「判事スミス "Judge Smith"」の異名をとった。二五年に博士号を取得、ワシントンで弁護士を開業。国立労働関係局や外国財産管理事務所などに勤務し、戦時中は日系人の強制退去と収容所の管理にあたる戦時転住局(四二年三月設置)の法律担当者となった。終戦後、広田弘毅元首相の弁護人として東京裁判に参加した。弁護側の反証開始直後、四七年三月五日に弁護側の証人尋問をめぐり、ウィリアム＝ウェッブ裁判長が検察側の異議を受け入れ、証言に制限を課したことに対し、スミスは「裁判所が不当に干渉しておるという理由をもつて異議の留保を行います」と発言した。ウェッブが「法廷の不当なる干渉」という「侮辱的な言葉」を取り消すよう求めるも、スミスは拒否、以後、審理から除外された。その後、九月五日に再出廷し、釈明に努めたが受け入れられず、翌四八年二月に帰国した。東京裁判の判決後、ウィリアム＝ローガン弁護人とともに合衆国最高裁判所に対し、広田被告と土肥原賢二被告の代理人として、人身保護令状の発給を求める訴願を提出したが、却下された。

参考文献 『東京裁判ハンドブック』(一九八九、青木書店)、北博昭「東京裁判アメリカ人弁護人の略歴」(『史』九八、一九九八)、*Domesday Booke 1923* (Washington DC, 1923, Georgetown University)　（永井　均）

すみたらいしろう　澄田睞四郎　一八九〇―一九七九　陸軍軍人。一八九〇年十月二十一日愛知県生まれ。陸軍幼年学校から陸軍士官学校(第二十四期)へ進み、部隊経験を積んだ後陸軍大学校に入学、首席で卒業。パリの陸軍大学にも学んだ澄田は、在フランス大使館の駐在武官を務めるなど、「陸軍きってのフランス通」と目され、一九三一年にはリットン調査団のフランス人委員の随行員を務めている。四四年から第一軍司令官。四五年七月、前任の第三十九師団長時代の部下が当時行なったとされる残虐行為容疑により、重慶の連合国戦争犯罪委員会極東太平洋小委員会によって戦犯指名される。しかし、澄田は国共内戦の勝利を目論む国民党系軍閥の閻錫山と交わした密約により、戦後第一軍の将兵二千六百人を山西軍部隊に編入させ、みずからは最高軍事顧問に就任し、軍隊の増強のため作戦指導を行なった。閻の暗躍により不起訴となった澄田は、将兵には山西残留を命じ自身は帰国の途に就く。この帰国は日本から義勇軍を呼び寄せる策略の一環だったと考えられる。残留将兵の証言に反し、澄田は一貫してみずからの命令を否定し続けた。→山西残留問題(さんせいざんりゅうもんだい)

参考文献 池谷薫『蟻の兵隊—日本兵二六〇〇人山西省残留の真相—』(二〇〇七、新潮社)　（本庄　十喜）

すみともかがくこうぎょうかいしゃ　住友化学工業会社　住友系の総合化学企業。一九一三年別子銅山の銅精錬にからむ煙害問題解決のために、住友総本店に設立された肥料製造所(硫酸・過燐酸石灰製造の工場)がはじまり。二五年株式会社住友肥料製造所として独立。過燐酸石灰製造だけでは煙害解決にならないため、硫酸を大量に消費する合成硫安製造に進み、アンモニア系・硝酸系製品も手掛け、三四年住友化学工業と改称、さらにアルミ、石炭化学、染料工業へ進出、総合化学会社となった。第二次大戦後、四六年日新化学工業と改称(五二年旧称に復帰)、合成繊維原料、農薬、合成樹脂、合成ゴムなどへも進出、石油化学事業も展開している。二〇〇四年住友化学に改称した。

参考文献 『住友化学工業株式会社史』(一九八一)　（麻島　昭一）

すみともぎんこう　住友銀行　⇨住友財閥(すみともざいばつ)

すみともきんぞくこうぎょうかいしゃ　住友金属工業会社　住友系の重工業企業。一九三五年住友伸銅鋼管と住友製鋼所が合併して成立した重工業会社。前者は一八九七年創業の住友伸銅場から始まり、一九一三年住友伸銅所に改称、二六年住友合資会社伸銅所が住友伸銅鋼管株式会社に改組されたという経過をもつ。一貫して銅の圧延・加工を主とし、鋼管も手掛けた。他方後者は、住友が〇一年日本鋳鋼所を買収して、住友鋳鋼場を創設、鉄道用・船舶用鋳鋼品を生産していたが、さらに鉄道車両製品へと拡大、一五年株式会社住友鋳鋼所として独立、さらに二〇年住友製鋼所と改称した。合併して成立した住友金属工業では、伸銅部門で軽合金材およびプロペラなど航空機用品、製鋼部門で鉄道用車両製品、鋼管部門で押出式製管機による各種鋼管の量産を行い、特に戦時体制期には陸海軍の命令で航空機用品(金属プロペラ、超ジュラルミン)の大増産に追われ、わが国屈指の巨大軍需企業となった。敗戦後、四五年扶桑金属工業と改称、分割は免れ、五二年旧称に復帰。五三年高炉を持つ小倉製鋼を合併し、六一年和歌山製鉄所、七一年には鹿島製鉄所を建設、高炉メーカーとなった。五九年以降、伸銅アルミ部門(住友軽金属工業)、航空機器部門(住友精密工業)、磁鋼部門(住友特殊金属)をつぎつぎに分離独立させ、自身は銑鋼一貫の大鉄鋼企業となった。二〇一二年新日本製鉄と経営統合して新日鉄住金となり、住友金属工業の歴史は終わった。

参考文献 『住友金属工業六十年小史』(一九五七)　（麻島　昭一）

すみともごうしかいしゃ　住友合資会社　⇨住友財閥(すみともざいばつ)

すみともざいばつ　住友財閥　第二次世界大戦前に三井、三菱につぐ三大総合財閥の一つ。古い歴史を持ち大阪を本拠とし、素材産業の比重が高い財閥。明治初期の住友家の事業は別子銅山経営を主柱とし、並合業を継承する銀行業ぐらいであったが、独裁的な広瀬宰平総理事の引退後、伊庭貞剛の指導のもと、本格的な多角経営を展開し、住友銀行、住友伸銅場、住友倉庫、住友鋳鋼場、住友電線製造所、住友肥料製造所などがつぎつぎに開業した。いずれも住友総本店の直営であるが、銀行、鋳鋼場、電線製造所はそれぞれ事情があって早く株式会社に改組している。一九二一年個人経営の住友総本店が住友合資会社に改組されたが(資本金一億五千万円)、住友吉左衛門ら同族五人による完全な閉鎖的所有であった(吉左衛門一億四千八百万円、四人で二百万円の出資)。住友家の家長は代々吉左衛門を襲名、財閥の象徴に徹し、実際の運営は、全面的に歴代の専門経営者に委任した。いわゆる番頭政治である。歴代総理事のもとに強固な集権制がしかれ、傘下全事業の人事・投資・資金を本社が統轄、傘下各社は独立会社の形をとっても、実態は本社に統轄された事業所にすぎなかった。大正期には住友合資から住友倉庫、住友肥料製造所が分離独立、大阪北港、土佐吉野川水力電気の設立、住友ビルディング、住友信託の新設、坂炭鉱、日之出生命の買収、日本板硝子の経営引受けがあり、昭和期には住友合資の直営部門が分離独立し、住友別子鉱山・住友伸銅鋼管・住友九州炭鉱の諸社が生まれ、住友アルミニウム製錬、満洲住友鋼管、住友機械製作が新設され、扶桑海上火災保険、日本電気の経営引受けがあり、直営部門を分離独立させた住友合資は持株会社に変身した。住友合資を頂点とする同族コンツェルンの形態が整ったのである。三七年住友合資会社は株式会社住友本社に改組されたが、閉鎖的出資関係が維持され、資本金、本社機能、持株会社の性格は変わらなかった。戦時体制下、軍需に密着する住友金属工業を中心に住友化学、住友電気工業、住友満洲鋼管、住友アルミ精錬、住友機械製作、住友鉱業など生産諸会社が設備拡張と大増産に励み、住友財閥の大膨張をもたらした。軍需会社指定は十社に及び、軍需財閥と評されたのである。第二次大戦終了時の住友財閥は、直系十五社、準直系六社、特殊関係会社四社、合計二十五社を擁する巨大財閥であった。戦後、住友も財閥解体指令を受け、四六年三月住友吉左衛門ら同族四人が財閥家族に指定されて退陣、九月住友本社は持株会社に指定され、傘下会社株式を持株会社整理委員会に引き渡し、子会社支配は消滅した。同社は直営部門をまだ有していたので、再建整備計画を提出、第二会社六社を設立の上、四八年二月に解散した。↓小倉正恒 ↓古田俊之助

参考文献 作道洋太郎編『住友財閥』(『日本財閥経営史』、一九八二、日本経済新聞社)、麻島昭一『戦間期住友財閥経営史』(一九八三、東京大学出版会)、畠山秀樹『住友財閥成立史の研究』(一九八八、同文館)、山本一雄『住友本社経営史』(二〇一〇、京都大学学術出版会)

(麻島 昭一)

すみともしんどうこうかんかいしゃ　住友伸銅鋼管会社 ⇨住友金属工業会社

すみともつうしんこうぎょうかいしゃ　住友通信工業会社　現在は日本電気会社(NEC)。わが国の代表的な電子工業会社である。一八九九年電話器や電話交換機などの通信機器の製造を目的に、岩垂邦彦・前田武四郎らと米国ウェスタン＝エレクトリックの合弁で、日本電気会社として設立された。その後ラジオ生産などにも乗り出している。一九二〇年にケーブル事業を住友電線製造所に譲渡したことから、住友財閥との関係が生じている。この間同社のアメリカでの提携先は、AT&Tの系列会社であるISE(インターナショナル＝スタンダード＝エレクトリック)社に代わっている。そのISE社は世界恐慌の影響を受け、三二年住友合資会社と経営委託契約を締結した。日中戦争が始まると日本の対米関係が悪化したため、ISE社はその持ち株を住友本社に譲渡した。こうして日本電気は住友系の企業となり、四三年に社名を住友通信工業と改称した。戦時中は国の要請により、地上方向指示機や地上無線装置などの兵器生産も行なった。四五年十一月社名を日本電気に再改称した。その後、ISEとの関係も復活し住友グループにも属している。

参考文献 『日本電気株式会社百年史』(二〇〇一)

(渡 哲郎)

すみぬりきょうかしょ　墨ぬり教科書　敗戦直後、教師の指導により不適切な箇所を墨で塗りつぶさせた教科書。日本政府は敗戦後も「益々国体の護持に努」めることとし、「当座の対応」として、「軍国主義思想及施策」に限って「差当り訂正削除すべき部分を指示」した(「新日本建設の教育方針」一九四五年九月十五日)。文部省は次官通牒「終戦に伴ふ教科用図書取扱方に関する件」(九月二十日)で「国防軍備等を強調せる教材」「戦意昂揚に関する教材」「国際の和親を妨ぐる虞ある教材」「戦争終結に伴ふ現実の事態と著く遊離し又は今後に於ける児童生徒の生活体験と甚しく遠ざかり教材としての価値を減損せる教材」等を削除訂正する旨を示し、国民学校後期用国語教科書を例に、全文削除三十六項目、取扱注意五ヵ所をあげている。学校の多くは墨で該当箇所を塗りつぶす方法を採用し、一般には十月以降に「墨塗り教科書」がみられるようになった。一九四六年一月二十五日付教科書局長通牒「国民学校後期使用図書中の削除修正箇所の件」では、国語と算数の詳しい削除訂正表が示され、国語五七、算数一項目の全文削除、「遠い支那へも、満州へも」を「遠いところへも」に(国語)、「鳥居ヲクグッテ」を「ポストの前ヲ通リスギテ」に(算数)など数十ヵ所の訂正箇所が例示された。しかし占領政策の進展に併ってより徹底した対処が求められるようになり、同年六月六日付教科書局長通牒「教科用図書の使用について」までは、新しい教科書が間に合わないものは「削除、訂正を施した従前使用の教科書を当分の間使用して差支ない」としていたが、七月二十日付通牒「国民学校、青年学校、中等学校、師範学校及び青年師範学校において使用する教科用図書に関する件」に至って「旧教科書の使用は八月一日以降一切禁止」する旨を指示し「墨塗り」による対処を終えることになった。

参考文献 文部省『終戦教育事務処理提要(復刻)』(一九八〇、文泉堂出版)、片上宗二『日本社会科成立史研究』(一九九三、風間書房)

(梅野 正信)

スラバヤおきかいせん　スラバヤ沖海戦　一九四二年の二月二十七日から三月一日にかけて、インドネシアのスラバヤ沖において、日本とオランダ・アメリカ・イギリス・オーストラリアの連合海軍部隊との間で戦われた、アジア・太平洋戦争初の水上艦隊どうしの遭遇戦。ジャワ島の攻略に派遣された第十六軍の上陸を阻止するべく、オランダ海軍のドールマン少将が指揮する重巡洋艦二隻および軽巡洋艦三隻を主力とする前記連合部隊と、高木武雄少将が率いる第五戦隊および第二第四戦隊を基幹とした重巡洋艦二隻と軽巡洋艦二隻を主力とした日本海軍との間で戦闘になった。戦力に劣る日本海軍が距離を保とうとする一方で、損害を増加させつつも繰り返し攻撃を試みる連合部隊との間で長時間の戦闘となり、結局、連合部隊の艦艇のほとんどが沈没し、海戦は日本海軍の勝利に終わった。このスラバヤ沖海戦と直後のバタビヤ沖海戦を通じて、日本は蘭印海域の制海権を握ることになった。↓バタビヤ沖海戦

参考文献　池田清『日本の海軍』下(一九六七、至誠堂)、外山三郎『日本海軍史』(『教育社歴史新書』、一九八〇、教育社)
(手嶋　泰伸)

せ

せいあんじけん　西安事件　一九三六年十二月、張学良らが西安で蔣介石を監禁し、内戦停止を要求した事件。西安事変ともいう。三五―三六年の日本の華北分離工作によって中国では民族的危機感が先鋭化。特に日本に故郷を奪われた東北軍領袖の張学良と西北軍領袖楊虎城は、中国共産党根拠地討伐戦での敗北、民族主義的世論による非難、共産党側の説得工作などの影響を受け、蔣介石に内戦停止を請求。蔣が峻拒し、討伐戦督励に西安を訪れると、三六年十二月十二日、蔣らを捕らえ、内戦停止・一致抗日・南京政府の改組、抗日運動指導者釈放などの八項目を要求した。事件は中国内外に衝撃を与え、内戦が懸念されたが、コミンテルンの指示を受けた中共の周恩来、南京側の宋子文、宋美齢と張らの交渉の結果、十二月二十五日、蔣は釈放された。西安事件の平和的解決により、国共両党の和解と全国的な抗日体制の形成が促進されたが、その後、張は晩年まで監禁され、東北軍、西北軍は解体された。

西安を訪れた蔣介石(右)　中央は楊虎城，左は張学良

参考文献　J・M・バートラム『中国革命の転機―西安事変の記録―』(谷良平訳、一九六六、未来社)、岸田五郎『張学良はなぜ西安事変に走ったか―東アジアを揺るがした二週間―』(『中公新書』、一九九五、中央公論社)
(土田　哲夫)

せいかつひつじゅぶっしとうせいれい　生活必需物資統制令　国家総動員法に基づき一九四一年四月一日に戦時消費統制を目的として公布・施行された勅令。三八年五月の国家総動員法施行以降、物品販売価格取締規則による価格統制が実施されたが、さらに本令の施行により生活必需品の配給統制と消費規制へと進む。これにより消費統制は価格を通じた間接統制から配給を直接統制する段階に入った。本令に基づき医薬品の生産配給や食料品の配給に関する諸規則が制定され、生活関連物資の直接的な配給統制が行われた。アジア・太平洋戦争の勃発に対応して四一年十二月十六日に物資統制令が公布・施行され、本令はこれに吸収され廃止された。物資統制令は本令の統制方法を基本的に継承するものであったが、その統制対象を軍需物資など工業用原材料や製品にまで拡大するより本格的な戦時物資統制であり、物資を軍需生産に集中する体制が構築された。敗戦後の国家総動員法廃止に伴い物資統制令は四六年十月一日に失効した。

参考文献　通商産業省『商工政策史』一一(一九六四)
(須永　徳武)

せいきのいしょ　世紀の遺書　巣鴨遺書編纂会によってまとめられたBC級戦犯を中心とした戦犯刑死者・獄死者の遺書、日記などで、一九五三年に刊行された。大将から朝鮮人軍属までさまざまな身分の戦犯の、全部で七百一編が収録され、裁判国別に編纂されている。編纂にあたったのはスガモ＝プリズン内の戦犯受刑者で、社会的な反響を呼び一年間で四刷が出された。遺書には、処刑を目前にしての苦悩が綴られている。自分は敗戦により、日本の国家と国民の身代わりとして処刑される、裁かれた事案は戦闘行為の一部で、悪いことをしたと思っていないという感想や、残された家族のことを思いやる、泰然自若として処刑に臨むなどの記述が多い。不当な裁判が多かったという日本人のBC級戦犯裁判観を形作る役割を果たし、戦犯釈放運動の原動力となった。八四年に講談社から再刊されたときには、三十七名の遺族が遺書の刊行を承諾せず、その部分だけが空白となった。

（赤澤　史朗）

せいきょうこうさく　清郷工作　汪精衛（兆銘）政権が一九四一年から四五年にかけて日本軍の軍事力を背景に長江下流域で実施した治安確保活動。四一年五月十一日、汪精衛を委員長とし、李士群を秘書長とする清郷委員会が成立し、七月一日より滬寧線（上海―南京）以北、長江以南の経済的に豊かな地区で「軍事三分、政治七分」の方針のもと、第一期の清郷工作が始まった。清郷地区は鉄条網と竹矢来で封鎖され、その内部で日本軍が徹底的な掃蕩作戦を展開し、治安の回復後に汪政権が政治経済工作を実施した。その結果、この地域の新四軍は大きな打撃を受け、治安がかなり回復した。清郷工作は四一年から四二年にかけて地域を拡大してくり返し行われた。しかし、四三年五月に清郷委員会が廃止され、最高指揮官だった李士群が解任されて以後、清郷工作は衰退にむかった。清郷工作は一般行政の一部に組みいれられ、規模も縮小されて、最終的には失敗に終わった。

参考文献　三好章編『清郷日報』記事目録』（二〇〇五、中国書店）、小林英夫・林道生『日中戦争史論―汪精衛政権と中国占領地―』（二〇〇五、御茶の水書房）

（石島　紀之）

せいさんしょうれいきん　生産奨励金　⇩二重米価制

せいさんりょくかくじゅうけいかく　生産力拡充計画　軍需に関連する重化学工業の生産能力の拡充を目的に一九三九年度から本格的に始まる四ヵ年計画。こうした政策構想は軍需工業動員法（一八年）に基づく総動員計画に起源を持ち、二七年に計画立案機関として内閣に設置された資源局では、想定される対ソ連・対米戦争の規模と軍需物資の必要量に応じた国内重要企業の増産可能性、資源確保、輸送力・労働力・資金などの動員可能規模などを研究した。満洲国の建国後は、関東軍・満鉄調査部員らによる満洲経済調査会の資源開発や工業化構想と連携した生産力拡充と自給圏構想も検討されるようになる。重要産業の個別拡充計画が束ねられ、生産力拡充計画にまとめられるのは遅れたが、三四年の石油業法、三六年の自動車製造事業法など一連の事業法は資源局構想の具体化でもあった。三五年八月に石原莞爾が陸軍参謀本部作戦課長に就任し、日満財政経済研究会を設立して生産力拡充計画が検討されるとともに、満洲国では関東軍・満洲国政府・満鉄関係者による湯崗子会議が三六年十月に開かれ、軍需関連産業を中心とした日満一体の満洲国の開発構想がまとめられ、三七年度から「満洲産業開発五ヵ年計画」が実施された。日本では陸軍が三七年五月に日満財政経済研究会案を基に「重要産業五ヵ年計画」を作成し、林銑十郎内閣に提示した。これを受けて五月には内閣に企画庁が設置され（十月に資源局と統合して企画院）、生産力拡充計画の本格的立案が始まった。その後日中戦争のために生産力拡充計画の策定は遅れたが、三九年一月になって三八年度から四一年度の四ヵ年計画（実質三ヵ年）が閣議決定され、鉄鋼、石炭、軽金属、非鉄金属、石油およびその代用品、ソーダおよび工業塩、硫酸アンモニア、パルプ、金、工作機械、鉄道車輌、船舶、自動車、羊毛、電力の十五産業について各年度の生産目標と設備拡充計画が決定された。設備増強に必要な資材は物資動員計画で生産力拡充用として優先的に確保された。しかし、三九年の欧州大戦による輸入難、渇水による電力不足、四〇年のアメリカからの経済制裁など、想定していなかった環境変化により計画の前提が崩れ、計画の縮小を余儀なくされた。四一年度からは資材確保が困難になり、生産設備の増強を目標とした「生産力拡充」から優良企業への生産集中と稼働率の維持を目指す「生産拡充」へと計画の目的が転換し、達成率も低水準のまま終わった。

参考文献　山崎志郎『戦時経済総動員体制の研究』（二〇一一、日本経済評論社）

（山崎　志郎）

せいさんりょくりろん　生産力理論　日中戦争期からアジア・太平洋戦争期にかけて影響力をもった経済理論。生産力論とも。マルクス主義の影響を受け、昭和研究会・産業報国運動に関与した大河内一男・風早八十二らの社会政策学者によって提唱された。戦時下における生産力伸展を目的として労働力を保全する政策を行い、社会構造を合理的に変革することを標榜するもので、言論弾圧によって直接的な体制批判が困難になった状況下で、動員体制の内部から技術的批判を行う企てであった。その影響圏は久保栄の戯曲『火山灰地』やアジア・太平洋戦争期の大塚久雄の経済倫理論にまで及ぶとされる。戦後、『潮流』誌の共同研究「日本ファシズムとその抵抗線」（一九四八年）で理論的抵抗と評価されたが、一方で経済決定論による戦争協力と批判も受けた。その後、山之内靖は特に大河内の理論を、総力戦体制から戦後の福祉国家体制へ連続するシステム社会の理論の先駆として再評価した。

参考文献　高畠通敏「生産力理論―大河内一男・風早

八十二」(思想の科学研究会編『共同研究　転向(改訂増補版)』中巻所収、一九七八、平凡社)、山之内靖『システム社会の現代的位相』(一九九六、岩波書店)、高岡裕之『総力戦体制と「福祉国家」—戦時期日本の「社会改革」構想—』(『戦争の経験を問う』、二〇一一、岩波書店)

(盛田　良治)

せいしょうねんふりょうかもんだい　青少年不良化問題　戦争動員の拡大に伴う社会経済の変容のなかで、窃盗、恐喝、飲酒、喫煙をはじめとする青少年の犯罪・不良行為が増大し、社会的な注目を浴びた。少年審判所の受理総数でこれを見ると、一九三七年は二万千四百十六件であったのが、四一年には二万六千七百八十八件に増大し、四四年には四万九百十五件にまで増えている。その多くが勤労青少年であったことは、増産体制の構築を進める国家に強く問題視され、対策が検討された。四三年一月の閣議決定「勤労青少年輔導緊急対策要綱」では、「不良化」した勤労青少年を錬成道場に収容して教化錬成を施すことが定められ、戦争末期に至るまで実施された。また、「不良化」の原因が家庭の保護機能の低下と労務管理の拙劣にあるとされたことから、大日本産業報国会による労務管理の改善指導や大日本婦人会による慰問活動、隣組による監視など、社会各層を動員した対策も実行に移された。しかし、戦時期を通して事態が収束することはなかった。

参考文献　赤澤史朗「太平洋戦争期の青少年不良化問題」(『立命館法学』二〇一・二〇二、一九八八)、北河賢三「戦時下の世相・風俗と文化」(藤原彰・今井清一編『十五年戦争史』二所収、一九八八、青木書店)、佐々木啓「戦時期日本の青少年工「不良」化対策—「自由主義」からの解放と「家庭」の普遍化—」(『年報日本現代史』一三、二〇〇八)

(佐々木　啓)

せいしょうねんやといいれせいげんれい　青少年雇入制限令　⇨労務調整令

せいせんびじゅつてん　聖戦美術展　一九三九年から四〇年代初めにかけて陸軍美術協会が主催した美術展。「皇軍」部隊の活動や戦闘情況から、銃後国民活躍の情況までさまざまな戦争関連主題の作品を会員・招待作家・公募入選者が発表した。開催当初は美術界においては特殊事業扱いをされ、報道においても絵画は写真に及ばずとの認識もあったが、共催の朝日新聞社が連日関連記事を掲載、「聖戦」をカンバスに再現するとして盛り上がりを見せた。想像を加味した表現が可能な絵画は、この意味で写真に優越したメディアとして評価された。聖戦美術展で特筆すべきなのは、巡回事業であったことである。東京を皮切りに大阪、名古屋などの大都市で開催されただけでなく、北海道から九州までの地方都市にも巡回し、さらには満洲や京城、台湾まで作品が運ばれた。第二回聖戦美術展も合わせて実に四十ヵ所以上に巡回して各地で多数の観衆を集めた。著名作家の大作を見る機会はこの展示がはじめてという地域も多く、美術が地方・外地にインパクトを与える希少な機会ともなった。米英との開戦以後は朝日新聞社が中心となり、陸軍美術協会らが協賛した大東亜戦争美術展に戦争美術発表の場が移行する。現在でも知られる藤田嗣治「十二月八日の真珠湾」や宮本三郎「山下・パーシバル両司令官会見図」は同展で発表された。大阪展は冬の一ヵ月足らずで二十六万人という驚異的な数の観衆を集めた。四三年には陸軍美術協会主催の陸軍美術展、決戦美術展も開かれ、後者に出品された藤田の「アッツ島玉砕」で戦争美術制作の一つのピークを迎える。昭和十八年度のこれらの作戦記録画展入場者総数は三百八十五万四千人とされている。その後も戦争美術の公開は続き、第二回大東亜戦争美術展、陸軍美術展が開催される。四五年に入っても陸軍美術展は実施され、四日間で六千人の観衆を集めた青森での最後の巡回(陸軍作戦記録画展)が終了したのは七月二十二日のことであった。　→陸軍美術協会

参考文献　平瀬礼太「『陸軍』と『美術』—陸軍美術協会の活動と地方展開—」(『軍事史学』四四ノ一、二〇〇八)

(平瀬　礼太)

ぜいたくはてきだ　ぜいたくは敵だ　一九四〇年八月に国民精神総動員中央連盟が実施したぜいたく品廃止運動に際し、採用された標語。三九年に企業広告家たちによって結成された日本宣伝人倶楽部が、国策宣伝に協力するために制作した標語で、「日本人ならぜいたくは出来ない筈だ」とともに採用になった。ぜいたく品廃止運動は、前月にぜいたく品の製造販売を禁止するいわゆる「七・七禁令」が出されたのを受けて実施されたが、運動期間中、東京市中では銀座などの繁華街に同標語をはじめとするぜいたく廃止を訴える標語が書かれた立看板千五百本が立ち並び、婦人団体がぜいたくとみなした身なりの女性たちに自粛カードを配った。同標語はほかにもさまざまな印刷物や商業広告にも刷り込まれて、ぜいたく廃止を訴えるために利用された。簡潔で覚えやすく、強い印象を与える同標語は、戦時体制に即応した生活刷新のスローガンとして浸透し、戦時下を代表する標語となった。

参考文献　森川方達『帝国ニッポン標語集—戦時国策スローガン・全記録—』(一九九五、現代書館)、前坂俊之監修『傑作国策標語大全—保存版—』(二〇〇一、大空社)

(井上　祐子)

せいてんはくじつき　青天白日旗　中国国民党の党旗。青天は自由、白日は平等を象徴するもので、清末の興中会以来、孫文指導の革命運動で党旗として使用された。一九二〇年代、青天白日旗は党旗であるほかに国民革命軍旗としても使われて国民革命のシンボルとなり、二八年、国民政府の全国統一に伴い、青天白日旗が国民党旗に、また全面紅地で左肩に青天白日を配した青天白日満地紅旗が中華民国国旗に正式に定められた。

参考文献　小野寺史郎『国旗・国歌・国慶—ナショナ

リズムとシンボルの中国近代史—』(二〇一二、東京大学出版会)　（土田　哲夫）

せいねんがっこう　青年学校　中等学校に進学しない勤労青少年男女を対象とした教育機関。一九三五年四月一日勅令四一号青年学校令によって、従来の実業補習学校と青年訓練所を統合してつくられた青年学校には、全国の市町村に設置された公立のほか、私企業の寮や工場に付設された私立があった。教授及訓練科目として修身及公民科、普通学科、職業科、教練(体操)科、さらに女子には家事及裁縫科(のちに家庭科に改称)が課された。三九年度からは男子に限ってだが就学が義務化されたこともあり、いわゆる定時制とはいえ、小学校に次ぐ規模の教育機関であった。ただし戦争末期の高い就学率は、上級学校への進学や軍隊への志願等による義務就学者数(分母)の減少などによると考えられ、また戦局の悪化に伴い教練以外の教育は形骸化するなど、後年は必ずしも教育機関として十分な実質を備えたものではなかった。四七年学校教育法施行とともに廃止。

参考文献　鷹野良宏『青年学校史』(一九九二、三一書房)、米田俊彦『教育審議会の研究—青年学校改革—』(『野間教育研究所紀要』三九、一九九五、野間教育研究所)、八本木浄『戦争末期の青年学校』(一九九六、日本図書センター)　（神代　健彦）

せいねんくんれんじょ　青年訓練所　中等教育機関に進学せず実業に従事する十六歳から二十歳までの男子を対象として創設された教育機関。一九二六年四月二十日勅令七〇号青年訓練所令により設置。多くは小学校施設を共用する形で、小学校教員が修身及公民科、普通学科、職業科を教授し、また在郷軍人を指導員として教練が行われた。全国の市町村に設置された公立のほか、企業の寮や工場に付設された私立があった。訓練項目として教練が課されたほか、修了者のうち陸軍に現役徴集され入営後の教練の検査に合格した者には、在営期間が六ヵ月以内で短縮されたことから、陸軍との強い関連性が指摘される。ただし実業従事者を対象としたため、都市部を中心に入所忌避や途中退所の問題を抱えていた。また従来からあった実業補習学校と、教員や対象者、訓練内容や設備の面で重複していたこともあり、三五年両者は実質的に統合され青年学校となってアジア・太平洋戦争を迎えた。

参考文献　由井正臣『軍部と民衆統合—日清戦争から満州事変期まで—』(二〇〇九、岩波書店)　（神代　健彦）

せいねんとくべつれんせいじょ　青年特別錬成所　朝鮮や台湾における徴兵適齢者に対する訓練機関。一九四二年五月、東条英機内閣は朝鮮への徴兵制を一九四四年度から導入することを閣議決定した。つづいて、軍要員に必要な資質などの錬成を実施するため、四二年十一月に朝鮮青年特別錬成令を施行し、翌月錬成所を開設した。台湾への徴兵制については、四三年九月二十三日に四五年から導入する閣議決定をしたが、当初の予定を繰り上げ四四年九月から徴兵制が実施され、それに伴い四四年三月に台湾青年特別錬成令が制定された。特別錬成期間は三ヵ月から六ヵ月とされ、地方長官が被錬成者を選定したが、その主たる対象は国民学校未修了の徴兵適齢者とされ、入隊後の日本語、生活習慣の修得などが錬成の主眼となった。錬成科目には教練、勤労作業のほかに訓育、普通学科があり、営舎に宿泊させて軍隊教育に準じた錬成がなされ、修了者には錬成証が授与された。経費は国庫負担であった。　（近藤　正己）

せいふううんどう　整風運動　党員の思想や活動のやり方を点検・矯正する中国共産党独自の政治キャンペーン。日中戦争時期の延安整風運動は一九四二年に始まったが、この運動には三つの側面があった。第一は日中戦争をつうじて大きく増加した党員に対して、また各地に分散していた抗日根拠地の党・軍・政権に対して、党の一元的指導を確立することだった。第二はコミンテルンの指令を絶対視する王明ら「教条主義者」を攻撃し、彼らの影響力を排除することだった。また根拠地に入ってきた多数の知識人に対しては「ブルジョア思想」の改造が求められた。第三はスパイ摘発運動で、多数の党員や青年知識人が国民党のスパイとして冤罪を帰せられた。整風運動の過程で毛沢東の組織的理論的指導権が確立され、同時に個人崇拝の傾向も生まれた。中華人民共和国建国後も、整風運動は五七年の反右派闘争など、党内と国内の思想的引きしめのためくり返し行われた。

参考文献　丸田孝志「抗日戦争期における中国共産党の鋤奸政策」(『史学研究』一九九、一九九三)、井上久士「延安搶救運動について」(『駿河大学論叢』一九、一九九九)、李鋭『中国民主改革派の主張—中国共産党私史—』(小島晋治編訳、二〇一三、岩波書店)　（石島　紀之）

せいゆうかい　政友会　⇨立憲政友会(りっけんせいゆうかい)

せかいきょうこう　世界恐慌　一九二九年に米国で勃発し、世界に波及した資本主義の歴史上、最大・最長の恐慌。日本、ドイツを除く主要国が恐慌前の経済水準に復帰するのに十年余りを要した。この恐慌を契機に、世界の再建金本位制と多角的決済網は崩壊し、ブロック経済と戦争の時代が到来した。

恐慌の発端は、二九年十月のニューヨーク株式取引所の株価崩落であった。それまで、アメリカでは、「黄金の二〇年代」、「永遠の繁栄」を謳歌していた。住宅や自動車がローンで購入され、株取引を行なっている家計はアメリカ全世帯数の一割、二〜三百万世帯に達していた。株取引の多くは、ブローカーを介してなされ、取引の四割が証拠金取引であって、株価の暴落は、まず、こうした家計やブローカーを直撃した。アメリカの株価は、三二年六月には、ピーク時の十分の一まで暴落した。株価の暴落は、ただちに実体経済に波及し、工業生産指数は、二九年を一〇〇として、三二年には五四と半分まで落ち込んだ。物価も大きく下落し、工業製品はマイナス三二

%、農産物価格はマイナス六二%となった。所得も半減し、三三年には国内労働者の二五%、千三百万人が失業した。銀行も一九三〇年末の第一次破綻のピーク時には一ヵ月で三百五十行、三一年半ばの第二次破綻のピーク時には約五百行が破綻し、三三年の第三次ピーク時は一ヵ月で三千四百六十行が破綻した。銀行破綻の波は何回もアメリカを襲い、一九二九年の終わりから三四年の初めまでに、アメリカの銀行のほぼ四〇%にあたる九千四百行が破綻した。アメリカで発生した恐慌は、短期間でヨーロッパや日本に波及していった。

三一年には、まずドイツで、巨額の金流出と銀行取付けが起こり、ダナート銀行が破綻した。銀行破綻の波はヨーロッパ全域に波及し、オーストリア第一位の銀行クレジット＝アンシュタルトが破綻すると、ヨーロッパの金融恐慌は一挙に深刻化した。恐慌は、ヨーロッパだけでなくアジアにも波及し、日本でも戦前の歴史の中で最大といわれる昭和恐慌が勃発した。この昭和恐慌のさなか、金本位に復帰していた日本は、巨額の正貨流出すなわち金流出に見舞われた。恐慌は「金本位制の伝達ベルト」を伝わって世界に広がっていった。このため、恐慌に見舞われた各国は、つぎつぎに金本位制からの離脱を開始した。すでに農業恐慌に見舞われ、一九二九年に金本位を離脱していたブラジル、アルゼンチンなど中南米諸国に続いて、三〇年にはオーストラリアなど三ヵ国が、三一年には、七月にドイツ、九月にはイギリスを筆頭とする大英帝国圏諸国、十二月には日本など二七ヵ国が、三二年には、ギリシャほか九ヵ国が、三三年には、アメリカほか六ヵ国が、金本位から離脱した。そして三四年から三六年にかけて、最後まで金本位を維持しようとしていたイタリア、ベルギー、フランス、オランダなど大陸ヨーロッパ諸国が金本位から離脱し、国際金本位制は最終的に崩壊した。

世界恐慌　ニューヨークの取引所に集まる人々(1929年10月29日)

世界貿易が、らせん状に縮小していくなかで、主要国は、ブロック経済化の動きを強め、個別的な恐慌脱出策を図っていった。金本位制からの離脱、その後の通貨・為替管理に焦点を絞って、この過程を見ていくと、以下のとおりであった。イギリスでは、第一次大戦以降の「短期借長期貸」構造の弱点が、オーストリア・ドイツ金融恐慌の波及によって露呈し、三二年六月には為替管理・為替安定のための組織として為替平衡勘定(EEA)が開設された。為替安定操作をイングランド銀行から切り離すことによって、外資流出入の国内信用に対する攪乱的影響を中立化することが目的であったが、これと並行して、スターリング＝ブロックの形成が、オタワ協定による帝国特恵体制として進行した。アメリカも、世界恐慌の軸点にあって、為替安定基金(ESF)を設立し、為替相場の安定と国内景気振興を図った。これに対し、フランスは、三六年九月に至るまで金本位制を維持し続けた。しかし、三三年以降「為替切下げ競争」による輸出競争力の減衰、デフレ政策による国内不況の深化、社会的動揺の発生等を原因として局面は転換し、フランスからの金流出が始まり、三六年九月、ついにフラン切下げと金本位制停止を余儀なくされた。ドイツの場合はこれらの諸国と対照的に、当初から、三一年の輸入外貨割当制、三二年の為替清算協定締結、三三年のドイツ品輸出保護法制定、三四年の商品取引令施行・商品管理局設置といった貿易統制と密接に結びつき、市場メカニズムを否定した閉鎖的かつ双務的なマルク＝ブロック形成への途を一直線に進行させていった。図式化していえば、為替市場のメカニズムを前提とし、「自由為替圏」の創出・拡大へと帰結するイギリス・アメリカ的為替管理と、為替市場のメカニズムを否定し、閉鎖的・双務的な貿易統制・バーター取引に帰結するドイツ的為替管理とがこの時期登場したのであった。

一九三〇年代の世界恐慌は以上のように推移したが、この恐慌がなぜ起こったのかについては、現在でもいろいろな見方がある。一つはM・フリードマンの見解で、金融緩和によってアメリカ経済が必要とするだけの通貨を供給すべきであったのに、金融システム、経済システムを維持するために、逆に金融引き締めを行なったために恐慌が深刻化したというものである。第二は、「覇権国家の交替説」ともいうべき考え方で、C・キンドルバーガは、イギリスが覇権国としての地位を失い、アメリカが覇権国の責任を果たそうとしなかったことが、恐慌が深刻化した原因であると主張した。第三は、J・M・ケインズのデフレ失政説ともいうべき見方で、自律的な価格決定システムに歪みが出てきたとき、経済を安定化するためには政府需要を作り出すことが必要なのに、当時の政権がそのことを正しく認識せず適切な対応を行わなかったために恐慌が深刻化したというものである。このほかにも、世界恐慌の原因についてはさまざまな見方があり、現在も論争が続いている。

→昭和恐慌　→ブロック経済

参考文献 C・P・キンドルバーガー『大不況下の世界 一九二九―一九三九』(石坂昭彦・木村一朗訳、一九八二、東京大学出版会)、侘美光彦『世界大恐慌―一九二九年恐慌の過程と原因―』(一九九四、御茶の水書房)、秋元英一『世界大恐慌―一九二九年に何がおこったか―』(『講談社学術文庫』、二〇〇九、講談社)、Friedman M. and Schwartz A. J., *The Great Contraction 1929–1933* (United States, 1965, Princeton University Press)

（伊藤 正直）

せかいしのてつがく 世界史の哲学 西田幾多郎・田辺元の門下生を中心とする京都学派の哲学者たちによって、アジア・太平洋戦争期に唱えられた、ヨーロッパ中心の世界史をのりこえようとする歴史哲学。西洋・ヨーロッパを中心とする「近代世界」の没落・終焉という歴史認識にもとづいて、東洋・アジアの台頭による多元的な「現代世界」の実現、道義的な世界新秩序の形成が、「大東亜戦争」の世界史的意義であり、日本はそれを主導する使命を担っていると主張した。西洋近代哲学をのりこえようとする京都学派の哲学が、戦時下の日本の動向を弁証する歴史哲学へと展開したものである。日中戦争期にはすでに三木清らによって「世界史の哲学」が提起され始めていたが、アジア・太平洋戦争開戦前後の『中央公論』誌上の連続座談会が単行本『世界史的立場と日本』(高坂正顕・西谷啓治・高山岩男・鈴木成高、一九四三年)にまとめられ、戦時下の「近代の超克」論の一環として注目を集めた。→京都学派(きょうとがくは) →近代の超克(きんだいのちょうこく)

参考文献 高山岩男『世界史の哲学』(一九四二、岩波書店)、高坂正顕他『世界史的立場と日本』(一九四三、中央公論社)

（米谷 匡史）

せかいじょうせいのすいいにともなうじきょくしょりようこう 世界情勢の推移に伴ふ時局処理要綱 一九四〇年春の西部戦線におけるドイツの電撃的勝利をうけ、ドイツの英本土制圧のような好機を捉え、武力によって南方問題を解決する(「好機南方武力行使」)構想を唱えた国策。四〇年七月二十七日大本営政府連絡会議決定。陸海軍の希望的観測と現実的判断、さらに組織的利害が反映された同床異夢的な文書。海軍は、陸軍が従来の北進論から南に目を向けたことを歓迎したが、英米との対立には消極的だった。このため、文章的にはドイツ・イタリアとの政治的結束を強化して、対ソ国交の飛躍的調整をはかり、アメリカに対しては自然的関係の悪化はやむを得ないが日本みずから求めて摩擦を多くすることは避けるとされた。仏領インドシナに対しては援蔣行為の停止、日本の軍隊通過・飛行場使用・必要資源の獲得などを武力行使してでも追求するとした。オランダ領東インドについては当面は外交的措置による重要資源の確保に努めるとした。当時、泥沼の長期戦となっていた日中戦争は大きな足かせ(かつ第一の目的)であった。このため日中戦争が終了した場合は好機を捕捉して武力行使するとしていたが、未解決の場合は第三国と開戦にならない程度に施策する(情勢が特に有利な場合を除く)とトーンダウンさせていた。武力行使の時期、範囲と方法は「情勢に応じ」決定、つまり先送りだった。戦争相手は極力イギリスに限定するが、対米戦の準備を合理化する文言も盛り込まれている。これらの施策を実現するための国防国家体制の完成も掲げられた。この国策に従って、日本は九月に北部仏印進駐、三国同盟締結へと進む。結局、日本が期待した好機は訪れなかった。泥縄で作られたため、決定のわずか一ヵ月後の八月二十九日にその解釈をめぐって陸海軍間の意見調整が実施された。海軍は、その後も好機南方武力行使に難色を示し続け、本国策は骨抜きとなっていった。

参考文献 森山優『日米開戦の政治過程』(一九九八、吉川弘文館)、同『「南進論」と「北進論」』(『(岩波講座)アジア・太平洋戦争』七、二〇〇六、岩波書店)

（森山 優）

せかいぶんか 世界文化 一九三五年、中井正一、久野収、新村猛、真下信一などが中心になって刊行した反戦・反ファシズムを掲げた文化雑誌。三三年滝川事件の抵抗運動が敗北した後、中井らは三四年第二次『美・批評』を刊行した。翌三五年第二次『美・批評』を発展させて『世界文化』を創刊する。諸外国の文化情報を紹介するなど、常に世界に開かれた態度を保持していた。海外情報の紹介とともに、中井正一の代表的論文「委員会の論理」(三六年)をはじめ、専門的な論文も掲載された。中井が関与した新聞『土曜日』が読みやすく喫茶店などで愛読されていたのに対して、『世界文化』は専門的であり、部数も二百部程度であったという。三七年治安維持法違反容疑で中井や新村、久野らが摘発される京都人民戦線事件が起こり、『世界文化』も同年十月号をもって廃刊となる。

参考文献 同志社大学人文科学研究所編『戦時下抵抗の研究―キリスト者・自由主義者の場合―』(『同志社大学人文科学研究所研究叢書』、一九六八、みすず書房)

（長妻三佐雄）

せきあきこ 関鑑子 一八九九―一九七三 大正・昭和期の音楽家、声楽家。本名は小野鑑子。一八九九年九月八日、漢学者である関巌二郎の長女として東京府で出生。東京音楽学校を卒業後、ソプラノ歌手として活動中に東京帝国大学セツルメントにも参加。一九二六年に新劇俳優の小野宮吉と結婚後、プロレタリア運動に本格的に参画する。三十年、プロレタリア音楽家同盟(PM)の委員長に就任、指導者として活躍した。しかし左翼運動弾圧の中で、三四年にPMが解散。戦争中は不遇の時代を送った。敗戦後の四六年、日本民主主義文化連盟や日本現代音楽協会の結成に参加。四七年には日本青年共産同盟(のちの日本民主青年同盟)から文化工作隊の一端を担う青共コーラス隊(のちの中央合唱団)の指導を依頼された。その後、中央合唱団を中心とする「うたごえ運動」の指揮者・指導者として、運動をリードしていった。五五年に国際スターリン平和賞。七三年五月二日没。七十三歳。

参考文献 長木誠司『戦後の音楽―芸術音楽のポリティクスとポエティクス―』(二〇一〇、作品社)、三輪純永『グレート・ラブ―関鑑子の生涯―』(二〇一三、新日本出版社)、河西秀哉「うたごえ運動の出発―中央合唱団「うたごえ」の分析を通じて―」(『神戸女学院大学論集』六〇ノ一、二〇一三)

（河西 秀哉）

せきじゅうじじょうやく 赤十字条約 最初の赤十字条約は「戦場における軍隊中の負傷軍人の状態改善に関する条約」(第一回赤十字条約)である。「一八六四年八月二十二日のジュネーブ条約」ともいわれる。十条からなる条約で傷病兵の収容・看護の一般原則をうたっているが定義も内容も定められていない。一九〇六年の第二回条約は三十三条、一九二九年の第三回条約は三十九条と改訂され、一九四九年には六十四条と二つの付属文書からなるジュネーブ第一条約へと改訂された。この過程で条約の適用をうける傷病者の範囲が次第に明確にされ、拡大され、また保護の内容も詳細になっていった。赤十字条約は保護の対象になる傷病者の範囲を「軍人及び公務上軍隊に属するその他の人員で負傷し又は疾病にかかった者」(第一条)と規定し、四九年条約はさらに詳細に規定し、戦場や海上における傷病者らの無差別的保護・尊重という基本原則を維持してきた。日本はこれら赤十字条約を批准し加入しているが、一九二九年の「俘虜の待遇に関する条約」は批准せず、開戦後に米英に「準用」を回答している。 →ジュネーブ条約(じょうやく)

参考文献 『赤十字条約集』(一九八三、日本赤十字社)、藤田久一『(新版)国際人道法』(一九九三、有信堂高文社)、枡居孝・森正尚『(新版)世界と日本の赤十字―世界最大の人道支援機関の活動―』(二〇一四、東信堂)

（内海 愛子）

せきたんちょう 石炭庁 一九四五年十二月十四日から四九年五月二十四日まで存在した中央官庁。敗戦直後の石炭鉱業は資材不足、朝鮮人等外国人労働者の離脱に伴う労働力不足、切羽水没、設備補修不充分、資金不足、配給食糧の不足、労働争議の激化など多くの困難に直面しており、出炭量は戦前の半分程度にまで落ち込んでいた。そこで、GHQの指令も受け、石炭の緊急増産達成を目的として設立されたのが商工省外局の石炭庁であり、従来商工省燃料局が所管していた石炭行政はここに移管された。傾斜生産方式、石炭国家管理、炭鉱資材・配炭の需給統制、石炭消費効率の改善促進(熱管理)などを担う。四九年五月二十五日、電力・鉱山行政とともに通商産業省(通産省)外局の資源庁に統合。資源庁は五二年八月一日に通産省に統合された。

参考文献 産業政策史研究所編『商工省・通商産業省行政機構及び幹部職員の変遷(改訂版)』(一九八二)、『通商産業政策史』二(一九九一、通商産業調査会)

（小堀 聡）

せきやていざぶろう 関屋貞三郎 一八七五―一九五〇 明治から昭和期の官僚。一八七五年五月四日、医師の長男として栃木県で生まれ、九九年東京帝国大学法科大学卒、内務省入省。台湾総督府や朝鮮総督府などの植民地で多くの職歴を積む。一九二一年に宮内次官に就任、三三年までの十二年間、牧野伸顕、一木喜徳郎宮相を支え、宮内省改革や女官制度改革を推進した。軍部関係者からの情報収集の役割を担っており、軍部の主張に賛同する傾向もあった。次官退任後に貴族院議員に就任。全国各地で講演活動を継続的に行い、天皇や皇后の公私にわたる日常生活を紹介しながら、皇室による国家・民衆への慈愛を説いてまわった。敗戦直後にはマッカーサーの軍事秘書フェラーズに、天皇の戦争責任を回避させるための資料を提供している。五〇年六月十日没。七十五歳。

参考文献 高橋紘『昭和天皇一九四五―一九四八』(『岩波現代文庫』、二〇〇八、岩波書店)、茶谷誠一『昭和戦前期の宮中勢力と政治』(二〇〇九、吉川弘文館)

（瀬畑 源）

せきゆ 石油 対米開戦に至るまでに、日本は石油需要の大半を輸入に仰ぎ、かつ、米国が最大輸入先の地位を占め続けたことは、戦争に関する二律背反的史実としてよく知られる。ここでは、当該期の石油に関する政策動向と実態を概説する。一九三三年六月に作成された「石油国策実施計画要項」では石油の半年義務保有や代用燃料工業振興が盛り込まれた。代用燃料工業については、三七年に「日満人造石油事業振興七ヵ年計画」が立案され、すでに一定の生産量を誇っていた満洲撫順オイルシェール事業のさらなる増産や、植民地である朝鮮や樺太の石炭を低温乾留することで粗油生産を図っていくことが唱えられ、三九年五月には樺太人造石油株式会社が設立された。三七年六月には、燃料行政を統一的に実施する機関として燃料局が商工省の外局として設置された。さらなる石油資源開発を目論んで三八年三月に石油資源開発法が公布されたが、アジア・太平洋戦争開戦まで新たな油田開発は成功しなかった。四一年八月、米国は対日石油全面禁輸措置を断行した。また、四〇年九月から開始された日蘭経済交渉の一部として蘭領東インド産石油の利権獲得と長期購入をめぐる交渉を行なったが、翌四一年七月の南部仏印進駐により交渉は打ち切られほとんど成果を得られなかった。一方、同年六月には内地掘削用資材の九割がアジア・太平洋戦争開戦後の南方油田占領後の操業を想定して各社の油田から取り外され積み出し準備を行なった。同年十月には、南方油田占領に従事する民間石油人の徴用が開始された。四一年十二月にアジア・太平洋戦争が開戦し、緒戦の成果によって、四二年の春までに油田地帯であるスマトラやボルネオを占領。すでに操業している製油所の破壊状況は当初の予想に反して軽微で、占領二ヵ月後には多数の油井が修復され採掘が再開された。ただし、内地への石油回送は、輸送海路への米軍潜水艦攻撃の激化により、四三年をピークにその後減少した。人造石油生産は技術面での障碍からほとんど成果を得るに至らず、敗戦を迎えた。石油資源確保に苦しんだ戦争末期、特に航空揮発油の確保に苦しんだ結果、四四年から四十五年の敗戦まで、内地全国で松根油の採取に奔走するまでに至ったのだった。→帝国石油会社 →帝国燃料興業会社 →蘭印石油

参考文献 燃料懇話会編『日本海軍燃料史』(一九七二、原書房)、松本俊郎「日本帝国主義の資源問題」(中村政則編『体系・日本現代史』四所収、一九七九、日本評論社)、日本石油株式会社・日本石油精製株式会社社史編さん室編『日本石油百年史』(一九八八、日本石油)、帝国石油社史編さん委員会編『帝国石油五十年史』経営編(一九九一、帝国石油)、 (山本 裕)

せきゆきお 関行男 一九二一—四四 海軍軍人。一九二一年八月二十九日、骨董商勝太郎の長男として愛媛県に生まれる。旧制西条中学校を経て三八年海軍兵学校入学、四一年卒業(第七十期)。四二年少尉。四三年中尉。四四年一月飛行学生卒。同年五月大尉。最終階級は中佐(二階級特進)。アジア・太平洋戦争における最初の神風特別攻撃隊の一隊である「敷島隊」隊長。四四年十月二十一日に出撃したが燃料や悪天候などにより帰投。二十五日、フィリピンのレイテ島沖にて米海軍の護衛空母「セント=ロー」を体当たり攻撃によって撃沈したとされるが、実際にはどの機がどの艦を攻撃したのかは不明。二十八日午後三時には戦果が公表された。「一機もって一艦に命中。生還を期せず」という敷島隊の出陣の様子はフィルムに収められ、『日本ニュース』第二三二号として翌十一月九日に公開された。戦時中は「敷島隊五軍神」の一人として顕彰されたが、戦後は一転して長らく墓を作ることも許されなかったという。母サカエの死後、その遺志により、死の翌年(五四年)に行男の墓は建立された。享年二十四。

参考文献 『週刊少国民』(一九四四年十一月十二日号)、デニス=ウォーナー・ペギー=ウォーナー『ドキュメント神風—特攻作戦の全貌—』(妹尾作太男訳、一九八二、時事通信社) (粟津 賢太)

せじまりゅうぞう 瀬島龍三 一九一一—二〇〇七 陸軍軍人。敗戦時の階級は中佐。一九一一年十二月九日、富山県に同県松沢村長龍太郎の三男として生まれる。二八年、陸軍幼年学校卒業。三二年、陸軍士官学校卒業(第四十四期次席卒業)。三八年、陸軍大学校を首席で卒業。第四師団参謀、第五軍参謀を経て、三九年十一月には参謀本部作戦課員に抜擢される。アジア・太平洋戦争開戦時は、作戦課にあって主戦派の服部卓四郎作戦課長らを補佐。その後、敗戦直前まで作戦課に勤務して、戦争全般における多くの作戦指導にかかわったといわれる。四五年七月、関東軍参謀に転任。戦後、シベリアに抑留されたが、五六年八月に帰国。五八年には伊藤忠商事に入社し、その後、会長にまでのぼりつめた。二〇〇七年九月四日没、九十五歳。

参考文献 瀬島龍三『幾山河—瀬島龍三回想録—』(一九九六、産経新聞ニュースサービス) (山本 智之)

せついえいたい 設営隊 日本海軍で、航空基地などの諸施設を築城することを主任務とした部隊のこと。アジア・太平洋戦争では二百二十三個隊が編成され、人員十万余人の規模になった。これらの隊のうち、いわゆる外地に派遣された設営隊が七十四個隊、残りの百四十九個隊は内地にあった。内地にあった部隊では、航空基地、特攻基地、防空砲台などの設営や、連合艦隊司令部の地下壕工事を行なっている。しかし海軍内では、設営隊などの持つ施設構築任務の重要性は概して軽視される傾向にあった。日本の米国駐在武官のなかで、米国の「海軍工兵」(建設大隊)の存在に着目する者はいなかったとする指摘もある。ほかにも、設営隊の後方支援組織の微弱さ、施設系技術科士官の養成の遅れなども、海軍設営隊の問題点として挙げられている。ブルドーザーなどの装備も貧弱であった。

参考文献 海軍歴史保存会編『日本海軍史』六(一九九五) (宇田川幸大)

せっかんさくせん 浙贛作戦 一九四二年五月から、日本軍が中国の飛行場を攻撃した作戦。浙贛鉄道は浙江・江西両省を通り華南を東西に貫く交通の大動脈である。太平洋戦争勃発後、中米両国は共同で対日作戦を実施した。四二年四月、米航空母艦から発進した爆撃機十六機が東京、横浜、名古屋、大阪、神戸など日本本土に初の空襲を実施し、浙江省内の空軍飛行場に帰還した。このことは、日本朝野を震撼させた。そこで、日本海軍はミッドウェー海戦を発動すると同時に、日本陸軍が本土爆撃阻止のため、麗水・衢州・玉山近郊の飛行場を占領する計画を立てた。日本軍は五月七個師団十二万人を動員して浙贛作戦を発動した。他方、中国第三戦区(司令長官

浙贛作戦 行軍する日本軍

顧祝同）は第九戦区からの兵力で増強し、浙江・江西各飛行場の防衛を強化した。中国軍を浙贛鉄道の東西に配置、かつ金華・蘭渓に陣地を築き、衢州で決戦する計画であった。南昌、杭州から日本軍第十一軍、第十三軍が進攻し、これに対して第三区下の第二十五、第三十二各集団軍が蘭渓、金華の防衛線で抵抗したが、五月日本軍は金華を占領、衢江両岸を侵攻した。中国軍は衢州南北の山岳地帯に軍を配置し、包囲体勢をとった。日本軍第十五師団が衢州に総攻撃を開始し、六月七日占領。七月日本軍第十五、第二十二、第三十二各師団は西進し、江山、常山、玉山等をつぎつぎと攻略した。また、第七十師団は麗水、温州を占領。七月末、日本軍は大本営からの命令で浙贛作戦を停止し、金華、武義、奉化等に部隊を駐屯させ、八月他部隊は原駐屯地に戻り、浙贛作戦は終了した。なお、作戦には七三一部隊等も同行しており、金華、玉山などで大規模な細菌戦、毒ガス戦を実施。この作戦で浙贛鉄道を支配、衢州、麗水、玉山各飛行場も占領するなど、日本軍は所期の目的を達成したが、一万七千人余りもの戦死傷者を出した。他方、中国軍戦死者も四万人余りに達し、かつ住民に甚大な被害を出した。そのため中国では浙贛作戦は「失敗した会戦」とされる。

参考文献 中国抗日戦争史学会他編『中国抗戦軍事史』（北京、一九九五、北京出版社）、宋波『抗戦時期的国民党軍隊』（北京、二〇〇五、華文出版社）、王秀鑫・郭徳宏『中華民族抗日戦争史』（石島紀之監訳、二〇一二、八朔社）

（菊池 一隆）

ぜったいこくぼうけん 絶対国防圏 一九四三年九月三十日の御前会議において戦争遂行上「絶対確保すべき要域」とされた圏域の通称。ガダルカナル攻防戦以来の戦線後退に歯止めをかけ、四四年中期に想定した決戦まで持久戦を遂行するために設定された。千島・小笠原・中西部内南洋・西部ニューギニア・スンダ・ビルマを結ぶ線の内側をさすが、マキン・タラワ・ラバウルといった

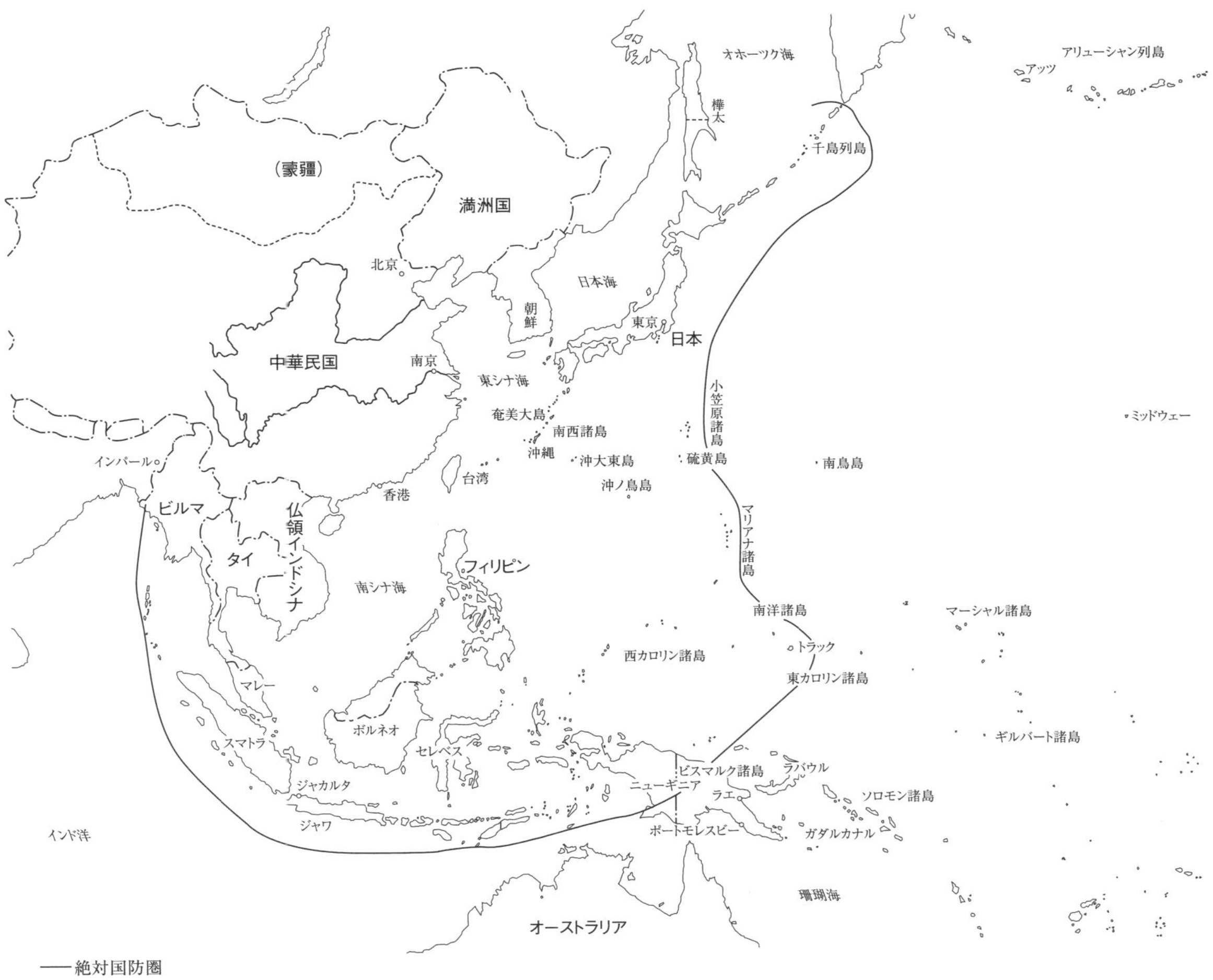

絶対国防圏

域外の地点も圏域防衛のための「前進陣地」とされ、当面の確保が決められた。絶対国防圏の設定は、現実には確保が困難になったソロモン・東部ニューギニアなどの地域の放棄による戦線の整理、戦力消耗による守勢戦略(戦力造成による決戦の準備)への転換を図ったものであった。だが、絶対国防圏は設定した時点ですでに圏域内の海上交通線が米潜水艦の活動により脅かされており、十一月に始まった米機動部隊による中部太平洋での攻勢により穴があき、四四年二月のトラック島壊滅、七月のサイパン島陥落によって崩壊した。→今後採るべき戦争指導の大綱

参考文献 江口圭一『十五年戦争小史(新版)』(一九九一、青木書店)、吉田裕・森茂樹『アジア・太平洋戦争』(『戦争の日本史』二三、二〇〇七、吉川弘文館) (山田 朗)

ゼロせん 零戦 ⇨零式艦上戦闘機

せんかん 戦艦 艦艇に最大口径の主砲を搭載し、重防御の装甲を有した軍艦のことをいう。アジア・太平洋戦争開戦以前において、海軍の主戦力を占めた。日本においては、日露戦争において六隻の戦艦を整備したのをはじまりとして、「帝国国防方針」において戦艦八隻、巡洋戦艦八隻を主力とする八八艦隊を整備することを目的とした。アメリカは、ダニエルズ＝プランと呼ばれる戦艦十隻、巡洋戦艦六隻を三年で整備する三年艦隊計画案を策定し、整備を行なった。一九二一年に行われたワシントン海軍軍縮会議において、戦艦は三万五〇〇〇トン以内、最大口径一六インチ以内に規定された。軍縮条約廃棄後、日本海軍はアメリカ海軍の戦艦がパナマ運河通過のために主砲口径などが制限されていたことから、一八インチ砲搭載の大和型を建造した。アメリカ海軍は一六インチ砲搭載の戦艦を建造したが、真珠湾攻撃後、航空母艦が主力となった後も建造を続け、三〇年代以降日本海軍が建造した数が二隻に対し、アメリカ海軍は十隻建造した。

参考文献 奥宮正武『大艦巨砲主義の盛衰』(一九八九、朝日ソノラマ)、福井静夫『世界戦艦物語』(『福井静夫著作集』六、一九九三、光人社) (太田 久元)

せんきゅうひゃくよんじゅうねんぜいせいかいかく 一九四〇年税制改革 直接国税、特に所得税体系の改革を中心に、国税および地方税全般にわたる一九四〇年の抜本的税制改革。三七年の臨時租税増徴法以降の度重なる臨時増税により税制が非常に複雑となり、日中戦争以降に戦局が長期化の段階に入ったことから、租税負担の均等化、経済政策との調和、税収入の弾力性、税制の簡素化を目標として実施された。その主な内容は、分類所得税と総合所得税の二本建ての所得税、勤労所得に対する源泉徴収制度の採用、法人所得への課税を所得税から独立させた法人税の創設と第一種所得税および法人資本税の廃止、産業組合、商業組合、工業組合等の特別法人に対する特別法人税の創設、酒税に関する各税法の単一税法への統一、地租、営業税、家屋税の地方財源への移譲、一定の国税を地方に交付する地方分与税制度の採用、地方税の戸数割および所得税付加税の廃止であった。

参考文献 大蔵省編『昭和財政史』五・一四(一九五四・五七、東洋経済新報社)、『大蔵省史―明治・大正・昭和―』二(一九九八、大蔵財務協会) (永廣 顕)

ぜんけいのすけ 膳桂之助 一八八七―一九五一 財界人。一八八七年七月二十一日群馬県に薬舗の四男として生まれ、一九一四年東京帝国大学法科大学法律学科(独法)卒、農商務省に入省、製鉄所参事、工務局労働課長、商務局市場課長、農務局繭糸課長などを歴任。二二年公布となった健康保険法の説明に労働課長として日本工業倶楽部に呼ばれたことが契機となり、新設の蚕糸局初代局長の地位を捨て二六年辞職し、日本工業倶楽部主事、三一年全国農業団体連合会常任理事、三二年日本工業倶楽部常任理事、三四年日本団体生命保険会社を創立し専務取締役(会長は郷誠之助。膳が四二年に社長)。労働組合法制定の反対運動の中心となり、これを契機に三一年創立された全国産業団体連合会の常務理事として、内務省社会局と緊密に連絡しつつ社会労働問題や国際労働会議などの対応にあたった。四六年貴族院議員となり、第一次吉田内閣で国務大臣(経済安定本部総務長官兼物価庁長官)、四七年参議院議員に当選するが追放指定を受け辞退、公職追放。追放解除により日本団体生命保険に会長として復帰するが、五一年十一月二十五日死去。六十四歳。

参考文献 森田良雄『日本経営者団体発展史』(一九五八、日刊労働通信社)、吉野孝一『膳桂之助追想録』(一九五九、日本団体生命保険)、『日本工業倶楽部五十年史』(一九七二) (松浦 正孝)

ぜんげんようげきさくせん 漸減邀撃作戦 日本海軍のアメリカに対する基本戦略。日本がアメリカと交戦状態に入った場合、帝国国防方針に則り、フィリピン、グアムを占拠した後に東南アジアの資源地帯を確保、アメリカの主力艦隊が反撃のために西太平洋に進出する途上で日本海軍は巡洋艦、駆逐艦、潜水艦、航空兵器等の攻撃により同艦隊を消耗させ(漸減)、日本近海への到着時に戦艦を中心とした主力部隊がこれを待ちかまえて攻撃する(邀撃)計画であった。日露戦争の経験を絶対視したこの作戦は、一九一八年に第二次改定が行われた帝国国防方針によって明文化され、軍備拡張の根拠とされた。同作戦はアメリカの主力艦隊・東洋艦隊の進路等に不確定要素を持つだけではなく、「対米七割」の軍艦保有率が必須とする海軍部内の趨勢を生み、大艦巨砲主義に固執した戦略の硬直化によって航空兵器の増強に遅滞をもたらした。

参考文献 山田朗『軍備拡張の近代史―日本軍の膨張と崩壊―』(『歴史文化ライブラリー』、一九九七、吉川弘文館)、黒野耐『帝国国防方針の研究―陸海軍国防思想の展開と特徴―』(二〇〇〇、総和社) (佐藤 宏治)

せんごくこうたろう 千石興太郎 一八七四―一九五〇 産業組合の指導者、政治家。一八七四年二月七日東京生

まれ。九五年札幌農学校(現北海道大学)卒、農事試験場技手、農会技師、農学校教師などを転々とし、一九〇六年島根県松江の農会技師になり、大日本産業組合中央会島根支会理事となる。二〇年から東京で産業組合中央会主事、二四年主席主事となり、産業組合中央金庫と全国購買組合連合会(全購連)の設立に尽力する。二五年から農村振興のために産業組合刷新運動を指導し、その大衆的宣伝誌として『家の光』を刊行した。三一年には全国米穀販売購買組合連合会(全販連)などの設立に大きな役割を果たす。さらに昭和恐慌期の農村経済更生運動に呼応して三三年から産業組合拡充五ヵ年計画を進め、産業組合主義を唱えて産業組合運動の中心的指導者となった。五ヵ年計画と同時に産業組合の政治力を結集するために、全国農村産業組合協会を設立して理事長となり、その実働部隊として産業組合青年連盟(産青連)を組織し反産運動(反産業組合運動)に対抗した。三四年に産業組合中央会理事、三九年中央会会頭となる。同時に全購連(三一年)、全販連(三七年)の会長を務め「産業組合の独裁王」と呼ばれた。三八年に貴族院議員当選。四五年に戦時農業団総裁になり、敗戦後東久邇宮内閣の農商大臣(のち農林大臣)に就任。四六年に公職追放。五〇年八月二十二日死去。七十六歳。→産業組合拡充五ヵ年計画

参考文献 千石興太郎編纂委員会編『千石興太郎』(一九五四、協同組合懇話会)、竹森一男『千石興太郎(復刻版)』(『伝記叢書』三四五、二〇〇〇、大空社) (森 武麿)

ぜんこくさんぎょうだんたいれんごうかい　全国産業団体連合会　一九三一年に成立した労働問題を扱う雇主の団体。三一年労働組合法案に対する反対運動を契機に、労資問題は日本工業倶楽部と切り離して扱うこととなり、全国五地区の産業団体連合会のナショナル＝センターとして設立された。会長は郷誠之助、顧問は団琢磨と木村久寿弥太、常任理事は日本工業倶楽部主事(三二年常任理事)の膳桂之助が兼任した。労資問題などの調査研究や、ILOなど国際機関への参加、社会立法への参加を行なった。三四年会社工場等従業員の福祉増進を目的として日本団体生命保険会社が創立されると、郷が取締役会長、膳が専務取締役となった。同年の第十八回国際労働総会を前にソーシャル＝ダンピング問題について日本側の反論を展開し、三五年内務省社会局が立案した退職積立金法案要綱に反対した。三八年以降産業報国運動に協力したが、「大東亜戦争」が始まると政府の方針に基づき四二年各労働組合とともに自主解散し、労資一体の産業報国会に合流した。四七年経営者団体連合会が結成され、四八年日本経営者団体連盟と改称した。

参考文献 森田良雄『日本経営者団体発展史』(一九五八、日刊労働通信社)、吉野孝一『膳桂之助追想録』(一九五九、日本団体生命保険)、『日本工業倶楽部五十年史』(一九七二)、間宏『日本の使用者団体と労使関係―社会史的研究―』(一九八一、日本労働協会) (松浦 正孝)

ぜんこくしょうぎょうとうせいそうかい　全国商業統制総会　日中戦争下、華中占領地における物資流通統制機構の統轄組織。商統会と略す。一九四三年三月十五日、上海にて設立された。汪兆銘政権の指導のもと、中国経済界の有力人士が参加し、理事長には唐寿民が就任した。商統会のもとに中国人商人による各地商業公会、日本人商人による各地同業組合が代表を参加させた。商統会は成立当初、糧穀統制委員会と棉花統制委員会の二つの産業統制機構から成っていた。以後、続々と統制商品を追加していった。糧食関係は糧食部が、その他は実業部が統轄し、部門別につぎつぎと同業者団体連合会を結成させた。糧食部関係では雑糧、麺粉業、畜産業、蛋業(鶏卵)、糖業、食糧業など、実業部関係では煙草、石炭、百貨業、マッチ、化学工業、綿製品、絹綿、皮革、酒精(アルコール)などの各業種の同業者団体連合会が設立された。四四年五月には唐寿民に代わり聞蘭亭が理事長に就任した。中国法人の民間団体ではあったが、実際には日本側の指導下に置かれ、華中の物資統制の最高機関として機能した。

参考文献 増田米治『支那戦争経済の研究』(一九四四、ダイヤモンド社)、劉建業主編副主編李良志・陳之中『中国抗日戦争大辞典 経済巻』(一九九八、北京燕山出版社)、小林英夫『「大東亜共栄圏」の形成と崩壊(増補版)』(二〇〇六、御茶の水書房) (白木沢旭児)

ぜんこくしょうこうけいざいかいきょうぎかい　全国商工経済会協議会　⇩商工経済会　⇩日本商工会議所

ぜんこくすいへいしゃ　全国水平社　一九二二年三月三日に創立された、自力による部落解放運動の全国組織。米騒動、第一次世界大戦後のデモクラシーの高揚を背景に、各地で、同情融和運動を克服して被差別部落民自身の「自覚」と「誇り」を軸にした運動の模索が行われるなか、奈良県南葛城郡掖上村の西光万吉・阪本清一郎・駒井喜作らが中心になって全国水平社結成を呼びかけ、京都市岡崎公会堂で創立大会を開いた。差別的言動の糾弾を軸に運動を展開し、翌年末には約三百の水平社が誕生。二〇年代半ばより共産主義派の主導により階級闘争への進出が推進されたため、アナ派・保守派が分裂。以後、委員長松本治一郎のもとに、無産階級運動との連携をはかりつつ、権力機構に対する糾弾闘争を展開。治安維持法による相つぐ弾圧があり、また三一年には共産主義派から全水解消論が提起されるなど、一時運動が混乱に陥るが、三三年に起こった高松差別裁判闘争を機に、生活権擁護闘争を中心とするかつてない運動の高揚と広がりを見た。日中全面戦争開始後は戦争協力を表明し、天皇のもとでの「国民一体」実現が至上命題となる。四二年一月、翼賛体制下で自然消滅に至る。

参考文献 藤野豊『水平運動の社会思想史的研究』(一九八九、雄山閣出版)、黒川みどり『近代部落史―明治から現代まで―』(『平凡社新書』、二〇一一、平凡社) (黒川みどり)

ぜんこくのうぎょうかい　全国農業会　⇩農業団体法

ぜんこくのうみんくみあい　全国農民組合　一九二八年、日本農民組合(日農)と全日本農民組合(全日農)が合同して設立された全国的農民組織。全農。委員長杉山元治郎。戦時下まで農民組合の主流となった。昭和恐慌に入り、農民生活が極度に悪化するなかで、全農は、土地問題だけでなく、肥料・電灯料値下げ、借金棒引き、農産物価格保証など、自作農まで含む広範な農民を対象にした運動を展開した。全農総本部派と三一年結成の全農全国会議派との間で対立し、全国会議派は、激しい弾圧のもとでも新たに農民委員会方式を提唱して広範な農民の統一をめざした。分裂した全農は三四年から三六年にかけて再び統一した。三六年の二・二六事件および翌年の日中戦争の影響をうけて大きく右旋回し、全農は大衆行動を停止して戦争協力を表明した。三七年の人民戦線事件で検挙者が出て、三八年二月、反共・反人民戦線を標榜する大日本農民組合が分裂し、全農は解散した。四七年から六〇年までにも全農が結成されている。→大日本農民組合

参考文献　法政大学大原社会問題研究所編『太平洋戦争下の労働運動』(『日本労働年鑑・特集版』、一九六四、東洋経済新報社)

(大門　正克)

せんごほしょう　戦後補償　〔ドイツの戦後補償〕(西)ドイツ政府が主体の戦争損害への賠償は実施されず、個人補償が一定の範囲で実施された。一九五二年九月、イスラエルへのユダヤ人移住への援助(ルクセンブルク協定)と連邦補償法制定の約束(ハーグ議定書)に続き、五三年九月の「ナチ被迫害者補償連邦補足法」は補足されて五六年六月、「ナチ被迫害者連邦補償法」が制定された。「人種的・宗教的理由」による「ナチ不正」被害者(ユダヤ人)に対象を限定、請求資格はドイツ国籍ないし居住者に限定(「属地原則」)、国家的扶助という性格をもつ。五七年以降、化学企業IGファルベン社など個別企業が「強制収容所」収容と労働を強制されたユダヤ人に補償。一連の制限で排除された西側諸国十一ヵ国は非ドイツ人のナチ不正被害者への補償を求めて「補償外交」を展開。五九年からこれらの諸国と個別に補償協定を締結。八〇年代にはシンティ＝ロマ、八八年には安楽死犠牲者、ホモセクシュアル、不妊化・断種の被害者なども対象とされた。しかし強制労働は一般的な戦争の結果とされ補償の対象とならなかった。九〇年のドイツ統一後、東欧諸国(ポーランド、ベラルーシ、ウクライナ、ロシア)のナチ不正被害者のうち経済的困窮者への人道的給付を旨とする「和解基金」を設立。一時金を支給された被害者はこれを補償とはみなさなかった。強制労働被害者組織は裁判に訴え始めた。九六年、連邦憲法裁判所は強制労働への個人補償請求の可能性を開いたが、地裁レベルで勝訴した訴えも控訴審では敗北。転機は九八年三月のアメリカでの集団提訴(対フォード本社とドイツ＝フォード社)。同年九月の連邦議会選挙で社会民主党と九〇年連合・緑の党が勝利し、「ナチ強制労働補償」へ動く。翌年二月「ドイツ経済の基金イニシアティヴ(記憶・責任・未来)」が設立された。被害者側も補償基金設立に向け交渉に参加、九九年十二月に合意、二〇〇〇年七月、ラウ大統領が「赦しを請う」演説を行う。「関与」、企業の「歴史的責任」と連邦議会の「政治的・道義的責任」を認める強制労働補償基金法が成立。〇四年三月末までに百五十万人が補償の最初の給付金を受け取った。

〔日本の補償〕敗戦直後、強制連行された朝鮮人労働者の補償要求を日本政府は拒否し警察の取締りで対応。国は強制労働させた企業に未払い賃金の供託を義務づけつつ当該企業に金銭的援助を実施。ドイツとは異なり経済援助・協力の意味合いで賠償を実践、一九六五年「日韓請求権・経済協力協定」も個人的請求権を含み補償問題は解決済みとしたが、今なお議論されている。九〇年代に入り補償問題が本格化。強制連行・強制労働、「従軍慰安婦」などの強制性を否定し、資料公開を拒否すると、被害者は直接日本に補償を請求し始めた。九〇年以降現在までに、七十九件の戦後補償裁判が提起。「従軍慰安婦」に関し十件の訴訟が日本で提起されたが、二〇一〇年三月までにすべて棄却。被害者は〇六年韓国で申し立て、一一年韓国の憲法裁判所は韓国政府に対し日本政府との外交交渉を命じた。この間、日本政府は一九九五年に「女性のためのアジア平和国民基金」を設立し慰労金の形で戦後補償問題の解決を図ったが、被害者の賛同を受けたわけではなく、二〇〇七年に解散。一方、強制連行・強制労働被害者は政府と企業に対し訴訟。朝鮮人強制連行訴訟は九件に及んだが、すべて棄却され終結。一九九七年から二〇〇〇年にかけて日本製鉄釜石訴訟、日本鋼管訴訟、不二越訴訟の三件で和解。旧日鉄、三菱重工裁判で敗訴した被害者は韓国で裁判を提起、韓国大法院は一二年、原告敗訴の下級審判決を破棄し、高等法院に差し戻す判決を下した。一三年夏、高裁は原告の逆転勝訴判決。中国人強制連行では、花岡事件被害者は鹿島建設との交渉が行き詰まり一九九五年に東京地裁に提訴。高裁段階で二〇〇〇年に五億円基金の設立で和解。西松建設広島訴訟は高裁レベルで勝訴するも、最高裁で敗訴(〇七年)。最高裁判決は西松建設に対し被害者救済を付言、これを受け西松建設は〇九年に謝罪し和解。シベリア抑留、空襲被害、原爆被爆など日本人被害者への戦後補償問題は未解決のまま残る。

参考文献　ベンジャミン・B・フェレンツ『奴隷以下―ドイツ企業の戦後責任―』(住岡良明・凱風社編集部訳、一九九三、凱風社)、『(増補版)ハンドブック戦後補償』(『シリーズ・問われる戦後補償』別冊、一九九四、梨の木舎)、中国人戦争被害賠償請求事件弁護団編『砂上の障壁―中国人戦後補償裁判十年の軌跡―』(二〇〇五、日本評論社)、倉沢愛子編『二十世紀の中のアジア・太平洋戦

争』(『岩波講座)アジア・太平洋戦争』八、二〇〇六、岩波書店)、金富子・中野敏男編『歴史と責任―「慰安婦」問題と一九九〇年代―』(二〇〇八、青弓社)、田中宏他『未解決の戦後補償―問われる日本の過去と未来―』(二〇一二、創史社)

(矢野　久)

せんさい　戦災　戦争によって民間人や非軍事的施設が被害を受けること。日本では、アジア・太平洋戦争における空襲などによる被害をさすことが一般的である。日本国内が戦災に遭ったのは、アジア・太平洋戦争末期のことである。アメリカなど連合国の爆撃機による空襲、戦闘機による機銃掃射、軍艦による艦砲射撃などがなされ、沖縄県や硫黄島などでは地上戦となった。また、原子爆弾が広島市と長崎市に投下された。これらの戦災で、日本国内で五十万人以上の民間人が死亡した。地上戦では約十万人、原爆では一九四五年中に約二十一万人が亡くなっている。また、日本への空襲や艦砲射撃で百二十都市が大きな被害を受け、死者はわかっているところで二十万人である。海外の戦場では、約三十万人の日本人の民間人が亡くなっている。これには海外からの引揚中の死者も含まれる。アジア・太平洋戦争における日本の侵略によるアジア・太平洋地域での民間人の死者については正確な統計はないが、一千万人を超えているとされる。その中には、連合国や日本の空襲による死者も含まれている。

大都市の市街地へのB29爆撃機による空襲は、四五年三月十日に始まり、途中の中断をはさんで、六月十五日まで続いた。大都市への空襲で、東京、横浜、川崎、名古屋、大阪、神戸、尼崎という、日本のほとんどの大都市の市街地が焼け野原となった。市街地空襲や軍需工場への爆撃によって、東京十万五千人、大阪一万二千人、名古屋八千人、神戸六千人、横浜四千人、川崎八百人、尼崎五百人が亡くなったと記録されている。中小都市の住民居住地に対するB29による焼夷弾空襲は、四五年六月十七日から八月十四日にかけて、一日にだいたい四都市を目標に十六回実行され、合計五十七都市が目標都市として空襲を受けた。目標都市は人口順にあげた都市の中から、空襲によって大きな被害を与えられる都市を選んで爆撃した。中小都市空襲でも、何千人もの死者が出た空襲がある。鹿児島三千三百人、浜松三千二百人(艦砲射撃による死者を含む)、富山二千三百人、八幡二千人、呉二千人、堺千八百人、静岡千八百人、岡山千七百人、福井千六百人、明石千五百人、長岡千四百人、津千四百人、日立千三百人(艦砲射撃による死者を含む)、高松千三百人、和歌山千二百人、甲府千百人、仙台千人、佐世保千人、徳島千人、千葉九百人、福岡九百人が亡くなったという記録がある。

空母からの爆撃機による空襲では、四四年十月十日には那覇市など沖縄県で四百人が亡くなり、一万千五百戸の家屋が被害を受け、那覇市の市街地の九〇%が焼かれた。四五年二月十六日・十七日には中島飛行機の工場などを爆撃している。三月には、沖縄戦支援のために、九州の飛行場や内海の船舶への爆撃をしている。そのほか、七月十四日・十五日に約二千人の民間人の死者を出した、北海道の各地への空襲もあった。空襲で民間船舶が被害を受け、青函連絡船空襲では四百人以上、沖縄からの疎開学童を乗せた対馬丸の沈没では千四百人以上が亡くなっている。また、アメリカ軍は硫黄島を占領し、そこを基地として、小型のP51戦闘機による日本への爆撃をした。これはB29の昼間の爆撃の援護をしたり、人を狙った機銃掃射をしたりした。東京周辺につくられた日本軍の防空基地に対する爆撃も実施された。沖縄占領後、伊江島や本島の基地から、七月二十八日を皮切りに、B24・B25爆撃機や戦闘機によって、久留米や南九州の交通要所の都市が昼間に空襲された。艦砲射撃では、浜松、日立、釜石、室蘭などで大きな被害を出している。

空襲などによる建物被害は、沖縄県を除く日本全国で二百三十六万戸と記録されている。市街地の焼失率は、東京五〇%、大阪二八%、名古屋三一%、神戸五六%、横浜四四%、川崎三三%、尼崎一〇%である。中小都市の市街地の焼失率は、富山九九%、沼津八九%、福井八五%、津八〇%、八王子八〇%、日立七八%、高松七八%、桑名七七%、今治七六%、一宮七五%、徳島七四%、岐阜七四%、福山七三%、松山七三%、姫路七二%と、大都市を上回る焼失率の都市が多い。被災した主な国宝建造物には、仙台の仙台城大手門・隅櫓、水戸の東照宮、東京の浅草寺本堂・増上寺徳川家霊廟、大垣の大垣城、浜松の五社神社社殿・諏訪神社社殿、名古屋の名古屋城・高岳院正門・七寺本堂・東照宮社殿・性高院表門・熱田神宮海上門・本遠寺楼門、津の観音寺本堂・大宝本堂院・西来寺奥殿、敦賀の気比神宮本殿、大阪の四天王寺東大門、西宮の西宮神社本殿、和歌山の和歌山城、岡山の岡山城・連昌寺、福山の福山城、広島の広島城、下関の永福寺本堂、松山の松山城、今治の東禅寺本堂、沖縄の首里城などがある。

戦時中は、四二年二月に制定された戦時災害保護法によって、軍人軍属だけでなく、民間人にも、死者の遺族、負傷者、家を焼かれた人たちに、給付金を支給する補償制度があった。ここでは日本人だけでなく、日本の植民地にされた朝鮮や台湾の人たちにも同じように支給された。戦後、四六年の生活保護法の制定に伴って、戦争被害者への特別の給付はなくなり、戦時災害保護法は軍事扶助法、軍人恩給とともに廃止された。連合国の日本占領が終わると、五二年には軍人、軍属のみを対象とする戦傷病者戦没者遺族等援護法ができ、五三年には軍人恩給が復活し、軍人への特別給付だけが作られた。対象外とされた民間人は、国家補償を求める運動をした。これに対して政府は、民間人全体に対象を広げることはしないで、徴用工、勤労動員学徒、挺身隊員、警防団員など一部の人たちを、戦争協力者として、軍属に準じる扱いをして、援護法による支給をした。沖縄戦犠牲者にも、軍の要請に基づいて戦闘に参加した者として、一般市民であっても準軍属扱いをして、援護法による支給をしている。原爆被爆者には、放射能に起因する健康被害の特殊性を強調して、特別の措置をしている。六〇年代から、一般戦災者の国家補償要求運動が始まった。七三年から八九年にかけて「戦時災害援護法案」が国会に提出されたが、成立しなかった。七六年に名古屋の空襲傷害者、七九年には東京の空襲犠牲者の遺族が、それぞれ国家補償を求める訴訟を起こした。いずれも八〇年代に入って、戦争犠牲ないし戦争損害は、国の存亡にかかわる非常事態のもとでは、国民がひとしく被害を受忍しなければならないという「受忍論」によって訴えが退けられた。二〇〇七年三月に東京空襲遺族会集団訴訟、〇八年十二月には大阪空襲訴訟が提訴されたが、いずれも原告側が敗訴した。空襲による一般民間人の遺族や傷害者は依然として遺族援護法等の国家補償による救済の対象となっていない。

参考文献 経済安定本部『太平洋戦争による我国の被害総合報告書』(一九四九)、建設省編『戦災復興誌』(一九五七‐六三、都市計画協会)、『日本の空襲』(一九八〇‐八一、三省堂)、太平洋戦全国空爆犠牲者慰霊協会『平和の祈り―一般戦災慰霊の記録―』(一九九五)、東京大空襲・戦災資料センター編『東京・ゲルニカ・重慶―空襲から平和を考える―』(『岩波DVDブックpeace archives』、二〇〇九、岩波書店)

（山辺 昌彦）

せんさいこじ 戦災孤児 ⇩戦争孤児

せんじかいうんかんりようこう 戦時海運管理要綱 ⇩海運統制

せんじかいぐんりょくをもってするほうげきにかんするじょうやく 戦時海軍力を以てする砲撃に関する条約 軍艦による都市・港の攻撃を規律することを目的として、一九〇七年の第二回ハーグ平和会議で作成された条約。一〇年に発効し、日本も一二年に当事国となった。陸戦規則と同様に、占領の作戦行動への抵抗がなされる防守地域と無防守地域とを区別し、後者を海上から砲撃することを原則として禁止する(第一条)。ただし、無防守地域にあっても、軍事上の工作物、陸海軍建設物、軍需品貯蔵所、軍需工場・軍用設備、港内の軍艦は合法的な砲撃対象とされた(第二条)。この規定は、軍事目標主義を条約によりはじめて認めたものと評される。本条約は防守地域に対する艦砲射撃についての規定を欠くが、第一条の反対解釈として、防守地域への無差別砲撃は許容されると解されてきた。だが、そうではあっても、宗教・技芸・学術・慈善のための建物、歴史上の記念建造物、病院などに損害を与えないよう必要な一切の手段をとるべきことは、陸戦の場合と変わりない(第五条)。

参考文献 田岡良一『空襲と国際法』(一九三七、厳松堂)、榎本重治「海戦」(国際法学会編『国際法講座』三所収、一九五四、有斐閣)

（阿部 浩己）

せんじかよう 戦時歌謡 ⇩軍歌・戦時歌謡

せんじぎかい 戦時議会 戦争中、その当事国で開催される議会。昭和期の戦時議会は、一九三七年九月初めに開かれた第七十二臨時議会から始まる。第一次近衛文麿内閣は、日中戦争の本格化をうけて、軍需工業動員法適用法、臨時資金調整法、輸出入品等臨時措置法、臨時軍事費特別会計法案などを提出した。当時、衆議院(定数四六六)の勢力は、政友会一七四、民政党一七九、社会大衆党三六、東方会一一などとなっていた。保守系の政民両党は同内閣に閣僚を送っていたが、同内閣の全体主義(「革新」)的な方向性を警戒しており、むしろ社大党や東方会が内閣を積極的に支持していた。ただし日中戦争については中国側に非があるという認識で全会派が一致していたため、全会一致で諸議案を可決し、戦争協力の姿勢を示した。

日中戦争の長期化をふまえ、政府は、三八年初頭の議会に電力国家管理関係法案、国家総動員法案など、全体主義的ともとれる法案を提出した。特に国家総動員法案は、運用次第で議会の権限を奪う内容だったため、衆議院の保守系議員や貴族院から強い反対があったが、近衛首相は革新的新党結成を示唆して議会を通過させた。三八年夏には、近衛周辺で革新的な新党結成が計画されたが、政民両党や内務省の抵抗で失敗、外交の行きづまりもあって、近衛首相は三九年一月初めに退陣、かわって成立した平沼騏一郎内閣は、議会と宥和姿勢をとった。平沼内閣は防共協定強化問題の紛糾で三九年八月に退陣、後任の阿部信行内閣は、経済問題で失策を重ねて議会の強い反発を買い、議会乗切りの自信なく四〇年一月中旬に退陣、かわって成立した米内光政内閣は蔵相に民政党の桜内幸雄を起用するなど保守系政党を重視したが、二月に民政党代議士斎藤隆夫が衆議院本会議で政府・軍部の戦争遂行方針を厳しく批判して議員除名となる事件

第83帝国議会(臨時)の衆議院本会議での「大東亜民族総蹶起決議案」の採決風景(1943年10月28日)

(反軍演説事件)が起き、聖戦貫徹議員同盟の結成など親軍派議員の活性化が始まった。

四〇年六月、欧州におけるドイツの躍進を背景に近衛文麿が新体制運動を始めると、議会内では、全体主義系勢力は運動の主導権を取るため、保守系勢力は運動を骨抜きにするため、いずれも八月までに解党して運動に参加した。十月に発足した大政翼賛会は全体主義独裁政党の色彩が濃く、四一年一月からの議会では貴衆両院で保守系議員により翼賛会違憲論が展開された結果、四月に翼賛会は大幅改組となり、新体制運動は失敗した。

太平洋戦争開戦後の四二年四月、東条英機内閣は、一年延期されていた任期満了に伴う総選挙を、国論一致を示すため、事実上の政府による候補者推薦制度を取り入れて実施した(翼賛選挙)。しかし、選挙後も保守系勢力が議会の主導権を維持した。議会勢力をまとめるため、政治団体として翼賛政治会が設立され、他の政治団体は事実上禁止された。四二年六月のミッドウェー海戦敗北後戦局が劣勢となり、東条内閣は四三年初頭の議会に官僚統制を強化する諸法案を提出、議会は通過したものの衆議院では強い反発が表面化、東条内閣は議会終了後の四月に衆議院有力者を二名入閣させ、議会との融和を図った。しかし、公然と東条首相を批判していた中野正剛代議士が四三年十月に憲兵隊に逮捕されて自殺に追い込まれるなどしたため議会内の反東条感情は広がり、四四年七月には衆議院の有力者は重臣らと協力して東条内閣を退陣に追い込んだ。小磯国昭内閣が結社の統制を緩和したことから、衆議院の保守系議員たちは、早期終戦の態勢づくりに乗り出した。このため、徹底抗戦派議員たちは護国同志会や翼壮議員同志会といった院内会派を四五年三月に結成したが、少数派にとどまった。保守系議員たちは四月に大日本政治会を結成したが、態勢が整わないうちに八月十五日の終戦となり、九月十四日に同会は解散、戦時議会の時代は終わった。→新体制運動 →大政翼賛会 →翼賛選挙

参考文献 古川隆久『戦時議会』(『日本歴史叢書』、二〇〇一、吉川弘文館)
(古川 隆久)

せんじきょういくれい 戦時教育令 アジア・太平洋戦争末期の決戦体制に応じるべく制定された勅令第三二〇号。一九四五年五月二十二日に全六条と施行細則十一条が公布・施行された。同年三月十八日には、すでに「決戦教育措置要綱」が閣議決定され、「全学徒を食糧増産、軍需生産、防空防衛、重要研究其の他直接決戦に緊要なる業務に総動員す」るため、「国民学校初等科を除き学校に於ける授業は昭和二十年四月一日より昭和二十一年三月三十一日に至る期間原則として之を停止す」とされていた。戦時教育令は、この要綱実施のために制定され、学徒は「戦時に緊切なる要務に挺身し」、教職員は「率先垂範」し、「学徒の薫化啓導の任を全う」することが、教育の目的とされた(第一条・第二条)。また、戦時に緊要なる教育訓練を行うため、「学校毎に教職員及学徒を以て学徒隊を組織し」、地域や職場ごとに「連合体」を組織することとされた(第三条)。そして、文部大臣は、特に必要のある時は「教科目及授業時数に付特例を設け其の他学校教育の実施に関し特別の措置を為すことを得」とされた(第四条)。また、「正規の期間在学せず又は正規の試験を受けざる場合と雖も之を卒業(之に準ずるものを含む)せしむることを得」ともされた(第五条)。この文部大臣の権限は、朝鮮総督・台湾総督・満洲国駐劄特命全権大使・南洋庁長官にも与えられた(第六条)。なおこの勅令には、教育勅語を引用した上諭が付せられ、「青少年学徒の奮起」が促された。戦局の悪化が、学校教育そのものの破綻を招いたものといえよう。敗戦に伴い四五年十月六日に廃止された。

参考文献 文部省編『学制百年史』(一九七二、帝国地方行政学会)、宮原誠一他編『資料日本現代教育史』四(一九七四、三省堂)
(豊田 雅幸)

せんじぎょうせいしょっけんとくれい 戦時行政職権特例 生産拡充のため指導監督の強化をはかる勅令。一九四三年三月十八日公布・施行。(一)鉄鋼・石炭・軽金属・船舶・航空機などの重要軍需物資の生産拡充に必要な場合、内閣総理大臣は各省大臣に指示を与えることができる、(二)生産拡充に関して必要な場合は労務、資材・動力・資金に関する各省大臣の職権の一部を内閣総理大臣みずからまたはほかの大臣に行わせることができる、(三)内閣総理大臣が行政官庁や官吏の職権をみずから行い、またはほかの行政官庁や官吏に行わせることができる、などとされた。各省大臣は国務大臣として輔弼の責任をもつため、枢密院では内閣総理大臣の指示権が問題となったが、政府は行政長官としての職権に対するものと説明。四三年十一月一日までの各改正で、内閣総理大臣の指示権と職権移動制度を拡充し、都庁府県長官の指示権の強化や同長官に各大臣職権の一部を移譲することなどを定め、決戦態勢を整えた。四六年三月三十日廃止。

参考文献 『商工経済会法・商工組合法・交易営団法・日本証券取引所法・戦時行政特例法法文並ニ解説』(『大経研資料』一八、一九四三、大阪経済研究会)、古屋哲夫「第八一回帝国議会貴族院・衆議院解説」(『帝国議会誌』第一期第四三巻所収、一九七六、東洋文化社)、神田文人「近現代史部会共同研究報告 明治憲法体制における天皇・行政権・統帥権」(『日本史研究』三三〇、一九八九)
(関口 哲矢)

せんじぎょうせいとくれいほう 戦時行政特例法 生産力や総合国力拡充のための特例措置を規定した法律。一九四三年三月十八日公布・施行。戦局の悪化に伴い、生産力や総合国力の拡充が課題となった。鉄鋼・石炭・軽金属・船舶・航空機など重要軍需物資の増産には各種法令が障害になる。法令の実施には各官庁の指導監督が付随するからである。そこで指導監督を単一化することによる割拠主義の克服が目指された。法律の中では、勅令

の定めるところにより㈠生産力の拡充やその他の国力の拡充運用に必要な場合、法律によって禁止・制限されている人や法人の行為を解除すること、㈡法律によって監督・命令・処分等を行う行政庁や官吏の職権を別の行政庁や官吏に行わせること、㈢そのほかに必要な事項は勅令で定めると記され、戦時行政職権特例と関連づけられている。東条英機首相は各大臣の輔弼責任を混乱させる意図はないと説明しているが、内閣総理大臣の権限拡大には独裁主義との批判も存在した。四五年十二月二十一日廃止を公布。

参考文献 『商工経済会法・商工組合法・交易営団法・日本証券取引所法・戦時行政特例法法文並ニ解説』(『大経研資料』一八、一九四三、大阪経済研究会)、古屋哲夫「第八一回帝国議会貴族院・衆議院解説」(『帝国議会誌』第一期第四三巻所収、一九七九、東洋文化社)、神田文人「近現代史部会共同研究報告　明治憲法体制における天皇・行政権・統帥権」(『日本史研究』三二〇、一九八九)
(関口　哲矢)

せんじきんきゅうそちほう　戦時緊急措置法　戦争末期、種々の法令の規定に関わらず政府に必要な命令を発する権限を委任した法律。一九四五年六月二十二日公布。朝鮮・台湾でも施行された。本土決戦に際し、非常事態に逐一法律で対応するのは不可能ゆえ、大日本帝国憲法に規定された戒厳令および非常大権、委任立法の適用が検討された。その結果、政府は戦時緊急措置法案を議会に提出。第一条では、戦争に際して国家の危急を克服する緊急の必要があるとき、政府は他の法令の規定にかかわらず応機の措置を講ずるため、必要な命令を発したり処分を為したりすることができるとされた。軍需生産の維持、増強や食糧その他生活必需物資の確保などの七項目を具体として列記。第二条は前条に関連して生じた損失の補償、第三条は違反者等に対する罰則規定である。審議では違憲との批判もあり、重要事項は戦時緊急措置委員会に諮問することとして成立。同委員会の委員は二十四人以内で貴衆両院議員から選出された。四五年十二月二十日廃止を公布。

参考文献 防衛庁防衛研修所戦史室編『大本営陸軍部』一〇(『戦史叢書』八二、一九七五、朝雲新聞社)、宮田光史「「超非常時」の憲法と議会—戦時緊急措置法の成立過程—」(『史学雑誌』一一六ノ四、二〇〇七)
(関口　哲矢)

せんじきんゆうきんこ　戦時金融金庫　一九四二年二月二十日に公布された戦時金融金庫法(法律第三三号)に基づいて、同年四月十八日に設立された金融機関。資本金三億円でうち二億円が政府出資であり、「戦時に際し生産拡充及産業再編成の為必要なる資金にして他の金融機関等より供給を受くること困難なるものを供給」することが目的であった。総裁には前大蔵大臣小倉正恒、副総裁には元大蔵次官大野竜太が任命された。資金調達は、金融債(当初は払込資本金の十倍が限度。のちに三十倍に拡張)の発行と日銀・預金部・都市銀行などからの借入れで行われた。四五年九月時点での貸出残高は三七億六千九百七万円であり、大口貸出先は、三菱重工業、住友金属工業などの軍需会社であった。また、日本協同証券の業務を吸収し「有価証券の市価安定を図る」ために株価操作、新株引受業務も行なった。四五年九月三十日に連合軍により閉鎖機関に指定され、七五年に清算が結了した。

参考文献 閉鎖機関整理委員会編『閉鎖機関とその特殊清算』(一九五四、在外活動関係閉鎖機関特殊清算事務所)、山崎志郎『戦時金融金庫の研究—総動員体制下のリスク管理—』(二〇〇九、日本経済評論社)、柴田善雅『戦時日本の金融統制—資金市場と会社整理—』(二〇一一、日本経済評論社)
(早川　大介)

せんじけいじとくべつほう　戦時刑事特別法　アジア・太平洋戦争下の戦時特例措置として一九四二年二月二十四日に公布された法律。四五年十二月二十日に廃止。刑事法の大変革となった。開戦直後に制定されていた戦時犯罪処罰の特例法を拡充し、国内治安に重大な障害を与えるおそれのある放火、強制わいせつ、窃盗、騒擾、鉄道に対する妨害、住居侵入などについて刑罰を加重するほか、戦時下の国政変乱のための殺人や予備陰謀など、防空公務員に対する暴行脅迫、防空施設損壊による防空の妨害、重要物資の生産事業妨害、生活必需物資の売惜しみ・買占めなどの処罰を規定した。審理促進を名目に弁護人数や権限の制限、検事・警察官作成の聴取書に証拠能力を付与すること、有罪判決証拠説明の簡易化などを規定した。裁判所構成法戦時特例と相まって一部の控訴審が省略され、裁判が二審制に改められた。帝国議会では人権蹂躙を懸念する審議があったが、原案どおり成立した。四三年三月には国政変乱の協議・煽動罪などの追加、十月には瀆職罪などの改正がなされた。

参考文献 大竹武七郎『戦時刑事特別法解説』(一九四二、松華堂書店)
(荻野富士夫)

せんじこくさい　戦時国債　戦時下、戦費をまかなう目的で発行された国債。政府は満洲事変の戦費五億二千万円の約八割を予算に計上、その財源のほとんどを国債の発行によりまかなった。折からの世界恐慌下、財源を増税に頼れず、さりとて外債を発行することもできなかったためである。時の大蔵大臣高橋是清は一九三二年十一月より国債の日本銀行引き受け、すなわち日銀が紙幣を印刷して政府から国債を購入するという新方式を編み出

戦時国債の広告(『写真週報』197号，1941年12月3日)

してこれに対処した。三七年の日中戦争では、臨時軍事費特別会計法が九月十日に公布され、必要な経費を「事変の終局」までを一会計年度として経理することになった。昭和十二年度から二十年度までの臨時軍事費の歳入済総額千七百三十三億五百万円のうち、公債金が千四百九十七億九千万円を占めていた。その約七割が日銀によって引き受けられ、膨大な戦費の迅速な調達に貢献した。公債発行の限度額はたびたび増額され、四三年三月に至って政府は臨時軍事費に関する限り無制限に国債を発行することが可能となった。日銀が売り出した国債は郵便貯金などを運用する大蔵省預金部や市中の銀行などが購入したが、その元手は国民精神総動員運動などを通じて国民に事実上強制された郵便貯金や銀行預金であった。昭和二十年度末の国債残高は千四百億円を超えた（借入金なども加えた広義の国債は千九百九十億円）が、政府の実際の負担はインフレーションの昂進によりはるかに小さいものとなった。戦後、政府や議会内で元本の破棄、利払いの可否も議論されたが、結局四八年十二月に可決された補正予算に四八年以降の軍事公債利子二十一億円が計上されたことにより、公債処理問題は幕を閉じた。

参考文献　鈴木晟『臨時軍事費特別会計—帝国日本を破滅させた魔性の制度—』（二〇一三、講談社）

（一ノ瀬俊也）

せんじこくさいほう　戦時国際法　戦時に適用される国際法。近代国際法は、法体系としての形を整えた十九世紀において、無差別戦争観に立脚し、主権国家が戦争に訴えることを規制するものではなかった。国際法は平時と戦時の二元構造を有し、戦争が開始されると、平時国際法に代わって、独自の原理に基づく戦時国際法が適用された。戦時国際法は、敵対行為を規律する交戦法規と、戦争に参加していない第三国と交戦国との関係を規律する中立法規によって構成された。交戦法規は、さらに、害敵手段・方法について定めるハーグ法と、戦争犠牲者の保護に関するジュネーヴ法に類型化される。慣習法として生成された戦時国際法は、一八九九年と一九〇七年のハーグ平和会議において大がかりな法典化の対象となり、陸戦・海戦・中立に関する多数の条約が作成された。その後、国連憲章下で結実した戦争違法化により国際法は平時に一元化され、戦時国際法という用語が用いられることはなくなったものの、その実質は、武力紛争法あるいは国際人道法として形を変えて現代に継承されている。→戦争違法化（せんそういほうか）

参考文献　信夫淳平『戦時国際法講義』（一九四一、丸善）、藤田久一『国際人道法（再増補）』（二〇〇三、有信堂）

（阿部　浩己）

せんじさいがいほごほう　戦時災害保護法　一九四二年二月二十五日に公布された、一般国民の戦争被害に対する援護法。援護の対象者は植民地人を含む帝国臣民で、戦時災害の被害者とその家族や遺族である。戦時災害の内容は直接の戦闘行為の被害だけでなく、空襲による混乱や浮遊機雷による二次災害も含むものとされた。援護の内容の第一は、応急的な一時的措置の救助である。これには衣食や学用品の提供、傷病者への医療、仮設住宅の建設、死体の埋葬などが含まれ、現物での支給が原則であった。援護の第二は、戦災による傷病・死亡が原因で生活困難に陥った者に対する扶助である。扶助の種類は生活・療養・出産・生業・埋葬費の五種であり、軍事扶助法のそれに準じていた。援護の第三は、戦災による死亡、身体的障害や住宅などの財産的損害に対する、遺族給与金・障害給与金・財産給与金の三種の給与金である。このうち遺族給与金は一律に死亡者一人あたり五百円、障害給与金は障害の程度に応じて三百五十円から七百円と定められていた。戦時災害保護法の制定時には、空襲による大きな被害が出るのを予想せず準備金額も少なかった。しかし四四年末からの本土空襲で、支払い件数と支払い金額は激増する。法運用の細部は各府県の対応に委ねられていたが、東京大空襲の被害とインフレに直面して、東京都では救助・扶助の一人あたりの支払限度額を値上げし、扶助金の申請手続きを簡素化した。また給与金の支払いが遅延することへの対策として、戦時国民協助義会（四五年四月に恩賜財団戦災援護会に改組）にその一時立て替え払いをさせている。しかし混乱の中で、援護を受けなかった国民が多数いたと推測される。戦時災害保護法は戦争被害者のみを特別に援護してはならないとのＧＨＱの方針により、四六年九月に廃止、生活保護法に統一されたが、講和独立後も民間人戦争被災者向けの援護法が復活することはなかった。

参考文献　赤澤史朗「戦時災害保護法小論」（『立命館法学』二二五・二二六、一九九三）、及川琢英「原爆被害と戦時災害保護法」（『日本の博物館における近代の戦争関係展示の現況と国際関係認識の課題について　平成十三年度～平成十六年度科学研究費補助金（基盤研究C）（2）研究成果報告書』、二〇〇五）、高橋未沙「戦時災害保護法の運用—東京都・大阪府を事例として—」（『日本女子大学大学院文学研究科紀要』一六、二〇一〇）

（赤澤　史朗）

せんじちょちくしょうれいうんどう　戦時貯蓄奨励運動　国民精神総動員運動の一環として展開された「貯蓄報国」をスローガンとする国民運動。一九三八年四月十九日の閣議で「国民貯蓄奨励に関する件」が申し合わされた。

貯蓄奨励の広告（『写真週報』201号，1941年12月31日）

大蔵省国民貯蓄奨励局、諮問機関の国民貯蓄奨励委員会を頂点として、道府県、市町村、町内会、部落会へと組織され、貯蓄組合が第一線機関とされた。四一年には国民貯蓄組合法が制定され貯蓄組合に法的根拠が与えられ、戦後の少額貯蓄非課税制度の源流となった。

参考文献　大蔵省昭和財政史編集室編『昭和財政史』一一(一九五七、東洋経済新報社)、岡田和喜『貯蓄奨励運動の史的展開—少額貯蓄非課税制度の源流—』(一九九六、同文館出版)　（早川　大介）

せんじとうせいさんぽう　戦時統制三法　一九三七年九月第七十二議会で成立した臨時資金調整法、輸出入品等臨時措置法、および軍需工業動員法の適用に関する法律を指す。三六年広田内閣以降の急激な軍事費膨張によって貿易収支に大幅な赤字が生じ、金利上昇による国債の消化難、物価・賃金水準の上昇によるインフレなども危惧されるようになった。これらは軍拡予算の実施自体を困難にするものであり、貿易収支の均衡、低金利、物価・賃金の安定のためには、輸出入統制、資金運用統制、物資配給統制、価格統制などの統制の導入が不可避となっていた。三七年六月には、近衛内閣は財政経済三原則(国際収支の適合、物資需給の調整、生産力の拡充)として経済統制の基本方針を発表しており、七月の日中戦争の勃発を契機に法案が提出され公布となった。輸出入品等臨時措置法は輸出入統制品に関連する多くの物資の生産・配給・消費、価格に関わる統制を規定し、臨時資金調整法は企業の事業転換、株式・社債発行、長期資金借入、設備拡充を統制し、軍需工業動員法は軍需関連企業の事業計画を軍や政府が統制することを可能にした。これを機に統制はあらゆる領域に及び、三八年四月の国家総動員法とともに戦時経済統制が本格化した。

参考文献　原朗「戦時統制経済の開始」(同編『日本戦時経済研究』所収、二〇一三、東京大学出版会)　（山崎　志郎）

せんじのうぎょうだん　戦時農業団　⇨農業団体法(のうぎょうだんたいほう)

せんじのうぎょうよういんせいど　戦時農業要員制度　アジア・太平洋戦争開始後、食糧増産のために農業要員を確保しようとした制度。戦局の悪化とともに食糧問題が深刻化し、一九四三年十二月の閣議決定で、基本的な農業要員を確保して、国民徴用令などによる流出を防ごうとした。四四年三月に一千万人が指定されたが、実際には農業要員の確保が難しく、労働力をめぐる農工間の調整が戦時末期の重要な政策課題となった。

参考文献　法政大学大原社会問題研究所編『太平洋戦争下の労働者状態』(『日本労働年鑑・特集版』、一九六四、東洋経済新報社)　（大門　正克）

せんじひょうじゅんせん　戦時標準船　戦争下の船舶需要の増加に対応して、設計・建造を簡易化した船舶。船型の規格化、構造の簡素化、工数の削減、資材や船体部品種類の規格統一・単純化により、工期を短縮し、資材・労力を節約して、必要船腹量の確保を目指した。一九四二年四月、平時標準船の貨物船六、鉱石船一、油槽船三の十船型が第一次戦時標準船として決定され、計画造船が本格化した。十二月には量産を最優先とした第二次戦時標準船が設定された。耐用年数、速力、安全性を犠牲に、設計や工数を大幅に簡素化し、船型も貨物船三、油槽船二の五種に絞られた。しかし戦局の悪化と潜水艦攻撃により保有船腹が急減するなか、速力が求められるようになり、四三年十二月に第二次戦時標準船を優速化した第三次戦時標準船が設定された。さらに制海権の喪失下で、四四年九月ごろから第四次戦時標準船として封鎖海面を突破しうる高速輸送船が検討されたが、実現せずに敗戦となった。

参考文献　小野塚一郎『戦時造船史—太平洋戦争と計画造船—』(一九六二、日本海事振興会)、現代日本産業発達史研究会『現代日本産業発達史』九(一九六四、交詢社出版局)　（山崎　志郎）

せんじみんじとくべつほう　戦時民事特別法　アジア・太平洋戦争下の戦時特例措置として一九四二年二月二十四日に公布された法律。四五年十二月二十日に廃止。戦時における私権の確保と民事紛争の敏速・適正な解決を目的に、訴訟上の期間などに相当の余裕を設けること、裁判所による土地管轄の移送、証人鑑定人らの書面訊問、戦争原因による強制執行の緩和、防諜上の理由による訴訟書類謄写の制限などの民事訴訟手続の特例を定めるほか、すべての民事争議事件についての調停を可能とした。裁判所構成法戦時特例と相まって一部の控訴審が省略され、裁判が二審制に改められた。開戦後、急遽司法省によって立案され、原案どおり成立したものの、円滑な実施に懸念がもたれており、実際に民事訴訟の解釈上で齟齬が生じた。四三年十月、四五年二月、さらに六月の改正では「戦局の緊迫」に即応するため、民事訴訟・調停などの一層の簡素化が図られた。

参考文献　梶田年『戦時司法特例法要義』(一九四四、法文社)　（荻野富士夫）

せんしゃ　戦車　鋼板などによって装甲され、火砲や機銃で武装した軍用車輌。キャタピラにより道路外での走行が可能。日本陸軍は一九二〇年代以降戦車の国産化と配備を行なった。日本の戦車は重量一〇ﾄﾝ以上の主力級戦車である中戦車と、一〇ﾄﾝ未満で騎兵の機械化を目的として開発された軽戦車が主体であり、重戦車はほとんど実用化されなかった。また、小型戦車に相当する車種として、軽装甲車(五ﾄﾝ未満)も多数使用された。　→軽戦車(けいせんしゃ)　→中戦車(ちゅうせんしゃ)

参考文献　原乙未生・栄森伝治・竹内昭『日本の戦車(新版)』(一九七八、出版協同社)、土門周平『日本戦車開発物語—陸軍兵器テクノロジーの戦い—』(『光人社NF文庫』、二〇〇三、光人社)　（中野　良）

せんしょうびょうしゃせんぼつしゃいぞくとうえんごほう　戦傷病者戦没者遺族等援護法　日本が主権を回復し

た一九五二年四月三十日に制定された戦後初の戦争犠牲者援護立法。日本は戦後約七年間、連合国(実質は米国)の占領下におかれ、非軍国主義化政策がとられた。すなわち、軍人恩給、軍事扶助法、戦時災害保護法はいずれも廃止され、社会保障一般のなかに解消されたのである。占領が解かれるのを待つように本法(以下、遺族等援護法という)が制定され、「国家補償の精神に基き」(第一条)、「戦傷病者」と「戦没者遺族」を対象に戦後補償が再開された。しかし、同法附則「戸籍法の適用を受けない者については、当分の間、この法律を適用しない」によって、日本に戸籍のない朝鮮人、台湾人は補償から除外され、以降の援護立法でもそれが踏襲された(被爆者関連法のみ例外)。遺族等援護法は、戦傷病者および戦没者遺族に一定の金銭給付を行うもので社会保障的色彩が濃かった。五三年八月、軍人恩給が復活し、軍人・軍属の大部分は恩給法の対象に移行し、軍人の階級にもとづく給付が行われた。遺族等援護法には、「準軍属」が設けられ、従来は補償対象でなかった国家総動員法による被徴用者(動員学徒など)、満洲開拓青少年義勇隊員、防空従事者などにその範囲が徐々に拡大された。国家補償対象から除かれた台湾人元日本兵が日本政府に国家補償を求めて提訴したのは七七年八月。請求棄却判決だが、その「付言」をもとに八七—八八年にかけて特別立法が制定され、戦死者および重度戦傷者約三万人にひとり二百万円が支払われた。同じく除かれた在日コリアン戦傷者の提訴は九〇年代に入ってからだが、やはり敗訴判決の「付言」を受ける形で、二〇〇〇年に特別立法が制定され、本人に四百万円、遺族に二百六十万円が支払われた(受給者は四百十四人)。いずれにしても、日本人に比べると、わずかな一時金というほかない。→軍人恩給(ぐんじんおんきゅう)

参考文献 田中伸尚他『遺族と戦後』(『岩波新書』、一九九五、岩波書店)、小椋千鶴子「同情ではなく権利を、差別ではなく平等を」(田中宏他『未解決の戦後補償—問われる日本の過去と未来—』所収、二〇〇三、創史社)、田中宏「在日の戦後補償問題」(『戦争責任研究』八〇、二〇一三)

(田中　宏)

せんじんくん　戦陣訓　一九四一年一月八日付で陸軍大臣東条英機が、軍紀の粛正、軍人のモラル、戦場での心得、督戦のために全陸軍に示達した訓示。日中戦争の長期化・泥沼化による軍紀・風紀の乱れ、暴行・掠奪の多発などの非行に対して「皇軍道義の高揚」をかかげて各種の徳目を列記したもの。「軍人勅諭」の戦場版ともいわれるが、序文と本訓其の一(皇軍の成りたち・団結・協同、攻撃精神・必勝の信念など)、本訓其の二(軍人としてのモラル、敬神・孝道、戦友道、率先躬行、責任、死生観、名を惜しむ、質実剛健、清廉潔白など)、本訓其の三(戦陣の戒め・嗜みなど)、結びの約三千字からなり、教育総監部が起草、文章の仕上げには作家の島崎藤村、詩人の土井晩翠も協力したという。「常に郷党家門の面目を思ひ」と兵士たちの家意識を喚起して忠孝一本のモラルをさらに強要した。戦陣訓の決定的な問題点は「生きて虜囚の辱めを受けず、死して罪禍の汚名を残すこと勿(なか)れ」と、捕虜になることを絶対的に否定した(禁じた)ことである。この訓えは、戦争末期の絶望的な戦局のなかで軍事的にはまったく無意味な「万才突撃」などで玉砕以外の道をとざしてしまい、多くの将兵の生命を犠牲にした。さらにこの捕虜の禁止は、沖縄やサイパン島などの戦場になった地域住民にも強要され、集団自決などの多くの悲劇を生んだ。

(高野　邦夫)

せんすいかん　潜水艦　潜航して艦船に魚雷攻撃などを行う艦種。通商破壊作戦などにも用いられた。日本海軍では一九〇五年に設けられた艦種で、当初は潜水艇と称された。潜水艦は日本海軍では補助兵力と認識される傾向が強く、主戦略から除外されることが多かった。アジア・太平洋戦争でも艦隊戦闘への協力、輸送、偵察などに従事することが多く、通商破壊戦はこれらの合間を縫って行われた。→伊号潜水艦(いごうせんすいかん)　→波号潜水艦(はごうせんすいかん)　→呂号潜水艦(ろごうせんすいかん)

参考文献 篠原幸好他『連合艦隊艦船ガイド　一八七二—一九四五(改訂第二版)』(一九九五、新紀元社)、戸高一成編『「証言録」海軍反省会』二(二〇一一、PHP研究所)

(宇田川幸大)

せんすいかんさくせん　潜水艦作戦　潜水艦による作戦のこと。艦隊を攻撃目標とした艦隊作戦、船舶を攻撃目標とした通商破壊作戦に大きく区分できる。日本海軍は戦前から艦隊作戦での使用を主眼として潜水艦を整備しており、実際にアジア・太平洋戦争では主に艦隊作戦に投入された。一九四二年までは米空母「ヨークタウン」「ワスプ」撃沈などの戦果も挙がったが、四三年以降は米海軍の対潜能力向上によって目立った戦果を挙げることはできなかった。通商破壊作戦については、太平洋では小規模・散発的なものに終始したが、インド洋ではドイツとも協同して太平洋に比べれば大きな規模で行われた。このほか、潜水艦は前線・離島への輸送任務や特攻作戦の連絡任務にも投入され、また戦争末期には「回天」による特攻作戦も行われている。一方、米海軍も戦前においては艦隊作戦を重視していたが、開戦後は通商破壊作戦も積極的に展開した。当初はフィリピンに備蓄していた魚雷を開戦早々に日本海軍航空隊の空襲で失ったこと、さらに魚雷自体の欠陥もあり戦果は挙がらなかった。しかし四三年以降、魚雷の改良・潜水艦量産の本格化・レーダーの性能向上などが見られ、日本側が質量ともに対潜能力が不十分であったこととも相まって戦果は増大し、戦艦「金剛」、大型空母「大鳳」「翔鶴」「信濃」などを撃沈したほか、大量の船舶を撃沈したことは日本の戦争遂行能力に大きな打撃を与えた。なお、米国以外では英潜水艦が重巡洋艦「足柄」、軽巡洋艦「球磨」を撃沈したほか、英蘭両国の潜水艦が若干の小型艦艇と船舶を撃沈している。アジア・太平洋戦争を通じ、日本が潜水艦で撃沈したものは空母三隻、重巡洋艦一隻、軽巡洋艦一隻、船舶約九〇万(太平洋約三〇万、インド洋約六〇万)総トンなどであり、一方で日本が潜水艦によって喪失したものは戦艦一隻、空母八隻、重巡洋艦四隻、軽巡洋艦十隻、船舶約四九〇万総トンなどであった。

参考文献 防衛庁防衛研修所戦史部編『潜水艦史』(『戦史叢書』九八、一九七九、朝雲新聞社)、C・W・ニミッツ、E・B・ポッター『ニミッツの太平洋海戦史』(実松譲・冨永謙吾訳、一九六二、恒文社)、サミュエル・E・モリソン『モリソンの太平洋海戦史』(大谷内一夫訳、二〇〇三、光人社) (坂口 太助)

せんすいかんじけん 潜水艦事件 一九四三年三月以降、インド洋方面で日本海軍の潜水艦部隊が連合国側商船を撃沈し、生存船舶員を虐待・殺害した事件。ガダルカナル島での日本軍の敗退を受け、海軍軍令部では連合国側の人的資源の殲滅が議論されるようになり、ドイツ海軍がすでに行なっていた潜水艦による撃沈商船生存者の殲滅を日本海軍も行なうべきとする空気が支配的になっていった。殲滅命令は、軍令部から派遣された参謀によって現地の第六艦隊に口頭下達されている。日本の敗戦後、連合国側は日本軍が行なった捕虜虐待を重視し、これを厳しく追及する方針を固めていた。潜水艦事件も、極東国際軍事裁判(東京裁判)、BC級戦犯横浜裁判、豊田副武裁判の各裁判で厳しい追及を受けた。だが、海軍側が組織的な隠蔽工作(関係者間での口裏合わせ、関係資料の焼却)を行なったこともあり、海軍中央の関与の事実は最後まで明らかにされなかった。

参考文献 宇田川幸大「日本海軍と『潜水艦事件』―作戦立案から東京裁判まで―」(『軍事史学』一八五、二〇〇二) (宇田川幸大)

せんすいぼかん 潜水母艦 洋上における潜水艦への補給、乗組員の居住などの機能を持った母艦のこと。「長鯨」「大鯨」(のち、空母「龍鳳」として改装)などがあった。当初は客船などが充てられたが、潜水艦部隊が拡充してくると、司令部機能や無線通信能力、潜水艦部隊の指揮機能を備えた専用艦艇が八八艦隊計画時に建造された。軍縮期以降、計画され得た潜水母艦は、戦時には空母に改装することを目的として建造された。そのため、一九四〇―四一年にかけて七隻の優秀客船を特設潜水母艦として改造し、使用した。

参考文献 『海軍』一〇(一九八一、誠文図書)、福井静夫『日本潜水艦物語』(『福井静夫著作集』九、一九九四、光人社) (太田 久元)

せんせんのしょうしょ 宣戦の詔書 一九四一年十二月八日に公布された対英米戦争宣戦についての詔書。十一月五日の御前会議を経て星野直樹内閣書記官長は稲田周一内閣官房総務課長に開戦の詔書案を起案するように命じた。すでに十一日までに陸海軍事務当局によって「対英米開戦名目案」が作成され、大本営政府連絡会議での審議の結果に基づいて稲田によって詔書第一案が作成された。その後、星野・稲田のほか、陸海軍省軍務局長・外務省アメリカ局長などが中心となって第六案まで改定されていく。その過程で、昭和天皇の意見、東条英機を介しての徳富蘇峰の意見などが盛り込まれ、日清・日露の際にはあった国際法遵守の項目は削除され、さらに漢学者川田瑞穂・吉田増蔵らが手を加えた。詔書は、木戸幸一内大臣が最終調整を行い、十二月六日の連絡会議において審議・決定された後、上奏・裁可された。そして、八日午前十一時十分に枢密院本会議で可決、十一時四十五分に公布された。

参考文献 防衛庁防衛研修所戦史室編『大本営陸軍部大東亜戦争開戦経緯』五(『戦史叢書』七六、一九七四、朝雲新聞社)、佐々木隆爾他編『ドキュメント真珠湾の日』(一九九一、大月書店) (山田 朗)

せんそういほうか 戦争違法化 近世初頭の国際法学者は、中世の神学者の影響を受けて、戦争を正しいものと不正なものとに分け、正当原因がある場合にのみ戦争が許容されるという正戦論を展開していた。しかし、こうした立場は十八世紀後半以降に現実的基盤を失い、すべての戦争を許容する無差別戦争観に取って代わられる。無差別戦争観は、勢力圏拡大のために戦争が不可欠であった当時の時代状況を映し出すものであった。十九世紀末になると、帝国主義戦争が資本主義体制を崩壊させる危険性が生じ、これに平和運動などの台頭も相まって、戦争を違法化する要請が強まっていく。その潮流を本格化させたのが第一次世界大戦後に設立された国際連盟であった。連盟規約は、加盟国間に国交断絶に至るおそれのある紛争が発生した場合に、これを仲裁裁判・司法的解決、連盟理事会の審査に付託することを義務付け、判決や理事会の報告後三ヵ月以内に戦争に訴えることを禁じ、三ヵ月経過後も判決や全会一致の報告書の勧告に服する国には戦争に訴えることを禁止した。もっとも、連盟規約は、規定上、戦争への少なからぬ抜け道を残すものでもあった。そうした不備を補ったのが一九二八年の不戦条約である。これによりすべての戦争が禁止されることになった。だが、そこで禁じられたのは依然として「戦争」であり、戦争に至らぬ武力行使(戦意を表明しない事実上の戦争)は国際法に違反しないという主張の余地がなお残された。日中戦争に対する日本政府の立場がその一例である。そこで、第二次世界大戦後の国際社会の準憲法というべき国連憲章は、国際紛争の平和的解決義務を確認するとともに、武力の行使のみならず武力による威嚇をも明文で禁じ、こうして戦争違法化の潮流は規範的頂点に達することになる。今日、武力不行使原則は、国際公序の根幹を成すものとして、いかなる逸脱も許さぬ強行規範と位置づけられるに至っている。 →戦時国際法 →不戦条約

参考文献 石本泰雄「戦争と現代国際法」(『(岩波講座)現代法』一二所収、一九六五、岩波書店)、筒井若水『戦争

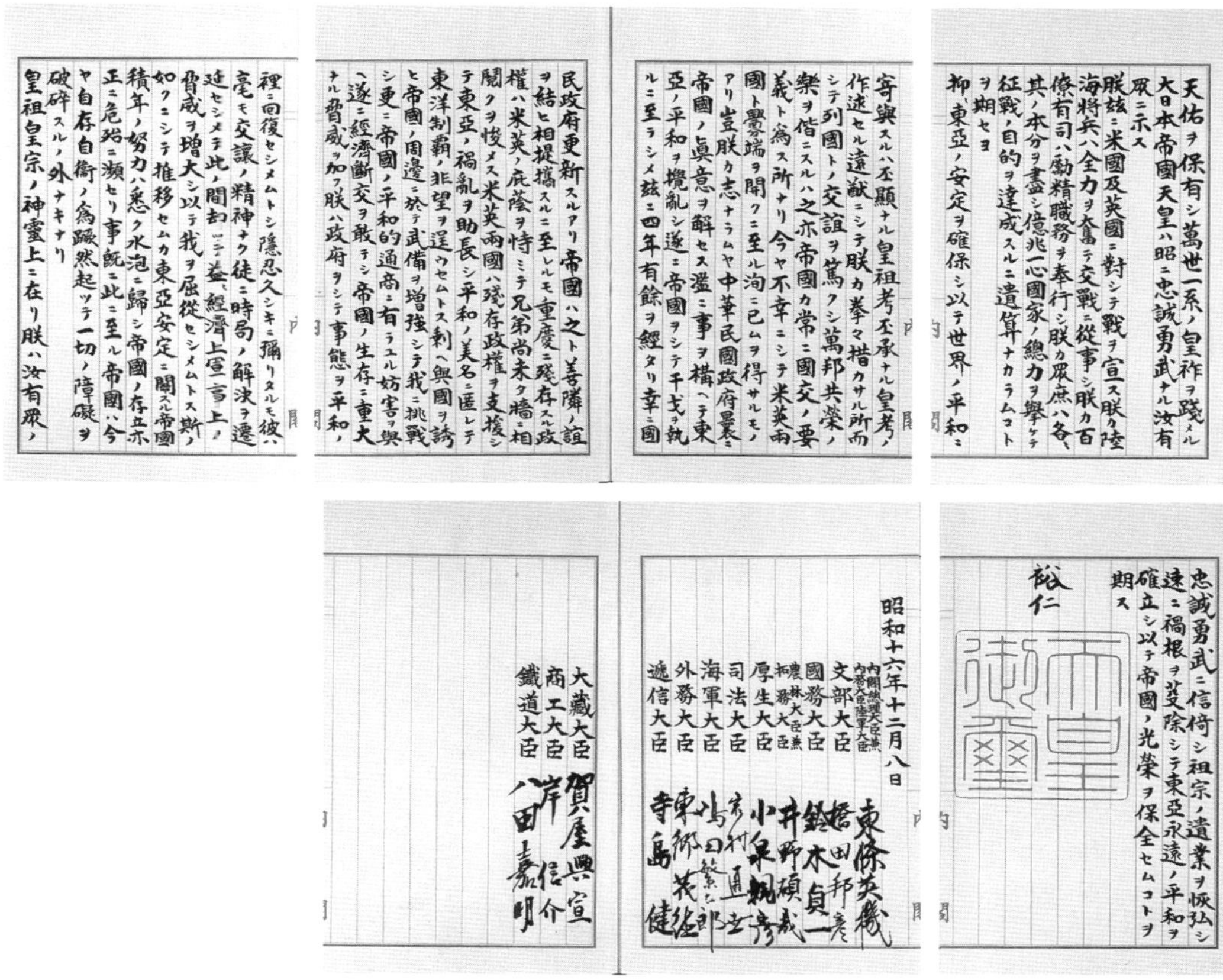
天佑ヲ保有シ萬世一系ノ皇祚ヲ踐メル
大日本帝國天皇ハ昭ニ忠誠勇武ナル汝有
衆ニ示ス
朕茲ニ米國及英國ニ對シテ戰ヲ宣ス朕カ陸
海將兵ハ全力ヲ奮テ交戰ニ從事シ朕カ百
僚有司ハ勵精職務ヲ奉行シ朕カ衆庶ハ各〻
其ノ本分ヲ盡シ億兆一心國家ノ總力ヲ擧ケテ
征戰ノ目的ヲ達成スルニ遺算ナカラムコト
ヲ期セヨ
抑〻東亞ノ安定ヲ確保シ以テ世界ノ平和ニ
寄與スルハ丕顯ナル皇祖考丕承ナル皇考ノ
作述セル遠猷ニシテ朕カ拳々措カサル所而
シテ列國トノ交誼ヲ篤クシ萬邦共榮ノ
樂ヲ偕ニスルハ之亦帝國カ常ニ國交ノ要
義ト爲ス所ナリ今ヤ不幸ニシテ米英兩
國ト釁端ヲ開クニ至ル洵ニ已ムヲ得サルモノ
アリ豈朕カ志ナラムヤ中華民國政府曩ニ
帝國ノ眞意ヲ解セス濫ニ事ヲ構ヘテ東
亞ノ平和ヲ攪亂シ遂ニ帝國ヲシテ干戈ヲ執
ルニ至ラシメ茲ニ四年有餘ヲ經タリ幸ニ國
民政府更新スルアリ帝國ハ之ト善隣ノ誼
ヲ結ヒ相提携スルニ至レルモ重慶ニ殘存スル政
權ハ米英ノ庇蔭ヲ恃ミテ兄弟尚未タ牆ニ相
鬩クヲ悛メス米英兩國ハ殘存政權ヲ支援シ
テ東亞ノ禍亂ヲ助長シ平和ノ美名ニ匿レテ
東洋制覇ノ非望ヲ逞ウセムトス剩ヘ與國ヲ誘
ヒ帝國ノ周邊ニ於テ武備ヲ增強シテ我ニ挑戰
シ更ニ帝國ノ平和的通商ニ有ラユル妨害ヲ與
ヘ遂ニ經濟斷交ヲ敢テシ帝國ノ生存ニ重大
ナル脅威ヲ加フ朕ハ政府ヲシテ事態ヲ平和ノ
裡ニ回復セシメムトシ隱忍久シキニ彌リタルモ彼ハ
毫モ交讓ノ精神ナク徒ニ時局ノ解決ヲ遷
延セシメテ此ノ間却ツテ益〻經濟上軍事上ノ
脅威ヲ增大シ以テ我ヲ屈從セシメムトス斯ノ
如クニシテ推移セムカ東亞安定ニ關スル帝國
積年ノ努力ハ悉ク水泡ニ歸シ帝國ノ存立亦
正ニ危殆ニ瀕セリ事既ニ此ニ至ル帝國ハ今
ヤ自存自衞ノ爲蹶然起ツテ一切ノ障礙ヲ
破碎スルノ外ナキナリ
皇祖皇宗ノ神靈上ニ在リ朕ハ汝有衆ノ
忠誠勇武ニ信倚シ祖宗ノ遺業ヲ恢弘シ
速ニ禍根ヲ芟除シテ東亞永遠ノ平和ヲ
確立シ以テ帝國ノ光榮ヲ保全セムコトヲ
期ス

裕仁　天皇御璽

昭和十六年十二月八日

内閣總理大臣兼内務大臣陸軍大臣　東條英機
文部大臣　橋田邦彦
國務大臣　鈴木貞一
農林大臣兼拓務大臣　井野碩哉
厚生大臣　小泉親彦
司法大臣　岩村通世
海軍大臣　嶋田繁太郎
外務大臣　東郷茂徳
遞信大臣　寺島健
大藏大臣　賀屋興宣
商工大臣　岸信介
鐵道大臣　八田嘉明

宣戦の詔書

と法(第二版)』(一九七六、東京大学出版会)、柳原正治「戦争の違法化と日本」(国際法学会編『日本と国際法の一〇〇年』一〇所収、二〇〇一、三省堂)　(阿部　浩己)

せんそうこじ　**戦争孤児**　戦争によって親やきょうだいを亡くしたり、親から棄てられたりして孤児となった子どものこと。戦時中学童疎開により約四十五万人の子どもが親元を離れていたため、空襲や原爆などの戦災によって多くの孤児(戦災孤児)が日本各地に生まれた。一九四八年に厚生省が発表した「戦争孤児数種別調査結果」によれば、当時の孤児の総数は十二万人であり、その多くは戦災孤児や引揚孤児であったが、養子に出された孤児や浮浪児はこの数に含まれていない。そのほかにもこの調査に含まれていないのは、住民の四人に一人が犠牲になったといわれる沖縄戦で家族を奪われた子どもたちである。琉球政府行政主席官房情報課「児童福祉の概要」(『情報』第一四号、五四年四月七日発行)では、養子や親戚による引き取りも含めると約三千人の孤児がいたとされる。戦後アメリカの統治下に置かれた沖縄や、米軍基地の多かった神奈川などでは、米軍兵士と日本人女性の間に生まれたいわゆる「混血児」が孤児となることもあった。戦時中に軍人の父を亡くした「遺児」たちには国

引揚船の中の孤児たち

家による保護が存在したが、国家は戦争孤児たちの「戦後」には何ら責任を取ることもなく、身寄りのない孤児の生活は過酷なものであった。闇市などで食べ物が手に入りやすい大都市周辺の駅には多くの孤児たちが集まり、煙草の吸殻を拾う「モク拾い」や靴みがきなどの仕事を行なっていた。駅やその周辺をさまよい歩く孤児たちは「浮浪児」と呼ばれ、犯罪者予備軍として危険視されたために「浮浪児狩り」が行われ、孤児施設へと送られた。しかし、国や自治体からの援助のない当時の孤児施設の食事内容は劣悪であり、孤児の脱走や栄養失調・病気による死亡も多かった。突然の家族との死別や社会からの偏見・差別は、生き延びた孤児たちにも深い心の傷を残した。

参考文献　戦争孤児を記録する会『焼け跡の子どもたち』(一九九七、クリエイティブ21)、本庄豊編『シリーズ戦争孤児』(二〇一四—一五、汐文社)、石井光太『浮浪児一九四五—』(二〇一四、新潮社)　（中村　江里）

せんそうはんざい　戦争犯罪　戦争犯罪の概念は、二十世紀以降の交戦法規・国際人道法の発展に歩調をあわせて拡大してきた。そもそも戦争犯罪は交戦法規に違反する行為のことで、戦争の手段・方法、戦闘員の資格などを定めるハーグ法(一九〇七年の「開戦に関する条約」「陸戦法規慣例条約」「海軍砲撃条約」など)、戦争犠牲者とくに傷病兵・捕虜の保護、戦時下の文民保護を定めたジュネーブ法(一八六四年の第一回赤十字条約以来、数次の改正を経て一九四九年にジュネーブ四法となる)の諸規定に違反する行為を意味する。戦闘員あるいは非戦闘員がこれを交戦相手国に対して行なった場合、交戦相手国は行為者個人を捕らえて処罰する権限が与えられる。これらの交戦法規の発展と不戦条約(一九二八年)の成立など第一次世界大戦後の戦争違法化の取り組みにもかかわらず、第二次世界大戦が勃発し、軍民双方に未曽有の大被害が引き起こされたことから、第二次世界大戦後の国際軍事裁判所条例(ニュルンベルクと東京)は、これまでの戦争犯罪(「通例の戦争犯罪」)に加えて、新たな戦争犯罪として「平和に対する罪」と「人道に対する罪」を導入し、ドイツと日本の戦争指導者を裁いた。これには事後法による裁きにあたるとの批判があるが、戦争犯罪の概念の拡大に寄与した。「平和に対する罪」は侵略戦争の計画・準備・開始・実行・共同謀議を意味し、「人道に対する罪」は、戦争の実行に関連して引き起こされた文民の殺害・殲滅・奴隷化・追放などの非人道的行為、または政治的・人種的・宗教的理由に基づく迫害行為を表す。五〇年の国連総会はこれら三つの戦争犯罪を、公人であれ私人であれ、それを犯した個人の刑事責任が問われる国際法上の犯罪と規定(「ニュルンベルク諸原則の定式化」)し、その後の国際人道法発展の土台を築いた。六八年に戦争犯罪、「人道に対する罪」、ジェノサイド罪の時効不適用条約が国連で採択された。→ジェノサイド条約　→人道に対する罪　→平和に対する罪

参考文献　藤田久一『戦争犯罪とは何か』(『岩波新書』、一九九五、岩波書店)　（石田　勇治）

せんそうびじゅつ　戦争美術　戦争にまつわる美術作品の総称。主に戦争遂行に資する意図をもって制作された作品をさす。陸海軍や新聞社などからの依頼で制作されたものもあるが、大半は美術家の自発的な制作による。従軍取材も自発的な申し出に軍やマスメディアがお墨付きを与えるかたちで始まり、国民徴用令による美術家の動員は一九四一年秋まで行われなかった。戦争美術を手がける作家たちは、陸軍美術協会や大日本海洋美術協会といった団体を結び、そうした団体が軍や新聞社の協力を得て開催する各種の戦争美術展覧会で作品を公開した。公的な戦争美術の中心をなすのは陸海軍の依頼で描かれた「作戦記録画」と呼ばれる大型の作品群で、数次にわたる依頼によって敗戦までに陸海軍合わせて二百点以上制作され、右の各種展覧会に貸下げられて列島の内外を巡回した。その多くは戦後、米国への送致を経て七〇年に無期限貸与のかたちで返還され、現在は東京国立近代美術館に保管されている。そのほか、官展をはじめ一般的な公募美術団体の展覧会にも、戦争の主題を扱う作品は多く見られた。公的な作戦記録画が戦争それ自体の主題を取り上げるのに対し、こちらは占領地域の情景や風俗を描いたものが多く、今日では戦争協力の意図を読み取りづらい場合もある。同様の例に、富士山や旭日のような象徴的なモチーフで「国体」をほのめかしたり、過去の歴史場面を描いて現今の戦況を暗示したり、仏教主題に託して敵国降伏、鎮護国家を祈念したりする手法がある。洋画の大家や日本画家にはこちらのやり方を選ぶものが多かった。敗戦直後には戦争美術を主導した美術家たちの責任を問う声も聞かれたが、GHQが四七年に発表した戦争犯罪者リストに美術家が含まれなかったこともあってか、美術における戦争責任の議論はほかの芸術分野ほどには深まらず、その後いつしか立ち消えとなった。→作戦記録画　→従軍画家　→陸軍美術協会

参考文献　針生一郎他編『戦争と美術　一九三七—一九四五』(二〇〇七、国書刊行会)　（河田　明久）

せんそうみぼうじん　戦争未亡人　戦争によって軍人・軍属であった夫を亡くし、夫の死が公務によるものと国から法的に認められた女性。夫と死別した女性を指す言葉は、日本では古くより「後家」「やもめ」が存在していたが、「未亡人」という言葉が使われるようになったのは近代以降である。「夫とともに死ぬべきなのに未だ死んでいない人」という字義に象徴されているように、死ぬまで夫およびその家族に従うことを要請する家父長制社会の価値観が反映された言葉である。近代の戦争は多くのいわゆる戦争未亡人たちを生みだし、彼女たちは戦没将兵の「英霊」の精神的な妻として、夫のために祈ることを求められた。このような戦争未亡人の存在は、戦地へと送られる将兵たちにとっては死への恐怖を和らげ、戦

意を鼓舞する存在でもあった。一方、戦争未亡人の側も、戦死した夫が靖国神社に祀られることを精神的な支柱とし、戦時中は天皇制および戦時体制を支える存在となった。さらに戦争未亡人は戦時労働力としても期待され、戦争経済が彼女たちの社会進出を促した一面もあった。戦争未亡人の生活は扶助料によっても支えられていたが、戦時中から未亡人と夫の親との間で受給争いが生じており、戦後はGHQの指令によって一九四六年二月—五三年八月まで支給が停止されたため、多くの未亡人の生活は困難をきわめた。また、夫と死に別れた彼女たちに付与された性的なイメージは、戦時中は監視の、戦後は好奇の対象となった。日本の敗戦と軍事組織の解体、日本軍の行なった加害行為によって、戦争未亡人に対する社会のまなざしは、名誉ある「靖国の妻」から「軍国の妻」へと一変した。このような困難に直面した戦争未亡人たちは、同じ境遇の女性たちを集めて運動を展開し、五〇年全国未亡人団体協議会の結成に至った。この運動は男性主導で戦死者遺族への補償を求める日本遺族会の運動とは対照的に、女性主導であり、軍人軍属に限らず夫を亡くしたすべての女性を含む広がりを見せ、女性の自立や社会保障制度の拡充を目指すものであった。→逆縁婚(ぎゃくえんこん)

[参考文献] 川口恵美子『戦争未亡人—被害と加害のはざまで—』(二〇〇三、ドメス出版)、鹿野政直「戦争未亡人」(『兵士であること—動員と従軍の精神史—』所収、二〇〇五、朝日新聞社)、青木デボラ『日本の寡婦・やもめ・後家・未亡人—ジェンダーの文化人類学—』(二〇〇八、明石書店)　（中村　江里）

せんたい　戦隊　艦隊を区分して小部隊として編成したもの。多くは、①軍艦四隻、②軍艦一隻と駆逐隊・水雷隊四隊、もしくは③軍艦一隻と潜水隊三隊で構成される。主に航空母艦・水上機母艦、もしくは航空隊で編成する場合は航空戦隊と称した。同様に、駆逐隊(駆逐艦四隻で編成した部隊)・水雷隊(水雷艇四隻で編成した部隊)が主となる場合には水雷戦隊、潜水隊(潜水艦三隻で編成した部隊)を主とする場合は潜水戦隊と称した。→艦隊(かんたい)

[参考文献] 篠原幸好他『連合艦隊艦船ガイド　一八七二—一九四五(改訂第二版)』(一九九五、新紀元社)、坂本正器・福川秀樹編『日本海軍編制事典』(二〇〇三、芙蓉書房出版)　（宇田川幸大）

せんちごうかんざい　戦地強姦罪　陸軍刑法(一九〇八年法律第四六号)第九章「掠奪の罪」が一九四二年法律第三五号による改正で「掠奪及強姦の罪」となり挿入された第八八条ノ二「戦地又は帝国軍の占領地に於て婦女を強姦したる者は無期又は一年以上の懲役に処す」「二　前項の罪を犯す者人を傷したるときは無期又は三年以上の懲役に処し死に致したるときは死刑又は無期若は七年以上の懲役に処す」をいう。未遂罪も罰する(第八九条)。戦地または占領地で適用され、親告罪でないことが特色。陸軍軍人に適用された(第一条)。附則二により、新法施行前の犯行には適用できなかった。改正前は、第四条により戦地でも占領地でも、刑法の強姦罪が適用されたが、親告罪で、戦地での強姦の処罰が困難だった。中国の戦地や占領地で、日本軍人による強姦事件が多発したところから、岡村寧次陸軍大将の進言(四〇年)もあり四二年改正に至った。海軍刑法も同時に改正され同じ条文が挿入された。戦後陸軍刑法も海軍刑法も廃止された。

[参考文献] 菅野保之『陸軍刑法原論(増訂版)』(一九四三、松華堂書店)、稲葉正夫編『岡村寧次大将資料』上(『明治百年史叢書』、一九七〇、原書房)、現代法制資料編纂会編『戦時・軍事法令集』(一九八四、国書刊行会)　（戸塚　悦朗）

せんでんビラ　宣伝ビラ　⇨伝単(でんたん)

せんとうぐんせんぽう　戦闘群戦法　日本陸軍歩兵が日中戦争期以降常用した戦法。陸軍は第一次大戦における防御陣地の縦深化、各種火器の発達に対応して一九二三年に歩兵操典草案を作成、二八年に歩兵操典を改正して疎開戦法を採用した。この戦法は個々の小部隊を散開させてその運動は分隊単位とするものであり、陣地帯突破の戦闘威力は広くばらまかれた各種自動火器の総合火力と、兵個々の運動と、白兵突撃力に求められた。日中戦争勃発直前の歩兵操典草案で、対ソ戦用に疎開戦法より一層分散度を高める戦闘群戦法が導入され、四〇年の歩兵操典改正で完成された。この戦法は各分隊が敵機関銃の威力圏内に入ると分隊長を中心に三〜六歩の距離で傘型に散開、分隊ごとに配置された軽機関銃や擲弾筒で敵の火力を制圧しつつ突撃可能な距離まで肉迫、命令とともに敵陣に突入して射撃と突撃を繰り返し、その突破をはかるものである。

[参考文献] 荘司武夫『歩兵の真髄』(『青年軍事新書』一、一九四三、大紘書院)　（一ノ瀬俊也）

せんとうじょれつ・ぐんたいくぶん　戦闘序列・軍隊区分　陸軍における戦闘序列は戦時または事変に際して天皇が令する作戦軍(総軍、方面軍、派遣軍、軍)の編組で、軍の作戦を単独で実行しうる戦闘諸力とその補充・還送などを担う後方部隊を含む。戦時・事変中は永続性を有し、勅命がない限り変更されない。同じく陸軍の軍隊区分は作戦上の必要に応じて戦闘序列よりも小なる団体を各級指揮官が随意下達して一時的に編組するもの(支隊、右(左)翼隊など)。諸兵種を編合して輜重を付することもあるが、戦闘序列のように戦闘力を単独で維持することはできず、作戦上の必要がなくなればただちに解かれる。海軍の戦闘序列は、艦隊戦闘において各部隊がとるべき列位の順序をいい、直接指揮・隷属の関係を示す意味はない。同じく海軍の軍隊区分は、作戦上の必要に応じ、その目的達成に必要な兵力・部隊を、隷属の建制部隊に関係なく集め、一時的に区分編組することをいう。

[参考文献] 田部聖『作戦要務令原則問題ノ答解要領』一(一九三八、兵書出版社)、防衛庁防衛研修所戦史部編『陸

海軍年表』(『戦史叢書』一〇二、一九八〇、朝雲新聞社)　(一ノ瀬俊也)

ぜんにほんかがくぎじゅつだんたいれんごうかい　全日本科学技術団体連合会　一九四〇年八月八日、全国の科学、技術関係百三十四団体が加盟して発足した連合組織。略称は全科技連。逓信技師の松前重義や本多静雄は一九三七年六月成立の第一次近衛内閣のころより全国の技術者を一大有機体に組織し国策への協力機構を立ち上げてゆくことに邁進していた。その動きが大きな盛り上がりを見せたのは第二次近衛内閣が「基本国策要綱」を閣議決定しその中に「科学の画期的振興並びに生産の合理化」の一項が入ってからである。二人は企画院科学部長と興亜院技術部長の呼びかけ斡旋という形をとりつけて発会にこぎつけた。理事長は日本学術振興会代表長岡半太郎、二名の常務理事は興亜院技術部の本多静雄と企画院科学部の藤沢威雄であった。設立趣意書冒頭は「我国刻下の最大要諦たる高度国防国家の完成に向っては国内のあらゆる科学力及技術力を動員し東亜新秩序の建設に遺憾なきを期せざるべからず」とあり、規約第一章第一条は「本会は科学及技術に関する関係団体を通じ科学人及技術人の国民組織を結成して挙国一致の国策推進機関たらしむことに重点を置き、関係団体相互の連絡調整を図り、国策の遂行に寄与するを以て目的とす」と大政翼賛会に組み込まれる国民組織を目指していたが、翌年四月に大政翼賛会の改組があり大政翼賛会自体が国民組織たりえなくなって全科技連も当初の目論見を維持できなくなった。全科技連はその後技術院の外郭団体として「研究隣組」結成を主要な役割とした。

参考文献　大淀昇一『宮本武之輔と科学技術行政』(一九八九、東海大学出版会)、沢井実『近代日本の研究開発体制』(二〇一二、名古屋大学出版会)　(大淀昇一)

ぜんにほんしょうけんようごれんめい　全日本商権擁護連盟　一九三三年十月二十七日に日本商工会議所の呼びかけで、東京商工会議所および全日本肥料団体連合会・全国米穀商組合連合会など九団体が出席して開催された、購買販売組合対策に関する連合協議会により結成された反産業組合運動の中央組織。日本商工会議所を中心に協議会参加団体により本部が構成され、地方では商工会議所や各商工団体を府県ごとに結集させ支部とした。農民生活全体を包括するような産業組合の拡充に脅威を受けた中小商工業者は購買組合・販売組合の制限と取り締まりを要求し、本連盟の結成を契機に全国的な反産業組合運動が展開し激しい政治闘争を巻き起こした。三七年七月に日中全面戦争が勃発すると戦時経済統制の時代に突入する。こうした中で三七年九月に農林省と商工省が激しい反産業組合運動と対立の調停を図り、産業組合と協調する協定が締結される。その後の戦時経済統制の深化は連盟の活動基盤を喪失させ、連盟も消滅した。

参考文献　公開経営指導協会編『日本小売業運動史』一(一九八三)　(須永徳武)

ぜんにんばり　千人針　無事帰還を祈り、女性が千個の糸結びをつくって、出征兵士にもたせた布。徴兵され、戦死する兵が急増した日露戦争から出征する男性の母や妻、姉妹たちは、子どもや夫、兄・弟の帰還を願って、木綿や絹、時にはスフなどの長方形の布やベストなどに、武運長久などの文字や桜の図を書き、その上に赤色の木綿、絹、刺繡の糸を通した針で結び目を千個つくり、もたせた。兵はそれを腹巻などにして身につけた。この布の中に女性の髪の毛や体毛を入れたり、死線をこえる、苦労をのがれるとして五銭玉や十銭玉をいれて、弾除けにした。虎は一日に千里を走り、戻るという言い伝えによって寅年の女性は自分の年齢数の糸玉をつくればよいとされた。アジア・太平洋戦争開戦ごろから、妻や母一人では出征日に間に合わなくなり、街頭や駅で糸玉をお願いしたり、女学校に依頼したりするようになった。戦死者の白木の箱に裂けた血染めの千人針のみがはいっていることもあった。

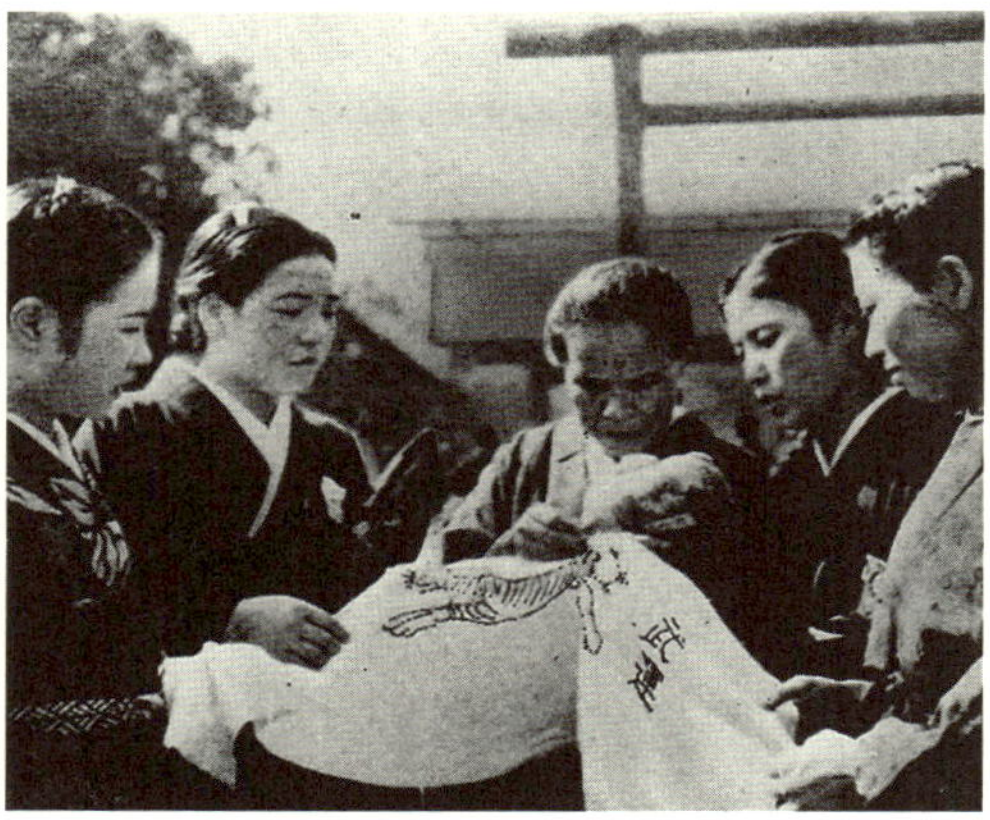

靖国神社社頭での千人針

参考文献　桜井忠温『銃後』(一九七八、国書刊行会)、森南海子『千人針』(一九九五、情報センター出版局)　(早川紀代)

せんぱくうんえいかい　船舶運営会　⇨海運統制(かいうんとうせい)

せんぱくこっかかんり　船舶国家管理　⇨海運統制(かいうんとうせい)

せんぱくそうしつもんだい　船舶喪失問題　戦局悪化によって減少する船舶の増徴をめぐる議論と対策。日米開戦以降、作戦上および重要物資の輸送に必要な船舶の割当が問題化した。海相に広範囲な造船事務が移管され、艦政本部で計画が立案されていく。しかし、一九四二年からのガダルカナル島攻防戦により船舶の消耗が大幅に増加し、鋼材などの物資の生産減を招いた。これは戦争指導上の重要問題であるゆえ、陸海軍から増徴の要求が出され、四二年十一月の大本営政府連絡会議で承認されている。四三年九月三十日の絶対国防圏の設定を受け、陸海軍は圏域戦備のための船舶徴傭が必要と認識。四三年からのラバウル周辺に対する連合軍の空襲、四四年二月のトラック島空襲を背景とし統帥部から増徴要求が出されたが、政府側との交渉は難航した。すでに四四年一月、大本営海軍部では輸送力の増強対策が再確認されており、陸軍部も省部・兵器本部・航空本部からなる会議を開催していった。二月になると海軍部による船舶徴備の研究が行われ、陸海軍省部間での打ち合わせへと続く。二、三月に開戦以来最大の船舶被害を被ったことで、陸海軍部は合同研究会を開き、海上護衛についての研究を進めた。天皇が臨席した御前研究では両軍の協力体制が確認され、船舶被害はやや減少した。しかし、米潜水艦による海上交通の破壊戦によって、前線への補給と後方の防衛に対する支障が拡大し、生産資材や生活物資の国内輸送も厳しくなっていった。十月のレイテ沖海戦によるフィリピン方面の戦局悪化がもたらした南方資源航路の分断、硫黄島失陥による北海道や大阪から東京湾への航路閉鎖、沖縄戦による内地と台湾・沖縄の航路途絶によって、資源調達は朝鮮や中国に重点化されていく。ただ、B29の機雷投下や潜水艦の日本海侵入によって、四五年六月には門司—大連・青島の航路も放棄せざるを得なくなった。造船所の戦災や人員不足によって船舶建造能力はさらに低下し、終戦に至る数ヵ月はわずかな建造量にとどまった。

[参考文献] 防衛庁防衛研修所戦史室編『海上護衛戦』(『戦史叢書』四六、一九七一、朝雲新聞社)、同『大本営海軍部・聯合艦隊』五(同七一、一九七四、朝雲新聞社)、坂口太助『太平洋戦争期の海上交通保護問題の研究—日本海軍の対応を中心に—』(二〇一一、芙蓉書房出版)　（関口　哲矢）

せんぱん　戦犯　⇩A級戦犯（エーきゅうせんぱん）　⇩BC級戦犯裁判（ビーシーきゅうせんぱんさいばん）

せんびょうし　戦病死　戦地において、公務中に罹患した病気に起因して死亡すること。近代初期の戦争では、戦闘による戦死者をはるかに上まわる戦病死者が発生するのが普通だった。たとえばクリミア戦争におけるフランス軍全戦没者に占める戦病死者の割合は八九・三%、日清戦争の場合でも、講和後の台湾征服戦争も含めると、全戦没軍人に占める戦病死者の割合は八九・四%に達する。しかし、日露戦争の時代になると、陸軍の全戦没者に占める戦病死者の割合は、軍事衛生の発達や補給体制の整備などによって、二六・三%にまで低下した。日露戦争は、戦死者数が戦病死者数を上まわった史上最初の戦争となったのである。ところが、アジア・太平洋戦争は、日本軍にとって、こうした近代軍事衛生史の流れに逆行する戦争となった。国力を無視した戦線の拡大、制空・制海権の喪失による補給の途絶、伝染病対策の立ち遅れなどによって、多数の餓死者が発生することになったからである。藤原彰は、日中戦争以降の軍人・軍属の全戦没者数二百三十万人のうち、栄養の不足または失調による餓死者と、栄養失調・栄養不足による体力の消耗の結果、病気に対する抵抗力をなくし、マラリアなどの伝染病に感染するなどして病死した広義の餓死者の合計は、百四十万人に達すると推定している。餓死率は六一%である。これに対して、秦郁彦は餓死率を南方戦域が六〇%、全戦域で三七%と推定している。断片的な統計史料しか残されていないので、正確な餓死率を算定するのは著しく困難だが、餓死以外の戦病死者の存在も考慮に入れるならば、アジア・太平洋戦争において、戦死者と戦病死者の割合が再び逆転したことはまちがいない。なお、靖国神社への合祀に関しては、日清戦争以降の戦争では、戦病死者の合祀を、戦死者の合祀とは区別して、天皇の「特旨」による特例措置としていた。両者の区別がなくなるのは、一九四四年のことである。

[参考文献] 藤原彰『餓死した英霊たち』(二〇〇一、青木書店)、秦郁彦『旧日本陸海軍の生態学—組織・戦闘・事件—』(『中公選書』、二〇一四、中央公論新社)　（吉田　裕）

ぜんビルマせいねんれんめい　全ビルマ青年連盟　日本軍占領下のビルマで一九四二年六月、東亜青年連盟の名称で結成された青年を中心とする社会奉仕団体。ビルマ語で「アーシャ＝ルーゲー」の略称で知られる。軍政下で高等教育が中断されたなか、青年を組織化し対日協力に組み込む必要を感じ取った日本側の積極的な意向によって結成された。四四年に名称を全ビルマ青年連盟に変更、最大時は支部数四百、会員数六万人強を数えた。指導者バジャンは戦時中の「独立ビルマ」バモオ政府(四三年八月—四五年五月)の閣僚にも就任し、連盟の非政治性を日本軍に対し強調する立場にあったが、実際には戦前の反英民族団体タキン党出身の会員らの政治的影響が強まり、連盟内では愛国心強化に向けた教育にとどまらず、抗日準備につながる活動がさまざまな形で展開された。その結果、四五年三月末から始まった抗日武装闘争に多くの会員が動員された。

[参考文献] 武島良成『日本占領とビルマの民族運動—タキン勢力の政治的上昇—』(二〇〇三、龍渓書舎)　（根本　敬）

せんまんたくしょくかいしゃ　鮮満拓殖会社　一九三六年、朝鮮総督府の制令にもとづき設立された国策会社。通称は鮮満拓あるいは鮮拓。本店は京城。資本金二千万円、四十万株で、引受先は満鉄と東洋拓殖会社を中心に、朝鮮殖産銀行、朝鮮銀行、三井・三菱・住友など財閥出資となっていた。主な事業は、満洲国への朝鮮人農業移民政策を実施する機関として三六年に設立された満洲国法人の満鮮拓殖股份公司(三八年、満鮮拓殖会社に改称)に対する投融資であった。鮮満拓殖会社の設立により、朝鮮人移民・在満朝鮮人政策に要する資金は朝鮮側で独自に調達し、満洲国側に安定的に供給する体制が構築された。なお、満鮮拓殖会社の理事長は鮮満拓殖会社の総裁が兼務し、役員もすべて兼務で成り立っていた。投融資以外では西北朝鮮開拓事業を担当した。三九年の「満洲開拓政策基本要綱」にもとづく形で四一年に満鮮拓殖会社が満洲拓植公社に統合されると、同年六月、親会社の鮮満拓殖会社もまた東洋拓殖会社に吸収、解散した。

参考文献 鈴木邦夫編『満州企業史研究』(二〇〇七、日本経済評論社)、金永哲『「満洲国」期における朝鮮人満洲移民政策』(二〇一二、昭和堂)　(細谷　亨)

せんりゃくばくげき　戦略爆撃　敵の戦争遂行基盤を破壊し国民の抗戦意思を喪失させる目的で、都市および市民、重要産業などに大量爆撃を加える航空攻撃。空軍力のみで勝利を得る企図、と定義できる。日本の「重慶爆撃」に始まり、第二次大戦の中でイギリス、ドイツ、アメリカに引き継がれ大規模化していった。戦略爆撃＝Strategic Bombing は米軍の呼称、英空軍では Area Bombing＝地域爆撃と呼ばれ、ドイツ空軍は Terrorangriff＝恐怖爆撃と称した。最初にこの戦法を実施した日本軍は、日中戦争期の重慶爆撃に「戦政略爆撃」の名称を与えた。また同時期(四〇年四月)部隊伝達された「海戦要務令航空戦之部続編」には「要地攻撃」として教範化されている。それによれば「第七十四　要地攻撃の要は(中略)主として戦略的要求に基き敵の軍事経済政治の中枢機関を攻撃して其の機能を停止せしめ(中略)敵国民の戦意を挫折し敵の作戦に破綻を生ぜしめ(中略)る等戦争目的の達成を容易ならしむるに在り」とされる。→重慶爆撃

参考文献 防衛学会編『国防用語辞典』(一九八〇、朝雲新聞社)、国際法学会編『国際関係法辞典(第二版)』(二〇〇五、三省堂)　(前田　哲男)

せんりゃくばくげきちょうさだん　戦略爆撃調査団　米軍による戦略爆撃(空爆、艦砲射撃)の効果を検証するための米軍機関。U. S. Strategic Bombing Survey。米国の戦略爆撃調査はドイツから始まった。一九四四年、ノルマンディー上陸、ローマとパリの解放などナチス＝ドイツの頽勢が進んだ十一月三日、ローズヴェルト大統領の命令により調査団は陸軍省によって設置された。目的は対ドイツ空襲の効果を公平で専門的に研究し、軍事戦略としての航空戦がもつ重要性を評価し、対日空襲に活かすためでもあった。日本敗戦の四五年八月十五日、トルーマン大統領は調査団に対日戦でのすべての空襲効果を研究し、報告書を提出するよう求めた。対日調査団の役員十二名はすべて民間人(団長フランクリン＝ドリアー)で、その要員は民間人三百名、将校三百五十名、下士官五百名と大所帯だった。九月初め東京に本部を設置、名古屋、大阪、広島、長崎に支部をおいて日本各地と太平洋の諸島、アジア大陸に移動班をおいて活動した。研究部門は軍事・経済・民間の三つから構成され、その下に十六の部があった。調査は十二月初めまでつづき、百九の報告書が作成された。すなわち団長室三、民間十一(民間防衛部、医療部、戦意部)、経済四十六(飛行機部、基礎資材部、電力部、労働力・食糧・民間補給部、軍事補給部、石油・化学部、総合経済効果部、輸送部、都市地域部)、軍事四十九(陸戦分析部、海戦分析部、物理的被害部、諜報部)である。軍事・経済が圧倒的だが、民間研究の戦意、防空訓練、疎開、食糧、栄養事情、衛生など注目すべき内容も多い。四四年六月以降、五百以上の目標を爆撃し、原爆をふくめ死傷者数約八十一万人、うち死亡約三十三万人と推定した。戦意では全国六十地点から一般市民四千七十五人を抽出、面接調査(実施数百三十五人)で、空襲が厭戦意識を高め、早期終戦気分を増長させたと報告。報告の結論は戦略爆撃によって、日本は原爆投下、ソ連参戦、本土決戦がなくても四五年末までに降伏したであろう、とした。

参考文献 東京空襲を記録する会編『空襲下の都民生活に関する記録集』(『東京大空襲戦災誌』五、一九七四)、横浜の空襲を記録する会編『横浜の空襲と戦災』四(一九七七)、合衆国戦略爆撃調査団戦意調査部『日本人の戦意に与えた戦略爆撃の効果』(森祐二訳、一九八八、財団法人広島平和文化センター)　(荒　敬)

せんりょうちつうかもんだい　占領地通貨問題　日中戦争下、占領地を拡大した日本は、占領地における敵性通貨である法幣の流通を禁止し、傀儡政権のもと中央銀行を設立し、新しい通貨を発行させ日本円と等価にして強制的に流通させようとした。たとえば蒙疆では蒙疆銀行(張家口)を設立して蒙銀券を(一九三七年十二月)、華北では中国連合準備銀行(北京)を設立して連銀券を(三八年三月)、華中では中央儲備銀行(南京)を設立して儲備券を(四一年一月)、それぞれ発行させた。もっとも華北に比べて法幣の力が相対的に強い華中では、幣制統一事業は見送られ、その代わりとして軍票が使用され、その価値維持をはかるべく中支那軍票交換用物資配給組合(軍配組合)が設立された(三九年八月)。しかし、この軍票流通政策も四三年三月をもって新規発行が停止され、これにかわって中央儲備銀行が軍票を回収するかたちで、華中の主要通貨の位置を儲備券が担っていった。これらの日本側各中央銀行によって発行された「円系通貨」の流通高は年を追って累増してゆき、この通貨増発に伴うインフレーションを阻止することが、戦争遂行上にも次第に深刻な問題となるに至ったのである。

参考文献 中村政則・高村直助・小林英夫編『戦時華中の物資動員と軍票』(一九九四、多賀出版)、柴田善雅『占領地通貨金融政策の展開』(一九九九、日本経済評論社)、小林英夫『「大東亜共栄圏」の形成と崩壊(増補版)』(二〇〇六、御茶の水書房)　(白木沢旭児)

せんりょくぞうきょうきぎょうせいびようこう　戦力増強企業整備要綱　⇩企業整備令

そ

ソヴィエトれんぽう　ソヴィエト連邦　一九一七年のロシア革命、続く内戦＝干渉戦争を経て二二年に成立したソヴィエト連邦は、二〇年代末からの工業化と農業集団化により社会主義体制を確立し、世界第二の工業国となった。三〇年代は東の日本、西のドイツの脅威に備えた対米国交、仏ソ相互援助条約など、共産主義イデオロギーよりも国益を優先する対外政策をとった。三九年には、反ファシズムをかなぐり捨てて独ソ不可侵条約を締結した。ドイツのポーランド侵攻で第二次世界大戦が始まるとソ連もポーランドに侵攻。ドイツは西欧・北欧を席巻したものの、イギリスを攻めきれず反転して対ソ戦争に突入した。ソ連は当初苦戦を強いられたが、日本が対米英戦争に踏みきったため攻撃を受けず、米国の援助も受け、スターリングラードで反撃に転じた。四五年二月ヤルタ会談の秘密協定で対日参戦を約束、八月九日参戦し、米国の原爆投下と併せて日本を降伏に追い込んだ。続く冷戦の中でソ連は東側陣営の盟主だったが、九一年末に解体し、社会主義から離脱した。

参考文献　グレイム＝ギル『スターリニズム』(内田健二訳、『ヨーロッパ史入門』、二〇〇四、岩波書店)

（富田　武）

そうかいてい　掃海艇　機雷の掃海作業に使用される艦艇のこと。艦隊の前路掃海や前進基地の掃海作業などに従事した。旧式の駆逐艦が充当されてきたが、八八艦隊計画で新たに建造されることとなった。日本海軍の掃海艇は他国と比較して武装が強力で、日中戦争時には、掃海作業のほかに江上作戦に参加し艦砲射撃を行なった。アジア・太平洋戦争では、開戦時の上陸作戦前の掃海作業に参加したが、その後は船団護衛任務が中心となった。

参考文献　『海軍』一一(一九八一、誠文図書)、福井静夫『日本補助艦艇物語』(『福井静夫著作集』一〇、一九九三、光人社)

（太田　久元）

そうかきょういくがっかい　創価教育学会　地理学者・教育者の牧口常三郎が教育・出版事業家の戸田城聖とともに、一九三〇年十一月十八日に設立した団体。現在の宗教法人創価学会の前身。二人は会創立に先立って、日蓮正宗(日蓮の系譜にある仏教宗派)に入信した。牧口の教育理論を軸に教員らが多く集った教育研究団体だったが、並行して宗教色を強めた。すなわち、学会に入ることは同時に、日蓮正宗の信徒となることでであった(九一年の分立まで)。戦時のいわゆる国家神道体制下では、国家・民衆が日蓮の正しい教えに帰依すべきと主張し、他宗の崇拝物だとして伊勢神宮の神札の授受を拒否したことなどが官憲の目を引き、四三年に治安維持法違反と不敬罪容疑で牧口・戸田ら二十一名が検挙された。牧口は獄中で没し、三～五千人程度だった会はほぼ壊滅した。戦後、戸田を中心に再建され、大教団化した。戦前の弾圧経験や戦争反省から、戦争反対・世界平和実現・核兵器廃絶を目標に掲げ、活動を展開している。　→戸田城聖(とだじょうせい)　→牧口常三郎(まきぐちつねさぶろう)

参考文献　上藤和之・大野靖之編『革命の大河―創価学会四十五年史―』(一九七五、聖教新聞社)、島薗進「抵抗の宗教／協力の宗教―戦時期創価教育学会の変容―」(『(岩波講座)アジア・太平洋戦争』六所収、二〇〇六、岩波書店)、大西克明『本門仏立講と創価学会の社会学的研究―宗教的排他性と現世主義―』(二〇〇九、論創社)

（塚田　穂高）

そうけいれい　宋慶齢　Song Qingling　一八九三―一九八一　中国の政治家。孫文夫人。本籍海南島文昌、一八九三年一月二十七日、上海生まれ。姉靄齢(孔祥熙夫人)、妹美齢(蔣介石夫人)とともに宋家の三姉妹と呼ばれる。一九〇八―一三年アメリカ留学、名門女子校ウェーズリアン大学卒業。一五年、孫文と結婚。二五年の孫文死後、連ソ容共を堅持する国民党左派として活動し、二七年の国共分裂時は蔣介石を厳しく批判。三〇年代は上海の租界に住み、中共の国際連絡を支援。三二年、中国民権保障同盟の主席となり、国民党の弾圧を批判。日中戦争開始後、香港で保衛中国同盟を組織し、抗日国際宣伝と支援獲得に尽力。香港陥落後、重慶に移る。戦後、上海で国共内戦反対の活動、四八年香港で李済深、何香凝らと中国国民党革命委員会を組織、名誉主席に任じ、蔣介石を批判。四九年、中華人民共和国建国に参加し、中央人民政府副主席、全国人民代表大会副委員長、国家副主席などの要職に任じる。死去直前に中国共産党に正式入党した。八一年五月二十九日死去。八十九歳。

参考文献　尚明軒編『宋慶齢年譜長編―一八九三～一九八一―』(北京、二〇〇三、北京出版社)、イスラエル＝エプシュタイン『宋慶齢―中国の良心・その全生涯―』(久保田博子訳、一九九五、サイマル出版会)

（土田　哲夫）

そうさくれんたい　捜索連隊　陸軍が一九三九年より従来の騎兵連隊を改編して編成した機動戦闘部隊。陸軍は日中戦争に対応するため多数の新設師団を編成したが、これらには従来の騎兵連隊に代えて乗馬一中隊と装甲車一中隊からなる師団捜索隊を設置した。続いて三九年より各師団隷下の騎兵連隊を捜索連隊に逐次改編したが、終戦まで一部の騎兵連隊は存続した。アジア・太平洋戦争期、捜索連隊はほぼ乗馬を廃して車輛編成化、純然たる機甲部隊となったが、戦場の多くは島嶼だったため、編制・装備を局地戦闘に適するよう改変される部隊が多かった。さらに四三年ごろには軍需資材が欠乏して車輛も乗馬もない徒歩部隊となった捜索連隊もあった。騎兵(連)隊、捜索(連)隊は四〇年まではその数が増加し、同年末の騎兵隊捜索隊数は合計四十八連(大)隊だったが、アジア・太平洋戦争中に逐次解体されて減少、終戦時の騎兵連(大)隊は十五個、捜索(連)隊は二十二個であった。

参考文献 佐久間亮三・平井卯輔編『日本騎兵史』(『明治百年史叢書』、一九七〇、原書房)　(一ノ瀬俊也)

そうさたねじ　匝瑳胤次　一八七八―一九六〇　大正・昭和期の軍事評論家、予備役海軍少将。一八七八年一月七日、大阪府に東京府士族の次男として生まれ、海軍兵学校を卒業(第二十六期)。一九〇〇年少尉となり、日露戦争では第三回旅順港閉塞作戦の「三河丸」指揮官を務めた。二二年佐世保海兵団長の在任中に少将へ昇進し、翌年予備役となる。三〇年ロンドン海軍軍縮条約反対の論陣を張り、『深まりゆく日米の危機』(三二年、精文館)はベストセラーとなった。以後、「艦隊派」の代表的論客となり、南進論を展開した。四二年、大日本言論報国会理事に就任、また同年東京市会選挙で翼賛政治体制協議会推薦候補として世田谷区から当選している。六〇年四月十四日没。八十二歳。

参考文献 匝瑳胤次『日支事変と最近の国際情勢―英仏植民政策の暴露―』(一九三六、日本協会出版部)、同『歴史は転換す』(一九四二、新東亜協会)　(佐藤　卓己)

そうしかいめい　創氏改名　日本の家制度を朝鮮に導入し朝鮮社会を根本的に改編させるため、朝鮮人の姓を日本式の「氏」に変えることを主軸とした朝鮮総督府の政策。一九三九年十一月、十二月に改正朝鮮民事令や関連法令が公布され、四〇年二月十一日―八月十日に実施された。「創氏」は義務とされ、期間内に届け出がない場合は戸主の姓をそのまま氏としたが、名を日本風に変える「改名」は任意で、許可制だった。期間中の創氏の届け出率は約八〇%、改名は約一〇%だったが、総督府は皇民化政策の一環として創氏の「徹底」を指示し、各地方法院や警察、学校などが組織的に「指導」「督励」し、また創氏を批判する者を検挙するなど、実質的には朝鮮人に対する自発性の強要が行われた。氏の設定は「日本既存の氏」の模倣を抑え朝鮮的な氏になるよう誘導するなど、日本人の氏との差異化も行われた。戦後は四六年十月二十三日「朝鮮姓名復旧令」(軍政庁法令第一二二号)などで無効化された。→皇民化政策

参考文献 水野直樹『創氏改名―日本の朝鮮支配の中で―』(『岩波新書』、二〇〇八、岩波書店)　(庵逧　由香)

そうしぶん　宋子文　Song Ziwen　一八九四―一九七一　中国の政治家、財政家。宋慶齢の弟、宋美齢の兄。一八九四年十二月四日、上海に生まれる。上海のセント＝ジョーンズ大学で学んだ後、渡米。ハーバード大学で経済学を学び、一九一五年卒業。銀行勤務などを経て、一七年帰国。二三年孫文の広東政府に入り、塩税行政を担当。二五年、広州国民政府財政部長。二八年以後、南京国民政府財政部長、行政院副院長、中央銀行総裁、全国経済委員会常務委員などの要職にあり、近代的財政・金融制度の確立、関税自主権回復に尽力。三六年、西安事変の解決に尽力。日中戦争勃発後、四〇年より蔣介石駐米代表として借款獲得、米義勇飛行隊組織などで活躍。四二―四五年は外交部長として米英との不平等条約撤廃、中ソ友好同盟条約交渉、戦後国際機構創立などに尽力。四五年六月行政院長。戦後の経済安定化に失敗し、四七年三月辞職し、広東省長就任。国民党の大陸喪失後、渡米、引退。七一年四月二十五日病没。七十八歳。

参考文献 呉景平『宋子文評伝』(上海、一九九二、復旦大学出版社)、陳立文『宋子文与戦時外交』(一九九一、国史館)　(土田　哲夫)

ぞうせんとうせいかい　造船統制会　造船業界の統制組織。逓信大臣は一九四一年十二月、重要産業団体令第八条に基づき造船統制会設立を命じ、翌一月、自治的統制組織であった造船連合会は統制会に改組された。任意加盟から強制加入となり、大手十四社が指定された。四二年四月には外地の三造船所、日立製作所と神戸製鋼所の補機会社が追加され、中小造船所・補機業者も五地区の造船協議会・木造船組合、五つの補機組合が団体加盟という形で包摂された。四三年六月、中堅九造船所が単独加盟となり、地区造船協議会の統制組合への改組などにより、最終的に内地造船二十三、外地造船三、造機会社二、造船統制組合四、補機関係統制組合四という組織となった。海軍が艦艇と甲造船の生産、資源配分を一元的に所管していたため、政府計画への参画、傘下企業の生産計画、資源割当などの面では、統制会権限を発揮する機会は限られたが、原価計算と価格決定への参画による造船所の利益確保など、独自の機能も持っていた。

参考文献 現代日本産業発達史研究会『現代日本産業発達史』九(一九六四、交詢社出版局)、小野塚一郎『戦時造船史―太平洋戦争と計画造船―』(一九六二、日本海事振興会)　(山崎　志郎)

そうだそのいき　さうだその意気　読売新聞社が実施した「国民総意の歌」歌詞公募により一九四一年五月に発表された楽曲。公募は、四一年三月に「聖戦完遂国民総意の歌募集」として外務・内務・大蔵・陸軍・海軍・司法・文部・農林・商工・逓信・鉄道・拓務・厚生の各省、企画院・情報局・大政翼賛会・日本放送協会の後援で実施された。その目的は「今こそ一億一心固く約束して断固この恐るべき秘密戦撃破の歩武を進め」るという陸軍省防諜課の意向が反映されたものだった。しかし公募は一等該当作がなく、審査委員だった西條八十に作詞が、作曲は古賀政男に委嘱された。古賀によれば、関係者への披露演奏で陸軍から軟弱だと指摘されたが、自分はこの詞にはこの曲しか作れないので気に入らなければほかに頼んで欲しいとまでいったが採用された、という。鳴り物入りで創作された「さうだその意気」は、霧島昇と李香蘭の歌唱でレコード発売されたほか、新聞社主催の

イベント、日本舞踊や数々のアトラクション、警視庁や東京市による挺身活動でも盛んに取り上げられた。

参考文献 戸ノ下達也『「国民歌」を唱和した時代―昭和の大衆歌謡―』(『歴史文化ライブラリー』、二〇一〇、吉川弘文館) (戸ノ下達也)

そうてつげん　宋哲元 Song Zheyuan 一八八五―一九四〇 中国西北軍系軍人。一八八五年十月三十日、山東省生まれ。一九一〇年より軍職につき、一三年以後馮玉祥に従う。二六―二八年、国民革命軍第二集団軍将領として北伐参加。二九年、馮と蒋介石の決裂後、中央軍と対戦、三〇年の中原大戦では西北軍総指揮。敗戦、馮下野後、旧西北軍を縮小改編した陸軍第二十九軍の軍長に任ず。三三―三五年、察哈爾省政府主席。三五年の梅津・何応欽協定締結後、南京政府の勢力後退により勢力を拡張、同年八月平津衛戍司令兼北平市長、十二月冀察政務委員会委員長兼河北省主席。日本側の強硬な要求と世論の親日非難の狭間で苦慮する。三七年七月七日、盧溝橋で麾下二十九軍三十七師と日本軍が衝突。現地解決失敗後、二十八日、北平撤退。北平・天津喪失の責任をもって辞表を出すが慰留される。その後、第一集団軍総司令、三八年三月、第一戦区副司令長官となるが、まもなく病いを得て辞職し、四〇年四月五日、四川省で病没した。五十六歳。

参考文献 李雲漢『宋哲元与七七抗戦』(台北、一九七三、伝記文学出版社)、陳世松編『宋哲元研究』(成都、一九八七、四川省社会科学院出版社) (土田 哲夫)

そうびれい　宋美齢 Song Meiling 一八九七―二〇〇三 蔣介石の妻。孫文支持者で実業家の宋嘉樹の三女、宋慶齢、宋子文の妹として、一八九七年三月十四日、上海に生まれた(生年には諸説あり)。幼い時から英語とキリスト教に親しみ、一九〇八年に渡米し、ウェルズリー大学を卒業した。一七年帰国後、ＹＷＣＡなどで活動、二七年十二月一日蒋介石と結婚。以後蒋の指導権確立とともに活動の舞台を広げ、特に新生活運動、婦人運動などで活躍、西安事変の解決にも貢献した。日中戦争開戦後はその流暢な英語を生かして、国際宣伝や外交面でも活躍し、特に四三年二―四月には米国議会および米国主要都市を訪れ、中国支援を求めて熱弁を振るい、近代的・親米的な「自由中国」というイメージを広めた。また四三年のカイロ会談では、蒋の通訳として首脳会談に同席し、夫を支えた。国民党の台湾移転後は蒋とともに台北に住み、七五年、蒋の死去、蒋経国の権力承継後は渡米し、二〇〇三年十月二十三日、ニューヨークで死去した。百七歳。

参考文献 石川照子「米中関係と宋美齢―日中戦争時期の対中支援要請活動をめぐって―」(『大妻比較文化』二、二〇〇二)、林博文『跨世紀第一夫人宋美齢』(二〇〇〇、時報文化) (土田 哲夫)

ぞうへいしょう　造兵廠 造兵廠は一九二三年の陸軍造兵廠令により設置されたものであり、製造部門は工廠と長官直轄の製造所からなっていた。工廠は東京、王子、名古屋そして大阪に設置され、直轄製造所は小倉と平壌に置かれた。陸軍造兵廠は、それ以前の砲兵工廠の体制を再編したものであり、明治維新政府による幕府や諸藩の銃器火薬製造修理工場の官収とその拡充によって設立されたのが東京砲兵工廠と大阪砲兵工廠であった(一八七九年)。砲兵工廠は、日清・日露の両戦争により拡大を遂げる(一九〇六年度の職工数は、東京が約一万七千人、大阪が約一万四千人)。その特徴は銃砲の生産だけでなく、金属・機械製造の設備を有していたことであった。陸軍造兵廠体制への転換の背景は第一次世界大戦を契機として機械化兵器への対応が必要になったことであり、民間企業の軍需動員が必至となったことであった。三六年の陸軍造兵廠令の改正により陸軍造兵廠は軍需品の開発・製造を担当しつつ民間の工場に対して「契約に基く監督」を行うこととなった。四〇年の陸軍造兵廠の陸軍兵器本部への改組と陸軍航空工廠令公布により各工廠が陸軍造兵廠へと再編され飛行機製造以外の兵器、兵器材料、自動車燃料その他の軍需品の製造、購買などを担当した。東京第一・東京第二・相模・名古屋・大阪・小倉・仁川・南満の八陸軍造兵廠となった。昭和戦前期を通じて、造兵廠の生産は軍事生産全体に占める割合でみれば八〇%以上のものは航空武器と火薬であり、五〇%前後が火砲用弾丸・航空弾薬・銃器となっており、銃砲弾薬に特化していた。造兵廠自体における生産は三七年から四一年までに四・六倍に拡大し、四四年までには約八倍に拡大する。陸軍造兵廠の従業員数は三一年の約一万三千人から、三六年の約二万千人、四五年の二万六千人へと激増している。兵器生産の民間企業の総従業員数は約三万五千人であった(四五年)。→兵器廠(へいきしょう)

参考文献 『昭和産業史』一(一九五〇、東洋経済新報社)、小山弘健『日本軍事工業の史的分析―日本資本主義の発展構造との関係において―』(一九七二、御茶の水書房)、佐藤昌一郎『陸軍工廠の研究』(一九九九、八朔社)、山崎志郎『戦時経済総動員体制の研究』(二〇一一、日本経済評論社) (笠井 雅直)

そうりゅう　蒼龍 ロンドン海軍軍縮条約下において建造された航空母艦。一九三三年、第二次海軍軍備補充計画において計画された。三四年三月十二日、友鶴事件が発生し、臨時艦艇性能調査委員会が設置され、友鶴型水雷艇と同時期に設計された艦艇は、兵器の過搭載によって復元力が低下していることが判明し、「蒼龍」の設計も大幅に変更され、起工が遅れることとなった。また、建造中起こった第四艦隊事件の結果、船体構造の強化も行われることとなった。三四年十一月二十日呉海軍工廠において起工、三五年十二月二十三日進水、三七年十二月二十九日に竣工した。基準排水量一万八八〇〇トン、主要兵装一二・七センチ連装高角砲六基、搭載機七十三機、速力三四・五ノット(時速約六四キロ)。日中戦争においては、厦門攻略作戦、バイアス湾上陸作戦、南寧攻略作戦、対仏印威力顕示作戦、南部仏印進駐作戦に参加した。アジア・太平洋戦争ではハワイ作戦に参加し、真珠湾攻撃を行なった。南方攻略作戦、インド洋作戦等に参加したのち、ミッドウェー作戦に参加。四二年六月五日、ミッドウェー海戦において米空母機による急降下爆撃を受け、沈没した。

〔参考文献〕 防衛庁防衛研修所戦史室編『海軍軍戦備』一(『戦史叢書』三一、一九六九、朝雲新聞社)、海軍歴史保存会編『日本海軍史』七(一九九五、第一法規出版)、福井静夫『日本空母物語』(『福井静夫著作集』七、一九九六、光人社)

(太田 久元)

そうりょくせん 総力戦 国家が支配下に置くあらゆる資源を総動員して行う戦争のこと。総力戦の概念は、一九一八年、フランスの政治家レオン＝ドーデによって最初に提起され、ドイツの軍人エーリッヒ＝ルーデンドルフが著した『総力戦』によって、三五年以降広く普及した。史上最初の総力戦は、第一次世界大戦(一四―一八年)であったと見るのが一般的である。同大戦では、軍事技術の発展によって、潜水艦、航空機、戦車、毒ガスなど、殺傷力の強い兵器が使用され、戦争領域、戦争空間が飛躍的に拡大したため、各地で夥しい被害が出た。参戦各国では、戦場と非戦場の区別がなくなり、大規模な人的・物的資源の動員と経済統制が実行された。この大戦に部分的にしか参加しなかった日本においても、新たな戦争形態の出現を受けて、陸軍を中心に総力戦の研究が進められ、大戦中から体制の整備が進められた。

政府はまず、一八年四月、戦時に必要な諸資源の拠出を目的とする軍需工業動員法を公布し、二七年五月には内閣に総動員資源の統制運用を準備する資源局を設置して、戦争動員の基盤整備を進めた。だが、第一次大戦後の国際協調路線のなかで、これらの制度が全面的に発動されることはなく、総力戦体制のより本格的な構築は、日中戦争以降に進められることとなった。すなわち、三七年十月に内閣直属の総合国策機関である企画院が設置されると、総動員関係の諸計画が立案され、三八年三月には、戦時における人的・物的資源の動員の基本法である国家総動員法が制定される。これ以後、敗戦に至るまで、総力戦体制が全面展開していくこととなった。

三九年九月にヨーロッパで始まった第二次世界大戦は、第一次を大幅に上回る規模の総力戦となった。原爆開発に象徴されるように、軍事技術の発達はめざましく、広範な地域で夥しい被害をもたらした。主要参戦国では、大きく分けて、ニューディール型(アメリカ、イギリスなど)と、全体主義型(ドイツ、イタリア、日本、ソ連)の、二つのタイプの総力戦体制が構築された。日本では、軍事作戦と軍需生産に資金・物資・労働力を優先的に投入する体制がとられ、それを支える政治的、社会的基盤として、大政翼賛会や大日本産業報国会、大日本婦人会など、官製団体を中心にした社会各層の戦争動員が遂行されたほか、植民地や占領地からの激しい収奪が実行された。ただし、国務と統帥の分離に見られるように、日本の戦争指導体制は多元的であり、総動員政策の統一的な遂行は概して困難を極めたと見るのが一般的である。

アジア・太平洋戦争期における日本の総力戦体制は、歴史的に見て、大きく二つの側面を持っていたと考えられる。一つは、何よりも甚大な規模での破壊と混乱を国内外にもたらしたことである。激しい戦闘と空襲によって数多くの人命が失われ、生活基盤を破壊される人びとが多数現れた。また、極端な軍事偏重政策をとったことから、社会経済の混乱が激しくなり、人口が膨張した都市では物資・食糧の不足が深刻なものとなった。こうした被害の経験は、加害者意識の欠如とあわせて、戦後日本人の平和意識、戦争観の起源となった。もう一つは、広範な人びとの戦争動員とそのための環境整備が進められたことで、国民統合のあり方が再編されたことである。強力な動員が図られた結果、従来は政治的・経済的に排除されていた労働者や小作層、女性、朝鮮人・台湾人などの地位待遇の向上が議論されるようになり、社会の強制的同質化が進められた。また、良質な兵士、国民を育成するという観点から戦時厚生事業が実施され、国民健康保険法(三八年四月)や労働者年金保険法(四一年三月)などが定められた。総力戦は、ある意味で福祉国家型の国民統合を推し進めたのであり、これを戦後の社会保障政策の起源と捉える見解もある。しかし、これらの施策の内容は多くの場合限定的であるか実効性に乏しく、あるいは構想にとどまるものであったため、階級、民族、ジェンダーなどに基づく差別と序列化の縮減が大きく進むことはなかった。したがって、本格的な国民統合の再編は戦後改革以降に持ち越されることとなった。

→国家総動員法

〔参考文献〕 山之内靖・成田龍一、J・ヴィクター＝コシュマン編『総力戦と現代化』(『パルマケイア叢書』、一九九五、柏書房)、雨宮昭一『戦時戦後体制論』(一九九七、岩波書店)、纐纈厚『総力戦体制研究―日本陸軍の国家総動員構想―(新版)』(二〇一〇、社会評論社)、高岡裕之『総力戦体制と「福祉国家」―戦時期日本の「社会改革」構想―』(『戦争の経験を問う』、二〇一一、岩波書店)、三宅正樹他編『検証太平洋戦争とその戦略』一(二〇一三、中央公論新社)

(佐々木 啓)

そうりょくせんけんきゅうじょ 総力戦研究所 「国家総力戦に関する基本的調査研究及官吏其の他の者の国家総力戦に関する教育訓練を掌る」ことを目的として、一九四〇年十月一日に官制公布。第一次世界大戦後、官民の若手を集めた英仏の国防機関にならい、総力戦要員養成のための教育機関が求められた。日中戦争が激化すると、政戦両略の一致や割拠主義を打破するため、企画院が起案し、陸海軍や法制局を主な協議官庁として検討が開始され、設置に至った。内閣総理大臣の監督に属し、所長・所員・助手・書記などで構成され、研究生は各庁高等官および官吏以外の者から選抜された。教育期間は一年、のちに半年の範囲で短縮も可と改正されている。最初は軍事基礎学や経済・社会・外交などの概論が行われ、のちに総力戦机上演習の実施計画にもとづく課題作業へと進んだ。外部への見学旅行や関係者を集めた研究会の開催、報告書の作成などが行われたが、実際の政治には十分に反映されず、四五年三月十四日に廃止が公布された。

参考文献　太田弘毅「総力戦研究所の設立について」(『日本歴史』三五五、一九七七)、森松俊夫『総力戦研究所』(一九八三、白帝社)、黒沢文貴「「一九四〇年体制」と総力戦研究所」(『大戦間期の日本陸軍』所収、二〇〇〇、みすず書房)　(関口　哲矢)

そかい　疎開　戦時下において敵の攻撃(特に空襲)の被害を少なくするために都市の人員や施設を地方に移したり、建物を取り壊したりすること。本来は一定の区域内の人員や建物などを少なくし、相互の間隔を広く取ることの意であったが、都市からの移動の意味で広く用いられ、さらに、一般化して、大規模な災害などの際に、人々が被害地から他に移動することにも使われるようになった。語の来歴としては軍事用語転用説と都市計画用語発祥説とがある。前者は、火器の優勢な敵に際会したときに広く兵を散開させて相対する歩兵戦法の語を、大都市の人員・建物を地方に移す施策に転用したとするものであり、後者は、都市計画の手法として、人口や建物を制限して、都市環境を整備することを示す用語(疎散などの用語もある)が、防空のための施策にとり入れられたというものである。疎開政策は一九四三年後半から本格的に開始される。当初は建物疎開や官公署などの移転が中心であったが、それに付随する形で人員疎開も始められる。四四年になると人員疎開自体が推奨されるようになるが、開始当初の一時期を除いて、学童疎開以外はさほど進展しなかった。老人・幼少者・病人・妊産婦を除いては、空襲からの事前避難を許されなかったうえ、人員疎開は基本的には親類・知人を頼る自力のものとされ、住居の援助なども十分ではなかったからである。これが一変したのは米軍空襲の激化、特に四五年三月十日の東京大空襲以後である。空襲罹災者をふくむ都市住民の地方への疎開が急増した。四四年九月現在の東京都の疎開者が約百九十四万人であるのに対し、四五年三—五月中の疎開者は約二百十五万人となっている。当局による地方への人員割当や集団疎開もあったが、多くは依然として親類・知人を頼ってのものであり、疎開した側も受けいれた側も、生活の困難をかかえることになった。なお、衣料などの物資疎開も奨励され、また、文化財や図書館図書の疎開も行われた。　→学童疎開　→建物疎開

参考文献　青木哲夫「疎開という語について」(『豊島区立郷土資料館年報』一五、二〇〇二)、同「無差別空襲開始後の人員疎開の状況と問題点—社会事業研究所『疎開者世帯状況調査報告書』(一九四五年六月)を中心に—」(『生活と文化』一六、二〇〇七)　(青木　哲夫)

疎開　リヤカーで家財道具を運ぶ人々

そかいゆそう　疎開輸送　戦時中に空襲や戦闘などの被害を避けるために行われた人員・物資の輸送。政府は一九四三年十二月二十一日に「都市疎開実施要綱」を閣議決定して、徐々に都市部からの人口疎開を進めることとし、主要都市に疎開事務所を設置するなど、大都市からの疎開の準備を進めた。当初は縁故疎開をはじめとする個人による疎開が多く、割引運賃などの施策が主流を占めた。次第に集団・学童疎開が増加したため一九四四年八月四日からは集団疎開列車が運転されるようになった。こうした疎開輸送のための臨時列車は、終戦後児童らが大都市に戻る際にも運転された。都市部からの疎開は人員にとどまるものではなく、生産設備・公文書・美術品など、物資にも及んだが、逼迫する輸送力の中で多くの困難に直面した。また沖縄などからは船舶による輸送も実施されたが、四四年八月二十二日には学童を満載した対馬丸が米海軍の潜水艦の攻撃により撃沈されるなど、非常な危険を伴うものであった。　→対馬丸事件

参考文献　「都市疎開問答」(『週報』三七五、一九四三)、内藤幾次『学童疎開』(『同成社近現代史叢書』二、二〇〇一、同成社)　(鈴木勇一郎)

そくしゃほう　速射砲　発射速度の速い火砲の総称。日本では歩兵部隊の運用する対戦車砲の通称として用いられた。細長い砲身を有し、低い位置から直線的に弾丸を飛ばして敵の戦車を攻撃した。第一次世界大戦以降、戦場において戦車が重要な位置を占めるようになると、歩兵部隊にはそれに対抗する手段が求められた。陸軍は一九三三年以降に対戦車砲の研究に着手、三六年に九四式三七ミリ砲を完成させ、歩兵砲として歩兵連隊に配備していった。さらに四二年には、戦車の大型化に対抗するため、一式機動四七ミリ砲が登場した。　→歩兵砲

参考文献　竹内昭・佐山二郎『日本の大砲』(一九八六、出版協同社)、佐山二郎『大砲入門—陸軍兵器徹底研究—』

（一九九六、光人社）　（吉田　律人）

そごうしんじ　十河信二　一八八四—一九八一　鉄道官僚出身の実業家。一八八四年四月十四日愛媛県生まれ。鉄道省官僚を経て、一九三〇年に仙石貢南満洲鉄道総裁の要請で同社理事に就任した。立憲政友会の森恪と親しく、満洲でも石原莞爾らの関東軍将校グループと交流した。満洲事変の際、関東軍司令本庄繁と満鉄総裁内田康哉との会談の斡旋、満鉄による関東軍輸送の指揮、東北交通委員会による中国側鉄道の再開などを行なった。事変後も満鉄経済調査会の委員長を務め、さらに満鉄出資による興中公司を設立して社長に就任したが、満鉄との連携は不円滑で総裁の松岡洋右とも不仲だった。林銑十郎内閣の閣僚候補となるが、陸軍大臣人事を巡る対立から入閣を辞退した。興中公司の事業が北支那開発・中支那振興に譲渡されると大陸を離れ、帝国鉄道（のち交通）協会理事・学生義勇軍会長などを務めたが、憲兵による満洲派弾圧のため中央を離れ、愛媛県西条市長として終戦を迎えた。のちに、国鉄総裁として弾丸列車計画を原型とした東海道新幹線の建設を主導したが、満鉄の広軌高速鉄道の経験もその背景になったとされている。八一年十月三日死去。九十七歳。

［参考文献］原朗「一九三〇年代の満州経済統制政策」（満州史研究会編『日本帝国主義下の満州』所収、一九七二、御茶の水書房）、中村隆英『戦時日本の華北経済支配』（一九八三、山川出版社）、牧久『不屈の春雷—十河信二とその時代—』（二〇一三、ウェッジ）　（山口　由等）

ゾルゲ　Richard Sorge　一八九五—一九四四　ドイツ人の父とロシア人の母とのあいだに生まれた共産主義者。一八九五年十月四日に生まれる。ドイツの新聞特派員として一九三三年来日、日米開戦前夜に摘発された旧ソ連の対日諜報団を組織した。四一年独ソ戦開始や御前会議での南進政策決定など約四百件の情報をソ連赤軍情報総局（ＧＲＵ）に打電したとして、捜査は米国共産党派遣の宮城与徳の供述から満鉄嘱託で近衛内閣ブレーンの尾崎秀実に及び、東条内閣成立の四一年十月十八日に駐日ドイツ大使と親しいゾルゲ、無線技士マックス＝クラウゼン夫妻、アヴァス通信記者ブランコ＝ブーケリチが逮捕され、日独同盟に亀裂をもたらした。検挙者三十五名中十七名が諜報員として有罪、ゾルゲは尾崎とともに四四年十一月七日絞首刑となったが、西園寺公一ら十八名は「（事）情を知らざる者」とされて不起訴となった。このゾルゲ事件は特高警察による中共諜報団事件、満鉄調査部事件、横浜事件へと広がる反戦平和主義者、自由主義者抑圧の一環であった。ゾルゲは「二十世紀最高のスパイ」とされる一方、ソ連崩壊後のロシアでも独ソ戦勝利に貢献した「大祖国戦争の英雄」と讃えられている。享年四十九。

ゾルゲ

［参考文献］『ゾルゲ事件』（『現代史資料』一—三・二四、一九六二—七一、みすず書房）、加藤哲郎『ゾルゲ事件—覆された神話—』（『平凡社新書』、二〇一四、平凡社）　（加藤　哲郎）

ソれん　ソ連　⇨ソヴィエト連邦

ソれんのたいにちさんせん　ソ連の対日参戦　戦争最末期におけるソ連軍による対日進攻作戦。ソ連首相スターリンは、一九四五年二月のヤルタ会談において米大統領ローズヴェルト・英首相チャーチルとの間に、ドイツ降伏三ヵ月後の対日参戦、戦後の南樺太・千島列島の取得などの秘密協定を結び、ソ連政府は四月五日、日本に対して日ソ中立条約の不延長を通告した。日本は対ソ和平工作（ソ連を仲介とする講和交渉）に期待していたが、ソ連は五月のドイツ降伏後、対日戦争に備えた極東ソ連軍の大増強を急速に進めるとともに、日本との外交交渉を進捗させず、八月八日夜、モロトフソ連外相は日本政府に対して宣戦布告を通告した。ソ連は満洲・樺太・千島進攻のために、総兵力百七十四万人、戦車・自走砲五千二百五十輛、航空機五千百七十機を準備した。ソ連軍は九日未明より満洲国に東西から進攻作戦を開始した。同方面では、開戦に先だって関東軍（兵力約七十万）が主力を北朝鮮方面に後退させつつあったので、ソ満国境付近に入植していた日本人開拓移民（壮年男性はほとんど召集されていたので老人・女性・子どもばかりの開拓団が多かった）は、ソ連軍の大軍が進攻した戦場に取り残され、混乱の中で多くの犠牲者・孤児がでる結果となった。ソ連

ソ連の対日参戦　大連を占領したソ連軍

軍は、樺太方面では十一日に国境線を突破、千島方面でも十八日に最北端の占守島に上陸した。十五日正午を期して英米軍との事実上の停戦は実現したが、満洲・樺太・千島方面では、十五日以降もソ連軍との戦闘が続いた。大本営は段階的に停戦命令を強化し二十五日には自衛戦闘を含む一切の戦闘行為を禁じた。樺太では二十三日まで、千島では二十五日まで、満洲では命令伝達の困難から八月末まで戦闘が継続した。戦闘停止後九月五日までの間にソ連軍は千島列島を占領した。ソ連の対日参戦によって四六年四月のソ連軍の満洲占領終了までに、北朝鮮・樺太・千島を含めて約二十二万人が死亡したとされている。 →シベリア抑留 →対ソ和平工作 →日ソ中立条約 →ヤルタ会談

参考文献 防衛庁防衛研修所戦史室編『関東軍』二(『戦史叢書』七三、一九七四、朝雲新聞社)、吉田裕・森茂樹『アジア・太平洋戦争』(『戦争の日本史』二三、二〇〇七、吉川弘文館)

(山田　朗)

ソれん・フィンランドせんそう　ソ連・フィンランド戦争　一九三九—四〇年の戦争(冬戦争)と四一—四四年の戦争(第二次戦争)の総称。一九三九年八月にソ連はドイツと不可侵条約を結んだが、それは「息継ぎ」にすぎず、国境を西に拡張して対独戦に備えようとした。九月にバルト三国にソ連軍を進駐させるとともに、十—十一月にフィンランドに領土割譲を要求した。交渉は決裂してソ連はフィンランドを攻撃したが、最初の二ヵ月余りはフィンランドの「地の利」と厳冬期を生かした作戦に苦戦し、戦死約五万、捕虜六千五百という大損害を被った。ソ連は兵員六十万、戦車・装甲車二千輛、航空機七百五十を投入してマンネルハイム線を突破し、最終防衛線に迫ったところで四〇年三月に停戦した。停戦条約でカレリア地峡など国土の一〇%を奪ったが、損害も戦死・戦病死者十三万人など甚大だった。ノモンハン戦争で日本に大勝した驕り、フィンランドの民族的抵抗の過小評価等が原因である。しかも、ソ連は三九年十二月に国際連盟から除名された。第二次戦争は、ドイツのソ連侵攻直後ドイツ・フィンランド連合軍によって開始され、三九年の冬戦争開始以前のソ・フィン国境に到達したが、秋には戦線が膠着した。ソ連は四三年二月のスターリングラード戦勝利後の反転攻勢の中で、四四年六月にフィンランド方面でも攻勢に移り、動揺した親独政権が下野して九月には休戦協定が締結された。ソ連は四〇年の国境(冬戦争の結果)を確保し、賠償金を獲得し、バルト地域におけるドイツ軍の立場は悪化した。大戦後にフィンランドが中立政策を行う結果も生んだ。

参考文献 百瀬宏『ソビエト連邦と現代の世界』(『世界歴史叢書』、一九七九、岩波書店)

(富田　武)

ソロモンかいせん　ソロモン海戦　アジア・太平洋戦争中のガダルカナル作戦における海航空戦。一九四二年八月の第一次・第二次と、十一月の第三次とに区分される。飛行場に適しているという理由でガダルカナル島を占領していた日本は、アメリカの反攻作戦が四三年以降となると考えていた。そのため、同島の警備兵力は少なく、そこに本格的な反攻準備を整えたアメリカが進出してきたため、飛行場は占領された。日本側はラバウルの航空兵力と第八艦隊で反撃を試み、八月九日に第一次ソロモン海戦が発生した。この戦闘で、日本はアメリカ・オランダ連合軍の重巡洋艦四隻を撃沈した。だが、敵上陸部隊の輸送船を攻撃することはできず、ガダルカナル島を含むソロモン群島はアメリカに確保されたままであった。ガダルカナルに増援として送られた第一航空艦隊を中心とする機動部隊は、八月二十四日の第二次ソロモン海戦でアメリカの機動部隊と衝突したものの、日本は空母「龍驤」と多数の航空機を失った。これによって、アメリカが制海・制空権を完全に握り、日本の輸送・補給線は遮断されはじめた。陸軍はガダルカナル島奪回のために第三十八師団を派遣することとしたが、それを阻止しようとするアメリカ軍との間で、十一月十二日から十五日にかけて第三次ソロモン海戦が戦われた。日本側は戦艦「比叡」と「霧島」、巡洋艦「衣笠」などを失う大損害を出したうえ、増援部隊や物資もほとんど上陸させることはできなかった。以後、ガダルカナル島の日本軍は飢餓に苦しむことになる。ソロモン海戦は、以上のように、当初は戦術的には五分五分であったものの、本質的には航空戦であり、また大規模な消耗戦であったことから、日本側が戦略的に徐々に劣勢となっていく過程であった。資源に乏しく、南方地域での資源の戦力化も遅れていた日本は、この海戦で多数の船舶と航空機を失ったことから、苦境に立たされていくことになる。 →ガダルカナル島の戦

第三次ソロモン海戦で炎上する日本艦船

参考文献 池田清『日本の海軍』下(一九六七、至誠堂)、外山三郎『日本海軍史』(『教育社歴史新書』、一九八〇、教

育社)、吉田裕・森茂樹『アジア・太平洋戦争』(『戦争の日本史』二三、二〇〇七、吉川弘文館)　(手嶋　泰伸)

そんか　孫科　Sun Ke　一八九一—一九七三　中国の政治家。一八九一年十月二十日孫文の長男として広東省香山県で出生。幼少期から米国で生活、カリフォルニア大学やコロンビア大学で経済学と政治学を学ぶ。一九一七年帰国し、父の革命活動に携わり、広州市長や中国国民党の要職に就く。満洲事変後の三一年十二月短期間行政院長に就任し、翌年一月からは長年立法院院長を務める。日本の中国侵略に対しては強硬抵抗論を唱え、特に連ソ制日方針を主張する。三六年中ソ文化協会会長に就任し、日中戦争勃発直後の三七年八月には中ソ不可侵条約の締結に尽力した。その後たびたび訪ソして連ソ制日活動を展開した。四〇年夏、英、仏が日本の圧力により対中支援物資の輸送ルートを閉鎖したため、孫科は中国が英、仏を捨てて、親ソとともに連独政策をとるべきであると主張した。この感情的な主張は否決されたが、孫文の長男としての影響力はその後も残る。アジア・太平洋戦争が終結した後も国民党と国民政府の要職を歴任したが、四九年以降海外に移住。六五年台湾に戻り、七三年九月十三日没。八十三歳。著作に『孫科文集』(台北、一九七〇年)などがある。

参考文献　劉紹唐編『民国人物小伝』三(台北、一九七七、再版、伝記文学出版社)　(鹿　錫俊)

ソン＝ゴク＝タン　Son Ngoc Thang　一九〇八—一九七七　カンボジア人政治家。一九〇八年十二月七日、ヴェトナム南部のメコン＝デルタのチャヴィンに生まれる。フランスに留学して法律を勉強し、カンボジアの司法分野で活動していたが、一九三六年、カンボジア民族主義の先駆となった『ナガラワッタ』紙の刊行に参加、四二年七月に反仏デモを組織してフランス当局に追われ日本に亡命した。四五年三月の仏印処理で日本がフランス植民地政権を倒すと、「独立」を宣言したカンボジアのシハヌーク国王のもとで外務大臣に就任した。四五年八月九日には、みずから首相に就任して実権を握るが、同年十月にフランスがイギリス軍の支援をもとにプノンペンに復帰すると、亡命を余儀なくされた。その後は、さまざまな立場の反仏勢力の連合であるクメール＝イサラクに加わるが、インドシナ共産党と影響下にある左派と対立、五四年のジュネーヴ協定後、カンボジア王国でシハヌークの支配が強まると、クメール＝セレイと称する右派の武装反乱組織を結成してシハヌーク政権に抵抗した。七〇年、シハヌークを追放してロン＝ノルのクメール共和国が成立すると一時これに協力するが、ロン＝ノルと対立し、七五年のカンボジアと南ヴェトナムにおける共産勢力の勝利後、行き場を失い、ヴェトナム南部で逮捕・収監され、七七年八月八日に獄死した。六十八歳。

参考文献　桜井由躬雄・石澤良昭『東南アジア現代史』三(『世界現代史』七、一九七七、山川出版社)、ミルトン＝オズボーン『シハヌーク—悲劇のカンボジア現代史—』(小倉貞男訳、一九九六、岩波書店)　(古田　元夫)

た

だいアジアきょうかい　大亜細亜協会　一九三三年三月一日に、陸軍中将松井石根を中心とし、アジア民族が強固な大亜細亜連合(亜細亜連盟)を結成することでアジア民族の復興をめざすという「大亜細亜主義」を掲げて発会した民族運動団体。政治団体と見られることを避け文化・思想団体を標榜し、「大東亜戦争」を推進した。前身は、三二年春にアジア問題の調査機関として下中弥三郎平凡社社長、中谷武世法政大学教授、満川亀太郎、ラーシュ＝ビハーリー＝ボースらが組織した汎アジア学会。欧州中心で無力な国際連盟に代わり、ヨーロッパ連合、アメリカ連合、ソヴィエト連合、アングロサクソン連合に対抗する大亜細亜連合を樹立することを目的としたが、その内容は協会の中でも幅がある。松井石根が三五年会頭に就任し、副会頭は村川堅固東京帝大教授(西洋史)と矢野仁一京都帝大名誉教授(東洋史)、評議員は近衛文麿、広田弘毅、徳富蘇峰、末次信正ら、理事・幹事は陸海軍・外務省の中堅実力者や民族主義者で、事務局は下中、中谷であった。福岡、金沢、大阪、京都、名古屋、神戸、飛驒、熊本に国内支部を置き、台湾、朝鮮、満洲、広東、天津、フィリピンなどに大亜細亜協会を作り、実働部隊として青年亜細亜連盟を持った。アジア人革命家とともに国内における宣伝啓蒙活動を積極的に行うとともに、中谷の組織した上海の大亜細亜主義研究所や亜細亜国民会議上海委員会、下中の新民印書館が興亜院に協力するなど、日中戦争期に占領地でなされた宣撫工作や東南アジアにおける宣伝工作に内外の会員を動員した。三九年反英運動が高揚すると、大亜細亜協会は文化・思想団体から政治団体へ転換し、国民同盟、東方会、大日本青年党などと合流して、末次信正を中心とする東亜建設国民連盟を結成、さらに大政翼賛会に合流し、大亜細亜協会は解消して四一年七月六日成立の大日本興亜同盟に加入した。四二年の翼賛選挙には多くの会員が翼賛候補として当選し、協会のシンパだった小磯国昭が組閣すると協会関係者が興亜運動を統べた。

参考文献　後藤乾一『昭和期日本とインドネシア―一九三〇年代「南進」の論理・「日本観」の系譜―』(一九八六、勁草書房)、中谷武世『昭和動乱期の回想―中谷武世回顧録―』(一九八九、泰流社)、後藤乾一・松浦正孝編『大亜細亜主義(復刻版)』(二〇〇八・〇九、龍渓書舎)、松浦正孝『「大東亜戦争」はなぜ起きたのか―汎アジア主義の政治経済史―』(二〇一〇、名古屋大学出版会)、同「日中戦争から第二次世界大戦へ」(和田春樹他編『(岩波講座)東アジア近現代通史』六所収、二〇一一、岩波書店)

(松浦　正孝)

だいアジアしゅぎ　大アジア主義　⇨アジア主義

だいいちぎんこう　第一銀行　⇨帝国銀行

だいいちじシャンハイじへん　第一次上海事変　一九三二年上海で勃発した日中両国の局地戦争。三二年一月十八日、柳条湖事件を契機に中国の東北全域(満洲)をほぼ制圧した日本軍は満洲の情勢に対する国際的注目をそらすため、日本公使館付武官である田中隆吉少佐の謀略により、上海で日本人僧侶に対する襲撃事件を起こさせた。日本との新たな衝突を避けるため、中国は日本側が提出した解決条件を期限前に受け入れたが、二十八日夜、日本の海軍陸戦隊は上海の中国軍を攻撃した。満洲地域と違い、上海は首都南京に隣接し、列強の在華権益の集中地であったため、中国にとって死守すべきのみならず、第三国による対日干渉の可能性も高いところであった。したがって、中国軍は果敢に日本軍と激戦を交わし、上海は中国の本格的な対日抗戦の最初の戦場となった。日本は海軍第三艦隊と陸軍の三個師団を投入したが、三千九十一名の死傷者を出した後、ようやく中国軍を撤退させた。その後、日中双方は五月五日に英・米・仏・伊の調停のもとで「上海停戦協定」に調印した。この協定により上海での中国の駐兵が制限されたため、のちに中国政府は上海停戦協定の解消を日本に求めた。

参考文献　田中隆吉「上海事変はこうして起こされた」(『別冊知性』五、一九五六)、日本国際政治学会太平洋戦争原因研究部編『太平洋戦争への道―開戦外交史―(新装版)』(一九八七、朝日新聞社)

(鹿　錫俊)

第一次上海事変　閘北地区での海軍陸戦隊の戦闘

だいいちじせかいたいせん　第一次世界大戦　ヨーロッパを中心に世界各地を巻き込んだ人類史上最初の世界戦争で、一九一四年七月二十八日から十八年十一月十一日までつづいた。犠牲者の数もそれまでの歴史上最大のものとなり、死者は軍人と民間人ともに約九百万人にのぼった。この戦争の背景には、十九世紀後半からの帝国主義の時代における帝国主義列強の競合が存在し、三国同盟を形成していたドイツ・オーストリアと、三国協商という同盟関係を結んでいたイギリス・フランス・ロシアが戦争の両陣営として対峙した。ただし、三国同盟の一員であったイタリアは、当初戦争の局外にとどまり、領土拡大の約束を協商国側からとりつけた後、協商国側に立って参戦した。イギリスと日英同盟を結んでいた日本も開戦後まもなく参戦し、中国のドイツ領青島や南太平洋のドイツ領諸島を攻撃して、勝利をおさめた。戦争が始まった時、両陣営ともに、戦争は短期間で終わるものと予測していたが、ヨーロッパでは東部戦線においても西部戦線においても、戦線が膠着状態に陥り、戦争は予想をはるかに上回る長期戦となった。双方が塹壕を掘って持久戦を行う塹壕戦がこの大戦の顕著な様相となり、戦車や毒ガスなどの新兵器も登場して、犠牲を増やしていった。この戦争は長期化する中で、交戦国が人員や物資を戦争遂行のために集中的に動員していく総力戦となった。しかし、総力戦体制を支えていた民衆の戦争協力姿勢は、戦争が長引くにつれて次第に薄れていき、ロシアでは一七年に革命が勃発した。一八年秋に、ドイツ海軍での出撃命令に反対する水兵たちの運動に端を発した革命運動の広がりのもとで、戦争が終結を迎えたことは、総力戦としての第一次世界大戦の帰趨をよく示した。日本は総力戦体制をしく必要にも迫られず、ヨーロッパの諸国が疲弊する中で経済力を伸ばしていき、中国に二十一ヵ条要求をつきつけるなど、強国化の道にこの戦争を利用していった。

参考文献　山室信一『複合戦争と総力戦の断層―日本にとっての第一次世界大戦―』(『レクチャー第一次世界大戦を考える』、二〇一一、人文書院)

(木畑　洋一)

だいいちそうぐん　第一総軍　⇩航空総軍（こうくうそうぐん）

だいかいし　大海指　⇩大海令（だいかいれい）・大海指（だいかいし）

だいかいれい・だいかいし　大海令・大海指　大海令は大本営が置かれた際に天皇が発し軍令部総長が伝宣する命令を、大海指はその細部について軍令部総長が天皇の委任に基づき発する指示をいい、どちらも一連の番号を付した。大海令は一般には「大本営海軍部命令」を意味するとされるが、第一次大戦中は大本営未設置のまま大海令により作戦命令を発していたので、海軍に対する天皇の命令と広くとらえる解釈もある。軍令部総長は戦時大本営勤務令によって大本営設置時に大命を伝達しうる権限を持つが、一九三三年十月一日発布の海軍省軍令部業務互渉規定により戦時大本営を置かない間は戦時大本営勤務令を適用するとされたことから、日中戦争勃発から三七年十一月二十日大本営設置までの間、奉勅命令形式による大海令が発せられている。同年七月二十八日に大海令第一号が永野修身連合艦隊司令長官に発せられ、以後大海指に相当するものにも大海令の番号を付して発した。四一年十一月四日、軍令部次長の大海機密第九六〇番電により、日中戦争関係の大海令は四一年九月六日の大海令第三〇四号をもって最終とし、新たに対米英蘭戦関係の大海令を発することとされた（従来の大海令には「支」の文字を付し「支大海令第〇号」として区別した）。同年十一月五日の大海令第一号により、山本五十六連合艦隊司令長官に対し十二月上旬対米英蘭開戦のため「所要の作戦準備を実施すべし」との命令が発せられ、同日の大海指第一号によりその細部が指示された。アジア・太平洋戦争関連の大海令は四五年九月一日の第五七号を、大海指は同年八月二十六日の第五四〇号を最終とする（ただし大海指第五二九号は欠番）。このほか同年九月二日から同十二日までの間に大海指特一―三号が発せられ、海軍大臣と軍令部総長の連名により、政府大本営布告一般命令第一号に基づく降伏手続きの細部が指示された。

参考文献　史料調査会編『大海令』（一九七八、毎日新聞社）、末国正雄・秦郁彦監修『大海令・大海指』（『連合艦隊海空戦戦闘詳報』一、一九八六、アテネ書房）

（一ノ瀬俊也）

だいかんきょほうしゅぎ　大艦巨砲主義　海戦手法のなかで軍艦同士で勝敗の帰趨を決定すべきとする主張。日露戦争時、日本海海戦（一九〇五年五月二十七―二十八日）で「三笠」を旗艦とする日本連合艦隊がロシアのバルチック艦隊を撃破したことは世界の海軍関係者に大きな衝撃を与えた。艦隊同士の決戦は海軍史にも多く記録されるが、砲撃戦による戦艦の撃滅や損傷により、一方の艦隊が完全敗北を喫する事例は決して多くない。以来、世界の海軍国は砲撃戦で優位を確保するために口径の巨大化に奔走する。搭載砲の大きさに比例して戦力向上が担保された訳ではなく、実際には発射速度、弾薬積載量、砲手の熟練度など多様な要素の総合として火力の大小が決定されはしたが、建艦技術や大砲鋳造技術の発達に伴い、勢い大艦巨砲主義が次第に世界の海軍国の共通の目標となっていった。

軍艦の歴史は、ロイヤル＝サブリン級戦艦を嚆矢とし、一八九五年から建艦される三〇・五センチ砲四門の主砲を搭載するマジェスティック級戦艦が戦艦の基本形を確立したとされる。ついで、一九〇六年にはイギリスでドレッドノート級戦艦が登場し、攻撃力・機動力・防護力のすべての点で従来型の戦艦を凌駕することになった。これを弩級戦艦と呼称する。戦艦の建造は二二年のワシントン海軍軍縮条約で一時抑制されるが、基本的には各国海軍で大型艦の建造が相ついだ。そのため当該期における軍艦建造の状況は「大艦巨砲主義」と呼ばれることになる。

日本の大艦巨砲主義のはじまりは、一三年にイギリスで建造された戦艦「金剛」（二万六〇〇〇トン、三五・六センチ砲八門搭載）であり、さらに二〇年には連合艦隊の旗艦ともなる戦艦「長門」（三万二七〇〇トン、四一センチ砲八門搭載）であった。その後、日本海軍は第三次海軍軍備補充計画で英米の軍艦を凌ぐ超大型艦の建造に着手する。その代表事例が「大和」・「武蔵」・「信濃」（航空母艦に改装）である。これらは基準排水量が六万四〇〇〇トン、全長二六三メートル、全幅三八・九メートル、主要兵装として、四六センチ三連装砲三基（九門）、一五・五センチ三連装砲四基（十二門）、一二・七センチ連装高角砲六基などを装備していた。

日本海軍における大艦巨砲主義の歴史は、そのまま日本海軍の兵器思想を示すものであった。すなわち、航空兵器が未発達であった日本海海戦から二〇年代末までは、戦艦が海軍力の主力と位置づけられ、海軍国間で激しい建艦競争が展開されることになった。そのなかで大口径の大砲を搭載した軍艦が主力艦として最優先の建艦対象となり、巡洋艦や駆逐艦、それに潜水艦は軍艦の補助艦として位置づけられることになった。そのため各国は軍艦の建造に鎬を削ったが、各国とも財政圧迫を強いられたことから、二一年にワシントン海軍軍縮会議を開催して相互に建艦比率を確定することになった。その後、航空母艦を加えた補助艦の建艦比率を確定した三〇年に開催されたロンドン海軍軍縮会議を経て、しばらくは建艦競争にブレーキがかかった。しかし、三七年からは軍縮条約が無効となり、再び建艦競争の時代に入った。各国は再び軍艦の建造に取り掛かったが、三九年から開始された第二次世界大戦では、特に四一年十二月十日、日本海軍機によるマレー沖海戦において、イギリスの誇る戦艦「プリンス＝オブ＝ウエールズ」と「レパルス」が撃沈されたことは、軍艦よりも航空機戦力が優位であることを証明した。しかし、みずから航空戦力の優位性を証明して見せながら、日本海軍は伝統的な大艦巨砲主義から完全には脱却できず、徒に軍艦による決戦を志向し続けることになった。

第二次世界大戦で、すでに航空戦力の優位性によって勝敗の帰趨が示されたにもかかわらず、日本海軍が伝統的な大艦巨砲主義から基本的に脱却できなかったのは、一九〇五年の日本海海戦勝利の「栄光」から解放されず、艦隊決戦に拘り続けてきたことがある。伝統と権威が足枷となって、航空戦力を基軸にした海軍戦力の再構築が果たせなかったことも日本海軍の滅亡に拍車をかけた一因となったといえよう。

参考文献　和田種生『軍縮決裂の後に来るもの—孤立日本の前途はどうなる！—』（一九三六、景気情報社）、遥士伸『修羅の戦艦『大和』—大艦巨砲主義の雄—』（『白石ノベルズ』、二〇〇二、白石書店）、奈倉文二他編『日英兵器産業史—武器移転の経済史的研究—』（二〇〇七、日本経済評論社）

（纐纈　厚）

だいかんみんこくりんじせいふ　大韓民国臨時政府　一九一九年祖国独立のために最初の共和主義政府として樹立された亡命臨時政府。日本の統治に組織的に対抗する統一的指導機関の必要性から、一九年四月に上海で独立運動家が結集して臨時議政院を組織、大韓民国臨時政府（臨政）を樹立。初期には左右翼が参加したが、独立戦争論を掲げる左翼陣営の脱退後は主要国の承認を求める外交活動を中心に展開。財政困難や思想的分裂から際立った成果を挙げられなかった。二五年に李承晩が臨時大統領を罷免されると金九が実質的指導者になる。四〇年に重慶に移り韓国光復軍を組織し、四一年十一月に建国綱領を宣布。十二月アジア・太平洋戦争が勃発すると改めて対日宣戦声明書を発表し、四四年には来たるべき独立に備え左翼陣営が幹部に加わり左右統一戦線政府を組織。四五年光復軍の日本侵攻作戦準備中に「解放」を迎えた。連合軍の承認を得られず、臨政の内閣と政策は継承されなかったが、その法統の継承が現大韓民国憲法前文に明記されている。　→韓国光復軍

参考文献　姜萬吉編『朝鮮民族解放運動の歴史—平和的統一への模索—』（太田修・庵逧由香訳、二〇〇五、法政大学出版局）

（庵逧　由香）

だいげんすい　大元帥　帝国陸海軍を指揮、統率する最高指揮官のことをさし、統帥権をもつ天皇がこの地位に就いた。天皇と大元帥との関係については、明治憲法制定から先立つ一八八二年制定の軍人勅諭のなかに、「朕は汝等軍人の大元帥なるぞ」と記されており、軍隊の指揮権が天皇に属するものという認識は以前から定着していた。ただし、軍人勅諭や明治憲法の制定後も、大元帥という称号が正式に認められていたわけではなく、九八年の元帥府条例によって制度化されることとなった。大元帥としての天皇の任務は、平時において陸海軍特別大演習での観兵式、観艦式の閲兵をはじめ、天長節など記念行事の際にも将兵を鼓舞するために閲兵を行なった。天皇の閲兵は、国民に軍の存在を印象づけ、「天皇の軍隊」を形成するための重要な役割を果たした。また、戦時には、天皇を輔翼する軍令機関（参謀本部・軍令部）に最高命令を下すとともに、幕僚らへの下問を通じて作戦指導にもあたった。

参考文献　藤原彰『昭和天皇の一五年戦争』（一九九一、青木書店）、山田朗『昭和天皇の軍事思想と戦略』（二〇〇二、校倉書房）

（茶谷　誠一）

たいげんせんぱんかんりしょ　太原戦犯管理所　旧日本軍将兵等を収容した中華人民共和国の戦犯管理所。山西省太原に設置されたこの管理所には、中国国内で逮捕された百四十名が収容された。その大多数は、日本の敗戦後、山西省の軍閥、閻錫山の求めに応じて帰国せずに「残留」し、共産党軍との内戦を戦った者たちであった。五六年六月から七月にかけて開廷された「最高人民法院特別軍事法廷」では、百四十名中の九名が起訴され、禁錮八～二十年の判決を受けた。　→山西残留問題　→中国帰還者連絡会　→撫順戦犯管理所

参考文献　岡部牧夫・荻野富士夫・吉田裕編『中国侵略の証言者たち—「認罪」の記録を読む—』（『岩波新書』、二〇一〇、岩波書店）、豊田雅幸「中国の対日戦犯処理政策—厳罰主義から「寛大政策」へ—」（『史苑』六九巻合併号、二〇〇九）

（豊田　雅幸）

たいししんせいさく　対支新政策　東条英機内閣期の一九四二年十二月二十一日に決定された「大東亜戦争完遂の為の対支処理根本方針」およびそれに基づく対中国政策。アジア・太平洋戦争勃発後、支那事変終結の端緒を開くため、四二年九月一日まで在任した東条内閣の東郷茂徳外相は主権尊重、経済協力、善隣友好の対中外交方針を表明していた。重光葵中国（南京政府）大使も中国の民心を獲得し、大西洋憲章を掲げる英米諸国を牽制するために、南京政府の政治力を強化し、その行政と経済の自治を保障するよう、対中政策の大転換を主張し、昭和天皇をはじめ各方面に働きかけた。御前会議で決定された根本方針には、中国における租界や治外法権の撤廃、中国の主権を制約する日華基本条約および付属取り決め（四〇年十一月三十日調印）に対する修正、経済面における中国官民の責任と創意の活用、重慶政府に対する和平工作の禁止などが盛り込まれた。これに基づいて四三年一月、日本は南京政府と「戦争完遂に付いての協力に関する宣言」、「租界還付及治外法権撤廃等に関する協定」を締結した。

参考文献　『木戸幸一日記』下（一九六六、東京大学出版会）、柴田紳一『昭和期の皇室と政治外交』（『明治百年史叢書』、一九九五、原書房）、重光葵『昭和の動乱』下（『中公文庫』、二〇〇一、中央公論新社）

（劉　傑）

だいじゅうきゅうろぐん　第十九路軍　第一次上海事変において上海市民の支援を受けて、日本軍の侵攻に激しく抵抗した中国の中国陸軍部隊。一九三〇年七月、国民革命軍（国民政府の中央陸軍）の第六十師（日本の師団に相当）と第六十一師を合わせて第十九路軍を編成し（総指揮蔣光鼐、軍長蔡廷鍇）、三一年九月の満洲事変勃発後の上海に移駐し、上海・南京地区の警備、防衛にあたった。満洲事変に際して東北軍の張学良が不抵抗主義をとり、

蒋介石も軍事的には不抵抗政策をとったが、上海では労働者、学生、市民が抗日救国会を組織して、政府に抗日を要求するなど、抗日運動が燃え上がり、その影響を受けて、十九路軍の将兵間に抗日の気運がつよまっていた。三二年一月二十八日に第一次上海事変が始まると蔡廷鍇が第十九路軍総指揮となって、日本海軍陸戦隊と激しく戦闘した。蔡廷鍇は「抗日将軍」「民族英雄」として名声を高め、上海の各界の民衆は、義勇軍・情報隊、救援隊、通信隊、運輸隊などを組織して戦闘を直接支援した。苦戦に陥った海軍陸戦隊は、陸軍兵力の派遣を要請し、三個師団半の大軍の増派を受けて、三月初めにようやく第十九路軍を上海付近から撃退した。五月、上海停戦協定が成立した後、蒋介石は第十九路軍の解体を策したが、蔡廷鍇らの強い抵抗により失敗、同軍を福建省に移駐させ、蒋光鼐を福建省政府主席、蔡廷鍇を駐閩綏靖公署主任(第十九路軍総指揮)に任命した。第十九路軍は、江西省の中華ソヴィエト共和国臨時中央政府の包囲、覆滅をはかる「剿共戦」に従事させられたが、将兵間に不満が高まった。全国に対日抗戦を求める運動が高まるなかで、三三年十一月、福建省政府・第十九路軍が中心となって中華共和国人民革命政府を樹立した。福建人民革命政府は、「日本帝国主義打倒」、「蒋介石と売国的南京政府打倒」を掲げ、中華ソヴィエト政府と「反日、反蒋介石の協定」を結んだが、当時の中共中央・中華ソヴィエト政府は統一戦線思想が欠如し、蒋介石の人民政府攻撃に対して支援をしなかった。三四年一月、福建人民革命政府は崩壊、第十九路軍も解体された。蔡廷鍇は中華人民共和国建国後、国民党革命委員会副主席、全国人民代表大会常務委員となった。

参考文献 石島紀之『中国抗日戦争史』(一九八四、青木書店)、王秀鑫・郭徳宏『中華民族抗日戦争史―一九三一～一九四五―』(石島紀之監訳、二〇一二、八朔社)

(笠原十九司)

たいしょうほうたいび　大詔奉戴日　アジア・太平洋戦争必勝を日本国民に意識付けることを目的として大政翼賛の一環として実施された国民運動。一九四二年一月二日閣議決定、同月八日から敗戦時まで続けられた。四一年十二月八日の宣戦の詔勅発布日にちなんだもので、既存の興亜奉公日(毎月一日)に代わって以後毎月八日に実施された。満洲でも同様の趣旨で詔書奉戴日を定めた。実施要項では「大東亜戦争完遂の為、必勝の国民士気昂揚に重点を置き、健全明朗なる積極面を発揮すること」を方針として、官公衙・学校・会社・工場などでは詔書奉読式を、神社・寺院・教会などでは必勝祈願行事を行うこと、また各戸ごとに国旗掲揚、各職場ではこれを休日としないことなどが具体的に定められた。当日は「承詔必謹」の談話放送を行い、また隣組常会を午後七時十分から開かせ、二十分間のラジオ放送を通じて戦争完遂の目的を浸透させようとした。　→興亜奉公日

(河西英通)

たいせいようけんしょう　大西洋憲章　一九四一年八月十四日にアメリカとイギリスの首脳会談の結果、第二次世界大戦の戦争目的として発表された共同宣言。イギリスがほぼ単独でナチス＝ドイツに立ち向かっていた戦争の状況が、四一年六月のドイツとソ連の戦争開始によって大きく変化するなか、戦争の局外に立ちながら実質的にはイギリスやソ連への支援姿勢を示していたアメリカのローズヴェルト大統領とイギリスのチャーチル首相が、ニューファンドランド島沖の大西洋上の戦艦で八月九日から十二日まで会談し、十四日に八ヵ条から成る宣言を発した。憲章は、領土不拡大、民族自決、通商・原料の均等な開放、労働条件改善や社会保障のための協力、すべての人々が安全に恐怖と欠乏から解放されることを保障する平和、海洋の自由などをうたった。ソ連もこれを支持し、憲章はのちに連合国共同宣言の基礎として、連合国による枢軸国に対する戦争遂行の原則となった。日本が中心となって四三年十一月に出された大東亜共同宣言が、この憲章に模せられることもある。　→連合国共同宣言

大西洋会談でのローズヴェルト(左)とチャーチル(右)

参考文献 水本義彦「第二次世界大戦と国際・国内社会の変容―チャーチルとローズヴェルト―」(益田実・小川浩之編『欧米政治外交史―一八七一～二〇一二―』所収、二〇一三、ミネルヴァ書房)

(木畑洋一)

たいせいよくさんかい　大政翼賛会　戦時国民動員のための政府の外郭団体。一九四〇年六月二十四日、近衛文麿元首相は強力な挙国政治体制の確立を主張して枢密院議長を辞職、新体制運動が始まった。各政党は八月中旬までに解党し、運動に参加の意を示した。七月二十二日、第二次近衛内閣が成立、八月一日、同内閣が公表した「基本国策要綱」において、日中戦争勝利に向けての挙国一致のために新国民組織の確立がうたわれた。これにもとづき、八月二十三日の閣議で、各界の委員二十六名からなる新体制準備会が設置された。新体制準備会は、九月中旬までに、新国民組織は政党ではなく国民運動(大政

翼賛運動)を推進するための組織とすること、首相が総裁となること、中央本部のほか道府県、郡市、町村に支部を設け、本部に中央協力会議を、各支部にも協力会議を設置すること、組織の名称は大政翼賛会とすることなどを決定した。

　十月十二日、大政翼賛会の発会式が行われ、国民精神総動員本部は解散し、三七年九月以来の国民精神総動員運動は大政翼賛運動に発展的に解消した。初代総裁には近衛首相が、中央本部事務総長には有馬頼寧元農相が、中央協力会議議長には末次信正元内相が就任した。中央本部事務局には総務局・組織局・政策局・企画局・議会局が設置された。有馬や末次、そして中央本部の幹部の多くは、この団体をナチス類似の強力な政治団体とすることをめざしていた。十二月十六日、臨時中央協力会議が開催されたが、自由主義を否定し、強力な一元体制の確立を翼賛会の政策樹立の基本方針とすることが明示された。

大政翼賛会の発足式

　これに対し、四一年初頭の第七十六回帝国議会では、右のような同会の方針には左翼色がうかがわれるとか、他に政治団体がない中では、天皇が大政翼賛会総裁以外を首相に任命することは事実上無意味となるので天皇の大権が否定され、議会も有名無実となるので、同会は違憲的存在だという批判が続出した。議会では保守系議員が多数派で、彼らは翼賛会の全体主義的傾向を強く警戒したのである。政府はこれらの批判を論破できず、同会を法的に政治団体ではないとし、これに伴う中央本部の組織と人事の刷新を約束した。議会終了後の三月末、中央本部の役員および事務局の幹部は総退陣し、四月二日に中央本部が改組された。本部役員および事務局幹部は中央官庁のエリート官僚の出向者が中心となり、道府県支部長も知事の兼任と定まった。中央本部事務局の組織は総務局・組織局・東亜局・中央訓練所となった。政策局は廃止されて大政翼賛会独自の政策を示すことはなくなり、政府の示す政策を実現するため、国民を動員、訓練することを目的とする組織となった。つまり、大政翼賛会は、当初は全体主義政党となるような方向性を含んでいたが、最終的には戦時国民動員のための政府の外郭団体となったのである。ただし、国民動員のための各種の活動は他の政府の外郭団体も行なっていたため混乱が見られた。そこで政府は、太平洋戦争開戦後の四二年六月に、大日本翼賛壮年団、大日本産業報国会、大日本婦人会など八団体を翼賛会の傘下団体とした。さらに同年十月からは、従来は内務省の業務であった、最下部の住民組織である常会への通達も翼賛会の業務とした。大政翼賛会は当時の日本で最大規模の公的団体となったのである。

　以後、翼賛会は戦場精神昂揚運動、国民総決起運動などの国民運動を行うなどしたが、四五年六月、本土決戦を想定した国民組織として国民義勇隊が設置されることになったため解散した。敗戦後の四六年一月に占領軍が発した公職追放令では、翼賛会の本部および支部の幹部三万人余りが追放対象となった。→国民義勇隊(こくみんぎゆうたい)　→新体制運動(しんたいせいうんどう)

参考文献　下中弥三郎編『翼賛国民運動史』(一九五四)、伊藤隆『近衛新体制―大政翼賛会への道―』(『中公新書』、一九八三、中央公論社)、『東京裁判ハンドブック』(一九八九、青木書店)
(古川　隆久)

たいソわへいこうさく　対ソ和平工作　日本側が進めようとしたソ連を仲介にした戦争終結工作。ソ連を仲介にした和平論の源流は、一九四〇年九月の三国同盟締結直後に構想された日独伊ソ四国協商論(枢軸陣営へのソ連取り込み論)で、四一年六月の独ソ開戦によって消滅したかに見えたが、十一月に独ソ講和斡旋論として再浮上した。開戦後も、戦局打開の方策として独ソ講和斡旋論は浮上しては消えていたが、四三年四月の段階で、参謀本部第十五課(戦争指導)松谷誠課長らが枢軸陣営勝利の方策としてあらためて独ソ和平論を提示、松谷らはその後も軍首脳に働きかけたが、彼らを動かすことはできなかった。四四年六月に松谷は東条英機らに同案を具申したが、松谷は七月に支那派遣軍に移動させられた。ところが、東条が退陣すると松谷は陸相秘書官として中央に復帰し、のちの鈴木貫太郎内閣では首相秘書官となり、政界・軍部の上層部にソ連との提携論を説いた。四五年五月上旬、ドイツ降伏と沖縄戦の戦況悪化によって、昭和天皇も終戦促進に傾斜したため、五月十一日・十二日・十四日開催の最高戦争指導会議構成員による秘密会談により鈴木内閣はソ連の仲介による講和交渉を進めることを決定した。しかし、ソ連は同年二月のヤルタ会談で対日参戦を決定していたために、広田弘毅とマリク駐日大使の会談が行われたものの交渉は進展しなかった。このソ連を仲介にした講和論は、実際に戦争終結をめざす重臣グループなどから期待されたが、一方で、軍部の戦争継続派も、世界戦争が終盤になって英米陣営とソ連が分裂することを予想し、日本がソ連と組むことで、日本の当面の敗戦(無条件降伏)は免れるのではないかと期待してそれを支持した。対ソ和平工作は、現実に成功する可能性は低かったが、戦争終結派と戦争継続派がそれぞれ異なる思惑からその進展に期待をしたことから、ソ連参戦の間際まで継続されたといえる。 ↓ソ連の対日参戦 ↓ヤルタ会談

参考文献 松谷誠『大東亜戦争収拾の真相』(一九八〇、芙蓉書房)、山本智之『日本陸軍戦争終結過程の研究』(二〇一〇、芙蓉書房出版) (山田 朗)

だいたい 大隊 陸軍の戦闘および戦術単位。規模は通常五〜六百名程度。大隊長は通常少佐で、工兵および独立大隊長は大、中佐が任命された。歩兵は四個中隊および機関銃一個中隊からなり、砲兵は三個中隊編制(火砲三門)、工兵は大隊を最高編制として平時は三個中隊から構成された。 (河西 英通)

だいたいほう 大隊砲 歩兵大隊に配備された九二式歩兵砲の通称。歩兵大隊本部のもとに編成された歩兵砲小隊が運用した。九二式歩兵砲は一九三二年七月に制式制定された口径七センチの火砲で、砲身は短く、平射(直線的に弾丸を飛ばす射撃法)と曲射(弾丸を高く上げて湾曲に落下させる射撃法)の両方が可能であった。歩兵の火力支援として各戦線で運用されたものの、連隊砲(四一式山砲)と比べて威力は弱く、命中精度も低かった。

参考文献 竹内昭・佐山二郎『日本の大砲』(一九八六、出版協同社)、佐山二郎『大砲入門—陸軍兵器徹底研究—』(一九九九、光人社) (吉田 律人)

だいとうあかいぎ 大東亜会議 英米の本格的反攻に備えてアジア諸民族の戦争協力を確保することを目的に、一九四三年十一月五日から六日かけて東京の帝国議会議事堂で行われたアジア諸国の代表による会議。日本から東条英機首相、中華民国から汪兆銘行政院長、満洲国から張景恵国務総理、タイ国からワンワイタヤーコン殿下、フィリピン共和国からラウレル大統領、ビルマ国からバモオ首相が出席し、自由インド仮政府首班スバス=チャンドラ=ボースがオブザーバーとして陪席した。会議では、「大東亜共同宣言」が採択された。宣言には、戦争完遂をうたった前文に、道義にもとづく共存共栄などの大東亜建設に関する本文が列記された。宣言の文言作成の背後には、戦争遂行上の要求や日本の指導権を盛り込もうとする大東亜省・陸軍と、圏内諸国の独立尊重と平等互恵を掲げ、戦争目的を連合国の目的と相対させて、国際秩序建設の主導権を確保しようとする重光葵外相との間で攻防と妥協があった。このため宣言は、諸民族の戦争協力にも、連合国への外交攻勢にも効果を挙げるものとはならなかった。また本文に示された内容は、各地の実情とかけ離れたものであった。

大東亜会議に参加した各国代表 最前列左よりバモオ，張景恵，汪兆銘，東条英機，ワンワイタヤーコン，ラウレル，チャンドラ=ボース

参考文献 波多野澄雄『太平洋戦争とアジア外交』(一九九六、東京大学出版会) (安達 宏昭)

だいとうあきょうえいけん 大東亜共栄圏 第二次世界大戦中、中国や東南アジアなどの支配を正当化するために日本が唱えた地域統合のスローガン。第二次近衛文麿内閣の松岡洋右外務大臣が一九四〇年八月一日に行なった記者会見ではじめて用いられた。この会見は七月二十六日に閣議決定した「基本国策要綱」の公表に際して行われたもので「当面の外交方針は大東亜共栄圏の確立を図ること」と述べ、その範囲を「広く蘭印、仏印等の南方諸地域を包含し、日満支三国はその一環である」と説明した。この用語が登場した背景には、四月以降ドイツのヨーロッパでの攻勢により、オランダ・フランスなどが降伏し、イギリスが苦戦を強いられ、それら諸国の植民地がある東南アジアが政治的に不安定になった状況があった。この構想は、ドイツ・イタリアが「勝利」して「講和会議」が開かれることを予測し、その前に両国を牽制して東南アジアに対する日本の発言権を確保するために表明された、実体を持たない「外交スローガン」であった。予測通りに戦況は進展しなかったが、九月に締結された日独伊三国同盟条約では、ドイツ・イタリアから、日本の「大東亜に於ける新秩序建設」への「指導的地位」が承認された。

四一年十二月の日米開戦後、東南アジアを日本軍が占領すると、大東亜共栄圏の建設が現実の課題として考えられ、その内容を検討するために四二年二月に大東亜建設審議会が設置された。審議会では五月に基本理念を

「皇国の指導又は統治の下圏内各国及各民族をして各々其の所を得せしめ」るとし、日本を盟主とした階層的秩序を構築することにしていた。すなわち、共栄圏は各民族の民族自決に基づく独立といった要求に応えるものではなかった。経済についての答申でも、日本の指導により自給圏建設のために圏内の産業配分や計画交易を行うとしていた。しかし、審議会で答申が出された段階でも、十五年後の生産目標は楽観的な数値であり、自給圏建設の具体的な方法は定まったわけではなく、共栄圏建設の将来的な道筋を描くことができなかった。

日米開戦前後に決定した「南方占領地行政実施要領」や「南方経済対策要綱」では、東南アジア占領地の重要国防資源の獲得を最優先とし、そのためには現地住民の生活にかかる重圧は忍ばせ、資源開発をはじめとする経済活動では日本企業を指定して進出させるとしていた。実際、戦局が悪化する中、日本による物資収奪が行われ、船舶不足による輸送力の低下から、現地では自給自足の状態に陥り物資が極度に不足した。そうした中で通貨が濫発されハイパーインフレが進んで、各地の住民生活を圧迫し、「共貧圏」ともいえる状況になっていった。連合国軍の攻撃によりさらに輸送力が低下すると、東アジアと東南アジアとの物資交流は途絶し、共栄圏は南北に分断された。

四三年五月の御前会議で決定した「大東亜政略指導大綱」では、ビルマ・フィリピンの「独立」を認める一方で、重要資源の供給源として、現在のマレーシアとインドネシアなどの領域を「帝国領土と決定」するとした。もっとも「独立」といっても日本の指導下に置かれるものであった。十一月に東条英機内閣は、東京に「独立国」の代表を集めて大東亜会議を開催し、「大東亜共同宣言」を採択した。しかし、この会議では植民地台湾・朝鮮への言及はなく、東南アジア人口の六割余りを占める地域の代表を含まないものであった。宣言には、「自主独立」「互恵」などの文言が掲げられたが、連合国側の大西洋憲章に対抗して、国際秩序建設の主導権を握ろうという宣伝工作の意図から作成されたもので、実情はかけ離れたものであった。結局、アジア諸民族の対日戦争協力の引き出しや連合国への外交攻勢という面でも効果はなかった。むしろアジアの指導者は、宣言に記された「自主独立」という日本のたてまえの論理を逆手にとって自己主張し、日本の指導を脅かしていった。また、日本占領下の過酷な状況に、東南アジアの人々は抗日運動に立ち上がっていった。大東亜共栄圏は、四五年八月、日本の敗戦とともに完全に破綻した。

参考文献 小林英夫『「大東亜共栄圏」の形成と崩壊』(一九七五、御茶の水書房)、波多野澄雄『太平洋戦争とアジア外交』(一九九六、東京大学出版会)、河西晃祐『帝国日本の拡張と崩壊―「大東亜共栄圏」への歴史的展開―』(二〇一二、法政大学出版局)、中野聡『東南アジア占領と日本人―帝国・日本の解体―』(『戦争の経験を問う』、二〇一二、岩波書店)、安達宏昭『「大東亜共栄圏」の経済構想―圏内産業と大東亜建設審議会―』(二〇一三、吉川弘文館)、同「「大東亜共栄圏」論」(『(岩波講座)日本歴史』一八所収、二〇一五、岩波書店)
（安達　宏昭）

だいとうあきょうどうせんげん　大東亜共同宣言 ⇨大東亜会議

だいとうあけんせつしんぎかい　大東亜建設審議会 一九四二年二月に政府が、大東亜共栄圏を建設するための重要事項(軍事と外交に関する事項を除く)について、調査審議するために設置した審議会。総裁には首相が就き、委員には政財界の有力者が任命され、政府からの諮問を受けて、総会のもとに部会を設置して具体的な審議を行い、答申を出した。活動期間は二期に分けられ、第一期は四二年二月から同年七月までで、第二期は四三年四月から同年十二月までである。第一期は、八つの部会が設置された。基礎要件、文教、人口・民族を除く答申は、第四部会が決定した「大東亜経済建設基本方策」と、それに基づいた経済に関するもので、十五年先を目標とする長期構想であった。第二期は、三つの部会が新設されて活動し、二つの部会からそれぞれ食糧と繊維原料の増産に関する具体策が答申された。四五年十月に廃止された。

参考文献 企画院・大東亜建設審議会編『大東亜建設審議会関係史料―総会・部会・速記録―(復刻)』(明石陽至・石井均解題、『南方軍政関係史料』二三、一九九五、龍渓書舎)、安達宏昭『「大東亜共栄圏」の経済構想―圏内産業と大東亜建設審議会―』(二〇一三、吉川弘文館)
（安達　宏昭）

だいとうあしょう　大東亜省 アジア・太平洋戦争中、一九四二年十一月に設置された省。大日本帝国外のアジア地域に対して、純外交を除く諸般の政務を一元的に施行することを目的に設置され、拓務省、対満事務局、興亜院、外務省の東亜・南洋の両局は、これに統合された。同省は、総務局、満洲事務局、支那事務局、南方事務局の四つの局で出発し、四三年十一月には交易局が新設された。同省の設置は、「大東亜共栄圏」の独立国に対する外務省の外交権限を実質上移管するものであったため、東郷茂徳外相は、地域内諸国を属国視するものと見られ、各地の不信と不満を増長するとしてその設置に強く反対したが、結果的に政変を危惧する宮中の意向を受けて九

大東亜省の発足

月一日に単独辞職した。こうして、大東亜相が大東亜地域の外交官および領事官を指揮監督することになった。このため、外務省では大東亜省に対する実質的な影響力を確保する方針に転換し、重要人事ポストの獲得、駐在公館長などの任免に対する外相と大東亜相の「内協議」、密接な人事交流を図っていくことになった。初代大東亜相には、南京国民政府顧問だった青木一男が任命されたが、小磯内閣では重光葵が外相と大東亜相を兼任した。満洲、中国、タイ、仏印の現地機関は大東亜省の所管とされたが、問題となったのは中国における現地機構の一元化であった。それまで外務省系統の大使館などと興亜院連絡部が併存していたが、これを統一して南京に大使が配置される大使館を、張家口、北京、上海に公使が配置される大使館事務所を置くことになった。陸軍は軍司令官を大使にすることを主張したが、外務省や海軍の反対により、文官である在中国大使が、上海・北京・張家口の三公使および領事官を指揮することになった。しかし、北京・張家口の両公使が事実上、陸軍軍人となり、華北の特殊性は容認された。軍の特務機関も存続し、治安以外の事項は総領事や中国側機関に移管するものとされたが、限定的であった。のちに対支新政策により陸軍連絡部に改められて、作戦警備が中心となった。しかし、一元化は容易に実現しなかった。四五年八月に廃止された。

参考文献 馬場明『日中関係と外政機構の研究—大正・昭和期—』(『明治百年史叢書』、一九八三、原書房)、波多野澄雄『太平洋戦争とアジア外交』(一九九六、東京大学出版会)
(安達　宏昭)

だいとうあしんちつじょ　大東亜新秩序 ⇨東亜新秩序(とうあしんちつじょ)

だいとうあせいりゃくしどうたいこう　大東亜政略指導大綱　一九四三年五月三十一日に御前会議で決定された東南アジア占領地を含むアジア諸地域に対する処遇の方針。戦局の悪化に伴い、英米の反攻に備えて、アジア諸地域住民の戦争協力を調達することが目的で、一部の占領地の「独立」などが盛り込まれた。中国に対しては、南京の国民政府の政治力強化を定めた「大東亜戦争完遂の為の対支処理根本方針」をさらに徹底化するため、日華同盟条約を締結し、重慶国民政府との和平工作にあたらせるとした。タイに対してはピブン政権の支援からマラヤでの失地回復に協力し、仏印には現状維持であった。ビルマは規定方針に基づき独立させ、フィリピンも十月ごろを目標に独立させる方針を定めた。しかし、その他の占領地であるマラヤ・スマトラ・ボルネオ・セレベスは帝国領土と決定し、重要資源の供給源として開発を図り、軍政を継続するとともに、このことは当分発表しないとしていた。また、十月下旬ごろにアジア各国の指導者を東京に集めた大東亜会議を開催することも決定した。

参考文献 参謀本部編『杉山メモ』下(『明治百年史叢書』、一九六七、原書房)、波多野澄雄『太平洋戦争とアジア外交』(一九九六、東京大学出版会)
(安達　宏昭)

だいとうあせんこうこくふじょかいどうのず　大東亜戦皇国婦女皆働之図　女流美術家奉公隊による共同制作作品(一九四四年制作、同年陸軍美術展に出品)。四三年二月、洋画家長谷川春子を委員長に結成された女流美術家奉公隊が制作した油彩の本作は、現在「春夏の部」(筥崎宮蔵)と「秋冬の部」(靖国神社蔵)の二枚一組からなる。両図のカンヴァス裏には、各部の制作に参加した女性洋画家の署名・作品名・制作目的・完成年月が記されている。制作目的は両図ともほぼ同じ文章が書かれ、「皇国の婦女が銃とる男性にかはつてあらゆる部門に皆働する情況を(中略)後々の記録の一助にもと集成描写したる」(一部抜粋)とある。女性が従事したさまざまな銃後の労働が、色彩豊かな明るい画面のなかに、フォト＝モンタージュ風に描き出される。なお、同隊は「戦ふ少年兵」展(一九四三年)、「勝利の少年兵」展(一九四四年)など少年兵募集に関連した展覧会も開催している。

参考文献 吉良智子『戦争と女性画家—もうひとつの近代「美術」—』(二〇一三、ブリュッケ)
(吉良　智子)

だいとうあせんそう　大東亜戦争　対米英開戦直後の一九四一年十二月十日、大本営政府連絡会議はこの戦争を「支那事変をも含め大東亜戦争と称す」と決定し、十二日の閣議で承認された。「支那事変(日中戦争)をも含め」という文言は、真珠湾攻撃以後の中国戦線を含めるという意味に解されることが多いが、内閣の見解では盧溝橋事件以降の「支那事変」が含まれる。同日の内閣情報局発表によれば、この呼称は戦争地域を指すのではなく、「大東亜新秩序建設を目標とする戦争なることを意味する」とされた。敗戦後の一九四五年十二月十五日、連合国軍最高司令官総司令部は、いわゆる「神道指令」の中で公式文書に「大東亜戦争」を用いることを禁止した。占領終結後の使用例としては林房雄『大東亜戦争肯定論』が有名だが、竹内好や信夫清三郎も、侵略ではあるがアジアに主体的に関与したことを示すものとして敢えて「大東亜戦争」を使用し、現在でもアジア研究やアジア主義研究の分野でこれを引き継ぐ議論がある。しかし、一般には戦争正当化の含意があると見なされ、使用例は少数にとどまる。

参考文献 太田弘毅「「大東亜戦争」呼称決定について」(『軍事史学』一三ノ三、一九七七)、庄司潤一郎「日本における戦争呼称に関する問題の一考察」(『防衛研究所紀要』一三ノ三、二〇一一)
(森　茂樹)

だいとうあせんそうこうていろん　大東亜戦争肯定論　林房雄(一九〇三—七五)が一九六四年に刊行した著書のタイトル。林は幕末・維新期からアジア・太平洋戦争の敗戦までを「東亜百年戦争」と呼び、その性格について欧米列強の支配からの解放戦争であったと正当化した。また極東国際軍事裁判を戦勝者の敗戦者に対する復讐であるとして否定した。刊行の背景には高度経済成長を経験した日本社会において自国史認識や戦争認識を問い直そうとする動きが存在していた。今日では著書のタイトルだけでなく、日本の近現代史における戦争や植民地支配について、日本だけが悪いことをしたのではない、植民地支配にはよい面もあった、日本の戦争のおかげでアジアは独立できた、アジア・太平洋戦争はやむをえず戦った自衛戦争であるなどの自国中心的な戦争認識、アジアに対する優越意識を伴った歴史認識までを指すことも少なくなく、右派言説のなかでステレオタイプ化され歴史修正主義を支える歴史観の一つになっている。

(齋藤　一晴)

参考文献　林房雄『大東亜戦争肯定論』(一九六四、番町書房)、吉田裕『日本人の戦争観―戦後史のなかの変容―』(『岩波現代文庫』、二〇〇五、岩波書店)

だいとうあぶんがくしゃたいかい　大東亜文学者大会　「大東亜共栄圏」内の文学者の親善を名目に、戦争協力の推進を目的に開かれた会。日本文学報国会が母体となり一九四二年十一月に東京・大阪、四三年八月に東京、四四年十一月には中日文化協会の主催により南京で、計三回開催された。議題は第一回が「大東亜戦争の目的遂行のための共栄圏内文学者の協力方法」「大東亜文学の建設」、第二回が「決戦精神の昂揚、米英文化撃滅、共栄圏文化確立、その理念と実践方法」というもので、第三回は特に「決戦会議」として開かれた。台湾(第一・二回)、朝鮮を含む日本側に満洲、蒙古、汪兆銘政権の中華民国の代表が加わり、第一回からそれぞれ七十八名、百二十五名、六十八名が参加した。議題の討論に合わせて大東亜文学賞の制定が第一回で提案され、第二・三回で授与された。当初は東南アジア各国からの代表の招集も見込まれたが果たせなかった。また、竹内好、武田泰淳らの中国文学研究会はこの大会への参加を拒んだ。→日本文学報国会

第二回大東亜文学者大会

(坪井　秀人)

参考文献　尾崎秀樹『近代文学の傷痕―旧植民地文学論―』(『同時代ライブラリー』、一九九一、岩波書店)

だいとうじゅく　大東塾　一九三九年四月三日、影山正治らによって創設された国家主義団体。塾長影山正治。創設時の塾監は徳田惣一郎、藤村又彦、摺建一甫(本名は甫)、白井為雄。顧問に井田磐楠、小林順一郎、吉田益三、前田虎雄、梅津勘兵衛、倉田百三、田尻隼人、永井了吉、八幡博堂、鈴木善一。三六年二月十一日に開設された維新寮(代表影山正治)が母体となり、発展的に解消されて成立した団体であり、大東塾は神兵隊事件関係者の内部分裂によって生まれた「非告り直し組」(前田、影山ら)が中心となっている。「塾誓」によれば、大東塾の「大東」とは「大統世界」「大東洋連盟」「大東国日本」のことであり、塾はこれらの実現をめざし、中国大陸の第一線にたって活躍できる青年志士の養成を目的としていた。在塾期間は原則一年間であり、卒業生は協和会、新民会、現地特務機関や民間機関等へ推薦された。塾長影山正治は国学院大学予科に入学し、大学内に日本主義芸術研究会を設立したように、神道、国学、和歌への造詣が深く、塾での訓育でもミソギ、神拝、作歌が重視された。塾は四一年短歌維新の会を設立し、機関誌『ひむがし』を発行した。大東塾の活動は、単なる青年教育にとどまらず、多くの直接行動となって現れた。たとえば四〇年、前田、影山らを中心に、重臣を暗殺し、皇族内閣の実現、政党の解散、自由主義的新聞・雑誌の禁止、天皇機関説信奉者の逮捕、カトリックなどの解散等を要求する計画がなされたが、事前に検挙された七・五事件、塾長影山と塾監長谷川幸男が逮捕された東条英機内閣批判文書事件、四三年、塾生野村辰夫による近藤寿一郎豊橋市長および中河与一に対する傷害事件、四五年、影山庄平塾長代行ら十四名による集団割腹自殺事件など枚挙に暇がない。四六年一月、超国家主義団体として解散を命じられたが、代々木農園などに形を変え、存続し、五四年四月三日再建。

(昆野　伸幸)

参考文献　大東塾三十年史編纂委員会編『大東塾三十年史』(一九七三、大東塾出版部)、『影山正治全集』(一九八九-九三、影山正治全集刊行会)

だいどうたんこう　大同炭鉱　一九四〇(成紀七三五)年一月、山西省大同付近の石炭を採掘するために蒙疆連合委員会、満鉄、北支那開発株式会社が各二千万円、一千万円、一千万円、合計四千万円(払込は半額)を出資して設立した特殊会社(四三年に一億二千万円に増資。本社は張家口)。正式名称は大同炭礦股份有限公司。大同周辺では一〇年代後半から石炭採掘の動きが活発になっていた。二二年に保晋公司(保晋坑)、二八―三〇年に山西省晋北鉱務局(永定荘坑、媒峪口坑)が近代的な操業を本格化させ、三六年の採炭量は五四万二〇〇〇トン(保晋坑推定一四万トン、永定荘二六万五〇〇〇トン、媒峪口坑一三万七〇〇〇トン)に達した。三七年に日中戦争が始まり、同年十月に日本軍が大同を占領すると、これらの炭坑は蒙疆連合委

員会産業部の管理下に置かれ、三八年二月から特殊会社の設立までは満鉄が仮経営を委託された。一九四二年、四三年の採掘高は二五一万七〇〇〇トン、二二七万二〇〇〇トンであった。

参考文献 大同炭礦『大同炭礦概要』(一九三九)、柴田善雅「蒙疆における企業活動」(内田知行・柴田善雅編『日本の蒙疆占領 一九三七～一九四五』所収、二〇〇七、研文出版)、解学詩主編『華北交通与山東、大同媒礦』(『満鉄档案史料匯編』一二、二〇一一、社会科学文献出版社、北京) (松本 俊郎)

だいにじシャンハイじへん　第二次上海事変 日中戦争の全面化の直接的契機となった上海での日中両軍の軍事衝突であり、一九三二年一月に起こった第一次上海事変に次ぐ上海での戦争である。三七年八月九日の日本海軍陸戦隊の大山勇夫中尉射殺事件を契機として、第一次近衛内閣は十三日、上海に内地二個師団を上海派遣軍として動員することを決定した。十四日に日中両軍により戦端が開かれたが、中国側も近代装備の精鋭六師団を投入して応戦し、一進一退の攻防が続いた。日本海軍は航空母艦を出動させて上海方面の制空権を握り、海軍航空隊が上海とともに南京まで爆撃した。これらは市民への無差別爆撃となったので国際的非難が強まり、蔣介石軍の抗戦意識も高まった。日本陸軍は当初第三、第十一師団を投入したが勝機を見いだせなかった。近衛内閣は八月二十四日に、新たに八個師団の動員および動員準備を閣議で決定した。第十六・百一・百八・百九師団が直ちに動員され、第九・十三・十八師団も相ついで上海に派遣された。参謀本部は戦線の膠着状態を打破するため、十月二十日に北支那方面軍の第六師団などを転用して第十軍を編成することを命令し、杭州湾に上陸させた。合計九個師団の大兵力を動員する本格的戦争になった。日本軍は十一月初旬までに四万人以上の戦死傷者を出すなど苦戦を強いられたので、第十軍と上海派遣軍を統括する中支那方面軍司令部を十一月七日に設置し、蘇州・嘉興までを戦闘地域とした。十一月下旬になると、中国軍は一気に後退した。第十軍は予定した蘇州や嘉興まで占領し、そのまま南京まで中国軍を追撃したいと具申した。中支那方面軍も、蔣介石政権打倒のためには首都南京を占領し、中国各地に地方政権を作るべきだと陸軍中央部に求めた。十一月十八日の大本営令によって設置されていた大本営は、十二月一日にこれに同意し、南京攻略作戦が着手された。

第二次上海事変戦地跡に建つ上海淞滬抗戦祈念館(2006年撮影)

参考文献 歴史学研究会編『太平洋戦争史』三(一九七一、青木書店) (芳井 研一)

だいにじせかいたいせん　第二次世界大戦 一九三七年七月に始まったアジアでの戦争(日中戦争)と三九年九月に始まったヨーロッパでの戦争が四一年十二月の日本によるイギリス、アメリカに対する攻撃で結びついて展開した戦争で、四五年八月における日本の降伏までつづいた。普通、三九年九月一日に始まったとされるが、これはあくまでもヨーロッパでの戦争開始日である。

第二次世界大戦　ポーランドに侵攻するドイツ軍

第二次世界大戦の種は、第一次世界大戦の戦後処理の過程でまかれた。一方的に戦争責任を負わせられた敗戦国ドイツでは、戦後体制への不満がつのりアドルフ＝ヒトラーが率いるナチ党などの批判勢力が台頭した。また戦勝国となったイタリアや日本でも、英米が主導して作り上げられた戦後体制への批判が強く存在した。こうした国ぐにの現状打破姿勢は世界恐慌によってさらにあおられ、三一年九月の日本による満洲事変で新たな戦争への幕が切って落とされた。日本につづいてイタリアは三五年十月にエチオピア侵略に乗り出し、またドイツはオーストリア(三八年三月併合)やチェコスロヴァキア(三九年三月解体・併合)に触手を伸ばした。三国は、ベルリン・ローマ枢軸(三六年十月)、日独防共協定(三六年十一月、イタリアが三七年十一月に加入)を成立させて相互の関係を深めていった。

三七年七月七日の盧溝橋事件をきっかけに始まったアジアでの戦争が長引くなかで、三九年九月一日にドイツがポーランドに侵攻したことに対し、イギリスやフランスが宣戦布告してヨーロッパでの戦争も始まったが、この戦争は当初ドイツと英仏の間で実際の戦闘状況がみられない「奇妙な戦争」という様相を呈した後、四〇年四月からのドイツの戦闘活動活発化によって本格化した。六月にフランスがドイツに降伏してからは、イギリスがドイツの攻勢を単独で受け止めるという状態が長くつづいたが、ドイツが、三九年八月に結んでいた独ソ不可侵条約を破って四一年六月にソ連と開戦したことにより、戦線は一気に広がった。

こうした状況のもと、日本は四一年になって開始していたアメリカとの間の交渉など外交交渉による日中戦争の収拾でなく、ヨーロッパにおけるドイツの勝利の可能性にかける形で英米との戦争の方向を選び、十二月八日(米時間七日)、英領マレー半島のコタバルへの上陸作戦とハワイの真珠湾への空からの奇襲攻撃で戦争(アジア・太平洋戦争)を開始した。これによってアメリカもついに参戦国となった。アジア・太平洋戦争は、当初日本の優位のうちに展開したが、ミッドウェー海戦やガダルカナルの戦で日本側が敗れたことなどで形勢が逆転していった。同様の事態は、北アフリカ作戦やスターリングラードの戦で英・米・ソ連などの連合国側が勝利をおさめたヨーロッパの戦争でもみられ、四三年九月にはイタリアが降伏した。しかし戦争はさらに二年近く継続し、四五年五月八日のドイツ降伏に三ヵ月以上遅れて八月十五日に日本が降伏決定を公表することによって(降伏文書の調印は九月二日)、ようやく終結した。

この戦争は第一次世界大戦と同じく総力戦の様相を呈し、その基盤破壊を目的とした大規模な都市爆撃が両陣営によって繰り返し行われた。アメリカによる広島、長崎への原爆投下はその最も極端な例である。また戦争の過程では、ユダヤ人やロマ(いわゆるジプシー)などを対象としたジェノサイドをナチス＝ドイツが行い、日本が三光作戦で中国民衆を殺戮するなど、きわめて多くの民間人も命を失っていった。この大戦での民間人の犠牲の規模は前大戦をはるかにこえ、死者の数は、控えめな推定によっても、軍人千五百万人に対し民間人三千八百万人にのぼった。→アジア・太平洋戦争 →日中戦争

参考文献 歴史学研究会編『戦争と民衆―第二次世界大戦―』(『講座世界史』八、一九九六、東京大学出版会)、木畑洋一『第二次世界大戦―現代世界への転換点―』(『歴史文化ライブラリー』、二〇〇一、吉川弘文館) (木畑 洋一)

だいにそうぐん　第二総軍 ⇨航空総軍

たいにちきんゆもんだい　対日禁輸問題 一九三七―四一年にかけて、資源小国である日本の侵略戦争をやめさせようと、主要資源の最大の供給国だったアメリカが執った措置。逆に日本をさらなる戦争に駆り立てるとの反対も根強く、段階的に進められたが、日米開戦の直接的な原因となった。三七年の日中戦争の全面化により米国内で対日経済制裁の世論が形成されていく。三八年六月、アメリカは対日禁輸を可能とするため日米通商航海条約の廃棄を通告(四〇年一月失効)した。三九年七月、兵器関係の「道義的禁輸」が開始された。四〇年春、欧州のドイツの電撃的勝利に伴い、アメリカは七月二十六日、石油、屑鉄・鋼などを輸出統制品目に加え、航空機用ガソリン(八七オクタン以上)を禁輸とし、九月二十六日には屑鉄を禁輸した。四一年七月、日本の南部仏印進駐に際し、アメリカは在米日本資産の凍結を宣言(二十五日)、イギリス(二十六日)、蘭印(二十七日)も続く。八月以降、日本は資源入手の途を断たれ、窮地に追い込まれた。→在米日本資産凍結令 →日米通商航海条約廃棄通告 (森山 優)

たいにちけいざいせいさい　対日経済制裁 日中戦争の長期化に伴い、日米関係は悪化し、アメリカは日米通商条約の廃棄通告(一九三九年七月)に始まり、日本の北部仏領インドシナ進駐、日独伊三国同盟調印に対応して輸出許可制品目(事実上の輸出禁止)をつぎつぎに拡大していった。また、イギリスおよび同自治領、英領植民地も軍需品、石油、屑鉄などの輸出許可制の措置をとった。日本が南部仏領インドシナに進駐した後にはこれら諸国に加えてオランダおよび蘭領インドがいっせいに対日資産凍結に踏切り(四一年七月)、日本はついに第三国との貿易が不可能になった。蘭領インドとは、三九年以来、いわゆる日蘭会商が行われていたが、締結されていた石油協定、金融協定も停止されるに至った。当時のジャーナリズムではこれら諸国の頭文字をとってABCD包囲陣と称した。→ABCD包囲陣 →日米通商航海条約廃棄通告 →日蘭会商

参考文献 大蔵省昭和財政史編集室編『昭和財政史』一三(一九六三、東洋経済新報社)、原朗『日本戦時経済研究』(二〇一三、東京大学出版会) (白木沢旭児)

たいにちりじかい　対日理事会 日本占領管理機構の一つで、連合国軍最高司令官(SCAP)の諮問機関。Allied Council for Japan。一九四五年十二月、モスクワでの米英ソ三国外相会議で対日理事会(ACJ)の東京設置を合意。中国を加えた四大国代表からなる。任務はSCAPと重要事項を協議し助言を与えることである。SCAPが米国代表兼議長だったがマッカーサーはSCAPを拘束する占領管理機関に反対で、四六年四月の第一回会議でACJが助言機関にすぎないと強弁し、以後、代理者を立てて出席しなかった。会議は毎月二回定期的にもたれ、五二年四月、対日講和条約発効前の百六十四回をもって廃止。占領初期にはACJで食糧・賠償など重要問題が協議された。四六年六月に決定された農地改革案が第二次改革として実施され、また公職追放問題でも積極的な政策的提言を行なった。四八年以降、議題なく即時

閉会も多く、また占領政策の転換、米ソ対立の激化によるソ連の退場、出席ボイコット、米ソの応酬など実質的に開店休業状態となった。

参考文献　外務省編『初期対日占領政策―朝海浩一郎報告書―』(一九七八―七九、毎日新聞社)、豊下楢彦『日本占領管理体制の成立―比較占領史序説―』(一九九二、岩波書店)　（荒　敬）

だいにっぽんいくえいかい　大日本育英会　決戦体制下、国家的育英奨学金制度創設の理念により創立。一九四三年十月十八日、財団法人大日本育英会として創立(会長永井柳太郎)、翌四四年二月大日本育英会法が公布され、特殊法人大日本育英会設立となる。四二年二月、国民教育振興議員連盟(衆議院議員の三分の二)の「大東亜教育体制確立に関する建議」案が第七十九議会において可決され、「国民教育普遍化に対する方策の樹立―興亜育英金庫制度創設」が政府に建議された。趣旨説明を行なった議員連盟会長の永井柳太郎は、大東亜共栄圏全域に送り出すべき厖大で優秀な指導者を養成するためには、国民の有能な能力があって経済力が伴わない者に教育の機会均等の提供が急務である、と説いた。四三年六月二十五日、「学徒戦時動員体制確立要綱」が閣議決定され、卒業中止で敗戦まで約三百万人の学徒動員が始まる。十月二日に学徒徴兵猶予停止が決まり、十月二十一日には、神宮外苑競技場で学徒出陣壮行会が挙行され、文科系学生は十二月に一斉に入隊する。大挙学業から離れる、そうした情勢の中での大日本育英会の設立であった。奨学金は給付制も検討されたが、貸与制で無利子となった。奨学生は、中等学校、専門学校、高校および予科、大学である。人数および貸与額は以下の通り。四三年は、奨学生数は千七百七十三人(内女子二十五人)、奨学金貸与額は二百二十八万三千七百二十円。四四年は、五千七百四十四人(女子二百七十八人)、二百五十九万二千七百三十一円。四五年は、六千七百八十一人(女子九百三十七人)、三百九十一万五千五百三十円。四六年は、一万五百三十三人(女子千七百四十八人)、九百七十万五千九百円、であった。四五年八月まで、学徒勤労動員や学童疎開実施、勤労動員学徒の報奨金と奨学金の関係、被災者が学資負担者の場合の救済措置、さらに本部事務所の被災と類焼など、さまざまな問題と困難に対処しなければならなかった。戦後の五三年、日本育英会に改称した。

参考文献　『日本育英会年表　昭和一六年～平成三年度』(一九九一)、『日本育英会五十年史』(一九九三)　（佐藤　広美）

だいにっぽんえいがきょうかい　大日本映画協会　一九三五年十一月に設立された官民合同の財団法人(会長斎藤実)。三三年二月の「映画国策樹立に関する建議案」可決に伴い、翌年三月に設置された映画統制委員会により設立された。設立目的は映画行政の円滑な実施と映画事業の改善発達、娯楽映画の健全な発達促進、映画観覧による悪影響の排除、日本映画の海外輸出などであり、その後の映画統制政策において官庁と映画事業者との意見交換の場として機能した。四三年八月情報局より改組案が提示され、翌年一月社団法人に改組(会長後藤文夫)、映画会社や関連団体・企業からの賦課金を基に、内務省から事前検閲、情報局から企画指導・生フィルム特配制度事務・興行指導など映画行政の実務が委譲されたことにより、強力な統制団体的性格が付与された。しかし同年秋から関連団体の合同が検討され、四五年六月、映画配給社との統合により映画公社が設立された。

参考文献　『財団法人大日本映画協会と其の事業』(一九三五、大日本映画協会)、加藤厚子『総動員体制と映画』(二〇〇三、新曜社)　（加藤　厚子）

だいにっぽんがくとたいいくしんこうかい　大日本学徒体育振興会　学生・生徒の課外におけるスポーツおよび体育訓練の統轄を主たる目的として、一九四一年十二月に設立された文部省の外郭団体。文部大臣を会長、文部省体育局長を理事長に据え、既存の関連団体を漸次包摂していくとともに、翌四二年には、新たに設立された大日本体育会および大日本武徳会の内部組織となった。従来の学生競技団体に代わるべきものとして、野球やスキーなど計二十五の種目別専門部を置き、また、地方支部を設置して、全国および地方レベルの競技大会を統轄した。四三年三月の「戦時学徒体育訓練実施要綱」以降は、同要綱に則って目標を戦力増強にシフトさせ、各種大会についても、戦力増強に直結する種目に限定するとともに交通機関を利用しない府県大会や地方大会に限定した。男子には戦場に必要な運動能力、女子には良妻賢母、生産能力、防空活動のための体育訓練に重点を置いた。戦後、四七年三月に大日本体育会の学生部に編入された。

参考文献　『日本体育協会五十年史』(一九六三)、中村民雄編『大日本武徳会研究資料集成』八(二〇一〇、島津書房)　（坂上　康博）

だいにっぽんかじんきょうかい　大日本歌人協会　歌壇の文化団体。多数の歌人を糾合して一九三六年十一月二十七日に結成。理事に北原白秋・土岐善麿・石榑千亦・臼井大翼・川田順・土屋文明・松村英一・前田夕暮・吉植庄亮・依田秋圃・尾山篤二郎・折口信夫らが就任し、名誉会員に太田水穂・金子薫園・窪田空穂・佐佐木信綱・与謝野晶子・尾上柴舟らが選ばれた。事業として協会賞の選定のほか、「昭和十二年度版」を一巻目とする年刊歌集(改造社刊)や『支那事変歌集』戦地篇(三八年、改造社)・銃後篇(四一年、大日本歌人協会)、『紀元二千六百年奉祝歌集』(四〇年、大日本歌人協会)を刊行した。このうち『支那事変歌集』は支那事変(日中戦争)勃発以後の従軍兵士から一般市民までの歌作を幅広く選定収録したもので、規模・内容ともに代表的な戦争短歌のアンソロジーとなった。団体内の自由主義的傾向を太田・吉植らが批判したことが契機となって内部対立が深まり、協会は四〇年十一月に解散、右歌集「銃後篇」の編纂が最後の事業となった。

参考文献 冷水茂太『大日本歌人協会』(一九六五、短歌新聞社) (坪井 秀人)

だいにっぽんげんろんほうこくかい 大日本言論報国会 アジア・太平洋戦争下で、評論家の日本主義的な思想統一をめざした団体。公式上は日本評論家協会の後継団体だったが、情報局の強い指導のもとに、日本的世界観へ帰一して国内外の思想戦を遂行するための団体として一九四二年十二月に設立された。機関誌は『言論報国』で、ほかに『思想戦大学講座』などのパンフレットを刊行している。会員は約九百名、入会の審査で清沢洌・馬場恒吾などの自由主義ジャーナリストを排除する一方で、無名のマス＝メディア関係者を数多く入会させている。会長は徳富蘇峰、事務局長鹿子木員信で、常任理事には井沢弘、野村重臣らの、軍や奥村喜和男情報局次長と結びつきのある日本主義者が就任した。元の日本評論家協会系で唯一の常任理事だった津久井龍雄は、創立から八ヵ月で辞任している。初期の四三年三月には、新聞社の後援を得て全国二十二会場で米英撃滅思想戦大講演会を開催し、同時に開催地での国策遂行上の課題を調査し、同年六月から八月にかけては国民運動団体の中堅指導者を対象に思想戦大学講座を全国七ヵ所で開いている。このころは内外の思想戦の方針策定のための委員会活動も活発だった。しかし四三年九月から政府が言論取り締まりを強化するのに合わせて、国内の敵性思想を批判する国内思想戦に力点が置かれるようになり、京都学派の抑圧や総合雑誌への圧迫に荷担するなど、会内部での排撃が強まるようになる。会が基盤としていた新聞社との関係も悪化する。四四年七月、小磯内閣の成立とともに会も従来方針を修正するが、四五年一月会長徳富蘇峰の提案で、陸海軍の統一を唱えた建白書の提出を理事会は決める。これは陸軍の一部のクーデター計画に結びつくものであった。会は敗戦と同時に解散するが、その後占領軍から超国家主義団体として解散命令が出され、ほとんどの理事は公職追放された。 →日本評論家協会

参考文献 赤澤史朗「大日本言論報国会―評論界と思想戦―」(赤澤史朗・北河賢三編『文化とファシズム―戦時期日本における文化の光芒―』所収、一九九三、日本経済評論社) (赤澤 史朗)

だいにっぽんこうあどうめい 大日本興亜同盟 大政翼賛会の主導により、興亜運動を行う国内諸団体の統合を目指して結成された団体。一九四〇年十一月三十日の日満華共同宣言に基づいて、乱立する国内の興亜運動の統合を模索していた政府は、翌四一年一月十四日、国内の興亜運動の諸団体を統合して大政翼賛会の指導下に置くことを閣議決定したが、ここでは石原莞爾らの東亜連盟協会のごとき国家連合体を目指す動きは排除された。同年六月十日には「興亜運動の統一強化に関する要綱」を閣議決定、七月六日に興亜運動諸団体の連合体として大日本興亜同盟が結成された。初代総裁は大政翼賛会会長の近衛文麿が兼務した。四二年三月末、「運動をより強力に展開するため」に組織改編を行い、五月七日には新総裁に林銑十郎が、高橋三吉・松井石根らが副総裁に就任した。四三年五月二十六日、大政翼賛会興亜局の廃止に代わる興亜総本部の発足に際し、大日本興亜同盟は発展的解消をとげ、興亜総本部の中に吸収された。

参考文献 翼賛運動史刊行会『翼賛国民運動史』(一九五四)、太田弘毅「興亜運動の統制化―大日本興亜同盟から大政翼賛会興亜総本部まで―」(『政治経済史学』二〇六、一九八三) (塩出 環)

だいにっぽんこうどうかい 大日本皇道会 一九四二年七月一日、赤尾敏が建国会を改称して発足した思想結社。建国会は二六年二月十一日に会長上杉慎吉、理事長赤尾、書記長津久井龍雄といった顔ぶれで成立した国家主義的政治結社であるが、過激な活動を嫌った顧問の永田秀次郎や丸山鶴吉らが相ついで脱会し、二九年上杉の死去、津久井の脱会も重なり、会勢は衰退するものの、赤尾中心に再建された。赤尾の頻繁な検挙もあり、活動も低調だったが、四〇年近衛新党運動に反対、大政翼賛会にも批判的態度をとる。四二年四月、翼賛選挙において東京六区から立候補し当選した赤尾は、五月翼賛政治会への参加のため建国会の解散、思想結社への改組を行い、それを踏まえて大日本皇道会は成立。元皇道会の機関誌『皇道』を平野力三から譲り受けて機関誌とする。四三年推薦制選挙、戦時刑事特別法改正案に反対。四四年以降は国民への米の増配や首相による禊祓実施などを建白。

参考文献 公安調査庁『戦前における右翼団体の状況』下その一(一九六五、公安調査庁)、赤尾敏『憂国のドン・キホーテ』(一九八三、山手書房)、猪野健治『評伝・赤尾敏―叛骨の過激人間―』(一九九一、オール出版) (昆野 伸幸)

だいにっぽんこくすいかい 大日本国粋会 一九一九年十月十日、関西の顔役で土木請負業者の西村伊三郎の提唱により、関東の顔役梅津勘兵衛、倉持直吉、榎本政吉、河合徳三郎らを中心に創立された侠客の団体。会の名称および綱領は杉浦重剛によるもの。「我国古来の温情主義による労資間の美風良俗」の衰退を改善するために、皇室中心主義を掲げて創立された団体であり、社会主義への敵視が根強い。機関誌『国粋之日本』発行。二〇年八幡製鉄所のストライキに介入したほか、各地の労働争議に関与。二二年総裁大木遠吉、会長村野常右衛門、副会長高橋光威という役員改組に反発し、同年関東本部は大日本国粋会から独立し、三〇年関東国粋会と改称。大日本国粋会は関西本部を中心に活動し、二四年奈良県柏原の水平社と衝突。二八年富山県下における電灯料値下争議に関わって以降は活動が沈滞。三三年荒木貞夫陸相の援助のもと役員を刷新するも会勢挽回には至らなかった。

参考文献 馬場義続「我国に於ける最近の国家主義乃至国家社会主義運動に就て」(『司法研究』一九ノ一〇、一九三五)、福家崇洋『戦間期日本の社会思想―「超国家」

へのフロンティア―』(二〇一〇、人文書院)

（昆野　伸幸）

だいにっぽんこくぼうふじんかい　大日本国防婦人会　アジア・太平洋戦争期の軍事援護と国防の女性団体。満洲事変勃発後の一九三二年三月、大阪港から出発する出征兵士へ白いカッポウ着で湯茶の接待を行なった安田せい・三谷英子らの行動を機に、大阪国防婦人会が結成された。国防献金や千人針で支持を得た安田らは、全国組織をめざして六月上京し、陸軍省に指導援助を願い出た。軍部では内務省管下の愛国婦人会、文部省管下の大日本連合婦人会との関係を顧慮したが、軍部の意向を忠実に体現する女性団体として、さらには下からの「素朴な愛国心」の発露として、同年十月二十四日陸海軍関係者臨席のもとに、大日本国防婦人会を創立した。以後、庶民女性を象徴するような白いカッポウ着にタスキ掛けをトレードマークに、全国各地に支部が結成されていく。三四年四月には会員数は五十五万人となり、四月十日には総本部発会式が行われ、会長には陸軍大将武藤信義の妻能婦子が就任した。この過程で国婦は単なる軍事援護団体から、総力戦体制を下から担う国防団体となった。対象は十六歳以上の女性として、主婦のみでなく工場や企業で働く若い女性の組織化をも目指した。日中戦争開始後の三七年七月には、「国民皆兵の精神に立脚し、婦人護国の大義を目標として」と檄を飛ばして、農村にも分会を組織していった。この年十二月には会員数六百八十五万人になっていた。戦争の激化とともに、大量の出征兵士、大量の戦死者があり、そのつど送迎、慰問、市町村葬への参加など人手が必要となると、地域では愛婦と国婦による競争・取り合いが発生し、女性たちを悩ませることになった。四〇年十月大政翼賛会が結成され、その年末の臨時中央協力会議で「婦人団体一元化」が建議され、翌四一年の閣議決定を経て、四二年二月国婦、愛婦、連婦三団体が統合し大日本婦人会が発足、大日本国防婦人会は解散した。この時点で会員数は九百二十五万人に達していたといわれる。

大日本国防婦人会　野外
共同炊事の講習(大阪市)

参考文献　千野陽一「(解題)愛国・国防婦人運動の軌跡」(『愛国・国防婦人運動資料集』別冊所収、一九九六、日本図書センター)、藤井忠俊『国防婦人会―日の丸とカッポウ着―』(『岩波新書』、一九八五、岩波書店)、麹谷美規子『戦争を生きた女たち―証言・国防婦人会―』(一九八五、ミネルヴァ書房)、

（折井美耶子）

だいにっぽんさんぎょうほうこくかい　大日本産業報国会　一九四〇年に創立された「労資一体」の官製組織であり、全国的な労働力統括を担った。財団法人協調会は三八年三月に「労資関係調整方策要綱」を決定し、各事業場への産業報国会の設置や中央組織である産業報国連盟の設置を政府・労資団体に働きかけていく。三八年七月三十日には、全国最初の産業報国会である石川島自彊会が結成され、産業報国連盟も同日に発足した。産業報国運動の推進者であった厚生省・内務省は、幾度も産業報国会結成のための通牒を発し、警察は労働組合に対して解散するよう圧力をかけた。この結果、事業所・地域・府県単位での組織づくりが急速に進んだ。四〇年に入ると大政翼賛会を中心に進められた新体制確立運動に対処するため、産業報国運動の機構整備の検討が進み、同年十一月二十三日に中央本部として大日本産業報国会が創設された(産業報国連盟は十二月六日に解散)。従来の道府県産業報国連合会や地域別連合会は、道府県産業報国会と同支部に改組され、中央本部・道府県産業報国会・支部・単位産報のピラミッド構造による労働力統括体制ができあがった。四一年八月には、単位産報の生産部隊化や職場末端における五人組の創設が実施され、生産力増強や生産意欲向上が強制された。その後も、戦局悪化のなか組織改革が幾度もなされたが、組織は混乱の度を増し、統制・機能の著しい低下に直面した。大日本産業報国会は敗戦後の四五年九月三十日に解散した。

大日本産業報国会創立大会

参考文献　労働省編『労働行政史』一(一九六一、労働法令協会)、佐口和郎『日本における産業民主主義の前提―労使懇談制度から産業報国会へ―』(『東京大学産業経済研究叢書』、一九九一、東京大学出版会)、法政大学大原社会問題研究所編『日本の労働組合一〇〇年』(一九九九、旬報社)、桜林誠『産業報国会の組織と機能』(一九八五、御茶

の水書房）　（杉山　裕）

だいにっぽんしゃげききょうかい　大日本射撃協会　射撃を統轄する全国的組織。スポーツ競技としての射撃は、一九二四年に開催された第一回関東大学専門学校射撃大会以降、学生やＯＢを中心に普及し、三七年四月には大日本射撃協会が設立された。同協会は、大日本体育協会の加盟団体となり、四〇年開催予定であったオリンピック東京大会に向けて準備を進め、国際射撃連合にも加盟した。こうしたスポーツ団体としての協会の性格は、アジア・太平洋戦争下で一変する。四二年二月、大日本射撃協会は、陸・海・内務・厚生・文部の五省の後援による財団法人として再編され、さらに大日本武徳会の包摂団体となり、軍隊的な射撃や訓練を主体とするようになるのである。理事長に就任した陸軍中将村井俊雄は、大日本武徳会の射撃道部会長を兼務した。戦後、四九年九月に日本射撃協会が再建され、五一年五月には日本体育協会に加盟し、同年十二月には国際射撃連合に復帰した。

参考文献　『日本体育協会五十年史』（一九六三）、坂上康博「武道界の戦時体制化─武道綜合団体「大日本武徳会」の成立─」（坂上康博・高岡裕之編『幻の東京オリンピックとその時代─戦時期のスポーツ・都市・身体─』所収、二〇〇九、青弓社）　（坂上　康博）

だいにっぽんせいじかい　大日本政治会　アジア・太平洋戦争期の政事結社。一九四五年三月の翼賛政治会の解散後、二大政党（旧政友会・民政党）系の主流派が主導する形で結成した。総裁は南次郎元朝鮮総督（陸軍大将）、総務会長に金光庸夫、幹事長に松村謙三、政務調査会長に勝田永吉（のち東郷実）が就いた。翼賛政治会以来の懸案であった地方支部については、陸軍が戦局の悪化による国内混乱の抑制策として容認に傾いたため設置を実現させた。大政翼賛会と翼賛壮年団を再編して結成されることとなった国民義勇隊については、総司令部を同会に置くよう希望したものの内務省や陸軍に抵抗され、包摂に失敗した。同会は基本的に早期講和を指向していたが、四五年六月の八十七議会では、国家総動員法以上に広範な授権立法である戦時緊急措置法、国土が戦場となった場合に国民義勇隊が国民義勇戦闘隊に転換するための義勇兵役法を成立させるなど、本土決戦の準備を整えていった。戦時緊急措置法案の審議においては、同法案と憲法第三一条（非常大権）の関係を追及して戦時緊急措置委員会（委員は貴衆両院議員）を報告機関から諮問機関に強化することを政府に認めさせた。さらに同年六月に内閣各省行政委員が設置されると多数の会員を委員に就任させた。この行政委員の活動の一例として軍需省の「勤労行政推進査察」がある。これは野田武夫政務次官、三木武夫参与官、松村光三・向山均・松永東各行政委員を班長、民間人を随員とする査察班を編成し、全国各地区の軍需管理局、鉱山局、府県庁、軍需工場、事業場を査察するものであった。このように同会は、行政委員による査察の実施をとおして政府の政策評価にコミットする機能を拡充していった。敗戦後の四五年九月に解散。同会の議員たちは日本進歩党、日本自由党、日本社会党の結成に向かっていった。→翼賛政治会

参考文献　粟屋憲太郎『昭和の政党』（『昭和の歴史』六、一九八八、小学館）、古川隆久『戦時議会』（『日本歴史叢書』、二〇〇一、吉川弘文館）、官田光史「「超非常時」の憲法と議会─戦時緊急措置法の成立過程─」（『史学雑誌』一一六ノ四、二〇〇七）　（官田　光史）

だいにっぽんせいしょうねんだん　大日本青少年団　第二次近衛内閣期の大政翼賛運動のなかで、従来の男女青少年団体を統合してつくられた組織。一九四一年結成。団長は文部大臣の橋田邦彦。従来の有力な青年団体であった大日本連合青年団は、三九年に大日本青年団へと改組改称していたが、国内諸機関の改革・刷新および高度国防国家体制への移行を推進していた政府、文部省および関係諸団体は、青少年団体のさらなる一元的統合が必要と考えた。そこで生まれたのが大日本青少年団である。大日本青年団に加え、大日本連合女子青年団、大日本少年団連盟および帝国少年団協会の四つが統合された、巨大な団体であった。四一年三月十四日文部省訓令二号「大日本青少年団に関する件」に示された運営の大綱によれば、その目的は「我が国男女青少年の学校外に於ける全生活を教養訓練として具現せしめんとする見地より全青少年を一元的組織の下に結合して皇国の道に則り国家有為の青少年を錬成する」ことであり、青少年教育の根幹とされた青年学校および小学校と不離一体の団体とするため、組織体制は、文部大臣の統轄のもと、地方長官が道府県青少年団の団長を、青年学校または小学校の校長が単位団の団長を担い、指導者として学校職員ほか教育関係者等があたることとされた。青年団員は年齢で区別されており、二十歳以下は普通団員とされたが、これは青年学校教育（本科はおおむね十九歳まで）と徴兵の実情に鑑みたものであるとされる。他方二十一歳から二十五歳の適当の者が、幹部団員すなわち団の年少指導者となることが求められた。経費は国庫および道府県市町村の補助金、寄付金、その利子をもってあてるとされ、主たる活動内容は神祇奉仕、貯蓄奨励運動、軍人援護活動、教養的諸活動、健民運動、国防訓練、勤労奉仕、興亜運動などであった。ただし最終的には、四五年五月戦時教育令施行の際、同日の文部省訓令によって学徒隊へと発展的に解消することとなった。→大日本連合青年団

参考文献　文部省編『学制百年史』記述編（一九七二、帝国地方行政学会）、熊谷辰治郎『大日本青年団史（復刻版）』（一九八九、日本青年館）　（神代　健彦）

だいにっぽんせんじしゅうきょうほうこくかい　大日本戦時宗教報国会　一九四四年九月三十日、政府と表裏一体で文部大臣を会長として設立された、既成宗教団体による戦時宗教教化活動の推進機関。すでに四一年十二月アジア・太平洋戦争の開始とともに、文部省の主導下で

神仏基の既成宗教団体への指導を一元化すべく、宗教団体戦時中央連絡委員会が創設された。同委員会では当初、キリスト教・イスラム教・仏教などを信奉するアジア諸民族向けの宗教工作が、課題として意識されていた。しかしこの課題が四二年四月、大政翼賛会東亜局傘下で新設の興亜宗教同盟に任される中で、宗派・教派の合同と認可問題で翻弄されていた既成宗教団体は推進力を失ってしまう。その後文部省は四四年一月、各既成宗教団体の指導者を組み込んで宗教教化方策委員会を設置し、同年八月に委員会の答申に基づく要綱が閣議決定され、九月に大日本戦時宗教報国会が結成される。結成にあたっては、宗教団体戦時中央連絡委員会や大日本仏教会は発展的に解消されることとなった。この大日本戦時宗教報国会においては、文部省で毎月開かれる中央常会に、神道十三派、仏教二十八派、天主公教会（カトリック教会）、日本基督教団の宗務主任が招集されて、政府の当面の宗教団体への国策協力の施策が指示され、その実行のための方策が決定される。そして毎月の中央常会の決定事項は、直ちに各教派・宗派・教団の都道府県の地方常会に伝達され、さらにその下の住職・教会主管者からなる組常会へ、最後に末端の教徒・壇徒・信徒の常会へと伝えられた。これによって軍用機献納募金、宗教具の金属回収、勤労報国挺身隊への参加などの国策協力活動が、各宗教・教宗派の信仰内容に応じて徹底化される体制が構築されるようになった。同報国会は敗戦後の四五年九月日本宗教会に改組され、さらに翌年日本宗教連盟となった。

参考文献　『中外日報』一九四四年九月二十六日、原誠「戦時下の諸教会—大日本戦時宗教報国会との関わりで—」（『基督教研究』五八ノ二、一九九七）
（赤澤　史朗）

だいにっぽんたいいくかい　大日本体育会　総動員体制の一環として一九四二年四月に設立された国家的体育・スポーツ団体。その準備は、軍官民の関係者からなる国民体育総合団体設立委員会によって進められ、政府の外郭団体として、政府の施策に協力する官民一体の組織とするため、会長には内閣総理大臣、副会長には厚生・文部両大臣、大政翼賛会事務総長が就任した。他方、事務局長には郷隆、総務部長に久富達夫、健民部長に唐沢俊樹、錬成部長には末弘厳太郎が就任し、各種目別競技団体を基礎に二三の部会を設置して、大日本体育協会および加盟団体との連続性を保った。全国民の「基本体力と国防技能」の練磨修得を掲げ、全国壮丁皆泳必成訓練の実施や運動用具の配給等を行う一方、四三年までは野球をのぞく多様な種目の競技大会を開催した。戦後、四六年一月に各部会を解消し、各種目別競技団体に改め、四八年十一月には名称を日本体育協会に改称し、国民体育大会などの事業を展開した。

参考文献　『日本体育協会五十年史』（一九六三）、郷隆追想録編集員会編『郷隆』（一九七五）、高岡裕之「大日本体育会の成立—総力戦体制とスポーツ界—」（坂上康博・高岡裕之編『幻の東京オリンピックとその時代—戦時期のスポーツ・都市・身体—』所収、二〇〇九、青弓社）
（坂上　康博）

だいにっぽんていこくけんぽう　大日本帝国憲法　一八八九年二月十一日に公布され、翌年十一月より施行、一九四七年に失効するまで一度も改正を受けることなく存続し、天皇制国家の運営の枠組みとなった憲法。自由民権運動による憲法制定、議会開設要求の昂揚に対し、明治政府は、民権運動を抑圧する一方、政府の意図通りの憲法を作るべく、徹底した秘密主義で、憲法を制定公布した。憲法起草者たちが憲法に込めたねらいは二つあった。一つは、憲法典に議会の設置や基本的権利・自由を明記することにより近代国家としての基本的体裁を整えることで不平等条約を打破し、独立国として欧米列強に容認されることである。第二のねらいは、後発の近代化国家として上からの近代化を急速に遂行するために、台頭する政党・議会勢力に妨害されずに天皇を中心とした集権的な国家体制を保障することであった。こうした目的を実現するために、憲法は四つの大きな特徴を持っていた。

第一に、憲法は、天皇を中心とする政府が強力な政治を実行できるよう、さまざまな制度を持っていたことである。まず、第一条と四条で天皇が国家統治権を保持し総攬すると定めた。次に、プロイセン憲法にならい十一にわたる大権を列挙し、政府が天皇の名において議会の関与なく行使できる権限を確保していた。帝国議会閉会中に緊急勅令を発する大権（八条）、独立命令を発する大権（九条）、官制大権（一〇条）、統帥大権（一一条）、編制大権（一二条）、宣戦講和の大権（一三条）、戒厳大権（一四条）、非常大権（三一条）などである。また、憲法は、財政に関しても議会の攻勢に対処できるように、憲法上の大権に基づく既定の歳出については議会は減額できないという規定（六七条）や、予算が通らなかった場合に前年度予算を執行する権限（七一条）、議会閉会中に勅令で財政支出を認める財政上の緊急処分（七〇条）など、政府に至れり尽くせりの権限を付与していた。さらに、万一、内閣が政党勢力にとられても、武力行使、戦争遂行など天皇大権が行使できるよう、憲法に「内閣」は規定されず「国務各大臣」の「輔弼」（五五条）が規定された。これら天皇大権、特に統帥大権、編制大権や国務大臣の単独輔弼の制度は、政党勢力の進出を阻止したいという起草者の思惑を越え、後年、軍部が意に沿わない内閣を倒しさらには支配諸勢力の逡巡・反対を押し切って国策を強行する梃子として力を発揮したのである。

第二の特徴は、その裏側になるが、憲法が民選議会の権限と役割を限定づけていたことである。すなわち議会は、国防、外交、官制など重要な国務には一切容喙できないようになっていたし、予算についても先述のように議会権限は限られていた。しかも憲法は、民選の衆議院に並んで、華族や官僚からなる貴族院を設けていたから、政府に都合の悪い法案は、たとえ衆議院を通過しても貴族院に阻止された。実際、その後の政治過程をみれば、この脆弱な議会も、アジア・太平洋戦争への道を阻めなかった大きな要因となったことは否定できない。

第三の特徴は、憲法は国民の基本的権利を「臣民権利義務」として認めていたが、これら権利のカタログは数が少なかっただけでなく、いずれも「法律の範囲内に於て」のみの保障、すなわち「法律の留保」のもとに置かれていたことである。「法律の留保」とは、これら憲法上の権利については君主が命令で制限することはできず帝国議会の法律によらなければならない、という原則であり、一面では議会の力が強ければ、権利の擁護に大きな力を発揮できるはずのものであった。他面それは、議会の法律によりさえすれば権利の制限ができるという限界をも持ち、実際には後者の側面が猛威をふるった。憲法下で歴とした法律として治安警察法、行政執行法、治安維持法など市民の自由を拘束する「悪法」が成立し国民の声を押さえ込んでいったことも、後年のアジア・太平洋戦争への道を許した要因となった。

第四の特徴は、憲法がその改正を天皇の発議に限り、政党が内閣を握っても天皇自身の発意と枢密院の許可がなければ憲法の改正発議はできないようにしていたことである。しかも、憲法改正を議論すること自体が、帝国の国体の変革を目的とする行為として治安維持法の発動対象とされたから、合法的に憲法を改正して天皇制を改革する道は事実上閉ざされていた。 →統帥権(とうすいけん) →編制(へんせい)大権(たいけん)

参考文献 稲田正次『明治憲法成立史』(一九六〇・六二、有斐閣)、長谷川正安『日本憲法学の系譜』(一九九三、勁草書房) (渡辺 治)

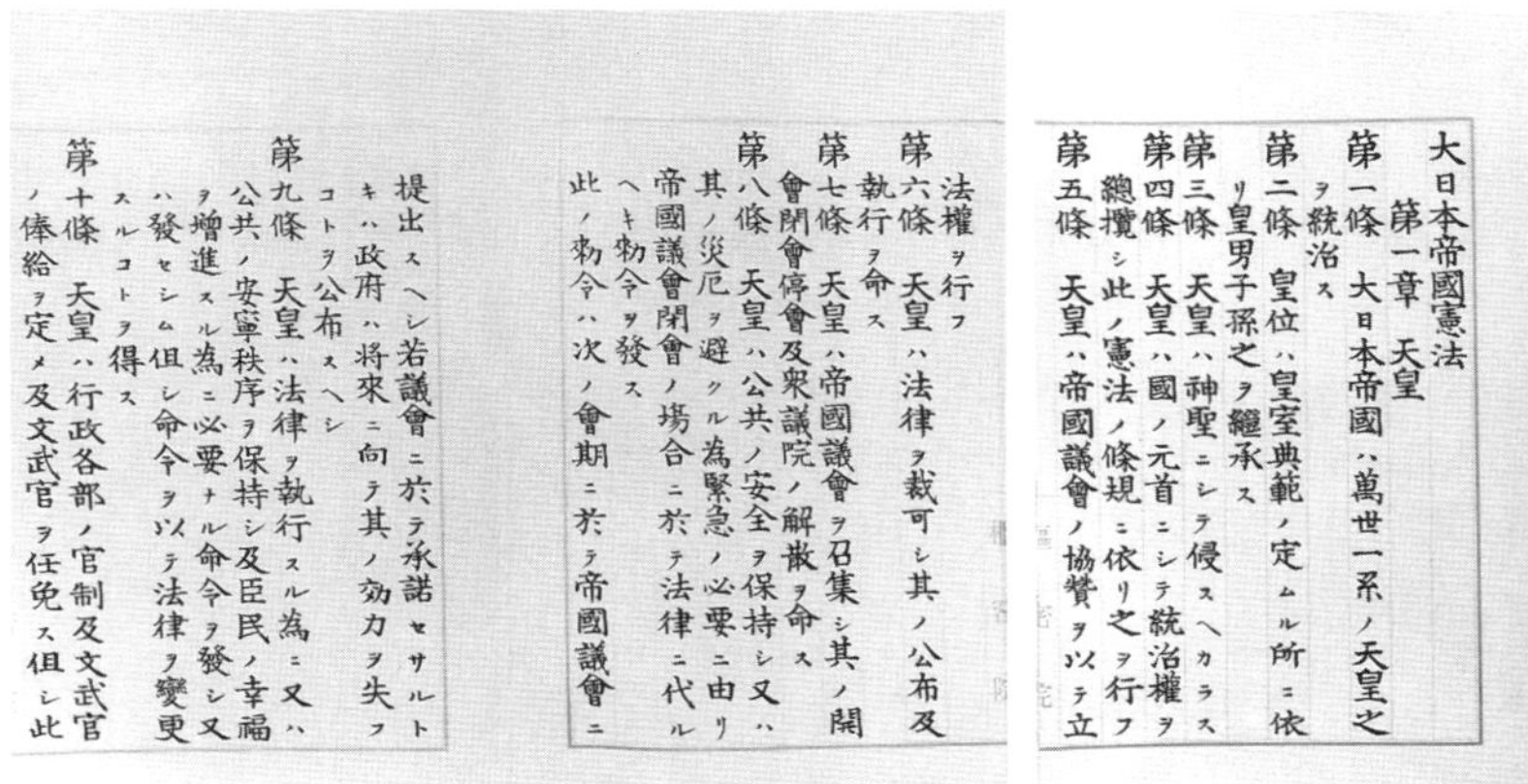

大日本帝國憲法
第一章 天皇
第一條 大日本帝國ハ萬世一系ノ天皇之ヲ統治ス
第二條 皇位ハ皇室典範ノ定ムル所ニ依リ皇男子孫之ヲ繼承ス
第三條 天皇ハ神聖ニシテ侵スヘカラス
第四條 天皇ハ國ノ元首ニシテ統治權ヲ總攬シ此ノ憲法ノ條規ニ依リ之ヲ行フ
第五條 天皇ハ帝國議會ノ協贊ヲ以テ立法權ヲ行フ
第六條 天皇ハ法律ヲ裁可シ其ノ公布及執行ヲ命ス
第七條 天皇ハ帝國議會ヲ召集シ其ノ開會閉會停會及衆議院ノ解散ヲ命ス
第八條 天皇ハ公共ノ安全ヲ保持シ又ハ其ノ災厄ヲ避クル為緊急ノ必要ニ由リ帝國議會閉會ノ場合ニ於テ法律ニ代ルヘキ勅令ヲ發ス
此ノ勅令ハ次ノ會期ニ於テ帝國議會ニ提出スヘシ若議會ニ於テ承諾セサルトキハ政府ハ将來ニ向テ其ノ効力ヲ失フコトヲ公布スヘシ
第九條 天皇ハ法律ヲ執行スル為ニ又ハ公共ノ安寧秩序ヲ保持シ及臣民ノ幸福ヲ增進スル為ニ必要ナル命令ヲ發シ又ハ發セシム但シ命令ヲ以テ法律ヲ變更スルコトヲ得ス
第十條 天皇ハ行政各部ノ官制及文武官ノ俸給ヲ定メ及文武官ヲ任免ス但シ此

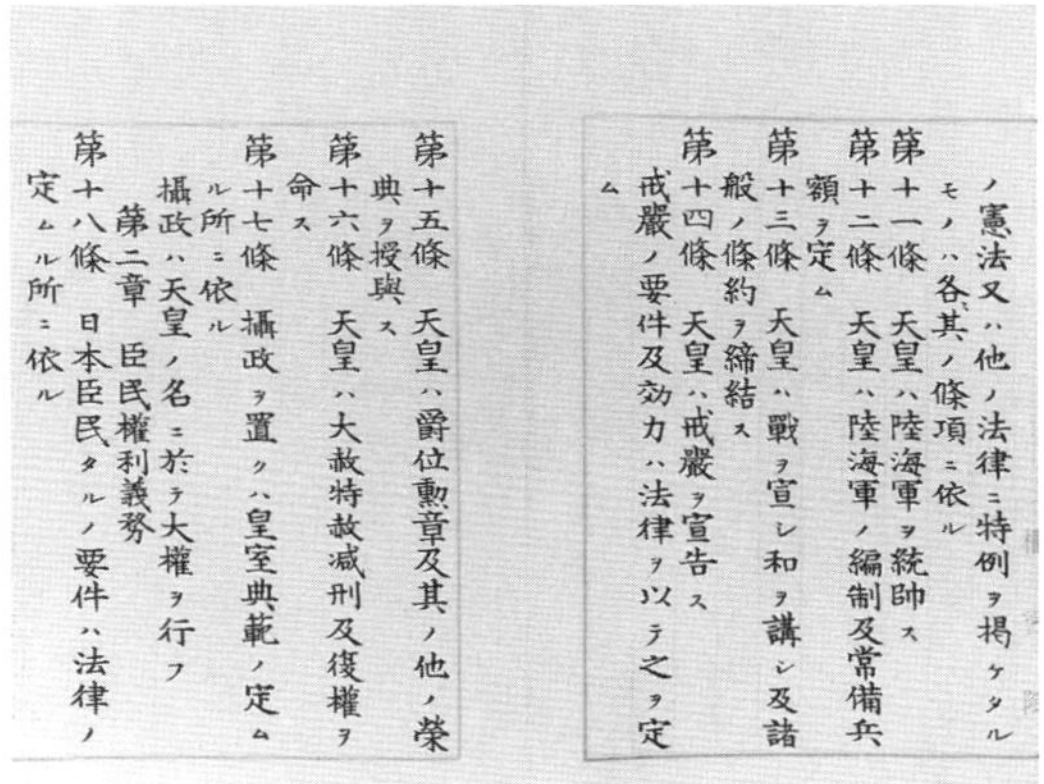

ノ憲法又ハ他ノ法律ニ特例ヲ掲ケタルモノハ各其ノ條項ニ依ル
第十一條 天皇ハ陸海軍ヲ統帥ス
第十二條 天皇ハ陸海軍ノ編制及常備兵額ヲ定ム
第十三條 天皇ハ戰ヲ宣シ和ヲ講シ及諸般ノ條約ヲ締結ス
第十四條 天皇ハ戒嚴ヲ宣告ス
戒嚴ノ要件及効力ハ法律ヲ以テ之ヲ定ム
第十五條 天皇ハ爵位勳章及其ノ他ノ榮典ヲ授與ス
第十六條 天皇ハ大赦特赦減刑及復權ヲ命ス
第十七條 攝政ヲ置クハ皇室典範ノ定ムル所ニ依ル
攝政ハ天皇ノ名ニ於テ大權ヲ行フ
第二章 臣民權利義務
第十八條 日本臣民タルノ要件ハ法律ノ定ムル所ニ依ル

大日本帝国憲法

だいにっぽんのうみんくみあい 大日本農民組合 戦時体制に対応した全国的農民組織。全国農民組合(全農)内の社会大衆党支持グループは、一九三八年一月、反社大党グループによる日本農民連盟結成と、二月の人民戦線第二次検挙に直面し、全農を解体して反共産主義・反人民戦線の立場の大日本農民組合を結成した。綱領に「勤労奉仕の精神」「農業生産力維持増大」「農村生活の改善」「資本主義の改革」を謳った。三八年末には一道二府三十二県に一万七千人の組合員を擁した。四〇年六月以降、近衛新体制運動が活発化するなかで、政党・労働組合の解散が相ついだ。大日本農民組合は八月十五日に解散し、日本農民組合総同盟、日本農民連盟、日本農民組合山梨県連も相ついで解散し、農民組合は消滅した。大日本農民組合解散の声明には、「一切の農業諸団体は過去の分立状態を脱して渾然一体となり農村新体制下の一元的組織に糾合せられねばならぬ」とあった。

参考文献 青木恵一郎『日本農民運動史』四(一九五八、日本評論新社)、法政大学大原社会問題研究所編『太平洋戦争下の労働運動』(『日本労働年鑑・特集版』、一九六四、東洋経済新報社) (大門 正克)

だいにっぽんふじんかい 大日本婦人会 アジア・太平洋戦争下における戦争協力のための官製女性団体。一九四一年の閣議決定により、愛国婦人会、大日本連合婦人会、大日本国防婦人会の三団体が統合し、四二年二月二日発足した。二十歳未満の未婚者を除く全日本女性を対象として組織した官製女性団体である。会長は山内禎子で、定款第三条に「高度国防国家体制に即応するため皇国伝統の婦道に則り修身斉家奉公の実を挙ぐるを以て目

大日本婦人会　護国神社に必勝を祈願する札幌市支部会員

的とす」とあり、過酷な戦時体制下にあって全女性を戦争に動員する目的で組織された。同年五月大政翼賛会の傘下に入り、軍事援護活動とともに、貯蓄奨励、戦時生活確立、健民運動などを行なった。十二月には大日本婦人会勤労報国隊が組織され、二十五歳未満の女性の動員を決定、ついで四十歳未満に引き上げられた。四五年五月、本土決戦を前に国は国民義勇隊を組織、六月の大政翼賛会の解散とともに大日本婦人会も幕を閉じた。

参考文献　千野陽一「(解題)愛国・国防婦人会の軌跡」、下中弥三郎「大日本婦人会史」(『愛国・国防婦人運動資料集』別冊所収、一九九六、日本図書センター)

(折井美耶子)

だいにっぽんぶっきょうかい　大日本仏教会　アジア・太平洋戦争期における、仏教界を横断した国策協力機関。一九一五年に設立された仏教各宗派連合会を、四一年三月改組して結成された。結成の最大の眼目は、戦争協力して海外伝道に従事する興亜仏教協会を統合する点にあった。ところが海外伝道の組織としては、四二年四月大政翼賛会傘下に興亜宗教同盟が結成されたため、同年五月大日本仏教会は法人の定款である寄附行為を改正して興亜局を廃止し、海外伝道事業から手を引いている。仏教各宗派では、宗教団体法施行に伴う宗派合同問題で文部省との軋轢を抱え、宗派単位での報国会の組織化など戦争協力は進むものの、宗派を越えた国策協力は進まなかった。四四年九月大日本戦時宗教報国会の設立に際し、大日本仏教会はそれに解消することとなり解散している。

参考文献　『中外日報』一九四一年二月八日、同一九四四年九月三十日

(赤澤　史朗)

だいにっぽんぶとくかい　大日本武徳会　一八九五年四月に京都で設立された総合的武道団体。皇族を総裁に戴き、各府県知事を支部長、警察部長を支部副長として全国に支部を設立し、武徳殿の設立や称号・段位の認定等の事業を展開し、武道理念や武道の学校体育への採用にも大きな影響を及ぼした。日中戦争以降、総動員体制が進展するなか、一九四〇年七月の武道振興委員会答申「武道振興の根本方策」を受け、四二年二月に出された国民体力審議会武道部会答申「武道綜合団体組織要綱」を即時実行する形で、その翌月に厚生・文部・陸軍・海軍・内務の五省管轄下の政府の外郭団体に再編される。名称はそのままだが、役員を一新し、既存の武道団体を包摂した「最高唯一の武道綜合団体」として、剣道(薙刀等を含む)、柔道、弓道だけでなく、銃剣術、射撃をも奨励し、また、武道章検定の実施機関としても活動した。そのため、四六年十一月、GHQの指示によって解散、その後役員千二百十九名が公職追放となった。→武道章検定(ぶどうしょうけんてい)

参考文献　坂上康博「武道界の戦時体制化―武道綜合団体「大日本武徳会」の成立―」(坂上康博・高岡裕之編『幻の東京オリンピックとその時代―戦時期のスポーツ・都市・身体―』所収、二〇〇九、青弓社)、中村民雄編『大日本武徳会研究資料集成』六―一〇(二〇一〇、島津書房)

(坂上　康博)

だいにっぽんよくさんそうねんだん　大日本翼賛壮年団　大政翼賛会の外郭団体。一九四二年一月十六日結成、四五年五月三十日解散。二九年、左翼運動の広がりに対して壮年層を結集しようとし結成された壮年団期成同盟会は、三六年、壮年団中央協会と改称。日中全面戦争下の国民精神総動員運動の中で組織を拡充。新体制運動の先駆的動きになる。四〇年九月大政翼賛会が成立したが、政治力結集には失敗。その状況下、長野県で四〇年十二月、大日本翼賛壮年団の原型となる長野県翼賛壮年団が誕生。群馬・広島・山口・佐賀などでも、同様な自主的動きが始まる。壮年団中央協会は、翼賛会が改組される直前の四一年三月大日本壮年団連盟に。四一年九月、翼賛会がみずから外郭団体として翼賛壮年団建設の方向を打ち出すと、全面的に協力。対米英開戦後の四二年一月、大日本翼賛壮年団本部が「必勝不敗の決戦体制の鉄骨」として創立。大政翼賛運動の実践部隊として、全国団の下に道府県団と郡市区町村団が組織。二十一歳以上の有志青壮年による同志組織であることが強調された。地域団の基盤は、従来から自主的活動を行なってきた青壮年組織ないしは地域組織にあった。四二年四月の「翼賛選挙」では、その主力になるとともに四十余名の団員を当選させ、「農村責任協力体制確立運動要綱」「生活翼賛体制確立要綱」等々の活発な国民運動を展開。だがその力と旺盛な活動力は、翼賛会や行政との対立を一部に生み、四三年十月、翼賛壮年団本部の改組が東条内閣によってなされ、中央団は形骸化。しかし地方団は、食糧増産運動、金属回収、航空機増産運動などを下から担い、活発な活動を展開。自作・自小作層、地域のサブリーダー層を構成員とした同組織は、行政側への批判や「下状」を吸い上げようと努め、日本ファシズムの「上から」の動

きと「下から」の動きを媒介する役割を果たした。本土決戦に備えて国民義勇隊が結成され、これに発展的解消。
参考文献　翼賛運動史刊行会『翼賛国民運動史』(一九五四)、由井正臣編『資料日本現代史』六(一九八一、大月書店)、金奉湜「翼賛壮年団論」(『歴史評論』五九一、一九九九)
(須崎　慎一)

だいにっぽんれんごうせいねんだん　大日本連合青年団　青年団の連絡提携を旨とした全国組織。一九二五年結成。初代理事長は一木喜徳郎。日本の青年集団の中央機関としては、すでに二一年に財団法人日本青年館が結成されていたが、官僚有志が中心の指導機関だったこともあり、六大都市連合青年団を中心とした運動に促される形で、大日本連合青年団が結成された。ただし理事長は日本青年館のそれが兼任するなど、組織体制としては日本青年館に従属するものであった。事業は教宣活動をはじめ多岐にわたるが、皇室とのつながりが強く意識されていたことは特色といえる。郷土・産業振興を積極的に展開したほか、軍隊への慰問活動、さらに日中戦争開戦後は軍用機献納運動を行うなど、銃後活動にも従事した。三九年には、各地の青年団体の連絡提携というそれまでの主旨を変え、朝鮮、台湾、樺太の連合青年団を加えて、統制指導を旨とする大日本青年団へと改編された。→大日本青少年団
参考文献　平山和彦『青年集団史研究序説』下(一九七八、新泉社)、熊谷辰治郎『大日本青年団史(復刻版)』(一九八九、日本青年館)
(神代　健彦)

だいにっぽんろうむほうこくかい　大日本労務報国会　アジア・太平洋戦争期に、日傭労務者の組織化と勤労動員を遂行するために設立された組織。土木建築業・運輸交通業・鉱業における日傭労務者と、それらの人びとが所属する、あるいは、それらの人びとを使用する労務供給業者、作業請負業者から構成された。一九四二年九月、厚生省の「労務報国会設立要綱」によって設置が決定されると、まず道府県労務報国会が設立され、翌四三年六月にそれらをもって組織する大日本労務報国会が設立された。活動内容は、勤労報国精神の昂揚、勤労挺身隊の組織・訓練、労務動員配置の適正化、会員の教育訓練、福利厚生および生活指導などで、全国の日傭労務者の規律化と戦時動員を担った。設立当初の段階での会員数は、約百三十五万人。敗戦後の四五年九月には、戦後復興と土木建築事業の円滑な施行などを目的とする労務協会へと改組したが、翌四六年一月には同協会も解散した。
参考文献　労働省編『労働行政史』一(一九六一、労働法令協会)、法政大学大原社会問題研究所編『太平洋戦争下の労働者状態・労働運動』(『日本労働年鑑』、一九七一、労働旬報社)
(佐々木　啓)

だいはつ　大発　大発動艇の略称。日本陸軍が開発した上陸用舟艇で、戦車や大砲、自動車等の輸送に用いられた。第一次世界大戦後、上陸作戦に使用する専用舟艇の必要性が高まると、陸軍は運輸部を中心に研究に着手、人員を輸送する小発動艇の開発とともに、大発動艇の開発も進み、一九三〇年に完成した。その後、改良が重ねられ、三二年には、八九式中戦車を搭載できるD型が完成する。同タイプの性能は自重九・五トン、全長一四・八八メートル、全幅三・三メートル、軽荷速力八・八ノット(時速約一六キロ)、満載速力七・八ノット(同一四キロ)、搭載量は八九式中戦車一輌、または武装兵約七十人、貨物の場合は一三トンであった。船体は鋼板製で、荷揚げを容易にするため、船首部分は前方にむけて開閉できた。また、揚陸時に船体を安定させるため、船首の船底部は二本の助材を備えたW型の形状となっていた。海軍も一四メートル特型運貨船として採用しており、輸送業務だけでなく、武装して警戒にあたるなど、幅広く活用された。
参考文献　阿部安雄他『太平洋戦争　日本帝国陸軍』(二〇〇〇、成美堂出版)、木俣滋郎『小艦艇入門』(『光人社NF文庫』、二〇〇八、光人社)
(吉田　律人)

たいへいようかんたい　太平洋艦隊　米国艦隊の一つ。米国艦隊が四一年二月に再編されて、大西洋艦隊・アジア艦隊と並ぶ一艦隊として編成された。当初、キンメルが司令長官に任命されたが、真珠湾攻撃の責任を問われて更迭され、ニミッツが後任になった。各艦隊名については、大西洋艦隊に偶数、太平洋艦隊に奇数が割り当てられた。第三艦隊と第五艦隊は基本的に同一戦力を共有し、司令官がハルゼーの時に第三艦隊、スプルーアンスの時に第五艦隊と名称を変えた。第七艦隊はマッカーサーの作戦の海上援護用に編成された艦隊で、高速空母機動部隊を擁していなかった。
参考文献　E・B・ポッター『提督ニミッツ』(南郷洋一郎訳、一九七九、フジ出版社)、Norman Polmar & Thomas B. Allen, *World War II : America at War, 1941-1945* (New York, 1991, Random House), John Whiteclay Chambers II, ed., *The Oxford Companion to American Military History* (New York, 1999, Oxford University Press)
(加藤　公一)

たいへいようほうめん(ぐん)　太平洋方面(軍)　⇨南西太平洋方面(軍)

たいへいようせんそう　太平洋戦争　大正時代から仮想戦記などで日米戦争を表す呼称として使用されており、開戦時にも海軍がこの呼称を採用することを主張している。戦後は、占領軍が「大東亜戦争」の呼称を公式文書で使用することを禁止し、それと前後して新聞各紙に「太平洋戦争史―真実なき軍国日本の崩壊」を連載したのが使用のはじまりであり、この連載の日米戦争中心史観とあわせて急速に普及した。占領終結後、上山春平は、「太平洋戦争」は「大東亜戦争」と同様に特定の国益を反映したものだと主張した。また、歴史研究者の多くがこの呼称のアジア軽視、日米戦争偏重を批判したが、他方で「大東亜戦争」は戦争を正当化するものとして忌避され、便宜的・消極的理由から「太平洋戦争」が使われ続

けた。現在でも、刊行物での使用例は「太平洋戦争」が圧倒的に多い。政府は、公式声明では「先の大戦」を主に用いるが、法令では「太平洋戦争」が使用された例もある。「学習指導要領」では「第二次世界大戦」だが、教科書では「太平洋戦争」が大多数である。

参考文献　木坂順一郎「アジア・太平洋戦争の呼称と性格」(『龍谷法学』二五ノ四、一九九三)、由井正臣「占領期における『太平洋戦争』観の形成」(『史観』一三〇、一九九四)、庄司潤一郎「日本における戦争呼称に関する問題の一考察」(『防衛研究所紀要』一三ノ三、二〇一一)　(森　茂樹)

たいほう　大鳳　一九三九年度海軍軍備充実計画(④(マル四)計画)で建造された唯一の航空母艦。戦術的用法として、友軍の航空母艦よりさらに敵軍に接近し、友軍母艦機の行動距離延伸を図った。そのため、艦の防御を重厚にする配慮をした。搭載機は戦闘機と爆撃機のみとし、総搭載機数は翔鶴型航空母艦から減少することとなった。飛行甲板には五〇〇キロ爆弾の急降下爆撃に耐えるように甲板防御を日本海軍ではじめて施し、完成時、空母として建造された軍艦としては世界最大の航空母艦であった。四一年七月十日、川崎重工業神戸造船所において起工、四三年四月七日進水、四四年三月七日竣工した。基準排水量三万四二〇〇トン、主要兵装一〇センチ連装高角砲六基、搭載機五十三機、速力三三・三ノット(時速約六二キロ)。第一機動艦隊の旗艦としてマリアナ沖海戦に参加したが、同年六月十九日、米潜水艦アルバコアの雷撃を受けた。命中した魚雷は一本のみであり、命中後も作戦行動を続行していたが、軽質油タンクからのガス漏洩により、雷撃の約六時間後、突如引火し、大爆発を起こして沈没した。

大　鳳

参考文献　防衛庁防衛研修所戦史室編『マリアナ沖海戦』(『戦史叢書』一二、一九六八、朝雲新聞社)、同編『海軍軍戦備』一(同三一、一九六九、朝雲新聞社)、福井静夫『日本空母物語』(『福井静夫著作集』七、一九九六、光人社)　(太田　久元)

だいほんえい　大本営　戦時にあって大元帥を輔翼し、作戦に参画する最高の統帥機関。実際には、平時に天皇の統帥権を補佐する参謀本部・軍令部がそのまま大本営陸軍部・海軍部として業務を行う。一八九三年五月に日清開戦をにらんで戦時大本営条例が制定されたのが最初で、このときは陸軍の参謀総長が全軍の幕僚長として、陸海軍の幕僚を従えて大本営に勤務した。統帥権独立の建前から大本営の成員は軍人のみであったが、特旨により伊藤博文首相、山県有朋枢密院議長らが大本営会議および大本営御前会議に列席し、伊藤首相は政略と戦略を束ねて戦争指導の中心となった。日露戦争開戦前の一九〇三年十二月に戦時大本営条例が改正され、陸軍側の参謀総長と海軍軍令部長が幕僚長として並ぶことになった。このときも大本営御前会議には桂太郎首相や小村寿太郎外相、伊藤枢密院議長、山県らが列席して戦争指導にあたったが、通常の大本営会議には出席せず、軍隊や艦隊の進退に関する細目は参謀総長、海軍軍令部長に委任されるなど、陸海軍の自立化が進んだ。日独戦争やシベリア出兵の際には大本営は設置されなかったが、三七年七月に日中戦争が勃発すると、近衛文麿首相や陸軍中堅層の一部は、首相を構成員とした大本営を設置して政戦略を統合した総力戦指導体制を確立しようと企てた。しかし、陸海軍の首脳は統帥権独立に拘泥したため、十一月に制定された大本営令では、参謀総長・軍令部総長以下の陸海軍人のみを構成員とする純粋な作戦指導機関と定められた。四一年七月からは、参謀総長・軍令部総長は午前中宮中で勤務することになった。政府が担当する政略との調整には大本営会議とは別に大本営政府連絡会議が置かれ、主要閣僚と参謀総長・軍令部総長(必要に応じ次長)らが協議したが、政府側は統帥権の壁に阻まれて作戦にはほとんど関与できない状態が続くまま、対米英開戦を迎えた。しかし、戦局が悪化するにつれて統一的な戦争指導の必要が明らかとなり、一九四五年三月、小磯国昭首相の要請により、首相が大本営会議に出席するようになった。

→松代大本営(まつしろだいほんえい)

参考文献　山崎丹照『内閣制度の研究』(一九四二、高山書院)、稲葉正夫編『大本営』(『現代史資料』三七、一九六七、みすず書房)、松下芳男『明治軍制史論(改訂版)』(一九七八、国書刊行会)　(森　茂樹)

だいほんえいごぜんかいぎ　大本営御前会議　大本営において幕僚長らが作戦を審議する大本営会議に天皇が臨席したものが大本営御前会議である。通常「御前会議」と呼ばれるものには、こうした制度上の会議に天皇が臨席するものと、形式上天皇が召集する超法規的なものがある。前者の例としては大本営御前会議のほかに枢密院本会議などがあげられ、明治期には閣議に天皇が臨席することもあった。日清戦争の際には、週二回程度大本営御前会議が開催され、天皇臨席のもとで、幕僚と伊藤博文首相や山県有朋枢密院議長、陸奥宗光外相らが戦争指導の重要事項を審議した。日露戦争の際にも、御前会議には桂太郎首相、小村寿太郎外相、伊藤枢密院議長や元老の山県が出席した。このように、大本営御前会議は戦時中の最高指導機関としての役割を果たしていたが、日中戦争勃発後、一九三七年十一月に設置された大本営は首相らの政府側首脳を排除したため、大本営御前会議も幕僚のみが出席して軍事的な作戦を審議するものに変質し、戦争指導の最高方針を議する超法規的な御前会議と分裂した状態になった。昭和天皇は、政府の管掌事項については陸海軍との調整も含めて首相らに委ね、御前会議での発言も控えていたが、大本営御前会議では大元帥としてみずから作戦指導を統轄せざるを得ず、頻繁に質問や発言を重ねている。しかし、陸海軍側は天皇に主導権を渡すまいとして、会議を形式的なものとするよう努めた。第一回の御前会議は十一月二十四日に開かれたが、参謀総長・軍令部総長が陸海軍それぞれの作戦方針を説明し、第一部長が細部を説明したのみであった。また、対米英開戦後の御前会議も事前に発言内容を書面にまとめておいたり、天皇の質問に備えて想定問答集を作ったりしたという。開催頻度もそれほど高くなかったようで(一九三七年十一月から四三年五月までの間で確認されているものは八回)、大元帥の戦争指導への実質的な関与は、参謀総長・軍令部総長の内奏に対する下問を通じてなされる方が多かったと考えられる。↓御前会議

[参考文献] 稲葉正夫編『大本営』(『現代史資料』三七、一九六七、みすず書房)、山田朗『昭和天皇の軍事思想と戦略』(二〇〇二、校倉書房) (森 茂樹)

だいほんえいせいふれんらくかいぎ 大本営政府連絡会議 一九三七年十一月に発足した、大本営幕僚長と主要閣僚からなる戦争指導機関。日清・日露戦争のときと異なり大本営から首相ら政府側人員が排除されたため、政府と大本営の調整のために設置された。成員は参謀総長・軍令部総長(必要に応じて両次長)と首相・外相・陸海相・蔵相や企画院総裁で、内相ら他の閣僚が参加することもあり、陸海軍務局長・内閣書記官長が幹事を務めた。「緊急重大なる事項」については天皇が臨席して御前会議となった。参謀本部は、十月に始まったトラウトマン工作の方針を連絡会議で審議させて政府を動かそうとしたが、閣議の審議権を楯に反撃され、政府主導で和平工作の打切りが決まった。この結果、参謀本部は連絡会議の開催に消極的となり、作戦計画が政府に洩れることも嫌ったため、三八年二月から恒常的開催はしばらく中断した。以後は、十一月の汪兆銘政権との提携方針決定や、四〇年七月の南進・対独伊提携方針の決定など、重要な国策の審議のために一回限りで開催され、御前会議となる場合もあった。四〇年五月に四相会議が設置され、首相・外相・陸相・海相が重要国策を協議していたが、十一月から、参謀総長と軍令部総長(当初は皇族総長の代理で次長)が四相会議成員と協議するために、大本営政府連絡懇談会が週一回程度首相官邸で開催されることになった。その後、幹事が陪席するようになり、閣僚側出席者も増加して連絡会議との差異はなくなった。連絡懇談会の決定は「閣議決定以上の効力を有する」ことが政府と大本営の間で申し合わされ、実質的な戦争指導機関となったが、法的根拠を欠くため、決定手続やその効力をめぐる紛糾も起こった。四一年七月から呼称を大本営政府連絡会議に戻し、宮中で週数回開催されることになる。対米英開戦後は総力戦の指導機関として船舶や物資の配分も閣議に先んじて審議したが、軍の作戦行動には関与できなかった。四四年八月、小磯国昭内閣の時に勅語を得て最高戦争指導会議と改称されたが、内実に変化はなかった。四五年八月の敗戦後、終戦処理会議となった。↓御前会議 ↓最高戦争指導会議

[参考文献] 稲葉正夫編『大本営』(『現代史資料』三七、一九六七、みすず書房)、参謀本部編『杉山メモ』(『明治百年史叢書』、一九六七、原書房)、加藤陽子『模索する一九三〇年代—日米関係と陸軍中堅層—』(一九九三、山川出版社)、軍事史学会編『大本営陸軍部戦争指導班機密戦争日誌』(一九九八、錦正社) (森 茂樹)

だいほんえいはっぴょう 大本営発表 大本営が戦況に関する記事や情報を内外に示した公式発表。一九四一年十二月八日にアジア・太平洋戦争の開戦を発表してから、四五年八月二十六日に連合軍の進駐状況を発表するまで、四十五ヵ月の間に八百四十六回の発表を数えた。大本営発表に関する実務は、大本営内に設けられた報道部が執り行なったが、報道部自体は陸・海軍が別個に設けていた。報道部は重要国策決定の会議や、大本営の戦争指導に関する作戦会議に列席する組織ではなかった。報道部員は専門性を持った将校が就任するというより、陸・海

大本営発表(対米英開戦時，大平秀雄陸軍大佐)

軍の定例人事で異動する将校たちで構成されていた。戦況報道が大本営発表に依拠する部分が多いため、新聞紙面の整理や編集にまで、直接容喙する部員もいた。とはいえ、報道部が大本営の権威をもって検閲や報道統制を専横できたわけではない。四二年二月九日、シンガポール要塞への攻撃開始を告げる大本営発表があったが、その際全国主要日刊社宛に、大本営の許可を得た記事のみ掲載するよう通達したのは、検閲制度の主担当たる内務省警保局検閲課だった。検閲のみならず輿論指導を担う情報局も、陸・海軍および外務・内務各省の担当者が兼任し、諸般の事務や方針の決定は常に合議をもって対応していた。敗戦間近の四五年五月二十一日、情報局のもとに情報・宣伝・報道関係の部署が集められ、陸・海軍報道部は大本営報道部に統一された。大本営発表は虚飾の強い公式発表の代名詞として比喩的な使われ方をすることが多い。発表当初は現実との乖離は少なかったが、四二年六月のミッドウェー海戦以降、虚飾性を強めたというのが定説である。事実、海戦以降、ガダルカナル島の撤退、山本五十六長官の戦死、アッツ島の玉砕と、悪化する戦局に併行するように、大本営発表の内容は事実と乖離していった。四三年二月九日に、ガダルカナル島の撤退を「転進」と発表したことは、軍部内でも評判が悪かったという。このため翌日、陸・海軍報道部は大本営発表に関し、国民に疑惑の念を醸成させる記事の検閲を強化する通達まで行なっている。また、ミッドウェー海戦に次ぐ大損害を被った四四年二月のトラック島の戦に対しては、現に動きつつある戦局を中心にし、行き過ぎは慎重に措置されたいとまで記者会に要請している。しかし、あまりにも現実から遊離しすぎた戦意高揚記事は抑制した報道部も、南方で戦死した人々については厳重な取締規定を設けた。四三年五月二十七日、報道部は南太平洋方面での戦死者を各地方紙に発表する際、その地方紙に関係する地方の戦死者だけにとどめ、戦死者数も五百から六百名とし、なるべく短期間に掲載を切り上げるよう命じている。このため翌年七月、南方に向けて出征中、鹿児島県沖でアメリカ軍の潜水艦に魚雷攻撃を受けて戦死した四百名の発表に対し、高知県当局からの稟申を受けた報道部は、高知県内の戦死者だけにとどめるよう指示している。その際は戦死月日を伏せ、戦死場所も南方洋上とし、敵の潜水艦による戦死の事実には触れないよう通達している。絶対国防圏を破壊され、本土間近に敵が迫っている事実を国民に知らせない措置をとったわけである。戦争末期の戦死者報道については、綿密な事実の検証が必要であろう。大本営発表の虚飾性について、近年の研究ではミッドウェー海戦以前からの発表内容にも、現実との乖離が大きかった点が指摘されている。しかし基本的に、発表の虚飾性や事実隠蔽の程度は、戦局の悪化に伴う国民の戦意喪失を恐れ、反戦・厭戦・反軍的気分を防ぎたい大本営の意向を反映している点に変わりはない。むしろ発表内容によって隠蔽された戦死者の報道記事を中心に、実質的に大本営発表が闇に葬った敗退・敗北・敗戦に至る事実の究明が必要である。

→玉砕 →転進

参考文献 富永謙吾『大本営発表の真相史』(一九七〇、自由国民社)、辻泰明・NHK取材班『幻の大戦果・大本営発表の真相』(『NHKスペシャルセレクション』、二〇〇二、日本放送出版協会)、中園裕『新聞検閲制度運用論』(二〇〇六、清文堂)
(中園 裕)

たいめんてつどう　泰緬鉄道　アジア・太平洋戦争中に日本軍鉄道隊がタイ―ビルマ(現在のミャンマー)間に建設した鉄道。タイのノーンプラードゥクからビルマのタンビュザヤまでの四一五キロを結び、日本軍が占領したビルマへの補給路として計画された。一九四二年六月に大本営は建設を決定、七月に着工し、わずか一年四ヵ月後の翌年十月に完成させた。このため工事には、連合国軍捕虜や、ビルマ、タイ、マレー、インドネシアなどからアジア人労務者が動員されたが、ジャングルの山岳地帯での難工事に加えて、食糧や薬の補給を十分に行わなかったため、コレラやマラリヤなど病気が蔓延し、多くの犠牲者を出した。連合国側の統計によれば、連合軍捕虜は六万二千人が動員され約一万二千四百人が死亡した。アジア人労務者は、はっきりとした数字はわからないが、二十万人以上が動員され、約六万人が死亡したという推計がある。日本軍約千人も死亡し、「死の鉄路」と呼ばれた。戦後、捕虜虐待を問われ、日本軍の関係者が戦犯として裁判にかけられ、三十六名(三十二名という統計もある)が処刑された。

参考文献 広池俊雄『泰緬鉄道―戦場に残る橋―』(一九七一、読売新聞社)、吉川利治『泰緬鉄道―機密文書が明かすアジア太平洋戦争―』(一九九四、同文舘出版)
(安達 宏昭)

だいもうコンス　大蒙公司　蒙疆に設立された大倉組系の商社。一九三五年八月、関東軍参謀部指導のもと蒙古特産品の交易による蒙古民族の福利向上と日・満・蒙の経済連鎖強化を名目に日本法人の株式会社として設立された。満洲国新京に本店を、赤峰に支店を置き、当初は関東軍の内蒙工作に関わる兵器取引に従事した。三九年三月、張家口に本店を移し大蒙股份有限公司と改称、蒙疆法人となった。主要取扱商品は家畜、薬剤、獣毛、塩などで、張北には自動車修理工場や軍用製粉工場を開設した。アジア・太平洋戦争勃発後には蒙疆の食糧確保のため糧穀収買業務を中心に活動した。

参考文献 柴田善雅『中国占領地日系企業の活動』(二〇〇八、日本経済評論社)、森久男「関東軍の内蒙工作と大蒙公司の設立」(『中国21』三一、二〇〇九)
(小林 元裕)

たいよう　大鷹　日本郵船「春日丸」として、三菱長崎造船所において一九四〇年九月十九日に進水したが、十一月には航空母艦改造に着手し、佐世保海軍工廠において四一年九月五日に空母として改造完成した。基準排水量二万トン、主要兵装一二センチ単装高角砲六基、搭載機二十七機、速力二二・五ノット(時速約四二キロ)。四二年八月一日、海軍によって買収され、三十一日軍艦に編入、「大鷹」となる。アジア・太平洋戦争中は、南方戦線への航空機輸送や船団護衛に従事していたが、四四年八月十八日、ルソン島沖で船団護衛中、米潜水艦の雷撃を受け、沈没した。

参考文献 海軍歴史保存会編『日本海軍史』七(一九九五、第一法規出版) (太田 久元)

大鷹

だいようしょく 代用食 代用食という語の起源は意外に古く、一九一八年の米騒動の原因となる第一次世界大戦期の米不足と米価暴騰を契機として、主食である米の代用となる食物の考案や研究が盛んになった。伊藤尚賢『代用食の研究』(一九二〇年)には、内務省衛生局推奨の代用食として「麦飯」「芋入れ麦飯」「芋麺」「馬鈴薯パン」「甘藷入れ蕎麦練り」「馬鈴薯餅」「芋入れ稗飯」「黍餅」などが挙げられている。戦時期も代用食は、おおむね主食の代用となる食物類の呼称として用いられ、特に四一年四月以降に普及した米穀通帳制配給に伴い、うどん、パン、馬鈴薯、甘藷などの需要が高まるなか、代用食は日常語になった。四二年七月の食糧管理法施行により内地米・外米や麦類は政府の買い上げ、甘藷・馬鈴薯も日本甘藷・馬鈴薯株式会社の買い上げとなり、小麦粉・乾麺・乾パンなどと合わせ、中央食糧営団・地方食糧営団を通じて一体で配給された。米・雑穀類一体の「綜合配給制」のもと、乾麺、精麦、大豆、甘藷、馬鈴薯、小麦粉などが米穀配給の一部として米と差引きで配給され、四四年からは脱脂大豆(大豆粕)や穀粉のほか、満洲産の玉蜀黍、高粱なども加わった。四五年の主食配給に占める代替食糧の割合は一八%近くに上り、国民は強制的に代用食を食べさせられた。主食以外も含めると、無数の代用食があり、米糠油、蚕蛹、どんぐり、鳩麦、笹の実、昆虫類などの食用化も図られた。→食糧営団 →食糧管理制度 →米穀通帳

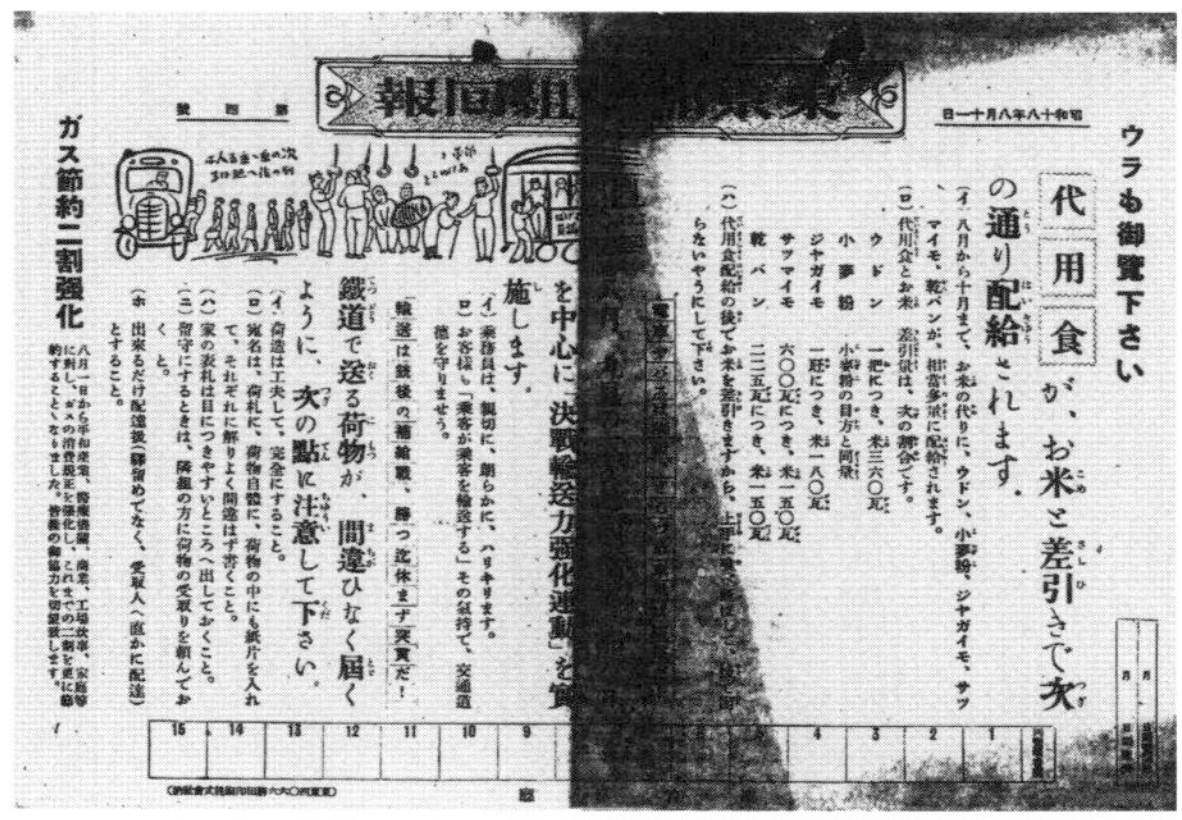
ウラも御覧下さい
昭和十八年八月十一日
代用食が、お米と差引きで次の通り配給されます。
(イ)八月から十月まで、お米の代りに、ウドン、小麦粉、ジヤガイモ、サツマイモ、乾パンが、相當多量に配給されます。
(ロ)代用食とお米 差引量は、次の割合です。
ウドン 一把につき、米三六〇瓦
小麦粉 小麦粉の目方と同量
ジヤガイモ 一貫につき、米一八〇瓦
サツマイモ 六〇〇瓦につき、米一五〇瓦
乾パン 二二五瓦につき、米一五〇瓦
(ハ)代用食配給の後でお米を差引きますから、……ないやうにして下さい。
を中心に「決戦輸送力強化運動」を實施します。
(イ)乗務員は、親切に、朗らかに、ハキハキします。
(ロ)お客様も「乗客が乗客を輸送する」その氣持で、交通道徳を守りませう。
輸送は銃後の補給戦、勝つ迄休まず突貫だ!
鐵道で送る荷物が、間違ひなく届くように、次の點に注意して下さい。
(イ)荷造は工夫して、完全にすること。
(ロ)宛名は、荷札に、荷物自體に、荷物の中にも紙片を入れて、それぞれに解りよく間違はず書くこと。
(ハ)家の表札は目につきやすいところへ出しておくこと。
(ニ)留守にするときは、隣組の方に荷物の受取りを頼んでおくこと。
(ホ)出來るだけ配達扱(驛留めでなく、受取人へ直かに配達)とすること。
第四號
ガス節約二割強化
八月一日から平和産業、營業用、商業、工場炊事、家庭等に對し、ガスの消費規正を強化し、これまでの二割を更に節約することとなりました。皆様の御協力を切望致します。

代用食の配給を知らせる東京都隣組の回覧板

参考文献 木原芳次郎・谷達雄『科学的に見た最近十年間の食糧の変遷』(一九四七、農業技術協会)、法政大学大原社会問題研究所『太平洋戦争下の労働者状態』(一九六四、東洋経済新報社) (佐賀 朝)

だいようひん 代用品 日中戦争以来、特に海外資源に依存する物資の製品を国内資源や新資源の開発、廃品利用などによって製作した製品。戦時体制下では軍需品生産と国民生活の安定を両立することが必要であるが、物的資源が少ない日本では、軍需品の生産が優先され、輸入品も民需用は抑制された。包括的な戦時体制確立の法制である国家総動員法が一九三八年に制定・施行された。その前年に臨時資金調整法、物資の需給を統制する輸出入品等臨時措置法、軍需工場を陸海軍が管理できる軍需工業動員法の適用に関する法律が施行され、軍需・民需に関する物資の使用制限や消費を抑制する統制策が始まった。こうした統制策の一環である代用品については、三七年には商工省主催による代用品に関する官民協議会が開かれ、輸入抑制品に替わる代用品、代用品工業の品

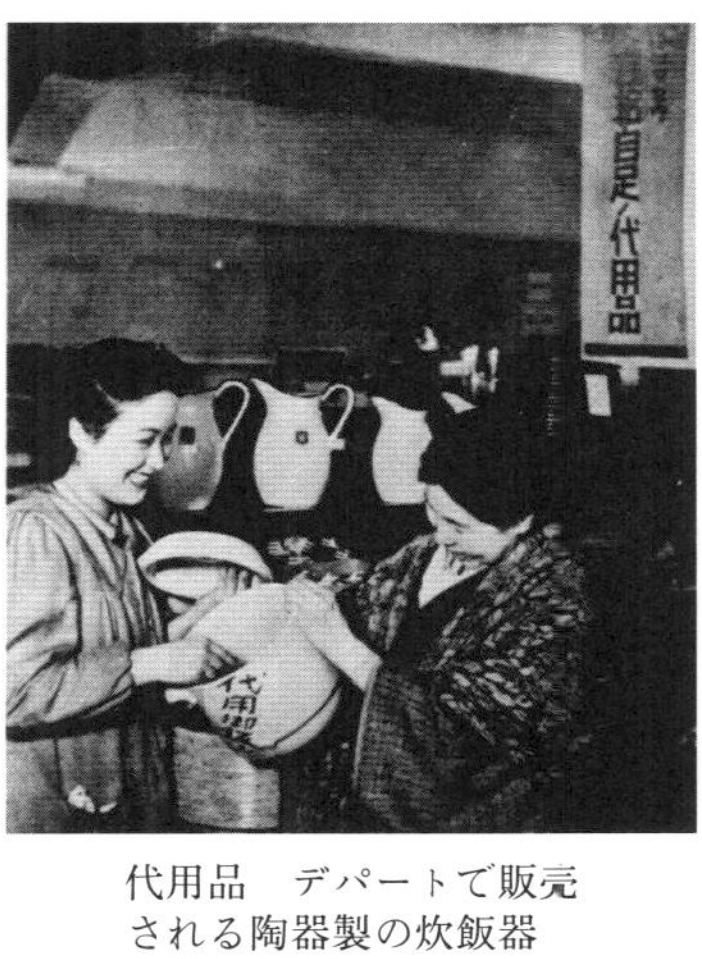

代用品　デパートで販売される陶器製の炊飯器

質改善、コスト切り下げなどが話し合われ、綿花・羊毛、ゴム、鉄鋼などの代用品がとりあげられた。代用品工場の奨励など代用品に関する本格的方策は三八年設立の科学審議会から始まる。代用品生産の対象となる物資は非常に広く、薬品類、繊維製品、ゴム、石油、肥料、金属類、非金属類、パルプなどがある。繊維製品は羊毛・綿糸・布にかわるスフ、ゴムは合成ゴム、樹脂は松脂、石油はシェールオイルなどが、銅・錫などは広範囲な金属類に代用可能なアルミニウムが、またステンレスやセルロイド、高力陶器などが代用品として開発され使用された。日常生活では三八年に竹製スプーン、陶器製アイロン、木製パン焼き器などが、四〇年には内側にベニヤ板をはったボール紙製のバケツ、木炭自動車などが現れた。またすべて代用品によってつくられた自動車や、マリアナ沖海戦敗北後はニッケルやステンレス鋼、アルミ合金の代用品を使用した航空機が製作された。木銃・竹やり・竹製ヘルメットや陶製手榴弾も考案された。四四年の鉱工業と兵器生産の指数は前者八六、後者一二一九(三七年一〇〇を基準)であり、一般生産指数は繊維一七、食料品四七であった。 ↓スフ ↓木炭自動車(もくたんじどうしゃ)

参考文献 報知新聞社経済部編『代用品物語』(一九三八、千倉書房)、陸軍経理学校研究部『我国に於ける代用品及び廃品利用の現状と其将来』(一九三九)、中村隆英『昭和史』一(一九九三、東洋経済新報社)、朝日新聞社『朝日歴史写真ライブラリー 戦争と庶民―一九四〇～四九―』一(一九九五)

(早川 紀代)

たいりくかいたくぶんげいこんわかい 大陸開拓文芸懇話会 戦時中の国策文学団体。評論家の近藤春雄が満蒙開拓移民国策への作家の協力を提案し、一九三九年一月、拓務省側と福田清人、伊藤整、荒木巍、高見順らの作家が懇談、同年二月、拓務省側約十人、作家約二十人が拓務大臣官邸に参集して発会式が挙行された。会長は岸田国士。大陸開拓に取材した優秀作品の推薦・授賞、現地視察する作家への便宜、作品の戯曲化・映画化、講演会の開催などが企画された。会発足後、会員有志の茨城県内原訓練所見学や、数次にわたる会員の満洲派遣が行われ、ルポルタージュや福田清人『日輪兵舎』、懇話会編『開拓地帯 大陸開拓小説集 第一』が刊行された。旅費は拓務省などが負担したといわれる。四〇年には農民文学懇話会との統合が話題になったが、実現せず、同年発足した日本文芸中央会に加盟。四二年五月日本文学報国会の発足に伴って解散したが、事業は会内に設置された大陸開拓委員会に継承された。

参考文献 板垣信「大陸開拓文芸懇話会と福田清人」(今井幹雄他『福田清人』二所収、一九六七、宮本企画)

(北河 賢三)

たいりくし 大陸指 ⇩大陸命(たいりくめい)・大陸指(たいりくし)

たいりくだつうさくせん 大陸打通作戦 日本軍が一九四四年四月、中国の平漢、粤漢、湘桂各鉄道沿線で敢行した作戦。正式名称は「一号作戦」。日本は十四個独立歩兵旅団と八個野戦補充隊を新編成し、第二次世界大戦中、日本軍が総兵力五、六十万人を動員した最大の陸上作戦となった。支那派遣軍総司令部「一号作戦計画大綱」(四四年三月。草案は同年一月に出されている)によれば、目的は㈠中国大陸を貫く鉄道を打通し、南洋方面軍と陸上交通の確保、㈡米軍による日本本土への脅威消滅のため、中国西南にある空軍基地の破壊にあった。いわば日本軍最後の一大攻勢であり、中国大陸を貫通、東南アジアを結びつける陸路交通線樹立を企図したものである。作戦は河南省での戦い、湖南省長沙・衡陽での戦い、広西省桂林・柳州での戦いの三段階に分かれる。この作戦によって制海権、制空権を失った日本の宿願であった華北から中国大陸を縦断しインドシナに連結するルートを一応完成できた。当時、中国政府は日本軍の力量を過小評価し、消極抗戦政策を採り、国民党一党独裁強化に重点を置いた。こうして湖南・広西戦役だけで、中国軍は前後して兵力百万人余りも出動させながらも、衡陽など都市防衛戦を除けば、簡単に潰走した。日本軍は二〇〇〇キロも進軍し、河南から湖南省、広西省、貴州省までの大陸打通には成功した。中国側の被害は甚大で、四四年四月から十二月までのわずか八ヵ月で失った中国軍兵力は六十万人、占領された大小都市百四十六、および衡陽、桂林、南寧など空軍基地七、飛行場三十六に上った。十二月中旬、日本の勝利のうちに八ヵ月間の大陸打通作戦は終わった。だが、日本軍が打通したのは「点と線」(交通線と都市)にすぎず、国民党にとって大打撃でも、「面」(農村を主とする広大な地域)を押さえる中国共産党にはほとんど影響がなかったのである。また、芷江、梁山等の飛行場は生き残り、そこから中米軍機が出動し、継続して日本軍に猛爆した。こうして中米空軍潰滅の目的は達成できず、四四年末、中米空軍は中国戦場の制空権を

大陸打通作戦 南部粤漢線沿いを進む日本軍

完全に掌握したのである。

参考文献『抗日戦時期国民党正面戦場重要戦役介紹』(成都、一九九五、四川人民出版社)、陳応明・廖新華『浴血長空―中国空軍抗日戦史―』(北京、二〇〇六、航空工業出版社)、菊池一隆『中国抗日軍事史 一九三七―一九四五』(二〇〇九、有志舎) (菊池 一隆)

たいりくのはなよめ 大陸の花嫁 日中十五年戦争期に中国東北部(満洲国)における農業開拓民および満蒙開拓青少年義勇軍の隊員の妻を指す。花嫁の養成段階で使用され、ジャーナリズムによって広められて定着した言葉である。一九三二年の満洲国建国以後、日本政府は、その支配地域の安定化政策のために日本国内から農業移民を送り出す政策を推し進めた。満洲国は、その成立から崩壊までわずか十三年余りの歴史しかないが、日本から満洲国に渡った農業移民数はおよそ二十七万人に上る。多くの移民が満洲国に定着していくためには、そこでの生活基盤を確立させていかなくてはならず、その方策が移民した男たちに「花嫁」を迎えさせることであった。第一次移民団への花嫁三十人がハルビンに到着したのは、三四年四月のことである。三九年十二月、「満洲開拓政策基本要綱」が閣議決定され、「大陸の花嫁」政策が国策として取り上げられる。さらに四二年一月、「満洲開拓第二期五箇年計画要綱」が発表され、その中で「大陸の花嫁」政策の基本的方向性が示された。同年、拓務省が「花嫁」政策を推し進めていく指針とも言うべき「満洲開拓女子拓殖事業対策要綱」を作成し、「大陸の花嫁」政策は基本的に確立する。そこには、「女子拓殖事業」の基本理念、指導者の養成、訓練所・講習会の運営、配偶者斡旋事業、関係団体指導者育成、現地訓練等にわたるまで、詳細に記されている。この要綱を土台として、拓務省拓北局輔導は四二年に『女子拓殖指導者提要』を作成する。政策の決定を受け、日本全国各地および満洲国内に花嫁養成機関が設置された。女子拓殖訓練所、女子拓殖講習会、開拓女塾、満洲建設女子勤労奉仕隊、修錬農場などである。女子拓殖訓練所(四二年三月、全国二十ヵ所)および女子拓殖講習会は、日本国内においてさまざまな設置主体のもとに設立されており、そのもっとも体系的な「花嫁」の養成訓練を行なったところが、長野県立桔梗ヶ原女子拓殖訓練所であった。日本人の女性たちが「大陸の花嫁」へと志願した歴史は、「大陸の花嫁」という事象が、本人たちの自由意思により「大陸」へ渡っていった現象ではなく、国策(中国植民地化政策)として政策的・意図的につくり出されていった事実であるということを物語っている。

参考文献 相庭和彦他『満洲「大陸の花嫁」はどうつくられたか―戦時期教育史の空白にせまる―』(一九九六、明石書店) (相庭 和彦)

たいりくめい・たいりくし 大陸命・大陸指 大陸命は参謀総長が伝宣する陸軍に対する大命(天皇の命令)を、大陸指は大命により委任された事項に基づく参謀総長の指示および参謀総長隷下部隊(大本営陸軍部通信隊や陸軍中央気象部、のち船舶司令部も)に対する命令を指し、それぞれ一連の番号を付した。大陸命は「大本営陸軍部命令」の略とする説があるが、大本営は天皇の輔翼機関であり、みずから命令を発することはないため誤りとされる。大陸命の番号は日中戦争からアジア・太平洋戦争まで継続して付され、一九三七年十一月二十二日の第一号から終戦直後の第一三九二号まで存在した。これ以降は大陸命特第〇号と「特」の字が入れられた。

参考文献 森松俊夫監修『「参謀本部」臨参命・臨命総集成』一(一九九四、エムティ出版)、同監修『「参謀本部」臨参命・臨命・「大本営陸軍部」大陸命・大陸指総集成』二(一九九四、エムティ出版)、同監修『「大本営陸軍部」大陸命・大陸指総集成』一〇(一九九四、エムティ出版) (一ノ瀬俊也)

たいりょくしょうけんてい 体力章検定 兵士に必要とされる基礎体力を基準として、厚生省によって制定された運動能力検定制度。戦時下における青少年の体力増強、人的資源の充実を目的として、一九三九年十月より、数え年で十五―二十五歳の男子を対象に実施された。検定種目は、一〇〇および二〇〇メートル走、走幅跳び、手榴弾投げ、運搬、懸垂の五つであり、成績によって上級・中級・下級・級外に分け、下級以上の合格者には体力章が授与された。受検率は、三九―四二年の四ヵ年の間に四九・二%から六〇・一%へ、合格率も二二・一%から三四・八%へと増加した。アジア・太平洋戦争下の四二年からは、国民体力手帳に体力章検定結果が記載されるようになるなど、法的な強制力をもつ国民体力管理制度との結合がはかられ、四三年九月には、女子に対しても女子体力章検定が実施されるようになる。さらに戦争末期の四四年には「筋骨薄弱者」を選別し、健民修練所に送致する基準としても機能した。→健民修練(けんみんしゅうれん)

参考文献 高岡裕之「戦争と『体力』―戦時厚生行政と青年男子―」(阿部恒久・大日方純夫・天野正子編『モダニズムから総力戦へ』所収、二〇〇六、日本経済評論社)、鈴木楓太「女子体力章検定の制定過程―戦時下の体力動員に関するジェンダー視点からの分析―」(『体育史研究』三〇、二〇一三) (坂上 康博)

だいろくいいんかい 第六委員会 アジア・太平洋戦争開戦直前に、南方諸地域における資源の取得および開発などの経済の企画や統制を審議立案するために、内閣に設置された組織。関係する企画院・外務省・大蔵省・陸軍省・海軍省などからの委員や幹事によって構成され、企画院総裁が委員長を務めた。「南方経済対策要綱」「対泰経済施策要綱」などの全般的な経済政策の審議決定を行うとともに、占領した南方地域(甲地域)や仏印・タイの鉱業、農林業、工業、交易、交通および通信などについて、進出する日本企業の具体的な担当地点(地域)とその担当者の選定を行なった。一九四二年十一月に大東亜

省ができると、大東亜省連絡委員会第一部会にその機能を譲り、廃止された。→南方経済対策要綱

参考文献 大東亜省連絡委員会第一部会『南方経済対策（改訂版）』（一九四三） （安達 宏昭）

たいわんおきこうくうせん 台湾沖航空戦 一九四四年十月、台湾沖で行われた日米間の戦闘。マッカーサー麾下の南西太平洋軍のフィリピン進攻作戦の地ならしとして、ハルゼー率いる米第三艦隊は沖縄を空襲し、ついで台湾を襲った。マッカーサーの作戦に太平洋艦隊が出動した最初であった。四四年十月十二日から十四日にかけて作戦が開始され、これを福留繁の第二航空艦隊が迎撃し、同艦隊のT攻撃部隊が米艦隊を攻撃した。その戦果報告は空母十一、戦艦二、巡洋艦三隻など撃沈といった信じがたいものであったが、海軍だけでなく陸軍にも真に受けるものが多かった。実際の戦果は、撃墜八十九機、重巡大破二隻、軽巡小破一隻にすぎなかった。大本営は米艦隊が壊滅的打撃を受けたと判断し、ルソン島を決戦場とするフィリピン作戦計画を急遽レイテ島に変更した。第十四方面軍司令官に赴任した山下奉文はこの変更に強く反対したが、大本営および南方軍総司令部の命令に服するほかなかった。ルソン島から精鋭師団や戦車師団がレイテに送られたが、途中で多くが海没し、レイテ決戦は脆くも崩れ、続くルソン戦は最初から持久作戦になった。

参考文献 防衛庁防衛研修所戦史室編『捷号陸軍作戦』一（『戦史叢書』四一、一九七〇、朝雲新聞社）、同編『海軍航空概史』（同九五、一九七六、朝雲新聞社） （田中 宏巳）

たいわんきょういくれい 台湾教育令 植民地台湾における教育の基本的法令。一九一九年一月四日に公布された台湾教育令（勅令第一号）は、台湾における台湾人の教育の諸制度を一本化し、「忠良なる国民を育成」する目的のもとに普通教育・実業教育・専門教育・師範教育をほどこすとした。台湾総督が武官から文官に交替すると同令は廃止され、田健治郎台湾総督は「内台人共学」を政策の柱に掲げ、二二年二月六日、あらたな台湾教育令（勅令第二〇号）が制定された。これにより、「内地人」と「台湾人」の教育システムが一本化された。ただ、高等普通教育などは民族的共学が進んだが、初等普通教育では「国語を常用する者」は小学校、「国語を常用せざる者」は公学校に区別され、実態は「内台人共学」の理念とかけ離れていた。戦時体制に即応して内地で国民学校制度が実施されると、台湾でも四一年三月に台湾教育令が一部改正され、小学校や公学校も国民学校と改称された。

参考文献 上沼八郎「台湾教育史」（世界教育史研究会編『世界教育史大系』二所収、一九七五、講談社）、阿部洋「「台湾教育令」の制定過程」（『アジア教育』六、二〇一二） （近藤 正己）

たいわんぎんこう 台湾銀行 戦前の特殊銀行の一つ。一八九七年四月一日公布の台湾銀行法にもとづき、九九年七月に設立された（本店は台北）。植民地台湾において銀行券発行を行うと同時に、一般の銀行業務も営んだ。第一次大戦期に本土における貸出を拡大したが、戦後の不況期に鈴木商店および鈴木系企業への多額の貸出が不良債権となった。一九二三年と二五年に整理を行なったものの、結局二七年の金融恐慌で経営破綻し、内地・在外店が休業に追い込まれた。「台湾の金融機関に対する資金融通に関する法律」（二七年五月九日公布）等により政府による救済がなされるとともに、資本金を三分の一に減資して、経営再建が図られた。日中戦争以降、外国為替業務は衰退したが、揚子江以南の中国および南方（シンガポール、ジャワ、フィリピン等）において営業を拡大して行なった。戦後、四五年十月に閉鎖機関に指定され、四六年五月に本店と台湾内の店舗が中華民国により接収された。

参考文献 『台湾銀行史』（一九六四） （浅井 良夫）

たいわんぐん 台湾軍 台湾総督の文官任用が可能となった一九一九年八月に、新たに設置された軍。台湾軍司令官には陸軍大将または中将が就任し、天皇に直隷して台湾の諸部隊を統率した。初代司令官は明石元二郎。それに先立つ一八九五年八月、台湾総督府条例により島内の抗日武装闘争に対抗するために台湾総督の下に軍事官衙を置いて軍政を施行したが、翌九六年四月に軍政を廃止した際に設置した台湾守備混成旅団が前身である。一九〇七年八月に台湾守備混成旅団は台湾守備隊となり、第一守備隊を台北、第二守備隊を台南に置いた。台湾守備隊は、盧溝橋事件後重藤支隊の下に台湾混成旅団を編成し、第二次上海事変や南京追撃戦に参加した。三九年には第二十一軍司令官の下で海南島作戦・南寧作戦を戦った。四一年九月には名称を第四十八師団と変え、南方軍の諸作戦に従事した。台湾軍は四四年九月からは第十方面軍に編入され、捷号作戦・沖縄作戦および台湾における築城作業に従事した。

参考文献 「台湾軍司令部条例」（アジア歴史資料センター、C02030866600）、「台湾軍、東南支那沿岸防備強化ニ関スル件」（同、C13071062000） （芳井 研一）

たいわんじゅうようぶっしえいだん 台湾重要物資営団 「台湾に於ける戦力増強企業整備基本要綱」に基づく台湾重要物資営団（台湾総督府律令）によって一九四四年三月に設立された特殊法人。前身は十六の貿易統制会社によって構成された台湾貿易会。資本金四百万円のうち三百万円は政府が出資し、百万円は三井物産・三菱商事・台湾青果・安部幸商店・合同鳳梨・台湾銀行・杉原産業などの民間企業に割り当てられた。理事長は石井竜猪（台湾拓殖理事）、理事は貝山好美（台湾貿易振興社長）、河合与一郎（福大公司総務課長）らが務めた。㈠緊要産業設備の建設・維持、㈡物資輸送のための船舶建造、㈢未動遊休設備および転配業の結果として生じる商工業者の資産整理・活用、㈣交易の一元的統制、㈤戦時生活必需

物資の確保、㈥金属類の回収を目的とした。内地における産業設備営団、国民更生金庫および交易営団の役割を兼ね備えることが期待された。

参考文献 台湾銀行調査部『台湾金融経済月報』(一九二九―四五)、「戦力増強企業整備に就て」(『台湾日日新報』一九四三年十二月三十一日)、「本島産業再編成へ／重要物資営団設立」(同一九四四年一月二十四日)

(谷ヶ城秀吉)

たいわんじんへいし 台湾人兵士 日本の植民地統治下の台湾にあって、兵士、あるいは軍属として日本軍の配下にあった人々。乃木希典台湾総督らは植民地人民を土郷兵として採用し台湾土民軍の編成を構想した。実際には一八九七年から数年にわたり台湾人が軍役志願者として台湾守備隊に入営し、銃器も携帯したが、児玉源太郎総督のときにこの制度は廃止された。一九二〇年代に兵役法を施行する際、軍中央は植民地人民に徴兵制の施行を議論したことがあるが見送られ、植民地には徴兵制が施行されない時期が長く続いた。三七年盧溝橋事件以後、台湾軍が上海、広東方面に動員する際、台湾人を徴発、徴傭して行李を運搬させる軍夫として、あるいは通訳などに使用した。また台湾農業義勇団を組織し、上海・南京の軍農場で軍用蔬菜を栽培させ、日本軍に供給させた。アジア・太平洋戦争期には台湾特設労務奉公団、台湾特設勤労団、台湾特設農業団などを組織し、軍夫、軍農夫として軍の労働に従事させた。また、台湾先住民に対しては、高砂義勇隊を組織し、とりわけ山岳地帯などの軍事行動に従事させた。陸軍特別志願兵制度は、朝鮮、台湾の十七歳以上の男子を選考の上で現役、または第一補充兵役に編入するもので、朝鮮には三八年四月、台湾には四二年四月に陸軍特別志願兵令が施行された。また、海軍特別志願兵令は四三年八月に朝鮮、台湾で同時に施行された。四三年九月、台湾への兵役法施行が閣議決定され、入営は当初四五年とされていたが、四四年末からの連合軍の台湾空襲により部隊兵力の不足を補うため、徴兵検査が繰り上げ実施され入営は四五年二月から始まった。戦後の厚生省統計によると、日本軍に従軍した台湾人軍人は八万四百三十三人、軍属は十二万六千七百五十人とされる。かれらのなかには捕虜監視などによってBC級戦犯となったものもいる。 →高砂義勇隊 →特別志願兵制度

参考文献 加藤邦彦『一視同仁の果て—台湾人元軍属の境遇—』(一九七八、勁草書房)、近藤正己『総力戦と台湾—日本植民地崩壊の研究—』(一九九六、刀水書房)

(近藤 正己)

たいわんせいとうかいしゃ 台湾製糖会社 益田孝(三井物産)と後藤新平(台湾総督府民政長官)の構想に基づいて一九〇〇年に設立された株式会社。設立時に百万円であった公称資本金は、四一年下期には六千三百万円となった。アジア・太平洋戦争勃発時の本社は、台湾南部の高雄州屏東市。阿緱・恒春・三崁店・橋仔頭の各工場で砂糖および酒精の製造に従事したほか、社有地(面積約五万七千甲、四一年下期)・社有鉄道(総延長約一〇〇〇キロ、同)の経営からも相当程度の収入を得た。アジア・太平洋戦争期においても業績は堅調であり、四三年上期までの払込資本金利益率は一五%以上、配当率は一一～一二%を維持した。敗戦後、台湾製糖は日糖興業、明治製糖、塩水港製糖などとともに国民政府に接収された。国民政府は、この四社を基盤として台湾糖業公司(本社上海)を設立、旧糖業連合会事務所を接収弁事所と改称して経営が続けられた。

参考文献 塩谷誠編『日糖六十五年史』(一九六〇)、久保文克『植民地企業経営史論—「準国策会社」の実証的研究—』(一九九七、日本経済評論社)、やまだあつし「植民地時代末期台湾工業の構造—国民党の接収記録を利用して—」(『人文学報』七九、一九九七)

(谷ヶ城秀吉)

たいわんそうとくふ 台湾総督府 一八九五年から一九四五年まで日本が台湾を支配した植民地行政官庁。下関条約締結後、日本軍が台北を占領すると旧布政使衙門に台湾総督府を置き、一八九五年六月二十日に始政式を挙行。八月台湾総督府条例(陸達第七〇号)を発し「全島鎮定」まで軍事官衙としての台湾総督府が組織され、軍政を施行した。翌九六年三月、勅令によって台湾総督府条例を定め、親任職とされ陸海軍大将もしくは中将が充てられた台湾総督が政務全般を統轄し、総督府令を発し、また兵力を使用し守備隊長などに民政事務を兼掌させた。さらに、「台湾に施行すべき法令に関する法律」(法律第六三号)により法律と同等の効力を有する律令を制定する権限を有し、裁判官・検察官の任命権をもち法院を管轄下におき、広範な権力を保持していた。武官の台湾総督には樺山資紀、桂太郎、乃木希典、児玉源太郎、佐久間左馬太、安東貞美、明石元二郎がいる。一九一九年、原敬内閣のときに文武官併任制に改められ、文官の田健治郎が台湾総督に就任した。文官総督は兵権が解かれ、台湾

台湾総督府

総督府の軍事機関は新たに設けられた台湾軍司令部に移行し、台湾総督には司令官に対して兵力使用を請求する権限が与えられた。また、地方行政機関の首長も管轄区域内に非常事態が起きたら守備隊に出兵を要求する権限が与えられていた。台湾総督を補佐する総務長官のもとに内務・財務・逓信・殖産・土木・警務・法務局などの内局と、法院・鉄道部・専売局などの所属官衙が設けられた。田以後、文官総督には内田嘉吉、伊沢多喜男、上山満之進、川村竹治、石塚英蔵、太田政弘、南弘、中川健蔵、小林躋造が続いた。海軍予備役の小林総督の後には、現役海軍大将の長谷川清が就任して武官総督が復活し、四四年には現役陸軍大将の安藤利吉が就任し、安藤は軍司令官を兼任した。　（近藤　正己）

参考文献　黄昭堂『台湾総督府』（『教育社歴史新書（日本史）』、一九八一、教育社）

たいわんたくしょくかいしゃ　台湾拓殖会社　台湾拓殖株式会社法に基づいて一九三六年十一月に設立された特殊会社。設立時の公称資本金は三千万円（四二年六千万円に増資）。資本金の半額が台湾総督府の現物出資によってまかなわれたほか、大日本製糖、明治製糖、台湾製糖などの製糖会社が出資に応じた。本社は台北。台湾島内の各地や東京、広東、海口などに支店を置いた。設立時の社長は、三菱商事常務取締役や三菱合資会社理事を歴任した加藤恭平。四四年十一月に加藤が退任すると、大蔵大臣や貴族院議員などを務めた河田烈が社長となった。台湾島内では、社有地の貸付や開墾・干拓・斫伐事業などに従事しつつ、甘蔗を原料とする航空機燃料の製造にも着手した。また、海外では自動車輸送業（海南島）や鉱山業（仏印）、棉花栽培（タイ）などを展開した。四五年九月、GHQによって閉鎖機関に指定され、清算業務を経て解散した。

参考文献　湊照宏「太平洋戦争期における台湾拓殖会社の金融構造」（『日本植民地研究』一八、二〇〇六）、齊藤直「戦時経済下における資本市場と国策会社—台湾拓殖が直面した株式市場からの制約—」（『経営史学』四三ノ四、二〇〇九）、谷ヶ城秀吉「戦時経済下における国策会社の利益確保行動—台湾拓殖を事例に—」（『日本植民地研究』二二、二〇一〇）　（谷ヶ城秀吉）

たおかりょういち　田岡良一　一八九八—一九八五　昭和期の国際法学者。一八九八年三月二十八日、田岡嶺雲の長男として高知県に生まれる。第六高等学校、京都帝国大学法学部卒。二二年京都帝国大学助手、二四年東北帝国大学助教授、三〇年東北帝国大学教授。四〇年、京都帝国大学より法学博士を授与され（学位論文「空襲と国際法」）、同年三月京都帝国大学教授となる。第一次大戦後、空襲が次第に大規模かつ無差別的に実行されつつある状況に、早くから警鐘を鳴らす。三〇年代を中心に、軍事目標主義（Doctrine of Military Objective）を唱え、都市に対する爆撃は「占領の企図に対し抵抗しつつある都市」の軍事目標に限定されること、非戦闘員や無抵抗者を攻撃対象とすることは「不正な戦争方法」と論じた。また高射砲などの軍事施設が存在するだけで、無防守都市に対する爆撃を可能とするような見解は、無差別目的に発展しかねないとして否定した点も注目される。戦後、京都大学、神戸大学などで教鞭を執る。八五年五月二十九日没。八十七歳。

参考文献　田畑茂二郎「故田岡良一先生の国際法研究のあとを顧みて」（『国際法外交雑誌』八四ノ四、一九八五）、「故田岡良一教授遺稿略歴・主要著作目録」（『大阪経済法科大学法学論集』一三、一九八六）、伊香俊哉『満州事変から日中全面戦争へ』（『戦争の日本史』二二、二〇〇七、吉川弘文館）　（横島　公司）

たかお　高雄　高雄型一等巡洋艦の一番艦。一九二七年四月二十八日、横須賀海軍工廠において起工、三〇年五月十二日進水、三二年五月三十一日竣工した。基準排水量一万二九八六トン、主要兵装二〇・三センチ連装砲五基、六一センチ連装魚雷発射管四基、速力三五・五ノット（時速約六六キロ）。三七年の日中戦争では、上海上陸作戦、北支沿岸封鎖作戦等に参加。改装時に後檣を四番主砲塔直前に移設した。アジア・太平洋戦争では、南方攻略作戦支援、アリューシャン攻略作戦、第二次ソロモン海戦、南太平洋海戦、第三次ソロモン海戦、ガダルカナル島撤収作戦、マリアナ沖海戦、比島沖海戦等の主要な海戦に参加した。比島沖海戦で中破し、そのままシンガポール港で終戦を迎える。四六年十月二十九日、英海軍によってマラッカ海峡で海没処分となった。

高　雄

参考文献　福井静夫『日本巡洋艦物語』（『福井静夫著作集』四、一九九二、光人社）、海軍歴史保存会編『日本海軍史』七（一九九五、第一法規出版）、雑誌「丸」編集部編『（ハ

ンディ版）日本海軍艦艇写真集』一〇（一九九七、光人社）
（太田 久元）

たかぎそうきち 高木惣吉 一八九三―一九七九 海軍軍人。一八九三年八月十九日（届出十一月十日）、熊本県の小作農の高木鶴吉の長男として生まれる。製本所で裁断工をするなど苦学の末、一九一二年、海軍兵学校入学、一五年卒業（第四十三期）。二七年海軍大学校を卒業し、フランスに駐在。三七年、海軍省臨時調査課長、同年大佐となる。日中戦争、日独伊三国同盟などで不安定な政局の中、政界情報の収集にあたった。開戦後の四二年六月、舞鶴鎮守府参謀長に転出。四三年五月少将、九月に軍令部出仕の肩書で中央に復帰、四四年三月、教育局長。重臣の近衛文麿や岡田啓介と連絡して、海相嶋田繁太郎の更迭運動を行い、東条内閣が総辞職する原因をつくった。同年八月、海軍次官の井上成美から時局収拾（和平）の研究を命ぜられ、その研究内容は海相米内光政に報告された。降伏後は東久邇宮内閣で内閣副書記官長をつとめた。四八年、『終戦覚書』（アテネ文庫）を出版し、戦後は文筆活動を行なった。七九年七月二十七日死去。八十五歳。日記をはじめ高木の残した膨大な一次史料は、昭和史研究に欠かせないものとなっている。

参考文献 藤岡泰周『海軍少将高木惣吉―海軍省調査課と民間人頭脳集団―』（一九八六、光人社）、渋谷敦『積乱雲―海軍少将高木惣吉―』（二〇〇〇、熊本日日新聞社）、川越重男『かくて、太平洋戦争は終わった―亡国の危機から日本を救った男たち―』（『PHP文庫』、二〇〇五、PHP研究所）、平瀬努『海軍少将高木惣吉正伝―本土決戦を阻止した一軍人の壮絶なる生涯―』（二〇〇七、光人社）
（鈴木 多聞）

たかくらしんいちろう 高倉新一郎 一九〇二―九〇 北海道史研究に大きな業績を遺したことで知られる。一九〇二年十一月二十三日、北海道河西郡帯広町（現帯広市）に、肥料販売などを営み、のち高倉農場なども経営した高倉安次郎・かつの長男として生まれる。二六年北海道帝国大学農学部農業経済学科を卒業し同学部副手、助手などを経て北海道大学農学部、経済学部教授、北海学園大学学長などを歴任。この間、『新撰北海道史』（三六―三七年）編さんなどに従事、北海道帝国大学における北方文化研究室の開設（三七年）に際して研究員となり、中心的な役割を果たす。戦後も道内の自治体史や北海道史史料の収集と紹介などに携わり、『新北海道史』（七〇―八一年）では総編集長をつとめる。大学で高岡熊雄らが率いた農政学植民学を専攻、北海道史、アイヌ政策史に関する著書・論文多数。四五年『アイヌ政策史』（四二年）により農学博士。「植民政策論中の原住者政策の研究に一資料を提供しようとする」（序論）ことを掲げた同書は代表作の一つとなった。このほかの三〇―四〇年代の主な著書に、『北海道文化史序説』『北辺・開拓・アイヌ』（いずれも四二年）がある。九〇年六月七日死去。八十七歳。

参考文献 高倉新一郎著作集刊行会『青嵐に昇華す―高倉新一郎追悼集―』（一九九二、北海道出版企画センター）、竹野学「植民地開拓と『北海道の経験』―植民学における『北大学派』―」（『北大百二十五年史』論文・資料編所収、二〇〇三）、『高倉新一郎著作集』（一九九五―、北海道出版企画センター）
（小川 正人）

たかくらてる 高倉輝 一八九一―一九八六 大正・昭和期の作家、社会運動家。本名は輝豊。別名は高倉テル、タカクラ・テル。一八九一年四月十四日、高知県に生まれた。第三高等学校を経て、京都帝国大学英文科に進み一九一六年卒業。二〇年代は作家として活躍するとともに長野に移り住んで自由大学運動に奔走し、次第に農民運動に接近した。三三年の二・四事件（長野県「教員赤化事件」）で検挙され、上申書を出して三四年七月に保釈、控訴審で懲役二年・執行猶予三年の判決を受けた。その後三九年、四二年、四四年と三度逮捕された。その間、三五年ごろより国字・国語問題の研究に取り組み、漢字制限や発音式かなづかいなどを主張し、その成果は四三年『ニッポン語』にまとめられた。また、国民文学の確立、標準語による日本語の統一を主張し、四〇年『大原幽学』を刊行。農業生産力の向上をめざし共同組合・水利問題の研究や活動も行なった。これらの言行は大衆やその生活要求に立脚する反面、民族主義や生産力理論にも立ち総力戦遂行に沿う側面をも合わせもった。四四年検挙後、四五年三月に警視庁から脱走したが半年後に逮捕され、敗戦後の十月一日まで豊多摩刑務所に入獄。戦後は日本共産党に入党し、四六年衆議院議員に当選。五〇年には参議院選挙で全国区から当選したが、GHQによる公職追放指令で無効となった。その後、中国・ソ連に亡命し、五九年帰国。六一年に日本共産党中央委員、七三年に同党中央委員会顧問となった。八六年四月二日死去。九十四歳。

参考文献 『タカクラ・テル名作選』（一九五三、理論社）、思想の科学研究会編『共同研究転向』上（一九五九、平凡社）
（吉川 圭太）

たかさきたつのすけ 高碕達之助 一八八五―一九六四 大正・昭和期の実業家、政治家。一八八五年二月七日、大阪府に生まれる。一九〇六年に農商務省水産講習所製造科を卒業。一七年に東洋製缶を創立し、全国に製缶工場を展開する。四〇年に満洲重工業開発株式会社理事、四一年に同副総裁、四二年に同総裁に就任する。この時期に戦後に首相となる岸信介の知遇を得た。戦後は在満日本人の引揚げに尽力し、また中国国民政府東北行営顧問として日本企業の接収に協力した。帰国後は公職追放、電源開発会社総裁を経て、五五年に衆議院議員選挙に当選し、鳩山一郎内閣・岸信介内閣で経済企画庁長官、通商産業大臣などを歴任する。また五五年の第一回アジア・アフリカ会議では日本政府主席代表を、五八年、六〇年、六二年の日ソ漁業交渉で日本政府代表を務めた。六二年に訪中し、廖承志との間で「日中総合貿易に関する覚書」

に調印した。六四年二月二十四日没。七十九歳。

参考文献　松岡信之「高碕達之助の政治観(上)—「満州」時代と電源開発時代を通して—」(『政治学研究論集』三三、二〇一〇)　(加藤　祐介)

たかさごぎゆうたい　高砂義勇隊　アジア・太平洋戦争で南方戦線に投入された台湾先住民部隊。フィリピン軍最高指揮官の本間雅晴が台湾軍を通じて、軍後方勤務に使用する労務者千名の供出を台湾総督府に要請した。台湾総督府は一九四二年三月、先住民人口に応じて地方ごとに隊員供出を割り当て、駐在所の理蕃警察が募集にあたった。こうして組織されたのが高砂挺身報国隊で、大隊編成で二個中隊に分かれ、中隊は三個小隊からなり、台湾総督府警察官が大隊長、中隊長となって指揮した。高砂挺身報国隊はバタアン戦線に投入され、主として山岳森林地帯での糧秣・弾薬運搬、道路建設、負傷兵士の担送などにあたった。身分は軍属とされた。この高砂挺身報国隊がのち第一回高砂義勇隊と改称され、これ以後、海軍も南方地域の山岳戦や設営隊作業として供出を求めたため、高砂義勇隊は第一回から第七回にわたり約四千人が動員された。派遣先はニューギニア、モロタイ島、パラオなどであった。

参考文献　近藤正己『総力戦と台湾—日本植民地崩壊の研究—』(一九九六、刀水書房)、林えいだい『証言台湾高砂義勇隊』(一九九八、草風館)　(近藤　正己)

たかたやすま　高田保馬　一八八三—一九七二　社会学者、経済学者。一八八三年十二月二十七日、佐賀県に生まれる。一九一〇年、京都帝国大学文科大学哲学科を卒業、大学院に進む。一九年に『社会学原理』、二二年に『社会と国家』、『社会学概論』を刊行。総合社会学の立場を批判し、特殊科学としての社会学の立場を示すとともに、社会の本質を「有情者の結合」あるいは「望まれたる共存」にあるとする心的結合説に立ち、社会学を人間結合の学とみた。二九年、京都帝国大学経済学部教授に就任する。三五年に『民族の問題』、四二年に『民族論』、『民族耐乏』を刊行。四三年、文部省により民族研究所が設立され、その所長を兼任する。戦時期は日本・満洲・中国を含む「東亜民族」の紐帯を重視する「東亜民族論」を唱えた。四六年、京都帝国大学経済学部教員適格審査委員会によって教員不適格の判定を受けるが、五一年に取り消される。七二年二月二日没。八十八歳。

参考文献　高田保馬博士追想録刊行会編『高田保馬博士の生涯と学説』(一九八一、創文社)、北島滋『高田保馬—理論と政策の無媒介的合一—』(『シリーズ世界の社会学・日本の社会学』、二〇〇二、東信堂)、『高田保馬・社会学セレクション』(二〇〇三、ミネルヴァ書房)　(平野　敬和)

たかはしけんじ　高橋健二　一九〇二—九八　ドイツ文学者。一九〇二年九月十八日、東京に生まれる。第一高等学校在籍時は尾崎秀実と交友。東京帝国大学ドイツ文学科に在学中、山本有三・芥川龍之介・菊池寛らの知遇を得た。二五年卒業後に成蹊高等学校のドイツ語教師となる。三一年にはじめてのドイツ留学をしてから数次に渡り留学。ヘッセ、ケストナーらと交遊し、翻訳や紹介につとめる。学生時代や留学時の文人とのこうした関わりが後年のヒューマニズムに立脚する文学研究の基礎となった。四二年には大政翼賛会文化部長に就任(戦後は公にするのを厭う傾向にあった)、四三年には大政翼賛会宣伝部から『戦争生活と文化』を著す。四二年に設立された日本文学報国会の九つある部会の一つ、外国文学部会の常任理事もつとめた。五一年に中央大学講師、翌五二年に教授となる。五八年、ヘッセ研究と訳業で読売文学賞受賞。六八年『グリム兄弟』(新潮選書)で芸術選奨文部大臣賞受賞。六九年、芸術院賞受賞。第八代日本ペンクラブ会長(七七—八一年)。八五年、文化功労者に選出される。九八年三月二日没。九十五歳。

参考文献　高田里恵子『文学部をめぐる病い—教養主義・ナチス・旧制高校—』(二〇〇一、松籟社)　(大澤　聡)

たかはしざいせい　高橋財政　一九三一年十二月に犬養毅内閣の大蔵大臣に就任した高橋是清が、斎藤実内閣、岡田啓介内閣と大蔵大臣を続け、三六年二月に二・二六事件で暗殺されるまでの間に採用した財政政策をいう。高橋の採用した経済政策は、財政政策、金融政策、為替管理政策、通商政策などを組み合わせた体系的な景気刺激政策であった。景気回復の直接の契機となったのは、大蔵大臣就任当日に実施した金輸出再禁止措置であった。その結果、為替相場は短期間で急速に円安となり、輸入防遏と輸出促進の効果をもった。第二は、公定歩合引き下げを通した市中金利の引き下げ、国債の日銀引受によるマネーサプライの増大といった金融緩和政策が矢継ぎ早に取られ、これを通じた物価上昇がもたらされた。第三は、国債日銀引受によって得られた政府資金の市場散布で、満洲事変費や時局匡救事業費などの臨時支出、一般会計予算の膨張などが進められた。こうした拡張的財政政策に支えられた政府需要の拡大を通して景気回復が企図された。第四は、関税改正、特に重化学工業関税改正で、これらの産業を保護することにより国内需要の拡大がもたらされた。こうして日本経済は、三二年以降世界に先駆けて恐慌から脱出した。その後、高橋は、三五年ごろには経済は安定軌道に乗ったと判断し、公債発行の漸減や軍事支出増大の停止を実現しようとした。しかし、この政策提言が軍部の反発を買い、三六年二月二十六日、陸軍皇道派青年将校らによって暗殺された。いわゆる二・二六事件である。高橋暗殺後、国債日銀引受は、臨時軍事費特別公債に対して実施されるようになり、戦後のハイパー＝インフレの根因となった。

↓昭和恐慌

参考文献　三和良一『戦間期日本の経済政策史的研究』(二〇〇三、東京大学出版会)、岩田規久男編『昭和恐慌の研究』(二〇〇四、東洋経済新報社)、井手英策『高橋財政の研究—昭和恐慌からの脱出と財政再建への苦闘—』(二〇〇六、

有斐閣）　（伊藤　正直）

たかはしさんきち　高橋三吉　一八八二―一九六六　海軍軍人。一八八二年八月二十四日、旧岡山藩士高橋信孝の三男として東京に生まれる。一九〇一年十二月、海軍兵学校卒（第二十九期）。三二年、軍令部次長に就任。在任中に軍令部の権限を強めるために省部互渉規定を改正。その背景には皇族の権威を利用した伏見宮博恭軍令部長と「艦隊派」の後押しがあった。三四年十一月、連合艦隊司令長官に補される。在任中に第四艦隊事件が発生。三六年四月、大将昇進。同年十二月、軍事参議官に転出。三九年四月、予備役編入。のちに興亜同盟副総裁、東京港水上消防署設立協賛会会長を歴任。戦後、A級戦犯として逮捕されるが不起訴で釈放となった。六六年六月十五日没。八十三歳。

参考文献　高橋信一編『我か海軍と高橋三吉』（一九七〇）、麻田貞雄『両大戦間の日米関係―海軍と政策決定過程―』（一九九三、東京大学出版会）　（佐藤　宏治）

たかまつのみやのぶひとしんのう　高松宮宣仁親王　一九〇五―八七　昭和期の皇族、海軍大佐。一九〇五年一月三日、大正天皇・貞明皇后の第三皇子として生まれる。幼称光宮。一三年高松宮家創設。二四年海軍兵学校卒（第五十二期）、二五年海軍少尉任官。三〇年徳川慶久公爵の娘喜久子と結婚。兄の秩父宮と異なり、国家改造運動からは距離を置いており、二・二六事件の際には、秩父宮を東京に呼び、ともに昭和天皇を支えた。秩父宮が病気で療養生活に入ると、天皇に万が一のことがあった際の摂政候補と見なされるようになった。対英米戦開戦後は、軍令部に勤務していたこともあり、海軍の戦況について知悉していたため、早期から戦局に悲観的な考えを持っていた。そこで近衛文麿の女婿細川護貞を秘書役とし、終戦工作のための情報収集などにあたらせ、東条内閣打倒に一定の役割を果たした。また、皇族の立場を利用して、昭和天皇に嶋田繁太郎海相の更迭を具申するなど、天皇への直接の働きかけをたびたび行なった。高松宮は昭和天皇の情報源が東条英機首相や木戸幸一内大臣に偏っており、異なる視点からの情報を天皇に伝える必要があると考えていた。これに対し昭和天皇は、輔弼責任のない皇族が個人的に意見を具申することに不快感を示しており、高松宮と深刻な意見対立を引き起こした。そのため四四年八月に横須賀海軍砲術学校教頭へと転任させられた。占領期にはGHQの高官や外国人記者などを宮邸に招いてパーティーをするなど、天皇制への批判を抑えるための努力を行なった。また同胞援護会の総裁として、戦争未亡人や引揚者などの慰問を積極的に行なった。八七年二月三日没。八十二歳。一九二一―四七年まで付けていた日記が、死後、喜久子妃の強い要望によって『高松宮日記』全八巻（九六―九七年、中央公論社）として公刊された。

参考文献　後藤致人『昭和天皇と近現代日本』（二〇〇三、吉川弘文館）、濱田英毅「高松宮宣仁親王論―皇族としての終戦工作の行動原理―」（『学習院史学』四四、二〇〇六）、小田部雄次『昭和天皇と弟宮』（『角川選書』、二〇一一、角川学芸出版）　（瀬畑　源）

たかむれいつえ　高群逸枝　一八九四―一九六四　詩人、思想家、女性史研究家。一八九四年一月十八日、熊本県で小学校校長勝太郎・登代の長女として生まれる。戸籍名イツエ。熊本師範学校女子部を中退、小学校の代用教員となる。同人誌で知り合った橋本憲三との恋愛に苦しみ、四国巡礼に出て、『九州日日新聞』に連載した「娘巡礼記」が評判となる。一九二〇年上京、長編詩「日月の上に」などで天才詩人といわれる。平凡社に入社した憲三と結婚。次第に階級意識に目覚め、三〇年無産婦人連盟を結成し『婦人戦線』を創刊した。三一年世田谷の「森の家」に転居し、女性史研究の道に入り、三八年大著『母系制の研究』を刊行した。紀元二千六百年を記念した『女性二千六百年史』を刊行、大日本婦人会の『日本婦人』にも戦争協力を勧める「日本女性史」などを連載した。戦後は『招婿婚の研究』などを著わして日本女性史研究の基礎を築いた。六四年六月七日に七十歳で死去。著書に『高群逸枝全集』全十巻（一九六六―六七年、理論社）、『火の国の女の日記』上下（一九七四年、講談社文庫）などがある。

参考文献　鹿野政直・堀場清子『高群逸枝』（『朝日評伝選』一五、一九七七、朝日新聞社）、西川祐子『森の家の巫女高群逸枝』（一九八二、新潮社）　（折井美耶子）

たからべたけし　財部彪　一八六七―一九四九　海軍軍人。首相・海相を務めた山本権兵衛海軍大将の女婿。一八六七年五月十日（慶応三年四月七日）、日向国都城（宮崎県）生まれ。八九年海軍兵学校卒（十五期、首席）、九三年海軍大学校卒。一九〇五年大佐、〇九年少将、一三年中将。海兵首席という成績、そして山本権兵衛の女婿ということもあり将来を嘱望され、少将・中将への進級は同期の中で最も早かった。〇九年海軍次官となるが、一四年シーメンス事件により待命。しかし一五年には第三艦隊司令官として要職に復帰、一九年大将に進級し二三年五月―二四年一月、同年六月―二七年四月、二九年七月―三〇年十月と海軍大臣を三度務める。三度目の在職時、ロンドン条約を巡りいわゆる「艦隊派」と「条約派」の対立が発生する中、十分に部内を統制できず条約批准後に大臣を辞任、軍事参議官となった。晩年は自適の生活

財　部　彪

を送り一九四九年一月十三日没。八十三歳。

［参考文献］ 坂野潤治他編『財部彪日記―海軍次官時代―』（『近代日本史料選書』一二ノ一―二、一九八三、山川出版社）、樋口兼三編『いま甦る提督財部彪』（一九八一、財部彪顕彰会）　（坂口　太助）

たきがわゆきとき　滝川幸辰　一八九一―一九六二　大正・昭和期の刑法学者。一八九一年二月二十四日、逓信省官吏の滝川豊三郎の長男として岡山県に生まれ、大阪、神戸で育つ。一九一五年、京都帝国大学法科卒業。判事を経て一八年京大助教授、二四年同教授。この間、二二年から二四年までドイツに留学し、新カント派哲学に基づく刑法学者M・E・マイヤーなどに師事した。旧派刑法理論、応報刑思想に立つ刑法学者として業績をあげたが、その講演や著書が「危険思想」として問題とされ、三三年四月には『刑法読本』『刑法講義』が発売頒布禁止処分となり、文部省から辞職または休職を求められた。これに対して京大法学部教授会は反対を表明、学生も抗議運動を展開し、滝川事件に発展した。同年五月二十六日、文部省は滝川の休職処分を発令し、法学部教官は総辞職した。七月十一日、文部省は硬派六教授のみの辞表を受理した。京大辞職後は研究活動に打ち込み、「罪刑法定主義の再認識」をはじめ多くの論文を発表し、三八年には『犯罪論序説』を著した。これらはナチス刑法にみられる罪刑法定主義否定の動向に対し、罪刑法定主義による自由保障機能の重要性を説くものである。三八年に大阪弁護士会所属の弁護士となって大阪中之島に事務所を開き、経済統制違反事件やいくつかの治安維持法事件などに取り組んだ。戦後は四六年二月に京大復職、法学部長となる。同年六月十九日、極東国際軍事裁判法廷に証人として出廷し、戦前における自由主義圧迫の経緯を証言した。五三年に京大総長に就任（五七年まで）、在任中には学生運動との軋轢・対立を起こし、総長に対する「暴行」事件は二学生の逮捕者を出し刑事裁判となった。六二年十一月十六日死去。七十一歳。

滝川幸辰

［参考文献］ 滝川幸辰先生記念会『滝川幸辰―文と人―』（一九六三、世界思想社）、伊藤孝夫『滝川幸辰―汝の道を歩め―』（『ミネルヴァ日本評伝選』、二〇〇三、ミネルヴァ書房）、松尾尊兊『滝川事件』（『岩波現代文庫』、二〇〇五、岩波書店）　（吉川　圭太）

たきぐちしゅうぞう　瀧口修造　一九〇三―七九　昭和期の詩人、美術評論家。一九〇三年十二月七日、富山県で出生。二三年慶応大学文学部予科に入学するも関東大震災を機に退学、北海道小樽に渡る。二五年復学、西脇順三郎の影響下でシュルレアリスムと出会い、実験的な詩作活動に没頭。三二年PCL映画製作所に入社、勤務の傍ら美術評論活動をはじめ二十世紀芸術の紹介に努める。三六年「アヴァンギャルド芸術家クラブ」を組織、三七年「海外超現実主義作品展」開催に尽力。三八年、戸坂潤の要請により唯物論全書を引き継ぐ三笠全書の一冊として『近代芸術』を刊行。前衛美術運動の理論的指導者として活躍。四一年四月、治安維持法違反の疑いで検挙、起訴猶予処分で釈放後は時局に即した執筆活動を余儀なくされた。戦後は啓蒙的な批評活動を再開、五九年美術評論家連盟会長。晩年は個人的な制作活動や内外の芸術家との交流に専念した。七九年七月一日没。七十五歳。　→シュールリアリズム事件（じけん）

［参考文献］ 大岡信『ミクロコスモス瀧口修造』（一九八四、みすず書房）、『コレクション瀧口修造』（一九九〇―九六、みすず書房）　（小沢　節子）

たきまさお　滝正雄　一八八四―一九六九　大正、昭和戦前・戦中期の法学者、政治家。一八八四年四月十四日、愛知県に生まれる。一九一一年京都帝国大学法科大学卒業、大学院入学。一二年から一六年に京大法科講師を勤め、学生であった近衛文麿も受講。一七年四月衆議院議員当選。原敬内閣の床次竹二郎内相秘書官となり、床次とともに政友会、政友本党、民政党、政友会、三五年床次死去以後も昭和会、無所属と遍歴。その後近衛の側近となり、三七年第一次近衛内閣で法制局長官、企画院総裁に就任、三八年国家総動員法を成立させた。三九年から貴族院勅選議員。四一年から四六年に貴族院無所属倶楽部。昭和研究会、国策研究会でも活躍、特に国策研究会では中心的役割を果たした。アジア・太平洋戦争中は大政翼賛会総務、翼賛政治会総務。四六―五一年、公職追放。六九年八月十二日没。八十五歳。主要著書に『闘争か協力か』（一九五八年、滝正雄著作刊行会）がある。

［参考文献］ 矢次一夫『昭和動乱私史』（一九七一・七三、経済往来社）　（山口　浩志）

タキン＝ソウ　Soe, Thakin　一九〇五―八九　ビルマ共産党指導者。一九〇五年、アムハースト県に生まれる。中学卒業後、英領下のビルマで労働運動に従事。独学で英訳のマルクス主義文献を読みコミュニストになる。タキン党入党後、三九年八月ビルマ共産党（BCP）結成に参加、四〇年ビルマ防衛法違反で逮捕される。四二―四五年の日本軍占領期は主にデルタ地帯で地下抗日活動に従事、党組織の再編と農民の抗日教育に力を入れた。四四年八月に結成された抗日統一組織の反ファシスト人民自由連盟（パサパラ）政治担当に就任。戦後、BCP内の対立に伴い分派、四六年二月独自に赤旗共産党（CPB）を結成し武装闘争に突入。四八年のビルマ独立後も海外の共産党と一切関係を持たずに武力革命路線をとりつづけ七〇年逮捕される。八〇年独立運動への貢献が評価され恩赦で解放、その後は年金生活を送った。八九年五月六日死去。

参考文献 根本敬『抵抗と協力のはざま―近代ビルマ史のなかのイギリスと日本―』(『戦争の経験を問う』、二〇一〇、岩波書店) (根本 敬)

タキン=タントゥン Than Tun, Thakin 一九一一―六八 ビルマ共産党指導者。一九一一年、タウングー県に生まれる。英領下のビルマで高校教師を務める傍ら、三六年タキン党に入り反英独立運動に参加。英語の左翼文献を翻訳するナガニー出版会設立に関与、ビルマ共産党(BCP)とも関わり、四〇年ビルマ防衛法違反で逮捕される。四二―四五年の日本軍占領下では当初対日協力の側に立ち、四三―四四年にバモオ内閣需給大臣を務める。四四年八月地下抗日組織の反ファシスト人民自由連盟(パサパラ)書記長および対外連絡担当となる。四五年七月BCP第二回党大会で書記長に選出され対英協調路線に基づく独立を目指すが、タキン=ソウと対立。四六年一月パサパラ書記長に再選されるも七月辞任。インド共産党影響下で革命路線を強めたBCPを率い、四八年のビルマ独立後は武装闘争に突入。五〇年BCP議長。六〇年代後半に文化大革命の影響を受けるなか、六八年ペグー山脈の党拠点でボディーガードに殺害された。 (根本 敬)

タキンとう タキン党 アウンサン、ウー=ヌ、ネーウィンらを輩出した英領期ビルマの民族団体(ドバマー=アスィーアヨウン、我らのビルマ協会)。一九三〇年結党。党員の名前の前にビルマ語で主人を意味するタキンを付して呼び合ったことで知られ、三〇年代後半から四〇年代初頭にかけ大衆動員に力を入れ、ビルマの完全独立を訴えた。党員と支持層の多くはビルマ人中間層出身者で、学生運動を味方にひきつけながら左傾化、三八年二派に分裂し、主流派(本部派)は同年末から三九年初めにかけてゼネストを指導(ビルマ暦一三〇〇年事件)した。三九年九月欧州で大戦が勃発するとバモオ前首相と組み「自由ブロック」を結成、激しい反英運動を展開。この間、党に飽き足らない党員らによって人民革命党やビルマ共産党が結成され、党としてのまとまりを失い、日本占領期の四二年バモオ率いる貧民ウンターヌ結社と合同させられた。戦後同名の政党が再結成されるも政界に影響を与えることなく、泡沫政党に終わった。

参考文献 根本敬『抵抗と協力のはざま―近代ビルマ史のなかのイギリスと日本―』(『戦争の経験を問う』、二〇一〇、岩波書店) (根本 敬)

タキン=ヌ Nu, Thakin ⇨ウー=ヌ

タキン=ミャ Mya, Thakin 一八九七―一九四七 英領期ビルマの弁護士、政治家。一八九七年十月七日、タラワディ県に生まれる。タキン党に入党、三六年植民地議会選挙で同党が組織した議会政党コウミーン=コウチーン結社から出馬して当選。議員が大臣職に就くことを拒否することによって植民地体制を麻痺させる運動を展開。三八年末に学生と労働者によるゼネスト(ビルマ暦一三〇〇年事件)が起きると、当局の弾圧に抗議し辞任。三九年補選で復帰。同年、全ビルマ農民機構(ABPO)議長、四〇年全ビルマ労働組合会議(ABTUC)代表。四二―四五年の日本軍占領期はバモオ政府に閣僚として参加。戦後は反ファシスト人民自由連盟(パサパラ)の重鎮としてアウンサンを支え、四六年九月行政参事会に入り、英国との独立交渉の最前線に立ったが、四七年七月十九日アウンサンらとともに閣議中に暗殺された。四十九歳。穏健な社会民主主義者として知られ、パサパラ内の中心を担ったビルマ社会党の指導者でもあった。 (根本 敬)

タクキョンヒョン 卓庚鉉 一九二〇―四五 朝鮮人特攻隊員。日本名は光山文博。一九二〇年十一月五日、朝鮮に生まれた後、日本本土にわたり、京都薬学専門学校卒。特別操縦見習士官第一期生に採用され、戦闘機パイロットとしての養成教育を受ける。第五十一振武隊の特攻隊員として、一式戦闘機に搭乗し沖縄方面に特攻出撃し、四五年五月十一日に戦死。二十六歳。当時の階級は少尉。出撃の前夜に朝鮮の民謡、アリランを唄ったとされたことが多くの文献でとりあげられて有名となり、特攻関係の映画のモデルともなった。二〇〇八年五月、日本人の女優、黒田福美は、タクの追悼碑を故郷の慶尚南道泗川市に建立したが、「親日派」の追悼に批判的な地元の団体の反対などで撤去をよぎなくされた。日本兵として特攻死した植民地出身兵の追悼のあり方は、未解決の深刻な問題である。なお、現在では十数名の朝鮮人特攻隊員の存在が確認されている。

参考文献 山口隆『他者の特攻―朝鮮人特攻兵の記憶・言説・実像―』(二〇一〇、社会評論社) (吉田 裕)

たくむしょう 拓務省 外地・植民地行政の中央監督官庁。日本が植民地を獲得すると、植民地統治事務を統轄する中央官庁として、拓殖務省(一八九六―九七年)、拓殖局(一九一〇―一三、一七―二二年)、拓殖事務局(二二―二四年)、拓殖局(二四―二七年)が設置された。二九年六月、田中義一内閣は植民地行政の一元化をはかるため、拓務省官制(勅令第一五二号)により拓務省を設立し、初代拓務大臣には田中義一が就任した。拓務省には大臣官房のほか、朝鮮部・管理局・殖産局・拓務局が置かれ、朝鮮総督府・台湾総督府・関東庁・樺太庁・南洋庁の事務を統理し、南満洲鉄道株式会社・東洋拓殖株式会社などの業務を監督した。満洲事変後は、関東庁・満鉄などの権限は拓務省から対満事務局に移管され、アジア・太平洋戦争勃発後に大東亜省が設置されると、朝鮮総督府・台湾総督府・樺太庁は内務省へ、南洋庁は大東亜省へ移管され、四二年十一月拓務省は廃止された。 →大東亜省

参考文献 加藤聖文「政党内閣確立期における植民地

支配体制の模索―拓務省設置問題の考察―」(『東アジア近代史』一、一九六八)　(近藤　正己)

たけうちよしみ　竹内好　一九一〇―七七　中国文学者、文芸批評家。一九一〇年十月二日、長野県に生まれる。東京帝国大学文学部支那哲学支那文学科在学中の三四年、武田泰淳らとともに中国文学研究会を発足させ、翌年、会誌『中国文学月報』(のちに『中国文学』と改題)を発刊した。三七年から二年間、北京に留学。日中戦争の進行に苦悩するが、対米英戦争開戦に際しては「大東亜戦争と吾等の決意」を書き、新しい歴史が作られることへの感動を記した。四三年、最初の著作である『魯迅』を残して応召、中国に送られる。敗戦後、捕虜として一年近く抑留され、四六年に復員。五三年から東京都立大学で教鞭をとる。戦後は魯迅を手掛かりに、日本の近代化、中国観・アジア観、ナショナリズムを問い直した。また、「近代の超克」やアジア主義など、戦後日本において積極的に顧みられなかった主題を扱い、戦争体験の思想化に取り組んだ。七七年三月三日没。六十六歳。

参考文献　『竹内好全集』(一九八〇―八二、筑摩書房)、鶴見俊輔『竹内好―ある方法の伝記―』(『シリーズ民間日本学者』、一九九五、リブロポート)、孫歌『竹内好という問い』(二〇〇五、岩波書店)　(平野　敬和)

たけしたまさひこ　竹下正彦　一九〇八―八九　昭和期の陸軍軍人。一九〇八年十一月十五日、熊本県に生まれる。阿南惟幾(鈴木貫太郎内閣陸相)の義弟。三〇年に陸軍士官学校を卒業(四十二期)。皇国史観の国史学者である平泉澄の影響を受ける。三八年に陸軍大学校を卒業。陸軍省軍務局課員、第十五軍参謀などを歴任。ポツダム宣言受諾反対・本土決戦を掲げるクーデターに関わる。戦後は陸上自衛隊に入隊。八九年四月二十三日没。八十歳。

参考文献　林茂他編『日本終戦史』上(一九六二、読売新聞社)　(加藤　祐介)

たけべろくぞう　武部六蔵　一八九三―一九五八　内務官僚。一八九三年一月一日、長崎県に生まれる。父親は長崎県師範学校長の武部直松。八歳の時に東京に移り、東京府立第四中学校、第一高等学校を経て、一九一八年東京帝国大学法科大学法律学科(独法)を恩賜の銀時計を受けて卒業した。卒業と同時に内務省入省、地方局府県課勤務、一九年長崎県内務部農林課長に就任した。二一年福岡県学務課長、翌年内務省都市計画局を経て、関東大震災後に帝都復興院建築局庶務課長兼営繕課長となる。三一年内務大臣秘書官、翌年秋田県知事に就任した。三五年関東局司政部長、翌年関東局総長に就任した。三九年には企画院次長、翌年満洲国総務長官となる。四五年九月ソ連軍に逮捕されてシベリア抑留となる。ハバロフスク収容所に収監され、さらにモスクワ郊外のイワノボ監獄に移管された。四七年東京に移送され、東京裁判検察側証人として出廷したことがある。五〇年撫順戦犯管理所に移されたが、脳梗塞などの体調不良のため、五六年徒刑二十年の判決を受けるも仮釈放され、帰国。五八年一月十九日死去、六十五歳。

参考文献　田浦雅徳・武部健一・古川隆久編『武部六蔵日記』(一九九九、芙蓉書房出版)、古川隆久『あるエリート官僚の昭和秘史―『武部六蔵日記』を読む―』(『芙蓉選書ピクシス』、二〇〇六、芙蓉書房出版)　(田中　隆一)

竹槍訓練

たけやりくんれん　竹槍訓練　戦争末期に本土決戦に備えて行われた竹槍を使っての戦闘訓練。竹槍は、竹の先端を切り火であぶって油で磨いて作った。在郷軍人会によって始められたが、青年学校や国民義勇隊の訓練に使われた。国民学校でも行われ、子どもたちにも強いられた。全国民を戦闘に駆りだすためのものである。訓練は敵兵に見立てたわら人形を竹槍で突き刺すもので、ローズヴェルトやチャーチルなど連合国の指導者の面を着けた人形が使われるなど、敵愾心をあおるものでもあった。一九四四年二月二十三日の『毎日新聞』に「竹槍では間に合わぬ、飛行機だ」との記事を書いた記者新名丈夫が、懲罰召集されるようなこともあった。

参考文献　折井美耶子「竹槍訓練を受けた小学生」(『あごら』三〇九、二〇〇七)　(青木　哲夫)

たたかうへいたい　戦ふ兵隊　日本の長編記録映画。一九三九年、東宝文化映画部製作、監督・編集＝亀井文夫。陸軍省後援。日中戦争下の一九三八年八月、製作スタッフ四名が「武漢作戦」に従軍して、華中の諸都市を攻略する日本軍を記録。完成後の試写会では好評だったが、軍部検閲により公開禁止。前半の、戦火に荒廃した農村、多くの避難民たち、幼子や赤ん坊、子犬や倒れてゆく病の軍馬、疲労で眠る兵士たち、終盤の、教会で祈る人々など、映像から戦争の悲しみが伝わる。国策宣伝の強いナレーションは一切なく、簡潔な字幕と静かで抒情的な音楽が反戦感情を呼びおこす。監督は治安維持法違反で逮捕・投獄された。現在は不完全版しか残存しない。撮影＝三木茂、現地録音＝藤井慎一、音楽＝古関裕而。亀井の戦後作品に『日本の悲劇』(共同編集＝吉見泰、日本映画社、一九四六年)があるが、これはGHQによって一般公開が中止された。

参考文献　亀井文夫『たたかう映画―ドキュメンタリストの昭和史―』(『岩波新書』、一九八九、岩波書店)　(岩本　憲児)

たちさくたろう　立作太郎　一八七四―一九四三　大正・

昭和期の代表的な国際法学者。一八七四年三月十五日、東京府に生まれる。第一高等学校、東京帝国大学法科大学政治学科を経て、大学院で国際公法を専攻。一九〇〇年欧米留学ののち、東京帝国大学助教授、〇四年に教授となる(国際法を担当)。〇八年法学博士(東京帝国大学)。一八年パリ講和会議の国際法顧問として、戦争責任委員会などに参加する。二一年ワシントン海軍軍縮会議随員、二二年九月には東宮職御用掛として、のちの昭和天皇に外交史を進講している(三一年まで)。三〇年、のちに「真の意味で国際法学的な研究」(横田喜三郎)と評される『平時国際法論』、翌三一年『戦時国際法論』を相ついで出版。三四年東京帝国大学退官後、外務省嘱託となり、三五年には常設仲裁裁判所判事に就任する。四二年四月一日、『朝日新聞』において、イギリス軍による病院船攻撃を「飽くまで糾弾せよ」と批判する談話を寄せている。四三年五月十三日、死去。七十歳。

参考文献　横田喜三郎「立博士と国際法」(『外交時報』一一〇ノ二、一九四三)、一又正雄『日本の国際法学を築いた人々』(『国際問題新書』、一九七三、日本国際問題研究所)、茶谷誠一『昭和戦前期の宮中勢力と政治』(二〇〇九、吉川弘文館)、古川隆久『昭和天皇―「理性の君主」の孤独―』(『中公新書』、二〇一一、中央公論新社)　(横島　公司)

たちばなこうざぶろう　橘孝三郎　一八九三―一九七四　農本主義思想家。一八九三年三月十八日、茨城県に生まれる。一九一五年第一高等学校を中退し帰農、兄弟・友人らと「兄弟村農場」を営む。三一年、「資本主義の破農性」に対抗し農村を救済するための理論書『農村学(前篇)』を刊行。安易な海外移民を「資本主義帝国主義的侵略」と批判しつつ、デンマーク農業をモデルに畜産を導入する合理的・循環的農法を提唱した。二九年愛郷会、三一年愛郷塾を設立、次第に組合主義的な農村改革運動から直接行動への加担を決意するに至る。三二年愛郷塾塾生を組織して五・一五事件に参加、帝都暗黒化を目論み六ヵ所の変電所を襲撃させた。決行当日橘は満洲に逃避していたがまもなく自首、三四年無期懲役の判決を受けた。四〇年恩赦によって出獄。以後天皇研究に生涯を捧げ、晩年には天皇論(皇道論)五部作を完成させている。七四年三月三十日死去。八十一歳。

参考文献　松沢哲成『橘孝三郎―日本ファシズム原始回帰論派―』(一九七二、三一書房)、保阪正康『五・一五事件―橘孝三郎と愛郷塾の軌跡―』(『中公文庫』、二〇〇九、中央公論新社)、萱谷務『橘孝三郎の農本主義と超国家主義―もう一つの近代―』(二〇一三、岩田書院)　(岩崎　正弥)

たちばなしらき　橘樸　一八八一―一九四五　昭和戦前期の中国問題評論家、国家主義者。一八八一年十月十四日、大分県で臼杵藩主稲葉氏の系図方を務める家に生まれる。第五高等学校中退後、中国に渡りジャーナリストとして活躍する一方、『支那研究資料』『月刊支那研究』を刊行し中国社会や道教の研究を進める。一九三一年『満洲評論』創刊に際して主筆となり、石原莞爾らに接近して従来の自由主義的立場から方向転換、農民自治に基づく満洲国の建国を唱道。これにより大上末広・佐藤大四郎らの北満合作社運動に影響を与えた。四〇年には昭和研究会内におかれた東亜政治研究会に参加するも、四一年に門下の大上・佐藤らの検挙で合作社運動が壊滅すると戦術的方向転換を余儀無くされ、四三年ごろには地主・商人などの支配者層との協同に基づく郷土社会建設論を主張するに至った。敗戦後の四五年十月二十五日、ソ連軍進駐下の奉天で病死。六十五歳。

参考文献　『橘樸著作集』(一九六六、勁草書房)、山本秀夫『橘樸』(『中公叢書』、一九七七、中央公論社)、同編『橘樸と中国』(一九九〇、勁草書房)　(盛田　良治)

たちみのる　舘稔　一九〇六―七二　昭和期の人口問題研究者。一九〇六年十一月十一日三重県に生まれる。二六年第八高等学校卒業、東京帝国大学経済学部に入学。二九年卒業後は日本評論社編集嘱託などを経て、三三年から人口問題研究会研究員となる。三七年から内務省社会局嘱託となり、三八年一月に創設された厚生省における人口政策立案に関与。三九年八月厚生省に人口問題研究所が設立されると同研究官となり、古屋芳雄(こやよしお)らとともに民族主義的人口政策樹立に尽力。四一年からは企画院調査官を兼任、国土計画における人口計画立案を担当。四二年に厚生省研究所が設立されると人口民族部人口政策研究部長に就任。戦後は人口問題研究所所長(五九年より)をつとめ、国連経済社会理事会人口委員会委員、各種政府審議会委員などを歴任。七二年三月二十一日死去。六十五歳。

参考文献　舘稔『人口問題説話』(一九四三、汎洋社)、「故舘稔所長の略歴と業績」(『人口問題研究』一二三、一九七二)、高岡裕之『総力戦体制と「福祉国家」―戦時期日本の「社会改革」構想―』(『戦争の経験を問う』、二〇一一、岩波書店)　(高岡　裕之)

たつみえいいち　辰巳栄一　一八九五―一九八八　陸軍軍人。一八九五年一月十九日、商業辰巳兵三郎の次男として佐賀県で生まれる。一九一五年陸軍士官学校卒(第二十七期)、二五年陸軍大学校卒業。三〇年英国駐在、三一年英国大使館付武官補佐官、三六年英国大使館付武官を経て、三七年大佐、三八年参謀本部欧米課長となり、日独伊三国同盟に反対する。三九年英国大使館付武官、四〇年少将、四二年交換船で引揚帰国し、東部軍参謀長に就任し、英国での空襲体験を元に帝都防衛と学童疎開に取り組む。四三年中将、四五年第十二方面軍参謀長、第三師団長(司令部は鎮江)を務める。復員後は吉田茂首相(元駐英大使)の軍事顧問として警察予備隊の創立に尽力する。八八年二月十七日没。九十三歳。

参考文献　湯浅博『歴史に消えた参謀―吉田茂の軍事顧問辰巳栄一―』(二〇一三、文藝春秋)　(柏木　一朗)

たてものそかい　建物疎開　空襲による火災の拡大を防ぐため住宅などの建築物を取り壊して、空き地や空き地帯をつくること。延焼を防ぐとともに、消火活動のしやすいようにし、避難地ともするというもので、疎開空地帯(防火帯)・重要施設疎開空地・交通疎開空地・疎開小空地などの種類があった。一九四三年十月の防空法第二次改正によって法文化され、同年十二月二十一日の閣議決定「都市疎開実施要綱」によって定められた。四四年一月二十六日の内務省告示による東京・名古屋への区域指定によって本格的に開始され、ついで大阪・京都・川崎・横浜など大都市で実施された。空襲の開始とその激化によって、指定はさらに拡大され、多くの地方中小都市でも実施または計画された。建物の疎開にあたっては町内会や勤労動員の学徒が作業にあたり、軍隊が出動することもあった。建物の住居者などへは移転費などの若干の補償はあったが、拒否はできなかった。しばしば強制疎開の名で記憶されている。

参考文献　石原佳子「大阪の建物疎開―展開と地区指定―」(『戦争と平和』一四、二〇〇五)、川口朋子『建物疎開と都市防空―「非戦災都市」京都の戦中戦後―』(二〇一四、京都大学学術出版会)　(青木　哲夫)

たなかこうたろう　田中耕太郎　一八九〇―一九七四　法学者。一八九〇年十月二十五日に司法官田中秀夫の長男として鹿児島に生まれる。一九一五年に東京帝国大学法科大学を卒業し、一九一七年に助教授、二三年に教授となる。内村鑑三の影響を受けたが、二六年に妻と同じカトリックに入信。商法講座を担当するが、自然法思想を研究して『世界法の理論』全三巻(三二―三四年)を著した。三七年に法学部長となり、蓑田胸喜から自然法思想等を批判されたが、公刊される書物ではおおむね沈黙を守っていた。一方で、三八年には荒木貞夫文部大臣の東京帝大への圧力に対して法学部長として大学の自治権を主張して抵抗し、海軍省調査課長の高木惣吉らのブレーン＝トラストにも参加している。戦後は四五年十月に文部省学校教育局長、四六年五月には吉田内閣の文部大臣となり、教育基本法の制定に尽力した。四七年に参議院議員、五〇年に最高裁判所長官となる。一九七四年三月一日没。八十三歳。

参考文献　鈴木竹雄編『田中耕太郎―人と業績―』(一九七七、有斐閣)、駒込武・川村肇・奈須恵子編『戦時下学問の統制と動員―日本諸学振興委員会の研究―』(二〇一一、東京大学出版会)　(高橋　陽一)

たなかしずいち　田中静壱　一八八七―一九四五　大正・昭和期の陸軍軍人。一八八七年十月一日、兵庫県に生まれる。一九〇七年に陸軍士官学校を卒業(十九期)。一六年に陸軍大学校を卒業。メキシコ、アメリカでの駐在武官勤務、憲兵司令部総務部長、関東憲兵隊司令官、憲兵司令官、第十四軍司令官などを経て、四五年に第十二方面軍司令官に就任し、八月十五日の宮城占拠事件の鎮圧を担当する。同月二十四日自決。五十九歳。

参考文献　林茂他編『日本終戦史』上(一九六二、読売新聞社)　(加藤　祐介)

たなかしんいち　田中新一　一八九三―一九七六　陸軍軍人。一八九三年三月十八日、北海道生まれ。仙台幼年学校・中央幼年学校を経て、一九一三年陸軍士官学校二十五期卒、二三年陸軍大学校三十五期卒。両期とも太平洋戦争で名を残した将官を多数出しており、田中もその一人といえよう。原隊は弘前第五十二連隊で、赴任時は北朝鮮の咸興に駐劄していた。大正末から五年間教育総監部に勤務した。その後、ラトビアでロシア語修得、ソ連研究に携わったのち、モスクワの日本大使館駐在官となった。ソ連通として関東軍、参謀本部で高い情勢分析能力を発揮したが、日米開戦時、作戦計画立案と実施をつかさどる参謀本部第一部長として、米国や太平洋について何ほどの造詣があったか疑わしい。三六年に陸軍省軍務局課員・兵務局課長となり、三七年に宇垣一成に組閣大命降下があった際、陸軍中央を説き流産させることに成功した。ついで盧溝橋事件が勃発すると、慎重論を押さえて五個師団増派を決めて日中戦争拡大の因を作った。三九年に駐蒙軍参謀長になるが、四〇年十月、参謀本部の要のポストである第一部長に就いた。北部仏印進駐後、急速に悪化する対米関係を前に交渉中止、早期開戦を主張した。マレーおよび蘭領インド進攻は計画通り進捗したが、その後の展望はなかった。第一部長には対米戦がどこで、どのような戦いになるか方向を示す責任があったが何もしなかった。ロシア畑の田中には、米軍との島嶼戦をイメージし、戦術を修正し後援体制を整備するなど場違いに近かった。四二年、ガダルカナル戦をめぐる民間船舶増徴問題で軍務局長の佐藤賢了と乱闘事件を起こし、東条首相を「馬鹿野郎」と罵倒したためビルマ戦線に飛ばされることになったが、作戦立案の責任者が船舶増徴問題で大騒ぎするのはお門違いで、米軍との島嶼戦に何をすべきかわからなくなっていた実態を物語る。ビルマでも、情勢を正しく読んでいた第十五軍参謀長小畑信良罷免の原因を作るなど、問題の多い人物であった。七六年九月二十四日死去。八十三歳。

参考文献　松下芳男編『田中作戦部長の証言―大戦突入の真相―』(一九七八、芙蓉書房)　(田中　宏巳)

たなかちがく　田中智学　一八六一―一九三九　明治中期から昭和初期の宗教家で、在家仏教教団国柱会の創立

田中智学

者。一八六一年十二月十四日(文久元年十一月十三日)、江戸日本橋生まれ。八歳の時に日蓮宗寺院で出家するが、十八歳で還俗。八〇年に横浜で蓮華会、八四年に東京で立正安国会を結成(一九一四年に国柱会に改称)。〇一年に日蓮主義(国家主義的な近代仏教思想)を創唱し、日本による世界統一を主張した。また、一一年には仏教的な国体論「日本国体学」を創始。国民が国体観念を自覚し、日蓮主義が社会に普及することを訴えた。明治末期から大正期に日蓮主義は社会的な流行思想となり、石原莞爾らの軍人、井上日召らの右翼活動家に影響を与えた。大東亜共栄圏のスローガンである「八紘一宇」は、『日本書紀』神武紀の一節にもとづき、一三年に智学によって造語された。三九年十一月十七日に死去。七十九歳。

参考文献 大谷栄一『近代日本の日蓮主義運動』(二〇〇一、法蔵館)　(大谷 栄一)

たなかてつさぶろう 田中鉄三郎 一八八三―一九七四 大正―昭和期の日本銀行員。一八八三年一月二十日、佐賀県生まれ。一九〇七年東京帝国大学法科大学政治学科を卒業し、大蔵省勤務ののち、〇九年日本銀行入行。調査局、大阪支店を経て、一七年から二〇年までロンドン代理店監督役付としてスイスに駐在。二〇年から二九年まで調査局調査役、営業局調査役、秘書役、神戸支店長を歴任。二九年から三二年までロンドン代理店監督役としてハーグ賠償会議専門委員、国際決済銀行創立委員・理事、ロンドン会議世界恐慌対策委員会委員、国際連盟財政委員会委員などに就任し、欧米の国際金融界で人脈を広げた。三三年から三六年まで文書局長、大阪支店長、理事、三六年から四〇年まで満洲中央銀行総裁、四二年から四五年まで朝鮮銀行総裁を歴任。戦後は外務省顧問、日本海外移住振興会社社長、国際技術協力開発会社相談役、日本外交協会会長などを務めた。七四年十二月二日没。九十一歳。

参考文献 田中鉄三郎『恐慌渦中の国際経済』(一九三三、日本外事協会)、同『躍進の満洲経済―講演集―』(一九四〇、満洲中央銀行調査課)、同『金融史談速記録』(日本銀行調査局編『日本金融史資料』昭和編三五所収、一九七四)　(金子 文夫)

たなかメモランダム 田中メモランダム 一九二七年七月二十五日に田中義一首相が昭和天皇に上奏したとされる怪文書であり、「田中上奏文」とも呼ばれる。その内容は東方会議を踏まえた中国への侵略計画であった。「支那を征服せんと欲せば、先づ満蒙を征せざるべからず。世界を征服せんと欲せば、必ず先づ支那を征服せざるべからず」というくだりで知られる。「田中メモランダム」は一九二九年夏から中国各地に小冊子で流布され、秋にはアメリカにも流入した。関東庁警務局の調査は新東北学会や東北学会が「田中上奏文」を流布させたと伝えており、重光葵駐華臨時代理公使による国民政府外交部への申し入れを加味するなら、新東北学会によって作成された可能性が最も高い。日本では戦前から偽書と解されてきたが、中国やロシアでは実存が信じられがちである。三二年十一月には、松岡洋右と顧維鈞が国際連盟で論争した。アジア・太平洋戦争中には、アメリカもプロパガンダ映画の材料に用いた。

参考文献 秦郁彦『昭和史の謎を追う』上(一九九三、文藝春秋)、ジョン＝W＝ダワー『容赦なき戦争―太平洋戦争における人種差別―』(猿谷要監修、斎藤元一訳、『平凡社ライブラリー』、二〇〇一、平凡社)、服部龍二『日中歴史認識―「田中上奏文」をめぐる相剋 一九二七―二〇一〇―』(二〇一〇、東京大学出版会)　(服部 龍二)

たなからいぞう 田中頼三 一八九二―一九六九 海軍軍人。一八九二年四月二十七日、山口県生まれ。一九一三年海軍兵学校卒(四十一期)。三五年大佐、第二駆逐隊司令、軽巡洋艦「神通」艦長、戦艦「金剛」艦長、第六潜水戦隊司令官と、海軍大学校は出ておらずほぼ水雷関係の海上勤務一筋の経歴を歩む。四一年少将に進級、第二水雷戦隊司令官として開戦を迎え南方攻略作戦に従事、スラバヤ沖海戦などに参加。四二年六月ミッドウェー海戦に参加(輸送船団の護衛任務)したのち、八月にガダルカナル島を巡る攻防戦が生起すると同島への増援・輸送任務に従事。十一月のルンガ沖夜戦では米海軍の重巡洋艦一隻撃沈・三隻撃破という戦果を挙げた。しかし海軍部内では田中の指揮に対し戦意不足との批判もあり、四三年二月に舞鶴警備隊司令官兼舞鶴海兵団長、十月にはビルマの第十三根拠地隊司令官となり終戦を迎える。この間、四四年中将。六九年七月九日没。七十七歳。

参考文献 防衛庁防衛研修所戦史室編『南東方面海軍作戦』二(『戦史叢書』八三、一九七五、朝雲新聞社)　(坂口 太助)

たなかりゅうきち 田中隆吉 一八九三―一九七二 陸軍軍人。一八九三年七月九日、商業田中恒太郎の長男として生まれる。島根県出身。陸軍幼年学校を経て、一九一四年、陸軍士官学校卒業(第二十六期)。二二年、陸軍大学校卒業。二四年、参謀本部勤務。二七年、中国駐在を命じられる。参謀本部支那課勤務、上海駐在などを経て、三十五年、関東軍参謀。三九年一月、陸軍省兵務課長に就任し、中央に復帰。四〇年少将となり、第一軍参謀長を経て、同年十二月には兵務局長に昇進し、アジア・太平洋戦争開戦後もその任にあたる。戦況の悪化に対する不安から精神病にかかったといわれ、四二年九月、東部軍司令部付に退き、翌月には予備役となった。四五年三月に羅津要塞司令官として召集されるも赴任しなかった。田中は、第一次上海事変、綏遠事件の首謀者といわれ、アジア・太平洋戦争開始前後には、兵務局長として「東条の私兵」といわれた憲兵を監督する立場にあった。戦後、東京裁判において国際検事団の協力者となり、かつての軍関係者を告発して「裏切り者」として非難された。一九七二年六月五日没。七十八歳。

参考文献 田中隆吉『日本軍閥暗闘史(改版)』(『中公文

庫』、二〇〇五、中央公論新社)、同『敗因を衝く—軍閥専横の実相—(改版)』(『中公文庫』、二〇〇六、中央公論新社)

（山本　智之）

たなべただお　田辺忠男　一八九〇—一九六七　経済学者。一八九〇年八月十一日に生まれる。第一高等学校卒業後、一九一二年東京帝国大学法科大学経済学科入学、卒業後、三井合名会社、横浜護謨株式会社を経て、二〇年に専修大学講師、二三年に教授。二七年に東京帝国大学経済学部助教授、三一年に教授。三四年に立教大学教授を兼任、三九年に東京帝国大学を依願退職し、立教大学の専任となり、三七年から四一年まで経済学部長を務めた。四一年二月から四三年三月まで、企画院勅任調査官に任命されて、戦時期における国土計画について、企画院第一部の研究事務組織を整備し五つの部会の議長を務めるなど、その立案を中心となって進めた。戦後は公職追放を経て、新日本建設青年連盟書記長に就く一方で、青山学院大学教授、高崎経済短期大学学長、国士舘大学教授を歴任した。戦時期の著作には『日本経済革新の大綱』などがある。六七年三月二十日没。七十六歳。

参考文献　佐々博雄「(史料紹介)『田辺忠男関係文書』(国士舘大学図書館所蔵)について—企画院『国土計画』関連文書を中心として—」(『国士舘史学』一〇、二〇〇二)、西水孜郎『国土計画の経過と課題』(一九七五、大明堂)

（安達　宏昭）

たなべはじめ　田辺元　一八八五—一九六二　哲学者。一八八五年二月三日、東京に生まれる。東京帝国大学理科大学数学科に入学するが、文科大学哲学科に転じ、科学論・数理哲学を学ぶ。東北帝国大学講師を経て、一九一九年より京都帝国大学文学部助教授、教授。ドイツに留学してフッサールに学ぶ。現象学やマルクス主義に触発されながら、歴史的社会的存在の論理学へと関心を移す。『ヘーゲル哲学と弁証法』(三二年)において、絶対媒介の弁証法による独自の哲学を提示。西田幾多郎とともに京都学派の一翼を担う。その後、台頭する日本主義に対抗しながら、「種の論理」を唱えて民族や国家をとらえなおし、日中戦争期には講演『歴史的現実』(四〇年刊行)で時局的発言も行なった。しかし、アジア・太平洋戦争期に転回を遂げ、『懺悔道としての哲学』(四六年)では絶対他力の宗教哲学に傾斜。また、『政治哲学の急務』(同年)では社会民主主義・文化国家の基礎づけを試みた。六二年四月二十九日に死去。七十七歳。

参考文献　『田辺元全集』(一九六三—六四、筑摩書房)

（米谷　匡史）

たなべひさお　田辺尚雄　一八八三—一九八四　東洋音楽・日本音楽研究のパイオニア。東京の本岡家に一八八三年八月十六日に生まれる。住友銀行支配人の田辺貞吉の養子となり、東京帝国大学理科大学理論物理学科を卒業、大学院で音響学、音響心理学を研究。西洋音楽研究を手はじめに、比較音楽学(今日の民族音楽学)への関心から邦楽と舞踊の実技を習得。東洋音楽、日本伝統音楽への研究へと進む。一九一九年に宮内省楽部雅楽練習所講師となり、二〇年には正倉院・宮内省等の楽器調査、その後中国、朝鮮、台湾、琉球等々の諸地域の実地調査を軍の援助も得て実施。西洋学者による異国趣味的な東洋音楽研究を批判した。昭和初期には箏の宮城道雄、民謡研究者の町田嘉章などと「新日本音楽」運動に加わり作曲・演奏にも携わる。多くの研究書・啓蒙書を書き、三六年には東洋音楽学会を設立して会長に就任。日本の本格的な音楽研究の扉を開く。大戦中は皇紀による日付とともに国威発揚の文章を多く残す。戦後は武蔵野音楽大学教授として研究執筆を行う。八四年三月五日没。百歳。

参考文献　田辺尚雄『日本音楽講話』(一九一九、京文社)、同『東洋音楽論』(『春秋文庫』、一九二九、春秋社)、同『田辺尚雄自叙伝』(一九八一・八二、邦楽社)

（長木　誠司）

たにかわてつぞう　谷川徹三　一八九五—一九八九　昭和期の哲学者、評論家。一八九五年五月二十六日愛知県に生まれ、第一高等学校を経て京都帝国大学に進む。和辻哲郎、志賀直哉から大きな影響を受ける。一九二八年法政大学教授。文化・芸術について幅広く評論活動を行うかたわら、二九年から和辻、林達夫とともに雑誌『思想』(岩波書店)の編集にも携わる。三九年から四〇年にかけて中国各地を旅行、この体験をもとに『東洋と西洋』を著す。四一—四四年、海軍の高木惣吉の思想懇談会で幹事をつとめた。四五年一月に発足した三年会でも幹事役として降伏を見すえた議論に参加。戦後は引き続き法政大の教壇に立ちながら、雑誌『婦人公論』編集長として中央公論社再建に協力、その後安倍能成に請われ帝室博物館次長に着任。また世界連邦運動や科学者京都会議などの平和運動に加わった。六三年法政大総長(六二—六三年は総長代行)。八七年文化功労者。八九年九月二十七日没。九十四歳。著書は『谷川徹三選集』全三巻(四六—四七年、斎藤書店。復刻、一九九七年、日本図書センター)ほか多数。

参考文献　谷川徹三『自伝抄』(一九八九、中央公論社)

（畑中　健二）

たにぐちまさはる　谷口雅春　一八九三—一九八五　習合系・神道系新宗教、生長の家の創始者。一八九三年十一月二十二日、兵庫県に生まれる。早稲田大学英文学科を中退。一九一九年、大本に入信し、教団機関誌の編集などで文才を発揮する。二一年の第一次大本事件を機に教団を去り、宗教・精神世界を遍歴する。二九年、天啓を受け、三〇年三月一日に「心の法則」の研究を説く『生長の家』誌を創刊(同日を立教日とする)。以降、文書伝道と講習会により各地に会員を増やす。「万教帰一」の普遍主義とともに、霊的・宇宙的な独自の天皇中心観を持ち、戦時下では皇軍必勝を唱える。戦後、公職追放を経て、天皇中心・反共の国家救済運動に乗り出す。「紀元節」復活や日の丸掲揚、明治憲法復元などの諸運動を展開し、六四年には生長の家政治連合を結成。右派・保守陣営の理論的・精神的支柱となった。八五年六月十七日、教団総本山がある長崎で没する。九十一歳。

参考文献　日隈威徳『宗教と共産主義』(『新日本新書』、一九六五、新日本出版社)、小野泰博『谷口雅春とその時代』(一九九五、東京堂出版)、寺田喜朗「新宗教とエスノセントリズム―生長の家の日本中心主義の変遷をめぐって―」(『東洋学研究』四五、二〇〇八)　(塚田　穂高)

たにまさゆき　谷正之　一八八九―一九六二　外交官。一八八九年二月九日、熊本県生まれ。一九一三年東京帝国大学法科大学政治学科卒業。外務省に入省し、ドイツ、オランダなど欧米勤務を経て、二四年、幣原喜重郎外相の下で亜細亜局第一課長に就任。三〇年には有田八郎の後任として同局長となり、大正末年から形成され始める日中危機の回避に尽力するも満洲事変が勃発、この過程で外務省「アジア派」(東亜派)の一角を占める。満洲国参事官、オーストリア公使を歴任し、三九年には野村吉三郎外相に請われて次官に就任、有田外相の下でも留任し、貿易省設置問題や日英・日米危機に対処する。四一年十月には情報局総裁、ついで四二年に外相となるが、四三年四月には重光葵外相の就任と入れ代わりに駐華大使となる。敗戦により帰国。戦後にも鳩山一郎内閣の外相となった重光に請われて外務省顧問、駐米大使を歴任した。六二年十月二十六日没。七十三歳。

参考文献　守島伍郎・柳井恒夫監修『満州事変』(『日本外交史』一八、一九七三、鹿島研究所出版会)　(武田　知己)

だば　駄馬　⇨輓馬(ばんば)

たむらひろし　田村浩　一八九四―一九六二　陸軍軍人。俘虜情報局長官、中将。一八九四年五月二十三日、職業軍人の戸倉浩夫の次男として、山口県で生まれる。父の死去に伴い、田村直蔵(広島)の養子となり、少年時代の七年間をハワイで過ごし、一九〇七年にカイウラニの小学校を卒業した。一六年五月、陸軍士官学校(二十八期)、二七年十二月、陸軍大学校を卒業。この間、陸軍委託学生として東京外国語学校に編入し、二二年三月に卒業した。二八年十月から約三年間、情報収集のためフィリピンに潜入。帰国後の三一年十二月に参謀本部付となる。三三年四月、野戦重砲兵第九連隊大隊長、三四年四月、台湾軍情報参謀、三六年八月、シャム公使館付武官、三九年八月、タイ公使館付武官、四四年五月、関東防衛軍参謀長などを歴任。四四年十二月二十日、俘虜情報局長官に就任(陸軍省俘虜管理部長を兼務)。四五年四月三十日、陸軍中将に昇進。戦後、A級戦犯容疑者として巣鴨プリズンに収監。東京裁判の被告から除外されるも、四八年十月に連合国軍総司令部(GHQ)の「丸の内裁判」で訴追され、捕虜虐待の責任問題を追及された。四九年二月、禁錮八年の判決が宣告。五一年十二月、仮出所。六二年十二月三日、死去。六十八歳。

参考文献　永井均「田村浩中将『研究備忘録』に関する覚書」(内海愛子・永井均編『東京裁判資料―俘虜情報局関係文書―』所収、一九九九、現代史料出版)　(永井　均)

タラワとうのたたかい　タラワ島の戦　一九四三年十一月、ギルバート諸島タラワ環礁で行われた日米の戦い。四二年十月の南太平洋海戦以来、鳴りを潜めていた米機動部隊が、四三年九月ごろから南鳥島やマーシャル諸島を空襲した。十一月十九日、米機動部隊の艦載機がギルバート諸島のタラワとナウルを攻撃、これに対し内南洋部隊指揮官は航空部隊出動を命じたが、このころから少数で、性能も開戦時と変わり映えしない日本機の攻撃は効果が上がらなくなった。連日の猛烈な空爆、艦砲射撃の後、二十一日早朝、米海兵隊は上陸を開始したが、作戦目的ははっきりしなかった。日本軍の上陸作戦は深夜という常識を覆し、ガ島上陸に続く二度目の日中の上陸作戦であり、珊瑚礁上陸作戦であった。これを迎え撃ったのは、柴崎恵次海軍少将指揮下の海軍第三特別根拠地隊、佐世保第七特別陸戦隊、第百十一・第四設営隊の五千弱の海軍部隊で、四ヵ月間の猛訓練により戦闘力を最高度に発揮した。通信線が砲爆撃で寸断され、分断された各部隊は独自の判断で行動し、米軍を水際で食い止めたが、この戦いによる日本軍犠牲者の七〇%にあたる死傷者を出す苦戦を強いられる結果になった。

タラワ島の戦　アメリカ軍の攻撃

参考文献　防衛庁防衛研修所戦史室編『中部太平洋陸軍作戦』一(『戦史叢書』六、一九六七、朝雲新聞社)　(田中　宏巳)

タルク　Luis Taruc　一九一三―二〇〇五　フィリピンの左翼運動指導者。一九一三年六月二十一日、パンパンガ州サン＝ルイス町の貧農の家庭に生まれる。国立フィリピン大学で法学を学ぶが学業を断念し、三二年ごろに故郷で農民運動に参加。フィリピン社会党創設者ペドロ＝アバド＝サントスと知り合い、三六年に社会党書記長となると、パンパンガ州を中心に農民運動、労働争議を指導した。三八年、社会党と合同した共産党指導部に入り、四二年三月以降、フクバラハップの総司令官としてゲリラ戦を指揮した。戦後、四六年に国会議員に当選するも議席をはく奪され、これ以降ルソン島中部地域に立て籠もり、農民運動を進めた。五〇年以降は武力解放闘争を展開したが、政府軍の武力制圧や共産党指導部内の対立を背景に五四年に投降した。六八年九月にマルコス大統領の特赦を受けて釈放された後は合法的な農民運動に従事し、同政権下で二度にわたって任命議員を務め、農地改革政策に協力した。二〇〇五年五月四日に死去。九十一歳。

参考文献　ルイス＝タルク『フィリピン民族解放闘争史』(安岡正美訳、一九五三、三一書房)　(内山　史子)

ダレス John Foster Dulles　一八八八―一九五九　アメリカの外交官、政治家。一八八八年二月二十五日ワシントンDC生まれ。プリンストン大学、ジョージ＝ワシントン大学卒。弁護士となる。一九四五年国際連合設立に尽力。トルーマン政権(民主党)のもとで超党派外交の立場から四九年国務省顧問に就任。五〇年から対日講和条約締結に向けて関係諸国との調整や草案作成にあたった。五一年二月、吉田茂首相との会談で中国義勇軍の朝鮮戦争参入を受けて再軍備を強く迫り、吉田首相から警察予備隊とは別に新たに陸海軍五万人の保安隊創設を取り付けた。この年大統領特別顧問として日米安全保障条約締結の中心を担った。五三年一月、アイゼンハワー政権(共和党)の国務長官に就任。「巻き返し政策」など反共外交を展開、ニュー＝ルック新軍事戦略に基づき同年七月上院の委員会で「日本防衛軍の目標は十個師団」と説明、地上軍三十五万人規模の増強を企図し、十月の日米会談で十八万人程度の自衛力拡大を確定させた(池田・ロバートソン会談)。五三年米韓相互防衛条約締結、五四年米華相互防衛条約締結、SEATO結成、五五年CENTO結成など各地域の集団安全保障組織を構築した。五九年四月辞任、翌五月二十四日死去。七十一歳。

参考文献　ジョン＝フォスター＝ダレス『戦争か平和か』(藤崎万里訳、一九五〇、河出書房)、村川一郎『ダレスと吉田茂―プリンストン大学所蔵ダレス文書を中心として―』(一九九一、国書刊行会)、ハワード・B・ションバーガー『占領一九四五～一九五二―戦後日本をつくりあげた八人のアメリカ人―』(宮崎章訳、一九九四、時事通信社)、John R. Beal, *John Foster Dulles, A Biography*(New York, 1957, Harper & Brothers Publishers)　(荒　敬)

だんがんれっしゃこうそう　弾丸列車構想　一九三〇年代の戦時体制期に構想された後年の東海道・山陽新幹線の前身計画を指す。三九年夏に政府が設置した「鉄道幹線調査会」が、同年十一月に東京―下関間の線路増設の必要を最終答申として諮問したことに始まる。軌間(ゲージ)を一四三五ミリとする点は後年の新幹線に継承されたが、本計画は長大トンネル区間と大都市部を電化するほかは原則蒸気動力を用い、最高速度時速一五〇キロ、客貨両列車が併走する点など相違点も多い。また、当時の世相を反映して大陸連絡輸送への活用も期待され、約一昼夜で東京―新京(現長春)間の運転を可能とする試算であった。四〇年四月には着工し、用地については大阪以東区間で約二〇％にあたる九五キロ、同以西区間で六四キロを買収していたという。戦況の悪化によって、四四年に計画は中止となったが、着工していた新丹那、新東山、日本坂の各トンネルは、大戦後に後二者が東海道本線、新丹那が東海道新幹線に供用された。

参考文献　地田信也『弾丸列車計画―東海道新幹線につなぐ革新の構想と技術―』(『交通ブックス』、二〇一四、成山堂書店)　(三木　理史)

たんきげんえきかいぐんしゅけいかしかん　短期現役海軍主計科士官　主計とは陸海軍で会計や給与をつかさどる武官であり、短期現役海軍主計科士官(正式には主計科二年現役士官、略称短現)は、主計科士官を大量に必要とする事態に備え、高等教育修了者の現役年限を通常よりも短い二年とすることで予備役を大量に確保し、有事の際に必要に応じて召集する制度である。これは、一九二五年に軍医科と薬剤科に適用された二年現役士官制度を、日中戦争に伴う各科要員増加の必要に応じて、三八年に主計科にも拡大したものである。その後、アジア・太平洋戦争によって、さらに大量かつ迅速な士官の養成が必要となり、希望者を全員採用して訓練中に適性を判断する見習尉官制度が採用されている。主計科士官への任官は学歴に応じており、大学卒業生は主計中尉、専門学校卒業生は主計少尉に任命されて昇進に差が設けられていたのが陸軍と比較した時の海軍の特徴であった。終戦まで三千三百八十一名が採用され、その内の三百八十八名が戦死している。

参考文献　市岡揚一郎『短現の研究―日本を動かす海軍エリート―』(一九八七、新潮社)、秦郁彦編『日本陸海軍総合事典(第二版)』(二〇〇五、東京大学出版会)　(手嶋　泰伸)

たんきげんえきへい　短期現役兵　義務教育に従事する教員に軍隊教育を経験させる目的で設けられた制度。師範学校卒業者に対するいわば「特典」。兵役法では、二十五歳までの師範学校を卒業した者については、現役期間を五ヵ月(師範学校の教練を修了していない者については七ヵ月)とし、現役を終えた後に陸軍ならば伍長、海軍ならば三等兵曹に任官し、ただちに第一国民兵役に編入した。第一国民兵役に編入された教員は、帝国在郷軍人会の正会員とされた。なお、徴兵検査も一般とは別に行われ(毎年二月上旬)、乙種以上の合格者全員が徴集され、四月一日に入営することになっていた。日中戦争の激化による兵力不足が深刻化した一九三九年三月九日の兵役法改正により短期現役兵制度は廃止され、師範学校卒業者もほかの一般の中等学校卒業者と同等の扱いを受けることになった。

参考文献　大江志乃夫「資料目録および解説」(黒田俊雄編『村と戦争―兵事係の証言―』所収、一九八八、桂書房)、遠藤芳信『近代日本軍隊教育史研究』(一九九四、青木書店)、加藤陽子『徴兵制と近代日本　一八六八―一九四五』(一九九六、吉川弘文館)　(松田　英里)

タンクーていせんきょうてい　塘沽停戦協定　満洲事変を収束させる一方、日本軍の華北侵出の橋頭堡となった協定。一九三三年二月、日本軍が熱河省の満洲国編入を目的に熱河作戦を開始し、熱河の主要都市を攻略して長城線に迫ると、中国軍が徹底抗戦の構えを見せ、長城線を挟んでの激戦となった。四月に入り中国軍が劣勢になると、北平(北京)・天津地域の保全を目的とした停戦が中国側から模索され始めた。他方、日本軍も作戦範囲を長城線以北に限定する条件で、天皇から熱河作戦実施に対する承認を得ていたことに加え、華北における親日政権樹立工作も失敗に終わったことから、五月半ば以降、停戦へ舵を切った。五月三十日、海河河口の塘沽に日中双方の代表が会して停戦協議が行われ、翌日、関東軍参謀副長岡村寧次と軍事委員会北平分会総参議熊斌が協定に調印した。同協定に基づく広大な非武装地帯(戦区)には日本側の監視権が設定された。また、日本軍は華北における航空機の航行を同協定によって正当化し、日中間の対立を深める原因となっていった。

塘沽停戦協議

参考文献　臼井勝美『(新版)日中戦争―和平か戦線拡大か―』(『中公新書』、二〇〇〇、中央公論新社)、内田尚孝『華北事変の研究―塘沽停戦協定と華北危機下の日中関係一九三二～一九三五年―』(二〇〇六、汲古書院)　(内田　尚孝)

たんげけんぞう　丹下健三　一九一三―二〇〇五　建築家、都市計画家。一九一三年九月四日、大阪府生まれ。三八年東京帝国大学建築学科卒業とともに前川国男建築事務所に入所。四六年東京帝国大学建築学科助教授、六三年東京大学工学部都市工学科教授、七四年東京大学を退官し、丹下健三・都市・建築設計研究所を設立。大学卒業時の卒業制作では、建物の軸線と敷地の軸線を直交させる斬新な設計手法を示した。これは、前川国男が昭和製鋼所本館や大連市公会堂の設計競技で示した設計手法と同様であったが、その後、丹下は、大東亜建設記念造営計画設計競技案でもこの手法を用い、さらに、広島平和記念公園と原爆記念陳列館(五四年竣工、現広島平和記念資料館西館、国重要文化財)の設計では、建築設計を都市計画と関係を持たせる手法へ発展させた。著名な設計建物として、香川県庁舎(五八年竣工)や国立屋内総合競技場(代々木体育館、六四年竣工)がある。二〇〇五年三月二十二日死去。九十一歳。

参考文献　丹下健三・藤森照信『丹下健三』(二〇〇二、新建築社)、槇文彦・神谷宏治編『丹下健三を語る―初期から一九七〇年代までの軌跡―』(二〇一三、鹿島出版会)　(西澤　泰彦)

ダンケルクてったいさくせん　ダンケルク撤退作戦　一九四〇年五月二十六日から六月三日にかけて、北フランスの港湾都市ダンケルクから、イギリス軍、フランス軍を中心とする兵士約三十四万人が、船で英仏海峡を渡りイギリスへの撤退に成功した作戦。四〇年四月に本格的な攻勢に出たドイツ軍の進撃の前で、陸路での退路を断たれた英仏軍がダンケルクに集結し、この作戦が遂行された。ただし、イギリスからの大陸遠征軍は撤退をめざしてダンケルクに赴いたのに対し、フランス軍の方は反攻の拠点にする意図を当初もつなど、作戦遂行に際しては足並みの乱れが見られた。そのため、イギリス兵士の撤退が終わった後、最後の二晩に多くのフランス兵が撤退するという、タイミングのずれも生じた。こうした問題をはらみつつも、ドイツ空軍による爆撃に妨げられることなく、きわめて大規模な作戦が成功したことによって、本来負け戦の徴である撤退を遂行した精神が「ダンケルク精神」としてその後称揚され、連合軍の士気を支える一つの重要な要素となっていった。

参考文献　W・S・チャーチル『第二次世界大戦』上(佐藤亮一訳、一九七二、河出書房新社)　(木畑　洋一)

だんさくせん　断作戦　アジア・太平洋戦争末期、日本軍による連合軍の補給路(援蔣ルート)を遮断する作戦。一九四四年七月、南方軍にインパール作戦の中止後、次なる作戦として、インド東部のレドから雲南西部を経て重慶へ至る補給路(レド公路)の遮断作戦を発動。第三十三軍主導の断作戦は、四四年六月に同軍高級参謀に着任した辻政信大佐の発案によるもので、ビルマルート遮断の「断」をとって「断作戦」と呼んだ。雲南地区を防衛している第五十六師団を主力に、ビルマ南西海岸から第二師団、北ビルマから第十八師団を雲南に結集させて同作戦に投入した。作戦の開始は九月三日。同作戦は、連合軍のレド公路を貫通する作戦に対抗する遮断作戦であると同時に、拉孟、騰越をはじめとする雲南西部の日本軍陣地を確保する作戦であった。同年九月、拉孟、騰越の両守備隊が相ついで全滅し、同作戦は中止。四五年一月、インドから中国に至る連合軍のレド公路が開通した。

参考文献 陸戦史研究普及会編『雲南正面の作戦―ビルマ北東部の血戦―』(『陸戦史集』一六、一九七〇、原書房)、野口省己『回想ビルマ作戦―第三十三軍参謀痛恨の手記―』(一九九五、光人社)、後勝『ビルマ戦記―方面軍参謀悲劇の回想―』(一九九一、光人社) (遠藤 美幸)

だんたくま 団琢磨 一八五八―一九三二 三井財閥の大正―昭和初期の最高指導者、経営者。一八五八年九月七日(安政五年八月一日)、福岡藩士の四男に生まれ、一八七〇年同藩士団家の養嗣子となり、翌年藩主嗣子に随行して米国に留学。マサチューセッツ工科大学鉱山学科などで学び、七八年帰国。東京大学助教授に就任したあと八四年に工部省に移り、三池炭礦に勤務。同礦の三井への払い下げとともに三井へ入り、三井鉱山会社専務を経て一九〇九年の持株会社三井合名会社設立に伴い同社参事となり、一四年のシーメンス事件の責任をとって退任した三井合名顧問益田孝の後を継ぎ、三井財閥のトップ経営者となり、改組後の初代三井合名理事長に就任。その後、日本工業倶楽部理事長、日本経済連盟会長など経済界の重鎮としても活躍したが、昭和恐慌下の三井のドル買いなどに対する批判を背景に、三二年三月五日血盟団員の凶弾により落命。七十五歳。 →三井財閥(みついざいばつ)

参考文献 『男爵団琢磨伝』(一九三八) (春日 豊)

たんなトンネル 丹那トンネル 東海道本線熱海―函南(かんなみ)間に所在する延長約七・八キロのトンネル。一八八九年の全線開通以来、東海道(本)線は箱根山を避けて国府津(こうづ)から御殿場(ごてんば)経路(現JR御殿場線)を採ってきた。しかし、大陸連絡の重要性や輸送量増大のなかで、より直線的で勾配緩和も可能な熱海経路への注目が高まり、それを可能とする丹那トンネル開鑿が期待された。一九一八年着工以来十六年におよぶ歳月と、六十七名の犠牲者を伴いつつも三四年十二月一日に開通した。

参考文献 熱海建設事務所(鉄道省)編『丹那隧道工事誌』(一九三六)、峯崎淳『「動く大地」の鉄道トンネル―世紀の難関「丹那」「鍋立山」を掘り抜いた魂―』(『交通新聞社新書』、二〇一一、交通新聞社) (三木 理史)

ダンピールかいきょうのひげき ダンピール海峡の悲劇 一九四三年三月、ニューギニアのラエに向かう日本の輸送船団が米豪航空隊の攻撃で短時間で全滅した悲劇。ガダルカナル島敗退とポートモレスビー攻略失敗を取り返す新たな攻勢作戦を行うため、日本陸軍は、ラバウルからニューギニアのラエに第五十一師団の第百十五連隊(群馬県高崎)を送ることになった。天皇に約束した攻勢作戦の手はじめであり、陸海軍の総力を結集して行う輸送作戦を第八十一号作戦と呼んだ。輸送担当は「神愛丸」ら八隻、護衛にあたるのは陸海軍機二百十八機、駆逐艦八隻で、「時津風」に安達二十三第十八軍司令官、「雪風」に中野英光第五十一師団長が乗り込んだ。輸送船団は一九四三年二月二十八日深夜、ラバウルを出港、ニューブリテン島を西回りしてラエに向かった。同島とニューギニア間にウンボイ島があり、この島とニューブリテン島間がダンピール海峡、この島とニューギニア間がピティアズ海峡で、船団はピティアズ海峡通過をはかった。B17による妨害を受けながら海峡を抜けた三日朝、米豪のB25、A20などによる反跳爆弾攻撃を受け全輸送船と駆逐艦四隻を失い、戦死・行方不明者は連隊の三分の一を超える二千六百人余りにのぼった。

参考文献 田中宏巳『マッカーサーと戦った日本軍―ニューギニア戦の記録―』(二〇〇九、ゆまに書房)、Lex McAulay, *Bttle of the Bismarck Sea*(New York, 1991, St. Martin's) (田中 宏巳)

タン＝マラカ Tan Malaka 一八九七―一九四九 インドネシアの革命家。一八九七年六月二日、西スマトラ生まれ。一九二一年インドネシア共産党の第二代議長に就任し、民族ブルジョアジーとの提携路線をとり、イスラーム同盟との共闘を進めた。二二年植民地政府により国外追放になり、コミンテルンの工作員として国際共産主義運動に挺身。一九二六―二七年のインドネシア共産党の蜂起には反対した。日本軍政期には密かに祖国に戻り、身分を隠してジャワ島西部のバンテン州にある金鉱の労務者の管理部門で働いた。独立宣言後スカルノらの前に姿を表し闘争を再開。シャフリル政権による対オランダ融和路線に強く反対して、民族大同団結のために四六年一月闘争同盟を結成した。しかし同年七月三日にシャフリル首相を含む何名かの閣僚が拉致されたのは、タン＝マラカによるクーデターであるとされ、これ以後四八年一〇月まで投獄生活を送ることになった。釈放後ムルバ党を結成し武力闘争を続けようとしたが、四九年二月二十一日、共和国軍に捕らえられて射殺された。五十一歳。

参考文献 タン＝マラカ『牢獄から牢獄へ―タン・マラカ自伝―』(押川典昭訳、一九七九―八一、鹿砦社) (倉沢 愛子)

ち

チァーノ　Galeazzo Ciano　一九〇三―一九四四　イタリアの政治家。一九〇三年三月十八日生まれ。海軍軍人出身でファシズム体制下において要職を務めた父親を持ち、外交官としてキャリアを積む。三〇年、ムッソリーニの長女エッダと結婚し、宣伝とメディアを担当する民衆文化大臣などを務める。三六年には外務大臣に就任してファシズム外交の看板役となり、王室ともつながりを深めていく。三五―三六年のエチオピア戦争以降、ムッソリーニは次第にドイツとの同盟関係を強化していくのに対して、チァーノはこれと距離を置く態度をとったが、義父の決定には異議は唱えなかった。戦況の悪化に伴って四三年七月二十五日のファシズム大評議会でムッソリーニの首相解任が可決されるが、チァーノはこれに賛成票を投じた。そのために、同年九月以降ドイツ軍に占領された北部にファシストの傀儡政権ができると、チァーノは裏切り者として逮捕される。ヴェローナで行われた裁判で死刑の判決を受け、四四年一月十一日銃殺に処された。四十歳。

参考文献　ニコラス＝ファレル『ムッソリーニ』(柴野均訳、二〇一一、白水社)　（柴野　均）

ちあんいじほう　治安維持法　一九二二年の過激社会運動取締法案や二三年の関東大震災直後の「治安維持令」を前史として、二五年四月二十二日、「国体」変革と「私有財産制度」否認を目的とする結社の処罰などを対象に、治安維持法が成立した。普通選挙法の成立および日ソ国交の成立とも関連している。二六年の京都学連事件が国内における最初の適用となるが、朝鮮や満洲においては朝鮮民族独立運動の弾圧にすぐに活用された。公式の統計によれば検挙数は国内では七万人弱であり、そのうち約一割が起訴されて有罪となった。ほかに正規の手続きをふまない膨大な検挙・検束があった。治安維持法は拡張解釈の一途をたどるなかで、社会運動を封殺し、自由な思想や言論の発露を根こそぎにした。二八年の「改正」は非合法の日本共産党に対する大弾圧(三・一五事件)を契機に、特高警察の大拡充や思想検事の創出などとともに、緊急勅令によってなされた。「国体」変革行為の最高刑の死刑への引上げと目的遂行罪の導入、特に後者により労働組合や救援会・プロレタリア文化運動などに関わる検挙者数は急増した。取締側はほぼ三五年ころには共産党の組織的な運動を壊滅させ、三〇年代後半からは社会民主主義に標的を広げるとともに、自由主義・民主主義への抑圧取締も強めた。また、「国体」否認とみなされた宗教教義も取締の対象としていく。四一年三月、二度目の「改正」実現をみる。新たに「国体」変革の支援・準備結社や集団、それぞれの目的遂行行為など、およそ考えられる可能性のすべてを網羅するほか、刑事手続の簡便化や非転向者への「予防拘禁制」の導入が図られた。戦時下の典型的な弾圧が「横浜事件」である。四五年八月の敗戦後も日本政府は治安維持法運用の継続を図ったため、GHQは「人権指令」を発して治安維持法を廃止し(十月十五日)、特高警察を解体した。しかし、治安体制維持の理念や人脈は継承され、「逆コース」の出現のなかで復活していく。一九五二年制定の破壊活動防止法は治安維持法の再現といわれ、大きな反対運動が展開された。　→思想犯保護観察法　→特別高等警察　→横浜事件

参考文献　荻野富士夫編『治安維持法関係資料集』(一九九六、新日本出版社)、奥平康弘『治安維持法小史』(一九七七、筑摩書房)　（荻野富士夫）

ちあんけいさつほう　治安警察法　集会・結社・多衆運動の自由制限や労働運動・農民運動抑圧取締のための治安法。資本主義の展開に伴う労働運動・社会主義運動の勃興に予防的に対応するために一九〇〇年三月十日に制定され、第一七条はすぐに労働運動抑圧の武器として活用された(一九二六年に削除)。〇一年の社会民主党、〇七年の日本社会党、さらに二五年の農民労働党、二八年の労働農民党の結社禁止に威力を発揮した。軍人・警官・女子の政治活動禁止の条項もあった(「女子」は一九二二年に削除)。集会には警察官が臨監し、中止・解散を言い渡すことができた。二五年の治安維持法制定後も集会やデモ行進などの規制の役割をになった。敗戦後、取締当局は戦時下の制限を緩和しつつも社会運動の規制を継続し、GHQ「人権指令」発令後も存続をはかったが、四五年十一月二十一日廃止を余儀なくされた。

参考文献　「社会党百年」資料刊行会編『社会主義の誕生―社会民主党百年―』(二〇〇一、論創社)、荻野富士夫『特高警察体制史―社会運動抑圧取締の構造と実態―』(一九八四、せきた書房)　（荻野富士夫）

チェスンヒ　崔承喜　一九一一―？　朝鮮半島の現代舞踊の原点。一九一一年十一月二十四日、京城に生まれる。両親は両班。兄は作家崔承一。二六年に石井漠舞踊団の

崔　承　喜

京城公演を観たことをきっかけに舞踊家の道を志す。東京にある石井漠舞踊研究所で舞踊を学ぶ。二九年に京城で舞踊研究所を開設するが、再び東京へ戻る。夫の安漠と結婚、娘に舞踊家の安聖姫がいる。三四年に日本青年館でデビュー公演を行い川端康成や舞踊批評家の光吉夏弥らに絶賛をされる。新興キネマ『半島の舞姫』をはじめ映画、レコード、広告に出演する。三七年から四〇年まで欧米・南米で公演を行う。四一年に歌舞伎座で帰朝公演。朝鮮、満洲、華北で慰問を行う。四二年に作品「武魂」が国民総力朝鮮連盟文化表彰・文化推薦賞を受賞。京劇の梅蘭芳とも交流。終戦後、ソウルに戻り朝鮮民主主義人民共和国へ脱出。平壌に研究所をつくるが夫娘とともに行方不明になる。朝鮮民主主義人民共和国は没年を六九年と発表している。

参考文献 崔承喜『私の自叙伝—半島の舞姫—』(一九三六、日本書荘)、高嶋雄三郎・鄭炳浩編『世紀の美人舞踊家崔承喜』(一九九四、エムティ出版)、정병호『춤추는 최승희』(一九九五、서울、뿌리깊은나무、鄭炳浩『踊る崔承喜』(一九九五、ソウル、プリギプンナム)
(吉田悠樹彦)

チェンバレン Neville Chamberlain 一八六九—一九四〇 イギリスの政治家。ジョゼフ＝チェンバレンの子として一八六九年三月十八日にバーミンガムで生まれた。バーミンガムの実業界で働き、市の行政にも関与した後、一九一八年の選挙で保守党から立候補して当選し、保守党内閣で保健相、蔵相などを歴任した。三一年からの保守党などによる挙国内閣で再び蔵相に就任すると、満洲事変以降の日本の動きに強い関心を示し、三四年には日本とドイツ双方からイギリス帝国に脅威が及ばないようにするため、日英不可侵協定締結を構想し、日本に働きかけたが成功しなかった。三五年にも、中国の幣制改革を助けるリース＝ロス使節団の派遣に際して、対日借款をテコとする一種の対日宥和策を推進したが、これも実を結ばなかった。三七年に首相になってからは、ドイツに対する宥和政策を行い、三八年九月にはミュンヘン協定を結んだ。三九年九月の対独戦開始以降も、宥和政策の影がつきまとい、四〇年五月により積極的な戦争遂行を唱えるチャーチルに首相の座を譲り渡した。その半年後の四〇年十一月九日に没した。七十一歳。

参考文献 細谷千博「一九三四年の日英不可侵協定問題」(『両大戦間の日本外交 一九一四—一九四五』所収、一九八八、岩波書店)
(木畑 洋一)

ちくほうたんこう 筑豊炭鉱 筑豊炭田は、筑前の遠賀・鞍手・嘉穂、および豊前の田川・企救の福岡県東部五郡にまたがる日本における最大の炭田であった。石炭は主要エネルギー源であり、重要産業として位置づけられ、特に戦時統制期には厳しい統制下におかれたが、他方では生産・生活物資では優遇措置が取られた。筑豊の出炭高の推移をみると、一九三一年の一〇八〇万トンをボトムに、三六年一七四五万トン、四〇年二〇〇〇万トン超と増加したが、四四年には一五九三万トンに低下した。筑豊には財閥系、地場大手、地場中小、零細などの炭鉱が立地しており、三二年の八十七炭鉱から三六年には百六炭鉱に増加し、そのうち重要鉱山(年五万トン以上)は四十九であった。業界団体は、大手炭鉱系の筑豊石炭鉱業組合(三四年筑豊石炭鉱業会に改組)と中小炭鉱系の筑豊石炭鉱業互助会とに分かれた。四〇年に九〇万トン以上出炭した炭鉱は、三井田川・大ノ浦(貝島)・高松(日産化学)・三井山野・二瀬(日鉄鉱業)の五炭鉱であった。また地場大手の出炭高(四一年)をみると、貝島炭礦二〇九万トン(全国四位)、明治鉱業一八二万トン(同六位)、麻生鉱業一二〇万トン(同十二位)となっていた。この時期には主要炭鉱では採炭機械化が進展したが、初期的な段階にとどまり、戦時増産のためには労働力の大量投入によるほかなかった。全国の鉱夫数は三五年の十七万人から四一年には三十四万人と倍増したが、戦時の労働力不足は深刻であり、三九年十月から朝鮮人鉱夫の集団移入が始まり、朝鮮人鉱夫は同年九月には一万人程度であったが、四一年には五万四千人に増加し、全鉱夫の一五％をしめた。筑豊の個別事例をあげると、大ノ浦炭鉱は四四年末の全鉱夫数一万八百四十人のうち朝鮮人は三千四百七十人で三二％をしめた。筑豊の出炭のピークは四〇年ごろで、四四年には急減を余儀なくされ、やがて戦時増産体制は行き詰まった。

参考文献 『日本石炭株式会社戦時石炭統計集』(一九四九、配炭公団石炭局)、日本石炭協会『石炭統計総観』(一九五〇・五七)、日本経済研究所編『石炭国家統制史』(一九五八)、『筑豊石炭礦業史年表』(一九七三、田川郷土研究会)、西日本文化協会編『福岡県史』通史編近代二(二〇〇〇)
(荻野 喜弘)

ちちぶのみややすひとしんのう 秩父宮雍仁親王 一九〇二—五三 昭和期の皇族、陸軍少将。一九〇二年六月二十五日、大正天皇・貞明皇后の第二皇子として生まれる。幼称淳宮。二二年に成年に達して秩父宮家創設。同年陸軍士官学校を卒業し(第三十四期)、陸軍少尉に任官。二八年外交官松平恒雄の娘節子(勢津子に改名)と結婚。国家改造運動を推進する陸軍の青年将校らが、秩父宮を同志にしようと画策をしたため、元老西園寺公望などに警戒された。また秩父宮自身も国家改造運動に関心はあったようであり、昭和天皇に天皇親政を説いたとされる。二・二六事件の際に勤務地の弘前から上京した際には、反乱軍に味方をするためだとの噂が流れたが、秩父宮にその考えはなく、反乱軍の鎮圧に協力した。日中戦争勃発後は早期和平を主張し、たびたび天皇に直接その意見を具申した。四〇年に肺結核と診断され療養生活に入り、その後政治の表舞台に立つことはなかった。五三年一月四日没。五十歳。

参考文献 保阪正康『秩父宮と昭和天皇』(一九八九、文藝春秋)、小田部雄次『昭和天皇と弟宮』(『角川選書』、二〇一一、角川学芸出版)
(瀬畑 源)

ちどりがふちせんぼつしゃぼえん 千鳥ケ淵戦没者墓苑 一九五九年、東京都千代田区に建設。第二次世界大戦後

千鳥ヶ淵戦没者墓苑

に遺骨収集によって収骨された海外戦場における戦没者の遺骨のうち、遺族に引き渡すことができない三十六万二千五百七十名(二〇一五年五月現在)のものを納骨室に納めてある。皇室や国会議員、海外大使など、内外高官が千鳥ヶ淵戦没者墓苑を参拝・訪問することも多い。一九五三年十二月十一日に「「無名戦没者の墓」に関する件」が閣議決定され、遺骨を収納する納骨施設であること、そして、収納するのは、遺族に引き渡すことができない遺骨である(全戦没者の象徴として一部の遺骨をまつるとする諸外国の「無名戦士の墓」とは異なる)ことなどが示され、これはのちにも確認されて、現在に至った。場所については、靖国神社境内などさまざまな意見があったが、政教分離原則や全国的な施設としての利便性などにかんがみ、五六年十二月四日の閣議決定「「無名戦没者の墓」の敷地に関する件」において、敷地には、現在地(宮内庁宿舎跡地)をあてるものとされた。五九年三月二十八日、天皇皇后の臨席および内閣総理大臣、各大臣、関係団体などの出席のもと、厚生省主催の拝礼式および追悼式が行われた。毎年厚生労働省主催の拝礼式および千鳥ヶ淵戦没者墓苑奉仕会主催の秋季慰霊祭が行われる。また、民間団体や宗教団体の慰霊行事が年間を通じて行われている。これらの慰霊行事は、「仏教形式によるもの、キリスト教形式によるもの、神式で行われるものなどそれぞれの信じる形式で」行われている。

参考文献 『内閣制度百年史』(一九八五、内閣官房)、厚生労働省「千鳥ヶ淵戦没者墓苑について」、二〇〇二年二月一日、「千鳥ヶ淵戦没者墓苑の改善と国立墓苑に関する質問主意書」(保坂展人)二〇〇一年六月二十七日提出、「内閣衆質一五一第一一八号」(内閣総理大臣小泉純一郎)二〇〇一年七月十七日受領、公益財団法人千鳥ヶ淵戦没者墓苑奉仕会「(別紙)千鳥ヶ淵戦没者墓苑の建設経緯」 (粟津 賢太)

チビチリガマ チビチリガマ 沖縄県読谷村波平にある自然壕(ガマ)。沖縄戦の際の米軍上陸海岸に近く、一九四五年四月二日、このガマに避難していた波平集落の住民百四十人のうち、八十三人が「集団自決」で亡くなった。ほかに四人が米軍に射殺されるなどして亡くなり、残る五十三人は外に出て助かった。四月一日に米兵がガマに来たとき青年らが竹やりを持って出て銃撃された。殺さないから外に出るように米兵は呼びかけたが、米軍に捕まると残忍な殺され方をすると信じていた人びとはガマの奥に逃げ、翌二日、米兵が再度やってくると、元従軍看護婦が家族に毒薬を注射して殺し、さらに中国従軍経験のある元兵士がガマの途中のくびれた所にふとんを重ねて火をつけた。多くが煙にまかれて亡くなったとみられる。このとき、外に出た人たちは米軍に保護されて助かった。この「集団自決」の事実は戦後長い間タブーにされていたが、八〇年代に入ってから体験者の聞き取りが行われて事実が明らかにされた。

チビチリガマ

参考文献 下嶋哲朗『チビチリガマの集団自決―「神の国」の果てに―』(二〇〇〇、凱風社) (林 博史)

ちほう 地方 軍隊生活用語。旧軍では、軍隊を社会全体の中心地とみなして、軍隊以外の一般社会を、「地方」あるいは「娑婆」と呼んだ。軍人の民間人に対する優越感や蔑視感を端的に示す用語である。民間人のことを「地方人」、軍服以外の洋服や和服を「地方服」、君や僕などの一般社会の話し方を「地方語」などと呼ぶこともあった。また、「娑婆っ気を抜く」とは、民間人意識を払拭させて、軍人精神を注入することをいう。

参考文献 原田政右衛門『大日本兵語辞典(復刻版)』(一九八〇、国書刊行会)、寺田近雄『(完本)日本軍隊用語集』(二〇一一、学研パブリッシング) (吉田 裕)

ちほうぎょうせいきょうぎかい 地方行政協議会 アジア・太平洋戦争期の戦時業務を遂行するための機関。一九四三年七月、勅令により設置された。地方行政の総合連絡調整をはかるため、北海地方、東北地方、関東地方、東海地方、北陸地方、近畿地方、中国地方、四国地方、九州地方に置かれた。おのおのの地方行政協議会は、いくつかの都・庁(北海道)・府・県からなり、たとえば関東であれば東京都長官が会長となった。会長は内閣総理大臣の監督のもとに置かれ、委員は庁府県の知事・長官、地方の財務局長等から構成された。重要産業分野での増産、食糧生産、労務動員など広汎な戦時業務を担った。四五年六月、地方行政協議会等は廃止され、地方総監府が設置された。地方総監は府令を発し、罰則規定を盛り込んだり、地方官衙の長の命令・処分に対して、その取り消しを命じたりすることもできた。→地方総監府

参考文献　山中永之佑他編『近代日本地方自治立法資料集成』五(一九九八、弘文堂)、滝口剛「地方行政協議会と戦時業務―東条・小磯内閣の内務行政―」(一)―(三)(『阪大法学』五〇ノ三・五、五一ノ一、二〇〇〇―〇一)　(源川　真希)

ちほうこうぎょうかいいんかい　地方工業化委員会　工場の都市偏在を是正することを目的として、一九三五年に商工省工務局が中心となって発足した組織。官制に基づいた組織ではなかったが、商工省以外の関係省庁や財界関係者、学者などが委員となり、地方工業化に関する調査と諸方策が研究された。同委員会が推進した主な政策として、下請工業の助成が挙げられる。同委員会が三七年二月に各道府県知事宛に設置を要請し各地で設立された地方庁における地方工業化委員会のなかには、下請工業の助成振興策だけでなく工場誘致を進めるケースもみられた。商工省地方工業化委員会は、三九年九月二十二日に「工業の地方分散計画に関する件」を決議して、工場の新増設を統制する地域と工業建設地域の策定に政策の重点を移し、近衛新体制下の国土計画構想のもと、四〇年十二月二十一日の「工業再分布実施計画に関する件」を決議した後に、国土計画鉱工協議会に改組された。

参考文献　松本治彦『国土政策の展開』(一九九五、創元社)、沼尻晃伸『工場立地と都市計画』(二〇〇二、東京大学出版会)　(沼尻　晃伸)

ちほうじむしょ　地方事務所　アジア・太平洋戦争期から戦後における地方統治機関。一九二〇年代に郡制・郡役所が廃止、その後は町村・府県の中間の行政機関はなかったが、四〇年、府県中間機関設置の動きがみられた。四二年に入ると急速に制度化が行われ、六月の地方官制中改正(勅令)により、府県事務の一部を分掌させるために設置された。置かれた場所は、内務大臣が定めた各府県の須要の場所とされた。所長は地方事務官がこれにあたり、知事の指揮を受けた。重要農産物資の増産、生活必需物資の配給など経済統制の事務、町内会・部落会の指導事務、貯蓄奨励の事務、軍事扶助・援護の事務などを担った。四三年に市町村長に対する国政委任事務遂行の命令、農業会(農会・産業組合等を再編して結成)への指導監督などの権限が付与された。敗戦後も残存し納税、農地改革事務などを担った。地方自治法のなかにも位置づけられ、五五年ごろには存続・再編・廃止など多様な方向に進んだ。

参考文献　山中永之佑他編『近代日本地方自治立法資料集成』五(一九九八、弘文堂)、森邊成一「地方事務所の設置と再編―郡制廃止後の郡域行政問題―」(『広島法学』二三ノ四、二〇〇〇)　(源川　真希)

ちほうそうかんふ　地方総監府　アジア・太平洋戦争末期、連合軍の本土上陸による国土分断にも対応できるよう一九四五年六月十日に「地方総監府官制」公布により設置された地方行政機関。地方総監府は全国を八地区、すなわち北海(札幌市)、東北(仙台市)、関東信越(東京都)、東海北陸(名古屋市)、近畿(大阪市)、中国(広島市)、四国(高松市)、九州(福岡市)に分けて各地に総監府を設置し、各府県知事とは別個に親任官として地方総監を置いた。地方総監の権限はきわめて強力で、管内全域または一部に対して罰則つきの地方総監府令を発し、非常事態の際には当該地方の陸・海軍司令官に出兵を要請でき、さらに地方官衙の長の命令または処分の取り消しや停止を命ずることができた。このような点で以前の地方行政協議会とは異なった。しかし実際は、空襲激化により中央と府県との連絡機関以上には機能しなかった。敗戦に伴なって四五年十一月六日勅令で廃止され、これに代わる暫定的な地方行政の総合調整機関として地方行政事務局が設けられた。→地方行政協議会

参考文献　『地方制度関係法令沿革史』二(一九五五、自治庁)、矢野信幸「太平洋戦争末期における内閣機能強化構想の展開―地方総監府の設置をめぐって―」(『史学雑誌』一〇七ノ四、一九九八)、横島公司「地方総監府の制度と運用」(桑原真人他編『北海道と道州制―歴史と現状・国際比較―』所収、二〇一三、札幌大学付属総合研究所)　(河西　英通)

ちほうぶんかうんどう　地方文化運動　大政翼賛運動の一環として展開された文化運動。地方文化団体による文化運動は、一九二〇年代から地方都市を中心にみられたが、昭和恐慌以降、地方・農村の生活・文化環境はきびしく、日中戦争下の国民精神総動員運動においては娯楽・芸能を含む地域文化活動は抑圧される傾向にあり、地方文化人らによって地方文化の危機が訴えられた。これに呼応して、四〇年十月に設立された大政翼賛会の文化部は、「地方文化新建設の理念と当面の方策」を作成した。文化部長岸田国士らは、日本文化の伝統は中央文化よりも地方文化の中にあるとして、各地を回って文化団体の結成と文化運動の推進を呼びかけた。これに呼応して、中小都市の文化人を中心にして地方文化団体が結成され、団体数は四四年一月までに四百余りに及んだ。地方文化運動には、「郷土の偉人」や「先覚烈士」顕彰に力を入れる精神主義的運動、農村医療や生活改善、および娯楽・芸能の振興に力を注ぐ運動があった。

参考文献　北河賢三編『大政翼賛会文化部と翼賛文化

運動』(『資料集』総力戦と文化』一、二〇〇〇、大月書店)、同「戦時下の地方文化運動」(赤澤史朗・北河賢三編『文化とファシズム―戦時期日本における文化の光芒―』所収、一九九三、日本経済評論社)　（北河　賢三）

チャーチル　Sir Winston Leonard Spencer Churchill　一八七四―一九六五　イギリスの政治家。一八七四年十一月三十日、イギリスの保守党政治家ランドルフ＝チャーチルの長男として、オックスフォード近くのブレネム宮で出生。母ジェニーはアメリカ人であった。パブリックスクールのハロー校と陸軍士官学校で教育を受けた後、陸軍に入り、インド軍で勤務、さらにスーダンでの戦争に従軍した。ついで新聞記者として南アフリカ戦争の戦場に赴き、敵側に捕えられたが、収容所からの脱出に成功し、名を知られるようになった。そのことも有利に働く形で、一九〇〇年の下院議員選挙で保守党から当選した。〇四年、関税改革問題での意見の相違から保守党を離れて自由党に移り、商務長官、内務相、海軍相を歴任した。第一次世界大戦では海軍相としてトルコでのガリポリ作戦を主導したが、失敗して辞任、一時期みずから従軍した後、政界に復帰し、軍需相、陸軍相、植民地相をつとめた。陸軍相としてのロシア革命干渉戦争の指揮と、植民地相としての中東でのイギリスの勢力推進には、反共・反社会主義者、帝国主義者としてのチャーチルの基本姿勢がよく示された。二四年、保守党に復帰して保守党内閣の蔵相となり、金本位制への復帰を断行した。二九年以降は閣僚の椅子から離れ、三〇年代後半には対ドイツ宥和政策に強く反対した。三九年、ヨーロッパでの戦争開始により海軍相に再び就任、四〇年五月に首相となり、戦争指導の中心に立った。四一年十二月に、日本がマレー半島の英領とハワイの真珠湾を攻撃した時は、アメリカの参戦が確実になったとして、むしろ安堵の念を表した。しかし、彼がアジアへの派遣を決断した「プリンス＝オブ＝ウェールズ」「レパルス」の二戦艦が日本軍に撃沈されたことと、またシンガポールが日本に占領されたことは、彼にきわめて大きな衝撃を与えた。まだ日本との戦争がつづいていた四五年七月の下院選挙で、彼にとっては全く不本意にも保守党が敗れ、野党党首となったが、五一年に再び首相に返り咲き、五五年までその地位にあった。六四年に議員を辞任、六五年一月二十四日没。九十歳。

チャーチル

参考文献　河合秀和『チャーチル―イギリス現代史を転換させた一人の政治家―(増補版)』(『中公新書』、一九九八、中央公論社)　（木畑　洋一）

チャン＝チョン＝キム　Tran Trong Kim　一八八三―一九五三　ヴェトナムの教育者、歴史家で、一九四五年三月の仏印処理の後、「独立」を宣言した阮朝のバオ＝ダイ帝のもとで四月に誕生した内閣の首班となった。一八八三年生まれ。一九〇六―一一年フランスに留学して師範学校を卒業した後、帰国して教育界で活躍するかたわら、『ヴェトナム史略』(初版は一九一九年)などを著した。四五年三月の仏印処理後、親日派の政客が組閣を拒否したため、キムをはじめとする、それまであまり政治活動をしてこなかった知識人によって政権が組織されることになった。キム政権は、フランス直轄領(ハノイなどの大都市とコーチシナ)のヴェトナムへの「回収」、学校での教育言語のヴェトナム語化など、民族主義的な政策を追求したが、財政・軍事の実権が日本軍の手にある状況の中で、折から発生していた大飢饉への対処などに有効な役割を果たし切れず、日本の降伏後、ヴェトミンの総蜂起のもとで崩壊していった。八月革命後、キム自身は外国に逃れるが、キム政権の閣僚にはヴェトミンと協力するようになった者も少なくない。近年ヴェトナムでは、キム政権は日本の「傀儡政権」ではなかったとする議論が出ている。一九五三年十二月二日死去。

参考文献　白石昌也「チャン・チョン・キム内閣成立(一九四五年四月)の背景―日本当局の対ベトナム統治構想を中心として―」(土屋健治・白石隆編『東南アジアの政治と文化』所収、一九八四、東京大学出版会)、古田元夫『ホー・チ・ミン―民族解放とドイモイ―』(『現代アジアの肖像』一〇、一九九六、岩波書店)、Pham Hong Tung, *Noi Cac Tran Trong Kim*(HaNoi, 2009, Nha xuat ban Chinh tri Quoc gia)　（古田　元夫）

ちゅうおうきょうりょくかいぎ　中央協力会議　大政翼賛会の「下意上通」「上意下達」のために設置された機関。一九四〇年十月の翼賛会発足の際に中央協力会議が設置され、道府県、六大都市、市区町村にもそれぞれ整備されることがうたわれた。だが、帝国議会をはじめ地方を含む代議機関との関係については整理されていなかった。メンバーは、代議士のみならず各界代表と地域代表からなり、女性も含まれていた。同年十二月に開催された臨時中央協力会議で、みずからの性格について「家族会議」「衆議統裁」「道義的責任」という特色を持ち、国民の総常会であるとされた。臨時が二回、それ以外に五回の会議が開催された。議題は翼賛運動の強化・指導精神、行政機構・法制改革、国体観念刷新、食糧・配給問題、思想戦、教育革新などである。なお四四年六月の第五回会議は、戦局の危機、輸送の困難、食糧調達の問題などの理由から、文書による開催という形をとった。

参考文献　下中弥三郎編『翼賛国民運動史』(一九五四、翼賛運動史刊行会)　（源川　真希）

ちゅうおうちょびぎんこう　中央儲備銀行　日中戦争下、華中における日本側の中央銀行。一九四〇年四月六日の第二次中央政治委員会で新中央銀行籌備委員会設置が決議され、十一月十九日、中央儲備銀行法が正式に決定された。前身の華興商業銀行は発行権を取り消され、国際貿易金融および普通商業銀行業務に従事するものとされ、中央儲備銀行は資本金一億元(全額国庫負担)、南京にて四一年一月六日に設立された(初代総裁は周仏海)。このころ蒋介石国民政府の法幣は円系通貨を圧倒していたので、儲備券と法幣を等価として市場において法幣を回収する方策をとった。アジア・太平洋戦争開始後、法幣の価値下落が進み、四二年三月三十日、儲備券と法幣の等価リンクをとりやめ、四二年末の儲備券発行高は三十四億七千七百万元にのぼった。四三年の対華新政策以降、軍票の新規発行が停止され従来軍票により行われた支払が漸次儲備券に切り替えられた。しかし、このような儲備券一元化工作にもかかわらず、物的基礎が乏しいためにインフレーションを招来し、四四年末の儲備券発行高は千三百九十六億九千八百万元、終戦時には二兆六千九百七十二億三千百万元という天文学的数字を示すに至った。四五年九月三十日、中央儲備銀行の東京弁事処は連合国最高司令官により即日閉鎖を命ぜられ、十月二十六日、大蔵・内務・司法省令第一号により閉鎖機関に指定された。　→華興商業銀行

参考文献　閉鎖機関整理委員会編『閉鎖機関とその特殊清算』(一九五四)、柴田善雅『占領地通貨金融政策の展開』(一九九九、日本経済評論社)　(白木沢旭児)

ちゅうかみんこくいしんせいふ　中華民国維新政府　一九三八年三月中支那派遣軍が南京に樹立した暫定政権。同政権が支配下に収めた地域は、江蘇、浙江、安徽の三省と南京、上海の二特別市であった。三権分立の体制を採用し、事実上の主席である梁鴻志が行政院長、温宗堯が立法院長に就任したが、実権は中支那派遣軍特務部長原田熊吉をはじめ、日本人顧問に握られた。一党独裁の廃止、防共、主権の維持と各国との親睦を政綱に掲げ、秩序の回復、流民の慰撫、農村の安定、商業の復興を緊急課題とした。成立前から華北の中華民国臨時政府と主導権をめぐって争いが絶えなかったが、三八年九月同政府と中華民国連合委員会をつくり、蒋介石政府に代わる新中央政府を目指した。維新政府のもとでは、日本は華中鉱業、華中水電、上海恒産などを設立し、十一月には中支那振興会社をつくり、資源開発と交通、通信、電気ガスなど広範囲の経済進出を展開した。四〇年三月に成立した汪兆銘政権に吸収された。　→汪兆銘政権

参考文献『中華民国維新政府概史』(南京、一九四〇、南京特別市行政院宣伝局)、日本国際政治学会太平洋戦争原因研究部編『太平洋戦争への道—開戦外交史—』四(一九六三、朝日新聞社)、臼井勝美『(新版)日中戦争—和平か戦線拡大か—』(『中公新書』、二〇〇〇、中央公論新社)　(劉　傑)

ちゅうかみんこくりんじせいふ　中華民国臨時政府　日中戦争中、北支那方面軍が北平(北京)に樹立した政権。戦争勃発直後、喜多誠一方面軍特務部長は北京政府時代の財政総長王克敏に対する働きかけを始め、一九三七年十二月十四日北平を首都とする中華民国臨時政府を成立させた。管轄地域は北平、天津の二市と河北、山東、山西、河南および江蘇(一部)の各省で、それまでに成立していた北平と天津の治安維持会や冀東防共自治政府などは吸収合併された。政権は政府主席(当分は空席)を首班とし、三権分立の政体を採用。事実上の主席王克敏は行政委員会委員長、湯爾和が議政委員会委員長、董康が司法委員会院長にそれぞれ就任したが、実権は喜多ら日本人顧問に掌握された。共産主義の排除、東洋道義の発揚、産業の開発、民生の向上を掲げながら、日本の華北への経済進出に協力した。三八年九月蒋介石政府に代わる新中央政府を目指すべく、中華民国維新政府と中華民国連合委員会を作った。四〇年三月に成立した汪兆銘政権に合流したが、華北政務委員会の名で汪政権の地方組織として存続した。　→汪兆銘政権

参考文献　東亜同文会『新支那現勢要覧』(一九三八)、日本国際政治学会太平洋戦争原因研究部編『太平洋戦争への道—開戦外交史—』四(一九六三、朝日新聞社)、臼井勝美『(新版)日中戦争—和平か戦線拡大か—』(『中公新書』、二〇〇〇、中央公論新社)　(劉　傑)

中華民国臨時政府の成立

ちゅうごくきかんしゃれんらくかい　中国帰還者連絡会　日本の敗戦後、中華人民共和国で戦犯となった者たちが帰国後に組織した団体。略称は「中帰連」。遼寧省撫順と山西省太原の戦犯管理所に収容された戦犯のうち、被起訴者四十五名以外は起訴免除となり、一九五六年に三次に渡って帰国した。翌五七年、「帰還者全員が会員」として組織された。当初、会員の生活の安定と向上なども重要課題とされたが、その後一貫して反戦・平和・日中友

好に貢献することが会の目的とされた。『三光』(光文社、一九五七年)、『侵略』(新読書社、五八年)、『私たちは中国でなにをしたか』(三一書房、八七年)など、日本軍国主義の侵略の罪と自己の罪の反省の上に立った戦争体験の出版や証言活動が活発に続けられた。六七年には二つの組織に分裂するが、八六年に再び統一された。二〇〇二年、会員の高齢化により解散した。後身団体として「撫順の奇蹟を受け継ぐ会」が結成された。

参考文献 中国帰還者連絡会編『帰ってきた戦犯たちの後半生—中国帰還者連絡会の四〇年—』(一九九六、新風書房) (豊田 雅幸)

抗日戦線を訴える中国共産党全国代表者会議(1937年5月)

ちゅうごくきょうさんとう　中国共産党　一九二一年七月、コミンテルンの指導のもと、上海に成立した政党。成立時の党員数は五十数人にすぎなかったが、二四年、共産党員のままで中国国民党に加入するという形の第一次国共合作が成立し、これによって共産党の影響力も党員数も大きく拡大した。しかし、二七年四月の国民党蔣介石の四・一二クーデタにより弾圧され、七月、国共合作も崩壊して、国民党との内戦期に入った。毛沢東たちは華中・華南の農村で土地革命を行い、ソヴィエト権力を打ちたてて革命根拠地を形成し、三一年には瑞金を首都とする中華ソヴィエト共和国臨時政府を成立させた。しかし、国民政府軍の包囲討伐戦に敗北し、三四年十月、長征に旅立ち、三五年十月に陝西省北部に到達した。この長征の過程で毛沢東が党の指導権をほぼ掌握した。また同時期、全国的に抗日運動が高まるなかで、共産党も抗日民族統一戦線政策に転換し、三六年十二月の西安事件を経て三七年七月の盧溝橋事件後に第二次国共合作を実現した。八月の党中央の会議で「抗日救国十大綱領」を決定するとともに、独立自主の遊撃戦を展開し、日本軍の後方に抗日根拠地を建設する基本的戦略方針を確定した。以後、共産党の勢力は華北と西北を中心に急速に拡大した。他方、四二年から整風運動を実施し、ソ連やコミンテルンをバックにした王明らの勢力を排除し、毛沢東の組織的理論的指導権が確定した。日中戦争終了後、国民党との内戦に勝利した共産党は、四九年十月に中華人民共和国を建国し、以後、執政政党として絶対的権力を行使する。その第一期は毛沢東時代で、急進的な社会主義建設をすすめ、中国を強大な社会主義大国に変貌させたが、大躍進政策や文化大革命による大きな混乱をうみだした。第二期は七六年の毛沢東死後の鄧小平を指導者とする改革開放の時代で、市場経済化がすすみ、中国経済の大きな発展をもたらした。しかし共産党は共産主義的イデオロギー政党としての性格を低下させ、国民政党としての性格を強めつつある。

参考文献 石川禎浩『中国共産党成立史』(二〇〇一、岩波書店)、韓鋼『中国共産党史の論争点』(辻康吾編訳、二〇〇八、岩波書店) (石島 紀之)

ちゅうごくこくみんとう　中国国民党　孫文が三民主義を指導原理に創立し、一九一九年に中華革命党を改組してできた政党。二八—四九年中国の統治政党。二四年、中国国民党は第一回全国代表大会でボリシェビキに倣った組織改革、中国共産党との合作、労農組織化などを定め、国民革命運動を推進、二六年から北伐を進め、二八年に全国統一。以後「訓政」を名目に一党独裁統治をしく。党内では中央軍を背景とした蔣介石の台頭に対し、汪兆銘、胡漢民、広西派などの反対運動が続いたが、日中戦争開戦後の三八年の党臨時全国代表大会で蔣は総裁に選ばれ、党の最高領袖となった。国共両党は抗日戦争中は協力したが、戦争終結後まもなく内戦を始め、国民党は敗れて四九年末に台湾に移転した。蔣介石は五〇年より台湾で国民党の「改造」を行い、厳格な一党独裁統治を再建した。七〇年代後半以後、蔣経国が支配体制の台湾化を進め、八八年以後、李登輝のもとで民主改革が行われ、国民党は民主政党に変容した。 →国民革命軍 →国民政府 →蔣介石

参考文献 土田哲夫「中国国民党の統計的研究—一九二四〜四九年—」(『史海』三九、一九九二)、中央大学人文科学研究所編『民国後期中国国民党政権の研究』(二〇〇五、中央大学出版部) (土田 哲夫)

ちゅうごくざんりゅうこじ　中国残留孤児　日本の敗戦前後の混乱の中で肉親と離別して孤児となり、中国に残留することを余儀なくされた人々。現在の中国東北部(満洲)には、国策のもと一九四五年当時約百六十万人の日本人(うち開拓団などの農業移民三十万人)が入植していた。同年八月八日深夜、ソ連は日ソ中立条約の破棄を宣言し、九日満洲に侵攻してきた。関東軍はすでに満洲の防衛を放棄し、幹部は家族とともに南へ逃げていた。そこには開拓団から徴兵された寄せ集め部隊が残されているにすぎなかったが、彼らはソ連の攻勢の前に崩壊し、取り残された婦女子はソ連軍に殺され、略奪や暴行にさらされた。逃避行の際には伝染病や疲労と飢餓による死

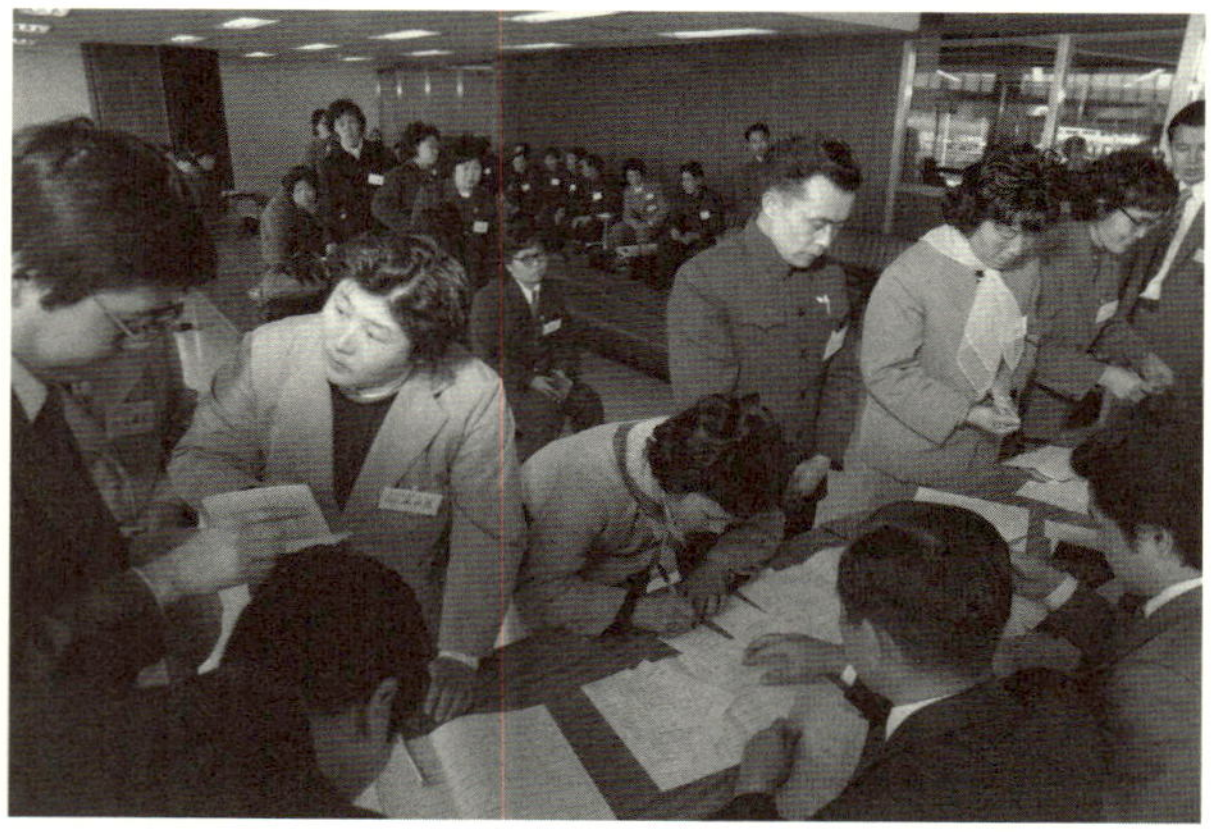
成田空港に到着した中国残留孤児(1981年3月2日)

亡者も続出し、絶望的な状況の中集団自決を強いられた人びともいた。ソ連兵には囚人が多く含まれており、軍紀が乱れていたことがその被害を一層拡大した。このような混乱の中で肉親と生き別れ、あるいは死別した子どもの多くが中国人に助けられ育てられた。軍・政府関係者や商工業者の子どももいたが、最も多いのは開拓団員の子どもで、総数は四千人以上にのぼる。敗戦後、満洲からの引揚げは四六年五月から始まったが、日中国交断絶などによって帰国の道は閉ざされた。七二年の日中国交回復に伴い、中国で離別した子どもや兄弟の消息を確かめたいという動きが肉親や民間団体の間で始まった。八一年からはようやく政府によって孤児たちの訪日による肉親捜しが開始されたが、長い年月が経過するなか手掛かりも少なく、身元が判明しないまま中国に戻る孤児も大勢いた。八四年には日中両国政府間で残留孤児問題解決への協力の取り決めもなされ、身元未判明孤児が日本に永住できるよう身元引受人制度の創設や、定着促進センターの設置など整備されたものの、支援政策としてはきわめて不十分な内容であった。二〇〇二年十二月、孤児たちは帰国促進と自立支援義務を怠ったとして、国を相手取り国家賠償請求訴訟を提起した(東京地裁)。同様の訴訟は全国へ波及し、帰国孤児の八七%が原告としてこれまでの国の無策や施策の誤りを浮き彫りにした。そのようななか、〇七年改正中国残留邦人支援法が成立した。

参考文献 井出孫六『中国残留邦人―置き去られた六十余年―』(『岩波新書』、二〇〇八、岩波書店)、関亜新・張志坤『中国残留日本人孤児に関する調査と研究』(佟岩・浅野慎一訳、二〇〇八、不二出版)　(本庄　十喜)

ちゅうごくじんきょうせいれんこうもんだい　中国人強制連行問題　⇩強制連行(きょうせいれんこう)

ちゅうごく(こくみんせいふ)のぐんせい　中国(国民政府)の軍制　盧溝橋事件後、蔣介石は戦争の全指揮権を有する中国陸海空軍最高統帥の軍事委員会委員長(一九三九年から国防最高委員会主席兼任)に就任した。その構成(三八年一月段階)は委員長(参謀総長兼任)一人、委員七～九人で、委員長は国防の全責任を負う。軍事参議院は軍事研究・建議機関である。なお、弁公庁は命令、文書発送、総務等を主管する。職務は、㈠軍令部は①国防建設、地方治安、陸海空軍の動員作戦、②後方勤務の計画運用、③情報と国際政情の収集整理、④参謀人員・外国駐在武官の統轄と運用。㈡軍政部は①陸海軍の建設と改善、人馬の維持補充、交通・通訊の整備、および全国総動員計画、②陸海軍の軍費、糧秣、被服、装具の補充修繕、およびその他の軍需品の調達と分配、練兵場・工廠・倉庫管理等、③武器弾薬の調達と分配、④陸海軍の保健衛生。㈢軍事訓練部は①陸海軍の訓練と整理、②軍事学校の建設と改善。㈣政治部は①陸海空軍の政治訓練、②国民軍事訓練、③戦時服務、および民衆組織化。㈤軍法執行総監部は軍事規律維持と軍法執行。㈥航空委員会は空軍建設、訓練・指揮。㈦銓叙庁は陸海空軍の人事選考、勤務評定、恩賞事務であった。盧溝橋事件の時、中国軍は、㈠陸軍―陸軍現役兵計百七十万人余り。歩兵が百八十二個師、四十六個独立旅。騎兵が九個師、および六個独立旅。砲兵が四個旅、二十個独立連隊。他に特殊部隊。㈡海軍―第一艦隊十二隻、第二艦隊は大小十九隻、第三艦隊は十四隻のほか、巡防艦十四隻等。㈢空軍―第一―第九大隊、および直轄隊の三十一中隊で、飛行機はわずかに三百十四機だけである。日本の四千百八十機に対して中国空軍の劣勢は歴然としていた。その上、中国は地方の政情や治安は不安定で、各地に多くの部隊を配備せざるを得ず、中国陸軍の第一線に動員可能な兵力は歩兵が八十個師、九個独立旅、騎兵九個師、砲兵二個旅、十六個独立連隊だけであった。

参考文献 何応欽『八年抗戦之経過』(一九四六、南京中国陸軍総司令部)、李雲漢『中国国民党史述』三(一九九四、中国国民党中央委員会党史委員会)、菊池一隆『中国抗日軍事史　一九三七―一九四五』(二〇〇九、有志舎)　(菊池　一隆)

ちゅうごくれんごうじゅんびぎんこう　中国連合準備銀行　日中戦争下、華北における日本側の中央銀行。日中戦争開始当初は華北各銀行が通貨発行権をもち、その種類は三十余り、通貨流通高はおおよそ三億元といわれていた。中華民国臨時政府は、一九三八年二月七日、中国連合準備銀行条例を公布し、総裁に汪時璟、顧問に阪谷希一が就任し、三月十日開業した。資本金は五千万円、半額を中華民国臨時政府が引き受け、残余は中国銀行、交通銀行、河北省銀行、金城銀行、大陸銀行、塩業銀行、中南銀行、冀東銀行に割り当てた。本店を北京特別市に、分行を天津、青島に置き、占領地域の拡大に伴って済南、石門、太原、芝罘、山海関、唐山、新郷、臨汾、運城、徐州、開封、海州、潞安に分行を設置し、中国連合準備銀行は銀行券（連銀券）を発行した。しかし、英仏勢力が強い天津租界を中心に法幣は流通を続け、租界内において連銀券は法幣に対して三～四割の打歩を付けて交換された。アジア・太平洋戦争勃発により天津租界は接収され、法幣に対する連銀券の通貨工作は終わりを告げた。しかし奥地では以前として法幣は強い勢力を維持していた。四五年九月三十日、中央儲備銀行の東京弁事処は連合国最高司令官により即日閉鎖を命ぜられ、十月二十六日、大蔵・内務・司法省令第一号により閉鎖機関に指定された。

参考文献　閉鎖機関整理委員会編『閉鎖機関とその特殊清算』（一九五四）、柴田善雅『占領地通貨金融政策の展開』（一九九九、日本経済評論社）　（白木沢旭児）

ちゅうこんひ　忠魂碑　忠魂碑とは一般に、市町村やそれより小さな一定の地域を範囲とした戦没者を慰霊・顕彰するために建てられた石碑のことをいう。ほぼ同趣旨の建造物として知られる忠霊塔とは、納骨施設の有無で区別されている。碑に刻まれている名称はさまざまだが、「忠魂碑」の名称が使用された最初のものは一八六八年十二月に岡山藩が建立した「官軍備州忠魂碑」とされ、特に日露戦争後から昭和期にかけて在郷軍人会などを主体として、全国的に建てられていった。建立場所は学校や公園などをはじめとする地域の公共的な場所であることが多く、そこで行われる祭典などを通じて、国のために命を捧げることを肯定する価値観を、地域の末端まで浸透させる役割を果たした。敗戦後はいったん破壊、撤去されたが、占領終了後に再建されたり、遺族会などを主体として新たに建立されたものも多い。→忠霊塔

参考文献　大原康男『忠魂碑の研究』（一九八四、暁書房）、籠谷次郎『近代日本における教育と国家の思想』（一九九四、阿吽社）　（白川哲夫）

ちゅうざいぶかん　駐在武官　海外で軍事情報などを収集する陸海軍の軍人。陸海軍それぞれが大・公使館付武官という形で各国に派遣した。一八七五年に中国に公使館付武官が派遣されたのが最初であり、その後つぎつぎに拡大された。外交官特権を持ち、多くは大・公使館内に事務所を置き、大・公使の指揮下に置かれていたが、独自の暗号電報を使用して、参謀本部・軍令部などと直接に連絡を取るなど、次第に外務省からの独立性を深めていく。親独派の大島浩大使館付武官が、駐独日本大使館と連絡を取らないまま、独自にドイツ側と交渉し、一九三六年十一月に日独防共協定の調印に成功したことは、そうした事態を象徴している。また、ドイツに派遣された武官は親独的になるなど、任地とその軍人の政治的傾向との間には、少なからぬ関係があった。なお、大きな大・公使館には、ほかに大・公使館付武官補佐官が派遣されている。

参考文献　鈴木健二『在外武官物語』（一九七九、芙蓉書房）　（吉田裕）

ちゅうしょうしょうこうぎょうさいへんせい　中小商工業再編成　日中戦争の勃発とともに戦時経済統制が本格化し、企業の統制・再編も強化される。一九四一年八月三十日公布の重要産業団体令に基づいて基幹産業で統制会の設立が推進される一方で、中小商工業の整理統合と再編成は四二年三月十日に閣議決定された「中小商工業再編成要綱」を踏まえて五月十三日に公布される企業整備令に基づき進展した。中小商工業の全面的統制と現状の固定化は、四一年十二月公布の企業許可令により着手されていたが、企業整備令は法的強制力をもって既存企業の整理を進めるものであった。中小商工業は整理統合の対象とされ、その生産設備と労働力の軍需産業への転用が強制されたが、転用が不可能と判断された中小商工業では統廃合が強行され、生み出された転廃業労働者は徴用を通じて軍需生産の増強に投入された。高度国防国家建設の名のもとに進展した中小商工業再編成とは、実際には産業構造の強制的な転換とその労働力を生産力拡充に強制動員するものであり、生活資材の末端配給機構における機能不全を引き起こした。

参考文献　原朗・山崎志郎編『戦時日本の経済再編成』（二〇〇六、日本経済評論社）　（須永徳武）

ちゅうせんしゃ　中戦車　日本陸軍の主力級戦車とされた、重量一〇トン以上の戦車。一九二九年完成の八九式戦車が改修によって重量化し、中戦車と改称されたのが初例。三七年には九七式中戦車（通称チハ）が実用化されたが、八九式・九七式いずれも歩兵直協を目的としていたため、火砲の威力が低く抑えられた。アジア・太平洋戦争期に対戦車戦を想定して火砲の威力を増強した機種が開発されたが、本格的には配備されなかった。

参考文献　原乙未生・栄森伝治・竹内昭『日本の戦車（新版）』（一九七八、出版協同社）、土門周平『日本戦車開発物語―陸軍兵器テクノロジーの戦い―』（『光人社NF文庫』、二〇〇三、光人社）　（中野良）

ちゅうソそうごふかしんじょうやく　中ソ相互不可侵条約　一九三七年八月二十一日、南京で締結された中華民国・ソヴィエト連邦間の条約。相互不可侵を定めたほか、一方が第三国の侵略を受けた際、他方は第三国への援助、または相手側に不利になるような第三国とのいかなる行動、協定もしてはならないと規定。三二年の中ソ国交回復交渉でソ連提案の不可侵条約問題は永く棚上げ状態だったが、日中開戦後、交渉が急進展し、締結に至る。本条約締結後、ソ連は中国に二億五〇〇〇万ドル（契約額）の借款、八百八十五機の航空機を供与、七百名以上の義勇飛行士・整備員、さらに軍事顧問団を派遣。本条約でソ連は中国の対日妥協、防共協定参加を予防、抗戦を支援し、日本軍を束縛することによりその東方の安全確保を図る。蒋介石はさらにソ連の参戦まで期待。本条約で中ソ関係は改善され、第二次国共合作の成立も促進したが、四一年には国共対立の激化、日ソ中立条約締結、独ソ開戦により、中ソ関係は冷却化し、本条約も有名無実

化した。

参考文献 駒村哲「中ソ不可侵条約とソ連の対中国軍事援助」(『一橋論叢』一〇一ノ一、一九八九)

(土田 哲夫)

ちゅうたい 中隊 陸軍の最小戦闘単位。歩兵の場合、三個ないし四個小隊からなる。通常、中隊長は大尉か古参の中尉が務めた。中隊長の命令または号令により戦闘動作を遂行した。中隊長は平時においては兵との接触が少なかった。規模は兵種により異なるが、戦時において歩兵は二百五十名、騎兵百五十名。砲兵は火砲四門および人馬より構成される。兵営には中隊事務室があり、平時には功績関係を中心とした事務を行い、その指導の責任は准尉であった。戦時中はこれが中隊指揮班となり中隊の指揮の核心となった。初年兵は入営と同時に中隊という集団を認識させられ、同時に所属する内務班で兵営の日常を学んだ。

参考文献 伊藤桂一『兵隊たちの陸軍史―兵営と戦場生活―』(『ドキュメント近代の顔』一、一九六九、番町書房)

(河西 英通)

ちゅうとうがっこうれい 中等学校令 一九四三年一月二十一日勅令第三六号をもって公布された学校令。施行は同年四月。第一条で「中等学校は皇国の道に則りて高等普通教育又は実業教育を施し国民の錬成を為すを以て目的とす」と規定して中等学校全体の目的を示しつつ、第二条で中等学校を中学校・高等女学校・実業学校に分けることを定めた。教育審議会の答申を受けて行われた中等学校の制度的一元化であるが、三種の学校の種別が温存されたので、「中等学校」は総称でしかなかった。この勅令によって中学校令・高等女学校令・実業学校令が廃止されたが、文部省令をもって中学校規程・高等女学校規程・実業学校規程が制定された。中等学校の卒業者の年齢を引き下げるため修業年限が基本的に四年に短縮された。各種学校の夜間中学・夜間女学校が普及していた実態を追認する形で中学校・高等女学校の夜間課程が制度化された。一方で、中等学校制度の創設は小学校が「皇国民」の「錬成」のための国民学校に転換したのと同等以上の意味(アジア・太平洋戦争の進展を受けとめた意味)をもっている。中等学校令による各学校規程により、学科目を並列させていた教育課程が教科・科目の構造に改編されたうえ、教科以外の諸活動が「修練」に組織された。修錬は国民学校には設定されなかったもので、登下校訓練などの「日常の修錬」や各種の研修、鍛錬、作業などの「定時の修錬」(毎週三時)、「随時の修錬」(年間三十日)から構成された。また、各学校規程の第一条には各学校の教育の趣旨がほぼ共通に六～七項目挙げられているが、たとえば各学校規程共通の第一項は「教育の全般に亘りて皇国の道を修錬せしめ国体に対する信念を深め至誠尽忠の精神に徹せしむべし」で、国民学校令施行規則にはない「尽忠」が使われている。終戦後の四六年二月、一部が改正され、修業年限が原則五年に変更され、四七年三月公布の学校教育法によって廃止された。

参考文献 米田俊彦『教育審議会の研究 中等教育改革』(『野間教育研究所紀要』三八、一九九四)

(米田 俊彦)

ちゅうよう 沖鷹 日本郵船「新田丸」として、三菱長崎造船所において一九三九年五月二十日進水、四〇年三月二十三日竣工した。四一年九月十二日、日本海軍に徴用され、四二年五月航空母艦改造に着手し、呉海軍工廠において十一月二十五日に空母として改造完成した。基準排水量二万㌧、主要兵装一二・七㌢連装高角砲四基、搭載機三十機、速力二二・五㌩(時速約四二㌔)。同年八月一日海軍によって買収され、二十日軍艦に編入、沖鷹となる。アジア・太平洋戦争中は、南方戦線への航空機輸送に従事。四三年十二月三日、八丈島沖で航空機輸送中、米潜水艦の雷撃により損傷、翌四日再度の雷撃により沈没した。

参考文献 海軍歴史保存会編『日本海軍史』七(一九九五、第一法規出版)

(太田 久元)

ちゅうれいとう 忠霊塔 忠霊塔とは、納骨施設を伴った戦没者の慰霊・顕彰のための建造物のことをいう。日露戦争後、軍は現地で埋葬された戦死者の遺灰を中国東北部の遼陽・旅順・安東・大連・奉天の各地に集約し、納骨祠を建立した。そのうち一九〇七年遼陽に最初の忠霊塔が建てられ、他の四ヵ所でも明治から大正期にかけて建てられた。これらはいずれも高さ数十㍍に及ぶ巨大な建造物であり、日露戦争の戦跡めぐりのコースに含まれて一般にも広く知られた。三五年にはこれらを管理する団体として財団法人忠霊顕彰会が発足している。日本国内においては昭和期に建設が始まり、三九年には忠霊顕彰会が発展した大日本忠霊顕彰会が発足し、軍や仏教界と協力して全国的な建設運動を展開した。敗戦後は撤去とその後の再建など、忠魂碑と共通する経緯をたどっ

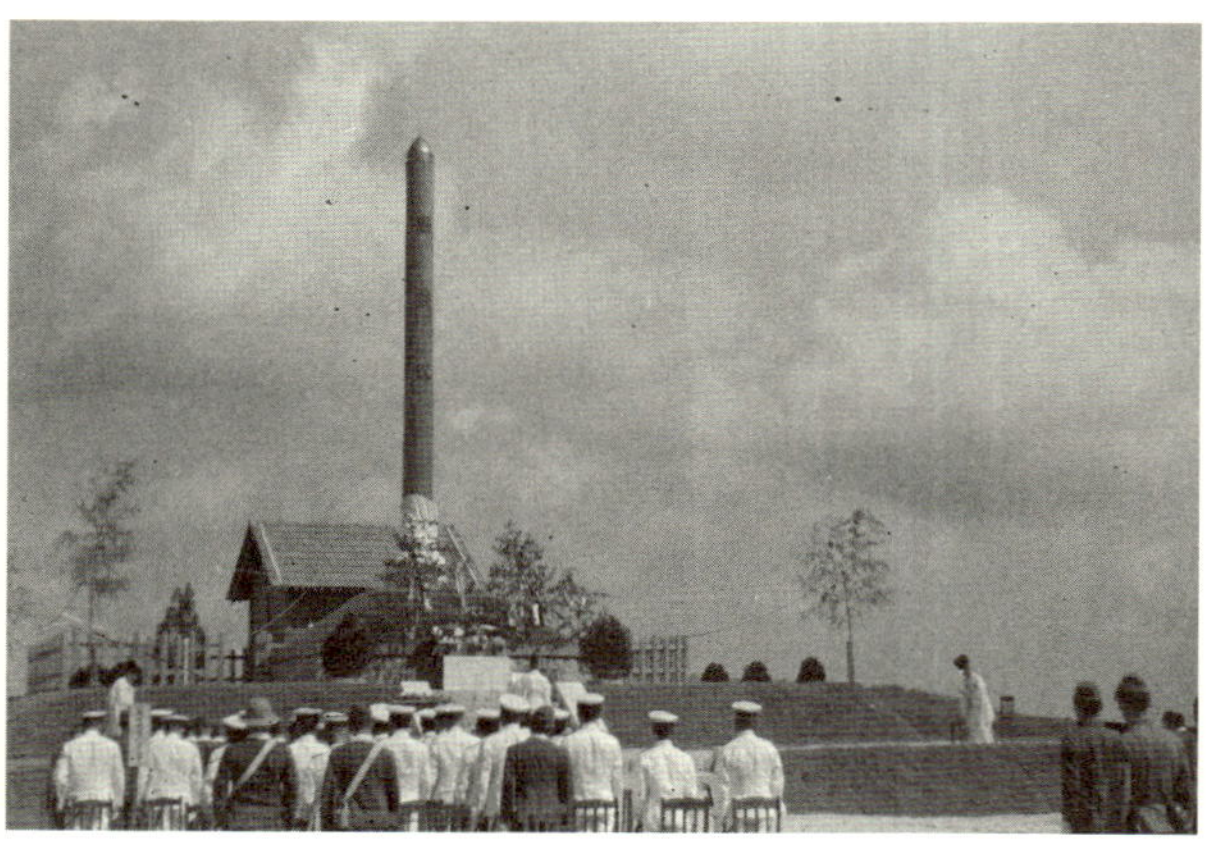

シンガポール武威山の忠霊塔

た。→忠魂碑(ちゅうこんひ)

参考文献 大原康男『忠魂碑の研究』(一九八四、暁書房)、今井昭彦『近代日本と戦死者祭祀』(二〇〇五、東洋書林)
(白川 哲夫)

ちょういさむ 長勇 一八九五—一九四五 陸軍軍人。一八九五年一月十九日、福岡県の農家の長男に生まれる。一九一六年陸軍士官学校卒(第二十八期)、二八年陸軍大学校卒。参謀本部勤務の時に橋本欣五郎らとともに桜会を結成、三月事件・十月事件を企てるが軽い処分で終わる。三七年上海派遣軍参謀として南京攻略戦に参加、捕虜の取扱いについて「やっちまえ」と処刑を指示したとされている。四〇年にはインドシナ派遣軍参謀長として北部仏印進駐を行う。四四年七月第三十二軍参謀長として沖縄に赴任。沖縄の新聞紙上で「一般県民が餓死□□□(伏字)軍はこれに応ずるわけにはいかぬ」と県民の生命よりも戦闘を重視する発言を行なった。六月二十三日(二十二日の説もある)牛島満軍司令官とともに沖縄島南部の摩文仁の丘の壕で自決した。五十一歳。

参考文献 阿部牧郎『豪胆の人—帝国陸軍参謀長・長勇伝』(一九九〇、祥伝社)、纐纈厚「長勇—陸軍の体質を体現した"壮士型軍人"—」(前田哲男・纐纈厚『東郷元帥は何をしたか—昭和の戦争を演出した将軍たち—』所収、一九九一、高文研)
(林 博史)

ちょうがくりょう 張学良 Zhang Xueliang 一九〇一—二〇〇一 中国の軍人、政治家。一九〇一年六月三日東北軍閥の張作霖の長男として遼寧省台安県で出生。一九年東三省講武堂に入学、翌年三月卒業し、父を補佐する。二八年六月に父が日本軍に爆殺された後、その地盤を継承し、同年末、国民政府への服従を宣言(東北易幟)。二九年七月中東鉄道回収を目指してソ連と衝突し、敗北。三〇年の中原大戦では蒋介石側に立った結果、十月に国民政府陸海空軍副総司令に就任。三一年の満洲事変に対して、「無抵抗主義」をとった。三三年三月熱河失陥の責任をとり下野したが、のちに鄂豫皖剿匪司令部副総司令として再起用される。三五年秋、共産党軍を追って西安に入り、西北剿匪総司令部副総司令に就任。三六年四月、中国共産党による「内戦停止・一致抗日」の主張を受けて周恩来と密談し、容共抗日へ傾斜する。十二月十二日、西安で来訪中の蒋介石を監禁(西安事件)。二十五日蒋を釈放したが、翌年一月から五十数年間にわたる軟禁生活を送る。九〇年名誉回復された後、ハワイに移住、二〇〇一年十月十四日(ハワイ時間)にハワイで没。百一歳。

張学良

参考文献 臼井勝美『張学良の昭和史最後の証言』(『角川文庫』、一九九五、角川書店)、西村成雄『張学良—日中の覇権と「満洲」—』(『現代アジアの肖像』三、一九九六、岩波書店)
(鹿 錫俊)

ちょうぐん 張群 Zhang Qun 一八八九—一九九〇 中国の政治家、軍人。一八八九年五月九日、四川省華陽県生まれ。一九〇七年、保定陸軍速成学堂に入学、〇八年に来日し、振武学校で学ぶ。この間中国同盟会に加入する。辛亥革命の報を受け、蒋介石とともに上海戦役に参加。一三年、再来日し、陸軍士官学校に入学、一五年に卒業する。二七年、国民革命軍総司令部総参議、二八年十月、軍政部政務次長に就任する。三五年十一月、中国国民党第五期中央執行委員に選出され、十二月、外交部長に就任、対日交渉にあたる。三六年八月の成都事件発生を受けて開始された川越茂大使との国交調整交渉は難航を極めた。三七年三月、外交部長を辞任。三七年九月、軍事委員会秘書長、三九年、国防最高委員会秘書長などを歴任。四七年、行政院長に就任する。国民政府の台湾撤退後、総統府秘書長、総統府資政を務める。蒋介石の側近としてしばしば来日した。九〇年十二月十四日、台北で死去。百二歳。
(内田 尚孝)

参考文献 張群『日華・風雲の七十年—張群外交秘録—』(一九八〇、サンケイ出版)

ちょうけいけい 張景恵 Zhang Jinghui 一八七一—一九五九 一八七一年現在の遼寧省台安県(八角台)に生まれる。豆腐業を営む傍ら、「保険隊」を組織し隊長となるが、張作霖に譲り、以後張作霖と行動をともにした。一九一七年、二十七師歩兵第五十三旅旅長、一八年、暫編奉天軍第一師長となり、湖南に出征した。二〇年、察哈爾都統兼第十六師師長、第一次奉直戦争時(二二年)、奉軍西路総司令を担任したが失敗。以後全国国道籌備事宜督弁、奉天督軍署参議、陸軍総長、実業総長を歴任した。二八年の張作霖爆殺事件に遭遇し重傷を負う。張学良により東省特別区行政長官に任じられたが、張学良と合わず、南京に行き、軍事参議院院長、東北政務委員会委員の職にあった。満洲事変以後には黒龍江省長、参議府議長、軍政部総長、国務総理大臣などを歴任した。日本敗戦後にはソ連軍により逮捕され、撫順の戦犯管理所に収容され、五九年一月十一日、同所において死去した。

参考文献 外務省情報部編『現代中華民国満洲帝国人名鑑』(一九三七、東亜同文会業務部)、澁谷由里『「漢奸」と英雄の満洲』(『講談社選書メチエ』、二〇〇八、講談社)
(田中 隆一)

ちょうこほうじけん 張鼓峰事件 一九三八年七—八月にソ連と満洲国との国境で起こった日ソの武力衝突。当時、参謀本部は、中国における武漢作戦を前にソ連の出方を確認しようと、ソ満国境で、朝鮮にも隣接する張鼓峰周辺にソ連軍が進出したのを機に、七月十一日、同地区の警備を担当していた朝鮮軍（第十九師団）を出動させた。その際、武力行使について昭和天皇が許可しなかったため、近接する沙草峰にも新たにソ連軍が進出したとの理由をつけて出先部隊は張鼓峰一帯を占領し、天皇もそれを追認した。しかし、七月三十一日から始まったソ連軍の反撃で日本軍は歩兵第七十五・七十六連隊を中心に大損害を被った（戦死五百二十六人、戦傷九百十四人、師団の死傷率二二・三％）。モスクワでの外交交渉によって八月十一日に停戦協定が結ばれ、その後、日本軍が撤兵して事件は終結した。軍事的には敗北したが、停戦時まで張鼓峰を確保したことなどから日本軍の対ソ強硬姿勢を変えるには至らなかった。

参考文献 防衛庁防衛研修所戦史室編『関東軍』一（『戦史叢書』二七、一九六九、朝雲新聞社）、浅田喬二・小林英夫編『日本帝国主義の満州支配—一五年戦争期を中心に—』（一九八六、時潮社） （山田 朗）

張鼓峰事件　ソ連軍による爆撃

ちょうさくりん　張作霖 Zhang Zuolin 一八七五—一九二八 中国の軍人、奉天系軍閥の創始者。一八七五年三月十九日奉天の海城で出生。日清戦争期政府軍に入隊したが、終戦後匪賊に入る。一九〇一年、地方政府の招撫を受け官軍となる。のちに日本の支持を受けて奉天系の軍閥として中国の東北全域を支配。二一年蒙疆経略使となり、熱河、チャハル、綏遠をも掌握。その後、政権の座をめぐる内戦で敗北も繰り返したが、二六年十二月安国軍総司令となり北京政府を支配。翌年六月「安国軍政府」を樹立して「中華民国陸海軍大元帥」に就く。同年、日本側は「満蒙懸案の一挙解決」を求めたため、中国では反日運動が高まったが、十月、張作霖は満鉄と「山本・張協約（満蒙新五路協約）」を締結した。二八年四月、蒋介石が率いる国民革命軍は北京の張作霖政権に対する北伐戦争を再開。張は日本の勧告を受けて六月三日北京を離れたが、翌朝、京奉線皇姑屯駅をすぎた地点で関東軍に爆殺された。五十四歳。

張　作　霖

参考文献 西村成雄『中国近代東北地域史研究』（一九八四、法律文化社） （鹿 錫俊）

ちょうさくりんばくさつじけん　張作霖爆殺事件 一九二八年六月四日、張作霖が奉天郊外で列車ごと爆殺された事件。当時は満州某重大事件と称された。張作霖の爆殺を主導したのが、関東軍高級参謀の河本大作大佐であった。戦後に河本が抑留されていた中国の太原で記した供述書によれば、関東軍司令官村岡長太郎中将らの関東軍上層部も事件に強く関与したという。爆殺後の構想としては、河本や関東軍参謀部が楊宇霆擁立論であったのに対して、荒木五郎や秦真次奉天特務機関長が張学良擁立論であり、村岡は後者を採用したともいう。満州では息子の張学良が実権を掌握し、蒋介石の南京国民政府と合流した。張学良が満州問題の外交権を国民政府に移管すると、田中内閣の重視する満州での鉄道政策は停滞した。田中は一旦、昭和天皇に事件関係者への厳罰を約したものの、陸軍の圧力から処罰を行政処分にとどめた。

張作霖爆殺事件　列車の爆破現場

河本の停職、村岡の予備役編入などである。昭和天皇が変節を叱責すると、田中内閣は二九年七月に総辞職した。

[参考文献] 佐藤元英『昭和初期対中国政策の研究―田中内閣の対満蒙政策―』(『明治百年史叢書』四〇二、一九九二、原書房)、服部龍二『東アジア国際環境の変動と日本外交 一九一八―一九三一』(二〇〇一、有斐閣)、小林道彦『政党内閣の崩壊と満州事変―一九一八〜一九三二―』(二〇一〇、ミネルヴァ書房)

(服部 龍二)

ちょうささくせん 長沙作戦 長沙は湖南の省都で、広東・湖北・河南各省を結ぶ交通の要所である。長沙作戦は三回(日本では二回)に分けられる。〔第一次〕一九三九年九月日本軍は三方面から長沙侵攻を開始、江西省北部に猛攻。日本軍十万人に対して、中国軍は四十万人を出動。中国第九戦区(総司令羅卓英)の第一・第三十各集団軍が抵抗した。湖南省北部で戦闘後、日本軍は南下、中国軍は抵抗を繰り返し、民衆も運輸、救護、通信等で支援した。二十九日日本軍主力が長沙の外囲に到達したが、交通運輸線が襲撃され、補給は途絶えた。中支那派遣軍第十一軍司令官岡村寧次は撤退を命じ、日中両軍は対峙。〔第二次(日本では第一次)〕四一年九月日本軍十万人余りが再び長沙を攻撃、長沙駐留の第十九集団軍等が抗戦した。日本軍は大雲山遊撃根拠地に侵攻、激戦となった。同時に、洞庭湖方面では日本海軍陸戦隊の上陸に対し、守備軍一個大隊が迎撃したが全滅。九月日本軍主力が長沙市内に猛攻をかけた。だが、中国軍は援軍到着後、包囲攻撃し、日本軍は後方との連絡が切断された。この時も民衆は中国軍に協力して徹底的に道路を破壊した。十月一日日本軍は第九戦区の主力壊滅を達成したとして撤退、対峙。この作戦での中国軍の死傷者・失踪者は約十万人。〔第三次(日本では第二次)〕太平洋戦争開始後、日本軍は長沙を重慶攻撃の拠点と見なし、第十一軍司令官阿南惟幾は長沙作戦での最終的勝利を収めるため、総兵力十二万人余りを集結。四一年十二月二十四日作戦を発動し、岳陽付近で正面突破戦術をとった。中国側は正面守備部隊が地形を利用して反撃した。その後、日本軍は南下し、四方面に分かれて長沙包囲体勢をとった。当時、日本軍は長沙方面の中国軍兵力を弱体と誤認し、四二年一月総攻撃を開始した。守備軍は白兵戦を演じ、かつ中国陣地は堅固で日本軍の前進を阻んだ。日本軍は補給が断たれ、撤退したが、中国軍は大包囲網を敷き攻撃した。日本軍の損失は未曾有とされ、蔣介石は「空前の大勝利」を宣言した。

[参考文献]『抗日戦争時期国民党正面戦場重要戦役介紹』(成都、一九九五、四川人民出版社)、容鑑光『長沙三次会戦』(新店、一九九〇、国史館)、菊池一隆『中国抗日軍事史 一九三七―一九四五』(二〇〇九、有志社)

(菊池 一隆)

ちょうしんこうすいりょくはつでんしょ 長津江水力発電所 ⇨朝鮮長津江水力発電所

ちょうせんおうこうぞく 朝鮮王公族 一九一〇年から四七年まで、大韓帝国皇室に付与された王族、公族という二つの身分をさす総称。一〇年八月の「韓国併合に関する条約」は、大韓帝国の統治権を天皇に「委譲」した韓国皇帝とその一家・子孫に対して、相応の尊称・名誉などを与えると規定した。これを受け、別の詔書により韓国皇帝純宗を「王」、高宗を「太王」、高宗の庶子李堈と高宗の兄李熹を「公」とし、新たに王族・公族という地位を創設した。王族は王・王の子・隠居した王とその子・王の長子孫とそれぞれの配偶者、公族は公・公の子・隠居した公とその子・公の孫とそれぞれの配偶者。王公家軌範(二六年皇室令第一七号)により身分や特権などが詳細に定められ、皇族と同様の礼遇を受けるが皇族には入れられず、その地位は皇族に続くものとされた。王公族に関する事務は李王職が管掌し、朝鮮総督府がこれを監督した。王・王の子供と孫・公は、十八歳を越えると陸海軍の武官となることが義務づけられた。

[参考文献] 新城道彦『天皇の韓国併合―王公族の創設と帝国の葛藤―』(二〇一一、法政大学出版局)

(庵逧 由香)

ちょうせんおうりょくこうすいでんかいしゃ 朝鮮鴨緑江水電会社 満洲国との国境河川を利用した水力電源の共同開発のため、一九三七年九月朝鮮側に設立された会社。設立時の資本金五千万円、日本窒素肥料が六割、東洋拓殖会社が四割を出資。満洲国側の満洲鴨緑江水電会社と役員・従業員はすべて共通であり、実質的には一つの会社といえる。鴨緑江本流の膨大な流量と緩やかな勾配を活かす大ダム式の発電により、七地点で計一九三万キロワットの発電力を誇る当時世界最大規模の計画だった。第一期事業として七〇万キロワットの水豊発電所の建設が開始され四四年二月に一台を除き竣工(よって実際には六〇万キロワット)。四二年には第二期事業として六月に義州発電所二〇万キロワット、七月に雲峰発電所五〇万キロワットの開発が決定し着工されたが、未完のまま終戦を迎えた。→満洲鴨緑江水電会社

[参考文献]『朝鮮電気事業史』(一九八一、中央日韓協会)、堀和生『朝鮮工業化の史的分析』(一九九五、有斐閣)

(竹内 祐介)

ちょうせんきぞく 朝鮮貴族 朝鮮貴族令(一九一〇年八月二十九日皇室令第一四号)に基づき朝鮮人に与えられた身分。一〇年の「韓国併合」に伴い韓国皇室に王公族の身分が付与されたのに対し、同令では王公族以外の王の血族および門地と功労のある朝鮮人に対して公・侯・伯・子・男の爵位が与えられ、華族令による有爵者と同等の礼遇を受けることが定められた。その配偶者や家族(曾祖父・祖父・父・嫡男とこれらの配偶者)も朝鮮貴族の族称が許され、爵位は直系の男子が受け継ぐものとされた。李王家の宗親・戚族は侯爵・伯爵、「併合」前に正一品・従一品・勅任一等など以上の地位にいたものを子爵・男爵とすることを原則とし、一〇年十月には朴泳孝(侯爵)、李完用(伯爵)などをはじめ七十六人に対し爵位が与えられ、その一部は朝鮮総督府の諮問機関である中枢院の顧

問となった。有爵者には巨額の恩賜金が与えられたが、のちには経済的困窮から没落する朝鮮貴族もいた。

参考文献 大村友之丞編『朝鮮貴族列伝』(一九一〇)

(庵逧 由香)

ちょうせんきょういくれい 朝鮮教育令 植民地期の朝鮮における教育について定めた基本法令。主に朝鮮人教育が対象で、学校の種類、教育目標、就業資格、就業年限、実施にあたり依拠する法規などの基本事項が定められた。一九一一年八月に制定されて以降、二二年、三八年、四三年と三度大きく改正され、それぞれ第一次―第四次朝鮮教育令として朝鮮教育政策の時期区分とされている。条項は十六―三十条ほどの簡素な構成で、各学校の依拠する詳細規定は関連法規が別途に定められた。学校の種類は、第一次教育令では普通学校、高等普通学校、女子高等普通学校、実業学校、専門学校とされ、第二次朝鮮教育令では師範学校が加わった。戦時下で改正された第三次朝鮮教育令では、普通学校は小学校、高等(女子)普通学校は中学校(高等女学校)となり、朝鮮人の初中等教育は日本人教育と同じ小学校令、中学校令によって定められるとした。四一年に小学校は国民学校となるが、これは別規定で定められている。

参考文献 金富子『植民地期朝鮮の教育とジェンダー―就学不就学をめぐる権力関係―』(二〇〇五、世織書房)

(庵逧 由香)

ちょうせんぎんこう 朝鮮銀行 植民地期朝鮮の中央銀行。開港直後から朝鮮に進出した第一銀行は、朝鮮の金融制度が不備ななかで一九〇二年から第一銀行券を発行し、〇五年には第一銀行朝鮮支店は事実上の中央銀行となった。これが〇九年に韓国銀行に改組され、併合後の一一年、朝鮮銀行に改称された。資本金は当初の一千万円から一七年二千万円、一八年四千万円、二〇年八千万円、二五年四千万円、四四年八千万円へと推移した。業務分野は、銀行券発行、国庫金取扱い、総督府貸出し、普通銀行との資金調整などの中央銀行業務を基本としつつ、普通銀行業務も行なった。営業地域は朝鮮内にとどまらず、満洲、中国関内にも及び、円系通貨圏の中国への拡張を推進する役割を果たした。四五年八月以降、同行の業務は日本側の手を離れ、南朝鮮では韓国銀行、北朝鮮では朝鮮中央銀行に継承された。日本国内店舗は、日本不動産銀行(のちに、日本債券信用銀行、あおぞら銀行)に引き継がれた。

参考文献 『朝鮮銀行史』(一九六七、東洋経済新報社)

(金子 文夫)

朝鮮銀行本店

ちょうせんぐん 朝鮮軍 一九一八年から四五年まで朝鮮に駐在した日本陸軍の一組織。日露戦争時に編成された韓国駐箚軍は、韓国併合の一〇年に朝鮮駐箚軍となり、一八年五月に朝鮮軍となった。第十九師団と第二十師団により編成された。治安維持と国境守備のために定員を増やす高定員制を採った。朝鮮軍司令官は陸軍大将または中将であり、天皇に直隷して部隊を統率した。二〇年の琿春事件に際して間島に出兵するなど、中朝国境地帯の治安維持をめぐって朝鮮独立運動や中国側警察としばしば対立した。郭松齢事件や山東出兵の際にも朝鮮軍の兵力が派遣された。三一年九月の柳条湖事件の際には独断越境して関東軍を支援し、戦争拡大のため重大な役割を果たした。四三年に第三十師団を新設した。四五年三月にはそれらを統括する第十七方面軍が編成されたので、その下で朝鮮軍管区司令部が軍管区を管轄した。四六年三月に復員を終えた。

参考文献 沢木太郎『陸海軍政整理論』(一九一三、東洋出版社)、芳井研一「植民地治安維持体制と軍部―朝鮮軍の場合―」(『季刊現代史』七、一九七六)

(芳井 研一)

1931年9月19日，奉天飛行場に到着した朝鮮軍飛行隊

ちょうせんさんきんごかねんけいかく 朝鮮産金五ヵ年計画 一九三八年から日本で実施された産金五ヵ年計画に対応して、朝鮮総督府が目標産金量を定め各種の産金

奨励策を策定し産金量の増大を図った計画。朝鮮での増産が期待され日本帝国圏での産金奨励政策の重点が置かれた。日本の産金法に相当する朝鮮産金令が三七年九月に施行され、産金奨励のための補助金交付、日本産金振興株式会社と朝鮮金山開発株式会社を通じた資金融通、道路や送電線の整備に対する予算がつけられ実施された。三八年は目標量の八一%を達成したが、五年間の目標量二七三トンに対して実績量は一〇九トンで目標達成率は四〇%であった。朝鮮の産金量は日本と同程度ないしそれ以上へと増大し、朝鮮産金は日本銀行の正貨準備に繰り入れられて軍需原料資材輸入の対外決済手段として用いられ重要な役割を果たし、四一年日米貿易の途絶に至るまで日本の輸入を支えた。

参考文献 朝鮮総督府『朝鮮経済年報』(昭和十五年版)、金子文夫「占領地・植民地支配」(石井寛治・原朗・武田晴人編『日本経済史』四所収、二〇〇七、東京大学出版会)　（矢島　桂）

ちょうせんさんまいぞうしょくけいかく　朝鮮産米増殖計画　朝鮮総督府が実施した米の増産計画。米騒動として発現した日本の米不足への対策として、また朝鮮での三・一独立運動後の文化政治の一環として、一九二〇年から農事改良事業および灌漑改善・地目変換・開墾干拓などの土地改良事業の実施によって九百万石の産米増収が図られた。しかし土地改良事業では資金が高利で事業費が高額であったこと、土地所有収益が事業投資収益よりも高かったことなどにより着手面積は計画の五割程度であった。朝鮮総督府は二六年に計画を更新し、朝鮮土地改良株式会社と東拓の土地改良部が設立され、また朝鮮での産米増収により国際収支の改善に資するため大蔵省預金部から低利資金が供給された。同計画の下で、増大した朝鮮内の農業剰余が資本転化して工業化が進む一方で、日本への米穀の移出量は増収量以上に伸長し「飢餓輸出」の様相を呈した。昭和恐慌以後日本国内で計画への反対が強まり三四年に中断した。

参考文献 河合和男『朝鮮における産米増殖計画』(『朝鮮近代史研究叢書』、一九八六、未来社)　（矢島　桂）

ちょうせんじゅうようこうぶつぞうさんれい　朝鮮重要鉱物増産令　日中戦争下に鉱産物自給力の増強をはかり、一九三八年六月に朝鮮で施行された法令。日本で公布された重要鉱物増産法とほぼ同一内容で、重要鉱物を定めその増産を目的とし、鉱業権者に対する設備の新設および拡張・改良の命令、休眠鉱区開発の計画や実行の命令、鉱業権譲渡の協議の命令やその裁定に関する朝鮮総督の権限が規定された。重要鉱物の銅、鉛、錫、アンチモンや、朝鮮に偏在するタングステン、水鉛、黒鉛、螢石、雲母などの増産や探鉱、鉱業設備に対して奨励金が付与された。四〇年には国策会社である朝鮮鉱業振興株式会社が設立され、鉱物増産を目的として、鉱山および選鉱場経営、鉱床調査・探鉱および試錐、鉱業への資金融通、鉱物の売買および鉱業用品の売買と輸入を主な事業とした。四一年在米日本資産の凍結および日米貿易の途絶により鉱業政策の重点は対外決済手段の金増産から重要鉱物の自給に転換していった。

参考文献 朝鮮総督府『朝鮮経済年報』(昭和十四年版)、同(昭和十六・十七年版)　（矢島　桂）

ちょうせんしょくさんぎんこう　朝鮮殖産銀行　植民地期朝鮮の経済開発を目的に設立された特殊銀行。一九一八年、朝鮮殖産銀行令に基づき、朝鮮各地に並立していた農工銀行六行を合併して設立された。従来の農工銀行は資金力が弱体であり、また農業金融を担うべき東洋拓殖が満洲に経営基盤を拡張したことが、設立の背景にあった。資本金は当初の一千万円から二〇年三千万円、三六年六千万円へと増大した。長期金融機関として債券発行の特典をもち、二〇年代の産米増殖計画を支えるべく、農業、水利事業、土地改良事業などに融資を拡大した。三〇年代後半に入ると、朝鮮の工業化、戦時経済化に対応して鉱工業部門への融資が急増し、三九年には農業関係を上回るほどになった。また、関連会社への投資を進め、殖銀コンツェルンと称される企業グループを形成した。四五年八月以後、同行の経営は日本側の手を離れ、南朝鮮の業務は韓国殖産銀行(五四年、韓国産業銀行)に引き継がれた。

参考文献 本田秀夫編『朝鮮殖産銀行二十年志』(一九三八)　（金子　文夫）

ちょうせんしょくりょうえいだん　朝鮮食糧営団　一九四三年施行の朝鮮食糧管理令に基づき、資本金三千万円で設立された法人。米麦雑穀等、朝鮮で生産された主要食糧について、農民と総督府の間の買入・売渡、食糧配給計画に基づく各地方(道)への配給のほか、非常用食糧の貯蔵等が主な業務。事務所を京城に置き、各道には同営団の支部を設置。日本内地の食糧営団と異なり、中央・地方の両系統の営団はなく、全朝鮮を一本化して集荷・配給を統制した点が特徴。同営団設立に先立つ四〇年、戦時食糧統制の一環、および三九年の大旱魃の影響から、まずは米穀の統制が開始された。その後も不作が続いた上、代替食糧として期待された満洲雑穀輸入も円滑に進まず、食糧事情が逼迫する中で、より強力に食糧全般の集荷・配給の統制が必要となったことが設立の背景。設立に伴い、米穀統制を担っていた朝鮮米穀市場株式会社、各道の糧穀株式会社は同営団に吸収された。

参考文献 山内敏彦他『朝鮮経済統制法全書』(一九四三、大洋出版社)、石塚峻『朝鮮における米穀政策の変遷』(一九八三、友邦協会)　（竹内　祐介）

ちょうせんじんきょうせいれんこうもんだい　朝鮮人強制連行問題　⇨強制連行

ちょうせんじんへいし　朝鮮人兵士　植民地朝鮮では、当初朝鮮人に対して兵役法が適用されず、ごく一部の朝鮮人将校や朝鮮王宮を警備する朝鮮歩兵隊を除いて、日本軍に朝鮮人が兵士として組み込まれることはなかった。

しかし日中戦争全面化後、日本人兵力の不足などを背景に、朝鮮人に対する徴兵実施が準備されはじめた。徴兵制実施の地ならしとして一九三八年四月から陸軍特別志願兵制度が朝鮮人を対象に実施され、敗戦までに陸軍だけで推定一万六千人余りの朝鮮人兵士が入営した。海軍特別志願兵制度(四三年)、学徒特別志願兵制度(四四年)も同様に実施された。四二年五月には徴兵制実施が閣議決定・発表され、戸籍整備、寄留令の公布など準備過程を経て、四四年から二回徴兵が実施された。徴兵者数は各年四万五千人ずつだったとされているが、学徒特別志願兵なども含めた朝鮮人兵士の総数は判明していない。朝鮮で動員された朝鮮人兵士は主に朝鮮内の部隊に入営したが、所属部隊の転出で中国戦線や南方戦線に送られ、多くの戦死者を出した。→特別志願兵制度

参考文献 樋口雄一『戦時下朝鮮の民衆と徴兵』(二〇〇一、総和社)、宮本正明「解説朝鮮軍・解放前後の朝鮮」(『東洋文化研究』六、二〇〇四)　(庵逧　由香)

ちょうせんそうとくふ　朝鮮総督府　一九一〇年から四五年まで朝鮮に設置された日本の朝鮮統治機関。一〇年八月の「韓国併合」に伴い、「朝鮮総督府設置に関する件」(一〇年勅令第三一九号)により統監府と韓国政府を統合・改編して設立され、「朝鮮総督府官制」(一〇年勅令第三五四号)により機構が定められた。朝鮮総督は天皇に直属して朝鮮のすべての政務を統轄し、職権・委任に基づき命令を出す、法律に代わる「制令」を発する、官吏を監督・任命する、朝鮮防備に必要な時は陸海軍を統率するなど、強大な権限を有した。軍の統帥権は一九年に廃止され軍出動要請権に変わったが、歴代総督十人はすべて陸海軍大将が選任された。初代総督は寺内正毅で、アジア・太平洋戦争期は、南次郎(三六年八月—)、小磯国昭(四二年五月—)、阿部信行(四四年七月—四五年八月)が務めた。総督補佐として政務総監が置かれた。総督府機構は一九年、四三年に大きく改編されるが、四三年現在の機構は、朝鮮総督府内に総督官房、総務局、司政局、財務局、殖産局、農林局、法務局、学務局、警務局が置かれ、総督府所属官署として道・府邑郡・面などの地方行政や逓信局、鉄道局、専売局、税務監督局、税関、刑務所などが置かれた。裁判所・検事局も総督府所属であり、実質的に立法・行政・司法の三権を掌握していたことになる。官僚制度と行政システムは日本のものがほぼそのまま適用され、官吏は高等官(勅任官・奏任官)と判任官に分かれそれぞれ官等に区分された。全体的に日本人官吏の比率が高く、官等が下がるほど朝鮮人官吏の比率が高くなっており、その規模は四二年現在で総官僚数五万人を超えるなどほかの植民地に比べ巨大だった。財政は朝鮮総督府特別会計の制度が設けられ、歳入で充当しきれない歳出を日本帝国政府の一般会計からの補充金で補っていた。その中央集権的性格から、戦時期の総動員政策は総督府の関連部署がそのまま業務を担当して行われた。

朝鮮総督府

参考文献 友邦協会編『朝鮮総督府官制とその行政機構』(友邦協会編『朝鮮近代史料研究—友邦シリーズ—』六所収、二〇〇一、クレス出版)、岡本真希子『植民地官僚の政治史—朝鮮・台湾総督府と帝国日本—』(二〇〇八、三元社)　(庵逧　由香)

ちょうせんちっそひりょうかいしゃ　朝鮮窒素肥料会社　日本窒素肥料会社の朝鮮半島進出の先兵的役割を担った子会社。戦前日本最大の硫安製造会社であった日本窒素肥料は、硫安原料アンモニアの合成に必要な水素の給源を水の電気分解に求めたため、事業を拡大しようとする限り、電力確保は喫緊の課題であり続けた。朝鮮半島に電源を求めた日本窒素肥料は、鴨緑江の支流である赴戦江、長津江、虚川江における電源開発を計画、一九二六年朝鮮水電会社を設立し、二九年発電を開始した。一方、二七年朝鮮窒素肥料会社を子会社として設立、半島北部日本海側の興南に工場を建設し、三十年硫安の製造を開始した。朝鮮窒素肥料は親会社である日本窒素肥料に無配を維持する一方で、継続的に特許使用料を支払った。しかし、その特許使用料は実質的な配当であり、配当金に対する課税逃れであるという指摘を大蔵省から受けた。そのため、日本窒素肥料は四一年朝鮮窒素肥料を吸収合併、日本窒素肥料興南工場とした。

参考文献 大塩武『日窒コンツェルンの研究』(一九八九、日本経済評論社)　(大塩　武)

ちょうせんちょうしんこうすいりょくはつでんしょ　朝鮮長津江水力発電所　朝鮮の長津江水電会社(設立時の資本金二千万円、一九四二年に朝鮮水力電気に改称)により作られた発電所。三三年五月着工、三五年十一月に第一期分を竣工し発電開始、一九三八年七月に四つの発電施設全てを完成。当初は三菱が長津江の水利権をもち、電源開発を行う予定であったが、膨大な電力を消費する事

業の目途が立たずに計画が進まなかった。そこで朝鮮総督府は発電量の半分を公共用に供給することを条件に、赴戦江水力発電で成功を収めた日本窒素肥料会社に水利権を与え、開発を行わせることとした。赴戦江水力発電と同様の「流域変更」方式により発電力三二万キロワット、発電量二四億キロワット時を実現。同系会社である朝鮮窒素肥料会社の硫安製造や火薬など軍需品製造用に利用される一方、公共用として主に朝鮮半島の中西部地方の主要電源としても利用された。

参考文献 『朝鮮電気事業史』(一九八一、中央日韓協会)、堀和生『朝鮮工業化の史的分析』(一九九五、有斐閣)

(竹内 祐介)

ちょうせんてつどうじゅうにねんけいかく 朝鮮鉄道十二年計画 朝鮮で、一九二七年から十二年間で国有鉄道新規五路線一三八四キロの建設と既設線改良および私設鉄道五路線二一〇キロの国有化を行うことを内容とした計画。朝鮮総督府は採算性を考慮して図們線・恵山線・満浦線・東海線・慶全線を新規建設線として選定し、国防・警備のみならず食糧・資源の増産と搬出を敷設目的とした。満洲事変後、朝鮮北部の図們線と満浦線は朝鮮と満洲を連絡する国際鉄道として機能した。計画予算は、既定計画の咸興線・平元線の建設費七千七百四十三万円を含めて新線建設費二億五千百五十七万円、既設線改良費六千八百四十三万円とされた。私設鉄道の国有化では全北鉄道株式会社と図們鉄道株式会社および朝鮮鉄道株式会社慶南線・全南線・慶東線の五路線二一〇キロが対象となった。朝鮮鉄道株式会社路線の国有化では同社の救済が図られ、図們鉄道株式会社の国有化では東拓の不良債権が整理された。

参考文献 朝鮮総督府鉄道局編『朝鮮の鉄道』(一九二八)、矢島桂「植民地期朝鮮における「国有鉄道十二箇年計画」」(『歴史と経済』二〇六、二〇一〇)

(矢島 桂)

ちょうせんふせんこうすいりょくはつでんしょ 朝鮮赴戦江水力発電所 朝鮮水電会社(設立時の資本金二千万円、日本窒素肥料の全額出資)により作られた発電所。一九二六年八月着工、二九年十一月に一部竣工し発電を開始。完成は三二年十二月。黄海側の高原地帯で堰止め、その貯水を日本海側に流すという、河川水系を人為的に変更し落差を利用して発電する「流域変更」方式により、計四つの発電施設で発電力二〇万キロワット、発電量一一億キロワット時の大規模発電を実現。発電量のほとんどは同系会社である朝鮮窒素肥料会社(のちに朝鮮水電と合併)興南工場の硫安製造に使用されたため、同社の発展の原動力となる一方、朝鮮全体への電力供給には直接寄与しなかった。ただし、同発電所の成功が、その後の朝鮮における相つぐ水力発電開発や、電力多消費産業の登場につながった。

参考文献 『朝鮮電気事業史』(一九八一、中央日韓協会)、堀和生『朝鮮工業化の史的分析』(一九九五、有斐閣)

(竹内 祐介)

ちょうせんろうむきょうかい 朝鮮労務協会 朝鮮人労働力の日本内地への動員(強制連行)を担った半官半民の組織(朝鮮総督府の外郭団体)であり、一九四一年六月に設立された。四二年二月、「朝鮮人労務者活用に関する方策」が閣議決定され、朝鮮総督府も同月、「朝鮮人内地移入斡旋要綱」を制定した。これにより、朝鮮労働者の積極的な日本内地への動員が始まることになる。その要員確保のために「官斡旋」と呼ばれる方式が採用されたが、そこにおいて、朝鮮内で労働力「募集」事業を担う主体とされたのが同協会である。朝鮮総督府内に本部を、各道庁内に支部を、各府・都・党内に分会を置き、朝鮮内の労働力供給源の開拓や、労働者の斡旋、「募集」協力を主な業務とした。同協会は、警察や翼賛団体、労務補導員(朝鮮人労働力を必要とする企業やその関係団体の職員)と連携して労働者の「確保」を図った。機関誌として『朝鮮労務』を発行している。

参考文献 金子文夫「占領地・植民地支配」(石井寛治・原朗・武田晴人編『日本経済史』四所収、二〇〇七、東京大学出版会)、西成田豊『労働力動員と強制連行』(『日本史リブレット』、二〇〇九、山川出版社)、外村大『朝鮮人強制連行』(『岩波新書』、二〇一二、岩波書店)

(杉山 裕)

ちょうないかい・ぶらくかい 町内会・部落会 アジア・太平洋戦争期に内務省によって設立された市町村の行政基礎組織。農村、都市をとわず、道路普請や農作業の共同作業、冠婚葬祭の互助、講の活動を行う隣保組織が、各地に存在していた。一九三〇年代後半に、東京、大阪など大都市の場合は人口の急増、その他に対応できる小さな行政組織である町内会が、農村では増大する農作業の協力体制や軍人遺家族慰問などを行う部落会が造られた。政府はこうした動向に対し、「標準的農蚕山漁村行政調査」を行い、「市町村に於ける部落会又は町内会等実践要綱の整備充実に関する件」(内務省地方局、三九年九月)によって統制を試み、四〇年に「部落会町内会等整備要領」(内務省訓令第一七号、四〇年九月十一日)、「部落会・町内会等の整備指導に関する件」(内務次官通牒、四〇年九月十一日)などを発令した。訓令第一七号は市街地に町内会を、町、丁目、行政区ごとに、農村市域では行政区などごとに部落会を設置すること、町内会、部落会は区域の全戸を含むこと、各区域十世帯ぐらいで隣保組織(隣組)を設けること、市町村長を中心に町会長、消防団(警防団)、青年団、国防婦人会など地域の各種団体を統合して市町村常会を設置し、行政事務を委嘱することなどを規定している。内閣情報局『週報』二一二号(四〇年)は、市町村の下部組織である町内会・部落会の目的は住民が団結して一君の統治に従い、国策を実践し、配給などの統制経済と防空を円滑に進めることと説明している。町内会・部落会は総力戦体制確立のための新体制運動の組織であった。しかし、実際には役場に平等な配給を要求する部落会など、全面的に政府が統制できたとはいい難い面があった。なお、戦後四七年一月にＧＨＱの指導により内務省は町内会・部落会を廃止した(訓令第四号、四七年一月二十二日)。 ↓隣組

参考文献 玉野和志『近代日本の都市化と町内会の成立』(一九九三、行人社)、鳥越皓之『地域自治会の研究―部落会・町内会・自治会の展開過程―』(『関西学院大学研究叢書』六八、一九九四、ミネルヴァ書房)、雨宮昭一『戦時戦後体制論』(一九九七、岩波書店) (早川 紀代)

ちょうはつ 徴発 戦時などに陸海軍が地域住民から食糧品、馬匹などの物資を調達すること。また、中国などにおいて、日本軍が行なった物資徴発の俗称。前者については、一八八二年八月の徴発令(太政官布告第四三号)で規定されていた。一方、後者については、国際法上で認められた権利であり、一定の条件下で主計官が代価を支払って実施された。しかし、略奪的徴発も行われていたことが、兵士の日記などから判明する。

参考文献 藤井忠俊『兵たちの戦争―手紙・日記・体験記を読み解く―』(『朝日選書』、二〇〇〇、朝日新聞社) (中村 崇高)

ちょうへいきひ 徴兵忌避 徴兵を逃れるために行われた合法・非合法のさまざまな手段のこと。現役兵として徴兵されることは、現役兵本人の身体的苦痛・心理的負担のほかに経済的負担も伴った。しかし、徴兵令の改正ごとに合法的な徴兵逃れの道が狭まったため、非合法な手段が増加した。非合法な徴兵逃れの手段としては、逃亡失踪・身体毀傷(事故をよそおって小銃の引鉄を引けないように右手人差し指を毀傷するなど)・詐病(たばこのやにを目にすりこんでトラホームをよそおう、醤油を一気飲みして心臓病をよそおうなど)などがあげられる。また、徴兵検査に合格しても現役入営者を決める抽選に外れるように神仏に祈るという徴兵逃れに「御利益」のある神仏が生み出され、民衆の信仰を集めることになった。徴兵逃れの神仏としては、静岡県の奥山半僧坊・徳島県の友内神社などがあげられる。これらの多くは、戦時は弾丸除け信仰を集める神仏でもあった。

参考文献 菊池邦作『徴兵忌避の研究』(一九七七、立風書房)、大江志乃夫『徴兵制』(『岩波新書』、一九八一、岩波書店)、喜多村理子『徴兵・戦争と民衆』(一九九九、吉川弘文館) (松田 英里)

ちょうへいけんさ 徴兵検査 徴兵適齢(満二十歳。二十歳に達した男子を壮丁という)に達した日本人の男子に課せられた身体などの検査。検査を受けた壮丁は体格・健康状態により、甲種・第一乙種・第二乙種(一九三九年の兵役法施行令改正で第三乙種を新設)、丙種・丁種・戊種に分類された。丙種以上が合格とされ、なかでも「甲種合格」は受検者本人にとって「名誉」なこととされた。乙種以上が現役に適する者とされ、丙種は現役に適せず第二国民兵役に服するものとされた。丁種は体格および身体上の障がいによる不合格。戊種は発育の遅れと判断され、翌年再検査の対象とされた。甲種・第一乙種・第二乙種のなかから、籤による抽選で現役兵として入営する者が決定された(抽選制度は三九年三月九日公布の兵役法改正(法律第一号)により廃止)。四三年十二月二十四日に公布された「徴兵適齢臨時特例」(勅令第九三九号)により、四四年から徴兵検査を受ける年齢が十九歳に引き下げられた。

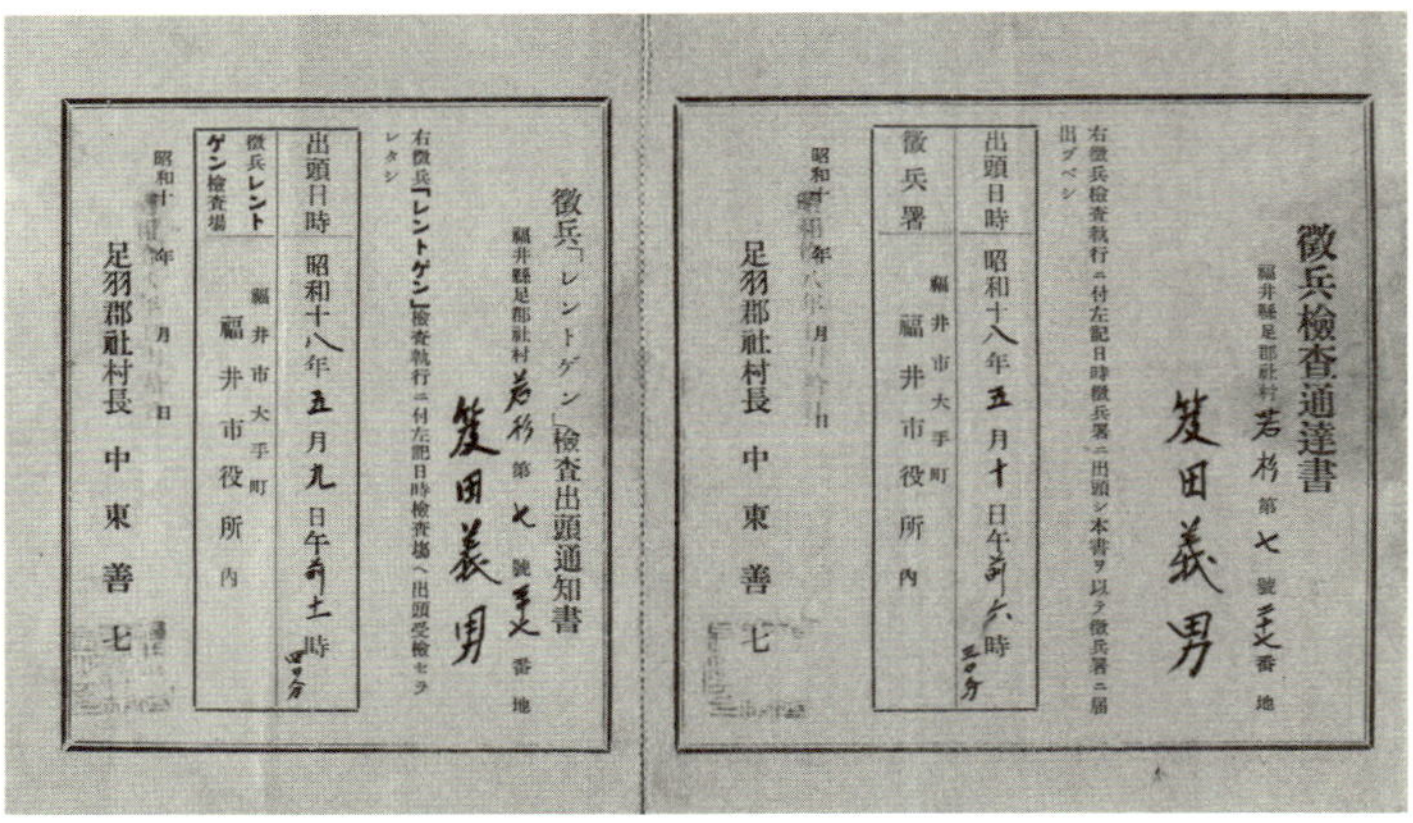
徴兵検査通達書
福井縣足羽郡社村 若杉第七號 番地
笈田義男
右徴兵検査執行ニ付左記日時徴兵署ニ出頭シ本書ヲ以テ徴兵署ニ届出ヅベシ
出頭日時 昭和十八年五月十日午前六時
徴兵署 福井市大手町 福井市役所内
昭和十八年 月 日
足羽郡社村長 中東善七

徴兵「レントゲン」検査出頭通知書
福井縣足羽郡社村 若杉第七號 番地
笈田義男
右徴兵「レントゲン」検査執行ニ付左記日時検査場ヘ出頭受検セラルベシ
出頭日時 昭和十八年五月九日午前十一時
徴兵レントゲン検査場 福井市大手町 福井市役所内
昭和十八年 月 日
足羽郡社村長 中東善七

徴兵検査通達書

参考文献 大江志乃夫「資料目録および解説」(黒田俊雄編『村と戦争―兵事係の証言―』所収、一九八八、桂書房) (松田 英里)

ちょうへいれい 徴兵令 一八七三年一月十日、前年末の徴兵の詔書および太政官告諭に基づいて制定された。徴兵令では、満二十歳の男子を徴兵し、抽選によって三年服役させたのち四年の後備義務を課したが、広範な免役規定(官吏、学生、戸主、嗣子、金銭納入による代人制)があった。八三年十二月二十八日の改正で代人制は廃止され、代わって官府県立学校の卒業証書を所持し、服役中の食糧被服などの費用を自弁する者を一年間現役に服せしめる一年志願兵制度がつくられた。八九年一月二十一日には徴兵令が全面的に改正された(法律第一号として公布)。八九年改正の徴兵令では、帝国憲法二〇条に定められた兵役義務に基づいて、第一条で日本人男子の兵役義務を明確化し、免役対象も身体的理由により服役に耐えられない者に限るなど大幅に縮小された。この改正により、必任義務としての徴兵制が確立され、一九二七年の兵役法制定まで大幅な改正はなされなかった。 ↓兵役法

参考文献 大江志乃夫『徴兵制』(『岩波新書』、一九八一、岩波書店) (松田 英里)

ちょうほう 諜報 諜報とは情報収集のため、秘密裏に

行うスパイ活動を意味する。ただし日本陸海軍の情報活動においては、スパイ以外にも通信傍受や偵察などさまざまな手段が採られていたため、諜報という言葉は徐々にこれら手段も包括するようになった。昭和期の日本陸軍では「その行為の目的を秘匿して行う情報収集行為」と定義付けられている。さらに陸軍は諜報活動の上位に「秘密戦」という概念を位置づけており、特種情報部や特務機関の活用、また陸軍中野学校の創設などによって積極的に秘密戦を実施した。陸軍中野学校の「秘密戦概論」によると、秘密戦とは、㈠偽情報の流布や秘密工作活動による「謀略」、㈡秘密情報収集を指す「諜報」、㈢みずからの有利な情報を流し、相手をコントロールする「宣伝」、の三つの概念から成り、これに外国への秘密漏洩を防ぐ「防諜」が加えられた。英語圏では諜報が「エスピオナージ」にあたり、秘密戦が「インテリジェンス」に近い概念となる。

参考文献　中野校友会『陸軍中野学校』(一九七八、原書房)、海野弘『スパイの世界史』(『文春文庫』、二〇〇七、文藝春秋)　(小谷　賢)

ちょうようせいど　徴用制度　日中戦争期からアジア・太平洋戦争期にかけて実施された、戦時労働力動員政策の一つ。一九三九年七月、国家総動員法第四条に基づく国民徴用令が公布されたことによって始まり、敗戦に至るまで労働力動員政策の中軸的な役割を担った。徴用には、すでに重要産業に配置されている者の移動を防ぎ、職場に固定化する現員徴用と、新たに外部から動員して配置する新規徴用とがあり、被徴用者とその周辺の人びとの生活に与えた影響は、後者においてとりわけ大きかった。軍隊の召集令状＝赤紙に対して、徴用令状は白紙と呼ばれた。実施初期は、国民職業能力申告令で申告を義務づけられた職種の技能者に対象を限定しており、自由募集などで人員を確保できない場合にのみ実行することとなっていた。しかし、日中戦争の長期化のなかで対象は拡大し、四〇年十月には技能者以外の男性をも対象とするようになり、四一年十月には対象年齢の上限を二十歳未満から四十歳未満にまで引き上げた。徴用先の事業場も、国の行う総動員業務に限定されていたものが、同時期に、政府管理工場・事業場、すなわち民間企業の事業場へと広げられた。その結果、四十年には約五万人、四一年には約二十六万人、四二年には約三十一万人の新規徴用が実行されるに至った。

　こうした急速な徴用の拡大のなかで、銓衡の不公正や労働条件の劣悪さが問題とされるようになり、召集に対する不出頭者や徴用後の無届欠勤者が続出する事態となった。こうした動向に対応するため、国家は取締を強化し、「悪質欠勤」をする徴用工の一斉取締を実行する一方、四一年十二月には国民徴用扶助規則を制定して、被徴用者とその遺家族に対する生活扶助制度を設けるなど、「同意」の調達を進めた。四三年に入ると、さらに徴用は拡大され、とりわけ四三年後半以降は中小商工業の転廃業者を中心に中高年層の徴用が増大したため、四三年の新規徴用者数は、約七十万人にのぼった。

　こうした大規模動員と併行して、国家は徴用制度の再編に本格的に乗り出す。すなわち、同年一月、「生産増強勤労緊急対策要綱」を閣議決定し、㈠徴用の国家性の明確化、㈡運営の改善(銓衡の適正化、登録範囲の拡大、給源の確保など)、㈢国民徴用援護制度の拡充を方針として定め、被徴用者の取り締まりと錬成の強化、生産秩序の再編、被徴用者とその遺家族に対する援護事業の強化といった施策を実行に移した。これらのうち錬成制度については、各地の「悪質」な被徴用者を錬成道場に送致し、そこで精神的・身体的訓練を施すなどの強権的な手法がとられた。徴用援護事業については、財団法人国民徴用援護会を新たに設けるかたちで進められ、国庫負担による一定額の収入の保証(補給金)や、生活費、医療費の補助などの「経済的援護」が実施されたほか、社会各層を動員した慰問・激励など、「精神的援護」も多様な方法で実施された。だが、戦況の悪化、物資不足、空襲の激化といった諸条件のなかで、こうした「同意」の調達のための諸施策が実を結ぶ余地は次第に狭められ、被徴用者とその家族の生活・労働条件は十分に改善されなかった。

　四四年に入ると、九月に国民徴用令に基づく朝鮮人の強制連行が実行されるようになり、十一月には、それまで日本固有の家族制度を温存するという理由から否定されてきた女子徴用(現員徴用)が実行に移されるようになるなど、制度はなおも膨張しつづけた。しかし、相つぐ動員によって給源はいよいよ枯渇し、同年の新規徴用者数は約二十三万人、四五年は約四万八千人にまで減少した。四四年後半以降は、女子勤労挺身隊の動員や学徒勤労動員が進められるようになるなど、徴用制度自体は新規労働力の動員方法としては主要なものではなくなり、敗戦をむかえることとなった。敗戦時の被徴用者は現員徴用四百五十五万、新規徴用百六十一万、合計六百十六万人であった。→国民徴用令

参考文献　加藤佑治『日本帝国主義下の労働政策―全般的労働義務制の史的究明―』(一九七〇、御茶の水書房)、佐々木啓「徴用制度像の再検討―その再編・統合策に注目して―」(『人民の歴史学』一六五、二〇〇五)、高岡裕之「戦時動員と福祉国家」(倉沢愛子他編『(岩波講座)アジア・太平洋戦争』三所収、二〇〇六、岩波書店)、西成田豊『近代日本労働史―労働力編成の論理と実証―』(二〇〇七、有斐閣)、佐々木啓「戦時期日本における国民徴用援護事業の展開過程―国民統合の一断面―」(『歴史学研究』八三五、二〇〇七)　(佐々木　啓)

ちょうようれい　徴用令　⇩国民徴用令

ちんぎんとうせいれい　賃金統制令　日中戦争開始後の軍需工業等での賃金の高騰、労働移動の激化を抑制することを目的に制定された、国家による賃金統制の根拠となった法令。国家総動員法に基づく勅令として一九三九

年三月三十一日公布、四月十日施行。機械器具・船舶車両・金属品製造業、金属精錬業を対象に、未経験労働者の初任給の最低・最高額の公定、常時五十人以上使用する事業者への賃金規則の作成と届け出の義務付け等を規定。その結果生じた適用・非適用事業間での初任給の不均衡を調整するために、四〇年七月二日に全工業に適用を拡大。同年十月十九日に賃金臨時措置令を統合して改正され、未経験のみならず、既経験者についても最低賃金額・最高初任給額が決定され、また、賃金支払総額制限方式が導入されるなど、賃金統制が本格化した。四三年六月十九日、生産能率向上による支払賃金の増加を認める改正がなされた。四六年九月に廃止。

参考文献　法政大学大原社会問題研究所編『太平洋戦争下の労働者状態』(一九六四、東洋経済新報社)

（市原　博）

ちんこうはく　陳公博　Chen Gongbo　一八九二―一九四六　中国の政治家。一八九二年十月十九日生まれ、広東省南海県出身。反清活動に参加した父の影響で一九〇七年に中国同盟会に加盟。広東法政専門学校を経て一七年北京大学に入学。卒業後譚平山と広東で新思想を紹介する『群報』を刊行し、陳独秀と社会主義青年団を組織した。二一年七月中国共産党成立大会に出席したが、翌年に離党を宣告し、二三年に渡米しコロンビア大学大学院で経済を学び、修士学位を獲得。廖仲愷の要請で国立広東大学教授に就任し、国民党に入党した。二五年広州国民政府軍事委員会政治訓練部主任、農工庁長に就任。北伐中、北伐軍総政治部主任として活躍し、二八年汪兆銘と国民党改組同志会を組織し、蔣介石に対抗した。満洲事変後国民政府実業部長、鉄道部長などを歴任したが、四〇年三月に成立した汪兆銘政権に加わり、立法院長、上海市市長などの要職に就いた。汪兆銘の死後、同政権の主席代理に就任した。終戦後日本へ亡命したが、逮捕令に応じて帰国し、四六年六月三日蘇州で銃殺された。五十五歳。

参考文献　読売新聞社『昭和史の天皇』一四(一九七一)、陳公博『中国国民党秘史―苦笑録・八年来の回顧―』(岡田酉次訳、一九八〇、講談社)、小川哲雄『日中終戦史話―南京国民政府主席陳公博の日本亡命―』(一九八五、原書房)

（劉　傑）

ちんじゅふ　鎮守府　所属海軍区の防御・警備・出師準備・補給などを司った海軍の地方機関であり、平時・戦時を問わず、訓練や作戦を終えた艦船・部隊の休養地ともされていた。鎮守府の置かれていた場所は、いわゆる「軍都」を形成しており、地域の経済や文化に、鎮守府は大きな影響を与えていた。鎮守府司令長官は天皇に直隷し、大将もしくは中将が親補され、軍政については海軍大臣、作戦計画については軍令部総長の指示を受け、参謀長以下の幕僚を統括して、その職務にあたっていた。

終戦時に置かれていた鎮守府は横須賀・呉・舞鶴・佐世保の四ヵ所であったが、一九〇五―一四年には旅順にも鎮守府が置かれており、また、二三―三九年においては、舞鶴鎮守府は要港部に格下げされていた。横須賀・呉・舞鶴・佐世保の四鎮守府の司令長官は、海軍内で決して同列にみられていたわけではなく、横須賀鎮守府司令長官を経験した者はその後に海軍大臣に就任することが比較的多かったものの、舞鶴鎮守府や佐世保鎮守府の司令長官は閑職とみなされており、待命直前の将官が任命されることも多かったと言われている。鎮守府の所属機関は時期によってかなりの違いがあるものの、終戦時には人事・経理・軍需・司法・艦船・港務・施設・運輸の各部に、病院・軍法会議・刑務所・工廠・燃料廠が置かれていた。また、そのほかに、終戦直前の六―七月にかけて、衛生・報道・地方海軍の各部が設置されている。所属する実戦部隊としては、これも時期によってかなりの違いがあるが、終戦時には海兵団・警備隊・防備隊・潜水艦基地隊・通信隊・特別根拠地隊・特攻戦隊・特別陸戦隊・連合航空隊・航空隊が置かれており、呉には別に潜水隊が置かれ、四五年七月までは、練習戦隊も置かれていた。→要港部

参考文献　防衛庁防衛研修所戦史室編『大本営海軍部・聯合艦隊』一(『戦史叢書』九一、一九七五、朝雲新聞社)、海軍歴史保存会編『日本海軍史』七(一九九五、第一法規出版)、秦郁彦編『日本陸海軍総合事典(第二版)』(二〇〇五、東京大学出版会)

（手嶋　泰伸）

つ

つうしょうごう　通称号　兵力、編成規模、装備等を秘匿するために陸軍部隊名を暗号化した名称。一九三七年九月一日、陸軍は外地への出征部隊を対象に秘密を保持するために、指揮官の姓で呼称することにした。軍以上を「集団」、師団・混成旅団などを「兵団」、連隊、大隊を「部隊」、中隊以下を「隊」と称した。しかし、指揮官の転任や戦死に伴う変更により混乱したので、四〇年九月十日に「昭和十六年度陸軍動員計画令細則」により、内地を含む全機関、部隊に漢字一文字による兵団文字符および「部隊」「隊」に三～五桁の通称番号を配当し、両者を併せた暗号を通称号とした。軍に乙・城・桜・燕、師団に宮・淀・鯉・熊・明、飛行師団に空・鷲・翼など漢字一文字を使ったが、のちに振武・秋水・護西など漢字二文字も使用した。四五年四月二十日に「陸軍部隊戦時通称号規定」を設け、兵団文字符と三～五桁の通称番号を配当した。

参考文献　陸軍省編「通称号ノ沿革概要」（一九四五年）

（丑木　幸男）

つかだおさむ　塚田攻　一八八六―一九四二　主に参謀本部をキャリアの中心とした陸軍軍人。一八八六年七月十四日生まれ。一九〇七年陸軍士官学校卒業（第十九期）。一四年陸軍大学校卒業。軍務局勤務を経て一八年関東都督府参謀、一九年関東軍参謀。二〇年参謀本部作戦課部員、二一年浦塩派遣軍参謀としてシベリア出兵。二五年陸軍大学校専攻科を卒業し陸軍大学校教官。二八年から三年間参謀本部作戦班長。三二年陸軍省軍務局兵務課長、三三年関東軍参謀、三五年陸軍大学校教官を経て参謀本部第三部（運輸・通信）長、三七年十一月中支那方面軍参謀長として日中戦争に従軍。三八年陸軍大学校校長を経て第八師団長。四〇年十一月参謀次長。大本営政府連絡会議では、温厚な杉山元参謀総長にかわり対米開戦を強硬に主張した。四一年十一月南方軍総参謀長に転じ、開戦後の南方進攻作戦を指揮。四二年第十一軍司令官、十二月十八日に飛行機事故により安徽省で戦死した。五十七歳。

参考文献　防衛庁防衛研修所戦史室編『大本営陸軍部大東亜戦争開戦経緯』五（『戦史叢書』七六、一九七四、朝雲新聞社）

（森山　優）

つがわしゅいち　津川主一　一八九六―一九七一　日本基督教団の牧師、合唱指揮者、訳詞家、教会音楽研究家。牧師の子息として一八九六年十一月十六日愛知県に生まれる。一九二一年関西学院神学部時代から合唱団に所属し、卒業後、東京麻布美普教会の牧師に就任。布教活動の後に職を辞して、合唱運動の中心的存在となる。帝国音楽学校、青山学院、文化学院、東京交響合唱団などで合唱を指導し、またフォスター「おおスザンナ」、ロシア民謡「赤いサラファン」、アイルランド民謡「ロンドンデリーの歌」を含む多くの欧米の合唱曲、歌曲、民謡等を日本語に訳詞して合唱で歌えるようにした。合唱曲集の編纂、キリスト教音楽についての研究書の執筆のほか、訳業も多く、戦時中は語学力を活かし、ドイツ大使館から情報を受けてナチス＝ドイツの音楽活動の紹介も行い、厚生音楽の実践に多くの提言を行なった。七一年五月三日没。七十四歳。

参考文献　津川主一『独逸国民と音楽生活』（一九四二、新興音楽出版社）、同『民族解放の歌』（一九四二、教文館）、同『教会音楽五千年史』（一九六四、ヨルダン社）

（長木　誠司）

つくいたつお　津久井龍雄　一九〇一―八九　昭和期の国家社会主義者。一九〇一年二月四日、栃木県に出生。高輪中学校を経て一八年早稲田大学英文科入学。二三年中退し、『大阪今日新聞』記者。二四年ごろ高畠素之に出会い、影響を受けて以降、国家社会主義者として活動。二六年赤尾敏とともに建国会を設立し、書記長。三〇年天野辰夫らと愛国勤労党を結成するも間もなく天野らと対立し、離党。同年急進愛国党を結成し委員長。三一年赤尾、狩野敏らとともに全日本愛国者共同闘争協議会を結成。同年大日本生産党の前衛組織として大日本青年同盟を結成し会長。三二年大日本生産党入党。三三年神兵隊事件に際し直接行動を批判し、赤松克麿とともに国民協会を結成したことをもって大日本生産党除名。三五年ごろより日本主義に傾斜。三七年『やまと新聞』主筆となり政府や軍部の無定見を激しく批判。四二年大日本言論報国会総務部長。八九年九月九日没。八十八歳。

参考文献　判沢弘「津久井龍雄」（『土着の思想』所収、一九六七、紀伊国屋書店）、同「右翼運動家―津久井龍雄・穂積五一・石川準十郎―」（思想の科学研究会編『転向―共同研究―（改訂増補版）』下所収、一九七八、平凡社）、福家崇洋『戦間期日本の社会思想―「超国家」へのフロンティアー』（二〇一〇、人文書院）

（昆野　伸幸）

つじししゅう　辻詩集　日本文学報国会（代表久米正雄）の編により一九四三年十月、八紘社杉山書店から刊行された愛国詩の作品集（初版一万部）。大政翼賛会の唱導を受けて日本文学報国会が建艦献金運動を提起し、小説部会と詩部会で小説家・詩人を動員して「辻小説」「辻詩」という各原稿用紙一枚の作品を集めて百貨店や書店で即売展示し、売上げを建艦資金として寄付した。その作品を集成して四三年七月に『辻小説集』（八紘社杉山書店）が刊行され、ついで『辻詩集』が刊行された。小説集には二百七名、詩集には二百八名が一人一篇ずつ作品を寄せ、その売上げと印税は海軍省に寄付された。「船だ　軍艦だ沈まぬ船だ／粘りづよい日本の女そのものだ」(深尾須磨子「沈まぬ船」)というような建艦運動を意識した作品が目立つ。アジア・太平洋戦争期には大政翼賛会文化部編の詩歌集を端緒として、大日本詩人協会編『聖戦に歌ふ』(四二年、歐文社)、日本放送協会編『愛国詩集』(四二年、日本放送出版協会)など、このほかにも愛国詩のアンソロジーが多数編まれた。→日本文学報国会

参考文献　日本文学報国会編『辻詩集』(『「帝国」戦争と文学』二九、二〇〇五、ゆまに書房)　(坪井　秀人)

つじまさのぶ　辻政信　一九〇二―六八　陸軍軍人。一九〇二年十月十一日生まれ。石川県出身。陸軍士官学校三十六期(一九二四年卒)。陸軍大佐。辻の越権行為、命令違反などにより作戦計画を変更させたこと、捕虜虐待などの「事件」と呼ぶべきことが幾つかあげられるが、数少ない左遷人事のほかは、軍律違反と見なされず軍法会議を受けることもなかった。陸軍の身内に対する甘い体質、独断独行者に対する当局の指導力のなさ、あるいは独断専行を称賛する部内の空気など、陸軍が抱える問題を象徴したのが辻ともいえる。まず三九年のノモンハン事件で関東軍参謀であった辻は、積極膺懲論を主張し不拡大論を退け、小松原師団大敗の因を作った。太平洋戦争では、第二十五軍作戦主任としてマレー作戦に従事し、シンガポール陥落後の華僑虐殺に関係したとされる。四二年参謀本部作戦主任となり、バタアン半島攻略作戦を監督、投降米兵の殺害を指示した。ついで南海支隊の東部ニューギニア・ポートモレスビー作戦に立会い、作戦命令下達の違反を犯したのち、ガダルカナル島に渡って第二師団の攻撃を指導したが、彼の強硬策が失敗につながった。四三年、負傷して陸大教官となり、癒えると支那派遣軍第三課長として兵站補給担当、大東亜省と対南京政府指導をめぐって対立、東条英機の指示にも反したため逆鱗に触れ、北ビルマの第三十三軍参謀に飛ばされた。北ビルマでは、西から英印軍、東から中国軍の圧力を受けて戦線維持が困難になり、辻は第三十三軍を後退させる断第二期作戦を指導し、木村兵太郎方面軍司令官から個人感状を授与されるほど、ビルマ戦線では獅子奮迅の活躍をし、窮地に陥った部隊を救った。四五年五月、第三十九軍高級参謀となりバンコクに赴任し、将兵の弛緩を取り締まった。ビルマ戦線崩壊とともにタイに戦火が及び、七月、ビルマより撤退した部隊を主体に第十八方面軍が新設され、辻は高級参謀に任命された。八月、日本敗北の報を得た辻は、戦犯追及を逃れるため僧侶に化けて寺院に身を隠した。進駐した英軍の厳重な捜索をかわし、華僑の庇護を受けて仏印に脱出、日中合作を策したが失敗、四八年に帰国した。講和条約発効後の衆院選で当選、その後参議院議員に代わったが、六一年ラオスで行方不明になった。六八年、死亡宣告。

参考文献　高山信武『服部卓四郎と辻政信』(一九八〇、芙蓉書房)　(田中　宏巳)

つしまじゅいち　津島寿一　一八八八―一九六七　官僚、政治家。一八八八年一月一日、香川県に生まれる。一九一二年東京帝国大学卒業。大蔵省に入省し、二〇―二三年、高橋是清蔵相、市来乙彦蔵相の秘書官を務める。二三―二四年、森賢吾を補佐し、外債発行に尽力。二七年五月海外駐箚財務官に就任、金本位制復帰の準備にあたる。三三年ロンドン国際通貨経済会議日本代表代理。三四年二月理財局長、同年七月大蔵次官(三六年三月まで)となる。三七年二月、日本銀行副総裁、四一年十一月北支那開発会社総裁に就任。四五年二―四月、小磯内閣蔵相。同年八月、東久邇内閣の蔵相になり、インフレ対策を検討した(十月まで)。四五年十月貴族院議員(勅選議員)。四六年二月、公職追放。五二年、戦前外債処理会議日本代表。五三―六五年、参議院議員(自民党所属)。五七年七月―五八年六月、防衛庁長官(岸内閣)を務めた。五九―六二年、オリンピック東京大会組織委員会委員長。六七年二月七日没。七十九歳。

参考文献　芳塘刊行会編『津島寿一追想録』(一九七二)　(浅井　良夫)

つしままるじけん　対馬丸事件　一九四四年八月二十二日、沖縄からの学童疎開船「対馬丸」が米軍潜水艦の攻撃によって沈没し、疎開児童ら多数が死亡した事件。四四年七月七日、日本政府は沖縄などに老人・幼児・女性の本土などへの「引揚げ」を命じた。これにもとづき、沖縄県は学童の集団疎開を計画、実施にとりかかった。これには、大都市の学童集団疎開と違い、国の補助金などはなかった。慌ただしい準備の後、八月十四日の第一陣に続いて、学童疎開船第二陣として八月二十一日、「対馬丸」「和浦丸」「暁空丸」が那覇を出港し、九州にむかった。二十二日午後十時過ぎ、悪石島沖に浮上した米潜水艦「ボーフィン」の発射した魚雷が命中して、対馬丸は沈没した。氏名の判別している死者は疎開学童七百八十人、教員・世話人三十人、他の同乗者をふくめて計千四百八十五人である(二〇一四年八月現在)。長時間の漂流の後、救助された学童もあった。

参考文献　大城立裕・嘉陽安男・船越義彰『対馬丸』(『名作の森』、二〇〇五、理論社)、全国疎開学童連絡協議会編『〈戦後六五年シンポジウム〉疎開の中にあった差別を見つめる』(二〇一三)　(青木　哲夫)

つだしんご　津田信吾　一八八一―一九四八　一九三〇年から四五年まで鐘淵紡績株式会社(四四年から鐘淵工業株式会社に社名変更)および同関連会社社長。一八八一年三月二十九日愛知県生まれ。一九〇七年慶応義塾大学政治科を卒業し鐘紡に入社、工場長・副社長などを経て異例の速さで社長就任。「軍民殉国是奉公」「国破れて鐘紡なし」を信条に大陸政策や戦争遂行の国策を支持する急先鋒として知られる。日本銀行参与理事、大日本紡績連合会会長などを歴任。商工大臣としての入閣を三度請われたが、それらを一蹴して鐘紡の矢継ぎ早の事業拡大に没頭した。鐘紡を多角化させ、日本内地のほか中国・朝

鮮・樺太などで多くの軍需関連企業を傘下に収める一大コンツェルンを築き、軍需生産の要請に協力した。四五年十二月、A級戦犯容疑者となり巣鴨に入所、翌四六年二月脳出血のため米軍病院で療養の後、五月に釈放。自宅療養を続けていたが、四八年四月十八日死去。六十八歳。

参考文献 西島恭三『事業王津田信吾』(一九三六、今日の問題社)、高橋弥次郎『日本経済を育てた人々』(一九五五、関西経済連合会)、石黒英一『大河—津田信吾伝—』(一九六〇、ダイヤモンド社) (渡辺 純子)

つだそうきち 津田左右吉 一八七三—一九六一 大正・昭和期の思想史家。一八七三年十月三日、岐阜県に帰農士族津田藤馬(とうま)の長男として出生。九一年東京専門学校(早稲田大学)邦語政治科卒業後、白鳥庫吉に師事し満鉄の満鮮歴史地理調査部研究員を経て、一九一八年早稲田大学講師、二〇年教授。『文学に現はれたる我が国民思想の研究』(一九一六—二一年、洛陽堂)はじめ古事記と日本書紀さらに中国古典の厳密な文献批判による独創的思想史研究を精力的に展開した。「東洋文化」論批判の年来の持説を日中全面戦争下に岩波新書として簡明にまとめた『支那思想と日本』(三八年)でにわかに一般的注目を浴び、記紀批判をめぐる出版法違反事件を惹起した。敗戦直後の『世界』四六年四月号発表の「建国の事情と万世一系の思想」も大きな反響を呼び、津田史学の批判的継承が

津田左右吉

戦後歴史学の課題とされた。六一年十二月四日死去。八十八歳。『津田左右吉全集』全三十五巻(一九六三—六六年の三十三巻、八六—八九年の二次刊行で二巻追補。岩波書店)がある。

参考文献 家永三郎『津田左右吉の思想史的研究』(一九七二、岩波書店)、上田正昭編『人と思想 津田左右吉』(一九七四、三一書房)、今井修編『津田左右吉歴史論集』(『岩波文庫』、二〇〇六、岩波書店) (今井 修)

つだそうきちじけん 津田左右吉事件 津田左右吉の記紀批判に対する迫害事件。津田が大正期以来順次岩波書店から刊行してきた記紀の文献批判的研究四部作『神代史の研究』(一九二四年)『古事記及日本書紀の研究』(同)『日本上代史研究』(三〇年)『上代日本の社会及思想』(三三年)が、一九三九年末の東京帝国大学法学部出講を契機に原理日本社の蓑田胸喜らの攻撃対象となって、翌年一月津田は早稲田大学教授辞任、上記四著書が発禁処分、発行者岩波茂雄とともに出版法第二六条(皇室の尊厳冒瀆)違反に問われた。四二年五月の東京刑事地方裁判所第一審判決(裁判長中西要一)は、『古事記及日本書紀の研究』のみ四ヵ所で「神武天皇より仲哀天皇に至る御歴代天皇の御存在に付疑惑を抱かしむるの虞ある講説を敢てし奉り」との理由で有罪とし、津田を禁錮三ヵ月、岩波を禁錮二ヵ月(ともに執行猶予二年)に処した。控訴審は四四年十一月に時効完成により免訴となった。『津田左右吉全集』第二四巻に附録として「出版法違反事件関係文書」が収められている。

参考文献 掛川トミ子編『思想統制』(『現代史資料』四二、一九七六、みすず書房)、『早稲田大学百年史』三(一九八七、早稲田大学出版部)、丸山眞男・福田歓一編『聞き書 南原繁回顧録』(一九八九、東京大学出版会) (今井 修)

つちはしゆういつ 土橋勇逸 一八九一—一九七二 大正・昭和期の陸軍軍人。一八九一年一月一日、佐賀県生まれ。熊本陸軍地方幼年学校、中央幼年学校を経て陸軍士官学校(二十四期)を卒業。参謀本部員となっていた一九二三年四月から東京外国語学校においてフランス語を習得し、翌二四年から二七年にかけてフランスに駐在した。帰国後の三五年には歩兵第二十連隊長に就任し、三八年には陸軍少将に昇進した。三九年五月には参謀本部付、同年八月には第二十一軍参謀長となって日中戦争に参加し、安藤利吉中将を補佐しながら、広東省で行われた翁英作戦などを指揮し、その後は参謀本部第二部長を経て、支那派遣軍総参謀副長を務めた。四一年八月には陸軍中将に昇進し、アジア・太平洋戦争においては第四十八師団長としてフィリピン攻略を担当、マニラ占領後には転属して、蘭印攻略部隊である第十六軍に加わりジャワ島攻略に参戦した。四四年には印度支那駐屯軍司令官、第三十八軍司令官となり、ハノイで終戦を迎えた。七二年五月三十一日没。八十一歳。

参考文献 土橋勇逸『軍服生活四十年の想出』(一九八五、勁草出版サービスセンター)、福川秀樹『日本陸軍将官辞典』(二〇〇一、芙蓉書房出版)、秦郁彦編『日本陸海軍総合事典(第二版)』(二〇〇五、東京大学出版会) (河西 晃祐)

つちやたかお 土屋喬雄 一八九六—一九八八 昭和前期を代表する日本経済史学者。一八九六年十一月二十一日、弁護士大原鎌三郎の三男として東京に生まれ、一九一一年土屋忠夫の養子となる。第二高等学校から東京帝国大学法科大学経済学科入学、二一年同経済学部卒業、同学部助手を経て二四年助教授となり、欧米留学、三九年教授となる。日本資本主義論争に参加し、講座派を批判、明治維新の近代性を主張した。四二年文部省の指示により休職、ついで退職、四四年に教授に復帰した。この間、実証的な日本経済史を研究するかたわら、戦時体制に関して時論を発表、四二年『日本国防国家建設の史的考察』を公にして、経済史の観点から日本の国防国家構築のために提言を行なった。戦後、公職不適格とされ、

四七年同大学を退職、五二年再び教授となった。五八年には、明治大学教授となる。八八年八月十九日没。九十一歳。著書は、『封建社会崩壊過程の研究』(一九二七年、弘文堂)ほか多数。

参考文献　『東京大学経済学部五十年史』(一九七六、東京大学出版会)、日本経済新聞社編『私の履歴書』文化人一七(一九八四)、山口和雄「土屋喬雄先生を想う」(『社会経済史学』五四ノ五、一九八九)　(柳澤　治)

つむらひでお　津村秀夫　一九〇七―八五　映画批評家。一九〇七年八月十五日兵庫県生まれ。三一年に東北帝国大学独文学科を卒業後、同年四月末に雇員として東京朝日新聞学芸部に入社した。翌年より同紙にQの筆名で映画批評を執筆し、「愚映画」や「ゲテモノ」といった強烈な表現を用いて、作品の芸術的評価をはっきりと書く歯切れのよい批評文が、知識人層を中心に大きな影響力を持った。商業主義的な娯楽時代劇を批判し、人間の精神性を描いた歴史映画を称揚するような批評的姿勢から、戦時中には国家による製作・興行・鑑賞に対する全体主義的統制を先導するような論陣を張った。四二年の「近代の超克」座談会にも出席し、アメリカの物質文明や機械文明を精神的文化によって統御しなければならないという観点から近代の超克の必要性を論じた。戦後もアサヒグラフ編集長などを務めながら映画批評家として活動を続けた。八五年八月十二日没。七十七歳。

参考文献　長谷正人「日本映画と全体主義―津村秀夫の映画批評をめぐって―」(岩本憲児編『日本映画とナショナリズム―一九三一～一九四五―』所収、二〇〇四、森話社)　(長谷　正人)

つるぎ・とっこうせんようき　剣・特攻専用機　体当たり攻撃を組織的に行うために開発された陸軍の特攻専用機。中島飛行機が開発。陸軍では、一九四四年十月のレイテ沖海戦で、九九式双発軽爆撃機や四式重爆撃機を改修した特攻機による体当たり攻撃を実施したが、本機は当初から、体当たり攻撃を目的に開発された。四五年一月、試作命令。通常の航空機の設計で行われる、機体の空気力学的性質を確かめる風洞実験を省略して急遽設計し、同年三月に試作一号機が完成。審査の結果、軍から、燃料搭載量増加、主脚の強度強化、離着陸性能の向上、夜間照明装置の増設などの要求があり、改修作業中に終戦となった。終戦までに約百機が製造されたが、実戦には使用されなかった。乗員一名。機体は、鋼管、木材、ブリキ鈑などの代用品を多用しており、主翼はジュラルミン製だったが、胴体は鋼管の骨格と鋼鈑で作られ、尾翼は木製、発動機のカバーはブリキ鈑製だった。発動機は、八〇〇馬力から一三〇〇馬力程度の空冷星形発動機ならば、どの発動機でも装着できるように互換性について考慮されていた。実際には、中島飛行機製のハ一一五発動機(一一〇〇馬力)を搭載。設備の整った大規模な航空機工場以外でも製造できるように、特殊な工作機械を必要としない簡易設計。主脚は、離陸時に切り離し、再利用する。最大速度時速五五〇キロ。爆弾搭載量は五〇〇～八〇〇キロ。爆弾には手動投下装置がついていたが、実戦では使用しない想定だった。機銃は装備せず。さらに、製造された型式とは別に、資源を節約するため主翼を木製にし、操縦者の技量低下に対応するため翼面積を増加させる改修も検討されていた。また、海軍でも、本機を改造した特攻機「藤花」の生産を計画していた。「藤花」では、突入時、翼を切り落とし、速度を上げ、敵の攻撃を避けるという無謀な試みも検討された。なお、本機の主設計者だった中島飛行機技師の青木邦弘は、戦後に出版した回想録で、特攻専用機として開発したことを否定している。

参考文献　防衛庁防衛研修所戦史室編『陸軍航空兵器の開発・生産・補給』(『戦史叢書』八七、一九七五、朝雲新聞社)、同編『海軍軍戦備』二(同八八、一九七五、朝雲新聞社)、野沢正編『日本航空機辞典』上(一九八九、モデルアート社)、青木邦弘『中島戦闘機設計者の回想　戦闘機から「剣」へ―航空技術の闘い―』(一九九九、光人社)　(水沢　光)

て

ティーさんじゅうよんちゅうせんしゃ　T34中戦車　第二次世界大戦期のソ連で使用された中型戦車。一九三九年設計、四〇年より生産開始。七六・二ミリ砲を搭載した初期型のT34／76と、ナチス＝ドイツが四二年から生産したティーガー戦車の火力に対抗するため、八五ミリ砲を搭載した後期型のT34／85がある。最高時速五五キロ。最大装甲厚は四五ミリ（34／76の場合。34／85では九〇ミリに達する）で、六〇度の傾斜装甲により高い防弾性能を誇った。火力は初期の七六・二ミリ砲、後期の八五ミリ砲ともに当時の中戦車の最高水準であった。また、T34は設計の簡潔さと汎用性、高い生産性により、生産台数の点でもナチス＝ドイツなどに対して高い優位性を有していた。四一年からの独ソ戦、四五年の日ソ戦において、ソ連機甲部隊の主力戦車として使用され、大きな戦果を挙げた。

参考文献　ダグラス＝オージル『無敵！　T34戦車―ソ連軍大反攻に転ず―』（加登川幸太郎訳、『第二次世界大戦ブックス』四七、一九七三、サンケイ新聞社出版局）、望月隆一編『戦車名鑑―一九三九～四五―（改訂版）』（『W・W・IIイラストレイテッド』、二〇〇四、光栄）

（中野　良）

ティービーエフアヴェンジャー　TBF Avenger　米海軍の艦上雷撃機。第二次大戦中は米海軍のほか、英海軍、カナダ海軍、ニュージーランド空軍でも使用され、大戦終了後はフランス海軍、オランダ海軍などでも使用され、日本の海上自衛隊も米軍から供与を受けた。TBDデバステイター雷撃機の後継機として、グラマン社によって設計・開発され、一九四一年八月に初飛行した。当初は製造もグラマン社が担ったが、のちにはゼネラル＝モーターズ（GM）社によって量産された（総生産機数、一万六千機以上）。GM社製のアヴェンジャーは、TBMが正式名称とされた。そのため、全体の正式名称をTBF／TBMと表記することもある。艦船に対する雷撃を主任務として開発されたが、水平爆撃も可能であり、急降下爆撃可能な型もあった。四二年六月のミッドウェー海戦ではじめて実戦に投入され、四四年十月のレイテ沖海戦では戦艦「武蔵」や空母「瑞鶴」の撃沈に貢献し、四五年四月には、SB2Cヘルダイバーとともに戦艦「大和」を撃沈している。機体下面に魚雷も収納できる兵装倉を持ち、また後部座席に電動ターレット（機銃砲塔）を配置するなど、当時の単発機としては独自の設計がなされていたが、性能的には四三年に登場した日本海軍の攻撃機「天山」に及ばなかった。しかし、頑丈な機体と稼働率のよさから信頼性が高く、アジア・太平洋戦争終結まで主力雷撃機として使用された。諸元（TBF―1C）、乗員＝三、出力＝一七〇〇馬力、最高全備重量＝約七八〇〇キロ以上、最高速度＝四一四キロ、武装＝航空魚雷もしくは爆弾二〇〇〇ポンド（九〇七キロ）×一、翼下にロケット弾を搭載可能、一二・七ミリ機銃×二（主翼内）のほか、座席後方ターレットに一二・七ミリ機銃×二、胴体下に七・七ミリ機銃×一。

参考文献　『TBF／TBMアベンジャー』（『世界の傑作機』四二、一九九六、文林堂）、『週刊ワールド・エアクラフト』一〇八（二〇〇一、デアゴスティーニ）、ゴードン＝ウィリアム＝プランゲ『ミッドウェーの奇跡』（千早正隆訳、二〇〇五、原書房）

（栗田　尚弥）

ていかんようしき　帝冠様式　一九二〇年代末から三〇年代の日本でみられた建築様式のひとつ。鉄筋コンクリート造や鉄骨造による多数階建の洋風意匠の事務所建築などの上に、和風意匠の屋根を架けるか、パラペット上に和風意匠の軒屋根を載せる折衷的な意匠を特徴とする。建物本体の外壁のうち、低層部分と中層部分の仕上げを変え、それに屋根や軒屋根を高層部分として、外観全体を三層に見せる手法が多いが、これは、十九世紀のネオ＝バロック建築の影響。ただし、塔屋のある場合、塔屋が建物正面の外壁よりも後方に退いた位置に建つことが多いのはネオ＝バロック建築とは異なる。公共性の高い建物に見られ、神奈川県庁舎、名古屋市役所庁舎、軍人会館、愛知県庁舎を典型例とする。これらが設計競技によって建てられた背景を持つため、軍国主義との関連が指摘されるが、実態は不明。

帝冠様式　軍人会館（のち九段会館）

参考文献　稲垣栄三『日本の近代建築―その成立過程―』下（『SD選書』、一九七九、鹿島出版会）、藤森照信『日本の近代建築』下（『岩波新書』、一九九三、岩波書店）

（西澤　泰彦）

ていこくきょういくかい　帝国教育会　一八九六年に大日本教育会を母体に国家教育社が合流して組織された中央の教育団体。一八九九年に社団法人化。一九四四年に大日本教育会に再編されるまで存続した。会長として辻新次(一八九八―一九一五年在任)、沢柳政太郎(一九一六―二八年在任)らが長期にわたり指導的な役割を果たした。機関誌『教育公報』(〇九年『帝国教育』に誌名変更)を刊行し、教育思潮、制度、学校経営、教科書、教授法、教員の待遇など幅広い教育情報を教育界に提供した。当初、地方組織は持たなかったが、一八年に八十の地方教育会の加盟による帝国連合教育会を結成し、また女教員の増加に伴い、全国小学校連合女教員会の創立(二四年)を促すなど、地方の教員らと連携しながら活動を展開した。その中で国や地域の教育課題や教育研究の成果を共有し、政府に対する教育要求へと昇華させた。教育の情報回路として機能し、教員社会の形成と教職の専門性を高める役割を果たしたのである。一方、地方教育会を帝国教育会の下部組織とし、教員社会の統制を図ろうとする体制側の動きもある。三四年に全国連合教育会と合併して道府県郡市区教育会を団体会員としたことは、中央・地方の教育会の連携・協同が深まる契機となると同時に、翼賛団体と化す契機となった。四十八年間の会の活動を見渡せば、義務教育費国庫補助費の増額要求に代表されるような、政府の教育政策に対するプレッシャーグループとして民間団体の存在感を示していた一〇年代半ばから二〇年代後半までの時代と、政府に接近し、行政補助機関、翼賛団体として戦時体制に向けた教員統制の指導的役割を果たしていく三〇―四〇年代初めの時代では、その機能と性格は異なる。前者は沢柳会長・野口援太郎専務主事体制(一九一六―二八年)の民主的組織運営によるところが大きく、帝国教育会の「黄金時代」と呼ばれる。後者への変質の要因は、文部省による教育団体の再編への圧力に加えて、権力と癒着しやすい執行部の陣容や組織の官僚化が指摘されている。四四年、各府県の地方教育会を統合し、中央・地方、官立・私立の幼稚園から大学までの全教員を会員とする大日本教育会に引き継がれ、終戦を迎えた。

参考文献　阿部彰「大正・昭和初期教育政策史の研究(二)―プレッシャーグループとしての帝国教育会、教育擁護同盟―」(『大阪大学人間科学部紀要』三、一九七七)、前田一男「帝国教育会の「翼賛団体」化要因」(『立教大学教育学科研究年報』三三、一九八八)、影山昇「沢柳政太郎と帝国教育会―国の教育文化と国際平和への貢献―」(『成城文芸』一六九、二〇〇〇)
(山田　恵吾)

ていこくぎんこう　帝国銀行　三井銀行と第一銀行との対等合併により一九四三年三月に設立された普通銀行(公称資本金二億円)。戦時金融のための金融再編が進むなかで、預金量で他の大銀行に遅れを取っていた三井銀行が、結城豊太郎日銀総裁を通じて第一銀行に合併を申し入れ、実現した。この合併により預金量最大の銀行が成立。昭和金融恐慌の際に経営破綻し、その後再建された十五銀行を四四年に合併した。戦後、金融業は過度経済力集中排除法にもとづく分割の対象にならなかったが、旧第一銀行の内部から分離を望む声が高まり、再建整備計画の一環として、四八年十月に帝国銀行と第一銀行に分離した。帝国銀行は五四年に三井銀行と改称、二〇〇一年住友銀行と合併し、三井住友銀行になった。第一銀行は、一九七一年日本勧業銀行と合併して第一勧業銀行となり、二〇〇〇年に富士銀行、日本興業銀行とともにみずほホールディングスを設立した後、〇二年にみずほ銀行に再編された。

参考文献　『三井銀行八十年史』(一九五七)、『第一銀行史』(一九五七・五八)、『三井銀行―百年のあゆみ―』(一九七六)
(浅井　良夫)

ていこくこくさくすいこうようりょう　帝国国策遂行要領　日本が対米開戦に踏み切る画期となった「国策」。一九四一年九月六日の御前会議で決定されたものの、第三次近衛内閣の総辞職によって「白紙還元」され、東条内閣の「国策再検討」を経て、十一月五日の御前会議で再び同名の「国策」として採択された。ともに、対米交渉と戦争の両論を併記していたが、前者が開戦決意に関して曖昧な文言だったのに対し、後者は外交交渉が失敗した場合は戦争に訴えることを明確に規定していた点に違いがある。四一年八月中旬、米英蘭の対日全面禁輸が決定的となったため、蘭印(現インドネシア)の南方資源地帯を武力で奪取することで活路を見いだそうとする対米(英・蘭)開戦論が、陸海軍の間で具体化した。一方、近衛文麿首相は、ローズヴェルト米大統領との直接会談での事態打開をめざした。両者の折衷が九月六日の「帝国国策遂行要領」であり、外交交渉が十月上旬ごろまでに成立する目途がない場合は開戦を決意すると決定した。直接会談は米側の消極姿勢により挫折し、近衛首相・豊田貞次郎外相・及川古志郎海相らは条件緩和による外交交渉の継続を主張したが、東条英機陸相は中国からの撤兵に頑強に反対。十月十六日に第三次近衛内閣は崩壊する。後継の東条内閣は天皇の命により「国策再検討」を開始した。東郷茂徳外相、賀屋興宣蔵相は開戦に反対したが、それまで戦争に消極的だった海軍が嶋田繁太郎海相のもと開戦容認に転じ、物資動員計画を担当する鈴木貞一企画院総裁も戦争可能と所論を変えたため、戦争を避ける「臥薪嘗胆」論は採択されなかった。約一週間の「再検討」の結果、外交交渉がまとまらなければ戦争に踏み切るとする新たな「帝国国策遂行要領」が決定された。外交交渉は、条件を九月のものより若干緩和した甲案と、南部仏印から撤兵するかわりに全面禁輸解除や援蒋を停止させようとする乙案の二段構えにより実施されることとなった。

参考文献　森山優『日米開戦の政治過程』(一九九八、吉川弘文館)、同「開戦外交と東郷外相―乙案をめぐる攻防

―」(『東アジア近代史』一二、二〇〇九)、同『日本はなぜ開戦に踏み切ったか―「両論併記」と「非決定」―』(『新潮選書』、二〇一二、新潮社)　(森山　優)

ていこくざいごうぐんじんかい　帝国在郷軍人会　日露戦争後の一九一〇年十一月に在郷軍人の教化・管理のために創設された組織。帝国在郷軍人会の発足により、それまで各地で組織されていた在郷軍人諸団体は解体され、在郷軍人は同会を通じて軍の指導・監督のもと一元的に統合された。同会が創設された理由としては、(一)日露戦争の戦功者である帰還軍人の品位を保持させるため彼らを管理する必要が生じたこと、(二)大量動員を伴った日露戦争の経験から、予備・後備役にある在郷軍人の教育・訓練の必要性が認識されたこと、(三)地域社会における軍隊の社会的基盤をつくるため、在郷軍人を「良兵良民」として地域社会の中核に据えることが目指されたこと、が挙げられる。総裁には皇族、会長には在郷陸軍将官が就任するのが慣例であった。下部組織として師管区に連合支部、連隊区に支部、郡・市に連合分会、町村に分会が置かれた。分会における主な事業は、壮丁予習教育・在郷軍人のための軍隊教育の復習など軍事訓練、三大節など国家的行事の履行、徴兵検査補助・入退営歓送行事など町村事業の一部の分担、会員・遺族・傷病兵・現役兵家族の互助、招魂祭の開催などが挙げられる。一二年に強制加入となり、一四年十月には海軍も参加した。機関誌は『戦友』。ほかに理論誌として『大正公論』、家庭誌として『我が家』を発行。二五年三月三十日には思想対策の一環として規約の全面的な改正がなされ、在郷軍人会の国家主義的性格が明確に打ち出された。三五年の国体明徴運動では、在郷軍人会が中心となり、天皇機関説の排撃を行うなどの政治活動もなされた。三七年九月二十五日に勅令として帝国在郷軍人会令が制定され、軍の半公的機関となった。アジア・太平洋戦争中は兵士の出征の際や戦死者の葬儀の際などに中心的役割を果たし、総力戦体制を下から支えた。敗戦後の四五年八月三十一日に解散。　→在郷軍人

[参考文献]　功刀俊洋「日本陸軍国民動員政策の形成」(『鹿児島大学社会科学雑誌』九、一九八六)、藤井忠俊『在郷軍人会―良兵良民から赤紙・玉砕へ―』(二〇〇九、岩波書店)　(松田　英里)

ていこくじんぞうけんしかいしゃ　帝国人造絹糸会社　一九一八年に設立された日本初のレーヨン製造企業。東京帝国大学工科大学で学んだ久村清太、秦逸三による技術開発を鈴木商店の金子直吉が資金援助し、一五年に東レザー分工場米沢人造絹糸製造所を設立したことに始まる。その成功を受け、同社は鈴木商店の店主鈴木岩蔵を社長とする株式会社として設立された。海外からの技術導入を積極的に行うとともに、二一年広島工場、二七年岩国工場の操業を開始し、本社を大阪においた。二七年の金融恐慌による鈴木商店の破たん後、親会社の変更等による制約はあったものの、先発メーカーとしての技術的優位と内外市場の急拡大に支えられて、高利潤を挙げつつ急成長した。戦時期には、化繊部門の凋落とともに軍需品の生産を展開したが、戦後ポリエステル系繊維テトロンの企業化に成功し、日本を代表する合成繊維メーカーとなった。六二年に帝人株式会社に社名を変更し、現在に至る。

[参考文献]　福島克之『帝人の歩み』五(一九七〇、帝人株式会社)、山崎広明『日本化繊産業発達史論』(『東大社会科学研究叢書』四九、一九七五、東京大学出版会)　(榎　一江)

ていこくせきゆかいしゃ　帝国石油会社　一九三八年三月、石油資源開発法の公布により、同年七月より石油の試掘および機械設備に対する助成金の大幅な増額が実施された。その延長上に、内地における未開発有望鉱区の開発および海外石油資源開発に対する協力を目的として、四〇年六月、帝国石油資源開発株式会社(資本金一千万円)の設立が認可された。しかし、さらなる開発と政府の指導監督の必要性から、帝国石油株式会社法(四一年三月十五日公布、七月十五日施行)を制定した。同法に基づき、帝国石油資源開発会社の機構をさらに強化拡大した、半官半民の特殊会社である帝国石油株式会社(資本金一億円)を設立し、九月より事業活動を開始した。アジア・太平洋戦争開戦後の四二年四月、日本石油・日本鉱業・中野興業・旭石油の鉱業部門を帝国石油に移管した。これに先立って帝国石油株式会社法が同年二月に改正され、資本金は二億五千万円に増資された(同年九月)。四四年七月には北樺太石油株式会社を吸収合併するなどして、敗戦までに同社は国内の石油鉱業部門のほとんどを吸収合併し、国内産油量の九八%を同社所管油田からの産油が占めるに至った。　→石油　→日本石油会社

[参考文献]　日本石油株式会社・日本石油精製株式会社社史編さん室編『日本石油百年史』(一九八八、日本石油)、帝国石油社史編さん委員会編『帝国石油五十年史』経営編(一九九二、帝国石油)、野田富男「戦時体制下における石油資源開発―帝国石油株式会社の成立過程を中心として―」(『九州情報大学研究論集』一ノ一、一九九九)　(山本　裕)

ていこくてつどうきょうかい　帝国鉄道協会　明治期から続く日本交通協会の前身にあたる鉄軌道事業者の業界団体。その端緒は、明治二十年代に設立された第五回私設鉄道懇話会(一八九五年九月)で提案をみた業界団体「帝国鉄道員会」にある。帝国鉄道協会は大阪鉄道協会(九七年設立、のち合併)の設立にも刺激され、九八年十一月に鉄道界有力者の賛意を得て、川上操六を会長とし、東京市に事務局を置いて発足した。当初は大規模鉄道事業者の業界団体の感が強かったが、一九一一年十一月二十八日に資本金額による会員資格を撤廃して会員拡大を図った。一八九九年から機関誌『帝国鉄道協会会報』を発行し、鉄道事業に関わる調査・研究を逐次実施した。一九

三〇年にはいち早く運輸業に関わる時局経済調査を実施し、また交通調整の機運に乗じて運輸業界の調整に関する調査や懸賞論文の公募も行なった。さらに中央亜細亜横断鉄道調査部を設置し、既存のシベリア鉄道経路と異なる欧亜連絡経路の調査にも着手した。四四年七月には会名を帝国交通協会へ、さらに四七年十一月には日本交通協会と改称した。

参考文献　日本交通協会編『七十年史』(一九六七)、中村尚史「帝国鉄道協会の成立—日本鉄道業の発展と業界団体—」(『経済学研究』七〇ノ四・五、二〇〇四)　（三木　理史）

ていこくねんりょうこうぎょうかいしゃ　帝国燃料興業株式会社　一九三七年八月十日に公布された帝国燃料興業株式会社法に基づいて、資本金一億円(政府半額出資)で設立された。同社は人造石油事業の振興を図ることを目的とし、人造石油製造事業に対する投資を主要な業務とした。同社設立の背景には日本の液体燃料確保の方策として液化工業の開発体制を整備・構築する政策構想が存在しており、三七年に立案された「日満人造石油事業振興七ヵ年計画」を推進する一環として設立された。人造石油事業に対する多額の投資を可能にするため燃料興業債券の発行が払込資本金の三倍まで認可され、敗戦まで六億円近く発行した。債券は財閥系金融機関を中心に組織されたシンジケート団が引き受け、その三分の一強を大蔵省預金部が買い取った。しかし肝心の開発実績は計画を大幅に下回る失敗に終わった。その理由は、日本の液化工業の発達段階を無視した軍事的要請に基づき過大な計画が立案された点に求められる。→石油(せきゆ)

参考文献　鈴木茂「戦時下石炭液化工業政策と帝国燃料興業株式会社」(『日本のエネルギー開発政策』所収、一九九五、ミネルヴァ書房)　（山本　裕）

ていてんかいそ　帝展改組　一九三五年五月の文部大臣松田源治による帝国美術院改革(松田改組)に始まる、同院主催美術展(帝展)をめぐる一連の騒動の通称。帝国美術院は文部省の所轄機関。松田は在野美術団体の有力作家を同院にとりこみ、マンネリ化した帝展を刷新しようとしたが、極秘裏に進められたことなどが多くの在野団体の不信を買い、美術界を賛否両論に二分する混乱を招いた。三六年新文相平生釟三郎が、帝展を帝国美術院主催の招待展、文部省主催の有鑑査展に分けるなど事態の収束を図るが(平生改組)、松田改組に賛成していた帝国美術院会員が辞職するなど混乱が続いた。三七年六月帝国美術院は、文化全般の奨励・顕彰を統括する帝国芸術院(四七年より日本芸術院)へ再編され、十月からの展覧会は文部省主催(新文展)となって騒動は落ち着いたが、この事件は国家が美術の世界に介入する力があることを一般に示す結果となり、実質的な美術界一元化の端緒でもあった。

参考文献　増野恵子・小林俊介編『帝展改組/新体制と美術』(『美術批評家著作選集』一一、二〇〇二、ゆまに書房)　（迫内　祐司）

ていとこうそくどこうつうえいだん　帝都高速度交通営団　一九四一年に発足した東京の地下鉄を経営するための特殊法人。三二年の東京市市域拡張以降、新たに出現した「大東京」の都市交通網をどのように構築していくのかが大きな課題となった。政府は三八年に陸上交通事業調整法を制定し、この問題を具体的に検討することとなった。当初は省線電車を含めた統一的な半官半民会社を作ることも検討されたが、結局郊外は地域ブロックごとに私鉄が経営し、旧市内は東京市が都市交通事業を手放すことを拒んだため、路面電車やバスは東京市に統合された。一方、地下鉄はそれまで東京地下鉄道をはじめとする私鉄が経営してきたが、路線建設には巨額の資金を要することなどから、鉄道省などが出資する半官半民の特殊法人帝都高速度交通営団を四一年に発足させ、すでに営業している東京地下鉄道および東京高速鉄道、さらに未完成の東京市と京浜地下鉄道の免許を統合して、一元的に地下鉄の経営にあたるようになった。二〇〇四年、東京地下鉄株式会社(東京メトロ)となる。

参考文献　鈴木清秀『交通調整の実際』(一九五四、交通経済社)、東京地下鉄株式会社編『帝都高速度交通営団史』(二〇〇四)　（鈴木勇一郎）

ディルクセン　Herbert von Dirksen　一八八二—一九五五　ドイツ外交官。一八八二年四月二日生まれ。グレーディツベルク(ニーダーシュレージエン)の大農場領主の出。法律博士。第一次世界大戦期に外務省入省。戦後バルト諸国担当。その後ポーランド担当。二五年外務省の編成替えに伴い、東欧・スカンジナヴィア・東アジア担当。二八年東アジア課長。その直後、モスクワ大使になる。ナチス政権掌握後、三三年秋日本大使に任命される。三六年の防共協定の交渉にはオットが参画したため、大使ディルクセンは参加できず、外務省の関与なしに協定が締結される。三七年の日中紛争の解決に関わったが、失敗に終わる。三八年にイギリス大使に任命される。第二次世界大戦勃発後、四〇年には外交官の仕事を辞める。戦後、非ナチ化裁判にかけられるが、四七年非ナチ化審査機関によって無罪となる。ベルゲン(オーバーバイエルン)に居住、五五年十二月十九日ミュンヘンにて没。七十三歳。

参考文献　テオ=ゾンマー『ナチスドイツと軍国日本—防共協定から三国同盟まで—』(金森誠也訳、一九六四、時事通信社)、田嶋信雄『ナチズム外交と「満洲国」』(一九九二、千倉書房)、三宅正樹『日独政治外交史研究』(一九九六、河出書房新社)、田嶋信雄『ナチズム極東戦略—日独防共協定を巡る諜報戦—』(『講談社選書メチエ』一九九七、講談社)、Gordon A. Craig and Felix Gilbert, eds., *The Diplomats 1919-1939* (Princeton N.J., 1953, Princeton University Press)　（矢野　久）

ディレーク＝チャイヤナーム Direk Jayanama 一九〇五―六七 タイの政治家。自由タイ運動指導者。一九〇五年一月十八日、裁判官である父親の任地、中北部タイのピサヌローク県で第六子として出生。バンコクのアサンプション学校、法律学校に学び、さらにラーチャウィタヤーライ校に学んだのち、法律学校に学び、二八年司法試験合格。法務省に雇用され、裁判所英語通訳、法律学校外国人教師の講義通訳を務める。三二年六月二十四日の立憲革命にラーチャウィタヤーライ校の同級生とともに参加。この後外務省に転籍。三三―三四年外務大臣秘書官、三五年内閣書記官長補佐、三六―四〇年内閣書記官長、三八年十二月ピブーン内閣で無任所大臣、三九年七月外務副大臣、四一年八月外務大臣、四二年より駐日大使となり、四三年十月健康を理由に辞任(後任はウィチットワータカーン外務大臣)。帰国後は四四年七月まで外務大臣。その後プリーディーを指導者とする地下自由タイ運動に加わりセイロン島のイギリス軍東南アジア総司令部を訪問。戦後は四七年まで各内閣で大蔵大臣、法務大臣、外務大臣等を務める。その後駐英大使、タマサート大学初代政治学部長、駐独大使。六七年五月一日死亡。六十二歳。駐日大使中は、日タイ友好に努めたが、六六年刊行のタイ語回想録『タイと第二次世界大戦』(七八年にSiam and World War IIとして英訳出版)は、戦後の自由タイ史観、すなわち、戦中の出来事、たとえば日タイ同盟などは日本の強制であるという史観によるもので、タイが日タイ同盟に乗じて領土拡大を図ろうとした事実は無視しているなど、史実としては信頼度に欠ける。

参考文献 村嶋英治『ピブーン―独立タイ王国の立憲革命―』(『現代アジアの肖像』九、一九九六、岩波書店)、同「タイの歴史記述における記念顕彰本的性格―一九四二～四三年におけるシャン州外征の独立回復救国物語化をめぐって―」(『上智アジア学』一七、一九九九)

(村嶋　英治)

テインペイ Thein Pe 一九一四―七八 ビルマ(ミャンマー)の作家・批評家、政治家。筆名テインペイミン。一九一四年七月十四日、ブタリンに生まれる。三六年ラングーン大学学生ストライキをアウンサンらと指導。三七年に発表した小説『進んだ僧侶』で腐敗した仏教僧侶のスキャンダルをとりあげ社会の注目を浴びる。その後『ストライキ学生』などを著し小説家として活動、並行してタキン党の反英運動に関わる。日本占領期にビルマ共産党(BCP)の一員としてインドへ脱出、英軍の情報活動に協力、ビルマ国内の抗日勢力と連合軍とのリエゾン的役割を果たした。戦後帰国しBCP幹部として活動を続けるが、徐々に党から距離を置くようになり、四八年のビルマ独立後は左翼の作家・批評家・ジャーナリストとして活動、代表作『東より陽出ずるが如く』はビルマ国民文学賞を受賞。五八年ビルマ字紙『ボウタタウン』を創刊。六二年ネーウィン大将によるクーデター後は、新体制に協力しながら著述活動を続けた。七八年一月十五日死去。六十三歳。

(根本　敬)

てきせいおんがく 敵性音楽 アジア・太平洋戦争期の日本においての、枢軸国以外の国の音楽、特にアメリカとイギリスのあらゆるジャンルの音楽を指す。日米開戦当初は、政府も楽曲演奏について音楽界の自主規制を促す程度だったが、一九四三年一月に統制強化として情報局が「米英音楽作品蓄音器レコード一覧表」を発表した。これは、レコード演奏を禁止する米英楽曲レコードのメーカーとレコード番号を発表したものだったが、実演にも拡大解釈され、実質的な演奏禁止措置となった。しかし、「庭の千草」「埴生の宿」に代表されるアイルランドやイングランド民謡などは、学校教育でも受容されているので、日本語の歌唱は禁止しないなどの矛盾も見られた。また、健全娯楽として比較的寛容だったクラシック音楽でも、情報局は四三年八月に「演奏企画指導要領」を発表し、枢軸国の作品でも、陰鬱・虚無・淫蕩・厭世的・平和賛美な作品、一部の通人にしかわからないもの、曲名が不健全なものは避けるなど規制した。このような排外主義は、四三年十月の日本音楽文化協会による枢軸国以外の外国人演奏家の出演禁止(実質的なユダヤ人音楽家排斥)に発展した。一方、ジャズなどのポピュラー音楽は、もともと退廃的として敵視される風潮があったが、日米開戦を機に反米英感情を扇動する手段として排撃され、前述した「米英音楽作品蓄音器レコード一覧表」発表以降は音楽雑誌でもジャズへの批判が頻出した。その急先鋒は山田耕筰や堀内敬三で、山田は、「陶酔的官能的効果は健康的な芸術精神を失っていて米英社会を席巻しその害毒を我が国にも及ぼしつつある」と、ジャズ排撃を強行に主張した。その反面、興行統制のため四〇年に設立された演奏家協会は、ポピュラー音楽統制にも関わり、演奏家の技芸審査、楽団審査、邦人の軽音楽作品創作と演奏、楽団の楽器編成替えなどの施策を推進した。これらはジャズを根絶するのでなく、国策に合致させて温存する目的で、たとえば対敵謀略を目的とした国際ラジオ放送では、ジャズが活用されていた。

敵性音楽　レコードの供出

参考文献 『週報』三三八(一九四四)、後藤暢子・団伊玖磨・

遠山一行編『山田耕筰著作全集』二(二〇〇一、岩波書店)、『音楽文化新聞(復刻版)』(二〇一〇、金沢文圃閣)

(戸ノ下達也)

てきせいご　**敵性語**　主に日米開戦後、敵国の言葉として排斥された外来語で、特に英語表記を指す。たとえば『大阪毎日新聞』(夕刊、一九四二年八月七日付)は、「国鉄の駅から英語、ローマ字案内を追放」との見出しのもと、「省線駅における敵性文字の抹殺は延び延びとなっていたが、いよいよ来たる十月の二十四時制の時刻改正を機に敵性文字を抹殺することとなった」とし、出口や入口、案内所などの鉄道掲示に英語が併記されていたが、それらを取り除くと報じた。また『毎日新聞』(東京版、四三年三月十二日付)によれば、日本野球連盟が野球用語の「邦語化」を行い、「ストライクが正球、ボールが悪球、投球ごとに審判はストライクは一本、二本、三本、ボールは一つ、二つ、三つと呼ぶこととな」り、「セーフが「ヨシ」、アウトが「ダメ」になる」という。敵性語排斥は、政府の直接的な指導というよりは各種団体の自発的な動きであった。

参考文献　神田文人・小林英雄編『昭和・平成現代史年表(増補版)』(二〇〇九、小学館)

(上田　誠二)

てきだんとう　**擲弾筒**　小型の榴弾を発射する携帯用火器。個人サイズの軽迫撃砲で、現代のグレネードランチャーに相当する。日本陸軍では歩兵銃や軽機関銃とともに前線の歩兵部隊が使用する主要な火力となった。形状は榴弾を入れる円筒形の筒の下にT字状の発射装置・固定器具が付いており、一人で使用することも可能であった。開発は第一次世界大戦以降に進み、一九二一年に十年式擲弾筒が完成、各地の歩兵部隊に配備された。しかし、爆発事故が多く、また、射程が短いなどの問題点もあった。その後、改良を加えられた八九式重擲弾筒が三〇年に完成し、第二次世界大戦中は各戦線で幅広く活用された。十式および八九式の構造や機能、整備方法は陸軍歩兵学校編『擲弾筒取扱上ノ参考』(陸軍歩兵学校将校集会所、一九三八年)に詳しい。また、四〇年版の『歩兵操典』には、具体的な射撃方法や運用上の注意点などが記されている。射撃方法は膝打ちと伏射の二種類があり、砲身を上四五度に傾けて榴弾を発射した。

参考文献　木俣滋郎『帝国陸軍兵器考』(一九七四、雄山閣出版)、佐山二郎『大砲入門—陸軍兵器徹底研究—』(一九九九、光人社)

(吉田　律人)

でぐちおにさぶろう　**出口王仁三郎**　一八七一—一九四八　習合神道系の民衆宗教・新宗教大本の創始者の一人で、聖師と称される。一八七一年八月二十七日(明治四年七月十二日)、京都府に生まれる。生名は上田喜三郎。青年期から芸術や事業などで多才ぶりを示す。その後、宗教的探求を深め、霊学や鎮魂帰神法(神がかり法)を学ぶ。大本の開祖、出口なお(一八三七—一九一八)を訪ね、一八九九年、教団を設立。翌年、出口家に婿入りする。一九一六年、皇道大本と改称し、「神政復古」「大正維新」を説く。社会不安を背景に拡大するが、官憲は危険視し、二一年には取締りを受ける(第一次大本事件)。その後、海外宗教との交流、エスペラント語の普及、蒙古入りなどを進めたが、満洲事変後から再び皇道主義を強めた。その結果、三五年には再び大弾圧を受け(第二次大本事件)、約六年半、拘留される。戦後、無罪となる。「人類愛善」を唱え、教団を再建した。四八年一月十九日、没する。七十八歳。　→大本(おおもと)

参考文献　『出口王仁三郎著作集』(一九七二—七三、読売新聞社)、松本健一『出口王仁三郎—屹立するカリスマ—』(一九八六、リブロポート)、ナンシー・K・ストーカー『出口王仁三郎—帝国の時代のカリスマ—』(井上順孝監訳・岩坂彰訳、二〇〇九、原書房)

(塚田　穂高)

てっけつきんのうたい　**鉄血勤皇隊**　沖縄戦で軍事動員された中学校・実業学校の男子生徒たちで構成された部隊。沖縄県下の師範学校男子部、中等学校、実業学校の男子生徒のなかで十四歳以上が防衛召集され、上級生は兵士として鉄血勤皇隊に編成され、二年生などの下級生は通信隊に動員された。軍人として戦闘に従事させられた者のほか、遊撃戦(ゲリラ戦)部隊、野戦築城隊、宣伝工作にあたる千早隊などに配属された。その他物資運搬などさまざまな雑役にもあたった。鉄血勤皇隊ではないが通信隊に配属された者は戦場で伝令任務にあたり多くの犠牲を出した。事前に沖縄県と軍が、学校に十四歳以上の生徒の名簿を提出させ、それに基づいて防衛召集を実施する覚書を結んでいた。男子生徒は沖縄島の九校から合わせて約千四百人が動員され約八百人が亡くなった。鉄血勤皇隊以外にも最上級生のなかには徴兵年齢の引き下げのために在学中に召集されて軍人として沖縄戦に臨んだ者も多数いた。

参考文献　ひめゆり平和祈念資料館編『沖縄戦の全学徒隊』(『ひめゆり平和祈念資料館資料集』四、二〇〇八)、兼城一『沖縄一中・鉄血勤皇隊の記録—証言・沖縄戦—』(二〇〇〇・〇五、高文研)

(林　博史)

てっこうはいきゅうとうせいきそく　**鉄鋼配給統制規則**　普通銑鉄と普通鋼圧延鋼材の割当制度について定めた商工省令。一九三八年六月二十日、輸出入品等臨時措置法に基づき公布され、七月から実施された。同年六月、物資動員計画が外貨不足による輸入枠の圧縮から縮小改定され、輸入依存の高い物資から消費制限や、配給統制規則の制定が一挙に進んだ。同規則により、製造業者・販売者が鉄鋼を販売するには商工省が指定する「統制団体」が発行する鉄鋼割当証明書が必要となり、この「統制団体」には造船連合会、鉄道鉄鋼協議会、石炭鉱業連合会など需要産業別に組織された百数十団体が指定された。各統制団体が発行できる鉄鋼割当証明書の数量は、鉄鋼統制協議会が物動計画に基づき四半期毎に決定した。しかし供給実績との不一致から浮遊切符が増加し、商工省は生産から配給まで一元的な統制を実施すべく、四〇年三月に同規則を廃して鉄鋼需給統制規則を公布した。

参考文献 通商産業省編『商工政策史』一一・一七(一九六四・七〇、商工政策史刊行会)　(山崎　志郎)

テヘランかいだん　テヘラン会談　第二次世界大戦中の一九四三年十一月二十八日から十二月一日にかけてイランのテヘランで開かれた、アメリカのローズヴェルト大統領、イギリスのチャーチル首相、ソ連のスターリン首相による首脳会談。戦局が連合国側に有利になってきている状況のなかで、三国が協力して戦争を遂行していくことが合意された。そのため、それまでソ連の強い要求にもかかわらず実現していなかった第二戦線形成問題について、ノルマンディへの上陸作戦を翌年五月に開始するという方針が確認された。また開催地であるイランの将来について、同国の独立、主権、領土保全が約束された。アジア・太平洋戦争については、ドイツに対する勝利の後にソ連が参戦することについてスターリンが同意し、その見返りとしてソ連が求めるクリル諸島(千島列島)と南樺太のソ連への帰属を認め、さらに大連や旅順へのソ連の関心を実現していく姿勢を英米側が示した。ソ連参戦に関わるこれらの方策は、四五年のヤルタ会談で最終的に認められていった。→カイロ宣言(せんげん)

テヘラン会談　左よりスターリン，ローズヴェルト，チャーチル

参考文献 W・S・チャーチル『第二次世界大戦』下(佐藤亮一訳、一九七二、河出書房新社)　(木畑　洋一)

てらうちひさいち　寺内寿一　一八七九―一九四六　明治から昭和期にかけての陸軍軍人。元帥陸軍大将。一八七九年八月八日、元帥陸軍大将寺内正毅の長男として山口県に生まれる。九九年陸軍士官学校卒(第十一期)、一九〇九年陸軍大学校卒(第二十一期)。近衛師団参謀、参謀本部部員、オーストリア大使館付武官補佐官、ドイツ駐在等を経て、一九年大佐となり近衛歩兵第三連隊長を務め、同年、襲爵(伯爵)。二二年近衛師団参謀長、二四年少将となり歩兵第十九旅団長。二七年朝鮮軍参謀長、二九年独立守備隊司令官(同年中将)、三〇年第五師団長、三二年第四師団長、三四年台湾軍司令官と、省部の主要ポストを経験せず三五年十月には大将に昇進、十二月に軍事参議官となる。以上の経歴から寺内は派閥色が薄いとみなされ、翌年発生した二・二六事件後、広田弘毅内閣の陸軍大臣に就任(三月)し粛軍人事を断行、粛軍の一環という名目で軍部大臣現役武官制を復活させた。だが軍備充実のため陸軍の要望を主張して政党と対立、三七年一月に衆議院の解散を要求して広田内閣は総辞職した。二月に教育総監に就任したが、日中戦争勃発のため八月に北支那方面軍司令官となり、華北での作戦を指導して占領地を拡大した。三八年十二月軍事参議官、三九年七月から十一月にかけて遣独伊使節としてドイツ・イタリアへ出張。四一年十一月、南方軍総司令官となり、アジア・太平洋戦争では南方軍の攻勢作戦を指導、東南アジア諸要域の占領後は防衛作戦に転換し、占領地の安定確保、軍政実施等が基本任務とされた。四三年六月元帥。四四年七月東条内閣総辞職後、重臣会議にて後継内閣の首相候補に挙げられるも、前線の総司令官の起用は作戦上支障があるなどの理由で実現せず。フィリピン・ビルマ方面での連合軍の反攻に対する作戦を指導するが敗北、以後は持久戦に転じた。連合軍に降伏後の四六年六月十二日、マレーのレンガムにて病死。六十八歳。

寺内寿一

参考文献 寺内寿一刊行会・上法快男編『元帥寺内寿一』(一九七八、芙蓉書房)　(石原　豪)

てらおかきんぺい　寺岡謹平　一八九一―一九八四　海軍軍人。一八九一年三月十三日、山形県生まれ。一九一二年海軍兵学校卒(四十期)、二六年海軍大学校卒。三三年大佐、三九年少将。中華民国海軍大学教官、空母「赤城」艦長などを経て開戦時は支那方面艦隊司令部附(南京政府軍事顧問)。四三年中将、四四年八月第一航空艦隊司令長官、十一月には第三航空艦隊司令長官に転じ終戦を迎える。八四年五月二日没。九十三歳。

参考文献 水交会編『帝国海軍提督達の遺稿―小柳資料―』上(二〇一〇)　(坂口　太助)

てらさきひでなり　寺崎英成　一九〇〇―五一　昭和期の外交官。一九〇〇年十二月二十一日、貿易商の次男として神奈川県で生まれる。東京帝国大学法学部卒。二一年外務省入省。妻グエンは米国人。知米派の外交官であり、四一年の対米交渉時にはワシントンで勤務した。四六年二月に吉田茂外相の推薦によって宮内省御用掛に就任。天皇の通訳兼GHQと宮中の連絡役として、マッカーサーの軍事秘書フェラーズや国際検察局のモーガン捜査課長らと繁雑に情報を交換し、天皇の戦争責任を回避するために尽力した。戦犯裁判対策のために、松平慶民宮内大臣などと天皇から聞き取りを行い(いわゆる「独白録」)、英訳してフェラーズに提供した。また、天皇マッカーサー会談の第二・三・五回の通訳も務めた。その後体調を崩し、五一年八月二十一日没。五十歳。九〇年に寺崎の遺品にあった昭和天皇の「独白録」が公開され、大きな反響を呼んだ。→昭和天皇独白録

参考文献 寺崎英成・マリコ＝テラサキ＝ミラー編『昭和天皇独白録―寺崎英成・御用掛日記―』(一九九一、文藝春秋)、東野真『昭和天皇―二つの「独白録」―』(『NHKスペシャルセレクション』、一九九八、日本放送出版協会)

(瀬畑 源)

てらじまけん　寺島健　一八八二―一九七二　海軍軍人、逓信大臣、貴族院議員。一八八二年九月二十三日、和歌山県生まれ。一九〇三年海軍兵学校卒(三十一期)、一四年海軍大学校卒。二二年大佐、フランス大使館付武官、海軍省副官、二七年少将、第一艦隊参謀長兼連合艦隊参謀長、海軍省教育局長、海軍省軍務局長、三二年中将と、軍政の要職や海外勤務を歴任。三三年、軍務局長在職中に権限の拡大を図る軍令部との間で軍令部条例改正問題が生じるが反対の立場をとる。九月には練習艦隊司令官に転出し、三四年に予備役。同年、海軍と関係の深い造船所浦賀船渠の社長となる。開戦直前の四一年十月、同社社長を辞し東条英機内閣に逓信大臣として入閣(短期間鉄道大臣も兼務)。四三年十月には逓信大臣を辞任、同月貴族院議員となり終戦を迎える。四五年九月戦犯容疑者となり、巣鴨に拘置されるが四八年釈放。七二年十月三十日没。九十歳。

参考文献 寺崎隆治編『寺島健伝』(一九七三、寺島健伝記刊行会)、水交会編『帝国海軍提督達の遺稿―小柳資料―』上(二〇一〇)

(坂口 太助)

てらだやきち　寺田弥吉　一九〇〇―七一　大正・昭和期の日本思想史家。一九〇〇年十月二十日、兵庫県に生まれる。東京商科大学卒。日本学研究所主事をつとめ、戦前・戦後を通じて親鸞を中心とした日本思想論・教育論を展開した。戦時期には参謀本部嘱託を経て総力戦学会常務理事として活動。一九三〇年代末から四〇年代にかけて、『日本総力戦夜話』(一九三九年、モナス)、『総力戦教書』(四一年、霞ヶ関書房)や「総力戦叢書」シリーズなど、総力戦に関する著作を多数発表した。四四年には、総力戦学会常務理事として矢部貞治らと総力戦学会編『総力戦』(帝国出版)の刊行に関わった。七一年九月十二日没。七十歳。

参考文献 総力戦学会編『総力戦』(一九四四、帝国出版)

(小山 亮)

てるおかぎとう　暉峻義等　一八八九―一九六六　労働科学の調査研究者、倉敷労働科学研究所の初代所長。一八八九年九月三日、兵庫県に生まれる。東京帝国大学医科大学で永井潜のもと生理学を学ぶかたわら、浅草の労働者学校で生理学・栄養学を講義。有馬頼寧・木戸幸一らの知己を得る。一五年に卒業後、警視庁・内務省の委託を受けて東京本所の「細民街」で半年暮らして調査を行う。内務省委託の京橋区月島調査を行なった東京帝大経済学部教授高野岩三郎と接する。一九年大阪に大原社会問題研究所を設置した倉敷紡績社長大原孫三郎に、生理学(医学)の素養と社会問題への関心を組み合わせた社会衛生学の担当として招かれ、八王子の機業で女性労働者の母乳・人工乳による乳児死亡調査を実施。二〇年、大原孫三郎と深夜の倉敷紡績工場を訪問し、女子労働の現場を目の当たりにして工場内に研究所設立の提案を受け、二一年、大原社研の社会衛生分野を分離し、紡績労働者の健康と労働能率の調査研究を目的とした倉敷労働科学研究所を創立する際に所長に就任。生理学、心理学、生化学、統計学の調査研究を構想し、東京から桐原葆見、石川知福、八木高次を招き、以後、四人で研究所の基礎を築く。二一年から二三年までヨーロッパ留学。三三年、岡山県高月村に農業労働調査所設置。この間、女性労働者の生理学的発達、貧血、仕事の負担と体重の関係の調査、海女調査、国民栄養調査、農家女性の労働・出産調査などを進める。三七年、倉敷労働科学研究所は東京に移転して日本労働科学研究所(労研)と改称、所長となる。戦時期には労研を大日本産業報国会(産報)の附属研究機関として存続させることに腐心し、産報理事や大政翼賛会国民運動局長を務める。四六年、改称された労働科学研究所(現名称)の所長となり再建にあたったが、戦時期の経歴によって四八年、公職追放該当者に指定され所長辞任。追放解除後、五二年に労研顧問となり、健康社会建設協議会理事長、アジア産業保健会議事務総長などを務める。六一年から六四年まで日本大学理工学部教授。六六年十二月七日に七十七歳で死去。

参考文献 暉峻義等博士追憶出版刊行会『暉峻義等博士と労働科学』(一九六七)、三浦豊彦『暉峻義等―労働科学を創った男―』(一九九一、リブロポート)

(大門 正克)

でんげきせん　電撃戦　ナチ＝ドイツ国防軍が、第二次世界大戦前半期にとった作戦形態(独語原語は Blitzkrieg ブリッツクリーク)。「短期の決定的勝利を狙う電光石火の奇襲攻勢」というほどの意味でなら、歴史上頻繁に見られたが、一九四〇年五月世界を唖然とさせた対仏戦勝利以降、ナチ＝ドイツ軍の、戦車と航空機を集中した奇襲戦法として世界語化した。実際には、敵軍の指揮系統を麻痺させ、その分断撃破を狙い、空軍による制空権奪取によって戦車機甲部隊を敵中深く急激に長駆進撃させる機動作戦。アルデンヌの森を突破した独軍機部隊が友軍に先駆け、ドーバー海峡まで長駆した進撃が典型とされる。経済的な意味では、国民に重い経済的負担を課すのを避ける機能を有したとも指摘される(英経済史家ミル

電撃戦　ドイツ軍の進軍

ワード)。しかし、第一次大戦の消耗戦に耐えられず敗北したドイツが意識的に長期総力戦準備を放棄し、可及的多量の武器弾薬を装備し多数の部隊を編成して敵に短期優越する高水準の戦闘手段を投入しうる状態の整備に集中した軍事経済(「電撃戦経済」)が存在したのだとする説も、独軍神話の一つにすぎないと見る傾向が強い。作戦立案や軍備の進捗状況の仔細な検討から、電撃戦準備さえできていなかったとする軍事史家クレーナーやフリーザーの見方が有力視されているといえよう。

参考文献　『西方電撃戦』(『歴史群像　欧州戦史シリーズ』二、一九九七、学習研究社)、ハインツ＝グデーリアン『電撃戦―グデーリアン回想録―』(本郷健訳、一九九九、中央公論新社)、カール＝ハインツ＝フリーザー『電撃戦という幻』(大木毅・安藤公一訳、二〇〇三、中央公論新社)　(芝　健介)

てんこ　点呼　兵卒を一同に集め、人員・服装・健康状態の点検や事項の伝達などを行うこと。陸軍の兵営では朝と夜に行われた。通常行われるものは朝が日朝点呼、消灯前が日夕点呼と呼ばれ、抜き打ちで行う不時点呼もあった。海軍の艦艇では夜の巡検時に行われた。予備役・後備役・補充兵役に対しては一年あるいは二年おきに召集し検閲する簡閲点呼が行われた。　(小山　亮)

てんこう　転向　主に昭和期の共産主義運動・思想からの離脱の現象を指すが、戦時下には抑圧による宗教者の教義からの離脱・転換にも用いられる。初期社会主義段階では木下尚江・西川光二郎らの離脱もあったが、大きな社会現象となったのは一九三三年六月の日本共産党指導者佐野学と鍋山貞親の獄中からの転向声明、さらにそれを契機とする雪崩的な集団転向である。河上肇の場合は「没落」と評された。特高警察による拷問を伴う取調べとともに、思想検察による治安維持法違反者に対して起訴の可否を留保する方策や行刑における仮釈放への誘導策などが功を奏した。拘禁の苦痛や運動上・思想上の懐疑などに加えて、「家庭愛」が転向理由の上位を占めた。検察が主導権を握り、転向の確保や促進のために思想犯保護観察制度が創設された。そこでは最終的に「日本精神」の体得と実践が求められ、非転向者には治安維持法改正による「予防拘禁」が待っていた。なお、思想転向に対峙を余儀なくされた中野重治や島木健作らの「転向文学」がある。　→思想犯保護観察法

参考文献　思想の科学研究会編『(共同研究)転向』(一九五九―六二、平凡社)、荻野富士夫『思想検事』(『岩波新書』、二〇〇〇、岩波書店)　(荻野富士夫)

てんざん　天山　戦争後期の海軍の主力艦上攻撃機。九七式艦上攻撃機の後継機として、中島飛行機が開発。一九四三年、制式採用。エンジン一六九〇馬力×一。最大速度二五一ノット(時速四六五キロ)。爆弾搭載量は最大八〇〇キロ、もしくは魚雷八〇〇キロ。マリアナ沖海戦以降、九七式艦上攻撃機に代わって艦上攻撃機の主力となった。敵艦に肉薄しての魚雷攻撃を主務としたが、航続力の向上を優先し防火対策を軽視していたため、米軍戦闘機の能力向上、米艦隊の防空システム整備などにより、戦果の割に損害が大きかった。

参考文献　野沢正編『日本航空機辞典』上(一九八九、モデルアート社)　(水沢　光)

てんしん　転進　大本営発表で使用された、退却を隠蔽するための用語。ガダルカナル島撤退に関する一九四三年二月九日の大本営発表ではじめて使用された。深刻な戦況を国民が知ることによる戦意喪失を防ぐために、陸軍省軍務局長佐藤賢了と参謀本部第二部長有末精三による命名であったとされている。全滅を玉砕、墜落を自爆などと言い換えたのも同様の意図からである。以後、陸海軍自体も退却のことを転進あるいは後方展開と呼ぶようになった。

参考文献　富永謙吾『大本営発表にみる太平洋戦争の記録』(一九七〇、自由国民社)　(山田　朗)

てんしんそかいふうさもんだい　天津租界封鎖問題　北支那方面軍が天津の英・仏両租界を封鎖した事件。一九三九年四月九日、天津英租界内において中国連合準備銀行天津份行の前経理で天津海関監督の程錫庚が暗殺された。日本側は容疑者四人の引き渡しを要求したが、証拠不十分を理由に英側が拒絶したため、北支那方面軍は六月十四日午前六時、日本租界東側に隣接し仏・英租界に

天津租界の境界に張られたバリケード

通ずる主要道路七ヵ所に検問所を設け、交通制限を開始した。租界封鎖の目的は、英側に租界内の「抗日共産運動」を取り締まらせ、政治・経済面で日本に協力させることにあった。検問に際し英国人は身体検査を強要され、交通制限による物資不足は租界内の物価を高騰させた。英・仏租界内の日系企業や日本人居住者は租界外への移転・退去を迫られ、貿易・海運・倉庫業に大きな打撃を与えた。問題の解決は七月東京での有田八郎外相とクレーギー駐日英大使の交渉に委ねられ一部合意に達するが、日英交渉は最終的に八月に決裂し、租界封鎖は四〇年六月二十日まで一年間にわたって続けられた。 →有田・クレーギー会談

参考文献 永井和「日中戦争と日英対立―日本の華北占領地支配と天津英仏租界―」(古屋哲夫編『日中戦争史研究』所収、一九八四、吉川弘文館)、臼井勝美「日中戦争の政治的展開」(日本国際政治学会太平洋戦争原因研究部編『太平洋戦争への道―開戦外交史―(新装版)』四所収、一九八七、朝日新聞社) (小林 元裕)

でんたん 伝単 主に謀略宣伝に使用された小型のビラ。名称は中国語から。謀略宣伝ビラ、宣伝ビラとも。敵の将兵・国民の戦意の低下や投降、あるいは味方の戦意高揚を目的とするメッセージや図像などが印刷された。第一次世界大戦以降、航空機からの投下などで大量に散布されるようになった。満洲事変以降、アジア・太平洋戦争においても戦地で日本軍と中国・連合国軍との間で互いに散布したほか、アメリカ軍による日本本土空襲では、爆撃機から大量の民間人向けのものが散布された。

参考文献 一ノ瀬俊也『戦場に舞ったビラ―伝単で読み直す太平洋戦争―』(『講談社選書メチエ』、二〇〇七、講談社)、同『宣伝謀略ビラで読む、日中・太平洋戦争―空を舞う紙の爆弾「伝単」図録―』(二〇〇八、柏書房)、土屋礼子『対日宣伝ビラが語る太平洋戦争』(二〇一一、吉川弘文館) (小山 亮)

戦争による物価高騰を記した連合国軍の伝単(1944年頃)

てんのうせい 天皇制 広くは、古代以来天皇を君主として仰いできた日本の政治、経済、文化のあり方を全体としてとらえる際に使われるが、より限定的には、近代以降の日本社会・国家の特殊に権威的なありようの根拠を、天皇を権威と権力の頂点として維持してきた国家と社会の特殊な構造に求め、それを一個のシステムとして批判的にとらえようという場合に使用される。この用語が最初に使われたのは、天皇に統治権を集中した明治以後の国家(近代天皇制国家)の変革をめざした日本共産党の運動内であった。そこでは、変革の対象となる当代の日本国家とりわけ他の先進大国の君主制とは異なる専制的性質を持つ国家をさす概念として、天皇制という言葉が登場したのである。

「天皇制」についての議論の出発点をなしたコミンテルンの「日本における情勢と日本共産党の任務に関するテーゼ」(いわゆる三二テーゼ)では、「天皇制」は以下のように定義されていた。「日本において成立した絶対君主制は、(中略)無制限絶対の権をその掌中に維持し、勤労階級に対する抑圧及び専制支配のための官僚的機構を間断なく造り上げた。日本の天皇制は、一方では主として寄生的封建的階級に依拠し、他方ではまた急速に富みつつある強欲なるブルジョアジーにも立脚し、これらの階級の棟領と極めて緊密な永続的ブロックを結び、なかなかうまく柔軟性をもって両階級の利益を代表し、それと同時に、日本の天皇制は、その独自の相対的に大なる役割と、似而非立憲的形態で軽く粉飾されているに過ぎない、その絶対的性質を保持している。(中略)国内の政治的反動と封建的残滓の主要支柱である天皇制国家機構は、搾取階級の現存の独裁の鞏固な背骨となっている」と。

こうした天皇制論と日本社会の構造については、その後、山田盛太郎や平野義太郎ら講座派の学者たちによって一層究明がなされた。この時代の天皇制論が解明・強調した天皇制の特徴は、第一に、それが近代国家の立憲

君主制とは異なる専制的、権威的性格を持っていること、天皇制を生い立たせている社会的基礎には半封建的な寄生地主制の存在があり、天皇制は封建的地主と新興ブルジョアジーを支柱とした絶対主義的君主という性格を帯びていることであった。特徴の第二は、こうした天皇制に支えられた地主制のもとでの小作人の貧困が、広範な低賃金労働市場を生み日本資本主義の急速な発展をもたらす一方、地主制と貧困は国内市場の狭隘を生み、これが、日本帝国主義の異常ともいえる侵略性の根拠となったことである。この点は当時進行中だった日本帝国主義の中国侵略の原因として天皇制論がもっとも重視した点であった。特徴の第三は、天皇制は一方で半封建的地主制を支えるためにも、また植民地、勢力圏の再分割を求めての戦争に訴えるためにも、天皇が政治・軍事の両面にわたり強大な権力を集中する専制的国家機構を持ったことである。

天皇制研究は、戦時期になると厳しい弾圧で続けることができなくなり、迂回を余儀なくされた。多くの研究者が、天皇制の基礎をなす農村の地主制研究に向かった。また、天皇制とは対極にあると見なされた市民革命後のイギリス、フランスの研究が行われた。

敗戦後、日本国憲法によって天皇は一切の政治から切り離され「象徴」となった。また、農地改革によって、天皇制の社会的基礎とされた農村の地主制は一掃された。しかし天皇の制度自体は残ったため、この改革により、アジア・太平洋戦争の原動力となった天皇制は消滅したのかそれとも依然社会内に存続しているのかが大きな論争の的となった。また、象徴天皇制の定着のもとで、むしろ古代以来日本の天皇制は象徴天皇制に近い存在であり、明治以降の統治権を握った天皇制の方が例外であるとして象徴天皇制の正当化をはかる議論も有力となった。戦後改革により自由な言論が可能となったもとで、天皇制を対象とする研究が正面からなされるようになり、天皇制の解明が一気に進んだ。丸山眞男は、天皇制国家の特殊な相貌をヨーロッパファシズムや絶対主義との比較において明らかにした。また近代天皇制の解明を強く意識しながら、古代以来の天皇制の研究も進んだ。さらに、一九六〇年代に入ると、天皇制国家の中での天皇個人の果たした役割、アジア・太平洋戦争における天皇の役割と責任の研究も前進した。

参考文献　山辺健太郎編『社会主義運動』一(『現代史資料』一四、一九六四、みすず書房)、井上清『天皇の戦争責任』(一九七五、現代評論社)、丸山眞男「超国家主義の論理と心理」(松沢弘陽・植手通有編『丸山眞男集』三所収、一九九五、岩波書店)
(渡辺　治)

てんのうのにんげんせんげん　天皇の人間宣言　一九四六年一月一日に昭和天皇が発した詔書。天皇の神格を否定したもので、のちに「人間宣言」と呼ばれるようになった。GHQは占領統治を円滑に進めるために天皇制を残すことを決めたが、そのためにも戦前の超国家主義思想の源である天皇を「現御神」と見なす考え方を排撃する必要があった。まず民間情報教育局(CIE)は、四五年十二月十五日に神道指令を発し、国家神道を否定した。そして、天皇自身が詔書を発して「自発的」に現御神であることを否定させようとし、詔書案を学習院教授のブライスを通じて天皇側近に渡し、圧力をかけた。天皇や側近たちは、神格否定の詔書を出すことには同意したが、天皇が「神の裔」であることを否定する文章は削り、冒頭に明治維新の「五箇条の御誓文」を挿入することで、民主主義の受容は明治天皇の意思ですでに行われており、米国に屈服したからではないとのメッセージを国民に伝えようとした。四六年一月一日にこの詔書は新聞を通じて発表されたが、マスメディアの多くは「朕は爾等国民と共に在り」「朕と爾等国民との間の紐帯は、終始相互の信頼と敬愛とに依りて結ばれ、単なる神話と伝説とに依りて生ぜるものに非ず」という点を強調し、天皇と国民との人間的なつながりの重要性を報じた。同日の新聞には、天皇のプライベートな写真などが掲載されたが、これは宮内省が宮内記者と天皇との会見を設け、写真の提供を行なったためであり、人間性をアピールすることは天皇側近の意思でもあった。特にベテランの宮内記者であった毎日新聞の藤樫準二は、宮内省からの情報提供を受けて天皇の人間的なエピソードを書き続け、『陛下の〝人間〟宣言』(四六年、同和書房)と題する本を出版した。ここでいう「〝人間〟宣言」は詔書のことを指したわけではなく、人間的なエピソードを集めたという意味であったが、次第に詔書自体が「人間宣言」と呼ばれるようになっていった。

参考文献　高橋紘『昭和天皇一九四五―一九四八』(『岩波現代文庫』、二〇〇八、岩波書店)、河西秀哉『「象徴天皇」の戦後史』(『講談社選書メチエ』、二〇一〇、講談社)
(瀬畑　源)

てんはいぎょうもんだい　転廃業問題　戦時期に実行された中小商工業者の軍需産業への転換に関わる問題の総称。日中戦争の勃発以降、政府は全面的な物資統制を発動して、民需への配給・製造の統制を進めたため、中小商工業者のなかには、営業が困難になるものが多数現れた。また、労務動員計画(国民動員計画)では、中小商工業者を一貫して軍需産業の労働力給源として重要な位置に置き、転業、動員を推進した。政府はまず、一九三八年九月に商工省に転業対策部を設置し、工業関係者を工業組合に組織化して、軍需・代用品・輸出関連産業への転換を図ったが、設備・技術上の問題、また業者自身の転業への消極性により、成果はあまり上がらなかった。そこで、四〇年十月には、国民職業指導所、国民勤労訓練所、国民更生金庫を設置する方針を定め、四一年以降、軍需・生産力拡充産業など重点産業への転業政策に本格的に乗り出していった。アジア・太平洋戦争期に入ると、こうした政策はさらに強化され、四二年五月の企業整備令で、法的拘束力を持った企業解体・労務供出策が実行されるようになった。商業営業者の転廃業は、商業組合内に設けられた商業報国会によって推進され、時局認識の徹底や商業報国信念の涵養を図りつつ、個別的家庭事情への配慮をふまえて実行された。諸事情ですぐには転業できない商店主に対しては、勤労報国隊による工場入所(半転業)も認めたほか、各種共助金を支給するなど、さまざまな方法での「同意」の調達も図られた。四三年六月、「戦力増強企業整備要綱」が閣議決定されると、整備の対象は超重点産業を除外した全産業に行き渡るようになり、徴用制度の強化と合わせて、いわゆる「根こそぎ動員」の段階に突入する。これらの政策の結果、戦争末期には中小商工業者の数は激減し、出荷・配給量の減少、輸送力減退といった事態が起こって、末端配給機構の機能低下が著しくなった。

参考文献　塩田咲子「戦時統制経済下の中小商工業者」(中村政則編『体系日本現代史』四所収、一九七九、日本評論社)、大門正克・柳沢遊「戦時労働力の給源と動員—農民家族と都市商工業者を対象に—」(『土地制度史学』一五一、一九九六)、柳沢遊「戦時体制下の流通統制」(石井寛治編『近代日本流通史(第三版)』所収、二〇〇三、東京堂出版)　(佐々木　啓)

でんぱけいかいき・でんぱひょうていき　電波警戒機・電波標定機　電波警戒機は電波を用いて飛行機などの目標を発見する装置、電波標定機は電波を用いて目標の位置を測定し、射撃などのためのデータを収集する装置である。レーダーに対する陸軍の呼称。飛行機の性能が向上するに伴い、視覚や聴覚によっては来襲機への対応が困難になった。そこで電波の利用が試みられ、一九三九年、飛行機からの反射電波を捉えることにはじめて成功した。四〇年に送信所と受信所の間を結ぶ線に近づく、または横切る飛行機を感知する電波警戒機甲、四一年に電波を発射し反射波によって飛行機を発見する電波警戒機乙の開発に成功し、アジア・太平洋戦争の開戦を迎えた。その後、ドイツの技術や、占領地で入手した米英のレーダーなどを参考に、四三年に電波標定機の実用化にこぎ着けた。当時の日本の技術では、B29など大型機による高高度からの来襲は事前に探知できたが、小型機による低空での来襲は探知がむずかしかった。

参考文献　防衛庁防衛研修所戦史室編『本土防空作戦』(『戦史叢書』一九、一九六八、朝雲新聞社)、同『陸軍航空兵器の開発・生産・補給』(同八七、一九七五)、下志津(高射学校)修親会編『高射戦史』(一九七八、田中書店)　(土田　宏成)

でんぱたんしんぎ・ぎゃくたんそうち　電波探信儀・逆探装置　電波探信儀は電波を発射しその反射により航空機や艦船などの目標を捉える装置で、レーダーに対する海軍の呼称。逆探装置は敵のレーダーから発射される電波を検知する装置。一九三〇年代、日本海軍では、マイクロ波発生管の一つであるマグネトロンの開発が進んでいたが、レーダー研究に着手したのは、欧米のレーダーに関する情報がもたらされた後の四一年八月のことであった。メートル波を用いたレーダーと、より波長の短いセンチ波を用いたレーダーの開発が進められた。メートル波レーダーの試作機は同年九月には完成し、航空機を捉える実験に成功、アジア・太平洋戦争で実用化された。四二年後半から米軍のレーダー使用により日本軍の被害が大きくなると、海軍はレーダー開発をいっそう強化する。しかし、より高性能のセンチ波レーダーの開発は難航し、試作段階に終わったものが多い。逆探装置も、米軍が極超短波のレーダーを用いるようになると、その電波を検知することがますますむずかしくなった。

参考文献　河村豊「旧日本海軍における戦時技術対策の特徴—第二次大戦期の実用レーダーを事例に—」(『科学史研究』四〇、二〇〇一)、前間孝則『技術者たちの敗戦』(二〇〇四、草思社)、中川靖造『海軍技術研究所—エレクトロニクス王国の先駆者たち—』(『光人社NF文庫』、二〇一〇、光人社)　(土田　宏成)

でんぱひょうていき　電波標定機　⇨電波警戒機・電波標定機

でんぱへいき　電波兵器　電波を利用した兵器。電波により敵の航空機や艦船の位置を測定する電波警戒機・電波標定機・電波探信儀(以下では「レーダー」とする)、レーダーによって捕捉した敵機に対して、味方の迎撃機を誘導する電波誘導機、敵電波兵器の機能を妨害する電波妨害機、電波により味方機であることを識別する味方識別機・友軍識別機、暗夜や雲霧中において飛行中に地形を判別するため、または、雷撃機向け低高度用高度計として使用する地形判別機・電波高度計、敵レーダーからの電波を探知する電波探知機・電波探索機(逆探)など(他の兵器と同様、同種のものでも陸海軍によって名称が異なる場合がある)。電波兵器の開発は、欧米が先行し、その成果を参考に陸軍が一九四〇年にレーダーの実用試験に入った。海軍では、マイクロ波を発生させる装置であるマグネトロンの開発は進めていたものの、本格的にレーダーの研究に着手したのは、四一年のことであった。研究は海軍技術研究所電気研究部を中心に行われた。日米開戦後、四二年後半から米軍のレーダーの威力を認識させられた海軍は、電波兵器の開発・改良に本気で取り組むようになった。四三年七月電気研究部は電波研究部に改組拡充された。また、同年六月、陸軍も、電波兵器の開発体制を強化するため、分散していた電波兵器の研究部門を統合し、多摩陸軍技術研究所を設立している。陸海軍ともに民間の研究者・技術者を広く動員する体制をとった。陸海軍の協力体制づくりも試みられたが、遅きに失していた。レーダーを代表とする日本の電波兵器は、実用化に至る前に敗戦を迎えたものも多く、実用化された場合も欧米のそれに比べて性能が劣っていた。技術力・生産力の差に加え、戦局の悪化に伴う物資不足による部品の質の低下も追い打ちをかけた。電波の利用は当時の最先端技術であった。日本の電波兵器の限界は、近代日本のテクノロジーの限界でもあった。

参考文献 防衛庁防衛研修所戦史室編『陸軍航空兵器の開発・生産・補給』(『戦史叢書』八七、一九七五、朝雲新聞社)、海軍歴史保存会編『日本海軍史』五・七(一九九五、第一法規出版)、中川靖造『海軍技術研究所―エレクトロニクス王国の先駆者たち―』(『光人社NF文庫』、二〇一〇、光人社)

(土田 宏成)

てんぱんれい 典範令　軍隊教育における諸原則や基本的な教育内容を定めた教本の総称。典令範ともいう。大きく分けて、歩兵・砲兵など各兵科の基本的な戦闘原則や制式について規定した「操典」、体操や馬術、射撃など戦闘の基礎となる技術について規定した「教範」、陣中勤務や諸兵連合戦闘の要領について規定した要務令や、部隊・機関の組織や業務について規定した勤務令などの「令」の三種からなる。「操典」と「教範」は教育総監部が、「令」は参謀本部が起案を担当し、天皇への上奏・允裁を経て発布された。特に「操典」と「令」には冒頭に勅語が付けられていたため、軍隊教育において絶対視された。

参考文献 前原透『日本陸軍用兵思想史―日本陸軍における「攻防」の理論と教義―』(一九九四、天狼書店)、遠藤芳信『近代日本軍隊教育史研究』(一九九四、青木書店)、原剛・安岡昭男編『日本陸海軍事典』(一九九七、新人物往来社)

(中野 良)

でんりょくかんりほう 電力管理法　わが国の電力事業を統制するための法律。日本発送電株式会社法、電力管理に伴う社債処理に関する法との三つの電力国家管理法案の中心法で、一九三八年四月六日に公布された。全七条と附則からなる。その主な内容は以下の通り。電気の価格を低廉にしてその量を豊富にし、その普及を円滑にするために、政府は本法律により発電と送電を管理する。本法律によって管理する発電設備と送電設備のうち勅令で指定する電力設備は、日本発送電株式会社が管理を行う。政府は、日本発送電が実施する電力設備の建設や建設計画の変更、また電力料金などの電力受給に関する重要事項を決定する。それらの事項を諮問する機関として電力審議会を置く。同法の成立と同時に日本発送電株式会社法と電力管理に伴う社債処理に関する法律などが成立した。また電気事業法の一部も改訂されている。電力管理法は、満洲事変後の経済軍事化を実現するために低廉・豊富な電力供給を行うべく制定されたものであった。同法は五〇年まで存続したが、同年十二月に電気事業再編成令と公益事業令の施行によって廃棄された。

参考文献 電力政策研究会編『電気事業法制史』(一九六五、電力新報社)

(渡 哲郎)

と

ドイツこうふく ドイツ降伏　一九四四年、ポーランド領内に侵入したソ連軍は翌四五年初頭にワルシャワを占領した後、国境を越えてドイツに進軍し、四月にはベルリンに到達、市街戦を展開した。ベルリンの総統地下壕にいたアドルフ＝ヒトラーは四月三十日に自殺し、翌日、宣伝相ヨーゼフ＝ゲッベルスもヒトラーの後を追い、親衛隊全国指導者ハインリヒ＝ヒムラーは逃亡中に捕捉されて自決した。ヒトラーの遺書で大統領に指名されたカール＝デーニッツ海軍元帥の指示により国防軍アルフレート＝ヨードル大将は五月八日、フランスのランスにおいて連合国との降伏文書に調印した。翌九日未明、ベルリン市内のカールスホルストにおいて陸軍最高司令長官ヴィルヘルム＝カイテル元帥らドイツ軍最高指導部はゲオルギー＝ジューコフ元帥指揮下のソ連赤軍に降伏文書を提出した。ドイツは政治権力を喪失した状態で連合国

ドイツ降伏　ソ連によるベルリン占領

軍の進駐を許し、ドイツ領内に進軍した米英仏ソ四ヵ国軍による直接占領統治が行われた。

参考文献 クリストフ＝クレスマン『戦後ドイツ史―一九四五～一九五五 二重の建国―』(石田勇治・木戸衛一訳、一九九五、未来社)　(清水 正義)

どいはら・しんとくじゅんきょうてい 土肥原・秦徳純協定 モンゴル族居住地域の察哈爾(チャハル)省での影響力拡大を狙う日本軍の諸要求を中国側に受諾させた協定。察哈爾省と満洲国との境界付近では、一九三四年秋以降軍事的小競り合いが頻発するようになり、三五年に入ると戦火を交えるに至った。緊張が続く六月五日、ドロンから張家口に向かっていたアパカの関東軍特務機関員が、張北で第二十九軍第百三十二師団の哨兵によって身柄を拘束され、尋問を受けるという事件が起こった。現地日本軍は、これを内蒙工作展開に有利な環境を整える好機と捉え、塘沽停戦協定に基づく停戦ラインの察哈爾省内への延伸、同ライン以西・以南への中国軍の撤退、排日機関の解散などを求める方針を決定した。十八日、国民政府は、察哈爾省政府主席宋哲元を罷免、後任の代理主席に秦徳純を任命し、秦を交渉責任者とする方針を固めた。二十三日、奉天特務機関長土肥原賢二が秦徳純に先の要求を提出し、二十七日、秦が北平陸軍武官室を訪れ、日本側要求を受諾する旨の書簡を土肥原に手渡した。

参考文献 内田尚孝「察哈爾をめぐる日中関係―「土肥原秦徳純協定」の成立過程―」(『コミュニカーレ』二、二〇一三)　(内田 尚孝)

とうあかいうんかいしゃ 東亜海運会社 戦時期日本の国策海運会社。一九三七年の日中戦争勃発を契機に、中国航路業務に従事する本邦海運業者を統合・一元化して戦時体制への転換を図ったもの。英国など競合外国会社の駆逐も狙った。三九年の閣議決定で暫定発足し(資本金七千三百万円、社長に河田烈元内閣書記官長)、四一年東亜海運株式会社法による会社となる(資本金一億円、社長に清水安治日本郵船副社長)。日本郵船、大阪商船、日清汽船など大手海運業者が、船舶、土地建物、現金で出資した。中でも日本郵船は出資(四六%)、船員と職員の転出が多かった。同社は日中間、台中間、長江、東南アジアの一部の各航路を運営した。各地の戦乱拡大で輸送需要は増大し業績は比較的順調に推移したが、戦局の悪化に伴い船舶喪失が激増し航路も封鎖されるなかで敗戦を迎えた。四六年のＧＨＱによる解散命令により四七年に閉鎖機関となった。

参考文献 友田謙一「資料 東亜海運株式会社―中国・東南アジアを視野にしたわが国戦時国策会社の史料―」(『海運経済研究』三三、一九九九)、同「資料 戦時国策海運会社『東亜海運株式会社』設立目的の分析」(同三四、二〇〇〇)　(半澤 健市)

とうあかんぎょうかいしゃ 東亜勧業会社 一九二一年、満鉄・東拓・大倉組などの出資により日中合弁企業として設立された満洲の農業開発会社。資本金二千万円、本社奉天。現地法人名は東亜勧業公司。その目的は、朝鮮人の満洲移住と水田開発により日本帝国圏内の食糧自給を図るところにあった。東亜勧業は、三二年までに約十二万町歩の土地を集積したが、大半の農場は商租権紛争のため経営不振が続き、朝鮮総督府と関東庁の補助金によって辛うじて存続が維持された。この間、大倉組・東拓の持株処分によって同社は満鉄の直系子会社となった。三五年、日本人の満洲移民を推進するため満洲拓殖会社が設立され、さらに三七年、「満洲農業移民百万戸送出計画」の実施のため満洲拓殖公社が設立された(資本金五千万円)。同公社は、東亜勧業・満洲拓殖会社の土地計百一万町歩を引き継ぎ、四〇年度末までに千百七十二万町歩の膨大な土地を買収したが、日本人開拓移民は抗日ゲリラの襲撃にさらされ、またソ連侵攻の際には関東軍に置き去りにされるなどの悲劇に見舞われた。

参考文献 浅田喬二『日本帝国主義と旧植民地地主制』(一九六八、御茶の水書房)、黒瀬郁二『東洋拓殖会社―日本帝国主義とアジア太平洋―』(二〇〇三、日本経済評論社)、江夏由樹他編『近代中国東北地域史研究の新視角』(二〇〇五、山川出版社)　(黒瀬 郁二)

とうあきょうぎたいかい 東亜競技大会 一九四〇年六月に開催されたアジアの国際スポーツ競技大会のこと。東京大会は明治神宮外苑競技場を中心に、関西大会は橿原神宮競技場などで開催され、日本・満洲・中国・フィリピン・ハワイから七百余名の青年が参加した。直接的には、西暦一九四〇年の紀元二千六百年奉祝事業として、すでに開催が決定していた東京五輪が日中戦争の長期化で返上されたことから、これに代わる国際スポーツイベントとして大日本体育協会により企画された。ただしアジアのスポーツ史という面では、一九三四年に満洲国参加問題で終焉した極東選手権競技大会、および三九年の日満華交歓競技大会という前史の延長線上に位置づく。また本大会において顕著な「東亜の盟主」を志向する姿勢には、東亜新秩序に象徴される政治的イデオロギーが見出されると同時に、同じく「国民体力の向上」を志向する姿勢には、同年の興亜厚生大会をはじめ広く厚生運動との関連も看過できない。

参考文献 小澤考人「アジアのオリンピック・東亜競技大会」(坂上康博・高岡裕之編『幻の東京オリンピックとその時代―戦時期のスポーツ・都市・身体―』所収、二〇〇九、青弓社)、高嶋航『帝国日本とスポーツ』(二〇一二、塙書房)　(小澤 考人)

とうあきょうどうたいろん 東亜協同体論 日中戦争が長期化するなかで、一九三八年秋ごろから東亜新秩序論の一環として唱えられた東アジア変革の理念。戦時下の社会変革を通じて日本資本主義・帝国主義を修正・変革し、日中のナショナリズムの相剋をこえて、多民族が共生する東アジアの広域圏を形成しようと試みるものである。蠟山政道、加田哲二、三木清、尾崎秀実など、近衛内閣のブレーン集団であった昭和研究会の知識人たちによって議論され、無産政党の社会大衆党や、農業運動の日本革新農村協議会、部落解放運動の全国水平社など、革新派の政党や社会運動団体も東亜協同体の建設を掲げた。

日中開戦当初は、日本政府・軍部は短期間で中国を屈服させられると見込んでいたが、国共合作政権による抗戦は長期化し、軍事的な勝利の展望は失われた。そこで、三八年十一月三日に東亜新秩序声明（第二次近衛声明）が出され、外交的な妥協の可能性が探られる。その際、大アジア主義、経済ブロック論、東亜連盟論、東亜協同体論など、各種の地域主義の構想が日本の論壇で盛んに議論された。そのなかでも東亜協同体論は、日本資本主義・帝国主義の修正・変革を含意し、ナショナリズムを克服する広域的な秩序形成を試みた点で、軍国主義・ファシズムとは異なる独自な言論となっていた。そのため、多くの左派知識人も関心を示し、戦時下の社会変革を志向する一種の転向理論となった。その口火を切ったのは蠟山政道「東亜協同体の理論」（『改造』三八年十一月号）であり、三木清がとりまとめた昭和研究会のパンフレット『新日本の思想原理』（三九年一月）では、戦時下の変革の理念として東亜協同体の建設が掲げられている。

東亜協同体論には、全体主義的な国家社会主義路線や、資本主義・ナショナリズムの批判に重点をおく左派の議論など、さまざまな潮流が混在している。当時の近衛内閣は、有馬頼寧（農林大臣）や風見章（内閣書記官長）が加わった革新色の強い政権であり、革新官僚や昭和研究会、社会大衆党など革新勢力のゆるやかなネットワークによって支えられていた。日中戦争下の危機を克服するには、政治・経済・社会の全般にわたる革新が必要と考えられており、東亜協同体論はその一翼を担う理念となっていた。

日本国内では、資本主義の現状維持派の側から、計画経済の導入をめざす東亜協同体論の革新路線にたいして批判が向けられた。また、中国の抗日政権の側からは、中国大陸を併呑しようとする帝国主義的な言論の一種にすぎないと批判された。他方で、植民地朝鮮の論壇では、印貞植、金明植ら左派知識人によって東亜協同体論が批判的に受容された。それは、日本資本主義の変革を通じて朝鮮経済の発展を試み、多民族が共生する広域圏のなかで朝鮮民族の自立性を保持しようとするものであり、植民地における転向理論となっていた。

しかし、三九年初めに第一次近衛内閣が総辞職し、革新の気運が後退すると、東亜協同体をめぐる議論は低調となった。さらに、第二次世界大戦の勃発後、四〇年にドイツがオランダ・フランスを占領し、日本の東南アジアへの南進論が台頭すると、東亜新秩序論は南方を含む大東亜共栄圏論へと膨張し変質していった。同年の近衛新体制運動によって革新の気運は一時再び高まるが、現状維持派との対抗関係のなかで次第に行き詰まり、社会変革の展望は失われた。さらに、企画院事件、尾崎・ゾルゲ事件、満鉄調査部事件など一連の思想弾圧事件によって、戦時下の左派の言論はほぼ勢力を失う。アジア・太平洋戦争期にも平野義太郎ら転向知識人によって大東亜共栄圏が論じられるが、それは日本帝国主義の膨張を左派の側から補完し同伴するものとなっている。日中戦争期の東亜協同体論が、中国の抗戦と向き合うなかではらんでいた日本帝国主義の否定の契機は、もはや見失われていったのである。

[参考文献] 橋川文三「東亜新秩序の神話」（橋川文三・松本三之介編『近代日本政治思想史』二所収、一九七〇、有斐閣）、米谷匡史「戦時期日本の社会思想」（『思想』八八二、一九九七）、石井知章・小林英夫・米谷編『一九三〇年代のアジア社会論』（二〇一〇、社会評論社）、洪宗郁『戦時期朝鮮の転向者たち』（二〇一一、有志舎）

（米谷　匡史）

とうあけいざいちょうさきょく　東亜経済調査局　一九〇八年十一月に設立された南満洲鉄道株式会社の調査機関の一つ。世界経済、特にアジア経済の資料収集および分析にあたった。二九年に大川周明を理事長に財団法人として分離独立。大川主宰のもと、南進政策に資する調査研究に重点を移した。三九年に満鉄調査部に再統合され、南洋、西南アジア、インドの資源や流通、開戦後は占領地の経済・社会・行政についての調査活動を展開した。

[参考文献] 原覚天『現代アジア研究成立史論—満鉄調査部・東亜研究所・IPRの研究—』（一九八四、勁草書房）

（安達　宏昭）

とうあけんきゅうじょ　東亜研究所　一九三八年九月に企画院管轄の財団法人として設立された、国策立案のためのアジア全域に関する地域的調査と総合研究を行う調査機関。総裁には首相の近衛文麿、副総裁には元満鉄理事で貴族院議員の大蔵公望が就いた。調査は敗戦までの七年間、中国を中心にソ連やインド、東南アジアに及んだ。その成果は四三年八月の時点で六百点、研究員は嘱託を含めて千人にのぼった。満鉄調査部と共同で行なった「支那慣行調査」は代表的調査である。

[参考文献] 柘植秀臣『東亜研究所と私—戦中知識人の証言—』（一九七九、勁草書房）、原覚天『現代アジア研究成立史論—満鉄調査部・東亜研究所・IPRの研究—』（一九八四、勁草書房）

（安達　宏昭）

とうあしんちつじょ　東亜新秩序　日中戦争中、日本が戦争の正当性と戦争遂行・収拾の見通しを内外に示すために掲げた政策理念。満洲事変後の一九三四年四月、早くも外務省情報部長天羽英二は、欧米諸国の中国に対する「共同動作」に反対し、東亜の平和と秩序の維持は日本の使命だと述べ、日本を中心とする東亜の秩序構想を示していた。日中戦争の早期終結を模索した日本は多様な和平工作を推進したが実らず、首都南京の陥落を受けて三八年一月十六日近衛文麿首相は、今後国民政府を相手とせず、日本と提携する新興政権と提携して、東亜和平に対する日本の責任を果たしていく、という趣旨の声明を発表した。しかし、国民政府は首都を重慶に移し、欧米諸国からの支援を受けながら対日抗戦を継続。日本は影佐禎昭大佐らを通じて蔣介石の抗日路線に批判的な汪兆銘グループに働きかけ、彼らとの提携を模索した。近衛首相はこの流れを促すとともに、国際社会に日本の立場を訴えるため、十一月三日に「帝国の冀求する所は、東亜永遠の安定を確保すべき新秩序の建設に在り」と声明した。東亜新秩序声明といわれたこの文章のなかで、新秩序の中身について「日満支三国相携へ、政治、経済、文化等各般に亘り互助連環の関係を樹立するを以て根幹とし、東亜に於ける国際正義の確立、共同防共の達成、新文化の創造、経済結合の実現を期する」と解説した。十一月三十日の御前会議で決定された「日支新関係調整方針」においても日満中三国による東亜新秩序建設の理念を確認した。十二月十八日汪兆銘が重慶を脱出したのに合わせて近衛首相は二十二日に再度声明を発表し、「善隣友好、共同防共、経済提携」の三原則を提示した。汪兆銘は「艶電」でこれに応え、蔣介石に対日和平を促し、東亜新秩序の理念を和平運動の理論的根拠に据えた。日本は四〇年三月三十日に汪兆銘政権を樹立させ、七月二十六日の「基本国策要綱」では、八紘一宇の精神を唱え、「皇国」日本を核心として日満中の強固なる結合に基づく大東亜新秩序の建設を目指した。この排他的なイデオロギーはアジア・太平洋戦争期の大東亜共栄圏構想の先駆けとなった。 →天羽声明(あもうせいめい)

参考文献 戸部良一『ピース・フィーラー―支那事変和平工作の群像―』(一九九一、論創社)、有馬学『帝国の昭和』(『日本の歴史』二三、二〇〇二、講談社) (劉 傑)

とうあどうぶんしょいん 東亜同文書院 東亜同文会が中国に創設した教育・研究機関。一九〇〇年五月、東亜同文会会長の近衛篤麿は日中提携の人材養成のため、中国に南京同文書院を設立、初代院長には根津一が就任した。義和団事件に際して上海に移転、〇一年八月、東亜同文書院と改称した。学生は日本人だけでなく朝鮮、台湾出身者も在籍し、多くは各府県、外務省、南満洲鉄道などから推薦された給費生であった。二〇―三四年には中華学生部も併設され、中国人学生も一緒に学んだ。学科として政治・商務科が設置され、修学年限は三年であった。学生には卒業研究として長期の現地調査が課され、「調査報告書」「大旅行誌」にまとめられた。一八年には教員を中心に支那研究部(四二年以降、東亜研究部)が設置され、研究機関としての役割も担った。二一年、専門学校に正式に認可されて四年制となり、三九年には大学に昇格した。「自由」な校風に大きな特徴があったが、日中戦争の勃発に際して学生は従軍通訳として戦場に動員された。三八年から軍事教練が開始され、四三年には徴兵猶予の特典も廃止された。四六年二月の閉学までに五千名近い学生が学び、卒業後は研究・教育、外交、言論・報道、実業など多彩な分野で活躍した。

参考文献 『東亜同文書院大学史―創立八十周年記念誌―』(一九八二、滬友会) (小林 元裕)

とうあれんめい 東亜連盟 一九三〇年代後半以後の日中関係の局面打開のため、石原莞爾を思想的指導者として展開された政治文化運動。東亜連盟運動は「民族協和」を掲げ、日本、満洲国、中華民国を中心として連盟各国の「国防の共同、経済の一体化、政治の独立」をその基礎条件に掲げた。組織的には三九年、東亜連盟協会が設立されたのを嚆矢とし、山形、宮城、秋田、青森、新潟など各地に支部が結成された。国外では四〇年、満洲国に東亜連盟研究会(新京)や満洲東亜連盟誌友会(奉天)が組織され、満洲国協和会の核心会員が多く参加した。中国大陸では中国東亜連盟協会(北京)、中華東亜連盟協会(広東)などが組織され、四一年二月には汪兆銘を会長とする東亜連盟中国総会が結成された。しかし、日本本国では四一年一月の閣議決定により「皇国の国家主権を晦冥ならしむる虞れあるか如き国家連合理論」が禁止されたことで、東亜連盟運動は大きな制約を課せられ、四二年には曺寧柱ら在日朝鮮人の会員が逮捕されるなど弾圧を被った。機関誌『東亜連盟』、宮崎正義『東亜連盟論』(三八年、改造社)、杉浦晴男『東亜連盟建設綱領』(三九年、立命館出版部)などの刊行物がある。現在は空手道の普及を中心に活動している。

参考文献 野村乙二朗編『東亜聯盟期の石原莞爾資料』(二〇〇七、同成社)、桂川光正「東亜連盟運動史小論」(古屋哲夫編『日中戦争史研究』所収、一九八四、吉川弘文館)、松田利彦「東亜聯盟運動に参加した朝鮮人」(安田常雄編『(講座)東アジアの知識人』四所収、二〇一四、有志舎) (田中 隆二)

どういん 動員 陸軍の平時編制を戦時編制に移すこと。戦争遂行のために在郷軍人の召集や馬匹・物資の徴発を行うこと。また、動員した部隊を平時の態勢に戻すことを復員という。動員実施の要項は、軍令である「動員計画令」によって規定されていた。「動員計画令」は、基本的事項を規定した「陸軍動員計画令」と毎年の動員計画に必要な事項を規定した「年度陸軍動員計画令」とに分かれていた。「年度動員計画令」は、参謀総長が起案し、天皇の裁可を経て陸軍大臣がこれを奉行した。動員は、天皇の統帥権に属し、内閣は発言権をもっていなかった。実施には勅令である「動員令」が出された。アジア・太平洋戦争中の動員は、「昭和二年陸軍動員計画令」に基づいて行われた。同計画令のもとで、余人をもって代えがたい技術者や研究者、市区町村役場の兵事係などが召集猶予された。同計画令は一九四三年に改正され、召集猶予制は召集延期制に改められた。また、動員に際しては、煩雑かつ膨大な業務を速やかに遂行することが求められるため、平時からその準備がなされた。動員令下令は、動員管理官である師団長(または師管区司令長官)から動員担任官である隷下部隊長へ、また連隊区司令官を経て警察署長または市長、そして警察署長から町村長へと伝達され、充員召集が実施された。しかし、戦争の長期化に伴い、召集延期される人と何度も召集される人々の間で不満が生じ、充員召集名簿・充員召集令状がつくられる連隊区司令部には、職員に働きかけて召集を逃れようとする動きや夫や息子の召集取り消しを訴える女性の姿もみられるようになった。

[参考文献] 大江志乃夫「資料目録および解説」（黒田俊雄編『村と戦争―兵事係の証言―』所収、一九八八、桂書房）、小沢真人『赤紙―男たちはこうして戦場へ送られた―』（一九九七、創元社）、吉田裕『アジア・太平洋戦争』（『岩波新書シリーズ日本近現代史』六、二〇〇七、岩波書店）

（松田　英里）

ドゥーマン Eugene Hoffman Dooman 一八九〇―一九六九 米国の知日派外交官。一八九〇年三月二十五日、大阪で生まれ、神戸で年少期を過ごした。そのために日本語や日本文化に通じていた。一九一〇年代後半には神戸の副領事として、二〇年代には東京の大使館で勤務し、三五年のロンドン軍縮会議にも参加した。三七年に駐日大使館に参事官として赴任して大使グルーの腹心となったが、日米開戦に伴い、帰国後モスクワに派遣された。四四年五月にグルーが国務省で極東局長として復権すると、国務・陸軍・海軍三省調整委員会（SWNCC）の下部機関である極東小委員会（SFE）委員長として、降伏後の対日政策方針の起案で中心的役割を担った。ポツダム宣言作成の際、国務次官に昇進したグルーの指示でドゥーマン起草の文書が草案になった。ただし、陸軍作戦部（OPD）の役割を主導的とする説もある。ドゥーマン自身は、最後通牒に天皇制維持を盛り込むことに反対した。反天皇感情が激しい当時のアメリカ社会の過敏な反応や国務省内の批判を懸念したようである。しかし、それはあくまでも戦術的後退だとも言われ、最終的なポツダム宣言案を擁護した。戦後は、アメリカ対日協議会（ACJ）の設立に参画し日本ロビーの一員として活動した。六九年二月二日に死去。七十八歳。

[参考文献] 五百旗頭真『米国の日本占領政策―戦後日本の設計図―』（一九八五、中央公論社）、ハワード＝ショーンバーガー『占領一九四五～一九五二―戦後日本をつくりあげた八人のアメリカ人―』（一九九四、時事通信社）、廣部泉『グルー』（『ミネルヴァ日本評伝選』、二〇一一、ミネルヴァ書房）、長谷川毅『暗闘―スターリン、トルーマンと日本降伏―』（『中公文庫』、二〇一一、中央公論新社）

（加藤　公一）

ドゥーリトルくうしゅう　ドゥーリトル空襲 日本が受けた最初の空襲。東京初空襲でもある。米国民の士気鼓舞を狙った合衆国艦隊司令長官キング大将の企図により、日米開戦後四ヵ月余りの一九四二年四月十八日、奇襲的に実行された。陸軍爆撃機B25十六機を甲板に積載した空母「ホーネット」は、同日早朝、日本軍哨戒線の外側（日本沿岸から六六八海里）の海域でドゥーリトル陸軍中佐指揮の爆撃隊を発進させた。うち十三機が正午東京上空に到達、各機五〇〇ポンド爆弾四個を低高度から投下、機銃掃射した。対空砲火は不正確で損害を与えなかった。他の三機は名古屋、大阪、神戸を目指し焼夷弾を投下した。この空襲により死者約五十人、負傷者四百数十人、全壊全焼家屋百数十戸の被害を生じた。空襲終了後、攻撃隊は日本海を横断、中国に十五機、ソ連に一機が向かったが、日本軍占領地区に着陸した乗員八人が捕虜となった。本空襲に衝撃を受けた海軍首脳はミッドウェー島攻略計画の早期実施（同年六月）を決意するに至る。

[参考文献] 防衛庁防衛研修所戦史室編『本土防空作戦』（『戦史叢書』一九、一九六八、朝雲新聞社）、宇垣纏『戦藻録―大東亜戦争秘記―』（『明治百年史叢書』、一九六八、原書房）

（前田　哲男）

とうかかんせい　灯火管制 空襲を受けた際、灯火を制限し、地上の状況を攻撃機から判断しにくくすること。

ドゥーリトル空襲　横須賀への爆撃

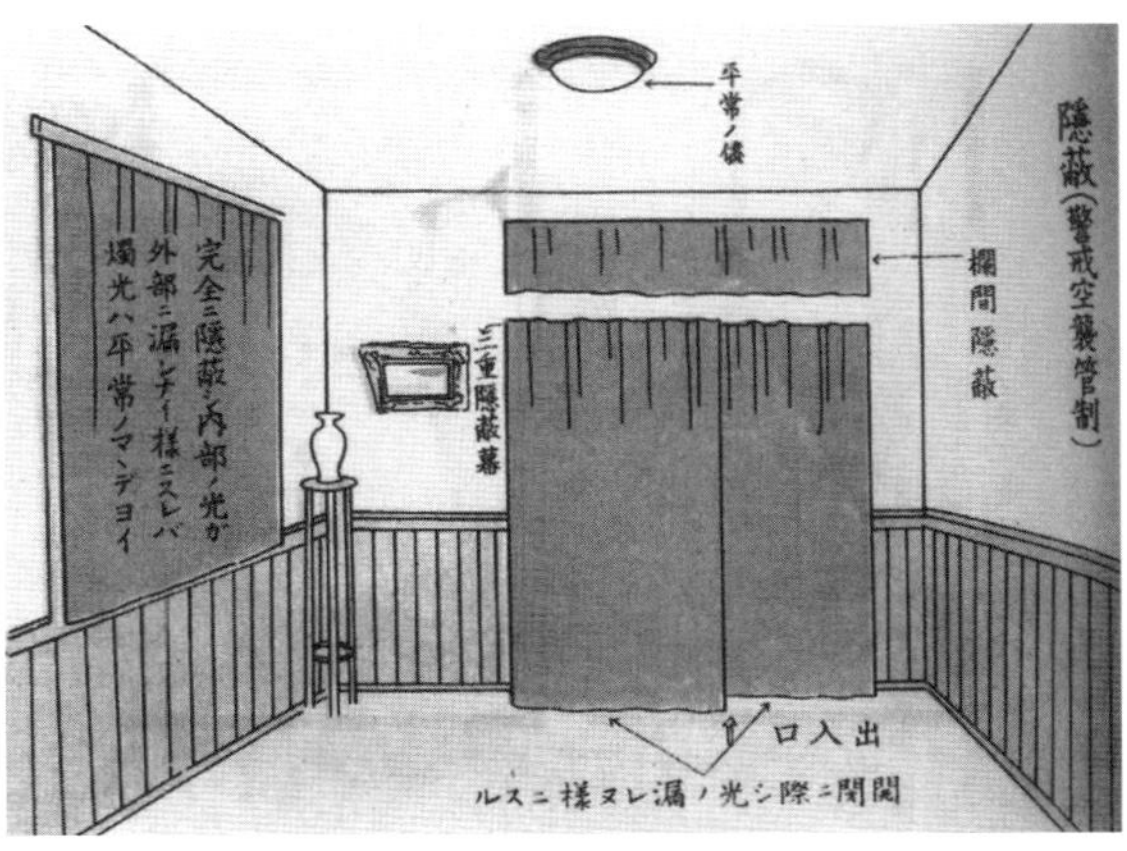

灯火管制の説明図（『隣組防空絵解』1944年）

日本では第一次世界大戦後の防空演習における重要な施策として広く行われ、とりわけ日米開戦後は、都市住民にとっては日常的なものとなった。日本では灯火管制は変電所で送電を止める中央管制(のちに統一管制)と、住民各自が消灯や光が外部に洩れない措置をとる自由管制(のちに個別管制)とがあったが、後者が中心的なものとなる。それは、空襲中であっても必要な業務や防空のための任務は行わなければならないので、一斉送電停止は不可能であることによる。各家庭では、特殊な電灯や各種の遮光用具を使用して、灯りが電球の真下にしかこないようにしなければならなかった。灯火管制下の暗い夜の生活は連日の空襲下での民衆の生活を象徴するものであった。

参考文献 土田宏成『近代日本の「国民防空」体制』(二〇一〇、神田外語大学出版局) (青木 哲夫)

とうきせい 陶希聖 Tao Xisheng 一八九九—一九八八 中国の社会経済史学者、政治家。一八九九年十月三十日生まれ。湖北省黄岡県出身。河南省立第一中学、武昌外国語専門学校で学んだ後、一九一四年北京大学予科を経て、二二年北京大学法科を卒業。二九年から復旦大学、曁南大学、中国公学、中央大学などで教鞭を執り、月刊『新生命』に中国社会の特質についての論文を掲載しつづけた。「士大夫官僚システム」を批判した『中国社会の史的分析』はベストセラーとなった。三一年からの北京大学教授在職中に『中国政治思想史』を書き上げ、半月刊『食貨』を創刊して、史実に基づく中国社会史の再建を主張した。三八年一月軍事委員会参事室参事に就任し、胡適らと対日外交を主張する「低調クラブ」を組織。「芸文研究会」の中心的存在として対日外交の可能性を模索した。汪兆銘の「和平工作」に加わり、三九年上海で日本側代表との和平交渉に参加した。四〇年高宗武とともに「和平工作」から離脱し、香港で日華協議書類の内容を公表した。四二年重慶に戻り、翌年『中央日報』の主筆に就任した。終戦後中央宣伝部副部長になり、四九年台湾に移り、国民党総裁弁公室組長、『中央日報』董事長、中華戦略学会理事長などを務めた。八八年六月二十七日台北で死去。九十歳。

参考文献 岡田酉次『日中戦争裏方記』(一九七四、東洋経済新報社)、松本重治『上海時代』(一九七七、中央公論社)、今井武夫『日中和平工作—回想と証言一九三七～一九四七—』(二〇〇九、みすず書房)、陶恒生『高陶事件始末』(北京、二〇一二、中国大百科全書出版社) (劉 傑)

とうきょうさいばん 東京裁判 正式の名称は極東国際軍事裁判 International Military Tribunal for the Far East(略称IMTFE)。日本の戦前・戦中の指導者二十八人の被告を「主要戦争犯罪人」(A級戦犯)として、彼らの戦争犯罪を審理した国際軍事裁判。

〔裁判の経過〕公判は一九四六年五月三日開始し、法廷成立手続、起訴状朗読、被告の罪状認否の申立てがなされたが、清瀬一郎弁護人は裁判官忌避、裁判管轄権に対する異議申立ての動議を提出した。管轄権動議は「平和に対する罪」「人道に対する罪」が「事後法」に該当するものであり、「罪刑法定主義」に反するとの趣旨であった。これに対し首席検事キーナンは、裁判所憲章はパリ不戦条約などすでにある国際法を宣言しているものだと反駁し、裁判官も「理由は将来において述べる」として弁護側動議を却下した。ついで六月四日からキーナンの冒頭陳述を皮切りに検察側立証が開始され、戦争一般準備、満洲事変、日中戦争、日独伊関係、ソ連邦、太平洋戦争、残虐行為、個人、の各段階にわたって論告・立証がなされた。これに対し弁護側は四七年二月二十四日の清瀬弁護人の冒頭陳述につづいて、検察側の各段階の立証について反証を展開した。この後四八年一月十三日から検察側の反駁立証、弁護側再反駁立証、検察側最終論告、弁護側最終弁論がなされ、四八年四月十六日、裁判は結審となり、しばらく休廷となった。十一月四日法廷は再開し、判決文の朗読が開始され、十一月十二日判決文朗読終了、被告の刑の宣告がなされた。こうして開廷から刑の宣告まで裁判は二年七ヵ月もの長期間続行し、開廷日四百十七日、開廷回数八百十八回、証人四百十九名、宣誓口供書七百七十九名、証拠四千三百三十六件という膨大な数にのぼった。公判では、当時の国民が知り得なかった張作霖爆殺事件や満洲事変以降、太平洋戦争に至るまでの重大事件の真相がつぎつぎと暴露され、また南京事件など日本軍のおぞましい残虐事件のなまなましい証言が提出され、大きな衝撃を与えた。しかし他方で判事の法廷指揮は、勝者の敗者に対する一方的裁判であったことを印象づけるものもあった。

〔判決〕判決結果は、二十八被告中、絞首刑七人、終身禁錮十六人、禁錮二十年一人、禁錮七年一人で、公判中に死亡した松岡洋右、永野修身の二被告と精神異常と認定された大川周明は免訴となった。判決本文は、英文で一二〇〇ページに及ぶ膨大なものであったが、この多数派

東京裁判の法廷

判事による本判決とは別に、インドのパル判事、オランダのレーリンク判事、フランスのベルナール判事の各少数意見（反対意見）と、オーストラリアのウェッブ裁判長とフィリピンのハラニーリャ判事別個意見が裁判所に提出された。判決は、裁判所憲章は裁判所にとって絶対であり、法廷を拘束する、「平和に対する罪」「人道に対する罪」は「事後法」ではなく、現行国際法を明文化したものである、また訴因第一の侵略戦争の共同謀議はその目的とする支配地域に制限を付したうえで立証されたと認定するとの判断を下した。これに対し少数意見で、パル判事は、被告の共同謀議は立証されないなどの理由で、被告全員の無罪を主張し、無差別殺人政策としてアメリカの原爆使用決定の重大さを強調した。レーリンク判事は、共同謀議の認定に異論を呈するとともに、畑俊六、広田弘毅、木戸幸一、重光葵、東郷茂徳の無罪を主張した。ベルナール判事は、天皇の不起訴が公正な審理を不可能にしたとし、「平和に対する罪」の判定を否定し、量刑にも異議を唱えた。またウェッブ裁判長も有罪被告の量刑に天皇免責の事情を考慮すべきだとした。判決後、マッカーサーは対日理事会、極東委員会の意見を聴取して、判決を承認し、刑の執行を指令した。しかし十一月二十九日、広田、土肥原賢二ら七名の被告は、アメリカ最高裁に人身保護令に対する訴願申立てを行なった。同最高裁は、訴願を却下した。かくて十二月二十三日、東条英機ら七名の絞首刑が執行された。しかし翌二十四日には岸信介、児玉誉士夫、笹川良一など最後まで拘禁されていた十七名のA級戦犯容疑者の釈放がなされ、総司令部はA級裁判継続の意思がないことを示した。有期刑者のうち、梅津美治郎、白鳥敏夫、小磯国昭、平沼騏一郎、東郷の五名は服役中に病死し、残りは仮出所制度により、五〇年十一月の重光の仮釈放を最初として刑期終了前に全員が仮出所した。

〔問題点〕東京裁判は訴追対象となった時期の日本の侵略の歴史と当該期の戦争指導者を審判した試みとして重大な歴史的意義をもつが、問題点も多い。裁判手続では、判・検事とも中立国から選ばれず、すべて連合国の代表者であり、「勝者の裁き」の色彩を強めたこと、原爆投下など連合国の所業は問題にされなかったことが指摘できる。また、適用された国際法の是非についていまだに議論が多く、しかも裁いた側のアメリカ、ソ連をはじめとする大国が、以後の自国の対外行動で裁判の理念を裏切ったことが、裁判の信用をのちに低下させることになった。さらに問題の多い英米法特有の共同謀議論を適用して、日本の長期の侵略戦争の歴史を分析したのは相当無理があった。特に政治的配慮から昭和天皇を免責し、天皇制国家独特の国家意思発動の過程を正面から分析せず、極端な軍国主義者の共同謀議による侵略戦争という歴史認識を判決に採用したことは、歴史の実態からみても問題が多い。なお、東京裁判の審判で欠落した重大行為としては、関東軍防疫給水部（七三一部隊）などによる中国人捕虜など、多人数へのペスト菌、コレラ菌などの細菌の感染実験と生体解剖、中国戦線での細菌戦の実施、さらに中国大陸各地での毒ガス作戦の実施がある。また日本への朝鮮人・中国人の強制連行もとりあげられなかった。

〔現代的意義〕東京裁判関係資料は、日本近・現代史資料のなかで重要な資料群である。主なものに、ワシントンでの国際検察局資料の収集の成果による粟屋憲太郎他編『国際検察局（IPS）尋問調書』全五二巻や、粟屋他編『東京裁判資料　木戸幸一尋問調書』『同　田中隆吉尋問調書』などがある。

また東京裁判の総括で、裁判は一回かぎりの国際政治のことだとして、現在への連続性を否定する見解がある。これに対し、東京裁判がある種の政治性をもっているものの裁判はあくまで司法事件の側面をもっていたことは否定できないとしたうえで、近年ハーグ法廷などの国際刑事裁判で有効判例として引用され、国際人道法の発展に具体的貢献をしていることや、国際法学者や人権研究者のあいだでは、東京裁判をニュルンベルク裁判と同様、先駆的な国際司法事件とみるのが一般的になっているとする指摘もある。事実、旧ユーゴスラヴィア戦犯法廷では、東京裁判が先例として明記されているし、日本人判事も参加している。今後、比較戦争犯罪裁判研究が活発になることが期待される。 →巻末付録表37

〔参考文献〕粟屋憲太郎『東京裁判論』（一九八九、大月書店）、A・ブラックマン『東京裁判―もう一つのニュルンベルク―』（日暮吉延訳、一九九一、時事通信社）、日暮吉延『東京裁判の国際関係―国際政治における権力と規範―』（二〇〇二、木鐸社）、戸谷由麻『東京裁判―第二次大戦後の法と正義の追求―』（二〇〇八、みすず書房）、中里成章『パル判事―インド・ナショナリズムと東京裁判―』（『岩波新書』、二〇一一、岩波書店）、N・ボイスター、R・クライヤー『東京裁判を再評価する』（粟屋憲太郎・藤田久一・高取由紀監訳、二〇一二、日本評論社）

（粟屋憲太郎）

とうきょうさいばんかいてい　東京裁判開廷〔前史〕第二次世界大戦中の連合国の戦争目的には、日独伊など枢軸国による侵略と残虐行為に対する自衛と制裁の方針が一貫して掲げられており、戦争終結後に枢軸国の戦争指導者と戦争犯罪を処罰することは、連合国の共通目標だった。しかし連合国内には、枢軸国の戦争犯罪をどのような根拠と名目（戦争犯罪概念）で、どのような方法（戦争犯罪処罰方式）で、誰を戦争犯罪人として裁くかについてさまざまな意見があった。結局、連合国の戦犯処罰政策はドイツ敗北後の大戦末期に決着した。米英ソ三国首脳によるポツダム宣言に並行して、一九四五年六月からロンドンで戦争犯罪に関する米英仏ソ四国代表によるロンドン会議が開催され、四国代表は八月八日「欧州枢軸諸国の主要戦争犯罪人の訴追及び処罰に関する件」（ロンドン協定)を締結した。ロンドン協定により第二次大戦後の戦争犯罪のあり方は画期的に変化した。この変化の特色は、第一に、連合国の一部の指導者が唱えた枢軸国指導者の即決処刑という方式が排されて、国際裁判方式が採択されたこと、第二に、従来の戦時国際法規程に規定された「通例の戦争犯罪」に加えて、侵略戦争の計画・準備・開始・遂行などを犯罪とする「平和に対する罪」、戦前または戦時中になされた殺害・虐待・強制連行などの非人道的行為を犯罪とする「人道に対する罪」が新たに国際法上の犯罪と規定され、それらの犯罪についての戦争指導者と目された個人の刑事責任を認めた点にあった。しかし他方で、ロンドン協定採択に至る過程には、四大国の国家的利益や政治的要請が色濃く反映していた。特に会議では採択さるべき憲章が自己の行動を拘束する足かせとならないよう、妥当範囲が普遍的で国家の行動を厳格に拘束する一般規定をつくらないとの意見がしばしば表明された。そして四大国は、裁判で連合国の所業は問題とされてはならず、あくまでも枢軸国の過去の事件を審判する点でようやく一致したのであった。同協定に付属した国際軍事裁判所憲章により四五年十一月よりニュルンベルク裁判が開廷され、のちに同憲章に準拠して東京裁判が開かれるのである。

東京裁判を規定するのは連合国による四三年十二月に発表されたカイロ宣言(英国、中国、米国による)、四五年七月の同じ連合国三ヵ国によって作成されたポツダム宣言、同年九月の降伏文書、同年十二月のモスクワ宣言である。

日本敗戦後、連合国軍最高司令官(SCAP)のマッカーサーは、米本国の指令をうけて対日占領政策の第一弾として、日本の戦犯容疑者の逮捕を行い、四五年九月十一日の東条英機らの逮捕令を皮切に、十二月六日までに百名を超える日本の戦争指導者を逮捕・拘禁した。他方、日本の敗戦前後から連合国間では日本の戦争犯罪をめぐって活発な論議がなされたが、日本の場合もニュルンベルク裁判と同じく、「通例の戦争犯罪」に加え「平和に対する罪」「人道に対する罪」という戦争犯罪概念を用い、国際軍事裁判方式をとることでは基本的に一致していた。連合国間の摩擦は、この裁判所の憲章の公布、判・検事の任命など裁判所の設置・運営について、アメリカが決定的ともいえる主導権を握ったことから生じた。アメリカは、日本敗戦直後からすでに準備がなされていたニュルンベルク裁判の経験から、日本の裁判もドイツの場合に準拠することが望ましいが、裁判所の設置と施行規則、戦争犯罪の概念の規定は、連合国間の協定によるよりは、SCAPのマッカーサーが決定すべきだとの方針を固めていた。これに対し連合国、とくにオーストラリアとソ連は強く反発したが、アメリカは戦犯容疑者逮捕など既成事実を積み重ね、結局、日本占領におけるアメリカの圧倒的優位性からもその意図は基本的に貫徹された。なお、この間マッカーサーは、この国際裁判とは別に、真珠湾奇襲攻撃の責任者として日米開戦時の東条内閣閣僚だけはアメリカ市民の殺害という観点から米国の単独の軍事裁判にかけるべきだと米本国に執拗に要請したが、これは実現しなかった。なおこのマッカーサーの怨念は裁判の起訴状に部分的にとり入れられた。すなわち裁判の起訴状では訴因が五十五にもなったが、その訴因の「第二類　殺人」、訴因三七―四七が提起され、そのトップには「一九四〇・六・一～一九四一・一二・八における殺人罪及び殺人の共同謀議」があげられていた。この訴因は検察局長のJ・B・キーナンがマッカーサーの意向を部分的にいれたものであるが、判決に際して判事団はこの訴因を認めず、皮肉なことに真珠湾奇襲攻撃は判決から抜け落ちることになった。四五年キーナン首席検事をキャップとするGHQの国際検察局(IPS)のメンバーによって準備され、IPSが起草した極東国際軍事裁判所憲章(条例)が四六年一月十九日、マッカーサーによって布告されて、東京裁判の基本的枠組みが設定された。同憲章は四月二十六日に一部分が改正されるが、ニュルンベルク裁判に比べ、東京裁判においてはアメリカ・SCAPが決定的権限をもっていた。裁判はアメリカの占領政策の一環という色彩を強めたのである。とりわけただ一人のアメリカ人の首席検察官の指令にもとづく統一的検事団の設置は、アメリカがオーストラリアの反対を押し切って、昭和天皇の不訴追を決定する際に強力な武器となった。

〔被告の選定〕国際検察局は、マッカーサーの戦犯逮捕指令ののち独自に七名の逮捕指令を発し、被告選定作業にあたった。被告選定の準備として、当初、「A、一九三〇―三六年一月」「B、一九三六年二月―三九年七月」「C、一九三九年八月―四二年一月」「D、財閥」「E、膨張主義的超国家主義団体」「F、陸軍軍閥」「G、官僚閥」の七作業グループによって、戦犯容疑者の分類、尋問、事実調査がなされた。主要な作業グループはA―Cで「平和に対する罪」を主眼点にして被告の選定が図られた。しかし二月初めに来日した英国、英連邦諸国の検事たちは、アメリカ検察陣の作業を非能率的だと強く批判した。コミンズ＝カー英国検事らはキーナンに、執行委員会の設置を求め、これを認めさせた。執行委員会の構成は、コミンズ＝カーが議長で、ほかも英連邦諸国の検事が軸となった。かくて実質的な被告選定は執行委員会の役割となり、つぎつぎと被告予定者を選び、四月五日、二十六名が、来日していた各国検事による参与検察官会議で決定され、マッカーサーに報告された。しかしこの後、来日したソ連の検察陣は四月十七日、被告の追加を要求し、参与検察官会議で多数決で新たに重光葵と梅津美治郎の二名が追加され、二十八名の被告が決定された。被告選定で、最大の問題は天皇訴追をめぐるものだった。オーストラリア検事は正式に天皇訴追を提議したが、占領政策の円滑な遂行のための高度の政治配慮から、天皇の免責を主張するキーナンがマッカーサーの意向を示しながら反対し、天皇免責が決定した。なお被告選定後もA級戦犯容疑者の多くが拘禁されていたが、これは検察局が第二、第三のA級戦犯を予定したからである。検察局は被告の選定とともに起訴状の作成にあたり、四月二十九日に公表した。起訴状は、訴追対象を二八年一月一日から四五年九月二日までとし、二十八名の被告を「平和に対する罪」「殺人」「通例の戦争犯罪及人道に対する罪」で概括する五十五の訴因で起訴し、とくに訴因第一の二八年からの「平和に対する罪」の包括的共同謀議には全被告が該当するとした。ちなみにニュルンベルク裁判の訴因は四つであった。 ↓巻末付録表36

参考文献 大沼保昭『戦争責任論序説―「平和に対する罪」の形成過程におけるイデオロギー性と拘束性―』(一九七五、東京大学出版会)、粟屋憲太郎『東京裁判論』(一九八九、大月書店)、日暮吉延『東京裁判の国際関係―国際政治における権力と規範―』(二〇〇二、木鐸社)、同『東京裁判』(『講談社現代新書』、二〇〇八、講談社)、戸谷由麻『東京裁判―第二次大戦後の法と正義の追求―』(二〇〇八、みすず書房)、N・ボイスター、R・クライヤー『東京裁判を再評価する』(粟屋憲太郎・藤田久一・高取由紀監訳、二〇一二、日本評論社)、粟屋憲太郎『東京裁判への道』(『講談社学術文庫』、二〇一三、講談社)

(粟屋憲太郎)

とうきょうしばうらでんきかいしゃ　東京芝浦電気会社

一九三九年の芝浦製作所(最初は一八七五年創設の田中久重工場)と東京電気(最初は一八九〇年開業の白熱舎)の合併によって成立した日本最大規模の総合電機メーカー。芝浦製作所、東京電気ともにアメリカのGEと技術提携し、高い技術を誇った。東芝は戦時期に真空管、電波兵器生産でもトップ企業の位置にいたが、「技術交流」の名のもとに東芝の技術が追随する他企業に強制的に公開された。

参考文献 『東京芝浦電気株式会社八十五年史』(一九六三)

(沢井　実)

とうきょうだいくうしゅう　東京大空襲

東京都の区域では、一九四二年四月十八日から四五年八月十五日まで、米軍により約百回の空襲を受けた。そのうち、四五年三月十日、下町を主な目標地域とし、推定約一〇万人の犠牲者を出したとされる空襲を東京大空襲と呼ぶ。この空襲は、サイパン・テニアン・グアム島のマリアナ基地を飛び立った第二十一爆撃機集団のB29約三百機によって行われた。米軍の記録によれば、空襲は四五年三月十日零時七分から開始され、三時まで継続した。警視庁消防部の記録では、これに対して、三月九日二十二時三十分に警戒警報発令、空襲警報は空襲が開始されたあとの三月十日零時十五分に発令され、同二時三十七分に解除された。これ以前の空襲が平均約九〇〇〇メートルの高高度から行われたのに対して、三月十日の空襲は平均約二〇〇〇メートルの低高度から行われた。先導機が大型の五〇キロ焼夷弾を、照準点をめがけて投下し、それによって起こされた火災を目印に、後続機が目標地区全体にM69焼夷弾を無差別に投下するという空襲方法がとられた。投下された焼夷弾は全部で一六六五トン、その中心となったM69焼夷弾は約三二万発に及んだ。

三月十日の東京大空襲の死者数については、関係機関によって集計された数字のうち、東京都による空襲日別の遺体処理数および改葬時に集計された死没者数などをもとに算定された数字が最大であり、少なくとも約九万五〇〇〇人はあったと考えられる。このことから、当時行方不明や川から海に流されるなど処理されなかった多くの遺体の分を合わせて、一般に東京大空襲では推定約一〇万人の犠牲者があったとされる。東京空襲全体の死者数については、上記数字が集計されて以降新たに発見された遺体なども加えて約一〇万五四〇〇人という数字が東京都慰霊協会によって発表されている。これに数えることのできなかった遺体が加わるので、実際の死者数はこれを上回っていたと考えられる。経済安定本部の記録によれば、東京都区域における銃後人口死亡者九万六三一八人のうち、台東区一万一八九四人、墨田区二万七四三六人、江東区三万九七五二人となっており、この三区だけで全体の約八二%を占める。その大部分が東京大空襲による被害と考えられ、この空襲が下町の人口密集地帯にいかに甚大な被害を与えたかを示している。東京大空襲における罹災者数、被害戸数については、最も大きな数字を記録している帝都防空本部調査で、それぞれ三〇九万九四七七人、八五万一〇七八戸とされる。米軍の記録で焼失面積は四〇・九平方キロとされる。

三月十日より前の空襲死者は火葬するか、遺体のまま遺族に引き渡されたが、三月十日の空襲死者はあまりにも膨大であり、これ以降、火葬が不可能な遺体は被災地周辺の公園・寺院境内などに仮埋葬され、戦後、四八年から五〇年度までかけて発掘・火葬され、墨田区横網町公園の震災記念堂に合葬された。五一年九月一日、第一回慰霊法要をきっかけに震災記念堂は東京都慰霊堂に改称された。

三月十日の下町を目標にした東京大空襲以外にも、規模の大きさから「大空襲」と呼ばれることのあるものとして、四月十三―十四日の東京北部、四月十五日の東京南部、五月二十四日の東京南西部、五月二十五―二十六日の東京西部を目標にした空襲がある。これらの空襲は、警視庁資料で八〇〇人前後から約三二〇〇人と死者数の規模は下町に比べて少ないが、投下された爆弾の量では東京大空襲の二倍に達する空襲があるなど、目標地域周辺に大きな被害をもたらした。四五年三月十日の東京大空襲は、東京の都市機能、人々の生存に壊滅的な被害を与えると同時に、それ以前の軍事施設を目標にした空襲から、人々が密集する市街地全体を目標にする無差別爆撃への転換点になったという点で、重要な意味を持つ空

東京大空襲

空襲後の様子(左右に流れる隅田川の手前は日本橋区，向こう側は本所区・深川区)

陸軍経理部の焼跡と迷彩した帝国議会議事堂(1945年3月10日，石川光陽撮影)

本所吾妻橋の路所避難(1945年3月10日，石川光陽撮影)

浅草区役所付近の焼跡(1945年3月10日，石川光陽撮影)

トラックに乗り遺体処理に向かう警察官(1945年3月11日，石川光陽撮影)

襲である。

参考文献 『東京都戦災誌』(一九五三)、奥住喜重・早乙女勝元『(新版)東京を爆撃せよ—米軍作戦任務報告書は語る—』(二〇〇七、三省堂)、山辺昌彦「日本空襲における民間人の被害について」(『季刊戦争責任研究』八二、二〇一四)

(山本　唯人)

とうきょうとせい　東京都制　東京都についての法律。一九四三年七月一日施行。一八八九年、東京府に東京市が設けられたが市の自治権は制限された。一八九八年の自治権回復後も府と内務省の二重監督があり、東京市は府から独立し都になろうとした。一九三三年、市域拡張後の東京市を都とし、都長を公選とする法律案が帝国議会に提出されたが、内務省は府全体を都とし都長は官選とする案で対抗した。日中戦争後、内務省は都制案要綱を作成、その線で四三年に東京都制が成立した。都長官は「国の官庁」であり同時に都の理事機関とされ、官吏があてられた。初代長官は大達茂雄。都議会は定数百、議決事項は制限列挙主義となる。また都議会の委任を受けた議決機関として都参事会が置かれた。内務省は町内会・部落会を自治の単位として位置づけた。四七年五月、地方自治法施行により新たに東京都が発足。四月の統一地方選で都長官の選挙があり、自治法施行で都制は廃止、都長官は都知事となった。

参考文献 古井喜実「東京都制について」一—四(『国家学会雑誌』五七ノ九—一二、一九四三)、赤木須留喜『東京都政の研究—普選下の東京市政の構造—』(一九七七、未来社)

(源川　真希)

とうきょうほうへいこうしょう　東京砲兵工廠　⇩造兵廠

とうきょうローズ　東京ローズ　一九四三年三月から四五年八月まで太平洋戦線のアメリカ軍向けに放送された謀略番組「ゼロ・アワー」の女性アナウンサーに付けられたニックネーム。同番組は敵軍兵士に厭戦と望郷の念を喚起させる目的で、音楽と語りを中心に放送された。戦場に響く女性の語りは話題となり、アメリカでは映画『東京ローズ』(ルー＝ランダース監督、四六年公開)も製作された。終戦後、米人記者の「東京ローズ」探しでは、複数いた「ゼロ・アワー」担当の女性アナから、米国籍を持つアイバ＝トグリ＝ダキノ(戸栗郁子)にスポットライトが当てられた。彼女は一六年七月四日ロサンジェルス生まれで、四〇年カリフォルニア大学を卒業、大学院在学中に叔母の病気見舞いで来日中に開戦となり、やむなく同盟通信社、のちラジオ東京に勤務した。戦後アメリカに帰国したトグリは四九年九月に女性として初の国家反逆罪で禁錮十年、罰金一万ドル、市民権剥奪の判決を受けた。五四年に仮釈放されたが、市民権は七七年一月にフォード大統領退任時の特赦まで回復されなかった。二〇〇六年九月二十六日シカゴにて九十歳で没した。

東京ローズ　逮捕された
アイバ＝トグリ＝ダキノ

参考文献 ドウス昌代『東京ローズ—反逆者の汚名に泣いた三〇年—』(一九七七、サイマル出版会)

(佐藤　卓己)

どうこうかい　同交会　太平洋戦争開戦前後に存在し、翼賛選挙に公然と反対した、鳩山一郎を中心とする衆議院の院内会派。一九四一年二月、衆議院本会議で、大政翼賛会補助金減額を求める予算案修正案に賛成した五十四名の代議士のうち、第二控室(実質無所属)の尾崎行雄、旧政友会久原派の鳩山一郎・芦田均・植原悦二郎・大野伴睦・林譲治・星島二郎、旧社会大衆党の片山哲・鈴木文治、旧民政党の川崎克・北昤吉(北一輝の弟)ら三十七名が十一月十日に結成した(うち二名は十四日に参加)。彼らの多くは、四〇年二月に起きた民政党代議士斎藤隆夫のいわゆる反軍演説事件の際、斎藤の議員除名の採決に反対あるいは棄権していた。同交会は、東条英機内閣が四二年四月に実施した、事実上の政府による候補者推薦制による総選挙(翼賛選挙)を強権政治だとして公然と反対したため、同会の立候補者二十九名は全員非推薦となり、警察による激しい選挙干渉を受け、当選者は鳩山、尾崎、芦田、北、安藤正純など九名にとどまった。政府の圧力のため、同会は五月十四日に解散したが、このうち旧政友会系の人々は、敗戦直後、日本自由党結成の中心となった。戦後、同会所属議員には政界に重きをなすものが多く、首相が三人(鳩山・芦田・片山)、衆議院議長も三人(林・大野・星島)出た。

参考文献 楠精一郎『大政翼賛会に抗した四〇人—自民党源流の代議士たち—』(二〇〇六、朝日新聞社)

(古川　隆久)

とうごうしげのり　東郷茂徳　一八八二—一九五〇　大正・昭和前期の外交官。一八八二年十二月十日、鹿児島県生まれ。東京帝国大学文科大学卒業後、外務省入省。

東郷茂徳

第一次世界大戦後のドイツで勤務し、大戦と敗戦国の惨状に触れる。帰国して本省勤務となり、一九二三年に欧米局第一課長に就任。対ソ関係の主管課長として二五年に日ソ基本条約を成立させると、再び米独で在外勤務。三二年に開催されたジュネーブ一般軍縮会議で日本全権団の事務総長を務め、三三年二月に欧米局長となる。この時の外相は内田康哉であり、満洲国建国をめぐって国際的な非難を浴びていた日本政府は国際連盟脱退の方針を決定していた。そして三月に連盟に脱退を通告すると、東郷は翌月、内田外相に対して「国際連盟脱退後に於ける帝国の対欧米外交方針」と題した意見書を提出する。同意見書は紛争の平和的処理と国際信義の重視を訴えるものであり、外相が内田から広田弘毅に交代した後も欧米局長にとどまった東郷は、同意見書で示した外交方針の具体化を図った。三四年六月に欧米局が欧亜局と亜米利加局に分離されると欧亜局長となり、三六年の広田弘毅内閣成立後も、有田八郎外相のもとで引き続き欧亜局長を務めた。

　有田外相は、国際連盟脱退後の国際的孤立状態の改善と対ソ安全保障を目的に、日独防共協定の締結を図ったが、日独接近に反対する東郷は、欧亜局長として、防共協定が英ソとの関係を悪化させないように協定の条文を作成した。その後、三七年十二月に駐独大使を命ぜられたところで防共協定強化問題(普遍的軍事同盟化)が持ち上がるが、依然として日独接近に否定的であったため、翌年十月に駐ソ大使へと異動となった。駐ソ大使となった東郷は、三九年五月に発生したノモンハン事件の処理や漁業交渉などで成果を上げ、同年九月に欧州戦争が勃発すると、外交環境を改善するために日ソ不可侵条約を締結するよう日本政府に働きかけた。だが、東郷の働きかけは南進政策の誘発を懸念する日本政府によって拒否され、日独伊三国同盟成立後の四〇年十月に駐ソ大使の任を解かれた。

　四一年に入ると日米関係は危機的状態にまで悪化し、その状況を打開すべく日米交渉が進められた。そうした状況下の十月に東条英機内閣の組閣が図られると、東郷は外相としての入閣を求められた。すでに日米交渉は行き詰まりつつあったが、交渉妥結に対して東条が前向きであることを確認した東郷は外相就任を応諾し、早速、日米交渉にあたった。だが、十一月にアメリカ側がいわゆるハル＝ノートを提示してくると、交渉妥結は不可能と判断せざるを得なくなり、東郷は交渉の打ち切りと開戦に同意した。このとき東郷は、外相を辞職して東条内閣を崩壊させて開戦を阻止することも考えたが、結局断念している。開戦すると四二年夏に、政府内では、大東亜共栄圏となる占領地の一元的管理を目的に大東亜省の設置が検討されるようになったが、これに対して東郷は、大東亜省設置はアジアを従属的地位におとしめる上に外務省の職域を侵すものとして、強硬に反対した。結局、東郷は九月に外相を辞職し、大東亜省は十一月に設置された。

　その後、東郷は貴族院議員となったが、敗北が確実となっていた四五年四月に鈴木貫太郎内閣が成立すると、鈴木首相からの要請を受けて外相兼大東亜相として再度入閣した。東郷は、連合国の一員でありながらも日本との間で中立条約を結んでいたソ連に仲介の期待を寄せ、広田弘毅をマリク駐日ソ連大使と会談させる一方で、佐藤尚武駐ソ大使を通じてソ連政府に連合国との仲介を打診した。だが、すでに二月のヤルタ会談で対日参戦を決定していたソ連政府は態度を明確にせず、八月八日になって中立条約の破棄と対日宣戦を通告してきた。かくして東郷はポツダム宣言を受諾する以外にないと判断するに至り、天皇の支持を得たことで、ポツダム宣言受諾による無条件降伏という形で終戦が成立した。戦後、開戦時の外相であったために東郷は東京裁判においてA級戦犯として訴追され、禁錮二十年の判決を受けた。拘禁中の五〇年七月二十三日にアメリカ陸軍病院で死去。六十七歳。→日米交渉(にちべいこうしょう)

参考文献　萩原延壽『東郷茂徳―伝記と解説―』(一九八五、原書房)、東郷茂彦『祖父東郷茂徳の生涯』(一九九三、文藝春秋)、東郷茂徳『時代の一面―東郷茂徳外交手記―(普及版)』(二〇〇五、原書房)

(服部　聡)

とうざんのうじかいしゃ　東山農事会社　一九一九年三菱合資の新潟県の農地と岩崎家の経営する朝鮮の東山農場および北海道の拓北農場を継承し、資本金五百万円で設立された会社。岩崎家の小岩井農場と末広農場の経営も委託された。社名は岩崎弥太郎の雅号にちなみ、本社を丸ノ内に、支店・出張所を朝鮮・新潟・北海道に設けた。東山農場は〇八年に京畿道水原・全羅北道全州・全羅南道栄山浦で米作事業を開始し、農地を五千町歩まで拡張した。二〇年に資本金を一千万円へ増資。二〇年代後半から植民地のみならず南洋・南米での事業にも着手し、朝鮮の城山農業株式会社(農牧・林業)、台湾の図南産業株式会社(竹林・紅茶栽培)、マレー半島の三五公司(ゴム栽培)、スマトラの東山栽培株式会社(油椰子栽培)、ブラジルのカーザ東山(珈琲栽培・牧畜・商業・銀行業)などを経営した。四四年に東山産業株式会社を創設し、軍より南方占領地域の農林開発・敵産農園の経営を受託した。

参考文献　岩崎家伝記刊行会編『岩崎久弥伝』(『岩崎家伝記』五、一九七九、東京大学出版会)

(矢島　桂)

とうじょうひでき　東条英機　一八八四―一九四八　昭和期の軍人、政治家。一八八四年十二月三十日、著名な戦術家、陸軍中将東条英教の三男として東京に生まれる。一八九九年、東京陸軍地方幼年学校に入学、中央幼年学校を経て、一九〇五年に陸軍士官学校を卒業(第十七期生)、一五年には陸軍大学校卒業。スイス駐在、ドイツ駐在などを経て、三一年には参謀本部編制動員課長となる。満洲事変後に激化した陸軍内の派閥対立では、皇道派と対

東条英機

立した統制派の一員と目された。三五年には関東憲兵隊司令官となり、部内統制に辣腕をふるった。三七年には関東軍参謀長となり、星野直樹、岸信介、松岡洋右、鮎川義介とともに、満洲国の実力者、「二キ三スケ」と呼ばれた。三八年には陸軍次官に就任し、板垣征四郎陸相のもとで、有能な軍事官僚ぶりを発揮した。

その後、四〇年七月には、日独伊三国同盟の締結と武力南進政策を決めた第二次近衛文麿内閣に陸相として入閣し、四一年一月には、捕虜となることを事実上禁じた戦陣訓を示達している。四一年七月の第三次近衛内閣の成立に際しては、陸相に留任した。この内閣で大きな争点となったのは、対米戦回避のため、四一年四月から開始されていた日米交渉への対応だったが、中国からの日本軍の撤兵を要求するアメリカ側に対して、東条陸相は撤兵絶対反対を強く主張して、アメリカとの妥協の道をさぐる近衛首相と激しく対立したため、同年十月、近衛内閣は総辞職に追い込まれた。後継内閣の組閣を天皇から命じられたのは、陸軍内の予想に反し、大将に昇進した東条だった。同月に成立した新内閣では、東条は現役のまま首相に就任して陸軍大臣を兼任し、さらに、内相も兼任して大きな権力をふるった。特に、陸相の兼任は、東条が陸軍を統制する上で大きな力となった。東条内閣は、組閣と同時に対米国策の再検討を天皇から命じられたが、結局、十一月五日の御前会議で対英米開戦を事実上決定し、十二月一日の御前会議で最終的に決定、四一年十二月八日にアジア・太平洋戦争が始まった。この間、東条は、天皇の意向を常に確認しながら重要政策を決定するという政治手法をとったため、昭和天皇の信頼は厚いものとなった。

初期作戦の成功に国民が熱狂する中で、東条内閣は、四二年四月には翼賛選挙を実施し、議会を政府支持派でかためた。また、東条個人も国民の圧倒的支持をうけるようになった。「メモ魔」とよばれたように、東条には些事に拘泥する事務官僚のイメージが強いが、そうした見方はやや一面的である。東条首相は、ラジオやニュース映画などの音声・映像メディアが急速に発達した時代の政治家であり、そうしたメディアを意識的・本格的に利用した最初の政治家でもあった。たとえば、毎月の「大詔奉戴日」には、「いま宣戦の大詔を拝しまして恐懼感激に堪えず」という開戦時の東条首相のラジオ演説が、「君が代」「詔書奉読」とともに必ず放送されている。さらに、頻繁に繰り返される「民情視察」や官庁・配給機関などに対する抜き打ち視察に示されるように、絶えず国民の前に姿を現し、率先して行動し、決断する強力な政治指導者を演じ続けた。

四二年六月のミッドウェー海戦の敗北と四三年二月のガダルカナル島からの撤退によって、戦局が悪化するようになると、東条は、国内的には、首相権限の強化によって事態を乗り切ろうとした。四三年三月、勅令で戦時行政職権特例が制定され、五大重点産業(鉄鋼・石炭・造船・軽金属・航空機)の生産増強に関して、首相に各省大臣に対する指示権が与えられた。四三年十一月に軍需省が新設されると、東条首相は軍需大臣を兼任した。続いて、四四年二月にトラック諸島が米軍機の攻撃によって基地機能を喪失すると、国務と統帥の統合を目的として、陸相としての東条が参謀総長を兼任し、東条と強い協力関係にあった嶋田繁太郎海相が軍令部総長を兼任する。しかし、この異例の措置は陸海軍内における東条に対する反感を強める結果となった。

対外的には、四二年末に決定された「対支新政策」と四三年十一月に開催された大東亜会議が重要である。「対支新政策」は日本の傀儡政権だった汪兆銘政権を強化するために、租界の返還や治外法権の撤廃など、一定の譲歩を行なった政策であり、東条や四三年四月に東条内閣の外相に就任した重光葵が強力に推進した。大東亜会議は、アジア諸地域の対日協力政権の代表者を招請した会議である。日本の戦争目的を明確にすることによって、いっそうの対日協力を引き出そうとしたものであり、「大東亜を米英の桎梏より解放」することなどを謳った大東亜共同宣言を採択した。大東亜会議に先立って、東条首相は、東南アジアの各地を訪問して関係の改善に努めているが、東条は内閣制度が確立して以来、東南アジアを訪れた最初の現役首相である。しかし、その後も戦局は悪化の一途を辿った。特に、東条首相にとって致命的だったのは、四四年六月のマリアナ沖海戦の敗北と七月のサイパン島の陥落である。これによって、絶対国防圏の一角がくずれ、海軍の機動部隊が事実上壊滅するとともに、日本本土のほぼ全域が、米軍の新鋭大型爆撃機B29の行動圏内に入ったのである。戦局の行く末に対する不安が急速に拡大する中で、近衛文麿や岡田啓介などの重臣グループが倒閣に動き出し、議会内の反政府勢力もこれに呼応した。東条は重臣の入閣などによって事態を乗り切ろうとしたが、東条を終始支持してきた昭和天皇や木戸幸一内大臣も、最終的には東条を見放し、同年七月、東条内閣は総辞職に追いこまれた。辞職とともに予備役に編入された東条は、軍部内における影響力を失ったが、敗戦に至るまで徹底抗戦を主張し続けた。

敗戦後の四五年九月、東条は戦犯容疑者として米軍に逮捕された。その際、自殺を試みたが失敗し、米軍の治療を受けた。戦陣訓示達の当事者であったため、この自殺未遂は国民の大きな反感を買った。その後、四六年五月に開廷した極東国際軍事裁判(東京裁判)において、A級戦犯として起訴され、四八年十一月に「平和に対する罪」などで、絞首刑の判決を受けた。法廷では、昭和天皇の訴追を回避するため、全ての責任は自分にあることを明言し、占領政策の円滑な遂行のため、天皇を利用しようとしていたGHQも密かにこれに協力した。同年十二月二十三日、死刑執行。享年六十五。

[参考文献] 上法快男編『東条英機』(一九七四、芙蓉書房)、保阪正康『東条英機と天皇の時代』(一九七九・八〇、伝統と現代社)、伊藤隆他編『東条内閣総理大臣機密記録—東条英機大将言行録—』(一九九〇、東京大学出版会)、古川隆久『東条英機—太平洋戦争を始めた軍人宰相—』(『日本史リブレット人』、二〇〇八、山川出版社)
(吉田　裕)

とうじょうひできないかく　東条英機内閣　太平洋戦争(アジア・太平洋戦争)の開戦を決定した内閣。一九四一年十月、対米開戦をめぐる閣内不一致で第三次近衛内閣が退陣を決めると、木戸幸一内大臣は開戦派の陸軍に政治責任を負わせるため、東条英機陸相を首相候補として昭和天皇に推薦した。昭和天皇は大命降下にあたり、国策再検討を東条に命じた。東条は組閣の際、陸相に加え、戦争回避時の治安対策のため内相も兼任し、十月十八日に内閣は成立した。国策再検討の結果、十一月二日、大本営政府連絡会議で開戦という結論となり、昭和天皇も裁可した。東条はこの過程で昭和天皇から厚い信任を得た。一応つづけられた日米交渉は妥結の見込みなく、十一月二十七日の連絡会議で事実上開戦を決定した(ハル＝ノート到着は連絡会議後)。十二月一日の御前会議と閣議の決定を経て十二月八日太平洋戦争が始まった。言論・出版・集会・結社等臨時取締法によって言論結社の自由は制限され、翌年には食糧など生活必需品の配給も全面化した。

戦局は当初順調だったため、東条内閣は、一年延期されていた任期満了に伴う第二十一回総選挙を、国内の団結を内外に示す形で実施することとした。四二年二月に湯沢三千男内務次官を内相に昇格させ、事実上の政府による候補者推薦により総選挙を四月三十日に実施し、政府の選挙干渉もあって、当選者の八割が推薦候補者となった(翼賛選挙)。総選挙後、政府の意向をうけ、議会勢力は五月結成の翼賛政治会という政治団体に統合された。また、東条首相はアジア全域の親日政権や占領地対策のため九月に大東亜省を設置、東郷茂徳外相は抗議辞職し、谷正之が後任外相となった。同年六月、ミッドウェー海戦敗北を機に戦局は劣勢となり、四三年二月には日本軍がガダルカナル島から撤退した。東条内閣は国内体制引き締めのため、地方自治や言論の統制強化のための諸法案を議会に提出した。いずれもほぼ原案通り可決されたものの、官僚統制の強化に対する議会の反発が表面化した。そのため、東条首相は議会終了後の四月、議会から二名を入閣させ、内相を更迭し、外相を重光葵とするなどの内閣改造を行なった。重光外相は、連合国の外交攻勢に対抗するため、同年十一月にアジア全域の親日政権の代表を東京に招いて大東亜会議を開催したが、戦局挽回にはつながらなかった。

東条英機内閣

東条は四三年に入り、軍需生産増強のため戦時行政職権特例(勅令)など首相権限強化をはかり、同年十一月に商工省と企画院を統合して軍需省を設置、軍需相を兼任するとともに、軍需会社法を制定して民間軍需工場を民設官営化した。また、同年六月、学徒勤労動員を、十月には学徒出陣(文科系大学生の徴兵猶予停止)を開始、四四年二月には「決戦非常措置要綱」によって娯楽の大幅な制限など戦時統制を一段と強化した。しかし、いずれも戦局挽回にはつながらず、東条の政治手法を強権的と批判していた衆院議員中野正剛は四三年十月、憲兵に逮捕されて自殺に追い込まれた。東条はさらに四四年二月に参謀総長を兼任して政戦両略の一致をめざしたが、政治と統帥の最高幹部の兼任は前例がなく、憲兵を濫用する政治手法とあいまって、権力集中への反感が政界に広がりはじめた。

四四年六月、サイパン陥落が確実視され、陥落後の米軍のB29による本土爆撃が避けられない情勢となると、重臣(閣僚経験者)や衆議院では倒閣運動が始まり、陸軍将校による東条暗殺未遂事件も起きた。七月七日のサイパン陥落後、東条は内閣改造による政権維持をもくろんだが、政界はもちろん、閣内からも岸信介国務相が協力しなかったため、木戸内大臣も昭和天皇も東条から人心は去ったと判断、七月二十二日、内閣は総辞職した。

→反東条運動(はんとうじょううんどう)

[参考文献] 古川隆久『東条英機—太平洋戦争を始めた軍人宰相—』(『日本史リブレット』、二〇〇八、山川出版社)
(古川　隆久)

とうすいけん　統帥権　軍に対する作戦・用兵に関する

権限(軍令)のことを指し、編成・組織にかかわる軍政と区別される。一八七八年十二月の参謀本部設置とともに参謀本部長(のちの参謀総長)が天皇に直接上奏する帷幄上奏の仕組みが設けられた。八五年の内閣制度発足の際に、統帥事項は内閣総理大臣の管掌外とされ軍令機関(陸軍は参謀本部、海軍は軍令部)の独自性を担保する制度化が進んだ。八九年発布の大日本帝国憲法では、天皇大権のひとつとして第一一条に「天皇は陸海軍を統帥す」と規定された。通常の天皇大権は、国務大臣の輔弼を伴うものであるが、帝国憲法第一一条の統帥大権は、閣議を経ない帷幄上奏権と結びつき、軍令機関の独自の立場を担保する意味を有することとなった。こうした統帥権の独立性は、軍部の政治的中立性の確保という要請と結びついていた面もあったが、国務と統帥、軍政事項と統帥事項というかたちで、ほかの政府機関との関係や軍部内の調整のあり方が常に問われることとなった。当初は山県有朋ら元老クラスの政治家のリーダーシップが、一九二〇年代の政党政治の時代には軍政を担当する陸海軍大臣—陸海軍省ラインの軍政機関優位の体制が、統帥権を一定程度コントロールしていた。しかし、三〇年のロンドン海軍軍縮条約問題を契機に生じた統帥権干犯問題以降、統帥権の独立を盾にして軍部の影響力が拡大していった。日中全面戦争後の内閣参議制導入、大本営政府連絡会議の設置、近衛文麿による新体制運動、アジア・太平洋戦争開戦後の東条英機首相による陸相・参謀総長兼摂、四四年八月の最高戦争指導会議設置など、総力戦遂行のために統帥権のコントロールを目指すさまざまな試みがなされたが、いずれも失敗に終わった。こうした統帥権の暴走の背景には、統帥権が天皇と直結した独自の天皇大権であり、かつ陸海軍双方を統括できるのは大元帥としての天皇のみであったことにも起因していた。

[参考文献] 加藤陽子「総力戦下の政—軍関係」(『(岩波講座)アジア・太平洋戦争』二所収、二〇〇五、岩波書店)、纐纈厚『近代日本政軍関係の研究』(二〇〇五、岩波書店)、小林道彦『政党内閣の崩壊と満州事変 一九一八—一九三二』(二〇一〇、ミネルヴァ書房)
(平井 一臣)

とうすいこうりょう 統帥綱領 陸軍の将官用に作成された戦法および作戦計画に関するマニュアル。軍事機密扱いとなり、特定の将校にだけ閲覧を許された。一九一四年、日露戦争の教訓をふまえ、ドイツ陸軍の上級指揮官用マニュアルを参考に作成され、一八年、二一年、二八年の三度改定される。二八年の改定は、参謀本部第一部長荒木貞夫、同第一部第二課長小畑敏四郎、同課員鈴木率道が中心となって行われ、補給関係の内容が削除されると同時に、開戦初期に必勝を期する速戦即決の殲滅戦思想が重視された。精神主義的な性格が強く、また、国務からの統帥の独立性を強調しており、政治に対する軍の優位、軍の独断専行を正当化する内容となっていた。二八年の統帥綱領の改定の翌年、「戦闘綱領」も改定され、のちの日本軍の戦法に影響を与えた。なお三二年には、陸軍大学校において統帥綱領を講義するための統帥参考書が作成された。

[参考文献] 片山杜秀『未完のファシズム—「持たざる国」日本の運命—』(『新潮選書』、二〇一二、新潮社)
(平井 一臣)

とうせいかい 統制会 一九四〇年十二月閣議決定の「経済新体制確立要綱」に基づき、四一年八月の重要産業団体令によって指定された民間の統制協力機関。政府は重要産業における統制会の設立と指導者原理による傘下企業に対する強化な権限により、政府—統制会—企業という一元的な統制機構の創出を構想した。産業部門では、四一年八月の重要産業団体令に基づき物資動員計画発足以来、資材割当の調整など自治的統制機関となっていたカルテル、工業組合等の業界団体を母体に統制会が設立された。四一年十月の一次指定で、鉄鋼、石炭、鉱山、セメント、電気機械、産業機械、精密機械、自動車、車輌、金属工業、貿易、造船の統制会が、その後四二年五月に鉄道軌道、八月の二次指定で綿スフ、絹人絹、羊毛、麻、化学工業、軽金属、油脂、皮革、ゴムの統制会が設立された。四三年十月に繊維四統制会は統合して繊維統制会となり、油脂統制会は四五年三月に解散した。統制会の主な業務は、政府の諸動員計画の立案への参画、傘下の生産者への生産計画の割当、原材料・労働力配置の割当、企業整備の推進、共販機関を通じた製品の適正配当への協力などであった。企業数が少なく、カルテル・工業組合による自治的統制の時代から実績があった素材部門では統制会がよく機能した。一方、機械産業部門では企業数が多く、製品も多種多様な上に、軍による工場管理、資材供給などの直接的介入が大きかったため、統制会の傘下企業に対する権限の発揮や指導には限界があった。貿易業界では、四二年一月に日本貿易会(四月から貿易統制会)が設立され、円ブロック貿易の計画化を進めた。また、金融部門では四二年四月の金融統制団体令により全国金融統制会と、その傘下に普通銀行、地方銀行、貯蓄銀行、勧農金融、信託、生命保険、無尽、証券引受会社、市街地信用組合、組合金融の業態別統制会が設立され、貯蓄奨励、公債割当、共同融資斡旋などを通じて資金統制計画に協力した。すべての統制会は敗戦後、四六年までに解散した。→経済新体制 →重要産業団体令

[参考文献] 帆足計『統制会の理論と実際』(『統制会叢書』、一九四一、新経済社)、中村隆英・原朗「経済新体制」(日本政治学会編『「近衛新体制」の研究』所収、一九七二、岩波書店)
(山崎 志郎)

とうせいけいざい 統制経済 戦時に際して需要が激増する軍需産業やそれを支える関連部門に、資材、労働力・資金を集中的に動員する必要があることは、第一次世界大戦期から認識され、一九一八年の軍需工業動員法は、そのための中央統制機構、動員法令と計画を平時から準

備することを規定していた。しかし、その後の緊張緩和の中で経済動員の本格的な検討をしないまま推移した。総動員計画とそのための法令や、平時からの対策・準備の検討は、二七年の資源局設置から再開され、戦時動員の基本方策や法令をまとめた総動員基本計画と、想定していた対ソ戦、対米戦によって激増する軍需物資、労働力、輸送・通信機能に関する需給調整計画を検討し、三三年に暫定総動員計画、三四年に応急総動員計画、三六年には第二次総動員期間計画をまとめた。このなかで液体燃料、自動車、鉄鋼などの深刻な不足が見込まれた戦略物資については、平時からの生産能力の増強、備蓄が求められ、石油業法(三四年)、自動車製造事業法(三六年)、人造石油製造事業法・製鉄事業法(三七年)、工作機械製造事業法・航空機製造事業法(三八年)、造船事業法・軽金属製造事業法(三九年)などが相ついで制定された。これらの法律では、当該事業の政府許可制、設備拡充目標の設定、外国資本排除、政府保護と監督などが規定された。

総動員計画に沿った企業行動を実現する手段として、統制経済による経済運営の必要を唱える革新官僚らは、カルテルの組織的な需給調整能力を想定した。三一年の重要産業統制法では、生産・価格カルテルによる市況の安定や稼働率の向上による合理化を求め、同年の工業組合法でも共同の施設、検査、原料購入や地域カルテルによる需給の安定と合理化効果に期待していた。昭和恐慌期にはこうした業界の協調行動を自治的統制と呼んでいたが、戦時総動員計画でも総じて民間の自治的統制力の発揮を予定した。その上で特に重要な軍需関連部門に対しては工場事業場管理令などによる工場の管理・監督を実施し、さらに民間では対応が困難な高リスクの特殊業務に関しては、特殊機関や特殊銀行を設置して、計画に沿った経済運営を実現しようとした。

三七年六月成立の近衛文麿内閣は、広田弘毅内閣・林銑十郎内閣を継承して大規模な軍備拡張を進め、軍需工業拡充計画、生産力拡充計画を実現するため、「国際収支の適合」「物資需給の調整」「生産力拡充」の財政経済三原則を掲げ、統制経済が不可避であることを打ち出した。同年七月に発生した日中間の軍事的衝突が拡大する中で、九月には株式・社債や銀行の設備資金融資などの長期資金が不要不急産業に流れることを抑制する臨時資金調整法が制定された。同時に輸出入品等臨時措置法も制定されて、三七年一月から始められた為替管理を拡充し、直接的な貿易物資の輸入許可に限らず広範な物資の需給調整を始め、内閣の全般的指揮権を認める軍需工業動員法も発動されることになった。

三七年十月には陸軍軍需動員計画が発令され、軍需が劇的に拡大されると、内閣に第一委員会が設置され、軍需関連輸入を優先的に確保するための外貨割当計画が策定された。この外貨割当が戦時統制経済の根幹となる物資動員計画の原型となった。第一委員会の作業は、十月末に発足した企画院に引き継がれ、三八年一月に百余りの物資について最初の物資動員計画が策定された。この計画は一年間の陸海軍需と民需を査定して総需要量とし、ここから国内の生産、在庫取り崩しなどで供給可能な量を差し引き、残りを輸入で補填する構造であった。輸入総額は輸出総額や産金量・正貨取崩し、クレジットの設定可能額などからなる「輸入力」の枠内に収まるよう全体を調整した。しかし、第一委員会の外貨割当以来、民需用物資は棉花・羊毛などの輸出品の原料を含めて輸入を抑制していたため、輸出実績が大きく見通しを下回ってしまい、三八年下期には大幅な輸入制限を実施する事態になった。これ以後、輸入商社、業界団体に対しては所管省から輸出入品等臨時措置法に基づく販売割当規則や使用制限規則がつぎつぎに発令され、計画に沿った物資の使用と生産や製品販売の統制が本格化した。従来から業界内の情報共有、合理化を進めていた工業組合や各種の業界団体は配給統制規則で原料割当機関に指定され、価格維持を目的としていた共同販売会社や各種の商業組合なども配給統制機関に指定されて、統制経済に組み込まれた。また、物資ごとの種類別・サイズ別生産量と業界ごとの需要状況を照会し、物動計画の細部の需給調整をするため、三八年五月の需給調整協議令に基づいて鉄鋼需給調整協議会、繊維需給調整協議会などが設置された。

三九年度からの総動員諸計画では、物資動員計画を基礎に諸計画の体系性を整えるため、三八年九月に企画院を中心に関係各省庁の関係官を組織した物資動員委員会、貿易委員会、労務動員委員会、資金統制委員会、交通電力動員委員会、総動員法制委員会などの国家総動員業務委員会が設置され、その下で検討が進められた。三九年四月から、物資動員計画は予算制度に合わせて年度計画となり、配当計画の陸海軍需枠に沿って兵器、艦艇、航空機の生産計画が策定されて軍工廠やその関係軍需会社に資材が配分され、また民需配当分も細分化されて、生産力拡充計画用、官営事業用、輸出用、一般民需用などが明確化された。この割当を基に生産力拡充計画では十五の計画産業にそれぞれ設備用、運転用(原材料)、労働者住宅用資材が割り当てられ、各産業の団体は配給資材に基づいた設備増設計画や生産計画の実現に協力した。

不要不急部門への長期資金の流入を抑制してきた金融市場統制も、三九年度資金統制計画では、年間の国内貯蓄の増加目標の枠内に、国債・株式・社債の増発、金融機関融資の増額分が納まるよう調整し、日銀信用の膨張を極力抑えるなどの体系化が図られた。証券市場での増資・起債は、国債の新規発行と調整しつつ許可制となり、計画に沿って臨時資金調整法や短期資金を規制する銀行等資金運用令(四〇年)が活用された。

労働市場の逼迫に対して、三八年七月には全国の職業紹介事業を国営化して、民間軍需工業、生産力拡充計画産業への斡旋を強化し、同年八月には学校卒業者使用制限令によって、新規工鉱学校卒業者の就業を規制した。三九年一月には技術者の計画的配置の準備として国民職業能力申告令が公布され、三月には工場事業場技能者養成令によって民間企業に技能者養成を義務づけ、従業者雇入制限令によって技術者・熟練工の移動を規制し、賃金統制令によって顕著な上昇を示していた技能者の賃金を抑制した。七月には国民徴用令によって軍需工業の労働者の強制配置を可能とした。三九年度からは労務動員委員会の検討を経て労務動員計画も策定され、軍需工業、生産力拡充計画産業とその関連工業に生じる一般労働者の新規需要や満洲移民などを、新規小学校卒業者、農村等の未就業者、不振産業からの離職者、商業・サービス部門などの冗員、未就業女子、移住朝鮮人などによって調達する計画を策定した。

四〇年二月には青少年雇入制限令を公布し、一般青少年の民需産業への流入を規制し、四〇年十一月には従業者雇入制限令を廃止して、対象を拡張した従業者移動防止令を公布した。そして、こうした一連の労働市場統制は、四一年十二月の労務調整令に集約され、同年十月の労働手帳法によって個々の労働者を労働手帳で管理することになった。これによって、日雇いなど一部職種を除けば、ほとんど抜け穴のない厳格な移動規制が掛けられ、さらに軍工廠や軍管理工場では移動を禁止する現員徴傭や、一般成人に対する徴傭検査による新規徴傭といった強圧的措置がとられた。

総動員体制の重大な隘路になると認識されていた海上輸送力も、物動計画の実施とともに統制された。三七年七月に海運大手七社は、第一次大戦期の異常な海上運賃の騰貴と船舶の集中発注、その後の経営破綻という事態の再現を避けるため、海運自治連盟を組織して市況の安定を図った。三八年三月には市場対策協議会を設置し、それを継承した海運自治統制委員会(同年四月改称)によって運賃を規制した。欧州大戦勃発の直前の三九年九月初めには物動計画と一体となった輸送の計画化のため、海運自治連盟、海運自治統制委員会の「自治」を外して海運連盟、海運統制委員会とし、不急不要の輸送引受を抑制する一方、重要物資の場合には、海運組合法(三九年四月)に基づいて十一月に設立された海運統制輸送組合(三十五社)による共同引受を開始した。同年九月には配船計画の大綱を検討する官民の協議機関として、逓信省に海運統制協議会が設置された。配船自体の計画化は、四〇年九月の「海運統制国策要綱」によって、運航業者の共同引受方式を徹底させる形で進められ、重要物資の所管省が品目別・期別・積揚地・荷主別輸送要求量を企画院・逓信省に提示し、海運統制協議会が期別・月別輸送計画を立案し、関係機関、海運組合に指令した。このため海運業界は同年十一月に海運統制輸送組合を改組して、運航会社九十五社を十三ブロックに編成し、全国機帆船海運組合連合会も加えた海運中央統制輸送組合を結成した。四一年夏以降大量の船舶が軍に徴用されると、配船の合理的編成と運航のため、八月の「戦時海運管理要綱」は大型船舶すべての国家徴傭を打ち出し、四二年四月に設立された船舶運営会によって海運会社(運航実務者)に一元的な指示が出されることになった。

戦況の悪化によってこうした全般的な計画運営が困難になると、四二年十一月には、内閣に臨時生産増強委員会が設置され、五大重点産業(航空機、造船、石炭、鉄鋼、軽金属)に絞って集中的に行政介入と所管省庁間の連携を強化した。四三年七月には内務省の地方経済行政間の連携を強化し、広域行政を実現するため、全国を九区に分割した地方行政協議会が設置された。しかし、大量の船舶が徴用や戦災によって喪失し海上輸送力が急減すると動員諸計画は破綻の様相を示し、戦争末期には石炭、鉄鋼、塩の供給が滞り、経済の全般的な麻痺が拡大する事態となった。

参考文献　J・B・コーヘン『戦時戦後の日本経済』(大内兵衛訳、一九五〇・五一、岩波書店)、安藤良雄『太平洋戦争の経済史的研究』(一九八七、東京大学出版会)、山崎志郎『戦時経済総動員体制の研究』(二〇一一、日本経済評論社)、同『物資動員計画と共栄圏構想の形成』(二〇一二、日本経済評論社)、原朗『日本戦時経済研究』(二〇一三、東京大学出版会)

（山崎　志郎）

とうせいは　統制派　昭和戦前期に激化した陸軍内派閥抗争のなかで形成された集団。一九三〇年代に入ると荒木貞夫、真崎甚三郎らの皇道派が台頭するなかで、陸軍の組織的一体性と安定的な政軍関係の確保を目指す永田鉄山らのグループが統制派と呼ばれるようになった。武藤章、東条英機、池田純久、富永恭次、片倉衷、田中新一らが、このグループに属する。統制派の中心人物と言われる永田も、第一次世界大戦直後は、のちに永田と対立関係に立つ者と、総力戦の時代に見合った軍改革の必要性、それと関連した長州閥中心の派閥支配の打破という問題意識を共有していた。また、二〇年代末の陸軍内の新たな集団形成(二葉会、木曜会、一夕会)の試みにも関与していた。しかし、軍政畑を歩んだ永田は、軍政による統帥のコントロール、内閣と提携した形での国防国家の建設を目指しており、彼の目には荒木ら皇道派の精神主義的傾向や隊付青年将校運動への融和的な対応は、軍の一体性を危機に陥れるものと映った。永田は、皇道派の影響を受けた相沢三郎中佐に一九三五年八月、陸軍省内で斬殺されたが、その翌年に起きた二・二六事件により皇道派の勢力が陸軍から払拭される一方、統制派系の軍人が影響力を持つようになった。世界戦争を想定しての中国大陸における資源確保と高度国防国家の建設という点では、統制派系軍人に一定の共通性を見いだせるものの、その時々の軍事戦略のレベルにおいては無視できない相違がみられた。日中全面戦争への対応をめぐる石原莞爾(石原は一夕会メンバーで非皇道派の立場)と武藤の対立、アジア・太平洋戦争開戦をめぐる東条・武藤と田中の対立などである。開戦後には、東条による武藤陸軍省軍務局長解任(四二年四月)、田中参謀本部第一部長罷免(四二年十二月)がなされ、東条もまた四四年七月に失脚し、統制派系の有力軍人は権力中枢から退場することとなった。 →相沢事件 →皇道派 →二・二六事件

参考文献 川田稔『昭和陸軍の軌跡―永田鉄山の構想とその分岐―』(『中公新書』、二〇一一、中央公論新社)、森靖夫『永田鉄山―平和維持は軍人の最大責務なり―』(『ミネルヴァ日本評伝選』、二〇一一、ミネルヴァ書房)

(平井 一臣)

とうだいしゃ 灯台社 明石順三を指導者とした、ものみの塔聖書小冊子協会日本支部の名称。ものみの塔は、十九世紀末のアメリカに生まれたファンダメンタル系のキリスト教の一派で、地上の国家と制度は悪魔の支配下にあり、世界の破滅とキリストの再臨の日が近いことを唱えた。一九二六年その伝道のため帰国した明石は『灯台』誌、月刊誌『黄金時代』を発行、総本部の小冊子を翻訳出版している。三三年に千葉県特高課によって幹部が逮捕されたとき、これら月刊誌や冊子は発禁処分となった。しかしこれを契機に灯台社は再組織され、東京や地方に伝道の役職を設け教線は拡大する。三九年六月から治安維持法違反容疑で明石をはじめ信者の一斉検挙が始まり、灯台社は四〇年八月内務大臣の命令で解散させられ、獄死者も相ついだ。第二次世界大戦後の四六年に灯台社は再建されるが、米国総本部との対立からものみの塔日本支部が別に設立され、灯台社は消滅した。

参考文献 佐々木敏二「灯台社の信仰と抵抗の姿勢」(同志社大学人文科学研究所編『戦時下抵抗の研究―キリスト者・自由主義者の場合―』一所収、一九六八、みすず書房)、稲垣真美『兵役を拒否した日本人―灯台社の戦時下抵抗―』(『岩波新書』、一九七二、岩波書店)、土肥昭夫『日本プロテスタント・キリスト教史』(一九八〇、新教出版社)

(赤澤 史朗)

とうなんかいじしん 東南海地震 一九四四年十二月七日午後一時三十六分、紀伊半島の沖合で発生したマグニチュード七・九の海溝型地震。死者は一二二三人(愛知県四三八人、三重県四〇六人、静岡県二九五人など)。愛知県と静岡県の一部地域で震度七相当の強い揺れに見舞われ、三重県では尾鷲町(現尾鷲市)で最高九メートルの津波が襲来した。名古屋重工業地帯の被害は甚大で、軍用飛行機などの軍需生産力に多大な影響を与えた。愛知県半田市の中島飛行機製作所山方工場は、軍用機の生産拡大で本来の紡績工場の屋根支柱を撤去し、機密保護で出入口を一ヵ所としたため、地震で外へ出ようとした人が団子状態になって脱出できず、九六人の勤労学徒を含む一五三人が下敷きになり死亡した。大被害にもかかわらず、戦時報道管制下のため、内務省警保局検閲課の通達により、具体的被害や写真の報道が禁じられた。翌八日の『朝日新聞』など各紙は三面(全四面)の隅に「昨日の地震 震源地は遠州灘」などとして被害復旧や戦意高揚に焦点を当てて報道した。 →三河地震

参考文献 北原糸子・松浦律子・木村玲欧編『日本歴史災害事典』(二〇一二、吉川弘文館)、木村玲欧『戦争に隠された「震度7」―1945東南海地震・1945三河地震―』(二〇一四、吉川弘文館)

(木村 玲欧)

とうばたせいいち 東畑精一 一八九九―一九八三 戦時・戦後を代表する農業経済学者。一八九九年二月二日、三重県に出生。一九一九年第八高等学校卒業、二二年東京帝国大学農学部卒業、二三年東京帝大農学部助手、二四年同助教授。二六年から三〇年にかけて欧米へ留学し、ボン大学でシュンペーターに師事。三三年東京帝大農学部教授。三六年主著『日本農業の展開過程』刊行、日本農民を企業者機能を欠いた「単なる業主」と規定。同年、昭和研究会常任委員。三九年「平賀粛学」後の東京帝大経済学部教授を兼任し、殖民政策講座担当。四二年比島調査委員会委員。戦時期には経済条件の変化を契機とした日本農業の近代化を展望。戦後は米価審議会会長、農林漁業基本問題調査会会長、農政審議会会長など戦後農政に深く関わるとともに、フィリピン賠償会議全権委員、アジア経済研究所所長・会長等を歴任。八三年五月六日没。八十四歳。

参考文献 東畑精一『日本農業の展開過程』(『昭和前期農政経済名著集』三、一九七八、農山漁村文化協会)、同「戦争期の回想『私の履歴書』補遺」(『アジア経済』二五ノ五・六、一九八四)、盛田良治「東畑精一における『植民政策学』の展開」(『大阪大学日本学報』一七、一九九八)

(伊藤 淳史)

とうへんどうかいはつかいしゃ 東辺道開発会社 満洲国産業開発の一環として設立された製鉄企業。一九三八年九月、満洲炭鉱会社と満洲鉱山会社の通化省における事業資産を引き継ぐかたちで、満洲国準特殊会社として設立された。本社は新京(四一年十一月、通化に移転)、資本金は当初三千万円(満洲重工業開発会社三分の二、満洲炭鉱三分の一引受け)であり、三九年九月七千五百万円、四十年四月一億四千万円へと増資された。通化省近辺に鉄鉱石、石炭が豊富に埋蔵されているとの予測に基づき、満洲産業開発五ヵ年計画における鉱工業部門の重要な事業として、それら資源を採掘し、大規模な製鉄所を建設する壮大な計画が立てられたが、第二次世界大戦の影響により機械設備の調達が遅れる一方、電力・労働力の不足も加わり、期待はずれの業績が続いた。四四年四月、満洲重工業会社傘下の昭和製鋼所、本渓湖煤鉄公司と合併し、満洲製鉄会社(資本金七億四千万円)に改組された。

参考文献 鈴木邦夫編『満州企業史研究』(二〇〇七、日本経済評論社)

(金子 文夫)

とうほうしゃ 東方社 一九四一―四五年にかけて存在

した対外宣伝物制作会社。陸軍参謀本部ロシア課山岡道武の意向を受けた岡田桑三が、三井・三菱・住友など財閥から資金を集めて小石川区金富町に設立。木村伊兵衛写真部長、原弘美術部長により、『USSR in construction』の影響を色濃く受けた多国語版グラフ誌『FRONT』を大東亜共栄圏向けに創刊。四二年に林達夫が理事長、四四年に中島健蔵が理事となり、伝単や戦場のアメリカ軍将校を対象にしたグラフ『NEW LIFE』など前線向け宣伝物も制作。四五年、東部軍司令部に管轄移行直前に解散したが中核は留まる。終戦後、原爆記録映画制作の日本映画社に誘われて林重男と菊池俊吉が広島・長崎に入って記録写真を撮影し、占領軍に発覚後はネガを隠匿して印画を納入。四五年、文化社に改組し、日英文併記の写真帖『東京・一九四五年秋』や、国内大衆向けグラフ誌『マッセズ』を刊行した。 →フロント

参考文献 多川精一『戦争のグラフィズム―回想の「FRONT」―』(一九八八、平凡社)、同『焼跡のグラフィズム―『FRONT』から『週刊サンニュース』へ―』(『平凡社新書』、二〇〇四、平凡社)、白山眞理『〈報道写真〉と戦争 一九三〇―一九六〇』(二〇一四、吉川弘文館)
(白山 眞理)

とうほくこうぎょうかいしゃ 東北興業会社 ⇨東北振興調査会

とうほくこうにちれんぐん 東北抗日聯軍 一九三〇年代に中国東北地方で組織された、日本帝国主義打倒を共通の目的とする中国共産党系部隊と非共産党系の武装組織の抗日民族統一戦線部隊。三六年二月十日、中国共産党駐コミンテルン代表団は「八一宣言」(三五年)に基づき、「全東北抗日聯軍総司令部を建立するための決議草案」を提出した。同年二月二十日、楊靖宇、王徳泰、趙尚志、李延禄、周保中、謝文東と湯原遊撃隊、海倫遊撃隊名義で「東北抗日聯軍統一軍隊建制宣言」を発表した。これを受けて東北抗日聯軍第一軍(楊靖宇)、第二軍(王徳泰)、第三軍(趙尚志)、第四軍(李延禄)、第五軍(周保中)、第六軍(夏雲杰)、第七軍(陳栄久)、第八軍(謝文東)、第九軍(李華堂)、第十軍(汪雅臣)、第十一軍(祁致中)が編成された(かっこ内人名は軍長)。戦略上の必要から、第一軍と第二軍により第一路軍(三六年七月)、第四、五、七、八、十軍により第二路軍(三七年十月)、第三、六、九、十一軍により第三路軍(三九年五月)が組織された。四一年四月以降、各部隊はソ連領内に入り、遊撃作戦を継続した。 →反満抗日運動

参考文献 〈東北抗日聯軍闘争史〉編写組編『東北抗日聯軍闘争史』(北京、一九九一、人民出版社)、和田春樹『金日成と満洲抗日戦争』(一九九二、平凡社)、田中恒次郎『「満州」における反満抗日運動の研究』(一九九七、緑蔭書房)
(田中 隆一)

とうほくしんこうちょうさかい 東北振興調査会 昭和農業恐慌によって疲弊していた東北地方が一九三四年の冷害によってさらに打撃を受けたことを受けて、東北地方振興の緊急対策・暫定対策・恒久対策をそれぞれ検討することを課題として同年十二月に設置された首相の諮問機関。首相を会長とし内相・農相を副会長とした大型の調査会で、各対策を答申した上で三八年四月に廃止された。このうち恒久対策として答申された東北興業株式会社・東北振興電力株式会社の設置と東北振興第一期総合計画(一九三七―四一年度)による肥料工業、各種農村工業、水産・鉱業、水面埋立等の振興措置は、その後における東北地方の産業振興・地域開発に大きな影響を与えた。

参考文献 岡田知弘『日本資本主義と農村開発』(一九八九、法律文化社)
(加瀬 和俊)

とうほくしんこうでんりょくかいしゃ 東北振興電力会社 ⇨東北振興調査会

とうみやかねお 東宮鉄男 一八九二―一九三七 大正・昭和期の陸軍軍人、満洲移民の推進者。一八九二年八月十七日、群馬県に生まれる。一九一五年に陸軍士官学校を卒業(二十七期)。二〇年から二一年にかけてシベリア出兵に従軍。二三年から二四年にかけて広東に私費留学。近衛歩兵第三連隊中隊長、独立守備歩兵第二大隊中隊長、歩兵第十連隊中隊長などを経て、三一年に満洲国吉林軍応聘武官、三二年に関東軍司令部付(満洲国軍政部顧問)。日本人の満洲への移民を推進し、入植関係の事務や軍中央・拓務省との折衝を手がけた。その結果、第一次武装移民として四百十六人が佳木斯に入植した。また満蒙開拓青少年義勇軍の前身である大和村北進寮の創設に携わった。三七年に歩兵第百二連隊大隊長として日中戦争に従軍し、同年十一月十四日に江南戦線において戦死。四十六歳。

参考文献 東宮大佐記念事業委員会『東宮鉄男伝―伝記・東宮鉄男―』(『伝記叢書』二四五、一九九七、大空社)
(加藤 祐介)

どうめいつうしんしゃ 同盟通信社 一九三五年十一月七日に設立され、敗戦直後の四五年十月三十一日に解散した戦前戦中期の日本を代表する通信社。略称は同盟。設立当時外相だった広田弘毅は、同盟について通信の統制を行う機関ではないと明言している。しかし実質的に同盟は、国策に照応して国民思想を指導し、海外輿論を啓発する国策推進機関であった。政府や軍部は、海外ニュースや電報の送受信を独占させる権限を同盟に与えた。このため日中戦争期の同盟は、中国大陸の占領地でニュースの集配信業務を実施。アジア・太平洋戦争期には、南方占領地で日本語や現地の新聞発行を行うなど、戦時中の人々の言論活動に与えた影響は非常に大きかった。同盟は検閲制度にも大きな影響を与えた。内務省警保局図書課(のちに検閲課)は、同盟との間に専用電話をつなぎ、通信記事を優先的に検閲していた。海外ニュースの送受信は同盟に独占的な権限が付与されていたため、地方紙はこれまで以上に同盟の通信記事に依存せざるを得

なくなった。この傾向は日中戦争以降、アジア・太平洋戦争へと日本が突き進む中で強固になった。このため検閲当局は、同盟の記事を優先的に検閲することで、包括的な検閲効果を上げられた。同盟は戦争とともに組織と役割を拡大してきたが、敗戦後の四五年九月十四日、GHQによってニュース配信を停止させられた。降伏以来のニュースの取扱いに誠意を欠くというのが表向きの理由だったが、占領軍の不法行為を各新聞社へ通信したことが、占領軍の態度を硬化させたのである。停止命令は翌日解除されたが、同盟による海外放送の独占は禁じられ、同盟の記事は厳重な検閲を施された。このため同盟は自主解散の道を選び、十月三十一日限りで解散した。そして翌日以降、共同通信社と時事通信社が同盟の業務を継承することになった。

参考文献 『通信社史』(一九五八)、中園裕『新聞検閲制度運用論』(二〇〇六、清文堂)、有山輝雄『情報覇権と帝国日本』(二〇一三、吉川弘文館)　(中園　裕)

とうやまみつる　頭山満　一八五五―一九四四　明治期から昭和戦前期にかけての右翼活動家。一八五五年五月二十七日(安政二年四月十二日)、筑前国福岡城下の福岡藩士の家に生まれる。明治期に玄洋社を結成し、国権論・アジア主義・対外硬論を唱道。日本の勢力拡張に関与すると同時に、金玉均、孫文、ビハリ＝ボースら各国の民族運動家と交流し、その活動を支援した。昭和期には政治的活動からほぼ引退していたが、右翼の重鎮としてなおも影響力を有しており、一九二九年、蔣介石の国民政府が中山陵を造営すると頭山は犬養毅らとともに南京に招待された。一方、満洲国建国に対しては距離をおく態度を取った。日中戦争期には和平工作に従事していた萱野長知からしばしばその報告を受け、日本に亡命した汪兆銘、チャンドラ＝ボースらと会見するなど、民間のアジア主義外交の一環を担った。しかし皇軍意識が強くアジア・太平洋戦争の開戦に際してはこれを支持した。四四年十月五日死去。九十歳。

頭　山　満

参考文献 葦津珍彦『大アジア主義と頭山満(増補版)』(一九八四、日本教文社)、西尾陽太郎解説『頭山満翁正伝 未定稿』(一九八一、葦書房)、読売新聞西部本社編『大アジア燃ゆるまなざし 頭山満と玄洋社』(二〇〇一、海鳥社)　(盛田　良治)

とうようこうあつこうぎょうかいしゃ　東洋高圧工業会社　三井系の化学工業会社。一九三三年四月一日、三井鉱山傘下のアンモニア・化学肥料メーカとして発足。三七年に三池窒素工業、三八年に合成工業を合併し、日本有数の化学肥料企業となる。四一年の三井化学工業設立後は、同社の傘下企業となる。三八年四月に、中国で日本軍が占領した硫安工場の復旧工事の委任を受け、三九年五月には栄礼化学工業の設立に参加。アジア・太平洋戦争期には、軍需品(火薬・爆薬原料の硝酸、航空機燃料のメタノールなど)の生産が増大し、化学肥料の生産は縮小した。四四年一月、軍需会社指定。主力工場は、大牟田工場(福岡県)と彦島工場(山口県)。北海道に大規模な新工場建設(三九年起工)を進めるが、資材と労働力の不足で工事が遅延し、敗戦までに生産を開始できなかった。戦後、六八年に三井化学工業と合併して三井東圧化学となり、同社は九七年に三井石油化学工業と合併して、三井化学となった。

参考文献 『三井東圧化学社史』(一九九四)　(吉川　容)

とうようたくしょくかいしゃ　東洋拓殖会社　一九〇八年、東洋拓殖株式会社法にもとづき日本人移民による韓国の農業開発を目的に設立された特殊会社。略称東拓。資本金一千万円、本社をソウル(のち東京)におき、初代総裁は宇佐川一正(前陸軍軍務局長)であった。創立後、韓国政府の出資地のほか民有地を買収し、約七万町歩に上る広大な耕地を集積したが、移民事業は失敗に帰した。一七年の東拓法改正によって営業地域は朝鮮・外国に拡大され、営業内容も農業開発から長期金融へ転換し、第一次大戦から戦後にかけて満洲の植民都市建設のため巨額の貸付を行なったが、大半は不良債権化した。東拓は、事業再建のため二〇年代後半に本格化する「朝鮮産米増殖計画」など朝鮮の農業貸付に重点を移した結果、四五年の貸付残高約四億円の六割を朝鮮が占めた。また満洲事変後、朝鮮・満洲などへの有価証券投資も進展させ、四五年には直系企業二十七社、傍系・関係企業五十八社、計八十五社(投資総額約二億九千万円)に及んだが、第二次大戦後の四七年、閉鎖機関に指定された。

参考文献 大河内一雄『幻の国策会社東洋拓殖』(一九八二、日本経済新聞社)、黒瀬郁二『東洋拓殖会社―日本帝国主義とアジア太平洋―』(二〇〇三、日本経済評論社)　(黒瀬　郁二)

とうようレーヨンかいしゃ　東洋レーヨン会社　⇨三井(みつい)物産(ぶっさんかいしゃ)会社

どうわほうこうかい　同和奉公会　翼賛体制下の同和運動の全国組織。一九四〇年十月の大政翼賛会成立に呼応して、中央融和事業協会は、翌四一年二月、「融和事業新体制要綱」を決定。同年六月二十六日、中央融和事業協会の改組により、「官民一体の強力なる融和運動」と銘打ち、全国の融和団体を糾合して同和奉公会が誕生する。かつての水平社のメンバーも同和奉公会に被差別部落の生活を護るための活動の場を見いだし、部落問題にとりくむ唯一の機関となる。しかし一元化された同和奉公会がめざしたのは、「一大家族国家」建設のスローガンのもとでの「国民一体」体制の実現で、そのための二本柱はすでに四〇年以後実施に移されていた「資源調整事業」と融和促進運動であった。資源調整事業とは、具体的には、時局産業、すなわち戦争に必要な産業への転業を促すことと満洲移民であった。会長平沼騏一郎以下、中央融和事業協会の役員がそのままとどまるが、大政翼賛会庶務部長栗原美能留、陸軍軍務局軍務課長佐藤賢了、海軍省軍務局第二課長石川信吾らが参与として加わった。同和奉公会が発足してまもない、四一年十一月に行われたその第一回中央協議会では、早くも「国民一体」への期待と現実との乖離に対する不満が噴出した。四二年には同和事業調査委員会を設け、資源調整・部落産業再編のための全国五千地区の産業基本調査を行うが、戦局の悪化により停滞した。戦争末期には、同和奉公会の機関紙『同和国民運動』からも部落問題の記事はおおむね消え失せ、大半は「戦力増強」をめざす運動や施策をつたえる記事によって占められていった。機関紙自体も四五年一月を最後に発行を停止し部落問題はまったく顧みられなくなっていった。敗戦を経て、四六年三月十四日に解散。

参考文献 藤野豊『同和政策の歴史』(一九八四、解放出版社)、朝治武『アジア・太平洋戦争と全国水平社』(二〇〇八、解放出版社)　(黒川みどり)

とがわさだお　戸川貞雄　一八九四―一九七四　大正・昭和期の小説家。一八九四年十二月二十五日、東京に生まれる。早稲田大学在学中から執筆活動を始め、卒業後東京社(現ハースト婦人画報社)の編集者を経たのち、二一年に発表した『蠢く』が出世作となる。純文学の雑誌『不同調』の同人となるが、次第に通俗小説へとかたむき戦後からは当時の流行であった「捕物」へと転向している。四〇年七月、大衆文芸作家らが国防文芸連盟を設立した際には中心的役割を果たす。四二年に日本文学報国会が設立されると、事業部長・指導部長を歴任、小説部会の常任幹事もつとめた。また、橋本欣五郎の大日本赤誠会に参加していたため、戦後は激しい非難を浴び、四七年から四年間は執筆活動が禁止された。また、五五―六三年には神奈川県平塚市の第七・八代市長をつとめた。七四年七月五日没。七十九歳。

参考文献 都築久義「日本文学報国会への道―戦時下の文学運動―」(『愛知淑徳大学論集』一三、一九八八)　(大澤　聡)

ドクー　Jean Decoux　一八八四―一九六三　フランスの軍人。一八八四年五月五日、フランスのボルドーで出生。一九三九年に極東艦隊司令長官としてサイゴンに赴任。四〇年には更迭されたカトルーに代わってインドシナ総督。他の植民地が次第にド＝ゴール将軍の自由フランス側につくのとは対照的に、ドクーは、反ユダヤ立法をインドシナに適用するなど、ペタン元帥のヴィシー政府に忠実に従っている。援蔣ルートの遮断や北部、そして南部仏印へと進駐する日本軍の受忍など、対日協力政策による植民地維持につとめ、四一年一月のタイとの国境紛争に際しては日本側の調停に従い、自由フランス側についたニューカレドニア再征服を目指して日本軍と協力を試みている。四三年になるとドクーは、レジスタンス側との接触を試みるようになるが、ド＝ゴールに拒絶される。ヴィシー政府崩壊後、仏印が連合国側につくことを恐れた日本軍による最後通牒を拒絶したため、日本側に拘束され、四五年九月の日本軍降伏まで収監される。戦後は、対日協力の罪をとわれて起訴、収監されるも、四九年には免訴が確定。六三年十月二十一日にパリで死去。七十九歳。

参考文献 立川京一『第二次世界大戦とフランス領インドシナ―「日仏協力」の研究―』(二〇〇〇、彩流社)　(剣持　久木)

とくおう　徳王　一九〇二―六六　中国のモンゴル族の政治家。モンゴル名は徳穆楚克棟魯普(ドムチュクドンロプ)。一九〇二年二月八日、内蒙古の察哈爾部正白旗生まれ。二四年、シリンゴル盟副盟長、二五年、北京善後会議委員となる。三一年一月、察哈爾省政府委員、三二年、蒙古保安統監に就く。三三年七月と十月の二度にわたり内モンゴルの有力者を百霊廟に集め、モンゴル族の結集を呼びかけ、国民政府に高度自治を要求する。三四年、百霊廟に蒙古地方自治政務委員会が成立し、秘書長に就いたが、国民政府の影響力が強く、モンゴル族「自治」の実現とはならなかった。三六年四月、西ウジュムチンで蒙古大会を開催し、翌月、蒙古軍政府を成立させ、総裁に就任する。三七年十月に蒙古連盟自治政府副主席、三八年、同主席、三九年九月には蒙古連合自治政府主席に就任する。四九年八月、アラシャン旗定遠営で蒙古自治政府を樹立し、再起を図るが失敗し、同年十二月モンゴル人民共和国に亡命する。五〇年九月、中国に引き渡され、収監されたが、六三年に特赦を受ける。六六年五月二十三日、フホホトで死去。六十五歳。 →蒙古連合自治政府

徳　王

参考文献 『徳王自伝―モンゴル再興の夢と挫折―』(森久雄訳、一九九四、岩波書店)、森久男『日本陸軍と内蒙工作―関東軍はなぜ独走したか―』(『講談社選書メチエ』、二〇〇九、講談社)　(内田　尚孝)

どくガスせん　毒ガス戦　毒ガスが戦争で大規模に使用

されるようになったのは第一次世界大戦でのことであった。一九一五年春以降、ドイツ軍と連合国のイギリス軍・フランス軍の間で塩素ガス、窒息性ガス(ホスゲン、ジホスゲン)、糜爛性ガス(イペリット)、嘔吐性ガス(ジフェニールシアンアルシン)が使用された。第一次大戦中の毒ガスによる死傷者は八十八万から百二十九万七千人に達したといわれる。

国際法の面では、一八九九年締結の「毒ガスの禁止に関するハーグ宣言」、一九〇七年に改正された「陸戦の法規慣例に関する条約」が毒ガスの使用を規制していたが、現実の使用を制限するには至らなかった。第一次大戦後にはヴェルサイユ条約などの講和条約、二一年の「潜水艦及び毒ガスに関する五国条約」、二五年の「毒ガス・細菌兵器の使用禁止に関するジュネーブ議定書」などが成立し、毒ガスの使用禁止が国際的な慣習として確認されていった。しかしその間にも、毒ガスはロシア革命軍、スペイン軍やイタリア軍などによって、内戦や植民地戦争で使用された。

一九三〇年代に入ると、イタリア軍は三五年からエチオピア侵略において嘔吐性や糜爛性毒ガスを大量に使用し国際問題化した。日本軍は台湾の霧社事件(三〇年)で青酸ガスを使用し、三七年に日中戦争を開始したのちには、中国戦線で本格的な毒ガス戦を展開するようになった。戦争開始から間もなく、まず催涙ガス(みどり筒)の使用が開始された。三八年五月からは徐州作戦・安慶作戦で嘔吐性ガス(あか剤・あか筒)による比較的小規模な攻撃がなされた。七月には山西省における晋南粛正戦で、一度に六〜七千本の嘔吐性ガス筒を使用する大規模な毒ガス攻撃も実施された。毒ガスの使用が効果的であることを確認した参謀本部は、八月に北支那方面軍と中支那派遣軍に嘔吐性ガスの使用を許可した。その後、中支那派遣軍は武漢作戦で三百七十五回以上にわたって毒ガス(あか筒九千六百六十七発・あか弾三万二千百六十二発・みどり筒六千六百六十七本など)を使用した。

武漢作戦後、日本軍は占領地確保に主眼を移し、三八年十二月には北支那方面軍などに、占領地確保・安定のためにあか筒・あか弾・みどり筒を使用することを許可した。さらに三九年には、新たに糜爛性ガス(きい剤。イペリット、ルイサイト)の実験的使用が始まり、四〇年夏以降、華北の燼滅作戦や、四一年十月の宜昌攻防戦などで使用された。きい弾によるガス空襲も行われた。日本陸軍の場合、将来の対ソ戦に備えた実験・訓練として毒ガス使用を開始したともいえるが、中国の国民党軍・共産党軍への効果が高いことが確認されると、日常的に使用されるようになった。

アジア・太平洋戦争開始後は、イギリス軍やアメリカ軍に対して、小規模な毒ガス使用がなされた。しかし日本軍では、英米軍による報復的な毒ガス使用への懸念を強め、四四年七月十四日に東条英機参謀総長が毒ガス使用を中止する命令を発した。この間も中国戦線では、華北の八路軍や華中・華南の国民党軍に対する毒ガス使用が続き、四二年五月に河北省定県北疃村(地下道への毒ガス攻撃)、同年五月以降の浙贛作戦、四三年十一月以降の常徳攻略戦、四四年前半の大陸打通作戦などで使用された。四五年にはアメリカ軍も対日戦での毒ガス使用の準備を進めたが、日本の降伏により使用されるには至らなかった。

戦後、東京裁判に際して中国国民政府や国際検察局内部には日本軍の毒ガス使用を戦争犯罪として告発する動きがあったが、アメリカ軍の意向により訴追はなされなかった。日本軍が中国に遺棄した毒ガス兵器については、現在その廃棄が進められている。

参考文献 吉見義明『毒ガス戦と日本軍』(二〇〇四、岩波書店)、松野誠也『日本軍の毒ガス兵器』(二〇〇五、凱風社)

(伊香 俊哉)

どくガスへいき 毒ガス兵器 有毒化学物質を使用した兵器で、気体だけでなく、微粒子・液体などとして効果を発するものも含む。第一次世界大戦ではじめて使用され、特にドイツ軍が多種の兵器を実戦に投入、日本ではそれを受けて一九一七年から陸軍で研究を開始、以降研究体制が徐々に整備された。二五年にはドイツ人研究者を招聘しノウハウを取り入れ、二九年より兵器として制式化された。三二年以降、実用化が進展、三七年以降は日中戦線で多用された。アジア・太平洋戦争勃発後は新兵器の開発が要望され研究が進められたが、新たな兵器の実用化には至らなかった。また、中国においては人体実験も行われた。秘匿のため毒性に応じ「あを」(窒息性)、「きい」(糜爛性)、「みどり」(催涙性)などと称された。研究は陸軍科学研究所(四一年に第六技術研究所、四二年に第六陸軍技術研究所に改組)を中心として民間の研究者も参画、教育は陸軍習志野学校、製造は広島県大久野島の忠海兵器製造所、填実は福岡県小倉の曽根兵器製造所で行われた。

参考文献 粟屋憲太郎・吉見義明「解説」(同編『十五年戦争極秘資料集』一八、一九八九、不二出版)、吉見義明『毒ガス戦と日本軍』(二〇〇四、岩波書店)、松野誠也『日本軍の毒ガス兵器』(二〇〇五、凱風社)

(小山 亮)

とくがわむせい 徳川夢声 一八九四—一九七一 大正から昭和戦後にかけて多方面で活躍した芸能人、文筆家。本名福原駿雄。一八九四年四月十三日島根県生まれ。東京府立第一中学校卒業後、進学に失敗して一九一三年に無声映画の弁士となり、洋画の弁士として活躍した。映画のトーキー化に伴い、三三年、古川ロッパらの喜劇劇団「笑の王国」に参加して俳優に転身。以後、『綴方教室』(三八年東宝)など映画に出演する一方、飄逸な独特の話術でラジオでも活躍、三九年九月からNHKラジオで放送された『宮本武蔵』(吉川英治原作)の朗読で人気を確立し、戦後もラジオ・テレビで朗読や司会で活躍した。文筆家としてはユーモア短編小説や随筆を多く残した。七一年八月一日死去。七十七歳。主著に、『夢声自伝』、『夢声戦争日記』(太平洋戦争期の日記)がある。

[参考文献] 濱田研吾『徳川夢声と出会った』(二〇〇三、晶文社) (古川 隆久)

とくがわよしちか 徳川義親 一八八六—一九七六 尾張徳川侯爵家当主、革新華族。一八八六年十月五日、旧越前福井藩主松平慶永(春嶽)の五男錦之丞として生まれ、一九〇八年尾張徳川侯爵家の養子となり徳川義親と改名し襲爵。東京帝国大学を卒業し、徳川林政史研究所や生物学研究所を設置する。北海道の熊狩り、マレー半島の虎狩りなどで知られる。また、伝来の家宝などの整理保管を進め、『源氏物語絵巻』を切断したり、徳川美術館を設立したりした。貴族院改革を唱える一方で、南進論者として、軍部や、大川周明、石原広一郎ら右翼との交流を深め、三一年にはクーデター未遂事件である三月事件の決行資金を提供、日中戦争期には排英運動に関わった。アジア・太平洋戦争開始後は第二十五軍軍政顧問、昭南博物館長としてシンガポールに赴任し、サルタン統治をはじめとする南方占領政策に携わった。公職追放解除後、名古屋市長選に立候補するも落選。七六年九月六日死去。八十九歳。

[参考文献] 『最後の殿様—徳川義親自伝—』(一九七三、講談社)、小田部雄次『徳川義親の十五年戦争』(一九八八、青木書店) (小田部雄次)

とくしゅせんこうていこうひょうてき 特殊潜航艇「甲標的」 艦隊決戦用補助兵器として考案開発された小型潜水艇。排水量約四〇トン、魚雷発射管二基を備え、乗員は二〜三名。「甲標的」は、母艦(水上機母艦「千代田」「千歳」)に搭載され、艦隊決戦場至近の海域に進出し、母艦から海中に発進、魚雷発射後、母艦に帰投するというものであった。「甲標的」は、一九三三年艦政本部第二部首席部員岸本鹿子治大佐の発想研究から発展したもので、三四年二月ごろから「対潜爆撃標的(またはA標的)」と仮称し極秘裡に設計試作を行い、四〇年十一月一日付で兵器に採用された。四〇年から合計三十六基の整備が訓令され、アジア・太平洋戦争開戦までに十五基が完成した。内五基が真珠湾攻撃に使用された。その後、シドニー、ディエゴスワレスへの攻撃にも使用された。「甲標的」は、開戦後製造を促進し、十七基が追加され、累計五十三基製作された。製造は呉海軍工廠潜水艦部が主に担当し、呉港外の倉橋島の大浦崎に分工場を建設した。また、四〇年十月には大浦崎分工場に隣接して特攻兵器の訓練基地が新設され、P基地と称した。四二年六月ごろから、「甲標的」を基地防禦用に使用する考えが出始め、既存の「甲標的」を甲型とし、一基を基地防禦用に改造して乙型として製造、四三年七月に完成し、試験が実施された。試験後、操縦室内を改造して丙型として量産が始められ、約七十五基が製造された。その後、丙型をさらに設計変更し大型化したものを丁型と称したが、四五年五月二十八日付でこれを「蛟龍」として採用した。丁型は四三年末から設計に着手し、四四年末に試作艇一基が完成。四五年初頭に実験を終了して、三月ごろから特攻兵器の扱いとして量産を促進した。量産には呉海軍工廠のほか、横須賀、舞鶴両海軍工廠、三井玉野、三菱長崎、三菱神戸、三菱横浜、川崎重工、新潟鉄工、播磨造船、日立向島の民間造船所でも製造され、終戦時までに約百基が完成した。

特殊潜航艇「甲標的」甲型

[参考文献] 防衛庁防衛研修所戦史室編『海軍軍戦備』二(『戦史叢書』八八、一九七五、朝雲新聞社)、「情勢の変化に適応できた特殊潜航艇(甲標的)—攻撃兵器から防御兵器へ—」(『戦史研究年報』八、二〇〇五) (太田 久元)

とくせつかんしてい 特設監視艇 本土を離れた洋上において敵の水上部隊や飛行機を哨戒監視するために一九三四年に設けられた艦種である。特設監視艇には、底曳漁船、鰹鮪船、真珠船などの各種漁船が充てられ、若干の武装を装備した。約四百隻余りが指定され、各地に派遣された。これらの監視艇は常時見張りを行いつつ、現在位置の正確な把握に努めたが、敵部隊を発見し報告を行えば、撃沈されることは必至であった。

[参考文献] 『海軍』一一(一九八一、誠文図書) (太田 久元)

とくせつしだん 特設師団 戦時・事変に設置する師団。一九三六年十一月に陸軍省が制定した「軍備充実計画の大綱」により増設された師団。宇垣軍縮で二五年に廃止された第十三・十五・十七・十八の四師団を復活し、そのほか第百一から百十六までの百番台のうち八師団を増設した。そのほかアジア・太平洋戦争開始後の四二年に増設された第四十二—四十四、四十六・四十七・四十九の六個師団を特設師団とした。 →常設師団 (丑木 幸男)

どくせんきんしほう 独占禁止法 戦後改革の一環とし

て、GHQのイニシアチブによりアメリカの反独占法をモデルに制定された経済法(一九四七年四月十四日公布)。正式名称は「私的独占の禁止及び公正取引の確保に関する法律」。目的は、私的独占、不当な取引制限および不公正な取引方法を禁止し、事業支配力の過度の集中を防止することによって、自由競争を促進し、一般消費者の利益を図ることにあった。戦前の日本にはカルテルの禁止や企業合同の制限という思想はほとんど存在せず、むしろ一九三〇年代に不況回復のために政府はカルテルを奨励した。四七年七月には、同法の運用機関として公正取引委員会が設置された。その後、財界の要望により、四九年と五三年に同法は大幅に改正された。四九年の改正では、企業の株式保有、役員の兼任、企業合同の認可要件が緩和され、五三年の改正では、不況カルテル、合理化カルテル、再販売価格維持契約(再販制)が認められた。

参考文献 大蔵省財政史室編『昭和財政史―終戦から講和まで―』二(一九八二、東洋経済新報社)、御園生等『日本の独占禁止政策と産業組織』(一九八七、河出書房新社)、三和良一『日本占領の経済政策史的研究』(二〇〇二、日本経済評論社)
(浅井　良夫)

どくソせん　独ソ戦　第二次世界大戦中、一九四一年六月二十二日に始まったドイツ・イタリアなど枢軸国とソ連との戦争(ソ連側は「大祖国戦争」と称す)。ヒトラーが、対ソ攻撃を日程にのぼせたのは、四〇年七月三十一日の作戦会議で、ソ連の支援を期待するイギリスの思惑を潰えさせ、その抗戦意志を挫くため、ソ連を「片づける」決意を示した。アメリカのヨーロッパ戦争への積極的介入時期を四二年とふんでいたヒトラーは、英米との消耗戦を勝ち抜くためには、それまで戦果として獲得していた軍事経済的基盤では狭小と判断し、ソ連からの原料・食糧輸入に依存しないようにするための唯一の策を、四一年中のソ連征服に見出した。東方におけるドイツの「生存権」獲得、「ユダヤ＝ボルシェヴィズム」の根絶、スラヴ人に対する人種的優越意識にもとづく大陸帝国支配という世界観的・綱領的目的は、ヒトラーにとって本来なら西方背面を憂うることなく達成さるべきものだったが、対英戦争の泥沼から這い上がるためにソ連征服は必要な戦略手段ともなった。対ソ戦がこれまでの戦争と決定的に異なっていたのは、何よりまずゲスターポ(秘密国家警察)・親衛隊保安部を核に編成されたアインザッツグルッペン(行動部隊)。人種的政治的に「望ましくない分子」(ユダヤ人や共産党活動家)の抹殺一掃専門の殺人部隊が跳梁し、ドイツ国防軍にも赤軍部隊の隊付き共産党委員(コミッサール)即刻殺害が認められ、類をみない「征服・奴隷化・絶滅戦争」として展開された点にある。スターリンは、イギリスと戦い続けているドイツが、独英戦決着前に東部でソ連と新たに戦争を始め、東西二正面作戦を実施することはないと考えていた。そのため、戦争準備が十分でなかったソ連軍は不意をつかれて緒戦に大敗。独軍は四一年十月、モスクワに迫る勢いを見せたが、四二年八月―四三年一月スターリングラード攻防戦で大敗北、以後ソ連軍が反撃に移り、四五年五月八日、ドイツの無条件降伏で戦争は終わった。→スターリングラード攻防戦　→バルバロッサ作戦

独ソ戦　ウクライナを進むドイツ軍

参考文献 ハリソン・E・ソールズベリー『独ソ戦―この知られざる戦い―』(大沢正訳、一九八〇、早川書房)、永岑三千輝『ホロコーストの力学―独ソ戦・世界大戦・総力戦の弁証法―』(二〇〇三、青木書店)、アントニー＝ビーヴァー『赤軍記者グロースマン―独ソ戦取材ノート一九四一―一九四五―』(川上洸訳、二〇〇七、白水社)
(芝　健介)

どくソふかしんじょうやく　独ソ不可侵条約　独軍の対ポーランド侵攻直前の一九三九年八月二十三日、モスクワで締結されたドイツとソ連の相互不可侵条約。相互の不侵略のほか、独ソ両国のうち一国が第三国と軍事行動に突入した場合、他の一国は第三国を支持せず、また両国のうち一国を敵視するような同盟に他の一国は不参加と規定。調印したソ連とドイツ両外相の名をとってモロトフ＝リッベントロップ条約とも称される。条約には秘密の付属議定書があり、ポーランド、フィンランド、エストニア、ラトヴィアの「領土的・政治的変更の場合」、両国で利益範囲を分画することも決めていた。条約締結は、ソ連にとっては英仏の宥和政策による集団安全保障への不安と国際的孤立感から抜け出せる機会となり、ポーランド侵攻を目指すドイツにとっては英仏・ソ間に楔を打ち込み二正面戦争を回避できる、という見通しから進められたが、イデオロギー的に天敵同士の提携は、反ファシズム運動はじめ世界に衝撃を与え、日本でも、ソ連をドイツとの共同の最大仮想敵国と考えていた平沼内閣を総辞職に追込んだ。→ポーランド侵攻

参考文献 尾上正男『独ソ不可侵条約論』(一九六二、有信堂)、斎藤治子『独ソ不可侵条約―ソ連外交秘史―』(一九九五、新樹社)、アンソニー＝リード・デーヴィッド＝フィッ

シャー『ヒトラーとスターリン—死の抱擁の瞬間—』(根岸隆夫訳、二〇〇一、みすず書房)　(芝　健介)

とくだきゅういち　徳田球一　一八九四—一九五三　日本共産党の創立時以来の指導者、特に敗戦後は党トップの書記長として、一時代を築いたカリスマ的指導者。一八九四年九月十二日、沖縄県の印刷・雑貨業の父佐平、母カマドの長男として出生。第七高等学校を中退ののち、苦学して日本大学を卒業し弁護士となった。一九二〇年日本社会主義同盟に加入。二二年モスクワ開催の極東民族大会に出席し、帰国後共産党創立に参画したが、二八年三・一五事件で検挙され、以来敗戦まで獄中にあった。獄中十八年非転向の経歴が指導者としての権威を高め、無類の扇動演説で大衆的人気を博したが、五〇年公職追放され、地下指導部を率いて武装闘争に走り、五三年十月十四日中国で客死した。五十九歳。

参考文献　徳田球一・志賀義雄『獄中十八年』(一九四七、時事通信社)、理論社編集部『徳田球一伝』(一九五二、理論社)、徳田球一『わが思い出』(一九五五、東洋書館)、『徳田球一全集』(一九八五・八六、五月書房)　(三輪　泰史)

とくとみそほう　徳富蘇峰　一八六三—一九五七　明治十年代末から昭和戦後期まで約七十年間、執筆活動をして膨大な著作を残したジャーナリスト。一八六三年三月十四日(文久三年一月二十五日)、肥後国上益城郡(熊本県)の母の実家で生まれ、水俣と熊本で幼少年期を送った。『将来之日本』(一八八六年刊)で有名になり、雑誌『国民之友』と『国民新聞』によって、明治二十年代以後の世論に大きな影響を与えた。一九二九年に経営不振で国民新聞社を手放したが、その後も大阪毎日新聞社と東京日日新聞社の社賓として健筆をふるった。四二年、日本文学報国会(五月)と大日本言論報国会(十二月)が設立されると、会長に就任して言論界の大御所として君臨し、戦意高揚に大きな役割を果たした。戦争期の著作には『興亜の大義』『必勝国民読本』などがあり、八月十五日の玉音放送も決戦の決意を披歴する趣旨だと予想していたという。戦後、A級戦犯容疑者として自宅拘禁になったが、のちに解除された。五七年十一月二日死去。九十四歳。『近世日本国民史』(全百巻)など三百冊を超える著書がある。

→大日本言論報国会(だいにっぽんげんろんほうこくかい)

参考文献　安藤英男『蘇峰徳富猪一郎』(一九八四、近藤出版社)、米原謙『徳富蘇峰—日本ナショナリズムの軌跡—』(『中公新書』、二〇〇三、中央公論新社)　(米原　謙)

とくねんへい　特年兵　海軍練習兵。日本海軍が戦時期の下士官養成のために設けた志願兵制度。満十四歳を最年少とした志願兵によって構成され、佐世保・呉・舞鶴・横須賀の各鎮守府所属の海兵団において約一年の訓練を行なった。一九四二年九月、第一期生約三千二百人が入隊。四期生まで制度が存続した結果、総数は約一万七千人、戦病死者数は約五千人とされる。

参考文献　舞鶴特年会『私達特年兵と太平洋戦争』(二〇〇二)　(佐藤　宏治)

とくべつきゅうこうあじあ　特別急行あじあ　南満洲鉄道が一九三四年十一月一日に大連—新京(現長春)間で運転を開始した特急列車。その後三五年三月二十三日にソ連との北満鉄道買収契約が成立し、満洲国が満鉄にその経営を委託すると、満鉄は新京—哈爾浜間を国際標準軌間(一四三五ミリゲージ)に改軌して「あじあ」の運転区間も三五年九月一日から大連—哈爾浜間となった。その設定は、満洲国成立後活発化した海外要人の訪問増加によって三三年八月二十三日の重役会議で決定したものであった。展望室付一—三等車と食堂車を含む六輌編成を基本に、旅客の多寡に応じて一・二等客車を増結し、欧米にも先駆けて全車輌に空気調整装置(エアコン)を本格的に装備した。さらに大連—新京間を平均時速八二・五キロで走破し、鉄道省の「つばめ」東京—神戸間の平均時速六六・八キロを引き離す高速性を誇った。しかし、戦局悪化で四三年二月には運転休止となった。

特別急行あじあ

参考文献　天野博之『満鉄特急「あじあ」の誕生—開発前夜から終焉までの全貌—』(二〇一二、原書房)、高木宏之『満洲鉄道発達史—South Manchuria Railway History—』(二〇一二、潮書房光人社)　(三木　理史)

とくべつこうしゅかんぶこうほせい　特別甲種幹部候補生　アジア・太平洋戦争末期において、兵科と経理部の将校を短期養成するための制度。陸軍は一九四四年五月五日の勅令三二七号により、大学や高等専門学校などの在学者のうち、二十五歳未満の教練検定合格者を対象に、予備士官学校、または経理学校への入学資格を与えた。そして、採用と同時に伍長の資格を与え、一年の教育期間終了後、見習士官から予備役少尉に任官させた。終戦までの採用者は約二万人といわれている。

参考文献　内閣法制局編『法令全書』　(中村　崇高)

とくべつこうとうけいさつ　特別高等警察　特高警察ないし特高ともいう。明治期の国事警察・高等警察の機構・機能は労働運動や社会主義運動に対する抑圧取締に向けられるようになり、大逆事件後の一九一一年に警視庁に最初の「特別高等警察課」が設置された。その後、主要府県にも特高課が設置され、二八年の三・一五事件を機とする大拡充を実現し、社会運動と反・非「国体」とみなした思想の取締に猛威を振るった。内務省警保局保安課・外事課・図書課を中枢・頭脳とし、各府県警察部特高課をいわば胴体に、各警察署に配置された特高係を手足とする。保安課長や特高課長は高等試験合格組のエリートが占め、第一線の特高警察官は「たたき上げ組」という二層構造である。戦時下の国内の警察官九万人のうち、専任の特高警察官は「経済警察官」を含め約一万人であるが、同時に国民生活・思想の監視と抑圧のためにすべての警察官の特高化が求められた。三〇年代後半になると、総力戦遂行のために特高警察は「共産主義運動」とみなしたものをえぐり出すほか、反・非「国体」的とする宗教団体にも襲いかかった。銃後の治安維持の要請は、その監視の対象を国民生活・思想に拡げ、流言蜚語や生産阻害などに表れる「人心の動揺」への警戒と抑圧を強めていった。拷問による取調べは黙認された。特高警察は最大の武器である治安維持法を恣意的に拡張解釈し、国内だけで検挙者は約七万人にのぼった。しかもその外側には検束・拘留された膨大な数がある。朝鮮（「高等警察」）においては民族独立運動に対して、満洲国（「特務警察」）においては反満抗日運動に対してより苛酷な運用がなされた。敗戦の事態に特高警察は動揺しつつ、社会運動の再興を抑え、民心の動向の監視をつづけ、増員すら志向した。そのためGHQは「人権指令」を発して民主化の障害となる特高警察の解体を命じ、約五千人が罷免となった。その勢力は警察の内外に温存される一方、すぐに「大衆運動」取締の方針を確立し、「警備公安警察」を創設する。　→治安維持法

参考文献　荻野富士夫『特高警察体制史—社会運動抑圧取締の構造と実態—』（一九八八、せきた書房）、同『特高警察』（『岩波新書』、二〇一二、岩波書店）　（荻野富士夫）

とくべつしがんへいせいど　特別志願兵制度　朝鮮では一九三八年から、台湾では四二年から現地住民の日本陸軍兵士への志願兵の制度が実施された。海軍の特別志願兵令は四三年七月に公布されたが、台湾では四四年八月から訓練生の募集を中止した。南次郎朝鮮総督が皇民化政策の一翼を担うための制度として日本政府に進言し、三七年十二月に朝鮮人特別志願兵制度が閣議決定され、翌年二月に勅令として公布された。志願者は半年間朝鮮総督府志願兵訓練所で訓練を受けた後、主として朝鮮軍部隊に入営した。三八年の募集兵は四百人で、内訳は現役兵が歩兵・輜重兵・特務兵三百人、第一補充兵が高射砲兵百人であった。三九年八月の陸軍兵事部令施行により羅南・平壌など六ヵ所に第十九・二十師団隷下の兵事部が新設された。兵事部は徴兵事務を担い、徴集人員を三千人から五千余人に増加させた。兵力不足に悩む日本陸軍は四三年に志願兵制度を援用して徴兵制を導入した。このとき兵事部が各道にくまなく設置された。四四年には朝鮮人学生を対象とする臨時特別志願兵制度も創設された。朝鮮では約二万人の志願兵と約四十万人の徴兵が日本軍人となった。　→皇民化政策

参考文献　朝鮮軍司令部『朝鮮人志願兵徴兵の梗概』（『朝鮮軍歴史』別冊）　（芳井　研一）

とくべつそうじゅうみならいしかんせいど　特別操縦見習士官制度　陸軍の学徒兵出身の操縦要員養成制度。特操と略称。海軍の飛行予備学生・生徒に相当する。航空戦力の補充が決定的になった段階で急速な操縦要員養成のため一九四三年七月、勅令五六六号「陸軍航空関係予備役将校補充及服務臨時特例」で発足。志願者の資格は大学令による大学学部または予科、高等学校高等科、専門学校、高等師範学校、師範学校または陸相がこれと同等と認定する学校の卒業生もしくは卒業見込みの者で、年齢に制限はなかった。陸相による選考で、採用と同時に異例の曹長に任官、兵籍に編入。基礎教育の後、各地の陸軍飛行学校で一年半（のち一年に短縮）の教育・訓練で予備役少尉に任官した。第一期生二千七百名、第二期生（学徒出陣組）千三百名、第三期生三千名の計七千名と推定。第一期生は四四年十月からの比島戦に特攻隊要員として参戦した。この制度は朝鮮出身者にも適用され、アリランを歌って出撃したという卓庚鉉のことは著名である。また九三年の映画『月光の夏』は特操が主人公で、二百万人の観客を動員した。

参考文献　『特操一期生史』（一九八八、自費出版）　（高野　邦夫）

とくべつりくせんたい　特別陸戦隊　海軍の陸上戦闘部隊であり、上陸作戦の際などに艦船乗組員で臨時に編成される陸戦隊とは別に、横須賀・呉・佐世保・舞鶴の各鎮守府で編成された部隊である。補充部隊も各鎮守府の海兵団で編成された。ただし、一九三二年以降、常設されていたのは第一次上海事変時に編成された上海海軍特別陸戦隊のみであり、それ以外は臨時編成であったが、戦時中の戦線の拡大に伴い膨張し、終戦時には二百六十以上の部隊があった。　→陸戦隊

参考文献　「陸戦隊」（海軍歴史保存会『日本海軍史』六所収、一九九五、第一法規出版）　（手嶋　泰伸）

とくむきかん　特務機関　満洲や中国における陸軍の情報収集機関。シベリア出兵時、現地における工作を担当する機関を設けたのがはじまりといわれている。満洲事変後、陸軍はハルビン特務機関を中心に情報収集活動を行なっていたが、一九四〇年八月、これを関東軍情報部に改編した。この時の支部は、ハイラル、三河、チャムス、東安、牡丹江、延吉、大連、奉天、王爺廟、黒河、アバカであり、対ソ情報の専門家であった少将級のハルビン機関長がこれらを統轄し、終戦に至った。一方、奉天特務機関は、主に対支情報工作の中心地であり、吉林、チチハルなどがその下部機関的存在であった。また、満洲事変後に蒙古工作を推進するために、陸軍は張家口な

どに特務機関を設置したが、これらは四三年に駐蒙軍情報部に改編された。このほかに上海や南京、広東など中国南部の主要都市にも特務機関が置かれ、さまざまな工作活動を展開していた。

参考文献 有賀伝『日本陸海軍の情報機構とその活動』(一九九四、近代文芸社) (中村 崇高)

とくむしかん 特務士官 日本海軍で下士官から士官となり、士官待遇を受けた者のこと。特務士官の制度は一九二〇年四月から導入され、特務少尉・特務中尉・特務大尉が官等表に記された。しかし、特務士官は海軍兵学校出身の「兵科士官」とは区別されており、専門領域内でのみ、限定的な権限しか与えられなかった。呼称は「海軍特務少尉」のような形である。また、海軍兵曹長はもともと士官待遇の階級として設置されたが、特務士官の制度が成立したのと同時に「准士官」とされるようになった。特務大尉から選抜で少佐に進級した者があるが、彼らは特選の少佐と呼ばれた。四二年に制度が改正され、単に「海軍大尉」などと呼ばれるようになった。なお、兵学校出身の兵科将校とそれ以外の将校の間にあった、権限や待遇上の区別は戦前から大きな問題となっていた。たとえば、機関科将校や主計科将校などの待遇改善が議論となっていた。

参考文献 秦郁彦編『日本陸海軍総合事典(第二版)』(二〇〇五、東京大学出版会)、戸高一成編『「証言録」海軍反省会』二(二〇一一、PHP研究所) (宇田川幸大)

どくりつこんせいりょだん 独立混成旅団 陸軍は一九三四年に独立混成第一旅団を初の機械化部隊として満洲で編成した(人員四千七百五十、車輌七百四十四)が、上層部の無理解により分散使用されたため戦果が挙がらず、三八年に解散させられた。同じく三四年に同第十一旅団が編成されたが、こちらは独立歩兵連隊二などを有する歩兵部隊である。日中戦争時の三八年二月以降、長期持久戦に備えて中国大陸に独立混成第二以下の各旅団が臨時編成されたが、前記の二旅団とは性格が異なり、目的は占領地の警備、治安確保であった。そのため旅団と称するものの隷下に連隊を持たず、通常は司令部、独立歩兵大隊五、旅団砲兵隊、同工兵隊、同通信隊各一からなっていたが、一部には砲兵・工兵隊を欠いた旅団もあった。その後本土、満洲、中国、南方の各地で敗戦までに第百三十六までの多数(一部欠番あり)が編成され、なかには四四年フィリピンで戦力不足を補うため師団に改編、対米戦に投入されたものもあった。

参考文献 外山操・森松俊夫編『帝国陸軍編制総覧―近代日本軍事組織・人事資料総覧―』(一九八七、芙蓉書房出版)、『日本陸軍部隊総覧―写真構成―』(『別冊歴史読本』八〇、一九九八、新人物往来社)、葛原和三『機甲戦の理論と歴史』(『ストラテジー選書』一〇、二〇〇九、芙蓉書房出版) (一ノ瀬俊也)

どくりつしゅびたい 独立守備隊 南満洲鉄道とその付属地の守備のために一九〇九年に設置された部隊。日露講和条約と日清満洲善後条約において、鉄道守備のため一キロにつき十五人以内の兵を駐屯させることが規定された。日本は満鉄本線と安奉線の鉄道守備のため独立守備歩兵六大隊と駐劄派遣一師団を置いた。独立守備隊として、公主嶺・開原・奉天・連山関・大石橋・瓦房店に第一から第六大隊を置き、鉄道沿線の警備を担当した。司令部は公主嶺にあり、司令官は中将か少将であった。隊員は当初予備役や後備役から志願により採用していたが、一六年からは現役兵となった。二五年には四大隊に減ったが二九年には六大隊に戻り、三三年には第二独立守備隊を新設した。その後も逐次増設され、アジア・太平洋戦争期になると、フィリピンなど南方占領地域にも配置された。

参考文献 清水国治『満洲駐屯守備兵の思ひ出』(大連、一九二四、遼東新報出版部) (芳井 研一)

ド＝ゴール Charles André Joseph Pierre-Marie de Gaulle 一八九〇―一九七〇 フランスの軍人、政治家。一八九〇年十一月二十二日、北フランスのリールで出生。第一次世界大戦には陸軍大尉として参戦、捕虜生活も経験。両大戦間期には、戦車や航空機を駆使した機動戦の重要性を論じた著作を発表。第二次世界大戦では、一九四〇年五月に陸軍次官。六月のパリ陥落に際してロンドンに亡命し、「自由フランス」を結成、BBCラジオを通じて対独徹底抗戦をフランス本土に訴えている。自由フランスの影響力は、当初きわめて限られていたが、一部の仏領植民地を抵抗側につけ、徐々に勢力を拡大。四四年六月のノルマンディ上陸作戦に続くフランス本土解放後、臨時政府の首相に就任。第四共和国期には野に下るが、五八年にアルジェリア独立運動への対応で国内が混乱する中、政界復帰し第五共和国初代大統領に就任。海外植民地の独立を認め、西独との和解を礎に欧州の統合を推進し、冷戦の中でも、中華人民共和国をいちはやく承認するなど独自の外交政策を展開した。七〇年十一月九日死去。七十九歳。

参考文献 渡辺和行『ド・ゴール―偉大さへの意志―』(二〇一三、山川出版社)、渡邊啓貴『シャルル・ドゴール―民主主義の中のリーダーシップへの苦悩―』(二〇一三、慶応大学出版会) (剣持 久木)

とさかじゅん 戸坂潤 一九〇〇―四五 唯物論哲学者。一九〇〇年九月二十七日、東京に生まれる。開成中学校、

戸 坂 潤

第一高等学校理科を経て、一九二一年京都帝国大学文学部哲学科に入学。二四年卒業後、同大学院に在籍。一九二六―三〇年京都・神戸の諸大学講師、三一―三四年法政大学講師。二〇年代末には、京大時代に学んだ新カント主義の影響からぬけだしてマルクス主義に移り、三二年十月、岡邦雄、三枝博音、服部之総、永田広志らと唯物論研究会を結成した。特高警察の監視下にあって、戸坂は学問の自律性と組織の合法性を重視し、三八年二月解散を余儀なくされるまで「名船長」として研究会をリードした。『日本イデオロギー論』『思想と風俗』『世界の一環としての日本』などを著し、ファシズム思想とそれに傾斜していく思想潮流に方法的批判を加え、反ファシズムの文化的人民戦線形成をめざして言論活動を展開した。三八年十一月唯物論研究会事件で検挙、起訴され、その後有罪が確定。四四年九月下獄、四五年八月九日獄死した。四十六歳。

参考文献 『戸坂潤全集』(一九六六―六七・七九、勁草書房)、古在由重『戦時下の唯物論者たち』(一九八二、青木書店)

(北河　賢三)

としけいかくりょくち　都市計画緑地　一九四〇年四月の都市計画法改正によって、新たに創設された施設。この改正によって、都市計画の観念に防空の意味が新たに加わり、その実現を図るために都市計画として緑地を設定し事業を行うことが可能となった。緑地とは、原則として特殊な施設はなさず大部分が山野・水面・農耕地などの状態のまま利用に供されるものとされた。大緑地事業は、東京・神奈川・愛知・大阪・兵庫などの大都市所在府県で計画され、これらの府県や市が施行者となり実施された。

参考文献 佐藤昌『日本公園緑地発達史』上(一九七七、都市計画研究所)

(沼尻　晃伸)

とだじょうせい　戸田城聖　一九〇〇―五八　創価教育学会(創価学会の前身)の創設者の一人で、のちの第二代会長。一九〇〇年二月十一日、石川県に生まれる。北海道に移住後、小学校の代用教員となる。二〇年に上京し、牧口常三郎と出会う。その後、教育事業や出版事業を開始する。二八年、牧口に従って日蓮正宗に入信し、三〇年に牧口と創価教育学会を設立。事業活動と宗教活動を展開するが、四三年、伊勢神宮の神札の受け取りを拒否したことなどから、牧口とともに治安維持法違反・不敬罪容疑で逮捕される。会はほぼ壊滅したが、獄中でも転向せず、終戦直前に出所。四六年、創価学会として再出発させ、五一年にその第二代会長となる。「人間革命」(自己変革)と「王仏冥合」(政治と宗教の一致)を唱えて、活発な布教活動を展開し、会を大教団化させた。五七年には、「原水爆禁止宣言」を発表。五八年四月二日、東京で没する。五十八歳。→創価教育学会

参考文献 日隈威徳『戸田城聖―創価学会―』(一九七一、新人物往来社)、『戸田城聖全集』(一九八一―九〇、聖教新聞社)、西野辰吉『伝記 戸田城聖』(一九八五、第三文明社)

(塚田　穂高)

とちくかくせいりじぎょう　土地区画整理事業　土地区画整理事業は一九一九年に制定された都市計画法に基づく事業であり、主要なものとして、組合施行土地区画整理(同法第一二条)と公共団体施行土地区画整理(同法第一三条)が挙げられる。戦時期に増加傾向が顕著だったのは、公共団体施行土地区画整理である。広(兵庫県、三七年事業決定、日本製鉄株式会社広畑製鉄所などが立地)、相模原(神奈川県、三九年事業決定、陸軍東京工廠相模兵器製造所などが立地)、太田(群馬県、四〇年事業決定、中島飛行機株式会社太田製作所などが立地)など、軍需工場が立地した地点での基盤整備が、地方公共団体による土地区画整理事業によって進められた。政府もこれらの事業を補助したが、広大な工場用地の創出は、土地所有者の所有面積を一定の割合で整理前より減らすこと(減歩)を通じて捻出され、事業費の多くは減歩によって確保された組合地の売却を通じて調達されたため、減歩率の高さや周辺地価の高騰などの問題が生じた。

参考文献 岩見良太郎『土地区画整理の研究』(一九七八、自治体研究社)、沼尻晃伸『工場立地と都市計画』(二〇〇二、東京大学出版会)

(沼尻　晃伸)

とっこう　特高　⇨特別高等警察

となりぐみ　隣組　一九四〇年の内務省「部落会町内会等整備要領」にもとづき、町内会・部落会の下部組織としてつくられた数世帯単位の住民組織。目的は住民相互の援助や教化、団結を図ること、配給などの統制経済を円滑にすすめ、国策を浸透することなどであり、総力戦体制を確立する新体制運動の上意下達、下情上達の場として位置づけられた。このため、世帯主あるいは主婦が必ず出席し、身分や貧富の差なく発言し実行する常会を開くことが重視されたが、軌道にのるのは配給が隣組をとおして行われてからである。隣組の仕事は貯蓄、国債

隣組の共同炊事

消化、金物・廃品回収、共同炊事・買い出し、共同風呂、お乳の隣組と呼ばれた共同保育、乳児健診の手伝い、朝のラジオ体操、防空演習、隣組工場の設置、隣組単位の主婦の工場労働などである。貯蓄の奨励は地域によっては強制であり、貯蓄しない世帯には配給がなかった。隣組は近隣が相互に監視する組織でもあった。隣組の組長に全国で女性が七千人ほど就いている。→町内会・部落会

参考文献　東京歴史科学研究会婦人運動史部会「戦時下の日常生活とその崩壊―日中・太平洋戦争と総力戦体制―」(『歴史評論』四〇七、一九八四)　(早川　紀代)

となりぐみぼうかぐん　隣組防火群　一九三九年、東京市においてそれまでの家庭防火群を廃止して、設けられた最末端の民間防空防火組織。十戸内外による隣組の組織と同じ単位で、防空防火の単位とし、一戸から一人は防空担当者として、必ず訓練に参加せねばならず、空襲の際には連帯して防火消火にあたることとされた。家庭防火群は三七年、東京市で五～二十戸を単位に組織されたが、三九年内務省による家庭防空隣保組織設置の方針によって、隣組防火群として、その中に取り込まれた。一方、町会整備・隣組設置が進み、隣組防火群は、四〇年、隣組の組織に統合され、隣組活動の一部となった。警防団とは別個の組織とされ、指導関係はないとのたてまえであったが、実際上、警防団の末端活動を担い、空襲に際しては自力消火にあたることになった。　(青木　哲夫)

とね　利根　日本海軍の巡洋艦。一九三四年十二月起工、三八年十一月竣工。軍縮終了後の完成が予定されており、起工時に最上型として一五・五センチ主砲を艤装、のちに二〇・三センチ主砲に交換。独特の構造を設け、最大六機の水上偵察機を搭載可能。アジア・太平洋戦争では優れた速度と艦載機の多さから索敵能力を評価され、空母を中心とした機動部隊への随伴を多く勤めた。戦後解体。基準排水量一万一〇〇〇トン、最大速度三五ノット(時速約六五キロ)。

参考文献　*Conway's All The World's Fighting ships 1922–1946* (London, 1980, Conway Maritime Press)　(佐藤　宏治)

どひはらけんじ　土肥原賢二　一八八三―一九四八　大正・昭和期の陸軍軍人。一八八三年八月八日、岡山県生まれ。陸軍少佐土肥原良永の次男。青山小学校、仙台地方幼年学校、中央幼年学校を経て、一九〇四年陸軍士官学校卒(十六期)、一二年陸軍大学校卒。一三年から一八年まで参謀本部付として北京駐在。坂西利八郎武官を補佐し中国情報の収集に従事。以後中国への応聘や出張を繰り返し、中国情報専門の支那通としての道を歩む。この間、一九年少佐、二三年中佐、二七年大佐。二八年奉天督軍顧問。その後、歩兵第三十連隊長、参謀本部付などを経て、三一年八月奉天特務機関長。満洲事変勃発時は一時帰国中であったが、帰任後一時奉天市長を務める。同年十一月天津で中国人を使い暴動を起こし、それに乗じ溥儀を天津から満洲に脱出させた。三二年一月ハルビン特務機関長、同年四月少将となり歩兵第九旅団長。三三年十月再び奉天特務機関長となり、三五年六月土肥原・秦徳純協定により察哈爾(チャハル)省からの排日機関の撤退、宋哲元軍の長城以北からの撤退を実現させた。協定成立後は華北分離工作を指導し、同年十一月河北省に冀東防共自治委員会を設けさせた。三六年三月中将に昇進、留守第一師団長、三七年三月第十四師団長。日中戦争勃発後、三七年八月華北戦線に出征。三八年六月大本営直轄の土肥原機関を組織し、中国の日本軍占領地域での新中央政権樹立にあたり軍閥呉佩孚の擁立を企てるも、華北の臨時政府と華中の維新政府、それらを支援する現地軍の抵抗に遭い失敗。三九年五月第五軍司令官(黒龍江省チャムス)、四〇年九月軍事参議官。以後、航空総監兼航空本部長、東部軍司令官、第七方面軍司令官(シンガポール)などを歴任、四五年四月教育総監。この間、四一年四月大将。戦後、東京裁判にA級戦犯として起訴され、侵略戦争の共同謀議および遂行、捕虜虐待などの罪を問われ、四八年十二月二十三日刑死。六十六歳。

土肥原賢二

参考文献　土肥原賢二刊行会編『秘録土肥原賢二―日中友好の捨石―』(一九七二、芙蓉書房)、戸部良一『日本陸軍と中国―「支那通」にみる夢と蹉跌―』(一九九九、講談社)　(小磯　隆広)

とみおかさだとし　富岡定俊　一八九七―一九七〇　大正期から太平洋戦争期にかけての海軍軍人。一八九七年三月八日、海軍軍人の富岡定恭(男爵)の長男として広島県(江田島)で生まれる。一九一七年七月父の死去により襲爵(男爵)、同年十一月海軍兵学校卒(第四十五期)。二十九年十一月海軍大学校を首席で卒業、その後約三年間、パリやジュネーブにおいて国際連盟海軍代表部随員、一般軍縮会議全権委員随員などとして勤務した。帰国後は重巡洋艦「衣笠」航海長を経て、三三年五月軍令部出仕兼参謀、三四年十一月軍令部部員、三五年十一月第七戦隊参謀、三六年十二月海軍省人事局第一課局員。三八年十一月海軍大佐に昇進し、同年十二月第二艦隊参謀、三九年十一月海軍大学校教官、そして四〇年十月には軍令部第一部第一(作戦)課長となり、対米英開戦を迎えた。なお、富岡は対米強硬論を主導した海軍内の第一委員会の中核メンバーであり、対米関係を決定的に悪化させた南部仏印進駐の推進論者でもあった一方、作戦面につい

ては、山本五十六連合艦隊司令長官が強く推進したハワイ作戦やミッドウェー作戦に対して反対する立場に立っていた。四三年一月竣工直前の軽巡洋艦「大淀」艤装員長となり、そのまま初代艦長(二月)としてトラック・ラバウル方面への輸送業務などに従事。同年九月南東方面艦隊参謀副長となりラバウルに赴任、十一月海軍少将に昇進、四四年四月には同艦隊参謀長となるが、この時のラバウルはすでに絶対国防圏の域外に取り残された状況となっていた。同年十一月には内地へ呼び戻され、十二月に軍令部第一部長となり、終戦まで海軍の最後の戦いを作戦立案する立場にあった。終戦後の九月、米戦艦ミズーリ艦上の降伏文書調印式に海軍側の首席随員として立ち会った。四五年十月海軍省出仕、十一月予備役編入、十二月召集・第二復員省史実調査部長、四六年三月召集解除。戦後は史料調査会理事長となる。七〇年十二月七日没。七十三歳。

参考文献 富岡定俊『開戦と終戦—人と機構と計画—』(一九六八、毎日新聞社)、史料調査会編『太平洋戦争と富岡定俊』(一九七一、軍事研究社) (相澤 淳)

とみさわういお 富沢有為男 一九〇二—七〇 昭和期の画家、小説家。一九〇二年三月二十九日、大分県に生まれる。東京美術学校(現東京芸術大学)で岡田三郎助に学ぶが中退し、新愛知新聞(現中日新聞)に入社。漫画記者となる。二一年・二二年と二年連続で帝展初入選。二七年にはフランスへ一年間留学し絵画を学んだが、そのかたわらで佐藤春夫に師事し、三七年に『地中海』で芥川賞受賞。純文学だけでなく、留学の経験を活かし美術論評も執筆したが、戦前から戦時中は国策協力として戦記小説を多く書くことになった。戦後はもっぱら児童読物と外国文学の児童向け翻訳が主となる。三八年には「ペン部隊」(陸軍班)の一員として、武漢攻略戦に従軍する。その後佐藤春夫らの経国文芸の会にも参加。三九年六月に発行された『文芸日本』とその前誌ともいえる『東陽』の両誌で編集長であった牧野吉晴を支援しつつ編輯委員を務めた。七〇年一月十五日没。六十七歳。

参考文献 都築久義「『文芸日本』について」(『淑徳国文』二六、一九八四) (大澤 聡)

とみづかきよし 富塚清 一八九三—一九八八 航空機・内燃機関の学者・発明家であり、生活科学論の啓蒙家として知られる。一八九三年十一月三日、千葉県生まれ。東京帝国大学工学部卒業後、東京帝大助教授となり工学部航空学科、航空機研究所に勤務する。航空発動機の専門家であり、一九三二年教授となり、三八年長距離航空機の世界記録を達成した。四〇年に『科学日本の建設』を著して、学校の理科教育が日本人の国民生活と結びついていないと批判する生活科学論の論客としても知られるようになり、大政翼賛会中央協力会議議員となった。四三年大日本言論報国会理事となるが、戦争末期に日本の航空機製作技術の低位性を指摘した論文は発禁となり、谷川徹三らオールド=リベラリストが終戦工作を行なった三年会にも参加した。敗戦後に教職追放となるが、追放解除後は法政大学教授などを歴任、オートバイ=エンジンの研究にも力を尽くした。八八年三月九日没、九十四歳。

参考文献 富塚清『八十年の生涯の記録—陣中日記その他—』(一九七五) (赤澤 史朗)

とみながきょうじ 富永恭次 一八九二—一九六〇 陸軍軍人。一八九二年一月二日、長崎県に生まれる。熊本地方幼年学校を経て一九一三年陸軍士官学校卒業(第二十五期)。二三年陸軍大学校卒業。主に参謀本部と関東軍でキャリアを積む。二八年ソ連大使館付武官補佐官。三七年関東軍司令部付から関東軍参謀(第二課長)。三八年三月近衛歩兵第二連隊長、三九年三月参謀本部第四部長、九月第一部長と要職を歴任。四〇年九月北部仏印進駐に際し中央の決定を無視して武力進駐を画策。その責を問われ要職を逐われるも、四一年四月陸軍省人事局長に復活。四三年三月陸軍次官兼人事局長。四四年八月第四航空軍司令官。フィリピン戦で特攻作戦を指揮。全兵力を消耗したのちに台湾に逃走。予備役となるも四五年七月に再召集され第百三十九師団長。シベリアに抑留され五五年に帰国。陸軍の統制の乱れと幹部への甘い処断を象徴する人物。六〇年一月十四日没。六十八歳。

参考文献 半藤一利・保阪正康編『昭和の名将と愚将』(『文春新書』、二〇〇八、文藝春秋) (森山 優)

どもんけん 土門拳 一九〇九—九〇 写真家。一九〇九年十月二十五日、山形県生まれ。二七年に神奈川県立横浜第二中学校卒業後、倉庫用務員などを経て三三年に宮内写真館(東京上野池之端)入門。三五年に日本工房へ入社。三八年に浜谷浩、藤本四八らと「青年報道写真研究会」結成。三九年、日本工房を退社して国際文化振興会嘱託。四一年設立の報道写真家統合団体「日本報道写真協会」常務理事。演出も辞さぬ対外宣伝写真に邁進し、『日本評論』四三年九月号にグラフ誌の理想を謳う「対外宣伝雑誌論」を寄稿したが、咎められて国際文化振興会退職。戦後はリアリズム写真を謳う。五九年の脳出血発作後は主に日本文化を追ったが、七九年の再発作により活動休止。九〇年九月十五日没。八十歳。著作は、『室生寺』(一九五四年、美術出版社)、『ヒロシマ』(一九五八年、研光社)ほか多数。毎日新聞社により八一年に「土門拳賞」制定。作品を収集する「土門拳記念館」(山形県酒田市)が八三年に開館。

参考文献 岡井耀毅『土門拳の格闘—リアリズム写真から古寺巡礼への道—』(二〇〇五、成甲書房)、白山眞理・堀宜雄編『名取洋之助と日本工房 一九三一—四五』(二〇〇六、岩波書店)、白山眞理『〈報道写真〉と戦争 一九三〇—一九六〇』(二〇一四、吉川弘文館) (白山 眞理)

とようばくげき 渡洋爆撃 日中戦争開始期に海軍航空隊が長崎、台北の基地から東シナ海を越えて上海、南京などに行なった爆撃。一九三七年八月十三日の夕方から第二次上海事変が勃発すると、翌十四日、台湾の台北基地から第三空襲部隊が杭州と広徳を爆撃、翌十五日、長崎の大村基地を飛び立った第二空襲部隊の新鋭長距離爆撃機九六式陸上攻撃機(中攻)が南京を爆撃した。海軍省は「世界航空史上未曽有の大空襲」と喧伝したが、宣戦布告なしにいきなり中国の首都南京を爆撃したのは国際法に反した。日本機の被害も大きかったので、九月中旬に上海の公大飛行場が使用できるようになると作戦は変更された。→南京作戦

参考文献 防衛庁防衛研修所戦史室編『中国方面海軍作戦』一(『戦史叢書』七二、一九七四、朝雲新聞社)、笠原十九司『日中全面戦争と海軍—パナイ号事件の真相—』(一九九七、青木書店) (笠原十九司)

とよだきいちろう 豊田喜一郎 一八九四—一九五二 トヨタ自動車工業(現トヨタ自動車)の実質的な創業者。一八九四年六月十一日、豊田佐吉の長男として静岡県に生まれる。第二高等学校を経て一九一七年に東京帝国大学工科大学機械工学科に進学、二〇年七月卒業。翌二一年四月より豊田紡織で勤務を開始。二二年一月にはイギリスのプラット社で工場実習を経験。このころより、織維機械の発明に関心を抱き、杼換式自動織機の特許六五一五六号は彼の名前で出願され、三八年に帝国発明表彰恩賜記念賞を受賞。自動織機の製造過程で互換性部品製造には許容誤差が重要なことを実体験し、自動車製造への進出を決断、四一年にトヨタ自工社長となる。五〇年に起きた同社の経営不振・労働争議の責任をとる形で辞職。自工への復帰が取りざたされたが、五二年三月二十七日死去。五十七歳。→トヨタ自動車工業会社

参考文献 和田一夫編『豊田喜一郎文書集成』(一九九九、名古屋大学出版会)、和田一夫・由井常彦『豊田喜一郎伝』(二〇〇二、名古屋大学出版会) (和田 一夫)

とよださぶろう 豊田三郎 一九〇七—五九 小説家。本名森村三郎。一九〇七年二月十二日、埼玉県に生まれる。東京帝国大学独文科卒業後、紀伊国屋出版部に入り、三三年から雑誌『行動』編集者。三五年二月号『新潮』に発表した短編小説『弔花』(『紀伊国屋パンフレット』四、三五年、紀伊国屋出版部)によって、台頭しつつあった「行動主義文学」の代表的作家となる。社会的現実と積極的に関わるその姿勢は、戦時体制のなかで大陸開拓文芸懇話会への参加などにつながった。この会が編集刊行した『開拓地帯』(『大陸開拓小説集』一、三九年、春陽堂書店)にも短編『開拓者』が収められた。対米英開戦とともに徴用され、ビルマ戦線の情報小隊で従軍作家として働いた。その所産である長編『行軍』(四四年、金星堂)で文学報国会小説部会賞を受賞した。『天国にいちばん近い島』(八六年、学習研究社)で知られる作家森村桂は長女。五九年十一月十八日没。五十二歳。

参考文献 井上友一郎・豊田三郎・新田潤『満洲旅日記』(竹松良明監修『文化人の見た近代アジア』五、二〇〇二、ゆまに書房)、『南方徴用作家叢書—ビルマ編—』八・九(木村一信他編『南方軍政関係史料』二五ノ二、二〇一〇、龍渓書舎) (池田 浩士)

トヨタじどうしゃこうぎょうかいしゃ トヨタ自動車工業会社 一九三七年八月に株式会社豊田自動織機製作所から分離独立する形で設立された自動車会社。自動車製造事業法による許可会社として、政府の監視のもと品質問題に苦しみながらも、材料や部品といった基礎工業から自動車製造の国産化をすすめた。陸軍は、軍事上の見地から堅牢性や出力の不足など数多くの苦情や改善点を同社に突き付け、四一年一月から同社社長となった豊田喜一郎は増産を急がず品質改善に集中した。喜一郎は「真の国産化」を目標に自社工場のみならず部品産業育成にも力を入れた。四四年一月からは軍需会社法により軍需会社に指定され増産要請されたが、資材や外注部品の不足によって生産計画を達成できなかった。戦時期の同社は少数ながら航空機エンジンなどの試作を行なったほか、戦後をにらんだ大中小七車種の乗用車の研究試作もすすめていた。→豊田喜一郎

参考文献 和田一夫編『豊田喜一郎文書集成』(一九九九、名古屋大学出版会)、『愛知県史』資料編三〇(二〇〇八、和田一夫・由井常彦『豊田喜一郎伝』(二〇〇二、名古屋大学出版会) (太田原 準)

とよだそえむ 豊田副武 一八八五—一九五七 海軍軍人。終戦時の軍令部総長。一八八五年五月二十二日、大分県に生まれる。一九〇五年海軍兵学校卒(第三十三期)。一七年海軍大学校卒。イギリス駐在を経て、「由良」艦長、「日向」艦長、連合艦隊参謀長、教育局長を歴任、三五年、軍務局長。第四艦隊司令長官、第二艦隊司令長官を経て、三九年、艦政本部長。戦艦「大和」の建造に難色を示した。四一年、海軍大将に進級し、呉鎮守府長官。陸軍に強い不信感を持ち、日米戦争に反対した。そのため、東条英機内閣成立時、東条首相は、豊田の海相就任に同意しなかった。四三年五月、横須賀鎮守府長官。海軍部内には豊田を海相に推す声が強かったが、四四年五月、連合艦隊司令長官として転出した。マリアナやレイテの作戦は失敗に終わったが、翌年五月、軍令部総長に転じた。終戦時の御前会議では、戦争継続を辞さない陸軍側と歩調を合わせ、四条件論、再照会論を主張した。戦後、戦犯容疑をかけられたが、無罪となっている。五七年九月二十二日死去。七十二歳。

参考文献 防衛省防衛研究所蔵「豊田副武海軍大将日記摘録」(一・日誌回想・八ノ二三)、豊田副武『最後の帝国海軍』(一九五〇、世界の日本社)、吉田俊雄『四人の連合艦隊司令長官』(一九八一、文藝春秋)、野村実「豊田副武の決断」(『歴史と人物』一七〇、一九八五) (鈴木 多聞)

とよだていじろう 豊田貞次郎 一八八五—一九六一 軍人、政治家。一八八五年八月七日、旧紀伊田辺藩生まれ。海軍兵学校を一九〇五年に卒業後(第三十三期)、イ

ギリスに駐在、オックスフォード大学を卒業する。その後もイギリス駐在、ジュネーブ・ロンドン軍縮会議の随員となるなど、海軍の国際派の一人となる。四〇年には及川古志郎の下で次官となり、及川を説得して日独伊三国同盟調印に踏み切った。翌四一年には近衛文麿に請われて第二次近衛内閣の商工大臣となり、ついで第三次内閣では松岡洋右にかわり外相兼拓務大臣に就任、日米交渉に取り組んだ。松岡の負の遺産を清算すべく尽力する豊田はアメリカ大使ジョセフ＝グルーやイギリス大使ロバート＝クレーギーの信頼を受けるものの、日米交渉は不成立に終わる。終戦時には軍需大臣であった。戦後は民間企業に勤める。六一年十一月二十一日没。七十六歳。

参考文献 『豊田貞次郎回想録』(一九六二、日本ウジミナス)、戸高一成編『「証言録」海軍反省会』一(二〇〇九、ＰＨＰ研究所)、森山優『日本はなぜ開戦に踏み切ったか—「両論併記」と「非決定」—』(『新潮選書』、二〇一二、新潮社)　(武田　知己)

とよだまさこ　豊田正子　一九二二—二〇一〇　小説家。一九二二年十一月十三日、父由五郎、母ゆきの長女として東京で生まれる。父はブリキ職人で、失業が続き一家で夜逃げをしたこともあった。小学校を何度も転校し、本田小学校のときに、担任教師の大木顕一郎に綴り方を指導され「うさぎ」が『赤い鳥』に入選する。渋江小学校卒業後は女工として働いていたが、三七年に中央公論社より『綴方教室』が刊行されると話題を呼び、翌年には山本安英を正子役として新築地劇団で舞台化され、さらに高峰秀子が主演となって東宝で映画化もされた。ただし話題になったにもかかわらず、印税や原稿料などは豊田一家に入らなかったという。三九年には『続綴方教室』、四一年には『粘土のお面』を刊行。四二年には、陸軍報道部の要請に応じて片岡鉄兵らとともに中国を視察し、四三年に『私の支那紀行』を刊行した。戦後は日本共産党に入党、江馬修を助けて『人民文学』の編集に協力し、その後、江馬とともに文化大革命の最中に中国を訪問。八二年にも高橋揆一郎らとともに訪中した。七二年に江馬と別れたあとの著作は、女優の田村秋子との行き来を語った『花の別れ　田村秋子とわたし』(一九八五年、未来社)などがある。二〇一〇年十二月九日没。八十八歳。

参考文献 高橋揆一郎『えんぴつの花』(一九八六、文藝春秋)、山住正己「解説」(豊田正子『(新編)綴方教室』所収、一九九五、岩波書店)　(竹内栄美子)

とよだりさぶろう　豊田利三郎　一八八四—一九五二　豊田自動織機、トヨタ自動車工業(現トヨタ自動車)の初代社長。一八八四年三月五日、滋賀県に児玉利三郎として生まれる。東京高等商業学校(現一橋大学)専攻科を卒業後、一九一二年に伊藤忠合名会社に入社。一五年には豊田佐吉と後妻の浅子との娘、愛子の婿養子として豊田家に入籍。実兄児玉一造などの協力も得て、常務取締役として豊田紡織の運営にあたる。豊田喜一郎の自動車事業進出を支援しただけでなく、繊維事業主体から機械工業への豊田家の事業転換を積極的に進めた。三七年、トヨタ自工設立、初代社長となる。戦後、豊田系の役員を辞任したものの、トヨタ自工の労働争議後には取締役・監査役選任のための選考委員会の一員として、新たな経営陣を選出するなど豊田系事業への影響力を保持した。五二年六月三日死去。六十八歳。

参考文献 岡本藤次郎・石田退三編『豊田利三郎氏伝記』(一九五八)、和田一夫・由井常彦『豊田喜一郎伝』(二〇〇二、名古屋大学出版会)　(和田　一夫)

ドラウト　James Matthew Drought　一八九六—一九四三　アメリカのカトリック神父。一八九六年十一月十八日、ニューヨーク市に生まれる。一九二〇年にカトリックのメリノール宣教会に参加、二一年に神父叙階を受ける。二〇—三〇年代、おもにフィリピンで布教活動に従事し、三四年、同会のカトリック海外伝道協会司祭総代理に選出された。四〇年十一月、キリスト教徒である井川忠雄(洗礼名パウロ)産業組合中央金庫理事に書簡を送ったことがきっかけとなり来日した。四一年一月、野村吉三郎駐米大使の了解のもと、井川、岩畔豪雄陸軍省軍事課長が渡米、ドラウトとジェイムズ・E・ウォルシュを訪問し、この民間人同士の非公式の日米交渉協議が、四一年のコーデル＝ハル国務長官と野村吉三郎駐米大使間の交渉へと繋がった。ドラウトは、最終的には実現しなかったものの、日米首脳会談開催を目的とした和平交渉の考案者だった。四三年五月一日没。四十六歳。

参考文献 R. J. C. Butow, *The John Doe Associates: Back door Diplomacy for Peace, 1941* (Stanford, California, Stanford University Press)　(高田　馨里)

トラウトマン　Oskar Paul Trautmann　一八七七—一九五〇　ドイツの外交官、中国駐在大使。一八七七年五月七日生まれ。大学で法学を専攻。一九〇四年ドイツ外務省入省、サンクトペテルブルク領事館、外務省政治部などに勤務。第一次世界大戦後、対東アジア外交関係業務に従事。二一年神戸駐在総領事、二二年駐日大使館勤務、二三年代理公使。二四年外務省東アジア課長、二八年東方局長。三一年中国駐在公使(北京)、中独文化協会理事、三五年中国駐在大使(南京)。ドイツ外交のナチス化とともに対日関係が重視されていく中、外務省の伝統的な親中国路線を守る。非ナチ党員。日中戦争開始後、日中間の和平交渉仲介に努めるが、挫折。三八年六月、外相リッベントロップにより大使を罷免され、本国に召還。五〇年十二月十日死去。七十三歳。　(土田　哲夫)

トラウトマンわへいこうさく　トラウトマン和平工作　日中戦争初期、一九三七年十月から三八年一月にかけて行われた、駐華ドイツ大使トラウトマンを仲介とした日中和平交渉。三七年十月、日本側は参謀本部の意図が反映される形で、東京駐在のドイツ大使館付武官オットに中国側との斡旋を依頼した。その後、斡旋は外務省ルートで行われ、十一月二日広田弘毅外相がディルクセン駐日ドイツ大使に和平条件を提示した。中国政府はドイツを通じて交渉に応じる姿勢を示したが、華北における行政主権の維持で譲歩しない方針も伝えた。しかし、日本政府は南京の陥落を背景に、より苛酷な条件を閣議決定し、トラウトマン経由で中国側に伝えた。その内容は、中国の満洲国承認、華北・内蒙古・華中における非武装地域の設置、保障駐兵、日満中経済合作など多岐にわたり、中国側にとって受け容れがたいものだった。三八年一月、日本側は交渉を打ち切り、近衛文麿首相は「国民政府を対手とせず」声明を発表した。

参考文献 三宅正樹「トラウトマン工作の性格と史料—日中戦争とドイツ外交—」(『国際政治』四七、一九七二)、戸部良一『ピース・フィーラー—支那事変和平工作の群像—』(一九九一、論創社)、劉傑『日中戦争下の外交』(一九九五、吉川弘文館)
(劉 傑)

空襲を受けたトラック島の基地

トラックとうくうしゅう　トラック島空襲　一九四三年二月、アメリカの機動部隊によるカロリン諸島中の大環礁トラック島の空襲。連合艦隊は同島を南方作戦の主根拠地としていた。マーシャル諸島を北上中の米太平洋艦隊は、トラック島の軍事力を空襲のみで破壊する方針を固め、四四年二月、第五十八機動部隊を向かわせた。この動きを察知した連合艦隊は、同十日に水上部隊を内地およびパラオに退避させ、古賀峯一連合艦隊司令長官は協議のため東京に直行した。トラック島には第四艦隊および南西方面艦隊の航空部隊、輸送船団が残り、第四艦隊司令長官小林仁中将の隷下に入ったが、まだ指揮系統は未整備であった。十七日、海軍のレーダーが大編隊接近を捉えたが、外出許可中のため折角の情報は無駄になった。二日間の猛襲を受け、航空機、艦船、地上施設は完全に破壊され、燃料・食糧の備蓄も失った。この報を受けた東京の古賀や海軍首脳は、ラバウル航空隊全機のトラック移転を命じた。この命令は海軍中央が犯した一大誤判断で、膠着状態に近かったニューギニア戦が流動化し、米軍の西進が一気に早まり、マッカーサー軍のフィリピン進攻に道を開けることになった。

参考文献 防衛庁防衛研修所戦史室編『中部太平洋陸軍作戦』一(『戦史叢書』六、一九七〇、朝雲新聞社)、同編『海軍航空概史』(同九五、一九七六、朝雲新聞社)、井本熊男『作戦日誌で綴る大東亜戦争』(『昭和軍事史叢書』、一九七九、芙蓉書房)
(田中 宏巳)

とりゅう・にしきふくざせんとうき　屠龍・二式複座戦闘機　陸軍初の本格的な複座戦闘機。川崎航空機工業が開発。長距離爆撃機の援護を主任務として設計された。従来の格闘性能に優れた軽戦闘機に比べて、航続距離を重視。一九四二年、制式採用。エンジン一〇五〇馬力×二。最大速度時速五四〇キロ。輸送船の護衛や爆撃のために用いられ、戦争末期には、複座戦闘機であることを生かして、B29爆撃機の夜間迎撃のためにも用いられたが、高高度では、速力、上昇力が不足していた。

参考文献 野沢正編『日本航空機辞典』上(一九八九、モデルアート社)
(水沢 光)

トルーマン　Harry Shippe Truman　一八八四—一九七二　アメリカの政治家、第三十三代大統領。一八八四年五月八日、ミズーリ州に生まれる。両親は人種的にリベラルで黒人家族の子らとともに幼い時代を過ごした。高校卒業後、農場経営、ミズーリ州軍兵士、紳士洋品店、銀行業、郵便局長、保険代理店などさまざまな職を経験しながら独学で法律を学ぶ。第一次世界大戦時には、州軍砲兵隊としてフランスで戦闘に従事した。帰国後、ミズーリ州の腐敗した政治マシーンの支持を受けながらも、汚職にかかわることなく郡裁判所判事に立候補して当選、一九二四年に再選を逃したが、二六年に同主席判事に選出された。

三三年にローズヴェルト政権が誕生すると、ミズーリ州から民主党連邦上院議員に出馬、三四年に当選した。トルーマンは、ニューディール政策を支持し、中小企業を守るため大企業への規制を主張、反ローズヴェルト勢力による救済予算の削減の動きに反対して政権を助けた。大統領との初の個人的会見で大統領がトルーマンを認識していなかったことに失望したものの、大統領の支持者でありつづけた。四〇年の連邦議会選挙では苦戦が予想されたが、州の農民、労働組合、黒人有権者の支持を受けて再選された。同年、ローズヴェルト大統領の航空機年産五万機計画を含む再軍備計画に応えて連邦議会は再

トルーマン

軍備予算一〇五億ドルを承認した。この予算は、それまでのどのニューディール関連予算をも凌駕する莫大な金額であり、非効率的な支出の抑制が課題であった。トルーマンは、再軍備予算執行を監督する委員会の設置を主張し、議員仲間のジェイムズ・F・バーンズ、軍部からはジョージ・C・マーシャル参謀総長から支持を得て委員会設置を実現した。通称トルーマン委員会と呼ばれた上院特別国防計画調査委員会は、中小企業を含む契約企業の選定や地域的振り分け、労働組合との調停を行い、混乱や無駄のない、効率的な軍需生産を実現した。その結果、この委員会活動は、高く評価され、連邦議会の調査委員会活動の模範とされた。

　トルーマンは、この委員会活動をみずからの名声を高めるためには利用しなかったが、その指導力と行動は民主党上院議員らによって高く評価されていた。四四年の選挙で、健康問題を抱えていたローズヴェルト大統領の副大統領候補の人選に際し、党内で敵の多いヘンリー・A・ウォーレス続投には疑問符が投げかけられ、南部民主党議員ジェイムズ・F・バーンズには労働組合や黒人組織からの強い反発があった。政敵がほとんどなく、誰もが第二候補に挙げていたトルーマンに対し、党分裂回避のためとして、ローズヴェルトは副大統領使命を受諾するよう要請した。しかし、副大統領になったのちも軍事・外交問題に関して無知な状態に置かれ、トルーマンが原子爆弾開発を知ったのは、四五年四月、ローズヴェルト死去後に大統領に昇格したのちのことだった。

　トルーマンは、新国務長官バーンズや陸軍長官スティムソンから軍事・外交問題を学び、戦後処理問題に着手した。ローズヴェルトとは異なり、トルーマンはソ連の東欧政策には批判を隠さず、四五年七月のポツダム会談で初会見したスターリンに強硬な姿勢を示した。トルーマン政権による原爆投下に関しては、日本本土上陸に際する人的犠牲、使用を前提とする原爆に投じられた莫大な開発費、対ソ牽制、大統領としての決断力や対日感情など、複合的な要因が存在したという見解が示されている。また、トルーマン政権と米ソ冷戦の激化についても国際関係史の文脈から調査が進展している。内政では、公民権や米軍の人種統合に着手した。また、シオニズムに深い理解を寄せ、イスラエル建国を支援した。四八年の選挙で再選。戦中戦後で政権二期を務めた。七二年十二月二十六日、故郷ミズーリ州で八十八年の生涯を閉じた。

参考文献　J・サミュエル＝ウォーカー『原爆投下とトルーマン』(林義勝監訳、二〇〇八、彩流社)、Alonzo L. Hamby, *Man of the People: A Life of Harry S. Truman* (New York, 1995, Oxford University Press)

(高田　馨里)

ドルかい　ドル買い　一九三一年九月から十二月にかけて大量の円売りドル買いがなされた事態。三一年九月に英国が金本位制を停止すると、日本の金本位制停止＝円安ドル高の進行を予測した内外の金融機関や諸会社がドルの先物買いに走った。浜口内閣の井上準之助蔵相は、金本位制の維持を標榜してドル売りで対抗し、また財界に対しドルの思惑買いを控えるよう強く要請した。同年十二月に政友会の犬養内閣が成立、即日金本位制を停止し、円安ドル高が実現、ドル買い側は多額の為替差益を享受することになった。ドル買い側は、通常の経済活動のために必要なドルを手配したものと表明したが、国策に反する行動をとったこと、それにより巨額の利益を得たことに対し強い批判がおこった。とりわけ、三井が最大の買い手であったことから、激しい財閥批判を惹起し、三二年三月の三井合名会社理事長団琢磨の暗殺を招き、その後の「財閥転向」といわれる事態につながった。

参考文献　山崎広明「「ドル買い」と横浜正金銀行」(山口和雄・加藤俊彦編『両大戦間の横浜正金銀行』所収、一九八八、日本経営史研究所)、武田晴人『財閥の時代―日本型企業の源流をさぐる―』(一九九五、新曜社)

(吉川　容)

どんりゅう・ひゃくしきじゅうばくげきき　呑龍・一〇〇式重爆撃機　陸軍の重爆撃機。九七式重爆撃機の後継機として、中島飛行機が開発。援護戦闘機を必要としない重武装の爆撃機を目指して設計。一九四一年、制式採用。背部二〇ミリ砲一丁、尾部銃座などに七・九ミリ銃五丁を装備。乗員八名。エンジン一二五〇馬力×二。最大速度時速四六六キロ。重爆撃機といいながら、爆弾搭載量は五〇〇～一〇〇〇キロと少ない。四三年夏のオーストラリアのポートダーウィン爆撃などに参加。四式重爆撃機の登場した四四年まで生産が続けられた。

参考文献　野沢正編『日本航空機辞典』上(一九八九、モデルアート社)

(水沢　光)

な

ないかくこもん　内閣顧問　首相の政務運営に参加させるため設置された機関。一九四三年三月十八日官制公布。「大東亜戦争に際し重要軍需物資の生産拡充其の他戦時経済の運営」を行うため、東条英機内閣のもとで実業家を中心とする七名に発令された。小磯国昭内閣期には「経済関係のみならず広く物心両方面に亘り国政一般の運営に」とされ、四四年十月二十八日官制公布。鈴木貫太郎内閣でも運用され、政治家や官僚、学者などからも任命された。主に内閣顧問会議での討議や各顧問による首相への献策などを行い、関係国務大臣との緊密な連携のために戦時経済協議会も設置された。国務大臣とともに行政査察使に任ぜられ、藤原銀次郎や五島慶太らが飛行機や船舶の製造状況を視察し、内閣に報告もしている。鈴木貫太郎内閣では首相が出席する定例顧問会議のほかに、顧問だけの会議が設けられ、特定の問題を内閣側から提示して内閣顧問の見識能力を活動させる方策をとるものとされた。四七年五月三日廃止。

参考文献　古川由美子「行政査察に見る戦時中の増産政策」(『史学雑誌』一〇七ノ一、一九九八)、村井哲也『戦後政治体制の起源―吉田茂の「官邸主導」―』(二〇〇八、藤原書店)、関口哲矢「アジア・太平洋戦争期の内閣顧問の活動と内閣機能強化」(『二十世紀研究』一三、二〇一二)

(関口　哲矢)

ないせんゆうわ　内鮮融和　植民地下の朝鮮・日本で、朝鮮人の日本同化や民族対立の緩和などを目的に使用されたスローガン。一九一〇年代から使われ、朝鮮でも大正親睦会(一六年設立)など「内鮮融和」を活動目標とする官主導の朝鮮人団体があったが、在日朝鮮人を対象とした本格的な「内鮮融和」政策は二〇年代から展開した。朝鮮植民地政策や日本の低賃金労働者不足による朝鮮人労働者の急増に対応するために、また関東大震災での朝鮮人虐殺も背景となり、二四年から朝鮮人労働者が多く住む地域に行政主導で大阪府内鮮協和会(二四年)、神奈川県内鮮協和会(二五年)などの「内鮮融和」団体が設立された。これらの団体は朝鮮人の保護救済を掲げながら社会事業と同時に同化・教化事業を行なった。在日朝鮮人に対する「内鮮融和」政策は、三〇年代後半からは全国に地方協和会を設立し政府がより統制を強める協和事業へと転換した。戦時期には朝鮮で皇民化政策が排他的に推進されるなか、スローガンも「内鮮一体」に統一された。

参考文献　樋口雄一『協和会―戦時下朝鮮人統制組織の研究―』(一九八六、社会評論社)、塚崎昌之「一九二〇年代、大阪における「内鮮融和」時代の開始と内容の検討―朝鮮人「救済」と内鮮協和会・方面委員―」(『在日朝鮮人史研究』三七、二〇〇七)、杉本弘幸「戦前期都市社会政策と内鮮融和団体の形成と崩壊―京都市における内鮮融和団体を事例として―」(『歴史評論』七一二、二〇〇九)

(庵逧　由香)

ないだいじん　内大臣　後継内閣首班奏薦・天皇への助言など常侍輔弼を任とする職。一八八五年、太政官制に代わって内閣制度がつくられた時に、宮中に内大臣が置かれ、太政大臣であった三条実美が就任した。ただ明治時代において内大臣は名誉職的なものであった。一九〇七年皇室令第四号により内大臣府などの官制が制定され、内大臣は内大臣府を統括し、天皇に常侍輔弼することと改めて位置づけられた。大正天皇に代替わりした後、一四年から大山巌や松方正義という元老が内大臣に就任し、内大臣は名誉職的なものではなく、後継内閣首班奏薦において元老と並び重要な役職と目された。大正中期になると元老は西園寺公望のみとなり、また宮内大臣として宮中某重大事件の善後処置などで自信を深めた牧野伸顕が、二五年から三五年まで内大臣を務めた。昭和初期、国際協調を標榜する西園寺と牧野は、右翼からテロの標的とされた。三五年天皇機関説問題で、美濃部達吉と同じ学説に属すると目された牧野は内大臣を辞任する。その直後宮中側近を標的とした二・二六事件が起き、後任の内大臣斎藤実は暗殺された。四〇年六月、近衛新体制運動に参加していた木戸幸一が内大臣に就任する。木戸は、後継内閣首班奏薦の方法を策定し、内大臣が主催する重臣会議を開き、その上で元老に相談し、天皇に奉答することにした。七月米内光政内閣が総辞職すると、木戸はこの方法で後継首班選定を進め、近衛新体制運動をナチス的だとして反対していた元老西園寺の意向を抑えて、第二次近衛文麿内閣を誕生させた。その後、西園寺は死去し、後継首班選定は、内大臣の木戸を中心に進められる。四一年十月、第三次近衛内閣が総辞職すると、木戸は重臣会議での反対論を押し切る形で、陸軍大臣であった東条英機を後継首班に奏薦している。四五年六月木戸は戦局の絶望的悪化を認識し、宮中主導の終戦工作を進め、ポツダム宣言受諾に導いた。敗戦後木戸は憲法改正の準備のために近衛を内大臣府御用掛としたが、批判が集中する。その後四五年十一月に内大臣府は廃止された。　→宮中グループ

参考文献　松田好史『内大臣の研究―明治憲法体制と常侍輔弼―』(二〇一四、吉川弘文館)

(後藤　致人)

ないむはん　内務班　アジア・太平洋戦争前の日本陸軍における兵営生活の単位。陸軍の中隊内での教練、演習以外の日常生活を内務といい、事務取り扱い、兵営内における軍隊教育などを兵に施すことを目的とした。内務班は通常一室二十名前後の兵が共同で生活し、海軍では

内務班における各人の持ち物整理(『連隊内務規定』一九三二年)

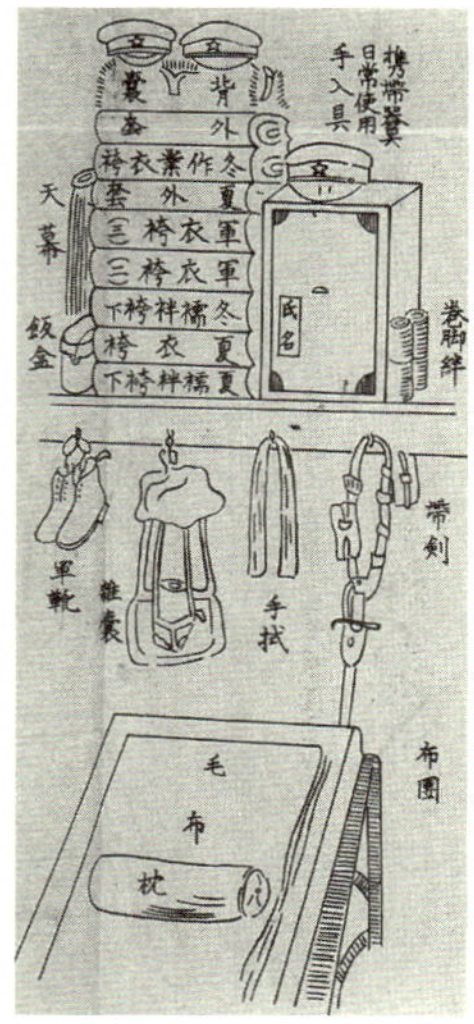

これを居住区といった。平時、軍隊の最小単位は中隊であったが、中隊はさらに兵舎内の兵士の居室ごとに五か六の内務班に分かれた。営内居住の下士官を内務班長とし、場合によってはさらに内務班付の下士官をおいた。班内での生活は道場や学校の体をなし精神教育が重んじられ、厳しい規則と慣行の強制によって心身ともに盲目的に服従する兵士に改造する内務教育が実施された。「軍隊内務書」の指針では兵卒の愛護や兵卒間の和親がうたわれ、上官の命令を班員に伝達して班員を指導し、確実に内務を実施することが指示されている。しかし実際には下士官・古兵による初年兵に対する苛烈な私的制裁が日常的に加えられ、繰り返し禁止が通達されたが、自殺者・脱走者が絶えなかった。 →私的制裁(してきせいさい) →兵営(へいえい)

参考文献 伊藤桂一『兵隊たちの陸軍史―兵営と戦場生活―』(『ドキュメント近代の顔』一、一九六六、番町書房)、原田敬一『国民軍の神話―兵士になるということ―』(『ニューヒストリー近代日本』四、二〇〇一、吉川弘文館)

（河西　英通）

ないもうこうさく　内蒙工作　中国のチャハル省・綏遠省地域を日本の支配下に置くための関東軍による謀略工作。関東軍は一九三三年二―三月の熱河作戦、五月の塘沽停戦協定によって熱河省を満洲国に編入して東部内蒙古を支配下におさめると、満洲国西方の安全および対ソ戦争準備の拠点を確保するために西部内蒙古への進出に着手した。熱河作戦の際に帰順させた李守信軍を謀略部隊として同年八月チャハル省東部のドロンに侵攻させ、察東特別自治区を設立してその後の工作拠点とした。関東軍は三五年一月大連会議を開いて内蒙工作の積極的な推進を決定、同年六月土肥原・秦徳純協定によって宋哲元軍を外長城線以南に撤退させると、同年十二月察東事変を起こし、ついで察北六県を接収して三六年一月チャハル盟公署を設置した。内蒙の高度自治を求めていた徳王(ドムチョクドンロプ)と提携し、同年五月蒙古国建国を目標に掲げる蒙古軍政府を徳化に樹立。軍政府の財源確保のため関東軍参謀田中隆吉中佐は徳王とともに綏遠省東部への侵攻を計画し、同年十一月に綏遠事件を起こすも失敗、内蒙工作は頓挫した。

参考文献 森久男編『徳王の研究』(『愛知大学国研叢書』三ノ三、二〇〇〇、創土社)、森久男『日本陸軍と内蒙工作―関東軍はなぜ独走したか―』(『講談社選書メチエ』、二〇〇九、講談社)

（小林　元裕）

なかいまさかず　中井正一　一九〇〇―五二　美学者。一九〇〇年二月十四日、大阪で生まれた後、尾道で暮らす。広島高等師範学校附属中学校、第三高等学校を経て、二二年に京都帝国大学文学部哲学科美学専攻入学、二五年卒業後、大学院進学。大学院では『哲学研究』の編集に携わる。三三年滝川事件の抵抗運動に参加、翌三四年に京都帝国大学文学部哲学科講師に就任後、新村猛・真下信一・久野収らと第二次『美・批評』を創刊。三五年に第二次『美・批評』を発展させて『世界文化』を創刊し、三六年「委員会の論理」を発表する。三六年新聞『土曜日』を創刊し、生活者の声を公共空間に届けようと新しい表現形態を模索する。三七年に治安維持法違反の容疑で検挙され、『世界文化』『土曜日』は廃刊になる。四五年尾道に疎開し、同年六月に尾道市立図書館長に就任。四八年国立国会図書館副館長に任命される。五二年五月十八日没。五十二歳。

参考文献 中井正一『美と集団の論理』(一九六二、中央公論社)、木下長宏『(増補)中井正一―新しい「美学」の試み―』(『平凡社ライブラリー』、二〇〇二、平凡社)

（長妻三佐雄）

ながいりゅうたろう　永井柳太郎　一八八一―一九四四　大正・昭和戦前期の政治家。一八八一年四月十六日、石川県に生まれる。早稲田大学政治経済学部卒。イギリスに留学、早大教授を務める。一九二〇年、衆議院議員に当選し死去まで議員を務める。憲政会、民政党に属す。浜口雄幸内閣の外務政務次官、斎藤実内閣の拓務相。昭和初期までの永井は内にデモクラシーと普通選挙、外にワシントン体制と協調外交を擁護し、中国の国民革命を肯定的に評価していた。満洲事変後、対外強硬路線を主張していく。のち第一次近衛文麿内閣の逓信相、阿部信行内閣の逓信兼鉄道相を歴任。四〇年七月、新体制運動に呼応して民政党を脱党、同党は解党する。十月に大政翼賛会が発足すると常任総務となる。その後、翼賛会東亜局長、翼賛政治会常任総務を務める。戦時期の永井は、デモクラシーの思想を背景に国民の総動員と「平準化」を進めようとした。四三年発足の大日本育英会会長となる。四四年十二月四日死去、六十四歳。

参考文献 『永井柳太郎』(一九五九、勁草書房)、岩本典隆『近代日本のリベラリズム―河合栄治郎と永井柳太郎の理念をめぐって―』(一九九六、文理閣)

（源川　真希）

なかがわよいち　中河与一　一八九七―一九九四　作家、歌人。一八九七年二月二十八日、香川県の代々の医家の長男として東京に生まれ、二歳のときに坂出に移る。家業を継ぐのを嫌って、文学に傾倒し、一九一九年、早稲田大学予科に入学、英文科に進学し、在学中に文壇デビュー。病的潔癖性で退学後の二四年、新感覚派の『文芸時代』の創刊に同人として参加した。三八年に『天の夕顔』を発表、文壇は無視したが、永井荷風が激賞した。やがて純愛を描いた浪漫主義文学の傑作として高く評価され、英語、フランス語、ドイツ語に翻訳された。方法論として「偶然の美学」を提唱した。三九年より民族主義的全体主義を唱えて『文芸世紀』を創刊、四一年には陸軍の後押しで大日本雄弁会講談社編集顧問に就任。日本文学報国会では小説部会幹事。戦後、戦中期に左翼文学者のブラックリストを当局に提出して弾圧に手を貸したのではないかという疑惑が囁かれ、文壇では孤立を余儀なくされた。これについては平野謙や中島健蔵が意図的に噂を流したという見解もある。九四年十二月十二日に死去。九十七歳。

参考文献 笹淵友一編『中河与一研究』(一九七〇、右文書院)、『中河与一全集』(一九六六-六七、角川書店)

(渡辺 和靖)

ながさきげんばくしりょうかん 長崎原爆資料館 ⇩平和博物館(へいわはくぶつかん)

なかざわたすく 中沢佑 一八九四―一九七七 海軍軍人。一八九四年六月二十八日、中沢忠助の四男として長野県に生まれる。諏訪中学から海軍兵学校入学、一九一五年卒業(第四十三期)。二八年海軍大学校卒業(甲種)。第二艦隊参謀、第一艦隊参謀兼連合艦隊参謀を経て三二年米国駐在、スタンフォード大学で米国事情を学ぶ。三四年帰国して軍令部第一部第一課首席部員。軍縮と無条約時代対策の研究に従事し、大和型戦艦の要目決定の際、速力低下に反対し辞任を申し出たが慰留された。三七年軍令部第一部第二課長、三九年同第一課長、四〇年北部仏印進駐問題で陸軍と対立、日独伊三国同盟に反対したが締結されたため辞職。第五艦隊参謀長を経て四二年海軍省人事局長。四三年軍令部第一部長。四四年末第二十一航空戦隊司令官。敗戦後、第一部長時代に潜水艦部隊の違法行為を指示したとして本人否認のまま重労働十年の判決を受け、五二年四月まで拘置。七七年十二月二十一日没。八十三歳。

参考文献 追想海軍中将中沢佑刊行会編『追想海軍中将中沢佑―海軍作戦部長・人事局長回想録―』(一九七九、原書房)

(森山 優)

なかしなぐんぴょうこうかんようぶっしはいきゅうくみあい 中支那軍票交換用物資配給組合 ⇩軍配組合(ぐんぱいくみあい)

なかしなしんこうかいしゃ 中支那振興会社 日中戦争下の華中占領地の経済開発を推進するために設立された投資会社。一九三八年二月、陸軍当局は、国民政府、地方政府、軍閥が所有していたあらゆる動産、不動産などを、敵産として日本軍の管理下に置くことを宣言し、三月に南京にて中華民国維新政府が成立すると、同政府が産業部門の監督、指導にあたった。同年四月三十日、中支那振興株式会社法が公布・施行され、同年十一月七日、創立総会が開催され中支那振興株式会社が誕生した。資本金は設立当初、一億円で、のちに増資され、閉鎖日には資本金一億五千七十四万余円、払込額一億千三百二十四万余円であった。主な株主は日本政府(大蔵大臣)、三井物産、三菱本社等で、初代総裁は児玉謙次、次は高島菊次郎が四五年の閉鎖まで務めた。中支那振興株式会社はすでに華中で設立され日本側民間企業が投資していた企業に対して、それを肩替わりして関係子会社とし、融資によって発展をはかった。対華新政策以降、法律第二六号をもって関係子会社も調整され、各会社の組織、運営、管理の一切が中国法令によって処理されるようになり、指揮監督権は名実ともに新国民政府に帰属するようになった。かくして中支那振興株式会社は華北と異なり関係子会社自体の経営を全面的に掌握できず、この点において無力化した。なお、政府の命令による事業には日本製鉄株式会社のために馬鞍山に小型溶鉱炉を設置し、これを日本製鉄株式会社に貸与するなどのことを行なった。四五年九月三十日、連合国軍最高司令官の「外地ならびに外国銀行および戦時特別機関の閉鎖にかんする覚書」により即日閉鎖を命ぜられ、十月二十六日、大蔵・内務・司法省令第一号により閉鎖機関に指定された。

参考文献 閉鎖機関整理委員会編『閉鎖機関とその特殊清算』(一九五四)、中村隆英『戦時日本の華北経済支配』(『近代日本研究双書』、一九八三、山川出版社)

(白木沢旭児)

なかじまくまきち 中島久万吉 一八七三―一九六〇 実業家、政治家。古河財閥の多角化に貢献し、財界活動を経て、商工大臣。一八七三年七月二十四日、中島信行の長男として神奈川県に生まれる。母は陸奥宗光の妹。幼少時代を土佐で送り、慶応義塾幼稚舎、一致英語学校などを経て、九七年東京高等商業学校卒。東京株式取引所、内閣総理大臣秘書官を経て、一九〇六年古河潤吉(陸奥宗光の実子)急死に伴い、古河合名会社に入社、当主古河虎之助を補佐して事業多角化を進め、横浜電線製造(古河電気工業)、横浜護謨などを設立。財界活動では日本工業倶楽部創立(一七年)に尽力。古河を離れ、三〇年から臨時産業合理局常任顧問として産業合理化運動の推進役を務めた。三二年斎藤内閣の商工大臣に就任。執筆した「足利尊氏」論を軍部に咎められ辞任、帝人事件を契機に隠棲生活に入り、戦後、日本貿易振興会会長などを務め六〇年四月二十五日没。八十六歳。

中島久万吉

参考文献 中川敬一郎・由井常彦編『財界人思想全集』二(一九七〇、ダイヤモンド社)

(長谷川 信)

なかじまけさご 中島今朝吾 一八八一―一九四五 陸

軍軍人。一八八一年六月十五日、大分県で農業中島茂十郎の三男として生まれる。一九〇三年陸軍士官学校卒(第十五期)。一三年陸軍大学校卒。その後二七年砲兵大佐・野砲第七連隊長、二九年陸大教官、三二年少将・舞鶴要塞司令官、三三年陸軍習志野学校校長などを経て、二・二六事件後の三六年三月に中将・憲兵司令官となった。日中戦争開始後の三七年八月、第十六師団長となり華北に派遣されたが、十月末に同師団は上海派遣軍に編入され、その後南京攻略戦に参加した。三七年十二月の南京陥落直後に中島が記した日記には「大体捕虜はせぬ方針なれば片端より之を片付くることゝなし」など、投降した中国兵を日本軍が組織的に虐殺したことを窺わせる記述がある。三八年六月には、大本営にあてて停戦・和平の具申書を提出した。三八年十一月以後、第四軍司令官などを経て三九年十月に予備役となった。一九四五年十月二十八日没。六十五歳。

参考文献 「中島今朝吾日記」(南京戦史編輯委員会編『南京戦史資料集』一所収、一九九三、偕行社)、木村久邇典『個性派将軍中島今朝吾—反骨に生きた帝国陸軍の異端児—』(一九八七、光人社) (伊香 俊哉)

なかじまけんぞう 中島健蔵 一九〇三—七九 仏文学者、評論家。一九〇三年二月二十一日、東京に生まれる。松本高校を経て、東京帝国大学文学部仏文科に進学。二八年卒業後副手として残り、助手を経て三四年東大講師(六二年まで)。ヴァレリー、ボードレール、ジッドの翻訳・研究に取り組み、文芸・文化評論にも力を注いだ。三木清に兄事し、学芸自由同盟、文芸懇談会、日本ペンクラブ、昭和研究会などに参加。また大政翼賛会を防波堤とみて、翼賛会文化部の地方文化運動に共鳴して運動の推進に尽力した。四二年陸軍宣伝班員として徴用され、シンガポールで華僑虐殺事件によって息子を殺された「華僑の母」に遭遇、戦後その衝撃を記している。帰国後四三年林達夫の依頼で東方社に入社、その後理事に就任している。戦後は、日本文芸家協会、日本ペンクラブの再建、日本著作権協会の設立に参加、五〇年新日本文学会議長、五六年から日本中国文化交流会理事長として日中文化交流に力を注いだ。七九年六月十一日没。七十六歳。

参考文献 中島健蔵『昭和時代』(『岩波新書』、一九五七、岩波書店)、同『回想の文学』(一九七七、平凡社)、蘆野徳子『メタセコイアの光—中島健蔵の像—』(一九八六、筑摩書房) (北河 賢三)

なかじまちくへい 中島知久平 一八八四—一九四九 実業家、政治家。一八八四年一月十一日、群馬県に農業中島粂吉の長男として出生。一九〇七年海軍機関学校を卒業後、海軍で飛行機研究に従事。一七年海軍を辞し飛行機研究所(のちの中島飛行機株式会社)を設立、日本有数の飛行機メーカーに成長させた。三〇年総選挙で初当選後、政友会に入党。三一年にシンクタンク国政研究会を開所、三四年党有志によって結成された国政一新会へ関与するなかで自派を形成する。政友会総裁代行委員、第一次近衛内閣鉄相等を歴任、三九年政友会中島派総裁に推戴された。政党内閣崩壊以来、近衛文麿擁立による新党結成を試みたが実現しなかった。アジア・太平洋戦争中は、強力政党樹立と大型爆撃機による米国本土爆撃を構想したがこれも実現しなかった。敗戦後、東久邇宮内閣軍需相・商相。退任後戦犯容疑者に指定され、公職追放。当選五回。四九年十月二十九日急逝。六十六歳。

参考文献 手島仁『中島知久平と国政研究会』(『みやま文庫』、二〇〇五・〇七、みやま文庫)、渡部一英『日本の飛行機王中島知久平—日本航空界の一大先覚者の生涯—』(『光人社NF文庫』、一九九七、光人社) (手塚 雄太)

なかじまひこうきかいしゃ 中島飛行機会社 海軍機関大尉中島知久平が一九一七年に予備役に編入されたのを機に群馬県太田町に開設した飛行機研究所を創始とする会社。中島は海軍在職中に複葉機を開発・製造し海軍の制式機に採用されていた。同所は中島飛行機製作所(一九年)を経て三一年に中島飛行機株式会社となった。機体製造数は日中戦争を契機として年産三百機から千機へ、四四年には約八千機へと急拡大する。発動機製造数も四四年には約一万四千台となった。陸海軍の生産力拡充命令により生産拡大に邁進した結果であり、四一年から四五年までの航空機製造の日本全体の二八%を占め第一位であった。発動機生産では、約三一%であり三菱に次ぐものであった。従業員数は、四三年には八万八千八百九十七人であり、従業員数三万千百九人の太田製作所(機体製造)、一万二千六百七人の武蔵野製作所(発動機製造)が主要工場であった。後継会社に富士重工業がある。

参考文献 『富士重工業三十年史』(一九八四、富士重工業)、高橋泰隆『中島飛行機の研究』(一九八八、日本経済評論社)、佐々木聡「日本的生産システムの生成—中島飛行機武蔵野製作所における生産システムの合理化—」(伊丹敬之他編『ケースブック日本企業の経営行動』一所収、一九九八、有斐閣) (笠井 雅直)

ながたてつざん 永田鉄山 一八八四—一九三五 陸軍軍人。一八八四年一月十四日、長野県に生まれる。一九〇四年陸軍士官学校(第十六期)、一一年陸軍大学校卒業。第一次世界大戦中の一五—一七年、北欧に軍事研究員として駐在。一七年十一月臨時軍事調査委員。国家総動員の調査研究に従事。二〇—二三年オーストリア、スイス

永田鉄山

に駐在。この間二一年十月小畑敏四郎・岡村寧次と将来の陸軍改革を盟約、帰国後、作戦資材整備会議幹事として総動員政策を準備。二六年新設の陸軍省整備局初代動員課長。二七年ごろ、東条英機、板垣征四郎らと二葉会を発足。鈴木貞一・石原莞爾らの木曜会とも関係。二九年五月、この二つの会が合流し、一夕会を結成。同会は、陸軍人事の刷新・満洲問題の解決、荒木貞夫・真崎甚三郎・林銑十郎の擁立を取り決め、陸軍中央の重要ポスト掌握へ。三〇年八月、軍務局軍事課長に就任。三一年三月、宇垣一成陸相を担ぐ三月事件計画にブレーキをかける。三一年満洲事変に際しては、南次郎陸相らの不拡大方針に対し、岡村らと幕僚レベルで満蒙独立政権樹立の陸軍中央の方針案を提起。三二年五・一五事件直後の十七日、近衛文麿・木戸幸一らに対し、「政党員にして入閣するものは党籍を離脱することは困難なりや」と述べ、政党内閣継続反対の圧力をかける。以後、宮中グループ・財界・新官僚と接触を深める。三二年四月、少将・参謀本部第二部長。対ソ戦への懸念から中国本土への介入の姿勢を強める。三三年八月歩兵第一旅団長を経て、三四年三月軍務局長。荒木陸相時代黙認されていた青年将校の同期生会・連合同期生会を禁止するとともに、青年将校の意見具申などにも厳しい姿勢をとった。三五年七月、天皇機関説事件で、宮中の憎しみを買っていた真崎教育総監が、閑院宮参謀総長の支持を得た林陸相によって更迭。この事件を、重臣財閥官僚層と組んだ永田らの陰謀だとみなした真崎と近い相沢三郎中佐によって、八月十二日、刺殺された。中将進級。五十二歳。→相沢事件(あいざわじけん)

参考文献　永田鉄山刊行会編『秘録永田鉄山』(一九七二、芙蓉書房)、須崎慎一『二・二六事件—青年将校の意識と心理—』(二〇〇三、吉川弘文館)、川田稔『昭和陸軍の軌跡—永田鉄山の構想とその分岐—』(『中公新書』、二〇一一、中央公論新社)

(須崎　慎一)

なかたにたかお　中谷孝雄　一九〇一—九四　作家。一九〇一年十月一日、三重県一志郡七栗村(久居市)に生まれる。第三高等学校に進学し、梶井基次郎と親交を結び、二度の落第を経て、二四年東京帝国大学文学部独文科に入学、同人誌『青空』を刊行し、これに掲載された「土民」にはクロポトキンの無政府主義の影響がみられるという。二九年に東大を中退し、福知山歩兵第二十連隊に幹部候補生として入隊、除隊後少尉となった。佐藤春夫に師事し、苦しいなか作家生活をつづける。三五年『日本浪曼派』の創刊に参加、執筆活動に専念する。三八年、武漢作戦に従軍作家として参加し、各種新聞に通信を送る。戦中期には、『梁川星巌』『野村望東尼』など幕末の尊皇家についての著書がある。四三年に応召、四六年帰還した。『のどかな戦場』(一九六七年)は、小隊長としてニューギニアの基地に駐屯していた時の体験談である。九四年十二月二十七日死去。九十三歳。

参考文献　『中谷孝雄全集』(一九七五—七六、講談社)

(渡辺　和靖)

なかたにたけよ　中谷武世　一八九八—一九九〇　昭和期の政治家、民族運動家。一八九八年七月一日、和歌山県に中谷作右衛門の子として出生。一九二三年東京帝国大学法学部政治学科卒。帝大在学中より民族運動に参加、二七年には全日本興国同志会の結成に、三〇年には愛国勤労党の結成に参加。三二年法政大学教授、三三年、各界の有力者を網羅した大亜細亜協会を創設、平凡社社長下中弥三郎とともに会運営を担った。四二年の翼賛選挙で推薦を得て当選。戦局悪化後は東条内閣打倒のため活動、四五年には岸信介を指導者とする護国同志会に参加、一貫して徹底抗戦を主張した。敗戦後公職追放。戦後は『民族と政治』を主催する一方、日本アラブ協会を設立、アラブ諸国との関係を築く。岸ら自民党有力政治家との深い関わりも有した。多数ある著作の一つに、戦時議会での体験と各種資料を交えて記された『戦時議会史』がある。九〇年十月二十四日没。九十二歳。

参考文献　中谷武世『戦時議会史』(一九七四、民族と政治社)、須崎慎一「戦後日本の保守思想と右翼的ナショナリズム」(同編『戦後日本人の意識構造』所収、二〇〇五、梓出版社)、後藤乾一・松浦正孝編『大亜細亜主義』解説総目録編(二〇〇八、龍渓書舎)

(手塚　雄太)

ながと　長門　日本海軍の戦艦。長門型の一番艦であり、八八艦隊計画における最初の建造艦として一九一七年八月起工、二十年十一月竣工。超弩級戦艦として世界初の四〇チセン主砲を搭載し、防備・速力も世界水準を凌いでいた。姉妹艦である「陸奥」と交互に連合艦隊の旗艦に選ばれ、アジア・太平洋戦争開始時において旗艦を勤めた。ミッドウェー海戦、マリアナ沖海戦、レイテ沖海戦等の主要な海戦に参加したが、漸減邀撃作戦に則った艦隊決戦を行うことはなかった。敗戦後も航行可能だったために、アメリカによる核実験の標的に選ばれ、四六年七月、

長　門

ビキニ環礁で沈没。基準排水量約三万九〇〇〇トン、最大速度二六・四ノット(時速約四九キロ)。改装後は二四・五ノット)。

参考文献 山田朗『軍備拡張の近代史—日本軍の膨張と崩壊—』(『歴史文化ライブラリー』、一九九七、吉川弘文館)、*Conway's All The World's Fighting ships 1906—1921* (London, 1985, Conway Maritime Press)

(佐藤　宏治)

なかにしつとむ　中西功　一九一〇—七三　昭和期の中国問題研究者、日本共産党幹部。一九一〇年九月十八日、三重県に生まれる。東亜同文書院中退後、プロレタリア科学研究所・大原社会問題研究所などを経て三四年、尾崎秀実の紹介で満鉄に入社、大連の総務部資料課に属す。三七年、大村達夫の筆名で中国統一化論争に参加、三九—四〇年には上海事務所で支那抗戦力調査を主導し、日中戦争の軍事的解決の不可能性を結論づける。この間、西里竜夫らを通じ中国共産党と連絡を取っていたが、四二年六月に上海反戦グループ事件として検挙、東京に移送され翌四三年に外患罪・治安維持法違反で起訴。四五年八月十五日に第一回公判が開かれ無期懲役判決を受けるも十月には政治犯釈放命令で釈放。戦後は日本共産党で参議院議員・同党神奈川県委員長となったほか、中国研究所設立に参加し中国問題評論家として活躍した。七三年八月十八日死去。六十二歳。

参考文献 浅田喬二『日本知識人の植民地認識』(一九八五、校倉書房)、福本勝清解説『中西功訊問調書—中国革命に捧げた情報活動—』(一九九六、亜紀書房)、宮西義雄「満鉄調査部と尾崎秀実・中西功・日森虎雄」(井村哲郎編『満鉄調査部—関係者の証言—』所収、一九九六、アジア経済研究所)

(盛田　良治)

ながのあきら　長野朗　一八八八—一九七五　中国研究家、農村社会運動家。一八八八年四月三日、福岡県に生まれる。一九〇九年陸軍士官学校を卒業(第二十一期)、中国の漢口・天津などに駐在、二一年陸軍を去り、新聞記者を経て二六年支那問題研究所を設立。「支那通」として名をはせる。二七年千倉武夫(行地社)の紹介で権藤成卿に会い、権藤自治学の実践として農民運動に参加する。三一年『農村新聞』発刊、三二年農本主義団体である農本連盟に参加するも長野は自治農民協議会を組織し農本連盟は分裂、農民請願運動(三二年)や飯米闘争(三三—三五年)を指導した。飯米闘争とは農民生活権擁護を目指した食糧米一ヵ年分差し押さえ禁止の民事訴訟法改正運動であった。四五年敗戦と同時に自治農民党を結成。四七年公職追放。五二年追放解除後拓殖大学教授に就任、「自治学」の普及に努めた。七五年六月二十一日死去。八十七歳。

参考文献 西谷紀子「長野朗の中国革命観と社会認識」(『大東法政論集』九、二〇〇二)、同「長野朗の農本自治論」(同一〇、二〇〇二)、同「長野朗の一九二〇年代における中国認識」(同一一、二〇〇三)

(岩崎　正弥)

ながのおさみ　永野修身　一八八〇—一九四七　海軍軍人。太平洋戦争期の軍令部総長で、海軍大臣・連合艦隊司令長官も経験しているただ一人の海軍軍人、最後に元帥の称号まで受けた。これだけ顕官を経歴できたのは、海軍兵学校首席を最後まで譲らず、中将までほとんど同じペースで進級した波多野貞夫が一九三二年依願免職になったことが関係しているとみられる。一八八〇年六月十五日生まれ。高知県出身。海南中学から海軍兵学校二十八期に進む。日露戦争の旅順攻防戦で活躍、その後、第二艦隊第四戦隊司令官瓜生外吉の副官をつとめ日本海海戦に参加したといわれるが、旧厚生省所蔵の奉職履歴書正本では確認できない。彼が残した人口に膾炙した言葉や逸話がなく、容貌魁偉の外見の割には印象が薄く、目立つようで目立たない言動に終始し、出世したという見方もできる。砲術の専門家として評価を受けたことが、身を立てる一要因となった。〇九年、研究調査をする海軍大学校甲種学生になったが、目立った成果を上げていない。山本五十六と同じく米ハーバード大学で英語を学び、山本の二代前の駐米大使館付武官を勤めているが、特記されるエピソードがない。二八年、兵学校長になり自学自習を旨とするダルトン式教育を導入、兵学校教育の一大転換を企て、学生に変化があったといわれるが、彼には珍しい勇断であった。彼の転出後、元の教育に戻されたが、続けていれば、のちの対米戦でワンパターン指揮を揶揄されなかったかもしれない。ついで軍令部次長、宮内省御用掛、横須賀鎮守府長官を歴任し、ジュネーブおよびロンドン軍縮会議全権委員をつとめた。ロンドン軍縮を決裂させ、その勢いを駆って三六年三月広田内閣の海相に就任、十一ヵ月間、大角岑生の条約派追放策後の海軍軍政を担った。次の連合艦隊司令長官は十ヵ月勤める。四一年四月、軍令部総長となったが、連合艦隊司令長官の作戦計画ばかりが目立ち、軍令部が立てた作戦計画の戦争指導は終始かすんだままだった。その一方で興亜工業大学(現千葉工大)の設立に尽力しており、教育問題で熱心であった。敗戦後A級戦犯に指名され、裁判中の四七年一月五日死去。六十八歳。

永野修身

参考文献 伊藤金次郎『軍人わしが国さ』(一九三九、今日の問題社)、野村実『日本海軍の歴史』(二〇〇二、吉川弘文館)

(田中　宏巳)

ながのしげお　永野重雄　一九〇〇—八四　実業家。一九〇〇年七月十五日、島根県生まれ。第六高等学校、東京帝国大学法学部を卒業し、二四年浅野物産に入社、兄永野護の友人渋沢正雄に請われて、二五年富士製鋼株式会社に入社した。富士製鋼は、製鋼・圧延部門をもつ鉄鋼会社で、第一次大戦後の不況で鋼材価格が下落し、経営が悪化していたが、合理化に邁進し、同社の存続・再建につとめた。三四年、官営八幡製鉄所を中心として民間企業を統合した日本製鉄株式会社に富士製鋼も参加した。永野はその後、日本製鉄の役員となった。敗戦後、GHQの強い指導の結果、五〇年日本製鉄が八幡製鉄と富士製鉄の二大製鉄会社に分割されると、永野は富士製鉄の社長となり、八幡製鉄とともに高度成長期鉄鋼業の発展に寄与した。高度成長期の鉄鋼会社の過当競争に終止符をうつため、八幡・富士の合併統合が計画された際には、八幡の稲山嘉寛とともに中心的役割をになった。七〇年三月新たに統合され成立した新日本製鉄株式会社では会長となった。八四年五月四日没、八十三歳。

参考文献　日本経済新聞社編『私の履歴書』経済人一二(一九八〇)、新日本製鉄「永野重雄回想録」編集委員会編『永野重雄回想録』(一九八五)　（長島　修）

なかのしげはる　中野重治　一九〇二―七九　詩人、小説家。一九〇二年一月二十五日、自作農兼小地主であった父藤作、母とらの次男として福井県で生まれる。第四高等学校を経て東京帝国大学独文科卒。在学中に、室生犀星を慕う堀辰雄や窪川鶴次郎らと雑誌『驢馬』を創刊して詩や評論を発表する一方、東大新人会に参加してマルクス主義思想に接近した。ナップ結成時には重要な役割を果たして、プロレタリア文学の代表的作家となる。三一年に日本共産党に入党、翌年検挙され三四年に転向出所。転向したとはいえ思想的立場は変えず、多くのプロレタリア作家が戦時体制に協力的な作品を書いていくなかで、それらに同調することがなかった。敗戦時までに『空想家とシナリオ』『汽車の罐焚き』『歌のわかれ』『斎藤茂吉ノート』などの優れた作品がある。また『鷗外その側面』として戦後に刊行することになる一連の森鷗外論を執筆。保護観察処分に付され、転向を約束する手記執筆を命じられて世田谷署に連日通った時期もあった。四四年九月には、検事局と保護観察所により思想錬成会の名で、映画演劇関係者とともに伊勢神宮の禊ぎに同行させられた。戦後は民主主義文学の代表的作家として活躍、『むらぎも』『梨の花』などが高い評価を得る。六四年に共産党を除名されたが、生涯にわたり政治と文学の問題を追究した。胆嚢ガンで七九年八月二十四日没。七十七歳。『中野重治全集』全二十八巻・別巻(筑摩書房)、『敗戦前日記』(中央公論社)、『中野重治書簡集』(平凡社)がある。

参考文献　竹内栄美子『中野重治―人と文学―』(『日本の作家百人』、二〇〇四、勉誠出版)、松下裕『評伝中野重治(増訂)』(『平凡社ライブラリー』、二〇一一、平凡社)　（竹内栄美子）

なかのせいごう　中野正剛　一八八六―一九四三　大正・昭和期のジャーナリスト、政治家。一八八六年二月十二日、福岡県の士族中野泰次郎の長男として出生。一九〇九年早稲田大学を卒業後、東京日日新聞社を経て東京朝日新聞社に入社。二〇年の総選挙に無所属で立候補し当選。以後当選連続八回。革新倶楽部、憲政会、立憲民政党に所属し、第一次若槻内閣大蔵参与官、浜口内閣逓信政務次官を務めた。満洲事変後の協力内閣運動を契機に安達謙蔵とともに民政党を離党し、三二年国民同盟を結成したが、三六年に離党、東方会を結成した。その後は新体制運動に邁進し、四〇年には大政翼賛会総務となるが、翼賛会の公事結社化に反発して辞任。翼賛選挙では非推薦で当選。官僚統制への反発から東条内閣を公然と批判し、内閣打倒を画策するも失敗に終わった。四三年十月二十一日、検挙されて憲兵隊の取り調べを受ける。釈放後の二十七日零時、割腹自殺を遂げた。五十八歳。

参考文献　中野泰雄『政治家中野正剛』(一九七一、新光閣書店)、有馬学「東方会の組織と政策―社会大衆党との合同問題の周辺―」(『史淵』一一四、一九七七)、緒方竹虎『人間中野正剛』(『中公文庫』、一九八八、中央公論社)　（手塚　雄太）

なかのとみお　中野登美雄　一八九一―一九四八　昭和期の公法学者、戦争末期の早稲田大学総長。一八九一年七月十三日、遠藤俊の五男として北海道に生まれ、中野家の養子となる。一九一六年早稲田大学政治経済科を卒業、大学院で国法学を専攻。一八年から五年間欧米に留学し、二四年早稲田大学教授に就任。三四年に刊行した博士論文『統帥権の独立』は美濃部達吉に高く評価されたが、右翼から天皇機関説として糾弾された。一方で『戦時の政治と公法』(四〇年、東洋経済出版部)や『日本翼賛体制』(四一年、新公論社)など愛国的な時局論を展開し、大政翼賛会臨時中央協力会議議員、大日本言論報国会理事、日本出版会評議員などを歴任。四四年十月に早稲田大学総長に就任したが、公職追放を予知して四六年一月総長を辞職。四八年五月二十一日没。五十八歳。

参考文献　清水望「中野登美雄(一八九一年―一九四八年)―その生涯と業績―」(『早稲田大学史記要』一六、一九八三)　（佐藤　卓己）

なかのとものり　中野友礼　一八八七―一九六五　日本曹達、日曹コンツェルンの創業者。一八八七年二月一日、神尾彦之進の次男として福島県に生まれ、三歳で叔母の養子となり中野姓を名乗る。一九一三年、京都帝国大学理学部助手のときに「中野式食塩電解法」により特許を取得、その後は産業界に転じて二〇年に日本曹達を設立した。また、日本電炉工業の経営にも参画し、満洲事変後の重化学工業の隆盛の中で積極的な経営手腕を発揮、化学繊維・製鋼・鉱山業などへも進出して三〇年代前半には日曹コンツェルンを確立した。技術者として芋蔓式に事業展開したかれの経営方法は「リング式経営」とも呼ばれた。しかし、資金問題や技術開発をめぐっての軍部との軋轢により、四〇年には日本曹達の社長を辞任、同コンツェルンは日本興業銀行によって再編整理された。戦後は冷凍製塩法の開発など技術者としての意欲をみせたが、企業家としての再起はならなかった。六五年十二月十日没。七十八歳。 →日本曹達会社

参考文献 三宅晴輝『新興コンツェルン読本―日窒・森・日曹・理研―』(『日本コンツェルン全書』一一、一九三七、春秋社)、『中野友礼伝』(一九六七)、下谷政弘『新興コンツェルンと財閥―理論と歴史―』(二〇〇八、日本経済評論社)

(下谷 政弘)

なかのよしお 中野好夫 一九〇三―八五 英文学者、評論家。一九〇三年八月二日、愛媛県に生まれる。第三高等学校を経て、東京帝国大学英文科に進学。二六年卒業後、中学英語教師、東京女子高等師範教授を経て、三五年東大英文科助教授。エリザベス朝演劇を専攻、四〇年『アラビアのロレンス』を著し、スウィフトの『ガリヴァ旅行記』を翻訳・刊行した。四二年、日本文学報国会が設立されると、外国文学部会幹事長に就任。敗戦後は戦争協力への贖罪意識から社会評論にも力を注いだ。文化界では誰が戦争責任者かと問う新聞のアンケートに対して「中野好夫」と答えている。四九年には平和問題談話会に参加し、全面講和を唱えた。五三年定年を待たず東大教授を辞任した後は、評論家として活躍するほか、砂川基地返還運動、原水禁運動、憲法問題、朝鮮大学校承認問題、都政刷新などに関与し、六〇年には沖縄資料センターを設立、沖縄問題に取り組んだ。晩年の労作に、『蘆花徳冨健次郎』全三巻(一九七二―七四年)、ギボン『ローマ帝国衰亡史』の翻訳(一九七六―八五年)がある。八五年二月二十日没。八十一歳。

参考文献 加藤周一・木下順二編『中野好夫集』(一九八四―八五、筑摩書房)、中野利子『父中野好夫のこと』(一九九二、岩波書店)

(北河 賢三)

なかはらよしまさ 中原義正 一八九二―一九四四 海軍軍人。一八九二年四月三日山口県生まれ。一九一三年海軍兵学校卒業(第四十一期)。二六年海軍大学校卒業(甲種)。二七年末から二年間アメリカ駐在。三〇年軍令部第一班第一課、三一―三二年ジュネーブ出張ののち、三二年十二月海軍省人事局第一課。「名取」艦長を経て三七年から約一年間、連合艦隊先任参謀。その後、「摩耶」艦長、四〇年八月蘭印出張を経て、十一月から海軍省人事局長、四二年末から一年間南東方面艦隊参謀長を勤めた。三〇年代、日本国内に「南進論」が流行するなか、海軍内で「南鴎会」を組織し、南方進出を熱心に主張した。三五年に海軍内に組織された対南洋方策研究委員会でも委員を勤めた。四〇年のオランダ降伏の際に蘭印武力占領のチャンスと考えていたが、その後海軍は日蘭会商による平和的な物資取得をめざしたため、中原の影響力が具体的にどの程度だったかを算定するのは難しい。四四年二月二十三日戦病死。五十三歳。

参考文献 『中原義正中将日誌』(防衛省防衛研究所戦史研究センター史料室所蔵)、秦郁彦『昭和史の軍人たち』(一九八二、文藝春秋)

(森山 優)

なかむらあけと 中村明人 一八八九―一九六六 陸軍軍人。一八八九年四月十一日生まれ。愛知県出身。沢野新兵衛の三男、陸軍大佐中村邦平の養子。一九一〇年陸軍士官学校卒(第二十二期)、二二年陸軍大学校卒業。三三年大佐、三五年陸軍省人事局恩賞課長、三六年歩兵第二十四連隊長、三七年少将・関東軍兵事部長、三八年第三軍参謀長、陸軍省軍務局長、ついで兵務局長、三九年中将、四〇年第五師団長となり、北部仏印への進攻準備中、鎮南関付近で隷下部隊が越境事件を起こす。師団を率いて北部仏印に進駐し、仏印軍は三日間抗戦して降伏、大本営は「平和進駐途上の不幸なる衝突」と発表。同年参謀本部付となり、以後、四一年留守第三師団長、憲兵司令官、四三年タイ国駐屯軍司令官、四四年第三十九軍司令官、四五年第十八方面軍司令官(司令部バンコク)。タイの独立を重んじ対日本軍感情を和らげるため尽力する。日本軍の未決債務、英軍の残置物資の処理、バンボン事件(四二年に発生した日本軍将兵殺害事件)の解決、日本軍将兵とタイ国民との風俗習慣の相違からくる誤解の解消、兵器材料の供与問題などに取り組む。六六年九月十二日没。七十七歳。

参考文献 中村明人『仏印進駐の真相昭和十五年九月二十三日』(一九五四)、同『ほとけの司令官―駐タイ回想録―』(一九五八、日本週報社)

(柏木 一朗)

なかむらけんいち 中村研一 一八九五―一九六七 昭和期を中心に活躍した洋画家。一八九五年五月十四日、福岡県生まれ。一九一五年から二〇年まで東京美術学校西洋画科で学んだのち、二三年にパリへ留学する。主に古典技法を中心に学び、二八年帰国。帰国後は帝国美術院展覧会、新文部省美術展覧会を中心に活動、パリで培った堅牢な写実描写が高い評価を得る。三七年に海軍の依頼により英国国王戴冠式を記録するため軍艦「足柄」に乗船、同艦をモチーフに絵画を制作した。この制作を嚆矢として、陸・海軍からの委託で数多くの作戦記録画を制作する。ここでも中村の写実の技法が評価され、藤田嗣治、小磯良平、宮本三郎と並ぶ戦争画の花形作家となる。現在東京国立近代美術館にて管理されている作戦記録画の数では、中村は藤田について二番目に多い。中でも第一回大東亜戦争美術展に出品され朝日文化賞を受賞した陸軍作戦記録画「コタ・バル」(四二年)は、押さえた色彩の中に鉄条網と格闘する兵士群の姿をダイナミックに描き出しており、中村の画業を通じての最高傑作と見なされている。六七年八月二十八日死去。七十二歳。

参考文献 『中村研一画集』(一九八〇、六芸書房)、針生一郎他編『戦争と美術―一九三七～一九四五―』(二〇〇七、国書刊行会)、『中村研一展制作の軌跡・日常の跡形―開館五周年記念特別展―』(二〇一一、中村研一記念小金井市立はけの森美術館)

(金子 牧)

なかむらてるお　中村輝夫　一九一九―七九　残留元日本兵。一九一九年十月八日、台湾先住民族の一つであるアミ族の一員として生まれる。中村輝夫は日本名で、先住民名はスニヨン、後年は中国名の李光輝を名乗った。二十二歳のとき、台湾で始まった陸軍特別志願兵制度に血書して応募。四三年に出征し、翌年、陸軍歩兵第二百十一連隊遊撃隊の一員としてモロタイ島に渡った。米軍上陸後に残留。その経緯については諸説ある。以来、三十年にわたりジャングルで生き延びた。七四年に発見されると、日本国内では帰国運動が沸き起こった。しかし「元日本兵だが、日本人ではなかった」中村は、日本と台湾が七二年以降断交状態にあったことから、七五年に中華航空機で台湾に戻る。だが中華民国政府にとって「招かれざる客」であった彼は、晩年は中毒に近い形で飲酒と喫煙を繰り返し、結核と肝臓障害を患い、七九年六月十五日、病死した。六十一歳。

参考文献　佐藤愛子『スニヨンの一生』(『文春文庫』、一九八七、文藝春秋)、河崎真澄『還ってきた台湾人日本兵』(『文春新書』、二〇〇三、文藝春秋)、中村輝夫述・陳浩洋聞き書き『中村輝夫―モロタイ島三十一年の記録―』(一九七五、おりじん書房)　(林　英一)

南雲忠一

なぐもちゅういち　南雲忠一　一八八七―一九四四　海軍軍人。一八八七年三月二十五日、山形県生まれ。一九〇八年海軍兵学校卒(三十六期)、二〇年海軍大学校卒。二九年大佐、軍令部第一班第二課長、重巡洋艦「高雄」艦長、戦艦「山城」艦長、三五年少将、第一水雷戦隊司令官、水雷学校校長、第三戦隊司令官と、主に水雷関係の経歴を歩む。またこの間、三三年に軍令部条例、省部互渉規程が改定され軍令部の権限が従前より拡大されたが、その際には軍令部の主務者(第一班第二課長)として作業を推進、改定に反対する海軍省軍務局第一課長の井上成美大佐との折衝にあたっている。三九年中将に進級、海軍大学校校長を経て四一年四月、空母を中心とする第一航空艦隊が新編されると初代司令長官となり開戦を迎える。開戦劈頭の真珠湾作戦、四二年四月のインド洋作戦などに参加し大きな戦果を挙げたが、自身は航空とほとんど縁がなかったこともあり、航空の経歴が長い草鹿龍之介参謀長や源田実参謀が中心的な役割を果たしていたとされ、「源田艦隊」と揶揄されることもあった。六月のミッドウェー海戦では第一航空艦隊の中核戦力であった空母六隻のうち四隻を失う大敗を喫し、七月に同艦隊は第三艦隊へと改編されるが、引き続き司令長官となる。八月、ガダルカナル島攻防戦が始まると第二次ソロモン海戦(八月)、南太平洋海戦(十月)に参加、後者ではミッドウェー海戦にも参加していた米空母「ホーネット」を撃沈し仇討ちを果たした形となった。その後は十一月佐世保鎮守府司令長官、四三年六月呉鎮守府司令長官、十月第一艦隊司令長官と内地での勤務が続くが、四四年三月、中部太平洋方面艦隊が新編されるとその司令長官となり、マリアナ諸島のサイパン島に司令部を置く。同年六月の米軍のマリアナ来攻を受け防衛戦の指揮をとるが、七月八日、サイパン島玉砕に際し戦死、大将となる。五十八歳。

参考文献　松島慶三『悲劇の南雲中将―真珠湾からサイパンまで―』(一九六七、徳間書店)、防衛庁防衛研修所戦史室編『ミッドウェー海戦』(『戦史叢書』四三、一九七一、朝雲新聞社)　(坂口　太助)

なすしろし　那須皓　一八八八―一九八四　戦前期を代表する農業経済学者。一八八八年六月十一日、東京市に出生。一九〇八年第一高等学校卒業、一一年東京帝国大学農科大学卒業、一七年東京帝大農科大学助教授。二一年第三回ＩＬＯ総会で日本の労働代表顧問として小作農の団結権を主張。二三年東京帝大農学部教授。二七年太平洋問題調査会(ＩＰＲ)日本理事会理事。二〇年代には社会理想に立脚した農政論を展開していたが、三二年より石黒忠篤・加藤完治らとともに満洲移民の実現に奔走。三六年昭和研究会常任委員。三八年北京大学農学院名誉教授・評議員。四三年大政翼賛会総務。四四年中華民国政府全国経済委員会顧問。四六年教職追放、四七年公職追放。戦後は追放解除後に国際農友会会長に就任し、南米・北米への農業移民を推進。五七年駐インド大使。六七年マグサイサイ賞(国際協力部門)。八四年三月二十九日没。九十五歳。

参考文献　那須皓『農村問題と社会理想・公正なる小作料』(近藤康男編『明治大正農政経済名著集』二一、一九七七、農山漁村文化協会)、同『惜石舎雑録』(一九八二、農村更生協会)、伊藤淳史『日本農民政策史論―開拓・移民・教育訓練―』(二〇一三、京都大学学術出版会)　(伊藤　淳史)

ナチス　ナチス　一九三二年七月末のドイツの総選挙で第一党になった国民社会主義ドイツ労働者党(独語略称

ナチス　ヒトラーの
演説に集まる群衆

NSDAP)の一般的呼称。二〇年代から党総統ヒトラーのカリスマ的リーダーシップに依拠しながら発展、二九年以降の世界恐慌がもたらした破局的危機のなか「ヴェルサイユ体制打破」の運動を主導することで党勢を一挙に伸長させた。ナチスの思想的特徴は、戦闘的反マルクス主義・反自由主義・民族的帝国主義・人種論的反ユダヤ主義などにあったが、軍隊式上意下達の組織原則たる「指導者原理」、街頭を支配するための突撃隊の暴力と制服着用の示威行進の活用は、従来の政党には見られない新戦術だった。ヴァイマル民主制下の自由な選挙では議会過半数に達せず、得票率三八％をこえられなかったものの、三三年一月末、保守反動派の国家国民党との連立内閣としてヒトラー政権を樹立。ひと月後「国会放火事件」を利用してヴァイマル憲法の人権・国民の基本権条項をすべて停止、共産党や社会民主党を弾圧、三月には議会の立法権や条約批准権を奪う全権委任法を成立させ、保守政党含め他のすべての政党、労働組合など自立した諸団を強制解体し、あるいはまた「自主」解散に追い込んだ末、七月には「新党設立禁止法」を通じてナチ一党独裁を確立した。その後ヒトラーはドイツ民族の「生存権」を獲得するため、四ヵ年計画を通じ軍備を整えて戦争体制を固め、三九年のポーランド侵攻を皮切りに第二次世界大戦を引き起こした。戦時中のナチ体制は、秘密警察と強制収容所を軸とする「親衛隊国家」を前面におし出し、ヨーロッパ＝ユダヤ人の絶滅政策、「安楽死計画」による障害者はじめ社会的弱者の大量抹殺、さらにソ連軍兵士はじめ戦時捕虜の虐待殺害、外国人労働者への奴隷的労働の強要に突き進み、支配人種としての「アーリア人」の帝国を構築するために被支配諸民族に対するきわめて非人道的諸措置を展開したのち、四五年五月敗戦によって壊滅した。　↓ヒトラー

参考文献 ノルベルト＝フライ『総統国家―ナチスの支配一九三三～一九四五―』(芝健介訳、一九九四、岩波書店)、イアン＝カーショー『ヒトラー―権力の本質―』(石田勇治訳、一九九九、白水社)、ゲッツ＝アリー『ヒトラーの国民国家―強奪・人種戦争・国民的社会主義―』(芝健介訳、二〇一二、岩波書店)
(芝　健介)

なとりようのすけ　名取洋之助　一九一〇―六二　写真家、編集者、プロデューサー。一九一〇年九月三日、東京市生まれ。慶応義塾普通部卒業の二八年に渡独し、商業美術を学ぶ。三一年ウルシュタイン社(ベルリン)契約写真家。三三年、ヒトラーの外国人ジャーナリスト規制により拠点を日本に移し、「報道写真」を標榜する制作集団「日本工房」を創設。三四年、対外宣伝グラフ誌『NIPPON』創刊。三六年の五輪ベルリン大会取材後三七年渡米して『LIFE』誌契約写真家。日中戦争勃発後は、日本工房で対外グラフ誌制作を指揮の傍ら国際文化振興会や陸軍の対外写真配信を請け負う。四一年、上海へ移住し太平印刷出版公司経営。戦後は、『週刊サンニュース』(四七―四九年、サンニュースフォトス)、『岩波写真文庫』(五〇―五八年)で編集長格。六二年十一月二十三日没。五十二歳。著作は、『GROSSES JAPAN (DAINIPPON)』(三七年、独カールシュペヒト社)、『写真の読み方』(六三年、岩波新書)ほか多数。日本写真家協会により二〇〇五年に「名取洋之助写真賞」制定。

参考文献 石川保昌『報道写真の青春時代―名取洋之助と仲間たち―』(一九九一、講談社)、白山眞理・堀宜雄編『名取洋之助と日本工房　一九三一―四五』(二〇〇六、岩波書店)、白山眞理『〈報道写真〉と戦争　一九三〇―一九六〇』(二〇一四、吉川弘文館)
(白山　眞理)

ななさんいちぶたい　七三一部隊　細菌兵器の研究・開発と製造を行い、細菌戦実施に共同参画した陸軍の機関。正式名は一九三六年八月から関東軍防疫部、四〇年八月から関東軍防疫給水部といい、四一年八月以降通称名が「七三一部隊」となる。部隊長は三六―四二年は石井四郎、以後は北野政次が継ぎ、四五年三月―敗戦まで石井が再任。七三一部隊の前身は東京の陸軍軍医学校内防疫研究室の石井四郎が主導し、三二年黒竜江省五常県背陰河に設置した防疫班「東郷部隊」。三六年からハルビン郊外の平房に部隊の建設を始め、四〇年にほぼ完成。その秘密軍事施設をつくるため、六一〇ヘクタールの広大な土地を囲い込み、細菌実験と製造のためにロ号棟と呼ばれる一〇〇メートル四方三階建ての冷暖房完備の近代的ビルを中心に、各種細菌実験室、毒ガス実験室、動物飼育室、細菌弾装備室、死体焼却炉、発電所、専用飛行場、本部官舎、隊員家族宿舎(「東郷村」)、少年隊宿舎等を建設。ロ号棟の中庭には連行した中国人などを収容する特設監獄(七棟・八棟)を設置した。平房の七三一部隊には四〇年十二月の軍令により対ソ戦を意識して牡丹江(海林)、林口、孫呉、ハイラルの四つの支部が設立され、大連衛生研究所(三八年四月に吸収)を加えると計五つの支部があった。また、新

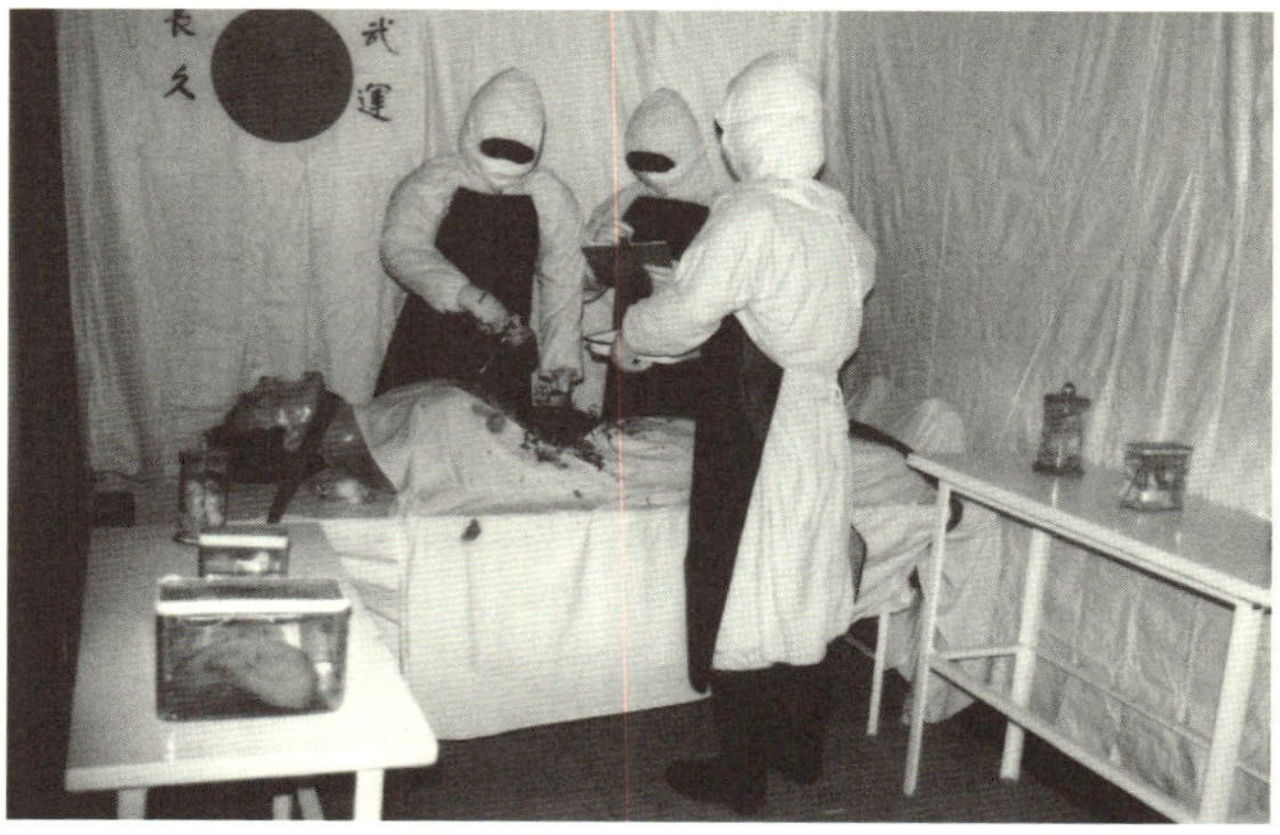
七三一部隊の生体解剖(蠟人形による再現，1991年撮影)

京(現長春)には七三一部隊の姉妹機関として関東軍軍馬防疫廠(「一〇〇部隊」)が設立された。平房の日本人は医師・軍属など敗戦直前に約三千五百人を数えた。

七三一部隊(平房)は八部から構成。中枢部は第一部から第四部までで、ほかに総務部、教育部、資材部、診療部があった。細菌基礎研究の第一部(部長は菊池斉)はペスト(高橋正彦)、炭疽(大田澄)、チフス(田部井和)、コレラ(湊正男)、結核(二木秀雄)、天然痘(貴宝院秋雄)、ウイルス(笠原四郎)、病理(岡本耕造、石川太刀雄)など細菌・ウイルス別の十数の課と班から成っていた。実戦研究の第二部(部長は大田澄)には植物絶滅研究(八木沢行正)、昆虫研究(田中英雄)、航空班(増田美保)などがあった。四三年には平房から一二〇キロ離れた安達(アンダー)に野外実験場を作り、被験者を杭に縛り、飛行機からペスト菌弾や炭素菌弾を投下・炸裂させ、感染効果を測定する実験を行なった。防疫給水の第三部(部長は江口豊潔)は防疫給水を行う部で、石井式濾過器や陶器製爆弾(宇治式爆弾)の容器を製造しており、この部だけはハルビン市南崗の陸軍病院の隣に置いた。細菌製造の第四部(部長は川島清)はペスト菌(野口圭一)、炭疽菌(植村肇)などの細菌やワクチンを製造して貯蔵し、細菌散布する実戦に備えた。ほかに、吉村寿人の凍傷実験室やチチハルの五一六化学戦部隊と共同で使った毒ガス実験室もあった。関東憲兵隊は反満抗日運動家やソ連スパイとみなした中国人などを捕らえ、ハルビン駅経由で平房まで特別輸送(軍事用語では「特移扱」)し、ロ号棟中庭の特設監獄に収容した。被収容者は氏名を奪われ三桁ないし四桁の番号を付され、「マルタ」(丸太)と呼ばれ、日本人医師により人体実験の対象とされ、全員殺された。部隊は四五年八月、特設監獄に残っていた「マルタ」全員(約四百人)も証拠隠滅のためガスで殺害した。殺害された被収容者は少なくとも三千人と推定されるが、そのうち現在約三百人の氏名・住所などが判明している。

戦後、七三一部隊の人体実験を含む細菌戦関連資料は全てアメリカに提供され、その見返りとして石井四郎はじめ部隊の幹部と医師は戦犯免責されたので、東京裁判で裁かれることはなかった。その結果、旧部隊員の医師は、部隊での研究で戦後、医学博士号を取得したり、医学界の重要ポストについたりした。また、八六年九月、米上院の米下院復員軍人補償問題小委員会の公聴会でハッチャー国防総省記録管理部長は、アメリカが戦後入手した七三一細菌戦関連資料は、五〇年代後半に箱詰めにして日本政府に返還したと証言したが、日本政府(防衛省)は現在その返還資料は確認できないと主張している。また、家永三郎は高等学校用日本史教科書『新日本史』の「またハルビン郊外に七三一部隊と称する細菌戦部隊を設け、数千人の中国人を主とする外国人を捕らえて生体実験を加えて殺すような残虐な作業をソ連の開戦にいたるまで数年にわたってつづけた」との記述を、検定当局が八三年十二月に全面削除を命じたことに対し訴訟を起こした(教科書第三次訴訟)が、九七年八月の最高裁判決は当削除を違法とし、家永側が勝訴した。さらに、七三一部隊での人体実験の犠牲者遺族敬蘭芝らが、九五年日本政府に対し謝罪と補償を求めて提訴したが、二〇〇七年五月最高裁では、七三一部隊の存在と人体実験の事実は認定したものの原告敗訴の判決がなされた。→石井四郎(いしいしろう) →関東軍軍馬防疫廠(かんとうぐんぐんばぼうえきしょう) →細菌戦(さいきんせん) →細菌兵器(さいきんへいき)

[参考文献] 森村誠一『悪魔の飽食(新版)』(『角川文庫』、一九八三、角川書店)、同『悪魔の飽食—第三部—』(『角川文庫』、一九八三、角川書店)、同『続・悪魔の飽食(改訂新版)』(『角川文庫』、一九八三、角川書店)、シェルダン・H・ハリス『死の工場—隠蔽された七三一部隊—』(近藤昭二訳、一九九九、柏書房)、関成和『七三一部隊がやってきた村—平房の社会史—』(松村高夫・江田いづみ・江田憲治編訳、二〇〇〇、こうち書房)、松村高夫・矢野久編『裁判と歴史学—七三一細菌戦部隊を法廷からみる—』(二〇〇七、現代書館)

(松村　高夫)

なにわだはるお　難波田春夫　一九〇六—九一　皇国思想に基づく日本経済学を主張した経済学者。一九〇六年三月三十一日、難波田篤貞の次男として兵庫県に生まれる。大阪高等学校を経て、三一年東京帝国大学経済学部卒業、三二年同助手、三九年助教授となる。著書『国家と経済』(全五巻、三八—四二年)などで、天皇中心の血縁的・精神的統一体の理念、家・郷土・国体の民族構造、それに基づく国家的経済統制を強調し、西洋経済学を排除した日本経済学を唱えるとともに、産業報国運動に関して皇国思想による日本的勤労観を説いた。戦後、占領軍による非軍事化・民主化措置に基づき、文部省の指令により四五年同学部免官、公職追放を受ける。追放解除(五一年)ののち、東洋大学、東京都立商科短期大学、早稲田大学の各教授、関東学園大学長を歴任した。九一年九月一日没。八十五歳。著書は、『難波田春夫著作集』十一巻(一九八二—八三年、早稲田大学出版部)ほか。

[参考文献] 『東京大学経済学部五十年史』(一九七六、東京大学出版会)、柳澤治『戦前・戦時日本の経済思想とナチズム』(二〇〇八、岩波書店)、池田元『日本国家科学の思想』(二〇一一、論創社)

(柳澤　治)

ならたけじ　奈良武次　一八六八—一九六二　陸軍軍人。東宮武官長、侍従武官長を務めた。一八六八年四月二十八日(明治元年四月六日)、奈良彦一郎の次男として下野国都賀郡(栃木県)で出生。八九年七月に陸軍士官学校を卒業後(旧十一期)、砲兵少尉となる。陸軍砲工学校高等科を経て、陸軍大学校に進学、九九年に陸軍大学校を卒業。参謀本部第三部出仕、陸軍省軍務局課員などを務め、日露戦争に従軍。一九一四年少将に昇任し、一六年に陸軍省軍務局長に就任。一八年にはパリ講和会議の全権随員として渡仏した。二〇年に東宮武官長となり皇太子裕仁に仕え、二二年には侍従武官長も兼任。二四年陸軍大将に昇進。昭和天皇の践祚後は侍従武官長専任となる。

満洲事変勃発後は統帥問題をめぐる天皇の下問も増え、奈良の仕事も繁忙となっていく様子が奈良の日記からうかがえる。三三年四月侍従武官長を退任した際、予備役に編入され男爵を授かった。三七年に枢密顧問官となる。六二年十二月二十一日に死去。九十四歳。

参考文献 波多野澄雄他編『侍従武官長奈良武次日記・回顧録』(二〇〇〇、柏書房)　(茶谷　誠一)

ナンキンさくせん　南京作戦　日本が宣戦布告もせずに開始した日中戦争の初期において、当時の中国の首都であった南京を攻略、占領した作戦。南京攻略戦あるいは単に南京戦ともいう。中国は南京防衛戦と呼称する。一九三七年八月十三日に第二次上海事変が開始された直後の八月十五日、海軍航空隊はいきなり南京に対して渡洋爆撃を敢行し、九月中旬からは、上海の公大飛行場から発進した南京空襲部隊が連日のように南京を爆撃し、首都の軍事施設や政府公共機関などを爆撃、破壊して民衆の抗戦意識を壊滅させ、国民政府を全面降伏させせようとした。南京爆撃は、南京作戦の前哨戦といえた。上海戦で予想外の苦戦と長期化を強いられながらも、十一月五日、第十軍の杭州湾上陸作戦が功を奏して、上海攻略戦が一段落をつげると、中支那方面軍司令官の松井石根と同参謀副長の武藤章らは、第十軍と上海派遣軍とを、独断専行で南京に進撃させた。参謀本部の作戦課長で陸軍中央の拡大派の中心だった武藤は、みずから希望して現地軍に出向し、南京作戦を強行して蔣介石国民政府を屈服させ、「中国は一撃で屈服する」という拡大論を実証して見せようとした。日本のマスメディアも南京攻略戦に便乗して大規模な報道陣を前線に送り出し、「南京城に日章旗が翻るまで」という報道合戦を繰り広げ、国民の戦意高揚をはかった。南京攻撃が迫ると、十二月一日、大本営は南京攻略を下令して、中支那方面軍の独断専行を正式に追認した。十二月四日、日本軍は南京防衛陣地(南京市)に突入し、十三日に南京城内を占領し、日本の全国各地で「祝南京陥落」の提灯行列が繰り広げられ、戦勝祝賀ムードに酔った。しかし、蔣介石は持久戦論に基づき、重慶に国民政府の首都を移し、抗戦を継続した。三八年一月十六日、日本政府は「爾後国民政府を対手とせず」という第一次近衛声明を発表し、日中戦争は長期泥沼戦争と化していった。南京作戦は軍事的に勝利したが政治的には失敗であった。さらに南京事件を引き起こし、歴史に禍根を残すことになった。

参考文献 『南京戦史』(一九八九、偕行社)、笠原十九司「南京防衛戦と中国軍」(洞富雄・藤原彰・本多勝一編『南京大虐殺の研究』所収、一九九二、晩声社)、同『南京事件』(『岩波新書』、一九九七、岩波書店)　(笠原十九司)

南京作戦　南京に入城する松井石根

ナンキンじけん　南京事件　南京大虐殺事件の略称、南京大虐殺、南京虐殺ともいう。日中戦争初期、当時の中国の首都南京を占領した日本軍が、中国軍の兵士・軍夫ならびに一般市民・難民に対して行なった戦時国際法や国際人道法に反した不法、残虐行為の総体。「中国一撃論」に立って、首都南京を攻略すれば、中国は屈服すると考えた日本軍は、住民を巻き込んだ包囲殲滅戦を展開した。このため、総数十五万人といわれた南京防衛軍の兵士・軍夫のなかで、すでに戦闘を放棄した膨大な敗残兵、投降兵、捕虜、負傷兵が殺害された。さらに一般の成年男子も便衣兵の嫌疑をかけられて連行され、集団殺害された。南京は国民政府の首都として、市部人口百余万、県部人口百三十万人をかかえた大都市であり、南京作戦の戦域には、市部と農村を含む県部をあわせて、百万を超える住民や難民が残留していて、南京攻略戦と占領後の残敵掃討戦の犠牲になった。日本軍の軍紀が乱れたため、女性を強姦、輪姦する婦女凌辱事件と、食糧・物資の略奪や、人家を放火・破壊する不法事件も多発した。

南京事件の時期については、一九三七年八月十五日の渡洋爆撃から始まり、十二月十三日の南京陥落まで続けられた海軍機による南京空襲が南京作戦の前哨戦にあたり、市民に対する無差別爆撃は、南京事件の序幕といえるものだった。本格的な南京事件は、日本の大本営が南京攻略を下令し、中支那方面軍が南京戦区に突入した三七年十二月四日前後から始まる。大本営が中支那方面軍の戦闘序列を解いた三八年二月十四日が南京作戦の終了にあたるが、南京における残虐事件はその後も続いた。南京事件の終焉は、日本軍の残虐行為が皆無ではないまでも(近郊農村ではあいかわらず続いていた)、ずっと少なくなった三月二十八日の中華民国維新政府(中支那派遣軍が工作した傀儡政権)の成立時と考えることができる。南京事件発生の区域は、南京城区とその近郊の六県を合わせた行政区としての南京特別市全域であり(中国の特別市は省と同レベルで中央政府に直属する)、それは南京作戦(中国にとって南京防衛戦)の戦区であり、南京陥落後における日本軍の占領地域でもあった。

南京事件は、事件当時南京に残留していた外国人記者や外国大使館員、さらには難民や市民の救済にあたった南京安全区(難民区)国際委員会のメンバーたちによって海外で報道され、国際世論は、日本軍の残虐行為を厳しく批判した。しかし、日本では、厳しい報道管制と言論統制下におかれ、南京事件の事実は報道されず、南京作戦に参加した兵士の手紙や日記類も厳しく検閲された。南京事件を報道した海外の新聞や雑誌は、内務省警保局が発禁処分、削除などにして、日本国民にはいっさい知らせないようにしていた。中国では発生当時から「南京大屠殺」として知られ、中国国民のほとんどを反日、抗日の側に追いやることになった。

極東国際軍事裁判(東京裁判)では、人道に対する罪として南京事件が裁かれ、松井石根中支那方面軍司令官が戦争法規違反の不作為の責任を問われて死刑となった。中華民国国民政府国防部戦犯軍事法廷(南京軍事裁判)では、四人の将校が死刑となった。南京事件における中国軍民(兵士と民間人)の犠牲者数は、東京裁判の判決書では、「日本軍が占領してから最初の六週間に、南京とその周辺で殺害された一般人と捕虜の総数は、二十万以上であった」とされ、南京軍事裁判の判決書では、「捕らえられた中国の軍人・民間人で日本軍に機関銃で集団射殺され遺体を焼却、証拠を隠滅されたものは、十九万人余りに達する。このほか個別の虐殺で、遺体を慈善団体が埋葬したものが十五万体余りある。被害者総数は三十万人以上に達する」とされた。現在、中国において、日中戦争の残虐な侵略的性格を象徴する事件として歴史の教訓とするために、南京市郊外に「南京大屠殺遇難同胞紀念館」が建てられている。中国はまた、二〇一四年から十二月十三日を「南京大虐殺犠牲者国家追悼日」と定め、南京市で追悼式典を行うようになった。

参考文献 吉田裕『天皇の軍隊と南京事件—もうひとつの日中戦争史—』(一九八六、青木書店)、笠原十九司『南京事件』(『岩波新書』、一九九七、岩波書店)、同『南京難民区の百日—虐殺を見た外国人—』(『岩波現代文庫』、二〇〇五、岩波書店)、同『体験者二七人が語る南京事件—虐殺の「その時」とその後の人生—』(二〇〇六、高文研)、南京事件調査研究会編『南京大虐殺否定論一三のウソ』(二〇一二、柏書房)

(笠原十九司)

なんじょうかねお 南条金雄 一八七三—一九四八 昭和期の経営者。一八七三年七月十八日生まれ。東京高等商業学校卒。一九〇二年三井物産入社、ロンドン支店長などを経て、一八年一月取締役、同六月常務取締役、三四年取締役会長。三五年三井合名会社常務理事、三六年筆頭常務理事となり、専門経営者トップとして三井財閥の経営を担う。三井合名会社の三井物産への合併の道筋が付いた四〇年四月相談役に退く。四八年十二月三十日死去。七十五歳。

参考文献 三井文庫編『三井事業史』本篇第三上・中・下(一九八〇・一九九四・二〇〇一)

(吉川 容)

なんしんろん 南進論 日本が南太平洋や東南アジアに勢力を伸長し、権益を確保すべきだとする議論。明治時代に田口卯吉、志賀重昂、竹越与三郎らによって提唱されていたが、第一次世界大戦で南洋群島を委任統治領とした結果、外南洋すなわち東南アジアまでを含めた南洋への関心が広まった。一九三〇年代には、世界恐慌後の日本の洪水輸出の結果、東南アジアの英蘭領とも貿易摩擦が激化し、三四年の日蘭会商の不調などと相まって、列強に対抗して南方に進出しようとする機運が醸成された。他方、海軍は対米作戦を想定して南洋群島や台湾海峡を重視していたが、軍艦の重油駆動化や航空機の発達によって、石油やボーキサイト、ゴムを産する東南アジアへの関心も高めていった。三六年八月、広田弘毅内閣が「国策の基準」を決定して南進を国策化するが、四〇年五月以降、ドイツがオランダやフランスを破り、東南アジアの仏蘭領が力の空白地帯となると、英米の介入に先んじてこの地に進出しようとする南進論が昂揚し、これに押されて成立した第二次近衛文麿内閣で推進された。→国策の基準 →北進論

参考文献 矢野暢『「南進」の系譜』(一九七五、中央公論社)、後藤乾一『近代日本と東南アジア—南進の「衝撃」と「遺産」—』(一九九五、岩波書店)、河西晃祐『帝国日本の拡張と崩壊—「大東亜共栄圏」への歴史的展開—』(二〇一二、法政大学出版局)

(森 茂樹)

なんせいたいへいようほうめん(ぐん) 南西太平洋方面(軍) 太平洋戦場における連合国の指揮担当地域の区分の一つ。日米開戦後の一九四一年末から四二年初にかけて開催された最初の英米軍事会議でABDA(米・英・蘭・豪)軍の統一司令部が設置されたが、日本軍の進撃でその解体を余儀なくされた。そのため米国は、ABDA軍解体後の防衛体制を検討し、英米の防衛責任分割線をシンガポール・スマトラ・東経一一〇度に引くことを英側に提案して同意を得た。そのうえで米統合参謀本部は、太平洋戦場での指揮を単独指揮官の下に置くことが望ましかったが、その任に相応しい人物はマッカーサーを措いて他にいなかった。しかし、太平洋艦隊をマッカーサー指揮下に置くことに海軍が賛同しないため、陸海軍それぞれの指揮官に太平洋戦場での責任地域と活動任務を分掌させることにした。その結果、四二年三月十八日、マッカーサーが南西太平洋方面の司令長官、三月二十四日、ニミッツが太平洋方面の司令長官に任命され、三月三十日に正式に統合参謀本部が両司令部を設置した。南西太平洋方面は、オーストラリア、ニューギニア、ビスマルク諸島、ソロモン諸島、スマトラを除く蘭領東インド、さらにフィリピンを包含していた。一方、太平洋方面は、さらに、北緯四二度以北の北太平洋方面、北緯四二度から赤道までの中央太平洋方面、赤道以南の南太平洋方面に細分された。南太平洋方面司令官にはゴームレーが任命され、マッカーサーとの共同作戦にあたった。

結局、四五年一月三日に南西太平洋方面と太平洋方面は廃止され、太平洋方面の米国の全陸上兵力はマッカーサーの指揮下に置かれ、海軍兵力はニミッツの指揮下に置かれることになった。

参考文献　福田茂夫『第二次大戦の米軍事戦略』(一九七六、中央公論社)、Grace Person Hayes, *The History of the Joint Chiefs of Staff in World War II: The War against Japan* (Annapolis, 1982, United States Naval Institute Press), Norman Polmar & Thomas B. Allen, *World War II: America at War, 1941-1945* (New York, 1991, Random House)　(加藤　公一)

なんねいさくせん　南寧作戦　仏領インドシナ経由で重慶政権に物資を補給していた援蔣ルートの遮断を狙い、一九三九年十一月から仏印との国境付近にある広西省南寧を攻略した作戦。当時、陸軍は武漢作戦を終えて持久方針に転じていたためこの作戦には消極的だったが、中国奥地を攻撃する飛行場が欲しい海軍に押され、三九年十月から第五師団を中心とした部隊による作戦が開始された。南寧は十一月末には陥落するが、重慶国民政府側が精鋭部隊を送って大々的に反攻を開始し、翌一九四〇年二月まで激戦が展開された。だが、南寧は仏印ルートの幹線である滇越鉄道線から三〇〇キロも離れていて遮断作戦の拠点としては不適であり、海岸線から遠く離れているため補給も困難で駐留部隊を苦しめた。そこで、南寧からさらに重慶方面に進撃する計画も立てられたが、兵力増派を嫌う陸軍中央は仏印当局に圧力をかけて援蔣ルートを遮断する方針に傾斜し、その一環として第五師団を仏印経由で撤退させる構想が浮上した。これが北部仏印進駐へとつながっていく。→北部仏印進駐

参考文献　防衛庁防衛研修所戦史室『支那事変陸軍作戦』三(『戦史叢書』九〇、一九七五、朝雲新聞社)　(森　茂樹)

なんぶふついんしんちゅう　南部仏印進駐　一九四一年七月末に実施された日本軍によるフランス領インドシナ南部への進駐。仏印南部の飛行場と港湾は、英領シンガポールや蘭領東インド攻略に不可欠の拠点であり、陸海軍は昭和十五年度の作戦計画にその略取を明記していた。一九四〇年秋以降欧州戦線が膠着して英蘭領の早期攻略は不可能となるが、四一年四月に陸海軍が合意した「対南方施策要綱」では、英米の圧迫に対抗する準備としての仏印進駐方針が確認された。五月に日蘭会商が頓挫すると、蘭印への威圧をかねた進駐が陸海軍から大本営政府連絡懇談会に提案され、六月二十五日に決定、さらに七月二日の御前会議でも確認された。七月二十五日、日本軍は仏印南部に向けて出発、一方、二十九日にフランス本国との間で議定書を調印し、トゥーランなど八ヵ所の飛行場と、屈指の良港であるカムラン湾などを使用することと軍隊の駐屯を認められた。一方、六月二十二日の独ソ開戦以来、米国は対日姿勢を硬化させていたが、進駐の情報を察知すると、これが英国またはソ連への攻撃につながるのを防ぐため、七月二十五日に日本の在米資産を凍結し、英国・蘭印も続いた結果、日本は戦略物資の輸入が困難となった。→情勢の推移に伴ふ帝国国策要綱　→仏領インドシナ

南部仏印に上陸した日本兵

参考文献　秦郁彦「仏印進駐と軍の南進政策(一九四〇年～一九四一年)」(日本国際政治学会太平洋戦争原因研究部編『太平洋戦争への道』六所収、一九六三、朝日新聞社)、防衛庁防衛研修所戦史室編『大本営陸軍部』二(『戦史叢書』二〇、一九六八、朝雲新聞社)、同『大本営陸軍部　大東亜戦争開戦経緯』三(同六九、一九七三、朝雲新聞社)、同『大本営海軍部・連合艦隊』一(同九一、一九七五、朝雲新聞社)、森山優『日米開戦の政治過程』(一九九八、吉川弘文館)　(森　茂樹)

なんぽうかいはつきんこ　南方開発金庫　南方占領地支配のために設置された政府の金融機関。一九四二年二月に定められた南方開発金庫法にもとづき、「南方地域に於ける資源の開発及び利用に必要なる資金を供給」することを目的に三月に設置された。資金は政府保証の債券、臨時軍事費特別会計からの借り入れによって行われ、開発資金の融資を行なった。総裁は元専売局長官の佐々木謙一郎で、大蔵省の強い影響下にあった。本金庫を東京に置き、南方占領地各地に支金庫が置かれた。その後、占領地中央銀行の設置が見送られる中、四三年四月から発券銀行となり南発券を発行し、南方軍票に代わって通貨供給を担ったが、実質的には軍票と変わりなく、軍政費用の支払い資金の供給が中心であった。南発券は、発券高も制限がなく、発券準備もなく、戦争末期には発行残高は急増し、約百八十二億円(四五年七月推計)の巨額となり、インフレを昂進して現地の生活を圧迫した。

参考文献　柴田善雅『占領地通貨金融政策の展開』(一九九九、日本経済評論社)　(安達　宏昭)

なんぽうぐん　南方軍　日本陸軍の南方作戦を統括するために一九四一年十一月に編成された軍。総司令官は寺内寿一大将で、海軍と協同して南方要域を安定確保し、

ビルマ・インドシナ方面から重慶政権を圧迫することを任務とした。マレー作戦、シンガポール作戦、フィリピン作戦、蘭印作戦などを相ついで行なった。ビルマ・マレー・スマトラ・英領ボルネオ・フィリピン・ジャワの各地を占領して軍政を施行した。また日タイ同盟条約と日仏印共同防衛議定書に基づいてタイやインドシナで実質的な指導権を行使した。シンガポールでは占領直後に数万人の華僑虐殺事件を起こしたり、フィリピンのバタアン半島ではアメリカ軍やフィリピン軍の捕虜移動の際に一万人弱が死亡するバタアン死の行進を行うなどの行為があり、のちに戦争犯罪として断罪された。四四年三月から十万人を動員して始められたインパール作戦では、日本兵の死者三万人を越える大敗北をこうむり、七月に中止された。

[参考文献]「南方軍総司令官ノ任務ニ関シ命令相成度件」(アジア歴史資料センター、C13071041400)、防衛庁防衛研究所戦史部編『(史料集)南方の軍政』(一九八五、朝雲新聞社)、岡田牧夫・小田部雄次「「大東亜共栄圏」の支配と矛盾」(藤原彰・今井清一編『十五年戦争史』三所収、一九八八、青木書店)　(芳井　研一)

なんぽうけいざいたいさくようこう　南方経済対策要綱　開戦直後に定めた東南アジアに対する経済政策の基本方針。一九四一年十二月十一日に第六委員会で決定し、翌日関係大臣会議で決定、大本営政府連絡会議に報告された。南方地域を甲地域(蘭印、英領マレー、ボルネオ、フィリピン、ビルマなど)と乙地域(仏印、タイ)とし、甲地域の対策は二段に分け、第一次対策は当面の戦争遂行上緊要な資源獲得に重点を置き、第二次対策では自給自足体制を目標に恒久的整備を行うとした。乙地域に対しては、重要資源、特に食糧資源の確保を図るとしている。要綱の主眼は甲地域の第一次対策で、取得物資は物動計画に組み入れるとし、開発物資の重点や目標などを示した。なかでも特徴的な方針は、重要鉱物資源の開発は一地点に一企業の専任とするとともに同種資源は二つ以上の企業者に分担させること、工業は特殊のものを除いて現地には培養しないとしたことなどである。→第六委員会(だいろくいいんかい)

[参考文献]防衛庁防衛研究所戦史部編『(史料集)南方の軍政』(一九八五、朝雲新聞社)　(安達　宏昭)

なんぽうこうちいきけいざいたいさくようこう　南方甲地域経済対策要綱　一九四三年五月二十九日に大東亜省連絡委員会第一部会で決定し、同年六月十二日に大本営政府連絡会議に報告された、これまでの経済政策を方針転換するもの。戦局の悪化に伴い、輸送船が減少し、物資の交流が、対日本だけでなく南方地域の相互間においても滞るようになっており、民心把握のため、現地での自給態勢の強化が求められていた。そこで、これまでの「南方経済対策要綱」では、現地での工業は造船や修理工場をのぞいて育成しないとの方針であったが、この要綱では軽工業・生活必需品工業などの自活能力の培養を図り、民生の最低限を維持し、現地住民に経済活動の分野を与えるとした。また、これらの工業には日本の中小企業を活用するとあり、以後、中小企業の進出が増加した。この要綱は、現地住民から一層の戦争協力を引き出すために出されたもので、軍政の重点も、日本への資源供給地から南方軍の現地自活のための兵站物資供給地として確保することに移ったと評価されている。

[参考文献]防衛庁防衛研究所戦史部編『(史料集)南方の軍政』(一九八五、朝雲新聞社)、疋田康行編『「南方共栄圏」―戦時日本の東南アジア経済支配―』(一九九五、多賀出版)、倉沢愛子『資源の戦争―「大東亜共栄圏」の人流・物流―』(『戦争の経験を問う』、二〇一二、岩波書店)　(安達　宏昭)

なんぽうせんりょうちぎょうせいじっしようりょう　南方占領地行政実施要領　アジア・太平洋戦争開戦前の一九四一年十一月二十日に大本営政府連絡会議で決定した、戦争開始後の東南アジア占領地に対する初期の統治方針。差し当たり軍政をしき、(一)治安の回復、(二)重要国防資源の急速獲得、(三)作戦軍の自活、を三大方針として掲げた。そして、現地軍政に関する重要事項は、大本営政府連絡会議において決定することが定められ、仏印とタイには軍政は施行しないとした。この三大方針のなかでも重視されたのは、戦争経済の逼迫から重要国防資源の開発および獲得であった。このため取得した資源物資は中央の物資動員計画に組み込むとし、資源の取得および開発に関する企画と統制は差し当たり企画院を中心とする中央の機関が行うと定めた。この決定に基づき、内閣に企画院を中心にした関係各庁による第六委員会が設置されて、「南方経済対策要綱」の決定や開発地点とその担当企業が選定された。また、これら資源物資の対日輸送は陸海軍が極力援助し、軍の徴傭船を全面的に活用するとした。そのうえで、これらの目的を速やかに実施するために、軍政の実施にあたっては、極力残存統治機構を利用し、従来の組織や民族的な慣行は尊重するとした。しかし、一方では、国防資源取得と占領軍の現地自活のために生じる現地住民の生活にかかる重圧は忍ばせるとしていた。また、「現住土民」に対しては、日本軍に対する信頼を助長するように指導し、独立運動を誘発するのは早きに過ぎないよう抑制的な方針を打ち出していた。ただし独立については、同時期の大本営政府連絡会議の決定文書にビルマの「独立」を促進すると書かれ、翌年一月の大本営政府連絡会議で、フィリピン、ビルマ、蘭印は将来協力すれば「独立」させるとの「総理大臣施政演説中対外処理方針の件」を決定していることから、この要領に記された「過早に誘発」させないとした「独立運動」はあくまで民族自決的性格のものを指したもので、日本の支配下で形式的な「独立」をさせることは、企図していたと考えられている。いずれにしても、南方軍などから領有論が出たため、「独立」は先延ばしになることになった。

→第六委員会　→南方経済対策要綱

参考文献　防衛庁防衛研究所戦史部編『(史料集)南方の軍政』(一九八五、朝雲新聞社)、武島良成『日本占領とビルマの民族運動—タキン勢力の政治的上昇—』(二〇〇三、龍渓書舎)　(安達　宏昭)

なんぽうとくべつりゅうがくせい　南方特別留学生　アジア・太平洋戦争期に日本軍の補助的役割を果たす人材養成を目的として南方占領地から送られた国費留学生。一九四三年に百四人、翌四四年に八十九人の十代後半の青年たちが来日した。中にはビルマのバモオ首相、フィリピンのラウレル大統領など政府要人の息子も含まれていた。彼らには現地でそれぞれ準備教育が施された。日本語の習得や宿舎に関しては国際学友会に一任された。午前の三時間と午後の二時間は日本語を主体とする教育にあてられ、週に二回の軍事訓練もあったという。宿舎における日常生活も、すべて軍隊の内務班と似た規律が求められた。寮での日課は午前六時半起床、点呼、七時朝食、八時登校、帰寮後自習、五時半夕食、十時消灯、就寝となっていた。登下校の際は隊列を整え外出はすべて許可制だった。食料・物資不足の中、食事はもちろん、学生服などすべて国際学友会が準備した。彼らは日本人より多くの配給を受け、旅行の際も特別車両が用意されるなど特別待遇を受けた。国際学友会修了後には彼らは寒さに弱いだろうという配慮から、暖かい地方へ進学先が選ばれた。しかし、母国で大学に在籍していたのに、専門学校などへ入学させられた学生には不満が残った。陸軍士官学校に入学した学生もいる。アメリカ植民地支配を歓迎していたフィリピン人留学生とは異なり、旧宗主国への反感が強く独立意識の高いインドネシア・ビルマからの留学生は学習意欲が旺盛だった。日本の敗戦とともに旧宗主国によって彼らに帰国命令が出されると、ビルマとインドネシアからの留学生は残って勉学を続けることを希望したが、フィリピンからの留学生は一刻も早い帰国を望んだ。マレーからの留学生はイギリスが彼らを日本軍への協力者と見做すことへの不安を強くもっていた。原爆で二人が死亡する悲劇も生じたが、彼らが祖国の戦後復興や日本との架け橋として果たした役割は小さくない。

陸軍士官学校のビルマ留学生

参考文献　上遠野寛子『東南アジアの弟たち—素顔の南方特別留学生—』(一九八五、三交社)、江上芳郎『南方特別留学生招聘事業の研究』(『南方軍政関係史料』二四、一九九七、龍渓書舎)　(多仁　安代)

なんよういにんとうちりょう　南洋委任統治領　パリ講和会議で創設された委任統治制度のもと、日本が統治した敗戦国ドイツの海外領土である赤道以北の太平洋諸島。南洋群島とも呼ぶ。日本海軍が第一世界大戦で占領、約八年間の軍政をしき、一九二二年から南洋庁が施政を担当した。マリアナ諸島(除米領グアム島)、カロリン諸島、マーシャル諸島から成り、現地住民はチャモロとカロリニアン(日本統治時代はカナカと呼んだが、現在は用いない)。委任統治には発達の程度などの高い順からとしてA〜Cの三様式を設け、C式の南洋群島は「受任国領土の構成部分として其の国法の下に施政を行ふを以て最善」と定められた。日本の主権は及ばず、住民の福祉増進、陸海軍根拠地建設の禁止など奨励・禁止事項の順守、毎年の国際連盟での行政年報審査の義務があった。連盟は、日本の連盟脱退後も委任統治の継続を認めた。四四年に米軍が占領、軍政下に置かれ、第二次世界大戦後はアメリカの戦略的信託統治領となった。

参考文献　外務省条約局法規課編『委任統治領南洋群島』(『外地法制誌』五、一九六二・六三)　(今泉裕美子)

なんようこうはつかいしゃ　南洋興発会社　日本の委任統治下にあった南洋群島における製糖業を中心とした企業。一九二一年に東洋拓殖の出資を中心に設立され、松江春次が経営を担った。二三年にサイパン島の製糖工場が完成し、次第に事業は軌道にのり、テニアン・ロタ島にも製糖工場を建設した。沖縄を中心にした移民を大量に受け入れ、甘蔗栽培地を開拓して、糖業モノカルチャー経済を成立させた。その後、酒精や燐鉱開発など南洋群島全域にわたり事業を展開し、さらに外南洋にも進出した。多数の子会社を設立し、四二年には南洋貿易と合併して、南方の広域で活動を行なった。

参考文献　松江春次『南洋開拓拾年誌』(一九三二、南洋興発)、閉鎖機関整理委員会『閉鎖機関とその特殊清算』(一九五四)、今泉裕美子「南洋群島経済の戦時化と南洋興発株式会社」(柳澤遊・木村健二編『戦時下アジアの日本経済団体』所収、二〇〇四、日本経済評論社)　(安達　宏昭)

なんようたくしょくかいしゃ　南洋拓殖会社　日本統治下の南洋群島に一九三六年に設立された特殊会社。拓務省内に三四年に設置された南洋群島開発調査委員会が翌年にまとめた答申に基づき、議会において予算の協賛を得て、勅令の同社令により設立された。会社は拓相の監督下に置かれ、社長は拓相が任命し、払込株金額の四倍の債券を発行することができ、南洋庁経営の燐鉱事業が現物支給された。本社をパラオ諸島のコロール島に置き、主な業務は拓殖事業の経営と企業への資金供給、移民事業であった。そして、それらを通して外南洋への進出を促進することも目的としていた。関係会社だけでも、南洋群島諸地域の鉱業、水産業、運輸業など二十社以上あった。また、政府出資のアンガウル島、ファイス島の燐鉱石採掘を経営するほか、エボン島、ソンソル島などの燐鉱採掘にも進出した。戦時中は、蘭印やラバウルに進出し、軍の委託業務が中心となった。戦後は閉鎖機関に指定された。

参考文献　閉鎖機関整理委員会『閉鎖機関とその特殊清算』(一九五四)、今泉裕美子「南洋群島経済の戦時化と南洋興発株式会社」(柳澤遊・木村健二編『戦時下アジアの日本経済団体』所収、二〇〇四、日本経済評論社)、印東道子編『ミクロネシアを知るための五八章』(『エリア・スタディーズ』、二〇〇五、明石書店)
(安達　宏昭)

なんようちょう　南洋庁　パリ講和会議で赤道以北のドイツ領太平洋諸島(南洋群島)の委任統治を受任した日本が、一九二二年に設置した行政機関。本庁をパラオ諸島コロール島に置き、サイパン、ヤップ、パラオ、トラック、ポナペ、ヤルートの六支庁を設けた。委任統治では陸海軍根拠地の建設は禁止されたが、庁開設とほぼ同時にコロール島に配置された海軍在勤武官が、南洋庁と「連繫を保持し海軍関係事項の交渉、処理調査及諜報事務」を行なった。国際連盟脱退後、海軍みずからが施設建設を行うようになり、建設を一層急いだ四二年には南洋庁に交通部を新設、海軍の現役将校を配置した。四三年、大本営が絶対国防圏を設置して間もなく、南洋庁長官に細萱戊子郎海軍中将、支庁長に海軍将校を据え、北部、西部、東部の三支庁制に再編された。米軍の占領により南洋庁による統治は事実上終わったが、米軍が占領行政に南洋庁官吏や戦時の組織を利用した島嶼もあった。

参考文献　外務省条約局法規課編『委任統治領南洋群島』(『外地法制誌』五、一九六二・六三)、防衛庁防衛研修所戦史室編『中部太平洋方面海軍作戦』一(『戦史叢書』三八、一九七〇、朝雲新聞社)
(今泉裕美子)

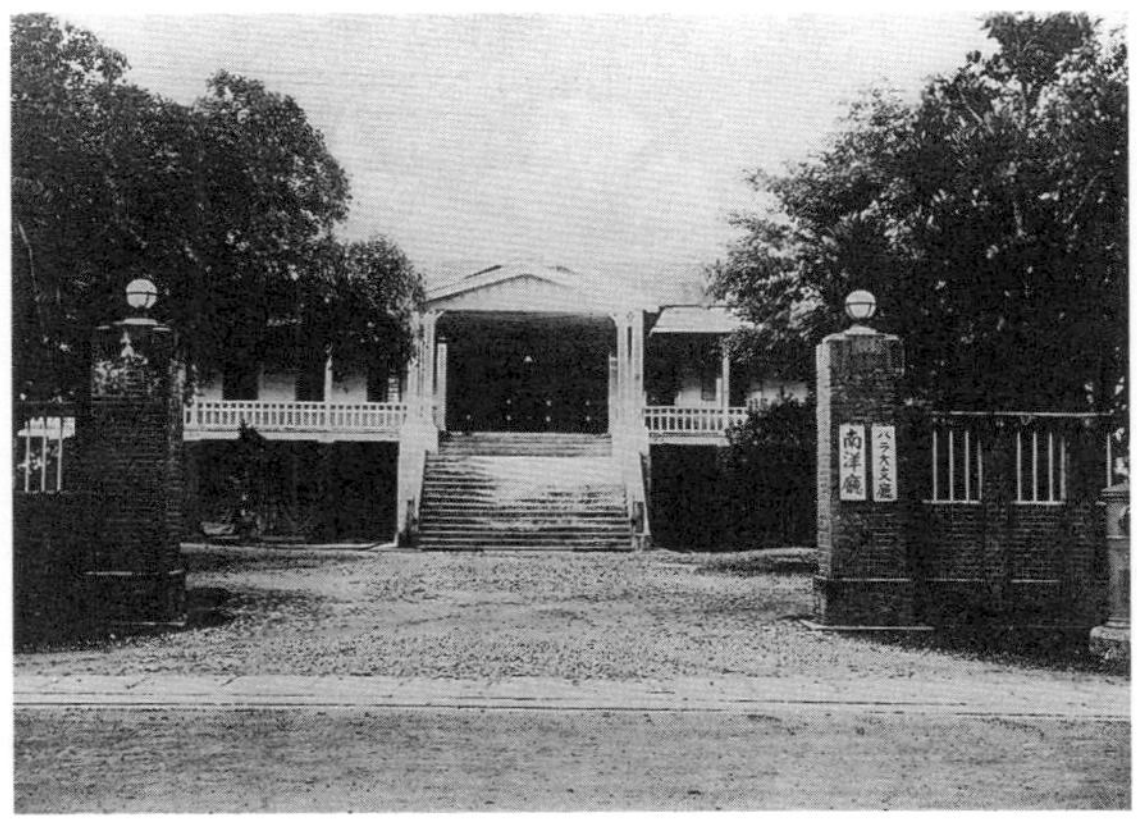

南　洋　庁

に

にいいたる　新居格　一八八八―一九五一　評論家。一八八八年三月九日、徳島県に医者の父譲、母キョの次男として生まれる。従弟に賀川豊彦がいた。徳島中学、第七高等学校造士館を経て東京帝国大学法学部政治学科卒。読売新聞社、毎日新聞社、朝日新聞社などでの記者生活ののち、評論家として文芸批評や社会批評を執筆する一方、アナキズム思想に接近。宮嶋資夫らの『文芸批評』や石川三四郎らの『リベルテール』に協力し、一九三〇年には天人社より『アナキズム芸術論』を刊行した。三二年には『自由を我等に』を編集、創刊する。アナキズム思想とともに協同組合思想に共感し、消費生活組合運動には戦前戦中戦後と従事した。他方で、三八年に農民文学懇話会が発足すると相談役に就任し、銃後文学としての農民文学に着目、国策の基本となる農村の重要性を説いた。農村への着目は戦後も持続し、四七年に藤書房から刊行された『民主的な理想農村』は『新農村建設叢書』の一冊として、スウェーデンやデンマークと日本とを比較しながら、封建制を克服した民主的な農村の建設が謳われている。同年、杉並区長選に推されて立候補し当選、文人区長として話題になったが、腎臓病や高血圧の持病悪化のため、翌年には区長を辞し療養、以後は執筆や講演をこなした。脳溢血で五一年十一月十五日没。六十三歳。

参考文献　和巻耿介『評伝新居格』(一九九一、文治堂書店)
(竹内栄美子)

にいがたてっこうじょ　新潟鉄工所　日本石油の付属工場として一八九五年に創設された総合機械メーカー。戦時期の主要製品は内燃機関、工作機械、各種産業機械(石油さく井機械、ポンプ・圧縮機、鍛圧機など)、鉄道車輌、船舶などであった。工作機械生産は五大メーカーの一角として有名であったが、戦時期には新興メーカーの進出によって生産額順位を落とした。加藤重男が設計した蒲田工場は、戦間期における科学的工場管理で著名な先進的機械工場であった。

参考文献　『新潟鉄工所七十年史』(一九六八)　(沢井　実)

に・いちゼネスト　二・一ゼネスト　一九四七年二月一日を期して計画された労働組合のゼネラルストライキ。マッカーサーの禁止指令によって実施を阻まれた。民間企業の労働組合運動が賃金増額などの成果を上げてきたのに対して、官公部門の労働者の状態の改善は相対的に遅れていたが、四六年の産別会議十月闘争の成果を引き継いで、発足した全官公庁共同闘争委員会が活動を強めた。年末には産別会議以外の労働組合も加わって吉田内閣打倒の国民大会を開き、民間の労働組合を含めてゼネラルストライキが計画された。当初はGHQがストライキを容認するのではないかという思惑もあり、全国的な実施体制も整えられたが、禁止指令に接して労働組合間の足並みは乱れ、一月三十一日に全官公庁共同闘争委員会議長伊井弥四郎がラジオ演説で中止を声明した。このち、共産党の影響力が強かった産別会議の内部に同党に反対する勢力が組織的に生まれ(産別民主化同盟＝民同)労働組合内部の対立が激化した。

参考文献　伊井弥四郎『回想の二・一スト』(一九七七、新日本出版社)、三宅明正「二・一ストはなぜ強行されなかったのか」(藤原彰他編『日本近代史の虚像と実像』四所収、一九八九、大月書店)　(三宅　明正)

二・一ゼネスト　ラジオでゼネスト中止命令を伝える伊井弥四郎

にかいきゅうしんきゅう　二階級進級　戦争において抜群の功績を残した人物を特別に進級させる制度。はじめて陸軍において二階級進級が適用されたのは、一九三二年の第一次上海事変時の「爆弾三勇士」であった。その後、四〇年九月の陸達六三号「陸軍兵進級規則」で兵の、続いて、翌四一年三月の勅令一九七号「陸軍武官進級令」で将校・下士官の二階級進級を制度化した。なお、海軍は、四一年十二月に二階級進級の特例を公布した。

参考文献　内閣法制局編『法令全書』　(中村　崇高)

にくだんさんゆうし　肉弾三勇士　一九三二年二月、第一次上海事変における廟行(巷)鎮の戦闘で、味方の突撃路を開くため、三人一組で割竹の筒で爆弾を包んだ約四メートルの破壊筒に点火して運び、鉄条網に突入、戦死した久留米工兵第十八大隊の陸軍一等兵江下武二・北川丞・作江伊之助を指す。「爆弾三勇士」とも呼ばれ、史上初の死後二階級特進を果たした。覚悟の自爆との報道に加え、三人の貧しい境遇が民衆の共感を呼び、陸軍省に弔慰金が殺到したのをはじめ、新聞各紙が募集した三勇士の歌に二十万余りの応募作があるなど、熱狂的な反響を引き起こした。その死をめぐっては、当初から技術的な失敗によるものであるといった指摘がなされ、陸軍も聞き取り調査を基に途中転倒しなかったなら他の組と同様に生還していたであろうことを認めたが、その後も一般の兵士がみずからの意志によって究極の自己犠牲を果たした軍国美談として、国民に語り継がれることとなった。

参考文献　中内敏夫『軍国美談と教科書』(『岩波新書』、一九八八、岩波書店)、上野英信『天皇陛下万歳—爆弾三勇士序説—』(『ちくま文庫』、一九八九、筑摩書房)、山室建徳『軍神—近代日本が生んだ「英雄」たちの軌跡—』(『中公新書』、二〇〇七、中央公論新社)　(郡司　淳)

河合映画『忠魂肉弾三勇士』

にしうらすすむ　西浦進　一九〇一—七〇　大正後期・昭和戦前期の陸軍軍人。最終階級は大佐、昭和戦後期の戦史研究者。一九〇一年十二月四日、陸軍中佐西浦栄蔵の子として東京に生まれる。陸軍士官学校(第三十四期、砲兵科)、陸軍大学校卒業。以後、陸軍省軍務局(主に軍事課)で長く勤務し、特に四十一年十月には東条英機陸軍大臣の秘書官、四二年四月には陸軍省軍務局軍事課長に就任するなど、陸軍軍政の中枢にあった。戦後は、防衛庁などで戦史の研究に従事するようになり、五五年には防衛研修所戦史室(現在の防衛研究所戦史研究センター)の初代室長に就任した。七〇年までその職にあり、『戦史叢書』の編さん責任者となった。多くの著作や回想を残しており、戦前期における経歴から、貴重な史料となっている。七〇年十一月五日、六十八歳で死去。

[参考文献] 日本近代史料研究会編『西浦進氏談話速記録』(『日本近代史料叢書』、一九六六、日本近代史料研究会)、西浦進氏追悼録編纂委員会編『追悼録 西浦進』(一九七一)、西浦進『昭和戦争史の証言』(一九八〇、原書房)
(堀田慎一郎)

にしおかとらのすけ 西岡虎之助 一八九五―一九七〇 大正・昭和時代の歴史家。一八九五年五月十七日、和歌山県の農家に出生。一九一六年和歌山県師範学校卒業。小学校訓導を経て、二一年三月東京帝国大学文学部国史学科選科修了。卒業論文「軍団制之崩壊に関する研究」。同年九月東京帝国大学史料編纂掛補助嘱託、二四年編纂官補、三三年史料編纂所編纂官。五四年辞任し六六年三月まで早稲田大学文学部教授。二二年に『日本文化史 平安朝中期』(大鐙閣)、二六年に『綜合日本史大系 奈良朝』(内外書籍)の大部の通史を執筆したが、十五年戦争期には自著をあえて公刊せず、敗戦後に『荘園史の研究』三冊(五三―五六年、岩波書店)に結実する社会経済史研究を精力的に推し進めるとともに、アカデミズムの時流迎合に反発を強める若手研究者を糾合して「新日本史叢書」全二十五巻を企画(三六年に内外書籍より二巻を刊行したのみで挫折)、三八年六月の文部省教学局の日本諸学振興委員会第一回歴史学会で「国史学に於ける庶民的文化要素研究の重要性」を発表するなど皇国史観に対する硬骨の抵抗姿勢を貫いた。戦前・戦後の民衆史研究の先達として、四八年刊の『民衆生活史研究』(福村書店)に代表される不朽の業績を残した。七〇年二月二十六日死去。七十四歳。門下生によって単行本未収録論文を集成した『西岡虎之助著作集』全四巻(一九八二―八七年、三一書房)がまとめられている。

[参考文献] 『西岡先生追想録』(一九七二)、和歌山大学紀州経済史文化史研究所編『西岡虎之助 民衆史学の出発（たびだち）』(二〇一〇)、西岡虎之助著作集刊行委員会「西岡虎之助年譜・著作目録〈補訂版〉(稿)」(『民衆史研究会会報』七〇、二〇一〇)、今井修「西岡虎之助と『新日本史叢書』」(『歴史評論』七三二、二〇一一)
(今井 修)

にしおすえひろ 西尾末広 一八九一―一九八一 右派社会民主主義の潮流を代表する労働運動家、政治家。一八九一年三月二十八日、香川県生まれ。高等小学校中退ののち、大阪に出て旋盤工となった。一九一六年、職工組合期成同志会を結成。一九年友愛会(のち日本労働総同盟)に加入すると、翌二〇年大阪連合会主務、二四年総同盟主事となるなど、最高幹部に上り詰めていった。日本共産党に接近した時期もあるが、二五年の総同盟第一次分裂以降は反共主義・労資協調主義の立場から、一貫して左派排除につとめた。二八年第一回普通選挙以来の社会民衆党・社会大衆党代議士だが、三八年衆議院での国家総動員法案賛成演説中に「スターリンの如く大胆に」と述べたことで除名処分に付され、翌年の補欠選挙で返り咲いた。敗戦直後から日本社会党結成に奔走し、片山・芦田両内閣の閣僚を務めたが、五九年に離党し、六〇年民主社会党を結党した。八一年十月三日没。九十歳。

[参考文献] 西尾末広『大衆と共に―私の半生の記録―』(一九五一、世界社)、同『西尾末広の政治覚書』(一九六八、毎日新聞社)、『総同盟五十年史』(一九六四―六六、日本労働組合総同盟)
(三輪 泰史)

にしおとしぞう 西尾寿造 一八八一―一九六〇 近代の軍人、本土空襲激化のころの東京都長官。一八八一年十月三十一日、鳥取県に生まれる。陸軍士官学校(第十四期)、陸軍大学校卒。一九三四年関東軍参謀長。三七年三月近衛師団長、八月第二軍司令官。三八年四月教育総監、三九年九月支那派遣軍総司令官。四三年五月予備役。東京都長官大達茂雄が小磯国昭内閣発足で内相に就任、その後任を依頼され、四四年七月東京都長官に就任した。内務官僚の児玉九一を次長とし都行政は彼に任せたという。軍との連携を密にして本土空襲に備えるのが自分の役割だったと本人は回想している。すでに都は三月に学童集団疎開計画を決定、三多摩や関東・東北に疎開が始まっていた。都は十一月から度重なる空襲への対応を行なった。四五年六月関東信越地方総監兼東京都長官、八月に退官、東京都長官は広瀬久忠に代わる。敗戦後、戦犯として巣鴨刑務所に入る。四八年出所。六〇年十月二十六日死去。七十八歳。

[参考文献] 西尾寿造『将軍の茶の間』(一九五六、自然農法社)
(源川 真希)

にしきすいじょうせんとうき 二式水上戦闘機 海軍初の水上戦闘機。中島飛行機が、零式艦上戦闘機の機体を改造して開発。一九四二年、制式採用。エンジン九五〇馬力×一。最大速度二三五ノット(時速四三五キロ)。水面離着陸のため、機体下部に主フロート、両翼下に補助フロートを持つ。零式艦上戦闘機の優秀さを引き継ぎ、水上機ながら運動性に優れた。アリューシャン諸島、ソロモン諸島など、飛行場の整備されていない前線基地に進出し、飛行場を建設する際の防空戦闘機、あるいは水上偵察機の護衛戦闘機として用いられた。

[参考文献] 野沢正編『日本航空機辞典』上(一九八九、モデルアート社)
(水沢 光)

にしきせんとうき 二式戦闘機 ⇨鍾馗（しょうき）・二式戦闘機（にしきせんとうき）

にしきひこうてい 二式飛行艇 海軍の大型飛行艇。九七式飛行艇の後継機として、川西航空機が開発。一九四二年、制式採用。エンジン一六八〇馬力×四。最大速度二四五ノット(時速四五四キロ)。四発の大型機で、乗員十名。機体の胴体部分で水上に浮かび、両翼下に補助フロートを持ち、水面離着陸することができた。航続距離のみを重視した九七式飛行艇と比べ、飛行艇としては高速。武装も強化され、二〇ミリ銃五丁、七・七ミリ銃四丁を装備。四二年から実戦に参加し、飛行場の整備されていない海域で、哨戒、偵察、爆撃、連絡、輸送などに幅広く用いられた。四二年三月、二五〇キロ爆弾八発を搭載した二機が、ハワイ真珠湾基地を奇襲爆撃。同機を輸送飛行艇に改造した「晴空」は、乗員九名、乗客最大六十四名で、要員の移動に用いられた。四四年三月には、古賀峯一連合艦隊司令長官の乗った「晴空」が墜落し、長官が殉職した(海軍乙事件)。四五年まで生産が続けられ、生産機数、百六十七機。

参考文献 野沢正編『日本航空機辞典』上(一九八九、モデルアート社) (水沢 光)

にしきふくざせんとうき 二式複座戦闘機 ⇨屠龍・二式複座戦闘機

にしだきたろう 西田幾多郎 一八七〇—一九四五 哲学者。一八七〇年五月十九日(明治三年四月十九日)、加賀国(石川県)に生まれる。帝国大学文科大学哲学科選科で学んだ後、第四高等学校教授などを経て、一九一〇年より京都帝国大学文科大学(文学部)助教授、教授。『善の研究』(一一年)において、主客未分の「純粋経験」を唯一の実在とし、その分化・発展を体系的に論じ、近代日本ではじめての独創的な哲学書として注目を集めた。その後、『自覚に於ける直観と反省』(一七年)を経て、論文「場所」(二六年)において主観主義・主意主義からの転回を遂げ、独自の論理によって西洋近代哲学をのりこえる地平をひらく。そして、マルクス主義や危機神学などに触発されながら理論の展開・研磨をつづけ、「西田哲学」と呼ばれて多大な影響を及ぼした。そこでは、かつて「純粋経験」と呼ばれた実在は、「弁証法的一般者」「歴史的実在の世界」としてとらえかえされ、その論理的構造は「非連続の連続」「絶対矛盾的自己同一」などの用語によって把握された。また、認識論・実践哲学は「行為的直観」の理論によって新たに基礎づけられた。田辺元らとともに、門下生の三木清、戸坂潤、高山岩男、高坂正顕、西谷啓治らに影響を与え、独自の哲学を展開する京都学派を形成した。日中戦争、アジア・太平洋戦争期には、講演『日本文化の問題』(四〇年刊行)などの時局認識によって高山らの「世界史の哲学」に影響を与え、みずから「世界新秩序の原理」(四三年)などを執筆。近代世界の矛盾をのりこえる転換期の世界史的意義を唱えた。それは、日本が帝国主義的な主体として他者を支配することなく、自己の否定をつうじて無的普遍として他者を包みこみ、多元的・多中心的な「世界的世界」の形成を主導すべきことを訴えるものであった。最晩年には宗教哲学の基礎づけにとりくみ、「場所的論理と宗教的世界観」脱稿の後、敗戦直前の四五年六月七日に死去。七十六歳。

西田幾多郎

参考文献 『(新版)西田幾多郎全集』(二〇〇二—〇九、岩波書店) (米谷 匡史)

にしたけいち 西竹一 一九〇二—四五 陸軍軍人。一九〇二年七月十二日、外相・男爵西徳二郎の三男として誕生。一九二四年陸軍士官学校卒(第三十六期)。二七年騎兵中尉となり、三二年ロサンゼルス五輪の馬術(大障害飛越)で優勝。三三年騎兵大尉・騎兵学校教官、三六年ベルリン五輪に出場し、騎兵第一連隊中隊長となる。三九年騎兵少佐・軍馬補充部十勝支部員、四二年第二十六師団捜索隊長、四三年第一師団捜索隊長・中佐、四四年戦車第二十六連隊長となる。四五年三月二十二日硫黄島で戦死(大佐進級)。四十四歳。

参考文献 大野芳『オリンポスの使徒—「バロン西」伝説はなぜ生れたか—』(一九八四、文藝春秋)、梯久美子『硫黄島栗林中将の最期』(二〇一〇、文藝春秋) (柏木 一朗)

にしだなおじろう 西田直二郎 一八八六—一九六四 大正・昭和期の日本史学者。一八八六年十二月二十三日、大阪府の天然寺に出生。第三高等学校を経て、一九一〇年京都帝国大学文科大学史学科卒業(第一期生)。一五年同講師、一九年助教授、二〇年から二二年イギリスとドイツに留学。二四年「王朝時代の庶民階級」で文学博士となり教授。同年の京都帝国大学夏期講習会筆記をもとにして三二年に『日本文化史序説』(改造社)を刊行、自我の発展を基礎とする歴史の全体的理解を志向した独自の文化史学を説述して十五年戦争下に版を重ねた。滝川事件を契機に国策協力活動を積極化させ、日本精神史へと傾斜。三四年国民精神文化研究所員兼任、三六年日本諸学振興委員会常任委員嘱託、三九年日本文化大観編集委員はじめ多くの役職に就き、戦後教職不適格に指定され免官。解除後の五二年京都女子大学教授、滋賀大学教授。『京都史蹟の研究』(一九六一年、吉川弘文館)『日本文化史論考』(六三年、同)が門下生によって編集され、六四年十二月二十六日死去。七十八歳。

参考文献 柴田實・西村朝日太郎『西田直二郎・西村眞次』(『日本民俗文化大系』一〇、一九七八、講談社)、岩井忠熊『天皇制と歴史学』(一九九〇、かもがわ出版)、永原慶二『二十世紀日本の歴史学』(二〇〇三、吉川弘文館)、駒込武・川村肇・奈須恵子編『戦時下学問の統制と動員

―日本諸学振興委員会の研究―』(二〇一一、東京大学出版会)　（今井　修）

にしたにけいじ　西谷啓治　一九〇〇―九〇　哲学者。一九〇〇年二月二十七日、石川県に生まれる。京都帝国大学文学部哲学科で西田幾多郎、田辺元らに学ぶ。三五年より京都帝国大学文学部助教授、教授となり、京都学派の一翼を担う。ドイツ留学の後、『根源的主体性の哲学』(四〇年)を刊行し、生・自我の根底の無から立ち現れる根源的主体性を論じる。また、『世界観と国家観』(四一年)では、西洋中心の近代世界からの転換を担う日本の主導性を論じた。アジア・太平洋戦争期には高山岩男、高坂正顕、鈴木成高と座談会『世界史的立場と日本』(『中央公論』初出、四三年刊行)を行い、「大東亜戦争」の世界史的意義を哲学的に解釈する討議として脚光をあびた。また、『近代の超克』(『文学界』初出、四三年刊行)の討議にも参加。戦後は公職追放を受けた後、京都大学教授、大谷大学教授。『神と絶対無』(四八年)、『ニヒリズム』(四九年)、『宗教とは何か』(六一年)などを刊行。九〇年十一月二十四日に死去。九十歳。

参考文献　『西谷啓治著作集』(一九八六―九五、創文社)　（米谷　匡史）

にしだみつぎ　西田税　一九〇一―一九三七　昭和期の国家改造運動の指導者。一九〇一年十月三日、鳥取県に生まれる。陸軍幼年学校を経て陸軍士官学校に入学、この時期に北一輝の『国家改造案原理大綱』に共鳴し、同期生であった秩父宮にも国家改造を説く。二二年に士官学校を卒業(第三十四期)し、任官後、病気などもあって二五年に予備役に編入、大川周明が組織した行地社に所属したが、同年の安田共済事件を契機に脱退して北の門弟となる。西田は北から『日本改造法案大綱』の版権を譲り受けるなど絶大な信頼を受け、大岸頼好・菅波三郎・村中孝次ら陸軍の青年将校に接触し、三一年の十月事件前後の時期からは相沢三郎・安藤輝三・磯部浅一らとも交流を深めた。翌年の五・一五事件では、国家改造運動内部の対立から血盟団員の川崎長光に狙撃され重傷を負う。三六年の二・二六事件では、決起の是非について磯部や安藤らから直接相談を受けることはなかったが、事件の首謀者として北とともに逮捕され、翌年八月十九日に処刑。三十七歳。

参考文献　須山幸雄『西田税　二・二六への軌跡』(一九七九、芙蓉書房)、堀真清『西田税と日本ファシズム運動』(二〇〇七、岩波書店)　（萩原　稔）

にしなよしお　仁科芳雄　一八九〇―一九五一　大正・昭和期の物理学者。一八九〇年十二月六日、岡山県の農業・製塩業の仁科存正の四男として生まれる。一九一四年、第六高等学校卒業。一八年東京帝国大学工科大学電気工学科を首席で卒業、理化学研究所(理研)研究生。電気工学の鯨井恒太郎の研究室に所属し、ついで物理学者の長岡半太郎に学ぶ。二一年、英国に留学、二三年、デンマークのN・ボーアのもとでの研究を開始、X線スペクトルによる定量化学分析や量子力学の研究に従事し、クライン・仁科の式を導出。二八年末に帰国。三〇年、理学博士。三一年、理研主任研究員。原子核、X線分光学、宇宙線、高速度陽子線などを研究。三七年、サイクロトロン(電磁石の直径二六インチ)完成、六〇インチの大サイクロトロンの建造開始。同年、ボーアの来日を実現。四一年の日米開戦の後も、純粋科学の研究、特に湯川秀樹の中間子論の成否を確認する研究の推進を決意。原子爆弾製造計画のための資材や資金も大サイクロトロン完成のために利用。四四年、通信院電波局長(初代)、大サイクロトロン完成。四五年、原子爆弾投下を知ると切腹を覚悟するが、降伏への動きを知って原子核実験を再開。広島・長崎では理研の研究者と原子爆弾の被害の調査に従事。四六年、文化勲章受章、理研所長。四八年、株式会社科学研究所社長、日本学士院会員。四九年、日本学術会議副会長。五一年一月十日、肝臓癌により死去。六十歳。↓サイクロトロン

参考文献　中根良平他編『仁科芳雄往復書簡集』三、二〇〇七、みすず書房)『大サイクロトロン・ニ号研究・戦後の再出発―一九四〇～一九五一―』(　（岡本　拓司）

にしはるひこ　西春彦　一八九三―一九八六　外交官。一八九三年四月二十九日、鹿児島県生まれ。一九一八年東京帝国大学法科大学卒業後、外務省に入省した西は、北満洲鉄道譲渡交渉、張鼓峰事件処理、ノモンハン事件処理などを現地や本省などで補佐した。三度目のモスクワ勤務から帰国した四一年十月、西は外務次官に就任し、日米交渉の最終段階で同郷の東郷茂徳外相を補佐した。戦時期には満洲国公使となる。戦後はオーストラリア大使をつとめた。八六年九月二十日没。九十三歳。

参考文献　『近代日本の外交』(一九六二、朝日新聞社)、西春彦『回想の日本外交』(『岩波新書』、一九六五、岩波書店)　（武田　知己）

にしやまうぞう　西山夘三　一九一一―九四　住居を科学的に研究する基礎を築いた建築学者。京都大学教授。一九一一年三月一日、大阪府に生まれる。三三年京都大学建築学科を卒業、住宅営団の北岡寿逸研究部長に勧誘され、四一年六月住宅営団研究部調査課技師となる。四四年三月に住宅営団を依願退職し、同年九月京都大学営繕課長となる。戦後は京都大学工学部助教授、同教授を務め、七四年に退官した。九四年四月二日に八十三歳で死去。住宅営団時代のすみ方調査研究によって、寝る所から食べる場所を独立させる「食寝分離論」と、不特定多数の住み手の住要求をいくつかの型で捉え、それを空間化する「型計画」の科学的な方法論は、戦後の住宅計画学の確立と発展に決定的な方向性を与えた。四三年「庶民住宅の研究」で日本建築学会賞受賞、八六年「住居学、建築計画学、地域計画学の発展に対する貢献」により日本建築学会大賞受賞。「特定非営利活動法人　西山夘

三記念すまい・まちづくり文庫」には、西山夘三が生涯にわたって収集・創作した研究資料約十万点が保管されている。

参考文献 『西山夘三著作集』(一九六七―六八、勁草書房)

(冨井 正憲)

にじゅうべいかせい　二重米価制　一九四〇年十月の米穀国家管理制定を前提に一九四一年度産米から実施されたもので、地主米価より高い生産者米価という二つの米価設定を行なった。生産者(自作・小作農家)には一石当たり五円の生産奨励金が加算され(生産者米価)、地主の小作米買入価格(地主米価)とは差が設けられた。四二年二月の食糧管理法により制度化された。生産者への加算は四三年年には地主より十五・五円加算となり、四五年三月には三七・五円まで開いた。このため、物納基準での小作料率はそれほど変化しないにもかかわらず、貨幣ベースでの実質的な小作料率は四一年の四八・九%から四五年には三〇・二%までに低下した。なお、一般の売渡価格(消費者米価)は地主米価より一円低く設定されていた。そのため、生産者、地主、消費者の価格差が生じ三重米価となった。戦時下、食糧増産のためには地主より、小作農を含めた生産農民が重視された結果である。→食糧管理制度

参考文献 松田延一『日本食糧政策史の研究(復刻版)』三(一九六六、御茶の水書房)、川東竫弘『戦前日本の米価政策史研究』(一九七〇、ミネルヴァ書房)、森武麿『戦時日本農村社会の研究』(一九九九、東京大学出版会)

(森 武麿)

にせいへいし　二世兵士　第二次大戦中の米軍には、日系人約三万三千人も兵士として従軍していた。そのほとんどが父母の代に米本国やハワイに移住した、いわゆる二世(Nisei)である。彼らの多くは、第四百四十二歩兵連隊、第百歩兵大隊(のちに第四百四十二連隊に所属)、陸軍情報部(MIS)に配属された。このうち第四百四十二連隊と第百大隊は、下士官兵の多くが二世兵士であり、ヨーロッパ戦線に派遣された。一方MISは太平洋戦線に派遣され、二世兵士は語学力を活かし、情報の収集や分析、翻訳、捕虜の尋問などにあたった。また、オーストラリアに設置された連合国軍翻訳通訳部に配属される者もあった。占領下の日本では、二世兵士は通訳・翻訳部隊である語学分遣隊のほか、民間検閲支隊(CCD)や対敵諜報部隊(CIC)に配置され、CCDでは多くの二世兵士が郵便や出版物、放送などの検閲にあたり、またCICでは容姿を活かして民間人の情報収集にあたる者もあった。二世兵士の多くが、米本国に設けられた日系人強制収容所での生活を経験するなど、入隊以前米国内で何らかの差別を体験していた。また、ドイツ系、イタリア系に比し、将校となる者の比率はきわめて低かった。

参考文献 渡辺正清『ゴー・フォー・ブローク!—日系二世兵士たちの戦場—』(『光人社NF文庫』、二〇〇九、光人社)、柳田由紀子『二世兵士激戦の記録—日系アメリカ人の第二次大戦—』(『新潮新書』、二〇一二、新潮社)

(栗田 尚弥)

にちいんかいしょう　日印会商　日本と英領インドの間で行われた通商交渉。

〔第一次日印会商〕一九三三―三四年に行われた交渉。日本代表団が英領インドの首都デリーおよび夏季の首都シムラに赴いて英領インド代表団と会談を重ねた。インドは、イギリス綿布輸入関税を据え置きつつ他国製品の関税を連続的に引き上げ、ついに一九三三年四月、日印通商条約を廃棄し、六月六日には英連邦以外の綿布輸入関税を七五%に引き上げた。これに対して日本の紡績会社と綿花商社は六月十三日をもって、インド綿花不買という強硬な手段に訴えることを決定した。こうした事態を打開するために日印会商が開催される。日本側は外交官沢田節蔵無任所大使を首席代表とする代表団をデリーに送り、インド側首席代表は鉄道通商大臣のジョセフ＝ボーア卿であった。九月二十五日、第一回本会議が開かれ、沢田首席代表はインドに対して年間綿布輸出の割当数量五・七八億ヤード、税率は従価五〇～五二・五%を提案した。インド側はこの提案を拒絶した上で、日本が百二十五万俵のインド綿を買えば、インドは日本の綿布三億ヤードを輸入し、日本がそれを越えて、一万俵買うごとに、インドも三・五億ヤードの上限に達するまでに輸入を増やすという内容の、綿花輸入と綿布輸出をリンクさせる案を提示してきた。会商は年末には妥結し、三四年四月十九日に新しい日印通商条約(三年間有効)と議定書の仮調印が行われた。新条約の骨子は次のようなものであった。(一)最恵国待遇。(二)インドの日本綿布に対する関税率は従価五〇%とする。(三)日本は年間一・二五億ヤードの綿布を無条件にインドに輸出することができる。もし日本がインドから綿花百万俵を買えば、日本のインド向けの綿布輸出の枠は三・二五億ヤードとされる。日本が百万俵を越えてさらに一万俵のインド原綿を輸入するごとに、それぞれ一五〇万ヤードの綿布をインドに輸出できる(最高限度四億ヤードに達するまで)。(四)綿布割当量の品種別区分を四種類とし、それぞれ比率を定め、融通率を設けることとする。日印会商は世界恐慌後の自由貿易体制崩壊を示す出来事であり、特にリンクという二国間主義に基づく貿易調整がはかられたことは重要である。

〔第二次日印会商〕日印新通商条約の有効期限は三年間であったため、三六年七月二十日から第二次日印会商が始まった。争点は英領インドから分離されることになった英領ビルマの割当数をいかにするか、および品種別割当の見直しであった。会商は三七年二月十三日に妥結し、三月二十三―二十五日に協定が成立した。インドとビルマとで日本からの綿布輸出量を分割し、日本の綿花輸入量は現行協定と変えないこと、品種別割当は生地の割当を減じて加工の割当を増やすことで日本とインド綿業との摩擦を避けることになった。

参考文献　石井修『世界恐慌と日本の「経済外交」一九三〇―一九三六年』(一九九五、勁草書房)、籠谷直人『アジア国際通商秩序と近代日本』(二〇〇〇、名古屋大学出版会)　(白木沢旭児)

にちいんつうしょうじょうやく　日印通商条約　⇩日印会商

にちえいかいしょう　日英会商　一九三三―三四年にかけてロンドンで行われた日本とイギリスとの通商交渉。これまで世界市場を席巻していたイギリスは、世界恐慌を機に日本の綿業の輸出急増に追い上げられていた。三三年には、日本の綿業界代表がロンドンに行き、イギリス綿業団体と民間会商を行なった。イギリス側は、世界市場について日英綿布の市場分割協定締結を望んでいたが、日本側は、それぞれの国との通商交渉を控えており、イギリスと世界市場分割協定を結ぶ意志はなかった。三四年二月十四日、ロンドンで政府間の日英会商が始まった。英国側は、全世界の市場における協定を求める提案を行なった。日本側はこれに対して全世界を対象とする話し合いは受け入れられないと主張し、限られたイギリス連邦市場のみについて交渉することを主張した。これを受けてイギリスは、世界の市場を六つの地域(アフリカ、アジア、中東、ヨーロッパ、南米、中米)に分け、地域ごとに日本が輸出の自主規制を行うことを提案してきた。日本側は三月十四日にこの提案を検討することを拒否し、交渉は決裂した。

参考文献　石井修『世界恐慌と日本の「経済外交」一九三〇―一九三六年』(一九九五、勁草書房)　(白木沢旭児)

にちどくいぐんじきょうてい　日独伊軍事協定　一九四二年一月十八日に日本・ドイツ・イタリアの軍事責任者の間で締結された協定。四一年十二月八日の日本によるアメリカ・イギリスへの宣戦布告に伴い、十一日にドイツ・イタリア両国は対米宣戦を行なった。同日、日本・ドイツ・イタリアの三国は、日独伊共同行動協定を結び、単独不講和を申し合わせた。その協定に引き続いて結ばれたのが、日独伊軍事協定である。日独伊軍事協定では、日本がアジアでの作戦を、ドイツ・イタリアがヨーロッパと中近東での作戦を担当するとされていた。また、日本の対米英蘭戦争と策応した作戦をドイツ・イタリアも行うとされ、アメリカやイギリスの主要根拠地の覆滅や、米英の戦力が作戦状況により特定地域に集中した際は日本が大西洋に、ドイツ・イタリアが太平洋にそれぞれ海軍兵力を派遣することなどが定められていた。その他、情報交換や通商破壊戦での相互協力といった軍事協力の要領も盛り込まれている。

参考文献　太田一郎監修『大東亜戦争・戦時外交』(『日本外交史』二四、一九七一、鹿島研究所出版会)　(手嶋泰伸)

にちどくいさんごくどうめい　日独伊三国同盟　一九四〇年九月二十七日に、日本・ドイツ・イタリアの三国の間で結ばれた軍事同盟。

日独伊三国同盟祝賀パーティ

三九年八月に対ソ軍事同盟の締結を模索していた防共協定強化交渉は、独ソ不可侵条約の締結によって頓挫した。しかし、九月にヨーロッパ大戦が始まると、ドイツは四〇年六月にはパリを占領し、フランスを降伏させるなど、ヨーロッパを席巻した。そのため日本では、枢軸国との提携を強化し、フランス・オランダの植民地を確保するための南進が陸軍を中心に主張されるようになり、米内光政内閣が倒閣され、第二次近衛文麿内閣が成立した。そして、第二次近衛内閣の外相に就任した松岡洋右は、日独伊三国同盟の交渉に入ることになるのであった。前年に行われた対ソ軍事同盟を主とした交渉とは異なり、この四〇年の交渉では、三国同盟を外交圧力として利用したいドイツ外相リッベントロップの希望もあって、対象を完全にイギリス・アメリカとしていた。この同盟の成立に大きな影響を与えていたのが海軍であった。イギリス・アメリカとの戦争の主管者となる海軍はこの対英米軍事同盟案に躊躇した。しかし、ドイツが第三国と戦争を開始した場合でも、日本に自動参戦義務は生じないということを、松岡がドイツの使節シュターマーから確認すると、本来は対米戦のための有利な環境整備には首脳部・中堅層ともに積極的でもあったため、枢軸国との提携強化を熱望する国内世論も考慮しつつ、急速に賛成論に傾斜していき、海相の及川古志郎は三国同盟の締結を認めることとなった。よって、九月二十六日の枢密院での審査を経て、翌二十七日に条約はベルリンで締結された。この三国同盟では、日本に独伊のヨーロッパでの、独伊は日本のアジアでの指導的地位をそれぞれ認め合い、そのための三国の相互協力と、ヨーロッパ戦争および日中戦争に参加していない第三国からの攻撃に対する相互援助が定められた。また、条約実施のための三国混合専門委員会の開催についても規定されているほか、条約本文とは別に、実施細目に関する三種の附属交換公文も取り交わされている。

松岡外交については、分厚い研究史が存在しており、その解釈もさまざまなされているため、松岡がなぜ三国同盟を推進したのか、松岡外交全体の中で三国同盟はどのように位置づけられていたのかということに関しても、必然的に主張が分かれている。松岡を南進を狙う機会主義的な権力政治家とみると、日独伊三国同盟は単にイギリスが崩壊した際に、ドイツ・イタリアに対して日本が東南アジアでの支配的地位を主張するための口実にすぎなかったと解釈されることになる。その一方で、松岡を精緻な帝国主義外交を展開する人物とみると、日独伊三国同盟の締結は、ソ連を加えた「四国協商体制」を形成し、その圧力によって対米国交改善交渉を有利に進めようという松岡の構想の、重要なピースの一つという性格が強調されることになる。どちらにせよ、四一年六月に独ソ戦が始まったことにより、松岡外交の破綻は明らかとなったため、第二次近衛内閣は総辞職し、松岡を除いて再び第三次近衛内閣が組織されることで、松岡は外相を更迭された。

しかし、松岡を更迭したとしても、三国同盟という枠組みそのものは日本の外交の中核として扱われ続けた。アメリカ・イギリスとの戦争が開始されてからは、単独不講和を申し合わせた日独伊共同行動協定や、作戦地域の分担や軍事面での相互協力を取り決めた日独伊軍事協定、日独伊経済協定などが結ばれ、アジア・太平洋戦争の期間中、三国同盟を基礎に据えた外交は展開されていた。そして、四三年九月にイタリアが、四五年五月にはドイツが降伏することによって、日本は完全に孤立することになるのであった。

参考文献　細谷千博「三国同盟と日ソ中立条約(一九三九年—一九四一年)」(日本国際政治学会太平洋戦争原因研究部編『太平洋戦争への道』五所収、一九六三、朝日新聞社)、三宅正樹『日独伊三国同盟の研究』(一九七五、南窓社)、義井博『日独伊三国同盟と日米関係—太平洋戦争前国際関係の研究—』(一九七七、南窓社)、森茂樹「松岡外交における対米および対英策—日独伊三国同盟締結前後の構想と展開—」(『日本史研究』四二一、一九九七)、同「枢軸外交および南進政策と海軍」(『歴史学研究』七二七、一九九九)、服部聡『松岡外交—日米開戦をめぐる国内要因と国際関係—』(二〇一二、千倉書房)　（手嶋　泰伸）

にちどくいぼうきょうきょうてい　日独伊防共協定　一九三六年十一月に日本とドイツとの間で締結された「共産「インターナショナル」に対する日独協定」へ、三七年十一月にイタリアが参加して成立した取り決め。国際的孤立化に対処するため、ドイツとの提携を図る動きが陸軍主導で進められた。外務省も「防共」は日本が他と共有できるほぼ唯一の外交理念であったため、ドイツとの防共協定を容認することとなった。ドイツ以外の他の諸国との間でも防共協定を結ぼうとする努力は行われ、イギリスやオランダなどにも働きかけがなされたが、結局はイタリアやハンガリー、スペインが参加したにとどまった。その後、三七年七月末より、この防共協定を強化して軍事同盟とすることが目指され、ドイツ・イタリアと交渉が続けられた。多岐にわたる論点が目まぐるしく展開される複雑な交渉を経たものの、最終的にはドイツが三九年八月に独ソ不可侵条約を結んだことで、交渉は凍結された。

日独伊防共協定調印式　中央ムッソリーニ，右堀田正昭，左リッベントロップ

参考文献　大畑篤四郎「日独防共協定・同強化問題(一九三五—一九三九年)」(日本国際政治学会太平洋戦争原因研究部編『太平洋戦争への道』五所収、一九六三、朝日新聞社)、加藤陽子「『中立』アメリカをめぐる攻防—防共協定強化交渉と国際環境—」(近代日本研究会編『年報近代日本研究』一一、一九八九、山川出版社)、酒井哲哉『大正デモクラシー体制の崩壊—内政と外交—』(一九九二、東京大学出版会)　（手嶋　泰伸）

にちどくぼうきょうきょうてい　日独防共協定　一九三六年十一月二十五日に日本とドイツの間で締結された「共産「インターナショナル」に対する日独協定」。三五年春にドイツ駐在陸軍武官大島浩少将はナチスのリッベントロップに対して、日独両国のいずれかがソ連と戦争に至った場合、一方はソ連に利する行動をとらないことを趣旨とする協定を締結することを個人的に打診した。その後大島から打診をうけた陸軍中央では、日本の国際的孤立状態・ソ連の軍事的脅威・反共産主義という三つの観点から日独間での協定締結の可能性を模索した。二・二六事件後の広田弘毅内閣において交渉は外務省の管轄に移され、外務省と陸軍は、ソ連の極東における軍事的脅威を牽制することが必要であるが、ソ連またイギリスなどを過度に刺激することを避ける方針で臨んだ。協定はベルリンで調印され、第三インターナショナル(コミンテルン)の活動に対する相互通報や防衛措置の協議を約した。対ソ協定は秘密附属協定とされ、日独の一方がソ連と戦争状態になった場合、もう一方はソ連の負担が軽くなるような措置を講じないことを約した。防共協定締結

は、日独伊枢軸結成の端緒となった。

参考文献 大畑篤四郎「日独防共協定・同強化問題（一九三五～一九三九年）」（日本国際政治学会太平洋戦争原因研究部編『太平洋戦争への道―開戦外交史―（新装版）』五所収、一九八七、朝日新聞社）、田嶋信雄『ナチズム極東戦略―日独防共協定を巡る諜報戦―』（『講談社選書メチエ』、一九九七、講談社）、同「親日路線と親中路線の暗闘　一九三五―三六年のドイツ」（工藤章・田嶋信雄編『日独関係史　一八九〇―一九四五』二所収、二〇〇八、東京大学出版会）

（伊香　俊哉）

にちふついんけいざいきょうてい　日仏印経済協定　日中戦争下に日本とフランス（ヴィシー政権）との間で結ばれた「仏領印度支那に関する日仏居住航海条約」「日本国印度支那間関税制度、貿易及其の決済の様式に関する日仏協定」のこと。日仏会談は一九四〇年十月から東京にて継続的に開催され、四一年五月六日に調印された。仏印の輸出入関税率も低減され（原則として最低税率を適用）、一般の物資については円とピアストルで直接決済するもので、横浜正金銀行とインドシナ銀行の間に円とピアストルの口座を設定し、毎月五百万円をこえない限りは外貨による決済は行わないとした。また、資源開発のための企業進出についても、日仏合弁事業のみに認可するが、その内容は日本とフランスが資本や役員で半々とすること、フランス資本が集まらない場合はその分を日本側に譲り増資することを認め、重役も資本に応じた割合で配分されるとした。

参考文献 日本外政協会編『昭和十六年の国際情勢』（一九四三）、安達宏昭「開戦前の経済交渉―対蘭印・仏印交渉―」（疋田康行編『南方共栄圏―戦時日本の東南アジア経済支配―』所収、一九九五、多賀出版）

（白木沢旭児）

にちべいこうしょう　日米交渉　一九四一年四月から十一月末にかけて行われた日米間の外交交渉。東アジア・太平洋に関する日米間の関係調整が当初の目的だったが、両国間の緊張が高まるにつれ、戦争回避の側面が前面に出てきた。戦争となった結果、日米ともに最初から相手の謀略だったのではないかとの疑念を抱くこととなったため、評価は分かれる。アメリカは、特に後半から交渉negotiationではなく非公式会談conversationとの立場をとった。日本側の略称はN工作。大ざっぱに、交渉の発端である日米諒解案（四月十六日）をめぐる時期、アメリカの対日全面禁輸と近衛文麿首相による日米巨頭会談の提案と挫折（八月―十月初頭）、東条内閣の甲・乙両案による交渉（十一月初頭から同月末）の、三つの時期に区分できる。

日米会談でホワイトハウスに入る
右から来栖三郎，ハル，野村吉三郎

　四〇年十一月、来日したメリノール会のウォルシュとドラウトが井川忠雄と接触、井川は近衛首相、松岡洋右外相、武藤章陸軍省軍務局長、岩畔豪雄軍事課長と連絡した。日米通商航海条約廃棄以降、対米関係改善の糸口をつかめなかった日本側は、前向きだった。ウォルシュ、ドラウト両名は帰国後、ウォーカー郵政長官を経由してローズヴェルト大統領・ハル国務長官と非公式チャンネルを形成した。両名の帰国後、井川、岩畔が相ついで渡米し、着任間もない野村吉三郎駐米大使と協力して、日米諒解案を作成。四月十四日・十六日の野村・ハル会談で討議され、日本に向けて打電された。この案は日米の原則的対立を巧みに糊塗し、アメリカによる日中戦争解決の仲介や満洲国の承認、南西太平洋における日本の平和的な資源入手への協力など、日本にとって非常に有利な条件が含まれていた。このため、昭和天皇を筆頭に、近衛や陸海軍も積極的に賛成した。しかし、三国同盟に加え日ソ中立条約を背景とした力の外交によって対米関係を独自に改善しようと意気込んでいた松岡は、訪欧からの帰国直後からへそを曲げ、交渉をサボタージュした。日本はようやく五月十二日に、「日米諒解案」を日本側に有利に引きつけた修正案を提示する。米側は五月三十一日と六月二十一日に対案を示すが、それは「日米諒解案」で曖昧にしていた矛盾点（無差別待遇原則と、日本が中国の占領地に置いている国策会社との関係など）を指摘する厳しい内容だった（それでも満洲国との友誼的交渉や汪兆銘と蔣介石の合流などは含まれていた）。独ソ開戦が決定的な状況で、アメリカは対日妥協を急ぐ必要はなくなったのである。近衛は、アメリカからも交渉の阻害要因と指摘された松岡を、内閣総辞職と再組閣で閣外に放逐し、交渉の推進態勢を整えた。

　しかし、時を同じくして実行に移した七月末の南部仏印進駐により、米の対日全面禁輸を招く。事態を一挙に解決するために、近衛はローズヴェルトとの巨頭会談を提案。事前に細部を詰めると陸軍の反対で交渉がまとまらなくなるため、出先から直接天皇の允裁を得ようという腹だった。当初は巨頭会談に乗り気に見えたローズヴェルトも、対日強硬派ホーンベックらの反対により消極化し、十月二日に事実上の拒否を回答。近衛は対米条件のさらなる緩和を試みたが、東条英機陸相の反対により進退窮まり、十月十六日に総辞職する。

　跡を襲った東条内閣では、東郷茂徳外相が根本的な解決をめざす甲案と、暫定的な戦争回避を試みる乙案の二段構えのプランで交渉に臨んだ。甲案では従来にない譲歩を盛り込んだが、中国駐兵期間を二十五年とするなど、米側との懸隔は大きく、一蹴された。乙案は南部仏印からの撤兵によって全面禁輸の解除を目論むもので、米側が検討中だった暫定協定案とも共通点があったが、アメリカの援蒋停止など強硬な条件も含んでいた。結局、ハルは暫定協定案を放棄し、十一月二十六日に中国・仏印からの日本軍の撤兵と汪兆銘政府の否認を含む、交渉の過程で最も非妥協的なハル＝ノートを提示。日本は開戦へと突き進んだ。↓ハル＝ノート

参考文献　外務省編『日米交渉資料—昭和十六年二月〜十二月—』(『明治百年史叢書』、一九七八、原書房)、同編『日本外交文書』日米交渉—一九四一年—(一九九〇)、塩崎弘明『日英米戦争の岐路—太平洋の宥和をめぐる政戦略—』(『近代日本研究双書』、一九八四、山川出版社)、須藤眞志『日米開戦外交の研究—日米交渉の発端からハル・ノートまで—』(一九八六、慶応通信)、森山優『日米開戦の政治過程』(一九九八、吉川弘文館)、同「開戦外交と東郷外相—乙案をめぐる攻防—」(『東アジア近代史』一二、二〇〇九)
(森山　優)

にちべいつうしょうこうかいじょうやくはいきつうこく　日米通商航海条約廃棄通告　一九三九年七月二十六日にアメリカが日本に示した通告。一一年に締結された日米通商航海条約は、日米間の通商、航海の自由、開港地往来の自由、さらに通商・航海における特権・恩恵の相互的な付与が規定されていた。アメリカが対日経済制裁を実行するには同条約が法的な障害となっていたため、廃棄によって経済制裁がいつでも可能となった。三七年、日中戦争の全面化によりアメリカの対日世論が悪化し、三八年六月、米政府は兵器関連の道義的禁輸を業者に要請した。さしたる効果があがらなかったため、国務省内で経済制裁の議論が始められた。三九年に入り米上院で数次にわたる対日貿易に関する決議案が提出されていた。七月二十四日に天津英租界封鎖問題が英側の譲歩に終わったことをうけ、米政府は二十六日に条約の廃棄を日本側に伝えた。日本側は全く予想しておらず、驚愕した。四〇年一月二十六日に条約は失効した。

参考文献　須藤眞志『日米開戦外交の研究—日米交渉の発端からハル・ノートまで—』(一九八六、慶応通信)
(森山　優)

にちまんぎていしょ　日満議定書　日本と満洲国との間で調印された条約。関東軍は満洲事変に際して、満洲(中国の東北地域)を直接領有することも計画したが、のちに国際的反発を緩めるために方針を転換し、三二年三月一日、占領した中国の東北地域に満洲国を樹立した。八月、内田康哉外相は議会で国を焦土にしても満洲国承認の主張を貫くと表明し、翌月十五日、日本は日満議定書の締結によって満洲国を正式に承認した。議定書は、満洲国は日本国が日中間の取決めによって従来から有する一切の権益を尊重すること、日満両国の共同防衛を実現するために日本軍が満洲国内に駐屯することという二ヵ条で構成される。他方で、付属の往復文書によって、満洲国は㈠国防と治安維持を日本に委託し、その所要経費を負担すること、㈡国防上必要となる鉄道、港湾、水路、航空路などの管理と新設を日本に委託すること、㈢中央と地方の各官署が日本人を官吏に任用し、その任免は関東軍司令官の指示によることなどを承認させられた。これは日本の傀儡である満洲国の性格を明らかにしたうえ、国際社会における日本の一層の孤立を招いた。

参考文献　外務省編『日本外交年表並主要文書』下(『明治百年史叢書』、一九六六、原書房)
(鹿　錫俊)

にちまんけいざいブロック　日満経済ブロック　⇨ブロック経済

にちまんしけいざいブロック　日満支経済ブロック　⇨ブロック経済

にちらんかいしょう　日蘭会商　日本と蘭領インドの間で行われた通商交渉。

［第一次日蘭会商］　一九三四年に行われた交渉。日本—蘭領インド貿易は日本側の輸出超過が顕著で、蘭領インドは三三年に各種輸入制限令を公布し、また日本人商人に対しても制限を加えた。これらの問題を解決するために三四年六月からバタヴィアにおいて日蘭会商が行われることになり、長岡春一特命全権公使を首席代表とする日本代表団は、メイヤー＝ランネフトを首席代表とするオランダ代表部と交渉を行なった。まず第一に、輸入割当問題ではオランダ側は、輸入制限品種を四十三品種(重要商品が網羅されず)に限定し、制限外品種の輸入制限令実施は蘭印政府の主権に属すると主張した。これに対して日本側は、四十三品種を認めるとともに未晒綿布、陶磁器などを追加するよう提案した。第二に、日本人商人の取扱比率問題では、日本側は五〇％とする案を示した上で、さらなる譲歩も考えていた。その後、オランダ側は蘭印輸入総量に対する日本人商人取扱比率を二〇％から二五％へと譲歩したので、日本側も了承した。第三にジャワ糖輸入問題では、当初、オランダ側がジャワ糖輸入を増やすために日本本土、台湾における砂糖減産を求めてきたために、日本側は猛反発した。最終的にオランダ側は、輸入したジャワ糖の日本からの再輸出に対する歯止めを求め、日本側が拒否したことから会商は十二月二十一日をもって休止となった。なお、通商交渉と併行して民間ベースで日蘭海運会商も行われた。日本側(日本郵船・大阪商船・南洋郵船・石原産業)とオランダ側(Java-China-Japan Line, JCJL)は日本・ジャワ同盟を結成し、日蘭双方の積荷比率などで対立を続けていた。日蘭会商休止後、日本側海運会社は政府主導のもと、南洋海運株式会社に統合され、三六年六月八日、日蘭海運協定が成立した。これによって、現地で通商交渉を続けていたバタヴィア総領事石沢豊は、三七年四月九日に石沢・ハルト協定(日蘭通商仮協定)を締結するに至った。

［第二次日蘭会商］　第二次世界大戦勃発後、ドイツのオランダ占領を契機として蘭印から石油、ゴムなどの重要物資を獲得する目的のもと一九四〇—四一年、第二次日蘭

会商がバタヴィアにて行われた。当初の代表は小林一三商相、途中から芳沢謙吉に交代する。会商中に日独伊三国同盟が調印され、蘭印側は態度を硬化させた。日蘭印間の支払協定は四〇年十二月二十四日に調印されたものの、蘭印側は重要物資の対ドイツ輸出の可能性を指摘し増量を拒んだ。結局会商は「打切り」とされ芳沢は四一年六月二十七日に蘭印を発った。この後日本では「情勢の推移に伴ふ帝国国策要綱」が決定され南部仏印進駐に向かうのである。 →南部仏印進駐（なんぶふついんしんちゅう）

参考文献 白木沢旭児『大恐慌期日本の通商問題』(一九九九、御茶の水書房)、籠谷直人『アジア国際通商秩序と近代日本』(二〇〇〇、名古屋大学出版会)、小風秀雅「日蘭海運摩擦と日蘭会商―日蘭海運同盟の崩壊と南洋海運の成立―」(杉山伸也・イアン＝ブラウン編『戦間期東南アジアの経済摩擦―日本の南進とアジア・欧米―』所収、一九九〇、同文館出版)、安達宏昭『戦前期日本と東南アジア―資源獲得の視点から―』(二〇〇二、吉川弘文館)

(白木沢旭児)

にちろぎょぎょうかいしゃ　日魯漁業会社　堤清六・平塚常次郎が一九〇六年に創業した漁業会社であり、函館を根拠地としてソ連領内の漁業を含む北洋漁業の最大企業であった。樺太、カムチャッカの沿岸およびその周辺の沖合域でニシン、サケ・マス(定置網、母船式漁業とも)を漁獲し、水産缶詰工場も経営した。第一次大戦期には船価高騰で船舶建造・売買業に比重を傾け、二九年にはソ連からの漁区借入にからんで投機業者の島徳蔵の乗っ取り事件の対象にされて紛糾し創業者の堤清六が退陣するなど、話題の多い企業であった。アジア・太平洋戦争期には日本の制海権喪失によって沖取漁業は不可能となり、沿岸漁業だけの操業に縮小され、敗戦後には北洋各地の従業員がソ連に抑留されるとともに、北洋漁業関係事業を全面的に喪失するなど、日本水産、大洋漁業に比較して敗戦の打撃がきわめて大きかった。

参考文献 日魯漁業株式会社編『日魯漁業経営史』一(一九七一、水産社)、三島康雄『北洋漁業の経営史的研究』(一九七二、ミネルヴァ書房)

(加瀬 和俊)

にっかかんぜいきょうてい　日華関税協定　中国の関税自主権を認めた日本・中華民国間の関税協定。北伐完了後の一九二八年七月七日、国民政府は不平等条約廃棄を宣言し、新条約締結に至るまで適用される臨時弁法七ヵ条を公布した。アメリカは条約改訂交渉に応じ、七月に新関税協定を締結し、イギリス、フランス、ベルギーなどもこれに続き、同年中には十一ヵ国が中国の関税自主権を承認した。主要国の中で唯一の関税自主権未承認国となった日本においても、田中内閣末期には条約改定交渉を進める意図を表明し、浜口内閣のもとで外務省も関税自主権承認と協定税率(現行税率維持を相互に協定)を設定する内容の通商条約改定案を作成した。新関税協定は三〇年五月六日に正式調印された。協定税率は六十二品目について付属交換公文として取り決められた。交渉にあたった在上海総領事(臨時代理公使を兼任)重光葵は、当初の交渉相手に王正廷外交部長ではなく、財政部長の宋子文を選択し、合意にたどり着いた。

参考文献 副島昭一「中国の不平等条約撤廃と「満洲事変」」(古屋哲夫編『日中戦争史研究』所収、一九八四、吉川弘文館)、小池聖一『満洲事変と対中国政策』(二〇〇三、吉川弘文館)

(白木沢旭児)

にっかきほんじょうやく　日華基本条約　正式名称は「日本国中華民国間基本関係に関する条約」。一九四〇年十一月三十日阿部信行全権大使が日本を代表して汪兆銘南京国民政府行政院長と調印。条約は九ヵ条の正文と付属議定書、付属議定書に関する了解事項、付属秘密協約、付属秘密協定、および秘密交換公文(甲乙)から構成される。正文では主権および領土の相互尊重、文化の融合、創造および発展への協力、日本による共同防共のための蒙疆での駐兵、日本軍撤退までの治安維持の協力、日本の艦船部隊の駐留、華北と蒙疆における資源の共同開発と日本への資源提供、将来治外法権と租界を撤廃する代わりに、中国は自国領域を日本人の居住と営業に開放することなどが規定された。一連の付属文書のなかで、日本軍の撤退は治安の確立とともに二年以内とすること、中国は戦争開始以来日本人が被った権利利益の損害を補償し、駐屯する日本軍に便宜を提供すること、蒙疆に高度な自治権を付与し、華北を緊密な合作地帯とすることなどが決められた。条約の締結に伴う南京国民政府の正式承認は、日中戦争のさらなる長期化をもたらした。

参考文献 日本国際政治学会太平洋戦争原因研究部編『太平洋戦争への道―開戦外交史―』四(一九六三、朝日新聞社)、重光葵『昭和の動乱』下(『中公文庫』、二〇〇一、中央公論新社)

(劉 傑)

にっかじつぎょうきょうかい　日華実業協会　渋沢栄一が日中両国の親善と経済交流の促進を目的に設立した経済団体。一九二〇年六月に創立された。渋沢が創立から三一年、自身の他界まで会長を務めた。設立後、華北一帯を襲った旱魃による大飢饉からの復興を支援するために、同会は臨時救災委員会を組織し募金活動を展開した。二二年には中国の実業家張謇の申し出による対中国政府借款交渉の日本側窓口となった。中国各地で排日運動が激化した二四年には、同会は上海・漢口・天津の三都市に両国民の実益となるような親交機関を設置すること、現地の実業家を勧説して同会の名誉会員、名誉顧問就任を依頼した。二〇年代末には中国の関税自主権回復、日貨排斥問題、北伐をめぐり、日本側実業家団体を代表してたびたび声明を発表した。基本的には幣原外交と近い立場ながら、在華紡の立場をも代表した。日中戦争期も組織は存続した。神戸日華実業協会とは別のものであり、しばしば「東京の日華実業協会」と記される。

参考文献 竜門社編『渋沢栄一伝記資料』四〇・五五(一九六二・六四)、坂本雅子『財閥と帝国主義―三井物産と中

国―』(二〇〇三、ミネルヴァ書房)、石井寛治『帝国主義日本の対外戦略』(二〇一二、名古屋大学出版会)

(白木沢旭児)

にっかへいわじょうやく　日華平和条約　日中戦争の戦後処理として、日本と中華民国(台湾政権)との間で締結された条約である。一九五二年四月二十八日署名(台北)、同年八月五日発効。朝鮮戦争による米中対立のなか、五一年九月に開催された米国主導の対日講和会議には中国代表は招かれなかった。四九年十月中国内戦で勝利し成立した中華人民共和国政府(以下中国政府と称す)か、敗れて台湾島に逃げた中華民国政府か、という中国の政府承認問題で米英両国は立場を異にした。そのため、日中間の講和は将来日本が選択する「中国のいずれかの政府」と日本との間の二国間平和条約によるものとした。他方米国の強要により吉田内閣は、中華民国の支配地域に限って、関係条約を結ぶこととした(五一年十二月二十四日付吉田茂書簡)。こうしてできたのが日華平和条約である。同条約の最大の特徴は中華民国政府に関しては、同政府の「支配下に現にあり、又は今後入るすべての領域」に適用するという限定条項(同条約交換公文第一号)である。条約内容も多国間対日平和条約とは異なり、台湾政権の支配地域―台湾の帰属さえ定められない限定的なものだった。日中国交正常化まで中国政府はこの条約は非法と一貫して否定、日中間の戦争状態は依然として存在すると主張していた。日華平和条約には戦争状態の終結や戦後処理の文言があったものの、日中両国には日本と全中国との間の戦争状態の終結に関する法的根拠になるかどうかのコンセンサスはない。七二年九月二十九日、日本国政府と中国政府は共同声明を発表し、日中間の「不正常な状態」の終結を認め、相互政府承認を行なった。日本政府は中国側の「復交三原則」(日華平和条約の無効を含む)を十分理解すると表明したが、日華平和条約は「日中国交正常化の結果、存続の意義を失った」と(大平正芳外相が)表明し、同条約はその日に「終了」され、台湾も日本との外交断絶を宣言した。いま日本政府は日華平和条約は日中間の平和条約と主張しているが、中国政府は、同条約の合法性さえ認めない。こうして日中両国では、平和条約をめぐる立場の対立は、今日に至っても解消されていない。

参考文献　細谷千博『サンフランシスコ講和への道』(『叢書国際環境』、一九八四、中央公論社)、渡辺昭夫・宮里政玄編『サンフランシスコ講和』(一九八六、東京大学出版会)、殷燕軍『日中講和の研究―戦後日中関係の原点―』(二〇〇七、柏書房)

(殷　燕軍)

にっかんきほんじょうやく　日韓基本条約　一九六五年に日本国と大韓民国の間で両国の基本関係に関して締結された条約。正式名称は「日本国と大韓民国との間の基本関係に関する条約」。六月二十二日調印、十二月十八日発効。韓国はサンフランシスコ平和条約に不参加だったため、日本の敗戦以後断絶していた両国国交が、本条約により正常化された。日本側全権委員は椎名悦三郎と高杉晋一、韓国側は李東元と金東祚。五一年の予備会談以降、七次にわたる日韓会談の末に十五年がかりで締結された。同時に、両国間の漁業協定、請求権・経済協力協定、在日韓国人の法的地位協定、文化財・文化協定も締結した。条約は前文と七ヵ条で構成され、外交・領事関係の開設(第一条)、旧条約・協定の効力(第二条)、韓国政府の地位(第三条)、国連憲章原則の尊重(第四条)、貿易・海運・通商・航空協定の締結(第五・六条)、批准と効力発生(第七条)からなる。交渉過程で最も大きな争点となったのは「一九一〇年以前の条約・協定無効確認条項」と「韓国唯一合法性確認条項」だった。前者では無効となる時期をめぐり対立したが、第二条で「千九百十年八月二十二日以前に大日本帝国と大韓帝国との間で締結されたすべての条約及び協定は、もはや無効である(already null and void)」と表現し、互いに自国に有利に解釈できるようにした。後者は第三条で「大韓民国政府は、国際連合総会決議第百九十五号(Ⅲ)に明らかに示されているとおりの朝鮮にある唯一の合法的な政府」とし、日本側はそれが朝鮮全域でなく選挙が行われた北緯三八度線以南の地域に限定されたものであると解釈、韓国側は朝鮮全域の唯一合法政府である、と解釈した。また韓国側が要求していた戦争動員被害に対する賠償や植民地支配については本条約では一切言及されず、請求権・経済協定で、日本の五億ドルの有償・無償提供により両国の財産などに関する請求権問題が「完全かつ最終的に解決された」とした。なお、朝鮮民主主義人民共和国とは同様の条約を未だに締結していない。

参考文献　太田修『日韓交渉―請求権問題の研究―』(二〇〇三、クレイン)、吉澤文寿『戦後日韓関係―国交正常化交渉をめぐって―』(二〇〇五、クレイン)

(庵逧　由香)

にっさんコンツェルン　日産コンツェルン　⇨日産財閥(にっさんざいばつ)

にっさんざいばつ　日産財閥　昭和初期に台頭した新興財閥の一つ。日産コンツェルンとも呼ばれる。前身は久原房之助が形成した久原財閥。久原財閥は第一次世界大戦景気の中で多角化戦略を展開し、久原鉱業、日立製作所、久原商事、大阪鉄工所などの有力企業を傘下に収めたが、大戦後、久原商事と中核の久原鉱業の業績不振が重なり、大正末期には経営危機に直面した。久原房之助は再建を義兄の鮎川義介に委ね、政治家に転身した。鮎川は久原財閥の再建策として一九二八年に久原鉱業を公開持株会社日本産業(日産)に改組し、大衆株主資本に依拠するコンツェルンの形成を企図した。三一年の満洲事変の勃発と金輸出再禁止措置によって日本経済が好況に転じると、鮎川は久原鉱業の鉱山事業を分離して設立した日本鉱業や日立製作所の株式をプレミアム付きで公開し、巨額の株式売却益を獲得した。そして、その資金を活用して日産自動車を設立し、さらに日本産業株式と既存企業株式の交換による企業買収・合併策を展開した。その結果、三七年までに日産コンツェルンは新たに日本水産、日産化学工業、日本油脂などを支配下に置く、三井、三菱両財閥に次ぐ企業集団を形成した。当時、財閥は本社と主力企業を財閥家族が所有・支配するファミリー＝コンツェルンの形態をとっていた。これに対して、日産の場合は日本産業はもとより、主力企業の多くも株式を公開しているオープン＝コンツェルンであった。三七年に日産コンツェルンの本社日本産業は満洲国に移転して満洲重工業開発（満業）に改組され、「満洲産業開発五ヵ年計画」の遂行機関となった。ただし、日産系各社は日本鉱業、日立製作所を中心に結束し、敗戦後の財閥解体時には三井、三菱、住友に次ぐ企業集団規模を保持していた。財閥解体後、日産系企業の多くは富士銀行、三和銀行、第一勧業銀行を中核とする企業集団に所属する一方、六二年に自前の社長会である春光会を結成し、春光会傘下企業で構成する春光懇話会とともに現在でも企業グループ活動を行なっている。 →鮎川義介

参考文献 和田日出吉『日産コンツェルン読本』（一九三七、春秋社）、宇田川勝『新興財閥』（一九八四、日本経済新聞社）、宇田川勝『日産コンツェルン経営史研究』（二〇一五、文眞堂）

（宇田川 勝）

にっさんじどうしゃかいしゃ　日産自動車会社 ⇩日産財閥

にっソきょうどうせんげん　日ソ共同宣言 一九五五年六月にロンドンで開始された交渉が結実し、五六年十月十九日モスクワで鳩山一郎首相とブルガーニンソ連首相との間で調印された国交回復等に関する宣言。ソ連がサンフランシスコ平和条約（五一年）に調印せず不正常だった日ソ関係は正常化され、日本はソ連による拒否権行使で妨げられていた国際連合への加盟を実現することになった。日ソ戦争の捕虜で戦犯とされて長期に抑留されていた人々の帰国も実現した。通例、国家間の戦争状態を終わらせる平和条約は領土や賠償金の条項を含むが、後者については「相互に請求権を放棄する」としたものの、領土問題は決着せず、共同宣言の形式をとった。具体的には、ソ連は歯舞、色丹を「引渡す」が、それは平和条約締結後とされた。そこには国後、択捉に触れず二島「引渡し」で日米離間をはかるソ連と、今後の交渉で四島を返還させようとする日本の思惑があった。四島の帰属先を定めなかった平和条約を根拠に、沖縄の施政権を維持しようとする米国の思惑も絡んだ国際的な戦略・利害関係の結果が共同宣言である。実際、六〇年一月に日米新安保条約が調印されると、ソ連は二島に米軍基地が置かれる恐れを根拠に「引渡し」無効を通告し、領土問題はその後半世紀以上も解決されないことになった。日ソ交渉の外交記録は両国とも一部しか公開しておらず、評価は確定していない。鳩山全権団の交渉を「弱腰外交」とする見方は、日本敗戦から十年しか経過しておらず、ソ連には抑留者をいわば「人質」にとられ、国際社会への復帰を急いでいたことを勘案すれば、当たらない。二〇〇五年に公表された全権団通訳、故野口芳雄のメモが示すように、実質的な交渉役の河野一郎農水相がフルシチョフ共産党第一書記を相手に堂々と渡り合い、一九五五年八月ロンドンでマリク全権が示した二島「引渡し」の線から後退させなかったのである。

（富田 武）

日ソ共同宣言調印式

にっソちゅうりつじょうやく　日ソ中立条約 一九四一年四月十三日、モスクワにおいて、松岡洋右外相および建川美次駐ソ大使と、ソ連のモロトフ外務人民委員の間で調印され、二十五日に批准書が交換された条約。一方が軍事行動をとる場合の他方の中立義務を定め、有効期間は五年間である。日本は、ソ連との不可侵条約によって北方の脅威を除去して南進に注力するとともに、ソ連を枢軸陣営に同調させて対米交渉力を強化しようとくわ

日ソ中立条約に調印する松岡洋右

だてていた(いわゆる日独伊ソ四国協商構想)。対するソ連側は、中国との密約で日本との不可侵条約締結は不可能であったため、より軽微な中立条約の提案で応じ、また、一九二五年以来日本が北樺太に保持していた石炭・石油の採掘権の返還を代償として要求した。しかし、対独戦の可能性が高まると、背後の日本との緊張緩和のために対中配慮は犠牲にされ、中立条約では異例の領土保全・不可侵を盛り込むところまで譲歩した。あわせて満洲国およびモンゴルそれぞれの領土の保全・不可侵が声明され、北樺太の利権は数ヵ月以内に解消することが、松岡とモロトフの半公信で約束された。同年六月二十二日に独ソ戦が勃発すると連合国がソ連に接近し始める。松岡外相はこれを阻止するため、駐日ソ連大使に対して、日ソ中立条約はこの戦争に適用されず、ソ連が連合国の支援を受ければ三国同盟が発動されると通告し、関特演とあわせてソ連を牽制した。しかし、七月末以降日米関係の悪化が顕著となると日本の方針は一転し、豊田貞次郎外相は中立条約遵守を約束し、ソ連側にも同様の約束を求めた。日本が米英と開戦した後も日ソ関係は静謐を保つが、四三年に入ってアジア・欧州ともに枢軸側が劣勢となると、日本は対ソ関係に配慮せざるを得なくなり、四四年三月に北樺太利権がソ連に返還された。しかし、ソ連は対日開戦に傾斜し、四五年二月のヤルタ会談で、千島・南樺太の割譲を条件にドイツ降伏後二、三ヵ月以内の対日参戦を約束した。四月、モロトフは佐藤尚武駐ソ大使に日ソ中立条約を延長しないことを通告し、有効期間満了前の八月八日に日本に対して宣戦を布告、ソ連軍は満洲への侵攻を開始した。 →ソ連の対日参戦(れんのたいにちさんせん)

参考文献 細谷千博「三国同盟と日ソ中立条約(一九三九年～一九四一年)」(日本国際政治学会太平洋戦争原因研究部『太平洋戦争への道』五所収、一九六三、朝日新聞社)、西春彦他『日ソ国交問題一九一七―一九四五』(『日本外交史』一五、一九七〇、鹿島平和研究所)、工藤美知尋『日ソ中立条約の研究』(一九八五、南窓社)、ボリス＝スラヴィンスキー『考証 日ソ中立条約―公開されたロシア外務省機密文書―』(高橋実・江沢和弘訳、一九九六、岩波書店)、小池聖一・森茂樹編『大橋忠一関係文書』(二〇一四、現代史料出版)
(森 茂樹)

にったいどうめいじょうやく 日タイ同盟条約 対米英開戦後に調印された、日本とタイとの軍事同盟条約。相互に他方の戦争にあらゆる支援を与えることや単独不講和が定められた。日本は対英戦の場合、マレー半島に上陸して背後からシンガポールを攻略する計画であったが、その場合、仏領インドシナと並んでタイに航空基地を確保することと、上陸部隊の通過を認めさせることが必須であった。一九四〇年十一月にタイと仏印の間で国境紛争が発生すると、陸海軍は調停斡旋を口実にタイとの軍事協定締結を企てるが、松岡洋右外相の反対で失敗した。四一年十一月、シンガポール攻略に備えてタイに軍隊通過等の便宜供与を要求する方針が決定され、十二月八日、対米英作戦発動とともに日本軍はタイにも上陸を開始したが、このときまだタイ政府の了承を得ておらず、タイ軍との間で交戦状態となった。その後二十一日に条約が調印され、これを受けて翌四二年一月二十五日、タイは英米に宣戦を布告した。四五年九月、日本の降伏とともに、タイは条約の無効を宣言した。

参考文献 防衛庁防衛研修所戦史室編『大本営陸軍部』三(『戦史叢書』三五、一九七〇、朝雲新聞社)
(森 茂樹)

にっちつコンツェルン 日窒コンツェルン 昭和初期に日本窒素肥料会社を中心にして形成された企業集団に与えられた呼称であり、新興コンツェルンとも新興財閥とも称された企業集団の一つ。日本ではじめてカーバイド製造を企業化した野口遵は、鹿児島県に設立した曽木電気会社と日本カーバイド商会を合併して、一九〇八年に日本窒素肥料会社を設立、熊本県水俣に石灰窒素製造工場を建設した。日本窒素肥料は石灰窒素から得たアンモニアを原料に硫安(変性硫安)を製造したが、かねてよりドイツで誕生したアンモニア合成技術に関心を寄せていた野口遵は、二一年にローマでカザレー式アンモニア合成試験工場を見学ののち、特許実施権を導入、宮崎県延岡に続いて水俣にもアンモニア合成工場を建設した。日本窒素肥料は戦前日本最大の硫安製造会社であった。アンモニアを原料とするさまざまな製品分野へ多角的に事業を展開、子会社として独立させた。日本窒素はアンモニア合成に必要な水素を水の電気分解によって得ていたから電源開発を積極的に行い、電力会社を設立して子会社にした。製造部門、電力部門にとどまらず、日本窒素肥料は、原料採取部門、鉄道運輸部門、不動産商事部門、金融部門等々に多数の子会社を設立した。その結果、世にいう日窒コンツェルンが形成された。それぞれの子会社は租税対策上あるいは金融上の便宜のために独立させられたと考えられる。コンツェルンは持株会社を頂点として重層的な株式所有関係により形成された企業形態とするなら、日窒コンツェルンはそれにふさわしい形態と経営管理が行われていた。四一年四月時点で、日窒コンツェルン構成企業の払込資本金総額は、六億千六百七十万円であった。日窒コンツェルンは、化学工業会社として軍需品も製造していたが、敗戦に至るまで、その収益源泉の圧倒的部分は化学肥料の硫安にあり、表向きどんなに多角化が進展したとしても、その本質は硫安製造会社であり、その成長は民需に支えられた。 →野口遵(のぐちじゅん)

参考文献 大塩武『日窒コンツェルンの研究』(一九八九、日本経済評論社)
(大塩 武)

にっちゅうきょうどうせいめい 日中共同声明 一九七二年九月二十九日日中両政府が北京において発表した外交文書である。前文には、日本側は戦争責任を痛感し深く反省することや中国側の「復交三原則」を十分理解すると表明。前文の「戦争状態の終結と日中国交の正常化という両国国民の願望の実現」と第一項の「日本国と中華人民共和国との間のこれまでの不正常な状態は、この共同声明が発出される日に終了する」と合わせて、日中間の戦争状態終了宣言の有無は、各自の解釈に任せた。中国側は対日戦争賠償請求の放棄を政治的に宣言。日中両国は平和共存五原則のもと友好関係促進の明記等、両国関係の基本原則を定めた。ただ対立となる日華平和条約について共同声明には直接触れず、大平正芳外相の記者会見で「存続の意義を失った」と「終了」させた。同日台湾は、日本との外交関係断絶を宣告した。日中両国は、共同声明を通じて政府間の相互承認を行い、国交正常化を実現した。これは日中関係の基本文書と位置付けられた。なお、日中共同声明を踏まえて、七八年八月十二日に北京で「日本国と中華人民共和国との間の平和友好条約（日中平和友好条約）」が締結された。しかし、日中両国には平和条約に関わる立場の対立が続き、いまだに歴史認識や戦後補償、領土問題など懸案が山積している。

参考文献　田中明彦『日中関係一九四五―一九九〇』（『UP選書』、一九九一、東京大学出版会）、殷燕軍「吉田書簡と台湾」（『国際政治』一一〇、一九九五）、石井明他編『（記録と考証）日中国交正常化・日中平和友好条約締結交渉』（二〇〇三、岩波書店）
（殷　燕軍）

にっちゅうこっこうせいじょうか　日中国交正常化　一九七二年九月二十五日から九月三十日にかけて、日本の田中角栄首相が中国北京を訪れ、中国の毛沢東主席・周恩来首相らと首脳会談など一連の会談を通じて、共同声明を発表し、戦後二十七年間も続く日中間の不正常な状態に終止符を打ち、国交正常化を実現した。戦後日中関係の妨げとなっていたのは、日本と内戦で敗れ台湾に逃げた中華民国（国民党勢力、以下台湾と称す）との関係である。一九四九年十月中国大陸で新政権の中華人民共和国政府（以下中国と称す）が成立し、中国大陸全土を治めているが、東西冷戦や朝鮮戦争により米中間は対立を極めた。米国は中国の対日講和会議への参加要請拒否や、中国封じ込め政策を行い、日本に対しても台湾との関係条約締結を強要し、日本と台湾との間で日華平和条約が結ばれた。そのため、日本と中国大陸には「政経分離」の原則による民間貿易という細いパイプしかなかった。日中関係の転機となったのは七一年七月のニクソンショック（米国の対中政策転換）や同年十月中国の国連復帰などの国際情勢変化である。こうしたなか、日本も中国との国交回復の動きを加速させた。これに対し、中国側は永年主張してきた対日政策を「復交三原則」としてまとめ、日本との国交実現の前提条件とした。これは「中国政府が中国の唯一の合法政府」「台湾は中国領土の一部分」「日台条約（日華平和条約）は不法で破棄すべき」というものである。つまり日中間の主な懸案事項はすべて日本と台湾との関係にかかわっていることである。

日中首脳会談のため訪中した田中角栄（右）と出迎える周恩来（左）

正常化交渉のなか、日中双方は、多くの問題について対立や妥協を重ね、ようやく共同声明をまとめた。戦争責任について、前文に「日本国が戦争を通じて中国国民に重大な損害を与えたことについての責任を痛感し、深く反省する」と明記。日本ははじめて外国との外交文書で戦争責任を認めた。戦争状態の終結については日華平和条約にかかわる両国間の対立により、正式な戦争終結宣言をできずに、前文には「戦争状態の終結と日中国交の正常化という両国国民の願望の実現は、両国関係の歴史に新たな一頁を開くこととなろう」と述べ、また第一項は「日本国と中華人民共和国との間のこれまでの不正常な状態は、この共同声明が発出される日に終了する」と併記して日中双方は都合のよいようにそれぞれ解釈できる「政治的表現」で合意に辿りついた。台湾帰属については、第三項に「中華人民共和国政府は、台湾が中華人民共和国の領土の不可分の一部であることを重ねて表明する。日本国政府は、この中華人民共和国政府の立場を十分理解し、尊重し、ポツダム宣言第八項（カイロ宣言の条項「台湾満洲を中国に返還すべく…引用者注）に基づく立場を堅持する」と明記した。また日本政府の「対中説明」文書では「わが国は「中国は一つ」との中国の一貫した立場を全面的に尊重するものであり、当然のことながら台湾を再び日本の領土にしようとか、台湾独立を支援しようといった意図は全くない。したがってわが国としては、将来台湾が中華人民共和国の領土以外のいかなる法的地位を持つことも予想していない」と明記し、中国よりの立場表明をした。領土問題（尖閣諸島、中国名釣魚島）については触れない（周恩来）とした。賠償問題について、第五項は中国政府は「両国国民の友好のために、日本国に対する戦争賠償の請求を放棄する」と宣言。日本側の要請により請求権の「権」を取ったことでこの意味は法的解釈ではなく、政治的な解釈に変えたとした。

日華平和条約については、同条約に共同声明で触れず、

「国交正常化の結果として日華平和条約は存続の意義を失い、終了した」と表明(大平正芳外相記者会見)、日本側が単独で処理した。日本側は、同条約が不法であり破棄すべきという中国側の求めを受け入れないとしながらも、その趣旨を含めた「復交三原則」を十分理解する立場を表明し、「対中説明」では台湾との断交姿勢を示した。日中双方は、共同声明を通じて、日中関係の基本原則、平和共存五原則や平和友好条約の締結、外交開設に関する規定などを定め、国交を樹立した。一方、同日台湾は日本側の「条約終了」を受け、日本との断交を宣言した。

国交正常化は戦後の日中関係にとって重要な出来事で、その意義は大きい。ただ、正常化交渉は数多くの政治的妥協の中で行われた。その結果、長く戦争状態にあった日中両国にはいまも平和条約の有無や戦争状態の終結時期に関するコンセンサスさえ存在しない。いわば「各自解釈による平和」である。さらにまだ解決されていない領土問題、歴史認識や戦後補償、両国民間の和解など課題は多く、日中両国を永く悩ませている。

参考文献 外務省アジア局中国課監修『日中関係基本資料集一九七〇―一九九二年』(一九九三、霞山会)、毛里和子『日中関係―戦後から新時代へ―』(『岩波新書』、二〇〇六、岩波書店)、殷燕軍『日中講和の研究―戦後日中関係の原点―』(二〇〇七、柏書房)、服部龍二『日中国交正常化―田中角栄、大平正芳、官僚たちの挑戦―』(『中公新書』、二〇一一、中央公論新社)

(殷　燕軍)

にっちゅうせんそう　日中戦争　一九三一年九月から四五年八月までの間に戦われた日本の中国に対する侵略戦争。そのうち三七年七月の盧溝橋事件以降の八年間を日中全面戦争と呼ぶ。三一年九月からの戦争を満洲事変、三七年七月からの戦争を日中戦争と呼んで、両者を区別する呼び方もある。三一年九月の柳条湖事件後、関東軍は中国東北に軍隊を展開し、翌年三月に傀儡国である満洲国を樹立した。日本政府は九月にこれを承認して国際的孤立化を深め、国際連盟脱退の道を選択した。関東軍はその間の三三年一月に熱河作戦を実施し、華北との境界にある山海関や熱河省の承徳に軍隊を進めて中国軍と衝突した。停戦交渉は政府間ではなく関東軍と中国軍の間で行われ、万里の長城の南に非武装地帯を設置することを盛り込んだ塘沽停戦協定が五月に締結された。関東軍はこの協定を利用してさらに三四年以降、華北を中国から分離して日本の影響力を強化するため、資源確保と防共を標榜しつつ華北分離工作を実行した。それに反対して起こった抗日運動に対抗するため、陸軍中央部は天津に駐在していた支那駐屯軍を五千人の独立兵団に増強し、北京近郊の豊台にも歩兵連隊の兵舎を築造した。その豊台近くで三七年七月に盧溝橋事件が起こった。

盧溝橋事件後、陸軍では対ソ戦優先を主張する不拡大派と中国一撃論をとなえる拡大派が対立した。第一次近衛内閣は現地で停戦協定が成立しようとしていたときに閣議を開いて大規模な派兵案を決定したので、七月末には全面攻撃が開始された。日本は、停戦条件として華北の行政権を求めるなど要求を拡大させた。八月に入って第二次上海事変が起こり、戦火は華中一帯にひろがった。中国全土を巻きこんだ日本と中国との全面戦争となった。蔣介石軍は全面抗戦を決定し、九月の第二次国共合作の成立を背景として精鋭部隊を上海に送り込んだ。上海では激戦が続いたが、十一月中旬までには終結したので、陸軍は中支那方面軍司令部を設置し、首都南京に向け侵攻した。同方面軍は十二月中旬に南京を占領したが、その際に南京大虐殺事件を起こした。日本政府は首都南京の占領を背景にドイツが仲介するトラウトマン工作により和平をはかったが、過大な要求を出したので折り合いがつかなかった。ついに三八年一月に近衛内閣は蔣介石を相手にしないという声明を出した。日本軍は三八年には徐州作戦や漢口作戦・広東作戦などを実施した。華北では北支那方面軍による治安維持体制を整えようとした。しかし実際には都市と鉄道を確保する「点と線」が維持されただけだったので、戦争終結の見通しは立たなかった。そのため近衛文麿首相は三八年十一月に東亜新秩序声明を出し、汪兆銘(精衛)政権の樹立をはかった。また英米の中国支援を牽制するため日独伊提携の強化交渉を進めた。しかしこれらの方針は、三九年八月の独ソ不可侵条約の締結と九月の第二次世界大戦の勃発により挫折した。そこで陸軍は、英米による南方からの蔣介石支援のルートを遮断するために南進論を主張するようになった。これは海軍のかねての南進の主張に合致していた。その結果四〇年七月末、大本営政府連絡会議は武力行使を含む南進国策を決定した。さらに九月末に日独伊三国同盟を調印した。しかしこれらの方針によりアメリカを牽制しようとした日本の思惑ははずれた。アメリカは中国を支援するため日本への経済制裁を強めた。日中全面戦争の収拾の見通しが立たなくなったことが基本要因となり、四一年十二月にアジア・太平洋戦争が始まった。

開戦後蔣介石政権屈服のための重慶作戦が企図されたが、東南アジアやガダルカナル島などへの派兵に伴い実現できなかった。そのため四三年一月、汪精衛の国民政府に租界を還付するなどの政策転換を行なった。四四年四月からは陸軍史上最大の規模となる四十万人以上を動員して京漢線と粤漢線を打通してインドシナへの輸送路を確保するための大陸打通作戦(公式の目的は本土空襲を阻止するための飛行機基地の撃破)を実施した。同作戦の実施により蔣介石軍は弱体化したが和平交渉にはつながらず、むしろ戦後アジアの冷戦体制形成のきっかけをつくるなかで敗戦を迎えた。→アジア・太平洋戦争 →華北分離工作 →第二次上海事変 →塘沽停戦協定 →トラウトマン和平工作 →「暴支膺懲」声明 →満洲事変 →盧溝橋事件

参考文献 藤原彰『太平洋戦争史論』(『青木現代叢書』一九八二、青木書店)、同『日中全面戦争』(『昭和の歴史』

五、一九六二、小学館)、同『太平洋戦争史論』(『青木現代叢書』、一九六二、青木書店)、江口圭一『十五年戦争小史』(一九八六、青木書店)、芳井研一「大陸打通作戦の意義」(『環日本海研究年報』二一、二〇一四)　(芳井　研一)

ニッポン　NIPPON　一九三四―四四年に発行された対外文化宣伝グラフ誌。名取洋之助が、日本文化宣伝のために日本工房から創刊。欧米向け季刊とし、記事ごとに英・仏・独・スペイン語で記載して、女性、教育、手工業などの特集を組んだ。総アート紙で、写真は名取、土門拳、藤本四八ら、デザインは山名文夫、河野鷹思、亀倉雄策ら日本工房スタッフが担い、執筆陣に長谷川如是閑、杉山平助、柳宗悦らを迎えて、モダンな誌面に格調高い内容を展開した。創刊時は鐘淵紡績社長が出資し、四号(一九三五年七月)から財団法人国際文化振興会が援助。二五号(四一年三月)以降は本文を英語のみで記載。情報局が大東亜宣伝文化政策委員会設置後の二九号(四二年九月)からはB４判型をB５に変えて日本語キャプションを併記し、大東亜共栄圏内指導者階級を対象とする欧文雑誌となる。三六号(四四年九月)が最終号と推定され、ほかに日本版、日本語版、独文の日本の手工芸特別号が確認されている。復刻版(二〇〇六年)が国書刊行会から刊行された。→日本工房

参考文献　石川保昌『報道写真の青春時代―名取洋之助と仲間たち―』(一九九一、講談社)、白山眞理・堀宜雄編『名取洋之助と日本工房　一九三一―四五』(二〇〇六、岩波書店)、白山眞理『〈報道写真〉と戦争　一九三〇―一九六〇』(二〇一四、吉川弘文館)　(白山　眞理)

『NIPPON』創刊号

にっぽんえいがしゃ　日本映画社　日中戦争以降ニュース映画の需要が激増したが、内容の類似や単調化が問題視され、一九四〇年四月、東京日日新聞社・大阪毎日新聞社、朝日新聞社、読売新聞社、同盟通信社によるニュース映画製作を一元化するため社団法人日本ニュース映画社が設立された。四一年五月には文化映画協会を吸収し、日本国内と日本の支配圏において「日本ニュース」や文化映画の製作を行う社団法人日本映画社(日映)が発足した。総務局・時事映画製作局・文化映画製作局に加え、翌年十月には海外局を設置し、東南アジア各支局を通じ南方における映画工作に参画した。四五年十二月の株式会社改組後、短編映画の需要減少により経営危機に陥るが東宝との業務提携によりニュース映画中心の経営に転換し業績を回復、四七年後半からは短編映画の製作を再開したが、再び経営が悪化し整理会社となり、五一年東宝の全額出資により株式会社日本映画新社が設立された。→日本ニュース

参考文献　『日本ニュース映画史―開戦前夜から終戦直後まで―(改訂版)』(『別冊一億人の昭和史』、一九八〇、毎日新聞社)、吉原順平『日本短編映像史―文化映画・教育映画・産業映画―』(二〇一一、岩波書店)　(加藤　厚子)

にっぽんこうぼう　日本工房　一九三三―四五年にかけて存在した報道写真制作会社。欧州で活躍していた名取洋之助が、写真による尖端表現を模索していた木村伊兵衛、原弘、岡田桑三、伊奈信男を誘い、わが国ではじめて「報道写真」を標榜する制作集団として東京銀座に創設。三四年に木村ら脱退後、対外文化宣伝グラフ誌『NIPPON』を創刊し、国際文化振興会と強く結びつく。以降、海外への写真配信業の傍ら、所属写真家の土門拳、藤本四八、小柳次一ら、デザイナー山名文夫、河野鷹思、亀倉雄策らが、貿易組合中央会委託の『COMMERCE JAPAN』(三八年創刊)、陸軍出資の『SHANGHAI』(四〇年創刊)、関東軍報道部出資の『MANCHOUKUO』(四〇年創刊)、南満洲鉄道委託の『EASTERN ASIA』(四〇年創刊)などグラフ誌制作や屋外写真展の制作に携わる。三九年に拡大改組して国際報道工芸株式会社となり、四三年に国際報道株式会社と改称。四五年の終戦後間もなく解散。日本工房の人材が戦後も活躍したことから、わが国報道写真とデザインの源流といわれる。→ニッポン

参考文献　石川保昌『報道写真の青春時代―名取洋之助と仲間たち―』(一九九一、講談社)、白山眞理・堀宜雄編『名取洋之助と日本工房　一九三一―四五』(二〇〇六、岩波書店)、白山眞理『〈報道写真〉と戦争　一九三〇―一九六〇』(二〇一四、吉川弘文館)　(白山　眞理)

にっぽんニュース　日本ニュース　国策によるメディア統制の一環として、製作・配給されたニュース映画。一九四〇年四月、毎日・朝日・読売の三新聞社と同盟通信社のニュース映画部門が統合され、社団法人日本ニュース映画社として発足した。『日本ニュース』第一号(六月十一日)は、天皇の関西巡幸、東亜競技大会、日中戦争下の日本軍進撃などで、戦時下でもあり国民の関心は大きかった。以後、政府の国策を周知させるための宣伝媒体と化していき、翌年五月には社名を社団法人日本映画社へ変更、文化映画の製作と配給(別会社を法人化)を事業に加えた。この背景には、一九三九年十月から施行された映画法によって国家統制が強まり、文化映画と時事映画(ニュース映画)の強制上映が始まったことがある。四一年第七九号は「対米英　宣戦布告」で、東条英機首相の開戦声明、十二月八日の大本営陸海軍部発表を収録、八二号は「ハワイ大空襲」(真珠湾攻撃)、四二年の八三号は「蘭貢空襲」「ボルネオ油田占拠」「馬来進撃」「香港陥落」、一〇二号は「コレヒドール陥落」と、日中戦争に続

『日本ニュース』 1941年12月9日「対米英　宣戦布告」(左は東条英機)

く「大東亜戦争」の戦況と経過を刻々と記録・報道した。四三年の一六七号は「国民学校の防空演習」、一七三号は「中学生の教練」、一七七号「学徒出陣」、一七九号「十億結集国民大会」、一八〇号「中学生に近代兵器訓練」など、ナレーションの勇ましさとはうらはらに悲壮感が増していく。四四年の一九五号「女子挺身隊　兵器生産へ」、二〇〇号「少年兵志願者壮行大会」、二二三号「全土に徴兵制(台湾)」「朝鮮同胞も戦列へ」、二三二・二三四号「神風特別攻撃隊」、四五年の二五〇号「沖縄決戦」と、敗戦へ突き進む。四五年七月『日本ニュース』の製作は第二五四号(海の荒鷲「雷電」戦闘機隊)で中断し、戦後は四五年九月第二五五号「聖断拝す　大東亜戦争終結」から再開、十二月に株式会社日本映画社へ変更、改組され、翌年から『新生日本ニュース』が製作された。これら戦中戦後の映像はＮＨＫが所蔵しており、適宜公開されている。

（岩本　憲児）

に・にろくじけん　二・二六事件　一九三六年二月二十六日に起きた陸軍第一師団などの青年将校による武力決起事件。満洲事変・十月事件期に、陸軍青年将校運動の草分け菅波三郎によって組織化された陸軍青年将校を主とするグループと、三五年、相沢事件・同公判、第一師団の満洲派遣決定を機に過激化した野中四郎らの青年将校が、千四百余の下士官・兵を率いて決起。「君側の奸」殺害を企て、皇居に近接する地を占拠し、昭和維新実現を要求。直接的動機は「上長を推進して維新に」をめざす青年将校が多数いる第一師団の満洲派遣決定と、増大する軍事費と財政・国民生活の矛盾の高まりの中で、行き詰った陸軍中央を支援することにあった。その結果、陸相・陸軍次官・参謀次長・軍事参議官のみならず、当初は石原莞爾らも、この決起に容認的だった。しかし斎藤実内大臣らを殺害され、天皇は激怒し、鎮圧をせかす。その中で幕僚らは、決起・戒厳令を利用した皇族内閣樹立といった方向を断念し、武力討伐へ。青年将校に同情的な軍事参議官、皇居近傍の武力衝突を懸念する香椎浩平戒厳司令官らは、青年将校側を撤退させようと腐心する。青年将校側も、撤退論の村中孝次・香田清貞・野中らと、占拠派の磯部浅一・栗原安秀らに分裂。撤退できずに、二十八日午前五時各所属師団などへの帰隊を命じる奉勅命令発令。青年将校とのパイプ役山下奉文・鈴木貞一らは、「陸軍の為責任を引受ける様」にと青年将校側に自決を説得。しかし磯部らの反発により、自決決意は反故となる。二十八日午後四時、当初友軍であり、二十七日戒厳部隊に編入された決起部隊は、叛乱軍と認定される。二十九日午前九時、市民の避難完了とともに戦車を中心に鎮圧側が前進を開始。青年将校側は総崩れになる。最後まで抵抗姿勢を持した安藤輝三の部隊も、安藤の自決(未遂)により帰順。戒厳側の中心石原莞爾は、この決起で「維新」のめどはついた」と述べ、天皇も、陸軍の要求を容認する姿勢を示す。事件後の「粛軍」により幕僚層が陸軍の実権を握り、公債大増発の馬場財政により、陸海軍の大軍拡が実現。大戦争への大きな一歩になった。

二・二六事件　原隊への帰順を告げるアドバルーン

参考文献　須崎慎一『二・二六事件―青年将校の意識と心理―』(二〇〇三、吉川弘文館)

（須崎　慎一）

にほんいぞくかい　日本遺族会　戦没軍人・軍属の慰霊顕彰、遺家族の福祉などを目的に一九五三年三月十一日に厚生省から設立が認可された財団法人。四七年十一月十七日に創設された日本遺族厚生連盟の後継団体である。厚生連盟、遺族会ともに敗戦に伴う遺家族の生活困難に対する補償を求めて運動が開始された経緯があった。厚生連盟の運動には戦争への反省から恒久平和を希求する要素があり、それは初期の遺族会にも継承されたが、次第に戦没兵士の顕彰へと主張が移行していった。特に靖国神社国家護持や首相・閣僚の靖国神社公式参拝などを求める運動の中心的勢力になっていった。そして、全国の遺家族の経済的要求も含めて、その実現のために政治過程に影響力を行使する圧力団体へと成長した。そのため選挙において自民党議員を支援し、特に参議院自民党に長年組織の代表を送り込んできた。会長は歴代、自民党社労族の大物長老議員が務めてきた。しかし、遺家族の減少や高齢化などにより組織の弱体化も進んでいる。

参考文献 田中伸正・田中宏・波田永実『遺族と戦後』(『岩波新書』、一九九五、岩波書店)、波田永実「遺族運動の形成と展開―講話以前と講和後―」(『(岩波講座)アジア・太平洋戦争』二所収、二〇〇五、岩波書店)

(波田 永実)

にほんいどうえいしゃれんめい　日本移動映写連盟　映画による国策普及と健全娯楽配給を目的とする移動映写運動推進のために設立された社団法人。一九四〇年になると、農山漁村文化協会が東宝映画と提携して移動映写運動に着手し、また大政翼賛会が朝日新聞社の協力のもとに日本移動文化協会を設立するなど移動映写運動が脚光を浴びるようになり、四一年には読売新聞社や毎日新聞社、映画配給社による移動映写班も組織された。情報局はこれらの運動の一元的統合を目指したが成功しなかった。しかし四三年一月には日本移動文化協会が映画配給社に統合され、ついで同年八月には既存の四映写団体と翼賛会、大日本産業報国会、中央農業会、農山漁村文化協会などの利用団体、松竹、東宝、大映などの映画製作団体からなる社団法人日本移動映写連盟が設立された。同連盟は中央連盟と地方連盟からなり、一九四四年度の映写回数は七万二千回、観客動員数は約四千二百万人に及んだ。

参考文献 東京国立近代美術館フィルムセンター監修『戦時下映画資料―映画年鑑昭和十八・十九・二十年―』四(二〇〇六、日本図書センター)、高岡裕之「戦時期移動映写運動に関する基礎的考察」(『地域社会研究』一二、二〇〇二)

(高岡 裕之)

にほんいどうえんげきれんめい　日本移動演劇連盟　演劇による国策普及、国民演劇の樹立、健全娯楽の配給などを目的とする移動演劇運動推進のために設立された組織。一九四〇年九月、東宝は農山漁村・工場に演劇を提供すべく東宝移動文化隊を組織し、同年十一月には松竹も松竹国民移動劇団を結成した。こうした動きを踏まえ移動演劇運動の一元的展開を目指す情報局・大政翼賛会は、毎日新聞社の協力を得て四一年六月、日本移動演劇連盟を設立した。同連盟には東宝移動文化隊、松竹国民移動劇団のほか、新興演芸部、吉本興業、関西松竹などの劇団が加盟した。日本移動演劇連盟は組織強化のため、四三年一月に社団法人化され、四五年には加盟・参加劇団のほかに専属劇団七、準専属劇団五を擁するまでになった。

参考文献 日本演劇協会編『演劇年鑑　昭和十八年版』(一九四三、東宝書店)、早稲田大学演劇博物館編『演劇年鑑　昭和二十二年版』(一九四七、北光書房)、大笹吉雄『日本現代演劇史』昭和戦中篇二(一九九四、白水社)

(高岡 裕之)

にほんいりょうだん　日本医療団　国民医療法により設立された特殊法人。一九四二年六月二十五日設立。一九四一年七月、厚生大臣に就任した小泉親彦は、厚生省幹部に国民厚生団という特殊法人の設立構想を示した。これは三十億円の政府出資により、厚生運動・結核対策・母子保健などを行う総合的な厚生事業団を設立するというものであった。この構想はあまりに巨大なため、医療事業に関する組織がまず日本医療団(政府出資一億円)として実現されることとなり、必要な規程が国民医療法案に盛りこまれた。日本医療団では、結核病床十万床の整備と一般医療施設の全国的整備が計画された。これらの計画は資材不足などの事情から実現することはなかったが、敗戦前後の混乱期に多数の病院・診療所が買収・新設され、日本最多の医療施設を有する組織となった。敗戦後も医療の戦後復興の担い手として組織の温存がはかられたが、四七年一月、厚生省は日本医療団の解散を決定、同年十月に「医師会、歯科医師会及び日本医療団の解散等に関する法律」が制定された。　→国民医療法

参考文献 『日本医療団史』(一九七七、日本医療団)、高岡裕之『総力戦体制と「福祉国家」―戦時期日本の「社会改革」構想―』(『戦争の経験を問う』、二〇一一、岩波書店)

(高岡 裕之)

にほんおんがくぶんかきょうかい　日本音楽文化協会　一九四一年九月設立、同年十一月に法人格を得て発会した、情報局と文部省所管の社団法人。設立当初の会長は徳川義親、副会長は山田耕筰、理事長は辻荘一。四〇年の新体制運動は、さまざまな領域で組織の再編や統合、分野別統制団体の設立を促したが、音楽界では、作曲家・演奏家と、評論家・ジャーナリストによる二つの系統で再編が進行し、情報局の仲介により両者が日本音楽文化協会に一元化された。音楽界内部の自発的再編の動きに、情報局が介入して誕生した組織といえる。設立当初は、理事会主導の運営により、作品試演会や音楽鑑賞講座など音楽芸術主体の活動が中心で、限られた状況下でいかに音楽芸術を追求するか音楽家の理想と現実の葛藤も見られた。しかし、毎年の定時総会のつど定款が改正され、結果として会長主導の運営体制が確立された。四三年に演奏家協会音楽挺身隊を統合、翌年に山田耕筰が会長に就任し、国民教化動員や統合、戦意昂揚を目的とした、挺身活動、時局に連動した楽曲の創作や演奏活動、演奏会企画や楽曲の統制、外国人音楽家の規制、演奏家や演奏会の審査、対外的な文化工作への関わりなど、音楽活動全般の統制を担い、国策遂行機関として機能した。特に四二年十月に東北地方、翌年三月に中部地方で開催された音楽報国巡回演奏会や、四二年六月から翌年十月の

戦艦献納、四三年十二月から翌年七月の戦闘機「音楽号」献納など、演奏会や楽曲公募の企画と実施、国民皆唱運動や四四年二月の「決戦非常措置要綱」発表以降に顕著となる挺身活動の推進などは、その活動の典型といえる。四五年十月に解散後も、その組織体制は四五年十二月発足の日本音楽連盟に継承され、また日本音楽文化協会附属管弦楽団・吹奏楽団として構想されていた演奏組織は、四五年九月に発足した東京都音楽団に継続するなど、その構成員や活動が戦後に継続していく側面も重要である。→音楽挺身隊 →国民皆唱運動

参考文献 戸ノ下達也『音楽を動員せよ—統制と娯楽の十五年戦争—』(二〇〇八、青弓社)、『音楽文化新聞(復刻版)』(二〇一一、金沢文圃閣)　(戸ノ下達也)

にほんかくしんのうそんきょうぎかい　日本革新農村協議会　一九三八年に始まる近衛新党運動を推進した産業組合青年連盟(産青連)を母体とし、協同主義を標榜した革新的国民運動組織で、略称は革農協。第一次近衛内閣成立後約一年を経て、近衛文麿を中心とする新党構想が打ち出された。それを踏まえ近衛の側近風見章内閣書記官長が陰の仕掛人、有馬頼寧農相が表舞台での主導者、そして有馬の秘書豊福保次が実際の取りまとめ役となって、一九三八年五月革農協の受皿となる「農政懇談会(仮称)」が産青連内の安達巌などを中心とする国家主義的革新グループによって結成される。翌六月革新派代議士の永山忠則や北勝太郎などが蝟集して革農協の準備会が発足し、同年十月結成大会の運びとなった。しかし、近衛の退陣、革新派新党樹立の蹉跌、革農協内部の路線対立などが重なり、形式的には一九四〇年七月まで存続するが、事実上一九三九年二月をもって解散することとなった。

参考文献 塩崎弘明『国内新体制を求めて—両大戦後にわたる革新運動・思想の軌跡—』(『長崎純心大学学術叢書』、一九九八、九州大学出版会)　(塩崎　弘明)

にほんかんぎょうぎんこう　日本勧業銀行　一八九六年の日本勧業銀行法(法律第八二号)に基づいて設立された特殊銀行。債券発行により資金調達し、農工業の改良発達のための長期貸付を行う目的で設立されたが、一九一一年の法改正で貸付目的制限が撤廃され、都市の不動産金融に本格的に乗り出していった。三〇年代に入ると長期融資は停滞し、戦時期には貯蓄債券を発行し浮動購買力を吸収するという特殊業務を行なった。四一年、四二年に相ついで勧銀法が改正され、工業金融に本格的に傾斜していった。この間に四四年九月までに四次にわたり全国の四十六農工銀行を全て合併した。第二次世界大戦後、五〇年に銀行法に基づく普通銀行に転換し、七一年に第一銀行と合併し第一勧業銀行となり、二〇〇二年に富士銀行・日本興業銀行とともにみずほ銀行、みずほコーポレート銀行に分割、再編された。→農工銀行

参考文献 『日本勧業銀行史—特殊銀行時代—』(一九五三)　(早川　大介)

にほんきょうさんとう　日本共産党　プロレタリア革命の「前衛」をもって自任し、果敢な反戦運動を展開した非合法の共産主義政党。一九二二年七月十五日、コミンテルン(国際共産党)日本支部として結成されたが、翌年の一斉検挙を経て二四年春に解党した。コミンテルンの指示により二六年再建され、やがて工場細胞(支部)を基礎として組織を拡充、二八年二月の普通選挙による初の総選挙では公然と宣伝活動を展開したが、間断のない弾圧とスパイの潜入により弱体化した。それでも学生や青年労働者の支持を得て、三一年の満洲事変にあたり反戦運動をなしたが、弾圧に屈して転向する者も多く、三五年三月党中央部は壊滅した。その後も再建運動や、反ファシズム人民戦線戦術に呼応する動きがあったが、成功には至らなかった。敗戦後は非転向の獄中組を中心に再建されたが、路線の混乱と組織分裂に翻弄され、五五年の組織統一、七二年の先進国革命路線確立を経て今日に至る。→コミンテルン

参考文献 犬丸義一『日本共産党の創立』(一九八二、青木書店)、日本共産党中央委員会『日本共産党の八十年一九二二—二〇〇二』(二〇〇三、日本共産党中央委員会出版局)　(三輪　泰史)

にほんぎんこう　日本銀行　⇨日本銀行法

にほんぎんこうほう　日本銀行法　一九四二年二月二十四日に公布された日本銀行法は、それまでの日本銀行条例(一八八二年六月太政官布告)と比較して次の三つの特徴があるといわれてきた。第一は国家的色彩の強化である(第一章総則)。「国家経済総力の適切なる発揮を図る為国家の政策に即し」(第一条)や「専ら国家目的の達成を使命として運営せらるべし」(第二条)に集約されている。これに伴い政府と主務大臣の監督権限も著しく強化された(第六章監督)。総裁・副総裁に対する解任権限も明記された(第四七条)。また外国人や外国法人等が出資者となることは禁じられた(第六条)。第二は兌換銀行券の制度を完全に廃棄し、管理通貨制度を恒久的制度として採用した(第四章銀行券)。第三は業務範囲が大幅に拡大した(第三章業務)。具体的には、手形割引および担保貸付における手形や担保の範囲拡大、手形、国債または主務大臣が認可した債券の売買、政府貸付や国債引受、外国為替の売買、外国金融機関への出資や融資、「信用制度の保持育成の為必要なる業務」、さらに日銀への協力を民間金融機関に命令できる主務大臣の権限(以上第二〇—第二五条、第二八条)等々である。第一の特徴は通貨価値の維持という中央銀行の使命やその独立性を軽視した戦時立法的側面が強い。しかし第二、第三の特徴は戦時統制だけではなく、同行が金融調節から信用秩序の維持まで広範な権能をもち、管理通貨制度のもとで進行する財政と金融の一体化において能動的なセントラルバンキング機能を果たし得ることも意味した。このように日本銀行法には金融の戦時化と現代化という二つの流れが交錯してい

た。一九九七年の新日本銀行法制定まで同法が存続した根本的要因は、同法が金融の現代化に対応できたからである。いずれにせよ、日本銀行法の制定は同行のあり方を劇的に変えることはなかった。新たに成文化された新機軸のほとんどがすでに実態として先行していたからである。

参考文献 吉野俊彦『日本銀行制度改革史』(一九六二、東京大学出版会)、日本銀行『日本銀行百年史』四(一九八四)、伊牟田敏充編『戦時体制下の金融構造』(一九九一、日本評論社)　(佐藤　政則)

にほんけいきんぞくかいしゃ　日本軽金属会社　一九三九年に古河電工と東京電燈とが提携して設立(公称資本金一億円)し、現在も唯一国内で操業中のアルミニウム製錬会社。古河は、オランダ領東インドのビンタン島のボーキサイトの一手輸入権を握り、政府のアルミニウム生産力拡充計画が既設各社の増産計画では目標に達しない状況下で、国策会社による集中生産案を提案し、既設各社の合計を上回る生産能力を持つ日本軽金属の設立を申請したが、既設会社がこれに反発して統制を巡る紛争が生じた。政府は、各社の増産を認め、統制のための軽金属製造事業法も成立させた。同社は、富士川水系で自家発電を行い、大容量水銀整流器や陽極を連続焼成するゼーダーベルグ炉などの新鋭設備で設計され、第二次大戦勃発で設備の輸入が遅れたが、四〇年に電解精錬の蒲原工場の、四一年に電解精錬の新潟工場とアルミナ生産の清水工場の、それぞれ操業を開始した。

参考文献 『日本軽金属二十年史』(一九五九)、安西正夫『アルミニウム工業論』(一九七一、ダイヤモンド社)　(疋田　康行)

にほんけいざいれんめいかい　日本経済連盟会　一九二二年に成立した財界団体。それまで経済界を網羅する経済団体はなく、銀行倶楽部を中心とする銀行業界、商業会議所を中心とする中小商工業、日本工業倶楽部を結成した工業資本家に分かれていた。このため、二一年十月から二二年五月にかけ団琢磨三井合名会社理事長を団長に経済界の大物を網羅して英米訪問実業団が派遣された結果、国際商業会議所に加盟する日本国内委員会として、二二年八月一日東京銀行集会所で日本経済連盟会が設立された。二三年六月国際商業会議所加盟。業種団体や経済団体の連合体ではなく有力個人の結合体で、中心となったのは井上準之助日本銀行総裁であった。二八年団琢磨が初代会長に就任し、三二年三月郷誠之助が会長を継いだ。戦時経済が進展すると、郷会長は連盟会内に四〇年八月重要産業統制団体懇談会(四一年重要産業統制団体協議会と改称)を設けてみずから会長となったが、統制経済の実権は次第に副会長の平生釟三郎日本製鉄社長に移り、四二年七月統制会の連絡機関としての重要産業協議会に改組された。経済連盟会は、四六年経済団体連合会結成に合流した。

参考文献 『経済連盟』(一九三一―四六)、堀越禎三『経済団体連合会』一(一九六二)、中村秀一郎「日本経済連盟会の活動」(細谷千博他編『日米関係史―開戦に至る十年(一九三一―四一年)―』三所収、一九七一、東京大学出版会)、松浦正孝『財界の政治経済史―井上準之助・郷誠之助・池田成彬の時代―』(二〇〇二、東京大学出版会)　(松浦　正孝)

にほんこうがくこうぎょうかいしゃ　日本光学工業会社　光学機械メーカー。一九一七年、東京計器製作所の光学計器部門と岩城硝子製造所の反射鏡部門を統合し、三菱合資会社の出資による株式会社として設立された。一八年東京光学工業(旧藤井レンズ製造所)を合併し、資本金三百万円となり、本格的営業を開始した。海外に役員を派遣したり、ドイツの光学技術者を招聘したりして、海外からの新技術導入に努めた。二四年ごろより双眼鏡、理化学機械の民需品生産を拡大し、三〇年には電熱焼鈍炉を新設して、光学ガラス自給の体制を整えた。同社は、陸海軍の光学兵器の需要を経営の柱としてきたが、第一次大戦後には一時的に軍需が後退した。しかし、満洲事変後、光学兵器の陸海軍需要は拡大し、三八年満洲光学工業の設立、さらに三八年戸塚工場、四〇年川崎工場なども新設し、戦時体制の進展する中で、軍部の需要にこたえて急速に拡大した。敗戦後は、民需転換を実現し、カメラ、理化学機械、光学機械などを展開する世界的な光学機械メーカーとなり、八八年「ニコン」と改称した。

参考文献 日本光学五十年史編集専門委員会編『五十年の歩み』(一九六七、日本光学工業)　(長島　修)

にほんこうかんかいしゃ　日本鋼管会社　鉄鋼会社。一九一二年、八幡製鉄所の技術を中心的にになった今泉嘉一郎の鉄鋼技術者としての技術と大阪鉄商岸本吉右衛門、東洋汽船の社長であった白石元治郎、京浜地方の資本家らの出資が結合して、インド銑鉄と屑鉄を利用した平炉製鋼法により、鋼管、棒鋼などを量産する製鋼会社として設立された。第一次大戦中には、大規模な設備投資を行い急速に拡大したが、大戦後、鋼材価格の下落と輸入鋼材との競争にあい、経営は悪化した。同社は、民間鉄鋼会社と官営八幡製鉄所が合同してできた日本製鉄には、評価問題の不満もあって参加せず、三三年には高炉建設の認可申請を商工省に提出し、銑鋼一貫製鉄所として生き残ってゆく道を選択した。三八年には今泉嘉一郎が提唱していた日本的なトーマス転炉法により、鋼の大量生産をめざし、四〇年には粗鋼九七万トンに達していた。戦後、二〇〇二年川崎製鉄株式会社と合併し、JFEホールディングスとなり、現在に至っている。　→白石元治郎(しらいしもとじろう)

参考文献 『日本鋼管株式会社四十年史』(一九五二)、長島修『日本戦時企業論序説―日本鋼管の場合―』(二〇〇〇、日本経済評論社)　(長島　修)

にほんこうきょうがくだん　日本交響楽団　日本を代表するプロの交響楽団。一九二六年に結成された新交響楽団が、音楽界における一元化の動きを背景に、楽団の経営安定を主目的として、四二年四月に財団法人化し、名称を日本交響楽団と改めた。交響楽団としての通常の定期演奏会等の開催に加え、戦時下での戦意高揚・国策宣伝を目的とする演奏会にも数多く出演している。法人化以降は時局を意識して日本人作品の演奏、日本人指揮者の起用を積極的に進めた。また日本放送協会から財政的援助を受けていた関係で、国内および対外ラジオ放送でも大きな役割を果たした。なお専任指揮者のJ・ローゼンストックはユダヤ人だったため、同盟国ナチス＝ドイツのユダヤ人政策への配慮から、四四年二月を最後に演奏会の出演は禁止された。練習所が戦災に遭わなかったこともあり、敗戦まで一貫して演奏活動を続け、五一年にNHK交響楽団と改称され、現在に至る。

参考文献 「NHK交響楽団五十年史 一九二六―一九七七」(一九七七、日本放送出版協会)　（吉原　潤）

にほんこうぎょうぎんこう　日本興業銀行　戦前の特殊銀行の一つ。一九〇〇年三月二十三日公布の日本興業銀行法にもとづき〇二年、債券(興業債券)発行によって調達した資金を用い、証券担保の長期の貸出を行う銀行として設立された。〇五年以降、中国や朝鮮に対する投融資を開始し、第一次大戦期には段祺瑞政権に対する政治借款を供与した(西原借款)。一九二〇年代から三〇年代前半には、不況に陥った産業への救済融資を盛んに行なった。日中戦争勃発後は軍需融資の中枢的役割を担い、三九年五月には「会社利益配当及資金融通令」にもとづく命令融資の指定機関となる。戦後の四六年八月復興金融部を創設し復興融資を開始、四七年一月に復興金融金庫が設立されるまでの橋渡しをした。四八年六月のGHQの特殊銀行廃止の方針により、債券発行会社として残存する途を選択し、五二年十二月、長期信用銀行に転換。二〇〇〇年九月、富士銀行、第一勧業銀行とともにみずほホールディングスを設立した。

参考文献 『日本興業銀行五十年史』(一九五七)、『日本興業銀行七十五年史』(一九八二)　（浅井　良夫）

にほんごうゆうれんめい　日本郷友連盟　一九五六年十月に設立認可された旧軍人関係者の社団法人。敗戦と占領という戦後情勢の中で戦前と立場が一転した旧軍人たちの中に、平和と民主主義に象徴される戦後の価値観を否定する動きは敗戦直後からあり、それは冷戦体制の深化とともに、反共を共通基盤としてGHQ内部のGIIとも呼応する側面があったが、占領中は公然化することは少なかった。しかし、講和発効後、旧軍関係者による戦友団体がつぎつぎに作られる中で元支那派遣軍総司令官岡村寧次らが中心になって帝国在郷軍人会や東京都在郷軍人会関係者などの協力を得て、五四年に「祖国の再建と国土防衛」を目的に桜星倶楽部が設立された。会の名称の桜は陸軍、星は海軍を象徴している。さらに、五五年桜星倶楽部が中心となって日本戦友団体連合会が組織され、翌年十月に日本郷友連盟と改称した。靖国国家護持、日の丸国旗化、自主憲法制定などの運動の中核組織の一つとなった。　（波田　永実）

にほんごきょういく　日本語教育　アジア・太平洋戦争期にいわゆる外地で実施された現地人に対する日本語教育。植民地の台湾・朝鮮では徴兵制導入にあたり、対象となる青年層への強化が図られた。両地域とも、母語の使用に支障を来す一部エリート層が生まれた。委任統治領の南洋群島でも植民地同様「国語」と呼ばれた日本語教育が行われた。大東亜共栄圏構想を機に、広範な地域への普及策が見直され、一九三九年に政府主導で「国語対策協議会」が設置された。三二年に建国された満洲国では、検定制度を導入し語学学習を奨励した。中国占領地では直接法と対訳法のいずれが効果的な教授法かを巡って対立が生じた。日本軍占領まで欧米植民地下にあった南方諸地域では文部省主導で普及した。教育成果は乏しいが、インドネシアとビルマは独立達成の目標があって学習意欲が高かった。一方、独立意識の低いマレー・シンガポールとフィリピンでは否定的に捉えられた。

参考文献 多仁安代『日本語教育と近代日本』(二〇〇六、岩田書院)　（多仁　安代）

にほんこくけんぽう　日本国憲法　敗戦・占領下、GHQの強いイニシアティブにより起草され、大日本帝国憲法の改正という形式を踏んで一九四六年十一月三日に公布、四七年五月三日に施行されたのち現在に至るまで一度の改正もなく存続し、戦後日本国家と社会の枠組みの形成・維持に大きな影響を与えた憲法。

イタリア、ドイツと異なり日本は戦争を遂行した既存支配層が降伏するという形で戦争が終結した。ポツダム宣言を受諾したことから、戦争遂行の梃子となった大日本帝国憲法の改正は不可避であったが、敗戦後も政治を担った既存支配層は改正に消極的であり、特に焦点となる天皇統治権の改革に手をつけることを拒否していた。当初、日本政府に改正作業を委ねていたGHQは、漏れてきた政府改正案の保守的性格に危機感を持ち、GHQの手による起草に踏みきった。GHQ草案をほぼ全面的に呑む形で憲法改正草案がつくられ、それが枢密院、帝国議会の議を経て新しい憲法が制定された。GHQが憲法改正に込めたねらいは、日本が再び軍国主義国家として復活しアジア大陸に侵攻することを阻止することに置かれた。日本国憲法は、天皇の象徴化、第九条による軍事力保持の禁止、戦争反対の言論を自由にする基本的人権保障、議会権限の拡大などそのねらいに沿って周到につくられ、いくつかの特徴を持った。

第一は、アジア・太平洋戦争を引き起こし多大の犠牲を出しながら戦争を継続させた元凶である天皇制が根本的に変革されたことである。天皇の国家統治権は否定され国民主権が規定され(一条)、天皇大権はすべて否定されたどころか、天皇は一切の政治的権限を持たない「象徴」とされた。保守政権は、講和後、憲法改正で天皇の

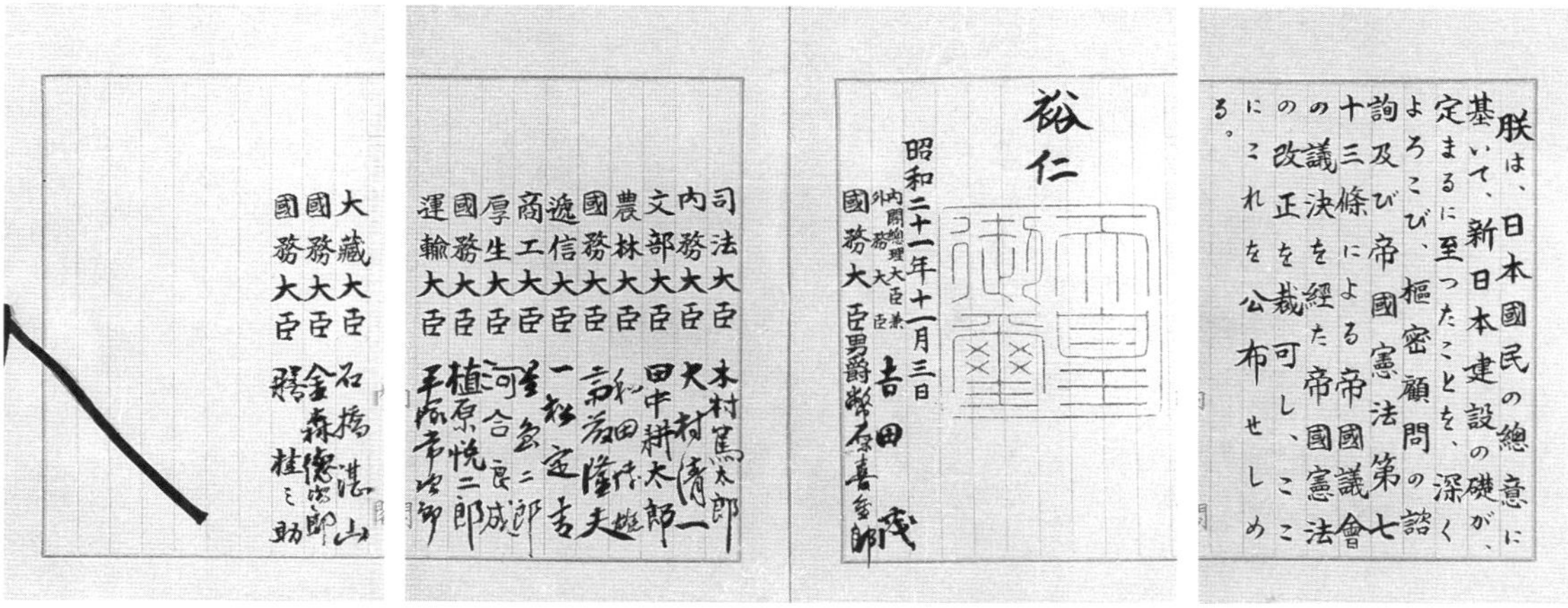
朕は、日本國民の總意に基いて、新日本建設の礎が、定まるに至つたことを、深くよろこび、樞密顧問の諮詢及び帝國憲法第七十三條による帝國議會の議決を經た帝國憲法の改正を裁可し、ここにこれを公布せしめる。

御名御璽 裕仁

昭和二十一年十一月三日

内閣總理大臣兼外務大臣 吉田茂
國務大臣 男爵 幣原喜重郎
司法大臣 木村篤太郎
内務大臣 大村清一
文部大臣 田中耕太郎
農林大臣 和田博雄
國務大臣 斎藤隆夫
逓信大臣 一松定吉
商工大臣 星島二郎
厚生大臣 河合良成
國務大臣 植原悦二郎
運輸大臣 平塚常次郎
大藏大臣 石橋湛山
國務大臣 金森徳次郎
國務大臣 膳桂之助

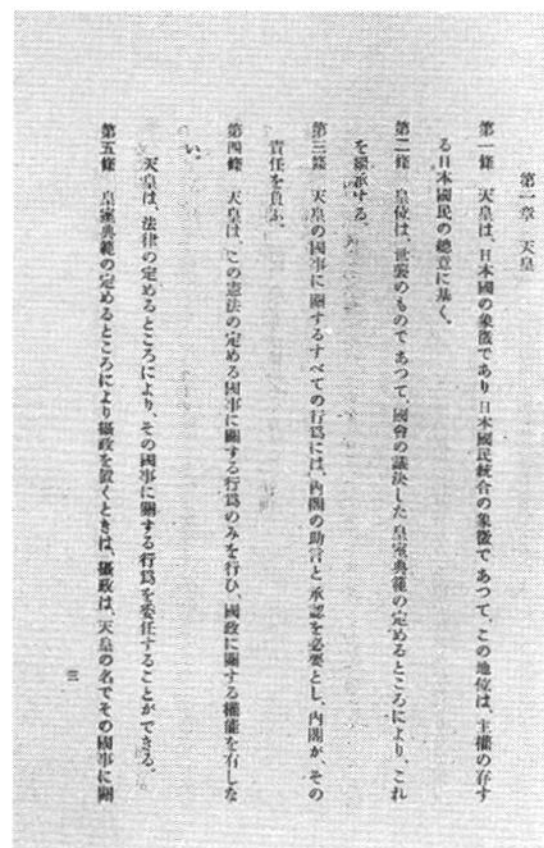
第一章 天皇

第一條 天皇は、日本國の象徴であり日本國民統合の象徴であつて、この地位は、主權の存する日本國民の總意に基く。

第二條 皇位は、世襲のものであつて、國會の議決した皇室典範の定めるところにより、これを繼承する。

第三條 天皇の國事に關するすべての行爲には、内閣の助言と承認を必要とし、内閣が、その責任を負ふ。

第四條 天皇は、この憲法の定める國事に關する行爲のみを行ひ、國政に關する權能を有しない。

天皇は、法律の定めるところにより、その國事に關する行爲を委任することができる。

第五條 皇室典範の定めるところにより攝政を置くときは、攝政は、天皇の名でその國事に關

三

日本国憲法

日本国憲法を可決した枢密院本会議(1946年10月29日)

元首化、権威の復活をはかろうとし、革新勢力との間で攻防が繰り広げられたが、その後の政治過程では「象徴」としての天皇が定着した。

第二に、日本軍国主義の復活を阻止するため、九条で戦争放棄と戦力不保持が定められたことである。冷戦の激化のもとで、九条に対してはほかでもなくアメリカからそれを否定する再軍備圧力が台頭し、朝鮮戦争後、警察予備隊という形で再軍備が始まった。講和後保守勢力により改憲の動きが台頭したが、憲法擁護の運動が高まり、改憲の動きは頓挫した。政府はそのため、自衛隊発足時の五四年以降、以下の解釈で九条のもとでの自衛隊の存続に腐心した。㈠どこの国でも自衛権とそれを行使するに必要な実力の保持は認められている、㈡しかし日本国憲法は九条で戦争放棄、戦力の不保持を謳っているので、自衛権とその行使のための実力は、「戦力」にならない限度すなわち「自衛のための必要最小限度の実力」にとどまる、㈢自衛隊は必要最小限度の実力だから合憲である、という解釈である。こうした解釈に対し、六〇年代以降自衛隊違憲論が精力的に展開され、政府はそれを乗り切るため自衛隊の活動にさまざまな制約を設けそれによって違憲論の回避をはかることを余儀なくされた。自衛隊は自衛のために必要最小限の実力だから海外派兵は許されない、集団的自衛権行使は違憲であるなどである。ほかにも政府は非核三原則、武器輸出三原則、防衛費のGNP比一%枠などの制約をも認めた。こうして、九条のもと、自衛隊に存続したが、他国の軍隊とは異なる大きな制約が設けられたのである。アジア・太平洋戦争の教訓は憲法九条とその解釈に具体化された。

憲法の第三の特徴は、手厚い基本的人権保障の規定が設けられたことである。特に、アジア・太平洋戦争に反対する声が封殺され国民が展望のない戦争に動員された原因として、天皇制国家の自由抑圧体制に注目した起草者は、人権の中でも表現の自由をはじめとして自由権的

人権と刑事手続き的人権規定を詳細に保障した。

第四の特徴は、強い議会権限を規定したことである。四一条は、国会を「国権の最高機関」と位置づけた。これまた、無謀な戦争を食い止められなかった要因として議会の力が弱かったことへの反省からであった。第五の特徴は、時々の議会の多数で人権が侵害されないよう、裁判所による違憲審査権も明記(八一条)され、また地方自治が保障された(第八章)ことである。以上のように、全体として日本国憲法は、再び日本が軍国主義の道を歩まないようにという目的に沿った制度を構築したのである。

参考文献 高柳賢三・大友一郎・田中英夫編『日本国憲法制定の過程―連合国総司令部側の記録による―』(一九七二、有斐閣)、渡辺治『日本国憲法「改正」史』(一九八七、日本評論社)、阪田雅裕『政府の憲法解釈』(二〇一三、有斐閣) (渡辺 治)

にほんこくゆうてつどう 日本国有鉄道 一九四九年六月一日に日本国有鉄道法にもとづいて公共事業体として発足した国有鉄道運営組織。四六年時点の運輸省以前の鉄道監督官庁は、民営鉄軌道の監督行政のみならず、国有鉄道の運営も行なっていた。しかし、占領体制下で「国家の鉄道」から「国民の鉄道」への転換が求められ、四六年から組織を根本的に改変した鉄道経営の方向性を審議する鉄道会議が、四八年一月に国有鉄道独立採算制の採用を答申した。また、占領軍は運輸省組織の根本的変更を求め、監督行政と国有鉄道運営を分離し、四八年十一月三十日に日本国有鉄道法案が国会を通過し、翌四九年から施行されることになった。しかし、同法は、運輸省設置法の施行延期に伴い、四九年六月まで施行を延期した。独立採算制によるサービス向上が期待された日本国有鉄道は、当初から政府による財政・業務の強い監督・規制を受けて公共企業体としての欠陥を内包したまま発足した。

参考文献 中西健一『戦後日本国有鉄道論』(一九八五、東洋経済新報社)、野田正穂他編『日本の鉄道―成立と展開―』(『鉄道史叢書』二、一九八六、日本経済評論社) (三木 理史)

にほんさんぎょうかいしゃ 日本産業会社 ⇨日産財閥

にほんしゅっぱんかい 日本出版会 一九四三年三月、国家総動員法・重要産業団体令によって出版事業令が公布され、発足した統制団体。会長には毎日新聞社出身で情報局次長の久富達夫が就任した。出版物の事前審査、発行許可、用紙割当などは、日本出版文化協会からそのまま引き継がれ、さらに同会の中に企業整備本部を設け、出版社の整理統合、雑誌の整理をより一層進めるなど、高次の統制が考案・実施された。出版社の整理統合は、四〇年の出版新体制当初の三千六百六十四社(うち書籍のみを発行するもの二千二百四十一社)から、四四年五月には残存出版社数を二百三社(書籍部門)と決定したように約十八分の一にまで整理された。戦後は出版事業令廃止により出版業、取次業は自由企業となり、日本出版会は、四五年十月に日本出版協会として再発足した。 →日本出版文化協会

参考文献 『出版文化』(一九四一―、日本出版文化協会、日本出版会)、吉田則昭『戦時統制とジャーナリズム―一九四〇年代メディア史―』(二〇一〇、昭和堂) (吉田 則昭)

にほんしゅっぱんはいきゅうかいしゃ 日本出版配給会社 日本出版文化協会設立から半年後に創立され、一九四一年六月に業務を開始した出版物の配給会社。日配。当時、雑誌のほとんどが雑誌協会に加入、同協会の認めた取次会社を通じて書店に配給される仕組であった。だが、日配はまず東京の七取次・卸業者、四大取次が占有していた雑誌の配給切替を重点的に進め、さらに栗田書店、上田屋、大阪屋号を含めた七店の書籍業務を統合、整備を行なった。その結果、全く別流通だった雑誌と書籍を統合し、完全な一元的配給がスタートした。四三年、書籍の売切買切制が全面的に実施され、適正配給により返品率は、一％以下(書籍・雑誌)にまで引き下げられた。そして四四年の段階に至ると、月間平均出版点数は約二百三十点というレベルにまで激減、名実ともに配給業務のみとなった。四四年六月に農商務省から統制会社に組織変更の命令を受け、四四年九月より日本出版配給統制株式会社となった。

参考文献 『出版文化』(一九四一―、日本出版文化協会・日本出版会)、吉田則昭『戦時統制とジャーナリズム―一九四〇年代メディア史―』(二〇一〇、昭和堂)、荘司徳太郎・清水文吉編『資料年表 日配時代史』(一九八〇、出版ニュース社) (吉田 則昭)

にほんしゅっぱんぶんかきょうかい 日本出版文化協会 一九三〇年代における国民精神総動員運動、検閲、用紙統制の流れを受けて、四〇年十二月、軍官民の三者により設立された出版社団体。文協。文協は、㈠用紙割当、㈡出版企画、㈢配給(流通)問題を大きな事業とした。特に㈠と㈡をセットにした出版物の企画段階での事前審査とそれに対する用紙の配給によって文協認可のものだけが出版を許されるという査定事務が行われたことは、出版社にとって死活問題となった。一方で、推薦図書制度による読書統制も行なった。四一年六月に開催された第二回通常総会では、首脳部に不信を持つ一部職員および会員出版社が不信任を表明し紛糾した。こうした改革を経て、国家総動員法に基づく出版事業令が公布され、四三年三月に統制団体日本出版会が発足した。 →日本出版会

参考文献 『出版文化』(一九四一―、日本出版文化協会・日本出版会)、吉田則昭『戦時統制とジャーナリズム―一九四〇年代メディア史―』(二〇一〇、昭和堂) (吉田 則昭)

にほんしょうこうかいぎしょ 日本商工会議所 一九二

七年四月に公布された商工会議所法に基づき、全国各地の商工会議所の中央組織として二八年四月十日に設立された。一八九二年九月の開催以降、商業会議所の全国組織として活動してきた商業会議所連合会の活動を継承し、全国の商工会議所を会員として中小商工業者の利益を代表した全国的な民間経済団体である。中小商工業の立場から、小売業振興、貿易・関税、税制、中国・満洲問題、産業統制などに関し建議活動を展開するとともに反産業組合運動において指導的な役割を果たした。一九四三年三月に公布された商工経済会法に準拠して全国の商工会議所が都道府県商工経済会に統合・再編されると、同年六月に日本商工会議所も解散し、新たに設立される全国商工経済会協議会に中央組織の役割は引き継がれた。戦後の四六年十月に商工経済会法が廃止され、十一月に日本商工会議所が民法上の公益法人として再建された。
→商工経済会

参考文献 日本商工会議所編『日本商工会議所三十五年の歩み』(一九七七)

(須永 徳武)

にほんしょうこくみんぶんかきょうかい 日本少国民文化協会 戦時下の児童文化関係者の団体。戦時児童文化統制は、一九三八年十月の内務省「児童読物改善に関する指示要綱」を機に本格化し、関係出版団体や児童文化団体の組織化が進み、四〇年九月、新体制樹立の要請に応じて、児童文学者・内務省関係者を発起人として児童文化新体制懇談会が開催された。以後、創立準備委員会によって組織化が進められたが、最終的には情報局主管のもとに四一年十二月、日本少国民文化協会が設立された。理事長小野俊一、常任理事上村哲弥など役員百名以上。構成員は「少国民文化関係団体を代表する者」とされ、文学部会、絵画部会、童話部会、紙芝居部会、演劇部会、映画部会など、十一部会に所属。大半の児童文化関係者が加入し、最盛期には二千人に及んだといわれる。機関誌『少国民文化』(四二年六月―四四年十二月)を発行。大東亜少国民大会をはじめとする行事、「愛国いろはかるた」の制定、「愛国子守歌発表会」などを行なった。四五年十月解散。

参考文献 鳥越信「日本少国民文化協会について」(『文学』二九ノ八、一九六一)、山中恒『撃チテシ止マム』(『ボクラ少国民』三、一九七七、辺境社)、浅岡靖央『児童文化とは何であったか』(二〇〇四、つなん出版)

(北河 賢三)

にほんしょがくしんこういいんかい 日本諸学振興委員会 一九三六年九月に文部省に設置された委員会。天皇機関説事件を契機として、戦時下の教学刷新政策に対応して学問統制の強化と動員を目的とした。九月八日付文部省訓令「日本諸学振興委員会規程」の第一条に「国体、日本精神の本義に基き各種の学問の内容及方法を研究、批判し我が国独自の学問、文化の創造、発展に貢献し延て教育の刷新に資する為」設けたとあり、「学会、公開講演会等の開催」を事業とした。発足時は思想局、三七年七月の外局としての教学局新設後は同局所管。委員長は文部次官、のち教学局長官。常任委員に伊東延吉、紀平正美、吉田熊次ら。四四年二月に大幅な規程改正があり、「日本精神」の文言が第一条から外され、文部大臣を会長として常任委員も当初の三十人以内から四十五人以内に増員、「日本諸学建設の助成促進に関する事項」を行うとして、研究費を交付しての研究動員的組織の性格を強めている。学会は九つの「学科部門」で、三六年十一月の教育学(計七回実施)をはじめとして、哲学(八回)、国語国文学(六回)、歴史学(六回)、経済学(六回)、芸術学(五回)、法学(五回)、自然科学(四回)、地理学(二回)が四五年七月まで順次開催された。「研究発表者」は委員会から指名され、出席者(参加者および傍聴者)の範囲も具体的に規定され変化もあった。発表内容は『日本諸学振興委員会研究報告』(学会ごとに「篇」として第十六篇より『日本諸学研究報告』と改題、特別学会は『特輯』)として出版され(配付版と市販版がある)、四二年からは『日本諸学講演集』(全十七輯)と『日本諸学』(第五号まで)も刊行した。歴史学会の中心的存在は西田直二郎で、京都帝国大学出身者の発表が多かった。統一的な研究発表主題が掲げられ、三八年の第一回は「我が国家と歴史及史観」の諸問題」であったが、アジア・太平洋戦争開戦後の四二年の第四回は「大東亜新秩序の建設と歴史学及び地理学」とし、すべての学会が「大東亜建設」に「国家有用」な学問への統制と動員に帰結していった。四六年三月十九日の文部省訓令第三号をもって廃止、ただし事業内容は同年九月三日発足の文部省人文科学委員会に実質的に継承されもしている。

参考文献 久保義三『(新版)昭和教育史―天皇制と教育の史的展開―』(二〇〇六、東信堂)、荻野富士夫『戦前文部省の治安機能―「思想統制」から「教学錬成」へ―』(二〇〇七、校倉書房)、駒込武・川村肇・奈須恵子編『戦時下学問の統制と動員―日本諸学振興委員会の研究―』(二〇一一、東京大学出版会)

(今井 修)

にほんしんぶんかい 日本新聞会 新聞業界がみずからの手で、自身を対象に言論統制を実施することを目的とした業界団体組織。新聞事業令に基づく政府の命令で一九四二年二月に設立され、四五年三月に解散した。言論統制を目的とした団体としては四一年五月に設立した日本新聞連盟が存在した。しかし連盟は自主的に統制する緩やかな団体であったのに対し、新聞会は政府の管轄下、政府の代行機関として法的権限を付与され、厳しい統制策を進んで積極的に実施した。その活動としては、新聞統合(一県一紙)の実施促進をはじめ、新聞社の経営について個人経営を認めず、法人組織への改組や、株式の社内持ち株制、株主の議決権の制限など「経営と資本の分離」の完全実施、新聞社が申請した記者を新聞会が審査して登録する記者登録制、新聞会が記者クラブを直接管理する記者クラブ管理強化などが挙げられる。その中で

社内持ち株制などは現在も維持されている。→新聞統合(しんぶんとうごう)

参考文献　宮居康太郎『日本新聞会の解説―新聞体制の最高機関―』(一九四二、情報新聞社)、日本新聞会編『日本新聞会便覧』(一九四四)、里見脩『新聞統合―戦間期におけるメディアと国家―』(二〇一一、勁草書房)　(里見　脩)

にほんじんみんかいほうれんめい　日本人民解放連盟　中国で日本人によってつくられた、日本の民主化、日本国民全体の解放を求めた組織。日本人民反戦同盟などの反戦団体を母体にして、一九四四年二月に中国の延安で結成された。指導者は日本から亡命した共産主義者の野坂参三(岡野進)で、構成員は中国軍の捕虜となった日本軍の元兵士が多かった。綱領(草案)には、戦争をすぐやめ、すべての占領地帯より日本の軍隊と軍艦を撤退せしめ、交戦諸国と公正なる講和を締結すること、恒久平和、富強の経済政策、軍部独裁の打倒、自由と民主の政治、人民生活改善などが唱われた。天皇は一種の半宗教的影響を国民の間に持っているという国民の意識を考慮して、軍部に攻撃を集中し、天皇制の打倒は綱領に入っていない。また、占領地帯よりの撤退は掲げていても、朝鮮の独立と台湾の中国への返還は綱領に入れていない。日本人民解放連盟は、戦後の日本を展望した、ほとんど唯一の日本人組織と評価されている。

参考文献　鹿地亘資料調査刊行会編『日本人民反戦同盟資料』九(一九九四、不二出版)、山辺昌彦「中国での日本人反戦運動における天皇制認識について」(『立命館平和研究』一、二〇〇〇)　(山辺　昌彦)

にほんすいさんかいしゃ　日本水産会社　田村市郎(久原房之助の兄)が経営した漁業会社で、田村汽船漁業部、共同漁業など名称変更を伴いつつ、漁業・水産関連の総合企業として発展し、鮎川義介によって新興財閥として成長した日産財閥に加わって(一九三三年)、日本水産と改称した(三七年)。田村市郎は一九〇八年に新興のトロール漁法を導入して操業を始め、第一次大戦期にはこれを日本最大のトロール企業に発展させ、それを足場に漁業種類を広げて以西底曳網漁業、カニ工船、捕鯨業にも進出するとともに、水産物の流通・販売業、冷蔵・冷凍事業も兼ね、水産関連の一大企業となった。太平洋戦争期には再編された統制会社によって軍の占領地域への水産物の供給を担当した。漁船の徴用・被災、在外資産の喪失によって戦時被害は大きかった。

参考文献　日本水産株式会社編『日本水産百年史』(二〇一一)　(加瀬　和俊)

にほんせいてつかいしゃ　日本製鉄会社　一九三四年二月官営八幡製鉄所、輪西製鉄、釜石鉱山(三井系)、三菱製鉄兼二浦製鉄所、九州製鋼、富士製鋼によって成立した半官半民の鉄鋼会社。その後、東洋製鉄、大阪製鉄が参加し官民合同の一大鉄鋼トラストが成立した。当初は日本鋼管、浅野造船製鉄部、浅野小倉製鋼なども合同の対象とされていたが、資産評価や合同の方法について意見の一致をみず、これらの有力企業は、合同へ参加しなかった。成立した日本製鉄は、国内の主要な製銑企業を網羅していたが、製鋼―圧延製鉄所企業は、合同に参加しなかった。そのため、三五年の日本製鉄の銑鉄生産高(朝鮮と内地合計)二〇一万トン(シェア九四%)、粗鋼生産高二五二万トン(同五一%)、鋼材生産高一七一万トン(同四四%)であった。成立した日本製鉄は、銑鉄についてはほぼ独占していたが、鋼材については日本製鉄以外の民間会社のシェアが高く十分な価格統制力を維持することができなかった。傘下の製鉄所は、八幡を除くと銑鋼一貫製鉄所としては不完全であり、その設備を拡充して、銑鋼一貫製鉄所として効率的な鉄鋼生産をめざしたが、日中戦争、アジア・太平洋戦争が始まると、海外からの機械設備の輸入も途絶し、その計画は達成することができなかった。四五年敗戦とともに、原燃料不足、電力不足などによって銑鉄、鋼材ともに生産は激減し、限られた資源を、八幡製鉄所に集中して、増産に努めた。四六年十二月には石炭を鉄鋼業に優先的に配分する傾斜生産方式がとられ、生産は次第に回復していった。一方、過度経済力集中排除法の適用をうけ、GHQの強力な指導もあって、五〇年三月三十一日、日本製鉄は、八幡製鉄、富士製鉄、日鉄汽船、播磨耐火煉瓦の四つに分割・解体された。

参考文献　『日本製鉄株式会社史―一九三四～一九五〇―』(一九五九)、長島修『戦後日本鉄鋼業の構造分析』(一九八七、ミネルヴァ書房)　(長島　修)

にほんせきじゅうじしゃ　日本赤十字社　一八七七年の西南戦争に際して戦傷者救護を目的に、大給恒・佐野常民らによって熊本洋学校に設立された「博愛社」を前身とする団体。陸軍省・海軍省・内務省を主務官庁とした認可法人博愛社は政府に対してジュネーブ条約調印を働きかけ、その結果八六年に政府は条約調印を行い、翌八七年に博愛社は日本赤十字社へと改称された。八九年には「日本赤十字社看護婦養成規則」が制定され、翌九〇年より戦時救護を目的とする看護婦養成が開始された。その一方で八八年の磐梯山噴火、九一年の濃尾地震に際して救護活動を展開、特に磐梯山噴火での救護活動は、赤十字社による世界初の平時救護であり、かつ日赤による初の災害救護であった。日清戦争および日露戦争に際しては男性看護人が戦地に派遣される一方、女性看護婦は内地病院において戦傷者救護にあたった。第一次世界大戦時には短期間ながら戦地(青島野戦病院)に看護婦を派遣、救護を実施している。一九三七年七月の盧溝橋事件に際しては、日赤より戦時救護員二百名が動員され、日赤看護婦がはじめて組織的に戦地へと派遣された。同年には救護看護婦生徒の臨時募集を行い、日中戦争開始に伴う看護婦需要の増加に備えた。また三九年からは「臨時救護看護婦」養成事業を行い、看護婦免許所持者を対象とする補習教育の実施、四一年には看護婦規則の改正により看護婦免許取得可能年齢が十八歳から十七歳へと引き下げられると、日赤は高等小学校卒業または高等女学校二年以上の課程を修了した者を対象とする「乙種救護看護婦」の養成を開始した(乙種救護看護婦制度は戦時措置として、四五年に廃止)。四三年には戦局悪化に伴う看護婦派遣増員の要請に応えるべく当初三年とされた甲種看護婦の卒業年限を二年に短縮する。戦時体制の展開とともに日赤は看護婦の増員派遣の要請に応える一方、四二年に「日本赤十字社救護員教育要領」を、国体観念の強調や軍部との緊密な連携などを加える形で大幅に改正、赤十字の掲げる博愛主義と軍部の要請する軍国主義の一体化が図られた。

参考文献 舟越五百子「第二次世界大戦下における日本赤十字社の看護教育」(『東北大学大学院教育学研究科研究年報』五四ノ一、二〇〇五)、黒沢文貴・河合利修編『日本赤十字社と人道援助』(二〇〇九、東京大学出版会)

(川内 淳史)

にほんせきたんかいしゃ 日本石炭会社 アジア・太平洋戦争期に存在した石炭統制機関。一九四〇年に制定された石炭配給統制法にもとづいて六月に日本石炭株式会社が設立され、十月一日より開業した。同社は、石炭販売機構を一元的に統合することを目的として設立され、石炭の一手買入・一手販売、石炭の輸移出入、石炭鉱業に対する金融、石炭の輸送荷役や検量・検炭といった付帯業務など、事業の範囲は多岐にわたった。設立当初は在来の販売機構を変革することはせず、それを活かしつつ売戻制を採用していたが、四一年以降においては下部の配給機構を徐々に整備し、石炭需給が逼迫し、輸送も困難となった四三年末には自売制へと移行し、石炭販売を直接に掌握した。敗戦後、しばらくは過渡的に従来通りの石炭統制が実施されたが、四六年には廃止が決定し、翌四七年六月、配炭公団の設立とともに日本石炭は解散し、閉鎖機関に指定された。

参考文献 閉鎖機関整理委員会編『閉鎖機関とその特殊清算』(一九五四)、日本経済研究所『石炭国家統制史』(一九五八)

(北澤 満)

にほんせきゆかいしゃ 日本石油会社 一八八八年に設立された石油会社。以下、日中全面戦争以降の活動に絞って述べていく。日中全面戦争開戦後の戦時体制への移行によって、軍需物資である石油を扱う業界への政府・軍部の介入が一段と強くなった。当初、政府・軍部は、石油会社全社の合同を勧告したが、各社の反対により、配給一元化の観点から、一九三九年九月、石油共販株式会社が設立され、同社は販売部門を分離した(石油共販は四二年六月、石油配給統制株式会社へと改称)。また、業界第一位の同社と第二位の小倉石油との合併が四一年六月に成立し、愛国石油との合併が四二年六月に成立した。太平洋戦争開戦後の四二年四月、同社と日本鉱業・中野興業・旭石油の鉱業部門が、石油資源の一元的開発と生産を目的に前年に設立された帝国石油に移管された。こうして同社は、石油精製事業に特化して戦時下の操業を行なった。しかし、戦争末期の米軍の空襲により、秋田、東京、鶴見、関西、下松の製油所はほぼ壊滅状態となって敗戦を迎えた。

→石油(せきゆ) →帝国石油会社(ていこくせきゆかいしゃ)

参考文献 日本石油株式会社・日本石油精製株式会社社史編さん室編『日本石油百年史』(一九八八、日本石油)

(山本 裕)

にほんせんでんぎじゅつかきょうかい 日本宣伝技術家協会 日本電報通信社(現、電通)が主導して、一九四一年九月に結成した宣伝技術者の団体。第一回の総会は四二年六月にずれこんだが、日本電報通信社社長光永真三が会長に、江川正之、山名文夫、金丸重嶺などが常任幹事に就任した。同会は、宣伝技術者の大同団結や親睦、国家宣伝および産業広告技術の研究向上・実践を謳うだけでなく、企画・文案・図案・写真という領域に分けて、技術者たちを全国的に網羅した「日本宣伝技術家技能別名簿」を作成し、それを陸海軍報道部や情報局、大政翼賛会などに献じた。全日本宣伝技術家の「総団結」と「総登録」を掲げた同会には、四二年末現在で三百二十三名が登録し、大蔵省の貯蓄宣伝や軍事保護院のポスターの制作などを手がけた。しかし、参加した中心会員には名前だけの者も多く、電通も全体をリードするに至らず、次第に電通と一部の者たちの私的なグループの活動の場となっていった。

参考文献 新井静一郎「日本宣伝技術家協会と日本宣伝文化協会」(日本デザイン小史編集同人編『日本デザイン小史』所収、一九七〇、ダヴィッド社)

(井上 祐子)

にほんせんでんぶんかきょうかい 日本宣伝文化協会 情報局の指導のもと、大政翼賛会が斡旋し、一九四一年十二月に設立された民間の広告・宣伝関係者を統合した社団法人。営業広告の国家宣伝への利用を考えていた翼賛会は、広告主や新聞社・雑誌社、広告代理業者、技術者などと懇談を重ねたが、宣協を営業広告の指導機関と考える民間側との間には齟齬があり、設立は難航した。「民間宣伝界を綜合一元化し、有事即応の国策宣伝協力組織を編成」することを目的として発足したのちは、国策啓発宣伝や宣伝人養成などを業務とし、「シンガポール陥落奉祝立看板」など国策宣伝物の制作や配布に協力するほか、宣伝人・学生向けの練成講座の開催や『標語年鑑』の発行にもあたった。四三年二月に日本宣伝協会に改組し、その後、未統合だった民間団体も傘下に収め、民間広告の指導・統制にも力を入れた。四四年一月には、下部組織として日本宣伝協会技術会を結成した。四五年九月解散。

参考文献 新井静一郎「日本宣伝技術家協会と日本宣伝文化協会」(日本デザイン小史編集同人編『日本デザイン小史』所収、一九七〇、ダヴィッド社)、同『ある広告

人の記録』(一九七一、ダヴィッド社)　（井上　祐子）

にほんソーダかいしゃ　日本曹達会社　一九二〇年に中野友礼により設立されたソーダや冶金の事業会社。日本の電解法ソーダ会社の代表的存在。さらに三〇年代以降には事業分野を化学繊維・製鋼・鉱山業などへも拡大し、同社の資本金は三三年の三百六十万円から三八年には一億円超へ、子会社も二社から三十六社へと急膨張させ日曹コンツェルンの親会社となった。しかし、資金問題や軍部との軋轢などにより四〇年に中野は社長辞任、戦時下には日本興業銀行の傘下に入った。現在は、農薬や医薬品など化学製品を生産販売している。→中野友礼

参考文献　『中野友礼伝』(一九六七)、下谷政弘『新興コンツェルンと財閥―理論と歴史―』(二〇〇八、日本経済評論社)　（下谷　政弘）

にほんちっそひりょうかいしゃ　日本窒素肥料会社　⇨日窒コンツェルン

にほんでんきかいしゃ　日本電気会社　⇨住友通信工業会社

にほんのうみんくみあい　日本農民組合　(一)日本最初の全国的農民組合組織。一九二二年四月九日、賀川豊彦、杉山元治郎らを指導者として神戸で創設。機関誌『土地と自由』発行。日農は、岡山や大阪、香川、新潟などで発生した規模の大きな小作争議を指導し、二六年には西日本中心に千七十支部を擁するまで発展した。二七年以降の不況、地主攻勢、官憲の弾圧のもとで指導方針の対立が激しくなり、右派が離脱するなどの中で、二八年、全国農民組合として合同した。→全国農民組合

(二)三〇年代の右派農民組合。三一年、社会民衆党支持の日本農民組合総同盟と全日本農民組合(会長平野力三)が合同して結成された(会長片山哲)。三二年、社会民衆党の分裂により、旧日本農民組合総同盟系の一部が脱退した。その後は平野派の組合として農村救済請願運動を展開し、日本国家社会党、皇道会の支持母体として四一年まで存続。

参考文献　宮沢正男編『農民組合運動史』(一九六八、日刊農業新聞社)　（大門　正克）

にほんのうみんくみあいそうどうめい　日本農民組合総同盟　昭和恐慌下に社会民衆党支持で結成された農民組織。一九三一年結成の日本農民組合は社会民衆党を支持したが、三二年、国家社会主義的運動方針を主張する平野力三派の動きがあり、これと意見を異にする鈴木文治、片山哲らは分裂して社会民衆党支持の日本農民組合総同盟を結成した。その後、農民組織の右旋回やファッショ化が進むなかで、三九年、農民運動関係の国会議員を中心に、日本農民組合総同盟や大日本農民組合その他の団体は農地制度改革同盟を結成。同同盟は、戦時体制下唯一の活動力ある農民団体として、食糧増産・生産力拡充という戦争目的に沿うかたちで「農地制度の合理的改革」を進めようとしたが、日本農民組合総同盟は四〇年七月に解散させられ、農地制度改革同盟も四二年三月に解散させられた。

参考文献　法政大学大原社会問題研究所編『太平洋戦争下の労働運動』(『日本労働年鑑・特集版』、一九六四、東洋経済新報社)、暉峻衆三『日本農業問題の展開』下(一九八四、東京大学出版会)　（大門　正克）

にほんはっそうでんかいしゃ　日本発送電会社　一九三八年に成立した電力管理法・日本発送電株式会社法・電力管理に伴う社債処理に関する法律などにより、三九年四月に設立された電力会社。わが国の発送電設備を一元的に運営し、さらにそれら設備の新増設を目的としていた。ただし、既存の水力発電設備の管理は除外されていたし、地域では東北が除外されている。主要電力会社から火力発電所と送電設備の現物出資を受ける形の民有国営の特殊会社であった。しかし既存の水力発電を除外したこともあって、その運営は複雑となった。その矛盾が現れたのは三九年の異常渇水に起因する電力不足であった。それを解消するため、日本発送電株式会社法が改訂され、配電統制令が制定された。これによりわが国の発送電はほぼ一元管理のもとに置かれ、配電会社も九社に統合されたのである(四二年)。この体制は五一年まで存続した。五〇年に施行された電力再編成令などの結果、翌年四月九電力体制が成立したことに伴い、日本発送電は解消した。

参考文献　『日本発送電社史』綜合編・業務編・技術編(一九五四-五五)　（渡　哲郎）

にほんばんこくはくらんかい　日本万国博覧会　アジア初の万博として一九四〇年に東京を中心に開催が予定されたが戦争のため中止。二九年、政財界の一部で恐慌打開、産業振興を目的として三五年に京浜地区で万博を開催する計画がもちあがった。三二年、阪谷芳郎元蔵相が、四〇年が神武天皇紀元(当時の正式の紀年法)で二千六百年にあたるとして、オリンピックと万博の同時開催を提唱し、開催運動が本格化した。三六年八月、政府は紀元二千六百年記念事業の一つとして万博開催を閣議決定し、資金を割増金(宝くじ)付入場券の前売りでまかなうこととした。主会場は東京晴海地区の埋立地が予定され、京浜地区や観光業界は前景気で活気づいたが、日中戦争の長期化による資材難や参加国減少の見込みから、三八年六月政府は延期を決定、そのまま開催されなかった。

参考文献　古川隆久『皇紀・万博・オリンピック―皇室ブランドと経済発展―』(一九九八、中央公論社)　（古川　隆久）

にほんびじゅつおよびこうげいとうせいきょうかい　日本美術及工芸統制協会　一九四三年五月に社団法人として設立された、美術制作に必要な材料の統制団体。通称「美統」。情報局、文部省、商工省(十一月から農商省)の共管。会長は元商工大臣の吉野信次、理事長は日本画家の児玉希望(事務局長兼任)。本部は日本橋三越本店五階に設置され、吉野が知事を務めていた愛知県を皮切りと

して各地に支部が置かれた。第一部(日本画)、第二部(油絵水彩)、第三部(彫塑)、第四部(工芸美術)、第五部(産業工芸)の五部門が設置。工芸技術の保存に重点が置かれ、第四部合格者に「丸芸」、第五部合格者に「丸技」の証票を与え資材を配給し、四四年には伝統工芸部を新設。日本美術及工芸品株式会社という、工芸品を買いとる別組織と連携を結んだ。同年から第一—四部の査定制も設け、受給者を甲乙丙に選定し(第五部は丸技査定のみ)、資材配給量を決定した。四五年の終戦後、工芸指導機関となる日本美術及工芸会に改組した後、四六年十月に解散。

参考文献　西川友武『美術及工芸技術の保存』(一九六六、工芸学会)、『日本美術院百年史』七(一九九八)、迫内祐司「戦時下における美術制作資材統制団体について」(『近代画説』一三、二〇〇四)

（迫内　祐司）

にほんびじゅつほうこくかい　日本美術報国会　一九四三年五月に社団法人として発足した美術家、美術団体の統制団体。通称「美報」。情報局、文部省の共管。会長は日本画家の横山大観。本部は日本橋三越本店五階。日本画家報国会、美術家連盟、全日本彫塑家連盟、工芸美術作家協会を統合し、第一部(日本画)、第二部(油絵水彩)、第三部(彫塑)、第四部(工芸美術)の四部門が設置。各部役員は第一部に野田九浦、山口蓬春、安田靫彦。第二部に辻永、木村荘八、石井柏亭。第三部に石井鶴三、加藤顕清、斎藤素巌。第四部に高村豊周(事務局長兼)、山崎覚太郎、香取秀真。美術制作の材料を統制する日本美術及工芸統制協会との両翼機関として機能し、軍人援護運動や各部による展示会などの活動を行なった。四四年九月美術展覧会取扱要綱公布により、美術展開催は美報の許可が必要とされ、既存の美術団体は解散に追いやられた。同年十月主催事業として軍事援護美術展を開催。四五年十月に解散。

参考文献　迫内祐司「戦時下における美術制作資材統制団体について」(『近代画説』一三、二〇〇四)、同「『美術』の統制　日本美術報国会とその周辺」(『文星芸術大学大学院研究科論集』一、二〇〇六)

（迫内　祐司）

にほんひょうろんかきょうかい　日本評論家協会　一九四〇年十月に設立された、評論界の新体制組織。三九年二月に結成された評論家協会(会長馬場恒吾)を改組して設立された。会の中心は室伏高信、伊佐秀雄、津久井龍雄らで、会長は杉森孝次郎。会員は約二百八十名に及び、この当時評論家として活躍していた知識人をほぼ網羅していた。同会には、新体制運動の中で政治と文化の新たな協力関係を築こうとする志向と、思想統制の強化される中で文化や理論の権威を守り、政治批判を貫こうとする志向の、両方の要素が孕まれていた。これが会内での路線対立を生み出し、アジア・太平洋戦争の開始とともに再び同会の改組問題が生じる。しかし当初、同会側が準備した大日本思想報国会案は、情報局の強力な介入によってその名称、目的、組織形態、役員人事など基本的な点で変更を余儀なくされ、四二年十二月原案と全く異なる性格の大日本言論報国会として再出発することになった。

→大日本言論報国会

参考文献　赤澤史朗「大日本言論報国会—評論界と思想戦—」(赤澤史朗・北河賢三編『文化とファシズム—戦時期日本における文化の光芒—』所収、一九九三、日本経済評論社)

（赤澤　史朗）

にほんぶんがくほうこくかい　日本文学報国会　アジア・太平洋戦争下に文学者が大同団結して組織された社団法人の文学団体。一九三七年の人民戦線事件における治安維持法にもとづく労農派系知識人の大量検挙が行われ、翌三八年の石川達三の小説「生きてゐる兵隊」掲載の『中央公論』が発禁処分になるなど言論弾圧が厳しさを増す中で、同年四月には国家総動員法が公布されて、言論出版に対する国家統制が確立された。このような情勢に文学者側も呼応し、内閣情報部の要請を受け、文芸家協会会長の菊池寛の働きかけで従軍ペン部隊が結成され、林芙美子など多数の作家たちが同年の九月と十一月、中国の戦地に派遣された。こうした流れの中で、農民文学懇話会、大陸開拓文芸懇話会など、つぎつぎに国策協力を目的とする文学団体が組織されていく。四〇年五月からは文芸家協会の主唱により文芸銃後運動が展開され、作家たちを動員して全国各地および外地で講演会が開催された。同年十月、近衛文麿内閣が主導する新体制運動のもと、大政翼賛会が近衛を総裁として発足、文化部長には岸田国士が就任した。大政翼賛会文化部は部門ごとに文化団体を一元化することを目標の一つに掲げており、文壇もこの新体制に同調する形で、同月、各種文学団体が参加して統合機関である日本文芸中央会が発足した。同年十二月には情報部は情報局へと強化され、その第五部第三課が文化団体の指導を行なった。四一年十一月から十二月八日のアジア・太平洋戦争開戦の時期にかけて文化人たちの徴用があり、多数が南方に派遣された。開

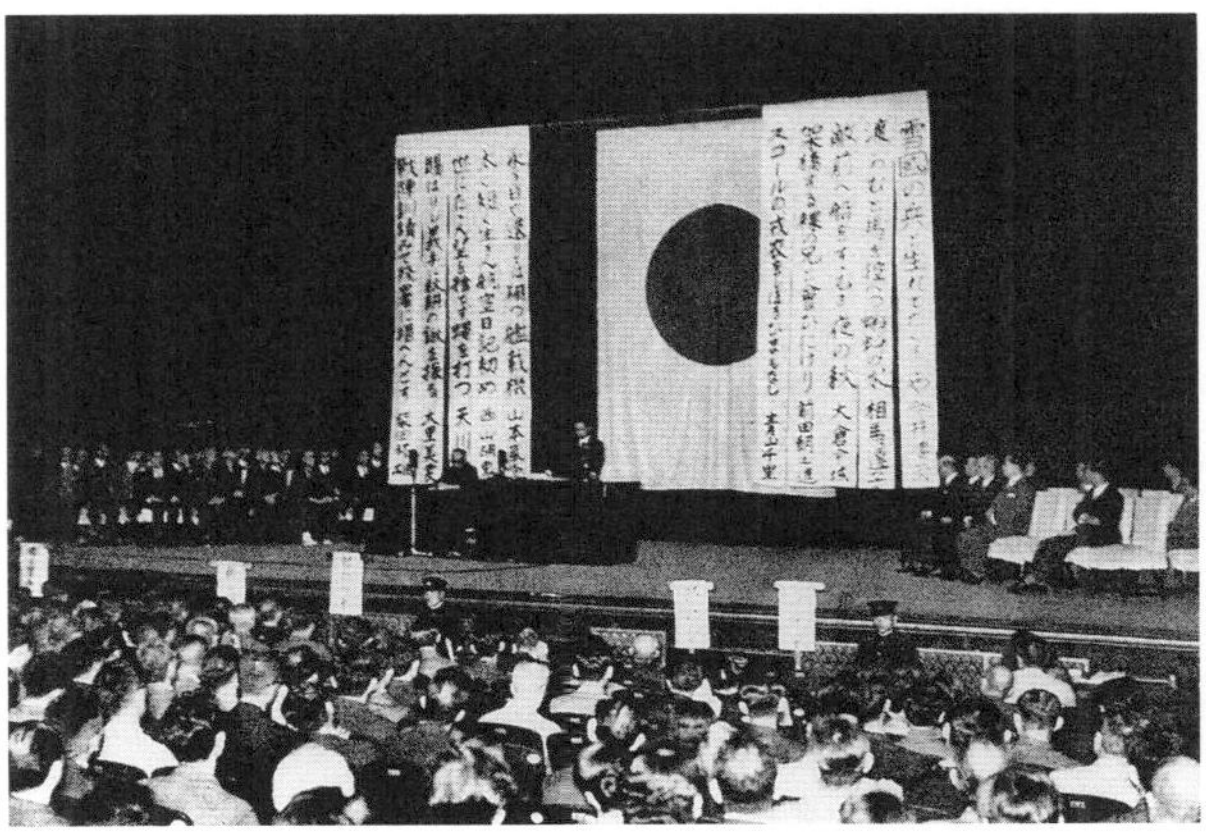

日本文学報国会　1942年6月の文芸報国運動講演会

戦を受けて十二月二十四日、文学者愛国大会が挙行され、「全日本文学者の総力を結集し、大東亜戦争完遂のため国家総動員態勢に応じ」るために、文学諸部門を統合する一元的組織を結成することが決議された。この決議を受けて、四二年六月十八日に発会したのが日本文学報国会である。

日比谷公会堂で行われた発会式には東条英機首相も出席し、祝辞を述べた。会長には徳富蘇峰が就任し、会長の下に常務理事（久米正雄・中村武羅夫）、理事、顧問、参与等を置いた。会は、小説（部会長（以下同）徳田秋声）・劇文学（武者小路実篤）・評論随筆（高嶋米峰）・詩（高村光太郎）・短歌（佐佐木信綱）・俳句（高浜虚子）・国文学（橋本進吉）・外国文学（茅野蕭々）の八部会によって構成され、のちに漢詩・漢文部会（市村瓚次郎）が追加された。文学者たちに勧誘の書状が送られ、その大多数が入会した。創立間もない四二年七月現在の会員数は二千六百二十三名だったが、以降その数は大幅に増加した。また、皇道朝鮮研究委員会・女流文学委員会・大陸開拓文学委員会・農民文学委員会などの委員会、近畿連絡部幹事も設置された。

日本文学報国会の事業として最も大きなものには、四二年十一月・四三年八月・四四年十一月（南京で開催）に開催した大東亜文学者大会がある。日本（台湾・朝鮮を含む）・満洲・蒙古・中華民国（汪兆銘政権）の文学者の代表者を集め、戦争完遂のために「大東亜共栄圏」の文学者の一致協力を宣揚することが目的とされた。また文芸銃後運動を受け継ぐ文芸報国運動講演会を四二年八月から全国各地で行い、多数の作家が講師を担当した。出版活動では、まず機関紙の発行がある。『日本学芸新聞』（三五年創刊）を四二年八月から機関紙として日本文芸中央会から引き継ぎ、四三年八月からはその後継誌として『文学報国』を創刊し、機関紙とした（四五年四月終刊）。会の活動の報告を兼ねたものとして、日本の母性顕彰を目的として作家を派遣して各道府県から選ばれた母親についての訪問記を書かせた『日本の母』（四三年、春陽堂書店）、万葉から明治維新までの愛国歌を選定した『愛国百人一首』（出版物は多種）、国民が範とすべき毎日の座右銘三百六十五句を選定した『定本国民座右銘』（朝日新聞社、四四年）、建艦献金運動のために作られた『辻小説集』『辻詩集』（ともに四三年、八紘社杉山書店）などがあった。戦時下の国策文化団体として中心的な役割を果たしたが、戦争末期には活動は停滞し、敗戦とともに事実上消滅した。→大東亜文学者大会　→辻詩集

参考文献　『日本文学報国会会員名簿』昭和十八年版（一九九二、新評論）、櫻本富雄『日本文学報国会―大東亜戦争下の文学者たち―』（一九九五、青木書店）、関西大学図書館『日本文学報国会・大日本言論報国会設立関係書類』（『関西大学図書館影印叢書』、二〇〇〇、関西大学出版部）、吉野孝雄『文学報国会の時代』（二〇〇八、河出書房新社）

（坪井　秀人）

にほんぶんかちゅうおうれんめい　日本文化中央連盟　内務省警保局長を辞職した松本学が中心となって一九三七年八月八日に設立された財団法人。文部省補助金と民間からの寄付金によって運営された。共産党の弾圧後、松本は文化事業を通じた教化活動によって思想対策を行うことを企図し、すでに警保局長在任中の三三年に多くの団体を傘下に収めて日本文化連盟を設立している。日本文化中央連盟は、民心動揺や社会不安といった時弊を正すため「深く我国民性の特質を自覚して、其の精髄を発揮し、広く東西文化の融合を図りて、新日本文化を建設する」ことを目指した団体であり、三九年に解散する日本文化連盟の業務を引き継ぎつつ、四〇年に迎える皇紀二千六百年を契機に「光輝ある日本文化を回想し、之か（ママ）再認識を促し、其の真髄を中外に宣布」し、さまざまな記念事業を行うことを計画した（「財団法人日本文化中央聯盟設立趣意書」）。ただし、財団法人紀元二千六百年奉祝会が先に設置されて政府事業の実施主体となったため、国の記念事業やほかの奉祝行事の中心的団体となることはできなかった。日本文化中央連盟の会長は島津忠重、副会長は桜井錠二、理事長は小山松吉であり、理事には松本をはじめ、潮恵之輔、伊東延吉、菊池豊三郎といった思想統制に関わる内務・文部官僚のみならず大倉邦彦、大河内正敏、下村宏などが名を連ねる。総務部、研究調査部、文化事業部、国際部からなり、約二十名の職員のほか研究員が在籍した。新日本文化の建設に向けた研究・調査、文化事業の助成、日本文化の海外への紹介、国内外の文化団体との連携などが業務である。内務省が主導した国民精神総動員運動と呼応し、国民自覚運動に関わる。機関誌『文化日本』や外国向けの英文雑誌『Cultural Nippon』を発行。四〇年日本文化中央連盟が主催して音楽・舞踊・演劇・映画の四分野を対象とする皇紀二千六百年奉祝芸能祭を実施。四五年十二月二十二日解散。

参考文献　日本文化中央聯盟編『財団法人日本文化中央聯盟要覧　昭和十二年十一月三十日現在』（一九三七）、小田部雄次「日本ファシズムの形成と「新官僚」―松本学と日本文化聯盟―」（日本現代史研究会編『日本ファシズム』一所収、一九八二、大月書店）、古川隆久『皇紀・万博・オリンピック―皇室ブランドと経済発展―』（『中公新書』、一九九八、中央公論社）

（昆野　伸幸）

にほんほうそうきょうかい　日本放送協会　世界初のラジオ放送がアメリカで開始されてから五年後の一九二五年、東京放送局と名古屋放送局が本放送を始めた。二六年、独立していた東京・大阪・名古屋の三局が統合して社団法人日本放送協会が発足した。三一年の満洲事変の勃発に際しては、外務省・政府発表よりも新聞・ラジオなどメディアが戦争開始を読者・視聴者に伝える状況となった。その後、ラジオは定時ニュース以外に臨時ニュースで戦況を速報した。三七年日中戦争が勃発す

ると、大本営発表を伝えるラジオは国民の必需品となり、人々はラジオから流れる報道に一喜一憂し、『国民歌謡』や小説の朗読に、ひと時の慰めを見出した。四二年には、東京初空襲に空襲警報を、また四三年には戦場の兵士たちに向けて「前線へ送る夕」が放送された。四五年八月十五日、昭和天皇による玉音放送が流され、十五年にわたった戦争が終結した。五〇年六月、放送法に基づく特殊法人日本放送協会が設立し、旧社団法人日本放送協会は解散した。

参考文献　日本放送協会編『放送五十年史』(一九七七)

(吉田　則昭)

にほんほうりけんきゅうかい　日本法理研究会　一九四〇年以降、前司法大臣塩野季彦主導のもとで創設された学術団体。法学者、政治学者らが参加した。小野清一郎、滝川政次郎、高柳賢三、戒能通孝、峯村光郎、松下正寿、里見岸雄、大谷美隆などである。当時のドイツにあって、社会学者ハンス＝フライヤーや憲法学者カール＝シュミットらにより「現実科学」が提唱された。学問・研究は実践的、現実的でなければならないとの立場であり、具体的には現体制、現政権への協力と貢献を求めた。日本法理研究会は、その日本的な要請であった。日本における法や国家の展開を研究し、その上で国策の強化にあたった。結局のところ、大東亜戦争、大東亜共栄圏、天皇制国家などをアポロギー的に主張した。同研究会の成果は、『日本法理叢書』全四十一冊(資料を含む)としてまとめられた。

参考文献　白羽祐三『「日本法理研究会」の分析―法と道徳の一体―』(『日本比較法研究所研究叢書』、一九九八、中央大学出版部)、大塚桂『大東亜戦争期の政治学』(二〇〇七、成文堂)、中山研一『佐伯・小野博士の「日本法理」の研究』(二〇一一、成文堂)

(大塚　桂)

にほんゆうせんかいしゃ　日本郵船会社　日本の代表的な海運会社。三菱財閥の祖岩崎弥太郎が創業した海運業が起源。岩崎は、佐賀の乱、台湾出兵、西南戦争における明治政府の軍用船業務を独占して地歩を築いた。財界、政界の反三菱気運から益田孝・渋沢栄一らが設立した共同運輸会社との競争にも勝利し、両社の合併により一八八五年に日本郵船株式会社となった。当時の保有船舶は国内の七五％を占めた。以後、政府の海運・造船業育成策に保護され、日中戦争までの数次の戦争と日本資本主義の国際的発展を背景として発展し世界的な企業となった。開戦時の保有トン数で世界三位、船舶百三十三隻、八七万総トン。多くは陸海軍徴用船とされ戦争被害は大きく戦中の新建造があったが、敗戦時の残存は三十七隻、一五万総トンだった。船員の戦病死者は五千三百十二名に上った。東亜海運への協力、船舶運営会への幹部派遣、海運報国団結成など、戦時海運行政期の主役となった。

参考文献　日本経営史研究所編『日本郵船株式会社百年史』(一九八八)

(半澤　健市)

にほんろうどうくみあいそうどうめい　日本労働組合総同盟　一九四六年八月一日に結成大会を開いた戦後初期労働組合の右派のナショナルセンター。略称総同盟。結成大会開会の八月一日は、三十四年前に日本労働組合運動の源流とされる友愛会が創立された日であった。戦時下の四〇年に解散した日本労働総同盟の松岡駒吉らは、第二次世界大戦後、労働組合運動の再建を進め、反資本主義・反共産主義、日本社会党支持の方針のもと、産業別の労働組合と地域別の連合体からなる全国組織をめざした。一方左派は、戦時中の右派の行動を批判しつつ、職場や地域で争議を重ねながら結集を続けてきており、右派はこれとは一線を画しての組織化を図った。総同盟結成から半月後、八月十九日に左派のナショナルセンターである全日本産業別労働組合会議(産別会議)が発足する。産別会議が百五十六万人、全組織労働者の四一％を傘下に置いたのに対して、総同盟のそれは八十六万人、二二％であった。産別会議は四七年二・一ゼネストの挫折後、内部に共産党の影響力を批判する民同派が台頭して内部で抗争し、産別民同が主力となって五〇年に総評が結成される。総同盟は総評への合流を巡って解体派と再建派に分かれ、再建派は五一年に分離独立した。朝鮮戦争とサンフランシスコ平和・日米安保の両条約への賛否から総評がいわゆる左旋回をしたため、これに反発する全繊同盟や海員組合などが総評主流と対立して分裂し、再建された総同盟とともに五四年に全労会議を結成した。全労会議と総同盟は組織として競合したため、全日本官公職労協議会を含めて相互の調整をすすめ、一九六二年の同盟会議を経て六四年に同盟(全日本労働総同盟)を設立し、その後総同盟は解散した。総同盟は、第二次世界大戦後の日本の労働組合運動において一貫して右派の中軸として組織を維持しつづけた。運動体としては特に労使間の協議を重視するところに特徴があった。

参考文献　『総同盟五十年史』三(一九六八)

(三宅　明正)

にほんろうまんは　日本浪曼派　文芸雑誌。一九三五年三月―三八年八月刊行。全二十九号。最初は武蔵野書院から、途中から西東書林より発行された。保田与重郎、亀井勝一郎、中谷孝雄、神保光太郎らによって創刊された。このほかに伊東静雄、太宰治、芳賀檀、山岸外史らが同人となり、以後、坂本越郎、林房雄、萩原朔太郎、佐藤春夫、外村繁なども加わり、多数多彩な同人を擁したが、先行する『コギト』(三二年三月―四四年九月)とは一部の同人が重複し、ドイツ・ロマン主義の影響を受け、古典回帰や近代批判、詩的精神を宣揚した点で共通の志向性を持っており、保田や芳賀など主要同人の重要な業績はむしろ『コギト』の方に多く見出せる。保田が執筆した「「日本浪曼派」広告」(『コギト』三〇号、三四年)は「青春の歌の高き調べ」を掲げ、同時代の流行と世俗に反抗する同誌のロマン的イロニーの姿勢が打ち出されている。亀井や保田らの批評に加え、太宰の小説「道化の華」

や伊東の詩などが掲載されたこと、三七年に高見順ら『人民文庫』との間で論争が交わされたことが注目される。

参考文献　橋川文三『(増補)日本浪曼派批判序説(増補版)』(一九六五、未来社)、ケヴィン=マイケル=ドーク『日本浪曼派とナショナリズム』(小林宜子訳、『パルマケイア叢書』、一九九九、柏書房)　(坪井　秀人)

ニミッツ　Chester William Nimitz　一八八五―一九六六　米国の軍人。海軍提督。一八八五年二月二十四日、テキサス州フレデリクスバーグで生まれる。一九二〇年に真珠湾で潜水艦基地を完成させた後、同基地の司令官に就任し、二九年末には第二十潜水艦戦隊司令官を務めるなど、海上勤務では潜水艦関係を歴任した。その後、三三年から三五年までアジア艦隊の旗艦である重巡洋艦「オーガスタ」の艦長として、上海を中心に東アジアで勤務した。三八年には第二巡洋戦隊や第一戦艦戦隊の司令官を務め、三九年に人事担当の航海局長に着任した。四一年初めには米国艦隊司令長官への就任を打診されるが、辞退した。しかし、代わりに任命されたキンメルが真珠湾攻撃の責任を問われて解任された後、キンメルが兼任していた太平洋艦隊司令長官に就任した。さらに四二年三月末に太平洋戦場が分割されて、太平洋方面が設置された際に司令長官に就任して、太平洋方面の海戦・島嶼戦を指揮した。四四年十二月にはキングに続いて海軍元帥に昇進した。四五年十一月、太平洋艦隊司令長官の職をスプルーアンスに譲り、四五年十二月から二年間、キングの後継として米国艦隊司令長官兼海軍作戦部長を務めた後、退役した。六六年二月二十日に死去。八十歳。

参考文献　E・B・ポッター『提督ニミッツ』(一九七九、フジ出版社)、Norman Polmar & Thomas B. Allen, *World War II: America at War, 1941-1945*(New York, 1991, Random House), Mark M. Boatner III, *The Biographical Dictionary of World War II*(Novato, 1996, Presidio Press), John Whiteclay Chambers II, ed., *The Oxford Companion to American Military History*(New York, 1999, Oxford University Press)　(加藤　公一)

ニミッツ

ニューギニアせん　ニューギニア戦　一九四二年から四四年にかけて、日本と連合国で行われた一連の戦闘。開戦直前、海軍軍令部第一部第一課長富岡定俊が唱えた豪州進攻論に起源がある。富岡は米軍の反攻拠点を豪州と考え、これを米軍に使わせない構想を抱き、開戦時のラバウル進出、その後のニューギニア進出はこれに基づく行動であった。しかし豪州進攻に陸軍は絶対反対で、米豪連絡遮断へと方針を変えざるをえなくなる。MO作戦によるポートモレスビー作戦が豪州進攻構想の既成事実化なのか、米豪遮断方針の一環であったのか解釈が分かれる。四二年八月ガダルカナル島への米軍上陸にともない、海軍はソロモン諸島の戦闘に専従し、ニューギニアを陸軍に押しつける形になり、戦闘が決着する四四年九月まで、一度も艦隊を派遣しなかった。四二年末、両統帥部長は、天皇に対してガ島戦敗退およびポ進攻作戦失敗の巻き返しを東部ニューギニアで行う旨の奉答を行なった。これに基づき、太平洋方面で最大兵力となる第十八軍(二十・四十一・五十一師団)が設置され、ついで陸軍航空の精鋭を集めた第四航空軍を指揮下に入れた。だが制空権を失いつつある状況下では、三個師団の進出も容易でなく、開始早々にダンピールの悲劇を味わった。そのため米豪軍機の攻撃圏外である遠方に上陸し、そこから最前線まで数百キロを徒歩、舟艇で移動するのが苦戦の一因になった。四三年前半のワウ、サラモアの戦闘までは日本軍側が主導権を握っていたが、後半のフィンシュハーフェン戦ごろから、陸海空軍の三位一体戦を展開する米豪軍に主導権を取られ、事実上陸軍だけの日本軍の不利は明らかだった。四四年二月末に米軍がアドミラルティー島を押さえ、西進速度を速めたため、置き去りにされた第十八軍が七―八月にかけアイタペで攻勢をかけたが、これが南太平洋における日本軍の最後の反撃になった。西部ニューギニアには第二軍が配置されたが、十八軍との間に連携がなく、米軍は短期間に西部ニューギニアの西端に達した。ニューギニア戦の終結とともに米軍は再集結を行い、十月初旬、フィリピンのレイテ島へと進攻していった。→珊瑚海海戦　→ダンピール海峡の悲劇　→ポートモレスビー攻略戦

参考文献　田中宏巳『マッカーサーと戦った日本軍―ニューギニア戦の記録―』(二〇〇九、ゆまに書房)　(田中　宏巳)

ニューギニア山中を進む日本軍

ニュルンベルクけいぞくさいばん　ニュルンベルク継続裁判　ナチス=ドイツの国家指導部を裁いた国際軍事裁判(ニュルンベルク裁判)とは別に、ナチス党や親衛隊の幹部、強制収容所の看守らを裁く戦犯裁判が占領各地区で行われているが、そのうちアメリカ占領地区のニュル

ンベルクで行われた一連の裁判をニュルンベルク継続裁判と呼んでいる。国際軍事裁判が国家の最高指導者を裁くものであったのに対し、継続裁判はナチス国家を各部署で実質的に支えた中高級幹部を摘発し、処罰するという点で重要な意味があった。一九四六年十二月から四九年四月まで行われた継続裁判では医師裁判、エアハルト＝ミルヒ空軍元帥裁判、法律家裁判、親衛隊経済管理本部裁判、フリック＝コンツェルン裁判、化学会社I・G・ファルベン裁判、南東方面将官裁判、親衛隊人種植民本部裁判、特別行動部隊裁判、鉄鋼会社クルップ裁判、外務内務等各省次官級裁判、国防軍最高司令部裁判の全部で十二件が審理された。全体で百八十五名の被告のうち、病気その他で審理を除外された八名を除いて、二十四名が絞首刑、二十名が終身刑、九十八名が有期刑、三十五名が無罪となった。裁判はニュルンベルク裁判とほぼ同じ法理に従って行われ、平和に対する罪、通例の戦争犯罪、人道に対する罪が裁かれたが、このうち人道に対する罪を有罪の訴因とするものがもっとも多く、この罪がもっとも重要な訴因とされたことがわかる。なお英仏ソ各占領地区においても占領当局による戦争犯罪人裁判は行われたが、アメリカ占領地区の継続裁判のような系統的な高級幹部の司法処罰にはなっていない。ニュルンベルク裁判では親衛隊、ゲシュタポ・保安部、ナチス党指導部の三団体が犯罪団体と認定され、アメリカ陸軍省が当初想定した共同謀議論では、こうした犯罪団体に所属したこと自体を訴因とする裁判が行われるという構想もあったが、実現しなかった。継続裁判の結果収監された被告たちは、一九五一年の高等弁務官ジョン＝マクロイの恩赦により減刑措置を受けている。

参考文献　芝健介「何が裁かれ、何が裁かれなかったのか―ニュルンベルク裁判とドイツ人によるナチ犯罪裁判の問題―」(樺山紘一他編『(岩波講座)世界歴史』二五所収、一九九七、岩波書店)　(清水　正義)

ニュルンベルクさいばん　ニュルンベルク裁判　第二次世界大戦後、ドイツ戦争犯罪人を裁いた国際軍事裁判。ドイツは大戦中、ユダヤ人大量虐殺や占領地住民殺害、捕虜殺害などきわめて悪質な暴力犯罪を行なっており、連合国は一九四三年十一月の米英ソ・モスクワ宣言などで戦争犯罪人に対する処罰を明言していた。ただ、それらは伝統的な意味での戦時重罪行為を裁く裁判であり、アドルフ＝ヒトラーら国家指導者らを司法的手段で裁くかどうかの方針は明確ではなかった。のちのニュルンベルク裁判に結実する国家指導者の処罰方針が最初に提起されたのは四四年秋、アメリカ陸軍省、国務省、海軍省の政策立案過程においてであり、それが最終的に確立したのはドイツが降伏した四五年五月以降の米英ソ間の協議においてである。裁判による処罰という方式にイギリスは終始消極的な態度をとり続け、アメリカの裁判方式の主張に押される形で同意した。裁判の法的根拠、管轄、構成その他については四五年春から夏にかけてロンドンで協議が行われ、同年八月八日に国際軍事裁判所憲章が成立した。首都ベルリンが空襲で破壊され適当な建物がなかったことに加え、ニュルンベルクがナチス党大会の開催地であったことから、象徴的な意味を持つ場所としてこの地が裁判開催地に選ばれた。裁判は四五年十一月二十日から翌四六年十月一日までの十ヵ月余り、行われた。裁判を構成した国は米英仏ソの四ヵ国であり、判事団も検事団もこの四ヵ国のみから構成され、裁判言語は英語、ドイツ語、フランス語、ロシア語の四ヵ国語であった。被告はドイツの政治軍事指導者二十四名であったが、うち二名が自殺と病気を理由に審理から除外された。判決では、二十二名の被告中、帝国元帥ヘルマン＝ゲーリング、外相ヨアヒム＝リッベントロップ、陸軍司令長官ヴィルヘルム＝カイテルら十二名が死刑、副総統ルドルフ＝ヘス、経済相ヴァルター＝フンクら三名が終身刑、さらに有期刑が四名、無罪が三名となった。

ニュルンベルク裁判の被告　被告席前列左端がゲーリング，右隣がリッベントロップ

参考文献　ジョゼフ・E・パーシコ『ニュルンベルク軍事裁判』(白幡憲之訳、一九九六、原書房)　(清水　正義)

にわふみお　丹羽文雄　一九〇四―二〇〇五　昭和期の作家。一九〇四年十一月二十二日、三重県四日市市北浜田町、浄土真宗の崇顕寺の長男として生まれる。早稲田大学国文科卒業。「生母もの」「マダムもの」と呼ばれる、人間の愛欲をテーマとした作品を中心に文壇で活躍する。三八年九月、ペン部隊の一員として漢口攻略戦に従軍し、「還らぬ中隊」を執筆。アジア・太平洋戦争開戦後、海軍に徴用され、四二年八月には重巡「鳥海」に乗り、第一次ソロモン海戦に従軍。この時、砲弾の破片で両腕と顔面を負傷し帰国。その体験を描いた『海戦』が好評を博し、第二回中央公論賞を受賞した(伏字復元版が中公文庫より刊行)。そこでの報道班員の内幕を描いた小説『報道

班員の手記』は発売禁止となった。戦争末期には鹿屋の特攻基地にも派遣された。敗戦後、公職追放の仮指定を受けたが追放は免れている。戦時期の体験を小説化した作品に『告白』がある。二〇〇五年四月二十日、百歳で没。

参考文献 小泉譲『評伝丹羽文雄』(一九七七、講談社)、秦昌弘・半田美永編『丹羽文雄文芸事典』(『和泉事典シリーズ』二八、二〇一三、和泉書院) (神子島 健)

にんさんぷてちょう 妊産婦手帳 妊娠をした者の届け出を国が義務づけた妊産婦手帳規程(一九四二年七月一日、厚生省令第三五号)の施行に伴い、届け出をした妊婦に交付された手帳。人口増強・出産奨励策を打ち出した「人口政策確立要綱」(四一年一月閣議決定)に基づき、厚生省は母性保護と乳児死亡の防止のため、妊産婦手帳規程において、妊娠登録制度を創設し妊産婦の保健指導を徹底した。医師もしくは産婆・助産婦により妊娠の診断を受けた妊婦は、市町村役場に妊娠届を提出し妊産婦手帳の交付を受けた。手帳の内容は妊産婦の心得、妊産婦と新生児の健康状態および分娩に関する記入欄、出産申告書などであった。手帳の提示により、配給米の増配をはじめ、妊婦や乳児に必要な物資の特別配給が得られたため、急速に普及した。戦後は対象を小児にまで拡張し母子手帳(四八年)となった。

参考文献 厚生省児童家庭局母子衛生課編『日本の母子健康手帳』(一九九一、保健同人社)、木村尚子『出産と生殖をめぐる攻防—産婆・助産婦団体と産科医の一〇〇年—』(二〇一三、大月書店) (松原 洋子)

にんしきひょう 認識票 軍人・軍属が死傷した際に個人を識別するために首から下げた金属製のプレート。陸軍では一八九四年に制式が定められ、一九一七年、四三年に内容が改正された。四三年の制式では、材質は黄銅(真鍮)またはその類似品、紐は白平織で右肩から左脇にかけるものとされた。兵・下士官は部隊号・本部中隊号・番号を、准士官以上および軍属の場合は官名・氏名を刻印して動員時に交付し、その際に「戦時イロハ留守担当者名簿」に番号を記入することとされた。 (小山 亮)

認識票

ぬ

ぬかだひろし 額田坦 一八九五—一九七六 陸軍軍人。一八九五年九月五日、医師額田篤太の三男として岡山県に生まれる。一九一七年陸軍士官学校卒(第二十九期)、二八年陸軍大学校卒業。三六年中佐・陸軍省人事局課員。二・二六事件以後、陸軍は軍紀確立のため人事の根本的刷新を図った。教育総監部の各兵監および陸軍省の経理、医務、法務局等から考科表(個人の人事すべてに関する台帳)の写しを取り上げ、人事権を陸相のもとに統轄した。三八年大佐・人事局補任課長、人事全般の研究企画に従事し考科表の書式を一新した。進級抜擢を活発化するため階級と俸給を別建てとした。四〇年独立歩兵第十一連隊長、四一年士官学校生徒隊長・少将、四二年参謀本部総務部長(編成および参謀の人事を担当)、四三年同第三部長(運輸通信担当)、四五年陸軍省人事局長・中将となる。戦後、戦犯(輸送中の俘虜虐待、死亡)として四八—五二年巣鴨に入所。七六年九月二十一日没。八十一歳。

参考文献 額田坦『陸軍省人事局長の回想』(一九七七、芙蓉書房)、『追悼額田坦』(一九七七) (柏木 一朗)

ね

ネーウィン Ne Win 一九一一―二〇〇二 ビルマの軍人、政治家。一九一一年プローム県に生まれ、三一年ラングーン大学中退後、タキン党に入り反英独立運動に参加。四一年南機関によって海南島で軍事訓練を受け、同年十二月ビルマ独立義勇軍(BIA)将校として英領ビルマに進軍、日本占領下で軍人として活動。四五年抗日闘争に関与。四八年のビルマ独立後は国軍副司令官を経て同参謀総長。カレン民族同盟(KNU)やビルマ共産党(BCP)による内乱の鎮圧に力を入れ、中国国民党軍残党のビルマ侵入にも対処。国政の混乱を機に五八年から六〇年まで選挙管理内閣を率い、六二年クーデターで全権を掌握。革命評議会議長を務めビルマ式社会主義を主導。七四年大統領就任、ビルマ社会主義計画党(BSPP)議長も兼任。八一年大統領職を辞し、八八年引退。同年の軍事政権発足以降は影響力を失った。二〇〇二年十二月五日死去。

参考文献 中西嘉宏『軍政ビルマの権力構造―ネー・ウィン体制下の国家と軍隊 一九六二―一九八八―』(『地域研究叢書』二〇、二〇〇九、京都大学学術出版会) (根本 敬)

ねずみゆそう ねずみ輸送 夜間に駆逐艦を使用して兵員・物資を輸送すること。ガダルカナル島への輸送において始められ、以後、しばしばソロモン諸島方面の孤立した日本軍拠点に対して行われた。こうした方法をとるのは、通常の輸送船では船脚が遅いのでしばしば輸送中に損害を受けたからで、日没後にガ島に急速に接近し、沖合で積荷を大発に積み替えて夜陰に乗じて陸揚げし、夜明け前に米軍の制空圏外に脱出することが駆逐艦でないと不可能なためであった。小型・快速・夜間の行動が、ねずみの活動に似ているので名づけられた。米側は「東京急行」と呼んだ。こうした方法では、重砲や戦車などの重量物は輸送できず、米軍も魚雷艇などで執拗に妨害したので、地上部隊が必要とする武器・弾薬・食糧の所要量を補給することは困難だった。制空権を奪われた状態で、島嶼部の拠点を維持することの困難さを示すものである。さらに小型の大発や小舟艇による小刻みの輸送を「あり輸送」といった。 →大発(だいはつ)

参考文献 福井静夫『日本駆逐艦物語』(『福井静夫著作集―軍艦七十五年回想記―』五、一九九三、光人社)、橋本衛『特型駆逐艦「雷」海戦記―一砲術員の見た戦場の実相―』(『光人社NF文庫』、一九九八、光人社) (山田 朗)

ねっかさくせん 熱河作戦 ⇨塘沽停戦協定(タンクーていせんきょうてい)

ねったいさんぎょうかいしゃ 熱帯産業会社 三井護謨園がジョホールで借り入れたゴム園を母体として一九一九年五月に設立された株式会社。本社は東京。設立時の公称資本金は五百万円。英領マラヤと蘭領スマトラにゴム園を保有した。アジア・太平洋戦争の勃発、日本軍によるシンガポール占領という事態を受けて熱帯産業会社は、各種の護謨統制組合に参加し、日本軍が接収した欧米系ゴム園の管理・経営にあたった。四四年以降は穀類、棉花、蓖麻(ひま)、蔬菜の栽培に従事した。業績は振るわず、四一年下期以降は、損失を毎期計上している。四五年八月の敗戦とともに業務停止、在外資産は連合国側に接収された。五〇年七月、企業再建整備法に基づいて認可された決定整備計画によって解散した。

参考文献 疋田康行編『「南方共栄圏」―戦時日本の東南アジア経済支配―』(一九九五、多賀出版)、柴田善雅『南洋日系栽培会社の時代』(二〇〇五、日本経済評論社) (谷ヶ城秀吉)

ねっぷう 熱風 一九四三年十月七日公開の日本映画。東宝製作、山本薩夫監督。情報局推薦の国民映画。鉄の生産力増強を主題にした国策映画であり、地名は明かされていないが、九州の八幡製鉄所がモデル。藤田進演じる主人公柴田は、制御困難な「魔の溶鉱炉」を再稼働すべく命がけで取り組む。映画は行動派の熟練工柴田と慎重派の上司菊地(沼崎勲演じる)の対立を軸に、柴田の決断と実行力、科学者でもある菊地の分析力と冷静さ、双方の重要な役割を見せる。巨大製鉄所内の機械や溶鉱炉の映像は物語のスケールを大きく見せ、藤田に魅かれる二人の女性たち(原節子と花井蘭子が演じる)の心情も描かれる。ただし、完成後の現場の製鉄労働者からは評価が低く、一般観客にも不人気だったという。原作＝岩下俊作、脚本＝八住利雄・小森静男、撮影＝木塚誠一。戦後、山本監督は、満洲事変から太平洋戦争までを背景にした劇映画の大作『戦争と人間』(三部作、一九七〇―七三年、日活)を完成している。

参考文献 古川隆久『戦時下の日本映画―人々は国策映画を観たか―』(二〇〇三、吉川弘文館) (岩本 憲児)

の

のうかい　農会　一八九九年農会法、一九〇〇年農会令により府県農会以下が法定団体として設立されたもの。一〇年に帝国農会が結成され、市町村から郡、府県、中央に及ぶ系統組織として完成する。農業の改良・発達と農民の福利増進を図ることを目的とする。事業内容は、市町村農会での農業技術指導を中心とする生産面、各種農産物の共同販売・斡旋などの流通面、生活改善などの社会面まで農民生活の全分野に及ぶ。農会の役員はほぼ地主・名望家が占めていた。このため府県農会、帝国農会など上部になるほど地主的利益団体としての農政運動的性格が強くなる。政府の補助金獲得と配分機関としての役割も大きく、原敬政友会とのつながりも深まった。昭和期に入ると農会は産業組合と並んで政府の農業統制組織としての性格を強める。三四年の農会法改正では、帝国農会・道府県農会の議員は市町村農会長・副会長とし、市町村農会の全員の議決機関である総会を廃止し総代会のみにした。四〇年の改正では、農業生産統制機関として位置づけ部落農業団体の加入を認め、四一年農業生産統制令では食糧増産政策の末端行政を担うことになった。四三年農業団体法により農会は産業組合と合併され農業会に改組された。　→農業団体法

参考文献　帝国農会史稿編纂委員会編『帝国農会史稿』記述編・資料編(一九七二、農民教育協会)、玉真之介『主産地形成と農業団体—戦間期日本農業と系統農会—』(一九九六、農山漁村文化協会)、松田忍『系統農会と近代日本—一九〇〇—一九三四年—』(二〇一二、勁草書房)

（森　武麿）

のうかほゆうまい　農家保有米　食糧供出制度下において、農家が政府に供出を義務付けられる米の残余部分を指す語。農家の「飯用保有米」のほか、「種子保有米」、「飼料保有米」等の合計で算出され、その残余部分を供出することが法律上の規定であったが、現実には政府からの出荷割当量が先行し、本来確保されるべき保有米が圧迫されることがしばしば起こった。数量は都市部の配給米よりも多かったが、農家は保有米を販売して不足する物資を購入することも多かった。

参考文献　永江雅和『食糧供出制度の研究—食糧危機下の農地改革—』(二〇一三、日本経済評論社)

（永江　雅和）

のうぎょうかい　農業会　⇩農業団体法

のうぎょうきょうこう　農業恐慌　⇩昭和恐慌

のうぎょうせいさんとうせいれい　農業生産統制令　一九四一年十二月二十八日に公布された(施行は四二年一月)法令。市町村農会に、各種農産物・農機具・役畜・農業労働力の需給およびその利用方法、調整方法等を盛り込んだ「農業生産計画」を樹立させ、その実施に必要な地区内農業者への指示権を与えた。この指示権には農民の離農統制も含まれていたが、耕作面積三反以下等の零細農と、軍への召集、国家総動員法第四条に基づく徴用などの場合は適用外とされた。

参考文献　暉峻衆三『日本農業問題の展開』下(一九八四、東京大学出版会)

（永江　雅和）

のうぎょうだんたいほう　農業団体法　一九四三年三月十一日公布、九月から実施された農業団体合同立法。農会、産業組合、養蚕組合、畜産組合、茶業組合など七つの農業団体を、中央から地方まで一元的に統合し、食糧増産を中心とした総力戦を遂行するために制定された。農業団体統合の前提は四〇年の新体制運動にあり、農村経済更生運動の農業諸団体連絡機関であった中央農林協議会が、農業と食糧行政の新組織の結成を提唱したことに始まる。しかし部落農業団体の指導権めぐる農林省と内務省の対立のため、成立は二年半後である。農業団体法の内容は全国では、指導面は農会、産業組合などの中央機関を統合した中央農業会、経済面は全国購買販売組合連合会を中心に統合した全国農業経済会、金融面は産業組合中央金庫を農林中央金庫に再組織した。地方では、府県区域に道府県農業会、市町村区域に市町村農業会を結成し、区域内の農業団体を再組織した。さらに四五年七月七日には国家総動員法による戦時農業団令で、中央農業会と全国農業経済会が統合され戦時農業団となり、道府県農業会、市町村農業会を直接指導することになった。敗戦後四五年九月六日勅令で戦時農業団は全国農業会となり、四七年十一月十九日の農業協同組合法で農業会は解散となった。　→産業組合　→農会

参考文献　産業組合史編纂会編『産業組合発達史』五(一九六六、産業組合史刊行会)、農林省編『農会史(復刻版)』(一九七九、御茶の水書房)、栗原百寿『農業団体論』(『栗原百寿著作集』五、一九七九、校倉書房)、森武麿『戦時日本農村社会の研究』(一九九九、東京大学出版会)

（森　武麿）

のうぎょうほうこくかい　農業報国会　一九四四年、それまでの農業報国連盟が改組されて誕生した農業団体。国民高等学校卒業児童を少年農兵隊として、また農村における十八—二十五歳の「中堅女子」の農作業訓練も実施した。全国で農業増産報国推進隊、食糧増産隊等、約二十万人を組織化し、全国の農村に配備した。四五年六月に解散され、国民義勇隊に編入された。

参考文献　楠本雅弘・平賀明彦編『戦時農業政策資料集』一ノ四(一九八八、柏書房)、日本戦災遺族会編『全国戦災史実調査報告書』平成二十年度(二〇〇九)

（永江　雅和）

のうこうぎんこう　農工銀行　一八九六年の農工銀行法(法律第八三号)に基づいて北海道を除く四十六府県に設立された特殊銀行。一府県を営業区域とし、日本勧業銀行(勧銀)とは「唇歯輔車」の密接な関係にあった。債券発行により資金を調達し、農工業の発達のための長期貸付を行う目的で設立されたが、一九一一年の法改正で貸付目的制限が撤廃され、都市所在農銀を中心に不動産銀行化が本格的に進展した。二一年の勧銀との任意合併法の制定以降四四年まで四次にわたって合併が進展した。三六年、馬場鍈一蔵相の合併勧奨により東京府農銀が合併されると合併が加速し、三八年三月には五行を残すのみとなった。戦時下で長期貸付は勧銀と同様に停滞し、短期貸付と国債投資が業務の中心となり、収益は悪化していった。法改正により事業金融への進出の途も開かれたが、積極的に進出しえなかった。四四年九月、大蔵省の指示により五行同時に勧銀に合併され農工銀行は消滅した。→日本勧業銀行

参考文献　『日本勧業銀行史—特殊銀行時代—』(一九五三)、植田欣次『日本不動産金融史—都市農工銀行の歴史的意義—』(『学術叢書』、二〇一一、日本図書センター)　(早川　大介)

のうさんぎょそんけいざいこうせいうんどう　農山漁村経済更生運動　昭和恐慌後、救農議会を経て、一九三二年から四三年まで農民の自力更生を基本として、恐慌にうち沈む農山漁村の救済を目的とした官製国民運動。三二年九月二十七日農林省内に経済更生部が新設され、十月六日「農山漁村経済更生計画に関する農林省訓令」が発令されたことから始まる。政府・農林省主導で、地方行政機構を通して、地方末端の各種社会団体を糾合した全国民的運動となった。農村更生を中心とするが、山村・漁村更生も含む地域再生運動でもあった。内容的には、農本主義と天皇制イデオロギーによる精神教化とともに、土地分配の整備、土地利用の合理化、農山漁村金融の改善、労力利用の合理化、経営組織の改善、生産費・経費の節減、生産物の販売統制、各種災害防止・共済、生活改善など、生産、流通、消費の農山漁民生活すべてに及ぶ網羅的なものであった。自力更生による精神主義的運動でもあるが、農村金融、販売、購買、利用、共済活動の中核として農村の産業組合拡充を実現し、末端の部落を国民統合の基盤として位置づけ、その中心的な担い手として農村中堅人物の養成を推進するなど、戦時期総力戦下の農業統制の地ならし、戦時国民統合の先駆けともなった。→産業組合拡充五ヵ年計画

参考文献　森芳三『昭和初期の経済更生運動と農村計画』(一九九八、東北大学出版会)、森武麿『戦時日本農村社会の研究』(一九九九、東京大学出版会)、南相虎『昭和戦前期の国家と農村』(二〇〇二、日本経済評論社)　(森　武麿)

のうさんぎょそんぶんかきょうかい　農山漁村文化協会　農山漁村文化に関する事業をリードした団体。略称は農文協。その前身は一九二六年古瀬伝蔵らによって設立された農村文化協会。日中戦争開始後、国家総動員の一環として農村文化協会など農業関係諸団体によって農村映画の制作・配給組織の設立が企画され、四〇年三月、社団法人農山漁村文化協会が設立された。「農山漁村文化の向上、農業報国精神の涵養、農林国策の普及徹底」を目的として、娯楽の提供、宣伝などを行う団体であり、農林水産関係二十二団体を正会員として組織された。会長有馬頼寧、副会長千石興太郎、理事には、大蔵公望、古瀬伝蔵らが就任、古瀬はその後常任理事になり会務を主宰した。事業には映画事業と文化事業があり、前者は映画の提供・購入・貸出、出張映写など、後者は浪花節・講談・落語・漫才・紙芝居・農村劇の普及指導、劇団の斡旋・派遣などであった。戦後も供出促進のための農村慰安事業を推進したが、四七年古瀬は公職追放となり、体制は刷新された。

参考文献　近藤康男編『農文協五十年史』(一九九〇)、北河賢三「戦中・戦後初期の農村文化運動—農山漁村文化協会の成立と活動を中心に—」(民衆史研究会編『民衆史研究の視点—地域・文化・マイノリティ—』所収、一九九七、三一書房)　(北河　賢三)

のうじじっこうくみあい　農事実行組合　一九三二年九月六日、産業組合法第七次改正で、従来部落単位に自主的に設立されていた任意組織としての農家小組合や養蚕組合を、農事実行組合や養蚕実行組合として簡易法人化したもの。さらには農事実行組合を産業組合に加入させ、産業組合の部落を基礎とした下部組織を強化した。恐慌下の農村更生を個人でなく、隣保共助の部落に求め、部落の連帯責任を強化することによって農村更生を図るものであった。農家小組合は当初農会の指導監督下にあり、三一年には全国で約十二万組合を数えていた。その後これらの組合は農事実行組合に改組され産業組合の傘下に入るが、戦時下に供出など農業統制が強化される中で、産業組合・農会の指導を離れて行政官庁の直接統制下に置かれた。戦後四七年農業協同組合法が制定されると法人としての農事実行組合は解散された。→産業組合拡充五ヵ年計画

参考文献　棚橋初太郎『農家小組合の研究』(一九五五、産業図書)、森武麿『戦時日本農村社会の研究』(一九九九、東京大学出版会)　(森　武麿)

のうしょうしょう　農商省　一九四三年十一月に農林省と商工省の二省を再編して設立された省庁。従来の農林省の行政事務はそのまま農商省に継承され、総務局(物資の生産、配給、消費の総合計画を主に策定)、農政局、山林局、水産局が設けられたほか、商工省の管轄から繊維局、生活物資局、物価局が設置された。そのほか、商工省の管轄中で軍需品生産に関する行政事務は、同時に設立された軍需省に移管された。四五年八月に農林省に改組された。

参考文献　農林省大臣官房総務課編『農林行政史』一（一九五七、農林協会）　（永江　雅和）

のうそんきゅうさいせいがんうんどう　農村救済請願運動　⇨救農議会

のうそんきょうどうたいけんせつどうめい　農村協同体建設同盟　一九四〇年の近衛新体制運動の一翼を担った産業組合青年連盟（産青連）を改組して誕生した。日本革新農村協議会（革農協）に対立した反革農協グループによる運動体で、略称は農建同。同年十月、近衛第二次内閣の発足を機に高まりを見せた新体制運動を促進するため、産青連内の反革農協派のグループ（澄川英雄など）が中心となって、食糧生産を担う部落協同体を協同化の拠点として建設する農建同を発足させた。発案の裏付けとなったのは、昭和研究会の中心メンバーであった三木清・笠信太郎などが唱えた協同体・職能理論であった。ところが、四〇年十二月澄川など農建同関係者が思想事件容疑で検挙され、事実上協同主義を指導原則とする新挙国政治体制運動は挫折し、四二年三月農建同は、運動体ではなく公事結社の一つとなり事実上解散する。以後農建同は発展的に翼賛壮年団に吸収されることになった。

参考文献　塩崎弘明『国内新体制を求めて―両大戦後にわたる革新運動・思想の軌跡―』（『長崎純心大学学術叢書』、一九九八、九州大学出版会）　（塩崎　弘明）

のうそんこうせいきょうかい　農村更生協会　一九三二年に農林省経済更生部が中心となり始まった農山漁村経済更生運動を民間の側から援助するため、三四年十二月十八日に農林大臣によって設立許可された社団法人（四一年四月から財団法人）。初代会長は同年七月まで農林次官であった石黒忠篤。定款によれば、その目的は「農村更生に関する諸般の調査研究及農村に於ける更生事業の援助を為す」ことであった。具体的な事業としては定期刊行物『農村更生時報』（のちに『村』に変更）の刊行、農村簿記の研究・指導、八ヶ岳修練農場の設立・整備、食糧増産運動としての稗蒔運動などが挙げられるが、最も華々しい活動は、分村移民計画運動である。分村計画の指導、指導者の育成、経済調査、調査研究書や小冊子の出版を通じて、農山漁村の経済更生を満洲移民運動へと接続するに際し大きな役割を果たした。なお、同協会の農村青少年の育成事業は現在も続いている。　→農山漁村経済更生運動

参考文献　井上勝英編『五十年のあゆみ―農村更生協会設立五十周年記念誌―』（一九八四、農村更生協会）　（藤原　辰史）

のうちかいかく　農地改革　自作農創設特別措置法（一九四六年十月二十一日公布）と二度の農地調整法改正（四五年十二月二十八日、四六年十月二十一日公布）により実施された土地改革。敗戦直後、日本政府は食糧増産、農村部の共産化を恐れる観点から、小作料の金納化と農地の強制譲渡方式による自作農創設等からなる農地調整法改正案（第一次農地改革案）を成立させたが、その内容が占領軍の納得するところとならず、以後占領軍の主導のもとで改革案の再検討が進められ、対日理事会において米国の意向を代弁した英国案に沿った形で、自作農創設特別措置法、改正農地調整法案からなる、いわゆる第二次農地改革法案が作成され、四六年十月に国会を通過した。実施過程では、不在地主所有の全農地と、在村地主の保有する約一㌶以上（都道府県により異なる）の農地を強制的に政府が買収（その実務作業は公選の行政委員会である都道府県、市町村の農地委員会が担った）し、主に小作農家に対して、統制価格で売渡された。そのほか、一部牧野や未墾地が買収・売渡される事例も存在した（牧野解放・未墾地解放）。地主への支払いは国債の一種である農地証券で行われた。実施を巡り地主のなかには、小作地を契約解除し、自作地化することで買収を逃れようとする「小作地引き揚げ」の事例が多発し、日本農民組合（四六年二月設立）などとの紛争が多発したが、事業の結果、戦前日本に存在した小作農地の約八〇％（約一九四万㌶）が自作農地となり、国内農地に占める小作地率は約四六％から約一〇％へと減少するという実績を達成した。残存した小作地についても、小作料が低位に統制され、小作地保有を不利化させた結果、徐々に自作地化が進行し、戦前地主制と呼ばれた農地所有構造は解体され、戦後自作農体制と呼ばれる、戦後農業・農村秩序が形成されることとなった。

農地改革のポスター

参考文献　庄司俊作『日本農地改革史研究―その必然と方向―』（一九九九、御茶の水書房）、暉峻衆三編『日本の農業百五十年　一八五〇～二〇〇〇年』（『有斐閣ブックス』、二〇〇三、有斐閣）　（永江　雅和）

のうちさくつけとうせいきそく　農地作付統制規則　一九四一年十月十六日に公布された（施行は同月二十五日）農林省令。食糧農作物（稲、麦、甘藷、馬鈴薯、大豆）の作付面積を四〇年九月一日水準より減少させず、農林大臣・地方長官が指定した抑制指定農作物を増加させないことを定め、農林大臣には制限農作物（桑樹、茶樹、ハッカ、タバコ、果樹、花卉）を食糧農作物へ転作させる命令発動権が与えられた。四三年、四四年度に全国で実施された作付転換の法的根拠となった。

参考文献　『戦後日本の食料・農業・農村』一（二〇〇三、農林統計協会）　（永江　雅和）

のうちせいどかいかくどうめい　農地制度改革同盟　戦

時下の農民運動団体の連合組織。食糧生産確保のため、戦時下に政府が小作料適正化や農地価格の統制など、農地政策に重点をおくと、三九年十一月二十九日、農地制度の合理的改革を目標にして、大日本農民組合・日本農民組合・日本農民組合総同盟・日本農民連盟などの有志を糾合して創設。四二年三月、人民戦線運動の有力拠点とみなされて解散させられた。

参考文献 法政大学大原社会問題研究所編『太平洋戦争下の労働運動』(『日本労働年鑑・特集版』、一九六四、東洋経済新報社)　(大門　正克)

のうちちょうせいほう　農地調整法　日中戦争以降、耕作農民の地位安定に力点を置いて農地関係の調整と農業生産力向上を目的として制定された法律。一九三八年四月二日公布。地主的土地所有権の賃借権に対する圧倒的優位という民法上の規定をはじめて修正し、自作農創設における地主の土地譲渡において、行政官庁および裁判所の斡旋を認め、特に未墾地に対しては強制譲渡の執行を規定した。また、小作農家の生産奨励のため、農地の賃貸借契約は登記がなくても第三者に対抗できるとして、地主による恣意的な土地取り上げを制限した。ただし、農地調整上で重要や役割を担うために市町村に設置された農地委員会の委員構成をみれば、土地所有者優位であり、ここに農地調整法の限界があった。五二年、農地法施行とともに廃止。

参考文献 加藤一郎「農業法」(鵜飼信成他編『(講座)日本近代法発達史─資本主義と法の発展─』六所収、一九五九、勁草書房)、暉峻衆三『日本農業問題の展開』下(一九八四、東京大学出版会)　(大門　正克)

のうほんしゅぎ　農本主義　農業と農村に独自の価値を見いだし、その価値を国家や地域社会の建設の基軸に据える立場。その中には、自然の賛美、地域社会の再建、健康な肉体・精神の賞揚、勤労主義など、反近代的な面も近代主義的な面も両方含まれており、世界的に多様な思想展開を見せた。岩崎正弥は、日本の農本思想の史的展開を、大正期の「〈自然〉委任型」、昭和恐慌期の「〈社会〉創出型」、戦時期の「〈国体〉依存型」に整理している。その図式に従えば、昭和恐慌期の権藤成卿と、戦時期への過渡期に活躍した橘孝三郎は、五・一五事件や二・二六事件に関わった青年将校にも影響を与え、「国体」依存型の加藤完治や石黒忠篤ら内原グループは茨城県友部(のち内原)の日本国民高等学校や内原の満蒙開拓青少年義勇軍訓練所での青少年教育などを通じて満洲移民の政策化と強化を推進し、日本の膨張政策に積極的な役割を果たした。戦後は丸山眞男らによってファシズムの温床として批判されたが、高度経済成長期に農業や農村の汚染や破壊が深刻化するなかで、再評価の動きもみられ、いまなお史的検討が進められている。

参考文献 岩崎正弥『農本思想の社会史─生活と国体の交錯─』(一九九七、京都大学学術出版会)、野本京子『戦前期ペザンティズムの系譜─農本主義の再検討─』(一九九九、日本経済評論社)、伊藤淳史『日本農民政策史論─開拓・移民・教育訓練─』(二〇一三、京都大学学術出版会)　(藤原　辰史)

のうみんぶんがくこんわかい　農民文学懇話会　戦時中の農民文学作家らの文化団体。一九三〇年代中ごろから農民文学が台頭し、島木健作『生活の探求』(一九三七年)、和田伝『沃土』(同年)などが反響を呼んだ。和田伝、島木健作、丸山義二、打木村治、鑓田研一らは、三八年十月、農村問題・農民文学に理解を示す、時の農相有馬頼寧を招いて懇談会を催し、農民文学懇話会の結成、農民文学作家の大陸・銃後(国内農村)派遣、農民文学賞制定を決めた。翌十一月、有馬と作家二十二名が参会して農民文学懇話会の発会式が行われ、会則、役員、機関誌・書籍の発行、農民文学賞(有馬出資)などが決定された。席上、有馬は「農民文学にもまた『麦と兵隊』の生まれ出ること」を要望した。これを機に、農業と農村の生活に取材した「現地報告」や、満洲移民ものをふくむ農村小説・映画・演劇が続々と生まれ、都市生活者に農民と農村生活への再認識を促す役割をになった。四二年日本文学報国会に合流・解散した。

参考文献 小田切秀雄編・犬田卯『日本農民文学史』(一九五八、農山漁村文化協会)、南雲道雄『現代文学の底流─日本農民文学入門─』(一九八三、オリジン出版センター)　(北河　賢三)

ノース＝カロライナ　North Carolina　アメリカ海軍の戦艦。一九三七年起工、四一年四月竣工。ノース＝カロライナ型戦艦はロンドン海軍軍縮条約の期限終了を見越して建造された戦艦である。第二次ロンドン海軍軍縮条約の交渉中に起工されたために、主砲は同条約の範囲内である三五・六センチ砲を予定していたが、条約の不成立によって四〇・六センチ砲に変換。艦全体の防備は一四インチの砲撃に備えた構造のままであった。アジア・太平洋戦争中は対日作戦に従事。基準排水量三万五〇〇〇トン、最大速度二七ノット(時速約五〇キロ)。同型艦に「ワシントン」がある。

参考文献 *Conway's All The World's Fighting ships 1922—1946*(London, 1980, Conway Maritime Press)　(佐藤　宏治)

ノーマン　Edgerton Herbert Norman　一九〇九―五七　カナダの歴史研究者、外交官。一九〇九年九月一日宣教師夫妻のもとに長野県軽井沢で生まれる。一九二八―二九年アルバート＝カレッジ、二九―三三年トロント大学で古典学、三三―三五年ケンブリッジ大学でヨーロッパ中世史を専攻。社会主義思想に共鳴。さらにハーバード大学で日本史・中国史を研究、三八年太平洋問題調査会(IPR)研究員、四〇年駐日公使館語学官勤務、同年『日本における近代国家の成立』刊行。日米開戦で軟禁状態となる。四二年交換船で帰国。四五年九月再来日し、十月の政治犯・思想犯の釈放に尽力、同時にGHQ・G2対敵諜報部調査分析課長に就任。四六年二月極東委員会

(ワシントン)カナダ次席代表、八月駐日カナダ代表部首席。日本の政治経済社会状況を仔細に調査し、本国へ報告するなどの活動を行う。五〇年『忘れられた思想家―安藤昌益のこと―』刊行(岩波新書)。十月の帰国後、カナダ国家警察により取り調べを受ける。五一年思想問題が国内で顕在化し、二回目の取り調べ。五月国連カナダ代表代理に転任。以後、外務省情報部長、ニュージーランド駐在高等弁務官。五六年エジプト大使。翌年四月四日マッカーシー旋風の思想攻撃により任地カイロで投身自殺。四十七歳。

参考文献　『ハーバート・ノーマン全集』(一九七七―七八、岩波書店)、中野利子『外交官E・H・ノーマン―その栄光と屈辱の日々一九〇九―一九五七―』(『新朝文庫』、二〇〇一、新潮社)、加藤周一編『ハーバート・ノーマン―人と業績―』(二〇〇二、岩波書店)
(荒　敬)

のぐちじゅん　野口遵　一八七三―一九四四　みずから創設した日本窒素肥料会社を中心とするコンツェルンを形成した企業経営者。一八七三年七月二十六日、石川県に生まれる。九六年東京帝国大学工科大学電気工学科卒業と同時に、福島県の郡山電燈会社の発電所建設に従事、一九〇二年の仙台三居沢で生石灰とコークスを電気炉で反応させてカーバイドを製造した。〇八年日本窒素肥料会社を設立して、熊本県水俣でカーバイドを原料に電気炉で石灰窒素を、石灰窒素からアンモニアを製出して硫酸と化合させて硫安(変性硫安)を製造した。さらには、第一次大戦後カザレー式アンモニア合成法で製出したアンモニアを原料に硫安(合成硫安)を製造した。アンモニアの合成に用いる水素を水の電気分解に依存したから、彼のビジネスの起点の一つは電源開発に求めることができる。日本国内の電源開発が困難となるや、電源開発と生産の拠点を朝鮮半島に移した。彼の事業を理解するためのキーワードは「電力」と「アンモニア」である。四四年一月十五日没。七十二歳。→日窒(にっちつ)コンツェルン

参考文献　大塩武『日窒コンツェルンの研究』(一九八九、日本経済評論社)、同「野口遵の戦略構想」(明治学院大学『経済研究』一二六、二〇〇三)
(大塩　武)

のさかさんぞう　野坂参三　一八九二―一九九三　戦時は国際共産主義運動の指導者として海外で活動し、戦後も日本共産党の最高幹部の一人として活動した政治家。一八九二年三月三十日、山口県生まれ。慶応義塾大学在学中の一九一三年友愛会に加入し、卒業後は同会機関誌の編集に携わった。一九年渡英してイギリス共産党に入党、日本共産党にも二二年創立時に入党した。三・一五事件で検挙・投獄されたが、保釈中の三一年ソ連に亡命した。三五年のコミンテルン第七回大会で執行委員会幹部会員となり、反ファシズム人民戦線戦術を伝えるため、山本懸蔵と連名で「日本の共産主義者への手紙」を書いた。またアメリカから『国際通信』などの印刷物を日本国内に送った。四〇年には中国の延安に入り、日本兵への宣伝工作や再教育にとりくんだ。敗戦後の四六年に帰国、長らく共産党の議長・名誉議長を務めたが、九二年ソ連との関係などが問題化し除名された。九三年十一月十四日没。百一歳。

野坂参三

参考文献　『野坂参三選集』(一九六七・六八、日本共産党中央委員会出版部)、野坂参三『風雪のあゆみ』(一九七一―八九、新日本出版社)、和田春樹『歴史としての野坂参三』(一九九六、平凡社)
(三輪　泰史)

ノックス　William Franklin Knox　一八七四―一九四四　米国の政治家。海軍長官。一八七四年一月一日、ボストンで生まれる。米西戦争でT・ローズヴェルト率いる義勇隊に参加しキューバに渡った。戦後、ジャーナリストとしての道を歩むとともに、共和党内で影響力を高めていった。一九一二年にはT・ローズヴェルトの大統領選挙委員会副委員長を務め、二四年にはニューハンプシャー州知事選挙に出馬し、三六年には共和党の副大統領候補になった。四〇年にドイツが西欧侵攻を開始した後、F・D・ローズヴェルト大統領が挙国一致内閣を組閣した際、共和党の大物としてスティムソンとともに入閣し、海軍長官に就任した。以後、海軍作戦部長キングと協調して海軍を指導し戦争遂行に尽力したが、四四年八月二十八日に急死し、後任には次官のフォレスタルが就任した。七十歳。

参考文献　Norman Polmar & Thomas B. Allen, *World War II: America at War, 1941–1945* (New York, 1991, Random House), Mark M. Boatner III, *The Biographical Dictionary of World War II* (Novato, 1996, Presidio Press)
(加藤　公一)

のづゆずる　野津謙　一八九九―一九八三　医師、サッカー指導者。一八九九年三月十二日、広島県生まれ。県立広島第一中学在学中よりサッカーを始め、第一高等学校・東京帝国大学進学後にはサッカー部を創設し、一九二一年の大日本蹴球協会(現日本サッカー協会)の設立に参画した。サッカー振興に携わる一方、二三年の東京帝大卒業後は同大学院に進学、小児科教室副手となる。三一年にロックフェラー財団からの助成を受けてハーバード大学公衆衛生部に留学、小児衛生を専攻しつつC・E・ターナーの健康教育論を受容し、帰国後は「健康教育」論を展開、三五年に東京市特別衛生地区保健館創設に際して学校衛生部長に就任、公衆衛生学・予防医学の普及に尽力した。その一方で日独防共協定締結を契機として

三六年に結成された「日独同志会(のち大日本同志会)」に参加、反英親独運動にも参画した。戦時期には厚生省体育官(三八年)、大政翼賛会生活指導部副部長・大日本産業報国会厚生部長(四一年)に就任、産業医学や結核予防に従事した。戦後は川崎市で診療所を開業、五五年に日本サッカー協会会長、六九年に国際サッカー連盟理事に就任するなど、日本サッカー界の地位向上に尽力した。八三年八月二十七日没。八十四歳。

参考文献 野津謙『野津謙の世界』(一九七九、国際企画)

(川内 淳史)

のなかごろう 野中五郎 一九一〇—四五 昭和前期・太平洋戦争期の海軍軍人。一九一〇年十一月十八日、岡山県に生まれる。兄は二・二六事件にかかわった陸軍軍人の野中四郎。一九三三年、海軍兵学校卒(第六十一期)、その後陸上攻撃機搭乗員となる。四四年十月人間ロケット爆弾「桜花」による特攻部隊である七百二十一航空隊飛行長となり、四五年三月その「桜花」初出撃の神雷部隊を指揮するが全滅、戦死。二階級特進で海軍大佐。四五年三月二十一日没。三十四歳。

参考文献 内藤初穂『桜花—極限の特攻機—』(『中公文庫』、一九九九、中央公論新社)

(相澤 淳)

のなかしろう 野中四郎 一九〇三—一九三六 昭和期の陸軍軍人。一九〇三年十月二十七日、青森県に生まれる。父は陸軍少将の野中勝明、兄の次郎は陸軍中佐、弟の五郎は海軍大佐。二四年に陸軍士官学校(第三十六期)を卒業、三三年に大尉に昇進、歩兵第三連隊中隊長となる。国家改造運動に共鳴し、三五年の相沢三郎による永田鉄山斬殺事件(相沢事件)などの影響もあり、決起を決断。三六年の二・二六事件に際しては、「蹶起趣意書」の原型となる文章を作成し、代表者として署名している。また、決起に消極的であった安藤輝三を説得するなど、事件に大きな影響を与えた存在であったが、北一輝や西田税、および彼らの影響を受けた磯部浅一や村中孝次との関係はさほど深くはなかった。決起の際は警視庁を占拠、その失敗を悟り自決を決意した他の将校に対して、決起の真意を伝えるために裁判闘争を行うことを勧告したが、同年二月二十九日、前連隊長だった井出宣時大佐の説得を受けて自決。三十四歳。

参考文献 須崎慎一『二・二六事件—青年将校の意識と心理—』(二〇〇三、吉川弘文館)

(荻原 稔)

のぶとききよし 信時潔 一八八七—一九六五 作曲家、教育家。一八八七年十二月二十九日、牧師の吉岡弘毅の三男として大阪府で出生、十一歳で信時家の養子となる。一九〇六年に東京音楽学校に入学しチェロを専攻、二〇年から二年間ドイツに留学しゲオルク=シューマンに作曲を師事、帰国後は同校教授。二九年に東京音楽学校唱歌編纂掛編纂員。三二年に東京音楽学校本科作曲部創設に尽力し、同部発足と同時に教授を辞し講師となり五四年まで奉職した。四二年芸術院会員、六三年文化功労者。「木の葉集」などのピアノ曲、組曲「沙羅」や「海ゆかば」、「われらの日本」「帰去来」などの歌曲、「日本古謡より」や「女人和歌連曲」、交声曲「海道東征」などの合唱曲の領域で、重厚かつ深遠な作風の創作を生涯にわたり貫いたほか、約九百曲の校歌、団体歌を作曲した。また、音楽理論書執筆や後進の育成、学校教科書編纂など戦前から戦後に継続する取り組みにも注力した。六五年八月一日没。七十七歳。→海ゆかば(うみゆかば)

参考文献 信時裕子編『バッハに非ず—信時潔音楽随想集—』(二〇一二、アルテスパブリッシング)

(戸ノ下達也)

のぼりとけんきゅうじょ 登戸研究所 ⇨陸軍登戸研究所(りくぐんのぼりとけんきゅうじょ)

のむらきちさぶろう 野村吉三郎 一八七七—一九六四 海軍軍人、外交官。一八七七年十二月十六日、和歌山県に生まれる。九五年に海軍兵学校に入学後、野村正胤の養子となり、野村姓を名乗る。九八年同校卒業(第二十六期)。日露戦争には大尉として出征、一九一四年からアメリカで駐在武官として四年間を過ごした後、軍令部次長、呉・横須賀鎮守府の司令長官などを務める。またヴェルサイユ講和会議やワシントン会議の随員となって国際的な人脈も築いた。三二年の第一次上海事変時には戦艦「三笠」司令長官であったが、日中停戦協定直前の天長節に白川義則、重光葵らとともに上海で爆弾事件に遭遇し、右眼を失った。帰国後に学習院院長となるが、その二年後に阿部信行内閣で外務大臣、また第二次近衛文麿内閣の松岡洋右外務大臣に請われて駐米大使となり、日米開戦直前の日本外交、日米関係に大きな影響力を持った。外務大臣就任以後の野村が当時の日本外交・日米関係に果たした役割について、伝統的な外交史研究や職業外交官の回想は高い評価を与えていない。事実として外務大臣時代には外務省を貿易省に統廃合する構想が持ち上がり、外務省幹部の猛反対にあっている。駐米大使時代には、語学力や交渉技術に劣り、本国とのコミュニケーションも不十分であったとされる。他方で、外務省—国務省の正式チャネル以外に、John Doe Associatesと呼ばれる当時の日米民間有志が築いた非公式チャネルにも配慮した野村の交渉にこそ、戦争回避の可能性があったという見解もある。日米開戦後の野村は、四二年に帰国し、戦争末期の四四年五月には枢密顧問官となった。戦後は、アメリカの諜報機関や団体からの接触を受け、冷戦期ア

野村吉三郎

メリカの極東政策や日本の再軍備計画に関与した。六四年五月八日没。八十六歳。

参考文献 細谷千博「外務省と駐米大使館―一九四〇―四一年―」(同他編『政府首脳と外交機関』所収、一九七一、東京大学出版会)、塩崎弘明『日英米戦争の岐路―太平洋の宥和をめぐる政戦略―』(『近代日本研究双書』、一九八四、山川出版社)、Peter Mauch, *Sailor Diplomat : Nomura Kichisaburō and the Japanese-American War* (Harvard East Asian Mono-graphs, Cambridge, 2011, Harvard University Asia Center)
（武田 知己）

のむらしげおみ　野村重臣　一九〇一―五四　大日本言論報国会常務理事として国内思想戦を唱え、総合雑誌攻撃などを行なった人物。同志社大学法学部助教授時代に民法の日本化を主張し、国体明徴運動の中で同僚教員を不敬不逞思想家として排撃し、一九三六年退職させられた。その後参謀本部の嘱託として思想戦の専門家となり、日本の知識人が米英の思想文化に追随依存している点に思想戦上での敗北があると唱えた。四〇年国民精神総動員本部調査部長となった後、南進論を唱えるジャーナリストらの南溟会に参加し、四二年六月内閣委員(情報局勤務)となる。大日本言論報国会の組織化においては主導権を取る右派グループに属し、四二年十二月大日本言論報国会の発足とともに常務理事・調査部長に就任した。四三年八月以降、日本国内の敵性思想分子を攻撃する国内思想戦を唱えて、新聞社・雑誌社との関係が悪化する。四四年七月には常務理事を辞職した。

参考文献 林信雄『同志社紛争史の一齣―いはゆる同志社事件の全貌―』(一九二八、宮崎書店)、赤澤史朗「大日本言論報国会―評論界と思想戦―」(赤澤史朗・北河賢三編『文化とファシズム―戦時期日本における文化の光芒―』所収、一九九三、日本経済評論社)
（赤澤 史朗）

のむらたつお　野村辰夫　一九一六―四五　昭和期の右翼運動家。一九一六年二月二十三日、鹿児島県に生まれる。三二年に中学校を卒業後、台湾に渡り郡役所に勤務。日中戦争に従軍したのち、三九年に上京、影山正治らが創設した大東塾の一期生として入学。四三年七月、豊橋市で戦死者の公葬を神式で行うことを主張し(豊橋市公葬問題、『大東塾三十年史』では「忠霊公葬神式統一運動」と称される)、面会した豊橋市長を殴打したため下獄。さらに同年九月には大東塾の同人を批判した花田清輝、十月には同様の言論を展開した中河与一に暴行を加え、花田とは示談が成立したものの、中河の事件では起訴され再び下獄。さらに四四年六月には、連合艦隊司令長官古賀峯一の葬儀が仏式で行われたことに怒ってこれを妨害し、三度目の下獄。終戦直後の四五年八月二十五日、影山庄平塾長代理ら大東塾幹部の集団自決に際して介錯役をつとめたのち自決。三十歳。

参考文献 『大東塾三十年史』(一九七二、大東塾出版部)、『大東塾十四烈士遺稿集』下(一九七八、大東塾出版部)、『大東塾十四烈士自刃記録(第十版)』(一九九七、大東塾出版部)
（萩原 稔）

のむらなおくに　野村直邦　一八八五―一九七三　海軍軍人。一八八五年五月十五日、鹿児島県生まれ。一九〇七年海軍兵学校卒(三十五期)、二〇年海軍大学校卒。二八年大佐、ドイツ大使館付武官、潜水学校校長、三四年少将、第二潜水戦隊司令官、軍令部第三部長、中華民国大使館付武官、三八年中将、第三遣支艦隊司令長官と、潜水艦部門と海外勤務を歴任。四〇年、日独伊三国同盟締結を受けドイツへ出張、軍事委員。四三年七月潜水艦で帰国、十月呉鎮守府司令長官、四四年三月大将。七月十七日、東条英機内閣の海軍大臣となるが翌十八日に内閣総辞職、二二日成立の小磯国昭内閣では米内光政大将が海軍大臣となり、在職一週間に満たなかった。八月には横須賀鎮守府司令長官兼海上護衛司令長官、四五年五月には海運総監となり終戦を迎える。七三年十二月十二日没。八十八歳。著書に『潜艦U―五一一号の運命』(一九五六年、読売新聞社)。

参考文献 水交会編『帝国海軍提督達の遺稿―小柳資料―』上(二〇一〇)
（坂口 太助）

ノモンハンじけん　ノモンハン事件　一九三九年五月十一日以降満蒙国境のノモンハンで起こった満洲国軍と外モンゴルの軍隊の衝突を契機とする関東軍とソ連軍との本格的戦闘事件。日本陸軍は対ソ戦準備のためにノモンハンの近くの国境に向けて洮索・索倫線を延伸していた。関東軍は、張鼓峰事件処理の不手際を挽回するため三九年四月に「満ソ国境紛争処理要綱」を決定し、紛争勃発時に敏速に対応するよう求めた。ハイラルに駐在していた第二十三師団はこの要綱に沿って、歩兵二中隊を出動させ、外モンゴル軍を撃退した。外モンゴル軍はソ連軍とともに国境線付近に進駐したので、山県支隊は五月二十八日にこれを攻撃したが敗退した。以上が第一次ノモンハン事件である。関東軍は第二十三師団に二個連隊の戦車隊を加え、陸軍中央部に具申することなく独断で攻

ノモンハン事件　日本軍の戦車隊

撃を命じた。第二次ノモンハン事件の開始である。まず六月二十七日に関東軍航空部隊がタムスクを急襲し、七月に入って第二十三師団主力が攻撃を開始した。外モンゴルと相互援助条約を結ぶソ連は、優越した重砲と戦車の機械化部隊を投入して応戦したので、第二十三師団は撤退を余儀なくされた。陸軍中央部は局地作戦にとどめ外交交渉に持ち込もうとしたが、はやる辻政信参謀のもとで関東軍は第二十三師団に総攻撃を命じた。関東軍主力の第二十四師団と第七師団、第一師団の半分をつぎ込んで第二次総攻撃を実施した。しかし優越したソ連の機械化部隊の攻撃を受け、第二十三師団は壊滅的打撃をこうむった。第二次世界大戦の勃発にも直面したので、大本営は九月三日に関東軍に対し攻撃中止を強く命令して収束させた。モスクワで外交交渉が行われ、九月十五日に停戦協定が成立した。日本軍の一方的敗北により終わった同事件は、対ソ戦用の軍隊として整備された兵力の敗北と独走した同軍参謀が処罰されずにその後も指揮に加わるという結果を残した。

参考文献 アルヴィン・D・クックス『ノモンハン―草原の日ソ戦一九三九―』(岩崎俊夫・吉本晋一郎訳、一九八九、朝日新聞社)、シーシキン他『ノモンハンの戦い』(田中克彦訳、『岩波現代文庫』、二〇〇六、岩波書店)

(芳井 研一)

のらくろ のらくろ 田河水泡原作の漫画およびその漫画の主人公の名前。雑誌『少年倶楽部』で一九三一年新年号から四一年十月号まで十一年にわたって連載されるほか、単行本にもなった。子犬の時に捨てられた野良犬黒吉、通称「のらくろ」が猛犬連隊に入隊し、猿や豚などとの戦いの中で、失敗を繰り返しながらも懸命に奮闘し、時には手柄を立てて昇進していくという物語。大尉を最後に除隊して中国大陸へ渡り、資源開発に勤しむところで終わる。笑いの中に哀愁ものぞく動物の兵隊物語で、子供たちに圧倒的な人気を誇り、現在でいうキャラクターグッズなども売り出された。『少年倶楽部』の配給用紙削減のため、情報局から執筆中止を命令され、連載中止になったという。単行本は、三二年から三九年の間に、十冊が発行された。『少年倶楽部』に連載されたものを収録した『のらくろ漫画全集』が六七年に刊行され、第二次のらくろブームがおこった。

参考文献 田河水泡・高見澤潤子『のらくろ一代記―田河水泡自叙伝―』(一九九一、講談社)、梶井純『執れ！膺懲の銃とペン―戦時下マンガ史ノート―』(一九九九、ワイズ出版)、櫻本富雄『戦争とマンガ』(二〇〇〇、創土社)

(井上 祐子)

ノルウェーさくせん ノルウェー作戦 一九四〇年四月九日から六月十日までつづいたドイツによるノルウェー占領作戦。三九年九月の第二次世界大戦開戦以降、ドイツとイギリス、フランスの間では実際の戦闘がない「奇妙な戦争」と呼ばれる状態がつづいていたが、ドイツ軍は、その様相を変えるきっかけとなった奇襲を、四月九日に南部のオスロから北部のナルヴィクに至るノルウェーの各地にかけた。ドイツ側のねらいは、スウェーデンの鉄鉱石などスカンディナヴィアの豊富な資源や海軍のための基地の確保にあった。近海におけるイギリス海軍力についての過信や不十分な情報活動のため、全く不意をうたれる形となったノルウェー軍は、英仏の援助を期待しつつ戦ったが、英仏からの支援は弱く、南部では五月三日に降伏においこまれた。その後もしばらく北部での戦いがつづいたものの、西ヨーロッパでのドイツの攻勢が始まるなかで英仏はノルウェー支援をあきらめ、六月七日には国王ホーコン七世がイギリスに亡命、残るノルウェー軍も六月十日に降伏した。

参考文献 オーラヴ＝リステ、ヨハンネス＝アンデネス、マグネ＝スコーヴィン『ノルウェーと第二次世界大戦』(池上佳助訳、『双書・北欧』二、二〇〇三、東海大学出版会)

(木畑 洋一)

ノルマンディじょうりくさくせん ノルマンディ上陸作戦 一九四四年六月六日から三十日にかけてフランスのノルマンディ海岸を舞台として敢行された英米など連合国軍による上陸作戦。オーバーロード作戦と呼ばれる。連合国側は、四三年春からこの作戦を実行することを考え、当初は四四年五月の実施をめざして準備を進めた。これは、ソ連が求めつづけていた第二戦線にあたるもので、戦争の帰趨に大きな影響を及ぼすものと考えられた。ドイツ側もその可能性を考え、ノルマンディ地方の戦力を強化したが、連合国空軍による空爆や、フランスのレジスタンス運動による妨害などのために力をそがれ、また連合国側の巧みな情報作戦の結果、上陸の場所や時期について具体的な予測ができなかった。その結果、六月六日(この日はDデイと呼ばれるようになった)に始まった大規模な上陸作戦は完全な不意打ちとなり、その後のドイツ軍による抵抗も突き崩されていった。この作戦には多くの民間の船も動員され、参加した連合国の兵員数

ノルマンディ上陸作戦の連合国軍

は全期間で八十五万人にのぼった。

参考文献 P・カルヴォコレッシー、G・ウィント、J・プリッチャード『トータル・ウォー—第二次世界大戦の原因と経過—』上(八木勇訳、一九九一、河出書房新社)

(木畑 洋一)

は

ハーグくうせんきそく ハーグ空戦規則 一九二二年、ハーグの国際法律家委員会が起草、二三年採択した「空戦に関する規則案」の略称。武力紛争時の害敵(攻撃)手段を規制する国際人道法の一つ。署名のみに終わったため「陸戦規則」(〇七年)や「海戦規則」(〇九年)のような実定条約にはならなかったが、空中爆撃(空爆)を規律する法原則、「慣習国際法」として認められている。同規則によれば、空中爆撃は軍事目標に対して行われるときのみ適法とされ(軍事目標主義、第二四条)、住民を威嚇し、非戦闘員を損傷することを目的とする空爆は違法とする(第二二条)、陸上軍隊の作戦行動の直近地域でない都市、町村、住宅又は建物の爆撃は禁止する(第二四条)などと規定した。これに照らせば「重慶大爆撃」をはじめとする日本軍の都市無差別爆撃、また米軍による「東京大空襲」などは明白な規則違反だが、当事国は「目標区域爆撃」(target area bombing)ないし「付随的損害」(collateral damage)の理論を編み出し正当化した。

参考文献 藤田久一『国際人道法(新版)』(一九九三、有信堂高文社)

(前田 哲男)

ハーグりくせんほうき ハーグ陸戦法規 一八九九年の第一回ハーグ平和会議で採択され、一九〇七年の第二回平和会議で改定された条約で、正称は「陸戦の法規慣例に関する条約」。附属文書の「陸戦の法規慣例に関する規則」とあわせてハーグ陸戦法規(条規)と称される。〇七年条約は一〇年に発効し、日本については一二年に効力を生じた。戦時国際法一般についてそうであるように、陸戦に関する国際法規則も当初は慣習法として生成されたが、十九世紀後半から法典化に向けた作業が始められ、一八九九年に条約化が実現した。一九〇七年の陸戦条約は前文と九ヵ条から成る。そのうち、自国の軍隊構成員が陸戦規則に違反して損害を生じさせた場合に交戦国が賠償の責を負うと定める第三条は、〇七年に新設されたものである。同条は、九〇年代に入って提起されたいわゆる戦後補償裁判において、被害者個人に直接に賠償請求権を与えるものか否かをめぐり激しい解釈論争の的となった。また、条約の前文にはいわゆるマルテンス条項が挿入されており、明文の規定がなくとも、慣習、人道の法則、公共の良心の要求より生ずる国際法の原則の保護・支配のもとに立つことが確認されている。他方で、陸戦規則は五十六ヵ条から成る。交戦者の資格、捕虜・傷病者、害敵手段、間諜、休戦、占領などについて定める。陸戦法規には総加入条項があり、交戦国すべてが締約国である場合にかぎって条約の適用があるとされる。しかし、第二次世界大戦後の国際軍事裁判は、陸戦法規が三九年までに慣習法化していたと解し、そのようなものとしてすべての交戦国に適用があったと判示した。陸戦法規は、その後、捕虜・文民の保護について定める四九年のジュネーヴ諸条約や、害敵手段・方法にも規制を及ぼす七七年のジュネーヴ諸条約追加議定書、さらに特定通常兵器や化学兵器を禁ずる諸条約によって内容を精緻化されてきている。

参考文献 有賀長雄『戦時国際公法』(『早稲田叢書』、一九〇四、早稲田大学出版部)、信夫淳平「陸戦」(国際法学会編『国際法講座』三所収、一九五四、有斐閣)、藤田久一・鈴木五十三・永野貫太郎編『戦争と個人の権利—戦後補償を求める旧くて新しい道—』(一九九九、日本評論社)

(阿部 浩己)

パーシバル Arthur Ernest Percival 一八八七—一九

六六　イギリスの軍人、シンガポール陥落時の英軍司令官。一八八七年十二月二十六日、イギリスのハートフォードシャーで生まれる。パブリックスクールのラグビー校で教育を受けた後、ロンドンのシティで勤務したが、第一次世界大戦勃発によって陸軍に入隊、ソンムの戦などに参加した。戦後も陸軍に残り、ナイジェリアやマラヤで駐屯した。ヨーロッパでの第二次世界大戦開始後、フランス駐屯を経て、一九四一年五月シンガポールに赴き、イギリス帝国の東の要衝の防衛に責任をもつことになった。しかし、シンガポール防衛力増強などの提言には耳を貸さず、四一年十二月八日に始まった日本軍によるマラヤ半島、シンガポール攻撃に際しても、兵力を分散させる作戦の誤りを犯すなど失敗を重ね、四二年二月十五日、降伏に追い込まれた。英国国旗と白旗をかかげて降伏の場に向かう彼と随員の写真は、英軍敗北のシンボルとして、日本軍によって広く宣伝に用いられた。その後捕虜生活を経験し、戦後は極東捕虜協会での活動も行なった。六六年一月三十一日没。七十八歳。

参考文献　防衛庁防衛研修所戦史室編『マレー進攻作戦』(『戦史叢書』一、一九六六、朝雲新聞社)

（木畑　洋一）

ハーレー　Patrick Jay Hurley　一八八三―一九六三　米国の政治家、外交官で軍人。一八八三年一月八日、オクラホマ準州(当時)の辺境(フロンティア)で生まれる。砲兵将校としての経験の後、フーヴァー政権で陸軍長官(一九二九―三三年)を務めた。その後、ローズヴェルト大統領から親ニューディール派の共和党員として重用され、テヘラン会談の準備を務めたほか、ソ連や中東などへ大統領の個人使節として繰り返し派遣された。四四年八月に訪中し、蒋介石とスティルウェルの対立関係を調停する任務を担った。しかし、最終的に前者を支持して後者の更迭を大統領に勧告したことが決め手になり、四四年十月にスティルウェルが解任された。それに伴い駐中国大使が辞任すると、そのまま中国に留まり後任に就任した。その後、中国共産党を支持しないとの言質をソ連から得たことに依拠して、国共調停に乗り出したが不調だった。対日戦勝後、ソ連の圧力もあって毛沢東が蒋介石と重慶で直接会談したが、結局国共交渉は決裂し、四五年十一月に大使を辞任した。その際、全国記者(ナショナル・プレス)クラブでの会見で「容共的」な外交官の責任に転嫁することにより、五〇年代のマッカーシー上院議員による「政府内共産主義者が国益を損ねている」との言説の端緒を切り開いた。六三年七月三十日に死去。八十歳。

参考文献　Russell D. Buhite, *Patrick J. Hurley and American Foreign Policy* (Ithaca, 1973, Cornell University Press), Norman Polmar & Thomas B. Allen, *World War II: America at War, 1941-1945* (New York, 1991, Random House), Mark M. Boatner III, *The Biographical Dictionary of World War II* (Novato, 1996, Presidio Press)

（加藤　公一）

バーンズ　James Francis Byrnes　一八七九―一九七二　アメリカの政治家。一八七九年五月二日、サウスカロライナ州で誕生。法律事務所で下働きをしながら法律や政治について学ぶ。検事として名声を確立して連邦下院議員に初当選、一九一〇年にワシントンでフランクリン・D・ローズヴェルトと出会う。意気投合した両者は親交を深め、三二年に大統領選に立候補したローズヴェルトを党内で最初に支持したバーンズは、上院議員としてニューディール政策の法制化に尽力した。四一年に最高裁判事に任命されたが、参戦後に行政に復帰、戦時動員本部長を務めた。四五年、ヤルタ会談に随行したバーンズは、ローズヴェルト大統領死去後、ハリー・S・トルーマン大統領によって国務長官に指名された。バーンズは、ソ連との原爆情報の共有に反対、また日本に対する警告なしに原爆投下すべきだと主張した。トルーマンとの関係悪化後、四七年に職を辞し、州政治に復帰、サウスカロライナ州の保守的な知事として知られた。七二年四月九日没。九十二歳。

参考文献　Robert J. Messer, *The End of an Alliance: James F. Byrnes, Roosevelt, Truman, and the Origins of the Cold War* (Chapel Hill, 1982, University of North Carolina Press)

（高田　馨里）

はいきゅうせいど　配給制度　総力戦のもとで消費財が不足するなか実施された生活必需物資を中心とする流通・販売制度。切符制、通帳制、登録制のほか、町内会・隣組単位の共同購入も行われた。一九三九年十月の九・一八ストップ令により都市部で食料品の「飢饉」が相つい

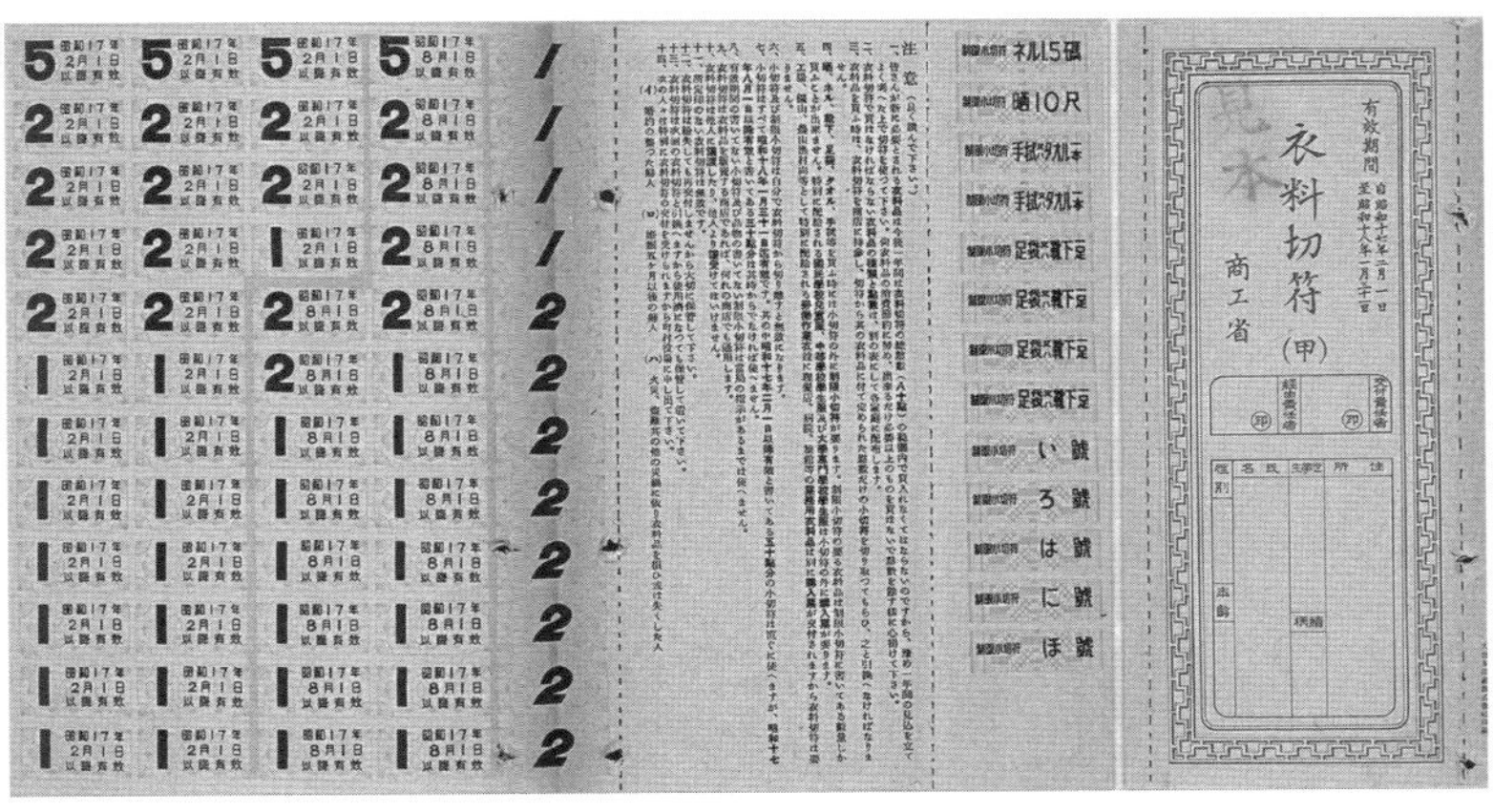

衣料切符

で発生したのを機に配給制導入が進んだ。四〇年六月の六大都市(東京・大阪・名古屋・横浜・神戸・京都)における砂糖・マッチの切符制を皮切りに、四〇—四二年に酒、木炭、食用油、塩、味噌・醤油などにも配給制が導入された。特に、四一年四月には主食である米穀の通帳制配給が六大都市とその周辺で実施され、翌年三月までに全国に普及した。生鮮食料品については、東京市では魚類が四一年四月から、青果物は四二年十一月から配給となり、大阪市では野菜・魚・肉・卵・豆腐などを含む登録制配給が四二年二月から実施された。これらは町内会・隣組単位で登録した青果店・鮮魚店などで入荷品を共同購入するものだった。また四二年二月、衣料品点数切符制が実施され、国民一人百点ずつの切符が交付され(妊産婦などの追加あり)、衣料品購入の際には品目ごとの点数切符を差し出して購入した。配給制度は、必要量の公平な配分を目的としたが、価格設定や流通統制の不備から物資は不足し、配給のみでは生活が成り立たず、導入当初からヤミ取引が広がった。ヤミ取引のほか、「役得」を利用した物資の不正取得、配給人員の不正申告による「幽霊人口」、産地で直接買い付ける「買い出し」、地方からの仕送りなどによって正規ルート以外に多くの物資が流れた。こうして配給とヤミは併存、一体化し、国民生活の基盤を内側から掘り崩し、戦後の深刻な食糧難にもつながった。　→買い出し　→米穀通帳　→闇市

[参考文献] 法政大学大原社会問題研究所『太平洋戦争下の労働者状態』(一九六四、東洋経済新報社)、佐賀朝「配給と闇」(『日本二十世紀館』所収、一九九九、小学館)

(佐賀　朝)

ばいしへい　梅思平　Mei Siping　一八九六—一九四六　中国の政治家。一八九六年生まれ。浙江省永嘉出身。北京大学法律科卒業。中央大学、中央政治学校教授を歴任し、周仏海に従い、月刊『新生命』の編輯責任者になり、三三年には江寧県長に就任する。日中戦争勃発後、胡適らが組織した「低調クラブ」のメンバーとして対日外交の可能性を探った。三八年七月、秘密裏に訪日した高宗武に代わって「和平工作」の主要メンバーとして活躍し、周仏海との密議を経て汪兆銘の決起を促した。同年十一月高宗武とともに中国側を代表して重光堂会談に参加し、日本側と「日華協議記録」、同「諒解事項」に調印した。四〇年三月南京国民政府が成立すると、同政府の工商部長、糧食委員会委員長に就任した。四一年には浙江省長、実業部長、四三年には内政部長になった。終戦前の四五年五月、民衆訓練部長に就任した。戦後漢奸として蔣介石国民政府に逮捕され、四六年五月死刑判決を受け、九月十四日南京で銃殺された。五十一歳。

[参考文献] 松本重治『上海時代』(一九七七、中央公論社)、今井武夫『日中和平工作—回想と証言一九三七～一九四七—』(二〇〇九、みすず書房)

(劉　傑)

ばいしょうもんだい　賠償問題　日本が引き起こした戦争により被侵略国に生じた損害と苦痛に対する賠償に関する諸問題。

[総論] 賠償問題担当のエドウィン＝W＝ポーレーによる当初の連合国の賠償実施計画(一九四六年四月)は、(一)日本の軍国主義を不可能とするために、(二)日本人の生活の必要量を超える過剰な工業設備の撤去・移転による被侵略諸国の復興、(三)在外資産の没収が基本方針であった。しかし、四七年になって同案は、クリフォード＝ストライクの対日調査団により破棄され、対日賠償案は日本の工業国化を目指すものとなった。賠償が未解決の段階での措置である「中間賠償」は四七年四月から実施され、工業設備が中国を中心にフィリピン、オランダ領東インド、ビルマ(現ミャンマー)、マラヤなどへ運ばれていたが、冷戦の激化の中で四九年五月には中止された。その後、米国は無賠償方針さえ採るが、フィリピン、インドネシアなどからの強い批判を受け、サンフランシスコ平和条約(五一年九月八日締結、五二年四月二十八日発効)では、第一四条において日本は「存立可能な経済を維持」する限りで賠償の責任を負う、との規定となった。

サンフランシスコ平和条約は、講和会議へ参加した五二ヵ国のうちソ連ほかの三ヵ国を除く四十九ヵ国が署名した。第一四条に基づく交渉を希望したのはフィリピン、インドネシア、ビルマ、ヴェトナム、ラオス、カンボジアの六ヵ国であるが、ラオスとカンボジアはのちに賠償請求権を放棄し、ビルマは講和会議に参加せず、インドネシアは署名したものの国会が批准しなかった。そのため、フィリピンとヴェトナムが平和条約の賠償請求権に基づく交渉を、ビルマとインドネシアは個別に賠償協定を結んで交渉を行なった。中華民国(台湾)と中華人民共和国(中国)に分裂した中国は米英により平和条約締結後に日本自身が相手を選ぶとして、両者ともに平和会議には招請されなかった。日本は五一年十二月に米国に中華民国を正統な国に選ぶとの吉田書簡を送り、同条約の発効と同時に日華平和条約を締結し、中華民国は対日賠償請求権を放棄した。中国も七二年の日中共同声明において賠償請求権を放棄した。日本政府の立場は、中華民国の対日賠償請求権の放棄により賠償問題が解決済みであり中国政府に請求権がない、とするものであった。日中国交正常化交渉の場で中国政府を代表する周恩来は強くこの見解に異議をとなえたものの、同国の賠償請求権の放棄によって問題を政治的に決着させた。韓国はサンフランシスコ講和会議への参加を求めたが認められず、五一年に始まる国交正常化交渉で賠償請求権を主張するが日本政府は認めなかった。このため単に「請求権問題」として交渉が続けられ、六五年六月に決着した。当時、英植民地であった香港、シンガポール、マレーシア(マラヤ)は、英国が賠償請求権を放棄したために請求権がなかった。そのため、これらの国の独立後に賠償問題が生じるが、これらも「準賠償」と位置づけられ、経済協力協定として資金協力が行われた。

戦争賠償は平和条約の規定に支えられて、日本の財政の負担能力を超えない限りでの役務による賠償となった。個人の「苦痛」に関する償いはなされなかった。賠償支払い額は、ビルマ七二〇億円(五六―六五年)、フィリピン一九〇二億円(五六―七六年)、インドネシア八〇三・一億円(五八―七〇年)、南ヴェトナム一四〇・四億円(六〇―六四年)、合計三五六五・五億円である。賠償方法は第一四条によって「役務」とされるが、その後資本財を中心とする「生産物」が一般的となった。沈船引き揚げ、船舶供与、ダム建設、水力発電所、セメント工場、ホテル建設などでなされた。賠償協定は経済協力協定と抱き合わせで締結され、日本製品の輸出政策の側面が強くみられ、また請求国との供与に関わって汚職が大きな問題となった。賠償が国民でなく国家への賠償の認識の上に処理されたため、韓国の従軍慰安婦問題のように、賠償問題を決着済みとする日本政府に対して現在でも告発が続いている。

〔インドネシア〕インドネシアは宗主国オランダとの戦争を経て一九四九年十二月に独立した。五一年十二月に同国から対日使節団が派遣され、当初要求額は一七二・七八億ドルであった。五二年一月に仮調印された中間協定はインドネシア国民を納得させられず議会にも上程されなかった。日本がサンフランシスコ平和条約第一四条の表現を厳密に捉え、戦時の政府支出、産業施設の収用による所得喪失、死傷者・行方不明者の家庭所得の喪失などを損害と認めず、インドネシア側の大幅譲歩と映ったからである。交渉は同国が開発五ヵ年計画を立案した五六年に動き出し、五八年四月に賠償二億二三〇八万ドル、焦げ付き債権棒引き一・七億ドル、経済借款四億ドル、合計八億ドルで署名された。支払いは七〇年に終了した。合計額は五六年五月成立のフィリピン賠償総額に等しい。賠償は、船舶供与、ダム建設、製紙・紡績・合板工場、ホテル建設などに用いられたが、両国政財界が癒着し、汚職問題を引き起こした。

〔ビルマ〕一九四八年一月、英植民地から独立したビルマ(現ミャンマー)は、五四年八月末に対日使節団が賠償総額四億ドル、二十年払いを求めたが、翌月には賠償二億ドル相当の役務と生産物、経済協力年五〇〇〇万ドル相当の役務と生産物、それぞれ十年払いで合意した。同協定は日本の初の賠償協定であり、のちに結ばれる他国との賠償協定と比較して不利にならないために「再検討条項」が付加された。交渉が短期間で終結したのは、ビルマ政府が同年決定したピドータ経済開発計画(福祉国家計画)に賠償を利用しようとしたからである。最大の計画はバルーチャン発電所建設で、そのほか、ポンプ・耕運機、電気機器、トラック・バスの組立工場などの建設がある。この賠償方式はサンフランシスコ平和条約での役務賠償主義から資本財中心の現物賠償主義への転換であり、日本の復興がそれを可能とさせた。日本にとって賠償は「投資」としての性格を強くもつものとなり、その後の日本の経済協力の原型となった。

〔フィリピン〕フィリピンはアジア・太平洋戦争において日本軍と連合軍との最大の激戦地の一つであり、戦争による犠牲者は当時の人口千八百万のうちの百万人以上に上った。こうした犠牲を背景に、日本の戦争責任を問う声はきわめて強く、サンフランシスコ平和条約も強い不満の中で署名された。同条約第一四条に基づく対日賠償交渉は一九五二年一月に始まり中断を経て、五六年五月に妥結した。フィリピン側の当初の要求額は七〇億ドルであったが、純賠償額は五・五億五ドル(一九八〇億円、支払い期間二十年間)の役務と資本財の提供、加えて二・五億ドル(九〇〇億円)の民間供与の経済開発借款、合計八億ドルであった。支払いは七六年に終了した。賠償内容では、交渉妥結前の中間賠償として始まった沈船引揚げ役務のほか、外交貨物船や漁船などの船舶、セメント工場、製紙工場、麻袋工場、紡績工場などのプラント類の建設、賠償担保借款などであり、経済協力事業への基盤作りの役割を果たすものとなった。

〔南ヴェトナム〕フランス領インドシナ(現ヴェトナム・ラオス・カンボジア)の一部であり、一九五四年のジュネーブ協定によって南北に分断されたヴェトナムのうち、日本政府は南ヴェトナムを承認した。当初、日本軍により二〇億ドルの被害を被ったとしていた同国は、五五年十二月には賠償として二・五億ドルを要求したのに対して、日本の回答はわずか四〇〇万ドルであった。日本との四年の交渉を経て五九年五月、賠償として五年間で三九〇〇万ドル相当の役務および生産物を、借款を三年間で七五〇万ドル、さらに発効五年後に九一〇万ドルを供与するとの賠償協定と借款協定に署名した。賠償総額の七〇%を超える二七八〇万ドルがダニムダム発電所建設計画のための資本財、役務の調達に使われた。ビルマ賠償ほかと同様に、賠償協定と経済協力あるいは借款協定が抱合せで結ばれ、賠償の名にもかかわらず戦争被害者への償いの性格はない。賠償は、南ヴェトナムの経済開発に沿いつつ、日本とヴェトナムの政治的、経済的関係強化の性格が強かった。

参考文献 大蔵省財政史室編『昭和財政史』一(一九八四、東洋経済新報社)、原朗「戦争賠償問題とアジア」(『(岩波講座)近代日本と植民地』八所収、一九九三、岩波書店)、倉沢愛子「インドネシアの国家建設と日本の賠償」(『年報日本現代史』五、一九九九)、永井慎一郎・近藤正臣編『日本の戦後賠償―アジア経済協力の出発―』(一九九九、勁草書房)、中野聡「賠償と経済協力―日本・東南アジア関係の再形成―」(『(岩波講座)東南アジア史』八所収、二〇〇二、岩波書店)、平川均「賠償と経済進出」(『(岩波講座)アジア・太平洋戦争』七所収、二〇〇六、岩波書店)

(平川 均)

ばいじょごう 梅汝璈 Mei Ruao 一九〇四―七三 中国の法律家。東京裁判の中国代表判事。一九〇四年十一月七日中国江西省南昌県朱姑橋梅村生まれ。字は亜軒。二四年清華学校を卒業後、米国に留学。まずスタンフォード大学で学び、二八年シカゴ大学で法学博士の学位を取得する。二九年の帰国後、山西大学、南開大学、武漢大学で教鞭を執り、三三年国民政府内政部参事兼行政訴願委員会委員、三五年には立法院立法委員を務める。この時期精力的に法学関係の著述を発表し、その成果は『梅汝璈法学文集』(二〇〇七年、中国政法大学出版社)に収録されている。日中戦争勃発後は中央政治学校教授、四三―四六年国防最高委員会専門委員。四六―四八年の東京裁判で中国代表判事を務め、多数派判事の一人として判決書を執筆、土肥原賢二、板垣征四郎らの死刑を強く支持した。裁判終了後、国民政府から行政院政務委員兼司法部長に任命されるが拒絶して香港に逃れ、中華人民共和国成立後の五〇年外交部顧問に就任。その後全国人民代表大会代表、第三・四次全国政協委員などを務めるが、文革期に著述・資料・日記類を没収され、六二年から書き始めていた『極東国際軍事法廷』は未完に終わる。七三年四月二十三日北京で急死。七十歳。

参考文献　梅小璈・梅小侃編『梅汝璈東京審判文稿』(上海、二〇一三、上海交通大学出版社)

(小林　元裕)

はいぞくしょうこう　配属将校　中等学校以上の諸学校に教練指導のため配属された陸軍現役将校。一九二五年勅令一三五号陸軍現役将校学校配属令による。配属の範囲は官公私立の中学校、実業学校、高等学校、大学、専門学校、師範学校、高等師範学校、教員養成所など多岐にわたる。だが日中戦争期に入ると現役将校の多くは帰隊を余儀なくされ、代わりに予備役・後備役の尉官があてられるなど、当初の意図は形骸化していった。

参考文献　平原春好「配属将校制度成立史の研究」(『野間教育研究所紀要』三六、一九九三、野間教育研究所)

(神代　健彦)

はいだかつひこ　灰田勝彦　一九一一―八二　声楽家、俳優。一九一一年八月二十日にハワイで出生。本名稔勝(としかつ)。立教大学在学中に兄の有紀彦とともにハワイアン＝バンドのモアナ＝グリー＝クラブで活動。三六年にビクターからレコードデビュー。「燦めく星座」「新雪」「鈴懸の径」「加藤部隊歌」「ラバウル航空隊」「バタビアの夜は更けて」「東京の屋根の下」など、甘い透明感のある歌声で戦後まで数々のヒット曲を発表したほか、映画やミュージカルでも活躍した。八二年十月二十六日没。七十一歳。

参考文献　早津敏彦『灰田有紀彦／勝彦　鈴懸の径』(一九八三、サンクリエイト)

(戸ノ下達也)

はいにちいみんほう　排日移民法　一九二四年五月二十六日に米国連邦議会において成立した新移民法。日本人移民が同法に含まれる入国禁止条項の対象となったため、排日移民法と呼ばれる。正式名称は一九二四年移民法、またはジョンソン＝リード法。特に東欧・南欧からの移民制限を目的に、国別の移民割当の恒久化をねらった。一九二四年移民法の審議が議会下院で進むなか、「帰化不能外国人」の入国禁止を定めた第一三条C項が追加、可決された。逆に上院では修正案が示されたが、〇八年に議会が関与せず行政部の主導により成立した日米紳士協約への不信感も根強かった。二四年四月に埴原正直駐米大使による排日条項の撤廃を求めた「重大なる結果」の文言が両院で公表されると、同文言は米国に対する「覆面の威嚇」であるとする批判が上院でも高まり、形勢は一変し排日条項を含む一九二四年移民法が成立した。二四年は連邦議会・大統領選挙年であり、米国内政治の文脈では移民問題の優先順位は高く、埴原書簡は法案成立の口実とされた色彩が強い。

参考文献　飯野正子「米国における排日運動と一九二四年移民法制定過程」(『津田塾大学紀要』一〇、一九七八)、簑原俊洋『排日移民法と日米関係―「埴原書簡」の真相とその「重大なる結果」―』(二〇〇二、岩波書店)

(高原　秀介)

バオ＝ダイ　Bao Dai　一九一三―九七　ヴェトナム阮(グエン)朝最後の皇帝。一九一三年十月二十二日、フエに生まれる。二六年に即位。四五年三月、日本が仏印処理でフランス植民地政権を打倒すると、日本側の要請を受けて独立を宣言、チャン＝チョン＝キムを首班とする政権を成立させた。日本が降伏し、ヴェトミンによる八月革命が全土に広がると、グエン＝アイ＝クォックすなわちホー＝チ＝ミンへの政権移譲を決意し、八月二十五日に退位を宣言した。その後、一時ヴェトナム民主共和国の最高顧問に就任したが、四六年にはホー＝チ＝ミンと袂を分かち、フランスがヴェトナム民主共和国に対抗して樹立したヴェトナム国の国家元首となった。五四年のジュネーヴ協定でインドシナ戦争が終結すると、米国の支援を受けたゴ＝ディン＝ジエムに実権を奪われ、五五年には国家元首の地位を追われて、フランスでの亡命生活を余儀なくされた。九七年七月三十一日死去。八十三歳。

参考文献　ファム＝カク＝ホエ『ベトナムのラスト・エンペラー』(白石昌也訳、一九九五、平凡社)

(古田　元夫)

はかまだむつお　袴田陸奥男　一九一二―九一　シベリア抑留における民主運動のリーダーの一人。一九一二年青森県の地主の家に生まれる。共産党に入党、党活動で奔走するも三三年に逮捕、転向して三五年秋に出獄。四五年陸軍召集。満洲で敗戦を迎える。抑留中はチタ地区を拠点に民主運動を主導、浅原正基とともに「シベリアの天皇」と呼ばれる。ソ連国籍を取得、モスクワ放送局、極東研究所で働く。九一年モスクワで病没。元日本共産党副委員長、袴田里見の弟。

(栗原　俊雄)

はがまゆみ　芳賀檀　一九〇三―九一　ドイツ文学者、評論家。一九〇三年七月六日、国文学の泰斗芳賀矢一の子として東京府に生まれる。東京高等師範学校附属小・中学校、第一高等学校を経て、東京帝国大学独文科を卒業。ドイツに留学し、ゲオルゲ＝グループのエルンスト＝

ベルトラムに師事し、ドイツ文芸学に親しんだ。またフライブルク大学のフッサールに現象学を学んだ。日華事変の勃発を機に帰国し、第三高等学校教授となる。保田与重郎と交遊を深め『日本浪曼派』同人となる。そのころ、芳賀矢一邸の書斎は若い作家・詩人たちのサロンとして友情を育んだ。ナチス礼賛で知られるが、三七年に刊行された『古典の親衛隊』は、ドイツ文芸学の理論を日本の古典に応用したものであり、独特の文体で、保田や立原道造ら、多くの人々を魅了した。日本文学報国会では評論随筆部会常任理事。戦後は、ゲーテやニーチェの研究のほか、リルケやヘッセの翻訳があり、かたわら、関西学院大学、東洋大学、創価大学などで教鞭を執った。九一年八月十五日死去。八十八歳。

参考文献 小谷野敦『日本の有名一族―近代エスタブリッシュメントの系図集―』(『幻冬舎新書』、二〇〇七、幻冬舎) (渡辺 和靖)

はくげきほう 迫撃砲 歩兵部隊が少人数で運用する小型の火砲。砲兵部隊の火力支援が困難な近接戦闘におけて主に歩兵の火力支援に用いられた。日本では第一次世界大戦以降に本格的な研究が始まった。短い砲身のため、移動や展開が容易で、歩兵の行動に随伴しつつ、近傍の攻撃目標に対して湾曲に落下する弾丸を発射した。戦場では迫撃砲中隊が作戦ごとに歩兵連隊の支援にあたった。日本の代表的な迫撃砲には、九四式軽迫撃砲、九六式中迫撃砲、九七式軽迫撃砲、九九式中迫撃砲などがある。

参考文献 木俣滋郎『帝国陸軍兵器考』(一九七四、雄山閣出版)、竹内昭・佐山二郎『日本の大砲』(一九八六、出版協同社)、佐山二郎『大砲入門―陸軍兵器徹底研究―』(一九九九、光人社) (吉田 律人)

はくすうき 白崇禧 Bai Chongxi 一八九三―一九六六 中国の軍人。広西派軍閥首脳(派内では李宗仁に次ぐナンバー2)、回族。一八九三年(月日不詳)広西省の雑貨商家庭に出生。保定軍官学校卒。一九二四年国民党入党、広州で孫文と出会う。国民革命軍総司令部副参謀長。三一年十二月国民党中央執行委員、広西民団総司令等を歴任。三六年両広事変で李宗仁らと「抗日救国」を掲げて反蒋運動を展開するが、蒋と妥協し、広西綏靖副主任、第五路軍副総指揮となる。三七年盧溝橋事件後、軍事委員会副参謀長。三八年中国政府軍事訓練部長、軍事委員会桂林行営主任、中国回教教会理事長等を歴任。白は「対峙段階」では「政治は軍事より、遊撃戦は正規戦より重要」と主張、みずから『遊撃戦綱要』を執筆。三八年十一月華南各戦区で直接指揮。昆崙関戦役では日本軍に大打撃を与えた。四四年海軍整理建設委員会主任委員。抗戦勝利後、国防部長。四八年華中「剿匪」総司令。四九年末、台湾に亡命、蒋の戦略顧問委員会副主任などを歴任。六六年十二月二日病死。七十四歳。

参考文献 『白崇禧先生訪問紀録』(台北、一九八四、中央研究院近代史研究所)、厳如平「白崇禧」(『民国人物伝』一一所収、北京、二〇〇二、中華書局)、菊池一隆『中国抗日軍事史 一九三七―一九四五』(二〇〇九、有志舎) (菊池 一隆)

はくへいしゅぎ 白兵主義 地上戦闘の最終的結着は、砲兵の突撃支援射撃、騎兵の側面あるいは背面からの急襲のあとで、歩兵の密集集団による銃剣突撃(白兵戦)によって決まるという戦術(軍事)思想。軍事史的にはナポレオンの登場と創案による歩騎砲三兵の協同作戦の成立・成功によって、フランスやロシアなど世界の陸軍国に採用され普及した。しかし第一次世界大戦に至って火力の重視、機関銃の出現と活用、戦闘形態も遭遇戦から塹壕戦に変化することなどにより、この戦術思想は否定されていった。まず騎兵隊の突撃が消滅し、歩兵戦術も密集隊形から散兵戦術に転換した。が、帝国陸軍は、国力(資源)の貧弱、工業力の弱さ、人命の軽視などの要因から実際上は兵器・装備の改良・充実を軽視せざるをえず、第二次世界大戦に至っても「万才突撃」に象徴されるように、敗戦まで絶望的戦局に至ってもこの思想による最後は銃剣突撃という戦術を捨てきれなかった。

参考文献 上法快男・外山操・森松俊夫編『帝国陸軍編制総覧』(一九八七、芙蓉書房) (高野 邦夫)

ばくらい 爆雷 主に潜水艦攻撃に用いられる水雷兵器。水中で爆発して周囲に損害を与える。第一次世界大戦以降、潜水艦の発達とともに登場した。外観はドラム缶のような形状をしており、内部には爆薬と水圧信管が組み込まれている。爆雷は軽巡洋艦や駆逐艦、飛行機から投下され、水中に入った後はあらかじめ設定された深度で爆発する。爆雷の種類には、艦艇から落とされる短距離爆雷、射出器から遠方にむけて発射される長距離爆雷、航空機から投下される飛行機用爆雷などがあった。

参考文献 桜井忠温監修『国防大事典』(一九三三、中外産業調査会) (吉田 律人)

はごうせんすいかん 波号潜水艦 日本海軍では、排水量五〇〇トン以下の潜水艦のことを波号と称した。一九四四年に輸送用として潜輸小型(波号第一〇一型)が十二隻起工し、十隻が竣工した。また、本土防衛用として急造多量建造する目的で潜高小型(波号二〇一型)が四四年末に計画され、四五年四月以降、四十二隻が起工され、九隻が竣工した。波号二〇一型は本土決戦用として、特攻兵器と同じく全力で生産された。

参考文献 『海軍』一〇(一九八一、誠文図書)、福井静夫『日本潜水艦物語』(『福井静夫著作集』九、一九九四、光人社) (太田 久元)

はしだくにひこ 橋田邦彦 一八八二―一九四五 国民学校制度発足時の文部大臣で生理学者。一八八二年三月十五日、鳥取県の漢方医藤田謙造の次男に生まれる。彼の唱えた「科学する心」は、高度国防国家が要求する科学技術振興と「日本精神」による国民統合という二つの課題を統一するスローガンとして脚光を浴び、当時の流行語となった。橋田思想の独自性は、西欧科学と日本の伝統思想とを結合した独特の科学論・教育論をもって、複雑な性格をもつ戦時下の教育課題に対応しようとした点にある。幼少より漢方医術と陽明学に親しみ、東京帝国大学医科大学で生理学を専攻。第一次大戦中にドイツ・オーストリアに留学。帰国後、道元の『正法眼蔵』に依拠して「全機性」なる概念を確立し、日本の科学の欧米からの自立を展望する。東京帝大医学部教授のかたわら、一九三五年ごろより文部省の思想善導講習会に講師として参加。三七年、第一高等学校長、教育審議会臨時委員となり、四〇年、第二次近衛内閣の文部大臣に就任(四三年まで留任)。さらに教学錬成所長を経て、敗戦後A級戦犯指名を受け、四五年九月十四日に服毒自殺した。六十四歳。

参考文献 清水康幸「橋田邦彦における科学と教育の思想―戦時下教育思想研究への一視角―」(『日本の教育史学』二五、一九八二)、吉仲正和『科学者の発想―ガリレイ・ニュートン・寺田寅彦・橋本邦彦―』(玉川大学出版部、一九八四)　(清水　康幸)

はしもときんごろう　橋本欣五郎　一八九〇―一九五七　昭和期の陸軍軍人。一八九〇年二月十九日橋本鶴吉、周の四男として岡山県に生まれる。熊本陸軍幼年学校を経て、一九一一年陸軍士官学校卒(第二十三期)、砲兵となる。二〇年陸軍大学校卒。参謀本部勤務を経て、二三年満洲里特務機関長、二七年トルコ大使館付武官などを歴任。三〇年十月国家改造を目的として桜会を結成。三一年には三月事件、十月事件といったクーデター事件を画策するが、いずれも失敗。三六年の二・二六事件では、独自の収拾案をもって奔走するが成功しなかった。同年予備役に編入されると大日本青年党(四〇年に大日本赤誠会に改組)を結成し統領となる。三七年野戦重砲兵第十三連隊長として出征し、十二月英軍艦レディーバード号砲撃事件を起こす。四〇年大政翼賛会常任総務。四二年の翼賛選挙では推薦候補として福岡四区から立候補しトップ当選。戦後、A級戦犯として終身禁錮となるが、五五年仮出所。五七年六月二十九日没。六十七歳。

橋本欣五郎

参考文献 中野雅夫『橋本大佐の手記』(一九六三、みすず書房)、田々宮英太郎『橋本欣五郎一代』(一九八二、芙蓉書房)　(塩出　環)

はしもとでんざえもん　橋本伝左衛門　一八八七―一九七七　満洲移民を推進した農業経済学者。一八八七年七月十一日、埼玉県に出生。一九〇七年第一高等学校卒業、一〇年東京帝国大学農科大学卒業。日本勧業銀行を経て二四年京都帝国大学農学部教授。三二年より石黒忠篤・加藤完治・那須皓らとともに関東軍・拓務省に対し満洲移民の実現を訴えて奔走。三四年雑誌『農業と経済』創刊。戦時期には同誌を中心として、日本によるアジア侵略を正当化する時流便乗的な論説を発表。四〇年満洲国開拓研究所長。戦後は兵庫県立農業経済研究所長、滋賀県立短期大学長などを歴任(公職追放・教職追放はなし)。七七年五月十三日没。八十九歳。

参考文献 橋本伝左衛門『農業経済の思い出』(一九七三、橋本先生長寿記念事業会)、橋本先生追想集編集委員会『橋本伝左衛門先生の思い出』(一九六七、農村更生協会)、伊藤淳史『日本農民政策史論―開拓・移民・教育訓練―』(二〇一三、京都大学学術出版会)　(伊藤　淳史)

はすだぜんめい　蓮田善明　一九〇四―四五　昭和期の文芸評論家、国文学者。日本浪曼派の旗手。蓮田慈善の三男として一九〇四年七月二十八日熊本県に生まれる。三三年に栗山理一・池田勉・清水文雄とともに『国文学試論』を刊行。三八年、成城高等学校(現成城大学)教授就任。同年、蓮田善明を編集兼名義人として、清水・栗山・池田の広島文理大出身者とともに、国文学者斎藤清衛門下の四名を同人として古典研究の同人誌『文芸文化』を創刊。のちの同人に三島由紀夫がおり、三島の「花ざかりの森」が掲載された際の編集後記で蓮田善明は三島を激賞した。三九年、中支戦線洞庭湖東部の山地に従軍し、歩兵少尉軍務の余暇中の論考や日記を書き綴ったものが、『鷗外の方法』(三九年、子文書房)である。四三年、陸軍中尉として再召集。翌四四年よりインドネシアを転戦、終戦をマレー半島でむかえた。四五年八月十九日、ジョホールバルにて所属する部隊の中条豊馬大佐を射殺し、その後自身もピストル自殺をする。四五年八月十九日没。四十二歳。

参考文献 小高根二郎責任編集『蓮田善明全集』(一九八九、島津書房)　(大澤　聡)

はせがわきよし　長谷川清　一八八三―一九七〇　海軍軍人、台湾総督。一八八三年五月七日、福井県生まれ。一九〇三年海軍兵学校卒(三十一期)、一四年海軍大学校卒。二二年大佐、アメリカ大使館付武官、戦艦「長門」艦長、二七年少将、横須賀鎮守府参謀長、第二潜水戦隊司令官、三二年中将、海軍次官。三七年七月の日中戦争勃発時は中国担当の第三艦隊司令長官、さらに十月には新編の支那方面艦隊司令長官となり、中国方面における海軍作戦の全般指揮にあたる。三八年四月横須賀鎮守府司令長官に転じ、三九年大将に進級、四〇年十一月から四四年十二月まで台湾総督。前任の小林躋造大将が予備役であったのとは異なり現役の海軍大将としての総督就任であり、「南進」の基地としての台湾重視の現れであった。その後軍事参議官となり終戦を迎える。四六年、戦犯容疑者として巣鴨に拘置されるが四七年釈放。七〇年九月二日没、八十七歳。

参考文献　寺崎隆治編『長谷川清伝』(一九七二、長谷川清伝刊行会)　(坂口　太助)

はせがわテル　長谷川テル　一九一二—四七　エスペランティスト、反戦運動家。筆名緑川英子、ベルダ＝マーヨ。一九一二年三月七日山梨県で東京市土木課の技師幸之助・よねの次女として生まれる。東京府立第三高等女学校ののち、奈良女子高等師範学校に入学。姉ユキの影響でエスペラントを学び始める。三二年共産党のシンパとみなされて警察に拘引され、退学となる。帰京後はタイプを習い、日本エスペラント学会での仕事をしながら、その会合に熱心に参加、エスペラント雑誌に小説「春の狂気」や評論を書いた。この運動の中で中国人留学生劉仁と知り合い結婚。三七年四月夫のあとを追って上海に出国した。日中戦争後はエスペランティストとして数々の苦難に耐えながら反戦活動に従事、「私たちの敵は唯一つ—ファシストたちです」と日本や世界の人々に訴えた。この活動は『嵐のなかのささやき』『戦う中国にて』に残されている。四七年一月十四日、中国東北部のチャムスで死去。三十六歳。

参考文献　利根光一『(増補版)テルの生涯—長谷川テルの歩んだ炎の道と遺児たち—』(一九八〇、要文社)、高杉一郎『中国の緑の星—長谷川テル　反戦の生涯—』(『朝日選書』、一九八〇、朝日新聞社)　(折井美耶子)

はせがわにょぜかん　長谷川如是閑　一八七五—一九六九　ジャーナリスト、文明批評家。一八七五年十一月三十日、東京府で材木商山本徳治郎の次男として生まれる。同人社予科、共立学校、明治法律学校予科、東京法学院予科を経て、九三年東京法学院英語法学科に入学。九八年東京法学院を卒業後、一九〇三年に新聞『日本』に入社する。〇八年『大阪朝日新聞』に入社し、『倫敦』や『搦手から』を刊行する。一六年社会部長として活躍するも、一八年「白虹事件」により鳥居素川らと『大阪朝日』を退社する。翌一九年、大山郁夫や丸山幹治らと雑誌『我等』を創刊。その後、大正期の代表作である『現代国家批判』(二一年)、『現代社会批判』(二二年)を刊行する。三〇年『我等』を改題し、『月刊批判』(のちに『批判』)を発刊。三二年『日本ファシズム批判』を刊行するなど、時局批判を展開する。三三年に中野署に召喚され、三四年『批判』終刊。時事的問題よりも日本文化論に重点を置くようになり、三八年に『日本的性格』を刊行する。四八年文化勲章授章。六九年十一月十一日死去。九十三歳。

参考文献　中央大学人文科学研究所編『長谷川如是閑—人・時代・思想と著作目録—』(一九八五、中央大学出版部)　(長妻三佐雄)

はせべことんど　長谷部言人　一八八二—一九六九　解剖学者、人類学者。一八八二年六月十日、東京府で、長谷部仲彦の長男に出生。東京帝国大学医科大学に入学、卒業と同時に京都帝国大学医科大学解剖学助手として足立文太郎に師事。新潟医学専門学校を経て、東北帝国大学医学部で教授となる。その間、ミクロネシア(南洋群島)を調査し『過去の我南洋』(一九三二年、岡書院)などを公表した。三六年に急逝した松村瞭の後任として三八年に東京帝国大学理学部教授に着任し、その翌年に創設された人類学科の主任教授に就任した。戦後、明石原人の寛骨に原始性を認めた論文が注目されたが、通説には至っていない。定年退官後も東大人類学教室で研究を続け、日本学術会議会員、日本人類学会会長、日本学士院会員として人類学の指導的役割を果たした。六九年十二月三日死去。八十七歳。

参考文献　長谷部言人『自然人類学概論』(一九二七、岡書院)、山口敏編『長谷部言人・清野謙次』(『日本の人類学文献選集』七、二〇〇五、クレス出版)　(中生　勝美)

バタアンこうりゃくせん　バタアン攻略戦　一九四二年にフィリピンのルソン島で二度にわたって行われた、日米両軍の戦い。四一年十二月八日、本間雅晴中将を司令官とする第十四軍はルソン島のクラーク飛行場を空襲し、フィリピン侵攻作戦を開始した。フィリピン攻略の主眼は、南方作戦上の障害となる米軍根拠地の壊滅にあった。十二月二十二日、本間中将ら軍主力がリンガエン湾に上陸し、首都マニラに進軍した。二十四日、ダグラス＝マッカーサー極東米軍司令官はマニラを放棄、米比軍はバタアン半島に退却し、持久戦に入った。第十四軍首脳はバタアンに撤退した米比軍の追撃を優先せず、軍中央の方針通りマニラ攻略に全力を注ぎ、四二年一月二日にこれを占領した。一月初旬、日本軍はバタアン半島の米比軍の掃討作戦を開始。だが、予想に反して米比軍の激しい抵抗に遭遇し、日本側の損害も著しかったため、二月八日に攻撃を一時中止した(第一次バタアン作戦)。日本軍は第四師団など兵力を増強して態勢を立て直し、四月三日に総攻撃を再開(第二次バタアン作戦)。一週間後の四月九日、指揮官のエドワード＝キング少将が投降し、バタアン半島の米比軍は降伏した(この間、マッカーサー将軍は三月十一日にコレヒドール島を脱出、十七日にオーストラリアに逃れた)。勝利した日本軍は、予測を大幅に上回る七万六千人もの米比軍将兵を捕虜とすることになった。

参考文献　防衛庁防衛研修所戦史室編『比島攻略作戦』(『戦史叢書』二、一九六六、朝雲新聞社)、Michael Norman and Elizabeth M. Norman, *Tears in the Darkness: The Story of the Bataan Death March and Its Aftermath*, (New York, 2009, Farrar, Straus and Giroux).　(永井　均)

バタアンしのこうしん　バタアン「死の行進」　一九四二年四月九日、バタアン半島で日本軍に降伏した米比軍兵士が、収容所までの道程を主として徒歩で行軍させられ、その移動過程と収容後に多数の死者が出た事件を指す。四月三日、日本軍(第十四軍)は第二次バタアン作戦

バタアン街道を行く日本軍と投降した米軍

を展開し、九日に勝利するが、そこには二つの誤算があった。一つは米比軍の降伏が予想より早かったこと、もう一つは投降兵の数が予測(約四万人)を上回る多さだったことである。日本軍は受け入れ態勢が不十分なまま、膨大な数の捕虜を手にした。米比軍捕虜(七万六千人ともいわれる)は、バタアン半島南端のマリベレスなどで投降し、サンフェルナンドまでの約一〇〇キロを徒歩で行軍し(西海岸のバガグでの投降者もサンフェルナンドに向けて行軍)、そこから貨車でカパスまで移送され、カパスから最終目的地のオードネル収容所まで約一二キロを再び徒歩で行軍した。長期にわたる籠城と応戦を続けてきた米比軍兵士は、マラリアや赤痢、デング熱、栄養失調などで衰弱し、フィリピンで最も暑い季節(四月)の中で行軍を強いられ、つぎつぎと命を落とした。捕虜たちにとって、日本軍の扱いは過酷であった。食糧や医療面でのケアが不十分だっただけでなく、少なからぬ人々が行軍中、各所で日本兵から暴力を受けて落命した。四月十二日にはパンティンガン川で集団処刑事件も起きた。劣悪な処遇はオードネル収容所でも続き、日本軍当局も驚くほど多くの死者が出た。バタアン「死の行進」は、四三年七月にオーストラリアに逃れた体験者が、米軍当局に体験を語り、報道規制が解かれた四四年一月末にその体験談が大きく報じられ、米国社会で有名な事件となった。終戦直後、「死の行進」は日本陸軍が実施した捕虜虐待事案の調査対象となり、当時の軍司令官本間雅晴中将が監督責任を問われて「礼遇停止」の処分を受けた。またマニラ・東京・横浜での戦犯裁判でも訴追の対象となり、本間中将など関係者が処罰された。ちなみに、東京裁判のフィリピン検事は検察側立証で、米比軍兵士七万三千人(比兵六万二千人)のうち一万七千二百人(比兵一万六千人)が移動中に死亡、オードネル収容所に収容後、四二年八月一日までに三万五百二十二人(比兵二万九千人)が死亡したと指摘している。四月九日はフィリピンでは「バタアン=デー」と呼ばれ(現在の正式名称は「勇者の日」)、祝日になっている。

参考文献 陸戦史研究普及会編『ルソン島進攻作戦』(『陸戦史集』一二、一九六六、原書房)、永井均『フィリピンと対日戦犯裁判―一九四五～一九五三年―』(二〇一〇、岩波書店)、Michael Norman and Elizabeth M. Norman, *Tears in the Darkness: The Story of the Bataan Death March and Its Aftermath*(New York, 2009, Farrar, Straus & Giroux).

(永井 均)

はたしゅんろく 畑俊六 一八七九―一九六二 陸軍軍人。一八七九年七月二十六日、東京に生まれる。父は旧会津藩士で北海道庁警部の畑能賢、兄は陸軍大将畑英太郎(陸軍士官学校第七期)。一九〇〇年陸士卒(第十二期)、一〇年陸軍大学校を首席で卒業。二一年大佐・野戦砲兵第十六連隊長、二三年参謀本部第二課長兼軍令部参謀、二六年少将・野戦重砲兵第四旅団長、二七年参謀本部第四部長、二八年参謀本部第一部長、三一年中将・砲兵監、三三年第十四師団長、三五年航空本部長、三六年台湾軍司令官、三七年教育総監・大将、三八年中支那派遣軍司令官(南京を攻略した中支那方面軍から改編)となり徐州作戦、武漢攻略戦を指揮。三九年侍従武官長、阿部内閣組閣に際し天皇の意向を受け陸相に就任、続く米内内閣に留任。第二次世界大戦が勃発すると緒戦のドイツの勝利に刺激された陸軍は、近衛文麿を首班とする挙国一致内閣の樹立をもくろんだ。参謀本部の幕僚らは老齢の参謀総長閑院宮を動かして畑の陸相辞任を促した。四〇年七月、畑の単独辞表提出により米内内閣は総辞職した。その後軍事参議官を経て、四一年支那派遣軍総司令官、四四年元帥となり教育総監、四五年第二総軍司令官を歴任。四八年A級戦犯として終身刑、五四年仮釈放。戦後、畑は日中和平の最大の癌は、蔣介石に対する満洲国承認要求であること、和平交渉失敗の要因は陸軍・海軍・外務省・民間と多くの交渉の手が差し出されたこと、中国側も日本の本心が判断できず苦慮していたと述べている。また畑は武漢陥落直後に戦地から日中和平を具申し、太平洋戦争開戦前には支那派遣軍総参謀長を東条英機首相兼陸相のもとに送り、日中和平が実現しなくても戦線を思い切って縮小し要所を守るよう改める必要があると具申したという。畑は「外柔内剛、識見高邁にして大局に通じる」と評されたが、稲田正純(元参謀本部第一部第二課長)は戦後、「ちょっと利口者で八方美人的なところがある」と回想している。五八―六二年偕行社会長、六二年五月十日没。八十二歳。

畑 俊 六

参考文献 「畑俊六・荒木貞夫聴取書」(法務省、一九五六、国立公文書館所蔵)、梅谷芳光『忠鑑畑元帥』(一九六四、国風会本部)、額田坦『陸軍省人事局長の回想』(一九七七、芙蓉書房)、『続・現代史資料』四(一九八三、みすず書房)、小宮山登『元帥畑俊六獄中獄外の日誌』(一九九二、日本人道主義協会)、軍事史学会編『元帥畑俊六回顧録』(二〇〇九、錦正社)　(柏木　一朗)

はたなかけんじ　畑中健二　一九一二―四五　昭和期の陸軍軍人。一九一二年三月二十八日、京都府に生まれる。三四年に陸軍士官学校を卒業(四十六期)。皇国史観の国史学者である平泉澄の影響を受ける。四〇年に陸軍大学校を卒業し、陸軍省軍務局軍事課課員などを歴任。ポツダム宣言受諾反対・本土決戦を掲げるクーデターに関わり、宮城占拠事件に参加する。森赳近衛第一師団長殺害の実行犯。四五年八月十五日に自決。三十四歳。

参考文献　林茂他編『日本終戦史』上(一九六二、読売新聞社)　(加藤　祐介)

バタビヤおきかいせん　バタビヤ沖海戦　一九四二年三月一日に、バンダム湾沖において、日本海軍とアメリカ・オーストラリア・オランダの連合部隊との間で戦われた夜戦。スラバヤ沖海戦で敗れた連合部隊の残存艦隊のうち、アメリカ海軍の重巡洋艦「ヒューストン」とオーストラリア海軍の軽巡洋艦「パース」は、スラバヤ沖海戦で戦死したドールマン少将の最期の指示によってバタビヤに移動したのち、より安全なジャワ島南部のチラチャップに移動することとなった。その途中で、ジャワ島南部のバンダム湾沖で日本軍の輸送船団を発見し、その攻撃を実施しようとしたところ、二艦をすでに補捉していた護衛部隊および応援に駆けつけた部隊との間で戦闘となった。海戦自体は日本海軍の圧倒的な勝利に終わったが、戦闘中に日本の輸送船団中数隻に対して護衛部隊による誤射がなされるという事件があった。→スラバヤ沖海戦

参考文献　池田清『日本の海軍』下(一九六七、至誠堂)、外山三郎『日本海軍史』(『教育社歴史新書』、一九八〇、教育社)　(手嶋　泰伸)

はちいちせんげん　八・一宣言　一九三五年八月一日、中国ソヴィエト政府と中国共産党中央の名義で発表された宣言。正式名称は「抗日救国のために全同胞に告げる書」。コミンテルン第七回大会での人民戦線戦術への転換にもとづいて、王明らモスクワ在住の中共代表団が起草し発表した。宣言はすべての人びとが意見の違いを乗りこえて「抗日救国の神聖な事業のために奮闘」することをうったえ、内戦を停止し、全中国を統一した国防政府と抗日連軍を組織することを呼びかけた。この宣言ではまだソヴィエト革命路線が放棄されておらず、また統一戦線から蔣介石らを売国奴として排除する「反蔣抗日」の立場に立っていたが、中国共産党が抗日民族統一戦線政策に一歩ふみだしたことを示したものである。長征を終えた中共中央も、十二月に政治局会議(瓦窰堡会議)を開き、同じく「反蔣」の立場を維持しながらも抗日民族統一戦線の樹立を全党の基本的任務として確定した。→抗日民族統一戦線

参考文献　日本国際問題研究所中国部会編『中国共産党史資料集』七(一九七三、勁草書房)　(石島　紀之)

はちきゅうしきちゅうせんしゃ　八九式中戦車　日本初の国産主力級戦車。一九二八年設計開始、二九年完成。当初は重量九・八トンで八九式軽戦車と命名されたが、その後の改修で重量が一〇トンを超えたため、八九式中戦車と改称された。最高時速二五キロ以上。装甲は最大一七ミリ、武装は五七ミリ砲一と機関銃二。当初はガソリンエンジン装備だったが、のちディーゼルエンジンを装備した「乙型」が開発された。

参考文献　原乙未生・栄森伝治・竹内昭『日本の戦車(新版)』(一九七八、出版協同社)、土門周平『日本戦車開発物語―陸軍兵器テクノロジーの戦い―』(『光人社NF文庫』、二〇〇三、光人社)　(中野　良)

はちろぐん　八路軍　日中戦争期、主に華北で抗日戦争を展開した中国共産党の軍隊。毛沢東の抗日戦略、革命戦略に基づいて活動し、抗日戦争勝利に大きく貢献した。国民革命軍第八路軍が正式な名称で、八路軍は通称。一九三七年七月に日中戦争(抗日戦争)が開始されると、国民党と共産党の第二次国共合作が成立し、同年八月、紅軍主力は国民政府の国民革命軍第八軍に改編された。共産党は、国民党と合作するために、国民党政権転覆のための一切の蜂起・赤化政策を停止する、ソヴィエト政府を解消し、抗日民主政権の辺区政府とするなどの抗日民族統一戦線に必要な政策転換を行なった。中共中央政治局会議で、朱徳が総司令、彭徳懐が副総司令、葉剣英が参謀長、任弼時が政治部主任、鄧小平が政治部副主任に任命された。同年九月、中共中央のある陝北ソヴィエトは陝甘寧(陝西・甘粛・寧夏の三省区にまたがる)辺区と改称された。八路軍は、華北の山地や奥地に抗日根拠地を築いて辺区政府を樹立して司令部とし、日本軍の占領・支配地域においてゲリラ戦(遊撃戦)を展開して解放区を拡大していった。抗日根拠地で訓練された八路軍兵士や政治工作員は、各地に派遣されて民衆を抗日ゲリラに組織し、ゲリラ戦を指導した。八路軍は、三七年九月、山西省の平型関で日本軍第五師団の輜重部隊(輸送部隊)を

八路軍　毛沢東(右)と朱徳

待ち伏せ攻撃して殲滅し、中国軍最初の大勝利と宣伝して、抗日世論を喚起した。三八年九月には山東抗日根拠地が成立、四〇年中には晋冀魯(山西・河北・山東の三省にまたがる)抗日根拠地が成立、四一年八月には晋冀魯豫辺区が樹立され、河南省が加わって華北全域にまたがる広大な抗日根拠地が建設された。四〇年八月下旬から十月上旬にかけて百団大戦を発動、北支那方面軍に大きな衝撃を与えた。抗日戦争を通じて八路軍の兵員数は三七年の約八万人から四五年の約百三万人へと大発展をとげ、四五年八月十日の中共中央の命令により、八路軍の全軍が大反攻作戦を展開し、華北・東北(満洲)・チャハル・綏遠を解放した。戦後、国共内戦が開始されると四七年三月、中国人民解放軍と改称された。 →紅軍 →抗日根拠地 →百団大戦

参考文献 石島紀之『中国抗日戦争史』(一九八四、青木書店)、笠原十九司『日本軍の治安戦—日中戦争の実相—』(『戦争の経験を問う』、二〇一〇、岩波書店)、王秀鑫・郭徳宏『中華民族抗日戦争史—一九三一〜一九四五—』(石島紀之監訳、二〇一二、八朔社) (笠原十九司)

はっこういちう 八紘一宇 アジア・太平洋戦争期の大日本帝国の戦争目的を示す用語。一九四〇年九月の日独伊三国同盟締結の詔書によって国是に。『日本書紀』神武天皇即位前紀の橿原奠都の令「兼六合以開都、掩八紘而為宇、不亦可乎」から、日蓮宗系国家主義団体国柱会の創始者田中智学が、一三年に造語。天皇による世界統一を含意。公人として「八紘一宇」を最初に使用したのは、国柱会関係者の荒木貞夫陸相で三三年十二月、ファッショ的団体結成の際の祝辞に用いた。三四〜三五年、陸軍パンフレットにも、軍備拡張を正当化するために使用。三五年六月、陸軍省発行の『「日本精神学」序説』では、『日本書紀』の神武天皇に由来する用語という注釈がつき、用語自体の神聖さをアッピール。さらに三六年一月、内務省警保局長松本学も八紘一宇を使用。また二・二六事件の決起趣意書にも見える。また三七年五月、文部省『国体の本義』でも、八紘一宇に関わる『日本書紀』の部分を引用。八紘一宇を時代の言葉としたのは、日中全面戦争の開始であった。国内矛盾の回避をめざしたこの戦争は、大義名分に乏しく、当初の「暴支膺懲」から「聖戦」、そして「聖戦」を担保するものとして八紘一宇がクローズアップされた。三七年十一月、文部省は、『八紘一宇の精神—日本精神の発揚—』(『国民精神総動員資料』第四集)を刊行。そこでは、八紘一宇は、「皇化にまつろはぬ一切の禍を払」うと説明。天皇の支配下に入ろうとしないものは、すべて「禍」とされる。この戦争目的を国民レベルに普及したのは、「征け 八紘を宇となし」という歌詞を含む「愛国行進曲」。この八紘一宇には、さまざまの疑義が出されたが、四〇年二月、斎藤隆夫の質問(斎藤、衆議院除名)への反論で、八紘一宇＝「民族精神」として絶大な権威が付与された。しかし、戦争が四一年十二月米英との戦いに拡大すると、戦争目的への疑義は薄まり、田中の造語への反発とも相まって「八紘為宇」も使われるようになる。

参考文献 内藤英恵「「八紘一宇」はなぜ国是となったのか」(須崎愼一・内藤英恵『現代日本を考えるために—戦前日本社会からの視座—』所収、二〇〇七、梓出版社) (須崎 愼一)

はっこういちうのとう 八紘一宇の塔 神話による神武天皇の東征の出発地とされた宮崎県が、神武天皇即位二千六百年を記念して建てた石塔。宮崎市の北西郊外の台地に、祖国振興隊などを動員してつくられ、一九四〇年十一月二十五日に竣工した。当時は「八紘之基柱」と呼ばれた。神主がお祓いに用いる「御幣」を形取り、高さ三六・四メートルで八角形の威圧感ある塔である。正面には「八紘一宇」の文字が秩父宮の筆により掲げられ、四隅には塔設計者である日名子実三作の武人・商工人・農夫・漁夫の四神像が配置されている。塔には中国戦線の部隊からの七十五個、植民地や占領地の団体からの二百六十九個を含む、地方公共団体や行政補助団体などから寄せられた千七百八十九個の切石が使われ、軍国主義と日本帝国の勢力範囲を表している。戦後直後、「八紘一宇」の文字は削られ、武神像は外されて、平和の塔と呼ばれるようになった。その後、六二年に武人像が、六五年に「八紘一宇」の文字が復活した。

参考文献 「平和の塔」の史実を考える会編『石の証言—みやざき「平和の塔」を探る—』(『本多企画ブックレット』一、一九九五、本多企画)、千葉慶「戦略としての表象分析—《八紘之基柱》を読むということ—」(『歴史評論』七六二、二〇一三) (山辺 昌彦)

ハッタ Mohammad Hatta 一九〇二—八〇 インドネシアの初代副大統領。一九〇二年八月十二日、西スマトラ生まれ。二〇年代にオランダのロッテルダム商科大学で学び、留学中はインドネシア協会で活躍。三二年に帰国しシャフリルとともに、知識人リーダーの役割を重視するインドネシア国民協会を率いて、大衆路線をとるスカルノと対立した。三三年には日本で貿易商をしていた伯父を頼って訪日し、「ジャワのガンジー」として歓迎を受けたが、その翌年オランダによって逮捕され、ボーヴェン＝ディグルやバンダ島に流刑になった。ジャワに移され拘留されていたところを日本軍によって解放され、スカルノとともに軍政に協力し、民衆運動を指導した。軍政顧問として意中のメンバーを集めてハッタ事務所を開設していたが、日本軍からはその忠誠を疑われて暗殺の動きもあったといわれる。スカルノと連名で四五年八月十七日に独立を宣言し副大統領となった。五六年には「指導される民主主義」への傾倒を強めるスカルノと対立して辞任した。八〇年三月十四日死去。七十七歳。

参考文献 後藤乾一『昭和期日本とインドネシア—一九三〇年代「南進」の論理・「日本観」の系譜—』(一九八六、勁草書房) (倉沢 愛子)

はっとりえいたろう　服部英太郎　一八九九―一九六五　社会運動史・社会政策学者。一八九九年四月二十七日に和歌山県に生まれる。一九二三年に東京帝国大学を卒業し、東北帝国大学法文学部助手となる。二四年に助教授となり、社会思想史、社会政策論の講義を行なった。三〇年に文部省の留学生として欧州に留学し、主にドイツのベルリンで研究生活を送った。三二年に帰国し、三五年に東北帝国大学教授となった。この前後から、ドイツの社会運動、社会政策の分析成果を発表していったが、四二年に東北帝国大学教授を免職となり、その後、治安維持法違反の容疑で検挙されるということも生じた。戦後は、四六年に東北帝国大学教授に復帰し、社会運動史、社会政策論の講義を再開する。四九年に論文「社会政策の生産力説への一批判」を発表して社会政策本質論争のきっかけを作り、階級的視点に立った自説をもとに大河内理論批判の急先鋒となった。東北大学名誉教授、また福島大学学長も務めた。六五年十二月二十日没。六十六歳。

参考文献　『服部英太郎著作集』(一九六六―一九七六、未来社)

（玉井　金五）

はっとりたくしろう　服部卓四郎　一九〇一―六〇　陸軍軍人。一九〇一年一月二日生まれ。山形県出身。荘内中学から仙台・中央幼年学校を経て陸軍士官学校三十四期に進み、大阪の歩兵第三十七連隊付となる。三四年に仏国駐在となり、エチオピア戦争を観戦、またベルリン駐在の田中新一と交流を持ったとみられる。帰国後、参謀本部付を経て関東軍作戦班長となった。三九年のノモンハン事件において、中央の不拡大方針に対して辻政信参謀とともに強硬策を遂行して惨敗を喫したが、彼らの行為は昭和初旬から続く陸軍中堅幹部による下剋上の延長線上にある。軽微な処分ののち翌四〇年には参謀本部作戦班長になり、翌年、陸軍作戦の要のポストである作戦課長になった。太平洋戦争開戦後の勢いは、東ニューギニアのポートモレスビー作戦およびガダルカナル島作戦で挫折し後退が始まるが、いずれにも服部が深く関係した。この責任をとり作戦課長を退いたが、東条英機陸相の庇護で陸相秘書官となり中央に留まった。四三年十月、作戦課長に復帰、まず牟田口廉也のインパール作戦の実施を認可し、三月から開始された。続いて参謀本部の指導で支那派遣軍による大陸打通作戦を実施、十月には比島作戦をルソン島からレイテ島に転換する指導を行なった。いずれも失敗か効果なしで、日本の敗戦を早めるだけで、「作戦の神様」といわれる面影はない。ルソン作戦失敗後、ついに中央を追われ、中国南部にあった歩兵六十五連隊長となって湘桂作戦に従事中に敗戦を迎えた。戦後、GHQのG2歴史課の「マッカーサーレポート」編纂のため、マッカーサーの特別命令で中国よりただ一人帰国した。東条英機夫人勝子の推挙により編纂顧問荒木光子がG2部長ウィロビーに頼み込んで実現したとされる。第一復員局史実調査部長とG2歴史課編纂主任を兼務し、「マッカーサーレポート」編纂の傍ら、G2歴史課の資料も使い『大東亜戦争全史』編纂を並行して進めた。こうした身勝手ができたのは、民政局長のホイットニーを目の敵にするウィロビーが、日本の再軍備計画の主導権を握るためには服部の協力が不可欠であったからである。服部自身は陸幕長を目論んだが、吉田茂・辰巳栄一に阻止された。六〇年四月三十日死去。五十九歳。

参考文献　「昭和二五～二七年　服部機関」(防衛省防衛研究所所蔵)、H・E・ワイルズ『東京旋風―これが占領軍だった―』(井上勇訳、一九五四、時事通信社)、高山信武『服部卓四郎と辻政信』(一九八〇、芙蓉書房)

（田中　宏巳）

はっとりりょういち　服部良一　一九〇七―九三　作曲家。一九〇七年十月一日に大阪府で出生。二三年にいずも屋少年音楽隊に入隊し、以後ジャズバンドで演奏の傍ら、エマヌエル＝メッテルに師事して作曲や編曲に取り組んだ。三三年に上京し、三六年からコロムビアの専属となる。また、作曲のみならず三八年の中支前線慰問団、四四年の陸軍報道班員としての前線派遣などにも関わった。戦時期には、「別れのブルース」「一杯のコーヒーから」「湖畔の宿」「蘇州夜曲」「みたから音頭」といったヒット曲の創作のみならず、「山寺の和尚さん」のようなジャズを意識した編曲の発表など、独自の境地で活動を行なった。戦後も「東京ブギウギ」「青い山脈」など、戦時期から戦後に継続して、現在に歌い継がれるさまざまなスタイルの楽曲を継続して発表し愛唱された。また流行歌のみならず、映画や舞台の音楽、放送、校歌や団体歌の創作など幅広く活躍したほか、戦後は日本作曲家協会や日本音楽著作権協会などの公職にも就き音楽文化の啓蒙などにも注力した。九三年一月三十日没、八十五歳。

参考文献　服部良一『ぼくの音楽人生』(一九九三、日本文芸社)

（戸ノ下達也）

はとやまいちろう　鳩山一郎　一八八三―一九五九　大正・昭和期の政治家。一八八三年一月一日、法学者・政治家の鳩山和夫の長男として東京で生まれる。東京高等師範学校付属中学校、第一高等学校を経て、一九〇七年、東京帝国大学法科大学法律学科卒業。東京市会議員から一五年の第十二回総選挙に立候補して当選(以後通算十五回)、政友会に所属。同会主流派の位置を占め、田中義一

鳩山一郎

内閣の内閣書記官長、犬養・斎藤内閣の文部大臣を歴任。三二—三三年の滝川事件では文相として滝川幸辰京都帝国大学教授の辞職・休職を要求した。「挙国一致」内閣期以降、政友会において中島知久平、前田米蔵ら陸軍統制派との連携を指向する勢力と抗争、三九年四月の同会分裂にあたって中島派が「革新派」を結成したのに対抗して久原房之助とともに「正統派」を結成するが、次第に劣勢となった。四〇年二月、七十五議会の「反軍演説」を発端とする斎藤隆夫除名問題では斎藤の除名に反対し、同年の政党解消、大政翼賛会結成後は、翼賛会違憲論を唱えて近衛内閣に対決姿勢を示した。違憲論により翼賛会が公事結社となったことを受けて、四一年九月、旧政友会・民政党の大部分が院内会派の翼賛議員同盟を結成すると、同年十一月、自派の世耕弘一・石坂豊一らが結成した同交会に参加する。四二年四月の第二十一回総選挙(翼賛選挙)では東条内閣が翼賛政治体制協議会の候補者推薦に関与する選挙のあり方に反対を表明、非推薦候補として当選した。選挙後は、不本意ながらも前田らが主導する政事結社・翼賛政治会(翼政)の結成に参加。しかし、東条内閣と翼政主流派の協調による議会運営に不満を蓄積し、八十一議会(四二年十二月—四三年三月)の戦時刑事特別法改正案、八十二議会(四三年六月)の企業整備・食糧増産問題の審議において、三木武吉、東方会の中野正剛、旧社会大衆党の西尾末広らと連合して反対運動を展開し、東条内閣と翼政主流派に打撃を与える。四三年六月、翼政を脱会。翼賛会違憲論で批判していた近衛文麿に接近し、小林躋造前台湾総督(海軍大将)を次期内閣の首班に擁立する運動に参加、内務大臣、司法大臣候補に擬せられる。四五年三月、翼政が解散し大日本政治会が結成されたが、同会には参加しなかった。敗戦後の新党計画にあたっては、戦時期の反東条連合を機縁として旧社会大衆党系にも参加を呼びかけたものの西尾らの同意を得られなかったため、四五年十一月、同交会のメンバーを中心に日本自由党を結成、総裁となる。四六年四月の第二十二回総選挙で自由党は比較第一党の地位を獲得し、鳩山内閣が実現する見込みとなったが、翌月、滝川事件の責任、戦時期の軍国主義的言動などを理由として公職追放を受ける。追放解除後、五二年十月の第二十五回総選挙に立候補し当選、自由党分党派を立ち上げる。五三年に自由党に復党するも翌年には日本民主党を結成し、総裁に就任。五四年十二月、首班指名を受け内閣を組織、中ソとの国交回復を視野に入れた自主外交と再軍備を念頭に置いた憲法改正を主要政策に掲げた。憲法改正については、五五年二月の第二十七回総選挙、五六年七月の参議院選挙ともに憲法改正に必要な三分の二の議席を確保できず断念せざるをえなかった。一方、日ソ国交回復については、五六年十月、自ら訪ソした結果、共同宣言と通商航海議定書を調印、成功した。帰国後の十二月、内閣総辞職。この間、民主党と自由党の保守合同に伴い、五六年四月に自由民主党の初代総裁となる。五九年三月七日死去。七十六歳。

[参考文献] 伊藤隆・季武嘉也編『鳩山一郎・薫日記』(一九九九・二〇〇五、中央公論新社)、『鳩山一郎回顧録』(一九五七、文藝春秋新社)、伊藤隆「昭和一七～二〇年の近衛—真崎グループ」(『昭和期の政治』、一九八三、山川出版社)、同「「自由主義者」鳩山一郎—その戦前・戦中・戦後—」(『昭和期の政治(続)』、一九九三、山川出版社)

(宮田 光史)

バドリオ Pietro Badoglio 一八七一—一九五六 イタリアの軍人・政治家。一八七一年九月二十八日生まれ。第一次世界大戦で勲功を上げて昇進し、一九三五年のエチオピア侵攻作戦で司令官を務めた。四〇年六月の第二次世界大戦への参戦にあたっては賛成の姿勢だったが、アルバニア侵攻作戦の不手際を批判されて参謀総長の職を辞した。四三年七月のファシズム大評議会でムッソリーニが首相の職を解かれると、国王からその後任として起用された。ドイツに対しては同盟関係の維持と戦争継続を約束しながら、連合軍と秘密裏に休戦の交渉を続けた。王室と体制の存続を狙ってどっちつかずな態度をとり、同年九月八日に連合軍が停戦を発表すると、ドイツ軍の進出を恐れて首都ローマから南部へ逃亡した。その際に軍に対して明確な命令を出さなかったため、イタリア軍の解体とドイツ軍による北中部の占領を招き、四五年五月までのドイツ軍＋ファシスト部隊対連合軍＋レジスタンス勢力の激しい内戦を引き起こすことになった。対独抵抗運動を担った諸勢力だけでなく保守派からもこうした行動を批判されて、戦後の政治過程からは排除される。五六年十一月一日死去。八十五歳。

[参考文献] ニコラス＝ファレル『ムッソリーニ』(柴野均訳、二〇一一、白水社)

(柴野 均)

バトル＝オブ＝ブリテン Battle of Britain 一九四〇年七月から十月にかけて行われたドイツ空軍によるイギリス空爆と、それに対するイギリス空軍の防御戦。この空襲に耐えたイギリス国民の努力と、四〇年十一月以降四一年五月までつづいたドイツ軍の空爆も含めてバトル＝オブ＝ブリテン(イギリスの戦)と呼ばれることもある。四十年四月に本格的な戦闘を開始し、六月にはフランスを降伏させたヒトラーは、次にイギリス上陸作戦を行うことを考え、そのための前哨戦としてイギリスへの空からの攻撃を開始した。七月十日に英独の戦闘機の間で戦われた空中戦が、バトル＝オブ＝ブリテンのはじまりといわれる。ドイツ空軍によるイギリス本土への空爆は、八月八日に始まった。当初はイギリス空軍飛行場に対する爆撃を中心としていたドイツ軍の攻撃は、都市爆撃を重点とするものに変化していき、九月七日には、ロンドンのイースト＝エンドに対する大規模な空襲が行われた。それ以後七十六日間、ロンドンは一日を除いて毎夜空襲にさらされることになり、セントポール大寺院など多くの有名な建物がこの空爆によって破壊された。イギリス国民の被害も大きく、九月から十月にかけては一万二千人近くの市民(その五分の四はロンドン市民)が犠牲となった。ドイツ側は空爆で人びとの志気をまずくじいておいてから上陸作戦を敢行しようと考えていたが、こうした犠牲にもかかわらずイギリス人の志気はおとろえることなく、家を失った人びとは、地下鉄の駅構内を仮住まいにするなどして空襲に耐えた。首相チャーチルはこの様相をみて、バトル＝オブ＝ブリテンこそイギリスにとって「最良の時」になると評した。こうしたイギリス側の抵抗によって、ヒトラーはイギリス上陸作戦を断念し、英独空軍の間の空中戦は十月末に終わったものの、ドイツ機によるイギリス爆撃はその後もつづき、十一月十日には工業都市コベントリーに対する有名な空爆が行われた。ヒトラーがソ連との戦争を選んだことにより、独ソ戦開始に先立って四一年五月、ドイツ空軍によるイギリス本土攻撃は終わりを迎えた。

参考文献 W・S・チャーチル『第二次世界大戦』上(佐藤亮一訳、一九七二、河出書房新社)
(木畑 洋一)

はなおかじけん 花岡事件 戦争末期の中国人強制連行による労働現場の一つである秋田県北部の花岡町でおきた中国人の蜂起事件。花岡鉱山での工事を請け負っていた鹿島組による過酷な労働、虐待に耐えきれず、一九四五年六月三十日夜一斉に蜂起し日本人補導員四人などを殺害し、逃亡をはかるが失敗。十二名の中国人が殺人罪などで起訴され、九月十一日、秋田地裁で無期懲役一名、懲役十年二名、同八年二名、同六年一名、同五年二名、同三年二名、同二年二名に処され、秋田刑務所に収監された。十月になって、米占領軍が花岡町に進駐、「花岡事件」を知るに至り、中国人は釈放され、逆に鹿島組花岡出張所長など七名および花岡警察署長など二名が俘虜虐待などで逮捕され、横浜BC級戦犯裁判で裁かれた。四八年三月一日、絞首刑三名、終身刑一名、禁錮二十年二名の判決が言渡されたが、のちに減刑され刑死はなかった。八九年は、一月に昭和天皇の死、六月に中国天安門事件、十一月にベルリンの壁崩壊と重要な年となった。そして十二月、花岡受難者聯誼会(準備会)は鹿島に対し㈠公式謝罪、㈡記念館の建設、㈢各五百万円の賠償、の三項目要求の公開書簡を送った。翌年七月、両者は、企業としての責任を認め、生存者・遺族に深甚なる謝意を表明し、問題の早期解決をめざす、との共同発表を行なった。しかし、結局、九五年六月、東京地裁に提訴。九七年十二月、除斥期間(二十年)の経過などを理由とする門前払い判決で、舞台は東京高裁に移る。東京高裁では、途中から職権和解の方向が示され、二〇〇〇年十一月、花岡に連行された九百八十六名について、鹿島が中国紅十字会に五億円を信託するとの和解が成立。提訴は十一名でなされたが、原告らの強い願いから、全体解決を追求し、中国紅十字会の利害関係人としての参加により、それが実現した。この信託方式は、その後、西松建設の広島安野事業所(被連行中国人三百六十名、二〇〇九年和解成立)および信濃川発電所(同、百八十三名、二〇一〇年同)においても踏襲された。

参考文献 劉智渠『花岡事件―日本に俘虜となった中国人の手記―』(『同時代ライブラリー』、一九九五、岩波書店)、福田昭典「鹿島建設、強制連行の企業責任認める」(古庄正他『日本企業の戦争犯罪』所収、二〇〇〇、創史社)、李恩民「日中間の歴史和解は可能か―中国人強制連行の歴史和解を事例に―」(『境界研究』一、二〇一〇)
(田中 宏)

はなみたつじ 花見達二 一九〇三―七〇 昭和時代のジャーナリスト、政治評論家。一九〇三年十一月十五日宮城県生まれ。北海道帝国大学を卒業後、二七年東京毎夕新聞政治部記者となり、三一年読売新聞社に転じ、同文化部長、政治部副部長などを経て四三年八月退社。井沢弘を担いで斎藤忠、西谷弥兵衛らと日本世紀社を設立し、大日本言論報国会評議員などを歴任。「日本思想戦体系」で『日本政治』(四三年、旺文社)を担当し、「勤王世界戦」を唱える『戦争政記』(四三年、日本書館)などを執筆。敗戦後、タブロイド紙『政治新聞』を創刊して主筆となったが、公職追放令により退社。日本政策研究所を主宰して評論活動を続けた。赤沼三郎のペンネームで『新聞太平記』(五〇年、雄鶏社)を刊行。七〇年九月二十一日没。六十六歳。

参考文献 花見達二『昭和記者日記―現代の人物五百人―』(一九六八、雪華社)、『花見達二遺稿集』(一九七三)
(佐藤 卓己)

はなもりやすじ 花森安治 一九一一―七八 大政翼賛会で国策宣伝の企画・制作に携わった宣伝技術者、プランナー。一九一一年十月二十五日兵庫県生まれ。東京帝国大学文学部在学中から化粧品会社伊東胡蝶園の広告を手がけ、三七年大学卒業後同社に入社。三八年召集、満洲へ赴く。三九年戦地で結核となり、四〇年現役免除で除隊、伊東胡蝶園に復職。四一年春、大政翼賛会実践局宣伝部員となり、宣伝物や展覧会展示物の制作の発注・指導、公募作品の選定にあたるほか、宝塚歌劇の脚本も手掛けた。四三年四月臨時召集を受けるが、同月召集解除となり、復職。四四年七月、翼賛会の改組に伴い、文化動員部副部長に就任し、各地で講演などにあたった。戦後は『暮しの手帖』の名編集長として活躍するほか、他誌への寄稿も多数。著作に『逆立ちの世の中』(五四年、河出新書)、『一銭五厘の旗』(七一年、暮しの手帖社)などがある。七八年一月十四日没。六十六歳。

参考文献 酒井寛『花森安治の仕事』(二〇一一、暮しの手帖社)、馬場マコト『花森安治の青春』(二〇一一、白水社)、津野海太郎『花森安治伝―日本の暮しをかえた男―』(二〇一三、新潮社)
(井上 祐子)

はなやただし 花谷正 一八九四―一九五七 大正期・昭和戦前期の陸軍軍人。最終階級は中将。一八九四年一月五日、岡山県に生まれる。陸軍士官学校(第二十六期)、陸軍大学校卒業。関東軍参謀を経て一九三〇年八月には奉天特務機関に属し、満洲事変の首謀者の一人となった。その後も、三五年八月に再び関東軍参謀、三九年一月に満洲国軍顧問、四一年七月に満洲の第二十九歩兵団長と、満洲での諸職を歴任した。四一年十二月に北支那方面軍第一軍参謀長。四三年十月、ビルマ方面軍第五十五師団長に就任、翌年二月には師団長としてインパール作戦の前哨戦である第二次アキャブ作戦(ハ号作戦)を行なったが、強引な用兵のすえ惨敗を喫した。第十八方面軍(タイ)参謀長として敗戦をむかえた。五七年八月二十八日、六十三歳で死去。

参考文献 防衛庁防衛研修所戦史室編『インパール作戦―ビルマの防衛―』(『戦史叢書』一五、一九六六、朝雲新聞社)、浅井得一「ビルマにおける花谷正中将の行動―大東亜戦争公刊戦史の限界について―」(『政治経済史学』二〇七、一九八三)　(堀田慎一郎)

はにごろう　羽仁五郎　一九〇一―八三　昭和期の歴史家。一九〇一年三月二十九日、群馬県の絹織物業者・銀行家の森家に出生。二一年東京帝国大学法学部を中退しドイツに留学、ハイデルベルク大学でリッケルトの歴史哲学を学んで帰国。二四年文学部国史学科に転科し、二六年羽仁説子と結婚。在学中にクローチェの『歴史叙述の理論及歴史』(二六年、岩波書店)を翻訳、卒業論文を『佐藤信淵に関する基礎的研究』(二九年、同)として公刊。二七年卒業後、東京帝国大学史料編纂所嘱託、二八年日本大学教授となって史学科創設。同年に三木清と『新興科学の旗のもとに』を創刊し、野呂栄太郎の協力者として『日本資本主義発達史講座』(三二―三三年、岩波書店)の編集に参加。この間、『転形期の歴史学』(二九年、鉄塔書院)『歴史学批判叙説』(三二年、同、発禁)で官学アカデミズムのブルジョワ史学批判を果敢に展開し、三二年史学会例会発表の「東洋に於ける資本主義の形成」に示された雄大な世界史的視野をもった「人民史観」の維新論と『白石・諭吉』(三七年、岩波書店)『ミケルアンジェロ』(三九年、同)などを精力的に刊行し続け、反ファシズムの闘いを敢行した。三三年に治安維持法違反容疑で検挙され日大教授を辞任、戦争末期の四五年三月に北京で再検挙、敗戦後の九月まで拘置された。八三年六月八日死去。八十二歳。『羽仁五郎歴史論著作集』全四巻(一九六七年、青木書店)に戦前の主要論説がテーマ別に集成されている。

参考文献 北山茂夫「日本近代史学の発展」(『(岩波講座)日本歴史』別巻一、一九六三、岩波書店)、犬丸義一「羽仁五郎」(永原慶二・鹿野政直編著『日本の歴史家』、一九七六、日本評論社)、斉藤孝『昭和史学史ノート』(『小学館創造選書』、一九八四、小学館)、『遠山茂樹著作集』八(一九九二、岩波書店)　(今井　修)

はにゅうさんしち　羽生三七　一九〇四―八五　社会運動家。一九〇四年一月十三日、長野県生まれ。二二年早稲田大学文化会に参加し、山川均の影響で五月下伊那文化会を組織し、九月下伊那自由青年連盟を結成し、普選運動や信南自由大学を開講、機関誌『第一線』を発行した。二三年一月文化会を改組してLYL(Liberal Younger's League)を組織し社会主義運動、青年運動を展開したが、二四年LYL事件(長野県青年共産党事件)により検挙、治安警察法違反で禁錮四ヵ月の刑を受ける。その後も大山郁夫らの政治研究会、労働農民党支部に参加、二八年三・一五事件を経て合法主義を主張。三二年下伊那郡鼎村村議当選、三五年社会大衆党から長野県議に当選、三八年から国民運動研究会に参加、昭和研究会に関係する。戦時下では地元飯田・下伊那で満洲移民に積極的に関与するなど国策協力への傾向がみられる。敗戦後は、ただちに四五年末の社会党結成に参加、四六年に鼎村長当選、四七年戦後初の参議院選挙に社会党公認で当選。以後五期連続トップ当選、外交・防衛問題で活躍した。「参議院の良心」といわれる。七七年に引退。同年鼎町名誉町民第一号となる。八五年十二月三十日死去。八十一歳。

参考文献 佐々木敏二『長野県下伊那社会主義運動史』(一九七八、信州白樺)、石川真澄『ある社会主義者―羽生三七の歩いた道―』(一九八二、朝日新聞社)、橋部進「それからの羽生三七―敗戦までの思想的変遷―」(『飯田市歴史研究所年報』五、二〇〇七)　(森　武麿)

ばばえいいち　馬場鍈一　一八七九―一九三七　大正・昭和期の官僚、政治家。一八七九年十月五日、東京府生まれ。一九〇三年東京帝国大学法科大学政治科卒業、大蔵省入省。〇七年法制局に転じ第二部長を経て二二―二三年高橋是清内閣、加藤友三郎内閣の法制局長官。二二年貴族院議員に勅選、研究会所属。二七―三六年日本勧業銀行総裁。三六―三七年広田弘毅内閣の大蔵大臣。馬場蔵相が編成した昭和十二年度予算は、満洲事変以降の情勢に積極的に対応、軍事費を中心に急膨張した。高橋財政の国債漸減方針を放棄、日銀引受による国債増発と増税、公債政策の一環としての低金利政策や銀行統合(一県一行主義の表明)、大蔵省幹部の刷新人事等、戦時財政への性急な転換を図ろうとしたことから「馬場財政」と呼ばれる。三七年に第一次近衛文麿内閣の内務大臣に就任したが、病気辞任。同年十二月二十一日死去、五十九歳。二十年法学博士。著書に『財政学(経済叢書第三編)』『憲法政治の理論と実際』『財政学講義』『農村に関する若干の問題(銀行叢書第二六編)』等がある。

馬場鍈一

参考文献　長沼弘毅『馬場鍈一の追憶』(一九三八)、故馬場鍈一氏記念会『馬場鍈一伝』(一九四五)、有竹修二『昭和財政家論』(一九五二、大蔵財務協会)、大蔵省昭和財政史編集室編『昭和財政史』一(一九六五、東洋経済新報社)

(佐藤　政則)

ばばつねご　馬場恒吾　一八七五―一九五六　昭和期の自由主義ジャーナリスト。一八七五年七月十三日、岡山県生まれ。同志社神学校、東京専門学校(現早稲田大学)英語政治科を中退して、一九〇〇年ジャパン＝タイムズ社に入り、〇九年ニューヨークに渡って英文雑誌『オリエンタル＝レビュー』を創刊。一三年に『ジャパン＝タイムズ』編集長として帰国。翌一四年国民新聞社に移り、外報部長、編集局長などを歴任して二四年退社、評論活動に専念した。自由主義の立場から普通選挙運動や社会大衆党結成に関わり、日米開戦後は「反軍的」執筆者として活動を制限された。敗戦後、四五年十二月に貴族院議員に勅選され、戦犯容疑者となった正力松太郎にかわり読売新聞社長に就任。四六年には公職適格審査委員、四九年には日本新聞協会会長に就任した。五六年四月五日没。八十歳。

参考文献　御厨貴『馬場恒吾の面目―危機の時代のリベラリスト―』(一九九七、中央公論社)　(佐藤　卓己)

ババルとうじけん　ババル島事件　一九四四年十月から十一月にかけてババル島エンブラワス村でおきた日本軍による住民虐殺事件。ババル島はニューギニアとティモール島の中間にある小島でオーストラリアに隣接しており、連合軍の反撃に備えて日本軍が配備され、第五師団歩兵第四十二連隊の一個小隊と海軍部隊合わせて七十名ほどが駐屯していた。日本軍は村から食料や煙草を安く供出させていたが、煙草の供出交渉の際海軍嘱託が村長を殴打し、怒った村長がその嘱託を刺殺。村民たちは村を守るためには日本軍を攻撃するしかないと判断し、近くの海軍の見張所などを攻撃した。日本軍は他島から増援を得て討伐を開始し、村を焼き払い、投降してきた村人全員を射殺した。その数は四百～七百人とされているが、この虐殺に関与した部隊は、マレー半島で華僑粛正を行なった部隊だった。戦後、戦犯に問われることを危惧した日本軍関係者が報告書を改竄し、この事件は住民による計画的な蜂起事件であり、戦闘のなかでやむなく村民が死亡したかのように書き換えた。事件について日本で知られるようになったのは史料が発見された八六年のことである。

参考文献　武富登巳男編『ババル島事件関係書類』(『十五年戦争極秘資料集』二、一九八七、不二出版)、小田部雄次・林博史・山田朗『キーワード日本の戦争犯罪』(一九九五、雄山閣)　(本庄　十喜)

ハバロフスクさいばん　ハバロフスク裁判　極東国際軍事裁判(東京裁判)でアメリカ側が日本軍の細菌戦に関する戦争犯罪を裁かなかったことに対して、それを不服とするソ連が事実を世界に訴求するため独自にハバロフスクに軍事裁判所を設置して行なった戦犯裁判。公判は一九四九年十二月二十五日から判決言い渡しの三十日まで連日約四百人の傍聴者の前で行われた。被告には、細菌戦に責任のある者として関東軍の中から総司令官以下軍医部長、獣医部長、七三一部隊の部長、課長から支部長、一兵卒まで、さらに一六四四部隊の隊長、一〇〇部隊の隊員などさまざまな階級からまんべんなく十二人を選び、証人も十二人が用意された。この裁判ではじめて細菌戦部隊の組織、人体実験や野外実験、細菌兵器の製造、細菌戦の試行などが明らかになった。それに対してアメリカは、これはソ連が捕虜にしている約三十七万人の日本兵と民間人の抑留問題から注意をそらそうとしているだけだと主張して、裁判の証拠を無視し続けた。

参考文献　『公判記録―七三一細菌戦部隊―(完全復刻・普及版)』(一九九一、不二出版)　(近藤　昭二)

バモオ　Ba Maw　一八九三―一九七七　英領ビルマ初代首相、日本占領期ビルマの国家元首兼首相。一八九三年二月八日、マウービン生まれ。英ケンブリッジ大学、グレイズ＝イン(法科学院)を卒業、仏ボルドー大学で博士号取得。帰国後、弁護士を経て一九三二年から植民地議会に入り、三六年穏健社会主義政党の貧民ウンターヌ結社を結党、三七年四月初代ビルマ人首相に就く。三九年二月内閣不信任案を可決され下野、タキン党と組んで反英運動を展開、逮捕される。四二年八月日本軍占領下で中央行政府長官、四三年八月「独立」に伴い国家元首兼首相。敗戦とともに日本の外務省関係者の支援で日本へ亡命、新潟県内の寺院に匿われるが、四六年一月GHQに自首。同年八月英国による恩赦でビルマに帰国するも政界復帰はかなわず、その後は著述に専念した。七七年五月二十九日死去。八十四歳。

参考文献　バモオ『ビルマの夜明け―バー・モウ(元国家元首)独立運動回想録―(新版)』(横堀洋一訳、一九九五、太陽出版)、根本敬『抵抗と協力のはざま―近代ビルマ史のなかのイギリスと日本―』(『戦争の経験を問う』、二〇一〇、岩波書店)　(根本　敬)

はやしけんいち　林謙一　一九〇六―八〇　情報局情報官。一九〇六年十一月六日、東京府生まれ。府立第五中学校、慶応義塾大学文学部予科を経て三一年に早稲田大学理工学部卒業。同年東京日日新聞に入社し、記者として社会部、学芸部、内国通信部に所属。傍ら、木村伊兵衛の創設した国際報道写真協会に参加。三七年九月、支那事変特派員として上海を取材。三八年一月、写真宣伝に従事する内閣情報部事務嘱託に転じ、同年二月十六日の『写真週報』創刊や同年七月設立の写真宣伝政府代行機関「写真協会」(三九年に財団法人に改組、四四年に財団法人日本写真公社に改組)に携わる。四〇年に情報局情報官となり、四三年に海軍司政官としてセレベス民政府に赴任。戦後は、内閣官房総務事務嘱託を経て、全日本観光連盟事業部長、同参与などを勤める。八〇年十一月一日没。七十三歳。著書は、『野尻湖―報道写真集―』（一九四〇年、フォトタイムス社）、『おはなはん』（一九六六年、文藝春秋）ほか多数。

参考文献 白山眞理『〈報道写真〉と戦争 一九三〇―一九六〇』（二〇一四、吉川弘文館） （白山 眞理）

はやしせんじゅうろうないかく 林銑十郎内閣 陸軍大将林銑十郎を首班とする内閣。一九三七年二月二日発足。広田弘毅内閣の総辞職を受けて、長く首相候補とされてきた宇垣一成に大命が降下した。しかし、宇垣を現状維持派と見なす陸軍は、軍部大臣現役武官制を利用して宇垣内閣を流産させた。元老西園寺公望は、次の第一候補として平沼騏一郎、第二候補として林銑十郎を推挙し、このうち陸軍の意向を知る平沼が辞退したことで林内閣の誕生となった。組閣にあたって、陸軍参謀本部作戦課長の石原莞爾らは、陸軍大臣に板垣征四郎を就任させるべく策動したものの、これがかえって陸軍首脳の反発を招き、受け入れられず、その後、石原らの影響力は衰えていく。また立憲政友会からは中島知久平、立憲民政党からは永井柳太郎の入閣が要請されたが、林が党籍離脱を求めたため両党が拒否し、結局政党からの入閣者は両党に属さない農林大臣山崎達之輔だけとなり、総じて官僚内閣の性格が色濃いものとなった。林は、就任早々の三七年二月三日の閣議で、それまで衆貴両院の議員を任命していた政務次官・参与官を置かない方針を決定したり、六日の閣議ではそれらの代わりに事務次官を政府委員として議会に出席させることを決定したりするなど、反政党的な施策をつぎつぎと打ち出した。内閣の発足は翌年度予算を審議する議会中であったが、大蔵大臣結城豊太郎は議会に提出済みの予算案を撤回し、二億円余り削減する予算案を再提出した。しかし陸海軍省予算は旧予算案のままである一方、地方財政調整交付金が大きく圧縮されるなど、相変わらず軍部に手厚い予算案であった。一方で財界にも配慮したこのような結城財政は、「軍財抱合財政」と評された。林内閣は、予算案が議会を通過した直後の三月三十一日、法案審議を遅延させている政党に反省を促すとして、突然衆議院の解散を通告した。背景には、前年末から軍部も加わって進められていた新党構想があったが、しかし新党はいまだ形を見ないものであり、総選挙では政友会・民政党が圧勝、その後激しい倒閣運動を展開したため、林は陸軍からも見限られ、五月三十一日に総辞職を決定した。

参考文献 江口圭一「第三三代林内閣―庶政革新から『軍財抱合』へ―」（林茂・辻清明編『日本内閣史録』三所収、一九七六、第一法規出版） （河島 真）

はやしたつお 林達夫 一八九六―一九八四 評論家、思想史家。一八九六年十一月二十日、東京に生まれ、幼少時の四年間、外交官の父の赴任先シアトルで暮らす。京都府立第一中学を経て第一高等学校に入学するが、中退して一九一九年京都帝国大学文学部哲学科選科に入学、二二年卒業。二四年東洋大学文化科教授となり文化史を講ずる（三五年まで）。一九二九―四五年『思想』の編集に携わる。三〇年からファーブル『昆虫記』を翻訳、刊行。三二年唯物論研究会に参加。二〇年代末からルネッサンスの研究に取り組み、三三年『文芸復興』を刊行。三八年ベルグソン『笑い』を翻訳、刊行。三九年『思想の運命』を刊行。四〇年前後の思想状況を痛烈に批判した評論は、四六年刊行の『歴史の暮方』に収録される。四一年東方社社外理事、四三年東方社社長に就任（四五年まで）。戦後は、四五年から中央公論社出版局長、五四年平凡社『世界大百科事典』編集長となり、編集にあたった。五一年刊の『共産主義的人間』は、最も早いスターリン主義批判の書として知られる。八四年四月二十五日没。八十七歳。

参考文献 『林達夫著作集』（一九七一―七二・八七、平凡社）、渡邊一民『林達夫とその時代』（一九八八、岩波書店） （北河 賢三）

はやしふじま 林富士馬 一九一四―二〇〇一 医師、詩人、文芸評論家。一九一四年七月十五日、東京府に生まれ、両親の郷里長崎県で育つ。慶応義塾大学文学部在学中に佐藤春夫に師事し、三五年夏ごろ、佐藤邸で太宰治と知り合う。三九年、第一詩集『誕生日』（林修平名義）を刊行。慶応大学中退後、日本医科大学に学び、医師免許を取得。四三年、伊東静雄主宰のロマン主義の雑誌『文芸文化』に関係し、年少の三島由紀夫と知り合い、いちはやくその才能を評価した。『日本浪曼派』同人の山岸外史と親交を深めた。戦後、小児科医を開業する。また伊東静雄、庄野潤三、島尾敏雄、三島由紀夫らと同人誌『光耀』を創刊、かくれた無名作家を発掘した。また、壇一雄らの『ポリティア』の同人となる。戦後の著書に『苛烈な夢 伊東静雄の詩の世界と生涯』（一九七二年、社会思想社）などがある。二〇〇一年九月四日死去。八十七歳。

参考文献 『林富士馬評論文学全集』（一九九五、勉誠社） （渡辺 和靖）

はやしふみこ 林芙美子 一九〇三―五一 昭和初期から占領期の人気作家、詩人。女流作家の戦争協力の代表者との評価もある。一九〇三年、福岡県で生まれる。本名フミコ。各地を転々として育ち、尾道の学校生活で教師に文才を見出される。三〇年の『放浪記』で一躍有名作家に。三八年九月にはペン部隊の一員として従軍。作家の漢口一番乗りで話題となり、『戦線』『北岸部隊』を執筆。この二作は戦後初期の新潮社版全集には収録されていない。四二年十月、陸軍省報道部の嘱託、朝日新聞社の後援でボルネオ、ジャワなどに滞在。晩年の代表作『浮雲』が仏印を舞台としており仏印滞在説もあるが、望月雅彦が否定している。疎開先の長野で敗戦を迎え、戦後は再び流行作家として多作の日々を送る。「河沙魚」「うず潮」「骨」など、出征兵士の妻や戦争未亡人が抱えた苦しみを描いた作品も多い。五一年六月二十八日、活動の絶頂期に心臓麻痺で急死。

参考文献 荒井とみよ『中国戦線はどう描かれたか―従軍記を読む―』(二〇〇七、岩波書店)、望月雅彦編『林芙美子とボルネオ島―南方従軍と『浮雲』をめぐって―』(二〇〇八、ヤシの実ブックス)、尾形明子『華やかな孤独―作家林芙美子―』(二〇一二、藤原書店) (神子島 健)

はやて・よんしきせんとうき 疾風・四式戦闘機 日本陸軍の戦闘機。中島飛行機製。二〇〇〇馬力級エンジン(ハ―四五)による優れた上昇力と高速力、強力な火器を備えた高性能戦闘機として、アジア・太平洋戦争開戦後に試作が始まった。一九四四年(皇紀二六〇四)四月に四式戦闘機として制式採用となり、「大東亜決戦機」と期待され、生産に力が入れられた。中国戦線に初出動し、フィリピンのレイテ作戦などに投入された。沖縄戦では、特攻機の掩護や対地攻撃などに使用され、本土防空戦では迎撃任務にあたった。しかし、生産条件の悪化、整備態勢の不十分、高品質燃料の不足などにより、ハ―四五は設計通りの性能を発揮することができず、故障も多かった。そのため稼働率が悪く、期待された役割を果たせないまま敗戦を迎えた。約三千五百機が生産されたが、これは零戦、隼に次ぐ数字である。エンジン二〇〇〇馬力×一、最高速度時速六二四キロ、武装二〇ミリ機関砲×二、一二・七ミリ機銃×二、二五〇キロ爆弾×二。

参考文献 防衛庁防衛研修所戦史室編『陸軍航空兵器の開発・生産・補給』(『戦史叢書』八七、一九七五、朝雲新聞社)、野沢正編『日本航空機総集(改訂新版)』五(一九八三、出版協同社)、鈴木五郎『不滅の戦闘機疾風(新装版)』(『光人社NF文庫』、二〇一四、潮書房光人社) (土田 宏成)

はやぶさ・いっしきせんとうき 隼・一式戦闘機 日本陸軍の戦闘機。九七式戦闘機の後継機として一九三七年に中島飛行機に試作が命じられ、四一年(皇紀二六〇一)四月に一式戦闘機として制式採用された。日本陸軍の戦闘機としては初の引込脚を採用し、格闘性を高める蝶型空戦フラップを装備した。長い航続力と優れた格闘性を武器に、アジア・太平洋戦争初頭の南方進攻作戦において連合軍機に対して優位に立った。「隼」の愛称を与えられ、特に加藤建夫少佐(のち少将)に率いられた飛行第六四戦隊の活躍は、「加藤隼戦闘隊」として映画や歌となり、国民に広く知られた。しかし、戦争半ば以降二〇〇〇馬力級の戦闘機が主流になると、速度、武装などの面で劣るようになった。合計で五千七百五十一機が生産されたが、これは海軍の零戦に次ぐ生産数である。初期の一型は、エンジン九五〇馬力×一、最高速度時速四九五キロ、武装七・七ミリ機銃×二、または一二・七ミリ機銃×二、一五～三〇キロ爆弾×二。

隼・一式戦闘機

参考文献 防衛庁防衛研修所戦史室編『陸軍航空兵器の開発・生産・補給』(『戦史叢書』八七、一九七五、朝雲新聞社)、野沢正編『日本航空機総集(改訂新版)』五(一九八三、出版協同社)、碇義朗『戦闘機「隼」―昭和の名機その栄光と悲劇―(新装版)』(『光人社NF文庫』、二〇〇三、光人社) (土田 宏成)

はらだくまお 原田熊雄 一八八八―一九四六 大正から昭和期の政治家。男爵。一八八八年一月七日、地質学者の原田豊吉の長男として東京で生まれる。一九一五年京都帝国大学法科大学卒、日本銀行入行。二四―二六年首相秘書官(加藤高明、第一次若槻礼次郎内閣)。二六年九月より元老西園寺公望の私設秘書となり、西園寺が死去する四〇年まで、各界要人との連絡役を務める。同世代の華族でありかつ京都帝大でともに学んだ木戸幸一や近衛文麿と親しく、宮中改革派として行動をともにすることが多かった。敗戦直前は吉田茂などの早期和平派の活動に関与し、吉田逮捕の際には憲兵の尋問を受けた。四六年二月二十六日没。五十九歳。原田が三〇年から四〇年にかけて口述した記録は『西園寺公と政局』(一九五〇―五六年、岩波書店)と題して公刊され、昭和史を伝える資料として最重要な位置を占めている。→西園寺公と政局

参考文献 茶谷誠一『昭和戦前期の宮中と政治』(二〇〇九、吉川弘文館)、村井良太「原田熊雄文書―『西園寺公と政局』―」(御厨貴編『近現代日本を史料で読む―「大久保利通日記」から「富田メモ」まで―』所収、二〇一一、中央公論新社) (瀬畑 源)

はらだにっき 原田日記 ⇨西園寺公と政局

はらとみお 原乙未生 一八九五―一九九〇 陸軍軍人。一八九五年六月十二日、陸軍大尉原亨の子として誕生。福岡県出身。一九一五年陸軍士官学校卒(第二十七期)、一八年陸軍砲工学校高等科卒業。二三年東京帝国大学機械工学科卒業。三七年大佐、三八年戦車第八連隊長、四〇年少将・技術本部第五部長(機械化車輌)、四一年第四技術研究所長、四三年中将、四五年軍需省軍需官・中国軍需監理局長官、広島で被爆。陸軍の技術畑を歩き戦車、自動車などの研究開発に携わる。戦車および軍用車輌に使用するエンジンに空冷式ディーゼルを採用し、統制型

エンジンの設計で大中小型の各エンジン部品の共通化を図るなど技術将校として多大な功績を残した。九〇年十一月十六日没。九十五歳。

参考文献　原乙未生『機械化兵器開発史』(一九六二)、同『呂城外遊回想記』(一九六二)、土門周平『日本戦車開発物語』(『光人社NF文庫』、二〇〇三、光人社)

(柏木　一朗)

ハラニーリャ　Delfin Jaranilla　一八八三―一九八〇　東京裁判フィリピン代表判事。一八八三年十二月二十四日、フィリピンのパナイ島イロイロ州ラパス生まれ。一九〇三年、官費米国留学制度の一期生として米国に留学、一〇七年、ジョージタウン大学法学部卒業。帰国後の一二年十月に弁護士資格を取得し、第一裁判管区の判事補など司法畑を歩んだ。二五年九月、司法省法務総裁に就任し、四〇年十月にはフィリピン陸軍法務総監に陸軍大佐の身分で就任した。ダグラス＝マッカーサー司令官のもとで日本軍とバタアン戦を戦い、四二年四月に米比軍が降伏すると、日本軍の捕虜となり、「死の行進」を経験。四五年二月にはマニラ戦も経験し、米軍による解放後の三月八日、司法長官に抜擢。六月には最高裁判事を兼務した。四六年六月三日、マヌエル＝ロハス大統領により東京裁判判事に指名される。多数派判事の一人として判決作成に携わり、併せて同意意見も提出。残虐行為抑止の法形成の先例として東京裁判を支持し、原子爆弾の正当性を指摘する一方、一部被告の量刑が軽いと主張した。八〇年六月四日、死去。九十六歳。

参考文献　永井均「忘れられた東京裁判フィリピン判事―デルフィン・ハラニーリャ判事の生涯―」(粟屋憲太郎編『近現代日本の戦争と平和』(二〇一一、現代史料出版)

(永井　均)

はらよしみち　原嘉道　一八六七―一九四四　明治から昭和期の弁護士、政治家。一八六七年二月二十三日(慶応三年二月十八日)、信濃国須坂藩の農家に生まれ、九〇年帝国大学法科大学卒、農商務省入省。九三年に退官し弁護士開業。東京弁護士会長などを歴任。一九二七年田中義一内閣の司法大臣に就任。三・一五事件などで共産党を弾圧し、治安維持法を改正して最高刑を死刑にした。平沼騏一郎が主催する国粋主義団体国本社のメンバーであり、反共主義的な傾向が強かった。三一年枢密顧問官、三八年枢密院副議長を経て、四〇年枢密院議長に就任。四一年の独ソ開戦後の御前会議では、松岡洋右外相とともに対ソ開戦を主張した。ただし統帥事項が肥大化するアジア・太平洋戦争期は、枢密院の形骸化が進んでおり、議長である原の政治的影響力も必然的に限定された。四四年八月七日、在職中に死去。男爵追贈。七十八歳。

参考文献　吉田裕『アジア・太平洋戦争』(『岩波新書』、二〇〇七、岩波書店)、中澤俊輔『治安維持法―なぜ政党政治は「悪法」を生んだか―』(『中公新書』、二〇一二、中央公論新社)

(瀬畑　源)

ハル　Cordell Hull　一八七一―一九五五　アメリカの政治家。一八七一年十月二日、テネシー州に生まれる。同州議会議員を務めた後、一九〇七年に連邦議会民主党下院議員として初当選した。ウィルソン大統領と民主党議員の多くが敗北した二〇年の選挙で一度落選したものの、二二年の選挙で再選され、三〇年まで連続して連邦下院議員に、三一年から二年間は連邦上院議員に選出された民主党革新派のなかで最も人気のある議員だった。三三年から四四年まで十一年間にわたってフランクリン＝ローズヴェルト政権の国務長官を務めた。

門戸開放政策に基づく貿易の自由化こそが平和を促進する手段であると考えていたハルは、国務長官に就任すると大恐慌対策の一環として、互恵貿易協定の締結を推進した。ハルは、連邦議会を説得して関税引き下げの権限を大統領に与える政策承認を導いた。以後、「善隣外交」の一貫として、キューバに対する干渉の根拠となっていたキューバ憲法のプラット条項の撤廃を促し、中米諸国から米軍の撤退を進めるとともに、ラテンアメリカ各国と互恵貿易協定の締結を推進した。ローズヴェルトは、個人的にハルをみずからの後継者として大統領に出馬することを求めていたが、外交政策策定をハルに委ねることはなかった。たとえば、三三年にアメリカ政府はソ連を承認するが、ハルが反対の姿勢を示すと、ローズヴェルトは、ハルを外交政策決定過程から除外する傾向を強めた。特にヨーロッパ問題に関してローズヴェルトは、商務長官ヘンリー＝モーゲンソーや側近ハリー＝ホプキンス、サムナー＝ウェルズを重用した。四〇年にローズヴェルトがウェルズ国務次官の渡欧を決定すると、ハルは不満を抱いたが、ローズヴェルトは、アジア問題、とりわけ対日政策については、ハルと国務省に委ねた。

ハル

三〇年のロンドン海軍軍縮会議以来、包括的な日米交渉は行われていなかった。日中戦争勃発以降、ハルならびにホーンベック極東局長など国務省の対日強硬派は、対日経済制裁強化へと舵を切り、知日派として知られるジョセフ＝グルー駐日大使の進言を顧みることはなかった。四〇年末より、メリノール宣教会のドラウトならびにウォルシュらが非公式な日米調停案作成を進め、さらに知米派とみなされていた野村吉三郎が駐米大使に着任すると、ハルは日米交渉を再開した。四一年三月のハル・野村会談開始後、先の非公式な日米調停案がハルに提出されるが、それに対しハルは、領土保全、内政不干渉、経済通商機会均等、太平洋における平和的現状の不変更を求める「四原則」を提示した。ハルの四原則は、すべての国家に適用されるべき自由主義的国際秩序の原則であり、日本にとって受け入れがたいものだった。同年七月に日本軍の仏印駐留による南進政策が実行されると、アメリカ政府は対日石油禁輸を含む厳しい経済制裁を課し、ハルによる調停案(ハル＝ノート)が提出されることになる。

真珠湾攻撃後、ローズヴェルトは側近とともにみずから外交政策を遂行する傾向を強め、戦時首脳会議にもハルは随行することはなかった。ハルは、唯一、四三年十月に開催されたモスクワ外相会談に出席し、戦犯問題についてイギリス・ソ連と合意した。自由貿易が平和を導くというハルの理念は、ブレトンウッズ会議で示された戦後経済構想に影響を与え、またダンバートンオークス会議において国際連合設立に尽力した。だが、外交政策策定過程から排除されることに疲れたハルは、四四年、四選目を目指すローズヴェルトに国務長官辞任の意を伝えた。四八年に回顧録を出版、五五年七月二十三日没。八十三歳。

参考文献 ジョナサン・G・アトリー『アメリカの対日戦略』(五味俊樹訳、一九八九、朝日出版社)、コーデル＝ハル『ハル回顧録』(宮地健次郎訳、『中公文庫』、二〇〇一、中央公論新社)、Waldo Heinrichs, *Threshold of War: Franklin D. Roosevelt& American Entry into World War II* (New York, 1988, Oxford University Press)

(高田 馨里)

ハルゼー William Frederick Halsey, Jr. 一八八二—一九五九 米国の軍人。海軍提督。一八八二年十月三十日、ニュージャージー州エリザベスで生まれる。真珠湾攻撃の報復として対日直接攻撃が計画された際、ハルゼー指揮下の「エンタープライズ」を旗艦とする空母部隊が、B25爆撃機からなるドゥーリトル隊の援護にあたり、四二年四月に東京、神戸、名古屋、横浜の空襲に成功した。その後、病気療養でスプルーアンスに指揮を代わったが、ミッドウェー海戦後の同年六月に復帰し、南太平洋方面の司令官となった。スプルーアンスと交互に指揮を執った艦隊は、ハルゼー指揮下では第三艦隊、スプルーアンス指揮下では第五艦隊として編成される二重部隊編成システムを採った。その間、マッカーサーの戦略的指導下でソロモン諸島やニューギニアでの作戦に参加したが、海軍提督の中では例外的にマッカーサーと良好な関係を保った。四四年十月のレイテ湾海戦では、第七艦隊との直接通信を禁じられたこともあって、日本側の陽動作戦で主戦場の北方に引きつけられたために、評価が分かれている。四五年十二月に海軍元帥に昇格した後、退役した。五九年八月十六日に死去。七十六歳。

参考文献 E・B・ポッター『キル・ジャップス!』(秋山信雄訳、一九九一、光人社)、Norman Polmar & Thomas B. Allen, *World War II: America at War, 1941-1945* (New York, 1991, Random House), Mark M. Boatner III, *The Biographical Dictionary of World War II* (Novato, 1996, Presidio Press), John Whiteclay Chambers II, ed., *The Oxford Companion to American Military History* (New York, 1999, Oxford University Press)

(加藤 公一)

パルチザン Partisan ゲリラ(小戦争に由来するスペイン語)とほぼ同義の仏語。「ひとつの大義ないし党派にくみする人びと、信奉者」を原義とし、ゲリラより政治的な色彩の強い言葉ながら、非正規戦を戦う人びとを指す。一八〇八年スペイン正規軍がナポレオン軍に撃破された後、独自のゲリラ戦を始めたスペイン＝パルチザンは最初の近代的正規軍たる仏軍に対し史上初の非正規戦を敢行。しばしば仏軍全戦闘力の半分がスペインに、さらにその内の半分(二十五万人)が、この非正規戦集団(五万人)に釘づけされた。第二次世界大戦でも、ソ連、ユーゴスラヴィア、イタリアなどで、枢軸国側に対し激烈なパルチザン戦が展開された。中国共産党の抗日戦も大戦期アジアのパルチザン戦だった。その特質を、ドイツの法学者C・シュミットは、㈠非正規戦という特徴に加え、㈡高度の遊撃性、㈢政治的アンガージュマンの並々ならぬ強さ、㈣土地柄(土着住民や山脈・森・ジャングル・砂漠などの地理的特性)との結びつきにあるとした。

参考文献 ロナルド・H・ベイリー『パルチザンの戦い』(水谷驍訳、一九七九、タイムライフブックス)、カール＝シュミット『パルチザンの理論』(新田邦夫訳、『ちくま学芸文庫』、一九九五、筑摩書房)、ヌート＝レヴェッリ『ふたつの戦争を生きて—ファシズムの戦争とパルチザンの戦争—』(志村啓子訳、二〇一〇、岩波書店)

(芝 健介)

ハル＝ノート Hull Note 日米交渉の最終段階でハル米国務長官からアメリカの主張を日本に示した文書。一九四一年十一月二十六日付。交渉経過を簡単にまとめたオーラルステートメントと「合衆国及日本国間協定の基礎概略」からなる。後者の内容は、ハル四原則(㈠一切の国家の領土保全と主権の不可侵、㈡他国の内政への不関与、㈢通商の機会均等、㈣紛争の防止および平和的解決などのための国際協力および国際調停の遵拠)の積極的支持と適用、十項目の具体的措置であった。そのなかでも仏印と中国からの日本軍の撤兵、蒋介石政府以外の中国政府の否認という妥協の余地がない項目は、従来のアメリカ案をさらにエスカレートさせていた。アメリカは日本側が本案を受諾するとは考えておらず、みずからの正当性を後世に残すための文書であった。その非妥協的な内容は、東郷茂徳外相ら交渉に希望を抱いていた日本の関係者を一致結束させ、開戦へと導いた。なお、ハル＝ノートは戦後の日本側の呼称。

→日米交渉(にちべいこうしょう)

参考文献 外務省編『日本外交文書』日米交渉—一九

四一年―(一九九〇)　(森山　優)

バルバロッサさくせん　バルバロッサ作戦　ナチ＝ドイツ国防軍により一九四一年六月二十二日に開始された対ソ電撃的攻撃の作戦名。四〇年十二月五日、陸軍は対ソ作戦計画概要を提出、ヒトラーは十八日「対英戦終了前にもソ連を素早い攻撃で打倒する準備をすべし」とする総統指令第二一号「バルバロッサ作戦」に署名、準備完了期限を四一年五月十五日とした。ところが、独軍を出し抜こうとしてギリシア侵攻を始めたムッソリーニ下の伊同盟軍は英軍のギリシア進出で苦戦を強いられ独軍に救援を要請。ヒトラーは独軍にとって重大になりかねないこの側面的脅威を放置できずバルカン方面の戦争に部隊と時間を費やし、結局、攻撃開始は六月二十二日まで延引された。なお、この作戦コード名は、一一九〇年聖地奪回をめざし十字軍を率いて東に進撃し不慮の死をとげた神聖ローマ皇帝フリードリヒ一世のあざな「赤ひげ王」にちなんでおり、ドイツ国民が危難に陥れば、救済のためバルバロッサが必ずや甦るという庶民伝説にあやかるものだった。

参考文献『バルバロッサ作戦』(『歴史群像　欧州戦史シリーズ』四、一九九八、学習研究社)、Gerd R. Ueberschär/Wolfram Wette(Hg.), *Unternehmen Barbarossa* (Paderborn, 1984, Schöningh), Bernd Wegner (Hg.), *Zwei Wege nach Moskau* (Munchen, 1992, Piper Velag GmbH)　(芝　健介)

パレンバンくうていさくせん　パレンバン空挺作戦　一九四二年二月十四日に実施された陸軍初の空挺作戦。日本軍は東南アジア有数の油田地帯であるスマトラ島のパレンバンを攻略し、資源獲得を企図した。南方作戦の基本構想は、マレーとフィリピンを奪取し、インドネシアを攻略、石油資源を確保するとともに防衛線を形成するというものであった。南方軍は空挺攻撃による奇襲作戦を立て、一月三十一日、第一挺進団にパレンバン飛行場と精油所への降下を命令。これを受けて攻撃計画が準備された。二月十四日、第一挺進団はマレー半島を飛び立ち、十一時三十分、降下部隊はパレンバン市にある飛行場と精油所に落下傘降下、攻撃を開始した。翌十五日午後、市内と飛行場を占領し、石油二五万トン、兵器資材を鹵獲する戦果を上げた。なお、一月十一日、海軍がメナドにおいて空挺部隊を使用していたが、陸軍空挺部隊による作戦企図を秘匿するため、その戦果はすぐには公表されず、パレンバン空挺作戦の成功とほぼ同時の発表となった。

参考文献　防衛庁防衛研修所戦史室編『蘭印攻略作戦』(『戦史叢書』三、一九六七、朝雲新聞社)　(林　美和)

パレンバン空挺作戦

ハワイ・マレーおきかいせん　ハワイ・マレー沖海戦　一九四二年十二月三日公開の日本映画。東宝製作、山本嘉次郎監督。大本営海軍報道部の企画、海軍省後援の国策映画。海軍の予科練飛行兵たちが厳しい訓練を経て、四一年十二月八日の真珠湾攻撃へ参加、「大東亜戦争」が始まる、その緒戦を再現した大作。開戦一年後に封切られ、観客動員に成功して多大な影響を与えたばかりでなく、批評も高評で、戦前の国策映画、戦争映画で最も成果をあげた作品。映画の前半は自然豊かな地方の少年が飛行兵に憧れて、土浦の海軍航空隊の予科練習生となり、訓練に励む日々を克明に描いていく。反復挿入される故郷・家族と国家意識が重ねられ、明治天皇の「軍人勅諭」

『ハワイ・マレー沖海戦』広告

五ヵ条、「忠節、礼儀、武勇、信義、質素」が、そしてなによりも報国の敢闘精神が若者たちに叩き込まれる。後半の真珠湾攻撃シーンは、円谷英二を中心に特撮技術陣が再現、その迫真性において後代までも語り草となった。同時攻撃となったマレー沖における英国戦艦撃沈も再現されている。撮影と編集にもすぐれ、演出のテンポのよさもあり、監督は四四年の『加藤隼戦闘隊』(三月九日公開)、同年の『雷撃隊出動』(十二月七日公開)と、戦争映画三部作を撮ることになる。その結果、戦後は批評家から批判を受けたが、監督の経歴や作品歴をみると、当人に強い国家意識や戦争賛美があったとは思われない。脚本＝山本嘉次郎・山崎謙太。撮影＝三村明・三浦光雄ほか。特殊技術監督＝円谷英二、造型美術＝奥野文四郎、美術＝松山崇ほか。音楽＝鈴木静一、編集＝畑房雄。出演＝伊藤薫(友田義一)・英百合子(母、つね)・原節子(姉、喜久子)・藤田進(山下大尉)・大河内伝次郎(佐竹大佐)・黒川弥太郎(森田大尉)・真木順(田代兵曹長)・清川荘司(島田中佐)。四二年、文部大臣賞、情報局総裁賞受賞、国民映画推薦。　(岩本　憲児)

ばんだたい　万朶隊　陸軍航空隊で最初に編成された特別攻撃隊。陸軍では参謀本部が一九四四年七月に九九式双発軽爆撃機や四式重爆撃機を体当たり用に改造することを決定、九月には部隊の編成を命じた。十月二十一日、鉾田教導飛行師団において九九式双軽爆の万朶隊が編成された(同日、浜松教導飛行師団において四式重爆の富嶽隊が編成)。万朶隊は、隊長岩本益臣大尉(陸士五十三期)以下、士官五人・下士官十一人の計十六人で、十月末にフィリピンの第四航空軍指揮下に入り、ルソン島に進出した。十一月十二日に三機がレイテ湾方面に初出撃し、未帰還となった。出撃に際しては、爆弾投下ができないように改造された双軽爆を、隊長(出撃前の五日に戦死)の命令で再び投下可能に再改造し、爆弾を命中させて帰還してもよいとされたとの証言もある。万朶隊は、十二月まで出撃を繰り返し、隊員一人をのぞく全員が戦死をとげ、多数の戦果が報じられたが、実戦果は不明である。

参考文献　森本忠夫『特攻―外道の統率と人間の条件―』(一九九二、文藝春秋)、大貫健一郎・渡辺考『特攻隊振武寮―証言・帰還兵は地獄を見た―』(二〇〇九、講談社)　(山田　朗)

はんちょうばくげき　反跳爆撃　skip bombing の訳語。航空機から投下した爆弾をいったん海面に叩きつけて反跳させ艦船に命中させる爆撃法。水平爆撃や急降下爆撃に比べ命中率が格段に高い。反面、低空接近・艦上通過することで対空砲火を受ける確率も高くなる。一九四三年、米、英軍により考案され実戦に用いられた。大戦末期、日本海軍も追随を試みたが、爆撃隊の編制、搭乗員訓練ともにままならず、結局、より安直な「体当たり攻撃」の方向に進んだ。

参考文献　猪口力平・中島正『神風特別攻撃隊の記録』(一九八四、雪華社)　(前田　哲男)

はんとうじょううんどう　反東条運動　宮中や重臣、議会勢力らによる東条英機内閣に対する人事刷新および倒閣運動。戦争中盤の東条内閣下、近衛文麿や吉田茂らによる国体護持のための早期和平に高松宮も理解を示していた。議会方面では一九四三年六月、第八十二回臨時帝国議会の代議士会において、中野正剛らによる反東条の動きが起こった。しかしこのような動きは、木戸幸一内大臣が東条を擁護し、かつ近衛と対立関係にあったため、進展することはなかった。ところが四四年二月、東条首相兼陸相が参謀総長を兼任すると、四月ごろから木戸は東条内閣に批判的な態度をみせていく。海軍では嶋田繁太郎海相の軍令部総長兼任への不満が高まり、高木惣吉や岡田啓介らによって更迭運動が起こる。これは六月下旬に倒閣運動へと発展した。七月一日東条内閣更迭の上奏のため、岡田啓介や平沼騏一郎が木戸との接触を近衛に依頼し、八日には木戸が東条の参謀総長兼任を解くことを望む上奏を近衛に依頼している。近衛と木戸の間には、東条内閣の後の内閣で決戦をして、国民を諦めさせたうえで停戦の流れを作ることが考えられていた。七月十三日、東条が大本営の強化や内閣改造、重臣の入閣などの内閣強化策を木戸に伝えた際、木戸はさらに陸海相と総長の兼任解除、嶋田海相の更迭などを要求した。東条は重臣の入閣を実現させるため岸信介国務相兼軍需次官をやめさせようとしたが、岸は重臣が入閣しない限り辞職しないと抵抗した。十七日の重臣会議では重臣の入閣拒否や東条内閣不信任が申し合わせされ、米内光政が数度にわたる入閣要請を拒否したため、東条は総辞職を申し出た。東条内閣の倒閣は、直接的には重臣の入閣拒否によってもたらされたが、東条首相の陸相・参謀総長の兼任によって重臣や議会が東条批判を行うことができるようになった影響も大きい。以上のように反東条運動は、和平運動というより人事刷新運動の性格が強く、東条内閣総辞職後、すぐ終戦には至らなかった。→終戦工作　→東条英機内閣

参考文献　細川護貞『情報天皇に達せず―細川日記―』(一九五三、同光社磯部書房)、雨宮昭一「一九四〇年代の社会と政治体制―反東条連合を中心として―」(『日本史研究』三〇八、一九八八)、鈴木多聞『「終戦」の政治史一九四三―一九四五』(二〇一一、東京大学出版会)　(関口　哲矢)

ばんば　輓馬　軍馬(軍用馬)の一種で、軍の兵器・弾薬・食料・衣料を輸送する輜重車(荷車)を曳かせた。トラックとならんで輜重兵部隊の主要な輸送手段。曳力約五〇〇キロの軍馬があてられた。荷車でなく直接馬の背に荷物を載せて運ばせるものは駄馬と呼ばれる。物資輸送を担当する輜重兵部隊は、自動車部隊(トラック輸送)と、輓馬部隊(馬車輸送)とに分かれていたが、自動車生産が軍の需要を満たすレベルに達せず、軍の物資輸送はかなりの部分を輓馬に頼らざるを得なかった。→軍馬

参考文献 秦郁彦編『日本陸海軍総合事典』(一九九一、東京大学出版会)　(川田　稔)

はんファシズムとういつせんせん　反ファシズム統一戦線　コミンテルン第七回大会(一九三五年夏)で提唱されたソ連邦および国際共産主義運動の新方針。日本の中国侵略、ナチス＝ドイツ成立を踏まえ、それまでの階級対階級戦術、社会民主主義主要打撃論などを改め、金融資本のテロル独裁であるファシズムに攻撃を集中し、民主主義と自由、平和を求めるあらゆる勢力が協力して統一戦線・人民戦線を作るよう呼びかけた。フランス、スペインでは共産党・社会党・労働組合が協力した人民戦線政府が作られたが、スペインは内戦に突入し、三九年第二次世界大戦が始まって、国際統一戦線の名でソ連が連合国に加わり日独伊枢軸と戦う外交軍事路線に拡張された。統一戦線そのものが共産党の主導権を前提にし、その背後でのソ連市民・外国人への大量粛清、スペイン国際義勇軍内での無政府主義者・トロツキー派追放などの問題点から、今日では独ソ不可侵条約を含む当時のスターリンとソ連の外交政策に世界の共産主義者を動員した政治宣伝の戦術的側面が強調されている。→コミンテルン

参考文献 村田陽一編『コミンテルン資料集』六(一九八三、大月書店)、ケヴィン＝マクダーマット、ジェレミ＝アグニュー『コミンテルン史―レーニンからスターリンへ―』(萩原直訳、一九九八、大月書店)　(加藤　哲郎)

ハンプさくせん　ハンプ作戦　米国が中国に対して一九四二年七月から四五年九月までヒマラヤを越えて行なった大規模な空輸作戦。四〇―四一年の日本軍の仏印進駐および四二年五月のビルマ・雲南省南部の失陥により、中国は国外からの補給路を失った。アジア大陸で日本の地上軍を拘束する中国が戦争から脱落することを防ぎ、中国支配地域で活動するB29を含む米航空部隊を支えるため、米軍は英領インドのアッサム州の飛行場群から雲南省の昆明まで、最盛期には四百機以上のC47やC46輸送機を展開して大量の兵器・弾薬・燃料を輸送した。一〇〇〇キロの飛行距離、高山地帯の苛酷な気象条件、日本機の迎撃などにより五百九十四機、千六百五十四名の搭乗員が失われた。七〇〇〇メートル級の高山が連なるヒマラヤを巨大な瘤(hump)に例え、ハンプ作戦と通称された。一方、連合軍は雲南省南部と北ビルマから日本軍を排除して四五年一月にレド公路を開通させ、以後中国への物資輸送は徐々に陸路に切り替えられた。ハンプ作戦の経験は四八―四九年のベルリン空輸に活かされた。

参考文献 John D. Plating, *The Hump: America's Strategy for Keeping China in World War II* (The United States, 2011, Texas A & M University Press)　(等松　春夫)

はんまんこうにちうんどう　反満抗日運動　満洲事変後の中国東北地区における日本帝国主義の侵略に反対する運動の総称。〔第一段階〕満洲事変以後から一九三二年にかけて、旧東北軍が中心になり、白蓮教の一派である大刀会や、農民の自発的な武装組織など東北抗日義勇軍と総称される多様な性格を持つ団体により抗日運動が展開された。しかし、これらの運動は体系的な戦略・戦術を欠き、ほぼ三年間で弾圧され収束した。一方、中国共産党満洲省委員会は磐石県遊撃隊、延吉遊撃隊、巴彦遊撃隊など党が直接領導する遊撃隊を創建した。〔第二段階〕三三年一月、中国共産党中央名義「満洲各級党部および全体党員への信」(「一・二六指示信」「一月書簡」)が発出され、東北三省における反日民族統一戦線の結成が呼びかけられ、各地の反日遊撃隊の基礎の上に東北人民革命軍が組織された。しかし、当時の赤色遊撃隊の性格として「極左路線」の弊害が深刻であった。〔第三段階〕一九三五年の「八一宣言」に基づき、翌三六年二月の中国共産党駐コミンテルン代表団の決議を受けて、東北各地に東北抗日聯軍(全十一軍)が結成され、抗日運動を展開した。→東北抗日聯軍

参考文献 〈東北抗日聯軍闘争史〉編写組編『東北抗日聯軍闘争史』(北京、一九九一、人民出版社)、和田春樹『金日成と満洲抗日戦争』(一九九二、平凡社)、田中恒次郎『「満州」における反満抗日運動の研究』(一九九七、緑蔭書房)　(田中　隆一)

ひ

ピーごじゅういちマスタング　P51 Mustang　ノースアメリカン社によって開発・製造された単座戦闘機。一九四〇年、英国の要請に基づき設計開発され、四二年三月英空軍機として実戦投入されたが、のちには米陸軍航空軍にも採用され、大戦末期の主力戦闘機となった。総生産機数は、米国製戦闘機ではP47サンダーボルトについで多く、一万五千機以上である。ほかの米国製戦闘機同様さまざまな型が製造されたが、特に涙滴型(セミバブル型)風防を採用し、四四年からヨーロッパ戦線に投入されたD型(英空軍仕様はK型)以降は、外形のみならず、速度、上昇力、高高度性能、運動性など性能も大幅に向上し、第二次大戦中の最優秀戦闘機とも評されている。このD型は、四五年三月に硫黄島の日本軍守備隊が「玉砕」すると、同島を基地としてB29に随伴して日本本土に飛来するようになり、またロケット弾などを使用した地上攻撃にも従事した。D型は、大戦終了後も米空軍のF51Dとして朝鮮戦争などで使用され、米・英のほか、オーストラリア、ニュージーランド、オランダなどでも使用された。諸元(P51―D)、エンジン出力＝約一七〇〇馬力、全備重量＝約五五〇〇キロ、最高速度＝約七〇〇キロ、武装＝一二・七ミリ機銃×六、爆弾一〇〇〇ポンド(四五四キロ)×二、もしくはロケット弾×一〇。

参考文献　ジェイムズ・A・グッドソン『P51ムスタング空戦記―第四戦闘航空群のエースたち―』(野田昌宏訳、一九九三、早川書房)、『P―51ムスタング、D型以降』(『世界の傑作機』七九、一九九六、文林堂)

(栗田　尚弥)

ピーさんじゅうはちライトニング　P38 Lightning　ロッキード社が開発し、一九三九年に制式採用となった米陸軍航空隊(四一年六月以降は陸軍航空軍)の戦闘機。双発双胴の特異な外観から日本軍からは「メザシ」と綽名された。日本の戦闘機に比し高速だが、運動性で遙かにおとり、アジア・太平洋戦争初期には、「ペロハチ」(「ペロリと食えるPろ8」の意味)と呼ぶ日本軍パイロットもいた。しかし、頑丈な機体を生かした一撃離脱戦法の採用と機体の改良により弱点を補い、戦争を通して使用された。四三年四月にはブーゲンビル島上空で山本五十六連合艦隊司令長官の乗機(一式陸上攻撃機)を撃墜するという戦果もあげている。戦闘機としてのほか、偵察、対地攻撃の任務にも従事し、イギリス、オーストラリア、フランスなどでも使用された(総生産機数、約一万機)。諸元(P38L)、エンジン出力＝一六〇〇馬力×二、全備重量＝七〇〇〇キロ以上、最高速度＝六六〇キロ以上、武装＝二〇ミリ機銃×一、一二・七ミリ機銃×四、爆弾一四〇〇キロ以上。

参考文献　『ロッキードP―38ライトニング』(『世界の傑作機』一三一、二〇〇九、文林堂)

(栗田　尚弥)

ビー＝シーきゅうせんぱんさいばん　BC級戦犯裁判　敵国の捕虜や民間人を虐待・虐殺するなどの通例の戦争犯罪を犯した戦争犯罪人を裁いた裁判。B級は通例の戦争犯罪、C級は人道に対する罪のことである。対日裁判ではC級はほとんど扱われていないが、平和に対する罪＝A級を扱った東京裁判と対比して、慣例的にBC級と呼ばれている。日本に対するBC級戦犯裁判は、アメリカ・イギリス・フランス・オランダ・オーストラリア・フィリピン・中国(国民政府)の七ヵ国によって行われ、被告総数は日本政府のまとめた数字によると約五千七百人、うち死刑が最終確定したのは九百二十四人である(ただし各国のデータと数字が異なり、確定した数字は出せない状況である)。無罪も千人余りいる。ほかにソ連(約三千人と推定)と中華人民共和国(四十五人)が裁判を行なっているので、八ヵ国九政府が実施し、被告総数は約九千人近くとなる。裁判は平和条約の締結までに完了したが、中華人民共和国裁判のみが例外的に一九五六年六―七月に実施された。裁判は犯罪地に近い場所が選ばれたこともあり、日本国内では横浜だけであるが、中国から東南アジア、太平洋の各地五十ヵ所余りで実施された。裁かれた犯罪として多いのは捕虜や民間人に対する殺人、虐待致死、虐待などの犯罪である。それ以外にも強かん、強制売春、略奪、財物の破壊焼却、アヘン販売、人肉食など多岐にわたっている。占領地の民間人に対する残虐行為が過半数を占めている。被告の多くは軍人で

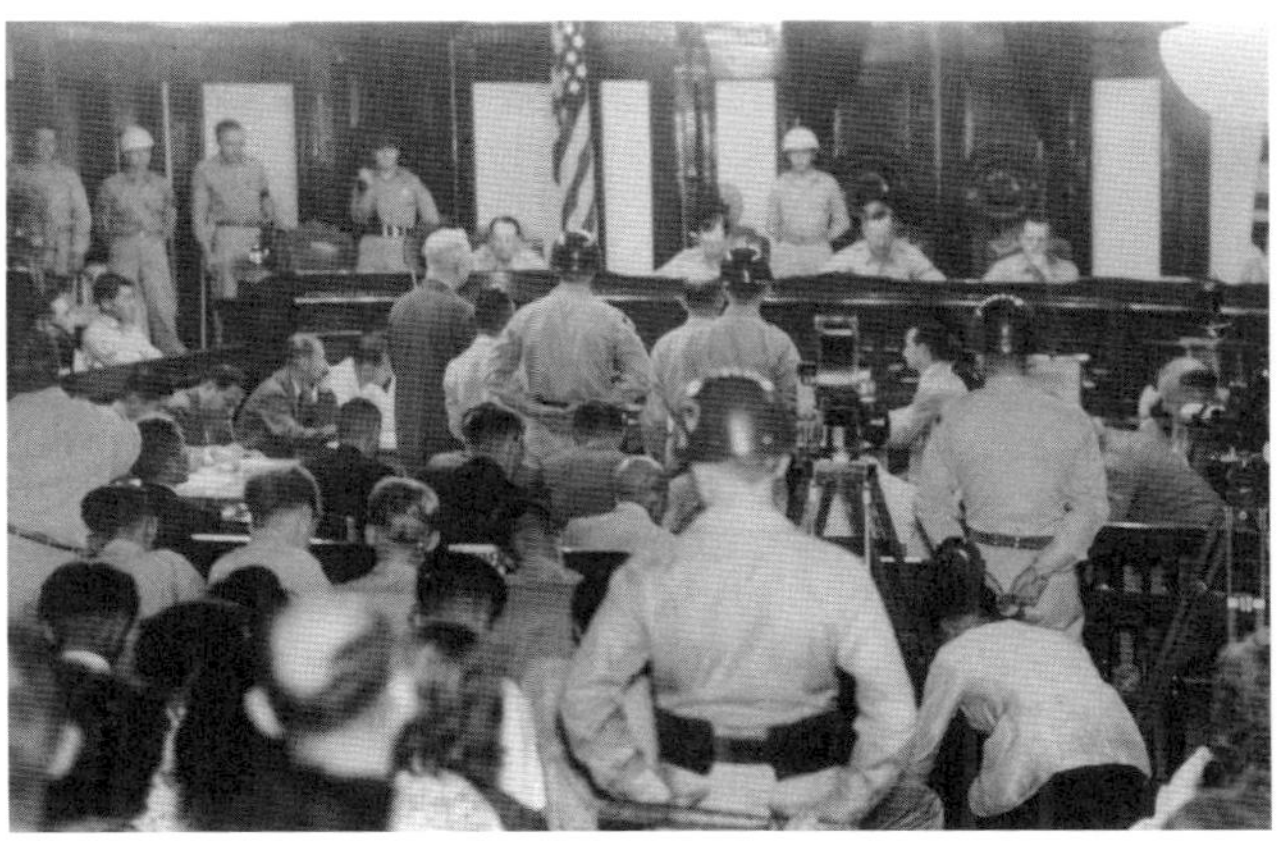

BC級戦犯裁判　横浜裁判所での九州大学医学部事件公判(1948年8月27日)

あるが、現場の下級将校や下士官、憲兵が多い。なお二等兵で死刑が執行された者はいない。また朝鮮人百四十八人、台湾人百七十三人も含まれている。彼らは捕虜収容所の監視員や軍の通訳として動員されたために捕虜虐待などの罪に問われたものである。

アメリカは横浜、マニラ、グアムなどで裁判を行なった。マニラ裁判ではフィリピン住民に対する犯罪が裁かれたが、それ以外では主に捕虜に対する犯罪を裁いた。イギリスは、捕虜に対する犯罪だけでなく、マレー半島やビルマ、香港など植民地の民衆に対する犯罪を数多く裁いている。オーストラリアはラバウル、マヌスなどで裁判を行い、捕虜に対する犯罪を扱ったケースが多いが、ニューギニアやその周辺の島々での住民に対する犯罪が裁かれたケースも少なくなかった。オランダはバタビヤ(現ジャカルタ)など蘭領東インド(インドネシア)各地で裁判を行なった。ここでは捕虜に対する犯罪とともに日本軍に抑留された民間のオランダ人に対する犯罪が多く裁かれた。その中には慰安婦強制事件も含まれる。なおボルネオなどの裁判では住民に対する犯罪も多く扱われている。フランスはサイゴンで裁判を行なった。多くは捕虜や民間のフランス人に対する犯罪であった。フィリピンと中国の裁判は自国の民衆に対する犯罪を取り上げている。中華人民共和国の裁判は五六年という遅い時期に行われたこともあり、犯罪者を処罰することよりも悔い改めさせることに主眼をき、約千百人の戦犯のうち起訴されたものは四十五人にすぎず、死刑がいなかったことが特徴である。

勝者による裁きであり連合国側の犯罪が裁かれなかったこと、戦犯容疑者が拷問を受けたこと、裁判における通訳の不備などの問題点が指摘されているが、日本軍の残虐行為に対する私的な報復を抑え、人びとの怒りを証拠に基づく法による裁きに向けることによって、血で血を洗う惨劇を避けたこと、捜査と裁判によって記録が残されたこと、国際刑事裁判所設立に至る、その後の国際法の発展につながるなどの意義も指摘されている。同時に、裁かれたケースは、日本軍による残虐行為のほんの一部にすぎないので、日本の戦争責任の問題は依然として課題として残されたと言える。　→横浜BC級戦犯裁判

参考文献　岩川隆『孤島の土となるとも—BC級戦犯裁判—』(一九九五、講談社)、林博史『裁かれた戦争犯罪—イギリスの対日戦犯裁判—』(一九九八、岩波書店)、同『BC級戦犯裁判』(『岩波新書』、二〇〇五、岩波書店)、内海愛子『キムはなぜ裁かれたのか—朝鮮人BC級戦犯の軌跡—』(『朝日選書』、二〇〇八、朝日新聞出版)、林博史『戦犯裁判の研究—戦犯裁判政策の形成から東京裁判・BC級裁判まで—』(二〇一〇、勉誠出版)、永井均『フィリピンBC級戦犯裁判』(『講談社選書メチエ』、二〇一三、講談社)

(林　博史)

ビーじゅうななフライングフォートレス　B17 Flying Fortress　米陸軍の重爆撃機。ボーイング社によって開発され、一九三五年の初飛行の後、実験と改良を重ね三七年に米陸軍航空隊(のちに陸軍航空軍)に引き渡された。四発のターボエンジンを搭載したB17は、航続力はそれまでの主力爆撃機B10の二倍以上、速力および上昇限度も大幅にアップした。さらに、初期の型でもB10の三倍以上の爆弾を積載することができた。第二次大戦中はヨーロッパ戦線やアフリカ戦線で多用され、太平洋戦線でもフィリピンやオーストラリアに配備され活動したが、四三年にはヨーロッパ戦線に集中的に配置されることになり、太平洋戦線で使用されることは少なくなった。アジア・太平洋戦争初期には連合国軍が劣勢だったこともあり、多くの機体が日本軍による空襲などによって破壊され、また複数の機体が日本軍によって鹵獲された。しかし、頑丈な機体をもち十門以上の機銃で武装した「空飛ぶ要塞(Flying Fortress)」B17を撃墜することは、日本軍戦闘機にとって決して容易なことではなかった。大戦末期になるとさすがに旧式となったが、それでも終戦まで使用され続け、戦後もイスラエルや台湾などで使用された。大戦中は米陸軍航空軍のほか、英空軍などでも使用され、ボーイング社のほか、ダグラス社などで合計一万二千七百機以上生産された。ちなみに、ダグラス＝マッカーサーの乗機バターン号の初代も、B17の改装型である。諸元(B17F—25—FD)、乗員(正規)＝九名(増員可)、出力＝一二〇〇馬力×四、全備重量＝二五六二八キロ(戦時過搭載時には三二〇〇〇キロ以上)、速度＝約四八〇キロ、武装＝爆弾最大約四三〇〇キロ(のちに約八〇〇〇キロ)、機首、胴体上下および側面、尾部に一二・七ミリ機銃×十～十二。

参考文献　ウィリアム＝ヘス『B17重爆撃機—日独を粉砕した「空の要塞」—』(寺井義守訳、『第二次世界大戦ブックス』六九、一九七六、サンケイ出版)、『週間ワールド・エアクラフト』二六・四二・七一(二〇〇〇・〇一、デアゴスティーニ)、『ボーイングB—17フライングフォートレス』(『世界の傑作機スペシャル・エディション』四、二〇〇七、文林堂)

(栗田　尚弥)

ビーにじゅうきゅうスーパー＝フォートレス　B29 Superfortress　アメリカの長距離爆撃機。太平洋戦争後期、日本本土への爆撃を行い主要都市を廃墟にした。ボーイング社設計。アメリカ軍での愛称は、スーパー＝フォートレス(超・空の要塞)。乗員十一名。爆弾搭載量、九〇七〇キロ。最大速度、三二四ノット(時速五八一キロ)。航続距離、三三〇五海里(六一二〇キロ)。エンジンはカーチス＝ライト社製、二二〇〇馬力×四。気密室を採用。武装、機銃一二・七ミリ×十二。機銃は、気密室内から遠隔操作可能。終戦までの生産機数、三千六百二十八機。開発経費、三〇億ドル。

一九四〇年一月、アメリカ陸軍は、複数の航空機製造会社に対し、B17爆撃機の後継機となる長距離爆撃機の

B29スーパー=フォートレス

設計案作成を要請。この要請は、アメリカ陸軍航空隊のヘンリー=アーノルド将軍を中心になされたもので、敵国の都市や工業地域を攻撃することで継戦力を砕くという戦略爆撃の考え方に基づいていた。各社の設計案のうち、ボーイング社の設計案が有力と認められ、開発が進められた。四一年五月、アメリカ陸軍は、原型機のテスト飛行を待たずに、量産化を命令。四四年前半に実戦配備を開始。配備の際には、統合参謀本部に直属する第二十航空軍を新設し、司令官のアーノルド将軍に、全てのB29を指揮する権限を与えた。これは、他の航空部隊が各地の戦域司令官の指揮下におかれ、地上軍を支援する戦術爆撃に使用されたのに対して、B29を、戦略爆撃のために統一的に使用するための措置だった。

同年四月、北アフリカ経由でインドに進出し、カルカッタを根拠地に、ヒマラヤ山脈を越え、中国の成都を前線基地として運用された。六月上旬、初出撃し、タイ、バンコクを爆撃。六月中旬、日本本土に初出撃し、八幡製鉄所を空襲した。六月以降、アメリカ軍が奪還したマリアナ諸島に進出。十月、マリアナ諸島から初出撃。日本軍は、硫黄島を中継基地として、マリアナ諸島を爆撃したが、規模が小さく戦果は乏しかった。

四五年二月ごろまでの日本本土への爆撃では、主に、昼間の高高度(七〇〇〇~一〇〇〇〇メートル)精密爆撃を行なったが、強い偏西風や厚い雲に妨げられ、十分な戦果を上げることができなかった。このため、三月以降、夜間の低高度(一五〇〇~一三〇〇メートル)焼夷弾爆撃へと攻撃方法を変更した。焼夷弾は、ガソリンをゼリー化したナパームを主原料とする爆弾で、主に使用されたM69焼夷弾は、日本の木造家屋を効果的に焼き払うために開発された。はじめて焼夷弾が大量に使用された三月の東京大空襲では、それまでで最多となる三百二十五機が出撃し、下町の人口密集地を狙って、無差別大量爆撃を実行。都内の二割にあたる二十六万戸が全焼し、非戦闘員の女性や子供を多数含む十万人が死亡した。画期的な戦果を受けて、都市への焼夷弾爆撃が全国に広がった。同年三月中旬から六月中旬、一度に三百~五百機の出撃で、東京、横浜、名古屋、大阪、神戸などの大都市を数度にわたって爆撃。さらに、六月以降、浜松、岡山、熊本、富山、水戸など五十八の中小都市を爆撃した。日本の防空能力は低く、日本陸軍の鍾馗・二式戦闘機、飛燕・三式戦闘機、日本海軍の雷電、月光などが迎撃したが、高高度性能の不足などのため、効果的な攻撃はできなかった。通常攻撃では撃墜できないため、武装を外しての体当たり攻撃も組織的に行われた。

三月、アメリカ軍が硫黄島を占領すると、護衛戦闘機P51マスタングが随伴するようになり、日本軍による迎撃はますます困難となった。都市への無差別爆撃と並行して、軍需工場への精密爆撃、全国の港湾への機雷投下、沖縄上陸作戦に協力した九州各地の飛行場への爆撃なども実施した。また、八月、広島、長崎への原子爆弾投下も行なった。アジア・太平洋戦争中の延べ出撃数は三万三千機。戦闘での損失は四百五十機。日本本土に落とした爆弾の総数は一四万七〇〇〇トン。日本本土爆撃による死者三十~五十万人、罹災者一千万人という被害の多くは、B29によってもたらされた。→エノラ=ゲイ →原爆投下 →東京大空襲 →ボックス=カー →本土空襲

参考文献 カール=バーガー『B-29』(中野五郎訳、『第二次世界大戦文庫』二一、一九六五、サンケイ出版)、カーチス・E・ルメイ、ビル=イェーン『超・空の要塞B-29』(渡辺洋二訳、一九九一、朝日ソノラマ)、渡辺洋二『死闘の本土上空 B-29対日本空軍』(『文春文庫』、二〇〇一、文藝春秋)、NHKスペシャル取材班『ドキュメント東京大空襲―発掘された五八三枚の未公開写真を追う―』(二〇一二、新潮社)

(水沢 光)

ビーにじゅうきゅうとうじょういんしょけいじけん　B29搭乗員処刑事件　本土空襲の際、撃墜されたB29搭乗員の多くは日本各地で処刑されたが、事件の多くは戦後横浜で開廷されたBC級戦犯裁判で審理された。日本各地で行われた主なB29搭乗員処刑事件は次のとおり。千葉県日吉村事件、同紙敷村事件、東京立川憲兵隊事件、東部軍一戸中佐事件、東京上野憲兵隊事件、東海軍事件、中部軍・中部憲兵隊事件、西部軍事件。なかでも西部軍事件は、(一)九州大学医学部生体解剖事件および(二)搭乗員斬首事件として広く知られている。(一)は西部軍司令部(福岡城内)に留置されていたB29飛行士のうち八人が、四五年五―六月にかけて四回にわたり九州大学医学部で肺の摘出手術、海水を代用血液とする手術などの生体実

験で殺された事件である。(二)は同年五月ごろ以降に西部軍司令部に収容された飛行士約四十人を、六―八月に三回にわたって処刑した事件である。B29搭乗員のほか、英米軍艦載機搭乗員に対する処刑事件なども相ついだ。
→九州大学医学部事件

[参考文献] 横浜弁護士会BC級戦犯横浜裁判調査研究特別委員会『法廷の星条旗―BC級戦犯横浜裁判の記録―』(二〇〇四、日本評論社)

(本庄　十喜)

ビーにじゅうごミッチェル　B25 Mitchell　ノースアメリカン社が開発・製造した双発中型爆撃機。第二次大戦勃発直前の一九三九年一月に初飛行した。さまざまな機体が作られたが各型合計一万機以上が生産され、大戦中は米陸海軍をはじめ、英、豪、蘭、ソ連、中国など多くの国で使用された。中型爆撃機とはいっても、重量や爆弾搭載量、火力は、日本軍の重爆撃機を上回った。同時期に開発生産されたB17がヨーロッパ戦線で多用されたのに対し、B25は太平洋戦線(対日戦)での使用が目立つ。重爆撃機であるB17に比し、爆弾積載量は三分の一以下であったが、その分運動性に優れ、四二年四月には、ジェームズ＝ドゥーリトル中佐に率いられたB25十六機が、空母「ホーネット」を発進、日本本土(東京、川崎、横須賀、名古屋、四日市市、神戸市)に対するはじめての空襲を決行した。また、火力を強化した対地攻撃機型や対艦船攻撃用に七五ミリ砲を搭載した機体もあり、アジア・太平洋戦争の全期間を通じて、最も広範囲にわたって使用された米軍爆撃機となった。諸元(B25J)、乗員＝六名、出力＝一七〇〇馬力×二、最大離陸重量＝約一六〇〇〇キロ、速度＝約四四〇キロ、武装＝爆弾最大約一三六〇キロ、一二・七ミリ機銃×十二、ロケット弾×八。

[参考文献] T・W・ローソン『東京奇襲』(野田昌宏訳、『航空戦史シリーズ』九、一九八二、朝日ソノラマ社)、『週間ワールド・エアクラフト』九〇・一一三(二〇〇一・〇二、デアゴスティーニ)、柴田武彦・原勝洋『ドーリットル空襲秘録―日米全調査―』(二〇〇三、アリアドネ企画)、『ノースアメリカンB―25ミッチェル』(『世界の傑作機』一五八、二〇一三、文林堂)

(栗田　尚弥)

ビーにじゅうよんリベレーター　B24 Liberator　B17重爆撃機の後継機として、米コンソリデーテッド＝エアクラフト社によって設計・開発された四発重爆撃機。コンソリデーテッド社のほか、ダグラス社など三社でも生産された。また、米陸軍航空軍のほか、米海軍、英空軍、カナダ空軍でも使用された。一九三九年に実験機が初飛行し、四一年三月ヨーロッパ戦線において英空軍に実戦配備された。太平洋戦線においては、四二年三月実戦に参加し、オーストラリア、アリューシャン列島、インドなどに配備され、特にB17がヨーロッパ戦線に集中配備されることになった四三年以降は、陸軍航空軍の主力重爆撃機となった。アジア・太平洋戦争末期には、主力の座をB29に譲ることになったが、汎用性の高さから戦争終結まで使用され、日本本土空襲にも参加した。B17と比べて、最大速度、航続距離、爆弾積載量のすべてにおいて上回ったが、反面居住性と操縦性の悪さからくる事故も多く、「未亡人製造機」などの批判も受けた。とはいえ、第二次大戦中に生産された米軍機の中で最多となる、各型合計一万八千四百三十一機(海軍機約千機を除く)が製造された。諸元(B24J)、乗員＝十名、出力＝一二〇〇馬力×四、最大過荷重量＝三二二九五キロ、速度＝四八三キロ、武装＝爆弾五八〇六キロ(最大)、一二・七ミリ機銃×十(機首、胴体上下側面、尾部)。

[参考文献] 『週間ワールド・エアクラフト』四四・一五二・一八二(二〇〇〇―〇三、デアゴスティーニ)、『B―24リベレーター』(『世界の傑作機』一六〇、二〇一四、文林堂)

(栗田　尚弥)

ピーよんじゅう　P40　カーチス社によって開発された米陸軍航空軍(一九四一年六月以前は陸軍航空隊)の戦闘機。米軍のほか、英国、中華民国、ソ連、オーストラリアの各空軍でも使用された。米軍での愛称はウォーホーク(F型以降)であるが、英軍での愛称はトマホーク(C型まで)、キティホーク(D型以降)である。クリア＝シェンノート大佐率いる在華米義勇軍(フライング＝タイガース)によっても使用され、日米開戦以前に日本機の撃墜を記録した。米軍機としては平凡な性能であり、特に旋回性能(格闘戦性能)や航続力においては、日本軍の零式艦上戦闘機や一式戦闘機(「隼」)にはるかにおよばなかったが、頑丈で実用性(汎用性)に優れ、また量産体制が整っていたこともあり、新鋭機が登場した後も地上攻撃など補完的に使用され続けた。初期量産型からR型まで多くの型があり、合計一万三千機以上生産された。諸元、エンジン出力＝一二〇〇馬力、最大速度＝五七〇キロ前後(各型により差あり)、武装＝一二・七ミリ機銃×四(初期型)～六ほか。

[参考文献] 『カーチスP―40ウォーホーク』(『世界の傑作機』三九、一九九三、文林堂)、押尾一彦・野原茂『日本軍鹵獲機秘録』(二〇〇二、光人社)

(栗田　尚弥)

ひえい　比叡　日本海軍の軍艦。金剛型戦艦の二番艦として一九一一年十一月、横須賀海軍工廠において起工、十四年八月に竣工した。ロンドン海軍軍縮条約の結果、一部の装備を撤去させて練習艦となり、天皇が座乗する「御召艦」としても使用されたことで国民に広く知られた。軍縮脱退後は改装を行い、速度の上昇に成功した。各種装備も改良されて高速戦艦部隊の編成に戻る。アジア・太平洋戦争においてはその高速を活かした航空母艦の随伴をつとめ、真珠湾攻撃に参加。セイロン沖海戦、ミッドウェー海戦などに携わった後、四二年十一月十三日の第三次ソロモン海戦により甚大な被害を受け、戦闘後に自沈した。アジア・太平洋戦争で日本海軍が最初に失った戦艦であった。最終的な性能は主砲三五・六センチ、基準排水量約三万二〇〇〇トン、最大速度三〇・五ノット(時速約五六キロ)。

比　　叡

参考文献 *Conway's All The World's Fighting ships 1906—1921* (London, 1985, Conway Maritime Press)　（佐藤　宏治）

ひえん・さんしきせんとうき　飛燕・三式戦闘機　陸軍の戦闘機。アジア・太平洋戦争期に日本で量産化された唯一の液冷発動機搭載の戦闘機。川崎航空機工業が開発。主設計者は土井武夫。一九四三年、制式採用。エンジン一一〇〇馬力×一。最大速度時速五九二キロ。ドイツのダイムラー＝ベンツ社製の液冷発動機を国産化した発動機を装備。生産機数、約三千機。高速性に優れたが、発動機の信頼性に難点があり、発動機の生産遅延が問題となった。南方での攻撃および援護、本土爆撃への迎撃などに用いられた。

参考文献　野沢正編『日本航空機辞典』上（一九八九、モデルアート社）　（水沢　光）

ひがしくになるひこ　東久邇稔彦　一八八七—一九九〇　昭和期の皇族、軍人。一八八七年十二月三日久邇宮朝彦親王第九男子として京都府で生まれる。一九〇六年東久邇宮家を創設。〇八年陸軍士官学校卒（第二十期）、一四年陸軍大学校卒。二七年七年間の仏留学を終え帰国。陸軍第二・第四師団長、軍事参議官、航空本部長などを経て、三八年第二軍司令官として武漢攻略作戦に従軍。三九年参謀本部付、大将昇進。四一年防衛総司令官、翌年ドゥーリトル爆撃隊の空襲を受けた。この時搭乗員八名が捕虜となり、終身刑や銃殺刑に処されている。四五年軍事参議官。日米開戦後、久原房之助や繆斌を用い、ソ連や国民党政府を介した和平工作を試みるがいずれも失敗。敗戦直後に皇族初の首相に就任、降伏文書調印や戦後処理にあたり、「軍民官総懺悔の要あり」との発言で注目を浴びた。四五年十月に民主化に関するＧＨＱ訓令が出されると、翌日総辞職した。四六年公職追放。四七年皇籍離脱。九〇年一月二十日没。百二歳。

参考文献　『東久邇日記—日本激動期の秘録—』（一九六八、徳間書店）、浅見雅男『不思議な宮さま—東久邇宮稔彦王の昭和史—』（二〇一一、文藝春秋）　（山本　公徳）

ひがしくにのみやなるひこないかく　東久邇宮稔彦内閣　敗戦後最初の終戦処理内閣、五十四日間の短命であった。終戦を決定した鈴木貫太郎内閣の後継として、一九四五年八月十七日発足。軍の一部抗戦派と敗戦に伴う国民の動揺を押さえ、外地部隊に降伏を徹底させるための初の皇族首班内閣である。構成メンバーはいくぶん非東条的または反東条派（早期和平派）で占められた。九月二日、ミズーリ号艦上で降伏文書の調印を済ませ、軍隊の復員と解体など終戦処理を進めたが、一方で「一君万民」思想に基づき敗戦責任を軍官含めた全国民にあるとの方針から「一億総懺悔」を唱導した。「国体護持」を基本とする旧態依然の施策であった。山崎巌内相も岩田宙造法相も治安維持法など弾圧法の強化、特高警察の存続の方針を表明し、外国人記者にも語った。この内閣には日本再建策を提示することは全くできなかった。それらを契機にＧＨＱは、十月四日、「政治的・民事的・宗教的自由に対する制限撤廃の覚書」（人権指令）を発令。治安維持法・思想警察の撤廃、政治犯釈放などが内容で、それは内閣の予想を超え、対応できないとして翌五日に総辞職した。

東久邇宮稔彦内閣

参考文献　東久邇稔彦『私の記録』（一九四七、東方書房）、同『一皇族の戦争日記』（一九五七、日本週報社）　（荒　敬）

ひかりきかん　光機関　⇨Ｆ機関

ひきあげ　引揚げ　外国から本国に帰って来ること。日本の場合は特に第二次大戦の敗戦後、外国や海外の植民地からの帰国を指すことが多い。一九四五年の敗戦時、軍人・軍属三百五十三万四千人のほか、民間人三百六万六千人、合計で六百六十万人の日本人が海外に在留していた（『引揚げと援護三十年の歩み』）。その範囲は満洲（現中国東北部）や朝鮮半島、中国、千島・樺太、台湾、シンガポール、フィリピン、ベトナム、ビルマ（現ミャンマー）、インドネシア、マリアナやポナペ群島などの太平洋諸島やハワイ、米本国、ニュージーランドなどに及ぶ。同年九月七日、東久邇宮内閣の閣議決定で、内地の民生上の必要を犠牲にして引揚げを優先することを確認した。敗戦直後は引揚げに割ける船舶は一〇万トン程度で、六百六十万人の引揚げには数年かかる見込みだったが、米軍が輸送船を大量に提供したことから軌道に乗り、四六年末にはおよそ五百万人が帰国した。だが敗戦まで日本の植民地だった満洲国では、帰国までにソ連兵の侵攻や地元中国人による襲撃、略奪、暴行などによって多大な被害を受けた。敗戦時、満洲には民間邦人がおよそ百五十万人いたが、うち十八万人が亡くなった。引揚げの途中で両親が子供を地元の中国人に預けたり、保護者を失った子供が中国人に保護されたりするなどした結果、多数の中国残留孤児が生まれた。ソ連・モンゴルに抑留されたおよそ六十万邦人の引揚げも遅く、四六年十二月から始まり五〇年まで続いたが、ソ連が一方的に「日本人捕虜の送還は完了」と発表、以後三年半中断した。スターリン死後の五三年十一月に再開。日ソ共同宣言の締結を受けて五六年十二月、ソ連の「戦犯」などとして抑留されていた千二十五人が帰国しソ連領からの集団引揚げは終了した。さらに五八年四月には中国から二千百五十三人が帰国、集団引揚げが終わった。だが海外で築いた財産や仕事を奪われた引揚者は帰国後も苦しい生活を送った。さらに中国の国交回復が七二年にまで遅くなった結果、残留孤児たちの帰国も遅れた。 →中国残留孤児

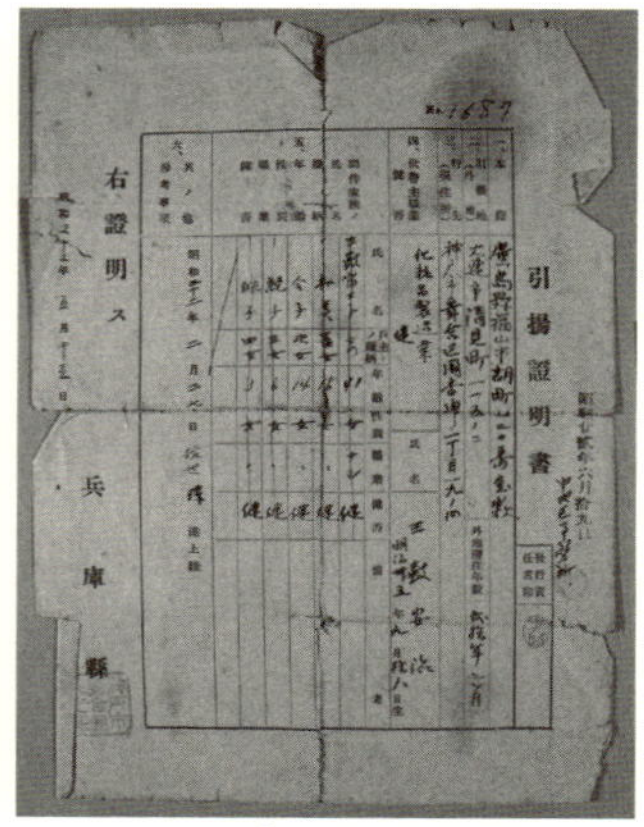

引揚げ証明書

引揚げ船への乗船を待つ人々

参考文献　若槻泰雄『戦後引揚げの記録』(一九九一、時事通信社)、栗原俊雄『シベリア抑留―未完の悲劇―』(『岩波新書』、二〇〇九、岩波書店)　(栗原　俊雄)

ひきあげえんごきょく　引揚援護局　厚生省(当時)の一局。一九五四年、厚生省の外局であった引揚援護庁が改組され、内局である引揚援護局となった。なお、引揚援護庁とは、引揚援護院と、廃止された陸海軍省の後継機関である厚生省復員局を、四八年に統合したものである。官制上は区別されるが密接に関連する厚生省の付属機関として、未帰還調査部、舞鶴地方引揚援護局、復員連絡局(陸軍関係)、地方復員部(海軍関係)などがあった。六一年に援護局と改称された。組織変遷の経緯と業務の内容から、局長には内務省や厚生省の出身者が就いたものの、次長以下の要職には旧軍人が採用されていた。軍人軍属や一般邦人の外地からの引揚げ、未帰還者調査、在日外国人の送還、「戦傷病者戦没者遺族等援護法」と復活した軍人恩給の運用、戦没者の遺骨収集、慰霊追悼、靖国神社への合祀などにおいて主要な役割を果たし、都道府県の世話課・援護課と一体になって、日本の対内的な戦後処理の中心を担った。

参考文献　厚生省援護局編『引揚げと援護三十年の歩み』(一九七七)　(千地　健太)

ひぐちきいちろう　樋口季一郎　一八八八―一九七〇　陸軍軍人。一八八八年八月二十日、奥沢久八の長男として兵庫県に生まれ、樋口勇次の養子となる。一九〇九年陸軍士官学校卒(第二十一期)、一八年陸軍大学校卒業。三三年大佐・第五師団歩兵第四十一連隊長を経て、三七年少将・ハルビン特務機関長となり、三八年欧州より逃れてきたユダヤ人の満洲国入国に人道的立場から便宜を図る。同年参謀本部第二部長(情報)、三九年中将・第九師団長、四二年北部軍司令官となり、四三年キスカ島に派遣していた隷下部隊の救出に尽力する。四四年第五方面軍司令官、四五年兼北部軍管区司令官(司令部は札幌)。戦後は北部復員監(四五―四六年)を務めた。七〇年十月十一日没。八十二歳。

参考文献　樋口季一郎『アッツ・キスカ軍司令官の回想録』(一九七一、芙蓉書房)　(柏木　一朗)

ひこくみん　非国民　国策とりわけ軍事力の発動を伴う政策に批判的、もしくは非協力的な人を非難するときに用いられた言葉。特にアジア・太平洋戦争期に多用され、ひとたび非国民のレッテルを貼られると、一方的に社会からの非難・迫害にさらされることになった。その害は本人だけでなく、家族・親戚にまで広く及んだので、人びとの自由な発言や行動を拘束するうえで、絶大な威力を発揮した。　(三輪　泰史)

ピゴット　Francis Stewart Gilderoy Piggott　一八八三―一九六六　イギリスの陸軍軍人。一八八三年三月十八日ロンドン生まれ。日本政府の法律顧問となった父F・T・ピゴットに伴われて来日し、八八―九一年を東京で過ごす。ウーリッジ陸軍士官学校卒業後、一九〇四―〇六年、一〇―一三年の二度にわたり東京で語学将校を務め、第一次世界大戦従軍の後、陸軍省極東課勤務を

経て、二二—二六年駐日イギリス大使館付陸軍武官。陸軍省情報部勤務、陸相副秘書官を務めた後、日本の軍人、外交官、皇族との幅広い交友関係を買われ、三六年少将という高位で駐日大使館付武官に再任。日中戦争勃発後はクレーギー大使を補佐して日英関係の破局回避に尽力した。中国における日英当局間の調停役として三八年五月上海、三九年四月天津、北京に派遣され、同年六月に天津租界封鎖問題が起きると東京での調停会議に参加。第二次大戦勃発後の十一月に帰国し、四二—四六年ロンドン大学で軍依託学生に日本語を教授した。戦後、マニラ米軍軍事法廷で本間雅晴中将に宣誓口供書を提出して弁護、東京裁判でも被告七名に宣誓口供書を提出し、結審後には重光葵、梅津美治郎大将らの減刑をマッカーサーに嘆願した。六六年四月二十六日没。八十三歳。

参考文献 ピゴット『断たれたきずな』(長谷川才次訳、一九五九、時事通信社)、村島滋「ピゴットと日英関係—『知日』イギリス人の軌跡—」(『政治経済史学』三〇〇、一九九一)　(小林　元裕)

ひさおじゅうらん　久生十蘭　一九〇二—五七　昭和期の小説家、演劇人。一九〇二年四月六日北海道生まれ。本名阿部正雄。北海道庁立函館中学校中退、私立聖学院中学中退後、函館新聞の記者となる。土方与志、岸田國士を頼って二八年上京。二九年渡仏、三三年帰国後築地小劇場管理委員会委員、三四年日本新劇倶楽部幹事となる。築地座を経て文学座に参加するかたわら、昭和モダニズム文学を牽引した雑誌『新青年』に久生十蘭名で小説を発表。三九年第一回新青年賞を受賞。四〇年七月国防文芸連盟常任委員兼評議委員、同年十月岸田國士の大政翼賛会文化部長就任に伴い文化部嘱託。四一年十月『新青年』誌に派遣され中支従軍。四三年二月より翌二月まで海軍報道班員として南方戦線従軍。五二年直木賞受賞、五五年ニューヨーク=ヘラルド=トリビューン紙主催世界短編小説コンクール第一席。五七年十月六日、食道癌のため死去。五十五歳。

参考文献 久生十蘭『定本久生十蘭全集』(二〇〇八—一三、国書刊行会)、同『久生十蘭「従軍日記」』(『講談社文庫』、二〇一二、講談社)　(川崎　賢子)

ひさまつせんいち　久松潜一　一八九四—一九七六　大正・昭和期の国文学者。一八九四年十二月十六日、愛知県生まれ。第八高等学校を経て一九一九年東京帝国大学国文学科卒。契沖の研究から出発し、和歌史、日本における文学意識・理念の歴史など広汎な研究を行い、また国文学研究方法の確立を目指した。第一高等学校教授などを経て二六年東京帝大教授となり「国文学概論」を講ずる。国民精神文化研究所には三二年の発足当初から兼任所員(三六年からは研究嘱託)として関わった。三七年文部省刊行の『国体の本義』編集委員。三九年『日本文学評論史』(全三巻)で帝国学士院賞。また同年発表の『日本文学の思潮』では日本文学の基盤としての歴史風土に着目、以後文学の風土性は久松の研究テーマの一つとなる。日本諸学振興委員会常任委員。四二年発足の日本文学報国会では国文学部会幹事長(のち部長)。戦後も東大教授をつとめ、五五年の退官後は慶応大学教授などを歴任。六六年文化功労者。七六年三月二日死去。八十一歳。『久松潜一著作集』全十二巻・別巻(六八—六九年、至文堂)がある。

参考文献 安田敏朗『国文学の時空—久松潜一と日本文化論—』(二〇〇二、三元社)、笹沼俊暁『「国文学」の思想—その繁栄と終焉—』(『学術叢書』、二〇〇六、学術出版会)、衣笠正晃「国文学者・久松潜一の出発点をめぐって」(『言語と文化』五、二〇〇八)　(畑中　健二)

ひじかたせいび　土方成美　一八九〇—一九七五　戦前・戦時期に日本経済学を説いた経済学者。一八九〇年七月十日、市会議員町田猛郎の三男として兵庫県に生まれる。第六高等学校を経て、東京帝国大学法科大学経済学科入学、一九一五年卒業、一七年同助教授となり、欧米へ留学した。同年、土方寧の養子となる。二一年に経済学部教授(財政学担当)、マルクス経済学を批判する。三三—三六年、三七—三八年、経済学部長、平賀粛学により三九年に辞任した。その前年、『日本経済学への道』において反唯物史観・反自由主義の観点から西洋経済学を否定し、日本民族の使命・国民性・風土に適合した日本経済学を提唱した。また、石原莞爾により結成された日満財政経済研究会に参加、四一年には東亜経済懇談会理事に就任したが、四二年に辞任、四四年三井本社調査部嘱託、中央大学教授となる。六四年同大学退職後、独協大学教授となった。七五年二月十五日没。八十四歳。著書は、『財政学原理』(一九二五年、東洋出版社)ほか。

参考文献 土方成美『事件は遠くなりにけり』(一九六五、経済往来社)、『東京大学経済学部五十年史』(一九七六、東京大学出版会)、柳澤治『戦前・戦時日本の経済思想とナチズム』(二〇〇八、岩波書店)　(柳澤　治)

ビスマルクかいかいせん　ビスマルク海海戦　⇨ダンピール海峡の悲劇

ひだかしんろくろう　日高信六郎　一八九三—一九七六　大正・昭和前期の外交官。一八九三年四月十日、神奈川県生まれ。東京帝国大学卒業後、外務省入省。フランス大使館、スウェーデン公使館勤務を経て亜細亜局第一課勤務。北京関税特別会議で随員を務めた後に国際連盟事務局事務官としてフランス在勤。南京総領事と外務省人事課長を経て一九三七年四月に在華大使館参事官となる。この時に盧溝橋事件に遭遇し、国民政府外交部長の王寵恵との和平交渉にあたる。三八年三月に上海総領事となり、興亜院経済部長を経て再び在華大使館参事官となると、阿部信行全権大使の随員として四〇年四月からの日華基本条約締結交渉に参画。四三年四月からイタリア大使。戦後に帰国すると公職追放を受けて退官し、東京裁判で南京事件について証言。公職追放が解除されると外務省に復帰し、外務人事審議会委員や外務省研修所長、外務省顧問などを歴任し、外務省人事や職員研修の刷新に寄与した。退官後は国連協会常任理事や同副会長を務めた。登山家としても知られ、日本山岳会の会長も務めた。七六年六月十八日死去。八十三歳。

参考文献 『外務省の百年』(一九六九、原書房)、日本国際政治学会太平洋戦争原因研究部編『太平洋戦争への道』四(一九六七、朝日新聞社) (服部　聡)

ひたちこうくうきかいしゃ　日立航空機会社　株式会社日立製作所が東京瓦斯電気工業株式会社を合併し同社の航空機の製造部門を継承し、一九三九年に創立した会社。航空機製造事業法公布への対応であった。東京瓦斯電気工業は大森発動機製作所において二〇年に陸軍から小型発動機を受注し生産を開始し、三二年には機体の製造を開始する。陸海軍の練習機塔載の小型発動機の製造拠点であった。三八年、大森発動機製作所が陸軍と海軍の管理工場となった際に新設したのが陸軍専用の立川発動機製作所であった。日立航空機の陸海軍向けの発動機製造は、四一年の千九十七台から四四年の三千八百四十六台へと増加する。海軍用機体製造も四四年には八百二十五機に上った。これらの生産を担ったのは前記二工場、羽田機体製作所(機体)・千葉機体製作所(同上)・川崎軽合金鋳造所(軽合金鋳造)であった。従業員数は四三年には一万四千九百八十二人を数えた。

参考文献 『日本航空史』昭和前期編(一九七五、日本航空協会)、通商産業省『商工政策史』一八(一九七六)、高橋泰隆『中島飛行機の研究』(一九八八、日本経済評論社) (笠井　雅直)

ひたちせいさくじょ　日立製作所　一九一〇年に久原鉱業日立鉱山の電気機械工場として発足した、現在まで続く総合電機メーカー。電気機械の国産化を目指す小平浪平は久原鉱業に入社し、日立鉱山で電気機械の修理、自製を開始した。第一次大戦を契機に大型発電機器の国産化を進め、一八年一般機械製作の亀戸工場を設置し、二〇年二月に久原鉱業から独立して株式会社日立製作所(本社東京)となり、二一年機関車製造の笠戸工場を設置。久原房之助の破綻によって日産傘下に入った日立は、昭和恐慌期の日立海岸工場建設など拡張方針を採り、三六年大阪鉄工所、三七年国産工業(旧戸畑鋳物)の買収によって造船、金属工業、電話機製造などに進出した。日中戦争以降、日立は軍需生産に対応し、産業コンツェルンに成長した。敗戦後、日立は持株会社指定を受け、関係会社の持株を処分し、四八年過度経済力集中排除法の指定を受けて三十五工場の内、十九工場を処分した。

参考文献 『日立製作所史』(一九六〇-二〇一〇) (長谷川　信)

ひたちぞうせんかいしゃ　日立造船会社　⇨大阪鉄工所(おおさかてつこうじょ)

ひとのみちきょうだん　ひとのみち教団　御木徳一(みきとくはる)(一八七一―一九三八)・徳近(とくちか)(一九〇〇―八三)親子が、一九二四年に立教した宗教団体。戦後から現在のパーフェクトリバティー(PL)教団の前身。徳一は宗教遍歴の中で、一六年、宗教家の金田徳光に師事し、徳近とともに教派神道の一派・御嶽教徳光大教会の教師となった。二五年、御嶽教徳光大教会本部の設立が認可。三一年、扶桑教ひとのみち教団と改称する。都市部を中心に教団は拡大し、公称信者数百万人となる。その教えは、教育勅語を奉じ、「おふりかえ」「みおしえ」などの呪術的実践と倫理的心直しを中心とした、体制順応的なものだった。だが、急速な教勢の伸張とその「呪術迷信」性は、官憲の警戒を招いた。三六年九月、信者子女への強姦容疑の告発を受け、特高が教団に乗り込み、徳一は拘引された。これを皮切りに捜査が進み、翌年四月には、不敬罪容疑で徳一が追起訴、徳近ら幹部十数名も検挙され、治安警察法の結社禁止処分で教団は解散となった(ひとのみち教団事件)。取調べでは、徳一・徳近の思想・実践とはそぐわない形で、伊勢神宮ならびに天皇に対する不敬が一方的に追及された。徳一は保釈後しばらくして病死、徳近は大審院まで争ったが不敬罪で懲役三年の判決となった。戦後、不敬罪の消滅により釈放された徳近は、教団の再建をはかり、四六年に佐賀県鳥栖市でPL教団を立教。「人生は芸術である」「世界平和の為の一切である」「真の自由に生きよ」など二十一の「PL処世訓」を教えに、大きく教勢を伸ばす。徳近は、五一年の新日本宗教団体連合会(新宗連)の結成にも、信教の自由を堅持し宗教協力を進めるべく、中心的役割を担い、初代理事長を務めた。五三年には、大阪府富田林市に大本庁を設置し、聖地と定めた。七〇年、聖地に「超宗派万国戦争犠牲者慰霊大平和祈念塔」を建立。世界平和への貢献を活動目的の中心に据えている。

参考文献 池田昭編『ひとのみち教団不敬事件関係資料集成』(一九七七、三一書房)、小池健治・西川重則・村上重良編『宗教弾圧を語る』(『岩波新書』、一九七八、岩波書店)、御木徳近『私の履歴書』(一九七九、日本経済新聞社) (塚田　穂高)

ヒトラー　Adolf Hitler　一八八九―一九四五　ドイツの政治家、首相、ナチ党(国民社会主義ドイツ労働者党)党首。一八八九年四月二十日、ハプスブルク帝国(現在のオーストリア)のブラウナウに税関吏の息子として生まれる。ウィーンに出て画家をめざすが挫折。第一次世界大戦にはドイツ帝国バイエルン歩兵連隊に志願して従軍。戦後ドイツ軍情報部員として活動中に極右小政党のドイ

ヒトラー

ツ労働者党（一九二〇年二月にナチ党に改名）に入党、二一年七月に党首となる。ムッソリーニの「ローマ進軍」にならい、二三年ミュンヘンでクーデターを企てるが失敗、投獄される。獄中で執筆した『わが闘争』は党の「聖典」となった。出獄後、合法路線に転じ、選挙での勝利をめざす。世界恐慌の影響がドイツに及ぶと、失業者や若者がナチ党になだれこんだ。ナチ党は三〇年の総選挙で第二党、三二年七月の総選挙で第一党に躍進。その後党勢が後退するも、三三年一月ヒンデンブルク大統領はヒトラーを首相に任命した。首相となったヒトラーは、マルクス主義の撲滅、議会政治の克服、民族共同体の樹立を宣言。共産党を弾圧し、国会で強引に成立させた授権法（全権委任法）をもとに独裁体制を樹立する。大規模な雇用創出政策を打ち出して国民の評判をとるが、それは再軍備＝戦争準備と直結していた。三三年十月ドイツは国際連盟から脱退、三五年徴兵制復活、三六年ラインラント再武装化、三八年オーストリア合邦とつぎつぎと「成果」をあげる。ヒトラーは東欧にドイツ民族の「生空間（生存圏）」を確保しようと第二次世界大戦を引き起こす。三九年九月、直前にソ連と相互不可侵条約を結んでポーランドを侵攻、翌年にフランスを屈服させるがイギリスを打倒できず、四一年六月、ソ連を侵攻した。ヒトラー体制下の国民生活はナチズムのイデオロギーにそって画一化され、反対派は厳しく弾圧された。ユダヤ人など少数派の差別と迫害・追放を正当化する法律・政令がつぎつぎと出され、開戦後はナチ勢力下のヨーロッパ全域でユダヤ人大虐殺（ホロコースト）が実行され、最終的に五百五十九万人以上がその犠牲となった。四五年四月三十日、ソ連軍に包囲されたベルリンの総統官邸で、前日に結婚したエファ＝ブラウンとともにみずから命を絶った。五十六歳。　→ナチス

参考文献　カール＝ディートリヒ＝ブラッハー『ドイツの独裁―ナチズムの生成・構造・帰結―』（山口定・高橋進訳、『岩波モダンクラシックス』、二〇〇九、岩波書店）、石田勇治『ヒトラーとナチ・ドイツ』（『講談社現代新書』、二〇一五、講談社）　（石田　勇治）

ひのあしへい　火野葦平　一九〇六―六〇　戦時期の戦争文学を代表する作家。一九〇六年十二月三日、福岡県で、洞海湾の荷役請負業を営む父、玉井金五郎と母、マンの間に長男として生まれる。本名、勝則。早稲田大学英文科中退。二八年、福岡歩兵第二十四連隊に幹部候補生として入営、レーニンの訳本の所持が発覚して、伍長に降等されて除隊。大学を中退して労働運動を志すが三二年特高警察に逮捕され転向、再び文学活動を始める。三七年九月召集され、第十八師団に所属し杭州湾上陸作戦に参加。入営前日に書き上げた「糞尿譚」が三八年二月に芥川賞を受賞し、三月、駐屯地杭州の中隊本部で陣中授与式が行われる。馬淵逸雄中佐の斡旋で、中支那派遣軍報道部に転属。徐州作戦に参加し、『麦と兵隊』を執筆、銃後からは見えにくい戦地の日常を描き、爆発的なベストセラーとなる。『土と兵隊』『花と兵隊』を合わせ兵隊三部作と呼ばれる。「兵隊」という言葉を好んで用いた。三九年十一月に除隊、帰還し、全国を講演して回った。四二年二月には白紙徴用を受けてバターン半島攻略戦に従軍し、『兵隊の地図』『ヘイタイノウタ』『敵将軍』などを執筆。フィリピン人に対する同情に対してアメリカ兵に対する敵意が出ているものが多い。四三年五月から『朝日新聞』に「陸軍」を連載。四四年にはインパール作戦に従軍し、帰国後、杉山元陸軍大臣に悲惨な戦況を報告した。敗戦後は作家の戦争協力の代表者として激しい非難を浴びる。四八年六月、公職追放処分を受けるが、その後も人気作家として活動し、戦後も戦争関連の作品を数多く残した。インパール作戦を描いた『青春と泥濘』、スガモプリズンの戦犯を描いた『戦争犯罪人』、かつての侵略者として戦後の中国と向き合う『赤い国の旅人』など。敗戦前後の体験をもとにした『革命前後』を書き上げて、健康への不安から自殺。六〇年一月二十四日没、五十三歳。　→麦と兵隊

火野葦平

参考文献　『火野葦平選集』（一九五七―五九、東京創元社）、鶴島正男「（新編）火野葦平年譜」（『叙説』一三、一九九六）、池田浩士『火野葦平論』（『「海外進出文学」論』一、二〇〇〇、インパクト出版会）　（神子島　健）

ひびのしろう　日比野士朗　一九〇三―七五　昭和期の小説家。一九〇三年四月二十九日、東京に生まれる。三七年、日中戦争勃発により応召し、負傷により内地に送還され三八年に召集解除となる。除隊後の三九年、戦争体験に取材した創作集『呉淞クリーク』で池谷信三郎賞を受賞、帰還作家として名を挙げる。続いて『梅の宿』（四三年、新太陽社）などを発表。四二年から四三年にかけて、大政翼賛会文化部副部長をつとめる。戦意高揚文学を多く書いたが、敗戦後は作家活動が見られない。七五年九月十日没。七十二歳。

参考文献　平野謙他編『戦争文学全集』二（一九七二、毎日新聞社）　（大澤　聡）

ピブーン　Plaek Phibunsongkhram　⇨プレーク＝ピブーンソンクラーム

ひめゆりがくとたい　ひめゆり学徒隊　沖縄戦に看護要員として軍に動員された女子学徒隊。ひめゆり学徒隊という言葉は戦後作られた。一九四五年三月二十三日に沖縄師範学校女子部と県立第一高等女学校の生徒二百二十

ひめゆりの塔(沖縄県糸満市)

二人と引率教師十八人が沖縄陸軍病院に動員された。看護要員として傷病兵の看病や死体埋葬、炊事などの作業に従事させられた。五月下旬、南部に撤退、六月十八日に解散命令を受けた。脱出前に米軍がやってきた第三外科壕では、投降を拒否したために黄燐弾が投下され多くが亡くなった。ほかの壕では脱出を図るが、結局、生徒百二十三人が亡くなった。その八割以上は解散後に死亡しており、赤十字の旗を掲げるなどの措置を取っていれば多くの生徒は助かっていたと指摘されている。ひめゆりのほかに県立と私立の八校からも合わせて(うち宮古八重山が三校)、五百人余りが動員され、教師を含めて二百人余りが亡くなった。学徒隊以外にも居住地などで動員されて亡くなった生徒も二百人以上いる。

参考文献 仲宗根政善『ひめゆりの塔をめぐる人々の手記』(一九八〇、角川書店)、ひめゆり平和祈念資料館編『沖縄戦の全学徒隊』(『ひめゆり平和祈念資料館資料集』四、二〇〇八)

(林 博史)

ひゃくいちごうさくせん 百一号作戦 重慶政権を屈服させるため、日本陸海軍航空部隊が中央協定を結び、一九四〇年五月から九月にかけて四川省重慶に対し行なった「戦政略爆撃」の作戦名。前年五月の「五・三、五・四空襲」により重慶市街は大きな被害を受けたが、蔣介石は「国辱の五月を雪辱の五月とせよ」と徹底抗戦を呼びかけた。日本軍はより大規模な爆撃で継戦意志を破壊すべく、武漢周辺基地に陸海軍爆撃機約二百機を集結させた。主力機は海軍の九六式陸上攻撃機(中攻)。作戦中に護衛・制空戦闘機として零式艦上戦闘機(ゼロ戦)も加わった。作戦時の「支那方面艦隊」司令官は嶋田繁太郎中将、参謀長は井上成美中将、連合空襲部隊指揮官は山口多聞少将(第一連空)・大西滝治郎少将(第二連空)であった。爆撃日数は海軍三十二日・陸軍九日、延攻撃数は海軍二千百二十八機・陸軍三百二十二機、投下爆弾数は海軍千五百五十八トン・陸軍百四十二トンに達した。旧重慶の町並みはほとんど破壊され尽くしたが、抗戦意志は衰えず地下と郊外に拡大していった。→重慶爆撃

参考文献 井上成美伝記刊行会『井上成美』(一九八二)、前田哲男『戦略爆撃の思想—ゲルニカ・重慶・広島—(新訂版)』(二〇〇六、凱風社)

(前田 哲男)

ひゃくしきじゅうばくげきき 一〇〇式重爆撃機 ⇨呑龍・一〇〇式重爆撃機

ひゃくしきしれいぶていさつき 一〇〇式司令部偵察機 陸軍の主力戦略偵察機。九七式司令部偵察機の後継機として、三菱重工業が開発。武装を省き、速度、航続距離を重視して設計。一九四〇年、制式採用。エンジン一五〇〇馬力×二。最大速度時速六三〇キロ。乗員二名。国産機としてははじめて時速六〇〇キロを超える高性能を有した。敵戦闘機の追撃を回避する高速を生かして、日中戦争末期からアジア・太平洋戦争全期にわたって、敵勢力圏の奥深くまで入り込む長距離隠密偵察などに用いられた。

参考文献 松岡久光『みつびし飛行機物語(改訂重版)』(二〇〇二、アテネ書房)

(水沢 光)

ひゃくたけさぶろう 百武三郎 一八七二—一九六三 海軍軍人。佐世保鎮守府司令長官、侍従長などを務めた。一八七二年六月三日(明治五年四月二十八日)、百武庭蔵の三男として佐賀県で出生。九二年七月に海軍兵学校を卒業後(第十九期)、「松島」の乗組員として日清戦争に参戦。一九〇二年七月に海軍大学校を卒業後、呉鎮守府、第三艦隊、第四艦隊などで参謀を歴任。〇五年から数年間、ドイツ・オーストリアに駐在し、〇九年に帰朝。その後、巡洋艦「磐手」・戦艦「榛名」の艦長を務める。一七年に少将、二一年に中将と昇任。鎮海・舞鶴の要港部司令官を務め、二四年十月に練習艦隊司令官、二五年四月に佐世保鎮守府司令長官となる。二六年十二月、軍事参議官に就任。二八年四月に大将に昇任後、五月に待命、七月に予備役に編入された。三六年十一月、侍従長に就任。四四年九月、枢密顧問官となる。戦後、昭和天皇の三女の孝宮和子を花嫁修業のために預かった。一九六三年十月三十日、神奈川県藤沢市にて死去。九十一歳。弟に海軍大将の源吾、陸軍中将の晴吉がいる。

参考文献 岸田英夫『天皇と侍従長』(『朝日文庫』、一九九六、朝日新聞社)

(茶谷 誠一)

ひゃくたけはるよし 百武晴吉 一八八八—一九四七 陸軍軍人。一八八八年五月二十五日、百武庭蔵の六男として生まれる。佐賀県出身。一九〇九年陸軍士官学校卒(第二十一期)、二一年陸軍大学校卒業。二八年中佐、三一年ハルビン特務機関長、三二年大佐。三三年参謀本部通信課長、三五年第二十師団歩兵第七十八連隊長を経て、三七年少将・陸軍通信学校校長。三九年独立混成第四旅団長・中将へと進み、四〇年第十八師団長、四一年教育総監部通信兵監。四二年第十七軍司令官となり、ガダルカナル島の奪回を図るが失敗し撤退。四五年第八方面軍

付となる。四七年三月十日没。六十歳。

参考文献 角田房子「責任ラバウルの将軍今村均」(『ちくま文庫』、二〇〇六、筑摩書房)、吉田裕・森茂樹『アジア・太平洋戦争』(『戦争の日本史』二三、二〇〇七、吉川弘文館)

(柏木　一朗)

ひゃくだんたいせん　百団大戦　一九四〇年八月下旬から十月上旬にかけて、八路軍が全勢力をあげて、華北の日本軍の拠点や主要鉄道、通信線に奇襲攻撃を加え、北支那方面軍に甚大な損害を与えた作戦。参加した総兵力は、百十五団(団は軍の編制単位で連隊と同じ)四十万といわれ、八路軍の百余団が参加したことから百団大戦と呼称される。八路軍は八月二十日から九月上旬に至る第一次攻勢と九月二十二日から十月上旬に至る第二次攻勢を決行、それまでの遊撃戦法(ゲリラ戦法)とはまったく異なった大部隊による運動戦を展開した。八路軍は集中して河北省と山西省を走る石太線(石家荘―太原)の鉄道破壊を行い、警備していた日本軍部隊を奇襲攻撃して、多数の損害を与えた。また、日本が権益をもつ沿線の炭坑も攻撃、放火、破壊した。さらに八路軍は、抗日根拠地を包囲してつくられた沿線の日本軍拠点(トーチカ、砲台などをもって小部隊が駐屯して高度分散配置をしていた)二十ヵ所を攻撃して、多くの拠点を陥落させた。二次にわたる大攻勢で、日本軍側の資料では、鉄道の線路破壊百十四件、四万四六八一メートル、橋梁爆破七十三件、駅舎の焼失二十件、通信施設破壊二百二十四件、電柱の切断・倒壊二千四百四十本、電線切断一四六キロメートルなどの被害をうけた。日本軍側は人命の損害総数を明らかにしていないが、四〇年における北支那方面軍の戦死者五千四百五十六人、戦傷者一万二千三百八十六人であった。中国の歴史書は、百団大戦における八路軍側の死傷者は二万二千余人としている。「百団大戦大勝利」のニュースは全国の抗日民衆の士気を高め、汪精衛南京政府設立(四〇年三月)や日独伊三国軍事同盟締結(四〇年九月)へ向けた枢軸国の攻勢により、重慶政府や国内に現れた動揺を抑えるうえで積極的な役割を果たした。一方、大きな損害に衝撃をうけて八路軍への認識を改めた日本軍は、北支那方面軍の兵力を増強し、三光作戦といわれる抗日根拠地に対する「報復掃蕩」作戦を開始した。→三光作戦 →八路軍

参考文献 石島紀之『中国抗日戦争史』(一九八四、青木書店)、笠原十九司『日本軍の治安戦―日中戦争の実相―』(『戦争の経験を問う』、二〇一〇、岩波書店)、岡部牧夫・荻野富士夫・吉田裕編『中国侵略の証言者たち―「認罪」の記録を読む―』(『岩波新書』、二〇一〇、岩波書店)

(笠原十九司)

ひゃくにごうさくせん　百二号作戦　百一号作戦に続き一九四一年に実行された重慶爆撃の作戦呼称。五月から八月末まで重慶および成都を重点に、海軍航空隊が中心となってほぼ連日の無差別爆撃が行われた。海軍は第十一航空艦隊隷下の基地航空兵力の大半(百八十機中百三十五機)を投入、新鋭機の一式陸上攻撃機も加わった。制空権を完全に掌握した上の空爆であり、攻撃は昼間、薄暮および夜間まで間断なく続いた。その間住民は防空洞に留められたので「疲労爆撃」と呼んだ。市内最大の防空洞で通風機の故障により避難者少なくとも九百九十二人(当時の政府発表)が窒息、圧死した「隧道大惨案」が発生したのは、本作戦間の六月五日のことであった。背後情勢として独ソ戦開始(六月)や対米関係の緊張激化(七月南部仏印進駐)などが進行しており、日本側は本作戦で一挙に決着をつけるべく臨んだが成らなかった。陸軍航空隊も、蒋介石の郊外官邸で開催された軍事会議を爆撃する電撃作戦を敢行(八月)したが、失敗した。→重慶爆撃

参考文献 『日本海軍航空史』(一九六九、時事通信社)、遠藤三郎『日中十五年戦争と私―国賊・赤の将軍と人はいう―』(一九七四、日中書林)

(前田　哲男)

ひよう　飛鷹　日本海軍の航空母艦。元来は日本郵船の客船である「出雲丸」として一九三九年十一月に起工。同船は海軍から有事の際に航空母艦に改造することを前提に建造費用が補助されていた。海軍が四一年二月に本体を買い取って客船から空母に変更する建造を行い、四二年七月竣工。主に南太平洋での任務に従事。四四年六月、マリアナ沖海戦に参加、二十日に米国潜水艦の魚雷により沈没。基準排水量約二万四一〇〇トン、最高速度二五・五ノット(時速約四七キロ)。

参考文献 *Conway's All The World's Fighting ships 1922―1946* (London, 1980, Conway Maritime Press)

(佐藤　宏治)

ひらいずみきよし　平泉澄　一八九五―一九八四　昭和期の国史学者。一八九五年二月十五日、福井県に白山神社祠官平泉恰合の長男として出生。第四高等学校を経て一九一八年東京帝国大学文科大学史学科国史学科卒業。二三年帝国大学文学部講師、二六年文学博士となって助教授。同年に至文堂から『中世に於ける社寺と社会との関係』(学位論文)『我が歴史観』『中世に於ける精神生活』の三著を刊行し、昭和初年の官学アカデミズムにあって新鋭の日本中世史家として、特にアジール論などは学界に刺激を与えた。四高時代から「国家主義者」と明言し、史学会講演「歴史に於ける実と真」(二五年)「時代の推移と価値の変転」(二七年)など当初から「国家護持」の精神主義と教化的色彩があったが、三〇年三月から翌年七月にかけての欧米視察後に国粋主義的傾向が顕著・鮮明化し、独自の国体論・危機意識にもとづく「皇国史観」を学内外で鼓吹し、積極的政治活動によって政界支配層・軍部に隠然たる影響力を持った。三二年に東大学内の右翼学生団体朱光会創立、翌年に私塾の青々塾を開設。三五年の黒板勝美退官を承けて教授に昇進、戦時下の国史学科を支配し、三八年には文学部新設の日本思想史講座の担当者となった。この間、『国史学の骨髄』(三二年)『武

士道の復活』(三三年)『建武中興の本義』(三四年)『伝統』(三五年)『万物流転』(三六年)を刊行(いずれも至文堂)。四一年十二月開戦とともに海軍勅任嘱託、四五年八月敗戦によって大学に辞表提出、平泉寺に帰り、四六年白山神社宮司。四八年公職追放。戦後においても戦前同様の思想と活動によって保守支配層や文部省の歴史教科書検定などに影響力を保持し続けた。八四年二月十八日死去。八十九歳。自伝として『悲劇縦走』(八〇年、皇学館大学出版部)、多数の著述の中から「歴史観」関係論説を集録した田中卓編『平泉博士史論抄』(九八年、青々企画)がある。

参考文献　今井修「「戦争と歴史家」をめぐる最近の研究について」(『年報日本現代史』七、二〇〇二)、若井敏明『平泉澄』(『ミネルヴァ日本評伝選』、二〇〇六、ミネルヴァ書房)、昆野伸幸『近代日本の国体論―〈皇国史観〉再考―』(二〇〇八、ぺりかん社)、長谷川亮一『「皇国史観」という問題』(二〇〇八、白澤社)　(今井　修)

ひらいでひでお　平出英夫　一八九六―一九四八　大本営発表の発表を担当するなど海軍の報道宣伝に従事した海軍軍人。一八九六年二月九日青森県生まれ。海軍兵学校四十五期、海大選科学生。一九四〇年七月軍事普及部第二課長兼大本営海軍報道部第三課長に就任、同年十一月情報局の設置に伴う機構改革で海軍の軍事普及と国内情報事務を担当することになった軍務局四課の課長に就任、翌十二月より大本営海軍報道部第一課長を兼任。アジア・太平洋戦争前半期に、海軍側のスポークスマンとして大本営発表にあたり、「平出放送」は大本営発表の代名詞ともなった。また、講演会やラジオ放送などでの講演、座談会への参加、雑誌への寄稿など、海軍の報道宣伝の中核を担った。当時の講演録に『国民に愬ふ』(四一年、大新社)、著作に『海軍の生活』(四三年、生活社)などがある。四三年七月に軍令部三部八課長に異動、十二月よりフィリピン駐在武官。四八年十二月十五日没。五十三歳。　(井上　祐子)

ひらおはちさぶろう　平生釟三郎　一八六六―一九四五　実業家、政治家、教育者。一八六六年七月四日(慶応二年五月二十二日)生まれ。九〇年高等商業学校(現、一橋大学)を卒業。九三年、東京海上保険株式会社に入社し、一九一七年同社取締役となり、経営の近代化、合理化につとめた。また、一〇年甲南幼稚園を創立、その後、尋常小学校、中学校、高等女学校を創立し、甲南学園の発展につくした。三五年貴族院議員に勅選され、三六年三月文部大臣に就任した(三七年二月辞任)。三三年川崎造船所社長に就任し、破綻に瀕していた同社の再建に努めた。三七年六月日本製鉄株式会社取締役会長、四〇年十二月日本製鉄社長に就任し、四一年三月鉄鋼統制会会長となり、アジア・太平洋戦争における鉄鋼統制団体の指導者となって、鉄鋼増産の先頭に立った。四〇年、大日本産業報国会会長。アジア・太平洋戦争下では、各種の統制団体、国策会社の役員を歴任した。四三年枢密顧問官に親任された。四五年十一月二十七日没、八十歳。

参考文献　河合哲雄『平生釟三郎』(一九五二、羽田書店)　(長島　修)

ひらがしゅくがく　平賀粛学　一九三九年に東京帝国大学総長平賀譲が、経済学部教授河合栄治郎、同土方成美の二名を休職とした事件。平賀は一九三八年末に総長に選出されたが、当時経済学部は紛糾状態にあった。その中心が、自著が反国家的な思想を含むとして発禁処分を受けていた河合と、逆に非国家主義思想の排撃を企図して学部内の紛争の中心となっていた土方であった。平賀は、河合と土方に辞職を勧告するも、両者とも拒否。それを受けた三九年一月、平賀は二人の休職処分を荒木貞夫文部大臣に上申、文官高等分限委員会にて両者の休職が決定された。一連の粛学は、総長自身による措置であることから大学自治の一環ではあるが、同時に学部自治への介入とも言えるものであり、また学内ではおおむね経済学部の崩壊を回避するためのやむを得ざる「異例中の異例」と理解された一方で、両教授の同僚門下が辞意を表明するなどの混乱も生じた。

参考文献　東京大学百年史編集委員会編『東京大学百年史』部局史一(一九八六、東京大学出版会)　(神代　健彦)

ひらがゆずる　平賀譲　一八七八―一九四三　大正・昭和時代の海軍軍人、軍艦設計者。東京帝国大学総長。工学博士。父は芸州藩出身の海軍主計官。一八七八年三月八日、東京に生まれる。一九〇一年に東京帝国大学工科大学造船学科卒業後海軍に入り、艦艇の重量軽減・高速化・重武装化といった課題に取り組み、戦艦「長門」や「陸奥」をはじめ多数の軍艦を設計した。八八艦隊やワシントン条約以後の軍備制限に対応した補助艦群を整備する過程で、海軍・産業界・大学のいわゆる「軍産学複合体」の成長に寄与した。一九三八年から死去する四三年まで就いていた東京帝国大学総長の時期の出来事としては、河合栄治郎や土方成美をはじめとした経済学部の教員を処分した平賀粛学が有名であるが、東大と研究者の立場を保護しつつも、海軍と東大との関係を従前以上に深め、「軍産学複合体」の強化も推進した。平賀総長時代、海軍と東大の結びつきは工学分野だけでなく、人文社会科学系の分野にまで及んだ。四三年二月十七日没。六十六歳。

平賀譲

平沼騏一郎

参考文献 畑野勇『近代日本の軍産学複合体―海軍・重工業界・大学―』(二〇〇五、創元社)、東京大学平賀譲研究会・海軍歴史科学館編『平賀譲 名軍艦デザイナーの足跡をたどる』(二〇〇八、文藝春秋) (手嶋 泰伸)

ひらたしんさく 平田晋策 一九〇四―三六 大正・昭和期の軍事評論家、少年小説作家。一九〇四年三月六日兵庫県に生まれる。一九年龍野中学を退学後、暁民会に参加するも二一年の暁民共産党事件で検挙。以後は左翼運動を離れ、昭和期になると『日本及日本人』に政治・国際評論を執筆、二九年には政教社に入社。三〇年のロンドン海軍軍縮会議を機に軍事評論を執筆して注目され、三二年からは大日本雄弁会講談社の諸雑誌を舞台に多くの軍事評論・軍事冒険小説を発表する。日米戦争をテーマとした「昭和遊撃隊」(『少年倶楽部』三四年一―十二月)、「新戦艦高千穂」(同三五年七月―三六年三月)は戦前における未来戦記の最高傑作と評されている。三六年の第十九回総選挙に際し昭和会の公認候補となったが、郷里赤穂に帰る途上、乗車するタクシーがトラックと衝突、一月二十八日死去。三十三歳。

参考文献 会津信吾編『平田晋策・蘭郁二郎集』(『少年小説大系』一七、一九九四、三一書房) (高岡 裕之)

ひらぬまきいちろう 平沼騏一郎 一八六七―一九五二 明治・大正・昭和期の司法官僚、政治家。一八六七年十月二十五日(慶応三年九月二十八日)美作国津山生まれ。八八年帝国大学法科大学卒、同年司法省入り。東京地方裁判所判事などを経て、九九年東京控訴院検事に転じた。〇六年司法省民刑局長として日糖疑獄や大逆事件の捜査を指揮。第二次西園寺内閣の司法次官、一二年検事総長、二一年大審院長、第二次山本権兵衛内閣の法相。山本内閣総辞職後、国本社を創立し国民精神作興を説く。二四年貴族院議員に勅選、二六年枢密院副議長、男爵となる。二・二六事件後枢密院議長、同時に国本社を解散。三九年一月に組閣したが、同年八月、独ソ不可侵条約締結を前に「複雑怪奇」との迷句を残し退陣した。その後は第二次近衛内閣の国務相・内相、第三次近衛内閣の国務相となり、「現状維持派」として国政に関与。四五年枢密院議長に復帰、ポツダム宣言受諾条件として国体護持を主張。戦後A級戦犯容疑者として終身刑判決を受け、五二年八月二十二日獄中で死去。八十四歳。

参考文献 岩崎栄『平沼騏一郎伝』(一九三九、偕成社) (山本 公徳)

ひらぬまきいちろうないかく 平沼騏一郎内閣 枢密院議長平沼騏一郎を首班とする内閣で一九三九年一月五日成立。平沼は以前から首相候補とみられていたが、元老西園寺公望は極端な国粋主義者の平沼の組閣には反対であった。しかしこの時、老齢の西園寺に代わって内大臣湯浅倉平が、近衛文麿が平沼を推していることを理由に決断した。七人の主要閣僚が近衛内閣から留任し、近衛自身も無任所大臣として入閣したため、実質的には近衛内閣の延長ともいえる。内閣成立当初の最大の課題は日中戦争への対応であったが、三八年末に重慶政権を離脱した汪兆銘に新政権を樹立させ、これとの外交交渉で問題の解決を図ろうとして、三九年六月に来日した汪兆銘と平沼首相、板垣征四郎陸将らが協議した。しかし、日本側が期待したような国民党の大分裂は起こらないまま、汪兆銘は政権樹立工作を続けた。内政では、国民徴用令や米穀配給統制法の制定、さらに国民精神総動員委員会設置など総動員体制を推進した。六月十四日、日本軍による天津租界封鎖で日英間の緊張が高まったが、これは有田八郎外相とクレーギー駐日大使との協議で日本側に有利な形で一応の解決をみた。しかし、これにアメリカが反発し、日米通商航海条約の破棄を通告して緊張が高まった。もう一つの大きな課題が三国同盟締結問題であったが、積極的な陸軍と消極的な海軍の対立があり、有田外相、石渡荘太郎蔵相も反対していた。平沼は蔣介石を支援するアメリカへの牽制としてドイツとの同盟強化を模索したわけだが、この交渉最中の五月十一日にはモンゴルと満洲国の国境地帯でノモンハン事件が勃発し日本軍は壊滅的打撃を受けた。さらにその処理に追われていた八月二十三日に突如独ソ不可侵条約が締結された。反ソ・反共同盟の締結交渉中の当の相手国がソ連と不可侵条約を締結するという信義無視の国際政治の駆け引きに平沼は対応できず「欧州の天地は複雑怪奇」との「迷言」を残して八月二十八日総辞職した。

参考文献 遠山茂樹・今井清一・藤原彰『昭和史(新版)』(『岩波新書』、一九五九、岩波書店)、『実録首相列伝―国を担った男たちの本懐と蹉跌―』(二〇〇三、学習研究社) (波田 永実)

ひらのよしたろう 平野義太郎 一八九七―一九八〇 昭和期のマルクス主義法学者。一八九七年三月五日、東京府に生まれる。東京帝国大学法学部卒業後、同学部助教授となり日本資本主義論争で講座派の論客として活躍、一九三六年のコム=アカデミー事件で検挙され転向。三九年、太平洋協会に入所し民族学的知見に基づく太平洋地域の占領政策を研究した。四〇年には東亜研究所第六調査委員会に所属し北支農村慣行調査(中国農村慣行調査)に参加する一方で、中国村落の共同体的性格を強調する立場をとり、これを否定する戒能通孝との間で論争を展開した。四五年六月に刊行された『大アジア主義の歴史的基礎』では、大東亜共栄圏の社会的基礎となる東洋的郷土社会論を主張する一方、戦後の中国研究所の母体となる日華学芸懇話会を発足させた。戦後は財団法人中国研究所所長、日中友好協会副会長、日本平和委員会会長などを歴任し八〇年二月八日死去。八十二歳。

参考文献 『平野義太郎―人と学問―』(一九八一、大月書店)、鈴木麻雄「第二次大戦下における一マルクス主義者の言動―平野義太郎の大東亜共栄圏論―」(中村勝範編『近代日本政治の諸相―時代による展開と考察―』所収、一九八九、慶応通信)、盛田良治「平野義太郎とマルクス社会科学のアジア社会論」(石井知章・小林英夫・米谷匡史編『一九三〇年代のアジア社会論―「東亜協同体」論を中心とする言説空間の諸相―』所収、二〇一〇、社会評論社) (盛田 良治)

ひらのりきぞう 平野力三 一八九八―一九八一 農民運動家、政治家。一八九八年十一月十五日岐阜県で出生。実兄は戦後衆議院議員になる平野増吉。岐阜中学を経て拓殖大学、早稲田大学に学ぶ。早稲田大学建設者同盟に参加。一九二二年日本農民組合関東同盟に加入し、山梨県の農民運動に関与。二九年、「清党事件」により日本大衆党書記長を辞任。三六年皇道会から立候補し衆議院議員当選。三九年、農地制度改革同盟の主事兼会計となる。四二年の翼賛選挙で非推薦当選。帝国議会では、西尾末広とともに、鳩山一郎・芦田均らと共同歩調。四五年二月、三月、五月に皇族東久邇宮稔彦に食糧対策を進言。四六年、四七年衆議院議員。片山内閣の農相となったが、新憲法下初の首相による大臣罷免となる。その後、公職追放。追放解除の裁判闘争を展開。五二年、衆議院議員。五四年保全経済会事件で国会証言。五五年選挙で落選。五八年日刊農業新聞社長。八一年十二月十七日没。八十三歳。

参考文献 平野力三『日本農業政策と農地問題』(一九四三、一杉書店)、『悲運の農相 平野力三―元農林大臣・平野力三先生追想録―』(一九八三)、横関至「平野力三の戦中・戦後」(『農民運動指導者の戦中・戦後―杉山元治郎・平野力三と労農派―』所収、二〇一一、御茶の水書房) (横関 至)

ひりゅう・よんしきじゅうばくげきき 飛龍・四式重爆撃機 陸軍最後の制式重爆撃機。三菱重工業が開発。双発の大型機で、乗員六～八名。一九四四年、制式採用。エンジン一九〇〇馬力×二。最大速度時速五三七キロ。爆弾八〇〇キロ、または魚雷八〇〇～一〇七〇キロを搭載。操縦性、運動性に優れ、急降下爆撃時の強度も高かった。同年、陸軍が生産機種を絞った際には、最重点機種の一つに指定された。改修して八〇〇キロ爆弾二個を装備し、陸軍初の特攻専用機の一つとしても用いられた。高性能のため、海軍でも雷撃機として用いられ、「靖国」と呼ばれた。

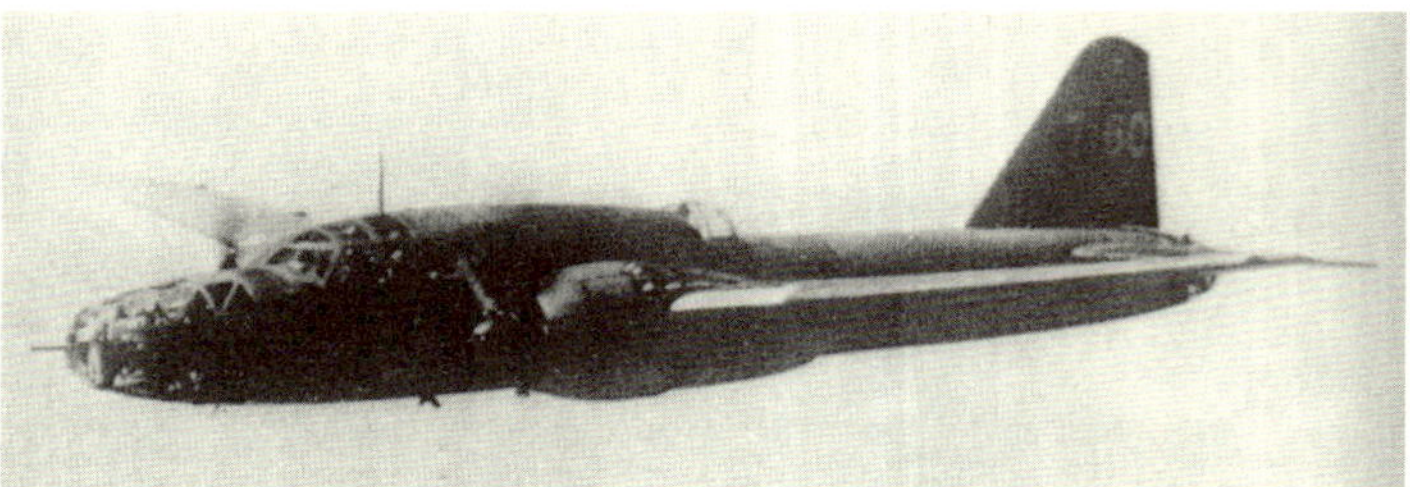
飛龍・四式重爆撃機

参考文献 松岡久光『みつびし飛行機物語(改訂重版)』(二〇〇一、アテネ書房) (水沢 光)

ビルマこくぐん ビルマ国軍 英領期のビルマ独立義勇軍(BIA)を出自とするビルマ(ミャンマー)の政府軍。一九四一年十二月日本軍の対ビルマ謀略を担当した南機関によって結成されたBIAは、海南島で秘密軍事訓練を受けた三十人のビルマ人青年を中核にビルマへ進軍、日本軍のビルマ攻略作戦を側面支援した。日本軍政下の四二年八月ビルマ防衛軍(BDA)に改編、翌四三年八月「独立」付与に伴いビルマ国軍(BNA)となる。四五年三―八月の抗日闘争ではその中心勢力となり、英軍復帰後は同年九月のキャンディ協定に基づき約半数が正規ビルマ軍(植民地軍)に合流、それを基盤に独立後は政府軍となった。しかし、旧植民地軍系の将兵が抜け、ネーウィン参謀総長のもとでビルマ民族を中心とする軍の性格が強まると、政治性を強く示すようになり、六二年クーデターを敢行、八八年までビルマ式社会主義体制の基盤を担った。以後も軍事政権期(一九八八―二〇一一年)を経て政治への影響力を強く有し続けている。→南機関(みなみきかん)

参考文献 中西嘉宏『軍政ビルマの権力構造―ネー・ウィン体制下の国家と軍隊 一九六二―一九八八―』(『地域研究叢書』二〇、二〇〇九、京都大学学術出版会) (根本 敬)

ビルマさくせん ビルマ作戦 アジア・太平洋戦争初期に日本軍が展開した英領ビルマへの進攻作戦。ビルマ攻略作戦とも。開戦前、日本軍はビルマに対する本格的攻略を予定していなかったが、開戦後の南方全域における勝利に自信を深めた大本営は南方作戦の規模拡大を決定、一九四二年一月二十二日、南方軍総司令官にビルマ全域確保の命令を下した。すでにタイ側から陸路でビルマに進攻していた第十五軍は、同年三月八日ラングーンを占領、続いて「北伐戦」と称された北上作戦をすすめ、五

ビルマ作戦　ラングーン占領

月一日に中部の要衝マンダレーを占領した。同十八日にはビルマのほぼ全域を占領し、作戦終了を宣言、これによりビルマルート（援蔣ルート）の遮断とイェーナンヂャウン油田の確保という、当初の作戦目的を達成した。この時期においては陸上兵力と航空戦力において日本軍が圧倒的に優勢な立場にあり、ビルマの植民地軍と駐留英印軍は防衛体制を固めていたものの本国からの充分な支援がなく、あてにしていたシンガポールの英軍も日本軍に崩され、インドへの退却を余儀なくされた。一方、本作戦はビルマ人ナショナリストから成るビルマ独立義勇軍（ＢＩＡ）が参加したことでも知られる。同義勇軍は日本軍の謀略機関である南機関によって四一年十二月末にタイのバンコクで秘密裏に結成され、第十五軍とは異なるルートでビルマに進軍、英印軍や植民地軍と戦って日本軍を側面支援した。しかし、日本軍が当初の作戦を変更してビルマ全域の攻略（占領）に転じたため、ＢＩＡは独立宣言をはじめとするあらゆる政治活動を制限されるようになり、日本軍とＢＩＡのあいだに軋轢が生じることになった。日本軍は作戦終了後の六月四日、全土に軍政を布告し、知識人政治家のバモオ博士を中央行政機関設立準備委員会委員長に任命、同年八月より中央行政府長官に就任させ、翌四三年八月に「独立」を付与した際はビルマ政府の国家元首に就かせた。　→バモオ　→南機関　（根本　敬）

ビルマルート　ビルマルート　米英による蔣介石政権（中国国民政府）支援のための二つの物資補給ルート（援蔣ルート）のうち、英領ビルマから重慶につながるルート（もうひとつはベトナム北部から）。ビルマ公路、滇緬公路とも。ラングーン港から鉄道でマンダレー経由ラーショウまで物資を運び、そこからトラックに乗せ換え、道路で国境を越えて雲南に入り、昆明経由で重慶に至った。雲南部分の道路は一九三七年に工事を開始、三九年一月に全通、四〇年六月には月間輸送量一万トンに達し、日中戦争の長期化に苦悩する日本軍を苛立たせた。英国への外交圧力やルートへの空襲を通じ遮断を試みるが成功せず、日本軍がラングーンを占領する四二年三月まで補給路として機能した。このルート遮断後、連合軍はインド北部から航空機による重慶支援を実施、四四年末にはレド公路を新設し、インドのアッサム州からビルマ北部ミチナーを横切って雲南につながる陸上ルートを完成させた。（根本　敬）

ひろさわとらぞう　広沢虎造　一八九九―一九六四　浪曲師。一八九九年五月十八日に東京府で出生。本名山田信一（旧姓金田）。十九歳で二代広沢虎吉に弟子入り、一九二二年に二代広沢虎造を襲名した。「清水次郎長伝」を代表的なレパートリーとし、明るい感傷をもつ独自の節回しで、戦後まで活躍した。近世の説教節、デロレン祭文や阿呆陀羅経（チョボクレ）を起源とする浪花節は、明治期になって社会状況を反映しながら浸透していった。一九〇〇年代以降は、レコードやラジオなど音声メディアの普及と連動して受容が拡大し、爆発的な人気を得ていく。三二年の全国ラジオ調査では嗜好状況で第一位となり、四三年八月から一年間のレコード発売枚数ベストテンでも「唄入り観音経」がランクインするなど、戦時期でも任侠ものや人情ものなどに支持が集まっていた。一方で、大政翼賛会や情報局の文化統制や動員政策の一環として、四〇年には浪曲向上会が発足、アジア・太平洋戦争期には「愛国浪曲」が標榜され、広沢のほか戦時期から戦後にかけて活躍した、二代玉川勝太郎、寿々木米若、三門博といった浪曲師も愛国浪曲の公演に動員された。六四年十二月二十九日没、六十五歳。

参考文献　安斎竹夫『浪曲事典』（一九七五、日本情報センター）、正岡容『（定本）日本浪曲史』（二〇〇八、岩波書店）　（戸ノ下達也）

ひろしまへいわきねんしりょうかん　広島平和記念資料館　⇨平和博物館

ひろせとよさく　広瀬豊作　一八九一―一九六四　大正・昭和期の官僚。一八九一年十一月十七日生まれ。石川県出身。第一高等学校、東京帝国大学卒。一九一七年大蔵省に入省。主計局長などを経て四〇年七月、大蔵次官（第二次近衛内閣）。四二年一月南方軍軍政顧問。四五年四月、鈴木内閣の蔵相に就任し、敗戦直前の財政運営を担う。敗戦後、組織的に行われた公文書焼却について「資料は焼いてしまえという方針に従って焼きました。これはわれわれが閣議で決めたことですから、われわれの共同責任のわけです」という回想を残している。六四年四月十二日没。七十二歳。

参考文献　吉田裕『現代歴史学と戦争責任』（一九九七、青木書店）　（横島　公司）

ひろせひさただ　広瀬久忠　一八八九―一九七四　官僚、政治家。一八八九年一月二十二日、広瀬久政（のちの衆議院議員）の長男として山梨県に出生。第一高等学校を経て東京帝国大学を一九一四年に卒業し内務省入省。二九年四月から三〇年五月まで東京市助役。三一年十二月三重県知事、三三年六月埼玉県知事。三四年七月、内務省土木局長。三六年三月、内務省社会局長官。三七年六月から十二月まで内務次官。三八年一月厚生次官。三九年一月から八月まで平沼内閣厚生大臣。四〇年七月より四六年二月まで貴族院議員。四三年十一月から四四年七月まで産業設備営団総裁。四四年七月、小磯内閣厚生大臣・国務大臣兼内閣書記官長。四五年八月より四六年一月まで東京都長官。四六年九月から五一年八月まで公職追放。参議院議員(五三年五月から五九年五月、六五年七月から七一年七月)。自主憲法制定運動を展開した。七四年五月二十二日没。八十五歳。

参考文献 広瀬久忠『日本国憲法改正広瀬試案』(一九五七、洋々社)、高岡裕之『総力戦体制と「福祉国家」―戦時期日本の「社会改革」構想―』(『戦争の経験を問う』、二〇一一、岩波書店) (横関 至)

ひろたがいこう 広田外交 一九三三年から三八年まで、広田弘毅が外相と首相を務めた時期の日本の外交、特に対中国外交を指す。三三年九月、広田は斎藤実内閣の外相に就任し、岡田啓介内閣(三四年七月―三六年三月)にも留任した。この期間、広田の指示を反映した三四年四月の「天羽声明」は、東亜の平和秩序維持は日本の使命であり、日本は中国に対する列国の共同動作に反対すると宣告したため、中国に対する日本の単独管理の野心を示した「アジアモンロー主義」として非難された。他方、同時期の広田は、満洲国の存在を前提としながらも万里の長城以南には手を出さずに、「経済協力」を通して関係修復をはかろうという「和協外交」を押し進め、三五年六月の華北分離工作まで、二年間にわたる日中関係の平静期を保った。しかし、その後、広田外相のもとで、日本は三五年十月、「排日の停止、満洲国の黙認、共同防共」を骨子とする「広田三原則」を中国に迫った。また、十二月に新軍縮条約のための第二次ロンドン海軍軍縮会議が開催されたが、日本は三六年一月に同会議からの脱退を通告し、国際的緊張を一層招いた。二・二六事件を受けて、三六年三月に広田が首相として登場した後、広田内閣は国防の強化、外交の刷新といった軍部の諸要求を受け入れ、軍部大臣現役武官制も復活させた。同時に、日本は支那駐屯軍の兵力を増強し、日中関係をさらに悪化させた。また、三六年八月に策定された「国策の基準」では、陸海軍間の妥協として、北方の「ソ連の脅威」への対応と南方海洋への発展という「南北併進」の対外膨張路線が掲げられた。十一月には、日本とドイツはコミンテルンに対する情報交換と防衛を協力しあうために日独防共協定を締結した。三七年二月林銑十郎内閣が誕生した後、広田は一時引退したが、同年六月、第一次近衛文麿内閣の外相として復帰し、翌年五月まで日本の外交を率いる。その中、日中戦争勃発後は、「国民政府を対手とせず」声明などの強硬策をとった。戦後、広田はA級戦犯として文官でただ一人絞首刑に処された。

参考文献 川島真・服部龍二編『東アジア国際政治史』(二〇〇七、名古屋大学出版会)、服部龍二『広田弘毅―「悲劇の宰相」の実像―』(『中公新書』、二〇〇八、中央公論新社) (鹿 錫俊)

ひろたこうき 広田弘毅 一八七八―一九四八 大正・昭和期の外交官、政治家。一八七八年二月十四日福岡県生まれ。一九〇五年東京帝国大学法科大学卒、翌年外務省入り。北京やロンドン勤務の後、通商局第一課長、米大使館一等書記官、情報部次長、欧米局長、オランダ公使、ソ連大使を歴任。三三年斎藤実内閣で内田康哉外相の後任となり五相会議を通じ外交穏健化を進め、留任した岡田啓介内閣では対華三原則を主導するなど、連盟脱退後の国際関係安定化と日本権益固定化に努めた。二・二六事件後に組閣したが軍部主導の転換は叶わなかった。三七年貴族院議員。第一次近衛文麿内閣の外相に就任、「国民政府を相手にせず」の政府声明を準備。四〇年米内光政内閣の参議となり、以後後継首班を審議する重臣会議に参加。戦争末期には六巨頭会議に参加しソ連を介した和平交渉を試みたが失敗。戦後A級戦犯容疑者となり文官として唯一死刑判決を受ける。四八年十二月二十三日執行。七十一歳。

広田弘毅

参考文献 広田弘毅伝記刊行会『広田弘毅』(一九六六、中央公論社) (山本 公徳)

ひろたこうきないかく 広田弘毅内閣 元外務官僚広田弘毅を首班とする内閣。一九三六年三月九日発足。軍部の圧力による軍部大臣現役武官制の復活、「国策の基準」の制定、日独防共協定の締結などを行い、この内閣でアジア・太平洋戦争に至る道筋が定まった。主要閣僚に大蔵大臣馬場鍈一、陸軍大臣寺内寿一らがいる。二・二六事件で岡田啓介内閣が総辞職した後、元老西園寺公望によって近衛文麿が後継首相に推薦された。しかし近衛は辞退し、軍部との協調と外交手腕が見込まれた広田弘毅が次の候補として推薦され、広田内閣が発足した。広田内閣は発足当初から強い軍部の圧力にさらされた。立憲政友会・立憲民政党それぞれから二人ずつ入閣させるなど、表向きは挙国一致の体制が成立したかに見えたが、組閣の段階で陸軍は小原直の司法大臣留任、吉田茂の外務大臣就任、川崎卓吉の内務大臣就任、そして下村宏の入閣などに反対してこれらを認めさせていた。さらに陸軍は、二・二六事件後の粛軍の必要性を口実に、軍部大臣現役武官制の復活を要求し、五月にはそれを認めさせた。軍事・外交においては、六月八日、米中ソに加えてイギリスを仮想敵国とし、大規模な軍備拡張を必要とする「帝国国防方針」「用兵綱領」の改定が裁可を受けた。さらに、首相・蔵相・外相・陸相・海相による五相会議の方針に従い、八月十一日の閣議で、中国大陸における地歩を固め南方に進出するとする「国策の基準」を決定、十一月二十五日には日独防共協定に調印(翌年十一月六日にイタリアが加わって三国防共協定となる)するなど、いずれも陸軍の要求に応じてアジア・太平洋戦争につながる道がつぎつぎと開かれていった。中国問題では、十一月の綏遠事件をきっかけに日中交渉が暗礁に乗り上げ、軍部の進める華北分離政策を追認することになった。財政では、蔵相馬場鍈一が高橋財政を転換し、増税と公債増発によって軍部の予算要求に応える方針をとった。しかしこうした軍部に迎合した政策は、政党・財界の反発を招いた。三七年一月二十一日の衆議院本会議で、激しく軍部を攻撃する浜田国松議員と寺内陸相との間でいわゆる「腹切り問答」が行われた。この浜田の質問に強く反発した寺内は衆議院の解散を主張したが、閣内からは反対論が相つぎ、広田も解散を認めず、一月二十三日に総辞職を決定した。

参考文献　宮本盛太郎「第三二代広田内閣—準戦時体制の確立—」(林茂・辻清明編『日本内閣史録』三所収、一九七六、第一法規出版)、『広田弘毅(復刻版)』(一九九二、葦書房)、服部龍二『広田弘毅—「悲劇の宰相」の実像—』(『中公新書』、二〇〇八、中央公論社)　(河島　真)

ひろひと　裕仁　⇨昭和天皇

ふ

ファーネス　George A. Furness　一八九六—一九八五　東京裁判の米国人弁護人。一八九六年十二月三十一日、米ニュージャージー州生まれ。ハーヴァード大学ロースクール卒業。第一次世界大戦に一等兵として参加。一九二一年よりボストンで弁護士を開業。四二年十二月に再び軍籍に入り、ワシントンで勤務した後、ガダルカナルやフィリピンなどを転戦。戦後、米軍がマニラで実施したBC級戦犯裁判に、本間雅晴中将の弁護人として参加。その後、来日し、東京裁判の弁護団に加わる。東京裁判では重光葵元外相の弁護にあたった。裁判終了後、ベン=ブルース=ブレイクニーとともに連合国軍総司令部(GHQ)の豊田副武裁判で弁護人を務めた。その後、日本に定住し、五〇年に法律事務所を開いた。東京裁判の回想に「東京裁判の舞台裏」(『文藝春秋』三〇ノ七、一九五二年五月)がある。八五年四月二日、死去。八十八歳。

参考文献　豊田隈雄『戦争裁判余録』(一九八六、泰生社)、『東京裁判ハンドブック』(一九八九、青木書店)、北博昭「東京裁判アメリカ人弁護人の略歴」(『史』九八、一九九八)　(永井　均)

ファシズム　Fascism　第二次世界大戦において枢軸陣営を形成したドイツ、イタリア、日本などの独裁的支配体制とそれを推進し支えた思想や運動。ファシズムの、通例の独裁と異なる独裁体制の特徴は、議会制民主主義と政党政治体制を否定し一党独裁制による強権的政治体制をとること、国民を画一的、強制的に組織化することである。ファシズムが台頭・形成された要因の第一は、第一次世界大戦でつくられた世界秩序、ヴェルサイユ・ワシントン体制に対する後発の帝国主義国の不満とその打破の要求であった。三国はいずれも後発の帝国主義国として、既存の植民地・勢力圏に対する不満と再分割の要求を強く持っていた。ファシズムはこの要求を正面から掲げそれを実行する強力な政治を訴えた。第二の要因は、第一次大戦後の不況、恐慌などの困難に対処する既存支配体制の無能、失敗に対する大衆的不満の鬱積である。ファシズムは、勢力圏の再分割など、力によるその解決を訴えて大衆を組織した。日本の場合には、軍の幕僚や青年将校らによって、中国の統一運動の前進による植民地支配の危機や経済恐慌に対処し得ない既存政党、財閥が攻撃され、満洲事変とクーデタ・テロによって天皇を中心とした独裁体制による事態の突破が訴えられた。ファシズム台頭の第三の要因は、不況や恐慌による社会的危機に対し革命と共産主義によるその克服を提示して影響力を強めていたコミンテルンの共産主義運動に対する対抗と敵対である。この点でファシズムは、既存の支配層の融和と期待をしばしば受けた。日本では、イタリア、ドイツにみられたようなファシズム運動が脆弱であったことを理由にファシズム体制の成立を否定する見解もあるが、既存国際秩序の改変による植民地・勢力圏再分割の主張、それを遂行するための既存支配体制打破と独裁体制確立、共産主義とソ連への敵対という点で、戦時日本国家もファシズム体制ととらえることができる。日本ファシズムの特殊性は、軍部がファッショ化の主導勢力となったこと、ファシズムイデオロギーとして、天皇制国家も掲げていた「国体」イデオロギーが利用されたなど全体として既存支配体制との連続性が強かったことである。しかし、一九三〇年代においてファシズム体制が形成・確立しなければ、天皇制国家はアジア・太平洋戦争へ突入し遂行し続けることはできなかった。

参考文献 江口圭一編『日本ファシズム論』(歴史科学協議会編『歴史科学大系』一二、一九七七、校倉書房)、山口定『ファシズム―その比較研究のために―』(『有斐閣選書』、一九七六、有斐閣)
(渡辺　治)

フィリピン Philippines　十六世紀にスペイン植民地となったフィリピン諸島では、一八九六年に独立戦争(フィリピン革命)が始まった。九八年、米西戦争により革命に介入したアメリカは、十二月のパリ講和条約で諸島領有権を獲得したが、革命勢力は六月に独立を宣言し、九九年一月にフィリピン共和国を樹立した。翌二月、比米戦争に突入、一九〇二年に米軍は諸島の平定完了を宣言した。アメリカ統治下では、フィリピン議会が発足するなど自治が進展し、対米輸出農業で富を蓄積した原住民エリートが政界に進出した。〇三年に日本人労働者の集団移民が始まり、二〇年代にはミンダナオ島ダバオに一大日本人社会が形成されるなど、戦前の在比邦人数は約三万を数えたが、満洲事変の前後からフィリピンでは日本の軍事進出に対する警戒が強まっていった。三五年十一月、自治政府コモンウェルスが発足、四二年から四五年の日本軍による占領を経て、四六年七月にフィリピンは独立した。五六年、日比賠償協定の締結を経て、日本との国交が樹立された。

参考文献 池端雪浦・生田滋『フィリピン・マレーシア・シンガポール』(『東南アジア現代史』二、一九七七、山川出版社)、早瀬晋三『フィリピン近現代史のなかの日本人―植民地社会の形成と移民・商品―』(二〇一二、東京大学出版会)
(内山　史子)

フィリピンおきかいせん　フィリピン沖海戦　⇨レイテ沖海戦(おきかいせん)

フィリピンきょうさんとう　フィリピン共産党　一九三〇年八月、マニラの労働運動指導者クリサント＝エバンヘリスタによって創設された、フィリピンの政党。通称PKP。三一年九月に非合法化されたものの、三七年十月にケソン大統領の意向により再び合法化された。三八年、ルソン島中部の農民運動に基盤を置くフィリピン社会党と合同。日本軍政下では、四二年三月にルイス＝タルクらを中心にフクバラハップを結成し、激しい抗日ゲリラ闘争を展開した。戦後、共産党を中心に民主同盟を結成し、四六年の国政選挙ではタルクらが当選するも議席をはく奪され、再び武装路線に転じた。フク団は人民解放軍と名を変え、ルソン島中部で大規模な武装闘争を展開したが、五〇年代半ばには運動は鎮圧された。六八年にアマド＝ゲレロによって新たに結成された再建共産党(CPP)とは別物である。→フクバラハップ

参考文献 Benedict J. Kerkvliet, *The Huk Rebellion* (New York, 1977, University of Columbia Press)
(内山　史子)

フィリピン＝コモンウェルス Commonwealth of the Philippines　十年後のフィリピン独立を予定して一九三五年十一月十五日に発足した独立準備政府。国民投票で憲法を制定し、大統領にマヌエル＝ケソン、副大統領にセルヒオ＝オスメニアが選出された。米国大統領が任命する高等弁務官がおかれ、国防・外交・通商・財政の権限はアメリカが保持したが、内政は同政府がほぼ担当し、フィリピン陸軍も発足した。四一年十二月に始まった日本軍の侵攻により、四二年五月にアメリカに逃れたケソンらはワシントンDCで亡命政府を組織した。四四年十月二十日、亡命中に死去したケソンの後継大統領オスメニアは米軍とともにレイテ島に上陸し、四五年二月二十七日にマニラで施政権を米軍から引き継ぎ、コモンウェルス政府を再建した。四六年四月、コモンウェルス最後の選挙でマヌエル＝ロハスが大統領に選ばれ、七月四日にフィリピン共和国が独立した。

参考文献 中野聡『フィリピン独立問題史―独立法問題をめぐる米比関係史の研究(一九二九―四六年)―』(一九九七、龍溪書舎)、Theodore Friend, *Between Two Empires: The Ordeal of the Philippines 1929-1946*, (Manila, 1969, Solidaridad Publishing House)
(内山　史子)

フィリピンせん　フィリピン戦　一九四一年十二月八日、開戦と同時に日本軍はフィリピン攻略作戦(比島作戦)を開始した。作戦を担当する陸軍第十四軍(四四年七月に方面軍に昇格)は同日中にルソン島バギオ方面やクラーク飛行場、ミンダナオ島ダバオなどへの空襲を敢行し、二十二日に主力部隊がリンガエンに上陸、四二年一月二日には首都マニラを占領した。ユサッフェ(アメリカ極東陸軍)は、要衝バタアン半島に撤退して抗戦を続けたものの四月九日に陥落、五月六日にはコレヒドール島でユサッフェ司令官ウェインライト中将が無条件降伏した。この間、一月三日に日本軍は軍政部(のちに軍政監部)を設置して軍政を施行し、同二十三日にホルヘ＝バルガスを長官として比島行政府を発足させた。一方フィリピン＝コモンウェルス政府大統領ケソンらはフィリピンを脱出し、五月にワシントンDCで亡命政府を組織した。日本軍はフィリピンの占領統治に戦前からの有力者を登用し、対日協力体制が整うと四三年十月十四日にラウレルを大統領としてフィリピン共和国を独立させた。その背景には、ユサッフェ＝ゲリラとフクバラハップを主体とする抗日

フィリピン戦　コレヒドール要塞の降伏

ゲリラの活動により、治安確保と軍政の浸透が困難であったことが挙げられる。マリアナ諸島を失陥した日本軍は四四年九月末、山下奉文大将を方面軍司令官に据え、フィリピンでの決戦を企図した(捷一号作戦)。十月二十日に連合軍はレイテ島に上陸したが、レイテ沖海戦で空海兵力を損耗した日本軍は、十分な増援・補給を欠いてレイテ地上戦を戦い、十二月末には戦闘継続不能に陥った。翌四五年一月初旬、方面軍司令部はラウレルを伴って北方のバギオに移転、直後に連合軍はルソン島に上陸し、二月には一ヵ月に及ぶ戦闘の末にマニラを再占領した。日本軍は各地で持久戦を図ったものの、三月末にはコレヒドール島を奪還され、四月中旬にはバギオから東方山地へ司令部が撤退、以後山岳地帯を転々とした後、九月三日に山下方面軍司令官がバギオで降伏し、フィリピンにおける日本軍の組織的戦闘を終えた。

[参考文献] 防衛庁防衛研修所戦史室編『捷号陸軍作戦』一・二(『戦史叢書』四一・六〇、一九七〇・七二、朝雲新聞社)、池端雪浦編『日本占領下のフィリピン』(一九九六、岩波書店)　(内山　史子)

フーヴァー Herbert Clark Hoover 一八七四―一九六四 アメリカの政治家。第三十一代大統領。一八七四年八月十日アイオワ州生まれ。一九二八年、共和党から大統領に当選。日米開戦直前には水面下で戦争回避を達成すべく、来栖三郎を補佐していた弁護士ラウール＝デスヴェアニンを通じて来栖と米国財界人バーナード＝バルーク(フランクリン＝ローズヴェルト政権に影響力のある要人)との会談の実現に貢献した。四五年五月二十八日、フーヴァーは、トルーマン大統領の要請により後者と会談した。フーヴァーは、モーゲンソー計画のような過酷な対枢軸国賠償案について、欧州と東アジアの経済復興の観点から日独を重視したため反対した。ソ連のアジア・太平洋地域への拡大を警戒し、ソ連の対日参戦前に英中とともに日本と和平を達成すべきであると考えていた。早く円滑に日本の降伏を達成させられれば米兵はこれ以上の犠牲を少なくすることができると彼は大統領に論じた。そこで、日本の指導者たちがこだわっていると思われた天皇制の存続に理解を示すべきであると強調した。フーヴァーは、満洲を中国に返還すべきであるが台湾と朝鮮半島を日本は手放す必要はないと考え、日本の非武装化を長期間行うものの、短期間の対日占領で日本の軍事工業の解体や責任者の処罰を実施すべきと大統領に提唱した。六四年十月二十日没。九十歳。

[参考文献] 井口治夫『鮎川義介と経済的国際主義―満洲問題から戦後日米関係へ―』(二〇一二、名古屋大学出版会)　(井口　治夫)

ふうぎょくしょう 馮玉祥 Feng Yuxiang 一八八二―一九四七 中国の軍人。西北系軍閥。一八八二年十一月六日直隷省の職人家庭で出生。一九二一年八月北京政府の陸軍第十一師長。陝西督軍代理。二二年第一次奉直戦争で直隷派呉佩孚により河南督軍に就任。二四年第二次奉直戦争の時、北京政変を起こし、国民軍総司令。二五年一月西北辺防督弁、三―九月ソ連視察、帰国後、国民軍連軍総司令、同時に国民党入党。二七年六月河南省主席となり、反共を表明。十月行政院副院長兼軍政部長。二八年四月北伐が再開すると国民革命軍第三軍総司令。三〇年五月閻錫山、李宗仁とともに反蒋介石の中原大戦で敗北、下野。三三年五月チャハル民衆抗日同盟軍を組織するが、一年足らずで解散。三五年十二月軍事委員会副委員長となるが、西安事変の責任をとって辞任。三七年盧溝橋事件後、第二十九軍に抗日奮起を促し、かつ「連ソ連共」による徹底抗日を主張。八月第三戦区司令長官として第二次上海事変で抗戦指揮。重慶でも「団結抗戦」を主張。四三年節約献金救国運動を発起。四六年米国視察、「反蒋」「国共内戦反対」を表明、国民党籍を剝奪される。四七年九月一日、帰国船の火災で焼死。六十六歳。

馮　玉　祥

[参考文献] 簡又文『馮玉祥伝』(台北、一九八二、伝記文学出版社)、陳民「馮玉祥」(『民国人物伝』八所収、北京、一九九六、中華書局)、菊池一隆『中国抗日軍事史 一九三七―一九四五』(二〇〇九、有志舎)　(菊池　一隆)

ブーゲンビルとうおきこうくうせん ブーゲンビル島沖航空戦 一九四三年十一月五日から十二月にかけて実施された海空戦。米軍は、ソロモン方面最大の日本海軍航空基地であるラバウルを征圧するために、ブーゲンビル島に飛行場建設を計画した。この目的で来襲したハルゼー提督指揮の米攻略部隊との間に起きた六次に渉る航空攻撃を、ブーゲンビル島沖航空戦と呼称した。ラバウルの第十一航空艦隊長官の草鹿任一中将は、航空兵力不足のために、連合艦隊に増援を要求し、連合艦隊は空母部隊の飛行機隊をラバウルに進出させて、「ろ号作戦」として三次に渉り航空攻撃を実施して、一旦作戦を終了した。以後第四次から第六次までの攻撃は、陸上基地航空隊によって実施された。この航空戦の結果、日本側は米軍空母十四隻を含む多数の戦果を主張したが、実際には巡洋艦一隻を大破させたのみで、撃沈は一隻も無かった。これに反して、日本側は百八十機近い航空機を失うという大打撃を受け、米軍の飛行場建設阻止に失敗した。

[参考文献] 防衛庁防衛研修所戦史室編『南東方面海軍作戦』三(『戦史叢書』九六、一九七六、朝雲新聞社)　(林　美和)

フーコンさくせん　フーコン作戦　一九四三年十二月から四四年六月まで、北部ビルマの大ジャングル地帯であるフーコン河谷で展開された日本軍第五十三・第十八両師団と、スティルウェル率いる中国軍新編第一軍および米軍第五千三百七混成部隊(通称メリルズ＝マローダーズ)との間で戦われた戦闘。これに加え、英軍のウィンゲート空挺部隊による第二次降下作戦が同地域で展開され、激戦の末、日本軍は敗れ、ビルマ戦線の崩壊をまねくきっかけとなった。スティルウェルの米中軍は四三年十二月から日本軍に攻撃を開始、続くウィンゲート空挺部隊(インド第三師団)は四四年三月五日から大量のグライダーを用いて三個旅団九千名の将兵と補給物資を降下、両者とも激しい抵抗に遭いながらも、同年六月末までに同地域から日本軍を撤退させることに成功した。フーコン河谷への連合軍の攻撃は東北インド攻略を目的にしたインパール作戦(四四年三―七月)を開始する前に生じたため、日本軍はその出鼻をくじかれる形となった。　(根本　敬)

ふうせんばくだん　風船爆弾　日本軍がアジア・太平洋戦争末期に開発・生産・放球した、水素を充填した和紙製の気球に吊り下げた爆弾・焼夷弾を偏西風に乗せ日本本土からアメリカを直接攻撃する兵器。「ふ号装置」「㋫(まるふ)」などと称された。陸軍では気球を明治期から偵察に使用しており、一九三〇年代に宣伝ビラ散布にも使用された。気球で爆弾を運搬し攻撃する案は三〇年代には存在し、四二年四月のドゥーリトル空襲を契機に潜水艦をアメリカ西海岸沖に向かわせ放球する計画があったが六月のミッドウェー海戦の被害で運搬が困難となり頓挫した。同年八月には陸軍兵器行政本部から出された「決戦兵器考案に関する作戦上の要望」に太平洋横断型の風船爆弾の開発が明記され、四三年八月以降開発が本格化した。四四年以降、開発の中心となったのは宣伝ビラ散布用の気球の開発を担当した陸軍登戸研究所第一科で、軍官民の研究者・技術者も動員された。二昼夜半かけての太平洋横断を可能にした高度保持装置は、気圧計で高度を感知し、夜間の温度低下で高度が下がると順にバラスト(三十八個搭載)を投下し、高度が回復すると投下を止める仕組みであった。攻撃用には通常の航空機搭載用の爆弾や焼夷弾が装備されたが、浮力の制約により、その重量は三五キロまでに限定されていた。直径一〇メートルの気球部には和紙が使用され、こんにゃく糊で貼り合わせられた。最終的には搭載されなかったが対家畜の生物兵器として牛疫ウイルス搭載の計画があり、登戸研究所第二科を中心として開発に成功していた。動力となる偏西風の調査は中央気象台によって行われ、放球に適した高度・時期・地域などが選定された。製造は四四年四月ごろから全国の和紙産地で気球用の和紙が生産され、各部品の製造や気球紙の貼り合わせは造兵廠・民間工場・学校工場などで、女学生を含む学生・生徒たちも動員して行われた。放球基地は福島県勿来(現いわき市)、茨城県大津(現北茨城市)、千葉県一宮(一宮町)に設置され、四四年十一月から翌年三月ごろにかけて計約九千三百発が放球された。アメリカでは十一月には飛来を確認、当初は混乱を防ぐため情報を統制していたが、五月に唯一の人的被害であるオレゴン州山中での六人の死亡事故が起こると一転して風船爆弾の存在を明らかにし注意を促した。戦中・戦後の調査によりアリューシャン列島からメキシコまでの地域にかけ三百六十一発の到達が確認されている。海軍ではゴム製の気球が開発されていたが陸軍の研究に吸収され、一部で放球にも使用された。→陸軍登戸研究所

風船爆弾(模型)

参考文献　櫻井誠子『風船爆弾秘話』(二〇〇七、光人社)、吉野興一『風船爆弾―純国産兵器「ふ号」の記録―』(二〇〇〇、朝日新聞社)、鈴木俊平『風船爆弾―最後の決戦兵器―』(『光人社NF文庫』、二〇〇一、光人社)、一条三子「風船爆弾製造をめぐる地域社会戦時体制」(『駿台史学』一四一、二〇一一)、山田朗・明治大学平和教育登戸研究所資料館編『陸軍登戸研究所〈秘密戦〉の世界―風船爆弾・生物兵器・偽札を探る―』(二〇一二、明治大学出版会)　(小山　亮)

プートラ　Poetera　一九四三年三月九日、日本軍のインドネシア占領一周年を記念してジャワで組織された対日協力のための運動。民衆総力結集運動(Poesat Tenaga Rakjat)の短縮形であるが、プートラという語はインドネシア語で、「息子」を意味する。軍政開始当初にスタートした三A運動は、著名な民族指導者を巻き込んでいなかったのに対し、この運動開始時までには多くの民族主義者が住民動員にむけて対日協力するようになった。委員長にはスカルノ、副委員長にはハッタ、デワントロ、マンスールが就任し、この四人指導体制(ウンパット＝スランカイ)が中枢となった。しかし民族指導者たちは自分たちの民族運動強化の一環としてこの運動を捉えていたため日本軍当局との間にずれが生じたこと、内務部や地方行政当局が非協力的であったため県以下のレベルにまで拡大できなかったことによりうまくいかず、わずか一年で解散させられた。そして全国の官僚機構を母体にし、中央・地方の行政官を中心勢力としたジャワ奉公会に取って代わられた。→ジャワ奉公会

参考文献　ジョージ・S・カナヘレ『日本軍政とインドネシア独立』(後藤乾一・近藤正臣・白石愛子訳、『早稲田大学社会科学研究所翻訳選書』、一九七七、鳳出版)　(倉沢　愛子)

フェラーズ　Bonner Frank Fellers　一八九六―一九七三　アメリカの軍人。一八九六年二月七日生まれ。イリノイ州出身。クェカー教徒の子弟が主に入学していたアーラム大学から一九一六年陸軍士官学校に編入学し、同校を一八年に卒業した。四二年夏に約二年間の駐カイロ武官勤務を終えて米国へ帰国したフェラーズの次の勤務先は、陸軍省より出向する形で、組織化される途上のOSS(戦略情報局)の心臓部になるはずであった企画部(Planning Group)であった。OSS企画部は、OSS内で最も保守的な世界観を持っている人たちにより構成されていた。彼らは、ベルン(スイス)OSS所長アレン＝ダレス(Allen Dulles、四二年十一月就任)と同様、戦後の欧州におけるソ連の影響力の拡大を警戒するのみならず、四三年一月二十五日にカサブランカで行われた英米首脳会談時に決定された枢軸国の無条件降伏という原則に批判的であった。OSS企画部時代のフェラーズは、対日心理作戦など対枢軸国心理作戦の策定を行う一方、従来後回しにされていたマッカーサーが指揮する南西太平洋方面軍への軍事力供給を優先的に行うことを論じる太平洋戦争優先主義を唱えた。フェラーズがマッカーサー指揮下の心理作戦を推進する総責任者になったのは、フェラーズがG3(戦争企画)の次長時代、上官であったチェンバーレン少将と、ホーランディア作戦を巡って衝突してからのことであった。フェラーズたちが考案した同作戦は、フィリピン奪還を優先する観点から、日本軍の防備が強固な島や区域を攻略せず、日本軍の守備が手薄な陣地を攻め落として進軍距離を稼ぐ狙いがあった。同作戦の成功は、マッカーサーの功績として米国内で賞賛された。四五年五月七日から八日にマニラで開催された対日心理作戦会議では、心理作戦におけるフェラーズの相棒であったシドニー＝マシビア大佐が、出席したアジア・太平洋地域の心理作戦担当者たちに、日本の戦闘行為を終結させることができる唯一の存在は日本人の天皇制崇拝の対象である天皇であり、この観点から天皇を処刑することは間違いであり、むしろ天皇を利用しながら、天皇に戦闘を中止させる命令を出させることが重要であることを強調していた。七三年十月七日没。七十七歳。

参考文献　井口治夫「戦後日本の君主制とアメリカ」(伊藤之雄・川田稔編『二〇世紀日本の天皇と君主制』所収、二〇〇四、吉川弘文館)、同「ボナー・フェラーズと戦略情報局企画部」(『Intelligence』一一、二〇一一)　(井口　治夫)

ふかいえいご　深井英五　一八七一―一九四五　大正・昭和期の銀行家。第十三代日本銀行総裁。一八七一年十二月三十一日(明治四年十一月二十日)群馬県生まれ。九一年同志社普通学校を卒業後、徳富蘇峰の国民新聞社勤務。一九〇〇年松方正義蔵相の秘書官、翌年その推薦で日銀入行。日銀では検査局調査役、営業局長、理事などを経て、二八年副総裁、三五年総裁に就任。副総裁時代、井上準之助蔵相の金解禁と、高橋是清蔵相の金輸出再禁止の双方を担い、金本位制と管理通貨制のリンクに取り組んだ。総裁時代には生産力低下を見越し、日銀引受け国債の発行抑制と、その前提となる軍事費削減を高橋蔵相に進言した。また一九年パリ講和会議、二一年ワシントン会議、二二年ジェノア国際経済会議に全権委員随員として同行、三三年ロンドン国際経済会議には全権委員として出席している。三七年一月に貴族院議員に勅選され、翌月日銀総裁を辞任。三八年に枢密顧問官に任命された。四五年十月二十一日没。七十五歳。

参考文献　深井英五『回顧七十年』(一九四一、岩波書店)、吉野俊彦『歴代日本銀行総裁論―日本金融政策史の研究―』(一九七六、毎日新聞社)　(山本　公徳)

ふかがわしょういちろう　深川正一郎　一九〇二―八七　大正・昭和期の俳人。一九〇二年三月六日、愛媛県に生まれる。文藝春秋社・日本コロムビアに勤務。二四年に『冬扇』を創刊主宰。三七年『ホトトギス』同人となり、高浜虚子に師事。高浜虚子の俳句朗読のレコードを作ることを企画・実施し、『ホトトギス』の中心的存在となる。四二年に日本文学報国会が設立されると、俳句部会の常任幹事、企画委員会委員となった。八七年、『ホトトギス』同人会長。同年、日本伝統俳句協会を創立、同協会副会長に就任。著書に『正一郎句集』がある。八七年八月十二日没。八十五歳。

参考文献　櫻本富雄『日本文学報国会―大東亜戦争下の文学者たち―』(一九九五、青木書店)　(大澤　聡)

ふかだきゅうや　深田久弥　一九〇三―七一　昭和期の文芸評論家、小説家、山岳紀行家。一九〇三年三月十一日、石川県に生まれる。東京帝国大学文学部哲学科に在籍した学生時代、同人誌『裸像』、『新思潮』(第九次・第十次)に参加し「途中戯画」「実録武人鑑」などを発表。二七年より三年間、改造社編集部に勤務。二九年以後、『津軽の野づら』連作、『オロッコの娘』『あすならう』を発表。その素朴さと野性味のある作風によって新進作家としての地位を確立。小林秀雄らの『文学界』の同人として活躍、三〇年代には『鎌倉夫人』『知と愛』『贋修道院』などを刊行。四〇年には文芸家協会の文壇新体制準備委員会の委員となる一方、日本文学者会設立運動の発起人にも名を連ねた。四二年に日本文学報国会が設立されると、小説部会常任幹事に就任。四二年に召集され中国大陸に出征。四四年に中国戦線より帰還したのちはヒマラヤ研究に情熱を注いだ。その代表的な成果が、『日本百名山』(読売文学賞受賞)、『ヒマラヤの高峰』全五巻、『中央アジア探検史』である。七一年三月二十一日没。六十八歳。

参考文献　都築久義「日本文学報国会への道―戦時下の文学運動―」(『愛知淑徳大学論集』一三、一九八八)　(大澤　聡)

ぶかんさくせん　武漢作戦　一九三八年に行われた、武

武漢を占領した日本軍

漢周囲から安徽・河南・江西・湖北四省の広大な範囲での長期戦で、大小戦闘が数百回に上った。南京陥落後、武漢が中国軍事、政治、経済の中心となった。日本の戦略は「速戦速決」方針で早期終結を目指した。三八年七月、中支那方面軍（司令官畑俊六）は新配置を決定、第二軍の四個師団は安徽省合肥付近に集結、平漢鉄道を切断し、武漢の北に迂回する。第十一軍の五個師団を九江付近に集結、粤漢鉄道を切断し、武漢の南に回り込む。日本軍主力が武漢占領を達成する計画であった。日本軍は最終的に十二個師団、艦艇百二十隻余り、日本軍機五百機余り、計三十五万人であった。これに対して蔣介石が武漢で直接指揮を採り、第五戦区（司令長官李宗仁）、第九戦区（司令長官陳誠）が連合して防衛戦を実施、機動戦によって日本軍を消耗させ、戦いを引き延ばす方針をとった。中国軍は増大し続け、最終的には十四個集団軍、計百二十九個師、艦艇四十隻余り、飛行機百余機で、百十万人に達した。地域別にみると、第一に、長江南岸の第九戦区では、七月日本軍は九江に迫り、武漢侵攻の拠点確保を目指した。八月長江の日本艦船、飛行機が要塞を猛爆、大量の毒ガスを放ち、湯恩伯の第三十一集団軍が激しく抵抗したが、要塞は陥落。日本軍は武漢へと迫った。第二に、長江以北の第五戦区では、日本軍第六師団が太湖占領後、中国軍に前進を阻まれた。七月第三師団が上陸。中国軍は側面、背後から猛攻をかけ激戦となった。武穴から西進した日本軍は飛行機九十機、大小砲百門が激しく砲撃し、守備軍は潰滅。一方、日本軍も六、七千人が戦死。十月日本軍は武漢背後に迫った。第三に、日本軍は羅山を占領し、九月胡宗南の第十七軍団と信陽以東で激戦となった。だが結局、武漢周囲の要塞、陣地は日本軍にすべて占領され、十月二十五日武漢は陥落した。こうして中国軍は敗北したが、日本軍は武漢で約四カ月足止めされ、ここに「速戦速決」方針は完全に破綻した。

参考文献『抗日戦争時期国民党正面戦場重要戦役介紹』（成都、一九九五、四川人民出版社）、日本国際政治学会太平洋戦争原因研究部編『太平洋戦争への道―開戦外交史―』四（一九八七、朝日新聞社）、菊池一隆『中国抗日軍事史 一九三七―一九四五』（二〇〇九、有志舎）

（菊池 一隆）

ふぎ 溥儀 Puyi 一九〇六―六七 清朝第十二代最後の皇帝。姓は愛新覚羅、字は浩然。一九〇六年二月七日、北京に生まれる。〇八年十一月、光緒帝の死去により即位、宣統帝となる。辛亥革命により一二年二月十二日退位し、清朝滅亡。一七年、安徽都督張勲による復辟は失敗に終わった。二四年、第二次奉直戦争にさいして紫禁城から追放され、二五年二月、天津の日本租界の張園、二九年に静園に移る。三一年九月十八日、柳条湖事件が勃発し、清朝復辟を念願していた溥儀は関東軍に同調し、三二年、満洲国政府樹立により執政、三四年、皇帝に即位した。組織法（三四年）に規定された満洲国皇帝の大権には、独立命令及執行命令を発する大権（第七条）、緊急勅令を発する大権（第八条）、祭祀の大権（第九条）、官制および任官の大権（第一〇条）、外交の大権（宣戦、講和、条約の大権）（第一一条）、軍統率の大権（第一二条）、栄典授与の大権（第一三条）、恩赦の大権（第一四条）などがあった。しかし、関東軍による「内面指導」のもと、満洲国皇帝は実際には日本の傀儡であった。四五年八月、日本の敗戦とともに退位。ソ連軍に逮捕され、チタおよびハバロフスクで抑留された。四六年、東京裁判に出廷、五〇年、撫順戦犯管理所に移され、五九年特赦される。六四年、全国政協委員就任。六七年十月十七日死去。六十二歳。

溥　儀

参考文献 愛新覚羅溥儀『わが半生―「満洲国」皇帝の自伝―』（小野忍他訳、『ちくま文庫』、一九九二、筑摩書房）、王慶祥編『溥儀日記』（銭端本他訳、一九九四、学生社）、入江曜子『溥儀―清朝最後の皇帝―』（『岩波新書』、二〇〇六、岩波書店）

（田中 隆一）

ぶきたいよほう 武器貸与法 米国による連合国への援助の授権法（正式名「合衆国防衛促進法」）。米国は、第一次世界大戦期の対欧州債権回収に失敗した反省から、ナチス台頭に伴う欧州での危機に際し、一九三九年の中立法改正で交戦国への軍需物資輸出を可能にした後も「現金自国船」方針を採っていた。その結果、英国は金・ドル準備を放出し戦争遂行さえ危うくなるほど財政危機に陥った。そのため米国は、四一年三月、国内の反対派を慰撫するよう表向き「貸与」の形式で「武器貸与法(レンドリース)」を制定し、反枢軸国への援助を始めた。その「見返り」に米国は、英国に対し「国際貿易上のあらゆる差別待遇措置を撤廃し、関税その他の貿易障壁を低減すること」を迫ってポンド＝スターリング圏(ブロック)の解体を図った。結局、終戦までに総額五〇〇億ドル以上にのぼった「武器貸与」援助のうち、対英連邦が約六割を占め、対ソ連が約二割以上を占めた。その一方、抗日戦に従事する中国への援助はビルマ＝ルートの封鎖などで滞ったために少額にとどまり、実際の最大の対中援助国はソ連だった。

参考文献　油井大三郎「武器貸与政策と反ファシズム連合の形成―ローズヴェルト政権の反ファシズム政策の再検討―」(『歴史学研究』三八七、一九七二)、リチャード・N・ガードナー『国際通貨体制成立史―英米の抗争と協力―』(村野孝・加瀬正一訳、一九七三、東洋経済新報社)、坂井昭夫『国際財政論』(一九七六、有斐閣)　(加藤　公一)

ふくいん　復員　戦争が終わり、母国へ帰還し、軍人が除隊することを言う。英語の demobilize は、軍隊の解体と復員を同時に示す言葉である。これと同じ意味を持つのは一九四五年の敗戦後の復員で、陸軍省と海軍省は第一復員省・第二復員省と改称され、戦地の諸部隊の内地帰還と部隊解散の事業を遂行していった(一九四六年六月第一・第二復員省を統合して復員庁設置。四七年十月第一復員局は厚生省に第二復員局は総理府に移管)。徴兵業務を行なっていた各地の連隊区司令部は、徴兵の基礎帳簿である兵籍簿を、都道府県の地方世話部に移管し、最終的に都道府県の年金課・社会福祉課などで保管されることになった。海軍の兵籍簿は、第二復員省・第二復員局に移管されて、最終的に厚生省に移された。それまでの日清戦争、日露戦争などでは、戦地から諸部隊が凱旋し、駐屯地に戻った後、復員が命ぜられ、戦時編制の部隊や補充隊などが解散となるが、当然ながら部隊は解散しない。復員の命令により、各部隊は戦時編制が平時編制に戻ることになる。部隊から帰郷した軍人たちは凱旋した名誉ある軍人として顕彰される対象であり、日清戦争では、下士官・兵士に戦役中着用した軍服を「振古未曾有ノ紀念」として与え、保存することが命じられている(安房国中央恤兵会編・刊『征清紀念録』)。また各師団長は、復員者の名簿を作成し、府県へ通知した。市町村の兵事係は、「凱旋者名簿」や「在郷軍人名簿」を作成・保管し、叙勲叙位や顕彰行事などに活用した。「良兵は良民である」という日本軍隊の理想を体現できることが、復員軍人たちに期待された。復員は、戦争の終わりを意味するとともに、戦場の兵士たちが平時の暮らしと仕事に戻ることを意味する。戦前の軍隊では、戦場などで精神を錯乱させるなどの戦争後遺症PTSDを基本的に認めていないので、故郷に帰還した兵士たちが、どのように平時に復帰できたのかは、まったく研究がない。

参考文献　厚生省『引揚げと援護三十年のあゆみ』(一九七七)　(原田　敬一)

ふくいんしょう　復員省　敗戦後に軍人軍属の帰郷と生活援護業務を担った中央省庁。一九四五年十二月一日、陸軍省・海軍省が廃止され、即日で第一復員省(陸軍関係)・第二復員省(海軍関係)が設置された。両復員大臣は総理大臣幣原喜重郎が兼任した。四六年六月十五日には両省を統合し復員庁とし、陸軍関係を第一復員局が、海軍関係を第二復員局が担った。軍人軍属の引揚げ業務の進捗に伴い、四七年十月十五日には復員庁を廃止し、業務は厚生省に移された。

参考文献　厚生省援護局編『引揚げと援護三十年の歩み』(一九七七)　(松田　英里)

ふくだきよと　福田清人　一九〇四―九五　昭和期の小説家、児童文学者、近代文学研究者、文芸評論家。一九〇四年十一月二十九日、長崎県に生まれる。二九年に第一書房へ入社し、そのころ『新思潮』の編集に参加する。三八年、近藤春雄・荒木巍らと大陸文芸懇話会を設立し、四〇年には文芸家協会の文壇新体制準備委員会委員、四一年には日本文芸中央会幹事となり、四二年に日本文学報国会が設立されると事業部企画課長、大陸開拓文学委員会委員に就任、四三年からは大政翼賛会文化厚生部副部長をつとめた。短編集『河童の巣』、研究書『硯友社の文学運動』で知られ、戦後は児童文学に転じる。四七年に『岬の少年たち』を出版して以降、創作活動に専念。五五年に浜田広介らと日本児童文芸家協会を設立。さらに、滑川道夫、鳥越信らとともに日本児童文学会を設立。そして、六二年には日本近代文学館を設立し、常任理事に就任する。六三年、自伝的な少年小説『春の目玉』で野間児童文芸賞を受賞。六六年、『秋の目玉』で国際アンデルセン賞優良賞を受賞。九五年六月十三日没。九十歳。

参考文献　板垣信「大陸文芸懇話会と福田清人」(今井幹雄他『福田清人』二所収、一九六七、宮本企画)　(大澤　聡)

フクチャン　フクチャン　横山隆一原作の漫画およびその漫画の主人公の名前。『東京朝日新聞』に一九三六年一月から連載が始まった漫画『江戸ッ子健ちゃん』の脇役として登場したが、着物に下駄で大学帽を被る幼児のフクチャンの方が健ちゃんよりも人気を博し、主人公に昇格した。戦時下では、『養子のフクチャン』『フクチャン部隊』『フクチャン実践』『フクチャン』などとタイトルを変えながら、四コマ漫画が東京・大阪両『朝日新聞』および統合後の『朝日新聞』に連載されたほか、『ジャバノフクチャン』や『フクチャン従軍記』など陸軍宣伝班員としてジャワに赴任した横山がフクチャンに託して描いた戦地レポートも掲載された。新聞に掲載された漫画自体も貯金に励むフクチャンの姿などを通して戦争協力を促しているが、『写真週報』(二六二号)の「撃ちてし止まむ」の塗り絵など雑誌やポスターなどでも戦意高揚に利用された。また、アニメ映画『フクチャンの潜水艦』

フクチャンが描かれたマンガ映画決戦大会の広告(1943年7月)

(四四年、松竹)も制作された。

参考文献　櫻本富雄『戦争とマンガ』(二〇〇〇、創士社)　(井上　祐子)

ふくどめしげる　福留繁　一八九一—一九七一　海軍軍人。一八九一年二月一日鳥取県に福留米三郎の長男として生まれる。米子中学を経て一九一二年海軍兵学校卒業(第四十期)。砲術と水雷を学び二六年海軍大学校(甲種)卒業(首席)。二八年軍令部第一班第一課勤務。三〇年から三二年末まで人事局第一課。三三年米加英仏ソ連等に出張。同年末より連合艦隊先任参謀。三四年軍令部第一部第二課長、三五年第一課長、三六年の「帝国国防方針」の改定に従事。三七年の第二次上海事変に際しては、陸軍の増援を要請、また渡洋爆撃を実施し、結果的に日中戦争の全面化を導いた。三八年四月支那方面艦隊参謀副長兼第三艦隊参謀長として漢口攻略作戦を担当。十二月「長門」艦長。三九年十一月連合艦隊参謀長兼第一艦隊参謀長。山本五十六連合艦隊司令長官のもと、航空兵力の充実につとめる。四一年軍令部第一部長。穏健な思想の持ち主であり、対米戦には消極的だった。真珠湾攻撃には、そのリスクの多さから反対した。開戦後、山本長官戦死までの戦局を作戦部長として担当。四三年五月、山本の後を継いだ古賀峯一長官のもと連合艦隊参謀長に転じる。四四年三月、古賀長官とパラオからダバオに移動中、遭難。一時フィリピンゲリラの捕虜となり作戦計画や暗号書を奪われる(海軍乙事件)。六月第二航空艦隊司令長官。十月台湾沖航空戦を経てフィリピンに進出、当初は第一航空艦隊の体当たり攻撃に反対して通常の攻撃方法を採った。戦力消耗に伴い特攻作戦を採用。四五年一月、ほぼ全兵力を消耗し、命によりシンガポールに移動。第十方面艦隊司令長官兼第十三航空艦隊司令長官兼第一南遣艦隊司令長官。敗戦後、海軍作業隊の総指揮官として四七年十月まで残留。その後、捕虜処刑問題と戦後の証拠隠滅の罪で戦犯裁判をうけ禁錮三年。一年減刑されて五〇年に帰国。七一年二月六日没。八十歳。

参考文献　福留繁『海軍の反省』(一九五一、日本出版共同)、同『史観・真珠湾攻撃』(一九五五、自由アジア社)、同『海軍生活四十年』(一九七一、時事通信社)　(森山　優)

フクバラハップ　フクバラハップ　抗日人民軍(通称フク団、第二次世界大戦後に人民解放軍と改称)。一九四二年三月、日本の軍政に抵抗するために、フィリピン共産党が結成した農民組織。ルソン島中部の農民運動や労働運動を基盤とし、日本軍の追放と地主制の打倒を目指して、大規模な抗日ゲリラ闘争を実行した。四四年末には正規軍約一万、予備軍一万以上のほか、約五十万の人口を擁する大衆基地を建設し、いくつかの州では地方人民政府を樹立した。フク団は、国際的反ファシズム闘争の立場からユサッフェ＝ゲリラに共闘を呼び掛けたが、両者の共闘は一度も実現せず、米軍はマニラ再占領後ただちにフク団の武装解除と指導者の逮捕に着手した。四六年の独立後、合法的政治活動が弾圧されると、対米依存からの脱却と土地問題の解決を求めて再び武装闘争に転じ、五〇年に各地で蜂起(フク団反乱)。しかしアメリカの軍事援助を得た政府軍による鎮圧が進み、指導部内の路線対立もあって、五四年に司令官であるタルクが投降して反乱は鎮静化した。→フィリピン共産党

参考文献　レナト＝コンスタンティーノ、レティシア・R・コンスタンティーノ『ひきつづく過去』一(『フィリピン民衆の歴史』三、鶴見良行他訳、一九七九、勁草書房)、Benedict J. Kerkvliet, *The Huk Rebellion* (New York, 1977, University of Columbia Press)　(内山　史子)

ふけいざい　不敬罪　天皇や皇族、その墓や神宮などに対して名誉を毀損する言動を処罰する罪名。一八八〇年公布の刑法で規定され、一九〇七年の刑法に引き継がれた。明治期には自由民権運動や初期社会主義運動の弾圧に用いられ、個人の「日記」の記述までも処罰された。治安維持法制定後も年に平均して二十件前後の立件をみたが、戦時体制の進行とともに数十件と増大した。軍隊のなかでもキリスト教信者が「御真影」を偶像崇拝として敬礼せず、不敬罪に問われる事例もあった。三〇年代後半以降、「国体」の尊厳を否認するとみなされた皇道大本教・天理本道・灯台社などが治安維持法とともに不敬罪による弾圧にあった。三五年の大本教事件の場合、控訴審で治安維持法違反は無罪となったが、不敬罪では有罪となった。敗戦後も政府は不敬罪の存続を図り、四六年五月の食糧メーデーのプラカード事件に発動すると批判が強まり、GHQの圧力も受けて、四七年十月の刑法改正で廃止された。

参考文献　渡辺治「天皇制国家秩序の歴史的研究序説—大逆罪・不敬罪を素材として—」(『社会科学研究』三〇ノ五、一九七九)　(荻野富士夫)

ふけつ　溥傑　Pujie　一九〇七—九四　愛新覚羅溥儀の弟。一九〇七年四月十六日、北京に生まれる。二九年、

学習院に留学、三三年、陸軍士官学校入学、翌年卒業、見習士官として歩兵第五十九連隊へ入隊する。三七年、嵯峨浩と結婚、禁衛歩兵連隊大尉となり、三九年駐日大使館付武官室勤務、歩兵将校軍官学校教官となる。四三年、陸軍大学校に入学、翌年卒業するが、日本敗戦によりハバロフスク収容所に抑留、五〇年に撫順戦犯管理所に移される。五七年十二月、長女慧生が伊豆天城山中で死去。六〇年に特赦され北京に戻る。以後全国政協会議文史資料研究委員会専門委員、全人代代表、全人代常務委員、同民族委副主任などを歴任した。九一年、立命館大学より名誉法学博士の学位授与。九四年二月二十八日死去。八十八歳。山口県下関市の中山神社内に、溥傑、浩、慧生を祭神とする愛新覚羅社がある。

参考文献 愛新覚羅溥傑『溥傑自伝―「満州国」皇弟を生きて―(改訂新版)』(丸山昇・金若静訳、二〇一一、河出書房新社)、福永嫮生『流転の王妃―愛新覚羅溥傑・浩愛の書簡―』(二〇一一、文藝春秋)、愛新覚羅浩『流転の王妃の昭和史』(『中公文庫』、二〇一二、中央公論新社)

(田中 隆一)

ふさくぎ 傅作義 Fu Zuoyi 一八九五―一九七四 中国の軍人、政治家。一八九五年六月二十七日、山西省栄河県生まれ。一九一五年、保定陸軍軍官学校に入学。二六年、山西第四師長に就く。三一年八月、第三十五軍長、同年十二月に綏遠省政府主席に任命されて以降、綏遠省で重きをなす。三六年の綏遠事件に際しては、蔣介石や閻錫山と緊密に連絡を取り、関東軍参謀田中隆吉が指導する蒙古軍と激戦を展開して、要衝百霊廟を占領し、蒙古軍を敗走に追い込む。三九年一月、第八戦区副司令長官、四〇年、綏西会戦に参加する。四五年八月、第十二戦区司令長官に就く。四七年に華北剿匪総司令、四八年には国民政府主席北平行轅副主任に任じられるが、四九年一月、人民解放軍を北平(北京)へ無血入城させる。同年九月、中国人民政治協商会議に出席。中華人民共和国建国後は、中央人民政府委員会委員、全国人民代表大会代表、水利電力部長、中国人民政治協商会議副主席などを歴任した。七四年四月十九日、北京で死去。八十歳。

参考文献 中国人民政治協商会議全国委員会文史資料研究委員会編『傅作義生平』(北京、一九八五、文史資料出版社)、張新吾『傅作義伝』(『民国人物大系』、北京、二〇〇五、団結出版社)

(内田 尚孝)

ふじいしげる 藤井茂 一九〇〇―五六 昭和十年代に活躍した能吏型の海軍軍人。一九〇〇年三月八日生。二一年海軍兵学校卒(第四十九期)。三三年海軍大学校(甲種)卒。軍令部第三部(情報)第五課(アメリカ担当)勤務を経て、三四年五月アメリカ駐在。三六年九月から海軍省軍務局第一課局員。中国問題を担当した。四〇年十一月、新設の軍務局第二課(国防政策担当。課長は石川信吾)に移り、柴勝男とともに枢軸路線に傾斜。四一年二―四月、松岡洋右外相の訪欧に帯同。帰国後、「現情勢下に於て帝国海軍の執るべき態度」(六月五日付)と題する文書の作成に携わり、タイと南部仏印への進出を主張した。以後の一連の「国策」の作成過程に重要な役割を果したが、おおむね上層部の方針の範囲内で行動した。十二月、連合艦隊参謀に転じ、四三年八月軍令部第一部付、四四年六月病気のため出仕、四五年十一月予備役。五六年十一月二十九日没。五十六歳。

参考文献 波多野澄雄「開戦過程における陸軍」(細谷千博他編『太平洋戦争』所収、一九九三、東京大学出版会)、森山優『日米開戦の政治過程』(一九九八、吉川弘文館)

(森山 優)

ふじいひとし 藤井斉 一九〇四―三二 昭和期の海軍軍人。一九〇四年八月三日、長崎県に生まれる。佐賀中学から海軍兵学校に進学、二五年に卒業(第五十三期)。国家改造運動に関心を寄せ、兵学校在学中から大川周明・安岡正篤らが主宰する大学寮に出入りし、西田税とも知り合う。二八年に約四十人の海軍青年将校を結集した王師会を組織。会としての実質的な活動はなかったが、のちに五・一五事件に関与する三上卓や古賀清志らも参加した。二九年に第二十期飛行学生として霞ヶ浦海軍航空隊に赴任。翌三〇年に井上日召と知り合いその思想に共感、行動をともにする。また、農本主義者の権藤成卿の思想にも共鳴していた。同年八月、「憂国慨言」という怪文書を配布したため七日間の謹慎処分を受ける。十二月に大村航空隊に配属になったのちも、国家改造運動における海軍青年将校の代表者としてクーデター計画に参与するが、三二年の上海事変に出征、二月五日に偵察飛行中に撃墜され戦死。二十九歳。

参考文献 『検察秘録五・一五事件』三(『匂坂資料』三、一九九〇、角川書店)

(萩原 稔)

ふじおやすたろう 藤生安太郎 一八九五―一九七一 戦時期の武道政策に影響を与えた武道推進論者、衆議院議員。一八九五年八月佐賀県生まれ。一九一八年東京外国語学校卒業。中学や大学等の嘱託講師および柔道師範を務めた後、衆議院議長秘書などを経て、三二年から佐賀県選出の衆議院議員となる。三八年二月、衆議院において、武道による「忠勇義烈の国民道徳」の涵養を求める二十三件もの武道振興に関する建議案が可決されたが、それを主導したのが藤生であった。翌三九年十二月には、武道国策を策定するために設置された武道振興委員会(四一年九月より国民体力審議会)の委員に選出される。その後も衆議院において、相撲の振興、神社・神官の「武道化」、壮丁の訓練強化、壮丁錬成局の設置、武道行政の文部省への一元化等を建議し、武道教師の待遇、武道章検定等について追及した。また、大日本清風会専務理事、武道公論社長を務め、月刊雑誌『武道公論』(三九年十一月―四四年八月)を刊行した。七一年十二月七日没。七十六歳。

参考文献 藤生安太郎『武道としての相撲と国策』(一九三九、大日本清風会)、坂上康博「武道界の戦時体制化―武道綜合団体「大日本武徳会」の成立—」(坂上康博・高岡裕之編『幻の東京オリンピックとその時代—戦時期のスポーツ・都市・身体—』所収、二〇〇九、青弓社)

(坂上　康博)

ふじさわちかお　藤沢親雄　一八九三—一九六二　国民精神文化研究所所員。一八九三年九月十八日、理学博士、貴族院議員藤沢利喜太郎の長男として東京に出生。第一高等学校を経て一九一四年東京帝国大学法学部入学。一七年卒業、高等文官試験合格、農商務省入省。一九年新渡戸稲造の知遇を得て国際連盟事務局員就任。二二年文部省在外研究員となりドイツ留学。二五年九州帝国大学法文学部教授(—三一年)。三四年国民精神文化研究所所員(—四三年)。三八年日独同志会思想部長。四一年、統制の一環として五十三の革新団体が統合された大日本興亜同盟の常務理事。四二年大政翼賛会東亜局長。四三年北京市に興亜世界観研究所を開設し所長となる。外国語に堪能で、数カ国語を駆使して、対外的に神道や「日本精神」の世界的意義を宣伝するとともに、国内的にも「竹内文書」等の偽史に即した日本中心主義を展開。四七年帰国。六二年七月二十三日没。六十八歳。

参考文献　小見山登編『藤沢親雄遺稿　創造的日本学附諸家追悼・随想録』(一九六四、日本文化連合会)、今井隆太「国民精神文化研究所における危機の学問的要請と応答の試み—藤澤親雄・大串兎代夫・作田荘一・河村只雄—」(『ソシオサイエンス』七、二〇〇一)、大谷伸治「藤澤親雄の「日本政治学」—矢部貞治の衆民政論に対する批判を手がかりに—」(『北海道大学大学院文学研究科研究論集』一一、二〇一一)

(昆野　伸幸)

ふじたしげる　藤田茂　一八八九—一九八〇　陸軍軍人。一八八九年九月十七日広島県に生まれる。広島地方幼年学校、中央幼年学校を経て、一九一一年陸軍士官学校卒(第二十三期)。騎兵第十七連隊附、騎兵学校生、騎兵の中隊長などを経て、三八年大佐・第二十師団騎兵第二十八連隊長となり、山西省での共産党軍に対する粛正討伐作戦などに従事。その後少将に昇進し、四四年三月河南省帰徳に駐屯する騎兵第四旅団長となる。同旅団は日本軍の騎兵旅団の中で最も後まで残り、京漢作戦、老河口作戦に参加した。四五年三月中将・第五十九師団長に就任。同師団は山東省済南を中心とする地域の防衛にあたっていたが、関東軍に転属を命ぜられ、朝鮮北部の咸興に移ったところで終戦となりソ連軍の捕虜となる。五〇年七月中国に引き渡され、撫順戦犯管理所に勾留。五六年六月特別軍事法廷で禁錮十八年の刑となるが、六三年二月刑期満了前に釈放された。八〇年四月十一日没。九十歳。

参考文献「特集　陸軍中将・藤田茂・中帰連初代会長」(『季刊中帰連』一六、二〇〇一)

(豊田　雅幸)

ふじたつぐはる　藤田嗣治　一八八六—一九六八　日本およびヨーロッパを中心に活動した洋画家。戦争画の第一人者としても知られる。一八八六年十一月二十七日、東京生まれ。東京美術学校を卒業し、一九一三年パリへ渡航。独特のマチエールを持つカンバスに日本画を彷彿とさせる線描表現という独自の技法を編み出し、二〇年代前半パリを中心にヨーロッパで人気を博する。二九年の一時帰国ののち、三〇年代には北米・南米、アジアそして日本国内を頻繁に旅行しながら、国内外に広く活動の場を求める。三九年四月突如パリへ再渡航するが、欧州での第二次世界大戦勃発に伴いわずか一年で帰国。帰国後は精力的に戦争協力を行うようになり数多くの作戦記録画を制作、その圧倒的な描写力をもって戦争画の第一人者となる。また藤島武二が四三年に没した後、陸軍美術協会の副会長のポストを引き継ぎ、美術雑誌新聞などで戦争画制作を呼びかける文章を数多く発表している。こうした戦中の活動を受け、敗戦後は美術界内での戦争責任追及の矢面に立つ。四九年アメリカ経由にてパリへ渡航、五五年にフランスの市民権を取得しさらにカトリックに改宗し、レオナール＝フジタとなる。日本には二度と戻ることなく六八年一月二十九日にスイスにて没する。八十一歳。フジタが日本国籍を捨てたその背景には戦争責任問題が関連していると考えられている。最も積極的に戦争協力を行なった画家として知られる一方、藤田の作戦記録画の中には「アッツ島玉砕」(四三年)、「血戦ガダルカナル」(四四年)、「ブキテマの夜戦」(四四年)、「薫空挺隊敵陣に強行着陸奮戦す」(四五年)といった肉弾戦を暗い画面上に嗜虐的に描き出した作品群が存在し、当時からそのプロパガンダとしての有効性は疑問視されていた。戦後には、藤田の隠された厭戦感を読み取ろうとするもの、逆にその残忍性を問題視する声、また藤田の嗜虐的な戦闘表現を日本の「残酷絵」の系譜に位置づける試み等々、その制作動機や芸術作品としての評価付けが数多くの議論を呼んでいる。二〇〇六年に、東京国立近代美術館にて作戦記録画を含む大規模な回顧展が開催されたが、今日に至るまで藤田の戦争画の評価は定まっていない。

参考文献　近藤史人『藤田嗣治「異邦人」の生涯』(二〇〇二、講談社)、尾崎正明・清水敏男編、藤田君代監修『藤田嗣治画集—素晴らしき乳白色—』(二〇〇二、講談社)、東京国立近代美術館編『藤田嗣治展　生誕一二〇年—パリを魅了した異邦人—』(図録、二〇〇六、ＮＨＫ)、林洋子『藤田嗣治作品をひらく—旅・手仕事・日本—』(二〇〇八、名古屋大学出版会)

(金子　牧)

ふじたとくたろう　藤田徳太郎　一九〇一—四五　昭和期の国文学者。一九〇一年十一月一日、山口県生まれ。第五高等学校を経て東京帝国大学国文学科を二五年に卒業、二八年浦和高等学校教授。日本歌謡史を中心に日本文学史、国学などについても精力的に研究を発表した。三六年に雑誌『民謡研究』を創刊。四二年発足の日本文学報国会では、国文学部会常任幹事、四三年の国民座右銘選定審査委員に任ぜられる。また、政府の国語審議会が示した文字表記の簡易化の方針に対し、日本精神の否定につながるとしてこれに反対し四二年に設立された日本国語会に参加。同会の公刊した『国語の尊厳』に「国語問題と国語政策」を掲載。四五年六月二十九日下関空襲で死去。四十五歳。主な著作として『古代歌謡の研究』(三四年、金星堂)、『近代歌謡の研究』(三七年、人文書院)、『日本歌謡の研究』(四〇年、厚生閣)がある。

参考文献 浅野建二「著者・略歴」「藤田徳太郎・編著書・論文目録」(藤田徳太郎『近代歌謡の研究』所収、一九六六、勉誠社)、桜本富雄『日本文学報国会―大東亜戦争下の文学者たち―』(一九九五、青木書店)

(畑中 健二)

ふじたひさのり 藤田尚徳 一八八〇―一九七〇 海軍軍人。終戦時の侍従長。一八八〇年十月三十日、攻玉社中学校長藤田潜の次男として東京に生まれる。攻玉社で学んだ後、一九〇一年、海軍兵学校卒(第二十九期)。一二年海軍大学校卒業。イギリス大使館付武官補佐官、「須磨」艦長、海軍省副官、「霧島」艦長などを経て、三二年海軍次官。呉鎮守府長官となり、三六年、海軍大将となった。四三年から四四年まで明治神宮宮司をつとめ、四四年八月、侍従長となる。終戦時に首相だった鈴木貫太郎は攻玉社出身、海相米内光政は海兵同期という関係であった。七〇年七月二十三日死去。八十九歳。

参考文献 藤田尚徳『侍従長の回想』(一九六一、講談社)、テレビ東京編『終戦前後』(『証言・私の昭和史』五、一九八五、旺文社)、外崎克久『終戦の侍従長―海軍大将藤田尚徳―』(一九八八、清水弘文堂)

(鈴木 多聞)

ふしみのみやひろやすおう 伏見宮博恭王 一八七五―一九四六 明治から昭和前期の皇族、海軍軍人。一八七五年十月十六日、東京生まれ。独キール海軍兵学校およびキール海軍大学校を卒業。日本海軍に入り、大佐まで五歳上の兵学校十八期首席と同じペースで、将官からは十四期首席と同じペースで昇進した。日露戦争では、旗艦「三笠」の分隊長になったが、一九〇四年八月十日の黄海海戦で負傷し、日本海海戦中は海軍省軍務局員として東京で過ごした。中央勤務より海上勤務の方が長く、大佐になってからは戦艦「朝日」ほかの艦長勤務、将官昇進後は横須賀鎮守府艦隊司令官、第二戦隊司令官、第二艦隊司令長官などを勤め、こうした経歴が、ロンドン軍縮条約をめぐる海軍部内の対立においていわゆる艦隊派と目される背景になった。実際東郷平八郎に近い小笠原長生や加藤寛治と緊密な関係にあり、軍令部長就任および元帥府入りも小笠原らの工作によって実現した。そのため軍令部長になっても独自の判断が示せず、軍令部強化策、連合艦隊司令部の常設化も、周囲の奔走の結果である。軍令部強化後、米内・山本らの海軍省の台頭は、彼の存在感に一因があるであろう。四六年八月十六日死去。七十二歳。

参考文献 田中宏巳「昭和七年前後における東郷グループの活動」一―三(『防大紀要人文科学編』五一―五三、一九八五―八六)

(田中 宏巳)

ふじやまあいいちろう 藤山愛一郎 一八九七―一九八五 昭和期の実業家、政治家。一八九七年五月二十二日、東京府に生まれる。父親は大日本製糖社長、東京商業会議所会頭などを歴任した藤山雷太。一九一八年に慶応義塾大学を中退。病気療養、イギリス滞在などを経て三〇年に大日本製糖に入社し、三四年に社長に就任。三七年に日東化学工業を創立。四一年に日本商工会議所会頭に就任。アジア・太平洋戦争期には南洋協会副会長、南方経済懇談会会長、海軍省顧問などを歴任して南方占領地の視察を行い、また岸信介とともに東条英機内閣打倒工作に加担した。戦後は公職追放、日比賠償協定交渉全権代表などを経て、五七年に外相に就任(岸信介内閣)し、日米安全保障条約改定交渉を担当した。五八年に衆議院議員に当選。その後も日中国交回復促進議員連盟会長、日中友好議員連盟会長を歴任。七六年に政界を引退。八五年二月二十二日没。八十七歳。

参考文献 日本経済新聞社編『私の履歴書』四(一九五七)

(加藤 祐介)

ふじやまいちろう 藤山一郎 一九一一―九三 声楽家、作曲家。一九一一年四月八日に東京府で出生。本名増永丈夫。三三年に東京音楽学校を主席で卒業。在学中にレコードデビューしたが停学処分となり、卒業後に改めてビクターからレコードデビュー。当初はクラシックの演奏にも注力した。テイチクを経てコロムビアに移籍し、戦前から戦後にわたり、端正かつ丁寧な歌唱で、「酒は涙か溜息か」「丘を越えて」「燃ゆる大空」「青い山脈」「夢淡き東京」「長崎の鐘」など、多くの楽曲をヒットさせたほか、校歌や団体歌等の作曲や映画でも活躍した。九三年八月二十一日没、八十二歳。

参考文献 藤山一郎『歌声よひびけ南の空に』(一九八六、光人社)

(戸ノ下 達也)

ぶじゅんせんぱんかんりしょ 撫順戦犯管理所 旧日本軍将兵・満洲国要人等を収容した中華人民共和国の戦犯管理所。一九五〇年七月、ソ連に抑留されていた旧日本軍将兵および満洲国関係者が移送されるのを期に、戦前は満洲国の監獄であった場所に設置された。収容された日本人は「戦犯」とされ、ソ連から引き渡された九百六十九名、国内での逮捕者十三名の、計九百八十二名にのぼった。日本人戦犯を収容した管理所は、山西省太原にも設けられた。管理所では、戦犯に対して寛大な取り扱いを行い、日本の軍国主義による侵略の罪を自覚させるための学習・教育や、それを効果的に進めるための労働という手法がとられ、最終的には、罪をみずから告白する「坦白」により、その罪を認める「認罪」へと導く政策がとられた。また、五四年からは、並行して戦犯たちへの犯罪調査と尋問が本格的に始められ、「頑固分子」として抵抗していた者も、そのほとんどが罪を認めるようになっていった。これら日本人戦犯に対する裁判は、五

撫順戦犯管理所

六年六月から七月にかけて、遼寧省瀋陽と山西省太原に設置された「最高人民法院特別軍事法廷」で行われた。撫順戦犯管理所からは、鈴木啓久(陸軍第百十七師団長・中将)、藤田茂(陸軍第五十九師団長・中将)等陸軍関係者八名と、武部六蔵(満洲国国務院総務長官・特任官)、古海忠之(満洲国国務院総務庁次長兼企画局長・簡任官一等)ら満洲国関係者二十八名が起訴され、禁錮十二〜二十年の判決を受けた。この刑期には未決勾留期間が算入されるとともに、その多くが満了前に釈放となり帰国した。これ以外の戦犯も裁判に前後して起訴免除となり帰国した。六四年三月に最後の日本人戦犯が釈放された後も、溥儀ら満洲国関係戦犯・国民党関係戦犯が収監されていたが、七五年三月までに全員特赦となった。八六年には戦争犯罪者改造の遺跡として開放され、二〇〇六年には全国重点文物保護単位に登録された。→太原戦犯管理所 →中国帰還者連絡会

参考文献 新井利男資料保存会編『中国撫順戦犯管理所職員の証言—写真家新井利男の遺した仕事—』(『教科書に書かれなかった戦争』四三、二〇〇三、梨の木舎)、豊田雅幸「中国の対日戦犯処理政策—厳罰主義から「寛大政策」へ—」(『史苑』一八一、二〇〇九)、岡部牧夫・荻野富士夫・吉田裕編『中国侵略の証言者たち—「認罪」の記録を読む—』(『岩波新書』、二〇一〇、岩波書店)

(豊田 雅幸)

ふじゅんたんこう 撫順炭礦 遼寧省撫順で満鉄が経営していた炭鉱。石炭乾留、石炭液化、製鉄、火薬製造などの附帯事業も行なった。平頂山事件(一九三二年九月)の舞台。〇一年に清朝の許可を得て王承暁(華興利公司)、翁寿(撫順媒礦公司)らが採炭を始め、〇三年にロシア極東森林会社が後者を買収し、前者は日露戦争中にロシア軍が占領した。戦後は日本そして満鉄が採掘権を強引に継承。撫順以外に煙台、瓦房店、老頭溝、蛟河などで直属坑を運営し、直属坑の産炭量(外地炭)は四〇年代には三割近くに上った。産高は当初は二三万三〇〇〇トン(〇七年)で、新坑開発や直属坑の拡充、露天掘の機械化等により三七年には一〇三三万九〇〇〇トンのピークに達し、四〇年八三七万五〇〇〇トン、四三年七五八万四〇〇〇トンと推移した。戦時期には過酷な労働で労働者の移動率が急騰し、四〇年からは把頭を復活して華北での募集を拡大したり、特殊工人(囚人、捕虜など)を導入したりした。四二—四三年の労働者の死亡率は常傭夫においても一一〜一二%と非常に高かった。

撫順炭礦での露天掘り作業

参考文献 満史会編『満州開発四〇年史』下(一九六四)、庚炳富『満鉄撫順炭鉱の労務管理史』(二〇〇四、九州大学出版会)、松村高夫『日本帝国主義下の植民地労働史』(二〇〇七、不二出版)

(松本 俊郎)

ふじわらぎんじろう 藤原銀次郎 一八六九—一九六〇 実業家、政治家。王子製紙の明治後期—昭和前期の最高経営者。一八六九年七月二十五日(明治二年六月十七日)に長野県に富農の第五子(三男)として生まれた。八五年に東京へ赴き、八七年慶応義塾普通部本科に入学、九〇年同大学部理財科に進学したが、すぐに退学。島根県松江の新聞社に記者(主筆)として就職したが、九五年三井銀行に転職、九九年三井物産に移籍し、台北支店長、木材部部長兼小樽支店長を歴任。三井物産トップの益田孝を「商売」と「茶道」、「世間学」の師と仰ぐ。一九一一年王子製紙の専務取締役に就任し、経営再建に成功(二〇年専務取締役社長、三八年取締役会長)。その間の三三年王子製紙と富士製紙、樺太工業の三社大合同により王子製紙の覇権を実現。四〇年米内内閣の商工大臣、四三年東条内閣の国務大臣、四四年小磯内閣の軍需大臣に就任。戦後に公職追放、六〇年三月十七日死去、九十歳。

参考文献 下田将美『藤原銀次郎回顧八十年』(一九四九、大日本雄弁会講談社)

(四宮 俊之)

ふじんじきょくけんきゅうかい 婦人時局研究会 一九三九年二月、女性の時局認識を深め、国策を研究する機関として市川房枝らが結成した女性団体。内閣情報部、企画院などと連絡をとり、政策の樹立を目指した。四〇年の婦選獲得同盟解散後は会員が合流、「大政翼賛運動に於ける婦人の任務を闡明し、これが完遂に努力する事」を方針とし、幹事長に市川房枝、常任幹事に河崎なつ・金子しげり・八田篤子・谷野節子・氏家寿子が就いた。

国内外の政治情勢、戦時生活、女性の動員等々をテーマに研究会・講演会・女子青年講座・主婦講座などを開催。四〇年「国民組織としての婦人組織大綱試案」を発表、四一年「婦人団体一元化に関する建議書」を陸軍・厚生・文部三省に提出。四三年には「女子勤労動員強化方策」を企画院・翼賛会に提出し、女子勤労観の確立等を訴えた。大阪、鶴見、函館に支部を組織。四四年四月に婦人問題研究所の一事業となり、十二月には研究会を停止。

参考文献 市川房枝『市川房枝自伝』戦前編(一九七四、新宿書房)、市川房枝研究会編『市川房枝の言説と活動―年表で検証する公職追放 一九三七～一九五〇―』(二〇〇八、市川房枝記念会出版部)、新藤久美子『市川房枝と「大東亜戦争」―フェミニストは戦争をどう生きたか―』(二〇一四、法政大学出版局) (国武 雅子)

ふせつかん 敷設艦 軍艦の一種。日本海軍において、主として機雷の敷設を行い、状況に応じて物資・人員の輸送も行なった。アジア・太平洋戦争の交戦範囲の拡大に伴い、防潜網・捕獲網(潜水艦対策)、通信回線の敷設、敵機雷の除去といった多岐にわたる用途の艦艇が存在した。また、戦時中は多数の民間船舶が徴用され敷設艦に改造された。

参考文献 海軍歴史保存会編『日本海軍史』二(一九九五、第一法規出版)、坂口太助『太平洋戦争期の海上交通保護問題の研究―日本海軍の対応を中心に―』(二〇一一、芙蓉書房出版) (佐藤 宏治)

ふせんこうすいりょくはつでんしょ 赴戦江水力発電所 ⇩朝鮮赴戦江水力発電所(ちょうせんふせんこうすいりょくはつでんしょ)

ふせんじょうやく 不戦条約 正称は「戦争抛棄に関する条約」。一九二八年に署名され、翌年に発効した。日本も発効と同時に本条約に参加している。その作成に主要な役割を果たした当時のアメリカ国務長官とフランス外相の名をとってケロッグ＝ブリアン条約とも、また署名地にちなんでパリ規約とも称される。前文と三ヵ条から成る。アメリカの第一次世界大戦参戦十周年を記念して、ブリアンが米仏間で戦争放棄に関する条約を締結するよう米国民に呼びかけたことに端を発する。この提案を受けたケロッグは、多数国間条約としての制定を主要国に提案し、その同意を得た。本条約は、国際紛争の解決のために戦争に訴えることを非とし、国家の政策の手段としての戦争を放棄することを厳粛に宣言している(第一条)。また、一切の紛争を平和的手段で解決すべき義務も規定する(第二条)。原署名国は十五であったが、第二次世界大戦勃発時までに当事国数は六十三に達した。ラテンアメリカに未締結国が残ったが、そのいずれもが、三三年に締結された同趣旨のラテンアメリカ不戦条約に参加したことから、これにより戦争の一般的禁止は普遍的妥当性を有するに至った。本条約は自衛権について言及していないが、アメリカ政府は、固有の自衛権は制限・毀損されないこと、各国は攻撃や侵入から自国領土を防衛する自由をもつこと、当該国のみが自衛戦争の必要を決定できること、を原署名国宛ての公文で明らかにし、その解釈が各国によって了承された。もっとも、第二次世界大戦後の国際軍事裁判で明確にされたように、自衛権といえども国際法により認められている以上、そこに適用上の限界があり、また、他の判定を許さないものではない。本条約の成立は戦争の違法化への道を大きく前進させる画期的な成果であったものの、禁止の対象を「戦争」に限定していたことから、戦意の表明がなされぬ事実上の戦争への適用が確保されないなど、重大な抜け道を残すものでもあった。なお、本条約締結にあたり日本は第一条の「其の各自の人民の名に於て」の字句の適用を排除する宣言をしたが、この宣言は留保にはあたらず、条約上の義務が変更されたわけではない。 ↓戦争違法化(せんそういほうか)

参考文献 大畑篤四郎「不戦条約中「人民ノ名ニ於テ」の問題」(『早稲田法学』四四ノ一・二、一九六九)、松井芳郎「日本軍国主義の国際法論―「満州事変」におけるその形成―」(東京大学社会科学研究所編『戦時日本の法体制』所収、一九七九、東京大学出版会)、藤田久一「戦争観念の転換―不戦条約の光と影―」(桐山孝信他編『転換期国際法の構造と機能』所収、二〇〇〇、国際書院) (阿部 浩己)

ふそう 扶桑 日本海軍の戦艦。日露戦争後、列強の建艦競争が激しさを増した時期に、日本海軍が超弩級戦艦・扶桑型の一番艦として設計。呉の海軍工廠において一九一二年三月起工。一五年十一月竣工。三五・六チ砲を十二門搭載したために、防御力と速度の低下が懸念され、数度にわたる改修が行われたが根本的な解決には至らなかった。真珠湾攻撃やミッドウェー海戦の支援部隊として参加。四二年十一月、練習艦隊に編入、輸送任務などを行う。四三年六月に渾作戦へ投入された後、十月のレイ

扶 桑

テ沖海戦に参加。同月二十五日、スリガオ海峡で連合国軍によって撃沈された。基準排水量約二万九〇〇〇トン(改装後は約三万四〇〇〇トン)、最大速度二四・七ノット(時速約四六キロ)。

参考文献 *Conway's All The World's Fighting ships 1906–1921* (London, 1985, Conway Maritime Press)

(佐藤　宏治)

ふたばやまさだじ　双葉山定次　一九一二―六八　昭和戦前期に、前人未踏の六十九連勝を達成した力士。一九一二年二月九日、大分県に生まれる。本名穐吉定次。沖仲仕だったが、二七年立浪部屋に入門し、同年三月初土俵、三一年五月十両に昇進、三二年二月春秋園事件の影響で入幕する。三六年初場所の七日目から勝ち続け、その後三八年夏場所まで連続五回の全勝優勝をし、三八年春場所には横綱となり、三九年春場所四日目安藝ノ海に敗れるまで六十九連勝を遂げた。双葉山の連勝で相撲人気は高まる。滝に打たれて鍛錬するなど、相撲道の完成を求める精神主義の姿勢が強く、四一年には立浪部屋を離れ双葉山道場を設けた。四五年十一月に引退し年寄時津風となり、部屋を大部屋に育てる。日本相撲協会が社会的批判を受けた五七年五月、協会の理事長になり、部屋別総当たり制実施など相撲界改革を推進した。六八年十二月十六日没、五十六歳。

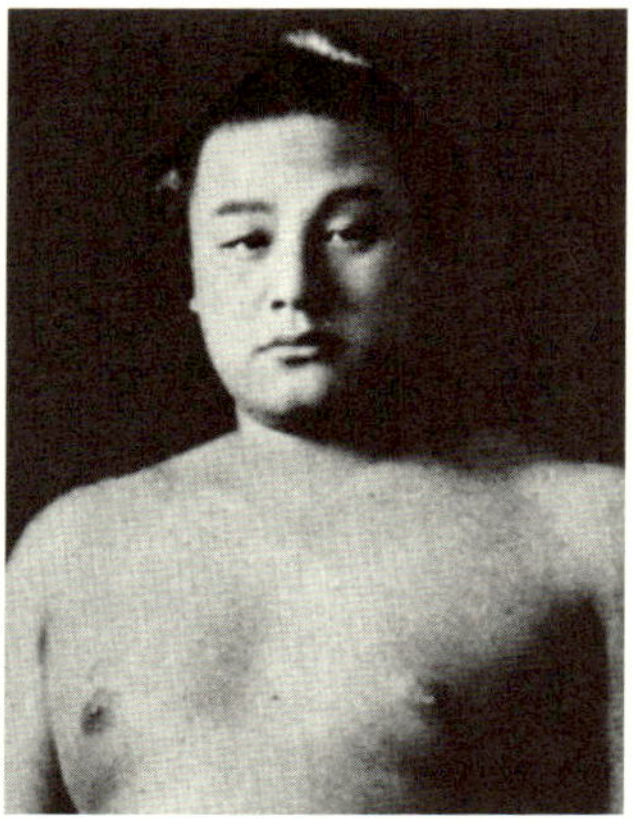

双葉山定次

参考文献 双葉山定次『相撲求道録』(一九五六、黎明書房)、『(生誕百年記念)双葉山図録』(二〇一三、宇佐市民図書館)

(赤澤　史朗)

ふちだみつお　淵田美津雄　一九〇二―七六　真珠湾攻撃隊を指揮した海軍軍人。一九〇二年十二月三日奈良県北葛城郡磐城村小学校首席訓導淵田弥蔵の三男として生まれる。畝傍中学校から海軍兵学校に進み、二四年卒業(第五十二期)。三二年横須賀海軍練習航空隊高等科学生。三八年第二臨時連合航空隊参謀として広東攻略作戦に参加、海軍大学校(甲種)卒業。三九年「赤城」(第一航空戦隊)飛行隊長。四〇年第三航空戦隊参謀。四一年「赤城」飛行隊長。十二月八日の真珠湾攻撃において攻撃隊の総指揮を執る。四二年一月ラバウル攻略作戦、四月セイロン島トリンコマリー空襲。六月ミッドウェー海戦で重傷。十二月横須賀航空隊教官兼海大教官。四三年七月第一航空艦隊首席参謀、南洋方面作戦に従事。四四年四月連合艦隊航空首席参謀、九月兼南方総軍参謀。四五年兼海軍総隊航空参謀。敗戦後、クリスチャンとなり、七次にわたって伝道のため渡米する。七六年五月三十日没。七十三歳。

参考文献 中田整一編『真珠湾攻撃総隊長の回想―淵田美津雄自叙伝―』(二〇〇七、講談社)

(森山　優)

ふついん　仏印　⇨仏領インドシナ

ふついんしんちゅう　仏印進駐　⇨南部仏印進駐　⇨北部仏印進駐

ふついん・タイこっきょうふんそうちょうてい　仏印・タイ国境紛争調停　十九―二十世紀にかけて、タイは三次にわたって仏印に領土を割譲されていた。一九四〇年、欧州戦線におけるフランスの敗北を好機として、タイは仏印に失地回復を要求し、戦闘が頻発した。日本は仏印とタイ双方との提携の強化を目論み、十一月に紛争調停に乗り出す。調停は難航し、四一年一月末、日本は示威行動に続き武力行使によってでも調停成立をめざす強硬策を決定した(「対仏印泰施策要綱」)。日本軍の示威行動をシンガポール攻撃と誤認したイギリスは「極東危機説」を流布、日本側は否定に躍起となった。三月十一日、タイの主張を大幅に認める案で調停が成立。日本は同地域に一定のプレゼンスを獲得したが、仏印とタイに基地や同盟などの軍事的な足がかりを設定しようとした陸海軍の思惑は松岡洋右外相によって阻まれ、南部仏印進駐の呼び水となった。

参考文献 日本国際政治学会太平洋戦争原因研究部編『太平洋戦争への道―開戦外交史―(新装版)』六(一九八七、朝日新聞社)、立川京一『第二次世界大戦とフランス領インドシナ―「日仏協力」の研究―』(二〇〇〇、彩流社)

(森山　優)

ふつうせんきょほう　普通選挙法　納税要件によらず男性に選挙権を与えた法律。加藤高明護憲三派内閣期の一九二五年、治安維持法とセットで衆議院議員選挙法改正法律案が成立。これにより二十五歳以上の「帝国臣民」男性に選挙権が付与された。同じころ、女性参政権(選挙権・被選挙権)を求める運動もあり、三〇年から三一年にかけて女性の公民権(地方自治体レベルの選挙権を行使できる)を認める法律案が衆議院を通過したが、貴族院で審議未了あるいは否決となった。男子普選による総選挙は、二八年二月はじめて実施され、以後、三〇年、三二年、三六年、三七年、四二年に行われた。普選が実施されるなかで無産政党の結成が進んだが、選挙結果は政友会・民政党が圧倒的多数を占め、無産政党の進出はわずかであった。だが三六年、社会大衆党が議席を伸ばし労農無産協議会も議席を獲得、翌年も社大党は大躍進した。三五年から内務省を中心に選挙粛正運動が展開、選挙違反の取締と投票の促進、参政権を有しない女性や子どもを巻き込んで啓蒙運動が行われた。四〇年大政翼賛会結成のころ、内務省では候補者推薦制を軸とした選挙制度の再編を検討していたが、精神右翼から男子普選を改め家長にのみ選挙権を付与する案が出された。これは男性が出征・徴用等で不在となることで「家」制度が危機に陥っているという認識が背景にあり、戸主選挙制が閣議決定されたが結局実現しなかった。植民地との関係であるが、普選実施で「内地」在住朝鮮人・台湾人にも納税要件にかかわりなく選挙権が付与されたため、朝鮮人の多い地域では、候補者は選挙ポスターにハングルでルビを入れる例がみられた。四五年四月、植民地で衆議院議員総選挙を行う改正がなされたが、実施されることなく敗戦を迎えた。四五年末の議会で、衆議院議員選挙法、府県制、市制、町村制等の改正が行われ、女性を含む二十歳以上の選挙権が実現した。また朝鮮人・台湾人の参政権は停止された。

〔参考文献〕粟屋憲太郎『昭和の政党』(『昭和の歴史』六、一九八三、小学館)、松尾尊兊『普通選挙制度成立史の研究』(一九八九、岩波書店)、岡本真希子「アジア・太平洋戦争末期における朝鮮人・台湾人参政権問題」(『日本史研究』四〇一、一九九六)　(源川　真希)

ぶっかとうせいれい　物価統制令　戦時統制期の価格等統制令(一九三九年十月公布)に代わり、戦後における価格統制の根拠となった法令。インフレ抑制のため打ち出された四六年二月の経済緊急対策の一環として、同年三月三日ポツダム勅令により公布された。価格等統制令では三九年九月十八日を基準とした価格停止により、ほとんどの価格が網羅的に統制対象となったのに対し、同令は品目ごとに統制価格を定めて必要な統制を重点的に行なった。統制価格は主務大臣の指定とし、業界団体から申請された協定価格を認可することにより決定した。暴利・不当な高価を取り締まり、抱合せ取引・物々交換・買い占め・売り惜しみなどを禁止し、公定価格の値上り益は国庫に納付することなどを規定した。四九年以降、統制価格は一部を除き廃止されたが、同令は存続した。七三年十二月国民生活安定緊急措置法公布に伴い、同法その他の措置で価格安定が困難な場合に発動すると改正され、最終的な価格統制手段の役割を長く担うことになった。→価格等統制令

〔参考文献〕大蔵省財政史室編『昭和財政史―終戦から講和まで―』一〇(一九八〇、東洋経済新報社)　(山崎　志郎)

ぶっしどういんけいかく　物資動員計画　戦時統制下における重要物資別の需給調整計画。重要物資ごとに生産、輸入、在庫取り崩し、回収見込みから年間の供給量を算出し、これを軍需、生産力拡充計画用需要、官需、輸出用需要、一般民需などに配分した計画である。この計画を根幹に、輸出入計画、軍需工業動員計画、生産力拡充計画などが直接連動する形で策定され、労務動員計画、資金調整計画(国家資金計画)などもバランスするように調整された。対象物資は年度によるが百～三百に及んだ。軍需動員計画の発動を受けて、三七年十一月から企画院が計画立案を開始し、三八年一月に最初の三八年物資動員計画が決定され、ついで三八年度改訂計画、三九年度一―三月期計画が作られた。三九年度から四三年度までは年度計画が毎年度策定され、四〇年度からは四半期ごとの実施計画も作られた。四〇年度計画までは、供給量の需給調整において輸入可能量すなわち外貨使用可能量が決定的に重要であり、これが計画作成の基礎となった。しかし輸出不振、欧州大戦勃発による物価上昇と輸入難、四〇年米国の対日輸出制限などにより輸入量は漸減した。実際の供給量は計画を下回ることが多く、そのつど民需配当が圧縮されていった。四一年度後半からは第三国との交易が途絶し、開戦後しばらくすると供給を規制する最大要因は、占領地域の資源を日本へ輸送するための海上輸送力になった。しかし戦局悪化に伴う船舶の喪失と制海権の喪失により輸送力は減退し、供給制約は一段と強まった。四三年以降、資源配当は五大重点産業、特に航空機へ重点化された。四四年七月のサイパン失陥後、南方からの資源輸送がさらに困難になり、船舶も大量に喪失して、満洲、中国占領地域からの輸送も困難になった。海上輸送による資源確保を基礎とした物資動員計画は事実上崩壊した。四五年度には、軍需より食糧輸送を優先する事態となり、大陸塩と満洲の穀物輸入を中心とする計画が立てられたが、それすら実現困難であった。

〔参考文献〕安藤良雄『太平洋戦争の経済史的研究―日本資本主義の展開過程―』(一九八七、東京大学出版会)、山崎志郎『物資動員計画と共栄圏構想の形成』(二〇一二、日本経済評論社)　(山崎　志郎)

ぶっしとうせいれい　物資統制令　⇨生活必需物資統制令

ふつりょうインドシナ　仏領インドシナ　十九世紀後半から一九五四年まで、フランスの支配下にあったインドシナ半島東部地域。現在のヴェトナム・ラオス・カンボジアに相当し、仏印とも略す。起源は、ナポレオン三世の宣教師保護名目の遠征軍派遣。カンボジアの保護国化を皮切りに、ヴェトナムの宗主権を争う清仏戦争を経て、一八八七年には、南部のコーチシナとカンボジアを直轄地とし、北部のトンキンと中部のアンナンを保護国として統括するインドシナ総督府が置かれ、インドシナ連邦としてフランス領インドシナが成立。一九四〇年の対独敗戦後には、総督カトルーが本国には無断で、援蔣ルート(仏印ルート)閉鎖という日本の要求を受け入れたため解任されるが、後任総督のドクーも、本国に成立したヴィシー政権の対日協力政策に従っている。ほかの多くの海外植民地が、ド＝ゴール派に次第に移行するのとに対照的に、仏印はヴィシー派にとどまり、日本軍の、北部ついで南部への進駐も受け入れている。四五年三月に仏印処理が実行され、仏領インドシナは事実上消滅。戦後フランスは植民地回復を目指すも、五四年のディエンビエンフーの戦で敗北し、ジュネーブ協定によってインドシナ三国の独立を承認している。→南部仏印進駐　→北部仏印進駐

参考文献　立川京一『第二次世界大戦とフランス領インドシナ―「日仏協力」の研究―』(二〇〇〇、彩流社)

（剣持　久木）

ぶどうしょうけんてい　武道章検定　戦時下における青少年の「尽忠報国の精神と剛健なる気力体力を錬磨育成し特に実戦能力を習得」するために、厚生省が制定した武道に関する能力検定制度。一九四三年十一月、厚生省によってその実施要綱が制定され、翌四四年四月の改正を経て実施された。数え年十五～二十五歳の男子で、体力章検定級外甲以上の合格者を対象とし、合格者に武道章を授与し、体力手帳に記載された。武道章には、三ランクがあり、初級は銃剣道と射撃道のほかに剣道、柔道、相撲、弓道の基本動作、中級および上級は、銃剣道と射撃道のほかに剣道、柔道、相撲、弓道から一種目(等級の既得者は書類審査で代替可)を選んで検定がなされた。大日本武徳会によって実施され、団体、工場、会社等が単位とされた。厚生省は、これと並行して四四年三月に武道修練の指針として「国民戦技武道基本訓練要項」を制定したが、そこでは奨励すべき種目をさらに銃剣道、射撃道、剣道、柔道の四つに絞っている。↓大日本武徳会

参考文献　渡辺一郎編『昭和十八年～十九年戦時学徒体育訓練実施要項・中等学校体錬科教授要目・武道章検定実施要綱・国民戦技武道基本訓練要項(抄)』(『近代武道史研究資料』三、一九八二、筑波大学教育科学系)、中村民雄編『大日本武徳会研究資料集成』一〇(二〇一〇、島津書房)

（坂上　康博）

ふなだなか　船田中　一八九五―一九七九　昭和期の政治家。一八九五年四月二十四日、栃木県に作新学院創設者船田兵吾の長男として出生。一九一七年東京帝国大学法科大学在学中に高等文官試験合格。卒業後内務省に入り二八年東京市助役、市長代理に就任。三〇年総選挙で政友会から立候補し初当選。犬養内閣首相秘書官、第一次近衛内閣外務参与官・法制局長官を務めた。政友会では有志と国政一新会を結成、党分裂時は中島派に属した。新体制運動への傾斜から中島派を離れ、翼賛会設立後は政策局内政部長に就任。四三年、岸信介を指導者とし徹底抗戦を主張した護国同志会に参加。戦時中は東京商工会議所、日本商工会議所理事長も務めた。敗戦後、産業組合関係者と協同党を設立するが公職追放。追放解除後の五二年総選挙には自由党から立候補し政界復帰。第三次鳩山内閣防衛庁長官。また、衆議院議長を二度務めた。当選十五回。七九年四月十二日没。八十三歳。

参考文献　船田中『青山閑話』(一九七〇、一新会)、塩崎弘明『国内新体制を求めて―両大戦後にわたる革新運動・思想の軌跡―』(一九九八、九州大学出版会)、鈴木多聞「岸信介と護国同志会」(『史学雑誌』一〇八ノ九、一九九九)

（手塚　雄太）

フライング＝タイガース　Flying Tigers　中国名で「飛虎隊」と言い、日中戦争時、米退役航空大尉クリア＝シェンノートが組織したアメリカ合衆国義勇軍 American Volunteer Group (AVG)の別名。シェンノートは一九三七年五月、蔣介石夫人の宋美齢に中国空軍育成を依頼されて中国に渡った。二ヵ月後、日中戦争が勃発、航空撃滅戦の様相が濃厚になっていく中、四〇年一時帰米し、ローズヴェルト大統領を説いて操縦士百人と戦闘機カーチスP40の提供を受ける約束を取り付けた。当時日米は戦争状態になかったため、採用者は米軍を一時退役、個人の資格をもって「義勇軍」の名を冠した米国の対日戦闘部隊として主にビルマ方面の「援蔣ルート」上空の制空権確保のため日本軍機と交戦した。活動中、毎月六〇〇ドル、プラス敵機を一機撃墜するごとに五〇〇ドルが支給された。日米開戦後の四二年七月解散命令がなされ、メンバーは元の階級で米軍に復帰した。シェンノートも少将に任命されて米陸軍航空軍に戻り、昆明で戦闘機部隊を指揮した。

参考文献　中山雅洋『中国的天空―沈黙の航空戦史―』(一九八一、サンケイ出版)、吉田一彦『シエンノートとフライング・タイガース―日本軍を震撼させた男―』(一九九一、徳間書店)

（前田　哲男）

ぶらくかい　部落会　⇩町内会・部落会

ブラジルたくしょくかいしゃ　伯刺西爾拓植会社　⇩海外興業会社

フランクリン　Franklin　一九四四年にニューポート＝ニューズ造船所で竣工したアメリカ海軍空母エセックス級の五番艦(CV―13)。基準排水量二万七一〇〇トン、搭載機数は九十～百機。エセックス級のなかでは初期の建造艦に含まれる。愛称は「ビッグベン」。太平洋戦争終盤、小笠原諸島攻略部隊に配属され、ペリリュー島攻略、台湾沖航空戦、レイテ沖海戦などに参加した。レイテ島上陸作戦支援中の四四年十月三十日には、神風特攻葉桜隊の二五〇キロ爆弾を装備した零戦による体当たり攻撃を受けて中破。本国での修理後、沖縄上陸支援のための日本本土攻略部隊に参加。四五年三月十九日の九州沖航空戦では、四国沖を航行中に日本海軍機から爆弾二発を受け、七百二十四名が死亡、火災発生と船体傾斜で大破したが、ニューヨークまで牽引され、ブルックリン海軍工廠で修復されている。戦後の五二年以降、攻撃航空母艦、対潜水艦支援空母、航空機輸送艦と艦種の変遷があり、六四年に除籍となっている。

参考文献　福井静夫『世界空母物語』(『福井静夫著作集』三、一九九三、光人社)、『アメリカ航空母艦史(新版)』(『世界の艦船』五五一、一九九九)、*Conway's All the World's Fighting Ships, 1922-1946*(London, 1980, Conway Maritime Press Ltd)

（齋藤　義朗）

プリーディー＝パノムヨン　Pridi Phanomyong　一九〇〇―八三　タイの政治家。自由タイ運動指導者。一九〇〇年五月十一日中部タイのアユタヤで、商人の子に生まれる。曽祖父が華僑。一九年法律学校を卒業し、フラ

ンスに留学。二七年パリで、ピブーンら七名で人民党を結成。帰国後、法律起草局の事務官、同時に法律学校教官。二八年に下賜された官位と官名から、ルアン＝プラデットの名で知られる。三二年六月の立憲革命の文民指導者として革命前から臨時憲法案を準備。三二年十二月、無任所大臣に就任。過激な社会主義政策を提案し、右派首脳部によって、「共産主義者」として三三年四月国外に追放。三三年六月、再度の軍事クーデターを機に帰国。この後、過激な政策志向を棄てて、三四年三月から内務大臣、三七年八月外務大臣。三八年十二月より大蔵大臣となるが日本のタイにおける物資調達に協力しなかったため、反日と見なされる。ピブーン首相により四一年十二月、実権のない国王摂政とされるが、それを反日自由タイ運動のために活用し、地下で連合国との連絡に成功した。日本の敗北後、四五年八月十六日に摂政の名において平和宣言を出し、ピブーン政府の日タイ同盟や対英米宣戦は、国民の意思に反して無効であると宣言した。四六年三月から八月まで首相に就任。軍や保守派民主党による四七年十一月の軍事クーデターに際し英米の協力でシンガポールに脱出、さらに蒋介石下の中国に渡る。再び国内に潜行し軍事クーデターを四九年二月に敢行するが失敗。中国に亡命し二十一年間滞在後、フランスに移り、同地で八三年五月二日死去。八十二歳。

参考文献　村嶋英治『ピブーン―独立タイ王国の立憲革命―』(『現代アジアの肖像』九、一九九六、岩波書店)　(村嶋　英治)

ブリュッセルかいぎ　ブリュッセル会議　⇩九カ国条約

ふりょじょうほうきょく　俘虜情報局　「陸戦の法規慣例に関する条約」(ハーグ陸戦条約、日本は一九一二年一月十三日公布)に基づいて交戦国に設立が義務づけられた機関。アジア・太平洋戦争では四一年十二月二十七日に設立された、陸軍大臣の管理に属する臨時の官衙である(「俘虜情報局官制」勅令第一二四六号)。任務は留置、移転入院、死亡など捕虜の状況を調査し、ジュネーブの赤十字国際委員会や敵国の利益代表を通して、捕虜の本国に情報を通報することである。具体的には、捕虜一人一人に銘々票と呼ばれるカードを作成し、氏名、年齢、国籍、階級、所属部隊、収容場所と年月日、死亡などを記入、これをもとに問い合わせに回答する。捕虜の通信、死亡者の遺言・遺留品の保管も任務である。だが、日本でカード化とファイリングシステムができあがったのは四四年一月、近代的な設備も機材もなく、欧米主要国に比べるとその数が十分の一以下という職員数の不足などのため、連合国の問い合わせに対応しきれなかった。また、捕虜郵便の大部分が戦争中に配達されなかったなどの問題を残した。

参考文献　俘虜情報局編『俘虜取扱の記録』(一九五五、防衛省防衛研究所所蔵)、俘虜情報局『(極秘)俘虜ニ関スル諸法規類聚』(昭和十八年十一月調整、国立国会図書館)、足立純夫「連合国捕虜取扱制度小史」(『浦和論叢』三、一九八九)、内海愛子・永井均『東京裁判資料　俘虜情報局関係文書』(一九九九、現代史料出版)　(内海　愛子)

プリンス＝オブ＝ウェールズ　Prince of Wales　イギリス海軍の戦艦。一九四一年三月にキャメルレアード社で竣工。同型艦に「キング＝ジョージ五世」がある。基準排水量三万六七二七トン、全長二二七・一メートル、速力二八ノット(時速約五二キロ)。四十五口径三五・六センチ主砲十門、一三・三センチ両用砲十六門、ポムポム砲四基などを搭載。完成後はドイツ戦艦「ビスマルク」の追撃戦に参加して損傷を受けている。同年八月には大西洋会談の舞台となった。同年十二月二日には日英関係の悪化に伴ってシンガポールに入港したが、間もなく日本陸軍によるマレー半島上陸が行われた。日本軍の上陸部隊を迎撃するために出動したが、逆に日本軍航空隊の攻撃を受け、十二月十日に沈没した(いわゆるマレー沖海戦)。

参考文献　岡田幸和・太平洋戦争研究会・谷井建三『世界の戦艦―THE BATTLESHIPS OF WORLD WAR II―(大艦巨砲編)』(『ビッグマンスペシャル』、一九九六、世界文化社)　(宇田川幸大)

ふるいちたつお　古市龍雄　一八八五―一九六六　軍人、技術者。一八八五年二月十五日、福岡県生まれ。一九〇七年に海軍機関学校を首席で卒業し、米国駐在中(一九一二―一五年)にMITおよびハーバード大学で学び、帰国後海軍大学校教官、呉海軍工廠電気部長、横須賀海軍工廠長を経て海軍中将、三七年に予備役編入。三八年設立の芝浦工作機械の社長に就任、同社は大型工作機械専業メーカーとして有名であった。四一年に東京芝浦電気取締役に就任、四五年に退任した。六六年二月一日没。八十歳。

参考文献　『東京芝浦電気株式会社八十五年史』(一九六三)　(沢井　実)

ふるたしゅんのすけ　古田俊之助　一八八六―一九五三　実業家、住友財閥の最高指導者。一八八六年十月十五日井上数馬(等持院寺侍)の五男として京都に生まれ、のち古田敬徳の養子となる。一九一〇年東京帝国大学工科大学採鉱冶金科を卒業、住友に入り、一貫して伸銅畑を歩み、住友伸銅鋼管専務、住友金属工業専務を経て、三八年住友本社専務理事となり、住友財閥統轄の役割を担った。四一年小倉正恒のあとを継ぎ住友本社代表取締役・総理事に就任、住友直系各社の会長・役員を兼務した。戦時体制下に直系各社の会長制を社長制に改め、軍需生産で急膨張する住友財閥の総指揮をとった。敗戦後の四六年一月住友本社および住友系各社の役員を一斉に退任、翌年公職追放令をうけた。五一年追放解除後、大阪商工会議所、経済団体連合会、関西経済連合会各顧問などになり、財界の相談役的役割をになった。五三年三月二十三日没、六十六歳。↓住友財閥

参考文献　『古田俊之助氏追懐録』(一九五四)、栂井義雄『小

倉正恒伝・古田俊之助伝』(『日本財界人物伝全集』一〇、一九五四、東洋書館)、河村竜夫編『人間古田俊之助』(一九五七、ヰゲタ鋼管)

(麻島　昭二)

ブレイクニー Ben Bruce Blakeney 一九〇八—六三 東京裁判の米国人弁護人。一九〇八年七月三十日、米オクラホマ州ショーニー生まれ。オクラホマ大学を卒業後、ハーヴァード大学ロースクールに学び、三三年に卒業。故郷のオクラホマで弁護士を開業し、地元の石油会社で法律顧問も務めた。四二年に召集を受け、陸軍航空隊情報学校の日本部長に就任。日本語を流暢に話す日本通であった。終戦直後に占領軍の一員として来日。東京裁判に弁護人として参加し、梅津美治郎元陸軍大将の弁護を担当、公判途中からは東郷茂徳元外相の弁護にもあたった。裁判終了後は、豊田副武元海軍大将を被告とする連合国軍総司令部(GHQ)の「丸の内裁判」の弁護人となり、無罪を勝ち取った。その後、日本に生活拠点を移し、東京大学や中央大学、慶応義塾大学などで国際法を教える傍ら、弁護士を開業した。六三年三月四日、夫人と乗った自家用セスナ機が伊豆半島の天城山系山中で墜落し、その五四年の生涯を閉じた。共著に『特需契約の理論と実際—紛争の防止と処理—』(一九五三年、商工会館出版部)がある。

参考文献 豊田隈雄『戦争裁判余録』(一九八六、泰生社)、北博昭「東京裁判アメリカ人弁護人の略歴」(『史』九八、一九九八)、牛村圭『「文明の裁き」をこえて—対日戦犯裁判読解の試み—』(『中公叢書』、二〇〇一、中央公論新社)

(永井　均)

プレーク＝ピブーンソンクラーム Plaek Phibunsongkhram 一八九七—一九六四 タイの軍人、政治家。一八九七年七月十四日タイ国(当時の国名はシャム)のノンタブリー県の果物農家に生まれる。祖父は華僑。本名はプレーク。出生時には姓はなく、よく使用される「ピブン」は、四一年より用いた姓のピブーンソンクラームによる。〇九年陸軍士官学校入学。一七年陸軍砲兵少尉。フランス留学中の二七年、パリで人民党の結成に参加。三二年六月に人民党が起こした軍事クーデター(立憲革命)に、同党の少壮陸軍軍人グループのリーダーとして参加。三二年十二月、無任所大臣に任命される。三三年六月陸軍司令官補佐代行として、再度軍事クーデターを実行し、政権内保守派を追放する。三三年十二月陸軍副司令官に昇進。三四年九月国防大臣。三八年十二月より四四年七月まで首相。三九年四月陸海空軍少将。三九年七月陸軍司令官。四〇年十一月、タイ仏印紛争のため国軍最高司令官を兼任。同紛争勝利により独裁傾向を増大させ、四一年七月陸海空元帥に昇進。四一年十一月日本軍侵攻に備えて再び国軍最高司令官就任。日本軍のタイ進駐後に締結した日タイ同盟を利用してタイ領土の拡大を図るも、四二年末以降、戦況悪化によって次第に日本から離反。四四年七月、プリーディー派の画策により国会で法案が否決され、退陣。戦後、自由タイ政権により戦争犯罪人として逮捕されるも、無罪釈放。四七年陸軍による自由タイ政権打倒クーデター後に陸軍司令官に就任、四八年首相になる。五七年軍事クーデターで首相の地位を追われ、国外脱出。六四年六月十一日、神奈川県相模原市で死去。六十六歳。

参考文献 村嶋英治『ピブーン—独立タイ王国の立憲革命—』(『現代アジアの肖像』九、一九九六、岩波書店)、同「タイの歴史記述における記念顕彰本的性格—一九四二～四三年におけるシャン州外征の独立回復救国物語化をめぐって—」(『上智アジア学』一七、一九九九)

(村嶋　英治)

ブロックけいざい ブロック経済 世界恐慌の中で主要国に広まった国家・地域間の双務主義的な経済関係。域内での自由貿易と地域間分業による経済の安定を目指す一方、域外に対しては保護主義的な通商関係を持ち、世界経済の縮小をもたらした。英帝国諸国は一九三二年のオタワ会議での特恵関税の設定を機に、帝国圏内や北欧諸国と貿易・通貨協定を締結して、ポンドを基軸通貨としたスターリングブロックを形成した。三三年のロンドンでの国際経済会議の決裂後、各国は急速に保護主義を強め、ドイツは東欧、南欧諸国との間で貿易決済協定を締結し、フランスも植民地との間に保護主義的関係を強めるとともに、ラテン諸国、ポーランドと金本位制ブロックを形成した。国際経済会議で自由貿易を主張したアメリカも三三年のパン＝アメリカ会議で中南米諸国との間に互恵的な関税引下げを実現し、域外に対して保護主義政策を取るようになった。この結果ブロック間では求償貿易が広く締結され、特にドイツ、日本など広い版図をもたない国の貿易関係を強く制約する事態になった。

日本では三二年の満洲国建国と満洲中央銀行設立によって円系通貨圏が形成され、三五年に日本円と満洲国幣円との等価リンクが完成し経済開発に要する投資環境が整備された。この結果、日本からの満洲国への開発関連資材や消費財の輸出が伸びたが、欧米およびその植民地との貿易に大きく依存する日本には、第三国輸入を抑えて域内で自給化するようなブロック経済の利点は乏しかった。そうした中、三三年四月のインド産業保護法に基づいて、インドは日印通商条約を破棄し、世界恐慌下で円安を利用して輸出を伸ばしていた日本綿業に対して綿布輸出の数量規制とインド棉の義務輸入を求めた。貿易規制に反発する紡績業界ではインド棉の不買運動も起きたが、結局第一次日印会商で輸出規制と棉花輸入義務を協定した。その後も貿易不均衡の是正を求めるカナダ、豪州との間で日本に対する高率関税の付加とそれに対する日本側の通商保護法発動という保護主義の応酬を演じた。インドとの協定期限を迎える三六年の第二次日印会商でも、世界的な保護主義の強まりの中で再び妥協を強いられた。

イギリスについでオランダも三四年に蘭領インドに対

する日本の輸出品全般の輸入制限を掛けるとともに、通商に関わる商社、海運、銀行、保険業務をオランダ企業に絞り、蘭印産砂糖の対日輸出の拡大、日本人、日本企業の排除方針を打ち出した。個々の交渉は途中の中断を挟みながら三八年まで行われ、保護主義への対応を強いられた。

その一方で三五年に始まる華北分離工作では、棉花栽培や羊毛増産による経済開発構想が台頭し、三七年から具体化される生産力拡充計画では、軍需関係の基礎物資の増産と人絹等の代替繊維の拡充など円ブロック圏の第三国依存からの脱却が追求された。日中戦争の開始後は、対英米関係が悪化する中で、極力日満支ブロックによる重要資源の自給を目指すようになった。

中国の占領地域では華北の中国連合準備銀行、蒙疆地区の蒙疆銀行、華中の中央儲備銀行が日本銀行券と等価の通貨を発行し、円系通貨圏を築いた。しかし、国民党政府の法幣や共産党支配下の辺幣との間で通貨戦争が展開し、それぞれの地域でインフレが発生したため支配地域間での移出入計画が著しく阻害される事態になり、域内での自由な取引は規制されることになった。日本との貿易も、日本国内よりもインフレが進んだために、輸出の引き合いが殺到したにもかかわらず、外貨収入を得られる対第三国輸出を優先した。このため、通貨互換性を確保しても域内への輸出を制限する事態となった。一方、満洲国・占領地からの戦略物資の輸入は物資動員計画で最大限の確保を目指した。しかし、開発機材を潤沢に供給することはできず、日満支間の開発輸入体制の構築は順調に行かなかった。

四一年七月の米国対日資産凍結は、石油、ゴム、ボーキサイト、錫などの軍需物資を米国や英領マレイ、蘭領インド等の南方諸地域に依存する日本経済に決定的打撃となった。開戦後は、南方開発金庫による南方通貨の統合と円系通貨圏への包摂を進め、軍事占領による資源の開発・確保と、砂糖や嗜好品など世界貿易の依存度が高かった地域の産業貿易構造を再編し、大東亜共栄圏構想による民生の安定を目指した。しかし、重要軍需関連資源の開発も、棉花・羊毛の増産、砂糖事業の転換、日本からの民生品の供給も予定通りには進まなかった。海上輸送力を失うことで、日本との物資輸送、占領地域間の物流も滞り、共栄圏内経済は日本による資源獲得だけが優先され、飢餓の拡大など深刻な混乱をもたらした。

参考文献 籠谷直人『アジア国際通商秩序と近代日本』(二〇〇〇、名古屋大学出版会)、倉沢愛子『資源の戦争―「大東亜共栄圏」の人流・物流―』(『戦争の経験を問う』、二〇一二、岩波書店)、原朗『日本戦時経済研究』(二〇一三、東京大学出版会)
(山崎　志郎)

フロント　FRONT　一九四二―四五年にかけて発行された対外国家宣伝グラフ誌。東方社が創刊した大判グラフ誌で、「海軍号」「陸軍号」など毎号特集形式を採り、創刊時は英・独・仏・露・中・西・蘭・泰・印・ベトナム・インドネシア・モンゴル語など十五ヵ国語版を作って「大東亜共栄圏」へ配布された。アート紙やインクを特別配給され、ソ連の対外宣伝誌『USSR in construction』の影響を色濃く受けたモンタージュ技法を駆使した紙面構成で名高い。デザイン部門は原弘、多川精一ら、写真部門は木村伊兵衛、浜谷浩、菊池俊吉、林重男ら、暗室担当で薗部澄らが参加した。四五年の「戦時下の東京号」は空襲で焼失のため未刊となり、全九冊で終刊。復刻版(一九八九―九〇年)が平凡社から刊行された。

『FRONT』創刊号

→東方社(とうほうしゃ)

参考文献 多川精一『戦争のグラフィズム―回想の「FRONT」―』(一九八八、平凡社)、同『焼跡のグラフィズム―『FRONT』から『週刊サンニュース』へ―』(『平凡社新書』、二〇〇四、平凡社)
(白山　眞理)

ぶんかえいが　文化映画　具体的には、映画法(一九三九年十月施行)の第一五条に言う、「国民教育上有益なる特定種類の映画」を指す総称。ただし、この用語自体はドイツ語のクルトゥーアフィルムKurturfilmに由来し、映画法以前から日本へ輸入公開されていた科学教育映画を範とした。「文化映画」の定義は映画法施行規則の第三五条にあり、「国民精神の涵養又は国民智能の啓培に資する映画にして劇映画に非ざるもの」。四〇年一月から映画館における強制上映が始まったので、文化映画(漫画映画を含む)製作は活況を呈した。ただし、強制上映は四四年春から緩和された。主な作品は映画法以前に『上海』(三木茂・亀井文夫、一九三八年)、『雪の結晶』(吉野馨治、三九年)、『雪国』(石本統吉、同)など、以後に『或日の干潟』(下村兼史、四〇年)『娘々廟会』(芥川光蔵、同)『小林一茶　信濃風土記より』(亀井文夫、四一年、非認定)、『或る保姆の記録』(水木荘也、四二年)など。この名称は戦後にも残り、いまでも使われている。
(岩本　憲児)

ぶんたい　分隊　軍隊の単位の一つ。陸軍の分隊は、編成上の指揮の最小単位で分隊長(通常に軍曹)以下約十人から構成される。兵営内における兵士の日常生活の単位である内務班は、戦時下では分隊に改編され、内務班の班長が分隊長となる。三～四個分隊で小隊を編成する。海軍の分隊は、艦内の編制単位で陸軍の中隊に相当する。分隊は兵科・飛行科・整備科などの順に番号を付けて第一分隊・第二分隊と呼称する。分隊長(通常は大尉)は艦長の命を受け、担当する分隊の指揮・統御にあたる。

→内務班

参考文献　原剛「分隊」(原剛・安岡昭男編『日本陸海軍事典(コンパクト版)』所収、二〇〇三、新人物往来社)

(松田　英里)

ぶんみんとうせい　文民統制　文民(文官)が軍人(武官)に対して優位に立つ近代民主政治の原則の一つ。シビリアン＝コントロール、文民優越などともいう。国家が持つ最大の暴力装置である軍隊は、軍事力を背景にして政治に介入し、民主政治への大きな脅威となりうる、という判断を前提にして、軍隊の政治的影響力を排除するため、文民が軍人を統制するというこの原則が生まれた。政治の軍事に対する優位を定めた原則でもある。明治憲法下の日本においては、統帥権の独立に阻まれて、純然たる文民政府が誕生したことは一度もなく(陸海軍大臣は常に現役の軍人)、軍人が首相に就任する場合も少なくなかった。また、国務各大臣の単独輔弼制によって首相の権限自体も小さなものでしかなく、陸相・海相を抑えることは難しかった。軍事予算の成立に関しては、議会の協賛(事実上の同意)を必要としたが、臨時軍事費のように、政府や議会がほとんど関与できない特別会計が存在するなど、大きな制約があった。その結果、文民が軍拡や戦争に同調することも少なくなかったとはいえ、政治勢力と化した陸海軍(軍部)を、政府や議会が統制することは、著しく困難となった。戦後の日本国憲法では、首相の権限は戦前より大きなものであるだけではなく、全ての国務大臣は文民でなければならないと定められている。首相は、自衛隊に対する最高の指揮・監督権を有しており、文民である防衛庁長官(二〇〇七年からは防衛大臣)は、首相の指揮監督を受け、自衛隊の隊務を統括する。また、防衛庁長官を補佐する内部部局(内局)の職員が「背広組」として、陸海空の三幕僚長および統合幕僚会議議長(二〇〇六年からは統合幕僚長)の「制服組」に対して、防衛計画の決定や予算編成などで大きな権限を有している。しかし、近年では「制服組」の独立性を強めようとする動きがめだっている。

参考文献　松下芳男『明治軍制史論』(一九五六、有斐閣)、永井和『近代日本の軍部と政治』(一九九三、思文閣出版)、佐道明広『戦後日本の防衛と政治』(二〇〇三、吉川弘文館)

(吉田　裕)

へ

へいえい　兵営　兵舎を中心として軍隊が居住、訓練、教育を行う場。通常、一連隊(連隊のない兵科は大隊)ごとにあり、新兵の場合連隊を指定されて入営した。平時の軍隊生活とは即兵営生活であり、市民的通念が通用しない隔絶した世界で軍紀への絶対的服従が強制され、兵は休日などを除き兵役の全期間をこの中で過ごした。建物は連(大)隊本部、兵舎、厩舎、砲廠、車廠のほか、医務室、修理工場、営倉、集会所、酒保などから構成されていた。空襲が激しくなると建物の半分を地下に埋めた壕舎や、爆風をよけるために屋根を急傾斜に作った三角兵舎なども見られた。→内務班

参考文献　伊藤桂一『兵隊たちの陸軍史―兵営と戦場生活―』(『ドキュメント近代の顔』一、一九六九、番町書房)

(河西　英通)

へいえきほう　兵役法　従来の徴兵令が改正されたもので、法律第四七号として一九二七年四月一日に公布。同年十二月一日から施行された。主要な改正点は、陸海軍の在営年限を陸軍二年、海軍三年とそれぞれ一年短縮(志願兵より採用)、青年訓練所(のちに青年学校)で一定の教練を修めたものは年限を一年半に短縮、師範学校卒業者を対象とした一年現役兵制を五～七ヵ月の短期現役兵制へ改正、貧困者の徴集延期・兵役免除範囲の拡大などであった。当初兵役法は日本国籍を有する男子全員に兵役義務を課す一方、戸籍法の適用を受けない朝鮮および台湾人を兵役義務の外においた。また満洲を対象とす

る開拓移民に関しては実質的な徴集免除とした。このように改正当時においては大衆軍隊よりも少数精鋭軍隊への志向が見られた。しかし日中戦争全面化以後は戦争の長期化に伴い同法の改正がつぎつぎと行われ、兵役期間の延長、召集範囲の拡張が図られた。まず三八年二月の改正で青年学校修了者の在営期間短縮制度を廃止、四月には朝鮮人に対する特別志願兵制度が創設された。三九年三月の改正では師範学校卒業者に対する短期現役兵制度の廃止と同時に補充兵役期間が延長され、兵役忌避の道を防いだ。また三九年三月および四二年二月の改正により、戦時および事変に際しては勅令によって学生の徴兵延長制度、徴兵年齢などを変更し得る趣旨の規定が追加され、これにもとづき四三年十月に大学生の徴集延期制の中止、すなわち学徒出陣が始まり、十二月には徴兵適齢が二十歳から十九歳に引き下げられた。また植民地においても本籍地徴集原則の例外として、朝鮮、台湾に兵役法が適用された。本土決戦が呼号された四五年六月には同法律とは別に義勇兵役法が制定された。戦後、十一月十七日に勅令第六三四号により廃止されるまでに動員された兵数は、日中戦争開始時に約六十万名だったものが、敗戦時には七百万名を越えた。→義勇兵役法(ぎゆうへいえきほう)

[参考文献] 大江志乃夫『徴兵制』(『岩波新書』、一九八一、岩波書店)、加藤陽子『徴兵制と近代日本 一八六八―一九四五』(一九九六、吉川弘文館)　(河西 英通)

へいか　兵科　陸軍においては職能別に分けた陸軍武官と兵の区分をいう。区分は一八七三年五月八日の陸軍武官官等表(太政官布告)で定められたが、数度改正された。憲兵・歩兵・騎兵・砲兵・工兵・航空兵・輜重兵などの兵科、経理部・軍医部・獣医部・軍楽部などの各部に区分され、大佐および大佐相当官以下はいずれかの兵科または各部に属した。また、各部の将校は「将校相当官」と呼ばれ兵科の将校とは区別された(のち、その区分を廃止)。軍の編制・制度が複雑になったため、一九四〇年九月十三日の勅令五八〇・五八一号で憲兵科を除く兵科別の区分を廃止した。しかし、兵種に準じた区分を記録して人事を行い混乱を防いだ。兵種には歩兵・騎兵・野砲兵・野戦重砲兵・防空兵・通信兵・鉄道兵などがあった。→兵種(へいしゅ)

[参考文献] 防衛庁防衛研修所戦史部編『陸海軍年表』(『戦史叢書』一〇二、一九八〇、朝雲新聞社)、秦郁彦編『日本陸海軍総合事典(第二版)』(二〇〇五、東京大学出版会)　(松田 英里)

へいかしょうこう　兵科将校　日本海軍における将校を区別する呼称の一つ。海軍では、海軍兵学校出身の将校を兵科将校と称した。これに対し機関関係の任務は、主に海軍機関学校出身の将校が担当しており、これを機関科将校と称した。一九四二年十一月以降は機関科が兵科に統合され、両者の区別は消滅した。なお、兵科と機関科以外の海軍士官については、将校相当官と呼称した。

[参考文献] 秦郁彦編『日本陸海軍総合事典』(一九九一、東京大学出版会)、原剛・安岡昭男編『日本陸海軍事典』(一九九七、新人物往来社)　(中野 良)

へいぎえんしゅう　兵棋演習　地図上で想定戦を行う室内演習の一種。隊号や兵力の大小などを表した兵棋というコマを用いる。将校・下士官が両軍に分かれ、統裁官の指導のもとに戦闘状況を再現することで、戦術上の技能を訓練する。日本では海軍がアメリカ海軍から導入し、陸軍でも行われるようになった。

[参考文献] 原剛・安岡昭男編『日本陸海軍事典』(一九九七、新人物往来社)　(中野 良)

へいきしょう　兵器廠　兵器廠は、一八九七年制定の陸軍兵器廠条例により設置され、兵器、弾薬、器具、材料の購買、貯蔵、保存、修理、支給、交換等を担当した。兵器本廠は東京、大阪、門司、台北に設置された。歴史的には明治維新当初に設置された武庫司(一八六九年)、そして七五年に設置された砲兵方面が銃砲弾薬その他諸種兵器武具の分配支給、そして製造修理を統括し、砲兵工廠等からの軍需品の調弁と各部隊への支給分配を担当した。一九一八年には兵器廠の本廠が東京に、支廠は東京、大阪、名古屋、広島、小倉そして龍山(朝鮮)に設置され、三二年には航空機以外の兵器に関する業務担当となる。戦時下、激増する業務に対応すべく四〇年には造兵廠と兵器廠を統合して陸軍兵器本部が新設され、兵器行政の能率化、経済化を推進する。これにより、陸軍兵器廠は兵器本部、兵器補給廠(これまでの兵器支廠が昇格)、そして造兵廠の体制となる。陸軍は兵器資材の製造、修理、調弁、貯蔵、補給を一元的に処理しようとしたのであった。戦時下の兵器廠は多数の民間の軍需工場を統括していた。統括する工場は四千五百八十一にも上っていた(管理工場三十一、監督工場百五十四、調弁工場五百二十一、下請工場三千八百七十四の合計、三九年)。日中戦争により兵器本廠直接調弁品の金額も三五年度の三千六百七十一万千円から三八年度の四億七千五百万円へと十二倍以上に増加する。兵器廠での作業についても全兵器廠の作業員数は三八年三月末に延約九十万人であったが、同年四月から三九年三月までの期間には延約二百十万人に達するものとなり、地域の男女、中等学校生徒、在郷軍人、青年団、国防婦人会等が動員された。対米英開戦後の四二年には陸軍兵器行政本部を新設し、軍需品、特に兵器等の研究、製造、補給関係の迅速化と能率化を図った。→造兵廠(ぞうへいしょう)　→陸軍兵器行政本部(りくぐんへいきぎょうせいほんぶ)

[参考文献] 防衛研修所図書館『条例綴 明治八年―昭和二十年(造兵司・砲兵工廠ほか)』(防衛省防衛研究所戦史研究センター所蔵)、「支那事変第二次実施訓令に依る軍需動員実施の概要(昭和十四年六月三十日)」(アジア歴史資料センター・防衛省防衛研究所戦史研究センター所蔵)、防衛庁防衛研修所戦史部編『陸軍軍戦備』(『戦史叢書』九九、一九七九、朝雲新聞社)　(笠井 雅直)

べいこくかんりきそく　米穀管理規則　⇩米穀供出制度(べいこくきょうしゅつせいど)

べいこくきょうしゅつせいど　米穀供出制度　一九四〇年に導入された、輸出入品等臨時措置法と、これに基づく米穀管理規則、そして四二年制定の食糧管理法によって根拠づけられ、戦後五四年産米の出荷まで続けられた、日本政府による米穀出荷（集荷）統制制度を指す。この制度により農業生産者は原則として自家保有量を除く（戦時中の一時期は小作料授受部分も除く）生産米を政府に公定価格で出荷することを定められたが、実際には出荷量を政府に割り当てられる形式であったため割当供出制度とも呼ばれた。戦後も食糧難を背景に、「納得供出」等のスローガンのもとで制度の民主化が謳われつつも、原則として戦時期同様の制度が推進された。特に食糧緊急措置令に基づく強権発動は大きな反発を呼び、各地で「供米反対闘争」を引き起こした。また時限立法である食糧確保臨時措置法に基づく事前割当制度の導入も、戦時期の生産統制への逆行であるとの批判を強く受けることとなった。

供出米の運搬

参考文献　永江雅和『食糧供出制度の研究―食糧危機下の農地改革―』（二〇一三、日本経済評論社）　（永江　雅和）

べいこくじちかんりほう　米穀自治管理法　一九三六年五月二十八日に公布された法律。昭和恐慌期の米価下落に対応するため、過剰流通している米穀を貯蔵することにより流通量を制限し、米価の維持を目指した。貯蔵米の国内・植民地米の比率は、それぞれの移出量に応じることとなり、国内三五％、朝鮮四三％、台湾二二％と定められた結果、生産米に占める貯蔵米の比率は朝鮮・台湾が高くなり、実質的に植民地米の移入規制効果を持つものであった。当初三四年の第六十七帝国議会に提出されたが、米穀商の反対や衆議院解散等により、公布は三六年の第六十九特別議会に持ち越され、翌三七年に勃発した日中戦争の影響で米価が上昇に転じたため、同法の発動は見送られた。

参考文献　川東竫弘『戦前日本の米価政策史研究』（一九九〇、ミネルヴァ書房）、大豆生田稔『近代日本の食糧政策―対外依存米穀供給構造の変容―』（一九九三、ミネルヴァ書房）　（永江　雅和）

べいこくつうちょう　米穀通帳　一九四一年四月から六大都市（東京・大阪・名古屋・横浜・神戸・京都）とその周辺で実施され、翌年三月までに全国に普及した米穀類の配給制度で用いられた世帯単位の通帳。四二年の食糧管理法実施後、全国一律の通帳制となった。米穀通帳制では「普通労働」に従事する十一―六十歳の男女一人につき一日あたり三三〇グラム（二合三勺）の米穀の配給（購入）が認められた。当時、国民一人一日あたりの米消費量は平均で約三合といわれたから、二割以上の消費規制となったが、二合三勺の配給基準量は、国全体の供給可能量から算出されたもので、栄養上の必要にもとづくものではなかった。パン食、うどんなどの代用食が奨励されたが、こちらも不足がちだった。そのため、四一―四二年には、治安当局が米騒動の再来を警戒するような状況も生じ、造船・炭坑など重労働部門の職種に労務加配が実施された。しかし、配給米が五分搗きとされ、玄米食が奨励された上、乾麺や雑穀類・イモ類の差し引き配給など、質の悪化も著しかった。また、米穀通帳には世帯の構成員を記載したが、転出・疎開などの移動を申告せず不正に配給を受ける「幽霊人口」と呼ばれる行為も広く行われた。こうした厳しい消費規制や質の低下によって、米穀の配給量は、当初の基準を何とか維持したが、四五年に入ると政府は段階的に消費規制を強化し、七月、ついに配給量の一律一〇％減を決定、「普通労働」の大人一日の配給量は二九七グラム（二合一勺）となった。米穀通帳制は戦後も維持され、米穀通帳は身分証明書の代わりとしての役割も果たし、配給通帳としての実質は失ったものの通帳制度は八二年の廃止まで存在した。

↓代用食
↓配給制度

参考文献　法政大学大原社会問題研究所『太平洋戦争下の労働者状態』（一九六四、東洋経済新報社）、佐賀朝「配給と闇」（『日本二十世紀館』所収、一九九九、小学館）　（佐賀　朝）

べいこくとうせいほう　米穀統制法　斎藤実内閣期の一九三三年三月二十九日、それまでの米穀法に替わって公布された法律（施行は同年十一月）。昭和恐慌期に低下した米価の維持を目的として、政府が定めた最高・最低米価を維持するために米穀の無制限な買上・売却を実施すること、米穀の季節的出回数量調節のため内地米・植民地米の管外移出分を政府が買い入れ売却すること、米穀輸出入を許可制にすること、雑穀輸入税を適宜増減免することなどが規定された。従来の米穀法では政府による米穀市場への売買による介入を認めていたが、米穀統制法では最高価格と最低価格を明示的に定めた点に最大の特徴があり、買上・売却のための特別会計が拡充されるなど、米価維持機能の強化が図られた。三三年産米の豊作に対し、同法に基づく大規模な米穀買上げが実施されたが、財政の負担が想定を超えて大きく問題視された。

参考文献　川東竫弘『戦前日本の米価政策史研究』（一九九〇、

ミネルヴァ書房)、大豆生田稔『近代日本の食糧政策—対外依存米穀供給構造の変容—』(一九九三、ミネルヴァ書房)
(永江　雅和)

べいこくはいきゅうとうせいほう　米穀配給統制法　⇩食糧管理制度(しょくりょうかんりせいど)

へいしゅ　兵種　徴兵令、兵役法に規定のある陸軍兵の種類のこと。一九四五年八月時点での兵種は、歩兵、騎兵、戦車兵、野砲兵、山砲兵、騎砲兵、野戦重砲兵、重砲兵、情報兵、気球兵、工兵、鉄道兵、船舶兵、通信兵、飛行兵、高射兵、迫撃兵、輜重兵、兵技兵、航技兵、衛生兵。海軍で兵種に相当する職種は、兵科(水兵、飛行兵、整備兵、機関兵、工作兵)、軍楽科(軍楽兵)、看護科(衛生兵)、主計科(主計兵)、技術科(技術兵)である。　➡兵科(へいか)

参考文献　秦郁彦編『日本陸海軍総合事典(第二版)』(二〇〇五、東京大学出版会)
(宇田川幸大)

へいせいかいかく　幣制改革　国民政府が一九三五年に実施した管理通貨制への移行をいう。国民政府は、三三年四月、秤量貨幣としての銀両を廃止して銀元のみの流通を認める廃両改元を実施し、幣制改革への画期的一歩を踏み出した。翌年、米国の銀購入政策を受けた銀価格高騰により、中国から大量の銀が流出し、経済・金融システムに動揺が発生、政府は緊急対応を迫られた。英国リース＝ロス顧問の助言を得つつ、三五年十一月三日、財政部は、緊急令を右告し、四日、幣制改革を断行した。中央・中国・交通の政府系三銀行が発行する銀行券のみを法幣(法定紙幣)とし、三銀行以外の発券や現銀の使用を禁止、また、外国為替の無制限売買によって法幣の為替レートの安定を図るとした。法幣はポンド、のちにドルとリンクした。この結果、中国の幣制は法幣にほぼ統一され、管理通貨制に移行した。しかし、華北分離工作を強行する日本軍は、これに強く反発し、華北幣制の独立を画策した。

参考文献　野沢豊編『中国の幣制改革と国際関係』(一九八一、東京大学出版会)、城山智子『大恐慌下の中国—市場・国家・世界経済—』(二〇一一、名古屋大学出版会)
(内田　尚孝)

へいたいさっか　兵隊作家　日中戦争開始後一年を経た一九三八年夏ごろからジャーナリズムや文壇に登場した、戦場での実戦体験をもとにした戦記文学の作者たち。下士官経験者が多い。帰還後に執筆した兵隊作家を特に「帰還作家」と呼ぶこともある。有名となった兵隊作家の多くは戦争末期まで活動や発表の場を与えられた。火野葦平(一九〇六—六〇)の『麦と兵隊』が注目されたのが最初で、他の主な兵隊作家は以下の通り。国鉄の労働者だった上田広(一九〇五—六六、本名浜田昇)は、第二十師団の鉄道部隊に所属。山西省の戦線での体験をもとにした『建設戦記』(三九年)などを執筆。帰還後、四一年末には、文化人に対する白紙徴用でバタアン攻略戦に従軍した。日比野士朗(一九〇三—七五)は、河北新報社の記者だった三七年九月に召集され、上海での渡河戦で負傷し、帰還。出征から負傷までを描いた『呉淞(ウースン)クリーク』(三九年)で注目された。四二年七月には大政翼賛会文化部副部長に就任。棟田博(一九〇八—八八)は、歩兵第十連隊に所属し、三八年五月、台児荘の戦闘で負傷。帰還後、大衆作家の長谷川伸の勧めで「分隊長の手記」を連載、単行本は爆発的な売れ行きを示す。戦後も、兵営での体験をもとにした『拝啓天皇陛下様』(六二年)など「拝啓シリーズ」で人気を博した。戦前にプロレタリア作家として活動していた里村欣三(一九〇二—四五、本名前川二亨)は、徴兵忌避をして満洲へ渡るなど偽名で生活していたが、三五年に出頭して入営した。盧溝橋事件直後に第十連隊に召集され、華北へ渡る。病気で帰国後執筆した従軍記『第二の人生』が評価される。陸軍報道班員としてマレー戦線へ。帰国後四四年十一月、今日出海(こんひでみ)とフィリピン戦線に派遣され、翌年二月、アジア・太平洋戦争中の日本の従軍作家として唯一戦死した。このほか、「火線」「戦死」を執筆し、徴用されフィリピンに従軍した柴田賢次郎などがいる。

参考文献　板垣直子『事変下の文学』(『近代文芸評論叢書』二二、一九九二、日本図書センター)、池田浩士『「海外進出文学」論・序説』(一九九七、インパクト出版会)、神子島健『戦場へ征く、戦場から還る—火野葦平・石川達三・榊山潤の描いた兵士たち—』(二〇一二、新曜社)
(神子島　健)

へいたん　兵站　軍に対する人馬、物資の補給、宿泊などを行なってその戦闘力を維持し全能力を発揮させる機関。兵站業務には軍需品・馬匹の前送・補給、傷病人馬の収療・後送、物件の整理、資源の調査・取得・増殖、通行人馬の宿泊、背後連絡線の確保、占領地の行政などがある。その実施のため内地と作戦地域の間に兵站線を設定、同線上に集積基地(内地)—集積主地(以下戦地)—兵站主地—兵站地—兵站末地を設定、必要な諸機関を置く。

参考文献　『作戦要務令　第三部』(一九三八)、齋藤市平『兵語ノ戦術的説明』(一九四三、尚兵館)
(一ノ瀬俊也)

へいちょうざんじけん　平頂山事件　満洲国撫順市での日本軍による中国人虐殺事件。一九三一年の満洲事変勃発以降、中国東北部では武装組織が抗日活動を展開、日満議定書調印翌日の三二年九月十五日深夜に遼寧民衆自衛軍が遼寧省撫順市南方に位置する撫順炭鉱の楊柏堡採炭事務所や職員の社宅を襲撃した。関東軍独立歩兵守備隊第二大隊第二中隊と炭鉱職員らによる防備隊はこの自衛軍を十六日未明までに撃退したが、死傷者数名、採炭施設が破壊されるなどの被害が出た。守備隊は平頂山集落の住民が自衛軍に内通していたとみなし、川上精一大尉率いる守備隊および憲兵隊が報復として同日午前十時ごろ、平頂山の住民を同村南西の崖下に集め、機関銃や銃剣によって殺害、集落を焼き払った。翌十七日、日本兵や炭鉱職員は住民の遺体を焼却し、数日後には崖を爆破して遺体を埋め、事件の存在を隠蔽した。中国人住民の死者数は六百名前後、三千名など諸説あり、生存者は三十〜四十名といわれる。事件は数ヵ月後に中国紙や米紙で報道され、国際連盟理事会でも中国政府代表が日本を非難して国際的に注目されたが、外務省は虐殺を否認。終戦直後、瀋陽で開かれた国民政府主席東北行轅審判戦犯軍事法廷で炭鉱職員および警察官の計七名が有罪判決を受け処刑された。

参考文献　井上久士・川上詩朗編『平頂山事件資料集』(二〇一二、柏書房)　(小林　元裕)

へいわにたいするつみ　平和に対する罪　第二次世界大戦後のドイツ戦争犯罪人を裁いた国際軍事裁判(ニュルンベルク裁判)の根拠法となった国際軍事裁判所憲章第六条A項に掲げられた犯罪概念。A項は「平和に対する罪。すなわち、侵略戦争もしくは国際条約、協定もしくは誓約に違反する戦争の計画、準備、開始もしくは遂行、または上記のいずれかを実行するための共通の計画もしくは共同謀議への参加」としており、侵略戦争または国際法に違反する戦争を計画、準備、開始、遂行した罪を平和に対する罪と規定している。同じ規定は日本の主要戦犯を裁いた極東国際軍事裁判(東京裁判)にも適用され、同罪は同条B項の通例の戦争犯罪、C項の人道に対する罪とともにドイツと日本の主要戦争犯罪人を裁く際のもっとも重要な訴因となった。東京裁判では、平和に対する罪違反を含むことが被告認定の条件にされていた。第一次世界大戦時の開戦責任を問われたドイツ皇帝ヴィルヘルム二世の訴追は戦争開始の罪を適用された前例であるが(同皇帝のオランダ亡命により裁判は未実施)、さらに一九二八年の不戦条約は国際紛争を解決する手段としての戦争を非としており、こうした指導者責任観と侵略戦争違法観の結合が平和に対する罪に結実されたといえよう。ただ、連合国において敵国の国家指導者を裁こうとしたとき、当初その罪は捕虜や占領地住民に対する残虐行為などの通例の戦争犯罪ないし人道に対する罪として意識されており、平和に対する罪を主要戦犯裁判での訴因にしようという判断は比較的後になって出てきたものである。にもかかわらず実際の主要戦犯裁判において平和に対する罪はもっとも重要な訴因として位置づけられ、とりわけ東京裁判においてはA級戦犯(平和に対する罪違反者)という呼称に象徴されるように平和に対する罪こそ戦犯たちのもっとも重大な罪状であるとの観念が主流になった。戦後、平和に対する罪が国際紛争に適用されることはなかったが、二〇〇三年設立の国際刑事裁判所の管轄には一定の条件付きながらこの罪が含まれている。→A級戦犯

参考文献　大沼保昭『戦争責任論序説―「平和に対する罪」の形成過程におけるイデオロギー性と拘束性―』(一九七五、東京大学出版会)　(清水　正義)

へいわのいしじ　平和の礎　沖縄県糸満市、沖縄島南端の沖縄平和祈念公園の中に一九九五年六月に建立された祈念碑。沖縄戦で亡くなったすべての人びとと、三一年から四五年までの十五年戦争で亡くなった沖縄県出身者の名前を刻銘している。刻銘数は二〇一五年六月現在、二十四万千三百三十六人。この碑は「沖縄の歴史と風土の中で培われた「平和のこころ」を広く内外にのべ伝え、世界の恒久平和を願」って建設されたもので、「国籍や軍人、民間人の区別なく沖縄戦などで亡くなられたすべての人々の氏名を刻んだ」点に特徴がある。沖縄県民や本土出身の日本軍人だけでなく、米軍人、台湾や朝鮮半島出身者なども刻銘されている。自国のために戦って倒れた兵士を顕彰するものではなく、軍人より多くの民間人の命が失われた沖縄戦のような経験を二度と繰り返してはならないという平和への願いを示している。ただ朝鮮人の日本軍慰安婦の戦没者が一人も刻まれていないことなどが指摘されている。

平和の礎

参考文献　石原昌家「戦没者刻銘碑「平和の礎」が意味するもの」(『季刊戦争責任研究』八、一九九五)　(林　博史)

へいわはくぶつかん　平和博物館　戦争を対象とした博物館には、大別して「軍事博物館(military museum)」と「平和博物館(peace museum)」との二つがある。前者は正戦論や愛国心の涵養、軍事的な広報活動と殉職者の顕彰、国防史料や戦争の記録の保管などを目的とし、勝利の歴史や勇敢な戦闘体験が展示され、「軍事の文化」の伝達と形成が目指される。典型的なものにイギリスの国立戦争博物館や日本の自衛隊の広報施設などがある。後者は戦争犠牲者の慰霊と追悼や記憶の継承を目的とし、悲惨な戦争体験(被害・加害)が展示され、「平和の文化」の伝達と形成が目指されている。ヨーロッパにおける平和博物館は、一九〇二年にスイスの国際戦争平和博物館(ルツルン)、二五年にドイツの反戦争博物館(ベルリン)

がそれぞれ開設されているが、日本における平和博物館は第二次世界大戦後に開設された。また、日本では平和資料館という名称を持つものが多いが、英文表記ではMuseumであり、単なるアーカイヴ機能だけではなく、研究・教育・展示などの機能を持つ博物館施設も備えている。

平和博物館には、特定の戦争や地域と結びつけず戦争一般を対象とした施設（立命館大学国際平和ミュージアムなど）と、特定の戦争や地域の犠牲者の存在に密接に結びついており、博物館の存在自体が慰霊や追悼の目的を含んでいるものとがある。後者のうち、わが国の代表的なものとして、広島平和記念資料館、長崎原爆資料館、沖縄県平和祈念資料館などがあげられる。前二者は市の、後者は県の施設である。広島と長崎には、それぞれ国立原爆死没者追悼平和祈念館が隣接している。これらの祈念館は、「原子爆弾被爆者に対する援護に関する法律」（九四年十二月十六日、法律第一一七号）第四一条の規定に基づき、「原子爆弾による死没者の尊い犠牲を銘記し、かつ、恒久の平和を祈念するため」の施設として設置された。沖縄では国立沖縄戦没者墓苑が隣接している。「沖縄返還」（七四年）以前から、琉球政府の日本政府委託事業として戦没者中央納骨所（那覇市識名）を建設し、遺骨収集によって集められた遺骨が納骨されていたが、収骨数の増加のため狭隘となり、返還の後、七九年に国立沖縄戦没者墓苑が建立され、中央納骨所から転骨した。その後、さらに収骨数が増加したことにより、八五年に納骨堂が増設された。現在、十八万名以上の戦没者が納骨されている。日本軍の組織的抵抗が終わったとされる六月二十三日は県の条例によって「慰霊の日」と定められており、当日は「沖縄戦全戦没者追悼式」が内閣総理大臣をはじめ衆参議長などの出席のもとに行われる。

これらの平和博物館の周辺は大規模な平和公園として整備されている。広島平和記念資料館は、「広島平和記念都市建設法」（四九年八月六日法律第二一九号）および「広島平和記念資料館条例」（五五年広島市条例第二三号、九四年三月三十一日改正）に基づき、また公園全体を設計した建築家丹下健三によって公園の目玉施設として位置づけられ、「広島平和会館原爆記念陳列館」の名称で、五五年に開館した。運営は広島市出資の財団法人広島平和文化センターが行なっている。平和公園の北端にある「原爆ドーム」の名で知られる「広島平和記念碑」（Hiroshima Peace Memorial）は、一五年四月に竣工した「広島県物産陳列館」の遺構であり、戦後放置されていたが、五三年に県から市へ譲渡され、六六年に広島市議会は原爆ドームを永久に保存する決議を行なった。九六年十二月、世界遺産条約に基づきユネスコの世界遺産一覧表に登録された。メキシコ（メリダ）で開催された世界遺産委員会では、アメリカ合衆国が反対し、中華人民共和国は審議を棄権した。

長崎原爆資料館の前身は、戦災復興に関する特別法である「長崎国際文化都市建設法」（四九年八月九日法律第二二〇号）に基づき、五五年に、爆心地近くに開館した長崎国際文化会館の原爆資料センターである。建物の老朽化に加え、展示スペースが手狭になったことから、被爆五十周年事業として同会館は取り壊され、九六年に現在の長崎原爆資料館が開館した。平和公園の北端にある北村西望による巨大な平和祈念像は被爆十周年にあたる五五年八月八日に完成した。市の原爆被爆対策部被爆継承課および平和推進課が運営している。広島の原爆ドームに相当するような遺構には「浦上天主堂」があったが、戦後、アメリカへの配慮などを理由とする市長の意向で撤去され、一部のみ保存されている。

沖縄県平和祈念資料館は沖縄平和祈念公園にある。この地域は沖縄戦跡国定公園（六五年に琉球政府立公園、七二年の本土復帰に伴い、国定公園に指定）のうち、摩文仁（まぶに）の丘と呼ばれる糸満市摩文仁地区にある。園内には、国立沖縄戦没者墓苑、平和の礎（いしじ）、日本各都道府県出身地別の慰霊の塔がある。平和の礎は、世界の恒久平和を願い、国籍や軍人・民間人の区別なく、沖縄戦などで亡くなったすべての人々の氏名を刻んだ祈念碑であり、アジア・太平洋戦争、沖縄戦終結五十周年を記念して九五年六月に建立された。現在も追加刻銘を受け付けており、二〇一五年六月現在の刻銘者数は二十四万千三百三十六名である。隣接する沖縄平和祈念堂は、恒久平和を祈念して平和祈念公園内に建造された高さ四五メートルにおよぶ堂塔である。内部には山田真山による沖縄平和祈念像が安置され、慰霊の日の前夜祭には遺族の代表が平和の鐘を打ち鳴らす儀礼を行なっている。同資料館は、「沖縄県立平和祈念資料館の設置及び管理に関する条例」（一九七四年沖縄県条例第三〇号）に基づき、七五年に開館した。米軍による上陸作戦が行われた沖縄では、大規模な地上戦によって多数の民間人犠牲者を出し、「証言の部屋」では民間人の戦争体験が収集・保存・展示されている。

日本における平和博物館のうち、公的なものについて述べてきたが、そのほかにも個人の収集・運営によるもの、特定の戦争や地域とは結びつかないもの、あるいは特定の地域や部隊と深い関係のあるもの、さらに宗教団体の運営するものなど、さまざまな形態があり、実態に即して考察する必要がある。

参考文献 山辺昌彦「日本の平和博物館の到達点と課題」（歴史教育者協議会編『（新版）平和博物館・戦争資料館ガイドブック』所収、二〇〇〇、青木書店）、村上登司文「平和博物館と軍事博物館の比較―比較社会学的考察―」（『広島平和科学』二五、二〇〇三）、福島在行「平和博物館と／の来歴の問い方―立命館大学国際平和ミュージアムが背負い込んだもの―」（『立命館大学国際平和ミュージアム紀要』八、二〇〇七）、福島在行・岩間優希「〈平和博物館研究〉に向けて―日本における平和博物館研究史とこれから―」（『立命館大学国際平和ミュージアム紀要』別冊、二〇〇九）、栗山究「日本の社会教育研究における平和博物館研究の前史に関する一考察―藤田秀雄の平和博物館の議論と伊藤寿朗の博物館論に即して―」(『早稲田教育評論』二七ノ一、二〇一三)、高瀬毅『ナガサキ―消えたもう一つの「原爆ドーム」―』(『文春文庫』、二〇一三、文藝春秋)　（粟津　賢太）

ペタ PETA　日本軍占領下のジャワで、現地の住民を集めて日本軍の補助兵力として結成した軍隊組織。ジャワ郷土防衛義勇軍ともいう。手薄な日本軍の防衛力を補うための措置であったが、司令官以下すべてインドネシア人から成る軍隊であったため住民から歓迎され、多くの応募者があった。まず全国各地から将校候補者をボゴールに集めて参謀部別班(特務機関)が訓練したのち、彼らを出身地に戻して兵を集めて訓練させ、約五百人から成る大団を各地に編成した。全体を束ねる総司令部は存在せず、大団長が最上位のポストであった。連合軍からの押収兵器を配布して完全武装させ、最終的には六十六大団三万三千人の兵力を擁した。一九四二年二月には、日本軍の横暴に耐えかねて東ジャワのブリタル大団が反乱を起こすという事件もあった。終戦時には武装解除し解散させられたが、将兵の大部分はのちに、同じく日本軍のもとで編成されていたスマトラ義勇軍とともに、インドネシア国軍の中核になった。

参考文献　倉沢愛子「ジャワ防衛義勇軍の設立」(『東南アジア―歴史と文化―』四、一九七四)　（倉沢　愛子）

ペタン Henri Philippe Benoni Omer Joseph Pétain　一八五六―一九五一　フランスの軍人、政治家。一八五六年四月二十四日にフランス北部パドカレ県で出生。第一次世界大戦では、一九一六年のヴェルダンの戦闘において、「神聖街道」と呼ばれる補給路を確立するなど、その勝利に貢献し、一七年に生じた兵士の反乱に際しても、軍総司令官として寛大に対応して、その後遺症を最小限にとどめ、救世主としての「ペタン神話」を形成した。四〇年五月、ドイツ軍の電撃戦を前にしてポール＝レノー首相は、ペタンを副首相に任命。徹底抗戦派と休戦派で政府が割れる中で、六月十六日にレノーが辞任し、首相に就任。翌日にはラジオで休戦受諾演説。七月十日には、政府疎開先のヴィシーで開催された上下両院議員総会で全権委任される。次第に人心が離れていくヴィシー政府にあってペタンだけは国民の支持があり、レジスタンス勢力の中にもペタン派が存在していた。連合軍のノルマンディ上陸後ペタンは、ドイツ軍に連行されるも傀儡政権での職務遂行を拒否。解放後のフランスでは、国家反逆罪で死刑を宣告されるも無期懲役に減刑される。五一年に収監先のユー島で死去。→ヴィシー政府(せいふ)

参考文献　ロバート・O・パクストン『ヴィシー時代のフランス―対独協力と国民革命　一九四〇～一九四四―』(渡辺和行・剣持久木訳、二〇〇四、柏書房)　（剣持　久木）

ペリリューとうのたたかい　ペリリュー島の戦　一九四四年九月十五日から十一月二十五日にかけてパラオ諸島のペリリュー島で実施された陸上戦。フィリピンを目指す米軍がパラオに進攻することが予想されていた。四四年四月、大本営はマリアナ諸島に配備予定であった第十四師団を急遽パラオに派遣した。中川洲男大佐率いる守備隊をペリリュー島に配置し、米軍の上陸に備えた。九月十二日、米軍との砲撃戦が開始され、十五日には米軍がペリリュー島への上陸を開始、守備隊は果敢に反撃した。陸上砲台からの攻撃や海岸の地雷により、一時的に敵を混乱に陥れた。第十四師団もパラオから一個大隊を増援として派遣し、守備隊は約二ヵ月にわたり徹底的な抗戦を行なったが、物資の補給が一切なく、きわめて苦しい戦いを強いられた。十一月二十四日、守備隊は玉砕し、二十七日にペリリュー島は米軍が占領した。

参考文献　防衛庁防衛研修所戦史室編『中部太平洋陸軍作戦』二(『戦史叢書』一三、一九六八、朝雲新聞社)　（林　美和）

ベルナール Henri Bernard　一八九九―一九八六　東京裁判フランス代表判事。一八九九年十月八日、フランスのアルル生まれ。セイクリッド＝ハート＝カレッジを卒業後、一九一七年二月にフランス軍に志願し、第一次世界大戦の最大の会戦といわれたソンムの戦いに参加。三年間の軍務を終えた後、エクス＝アン＝プロヴァンスの大学で法律を学ぶ。仏領赤道アフリカのブラザヴィルで植民地司法官、コナクリで大審裁判所検事、ダカールで予審判事などを歴任。第二次世界大戦が勃発すると、四〇年八月二十六日にシャルル＝ド＝ゴールの自由フランスに合流。ヴィシー政権のもと、国家反逆罪により死刑宣告され、公職を追われた。フランス解放後はナチの戦争犯罪人や協力者の裁判に携わり、パリ第一軍事法廷の首席検事、オーストリアの仏占領地区のインスブルック軍事法廷判事などを務めた。四六年四月五日、東京裁判判事に指名。判決作成過程から除外された少数派判事の一人として反対意見書を公表し、天皇の不起訴が被告の弁護に不利益をもたらした、と批判した。八六年二月十五日、死去。八十六歳。

参考文献　大岡優一郎『東京裁判フランス人判事の無罪論』(『文春新書』、二〇一二、文藝春秋)、"Press Release (Brief Biographical Sketches of the Eleven Members of the International Military Tribunal for the Far East)" 23 Oct. 1946, Papers of Sir William Webb, microfilm, YF-A42, Reel 1 (国立国会図書館憲政資料室所蔵)　（永井　均）

べんいへい　便衣兵　便衣(民間人の平服という中国語)を着用して、単独または小グループ単位でゲリラ的な戦闘行動に従事する中国軍の戦闘者のことをいう。一九三二年の第一次上海事変と三七年の第二次上海事変は、市街戦であったため、日本軍は市民も含めた便衣兵に悩まされた。しかし、南京作戦において、武器も携帯しない多数の成年男子や武器を捨て軍服を脱ぎ捨てた敗残兵を、

「便衣兵狩り」と称して、簡単な軍事裁判もせずに一方的に集団処刑したのは、国際法に反する虐殺行為であった。

参考文献 笠原十九司『南京事件』(『岩波新書』、一九九七、岩波書店)、南京事件調査研究会編『南京大虐殺否定論一三のウソ』(二〇〇三、柏書房)　(笠原十九司)

へんく　辺区　⇩抗日根拠地

へんせい　編成　⇩編制・編成

へんせいたいけん　編制大権　大日本帝国憲法第一二条に「天皇は陸海軍の編制及常備兵額を定む」とある。この条文は軍隊艦隊の編制管区方面、兵器の備用などは天皇の大権に属すると定めるもので、議会はこれに干渉できないとされた。しかし軍事予算もまた同じ憲法第六四条に定める帝国議会の予算議定権の範囲外とすることはできないため、軍隊の編制に議会や政府がどこまで干渉しうるかは、いささか曖昧であった。この曖昧さがもっとも顕在化したのは一九三〇年のロンドン軍縮条約における政府・海軍省と海軍軍令部間の政争である。当時の憲法学説では、編制大権を統帥大権と同様国務大臣の完全な輔弼外と見なす学説は少数派であったが、条約締結を拒否する海軍軍令部や民政党内閣の攻撃をねらった政友会は条約締結を「統帥権干犯」として激しく攻撃した。この結果、条約自体は批准されたものの、兵力量の起案権は軍令部総長にあることが明確化され、海軍省の権限は弱体化した。

参考文献 伊藤博文『憲法義解』(『岩波文庫』、一九四〇、岩波書店)、伊藤孝夫「編制大権に関する一考察」(『法学論叢』一三四ノ三・四、一九九四)　(一ノ瀬俊也)

へんせい・へんせい　編制・編成　編制は名詞として用いられ、軍令によって規定された国軍の組織をいう。たとえば歩兵連隊の編制とは、その本部および大隊の詳細な組織、人馬の員数を掲げたものをいう。編成は動詞として用いられ、編制の組織に入るべき個々の人馬などを編合して同編制を成立させること、または臨時に定めるところにより部隊を編合組成することをいう。これとは別に、陣地などをあみつくる意味でも用いられた。

参考文献 田部聖・奥田昇編『典範令用語ノ解―歩兵操典の部―』(一九四二、兵書出版社)　(一ノ瀬俊也)

ほ

ぼうえいそうしれいぶ　防衛総司令部　一九三五年に全国の防空計画官衙として東部、中部、西部防衛司令部が設置された。三七年、各防衛司令部は官衙方式から軍隊方式に改編され、管区内の軍隊を指揮して防空や警備にあたった。さらに、四一年七月には内地や植民地の朝鮮・台湾の軍司令部を防空や防衛の見地から指揮するため、防衛総司令部が設置された。その後、防衛総司令部は四五年四月に内地のみを管区とする第一総軍と第二総軍に改編された。

参考文献 防衛庁防衛研修所戦史室編『本土決戦準備』一・二(『戦史叢書』五一・五七、一九七一・七二、朝雲新聞社)　(茶谷　誠一)

ぼうえいたい　防衛隊　沖縄などで防衛召集された兵士。空襲時や離島の防衛のために一九四二年陸軍防衛召集規則を制定(海軍は四四年)、防衛召集した兵士を地元の警備・防衛にあたらせた。十七歳から四十五歳が召集対象であるが、二十歳代の多くはすでに兵士に召集されていたので、防衛召集されたのは十七、八歳の青年と、三十歳代以上が中心だった。なお四四年末から志願した十四歳以上も召集可能になった。沖縄では四四年から防衛召集が実施され少なくとも二万二千人以上が召集された。陣地構築や物資運搬など労務者としての仕事が多く、まとまって配備されることが多かったので一般の兵士とは区別して防衛隊と呼ばれているが、防衛隊という部隊があったわけではない。しかし沖縄戦が始まると、爆雷を抱えての斬り込みや道案内など危険な任務につかされ、約半数が亡くなった。他方、社会経験を積んでおり、結婚して妻子がいる者が多かったので、戦死を名誉と思う軍事思想に疑問を持ち、脱走した者も少なくなかった。

参考文献 福地曠昭『防衛隊―秘録沖縄決戦 左手に竹槍右手に鍬―』(一九八五、沖縄時事出版)、林博史『沖縄戦と民衆』(二〇〇一、大月書店) (林 博史)

ぼうえきとうせいかい 貿易統制会 ⇨交易営団(こうえきえいだん)

ほうかん 砲艦 軍艦の一種。日本海軍において一八九八年に制定された艦種。主として各鎮守府や占領地域の港湾・河川・湖沼の防衛に従事。老朽化した軍艦や民間船を改造した艦艇も充てられた。戦時中は輸送部隊の護衛も担当した事例もあったが、小型で速力に乏しく、日本海軍の海上護衛についての認識不足もあり、連合国軍の潜水艦・航空兵器による被害が続出した。一九四四年、砲艦は軍艦(戦艦・巡洋艦等)より格下の分類とされた。

参考文献 坂口太助『太平洋戦争期の海上交通保護問題の研究―日本海軍の対応を中心に―』(二〇一一、芙蓉書房出版) (佐藤 宏治)

ぼうくうえんしゅう 防空演習 空襲にそなえての訓練。特に、一般住民や軍隊を除く官庁・民間事業所・学校などで行われた。中心は、灯火管制と防火・消火のためのバケツリレー、負傷者の応急手当てなどであった。空襲の際は自力で防火・消火にあたることが義務とされており、防空演習への参加も強制された。最初の防空演習は、一九二八年大阪で陸軍の指導のもとに行われた。そして、三三年八月、東京・神奈川・埼玉・千葉・茨城にまたがって、軍官民千数百万人を動員して関東防空演習が行われ、以後、毎年のように実施されるようになった。はじめは、緊張感を高める意味合いが強かったが、戦争の深まりの中、警防団や隣組防火群の組織も進み、日常的なものとなった。米軍の本土空襲に際しては、その圧倒的な威力の前に、こうした訓練はほとんど役に立たず、自力消火の強制は、一般住民の被害を増やすことになった。

防空演習　東京都麴町区での消火・救護訓練(1943年9月)

参考文献 土田宏成『近代日本の「国民防空」体制』(二〇一〇、神田外語大学出版局) (青木 哲夫)

ぼうくうくうちたい 防空空地帯 空襲の被害を防止するために設けられた空地帯。一九四一年の防空法改正により加えられた条項「主務大臣は防空上空地を設くる為必要あるときは命令の定むる所に依り一定の地区を指定し其の地区内に於ける建築物の建築を禁止又は制限することを得」(第五条ノ五第二項)に基づく。防空空地は、都市の過密化や膨張の抑制、空襲時における延焼防止に役立ち、避難場所、または敵機を迎撃するための高射砲・照空灯・聴音機等の陣地、食料確保のための農地、あるいは公園などとしての利用が想定されていた。防空空地の指定は、四三年に東京・大阪から始まった。空地には、都市の周囲に設ける環状空地帯、環状空地帯から都心に楔入するように設ける放射空地帯、密集市街地内に確保する防空空地があった。戦後、防空法は廃止されたが、一部の防空空地は、四六年に公布された特別都市計画法の緑地地域に受け継がれ、公園などとして整備されたところもある。

参考文献 木村英夫『都市防空と緑地・空地』(一九四〇、日本公園緑地協会)、越澤明『東京都市計画物語』(『ちくま学芸文庫』、二〇〇一、筑摩書房)、東京都編『東京都戦災誌』(二〇〇五、明元社) (土田 宏成)

ぼうくうけいほう 防空警報 敵の空襲に対する警報。警戒警報と空襲警報の二種類があった。防空法施行令には、警戒警報は「航空機の来襲の虞(おそれ)ある場合」に、空襲警報は「航空機の来襲の危険ある場合」に発令され、区域の防衛を担当する軍司令官、師団長、要塞司令官、鎮守府司令長官、警備司令長官などの軍機関が発令するものとされた。警戒警報が準備的なもの、空襲警報が空襲必至の場合のものである。防空監視哨などの情報にもとづいて発令され、警防団などを通じて伝えられた。一般への伝達方法は、様式の異なるサイレンによるものが知られているが、その他、旗・吹き流し・鐘などによるものもあった。米軍の対日空襲が本格化すると連日のように警報が出されたが、カラ振りの場合もあり、また、実際の空襲が始まってから空襲警報が出されるような事態もあって、空襲対策としては効果的ではなかった。

参考文献 松浦総三『天皇裕仁と東京大空襲』(一九九四、大月書店) (青木 哲夫)

ぼうくうごう 防空壕 空襲の被害を避けるために地面を掘ってつくった穴。木造家屋が密集する日本の都市は火災に弱い。したがって防空において最重要視されたのが、多数の焼夷弾によって引き起こされる同時多発火災

防空壕に待避する幼児たち

への対処であった。焼夷弾の落下直後から消火活動を開始し、延焼防止に努めることが効果的な対策とされ、国民はそれぞれの持ち場を守るよう求められた。それゆえ防空壕は避難所ではなく、危険を避けつつすばやく消火活動に移るための待避所として位置づけられ、敷地内などに簡易なものをつくるよう指示がなされた。その後、ヨーロッパの空襲被害の激甚さ、大型爆撃機の登場、本土空襲の危険性の高まりなどをうけ、一九四三年秋以降、より堅固で規模も大きな横穴式防空壕の整備も進められるようになった。しかし、斜面などを利用する横穴式は設置できる場所が限られ、またセメントなどの資材不足もあって整備が間に合わないうちに本格的な空襲を迎えた。

参考文献 東京都編『東京都戦災誌』(二〇〇五、明元社)、青木哲夫「日本の防空壕政策」(『政経研究』八八、二〇〇七)、黒田康弘『帝国日本の防空対策—木造家屋密集都市と空襲—』(二〇一〇、新人物往来社)
（土田 宏成）

ぼうくうずきん 防空頭巾 空襲時に頭や首、肩を保護するために被る頭巾。空襲では爆弾の爆発によって飛んでくるさまざまな破片や、発生した火災などから身を守る必要がある。なるべく肌の露出を避けること、特に致命傷を負いやすい頭頸部を保護することが重要とされ、国民に対して、鉄兜または頭巾の着用、あるいは両者の併用が指導された。実際に空襲を受けるようになると、その体験から、薄手の頭巾では火災の熱を通してしまい頭髪が燃え付くこと、火傷や外傷の多くが首から上の箇所であることなどがわかった。そのため、綿を入れ厚みを持たせ、頭・首・肩をしっかり防護できる大きさを持った頭巾と鉄兜を併用すべきであるとされた。頭巾に綿を入れることは、冬期や夜間の防寒用としても有用であった。敗戦後政府は、戦災者の越冬対策として不要となった防空頭巾を国民から供出させ、それらを布団に加工し、戦災者に配分する運動を実施した。

参考文献 『朝日新聞』一九四五年一月四日、三國一朗『戦中用語集』(『岩波新書』、一九八五、岩波書店)、東京都編『東京都戦災誌』(二〇〇五、明元社)
（土田 宏成）

ぼうくうほう 防空法 日本の民防空(軍以外の官公機関および民間の防空活動)に関する基本的な法律。一九三七年四月五日公布、同年十月に施行された(当初、三八年四月施行の予定が日中全面戦争の開始により繰り上げられた)。防空法の制定については、当初、陸軍からは軍・官・民を問わず、重要施設への敵の空襲に対処する活動全体を対象とする案が考えられていたが、主に内務省との権限をめぐる対立から、結果的には民防空のみを対象とした限られたものとなった。当初の防空法は灯火管制、消防、防毒、避難、救護および、これらに必要な監視、通信、警報をその業務として扱うことになっていたが、具体的に定められていたのは、これらを盛り込んだ地方長官・市町村長の防空計画の制定義務と防空計画にもとづく施設などの設置の際の地方長官・市町村長の権限についてという、限られたものであり、防空演習の根拠として受け取られた。特に、一般国民の防護については定められていなかった。その後防空法は二度の改正があった。対米英開戦を前にした四一年十一月に公布された第二次防空法は、業務に偽装、防火、応急復旧の三点を加え、特に防火のための木造家屋の改修命令権を地方長官に与え、また内務大臣が一定地域からの住民の退去を禁止・制限できることが定められた。さらに、米軍の本格的な日本本土空襲が予想されるなか、四三年十月公布の第三次防空法では、分散疎開、転換、防疫、非常用物資の配給が業務に加わった。建物疎開や学童疎開をふくむ人員疎開がこれにもとづいて計画・実施されていく。

参考文献 青木哲夫「日本の民防空における民衆防護—待避を中心に—」(『政経研究』九二、二〇〇九)、土田宏成『近代日本の「国民防空」体制』(二〇一〇、神田外語大学出版局)、水島朝穂・大前治『検証 防空法—空襲下で禁じられた避難—』(二〇一四、法律文化社)
（青木 哲夫）

ほうこうぶくろ 奉公袋 在郷軍人が召集や簡閲点呼の際に必要な物品を日ごろから整理収納し、携行するための巾着。一九一三年に帝国在郷軍人会豊橋支部が創案した「動員袋」がその起源で、一八年十一月より現役下士卒の除隊の際に支給されるようになった。召集・点呼令状をはじめ、本人の軍歴を示す軍隊手帳や勲章・記章、下士官適任証書の類、さらには印鑑や貯金通帳、入隊後私物返送のための梱包材、遺髪・遺爪や遺書などを収納。

参考文献 藤井忠俊『在郷軍人会—良兵良民から赤紙・玉砕へ—』(二〇〇九、岩波書店)
（郡司 淳）

ほうこくごう 報国号 ⇨愛国号・報国号

ぼうじゅん 茅盾 Mao Dun 一八九六—一九八一 中国の小説家、評論家。一八九六年七月四日、浙江省桐郷県に生まれる。北京大学を予科終了で退学後、上海商務印書館に入社、近代文学運動の起こりである文学研究会結成と革命運動に加わった。以後、国民党と共産党が対立する歳月を上海、広東、武漢に移住しながら、『蝕』三部作(『幻滅』『動揺』『追求』)を発表(一九二七年・二八年)、プロレタリア文学の担い手として認められた。日本に二年間住んだあと、代表作の一つ『子夜』が書かれた(三二年)。抗日戦が始まると上海を脱して香港に逃れ、戦火を避けつつ「大後方」である重慶に赴いた(四〇年十一月)。この時期は「百一号作戦」と「百二号作戦」間の爆撃休止期にあたる。三ヵ月の滞在中『腐蝕』の構想を得て四一年末刊行された。同書は、空襲下の首都で繰り広げられる国民党の特務工作を告発した小説である。解放後は、中華全国文学芸術界聯合会の副主席(主席は郭沫若)に選ばれ、同年、新中国の文化部長(文化相)に就任した。八一年三月二十七日死去。八十六歳。

参考文献 茅盾『腐蝕』(小野忍訳、『岩波文庫』、一九八〇、岩波書店)、茅盾主編『中国の一日—一九三六年五月二

一日—』(中島長文訳、一九八四、平凡社)　(前田　哲男)

ほうしょう　鳳翔　日本海軍の航空母艦。一九一九年十二月起工。二二年十二月竣工。従来の航空母艦(空母)が他艦種から改造されたものであることに対し、鳳翔は設計段階から純然たる航空母艦として建造された。航空兵器の技術革新に伴い、数度に渡る改造を経て日中戦争、ミッドウェー海戦に参加後、練習艦に編入された。戦後は復員者の輸送に従事した後、四七年五月解体。基準排水量約七四〇〇トン、最大速度二五ノット(時速約四六キロ)。

鳳　翔

参考文献　*Conway's All The World's Fighting ships 1906—1921* (London, 1985, Conway Maritime Press)　(佐藤　宏治)

ぼうしようちょうせいめい　「暴支膺懲」声明　日本政府が一九三七年八月十五日に中国に対して日中全面戦争の事実上の開戦を宣するために出した声明である。暴れる中国を懲らしめるという趣旨であるが、戦争目的を示す言葉としては抽象的で内容が伴っていなかった。華北から華中への戦火の拡大に伴い日中両国が本格的戦争状態に入るなかで、日本は第三国からの軍需品の輸入杜絶を恐れて中国への宣戦布告を避け、代わりに「支那軍の暴戻を膺懲し以て南京政府の反省を促す」という声明を発した。日本の軍事行動の理由を内外に明示するためであったが、国際的には事実上の宣戦の大義名分としては受け取られず不評であった。国内のメディアはこぞってこの言葉を用いて戦争熱をあおったので、一時国民もこのスローガンを受けいれ支持した。ただ日中全面戦争が長期化・泥沼化するなかで、国民の間にはこうした戦争目的に対する疑念が抱かれるようになった。

参考文献　藤原彰『日中全面戦争』(『昭和の歴史』五、一九八二、小学館)　(芳井　研一)

ほうとくかい　彭徳懐　Peng Dehuai　一八九八—一九七四　中国共産党の軍最高指導者の一人。一八九八年十月二十四日生。湖南省の貧農出身。湖南陸軍講武堂で学ぶ。一九二六年北伐に参加、国民革命軍独立第五師第一連隊長。二八年中共入党。七月平江蜂起を指導、紅五軍軍長。十二月井崗山に行き、のちに革命委員会副主席、紅三軍団総指揮等を歴任。第一—四次包囲攻撃に反撃後、長征参加。三七年盧溝橋事件後、八路軍副総司令、華北抗日根拠地の創立に参画。国民党の反共の高まりを粉砕。また、四〇年大規模な交通線破壊の百団大戦を指揮し、日本軍に大打撃を与えた。国共内戦期、中共中央軍事委員会副主席兼総参謀長。人民共和国成立後、中国人民革命軍事委員会副主席、国防部長などを歴任。中国人民志願軍司令員として「抗米援朝戦争」(朝鮮戦争)に参戦。毛沢東に大躍進の誤りを鋭く指摘した結果、「反党集団」の一人とされ、国務院副総理等の職務を罷免。輝かしい戦果、功績をあげたが、文化大革命期に江青や紅衛兵の迫害を受け、七四年十一月二十九日死去。七十七歳。

参考文献　『彭徳懐自述』(北京、一九八一、人民出版社)、胡家模『彭徳懐評伝』(鄭州、一九八九、河南人民出版社)、菊池一隆『中国抗日軍事史　一九三七—一九四五』(二〇〇九、有志舎)　(菊池　一隆)

ぼうどくめん　防毒面　化学兵器や煙などによる攻撃から呼吸器や目を守るために頭部に装着するマスク。防毒マスク、ガスマスクとも。ゴム製で有毒物質を吸収させる活性炭素が封入された吸収缶が付けられている。陸軍では、一九二七年に八七式防毒面以来改良が重ねられ、三五年に九五式、三九年に九九式が制式採用された。軍馬用として三一年に九一式防毒面が採用された。空襲での毒ガス使用などに備え、民間用の防毒面も普及していた。

防毒面の着け方(『隣組防空絵解』1944年)

参考文献　松野誠也『日本軍の毒ガス兵器』(二〇〇五、凱風社)　(小山　亮)

ほうへいこうしょう　砲兵工廠　⇨造兵廠(ぞうへいしょう)

ほうへいそうてん　砲兵操典　砲兵の戦闘制式の規定書で、演習教練のマニュアル書として携行された。要塞砲兵隊の新設後は野戦砲兵操典と要塞砲兵操典に分けられて編集され、日露戦争後に野戦砲兵操典は軍令により改正され、要塞砲兵隊の重砲兵隊への改編により重砲兵操典草案が編集され、第一次世界大戦後に野戦重砲兵操典草案が編集された。一九二九年にこれらの砲兵の操典

(草案)を改正・統一した砲兵操典が編集され、徒歩教練、野戦砲兵と重砲兵の教練、戦闘原則等が規定された。三九年に作戦要務令制定等により砲兵操典は改正され、第一部は徒歩教練、銃教練、第二部は野戦砲兵の輓馬と駄馬および自動車、重砲兵と要塞重砲兵、高射砲兵、気球兵、情報兵の各教練、第三部は野戦砲兵ほか五兵の戦闘原則を規定し、特に、歩兵・戦車との共同戦闘を緊密適切にすることや対戦車戦闘・ガス防護等を重視した。

(遠藤 芳信)

ホーカー＝ハリケーン Hawker Hurricane 英ホーカー＝エアクラフト社が開発し、一九三七年英空軍によって制式採用となった戦闘機。カナダでも生産され、英空軍のほか、連合国各軍でも使用された(総生産機数、約一万四千機)。また、海軍用の機体(「シー＝ハリケーン」)も開発された。英本土の防空戦(バトル＝オブ＝ブリテン)ではスピットファイアとともに大きな役割を果たしたが、機体に木材や帆布を多用するなど、アジア・太平洋戦争勃発時にはすでに旧式な戦闘機となっており、日本軍の零式艦上戦闘機や一式戦闘機(「隼」)を相手に苦戦を強いられた。諸元(ハリケーンMk. II)、エンジン出力＝一二八〇馬力、全備重量＝三七〇〇キロ以上、最高速度＝五二三キロ、武装＝二〇ミリ機関砲×四(Mk. IIcの場合)、二五〇ポンド(一一六キロ)もしくは五〇〇ポンド(二二七キロ)爆弾×一、ロケット弾×八。

参考文献 『ホーカー・ハリケーン』(『世界の傑作機』二八、二〇〇三、文林堂)

(栗田 尚弥)

ボース Rash Behari Bose 一八八六―一九四五 インド独立運動家。一八八六年三月十五日生まれ。日本滞在中に新宿中村屋を経営していた相馬愛蔵・黒光夫妻に匿われ、インドカレーを伝えたとされていることから、「中村屋のボース」とも呼ばれる。英帝国下のベンガル州に生まれ、早くからインド独立運動に携わった。一九一二年にハーティング総督爆殺未遂事件、一五年にはラホール兵営反乱事件に関与し、逃亡生活を送った後、一五年五月に日本に渡航した。同年六月の神戸到着後、日本に滞在中であった孫文と面識を得た。日本外務省は当初、イギリスの要請を受けてボースを国外退去させる方針であった。それに対して頭山満ら玄洋社、黒龍会の関係者らの手引きによって、ボースは中村屋に匿われることになった。のちに頭山らの働きかけによって国外退去処分は撤回される。ボースはその後一八年には相馬夫妻の娘の俊子と結婚し、日本に帰化して大川周明、満川亀太郎らと交流を深め、言論活動を行なった。四一年十二月八日のアジア・太平洋戦争開戦後は、藤原岩市少佐の「藤原機関(F機関)」や岩畔豪雄大佐の「岩畔機関」によるインド独立工作と関わった。四二年六月のバンコック会議でインド独立連盟会長に就任した。四三年六月にシンガポール入りしたボースであったが、インド独立連盟の幹部らと日本軍との協調方針などをめぐって対立し、七月四日にチャンドラ＝ボースにインド独立連盟代表の座を譲らざるを得なかった。日本帰国後は病に苦しみ四五年一月二十一日に死去した。五十八歳。 →インド独立連盟

R・B・ボース

参考文献 相馬黒光・相馬安雄『亜細亜のめざめ』(一九五三、東西文明社)、長崎暢子編『南アジアの民族運動と日本』(一九八〇、アジア経済研究所)、長崎暢子『インド独立―逆光の中のチャンドラ・ボース―』(一九八九、朝日新聞社)、中島岳志『中村屋のボース』(二〇〇五、白水社)

(河西 晃祐)

ボース Subhas Chandra Bose 一八九七―一九四五 インド独立運動家。一八九七年一月二十三日生まれ。日本軍との協力に依ってインド独立を図った。一九三九年九月の第二次欧州戦争の勃発後、マハトマ＝ガンディーとの対立によって国民会議派議長の職を追われていたボースは、会議派左派とともに「前衛党」(フォワード＝ブロック)を結成し、インド独立運動を展開したが四〇年七月に逮捕され投獄された。翌四一年一月に脱獄に成功したボースは、四月にベルリンにまで逃亡し、同地で「在欧インド軍団」を組織し、ナチス＝ドイツを頼ってインド独立運動を推し進めようとした。四一年十二月に日本がアジア・太平洋戦争を開始してビルマ全土を占領すると、今度は日本への接近を図って駐独大使大島浩中将との会談を果たした。大島らの支援を受けて日本に向かうことになったボースは、四三年四月にマダガスカル島の沖合でドイツ海軍の潜水艦から日本海軍の潜水艦へと移乗して五月十六日に東京に到着した。ボースは、七月四日のインド独立連盟大会において連盟の総裁に任命された。同年十月二十一日のインド独立連盟代表者大会において結成された自由インド仮政府の主席に就任し、十一月五―六日に東京で開催された大東亜会議にはオブザーバーとして参加した。四四年になると日本陸軍のインド

S・C・ボース

侵攻作戦に呼応する形でビルマのラングーンに仮政府本部を移動させ、インド国民軍をインパール作戦に従軍させた。だが補給不足などによって同作戦は失敗、七月二十一日にインド国民軍の撤退命令を出したが、英印軍の追撃を受けて同国民軍は敗走した。その後四四年九月から翌年三月末にかけて、ビルマ南部防衛ラインをめぐるイラワジ会戦に投入されたインド国民軍の激励のために、ラングーンから前線に出向くなど戦線の立て直しを図ったが、日本軍とともに敗走を重ねた。八月十五日に日本が敗北すると、今度はソ連の支援によるインド独立を計画して、九七式重爆撃機に搭乗して八月十七日にサイゴン空港を発った。翌十八日に給油のために立ち寄った台北の飛行場において搭乗機が離陸に失敗、負傷したボースは同夜半に死去した。四十八歳。 →自由インド仮政府

参考文献 長崎暢子編『南アジアの民族運動と日本』（一九八〇、アジア経済研究所）、丸山静雄『インド国民軍―もう一つの太平洋戦争―』（『岩波新書』、一九八五、岩波書店）、長崎暢子『インド独立―逆光の中のチャンドラ・ボース―』（一九八九、朝日新聞社）、Fay, Peter W. *The Forgotten Army: India's Armed Struggle for Independence, 1942-1945* (Ann Arbor, 1993, University of Michigan Press) （河西 晃祐）

ホー＝チ＝ミン Ho Chi Minh 一八九〇?―一九六九 ヴェトナムの建国の父。生年については諸説あるが、現在のヴェトナムの公式見解では一八九〇年五月十九日生まれ。ヴェトナム中部ゲアン省の儒学知識人の家に生まれ、一九一一年に出国。パリで開かれた第一次世界大戦の講和会議に、グエン＝アイ＝クォック（阮愛国）という名でヴェトナム人の権利拡大を要求する請願を出すが無視されたことから、レーニン主義に接近。フランス共産党に参加し、コミンテルンの活動家として、三〇年には同年十月にはインドシナ共産党と改称され、階級闘争を重視する当時のコミンテルンの路線に忠実な、ホーより若い活動家が中心となり、民族的な要求を重視するホーは不遇な位置におかれた。三〇年代は、香港でイギリス官憲に逮捕されたのち、釈放されてモスクワに行ったが、ヴェトナムの運動とは強い接点を持てなかった。しかし、コミンテルンが反ファシズム統一戦線を提唱し、民族的契機と幅広い統一戦線を重視するようになったことは、ホーに新しい機会を与えた。三八年一〇月にモスクワを離れたホーは、抗日戦争期の中国に入り、四一年に三〇年ぶりに帰国すると、五月に越北地方で第八回中央委員会を主宰し、当面する革命を民族解放革命と規定し、幅広い民族統一戦線としてのヴェトミンの結成を決定した。四二年、ホーは中国の蒋介石政権、およびそれを支援している米国の支持を獲得しようと中国に赴くが、この時に国際共産主義運動と結びついたグエン＝アイ＝クォックという名に代わって使ったのが、ホー＝チ＝ミン（胡志明、志し明らかな異邦人）という名前だった。ホーは中国の地方軍閥に十三ヵ月にわたり投獄されたが、四四年には釈放され、越北の根拠地に戻った。四五年八月の日本降伏の報を知ると、「国の主人公として連合軍を迎える」という方針により全国的な総蜂起の発動を指導し、八月十六日にはタンチャオの国民大会で、みずからを主席とする臨時政府を組織し、九月二日にはヴェトナム民主共和国の独立を宣言した。その後、抗仏戦争、抗米戦争の時期を通じて、一貫して同国の国家主席として指導的役割を果たし、今日なお建国の父として慕われている。六九年九月二日死去。七十九歳。 →インドシナ共産党 →ヴェトミン

ホー＝チ＝ミン

参考文献 古田元夫『ホー・チ・ミン―民族解放とドイモイ―』（『現代アジアの肖像』一〇、一九九六、岩波書店）、同「ホー・チ・ミン」（安田常雄編『（講座）東アジアの知識人』四所収、二〇一四、有志舎） （古田 元夫）

ポートモレスビーこうりゃくせん　ポートモレスビー攻略戦 オーストラリアが連合国の反攻拠点になると想定した大本営は、東部ニューギニア南岸のポートモレスビーの攻略を計画した。この計画はMO作戦とも呼ばれる。しかし、一九四二年五月の珊瑚海海戦で多数の艦載機が失われたこともあり、海上からのポートモレスビー攻略は中止された。四二年七月のFS作戦中止に伴い、大本営は陸路攻略をすべく、第十七軍にポートモレスビー攻略と東部ニューギニアの占領を命令した。七月二十一日、第十七軍隷下の南海支隊先遣隊がブナに上陸し、スタンレー山脈の地形偵察を行なった。八月二十三日、先遣隊は主力隊と合流したが、ジャングル戦に不慣れであったため、険しい地形や補給の欠乏と戦いながら前進した。南海支隊はポートモレスビーまでわずかの距離まで進軍したが、補給が続かず、苦戦を強いられた。ガダルカナルの戦に戦力を取られていた第十七軍は、南海支隊の前進をやめ、九月十八日、ブナへの後退を命じた。 →FS作戦 →珊瑚海海戦

参考文献 防衛庁防衛研修所戦史室編『南太平洋陸軍作戦』一（『戦史叢書』一四、一九六八、朝雲新聞社） （林 美和）

ホーネット Hornet 米国海軍の航空母艦。一九四一年十月二十日にニューポート＝ニューズ造船所で竣工。全長二五二・二メートル、基準排水量一万九九〇〇トン、速力三三ノット

(時速約六一キロ)。航空機八一～一〇〇機、一二・七センチ高角砲八門、二八ミリ機銃十六挺搭載。「ホーネット」はいわゆる第二次ヴィンソン案(三八年度)で建造された。ワシントン軍縮条約が失効したのちに建造されたため、本条約の条項に拘束されなかった。空母「ヨークタウン」を改良した型として建造されている。日米開戦を受けて太平洋に出動、四二年四月にはドゥーリトル飛行隊(B25爆撃機で編成された爆撃機隊)を収容して日本本土への空襲を行なった(四月十八日)。その後はミッドウェー海戦(四二年六月)を経て南太平洋海戦に参加、四二年十月二十七日、ここで日本海軍機動部隊の艦載機や駆逐艦による攻撃を受けて沈没した。

参考文献 岡田幸和・太平洋戦争研究会・谷井建三『航空母艦―THE AIRCRAFTCARRIERS OF WORLD WAR II―』(『ビッグマンスペシャル』、一九九七、世界文化社)

(宇田川幸大)

ポーランドしんこう　ポーランド侵攻　一九三九年九月一日に開始された、ドイツのポーランドへの侵略作戦。ヒトラーは同年四月三日「ポーランドの防衛力」を徹底的に破壊するための「白」作戦を発令、八月二十三日、独ソ不可侵条約を締結した上で、九月一日、対ポーランド侵攻作戦を開始した。同日招集した国会でヒトラーは、「前夜独ポ国境付近で多数侵犯事件発生、特にグライヴィッツはじめ三ヵ所で重大な侵入の動きあり、独軍は今朝から反撃中」と事態を説明したが、宣戦布告なき対ポ戦開始を正当化したグライヴィッツ放送局襲撃など一連の事件が、ハイドリヒ指揮下、ポーランド兵制服で偽装した保安警察・親衛隊保安部コマンドによって演じられ、しかも事件後遺棄されていた遺体が実は強制収容所の囚人あるいは親衛隊に拘束された独在住ポーランド人であった文字通りのナチ謀略だったことは、第二次大戦後のニュルンベルク戦犯裁判などによって明らかにされた。侵攻の二日後、英仏両国は対独宣戦を布告したが、対ポーランド武力援助は間に合わず、九月十七日には東部からソ連軍が侵入。独軍の続攻で二十七日にワルシャワが陥落し、十月六日、ポーランド軍の壊滅的敗北で戦闘は終結した。→独ソ不可侵条約(どくそふかしんじょうやく)

ポーランド侵攻　ワルシャワに向かうドイツ軍

参考文献 栗原優『第二次世界大戦の勃発―ヒトラーとドイツ帝国主義―』(一九九四、名古屋大学出版会)、『ポーランド電撃戦』(『歴史群像 欧州戦史シリーズ』一、一九九七、学習研究社)、ハインツ=ヘーネ『髑髏の結社―SSの歴史―』(森亮一訳、『講談社学術文庫』、二〇〇一、講談社)

(芝　健介)

ホーンベック　Stanley Kuhl Hornbeck　一八八三―一九六六　アメリカの外交官、研究者。一八八三年五月四日、マサチューセッツ州に誕生、コロラド州で育つ。コロラド州初のローズ奨学生としてオックスフォード大学で学ぶ。帰国後、ウィスコンシン大学大学院で極東政治専門家ポール=ラインシュ教授に師事。一九〇九年、中国で教職に着任、一一年の辛亥革命を支持した。一三年に帰国し、ハーバード大学で教鞭をとる。一九年にパリ講和会議に参加、二一―二四年、国務省経済局の技術専門官になり、二八―三七年に国務省極東部長に就任、三七―四四年にコーデル=ハル国務長官の特別顧問となり、対日経済制裁を主張、四一年の近衛・ローズヴェルト会談に強硬に反対した。ホーンベックは、ハル=ノートの起草者として知られている。四四―四七年、駐オランダ大使を務めたのちに退職するも、アメリカ政府の対中政策に影響を与え続けた。六六年十二月十日、ワシントンDCで死去。八十三歳。→ハル=ノート

参考文献 須藤眞志『日米開戦外交の研究―日米交渉の発端からハル・ノートまで―』(一九八六、慶応通信)

(高田　馨里)

ほくしんろん　北進論　日本は朝鮮、満蒙、シベリアなど大陸方面に膨張すべきだとする議論。陸軍主導の軍事的色彩が強いが、逆に日露協調を唱えた後藤新平の例もある。日露戦争後の一九〇七年、「帝国国防方針」でロシアが仮想敵国となるが、他方で日露協約が締結され、両国による満蒙分割が進められた。ロシア革命後にはシベリア出兵が行われるが、撤兵を余儀なくされたあとは、陸軍は満蒙の軍事拠点化を狙って満洲事変を起こしている。三九年八月に独ソ不可侵条約が結ばれると、独ソと提携して大陸ブロックを形成しようとする日独伊ソ四国同盟論が、白鳥敏夫らによって唱えられた。四〇年夏に南進論が沸騰すると、日ソ友好は背後の安全確保という観点からも望まれるようになり、四一年四月に日ソ中立条約が調印された。六月に独ソ戦争が勃発すると、これを機にソ連を攻撃しようとする北進論が陸軍部内に起こり、一方松岡洋右外相も、連合国からソ連を孤立させるために対ソ開戦を主張した。対米英開戦後しばらく日ソ間は静謐を保つが、ソ連の脅威は、最終的に対日攻撃が始まるまで日本の懸念事項であった。→南進論(なんしんろん)　→日ソ中立条約(にっそちゅうりつじょうやく)

参考文献 防衛庁防衛研修所戦史室『大本営陸軍部』

一(『戦史叢書』八、一九六七、朝雲新聞社)、同『大本営陸軍部』二(同一〇、一九六八、朝雲新聞社)、戸部良一『外務省革新派―世界新秩序の幻影―』(『中公新書』、二〇一〇、中央公論新社)　(森　茂樹)

ほくぶふついんしんちゅう　北部仏印進駐　一九四〇年九月末に行われた日本軍によるフランス領インドシナ北部への進駐。陸軍はそれまで対ソ戦準備を重視し、仏印に新たな兵力を割くような作戦には消極的だったが、同じ理由から中国への兵力増派を避けることも望んでおり、重慶への補給路遮断のための仏印工作に期待するようになる。四〇年六月にフランスがドイツに降伏すると、日本はこれに乗じて仏領インドシナへの関与を強化し、ハノイから昆明に至る援蔣ルートの閉鎖と日本からの監視員の受入れを仏印当局に認めさせていた。さらに来るべき英国敗退に乗じて南方の資源要地を奪取しようとする南進論も台頭して海軍と同調し、南進の端緒としての仏印進駐が計画された。七月に成立した第二次近衛文麿内閣は武力に訴えても仏印に軍事権益を確保すると決定し、フランスと交渉の結果、仏印の領土保全と主権尊重を代償に、対重慶作戦のために仏印北部のトンキン州の飛行場使用と警備・補給部隊の駐屯を認められた。九月二十二日に現地で軍事細目協定が結ばれて二十三日から進駐を開始する手筈となったが、期限までに交渉が妥結しなかったと誤認した部隊が一方的に仏印領内に侵攻してしまい、仏印軍と一時交戦状態となった。→仏領インドシナ

北部仏印進駐　ハイフォン付近を行進する日本軍

[参考文献] 秦郁彦「仏印進駐と軍の南進政策(一九四〇年～一九四一年)」(日本国際政治学会太平洋戦争原因研究部編『太平洋戦争への道』六所収、一九六三、朝日新聞社)、防衛庁防衛研修所戦史室『支那事変陸軍作戦』三(一九七五、朝雲新聞社)、吉沢南『戦争拡大の構図―日本軍の「仏印進駐」―』(一九八六、青木書店)　(森　茂樹)

ほけんふ　保健婦　一九四一年七月の保健婦規則(厚生省令第三六号)により「保健婦の名称を使用して疾病予防の指導、母性又は乳幼児の保健衛生指導、傷病者の療養補導其の他日常生活上必要なる保健衛生指導の業務を為す者」と規定された職業。当時すでに恩賜財団愛育会や東北更新会といった相互扶助的性格を持つ団体によって各種救済活動がなされており、その活動内容を反映して保健婦のほか、社会保健婦、巡回看護婦、巡回産婆等、約七十種類の異なる名称が用いられていた。三七年、保健所法施行規則(内務省令第二九号)により保健所職員として配置が義務付けられたことで、保健婦の活動は公衆衛生行政の中に位置付けられた。三八年の国民健康保険法では国民健康保険組合に保健婦の設置が奨励され、窮乏する農村住民に対する保健活動に邁進した。四二年五月時点で七千三百四十七名の保健婦免許取得者がおり、結核をはじめとする伝染病の療養指導や母子衛生、栄養知識の普及、時には無医村における医療処置等を地域の実情に応じて担ってきた。四一年一月に閣議決定された「人口政策確立要綱」には、「死亡減少の方策」として、母性および乳幼児の保健指導を目的とする保健婦の設置が明記され、戦争の長期化と拡大の中で、翌四二年には保健所が国民保健指導網の中核機関として位置付けられ(「国民保健指導方策要綱」)、国民健康保険組合は設立と加入が強制化される。これらの機能強化と相まって保健婦数も急増することになる。戦局が深まる中、四四年一月の保健婦規則改正は養成期間の短縮や養成所定員の倍増、検定試験回数の増加を図り、結果、速成教育によって多くの保健婦が誕生し、全国各地で活動に従事した。これらの一連の過程は健兵健民政策の第一線担当者としての保健婦という側面を示している。終戦後の四八年保健婦助産婦看護婦法の制定により、保健師としてその活動は現在に引き継がれている。

[参考文献] 大国美智子『保健婦の歴史』(一九七三、医学書院)、厚生省健康政策局計画課監修『ふみしめて五十年　保健婦活動の歴史』(一九九三、日本公衆衛生協会)　(川上　裕子)

ほしじまにろう　星島二郎　一八八七―一九八〇　大正・昭和期の政治家。一八八七年十一月六日、岡山県の素封家星島謹一郎の長男として出生。一九一七年東京帝国大学法律学科卒業後、片山哲とともに法律相談所を開く。二〇年総選挙で犬養毅率いる立憲国民党から立候補し当選。二六年、犬養とともに政友会入党後は、鳩山一郎との関係も深まり、三九年の政友会分裂時は久原派に、四〇年の政党解消後は同交会に参加した。四二年の翼賛選挙は非推薦で当選。その後翼賛政治会に属する一方、鳩山グループ「思斉会」にも参加。戦時中は全国中等学校制服商業組合連合会、日本布帛製品統制株式会社等の衣料関連団体の長を務めた。第八十一議会では商工経済会法案、商工組合法案等について質疑している。敗戦後公職追放を免れ、第一次吉田内閣商相・国務相、サンフランシスコ講和会議全権委員等を歴任。五八年衆議院議長。

当選連続十七回。八〇年一月三日没。九十二歳。

参考文献 『私の履歴書』七(一九五九、日本経済新聞社)、「政治と人」刊行会編『一粒の麦―いま蘇える星島二郎の生涯―』(一九九六、廣済堂出版)、楠精一郎『大政翼賛会に抗した四十人―自民党源流の代議士たち―』(『朝日選書』、二〇〇六、朝日新聞社)　（手塚　雄太）

ほしなぜんしろう　保科善四郎　一八九一―一九九一　大正から昭和期の海軍軍人。一八九一年三月八日生まれ。宮城県出身。海軍兵学校四十一期(一九一三年卒)で同期には草鹿竜之介や沖縄戦で名を残した大田実らがいる。卒業時の席次は優秀でなかったが、東北人らしい粘りで栄達を遂げた。語学や技術の才があるわけでなかったが、一九二七年に少佐で軍令部出仕になったころから、行政面の手腕を発揮し始めた。はじめ軍令畑を歩いたが、大角人事が吹き荒れていた三五年、大佐として軍令部から海軍省出仕になり、それ以来、ほとんど海軍省畑を歩いている。自説を文書や口頭で部内に説いて回るような行動家でなかった彼は、目立たず、敵を作らず、上司にとって使いやすい人物と映ったのであろう。四〇年に兵備局長になっているが、そのポストであれば対米開戦を食い止められたはずだと、同郷の先輩井上成美から批判された伝聞があるが、保科に体を張って流れを阻止する行動を期待するのは無理である。米内光政の薫陶を受けた話もあるが、米内の挙措に見え隠れする思想的中心軸が保科には少しも見えない。三八年一月から三九年十一月まで艦隊および艦長勤務を経験した以外は中央勤務で、兵備局長時代は運輸部長・運輸本部長・軍需省軍需官を兼任、軍務局次長および軍務局長時代は船舶救難本部長・化兵戦部長・大本営参謀・海軍総合部長などを兼任している。またこの時期には、電気庁・商工省・企画院・労働局・逓信省・農商省・運輸通信省などの参与を歴任しており、こうした経歴は保科の高い行政手腕を物語る一方、組織として職務を託しやすい人物であったと考えられる。当然能吏であったという見方もできるわけで、終戦問題における保科の態度について、賛成反対の双方から味方と思われた逸話は、自己の考えを容易に相手に悟らせない能吏の資質をいかんなく物語っている。戦後は、最後の軍務局長として元軍人の中で重きをなし、衆議院議員を約十二年間つとめている。九一年十二月二十四日死去。百歳。

参考文献 佐藤元英・黒沢文貴編『ＧＨＱ歴史課陳述録―終戦史資料―』上(『明治百年史叢書』、二〇〇二、原書房)、保科善四郎他『太平洋戦争秘史―海軍は何故開戦に同意したか―』(一九八七、日本国防協会)　（田中　宏巳）

ほしのなおき　星野直樹　一八九二―一九七八　昭和期の官僚。一八九二年四月十日、神奈川県に生まれる。東京帝国大学法学部卒業。大蔵省に入る。一九三二年から満洲国財務部で予算編成、通貨統一、北満鉄道の買収などにたずさわる。三六年満洲国国務院総務長官となり重工業開発を推進する。満洲国の行政・経済等の中心人物をさす「二き三すけ」の一人(もう一人の「き」は関東軍の東条英機)。第二次近衛文麿内閣が成立すると企画院総裁に就任、無任所の国務大臣として入閣した。国家総動員法全面改正を行い、物資動員計画の立案では陸海軍の調整にあたった。四一年四月の内閣改造で辞し、大政翼賛会厚生委員長となる。四一年十月に東条英機内閣が誕生すると内閣書記官長に就任。東条とは満洲以来の知人であり、四四年の内閣総辞職まで東条を支えた。敗戦後、東京裁判で終身禁錮となり、五五年に釈放されたあとは、ダイヤモンド社会長などを務める。七八年五月二十九日死去。八十六歳。

参考文献 星野直樹『見果てぬ夢―満州国外史―』(一九六三、ダイヤモンド社)、同『時代と自分』(一九六八、ダイヤモンド社)、古川隆久『昭和戦中期の総合国策機関』(一九九二、吉川弘文館)　（源川　真希）

ほじゅうへいえき　補充兵役　現役に欠員が生じた時および戦時に召集される兵役で、第一補充兵役と第二補充兵役がある。陸軍では、第一補充兵役は所要の現役兵に超過する員数の者が服する兵役であり、一九二七年の兵役法における服役期間は十二年四ヵ月。第二補充兵役は、現役と第一補充兵役に徴集されない者が服する兵役で服役期間は十二年四ヵ月。陸軍に限り、軍隊で未だ教育を受けていない第一補充兵役にある者に対して教育を施すための教育召集が行われた。海軍では、第一補充兵役は陸軍と同様現役兵に超過する員数の者が服する兵役であり、服役期間は一年であった。第二補充兵役は、第一補充兵役を終えた者が服する兵役であり、服役年限は十一年四ヵ月。

参考文献 防衛庁防衛研修所戦史部編『陸海軍年表』(『戦史叢書』一〇二、一九八〇、朝雲新聞社)、加藤陽子『徴兵制と近代日本　一八六八―一九四五』(一九九六、吉川弘文館)　（松田　英里）

ほそかわかろく　細川嘉六　一八八八―一九六二　昭和期のマルクス主義研究者、国際問題評論家。一八八八年九月二十七日、富山県の漁師の家に生まれる。東京帝国大学法科大学を卒業したのち、大原社会問題研究所研究員となる。大原社研では日本帝国主義論や民族・植民地政策を研究し、尾崎秀実とともに中国革命研究会を結成した。一九三七年以降、評論活動を開始し、三九年に尾崎らと支那研究所を設立するが四一年のゾルゲ事件で解散した。日米開戦後の時期まで、言論上の制約を受けつつも民族自決論に基づくアジア政策を主張し、四二年、『改造』八・九月号に発表した「世界史の動向と日本」の内容が治安維持法違反とされ検挙・逮捕された。これが横浜事件に拡大し、敗戦後の四五年九月まで東京拘置所などに収監されたのち十月に免訴となる。戦後は参議院議員やアジア問題研究所主宰のほか日中友好運動・平和運動を指導し、六二年十二月二日死去。七十四歳。↓

横浜事件

参考文献『細川嘉六著作集』(一九七二—七三、理論社)、森川金寿編『細川嘉六獄中調書—横浜事件の証言—』(一九八九、不二出版)、浅田喬二『日本植民地研究史論』(一九九〇、未来社)

（盛田　良治）

ほそかわもりさだ　細川護貞　一九一二—二〇〇五　昭和期の政治家。一九一二年七月十七日、旧熊本藩主細川侯爵家の十六代当主護立の長男として東京で生まれ、三六年京都帝国大学法学部卒。近衛文麿の次女の婿であり、近衛に重用された。四〇年第二次近衛内閣の首相秘書官。四三年十月から高松宮の秘書役を担い、各方面の情報収集や終戦工作の一翼を担った。細川は東条内閣とそれを支持する木戸幸一内大臣に批判的であり、早期の戦争終結を主張していたが、必ずしも細川の主張を近衛や高松宮が全面的に受け入れていたわけではない。敗戦後は東久邇宮内閣の近衛無任所大臣の秘書官を務め、近衛自殺後に政界を引退し、もっぱら文化事業に携わった。二〇〇五年十月三日没。九十三歳。細川が一九四三年から四六年に書いた日記は、『情報天皇に達せず』(五三年、同光社磯部書房)として刊行され、のちに『細川日記』(七八年、中央公論社)として改版された。子の護熙は七十九代首相。

参考文献　細川護貞『細川家十七代目—私の履歴書—』(一九九一、日本経済新聞社)、米山忠寛「細川護貞日記」(御厨貴編『近現代日本を史料で読む—「大久保利通日記」から「富田メモ」まで—』所収、二〇一一、中央公論新社)

（瀬畑　源）

ほっかいどうたんこうきせんかいしゃ　北海道炭礦汽船会社　明治—昭和期に存在した炭鉱企業。北炭と略称する。一八八九年、官営幌内炭鉱、およびそれに付随する鉄道の払い下げを受け、北海道炭礦鉄道株式会社として創業。翌九〇年には夕張、空知炭鉱を開坑し、北海道で独占的な地位を占めた。一九〇六年の鉄道国有化に伴い、鉄道部門を売却、北海道炭礦汽船と改称する。海運業・製鉄業などに投資し多角化を進めるが経営の悪化を招き、一三年、三井財閥の傘下に編入される。以後、北海道外の石炭販売は三井物産に委託する一方で、夕張炭鉱を中心に出炭高を増加させ、戦前期・戦時期において三井鉱山・三菱鉱業に次ぐ地位を維持した。アジア・太平洋戦争期には、労働者不足を朝鮮人・中国人労働者の使用によって補いつつ増産体制を強化し、四四年には五二八万トンの出炭を記録している。戦後期も炭鉱経営を継続したが、八二年夕張新炭鉱、九五年空知炭鉱を閉山し、国内の炭鉱業から撤退している。

参考文献『北海道炭礦汽船株式会社五十年史』(一九三九)、『北海道炭礦汽船株式会社七十年史』(一九五八)

（北澤　満）

北海道炭礦汽船会社　夕張炭礦での掘鑿作業

ボックスカー　Bockscar　原爆投下部隊である米陸軍航空軍第五百九混成航空団に所属し、原爆投下用に改造された十五機のB29(シルバープレート形態)の一機(ビクターナンバー7のちに77、機体番号機体44—27297)。一九四五年八月九日長崎市にプルトニウム型爆弾ファット＝マンを投下した。三月十日、第五百九混成航空団に配備され、六月十七日にテニアン島に到着した。テニアン到着当時の機長はデリック＝ボック少佐である。機名は、同少佐の名とboxcar(有蓋貨車)という言葉をかけたものである。八月九日早朝、ボックスカーはファット＝マンを搭載して、テニアンを飛び立った。ただし、ボック少佐以下本来のクルーが、随伴する科学観測機(グレート＝アーティスト)の担当となったため、ボックスカーには、機長チャールズ＝スウィーニー少佐以下グレート＝アーティストのクルーが乗り込んだ。また、起爆担当者としてフレデリック＝アッシュワース海軍中佐と広島への原爆投下機であるエノラ＝ゲイのクルーでもあったジェイコブ＝ビーザー(放射線計測担当)も同乗した(総員十三名)。ボックスカーは、先行した気象観測機エノラ＝ゲイからの連絡により、第一投下目標である福岡県小倉市に向かい、同市に対し目視による爆撃照準を三回繰り返したが、上空を覆っていた霞もしくは煙のため投下を断念、第二目標とされた長崎市に向かい、午前十一時二分目視照準によってファット＝マンを投下した。その後四六年に退役し、六一年以降はオハイオ州デイトンの国立アメリカ空軍博物館に展示されている。　→B29スーパー＝フォートレス

参考文献　カール＝バーガー『B—29』(中野五郎・加登川幸太郎訳、『第二次世界大戦文庫』二、一九七一、サンケイ出版)、山極晃・立花誠逸編『(資料)マンハッタン計画』(岡田良之助訳、一九九三、大月書店)、『(米軍資料)原爆投下報告書—パンプキンと広島・長崎—』(奥住喜重・工藤洋三・桂哲男訳、一九九三、東方出版)、チャールズ・W・スウィーニー『私はヒロシマ、ナガサキに原爆を投下した』(黒田剛訳、二〇〇〇、原書房)

（栗田　尚弥）

ポツダムしんきゅう　ポツダム進級　アジア・太平洋戦争敗戦時に生存将兵に対して陸海軍が行なった特別進級の通称。敗戦時に兵は一律、大尉以下の士官・准士官・

下士官は勤続年数に応じて一階級の進級が行われたが、その後、一九四五年十一月三十日までに陸軍では中佐・大佐に、海軍では中佐から中将までの階級に進級した者もいた。なお、退官手当・軍人恩給の増額を目的に行われたこれらの特別進級で「ポツダム少尉」に任官した者は、公職追放の対象にはならなかった。

参考文献 百瀬孝『事典昭和戦前期の日本―制度と実態―』(一九九〇、吉川弘文館)、同『事典昭和戦後期の日本―制度と実態―』(一九九五、吉川弘文館) (山田 朗)

ポツダムせんげん ポツダム宣言 一九四五年七月二十六日に発せられた対日戦終結に向けた最後通牒で戦後処理方針も含む米英中三国の共同宣言。トルーマン・チャーチル・スターリンの三国首脳がベルリン郊外のポツダムで合意し、のちに中国蔣介石の同意を得て、米英中の三首脳の名で発表された。ソ連は対日参戦により宣言に参加。宣言は戦争終結後の連合国側のきびしい条項を示した。㈠無責任な軍国主義の徹底的駆逐、㈡民主主義日本を建設するまで連合軍による軍事占領、㈢日本の主権を本州・北海道・四国・九州などに制限、㈣日本軍の武装解除と復員、㈤戦争犯罪人の処罰と日本国民の間における民主主義的傾向の復活強化、㈥基本的人権の保障、㈦実物賠償と経済の非軍事化、㈧全日本国軍隊の無条件降伏などをあげ、「間接統治」の可能性も示唆していた。

ポツダム会談　右よりスターリン，トルーマン，チャーチル

しかし他方で一定の条件下で日本国民の政体選択の自由も認めていた。宣言は、日本に最大の警句をもって降伏を促した。「吾らの軍事力の最高度の使用」により「完全なる壊滅あるのみ」とし降伏か壊滅かを迫った。鈴木貫太郎内閣ははじめ宣言を「黙殺」したため、翌々二十八日の戦略爆撃部隊と米英連合艦隊の連携による過去最大規模の空襲、原爆投下、ソ連参戦へとつながった。その結果、八月十四日宣言受諾を決定し、翌十五日、「終戦の詔書」がラジオにより放送された。宣言は日本占領の基本原則となり、ポツダム命令などの形で多くの法的措置がとられた。しかしその後の冷戦の展開により宣言の趣旨と内容は空文化していく。

参考文献 五百旗頭真『米国の日本占領政策―戦後日本の設計図―』(『叢書国際環境』、一九八五、中央公論社)、油井大三郎『未完の占領改革―アメリカ知識人と捨てられた日本民主化構想―』(『新しい世界史』一一、一九八九、東京大学出版会) (荒 敬)

ポツダムせんげんじゅだく ポツダム宣言受諾 一九四五年五月ドイツが降伏すると米国は同月に本土決戦計画「ダウンフォール作戦」を策定し、第一段階を九州侵攻の「オリンピック作戦」、第二段階を関東(東京)侵攻の「コロネット作戦」と位置づけた。力による降伏予定日は十一月と設定された。他方、沖縄では四月から米軍が「アイスバーグ作戦」を展開、熾烈な攻防が続いたが六月末に沖縄決戦は終息し、「オリンピック作戦」の本格的段階を迎えた。連合国軍は日本包囲網を狭め、九州から関東までを主な攻撃対象とし、アジア・太平洋戦争は最終局面に入った。本土空襲はすでに五月、大都市からさらに中小都市へと拡大し激しさも増した。戦略爆撃機B29による大量爆弾投下、第三艦隊の米英連合艦隊による艦砲射撃と艦載機爆撃も本格化した。米統合参謀本部は六月、マッカーサーの太平洋陸軍とニミッツ太平洋艦隊両司令部に対日戦の早期終結のため決戦型ではない本土占領計画の策定を指示、七月には日本の早期「降伏か崩壊」を予期した「ブラックリスト作戦」の概要が完成した。一方、ポツダム会談開始直前の同月十六日アラモゴールドで原爆実験が成功、トルーマン米大統領は原爆投下による対日早期終結を決断した。

二十六日、米英中三国首脳トルーマン・チャーチル・蔣介石の名によってポツダム宣言が発せられた。対日戦終結と戦後処理方針を示した共同宣言で、戦争終結後に日本に課すべき連合国側のきびしい要求が示された。すなわち戦争犯罪人の処罰、軍隊の武装解除、日本の主権制限、連合国による軍事占領などの条項である。また宣言は「吾らの軍事力の最高度の使用」による「完全なる壊滅」か降伏かの選択を日本政府に迫った。ポツダム宣言を無条件に受諾せよとの最後通牒である。鈴木貫太郎首相は同二十八日、ポツダム宣言を「黙殺する」と記者会見で表明、連合国側はこれを拒否とうけとめた。この二十八日に戦略爆撃部隊と米英連合艦隊の連携による過去最大規模の空襲が行われ、続いて、八月六日の広島、九日の長崎への原爆投下、八日のソ連参戦という事態を招いた。それまでソ連の仲介による和平という日本政府の望みはここに潰え、一挙に戦争終結へと動き始めた。決定的要因は原爆投下よりもソ連参戦であった。九日、最高戦争指導会議を御前会議として開き、ポツダム宣言受諾の可否を議論した。「国体護持」だけを条件として宣言を受諾すべきとする東郷茂徳外相らと、ほかにも自主的武装解除・非占領など四条件をつけるべきだとする阿南惟幾陸相らが対立。十日午前二時過ぎ、鈴木首相の要請により天皇が宣言受諾を決定した。即日政府は「天皇の国家統治の大権を変更するの要求を包含し居らざることの了解の下に」宣言を受諾することを連合国側に通告した。「聖断」による終結策は、軍部強硬派を抑え込むためであった。この時「ブラックリスト作戦」も始動しマッカーサーの陸軍部隊も本土上陸の準備に入った。十二日、連合国側からの十一日付米国務長官バーンズ名の回答が届き、占領下でも連合国軍総司令官のもとに天皇が存在することが示され、占領後にも日本国民が選択すれば天皇制が存続できることが示唆された。だが軍部強硬派は「国体護持」の確証を得ようと再照会を主張。このため十四日天皇の命による御前会議でバーンズ回答文から「国体護持」の可能性を読み取り、天皇は再びポツダム宣言の正式受諾を決定した。同日付で終戦の詔書を発布、翌十五日正午の玉音放送で日本国民は終戦・降伏を知り、ようやくアジア・太平洋戦争は終結した。→玉音放送 →終戦工作 →終戦の詔書

参考文献　荒井信一『日本の敗戦』(『岩波ブックレット　シリーズ昭和史』、一九八八、岩波書店)、細谷千博ほか編『太平洋戦争の終結―アジア・太平洋の戦後形成―』(一九九七、柏書房)　(荒　敬)

ポツダムちょくれい　ポツダム勅令　一九四五年九月二十日公布、即日施行された緊急勅令第五四二号「ポツダム宣言の受諾に伴ひ発する命令に関する件」に基づいて発せられた命令。旧明治憲法下では「ポツダム勅令」、戦後の日本国憲法の施行後は「ポツダム政令」。連合国軍の日本占領が間接統治方式をとったため、連合国軍最高司令官の発する指令がすべてに優先することとなり、立法事項でかつ必要な場合に通常の立法手続きをとらずに占領政策を実施した。一種の授権法。公職追放令、物価統制令、団体等規正令、警察予備隊令など。五二年四月、講和条約の発効に伴い一部を除いて失効した。

参考文献　日本管理法令研究会編『日本管理法令研究』(一九四六―五三、有斐閣)、外務省特別資料部編『日本占領及び管理重要文書集』(一九四九―五一、東洋経済新報社)、金沢良雄「平和条約の発効とポツダム命令」(『法律時報』二四ノ八、一九五二)　(荒　敬)

ほへいそうてん　歩兵操典　陸軍の主兵とされた歩兵の戦闘制式の規定書。演習教練のマニュアル書として携行されるために、B7～A7判に製本されるに至った。建軍当初の歩兵操典はフランスに準拠して編集されたが、一八九一年歩兵操典は普仏戦争後に中隊縦隊を歩兵の主要戦闘隊形に採用したドイツに準拠して編集され、各個教練(およそ新兵の小銃射撃の訓練)から旅団の戦闘教練までを規定した。日露戦争後に改正された一九〇九年歩兵操典はその後の戦闘制式の原型になり、特に、軍人精神と攻撃精神の顕揚、前線からの突撃誘起、決戦における銃剣突撃後の剣先格闘の白兵戦闘、陣地奪取優先の戦闘目標設定等を規定し、国体と民情に適合した日本独特の操典として聖典化され、軍令により制定された。第一次世界大戦後の編制と装備の改編により、二八年に歩兵操典は改正され、必勝の信念を明示し、新たに、軽機関銃分隊(射手一名・弾薬手六名)と機関銃中隊(銃手八名・馬匹二頭の分隊計四個により編成される戦銃隊と三個の弾薬分隊により編成される弾薬小隊に区分)、敵の機関銃を制圧し近距離歩兵戦闘を援助する歩兵砲隊の教練を加え、散兵間隔約四歩の中隊疎開戦闘、対ガス・戦車の戦闘の制式等を規定し、附録に手榴弾投擲法等を示した。歩兵操典はアジア・太平洋戦争期に作戦要務令の制定等をうけて四〇年に改正され、特に、各個教練に擲弾筒(手榴弾を約六〇〇メートルまたは二〇〇メートルの距離に射撃する機具)、機関銃中隊教練に自動砲(近距離対戦車射撃銃)、歩兵砲隊教練に速射砲(対戦車砲)の各教練を加え、通信隊教練(有線・無線)を増設し、歩兵の突撃による決戦方法(砲兵の突撃支援の最終砲弾射撃に接するように歩兵が敵陣地に突入する)と夜間戦闘実施を重視し、白兵力の要求を高める戦闘制式を規定した。

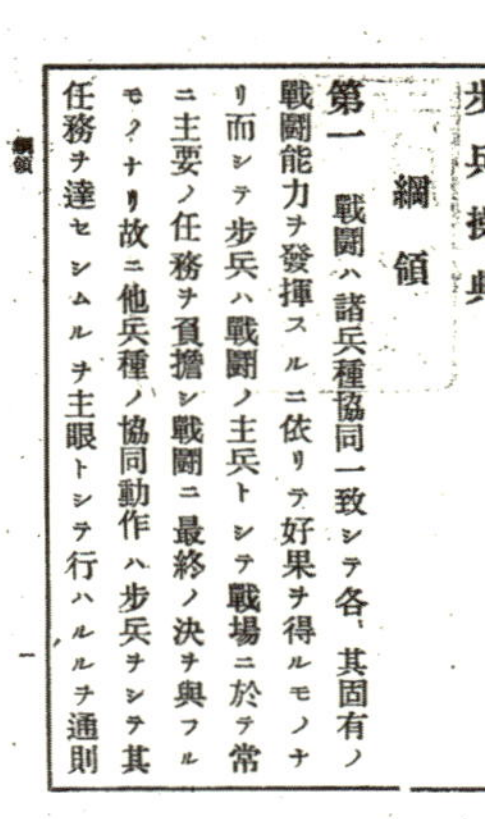
歩兵操典
綱領
第一　戦闘ハ諸兵種協同一致シテ各、其固有ノ戦闘能力ヲ發揮スルニ依リテ好果ヲ得ルモノナリ而シテ歩兵ハ戦闘ノ主兵トシテ戦場ニ於テ常ニ主要ノ任務ヲ負擔シ戦闘ニ最終ノ決ヲ與フルモノナリ故ニ他兵種ノ協同動作ハ歩兵ヲシテ其任務ヲ達セシムルヲ主眼トシテ行ハルルヲ通則

『歩兵操典』(1909年)

参考文献　遠藤芳信『近代日本軍隊教育史研究』(一九九四、青木書店)　(遠藤　芳信)

ほへいほう　歩兵砲　歩兵部隊が運用する火砲の総称。近接戦闘における歩兵の火力支援が主任務で、歩兵とともに行動し、障害となる敵の機関銃や歩兵砲、戦車などに対抗した。日露戦争、第一次世界大戦を通じて機関銃などの重火力が発達すると、歩兵部隊の火力の増強が求められた。その結果、砲兵部隊だけでなく、歩兵部隊も火砲の運用を行うようになり、狙撃砲や迫撃砲、速射砲(対戦車砲)などが発達、また、移動や展開が容易な山砲も歩兵部隊に配備されていった。→速射砲 →山砲

参考文献　竹内昭・佐山二郎『日本の大砲』(一九八六、出版協同社)、佐山二郎『大砲入門―陸軍兵器徹底研究―』(一九九九、光人社)　(吉田　律人)

ほりうちけいぞう　堀内敬三　一八九七―一九八三　音楽評論家、編集者、作詞家、訳詞家、作曲家。一八九七年十二月六日、浅田飴の創業者堀内伊太郎の三男として東京で誕生。東京高等師範学校附属中学校で田村虎蔵に音楽を、その後、大沼哲にピアノ・和声を師事。一九一六年、日本初の音楽批評誌『音楽と文学』(岩波書店)の創刊に加わったあと十七年に渡米。ミシガン大学で機械工学、マサチューセッツ工科大学大学院で応用力学を学ぶ。この時期、欧州旅行も含めて多くの音楽体験を持つ。帰国後、二六年に「若き血」(慶応義塾大学応援歌)の作詞で著名となり、日本放送協会嘱託として洋楽主任。音楽用語の制定を含めて音楽放送の礎を築く。三六年に『月刊楽譜』の発行名義人となり、三八年に『音楽世界』の主幹と、音楽雑誌発行に助力し、四一年の雑誌統合に際して『音楽之友』を創刊、日本音楽雑誌株式会社(音楽之友社の前身)を設立する。戦時中は音楽を通じた国威発揚の

文章も多い。戦後もＮＨＫのラジオ番組「音楽の泉」などを通して音楽普及に努め、五〇年ＮＨＫ放送文化賞、五九年紫綬褒章を受ける。八三年十月十二日没。八十五歳。

参考文献 堀内敬三『ヂンタ以来』（一九三四、アオイ書房）、同『音楽五十年史』（一九四二、鱒書房）、同『日本の軍歌』（一九四四、日本音楽雑誌） （長木 誠司）

ほりうちたてき 堀内干城 一八八九—一九五一 大正・昭和前期の外交官。一八八九年三月七日、奈良県生まれ。京都帝国大学法科大学を卒業して外務省入省。一九二九年に上海総領事館に着任して以降、中国各地の在外公館に勤務し続け、満洲事変や日中戦争の処理など、約二十年にわたって日中間の外交に携わり続けた。外交において道義と合理性を重視した堀内は、戦後は国民政府の依頼を受けて中国に残留し、海南島の開発などに貢献した。四八年に帰国。五一年五月二十八日死去。六十二歳。

参考文献 堀内干城『中国の嵐の中で—日華外交三十年夜話—』（一九五〇、乾元社） （服部 聡）

堀悌吉

ほりていきち 堀悌吉 一八八三—一九五九 海軍軍人、実業家。一八八三年八月十六日、大分県の篤農家矢野弥三郎の次男として生まれ、のちに堀家へ養子に入る。旧制杵築中学校を経て海軍兵学校に進み、一九〇四年十一月首席卒業（第三十二期）。フランス駐在、ワシントン軍縮会議全権委員随員、戦艦「陸奥」艦長等を歴任。三〇年のロンドン海軍軍縮条約批准問題において、海軍省軍務局長として財部彪海軍大臣、山梨勝之進次官を補佐。英米との協調を重視した姿勢が「条約派」の一員と目され、条約反対の「艦隊派」から敵視された。三三年一月、中将に昇進したが、「大角人事」によって三四年十二月に予備役に編入され海軍を退いた。その後は日本飛行機、浦賀船渠等の取締役を歴任。戦時中は政財界の交流団体である八日会においても活動を行なった。同期の親友である山本五十六の史料を多数保管。五九年五月十二日没。七十五歳。

参考文献 広瀬彦太『堀悌吉君追悼録』（一九五九、堀悌吉君追悼録編集会）、大分県立先哲資料館編『堀悌吉資料集』二（『大分県先哲叢書』、二〇〇七、大分県教育委員会）、麻田貞雄『両大戦間の日米関係—海軍と政策決定過程—』（一九九三、東京大学出版会） （佐藤 宏治）

ほりばかずお 堀場一雄 一九〇一—五三 大正後期・昭和戦前期の陸軍軍人。最終階級は大佐。一九〇一年二月一日、愛知県に出生。陸軍士官学校（第三十四期）、陸軍大学校を卒業。参謀本部勤務を経て、三四年五月から在ソ連大使館付陸軍武官補佐官。三七年三月、参謀本部第一部第二課（戦争指導課）員となり、第一部長石原莞爾少将の意をうけて、「重要産業五ヵ年計画」の立案に参画した。その後も、参謀本部内の石原派として、五ヵ年計画の推進や日中戦争の不拡大・早期和平に尽力した。三九年十二月、支那派遣軍参謀に転出。四一年六月には帰国し、首相直属の総力戦研究所の所員となり、日米戦争は日本必敗と結論した特別机上演習に関わった。四二年八月浜松陸軍飛行学校教官、同十一月飛行第六十二戦隊長、四三年十月南方軍参謀、四四年六月第五航空軍参謀副長を歴任した。五三年十月二十一日、五十二歳で死去。

参考文献 堀場一雄『支那事変戦争指導史』（一九六二、時事通信社）、芦澤紀之『ある作戦参謀の悲劇』（一九七四、芙蓉書房） （堀田慎一郎）

ほりょ 捕虜 一九〇四年に陸軍が制定した「俘虜取扱規制」によれば、帝国の権内に入った敵国交戦者および条約または慣例により俘虜の取り扱いを受けるべき者をいう（第一条）。同規則からわかるように、軍の公文書などでは俘虜と称されることが多い。昭和の日本陸海軍は捕虜となることを公に認めなかった。第一次上海事変（一九三二年）で空閑昇陸軍少佐が中国軍の捕虜となったことを恥じて自決したことが大きく報道されるなどして捕虜の禁忌化が進められていった。ノモンハン事件（三九年）でもソ連軍の捕虜となった将校が自決を強要されるなどの陰惨な処置がとられたが、これは自軍に捕虜となることを安易に認めれば徹底抗戦しなくなるという不信に根ざしたものであった。兵の間にも投降の禁忌視は広く存在したが、これは有名な『戦陣訓』（四一年）の教え以外にも、敵の虐待や家族に対する近隣社会の迫害を恐れたためでもあった。それでも日中戦争、アジア・太平洋戦

シンガポールのチャンギー捕虜管理所

争を通じて捕虜となる日本軍将兵は漸増していったが、捕虜としての身構えを教育されなかったため、敵に味方の軍事機密を教える事例が多発した。戦後ソ連の捕虜となった多くの将兵がシベリアに抑留されて労働を強制され、中国共産党軍の捕虜となった者の帰国も遅れた。一方、日本側も多数の敵軍捕虜を得ている。日中戦争は宣戦布告がなかったことから軍中央は捕虜収容所を設置せず、扱いを各級指揮官に委ねたため、捕らえた中国軍兵士を捕虜とせず殺害する事例が多発した。アジア・太平洋戦争の緒戦では二十五万の捕虜を得た。日本政府はジュネーブ条約(未批准)の「準用」、すなわち適用はしないがこれにもとづき捕虜を処遇する旨を宣言した。日本軍は、アジア人兵士は「解放」してその一部を「ロームシャ」とするなど利用を試みたが、白人兵士たちは内地、南方各地に設けた捕虜収容所へ移送して苛酷な労働を強制、食糧・医薬品不足と相まって多数の死者を出した。米兵捕虜の場合死亡率は約三七%にものぼる。捕虜たちの監督に多数の朝鮮人・台湾人軍属が動員され、彼らは敗戦後、日本人とともに連合軍のBC級戦犯裁判で訴追され、刑死者を出した。戦後永く元捕虜の対日憎悪は残り、戦後和解の妨げとなった。

参考文献 秦郁彦『日本人捕虜―白村江からシベリア抑留まで―』(一九九八、原書房)、内海愛子『日本軍の捕虜政策』(二〇〇五、青木書店)、ウルリック＝ストラウス『戦陣訓の呪縛―捕虜たちの太平洋戦争―』(二〇〇五、中央公論新社)、中田整一『トレイシー―日本兵捕虜秘密尋問所―』(二〇一〇、講談社) （一ノ瀬俊也）

ボルネオさくせん ボルネオ作戦 一九四一年十二月十六日からボルネオ島で実施された作戦。大本営は南方作戦「あ号作戦」の実施に際し、蘭印の石油資源獲得を目指していた。このため、開戦初頭まず米領フィリピンと英領マレーの攻略を足掛かりに、蘭印を攻略、資源確保と防衛線の形成を計画した。ボルネオ島は、北西部が英領、南部と東部がオランダ領であった。南方軍隷下の川口支隊(支隊長川口清健少将)は、四一年十二月十六日、英領ボルネオのミリ付近に上陸し、油田地帯を占領。二十五日には西部ボルネオのクチン飛行場を、三十一日にはブルネイを占領した。クチン飛行場の整備が不良であったため、南方軍はレド飛行場の占領を川口支隊に命じ、支隊は海路オランダ領ボルネオ西部海岸に上陸。翌年一月二十七日にレド飛行場を占領し、ボルネオ島の要地を掌握した。

参考文献 防衛庁防衛研修所戦史室編『蘭印攻略作戦』(『戦史叢書』三、一九六七、朝雲新聞社) （林 美和）

ほんいでんよしお 本位田祥男 一八九二―一九七八 統制経済に関与した経済学者。一八九二年三月八日、村会議員本位田兵之助の次男として岡山県で生まれる。第一高等学校を経て、一九一六年東京帝国大学法学部政治学科卒業、農商務省勤務ののち、二一年東京帝大経済学部助教授(経済史担当)、二六年同教授となる。農林省農村経済更生中央委員会委員・内閣統制委員会委員などを歴任。三八年、全体主義的思想運動をめざす革新社を結成、また『統制経済の理論』(日本評論社)を発表する。三九年、教授を辞任し、中央物価統制協力会議の理事となり、公益優先原則に基づく経済団体機構の結成に関する提言作成に関与した。四〇・四一年、大政翼賛会経済政策部長、四二年、綿・スフ統制会理事長に就任し、統制経済の実務に携わった。四六年、公職不適格となり、五〇年追放解除後、立正大学、明治大学、独協大学などの教授を歴任。七八年十一月十七日没。八十六歳。著書は、『協同組合研究』(一九三六年、高陽書院)ほか多数。

参考文献 『本位田祥男先生遺稿集』(一九七九、人間の科学社)、柳澤治『戦前・戦時日本の経済思想とナチズム』(二〇〇八、岩波書店) （柳澤 治）

ほんけいこばいてつコンス 本渓湖煤鉄公司 ⇨大倉財閥(おおくらざいばつ)

ホンコンこうりゃくせん 香港攻略戦 開戦直後、日本軍が九竜半島・香港島を占領した戦い(C作戦)。日本軍は、シンガポールに次ぐ英国の極東における拠点である香港(英軍守備隊約一万三千人)を攻略するために、第二十三軍(司令官酒井隆中将、第三十八師団基幹)を投入して一九四一年十二月八日午前八時、作戦を始めた。第二十三軍は、攻城重砲を駆使して九竜半島を、その後、香港島を攻略する構想であったが、第三十八師団の先遣部隊である歩兵第二百三十連隊の一中隊が独断で九竜半島の英軍主陣地を突破したのを機に総攻撃に移り、日本軍は重砲をほとんど使うことなく十三日に九竜半島を占領した。その後、第二十三軍は、十八日には香港島に奇襲上陸したが、英軍は堅固な要塞に依って日本軍の前進を阻んだ。二十一日、日本軍が水源地を占領すると英軍は抵抗できなくなり、二十五日夕方、降伏した。日本軍は戦死約七百人、負傷約千五百人、英軍は戦死約千六百人、捕虜約一万一千人であった。

参考文献 防衛庁防衛研修所戦史室編『香港・長沙作戦』(『戦史叢書』四七、一九七一、朝雲新聞社)、佐々木隆爾他編『ドキュメント真珠湾の日』(一九九一、大月書店) （山田 朗）

ホンサイク 洪思翊 ?―一九四六 朝鮮出身の日本陸軍軍人。朝鮮京畿道安城郡出身、生年月日は一八八七年二月二日、八九年三月四日、九〇年七月の三説がある。一九〇八年大韓帝国陸軍武官学校入学、〇九年に日本の陸軍中央幼年学校に留学。「併合」により武官学校が廃止された後も日本にとどまり一二年五月に卒業。一四年五月陸軍士官学校卒業(第二十六期)、二〇年十二月陸軍大学入学、二三年十一月に卒業した。三三年四月、関東軍司令部に配属、満洲国軍顧問などを歴任し、四一年三月一日、陸軍少将に昇進し、河北省駐屯歩兵第百八旅団長として赴任した。四二年四月から四四年三月、陸軍公主嶺学校幹事(副学長)を務め、この間に「尽忠報国の大道」

を『春秋』(四三年九月号)に寄稿している。四四年三月二日比島俘虜収容所長に赴任し、同年十月、陸軍中将に進級、同年十二月三十日、第十四方面軍兵站総監を務めた。戦後、マニラの米軍軍事法廷でカバナツアン俘虜収容所、ダバオ俘虜収容所、ラグナ州ロスバノス抑留所、バギオ市民抑留所などでの捕虜と民間人への虐待・殺害の責任を問われて絞首刑の判決をうけ、四六年九月二十六日マニラで絞首刑が執行された。

参考文献　山本七平『洪思翊中将の処刑』(一九八六、文藝春秋)、『親日人名辞典』(ソウル、二〇〇九、民族問題研究所親日人名辞典編集委員会)

(内海　愛子)

本　庄　繁

ほんじょうしげる　本庄繁　一八七六―一九四五　陸軍軍人。関東軍司令官、侍従武官長を務めた。一八七六年五月十日、本庄常右衛門の長男として兵庫県で出生。九七年十一月に陸軍士官学校を卒業し(第九期)、翌年、歩兵少尉に任官。陸軍大学校に入学するも、一九〇四年に中退。その後、復校し、〇七年に陸大を卒業。参謀本部での勤務を歴任し、大正後期には張作霖の軍事顧問を務めた。二二年に少将、二七年に中将へ昇任。三一年八月、関東軍司令官に就任し、満洲事変勃発の際は石原莞爾ら部下の行動を追認した。三三年四月、侍従武官長に就任、六月には大将となる。三五年、男爵を拝受。三六年の二・二六事件発生時、青年将校らの行動を強く非難する天皇の様子が『本庄日記』に記されている。なお、本庄の娘婿である山口一太郎が事件に関与しており、本庄のもとにも事件発生前から、青年将校らの不穏な動きについて伝えられていた。事件後の粛正人事で三六年四月に予備役へ編入される。四五年五月、枢密顧問官に任命されたが、敗戦後の同年十一月、GHQから逮捕令をうけ、十一月二十日に割腹自決した。七十歳。

参考文献　林政春『陸軍大将本庄繁』(一九六七)、伊藤隆他編『本庄繁日記』(一九八二・八三、山川出版社)

(茶谷　誠一)

ほんだくまたろう　本多熊太郎　一八七四―一九四八　外交官、評論家。一八七四年十二月八日、和歌山県に生まれる。九四年に外務省留学生試験、翌年に書記生試験に合格し、外交官生活をスタートさせる。一九〇一年に小村寿太郎の秘書となってからは小村に師事し、その顕彰に努めた人物として知られる一方、二六年に退官してからは、幣原外交を批判するなど、いわゆる現状打破的な議論に与する外交評論家として著名であった。四〇年十二月には松岡洋右外相に起用されて汪兆銘政府下の駐華大使となり、四四年には重光葵外相の下で外務省顧問となる。雑誌への投稿や講演も多く、それらをまとめた時論集も数多い。昭和戦前期の対外世論への影響は少なくなかった。四八年十二月十八日死去。七十五歳。

参考文献　本多熊太郎『魂の外交―日露戦争に於ける小村侯―』(一九四一、千倉書房)、高橋勝浩「本多熊太郎の政治的半生―外交官から外交評論家へ―」(『近代日本研究』二八、二〇一二)

(武田　知己)

ポンティアナじけん　ポンティアナ事件　一九四三年十月から四四年六月ごろにかけて西カリマンタンのスルタン一族、社会的リーダー、華僑など財界の有力者、州政府のインドネシア人官吏など多数が、日本軍に対する謀議を図っていたとして逮捕され殺害された事件。カリマンタン南部のバンジェルマシンでオランダ人総督ハガが抗日組織を編成しようとしていたとして四三年五月に摘発されたが、日本軍は西カリマンタンにもその一味がいると疑ったものだといわれる。その犠牲者の数はインドネシア側によれば二万千三十七人、日本側関係者の推定では約千五百人といわれている。『ボルネオ新聞』は四四年六月二十八日に首謀者を処刑したということだけ発表した。インドネシアでは一般にこの処刑が行われたマンドル(ポンティアナ市の北方八八キロ)という地名をとって、マンドル事件と呼ばれており、ここに西カリマンタン州政府によって七七年に犠牲者のための慰霊碑が設立された。

参考文献　伊関恒夫『西ボルネオ住民虐殺事件―検証「ポンチャナ事件」―』(一九八七、不二出版)、後藤乾一『日本占領期インドネシア研究』(一九八九、龍渓書舎)

(倉沢　愛子)

ほんてき　奔敵　軍人がみずから敵側に身を投じること。陸軍刑法・海軍刑法とも「敵に奔りたる者」は死刑または無期懲役もしくは禁錮に処すと定めており、軍人にとってもっとも重い罪の一つであった。陸軍の場合、一九三九年以降華北で激増したが、これは中国共産党の盛んな宣伝活動に応じてのこととみられる。中には秘密の漏洩や日本人反戦同盟に加入して対日宣伝活動を行い、日本側へ脱出・逮捕後に死刑となった者もいた。

参考文献　吉田裕・松野誠也編『十五年戦争期軍紀・風紀関係資料』(二〇〇一、現代史料出版)

(一ノ瀬俊也)

ほんどくうしゅう　本土空襲　アジア・太平洋戦争期、アメリカ軍によって日本本土に行われた空襲をさす。狭義には、沖縄などの島嶼部を除いた地域に行われた空襲をさす場合もある。ここでは、日本の植民地・海外の支配地域に行われた空襲に対して、日本内地を対象とする空襲の全体をさして、本土空襲と捉える立場から解説する。

日本本土に対して最初に行われた空襲は、一九四二年四月十八日、太平洋上の空母「ホーネット」から飛び立

終戦直後の大阪（1945年11月９日）

名古屋空襲（1945年５月14日）

図解「各種焼夷弾の処理方法」（『隣組防空絵解』一九四四年）

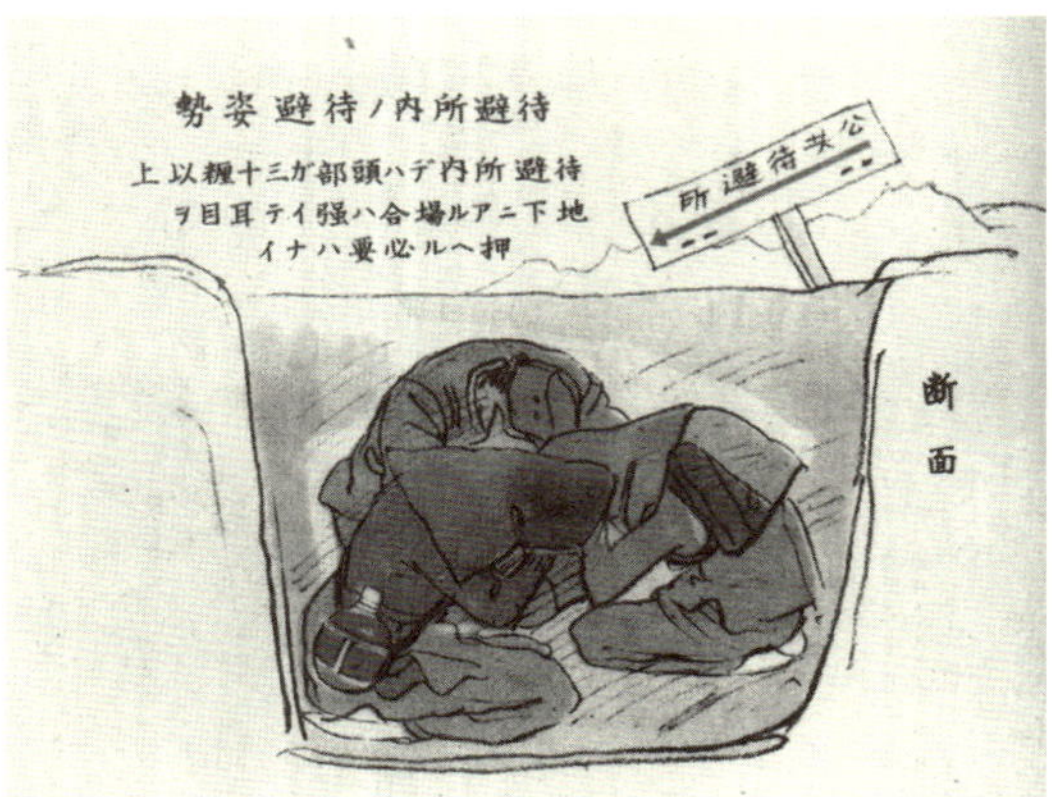

図解「待避所内の待避の姿勢」（『隣組防空絵解』1944年）

ったB25によって東京、川崎、横須賀、名古屋、四日市、神戸などが爆撃された空襲である。これは、指揮官の名称からドゥーリトル空襲とも呼ばれる。この空襲では、八七人の民間人が亡くなった。その後、しばらくの間、本土に空襲はなかったが、四四年六月十五日、中国の成都基地から八幡製鉄所を目標として、B29による最初の本土空襲が行われた。アメリカ軍は、四四年六月以降、成都基地を拠点に中国や東南アジアの日本支配地、満洲、台湾などを空襲したが、その流れの中で、八幡や大村など、本土の北九州地方が空襲されたのである。

　B29の航続距離の限界により、成都から本州を空襲することはできなかったので、アメリカ軍は、四四年七月から八月、マリアナ諸島のサイパン・テニアン・グアム島を陥落させ、そこに築いたマリアナ基地から、本土の大都市や全国の地域に対する大規模な空襲を開始した。

　B29によってマリアナ基地から行われた最初の本土空襲は、四四年十一月二十四日、東京都武蔵野町の中島飛行機武蔵製作所を目標にした空襲である。これ以降の初期の空襲は、平均約九〇〇〇メートルの高高度から爆弾によって軍需工場・施設などを目標にする精密爆撃を中心に行われた。四五年三月十日、東京下町の市街地を目標にした東京大空襲以降、夜間、約二〇〇〇メートルの低高度から、密集市街地に大量の焼夷弾を投下する無差別爆撃（地域爆撃）へと攻撃手法が転換し、同年六月まで、大都市を中心とした無差別爆撃が続けられた。とりわけ、三月十日の東京大空襲は被害が大きく、約一〇万人が死亡した。同年六月十五日、大阪・尼崎市街地の空襲までに、東京、川崎、横浜、名古屋、大阪、尼崎、神戸が順次目標リストから外され、これ以降は、全国の中小都市に目標が移った。中小都市空襲においても、ほとんどが焼夷弾による無差別爆撃の手法がとられ、同年八月六日に広島、八月九日に長崎に原子爆弾が投下された。アメリカ軍はマリアナ基地からの本土空襲を進めるにあたり、広島、長崎を含め、六十六都市を目標としてリストアップしていた。

　艦上機による大規模な空襲として、四四年十月十日、沖縄の那覇を中心に行われた空襲がある（十・十空襲）。これは、東京大空襲に先立って、市街地に行われた無差別爆撃で、那覇市内で二五五人が死亡した。北海道の空襲は、ほとんどが艦上機か機銃掃射によるもので、特に根室、釧路、函館などが艦上機による空襲の大きな被害を受けた。艦上機や小型陸上爆撃機、戦闘機による空襲や、千島列島、小笠原、硫黄島、南西島など島嶼部の空襲については、解明が進んでいないところも多い。沖縄戦以外で艦砲射撃の大きな被害を受けた都市として、室蘭、釜石、浜松などがある。四六年、復興事業の対象として政府によって「戦災都市」に指定されたのは広島、長崎を含めて一一五都市、本土空襲で一人でも犠牲者が出た地域に対象を広げると、広島、長崎を含めて当時の自治体単位で約八三〇地域となる。原子爆弾を除き、焼夷弾・通常爆弾などによる空襲に限定した場合、一〇〇〇人以上の大きな死者が出た地域は、仙台、日立、東京、横浜、長岡、富山、福井、甲府、静岡、浜松、名古屋、津、大阪、堺、神戸、明石、和歌山、岡山、呉、徳島、高松、八幡、佐世保、鹿児島である。本土空襲全体を通した民間人死者の数は、原子爆弾による死者を除いて、約二十万人とされる。　→沖縄戦　→原爆投下　→東京大空襲　→ドゥーリトル空襲

参考文献　奥住喜重『中小都市空襲』(一九八八、三省堂)、山辺昌彦「日本空襲における民間人の被害について」(『季刊戦争責任研究』八二、二〇一四)　(山本　唯人)

ほんどけっせんけいかく　本土決戦計画　米軍を日本本土で迎え撃ち戦争に決着をつけようという構想。一九四四年十二月、フィリピンでのレイテ決戦の敗北が決定的になると大本営陸軍部は本土決戦に傾斜し、決戦体制の構築と作戦準備が具体的に始まる。陸軍は、四四年十一月に始まった松代大本営の建設を本格化するとともに、四五年一月には秋の米軍上陸を想定する「帝国陸海軍作戦計画大綱」を策定、四月には本土に第一総軍(東日本)・第二総軍(西日本)・航空総軍を編成、「決号作戦計画準備要綱」など決戦のための組織づくりと作戦の立案を行い、南九州と九十九里・相模湾地区への米軍上陸を想定して、朝鮮・日本本土あわせて三百万人近い兵力を展開することを計画したが、本土空襲による生産力低下と資材不足から陣地構築は進まず、配置部隊への兵器・弾薬も行き渡らない状態で、部隊の練度も上がらなかった。しかし、六月八日の御前会議で本土決戦方針が再確認され、南九州と関東沿岸部を中心に沿岸砲台の構築や特攻部隊の配置と作戦準備が押し進められるとともに、長野・群馬・静岡などの地域では松代防衛のための戦闘部隊・秘密戦部隊・研究機関(兵器製造工場)の配置が行われた。国民義勇隊などを動員した作戦道路・陣地・掩体・待避壕・対戦車壕などの構築が進められた地域もある。なお、米軍上陸が想定された九州には、第十六方面軍(十個師団・八個混成旅団)、関東には第十二方面軍(十九師団・二個戦車師団・七個混成旅団)が配置された。米軍側は四五年五月十日、統合参謀本部が、南九州上陸の「オリンピック作戦」、関東(九十九里・相模湾)上陸の「コロネット作戦」を実施することを正式に承認し、同二十五日には、それぞれの作戦開始時期と投入兵力を「オリンピック作戦」四五年十一月一日、十一個歩兵師団と一個機甲師団、「コロネット作戦」四六年三月一日(暫定)、十二個歩兵師団・海兵師団と二個機甲師団と決定した。　→オリンピック作戦　→コロネット作戦　→松代大本営

参考文献　歴史教育者協議会編『幻ではなかった本土決戦』(一九九五、高文研)、日吉台地下壕保存の会編『〈本土決戦〉の虚像と実像―一度は訪ねてみたい戦争遺跡―』(二〇一一、高文研)　(山田　朗)

ほんどぼうくうさくせん　本土防空作戦　国土の防空は、戦闘機や高射砲などの軍事力による軍防空と消防や灯火管制・都市計画などによる民防空からなり、国土主要地域の軍防空は主に陸軍、民防空は内務省が担当した。陸軍は、第一次世界大戦後から国土防空の研究を始め、一九三五年、内地に防衛司令部と防衛管区を設立し、四〇年七月、それを再編した軍司令部と軍管区を設立した。軍司令官が東部・中部・西部・北部の各軍管区における師団以下の諸部隊を指揮し、防空の計画などを担当した。四一年七月、防衛総司令部が設立された。陸軍の防空方針では、開戦劈頭に航続距離内の敵航空根拠地あるいは航空母艦を破壊する「攻勢防空」が重視され、来襲する敵機に対処するための十分な戦力の整備は遅れがちであった。アメリカによる長距離爆撃機B29の開発と四四年七月のサイパン陥落によって、こうした作戦の前提条件は大きく変化し、特に四五年三月十日の東京大空襲以降、国内主要都市は壊滅的な被害を受けた。

参考文献　防衛庁防衛研修所戦史室編『本土防空作戦』(『戦史叢書』一九、一九六八、朝雲新聞社)、柳澤潤「日本陸軍の本土防空に対する考えとその防空作戦の結末」(『戦史研究年報』一一、二〇〇八)　(山本　唯人)

ほんまけんいちろう　本間憲一郎　一八八九―一九五九　昭和期の右翼運動家。一八八九年十二月二十四日、茨城県に生まれる。東洋協会専門学校を中退、南満洲鉄道株式会社従業員養成所に入る。この時にのちに国家改造運動の同志となる井上日召・前田虎雄らと知り合う。一九一五年、陸軍通訳となり、中国第三革命に参加。二八年、茨城県新治郡真鍋町に紫山塾を創設。三一年には頭山秀三(頭山満の三男)が設立した天行社の理事となる。三二年の五・一五事件では、牧野伸顕邸を襲撃した海軍の古賀清志に拳銃を提供したため、頭山秀三とともに逮捕され、禁錮四年に処せられる。三八年、幕末の武市半平太の「一藩勤皇」に倣い、天野辰夫らと茨城県を中心に「一県勤皇運動」を展開。三九年にまことむすび社を組織。同年、湯浅倉平内大臣暗殺予備事件で検挙、懲役一年二ヵ月に処せられる。戦後も引き続き右翼運動を続けた。著書に『勤皇まことむすび』(三九年)など。五九年九月十九日死去。六十九歳。

参考文献　高橋正衛編『国家主義運動』三(『現代史資料』二三、一九七四、みすず書房)、堀幸雄『戦前の国家主義運動史』(一九九七、三嶺書房)　(萩原　稔)

ほんままさはる　本間雅晴　一八八七―一九四六　陸軍

軍人。第十四軍司令官、陸軍中将。一八八七年十一月二十七日、新潟県生まれ。一九〇七年五月、陸軍士官学校(十九期)、一五年十二月、陸軍大学校を卒業。一八年四月、英国駐在、二二年十一月、インド駐箚武官。二五年八月、参謀本部員、二六年二月、陸軍大学校教官。二七年一月から三〇年にかけて秩父宮付武官を務め、三〇年六月、英国大使館付武官となる。三二年八月、陸軍省新聞班長、三七年七月、参謀本部第二(情報)部長などを歴任。三八年七月、中将に昇進。第二十七師団長として武漢作戦に参加し、四〇年十二月には台湾軍司令官となる。四一年十一月、第十四軍司令官に就任し、フィリピン攻略戦を指揮する。四二年八月、予備役に編入。戦後、日本陸軍は、米国が戦犯事案として重視していたバタアン「死の行進」について調査し、米比軍捕虜の取り扱いに関する本間中将の監督責任を認め、昭和天皇の裁可を経て四五年十月十八日付で本間を礼遇停止に処した。その後、本間は米軍マニラ法廷で訴追され、死刑を宣告された。四六年四月三日、刑死。六十歳。

参考文献 角田房子『いっさい夢にござ候―本間雅晴中将伝―』(一九七二、中央公論社)、永井均『フィリピンと対日戦犯裁判―一九四五～一九五三年―』(二〇一〇、岩波書店) (永井 均)

ほんりょうしんじろう 本領信治郎 一九〇三―七一 昭和期の政治家。一九〇三年十月八日、京都市に生まれる。早稲田大学政治経済学部卒業。本人によれば在学中は弁論部部長であったという。ラグビー部にも属す。早稲田高等学院教授などを務めた。三八年ドイツ留学から帰国。東方会常務幹事、青年部長。のち新体制運動を推進し大政翼賛会宣伝部副部長。四二年の翼賛選挙には東京府第五区から翼賛政治体制協議会の推薦を受けずに立候補し当選。警察は、第五区に分厚く存在した麻生久、加藤勘十など無産政党の支持者の多くが、本領に投票したと観察した。またナチス＝ドイツ関係の出版物に力を入れ、『写真ヒトラー総統伝』(四一年)を発刊するが、これにはオット駐日ドイツ大使の序がつけられた。またドイツ経済に関する翻訳を、戦時経済叢書として刊行。四四年、翼賛政治会政務調査会役員。戦後は、改進党、日本民主党に所属。七一年七月二十四日死去。六十七歳。

参考文献 本領信治郎『青年の信条』(一九四三、拓南社)、『翼賛議員銘鑑』(一九四三、議会新聞社) (源川 真希)

ま

マーカット William Frederick Marquat 一八九四―一九六〇 アメリカの陸軍軍人。一八九四年三月十七日、ミズーリ州セントルイス出身。一九一三―一七年に米陸軍要塞砲兵隊記録係を務め、第一次世界大戦に従軍した。帰国後の一九―二〇年、『シアトル＝タイムズ』紙の記者となるが、二〇年に陸軍大尉として陸軍に復帰。三九年、防空担当将校としてマッカーサー将軍率いるフィリピンへの軍事顧問団の一員となり、独立プロセスを開始したフィリピンの国軍訓練を担う。太平洋戦争勃発後、陥落したフィリピン、バタアンからオーストラリアに撤退するも側近としてマッカーサーを支えた。日本降伏後、マーカットは、四五―五二年、GHQの経済科学局長に就任し、日本の経済復興政策に携わった。帰国後、五二年に米陸軍文民軍政局長に着任、五五年に退役した。六〇年五月二十九日没。六十六歳。

参考文献 David Shavit, *The United States in Asia: A Historical Dictionary* (New York, 1990, Greenwood Press) (高田 馨里)

マーシャル George Catlett Marshall 一八八〇―一九五九 アメリカの陸軍軍人、政治家。一八八〇年十二月三十一日、ペンシルバニア州で生まれた。ヴァージニア士官学校を一九〇一年に卒業後、幕僚として経験を積み、第一次大戦時、欧州派遣軍の作戦計画で名声を確立した。戦間期は陸軍幹部の育成に従事、三九年、大統領から陸軍参謀総長に任命されると軍隊の近代化に取り組

マーシャル

み、戦略的には米英連合軍によるドイツ敗北を優先するヨーロッパ第一主義を提唱した。真珠湾攻撃後、マーシャルは統合参謀本部と米英合同参謀本部を指導、ノルマンディ上陸作戦などの立案で重要な役割を果たすと同時に政軍関係の調整にも長けていたため、四四年、連邦議会から「陸軍元帥」の称号を得た。戦後は、大統領特使として中国内戦調停に従事、四七年よりトルーマン政権の国務長官として欧州復興計画マーシャル＝プランを推進、五三年、軍人として初のノーベル平和賞を受賞した。五九年十月十六日没。七十八歳。

参考文献 Forrest C. Pogue, *George C. Marshall*, 4 vols (New York, 1963-1987, Viking Press)

（高田　馨里）

まいづるかいぐんこうしょう　舞鶴海軍工廠 ⇨海軍工廠

マウントバッテン　Louis Mountbatten　一九〇〇―七九　イギリスの軍人。ヴィクトリア女王の曾孫として、一九〇〇年六月二十五日、イギリスのバークシャー、ウィンザーで生まれた。一三年に王立海軍学校に入り、第一次世界大戦に従軍したのち、戦争直後にはケンブリッジ大学の特別コースで二学期間工学を学んだ。その後海軍でのキャリアを積み、第二次世界大戦では、四三年に連合国軍の東南アジア軍司令部最高司令官に任命され、ビルマを日本から奪回するための戦いなどを指揮した。大戦終結にあたって、東南アジア軍司令部は、英領マラヤやシンガポールといった本来の管轄地域に加えて、インドネシアや北緯一六度以南のインドシナでも日本軍の降伏に責任をもつことになった。四七年には、最後のインド総督に就任し、インドの独立に立ち会った。五九年から参謀総長となり、六五年に退任した。七九年八月二十七日、アイルランドのカトリック過激派のテロの標的となって暗殺された。七十九歳。

参考文献 宮元静雄『東南アジア連合軍の終戦処理―第二次世界大戦における―』(一九六五、東南アジア連合軍の終戦処理刊行会)

（木畑　洋一）

まえかわさみお　前川佐美雄　一九〇三―九〇　戦前戦後をつうじて活動した歌人。一九〇三年二月五日、奈良県に生まれる。二一年、下淵農林学校から東洋大学東洋文学科へ進学、在学中、佐佐木信綱主催の短歌誌『心の花』に入会、やがて超現実主義やマルクス主義の影響を受け、『短歌前衛』などに作品を発表した。三〇年に第一歌集『植物祭』を刊行、新鮮な手法が歌壇に衝撃を与えた。父親の死後、奈良に帰り、三四年に『日本歌人』を創刊。このころから日本浪曼派との関係を深め、伝統的な自然詠を多く制作するようになる。戦争期には戦争を支持する歌を発表した。戦後は戦争責任を批判されたが、五〇年代に前衛短歌運動の盛り上がりのなかで再び評価されるようになり、七二年には第六回釈迢空賞を受賞した。九〇年七月十五日死去。八十七歳。

参考文献 小高根二郎『歌の鬼・前川佐美雄』(『ちゅうせき叢書』、一九八七、沖積舎)、竹内民郎・鈴木貞美編『関西モダニズム再考』(二〇〇八、思文閣出版)

（渡辺　和靖）

まえだただし　前田精　一八九八―一九七七　海軍軍人。少将。一八九八年三月三日鹿児島生まれ。一九四〇年一月から在オランダ日本公使館付き海軍武官としてハーグに駐在、また同年十月からは第二次日蘭会商使節団の海軍側随員としてバタヴィアに赴いた経験もあったため、インドネシア事情に通じた人物として四二年から陸軍軍政下のジャカルタ海軍武官府の武官に任命された。現地の民族主義者と交流を持ち、終戦直後にスカルノらが独立宣言を起草する際に自宅を提供したため、インドネシアから大きな評価を得、建国功労賞を受けている。七七年十二月十三日死去。七十九歳。

参考文献 後藤乾一『東南アジアから見た近現代日本―「南進」・占領・脱植民地化をめぐる歴史認識―』(二〇一二、岩波書店)

（倉沢　愛子）

まえだはじめ　前田一　一八九五―一九七八　北海道炭礦汽船（北炭）の労務管理担当者、日本経営者団体連盟専務理事。一八九五年三月二十五日、佐賀県で生まれる。一九二一年東京帝国大学法科大学を卒業。北炭に入社し、労務管理担当を志願して、夕張炭鉱に赴任。朝鮮人労働者の募集にも従事した。二九年にＩＬＯ総会に政府代表随員として参加し、欧米の炭鉱を視察。浜口内閣による労働組合法案の成立阻止を日本工業倶楽部幹部に訴えて、同法の廃案に貢献。四三年には『特殊労務者の労務管理』を出版して、朝鮮人・中国人炭鉱労働者に対する労務管理の実情を論じた。戦後は、労働攻勢に対抗するために北海道石炭鉱業連盟の結成に貢献し、四五年北炭取締役に就任したが、四八年日経連創立と同時に専務理事となり、取締役を退任。以後、労働組合側に対抗する経営側のリーダーとして活躍。六九年に日経連専務理事を勇退。七八年五月二日死去。八十三歳。

参考文献 中村隆英・伊藤隆・原朗編『現代史を創る人びと』(一九七一、毎日新聞社)

（市原　博）

まえだよねぞう　前田米蔵　一八八二―一九五四　大正・昭和期の政治家。一八八二年二月十七日、和歌山県に呉服商前田嘉平治の四男として出生。一九〇二年東京法学院を卒業、弁護士となり横田千之助の法律事務所に入る。一七年の総選挙で政友会から立候補し当選。党幹事長を経て、田中義一内閣法制局長官、犬養毅内閣商相となる。政党内閣崩壊後は、政民連携による政党更生を目指すなか、中島知久平とともに近衛文麿を党首とする新党運動に参加。広田内閣・平沼内閣で鉄相、第一次近衛内閣で内閣参議に就任。三七年から政友会総裁代行委員。三九年の政友会分裂時は中島派に属する。政党解消後は、大政翼賛会常任総務・議会局長、翼賛議員同盟総務、翼賛政治会総務会長等を歴任するなど、戦時議会の最高指導者となる。小磯内閣で運輸通信相。敗戦後公職追放。五二年の総選挙で政界に復帰したが翌年の総選挙で落選。当選十回。五四年三月十八日没。七十二歳。

参考文献　有竹修二『前田米蔵伝』(一九六二)、古川隆久『政治家の生き方』(『文春新書』、二〇〇四、文藝春秋)、同「戦後政治史の中の前田米蔵」(『横浜市立大学論叢　人文科学系列』五六ノ一、二〇〇四)

(手塚　雄太)

マカピリ　MAKAPILI　一九四四年十二月八日にフィリピンで結成された対日軍事協力組織。日本語では比島愛国同志会。フィリピン共和国政府が対米戦に非協力的であることに苛立った日本軍が、ベニグノ＝ラモスらの親日勢力に命じて結成させたフィリピン人義勇軍であるが、実際には日本軍の指揮下にあった。会員は日本兵から戦闘訓練を受けることに加え、情報収集、食糧の調達などを任務とし、抗日ゲリラの摘発にも関わった。米軍によるフィリピン奪還が進む戦争末期、武装したマカピリ隊員は各地で日本軍と行動をともにし、敗走した。戦後、フィリピン社会においては「裏切り者」として厳しい反感と報復感情の対象となり、対日協力者を裁いた特別国民裁判において有罪判決を受けたなかには多くのマカピリ隊員が含まれた。　→ラモス

参考文献　寺見元恵「日本軍に夢をかけた人々—フィリピン人義勇軍—」(池端雪浦編『日本占領下のフィリピン』所収、一九九六、岩波書店)

(内山　史子)

まきぐちつねさぶろう　牧口常三郎　一八七一—一九四四　創価教育学会(創価学会の前身)の創設者、初代会長。一八七一年七月二十三日(明治四年六月六日)、柏崎県(現、新潟県)に生まれる。苦学して北海道尋常師範学校を卒業後、教職に就く。一九〇一年、上京して志賀重昂の指導を受け、〇三年に『人生地理学』を刊行。新渡戸稲造や柳田国男とも交流する。東京では、白金尋常小学校などの校長を歴任する。二八年、戸田城聖とともに日蓮正宗に入信し、宗教的探求を強める。三〇年十一月十八日、『創価教育学体系』第一巻を刊行。この日を、学会の設立日としている。新カント派の価値体系を牧口なりに展開させ、「美・利・善」の価値追究を論じた。戦時下では、他宗排他的な信仰理解と実践上、伊勢神宮の神札を祀ることを拒否したことなどから、四三年七月六日、治安維持法違反・不敬罪容疑で検挙される。会は壊滅状態となったが、獄中でも転向を拒否し、四四年十一月十八日、東京拘置所で没。七十四歳。　→創価教育学会(そうかきょういくがっかい)

参考文献　熊谷一乗『牧口常三郎』(一九七八、第三文明社)、『牧口常三郎全集』(一九八一—九六、第三文明社)、斎藤正二『牧口常三郎の思想』(二〇一〇、第三文明社)

(塚田　穂高)

まきたたまき　牧田環　一八七一—一九四三　明治—昭和前期の鉱山技術者、三井鉱山経営者。一八七一年九月四日(明治四年七月二十日)、士族牧田虎之丞の次男として大阪に生まれる。九五年帝国大学工科大学採鉱冶金科卒業後、三井鉱山入社。九八年義父の団琢磨とともに鉱山技術の欧米視察のため渡航。一九一三年三井鉱山取締役業務委員、一八年常務取締役業務委員に就任。三二年には三井合名理事に就任。「財閥転向」の一環として三井元之助社長の退陣により、三四年一月三井鉱山会長に就任(社長制から会長制)。また釜石鉱山・神岡水電・東洋高圧などの設立とともにそれぞれ取締役会長に就任、日本製鉄・日本製鋼所・北樺太石油などの取締役や電気化学工業・太平洋炭礦などの相談役にもなり、三井鉱山傘下企業や同関係企業の重鎮として活躍した。資源審査会・労働保険調査会・国産振興委員会などの各委員にも就任している。停年制実施により三六年夏三井合名・三井鉱山退社。三七年、三井が設立した昭和飛行機工業社長に就任。四三年七月六日没。七十三歳。

参考文献　森川英正編『牧田環伝記資料』(一九八二、日本経営史研究所)

(春日　豊)

まきののぶあき　牧野伸顕　一八六一—一九四九　明治から昭和期の政治家。伯爵。一八六一年十一月二十四日(文久元年十月二十二日)、大久保利通の次男として鹿児島で生まれ、遠縁の牧野家を継ぐ。伊藤博文や西園寺公望から重用され、文相・外相などを歴任。一九一九年パリ講和会議日本全権。二一年宮内大臣、二五年に内大臣に就任。一木喜徳郎宮相や鈴木貫太郎侍従長などと連携して宮中組織を横断する勢力を築き、昭和天皇の政治判断に大きな影響を与えた。英米との協調外交を重視したため、統帥権干犯問題などで右翼勢力や急進派の青年将校から「君側の奸」として強い批判にさらされた。三五年に内大臣を退任。翌年の二・二六事件では反乱部隊の襲撃を受け、難を逃れたものの、以後表だっての政治活動は行わなくなった。ただし、その後も天皇自身や側近たちから相談を受けることが多く、昭和天皇から終生絶大な信頼を寄せられた。四九年一月二十五日没。八十九歳。牧野が残した日記は昭和天皇の死後、『牧野伸顕日記』

牧野伸顕

(九〇年、中央公論社)と題して公刊された。

参考文献 茶谷誠一『昭和戦前期の宮中と政治』(二〇〇九、吉川弘文館)、古川隆久『昭和天皇―「理性の君主」の孤独―』(『中公新書』、二〇一一、中央公論新社)

(瀬畑 源)

まきのりょうぞう 牧野良三 一八八五―一九六一 大正・昭和期の政治家。一八八五年五月二十六日、岐阜県に旅館主牧野伊平の三男として出生。一九一一年東京帝国大学法科大学法律学科卒。高文合格後逓信省に入る。一四年、中橋徳五郎が社長を務める大阪商船株式会社に転じる。一六年弁護士登録。中橋の原敬内閣文相就任に伴い文相秘書官。二〇年総選挙で政友会から立候補し初当選。政友本党移籍を挟んで復党。田中義一内閣商工参与官、斎藤内閣逓信政務次官。三九年の政友会分裂時は久原派に属す。斎藤隆夫の衆議院除名に反対し衆議院で青票を投じた。政党解消後は日独伊三国同盟強化を主張した国策貫徹議員同盟・興亜議員同盟に属し、翼賛選挙は推薦を得て当選。戦時中は日本繊維製品小売商業組合連合会等の役員も務めた。敗戦後公職追放。五〇年に解除、全国選挙管理委員会委員長となる。第三次鳩山一郎内閣法相。当選十回。法学博士。六一年六月一日没。七十六歳。

参考文献 濃飛往来社『東京岐阜県人総覧』(一九三六)、『牧野良三』(一九六二)、古屋哲夫「翼賛体制と対米英開戦」(内田健三・金原左門・古屋哲夫編『日本議会史録』三所収、一九九一、第一法規出版)

(手塚 雄太)

まけぐみ 負組 ⇨勝組・負組

まことむすびしゃ まことむすび社 一九三九年三月二十日、本間憲一郎が設立した国家主義団体。鹿子木員信、安田銕之助、小島茂雄、天野辰夫が世話人。主幹に薄井己亥を充て機関紙『まことむすび』を四月一日から発行した。本間は二九年紫山塾を設立し塾頭となり、三二年五・一五事件に連座。出所後、村落レベルから一県レベルにまで勤皇同志を拡大・結合させようとする勤皇まことむすび運動を始め、郷里の茨城県で実践。この運動に神兵隊事件関係者の内部分裂によって生じた「告り直し組」(天野、安田ら)が合流し、まことむすび社が設立される。三九年八月に本間は湯浅倉平内大臣暗殺計画で検挙され、本間の不在中、団体の主導権は天野らの手に移り、四〇年勤皇まことむすび中央事務局を設置。四三年天野らは戦時刑事特別法改正案に反対し、これを契機に東条英機内閣を打倒しようとして検挙された。四四年三月十五日付で結社取り消し、機関紙発行禁止。

参考文献 本間憲一郎『勤皇まことむすび』(一九三六、まことむすび社)、山本彦助『国家主義団体の理論と政策』(『社会問題資料叢書』一、一九七一、東洋文化社)

(昆野 伸幸)

まさきじんざぶろう 真崎甚三郎 一八七六―一九五六 軍人、陸軍大将。一八七六年十一月二十七日佐賀県に生れる。九七年陸軍士官学校(第九期)、一九〇七年陸軍大学校卒業。一一―一四年ドイツ駐在武官、二六年陸軍士官学校長。士官学校長として、「職員も生徒も国体精神皇室観念か頗る薄らいて居ると痛感」。二九年第一師団長、三一年台湾軍司令官、三二年参謀次長。参謀次長時代、平沼騏一郎枢密院副議長から、軍部が政府を引き摺ること、および「後害のある」陸軍高級将校を処理するように示唆を受け、人事異動に着手(皇道派人事)。また天皇の陸軍に対する「無理解」を皇族の耳に入れるなどの言動が、天皇周辺の反発を招く。三三年大将。三四年一月教育総監。青年将校の「集合を一概に禁止あらず」といった姿勢が、永田鉄山らの「皇道派人事」に対する不満に加えて、天皇周辺の反発を強めた。三四年七月九日の『真崎甚三郎日記』は、「若し万一青年将校に軽挙のことあらんか、悉くしらみつぶしにつぶさるべく、元老重臣の存する限り決して何事も出来ざるべく」と記し、天皇周辺の強い力に警戒心を露わにした。三五年七月、閑院宮参謀総長・林銑十郎陸相によって教育総監更迭。岡田啓介首相は、この更迭を「陛下始め皇族方」が「陸軍大臣の決断を喜ばれた」と語る。七月二十七日の日記は、青年将校らとの連絡にあたる平野助九郎らへの指示として、「若し万一単独にて強き信念の下に決行するものあるとも其は単独意志にて決して累を他に及ぼさざる如くすること」と述べ、事実上の単独行動の教唆を行う(八月十二日、相沢事件―永田軍務局長殺害)。二・二六事件勃発の第一報に絶望感を表明するが、軍事参議官の一員として青年将校の撤退を実現し、陸軍に有利な解決方向を模索する。天皇の激しい怒りと、奉勅命令の発令により挫折。二・二六事件の関係者として軍法会議に付せられたが、取り調べには逃げをはり、無罪。三六年三月予備役、第二次世界大戦後戦犯として逮捕、二年間収監。五六年八月三十一日死去。七十九歳。

真崎甚三郎

参考文献 須崎愼一『日本ファシズムとその時代―天皇制・軍部・戦争・民衆―』(一九九八、大月書店)、同『二・二六事件―青年将校の意識と心理―』(二〇〇三、吉川弘文館)

(須崎 愼一)

まさきひろし 正木ひろし 一八九六―一九七五 弁護士、ジャーナリスト。本名昊。一八九六年九月二十九日、東京本所の郵便局員正木義淏の次男に生まれる。一九二〇年東京帝国大学法学部入学、在学中より千葉県佐倉中学校、長野県飯田中学校で教鞭を執る。二五年弁護士を開業。三七年四月、個人雑誌『近きより』を創刊、反語や隠喩を駆使して、時局に対する痛烈な批判的言論を展開した。四三年二月号の巻頭言では、東条英機首相に対して「責任を知れ」と真っ向から批判した。四四年二月、茨城県の巡査が拷問で被疑者を殺害し隠蔽しようとしたことに対し、巡査を告発した（首なし事件）。四五年一月か二月ごろ、終戦工作のため広田弘毅と会談。同年七月か八月初めごろ、佐倉警察署長鈴木熊治郎と密議、本土決戦の際に町民の生命を守るための降伏計画を立案。戦後は三鷹事件、八海事件、菅生事件などを手がけ、人権派弁護士として活躍した。七五年十二月六日没。七十九歳。

参考文献 家永三郎『正木ひろし』（一九八一、三省堂）、同他編『正木ひろし著作集』六（一九八三、三省堂）

（松井慎一郎）

マシュミ Masjoemi 一九四三年十一月に日本軍政下のジャワで結成されたイスラーム諸団体の連合体。正式名称をMadjlis Sjoero Moeslimin Indonesia（インドネシア＝イスラーム教徒協議会）という。オランダ時代からあった政治色の強いMIAI（インドネシア＝イスラーム大会議）を解散させ日本の意に適うようにイスラーム住民を動員するために作られた翼賛団体である。既存のイスラーム団体をすべて加盟させたほか、イスラーム教師たちの個人加盟も認めた。マシュミの結成によりイスラーム勢力の保守派（ナフダトゥル＝ウラマ）と近代派（ムハマディア）を統一し、総裁には保守派のハシム＝アシャリ、副総裁には同じく保守派のワヒッド＝ハシムと、近代派のマンスールが選出された。独立後まもなくこれを母体にマシュミ党が結成されたが、やがて五〇年代になって保守派は分離して独自の政党、ナフダトゥル＝ウマラ党を結成した。

参考文献 倉沢愛子『日本占領下のジャワ農村の変容』（一九九二、草思社）

（倉沢 愛子）

まちじりかずもと 町尻量基 一八八八―一九四五 明治後期・大正期・昭和戦前期の陸軍軍人。最終階級は中将。子爵。一八八八年三月三十日、京都府で伯爵壬生基修の子として生まれ、壬生基綱と名乗る。のちに子爵町尻量弘の養嗣子となり、名を量基と改めた。妻は賀陽宮由紀子女王。陸軍士官学校（第二十一期）、陸軍砲工学校高等科、陸軍大学校卒業、砲兵将校として出世を遂げ、一九三六年三月に陸軍省軍務局軍事課長、三七年十月に軍務局長に就任して陸軍軍政の中枢に参画した。北支那方面軍参謀副長、第二軍参謀長として日中戦争に参戦したのち、三十八年十一月に再び軍務局長。三十九年十二月に第六師団長、四十一年四月に化兵監、四二年十一月に印度支那駐屯軍司令官となったが、四五年五月に予備役編入。また侍従武官（三〇年五月―三五年三月、三七年三月―十月）として昭和天皇の側に長く仕えた。四五年十二月十二日、五十八歳で死去。

参考文献『町尻量基追悼録』（一九六八）

（堀田慎一郎）

まちだたつじろう 町田辰次郎 一八九三―一九七五 産業報国会常務理事として産業報国運動を指導。一八九三年四月十七日、群馬県で生まれる。日本大学専門部中退。一九二一年協調会に就職。二七年、安岡正篤の金鶏学院の設立に関与し、顧問に就任。三〇年八月、東京市電気局労働課長となり協調会を離れる。三一年五月、添田敬一郎が協調会常務理事を辞任し内務官僚で金鶏学院顧問の吉田茂が協調会常務理事に就任したときに、町田は協調会参事、労働課長となって復帰した。三七年協調会常務理事。産業報国運動を展開。三八年七月、産業報国連盟理事。四一年十二月から産業報国会常務理事。四二年の翼賛選挙で落選。四三年一月、産業報国会実践局長。四五年一月時点では産業報国会常務理事。戦後、公職追放。四九年時点で国際電気株式会社社長。五六年国際電信電話会社社長。「若い根っこの会」理事長。七五年六月十五日没。八十二歳。

参考文献 町田辰次郎『皇国勤労観と産業報国運動』（一九四四、昭和刊行会）、横関至「町田辰次郎と協調会」（法政大学大原社会問題研究所編、梅田俊英・高橋彦博・横関至『協調会の研究』所収、二〇〇四、柏書房）

（横関 至）

まちだちゅうじ 町田忠治 一八六三―一九四六 政治家。一八六三年五月十七日（文久三年三月三十日）、秋田に出生。秋田中学卒。帝国大学法科大学選科を八七年卒。朝野新聞、郵便報知新聞の記者。九五年、東洋経済新報社長。九七年、日本銀行副支配役、取締役。一九一二年から二〇年まで報知新聞社長。二四年から四五年十二月まで衆議院議員。二六年六月から二七年四月まで第一次若槻内閣農林大臣、二九年七月から三一年十二月まで浜口・第二次若槻内閣農林大臣、三四年七月から三六年三月まで岡田内閣商工大臣、三六年二月から三月は大蔵大臣兼務。三五年から四〇年まで民政党総裁。民政党の解体には最後まで反対の立場をとった。四〇年十月から四一年十月まで第二・三次近衛内閣参議。四四年七月より四五年四月まで小磯内閣国務大臣。四五年十一月に日本進歩党総裁。公職追放。四六年十一月十二日没。八十四歳。

参考文献 松村謙三『町田忠治翁伝』（一九五〇）、『町田忠治』伝記編・資料編（一九九六、桜田会）

（横関 至）

まちむらきんご 町村金五 一九〇〇―九二 昭和期の官僚、政治家。一九〇〇年八月十六日北海道に生まれる。二四年東京帝国大学法学部卒。内務省に入り、青森県警部・警察部警務課長、地方警視・静岡県警察部保安課長、宮内事務官、宮内書記官・宮内大臣秘書官、岐阜県警察部長、三重県警察部長、内務省書記官・警保局警務課長などを歴任して、四一年一月富山県知事に就任。四三年四月安藤紀三郎内相のもとで内務省警保局長・警察講習所長となり、十一月防空総本部警防局長を兼任。四五年二月新潟県知事に就任し、海運局長を兼任。同年四月鈴木内閣の警視総監に就任したが、在任四ヵ月で敗戦。八月東京都次長となった。四六年一月公職追放、五一年十月解除。五二年改進党公認で衆議院議員に当選し、五九年から七一年まで北海道知事。七一年参議院議員となり、七三年自治大臣・北海道開発庁長官に就任。九二年十二月十四日死去。九十二歳。

参考文献 北海タイムス社編『町村金五伝』(一九八二、町村金五伝刊行会)　(大日方純夫)

まつ　松　一九四三年度計画による戦時急造の一等駆逐艦松型(丁型)十八隻の一番艦。海上戦力の消耗、当時の生産力と資材限度を勘案し、小型簡易な駆逐艦の急速多量建造に対応すべく計画された。「松」は舞鶴海軍工廠にて起工からわずか三百二十六日で竣工。基準排水量一二六二トン、速力は二七・八ノットながら、一二・七センチ連装高角砲一基、同単装高角砲一基、六一センチ魚雷発射管四連装一基など優れた対空・対潜能力を備えていた。同型とさらに設計を簡易化した橘型(改丁型)と合わせ四十一隻が計画され、うち三十二隻が竣工した。

参考文献 福井静夫『日本駆逐艦物語』(『福井静夫著作集』五、一九九三、光人社)、『日本駆逐艦史』(『世界の艦船』七七二、二〇一三)　(齋藤　義朗)

松井石根

まついいわね　松井石根　一八七八―一九四八　陸軍軍人。中支那方面軍司令官、陸軍大将。一八七八年七月二十七日、愛知県生まれ。九七年十一月、陸軍士官学校を卒業(九期)。一九〇四年二月、歩兵第六連隊中隊長。同年四月、日露戦争に従軍し、首山堡の戦で負傷する。〇六年十一月、陸軍大学校を卒業。〇七年一月から十一年四月まで清国に派遣。一四年五月から翌年八月まで欧米に出張後、一五年十二月から約四年間、参謀本部付として上海に勤務した。二二年十一月、関東軍司令部付(ハルビン特務機関長)、二四年二月、歩兵第三十五旅団長、二五年五月、参謀本部第二部長。三一年十二月、ジュネーブ一般軍縮会議全権委員、三三年三月、軍事参議官、同年八月、台湾軍司令官を歴任。三三年十月、大将に昇進。三五年八月、予備役に編入された。アジア主義を信奉し、予備役編入後には大亜細亜協会の会頭に就任している。日中戦争の勃発直後、三七年八月に召集され、上海派遣軍司令官に就任した。三七年十月には中支那方面軍司令官を兼務。三八年三月に復員し、同年七月から四〇年一月まで内閣参議。終戦後の四五年十二月に連合国軍最高司令官(SCAP)により戦犯容疑者に指名、病気のため自宅拘禁の後、四六年三月六日に巣鴨プリズンに収監。巣鴨では、国際検察局(IPS)による尋問を受けた。その後、東京裁判で訴追され、三七年十二月の南京事件の指揮官責任を問われて死刑を宣告。一九四八年十二月二十三日、刑死。七十一歳。

参考文献 秦郁彦編『日本陸海軍総合事典』(一九九一、東京大学出版会)、粟屋憲太郎・吉田裕編『国際検察局(IPS)尋問調書』二二(一九九三、日本図書センター)、原剛「松井石根」(伊藤隆・季武嘉也編『近現代日本人物史料情報辞典』二所収、二〇〇五、吉川弘文館)　(永井　均)

まついたくろう　松井太久郎　一八八七―一九六九　陸軍軍人。一八八七年十二月三日、農業松井勘太郎の三男として福岡県に生まれる。一九一〇年陸軍士官学校卒(第二十二期)、一七年陸軍大学校卒業。三三年大佐、三六年北平特務機関長となり、三七年盧溝橋事件の際、事態の収拾を図るため冀察外交委員会と折衝を行う。同年張家口特務機関長・少将。三八年近衛歩兵第一旅団長、三九年満洲国最高軍事顧問を経て、四〇年中将・第五師団長。四一年七月、日仏議定書の調印により師団を率いて南部仏印に進駐、マレー作戦に参加。四二年汪政府最高軍事顧問、四三年支那派遣軍総参謀長、四五年第十三軍司令官を務めた。六九年六月十日没。八十一歳。

参考文献 古谷哲夫『日中戦争』(『岩波新書』、一九八五)、伊香俊哉『満州事変から日中全面戦争へ』(『戦争の日本史』二二、二〇〇七、吉川弘文館)　(柏木　一朗)

まつおか・アンリきょうてい　松岡・アンリ協定　一九四〇年八月三十日に松岡洋右外相とアンリ Henry Charles Arsène 駐日フランス大使の間で結ばれた極東に関する協定。その内容は、フランスは日本の政治経済的な優越的利益を認め、日本はフランスの権利・利益とくに仏領インドシナの領土保全と主権を尊重するというものだった。経済面では、日本と仏印の貿易増進、仏印における日本・日本人の優越的な地位の保障を今後検討するとされた。軍事的には、仏印においてフランスは日本に軍事的便宜を供与するが、それは日中戦争解決までの臨時措置であり、かつ中国と国境を接する州のみに限定された。その経費は日本側が負担し、仮に日本軍の戦闘行為やその存在によって第三国軍が仏印に損害を与えた場合も、日本側が賠償すると定められた。日本は本協定に基づいて細目を仏印側と取りまとめ、九月二十三日に北部仏印進駐を開始した。　→北部仏印進駐(ほくぶふついんしんちゅう)

参考文献 外務省編『日本外交年表並主要文書』下(一九六五、原書房)、立川京一『第二次世界大戦とフランス領インドシナ―「日仏協力」の研究―』(二〇〇〇、彩流社)　(森山　優)

まつおかこまきち　松岡駒吉　一八八八―一九五八　右派社会民主主義の潮流を代表する労働運動家、政治家。一八八八年四月八日、鳥取県生まれ。高等小学校卒業ののち職を転々とし、その間キリスト教に入信した。一九一〇年日本製鋼所室蘭工場に旋盤工として入職し、一四年友愛会室蘭支部発会にあたり、友愛会(のち日本労働総同盟)に入会した。鈴木文治会長に実務的手腕を評価され、一七年友愛会本部員となり、翌一八年には主事に就任、以来反共右派を代表する指導者として活躍し、三二年総同盟の会長となった。三七年日中戦争が始まると、「ストライキ絶滅宣言」を発するなど、戦争協力の姿勢を前面に出したが、官製の産業報国運動には反対して、労働組合を存続させようとした。しかし四〇年総同盟解散を余儀なくされ、四二年の翼賛選挙には非推薦で立候補したが落選した。敗戦後ただちに総同盟再建に奔走し、四六年日本労働組合総同盟会長となった。また社会党結党に参加し、衆議院議員に当選六回、四七年には衆議院議長に就任した。五八年八月十四日没。七十歳。

参考文献 松岡駒吉『野田大労働争議』(一九二八、改造社)、同『労働組合論』(『民衆政治講座』一一、一九二八、クララ社)、中村菊男『松岡駒吉伝』(一九六三、経済往来社)、『総同盟五十年史』(一九六四―六六、日本労働組合総同盟)

(三輪 泰史)

まつおかようすけ 松岡洋右 一八八〇―一九四六 外交官、政治家。一八八〇年三月四日、山口県に生まれる。生家は船問屋であったが、松岡が十二歳の時に倒産、生活のために渡米を余儀なくされ、以後十年にわたり、アメリカで苦学した。一九〇四年に外交官試験に首席で合格し、上海を振り出しに外交官生活を開始した松岡は、大部分を中国大陸で勤務する。第一次大戦後の外務省では学歴のない自分の出世の可能性は小さいと判断し、二一年には満鉄の理事、二七年には同副社長となり、さらに三〇年には政友会から衆議院に出馬して当選した。さらに、満洲事変勃発後、国際的危機を深めていた日本政府の全権代表として、ジュネーブでの国際連盟総会に派遣され、三三年二月、リットン報告書に基づく決議が賛成四十二、反対一、棄権一で採択される際には「十字架演説」として有名となる激烈な連盟批判演説を行なった。この満洲事変後の連盟総会での活躍は、松岡の政治的生涯の大きな転機となった。帰国後の松岡を待っていたのは、世界恐慌後の社会不安や政治不信、アメリカの不承認決議や国際連盟の煮え切らない態度を批判する国民からの熱狂的な歓迎であった。「凱旋将軍」として帰国した松岡は衆議院議員を辞し、三〇年代の革新・既成政党打破の風潮の直中で「政党解消連盟」運動を主導すべく全国行脚旅行を開始する。のちに運動を中止して三五年には満鉄総裁となるが、その五年後の四〇年七月には第二次近衛内閣の外相に、そして十月発足の大政翼賛会の副総裁となり、将来の総理候補としての期待さえ受けるようになった。

松岡洋右

外相となった松岡は、日中戦争の解決、大英帝国解体を前提とした南進政策、三国同盟の締結、ソ連との提携、日米交渉といった多様な外交案件に積極的に取り組んだ。また、外交陣の刷新にも取り組み、松岡旋風と呼ばれる人事異動を断行した。いずれもアジア・太平洋戦争に突入する日本外交にとってきわめて重要な意味をもった施策ばかりであった。従来、「松岡外交」は、まず、少壮期からの積極的な大陸進出論との関係で理解されてきた。外交官時代に中国在勤が多かった松岡は、外務省の中では積極的なシベリア出兵論を主張して、幣原喜重郎次官らと対立した。二〇年代半ばに政治的野心を明らかにしはじめたころも、いわゆる「幣原外交」では日本の満蒙権益を守れないとの論陣を張った。それは松岡が国際協調に飽きたらぬ攻勢的な外交姿勢を持っていたことを端的に示すものであったが、前述した国際連盟での「十字架演説」もこうした一種の反「国際協調」的態度の表明と理解されがちであったし、三国同盟締結などもその延長と理解されてきた。また、松岡外交のある種の奔放さもたびたび指摘されるところである。松岡外交は、独伊と三国同盟を締結し、ソ連を同調させることで四国同盟に拡大して、最終的に対米交渉にあたる外交方略をもっていたと理解され、その非現実性が問題視されたため、「飛翔する外交」などと呼ばれることもあった。

しかし、国際連盟脱退を阻止できなかった時、松岡は、自分の政治生命は終わったと覚悟していたという。言い換えれば、松岡は満洲事変直後には国際社会との協調を目指していたのであって、松岡なりの協調の論理もあったことが示唆される。外相期の松岡の外交方略も、三国同盟→四国同盟→対米交渉という単線的な理解はできないとする見方があるし、松岡の日中戦争解決の試みや対米交渉への積極性、さらには四一年の日ソ中立条約締結や松岡訪欧時の意図についても、松岡外交の「大戦略」とは何であったのかという観点からの見直しを受けつつある。

他方で、外相期の松岡が、大英帝国の解体を前提として南進政策を推進しようとしていたことや、アメリカ、イギリスからも交渉相手としてはほとんど完全な不信感を抱かれていたことは否定できない。この点は、松岡再評価の際には忘れてならない点だろう。すなわち、松岡外交がたとえ一定の論理や現実的な戦略を持っていたとしても、それは日英妥協や日米交渉の成功を示唆するものではなかったのかもしれないのである。こうした意味でいえば、松岡のアジア・太平洋戦争対英米開戦の責任は免れえない。病気のため、戦時期に目立った言動を残さなかった松岡は、戦後に巣鴨に収監され、極東国際軍事裁判での最終判決前の四六年六月二十七日に死去した。六十七歳。　→国際連盟脱退　→日独伊三国同盟　→日ソ中立条約

参考文献　三輪公忠『松岡洋右―その人間と外交―』（『中公新書』、一九七一、中央公論社）、細谷千博「三国同盟と日ソ中立条約」（『太平洋戦争への道』五所収、一九六七、朝日新聞社）、三輪宗弘「日独伊三国同盟締結時における、日独伊ソ構想への疑問」（『日本大学生産工学研究報告B文系』二五ノ一、一九九二）、服部聡『松岡外交』（二〇一二、千倉書房）　（武田　知己）

マッカーサー

マッカーサー Douglas MacArthur　一八八〇―一九六四　米国の軍人。陸軍元帥。占領下日本の連合国軍最高司令官（SCAP）。一八八〇年一月二十六日アーカンソー州生まれ。一九〇三年ウェストポイント陸軍士官学校卒。米植民地フィリピンを経て〇五年米大使館付武官の父アーサー中将の副官として来日。この時アジア視察を通じて「極東通」としての過大な自負をもった。第一次世界大戦では「レインボー師団」参謀長。功により十五の勲章を授かる。ドイツのラインラント占領、一九年ウェストポイント校長、フィリピン勤務を経て三〇年陸軍参謀総長就任（五十歳の最年少記録）、大将（待遇）昇進。三二年恩給一括払いを要求する退役軍人の「ボーナス＝マーチ」をサーベルと催涙ガスで鎮圧、参謀総長として陣頭指揮した。三五年フィリピン軍事顧問。元帥として国軍創設を担当。四一年米極東軍司令官。日米開戦後、フィリピンを日本軍に占領され、四二年三月コレヒドールから幕僚らとオーストラリアに脱出。同年連合国軍南西太平洋方面軍司令官として対日反攻を開始。四四年十月フィリピンレイテ島奪還に成功。

四五年八月日本降伏により連合国軍最高司令官に就任、三十日厚木基地に着陸、横浜に進駐。その後皇居前第一生命ビルの連合国軍総司令部（GHQ）に移動。米大使館を宿舎とした。占領統治に絶対的権力をもって憲法改正、農地解放、労働改革、婦人解放など「マッカーサーの改革」の印象を日本国民に与えて戦後改革を実施。憲法と天皇（制）問題でマッカーサーは独自性を発揮したが改革の大部分はワシントンで決定された十一月三日付「初期の基本指令（JCS 一三八〇／一五）」を根本方針として総司令部内各局の分担で進められた。日本占領は間接統治であったが、外交権の停止や検閲など直接統治の面もあった。四八年の朝鮮人教育擁護闘争では神戸地区に「非常事態」を宣言し一時警察権などを「直接」管理した。また「初期対日方針（SWNCC 一五〇／四、四五年九月六日トルーマン大統領承認）」に明記された政治形態の変更のため日本国民による「実力行使」容認方針をマッカーサーは認めなかった。「占領軍の安全と占領目的に反しない限り」との条件つきであったが四六年五月食糧メーデーにおける天皇直訴に対しての「暴民デモ禁止」、翌四七年の「二・一ゼネスト禁止」の両声明で「下から」の変革運動に歯止めをかけた。

四五年十月の幣原喜重郎首相との会談でマッカーサーが天皇制と軍部の並立的残置は認めない旨を語ると幣原は天皇制存続を望んだ。その直前の九月二十七日天皇との最初の会見以後マッカーサーは円滑な占領統治のためには天皇の利用が不可欠として天皇の戦争責任を不問に付し、東京裁判の被告・証人として出廷を認めず、象徴天皇制を残存させた（天皇会見は十一回）。他方、憲法改正では極東委員会の関与を嫌い、主導して民政局の草案作成など作業を先行させた。第九条「戦争放棄」規定は先の幣原会見が起点であるが、四七年五月片山哲首相に「東洋のスイスたれ」と言明、四八年の占領政策の転換（NSC 一三／二）後も日本の軍事強国化に反対の態度を示したが沖縄の要塞化（空軍基地化）とセットであり、五〇年六月の朝鮮戦争勃発後に国家警察予備隊創設を指令し再軍備への布石を打った。四八年大統領選挙には対日戦の勝利と日本占領の成功を看板に本気で共和党からの出馬を企図したが予備選で敗北。マッカーサーはきわめて権威主義的で、面会もGHQ内ではごく少数の幹部、日本人も天皇・吉田茂首相など一部上層だけと孤高の司令官であった。その思想は確固たる古典的自由主義、ニューディールにも敵対する保守主義であるが長年の職業軍人たる命令遵守精神と熾烈な対日戦で強いられた屈辱が改革を遂行させた。改革遂行の背景には大多数の日本国民の好意的雰囲気もあった。朝鮮戦争で国連軍総司令官も兼任するがマッカーサーは中国本土爆撃など戦争拡大を主張、米中交渉を求めるトルーマン大統領と対立、五一年四月一切の軍職から解任された。最高司令官在任期間は五年八ヵ月であった。六四年四月五日ワシントンの陸軍病院で死去。八十四歳。

参考文献　『マッカーサー回想記』（津島一夫訳、一九六四、朝日新聞社）、袖井林二郎『マッカーサーの二千日』（一九七四、中央公論社）、同『拝啓マッカーサー元帥様―占領下の日本人の手紙―』（一九八五、大月書店）、マイケル＝シャラー『マッカーサーの時代』（豊島哲訳、一九九六、恒文社）　（荒　敬）

まつざかひろまさ　松阪広政　一八八四―一九六〇　大正・昭和期の検察官。一八八四年三月二十五日京都府に生まれる。一九一〇年東京帝国大学法科大学卒。一二年東京控訴院検事などを経て、二七年十月東

京地方裁判所検事局に思想問題専門の特別部「思想専門」が設置された際、次席検事として思想検事の中心となり、三・一五事件、四・一六事件の検挙を指揮。三二年以後、横浜地方裁判所検事正、大審院検事を経て、三七年司法省刑事局長となり、帝人事件などへの対応に従事。四一年検事総長となり経済統制の推進にあたる。四三年中野正剛の逮捕に協力。四四年七月小磯内閣の司法大臣に就任し、四五年四月鈴木内閣に留任して、アジア・太平洋戦争末期の司法・検察行政を担当した。四五年八月貴族院議員に勅選。十二月戦犯容疑者として巣鴨拘置所に収容されたが、四七年八月容疑解除により釈放。四八年弁護士登録。六〇年一月五日死去。七十五歳。

参考文献 松阪広政伝刊行会編『松阪広政伝』(一九六九)　(大日方純夫)

まつしろだいほんえい　松代大本営　アジア・太平洋戦争末期、本土決戦にそなえて大本営や政府諸機関を地方移転するために長野県埴科郡松代町ほか(現、長野市)に建設された地下壕群と地上施設の総称。松代大本営は、戦後の呼び方で、戦前は工事名「松代倉庫工事」(マ工事)であった。一九四四年五月、移転候補地として松代町が選ばれた。選定理由は、地下壕に適した硬い岩盤であること、本州中央部に位置し、近くに飛行場があることなどであった。同年七月、サイパン島が陥落し、絶対国防圏が崩壊すると、政府機関はじめ国会を除く首都の主要組織を移転する「遷都計画」へと拡大された。工事は、陸軍省の指導・管理のもと西松組(現、西松建設)、鹿島組(現、鹿島建設)が請け負い、四四年秋から翌年八月までの約九ヵ月間行われた。工事には、朝鮮人労働者約六千名と近隣町村から勤労動員された人々が投入され、昼夜二交替の工事が強行された。地下壕は、松代町の三山(象山、舞鶴山、皆神山)に掘削され、総延長は一〇キロ余りであった。象山地下壕(「イ地区」)は、政府機関・日本放送協会・中央電話局用として築造され、完成状況は約八割であった。舞鶴山地下壕(「ロ地区」)は、大本営・御座所・宮内省用とされ、約九割の完成であった。皆神山地下壕(「ハ地区」)は、食糧貯蔵庫に予定された地下壕で、ほぼ完成したといわれている。また地下壕に付設した地上施設、さらに長野盆地一帯に通信施設や燃料基地など関連の施設も多数造られた。四五年六月になると宮内省や陸軍省関係者が相ついで同施設を視察し、移転が現実味を帯びた。しかし、敗戦によって工事は中止となり、移転は実施されなかった。現在、象山地下壕と舞鶴山地下壕の一部を見学することができる。工事に動員された朝鮮人労働者が落盤事故などで犠牲となったといわれているが、その実態解明は十分されていない。また日本人の労働実態の解明も今後の課題となっている。→大本営 →本土決戦計画

松代大本営地下壕跡(2015年5月撮影)

参考文献 青木孝寿『松代大本営―歴史の証言―(改訂版)』(一九九七、新日本出版社)　(大日方悦夫)

まつだいらつねお　松平恒雄　一八七七―一九四九　大正・昭和期の外交官、政治家。一八七七年四月十七日、旧会津藩主松平容保の四男として東京で生まれ、一九〇二年東京帝国大学法科大学卒、外務省入省。外務次官、駐米大使、駐英大使などを歴任し、親英米派の外交官として活躍。三六年、二・二六事件直後に宮内大臣に就任。英国とのパイプを利用した日英王室間の「宮廷外交」に取り組んだが、天皇側近の政治活動への批判が強かったため、公然とした政治活動は抑制せざるをえなかった。また、湯浅倉平内大臣が、宮相は官制に定められた職務のみを行うべきと考えていたこともあり、松平の影響力は限定的であった。四五年に空襲で明治宮殿などが焼失した責任を取って辞任。敗戦後は初代参議院議長を務めた。四九年十一月十四日没。七十三歳。長女は秩父宮妃勢津子。

参考文献 松田好史「昭和期における「常侍輔弼」体制の変遷―「側近集団型輔弼方式」から「内大臣単独輔弼方式」へ―」(『日本歴史』七一五、二〇〇七)、茶谷誠一『昭和戦前期の宮中と政治』(二〇〇九、吉川弘文館)　(瀬畑　源)

まつだいらやすまさ　松平康昌　一八九三―一九五七　昭和期の宮廷官僚。一八九三年十一月十二日、福井県に生まれる。父は侯爵松平康荘。妻は公爵徳川家達の娘。一九一九年に京都帝国大学法学部を卒業。明治大学講師、同助教授を経て、二八年に同教授。三〇年に侯爵を襲爵して貴族院議員に就任。三六年に内大臣秘書官長に就任し、木戸幸一内大臣の政治活動を支えた。ポツダム宣言受諾に際しては、「国体護持」のみを条件とする一条件論の立場からもろもろの工作を行なった。戦後は田中隆吉(元陸軍省兵務局長)・加瀬俊一(外交官)・迫水久常(元内閣書記官長)らと連携しつつ、天皇の免責工作を主導した。また同様の意図から、木下道雄、松平慶民、寺崎英成、稲田周一とともに「昭和天皇独白録」の作成を担当した。四六年に宗秩寮総裁、四七年に式部頭、四九年に式部官

長に就任する。五七年一月四日没。六十三歳。→昭和（しょうわ）天皇独白録（てんのうどくはくろく）

参考文献　吉田裕『昭和天皇の終戦史』（『岩波新書』、一九九二、岩波書店）、後藤致人『昭和天皇と近現代日本』（二〇〇三、吉川弘文館）　（加藤　祐介）

まつだじんじろう　松田甚次郎　一九〇九―四三　農村改革運動者。一九〇九年三月三日、山形県に父甚五郎、母タカの長男として生まれる。松田家は鳥越館の家老職で、館主転封後も鳥越に残り農業に従事、素封家として信望が厚かった。二七年、盛岡高等農林学校別科卒業。在学中から花巻の宮沢賢治を訪ね「小作人たれ、農村劇をやれ」という教訓を受ける。賢治の教訓どおり、卒業後は帰村して父から六反歩の水田を借りて小作人となった。農業のかたわら、村の青年たちとはかって「鳥越倶楽部」を結成し生活改善運動を進めた。二八年、茨城県友部の日本国民高等学校に入学、加藤完治のもとで農業技術を学び、協働私塾による農村青年の教育を志す。三二年、「最上共働村塾」を設立。三八年、十年間の生活記録としてまとめた『土に叫ぶ』が反響を呼び、中央社会事業協会文献賞を受賞、和田勝一が脚色して新国劇により東京有楽座で上演された。これにより多くの人が農村の実相に触れることができたと、有馬頼寧は農民文学懇話会発会式の祝辞で述べている。三九年には『宮沢賢治名作選』を刊行。賢治に学んだことを実践し、農村改革を目指して燃焼の人生を生きた。急性心臓内膜炎等で四三年八月四日没。三十五歳。二〇一三年、「山形土に叫ぶ振興会」により電子書籍版として『土に叫ぶ』が復刊された。

参考文献　安藤玉治『「賢治精神」の実践―松田甚次郎の共働村塾―』（『人間選書』、一九九二、農山漁村文化協会）　（竹内栄美子）

まつたにせい　松谷誠　一九〇三―九八　大正・昭和期の陸軍軍人。一九〇三年一月十三日、福井県に生まれる。二三年に陸軍士官学校を卒業（三十五期）。三一年に陸軍大学校を卒業。軍務局課員などを経て、三六年から三八年にかけてイギリス大使館付武官補佐官。陸軍部内における英米通として知られる。その後は参謀本部勤務、支那派遣軍参謀などを経て、四三年に参謀本部戦争指導課長に就任。ヨーロッパ戦線におけるドイツの劣勢情況を踏まえつつ、ソ連を仲介とする和平について研究した。四四年七月に支那派遣軍参謀に左遷されるも、同年十一月に陸相秘書官として中央に復帰し、四五年に首相秘書官に就任（鈴木貫太郎内閣）。加瀬俊一（外相秘書官）、松平康昌（内大臣秘書官長）らと連携しつつ、講和派の活動を支えた。戦後も防衛政策において重きを成し、また自衛隊に入隊して北部方面総監などの要職を歴任した。九八年十月七日没。九十五歳。

参考文献　山本智之『主戦か講和か―帝国陸軍の秘密終戦工作―』（『新潮選書』、二〇一三、新潮社）　（加藤　祐介）

まつながやすざえもん　松永安左ェ門　一八七五―一九七一　明治から昭和にかけての電力事業家。一八七五年十二月一日、長崎県壱岐（壱岐市）に生まれる。一九〇九年慶応義塾の先輩である福沢桃介らとともに福博電気軌道を、また翌年には九州電気を設立して電気事業経営に乗り出した。同社の後進である九州電灯鉄道が二二年名古屋の関西電力と合併して東邦電力となり、松永は同社の副社長となった。二八年同社社長となる。松永は独自の民営による電力事業経営論を持ち、二八年に「電力統制私見」を発表して、戦後の九電力体制につながる構想を示した。三〇年代半ばから政府・軍部により電力国家管理が提唱されたが、松永は当然この構想に反対した。三七年に逓信省が設置した臨時電力調査会の場などで激しい抵抗姿勢を示している。四二年第二次国家管理の実施とともに東邦電力が解散すると同時に松永は事業家から引退した。戦後GHQにより電力業再編成が指示された。松永は四九年に電気事業再編成審議会の会長に就任して九電力体制の実現に尽力した。七一年六月十六日死去。九十五歳。

参考文献　松永安左ェ門『自叙伝松永安左ェ門』（『人間の記録』八五、一九九九、日本図書センター）、橘川武郎『松永安左ェ門―生きているうち鬼といわれても―』（『ミネルヴァ日本評伝選』、二〇〇四、ミネルヴァ書房）　（渡　哲郎）

まつまえしげよし　松前重義　一九〇一―九一　逓信官僚、教育者、政治家。熊本県に松前集義・恵寿の次男として一九〇一年十月二十四日に生まれる。県立熊本中学校、熊本高等工業学校電気科を経て二五年東北帝国大学工学部電気工学科を卒業し逓信技師となる。三一年勃発の満洲事変のころ長距離電話回線のための無装荷ケーブル開発で中心的に活躍。この気運の中で松前は逓信技師の地位向上を求める運動を始めた。この動きは宮本武之輔たちの日本技術協会との接点を生み松前たちもそこへ合流して「科学技術新体制確立要綱」の閣議決定を下支えした。引き続いて技術院設置への準備作業が進められ、四一年十二月逓信省工務局長となり本多静雄とともに一元的な科学技術動員体制の構築に奮闘した。この後松前は戦争のための生産力不足を明らかにして東条英機首相への批判を強めたため懲罰召集を受けたが生還し、技術院の参技官として敗戦を迎え、逓信院総裁。その後は、日本技術協会など技術者運動の遺産ともいえる東海大学の総長として、また右派社会党の国会議員として五五年の原子力基本法制定、五六年の科学技術庁設置で活躍した。戦前の宮本武之輔などの技術者運動の精神を戦後へ伝えた人物である。九一年八月二十五日死去。八十九歳。

参考文献　白井久也構成『松前重義わが昭和史』（一九八七、朝日新聞社）、大淀昇一『宮本武之輔と科学技術行政』（一九八九、東海大学出版会）　（大淀　昇一）

まつむらしゅういつ　松村秀逸　一九〇〇―六二　報道

関係の要職を歴任し、陸軍の報道宣伝に従事した陸軍軍人。一九〇〇年三月一日熊本県生まれ。陸軍士官学校三十二期、二八年陸大卒。三八年に大本営陸軍報道部員・内閣情報部情報官に着任したのを振り出しに、三九年十二月大本営陸軍報道部長、四〇年十二月情報局第二部(報道担当)第一課長(新聞・通信担当)、四二年四月同第二部長心得を歴任。四三年十月再度大本営陸軍報道部長に就任、四五年五月には情報担当局の再編により陸海合一となった大本営報道部の報道部長および情報局第一部長に就任。大本営発表の発表を担当するほか、講演会やラジオ放送などで講演を行うなど、陸軍の報道宣伝に従事した。四五年七月、中国軍管区参謀長となり、八月広島で被爆。戦後は参議院議員。著書に回想録『三宅坂』(五二年、東光書房)、『大本営発表』(五二年、日本週報社)などがある。六二年九月七日胃潰瘍のため死去。六十二歳。

参考文献　平櫛孝『大本営報道部』(一九八〇、図書出版社)

（井上　祐子）

まつもとけんじろう　松本健次郎　一八七〇—一九六三　明治・大正・昭和期の石炭企業経営者、貴族院議員。一八七〇年十月二十八日(明治三年十月四日)、筑豊の炭鉱経営者である安川敬一郎の次男として福岡で出生、敬一郎の兄松本潜の養子となる。福岡中学校卒業、米国ペンシルベニア大学入学。九三年に帰国して門司に安川松本商店を設立、その後炭鉱経営と石炭販売に従事し、一九一八年明治鉱業社長、一九年筑豊石炭鉱業組合総長に就任した。石炭統制関係では、三二年昭和石炭(販売カルテル)社長、三三年石炭鉱業連合会(生産カルテル)会長、四〇年日本石炭社長、四一年石炭統制会会長を歴任し、石炭の生産・販売の統制にあたった。戦後には日本経済連盟会(経済団体連合会に再組織)会長、貴族院議員に就任。五七年に財界を引退し、六三年十月十七日に死去。九十三歳。父と明治専門学校(現九州工業大学)を設立、旧宅は旧松本家住宅(国の重要文化財)として保存されている。

参考文献　清宮一郎編『松本健次郎懐旧談』(一九五二、鱒書房)、『(社史)明治鉱業株式会社』(一九五七、明治鉱業株式会社)、劉寒吉『松本健次郎伝』(一九六八、松本健次郎伝刊行会)、増田彰久他『アール・ヌーヴォーの館—旧松本健次郎邸—』(一九八六、三省堂)

（荻野　喜弘）

まつもとじいちろう　松本治一郎　一八八七—一九六六　戦前・戦後の部落解放運動家。一八八七年六月十八日、福岡県出身。差別に遭い中学を転校を重ねた末中退。中国に渡るが一九一〇年強制送還となり、土木建築業松本組を担う傍ら、二一年筑前叫革団を組織して旧黒田藩主三百年祭募財拒否運動を展開。二三年全九州水平社を結成して執行委員長に就任し、徳川一門に対する辞職勧告を提案。軍隊内差別に対する抗議運動を指導して、二六年福岡連隊爆破陰謀事件に連座。二五年以後全国水平社中央委員会議長(のち中央委員長)として運動の拡大と分裂した組織の統一に努め、三〇年代には反ファシズム闘争を展開。三六年より三回衆議院議員に当選。戦後は部落解放全国委員会(のち部落解放同盟)を結成して委員長となり、参議院議員として四八年の国会開会式における天皇拝謁拒否の「カニの横ばい事件」を起こしたことでも知られる。戦前翼賛議員であったことによる公職追放と、この事件後のレッド＝パージの二度の追放を受ける。六六年十一月二十二日没。七十九歳。

参考文献　松本治一郎『部落解放への三十年』(一九四八、近代思想社)、部落解放同盟中央本部編『松本治一郎伝』(一九八七、解放出版社)、高山文彦『水平記—松本治一郎と部落解放運動の一〇〇年—』(二〇〇五、新潮社)

（黒川みどり）

まつもとしげはる　松本重治　一八九九—一九八九　ジャーナリスト。一八九九年十月二日、大阪の実業家松本枩蔵の長男に生まれる。父方の祖父は松本重太郎、母方の祖父は松方正義。東京帝国大学法学部在学中、内村鑑三の聖書講義に通う。二三年四月東京帝大大学院に進学、同年十二月より欧米留学。帰国後の二八年東京帝大法学部助手となり、米国講座を担当。三二年新聞連合社(のちの同盟通信社)に入社、上海に赴任。三六年西安事件をスクープ。三八年日中和平工作に関与。帰国後、同盟通信社編集局長、常務理事を歴任。この間、近衛文麿のブレーンとして、日米戦争回避のため「近衛・ローズヴェルト会談」を画策。四五年七月、ソ連を仲介役とする和平工作に関与。同年十二月、民報社を設立。四七年一月公職追放。同年九月、アメリカ学会創設に協力。五二年八月、財団法人国際文化会館を設立、専務理事、理事長を歴任。七六年文化功労者。八九年一月十日没。八十九歳。

参考文献　『追想松本重治』(一九九〇)、開米潤『松本重治伝—最後のリベラリスト—』(二〇〇九、藤原書店)

（松井慎一郎）

まつもとしゅんいち　松本俊一　一八九七—一九八七　大正・昭和期の外交官、衆議院議員。一八九七年六月七日、台湾台北生まれ。一九二一年、東京帝国大学法学部卒業後に外務省に入省。条約局第一課長、第二課長、人事課長、条約局長などを歴任した後、アジア・太平洋戦争期の四二年十一月から重光葵外相のもとで外務次官を務めた。四四年十月からは駐仏印特命全権大使となる。四五年五月からは東郷茂徳外務大臣のもとで外務次官を務め、終戦処理にあたった。戦後は公職追放を受けるが、解除後の五二年から五五年まで戦後最初の駐英大使を務めた。五五年二月には第二十七回総選挙に立候補して当選し、衆議院議員となる。五五年五月には日ソ国交正常化交渉の全権委員に起用され、ロンドンにおいてソ連側のマリク駐英大使と交渉を進め、領土問題での妥結はできなかったものの国交回復を成功させ、五六年十月十九日の日ソ共同宣言には、鳩山一郎首相、河野一郎農相とともに署名している。その後六三年の選挙で落選したが、外務省顧問となって六五年にはヴェトナム戦争調査団として、ヴェトナムとラオスに派遣された。八七年一月二十五日没。八十九歳。

参考文献 松本俊一『モスクワにかける虹―日ソ国交回復秘録―』(一九六六、朝日新聞社)、『日本外交史辞典(新版)』(一九九二、山川出版社) (河西 晃祐)

まつもとしゅんすけ 松本竣介 一九一二―四八 昭和期の洋画家。一九一二年四月十九日、佐藤俊介として東京府で出生。父の郷里、岩手県花巻・盛岡で育つ。盛岡中学校一年時に流行性脳脊髄膜炎により失聴。二九年上京し太平洋美術学校に学び、マルクス主義と生長の家の影響を経て思想形成を遂げる。三五年二科展に初入選。三〇年代の都市モダニズム風景を描く。三六年松本禎子と結婚し松本家に入籍。翌年末まで刊行した個人雑誌『雑記帳』には多くの文化人が寄稿、みずからも時局批判の文章を綴った。四一年『みづゑ』四月号に戦時体制下での芸術の自由と普遍性を訴えた「生きてゐる画家」を発表。以後は画業に専念し「立てる像」をはじめとする自画像、「運河風景」「Y市の橋」などの都会風景を描いた。四三年には靉光らと新人画会を結成。四六年一月「全日本美術家に諮る」を発表し美術家組合の結成を提唱。四八年六月八日気管支喘息による心臓衰弱のため没。三十七歳。

参考文献 松本竣介『人間風景(新装増補版)』(一九九〇、中央公論美術出版)、小沢節子『アヴァンギャルドの戦争体験―松本竣介、瀧口修造 そして画学生たち―(新装版)』(二〇〇四、青木書店) (小沢 節子)

まつもとじょうじ 松本烝治 一八七七―一九五四 大正・昭和期の商法学者、政治家。一八七七年十月十四日、鉄道庁長官の松本荘一郎の長男として東京で生まれる。一九〇〇年東京帝国大学法科大学卒業後、農商務省参事官となる。〇三年東京帝大助教授に転じ商法を担当。〇六―〇九年ヨーロッパに留学し一〇年に教授。一九年満鉄理事となり二一年には副社長。二三年山本権兵衛内閣の法制局長官、三四年斎藤実内閣の商工大臣を歴任。戦前期の代表的商法学者として、重要な商法関係法の制定や商法改正に関与した。戦後は幣原喜重郎内閣の国務大臣となり、憲法問題調査委員会の委員長を務めた。四五年十二月憲法改正に関する「松本四原則」を発表、これに基づく憲法改正案要綱を作成し総司令部に提出したが、天皇主権は不変など大日本帝国憲法の部分修正にすぎず不採用となった。四六―五〇年公職追放。五〇年十二月公益事業委員会委員長に就任。五四年十月八日死去。七十六歳。

松本烝治

参考文献 松本烝治『商法解釈の諸問題』(『学術選書』、一九五五、有斐閣)、古関彰一『新憲法の誕生』(『中公文庫』、一九九五、中央公論社) (伊藤 悟)

まつもとまなぶ 松本学 一八八七―一九七四 旧内務官僚。一八八七年十二月二十日(戸籍上は十二月二十八日)、岡山県平民片岡房太郎の長男として生まれ、祖父松本礼造の家督を継ぐ。東京帝国大学法科大学入学後、高等文官試験に合格し、内務省に入る。県知事時代の一九二八年に政友会の党派人事により休職となり、新官僚運動の母胎となる安岡正篤の金鶏学院および国維会との関係を深める。三二年の五・一五事件後に警保局長となり、テロや共産主義運動を取り締まった。三三年、財界の資金で日本主義思想の普及をはかる日本文化連盟を設立、文化人らを組織して四〇年の東京オリンピックと紀元二千六百年祭に向けての国威発揚運動を展開した。またアジアの親日派を糾合し、抗日運動に対する思想宣伝を行なった。この間、貴族院勅撰議員、情報局嘱託などを歴任。三七年には同郷の宇垣一成内閣組閣に尽力した。戦後は世界貿易センター会長となり、七四年三月二十七日死去。八十六歳。

参考文献 『松本学氏談話速記録』(内政史研究会編『内政史研究資料』、一九六七)、小田部雄次「日本ファシズムの形成と『新官僚』」(日本現代史研究会編『日本ファシズム』所収、一九八一、大月書店)、伊藤隆・広瀬順晧編『松本学日記』(『近代日本史料選書』一一、一九九五、山川出版社) (小田部雄次)

マニラぎゃくさつ マニラ虐殺 戦争末期、マニラで起きた日本軍による民間人殺害を指す。一九四五年二月三日に始まったマニラ市街戦は、市民を巻き添えにしながら、日本軍が米軍に掃討される三月三日まで続いた。マニラ戦の特徴は、日米両軍の激しい戦闘、米軍の砲撃による首都の破壊に加え、日本軍の残虐行為が多発したところにある。マニラ戦の最中、米軍は残虐事件の捜査に着手し、被害者への聴き取りを重ねた。捜査の結果、デ＝ラサール大学やセント＝ポール大学、ジャーマン＝クラブ、イントラムロスなどで起きた数十人から数百人規模の虐殺事件や、ベイビューホテルでの集団強姦事件などが記録に残された。被害者には女性や乳幼児、高齢者を含むフィリピン人の一般市民が多いが、ベネズエラ領事のような他国の外交官、当時枢軸国のドイツ人、中立国のスペイン人、ロシア人なども含まれ、年齢や性別、国籍、職業や地位に関係なく無差別に被害に遭遇していたことがわかる。「マニラ虐殺」は、四五年四月にカルロス＝ロムロ駐米委員によりいち早く米国社会に伝えられ、終戦直後の日本でも米軍の情報提供で広く報じられた。東京裁判やマニラで実施されたBC級戦犯裁判も、この事案を訴追対象とした。今日、「マニラ虐殺」は日本ではあまり知られていないが、フィリピンでも時の経過とともに記憶が薄れている。被害者やその遺家族は、自分たちの体験が忘れられつつあることを憂い、終戦五十周年を期して「メモラーレ＝マニラ１９４５」財団を創設、九五年二月に追悼記念碑を建てた。イントラムロスの一角に据えられた記念碑には、次のような碑文が刻まれている。「この記念碑を全ての罪なき戦争犠牲者に捧げる。彼らの多くは無名の市民となり、集団墓地に埋葬され、中には埋葬されることさえない者もいた。その身体は炎に焼き尽くされ、あるいは粉々にされて塵の如く廃墟の瓦礫の下に埋もれていった。一九四五年二月三日から三月三日にかけてマニラで繰り広げられた解放戦で命を落とした十万人をも超える男女、子供、そして幼子ら一人ひとりのために、この碑を彼らの墓石とする」。なお、毎年二月から三月にかけて、マニラ各地で追悼式が営まれている。

参考文献 中野聡「フィリピンが見た戦後日本―和解と忘却―」(『思想』九八〇、二〇〇五)、永井均『フィリピンとＢＣ級戦犯裁判』(『講談社選書メチエ』、二〇一三、講談社)、Richard Connaughton et al., *The Battle for Manila: The Most Devastating Untold Story of World War II* (London, 1995, Bloomsbury)

(永井 均)

まぶちいつお 馬淵逸雄 一八九六―一九七三 日中戦争期に中国現地軍報道部において、その報道・宣伝を主導した陸軍軍人。一八九六年八月三十一日愛知県生まれ。陸軍士官学校卒業(三十期)、陸軍大学校卒業(四十一期)。一九三七年八月上海派遣軍報道部員となり、三八年二月中支那派遣軍報道班長、三九年三月同報道部長を経て、九月支那派遣軍報道部長に就任。蔣介石軍との宣伝戦に取り組む一方で、報道陣や従軍文化人たちの指導・援助にあたり、前線にあった火野葦平を軍報道部に転属させて『麦と兵隊』(一九三八年、改造社)を発行させるなど、内外へ向けての報道・宣伝を充実させた。四〇年十二月から四一年十月まで陸軍省報道部長兼大本営陸軍報道部長。講演や雑誌等で、それまでの経験を踏まえて軍の報道・宣伝のあり方を論じ、著書『報道戦線』(一九四一年、改造社)も刊行した。四一年十月に第七十八連隊長に転出、第五師団参謀長を経て、独立混成第二十七旅団長としてジャワで敗戦を迎える。戦後は日本郷友連盟静岡県支部会長などを務めた。七三年九月十七日肝臓病にて死去。七十七歳。

参考文献 西岡香織『報道戦線から見た「日中戦争」―陸軍報道部長馬淵逸雄の足跡―』(一九九九、芙蓉書房出版)

(井上 祐子)

まみやもすけ 間宮茂輔 一八九九―一九七五 小説家。本名真言。一八九九年二月二十日、東京に生まれる。慶応義塾大学予科仏文中退後、鉱山、灯台などで働き、プロレタリア文学運動に参加。一九三三年に逮捕され、三五年に転向して出獄したが、運動後退戦の拠点『人民文庫』に長編小説『あらがね』を連載(単行本二巻、三八年、小山書店)、志の持続を示した。しかし、戦時体制の深化に伴い、農民文学懇話会、大陸開拓文芸懇話会に加盟し、挙国一致の文学組織日本文芸中央会(四〇年十月発会)の実現に向けた文壇新体制準備委員会に農民文学懇話会代表として積極的に参与するなど、最も中心的な翼賛作家の一人となった。この時期の代表作は、『生活文学選集』全十巻(最終巻は未刊)の第一巻、「漁業生活小説」と銘打った長編『怒濤』(三九年、春陽堂)。その後書で「新生活文学」の創造を熱く呼びかけている。対米英開戦にあたって徴用され、海軍報道班員として従軍した。七五年一月十二日没。七十五歳。

参考文献 間宮武『六頭目の馬―間宮茂輔の生涯―』(一九九四、武蔵野書房)

(池田 浩士)

マラヤじんみんこうにちぐん マラヤ人民抗日軍 日本軍支配下のマラヤ(日本側の呼称ではマレー、のちマライ)において、マラヤ共産党の指導下に結成された抗日ゲリラ軍。一九二〇年代末以降、日本が中国支配の歩を進めるにつれて、各地に住む中国系住民(華僑)の間に抗日運動が広がり、東南アジアではマラヤ(シンガポールを含む)の華僑がその中心になった。マラヤでは並行して華僑主体のマラヤ共産党が勢力を拡大した。マラヤを占領した日本軍は報復として、各地で華僑を大量処刑したり巨額の「奉納金」を納めさせたり華語(中国語)教育を禁止したりしたため、華僑側の反発は強く、四二年一月の第一独立隊(連隊)以降各地に抗日軍が結成され、終戦時には八独立隊一万人の規模に達して日本軍を苦しめた。隊員のほとんどは華僑だった。日本軍は共産党書記長ライテクをスパイとして用い、彼の通報で初期の党・軍指導者のほとんどが逮捕・処刑されたが、抗日勢力はそれを乗り越えて増大した。党はイギリス軍と協定を結び、飛行機からの降下で武器などの提供を受けた。戦後は和平路線での独立を目指し、抗日軍は四五年十二月に公式に解散されたが、隊員の半ばは将来の独立戦争に備えて農村に身を隠した。

参考文献 原不二夫『マラヤ華僑と中国―帰属意識転換過程の研究―』(二〇〇一、龍溪書舎)

(原 不二夫)

マリアナおきかいせん マリアナ沖海戦 一九四四年六月十九日、マリアナ諸島海域で実施された海空戦。大本営は、四三年九月に小笠原、サイパン、トラックを含む絶対国防圏を設定し、防衛強化を図っていたが、四四年六月、米軍は日本本土空襲の足場としてサイパン占領を企図し、空母十五隻と航空機千二百機を中心とした米軍第五艦隊(司令長官スプルーアンス大将)をマリアナに向かわせた。これに対して日本海軍は、新鋭空母「大鳳」を含む空母九隻、航空機五百機という第一機動艦隊(司令長官小沢治三郎中将)で攻撃を行なった。しかし、米軍の攻撃圏外から航空攻撃を行うという、小沢長官のアウト

マリアナ沖海戦　アメリカ軍の攻撃を受ける日本艦隊

レンジ戦法は、米軍の効果的な邀撃により四百機近い損害を出して完敗してしまった。このために、八月にはサイパン、テニアン、グアムが攻略されて十二月には飛行場が建設され、B29戦略爆撃機による日本本土空襲が開始されるに至った。この絶対国防圏の崩壊で、事実上日本の敗北は決定的となった。↓サイパン島の戦　↓絶対国防圏　↓本土空襲

[参考文献] 防衛庁防衛研修所戦史室編『マリアナ沖海戦』(『戦史叢書』一二、一九六八、朝雲新聞社)　（林　美和）

マリク Iakov Aleksandrovich Malik　一九〇六―八〇　第二次大戦期の駐日ソ連大使。一九〇六年十二月六日(グレゴリオ暦)生まれ。三七年外交官養成大学を卒業、本省勤務後三九年から駐日参事官、四二年から四五年の日ソ開戦まで駐日大使を務めた。この間日本の北樺太石油利権を解消し、漁業協約を延長する取り決めにあたり、対米英戦争のソ連による和平仲介を求める広田弘毅元首相と会談した。四六年八月から外務次官に就き、五三年四月から駐英ソ連大使を務め、五五年松本俊一全権代表と日ソ国交回復交渉にあたった。八〇年二月十一日没。七十三歳。　（富田　武）

まるおかひでこ　丸岡秀子　一九〇三―九〇　農村婦人問題評論家。本名石井ひで。一九〇三年五月五日長野県で酒造家井出今朝平・つぎの長女として生まれる。乳児期に生母と死別し、母方の祖父母に養育された。長野高等女学校から奈良女子高等師範学校に入学、卒業後は三重県亀山女子師範学校に勤務。二五年上京し、丸岡重堯と結婚。その影響で経済学や婦人問題を学ぶ。夫の急逝後、産業組合中央会調査部に勤務し、全国の農村を歩いて女性たちの実態を調査し『日本農村婦人問題』として発表した。三七年産業組合を退職、北京商工会議所理事となった石井東一と結婚して北京に渡った。戦時下は北京から時折『婦女新聞』に投稿。四六年帰国。戦後は生協婦人部長、日本農村婦人協会理事長、日教組教研集会講師などを務め、また日本母親大会の開催に尽力した。農村・婦人・教育問題など多岐にわたる講演や執筆活動を行なった。九〇年五月二十五日死去。八十七歳。編著書に『ある戦後精神』(一九六九年、一ツ橋書房)、『ひとすじの道』全三巻(一九七一―七七年、偕成社)、『婦人思想形成史ノート』上下(一九七五・八五年、ドメス出版)、『婦人問題資料集成』(一九七八―八一年、ドメス出版)などがある。

[参考文献] 『歴史評論』編集部編『近代日本女性史への証言―山川菊栄・市川房枝・丸岡秀子・帯刀貞代―』(一九七九、ドメス出版)、丸岡秀子追悼文集編集委員会編『いのちと命を結ぶ―回想の丸岡秀子―』(一九九二、信濃毎日新聞社)、丸岡秀子写真集編集委員会編『ひとすじの道を生きる―写真集丸岡秀子の仕事―』(二〇〇〇、ドメス出版)　（折井美耶子）

まるやままさお　丸山眞男　一九一四―九六　日本政治思想史家、政治学者。一九一四年三月二十二日、大阪府に生まれる。父は政論記者の丸山幹治。三七年に東京帝国大学法学部政治学科を卒業し、同学部助手を経て、四〇年に助教授、五〇年に教授となる。七一年に辞職するまで、東洋政治思想史を中心に講義を担当する。戦時期は荻生徂徠や本居宣長を中心に、徳川思想史の読み直しを通じて、近代日本における主体意識成立の萌芽を探究した(その成果は五二年に『日本政治思想史研究』として刊行される)。四四年、朝鮮の平壌に応召、脚気を患い内地送還、召集解除される。四五年、広島市宇品の陸軍船舶司令部に再応召、被爆する。戦後は近代日本のナショナリズム、民主主義、ファシズム、天皇制に関する批判的分析を行うとともに、同時代の政治状況に対する発言や実践を通じて、日本の社会科学と戦後民主主義思想に多大な影響を与えた。九六年八月十五日没。八十二歳。

[参考文献] 『丸山眞男集』(一九九五―九七、岩波書店)、松沢弘陽・植手通有編『丸山眞男回顧談』(二〇〇六、岩波書店)、苅部直『丸山眞男―リベラリストの肖像―』(『岩波新書』、二〇〇六、岩波書店)　（平野　敬和）

まるやまよしじ　丸山義二　一九〇三―七九　小説家。一九〇三年二月二十六日、兵庫県に生まれる。プロレタリア文化運動に参加したが、転向後は、幅広い抵抗線をめざす雑誌『文学案内』に拠り、その後、短編小説『田植酒』(三八年四月号『文芸首都』)で芥川賞候補となる。農村と農民を描く独自の文学世界によって、和田伝と並んで戦時下における最も代表的な農民文学作家と目された。長編『貧農の敵』(『リアリズム文学叢書』四、三六年、文学案内社)ではまだ反体制的な基調を維持したが、日中戦争開始の五ヵ月後に刊行された短編集『銃後の土』(三七年、日本公論社)にはすでに時局追随の姿勢が見られる。農民への共感がやがて『大陸の村つくり―北満紀行―』(四一年、興亜日本社)や『南洋群島』(四二年、大都書房)では満洲移民と南洋移民の称揚となり、『皇農　新風土記』(四一年、河北書房)では戦時下の食糧増産への協賛とな

ったことが、彼の文学の到達点を示している。日本文学報国会では農民文学委員会、大陸開拓文学委員会委員。七九年八月十日没。七十六歳。

[参考文献] 丸山義二編『加藤完治先生言行録』(一九四三、春陽堂書店)、同『帆船天佑丸』(二〇〇一、川村湊監修『日本植民地文学精選集』四〇、二〇〇一、ゆまに書房)

(池田 浩士)

まるレ まるレ 日本陸軍の開発した海上兵器。四式連絡艇の別称。陸軍が戦術上、独自の海上兵器を保有すべきであると考え、乗員一名、全長約五・六メートルのベニヤ板製の本体に、改造した自動車のエンジンを設置。最大速度である約二〇ノット(時速約三七キロ)で敵輸送艦艇に接近、装備した爆雷を投下するための兵器。その後に乗組員は帰還としていたが、戦局の悪化に伴い特攻兵器として使用されることが大半を占めた。一九四四年一月、ルソン島沿岸に大規模投入。沖縄戦においても多数配置され、本土決戦に備えて各地の海岸に「まるレ」用の基地が作られた。投入初期は連合国軍の駆逐艦、輸送艦等に被害を与えたが、実態が明らかになり対応策が施されると、船体の脆弱性および低速度のために戦果を挙げることはなかった。敗戦までに約五千隻が製造された。

[参考文献] 松原茂生・遠藤昭『陸軍船舶戦争―船舶は、今も昔も島国日本の命綱―』(一九九六、戦誌刊行会)、木俣滋郎『日本特攻艇戦史―震洋・四式肉薄攻撃艇の開発と戦歴―』(一九九八、光人社)

(佐藤 宏治)

マレー マレー 英領マラヤを指し、時としてシンガポールを含む。日本では長い間マレー人・マレー語などを指すマレーと、マレー半島南部の地名を指すマラヤとをともに「マレー」と呼んでいた。開戦前、イギリスの直轄植民地(シンガポール・ペナン・マラッカ)、連邦マレー州 Federated Malay States(スランゴール・ペラ・ヌグリ=スンビラン・パハン)、非連邦マレー州 Unfederated Malay States(ジョホール・クダ・プルリス・クランタン・トレンガヌ)で構成されていた。直轄植民地以外ではスルタン制が維持され、イギリスはスルタンを通じて間接統治を行なっていた。二十世紀初頭以来天然ゴムと錫の世界一の生産地で、一九三〇年以降日本にとって最大の鉄鉱石供給先だった。錫鉱山には華人労働者が、ゴム園にはインド人・華人労働者が多数導入され、土着のマレー人と併せ多民族社会が形成されていた。四一年十二月八日に半島北部東海岸に上陸し四二年二月十五日にシンガポールを陥落させた日本軍は、この地を「マレー」として一元的統治下に置いた。シンガポールは占領の二日後「昭南島」に、「マレー」は四三年十二月八日「英語なまりを元に戻す」との理由で「マライ」に、それぞれ改称され、地元民にもこの呼称を強制した。タイの対日協力に報いるため四三年十月に北部四州がタイに割譲されたが、戦後英領に復した。シンガポールを除いて四六年にマラヤ連合、四八年にマラヤ連邦となり、五七年に独立した。六三年にサバ・サラワク・シンガポールと併せてマレーシアとなり、六五年にはシンガポールが分離独立した。

[参考文献] ポール・H・クラトスカ『日本占領下のマラヤ一九四一―一九四五』(今井敬子訳、二〇〇五、行人社)

(原 不二夫)

マレーおきかいせん マレー沖海戦 一九四一年十二月十日、マレー半島東方で実施された海空戦。アジア・太平洋戦争の開戦と同時に日本陸軍は北部マレー上陸を開始したため、英国海軍は直ちに新鋭戦艦「プリンス=オブ=ウエールズ」と巡洋戦艦「レパルス」からなる艦隊(司令長官トム=フィリップス大将)を出撃させた。十二月九日午後、哨戒中の伊六五潜がイギリス艦隊を発見したが、同方面の日本海軍の第二艦隊は旧式の金剛型戦艦二隻で、戦力的に劣勢であったために、積極的な決戦は躊躇された。十日、第二十二航空戦隊(司令官松永貞市少将)指揮下の陸上攻撃機七十六機が攻撃に向かい、十二時

マレー沖海戦　日本海軍機の攻撃を受けるプリンス=オブ=ウェールズ(上)とレパルス(下)

三十分に攻撃を開始、雷撃、爆撃で十四時五十分までに二艦を撃沈した。日本側の損害は三機であった。この海戦は、洋上において、航空機だけで戦艦を撃沈した世界ではじめての戦例となり、航空機の攻撃力を強く認識させて航空主兵論を力づけた。しかし、英国艦隊には護衛の航空機が無かったことが大きな要素であった。

[参考文献] 防衛庁防衛研修所戦史室編『比島・マレー方面海軍進攻作戦』(『戦史叢書』二四、一九六九、朝雲新聞社)

(林 美和)

マレーさくせん マレー作戦 シンガポール島攻略をめざす日本陸軍がマレー半島を南下し、所在の英軍を制圧した作戦。一九四一年十二月八日から四二年一月末まで戦われた。日本陸軍は近衛、第五、第十八の三個歩兵師団、第三戦車団、第三飛行集団を基幹とする第二十五軍約三万五千名、航空機約六百。司令官は山下奉文陸軍中将。英軍は本国軍、インド軍、オーストラリア第八師団を基幹とする約八万八千六百名、航空機二百四十六。司令官はアーサー=パーシヴァル陸軍中将。開戦初日の十二月八日早朝、日本陸軍はタイ領のシンゴラとパタニおよび英領マラヤのコタバルに奇襲上陸して橋頭保を確保、同時にタイに進駐した部隊も陸路国境を越えて英領マラヤに進入した。日本軍はマレー半島の東海岸では歩兵、砲兵、工兵、戦車を集団で巧みに活用して道路を錐もみ状態に進撃し、また西海岸においては陸路の進撃と舟艇

を用いて英軍の背後に上陸する戦法を併用した。常に航空優勢が確保されていたこと、参加した陸軍部隊の多くが自動車化されており、歩兵まで自転車に搭乗(銀輪部隊と呼ばれた)していたこと、戦車と装甲車の集団使用が電撃戦的な威力を発揮したことにより、五十五日で約一一〇〇キロを突破するという驚異的な急進撃が達成された。英軍は、海上では十二月十日に戦艦「プリンス＝オブ＝ウェールズ」と巡洋戦艦「レパルス」を日本海軍航空隊に撃沈され、陸上では準備不足と統合作戦の失敗から、数的な優勢にもかかわらず敗勢を立て直せなかった。オーストラリア軍部隊のゲマスにおける反撃で日本軍戦車中隊が撃破されるなど局地的な敢闘は見られたが、ジットラ＝ラインの突破、スリムの殲滅戦など英軍の一方的な敗北が続いた。一月十二日にはクアラルンプールが陥落、潰走した英軍はシンガポール島へ撤収した。一月三十一日には日本軍はマレー半島南端のジョホール＝バルに達し、シンガポール島上陸の態勢を整えるに至った。マレー半島における日本軍の損害は戦死千七百九十三、戦傷二千七百七十二。英軍の損害は戦死約五千、捕虜約八千であった。→シンガポール攻略戦

マレー作戦　シンガポールに向かう日本軍

参考文献　防衛庁防衛研修所戦史室編『マレー進攻作戦』(『戦史叢書』一、一九六六、朝雲新聞社)、岩畔豪雄『シンガポール総攻撃—近衛歩兵第五連隊電撃戦記—』(『光人社NF文庫』、二〇〇〇、光人社)、等松春夫「日本陸軍の対英戦争準備」(イアン＝ガウ他編『日英交流史一六〇〇—二〇〇〇』三所収、二〇〇一、東京大学出版会)、ジョン＝フェリス「われわれ自身が選んだ戦場」(同)

（等松　春夫）

マレーせんき　マレー戦記　日本の記録映画。二部作。一九四二年八月二十七日公開。第一部「進撃の記録」は文部大臣賞受賞。山下兵団報道部と日本映画社の製作、陸軍省後援。四一年十二月八日、日本軍はマレー半島および英国軍の牙城シンガポール攻略を目指して進撃を開始。映画は日本軍が川や密林の悪路に苦労しながら南下し、翌年二月八日のシンガポール総攻撃、英国軍およびオーストラリア軍・インド軍の無条件降伏までを記録。最高指揮官山下奉文中将(のち大将)が敵将アーサー＝パーシヴァルに降伏をせまる有名なシーンもあり、「大東亜戦争」の緒戦を記録したこの映画は国民から高い関心が寄せられた。撮影＝山下兵団報道部・亀山松太郎、編集＝亀山松太郎、構成＝飯田心美、作曲＝深井史郎。第二部「昭南島誕生」は南方派遣軍報道部と日本映画社の製作、撮影・編集・構成ともに三木茂。シンガポール陥落後の「昭南島」の文化と新しい建設の開始を記録。なお、同題材の劇映画に『シンガポール総攻撃』(四三年、大映、島耕二監督)がある。

（岩本　憲児）

まんしゅういみん　満洲移民　一九三二年から敗戦の四五年まで日本政府によって実施された満洲への日本人農業移民。入植に際しては大規模なもので三百戸(千～二千人)の集団・移民村を組織した。満蒙開拓団の名で知られる。満洲移民は、満洲事変後、新たに成立した満洲国の治安維持と対ソ防衛のための後備兵力を必要とした関東軍を中心に計画が立案された。日本国内では、昭和恐慌で疲弊した農村救済を移民目的に掲げる拓務省が主管官庁となり、陸軍の強力な後押しのもと政策が推進されていく。三二年から三五年までは試験移民期にあたり、移住者は主に在郷軍人を中心に選抜された。入植地の獲得には、関東軍の武力を背景にした満洲拓植公社による現地農民からの大規模な土地収奪を伴っていた。「満蒙開拓

満洲移民　農作業風景

と謳いながらも、耕地の大部分は日本人自身が開拓したものではなかった。三六年の二・二六事件でこれまで移民政策に反対の姿勢をとっていた高橋是清蔵相が殺害されたこと、広田弘毅内閣が七大国策の一つに満洲移民を指定し、「二十ヶ年百万戸送出計画」が策定されたことで本格的移民期へと移行する。この時期になると、農林省が満洲移民を農山漁村経済更生運動の一環に組み込んだことで、村・郡を送出単位とする分村移民・分郷移民が計画・実施された。農村からの移住者には小作貧農など下層出身者が多く含まれていた。また、日中戦争以降の兵力・労働力動員による成年男子の減少に対応すべく十五歳から十九歳までの青少年を対象とする満蒙開拓青少年義勇軍が開始されたほか、移民の配偶者となる女性も「大陸の花嫁」として送出された。満洲移民は十四年間で総人員約二十七万人に上った。敗戦前後には、ソ連軍の攻撃や現地住民の報復により入植地からの逃避を余儀なくされ、各所で集団自決の悲劇が起こった。逃避時の混乱や日本に引き揚げるまでの収容所生活の過程で約八万人が犠牲になったほか、約一万人が「中国残留婦人」「中国残留孤児」として中国大陸に取り残された。→満蒙開拓青少年義勇軍

参考文献　『満洲開拓史』(一九六六、開拓自興会)、満洲移民史研究会編『日本帝国主義下の満洲移民』(一九七六、龍渓書舎)、山田昭次編『満州移民』(『近代民衆の記録』六、一九七六、新人物往来社)　(細谷　亨)

まんしゅうえいがきょうかい　満洲映画協会　満洲国の国策映画会社。略称は満映。一九三七年、満洲映画協会法に基づき、満洲国と満鉄の折半出資により設立。本社は長春(新京)。満洲国映画法を背景に、製作・配給・興行を通じて満洲の映画事業を独占した。初代理事長は清朝皇族の金璧東(川島芳子の兄)。三九年、甘粕正彦が理事長に就任し、情報宣伝・国民教化機構としての基盤を整えた。付設の養成所では中国人を中心に、俳優、カメラマン、脚本家などの人材育成を行なった。初期のスターに李香蘭こと山口淑子がいる。設立時の社員数は約百人、四四年約千八百人(日本人約千人)。製作映画は、劇(娯民)・文化(啓民)・ニュース(時事)に大別される。啓民・娯民を合わせた本数は約三百本。このうちロシアに保管されていたフィルムが九〇年代に商品化された。敗戦後甘粕は自殺、満映は中国共産党に接収され東北電影公司となる。ここには内田吐夢や日本最初の女性映画監督坂根田鶴子など多くの日本人スタッフが参加した。

満洲映画協会　『満洲映画』創刊号(1937年12月)

参考文献　胡昶・古泉『満映—国策映画の諸相—』(一九九九、パンドラ)、山口猛『哀愁の満州映画—満州国に咲いた活動屋たちの世界—』(二〇〇〇、三天書房)、池川玲子『「帝国」の映画監督坂根田鶴子—『開拓の花嫁』・一九四三年・満映—』(二〇一一、吉川弘文館)　(池川　玲子)

まんしゅうおうりょくこうすいでんかいしゃ　満洲鴨緑江水電会社　朝鮮との国境河川を利用した水力電源の共同開発のため、一九三七年九月満洲国側に設立された会社。朝鮮側に設立された朝鮮鴨緑江水電会社と役員・従業員はすべて共通であり、実質的には一つの会社といえる。設立時の資本金は五千万円、七二万キロワットの発電力をもつ水豊発電所建設を計画(実際はその一部のみ実現)。同社は発電事業のみ行い、送配電は満洲電業会社が担当。主に安東、撫順、奉天、鞍山、大連など南満洲地方の工業地帯に電力を供給。満洲国内の産業統制が進む中で、電力業でも、火力は満洲電業会社、水力は政府および同社という部門別の管理経営一元化が一旦は確立された。しかし発電施設の拡張とは逆に需要側である電力消費産業は未確立のままとなり、過剰電力が発生するようになると、一層の電力統制が必要となり、四四年四月、同社は満洲電業の完全子会社とされた。→朝鮮鴨緑江水電会社

参考文献　堀和生「「満州国」における電力業と統制政策」(『歴史学研究』五六四、一九八七)、須永徳武「満洲における電力事業」(『立教経済学研究』五九ノ二、二〇〇五)　(竹内　祐介)

まんしゅうこうぎょうぎんこう　満洲興業銀行　満洲国の産業開発を目的に設立された特殊銀行。満洲国の金融機関を整備するため、朝鮮銀行を満洲から撤退させ、同行の満洲各支店と日系普通銀行の正隆銀行、満洲銀行本支店を統合し、一九三六年十二月に設立された(本店新京、三七年一月開業)。資本金は当初の三千万円(満洲国政府半額出資)から四二年六千万円、四三年一億円へと増大した。三七年に開始された満洲産業開発五ヵ年計画を支える長期金融機関として、満洲中央銀行からの借入金、預金、債券発行などによって調達した資金を、満洲重工業開発、日満商事をはじめとする各種の特殊・準特殊会社などに貸付あるいは社債引受けの形で供給した。融資先は鉱工業部門を中心としたが、商業、土木建築などへの広がりもみせた。店舗網は、満洲を中心として本支店出張所合わせて四五年時点で六十六ヵ店にのぼった。四五年八月以降、中国側金融機関に接収・継承された。

参考文献　安冨歩『「満洲国」の金融』(一九九七、創文社)　(金子　文夫)

まんしゅうごうせいねんりょうかいしゃ　満洲合成燃料会社　関東軍の強い要望によって三井の資本と導入技術により設立された半官半民の人造石油製造会社。一九三七年二月、三井はルールヘミー社(ドイツ)から人造石油

合成技術のフィッシャー式石油合成法の特許権を購入した(三井合名、三井鉱山、三井物産三社出資)。購入間もない六月、関東軍参謀長東条英機名で三井合名社長宛に「南満洲油化工業株式会社設立要綱」が送付され、八月には満洲合成燃料株式会社と名称変更し、資本金五千万円で同社が設立された。満洲国政府と三井(右三社)が、各千七百万円出資した。「要綱」により、同社の経営は三井側に委ねられ、同社理事長には三井鉱山会長尾形次郎、常務理事には三井鉱山石油合成工場建設課長田中政吉が就任した。独ソ開戦による発注機入手難・建設費高騰のため、四二年には一億円に増資した。満洲の錦州に建設中の工場の完成が遅延し、四四年四月に試運転に成功したが、本格的操業前に敗戦となった。

参考文献 三井文庫編『三井事業史』本編三中・下(一九九四・二〇〇一、三井文庫)
(春日 豊)

まんしゅうこく 満洲国 一九三一年九月十八日の柳条湖事件(満洲事変、九・一八事変)を契機とする中国東北地方に対する日本の植民地支配のための傀儡国家。中国では「偽満洲国」と称される。満洲事変を契機とする軍事占領により、関東軍は三二年三月一日、満洲国政府の樹立を宣言し、清朝最後の皇帝、愛新覚羅溥儀を執政とし、元号を大同、首都を新京(現在の長春)に定めた。三四年三月一日には帝制が実施され、溥儀が皇帝に、国号は満洲帝国、元号は康徳と定められた。三二年九月、日本国政府は満洲国を国家承認したが、イタリア、スペイン、ドイツなどの枢軸国やローマ教皇庁などが公式的もしくは事実上、国家承認していた。満洲国は中央・地方の行政機構を有し、当初は中央官制として立法院(立法)、国務院(行政)、法院(司法)、監察院(監察)の四権分立制を採用していた。しかし、立法院は最後まで開かれず、総務庁中心主義の行政国家であり、「内面指導」により関東軍が統治に強い影響力を行使した。満洲青年連盟など、民間団体を母体として発足した満洲帝国協和会は施政を民衆に浸透させ、動員するための教化団体であり、四一年には行政機関との一体化が図られた。満洲国統治下では熾烈な「反満抗日」の武装闘争が展開され、関東軍、関東憲兵隊、日本外務省警察、満洲国軍・警察が弾圧にあたった。関東軍防疫給水部(七三一部隊)では抗日運動に関係して逮捕された中国人・朝鮮人などに対する生体実験が行われた。三七年以降、満洲国への農業移民が本格的に推進され、満蒙開拓青少年義勇軍など、多くの日本人が移住した。四五年八月のソ連の参戦を契機に、こうした日本人移民は逃避行を重ね、日本へ引揚げた人々のほかに、中国残留婦人・孤児として、また中国八路軍の兵士として、戦後も中国に留まることになった人々も少なくない。

満洲国国務院

参考文献 塚瀬進『満洲国―「民族協和」の実像―』(一九九八、吉川弘文館)、山室信一『キメラ―満洲国の肖像―(増補版)』(『中公新書』、二〇〇四、中央公論新社)、岡部牧夫『満洲国』(『講談社学術文庫』、二〇〇七、講談社)
(田中 隆一)

まんしゅうこくぐん 満洲国軍 満洲国で編制された傀儡軍。満洲事変後、関東軍側についた旧東北軍兵力を改編することから始まり、そこに在満日本人を中心とする義勇軍靖安游撃隊が加わった。特に民族別部隊として朝鮮人部隊である間島特設隊、白系ロシア人による浅野部隊、モンゴル人による磯野部隊などがあった。満洲国軍は執政(のち、皇帝)により統率されると規定され、国務院には軍政部が置かれていたが、実質的には日本軍の統制下にあった。「反満抗日」運動弾圧を主たる任務としたが、日中戦争以降は華北地域やノモンハン事件にも参戦した。当初は各地司令官が適宜募兵していたが、一九三七年からは各県市に募兵人員を割り当てるようになった。四〇年の国兵法施行により、「満洲帝国人民」である全男子に兵役義務が課せられるようになったが、中国共産党による浸透工作もあり、背反逃亡は後を絶たなかった。幹部養成のため、三二年には中央陸軍訓練処が設置されていたが、三九年陸軍軍官学校が開設された。陸上部隊のほか、江防艦隊(三九年より江上軍)や飛行隊もあった。四五年終戦当時で約十五万の兵力を擁した。

参考文献 岡部牧夫編『初期の満洲国軍に関する資料』(『十五年戦争極秘資料集』二六、一九九二、不二出版)、松野誠也編『満洲国軍ノ現況』(同補巻二〇、二〇〇三、不二出版)、満洲国軍刊行委員会編『満洲国軍』(一九七〇、蘭星会)
(田中 隆一)

まんしゅうさんぎょうかいはつごかねんけいかく 満洲産業開発五ヵ年計画 満洲国が日満一体の国防経済建設を掲げ一九三七年に開始した総合開発計画。関東軍の指導を受けた満鉄経済調査会と参謀本部作戦課長石原莞爾の私的機関であった日満財政経済研究会(宮崎機関)などがそれぞれ三二年ごろから検討を重ね、関東軍、満洲国、満鉄の代表が諸案をまとめて「満洲産業開発五年計画案」とした(三六年十月、湯崗子会議)。計画案は日満交渉を経て関東軍の成案となり、満洲国に移牒されて実施された(当初計画)。日中戦争の勃発後、三八年度には目標が引き上げられ(修正計画)、生産実績も急速に高まった。しかし、三九年九月に欧州大戦が勃発すると資材の入手難と価格の上昇が加速し、物資動員計画での日本優遇が強まって、増産は既存設備を徹底的重点主義で稼働させ、対日供給を重視する方向に変化した。対日隷属性が強まり計画の総合性は喪失した。計画は四二年から第二次五ヵ年計画に引き継がれ、生産規模は拡大したが、五ヵ年計画の目標が達成されることはなかった。

参考文献　満洲国史編纂刊行会編『満洲国史　総論』(一九七〇、満蒙同胞援護会)、山本有造『「満洲国」経済史研究』(二〇〇三、名古屋大学出版会)、原朗『満洲経済統制研究』(二〇一三、東京大学出版会)
(松本　俊郎)

まんしゅうじへん　満洲事変　一九三一年九月十八日の柳条湖事件を契機として始まった日本の中国東北部への侵略戦争。満洲と呼ばれた中国の東北地域において、日本は日露戦争の結果として旅順、大連など関東州の租借地、満鉄とその沿線の既得権益を持っていた。二三年に北京政府は二十一ヵ条要求関連の諸条約の無効を通告したが、日本はこれを直ちに否認していた。しかし、反帝民族主義が高揚する中国にとって、不平等条約の撤廃と国権回収を実現するには日本のこうした権益を取り戻すことが目標となった。特に、東北地域を実質的に支配している張学良は、父の張作霖が二八年六月関東軍に爆殺されたこともあって、日本に対抗的であった。他方日本では、中国への「内政不干渉」方針を主張する幣原外交といえども、条約的根拠のある既得権益を手放すつもりはなかった。また、関東軍には既得権益の維持のほか、満洲地域を対ソ戦争の戦略的拠点と資源供給地として排他的に支配しようという狙いもあった。さらに、二九年に始まる世界恐慌のなか、ブロック経済化が進み、日本を取り巻く国際経済環境は金融恐慌をはじめ、日本の国内不況を深刻化させていた。したがって、満洲を支配して国内の窮境を打開せよという軍部や右翼の主張は有力となり、世論の共感を呼んだ。以上の状況を背景に、関東軍は板垣征四郎や石原莞爾といった高級参謀らを中心に、武力による満洲占領の計画を企て、軍部中央の中堅幹部もそれに同意した。三一年六月、陸軍参謀本部の中村震太郎大尉一行が対ソ戦略に必要な兵要地誌調査のため、満洲をスパイ旅行中に、中国兵に射殺された。七月、長春近郊の万宝山で、同地に移住した朝鮮人農民が水路工事を強行したことに対し、中国人農民が日本帝国主義の手先の行動として反発し、双方が衝突した。こうした一連の事件は、日本の世論を一層満蒙問題の武力解決の方向にみちびいた。これを好機に、九月十八日、関東軍は板垣らの計画を実行に移した。奉天(瀋陽)北郊の柳条湖にある満鉄の鉄道をみずから爆破し、それを中国側の仕業として、「自衛」という名目のもとに武力を発動するという謀略であった。満洲事変はこの柳条湖事件によって始まった。九月二十一日、朝鮮軍(朝鮮半島に駐屯する日本軍)も独断で満洲に越境して関東軍を支援した。現地軍の独走に対して、第二次若槻礼次郎内閣は最初「不拡大方針」をとったが、民政党と政友会の政党間の対立によって軍部統制が乱れ、結局、つぎつぎと現地軍の侵略行為の拡大を追認していく。そして三二年一月、東北の全域を制圧した日本軍は満洲の情勢に対する国際的注目をそらすため、上海においても日本人僧侶に対する襲撃事件を謀略で起こさせた。この事件を口実に、日本の海軍陸戦隊は上海の中国軍を攻撃し、その後、増援に来た陸軍三個師団とともに、上海地域で中国軍と激しい戦闘を繰り広げたのである(第一次上海事変)。この混乱を利用して、三月一日に関東軍は、辛亥革命によって退位させられた清朝最後の皇帝である溥儀を「執政」として担ぎ出して、満洲国という傀儡政権を樹立した。もっとも、関東軍は最初、満洲を直接領有・統治することも計画したが、国際的反発を緩めるために、こうした「独立」国家樹立の方針に転換したのである。他方、日本国内においては、中国における軍部の行動に対する支持が高まるなか、五月十五日、海軍青年将校と陸軍士官学校生徒らを中心とするグループがクーデターを起こし、時の首相犬養毅を射殺した。軍部はこれを利用して政党内閣に終止符を打ち、斎藤実を首相とする「挙国一致」内閣が成立し、軍部独裁政治への一歩を進めた。六月、衆議院では民政、政友共同提案の満洲国承認決議が全会一致で可決された。八月、内田康哉外相は議会で、国を焦土にしても満洲国承認の主張を貫くと表明し、九月十五日、日本政府は満洲国と「日満議定書」を結んで、これを正式に承認した。その後、満洲事変のこうした成果を死守するために、三三年二月、関東軍は中国の熱河省に対する侵攻を開始し、三月にはその全域と河北省の一部を陥落させた。同月、日本政府は国際連盟からの脱退を宣言した。四月、関東軍は中国の関内まで進み、五月には華北の要所である北平、天津を脅かすようになった。これを受けて五月三十一日、華北の中国軍は関東軍と「塘沽停戦協

満洲事変　錦州城を占領した日本軍

定」を成立させた。この軍事協定によって、関東軍は長城以南の広大な非武装地帯の設定に成功し、事実上満洲国地域を国民政府の統治から分離させた。満洲事変による軍事的衝突はこれによって一段落したが、日本は満洲事変を契機に日中戦争およびアジア・太平洋戦争へ走っていく。→華北分離工作 →第一次上海事件 →塘沽停戦協定 →日中戦争 →柳条湖事件

参考文献 日本国際政治学会太平洋戦争原因研究部編『太平洋戦争への道―開戦外交史―(新装版)』一・二(一九八七、朝日新聞社)、鹿錫俊『中国国民政府の対日政策 一九三一―一九三三』(二〇〇一、東京大学出版会)、川島真・服部龍二編『東アジア国際政治史』(二〇〇七、名古屋大学出版会) (鹿 錫俊)

まんしゅうじゅうこうぎょうかいはつかいしゃ 満洲重工業開発会社 鉄・石炭・軽金属の三大鉱産資源の開発と自動車・航空機製造の独占的経営、各種鉱業の開発を課題とした特殊会社。略称は満業。持株会社として資金融通、債務保証、経営指導を行なった。四五年八月までの約八年間の投資は約七割が鉄鋼と石炭に集中。株式会社としては一二年九月に久原鉱業として設立(本社大阪。二八年に日本産業)。三七年十一月に本社を満洲に移駐し、同年十二月施行の満洲重工業開発会社管理法で改称。初代総裁は鮎川義介。関東軍と満洲国は、一業一社の特殊会社方式から満業を中心とする総合開発へ転換し、同時に満鉄から鉄道以外の事業部門を切り離そうとした。日産は税制改革や株式市況の悪化を前に満洲での事業拡大を望んだ。日産社長の鮎川は外資を導入し満洲で重工業を開発するという夢を持っていた。当初の資本金は四億五千万円(満洲国株、一般民間株各五〇%)。一般民間株への優遇配当や事業投資に対する年六分の政府保証が行われた。外資導入の失敗や日本資金の調達行詰まりで関東軍との対立が深まり、鮎川は四二年十二月に退任し、高碕達之助が後を引き継いだ。

参考文献 安冨歩『「満洲国」の金融』(一九九七、創文社)、鈴木邦夫編『満州企業史研究』(二〇〇七、日本経済評論社)、原朗『満州経済統制研究』(二〇一三、東京大学出版会) (松本 俊郎)

まんしゅうせいかつひつじゅひんかいしゃ 満洲生活必需品会社 満洲国での生活必需品の価格を安定させるために一元的な輸入と配給、委託買付と委託販売、関連事業への投資などを行なった統制機関。満洲国は日用品の約八割を日本に依存していたので、日中戦争の勃発により輸入が逼迫した。満洲国は生活必需品配給要綱を制定し(三八年十二月)、準特殊会社の満洲生活必需品配給会社を設立すると(資本金一千万円、三九年二月)、流通の三大ルートとなっていた満鉄、満鉄消費組合、満洲国管理消費組合に各二百万円を出資させ、仕入業務を同社へ委託させた(三九年十二月に資本金五千万円の特殊会社である満洲生活必需品会社へ強化・改称)。日用品は甲号(国定必需品、砂糖・塩鮭・服地・ゴム靴など)、準甲号(和紡毛布・労工服・家庭用アルミ製品・民需用ストーブ・食糧油など)、乙号(重要日用品、塩乾魚介・瓶缶詰・石鹸歯磨など)、丙号(調味料・嗜好品など)に区分され、満洲生活必需品会社の取扱品は当初は甲号であったが、準甲号、乙号、丙号へと広がった。

参考文献 『満洲国現勢(康徳十一年版)』(一九四四、満洲国通信社)、『満洲生活必需品株式会社概要(康徳八年)』(『社史で見る日本経済史―植民地編―』三三、二〇〇四、ゆまに書房)、鈴木邦夫編『満州企業史研究』(二〇〇七、日本経済評論社) (松本 俊郎)

まんしゅうたくしょくこうしゃ 満洲拓植公社 一九三七年に設立された日満合弁の国策会社。通称は満拓。三五年末、関東軍は新京に現地側の満洲移民助成機関として特殊法人満洲拓植会社を設立した。三六年八月の日本政府による移民国策化に伴い、事業規模の拡大強化を図る目的から、日満両国政府は「満洲拓植公社の設立に関する協定」を締結、資本金五千万円の満洲拓植公社を設立した。新京に本社、東京に支社、哈爾浜をはじめとする主要都市に地方事務所、約六十ヵ所に出張所が設置された。公社の主な業務は、移民用地の取得・管理・分譲、開拓団の金融・政府補助金取扱・物資配給・入植準備などであった。用地取得に際しては、既墾・未墾の別を問わず短期間かつ廉価にて強行、さらに住民補償も不十分だったため現地農民から強い反感を買った。所有地の一部は小作地として現地農民に貸与された。四一年には満鮮拓殖会社を吸収、これまで同社が取り扱ってきた在満朝鮮人移民事業を取り込んだことで事業範囲が一段と拡大することになった。

参考文献 君島和彦「満洲農業移民関係機関の設立過程と活動状況」(満州移民史研究会編『日本帝国主義下の満州移民』所収、一九七六、龍渓書舎)、鈴木邦夫編『満州企業史研究』(二〇〇七、日本経済評論社) (細谷 亨)

まんしゅうちゅうおうぎんこう 満洲中央銀行 満洲国の中央銀行。一九三二年三月の満洲国建国を受け、同年六月に東北軍閥系の四金融機関(東三省官銀号・吉林永衡官銀銭号・黒龍江省官銀号・辺業銀行)を統合して設立された(本店新京、七月開業)。資本金は当初の三千万円(政府半額出資)から四二年に一億円(政府全額出資)に増資された。設立当初の重要な目標は、満洲に流通する多種類の通貨を整理し、満洲中央銀行券(国幣)によって幣制を統一することであり、三五年にはこれを基本的に達成し、ついで発券準備の基礎を銀から日本円に切り替えた。中央銀行業務に加え広範な金融関連業務を担当していたが、商業関係は三三年設立の大興公司に、産業開発関係は三六年設立の満洲興業銀行に、さらに農業方面は三三年以降設立の各地金融合作社(四〇年興農合作社に改組)、四三年設立の興農金庫に順次移管した。四五年八月以降、ソ連軍、ついで国民政府に接収された。

参考文献 『満洲中央銀行史―通貨・金融政策の軌跡―』

（一九六八、東洋経済新報社）、安冨歩『「満洲国」の金融』（一九九七、創文社）　（金子　文夫）

まんしゅうのうさんこうしゃ　満洲農産公社　満洲国での農産物の蒐荷、配給を管理し、需給調整と価格安定を図った統制機関。農産物の統制は米穀管理法（三八年十一月）、重要糧穀統制法（三九年十一月）、重要特産物専管法（三九年十一月）、小麦及製粉業統制法（三八年九月）の四統制法で本格化し、実施機関として糧穀会社（米穀・雑穀）、製粉連合会（のちに穀粉管理会社、小麦）、特産専管公社（大豆等油料子実）が設立された。満洲農産公社は四一年八月にこれらを統合し、特産商や大糧桟を特約収買人に、糧桟を糧桟組合に系列化し、興農合作社が運営する交易場に買上取引を独占させた。四四年には特約収買人制度を廃止し、直接、糧桟組合を統制した。農民には興農合作社との間で数量、時期、交易場などを契約させ、二百満斤（一〇〇キロ）につき一円を先渡した（先銭制度）。契約による拘束や警察力などを動員する集団出荷によって買上高は増大したが、流通制度の不備で集荷物が腐敗したり、買付金の滞留でインフレが深刻化したりして農民の生活は疲弊した。

参考文献　飯塚靖・風間秀人「農業資源の収奪」（浅田喬二・小林英夫編『日本帝国主義の満州支配―十五年戦争期を中心に―』所収、一九八六、時潮社）、安冨歩『「満洲国」の金融』（一九九七、創文社）、塚瀬進『満洲国―「民族協和」の実像―』（一九九八、吉川弘文館）　（松本　俊郎）

マンスール　Mas Mansur　一八九六―一九四六　インドネシアの近代派イスラーム民族主義者。一八九六年六月二十五日、スラバヤ生まれ。イスラーム教師であった父の影響で各地のイスラーム塾で学んだ後、一九〇八年からメッカで、さらにカイロに移りアルアズハアル大学で学んだ。一五年に帰国し、イスラーム同盟に参加し幹部会の顧問となった。二一年に近代派イスラームの組織ムハマディアに参加し、のちに総裁（一九三六―四二年）になった。三〇年代にナフダトゥル＝ウラマのハシム＝アシャリらとともにＭＩＡＩ（インドネシア＝イスラーム大会議）を設立。日本軍政下ではスラバヤからジャカルタへ出て軍政に協力し、スカルノ、ハッタ、デワントロとともに四人指導体制（ウンパット＝スランカイ）を形成した。また日本が作ったイスラーム翼賛組織、マシュミの副総裁になり、四三年には中央参議院議員にも選ばれた。しかしのちに対日協力に耐えかねて職を辞してスラバヤに戻った。そのころ病魔に侵されていたが独立戦争が始まるとこれに参加し、オランダに捕らえられて四六年四月二十五日、獄死した。四十九歳。

参考文献　増田与『インドネシア現代史』（一九七一、中央公論社）　（倉沢　愛子）

マンスフィールド　Alan James Mansfield　一九〇二―八〇　東京裁判オーストラリア代表検事。一九〇二年九月三十日、クイーンズランド州ブリスベン生まれ。二四年、シドニー大学卒業（法学士）。同年七月より、ニューサウスウェールズとクイーンズランドの最高裁判所の法廷弁護士となる。四〇年五月、クイーンズランド州最高裁判事。四五年、オーストラリア政府により連合国戦争犯罪委員会（ＵＮＷＣＣ）のオーストラリア代表団の一員に選任、四六年には東京裁判の代表検事に指名される。東京裁判の被告選定過程でただ一人、昭和天皇の被告編入を公式に提案した検事として知られ、公判審理では、捕虜虐待などＢＣ級犯罪事案の主任検事として検察をリードした。検察側立証を終えると帰国、四七年三月にクイーンズランド州最高裁の上級陪席裁判官に就任。五六年二月に同州最高裁長官に任命され、六六年二月まで務めた。六六年からは、クイーンズランド州政府総督、およびクイーンズランド大学理事長という二つの要職を兼務した（任期はそれぞれ七二年、七六年）。八〇年七月十七日、死去。七十七歳。

参考文献　"Biographical Statements of IPS" n. d., IPS Papers, GHQ/SCAP Records, microfilm, IPS-7, Reel 16 (国立国会図書館憲政資料室所蔵). John Greenwood, "Mansfield, Sir Alan James" Australian Dictionary of Biography, http://adb.anu.edu.au/biography/mansfield-sir-alan-james-11053, accessed on 10 Aug. 2013.　（永井　均）

まんだいじゅんしろう　万代順四郎　一八八三―一九五九　昭和期の銀行家。一八八三年六月二十五日、岡山県に出生。青山学院高等部卒。一九〇七年、三井銀行に入社。大阪支店長などを経て、三三年常務取締役、三七年会長に就任。四三年、三井銀行と第一銀行を合併させて帝国銀行を設立し頭取となる（四五年会長、四六年会長辞任）。四七年公職追放（五一年解除）。五三年東京通信工業（現ソニー）会長。五九年三月二十八日死去。七十五歳。

参考文献　佐々木邦編『在りし日―人としての万代順四郎―』（一九六四、万代トミ）　（吉川　容）

まんてつ　満鉄　⇨南満洲鉄道会社

まんてつちょうさぶ　満鉄調査部　一九三八年四月設置。一九〇七年南満洲鉄道株式会社の業務開始と同時に調査部が設置されたが、同年十二月には調査課に改組されている。調査部とは称していないが、満洲事変後の三二年一月調査課を母体に設置された経済調査会は満洲国の政策立案に大きな役割を果たした。三六年経済調査会は廃止され、産業部が設置され満洲国五ヵ年計画の産業部門別方策立案を行なった。両組織とも満洲経済に関するさまざまの調査も行なった。三八年四月に産業部に代わって設置された調査部の活動は沈滞していたが、三九年四月拡充され（拡充調査部、大調査部ともいわれる）、調査員は二千名を越え、年間予算一千万円程度の大組織となった。拡充調査部は、中央試験所、哈爾浜の北満経済調査所、新京支社調査室、大連の調査部本部、北京の北支経済調査所、張家口経済調査所、上海事務所調査室、東京支社調査室、東亜経済調査局を傘下において活発な調査を行なった。代表的調査に「支那抗戦力調査」「日満支インフレ調査」「戦時経済調査」、農村慣行・都市不動産慣行・商事慣行を含む「支那慣行調査」などがあるが、軍に密接に協力した調査活動も多数行なっている。四二・四三年の「満鉄調査部事件」で拡充調査部を支えた調査員四十四名が「満洲国治安維持法」違反に問われて関東憲兵隊に逮捕された。その影響を受けて調査部は四三年五月調査局に改組され、調査活動は縮小した。

参考文献　岡部牧夫編『南満洲鉄道会社の研究』(二〇〇八、日本経済評論社)、松村高夫・柳沢遊・江田憲治編『満鉄の調査と研究―その「神話」と実像―』(二〇〇八、青木書店)　(井村　哲郎)

マンハッタンけいかく　マンハッタン計画　アメリカの原子爆弾開発プロジェクト。ドイツで核分裂が発見され、またドイツが原子爆弾の開発を進めているという情報もあり、アメリカのローズヴェルト大統領が決定し、一九四一年十月、原子爆弾開発へ向けて動き出した。その中心地はニューメキシコ州のロスアラモス研究所であったが、アメリカおよびカナダに三十七の施設が作られ、のべ十二万人の人員が動員され、期間三年をかけ資金二〇億ドルを投入した大規模な兵器開発プロジェクトであった。軍人出身のレスリー＝グローヴスが最高責任者を務めたが、政治家、科学者、行政官、軍人の関心や利害が絡む一大プロジェクトであり、関連産業の協力も必要であったことから、のちの「軍産複合体」につながったともいわれている。ロスアラモス研究所では、抽出されたプルトニウムを武器として製造する工程が行われ、科学者オッペンハイマーが中心的役割を果たした。→オッペンハイマー　→グローブス

参考文献　山極晃・立花誠逸編『(資料)マンハッタン計画』(岡田良之助訳、一九九三、大月書店)　(篠原　初枝)

まんもうかいたくせいしょうねんぎゆうぐん　満蒙開拓青少年義勇軍　満洲移民の一形態。成年男子を中心に構成される一般開拓団とは異なり、十五歳から十九歳までの青少年が対象となった。一九三七年七月の日中戦争開始以降、兵力・労働力動員が強化されるなか、満洲移民に振り向けられる成年男子が減少したことで、それを補完する目的から同年十一月、「満洲に対する青年移民送出に関する件」として閣議決定された。拓務省から府県ごとに人数が割り当てられ、府県の学務部から市町村へと募集がかけられた。人員確保に際しては、適齢期の青少年の教育にあたる高等小学校教員が、本人あるいは父兄に対して勧誘・説得を行うなど重要な役割を担った。青少年は三百名を標準とした中隊組織に編成され、茨城県の内原訓練所に入所し二〜三ヵ月の訓練を受けた。さらに満洲の現地訓練所で三年間の訓練を受け、「満洲開拓青年義勇隊開拓団」として入植した。三八年から四五年までの期間に送出された義勇軍の総数は約八万六千人に上り、満洲移民送出数のおよそ三割を占めた。僅かではあるが、四〇年以降、朝鮮半島出身者の義勇軍も編成されている。　→内原訓練所　→満洲移民

満蒙開拓青少年義勇軍　田河水泡画『あなたも義勇軍になれます』(拓務省)

参考文献　櫻本富雄『満蒙開拓青少年義勇軍』(一九八七、青木書店)、内原訓練所史跡保存会事務局編『満洲開拓と青少年義勇軍―創設と訓練―』(一九九八、内原訓練所史跡保存会)、白取道博『満蒙開拓青少年義勇軍史研究』(二〇〇八、北海道大学出版会)　(細谷　亨)

まんもうかいたくだん　満蒙開拓団　⇨満洲移民

み

みいけたんこう　三池炭礦　三井財閥傘下三井鉱山所有の国内最大規模の炭礦。三池藩・柳河藩に属していた三池炭礦は、一八七三年九月に官収され、八八年八月に三井に払下げられた。払下げとともに三井に移った団琢磨の指導のもと、最新鋭の機械・技術の導入と官営以来の囚人労働・納屋制度による低賃金とによって、急速な発展を遂げた。一九〇〇年代末には、納屋制度を廃止し、出炭量が一五〇万トンを上回り、労働者総数一万一千人にのぼり、民間企業最大の雇用規模に達した。一八年には三池鉱業所となり、関連事業を三池製作所・三池港務所・三池染料工業所などとして独立させた。大正末期から昭和初期にかけて、不況対策として採炭と坑内運搬の機械化を急速に進展させ、囚人労働と女子労働(坑内運搬)を廃止し、人員をピーク時の三分一に急減させ、出炭能率を急増させた。戦時期には新坑口開削・大幅な人員増などで増産要請に応じ、四四年には四百万トンに達したが、諸機械の入手難、労働者の熟練不足・居付不良・欠勤などにより生産能率は低下した。敗戦後も国内最大規模を誇り、三池争議や炭塵爆発大事故などを経て、エネルギー政策の転換に伴う安価な石油の大量輸入が主要因となり、九七年三月三十日閉山した。　→三井鉱山会社(みついこうざんかいしゃ)

参考文献　『三池鉱業所沿革史』一―一一(一九九四、三井鉱山)、隅谷三喜男「炭鉱における労務管理の成立―三池炭坑坑夫管理史―」(『日本賃労働の史的研究』所収、一九七六、御茶の水書房)、春日豊「三池炭礦における『合理化』の過程―反動恐慌から昭和恐慌―」(『三井文庫論叢』一四、一九八〇)　(春日　豊)

みいけちっそこうぎょうかいしゃ　三池窒素工業会社　三井鉱山が設立した化学工業会社。一九三一年八月、合成アンモニア・硫安の製造を目的に資本金一千万円で設立された(出資比率三井鉱山八・電気化学工業二)。三井鉱山は、同製品の将来性を見込み、業績不振に喘いでいた鈴木商店の所有するクロード式アンモニア合成法の製造特許権とその実施計画工場(彦島工場)を鈴木商店から二九年に買収し、同社を設立した。本格的工場は三池に建設した。原料となる水素と硫酸が、染料工業所のコークス炉ガス(含有水素)と製錬所の亜硫酸ガスにより大量に利用できるからである。三二年年頭から営業を開始した。しかし、同社は、三井鉱山が三三年四月に設立した生産能率の高いデュポン法による新会社東洋高圧工業に三六年十月合併された。新技術導入による新会社設立は、免税特権(四年間の所得税・営業収益税の免除)が利用できたためであり、合併はその特権切れを前に不経済となる二会社体制を解消するためであった。　→東洋高圧工業会社(とうようこうあつこうぎょうかいしゃ)

参考文献　『三井東圧化学社史』(一九九四)、三井文庫編『三井事業史』本編三中(一九九四)　(春日　豊)

みかさのみやたかひとしんのう　三笠宮崇仁親王　一九一五―　昭和期の皇族。陸軍少佐。一九一五年十二月二日、大正天皇・貞明皇后の第四皇子として生まれる。幼称は澄宮。三五年三笠宮家創設。三六年陸軍士官学校卒(第四十八期)。四一年高木正得子爵の娘百合子と結婚。四三年支那派遣軍参謀として南京に駐在、一年間勤務した。その際に現地の日本軍の軍紀の乱れや中国人に対する残虐行為を知って戦争の大義に疑問を持つようになった。四四年に津野田知重少佐(石原莞爾の東亜連盟の信奉者)が東条英機首相暗殺計画を立てて三笠宮にも協力を求めてきたが、東条内閣が先に倒れたこともあり、三笠宮が計画書を陸軍当局に伝え、津野田は逮捕された。戦後は東京大学文学部の研究生となり古代オリエント史を専攻。日本軍の残虐行為についての反省を率直に語り、紀元節復活への反対を公式に表明し、学術的な研究成果を尊重するように訴えた。

参考文献　三笠宮崇仁『古代オリエント史と私』(一九八四、学生社)、小田部雄次『皇族―天皇家の近現代史―』(『中公新書』、二〇〇九、中央公論新社)　(瀬畑　源)

みかわぐんいち　三川軍一　一八八八―一九八一　海軍軍人。一八八八年八月二十九日、広島県生まれ。一九一〇年海軍兵学校卒(三十八期)、二四年海軍大学校卒。三〇年大佐、三六年少将。軍令部第二部長、第七戦隊司令官などを務め四〇年中将に進級、開戦時は第三戦隊司令官として空母部隊の直衛任務などに従事。四二年七月、南東方面担当の第八艦隊新編に伴い司令長官となる。八月、米軍がガダルカナル島に上陸すると直ちに出撃して夜襲を敢行、重巡洋艦四隻を撃沈する戦果を挙げたが(第一次ソロモン海戦)、輸送船団を攻撃せず引き揚げた点は批判対象となっている。その後、四三年四月航海学校校長、九月第二南遣艦隊司令長官を経て、四四年六月には南西方面艦隊司令長官となり十月の米軍レイテ上陸を迎えるが、体調不良のため十一月軍令部出仕、内地に帰還。四五年五月予備役となり終戦を迎える。八一年二月二十五日没、九十二歳。

参考文献　水交会編『帝国海軍提督達の遺稿―小柳資料―』上(二〇一〇)　(坂口　太助)

みかわじしん　三河地震　一九四五年一月十三日午前三時三十八分、愛知県三河地方で発生したマグニチュード六・八の内陸型地震。死者は二三〇六人で、現在の愛知県安城市南部から西尾市を経て蒲郡市に至る距離約二〇キロ×幅一〇キロの狭い範囲に被害が集中した。報道管制下のため翌十四日は「東海地方に地震　被害、最小限度に防止」(『朝日新聞』)、「中部地方に地震　旧臘七日の余震重要施設の被害僅少」(『読売新聞』)として、第二面(全二面)の片隅に事実と異なる内容が掲載された。被害拡大の原因として、三十七日前に発生した東南海地震で家屋の梁や柱の接合が弱くなっていたことがあげられる。また顕著な前震活動があり、前震が収まり屋外避難から家に戻った夜に三河地震が発生し、家屋倒壊で死亡した人もいた。「東南海地震後の誘発地震の可能性」や「前震による今後の地震発生の危険性」など、戦時報道管制によって地震情報・適切な対応について住民への周知徹底ができず、被害拡大を招いた。→東南海地震

参考文献 北原糸子・松浦律子・木村玲欧編『日本歴史災害事典』(二〇一二、吉川弘文館)、木村玲欧『戦争に隠された「震度7」―1944東南海地震・1945三河地震―』(二〇一四、吉川弘文館)

(木村 玲欧)

みききよし 三木清 一八九七―一九四五 哲学者・批評家。一八九七年一月五日、兵庫県に生まれる。京都帝国大学文学部哲学科で西田幾多郎、田辺元、波多野精一らに学ぶ。その後、ドイツに留学してハイデガーに学び、解釈学的現象学・実存哲学を摂取する一方、西欧マルクス主義の息吹にもふれる。『パスカルに於ける人間の研究』(一九二六年)で脚光をあびた後、『唯物史観と現代の意識』(二八年)では、実存哲学とマルクス主義を媒介する独自の理論を提示した。また、羽仁五郎とともに雑誌『新興科学の旗の下に』を創刊(同年)し、哲学・文学・歴史学・社会科学などにわたるマルクス主義の知的運動の一翼を担う。法政大学文学部教授(二七―三〇年)となるが、検挙・拘留により辞職。出所後に『歴史哲学』(三二年)を刊行。三〇年代半ばには、滝川事件、天皇機関説事件など一連の思想統制に抗して「新しいヒューマニズム」を唱え、排撃されていた自由主義の再生を期した。日中開戦によって体制批判が閉塞していった時期には、知識人が時局に参与しながら変革を試みる道を模索。「支那事変の世界史的意義」を唱え、近衛文麿のブレーン集団である昭和研究会にも参加した。そこでは、自由主義・全体主義・共産主義の抗争をのりこえる理念として「協同主義」を提示し、日・中が提携する「東亜協同体」の建設、自由と統制を媒介する新体制の実現をめざした。並行して書きつがれた『構想力の論理』(未完)は、そのための基礎理論となるべきものである。これらの活動は、「東亜新秩序」声明(三八年十一月)と近衛新体制運動(四〇年)に、左派の側から積極的に介入しながら、戦時下の社会変革をめざすものであった。アジア・太平洋戦争勃発後には、「戦時認識の基調」(『中央公論』四二年一月号)を発表。陸軍宣伝班員として徴用され、フィリピンへ渡航(四二年)。戦争末期に再び検挙・拘留され、敗戦後の四五年九月二十六日に獄死。四十九歳。未完の遺稿「親鸞」が残された。

参考文献 『三木清全集』(一九六六―六八、岩波書店)

(米谷 匡史)

ミズーリ Missouri アメリカ海軍の戦艦。アイオワ級の三番艦として一九四一年一月起工、四四年六月竣工。アメリカ海軍が無条約時代の列強海軍に対して計画した速度の強化と四〇・六センチ砲の搭載に成功した最新鋭の戦艦であったが、航空兵力が戦局を決する状況となり、アイオワ級の建造は六隻から四隻へと縮小、アイオワ級以降の戦艦建造は行われなかった。「ミズーリ」はニューヨーク海軍造船所で起工された後の四五年二月、硫黄島への上陸作戦に投入される。同年三月の沖縄戦では陸上部隊に向けて艦砲射撃を行い、翌月十一日、零式艦上戦闘機による特攻を右舷甲板の後部に受けた。その後ウィリアム＝ハルゼー率いる第三艦隊の旗艦となり、日本の都市を砲撃。同年九月二日の降伏文書調印式はミズーリ号艦上で行われた。戦後は朝鮮戦争に投入され、五一年八月にミズーリのみであったアイオワ級の現役艦として戦闘任務に就く。五五年に退役となり、予備役状態でワシントン州ブレマートン基地に係留され、兵装の改良を行うか、廃棄処分とされるかが検討されていたが、その間も日本の降伏調印が行われた戦艦として多くの観光客が訪れていた。八六年五月、アメリカの国防方針の転換により現役に復帰して最新兵器を搭載、中東での任務を主とするなか、九一年一月の湾岸戦争に同型艦の「ウィスコンシン」とともに参加。翌年三月に二度目の退役となり、再度ブレマートン基地に係留。ハワイ州の真珠湾に回航

ミズーリ

された後、九九年一月に戦艦ミズーリ記念館が設置された。基準排水量約四万五〇〇〇トン、最大速度三三ノット(時速約六一キロ)。

参考文献　外務省編纂『日本外交文書』第三冊(二〇一〇)、古川隆久『ポツダム宣言と軍国日本』(『敗者の日本史』二〇、二〇一二、吉川弘文館)、*Conway's All The World's Fightingships 1922-1946* (London, 1985, Maritime Press)　(佐藤　宏治)

みずのひろのり　水野広徳　一八七五―一九四五　明治・大正時代の海軍軍人。のちに、在野で非戦平和主義を唱える軍事評論家となった。一八七五年五月二十四日、旧伊予松山藩士水野光之の次男として、愛媛県温泉郡三津浜に生まれる。海軍兵学校を卒業(二十六期)後、海軍将校となり、一九〇五年の日本海海戦を描いた戦記文学『此一戦』は広く読まれた。一九年に第一次大戦後のヨーロッパを視察し、悲惨な戦禍を見て、平和主義者になり、非戦論を多数発表した。特に、三二年の未来小説『打開か破滅か　興亡の此一戦』では、アメリカとの戦争により、日本国民が物資不足で生活を破壊されることや、空襲で東京が焼け尽くされ、多くの死者が出ることを予言した。三三年八月二十五日の「極東平和友の会」の創立大会では水野の演説中に右翼が暴れ込み解散させられた。四一年二月には情報局から執筆を禁止された。戦争末期にアメリカ軍が撒いた伝単には、水野が書いた「米国海軍と日本」の一部も使われた。四五年四月伊予大島に疎開し、敗戦後の十月十八日、腸閉塞により今治市内の病院で死亡した。七十一歳。

参考文献　家永三郎「解説　反戦平和を説く海軍大佐水野広徳」(同編『日本平和論大系』七所収、一九九三、日本図書センター)、粟屋憲太郎他編『水野広徳著作集』(一九九五、雄山閣出版)　(山辺　昌彦)

みたみわれ　みたみわれ　一九四三年七月から八月に実施された第二回国民皆唱運動の指定歌曲。大政翼賛会は、第二回国民皆唱運動を行うにあたり、その指定歌曲として、四三年一月に愛国百人一首の中から海犬養岡麻呂の歌を選んで「国民の歌として決戦下の国民があらゆる機会に力強く朗唱する」ために作曲を一般公募した。この公募を受けて日本音楽文化協会は、会員を対象に募集協力を行い、同年四月に、信時潔、中山晋平、小松耕輔ほか十余人からなる選考委員が、山本芳樹の作品を選定して発表した。「みたみわれ」は、大政翼賛会による上からの楽曲制定を、日本音楽文化協会が主体的に支援するとともに組織力を駆使して選定された。また発表・普及においては都市部のみならず農村、山村、漁村など、地方を対象とした発表演奏会や第二回皆唱運動が行われたほか、『国民合唱』でラジオ放送もされるなど、それまで見られなかったよりきめの細かい普及活動を行なった点に最大の特徴があった。→国民皆唱運動(こくみんかいしょううんどう)

参考文献　戸ノ下達也『「国民歌」を唱和した時代―昭和の大衆歌謡―』(二〇一〇、吉川弘文館)　(戸ノ下達也)

みついかがくこうぎょうかいしゃ　三井化学工業会社　重化学工業分野における三井財閥の中核会社と位置付けられた総合化学工業会社。三井鉱山の三池染料工業所と目黒研究所を引き継ぎ、一九四一年四月に設立。東洋高圧工業、北海曹達などを子会社とし、石油合成三池工場組合の経営も担当。三池染料工業所が主力工場で、東洋高圧工業や電気化学工業の大牟田工場、三井鉱山の三池製煉所などと三池炭を基盤とする石炭化学コンビナートを形成した。広範な有機化学品を製造したが、戦争の進展とともに、爆薬原料、アンチノック剤、軍用医薬品など軍需品生産が中心となり、合成ゴムの製造にも着手した。四四年一月、軍需会社指定。また、精華化学の合併、東洋曹達への資本参加などを進め、満洲では、大陸化学、松花江工業の設立に参加した。戦後、六八年に東洋高圧工業と合併して三井東圧化学となり、さらに同社は九七年に三井石油化学工業と合併して三井化学となった。

参考文献　『三井東圧化学社史』(一九九四)　(吉川　容)

みついぎんこう　三井銀行　⇨三井財閥(みついざいばつ)

みついこうざんかいしゃ　三井鉱山会社　三井財閥傘下にあった石炭業を中心とする多角的事業会社。三池炭礦の払下げを受け、三井は同礦を中軸に一八九二年三井鉱山合資会社を設立した(翌年合名会社に改組)。設立後、同社は団琢磨の指導のもとで、石炭業に投資を集中し、筑豊の田川・山野・本洞各炭礦を買収し、日本最大の炭礦業者となった。一九一一年には資本金二千万円の株式会社に改組した。第一次大戦期前後には、石炭業は樺太・北海道・台湾に及び、石炭山以外にも多角的に投資を広げ、鉄山(釜石など)・非鉄金属諸鉱山を買収し、社内事業では亜鉛製錬業・石炭化学工業(染料、医薬品など)・鉄鋼業への投資を推進し、北炭・日本製鋼所・北海道硫黄などの諸会社にも投資した。投資先は樺太・北海道から九州・朝鮮・台湾・中国に及んだ。昭和期に入ると、窒素工業へ参入し(三池窒素工業・東洋高圧工業の設立)、朝鮮における金属鉱山(三成、義州など)への新規投資が行われ、満洲事変期には三池染料工業所が急拡大した(四一年に分離独立して三井化学工業に)。化学工業の発展により、電力投資も行われ、大牟田には三池炭礦を中軸とする石炭化学コンビナートが形成された。日中戦争を画期に投資が急増した。石炭は増産体制に転じ、北海道・樺太に新事業所を設置し、占領下中国の軍管理の准南炭礦・中興炭礦の経営を引受けた。満洲では熱河鉱山(金採掘、のち東亜鉱山)、天宝山鉱山(亜鉛など)、三宝鉱業(開発企業)の設立・買収に進出し、満洲合成燃料会社(人造石油)設立投資の一翼を担った。軽金属工業にも進出し、三八年には東洋アルミ(のち三井軽金属)を設立した。アジア太平洋戦争下では、右の諸地域に加え、東南アジア諸鉱山の経営を受命し、マンヤカン銅山(フィリピン)、ブキトアサム炭礦(スマトラ)などフィリピン、ジャワ、マラヤ(マレーシア)、スマトラ、シンガポールなどで諸鉱山の開発・採掘・製錬などを担った。敗戦後、過度経済力排除法の適用を受け、金属部門を分離して存続し、二〇〇九年に日本コークス工業へ社名変更した。→三池炭礦（みいけたんこう）

参考文献　三井鉱山株式会社編『男たちの世紀―三井鉱山の百年―』(一九九〇)、三井文庫編『三井事業史』本編三中・下(一九九四・二〇〇一)
（春日　豊）

みついこうし　三井甲之　一八八三―一九五三　明治・大正・昭和期の歌人、国家主義者。一八八三年十月十六日、三井梧六の長男として山梨県に出生。本名は甲之助。第一高等学校を経て一九〇四年東京帝国大学文科大学国文科に入学。在学中『馬酔木』等に歌を投稿し、伊藤左千夫に将来を嘱望されるも、のち決別。〇七年卒業。二五年原理日本社を創立し、同人に対して多大な思想的影響を与える。蓑田胸喜らとともに滝川事件、帝大粛清運動、天皇機関説排撃運動等に関わる。ヴントの心理学、親鸞の絶対他力の教えなどに影響され、自力主義およびその亜流と見なしたマルクス主義を徹底的に排し、神勅や現人神天皇に体現されるあるがままの日本に随順することを主張。明治天皇御集が経典。三九年山梨県中巨摩（なかこま）郡敷島村村長(―四三年)。四〇年大政翼賛会山梨県支部常務委員。五三年四月三日没。六十九歳。山梨県立文学館に「三井甲之関係文書」が所蔵されている。

参考文献　『近代文学研究叢書』七三(一九九七、昭和女子大学近代文化研究所)、片山杜秀「写生・随順・拝誦―三井甲之の思想圏―」(竹内洋・佐藤卓己編『日本主義的教養の時代―大学批判の古層―』所収、二〇〇六、柏書房)、塩出環『天皇「原理主義」思想の研究』(二〇〇七、神戸大学大学院国際文化学研究科須崎研究室)
（昆野　伸幸）

みついごうめいかいしゃ　三井合名会社　⇨三井財閥（みついざいばつ）

みついざいばつ　三井財閥　三井家が経営する近世の呉服商越後屋に起源をもつ日本最大の財閥。近代に入ると、一八七六年に三井物産・三井銀行を設立、九二年には官業払下げの三池炭礦を柱に三井鉱山を設立し、流通・金融・鉱山を主軸とする事業体制を整えた。一九〇九年には、諸事業を統括する組織として三井十一家のみが出資し、傘下中枢企業の全株を所有する持株会社三井合名会社を設立し、三井財閥の組織が確立した。第一次世界大戦期に傘下事業を拡大させ、二〇年代末には直系会社六社(右三社、三井生命保険、三井信託、東神倉庫)、鐘淵紡績・芝浦製作所・王子製紙など十二社を傍系会社として傘下に納め、子会社・孫会社を含む主要な傘下企業は百社ほどになった。三二年三月三井合名理事長であった団琢磨が血盟団員に暗殺された後、同社筆頭常務理事に就任した池田成彬は「財閥転向」を実施し、新事業体制を推進した。日中戦争、アジア・太平洋戦争期には、政府要請に応じて重化学工業投資、植民地・占領地投資事業を急増させ、事業基盤を大きく変化させた。四四年には改めて直系会社十社(三井不動産、三井化学工業、三井船舶、三井農林、三井造船、三井精機工業を追加、四三年三月三井銀行は第一銀行と合併して帝国銀行となり直系会社から除外)、準直系会社十二社(三井倉庫(旧東神倉庫)、東洋高圧工業、三井軽金属、東洋レーヨン、日本製粉、大正海上火災保険、熱帯産業、東洋棉花、三機工業、三井油脂化学工業、三井木船建造、三井木材工業)を指定した。事業基盤の変化に伴い資金需要が急増し、資金調達を変化させ、自己蓄積だけで資金を賄う「自己金融」から長期固定借入と中枢企業(三井物産、三井鉱山)の株式公開をもたらした(鉱山は三九年に一部公開)。また事業基盤の変化と戦時増税に対応して組織改革が実施され、四〇年八月には三井合名の三井物産への合併と三井総元方(事業統括機関)の設置、四四年二月末の三井総元方廃止、三月一日には三井物産の商号変更により株式会社三井本社が設立され、三井総元方の事業統轄機能を吸収すると同時に貿易・商業部門と不動産部門を分離・独立させて、新たに三井物産と三井木材工業が設立された。三井家の三井本社への出資は七五%ほどになり、三井本社の直系会社株の持株比率も低下した。三井同族の本社役員は、社長に就任した同族組合議長で最大の本社株所有者の三井高公のみであり、戦時下で所有と経営の分離が進展していた。敗戦後、四五年十一月のGHQの「財閥解体」指令に基づき、三井本社の解散などが実施され、三井財閥は解体された。財閥指定時には、三井本社傘下会社(持株比率一割以上)七十五社、三井系傘下会社数二百七十三社、それらの払込金総計三十五億円(対全国比率九・五%)に達していた。→池田成彬（いけだしげあき）　→団琢磨（だんたくま）

参考文献　松元宏『三井財閥の研究』(一九七九、吉川弘文館)、三井文庫編『三井事業史』本編二・三上中下(一九八〇―二〇〇一)、春日豊「三井財閥」(麻島昭一編『財閥金融構造の比較研究』所収、一九八七、御茶の水書房)、同「戦争と財閥―三井財閥の事業拡大・変容と再編成―」(『年報日本現代史』一六、二〇〇一)
（春日　豊）

みついせんぱくかいしゃ　三井船舶会社　⇨三井物産会社（みついぶっさんかいしゃ）

みついぞうせんかいしゃ　三井造船会社　⇨三井物産会社（みついぶっさんかいしゃ）

みついたかきみ　三井高公　一八九五―一九九二　三井財閥の代表者。一八九五年八月三日東京生まれ。三井北家(総領家)第十代高棟（たかみね）の次男。京都帝国大学卒。一九三三年、財閥批判渦中で隠居した高棟から家督を相続し、三井家同族会議長、三井本社社長、三井合名会社社長となる。以後三井総元方議長、三井本社社長を歴任し、三井同族と専門経営者を束ねる。四五年十一月、三井本社の解散を表明。九二年十一月十三日死去。九十七歳。

参考文献　三井文庫編『三井事業史』本篇三中・下(一九九四・二〇〇一)
（吉川　容）

みついぶっさんかいしゃ　三井物産会社　三井財閥の傘下にあった戦前日本最大の総合商社。一八七六年七月一日、井上馨が創立した貿易商社先収会社を引き継ぎ、その中心であった益田孝を指導者として三井組が設立した。十一月に三井組国産方(国内商取引)を吸収合併した。設立初期には政府米・官営三池炭など政府御用商売を主軸としたが、日清戦後には近代産業関連商品を主軸とする総合商社に脱皮し、日露戦後には主要貿易品の四割近くを占める独占的大商社に急成長した。支店・出張所は六十を超え、海外支店は東南アジア・インド・豪州・欧米に及んだ。一九〇九年に合名会社から株式会社に改組した。第一次大戦期には船舶部(〇三年設置、四二年三井船舶に)への社船供給を目的に一七年に造船部を設置し(三七年玉造船所に、四二年三井造船と改称)、翌年には増大した諸保険代理業務を担う大正海上火災保険会社を設立した。大戦後には、棉花部を分離・独立させて二〇年に東洋棉花を設立し、生糸取扱いの減少を見込んで二六年には子会社東洋レーヨンを設立した。満洲事変後には政府の財閥誘致方針に対応して満洲投資を増大させ、日中開戦後には政府要請に応じて、中国投資を増大させるなど、投資活動を増大させ、多くの企業を傘下に収める持株会社となった。四〇年八月には三井合名と合併し、本社機能を兼務した。アジア・太平洋戦争開戦に伴い、欧米取引が断絶し、取扱額が一時急減したが、統制機関代行業務や政府受命事業などにより回復し、中国・東南アジア占領地で取扱額が急増した。四二年十一月に物産株一部が公開された。戦争末期には、占領各地で軍・官の各地自給方針の要請に応じて、農林・食品・繊維・木造船・化学など多方面の生産事業を起業した。四四年三月に三井物産は三井本社に改組・改称され、同時に貿易関連部門を切り離して「新」三井物産が設立された。敗戦後、財閥解体政策の一環として持株会社に指定され解体された。徹底した解体であり、三井物産関係者は二百二十三社を新設し、合併を繰り返し、五九年三月現在の三井物産を再興した。

参考文献 『挑戦と創造―三井物産百年のあゆみ―』(一九七六、三井物産)、坂本雅子『財閥と帝国主義―三井物産と中国―』(二〇〇三、ミネルヴァ書房)、春日豊『帝国日本と財閥商社―恐慌・戦争下の三井物産―』(二〇一〇、名古屋大学出版会)

(春日 豊)

みつかわかめたろう　満川亀太郎　一八八八―一九三六　大正・昭和前期のアジア主義者。拓殖大学教授。一八八八年一月十八日満川雅恭の次男として大阪に生まれる。京都の吉田中学、清和中学を経て早稲田大学に進学するも中退し、『民声新聞』『保険銀行通信』『海国日報』『大日本』などのジャーナリズム界に転じ、多くの政財界、海軍関係者との人脈を形成する。一三年最初の著作『袁世凱伝』を出版。一八年時局研究団体の三五会を改編して老壮会を結成、日本亡命中のR・B・ボースや大川周明と交友する。翌一九年国家改造の実践的結社猶存社を設立し、在上海の北一輝を同志として迎える。猶存社解散後は大川の行地社に参加。二六年に一新社を、また三〇年にはアジアで活躍する人材養成のための興亜学塾を創立した。満洲事変勃発の背景にあった日本の満蒙特殊権益については是認した。三六年五月十二日脳溢血のため死去。四十九歳。代表的著作に『三国干渉以後』がある。

参考文献 長谷川雄一「満川亀太郎の対米認識」(同編『大正期日本のアメリカ認識』所収、二〇〇一、慶応義塾大学出版会)、クリストファー・W・A・スピルマン「解題」(拓殖大学創立百年史編纂室編『満川亀太郎―地域・地球事情の啓蒙者―』上所収、二〇〇一、拓殖大学)、満川亀太郎『奪われたるアジア―歴史的地域研究と思想的批評―(復刻版)』(二〇〇七、書肆心水)、長谷川雄一「満川亀太郎における初期アジア主義の空間」(同編『アジア主義思想と現代』所収、二〇一四、慶応義塾大学出版会)

(長谷川雄一)

みつだいわお　満田巌　一九一三―四四　昭和戦中期の思想家。評論家。一九一三年、兵庫県生まれ。父は健次。三五年、東京外国語学校独語科を卒業。三六年、改造社出版部に勤務。内閣総力戦研究所事務嘱託(四一年十二月まで)、その後、情報局嘱託を務める。四一年、講談社顧問に就任。四二年、哲学者の小島威彦・仲小路彰を中心とする思想団体スメラ学塾(塾頭に海軍大将末次信正)の研究部員として関係。ほかに大日本言論報国会にも所属。日中戦争―アジア・太平洋戦争期において若手思想家として活発な評論活動を展開した。四四年、北支に応召、同年七月、出征中に戦病死した。三十二歳。主著『昭和風雲録』(四〇年、新紀元社)、『ヒットラー伝』(『ナチス叢書』、四一年、アルス)、『日本人物論』(『日本思想戦大系』、四四年、旺文社)など。

参考文献 佐藤卓己『言論統制―情報官・鈴木庫三と教育の国防国家―』(『中公新書』、二〇〇四、中央公論新社)

(岡 佑哉)

みつだけんすけ　光田健輔　一八七六―一九六四　明治―昭和期の医師、医学者。一八七六年一月十二日山口県に出生、旧姓吉本。九五年済生学舎に入学、九七年医師免許を取得し帝国大学医科大学病理選科に在籍。九八年卒業後に東京市養育院に帝大雇として勤務、一九〇一―〇二年ごろ院内にハンセン病隔離病室「回春病室」を設置。〇五年養育院医員、〇八年同副医長。〇七年の「癩予防に関する件」公布を受け、〇九年第一区府県立全生病院医長に就任、一四年院長。「癩予防法」公布の三一年に国立癩療養所長島愛生園園長となり、五七年まで在職。病理学を専門とし「光田氏反応」による診断と病型分類法を提唱した。ハンセン病隔離政策を推進し「救癩の父」と称されたが、愛生園の収容超過や物資窮乏に起因する三六年の長島事件、五一年の「癩予防法」改正論議における国会「三園長証言」では患者らの批判を受けた。五一年文化勲章。六四年五月十四日没。八十八歳。

参考文献 藤野豊『日本ファシズムと医療』(一九九三、岩波書店)、平井雄一郎「東京市養育院『回春病室』設置時期の再検討」(『日本医史学雑誌』五五ノ四、二〇〇九)、同「光田健輔と「回春病室」という記憶」(同)、廣川和花『近代日本のハンセン病問題と地域社会』(二〇一一、大阪大学出版会)　(廣川 和花)

ミッドウェーかいせん　ミッドウェー海戦　一九四二年六月五日から七日にかけて西太平洋の米領ミッドウェー島周辺で行われた日本海軍と米海軍の海空戦。日本海軍が大敗し、米海軍が戦勢を立て直す契機となった。日本側戦力は大型空母二、中型空母二、小型空母一、戦艦十一、重巡洋艦十、軽巡洋艦六、駆逐艦五十三、航空機三百十九。指揮官は南雲忠一海軍中将。米海軍は大型空母三、重巡洋艦七、軽巡洋艦一、駆逐艦十五、空母搭載機二百三十三、ミッドウェー島の基地航空部隊百十五。指揮官はレイモンド＝スプルーアンス海軍中将。真珠湾攻撃時に不在であった米空母群は、四二年一月以降、日本軍の前線拠点に執拗な空襲を繰り返し、四月十八日には小規模ながら日本本土の空襲に成功した(ドゥーリトル空襲)。日本海軍は西太平洋の制空海権を完全に掌握し、ハワイ攻略の前段としてミッドウェー島の攻略を図った。山本五十六連合艦隊司令長官の意図は、同島の攻略自体よりも、それを阻止するため出撃が予想される米空母艦隊の撃滅にあり、軍事的優勢を確立して米国との和平交渉の契機とする狙いもあった。米海軍は暗号解読と情報分析により日本艦隊の動静を正確に把握していたが、日本海軍は防諜の不徹底、作戦目的の不明瞭(ミッドウェー島占領と米空母艦隊撃破のどちらを優先するか)、索敵の不備から米軍航空隊の奇襲を許した。母艦上の航空機が対地攻撃兵装から対艦攻撃兵装に転換中の状態を攻撃されたため、甲板上の機体と爆弾・魚雷が誘爆し、瞬時に三隻の空母「赤城」「加賀」「蒼龍」が戦闘不能に陥った。残る一隻の空母「飛龍」の反撃で米空母「ヨークタウン」を大破させたが、「飛龍」も間もなく米軍の反撃で同じ運命を辿った。結局、日本海軍は大型空母二、中型空母二、重巡洋艦一、航空機二百二十八、人員三千五十七名を失い、作戦は中止された。米海軍の損失は大型空母一、駆逐艦一、航空機九十八、人員三百七名であった。空母機動部隊の圧倒的な打撃力を失った日本海軍は、開戦以来の主導権を失い、米国と講和交渉に入る山本の構想も挫折した。

ミッドウェー海戦　日本軍の攻撃を受けるヨークタウン

[参考文献]　防衛庁防衛研修所戦史室編『ミッドウェー海戦』(『戦史叢書』四三、一九七一、朝雲新聞社)、ゴードン・W・プランゲ『ミッドウェーの奇跡』(千早正隆訳、一九八四、原書房)、澤地久枝『記録ミッドウェー海戦』(一九八六、文藝春秋)、保坂正康『幻の終戦―もしミッドウェー海戦で戦争をやめていたら―』(一九九七、柏書房)、森史朗『ミッドウェー海戦』(『新潮選書』、二〇一二、新潮社)　(等松 春夫)

みつびしぎんこう　三菱銀行　⇨三菱財閥(みつびしざいばつ)

みつびしこうぎょうかいしゃ　三菱鉱業会社　三菱財閥に属する鉱業会社。一九一八年三菱合資会社の炭坑部、鉱山部、研究所を継承して三菱鉱業株式会社が成立した。三菱の鉱業経営は、一八七三年に買収した吉岡鉱山に始まり、八一年高島炭鉱の買収、さらに尾去沢・荒川・面谷などの金属鉱山の稼行・鯰田・新入・端島などの諸炭坑の買収、九六年には佐渡・生野の二鉱山、大阪製錬所の払下げによって大きな広がりを見せ、三菱鉱業発足時点では金属部門でも、石炭部門でも国内有力業者になっていたのである。さらに北海道、樺太、朝鮮などの炭坑・鉱山の経営に乗り出し、敗戦時では巨大な鉱業会社となっていた。敗戦後、持株会社整理委員会による分割指令を受け、五〇年に金属部門を分離独立させて太平鉱業(のちに三菱金属鉱業と改称)とし、三菱鉱業は石炭部門を継承し、石炭専業会社となった。三菱鉱業はその後多角化を進め、七三年三菱セメント・豊国セメントを合併して三菱鉱業セメントと改称、九〇年に三菱金属と合併して三菱マテリアルとなった。

[参考文献]　『三菱鉱業社史』(一九七六、三菱鉱業セメント株式会社)　(麻島 昭二)

みつびしこうくうきかいしゃ　三菱航空機会社　三菱財閥下の航空機製造会社。三菱の航空機事業への参入は、一九一六年に神戸造船所でルノー七十馬力発動機の製作に着手したことに始まる。製造・開発拠点は、三菱造船株式会社(一七年)、神戸内燃機製作所(一九年)、三菱内燃機製造株式会社(二〇年)、三菱内燃機株式会社名古屋製作所(二一年)、三菱航空機株式会社(二八年)、そして三菱重工業株式会社名古屋航空機製作所(三四年、以下名航と略)と変化する。満洲事変以降、航空機生産は拡大し、日中戦争開始時に九六式陸上攻撃機の大増産が海軍より命じられた際には中島飛行機・愛知時計電機・川西航空機と多数の材料会社で第一回増産会議を名航で開催している。開発した零式艦上戦闘機は一万四百三十機と日本で最も大量に製造された機種であった。年産規模は、日米英開戦以前の千機から三千機以上へと拡大し、四四年には国内生産の約三五%を占めた。従業員数も六万三千五百八人(四四年)であった。

参考文献 『三菱重工業株式会社史』(一九五六)、『愛知県史』資料編三〇(二〇〇八)、岡崎哲二「第二次世界大戦期における三菱重工業の航空機生産と部品供給」(『三菱史料館論集』九、二〇〇八)

(笠井 雅直)

みつびしごうしかいしゃ　三菱合資会社　⇩三菱財閥(みつびしざいばつ)

みつびしざいばつ　三菱財閥　岩崎家が作り上げた、三井につぐ規模を誇る総合財閥。岩崎家の事業は海運業撤退ののち、鉱山業、造船業に活路を求め、岩崎弥之助が三菱社を創設し、その経営にあたった。一八九三年商法制定に対応して、弥之助と久弥(弥太郎長男)の折半出資により三菱合資会社を設立、久弥が社長となった。同社は次の諸事業を直営したのである。買収した高島炭鉱、払下げられた佐渡・生野鉱山・大阪精錬所、買収の北海道、筑豊の諸炭坑を擁する鉱業部門、払下げの長崎造船所を中心に、神戸・彦島造船所を加えた造船部門、第百十九国立銀行を買収し、各事業への資金供給を担う銀行部門、丸の内の国有地払い下げを受け、ビル街を建設する地所部門など、多角的である。一九〇八年組織改革により、造船、銀行、鉱業、営業などの事業部が設けられ、そこで直営事業が管理運営されたが、さらに事業部を独立の株式会社に編成することになり、一七―一九年に三菱造船、三菱製鉄、三菱倉庫、三菱商事、三菱鉱業、三菱銀行、三菱海上火災が創立された。また、三菱造船から分離独立して三菱内燃機製造(のち三菱航空機と改称)、三菱電機が生まれている。昭和期には三菱信託、三菱石油(外資と共同出資)、三菱地所が設立され、三菱合資は財閥本社としてこれら諸会社の株式を所有する持株会社となった。ここにコンツェルンの形が整ったのである。戦時体制下、三菱重工業(三菱造船と三菱航空機が合併)をはじめ三菱電機、三菱鉱業、三菱製鋼、三菱石油、日本化成工業らは設備を拡大して軍需生産を担い、急膨張した。それを金融面で支えたのは三菱銀行で、これら生産各社に巨額の融資を行い、戦時末期では三菱系諸社の指定金融機関となっている。三七年三菱合資会社は改組して株式会社三菱社となり、四〇年に倍額増資し、増資新株の一部を公開した。財閥の同族的閉鎖性批判をかわすことと資金調達のためであった。さらに四三年には三菱本社と改称している。戦時末期での三菱財閥は、分系会社十一社、関係会社十六社、傍系会社四十八社、計七十五社を擁する一大企業集団であった。敗戦後、四五年十一月財閥解体指令が発せられ、社長岩崎小弥太は解体に抵抗したものの、結局四六年九月に三菱本社は持株会社整理委員会に支配会社株式を提出し解散、三菱商事は四七年七月に解散、三菱電機、三菱重工業、三菱化成工業、三菱鉱業なども分割ないし独立し、三菱財閥の解体は終了した。→岩崎小弥太(いわさきこやた)　→岩崎久弥(いわさきひさや)

参考文献 旗手勲『日本の財閥と三菱―財閥企業の日本的風土―』(一九七八、楽游書房)、三島康雄編『三菱財閥』(『日本財閥経営史』、一九八一、日本経済新聞社)、麻島昭一『三菱財閥の金融構造』(一九八六、御茶の水書房)、小林正彬『三菱の経営多角化―三井・住友と比較―』(二〇〇六、白桃書房)

(麻島 昭二)

みつびしじゅうこうぎょうかいしゃ　三菱重工業会社　三菱財閥の中核をなす総合重工業企業。一九三四年四月三菱造船は三菱重工業と改称、六月に三菱航空機を合併したが、三菱重工業は三菱造船と三菱航空機の合併によって成立した企業といってよかろう。三菱重工業の前身というべき三菱造船は、一七年三菱合資会社造船部が分離独立したものであるが、さかのぼれば三菱社が一八八七年官営長崎造船所の払下げを受け、造船業に乗り出したことから始まる。神戸にも造船所を設け(一九〇五年)、造船部門を一括して〇七年三菱合資会社造船部となり、さらに一四年彦島造船所を設置、三菱合資会社の各事業部分社化の先頭を切って、造船部を継承した三菱造船設立となった経緯がある。他方、三菱航空機については、二〇年三菱造船の航空機・自動車部門が三菱内燃機製造として独立(翌年三菱内燃機と改称)、のち自動車製造はあきらめ、航空機に専念することになって二八年三菱航空機と改称した経緯がある。三四年に成立した三菱重工業は造船業を中核に、航空機、兵器などを手掛ける多角経営であり、造船所では長崎は大型艦船、神戸は中型艦船、彦島は小型艦船という分担で、横浜船渠を合併して、東日本にも造船所を持つ日本最大の造船業者であった。第二次大戦中には、軍艦、航空機、兵器などを生産したわが国最大の軍需企業であって、とくに造船では巨大戦艦「武蔵」の建造、航空機生産では九六式艦上戦闘機、零式艦上戦闘機(ゼロ戦)、一式陸上攻撃機などの量産が著名である。戦後、過度経済力集中排除法の指定を受け、五〇年一月東日本重工業(のち三菱日本重工業と改称)、中日本重工業(のち新三菱重工業と改称)、西日本重工業(のち三菱造船と改称)に分割されたが、事業分野の重複を解消すべく六四年三社は合併して、再び巨大な三菱重工業が復活したのである。

参考文献 『三菱重工業株式会社史』(一九五六)、三菱重工業株式会社編『三菱造船株式会社史』(一九六七)、同編『三菱日本重工業株式会社史』(一九六七)

(麻島 昭二)

みつびしぞうせんかいしゃ　三菱造船会社　⇩三菱重工業会社(みつびしじゅうこうぎょうかいしゃ)

みなみいわお　南岩男　一九〇〇―八六　産業報国会の構想・具体化に関与した労務管理の実務家にして研究家。一九〇〇年六月二十八日、三重県生まれ。二四年東京商科大学を卒業して住友合資会社に就職、以来住友電線・日本電気などで労務を担当、その間に内務省の新官僚や日本主義労働組合の指導者たちの知遇を得た。三四年ドイツに留学しナチスの労働政策を研究したが、急きょ帰国して三五年内閣調査局専門委員に就任した。直後に新官僚・警察の介入が問題化した豊川鉄道争議の収束に暗躍、また二・二六事件直後に「日本刷新に関する意見」を作成した。国家統制色の強い産業政策・社会政策を立案したもので、特に第三章四「労資関係整調策」は産業報国会の先駆的構想となった。四三年産報中央本部宣伝部長、四四年同関東地方部長に就任。敗戦後は公職追放されたが、三重県経営者協会専務理事、愛知学院大学教授などを歴任。八六年一月十三日没。八十五歳。

参考文献 鵜野久吾『工場鉱山 産業報国会設立運営指針』(一九三八、国民安全協会、大半は南岩男が執筆)、南岩男『人間貴晩晴—私の歩んだ道—』(一九六七、南あい子)、神田文人「南岩男「日本刷新ニ関スル意見—社会政策ヲ中心トシテ—」(付)同氏インタビュー(資料紹介)」(『横浜市立大学論叢 人文科学系列』四一ノ一—三合併号、一九九〇)

(三輪 泰史)

みなみきかん 南機関 日本軍がつくった対ビルマ謀略機関。重慶の国民政府(蔣介石政権)への米英による物資補給路(ビルマルート)を遮断すべく、英領ビルマの独立運動の利用を画策、一九四一年二月、参謀本部第二部八課所属の鈴木敬司大佐が機関長となり、陸海軍共同で大本営直属の組織として発足した(その後海軍は手を引く)。ビルマから脱出した三十名の青年に海南島三亜で軍事訓練を秘密裏に施し、アジア・太平洋戦争開戦後は彼らを中心とするビルマ独立義勇軍(BIA)を結成、日本軍本隊と別ルートでビルマに進軍させ、英印軍や植民地ビルマ軍と戦わせた。鈴木大佐はBIAのビルマ人メンバーにビルマ独立支援を独断で約束していたため、四二年六月日本軍が軍政を施行すると苦境に立たされた。同年七月機関は解散、鈴木大佐も本国に異動した。機関員の多くはその後BIAを改編したビルマ国軍(BNA)の軍事顧問として活動、一部は戦後も日緬関係の再構築と維持に関わった。 →ビルマ国軍 →ビルマ作戦

参考文献 根本敬『抵抗と協力のはざま—近代ビルマ史のなかのイギリスと日本—』(『戦争の経験を問う』、二〇一〇、岩波書店)

(根本 敬)

みなみじろう 南次郎 一八七四—一九五五 明治から昭和期の陸軍軍人、朝鮮総督、政治家。一八七四年八月十日、大分県に生まれる。一八九五年に陸軍士官学校を卒業(第六期)。一九〇三年に陸軍大学校を卒業。騎兵第一連隊中隊長として日露戦争に出征。〇五年に大本営参謀に就任。その後は陸軍大学校教官、関東都督府陸軍参謀、陸軍省軍務局騎兵課長などを経て、一九年に支那駐屯軍司令官に就任。その後は騎兵学校長、陸軍士官学校校長、第十六師団長を経て、二七年に参謀次長、二九年に朝鮮軍司令官、三〇年に軍事参議官に就任。三一年には宇垣一成の病気辞任を受けて陸相に就任(第二次若槻礼次郎内閣)。同年九月の柳条湖事件に際しては、現地軍に追随して事件を拡大した。同年十二月に陸相を辞任。三四年に関東軍司令官に就任。三六年に予備役に編入。同年に宇垣一成の後を受けて朝鮮総督に就任した。南は朝鮮総督として重化学工業の振興に力を入れ、鉱物資源開発や電源開発を積極的に推進した。三七年の日中戦争の勃発以降は朝鮮の大陸兵站基地化という目的も加わった。この時期に新興財閥の朝鮮半島進出が進むが、南も日窒コンツェルンの野口遵の勲一等への昇叙に尽力するなど、その活動を積極的に支えた。また、南は皇民化政策を推進し、激しい民族的反発を押さえ込みつつ、創氏改名(朝鮮人固有の姓名を廃止して日本人式の氏を創設し、名も日本人式に改める施策)を強行した。同様に朝鮮に総力戦の一翼を担わせるべく、志願兵制(三八年—)、徴兵制(四四年—)の施行に尽力した。四二年に枢密顧問官、四五年に大日本政治会総裁、貴族院議員に就任。戦後はA級戦犯として極東国際軍事裁判の被告となり、満洲事変の際の陸相としての責任と、関東軍司令官時代の責任とで終身禁錮の判決を受けた。五五年十二月五日没。八十一歳。

参考文献 御手洗辰雄編『南次郎』(一九五七)

(加藤 祐介)

南 次 郎

みなみたいへいようかいせん 南太平洋海戦 一九四二年十月二十六日、南太平洋サンタクルーズ諸島北方で実施された海空戦。ガダルカナル島の飛行場奪還を目指した日本陸軍は第二師団を増強し、十月二十四日、二十五

南太平洋海戦 日本軍の攻撃を受けるホーネット

日に総攻撃を敢行したが失敗に終わった。この攻撃支援のために行動中の空母四隻からなる日本海軍の機動部隊(司令長官南雲忠一中将)と、空母二隻を中心とした米機動部隊(指揮官キンケイド少将)は二十六日早朝に双方発見し、全力での航空攻撃を行なった。海戦初期、互いに空母二隻に損害を与えたが、日本側の反復攻撃で空母「ホーネット」を撃沈、空母「エンタープライズ」に損害を与えた。日本海軍は、この勝利をミッドウェー海戦の敗北の敵討ちと認識し、米軍空母四隻撃沈との過大な戦果を発表し、南雲長官は面目を保った形で異動することとなった。しかし、激しい航空戦で、ミッドウェー海戦でのパイロット戦死者を上回るパイロットを失い、以後の航空戦力を大きく損なう結果となった。

参考文献 防衛庁防衛研修所戦史室編『南東方面海軍作戦』二(『戦史叢書』八三、一九七五、朝雲新聞社)

(林 美和)

みなみまんしゅうてつどうかいしゃ　南満洲鉄道会社　中国東北にあった日本の鉄道会社。正式名称は南満洲鉄道株式会社、略称満鉄。日露戦争後、ロシアから譲渡された長春—大連間の路線などをもとに、一九〇六年に設立された。満鉄は、三一年九月の満洲事変で関東軍の輸送に全面的に協力、附属地警備も行い、張学良政権の東北交通委員会を引き継いで中国側鉄道の経営にあたった。三二年三月満洲国創設後満鉄は満洲国の鉄道経営を受託し満洲全域の交通・港湾を経営し、新線建設を行なった。関係事業も拡大したが、三七年満洲重工業開発株式会社が設立されて鉄道と撫順炭礦以外は満鉄から分離された。同年軍の要求で対ソ戦備と北満開発のために朝鮮半島のソ連国境近くに羅津港を完成させた。日中戦争下には軍需物資輸送を担い、三七年からの満洲国五ヵ年計画期には日本から資材を輸送し、四一年の関東軍特種演習では軍事輸送を行なった。四二年後半になると中国沿岸の制海権を日本は次第に失ったため、華北から鉄道で満洲・釜山経由日本に物資輸送を行う大陸転嫁輸送が実施された。このため大連港や満鉄本線の一部を単線化、軌条撤去をし、華北—奉天間、安奉線、新義州—京城間の複線化工事を進めた。四三年には連合軍が日本周辺海域を封鎖、日本海だけが航行可能となったため、大連埠頭の荷役設備・荷役労働者を羅津港に移動しその整備を行なったが、貨車不足のため輸送は困難を極めた。四五年には「必勝輸送」と称して戦力物資と大豆一〇〇万トンを羅津港から新潟港に輸送した。四五年八月ソ連参戦の結果全満の鉄道は麻痺、満鉄は実質的に崩壊した。敗戦時の全満の鉄道は約一二、五〇〇キロ、従業員数約四十万人であった。同年八月十四日、中ソ友好同盟条約とその附属協定が締結され、南満の鉄道は中華民国とソ連の合弁経営である中国長春鉄路公司となり、それ以外はソ連が実質的に支配し、鉄道施設の破壊・撤去も行われた。社員五万人程度が中長鉄路などに留用された。満鉄は九月三十日GHQ命令により解散した。

南満洲鉄道会社本社

参考文献 南満洲鉄道株式会社編『南満洲鉄道株式会社第三次十年史(復刻版)』(一九七六、龍渓書舎)、満鉄会編『南満洲鉄道株式会社第四次十年史』(一九八六、龍渓書舎)、同編『満鉄社員終戦記録』(一九九六)、岡部牧夫編『南満洲鉄道会社の研究』(二〇〇八、日本経済評論社)

(井村 哲郎)

みならいしかん　見習士官　陸軍少尉任官直前の階級(身分)。曹長の位で陸軍士官学校卒業後、陸軍予科士官学校で隊付教育をうけた原隊にもどり、時期によって期間は若干異なるが四～八ヵ月(平均して半年間)の将校見習いの勤務につく。その間の言動・態度によって連隊将校団による銓衡会議で将校(奏任官)への任官が正式に決定される。そこでは全員一致が必要条件なので懸命に働くという。下士官は判任官なのでその差は決定的である。少尉任官後、配属先の連隊長による命課布達式(海軍では告達式)が生涯で最も感激的だといわれる。

(高野 邦夫)

みのだむねき　蓑田胸喜　一八九四—一九四六　昭和前期の日本主義思想家、帝大粛正運動の中心人物。一八九四年一月二十六日熊本県に生まれ、第五高等学校を経て、一九二〇年東京帝国大学文学部宗教学科を卒業後、法学部政治学科に学士入学。文学部在学中に興国同志会会員となり森戸事件にも関与。同会設立時の指導者の一人三井甲之に師事し、卒業後は三井の主宰する『人生と表現』の編集を手伝いながら同誌や『日本及日本人』などに寄稿。二二年慶応義塾大学予科教授に就任、三二年退職して国士舘専門学校教授に転職。二五年十一月三井らと原理日本社を設立、『原理日本』誌上で帝大教授のマルクス主義的・反国体的な言論を激しく攻撃。帝大粛正運動は貴族院議員も巻き込み天皇機関説事件や瀧川事件を焚きつける役割を果たしたが、四〇年ごろを境に勢いを失った。四一年国士舘を退職、四四年熊本へ疎開。四六年一

月三十日郷里の自宅で縊死。五十三歳。 ↓原理日本社

参考文献 竹内洋他編『蓑田胸喜全集』(二〇〇四、柏書房)、井上義和「蓑田胸喜」(伊藤隆・季武嘉也編『近現代日本人物史料情報辞典』三、二〇〇七、吉川弘文館)

(井上 義和)

みのべたつきち 美濃部達吉 一八七三―一九四八 近代日本の代表的な憲法学者。一八七三年五月七日、兵庫県に生まれる。東京帝国大学法科大学卒業、内務省に入る。一九〇二年、法科大学教授。明治末期以後、国家法人説に基づき、天皇大権の制限と政党政治の正当化を行なった立憲主義的憲法論(天皇機関説)が学界に定着する。昭和期には不戦条約、ロンドン海軍軍縮条約をめぐる解釈などで政党内閣を支えた。三五年貴族院で美濃部学説が非難され、『憲法撮要』等の著作が発禁となり、岡田啓介内閣は二度にわたり国体明徴声明を出して美濃部学説を葬り去った。戦中も行政法、戦時経済刑法に関する著作をまとめ、公法判例評釈などの仕事にもたずさわった。敗戦後、枢密院顧問官として大日本帝国憲法の改正に反対した。彼は、帝国憲法の解釈で民主主義は可能であるという見解であった。子である亮吉は人民戦線事件に連座、戦後は東京都知事を務めた。四八年五月二十三日死去。七十六歳。 ↓国体明徴問題

参考文献 家永三郎『美濃部達吉の思想史的研究』(一九六四、岩波書店)

(源川 真希)

みのべようじ 美濃部洋次 一九〇〇―五三 昭和戦前・戦中期の官僚。一九〇〇年十一月一日、北海道拓殖銀行頭取美濃部俊吉の次男として東京に生まれる。憲法学者美濃部達吉の甥。二六年三月東京帝国大学法学部卒業、四月商工省入省、十二月高等試験行政科試験合格、特許局、貿易局に勤務。三三年省の先輩岸信介の誘いで商工省を辞職し満洲国に渡り国務院などで軍を含む官僚主導の計画経済制度構築に関わる。三六年末帰国後商工省復帰。繊維工業課長、物価局第一部総務課長などとして繊維の輸入統制、物価統制に活躍。三九年陸軍省軍務局長武藤章少将のもとに形成された月曜会(岸、秋永月三企画院調査官(陸軍省)、岩畔豪雄陸軍省軍事課長、毛里英於菟(興亜院)、迫水久常(大蔵省)等)に加わり、革新的陸軍軍人、官僚と横断的活動を行う。当時、迫水、毛里とともに革新官僚三羽烏と呼ばれた。四〇年企画院審議室に入り公益優先の国家社会主義的計画経済、所有と経営の分離による経済新体制構想に係わるが、財界などの反対で妥協を強いられた。その後も四三年商工省と企画院を改組し新設された軍需省の機械局長などとして戦時経済を支える重要な役割を果たした。四五年六月内閣に設けられていた綜合計画局の戦災復興部長に就任、戦災復興、疎開、戦災者援護を担当。迫水が鈴木貫太郎内閣書記官長であったため、毛里とともに終戦の詔勅案の作成にも係わった。終戦後の九月内閣調査局調査官となるが翌月辞職。新政党創設などを模索するが、四六―五一年公職追放。解除後の五二年日本評論社再建のため社長に就任するが、翌年二月二十八日没。五十二歳。残された文書は東京大学附属総合図書館が所蔵、『美濃部洋次文書』(一九九一年、マイクロフィルム版、雄松堂書店)として公刊されている。主要著書として『経済生活の日本的転換』(一九四〇年、科学主義工業社)、『戦時経済体制講話』(一九四二年、橘書店)がある。

参考文献 『洋々乎―美濃部洋次追悼録―』(一九五四、日本評論新社)、古川隆久『昭和戦中期の総合国策機関』(一九九二、吉川弘文館)

(山口 浩志)

みやけしょういち 三宅正一 一九〇〇―八二 農民運動家、政治家。社会大衆党のなかの新体制推進派。一九〇〇年十月三十日岐阜県で出生。岐阜中学を経て早稲田大学に入り、建設者同盟を結成。二二年日本農民組合関東同盟に参加し、新潟県の農民運動に関与。木崎村争議で検挙。二六年、日本労農党を結成。二七年全国農民組合主事。三六年、社会大衆党より立候補、当選。三八年、大日本農民組合主事。大日本農民組合は、満洲移民を推進した。三九年十一月、農地制度改革同盟副会長。四〇年三月、聖戦貫徹議員連盟に参加。四〇年八月、新体制促進同志会結成。四〇年十一月農地制度改革同盟を脱退。四二年の翼賛選挙では非推薦で当選。四二年六月、日本医療団理事。四四年九月時点で、産業報国会空襲共済総本部副本部長。岸信介の護国同志会に参加。四九年衆議院議員。六八年から七〇年まで社会党副委員長。七六年から七九年まで衆議院副議長。八〇年落選。八二年五月二十三日没。八十一歳。

参考文献 三宅正一『幾山河を越えて―からだで書いた社会運動史―』(一九六六、恒文社)、『三宅正一の生涯』(一九八三)、横関至「三宅正一の戦中・戦後」(『農民運動指導者の戦中・戦後―杉山元治郎・平野力三と労農派―』所収、二〇一一、御茶の水書房)

(横関 至)

みやざきしげさぶろう 宮崎繁三郎 一八九二―一九六五 大正・昭和期の陸軍軍人。一八九二年一月四日、岐阜県の豪農(村長)宮崎専松の三男として生まれる。一九一四年陸軍士官学校卒(第二十六期)。二四年陸軍大学校卒。その後三〇年歩兵少佐・ハルビンの特務機関員、三三年歩兵第三十一連隊歩兵第二大隊長として熱河作戦に参加。三四年歩兵中佐、三八年大佐・第二十一軍第三課長兼広東特務機関長を経て、三九年歩兵第十六連隊長としてノモンハン事件に参加。四〇年少将・上海特務機関長を経て、第三十一師団(師団長、佐藤幸徳)第三十一歩兵団長としてインパール作戦に参加。同作戦ではインド東部のコヒマの占領を指揮した。佐藤がコヒマからの独断退去を決意した際、軍司令部は宮崎支隊には同地の確保を命じた。宮崎は戦略的に不利な状況で統率力を発揮した。四四年六月中将となり、八月第五十四師団長としてビルマ退却戦に参加した。六五年八月三十日没。七十三歳。

参考文献 豊田穣『名将宮崎繁三郎―不敗、最前線指

揮官の生涯―』(一九六四、光人社)　（遠藤　美幸）

みやざきしゅういち　宮崎周一　一八九五―一九六九　陸軍軍人。一八九五年二月六日、宮崎岩太郎の長男として長野県に生まれる。一九一三年、愛知県立豊橋中学校卒業。一六年、陸軍士官学校卒業（第二十八期）。二七年、陸軍大学校卒業。参謀本部付、陸軍大学校教官、第十一軍高級参謀などを歴任。四一年少将となり、アジア・太平洋戦争開戦時は陸軍大学校兵学教官。四二年十月、第十七軍参謀長としてガダルカナル戦に従事。その後、参謀本部第四部長、陸軍大学校幹事を経て、第六方面軍参謀長。四四年十月に中将となり、同年十二月、参謀本部作戦部長に就任。戦争末期の沖縄戦、本土決戦構想の推進など戦争継続のための指導をしたが、四五年六月三日の『宮崎周一中将日誌』には「陸軍部内と雖も口に云わず又口には敢て和平を云わずも内心前途に光明を失いあるものあるべきは推測に難からず」と陸軍内が徹底抗戦どころか諦めムードになっていたことが記されている。敗戦時には、梅津美治郎参謀総長に随行してミズーリ号での降伏調印式に臨んだ。六九年十月十六日没。七十四歳。

参考文献　陸上自衛隊幹部学校修親会編『統率の実際―第二次大戦の将軍たち―』三（一九七四、原書房）、軍事史学会編『大本営陸軍部作戦部長宮崎周一中将日誌―防衛研究所図書館所蔵―』（二〇〇三、錦正社）、山本智之『主戦か講和か―帝国陸軍の秘密終戦工作―』（『新潮選書』、二〇一三、新潮社）　（山本　智之）

みやざきまさよし　宮崎正義　一八九三―一九五四　大正・昭和期の満鉄のエコノミスト。一八九三年二月一日、石川県の士族の家に生まれる。金沢第二中学卒業後、石川県・南満洲鉄道のロシア留学生となり、ロシア革命中にペテルブルグ大学を卒業。満鉄に入社し総務部調査課ロシア係主任。一九三〇年より石原莞爾と親交を深め、三二年には満鉄経済調査会第一部主査としてソ連の五ヵ年計画をモデルとする満洲経済統制策の執筆の中心となり、三五年発足の日満財政経済研究会では日満一体の生産力拡充政策の立案を主導した。三八年に『東亜連盟論』を刊行し、石原の影響力縮小で四一年に財政経済研究会が解散になると東亜連盟運動に活動の重心を移す。四三年、辻政信の依頼で支那派遣軍嘱託として重慶政権との和平工作のブレーンとなった。敗戦後の四六年に上海から復員し十河信二主宰の日本経済復興協会の常務理事に就任。五四年七月十七日死去。六十一歳。

参考文献　宮崎正義「日満財政経済研究会業務報告書」（『現代史資料』八所収、一九六四、みすず書房）、松沢哲成「宮崎正義の『東亜連盟論』―「アジア連帯」の構造と実際―」（『批評精神』一、一九八一）、小林英夫『「日本株式会社」を創った男―宮崎正義の生涯―』（一九九五、小学館）　（盛田　良治）

みやざきりゅうすけ　宮崎竜介　一八九二―一九七一　大正期から昭和期にかけての社会運動家、弁護士。一八九二年十一月二日、熊本県に宮崎滔天の長男として生まれる。東京帝国大学法科在学中に新人会の結成に参加、五四運動に際して中国人活動家との交流に尽力するも柳原白蓮との恋愛事件で除名。卒業後弁護士となり社会民衆党の結党で中央委員となる。一九二七年には同党を代表して訪中、中国国民党との連携を図った。その後全国労農大衆党・社会大衆党などの幹部を歴任するも三三年には無産政党を離れた。三七年七月の日中開戦に際して近衛文麿首相の密使として和平工作を試みたが渡中直前に逮捕された。その後東方会に入党。四三年には滔天の『三十三年の夢』を校訂し文藝春秋社より刊行。戦後、社会党結党に参加するもすぐに離党し、護憲運動・日中友好運動に関わった。『宮崎滔天全集』編集にも関わったが刊行準備中の七一年一月二十三日死去。七十八歳。

参考文献　永畑道子『恋の華・白蓮事件』（一九八二、新評論）　（盛田　良治）

みやざわとしよし　宮沢俊義　一八九九―一九七六　昭和期の憲法学者。一八九九年三月六日、長野県に生まれる。東京帝国大学法学部卒業。昭和初期にフランス、ドイツに留学。帰国後、ナチス独裁に批判的分析を加えた。一九三四年法学部教授として憲法学を担当。天皇機関説排撃のなか、講義案から国家機関などの解説を削除せざるをえなかった。四〇年に大政翼賛会違憲論が唱えられると、宮沢は、翼賛運動が「高度の政治性」を持つ運動であるが、従来の政党運動とは区別されるとして翼賛会を擁護。日米開戦後にはアングロ＝サクソン国家はたそがれつつあると述べた。他方、四三年朝鮮独立運動に治安維持法を適用した判決に対して、統治権の及ぶ地理的な範囲の変更と国体変革は異なり不当だとした。敗戦に際して、ポツダム宣言受諾により国体は変革されたという「八月革命」論を展開した。戦後はながく憲法学界の重鎮として活躍。七六年九月四日死去。七十七歳。

参考文献　高見勝利『宮沢俊義の憲法学史的研究』（二〇〇〇、有斐閣）　（源川　真希）

みやたとうほう　宮田東峰　一八九八―一九八六　ハーモニカ演奏家、指揮者。一八九八年三月二十四日、群馬県で出生。本名孝三郎。独学でハーモニカを習得、中央大学在学中の一九一八年にレコードデビューし、東京ハーモニカ・ソサイアティ（二四年にミヤタ・ハーモニカ・バンドと改称）を結成。ラジオや映画にも出演するなど、戦前から戦後にわたり、クラシックや流行歌、民謡など多彩なレパートリーで独奏のみならず合奏や楽器監修で活躍した。四二年春に陸軍航空本部嘱託となり挺身活動にも注力している。八六年一月三十一日没。八十七歳。

参考文献　宮田東峰『みんな仲間だ―ハーモニカと共に五十年―』（一九七九、東京書房）　（戸ノ下達也）

みやもとけんじ　宮本顕治　一九〇八―二〇〇七　昭和期の文芸評論家。日本共産党中央委員会議長、同書記長。一九〇八年十月十七日、山口県に生まれた。二五年松山高等学校に進み、二八年東京帝国大学経済学部入学。マルクス主義文献の読書会実施などのほか文芸評論を発表。東大卒業後、三一年五月共産党に入党。翌年二月、中条百合子と結婚。日本プロレタリア文化連盟への弾圧のため同年四月から地下活動に入り、文化運動再建に取り組む。三三年五月に党中央委員となるが、同年十二月十六日逮捕された。取り調べには黙秘を貫いたが、治安維持法違反のほかに、いわゆる「スパイ査問事件」で監禁致死等に問われ、四四年十二月無期懲役の判決を受けた。四五年四月上告棄却、六月に網走刑務所へ移された。四五年十月出獄後、共産党再建の活動を行い、同年十二月の第四回大会で中央委員となる。五〇年の党中央分裂に際しては「国際派」の指導者として活動、党の統一的活動に道を開いた五五年の第六回全国協議会で指導部に復帰。五八年第七回大会後、中央委員会書記長に就任。この大会は自主独立路線確立の契機となった。七〇年第十一回大会で中央委員会幹部会委員長。二〇〇七年七月十八日没。九十八歳。

参考文献 宮本顕治『宮本顕治公判記録』(一九七六、新日本出版社)、宮本顕治・宮本百合子『十二年の手紙』(一九五〇―五二、筑摩書房)

(吉川 圭太)

みやもとさぶろう 宮本三郎 一九〇五―七四 洋画家。一九〇五年五月二十三日、石川県生まれ。二二年川端画学校で学んだ後、二科会を中心に活動をする。穏健なモダニズムの画風による女性表象で評価を得る。三八年に渡欧しヨーロッパの古典絵画に傾倒、ルーブル美術館などに通いつめ研究に没頭する。第二次世界大戦勃発に伴い三九年帰国。四〇年より作戦記録画制作に従事し、四一年にドラクロワの「民衆を率いる自由の女神」を髣髴とさせる「南苑攻撃」を第二回聖戦美術展にて発表、注目を浴びる。その後も数多くの戦争画を制作するが、中でも四二年第一回大東亜戦争美術展に貸下展示された「山下、パーシバル両司令官会見図」は、宮本の戦争画家としての名声を確固たるものとした。陸軍中将山下奉文がイギリス軍司令官アーサー＝パーシバルに対して降伏を詰め寄るという当時大変よく知られた逸話を、大画面群像図へと手堅く纏め上げた同作品は、その技術力が高く評価され第二回帝国芸術院賞を受賞、現在でも作戦記録画の代表例として取り上げられることが多い。七四年十月十三日死去。六十九歳。

参考文献 水沢勉編『不安と戦争の時代』(青木茂・酒井忠康監修『日本の近代美術』一〇、一九九二、大月書店)、小松市宮本三郎美術館編『宮本三郎の戦争と平和―あの日あの人あの風景―』(図録、二〇〇五)、針生一郎他編『戦争と美術―一九三七～一九四五―』(二〇〇七、国書刊行会)

(金子 牧)

みやもとたけのすけ 宮本武之輔 一八九二―一九四一 日本初の科学技術行政機関の創設に決死の尽力をささげた技術官僚。愛媛県松山市沖合瀬戸内海に浮かぶ興居島に宮本藤次郎・セキの長男として一八九二年一月五日生まれる。没落した元素封家ゆえの生活苦の少年期を経て篤志家の援助で東京の錦城中学に編入し第一高等学校を経て一九一七年七月東京帝国大学工科大学土木工学科を卒業し内務省土木局技師となる。間もなく文官任用令下における国家行政の法科万能体制の改革を目指す技術者運動としての二〇年十二月の日本工人俱楽部発会に参画し指導陣の一人となる。工人俱楽部は当初技術者の地位向上、待遇改善を目指して職業組合を標榜するも、昭和初期の思想弾圧、満洲事変期を経て変貌し、技術による国家指導を目指して「日本技術協会」と改称した。そして軍部との接触・支援が深まる中で最有力メンバーの宮本は三八年暮れ、新設の興亜院技術部長へ転身する。さらに四一年四月第二次近衛内閣改造の際に新企画院総裁鈴木貞一陸軍中将の希望で企画院次長となる。この宮本次長のもとで前年夏からの懸案であった「科学技術新体制確立要綱」が同年五月まとまり閣議決定が得られた。文部省と商工省の執拗な抵抗を克服してのことであった。宮本はこの後も要綱中の「措置」の第一にある「科学技術行政機関の創設(仮称技術院)」実現に向かって渾身の努力を続け、その疲労困憊から技術院の創設を見ずこの年の十二月二十四日に急死。五十歳。

参考文献 大淀昇一『宮本武之輔と科学技術行政』(一九八九、東海大学出版会)、同『技術官僚の政治参画―日本の科学技術行政の幕開き―』(『中公新書』、一九九七、中央公論社)、高崎哲郎『(評伝)工人宮本武之輔の生涯―われ民衆と共にことを行わん―』(一九九八、ダイヤモンド社)

(大淀 昇一)

ミュンヘンかいだん ミュンヘン会談 チェコスロヴァキアのズデーテン地方併合に関するナチス＝ドイツの要求を認めた、一九三八年九月二十九日のイギリス・フランス・ドイツ・イタリア四国首脳による会談。オーストリア併合を実現した三八年三月以降、ナチス＝ドイツはドイツ系住民が多く住んでいたズデーテン地方に対する領土要求を強めていった。その要求は九月になって激しさを増し、ドイツによる武力併合の危険も生じてくるなかで、イギリスのチェンバレン首相は、ベルヒテスガーデンとゴーテスベルクでヒトラーと二度にわたって会談し、ドイツの要求を容れる態度を示した。チェコスロヴァキア政府がそれに応じず、戦争勃発の危機が生じてくるに及んで、イタリアのムッソリーニの働きかけによって、南ドイツのミュンヘンで四国首脳会談が開かれ、当事国チェコスロヴァキアを除外したまま、ドイツへのズデーテン地方割譲を認めることが決められた。この会談は、英仏などによる宥和政策の頂点とされる。

参考文献 佐々木雄太『三〇年代イギリス外交戦略―帝国防衛と宥和の論理―』(一九八七、名古屋大学出版会)

(木畑 洋一)

みょうこう 妙高 日本海軍の巡洋艦。妙高型の一号艦として一九二四年十月起工。二九年七月竣工。ワシント

妙　高

ン海軍軍縮条約を受けて建造された最初の重巡洋艦。設計は平賀譲が行い、同条約の範囲内において二〇・三センチ砲を十門搭載することに成功。列強の海軍に衝撃を与えた。レイテ沖海戦の後、損傷のためにシンガポールに回航され、戦後、イギリス海軍によって海没処分。基準排水量約一万一〇〇〇トン、最大速度三五・五ノット(時速約六六キロ)。

参考文献 *Conway's All The World's Fighting ships 1922―1946*(London, 1980, Conway Maritime Press)

（佐藤　宏治）

みょうひんこうさく　**繆斌工作**　アジア・太平洋戦争末期、重慶国民政府に対して行われた終戦工作。一九四四年七月に成立した小磯国昭内閣はアジア・太平洋戦争の戦況に鑑み、最高戦争指導会議で重慶政府との和平交渉を決定し、その可能性を模索するなか、元朝日新聞記者田村真作が推進した繆斌ルートに交渉成立の望みを託した。繆斌は北伐の時代に国民党の幹部として活躍したが、日中戦争中日本軍の影響下にあった新民会の副会長や汪兆銘政権の立法院副院長にも就任した人物で、中国に駐在した日本の外交官や軍人からは信頼されなかった。四五年三月十六日、杉山元陸相と重光葵外相の反対にもかかわらず、「全面和平実行案」を用意した繆斌は東京に招致された。その要旨は、南京政府を解消して留守政府を樹立し、日本政府と重慶政府は留守政府を介して停戦および撤兵交渉を実施することであった。しかしこの工作は天皇からも疑問視され、実らなかった。工作をめぐる内閣不統一で小磯内閣は総辞職した。終戦後、繆斌は「漢奸」として一番早く処刑された。

参考文献 重光葵『昭和の動乱』下(『中公文庫』、二〇〇一、中央公論新社)、今井武夫『日中和平工作―回想と証言一九三七～一九四七―』(二〇〇九、みすず書房)。

（劉　傑）

みわじゅそう　**三輪寿壮**　一八九四―一九五六　昭和期の弁護士、政治家。一八九四年十二月十五日、福岡県生まれ。第一高等学校を経て東京帝国大学法学部独法科入学。一九二〇年の卒業後、弁護士登録を経て友愛会、鉱夫総連合、日本農民組合の法律相談役を勤めた。社会思想社や政治研究会にも参加し、二六年以降、日本労農党、日本大衆党、全国大衆党、全国労農大衆党で中央執行委員、書記長を勤めるなど中間派の指導的立場にあった。三二年に社会大衆党が結党されると中央執行委員に就任。三七年の総選挙で立候補当選。四〇年同党書記長になるがすぐに解党し、大政翼賛会成立後は組織局連絡部長に就任。また産業報国連盟理事や大日本産業報国会厚生局長を歴任。このため敗戦後は公職追放となり五〇年に復帰。五二年の総選挙で立候補当選し、統一社会党の実現に尽力。五六年十一月十四日死去。六十一歳。

参考文献 三輪寿壮伝記刊行会編『三輪寿壮の生涯』(一九六六)

（福家　崇洋）

みんかんじょうほうきょういくきょく　**民間情報教育局**　⇨ＣＩＥ(シー＝アイ＝イー)

みんしゅしゅぎ　**民主主義**　新憲法の公布を機として高校生向に作成された文部省著作教科書。一九四六年十月、文部省はＣＩＥ(民間情報教育局)から教科書『民主主義』編纂の要請を受け、教科書局に選定された担当者が原稿執筆を始める。四八年二月には尾高朝雄(東京帝国大学)を編集責任者として最終修正に入り、ＧＨＱ各課による確認を経て、同年十月三十日に上巻(十一章・二三二頁)が発行された。民主主義を至上としながら、ファシズムや戦時期の日本とプロレタリア独裁とを同列に説明した箇所(第十一章「民主主義と独裁主義」)は、国会で追及を受け、学術団体から批判が加えられた。下巻(六章・三七四頁)は四九年八月二十六日に発行。四九年十月から中学校社会科に加えられた単元「われわれは、民主主義をどのように発展させて来たか」(中学三年)の参考教材として用いられた。

参考文献 上田薫他編『社会科教育史資料』二(一九七五、東京法令出版)、片上宗二『日本社会科成立史研究』(一九九三、風間書房)

（梅野　正信）

みんぞくのさいてん　**民族の祭典**　ヒトラーの命により、レニ＝リーフェンシュタールが監督したベルリンオリンピックの記録映画『オリンピア』の前編の邦題(後編は『美の祭典』)。ドイツでの公開は一九三八年四月。傑出した撮影技術等によって、ベニス国際映画祭で最高の映画に選ばれたが、第二次世界大戦の勃発により各国で上映中止となる。日本における上映は、外貨危機を背景にした輸出入品の規制強化や映画法による規制等によって大きくずれ込み、四〇年八月に文部省推薦の文化映画として、陸軍・厚生両省の推奨を受けて一般公開され、爆発的な人気を呼んだ。キネマ旬報外国映画の部で第一位に選ばれたこの映画は、記録、芸術、思想、プロパガンダ等が渾然一体となった作品であり、人道主義や平和主義のメッセージも有しているが、それが喚起した国家への忠誠心、親独意識などが実際の戦争を肯定する役割を果たしたこと、また、同年十一月に締結された日独伊三国同盟を祝福するセレモニーの役割を果たしたことは否めない。

参考文献 坂上康博「戦時下の映画と国家―一九四〇年上映の『民族の祭典』をめぐって―」(田崎宣義編『近代日本の都市と農村―激動の一九一〇―五〇年代―』所収、二〇〇三、青弓社)

(坂上康博)

む

むかいじゅんきち　向井潤吉　一九〇一―九五　洋画家。一九〇一年十一月三十日、京都府生まれ。関西美術院にて油絵を学んだのちに、二七年パリへ渡航。ルーブル美術館にて古典絵画の模写に没頭する。三〇年帰国。日中戦争が勃発すると同時に従軍を希望し、三七年十月に自弁にて中国へ渡航。その経験を踏まえて、翌年より戦争をテーマとした作品を二科会にて連続発表する。三八年からは作戦記録画制作にも従事する。さらに四一年十一月から翌年九月まで陸軍宣伝班員として徴用されフィリピンに従軍、四四年にはインパール戦線を記録するためにビルマへ出向するなど、アジア・太平洋戦争を通じて積極的に戦地へと赴いた。戦局の悪化から美術家の従軍が不可能となると、四五年四月に結成された軍需生産美術推進隊に参加、全国各地の鉱山油田などを慰問する。敗戦後は推進隊のメンバー数名とともに、四五年十一月行動美術協会を設立。全国各地に残る民家を描くことをライフ＝ワークとするが、これは戦争で多くの家屋が焼け落ちるのを目の当たりにした経験がきっかけともいわれている。九五年十一月十四日死去。九十三歳。

参考文献 世田谷美術館編『向井潤吉展―日本の抒情・民家―』(図録、一九八六)、針生一郎他編『戦争と美術―一九三七～一九四五―』(二〇〇七、国書刊行会)、『二科七〇年史』上(一九八五、二科会)

(金子牧)

むかいただはる　向井忠晴　一八八五―一九八二　昭和期の実業家。一八八五年一月二十六日、多(おお)家に生まれ、八七年向井家の養子となる。東京高等商業学校卒。一九〇四年三井物産入社、ロンドン支店長などを経て、三三年取締役、三四年常務取締役。三九年三井物産取締役会長、同時に三井合名会社常務理事に就任し、同社改組(四〇年八月三井物産へ合併)を実現。三井総元方専務理事(のち理事長)、三井家同族会理事を務め、専門経営者トップとして三井財閥の経営を担う。三井本社設立の見通しがついた四四年一月に、山西事件(中国山西省における三井物産の経済統制違反事件)の責任を取る形で三井総元方理事長・三井家同族会理事を辞任、その他の役職も順次退任。戦後四五年十二月貿易庁長官に就任(四六年七月辞任)。四六年九月公職追放指定(五一年八月解除)。五二年十月第四次吉田内閣の大蔵大臣に就任(五三年五月辞任)。八二年十二月十九日死去。九十七歳。

参考文献『追想録向井忠晴』(一九六六)、三井文庫編『三井事業史』本篇三下(二〇〇一)

(吉川容)

むぎとへいたい　麦と兵隊　火野葦平の戦争文学作品。火野葦平は中国杭州で従軍中の一九三八年三月、『糞尿譚』によって芥川賞を受賞した。兵隊作家の受賞を知った陸軍報道部の馬淵逸雄大佐は、火野を説き伏せて軍報道部に転属させた。五月の徐州作戦に従軍した火野が手帳の記録をもとに日記体で綴った『麦と兵隊』は、『改造』八月号に一挙掲載された。『麦と兵隊』は大々的に宣伝され、発表と同時に評論家の絶賛を受けた。九月刊行の単行本

『麦と兵隊』表紙

は未曾有の売れ行きで、発行部数は年内に百二十万部に及んだ。「日本軍が負けているところ」「戦争の暗黒面」「女のこと」を書かせないなどの制約を受け、捕虜殺害の場面など二十七ヵ所が削除・訂正され、伏字・削除の表記なしに発表されたが、火野が「見て来た兵隊の惨苦と犠牲の姿を、銃後の人達に知って貰いたい」と思って書いた『麦と兵隊』は、銃後の国民と前線の兵士たちを結ぶ作品として共感を呼び、『土と兵隊』『花と兵隊』を併せた三部作は戦争文学ブームを巻き起こした。 →火野(ひの)葦平(あしへい)

[参考文献] 『火野葦平選集』二(一九五八、東京創元社)、池田浩士『火野葦平論』(『〈海外進出文学〉論』一、二〇〇〇、インパクト出版会)、松本和也「事変下メディアのなかの火野葦平—芥川賞「糞尿譚」からベストセラー「麦と兵隊」へ—」(『Intelligence』六、二〇〇五)　(北河　賢三)

むさし　武蔵　日本海軍の戦艦。大和型の二番艦として一九三八年三月起工、四二年八月竣工。第三次海軍軍備補充計画によって三菱長崎造船所で建造された。軍縮条約の失効後を想定した設計が行われ、「大和」と同じく四六センチ砲を三連装砲塔の形で三基設けることにより、合計九門の主砲を搭載した。副砲の一五・五センチ砲も三連装砲塔を四基、合計十二門の兵装であり、「大和」の建造において問題とされた防備や司令部施設に改良が加えられた。竣工後の四三年二月に連合艦隊旗艦となり、同年五月には戦死した山本五十六連合艦隊司令長官の遺骨を載せてトラック島から日本に戻る。四四年四月、「武蔵」はアメリカ海軍潜水艦から受けた損傷の修理と並行して副砲の一部を撤去、機銃やレーダー等の追加を実施して対空兵装の強化を図った。同年六月、マリアナ沖海戦では空母に随伴したが主砲によってわずかな航空機を撃墜したのみであった。同年十月、捷一号作戦によってレイテ沖海戦に投入され、アメリカ海軍輸送部隊の攻撃任務を与えられたが、二十四日にシブヤン沖で航空機による爆弾十七発、魚雷二十本以上の被害を受けて撃沈された。「武蔵」は漸減邀撃作戦に則った艦隊決戦に参加する機会がなく、アメリカ海軍の戦艦のように輸送部隊の援護や敵陸上部隊への砲撃といった、状況に応じた任務に従事することはなかった。大和型の三番艦である「信濃」は建造中に空母へ改装された。基準排水量約六万四〇〇〇トン、速度約二七ノット(時速約五〇キロ)。

[参考文献] 山田朗『軍備拡張の近代史』(『歴史文化ライブラリー』、一九九七、吉川弘文館)、呉市海事歴史科学館編『戦艦大和・武蔵』(二〇〇五、ダイヤモンド社)、*Conway's All The World's Fightingships 1922-1946* (London, 1985, Maritime Press)　(佐藤　宏治)

武　蔵

むしゃじけん　霧社事件　一九三〇年十月二十七日、台湾の原住民族マヘボ社の頭目モーナ＝ルーダオら霧社六社が参加した日本人襲撃事件。襲撃対象は小学校・公学校・蕃童教育所の連合運動会場だったが、これは、台湾神社祭礼の日に毎年開催され多くの日本人が集まる霧社地方最大の年中行事だった。女性や子どもを含め百三十四人の日本人が殺され、二十六人が重軽傷を負った。「文明化」が最も進んだ地域とみなされていた霧社の蜂起に対し、日本側の衝撃は大きかった。蜂起者は五百人程度で武器は二百挺ほどを所持しているにすぎなかったのに対し、総督府は軍隊・警察など四千百七十五人を動員し、近代兵器や毒ガスをも使用した徹底的な報復作戦を実施した。さらに、日本側は部族間の対立を利用し、タウツア社とトロック社を中心とする奇襲隊を先頭に立たせたが、奇襲隊には延べ六千八百二十二人が参加し、霧社の人びと八十七人が馘首、ルーダオとその長男の自決により、霧社蜂起は鎮圧された(同年十二月)。その後、生き残った人びとは収容所に移送されたものの、収容先の襲撃や「病死」によって蜂起参加者は全員死亡した。

[参考文献] 春山明哲『近代日本と台湾—霧社事件・植民地統治政策の研究—』(二〇〇八、藤原書店)、小松裕『「いのち」と帝国日本』(『(全集)日本の歴史』一四、二〇〇八、小学館)　(本庄　十喜)

むじょうけんこうふくろんそう　無条件降伏論争　一九七八年、文芸評論家の江藤淳と本多秋五の間で起こった論争。ポツダム宣言受諾による日本の降伏は「条件降伏(conditional surrender)」か「無条件降伏(unconditional surrender)」か。江藤の主張からみる。ポツダム宣言は「降伏の条件を提示した文書」であり、その根拠として四五年七月三十日米国務長官スタッフ会議提出の「国務省メモランダム　番号一二五四」の一点をあげる。それは日本だけでなく連合国をも拘束する協定の性格をもつと結論している。そこから㈠「ポツダム宣言受諾は条件つき降伏」で、「宣言中の無条件降伏とは日本国軍隊についてのみ」なので「無条件降伏したのは日本国ではない」、㈡相互拘束する「約束ずくの降伏」なので宣言と占領政策には相互矛盾がある、とする。論争は㈠に限定されたが、江藤の意図はむしろ㈡にあり、占領政策に基づく改革は「合法的か」等々憲法改正や極東国際軍事裁判の実施を問題視することにあったといえる。㈠に関して本多はドイツは無条件降伏、日本は条件つき降伏だがカイロ宣言の精神がポツダム宣言の底流にあったとする。粟屋憲太郎はポツダム宣言が確定する過程を連合国の対日戦終結政策と関連づけて解明し、本多と同様の結論を出している。

参考文献　粟屋憲太郎編『敗戦直後の政治と社会』一(『資料日本現代史』二、一九八〇、大月書店)、「無条件降伏論争の問題点(上)」(『朝日新聞』一九七八年十月二日)、江藤淳『忘れたことと忘れさせられたこと』(一九七九、文藝春秋)　(荒　敬)

むじんくか　無人区化　日中戦争において、抗日根拠地を封じ込めたり、壊滅させたりするために、抗日根拠地や抗日ゲリラ活動地域に無人区(無住地帯)を設定した日本軍の占領政策。手段として、広範な区域一帯の住民を強制的に立ち退かせて集団部落に移住させ、抵抗をする住民を殺害したうえで、元の村々を焼き払い、その後の同地域への交通を遮断し、立ち入りを厳禁した。最も大規模な無人区は、華北の万里の長城線の南北に広大な帯状に築かれた抗日根拠地を覆滅させるために、北支那方面軍が「満洲国軍」も動員して一九四一年から設定したもので、東は山海関西側の九門口から、西は張家口の北東の独石口まで、長さ約八五〇㌔に及び、万里の長城に沿って南北数㌔から広いところでは一〇〇㌔以上の幅に設定された。無人区を設定するために、徹底的な三光作戦が実施され、要所の境界線上には、幅四、五㍍、深さ二、三㍍の遮断壕が付近の農民を徴集、酷使して掘られ、等間隔に望楼(見張台)が築かれた。　→三光作戦

参考文献　姫田光義・陳平『もうひとつの三光作戦』(丸田孝志訳、一九八九、青木書店)、仁木ふみ子『無人区長城のホロコースト―興隆の悲劇―』(一九九五、青木書店)、笠原十九司『日本軍の治安戦―日中戦争の実相―』(『戦争の経験を問う』、二〇一〇、岩波書店)　(笠原十九司)

むたぐちれんや　牟田口廉也　一八八八―一九六六　陸軍軍人。一八八八年十月七日、福地信敬の次男として生まれる。佐賀県出身。牟田口衛常の養子となり、牟田口姓となる。佐賀中学、陸軍幼年学校を経て、一九一〇年、陸軍士官学校卒業(第二十二期)。一七年、陸軍大学校卒業。近衛歩兵第四連隊大隊長、陸軍省軍務局勤務、参謀本部庶務課長などを歴任。三四年、大佐となる。三六年五月、支那駐屯軍歩兵第一連隊長に就任。三七年七月の盧溝橋事件では、演習中の日本軍現地部隊に対して中国軍への攻撃命令を下して、そのきっかけを演出した。四〇年八月、中将に昇進。四一年四月、第十八師団長に就任。第十八師団は、アジア・太平洋戦争開戦時のマレー作戦で先陣をきった。四三年三月、ビルマ方面を担当する第十五軍司令官に就任。インド方面への進攻を強硬に主張し、インパール作戦開始(四四年三月から実施)に中心的な役割を果たした。四四年十二月、予備役。四五年一月には予科士官学校校長に就任し、敗戦をむかえた。牟田口がインパール作戦実施を強硬に主張したのは、日中戦争の発端を作り、それがアジア・太平洋戦争に発展したため、戦況が悪化するなかでみずからの力で戦局を挽回したいという功名心があったからだといわれている。六六年八月二日没。七十七歳。　→インパール作戦

参考文献　防衛庁防衛研修所戦史室編『インパール作戦―ビルマの防衛―』(『戦史叢書』一五、一九六八、朝雲新聞社)、NHK取材班編『太平洋戦争日本の敗因』四(『角川文庫』、一九九五、角川書店)　(山本　智之)

むつ　陸奥　一九一七年度計画(八四艦隊計画)により横須賀海軍工廠で建造された超弩級戦艦長門型の二番艦。基準排水量三万二七二〇㌧(改装後、三万九〇五〇㌧)、速力二六・五ノット(時速約四九㌔)、世界初の四一センチ主砲を採用し、連装砲を前後背負式に配置、計八門を装備し、方位盤照準装置の搭載、ジュットランド海戦の戦訓から集中防禦方式を採用するなど、従来の戦艦を凌駕する能力を備えて登場した。本艦は、ワシントン軍縮会議で未成艦として廃棄されるのを防ぐため、艤装の一部を省略する突貫工事で竣工させ、処分を免れている。就役後、「長門」と交代で長らく連合艦隊旗艦を務め、三四年から三六年にかけての近代化改装で、速力は若干低下したが、欧米の新造船艦に対抗しうる能力を保持した。太平洋戦

陸　奥

争開戦後は、ハワイ作戦、ミッドウェー作戦、ソロモン作戦などの後方支援・輸送任務にあたった後、訓練に従事。四三年六月八日、瀬戸内海の柱島泊地に碇泊中、第三主砲塔付近で爆発を起こし、艦長以下千百四十余名の乗組員とともに沈没した。

参考文献 福井静夫『日本戦艦物語』一・二(『福井静夫著作集』一・二、一九九二、光人社)、『日本戦艦史』(『世界の艦船』六八一、二〇〇七)　(齋藤　義朗)

ムッソリーニ Benito Mussolini 一八八三―一九四五 イタリアの政治家。一八八三年七月二十九日、社会主義者の鍛冶屋の息子として生まれる。その名前ベニートはメキシコの革命運動の指導者で大統領も務めたベニート＝ファレスにちなむ。青年時代から社会主義運動にかかわり、その激しい演説によって頭角を現す。一九一一年、リビアの領有をめぐるトルコとの戦争に反対するデモを指導して逮捕され、有罪判決を受ける。一二年のイタリア社会党大会で左派のリーダーとして活躍し、党機関紙『アヴァンティ！』の編集長として指導部入りを果たす。一四年、第一次世界大戦が勃発すると、参戦を主張して社会党から除名された。工業資本とフランスからの資金を得て新聞を創刊し、参戦ファッショを設立する。戦後に北部の農村で発生したファシズム運動が全国的に広がる中でこれを政治運動としてまとめ上げ、二一年の選挙で議会への進出を果たした。二二年、左右の対立から来る政治危機と戦後の経済危機が深まる過程で「ローマ進軍」と呼ばれた議会外での暴力的な示威運動を展開し、国王から首相に指名された。政権獲得時には少数与党であったファシスト党だが、アチェルボ法によって二四年の選挙で合法的に議会内多数派となる。その選挙での不正を告発したマッテオッティが拉致・暗殺され、ファシズムに対する批判が強まるが、居直る形で国内の独裁体制を強化する。その後は二九年のラテラノ協定によってカトリック教会との和解を達成し、ファシズム体制の成果を強調して幅広い国民的合意を獲得する。三五年からのエチオピア征服のための戦争により国際的な孤立を招いた。その中でヒトラーとの協調関係が深まり、スペイン内戦にもドイツとともに軍隊を送り込む。しかし、ナチスドイツとの同盟は第二次世界大戦への参戦をもたらし、あらゆる戦場でイタリア軍が敗北を続けたことが四三年七月の失脚、拘束につながった。その後ドイツ軍に救出され、同年九月、北部に作られた傀儡政権(イタリア社会共和国)の首班となる。連合軍の北上によって傀儡政権が崩壊すると逃亡を図るが、レジスタンス勢力に捕らえられ四五年四月二十八日に射殺された。六十一歳。

ムッソリーニ

参考文献 ニコラス＝ファレル『ムッソリーニ』(柴野均訳、二〇一一、白水社)　(柴野　均)

むとうあきら　武藤章 一八九二―一九四八 大正・昭和期の陸軍軍人。一八九二年十二月十五日、熊本県生まれ。小地主武藤定治の次男。妻は陸軍大将尾野実信の娘。中学済々黌、熊本地方幼年学校、中央幼年学校を経て、一九一三年陸軍士官学校卒(二十五期)、二〇年陸軍大学校卒。二八年少佐、三〇年参謀本部欧米課ドイツ班員、三一年同作戦課兵站班長、三二年総合情勢判断担当の参謀本部第二部第四班長(同年中佐)、三三年十一月から三四年一月まで欧州出張、同年三月歩兵第一連隊付、三五年三月陸軍省軍務局付、同年八月軍務局軍事課高級課員。当時、陸軍内では皇道派と統制派の抗争が激化し、武藤は統制派の中核メンバーと目され、二・二六事件後の皇道派の追放を含む粛軍人事や、広田内閣の組閣人事に関与するなど重要な役割を果たした。三六年六月関東軍情報主任参謀に転出、八月大佐に昇進、三七年三月参謀本部作戦課長。日中戦争の勃発に際しては、大規模兵力による対中国一撃論と上海派兵を主張し、投入兵力の限定と戦域不拡大を唱える石原莞爾作戦部長と対立。三七年十月中支那方面軍参謀副長となり、杭州湾上陸作戦に参加。三八年七月北支那方面軍参謀副長となり、三九年六月に発生した天津英仏租界封鎖問題では現地軍主席代表として対英交渉に臨んだ。三九年三月少将に昇進、九月軍務局長。在任中、対重慶直接和平工作(桐工作)による日中戦争の早期解決、新体制運動などに従事。特に第二次・第三次近衛、東条内閣のもとで行われた日米交渉では、開戦を主張する参謀本部を制して最後まで外交的妥協の可能性を模索。四一年十月中将に昇進、四二年四月近衛師団長、四三年六月近衛第二師団長。四四年十月第十四方面軍参謀長となり、フィリピンで終戦を迎えた。戦後、東京裁判にA級戦犯として起訴され、侵略戦争遂行の共同謀議および遂行、捕虜虐待などの罪を問われ、四八年十二月二十三日刑死。五十七歳。

参考文献 上法快男編『軍務局長武藤章回想録』(一九八一、芙蓉書房)、武藤章『比島から巣鴨へ―日本軍部の歩んだ道と一軍人の運命―』(『中公文庫』、二〇〇八、中央公論新社)、波多野澄雄『幕僚たちの真珠湾』(『読みなおす日本史』、二〇一三、吉川弘文館)　(小磯　隆広)

むとうていいち　武藤貞一 一八九二―一九八三 大正・昭和期の新聞記者、評論家。一八九二年七月二十五日、岐阜県に生まれる。二十歳代のころより『日本及日本人』に記事を掲載。一九二三年に東京朝日新聞社に入社、のち「天声人語」欄の執筆を担当し人気を博す。一時大阪時事新報社副社長となるも、三九年報知新聞社に移り取締役主筆、四二年には報知と読売新聞社の合併により読売の編集顧問となる。同年翼賛選挙の衆院選に非推薦で出馬し落選。四三年七月、翼賛壮年団の初代報道局長に就任。この間、『戦争』『世界戦争はもう始まっている』など対ソ・対米戦争を主張する著作を多く発表、延べ部数は二百万部を超えた。戦中には祭政一致運動を展開。東条内閣を攻撃して二度拘禁。戦後間もなく『自由新聞』を発刊するが戦中の出版活動が公職追放の対象となり六年間追放。戦後は動向社を主宰し言論活動を続けた。八三年七月二十六日没。九十一歳。著作は『武藤貞一評論集』全五冊（一九六三―七二年、動向社）にまとめられている。（小山　亮）

むなかたせいや　宗像誠也　一九〇八―七〇　教育行政学者、教育科学運動の指導者。一九〇八年四月九日東京生まれ。東京帝国大学卒。三七年に城戸幡太郎・留岡清男らとともに教育科学研究会結成に参画し、「国民教養の最低標準の設定」という課題を理論化した。同時に阿部重孝らの教育改革同志会に参加し、当時の教育審議会の審議動向を批判するなど教育制度改革に向けて尽力した。四〇年に法大教授。戦後は、東京文理科大教授を経て四九年東京大学教授となり教育行政学を担当。みずからの戦争協力を自己批判した。教育科学研究会の再興、日教組の教研活動や国民教育研究所設立にも深く関わり「国民の教育権」の確立とその理論化を進めた。七〇年六月二十二日死去。六十二歳。

参考文献　「人間宗像誠也」刊行委員会編『国民の教育権を求めて―宗像誠也・人と業績―』（一九七二、百合出版）、『宗像誠也教育学著作集』（一九七四・七五、青木書店）
（木村　元）

むねたひろし　棟田博　一九〇九―八八　小説家。一九〇九年十一月五日、岡山県に父伊藤諸助、母志けの次男として生まれる。尋常小学校四年生のときに、津山市で料理旅館を営んでいた母方の姉棟田よ禰の養子となるが、戸籍上の縁組にとどまり、父の仕事の関係で神戸に転居。父の経済状態が悪化したため津山に戻り、二九年から二年間、歩兵第十連隊で兵役に服した。このころ、千葉県の吉植庄亮が出していた歌誌『橄欖（かんらん）』を愛読、投稿して文学に親しむようになる。召集令状により、三七年七月に岡山の歩兵第十連隊に入隊、一ヵ月後に神戸を出帆して戦地中国に向かった。三八年、徐州作戦に従って南下中に台児荘戦線で負傷し、帰還。出征中に励まされた長谷川伸に挨拶に行き「君の『麦と兵隊』を書いてはどうか」と勧められて『分隊長の手記』を執筆、三九年に新小説社から刊行して好評を博しベストセラーとなる。翌年には続編も出た。四二年には『台児荘』を刊行。戦後も兵隊小説を書き続け、五五年の『サイパンから来た列車』は発表当時も世評が高く、六二年刊行の『拝啓天皇陛下様』は映画化され、その後「拝啓シリーズ」が続いた。『棟田博兵隊小説文庫』全九巻別巻五（光人社）がある。八八年四月三十日没。七十八歳。

参考文献　都築久義「棟田博論―戦時体制下の文学者（四）―」（『愛知淑徳大学論集』八、一九八三）
（竹内栄美子）

むらおかつねつぐ　村岡典嗣　一八八四―一九四六　大正・昭和期の日本思想史学者。一八八四年九月十八日、東京府生まれ。早稲田大学哲学科、普及福音教会の神学校で学ぶ。早大で師事した宗教哲学者波多野精一との交流は生涯続いた。卒業後は横浜の日独郵報社に勤務していたが、一九一一年に発表した『本居宣長』（警醒社）が高く評価され、広島高等師範学校教授などを経て二四年に東北帝国大学教授（日本思想史）に就任。三七年以降は東京文理科大学教授（国体論）を兼任した。文献学に基づく日本思想史学を提唱、近代的学問分野としての日本思想史学の成立に中心的役割を果たし、三四年日本思想史学会を設立した。三〇年代以降は国民性論や日本精神論の著述も増えるが、当時の時局迎合的な議論とは距離を置き、客観的・実証的に論じようとした。退官とほぼ同時の四六年四月十三日没。六十三歳。著書は『日本思想史研究』全四巻（岩波書店）ほか。没後に『村岡典嗣著作集日本思想史研究』第一期全五巻（創文社）が編まれた。

参考文献　池上隆史「村岡典嗣年譜」（『日本思想史研究』三四・三五・三七・三八、『年報日本思想史』一・三、二〇〇二―〇六）、前田勉「日本思想史学の生誕」（前田勉編『新編日本思想史研究―村岡典嗣論文選―』（東洋文庫）、二〇〇四、平凡社）、『季刊日本思想史』七四（特集「村岡典嗣―新資料の紹介と展望―」、二〇〇九）
（畑中　健二）

むらおかはなこ　村岡花子　一八九三―一九六八　翻訳家、児童文学者。一八九三年六月二十一日、父安中逸平、母てつの長女として山梨県で生まれる。父は初期社会主義者でクリスチャンであり、花子も二歳で洗礼を受ける。一九〇三年、十歳でカナダ系メソジスト派の東洋英和女学校に編入学、以後、十年間学び人格形成の基礎を築いた。卒業後、山梨英和女学校に教師として赴任したのち、一九年には上京して女性や子供向け書籍の翻訳や編集にたずさわる。同年、村岡儆三と結婚。二七年に刊行した『王子と乞食』の翻訳が好評を博し、吉屋信子をはじめとした女性作家たちとの交流が深まる一方、市川房枝らの女性参政権運動にも積極的に参加した。三九年、第二次大戦勃発に伴い帰国を余儀なくされたカナダ人女性宣教師ミス＝ショーから、モンゴメリの『アン＝オブ＝グリン＝ゲイブルズ』を託され、欧米文化が敵視されていた戦時下、密かにこの翻訳に従事した。五二年『赤毛のアン』と題して三笠書房より刊行、大きな反響を呼びロングセラーとなる。戦後は石井桃子らと児童図書館運動を推進、女性と子供の問題に取り組んだ生涯であった。脳血栓のため六八年十月二十五日没。七十五歳。

参考文献　村岡恵理『アンのゆりかご―村岡花子の生涯―』（二〇〇八、マガジンハウス）
（竹内栄美子）

むらたしょうぞう　村田省蔵　一八七八―一九五七　大正・昭和期の財界人、政治家。一八七八年九月六日、事業家の長男として東京に生まれる。一九〇〇年高等商業学校(現、一橋大学)を卒業し大阪商船入社。中国上海を中心に十年、米国シカゴなどに三年勤務し半植民地中国の実態と国際競争の激しさを体験。三四年同社社長、三六年日本船主協会会長。四〇年第二次近衛内閣に入閣し鉄道相・逓信相(第三次内閣も留任)として戦時経済の兵站を支えた。四二年二月比島派遣軍最高顧問、四三年フィリピン共和国独立(ホセ・P・ラウレル大統領)で駐比日本大使となる。米軍反攻により日本軍は敗走し村田とラウレルは四五年日本へ脱出した。戦後はA級戦犯容疑者として巣鴨へ収監、公職追放も受けた。復帰後は対比賠償交渉全権。国際貿易促進協会会長として日中貿易再開に尽力した。戦中戦後の詳細な日記に真摯な戦争考察がみられる。五七年三月十五日死去。七十八歳。

参考文献 福島慎太郎編『村田省蔵遺稿—比島日記—』(『明治百年史叢書』、一九六九、原書房)、半澤健市『財界人の戦争認識—村田省蔵の大東亜戦争—』(『歴史民俗資料学叢書』、二〇〇七、神奈川大学二十一世紀COEプログラム「人類文化研究のための非文字資料の体系化」研究推進会議)

(半澤 健市)

むらなかこうじ 村中孝次 一九〇三—三七 昭和期の陸軍軍人。一九〇三年十月三日、北海道に生まれる。二五年に陸軍士官学校(第三十七期)を卒業。三一年、士官学校同期の菅波三郎の影響を受けて国家改造運動に関与、同年の十月事件にも関わりを持つ。三二年に陸軍大学校に入学、三四年に大尉となるが、同年に磯部浅一とともにクーデターを計画した嫌疑で憲兵隊に検挙される(士官学校事件)。証拠不十分で不起訴となったが、三五年七月に「粛軍に関する意見書」を陸軍関係者に公表し、いわゆる「統制派」を攻撃、それを理由に磯部とともに免官となる。三六年の二・二六事件に際しては、野中四郎が書いた文章をもとに「蹶起趣意書」を作成、決起の中心的な存在として活動した。同年七月五日に死刑判決を受け、翌年八月十九日に処刑。三十五歳。遺書「丹心録」では、事件は北の『日本改造法案大綱』を実現するためのクーデターではなく、「昭和維新」の大義を明らかにするための行動であったと述べている。

参考文献 河野司編『二・二六事件—獄中手記・遺書—(新装版)』(一九八八、河出書房新社)、須崎慎一『二・二六事件—青年将校の意識と心理—』(二〇〇三、吉川弘文館)

(荻原 稔)

むらやましゅしょうだんわ 村山首相談話 一九九五年八月十五日、村山富市首相が行なった「戦後五十周年の終戦記念日にあたって」と題した談話。冷戦終結後、アジアの戦争被害者個人の尊厳回復を求める声や動きが高まりをみせ、日本政府は戦争をどのように総括するのか問われていた。談話のなかでは「遠くない過去の一時期、国策を誤り、戦争への道を歩んで国民を存亡の危機に陥れ、植民地支配と侵略によって、多くの国々、とりわけアジア諸国の人々に対して多大の損害と苦痛を与えました」と記し、「疑うべくもないこの歴史の事実を謙虚に受け止め、ここにあらためて痛切な反省の意を表し、心からのお詫びの気持ちを表明いたします」とまとめた。首相が「植民地支配と侵略」という言葉を使って反省する立場から談話を発表したことは一定の評価ができるものの、「過去の一時期」がいつを指すのかや、戦争責任を果たしてこなかった戦後への言及、そして責任の所在が曖昧であるという課題もあわせ持っていた。

参考文献 山田朗『日本は過去とどう向き合ってきたか—〈河野・村山・宮沢〉歴史三談話と靖国問題を考える—』(二〇一三、高文研)

(齋藤 一晴)

むろぶせこうしん 室伏高信 一八八九—一九七〇 ジャーナリスト、評論家。一八八九年旧暦二月二十二日(戸籍上は五月十日)、神奈川県で村役場の収入役である室伏庄太郎の四男として生まれる。錦城中学卒業後、『学生論』を出版。明治大学中退後、『二六新報』『時事新報』『東京朝日新聞』の政治部記者として活躍する。一九一九年三月、尾崎士郎らと雑誌『批評』を創刊。二〇年十二月、『改造』特派員として欧米に外遊。帰国後、『文明の没落』を出版、文明批評を展開する。三五年十月、『日本評論』主筆となる。日中戦争時、新体制運動に期待をかけ全体主義を主張するが、反軍的姿勢を貫いたため、四二年に執筆禁止状態となる。四五年十一月、雑誌『新生』を創刊するとともに、高野岩三郎、鈴木安蔵らと「憲法研究会」を発足、国民主権を明記した「憲法草案要綱」を起草した。四八年五月、公職追放にあう。七〇年六月二十八日没。八十一歳。

参考文献 しまねきよし「評伝・室伏高信」(『季刊世界政経』六八—七一、一九七九)、住友陽文『皇国日本のデモクラシー—個人創造の思想史—』(二〇一一、有志舎)

(松井慎一郎)

め

めいごうさくせん　明号作戦　一九四五年三月、フランス領インドシナに駐留していた日本陸軍が仏印植民地政府を転覆した作戦。戦時下の仏印はヴィシー対独協力政権と日本政府の合意のもと、仏印政府を通した駐留日本軍の間接支配下に置かれていた。しかし、太平洋における日本の戦局悪化およびフランス本国におけるヴィシー政権の崩壊とドゴール派の台頭に伴い、仏印政府に反抗の兆候が見え始めた。そのため仏印は後方地域から戦闘地域に変更され、三月九日から土橋勇逸中将軍指揮下の陸軍第三十八軍の約三万は機先を制して各地の仏印軍を攻撃した。ランソン、ドンダン、ハイフォンなど北部で小規模な戦闘が発生し日本軍に約千名、仏印軍に約二千百名の死傷者が出たが、五月までに仏印軍は日本軍に武装解除された。仏印政府は解体され、ベトナムではグエン王朝の廃帝バオダイを擁立した越南帝国が三月十一日に独立を宣言、カンボジアとラオスも続いて独立を宣言した。この一連の流れを「仏印処理」と呼ぶ。三国家の傀儡性は明白だったが、フランス植民地権力の崩壊は日本降伏後にインドシナ半島で反仏独立闘争が開始される契機となった。

参考文献　防衛庁防衛研修所戦史室編『シッタン・明号作戦―ビルマ戦線の崩壊と泰・仏印の防衛―』（『戦史叢書』三二、一九六九、朝雲新聞社）、立川京一『第二次世界大戦とフランス領インドシナ―「日仏協力」の研究―』（二〇〇〇、彩流社）
（等松　春夫）

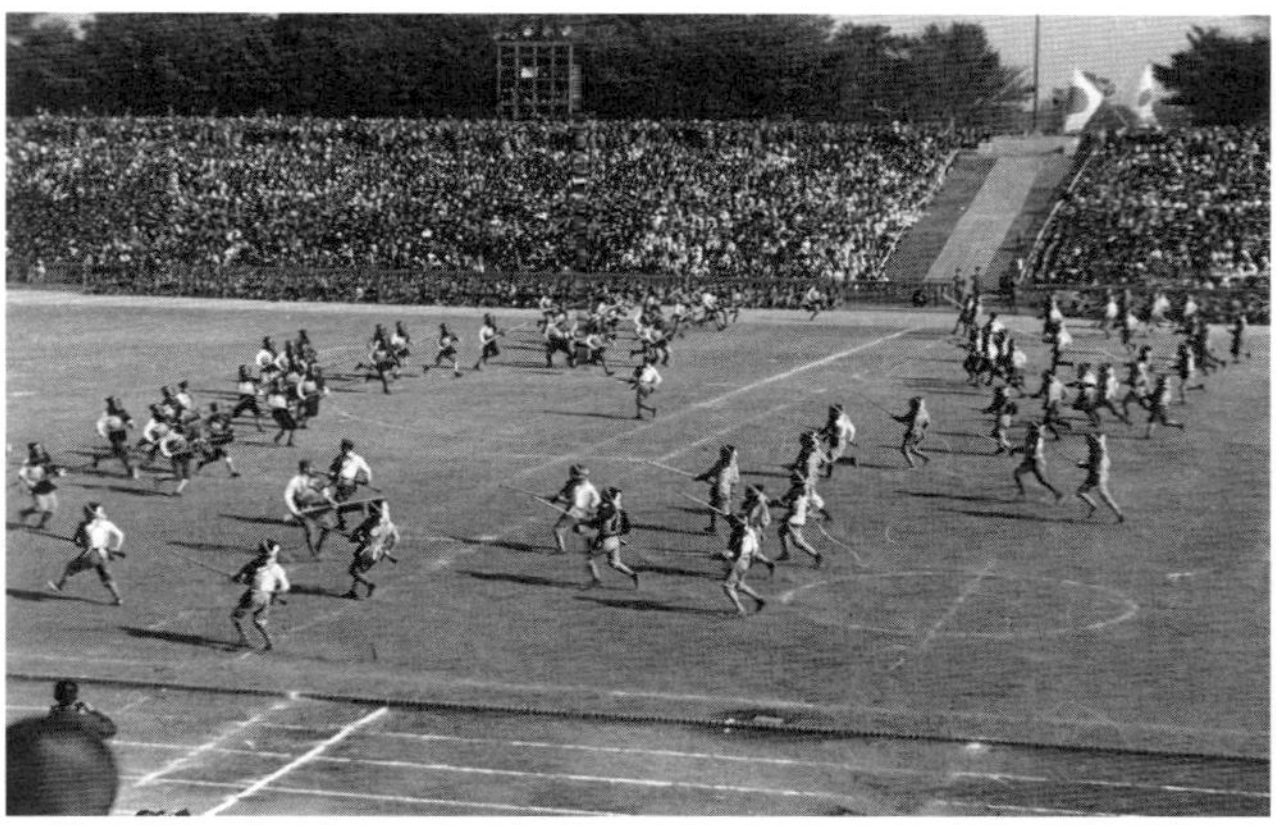
第12回明治神宮国民体育大会　銃剣道の競技

めいじこうぎょうかいしゃ　明治鉱業会社　⇨筑豊炭鉱（ちくほうたんこう）

めいじじんぐうこくみんたいいくたいかい　明治神宮国民体育大会　一九二四年から四三年まで、計十四回開催された国内最大規模の総合競技大会。現在の国民体育大会の前身。明治神宮国民体育大会という名称が用いられたのは、「国民体力の増強を図り、国力の根基を培養」することが戦時下の急務であるとの判断により、厚生省主催となった三九年の第十回大会以降であり、この大会では新たに国防競技と集団体操が実施された。四一年の第十二回大会からは、滑空訓練が加わり、体力章検定の合格を参加資格とするなどさらに戦時色を強め、四二・四三年の第十三・第十四回大会は明治神宮国民錬成大会へと名称が変更される。明治天皇の聖徳を追慕する神事奉仕という性格から、常に十一月三日の明治節を入れた日程が組まれたが、第十四回大会だけは政府の指示で十一月七日に開催された。大東亜会議に出席した各国首脳に、この大会を通して日本の戦力を誇示するためである。第五回、十回、十三回大会で昭和天皇の行幸がなされた。

参考文献　入江克巳『昭和スポーツ史論―明治神宮競技大会と国民精神総動員運動―』（一九九一、不昧堂出版）、高嶋航『帝国日本とスポーツ』（二〇一二、塙書房）
（坂上　康博）

メレヨンとうじけん　メレヨン島事件　一九四四年から敗戦までの間に、トラック島の五〇〇キロ以上西方にある孤島メレヨン島で同島守備隊が飢餓の中で犠牲者を出したこと。アジア・太平洋戦争末期の南方戦線は、補給を軽視し、降伏を認めない日本軍の特質によって大量の戦病死者と玉砕をもたらした。中でも最も悲惨な状況を強いられたケースといえる。同島は陸軍独立混成第五十旅団と海軍第四十四警備隊合わせて六千五百人の兵力が守備していた。米軍は同島に激しい空襲を加え、航空基地としての機能を封殺した後、ここを通り越してマリアナ諸島を攻略し、パラオ諸島に向かっていった。すでに攻撃は終了したにもかかわらず、船の不足により離島が認められなかった同隊は、以後敗戦までの一年間にわたり飢餓地獄に苦しむことになる。補給の断絶と現地物資の不足により将兵の間には栄養失調死が続出したが、幹部には支給の増量が認められていたこともあり、餓死にも階級差があった。このような飢餓地獄の中で、食糧の配分をめぐる陸軍の対立、各隊間の不和、さらに食糧を盗んだ兵に対する過酷な制裁、軍法会議によらない処刑なども行われた。しかし同島守備隊は、最後まで軍紀粛清であったとして陸軍当局を感嘆させ、下村定陸相はその旨天皇に上奏し賞賛を得た。

参考文献　藤原彰『餓死した英霊たち』（二〇〇一、青木書店）
（本庄　十喜）

めんしはいきゅうとうせいきそく　綿糸配給統制規則　一九三八年三月に施行された綿糸の切符割当制度。綿花の輸入制限の一方で綿製品輸出を維持するため、国内向け綿糸の生産・配給が著しく制限されたことに伴う需給調整が図られた。同年六月の改訂物動計画により、さらに制限が強化され、同月には商工省令「綿製品に関する製造・販売・加工制限に関する件」に基づき、軍需品・生産資材以外の国内向け綿製品の製造・販売・加工は禁止、全てスフ製品となった。

参考文献 『日本繊維産業史』総論編(一九五八、繊維年鑑刊行会)、通商産業省編『商工政策史』一六(一九七二、商工政策史刊行会) (渡辺 純子)

も

もうきょうぎんこう 蒙疆銀行 蒙疆地域に設立された中央発券銀行。一九三七年十一月、蒙疆連合委員会の成立に際して察南銀行を改組拡充、十二月一日に開業した。資本金は千二百万円、張家口に総行を置き、初代総裁に包悦卿、副総裁に山田茂二が就任。地域通貨である蒙銀券の製造・発行、察南・晋北・蒙古連盟の各自治政府および日本・満洲国の公金取扱および一般の銀行業務を行なった。蒙銀券は不換紙幣で満銀券・日銀券と等価とされた。特殊会社・準特殊会社へ多額の出資を行い、対政府貸出によって蒙疆政権の財政を支えた。日本敗戦時の蒙銀券発行高は三十五億元に達したと推定される。

参考文献 岩武照彦『近代中国通貨統一史—十五年戦争期における通貨闘争—』(一九九〇、みすず書房)、柴田善雅『占領地通貨金融政策の展開』(一九九九、日本経済評論社) (小林 元裕)

もうこれんごうじちせいふ 蒙古連合自治政府 一九三九年九月から四五年八月まで華北、内蒙古に存続した日本指導下の政権。三七年七月日中戦争が勃発すると、占領地域を拡大した関東軍は、察南自治政府、晋北自治政府および蒙古連盟自治政府を成立させ、各政府に対する「内面指導」(政治介入)を実施した。十一月二十二日、三政府の代表が張家口で蒙疆連合委員会を結成し、各政府から一部の権限を委譲され、統一的な指導を図った。三九年九月同委員会が発展的に解消し、蒙古連合自治政府が成立した。主席には蒙古連盟の徳王が、副主席には察南の于品卿と晋北の夏恭が就任したが、実権は最高顧問の金井章次をはじめとする日本人に掌握された。主席のもと、政務院、法院、検察院を設け、蒙古軍総司令部も置かれた。四〇年三月汪兆銘を首班とする南京政府が成立した後、形式上その治下に入ったが、四一年八月より蒙古自治邦政府に改組し、事実上独自の統治を行なった。日本の敗戦とともに消滅した。→徳王(とくおう)

参考文献 日本国際政治学会太平洋戦争原因研究部編『太平洋戦争への道—開戦外交史—』四(一九六三、朝日新聞社)、ドムチョクドンロプ『徳王自伝—モンゴル再興の夢と挫折—』(森久男訳、一九九四、岩波書店)、森久男『日本陸軍と内蒙工作—関東軍はなぜ独走したか—』(『講談社選書メチエ』、二〇〇九、講談社) (劉 傑)

もうたくとう 毛沢東 Mao Zedong 一八九三—一九七六 中国共産党の最高政治指導者、革命家。一八九三年十二月二十六日生。湖南省の中農から富農に上昇した家庭に育つ。一九一八年湖南第一師範学校卒、北京大学図書館助理。一九年湖南に戻り、当地の五・四運動に参加。六月湖南学生連合会を新設、『湘江評論』を創刊し、反日反軍閥を主張。少年中国学会に加入。二〇年ロシア研究会を創設。二一年中共第一次代表大会に出席、湖南区委員会書記、長沙で湖南自修大学を創設。二二年中国労働組合書記部長沙分部主任。二三年中共第三次全国代表大会で中央委員、中央組織部部長。二四年中国国民党

毛 沢 東

に加入、同第一次全国代表大会で候補中央執行委員。二六年五月広州農民運動講習所(第六回)を主宰、十一月中共中央農民運動委員会書記。二七年武漢で全国農民協会総幹事。二七年「八・七会議」に出席、中央政治局候補委員。会議後、湖南・江西省界で秋収蜂起を発動、工農紅軍第一師を創設。十一月井崗山に最初の農村革命根拠地を創設。二八年朱徳部隊と合流、中国工農革命軍(その後、紅軍に改称)第四軍を組織し、党代表となる。三〇年紅軍第一方面軍の成立後、総政治委員。

三一年江西省瑞金に中華ソヴィエト共和国臨時中央政府が成立すると主席に就任。三二、三三年蔣介石の圧迫で上海党中央構成員が瑞金に移動後、王明らソ連留学派が実権を握り、中央政治局員の毛は実権を喪失する。三四年長征に参加。三五年貴州省での遵義会議で中央書記処書記、中央政治局常務委員、その後、三人軍事指導小組の一人となり、毛の軍政両面での影響力は増大する。三六年中国抗日紅軍大学教育委員会主席兼教員。盧溝橋事件後の三七年八月中共中央革命軍事委員会主席となり、日本との非妥協の抗戦を主張。「実践論」「矛盾論」を発表。三八年延安魯迅芸術文学院院長を兼任。十月王明の「擁蔣抗日」に呼応して「新段階論」を発表するが、中共の自主独立、民衆動員を強調、王明らと対立する。三八年「抗日遊撃戦争の戦略問題」を発表、中国は弱い大国で、強い小国の日本から攻撃を受けており、中国は速勝できず、戦争の長期性が生まれる。中共指導の強固な軍隊と広範な人民大衆の存在によって遊撃戦は大規模となると指摘。同時期、毛は「亡国論」「速勝論」を批判、「持久戦論」も出し、大きな反響を呼んだ。第一段階は敵(日本)の戦略的進攻・我方の戦略的防禦時期、第二段階は敵の戦略的保持・我方の反攻準備時期、第三段階は我方の戦略的反攻・敵の戦略的退却時期とし、こうした段階を経て中国は勝利するとした。四〇年一月「新民主主義論」を発表。国民党は「全民抗戦」のため、各党派、少数民族、華僑などを包括する国民参政会を組織、毛は第一―第三回参政員となる。四二年延安で整風運動を発動、マルクス主義の教条化を非難、ソ連留学派を排斥、中共中央党校校長となる。四三年中央政治局主席。四五年六月中共第七回全国代表大会で中央委員会主席。八月「日本侵略者との最後の一戦」声明、ソ連参戦に呼応し、満洲、華北等で中共軍が大攻勢。

抗日戦争勝利後、周恩来とともに蔣介石・国民政府と重慶交渉、十月「双十協定」を締結。四六年国共内戦。四九年六月「人民民主専政論」を発表。第一回全国政治協商会議主席団主席となり、同会議で人民政府主席に選出された。十月一日北京天安門で「中華人民共和国成立」を宣言。五〇年二月モスクワ訪問、スターリンとの間で中ソ友好同盟相互援助条約に調印。朝鮮戦争が勃発すると、「抗米援朝」を明確にする。この後、ソ連と異なる中国独自な社会主義建設を展開、合作社(協同組合)組織化に重点を置く。五四年国防委員会主席。五六年中央委員会主席、中央軍事委員会主席。五七年「人民内部の矛盾」論を発表、反右派闘争を展開。五八年人民公社を推進、大躍進を開始し、社会主義における「継続革命」を強調。六〇―六三年中ソ対立が公然化し、六六年プロレタリア文化大革命を発動、六八年「実権派」として劉少奇を打倒。ついで林彪が毛の後継者となったが七一年失脚、死去。七二年中米、ついで日中関係を改善した。七六年九月九日北京で死去。八十四歳。 →中国共産党

参考文献 ジェローム＝チェン『毛沢東―毛と中国革命―』(徳田教之訳、『筑摩叢書』、一九七一、筑摩書房)、『毛沢東集』(一九七一・七二、北望社)、ハン＝スーイン『毛沢東』(松岡洋子訳、一九七三、毎日新聞社)、「毛沢東主席死去」(『朝日新聞』一九七六年九月十日付)、金冲及『毛沢東伝』(村田忠禧訳、一九九九・二〇〇〇、みすず書房)、菊池一隆『中国抗日軍事史 一九三七―一九四五』(二〇〇九、有志舎)

(菊池 一隆)

もうりひでおと 毛里英於菟 一九〇二―四七 昭和戦前・戦中期の官僚。一九〇二年二月十六日、門司新報社長、代議士毛里保太郎の次男として福岡県に生まれる。二五年東京帝国大学法学部卒後大蔵省入省、高等試験行政科試験合格。三三年満洲国官吏、三七年支那駐屯軍司令部付、三八年帰朝し大蔵省復帰、同年興亜院経済部第一課長、企画院書記官兼任を経て四一年企画院総裁官房総務室第一課長等歴任、戦時経済体制構築を推進。四三年辞職。四四年大日本産業報国会常務理事、四五年綜合計画局第一部長、敗戦後内閣調査局調査官となるが十月辞職。満洲国の経験、軍との関係、社会大衆党の亀井貫一郎の妹が妻であることなどを背景に、亀井のブレーンとして政治的活動も行なった。日中戦争期、雑誌『解剖時代』に鎌倉一郎のペンネームで論文を掲載、国内外における新体制の必然性を説くなど官僚の枠組みを超えた活動が特徴。四七年二月二十三日死去。四十六歳。

参考文献 秦郁彦『官僚の研究―不滅のパワー・一八六八―一九八三』(一九八三、講談社)、古川隆久『昭和戦中期の総合国策機関』(一九九二、吉川弘文館)、伊藤隆「毛里英於菟論覚書」(『昭和期の政治(続)』所収、一九九三、山川出版社)

(山口 浩志)

モーゲンソー Henry Morgenthau, Jr. 一八九一―一九六七 アメリカ政府高官。一八九一年五月十一日、ニューヨーク市の富裕なユダヤ系家庭に生まれる。隣人として懇意だったローズヴェルトが一九二八年にニューヨーク州知事に当選した後、州の農業諮問委員会議長に就任した。三三年のローズヴェルト大統領当選後、連邦農業局局長に指名され、その後、病により辞した財務長官を引き継いだ。四〇年、日本軍の南進に対し、強硬派スティムソンらとともに石油・航空機燃料の禁輸を含む対日経済制裁の発動を主張した。アメリカ参戦後の四二年初頭、モーゲンソーは日系アメリカ人の無差別強制収容に反対、またヨーロッパのユダヤ人を救うため難民救済

局設置に尽力した。その名を著名にしたのは、戦後にドイツを「農業国化」する対独厳罰的な「モーゲンソー＝プラン」である。モーゲンソーは、大統領死去から三ヵ月後の四五年七月に財務長官を辞職した。六七年二月六日没。七十五歳。

参考文献 John Morton Blum, *Roosevelt and Morgenthau* (Boston, 1970, Houghton Mifflin)

（高田 馨里）

もがみ 最上 一九三一年度計画で建造された二等巡洋艦最上型の一番艦。基準排水量は八五〇〇トン（改装後、一万二二〇〇トン）。三五年竣工。ロンドン軍縮条約下、主砲に一五・五センチ三連装砲を採用したが、条約失効後、二〇・三センチ連装砲に換装。当初設計で復原性と船体強度に欠陥が露呈し、大幅な改善が施された。四二年、ミッドウェー作戦で僚艦「三隈」と衝突、損傷修理で航空巡洋艦に改装。同年十月、スリガオ海峡にてアメリカ艦隊の砲撃・爆撃等で航行不能となり、駆逐艦「曙」の雷撃で処分された。

最上

参考文献 福井静夫『日本巡洋艦物語』（『福井静夫著作集』四、一九九二、光人社）

（齋藤 義朗）

もくたんじどうしゃ 木炭自動車 一九三八年にはじめて登場した、木炭（炭）を燃やし、発生するガスを燃料にして走る自動車。重油、ガソリンは戦闘用として、また国民のくらしにとって必要な燃料である。石油のほとんどを輸入に依存する日本では、国民の需要を抑制するために、石炭、炭、大豆油を利用する自動車が発明された。木炭スタンドも現れた。しかし四一年には木炭も配給制になり、銭湯では入浴時間や洗髪、使う湯量が制限された。

木炭自動車

参考文献 朝日新聞社『朝日歴史写真ライブラリー 戦争と庶民―一九四〇～四九―』一（一九九五）

（早川 紀代）

もちかぶかいしゃせいりいいんかい 持株会社整理委員会 ⇨財閥解体

ももたろううみのしんぺい 桃太郎 海の神兵 一九四五年四月十二日公開の日本漫画映画。松竹動画研究所製作、海軍省後援。製作資金・資料ともに海軍からの援助が大きく、戦前における日本漫画映画の大作（六巻）であると同時に、当時の用語にはないが「アニメーション映画」の傑作。登場人物は主人公の桃太郎および南の島を侵略・支配する白人鬼のみが人間で、ほかは多種の動物たちが活躍する。「大東亜戦争」プロパガンダの意図は明らかであるにしても、日本の田園風景に満ちる抒情性や、南洋の動物たちのユーモラスな姿態など、細部の描写に巧みで、ミュージカル仕立ての楽しさもある。公開時の日本では米軍の空襲が激化し、映画館の焼失、児童たちの疎開と、観客に恵まれなかったが、当時十七、八歳の手塚治虫に大きな影響を与えた。脚本・撮影・演出ともに瀬尾光世が担当、政岡憲三（影絵担当）の力も大きい。なお、瀬尾はこの作品より早く、『桃太郎の海鷲』（五巻、芸術映画社、一九四三年）を同じ海軍省の依頼で完成させている。音楽は古関裕而。

（岩本 憲児）

松竹『桃太郎海の神兵』

もゆるおおぞら 燃ゆる大空 一九四〇年九月二十五日公開の日本映画。東宝製作、阿部豊監督。文部大臣賞受賞。皇紀二六〇〇年記念映画として、陸軍航空本部が全面協力、本物の軍用機を使用して、本邦初の本格的空中戦を臨場感とともに描き出した。少年飛行兵の訓練や同期生たちとの交流を、ときに明るく、また北支戦線の実戦では一人前の兵として雄々しく見せるが、映画のメッセージは「軍人として立派に死ぬことこそ、立派に生きること」という武士道精神が語られる。臨終の床で軍人勅諭を唱え、「天皇陛下万歳！」と叫んで息絶える兵など、軍国思想も濃厚。ただし、多数の飛行機の編隊が大空を飛ぶ雄姿、敵機との空中戦、戦友同士の友情、上官の思いやりなどは、当時の少年たちに飛行兵への志願者を増やす影響を与えたという。主題歌と時局がらみの吸引力もあり、観客動員をはたした。軍人役に大日向伝、若きパイロットたちに月田一郎、大川平八郎、灰田勝彦、軍医に長谷川一夫らが出演。 （岩本 憲児）

もりコンツェルン　森コンツェルン　昭和初期に、森矗昶と彼を支援した鈴木家が関与した東信電気、昭和肥料、そして日本電工などの企業を中心に形成された企業集団に与えられた呼称。コンツェルンとは、持株会社を頂点にして株式所有関係を媒介に形成された企業の集団であり、企業の組織(形態)についての用語である。しかし、森コンツェルンにはコンツェルンに相応しい株式の所有関係あるいは経営管理は存在しなかった。森コンツェルンと称される企業の集団は、「鈴木・森企業集団」と呼ぶのが適当である。森矗昶は、千葉県の房総地区の沃度業者を糾合して設立した総房水産が、大戦終了に伴う反動不況で破綻したとき旧知の鈴木三郎助の支援を受けた恩義を、終生忘れることなく持ち続けた。森矗昶の事業経営は最初から最後まで鈴木家の影響下にあった。この点は「森・鈴木企業集団」を理解するための要点である。

↓森矗昶(もりのぶてる)

参考文献　麻島昭一・大塩武『昭和電工成立史の研究』(一九九七、日本経済評論社) （大塩 武）

もりしまごろう　守島伍郎　一八九一—一九七〇　外交官、政治家。一八九一年五月二十三日、福岡県に生まれ、修猷館で学び、第一高等学校、東京帝国大学法科大学政治学科を卒業して、一九一八年に外務省に入省。ドイツ、アメリカ・中国勤務を経て、三〇年、亜細亜局第一課長に就任する。翌年には満洲事変に遭遇し、その後も満洲国建国から華北工作に至るまでの対中政策の策定・実施に関与した守島は、同郷・中学の先輩にあたる広田弘毅外相との仲は緊密で、三〇年代前半の外務側の中心の一人となった。三六年には過労で倒れ、四〇年、松岡洋右外相の時代に退職するも、四二年から終戦まで佐藤尚武駐ソ大使の下で特命全権公使としてモスクワとクイヴィシェフに勤務する。終戦に向けての対ソ関係の調整のため、本国との間を三度往復するなど、戦時外交の機密に深く関与した。戦後は政治家に転身、国際連合協会専務理事などを勤める。七〇年六月四日没。七十九歳。

参考文献　太田一郎監修『大東亜戦争・戦時外交』(『日本外交史』二四、一九七一、鹿島研究所出版会)、守島康彦編『昭和の動乱と守島伍郎の生涯』(一九八五、葦書房) （武田 知己）

森戸辰男

もりとたつお　森戸辰男　一八八八—一九八四　社会政策学者。一八八八年十二月二十三日に広島県に森戸鸞蔵(らんぞう)の長男として生まれる。一九一四年に東京帝国大学法科大学経済学科を卒業して、一六年に同助教授となり社会政策学を担当した。一九年に経済学科が経済学部に改組され、その機関誌『経済学研究』創刊号に「クロポトキンの社会思想の研究」を寄稿した。この論文が学生団体から無政府主義と批判されて、政府も問題とするに至った。二〇年一月十日に経済学部教授会は休職処分を下した。さらに司法省は一月十四日に森戸と『経済学研究』編集人の助教授大内兵衛を新聞紙法違反で起訴して一審、控訴審とも有罪となり、十月二十二日に大審院において禁錮・罰金が確定した。これを森戸事件という。その後、大原社会問題研究所で研究を続け、大阪労働学校、神戸労働学校などの労働者教育にも携わった。戦後は四五年十一月の日本社会党の結成に参加して、四六年四月に衆議院議員に選出され、三期当選を続けた。四六年八月に教育刷新委員会委員となり、四七年六月に片山哲内閣の文部大臣、さらに四八年四月に芦田均内閣の文部大臣となり四八年十月までつとめ、戦後教育改革を指導した。広島大学の学長に推され、五〇年に衆議院議員を辞職して学長に就任して、六三年三月までつとめた。中央教育審議会では五三年から専門委員、五五年から委員となり、六三年から七一年まで中央教育審議会の会長をつとめた。この期間には、別記「期待される人間像について」を付した六六年十月の第二十回答申「後期中等教育の拡充整備について」や、第三の教育改革や「四六答申」と呼ばれた一九七一年六月の第二十二回答申「今後における学校教育の総合的な拡充整備のための基本的施策について」をまとめた。このほか、日本育英会会長、日本図書館協会会長、日本放送協会学園高等学校長など、多くの職を兼ねている。八四年五月二十八日死去。九十五歳。

参考文献　森戸辰男『思想の遍歴』(一九七二・七五、春秋社)、同『遍歴八十年』(一九七六、日本経済新聞社)、『東京大学百年史』通史二(一九八五、東京大学出版会)、小池聖一「森戸辰男の平和論」(『広島平和科学』二八、二〇〇六) （高橋 陽一）

もりのぶてる　森矗昶　一八八四―一九四一　大正・昭和初期の企業経営者。一八八四年十月二十一日、千葉県に生まれる。森矗昶が千葉県房総地区の沃度業者を糾合して、一九〇八年設立した総房水産は、戦後反動不況期に破綻した。森矗昶は旧知の鈴木三郎助が経営する東信電気(電力卸売会社)への合併を画策して実現、同社取締役に就任した。このとき鈴木三郎助から受けた支援に由来する鈴木家への恩義意識は、森矗昶のその後の経営者としての在り方を決定づけた。鈴木三郎助の東信電気は、余剰電力の消化を促すため硫安事業に着手、二八年に昭和肥料会社を設立、森矗昶に経営を委ねた。一方、二六年日本沃度会社(三四年日本電工会社に商号変更)を設立して、余剰電力消化を念頭にアルミニウム事業に着手した森矗昶は、明礬石を原料とするアルミナ精製に固執して挫折、原料のボーキサイトへの転換を支持していた鈴木忠治から遠ざけられた。その後日本電工は昭和肥料と合併して三九年に昭和電工が成立、森矗昶は社長に就任する。しかし、翌四〇年には社長を退任した。四一年三月一日没。五十八歳。→昭和電工会社　→森コンツェルン

参考文献　麻島昭一・大塩武『昭和電工成立史の研究』(一九九七、日本経済評論社)　(大塩　武)

もりもとただし　森本忠　一九〇三―九一　昭和期の小説家、評論家。一九〇三年八月二十九日、熊本県に生まれる。済々黌、第五高等学校を経て、東京帝国大学文学部英文学科を卒業。在学中の二七年に上林暁らと同人誌『風車』を創刊。宇土中学や瓊浦中学の英語教師を経て、三一年東京朝日新聞社に入社。調査部に籍をおきながら作家活動を続けた。四四年緒方竹虎の情報局総裁就任を機に大日本言論報国会常務理事となり、野村重臣に代わって実践局長を務めた。公職追放解除後、日本新聞協会審査室長、六六年から本名の森本忠八で熊本商科大学でマス＝コミュニケーション論を担当した。小説『インサイダー』(七一年、青潮社)で熊本日日新聞文芸賞を受賞。九一年二月二十四日没。八十七歳。

参考文献　森本忠『僕の天路歴程―長編小説―』(『新ぐろりあ叢書』、一九三八、ぐろりあ・そさえて)、同『僕の詩と真実』(一九六八、日本談義社)　(佐藤　卓己)

モロトフ　Viacheslav Mikhailovich Molotov (Skriabin)　一八九〇―一九八六　第二次大戦期のソ連外相。一八九〇年三月九日(グレゴリオ暦)生まれ。ロシア革命と内戦に参加した筋金入りのボリシェヴィキで、一九二一年共産党中央委員に選ばれ、書記局入りし、スターリンの片腕となった。二〇年代のトロツキー派、ブハーリン派との党内闘争で書記長スターリンを助け、その左転換、急進的工業化と農業集団化を支えた。三〇年からは人民委員会議議長(首相)となり、政府を率いて三次の五ヵ年計画を遂行した。三九年五月リトヴィノフを解任して外務人民委員(外相)を兼任、それまでの集団安全保障外交を放棄し、八月には独ソ不可侵条約に調印した。四一年五月には首相職をスターリンに譲ったが、六月独ソが開戦すると国家防衛委員会(議長スターリン)のナンバー2として補佐した。テヘラン会談以降の連合国首脳会談でスターリンを補佐し、米英ソ外相会談ではドイツ・日本の占領政策立案においてソ連の国益を主張した。五六年のスターリン批判後に失脚した。八六年十一月八日没。九十六歳。

参考文献　下斗米伸夫『ソ連＝党が所有した国家　一九一七―一九九一―』(『講談社選書メチエ』、二〇〇二、講談社)　(富田　武)

もんぶしょうきょうがくきょく　文部省教学局　戦中期文部省の外局、のちに部局の一つ。一九三七年文部省思想局が廃止され、文部省の外局として教学局が設置された。初代長官は菊池豊三郎。四二年内局に戻り文部省教学局となる。教員の調査・監視によって思想や学問の禁圧的統制を行いつつ、日本諸学振興委員会を所管して国家への有用性を軸にした学問の再編や振興に携わった。また戦時下国民生活の道徳を示す書物として、『臣民の道』を編纂した。→日本諸学振興委員会

参考文献　荻野富士夫『戦前文部省の治安機能―「思想統制」から「教学錬成」へ―』(『歴史科学叢書』、二〇〇七、校倉書房)、駒込武・川村肇・奈須恵子編『戦時下学問の統制と動員―日本諸学振興委員会の研究―』(二〇一一、東京大学出版会)　(神代　健彦)

もんぶしょうしそうきょく　文部省思想局　昭和戦前・戦中期文部省の部局の一つ。一九三四年に学生の思想対策を担当する学生部が昇格する形で設置された。初代局長は元学生部長の伊東延吉。思想課と調査課で構成され、学校や社会教育団体の思想上の指導監督および調査を任務とした。天皇機関説問題に端を発する国体明徴運動を主導し、『国体の本義』(一九三七年)の編纂に深く関わるなど、学生・生徒を中心に広く国民の思想対策全般を担った。

参考文献　荻野富士夫『戦前文部省の治安機能―「思想統制」から「教学錬成」へ―』(『歴史科学叢書』、二〇〇七、校倉書房)　(神代　健彦)

もんぺ　もんぺ　特に戦時下、多くの女性が着用した日本式ズボン。もともと東北地方の農作業着として使われていたが、都市では格好悪いという声も大きかった。しかし動きやすく防空演習時の着用に適し、また家庭の自家裁縫でも作りやすかったため、一九四三年ごろ空襲の危険性が高まるとともに都市でも爆発的に普及していった。政府は四二年、戦時下における女性の服としてデザ

もんぺ姿の女性

インを懸賞募集して婦人標準服(甲型—洋服型、乙型—和服型、活動衣)を制定したが、男性の国民服とは異なり、軍服調にもとづく制服としての意味合いをほとんど持たなかったため普及しなかった。もんぺは標準服の活動衣として指定されていたものの、上衣や素材は自由であり、軍国主義的精神や完全な画一化への意志をもって強制されたわけでもなかった。その普及はむしろ「周囲の人間が着ているから」という国民間の相互作用によるところが大きかったとされる。

参考文献　井上雅人『洋服と日本人—国民服というモード—』(二〇〇一、広済堂出版)　(一ノ瀬俊也)

や

やきゅうとうせい　野球統制　一九三二年三月公布の文部省訓令第四号「野球の統制並に施行に関する件」、通称「野球統制令」によって、学生野球は、文部省・府県体育協会・学校長の管理下に置かれ、対外試合の回数や日程などが規制されていた。こうした規制は、日中戦争以降強化されていく。三九年八月、文部省は事変下の粛正を名目に大学野球の平日試合を禁止し、翌四〇年三月には、東京六大学野球の春のリーグ戦を二回制、秋のリーグは引き分けなしの一回制とした。さらに四三年三月の「戦時学徒体育訓練実施要綱」によって、文部省は、野球を戦力増強に直結しない非重点種目に区分するとともに、学徒出陣の方針を受けて、九月には大会の全面中止を通知した。野球部の存廃については各学校に委ねられていたが、四四年五月の文部省通牒によって解散が命じられ、プロ野球も同年九月で休止となる。戦後、四六年十二月に日本学生野球協会が設立され、翌四七年五月に「野球統制令」が廃止された。

戦闘帽をかぶった戦時下のプロ野球選手

参考文献　中村哲也・切刀俊雄「学生野球の国家統制と自治—戦時下の飛田穂州—」(坂上康博・高岡裕之編『幻の東京オリンピックとその時代—戦時期のスポーツ・都市・身体—』所収、二〇〇九、青弓社)、中村哲也『学生野球憲章とはなにか—自治から見る日本野球史—』(『青弓社ライブラリー』、二〇一〇、青弓社)　(坂上　康博)

やすいえいじ　安井英二　一八九〇—一九八二　昭和期の内務官僚、政治家。一八九〇年九月十八日、裁判官安井重三の次男として東京に出生。松山中学、宇都宮中学、第一高等学校を経て一九一六年五月、東京帝国大学法科大学卒。同年内務省入省。二五年内務書記官・地方局行政課長、二九年に警保局保安課長、三一年岡山県知事、三二年内務省地方局長など要職を歴任。三五年には大阪府知事に就任し選挙粛正や府警察の改革に力量を発揮した。三七年六月第一次近衛内閣で文部大臣に就任するが、軍部に押され、強力な政治力を発揮できない内閣に不満を感じて、十月に辞任。三八—四六年貴族院の勅選議員。四〇年七月に成立した第二次近衛内閣では、内務大臣兼厚生大臣(厚相は九月まで)に就任。軍部に対する非寛容的姿勢により、東条英機陸軍大臣から嫌われ、東条の要望で十二月に内相を更迭される。四五年四月大阪府知事に復帰、六月から十一月まで近畿地方総監。戦後に公職追放。八二年一月九日没。九十一歳。

参考文献　『安井英二先生談話—一学徒としての行政政治家の経験—』(一九七〇、信学行社)　(塩出　環)

やすおかまさひろ　安岡正篤　一八九八—一九八三　漢学者、日本主義思想家。一八九八年二月十三日、大阪府にて南朝勤皇家の堀田喜一四男として生まれ、一九一五年に安岡盛治の養子となる。東京帝国大学法学部を卒業、『王陽明研究』を刊行し、北一輝や大川周明と出会い、酒井忠正伯爵の知遇を得、亜細亜文化協会を設立。皇居内の社会教育研究所学監などをつとめ、二四年に大川とともに牧野伸顕宮内大臣を訪い時事を論じた。国家維新を掲げ二七年に酒井邸内に禅や陽明学を基調とした金鶏学院を設置。三二年には、岡部長景ら宮中グループ、松本学ら新官僚を糾合して国維会を組織し、共産主義運動に対抗する日本主義精神運動を展開した。戦時中は「大東亜共栄圏」構想を喧伝し、四四年に大東亜省顧問となり、四五年の敗戦の「詔書」に朱を入れた。戦後、公職追放解除後、全国師友協会などを中心に戦後保守勢力の精神的支柱となる。八三年十二月十三日、死去。八十五歳。

参考文献 『安岡正篤先生年譜』(一九九七、郷学研修所・安岡正篤記念館)、川井良浩『安岡正篤の研究―民本主義の形成とその展開―』(二〇〇六、明窓出版)

(小田部雄次)

やすかわだいごろう　安川第五郎　一八八六―一九七六　大正・昭和期の企業経営者。一八八六年六月二日、筑豊の炭鉱経営者である安川敬一郎の五男として福岡県で出生。中学修猷館、第一高等学校を経て、一九一二年東京帝国大学工科大学電気工学科卒業。日立製作所、米国ウェスティングハウスを経て、一五年安川電機製作所設立、一九年株式会社安川電機製作所常務、三六年社長就任。安川電機は国内有数の電機メーカーに成長し、戦時期の軍需品拡大に対しては電動機・制御器中心を維持した。四二年電気機械統制会会長に就任し、業界統制に尽力した。戦後、石炭庁長官に就任するが、GHQにより公職追放。公職追放解除後、安川電機会長、日銀政策委員、日本原子力研究所理事長、日本原子力発電社長、九州電力会長、九州経済連合会会長等を歴任、六四年東京オリンピックでは組織委員会会長を務めた。七六年六月二十五日老衰のため死去。九十歳。

参考文献 安川第五郎『わが回想録』(一九七〇、百泉書房)、『安川第五郎伝』(一九七七、安川第五郎伝刊行会)、『安川電機七五年史』(一九九〇、安川電機製作所)

(荻野喜弘)

やすかわゆうのすけ　安川雄之助　一八七〇―一九四四　大正―昭和初期の実業家、三井物産経営者。一八七〇年五月四日(明治三年四月四日)、京都の農家安川太郎助の長男に生まれる。大阪商業学校(現大阪市立大学)卒業後、八九年三井物産に入社。大阪支店勤務を振り出しに、神戸支店長・営業部長などを経て一九一八年常務取締役、二四年には筆頭常務に就任した。二六年一月に東洋レーヨンを設立し、工業方面への投資の重視や国内地方市場への積極的進出など、不況・恐慌下の新たな経営方針を示した。団琢磨が暗殺された直後、安川は池田成彬らとともに現職のまま三井合名の理事に就任したが、「財閥転向」政策の一環として、三四年一月三井物産常務取締役・三井合名理事を退任し、七月に三井物産を退職した。その経営方針は、退職後も影響を与えた。三六年三月にはタイ経済使節団長、十一月には関東軍司令部要請により満洲視察・同事務嘱託となり、同年十二月―三九年五月まで東洋拓殖会社の総裁を務めた。四四年二月十三日没。七十五歳。

参考文献 安川雄之助『三井物産筆頭常務安川雄之助の生涯』(一九九六、東洋経済新報社)

(春日豊)

やすくにじんじゃ　靖国神社　日本軍の戦没者らを祀る神社。一八六九年、東京の九段坂上(東京都千代田区)に東京招魂社として設立された。当初は、明治維新の内乱での天皇政府側の戦没者の霊を祀った。一般の招魂社とは異なり、墳墓は伴っていない。七九年靖国神社と名前を変え、別格官幣社になった。陸軍を中心とする軍が管理する神社で、内務省が管理する一般の神社とは別になっていた。災いで死んだ霊を慰める御霊信仰によるものといわれるが、敵味方なくすべての霊を祀るものではなく、天皇政府側の死者のみを祀るものであり、伝統とは異なっていた。日清戦争後は、対外戦争における日本側の戦死者が祭神となった。靖国神社は軍神の神社となり、戦没者を讃える忠魂碑などの施設の頂点に立った。戦死者を靖国神社の祭神にすることは、天皇への上奏と裁可によって決定された。天皇は春と秋の例大祭に勅使を送り、新たな戦没者を合祀する臨時大祭には天皇と皇后がみずから参拝していた。このとき遺族が呼ばれ、座らされて、天皇の参拝を見るようになっていた。例大祭や臨時大祭には軍隊も参拝した。一九三〇年代には、キリスト教系の学校も含めて、学生、生徒の参拝が強制された。日中全面戦争期には、臨時大祭の時に、国民が黙禱することを強制し、地域での「慰霊祭」が求められるようになり、靖国神社が国民の中に浸透していった。出征兵士の間では「靖国神社で逢おう」とよくいわれるようになった。国民が戦争で天皇のために死ぬと、靖国神社に祀られるとされて、国民を戦争に駆り立て、無謀な戦闘で死亡することを助長する役割を果たした。二〇〇四年十月十七日現在で、靖国神社に祀られているのは二百四十六万六千五百三十二人であるが、そのうちアジア・太平洋戦争の死者が二百十三万三千九百十五人である。敗戦後は単立の宗教法人になった。敗戦の時点で、二百万人の戦没者がまだ合祀されていなかった。戦後に国家機関の厚生省の協力によって合祀が進められ、特に五四年から五九年にかけてが、約百五十万人と多かった。→遊就館

靖国神社臨時大祭に行幸する昭和天皇(1938年4月26日)

参考文献 村上重良『慰霊と招魂―靖国の思想―』(『岩波新書』、一九七四、岩波書店)、大江志乃夫『靖国神社』

(『岩波新書』、一九六四、岩波書店)、赤澤史朗『靖国神社―せめぎあう〈戦没者追悼〉のゆくえ―』(二〇〇五、岩波書店) (山辺 昌彦)

やすだぎんこう 安田銀行 ⇨安田財閥(やすだざいばつ)

やすだざいばつ 安田財閥 四大財閥の一つ。銀行、保険などの金融業が中心の財閥。創始者は富山県出身の安田善次郎(一八三八―一九二一)。善次郎は、一八六六年江戸で銭両替店安田商店を開業し、太政官札の取引、公債取引、官庁預金の取扱いなどにより利益を上げ頭角を現した。七六年、第三国立銀行を設立、七九年には安田商店を安田銀行に改組した。八七年、同族の資産である安田銀行資本金の管理を目的に保善社を設け、日清戦争前後から保善社を持株会社とする事業の多角化が進んだ(一九一二年合名会社保善社に改組、二五年安田保善社と改称)。新設銀行への参加、破綻銀行の救済を通じて系列銀行を拡大し、金融部門は著しい発展を遂げたが、一八八〇年代末から一九一〇年ごろまで進出を試みた非金融部門の諸事業(硫黄採掘、製釘、紡績など)は成功しなかった。日清戦後からは、事業財閥である浅野財閥との融資・出資を通じた関係を深めてゆくことになる。二一年の善次郎の死後、長男が善次郎を襲名し、安田財閥を継ぎ、外部から招いた結城豊太郎が専務理事として経営にあたった。結城は安田系銀行の大合同(二三年)、学卒者の採用等の組織の近代化を図ったが、同族の反発が起きて退任に追い込まれ、森広蔵(前台湾銀行頭取)が新たに経営のトップに立った。二七年の金融恐慌以降、安田銀行は緩慢な取り付けに遭い、経営危機に瀕したが、三〇年代半ばまでには業績が回復した。三六年安田一が安田保善社総長に就任。三九年以降、軍需産業への進出を図ったが、顕著な成果は得られず、植民地や中国での事業展開も不動産、製麻業などにとどまった。四四年四月に招請されて理事となった武井大助(元海軍省経理局長)の発意により、合名会社安田保善社の株式会社安田本社への再編が企図されたが、実現しなかった。四五年十月、GHQの財閥解体の意向を察知し、自発的に安田保善社の解散を決定。四六年九月六日、安田保善社は持株会社整理委員会から持株会社の指定を受け、九月三十日に解散した。

参考文献 『安田保善社とその関係事業史』(一九七四)、由井常彦編『安田財閥』(『日本財閥経営史』、一九八六、日本経済新聞社) (浅井 良夫)

やすだはじめ 安田一 一九〇七―九一 安田財閥の第三代目当主。一九〇七年四月十四日、二代目安田善次郎の長男として東京に生まれる。三二年東京帝国大学を卒業。安田保善社理事を経て、二代目善次郎の死去に伴い、三六年十月安田保善社総長、同年十二月安田銀行頭取に就任。戦時期の安田財閥を率い、四五年十月には他の財閥に先駆けて財閥本社の解散を決定した。五三年から安田生命会長をつとめた。九一年三月二十六日没。八十三歳。

参考文献 『安田保善社とその関係事業史』(一九七四) (浅井 良夫)

やすだほぜんしゃ 安田保善社 ⇨安田財閥(やすだざいばつ)

やせんじゅうほう 野戦重砲 主に平野部における戦闘で用いられる榴弾砲やカノン砲の総称。野戦重砲兵連隊に配備された。野砲や山砲と比べて大口径で、砲弾もより遠くに飛ばすことができたため、戦場での威力は大きく、堅固な陣地に対しても被害を与えた。口径は一〇～一五センチ前後で、代表的な野戦重砲には、八九式一五センチ加農砲や九二式一〇センチ加農砲、四年式一五センチ榴弾砲や九六式一五センチ榴弾砲などがある。野砲と同様に軍馬や牽引車を活用して移動した。

参考文献 竹内昭・佐山二郎『日本の大砲』(一九八六、出版協同社)、佐山二郎『大砲入門―陸軍兵器徹底研究―』(一九九九、光人社) (吉田 律人)

やつぎかずお 矢次一夫 一八九九―一九八三 昭和期の社会運動家、政治ブローカー。一八九九年七月五日、佐賀県の医師の家に生まれる。青少年期の放浪生活を経て協調会に就職し、その後独立して労働争議の調停に従事。この時期に培われた左右の幅広い人脈を利用して周旋者として活動するようになった。三三年、陸軍パンフレットの原案作成に関与したことを契機に、総合国策立案をめざす国策研究同志会を結成。三六年十一月には国策研究会として再出発し、電力国家管理化・健康保険法改正・日独伊三国同盟などに関して論議を重ねた。陸軍省嘱託・大政翼賛会参与・翼賛政治会理事などを歴任する一方で、三七年以降には歴代内閣の組閣・倒閣工作にしばしば関与した。四五年二月に国策研究会を解散し、敗戦後に公職追放。処分解除後に国策研究会を復活させ、また岸信介のブレーンとして韓国・台湾国民政府との交流に尽力した。八三年三月二十二日死去。八十三歳。

参考文献 矢次一夫『昭和動乱私史』(一九七一―七三、経済往来社)、中村隆英・伊藤隆・原朗編『現代史を創る人びと』四(一九七二、毎日新聞社)、伊藤隆「「挙国一致」内閣期の政界再編成問題(二)」(『社会科学研究』二五ノ四、一九七四) (盛田 良治)

やないはらただお 矢内原忠雄 一八九三―一九六一 植民政策学者、キリスト教伝道者。一八九三年一月二十七日、愛媛県の医師矢内原謙一の四男に生まれる。第一高等学校在学中、新渡戸稲造と内村鑑三から思想的信仰的感化を受ける。東京帝国大学卒業後、住友総本店入社、

矢内原忠雄

別子鉱業所に勤務。一九二〇年三月、東京帝国大学経済学部助教授となり、同年十月、欧米留学。帰国後の二三年八月、教授に昇進。二六年、社会現象としての植民を科学的に分析した『植民及植民政策』を出版。『中央公論』三七年九月号に、暗に日中戦争を批判した「国家の理想」を発表、軍部や右翼の激しい攻撃に遭い、十二月東京帝大を辞職。三八年個人雑誌『嘉信』を刊行、三九年には自宅で土曜学校を開講し、戦時下においても無教会派クリスチャンとして平和と正義を説いた。四五年東京帝大教授に復帰。東大経済学部長、教養学部長を経て、五一年総長に就任。六一年十二月二十五日没。六十八歳。

参考文献 矢内原伊作『矢内原忠雄伝』(一九九八、みすず書房)、鴨下重彦他編『矢内原忠雄』(二〇一一、東京大学出版会)　（松井慎一郎）

やながわへいすけ　柳川平助　一八七九—一九四五　明治後期・大正期・昭和戦前期の陸軍軍人(最終階級は中将)、政治家。一八七九年十月二日、長崎県に生まれ、養子として佐賀県の柳川家に入った。陸軍士官学校(第十二期)卒業。日露戦争に騎兵第十三連隊付で参戦。その後、騎兵第一旅団長、陸軍騎兵学校長、騎兵監などを歴任した。一九三二年八月から二年間、陸軍次官を務め、荒木貞夫と真崎甚三郎につぐ陸軍皇道派の重鎮として陸軍の権力を握った。三五年十二月には台湾軍司令官となり中央を離れたが、二・二六事件の際には、首謀の青年将校から次期首相に要望された。事件後、予備役に編入。日中戦争では一時的に現役復帰して第十軍司令官を務めた。その後、近衛文麿首相から元皇道派領袖として陸軍への抑制力を期待され、三八年十二月に興亜院総務長官、四〇年十二月に司法大臣、四一年三月に大政翼賛会副総裁、四一年七月に国務大臣に起用された。四五年一月二十二日、六十七歳で死去。

参考文献 菅原裕『日本心—覆面将軍柳川平助清談—』(一九七一、経済往来社)　（堀田慎一郎）

やなぎたくにお　柳田国男　一八七五—一九六二　民俗学者。一八七五年七月三十一日、兵庫県生まれ。東京帝国大学法科大学卒業。一九一九年末に貴族院書記官長を辞して以降は、朝日新聞社の顧問として論説を発表するほか、在野の研究者として組織・資料整備の両面で草創期の日本民俗学を牽引。三五年結成の民間伝承の会は戦時下、全国の民俗学者・郷土研究者の多くを吸収した。四一年には大政翼賛会の委託により民間伝承の会を通じて全国的な食習調査を実施。ほかに、日本少国民文化協会顧問、国民学術協会・日本文学報国会の理事を務める一方で、それまでの実証的な研究態度は揺るぐことはなかった。植民地における異民族調査についても皮相な比較を戒める態度を堅持した。四四年秋に稿をおこし、翌年七月脱稿した『先祖の話』(四六年)は、戦局の悪化に伴う危機意識を反映し、日本人の霊魂の行方について改めて問い直す書となった。六二年八月八日没。八十七歳。

柳田国男

参考文献 鶴見太郎『橋浦泰雄伝』(二〇〇〇、晶文社)　（鶴見　太郎）

やはらひろみち　八原博通　一九〇二—八一　陸軍軍人。大佐、沖縄第三十二軍参謀。一九〇二年十月二日、鳥取県の役場吏員の長男に生まれる。二三年陸軍士官学校卒(第三十五期)。二九年陸軍大学校卒。三三—三五年アメリカ駐在、その後、陸大教官、大本営参謀などを経て、四四年三月第三十二軍参謀として沖縄戦の作戦指導を担当、軍司令官の自決後、脱出を図る途上で米軍の捕虜になる。八一年五月七日没。七十八歳。

参考文献 八原博通『沖縄決戦—高級参謀の手記—』(一九七二、読売新聞社)、大田嘉弘『沖縄作戦の統帥(普及版)』(一九八四、相模書房)　（林　博史）

やべていじ　矢部貞治　一九〇二—六七　昭和期の政治学者、政治評論家。名前は「さだじ」が正しい。一九〇二年十一月九日、鳥取県に生まれる。矢部家の養子となる。旧姓は横山。東京帝国大学法学部卒業。東大で政治学を担当し、デモクラシーを擁護するための強力政治の理論化に努めていたが、満洲事変や軍部の台頭に批判的態度をとった。昭和研究会に参加、三八年後半ごろから日中戦争を肯定し、一元的指導意思確立のため政治体制の再編を企図する。四〇年初夏、新体制運動の立案に参画したが、構想を十分には実現できなかった。のち海軍省調査課で大東亜共栄圏論などを検討・具体化した。四四年には東条内閣打倒工作に加わる。敗戦後、みずから大学を辞し政治評論家として活動する。また弟子の中曽根康弘の政界進出に尽力。自民党三木武夫・松村謙三らの協力者であった。拓殖大学総長を務める。六七年五月七日死去。六十四歳。

参考文献 『矢部貞治日記』(一九七四—七五、読売新聞社)、伊藤隆『昭和十年代史断章』(一九八一、東京大学出版会)、源川真希『近衛新体制の思想と政治—自由主義克服の時代—』(二〇〇九、有志舎)　（源川　真希）

やほう　野砲　主に平野部における戦闘で用いられる火砲。砲兵部隊の中心的な火砲で、野砲兵連隊に配備されていた。迅速に歩兵部隊等の後方に展開しつつ、弾丸を比較的低い弾道で遠距離に飛ばすことによって射撃目標に対して損害を与えた。口径は各国ともに七・五センチ前後で、日本の代表的な野砲には、改造三八式野砲や九〇式野砲、九五式野砲などがあった。野戦重砲と同様に軍馬や牽引車を活用して移動した。

参考文献　竹内昭・佐山二郎『日本の大砲』(一九八六、出版協同社)、佐山二郎『大砲入門—陸軍兵器徹底研究—』(一九九六、光人社)　(吉田　律人)

やまかわきくえ　山川菊栄　一八九〇—一九八〇　婦人問題評論家、社会運動家。一八九〇年十一月三日、森田竜之助・母千世の次女として東京に生まれる。父は千葉県立食肉製造所勤務、のち陸軍技師となる。母方は水戸藩の儒学者。東京府立第二高等女学校から女子英学塾に進学。一時母方を継いで青山を名乗る。『青鞜』誌上で伊藤野枝の廃娼運動批判に反論し注目を浴びた。一九一六年平民講演会で山川均と出会い、結婚。一八年には与謝野晶子、平塚らいてうと母性保護論争を行い、二一年には社会主義婦人団体赤瀾会を結成した。ベーベルの『婦人論』など数多くの翻訳を手がけ、女性解放論へ寄与した。戦時下は神奈川県藤沢市でうずら園を経営し、『武家の女性』などを書く。戦後の四七年、初代の労働省婦人少年局長に就任、退任後は社会党婦人部と協力して『婦人のこえ』を発刊、婦人問題懇話会を発足させて女性問題研究に力を尽くした。八〇年十一月二日、八十九歳で死去。著書に『山川菊栄集』全十巻別巻一巻(一九八一—八二年、岩波書店)、『おんな二代の記』(一九七二年、平凡社東洋文庫)などがある。

参考文献　外崎光広・岡部雅子編『山川菊栄の航跡—「私の運動史」と著作目録—』(一九七九、ドメス出版)、山川菊栄生誕百年を記念する会編『現代フェミニズムと山川菊栄—連続講座「山川菊栄と現代」の記録—』(一九九〇、大和書房)　(折井美耶子)

やまかわひとし　山川均　一八八〇—一九五八　大正・昭和期の社会主義者、労農派マルクス主義理論家。一八八〇年十二月二十日、岡山県に生まれる。九七年、同志社中学を退学後上京。明治・大正中期には初期社会主義者と交わり、アナルコ＝サンジカリズムを支持する言論、吉野作造らの民本主義論批判、普選運動否定の発言を展開した。二二年日本共産党創立に参加。同年八月、『前衛』に「無産階級運動の方向転換」を発表、結成直後の共産党の指針となり、労働運動のサンジカリズム克服に影響を与えた。第一次共産党事件に連座し起訴されたが、二六年無罪となる。その後、共産党再建運動から離れ、共同戦線党論を唱え、二七年十二月、堺利彦・荒畑寒村らと『労農』を創刊、労農派の理論的指導者となる。三一年末、「第一線より引退」の声明後は主に時事評論を執筆するなどした。三六年、神奈川県鎌倉郡村岡村弥勒寺で「湘南うずら園」の経営を始めたが、三七年十二月の人民戦線事件で検挙、治安維持法違反容疑で三九年に起訴された。同年五月に保釈出所し、藤沢の自宅に帰る。上告審中に敗戦を迎え免訴となった。四五年三月、広島県芦品郡国府村に疎開し、敗戦直後の九月に上京。小野俊一の『民衆新聞』に協力し、四六年一月「民主人民戦線」を提唱。民主人民連盟の委員長となるが共産党との対立などで頓挫した。四七年日本社会党に入党し、社会党左派の理論家として活動。五一年、社会主義協会を結成し、大内兵衛と共同代表となり『社会主義』を創刊。五八年三月二十三日死去。七十七歳。

参考文献　山川菊栄・向坂逸郎編『山川均自伝』(一九六一、岩波書店)、小山弘健・岸本英太郎編『日本の非共産党マルクス主義者—山川均の生涯と思想—』(一九六二、三一書房)　(吉川　圭太)

やまぐちきさぶろう　山口喜三郎　一八七四—一九四七　大正・昭和前期の実業家。一八七四年一月三十一日、東京府生まれ。古河鉱業勤務後渡米して一九〇二年にアメリカのジョンズ＝ホプキンス大学を卒業、帰国後再び古河鉱業に入社、同社常務取締役、古河電気工業専務取締役、東京電気専務取締役副社長、同社長などを経て、三九年に東京芝浦電気の初代社長、四三年に同社取締役会長に就任、戦時期の東芝の経営を担う。四六年に同社会長を退任。四七年八月十六日没。七十四歳。

参考文献　『山口喜三郎伝』(一九五〇、東京芝浦電気)　(沢井　実)

やまぐちたもん　山口多聞　一八九二—一九四二　海軍軍人。一八九二年八月十七日、東京市生まれ。一九一二年海軍兵学校卒(四十期、次席)、二六年海軍大学校卒。三二年大佐、アメリカ大使館付武官、戦艦「伊勢」艦長、三八年少将、第五艦隊参謀長などを務め、四〇年一月第一連合航空隊司令官となり重慶爆撃を指揮。十一月、第二航空戦隊司令官に転じ開戦を迎え、真珠湾作戦、四二年四月のインド洋作戦などに参加。六月五日、ミッドウェー海戦では空母四隻のうち三隻が被弾炎上する中、山口の乗艦「飛龍」のみが難を逃れ米空母「ヨークタウン」を撃破(のち潜水艦「伊一六八」が撃沈)する戦果を挙げたが、その後「飛龍」も被弾炎上、同艦と運命をともにし戦死、中将となる。ミッドウェーでの奮戦、また真珠湾作戦で指揮官の南雲忠一中将に第二撃を暗に催促する信号を送ったとされることなどから、勇猛果敢な提督と評価される。五十一歳。

参考文献　防衛庁防衛研修所戦史室編『ハワイ作戦』(『戦史叢書』一〇、一九六七、朝雲新聞社)、同編『ミッドウェー海戦』(同四三、一九七一、朝雲新聞社)、山口宗敏『父・山口多聞—空母「飛龍」の最後と多聞「愛」の手紙—』(二〇〇三、光人社)　(坂口　太助)

やまぐちよしこ　山口淑子　一九二〇—二〇一四　俳優、政治家。戸籍名大鷹淑子。一九二〇年二月十二日、中国東北部で出生。平頂山事件に際して、中国語教師だった父山口文雄が抗日ゲリラとの通敵行為を疑われたため、一家で奉天に移る。李際春将軍の養女となり李香蘭を名乗る。歌手活動を経て、三八年満洲映画協会入社。「大陸三部作」などで親日的な中国人を演じ人気を博する。四三年、中華電影の川喜多長政の庇護下でアヘン戦争の英雄林則徐を描いた『萬世流芳』に出演し、中国でもスターとなる。一部のマスコミによって日本人であることが報じられたが、表向きは中国人を装い続けた。敗戦後、漢奸罪に問われるも白系ロシアの友人の機転で無罪となる。四六年に帰国。五〇年公開の新東宝映画『暁の脱走』に出演。原作『春婦伝』(田村泰次郎)で朝鮮人慰安婦だった役柄が、映画では慰問歌手に変更された。七四年に参議院議員に当選し中東問題を担当する。九〇年代からは「女性のためのアジア平和国民基金」理事を務めるなど「従軍慰安婦」問題に関わった。二〇一四年九月七日死去。九十四歳。

参考文献 山口淑子・藤原作弥『李香蘭私の半生』(一九八七、新潮社)、四方田犬彦編『李香蘭と東アジア』(二〇〇一、東京大学出版会)　(池川　玲子)

やまざきたつのすけ　山崎達之輔　一八八〇―一九四八　大正・昭和期の政治家。一八八〇年六月十九日、福岡県に生まれる。京都帝国大学法科大学卒業。台湾総督府に入る。文部省普通学務局長などを経て、一九二四年から四五年まで衆議院議員。田中義一内閣の文部政務次官、岡田啓介内閣の農相、林銑十郎内閣の農相と逓相、東条英機内閣の農商務相などを務める。政友会に属したが、のちに離党し、新政倶楽部、昭和会などに参加。三八年に近衛新党運動が起こるとこれに加わった。四〇年には船田中、太田正孝らと新体制政治構想を立案した。山崎は「全体主義」的な政治団体構想、選挙における候補者推薦制を打ち出した。四二年の翼賛選挙に向けて結成された翼賛政治体制協議会の特別委員となり、候補者銓衡にあたった。選挙後に結成された翼賛政治会では政務調査会長となり、大政翼賛会調査部長も兼任した。四八年三月十五日死去。六十九歳。

参考文献 官田光史「『翼賛政治』体制の形成と政党人―山崎達之輔の場合―」(『史学雑誌』一一三ノ二、二〇〇四)　(源川　真希)

やまざきやすずみ　山崎靖純　一八九四―一九六六　昭和期の経済ジャーナリスト。一八九四年六月七日、京都府に生まれ、一九一九年慶応義塾大学理財科を卒業、総合商社茂木合名に入社。戦後不況で同社倒産により、二一年に中外商業新聞社に入り、時事新報社に転じた。二九年に読売新聞社に移り経済部長、論説委員をつとめた。その間、浜口雄幸内閣の金解禁政策を激しく批判して、石橋湛山、高橋亀吉、小汀利得と「四人組」に数えられた。三二年読売新聞社退社後、国士舘大学教授となり山崎経済研究所を主宰した。三三年昭和研究会設立に加わり、三五年内閣調査局専門委員に就任した。昭和研究会常任委員として「東亜協同経済の方向」(一九三九年、『東亜協同体思想研究』)などを発表した。大日本言論報国会理事、日本出版文化協会推薦委員(政治・法律・経済部門)などを歴任し、戦後は公職追放となった。六六年四月五日没、七十一歳。　(佐藤　卓己)

やまざきやすよ　山崎保代　一八九一―一九四三　陸軍軍人。一八九一年十月十七日、僧侶山崎玄洞の次男として山梨県に生まれる。一九一三年陸士卒(第二十五期)。同年十二月少尉(歩兵第十五連隊付)。一七年中尉。一八年から二〇年シベリア出征。二三年大尉(歩兵十五連隊大隊副官)。二四年、同中隊長。二八年済南事変出征。三三年歩兵十五連隊大隊長。四〇年歩兵百三十連隊長。四三年北海守備第二地区隊長。同年五月二十九日アッツ島で戦死。最終階級は中将(二階級特進、および個人感状)。享年五十三。アリューシャン列島(米国アラスカ州、ニア諸島)のアッツ島での戦いは、のちの硫黄島と同じくアジア・太平洋戦争の激戦の一つである。四三年五月十二日にアメリカ軍の上陸作戦が開始されてから、二十九日に山崎を陣頭として生き残った三百名ほどの最後の突撃によって壊滅するまで続けられた。兵力二千六百五十名のうち、戦死者二千三百五十一名、生存者はわずか二十八名であったこの戦いは大和魂の発露である「玉砕」として、新聞、ラジオをはじめとするメディアによって報じられた。四三年九月東京都美術館(上野)で開催された「決戦美術展」にて公開された藤田嗣治の「アッツ島玉砕」(東京国立近代美術館)の強大な戦争画は有名である。九月二十八日札幌市中島公園に設けられた祭式場にて山崎保代以下二千五百余柱の合同慰霊祭が神式にて行われた。保寿院(山梨県都留市四日市場)境内に「アッツ観音」(五四年建立)がある。

参考文献 『朝日新聞』一九四三年五月三十一日・九月八日、前田義雄『噫々山崎将軍』(一九四四、帝国軍事協会)、山本地栄『山崎軍神部隊』(一九四四、朝日新聞社)　(粟津　賢太)

やましたかめさぶろう　山下亀三郎　一八六七―一九四四　大正・昭和期の海運経営者。一八六七年五月十二日(慶応三年四月九日)、伊予国宇和郡(現、愛媛県宇和島市)に庄屋山下源次郎の四男として生まれる。中学校退学後家出し京都、名古屋、横浜と転々し九八年横浜石炭商会として独立。海運業にも進出して日露戦争景気で利益を上げた。一時、明治法律学校(現、明治大学)に在学。一九一一年山下汽船合名会社設立後は海運と石炭の二本柱で業容を拡大し第一次大戦の海運ブームで巨利を得、内田信也らとともに「船成金」と呼ばれる。山下は政財界大物との人脈作りに長け事業発展に活用した。四四年には東条内閣の顧問として病中ながら石炭輸送網改善のため国内、朝鮮半島を査察した。桐朋学園設立など中等教育にも熱意を示した。四四年十二月十三日死去。七十八歳。山下汽船は社外船(傭船)運航に特色を発揮し戦中はタイ、ビルマにも進出した。山下新日本汽船、ナビックスラインと変わり九九年に商船三井に吸収された。

参考文献 山下亀三郎『沈みつ浮きつ』天(一九四三、山下株式会社秘書部)、『社史―合併より十五年―』(一九八〇、山下新日本汽船株式会社)　(半澤　健市)

やましたともゆき　山下奉文　一八八五―一九四六　陸軍軍人。第十四方面軍司令官、陸軍大将。一八八五年十一月八日、高知県生まれ。一八八五年十一月に陸軍士官

山下奉文

学校(十八期)、一六年十一月に陸軍大学校を卒業。一七年八月より参謀本部に勤務し、一九年四月、軍事研究のためスイスに駐在、二一年七月、ドイツ駐在の後、二二年七月、陸軍省軍務局課員。二七年二月、オーストリア大使館兼ハンガリー公使館付武官。三〇年八月、歩兵第三連隊長、三二年四月、陸軍省軍事課長、三五年三月、陸軍省軍事調査部長。三八年七月、北支那方面軍参謀長、三九年九月、第四師団長、四〇年七月、航空総監兼航空本部長などを歴任し、四〇年十二月、航空視察団長としてドイツに派遣。四一年十一月、第二十五軍司令官に就任し、シンガポール攻略戦を指揮。四二年七月に第一方面軍司令官として満洲に移る。四三年二月、大将に昇進。四四年九月、第十四方面軍司令官に就任し、フィリピン防衛にあたる。四五年九月三日、フィリピンのバギオでの降伏調印式に出席。戦後、米軍マニラ法廷で訴追、マニラ戦の虐殺に対する指揮官責任を問われ、死刑を宣告される。四六年二月二十三日、刑死。六十二歳。

参考文献 児島襄『史説山下奉文』(『文春文庫』、一九七六、文藝春秋)、秦郁彦編『日本陸海軍総合事典』(一九九一、東京大学出版会)、福田和也『山下奉文―昭和の悲劇―』(二〇〇四、文藝春秋) (永井 均)

やまだおとぞう 山田乙三 一八八一―一九六五 陸軍軍人、大将。一八八一年十一月六日長野県生まれ。一九〇二年陸軍士官学校卒業(十四期)。陸軍士官学校校長、中支派遣軍司令官、教育総監などを経て、一九四四年七月から敗戦まで関東軍総司令官。敗戦間際、関東軍の主力は南方に移転しており、四五年夏に十八～四十五歳の在満洲邦人男子およそ二十万人を召集した(「根こそぎ動員」)。ソ連に降伏した後の四五年九月三日、新京の関東軍総司令部でソ連のワシレフスキー元帥と会見した際、満洲在留邦人の帰国を要望した。一方で、「ワシレフスキー元帥」に対する報告」(ソ連に対し、満洲にいた日本人を現地の炭鉱や鉄道などで働かせる労務提供を申し出た文書)を決済した。ソ連に抑留され四九年十二月、ハバロフスクの法廷で矯正労働収容所収容二十五年の判決を下される。五六年十二月二十六日、最後の引揚船「興安丸」で帰国。六五年七月十八日、八十三歳で没。

参考文献 草地貞吾『その日、関東軍は―元関東軍参謀作戦班長の証言―』(一九六七、宮川書房) (栗原 俊雄)

やまたかしげり 山高しげり 一八九九―一九七七 女性運動家。一八九九年一月五日、三重県で山高幾之丞・とみの次女として生まれる。東京女子高等師範学校を中退し、金子従次と結婚。二〇年『国民新聞』記者、その後主婦の友社に移る。二三年東京連合婦人会に参加、婦人参政権獲得期成同盟会の創立にも参加、金子茂と名乗っていたが、三三年に離婚。東京婦人市政浄化連盟を結成して市政浄化運動を、三五年には山田わかと母性保護連盟を結成した。戦時下は厚生省出征遺家族中央指導員、大日本婦人会理事、大日本言論報国会会員となり、女性の戦争動員に協力した。戦後は五〇年全国未亡人団体協議会を結成し事務局長となり、五二年には全国地域婦人団体連絡協議会(地婦連)を設立し初代会長となり、消費者運動、原水禁運動などを草の根的に取り組んだ。六二年地婦連をバックに参院選に出馬し当選、母子保護法制定などに尽力した。七七年十一月十三日、七十八歳で死去。著書に『わが幸はわが手で』(一九八二年、ドメス出版)、『母子福祉四十年』(一九七七年、翔文社)、『山鶯―随想集―』(一九七五年、牧羊社)などがある。

参考文献 山高東編『溶岩流―若き日の山高しげり―』(一九八三、ドメス出版)、鈴木聿子『山高しげり』(『福祉に生きる』一、一九九八、大空社) (折井美耶子)

やまだこうさく 山田耕筰 一八八六―一九六五 作曲家、指揮者。一八八六年六月九日に東京府で出生。東京音楽学校で声楽とチェロを学ぶ一方で作曲を志す。一九一〇年から一三年まで岩崎小弥太の援助でドイツ留学。この時期に交響曲「かちどきと平和」、交響詩「暗い扉」「曼荼羅の華」などを発表、二〇年代には童謡運動や交響楽運動も牽引した。戦後に至るまで管弦楽曲、器楽曲、オペラ、歌曲、校歌・団体歌、舞台や映画音楽など、さまざまな分野での創作活動に取り組んだが、生涯一貫した創作の意識は、国民音楽としてのオペラ創造で、三一年のオペラバレー「あやめ」、四〇年の歌劇「夜明け」(現題名「黒船」)、四七年の歌劇「香妃」(未完)を発表した。また戦時期には、東京音楽協会(三六年に大日本音楽協会と改称)理事、大日本音楽著作権協会顧問、興行統制のために組織された演奏家協会の会長、演奏家協会音楽挺身隊隊長、日本音楽文化協会会長などの公職を歴任したほか、陸軍省報道部嘱託をつとめ、音楽界の国策協力に深く関与した。四五年十二月には『東京新聞』紙上で音楽評論家の山根銀二との間で「音楽戦犯論争」が展開された。六五年十二月二十九日没、七十九歳。→音楽挺身隊 →日本音楽文化協会

参考文献 『山田耕筰作品資料目録』(一九八四、日本近代音楽館)、後藤暢子・団伊玖磨・遠山一行編『山田耕筰著作全集』(二〇〇一、岩波書店) (戸ノ下達也)

やまだよしお 山田孝雄 一八七五―一九五八 明治―昭和期の国語学者。一八七五年八月二十日(戸籍上は七三年五月十日)富山県生まれ。父は国学者平田鉄胤の門人で神職。山田は南朝の北畠氏遺臣を家の遠祖と考えていた。

山田孝雄

尋常中学退学後に独学で教員免許状を取得、各地の中学校などに勤務するかたわら日本語の文法体系や歴史を研究して『日本文法論』(一九〇八年、宝文館)を発表、伝統的国文法に西洋論理学の知見を加味したとされる「山田文法」は後世に大きな影響を与えた。また国語国字問題に関しては、国語は単なる意思疎通の道具でなく「国民の古来の貴重な精神を蓄積してある重要な宝庫」として、その尊重を訴えた。一九二〇年代に「文部省の仮名遣改定案を論ず」と題する反論冊子を自費で作成、四二年には国語の伝統維持を主張して日本国語会を設立し、橋本進吉とともに会の中心を担った。山田の活動は狭義の国語学にとどまるものではなく、一〇年ごろから神道・国学関連の研究、国粋主義的立場からの国体に関する著述を数多く発表、みずからも「国学者」を以て任じていた。「国体の宣明」こそ自己の学問的使命であり、国語文法の研究はその一手段と位置づけていたのである。日本大学講師などを経て、二七年東北帝国大学教授となる。三三年退官。三五年教学刷新評議会委員。三六年日本諸学振興委員会常任委員。三七年教学局参与、また同年文部省刊行の『国体の本義』編集委員。四〇年神宮皇学館の官立大学化に際して学長に就任。四四年貴族院議員(勅選)。四五年国史編修院長。戦後公職追放を受けるが五一年解除。五三年文化功労者、五七年文化勲章受章。五八年十一月二十日没。八十三歳。編著書はほかに、『万葉集講義』全三巻(三二―三七年、宝文館)、『国体の本義』(三三年、宝文館)、『平田篤胤』(四〇年、宝文館)、『国語学史』(四三年、宝文館)など多数。

参考文献 山田忠雄・山田英雄・山田俊雄編『山田孝雄年譜』(一九五九、宝文館)、滝浦真人『山田孝雄―共同体の国学の夢―』(『再発見日本の哲学』、二〇〇九、講談社)

(畑中健二)

やまと　大和　日本海軍の戦艦。大和型の一番艦として一九三七年十一月起工、四一年十二月竣工。日本海軍はワシントン・ロンドン海軍軍縮条約脱退後に備え、大艦巨砲主義に則った戦艦建造を計画。英米海軍の保有する戦艦数には及ばず、長門型以外の老朽化が進む日本の量的不利を補う世界初の四六センチ砲搭載艦の設計が進められ、この結果誕生した大和型によって列強艦隊の射程距離外から先制攻撃を加える「アウト＝レンジ」のもとに質的優位を確保した漸減邀撃作戦の完遂が企図された。「大和」は日本海軍の戦艦としてはじめて主砲が三連装砲塔となり、これを三基設けた合計九門の主砲を搭載、副砲の一五・五センチ砲も三連装砲塔として四基設けられた。艦体にも多くの新技術が用いられたために、呉海軍工廠での建造は極度に機密性の高いものとなった。竣工後の四二年二月十二日に連合艦隊旗艦となり、ミッドウェー作戦、ソロモン諸島をめぐる海戦の支援任務を行なったが、艦隊決戦の機会はなかった。四三年十二月、魚雷攻撃を受けて内地へ帰還、修理を行うとともに副砲の一部を撤去。高角砲、機銃等を増設して航空兵力への対策を強化した。四四年五月、第一戦隊の旗艦となり、同年六月のマリアナ沖海戦に参加。十月にはレイテ沖海戦に投入され、サマール島沖でアメリカ海軍護衛空母部隊へ砲撃を行う。四五年四月、沖縄戦のために発動された菊水一号作戦によって第二艦隊を中心とした「海上特攻隊(豊田副武連合艦隊司令長官の訓示)」の旗艦として投入され、同年四月六日に徳山湾を出撃。巡洋艦「矢矧」、駆逐艦八隻の合計十隻は翌七日坊ノ岬沖でアメリカ海軍に捕捉され、航空機の援護を欠いたなか、圧倒的な質量のアメリカ海軍空母艦載機によって「大和」は撃沈された。乗艦していた伊藤整一第二艦隊長官以下、乗組員の約九割が戦死。基準排水量約六万四〇〇〇トン、速度約二七ノット(時速約五〇キロ)。

大和

参考文献 山田朗『軍備拡張の近代史』(『歴史文化ライブラリー』、一九九七、吉川弘文館)、呉市海事歴史科学館編『戦艦大和・武蔵』(二〇〇五、ダイヤモンド社)、*Conway's All The World's Fightingships 1922-1946* (London, 1985, Maritime Press)

(佐藤宏治)

やまなあやお　山名文夫　一八九七―一九八〇　報道技術研究会の委員長として国策宣伝に従事したグラフィックデザイナー。一八九七年七月十七日広島県生まれ。一九一六年和歌山県立和歌山中学校卒業。プラトン社や資生堂意匠部、日本工房などで、雑誌の扉絵やカット、広告などを手がける。四〇年十一月、森永製菓広告課の今泉武治や新井静一郎に誘われて報道技術研究会に参加、同会委員長に就任。四三年十二月には資生堂を退社して報研に専念。報研における代表作は、大政翼賛会最初の壁新聞「おねがひです。隊長殿、あの旗を射たせて下さいッ！」であるが、その他ポスター、展覧会の展示物など、同会制作の国策宣伝物の実作の中核を担った。戦後は資生堂に復帰し、同社の広告デザインを確立。著作に『体験的デザイン史』(七六年、ダヴィッド社)、共編『戦争と宣伝技術者―報道技術研究会の記録―』(七八年、ダヴィッド社)がある。八〇年一月十四日心不全にて死去。八十二歳。

参考文献　難波功士『「撃ちてし止まむ」―太平洋戦争と広告の技術者たち―』(『講談社選書メチエ』、一九九八、講談社)、山名文夫『山名文夫　一八九七―一九八〇』(二〇〇四、トランスアート)　(井上　祐子)

やまなしかつのしん　山梨勝之進　一八七七―一九六七　海軍軍人。一八七七年七月二十六日、宮城県に生まれる。九七年十二月、海軍兵学校卒(第二十五期)。一九二五年十二月、中将に昇進。ロンドン海軍軍縮会議においては、海軍次官として条約批准のために国内から全権財部彪海軍大臣を補佐。このために「条約派」と目され、それに対抗する「艦隊派」によって敵視された。そのために、三二年四月に大将に昇進したもののいわゆる「大角人事」によって三三年三月、予備役編入となった。三九年十月、学習院院長に着任、皇太子の教育を担当。四六年十月、東宮御教育参与に就任。戦後は水交会会長などを歴任。六七年十二月十七日没。九十歳。

参考文献　『山梨勝之進先生遺芳録』(一九六八)、麻田貞雄『両大戦間の日米関係―海軍と政策決定過程―』(一九九三、東京大学出版会)　(佐藤　宏治)

やまはたしょうぎょく　山端祥玉　一八八七―一九六三　写真関係企業社長。本名啓之助。一八八七年四月四日、福井県生まれ。一九〇四年、望月東涯(東京本郷)に写真を学ぶ。その後、近衛歩兵一連隊に入営し、除隊後出張写真師となる。一〇年、蘭領スマトラ島メダン市の朝日写真館技師長。一四年、英領シンガポールに写真材料商サン商会と写真館設立。帰国して二七年にジーチーサン商会(東京築地、四三年に山端写真科学研究所と改称)を創設し、陸軍省大演習、海軍省観閲式などの写真を請け負う。三七年より終戦まで内閣情報部、海軍省、陸軍省の嘱託となり、陸軍の上海写真製作所「プレス＝ユニオン」の海外配信用写真印画や写真壁画製作などに携わる。終戦直後に写真通信社サンニュースフォトスを設立し、『LIFE』掲載の天皇写真などを撮影。四六年にジーチーサンを復興し、毎日新聞社の出資を得て「サン写真新聞社」創設。四七年に公職追放となり各社代表を退く。六三年二月二十四日没。七十五歳。長崎の原爆投下直後を撮影した庸介(本名啓一)は長男。　(白山　眞理)

参考文献　白山眞理『〈報道写真〉と戦争　一九三〇―一九六〇』(二〇一四、吉川弘文館)

山本五十六

やまもといそろく　山本五十六　一八八四―一九四三　海軍軍人。一八八四年四月四日、新潟県に生まれる。三十二歳の時、山本姓に変わるまでは高野姓。旧藩主牧野忠篤子爵の強い要請を受けて山本家の名跡を継承したが、山本家はすでになく、財産も長興寺の墓地ぐらいだった。長岡中学から海軍兵学校三十二期に入校、同期に堀悌吉、塩沢幸一、吉田善吾、嶋田繁太郎らの俊秀がいる。日露戦争では装甲巡洋艦「日進」艦長の伝令役を勤め、主砲の膅発で重傷を負い、臀部を大きくえぐられ、左手指二本を失った。治癒後、砲術士官として数ヵ月間隔で巡洋艦「須磨」、戦艦「鹿島」、海防艦「見島」などに勤務し、一九一〇年に海軍大学校乙種、一四年に同甲種に入校し、エリートコースに乗り始めた。一七年、海軍省軍務局、教育本部を経て米ハーバード大学に留学、英語習得が主目的であったが、飛行機および石油について認識を改めた。ことに駐在武官上田良武から航空機に関する指導を受け、米航空機の発展や航空機産業の実情を目の当りにした。帰国後、航空兵科への転向を強く希望し、二四年、霞ヶ浦航空隊副長兼教頭となり、これを以て転科の実現と解釈される。翌二五年、米国駐在武官になり、日本海軍における航空隊育成の知見を得た。二八年、空母「赤城」の艦長となり、この後、航空行政へと重心を移していく。

二九年、ロンドン海軍軍縮会議全権委員の随員になるが、出発前にいわゆる艦隊派主催の壮行会で激励されているごとく、一部から艦隊派と目されていた。大角人事の標的にされなかったのは、艦隊派と条約派の双方から自派所属と見られていたためである。三〇年、海軍航空本部技術部長になり、航空機開発を指導する位置につき、充実した時期を過ごした。エリートコースに乗った彼は、米留学および米駐在武官を除き、半年、一年で補職が変わり、つぎつぎにめぐるポストが、あたかも昇進のためにあるかのようであった。だがどれほど優秀でも、半年や一年で成果を出すことはできない。山本の技術部長は珍しく三年近くに及び、おかげで成果を見届けるまで取り組むことができた。七試・八試・九試などの戦闘機や攻撃機・偵察機などの試作が進められ、九〇式艦戦、八九式艦攻、九二式艦行、九〇式水偵などが相ついで採用され、開発・設計・製造能力を有する民間航空会社の育成にもつとめた。三三年、第一航空戦隊司令官に転出、再び「赤城」に座乗し、かつて評判を呼んだ航空隊の激しい訓練を復活させた。

三四年、ロンドン海軍軍縮会議予備交渉代表となり、成立困難な提案を持って派遣され、翌年予想通り決裂して帰国した。軍縮体制の破壊方針に山本が反対であったとも見えず、淡々とこの任務に取り組んだ。帰国後、十ヵ月間ポストがなかった。三五年十二月、海軍航空行政の最高責任者である海軍航空本部長に就任したが、このポストの開くのを待っていた公算が大きい。三六年十二月海軍次官となり、途中、航空本部長を兼任しながら三九年八月末まで二年九ヵ月間、このポストにとどまった。この間に盧溝橋事件をきっかけに日中戦争が始まり、第二次上海事件、パネー号事件、国家総動員法公布、天津租界問題、三国同盟案など、戦時色を強め太平洋戦争へと歩みを強める事件、案件が矢継ぎ早に起こり、対応に腐心した。独国が三国同盟を提案してきたのは三九年一月で、山本ら海軍省首脳は対英戦争に巻き込まれるのを恐れ反対したが、八月、連合艦隊司令長官に転出しているので、それほど深入りせずにすんだ。

司令長官に就任した時、連合艦隊は第一・二艦隊の二艦隊であったが、四〇年には四艦隊、四一年には航空艦隊を含めて九艦隊へと膨張し、司令長官の責任が急激に重くなった。対米戦が不可避になると、空母部隊による真珠湾攻撃を構想、成功させて世界を驚かせた。圧倒的戦力を有する米国を敵に回して、先手必勝を要諦とする連続攻勢策を続けたが、ミッドウェー海戦敗北後の島嶼戦に対する有効策を見出せないまま四三年四月十八日戦死を遂げた。六十歳。

参考文献 反町栄一『人間山本五十六』(一九五六・五七、光和堂)、田中宏巳『マッカーサーと戦った日本軍―ニューギニア戦の記録―』(二〇〇九、ゆまに書房)、同『山本五十六』(『人物叢書』、二〇一〇、吉川弘文館)
（田中 宏巳）

やまもとくまいち 山本熊一 一八八九―一九六三 大正・昭和前期の外交官。一八八九年四月八日、山口県生まれ。東亜同文書院政治科卒業後、外務省入省。臨時調査部と通商局での勤務を経てトルコ大使館とイギリス大使館で書記官を務め一九三四年から満洲国大使館で一等書記官。野村吉三郎外相のもとで三九年十一月に通商局長に就任し、同年秋に発生した貿易省設置問題で企画院の案に反対した。松岡洋右外相のもとで四〇年九月に東亜局長に抜擢され、四一年十月からは東郷茂徳外相のもとで亜米利加局長も兼任する。両局長の立場から戦争回避を目指して日米交渉にあたるものの、成功しなかった。開戦後は谷正之外相のもとで外務次官、大東亜次官を務め、四四年九月にタイ大使に就任。そのまま敗戦を迎える。戦後は国際貿易促進協会会長を務め、冷戦下で共産圏諸国との経済外交に尽力した。六三年一月十七日死去。七十三歳。

参考文献 山本熊一「大東亜戦争秘史」(『国際政治』二六、一九六三)
（服部 聡）

やまもとじょうたろう 山本条太郎 一八六七―一九三六 明治―昭和前期の実業家、政治家。一八六七年十一月六日(慶応三年十月十一日)、福井藩士の家に福井で生まれる。病気により共立中学校(開成中学前身)中退後、八一年三井物産横浜支店入社。一九〇一年上海支店長、〇九年常務取締役に就任。辛亥革命で孫文の借款要請に応じ革命を援助した。一四年シーメンス事件に連座して退社。一七年に北陸電化を設立し社長に就任、一九年には日本水力を設立(のち、他二社と合併し大同電力に)、同社社長に就任。二〇年に立憲政友会に入党し、福井市から衆議院議員に五期連続当選。二七年同党幹事長に就任し、田中義一政友会内閣が成立すると、二七年七月―二九年八月まで南満洲鉄道会社総裁に就任。満蒙五鉄道建設で張作霖の了解を得るなど、満鉄拡張に大きな役割を果たした。田中義一内閣の崩壊により退任。以降政友会顧問となり、三五年には貴族院議員に勅撰される。『経済国策の提唱―国民繁栄への道―』(一九三〇年)などの著作がある。三六年三月二十五日没。七十歳。

参考文献 『山本条太郎』三(『明治百年史叢書』三一四、一九八二、原書房)
（春日 豊）

やまわきまさたか 山脇正隆 一八八六―一九七四 陸軍軍人。一八八六年三月二日、山脇豊正の長男として生まれる。高知県出身。一九〇五年陸軍士官学校卒(第十八期)、一四年陸軍大学校卒業。二一年ポーランド公使館付武官、少佐となる。語学に堪能で情報収集に活躍するとともにポーランド独立に寄与する。二九年大佐・参謀本部編成動員課長、三一年第十一師団歩兵第二十二連隊長に就任し、三二年上海事変に出征。同年教育総監部第一課長、三四年ポーランド公使館付武官、少将。三五年陸軍省整備局長、三七年中将へと進み、三八年教育総監部本部長、陸軍次官となり、板垣征四郎陸相、その後任となった畑俊六を補佐し、天津租界問題(天津英租界に逃げ込んだ抗日殺人犯の引き渡しを英国が拒否したため現地日本軍が英租界を封鎖)、ノモンハン事件の処理にあたる。同年第三師団長、四十年駐蒙軍司令官。第三師団長在職中に罹患したマラリアが悪化し一時重態に陥る。四一年陸軍大学校長を務めた後、予備役編入。四二年に召集され、ボルネオ守備軍司令官、四四年大将・第三十七軍司令官(司令部はボルネオ島サボン)を務め、四五年召集解除。飛行機事故、マラリア罹患、戦犯容疑などたびたび命の危機を乗り越えたことから「天佑に恵まれ、弥陀の徳が備わっていると感じられた人」と評された。七四年四月二十一日没。八十八歳。

参考文献 板垣征四郎刊行会『秘録板垣征四郎』(一九七二、芙蓉書房)、額田坦『陸軍省人事局長の回想』(一九七七、芙蓉書房)、明神慶昌『平和を愛した最後の陸軍大将山脇

正隆』(二〇〇六、リーブル出版)　(柏木　一朗)

やみいち　闇市　一般的にはアジア・太平洋戦争後の街の焼け跡などに自然発生的に生まれたマーケットをさす言葉。東京では池袋西口、有楽町、新橋、上野、新宿東口、渋谷など、大阪の鶴橋、神戸の三宮などが有名。主に極端な物不足であった占領期に展開した商業形態で、罹災者や引揚者、外国人(韓国・朝鮮系、中国・台湾系)、そしてヤクザ・テキ屋などが駅前などの空き地を不法占拠して、日用品や食べ物などを売り買いしたことから発生した。各人が個人的に持ちこんだ品(中には不法な手段で入手したものも含まれていた)が自然発生的に取引された。それが次第に寄り集まり、商店街を形成するようになっていった。最初は地面や台に商品を並べ、次にヨシズ張りへ、そしてバラック建築へと規模を拡大していった。闇市は経済的混乱期の産物だったので、朝鮮戦争を契機に経済的復興が進むと次第に姿を消していった。上野のアメ横や新宿のゴールデン街、神戸元町の高架下商店街などが店舗群として生き残った例である。

新宿駅前の闇市(1945年9月)

参考文献　松平誠『ヤミ市―東京池袋―』(一九八五、ドメス出版)、猪野健治編『東京闇市興亡史』(一九七八、草風社)　(波田　永実)

ヤミン　Mohammad Yamin　一九〇三―六二　インドネシアの民族主義者、政治家。一九〇三年八月二十三日、西スマトラ生まれ。ジョクジャカルタの高校を卒業した後、二七年にバタヴィア法科大学入学。二八年には「青年の誓い」を採択した青年会議に出席。インドネシア＝ムダやヨング＝スマトラテン＝ボンドに参加。マレー語の国語化に向けて努力。オランダ政庁との非協力の姿勢を貫きパルティンドに参加。三七年には左翼民族団体ゲリンドを設立し、迫り来るファシズムの危機に対抗するためにオランダとの共闘を視野に入れた活動に転じた。三九年には国民参議会(フォルクスラード)議員に選出された。日本軍政時代には、プートラの顧問、また四三年十月には軍政監部宣伝部参与ならびに中央参議院議員に、四四年三月にはジャワ奉公会総裁秘書に任命された。四四年九月に将来インドネシアに独立が許容される方針が発表され、四五年六月にそれに向けて発足した独立準備調査会の六十二人の委員の一人に任命された。彼は、新しく設立される国家は、旧蘭領東インドのみならずすべてのマレー語圏を含むべきだという大インドネシア構想を提唱した。独立後は、教育文化大臣、情報大臣などを歴任した。六二年十月十七日死去、五十九歳。

参考文献　増田与『インドネシア現代史』(一九七一、中央公論社)　(倉沢　愛子)

やりたけんいち　鑓田研一　一八九二―一九六九　小説家、伝記作家。本名徳座研一。一八九二年八月十六日、山口県の農家に生まれる。青年時代、トルストイに共鳴し、キリスト教精神に親しむ。三十歳代後半から農民文芸会機関誌『農民』にアナーキズム的な文学論を発表し、農民文学作家として出発したが、戦時期になると大陸開拓文芸懇話会に参加、『生きてゐる土』(『土の文学叢書』、一九三九年、新潮社)や『鏡泊湖』(『開拓文芸選書』、四〇年、洛陽書院)など国策に沿う作品を書いた。三部作の長編小説『満洲建国記』(一『奉天城』、二『王道の門』、三『新京』、四二―四三年、新潮社)では、満洲国の建国を実名の人物を配して描いている。この作品の執筆のため、四一年四月から三ヵ月間、満洲を旅行した。日本文学報国会では農民文学委員会委員。戦後は日本農民文学会の結成に参加したが、作品としてはキリスト者の伝記やハウトゥーものの実用書をもっぱらとし、六九年一月二十八日に没した。七十六歳。

参考文献　『農民文学十人集』(一九三六、中央公論社)　(池田　浩士)

ヤルタかいだん　ヤルタ会談　第二次世界大戦中の一九四五年二月四日から十一日まで、クリミア半島のヤルタで、アメリカ大統領ローズヴェルト、イギリス首相チャ

ヤルタ会談　右よりスターリン，ローズヴェルト，チャーチル

ーチル、ソ連首相スターリンが行なった会談。連合国の戦争を指導した三者の会談としては、最後のものとなった。戦争をいかに遂行していくかを中心的議題としたそれまでの首脳会談と異なり、連合国側の勝利が確実となっている段階で開かれたこの会議では、戦後処理と戦後の国際秩序についての議論に重点が置かれた。戦後の国際秩序に関しては、すでに草案が作られていた国際連合憲章を採択し国際連合を創設するための会議を四月二十五日から開くこと、連合国の中のアメリカ・イギリス・ソ連・フランス・中国に拒否権を与えるという方針が決定された。ローズヴェルトもチャーチルも、戦後の東欧においてソ連が優位に立つことを認めるという姿勢で会談に臨み、ポーランドの東部国境はほぼ三九年の線に落ち着いたが、ポーランドの政府の形やその西部国境については、議論に最終的決着がつかなかった。ポーランドでの優位を確保したスターリンは、ドイツの支配から解放された地域に自由な選挙による民主的な政府を樹立することをうたった「解放ヨーロッパの宣言」を支持する姿勢をとった。また共同管理によるドイツ占領方式や、それにフランスが加わることについて合意がなされた。ただし、ドイツからの賠償問題などに関しては合意が得られなかった。

　ヤルタ会談では、アジア・太平洋戦争の終結とその後についても議論が重ねられ、それに関する秘密協定が作られた。そのなかでは、ドイツが降伏してヨーロッパでの戦争が終結してから二ないし三ヵ月後にソ連が対日戦争に参加することについての合意が示され、その際の条件として以下の諸点が合意された。外モンゴルの現状維持、日露戦争での日本の勝利によって日本に帰属することになった南樺太と隣接島嶼のソ連への返還、ソ連の優越的利益を保障する形での大連港の国際化、海軍基地として旅順港に対するソ連の租借権の回復、中東鉄道および大連への出口となる南満州鉄道の中ソ合弁会社による共同運営(その際のソ連の優越的利益の保障)、クリル諸島(千島列島)のソ連への引き渡し。これらの条件の内、外モンゴル(その現状維持とは、ソ連の勢力圏としての状態の継続を意味した)と港湾や鉄道に関する合意は、中国の蔣介石の同意を必要とするとされ、その合意を得るための措置をアメリカ大統領が講じること、中国を日本による支配から解放するための軍事力援助に向けてソ連が友好同盟条約を中国国民政府との間で締結するということも、秘密協定に明記された。ソ連が日本に対して参戦したのは、四五年八月八日であったが、日ソ中立条約を破るという意味をもったこの行為は、ドイツ降伏の三ヵ月後にあたり、ヤルタ会談での合意に基づいていた。

　ヤルタ会談で合意された内容は、ヨーロッパにおいても、アジア・太平洋においても、アメリカ・イギリス・ソ連の協調のもとに、互いの勢力圏を認めていくというものであった。この米ソ協調の体制は、戦争終結後しばらくすると崩れていき、ヤルタ会談自体でもその兆候がみられた米ソ対立のもとの冷戦へと移行していった。ただし、その冷戦はヤルタ会談で想定された勢力圏を基礎としての競合という性格が濃厚であったため、こうした戦後の国際体制は「ヤルタ体制」と呼ばれることがある。

↓ソ連の対日参戦

参考文献　A・コント『ヤルタ会談＝世界の分割―戦後体制を決めた八日間の記録―』(山口俊章訳、一九八六、サイマル出版会)、マイケル＝ドブズ『ヤルタからヒロシマへ―終戦と冷戦の覇権争い―』(三浦元博訳、二〇一三、白水社)

(木畑　洋一)

ゆ

ゆあさかつえ　湯浅克衛　一九一〇―八二　小説家。一九一〇年二月二十六日、香川県に生まれる。七歳のとき父が朝鮮で警察官となったため一家で京畿道水原に移住し、十歳のとき三・一独立運動を体験した。京城中学校卒業後、早稲田第一高等学院に入学。思想問題で中退し、創作に専念。三五年四月に『焰の記録』が『改造』の懸賞に入選した。同月、『カンナニ』を『文学評論』に発表。内地で食い詰めて朝鮮で「一旗揚げる」日本人女性と、三・一運動で日本軍に殺される朝鮮人少女とをそれぞれ主人公とする両作品は、この作家の原点であると同時に、敗戦に至るまで朝鮮の日本人と現地の朝鮮人との緊張に満ちた現実を描きつづけた彼の基本姿勢を鮮やかに示している。その彼が大陸開拓文芸懇話会に参加し、小説『先駆移民』(三八年十二月号『改造』)をはじめとする国策迎合的作品を書かねばならなかったという事実に、時代の本質を見ることができよう。日本文学報国会では農民文学委員会委員。戦後は日本人のブラジル移民に協力し、八二年三月十五日没。七十二歳。

参考文献　池田浩士編『カンナニ―湯浅克衛植民地小説集―』(一九九五、インパクト出版会)、池田浩士『「海外進出文学」論・序説』(一九九七、インパクト出版会)

(池田　浩士)

ゆうきあいそうか　結城哀草果　一八九三―一九七四　歌人、随筆家。一八九三年十月十三日、山形県に父黒沼作右衛門、母ナカの五男として生まれる。八人兄弟の末子。ナカの母乳不足のため結城家に里子に出され、のち養子となる。本名光三郎。高等小学校卒業後、農業に従事するかたわら講義録を取り寄せて独学で学び『文章世界』や『生活と芸術』に歌を投稿するようになる。一九一四年には『アララギ』に入会、同郷の斎藤茂吉に師事して多大な影響を受けた。二九年に第一歌集『山麓』を、三五年には第二歌集『すだま』をそれぞれ岩波書店から刊行。写生を旨として農村生活を素朴平明に詠み注目を集めた。随筆家としても知られ『村里生活記』や『小風土記』などがある。四三年刊行の『農民道場』(中央公論社)では、農村問題および地方文化について言及し、二宮尊徳の報徳精神を称揚、至誠や勤労の道義を唱えた。三八年発足の農民文学懇話会では相談役の一人となり、四三年には日本文学報国会短歌部参事となった。戦後は歌誌『山塊』を主宰。戦前戦後を通じて山形県の文化振興に尽力した。七四年六月二十九日没。八十歳。『結城哀草果全歌集』(中央企画社)がある。

参考文献 西村直次『結城哀草果―人間と文学―』(一九七〇、高陽堂書店)、斎藤邦明『結城哀草果私考』(一九九五、短歌新聞社)
(竹内栄美子)

ゆうきとよたろう 結城豊太郎 一八七七―一九五一 大正・昭和期の銀行家。第十五代日本銀行総裁。一八七七年五月二十四日山形県生まれ。一九〇三年東京帝国大学法科大学卒。翌年日銀に入行、京都・名古屋・大阪支店長を歴任し、一九年理事就任。二一年安田保善社に入り専務理事、安田銀行副頭取として財閥近代化に尽力したが、経営方針をめぐって安田一門と衝突し二九年に辞職を余儀なくされた。三〇年井上準之助蔵相の要請で日本興業銀行総裁に就任、デフレ政策で窮地に陥っていた企業に積極的な救済貸付を行い、興銀を事業金融の中核の位置に押し上げた。軍事費増大の圧力が強まる中、生産力を拡充しつつ軍の専横を抑えるという財界の思惑を担って、三七年の林銑十郎内閣の蔵相に就任する。馬場鍈一財政の軌道修正をはかるが、林内閣が短命に終わったため果たせなかった。その後日銀総裁に就任し、四四年まで金融政策の中心的な担い手となった。五一年八月一日没。七十四歳。

参考文献 吉野俊彦『歴代日本銀行総裁論―日本金融政策史の研究―』(一九七六、毎日新聞社)、秋田博『銀行ノ生命ハ信用ニ在リ―結城豊太郎の生涯―』(一九九六、日本放送出版協会)
(山本 公徳)

ゆうぐも 夕雲 一九三九年度の㊃(マルヨン)計画、四一年度の(急)(マルキュウ)計画で建造された一等駆逐艦夕雲型(甲型)十九隻の一番艦。基準排水量は二〇七七トン。陽炎型に改良を加え、艦尾を五〇センチ延長、推進器の設計を変更することで速度を〇・五ノット向上させ、主砲の一二・七センチ連装砲塔を仰角七五度の型式に換装し、対空兵装を増強した。本型も陽炎型とともに甲型と称され、太平洋戦争中の駆逐艦主力を構成したが、十九隻全艦が戦没した。

参考文献 福井静夫『日本駆逐艦物語』(『福井静夫著作集』五、一九九三、光人社)、『日本駆逐艦史』(『世界の艦船』七七二、二〇一三)
(齋藤 義朗)

ゆうしゅうかん 遊就館 靖国神社が建てた戦争博物館。一八八二年に東京市麹町区富士見町(東京都千代田区)の靖国神社境内に開館した。一九二三年の関東大震災で建物が大破損し、三二年に復旧、再開館した。陸軍省が管理し、軍事思想の普及が目的であった。歴史的武器、戦没者の遺品、戦争の戦利品を展示し、四〇年ごろの展示品は約二万点であった。満洲事変・日中戦争の記念品展、日清戦争・日露戦争の回顧展などの企画展を館内で開催した。デパートなどを会場に巡回展を開催した。三四年、遊就館の付属として、子どもに戦争へのあこがれを持たせるような現代の武器の体験的展示をする国防館が隣に開館した。四四年に航空決戦の知識啓発のため全館を航空関係の展示に変えた。四一年の遊就館の来館者は百二十万人、国防館の来館者は七十五万人である。戦後は一旦閉鎖された。八六年に復活し、戦没者の遺品を展示していたが、二〇〇二年に日本の戦争を正当化する歴史観による戦史展示へと変わった。→靖国神社(やすくにじんじゃ)

参考文献 山辺昌彦「十五年戦争下の博物館の戦争展示」(鈴木良・高木博志編『文化財と近代日本』所収、二〇〇二、山川出版社)
(山辺 昌彦)

ゆうばりたんこう 夕張炭鉱 ⇨北海道炭礦汽船会社(ほっかいどうたんこうきせんかいしゃ)

ユーボート Uボート ドイツ語のUnterseeboot(ウンターゼーボート)の略語で、第一次世界大戦から第二次世界大戦にかけてのドイツ潜水艦の総称。一九三五年三月のドイツ再軍備宣言から四五年五月の無条件降伏に至る十年間で各型総計約千二百隻が建造された(量産小型潜水艇を除く)。第一次大戦後のヴェルサイユ条約により、ドイツは潜水艦の建造・保有を禁止されていたが、二二年、オランダのハーグに設立した造船技術指導会社IvSにおいて技術・人員を維持しており、再軍備における新計画の即実行を可能とした。カール＝デーニッツを潜水隊司令長官としたドイツ海軍の基本戦略は、Uボートの「量」と群狼襲撃戦術による通商破壊戦であり、大戦中(三九―四五年)、商船二千九百二十七隻のほか、多くの艦艇も撃沈した。これを支えたのが、航洋攻撃潜水艦として計画・建造された中型潜水艦のⅦ型と大型潜水艦であるⅨ型であった。そして沿岸防備用の小型潜水艦であるⅡ型がこれを支援した。Ⅶ型はA型からF型まで計七百五隻、Ⅸ型はA型からD型まで計百九十四隻が就役している。このほか、機雷敷設専用のⅩ型、潜水艦の行動期間を延長するための支援任務を行う補給潜水艦ⅩⅣ型なども建造された。しかし、四二年以降、新型のレーダー、ソナーなどの対潜捜索兵器と対潜攻撃兵器を用いた連合国軍側の攻勢によって撃沈される潜水艦が増加。そこで従来の水上航行を主とする潜水艦ではなく、水中性能を飛躍的に向上させた水中高速潜水艦への転換を図った。これを可能としたのが高性能電池と水中充電を可能としたシュノーケル装置で、大戦末期の四四年から航洋型のXXI型、沿岸型のXXIII型が量産されたが、戦局の挽回には至らなかった。また、無呼気推進システムのワルター＝タービン搭載潜水艦建造にも成功していたが、量産型は未成に終わった。Uボートは交戦で計八百五隻を喪失し、約四万名の乗り組み将兵のうち三万八千名を失っている。

参考文献 『ナチスUボート』(『世界の艦船』五五五、一九九九)、ヘルベルト＝A＝ヴェルナー『鉄の棺―Uボート死闘の記録―』(鈴木主税訳、二〇〇一、中央公論新社)、*Conway's All the World's Fighting Ships, 1922-1946* (1980, Conway Maritime Press Ltd)

(齋藤 義朗)

ゆうわせいさく 宥和政策 宥和とはもともと、摩擦や衝突の拡大を防ぐために、対立する相手に譲歩して相手を宥めていく姿勢を指し、中立的もしくはプラスの意味を帯びた概念であったが、一九三〇年代に対外膨張をめざすファシズム諸国の対外侵略に対してイギリスやフランスがとった容認政策を指す言葉としてマイナスの意味を帯びるようになった。三五年十月にイタリアがエチオピアの侵略に踏み切って始まったエチオピア戦争に際して、イギリス外相サミュエル＝ホーアとフランス首相ピエール＝ラヴァルが、イタリアの行動を容認する案に合意したことは、その具体例である。また、ナチス＝ドイツに対する英仏の宥和政策は、三八年九月のミュンヘン会談で、ドイツによるチェコスロヴァキアのズデーテン地方併合を英仏の首脳が認めることによって、頂点に達した。宥和政策は、結果的にファシズム諸国の対外膨張姿勢をさらに助長することとなり、ヨーロッパにおける第二次世界大戦の勃発につながった。→ミュンヘン会談

参考文献 佐々木雄太『三〇年代イギリス外交戦略―帝国防衛と宥和の論理―』(一九八七、名古屋大学出版会)

(木畑 洋一)

ゆかわひでき 湯川秀樹 一九〇七―八一 昭和期の物理学者、日本人初のノーベル賞受賞者。一九〇七年一月二十三日、地質学者・地理学者の小川琢治の三男として東京に生まれる。二六年、第三高等学校卒業。二九年、京都帝国大学理学部物理学科卒業。朝永振一郎とともに無給副手となる。三二年、湯川スミと結婚、湯川姓となる。京都帝大理学部講師。三三年、大阪帝国大学理学部講師。三四年、中間子論を発表。三七年、宇宙線中の粒子が中間子である可能性が報じられ(実際には中間子が崩壊してできる粒子)、湯川の方法に世界的な関心が集まる。三八年、理学博士、服部報公賞受賞。三九年、京都帝大教授、ソルヴェー会議に招待され渡欧(第二次大戦勃発により中止)。四〇年、帝国学士院恩賜賞受賞。四三年、文化勲章受章。戦時中、核兵器開発計画「F研究」に参加。四七年、宇宙線中に中間子が発見される。四八年、プリンストン高等研究所客員教授。四九年、コロンビア大学客員教授、ノーベル物理学賞受賞、日本学術会議会員。五三年、京都大学基礎物理学研究所所長。五五年、ラッセル＝アインシュタイン宣言署名、世界平和アピール七人委員会結成、日本物理学会委員長。五六年、原子力委員(翌年辞任)。五七年、パグウォッシュ会議出席。七〇年、京大退官。八一年九月八日、心不全により死去。七十四歳。

参考文献 桑原武夫・井上健・小沼通二編『湯川秀樹』(一九八四、日本放送出版協会)

(岡本 拓司)

ユサッフェ＝ゲリラ ユサッフェ＝ゲリラ ユサッフェ(アメリカ極東軍)は一九四一年七月に組織された在比米軍が指揮を執る軍隊で、ダグラス＝マッカーサーを司令官とし、発足と同時にフィリピン人十万人を召集した。四二年五月にユサッフェが全面降伏したころから、フィリピン各地に駐屯していたユサッフェ兵士らを中心に、対日協力を拒否した政治家などを加えて正規軍とは別に組織されたのがユサッフェ＝ゲリラである。オーストラリアに撤退したマッカーサーの司令部は、四三年初期から各地のゲリラ組織の統合と組織化を進めた。ゲリラは住民の広範な支持を得て、糧秣や軍需物資の輸送妨害を行うなどして日本軍を消耗させる一方、日本軍の配置や規模など連合軍の反抗作戦のための情報をマッカーサー司令部に提供し、対日協力者やスパイの暗殺も行なった。米軍は民間人ゲリラに対して戦時中の給与支払いを約束し、戦後、三十三万八千人をゲリラ(うち十二万人を正規兵)と認定した。

参考文献 レナト＝コンスタンティーノ、レティシア＝R・コンスタンティーノ『ひきつづく過去』一(『フィリピン民衆の歴史』三、一九七九、勁草書房)、中野聡『フィリピン独立問題史―独立法問題をめぐる米比関係史の研究(一九二九―四六年)―』(一九九七、龍溪書舎)

(内山 史子)

ゆざわみちお 湯沢三千男 一八八八―一九六三 昭和期の内務官僚、政治家。一八八八年五月二十日栃木県に神官である父湯沢義原、母シゲの次男として出生、兄真太郎の準養子となる。開成中から第一高等学校を経て、一九一二年七月東京帝国大学法科大学経済学科卒。同年内務省入省。二九年宮城県知事、三一年内務省土木局長に就任。三二年広島県知事、三五年兵庫県知事を歴任し、三六年内務次官に就任。三八―三九年、中国臨時維新政府の内政顧問。四〇年大日本産業報国会理事長。四一年に成立した東条内閣で戦争が回避された場合に、憲兵と警察の勢力を結集させて治安を維持する必要性を感じた東条英機が内務大臣を兼任する中で、省務一切を任せるという約束のもと、再び内務次官に就任。四二年二月内務大臣に就任し翼賛選挙の指揮をとる。四三年四月に内相辞任の後、四六年二月まで貴族院議員。戦後、公職追放となる。五九年六月から六三年二月まで参議院議員。六三年二月二十一日没。七十四歳。

参考文献 山岡憲一編『湯沢三千男さんの思い出』(一九六三)、

山崎宗弥『湯沢三千男さん』(一九六四、山崎モータース)
(塩出　環)

ゆしゅつにゅうひんとうりんじそちほう　輸出入品等臨時措置法　⇩戦時統制三法

ゆしゅつにゅうりんくせい　輸出入リンク制　日中戦争期の輸出振興策の中心的施策。繊維・雑貨等の輸出品について第三国(ドル、ポンド圏)への製品輸出と原料輸入をリンクさせて、両者の拡大均衡を企図する政策であった。そもそも日中戦争初期の貿易政策は、為替許可制により輸入を抑制しようとするものであったが、輸出産業の原料輸入が阻害されたため、輸出の減退を招いてしまった。そのため、輸出品に加工されるべき原料を輸入することを奨励する輸出振興策がとられることになる。通説では、輸出振興策に転換する契機は、三八年五月の近衛内閣改造・池田成彬蔵商相の登場によるとされている。しかし、前任の吉野信次商相時代(三七年六月—三八年五月)に石鹼(三七年十月)、ブラシ(三八年一月)、羊毛(三八年三月)、綿布・団体リンク(三八年四月)、フェルト帽子(三八年五月)のリンク制が実施されていた。池田の功績は、綿布・団体リンク制を綿布・個人リンク制に切り替えたことであり、団体による統制経済志向を企業本位の自由競争原理へと引き戻したことであった。目的が第三国との貿易増進に置かれた輸出入リンク制は、対第三国貿易の余地が急速に狭まる四一年にはその役割を終えた。

参考文献　松浦正孝『日中戦争期における経済と政治—近衛文麿と池田成彬—』(一九九五、東京大学出版会)、高村直助「綿業輸出入リンク制下における紡績業と産地機業」(近代日本研究会編『年報近代日本研究』九所収、一九八七、山川出版社)、寺村泰「日中戦争期の貿易政策—綿業リンク制と綿布滞貨問題—」(同前)
(白木沢旭児)

ゆそうかん　輸送艦　兵器などの諸物資や兵員の輸送を目的とする艦船。日本海軍で「輸送艦」の艦種が設けられたのは一九四四年で、一等輸送艦(排水量一〇〇〇トン以上)と二等輸送艦(一〇〇〇トン未満)に区分された。一等輸送艦が二十一隻、二等輸送艦が六十九隻竣工したが、このうち五十五隻が戦没している。撃沈された輸送艦が多かった原因には、最小限度の兵器しか搭載されなかったこと、護衛が不充分であったことなどが考えられる。

参考文献　篠原幸好他『連合艦隊艦船ガイド　一八七二—一九四五(改訂第二版)』(一九九五、新紀元社)
(宇田川幸大)

ゆそうせん　油槽船　戦時期日本の油槽船業務は、㈠占領地産油・産品の内地への一貫輸送、㈡艦隊に随伴しての給油、㈢占領地域内の輸送、㈣兵員と物資の輸送であった。㈠の産油輸送は、日本タンカー協会によると一九四三年度の二〇〇万キロリットルを最大に四二—四五年度累計で四六〇万キロリットルに達した。しかし国内産油を加えても必要量(四五年度で三〇〇〇万キロリットル)にはほど遠かった。油槽船は既存船、四二年建造開始の戦標船、既存と建造中船舶の改造船で構成された。開戦時保有の油槽船は五十六隻、四六万総トンで、戦中に動員された全油槽船を累計すると四百二十五隻、一八四万総トンとなる。日本輸送船団の護衛体制は脆弱で制海制空権逆転のなか四四年から米軍の雷撃と空爆による被害が激増した。敗戦時の残存油槽船は小型を含め九十二隻、二十九万総トンで多くは稼働不能であった。これは日本軍の兵站・護衛の戦略の欠陥を示している。

参考文献　日本タンカー協会『日本タンカー五〇年の歩み』(一九八〇)、松井邦夫『日本・油槽船列伝』(一九九五、成山堂書店)
(半澤　健市)

よ

ようこうぶ　要港部　所管警備区の防御、警備、軍需品の配給を司った海軍の地方機関である。一八九六年にはじめて竹敷に設置され、司令官は当初は鎮守府司令長官の区処を受けたが、一九〇〇年に天皇直隷となった。鎮守府よりも小規模な組織であり、それに準じた機関とされていた。保有する部署はほぼ鎮守府と同じであるが、艦艇を持たず、独自兵力は海兵団のみであった。また、所属の艦艇を持たないため、必然的に工廠も設置されていない。順に、竹敷・馬公・大湊・旅順・鎮海・舞鶴(一三年に鎮守府から格下げ、三九年に再び鎮守府となった)に設置された。四一年十一月、日米戦に備えて要港部は警備府に改編され、大湊・鎮海・馬公・旅順の四警備府が設置された。終戦時には大阪・大湊・海南・高雄・鎮海の五ヵ所に置かれていた。　➡鎮守府

参考文献　防衛庁防衛研修所戦史室編『大本営海軍部・聯合艦隊』一(『戦史叢書』九一、一九七五、朝雲新聞社)、秦郁彦編『日本陸海軍総合事典(第二版)』(二〇〇五、東京大学出版会)
(手嶋　泰伸)

ヨウニョン　呂運亨　一八八六—一九四七　朝鮮の独立運動家、政治家。一八八六年五月二十五日京畿道楊平郡で両班家の長男に生まれる。号は夢陽。一九〇〇年から培材学堂などで学び、〇七年キリスト教信者に。一四年中国に亡命、一七年上海に移住。独立運動に従事し、上海臨時政府にも参加。二〇年高麗共産党(上海派)加入、その後共産主義運動に参与。ソ連・中国・米国要人に朝

鮮独立を訴える外交活動も展開。二九年上海で逮捕・朝鮮送還、出獄後三三年中央朝鮮日報社長に就任。朝鮮で合法的言論活動を展開するが、ベルリンオリンピック日章旗抹消事件で同紙は三七年に廃刊。以後四〇年初めまで東京を数回訪問、日本要人と会見。四二年再逮捕、出獄後は朝鮮独立に備え四四年八月朝鮮建国同盟を組織。四五年八月解放と同時に設立された建国準備委員会の委員長に就任。九月樹立の朝鮮人民共和国の副主席になるが、米ソが承認せず。以後、朝鮮人民党など左派政党を設立して政治活動を展開。左右合作に奔走するが、四七年七月十九日ソウルで右翼青年に暗殺された。六十二歳。

参考文献 姜徳相『朝鮮三・一独立運動』(『呂運亨評伝』一、二〇〇二、新幹社)、同『上海臨時政府』(同二、二〇〇五、新幹社)

(庵逧 由香)

ヨークタウン Yorktown アメリカ海軍の航空母艦。ヨークタウン級とエセックス級がある。㈠一九三三年、国家産業復興法の成立を受け、新艦建造の議会承認が下り、ヨークタウン級航空母艦一番艦として三四年五月、建造が開始され、三七年九月竣工した。基準排水量一万九八〇〇トン、主要兵装五インチ(一二・七センチ)単装砲八基、搭載機九十機、速力三二・五ノット(時速約六〇キロ)。アジア・太平洋戦争開戦時、「ヨークタウン」は大西洋艦隊に所属していたが、開戦後、太平洋艦隊に所属することとなった。日本軍のポートモレスビー攻略作戦に対応して、フレッチャー少将の第十七任務部隊の一隻として珊瑚海海戦に参加した。初の空母対空母の戦闘で、四二年五月八日、日本側攻撃隊の爆撃を受け、損傷したが、ハワイに回航し、修理を施し、六月の日本軍によるミッドウェー作戦の迎撃に参加した。六月四日、日本攻撃隊の猛攻を受け、損傷し放棄された。六日、伊号一六八潜水艦の雷撃によって、沈没した。㈡エセックス級航空母艦の二番艦として完成し、「ヨークタウン」と命名される。四三年に竣工した。基準排水量二万七一〇〇トン、主要兵装五インチ連装砲四基、五インチ単装砲四基、搭載機百機、速力三三ノット(時速約六一キロ)。アジア・太平洋戦争終盤の各作戦に参加し、戦争終結後も現役の航空母艦として残った。

参考文献 エリザベス＝アン＝ホイール、ステファン＝ポープ、ジェイムズ＝テイラー『第二次世界大戦事典』(石川好美他訳、一九九一、朝日ソノラマ)、P・カルヴォコレッシー、G・ウィント、J・プリチャード『トータル・ウォー―第二次世界大戦の原因と経過―』下(八木勇訳、一九九一、河出書房新社)、サミュエル＝エリオット＝モリソン『モリソンの太平洋海戦史』(大谷内一夫訳、二〇〇三、光人社)

(太田 久元)

よかれん 予科練 ⇨海軍飛行予科練習生

よくさんぎいんどうめい 翼賛議員同盟 アジア・太平洋戦争開戦前後の衆議院会派。一九四〇年の新体制運動において各政党は強力な新党の出現を期待して解消したが、大政翼賛会の議会局に押し込められる結果となった。その議会局も翼賛会違憲論を受けて同会の改組が行われた四一年四月に廃止されたため、同年九月、旧政友会・民政党の主流派は院内会派としての翼賛議員同盟を結成した。第二十一回総選挙(翼賛選挙)後の四二年五月、翼賛政治会の結成を前に解散した。

参考文献 粟屋憲太郎『昭和の政党』(『昭和の歴史』六、一九八八、小学館)、古川隆久『戦時議会』(『日本歴史叢書』、二〇〇一、吉川弘文館)

(官田 光史)

よくさんぎかい 翼賛議会 アジア・太平洋戦争期の帝国議会の呼称。日中戦争開戦後、行政は総力戦を遂行するために国民生活の広範な領域を対象化していった。その結果として発生した行政と国民の摩擦を緩和することは、政友会と民政党の二大政党による新党運動の重要な目標であった。二大政党は、一九四〇年の新体制運動を受けて解消したが、大政翼賛会の議会局に押し込められ、新党の結成を果たせなかった。そうしたなかでアジア・太平洋戦争開戦後の四二年四月に第二十一回総選挙(翼賛選挙)が実施され、翌月に唯一の政事結社としての翼賛政治会(翼政)が結成されるに至る。翼政主流派(旧二大政党系)は、従来の政策過程の再編という文脈において、翼政に実質的な意思決定の局面を設定する構想を描いた。それは、翼政が同会の政務調査会委員と四二年六月設置の内閣各省委員の兼任によって政府の政策立案・政策評価に国民の要望を反映するべく政治力を行使するというものであった。このような構想の延長線上に意思決定の正当化の局面としての議会、すなわち「翼賛議会」が位置づけられることになる。そこでは、翼政と政府の合意に基づいて議会に提出された法律案・予算が、憲法で規定された議会の協賛(審議と議決)によって正当性を付与されることが重視されていた。翼政主流派の構想は、政党内閣期に二大政党が政策対立やスキャンダルの暴露に没頭し政党内閣の崩壊を惹起して以降の議会政治のあり方に対する一つの回答であったともいえる。このような「翼賛議会」は、四五年三月に翼政が解散し、衆議院に複数の会派(大日本政治会、護国同志会、翼壮議員同志会)が存在することになったものの、議席数で他の会派を引き離し優越的な位置を占める大日本政治会によって継承された。

参考文献 粟屋憲太郎『昭和の政党』(『昭和の歴史』六、一九八八、小学館)、古川隆久『戦時議会』(『日本歴史叢書』、二〇〇一、吉川弘文館)、官田光史「「翼賛議会」の位相―議会運営調査委員会の審議を素材に―」(『歴史学研究』八五〇、二〇〇九)

(官田 光史)

よくさんせいじかい 翼賛政治会 アジア・太平洋戦争期の政事結社。日米開戦後の日本では、国内体制の強化が重要な政治課題となっていた。東条内閣は一九四二年四月に衆議院が任期満了を迎えることを踏まえて翼賛政治体制協議会を結成させ、推薦候補者を用意して第二十一回総選挙(翼賛選挙)に臨んだ。その結果、推薦候補者が当選者の約八割を占め、四二年五月、彼らを中心に翼賛政治会が結成されることとなった。総裁は阿部信行元首相(陸軍大将)、会員は貴衆両院議員の大部分と各界の代表者約九百名。同会は唯一の政事結社として結成されたが、大政翼賛会が違憲論(幕府論)によって攻撃されたことを教訓として、過去の政党とも一国一党とも異なる日本独自の政治組織を標榜した。そのなかで、政務調査会を中心とする組織を整備し、政調会の委員と同年六月設置の内閣各省委員の兼任をとおして政府の政策過程に深くコミットすることとなった。当初、同会と東条内閣の協調関係は順調に機能していたが、ミッドウェー海戦の敗北以降、戦局が悪化すると旧二大政党(政友会・民政党)系主流派の会務運営は鳩山一郎のグループ、国家主義団体系、旧社会大衆党系などに批判され始め、戦時刑事特別法改正案(「国政変乱」の罪を規定した第七条の対象を拡大して国内の治安を強化しようとするもの)の審議をめぐって両者の対立は決定的となった。四四年七月の東条内閣総辞職後は組織の立て直しのために、小林躋造前台湾総督(海軍大将)を総裁に迎えた。その後、結成以来の懸案であった地方支部の設置を目指して大政翼賛会・翼賛壮年団の再編を試みたが政府や軍部の反発を受けて実現せず、同会の求心力は回復しなかった。四五年三月に入り脱会者が相ついだため、主流派は衆議院会派の複数化を容認、三月三十日に同会を解散し、大日本政治会を結成することとなった。→大日本政治会

参考文献 粟屋憲太郎『昭和の政党』(『昭和の歴史』六、一九八八、小学館)、古川隆久『戦時議会』(『日本歴史叢書』、二〇〇一、吉川弘文館)、官田光史「『翼賛議会』の位相—議会運営調査委員会の審議を素材に—」(『歴史学研究』八五〇、二〇〇九)
(官田 光史)

よくさんせいじたいせいきょうぎかい　翼賛政治体制協議会　一九四二年四月の第二十一回総選挙(翼賛選挙)における候補者の推薦団体。会長は阿部信行元首相(陸軍大将)、委員は議会・翼賛会関係者、財界人、有識者など。当初は東条内閣の意向を受けて清新な新人候補の擁立を目指したが、推薦候補者の当選可能性を考慮したため翼賛議員同盟(旧政友会・民政党系)の現職も推薦せざるをえなくなった。その結果、翼賛選挙の全当選者のなかで同会の推薦候補は約八割を占めた。

参考文献 粟屋憲太郎『昭和の政党』(『昭和の歴史』六、一九八八、小学館)、古川隆久『戦時議会』(『日本歴史叢書』、二〇〇一、吉川弘文館)
(官田 光史)

よくさんせんきょ　翼賛選挙　東条英機内閣のもとで一九四二年に実施された第二十一回衆議院総選挙。候補者推薦制を採用し翼賛議員の当選をはかった。第二十回総選挙は三七年四月に実施され、次は四一年に予定されていた。第二次近衛文麿内閣が発足し、大政翼賛会結成に至る過程で、衆議院議員選挙法改正が政局の焦点となったが、内務省は下からのピラミッド型の推薦選挙制を盛り込もうとした。そのほか、精神右翼が家長選挙制の必要性を訴えた。四一年一月、閣議で戸主に選挙権を与え候補者推薦制を盛り込んだ改正案が決定されるが、議会には提出されず、任期満了が近づいた衆議院等の議員の任期を延長する法律が通過したのみに終わった。四二年四月三十日に施行される総選挙に向けて、翼賛政治体制協議会が結成され候補者推薦が行われた。適格者の調査はそれ以前から内務省が進めていた。推薦候補だけではなく自由立候補も認められたが、彼らにはさまざまな形で干渉が行われた。選挙結果は推薦候補の当選率が八一・八%に達し、新人議員の当選も多かった。棄権率は男子普通選挙実施以来、三〇年の総選挙に続いて低い数字であった。推薦候補者には政府側からの資金面での援助があったといわれている。また鹿児島第二区では官公吏、学校長、警防団、警察、壮年団等による激しい選挙干渉があり推薦候補が当選するが、四五年三月、大審院は選挙無効の判決を出した。推薦候補の当選、投票率の上昇は、もちろん以上のような干渉や有権者のかり出しも作用している。だが東京府第五区で当選した四王天延孝の場合、警察が内偵の結果割り出した票をはるかに超える得票があった。この選挙区は以前、無産政党の牙城だった都市の新興住宅地であり、有権者の意識の変化と主体的な投票が存在したことを想像させる。他方、干渉選挙のなかでも非推薦候補八十五名が当選した。翼賛選挙後、翼賛政治体制協議会は解散、五月に翼賛政治会が発足した。

参考文献 吉見義明・横関至編『翼賛選挙』一・二(『資料日本現代史』四・五、一九八一、大月書店)
(源川 真希)

翼賛選挙　選挙違反を戒めるポスター(一九四二年、愛媛県警察部)

よくさんそうねんだん　翼賛壮年団　⇩大日本翼賛壮年団

よくりゅう　抑留　アジア・太平洋戦争の間、敵国民間人の居住、行動を制限し、抑留所に収容した。一九四一年十二月八日、日本は米英(英連邦を含む)に宣戦を布告、米英も同日布告した。内務省は十二月八日、二十九ヵ条の「抑留敵国人取扱要綱」を定め、国内の敵国人を収容し管理した。台湾、朝鮮、樺太など「外地」では拓務省、占領地では陸海軍が管理した。対外的な連絡窓口は外務省の「在敵国居留民関係事務室」である。開戦時、敵国

民間人の抑留に関する国際条約はなかったが、日本は労働を強制されないなどの条件づきで、二九年の捕虜の取扱いに関するジュネーブ条約を「準用」すると回答した。米英でも日本人・日系人の抑留、収容が行われた。日本軍が占領した地域では当初は各部隊が敵国人を収容したが、軍政が始まると軍政監部のもとに抑留所を開設した。約十三万五千人のオランダ人などが居住する蘭領東インド、中でもジャワ島には七万人近くが在留していた。日本軍はインドネシア人を除く十七歳以上の外国人男女を登録させ、顔写真、親指指紋を押捺した「外国人居住登録宣誓証明書」の常時携帯を義務づけ、居住地の制限などを行なった。四三年十一月七日、東条英機陸軍大臣名で「軍抑留者取扱規程」(陸亜密七三九一)が通達され、管理が軍司令官へと移った。ジャワ、スマトラ、フィリピン、マレー、タイ、ビルマ、ボルネオに軍司令官が管理する軍抑留所が開設された。ジャワでは第十六軍ジャワ俘虜収容所(四二年八月編成)に併設された。ジャカルタ、バンドン、スマランの三ヵ所に全抑留者(総数六万九千七百七十九人)が収容された。管理は日本人軍人・軍属、朝鮮人軍属が担い、有刺鉄線の外の警備はインドネシア人兵補が行なった。収容された者は食糧、医薬品が不足する中では緩慢な餓死への道を歩まされ、六千三百五十三人(九・一%)が死亡した。戦後、蘭印の戦争裁判バタビア法廷で関係者が裁かれた。中部ジャワのスマラン第三分所で起こったオランダ人女性三十五人を市内四ヵ所の「慰安所」で強制売春をさせた事件の関係者も起訴され、死刑を含む有罪判決が出ている。　→強制収容所

参考文献　内海愛子「加害と被害―民間人の抑留をめぐって―」(歴史学研究会編『講座世界史』八所収、一九九六、東京大学出版会)、内海愛子、H・L・B・マヒュー、M・ファン・ヌフェレン『ジャワ・オランダ人少年抑留所』(川戸れい子訳、一九九七、梨の木舎)、小宮まゆみ『敵国人抑留―戦時下の外国民間人―』(『歴史文化ライブラリー』、二〇〇九、吉川弘文館)　(内海　愛子)

よこいしょういち　横井庄一　一九一五―九七　残留元日本兵。一九一五年三月三十一日、愛知県生まれ。小学校卒業の二年後、花井洋服店に丁稚奉公に出、その後独立。三八年、臨時召集令状で名古屋の輜重兵第三連隊補充隊に配属され、野戦重砲兵第一旅団輜重隊第二中隊へ補充されて中国の広東に駐屯。召集解除後内地に戻るも、四一年に再召集され、満洲の奉天省瀋陽で警備につく。四三年三月、南方行を命じられ、グアム島で警備につく。米軍上陸後ジャングルで敗走中に孤立し、残留。五〇年以降は、志知幹夫・中畠悟とともに洞穴つくりに着手。しかし六四年に志知と中畠が病死すると、以後八年間にわたり一人で洞穴生活を続けた。七二年、島民に発見され帰国。帰国時に発した第一声をとらえた「恥ずかしながら帰って参りました」はその年の流行語に選ばれた。その後、耐乏生活評論家として活躍。九七年九月二十二日に病死した。八十二歳。

参考文献　横井庄一『明日への道―全報告グアム島孤独の二十八年―』(一九七四、文藝春秋)、五十嵐恵邦『敗戦と戦後のあいだで―遅れて帰りし者たち―』(『筑摩選書』、二〇一二、筑摩書房)　(林　英一)

よこすかかいぐんこうしょう　横須賀海軍工廠　⇨海軍工廠

よこたきさぶろう　横田喜三郎　一八九六―一九九三　昭和期の国際法学者。一八九六年八月六日、岩田藤治郎の三男として愛知県に生まれる。第八高等学校を経て、一九二二年東京帝国大学を卒業、助手となる。二四年三月、横田と改姓。同年、東京帝国大学助教授。二九年ロンドン海軍会議全権委員随員、三〇年東京帝国大学教授に就任する。三一年、満洲事変勃発時、日本軍のとった行動は自衛行為を越えていると主張し、批判を浴びる。四五年九月、法学博士(東京帝国大学)の学位授与。四七年『戦争犯罪論』を著し(四九年、増訂版を出版)、東京裁判の意義を積極的に評価した。四八年六月、日系二世の伊丹明より東京裁判の判決の翻訳を依頼され、同年八月十九日より目黒の服部時計店(服部ハウス)にて作業に従事している。五七年三月、東京大学を退官、同年四月外務省参与。六〇年十月、第三代最高裁判所長官に就任(六六年八月まで)。その後、津田塾大学理事長などを歴任し、九三年二月十七日死去。九十六歳。

参考文献　横田喜三郎『私の一生』(一九七六、東京新聞社)、伊香俊哉『近代日本と戦争違法化体制―第一次世界大戦から日中戦争へ―』(二〇〇二、吉川弘文館)　(横島　公司)

よこはまじけん　横浜事件　アジア・太平洋戦争下の国内最大の治安維持法弾圧事件。戦時下の「共産主義運動」のえぐり出しに狂奔した神奈川県特高警察は、『改造』(一九四二年八、九月号)に「世界史の動向と日本」を寄稿した細川嘉六を中心人物とみなす虚構をつくりあげ、「日本共産党再建準備会事件」「政治経済研究会」などの別個の事件を強引に「横浜事件」として収斂させた。防諜的な見地に加えて、戦局悪化に伴う思想統制の厳重化をはかるために『中央公論』や『改造』編集部の検挙を進め、両社を「解散」に追い込んだ。凄惨な拷問による自白の強要により、獄死者四人を含む大きな犠牲を生み、さらに敗戦後には形式的な裁判により決着を急ぐという権力の暴力性とでたらめさを露呈した。その冤罪を晴らすために事件犠牲者らは神奈川県特高警察官を告発(五二年に有罪確定)したほか、八六年からは横浜事件再審請求・再審・刑事補償の長い戦いを続けた。　→細川嘉六

参考文献　『全記録横浜事件・再審裁判―第一次～四次再審請求・再審公判・補償請求―』(二〇一一、高文研)、荻野富士夫『横浜事件と治安維持法』(二〇〇六、樹花舎)　(荻野富士夫)

よこはましょうきんぎんこう　横浜正金銀行　明治後期から昭和戦前期に存在した貿易金融機関。一八八〇年二

月、横浜の商人らの要望に基づき、国立銀行条例によって資本金三百万円(政府三分の一出資)で設立された。八七年、横浜正金銀行条例により特殊金融機関となり、政府の保護と監督を受けた。本店は横浜(一九三二年、本部を東京に移管)、資本金は当初の三百万円から一九一九年の一億円へと増大した。店舗網は日本の貿易相手地域であるアジアから欧米まで世界各地に及ぶ一方、軍事的勢力圏拡大に対応して、満洲、中国関内、さらに東南アジアに多数の支店・出張所を開設した。業務内容としては、日本銀行と連携しつつ、貿易金融を中心に、日本の外債発行、中国への借款供与などの資本取引を手がけ、また占領地に円系通貨を流通させていくうえで大きな役割を果たした。四六年七月、GHQにより改組案が承認され、東京銀行(のちに、三菱東京UFJ銀行)に継承された。

参考文献 東京銀行編『横浜正金銀行全史』(一九八〇—八四)　　(金子 文夫)

よこはまビー＝シーきゅうせんぱんさいばん 横浜BC級戦犯裁判 アメリカが横浜で行なった戦犯裁判。GHQが制定した規程により米第八軍が行なった戦犯裁判で、九百九十六人が起訴された。一九四五年十二月十八日に開廷し、四九年十月に終了した。中国人強制労働を扱った裁判もあるが、九七%は米軍を含めた連合軍捕虜に対する犯罪が扱われた。ほとんどは日本や朝鮮、台湾などでのケースである。主なケースとしては、第一に俘虜収容所における虐待・殺人などが裁かれたケースである。俘虜収容所のスタッフや、捕虜を強制労働に使用していた企業の現場スタッフが裁かれた。第二にB29など撃墜された米軍機の搭乗員を処刑したケースである。ここでは軍司令部の関係者らが裁かれた。九州帝国大学医学部で米兵捕虜の生体解剖を行なった九大事件で、軍関係者や医学部教授などとともに看護婦長が起訴され五年の刑を言い渡されている(のちに三年二ヵ月に減刑)。戦犯裁判で女性が有罪となった唯一のケースである。

参考文献 連合国軍最高司令官総司令部編『BC級戦争犯罪裁判』(竹前栄治・中村隆英監修、小菅信子・永井均解説・訳『GHQ日本占領史』五、一九九六、日本図書センター)、横浜弁護士会BC級戦犯横浜裁判調査研究特別委員会『法廷の星条旗—BC級戦犯横浜裁判の記録—』(二〇〇四、日本評論社)　　(林 博史)

よこやまたいかん 横山大観 一八六八—一九五八 明治から昭和期の日本画家。旧姓酒井、本名は秀麿。一八六八年十一月二日(明治元年九月十八日)常陸国水戸に生まれ、八九年東京美術学校に入学、岡倉天心らに師事。九八年日本美術院結成に参加、一九一四年同院を再興。熱烈な勤王派であった水戸藩士の父や師天心の影響を受けて国粋主義的思想を抱き、皇室にもたびたび作品を献上した。富士、日輪、桜、神宮、皇居など、国家や天皇の象徴となるモチーフを好んで取り上げ、生涯に約千五百点もの富岳図を描いた。富岳図の制作は特に昭和十年代後半に集中しており、それらの制作動機には国家・天皇への敬慕のみならず、戦意高揚に資する意図も含まれていたとされる。在野団体である日本美術院を率いる立場にあったが、三〇年のローマ日本美術展において美術使節をつとめたころから国の美術行政に対して発言力を強めるようになり、三一年の帝室技芸員就任、三五年の帝国美術院会員就任、三七年の文化勲章受章と帝国芸術院会員就任などを経て、四三年には美術による国策宣揚と戦争美術の振興などを目的として発足した日本美術報国会(美報)の会長に選出された。三八年にはヒトラー総統に「旭日霊峰」を贈呈、来日中のヒトラー＝ユーゲントに「日本美術の精神」を講演。四〇年には「海に因む十題」「山に因む十題」の売上金五十万円を軍用機四機の製作費として陸海軍省に献納し、これらは「大観号」と名付けられた。四二年には日本美術院同人軍用機献納展、日本画家報国会主催軍用機献納作品展、四四年には戦艦献納帝国芸術院会員美術展、芸術院会員陸軍献納展に出品するなど、美術家による戦争協力の先頭に立った。終戦後には占領軍より戦犯容疑者としての取り調べを数回受けたとされ、美術家としての戦争責任論の追及の的ともなったが、以後も画壇の重鎮として影響力を発揮し続けた。五八年二月二十六日東京都台東区の自宅にて没。八十九歳。→日本美術報国会

横山大観

参考文献 大熊敏之「昭和期アカデミズム日本画の確立—一九二〇～四〇年代の横山大観—」(宮内庁三の丸尚蔵館編『横山大観の時代』展図録、一九九七)、古田亮「評伝・横山大観」(国立新美術館他編『横山大観—新たなる伝説へ—』展図録、二〇〇八)　　(長嶋 圭哉)

よしうえしょうりょう 吉植庄亮 一八八四—一九五八 歌人、政治家。一八八四年四月三日、千葉県に父庄一郎、母とくの長男として生まれる。東京府立開成中学より第一高等学校を経て東京帝国大学法科大学経済学科を卒業。十六歳ごろより『明星』『新声』を知って作歌を始め、金子薫園に師事する。代議士となり当選を重ねて家庭を顧みない父との抗争もあり、落第を繰り返したため大学卒業時は三十二歳になっていた。一九二一年、中央新聞文芸部長として詩歌中心の文芸欄を新設、第一歌集『寂光』を上梓して歌壇に認められ、翌年には歌誌『橄欖』を創刊した。二六年から印旛沼周辺の大開墾に着手し、十年を費やして六十町歩を開墾、国家の要請であった食糧増産に応じつつ、本埜村村会議員のほか各種役員を歴任し

たのち、三六年には父の地盤をついで千葉県第二区より出馬し衆議院議員となる。農政に本領を発揮する翼賛議員として活動、戦後に公職追放となった。歌人としては、四〇年に大日本歌人協会の解散を太田水穂、斎藤劉とともに提唱し短歌界の翼賛化を進めた。四一年の『開墾』は、開墾事業の中から生まれた農民短歌の傑作歌集と評価される。食道癌で五八年十二月七日没。七十四歳。没後に『吉植庄亮全歌集』(柏葉書院)が刊行された。

参考文献 吉植庄亮『米の貌―随筆―』(一九四二、羽田書店)、鈴木康文『吉植庄亮―その歌と農業と政治について―』(『橄欖叢書』、一九七二、柏葉書院) (竹内栄美子)

よしおかきんいち 吉岡金市 一九〇二―八六 戦時・戦後に農業技術の研究指導を行なった農業経済学者。一九〇二年七月二十六日、岡山県に出生。一九年後月郡立農事講習所卒業、後月郡出部村役場書記を経て二三年岡山県立高松農学校卒業、出部村農会技手。翌年退職し、二七年宇都宮高等農林学校卒業、三〇年京都帝国大学農学部卒業。農学校教諭を経て三四年より倉敷労働科学研究所(のち日本労働科学研究所)研究員。農業労働の合理化に関する研究を行い、機械化の阻害要因が土地問題であることを強調。四一年大原農業研究所研究員。農業経営部長に就任し、稲の直播栽培を研究。四三年「階級分化促進のための農業の機械化を主張」したとして検挙(『特高月報』四三年十月)。戦後は富山県で神通川流域の鉱毒調査を行い、イタイイタイ病カドミウム説を発表。同朋大学・岡山理科大学・龍谷大学教授、金沢経済大学学長等を歴任。八六年十一月二十日没。八十四歳。

参考文献 吉岡金市『日本農業の機械化』(『昭和前期農政経済名著集』一七、一九七九、農山漁村文化協会)、『金沢経済大学論集』二一ノ一(吉岡金市先生追悼号、一九八七) (伊藤 淳史)

よしざわけんきち 芳沢謙吉 一八七四―一九六五 外交官。一八七四年一月二十四日新潟県生まれ。九九年に東京帝国大学文科大学英文科を卒業し、同年外務省に入省する。中国、ロンドン勤務などを経て、政務局第一課長、同局長などを歴任、民国革命やシベリア出兵問題に対処する。その後も中国公使として激動期の中国やソ連との国交樹立問題に関与し、義父にあたる犬養毅内閣では外相をつとめた。外相を退任すると貴族院議員に転身するが、一九四〇年には蘭印政府との石油・錫などをめぐる困難な交渉に従事し、さらにハノイでの大使府創設にも関わり、四五年一月まで仏印特派大使を勤めた。その後五月に外務省顧問、終戦時の八月は枢密顧問官。戦後は、追放解除の五二年に初代の駐中華民国大使として台湾に赴き、五五年十二月まで在職した。六五年一月五日没。九十歳。

参考文献 中野敬止編『芳沢謙吉自伝』(一九六四、時事通信社)、芳沢謙吉『外交六十年』(『中公文庫』、一九九〇、中央公論社)、立川京一『第二次世界大戦とフランス領インドシナ―「日仏協力」の研究―』(二〇〇〇、彩流社) (武田 知己)

よしださぶろう 吉田三郎 一九〇八―四五 国民精神文化研究所所員。国際法学者の立作太郎の娘婿。一九〇八年、吉田真一の三男として京都府に出生。三一年京都帝国大学文学部史学科国史学専攻を卒業。西田直二郎に師事し、近世後期の思想史や幕末・明治期の外交史を専門とする。卒業後は京都帝国大学副手、京都府立桃山中学校講師(このときの教え子に戦後、日本史学者となる山本四郎がいる)、史学研究会編纂委員を務める。三四年国民精神文化研究所助手(歴史科)。四〇年同所員。紀元二千六百年奉祝記念事業の一環として計画された『日本文化大観』の執筆に加わる。マルクス主義史学、平泉澄らの歴史学をともに批判し、日本を中心とした世界史を構想した。国民精神文化研究所所員小島威彦らが結成したスメラ学塾で活動。四二年興亜錬成所錬成官兼任。四三年興南錬成院錬成官としてマニラに赴任。四五年アメリカ軍のフィリピン進攻に際し戦死。

参考文献 志田延義『歴史の片隅から―随筆評論集―』(『志田延義著作集』、一九八二、至文堂)、小島威彦『百年目にあけた玉手箱』四・五(一九九五、創樹社)、昆野伸幸『近代日本の国体論―〈皇国史観〉再考―』(二〇〇八、ぺりかん社) (昆野 伸幸)

よしだしげる 吉田茂 (一) 一八七八―一九六七 大正・昭和戦前期の外交官、昭和戦後の内閣総理大臣。一八七八年九月二十二日、旧土佐藩士で自由民権家の竹内綱の五男として東京府に生まれ、八一年に実父の友人で旧福井藩士であった貿易商の吉田健三の養子となる。学習院に進学し、一九〇六年に東京帝国大学法科大学を卒業、家業を継がず外交官となる。〇九年に牧野伸顕の長女雪子と結婚。一九年、第一次大戦後のパリ講和会議に次席全権の牧野の随員として、近衛文麿らとともに参加。二一年、駐英大使館員として皇太子裕仁(のちの昭和天皇)の欧州外遊を出迎え、調度品を整えた。二二年に天津総領事、二五年に奉天総領事を歴任。当時、民政党系で穏健派の幣原喜重郎と、政友会系で強硬派の田中義一の、二つの対抗する外交路線があったが、吉田は政友会系強硬派の立場に近く、田中内閣の東方会議に出席して強硬派の森恪と意気投合、二八年に森の推挙で外務次官となった。張作霖爆殺事件の責任問題で田中内閣は倒潰するが、田中と幣原の両外交の本質の共通性を認めていた吉

吉田茂(一)

田は、続く浜口雄幸内閣の幣原外相のもとでも外務次官として留任。しかし、三〇年のロンドン軍縮条約調印をめぐる動きの中で台頭してきた軍部や右翼の革新派は、国際協調路線を否定し、従来の伝統的外交の枠内にある牧野や吉田らを排撃した。三六年、二・二六事件後の広田弘毅内閣の外相候補となるも、陸軍に拒否された。三九年に外務省を退官、その後も駐英大使のクレーギーや駐日大使のグルーらとの交流を保った。四一年のアジア・太平洋戦争開戦後は、近衛文麿や皇道派とともに反戦・終戦工作の中心的存在となり、憲兵に拘束された。敗戦後、東久邇宮稔彦内閣、幣原内閣で外相をつとめ、四六年に第一次内閣を組閣。さらに四八年以後、第二次―第五次内閣で戦後の国際的枠組となるサンフランシスコ平和条約と日米安全保障条約に調印し、五四年に総辞職。六七年十月二十日死去。八十九歳。

参考文献 吉田茂『回想十年』(一九五七・五八、新潮社)、猪木正道『評伝吉田茂』(一九七八―八一、読売新聞社)、ジョン＝ダワー『吉田茂とその時代』(大窪愿二訳、一九八一、TBSブリタニカ) (小田部雄次)

(二)一八八五―一九五四 明治―昭和期の官僚、政治家。一八八五年九月二日、大分県で銀行員の吉田亀次郎の長男として生まれる。第一高等学校を経て一九一一年に東京帝国大学法科大学を卒業し、内務省に入省。地方勤務を経て明治神宮造営にかかわったのち、二三年東京市助役。翌年復興局に転じ、関東大震災後の復興策に関与した。二九年内務省社会局長官、三一年協調会常務理事となって新穀感謝祭を発案するなど、労働・農村問題に取り組んだ。三二年には国維会の結成に参加し、「革新官僚」の中心的存在として知られた。三四年岡田内閣で書記官長、三五年初代内閣調査局長官、四〇年には米内内閣で厚生大臣として戦時体制の強化に関与した。福岡県知事を経て、四四年小磯内閣で軍需大臣となり、戦争の継続を図った。敬神家としても知られ、戦後は五三年に神社本庁の事務総長となったが、五四年十二月九日没した。六十九歳。

参考文献 『吉田茂』(一九六九) (白川 哲夫)

よしだぜんご 吉田善吾 一八八五―一九六六 海軍軍人。一八八五年二月四日峰与八郎の次男として佐賀県に生まれ、のち吉田家の養子となる。佐賀中学から海軍兵学校に進み一九〇四年卒業(第三十二期)、軍艦「春日」に乗組、日本海海戦に出陣。一〇年海軍水雷学校卒業、同教官。一三年海軍大学校(甲種)入学、一五年卒業。二五年軍務局第一課長、二九年軍令部第二班長、三一年連合艦隊参謀長、三三年海軍省軍務局長、三六年練習艦隊司令官、第二艦隊司令長官を経て三七年連合艦隊司令長官、三九年阿部内閣の海相に就任。四〇年春のオランダ降伏に乗じた蘭印攻略論に対し、産油地帯を占領しても日本に還送できねば無意味と、軽挙を戒めた。永年の激務による過労から四〇年九月に入院。十一月に軍事参議官に補せられ、四二年支那方面艦隊司令長官、四三年海軍大学校長、四四年横須賀鎮守府司令長官。四五年予備役。六六年十一月十四日没。八十一歳。

参考文献 防衛庁防衛研修所戦史室編『大本営海軍部・連合艦隊』一(『戦史叢書』九一、一九七五、朝雲新聞社)、水交会編『帝国海軍提督達の遺稿 小柳資料―敗戦後十余年海軍の中枢が語った大東亜戦争への想い―』(二〇一〇、水交会) (森山 優)

よしだみつる 吉田満 一九二三―一九七九 『戦艦大和ノ最期』の著者で、学徒出陣世代を代表する一人。一九二三年一月六日東京市生まれ。東京帝国大学法学部在学中、学徒出陣により海軍予備学生を経て少尉に任官し、戦艦「大和」の搭乗員となる。「大和」の沖縄特攻作戦に参加するが、生還、敗戦直後文語体の『戦艦大和ノ最期』初稿を書き、雑誌に寄稿するが占領軍の検閲で全文削除された。同稿は数回改訂されたのち五二年に刊行された。「大和」の特攻出撃に際して、一身をなげうって与えられた任務を全うしようとする、さまざまな乗組員の苦悩を描き、残酷な死の実態と「大和」の最期を記した。殉国を積極的に自己の運命として受け入れる、戦時下の価値観から記録されているが、それが多くの人々の共感をよび、逆に戦争肯定かとの批判を招いた。吉田は敗戦後、日本銀行に勤務しキリスト教に入信したが、自己の戦争体験の意味を問い直し、戦争の真の悲惨さがどこにあるかを考え、国民にも平和を守る責任があると考えるようになる。七九年九月十七日没、五十六歳。

参考文献 『吉田満著作集』(一九八六、文藝春秋) (赤澤 史朗)

よしのげんざぶろう 吉野源三郎 一八九九―一九八一 編集者、児童文学者。一八九九年四月九日、東京の株式取引所仲買人吉野源吉の三男に生まれる。一九一八年東京帝国大学経済学部入学。のちに文学部哲学科に転学。卒業後の二五年近衛野砲兵連隊に入隊。二八年東京帝大図書館に勤務。三一年演習召集中に日本共産党のシンパとして逮捕され陸軍刑務所に服役。三五年、山本有三の推薦で新潮社『日本少国民文庫』全十六巻の編集主幹となり、三七年、みずからも第五巻『君たちはどう生きるか』を執筆、軍国主義が台頭するなか人間の主体性と科学的精神の意義を訴えた。三九年明治大学教授となり、四四年辞職。この間、三七年岩波書店入社、三八年岩波新書の創刊に携わる。四六年総合雑誌『世界』初代編集長となり、平和と民主主義の世論形成を企図した。四八年平和問題談話会の結成に関与、全面講和を主張。七七年「広島・長崎アピール」を発表。八一年五月二十三日没。八十二歳。

参考文献 吉野源三郎『職業としての編集者』(『岩波新書』、一九八九、岩波書店)、富士晴英「戦前・戦中期の吉野源三郎」(『宝仙学園紀要』八、一九八六) (松井慎一郎)

よしのさくぞう 吉野作造 一八七八―一九三三 政治学者。一八七八年一月二十九日、宮城県の糸綿商吉野年蔵の長男に生まれる。第二高等学校在学中の九八年キリスト教に入信。東京帝国大学法科大学卒業後の一九〇六年、清国に赴任。帰国後の〇九年、東京帝国大学助教授となる。欧米留学を経て、一四年教授に昇進。『中央公論』一六年一月号に「憲政の本義を説いて其有終の美を済すの途を論ず」を発表し、民本主義を高唱する。一六年三月、満洲と朝鮮を視察旅行。一八年十二月、福田徳三らと黎明会結成。二三年九月、関東大震災時の朝鮮人虐殺事件の真相究明に動く。二四年二月に東京帝大教授を辞して朝日新聞に入社するも、枢密院を批判した記事の筆禍を受けて、六月退社。同年十一月、明治文化研究会を結成。二六年社会民衆党結党に奔走。三二年一月、『中央公論』に「民族と階級と戦争」を発表、満洲事変を批判する。三三年三月十八日没。五十六歳。

[参考文献] 田澤晴子『吉野作造―人世に逆境はない―』(『ミネルヴァ日本評伝選』、二〇〇六、ミネルヴァ書房)、松本三之介『吉野作造』(二〇〇八、東京大学出版会)

(松井慎一郎)

よしのしんじ　吉野信次　一八八八―一九七一　大正・昭和期の商工官僚。一八八八年九月十七日、綿屋・宮城県古川町長吉野年蔵の三男として生まれる。一九一三年東京帝国大学法科大学法律学科卒、農商務省入省。二八年商工省工務局長、三〇年兼臨時産業合理局第二部長、三一年商工次官、三四年兼製鉄所長官。三六年に依願免官となり東北興業株式会社総裁となるまで腹心の岸信介らとともに産業合理化や統制経済を主導し、新官僚と呼ばれることもある。三七年第一次近衛内閣の商工大臣として賀屋興宣蔵相との間で財政経済三原則(生産力の拡充、国際収支の適合、物資需給の調整)を立て、産業五ヵ年計画とあわせて軍部の要求を国際収支の範囲内に収めようとしたが、日中戦争勃発のため三八年池田成彬に交替。同年満洲重工業開発株式会社副総裁、貴族院議員、四一年満洲国経済顧問、四三年愛知県知事。戦後公職追放となり、五三年から参議院議員、五五年運輸大臣、その後武蔵大学学長。七一年五月九日死去。八十二歳。長兄は東京帝国大学法科大学教授の政治学者吉野作造。

[参考文献] 吉野信次『商工行政の思い出―日本資本主義の歩み―』(一九六二、商工政策史刊行会)、同『おもかじとりかじ―裏からみた日本産業の歩み―』(一九六二、通商産業研究社)、吉野信次追悼録刊行会編『吉野信次』(一九七四)、寺岡寛「日本の政策構想をめぐって　吉野信次とその時代を中心に」一・二・三(『中京経営研究』九ノ二・一〇ノ一―二、二〇〇〇・〇一)

(松浦　正孝)

よつもとよしたか　四元義隆　一九〇八―二〇〇四　昭和期の右翼運動家。一九〇八年三月八日、鹿児島県に生まれる。第七高等学校造士館に入学後、池袋正釟郎とともに敬天会を組織、国家主義運動に関与し始める。二八年に東京帝国大学法学部に入学、上杉慎吉の七生社に入会。上杉の死後、安岡正篤の主宰する金鶏学院に入る。藤井斉の紹介で井上日召に会って深く共鳴し、池袋とともにいわゆる「血盟団」の一員となる。三二年の血盟団事件では牧野伸顕の暗殺を担当していたが実行前に逮捕され、翌年に懲役十五年の判決を受け服役。四〇年に仮出所、緒方竹虎の紹介で昭和研究会に参加していた佐々弘雄と出会い、その縁で近衛文麿の知遇を得る。戦時中は東条内閣に批判的であったが、四五年一月に緒方が大日本翼賛壮年団(翼壮)団長になったことを受け、翼壮理事に就任。戦後は公職追放を受けるが、吉田茂・中曽根康弘・細川護熙ら歴代の首相のブレーンとして活躍。二〇〇四年六月二十八日死去、九十六歳。

[参考文献] 立花隆『天皇と東大―大日本帝国の生と死―』上(二〇〇五、文藝春秋)、金子淳一『昭和激流四元義隆の生涯』(二〇〇九、新潮社)、中島岳志『血盟団事件』(二〇一三、文藝春秋)

(萩原　稔)

よないみつまさ　米内光政　一八八〇―一九四八　大正・昭和期の海軍軍人。一八八〇年三月二日岩手県生まれ。一九〇一年海軍兵学校卒(第二十九期)。一四年海軍大学校卒。第一次大戦時ロシア駐在、一七年帰国して佐世保鎮守府参謀。シベリア出兵では浦塩派遣軍司令部付・軍令部参謀を勤めた。二年半のベルリン駐在を経て、軍令部第三班長、第一遣外艦隊司令長官、佐世保・横須賀鎮守府司令長官などを歴任し、三六年連合艦隊司令長官。三七―三九年林銑十郎内閣・第一次近衛文麿内閣・平沼騏一郎内閣の海相。日中戦争に関し不拡大方針を支持。近衛内閣期の日独伊同盟問題では、攻守同盟化を危惧し英米協調を説いて締結を阻んだ。四〇年一月に組閣するが、独伊との連携を深める陸軍の倒閣運動により半年で総辞職した。戦局悪化の中、四四年小磯国昭と協力内閣を組織し海相に就任、その後鈴木貫太郎内閣・東久邇稔彦内閣・幣原喜重郎内閣で留任し、戦争早期終結と戦後処理にあたった。四八年四月二十日没。六十九歳。

米内光政

[参考文献] 高宮太平『米内光政』(『三代宰相列伝』、一九五八、時事通信社)、実松譲『海軍大将米内光政正伝―肝脳を国の未来に捧げ尽くした一軍人政治家の生涯―』(二〇〇九、光人社)

(山本　公徳)

よないみつまさないかく　米内光政内閣　海軍大将米内光政を首班とする内閣。一九四〇年一月十六日成立。阿部信行内閣が陸軍と衆議院の支持を失って総辞職した後、後継として近衛文麿、池田成彬、荒木貞夫らが挙がったが、内大臣湯浅倉平が中心となって米内を推薦し天皇もこれを支持し任命された。これは天皇とその側近が三国同盟締結に消極的であった米内を選択したものと考えられる。事実、米内、外相に起用された有田八郎、書記官長となった石渡荘太郎は、平沼騏一郎内閣において海相、外相、蔵相として三国同盟に反対したメンバーであった。内閣の方針は、ヨーロッパの戦争に介入せず日中戦争の処理を優先するものであり、それは阿部内閣と同様であったが、一月二十一日に浅間丸事件が起き反英世論が高まり、二十六日には日米通商航海条約が失効するなど外交的に厳しい状況が続いた。二月二日には衆議院で斎藤隆夫の反軍演説が政治問題化し三月七日に斉藤は議員を除名されるに至った。他方、三月三十日には南京に汪兆銘政権が樹立されたがこれは日本の傀儡政権で、日中戦争解決のパートナーとはなりえなかった。こうした情勢の中、ヨーロッパではドイツ軍の破竹の進撃が続き六月十四日にはパリが陥落した。このドイツの電撃戦の勝利に眩惑された陸軍内に三国同盟締結への強い要求が再燃した。さらに六月二十四日に近衛文麿が枢密院議長を辞職し新体制運動推進を表明したことが、この内閣の大きな障害となった。この時「バスに乗り遅れるな」といわれたように、近衛新体制による諸問題の解決を漠然と期待する空気が政界で広がり、米内内閣への逆風となった。陸軍はこの機に同盟締結に消極的な米内内閣を倒すため、畑俊六陸相を単独辞任させ後継陸相を出さないという手段に出た。この結果、内閣は七月十六日総辞職に追い込まれ、第二次近衛内閣が成立した。そして九月二十七日には三国同盟が調印された。こうして、日本はまた一歩戦争へと近づいた。

参考文献 遠山茂樹・今井清一・藤原彰『昭和史(新版)』(『岩波新書』、一九五九、岩波書店)、『実録首相列伝―国を担った男たちの本懐と蹉跌―』(二〇〇六、学習研究社)

(波田 永実)

よねやまうめきち 米山梅吉 一八六八―一九四六 明治から昭和の銀行家。一八六八年二月二十六日(慶応四年二月四日)、江戸で和田家に生まれ、八七年米山家の養子となる。沼津中学などに学んだ後渡米し、シラキュース大学などで学ぶ。九七年三井銀行に入社、九八―九九年銀行業務調査のため欧米に出張し『欧米出張員報告書』(共著)を著す。一九〇九年常務取締役(二三年辞任)。本格的信託会社設立を構想し、二四年三井信託を創立、初代社長に就任(三四年辞任)。信託協会の初代会長を務め、信託業の定着に貢献。団琢磨暗殺後の「財閥転向」策の一環として三四年に設立された三井報恩会の初代理事長に就任し、社会事業ならびに文化事業に対する支援事業を統率(四四年辞任)。金融制度調査会委員、貴族院勅撰議員、青山学院緑岡小学校校長なども務めた。また、日本へのロータリー=クラブ導入にも尽力。著書に『米山梅吉選集』。四六年四月二十八日死去。七十九歳。

参考文献 『米山梅吉伝』(一九六〇、青山学院初等部)

(吉川 容)

よびえき 予備役 現役を終えた者が服する兵役。一九二七年の兵役法における服役年限は、陸軍五年四ヵ月、海軍四年。予備役を終えた者は後備役に服した。四一年十一月以降は後備役の廃止に伴い陸軍十五年四ヵ月、海軍十二年に服役年限が延長された。→現役(げんえき) →後備役(こうびえき)

参考文献 防衛庁防衛研修所戦史部編『陸海軍年表』(『戦史叢書』一〇二、一九八〇、朝雲新聞社)、加藤陽子『徴兵制と近代日本 一八六八―一九四五』(一九九六、吉川弘文館)

(松田 英里)

よぼうこうきんせいど 予防拘禁制度 ⇨思想犯保護観察法(しそうはんほごかんさつほう)

よんしきじゅうばくげきき 四式重爆撃機 ⇨飛龍(ひりゅう)・四式重爆撃機(よんしきじゅうばくげきき)

よんしきせんとうき 四式戦闘機 ⇨疾風(はやて)・四式戦闘機(よんしきせんとうき)

ら

ライシャワー Edwin Oldfather Reischauer 一九一〇―九〇 アメリカの日本研究者。駐日大使(一九六一―六六年)。一九一〇年十月十五日宣教師の子として東京に生まれ、十六歳まで日本で育つ。ハーバード大学で東洋学を専攻。三八年から同大学で東洋言語学と日本史などを教えた。日米開戦後の四二年陸軍の暗号解読に携わり、翌年少佐として同参謀部で日本軍の暗号解読と心理戦などの対日情報戦に従事した。四五年の対日戦後は国務省極東小委員で天皇制や朝鮮半島に関する政策立案などを担当。占領下の日本にも使節団の一員として来てマッカーサーとも会談した。五〇年代半ばから六三年までハーバード燕京研究所所長。「六〇年安保」後、駐日大使として着任。日米の「対等」な関係をきずくため精力的に活動。多方面の日本人と交流を深めた。帰国後も知日家として多くの日本研究書を出版。江戸時代からの研究で日本近代史に新しい見方を提示した。九〇年九月一日死去。七十九歳。

参考文献 E・Oライシャワー『太平洋の彼岸―日米関係の史的検討―』(高松棟一郎訳、一九五五、日本外政学会出版局)、同『日本近代の新しい見方』(『講談社現代新書』、一九六五、講談社)、同『ザ・ジャパニーズ』(国弘正雄訳、一九七九、文藝春秋)、同『ライシャワーの日本史』(国弘正雄訳、一九八六、文藝春秋)、同『ライシャワー自伝』(徳岡孝夫訳、一九八七、文藝春秋)

(荒 敬)

らいでん 雷電 海軍の局地戦闘機。防空用の戦闘機として、三菱重工業が開発。敵爆撃機を迎撃するため、上昇力、高高度性能を重視して設計。一九四四年、制式採用。エンジン一八〇〇馬力×一。最大速度三三〇ノット(時速六一一キロ)。B29爆撃機による本土爆撃に対して、迎撃の主力となったが、B29爆撃機の高高度飛行に対抗できる十分な性能はなかった。性能向上のため、戦争末期には、高高度飛行できる排気タービンを装備する改造が試みられたが、試作段階で終戦を迎えた。

参考文献 松岡久光『みつびし飛行機物語(改訂重版)』(二〇〇三、アテネ書房)　(水沢　光)

ラウレル José Paciano Laurel　一八九一―一九五九　フィリピンの政治家、日本占領期に発足したフィリピン共和国大統領。一八九一年三月九日にバタンガス州タナウアン町の政治家の一族に生まれる。国立フィリピン大学法学部卒業、米国のエール大学で法学博士号を取得後、内務長官、フィリピン議会上院議員、最高裁判所判事などを歴任。この間三八年に東京帝国大学から法学の名誉博士号を授与された。日本軍政部が四二年一月に設置した比島行政府では司法部長官、内務部長官を務め、四三年十月にフィリピン共和国大統領に任じられた。四四年九月二十一日、日本軍の圧力に抗しきれず対米英戦争状態を宣言。戦局の悪化に伴い四五年四月に日本へ脱出し、八月十七日に奈良市でフィリピン共和国の終了を宣言した後に米軍に拘束され、横浜と巣鴨拘置所に収監、翌年七月に帰国した。帰国後、対日協力の罪で訴追されたが、四八年にロハス大統領の特赦で赦免されると、五一年に上院議員として政界に復帰した。五七年に政界を引退。五九年十一月六日、死去。六十八歳。

参考文献 『ホセ・P・ラウレル博士戦争回顧録』(山崎重武訳、一九八七、日本教育新聞社)、リカルド・T・ホセ「信念の対決―『ラウレル共和国』と日本の戦時外交関係一九四三～一九四五年―」(池端雪浦、リディア・N・ユー＝ホセ編『近現代日本・フィリピン関係史』所収、二〇〇四、岩波書店)、Tedoro A. Agoncillo, *The Burden of Proof: The Vargas-Laurel Collaboration Case* (Quezon City, 1984, University of the Philippines Press)　(内山　史子)

ラジオたいそう　ラジオ体操　正式名称を国民保健体操という。一九二八年に昭和天皇即位の大礼記念事業の一つとして逓信省簡易保険局によって企画され、文部省、日本放送協会の協力を得てつくられた。ラジオ放送に合わせて行うことからラジオ体操と呼ばれるようになった。アメリカのメトロポリタン生命保険会社が実施していた保健体操を参考に提案したものといわれる。二八年十一月一日に東京中央放送局の放送によって開始され、三〇年代に入って全国放送となった。江木理一アナウンサーの号令にのせた簡易な体操は、ラジオの普及期と重なったことに加え、簡易保険局の宣伝・普及活動、学校での指導、ラジオ体操の会の拡大などによって国民的な体操へと成長していった。戦時期には国民心身鍛錬運動、健民運動、健民修錬事業などの施策で用いられたように、「健康報国」を表象するものとして奨励され、植民地や占領地でも実践された。終戦後は中止されたが、四六年四月には二代目ラジオ体操が作られた(四七年八月で中止)。五一年には三代目が作られ、この体操が現在まで愛好されている。

→国民心身鍛錬運動

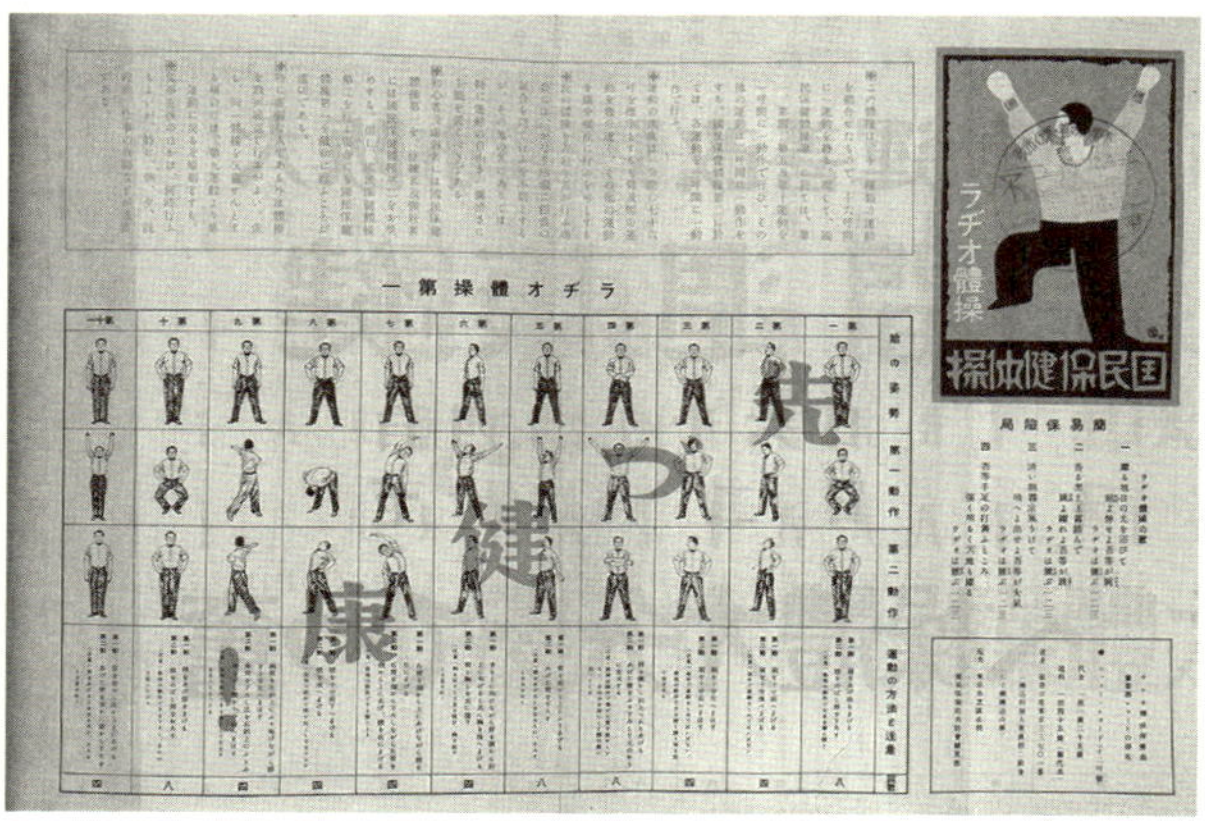

パンフレット「ラヂオ体操図解」

参考文献 高橋秀実『素晴らしきラジオ体操』(一九九八、小学館)、黒田勇『ラジオ体操の誕生』(『青弓社ライブラリー』、一九九九、青弓社)、『いつでも、どこでも、だれでも―ラジオ体操七五年の歩み―』(二〇〇四、簡易保険加入者協会)　(佐々木浩雄)

ラバウルこうりゃくせん　ラバウル攻略戦　一九四二年一月四日から二月六日にかけて実施された作戦。海軍は、艦隊泊地としてのトラック島の航空防衛およびオーストラリア方面に対する防衛拠点としてラバウルに航空基地を造る計画をもっていた。海軍としては、遠からず攻略作戦を実施したいとの考えから、開戦前から陸軍に協力を申し出ていたが、当初参謀本部では、ラバウルがあまりに遠いことを理由に、作戦協力に難色を示したが、結局グアム攻略後の南海支隊をラバウル攻略にあてることとなった。開戦後の四二年一月当初よりトラック島から航空攻撃を加えていた。二十日からは機動部隊を出して本格的な攻撃を加えたが、実質的な反撃は少なかった。一月二十三日に至り、陸海軍協同で、ラバウル東方および南方海岸に上陸を決行。オーストラリア軍は日本軍の上陸地点にいなかったために大きな抵抗もなく、昼前には市街地と飛行場を占領した。以後ラバウルは海軍最大の航空基地として航空作戦の中心となった。

参考文献 防衛庁防衛研修所戦史室編『中部太平洋方面海軍作戦』一(『戦史叢書』三八、一九七〇、朝雲新聞社)　(林　美和)

ラモス Benigno Ramos　一八九三―?　フィリピンの

ジャーナリスト、政治運動家。一八九三年、ブラカン州で生まれ、州政府職員や小学校教師を務めた後、一九一七年にフィリピン議会上院に職を得ると、上院議長ケソンの演説会のタガログ語弁士として活躍した。三〇年、マニラの高校で発生した学生ストライキを支持してケソンと対立して職を辞し、タガログ語新聞『サクダル』を創刊。米国追従政治の批判、即時完全独立、地主支配の打破を主張して三三年に民族主義政党サクダル党を結成した。三四年十一月から日本に滞在し、国粋主義者らに三五年サクダル党蜂起への支援を求めたが実現せず、三八年八月に帰国してガナップ党を結成した。日本占領期には日本軍に積極的に協力し、カリバピの宣伝局長として日本軍への協力を呼びかけた。四四年十二月、旧ガナップ党員を中心にマカピリを結成。同月末、日本軍とともにルソン島北部に退避し、さらに後方山地へ撤退途中の四五年五月以降に、ヌエバ＝ビスカヤ州内で死亡したものとみられる。 →マカピリ

参考文献 寺見元恵「日本軍に夢をかけた人々―フィリピン人義勇軍―」(池端雪浦編『日本占領下のフィリピン』所収、一九九六、岩波書店) (内山 史子)

らんいん 蘭印 ⇨蘭領東インド

らんいんさくせん 蘭印作戦 戦争初期における日本軍による蘭領東インドの占領作戦。蘭印は石油を産する南方資源地帯の最重要地域であるため、日本軍は、英領マレーとフィリピン要地の攻略後、それらを足場にして第十六軍(司令官今村均中将、第二・第三十八・第四十八師団・坂口支隊を基幹とする兵力五万五千人)をもってなるべく速やかにスマトラ・ボルネオを確保し、その後ジャワを東西から制圧する構想であった。一九四一年十二月に攻略したばかりのミンダナオ島ダバオから出撃した坂口支隊(歩兵第百四十六連隊を基幹とする兵力五千二百人)は、四二年一月十一日、蘭領ボルネオの油田地帯タラカンに上陸、十三日に同地を占領、その後、ボルネオ東岸のバリクパパン、バンジェルマシンに飛び石上陸し、二月十日までにこれらの地域の油田・飛行場を占領した。また、第三十八師団の東方支隊と海軍部隊は、二月二十日までにセレベス・アンボン・チモール・バリの諸島を占領、その際、海軍空挺部隊は、一月十一日にはセレベス島メナドに、二月二十日にはチモール島クーパンに落下傘降下作戦を実施した(メナドへの降下は日本軍初の空挺作戦)。この間、第三十八師団はスマトラに油田地帯と航空基地奪取をめざして進攻し、二月十四日には陸軍第一挺進団(三百二十九人)が最重要油田地帯であるパレンバンに落下傘降下して油田・製油所・飛行場を占領した。第十六軍の主力は、三月一日、ジャワ島に上陸した。ジャワ島を防衛する連合軍は、蘭印軍六万五千人、米英豪軍一万六千人の計八万一千人を擁したが、戦闘準備が整っておらず、組織的な抵抗ができないままに九日に降伏した。蘭印作戦における日本軍の損害は戦死八百四十人、負傷約千八百人、連合軍の捕虜は約九万三千人にのぼった。日本軍が当初、作戦期間を百二十日と想定したが、九十二日で終了したのは、日本側が制空権・制海権を掌握した上に、連合軍側の準備未完に乗じることができたからである。 →蘭領東インド

蘭印作戦 ジャワ島の鉄橋を復旧する工兵隊

参考文献 防衛庁防衛研修所戦史室編『蘭印攻略作戦』(『戦史叢書』三、一九六七、朝雲新聞社) (山田 朗)

らんいんせきゆ 蘭印石油 アジア・太平洋戦争は、石油に始まり石油に終わったといわれるほど、石油問題は重要であった。開戦に至った原因の一つは、日本の中国侵略に抗してアメリカが石油等の対日輸出制限を行なったため、不足分を蘭印(現在のインドネシア)などから獲得することであった。そのことは開戦後の蘭印に対する最初の攻撃地点がタラカンやパレンバンなど重要な油田地域であったことからも伺える。当初は平和的な手段での獲得を試み、一九四〇年九月から蘭印政府との間で買油交渉と鉱区獲得交渉を進めたが、蘭印はこれに応じず、ボルネオ島のサンクリラン地区における採掘だけを認めるにとどまり、日蘭会商は四一年五月打ち切りとなった。開戦直後の四一年十二月十六日に策定された「南方経済対策要綱」では「開発の重点を石油に置き、資金、資材等の優先配当……」と決められていた。多くの油田が連合軍側によって退却時に破壊されたが、それを接収した日本軍は多数の人材を投入して復旧を図り、開戦一年目には当初見込みの五倍の石油を日本へ還送することに成功した。しかし、その後タンカーはもちろん、多くの船舶が破壊されて輸送力が衰えたため、四四年から還送量は激減し、ついに四五年にはゼロになった。日本へ運べないため、採油された石油は現地で焼却処分されたり、捨てられたりした。 →石油 →日蘭会商 (倉沢 愛子)

らんりょうひがしインド 蘭領東インド 現在のインドネシアの領域にほぼ該当する地域を、戦前はオランダが支配していたため、このように呼ばれていた。「蘭印」の略称が使用された。多くの人口を抱え、豊富な地下資源やプランテーション作物の産地であった。これらの資源や輸出用作物は、蘭・英・米などの資本により開発・生産されていた。日本との関係では、一九三〇年代に日本の綿製品輸出をめぐって、開戦直前の四〇年には石油、ボーキサイトなどの原料資源の輸入や採掘事業参入をめぐって、経済交渉(日蘭会商)が行われた。アジア・太平

洋戦争開戦後、日本軍に占領され、三つの地域に分けられて軍政が行われた。ジャワは陸軍第十六軍が、スマトラは陸軍二十五軍が、セレベス・ボルネオおよび残りの地域は海軍が担当した。日本の敗戦直後にスカルノらにより独立宣言がなされ、四年におよぶ独立戦争を経て、四九年十二月にオランダから主権の委譲を受け、インドネシア共和国として完全独立した。

参考文献 満鉄東亜経済調査局編『蘭領東印度』(『南洋叢書』一、一九三七、慶応書房)、倉沢愛子「インドネシア」(吉川利治編『近現代史のなかの日本と東南アジア』所収、一九九二、東京書籍)、安達宏昭『戦前期日本と東南アジア―資源獲得の視点から―』(二〇〇二、吉川弘文館)

(安達 宏昭)

り

りおうぎん 李王垠 ⇩李垠(イウン)

りかがくけんきゅうじょ 理化学研究所 戦前、戦後を通して日本を代表する科学研究所。第一次大戦による工業製品の輸入途絶に対処するため、渋沢栄一の尽力で政府補助金と帝室下賜金を獲得し、また民間からの寄付金を募って一九一七年三月に創立。しかし大戦による物価高騰と寄付金募集難によって財政破綻に陥り、二一年大河内正敏が所長に就任することで持ち直した。大河内は「主任研究員制度」を導入して研究体制を再建し、他方で研究所の特許を自力で工業化して財政難を克服した。この結果誕生したのが理研コンツェルンで、三九年には研究所総収入の八〇%強は同コンツェルンからであった。大河内の所長就任時百三十二名であった所員数は、四〇年には千八百五十八名に成長し、世界有数の大研究所となった。戦時下軍からの委嘱研究で著名であるが、大河内は基礎研究重視の方針を貫いた。四八年株式会社科学研究所となり、五八年特殊法人理化学研究所となり、今日に至っている。 ↓大河内正敏(おおこうちまさとし) ↓理研(りけん)コンツェルン

参考文献 『自然』三三ノ一三(特集「理化学研究所六十年のあゆみ」、一九七八)、齋藤憲『大河内正敏―科学・技術に生涯をかけた男―』(『評伝・日本の経済思想』、二〇〇九、日本経済評論社)

(齋藤 憲)

リカルテ Artemio Ricarte 一八六六―一九四五 フィリピン革命の軍事的指導者。一八六六年十月二十日、北イロコス州バタック町で生まれる。サント＝トマス大学、師範学校などで学び、九〇年にカビテ州に小学校教師として赴任。九六年にスペインからの独立を目指すカティプーナンに入会してフィリピン革命に参加、九七年に革命軍総司令官、九九年に独立を宣言したフィリピン共和国の国軍最高司令官に任じられた。一九〇〇年七月に米軍に逮捕され、グアムに流刑。〇三年に帰国するも米国に対する忠誠を拒み、香港へ追放される。同年末にフィリピンに密航して翌年逮捕され、約六年後に釈放されたが、再び米国への忠誠を拒んで香港へ追放。一五年に日本へ亡命して横浜に居住し、東京の海外殖民学校でスペイン語を教えるなどした。四一年十二月に日本軍とともに帰国し、日本軍の宣撫工作に関与した。四五年七月三十一日、ルソン島北部のイフガオ準州フンドゥアンで病死。七十八歳。

参考文献 池端雪浦「フィリピンにおける日本軍政の一考察―リカルテ将軍の役割をめぐって―」(『アジア研究』二二ノ二、一九七五)

(内山 史子)

りくうんとうせいれい 陸運統制令 一九四〇年二月一日に、国家総動員法の委任勅令として陸上輸送業界の戦時統制を目的に公布された法令。当初から政府に委任勅令として多くの権限を付与し、翌四一年十一月改正で政府主導の地方鉄道、軌道、自動車の管理、使用や譲渡、合併に関わる統制規定を明確化し、その権限を強化した。特に各地域に乱立した自動車事業者の整理・統合の促進に寄与した。その目的は当初から陸上交通運輸全般を計画化して重要物資の優先輸送体制を確立することにあったが、前述の改正はガソリン消費規制強化で自動車輸送を断念し、鉄軌道輸送依存体制による計画化へ転換する点にあった。当時の業界では、一般に本令を戦時緊急措置による国家管理と位置づけ、事業者保護を目的にした陸上交通事業調整法と峻別すべきとする立場であったが、実際の統制や政策では両者の混同が少なくなかった。また、本令を基礎に四二年に重要産業団体令にもとづき鉄

道同志会を鉄道軌道統制会へ改変した。↓交通統制

参考文献 大槻信治『交通統制論―特に陸上交通に就て―』(一九四三、岩波書店)、鈴木清秀『交通調整の実際』(一九五四、交通経済社)　(三木 理史)

りくぐんきねんび　陸軍記念日　日露戦争の戦勝を記念して陸軍省で定めた記念日。日露両軍が最大の兵力を集中させた奉天会戦で日本軍が奉天を占領した一九〇五年三月十日に定め、翌年一月二十五日に制定して以後毎年実施された。三八年の『陸軍読本』によると、「満洲の野に尊き血潮を注いだ幾多戦没者の英霊を慰め、併せて軍隊の士気を振起する」日とある。昭和の戦前期には例年東京で偕行社が主催して天皇も列席しての記念式典、戸山学校軍楽隊の行進が行われたほか、各地で各種の団体、学校が記念式典を開催した。このような「軍事的空間の具象化」として、たとえば三四年の高田では「暁の市街戦」と称して市内の目抜き通りを会場に模擬市街戦が繰り広げられ、多くの市民が観戦した。日中戦争後しばらくは連合運動会や旗行列は行われていたが、祝宴はなく、次第に催しものも必勝報国の覚悟を新たにするものに変わるなど、戦時色が強まった。↓海軍記念日

参考文献 河西英通「地域の中の軍隊」(『(岩波講座)アジア・太平洋戦争』六所収、二〇〇六、岩波書店)　(河西 英通)

りくぐんぐんいがっこう　陸軍軍医学校　一八七三年、東京の軍医寮学舎で軍医志願者を教育したのが起源。八六年陸軍軍医学舎を創立、八八年軍医学校と改称し、はじめて「陸軍軍医学校条例」を制定(以後、昭和年代までたびたび改定)、医科大学・医学専門学校卒業の軍医志望者を軍医生徒として、また軍医部下士官を教育した。陸軍大臣の所管に属し、軍政系教育の最も重要な学校であった。戦闘に必ず伴う死傷者の治療、平時の演習時のけがや日常の疾病にも対処する(一般国民も受けいれた)実施学校の性格も合わせもった。また徴兵検査(海軍は陸軍に委託)に必要な「選兵医学」の研究、徴兵検査の立会い(合否判定など)も重要な任務であった。一九三六年の学校令では「衛生部の勤務に必要なる諸般の学術を修得せしむ」とあるが、外科を中心とする「軍陣医学」といわれる独特の分野を担任した。学生には甲種(軍医大中尉)、乙種(初任の中少尉)、丙種(衛生部少尉候補者)、丁種(衛生部下士官)の四種があった。歴代の校長では森鷗外(本名林太郎、第七代と十二代、明治中期から後半期)が最も著名。『軍医団雑誌』(前身は『陸軍軍医学会雑誌』)を定期的に発行していたことも特色である。敗戦に伴う史料(公文書など)の焼却や散佚がほとんどの部門であったが、旧陸軍と現在の陸上自衛隊(防衛医大)とのつながりを資料的に立証できるのは、この衛生部門だけだといわれている。

参考文献 『陸軍軍医学校五十年史(復刻版)』(一九八八、不二出版)　(高野 邦夫)

りくぐんけいほう　陸軍刑法　⇨軍刑法

りくぐんこうくうしかんがっこう　陸軍航空士官学校　陸軍の航空科(海軍では飛行科)の将校を補充・養成する学校。ライト兄弟が史上初の滞空飛行に成功したのは一九〇三年であったが、飛行機が戦争に登場するのははやくも第一次世界大戦(一九一四―一八年)であった。航空科将校の養成は「手間・暇・金」がかかるため常に後手後手になりがちであったが、先鞭をつけたのは陸軍であった。第一次大戦後、世界的な軍・兵器の近代化のなかで日本でも初の飛行連隊が編成され、二五年五月、航空兵科が独立して本格的な取組みが開始された。同年十月、半年の飛行連隊勤務を終えた航空兵科士官候補生が陸軍士官学校本科に入学した。初期の本科教育は基礎的なものにとどまり、戦技・爆撃・偵察・通信・整備などの専門教育は明野陸軍飛行学校など各地の飛行学校で行われた。三七年十月、陸士本校が市ヶ谷台から座間(神奈川県)に移転した際、同校の分校を所沢(埼玉県)に設け、航空関係の教育はここで専門的に行うことになった。この分校はのちに豊岡町(同)に移転、三八年十月陸軍航空士官学校と改称すると同時に、陸士から分離・独立、もっぱら航空兵科将校の教育を担任することになった(修武台と命名)。同年十二月、教育総監部から陸軍航空総監部が分離・独立するとその管轄下に入った。航空士官候補生の修学期間は二年四ヵ月、少尉候補者たる学生の修学期間はおおむね一年であったが、実際には短縮教育となっていった。日米戦争の開戦後、一般兵科に対して航空兵科の定員が大拡張され、敗戦時には陸士本校を大幅に上まわる在校生がいた。また敗戦直後、継戦を主張する不穏な動きがあり、一部では実際の行動にはしった者がいたのも陸軍三校のなかで航士だけだった。↓陸軍士官学校

参考文献 『日本航空史―陸軍海軍航空隊の全貌―』(『別冊一億人の昭和史　日本の戦史』別巻三、一九七九、毎日新聞社)　(高野 邦夫)

りくぐんこうくうたい　陸軍航空隊　陸軍に所属した航空部隊。当初、航空部隊の関係者は、歩兵、工兵、砲兵、輜重兵から構成されていた。日本陸軍における航空機の初飛行は一九〇七年である。第一次世界大戦の際には、航空機が青島攻略戦に参加している(一四年)。航空隊の任務は偵察が主であったが、青島攻略戦では、戦闘・爆撃のようなものも行われていた。一五年には、千四百人の航空大隊が組織された。航空隊の最小単位は中隊(九もしくは十二機の編隊)である。航空隊の組織は、航空兵団(軍に相当)、飛行集団(師団に相当)、飛行団(旅団に相当)、飛行連隊などの形式で構成されていた(以上、三八年時の陸軍航空隊の構成に基づく)。四二年には、飛行師団と航空軍が設置され、四四年にはグライダーを利用した挺進集団も作られている。なお、日本の敗戦が間近となった四五年四月には、本土決戦準備の一環として、陸軍の航空兵力を統轄する航空総軍が置かれた。日本陸軍での航

空隊の整備は、他国のそれに比して遅れていた。二五年のいわゆる宇垣軍縮の影響を受け、航空隊の拡充が図られているが、その内容は、二つの飛行連隊創設と、航空兵科の独立というものであった。航空兵科の独立については、波紋を呼んでいたが、陸軍士官学校三十九期以前は転科により航空兵科の将校に任官し、同学校四十期以降は当初から航空兵科として任官している。なお陸軍中央での航空軍備の位置付けも、必ずしも充分なものとはいえなかった。たとえば、三八年に天皇直隷の機関として陸軍航空総監部が創設され、航空隊の教育を担うことになったが、航空総監はいわゆる三長官の区処を受けるものとされ、陸軍航空本部長との兼任であった。

参考文献 百瀬孝『事典昭和戦前期の日本—制度と実態—』(一九九〇、吉川弘文館)　(宇田川幸大)

りくぐんこうくうほんぶ　陸軍航空本部　陸軍の航空に関する業務を担当した部局。一九二五年に設置。三六年から陸軍省の外局となった。航空本部長は陸軍大臣の指揮下にある役職で親補職にする方法がなかったため、飛行集団長(親補職)などが設置されると、統率上の問題が生じた。なお、陸軍航空総監部(三八年設置)の長(陸軍航空総監)は、陸軍航空本部長と兼職であった。

参考文献 百瀬孝『事典昭和戦前期の日本—制度と実態—』(一九九〇、吉川弘文館)、秦郁彦編『日本陸海軍総合事典(第二版)』(二〇〇五、東京大学出版会)　(宇田川幸大)

りくぐんこうしょう　陸軍工廠　⇨造兵廠

りくぐんさんちょうかんかいぎ　陸軍三長官会議　日本陸軍で行われた、将官人事を決定するための会議。一九一三年の軍部大臣現役武官制改正(予後備役への資格拡大)への対応として、将官人事は陸軍大臣・参謀総長・教育総監(陸軍三長官)の合意を要すると規定された。三五年に真崎甚三郎教育総監の更迭が政治問題化したため、二・二六事件後の現役武官制復活と併せて廃止が合意されたが、実際にはその後も開催され続けた。

参考文献 筒井清忠『昭和十年代の陸軍と政治—軍部大臣現役武官制の虚像と実像—』(二〇〇七、岩波書店)、竹山護夫『昭和陸軍の将校運動と政治抗争』(『竹山護夫著作集』四、二〇〇八、名著刊行会)　(中野　良)

りくぐんさんぼうほんぶ　陸軍参謀本部　⇨参謀本部

りくぐんしかんがっこう　陸軍士官学校　陸軍の正規現役兵科将校の補充・養成の機関(学校)で、陸士と略称する。陸軍予科士官学校・陸軍航空士官学校とあわせてこの三校を陸士と総称する場合が多い。起源は一八六八年、京都に創設された兵学校。七四年十月、陸軍省管轄下に入り「陸軍士官学校条例」により正式に発足、一九四五年九月末廃校。この間七十一年間に、士官生徒十一期千二百八十五名を含めて六十一期まで約五万千五百人が学び、参謀総長から第一線の小隊長まで、海軍兵学校と並んで戦前日本の戦争に最も重大な役割を果たした軍学校である。入学者は地方と中央幼年学校計五年の幼年学校出身者と、中学校卒で陸軍将校を志願して陸軍士官学校予科に入校する二本建てのコースがあった。幼年学校出身者は無試験で、中卒者は同校四学年修了程度の学力で受験したが、学歴は問われず、学費は無料であった。一八七〇年六月、陸軍幼年学校の起源であり仏語の伝習を目的とする横浜語学所、七一年十一月には日本最初の沼津兵学校(旧徳川幕府設立)をそれぞれ接収・合併した。七八年六月、新築なった市ヶ谷台に移転完了、この史実から陸士を市ヶ谷台と呼ぶ。一九四六—四八年この講堂で極東国際軍事裁判(東京裁判)が行われたが、現在でもこの講堂だけ当時のまま保存・公開されている。一八八七年士官候補生制度となったが、一九二〇年、陸士は本科と予科(旧中央幼年学校)に分かれ、三七年予科は入学者の増加とともに予科士官学校として分離・独立、さらに四一年朝霞(埼玉県)に移転して振武台と称した。また戦力の増強のため所沢(同)に三七年七月分校を開設(航空科)、陸軍航空総監部が独立したのに伴い、三八年十月航空士官学校となった(修武台)。陸士本校も三七年座間(神奈川県)に移転した(相武台)。陸士本校では各兵科に分かれて一年八ヵ月の軍事学の教育・訓練をうけ(第五十五期生から短縮教育)、見習士官を経て陸軍少尉に任官した。陸士の教育は素人を一人前の軍人に仕立てあげる初級教育であると同時に、兵の練兵、戦闘の指揮命令ができる完成教育でもあった。教育組織は中隊ごとに組織、さらに三十人程度の同学年生から成る区隊が基礎組織であり、「切磋琢磨」と称する相互の腕力行使が半ば公然と認められていた。　→士官候補生　→陸軍航空士官学校　→陸軍予科士官学校

陸軍士官学校(神奈川県座間)

参考文献 『陸軍士官学校』(一九六九、秋元書房)、『陸士・陸幼』(『別冊一億人の昭和史　日本の戦史』別巻一〇、一九八一、毎日新聞社)、陸軍予科士官学校高等官集会所

『振武台の教育(復刻版)』(一九六七、鵬和出版)
(高野　邦夫)

りくぐんじゅうほうへいがっこう　陸軍重砲兵学校　砲兵科のなかで特に重砲をとり扱う将校と下士官を教育・訓練した実施学校。口径一〇〇ミリ以上で射程一〇キロ以上のカノン砲をとくに重砲といい、陸軍最大の火力を誇った。馬十六頭で牽引する部隊もあったが、通常砲はトラクターで牽引、兵員はトラック編成で移動した。一八八九年、国府台(市川市)に要塞砲兵幹部練習所が創設され、九六年改編して要塞砲兵学校となり、翌年神奈川に移転、一九〇七年陸軍重砲兵射撃学校と改称、二二年陸軍重砲兵学校となった。三三年下士官候補者隊を、三九年幹部候補生隊を編成し教育にあたる。四二年、少年重砲兵生徒隊を設けた。ここでは絶対音感教育など特殊な教育が行われた。四三年、重砲兵学校は横須賀、富士駒門、三保の三ヵ所に分かれた。重砲には要塞(本土防衛用)・野戦・攻城の三種があるが、後者の二種はノモンハン事件、比島戦などで大きな役割を果たした。
(高野　邦夫)

りくぐんしょう　陸軍省　陸軍の編制・装備を担当する軍政機関。参謀本部とともに陸軍中央を構成し、平時には陸軍の最高軍政機関として最も重要な役割を果たした。明治憲法下では、第一二条の「天皇は陸海軍の編制及常備兵額を定む」との規定に基づき、軍政面において天皇を補佐することを役割とする。最高責任者は陸軍大臣(陸相)。歴史的には、一八七二年に設置されたが、この時は軍政・軍令の一元的統括機関だった。だが、七八年の参謀本部設置によって、軍政部門のみの統括機関となった(最高責任者は陸軍卿)。八五年内閣制度の創設により、陸軍省の最高責任者は陸軍卿から陸軍大臣に名称変更され、国務大臣として閣僚の一員となった。同時に、陸軍省も、各省の一つとして閣議の拘束を受けることとなった。組織的には、創設以来何度かの改変がなされ、一九三六年八月時点で、次のような構成となった。陸軍省全体として、大臣官房と軍務局、人事局、兵務局、整備局、兵器局の五局を中心に、経理局、医務局、法務局などの局からなり、各局に複数の課が置かれた。軍務局では軍事課が、人事局では補任課が、兵務局では兵務課などが主要なものといえる。そのほか、陸軍航空本部、陸軍技術本部、陸軍兵器廠、陸軍被服廠、軍馬補充部などが陸軍省管轄下に置かれていた。それら陸軍省組織のなかで最も中心的な位置を占めるのが軍務局で、なかでも軍務局軍事課が予算編成とその配分について実質的な権限をもち、軽視し得ない発言力をもっていた。また人事局も、陸軍省のみならず、参謀本部、教育総監部を含めた陸軍人事の実務を担う重要部局だった。陸軍大臣は閣僚の一員として閣議に列席し、政治的にも重要な役割を果たしたが、陸軍省組織を構成するそれぞれの陸軍軍人は、「軍人勅諭」によって政治関与を禁じられていた。だが、満洲事変以後、陸軍の政治的発言力が増大していくとともに、陸軍軍人の政治関与が事実上拡大していく。敗戦後の四五年十一月三十日に廃止され、第一復員省となった。

参考文献　松下芳男『明治軍制史論(改訂版)』(一九六八、国書刊行会)、百瀬孝『事典昭和戦前期の日本―制度と実態―』(一九九〇、吉川弘文館)、秦郁彦編『日本陸海軍総合事典』(一九九一、東京大学出版会)、藤田嗣雄『明治軍制』(一九九二、信山社)
(川田　稔)

りくぐんしょうぐんむきょく　陸軍省軍務局　陸軍軍政機関である陸軍省の中枢部局で、陸軍軍政関係の中心的な実務と政策立案に携わった。一八九〇年に設置(明治初期の軍務局とは内実を異にする)。実務的には、編制・動員計画・戒厳・軍規・徴兵などを担当し、昭和初期には、軍事課、兵務課、徴募課、馬政課などから構成されていた。軍事課が最も中心的な部署で、予算の編成・配分に強い発言力をもち、陸軍省のみならず、陸軍全体に大きな影響力をもっていた。その後、一九三六年軍務局から兵務局が独立、兵務課、馬政課などは兵務局に移り、軍務局は軍事課と軍務課で構成されるようになった。軍事課は予算を含め軍内部の実務事項を担当し、軍務課は、陸軍の政策立案や議会など外部機関との対応を担当した。軍務局トップは軍務局長で、任用資格は中将もしくは少将とされたが、実際はほとんどが少将。昭和期の代表的な軍務局長として、統制派の指導者として知られる永田鉄山、日米開戦時に重要な役割を果たした武藤章などがいる。

参考文献　松下芳男『明治軍制史論(改訂版)』(一九六八、国書刊行会)、秦郁彦編『日本陸海軍総合事典』(一九九一、東京大学出版会)
(川田　稔)

りくぐんしょうねんひこうへい　陸軍少年飛行兵　海軍飛行予科練習生に相当する陸軍の航空科の少年兵。海軍の予科練に遅れること三年半の一九三三年四月に、勅令六八号の「所沢飛行学校令」の改正により創設、四〇年四月から正式に少年飛行兵と呼ばれるようになった。陸海軍の対立・抗争はあらゆる面でみられたが、優秀な少年の奪い合いでも予科練とはりあった。発足の第一期生から四五年八月の第二十期生まで約四万五千人、四三年からの特乙種の一万五千人を含めて約六万人が入隊、戦没者は四千五百二十三名といわれる。志願資格はたびたび変更されたが、高等小学校卒から中学一、二年程度の学力を持つ十五―十九歳(のちに十四―十七歳)で、三七年十月に開校した東京陸軍航空学校に入校し約一年の基礎教育をうけた。同校は四三年四月、東京陸軍少年飛行兵学校と改称して独立、のちに大分・大津にも同名称の学校が設けられた。この三校が第一次校で一年(のち八ヵ月に短縮)の基礎教育を施し、第二次校として各地の陸軍飛行学校で二年の飛行教育をうけ、伍長に任官、各地の教育部隊・実戦部隊に配属された。予科練が操縦・偵察要員の養成を主としたのに対して、操縦・偵察のほか整備・技術・通信も重視され、操縦生徒は二年、技術生徒は三年岐阜陸軍航空整備学校で教育された。日中全面戦争の開始に伴い、年二回の採用となり、実戦に参加したのは四四年七月卒の第十五期生までだが、敗戦時には約半数が在校していた。予科練同様、特操とならんで陸軍特別攻撃隊の主力となった。たとえば五機編隊の場合、編隊長は航士出身の正規将校だがほかの四機はそれぞれ特操二機、少年飛行兵が二機であった。特攻隊は陸海軍とも主力は学徒兵と少年兵で占められていた。これはアジア・太平洋戦争の末期における冷厳な事実である。ほかの少年兵教育の場合も同様だが、基本は精神教育重視、普通学軽視の大量短期速成教育であったといえる。

[参考文献] 渡辺清「少年兵における戦後史の落丁」(『思想の科学(第四次)』二〇、一九七〇)、少飛会歴史編纂委員会編『陸軍少年飛行兵史』(一九八三、少飛会)、高野邦夫『軍隊教育と国民教育—帝国陸海軍軍学校の研究—』(二〇一〇、つなん出版)　(高野　邦夫)

りくぐんだいがっこう　陸軍大学校　陸軍の高級将校の補充・養成を目的とした最高学府。陸大と略称する。一八七七年の西南戦争の経験から高級指揮官と参謀の必要性が痛感され、八二年十一月「陸軍大学校条例」が制定され、翌年第一期生十五人が入学、二年間の修学で十名が卒業、その一人に日本騎兵隊の祖秋山好古がいる。最初の条例では「将来能く参謀の職務に堪ゆべき者を養成する」と参謀将校養成が明記されていたが、その後の何度かの改正でその点が曖昧になり、青年将校に対する徹底したエリート教育、ラインのトップとしての高級軍人の武徳の養成、参謀教育の重点としての戦術・戦史・参謀要務の三本柱が主であった。最初から参謀本部長(のちの参謀総長)の隷下にある軍令系学校の代表格であった。メッケルの来日によりフランスの陸大にならっていた教育内容が、二学年における日露戦争時の戦跡めぐりを中心とする満鮮戦史旅行、三学年における仕上げとしての参謀演習旅行などきわめて実戦的なものに変わった。普通学も重視されたが、たとえば宿題が多いため語学の時間は居眠りタイムになるなど軍事学習得のための手段視された。軍事学として戦術(基本と応用)、兵棋演習、戦史、海戦術、兵要地学、兵器学、築城学、要塞戦術、交通学、陸軍経理学、陸軍衛生学が本科生に課された。馬に乗れない将官はサマにならないので馬術も重視された。受験資格は二年以上の隊付勤務の経験をもつ三十歳以下の中尉、同じく二十八歳以下の少尉で、所属団隊長の推薦となり、陸大入学者がでるのは連隊長の名誉となった。初審は筆記試験、再審は意表をつく質問で有名な口頭試問であった。修学期間三年の本科修了生は三千七名、ほかに専科学生・専攻学生などの制度があった。陸大の教育では『統帥綱領』と実際にテキストとして使われた『統帥参考』が著名であるが、前者は敗戦時に全部焼却されたため現行の市販本は資料的価値は低い。戦術・戦略が第一とされるなど戦争が政治に優先するのが陸大教育の特色であり、亡国の事態をもたらした責任の一半はそこにあったと総括されている。

[参考文献] 上法快男編『陸軍大学校』(一九七三、芙蓉書房)、高山信武『続・陸軍大学校—その教育と戦術討論—』(一九七八、芙蓉書房)、黒野耐『参謀本部と陸軍大学校』(『講談社現代新書』、二〇〇四、講談社)　(高野　邦夫)

りくぐんだいじん　陸軍大臣　陸軍の中央軍政機関である陸軍省の最高責任者。陸軍大将・陸軍中将から任命される親補職(天皇による直接任命)で、内閣を構成する国務大臣として閣議に列席し国政に参画した。ただし閣議を経ずに天皇に直接上奏する帷幄上奏権をもち、かつ任用資格は一九一三年から三六年を除いて現役武官に限られた。明治政府の公式の憲法解釈書とされる伊藤博文『憲法義解』によれば、憲法上、軍の編制・装備の決定は天皇「親裁」であるが、「責任大臣の輔翼に依る」とされている。陸軍大臣の「輔翼」すなわち「輔弼」によって決定がなされたわけである。この解釈は、憲法五五条の「国務各大臣は天皇を輔弼し、その責に任ず」との規定によっている。ここでの輔弼とは、実際上は陸軍大臣の提案・同意などを意味し、具体的には勅令など天皇の命令への大臣の「副署」(署名)で表現される。この副署について、『憲法義解』は、「法律勅令及びその他国事に係わる詔勅は、大臣の副署によって始めて実施の力を得る」、としている。したがって、天皇親裁とされる編制・装備に関わる詔勅においても、必ず陸軍大臣の副署(同意)を要した。陸軍大臣の任務については、一八八六年の陸軍省官制において、「陸軍大臣は、陸軍軍政を管理し、軍人軍属を統督し、及所轄諸部を監督す」と定められている。「統督」は人事権を含み、陸軍省のみならず、参謀本部、教育総監部など、全陸軍の人事権は、公式には陸軍大臣に属していたのである。しかし、一九一三年の「陸軍省・参謀本部・教育総監部関係業務担任規定」およびその付属「協定事項」で、将官人事および参謀本部、教育総監部の人事について、参謀総長、教育総監が正式に関与することとなり、陸軍大臣の人事権は、大きな制約を受けることとなった。だが、二・二六事件後、再び陸相の人事権の強化が図られた。また陸軍内で、二四年以降、次期陸相の推薦は、原則として陸軍三長官会議(陸相、参謀総長、教育総監)によることとされ、ことに三〇年代には、三長官会議が大きな役割を果たした。

[参考文献] 松下芳男『明治軍制史論(改訂版)』(一九七八、国書刊行会)、秦郁彦編『日本陸海軍総合事典』(一九九一、東京大学出版会)、永井和『近代日本の軍部と政治』(一九九三、思文閣出版)、加藤陽子『模索する一九三〇年代—日米関係と陸軍中堅層—』(一九九三、山川出版社)　(川田　稔)

りくぐんとくべつだいえんしゅう　陸軍特別大演習　日本陸軍で二個以上の師団等を対抗させて行う演習。天皇が統監して実施。一八九二年に宇都宮地方、九八年に大阪地方で実施し、その後一九〇一—〇三年に実施し、日露戦争中は中断し、〇七年から三六年まで毎年四日間各地で実施した。終了後観兵式を挙行し一般の参観を許可した。たとえば、三四年十一月に実施した群馬県地方での大演習では、大本営を群馬県庁に設置し、近衛・第一(ともに東京)・第二(仙台)・第十四師団(宇都宮)が参加して、栃木県佐野、群馬県高崎、藤岡などで東軍・西軍に分かれて戦闘した。最終日に高崎で観兵式を挙行し、天皇はその後群馬・栃木県内の施設を視察した。前橋地方裁判所・県立前橋中学校・師範学校(授業・郷土教育資料参観)・桐生高等工業学校・蚕業試験場・中島飛行機・赤城山・貫前神社などであり、さらに戦没遺族・篤行者や関係者に菓子・煙草配付などで褒賞した。宿泊・休憩地を記念地として保存し、記念誌を刊行して軍国主義・天皇制浸透に寄与した。

参考文献 群馬県『昭和九年十一月特別大演習並地方行幸群馬県記録』(一九三六)

(丑木 幸男)

りくぐんとやまがっこう 陸軍戸山学校 一八七三年、兵学寮戸山出張所として東京戸山町(現在新宿区)に開設されたが、翌七四年、陸軍戸山学校と改称し、この創設から敗戦による廃校まで一貫して名称も所在地も変わらなかった珍しい軍学校である。また中野学校や習志野学校のように、その教育目的や内容を秘匿するため地名のみをかかげた例とも異なり、戸山学校で通用した。その特異な性格としては補充学校と実施学校(この側面の方が強いが)の任務を併せもっていた。独自の教育目的・内容としては将校・下士官・兵をとわず入校させ、剣術(軍刀術と称した)、体操教員の育成(兵の体格・体力の基礎的改良として体操を重視)、ラッパ卒、軍楽隊員の教育・演練、養成を行なった。当初、歩兵戦術も取りあげたが、のちに歩兵学校として分離・独立した。ここで養成された体操教員としての下士官は各部隊に配属され、さらに定年後は各師範学校に再就職し兵式体操を伝授した。学校における体罰はこれから始まったといわれている。

参考文献 鵜沢尚信『陸軍戸山学校略史』(一九六九)、木下秀明『兵式体操からみた軍と教育』(一九八二、杏林書院)

(高野 邦夫)

りくぐんなかのがっこう 陸軍中野学校 帝国陸軍が一九三八年七月、東京の中野に創設した秘密戦要員養成のための学校。当初、後方勤務員養成所として陸軍省の管轄下にあったが、その教育目的と内容を秘匿するため四〇年、陸軍中野学校と改称し、同時に参謀総長の直轄下に入った。情報の収集・分析、スパイ、防諜・謀略活動に従事する専門要員を教育・訓練した。学生には陸軍士官学校・予備士官学校出身の将校、優秀な下士官を選抜して入校させた。皇軍意識でこり固まった陸士出身者よりも、広い教養と柔軟な思考可能の予備士出身者の方が優秀な成績だったという。四四年、遊撃戦と残置諜者養成のため二俣分校(静岡県)を新設した。ここの出身者小野田寛郎少尉が、戦後三十年の七四年、フィリピンのルバング島で投降したのは有名な話である。四五年までの七年間に約二千名の学生を教育し、各特務機関に配属した。

参考文献 中野校友会編『陸軍中野学校』(一九七八)

(高野 邦夫)

りくぐんのぼりとけんきゅうじょ 陸軍登戸研究所 日本陸軍が設置した謀略戦遂行のための極秘研究機関。アジア・太平洋戦争期の最盛時には千人もの人々が従業していた。第一次世界大戦における戦車・飛行機・毒ガス兵器の登場など、科学の戦争動員をまのあたりにした日本では、大正期には戦争に科学を動員することを決めていたが、時の経過とともに科学と謀略戦(秘密戦)をリンクさせた。一九三〇年代、通称「登戸研究所」(正式には第九陸軍技術研究所という)の名で、現在の神奈川県川崎市多摩区生田に設置された研究所は、アジア・太平洋戦争時には謀略戦推進機関として期待が特に高まった。しかしその存在は極秘とされ、従業した人々にも秘密厳守が強要され、憲兵が常に周辺の警戒にあたっていた。従業員として川崎地域の住民が動員され地域一体型の構造をみせながら、優秀な科学者・研究者が全国から集められた。研究所には莫大な資金も投入され、電波兵器、偽札、風船爆弾などを製造して実戦にも投入された。四四年十月には三笠宮崇仁親王が研究所を訪問し、その存在の権威化も図られた。戦況が絶望的になり本土決戦が現実化すると、機能の分散化が図られたが、なおも陸軍の秘密機関(部隊)として決戦のための「切り札」となり温存されていた。日本の降伏とともに徹底した証拠隠滅が図られて解体し、その跡地は明治大学生田校舎となった。二〇一〇年にその一部は、明治大学平和教育登戸研究所資料館として戦争の負の遺産を語り継ぐための施設となって平和の大切さを訴えている。

参考文献 山田朗・渡辺賢二・齋藤一晴『登戸研究所から考える戦争と平和』(二〇一一、芙蓉書房出版)、渡辺賢二『陸軍登戸研究所と謀略戦—科学者たちの戦争—』(『歴史文化ライブラリー』、二〇一二、吉川弘文館)、山田

陸軍登戸研究所　倉庫跡(2015年5月撮影)

朗・明治大学平和教育登戸研究所資料館編『陸軍登戸研究所「秘密戦」の世界—風船爆弾・生物兵器・偽札を探る—』(二〇一二、明治大学出版会)　(山本　智之)

りくぐんひこうがっこう　陸軍飛行学校　陸軍の航空科(空中勤務者)の将校・下士官・兵をとわず入校させ、飛行教育とそれに伴う偵察・空中戦闘・爆撃・整備などの実技の調査・研究をも重要な任務とした、教育部隊から実戦部隊に配属するまで技術・技能の錬磨・向上を担任した実施学校。少年飛行兵を例にとると第一次校(東京・大津・大分の少年飛行兵学校)で一年余りの基礎教育をうけると各地の飛行学校に送りだされ、そこで約二年の飛行教育をうけ、さらにすすんでそこでの専門的な教育・訓練をうけた。各地の飛行学校は大正年代の所沢(埼玉県、陸軍航空発祥の地)を皮切りに、航空兵力の増大、制空権の重視に伴う航空戦力の急速な増強に伴って昭和(特に一九三〇年代—四〇年代)に入るとぞくぞくと増設された。下志津(偵察、三八年)、明野(戦技、三八年)、浜松(爆撃、三三年)、水戸(機上射撃、通信)など。戦争末期にはこれらの飛行学校をもとに多くの実(作)戦部隊が組織された。　(高野　邦夫)

りくぐんびじゅつきょうかい　陸軍美術協会　大日本陸軍従軍画家協会を発展的に解消する形で、一九三九年四月十四日に陸軍省情報部の賛同を得て結成された組織。軍部当局との連絡を密にし、あわせて美術家相互の親睦を図って興亜国策に資することを目的とした。中国との交戦により従軍画家が戦地に赴く機会が増加し、それを受けて三八年四月に大日本陸軍従軍画家協会が設立された。すでに三七年に海洋美術会が結成され、三八年には文部省斡旋による傷痍軍人慰問画寄贈計画、朝日新聞社による戦争美術展開催と、戦争関連の美術事業がつぎつぎと企画される状況にあったことを背景にしている。陸軍美術協会の会長は陸軍大将の松井石根、副会長に洋画壇の重鎮である藤島武二が就いた。設立当初の最大の事業は同協会および朝日新聞社主催、陸軍省後援による聖戦美術展の開催であったが、その後の決戦美術展、陸軍美術展などの展覧会開催をはじめ幅広い活動を行なっている。特に注目すべきなのは出版活動で、春秋の靖国神社臨時大祭時に戦没兵士の遺族に配布された『靖国之絵巻』は、協会員を中心に原画を制作し、約三万部発行した。また、聖戦美術展関連の豪華画集や協会員の従軍記、『南方画信』『北方画信』『大東亜戦争便覧』など美術家が挿画を担当して戦争の状況を知らせるもの、『つはもの日記』『戦友日記』のように軍人勅諭や戦陣訓を掲載し、兵士の日常使用を目的としたものまで協会が発行していたことは興味深い。展覧会開催時に多量に制作された作品の絵葉書も原作を超えて各地に広がり、戦争イメージの伝播に一役買った。さらに、作品や絵葉書を販売して献金を行い、額装用の複製画も用意するなど、総じて現代の大規模展と変わらぬ事業展開を早くも戦中に行なっていた。四三年五月の改組において会長はそのままで藤田嗣治が理事長に就き、青年隊を新たに組織するとともに、陸軍が必要とする美術に関するすべての問題を処理して作戦遂行に協力することを改めて会則に謳った。→従軍画家(じゅうぐんがか)　→聖戦美術展(せいせんびじゅつてん)

参考文献　平瀬礼太「『陸軍』と『美術』—陸軍美術協会の活動と地方展開—」(『軍事史学』四四ノ一、二〇〇八)　(平瀬　礼太)

りくぐんへいきぎょうせいほんぶ　陸軍兵器行政本部　兵器に関する行政を行なった機関。製造・補給部門を統括する陸軍兵器本部(一九四〇年設置)が、四二年の勅令六七四号によって技術部門まで統合し、改組したのが陸軍兵器行政本部である。兵器行政本部は、航空兵器以外のすべての兵器に関する業務を担当することになった。陸軍省の外局として設置され、組織は、本部長のほか、総務、技術、造兵、補給、教育、調査、経理、医務の八部から構成されている。兵器補給廠、造兵廠、技術研究所、陸軍兵器学校などを統轄下に置き、行政、製造、補給、研究、教育など、多くの業務を担った。なお、被服については陸軍被服廠、製絨廠が設置されており、陸軍需品廠、陸軍衛生材料廠、陸軍獣医資材廠なども置かれていた。

参考文献　百瀬孝『事典昭和戦前期の日本—制度と実態—』(一九九〇、吉川弘文館)、秦郁彦編『日本陸海軍総合事典(第二版)』(二〇〇五、東京大学出版会)　(宇田川幸大)

りくぐんほうこうがっこう　陸軍砲工学校　航空兵科は別格として他兵科よりは特別な専門的知識・技術が不可欠の砲兵科・工兵科将校のために一八八九年、教育総監部管轄下に設けられた学校。具体的なカリキュラムは砲兵監・工兵監の所管事項であった。陸軍士官学校卒業後一年間の隊付勤務を終わった砲兵・工兵科将校に対し必要な学識の増進、軍事技術に関する須要な知識のよりすすんだ習得のための教育が施された。陸軍大学校とは別の砲工科将校のためのエリートコースであった。学生は最初の一年間普通科学生として教育され、その後は成績上位者の四分の一が高等科学生として、さらに一年間より高度の教育をうけた。教育課目は普通学・軍事学の両方にわたり、普通学では数学・物理学・化学・外国語が重視された。軍事学として砲兵科では測量学・気象学・機械工学が、工兵科では土木工学・電気工学・建築学が重点であった。ほかに馬術・体操・戦術の科目があった。高等科では高等数学・公算誤差学・材料強弱学・熱化学・電子工学が新たに科目に組みこまれた。また無線通信所や水力(ダム)発電所での実習も課された。高等科学生修了者から特に成績優秀な尉官が選抜されて、東京・京都帝国大学の理学部または工学部に員外学生として派遣された。員外学生とは一九〇〇年に始まる制度で、各大学の定員外学生という意味で三年間砲工学校に籍をおいたまま帝大生と同じ専門的な教育をうけた。この員外学生の課程を修了すると、陸大出と並ぶエリート組に入れられ高級将校への道を歩んだ。科学・技術の進歩、その軍事面への応用など軍事技術の近代化に伴い、三九年から砲工科にとどまらず、航空・戦車・輜重(自動車)の各兵科からも学生が入学してきたので四一年、陸軍科学学校と改称された。ここではそれぞれ各兵科ごとの高度の専門的な学識と技術教育が行われ、兵器の開発・改良のための研究も行われた。（高野 邦夫）

りくぐんやせんほうへいがっこう　陸軍野戦砲兵学校　陸軍の砲兵科に属する将校・下士官を入学させ、野砲(山砲)射撃の技術・技能の訓練・錬磨向上を行なった実施学校。野砲(山砲)とは日本陸軍の独特の名称で前者は砲身二・二メートル、七五ミリ弾を発射する平射砲(野戦で使用)で、後者は砲身一メートル、山岳戦で使用する曲射砲で弾丸は共通の七五ミリ弾を使用した。陸軍の一個師団にはおのおの三十六門を装備した砲兵一個連隊(六個中隊の師団砲兵、野砲か山砲のどちらかで編成)が配備された。有効射程は二〇〇〇～四〇〇〇メートル、野砲は馬六頭で牽引、山砲は分解して人力での搬送も可能であった。一八八六年四月、千葉県の下志津原に陸軍砲兵射的学校が創設された。九七年、名称を陸軍野戦砲兵射撃学校と変え、野砲・山砲をもつ教導大隊(下士官で構成)を編成するとともに同県の四街道に移転し、砲兵の戦術、射撃の技術・技能の向上・研究にあたった実施学校。これ以降、四街道が野戦砲兵のまちとなる。一九二二年、陸軍野戦砲兵学校となり、砲兵監の管轄下で野戦砲兵の教育、調査研究部の設置、新たに高射砲練習隊も編成、各種火砲の射撃実施・研究を行なった。砲兵科将校・下士官から成る学生は、野戦砲兵隊に必要な学術をここで修得し、各師団に所属する砲兵連隊に普及させた。学生は甲種学生(砲兵大尉)が射撃戦術、乙種学生(大・中尉)が射撃、丙種学生(中・少尉)は観測通信術、丁種学生(中・少尉)は馬術・馭法、それ以外の尉官と下士官は情報学を学んだ。砲兵情報連隊の創設とともに砲兵情報用兵器・器材の開発・研究・試験を行なった。三八年、同校内に防空学校が新設されるまで高射砲・防空学生を教育した。四四年、防空学校は千葉陸軍高射学校と改称され、四五年には砲兵監部から独立した高射兵監の隷下に入った。（高野 邦夫）

りくぐんようねんがっこう　陸軍幼年学校　陸軍兵科将校の中核となるべきエリートを少年時代から育成すべく陸軍が独自に創設・運用した特異な中等教育機関(学校)。世間では陸軍の中学校といわれた。大正軍縮(一九二二年の山梨軍縮と二五年の宇垣軍縮)で廃校問題が起き、一時は地方の五校(仙台・名古屋・大阪・広島・熊本)が廃校となったが、満洲事変(一九三一年)の前後からつぎつぎと復興し、敗戦まではかえって拡充し(定員五十人から百五十人に)存続した。陸軍士官学校の将校生徒補充制度の改変により、陸軍士官学校内の幼年生徒となったり、反対に分離して独立したり(旧幼年学校)と去就が定まらなかったが、メッケルの来日により士官候補生制度の導入とともに、一八九六年勅令二一二号「陸軍中央幼年学校条例」と同年二一三号「陸軍地方幼年学校条例」により制度・教育内容とも確定、名実ともにエリート将校養成の出発点をなした。教育では陸軍士官学校進学を前提とし中学校並みの普通学が大部分であったが、軍人精神形成の基礎としての訓育が最も重視され、命令への絶対服従が「第二の天性」となるまで徹底的に行われた。語学は幼年学校創設のモデルとした独仏露語に限定され、大正末まで陸軍士官学校予科では英語専攻は中学校卒業者のみであった。陸軍士官学校・海軍兵学校が学費無料であったのに対して、都市では有産階級・農村では旧地主層を入学対象者として想定し、当時としてはかなり高額の費用自弁制をとった。これは天皇に直結するエリート将校を入学時から選別するためで、一九四四年の千人規模の大量募集と同時の兵籍編入まで続けられた。学力は高等小学校卒程度で十四—十七歳の年齢制限があった。幼年学校は創設の当初、死没武官の遺児育成が本来の目的とされ、名称は変わったが、当初から学費の全額・半額免除の特待生・半特待生の制度があった。昭和に入って東京陸軍幼年学校と中央幼年学校が合併して陸士予科となり、前記のように五校がつぎつぎと復興された。大演習観閲の際には天皇の直近に侍立する特典が与えられるなど手厚い保護が与えられた。幼年学校の教育は良くも悪しくも日本陸軍の教育の特色と本質を示すものであったといえよう。

参考文献　松下芳男編『山紫に水清き—仙台陸軍幼年学校史—』(一九七三、仙幼会)、東幼史編集委員会編『わが武寮—東京陸軍幼年学校史—』(一九八二、東幼会)、高野邦夫編『近代日本軍隊教育史料集成』一—一四(二〇〇四、柏書房)
（高野 邦夫）

りくぐんよかしかんがっこう　陸軍予科士官学校　一九三七年八月、陸軍士官学校の予科が分離・独立と同時に改称して陸軍予科士官学校(予士または予科士と略称)となった。陸軍の正規現役将校となるべき兵科士官候補生を教育する唯一の機関(学校)であり、前身は陸軍中央幼年学校である。入校者は陸軍幼年学校から無試験で入学する者と、中学三、四年修了程度の学力で召募試験をうけ合格(学歴不問)して入学する二本立てのコースがあった。訓育・学科・術科・技術の四部門に分かれた修学期間二年の課程を経て陸士にすすみ、ここで本格的な軍事教育・訓練をうけ、見習士官の後、陸軍少尉に任官した。その教育綱領と教育課程は教育総監が定めた。四一年十一月、定員の大増員とともに朝霞町(埼玉県)に移転した(振武台)。生徒は第五二期生から六〇期までが卒業(第六一期生は敗戦時在学中)。幼年学校出身者と中学校出身者が、互いにPコロ・Dコロ(語源は不明)と相手を蔑称で呼ぶなどの対立・抗争が根強くあったといわれる。→陸軍士官学校

参考文献　『陸軍士官学校』(一九六九、秋元書房)、陸軍予

科士官学校高等官集会所『振武台の教育(復刻版)』(一九七七、鵬和出版)　(高野　邦夫)

りくぐんよびしかんがっこう　陸軍予備士官学校　一九三八年三月二十五日付勅令第一三九号「陸軍予備士官学校令」(四月十日より施行)で創設された陸軍の予備役士官の補充(養成)の機関(学校)。「金・手間・暇」をかけた正規現役将校の養成と全く異なり、「概ね十一月」で素人を戦時初級尉官(小隊長要員)に仕立てあげた軍学校である。補充令改正により設置されたものであるが、中身(教育目的と内容)は実施学校であり、少年兵教育と同じく「大量短期速成」教育の見本のような存在であった。敗戦までに兵科将校約五万人余り、主計など各部将校も五万人余りを養成したとされている。仙台陸軍教導学校(下士官養成)に三八年九月幹部候補生隊六百余人が入隊して出発したが、戦線の拡大とあわせて各地(熊本・豊橋・久留米)に増設され、外地の支那派遣軍・南方軍、また騎兵学校などの各実施学校にも幹部候補生隊が組織され、予備士と同様の教育・訓練を実施した。

参考文献　高野邦夫『軍隊教育と国民教育―帝国陸海軍軍学校の研究―』(二〇一〇、つなん出版)　(高野　邦夫)

りくせんたい　陸戦隊　海軍の陸上戦闘部隊であり、艦艇の乗組員を武装させて必要に応じて臨時に編成され、海外居留民の保護や陸軍の上陸援護、局地の暫時占領などの任務にあたった。なお、各鎮守府で編成されるものは特別陸戦隊といった。海軍将校の一部は、この陸戦隊を指揮するために、陸軍諸学校に派遣され、陸戦法を習得させられた。アジア・太平洋戦争における陸戦隊の作戦行動は多数あり、各地で陸軍部隊同様の活動をしたが、それ故に艦船乗組員で臨時に編成される陸戦隊ではなく、各鎮守府で編成・訓練された特別陸戦隊がそれぞれの作戦地域に展開していた。終戦時の陸戦隊総数二百六十三隊十万人の内、艦隊陸戦隊はわずかに一隊であった。それら各隊は、ポツダム宣言の受諾後、連合軍側と基本的に隊ごとに停戦交渉を行い、すべての武装を解除され、復員した。→特別陸戦隊

参考文献　「陸戦隊」(海軍歴史保存会『日本海軍史』六所収、一九九五、第一法規出版)　(手嶋　泰伸)

りけんコンツェルン　理研コンツェルン　理化学研究所の所長であった大河内正敏が、同所の研究資金獲得と機械工業の大量生産を目的に形成した企業集団で、新興財閥の一つ。一九二七年、発明の工業化を目的に財界人の寄付で理化学興業を創立、同社が親会社となり、ビタミンなどの薬品(理研栄養薬品)、合成酒(理研酒工業)、感光紙(理研光学工業)、研磨材料(理研コランダム)、マグネシウム(理研金属)、ピストンリング(理研ピストンリング)といった発明品工業化のための諸会社が誕生した。ついで機械工業の大量生産のために熟練労働を単純労働に分解、単能工作機械を開発して、過剰労働力であった農村の婦女子によって量産化に成功した。この結果、三九年には傘下に六十三社を擁する企業集団となった。しかし利益の多くが理化学研究所の研究資金として吸い上げられたために銀行への依存度が高く、四一年日本興業銀行によって再編成され、事実上コンツェルンは解体された。→大河内正敏　→科学主義工業　→理化学研究所

参考文献　齋藤憲『新興コンツェルン理研の研究―大河内正敏と理研産業団―』(一九八七、時潮社)、同『大河内正敏―科学・技術に生涯をかけた男―』(『評伝・日本の経済思想』、二〇〇九、日本経済評論社)　(齋藤　憲)

りこうらん　李香蘭　⇨山口淑子

りしょうばん　李承晩　⇨イスンマン

りそうじん　李宗仁　Li Zongren　一八九一―一九六九　中国の軍人、政治家。一八九一年八月十三日、農家の三男として広西省臨桂県で出生。一九〇八年広西陸軍小学に入学、一二年陸軍速成学堂に進学。卒業後軍人としての道を歩み、二五年広西省全域を支配する。二六年国民革命軍第七軍軍長として北伐戦争に参加、二八年国民政府委員と第四集団軍総司令などを兼任し、影響力を強めた。西南派と呼ばれる勢力を率いて、広西、広東を拠点に蔣介石の南京政府との対立を繰り返した後、三六年の両広事変で南京政府軍に敗北し、協力関係に転じた。翌年日中戦争が勃発すると、第五戦区司令長官に就き、安徽省政府主席も兼任する。三八年台児荘の戦を指揮し、日本軍に勝利した。その後、四五年の日本の敗戦まで第一線での戦闘指揮にあたった。戦後、四八年中華民国副総統に当選。四九年一月、引退させられた蔣介石に代わって大総統の職権を代行したが、十二月に病気療養を理由にアメリカへ亡命。六五年七月、中華人民共和国に移住し、六九年一月三十日北京で没。七十九歳。

参考文献　唐徳剛『李宗仁回憶録』(南寧、一九八〇、広西人民出版社)　(鹿　錫俊)

りっけんせいゆうかい　立憲政友会　一九〇〇年から四〇年まで存在した戦前日本最有力の保守系政党。政友会と略称された。一九〇〇年九月、穏健な政府与党の出現を望んだ伊藤博文が憲政党(旧自由党)と伊藤の側近たちを集める形で結党。以後一貫して衆議院の過半数を占め、〇一年以降は政友会第二代総裁の西園寺公望と藩閥の代表桂太郎が交代で政権担当するなど、政界に重きをなした。第一次世界大戦期(第二次大隈重信内閣期)に少数野党に転落したが、第三代総裁原敬の尽力で党勢を回復、一八年、初の本格的政党内閣といわれる原敬政友会内閣が成立した。二一年、原首相暗殺により高橋是清が党総裁と首相を引き継いだものの、党内で派閥対立が発生、高橋内閣は二二年に退陣。二四年の第二次護憲運動の際に床次竹二郎派が脱党して政友本党を結成した。政友会は護憲三派内閣(加藤高明内閣)の与党となったが、普選法制定を機に二五年に連立を離脱した。二七年四月、田中義一政友会内閣が成立したが、張作霖爆殺事件処理の不手際など失策を重ねて二九年七月に退陣、三一年十二

月に再び政友会を与党とする犬養毅内閣が成立したが、世論の政党政治批判に抗しきれず、三二年の五・一五事件で犬養首相が暗殺されて退陣した。政友会は以後の非政党内閣の多くに閣僚を送ったものの、党勢は衰退に向かったため党内の派閥対立が再発、三七年四月の総選挙で鈴木喜三郎総裁が落選しても後任総裁を決められず、有力者四人(鳩山一郎・前田米蔵・中島知久平・島田俊雄)が総裁代行委員となった。三九年四月、総裁公選問題の紛糾から政友会は革新派(中島知久平総裁、中島派)、正統派(久原房之助総裁、久原派)、中立派(のち統一派)に分裂したが、新体制運動に呼応して、いずれも四〇年七月に解党した。

参考文献 古川隆久『戦時議会』(『日本歴史叢書』、二〇〇一、吉川弘文館) (古川 隆久)

りっけんみんせいとう 立憲民政党 一九二七年から四〇年まで存在した保守系の有力政党。二七年六月、政友会に対抗するため憲政会と政友本党が合同して結党。初代総裁は浜口雄幸。政友会の積極財政政策に対して憲政会以来の緊縮財政を主張した。二九年七月、浜口民政党内閣が成立。緊縮財政と金解禁、海軍軍縮促進を打ち出して三〇年四月の総選挙で大勝したものの、ロンドン海軍軍縮条約については右翼や海軍艦隊派の強い反発を招いて軍部や右翼台頭のきっかけとなり、金解禁も世界恐慌の影響で日本に不況を招く結果となった。同年十一月、浜口首相は狙撃されて重傷を負い、幣原喜重郎外相が首相代理となった。浜口の体調は回復せず、三一年四月に内閣は総辞職した。民政党の緊縮財政・国際協調路線を支持する元老西園寺公望は、後任総裁若槻礼次郎を首相に推薦、民政党政権(第二次若槻内閣)が継続したが、九月に勃発した満洲事変の収拾に失敗、政党内閣批判が高まった。安達謙蔵内相ら党内一部では政友会の一部と呼応して連立内閣で窮地を脱しようとする協力内閣運動が起きたものの、閣内で強い反対があって運動は挫折、閣内不一致で十二月に内閣は退陣した。協力内閣派の一部(安達謙蔵・中野正剛ら)は脱党し、のちに安達を党首とする国家社会主義政党国民同盟を結成、その一部はさらに中野を党首とする国家社会主義政党東方会を結成した。民政党は五・一五事件後も多くの内閣に閣僚を送ったが、党勢は一進一退となり、党内では党勢回復のため宇垣一成元陸相の総裁推戴運動が起きたが宇垣は承諾せず、三五年一月に町田忠治が第三代総裁に就任した。四〇年六月に新体制運動が始まると、七月に永井柳太郎元拓相を中心とする一派(永井派)が脱党、翌八月に解党した。

参考文献 古川隆久『戦時議会』(『日本歴史叢書』、二〇〇一、吉川弘文館) (古川 隆久)

リットンほうこくしょ リットン報告書 満洲事変に関する国際連盟調査委員会の報告書。満洲事変が勃発した直後、中国は日本の侵略行為を国際連盟に提訴した。日本も孤立状態から脱出するため、国際連盟事務総長の勧めで、現地への調査委員会の派遣を提案した。一九三一年末、この提案は国際連盟で可決された。三二年二月、イギリスのリットン卿を委員長とする調査委員会は日本や中国で調査を開始した。同年十月一日に通達された報告書は委員長の名をとって「リットン報告書」と通称される。報告書は、関東軍の武力発動は正当な自衛行動ではなく、満洲国は中国人の自発的独立要求に基づくものではないと断定した。他方で、報告書は満洲地域における日本の特殊権益の存在を認め、この地域に中国の主権のもとに自治政府を設け、日本をはじめとする列強による共同管理も主張し、いわばバランスをとったものである。そのため、中国はこれを受け入れる姿勢を示しながらも、自治政府と共同管理には不満であった。にもかかわらず、日本は報告書を日本に一方的に不利だと見なしてそれを拒否した。→国際連盟脱退(こくさいれんめいだったい)

リットン調査団

参考文献 鹿錫俊「満洲事変と日中紛争」(川島真・服部龍二編『東アジア国際政治史』所収、二〇〇七、名古屋大学出版会) (鹿 錫俊)

リッベントロップ Joachim von Ribbentrop 一八九三―一九四六 ドイツの政治家、外相。一八九三年四月三十日、軍人リヒャルト=リッベントロップの息子として生まれる。カナダでワイン輸入業に携わった後、第一次世界大戦にドイツ軍志願兵として従軍。一九三二年ナチ党に入党。ヒトラー政権で首相の外交顧問となり「リッベントロップ事務所」を設置、対外政策をめぐり外務省

リッベントロップ

と競合する。三五年特使としてロンドンで英独海軍協定の締結に成功し、翌年駐英ドイツ大使となる。独英同盟の樹立は不首尾に終わるが、外務省の親中路線を抑えて日独防共協定の締結(三六年)を実現させる。三八年外相となり、翌年八月ソ連外務人民委員モロトフと独ソ不可侵条約を締結、四〇年九月に日独伊三国同盟を成立させる。ナチ勢力下欧州各地でユダヤ人の東方移送を促し、ユダヤ人大虐殺(ホロコースト)の遂行に関与する。戦後ニュルンベルク国際軍事裁判所の判決により、四六年十月十六日、絞首刑となった。五十三歳。

参考文献 田嶋信雄『ナチズム極東戦略―日独防共協定を巡る諜報戦―』(『講談社選書メチエ』、一九九七、講談社)　(石田 勇治)

りゅうげんひご　流言蜚語　内務省警保局・特別高等警察・憲兵隊といった治安機構により調査ならびに監視・取締の対象とされた市井の人々の声のことをさす。「造言蜚語」とも表記され(「飛語」の表記は稀)、根拠のないデマや噂が字義であるが、不敬・不穏・反戦・反軍に該当する発言には厳しい刑罰が下された。流言蜚語取締の契機は関東大震災にあり、流言による混乱、特に「鮮人襲来」説の流布による朝鮮人虐殺事件を受け、憲兵隊は流言に組織的な対応部署を設けることとなった。世界恐慌と満洲事変、二・二六事件と日中全面戦争は流言増大の大きな契機となったが、重大時局に対する言論・情報統制や防諜こそ流言増大の原因であった。アジア・太平洋戦争末期に向けて監視体制は強化拡大され、交通機関のような公共の場や買物・商談など日常の世間話にとどまらず、書簡や当局への投書、落書きなども監視対象とされた。

参考文献 南博編『近代庶民生活誌』四(一九八五、三一書房)　(川島 高峰)

りゅうしょうき　劉少奇　Liu Shaoqi　一八九八―一九六九　中国共産党の最高指導者の一人。一八九八年十一月二十四日生。湖南省の地主出身。一九二一年モスクワの東方労働者共産主義大学に留学、中共入党。二二年に帰国、江西省の安源炭鉱大ストを指導。二五年全国総工会副委員長。三〇年モスクワの赤色職工国際第五回代表大会に出席、執行局委員となる。三二年中華全国総工会委員長。三四年長征参加、紅軍第八軍団政治部主任、遵義会議に出席。三七年盧溝橋事件後、国民党地区で抗日救亡運動を推進。四一年新四軍政治委員。四三年延安で中共中央書記処書記、中央革命軍事委員会副主席。延安整風運動で毛沢東を支持。四五年四月「歴史問題の決議」の起草に参画。四八年中華全国総工会名誉主席。四九年九月第一回政治協商会議代表。十月中華人民共和国成立後、中央人民政府副主席。五九年人民共和国主席、国防委員会主席を歴任。文化大革命期の六八年十月、「資本主義の道を歩む実権派」として打倒され、六九年十一月十二日開封で迫害死。七十二歳。→中国共産党(ちゅうごくきょうさんとう)

参考文献 李天民『劉少奇伝―小平に未来はあるか―』(矢島鈞次訳、一九七九、千曲秀版社)、『劉少奇与安源工人運動』(北京、一九八一、中国社会科学出版社)、中共中央文献編輯委員会『劉少奇選集』(北京、一九八一・八五、人民出版社)　(菊池 一隆)

りゅうじょうこじけん　柳条湖事件　満洲事変の発端となった事件。いわゆる満洲権益をめぐる日中間の緊張が高まるなか、石原莞爾中佐と板垣征四郎大佐ら関東軍の高級参謀らは、武力による満洲占領を実現するため、みずから日本支配下の満鉄線路を爆破しそれを行動を起こす契機とする謀略を立てた。一九三一年九月十八日午後十時過ぎ、関東軍の独立守備歩兵第二大隊第三中隊に所属する河本末守中尉らの将校はこの謀略を実行し、奉天(現瀋陽)駅北方約八キロ付近の柳条湖で満鉄線路を爆破した。関東軍はそれを張学良が率いる中国軍の仕業として、自衛を理由に爆破事件が発生すると同時に中国軍の本拠地である北大営および奉天城を攻撃し、さらに安東、営口など満鉄沿線の主要都市をつぎつぎと陥落させ、翌年一月、満洲の全域を占領した。柳条湖事件は満洲事変の発端となっただけでなく、日中戦争とアジア・太平洋戦争の起因ともなった。→満洲事変(まんしゅうじへん)

柳条湖事件記念碑と九・一八歴史博物館(1992年撮影)

参考文献 臼井勝美『満洲事変―戦争と外交と―』(『中公新書』、一九七四、中央公論社)、日本国際政治学会太平洋戦争原因研究部編『太平洋戦争への道―開戦外交史―』一・二(一九八七、朝日新聞社)　(鹿 錫俊)

りゅうしんたろう　笠信太郎　一九〇〇―六七　昭和研究会を中心に活動したジャーナリスト。一九〇〇年十二月十一日、小売業笠與平の長男として福岡県に生まれる。東京高等商業学校を経て、二五年東京商科大学卒業、二八年に大原社会問題研究所助手、三一年同研究員となり、再生産論による戦争経済の理論をはじめ、経済学的論文を発表した。三六年、東京朝日新聞社に移り、論説委員となる。三八年、近衛文麿のブレーン集団である昭和研究会に参加し、常任委員となり、また経済部会の中心メンバーとして活動し、第二次近衛内閣の経済新体制構想に影響を与えた。株式会社における所有と経営の分離、利潤本位に対して生産本位を説く著書『日本経済の再編成』(三九年、中央公論社)はベストセラーとなったが、財界や右翼思想家から攻撃された。四〇年秋渡欧、四八年帰国して復社、論説主幹となり、全面講和論を主張した。六七年十二月四日没。六十六歳。著書は、『笠信太郎全集』八巻(一九六八―六九年、朝日新聞社)がある。

[参考文献] 江幡清編『回想笠信太郎』(一九六八、朝日新聞社)、酒井三郎『昭和研究会―ある知識人集団の軌跡―』(『中公文庫』、一九九二、中央公論社)　(柳澤　治)

りゅうだんほう　榴弾砲　高い仰角からゆるやかな放物線を描きつつ、遠方まで砲弾を飛ばす火砲。長砲身・長射程で直射を行うカノン砲と短砲身・短射程で曲射を行う臼砲の中間に位置していた。低い弾道では攻撃できない障害物のある射撃目標に対し、高く上がった砲弾が湾曲して着弾する。野戦における築城技術の進歩とともに、堅固な陣地を攻撃する有効な手段となった。

[参考文献] 竹内昭・佐山二郎『日本の大砲』(一九八六、出版協同社)、佐山二郎『大砲入門―陸軍兵器徹底研究―』(一九九九、光人社)　(吉田　律人)

りゅうよう　留用　終戦後の一時期、日本人を要員として雇用する中国当局の政策。アジア・太平洋戦争の終戦後、旧満洲国地域をはじめ、数多くの日本人が中国各地に残された。他方、日本占領地域を接収した中国国民党と中国共産党は人材が不足していたため、医師や看護婦などの技術者を中心に多くの日本人を留用した。「留用」は中国語で、「古い人員を解雇せずに雇用する」という意味であるが、実際、強制的または半強制的に徴用されたものも含まれる。日本人の留用は接収とほぼ同時に開始したが、その目的は逐次拡大していった。すなわち、最初は主権を回復した地域の運営の維持に着眼し、その後経済の復旧、再建も目的に加えられ、最後には国共内戦に協力してもらうことが主眼となった。この目的の拡大に伴って、日本人の留用の期限が再三引き延ばされ、「技術者」の定義も拡大解釈され、いわば労力として使用された日本人もいる。留用された日本人は医療、軍需生産、インフラ復旧などを中心に大きな役割を果たした。特に中国共産党支配地域では、彼らを高く評価していた。

[参考文献] 鹿錫俊「蔣介石与戦後国共相争中的日本人角色」(『抗日戦争史研究』、二〇一三)、同「戦後中共東北根拠地対日本人材的吸収与運用」(中国現代史学会編『辺疆与近代中国社会学術討論会論文集』所収、北京、二〇一三、人民出版社)　(鹿　錫俊)

りょうこうし　梁鴻志　Liang Hongzhi　一八八二―一九四六　中国の政治家。詩人としても知られる。字は衆異。一八八二年生まれ。福建省長楽県出身。科挙試験で挙人になるが、一九〇五年に京師大学堂に入る。卒業後奉天で師範学堂の教員になるが、一二年には北京政府国務院に入り、法制局参事、京畿衛戍司令部秘書処長を歴任した。安徽派に所属し、一八年には段祺瑞影響下の安福国会参議院議員、同秘書長に選ばれる。安直戦争後「禍首」の一人として逮捕令が出され、日本公使館に隠れた。二四年の奉直戦争後、段祺瑞が臨時執政に復権すると、執政府秘書長に就任。二五年には日本が進めた「対支文化事業」の中国側委員に就任したが、まもなく辞任。日中戦争が勃発すると、三八年三月南京に中華民国維新政府を組織し、行政委員長、交通部長になった。四〇年三月、汪兆銘を首班とする南京国民政府が成立すると、同政府の監察院長になり、四四年には立法院長の職に就いた。終戦後蘇州で逮捕され、四六年六月漢奸として死刑判決を受け、十一月九日上海で刑死した。六十五歳。

[参考文献] 益井康一『漢奸裁判史―一九四六～一九四八―(新版)』(二〇〇九、みすず書房)、南京市檔案館『審訊汪偽漢奸筆録』(南京、一九九二、江蘇古籍出版社)　(劉　傑)

りょだん　旅団　軍隊組織上の一単位部隊で、師団と連隊の間に位置する編成単位。旅団長は少将。二個以上の連隊をもち、歩兵・野戦重砲兵・騎兵などがあった。一八八五年に各鎮台(のちの師団)常備の旅団を編成、八七年に旅団司令部条例を定めた。日中戦争初期、欧米諸国同様に師団は三個連隊編制の三単位制へ移行。編制の縮小に伴い浮いた部隊と人員をもって師団数を増加させた。日中戦争からアジア・太平洋戦争にかけては師団に属さずに軍・方面軍に直属する独立混成旅団が多数つくられ小規模師団の体をなし、これが一つの戦略単位となった。

[参考文献] 防衛庁防衛研修所戦史部編『陸軍軍戦備』(『戦史叢書』九九、一九七九、朝雲新聞社)　(河西　英通)

りんけんどう　林献堂　Lin Xiantang　一八八一―一九五六　台湾の政治家。一八八一年十二月十三日、台湾中部を代表する名家の霧峰林家に生まれ、家業を営む傍ら、一九一〇年代から三〇年代前半に至るまで抗日運動右派のリーダーとして植民地支配下の台湾人の待遇改善や自治の実現を目指す。台湾同化会・台湾文化協会・台湾議会設置請願運動・東亜共栄協会などの活動を牽引した。三六年に行なった華南視察への批難・攻撃(祖国事件)、三七年の台湾地方自治連盟解散とともに、運動からの退却を余儀なくされる。四一年四月に総督府が皇民奉公会を組織すると、中央本部参与へ任命され、諮問に応じるとともに、政策宣伝のための講演や資金の寄付を行なった。終戦後は日本や華南に残る台湾人の引揚げ支援、食糧政策、彰化銀行の改組等に尽力し、台湾省参議会議員にも選ばれたが、中国国民党政権からは冷遇される。四九年に日本へ移住すると、台湾の土を再び踏むことはなく五六年九月八日に東京にて客死。七十六歳。二七年から五五年まで書き記された『灌園先生日記』全二十七巻

(二〇〇〇―一三年、中央研究院台湾史研究所・近代史研究所)は、戦時下の台湾人エリートの動向をよく伝えている(台湾史研究所がオンライン上で提供している『台湾日記知識庫』からも閲覧可能)。

参考文献 黄富三『林献堂伝』(南投、二〇〇四、国史館台湾文献館) (都留俊太郎)

りんじぐんじひとくべつかいけい 臨時軍事費特別会計 巨額の戦費を賄うために一般会計の歳入・歳出とは区別して設置された特別会計。その予算は臨軍費と略称された。戦争の開始から終結までを一会計年度とし、決算は戦争終結後に行われる。設置されたのは、日清戦争(設置期間は一八九四年六月―九六年三月)、日露戦争(一九〇三年十月―〇七年三月)、第一次世界大戦(一九一四年八月―二五年四月)、日中戦争(一九三七年九月―四六年二月)の四回である。なお、アジア・太平洋戦争の臨時軍事費は、法的には疑義が残るところだが、日中戦争の臨時軍事費の追加予算として処理されている。日中戦争の臨時軍事費は、アジア・太平洋戦争期のものを含めて、総額で一千五百五十三億九千七百万円に達するが、軍事機密を理由にして、予算科目は臨時軍事費の一款だけであり、それが、陸軍臨時軍事費、海軍臨時軍事費、予備費の三項に分かれていただけである。第四次追加予算(一九四一年一月成立)以降は陸海軍の区別すら廃止された。そのため、予算の内容を外部から知ることはできず、議会でも申しわけ程度の審議で原案がそのまま可決された。大蔵省により審査も不十分なものでしかなかった。その意味では、臨軍費は、議会や政府の統制が及ばない特殊な予算だったといえよう。日中戦争以前の臨軍費の場合でも、この性格は基本的に変わらない。こうした予算の性格を最大限利用したのは、陸海軍だった。本来、日中戦争の戦費として成立した臨時軍事費であったにもかかわらず、陸軍はそのかなりの部分を対ソ軍備の充実に、海軍は対米軍備の充実に転用したのである。そのため、アジア・太平洋戦争の開戦時点では、日本の陸海軍は、アジア・太平洋地域においてアメリカに拮抗する強力な軍備を保持することができた。また、臨時軍事費の中からは巨額の機密費が支出され、陸海軍のいわば政治資金として、議会対策やマスコミ対策に使用されたといわれている。 →機密費

参考文献 大蔵省昭和財政史編集室編『昭和財政史』四(一九五五、東洋経済新報社)、吉田裕『アジア・太平洋戦争』(『岩波新書』、二〇〇七、岩波書店)、鈴木晟『臨時軍事費特別会計』(二〇一三、講談社) (吉田 裕)

りんじさんぎょうごうりきょく 臨時産業合理局 産業合理化の専管局として商工省に設置された組織。一九二〇年代の世界的な産業合理化の流れをうけ、三〇年六月に設置され、三七年四月に廃止された。産業合理化の基本思想は、国民経済の見地から産業の合理的経営を推進しようとするものであり、第一部は企業の統制・科学的管理法の実施・産業金融の改善・その他産業の合理化、第二部は工業品の規格統一・製品の単純化・国産品使用奨励・試験研究機関の整備連絡を所管した。主な事業は、(一)産業合理化の実施・普及、(二)重要産業統制法の制定・施行、(三)国産品の使用奨励、(四)工業品規格統一事業であった。(一)では、雑誌・パンフレット刊行、講演会開催などを行なった。(三)では、金解禁対策もあり、国産品の使用奨励運動を展開した。(四)では、工業品の生産・分配・消費の合理化を目的に規格を決定し普及を図った。本局の取組みは、政府が産業政策を推進するという商工行政の起点となった。 →重要産業統制法

参考文献 通商産業省編『商工政策史』九・一一(一九六一・六四)、平沢照雄『大恐慌期日本の経済統制』(二〇〇一、日本経済評論社)、宮島英昭『産業政策と企業統治の経済史―日本経済発展のミクロ分析―』(二〇〇四、有斐閣) (荻野 喜弘)

りんじしきんちょうせいほう 臨時資金調整法 ⇩戦時統制三法

りんじそぜいぞうちょうほう 臨時租税増徴法 臨時応急の増税措置として一九三七年四月から施行された法律。結城豊太郎蔵相は、前任の馬場鍈一蔵相のもとで立案された抜本的税制改革案における税制の構造に対する全面的改正の方針を取りやめ、主として税率の引上げによる臨時増徴を実施した。臨時租税増徴法は所得税の増徴を中心としたもので、第一種所得税の普通所得および清算所得の税率引上げ、同族会社加算税の増徴、第二種および第三種所得税率の引上げ、国債利子への課税、配当所得控除額の引下げなどが行われた。また、法人の営業収益税および資本利子税の税率引上げ、相続税の増徴、鉱産税の税率引上げ、特別鉱産税の創設、酒税および砂糖消費税の税率引上げ、取引所税の増徴、臨時利得税の税率引下げが実施され、同時に、法人資本税、外貨債特別税、揮発油税、有価証券移転税が新設された。この増税は、戦時増税の端緒となった相当大幅な改正であった。

参考文献 大蔵省編『昭和財政史』五(一九五七、東洋経済新報社)、『大蔵省史―明治・大正・昭和―』二(一九九八、大蔵財務協会) (永廣 顕)

りんじのうちかかくとうせいれい 臨時農地価格統制令 一九四一年一月三十日に公布(施行は二月一日)された法令。三〇年代後半以降、物価騰貴や低金利、軍需工場用地需要の拡大、小作争議の減少等の影響を受け、農地価格の上昇傾向が見られた。これに伴う小作料引き上げ等による農家経営の不安定化と、自作農創設維持事業への悪影響を防止するため、同令により、全農地価格が三九年の価格統制令による物価停止時点に合わせて、三九年水準の地価、具体的には地租法に基づく農地賃貸価格に四一年一月三十日に告示された農林大臣の定めた倍率を乗じた価格を超過して取引されることが原則的に禁止された。違反に対しては国家総動員法第三三条に基づく罰則が適用されることとされた。

参考文献『戦後日本の食料・農業・農村』一（二〇〇三、農林統計協会）、坂根嘉弘『日本戦時農地政策の研究』（二〇一二、清文堂出版）　（永江　雅和）

りんじのうちとうかんりれい　臨時農地等管理令　一九四一年二月一日に公布・施行された法令。日中戦争期における工場・道路目的の農地潰廃、肥料・労力不足による農家経営規模の縮小や耕作放棄地増加による農業生産力低下を抑止することを目的として制定された。具体的には、㈠農地転用の許可制（第三条、第五条）、㈡農家に対して地方長官、農地委員会が放棄農地の耕作を勧告し、耕作者の斡旋を行うことを認める耕作放棄の抑止（第八条）、㈢不要不急作物の作付け制限・禁止等による作付規制（第一〇条）が定められ、農地所有者・耕作者の農地処分・利用に政府が制限を加えることを可能にした。また食糧問題が深刻化した四四年には、兼業農家などの「低位収穫農家」に対して、「優良農家」への耕作移転（一月三十一日付農商次官通牒）や、新規農地賃貸の許可制（三月二十五日改正による「第七条ノ二」）等の規定が追加された。

参考文献『戦後日本の食料・農業・農村』一（二〇〇三、農林統計協会）、坂根嘉弘『日本戦時農地政策の研究』（二〇一二、清文堂出版）　（永江　雅和）

りんしん　林森　Lin Sen　一八六八―一九四三　中国国民党の政治家。一八六八年二月十一日、福建省閩侯の商人の家に生まれた。一九〇五年、中国同盟会に加入。一〇年十月、辛亥革命勃発後、一二年一月、南京に成立した臨時参議会の議長に選出された。第二革命失敗後、東京にわたり、孫文の中華革命党に参加。一七年、孫文が広州に創立した広東軍政府に参加。二四年一月、国民党第一回全国代表大会で中央執行委員に選出された。二五年三月の孫文の死後、十一月、国共合作に反対して結成された国民党右派の西山会議派の重要なメンバーとして活動した。二八年十月、南京国民政府が成立すると、立法院副院長に就任。三一年十二月に開かれた国民党四期一全大会で政治的責任を負わない国民政府主席をおき、国家元首とすることが決定され、林森が選出されて、翌年元旦に就任した。三七年七月に日中全面戦争が勃発すると、国民政府主席として重慶にうつり、四三年八月一日、交通事故の傷が原因で病死した。七十六歳。

参考文献　朱信泉主編『民国著名人物伝』一（北京、一九九七、中国青年出版社）　（石島　紀之）

る

ルーズベルト　Franklin Delano Roosevelt　⇩ローズヴェルト

るすぶたい・るすしだん　留守部隊・留守師団　常設師団の戦地への動員に伴って、元の所在地に残って動員師団に部隊を補充し、留守業務などを担当する部隊。師管内の陸軍諸部隊および防衛諸部隊の軍紀風紀の監督、また防衛警備などの業務を担当した。師団司令部の旧所在地には留守師団司令部が置かれ、留守師団長が任ぜられた。満洲駐劄軍においては留守司令官を任命。留守師団の存在から明らかなように、戦時において師団はすべての部隊が出征するわけではなかった。　（河西　英通）

ルメイ　Curtis Emerson LeMay　一九〇六―九〇　米国の軍人。陸軍航空軍指揮官。一九〇六年十一月十四日、オハイオ州クリーブランドで生まれる。オハイオ州立大学で土木工学を学んだ後、砲兵将校として軍歴を開始したが、すぐに新設の陸軍航空隊（アーミー＝エアコー）に転じた。二九年に戦闘機操縦士となり、三七年に航空隊総司令部（ジェネラル＝ヘッドクオーターズ・エア＝フォース）に配属されてB17爆撃機に接して以後、爆撃の専門家となっていく。四二年に大佐として第三百五爆撃飛行群（グループ）を率いて対独爆撃を指揮した。四四年八月に中緬印（CBI）戦場に転任し、B29爆撃機を装備した第二十爆撃航空軍（コマンド）を成都で指揮した。このときシェンノートとの共同作戦で漢口の日本軍基地に対して焼夷弾攻撃を実施した。その後、マリアナ諸島の占領に伴って、対日爆撃の拠点の重心が中国からマリアナに移行したため、新編された第二十一爆撃航空軍に第二十爆撃航空軍が統合されてすべてのＢ29が集中され、四五年一月に指揮官に着任したルメイが対日爆撃の指揮を管掌することになった。前任者は昼間高高度精密爆撃に拘泥していたが、ルメイはアーノルドの意向に沿って「都市そのものを灰燼に帰すことが日本人の戦意喪失に結びつく」と考え、低高度での夜間焼夷弾爆撃を実施することにした。その結果が三月十日の東京大空襲に始まる、民間人も攻撃対象とした対日戦略爆撃だった。四七年には新たに創設された米空軍(エア＝フォース)の在欧州司令官となり、ソ連によるベルリン封鎖の際に空輸を指揮した。四八年十月に帰国して戦略航空軍(ストラテジック＝エア＝コマンド)司令官に就任し、五七年から米空軍参謀次長、六一年から参謀総長を歴任したが、ヴェトナムで強硬戦略を主張して政権と対立した末、六五年に退役した。六八年の大統領選挙では、人種主義者として知られるアラバマ州知事ウォレスがアメリカ独立党から出馬した際、副大統領候補になったが、共和党のニクソンに敗れた。九〇年十月一日に死去。八十三歳。

参考文献　生井英考『空の帝国　アメリカの二〇世紀』(『興亡の世界史』一九、二〇〇六、講談社)、源田孝『アメリカ空軍の歴史と戦略』(二〇〇八、芙蓉書房出版)、Norman Polmar & Thomas B. Allen, *World War II: America at War, 1941-1945* (New York, 1991, Random House), Mark M. Boatner III, *The Biographical Dictionary of World War II* (Novato, 1996, Presidio Press), John Whiteclay Chambers II, ed., *The Oxford Companion to American Military History* (New York, 1999, Oxford University Press)

（加藤　公一）

れ

れいしきかんじょうせんとうき　零式艦上戦闘機　アジア・太平洋戦争期の海軍の主力艦上戦闘機。三菱重工業が開発。設計主務者は堀越二郎。皇紀二六〇〇(一九四〇)年に制式採用されたため、下一桁の数字をとって「零式」艦上戦闘機と命名された。アメリカ側が「ゼロ＝ファイター」と呼んだため、戦後、「ゼロ戦」という呼称が一般的となった。日中戦争後期からアジア・太平洋戦争全期にわたって使用され、日本陸海軍機では最大となる一万四百二十五機が生産された。生産数は、三菱重工業三千八百八十機、中島飛行機六千五百四十五機。航空母艦から発艦する艦上戦闘機として開発されたが、高性能なため、基地航空隊に配備され、陸上戦闘機としても使用された。初期の量産型である零式艦上戦闘機二一型の主要目は、以下の通りである。乗員一名。最大速度、二八八ノット(時速五三四キロ)。航続距離、一八九一海里(三五〇二キロ)。エンジンは、中島飛行機製「栄」一二型、九四〇馬力×一。武装、二〇ミリ機銃×二、七・七ミリ機銃×二。引込脚を採用。

一九三七年十月、海軍は、三菱重工業と中島飛行機の二社に対し、九六式艦上戦闘機の後継機の試作を指示。海軍は、航続距離、空戦性能、速度などで非常に高い性能を求めたため、中島飛行機は試作を辞退し、三菱重工業一社が設計を行なった。機体設計では、徹底した軽量化が追求され、長大な航続力と優れた格闘性能を実現した。特に航続距離は、同時期に開発されたアメリカ海軍の艦上戦闘機Ｆ４Ｆワイルドキャットなどと比較して、ずば抜けていた。その代償として、敵弾からパイロットや燃料タンクを守る防弾装置をまったく装備していなかった。四〇年七月、制式採用。同年八月、重慶爆撃に向かう九六式陸上攻撃機の護衛戦闘機として、中国の漢口基地から初出撃。それまで、攻撃機だけの爆撃では敵戦闘機の迎撃を受け被害が少なくなかったが、以後の爆撃では、中国軍機を圧倒するようになった。

零式艦上戦闘機

四一年十二月、ハワイ真珠湾攻撃では、九九式艦上爆撃機、九七式艦上攻撃機の護衛戦闘機として、ハワイ近海の航空母艦から出撃し、敵戦艦二隻沈没、四隻撃破の戦果に貢献した。同年十二月から四二年五月のフィリピン攻略戦では、長大な航続距離を生かして、台湾の地上基地から出撃。九六式陸上攻撃機、一式陸上攻撃機を掩護して、フィリピンのアメリカ軍基地を攻撃し、敵航空部隊を撃破。西大西洋の幅広い戦域で、制空権を獲得した。四二年六月、ミッドウェー海戦での空母喪失により、艦上戦闘機としての使用は難しくなり、以降、基地航空隊として主に運用されることとなった。

四二年八月から四三年二月のガダルカナル島をめぐる戦いでは、日本海軍の拠点となっていたラバウル基地から、連日、出撃。この長期消耗戦により、ベテランのパイロットが多数戦死し、多くの機体を失って、アメリカ軍との戦力差は広がっていった。四二年末以降、アメリカ海軍の戦闘機F４Uコルセア、艦上戦闘機F６Fヘルキャットなどの新鋭機が登場し、零式艦上戦闘機の優位性も失われていった。また、四二年六月に、アメリカのアリューシャン諸島で、ほとんど無傷の零式艦上戦闘機がアメリカ軍により捕獲され、徹底的な調査により、機体の弱点が明らかにされたことも、戦いを不利にした。この調査以降、アメリカ軍は、零式艦上戦闘機との格闘戦を避け、一撃離脱戦法、二機編隊での攻撃を徹底した。

四四年六月のマリアナ沖海戦では、敵戦闘機に圧倒され、一方的に撃墜されるようになった。しかし、その後も、優位な後継機が開発されなかったため、アジア・太平洋戦争末期まで引き続き生産され、海軍戦闘機の主力として戦い続けた。制空権を失い、圧倒的に劣勢となるなか、四四年十月のレイテ沖海戦では、神風特別攻撃隊が零式艦上戦闘機により編成され、海軍としてはじめて、敵艦への体当たり攻撃が組織的に行われた。四五年二月から三月の硫黄島の戦、同年三月から六月の沖縄戦でも、特攻機として使用された。

参考文献　吉村昭『零式戦闘機』(『新潮文庫』、一九七六、新潮社)、松岡久光『みつびし飛行機物語(改訂重版)』(二〇〇二、アテネ書房)、水沢光「空戦兵器　零式艦上戦闘機」(山田朗編『近代戦争の兵器と思想動員』所収、二〇〇六、青木書店)、堀越二郎・奥宮正武『零戦―設計者が語る傑作機の誕生―(新装版)』(『学研M文庫』、二〇一三、学研パブリッシング)

(水沢　光)

れいしきすいじょうていさつき　零式水上偵察機　海軍の水上偵察機。九四式水上偵察機の後継機として、愛知航空機が開発。一九四〇年、制式採用。乗員三名。エンジン一〇八〇馬力×一。最大速度二〇三ノット(時速三七六キロ)。機体下部に水面離着陸用の二つのフロートを持ち、戦艦、巡洋艦などに搭載して、索敵、哨戒を行うことを主任務としていた。戦争全期にわたって、巡洋艦などの軍艦や水上基地に配備され、偵察、哨戒、攻撃、連絡輸送、救難などに幅広く用いられた。

参考文献　野沢正編『日本航空機辞典』上(一九六八、モデルアート社)

(水沢　光)

レイテ沖海戦　神風特別攻撃隊の攻撃を受ける米護衛空母セント＝ロー

レイテおきかいせん　レイテ沖海戦　一九四四年十月、フィリピンのレイテ島に上陸を始めた連合軍を攻撃すべく、日本海軍連合艦隊がレイテ湾への突入を図った一連の戦闘。フィリピン沖海戦とも。四四年十月二十日、連合軍がレイテ島に上陸すると、連合艦隊は捷一号作戦に基づき、二十五日に主力艦隊のレイテ湾突入を図った。基地航空部隊が米機動部隊を攻撃する一方、小沢艦隊が囮となってこれを北に誘導し、その間に栗田艦隊をレイテ湾へ突入させる作戦であった。しかし、台湾沖航空戦による航空部隊兵力の損耗に加え、情勢把握が困難を極めるなか栗田艦隊が突入を回避したことにより作戦は成らず、米機動部隊の空襲により小沢艦隊の空母が全滅するなど、多くの艦船も喪失した。大本営海軍部はこの戦果を誇大に発表、これに基づき大本営陸軍部はレイテ島での地上決戦を決断し、多大な犠牲を出すことになった。この戦闘において、海軍は初の神風特別攻撃隊を投入した。

参考文献　防衛庁防衛研修所戦史室編『海軍捷号作戦』二(『戦史叢書』五六、一九七二、朝雲新聞社)

(内山　史子)

レイテ島に上陸するマッカーサー

レイテとうのたたかい　レイテ島の戦　一九四四年十月二十日から終戦にかけて、レイテ島で実施された陸上決戦。当初、日本軍はレイテ島を含むほかの地域では海軍および航空部隊による戦闘を実施し、陸軍はルソン島で地上決戦を行うことを想定していた。しかし台湾沖航空戦の戦果報告を信じた大本営と南方軍は、フィリピン防衛を担当する第十四方面軍司令官山下奉文大将の反対を押し切って作戦を変更し、陸軍もレイテ島防衛への参加が決定された。十月二十日、レイテ島に上陸した米軍は想定をはるかに上回る兵力を保っており、陸軍は第十六師団が砲爆撃を受けるなどの著しい損害が出た。レイテ島内の飛行場を奪還するため、日本軍は十二月五日にブラウエン飛行場へ空挺部隊を突入させたものの、戦局は打開されず、十日には日本軍の揚陸地であるオルモックを米軍に占領され、補給線が完全に遮断された。第十四方面軍は二十五日、隷下の第三十五軍に自活自戦を命じ、事実上レイテ島での決戦を放棄した。

参考文献 防衛庁防衛研修所戦史室編『捷号陸軍作戦』一(『戦史叢書』四一、一九七〇、朝雲新聞社)

(林　美和)

レーリンク Bernard Victor Aloysius Röling 一九〇六―八五　東京裁判オランダ代表判事。一九〇六年十二月二十六日、オランダのセルトーヘンボスで生まれる。ネイメーヘン＝カトリック大学、ユトレヒト大学で法律を学ぶ。三三年、「いわゆる職業犯、常習犯に対する立法」と題する論文でユトレヒト大学から博士号を授与され、同大学法学部で教鞭をとった。三四年には刑法学研究所の設立に尽力し、三六年よりユトレヒト裁判所の裁判官代理となる。ナチ占領下、ユトレヒト、ミッデルブルフの裁判所で裁判官を務めた。第二次世界大戦の終結後、ユトレヒト裁判所に復帰するとともに、ユトレヒト大学で蘭領東インド刑法を担当する客員教授も兼任した。その後、三十九歳の時に東京裁判の判事に任命される。十一名の判事の中で最年少だった。東京裁判では、多数派判事が作成した判決に反対する意見書を提出、広田弘毅元首相の死刑判決に異を唱え、重光葵元外相の無罪を主張した。裁判終了後、四八年からグローニンゲン大学の刑法教授(五〇年、国際法教授を兼務)を務めた。六三年に母国に戦争学研究所を設立し、六四年にはスウェーデンのストックホルム国際平和研究所(SIPRI)の創設に関わるなど、平和研究の発展に寄与した。八五年三月十六日、死去。七十八歳。

参考文献 L・ファン＝プールヘースト『東京裁判とオランダ』(水島治郎・塚原東吾訳、一九九七、みすず書房)、B・V・A・レーリンク『東京裁判とその後―ある平和家の回想―』(A・カッセーゼ編、小菅信子訳、『中公文庫』、二〇〇九、中央公論新社)

(永井　均)

れきしきょうかしょろんそう　歴史教科書論争　歴史教科書の内容や歴史叙述、そこに現れた歴史観をめぐっておこる国内外の論争。たとえば一九八二年の文部省による教科書検定によって生じたものがある。南京大虐殺や三一独立運動、沖縄戦における日本軍の住民虐殺などに関する記述に検定意見がつけられ修正が行われた。さらに検定によって「侵略」が「進出」に書き換えられたと報道されたことに端を発して国内外から批判の声があがり、なかでも韓国や中国からの抗議は外交問題にまで発展した。これに対し日本政府は八二年八月、「アジア近隣諸国との友好、親善を進める上でこれらの批判に十分に耳を傾け、政府の責任において是正する」とした宮沢喜一官房長官談話を発表して政治決着を図った。この談話を受け文部省は同年十一月、検定基準に「近隣のアジア諸国との間の近現代の歴史的事象の扱いに国際理解と国際協調の見地から必要な配慮がされていること」という、いわゆる「近隣諸国条項」を新たに設けるに至った。

参考文献 阪東宏『戦争のうしろ姿―教科書問題と東アジア諸国民との歴史対話―』(二〇〇六、彩流社)、大串潤児「歴史教科書問題考察の原点」(『現代思想』四二ノ六、二〇一四)

(齋藤　一晴)

れきししゅうせいしゅぎ　歴史修正主義　国民国家の正統性や存立が、戦争やグローバリゼーションの進展などによって揺らいだ際、それを再定義するため歴史学の研究や論争、歴史叙述に政治的な修正、見直しが行われること。はじめて唱えられたのは第一次世界大戦後にドイツの戦争責任をめぐってである。また日本の戦争や植民地支配について肯定的に再評価しようとする研究や政治動向も指す。その手法は、歴史事実から恣意的に切り取った一部分を批判することで全体を否定するというものである。また日本の歴史の連続性、独自性、優越性を強調し、排他的な対外認識、多様性の乏しい自国中心的な歴史観を特徴とする。一九九〇年代以降、日本の戦争や植民地支配が生んだ負の歴史、今日まで残された未決の問題について扱うことを「自虐的」「反日的」だと批判し、日本軍「慰安婦」や南京大虐殺、沖縄戦における「集団自決」などの存在を否定する歴史観がメディアや大量消費文化のなかで広がりをみせている。

参考文献 歴史学研究会編『歴史における「修正主義」』(『シリーズ歴史学の現在』、二〇〇〇、青木書店)、高橋哲哉『歴史／修正主義』(『思考のフロンティア』、二〇〇一、岩波書店)

(齋藤　一晴)

レキシントン Lexington　アメリカ海軍の航空母艦。レキシントン級とエセックス級がある。(一)第一次世界大戦中、アメリカは海軍力の拡大を目指し、三年艦隊計画案を作成し、戦争終結後も建艦を続けた。その中で、「レキシントン」はレキシントン級巡洋戦艦の一番艦として一九二一年一月に起工した。しかし、ワシントン海軍軍縮条約の締結により、「レキシントン」は「サラトガ」とともに航空母艦として改造されることが決定し、二七年十二月に就役した。基準排水量三万三〇〇〇トン、主要兵装八インチ(二〇・三センチ)連装砲四基、搭載機百九機、速力三四・二五ノット(時速約六三キロ)。アジア・太平洋戦争開戦後、ラバウル襲撃などに参加したが、日本軍のポートモレスビー攻略作戦に対応して、フレッチャー少将の第十七任務部隊の一隻として珊瑚海海戦に参加した。初の空母対空母の戦闘で、四二年五月八日、日本側攻撃隊の猛攻を受け、損傷。米駆逐艦「フェルプス」の魚雷により、処分された。(二)エセックス級航空母艦の六番艦として完成し、「レキシントン」と命名される。基準排水量二万七一〇〇トン、主要兵装五インチ(一二・七センチ)連装砲四基、五インチ単装砲四基、搭載機百機、速力三三ノット(時速約六一キロ)。四三年三月太平洋艦隊に配属された。太平洋戦争終結後も現役の航空母艦として残った。

参考文献 エリザベス＝アン＝ホイール、ステファン＝ポープ、ジェイムズ＝テイラー『第二次世界大戦事典』(石川好美他訳、一九八一、朝日ソノラマ)、P・カルヴォコレッシー、G・ウィント、J・プリチャード『トータル・ウォー―第二次世界大戦の原因と経過―』下(八木勇訳、一九九一、河出書房新社)、サミュエル＝エリオット＝モリソン『モリソンの太平洋海戦史』(大谷内一夫訳、二〇〇三、光人社)　(太田　久元)

レパルス Repulse　イギリス海軍の巡洋戦艦。第一次世界大戦中の一九一六年に竣工したレナウン型巡洋戦艦の二番艦。基準排水量三万二〇〇〇トン、主要兵装一五インチ(三八・一センチ)連装砲三基、速力二九ノット(時速約五四キロ)。両大戦間期に近代化改装が行われたが、対空兵装の強化は不充分であった。第二次世界大戦勃発後は、大西洋において船団護衛や、ドイツ戦艦「ビスマルク」の追撃戦などに参加した。太平洋戦争勃発の直前、イギリス東洋艦隊の所属となり、シンガポールを母港とした。戦艦「プリンス＝オブ＝ウェールズ」とともに日本軍のマレー上陸作戦の迎撃に出撃し、四一年十二月十日、マレー沖海戦において、日本海軍の航空部隊の攻撃を受け、沈没した。マレー沖海戦は、戦闘航海中の戦艦が航空攻撃によって沈没したはじめての海戦となった。

参考文献 防衛庁防衛研修所戦史室編『比島・マレー方面海軍進攻作戦』(『戦史叢書』二四、一九六九、朝雲新聞社)、エリザベス＝アン＝ホイール、ステファン＝ポープ、ジェイムズ＝テイラー『第二次世界大戦事典』(石川好美他訳、一九八一、朝日ソノラマ)　(太田　久元)

れんごうかんたい　連合艦隊　日本海軍の艦隊編成で戦時に限り編成された艦隊名。通常二個以上の常備艦隊で編成した艦隊。明治期の日本海軍は主力艦である第一線級の艦艇で常備艦隊、第一線を退いた老朽艦など第二戦級の艦艇で警備艦隊と区分していた。ところが、日清戦争が迫ると、二つの艦隊を連合して海上戦力の強化を図るために提起されたのが連合艦隊であった。連合艦隊司令長官は天皇に直属し、軍令に関しては軍令部総長、軍政に関しては海軍大臣の指示を受けた。すなわち、一八九四年七月十九日、日清戦争が迫ると常備艦隊と警備艦隊あらため西海艦隊とが、日清戦争開戦の六日前に連合艦隊として編成された。当時清国海軍は、「定遠」「鎮遠」(七三三五トン、三〇センチ主砲四門、一五センチ速射砲四門)を中心に東洋一の海軍力を誇っていた。これに対抗するため日本海軍は海外発注をも含め、急ピッチに建艦を進め、大小の軍艦三十一隻、水雷艇二十四隻から編成される艦隊を創りあげた。日本海軍最初の連合艦隊である。九四年七月二十五日、日本と清国の両国海軍ははじめて戦火を交え、日本は勝利を得た。これを豊島沖海戦と称する。さらに連合艦隊は黄海海戦(同年九月十七日)でも勝利し、清国の北洋艦隊を降伏に追い込んだ(九五年二月十二日)。

その後、日本海軍は建艦スピードを緩めることなく、日露戦争開戦時には全艦数九十隻(二三万三二〇〇トン)に達していた。日露戦争において、ロシアはバルチック艦隊・黒海艦隊・太平洋艦隊と三艦隊を擁していた。日本海軍は連合艦隊と第三艦隊で主力艦は戦艦六隻、旧式戦艦二隻、装甲巡洋艦六隻、巡洋艦十五隻などの陣容だった。日露戦争の可能性が出てきた一九〇三年十二月二十八日、連合艦隊と第三艦隊の上部機構として連合艦隊が編成され、特に東郷平八郎率いる連合艦隊がロシアのバルチック艦隊を撃破し、日本軍の勝利に貢献したとされる日本海海戦は、日本海軍の連合艦隊の名を世界に知らしめることになった。この時、連合艦隊の戦時編成は、第一艦隊(司令長官東郷平八郎中将)、第二艦隊(司令長官上村彦之丞中将)、第三艦隊(司令長官片岡七郎中将)に分けられていた。日露戦争時、連合艦隊は仁川沖海戦(〇四年二月九日)、黄海海戦(同年八月十日)、蔚山沖海戦(同年八月十四日)でつぎつぎと勝利を収め、ロシア海軍最大の艦隊勢力であったバルチック艦隊を撃破した日本海海戦(〇五年五月二十七―二十八日)など戦歴を重ねた。日露戦争の勝利に貢献したとして、以後日本海軍はロシアの復讐戦に備えることを口実に建艦を進め、その後対米戦を睨んで戦艦八隻、巡洋戦艦八隻を中心とする「八八艦隊」とされる連合艦隊を編成することが目標とされた。

連合艦隊は原則として戦時および演習時に臨時的に編成された艦隊であったが、世界の海軍国が軍縮条約の制約から離れて建艦競争を本格化するに従い、三三年からは常時編成となった。

時を経て、日米開戦が目前に迫ると、連合艦隊司令長官山本五十六は、連合艦隊の主力空母六隻を投入する真珠湾奇襲計画を立案する。開戦時の連合艦隊の戦力は、戦艦十隻、航空母艦十隻、戦時建造が三百八十三隻に達した(敗戦時作戦可能艦艇は四十五隻)。なお、日露戦争後、日本海軍は一貫してアメリカ海軍を第一の仮想敵国として装備充実に努めていた。対英米開戦時、全部で九個艦隊、戦時中には方面艦隊を含め十五個の艦隊数であった。四一年十二月八日未明、山口県柱島沖合に停泊していた連合艦隊の旗艦「長門」からの指揮のもと、南雲忠一司令官が指揮する第一航空艦隊(南雲機動部隊)が真珠湾に停泊するアメリカ太平洋艦隊を攻撃し、甚大な被害を与えた。その後、連合艦隊は西太平洋海域の全域に出動し、アメリカ戦艦との海戦を繰り返したが、最後には旗艦「大和」をはじめ、主力艦のほとんどが撃沈させられ、日本の敗北を待たずに事実上消滅していった。戦後、旧日本海軍の象徴ともいえる連合艦隊の存在は多くの日本人の愛国心とも繋がり、繰り返し出版物などで取り上げられている。

参考文献 千早正隆『連合艦隊始末記』(一九八〇、出版協同社)、同『連合艦隊興亡記』(『中公文庫』、一九九六、中央公論社)、吉田俊雄『連合艦隊の栄光と悲劇—東郷平八郎と山本五十六—』(『PHP文庫』、二〇〇〇、PHP研究所)、伊藤正徳『連合艦隊の最後—太平洋海戦史—』(『光人社NF文庫』、二〇〇四、光人社) (纐纈 厚)

れんごうぐん 連合軍 ⇨連合国共同宣言

れんごうこくきょうどうせんげん 連合国共同宣言 一九四二年一月一日にワシントンでアメリカ、イギリス、ソ連、中国など二十六ヵ国が調印した宣言。三七年七月の日中戦争開始以来アジアで展開していた戦争と、三九年九月からヨーロッパで戦われていた戦争とが、四一年十二月八日の日本軍による英領マレー半島とハワイのパール=ハーバーへの攻撃をきっかけとするアメリカの対日・対独戦への参戦によって結びついたことにより、枢軸国陣営と連合国陣営との戦いという布陣が明確になり、この宣言が出されることになった。宣言は四一年八月にアメリカのローズヴェルト大統領とイギリスのチャーチル首相が作成した大西洋憲章の内容を確認する形で、連合国側の戦争目的を打ち出した。それ以降枢軸国との戦争に加わった国もこの宣言の署名国となっていったため、最終的な当事国数は四十七ヵ国に達した。国際連合憲章が、この宣言に署名した国で同憲章に署名し、かつそれを批准した国を原加盟国としたことに示されるように、国連発足の基盤となった。 ➡国際連合憲章 ➡大西洋憲章

参考文献 木畑洋一『第二次世界大戦—現代世界への転換点—』(『歴史文化ライブラリー』、二〇〇一、吉川弘文館) (木畑 洋一)

れんごうこくぐんさいこうしれいかんそうしれいぶ 連合国軍最高司令官総司令部 ⇨GHQ

れんたい 連隊 部隊組織における一単位部隊で、編成単位としては旅団の次位。連隊長には大佐、まれに中佐を任命。規模は平時には千五百名前後、戦時には二千七百～三千五百名程度。連隊は本来、単一の兵種で一定の編成をもつ最大の部隊で、歩兵・騎兵・野砲(山砲)兵・工兵・輜重兵などの各連隊があり、師団に編合されて各兵科の総合戦力を発揮するよう運用された。のちに近代兵器の進歩に伴って戦車・野戦重砲兵・重砲兵・迫撃砲・砲兵情報・防空・高射砲・鉄道・船舶工兵・電信などの各連隊が編成され独立連隊として、または別個の部隊、たとえば戦車師団・高射砲師団・野戦重砲兵旅団などに編合された。このように連隊は部隊構成において最も種類が多く、最も多く用いられた。また師団における基幹部隊として重要な役割を果たした。連隊は西欧の軍隊にならって、一八七四年一月に近衛歩兵連隊が明治以降ではじめて編成された。ついで八八年に砲兵連隊、九六年には騎兵連隊が創設され、アジア・太平洋戦争までの間に戦車、工兵、通信など、各兵科の連隊が編成された。アジア・太平洋戦争直前、一九四〇年ごろの代表的な師団は二個歩兵旅団(各二個歩兵連隊、合計四個連隊)、砲兵連隊、騎兵連隊で、これらは四単位制であった。アジア・太平洋戦争期に師団の多くは旅団を省いた三個歩兵連隊(各三個歩兵大隊)からなる三単位制に逐次改編された。四単位制から三単位制への切り替えは二十世紀前半における世界各国の軍の一般的な傾向でもあった。連隊は一般的に塀や堤で囲った兵営に一団となって駐屯して訓練などにつとめ、出動準備の基地とした。日本各地に連隊ごとの駐屯地があり、通常、管轄地域の徴兵によって兵員が充足された。徴兵で兵役に就く者はこのような郷土の連隊に入営し、除隊後の予備役訓練と戦時召集もこの連隊で受けた。このような制度は連隊と地域住民との物心両面の結びつきを強めるのに役立っていた。

参考文献 樋口雄彦編『(共同研究)佐倉連隊と地域民衆』(『国立歴史民俗博物館研究報告』一三一、二〇〇六)、高井三郎『知っておきたい現代軍事用語—解説と使い方—』(二〇〇六、アリアドネ企画)、河西英通『せめぎあう地域と軍隊—「末端」「周縁」軍都・高田の模索—』(『戦争の経験を問う』、二〇一〇、岩波書店) (河西 英通)

れんたいき 連隊旗 ⇨軍旗

れんたいく 連隊区 歩兵連隊の区域のこと。各常設師団(近衛師団と朝鮮在中の第十九師団、第二十師団を除く)の師管区に属する歩兵連隊ごとに置かれた。連隊区の区域は、「陸軍管区表」によって定められ、おおむね府県単位に区分された。各連隊区には司令部が置かれ、連隊区内の徴兵・召集および在郷軍人会に関する事務などを行なった。各連隊区から徴集された歩兵の兵員は、原則として当連隊区が属する歩兵連隊に入営することになっていた。歩兵以外の各兵種に属する兵員は、当師管が属する師団の連隊・大隊に入営し、いわゆる「郷土部隊」となった。なお、朝鮮・台湾には兵事区が置かれた。 ➡師管区

参考文献 防衛庁防衛研修所戦史部編『陸海軍年表』(『戦史叢書』一〇二、一九八〇、朝雲新聞社)、大江志乃夫『資料目録および解説』(黒田俊雄編『村と戦争—兵事係の証言—』所収、一九八八、桂書房)、秦郁彦編『日本陸海軍総合事典(第二版)』(二〇〇五、東京大学出版会) (松田 英里)

れんたいくしれいぶ 連隊区司令部 各連隊区に置かれた軍の兵事行政機関。一八九六年三月二十六日公布の連隊区司令部条例(勅令第五六号、施行四月一日)により陸軍の管区表に軍管区・師管区・連隊区を定め、各連隊区に司令部を置いた。一九二三年五月二十四日には連隊区司令部令(勅令第二六七号、即日施行)が施行され、業務の拡充がなされ、当該連隊区内の徴兵・召集・召募事務に加えて、在郷軍人の服役・召集事務、在郷将校団および在郷軍人会に対する指導・統制にあたった。在郷軍人会によ

る各種キャンペーンには、同司令部の関与があったとされる。連隊区司令部条例制定時には、連隊区司令部付の将校数は司令官・副官を含め三名であったが、その後増員され、二五年から六名となった。四五年三月平時編制の連隊区司令部を閉鎖し、臨時編制の連隊区司令部・地区司令部が編成された。地区司令官は師管区司令官に隷属し、隷下部隊を統率して地区の防衛にあたった。四五年十二月一日に公布・施行された第一復員官署官制(勅令第六七六号)により連隊区司令部は廃止された。

参考文献 功刀俊洋「陸軍国民動員政策の形成」(『鹿児島大学社会科学雑誌』九、一九八六)

（松田　英里）

れんたいほう　連隊砲　歩兵連隊の歩兵砲として配備された四一式山砲の通称。連隊本部の下に編成された歩兵砲中隊が運用した。四一式山砲は一九一〇年六月に制式制定された口径七・五センチの山砲で、構造が簡単なことから組立や操作は旧式の三十一式速射山砲と比べて容易であった。また、大隊砲(九二式歩兵砲)よりも威力が大きく、歩兵連隊の重要な火力となった。満洲事変以降、歩兵用に改修された四一式山砲が各地の歩兵連隊に配備されていった。　→山砲(さんぽう)

参考文献 竹内昭・佐山二郎『日本の大砲―陸軍兵器徹底研究―』(一九八六、出版協同社)、佐山二郎『大砲入門―陸軍兵器徹底研究―』(一九九六、光人社)

（吉田　律人）

ろ

ろうしゃ　老舎　Lao She　一八九九―一九六六　中国の小説家、劇作家。一八九九年二月三日、北京に生まれる。戯曲『茶館』や長編小説『四世同堂』などで知られる。同時に非共産党員の愛国主義者であり、その中立的立場を買われて八年抗戦期(一九三七―四五年)の期間、中華全国文芸界抗敵協会(文協)の実質的責任者、総務部主任を務めた。生家は古くからの北京在住の家柄で、北京師範学校卒業後、小学校長に抜擢されるが、五・四運動ののち口語文学が興隆すると教職を辞し文学に身を投じた。ロンドン留学中(二四―二九年)に『馬さん父子』など小説三篇を発表、名声を確立した。文協とともに武漢、重慶と居を移し、組織運営にあたる一方、戦意高揚のための旧劇・新劇・漫才などさまざまの台本を執筆した。四三年、夫人が重慶に合流、北京の近況を聞いたのを機に『四世同堂』の筆を下した。日本降伏後は北京に戻り全国文聯理事に選出された。文化大革命さなかの六六年八月二十四日、紅衛兵に監禁殴打され、太平湖に入水、この世を去る。六十八歳。

参考文献 舒乙『北京の父 老舎』(中野晋訳、一九八八、作品社)、柴垣芳太郎『老舎と日中戦争』(一九九五、東方書店)

（前田　哲男）

ろうどうかがくけんきゅうじょ　労働科学研究所　労働科学に関する調査研究機関。一九一九年、大原社会問題研究所を創立させた倉敷紡績社長大原孫三郎は、二一年七月一日、同研究所の社会衛生部門の関係者を集め、倉敷に倉敷労働科学研究所を設立。初代所長は暉峻義等であり、桐原葆見、石川知福、八木高次らとともに、種々の労働科学の調査研究や、海女の労働調査、職業女性や農家女性の妊娠出産調査、農業労働調査、栄養調査などに取り組んだ。三六年、東京に移転して財団法人日本労働科学研究所となり、四一年には大日本産業報国会に統合。戦時期には、工場労働者の栄養調査、女性労働調査、農業労働調査、炭鉱労働調査などを進め、満洲や中国などにも調査研究範囲を広げた。敗戦後に解散、四五年十一月、財団法人労働科学研究所として再建、七一年に現在の神奈川県川崎市に移転、二〇一二年には公益財団法人に移行した。

参考文献 暉峻義等博士追憶出版刊行会『暉峻義等博士と労働科学』(一九六七)、労働科学研究所『労働科学の生い立ち―労働科学研究所創立五十周年記念―』(一九七一)

（大門　正克）

ろうどうくみあいほう　労働組合法　労働者が団結する労働組合の組織やその使用者との関係を規定した法。世界史的に見ると、労働者の団結権は資本主義の初期には禁止されていたが、十九世紀に労働運動の高まりのなかで国はこれに干渉しないという政策に転じ、二十世紀になると生存権的(社会的)基本権の一つとして保障されるものとなった。日本では一九三〇年代初頭に労働組合法案が帝国議会衆議院で可決されたものの貴族院で審議未了となり、戦時下には労働組合そのものが否定された。敗戦後、マッカーサーは幣原内閣に労働組合の結成奨励を含む五大改革指令を発し、四五年十二月二十三日に労働組合法が制定され、はじめて労働組合が法認されることになった。同法は四六年制定の労働関係調整法、四七年制定の労働基準法と併せて労働三法を形成し、日本国憲法の労働三権保障とともに労使関係の枠組みを形成した。しかし冷戦の進行と労働組合運動の活発化のなかで、GHQは労働争議や団体交渉などに制限を加えるようになり、四九年に労働組合法は全面改定された。

参考文献 竹前栄治『戦後労働改革―GHQ労働政策史―』(一九八二、東京大学出版会)、遠藤公嗣『日本占領と労資関係政策の成立』(一九八九、東京大学出版会)

(三宅 明正)

ろうどうしゃねんきんほけんほう 労働者年金保険法 戦前における年金保険制度としては、一九三九年に成立した船員保険法に基づく船員保険制度がある。同制度は海運業に従事する船員を対象に、医療保険と年金保険を兼ねるものとして、第一次大戦後より構想・立案の末に成立したものであった。一方、労働者を対象とする年金保険制度については、三八年の厚生省創設以来検討が行われ、四〇年に厚生省保険院より「労働者年金保険制度案要綱」が示され、保険制度調査会の諮問を経た上で四一年三月十一日に労働者年金保険法が成立、翌年一月一日に施行された。同法は健康保険法の適用を受ける工場・鉱山労働者に強制適用され、老齢・疾病・死亡に際して年金が支給された。同法の提案理由は、国家が労働者の生活保障を行うことで生産力を拡充し、高度国防国家体制確立に寄与することであった。四四年二月に同法は厚生年金保険法に改正され、事務系労働者・女子労働者を対象に加えた厚生年金保険制度に改められた。

参考文献 厚生省保険局監修『厚生年金保険十年史』(一九五三、厚生団)、高岡裕之『総力戦体制と「福祉国家」―戦時期日本の「社会改革」構想―』(『戦争の経験を問う』、二〇一一、岩波書店)

(川内 淳史)

ろうむちょうせいれい 労務調整令 軍需産業その他緊要な産業の労働力確保のために、労働者の雇入・使用・解雇への統制を強化した法令。日中戦争後に労働移動防止、労働力の重点配置を目的に制定・実施されていた従業者移動防止令・青少年雇入制限令を廃止して、国家総動員法に基づく勅令により一九四一年十二月八日公布、翌年一月十日施行。それまで労働移動防止が主に雇入の規制により図られていたのに対し、厚生大臣の指定する鉱工業の技術者・経験工・学校卒業者・養成工・検定試験合格者等の解雇・退職は国民職業指導所長の認可を必要とすることとし、また、国民職業指導所長の認可または紹介のない技能者・国民学校修了者・一般青壮年の雇入・就職を禁止した。四三年六月十九日、労働力の重点的配置強化のために改正され、一定業種・職種への男子労働者の就業制限・禁止、企業整備関係労働者に対する重点事業への就業命令権が追加された。四五年三月廃止。

参考文献 労働省編『労働行政史』一(一九六一、労働法令協会)

(市原 博)

ろうむどういんけいかく 労務動員計画 日中戦争の長期化に伴い、軍需・重点産業の労働力の充足と計画的な配置が強く要請されるようになったのに対して、国家総動員の一環として労働力の計画的需給を図るために一九三九年七月に閣議決定された年次計画。企画院と厚生省が中心となり四四年度まで作成された。初年度には、軍需の充足・生産力拡充計画の遂行・輸出振興・生活必需品の確保を重点に、(一)軍需産業、(二)生産力拡充計画産業・付帯産業、(三)輸出産業、(四)生活必需品産業、(五)運輸通信業が緊急重要産業に指定され、労働力の需要数と供給源別の供給数が決定された。四一年度に(三)と(四)が除外されて消費財生産部門への割当がほとんど削除された。四二年度には「国民動員計画」に改称されて、動員の範囲が勤労可能な国民の大多数に拡大される一方で、農業・水産業が動員計画対象産業に追加されたが、翌年にはそれへの割当が半分以下に圧縮された。

参考文献 法政大学大原社会問題研究所編『太平洋戦争下の労働者状態』(一九六四、東洋経済新報社)

(市原 博)

ろうやままさみち 蠟山政道 一八九五―一九八〇 昭和期の政治・行政学者。一八九五年十一月二十一日、新潟県に生まれる。東京帝国大学法学部卒業。同教授として行政学を担当した。昭和初期にかけて政治学、行政学、国際政治等の分野で多くの研究を発表し、かつ法制審議会、議会制度審議会、地方制度調査会等の委員を務める。三三年ごろから後藤隆之助らと国策研究の会合をもった。これはのちに昭和研究会となるが、蠟山はその中心人物として活躍した。日中戦争開始後には東亜協同体論を展開した。これは日本、満洲国と中国との間の、防衛または開発のための地域的運命協同体構想であるとされ、当時の知識人の間に広く浸透し、日中戦争を正当化する論理を提供した。国内政治体制についても国民協同体の形成を主張した。これは「国家」という存在を越えて経済、社会をも包含した存在であるとされた。三九年四月、社会思想家で東大経済学部に属する河合栄治郎が休職処分となった。河合と親しかった蠟山は、この事件に抗議して大学を辞職した。四二年の翼賛選挙では、群馬県から推薦候補として立ち当選を果たした。当時群馬県知事であった村田五郎は、陸軍が推す人物をはねつけ、これとは別にふさわしい人物を探した結果、高崎中学の出身でもある蠟山に打診をしたという。蠟山自身、立候補を決意した背景として、推薦制という方式を身をもって生かすこと、選挙区の壮年層の熱意が大きかったことをあげた。また選挙という「集団心理現象」を実験的に観察できる機会であったと述べていた。戦後は公職追放となり、その解除後、日本政治学会や日本行政学会の役員、お茶の水女子大学学長、国際基督教大学教授など学界の重鎮として活躍、そのほか多くの各種審議会の委員を務めた。また民主社会主義に関わり民社協会会長などに就任する。一方、美濃部亮吉都知事時代には、東京都教育委員長を務めた。八〇年五月十五日死去。八十四歳。

参考文献 蠟山政道『東亜と世界―新秩序への論策―』(一九四一、改造社)、同「斯く戦ひ斯く想ふ」(『中央公論』一九四二年六月)、蠟山政道追想集刊行会編『追想の蠟山政道』(一九八二)

(源川 真希)

ろうんきょう　呂運亨　⇩ヨウニョン

ローズヴェルト　Franklin Delano Roosevelt　一八八二―一九四五　アメリカの政治家、第三十二代大統領。一八八二年一月三十日、ニューヨーク州に生まれる。血縁関係にあるセオドア＝ローズヴェルトは共和党大統領を務めた。ハーバード大学、コロンビア大学法科大学院で学び、一九一〇年、ニューヨーク州の民主党から上院議員に初当選、政界入りした。一二年に州上院議員に再選されると民主党全国大会でウッドロウ＝ウィルソン大統領候補を支持し、一三年に海軍次官補に指名された。海軍省での働きが評価され、二〇年に副大統領候補に指名されるが、ウィルソン大統領とともに落選。翌年、ポリオに罹患し、自力歩行が困難になったが、妻エレノアの支えもあって、二八年にニューヨーク知事に当選して政界に復帰した。

二九年十月に始まる世界大恐慌に際し、「ニューディール」を掲げ、三二年の大統領選挙で当選。以後、四選されアメリカ史上最長任期の民主党政権を担った。ウィルソン大統領の掲げた国際主義を支持していたにもかかわらず、ローズヴェルトは、共和党議員や世論の孤立主義的傾向を看取し、国内政策を最優先した。また、日中戦争勃発後の三七年十月五日にシカゴで行なった「隔離演説」において、侵略を伝染病の蔓延に例え、侵略国の隔離を主張し、はじめて対外関与を訴えたが、孤立主義的な議員や世論の反発を受けた。三八年三月のナチスによるオーストリア併合、同年九月のミュンヘン会談後、再軍備を急ぐ英仏両国を支援するため、ローズヴェルトは交戦国への武器売却を禁じた中立法改正を求めた。孤立主義者は批判を強めたが、三九年九月に第二次世界大戦勃発、翌年六月にフランスが降伏すると、ヘンリー・L・スティムソンらを閣僚に迎え超党派体制を整備した。ローズヴェルトは、イギリスへの「参戦以外のあらゆる支援政策」を掲げて大統領選挙に臨み、前例のない大統領三選を果たした。

ローズヴェルト

四〇年年末、ローズヴェルトはアメリカを「民主主義の兵器廠」にすると主張し、大統領が米国防に必須とみなす国や地域への武器提供などを可能にする「武器貸与法」成立を訴えた。激論の末に成立した同法こそが、四一年を通じての米軍による戦争への介入手段となり、米海軍が大西洋方面で巡回を開始、ドイツ海軍との衝突も起こった。同年七月、ローズヴェルトはイギリス首相チャーチルと会見し、戦争目的と戦後世界構想を謳う「大西洋憲章」を発表した。米英の緊密な関係の構築からもローズヴェルトは、ヨーロッパを第一ととらえており、アジア問題に関しては国務省に委ねていた。真珠湾攻撃については現在も議論が続いており、陰謀論も根強いが、デイヴィッド＝カーンらによる軍の諜報活動に関する調査が進み、アメリカの側では「人的な情報収集の失敗と想像力の欠如」が存在したと指摘されている。

アメリカ参戦後、ローズヴェルトは、四三年一月のカサブランカ会談で、枢軸国の「無条件降伏」方針を打ち出し、続くカイロ、テヘラン会談でチャーチル、そしてソ連指導者スターリン、中国国民党蔣介石とともに大同盟体制を整備、戦略を調整、戦後世界秩序構築に尽力した。戦局が好転し、勝利が近づくにつれ大同盟間の利害対立が表面化した。植民地独立問題や戦後世界経済秩序問題で米英は鋭く対立し、ヤルタ会談では、ソ連の対日参戦の確約の見返りに、日本領土のソ連への割譲を承認するも東欧の将来は曖昧なまま置かれた。アメリカ国内においては、日系人強制収容を実施し、のちに深刻な人権侵害であると批判されることになる。極度に健康状態の悪化していたローズヴェルトは、ヤルタ会談後体調を崩し、四五年四月十二日に急逝した。六十三歳。

参考文献　Robert Dallek, *Franklin D. Roosevelt and American Foreign Policy, 1932-1945* (New York, 1979, Oxford University Press), David Kahn, "Pearl Harbor as an Intelligence Falure," in Akira Iriye, *Pearl Harbor and the Coming of the Pacific War: A Brief History with Documents and Essays* (Boston, 1999, Bedford, St. Martin's)
（高田馨里）

ろこうきょうじけん　盧溝橋事件　北平（北京）南西約一五キロの盧溝橋一帯で日本軍と現地中国軍が衝突し、日中全面戦争の発端となった事件。中国では七七事変とも呼

盧溝橋を行軍中の日本兵

ぶ。狭義には、一九三七年七月七日夜、演習中の日本軍に対する発砲事件と兵一名行方不明から、八日早朝の日本軍による中国軍に対する戦闘開始まで、広義には、七日夜の一連の事件から、二十八日の日本軍による北平・天津地域への一斉攻撃までを指す。七日午後十時四十分ごろ、盧溝橋付近で夜間演習を実施していた支那駐屯歩兵旅団第一連隊第三大隊第八中隊が、何者かに射撃を受け、集合した中隊の兵一名が行方不明であった(二十分後に帰隊)。豊台駐屯隊の一木清直第三大隊長は、牟田口廉也連隊長の承認を得て、八日午前五時三十分、宛平県城・中国軍への攻撃を開始した。十一日、北平特務機関長松井太久郎と第三十八師長張自忠の間で停戦協定の成立を見たが、この日第一次近衛内閣は華北派兵と内地三個師団の動員方針を決定し、事件拡大へと向かっていった。

参考文献 江口圭一『盧溝橋事件』(『(岩波ブックレット)シリーズ昭和史』三、一九八八、岩波書店)、安井三吉『盧溝橋事件』(一九九三、研文出版)、秦郁彦『盧溝橋事件の研究』(一九九六、東京大学出版会)　(内田　尚孝)

ろごうせんすいかん　呂号潜水艦　日本海軍の潜水艦の呼称。排水量五〇〇トン以上、一〇〇〇トン未満の二等潜水艦を呂号と区分した。呂号潜水艦はドイツ海軍のUボートと同程度の排水量であったが、日本海軍は漸減邀撃作戦の一手段として潜水艦の研究・運用を行なった結果、伊号潜水艦を中心に建造を行い、アジア・太平洋戦争開戦時に呂号は少数しか保持しておらず、組織的な海上交通網の破壊は行われなかった。

参考文献 『日本海軍潜水艦史』(一九七九)　(佐藤　宏治)

ロハス　Manuel A. Roxas　一八九二―一九四八　フィリピンの政治家、独立後の初代大統領。一八九二年一月一日、パナイ島カピス州に生まれる。国立フィリピン大学法学部を卒業後、一九一九年にカピス州知事に就任。二一年にフィリピン議会下院議員に当選し、下院議長を務めた。三〇年代前半には独立使節団の一員として活躍した。三八年からコモンウェルスの財務長官を務めた後、四一年に上院議員に転身。四二年、ユサッフェの降伏後にミンダナオ島で日本軍にとらえられ対日協力を求められたが、四三年に成立した共和国では大統領就任要請を固辞し、内閣の一員として経済政策を担当した。四五年四月、マッカーサーによって対日協力の罪を免除されると、四六年の大統領選でオスメニアを破り、七月に独立共和国の大統領に就任した。米軍基地貸与や反共路線などアメリカ寄りの政策を実施する一方、四八年一月には対日協力者に対する特赦を発表した。四八年四月十五日、演説中に心臓発作のため急逝。五十六歳。

参考文献 金ヶ江清太郎『歩いて来た道―ヒリッピン物語―』(一九八六、国政社)、中野聡『フィリピン独立問題史―独立法問題をめぐる米比関係史の研究(一九二九―四六年)―』(一九九七、龍溪書舎)　(内山　史子)

ロンドンかいぐんぐんしゅくじょうやく　ロンドン海軍軍縮条約　一九三〇年四月二十二日、ロンドンで、日英米仏伊五ヵ国が調印した海軍軍縮条約。正式名称は、一九三〇年ロンドン海軍条約で、条約文は五編二十六ヵ条三付属書からなる。会議は、英国の提議により一月二十一日に開催された。日英米の首席全権委員は、元首相若槻礼次郎、英マクドナルド、米スティムソンであった。本条約で最大の問題となったのは、補助艦保有量を定めた第三編(第一四―二一条)であった。日本は、総括的対米七割、大型巡洋艦(大巡)対米七割、潜水艦現有量七万八〇〇〇トン保有の三大原則量で会議に臨んだ。日米間の対立は激しく、大巡で対米六割、潜水艦五万二七〇〇トン、総括対米六割九分七厘五毛で最終合意したが(第一六条)、大巡で米国が三隻の完成を遅らせることとしたため(第一八条)、対米比率は、次回会議の三五年段階では対米七割二分、三大原則量と条約量との差はわずかであった。しかし、海軍軍令部が反発、統帥権干犯問題が生じた。条約批准をめぐり枢密院審査委員会も紛糾したが、浜口雄幸内閣は、反対を押し切り、十月一日枢密院本会議承認、翌日の天皇裁可を経て、十月二十七日に批准書寄託式が行われた。統帥権干犯問題は、浜口首相狙撃事件に始まり、陸軍によるクーデター計画(三月事件、十月事件)、テロ(血盟団事件、五・一五事件)を誘発させ、軍部の政

ロンドン海軍軍縮会議の各国代表(左から３人目が若槻礼次郎)

治的台頭と政党政治の終焉を招く契機となった。海軍部内でも、条約派(海軍省)と艦隊派(軍令部)の対立が起き、三三年九月海軍軍令部条例の改正により軍令部の権限が強化され、大角岑生海相によって条約派提督が海軍部内から一掃されている。結果として日本は、三四年十二月二十九日にワシントン条約廃止を米国に通告。三五年十二月九日開催の第二次ロンドン海軍軍縮会議に参加したが、軍備平等権を主張して会議を脱退。伊も調印せず、英米仏三国のみで三六年三月二十五日に条約は調印された(一九三六年ロンドン海軍条約)。結果、海軍は、巨大戦艦(「大和」等)の建造、機動部隊の編成など対米戦を準備し、開戦決定にあたり対米比率を重視する姿勢をとることとなった。

参考文献 外務省編『日本外交文書』一九三〇年ロンドン海軍会議・海軍軍備制限条約枢密院審査記録・一九三五年ロンドン海軍会議・一九三五年ロンドン海軍会議経過報告書(一九八三―八六)、伊藤隆『昭和初期政治史研究―ロンドン海軍軍縮問題をめぐる諸政治集団の対抗と提携―』(一九六九、東京大学出版会)
(小池 聖一)

わ

わかつきれいじろう 若槻礼次郎 一八六六―一九四九 大正・昭和期の官僚、政治家。一八六六年三月二十一日(慶応二年二月五日)出雲国松江生まれ。九二年帝国大学法科大学卒。大蔵省に入り、一九〇四年主税局長、第一次西園寺内閣・第二次桂内閣で大蔵次官。十一年貴族院議員に勅選。第三次桂内閣・第二次大隈内閣の蔵相。一三年立憲同志会結成に参加。二四年護憲三派内閣の内相となり、普通選挙法と治安維持法を成立させた。二六年憲政会総裁となり第一次若槻内閣を組織したが、翌年台湾銀行救済緊急勅令を枢密院に否決され総辞職。二九年ロンドン軍縮会議に主席全権として臨み条約調印を果たす。三一年立憲民政党総裁就任、第二次若槻内閣を組織。満洲事変に不拡大方針で臨むが収拾できず、政友会との協力内閣運動で閣内不一致を生じ総辞職。三四年斎藤内閣後継の選定時以降、重臣会議に参加。翼賛政治会参加を拒否し、日米開戦に反対するなど戦局拡大に一貫して消極的だった。四九年十一月二十日没。八十四歳。

若槻礼次郎

参考文献 若槻礼次郎『明治・大正・昭和政界秘史―古風庵回顧録―』(『講談社学術文庫』、一九八三、講談社)
(山本 公徳)

わかつきれいじろうないかく 若槻礼次郎内閣 立憲民政党総裁若槻礼次郎を首班とする政党内閣。若槻は二六年一月三十日―二七年四月二十日にも憲政会を与党とする第一次内閣を組織しているが、ここでは第二次内閣について説明する。三一年四月十三日、前年狙撃された浜口雄幸首相の容態悪化を理由として内閣が総辞職の方針を固めると、民政党はただちに次期総裁に再び若槻礼次郎を就任させることを決定し、翌日第二次若槻礼次郎内閣が発足した。閣僚は、陸軍大臣、商工大臣、拓務大臣を除いて浜口内閣の閣僚がそのまま留任。主要閣僚には、外務大臣幣原喜重郎、内務大臣安達謙蔵、大蔵大臣井上準之助らがいる。第二次若槻内閣は、前内閣の政策を継承し、行政・財政・税制の三大整理を主要課題とした。このうち、財政整理に関わる官吏の減俸計画は、五月十六日の四相会議(首相・蔵相・内相・鉄相)で決定されたが、司法官や鉄道省をはじめとする各省職員から強い反対の声が上がり、最終的には当初計画から大幅に後退した内容での実施となった。このほか、行政整理の一環として拓務省の廃止が決定されたものの、これも実現には至っていない。経済政策では、イギリス議会が九月二十一日に金本位制からの離脱を決めたにもかかわらずその維持に固執し、結果として金輸出再禁止を見込んだドル買いに機会を与えることになった。この内閣が直面した最大の課題は、九月十八日に起こった柳条湖事件とそれに端を発する満洲事変である。事変が勃発すると、内閣はただちに不拡大の方針を打ち出したが、関東軍は九月二十一日に吉林へ出兵、朝鮮混成三十九旅団も奉勅命令を待たずに独断で越境して奉天へと軍を進めた。結局内閣は必要な追加予算を承認するとともに、十一月十八日には増派を決定するなど、事実上満洲事変を追認する態度をとった。また、十月二十四日の国際連盟理事会における撤兵勧告決議にも応じなかった。こうした中で内閣は、安達内相が唱える協力内閣運動によって動揺をきたす。政民両党の連携を模索する協力内閣運動は、昭和恐慌、満洲事変、そして三月事件・十月事件といった軍部内の不穏な動きを背景としており、これらの対応に苦慮する若槻首相は安達の構想にいったんは同意を示唆して交渉を指示し、安達は十一月二十一日に協力内閣の声明書を発表する。しかし、閣内で重きをなしていた幣原外相、井上蔵相はこれに強硬に反対し、若槻首相もこれに応じたことで、安達は閣内で孤立した。若槻首相は安達に翻意を促すものの、安達はこれに応じず、また単独辞職も拒否したため、十二月十一日、第二次若槻内閣は閣内不一致を理由に総辞職した。

参考文献 若槻礼次郎『古風庵回顧録(改訂版)』(一九七五、読売新聞社)、宮本盛太郎「第二八代第二次若槻内閣―満州事変と民政党内閣の苦悩―」(林茂・辻清明編『日本内閣史録』三所収、一九七六、第一法規出版)、増田知子「政党内閣制の崩壊―一九三〇―一九三二年―」(東京大学社会科学研究所編『歴史的前提』所収、一九九一、東京大学出版会)、川田稔『満州事変と政党政治―軍部と政党の激闘―』(『講談社選書メチエ』、二〇一〇、講談社)

（河島　真）

わかばやしとういち　若林東一　一九一二―四三　陸軍軍人。一九一二年三月二十七日、栄村村長若林宏明の長男として山梨県に生まれる。三三年第一師団歩兵第四十九連隊に入営(徴兵)、三九年陸軍士官学校卒(第五十二期)。四〇年中尉・第三十八師団歩兵第二百二十八連隊中隊長、香港攻略戦に参加。優れた洞察力で中隊を率い奇襲攻撃を敢行し戦局を有利に導く。四三年一月十四日、ガダルカナル島で戦死。悲観した部下の准尉があとを追うように戦死するなど人望が厚く上官や部下に慕われた。大尉進級・個人感状授与。四五年三月、若林が主人公の映画『後に続くを信ず』(主演長谷川一夫)が公開された。享年三十二。

参考文献 下山田行雄『栄光よ永遠に―人間若林大尉の生涯―』(一九六三、弘文堂)、山本七平『ある異常体験者の偏見』(一九七四、文藝春秋)

（柏木　一朗）

わかわしのうた　若鷲の歌　西條八十作詩・古関裕而作曲、霧島昇と波平暁男の歌唱で発表された、一九四三年封切の東宝映画『決戦の大空へ』の主題歌。アジア・太平洋戦争期には、海上交通路と制空権確保のため、陸・海軍とも航空戦略を重視し、航空思想普及による国民の意識昂揚や航空兵力確保の施策が実施され、そのための文化領域の動員がみられた。その代表的事例が、海軍甲種飛行予科練習生(予科練)を題材に、その練習生募集を目的とした映画『決戦の大空へ』の主題歌である「決戦の大空へ」と「若鷲の歌」や、陸軍特別幹部候補生を題材として四四年二月に発表された「特幹の歌」などの楽曲だった。古関の回想によれば、「若鷲の歌」は、作詞・作曲者など関係者が土浦海軍航空隊を視察した際に、古関が長調と短調の二つの曲を作曲し、航空隊の生徒の前で演奏して挙手をさせた結果、短調の曲に支持が集まりこの楽曲が誕生したという。四三年九月のレコード発売当初から爆発的なヒットとなった。

参考文献 古関裕而『鐘よ鳴り響け―古関裕而自伝―』(一九八〇、主婦之友社)

（戸ノ下達也）

ワシントンかいぎ　ワシントン会議　一九二一年十一月から翌二二年二月にかけて、米国の首都ワシントンDCで開催された、海軍軍備制限と太平洋・東アジアに関する国際会議。背景には、(一)日英米による建艦競争への懸念、(二)日英同盟の更新問題、(三)中国問題などをめぐる日米対立があり、解決が急務とされた。会議には、日英米仏伊の五大国に加えて中国、ポルトガル、ベルギー、オランダの九ヵ国が参加した。日本は海軍軍縮に関して海軍力の対英米七割確保をめざしたが、米国の軍縮提案に沿う対英米六割を規定した五ヵ国条約が成立した。また、日英同盟は破棄され、太平洋の安全保障を約した米仏を加えた四ヵ国条約が成立した。さらに、中国問題については九ヵ国条約が成立し、中国の門戸開放・機会均等と独立・領土保全が定められた。会議の結果、日米対立が解消し、太平洋・東アジアは安定したものの、現状維持的で条約違反への制裁措置を欠き、問題を残した。→九ヵ国条約(きゅうかこくじょうやく)

ワシントン会議

参考文献 麻田貞雄『両大戦間の日米関係―海軍と政策決定過程―』(一九九三、東京大学出版会)、高原秀介「ウィルソン主義とワシントン体制」(川島真編『(岩波講座)東アジア近現代通史』四所収、二〇一一、岩波書店)

（高原　秀介）

ワシントンかいぐんぐんしゅくじょうやく　ワシントン海軍軍縮条約　一九二一年十一月から翌二二年二月にか

けて、米国の首都ワシントンＤＣで開催されたワシントン会議において、五大国(米・英・日・仏・伊)により採択された海軍軍備制限に関する条約。主力艦の保有制限を規定した。二一年七月、米ハーディング政権は、四大国に対し、太平洋・極東問題と併せて海軍軍縮を討議するためワシントンで国際会議を開催することを提案した。米国では大戦後に平和主義が高揚する一方、戦後不況下で軍事費が国民経済を圧迫し、軍縮を求める議会や世論の動きが強まっていた。特に、戦時中に成立し実施下にあった大建艦計画は問題視された。英国は第一次大戦で多くの艦船を喪失し、世界一の海軍力を維持し得ない状況にあった。日本は、海軍が米国を仮想敵国と定め、いわゆる八・八艦隊の建艦計画を進めたものの、財政的制約により実現には至っていなかった。戦後恐慌の到来は日米の経済提携を要請し、日本の海軍軍縮を不可避としたのである。議長を務めたヒューズ米国務長官は、冒頭から海軍軍縮案を示した。それは、建造中の主力艦を廃棄し、以後十年間建艦を中止し、米・英・日の主力艦総トン数の比率を五・五・三と定めていた。日本は対米七割を要求したが、英国が米国案支持に回ったため、全権代表加藤友三郎海相の判断により対米六割を受諾した。会議決裂後の建艦競争により日米海軍力の格差が拡大することを危惧した、加藤の合理的な政治判断に基づく決断であった。なお、六割比率受諾の代償として、加藤が廃棄対象の戦艦「陸奥」の除外と太平洋諸島における軍事施設の要塞化禁止を求めたのに対し、ヒューズは米英も同じ割合で戦艦を保有できるよう微調整することを条件に提案を受け入れた。海軍軍備制限については合意できたものの、フィリピンやグアムの要塞化が禁じられたため、米国には不利な条件を伴う結果となった。

参考文献 麻田貞雄『両大戦間の日米関係―海軍と政策決定過程―』(一九九三、東京大学出版会)、高原秀介「ウィルソン主義とワシントン体制」(川島真編『(岩波講座)東アジア近現代通史』四所収、二〇一一、岩波書店)

(高原 秀介)

ワシントンたいせい ワシントン体制 一九二一年から翌年にかけて開催されたワシントン会議を起点として、東アジアに成立した国際秩序を指す。ワシントン会議では、中国をめぐる九ヵ国条約、海軍軍縮についての五ヵ国条約、太平洋に関する四ヵ国条約などが締結された。ワシントン体制とは、日米英三国による協調外交の体系であり、その下では中国が不平等な地位に位置づけられており、ソヴィエトは体制から排除されていた。日米の学界では一九二〇年代の東アジア国際政治をワシントン体制という概念で論じることが通例になっており、その秩序が満洲事変まで続いたと解される。他方、イギリスの視点からは、ワシントン体制という認識はなかったのではないかと疑問が呈されている。ワシントン体制は、九ヵ国条約と五ヵ国条約を二つの柱としていた。九ヵ国条約、すなわち、中国をめぐる国際秩序において、不安定要素となったのがソ連や中国の動向であった。二五―二六年の北京関税特別会議やその後の北伐は、ワシントン体制への試金石となるものであった。北京政府が崩壊し、国民政府が成立すると、アメリカはいち早く中国に接近した。二九年の中ソ紛争や中国「革命外交」の進展などを経て、満洲事変後には日本が現状打破勢力に転じる。リットン調査団による報告後、日本は国際連盟を脱退した。五ヵ国条約、すなわち日米英を中心とする軍備制限に関しては、ワシントン会議の当初から批判もあった。浜口雄幸内閣期の三〇年には、第一次ロンドン海軍軍縮会議で補助艦などに軍備制限が強化されたものの、統帥権干犯問題を引き起こした。日本では強硬な「艦隊派」が、穏健な「条約派」に対して優位に立っていく。第二次ロンドン海軍軍縮会議では、日本が予備会議から軍備平等権を主張して米英と対峙し、三六年一月には脱退を通告した。ワシントン条約とロンドン条約は年末に失効し、「海軍休日」と呼ばれた軍縮の時代は終わった。

参考文献 麻田貞雄『両大戦間の日米関係―海軍と政策決定過程―』(一九九三、東京大学出版会)、服部龍二『東アジア国際環境の変動と日本外交 一九一八―一九三一』(二〇〇一、有斐閣)、後藤春美『上海をめぐる日英関係 一九二五―一九三二―日英同盟後の協調と対抗―』(二〇〇六、東京大学出版会)

(服部 龍二)

ワスプ Wasp アメリカ海軍の航空母艦。一九三六年四月起工、四〇年四月竣工。ワシントン海軍軍縮条約の制限内で計画されたために、先に就航していた「ヨークタウン」「エンタープライズ」などの航空母艦よりも小型となった。日米開戦後は太平洋におけるアメリカ海軍の貴重な機動戦力として欧州戦線から転用されたが、四二年九月、日本海軍の潜水艦によって大破された後に自沈。基準排水量一万四七〇〇トン、最大速度二九・五ノット(時速約五五キロ)。

参考文献 *Conway's All The World's Fighting ships 1922―1946* (London, 1980, Conway Maritime Press)

(佐藤 宏治)

わだかついち 和田勝一 一九〇〇―九三 劇作家。一九〇〇年三月二十三日、奈良県に生まれる。奈良農業学校卒業後、農業に従事したが、二一年に上京、三一年に新築地劇団文芸部所属となる。三二年五月には左翼劇場とのメーデー記念共同公演が開催、和田の農民劇として名高い『大里村』が上演された。プロット常任中央委員として農民演劇委員会を統括する役割も担った。三七年には新築地劇団改組のために外部の文芸顧問団に移動したものの、長塚節『土』を脚色、上演して大成功をおさめる。翌年には豊田正子の『綴方教室』の劇化上演も提案し、山本安英が主役を演じて好評を博した。同年に刊行されて話題を呼んだ松田甚次郎の『土に叫ぶ』も脚色、新国劇により東京有楽座で上演された。農民文学懇話会の会員でもあり、農民演劇の発展を主張した。三九年には文芸顧問団から劇団に復籍し、同年の劇団十周年公演には和田の『海援隊』が選ばれて千田是也の演出で上演された。四〇年八月、新築地劇団の強制解散に伴い、治安維持法違反容疑で検挙され四三年まで拘禁された。四四年には、検事局と保護監察所との命により、千田是也、村山知義、中野重治らとともに伊勢神宮の禊ぎに参加させられたこともある。ほかの作品に『土地闘争』を改題した『土地に闘ふ』や『高杉晋作』『牛飼ひの歌』など。九三年四月二十一日没。九十三歳。

参考文献 大笹吉雄『日本現代演劇史』昭和戦前・戦中篇(一九九〇-九五、白水社)　(竹内栄美子)

わだでん　和田伝　一九〇〇-八五　小説家。一九〇〇年一月十七日、神奈川県に父又三郎、母そめのの長男として生まれる。本名は傳。和田家は文禄年間から続く古い大地主で、稲作や養蚕などの農業を営んでいた。県立厚木中学校から早稲田大学高等予科を経て文学部に進学、吉江喬松によって創設された仏文科の第一期生となる。卒業後、バルザックなどフランス文学の翻訳に携わる一方、小説を執筆し、第一作「山の奥へ」を『早稲田文学』二三年七月号に発表。以後、農村の現実を描き続けた。三七年、『沃土』を刊行し文壇的地位を得る。三八年、有馬頼寧農相のもとで農民文学懇話会が結成された際、島木健作らとともに準備委員となって尽力した。同年十月に長野県大日向村を取材、十一月には農林省より大陸派遣農村ペン部隊として満洲開拓地を視察し、三九年刊行の『大日向村』に反映させた。行き詰まった農村の打開策を大陸に求めたこの小説は、舞台化や映画化がなされ、多くの観客を集めて大陸開拓文学の代表作となる。戦後は、五四年結成の日本農民文学会初代会長に就任。『日本農人伝』五巻、『鰯雲』『門と倉』などがある。結腸ガンのため八五年十月十二日没。八十五歳。→大日向村

参考文献 赤星虎次郎「解説」(『和田伝全集』所収、一九七八・七九、家の光協会)、厚木市文化財協会編『和田伝―相模平野に生きた農民文学作家―』(二〇〇〇、厚木市)　(竹内栄美子)

わたなべたけし　渡辺武　一九〇六-二〇一〇　大蔵官僚、アジア開発銀行初代総裁。一九〇六年二月十五日子爵渡辺千冬(のち司法大臣)の長男として東京に生まれる。三〇年東京帝国大学法学部政治学科卒、大蔵省に入り、為替局送金課長、為替局外資課長兼為替局管理課長、理財局資金調整課長、主計局第三課長、総務局企画課長、大臣官房企画課長などを経て、四五年十月大蔵省終戦連絡部次長、四六年同部長、四七年渉外部長、四八年大臣官房長兼渉外部長としてドッジ=ラインなど占領行政に立ち会う。四九年初代の財務官となり、五一年サンフランシスコ講和会議を機に財務官のまま渡米し在ワシントン日本政府在外事務所所員。外務省に出向し五二年在米国大使館参事官、同特命全権公使(五六年まで)。五六年から六〇年まで国際通貨基金理事兼国際復興開発銀行理事、六五年から六六年までアジア開発銀行設立準備のため大蔵省顧問、六六年から七二年までアジア開発銀行初代総裁。七三年東京銀行顧問(七九年まで)、日米欧委員会日本委員会委員長。二〇一〇年八月二十三日死去。百四歳。『渡辺武関係文書』は国立国会図書館憲政資料室所蔵。

参考文献 渡辺武『占領下の日本財政覚え書』(一九六六、日本経済新聞社)、『私の履歴書』四九(一九七三、日本経済新聞社)、渡辺武『アジア開銀総裁日記』(一九七三、日本経済新聞社)、大蔵省財政史室編『対占領軍交渉秘録―渡辺武日記―』(一九八三、東洋経済新報社)　(松浦正孝)

わたなべてつぞう　渡辺銕蔵　一八八五-一九八〇　経営学者、東京商工会議所専務理事、東宝の経営者、反共主義者。一八八五年十月十四日広島で書店主の長男として生まれる。一九一〇年東京帝国大学法科大学政治学科卒、欧州留学後東京帝国大学法科大学助教授、一六年教授・商業学第一講座担任、一九年経済学部教授、二六年東京商業会議所に請われ理事・書記長となり、二七年東京大学休職、三一年法学博士。二八年商工会議所法制定により成立した日本商工会議所と東京商工会議所の専務理事を兼務。三三年陸軍省事務嘱託、三三年から三四年にかけ反産業組合運動を全国的に展開、三四年商工会議所を辞職。三六年一月の総選挙に民政党から出馬し衆議院議員、三七年衆院選落選。三八年渡辺経済研究所所長、四二年無尽統制会副理事長として三国軍事同盟反対などを運動したが、四四年大阪一茶寮での戦局に関する発言により東京憲兵隊に拘留され有罪判決。近衛文麿・木戸幸一に終戦意見書を提出。四六年衆院選落選、四六年東宝映画会社重役、四七年取締役社長となり東宝争議と戦い、四九年から五〇年まで同会長。反共・再軍備の運動に従事。四八年日本体育専門学校長、五〇年参院選落選、五五年五月から自由アジア社社長、自由アジア協会理事長。八〇年四月五日死去。九十四歳。

参考文献 渡辺銕蔵『反戦反共四十年』(一九五六、自由アジア社)、同『孤独のたたかい』(一九五九、自由アジア社)、同『激動の日本』(一九六六、自由アジア社)、同『自滅の戦い』(『中公文庫』、一九八八、中央公論社)　(松浦正孝)

わたなべはまこ　渡辺はま子　一九一〇-九九　声楽家。一九一〇年十月二十七日、神奈川県で出生。武蔵野音楽学校卒業後、母校や女学校で講師の傍らビクターからレコードデビュー。三八年にコロムビアに移籍し、五〇年にビクターに復帰。「忘れちゃいやよ」「愛国の花」「何日君再来」「蘇州夜曲」「ああモンテンルパの夜は更けて」などの曲で、澄んだソプラノで多くの人々を魅了した。演奏活動のほか、療養所や戦犯収容所の慰問、友好国親善にも注力した。九九年十二月三十一日死去、八十九歳。

参考文献 渡辺はま子『あゝ忘られぬ胡弓の音―渡辺はま子フォト自叙伝―』(一九八三、星雲社)　(戸ノ下達也)

わだひろお　和田博雄　一九〇三-六七　官僚、政治家。

一九〇三年二月十七日埼玉県で出生。岡山第一中学、第六高等学校を経て東京帝国大学を二五年に卒業。農林省に入省。三五年五月、内閣調査局調査官。三七年五月企画庁調査官。三七年十月、企画院書記官。三八年四月農林省復帰。四一年一月農政課長。四一年四月、企画院事件で検挙。四一年四月から四五年十月まで休職。四三年、保釈出所。四五年九月、無罪判決。四五年十月、農林省農政局長。四六年五月から四七年一月まで第一次吉田茂内閣農林大臣。四七年五月から五二年九月まで参議院議員。四七年六月から四八年三月まで片山哲内閣国務大臣経済安定本部総務長官・物価庁長官。五二年十月から六六年十二月まで衆議院議員。五四年、左派社会党書記長。社会党統一後は政策審議会長。五八年、全購連事件で一年間役職停止処分。六七年三月四日没。六十四歳。

参考文献　宮地正人「企画院事件」(我妻栄他編『日本政治裁判史録』昭和・後所収、一九七〇、第一法規出版)、『和田博雄遺稿集』(一九八一、農林統計協会)、大竹啓介『幻の花—和田博雄の生涯—』(一九八一、楽游書房)

(横関　至)

わちたかじ　和知鷹二　一八九三—一九七八　大正期・昭和戦前期の陸軍軍人。最終階級は中将。一八九三年二月一日、広島県に旧中津藩士の子として生まれる。陸軍士官学校(第二十六期)、陸軍大学校卒業。参謀本部第二部支那課員、中国各地で駐在武官や特務機関長を歴任するなど、「支那通」軍人として謀略活動に従事、関東軍参謀として満洲国建国にも関わった。その後も、太原特務機関長や支那駐屯軍参謀として、日中戦争では大本営付として、さまざまな特務工作にたずさわるなど、謀略を得意とした。アジア・太平洋戦争では、一九四二年二月に第十四軍参謀長としてフィリピン攻略作戦、四四年十一月に第三十五軍参謀長としてレイテ作戦に参加した。四五年四月には南方軍総参謀副長に就任した。七八年十月三十日、八十五歳で死去。防衛省防衛研究所戦史研究センターに関連資料が多数ある。

(堀田慎一郎)

わつじてつろう　和辻哲郎　一八八九—一九六〇　大正・昭和期の文化史家、倫理学者。一八八九年三月一日兵庫県で医師の家に生まれる。第一高等学校から東京帝国大学哲学科に進み、ケーベルに学ぶ。京都帝国大学教授などを経て一九三四年東京帝大教授(倫理学)。当初人格主義の立場であったが、三〇年ごろから西洋の個人主義を批判、日本の風土に関心を向けつつ「間柄」に基づく独自の倫理学を構想し、『倫理学』全三巻(一九三七—四九年)にまとめた。三七年文部省刊行の『国体の本義』編集委員。教学局参与、日本諸学振興委員会常任委員。四〇年から海軍の高木惣吉の思想懇談会に参加。四一年津田左右吉事件の裁判で歴史研究のあり方をめぐって証言。四三年海軍大学校で「日本の臣道」を講演。敗色濃厚な四五年に三年会に参加、また同年近世を再考する研究会を発足させ、敗戦という「日本の悲劇」の原因は鎖国による「科学的な精神の欠如」にあるとする『鎖国—日本の悲劇—』(五〇年)に結実させた。六〇年十二月二十六日死去。七十一歳。『和辻哲郎全集』全二十五巻・別巻二巻(一九六一—六三年、九一—九二年、岩波書店)がある。

参考文献　熊野純彦『和辻哲郎—文人哲学者の軌跡—』(『岩波新書』、二〇〇九、岩波書店)、苅部直『光の領国和辻哲郎』(『岩波現代文庫』、二〇一〇、岩波書店)、子安宣邦『和辻倫理学を読む—もう一つの「近代の超克」—』(二〇一〇、青土社)

(畑中　健二)

わらわしたい　わらわし隊　日中戦争期に朝日新聞が企画・後援し、吉本興業が派遣した演芸慰問団の通称。陸海軍の航空隊を表す「荒鷲隊」と「わらわしたい」をかけてつけられた。一九三八年一月(華北・華中)、同十一月(華北・華中)、同十二月(華南)、四〇年四月(華北・華中・華南・艦隊)に、柳家金語楼、花菱アチャコ、横山エンタツ、ミスワカナなど落語家や漫才師、講談師などが派遣された。朝日新聞社の大々的な宣伝のもとに戦地に送られた芸人たちは、兵士たちの駐屯地や兵站病院などで公演を行うほか、前線近くまで出かけ野外でも公演を行い、兵士たちを楽しませた。慰問後の帰還報告公演は、ラジオでも中継されたが、多くの聴衆がつめかけ、のちにレコードにもなった。また、芸人たちは戦地体験・慰問体験をネタにした新作の落語や漫才を創作した。以後も吉本興業から慰問団は派遣されたが、笑いが不謹慎とされる風潮の中で、わらわし隊の名称は使われなくなった。

蕪湖で公演するわらわし隊

参考文献　早坂隆『戦時演芸慰問団「わらわし隊」の記録—芸人たちが見た日中戦争—』(二〇〇八、中央公論新社)

(井上　祐子)

われらのうた　われらのうた　⇨国民歌謡

ワンワイタヤーコン　Prince Wanwaithayakon Worawan　一八九一—一九七六　タイの王族、政治家。一八九一年八月二十五日に、ラーマ五世王の異母弟であるナラーティパプラパンポン親王の第五子、モームチャオ＝ワンワイタヤーコンとして誕生。モームチャオは国王の孫に与えられる称号、ワンワイタヤーコンが実名。単にワン親王と呼ばれることもあった。頭脳明晰で、バンコクで英語教育を受けた後、イギリスやフランスに留学。パリ公使館書記官、外務本省勤務を経て、一九二四年外務次官、二六年駐英公使。恋愛問題でラーマ七世王の逆鱗に触れ、二九年帰国命令。以後、大学教授の閑職。しかし、立憲革命後、有能さが人民党に買われ、パホン、ピブーン両首相の顧問となり、外交方針を助言し、タイの条約改正に貢献。四一年タイ仏印紛争を日本が調停した際のタイ側全権代表、四三年十月大東亜会議にピブーン首相代理として出席。四七年駐米大使。五二年ナラーティパポンプラパン親王に昇格、外務大臣就任、五九年副首相。七六年九月五日死去。八十五歳。

参考文献 村嶋英治『ピブーン―独立タイ王国の立憲革命―』（『現代アジアの肖像』九、一九九六、岩波書店）

（村嶋 英治）

索　　引

1．この索引は，見出し語と本文中の主要な語句を採録し，その内容により，「人名」「事項」に分けて掲載した．

2．配列は現代仮名遣いによる五十音順とした．

3．見出し項目語の頁は太字で示し，先頭に置いた．

4．記　号

・　見出し項目語

（　）　同音同字を区別するための注記

〘　〙　掲出語句の別表記

〔　〕　見出し項目名

a b c　段次

⇨　カラ見出し項目名の，解説されている項目名への指示

→　同内容語の指示

人　　名

あ

・アーノルド Henry Harley Arnold　1a　561a〔B29Superfortress〕　704a〔ルメイ〕
・相川勝六　1c
・鮎川義介　2a　86a〔小平浪平〕　167b〔久原房之助〕　310b〔新興財閥〕　455a〔東条英機〕　504c〔日産財閥〕　637a〔満洲重工業開発会社〕
・アイケルバーガー Robert Lawrence Eichelberger　2b
・相沢三郎　4b　4c〔相沢事件〕　79c〔岡田啓介内閣〕　459c〔統制派〕　481a〔永田鉄山〕　497a〔西田税〕　533a〔野中四郎〕
愛新覚羅溥儀　580b〔溥儀〕　→溥儀
・アイゼンハワー Dwight David Eisenhower　5a　136a〔北アフリカ作戦〕
相原信作　323c〔鈴木成高〕
・靉光　5c　629a〔松本竣介〕
・アインシュタイン Albert Einstein　5c
・アウンサン Aung San　6b　52a〔ウー＝ソオ〕　52b〔ウー＝ヌ〕　397a〔タキン党〕　397b〔タキン＝ミャ〕　435b〔ティンペイ〕
・青木一男　6c　132a〔企画院〕　277c〔資本逃避防止法〕　372a〔大東亜省〕
青木邦弘　430b〔剣・特攻専用機〕
青木喬　165a〔空軍独立問題〕
・赤尾敏　6c　377b〔大日本皇道会〕　427c〔津久井龍雄〕
赤城宗徳　225c〔護国同志会〕
・明石順三　7c　460a〔灯台社〕
・明石照男　8a
明石真人　7c〔明石順三〕
赤塚勇一　87a〔小野田寛郎〕
赤沼三郎　549c〔花見達二〕
・赤松克麿　8b　63a〔江藤源九郎〕　280a〔社会大衆党〕　427c〔津久井龍雄〕
・赤松貞雄　8c
赤松俊子　190b〔原爆の図〕
・秋永月三　9a　106c〔革新官僚〕　649b〔美濃部洋次〕
・アキノ Benigno Simeon Aquino　9b　123a〔カリバピ〕
・秋丸次朗　9b
・秋山謙蔵　9c
秋山定輔　312a〔新体制運動〕
秋山理敬　16a〔厚木進駐〕
浅井清　15b〔あたらしい憲法のはなし〕
朝香宮鳩彦王　138a〔木戸幸一〕
朝田善之助　136c〔北原泰作〕
・浅野晃　10a
・浅原健三　10a
・浅原正基　10b　540c〔袴田陸奥男〕
・浅見淵　10c
・芦田均　13b　124a〔川崎克〕　174c〔軍事保護院〕　453c〔同交会〕　572a〔平野力三〕
麻生三郎　5c〔靉光〕
・麻生太賀吉　13c
・麻生久　14a　122b〔亀井貫一郎〕　253b〔佐々弘雄〕　280b〔社会大衆党〕　312a〔新体制運動〕
安達巌　512a〔日本革新農村協議会〕
安達謙蔵　483b〔中野正剛〕　699a〔立憲民政党〕　713c〔若槻礼次郎内閣〕
・足立正　14c
・安達二十三　14c　406b〔ダンピール海峡の悲劇〕
・アダム＝マリク Adam Malik　15a
アッシュワース，フレデリック　610c〔ボックスカー〕
淳宮　303c〔昭和天皇〕　408c〔秩父宮雍仁親王〕　→秩父宮雍仁親王
・阿南惟幾　16c　144c〔宮城録音盤事件〕　322b〔鈴木貫太郎内閣〕　419a〔長沙作戦〕　611c〔ポツダム宣言受諾〕
姉崎正治　245a〔斎藤忠〕
・安部磯雄　17a　280b〔社会大衆党〕
・安倍源基　17b
・阿部重孝　17c　148c〔教育科学研究会〕　302a〔昭和研究会〕　657a〔宗像誠也〕
・阿部静枝　18a
・阿部信行　18b　18b〔阿部信行内閣〕　422a〔朝鮮総督府〕　503b〔日華基本条約〕　565c〔日高信六郎〕　681a〔翼賛政治会〕　681a〔翼賛政治体制協議会〕
阿部正雄　565a〔久生十蘭〕
阿部豊　17a〔あの旗を撃て〕　662c〔燃ゆる大空〕
・安倍能成　18c　261c〔サンフランシスコ平和条約〕
・甘粕正彦　19c　634a〔満洲映画協会〕
・天野辰夫　20a　427c〔津久井龍雄〕　617c〔本間憲一郎〕　621a〔まことむすび社〕
・アミル＝シャリフディン Amir Sjarifuddin　20b　50c〔インドネシア共産党〕
雨宮庸蔵　30c〔生きてゐる兵隊〕
・天羽英二　22a　22b〔天羽声明〕　269b〔重光葵〕　445c〔東亜新秩序〕
・綾部橘樹　22b
鮎川義介　⇨あいかわよしすけ(2a)
荒井賢太郎　150a〔教育審議会〕
新井静一郎　46a〔今泉武治〕　673a〔山名文夫〕
荒勝文策　243a〔サイクロトロン〕
荒木五郎　418c〔張作霖爆殺事件〕
・荒木貞夫　22c　42a〔一夕会〕　44b〔犬養毅内閣〕　179b〔軍閥〕　180b〔軍部〕　195c〔五・一五事件〕　204a〔皇道派〕　220a〔国民精神総動員運動〕　230b〔国家改造運動〕　263a〔参謀総長〕　282c〔十月事件〕　323c〔鈴木貞一〕　377c〔大日本国粋会〕　400a〔田中耕太郎〕　457b〔統帥綱領〕　481a〔永田鉄山〕　546a〔八紘一宇〕　686c〔米内光政内閣〕
荒木巍　388a〔大陸開拓文芸懇話会〕　581c〔福田清人〕
荒木光子　547b〔服部卓四郎〕
荒畑寒村　315c〔人民戦線事件〕　669b〔山川均〕
・有沢広巳　23a　184a〔傾斜生産方式〕　302a〔昭和研究会〕　315c〔人民戦線事件〕
・有末精三　23b　16a〔厚木進駐〕　23b〔有末機関〕　439c〔転進〕
・有田八郎　24b　10c〔浅間丸事件〕　24a〔有田・クレーギー会談〕　170a〔クレーギー〕　269b〔重光葵〕　302a〔昭和研究会〕　440a〔天津租界封鎖問題〕　454a〔東郷茂徳〕　571c〔平沼騏一郎内閣〕　687a〔米内光政内閣〕
・有馬正文　24c
・有馬頼寧　24c　138a〔木戸幸一〕　234c〔近衛文麿〕　301c〔昭和研究会〕　312a〔新体制運動〕　369a〔大政翼賛会〕　445a〔東亜協同体論〕　512a〔日本革新農村協議会〕　529b〔農山漁村文化協会〕　531b〔農民文学懇話会〕
有馬良橘　219c〔国民精神総動員運動〕
・有光次郎　25a
有吉明　22b〔天羽声明〕
・淡谷のり子　25b
・安西冬衛　25c
・安藤紀三郎　26a
・安藤輝三　26a　196a〔五・一五事件〕　497a〔西田税〕　510c〔二・二六事件〕　533a〔野中四郎〕
安斗熙　140b〔金九〕
・安藤政吉　26b
・安藤正純　26b　453c〔同交会〕
・安藤利吉　26c　392a〔台湾総督府〕　429c〔土橋勇逸〕
アンリ Charles Arséne Henry　623c〔松岡・アンリ協定〕

い

飯倉貞造　164*c*〔空軍独立問題〕
飯島与志雄　14*b*〔愛宕山事件〕
・飯田祥二郎　**28*b***
・イーデン Robert Anthony Eden　**28*c***　143*a*〔九ヵ国条約会議〕　253*c*〔佐藤尚武〕
・飯村穣　**28*c***
・飯守重任　**29*a***
伊井弥四郎　494*b*〔二・一ゼネスト〕
・李垠　**29*a***
・家永三郎　**29*b***　166*c*〔くにのあゆみ〕　487*b*〔七三一部隊〕
・井川忠雄　**30*b***　474*c*〔ドラウト〕　501*b*〔日米交渉〕
・池田成彬　**31*c***　105*c*〔各務鎌吉〕　122*c*〔賀屋興宣〕　165*c*〔串田万蔵〕　247*b*〔財閥転向〕　643*b*〔三井財閥〕　666*b*〔安川雄之助〕　679*a*〔輸出入リンク制〕　686*a*〔吉野信次〕　686*c*〔米内光政内閣〕
・池田純久　**32*a***　106*c*〔革新官僚〕　211*b*〔国策研究会〕　459*c*〔統制派〕
池田勉　542*c*〔蓮田善明〕
池田俊彦　168*b*〔栗原安秀〕
池田勇人　261*c*〔サンフランシスコ平和条約〕
池袋正釟郎　686*b*〔四元義隆〕
伊佐秀雄　521*b*〔日本評論家協会〕
・井沢弘　**32*b***　377*a*〔大日本言論報国会〕
・石井秋穂　**32*c***
・石射猪太郎　**32*c***
石井菊次郎　292*b*〔ジュネーブ軍縮会議〕
・石井四郎　**33*a***　194*b*〔小泉親彦〕　242*a*〔細菌戦〕　292*b*〔ジュネーブ議定書〕　486*b*〔七三一部隊〕
石井竜猪　390*c*〔台湾重要物資営団〕
石井鶴三　521*a*〔日本美術報国会〕
石井東一　631*b*〔丸岡秀子〕
・石井漠　**33*b***　408*a*〔崔承喜〕
石井柏亭　521*a*〔日本美術報国会〕
石井ひで　631*b*〔丸岡秀子〕
石井桃子　657*c*〔村岡花子〕
・石垣綾子　**33*c***
・石川一郎　**33*c***
石川栄耀　34*c*〔石川栄耀〕→いしかわひであき
石川謙　99*a*〔海後宗臣〕
石川三四郎　493*c*〔新居格〕
・石川信吾　**34*b***　78*c*〔岡敬純〕　278*b*〔嶋田繁太郎〕　463*a*〔同和奉公会〕
石川太刀雄　487*a*〔七三一部隊〕
・石川達三　**34*c***　30*c*〔生きてゐる兵隊〕
石川知福　438*c*〔暉峻義等〕　709*c*〔労働科学研究所〕
・石川栄耀　**34*c***
石榑千亦　376*c*〔大日本歌人協会〕
・石黒忠篤　**35*a***　116*c*〔加藤完治〕　229*b*〔小平権一〕　320*a*〔杉野忠夫〕　485*c*〔那須皓〕　530*a*〔農村更生協会〕　531*b*〔農本主義〕　542*b*〔橋本伝左衛門〕
・石坂泰三　**35*b***　200*b*〔郷司浩平〕
石坂豊一　548*a*〔鳩山一郎〕
石沢豊　502*c*〔日蘭会商〕
・石田礼助　**35*b***　196*c*〔交易営団〕
イシット，レナード　206*b*〔降伏文書調印式〕
・石堂清倫　**35*c***
・石橋正二郎　**36*a***
・石橋湛山　**36*a***　670*b*〔山崎靖純〕
石原莞爾　⇨いしわらかんじ(37*c*)
・石原広一郎　**37*a***　36*c*〔石原産業会社〕
石松秋二　166*b*〔九段の母〕
石村日郎　5*c*〔蘐光〕
・石母田正　**37*a***
石山福二郎　144*b*〔九州大学医学部事件〕
・石渡荘太郎　**37*b***　571*c*〔平沼騏一郎内閣〕　687*a*〔米内光政内閣〕
・石原莞爾　**37*c***　11*c*〔アジア主義〕　39*c*〔板垣征四郎〕　42*a*〔一夕会〕　48*b*〔岩田愛之助〕　128*c*〔関東軍〕　161*c*〔錦州爆撃〕　179*b*〔軍閥〕　180*b*〔軍部〕　212*a*〔国策の基準〕　262*b*〔参謀〕　263*b*〔参謀本部〕　300*b*〔昭和維新〕　332*b*〔生産力拡充計画〕　399*b*〔橘樸〕　401*a*〔田中智学〕　446*b*〔東亜連盟〕　459*c*〔統制派〕　510*b*〔二・二六事件〕　552*a*〔林銑十郎内閣〕　615*a*〔本庄繁〕　636*b*〔満洲事変〕　650*a*〔宮崎正義〕　656*c*〔武藤章〕　700*b*〔柳条湖事件〕
泉五郎　136*b*〔北沢清〕
・李承晩　**38*a***　140*b*〔金九〕　367*a*〔大韓民国臨時政府〕
・磯谷廉介　**38*c***　38*a*〔石原莞爾〕　42*a*〔一夕会〕
・磯部浅一　**38*c***　4*b*〔相沢三郎〕　26*a*〔安藤輝三〕　48*b*〔岩田富美夫〕　230*b*〔国家改造運動〕　497*a*〔西田税〕　510*b*〔二・二六事件〕　533*a*〔野中四郎〕　658*a*〔村中孝次〕
・磯村英一　**39*a***
・磯村豊太郎　**39*b***　278*a*〔島田勝之助〕
井田磐楠　133*a*〔菊池武夫〕　373*b*〔大東塾〕
・板垣征四郎　**39*b***　42*a*〔一夕会〕　128*c*〔関東軍〕　159*a*〔桐工作〕　203*a*〔高宗武〕　204*a*〔向哲濬〕　262*b*〔参謀〕　455*a*〔東条英機〕　481*a*〔永田鉄山〕　540*a*〔梅汝璈〕　552*a*〔林銑十郎内閣〕　571*b*〔平沼騏一郎内閣〕　636*b*〔満洲事変〕　700*b*〔柳条湖事件〕
板沢武雄　212*a*〔国史概説〕
・井田正孝　**40*a***
・市川房枝　**40*b***　586*c*〔婦人時局研究会〕
一木喜徳郎　212*b*〔国体明徴問題〕　383*a*〔大日本連合青年団〕　620*c*〔牧野伸顕〕
・一木清直　**40*c***　114*b*〔ガダルカナル島の戦〕　712*a*〔盧溝橋事件〕
・一万田尚登　**41*a***　261*c*〔サンフランシスコ平和条約〕
市村瓚次郎　522*a*〔日本文学報国会〕
李青天　126*c*〔韓国光復軍〕
井出宣時　533*b*〔野中四郎〕
・伊東延吉　**42*b***　153*a*〔教学刷新評議会〕　212*b*〔国体の本義〕　221*a*〔国民精神文化研究所〕　240*b*〔近藤寿治〕　517*b*〔日本諸学振興委員会〕　522*c*〔日本文化中央連盟〕　664*c*〔文部省思想局〕
伊藤熹朔　112*c*〔火山灰地〕
・伊藤佐喜雄　**42*c***
伊東静雄　523*c*〔日本浪曼派〕　552*c*〔林富士馬〕
・伊藤整一　**42*c***　56*a*〔宇垣纏〕　672*c*〔大和〕
伊東多三郎　166*c*〔くにのあゆみ〕
・伊藤久男　**43*a***　8*a*〔暁に祈る〕
伊藤整　388*a*〔大陸開拓文芸懇話会〕
・伊藤正徳　**43*a***
糸園和三郎　5*c*〔蘐光〕
李東元　504*b*〔日韓基本条約〕
稲田周一　350*b*〔宣戦の詔書〕　626*c*〔松平康昌〕
・稲田正純　**43*b***
・伊奈信男　**43*c***　509*b*〔日本工房〕
稲葉秀三　132*c*〔企画院事件〕　302*a*〔昭和研究会〕
・稲葉正夫　**44*a***
稲村順三　250*c*〔向坂逸郎〕
稲村隆一　271*b*〔自治農民協議会〕
稲山嘉寛　483*a*〔永野重雄〕
犬養毅　44*a*〔犬養毅内閣〕　196*a*〔五・一五事件〕　462*b*〔頭山満〕
井上幾太郎　164*c*〔空軍独立問題〕　285*b*〔銃剣道〕
井上清純　133*a*〔菊池武夫〕
・井上成美　**44*c***　93*b*〔海軍航空本部〕　95*b*〔海軍省軍務局〕　258*b*〔珊瑚海海戦〕　393*a*〔高木惣吉〕　485*b*〔南雲忠一〕　568*b*〔百一号作戦〕
井上準之助　44*b*〔犬養毅内閣〕　45*b*〔井上日召〕　476*b*〔ドル買い〕　513*b*〔日本経済連盟会〕　579*b*〔深井英五〕　677*a*〔結城豊太郎〕　713*c*〔若槻礼次郎内閣〕
・井上司朗　**44*c***
井上匡四郎　135*b*〔技術院〕
井上長三郎　5*c*〔蘐光〕
・井上日召　**45*a***　195*c*〔五・一五事件〕　230*b*〔国家改造運動〕　401*a*〔田中智学〕　583*c*〔藤井斉〕　617*c*〔本間憲一郎〕　686*b*〔四元義隆〕
・猪口力平　**45*b***
・井野碩哉　**45*b***　225*c*〔護国同志会〕
猪俣津南雄　315*c*〔人民戦線事件〕
井伏鱒二　254*b*〔里村欣三〕
李範奭　126*c*〔韓国光復軍〕
李奉昌　44*b*〔犬養毅内閣〕　140*b*〔金九〕　304*b*〔昭和天皇〕
・今井五介　**45*c***
今泉嘉一郎　308*a*〔白石元治郎〕　513*c*〔日本鋼管会社〕
・今泉武治　**45*c***　673*a*〔山名文夫〕
・今井武夫　**46*a***　70*b*〔汪兆銘工作〕　159*a*〔桐工作〕　203*a*〔高宗武〕
・今村均　**46*b***　689*b*〔蘭印作戦〕
・井本熊男　**46*b***
岩倉具方　283*c*〔従軍画家〕

・岩畔豪雄　47*a*　9*c*〔秋丸次朗〕　30*b*〔井川忠雄〕　64*b*〔F機関〕　474*c*〔ドラウト〕　501*b*〔日米交渉〕　649*b*〔美濃部洋次〕
・岩崎小弥太　47*a*　47*b*〔岩崎彦弥太〕　47*c*〔岩崎久弥〕　646*b*〔三菱財閥〕
・岩崎彦弥太　47*b*
・岩崎久弥　47*c*　47*a*〔岩崎小弥太〕　646*a*〔三菱財閥〕
・岩佐直治　47*c*　143*c*〔九軍神〕
・岩田愛之助　48*a*
岩田宙造　563*b*〔東久邇宮稔彦内閣〕
・岩田富美夫　48*b*　229*c*〔児玉誉士夫〕
岩垂邦彦　330*a*〔住友通信工業会社〕
岩波茂雄　19*a*〔安倍能成〕　429*b*〔津田左右吉事件〕
・岩村通世　48*b*
岩本益臣　557*a*〔万朶隊〕
・巌谷大四　48*c*
・殷汝耕　49*a*　137*b*〔冀東政権〕
印貞植　445*b*〔東亜協同体論〕

う

・ウィカナ Wikana　51*c*
ウィチットワータカーン　435*a*〔ディレーク＝チャイヤナーム〕
ウィロビー，チャールス　23*b*〔有末機関〕　264*c*〔GHQ〕　265*a*〔GHQ 歴史課〕　547*b*〔服部卓四郎〕
ウィンゲート　578*a*〔フーコン作戦〕
・ウー＝ソオ Saw, U　52*a*　6*b*〔アウンサン〕
・ウー＝ヌ Nu, U　52*b*　397*a*〔タキン党〕
ウェインライト　20*c*〔アメリカ極東陸軍〕　576*c*〔フィリピン戦〕
上杉慎吉　6*c*〔赤尾敏〕　377*b*〔大日本皇道会〕
・上田広　53*a*　597*b*〔兵隊作家〕
・ウェッブ William Flood Webb　53*b*　328*c*〔スミス〕　449*a*〔東京裁判〕
・植原悦二郎　54*a*　453*c*〔同交会〕
上原専禄　261*c*〔サンフランシスコ平和条約〕
・植村甲午郎　54*a*
植村肇　487*a*〔七三一部隊〕
植村泰二　60*b*〔映画配給社〕
ウェルシュ，エドワード　118*a*〔過度経済力集中排除法〕　264*c*〔GHQ〕
ウェルズ，サムナー　554*c*〔ハル〕
ウォーカー　501*b*〔日米交渉〕
・ヴォー＝グエン＝ザップ Vo Nguyen Giap　54*c*
・ウォーナー Langdon Warner　55*a*
ウォーレス，ヘンリー・A　476*a*〔トルーマン〕
魚澄惣五郎　212*a*〔国史概説〕
・ウォルシュ James Edward Walsh　55*b*　30*b*〔井川忠雄〕　474*c*〔ドラウト〕　501*b*〔日米交渉〕　554*c*〔ハル〕
・宇垣一成　55*c*　170*a*〔クレーギー〕　181*a*〔軍部大臣現役武官制〕　196*b*〔興亜院〕　200*c*〔孔祥熙〕　233*c*〔近衛上奏文〕　234*a*〔近衛声明〕　256*c*〔三月事件〕　263*a*〔参謀総長〕　481*a*〔永田鉄山〕　552*a*〔林銑十郎内閣〕　699*b*〔立憲民政党〕
・宇垣纏　56*a*
鵜沢総明　85*b*〔尾崎行雄不敬事件〕
氏家寿子　586*c*〔婦人時局研究会〕
潮恵之輔　1*c*〔相川勝六〕　522*c*〔日本文化中央連盟〕
・牛島満　56*a*　417*a*〔長勇〕
・後宮淳　56*b*
薄井己亥　621*a*〔まことむすび社〕
臼井茂樹　159*a*〔桐工作〕
臼井大翼　376*c*〔大日本歌人協会〕
・打木村治　56*c*　531*b*〔農民文学懇話会〕
内田康哉　22*a*〔天羽英二〕　169*c*〔来栖三郎〕　245*b*〔斎藤実内閣〕　362*a*〔十河信二〕　454*a*〔東郷茂徳〕　502*b*〔日満議定書〕　636*c*〔満洲事変〕
内田吐夢　634*b*〔満洲映画協会〕
・内田信也　56*c*　670*c*〔山下亀三郎〕
・内田良平　57*a*　77*b*〔大本〕　166*a*〔葛生能久〕
于沖漢　111*c*〔笠木良明〕
梅津勘兵衛　373*b*〔大東塾〕
・梅津美治郎　58*c*　58*b*〔梅津・何応欽協定〕　144*c*〔宮城録音盤事件〕　185*b*〔決戦非常措置要綱〕　206*b*〔降伏文書調印式〕　263*a*〔参謀総長〕　449*a*〔東京裁判〕　565*a*〔ピゴット〕　592*a*〔ブレイクニー〕
・海野十三　59*a*
海野晋吉　85*b*〔尾崎行雄不敬事件〕

え

慧生　583*a*〔溥傑〕
江川正之　519*b*〔日本宣伝技術家協会〕
江木理一　688*b*〔ラジオ体操〕
江口定条　141*b*〔木村久寿弥太〕
江口豊潔　487*a*〔七三一部隊〕
江下武二　494*b*〔肉弾三勇士〕
江田三郎　315*c*〔人民戦線事件〕
・江藤源九郎　63*a*
江藤淳　654*c*〔無条件降伏論争〕
・江戸英雄　63*a*
・榎本重治　63*b*
エバンヘリスタ，クリサント　576*a*〔フィリピン共産党〕
・江間章子　65*a*
・江馬修　65*a*　474*a*〔豊田正子〕
・閻錫山　66*a*　81*a*〔岡村寧次〕　216*c*〔国民革命軍〕　259*a*〔山西残留問題〕　282*b*〔周恩来〕　329*a*〔澄田𧶛四郎〕　367*b*〔太原戦犯管理所〕　577*b*〔馮玉祥〕　583*a*〔傅作義〕
・遠藤三郎　67*b*
袁良　120*b*〔華北分離工作〕

お

・及川古志郎　67*c*　93*b*〔海軍航空本部〕　183*b*〔軍令部総長〕　278*c*〔嶋田繁太郎〕　317*c*〔出師準備〕　432*c*〔帝国国策遂行要領〕　499*c*〔日独伊三国同盟〕
王家祥　282*b*〔周恩来〕
・王克敏　68*b*　412*b*〔中華民国臨時政府〕
汪時璟　414*c*〔中国連合準備銀行〕
汪精衛　⇨汪兆銘(69*c*)　6*c*〔青木一男〕　11*b*〔アジア主義〕　46*a*〔今井武夫〕　219*a*〔国民参政会〕　221*c*〔国民政府〕　332*a*〔清郷工作〕　508*c*〔日中戦争〕
・王正廷　68*c*　503*b*〔日華関税協定〕
・王寵恵　69*a*　565*c*〔日高信六郎〕
・汪兆銘　69*c*　11*b*〔アジア主義〕　39*c*〔板垣征四郎〕　46*a*〔今井武夫〕　70*b*〔汪兆銘工作〕　70*c*〔汪兆銘政権〕　110*c*〔影佐禎昭〕　159*a*〔桐工作〕　202*c*〔高宗武〕　216*c*〔国民革命軍〕　219*a*〔国民参政会〕　221*c*〔国民政府〕　234*a*〔近衛声明〕　235*c*〔近衛文麿内閣〕　284*c*〔重慶国民政府〕　290*a*〔周仏海〕　332*a*〔清郷工作〕　370*b*〔大東亜会議〕　426*a*〔陳公博〕　446*a*〔東亜新秩序〕　446*b*〔東亜連盟〕　462*b*〔頭山満〕　503*b*〔日華基本条約〕　571*b*〔平沼騏一郎内閣〕　→汪精衛
王徳泰　461*a*〔東北抗日聯軍〕
王明　282*b*〔周恩来〕　334*c*〔整風運動〕　413*b*〔中国共産党〕　545*b*〔八・一宣言〕　661*a*〔毛沢東〕
・大麻唯男　71*a*
・大井篤　71*a*　97*c*〔海軍予備学生・生徒〕
大石義雄　212*c*〔国体明徴問題〕
・大内兵衛　71*b*　261*c*〔サンフランシスコ平和条約〕　315*c*〔人民戦線事件〕　663*c*〔森戸辰男〕　669*b*〔山川均〕
大上末広　399*b*〔橘樸〕
・大川周明　71*b*　37*a*〔石原広一郎〕　192*b*〔原理日本社〕　198*b*〔皇国史観〕　230*b*〔国家改造運動〕　256*c*〔三月事件〕　445*c*〔東亜経済調査局〕　448*c*〔東京裁判〕　605*b*〔R・B・ボース〕　644*b*〔満川亀太郎〕　665*c*〔安岡正篤〕
大川平三郎　123*a*〔樺太工業会社〕　308*a*〔白石元治郎〕
大川平八郎　17*a*〔あの旗を撃て〕
・大木惇夫　71*c*
大木軍一　71*c*〔大木惇夫〕
大岸頼好　497*a*〔西田税〕
大来佐武郎　184*a*〔傾斜生産方式〕
・大木操　72*a*　80*b*〔岡田忠彦〕
・大串兎代夫　72*a*　220*c*〔国民精神文化研究所〕
大久保利謙　166*c*〔くにのあゆみ〕
・大熊武雄　72*b*

・大熊信行　72c
・大倉喜七郎　72c
・大蔵公望　73a　211b〔国策研究会〕　302a〔昭和研究会〕　445c〔東亜研究所〕　529b〔農山漁村文化協会〕
大倉邦彦　522c〔日本文化中央連盟〕
・大河内一男　73c　302a〔昭和研究会〕　332c〔生産力理論〕
大河内伝次郎　17a〔あの旗を撃て〕
・大河内正敏　74a　105a〔科学主義工業〕　310c〔新興財閥〕　522c〔日本文化中央連盟〕　690b〔理化学研究所〕　698b〔理研コンツェルン〕
・大鹿卓　74c
・大下宇陀児　74c
・大島浩　75a　86b〔オット〕　291b〔シュターマー〕　308b〔白鳥敏夫〕　415b〔駐在武官〕　500c〔日独防共協定〕　605c〔S・C・ボース〕
大島正徳　302c〔昭和研究会〕
・大角岑生　75b　79b〔岡田啓介内閣〕　180b〔軍部〕　713a〔ロンドン海軍軍縮条約〕
・太田耕造　75b
大田正一　68a〔桜花〕
大田澄　487a〔七三一部隊〕
・大達茂雄　75c　453a〔東京都制〕　495c〔西尾寿造〕
・大谷敬二郎　76a
大谷尊由　136c〔北支那開発会社〕
大谷竹次郎　60a〔映画公社〕
大谷隼人　34b〔石川信吾〕
・大谷武一　76a　187b〔建国体操〕
大谷美隆　523a〔日本法理研究会〕
太田正孝　670a〔山崎達之輔〕
太田政弘　392a〔台湾総督府〕
太田水穂　376c〔大日本歌人協会〕　684a〔吉植庄亮〕
大田実　609a〔保科善四郎〕
大塚武松　212a〔国史概説〕
・大塚久雄　76b　332c〔生産力理論〕
・大槻正男　76b
・大西滝治郎　76c　45b〔猪口力平〕　120c〔神風特別攻撃隊〕　568b〔百一号作戦〕
大野五郎　5c〔靉光〕
大野伴睦　453c〔同交会〕
大野竜太　346b〔戦時金融金庫〕
大場栄　248b〔サイパン島の戦〕
大原孫三郎　438b〔暉峻義等〕　709b〔労働科学研究所〕
大原豊　132c〔企画院事件〕
大村達夫　482a〔中西功〕
・大村能章　77a
大森義太郎　315c〔人民戦線事件〕
・大宅壮一　77c
・大山郁夫　77c
大山勇夫　374a〔第二次上海事変〕
大山岩男　253b〔佐々弘雄〕
丘丘十郎　59a〔海野十三〕
岡邦雄　242c〔三枝博音〕　470a〔戸坂潤〕
岡倉古志郎　132c〔企画院事件〕
・小笠原道生　78a　136b〔北沢清〕
岡田章雄　166c〔くにのあゆみ〕
・岡敬純　78b　34b〔石川信吾〕
・岡田菊三郎　78c
岡田國一　2c〔愛国行進曲〕
・岡田啓介　79a　14b〔愛宕山事件〕　79b〔岡田啓介内閣〕　94c〔海軍省〕　96b〔海軍大臣〕　145c〔宮中グループ〕　251c〔迫水久常〕　287b〔重臣〕　287c〔終戦工作〕　393a〔高木惣吉〕　455c〔東条英機〕　557b〔反東条運動〕
岡田重一郎　135b〔技術院〕
岡田桑三　141a〔木村伊兵衛〕　461a〔東方社〕　509b〔日本工房〕
・緒方竹虎　79c　269b〔重光葵〕　664a〔森本忠〕　686b〔四元義隆〕
・岡田資　80a
・岡田忠彦　80b
・岡部直三郎　80b
・岡部長景　80c　98c〔海後宗臣〕　138a〔木戸幸一〕　666a〔安岡正篤〕
・岡村寧次　80c　42a〔一夕会〕　104a〔何応欽〕　257a〔三月事件〕　275a〔支那派遣軍〕　353b〔戦地強姦罪〕　405b〔塘沽停戦協定〕　419a〔長沙作戦〕　481a〔永田鉄山〕　514b〔日本郷友連盟〕
・岡本一平　81b
岡本耕造　487a〔七三一部隊〕
・岡本季正　81b
・小川近五郎　81c
小川平吉　48b〔岩田愛之助〕
・荻洲立兵　82a
奥戸足百　20a〔天野辰夫〕
・奥宮正武　83b
・奥むめお　83c
・奥村喜和男　84a　45a〔井上司朗〕　106c〔革新官僚〕
奥屋熊郎　217c〔国民歌謡〕
・小倉正恒　84b　346b〔戦時金融金庫〕　591c〔古田俊之助〕
尾崎士郎　120c〔上泉秀信〕
・尾崎秀実　84c　11c〔アジア主義〕　112b〔風見章〕　149a〔教育科学研究会〕　302a〔昭和研究会〕　362b〔ゾルゲ〕　444c〔東亜協同体論〕　482a〔中西功〕　609c〔細川嘉六〕
・尾崎行雄　84c　85a〔尾崎行雄不敬事件〕　453c〔同交会〕
・長田新　85b
小沢開作　315b〔新民会〕
・小沢治三郎　85b　248a〔サイパン島の戦〕　630c〔マリアナ沖海戦〕
・オスメニア Sergio Osmeña　85c　260a〔サントス〕　576b〔フィリピン＝コモンウェルス〕　712b〔ロハス〕
・小平浪平　86a　566a〔日立製作所〕
尾高朝雄　212c〔国体明徴問題〕　652c〔民主主義〕
・オット Eugen Ott　86b　434c〔ディルクセン〕　474c〔トラウトマン和平工作〕　618b〔本領信治郎〕
・オッペンハイマー Julius Robert Oppenheimer　86b　639a〔マンハッタン計画〕
小沼正　45b〔井上日召〕
・小沼洋夫　86c　139b〔紀平正美〕　198b〔皇国史観〕
尾上柴舟　3c〔愛国百人一首〕　376c〔大日本歌人協会〕
小野俊一　517a〔日本少国民文化協会〕
小野清一郎　523a〔日本法理研究会〕
小野武夫　211b〔国策研究会〕
・小野田寛郎　87a
・小野蕪子　87a
小野正康　220c〔国民精神文化研究所〕
・小場瀬卓三　87b
・小畑忠良　87c
・小畑敏四郎　87c　42a〔一夕会〕　204a〔皇道派〕　233c〔近衛上奏文〕　457b〔統帥綱領〕　481a〔永田鉄山〕
小畑信良　400c〔田中新一〕
小畑英良　248a〔サイパン島の戦〕
小汀利得　670b〔山崎靖純〕
小原直　574c〔広田弘毅内閣〕
尾山篤二郎　376c〔大日本歌人協会〕
折口信夫　3c〔愛国百人一首〕　376c〔大日本歌人協会〕
温宗堯　412a〔中華民国維新政府〕

か

海音寺潮五郎　254b〔里村欣三〕
・海後宗臣　98c　220c〔国民精神文化研究所〕
・貝島太市　99a
カイテル，ヴィルヘルム　443c〔ドイツ降伏〕　525c〔ニュルンベルク裁判〕
戒能通孝　523a〔日本法理研究会〕　571c〔平野義太郎〕
貝山好美　390c〔台湾重要物資営団〕
・何応欽　103c　58b〔梅津・何応欽協定〕　81a〔岡村寧次〕　130a〔広東作戦〕　249b〔酒井隆〕
・各務鎌吉　105c
・賀川豊彦　106a　321c〔杉山元治郎〕　520a〔日本農民組合〕
・角田覚治　107a　248a〔サイパン島の戦〕
加来止男　34b〔石川信吾〕　165a〔空軍独立問題〕
・郭沫若　110a
・筧克彦　110b　153a〔教学刷新評議会〕　187a〔建国大学〕
・影佐禎昭　110b　46a〔今井武夫〕　70b〔汪兆銘工作〕　203a〔高宗武〕　234a〔近衛声明〕　446a〔東亜新秩序〕
・影山庄平　110c　373c〔大東塾〕　534b〔野村辰夫〕
・影山正治　110c　20a〔天野辰夫〕　110c〔影山庄平〕　373b〔大東塾〕　534b〔野村辰夫〕
何香凝　357c〔宋慶齢〕
・笠置山勝一　111c
・笠木良明　111c
風早八十二　302a〔昭和研究会〕　332c〔生産力理論〕
笠原四郎　487a〔七三一部隊〕
・風見章　112a　253b〔佐々弘雄〕　302a〔昭和研究会〕　312a〔新体制運動〕　322a〔助川啓四郎〕　445a〔東亜協同体論〕　512a〔日本革新農村協議会〕
香椎浩平　510b〔二・二六事件〕
鹿地亘　110a〔郭沫若〕
柏原兵太郎　106c〔革新官僚〕

・春日弘　113a
・加瀬俊一　113b
・加瀬俊一　113b　626c〔松平康昌〕　627b〔松谷誠〕
片岡駿　20a〔天野辰夫〕
片岡鉄兵　474a〔豊田正子〕
片岡直道　2c〔愛国行進曲〕
・片倉衷　113c　459c〔統制派〕
・加田哲二　113c　302a〔昭和研究会〕　444c〔東亜協同体論〕
・片山哲　114a　453c〔同交会〕　520a〔日本農民組合〕　520b〔日本農民組合総同盟〕　625c〔マッカーサー〕
勝田永吉　379a〔大日本政治会〕
・勝間田清一　116b　132b〔企画院〕　132c〔企画院事件〕　302b〔昭和研究会〕
・加藤完治　116b　57c〔内原訓練所〕　485c〔那須皓〕　531b〔農本主義〕　542b〔橋本伝左衛門〕　627a〔松田甚次郎〕
・加藤勘十　116c　315c〔人民戦線事件〕　324b〔鈴木茂三郎〕
加藤恭平　392a〔台湾拓殖会社〕
加藤顕清　521a〔日本美術報国会〕
加藤重男　494a〔新潟鉄工所〕
・加藤武男　117a
・加藤建夫　117a　117b〔加藤隼戦闘隊〕　553b〔隼・一式戦闘機〕
・加藤寛治　117c　127b〔艦隊派〕　180a〔軍部〕　319a〔末次信正〕　322a〔鈴木貫太郎〕
門野幾之進　118b〔門野重九郎〕
・門野重九郎　118b
香取秀真　521a〔日本美術報国会〕
カトルー　463b〔ドクー〕　589c〔仏領インドシナ〕
金井章次　660c〔蒙古連合自治政府〕
金丸重嶺　519b〔日本宣伝技術家協会〕
・金光庸夫　118b　379a〔大日本政治会〕
金森徳次郎　212b〔国体明徴問題〕
金子薫園　376c〔大日本歌人協会〕
金子しげり　586c〔婦人時局研究会〕
金子茂　671b〔山高しげり〕
金子順一　241c〔細菌戦〕
金子従次　671b〔山高しげり〕
狩野敏　427c〔津久井龍雄〕
・鹿子木員信　119a　377a〔大日本言論報国会〕　621a〔まことむすび社〕
・樺山愛輔　119b
鎌倉一郎　661c〔毛里英於菟〕
・上泉秀信　120c
・神重徳　121b
・上村勝弥　121b　121c〔上村哲弥〕
・上村哲弥　121c　121c〔上村勝弥〕　517a〔日本少国民文化協会〕
・神山茂夫　122a
亀井勝一郎　162a〔近代の超克〕　315a〔神保光太郎〕　523c〔日本浪曼派〕
・亀井貫一郎　122a　302a〔昭和研究会〕　312a〔新体制運動〕　661c〔毛里英於菟〕
亀井文夫　398c〔戦ふ兵隊〕
亀倉雄策　509a〔ニッポン〕　509c〔日本工房〕
・賀屋興宣　122b　37b〔石渡荘太郎〕　136c〔北支那開発会社〕　244b〔財政経済三原則〕　302a〔昭和研究会〕　432c〔帝国国策遂行要領〕　686a〔吉野信次〕
萱野長知　44b〔犬養毅内閣〕　462b〔頭山満〕
・唐沢俊樹　122c　1c〔相川勝六〕　302a〔昭和研究会〕　380b〔大日本体育会〕
賀竜　197c〔紅軍〕
・河合栄治郎　123b　192b〔原理日本社〕　301c〔昭和研究会〕　570b〔平賀粛学〕　570c〔平賀譲〕　710c〔蠟山政道〕
河合酔茗　2c〔愛国行進曲〕
河井弥八　127a〔甘藷〕
河合与一郎　390c〔台湾重要物資営団〕
・河合良成　123b
・河上弘一　123c
・河上丈太郎　124a　301c〔昭和研究会〕
川上精一　597c〔平頂山事件〕
河上徹太郎　162a〔近代の超克〕
河上肇　192b〔原理日本社〕
川喜多長政　669c〔山口淑子〕
川口清健　114b〔ガダルカナル島の戦〕　614b〔ボルネオ作戦〕
川口松太郎　4c〔愛染かつら〕
川越茂　202c〔高宗武〕　417b〔張群〕
・川崎克　124a　453c〔同交会〕
川崎卓吉　153a〔教学刷新評議会〕　574c〔広田弘毅内閣〕
川崎長光　196a〔五・一五事件〕　497b〔西田税〕
河崎なつ　586c〔婦人時局研究会〕
川島清　487a〔七三一部隊〕
・川島三郎　124c
・川島浪速　124c
川島芳子　124c〔川島浪速〕
河田烈　79b〔岡田啓介内閣〕　392a〔台湾拓殖会社〕　444a〔東亜海運会社〕
川田順　376c〔大日本歌人協会〕
川田瑞穂　350b〔宣戦の詔書〕
川西清兵衛　125a〔川西航空機会社〕
川西龍三　125a〔川西航空機会社〕
川端昇太郎　125a〔川端龍子〕
・川端龍子　125a
河原春作　42b〔伊東延吉〕
・河辺虎四郎　125b
・河辺正三　125c　51a〔インパール作戦〕　197b〔航空総軍〕
・河村参郎　126a　106b〔華僑虐殺〕
河本末守　700b〔柳条湖事件〕
河原田稼吉　155b〔協調会〕
閑院宮載仁親王　180b〔軍部〕　263a〔参謀総長〕　621c〔真崎甚三郎〕
・顔恵慶　126b
・神田正種　127c　262b〔参謀〕
・ガンディー Mahatma Gandhi　128a　605c〔S・C・ボース〕
上林暁　664a〔森本忠〕

き

・キーナン Joseph Berry Keenan　131b　53c〔ウェッブ〕　208c〔国際検察局〕　448b〔東京裁判〕　450b〔東京裁判開廷〕
菊池寛　521b〔日本文学報国会〕
菊池俊吉　461a〔東方社〕　593b〔フロント〕
菊池正士　243a〔サイクロトロン〕
・菊池武夫　133a　192b〔原理日本社〕　212b〔国体明徴問題〕
菊池豊三郎　42b〔伊東延吉〕　522c〔日本文化中央連盟〕　664b〔文部省教学局〕
菊池斉　487a〔七三一部隊〕
・岸田国士　134b　388a〔大陸開拓文芸懇話会〕　410c〔地方文化運動〕　521c〔日本文学報国会〕　565a〔久生十蘭〕
・岸信介　134c　106c〔革新官僚〕　175b〔軍需省〕　225b〔護国同志会〕　236b〔小林一三〕　265b〔椎名悦三郎〕　449a〔東京裁判〕　455a〔東条英機〕　456c〔東条英機内閣〕　557c〔反東条運動〕　585b〔藤山愛一郎〕　649a〔美濃部洋次〕
岸本鹿子治　465a〔特殊潜航艇「甲標的」〕
岸本吉右衛門　308a〔白石元治郎〕　513c〔日本鋼管会社〕
・北一輝　136a　39a〔磯部浅一〕　48a〔岩田愛之助〕　48b〔岩田富美夫〕　230a〔国家改造運動〕　497a〔西田税〕　533a〔野中四郎〕　644b〔満川亀太郎〕　665c〔安岡正篤〕
北勝太郎　512a〔日本革新農村協議会〕
北川丞　494b〔肉弾三勇士〕
北川冬彦　25c〔安西冬衛〕
・北沢清　136b
北沢楽天　314a〔新日本漫画家協会〕
喜多誠一　412b〔中華民国臨時政府〕
北野政次　486b〔七三一部隊〕
・北原泰作　136c
北原白秋　2c〔愛国行進曲〕　3c〔愛国百人一首〕　376c〔大日本歌人協会〕
・北昤吉　137a　453c〔同交会〕
・木戸幸一　138a　14b〔愛宕山事件〕　138c〔木戸幸一日記〕　145b〔宮中グループ〕　192c〔元老〕　233c〔近衛上奏文〕　234c〔近衛文麿〕　241a〔西園寺公望〕　287b〔重臣〕　304c〔昭和天皇〕　350b〔宣戦の詔書〕　449a〔東京裁判〕　455c〔東条英機〕　456a〔東条英機内閣〕　477c〔内大臣〕　481a〔永田鉄山〕　553c〔原田熊雄〕　557b〔反東条運動〕　610a〔細川護貞〕　626c〔松平康昌〕
・城戸幡太郎　139a　18a〔阿部重孝〕　148c〔教育科学研究会〕　302a〔昭和研究会〕　657a〔宗像誠也〕
木下道雄　626c〔松平康昌〕
・紀平正美　139b　86c〔小沼洋夫〕　153a〔教学刷新評議会〕　199b〔皇国史観〕　212b〔国体の本義〕　220c〔国民精神文化研究所〕　517b〔日本諸学振興委員会〕
貴宝院秋雄　487a〔七三一部隊〕
・金日成　140a　140c〔金科奉〕
・金九　140b　367a〔大韓民国臨時政府〕
・金科奉　140c
金東祚　504b〔日韓基本条約〕
・金学順　140c　27c〔慰安婦〕
金明植　445b〔東亜協同体論〕
・木村伊兵衛　141a　461a〔東方社〕

509b〔日本工房〕　593b〔フロント〕
・木村京太郎　141b
・木村久寿弥太　141b　341a〔全国産業団体連合会〕
木村荘八　521a〔日本美術報国会〕
・木村荘十　141c
木村武雄　225c〔護国同志会〕
・木村兵太郎　141c　428b〔辻政信〕
・木村昌福　142a
京極鋭五　2c〔愛国行進曲〕
京極高鋭　2c〔愛国行進曲〕
・清沢洌　158a　377a〔大日本言論報国会〕
・清瀬一郎　158a　140a〔機密費〕　448b〔東京裁判〕
・清野謙次　158b
・キリーノ Elpidio Quirino　158c
・霧島昇　159a　358c〔さうだその意気〕　714b〔若鷲の歌〕
・桐原葆見　159b　438c〔暉峻義等〕　709c〔労働科学研究所〕
・桐生悠々　159b
金学順　⇨キムハクスン(140c)
金九　⇨キムグ(140b)
・キング Ernest Joseph King　160c　1a〔アーノルド〕　327a〔スティルウェル〕　447b〔ドゥーリトル空襲〕　524a〔ニミッツ〕　532c〔ノックス〕
キング，エドワード　543c〔バタアン攻略戦〕
キンケイド　648a〔南太平洋海戦〕
金科奉　⇨キムドゥボン(140c)
金日成　⇨キムイルソン(140a)
金壁東　634a〔満洲映画協会〕
キンメル　383c〔太平洋艦隊〕　524a〔ニミッツ〕

く

グエン＝アイ＝クォック　606b〔ホー＝チ＝ミン〕　→ホー＝チ＝ミン
クーリッジ　292b〔ジュネーブ軍縮会議〕
・空閑昇　165b　613c〔捕虜〕
草鹿任一　577c〔ブーゲンビル島沖航空戦〕
・草鹿龍之介　165b　278b〔嶋田繁太郎〕　485b〔南雲忠一〕　609a〔保科善四郎〕
・串田万蔵　165c
葛生修亮　166a〔葛生能久〕
・葛生能久　166a
久納好孚　121a〔神風特別攻撃隊〕
久野収　336c〔世界文化〕　478b〔中井正一〕
・久原房之助　167a　2a〔鮎川義介〕　86a〔小平浪平〕　310b〔新興財閥〕　504c〔日産財閥〕　548a〔鳩山一郎〕　563b〔東久邇稔彦〕　566b〔日立製作所〕　699a〔立憲政友会〕
窪川鶴次郎　253a〔佐多稲子〕　483a〔中野重治〕
久保栄　112b〔火山灰地〕　332c〔生産力理論〕
窪田空穂　3c〔愛国百人一首〕　376c〔大日本歌人協会〕
・久保田省三　167b
・熊谷岱蔵　167c
久米正雄　522a〔日本文学報国会〕
クライブ　253c〔佐藤尚武〕
クラウゼン，マックス　362b〔ゾルゲ〕
倉田百三　373b〔大東塾〕
蔵原惟賢　167c〔蔵原伸二郎〕
・蔵原伸二郎　167c
・栗田健男　168a　14a〔愛宕〕　85c〔小沢治三郎〕　296b〔捷号作戦〕
・栗林忠道　168b　30a〔硫黄島の戦〕
栗原美能留　463a〔同和奉公会〕
・栗原安秀　168b　26a〔安藤輝三〕　37a〔石原広一郎〕　510b〔二・二六事件〕
・栗本義彦　168c
栗山理一　542c〔蓮田善明〕
・グルー Joseph Clark Grew　168c　447a〔ドゥーマン〕　474a〔豊田貞次郎〕　554c〔ハル〕　685a〔吉田茂(一)〕
・来栖三郎　169c　577a〔フーヴァー〕
・クレーギー Sir Robert Leslie Craigie　169c　24a〔有田・クレーギー会談〕　259b〔サンソム〕　440a〔天津租界封鎖問題〕　474a〔豊田貞次郎〕　571c〔平沼騏一郎内閣〕　685a〔吉田茂(一)〕
・グローブス Leslie Richard Groves　170a　326c〔スティムソン〕　639a〔マンハッタン計画〕
黒木博司　101a〔回天〕
・黒島亀人　170b
黒田覚　212c〔国体明徴問題〕
・黒田重徳　170c
黒田寿男　315c〔人民戦線事件〕
黒田英雄　277c〔資本逃避防止法〕
・黒田秀俊　170c

け

ケーディス，チャールズ・L　264c〔GHQ〕
ゲーリンク，ヘルマン　525c〔ニュルンベルク裁判〕
・ケソン Manuel Luis Quezon　184c　86a〔オスメニア〕　260a〔サントス〕　576b〔フィリピン共産党〕　576b〔フィリピン＝コモンウェルス〕　576c〔フィリピン戦〕　689a〔ラモス〕
ゲッベルス，ヨーゼフ　443c〔ドイツ降伏〕
ケナン George Frost Kennan　261b〔サンフランシスコ平和条約〕
・源田実　188a　107a〔角田覚治〕　485b〔南雲忠一〕

こ

・顧維鈞　193c　142c〔九ヵ国条約会議〕　401b〔田中メモランダム〕
・小池正彪　194a
・小泉親彦　194a　191b〔健民運動〕　191c〔健民修錬〕　202a〔厚生省〕　215c〔国民医療法〕　219a〔国民健康保険〕　511b〔日本医療団〕
小泉孝三　18a〔阿部静枝〕
・小磯国昭　194b　194c〔小磯国昭内閣〕　243b〔最高戦争指導会議〕　257a〔三月事件〕　269b〔重光葵〕　287b〔重臣〕　365a〔大亜細亜協会〕　422a〔朝鮮総督府〕　449a〔東京裁判〕　686c〔米内光政〕
・小磯良平　195b
項英　130b〔皖南事変〕　311b〔新四軍〕
・郷古潔　198a
・高坂正顕　199c　155b〔京都学派〕　208a〔高山岩男〕　336a〔世界史の哲学〕　496b〔西田幾多郎〕　497a〔西谷啓治〕
・郷司浩平　200a
・孔祥熙　200b　56a〔宇垣一成〕　221c〔国民政府〕
洪思翊　⇨ホンサイク(614c)
・郷誠之助　202b　232a〔五島慶太〕　340b〔膳桂之助〕　341a〔全国産業団体連合会〕　513b〔日本経済連盟会〕
・高宗武　202c　46a〔今井武夫〕　70a〔汪兆銘〕　70b〔汪兆銘工作〕　448a〔陶希聖〕　538b〔梅思平〕
・郷隆　203a　380b〔大日本体育会〕
香田清貞　510b〔二・二六事件〕
・向哲濬　203c
河野一郎　505c〔日ソ共同宣言〕　628c〔松本俊一〕
河野鷹思　509a〔ニッポン〕　509c〔日本工房〕
・河野密　205c　302a〔昭和研究会〕
黄郛　104a〔何応欽〕
・河本大作　207c　42a〔一夕会〕　128c〔関東軍〕　418c〔張作霖爆殺事件〕
・高山岩男　207c　155b〔京都学派〕　199c〔高坂正顕〕　336a〔世界史の哲学〕　496b〔西田幾多郎〕　497a〔西谷啓治〕
コーエン，S　264c〔GHQ〕
ゴームレー　489c〔南西太平洋方面(軍)〕
古賀清志　195c〔五・一五事件〕　583c〔藤井斉〕　617c〔本間憲一郎〕
古賀弘人　57c〔内原訓練所〕
・古賀政男　208a　358c〔さうだその意気〕
・古賀峯一　208b　91b〔海軍乙事件〕　475b〔トラック島空襲〕　496a〔二式飛行艇〕　534b〔野村辰夫〕　582b〔福留繁〕
小島茂雄　621a〔まことむすび社〕
小島威彦　644c〔満田巌〕　684b〔吉田三郎〕

・小島秀雄　**226b**
ゴスグローブ，ムーア　206b〔降伏文書調印式〕
胡適　231c〔胡適〕 →こてき
・古関裕而　**227b**　8a〔暁に祈る〕 714b〔若鷲の歌〕
・小園安名　**228c**　15c〔厚木航空隊〕
・小平権一　**229b**　302a〔昭和研究会〕
児玉希望　520c〔日本美術及工芸統制協会〕
児玉九一　495c〔西尾寿造〕
児玉謙次　479b〔中支那振興会社〕
・児玉秀雄　**229c**
・児玉誉士夫　**229c**　112c〔餓死対策国民大会〕 449a〔東京裁判〕
小塚金七　87a〔小野田寛郎〕
・胡適　**231c**　448a〔陶希聖〕 538a〔梅思平〕
五藤存知　255a〔サボ島沖海戦〕
後藤映範　196a〔五・一五事件〕
・五島慶太　**232a**　236b〔小林一三〕 477a〔内閣顧問〕
・伍堂卓雄　**232b**
・後藤文夫　**232c**　79b〔岡田啓介内閣〕 229b〔小平権一〕 245b〔斎藤実内閣〕 246a〔蔡培火〕 302a〔昭和研究会〕 376b〔大日本映画協会〕
・後藤隆之助　**232c**　17c〔阿部重孝〕 116b〔勝間田清一〕 301c〔昭和研究会〕 312a〔新体制運動〕 710c〔蠟山政道〕
小西四郎　166c〔くにのあゆみ〕
・近衛秀麿　**234b**　2c〔愛国行進曲〕
・近衛文麿　**234b**　14b〔愛宕山事件〕 19a〔安倍能成〕 81c〔荻窪会談〕 82b〔沖縄戦〕 138a〔木戸幸一〕 145a〔宮中グループ〕 169b〔グルー〕 232c〔後藤隆之助〕 233c〔近衛上奏文〕 234a〔近衛声明〕 235b〔近衛文麿内閣〕 287b〔重臣〕 301c〔昭和研究会〕 304c〔昭和天皇〕 312a〔新体制運動〕 344c〔戦時議会〕 364c〔大亜細亜協会〕 368c〔大政翼賛会〕 377b〔大日本興亜同盟〕 393a〔高木惣吉〕 432c〔帝国国策遂行要領〕 445c〔東亜研究所〕 445c〔東亜新秩序〕 455a〔東条英機〕 475a〔トラウトマン和平工作〕 477c〔内大臣〕 481a〔永田鉄山〕 501b〔日米交渉〕 508c〔日中戦争〕 553c〔原田熊雄〕 557b〔反東条運動〕 571b〔平沼騏一郎内閣〕 574c〔広田弘毅内閣〕 610a〔細川護貞〕 684c〔吉田茂(一)〕 686c〔米内光政内閣〕
近衛泰子　241a〔西園寺公と政局〕
呉佩孚　471c〔土肥原賢二〕
小早川篤四郎　283c〔従軍画家〕
・小林一三　**236a**　132b〔企画院〕 135a〔岸信介〕 232a〔五島慶太〕 503a〔日蘭会商〕
・小林順一郎　**236b**　373b〔大東塾〕
・小林躋造　**236c**　207a〔皇民化政策〕 392a〔台湾総督府〕 548a〔鳩山一郎〕 681a〔翼賛政治会〕
小林秀雄　162a〔近代の超克〕
・小日山直登　**236c**　167b〔久保田省三〕
駒井喜作　341c〔全国水平社〕
・小牧実繁　**237a**
小松耕輔　2c〔愛国行進曲〕 642b〔みたみわれ〕
・コミンズ＝カー Arthur Strettell Comyns-Carr　**237b**　208c〔国際検察局〕 450c〔東京裁判開廷〕
・小村千太郎　**237c**
小森卓　144b〔九州大学医学部事件〕
・小柳次一　**238a**　509c〔日本工房〕
・小山栄三　**238a**
小山亮　225c〔護国同志会〕
小山松吉　522c〔日本文化中央連盟〕
・古屋芳雄　**238b**　399c〔舘稔〕
・権田保之助　**239b**
近藤寿一郎　373c〔大東塾〕
・権藤成卿　**239c**　230b〔国家改造運動〕 271b〔自治農民協議会〕 482b〔長野朗〕 531b〔農本主義〕 583c〔藤井斉〕
権藤善太郎　239c〔権藤成卿〕 →権藤成卿
・近藤信竹　**240a**
近藤春雄　388a〔大陸開拓文芸懇話会〕 581c〔福田清人〕
・近藤寿治　**240b**
近藤日出造　314a〔新日本漫画家協会〕
近藤康男　302a〔昭和研究会〕
今日出海　254b〔里村欣三〕 597b〔兵隊作家〕

さ

西園寺公一　362b〔ゾルゲ〕
・西園寺公望　**240c**　18b〔阿部信行内閣〕 44a〔犬養毅内閣〕 138a〔木戸幸一〕 145b〔宮中グループ〕 192b〔元老〕 234c〔近衛文麿〕 241a〔西園寺公と政局〕 245b〔斎藤実内閣〕 287a〔重臣〕 477c〔内大臣〕 552a〔林銑十郎内閣〕 553c〔原田熊雄〕 571b〔平沼騏一郎内閣〕 574c〔広田弘毅内閣〕
・三枝博音　**242c**　302a〔昭和研究会〕 470a〔戸坂潤〕
西光万吉　341c〔全国水平社〕
崔承喜　⇨チェスンヒ(407c)
西條八十　5a〔愛染かつら〕 274c〔支那の夜〕 358c〔さうだその意気〕 714b〔若鷲の歌〕
蔡廷鍇　367c〔第十九路軍〕
斎藤樹　207b〔皇民奉公会〕
・斎藤晌　**244c**
斎藤素巌　521a〔日本美術報国会〕
・斎藤隆夫　**244c**　280c〔社会大衆党〕 344c〔戦時議会〕 453c〔同交会〕 546b〔八紘一宇〕 548a〔鳩山一郎〕 687a〔米内光政内閣〕
・斎藤忠　**245a**　32b〔井沢弘〕 549b〔花見達二〕
斎藤博　24b〔有田八郎〕
斎藤実　79c〔岡田啓介内閣〕 96b〔海軍大臣〕 145b〔宮中グループ〕 192b〔元老〕 245a〔斎藤実内閣〕 287a〔重臣〕 292b〔ジュネーブ軍縮会議〕 376b〔大日本映画協会〕 477c〔内大臣〕 510b〔二・二六事件〕
斎藤茂吉　3c〔愛国百人一首〕 677a〔結城哀草果〕
斎藤義次　248a〔サイパン島の戦〕
斎藤瀏　684a〔吉植庄亮〕
斎藤瀏　37a〔石原広一郎〕
・蔡培火　**246a**
佐伯孝夫　43c〔伊那の勘太郎〕
・坂井三郎　**249a**
・酒井三郎　**249a**
・酒井隆　**249b**　58b〔梅津・何応欽協定〕 614c〔香港攻略戦〕
堺利彦　669b〔山川均〕
・榊山潤　**249b**
阪谷希一　414c〔中国連合準備銀行〕
阪谷芳郎　520c〔日本万国博覧会〕
坂根田鶴子　634b〔満洲映画協会〕
嵯峨浩　583a〔溥傑〕
・酒巻和男　**249c**　144a〔九軍神〕
坂本越郎　523c〔日本浪曼派〕
・坂本孝三郎　**250a**
・阪本清一郎　**250a**　341c〔全国水平社〕
・向坂逸郎　**250b**　71b〔大内兵衛〕 315c〔人民戦線事件〕
作江伊之助　494b〔肉弾三勇士〕
作田荘一　187a〔建国大学〕 220c〔国民精神文化研究所〕
桜井錠二　522c〔日本文化中央連盟〕
・桜井武雄　**251a**
・桜井忠温　**251b**
桜内幸雄　344c〔戦時議会〕
佐郷屋留雄　48a〔岩田愛之助〕
・迫水久常　**251c**　106c〔革新官僚〕 113c〔加瀬俊一〕 626c〔松平康昌〕 649b〔美濃部洋次〕
・左近司政三　**252a**　95b〔海軍省軍務局〕 299c〔条約派〕
・笹川良一　**252a**　449a〔東京裁判〕
佐々木謙一郎　490c〔南方開発金庫〕
佐々木更三　315c〔人民戦線事件〕
・佐々木惣一　**252b**　212c〔国体明徴問題〕 318c〔末川博〕
佐佐木信綱　2c〔愛国行進曲〕 3c〔愛国百人一首〕 376c〔大日本歌人協会〕 522a〔日本文学報国会〕
笹森巽　135b〔技術院〕
サザランド，R　264c〔GHQ〕
・佐多稲子　**253a**
佐多忠隆　132c〔企画院事件〕 302c〔昭和研究会〕
・佐々弘雄　**253a**　302a〔昭和研究会〕 686b〔四元義隆〕
佐藤喜一郎　35b〔石坂泰三〕
・佐藤賢了　**253b**　400c〔田中新一〕 439c〔転進〕 463a〔同和奉公会〕
・佐藤幸徳　**253c**　51b〔インパール作戦〕 649c〔宮崎繁三郎〕
佐藤秀一　122a〔神山茂夫〕
佐藤俊介　629a〔松本竣介〕 →松本竣介
佐藤大四郎　399b〔橘樸〕
・佐藤尚武　**253c**　454b〔東郷茂徳〕 506a〔日ソ中立条約〕 663b〔守島悟郎〕
佐藤春夫　74c〔大鹿卓〕 472a〔富沢有

為男〕 523c〔日本浪曼派〕
佐藤通次 221a〔国民精神文化研究所〕
佐藤吉直 144b〔九州大学医学部事件〕
・佐渡ヶ嶽高一郎 254a
・里見岸雄 254a 212c〔国体明徴問題〕 523a〔日本法理研究会〕
里見甫 19c〔阿片政策〕
・里村欣三 254b 597b〔兵隊作家〕
・真田穣一郎 254c
佐野昌一 59a〔海野十三〕
・佐野学 254c 439b〔転向〕
・寒川光太郎 255b
サムスディン 256c〔三A運動〕
佐波次郎 135b〔技術院〕
・沢田茂 255c
沢田節蔵 498b〔日印会商〕
・沢田廉三 255c
・沢村栄治 256a 326a〔スタルヒン〕
・沢本頼雄 256b
・サンソム Sir George Bailey Sansom 259a
・サントス José Abad Santos 260a
サントス，ペドロ＝アバド 403c〔タルク〕
三瓶俊治 140a〔機密費〕

し

椎崎二郎 145a〔宮城録音盤事件〕
・椎名悦三郎 265b 106c〔革新官僚〕 504b〔日韓基本条約〕
シェノー 266a〔シェンノート〕 →シェンノート
・シェンノート Claire Lee Chennault 266a 21c〔アメリカの軍制〕 327a〔スティルウェル〕 590b〔フライング＝タイガース〕 703c〔ルメイ〕
・四王天延孝 266a 681c〔翼賛選挙〕
塩沢幸一 673c〔山本五十六〕
・塩野季彦 266b 523a〔日本法理研究会〕
塩まさる 166b〔九段の母〕
・四方諒二 266c
・志賀義雄 266c 122a〔神山茂夫〕
重藤千秋 257a〔三月事件〕
・重光葵 269a 11c〔アジア主義〕 22b〔天羽声明〕 24b〔有田八郎〕 194c〔小磯国昭内閣〕 206b〔降伏文書調印式〕 254a〔佐藤尚武〕 367c〔対支新政策〕 370c〔大東亜会議〕 372a〔大東亜省〕 401b〔田中メモランダム〕 449a〔東京裁判〕 455c〔東条英機〕 456c〔東条英機内閣〕 503b〔日華関税協定〕 533c〔野村吉三郎〕 565a〔ピゴット〕 575b〔ファーネス〕 628c〔松本俊一〕 652b〔繆斌工作〕 706a〔レーリンク〕
志田延義 220c〔国民精神文化研究所〕
志知幹夫 682b〔横井庄一〕
施肇基 142b〔九ヵ国条約〕
・幣原喜重郎 272c 142c〔九ヵ国条約〕 228c〔五大改革指令〕 272b〔幣原外交〕 581b〔復員省〕 624b〔松岡洋右〕 625b〔マッカーサー〕 699a〔立憲民政党〕 713c〔若槻礼次郎内閣〕
・信夫淳平 276a
・柴勝男 276a 583b〔藤井茂〕
・斯波孝四郎 276b
柴崎恵次 403c〔タラワ島の戦〕
柴田賢次郎 597c〔兵隊作家〕
シハヌーク 364a〔ソン＝ゴク＝タン〕
芝寛 132c〔企画院事件〕
・柴山兼四郎 276b
・渋沢敬三 276c 71b〔大内兵衛〕
島尾敏雄 552c〔林富士馬〕
島木健作 56c〔打木村治〕 439b〔転向〕 531b〔農民文学懇話会〕 716a〔和田伝〕
島崎藤村 2c〔愛国行進曲〕 349b〔戦陣訓〕
島津忠重 522c〔日本文化中央聯盟〕
・島田勝之助 278a
・嶋田繁太郎 278a 183b〔軍令部総長〕 393a〔高木惣吉〕 395a〔高松宮宣仁親王〕 432c〔帝国国策遂行要領〕 455b〔東条英機〕 557b〔反東条運動〕 568b〔百一号作戦〕 673c〔山本五十六〕
島田庄一 87a〔小野田寛郎〕
・島田俊雄 279a 699a〔立憲政友会〕
・島田豊作 279a
清水幾太郎 261c〔サンフランシスコ平和条約〕 302a〔昭和研究会〕
清水登之 283c〔従軍画家〕
・清水規矩 279b
清水斉 256b〔三A運動〕
清水文雄 542c〔蓮田善明〕
清水保雄 43c〔伊那の勘太郎〕
清水安治 444b〔東亜海運会社〕
志水義暲 316a〔臣民の道〕
・下中弥三郎 279b 364c〔大亜細亜協会〕 481b〔中谷武世〕
下村海南 280a〔下村宏〕 →下村宏
・下村定 279c 659c〔メレヨン島事件〕
下村寅太郎 162a〔近代の超克〕
・下村宏 280a 522c〔日本文化中央連盟〕 574c〔広田弘毅内閣〕
・シャフリル Sutan Sjahrir 281b 20b〔アミル＝シャリフディン〕 406c〔タン＝マラカ〕 546c〔ハッタ〕
謝文東 461a〔東北抗日聯軍〕
・周恩来 282a 197c〔紅軍〕 291c〔朱徳〕 331c〔西安事件〕 417b〔張学良〕 507a〔日中国交正常化〕 538c〔賠償問題〕 661b〔毛沢東〕
ジューコフ，ゲオルギー 443c〔ドイツ降伏〕
・周作人 287a
・周仏海 289c 412a〔中央儲備銀行〕 538b〔梅思平〕
周保中 461a〔東北抗日聯軍〕
・シュターマー Heinrich Georg Stahmer 291b 499c〔日独伊三国同盟〕
・朱徳 291c 197c〔紅軍〕 307b〔徐州作戦〕 545c〔八路軍〕
・蔣介石 294b 66a〔閻錫山〕 70a〔汪兆銘〕 81a〔岡村寧次〕 103a〔カイロ宣言〕 126c〔韓国光復軍〕 128c〔関東軍〕 159a〔桐工作〕 198a〔紅軍〕 202c〔高宗武〕 205a〔抗日民族統一戦線〕 216c〔国民革命軍〕 219a〔国民参政会〕 221c〔国民政府〕 231c〔国共合作〕 234a〔近衛声明〕 235c〔近衛文麿内閣〕 266a〔シェンノート〕 268a〔持久戦論〕 272c〔幣原外交〕 284c〔重慶国民政府〕 311b〔新四軍〕 326c〔スティルウェル〕 331b〔西安事件〕 357c〔宋慶齢〕 359a〔宋美齢〕 368a〔第十九路軍〕 374b〔第二次上海事変〕 413b〔中国共産党〕 413c〔中国国民党〕 414b〔中国(国民政府)の軍制〕 415c〔中ソ相互不可侵条約〕 417a〔張学良〕 417b〔張群〕 418b〔張作霖〕 418c〔張作霖爆殺事件〕 446a〔東亜新秩序〕 488a〔南京作戦〕 508b〔日中戦争〕 537a〔ハーレー〕 568b〔百一号作戦〕 569b〔百二号作戦〕 580a〔武漢作戦〕 583a〔傅作義〕 611a〔ポツダム宣言〕 611c〔ポツダム宣言受諾〕 661a〔毛沢東〕 676b〔ヤルタ会談〕 711b〔ローズヴェルト〕
蔣光鼐 367c〔第十九路軍〕
・東海林太郎 297a
・章乃器 298b
庄野潤三 552c〔林富士馬〕
章友三 159a〔桐工作〕
・正力松太郎 299c 80a〔緒方竹虎〕 551a〔馬場恒吾〕
・昭和天皇 303c 53c〔ウェッブ〕 138a〔木戸幸一〕 145a〔宮中グループ〕 157b〔玉音放送〕 228b〔御前会議〕 233c〔近衛上奏文〕 287b〔重臣〕 287c〔終戦工作〕 288a〔終戦の詔書〕 305a〔昭和天皇独白録〕 350b〔宣戦の詔書〕 385a〔大本営御前会議〕 395a〔高松宮宣仁親王〕 408c〔秩父宮雍仁親王〕 418c〔張作霖爆殺事件〕 438a〔寺崎英成〕 441b〔天皇の人間宣言〕 449a〔東京裁判〕 450c〔東京裁判開廷〕 455a〔東条英機〕 456a〔東条英機内閣〕 510b〔二・二六事件〕 611c〔ポツダム宣言受諾〕 620c〔牧野伸顕〕
徐永昌 206b〔降伏文書調印式〕
シラード，レオ 5c〔アインシュタイン〕
・白石元治郎 308a 513c〔日本鋼管会社〕
白井為雄 373b〔大東塾〕
白川義則 81a〔岡村寧次〕 269a〔重光葵〕 304b〔昭和天皇〕 533c〔野村吉三郎〕
・白鳥敏夫 308b 75a〔大島浩〕 449a〔東京裁判〕 607c〔北進論〕
・シン Mohan Singh 308c 49b〔インド国民軍〕
シン，プリタム 50a〔インド独立連盟〕 308c〔シン〕
・沈鈞儒 310a
新城常三 167a〔くにのあゆみ〕
・秦徳純 313b 444a〔土肥原・秦徳純協定〕
任弼時 545c〔八路軍〕
・神保光太郎 314c 523c〔日本浪曼派〕

・新名丈夫　**315**a　398c〔竹槍訓練〕
・新村猛　**316**a　336c〔世界文化〕　478b〔中井正一〕
・新明正道　**316**b

す

スウィーニー，チャールズ　610c〔ボックスカー〕
スータン＝シャフリル Sutan Sjahrir　⇨シャフリル(281b)
・末川博　**318**c
尾高亀蔵　187b〔建国大学〕
・末次信正　**319**a　127b〔艦隊派〕　278b〔嶋田繁太郎〕　314a〔新聞統合〕　364c〔大亜細亜協会〕　369a〔大政翼賛会〕　644c〔満田巌〕
末弘厳太郎　380b〔大日本体育会〕
菅辰次　259c〔サンダカン死の行進〕
菅波三郎　168b〔栗原安秀〕　195c〔五・一五事件〕　300a〔昭和維新〕　497a〔西田税〕　510b〔二・二六事件〕　658a〔村中孝次〕
・スカルノ Soekarno　**319**a　15a〔アダム＝マリク〕　20b〔アミル＝シャリフディン〕　50b〔インドネシア〕　50c〔インドネシア共産党〕　51c〔ウィカナ〕　281c〔シャフリル〕　281c〔ジャワ奉公会〕　327b〔スバルジョ〕　546c〔ハッタ〕　578c〔プートラ〕　619c〔前田精〕　638b〔マンスール〕　690a〔蘭領東インド〕
・菅原道大　**319**c　165a〔空軍独立問題〕
杉靖三郎　221a〔国民精神文化研究所〕
・杉田一次　**319**c
・杉野忠夫　**320**a
・杉原千畝　**320**b
杉森孝次郎　521b〔日本評論家協会〕
・杉山茂丸　**320**b
・杉山元　**320**c　185b〔決戦非常措置要綱〕　194c〔小磯国昭内閣〕　197b〔航空総軍〕　263a〔参謀総長〕　321b〔杉山メモ〕　652b〔繆斌工作〕
・杉山平助　**321**a　509a〔ニッポン〕
・杉山元治郎　**321**c　342a〔全国農民組合〕　520a〔日本農民組合〕
・助川啓四郎　**321**c
スコット　255a〔サボ島沖海戦〕
逗子八郎　44c〔井上司朗〕
・鈴木貫太郎　**322**a　26a〔安藤輝三〕　94c〔海軍省〕　96b〔海軍大臣〕　150a〔教育審議会〕　322b〔鈴木貫太郎内閣〕　611c〔ポツダム宣言受諾〕　620c〔牧野伸顕〕
鈴木喜三郎　79b〔岡田啓介内閣〕　699a〔立憲政友会〕
鈴木熊治郎　622a〔正木ひろし〕
・鈴木庫三　**323**b　72b〔大熊武雄〕
鈴木敬司　6b〔アウンサン〕　647a〔南機関〕
鈴木三郎助　663a〔森コンツェルン〕　664a〔森矗昶〕
・鈴木成高　**323**b　155c〔京都学派〕　162a〔近代の超克〕　199c〔高坂正顕〕　208a〔高山岩男〕　336a〔世界史の哲学〕　497a〔西谷啓治〕
鈴木善一　20a〔天野辰夫〕　57a〔内田良平〕　373b〔大東塾〕
鈴木卓爾　159a〔桐工作〕
薄田研二　251b〔桜隊〕
鈴木忠治　303c〔昭和電工会社〕　664a〔森矗昶〕
・鈴木貞一　**323**c　42a〔一夕会〕　106c〔革新官僚〕　132b〔企画院〕　432c〔帝国国策遂行要領〕　510c〔二・二六事件〕　651b〔宮本武之輔〕
・鈴木啓久　**324**a　586a〔撫順戦犯管理所〕
鈴木文治　453c〔同交会〕　520b〔日本農民組合総同盟〕
・鈴木茂三郎　**324**a　315c〔人民戦線事件〕
鈴木安蔵　658c〔室伏高信〕
寿々木米若　573c〔広沢虎造〕
鈴木率道　42a〔一夕会〕　204a〔皇道派〕　457b〔統帥綱領〕
・鈴木良徳　**324**b
・スターリン Joseph Stalin　**324**c　189a〔原爆投下〕　237c〔コミンテルン〕　362b〔ソ連の対日参戦〕　437a〔テヘラン会談〕　466b〔独ソ戦〕　476a〔トルーマン〕　558a〔反ファシズム統一戦線〕　611a〔ポツダム宣言〕　661b〔毛沢東〕　664b〔モロトフ〕　676a〔ヤルタ会談〕　711b〔ローズヴェルト〕
須田博　326a〔スタルヒン〕
・スタルヒン Victor Starffin　**325**c
・スティムソン Henry Lewis Stimson　**326**a　142c〔九ヵ国条約〕　169a〔グルー〕　313a〔人道に対する罪〕　476a〔トルーマン〕　532c〔ノックス〕　661c〔モーゲンソー〕　711b〔ローズヴェルト〕　712b〔ロンドン海軍軍縮条約〕
・スティルウェル Joseph Warren Stilwell　**326**c　266a〔シェンノート〕　537a〔ハーレー〕　578a〔フーコン作戦〕
ステティニアス，エドワード　169b〔グルー〕
ストライク，クリフォード　538b〔賠償問題〕
スニヨン　485a〔中村輝夫〕
スノト　51c〔ウィカナ〕
・スバルジョ Ahmad Soebardjo　**327**b
・スプルーアンス Raymond Ames Spruance　**328**a　248a〔サイパン島の戦〕　383c〔太平洋艦隊〕　524b〔ニミッツ〕　555b〔ハルゼー〕　630c〔マリアナ沖海戦〕　645a〔ミッドウェー海戦〕
・住井辰男　**328**b
澄川英雄　530a〔農村協同体建設同盟〕
・スミス David Fillmore Smith　**328**c
スミス，ホランド　248a〔サイパン島の戦〕
・澄田賚四郎　**329**a　259a〔山西残留問題〕
住友吉左衛門　329c〔住友財閥〕
澄宮　304a〔昭和天皇〕　640b〔三笠宮崇仁親王〕
スメドレー，アグネス　33c〔石垣綾子〕
摺建一甫　373b〔大東塾〕
摺建富士夫　14b〔愛宕山事件〕

せ

・関鑑子　**336**c
関晃　166c〔くにのあゆみ〕
・関屋貞三郎　**337**b　156c〔協和会〕
関屋龍吉　221a〔国民精神文化研究所〕
・関行男　**338**a　121a〔神風特別攻撃隊〕
世耕弘一　548a〔鳩山一郎〕
・瀬島龍三　**338**b
瀬戸口藤吉　2c〔愛国行進曲〕
・膳桂之助　**340**b　341a〔全国産業団体連合会〕
・千石興太郎　**340**c　302a〔昭和研究会〕　529b〔農山漁村文化協会〕
仙石貢　362a〔十河信二〕
千田是也　716a〔和田勝一〕
宣統帝　580b〔溥儀〕　→溥儀

そ

宋靄齢　200c〔孔祥熙〕　357c〔宋慶齢〕
・宋慶齢　**357**b　310a〔沈鈞儒〕
・匝瑳胤次　**358**a
・宋子文　**358**b　200c〔孔祥熙〕　232a〔胡適〕　331c〔西安事件〕　503b〔日華関税協定〕
宋子良　159a〔桐工作〕
・宋哲元　**359**a　120b〔華北分離工作〕　134b〔冀察政務委員会〕　444a〔土肥原・秦徳純協定〕　471b〔土肥原賢二〕　478b〔内蒙工作〕
曹寧柱　446c〔東亜連盟〕
・宋美齢　**359**a　159a〔桐工作〕　294c〔蔣介石〕　331c〔西安事件〕　357c〔宋慶齢〕　590b〔フライング＝タイガース〕
添田敬一郎　622b〔町田辰次郎〕
・十河信二　**362**a　203b〔興中公司〕
薗部澄　593b〔フロント〕
・ゾルゲ Richard Sorge　**362**a　84c〔尾崎秀実〕
・孫科　**364**a
・ソン＝ゴク＝タン Son Ngoc Thang　**364**a
孫伝芳　81a〔岡村寧次〕

た

平貞蔵　253b〔佐々弘雄〕　302a〔昭和研究会〕
・田岡良一　392b
高岡熊雄　393b〔高倉新一郎〕
・高木惣吉　393a　34b〔石川信吾〕　44c〔井上成美〕　278b〔嶋田繁太郎〕　400a〔田中耕太郎〕　557b〔反東条運動〕
高木武雄　330c〔スラバヤ沖海戦〕
・高倉新一郎　393a
・高倉輝　393b
・高碕達之助　393c　637a〔満洲重工業開発会社〕
高島一雄　129a〔関東軍軍馬防疫廠〕
高島菊次郎　479b〔中支那振興会社〕
高嶋米峰　522a〔日本文学報国会〕
高杉晋一　504b〔日韓基本条約〕
・高田保馬　394a
高野岩三郎　658c〔室伏高信〕
高野実　315c〔人民戦線事件〕
高橋亀吉　302a〔昭和研究会〕　670b〔山崎靖純〕
・高橋健二　394b
高橋是清　44a〔犬養毅内閣〕　79c〔岡田啓介内閣〕　131a〔管理通貨制度〕　245b〔斎藤実内閣〕　272a〔失業救済事業〕　300b〔昭和恐慌〕　346c〔戦時国債〕　394c〔高橋財政〕　579b〔深井英五〕　698c〔立憲政友会〕
・高橋三吉　395a　377b〔大日本興亜同盟〕
高橋俊乗　212a〔国史概説〕
高橋坦　58b〔梅津・何応欽協定〕
高橋正彦　487a〔七三一部隊〕
高橋雄豺　302a〔昭和研究会〕
高浜虚子　522a〔日本文学報国会〕
崇仁親王　304a〔昭和天皇〕　→三笠宮崇仁親王
・高松宮宣仁親王　395a　15c〔厚木航空隊〕　138a〔木戸幸一〕　228c〔小園安名〕　235a〔近衛文麿〕　557b〔反東条運動〕　610a〔細川護貞〕　→宣仁親王
高松宮妃喜久子　395a〔高松宮宣仁親王〕
高見順　388a〔大陸開拓文芸懇話会〕　524a〔日本浪曼派〕
高村光太郎　522a〔日本文学報国会〕
高村豊周　521a〔日本美術報国会〕
・高群逸枝　395b
高柳賢三　523a〔日本法理研究会〕
・財部彪　395c　118a〔加藤寛治〕　127b〔艦隊派〕　299c〔条約派〕
田河水泡　535a〔のらくろ〕
多川精一　593b〔フロント〕
滝川政次郎　523a〔日本法理研究会〕
・滝川幸辰　396a　252b〔佐々木惣一〕　548a〔鳩山一郎〕
・瀧口修造　396b　291a〔シュールリアリズム事件〕
ダキノ，アイバ＝トグリ　453b〔東京ローズ〕
・滝正雄　396c　132a〔企画院〕
・タキン＝ソウ Soe, Thakin　396c　397a〔タキン＝タントゥン〕
・タキン＝タントゥン Than Tun, Thakin　397a
タキン＝ヌ Nu, Thakin　⇨ウー＝ヌ(52b)
・タキン＝ミャ Mya, Thakin　397b
・卓庚鉉　397b　468c〔特別操縦見習士官制度〕
武井大助　667a〔安田財閥〕
竹内可吉　132a〔企画院〕
・竹内好　398a　162b〔近代の超克〕　373b〔大東亜文学者大会〕
竹内理三　167a〔くにのあゆみ〕
竹岡勝也　212a〔国史概説〕
竹岡信幸　274c〔支那の夜〕
竹下直之　199b〔皇国史観〕
・竹下正彦　398a　144c〔宮城録音盤事件〕
武田泰淳　373b〔大東亜文学者大会〕　398a〔竹内好〕
・武部六蔵　398b　586a〔撫順戦犯管理所〕
太宰治　523c〔日本浪曼派〕
田坂具隆　233a〔五人の斥候兵〕
田尻隼人　373b〔大東塾〕
田代秀徳　221a〔国民精神文化研究所〕
多田駿　120b〔華北分離工作〕　203a〔高宗武〕
多田礼吉　135b〔技術院〕
・立作太郎　398c
・橘孝三郎　399a　195c〔五・一五事件〕　230b〔国家改造運動〕　271b〔自治農民協議会〕　531b〔農本主義〕
・橘樸　399b
立原道造　541a〔芳賀檀〕
・舘稔　399b
・辰巳栄一　399c　547b〔服部卓四郎〕
建川美次　257a〔三月事件〕　505c〔日ソ中立条約〕
舘林三喜男　60b〔映画法〕
田所広泰　192b〔原理日本社〕
田所美治　150a〔教育審議会〕
田中角栄　507a〔日中国交正常化〕
田中義一　140a〔機密費〕　263a〔参謀総長〕　397c〔拓務省〕　401b〔田中メモランダム〕
・田中耕太郎　400a
・田中静壱　400b　145a〔宮城録音盤事件〕
・田中新一　400b　42a〔一夕会〕　78c〔岡敬純〕　179b〔軍閥〕　180b〔軍部〕　263b〔参謀本部〕　459c〔統制派〕　547a〔服部卓四郎〕
・田中智学　400c
・田中鉄三郎　401a
田中英雄　487a〔七三一部隊〕
・田中頼三　401b
・田中隆吉　401c　39c〔板垣征四郎〕　128c〔関東軍〕　258a〔三光作戦〕　365a〔第一次上海事変〕　478b〔内蒙工作〕　583a〔傅作義〕　626c〔松平康昌〕
・田辺忠男　402a
・田辺元　402a　155b〔京都学派〕　199c〔高坂正顕〕　208a〔高山岩男〕　336a〔世界史の哲学〕　496b〔西田幾多郎〕　497a〔西谷啓治〕　641a〔三木清〕
・田辺尚雄　402b
・谷川徹三　402b　472b〔富塚清〕
谷口尚真　299c〔条約派〕
・谷口雅春　402c
谷崎潤一郎　252c〔細雪〕
谷野節子　586c〔婦人時局研究会〕
・谷正之　403a　84a〔奥村喜和男〕　456b〔東条英機内閣〕　674b〔山本熊一〕
田部井和　487a〔七三一部隊〕
玉川勝太郎　573c〔広沢虎造〕
田村市郎　518a〔日本水産会社〕
田村真作　652b〔繆斌工作〕
・田村浩　403a
・タルク Luis Taruc　403c　576b〔フィリピン共産党〕
ダルラン　136a〔北アフリカ作戦〕
・ダレス John Foster Dulles　404a　261b〔サンフランシスコ平和条約〕
ダレス，アレン　113b〔加瀬俊一〕　579a〔フェラーズ〕
壇一雄　552c〔林富士馬〕
・丹下健三　405b　599b〔平和博物館〕
・団琢磨　406a　44b〔犬養毅内閣〕　45b〔井上日召〕　247b〔財閥転向〕　341a〔全国産業団体連合会〕　476b〔ドル買い〕　513b〔日本経済連盟会〕　620b〔牧田環〕　640a〔三池炭礦〕　642c〔三井鉱山会社〕　643b〔三井財閥〕
・タン＝マラカ Tan Malaka　406c　15a〔アダム＝マリク〕

ち

・チァーノ Galeazzo Ciano　407a
・崔承喜　407c　33b〔石井漠〕
・チェンバレン Neville Chamberlain　408a　28c〔イーデン〕　651c〔ミュンヘン会談〕
千倉武夫　482b〔長野朗〕
秩父宮妃勢津子　408c〔秩父宮雍仁親王〕
・秩父宮雍仁親王　408c　26b〔安藤輝三〕　138a〔木戸幸一〕　395a〔高松宮宣仁親王〕　→雍仁親王
茅野蕭々　522a〔日本文学報国会〕
・チャーチル Sir Winston Leonard Spencer Churchill　411a　103b〔カイロ宣言〕　112a〔カサブランカ会談〕　188c〔原爆投下〕　362b〔ソ連の対日参戦〕　368b〔大西洋憲章〕　408b〔チェンバレン〕　437a〔テヘラン会談〕　611a〔ポツダム宣言〕　611c〔ポツダム宣言受諾〕　675c〔ヤルタ会談〕　708a〔連合国共同宣言〕　711b〔ローズヴェルト〕
・チャン＝チョン＝キム Tran Trong Kim　411b　53c〔ヴェトミン〕　540c〔バオ＝ダイ〕
・長勇　417a　56b〔牛島満〕
張燕卿　315b〔新民会〕

・張学良 417a 161c〔錦州爆撃〕 282b〔周恩来〕 294c〔蔣介石〕 331b〔西安事件〕 367c〔第十九路軍〕 418c〔張作霖爆殺事件〕 636a〔満州事変〕 700b〔柳条湖事件〕
・張群 417b
・張景恵 417c 187a〔建国大学〕 370b〔大東亜会議〕
・張作霖 418b 128c〔関東軍〕 216c〔国民革命軍〕 418b〔張作霖爆殺事件〕
張自忠 135b〔宜昌作戦〕 712a〔盧溝橋事件〕
張治平 159a〔桐工作〕
趙尚志 461a〔東北抗日聯軍〕
陳毅 311b〔新四軍〕
陳儀 81a〔岡村寧次〕
・陳公博 426a 70c〔汪兆銘政権〕
陳誠 580a〔武漢作戦〕
陳超霖 159a〔桐工作〕

つ

・塚田攻 427a
・津川主一 427b
・津久井龍雄 427c 20a〔天野辰夫〕 57a〔内田良平〕 245a〔斎藤忠〕 377a〔大日本言論報国会〕 377b〔大日本皇道会〕 521b〔日本評論家協会〕
辻荘一 511c〔日本音楽文化協会〕
辻善之助 212a〔国史概説〕
辻永 521a〔日本美術報国会〕
対馬勝雄 168b〔栗原安秀〕
・辻政信 428a 39a〔磯部浅一〕 106b〔華僑虐殺〕 405c〔断作戦〕 535a〔ノモンハン事件〕 547a〔服部卓四郎〕 650b〔宮崎正義〕
・津島寿一 428b 136c〔北支那開発会社〕
・津田信吾 428c 118c〔鐘淵実業会社〕
・津田左右吉 429a 429b〔津田左右吉事件〕
・土橋勇逸 429b 42a〔一夕会〕 659a〔明号作戦〕
・土屋喬雄 429c
土屋文明 3c〔愛国百人一首〕 376c〔大日本歌人協会〕
堤清六 503a〔日魯漁業会社〕
恒藤恭 318c〔末川博〕
津野田知重 640b〔三笠宮崇仁親王〕
円谷英二 117c〔加藤隼戦闘隊〕 557a〔ハワイ・マレー沖海戦〕
壺井栄 253a〔佐多稲子〕
津守豊治 35b〔石坂泰三〕
・津村秀夫 430a
鶴岡政男 5c〔靉光〕
都留重人 261c〔サンフランシスコ平和条約〕
鶴見俊輔 286a〔十五年戦争〕

て

鄭孝胥 111c〔笠木良明〕
程錫庚 439c〔天津租界封鎖問題〕
デイビス 143a〔九ヵ国条約会議〕
ティベッツ，ポール 63b〔エノラ＝ゲイ〕
・ディルクセン Herbert von Dirksen 434c 475a〔トラウトマン和平工作〕
・ディレーク＝チャイヤナーム Direk Jayanama 435a
・テインペイ Thein Pe 435b
デーニッツ，カール 443c〔ドイツ降伏〕
・出口王仁三郎 436b 57a〔内田良平〕 77b〔大本〕
デュラン，ピオ 123a〔カリバピ〕
・寺内寿一 437b 80c〔岡部直三郎〕 309b〔シンガポール攻略戦〕 490c〔南方軍〕 574c〔広田弘毅内閣〕
・寺岡謹平 437c
・寺崎英成 437c 305a〔昭和天皇独白録〕 626c〔松平康昌〕
・寺島健 438a 95b〔海軍省軍務局〕
寺田政明 5c〔靉光〕
・寺田弥吉 438b
・暉峻義等 438b 709c〔労働科学研究所〕
光宮 304a〔昭和天皇〕 395a〔高松宮宣仁親王〕 →高松宮宣仁親王
デルボス 143a〔九ヵ国条約会議〕
デレヴァーンコ，クズマ 206b〔降伏文書調印式〕
デワントロ 578c〔プートラ〕 638b〔マンスール〕

と

土井武夫 226b〔五式戦闘機〕 563a〔飛燕・三式戦闘機〕
土井晩翠 349b〔戦陣訓〕
・ドゥーマン Eugene Hoffman Dooman 447a
ドゥーリトル，ジェームズ 447c〔ドゥーリトル空襲〕 562a〔B25 Mitchell〕
・陶希聖 448a 203a〔高宗武〕
道家斉一郎 211b〔国策研究会〕
董康 412b〔中華民国臨時政府〕
・東郷茂徳 453c 16c〔阿南惟幾〕 243b〔最高戦争指導会議〕 253c〔佐藤尚武〕 322b〔鈴木貫太郎内閣〕 367c〔対支新政策〕 371c〔大東亜省〕 432c〔帝国国策遂行要領〕 449a〔東京裁判〕 456b〔東条英機内閣〕 501c〔日米交渉〕 555c〔ハル＝ノート〕 592a〔ブレイクニー〕 611c〔ポツダム宣言受諾〕 628c〔松本俊一〕 674b〔山本熊一〕
東郷平八郎 196a〔五・一五事件〕
東郷実 379a〔大日本政治会〕
唐寿民 341b〔全国商業統制総会〕
・東条英機 454c 8c〔赤松貞雄〕 38a〔石原莞爾〕 42a〔一夕会〕 81c〔荻窪会談〕 138b〔木戸幸一〕 145c〔宮中グループ〕 158b〔清瀬一郎〕 159a〔桐工作〕 175b〔軍需省〕 179b〔軍閥〕 180b〔軍部〕 235a〔近衛文麿〕 253b〔佐藤賢了〕 263a〔参謀総長〕 287b〔重臣〕 298a〔情勢の推移に伴ふ帝国国策要綱〕 345a〔戦時議会〕 349b〔戦陣訓〕 370b〔大東亜会議〕 432c〔帝国国策遂行要領〕 449a〔東京裁判〕 450a〔東京裁判開廷〕 456a〔東条英機内閣〕 459c〔統制派〕 477c〔内大臣〕 481a〔永田鉄山〕 501c〔日米交渉〕 557b〔反東条運動〕 609b〔星野直樹〕
鄧小平 545c〔八路軍〕
湯爾和 412b〔中華民国臨時政府〕
董道寧 70b〔汪兆銘工作〕 202c〔高宗武〕
・東畑精一 460b 301c〔昭和研究会〕
藤間生大 37b〔石母田正〕
・東宮鉄男 461b
頭山秀三 229c〔児玉誉士夫〕 617c〔本間憲一郎〕
・頭山満 462a 77b〔大本〕 605b〔R・B・ボース〕
ドールマン 330c〔スラバヤ沖海戦〕 545a〔バタビヤ沖海戦〕
藤樫準二 441c〔天皇の人間宣言〕
・戸川貞雄 463a 74c〔大下宇陀児〕 141c〔木村荘十〕
土岐善麿 376c〔大日本歌人協会〕
時野谷勝 212a〔国史概説〕
・ドクー Jean Decoux 463b 589c〔仏領インドシナ〕
・徳王 463b 478b〔内蒙工作〕 660b〔蒙古連合自治政府〕
・徳川夢声 464c 251c〔桜隊〕
徳川宗敬 261c〔サンフランシスコ平和条約〕
・徳川義親 465a 37a〔石原広一郎〕 257a〔三月事件〕 511c〔日本音楽文化協会〕
・徳田球一 467a 267a〔志賀義雄〕
徳田秋声 522a〔日本文学報国会〕
徳田惣一郎 373b〔大東塾〕
・徳富蘇峰 467a 350b〔宣戦の詔書〕 364c〔大亜細亜協会〕 377a〔大日本言論報国会〕 522a〔日本文学報国会〕
戸栗郁子 453b〔東京ローズ〕 →ダキノ
・ド＝ゴール Charles André Joseph Pierre-Marie de Gaulle 469b 463b〔ドクー〕
床次竹二郎 396c〔滝正雄〕
・戸坂潤 469c 149a〔教育科学研究会〕 242c〔三枝博音〕 396b〔瀧口修造〕 496b〔西田幾多郎〕
・戸田城聖 470a 357b〔創価教育学会〕 620b〔牧口常三郎〕
等々力巳吉 283c〔従軍画家〕
外村繁 523c〔日本浪曼派〕

・土肥原賢二　471b　42a〔一夕会〕　120b〔華北分離工作〕　137b〔冀東政権〕　204a〔向哲濬〕　313b〔秦徳純〕　328c〔スミス〕　444a〔土肥原・秦徳純協定〕　449a〔東京裁判〕　540a〔梅汝璈〕

苫米地義三　261c〔サンフランシスコ平和条約〕

・富岡定俊　471c　524b〔ニューギニア戦〕

・富沢有為男　472a

・富塚清　472b

・富永恭次　472b　42a〔一夕会〕　459c〔統制派〕

留岡清男　148c〔教育科学研究会〕　657a〔宗像誠也〕

朝永振一郎　678b〔湯川秀樹〕

・土門拳　472c　509a〔ニッポン〕　509b〔日本工房〕

・豊田喜一郎　473a　473b〔トヨタ自動車工業会社〕　474b〔豊田利三郎〕

・豊田三郎　473a

豊田四郎　77a〔大日向村〕

・豊田副武　473c　95c〔海軍総隊司令部〕　183b〔軍令部総長〕　575b〔ファーネス〕　592a〔ブレイクニー〕

豊田武　166c〔くにのあゆみ〕

・豊田貞次郎　473c　22a〔天羽英二〕　67c〔及川古志郎〕　78b〔岡敬純〕　432c〔帝国国策遂行要領〕　506a〔日ソ中立条約〕

・豊田正子　474a　65b〔江馬修〕　715c〔和田勝一〕

・豊田利三郎　474b

豊福保次　512a〔日本革新農村協議会〕

・ドラウト James Matthew Drought　474b　30b〔井川忠雄〕　55b〔ウォルシュ〕　501b〔日米交渉〕　554c〔ハル〕

・トラウトマン Oskar Paul Trautmann　474c　234a〔近衛声明〕　235c〔近衛文麿内閣〕　474c〔トラウトマン和平工作〕

ドリアー，フランクリン　356b〔戦略爆撃調査団〕

・トルーマン Harry Shippe Truman　475c　131b〔キーナン〕　189a〔原爆投下〕　326c〔スティムソン〕　356b〔戦略爆撃調査団〕　537b〔バーンズ〕　611a〔ポツダム宣言〕　611c〔ポツダム宣言受諾〕

な

内藤清五　2c〔愛国行進曲〕

・中井正一　478b　316a〔新村猛〕　336c〔世界文化〕

・永井柳太郎　478c　376a〔大日本育英会〕　552a〔林銑十郎内閣〕　699b〔立憲民政党〕

永井了吉　373b〔大東塾〕

長岡春一　502c〔日蘭会商〕

長岡半太郎　354a〔全日本科学技術団体連合会〕

中川洲男　600b〔ペリリュー島の戦〕

中川健蔵　392a〔台湾総督府〕

中川小十郎　37a〔石原広一郎〕

・中河与一　478c　373c〔大東塾〕　534b〔野村辰夫〕

・中沢佑　479a

・中島久万吉　479c　133a〔菊池武夫〕　245c〔斎藤実内閣〕

・中島今朝吾　479c

・中島健蔵　480a　461a〔東方社〕　479a〔中河与一〕

・中島知久平　480b　125a〔川西航空機会社〕　164c〔空軍独立問題〕　279a〔島田俊雄〕　480b〔中島飛行機会社〕　548a〔鳩山一郎〕　552a〔林銑十郎内閣〕　620a〔前田米蔵〕　699a〔立憲政友会〕

仲小路彰　644c〔満田巌〕

・永田鉄山　480c　4b〔相沢三郎〕　4c〔相沢事件〕　42a〔一夕会〕　79c〔岡田啓介内閣〕　179b〔軍閥〕　180b〔軍部〕　204b〔皇道派〕　230b〔国家改造運動〕　257a〔三月事件〕　309c〔新官僚〕　459c〔統制派〕　621c〔真崎甚三郎〕　693c〔陸軍省軍務局〕

・中谷孝雄　481a　523c〔日本浪曼派〕

・中谷武世　481b　364c〔大亜細亜協会〕

永田秀次郎　377b〔大日本皇道会〕

永田広志　470a〔戸坂潤〕

・中西功　482a

中根貞彦　263c〔三和銀行〕

・長野朗　482a　240a〔権藤成卿〕　271b〔自治農民協議会〕

・永野修身　482b　448c〔東京裁判〕

・永野重雄　482c

・中野重治　483a　439b〔転向〕　716a〔和田勝一〕

・中野正剛　483b　11c〔アジア主義〕　139c〔機密費〕　345a〔戦時議会〕　456c〔東条英機内閣〕　548a〔鳩山一郎〕　557b〔反東条運動〕　699b〔立憲民政党〕

・中野登美雄　483c

・中野友礼　483c　310b〔新興財閥〕　520a〔日本曹達会社〕

中野英光　406b〔ダンピール海峡の悲劇〕

・中野好夫　484a

中橋徳五郎　74a〔大阪商船会社〕

中畠悟　682b〔横井庄一〕

・中原義正　484a

・中村明人　484b

中村草田男　87b〔小野蕪子〕

・中村研一　484c

中村孝太郎　174a〔軍事保護院〕

中村孝也　212a〔国史概説〕

中村震太郎　636b〔満洲事変〕

・中村輝夫　485a

中村武羅夫　522a〔日本文学報国会〕

中村光夫　162a〔近代の超克〕

中山岩太　141a〔木村伊兵衛〕

中山晋平　642b〔みたみわれ〕

永山忠則　512a〔日本革新農村協議会〕

・南雲忠一　485a　248a〔サイパン島の戦〕　311b〔真珠湾攻撃〕　645a〔ミッドウェー海戦〕　648a〔南太平洋海戦〕　669c〔山口多聞〕　707c〔連合艦隊〕

・那須皓　485c　116c〔加藤完治〕　301c〔昭和研究会〕　542b〔橋本伝左衛門〕

・名取洋之助　486b　43c〔伊奈信男〕　141a〔木村伊兵衛〕　509a〔ニッポン〕　509b〔日本工房〕

・難波田春夫　487c

鍋山貞親　255a〔佐野学〕　439b〔転向〕

並河才三　129a〔関東軍軍馬防疫廠〕

波平暁男　159b〔霧島昇〕　714b〔若鷲の歌〕

・奈良武次　487c

・南条金雄　489b

南原繁　19a〔安倍能成〕　261c〔サンフランシスコ平和条約〕

に

・新居格　493c

・西浦進　494c

・西岡虎之助　495a

・西尾末広　495b　114b〔片山哲〕　548a〔鳩山一郎〕　572a〔平野力三〕

・西尾寿造　495b　275a〔支那派遣軍〕

西里竜夫　482a〔中西功〕

西嶋重忠　327b〔スバルジョ〕

西晋一郎　187a〔建国大学〕　220c〔国民精神文化研究所〕

・西田幾多郎　496a　86c〔小沼洋夫〕　153a〔教学刷新評議会〕　155b〔京都学派〕　192b〔原理日本社〕　199c〔高坂正顕〕　208a〔高山岩男〕　336a〔世界史の哲学〕　402a〔田辺元〕　497a〔西谷啓治〕　641a〔三木清〕

・西竹一　496b

・西田直二郎　496c　212a〔国史概説〕　220c〔国民精神文化研究所〕　517c〔日本諸学振興委員会〕

・西谷啓治　497a　155b〔京都学派〕　162a〔近代の超克〕　199c〔高坂正顕〕　208a〔高山岩男〕　336a〔世界史の哲学〕　496b〔西田幾多郎〕

西谷弥兵衛　32b〔井沢弘〕　549b〔花見達二〕

・西田税　497a　4b〔相沢三郎〕　39a〔磯部浅一〕　48b〔岩田富美夫〕　195c〔五・一五事件〕　230a〔国家改造運動〕　533a〔野中四郎〕

二科関夫　101a〔回天〕

・仁科芳雄　497b　243a〔サイクロトロン〕

・西春彦　497c

・西山夘三　497c

西義顕　70b〔汪兆銘工作〕

二宮治重　257a〔三月事件〕

・ニミッツ Chester William Nimitz　524a　88b〔オリンピック作戦〕　161a〔キング〕　206b〔降伏文書調印式〕　328a〔スプルーアンス〕　383c〔太平洋艦隊〕　489c〔南西太平洋方面(軍)〕　611b〔ポツダム宣言受諾〕

・丹羽文雄　525c

ぬ

・額田坦　526*c*

ね

・ネーウィン Ne Win　527*a*　52*b*〔ウー＝ヌ〕　397*a*〔タキン党〕　572*c*〔ビルマ国軍〕
根本博　42*a*〔一夕会〕
ネルー　128*a*〔ガンディー〕

の

・ノーマン Edgerton Herbert Norman　531*c*
野口援太郎　279*c*〔下中弥三郎〕
野口圭一　487*a*〔七三一部隊〕
・野口遵　532*a*　310*b*〔新興財閥〕　506*b*〔日窒コンツェルン〕　647*b*〔南次郎〕
野口芳雄　505*c*〔日ソ共同宣言〕
・野坂参三　532*b*　518*a*〔日本人民解放連盟〕
野島康三　141*a*〔木村伊兵衛〕
能代八郎　166*b*〔九段の母〕
能勢克男　316*a*〔新村猛〕
野田九浦　521*a*〔日本美術報国会〕
野田武夫　379*b*〔大日本政治会〕
・ノックス William Franklin Knox　532*c*　326*b*〔スティムソン〕
・野津謙　532*c*
・野中五郎　533*a*
・野中四郎　533*a*　26*a*〔安藤輝三〕　510*b*〔二・二六事件〕　658*a*〔村中孝次〕
・信時潔　533*b*　2*c*〔愛国行進曲〕　58*a*〔海ゆかば〕　642*b*〔みたみわれ〕
宣仁親王　304*a*〔昭和天皇〕　→高松宮宣仁親王
野間清治　160*b*〔キング〕
・野村吉三郎　533*b*　18*c*〔阿部信行内閣〕　30*b*〔井川忠雄〕　169*c*〔栗栖三郎〕　269*a*〔重光葵〕　278*c*〔嶋田繁太郎〕　474*c*〔ドラウト〕　501*b*〔日米交渉〕　554*c*〔ハル〕　674*b*〔山本熊一〕
・野村重臣　534*a*　377*a*〔大日本言論報国会〕　664*a*〔森本忠〕
・野村辰夫　534*a*　373*c*〔大東塾〕
野村俊夫　8*a*〔暁に祈る〕
・野村直邦　534*b*　165*a*〔空軍独立問題〕
野村浩将　5*a*〔愛染かつら〕
乗杉嘉壽　2*c*〔愛国行進曲〕
野呂栄太郎　550*a*〔羽仁五郎〕

は

パーカー　20*c*〔アメリカ極東陸軍〕
・パーシバル Arthur Ernest Percival　536*c*　309*a*〔シンガポール攻略戦〕　632*c*〔マレー作戦〕
パーソンズ，ウィリアム　63*c*〔エノラ＝ゲイ〕
・ハーレー Patrick Jay Hurley　537*a*　327*a*〔スティルウェル〕
・バーンズ James Francis Byrnes　537*b*　476*a*〔トルーマン〕　612*a*〔ポツダム宣言受諾〕
・梅思平　538*a*　70*b*〔汪兆銘工作〕　203*a*〔高宗武〕
・梅汝璈　539*c*　204*a*〔向哲濬〕
・灰田勝彦　540*a*
パウルス　325*c*〔スターリングラード攻防戦〕
・バオ＝ダイ Bao Dai　540*c*　411*b*〔チャン＝チョン＝キム〕　659*a*〔明号作戦〕
ハガ　615*b*〔ポンティアナ事件〕
・袴田陸奥男　540*c*
・芳賀檀　540*c*　523*c*〔日本浪曼派〕
萩原朔太郎　523*c*〔日本浪曼派〕
・白崇禧　541*a*
橋川文三　162*b*〔近代の超克〕
・橋田邦彦　541*c*　25*a*〔有光次郎〕　42*b*〔伊東延吉〕　379*b*〔大日本青少年団〕
ハシム＝アシャリ　622*a*〔マシュミ〕　638*b*〔マンスール〕
・橋本欣五郎　542*a*　225*c*〔護国同志会〕　230*b*〔国家改造運動〕　257*a*〔三月事件〕　282*c*〔十月事件〕　417*a*〔長勇〕
橋本國彦　2*c*〔愛国行進曲〕
橋本憲三　395*b*〔高群逸枝〕
橋本進吉　522*a*〔日本文学報国会〕　672*a*〔山田孝雄〕
・橋本伝左衛門　542*b*
バジャン　355*c*〔全ビルマ青年連盟〕
・蓮田善明　542*b*
長谷川一夫　274*c*〔支那の夜〕
・長谷川清　542*c*　207*b*〔皇民奉公会〕　392*a*〔台湾総督府〕
長谷川伸　597*b*〔兵隊作家〕　657*b*〔棟田博〕
・長谷川テル　543*a*　110*a*〔郭沫若〕
・長谷川如是閑　543*a*　149*a*〔教育科学研究会〕　302*a*〔昭和研究会〕　509*a*〔ニッポン〕
長谷川春子　372*b*〔大東亜戦皇国婦女皆働之図〕
長谷川幸男　373*c*〔大東塾〕
・長谷部言人　543*b*
・畑俊六　544*b*　197*b*〔航空総軍〕　275*a*〔支那派遣軍〕　449*a*〔東京裁判〕　580*a*〔武漢作戦〕　687*a*〔米内光政内閣〕
秦真次　418*c*〔張作霖爆殺事件〕
・畑中健二　545*a*　145*a*〔宮城録音盤事件〕
畑中繁雄　170*c*〔黒田秀俊〕
波多野貞夫　482*b*〔永野修身〕
波多野精一　641*a*〔三木清〕　657*b*〔村岡典嗣〕
・ハッタ Mohammad Hatta　546*c*　15*a*〔アダム＝マリク〕　51*c*〔ウィカナ〕　281*b*〔シャフリル〕　327*b*〔スバルジョ〕　578*c*〔プートラ〕　638*b*〔マンスール〕
八田篤子　586*c*〔婦人時局研究会〕
八田尚之　251*b*〔桜隊〕
八田嘉明　136*c*〔北支那開発会社〕
・服部英太郎　547*a*　73*c*〔大河内一男〕
服部之総　470*a*〔戸坂潤〕
・服部卓四郎　547*a*
・服部良一　547*b*
・鳩山一郎　547*c*　26*c*〔安藤正純〕　124*a*〔川崎克〕　137*a*〔北昤吉〕　245*c*〔斎藤実内閣〕　279*a*〔島田俊雄〕　453*b*〔同交会〕　505*a*〔日ソ共同宣言〕　572*a*〔平野力三〕　628*c*〔松本俊一〕　681*a*〔翼賛政治会〕　699*a*〔立憲政友会〕
・バドリオ Pietro Badoglio　548*b*　40*a*〔イタリア降伏〕
花田清輝　162*b*〔近代の超克〕　534*b*〔野村辰夫〕
花菱アチャコ　717*b*〔わらわし隊〕
・花見達二　549*b*　32*b*〔井沢弘〕
・花森安治　549*c*
・花谷正　549*c*
・羽仁五郎　550*a*　149*a*〔教育科学研究会〕　641*a*〔三木清〕
・羽生三七　550*b*　302*b*〔昭和研究会〕
・馬場鍈一　550*c*　6*c*〔青木一男〕　37*b*〔石渡荘太郎〕　41*a*〔一県一行主義〕　529*a*〔農工銀行〕　574*c*〔広田弘毅内閣〕　677*a*〔結城豊太郎〕
・馬場恒吾　551*a*　377*a*〔大日本言論報国会〕　521*b*〔日本評論家協会〕
浜口雄幸　699*a*〔立憲民政党〕
浜田国松　575*a*〔広田弘毅内閣〕
浜谷浩　472*c*〔土門拳〕　593*b*〔フロント〕
・バモオ Ba Maw　551*b*　6*b*〔アウンサン〕　370*b*〔大東亜会議〕　397*b*〔タキン党〕　573*a*〔ビルマ作戦〕
・林謙一　551*c*
林重男　461*a*〔東方社〕　593*b*〔フロント〕
林譲治　453*c*〔同交会〕
林銑十郎　4*c*〔相沢事件〕　42*a*〔一夕会〕　79*b*〔岡田啓介内閣〕　151*a*〔教育総監〕　204*a*〔皇道派〕　215*b*〔国防の本義と其強化の提唱〕　362*a*〔十河信二〕　377*b*〔大日本興亜同盟〕　481*a*〔永田鉄山〕　552*a*〔林銑十郎内閣〕　621*c*〔真崎甚三郎〕
・林達夫　552*b*　402*c*〔谷川徹三〕　461*a*〔東方社〕　480*a*〔中島健蔵〕
林八郎　168*b*〔栗原安秀〕
林博太郎　150*a*〔教育審議会〕
林房雄　162*a*〔近代の超克〕　372*c*〔大東亜戦争〕　372*c*〔大東亜戦争肯定論〕　523*c*〔日本浪曼派〕
・林富士馬　552*c*

・林芙美子 **552***c* 521*c*〔日本文学報国会〕
・原田熊雄 **553***c* 138*a*〔木戸幸一〕 235*a*〔近衛文麿〕 241*a*〔西園寺公と政局〕
原田熊吉 412*b*〔中華民国維新政府〕
・原乙未生 **553***c*
・ハラニーリャ Delfin Jaranilla **554***a* 449*a*〔東京裁判〕
原弘 141*a*〔木村伊兵衛〕 461*a*〔東方社〕 509*b*〔日本工房〕 593*b*〔フロント〕
・原嘉道 **554***a* 150*a*〔教育審議会〕
・ハル Cordell Hull **554***b* 143*a*〔九ヵ国条約会議〕 169*a*〔グルー〕 474*c*〔ドラウト〕 501*b*〔日米交渉〕 555*c*〔ハル＝ノート〕 607*c*〔ホーンベック〕
パル 449*a*〔東京裁判〕
バルーク，バーナード 577*a*〔フーヴァー〕
バルガス，ホルヘ 123*a*〔カリバピ〕 576*c*〔フィリピン戦〕
・ハルゼー William Frederick Halsey, Jr. **555***a* 328*a*〔スプルーアンス〕 383*c*〔太平洋艦隊〕 390*a*〔台湾沖航空戦〕 577*c*〔ブーゲンビル島沖航空戦〕 641*b*〔ミズーリ〕
坂西利八郎 471*b*〔土肥原賢二〕
バンス William K. Bunce 312*c*〔神道指令〕

ひ

ビーザー，ジェイコブ 610*c*〔ボックスカー〕
・東久邇稔彦〔東久邇宮-〕 **563***b* 40*b*〔一億総懺悔〕 138*a*〔木戸幸一〕 280*a*〔下村定〕
ピカソ 185*c*〔ゲルニカ爆撃〕
氷川烈 321*b*〔杉山平助〕
・樋口季一郎 **564***c*
肥後和男 212*a*〔国史概説〕
・ピゴット Francis Stewart Gilderoy Piggott **564***c*
・久生十蘭 **565***a*
久富達夫 380*b*〔大日本体育会〕 516*b*〔日本出版会〕
・久松潜一 **565***b* 220*c*〔国民精神文化研究所〕
・土方成美 **565***b* 570*b*〔平賀粛学〕 570*c*〔平賀譲〕
土方与志 565*a*〔久生十蘭〕
菱沼五郎 45*b*〔井上日召〕
・日高信六郎 **565***c*
・ヒトラー Adolf Hitler **566***c* 13*b*〔あしか作戦〕 54*c*〔ヴェルサイユ体制〕 325*b*〔スターリングラード攻防戦〕 374*c*〔第二次世界大戦〕 443*c*〔ドイツ降伏〕 466*a*〔独ソ戦〕 486*a*〔ナチス〕 525*b*〔ニュルンベルク裁判〕 548*c*〔バトル＝オブ＝ブリテン〕 556*a*〔バルバロッサ作戦〕 607*b*〔ポーランド侵攻〕 651*c*〔ミュンヘン会談〕 652*c*〔民族の祭典〕 656*b*〔ムッソリーニ〕
・火野葦平 **567***b* 597*b*〔兵隊作家〕 630*a*〔馬淵逸雄〕 653*c*〔麦と兵隊〕
・日比野士朗 **567***c* 597*b*〔兵隊作家〕
ピブーン Plaek Phibunsongkhram ⇨プレーク＝ピブーンソンクラーム(592*a*)
ヒムラー，ハインリヒ 443*c*〔ドイツ降伏〕
・百武三郎 **568***c*
・百武晴吉 **568***c* 114*c*〔ガダルカナル島の戦〕
ヒューズ 142*b*〔九ヵ国条約〕
・平泉澄 **569***c* 153*a*〔教学刷新評議会〕 187*a*〔建国大学〕 198*b*〔皇国史観〕 212*a*〔国史概説〕 684*b*〔吉田三郎〕
・平出英夫 **570***a*
・平生釟三郎 **570***b* 153*a*〔教学刷新評議会〕 434*b*〔帝展改組〕 513*b*〔日本経済連盟会〕
・平賀譲 **570***c* 111*b*〔加古〕 570*b*〔平賀粛学〕 652*a*〔妙高〕
・平田晋策 **571***a*
平塚常次郎 503*a*〔日魯漁業会社〕
平塚らいてう 40*b*〔市川房枝〕 669*a*〔山川菊栄〕
・平沼騏一郎 **571***a* 14*b*〔愛宕山事件〕 16*c*〔阿南惟幾〕 132*b*〔企画院事件〕 196*a*〔五・一五事件〕 233*c*〔近衛上奏文〕 312*b*〔新体制運動〕 449*a*〔東京裁判〕 463*a*〔同和奉公会〕 552*a*〔林銑十郎内閣〕 557*b*〔反東条運動〕 571*b*〔平沼騏一郎内閣〕 621*b*〔真崎甚三郎〕
平野謙 479*a*〔中河与一〕
・平野義太郎 **571***c* 158*b*〔清野謙次〕 445*b*〔東亜協同体論〕
・平野力三 **572***a* 377*c*〔大日本皇道会〕 520*a*〔日本農民組合〕 520*b*〔日本農民組合総同盟〕
平野零児 249*c*〔榊山潤〕
平光吾一 144*b*〔九州大学医学部事件〕
・広沢虎造 **573***b*
・広瀬豊作 **573***c*
・広瀬久忠 **573***c* 495*c*〔西尾寿造〕
・広田弘毅 **574***b* 22*a*〔天羽英二〕 22*b*〔天羽声明〕 69*a*〔王寵恵〕 79*b*〔岡田啓介内閣〕 245*b*〔斎藤実内閣〕 328*c*〔スミス〕 364*c*〔大亜細亜協会〕 369*c*〔対ソ和平工作〕 449*a*〔東京裁判〕 454*a*〔東郷茂徳〕 475*a*〔トラウトマン和平工作〕 574*a*〔広田外交〕 574*c*〔広田弘毅内閣〕 622*a*〔正木ひろし〕 631*a*〔マリク〕 663*b*〔守島悟郎〕 706*a*〔レーリンク〕
裕仁 ⇨昭和天皇(303*c*)

ふ

・ファーネス George A. Furness **575***b*
フィリップス，トム 632*b*〔マレー沖海戦〕
・フーヴァー Herbert Clark Hoover **577***a* 326*a*〔スティムソン〕
・馮玉祥 **577***b* 216*c*〔国民革命軍〕
ブーケリチ，ブランコ 362*b*〔ゾルゲ〕
・フェラーズ Bonner Frank Fellers **579***a* 337*b*〔関屋貞三郎〕 438*a*〔寺崎英成〕
フェルミー，エンリコ 5*c*〔アインシュタイン〕
フォレスタル 161*a*〔キング〕 532*c*〔ノックス〕
・深井英五 **579***b*
深尾須磨子 428*a*〔辻詩集〕
・深川正一郎 **579***b*
・深田久弥 **579***c*
・溥儀 **580***b* 20*a*〔甘粕正彦〕 471*b*〔土肥原賢二〕 586*a*〔撫順戦犯管理所〕 635*a*〔満洲国〕 636*c*〔満洲事変〕
福尾猛市郎 212*a*〔国史概説〕
福沢一郎 291*a*〔シュールリアリズム事件〕
・福田清人 **581***b* 388*a*〔大陸開拓文芸懇話会〕
・福留繁 **582***a* 91*c*〔海軍乙事件〕 278*b*〔嶋田繁太郎〕 390*a*〔台湾沖航空戦〕
・溥傑 **582***c*
・傅作義 **583***a*
藤井真信 79*b*〔岡田啓介内閣〕
・藤井茂 **583***b*
・藤井斉 **583***b* 195*c*〔五・一五事件〕 300*a*〔昭和維新〕 686*b*〔四元義隆〕
藤岡蔵六 212*a*〔国史概説〕
・藤生安太郎 **583***c*
藤沢威雄 354*a*〔全日本科学技術団体連合会〕
・藤沢親雄 **584***a* 220*c*〔国民精神文化研究所〕
藤島武二 584*b*〔藤田嗣治〕 696*a*〔陸軍美術協会〕
・藤田茂 **584***a* 586*a*〔撫順戦犯管理所〕
・藤田嗣治 **584***b* 333*b*〔聖戦美術展〕 696*b*〔陸軍美術協会〕
・藤田徳太郎 **584***c*
・藤田尚徳 **585***a*
・伏見宮博恭王 **585***a* 183*b*〔軍令部総長〕 278*c*〔嶋田繁太郎〕
藤村又彦 373*b*〔大東塾〕
藤本四八 472*c*〔土門拳〕 509*a*〔ニッポン〕 509*b*〔日本工房〕
・藤山愛一郎 **585***b*
・藤山一郎 **585***c* 43*a*〔伊藤久男〕
藤原岩市 49*b*〔インド国民軍〕 50*a*〔インド独立連盟〕 64*a*〔F機関〕 308*c*〔シン〕
藤原釜足 251*c*〔桜隊〕
・藤原銀次郎 **586***c* 14*c*〔足立正〕 154*a*〔行政査察使〕 477*a*〔内閣顧問〕
二木秀雄 487*a*〔七三一部隊〕
・双葉山定次 **588***a*
・淵田美津雄 **588***b*
・船田中 **590***a* 225*c*〔護国同志会〕 670*a*〔山崎達之輔〕
船津辰一郎 202*c*〔高宗武〕

ブライス　441b〔天皇の人間宣言〕
プランゲ，ゴードン・W　265a〔GHQ歴史課〕
・プリーディー＝パノムヨン Pridi Phanomyong　**590c**　435a〔ディレーク＝チャイヤナーム〕
・古市龍雄　**591c**
ブルガーニン　505a〔日ソ共同宣言〕
古川ロッパ　464c〔徳川夢声〕
フルシチョフ　505c〔日ソ共同宣言〕
古瀬伝蔵　529b〔農山漁村文化協会〕
・古田俊之助　**591c**
古海忠之　586a〔撫順戦犯管理所〕
・ブレイクニー Ben Bruce Blakeney　**592a**　575b〔ファーネス〕
ブレイミー，トーマス　206b〔降伏文書調印式〕
・プレーク＝ピブーンソンクラーム Plaek Phibunsongkhram　**592a**　591a〔プリーディー＝パノムヨン〕
フレーザー，ブルース　206b〔降伏文書調印式〕
フレッチャー，ジョン　258b〔珊瑚海海戦〕
フンク，ヴァルター　525c〔ニュルンベルク裁判〕
聞蘭亭　341b〔全国商業統制総会〕

へ

ヘス，ルドルフ　525c〔ニュルンベルク裁判〕
・ペタン Henri Philippe Benoni Omer Joseph Pétain　**600a**　52a〔ヴィシー政府〕　463b〔ドクー〕
ベルダ＝マーヨ　543a〔長谷川テル〕　→長谷川テル
・ベルナール Henri Bernard　**600c**　449a〔東京裁判〕
ヘルフリッヒ，コンラート　206b〔降伏文書調印式〕

ほ

ホイットニー，コートニー　264c〔GHQ〕　547b〔服部卓四郎〕
ポウ，フェルナンド　17a〔あの旗を撃て〕
包悦卿　660b〔蒙疆銀行〕
・茅盾　**603c**
・彭徳懐　**604b**　307b〔徐州作戦〕　545c〔八路軍〕
ボーア，ジョセフ　498b〔日印会商〕
ボーア，N　497b〔仁科芳雄〕
・ボース Rash Behari Bose　**605a**　11b〔アジア主義〕　49b〔インド国民軍〕　50a〔インド独立連盟〕　309a〔シン〕　364c〔大亜細亜協会〕　462a〔頭山満〕　644b〔満川亀太郎〕
・ボース Subhas Chandra Bose　**605c**　49c〔インド国民軍〕　51a〔インパール作戦〕　128a〔ガンディー〕　281c〔自由インド仮政府〕　370b〔大東亜会議〕　462b〔頭山満〕　605b〔R・B・ボース〕
・ホー＝チ＝ミン Ho Chi Minh　**606a**　49c〔インドシナ共産党〕　53c〔ヴェトミン〕　54c〔ヴォー＝グエン＝ザップ〕　540c〔バオ＝ダイ〕
ポーレー，エドウィン・W　538b〔賠償問題〕
・ホーンベック Stanley Kuhl Hornbeck　**607b**　169a〔グルー〕　501c〔日米交渉〕　554c〔ハル〕
・星島二郎　**608c**　261c〔サンフランシスコ平和条約〕　453c〔同交会〕
・保科善四郎　**609a**
星野輝興　198b〔皇国史観〕
・星野直樹　**609b**　87c〔小畑忠良〕　132a〔企画院〕　350b〔宣戦の詔書〕　455a〔東条英機〕
細萱戊子郎　493a〔南洋庁〕
・細川嘉六　**609c**　682c〔横浜事件〕
・細川護貞　**610a**　395a〔高松宮宣仁親王〕
ボック，デリック　610c〔ボックスカー〕
堀田吉明　72b〔大熊武雄〕
穂積重遠　2c〔愛国行進曲〕
ホプキンス，ハリー　554c〔ハル〕
堀井富太郎　164c〔グアム攻略戦〕
・堀内敬三　**612c**　2c〔愛国行進曲〕　435c〔敵性音楽〕
堀内謙介　24b〔有田八郎〕
・堀内干城　**613a**
堀江邑一　302a〔昭和研究会〕
堀啓次郎　74a〔大阪商船会社〕
堀越二郎　148a〔九六式艦上戦闘機〕　704b〔零式艦上戦闘機〕
堀三也　303b〔昭和通商会社〕
堀辰雄　483a〔中野重治〕
・堀悌吉　**613a**　95b〔海軍省軍務局〕　299c〔条約派〕　673c〔山本五十六〕
・堀場一雄　**613b**
・本位田祥男　**614b**　76b〔大塚久雄〕
・洪思翊　**614c**
・本庄繁　**615a**　174a〔軍事保護院〕　362a〔十河信二〕
・本多熊太郎　**615b**　269a〔重光葵〕
本多静雄　135b〔技術院〕　354a〔全日本科学技術団体連合会〕　627c〔松前重義〕
本多秋五　654c〔無条件降伏論争〕
・本間憲一郎　**617c**　621a〔まことむすび社〕
・本間雅晴　**617c**　394a〔高砂義勇隊〕　543c〔バタアン攻略戦〕　544b〔バタアン「死の行進」〕　565a〔ピゴット〕　575b〔ファーネス〕
・本領信治郎　**618a**

ま

・マーカット William Frederick Marquat　**618c**　264c〔GHQ〕
・マーシャル George Catlett Marshall　**618c**　1a〔アーノルド〕　5a〔アイゼンハワー〕　326c〔スティルウェル〕　476a〔トルーマン〕
・マウントバッテン Louis Mountbatten　**619a**　326c〔スティルウェル〕
前川国男　405b〔丹下健三〕
・前川佐美雄　**619b**
前田武四郎　330a〔住友通信工業会社〕
・前田精　**619b**　327b〔スバルジョ〕
前田多門　302a〔昭和研究会〕
前田虎雄　20a〔天野辰夫〕　373b〔大東塾〕　617c〔本間憲一郎〕
・前田一　**619c**
前田夕暮　376c〔大日本歌人協会〕
・前田米蔵　**619c**　279a〔島田俊雄〕　548a〔鳩山一郎〕　699a〔立憲政友会〕
・牧口常三郎　**620a**　357b〔創価教育学会〕　470b〔戸田城聖〕
・牧田環　**620b**
牧野武夫　30c〔生きてゐる兵隊〕
・牧野伸顕　**620c**　138a〔木戸幸一〕　145b〔宮中グループ〕　212b〔国体明徴問題〕　287a〔重臣〕　477c〔内大臣〕　684c〔吉田茂㈠〕
牧野吉晴　472b〔富沢有為男〕
・牧野良三　**621a**
マクドナルド　712b〔ロンドン海軍軍縮条約〕
・真崎甚三郎　**621b**　4b〔相沢三郎〕　4c〔相沢事件〕　42a〔一夕会〕　79c〔岡田啓介内閣〕　151a〔教育総監〕　179b〔軍閥〕　204a〔皇道派〕　215b〔国防の本義と其強化の提唱〕　233c〔近衛上奏文〕　320c〔杉山茂丸〕　481a〔永田鉄山〕
正木千冬　132b〔企画院〕　132c〔企画院事件〕
・正木ひろし　**621c**
真下信一　336c〔世界文化〕　478b〔中井正一〕
マシビア，シドニー　579a〔フェラーズ〕
益田孝　586c〔藤原銀次郎〕
増田美保　241c〔細菌戦〕　487a〔七三一部隊〕
・町尻量基　**622b**
・町田辰次郎　**622b**　155b〔協調会〕
・町田忠治　**622c**　699b〔立憲民政党〕
町田嘉章　402b〔田辺尚雄〕
・町村金五　**622c**
・松井石根　**623a**　11b〔アジア主義〕　283c〔従軍画家〕　364c〔大亜細亜協会〕　377b〔大日本興亜同盟〕　488a〔南京作戦〕　489a〔南京事件〕　696a〔陸軍美術協会〕
・松井太久郎　**623b**

マツイ，ハル　33*c*〔石垣綾子〕
松江春次　492*c*〔南洋興発会社〕
・松岡駒吉　**623*c***　301*c*〔昭和研究会〕　523*b*〔日本労働組合総同盟〕
・松岡洋右　**624*a***　81*c*〔荻窪会談〕　210*b*〔国際連盟脱退〕　235*a*〔近衛文麿〕　235*c*〔近衛文麿内閣〕　291*b*〔シュターマー〕　297*c*〔情勢の推移に伴ふ帝国国策要綱〕　308*b*〔白鳥敏夫〕　320*c*〔杉山茂丸〕　362*a*〔十河信二〕　370*c*〔大東亜共栄圏〕　401*b*〔田中メモランダム〕　448*c*〔東京裁判〕　455*a*〔東条英機〕　499*c*〔日独伊三国同盟〕　501*b*〔日米交渉〕　505*c*〔日ソ中立条約〕　506*b*〔日タイ同盟条約〕　533*c*〔野村吉三郎〕　554*b*〔原嘉道〕　588*c*〔仏印・タイ国境紛争調停〕　607*c*〔北進論〕　623*c*〔松岡・アンリ協定〕　674*b*〔山本熊一〕
松尾伝蔵　168*b*〔栗原安秀〕
・マッカーサー Douglas MacArthur　**625*a***　2*b*〔アイケルバーガー〕　15*c*〔厚木進駐〕　20*b*〔アメリカ教育使節団〕　20*c*〔アメリカ極東陸軍〕　20*c*〔アメリカ極東陸軍〕　21*a*〔アメリカの軍制〕　88*b*〔オリンピック作戦〕　89*b*〔カートホイール作戦〕　131*c*〔キーナン〕　157*c*〔極東委員会〕　161*a*〔キング〕　206*b*〔降伏文書調印式〕　208*c*〔国際検察局〕　228*c*〔五大改革指令〕　235*b*〔近衛文麿〕　261*a*〔サンフランシスコ平和条約〕　264*a*〔CIE〕　264*b*〔GHQ〕　265*a*〔GHQ 歴史課〕　296*b*〔捷号作戦〕　304*c*〔昭和天皇〕　375*c*〔対日理事会〕　383*c*〔太平洋艦隊〕　449*a*〔東京裁判〕　450*a*〔東京裁判開廷〕　489*c*〔南西太平洋方面(軍)〕　494*a*〔二・一ゼネスト〕　543*c*〔バタアン攻略戦〕　579*a*〔フェラーズ〕　611*b*〔ポツダム宣言受諾〕　618*c*〔マーカット〕　678*b*〔ユサッフェ＝ゲリラ〕　709*c*〔労働組合法〕
・松阪広政　**625*c***
松下元　97*b*〔海軍兵学校〕
松下正寿　523*a*〔日本法理研究会〕
松平節子　408*c*〔秩父宮雍仁親王〕
・松平恒雄　**626*b***
・松平康昌　**626*c***　113*c*〔加瀬俊一〕　138*c*〔木戸幸一〕　627*b*〔松谷誠〕
松平慶民　438*a*〔寺崎英成〕　626*c*〔松平康昌〕
松田源治　153*a*〔教学刷新評議会〕　434*b*〔帝展改組〕
・松田甚次郎　**627*a***　715*c*〔和田勝一〕
・松谷誠　**627*a***　369*c*〔対ソ和平工作〕　113*c*〔加瀬俊一〕
松田福松　192*a*〔原理日本社〕
松永貞市　632*b*〔マレー沖海戦〕
松永東　379*b*〔大日本政治会〕
・松永安左エ門　**627*b***
松原操　159*a*〔霧島昇〕
・松前重義　**627*c***　354*a*〔全日本科学技術団体連合会〕
松村英一　376*c*〔大日本歌人協会〕
松村謙三　379*a*〔大日本政治会〕
松村光三　379*a*〔大日本政治会〕
・松村秀逸　**627*c***
・松本健次郎　**628*a***
・松本治一郎　**628*b***　341*c*〔全国水平社〕
・松本重治　**628*b***　70*b*〔汪兆銘工作〕
・松本俊一　**628*c***　631*b*〔マリク〕
・松本竣介　**629*a***　5*c*〔靉光〕
・松本烝治　**629*a***
松本新八郎　37*b*〔石母田正〕
・松本学　**629*b***　133*c*〔紀元二千六百年記念式典〕　187*b*〔建国体操〕　522*b*〔日本文化中央連盟〕　546*a*〔八紘一宇〕　666*a*〔安岡正篤〕
・馬淵逸雄　**630*a***　567*b*〔火野葦平〕　653*c*〔麦と兵隊〕
・間宮茂輔　**630*b***
・マリク Iakov Aleksandrovich Malik　**631*a***　369*c*〔対ソ和平工作〕　454*b*〔東郷茂徳〕
丸岡重堯　631*b*〔丸岡秀子〕
・丸岡秀子　**631*b***
丸木位里　5*c*〔靉光〕　190*b*〔原爆の図〕
丸木俊　190*b*〔原爆の図〕
丸山国雄　167*a*〔くにのあゆみ〕
丸山定夫　251*c*〔桜隊〕
丸山鶴吉　377*b*〔大日本皇道会〕
丸山方作　127*a*〔甘藷〕
・丸山眞男　**631*b***　261*c*〔サンフランシスコ平和条約〕　441*b*〔天皇制〕
・丸山義二　**631*c***　531*b*〔農民文学懇話会〕
マンシュタイン，エーリッヒ＝フォン　237*b*〔コミンズ＝カー〕
万城目正　5*a*〔愛染かつら〕
・マンスール Mas Mansur　**638*a***　578*c*〔プートラ〕　622*a*〔マシュミ〕
・マンスフィールド Alan James Mansfield　**638*b***
・万代順四郎　**638*c***

み

三浦銕太郎　302*a*〔昭和研究会〕
・三笠宮崇仁親王　**640*b***
三門博　573*c*〔広沢虎造〕
三上参次　153*a*〔教学刷新評議会〕
三上卓　45*b*〔井上日召〕　195*c*〔五・一五事件〕　300*a*〔昭和維新〕　583*c*〔藤井斉〕
・三川軍一　**640*c***　114*b*〔ガダルカナル島の戦〕
・三木清　**641*a***　155*c*〔京都学派〕　162*a*〔近代の超克〕　192*b*〔原理日本社〕　242*c*〔三枝博音〕　302*a*〔昭和研究会〕　336*a*〔世界史の哲学〕　444*c*〔東亜協同体論〕　496*b*〔西田幾多郎〕　530*a*〔農村協同体建設同盟〕　550*a*〔羽仁五郎〕
三木武夫　379*b*〔大日本政治会〕
三木忠直　68*a*〔桜花〕　160*a*〔銀河〕
御木徳近　566*b*〔ひとのみち教団〕
御木徳一　566*b*〔ひとのみち教団〕
三木武吉　548*a*〔鳩山一郎〕
三島由紀夫　552*c*〔林富士馬〕
・水野広徳　**642*a***
水原秋桜子　87*b*〔小野蕪子〕
ミスワカナ　717*b*〔わらわし隊〕
三谷英子　378*a*〔大日本国防婦人会〕
迪宮　303*c*〔昭和天皇〕　→昭和天皇
・三井甲之　**643*a***　192*a*〔原理日本社〕　648*c*〔蓑田胸喜〕
・三井高公　**643*c***　643*c*〔三井財閥〕
三井元之助　620*b*〔牧田環〕
・満川亀太郎　**644*b***　364*c*〔大亜細亜協会〕　605*b*〔R・B・ボース〕
・満田巌　**644*b***
・光田健輔　**644*c***
光永真三　519*b*〔日本宣伝技術家協会〕
光山文博　397*b*〔卓庚鉉〕　→卓庚鉉
緑川英子　543*a*〔長谷川テル〕　→長谷川テル
湊正男　487*a*〔七三一部隊〕
・南岩男　**646*c***
南巌　122*a*〔神山茂夫〕
・南次郎　**647*b***　118*c*〔金光庸夫〕　379*a*〔大日本政治会〕　422*a*〔朝鮮総督府〕　481*a*〔永田鉄山〕
南弘　392*a*〔台湾総督府〕
峯村光郎　523*a*〔日本法理研究会〕
・蓑田胸喜　**648*c***　192*a*〔原理日本社〕　400*a*〔田中耕太郎〕　429*b*〔津田左右吉事件〕　643*a*〔三井甲之〕
・美濃部達吉　**649*a***　29*b*〔家永三郎〕　63*a*〔江藤源九郎〕　79*b*〔岡田啓介内閣〕　133*a*〔菊池武夫〕　212*b*〔国体明徴問題〕
・美濃部洋次　**649*a***　106*c*〔革新官僚〕
美濃部亮吉　649*a*〔美濃部達吉〕
三室戸敬光　192*b*〔原理日本社〕
宮城道雄　402*b*〔田辺尚雄〕
宮城与徳　362*b*〔ゾルゲ〕
・三宅正一　**649*b***　225*c*〔護国同志会〕
三宅正太郎　85*a*〔尾崎行雄不敬事件〕
・宮崎繁三郎　**649*c***
・宮崎周一　**650*a***
・宮崎正義　**650*a***
・宮崎竜介　**650*b***
・宮沢俊義　**650*c***
宮嶋資夫　493*c*〔新居格〕
・宮田東峰　**650*c***
宮原誠一　149*a*〔教育科学研究会〕
・宮本顕治　**650*c***
・宮本三郎　**651*a***　333*b*〔聖戦美術展〕
・宮本武之輔　**651*b***　627*c*〔松前重義〕
宮本百合子　149*a*〔教育科学研究会〕
繆斌　563*b*〔東久邇稔彦〕　652*b*〔繆斌工作〕
・三輪寿壮　**652*b***　302*b*〔昭和研究会〕

む

・向井潤吉　**653*b***　283*c*〔従軍画家〕
・向井忠晴　**653*b***　63*a*〔江戸英雄〕
向山均　379*b*〔大日本政治会〕
武者小路実篤　522*a*〔日本文学報国会〕
・牟田口廉也　**655*b***　42*a*〔一夕会〕　51*a*〔インパール作戦〕　125*c*〔河辺正

三〕 253c〔佐藤幸徳〕 547b〔服部卓四郎〕 712a〔盧溝橋事件〕
・ムッソリーニ Benito Mussolini 656a 40a〔イタリア降伏〕 407a〔チァーノ〕 548b〔バドリオ〕 567a〔ヒトラー〕 651c〔ミュンヘン会談〕
・武藤章 656b 37c〔石原莞爾〕 42a〔一夕会〕 139c〔基本国策要綱〕 179b〔軍閥〕 180b〔軍部〕 263b〔参謀本部〕 459c〔統制派〕 488a〔南京作戦〕 501b〔日米交渉〕 693c〔陸軍省軍務局〕
武藤山治 202b〔郷誠之助〕
・武藤貞一 656c
武藤能婦子 378a〔大日本国防婦人会〕
・宗像誠也 657a 149a〔教育科学研究会〕
・棟田博 657a 597b〔兵隊作家〕
村井俊雄 379a〔大日本射撃協会〕
村岡儆三 657c〔村岡花子〕
村岡長太郎 418c〔張作霖爆殺事件〕
・村岡典嗣 657b
・村岡花子 657c
村川堅固 364c〔大亜細亜協会〕
村田五郎 710c〔蠟山政道〕
・村田省蔵 657c 11c〔アジア主義〕 74a〔大阪商船会社〕 89b〔海運自治連盟〕 302c〔昭和研究会〕
・村中孝次 658a 4b〔相沢三郎〕 39a〔磯部浅一〕 196a〔五・一五事件〕 215b〔国防の本義と其強化の提唱〕 497a〔西田税〕 510b〔二・二六事件〕 533a〔野中四郎〕
村山知義 716a〔和田勝一〕
・室伏高信 658b 521b〔日本評論家協会〕

も

・毛沢東 660c 198a〔紅軍〕 268a〔持久戦論〕 282b〔周恩来〕 291c〔朱徳〕 334c〔整風運動〕 413b〔中国共産党〕 507a〔日中国交正常化〕 545b〔八路軍〕 700b〔劉少奇〕
・毛里英於菟 661c 106c〔革新官僚〕 649b〔美濃部洋次〕
モーガン 438a〔寺崎英成〕
・モーゲンソー Henry Morgenthau, Jr. 661c 554c〔ハル〕
モーナ＝ルーダオ 654c〔霧社事件〕
森岡皐 119b〔華北交易統制総会〕
森川幸雄 2c〔愛国行進曲〕
森広蔵 667a〔安田財閥〕
・守島伍郎 663b
森末義彰 166c〔くにのあゆみ〕
森赳 145a〔宮城録音盤事件〕 545a〔畑中健二〕
森恪 44b〔犬養毅内閣〕 79a〔岡田啓介〕 362a〔十河信二〕 684c〔吉田茂㈠〕
・森戸辰男 663b
・森矗昶 664a 303b〔昭和電工会社〕 310b〔新興財閥〕 663a〔森コンツェルン〕
・森本忠 664a
森本忠八 664a〔森本忠〕
諸井貫一 302a〔昭和研究会〕
・モロトフ Viacheslav Mikhailovich Molotov (Skriabin) 664b 362c〔ソ連の対日参戦〕 505c〔日ソ中立条約〕 700a〔リッベントロップ〕
諸戸文夫 10b〔浅原正基〕 →浅原正基

や

八木沢行正 487a〔七三一部隊〕
八木高次 438c〔暉峻義等〕 709c〔労働科学研究所〕
八木秀次 135b〔技術院〕
矢崎為一 243a〔サイクロトロン〕
・安井英二 665c 42b〔伊東延吉〕 138b〔木戸幸一〕 150a〔教育審議会〕
安井誠一郎 39b〔磯村英一〕
・安岡正篤 665c 309c〔新官僚〕 629b〔松本学〕
・安川第五郎 666a
・安川雄之助 666b
安田せい 378a〔大日本国防婦人会〕
安田鉄之助 621a〔まことむすび社〕
・安田一 667b 667a〔安田財閥〕
安田靫彦 521a〔日本美術報国会〕
保田与重郎 10a〔浅野晃〕 42c〔伊藤佐喜雄〕 168a〔蔵原伸二郎〕 315a〔神保光太郎〕 523c〔日本浪曼派〕 541a〔芳賀檀〕
雍仁親王 303c〔昭和天皇〕 →秩父宮雍仁親王
・矢次一夫 667b 73a〔大蔵公望〕 211b〔国策研究会〕
箭内健次 167a〔くにのあゆみ〕
・矢内原忠雄 667c 149a〔教育科学研究会〕
・柳川平助 668a 204a〔皇道派〕
・柳田国男 668b 199b〔皇国史観〕
柳田元三 51b〔インパール作戦〕
柳原白蓮 650b〔宮崎竜介〕
柳宗悦 509a〔ニッポン〕
柳家金語楼 717b〔わらわし隊〕
矢野仁一 364c〔大亜細亜協会〕
・八原博通 668b
・矢部貞治 668c 302a〔昭和研究会〕 312a〔新体制運動〕 438b〔寺田弥吉〕
山内禎子 381c〔大日本婦人会〕
山内正文 51b〔インパール作戦〕
山岡重厚 42a〔一夕会〕 204a〔皇道派〕
・山川菊栄 669a 149a〔教育科学研究会〕
・山川均 669a 71b〔大内兵衛〕 250c〔向坂逸郎〕 315c〔人民戦線事件〕 669a〔山川菊栄〕
山岸外史 523c〔日本浪曼派〕 552c〔林富士馬〕
山口一太郎 615b〔本庄繁〕
・山口喜三郎 669b
・山口多聞 669c 188a〔源田実〕 278b〔嶋田繁太郎〕 568b〔百一号作戦〕
山口蓬春 521a〔日本美術報国会〕
・山口淑子 669c 634b〔満洲映画協会〕 →李香蘭
山崎巌 563b〔東久邇宮稔彦内閣〕
山崎覚太郎 521a〔日本美術報国会〕
・山崎達之輔 670a 552a〔林銑十郎内閣〕
・山崎靖純 670a
・山崎保代 670b 16c〔アッツ島の戦〕
・山下亀三郎 670c
・山下奉文 670c 42a〔一夕会〕 106b〔華僑虐殺〕 126a〔河村参郎〕 165a〔空軍独立問題〕 204a〔皇道派〕 309a〔シンガポール攻略戦〕 390a〔台湾沖航空戦〕 510c〔二・二六事件〕 577a〔フィリピン戦〕 632c〔マレー作戦〕 706a〔レイテ島の戦〕
・山田乙三 671a
・山高しげり 671b
山田勝次郎 149a〔教育科学研究会〕
・山田耕筰 671c 2c〔愛国行進曲〕 89a〔音楽挺身隊〕 234b〔近衛秀麿〕 435c〔敵性音楽〕 511c〔日本音楽文化協会〕
山田茂二 660b〔蒙疆銀行〕
・山田孝雄 671c 153a〔教学刷新評議会〕 198b〔皇国史観〕
山田わか 671b〔山高しげり〕
・山名文夫 672c 509a〔ニッポン〕 509c〔日本工房〕 519b〔日本宣伝技術家協会〕
・山梨勝之進 673a 118a〔加藤寛治〕 180b〔軍部〕 299c〔条約派〕
山梨半造 140a〔機密費〕
山名文夫 46a〔今泉武治〕
山根銀二 671c〔山田耕筰〕
山端啓之助 673b〔山端祥玉〕
・山端祥玉 673b
山端庸介 673b〔山端祥玉〕
・山本五十六 673b 34b〔石川信吾〕 42a〔一式陸上攻撃機〕 56a〔宇垣纏〕 91b〔海軍乙事件〕 208b〔古賀峯一〕 278a〔嶋田繁太郎〕 311b〔真珠湾攻撃〕 386a〔大本営発表〕 472a〔富岡定俊〕 645b〔ミッドウェー海戦〕 654a〔武蔵〕 707c〔連合艦隊〕
山本嘉次郎 117b〔加藤隼戦闘隊〕 556b〔ハワイ・マレー沖海戦〕
山本勝市 220c〔国民精神文化研究所〕
・山本熊一 674b
山本懸蔵 532b〔野坂参三〕
山本薩夫 527c〔熱風〕
・山本条太郎 674b 232b〔伍堂卓雄〕
山本達雄 245b〔斎藤実内閣〕
山本有三 685c〔吉野源三郎〕
山本芳樹 642b〔みたみわれ〕
・山脇正隆 674c
・ヤミン Mohammad Yamin 675b
・鑓田研一 675b 531b〔農民文学懇話会〕
八幡博堂 57a〔内田良平〕 373b〔大東塾〕

ゆ

よ

ら

り

る

れ

ろ

444*c*〔東亜協同体論〕
呂運亨　⇨ヨウニョン(679*c*)
ローガン，ウィリアム　328*c*〔スミス〕
・ローズヴェルト Franklin Delano Roosevelt　**711*a***　5*c*〔アインシュタイン〕 20*c*〔アメリカ極東陸軍〕 103*a*〔カイロ宣言〕 112*a*〔カサブランカ会談〕 131*b*〔キーナン〕 169*a*〔グルー〕 188*c*〔原爆投下〕 236*a*〔近衛文麿内閣〕 326*b*〔スティムソン〕 356*a*〔戦略爆撃調査団〕 362*b*〔ソ連の対日参戦〕 368*b*〔大西洋憲章〕 432*c*〔帝国国策遂行要領〕 437*a*〔テヘラン会談〕 475*c*〔トルーマン〕 501*b*〔日米交渉〕 532*c*〔ノックス〕 537*b*〔バーンズ〕 554*b*〔ハル〕 639*a*〔マンハッタン計画〕 675*c*〔ヤルタ会談〕 708*a*〔連合国共同宣言〕
ローゼンストック，J　514*a*〔日本交響楽団〕
ローレンス Ernest Orlando Lawrence　243*a*〔サイクロトロン〕
魯迅　287*a*〔周作人〕 310*a*〔沈鈞儒〕
ロス，リース　597*a*〔幣制改革〕
・ロハス Manuel A. Roxas　**712*a***　86*a*〔オスメニア〕 158*c*〔キリーノ〕 554*a*〔ハラニーリャ〕 576*b*〔フィリピン＝コモンウェルス〕

わ

・若槻礼次郎　**713*b***　48*a*〔岩田愛之助〕 282*c*〔十月事件〕 699*a*〔立憲民政党〕 712*b*〔ロンドン海軍軍縮条約〕 713*c*〔若槻礼次郎内閣〕
・若林東一　**714*a***
若松只一　144*c*〔宮城録音盤事件〕
若松有次郎　129*a*〔関東軍軍馬防疫廠〕
ワシレフスキー　671*b*〔山田乙三〕
・和田勝一　**715*c***
和田耕作　302*a*〔昭和研究会〕
・和田伝　**716*a***　56*c*〔打木村治〕 77*a*〔大日向村〕 531*b*〔農民文学懇話会〕
渡辺錠太郎　79*c*〔岡田啓介内閣〕
・渡辺武　**716*b***
・渡辺鉄蔵　**716*b***
・渡辺はま子　**716*c***　274*c*〔支那の夜〕
渡部義通　37*b*〔石母田正〕
・和田博雄　**716*c***　107*a*〔革新官僚〕 132*b*〔企画院〕 132*b*〔企画院事件〕
渡久雄　42*a*〔一夕会〕
・和知鷹二　**717*a***
・和辻哲郎　**717*b***　86*c*〔小沼洋夫〕 153*a*〔教学刷新評議会〕 212*b*〔国体の本義〕 252*c*〔佐々木惣一〕 402*c*〔谷川徹三〕
ワビッド＝ハシム　622*a*〔マシュミ〕
・ワンワイタヤーコン Prince Wanwaithayakon Worawan　**717*c***　370*b*〔大東亜会議〕

事　項

あ

「ああ紅の血は燃ゆる」　218a〔国民歌謡〕
アーシャ＝ルーゲー　355c〔全ビルマ青年連盟〕
「ああモンテンルパの夜は更けて」　716c〔渡辺はま子〕
アーリア人　486a〔ナチス〕
・アーリントン国立墓地　1b
・愛育会　1c
愛育村　1c〔愛育会〕
ISE　330b〔住友通信工業会社〕
愛郷会　399a〔橘孝三郎〕
愛郷塾　399a〔橘孝三郎〕
愛国いろはかるた　517b〔日本少国民文化協会〕
愛国勤労党　20a〔天野辰夫〕　427c〔津久井龍雄〕
愛国号　3a〔愛国号・報国号〕　214c〔国防献金〕
愛国公債　220a〔国民精神総動員運動〕
・「愛国行進曲」　2b　77b〔大村能章〕　546b〔八紘一宇〕
・愛国号・報国号　3a　→愛国号　→報国号
愛国子守歌発表会　517b〔日本少国民文化協会〕
『愛国詩集』　428a〔辻詩集〕
愛国社　48a〔岩田愛之助〕
愛国社生田村塾　48a〔岩田愛之助〕
愛国石油　519b〔日本石油会社〕
「愛国の花」　227b〔古関裕而〕　716c〔渡辺はま子〕
愛国班　206c〔皇民化政策〕　222b〔国民総力朝鮮連盟〕
・愛国百人一首　3c　522b〔日本文学報国会〕
『愛国婦人』　4a〔愛国婦人会〕
・愛国婦人会　4a　378a〔大日本国防婦人会〕　381c〔大日本婦人会〕
「愛国浪曲」　573b〔広沢虎造〕
愛国労働農民同志会　236b〔小林順一郎〕
・相沢事件　4c　4b〔相沢三郎〕　510b〔二・二六事件〕　533a〔野中四郎〕　621c〔真崎甚三郎〕　→永田鉄山暗殺事件
アイスバーグ作戦　611b〔ポツダム宣言受諾〕
・『愛染かつら』　4c
アイタペ　524c〔ニューギニア戦〕
・愛知航空機会社　5b
愛知時計電機株式会社　5b〔愛知航空機会社〕　645c〔三菱航空機会社〕
『アイヌ政策史』　393b〔高倉新一郎〕
『愛の新書』　18a〔阿部静枝〕
「愛馬進軍歌」　8a〔暁に祈る〕　218a〔国民歌謡〕
IPS　131c〔キーナン〕　208c〔国際検察局〕　264b〔GHQ〕　450b〔東京裁判開廷〕　→国際検察局
アインザッツグルッペン　466b〔独ソ戦〕
アヴァンギャルド芸術家クラブ　396b〔瀧口修造〕
・アウト＝レンジ戦法　6a　630c〔マリアナ沖海戦〕　672b〔大和〕
アウンサン＝アトリー協定　6b〔アウンサン〕
『赤い国の旅人』　567c〔火野葦平〕
・赤紙　7a　297c〔召集令状〕
・赤城　7b　104b〔加賀〕　137c〔機動部隊〕　645b〔ミッドウェー海戦〕
「赤城しぐれ」　159a〔霧島昇〕
「赤城の子守唄」　297a〔東海林太郎〕
『赤毛のアン』　657c〔村岡花子〕
あか剤　464a〔毒ガス戦〕
あか弾　464a〔毒ガス戦〕
・「暁に祈る」　8a　43a〔伊藤久男〕　218a〔国民歌謡〕　227b〔古関裕而〕
あか筒　464a〔毒ガス戦〕
・阿賀野　8b
赤旗共産党　396c〔タキン＝ソウ〕
・秋月　8c
秋津洲　318a〔水上機母艦〕
秋丸機関　9c〔秋丸次朗〕　23a〔有沢広巳〕
アキャブ作戦　550a〔花谷正〕
芥川賞　30c〔生きてゐる兵隊〕　34c〔石川達三〕
アクチブ　277a〔シベリア抑留〕
明野陸軍飛行学校　691b〔陸軍航空士官学校〕　696a〔陸軍飛行学校〕
あ号作戦　614a〔ボルネオ作戦〕
浅野財閥　246b〔財閥〕
浅原事件　10b〔浅原健三〕
『朝日』　160b〔キング〕
朝日新聞　314b〔新聞統合〕　509b〔日本映画社〕　717b〔わらわし隊〕
旭石油　433c〔帝国石油会社〕　519b〔日本石油会社〕
朝日隊　121a〔神風特別攻撃隊〕
旭ベンベルグ絹糸　310b〔新興財閥〕
浅間丸　10b〔浅間丸事件〕
・浅間丸事件　10b　687a〔米内光政内閣〕
アジア艦隊　21b〔アメリカの軍制〕
・アジア主義　11a　71c〔大川周明〕　398a〔竹内好〕　462a〔頭山満〕　623b〔松井石根〕
アジア太平洋戦争　286b〔十五年戦争〕
・アジア・太平洋戦争　12a　286a〔十五年戦争〕　375a〔第二次世界大戦〕　455b〔東条英機〕　508c〔日中戦争〕　637a〔満洲事変〕
『亜細亜の鹹湖』　25c〔安西冬衛〕
「アジアの力」　218a〔国民歌謡〕
「亜細亜の日」　65a〔江間章子〕
・アジア＝モンロー主義　13a　22b〔天羽声明〕　24b〔有田八郎〕　574a〔広田外交〕
「足利尊氏論」　133a〔菊池武夫〕
・あしか作戦　13b
『あすならう』　579c〔深田久弥〕
麻生鉱業会社　⇨筑豊炭鉱(408b)　13c〔麻生太賀吉〕
麻生産業　13c〔麻生太賀吉〕
麻生セメント　13c〔麻生太賀吉〕
・愛宕　14a
・愛宕山事件　14b
・『あたらしい憲法のはなし』　15a
新しいヒューマニズム　641a〔三木清〕
アチック＝ミューゼアム＝ソサエティ　276c〔渋沢敬三〕
厚木委員会　16a〔厚木進駐〕
厚木基地　625b〔マッカーサー〕
・厚木航空隊　15c　228c〔小園安名〕
厚木航空隊事件　15c〔厚木航空隊〕
・厚木進駐　15c
厚木地区連合軍受入設営委員会　23b〔有末機関〕
厚木飛行場　15c〔厚木航空隊〕
アッツ島　16b〔アッツ島の戦〕　157b〔玉砕〕　670b〔山崎保代〕
アッツ島玉砕　386a〔大本営発表〕
「アッツ島玉砕」　333b〔聖戦美術展〕　584c〔藤田嗣治〕　670c〔山崎保代〕
・アッツ島の戦　16b
アドミラルティー島　524c〔ニューギニア戦〕
『アナキズム芸術論』　493c〔新居格〕
兄　233a〔古年兵〕
・『あの旗を撃て』(映画)　16c
「あの旗を撃て」(楽曲)　43a〔伊藤久男〕
AFPAC　264a〔GHQ〕　265a〔GHQ歴史課〕　→GHQ
・阿部信行内閣　18b　344c〔戦時議会〕　686c〔米内光政内閣〕
阿片　19b〔阿片政策〕
・阿片政策　19b
『天日の子ら』　168a〔蔵原伸二郎〕
八紘之基柱　2a〔相川勝六〕　546b〔八紘一宇の塔〕
「雨のブルース」　25b〔淡谷のり子〕
アメリカ合衆国義勇軍　590b〔フライング＝タイガース〕
・アメリカ教育使節団　20b　264

a〔CIE〕
アメリカ極東軍　678b〔ユサッフェ＝ゲリラ〕
・アメリカ極東陸軍　20c　576c〔フィリピン戦〕
アメリカ対日協議会　447b〔ドゥーマン〕
アメリカ太平洋陸軍総司令部　264a〔GHQ〕　265a〔GHQ 歴史課〕
・アメリカの軍制　21a
・天羽声明　22b　13a〔アジア＝モンロー主義〕　22a〔天羽英二〕　574a〔広田外交〕
「あやめ」　671c〔山田耕筰〕
『あらがね』　630b〔間宮茂輔〕
『嵐のなかのささやき』　543a〔長谷川テル〕
『アラビアのロレンス』　484a〔中野好夫〕
・有末機関　23b　23c〔有末精三〕
・Arizona　23c
・有田・クレーギー会談　24a
アリューシャン作戦　16b〔アッツ島の戦〕
あり輸送　527b〔ねずみ輸送〕
あるぜんちな丸　74b〔大阪商船会社〕
『或日の干潟』　593c〔文化映画〕
『或る保姆の記録』　593c〔文化映画〕
アルミニウム　388a〔代用品〕
阿波丸　25a〔阿波丸事件〕
・阿波丸事件　25a
あを　464c〔毒ガス兵器〕
安徽省　580a〔武漢作戦〕
安慶作戦　464a〔毒ガス戦〕
・暗号戦　25b
『暗黒日記』　158a〔清沢洌〕
鞍山製鉄所　⇨昭和製鋼所(303a)
・安内攘外政策　27a　294c〔蔣介石〕

い

・帷幄上奏　27b　270b〔侍従武官府〕
帷幄上奏権　182b〔軍令〕　262c〔参謀総長〕　457a〔統帥権〕　694b〔陸軍大臣〕
慰安所　27b〔慰安婦〕　80b〔岡部直三郎〕　201a〔公娼制度〕　205b〔河野内閣官房長官談話〕
・慰安婦　27b　81a〔岡村寧次〕　140c〔金学順〕　205b〔河野内閣官房長官談話〕　→従軍慰安婦
慰安婦関係調査結果発表に関する河野内閣官房長官談話　205b〔河野内閣官房長官談話〕
ESS　264b〔GHQ〕
『EASTERN ASIA』　509c〔日本工房〕
『家の光』　341a〔千石興太郎〕
『家の本義』　316a〔臣民の道〕
硫黄島　12c〔アジア・太平洋戦争〕　29c〔硫黄島の戦〕　168b〔栗林忠道〕
・硫黄島の戦　29c
尉官　91b〔階級〕　267b〔士官・将校〕
「生きてゐる画家」　629a〔松本竣介〕
『生きてゐる土』　675c〔鑓田研一〕
・『生きてゐる兵隊』　30c　34c〔石川達三〕　521b〔日本文学報国会〕
・イギリス東洋艦隊　31a
・イギリスの軍制　31b
イギリスの戦　548c〔バトル＝オブ＝ブリテン〕　→バトル＝オブ＝ブリテン
・池貝鉄工所　31c
『憩いなき波』　33c〔石垣綾子〕
・伊号潜水艦　32b　712a〔呂号潜水艦〕
遺骨収集　409a〔千鳥ケ淵戦没者墓苑〕　564b〔引揚援護局〕
医師会及歯科医師会令　215c〔国民医療法〕
石川島自彊会　378b〔大日本産業報国会〕
石川島重工業　34a〔石川島造船所〕
・石川島造船所　34a
石沢・ハルト協定　502c〔日蘭会商〕
『石の下の記録』　75a〔大下宇陀児〕
石原産業海運株式会社　36c〔石原産業会社〕　37a〔石原広一郎〕
・石原産業会社　36c
維新寮　111a〔影山正治〕　373b〔大東塾〕
いすゞ　181c〔軍用自動車補助法〕
出雲丸　569c〔飛鷹〕
・伊勢　38b
・イタリア降伏　40a
イタリア社会共和国　656b〔ムッソリーニ〕
一億玉砕　322b〔鈴木貫太郎内閣〕　218b〔国民義勇隊〕
・一億総懺悔　40b　563b〔東久邇稔彦〕　563b〔東久邇宮稔彦内閣〕
市ヶ谷台　692c〔陸軍士官学校〕
一木支隊　40c〔一木清直〕
一号作戦　⇨大陸打通作戦(388b)　275a〔支那派遣軍〕
一年志願兵　130b〔幹部候補生〕
一六四四部隊　551b〔ハバロフスク裁判〕
『一機還らず』　249c〔榊山潤〕
厳島　158c〔機雷〕
・一県一行主義　41a　163a〔金融事業整備令〕　550c〔馬場鍈一〕
一県一紙　314b〔新聞統合〕　517c〔日本新聞会〕
一県勤皇運動　617c〔本間憲一郎〕
一戸一品献納運動　220a〔国民精神総動員運動〕
一式機動四七ミリ砲　361c〔速射砲〕
一式戦闘機　⇨隼・一式戦闘機(553a)　146b〔九七式戦闘機〕
・一式中戦車　41b
・一式陸上攻撃機　41c　6a〔アウト＝レンジ戦法〕　68a〔桜花〕　569b〔百二号作戦〕　646c〔三菱重工業会社〕　704c〔零式艦上戦闘機〕
・一夕会　42a　204a〔皇道派〕　459c〔統制派〕　481a〔永田鉄山〕
一銭五厘　7b〔赤紙〕
一等水兵　91a〔階級〕
一等兵　91b〔階級〕　112c〔下士官兵〕　307c〔初年兵〕
一等兵曹　91a〔階級〕　112c〔下士官兵〕
「一杯のコーヒーから」　547c〔服部良一〕
移動映写運動　511a〔日本移動映写連盟〕
移動演劇運動　511b〔日本移動演劇連盟〕
移動演劇桜隊　251c〔桜隊〕
『いとし児』　121c〔上村哲弥〕
・『伊那の勘太郎』　43b
・犬養毅内閣　44a　699a〔立憲政友会〕
『いのちの砦』　42c〔伊藤佐喜雄〕
移民　115b〔勝組・負組〕　413c〔中国残留孤児〕　633c〔満洲移民〕　540b〔排日移民法〕
藷類配給統制規則　126c〔甘藷〕
・慰問袋　46c
イラワジ会戦　606a〔S・C・ボース〕　49c〔インド国民軍〕
医療関係者徴用令　284a〔従軍看護婦〕
衣料切符　⇨配給制度(537c)
医療制度改善方策　215c〔国民医療法〕
衣料品点数切符制　538a〔配給制度〕
医療利用組合運動　219a〔国民健康保険〕
慰霊追悼　564b〔引揚援護局〕
岩畔機関　⇨F機関(64a)　47a〔岩畔豪雄〕　49b〔インド国民軍〕　309a〔シン〕　605b〔R・B・ボース〕
岩田公館　48b〔岩田愛之助〕
岩波講座『教育科学』　148c〔教育科学研究会〕
『岩波茂雄伝』　19a〔安倍能成〕
岩波新書　685c〔吉野源三郎〕
員外学生　696c〔陸軍砲工学校〕
『インサイダー』　664a〔森本忠〕
・Independence　49a
インテリジェンス　425a〔諜報〕
・インド国民軍　49a　50a〔インド独立連盟〕　64b〔F機関〕　282a〔自由インド仮政府〕　308c〔シン〕　309b〔シンガポール攻略戦〕　606a〔S・C・ボース〕
・インドシナ共産党　49c　53c〔ヴェトミン〕　55a〔ヴォー＝グエン＝ザップ〕　606b〔ホー＝チ＝ミン〕
インドシナ総督府　589c〔仏領インドシナ〕
インドシナ連邦　589c〔仏領インドシナ〕
インド独立運動　51a〔インパール作戦〕　605a〔R・B・ボース〕　605c〔S・C・ボース〕
インド独立義勇軍　49b〔インド国民軍〕　50a〔インド独立連盟〕　308c〔シン〕
・インド独立連盟　50a　49b〔インド国民軍〕　64a〔F機関〕　281c〔自由インド仮政府〕　308c〔シン〕　605b〔R・B・ボース〕
インド独立連盟大会　605c〔S・C・ボース〕
インド独立連盟代表者大会　49b〔インド国民軍〕　50a〔インド独立連盟〕　281c〔自由インド仮政府〕　605c〔S・C・ボース〕
・インドネシア　50b　319a〔スカルノ〕　538b〔賠償問題〕　689c〔蘭領東インド〕
インドネシア＝イスラーム教徒協議会　622a〔マシュミ〕　→マシュミ
インドネシア＝イスラーム大会議　622a〔マシュミ〕　638b〔マンスール〕

• インドネシア共産党　50b
インドネシア国民協会　546c〔ハッタ〕
インドネシア社会党　20b〔アミル＝シャリフディン〕
• インド洋作戦　50c
院内会派　345a〔戦時議会〕
インパール　51a〔インパール作戦〕
• インパール作戦　51a　49c〔インド国民軍〕　125c〔河辺正三〕　253c〔佐藤幸徳〕　405c〔断作戦〕　491a〔南方軍〕　547b〔服部卓四郎〕　578a〔フーコン作戦〕　606a〔S・C・ボース〕　649c〔宮崎繁三郎〕　655b〔牟田口廉也〕

う

• ヴィシー政府〔-政権〕　51c　136a〔北アフリカ作戦〕　463b〔ドクー〕　589c〔仏領インドシナ〕　600b〔ペタン〕　659a〔明号作戦〕
ウィスコンシン　641c〔ミズーリ〕
『呉淞クリーク』　567c〔日比野士朗〕　597b〔兵隊作家〕
• ウェーク攻略戦　52c
ウェーク島　52c〔ウェーク攻略戦〕
ウェスタン＝エレクトリック　330a〔住友通信工業会社〕
• West Virginia　53a
上田屋　516b〔日本出版配給会社〕
ヴェトナム　538c〔賠償問題〕　589c〔仏領インドシナ〕
ヴェトナム解放軍宣伝隊　54c〔ヴォー＝グエン＝ザップ〕
ヴェトナム共産党　49c〔インドシナ共産党〕　606b〔ホー＝チ＝ミン〕
ヴェトナム独立同盟　53c〔ヴェトミン〕
ヴェトナム民主共和国　49c〔インドシナ共産党〕　53c〔ヴェトミン〕　55a〔ヴォー＝グエン＝ザップ〕　540c〔バオ＝ダイ〕　606b〔ホー＝チ＝ミン〕
• ヴェトミン　53c　49c〔インドシナ共産党〕　411c〔チャン＝チョン＝キム〕　606b〔ホー＝チ＝ミン〕
ヴェルサイユ条約〔-講和条約〕　54b〔ヴェルサイユ体制〕　209c〔国際連盟〕　210a〔国際連盟規約〕　464a〔毒ガス戦〕
• ヴェルサイユ体制　54b
ウォーナー伝説　55b〔ウォーナー〕
ウォーナー＝リスト　55a〔ウォーナー〕
ウォーホーク　562c〔P40〕　→P40
『浮雲』　552c〔林芙美子〕
ウ号作戦　51a〔インパール作戦〕
『牛飼ひの歌』　716a〔和田勝一〕
「唄入り観音経」　573b〔広沢虎造〕
『歌のわかれ』　483a〔中野重治〕
• 撃ちてし止まむ　57b　581c〔フクチャン〕
• 内原訓練所　57c　639c〔満蒙開拓青少年義勇軍〕
うどん　387b〔代用食〕
『海原にありて歌へる』　72a〔大木惇夫〕
「海に因む十題」　683c〔横山大観〕
「海の進軍」　43a〔伊藤久男〕　227b〔古関裕而〕
• 「海ゆかば」　58a　216b〔国民皆唱運動〕　533b〔信時潔〕
梅機関　110b〔影佐禎昭〕
• 梅津・何応欽協定　58b　58c〔梅津美治郎〕　104a〔何応欽〕　120b〔華北分離工作〕　249b〔酒井隆〕
『梅の宿』　567c〔日比野士朗〕
浦上天主堂　599b〔平和博物館〕
『雲煙供養』　87b〔小野蕪子〕
「運河風景」　629a〔松本竣介〕
『雲南守備兵』　141c〔木村荘十〕
雲峰発電所　419c〔朝鮮鴨緑江水電会社〕
運輸省　59b〔運輸通信省〕
• 運輸通信省　59b
• 雲龍　59b

え

映画　216a〔国民映画〕　511a〔日本移動映写連盟〕
• 映画公社　60a　60b〔映画配給社〕　376b〔大日本映画協会〕
映画統制委員会　376b〔大日本映画協会〕
• 映画配給社　60a　60a〔映画公社〕　60c〔映画臨戦体制〕　376b〔大日本映画協会〕　511a〔日本移動映写連盟〕
• 映画法　60b　509c〔日本ニュース〕　593c〔文化映画〕
• 映画臨戦体制　60c　60a〔映画配給社〕　60c〔映画法〕
英語　436a〔敵性語〕
衛生省　202a〔厚生省〕
衛生兵　597a〔兵種〕
• 営倉　61a
• 営団　61a　211b〔国策会社〕
映配　60b〔映画配給社〕　→映画配給社
英領ボルネオ　614b〔ボルネオ作戦〕
英霊　166b〔九段の母〕　352c〔戦争未亡人〕
• A級戦犯　61b　448b〔東京裁判〕　451a〔東京裁判開廷〕　559b〔BC級戦犯裁判〕　598b〔平和に対する罪〕
A25　62b〔SB2C Helldiver〕
A24　62b〔SBD Dauntless〕
• ABC協定　61c
• ABCD包囲陣　62a　375c〔対日経済制裁〕
「画描きの組長」　81b〔岡本一平〕
• SBD Dauntless　62a　62b〔SB2C Helldiver〕
• SB2C Helldiver　62b　62b〔SBD Dauntless〕
エスピオナージ　425a〔諜報〕
• Essex　62c
越南帝国　659a〔明号作戦〕
『江戸ッ子健ちゃん』　581c〔フクチャン〕
エドワーズ調査団　118a〔過度経済力集中排除法〕
NEC　⇨住友通信工業会社(330a)
NHK交響楽団　514a〔日本交響楽団〕
N工作　501b〔日米交渉〕
• Enola Gay　63b　610c〔Bockscar〕
• FS作戦　64a　114b〔ガダルカナル島の戦〕　606c〔ポートモレスビー攻略戦〕
• F機関　64a　49b〔インド国民軍〕　50a〔インド独立連盟〕　308c〔シン〕　605b〔R・B・ボース〕
F研究　678b〔湯川秀樹〕
• F4F Wildcat〔-艦上戦闘機〕　64b　64c〔F6F Hellcat〕
• F4U Corsair　64b　705a〔零式艦上戦闘機〕
• F6F Hellcat　64c　705a〔零式艦上戦闘機〕
• M1 Garand　65b　260b〔三八式歩兵銃〕　273c〔自動小銃〕
MO作戦　524b〔ニューギニア戦〕　606c〔ポートモレスビー攻略戦〕
• M3軽戦車　65c
• M3中戦車　65c
M2A1中戦車　65c〔M4中戦車〕
M2A4軽戦車　65c〔M3軽戦車〕
• M4中戦車〔-シャーマン〕　65c
M69焼夷弾　451b〔東京大空襲〕　561b〔B29 Superfortress〕
LS　264b〔GHQ〕
塩業銀行　414c〔中国連合準備銀行〕
演劇　511b〔日本移動演劇連盟〕
縁故疎開　107b〔学童疎開〕
• 演習　66b
演習召集　297b〔召集〕
• 援蔣ルート　66c　405c〔断作戦〕　490a〔南寧作戦〕　573a〔ビルマ作戦〕　573b〔ビルマルート〕　589c〔仏領インドシナ〕　608a〔北部仏印進駐〕
塩水港製糖　391b〔台湾製糖会社〕
演奏家協会　89a〔音楽挺身隊〕　435c〔敵性音楽〕　671c〔山田耕筰〕
演奏家協会音楽挺身隊　89a〔音楽挺身隊〕　216b〔国民皆唱運動〕　511c〔日本音楽文化協会〕　671c〔山田耕筰〕
演奏企画指導要領　435b〔敵性音楽〕
• Enterprise　67a　648a〔南太平洋海戦〕
円ブロック　⇨ブロック経済(592b)

お

オアフ島　311b〔真珠湾攻撃〕
翁英作戦　429c〔土橋勇逸〕
• 桜花　68a　42a〔一式陸上攻撃機〕　533a〔野中五郎〕
『鷗外の方法』　542c〔蓮田善明〕
『黄金時代』　460a〔灯台社〕
王師会　583b〔藤井斉〕
• 王子製紙会社　68c　14c〔足立正〕

123a〔樺太工業会社〕 586c〔藤原銀次郎〕 643b〔三井財閥〕
汪精衛政権 508c〔日中戦争〕 →汪兆銘政権
汪精衛南京政府 569a〔百団大戦〕
桜星倶楽部 514b〔日本郷友連盟〕
・応徴士 69b
・汪兆銘工作 70b
・汪兆銘政権 70c 70b〔汪兆銘〕 159a〔桐工作〕 235c〔近衛文麿内閣〕 412b〔中華民国維新政府〕 412c〔中華民国臨時政府〕 426a〔陳公博〕 446a〔東亜新秩序〕 508c〔日中戦争〕 687a〔米内光政内閣〕
大分陸軍少年飛行兵学校 693c〔陸軍少年飛行兵〕 696a〔陸軍飛行学校〕
大久野島 464c〔毒ガス兵器〕
大隈鉄工所 31c〔池貝鉄工所〕
オークラウロ 73a〔大倉喜七郎〕
大倉組 72c〔大倉喜七郎〕 73b〔大倉財閥〕
・大倉財閥 73b 72c〔大倉喜七郎〕 73c〔大倉農場〕 246b〔財閥〕
大倉事業株式会社 73a〔大倉喜七郎〕
大倉スマトラ農場 73a〔大倉喜七郎〕 73b〔大倉財閥〕 73c〔大倉農場〕
・大倉農場 73c
オーケストラ・グラーフ・コノエ 234b〔近衛秀麿〕
大阪国防婦人会 378a〔大日本国防婦人会〕
・大阪商船会社 74a 444b〔東亜海運会社〕 658a〔村田省蔵〕
大阪製鉄 518b〔日本製鉄会社〕
・大阪鉄工所 74b 504c〔日産財閥〕
大阪砲兵工廠 ⇨造兵廠(359b)
大阪毎日新聞社 509b〔日本映画社〕
大阪屋 516b〔日本出版配給会社〕
『大里村』 715c〔和田勝一〕
大津陸軍少年飛行兵学校 693c〔陸軍少年飛行兵〕 696a〔陸軍飛行学校〕
オードネル収容所 544a〔バタアン「死の行進」〕
鴻 318b〔水雷〕
オーバーロード作戦 535c〔ノルマンディ上陸作戦〕 →ノルマンディ上陸作戦
大原社会問題研究所 438b〔暉峻義等〕 709b〔労働科学研究所〕
『大原幽学』 393c〔高倉輝〕
・『大日向村』 77a 716a〔和田伝〕
大湊要港部 679c〔要港部〕
・大本〔-教〕 77b 57a〔内田良平〕 436b〔出口王仁三郎〕
大本事件〔-教事件〕 77b〔大本〕 436b〔出口王仁三郎〕 582c〔不敬罪〕
『オール読物号』 160b〔キング〕
・岡田啓介内閣 79b
岡部教育研究室 98c〔海後宗臣〕
「丘を越えて」 208a〔古賀政男〕 585c〔藤山一郎〕
・荻窪会談 81c 67c〔及川古志郎〕 235c〔近衛文麿内閣〕
沖縄 12c〔アジア・太平洋戦争〕 82b〔沖縄戦〕
沖縄県平和祈念資料館 ⇨平和博物館(598c)
沖縄作戦 390c〔台湾軍〕
・沖縄戦 82b 56a〔宇垣纏〕 56b〔牛島満〕 121a〔神風特別攻撃隊〕 289b〔集団自決〕 343b〔戦災〕 409b〔チビチリガマ〕 436b〔鉄血勤皇隊〕 567c〔ひめゆり学徒隊〕 598b〔平和の礎〕 601c〔防衛隊〕 611b〔ポツダム宣言受諾〕 617a〔本土空襲〕 668b〔八原博通〕
沖縄戦没者墓苑 599a〔平和博物館〕
沖縄平和祈念公園 598b〔平和の礎〕 599b〔平和博物館〕
沖縄平和祈念堂 599c〔平和博物館〕
沖島 158c〔機雷〕
・尾崎行雄不敬事件 85a
「お島千太郎旅唄」 43a〔伊藤久男〕
御写真 226c〔御真影〕
小田急電鉄 232a〔五島慶太〕
オタワ会議 592c〔ブロック経済〕
オペラ 671c〔山田耕筰〕
オランダ領東インド 538b〔賠償問題〕 →蘭印 →蘭領東インド
オランダ領ボルネオ 614b〔ボルネオ作戦〕 →蘭領ボルネオ
・折畳舟 88a
『オリムピック読本』 324b〔鈴木良徳〕
『オリンピア』 652c〔民族の祭典〕
・オリンピック作戦 88a 238b〔コロネット作戦〕 611b〔ポツダム宣言受諾〕 617b〔本土決戦計画〕
・オリンピック東京大会 88b
『オロッコの娘』 579c〔深田久弥〕
音楽号 512a〔日本音楽文化協会〕
『音楽世界』 612c〔堀内敬三〕
音楽戦犯論争 671c〔山田耕筰〕
・音楽挺身隊 89a 216b〔国民皆唱運動〕
『音楽之友』 612c〔堀内敬三〕
音楽報国巡回演奏会 511c〔日本音楽文化協会〕
恩給金庫 211a〔国策会社〕
恩給法 176b〔軍人恩給〕

か

カーザ東山 454c〔東山農事会社〕
・カートホイール作戦 89b
海運組合法 89c〔海運自治連盟〕 89c〔海運統制〕 459b〔統制経済〕
海運自治統制委員会 459a〔統制経済〕
・海運自治連盟 89b 89c〔海運統制〕 459a〔統制経済〕
海運中央統制輸送組合 459b〔統制経済〕 89c〔海運統制〕
・海運統制 89c
海運統制委員会 89c〔海運統制〕 459b〔統制経済〕
海運統制協議会 ⇨海運統制(89c) 459b〔統制経済〕
海運統制国策要綱 89c〔海運統制〕 459b〔統制経済〕
海運統制輸送組合 459b〔統制経済〕
海運統制令 ⇨海運統制(89c)
海運報国団 523b〔日本郵船会社〕
海運連盟 459b〔統制経済〕
『海援隊』 716a〔和田勝一〕
・海外興業会社 90b
・海外神社 90b
海外超現実主義作品展 396b〔瀧口修造〕
外貨割当計画 458b〔統制経済〕
・外貨割当制 91a
・階級 91a
海軍演習令 66c〔演習〕
・海軍乙事件 91b 25c〔暗号戦〕 496a〔二式飛行艇〕 582b〔福留繁〕
海軍火薬廠 91c〔海軍艦政本部〕
・海軍艦政本部 91c 94c〔海軍省〕 96a〔海軍大臣〕
・海軍機関学校 91c 94c〔海軍省〕 294a〔少尉候補生〕 595b〔兵科将校〕
海軍技術会議 96a〔海軍大臣〕
海軍技術研究所 91c〔海軍艦政本部〕
海軍技術研究所電気研究部 442c〔電波兵器〕
海軍技術研究所電波研究部 442c〔電波兵器〕
・海軍記念日 92b
海軍教育本部 94c〔海軍省〕 96a〔海軍大臣〕
・海軍軍医学校 92b 94c〔海軍省〕
海軍軍法会議法 181a〔軍法会議〕
海軍軍令部 ⇨軍令部(182c) 180a〔軍部〕
海軍軍令部長 182c〔軍令部〕 183a〔軍令部総長〕
海軍刑法 ⇨軍刑法(172b) 193a〔言論出版集会結社等臨時取締法〕
・海軍経理学校 92c 94c〔海軍省〕 97c〔海軍予備学生・生徒〕 294a〔少尉候補生〕
・海軍航空隊 93a
・海軍航空本部 93b 94c〔海軍省〕 96a〔海軍大臣〕
海軍甲事件 91b〔海軍乙事件〕
・海軍工廠 93b
海軍高等軍法会議 96a〔海軍大臣〕
海軍国防政策委員会 78c〔岡敬純〕
・海軍省 94a 177b〔軍政〕 180a〔軍部〕 581a〔復員〕 581b〔復員省〕
海軍将官会議 96a〔海軍大臣〕
・海軍省軍務局 95a
・海軍精神注入棒 95b
・海軍総隊司令部 95b 100a〔海上護衛総司令部〕
海軍大演習 96b〔海軍特別大演習〕
・海軍大学校 95c 94c〔海軍省〕 96a〔海軍大臣〕
・海軍大臣 96a 27b〔帷幄上奏〕 94b〔海軍省〕 95a〔海軍省軍務局〕 177b〔軍政〕 227c〔御前会議〕
海軍東京軍法会議 96a〔海軍大臣〕
海軍特別志願兵令 391a〔台湾人兵士〕
・海軍特別大演習 96b 66c〔演習〕 367b〔大元帥〕
海軍特別年少兵 102a〔海兵団〕
『海軍の生活』 570a〔平出英夫〕
・海軍飛行予科練習生 96c 693c〔陸軍少年飛行兵〕 →航空兵 →少

年飛行兵
・海軍飛行予備学生・生徒　97a
海軍病院　174c〔軍事保護院〕
・海軍兵学校　97b　91a〔階級〕　91c〔海軍機関学校〕　94c〔海軍省〕　96a〔海軍大臣〕　267c〔士官・将校〕　294a〔少尉候補生〕　595b〔兵科将校〕
海軍報道班挺身隊　59a〔海野十三〕
・海軍予備学生・生徒　97c
会計法　98a〔会計法戦時特例〕
・会計法戦時特例　98a
戒厳大権　380c〔大日本帝国憲法〕
・戒厳令　98a　300b〔昭和維新〕　510b〔二・二六事件〕
外交局　264b〔GHQ〕
・偕行社　98b　267c〔士官・将校〕　691a〔陸軍記念日〕
『偕行社記事』　98b〔偕行社〕
外国為替及び外国貿易管理法　91a〔外貨割当制〕
・外国為替管理法　98b　91a〔外貨割当制〕　277c〔資本逃避防止法〕
『開墾』　684a〔吉植庄亮〕
貝島炭礦会社　⇨筑豊炭鉱(408b)　99a〔貝島太市〕
・会社経理統制令　99b　99c〔会社利益配当及資金融通令〕
会社職員給与臨時措置令　99b〔会社経理統制令〕
・会社利益配当及資金融通令　99c　99b〔会社経理統制令〕　161a〔銀行等資金運用令〕　231b〔国家総動員法〕　514a〔日本興業銀行〕
皆唱歌曲　216b〔国民皆唱運動〕
・海上護衛戦　99c
・海上護衛総司令部　100a　95b〔海軍総隊司令部〕　100a〔海上護衛戦〕
海上護衛隊　100a〔海上護衛総司令部〕
海上特攻隊　672b〔大和〕
『海戦』　525c〔丹羽文雄〕
・開戦に関する条約　100b
開戦の詔書　350b〔宣戦の詔書〕
・海戦要務令　100b　96a〔海軍大学校〕
『改造』　682c〔横浜事件〕
改造三八式野砲　668c〔野砲〕
開拓移民　362c〔ソ連の対日参戦〕
『開拓者』　473b〔豊田三郎〕
開拓女塾　389b〔大陸の花嫁〕
開拓団　413c〔中国残留孤児〕
・買い出し　100c　471a〔隣組〕　538a〔配給制度〕
外地米　102b〔外米〕
・回天　101a　32b〔伊号潜水艦〕　68a〔桜花〕　316c〔震洋〕　349c〔潜水艦作戦〕
「海道東征」　134a〔紀元二千六百年記念式典〕　533b〔信時潔〕
・海南交易公社　101c
・海南島攻略戦〔-作戦〕　101c　390c〔台湾軍〕
・海兵団　102a　468c〔特別陸戦隊〕　679c〔要港部〕
・海防艦　102a
解放区　⇨抗日根拠地(204c)　257c〔三光作戦〕　545c〔八路軍〕
海防隊　127b〔艦隊〕
・外米　102b　275b〔地主制〕　387b〔代用食〕
外務省　371c〔大東亜省〕
海洋漁業統制　211a〔国策会社〕
海洋美術会　283c〔従軍画家〕　696a〔陸軍美術協会〕
「海洋を制するもの」　125b〔川端龍子〕
『外来文化摂取史論』　29c〔家永三郎〕
・回覧板　102c
カイロ会談　103a〔カイロ宣言〕　295a〔蔣介石〕　711b〔ローズヴェルト〕
・カイロ宣言　102c　295a〔蔣介石〕　450a〔東京裁判開廷〕
・カウラ事件　103b
カウラ捕虜収容所　103b〔カウラ事件〕
「還らぬ中隊」　525c〔丹羽文雄〕
火焔発射機　103b〔火焔放射器〕
・火焔放射器　103b
「薫空挺隊敵陣に強行着陸奮戦す」　584c〔藤田嗣治〕
・加賀　104a　7b〔赤城〕　645b〔ミッドウェー海戦〕
・科学技術審議会　104b
・科学技術新体制確立要綱　104c　104b〔科学技術審議会〕　135b〔技術院〕　627c〔松前重義〕　651b〔宮本武之輔〕
科学技術動員総合方策確立に関する件　104c〔科学技術審議会〕
科学研究の緊急整備方策要綱　104c〔科学技術審議会〕
・科学主義工業　105a
科学諜報　25c〔暗号戦〕
・科学動員協会　105b
・価格等統制令　105b　18c〔阿部信行内閣〕　589a〔物価統制令〕　→九・一八価格ストップ令
『科学日本の建設』　472b〔富塚清〕
化学兵器　292a〔ジュネーブ議定書〕
華僑　106b〔華僑虐殺〕　630c〔マラヤ人民抗日軍〕
・華僑虐殺〔-粛清〕　106b　126a〔河村参郎〕　428a〔辻政信〕　491a〔南方軍〕
閣議　227c〔御前会議〕
・革新官僚　106c　84a〔奥村喜和男〕　132a〔企画院〕　132b〔企画院事件〕　135a〔岸信介〕　183c〔経済新体制〕　230c〔国家改造運動〕　309c〔新官僚〕　445a〔東亜協同体論〕　458a〔統制経済〕　649b〔美濃部洋次〕　685a〔吉田茂(二)〕
革新社　614b〔本位田祥男〕
学生思想問題調査委員会　220b〔国民精神文化研究所〕
『学生叢書』　123b〔河合栄治郎〕
学生野球　665b〔野球統制〕
・学童疎開　107b　75c〔大達茂雄〕　351c〔戦争孤児〕　361b〔疎開〕　361c〔疎開輸送〕　428c〔対馬丸事件〕　603b〔防空法〕
・学徒勤労動員　108a　109b〔学徒動員〕　425c〔徴用制度〕　456c〔東条英機内閣〕
学徒勤労報国隊　160b〔緊急国民動員方策要綱〕
学徒勤労奉仕　108a〔学徒勤労動員〕　109b〔学徒動員〕
学徒勤労令　109b〔学徒動員〕　164a〔勤労動員〕　195a〔小磯国昭内閣〕　231b〔国家総動員法〕
・学徒出陣　108b　80c〔岡部長景〕　109c〔学徒動員〕　456c〔東条英機内閣〕　595a〔兵役法〕
学徒出陣壮行会　109a〔学徒出陣〕　376a〔大日本育英会〕
学徒戦時動員体制確立要綱　⇨学徒動員(109a)　376a〔大日本育英会〕
学徒隊　109b〔学徒動員〕
学徒体育振興会　214c〔国防競技〕
・学徒動員　109a　376a〔大日本育英会〕
革農協　512a〔日本革新農村協議会〕　530a〔農村協同体建設同盟〕　→日本革新農村協議会
核兵器　188b〔原爆裁判〕　243a〔サイクロトロン〕
各兵特別演習　66c〔演習〕
『革命前後』　567c〔火野葦平〕
・陽炎　111a
・加古　111a
・華興商業銀行　111b　211a〔国策会社〕　412a〔中央儲備銀行〕
『過去の我南洋』　543b〔長谷部言人〕
・カサブランカ会談　112a　711b〔ローズヴェルト〕
・『火山灰地』　112b　332c〔生産力理論〕
餓死〔-者〕　12c〔アジア・太平洋戦争〕　115b〔ガダルカナル島の戦〕　355b〔戦病死〕　659c〔メレヨン島事件〕
下士官　91a〔階級〕　112c〔下士官兵〕　293a〔准士官〕　478a〔内務班〕
・下士官兵　112c
貸座敷業　200c〔公娼制度〕
・餓死対策国民大会　112c
『鍛冶場』　53b〔上田広〕
橿原神宮競技場　444c〔東亜競技大会〕
鹿島組　549a〔花岡事件〕
『嘉信』　668a〔矢内原忠雄〕
華人労働者内地移入に関する件　120c〔華北労工協会〕
華人労務者移入に関する件　155a〔強制連行〕
和浦丸　428c〔対馬丸事件〕
春日丸　386c〔大鷹〕
ガスマスク　604c〔防毒面〕
「火線」　597c〔兵隊作家〕
片倉製糸紡績株式会社　45c〔今井五介〕
ガダルカナル島　12b〔アジア・太平洋戦争〕　64a〔FS作戦〕　114b〔ガダルカナル島の戦〕　255a〔サボ島沖海戦〕　363c〔ソロモン海戦〕　406b〔ダンピール海峡の悲劇〕　428a〔辻政信〕　456b〔東条英機内閣〕　524b〔ニューギニア戦〕　568c〔百武晴吉〕　647c〔南太平洋海戦〕
ガダルカナル島撤退　386a〔大本営発表〕　439c〔転進〕
・ガダルカナル島の戦〔-作戦〕　114b　339a〔絶対国防圏〕　363b〔ソロモン海戦〕　375a〔第二次世界大戦〕

547b〔服部卓四郎〕 606c〔ポートモレスビー攻略戦〕
勝組 115c〔勝組・負組〕
・勝組・負組 115b
華中宏済善堂 19c〔阿片政策〕
・華中鉄道会社 115c
家長選挙制 681b〔翼賛選挙〕 →戸主選挙制
学校教育法 149c〔教育基本法〕
・学校教練 116a
学校卒業者使用制限令 459a〔統制経済〕
学校体育 76a〔大谷武一〕
学校報国隊 109b〔学徒動員〕 116b〔学校報国団〕
・学校報国団 116a
合作社運動 399b〔橘樸〕
合衆国防衛促進法 580c〔武器貸与法〕
『河童の巣』 581c〔福田清人〕
カッポウ着 378a〔大日本国防婦人会〕
勝力 158c〔機雷〕
家庭 233a〔古年兵〕
家庭防火群 471a〔隣組防火群〕
・『加藤隼戦闘隊』 117b 117b〔加藤建夫〕 553b〔隼・一式戦闘機〕 557a〔ハワイ・マレー沖海戦〕
「加藤部隊歌」 540b〔灰田勝彦〕
・過度経済力集中排除法 118a 247a〔財閥解体〕
ガナップ党 689a〔ラモス〕
金物回収 471a〔隣組〕
華南作戦 81a〔岡村寧次〕
河南省 580a〔武漢作戦〕
鐘淵工業株式会社 118c〔鐘淵実業会社〕 428c〔津田信吾〕
・鐘淵実業会社 118c
鐘淵紡績株式会社 118c〔鐘淵実業会社〕 428c〔津田信吾〕 643b〔三井財閥〕
鐘紡 118c〔鐘淵実業会社〕 →鐘淵紡績株式会社
「嘉念坊物語」 65b〔江馬修〕
・カノン砲 119a 667b〔野戦重砲〕
ガピ 20b〔アミル＝シャリフディン〕
寡婦 142a〔逆縁婚〕
『株式会社発生史論』 76b〔大塚久雄〕
華北運輸公司 120c〔華北労工協会〕
華北合作事業総会 120a〔華北繊維統制総会〕
・華北交易統制総会 119b
華北交易配給統制総会 119b〔華北交易統制総会〕
・華北交通会社 119c
華北事変 120b〔華北分離工作〕 →華北分離工作
河北省銀行 414c〔中国連合準備銀行〕
・華北食糧平衡倉庫 119c
華北政務委員会 120a〔華北繊維統制総会〕 120b〔華北労工協会〕 412c〔中華民国臨時政府〕
華北繊維協会 120a〔華北繊維統制総会〕
・華北繊維統制総会 120a
華北朝鮮独立同盟 140c〔金科奉〕
・華北分離工作〔-政策〕 120a 38c〔磯谷廉介〕 49a〔殷汝耕〕 58b〔梅津・何応欽協定〕 128c〔関東軍〕 134a〔冀察政務委員会〕 137b〔冀東政権〕 274b〔支那駐屯軍〕 286a〔十五年戦争〕 294c〔蔣介石〕 331b〔西安事件〕 471b〔土肥原賢二〕 508b〔日中戦争〕 575a〔広田弘毅内閣〕 593a〔ブロック経済〕
華北貿易組合総連合会 119b〔華北交易統制総会〕
華北紡織工業会 120a〔華北繊維統制総会〕
華北棉産改進会 120a〔華北繊維統制総会〕
華北輸入組合総連合会 119b〔華北交易統制総会〕
・華北労工協会 120b
ガマ 409b〔チビチリガマ〕
釜石鉱山 518b〔日本製鉄会社〕 620b〔牧田環〕
『鎌倉夫人』 579c〔深田久弥〕
神岡水電 620b〔牧田環〕
神風 146b〔九七式司令部偵察機〕
・神風特別攻撃隊 120c 338a〔関行男〕 705a〔零式艦上戦闘機〕 705c〔レイテ沖海戦〕
『神々のあけぼの』 72a〔大木惇夫〕
亀ノ子 143c〔九九式破甲爆雷〕
賀屋・吉野三原則 244b〔財政経済三原則〕 →財政経済三原則
火曜会 235a〔近衛文麿〕
歌謡曲 171b〔軍歌・戦時歌謡〕
唐津鉄工所 31c〔池貝鉄工所〕
樺太 362c〔ソ連の対日参戦〕
樺太開発 210c〔国策会社〕
・樺太工業会社 123a 68c〔王子製紙会社〕 586c〔藤原銀次郎〕
樺太人造石油会社 ⇨石油(337c)
・樺太石炭会社 123a
樺太庁 397c〔拓務省〕
・カリバピ KALIBAPI 123a 9b〔アキノ〕 689a〔ラモス〕
『Cultural Nippon』 522c〔日本文化中央連盟〕
カルテル 466a〔独占禁止法〕
カレン民族同盟 527a〔ネーウィン〕
カロリン諸島 492b〔南洋委任統治領〕
『渇ける神』 25c〔安西冬衛〕
川崎航空機工業会社 ⇨川崎重工業会社(124b)
川崎車輌 124b〔川崎重工業会社〕
・川崎重工業会社 124b
川崎造船所 ⇨川崎重工業会社(124b) 570b〔平生釟三郎〕
為替割当制 91a〔外貨割当制〕
川棚海軍工廠 93c〔海軍工廠〕
・川西航空機会社 125a 645c〔三菱航空機会社〕
『河の民—北ボルネオ紀行—』 254b〔里村欣三〕
・簡閲点呼 126a 439b〔点呼〕 603c〔奉公袋〕
観艦式 96b〔海軍特別大演習〕 367b〔大元帥〕
漢口作戦 508b〔日中戦争〕
韓国 538c〔賠償問題〕
・韓国光復軍 126b 140b〔金九〕 367a〔大韓民国臨時政府〕
看護婦 518c〔日本赤十字社〕
関西松竹 511b〔日本移動演劇連盟〕
・甘藷 126c 387b〔代用食〕
・感状 127a
艦上戦闘機航空隊 93a〔海軍航空隊〕
『寒色』 10a〔浅野晃〕
韓人愛国団 140b〔金九〕
官制大権 380c〔大日本帝国憲法〕
艦政本部 93b〔海軍航空本部〕
・完全軍装 127a
・艦隊 127b 353a〔戦隊〕 707b〔連合艦隊〕
艦隊決戦思想 137c〔機動部隊〕
艦隊決戦主義 ⇨大艦巨砲主義(366b) 100c〔海戦要務令〕
艦隊作戦 349c〔潜水艦作戦〕
艦隊司令長官 315a〔親補職〕
・艦隊派 127b 34b〔石川信吾〕 95b〔海軍省軍務局〕 118a〔加藤寛治〕 180b〔軍部〕 299b〔条約派〕 395c〔財部彪〕 585b〔伏見宮博恭王〕 673a〔山梨勝之進〕 673c〔山本五十六〕 713a〔ロンドン海軍軍縮条約〕 715b〔ワシントン体制〕
「勘太郎月夜唄」 43c〔伊那の勘太郎〕
・関東軍 128b 58c〔梅津美治郎〕 129a〔関東軍特種演習〕 161c〔錦州爆撃〕 362c〔ソ連の対日参戦〕 420c〔朝鮮軍〕 478a〔内蒙工作〕 502b〔日満議定書〕 508a〔日中戦争〕 534c〔ノモンハン事件〕 551b〔ハバロフスク裁判〕 580b〔溥儀〕 635a〔満洲国〕 635c〔満洲産業開発五ヵ年計画〕 636a〔満洲事変〕 660b〔蒙古連合自治政府〕 700b〔柳条湖事件〕 713c〔若槻礼次郎内閣〕
・関東軍軍馬防疫廠 128c 487a〔七三一部隊〕
関東軍情報部 468c〔特務機関〕
関東軍司令部 129c〔関東州〕
・関東軍特種演習 129a 128c〔関東軍〕 →関特演
関東軍防疫給水部 ⇨七三一部隊(486b) 449b〔東京裁判〕 635b〔満洲国〕
関東軍防疫部 486b〔七三一部隊〕
関東軍臨時病馬収容所 128c〔関東軍軍馬防疫廠〕
関東軍臨時病馬廠 129a〔関東軍軍馬防疫廠〕
関東軍臨時ペスト防疫隊 242a〔細菌戦〕
関東国粋会 377c〔大日本国粋会〕
・館陶事件 129b
・関東州 129c 305b〔植民地〕 636a〔満洲事変〕
関東庁 397c〔拓務省〕
関東防空演習 602b〔防空演習〕
『カント解釈の問題』 199c〔高坂正顕〕
関特演 ⇨関東軍特種演習(129a) 298a〔情勢の推移に伴ふ帝国国策要綱〕 506a〔日ソ中立条約〕
広東軍票交換用物資配給組合連合会 ⇨軍配組合(179a)
・広東作戦 130a 508b〔日中戦争〕
『神ながらの道』 110b〔筧克彦〕
『カンナニ』 676c〔湯浅克衛〕
・皖南事変〔-事件〕 130b 205b〔抗

日民族統一戦線〕 231c〔国共合作〕 295a〔蔣介石〕 311b〔新四軍〕
勧農金融統制会　163b〔金融統制団体令〕
乾パン　387b〔代用食〕
幹部演習旅行　66c〔演習〕
・幹部候補生　130b
観兵式　367b〔大元帥〕 695a〔陸軍特別大演習〕
・艦砲射撃　130c　617a〔本土空襲〕
カンボジア　538c〔賠償問題〕 589c〔仏領インドシナ〕
乾麺　387b〔代用食〕
・関門トンネル　130c　57a〔内田信也〕
・管理通貨制度　131a　512c〔日本銀行法〕 579b〔深井英五〕

き

きい〔-剤〕　464b〔毒ガス戦〕 464c〔毒ガス兵器〕
飢餓　659c〔メレヨン島事件〕
機械水雷　318b〔水雷〕 158c〔機雷〕
・企画院　132a　132b〔企画院事件〕 163c〔勤労動員〕 214b〔国土計画〕 230c〔国家総動員法〕 269c〔資源局〕 311a〔人口政策確立要綱〕 332b〔生産力拡充計画〕 360b〔総力戦〕 360c〔総力戦研究所〕 458b〔統制経済〕 589b〔物資動員計画〕 710b〔労務動員計画〕
・企画院事件　132b　107a〔革新官僚〕 116b〔勝間田清一〕 132b〔企画院〕 135a〔岸信介〕 302b〔昭和研究会〕 445b〔東亜協同体論〕
企画院判任官グループ事件　132c〔企画院事件〕
企画庁　132a〔企画院〕 244b〔財政経済三原則〕 332b〔生産力拡充計画〕
機関科将校　595b〔兵科将校〕
帰還作家　597b〔兵隊作家〕
・機関銃　132c
機関兵　597a〔兵種〕
気球兵　597a〔兵種〕
企業許可令　133a〔企業整備令〕 415b〔中小商工業再編成〕
・企業整備令　132c　415b〔中小商工業再編成〕 441c〔転廃業問題〕
「帰去来」　533b〔信時潔〕
菊水一号作戦　672b〔大和〕
・『きけ　わだつみのこえ』　133a
・紀元節大輸送　133b
紀元二千六百年　88b〔オリンピック東京大会〕 520c〔日本万国博覧会〕
「紀元二千六百年」　134a〔紀元二千六百年記念式典〕
・紀元二千六百年記念式典〔-祭〕　133c　629c〔松本学〕
紀元二千六百年奉祝会　133c〔紀元二千六百年記念式典〕 522b〔日本文化中央連盟〕
紀元二千六百年奉祝芸能祭　134a〔紀元二千六百年記念式典〕
紀元二千六百年奉祝東亜競技大会　324b〔鈴木良徳〕
『紀元二千六百年奉祝歌集』　376c〔大日本歌人協会〕
義号作戦　⇨義烈空挺隊(159c)　319c〔菅原道大〕
・冀察政務委員会　134a　104a〔何応欽〕 120b〔華北分離工作〕 137c〔冀東政権〕 359a〔宋哲元〕
記者クラブ　517c〔日本新聞会〕
『汽車の罐焚き』　483a〔中野重治〕
義州発電所　419c〔朝鮮鴨緑江水電会社〕
己種学生　294a〔少尉候補者〕
・技術院　135b　627c〔松前重義〕 651c〔宮本武之輔〕
技術者　701a〔留用〕
技術兵　597a〔兵種〕
宜昌攻防戦　464b〔毒ガス戦〕
・宜昌作戦　135b　81a〔岡村寧次〕
キスカ島　16b〔アッツ島の戦〕 142a〔木村昌福〕
既成財閥　246a〔財閥〕
寄生地主制　441a〔天皇制〕
貴族院制度調査会　235a〔近衛文麿〕
・北アフリカ作戦〔-上陸作戦〕　135c　112a〔カサブランカ会談〕 375a〔第二次世界大戦〕
『北風ぞ吹かん』　255b〔寒川光太郎〕
北樺太石油株式会社　433c〔帝国石油会社〕 620b〔牧田環〕
・北支那開発会社　136b　119c〔華北交通会社〕 120b〔華北労工協会〕 203b〔興中公司〕 210c〔国策会社〕 362a〔十河信二〕 373c〔大同炭鉱〕
北支那方面軍　80b〔岡部直三郎〕 81a〔岡村寧次〕 257c〔三光作戦〕 275a〔支那派遣軍〕 315b〔新民会〕 374b〔第二次上海事変〕 412b〔中華民国臨時政府〕 439c〔天津租界封鎖問題〕 464a〔毒ガス戦〕 508b〔日中戦争〕 569a〔百団大戦〕 655a〔無人区化〕
北太平洋方面　489c〔南西太平洋方面(軍)〕
・吉会鉄道　137b
菊花紋章　171c〔軍旗〕
吉長鉄道　137b〔吉会鉄道〕
切符制　⇨配給制度(537c)
キティホーク　562c〔P40〕　→P40
冀東銀行　414c〔中国連合準備銀行〕
・冀東政権　137b
・機動部隊　137c
冀東防共自治委員会　49a〔殷汝耕〕 120b〔華北分離工作〕 137c〔冀東政権〕 471b〔土肥原賢二〕
冀東防共自治政府　49a〔殷汝耕〕 134b〔冀察政務委員会〕 137c〔冀東政権〕 412b〔中華民国臨時政府〕
・『木戸幸一日記』　138c
衣笠　363c〔ソロモン海戦〕
揮発油及アルコール混用法　126c〔甘藷〕
機帆船海運組合　⇨海運統制(89c)
騎兵　595a〔兵科〕 597a〔兵種〕
騎兵連隊　357c〔捜索連隊〕
騎砲兵　597a〔兵種〕
基本演習　66c〔演習〕
・基本国策要綱　139c　82a〔荻窪会談〕 311a〔人口政策確立要綱〕 316a〔臣民の道〕 368c〔大政翼賛会〕 370c〔大東亜共栄圏〕 446a〔東亜新秩序〕
基本的人権　514c〔日本国憲法〕
偽満洲国　635a〔満洲国〕
『君たちはどう生きるか』　685c〔吉野源三郎〕
・機密費　139c　129a〔関東軍軍馬防疫廠〕
義務教育　152c〔教育に関する戦時非常措置方策〕 217b〔国民学校〕
・逆縁婚　142a
逆探装置　442b〔電波探信儀・逆探装置〕
キャンディ協定　572c〔ビルマ国軍〕
九・一八価格ストップ令〔-物価停止令〕　⇨価格等統制令(105b)　183c〔経済警察〕 280c〔奢侈品等製造販売制限規則〕 537c〔配給制度〕
九・一八事変　286b〔十五年戦争〕 635a〔満洲国〕
・九ヵ国条約　142b　142c〔九ヵ国条約会議〕 714c〔ワシントン会議〕 715b〔ワシントン体制〕
・九ヵ国条約会議　142c
・九九式艦上爆撃機　143a　318a〔彗星〕 704c〔零式艦上戦闘機〕
九九式軽機関銃　143c〔九九式歩兵銃〕
九九式山砲　262c〔山砲〕
・九九式襲撃機　143b
九九式小銃　143c〔九九式歩兵銃〕 260b〔三八式歩兵銃〕
・九九式双発軽爆撃機　143b　430a〔剣・特攻専用機〕 557a〔万朶隊〕
九九式中迫撃砲　541a〔迫撃砲〕
・九九式破甲爆雷　143c
九九式八センチ高射砲　200b〔高射砲〕
・九九式歩兵銃　143c
・九軍神　143c　47c〔岩佐直治〕 176a〔軍神〕
救護看護婦　284a〔従軍看護婦〕
・九五式軽戦車　144a　184b〔軽戦車〕
九五式野砲　668c〔野砲〕
九三式重爆撃機　146b〔九七式重爆撃機〕
九三式双発軽爆撃機　143b〔九九式双発軽爆撃機〕
九三式単軽爆撃機　146a〔九七式軽爆撃機〕
九州製鋼　518b〔日本製鉄会社〕
・九州大学医学部事件〔-生体解剖事件〕　144b　561c〔B29搭乗員処刑事件〕
・宮城　144c　144c〔宮城録音盤事件〕 233b〔近衛師団〕
・宮城録音盤事件〔-占拠事件〕　144c　40a〔井田正孝〕 233c〔近衛師団〕 545a〔畑中健二〕
急進愛国党　57a〔内田良平〕 427c〔津久井龍雄〕
九大事件　683a〔横浜BC級戦犯裁判〕
・宮中グループ　145a
弓道　382b〔大日本武徳会〕 590a〔武道章検定〕
・九七式艦上攻撃機　145c　439

b〔天山〕 704c〔零式艦上戦闘機〕
・九七式軽爆撃機 146a
九七式軽迫撃砲 541a〔迫撃砲〕
・九七式重爆撃機 146b 160a〔義烈空挺隊〕 476c〔呑龍・一〇〇式重爆撃機〕
・九七式司令部偵察機 146b 568b〔一〇〇式司令部偵察機〕
・九七式戦闘機 146b 553a〔隼・一式戦闘機〕
・九七式中戦車 146c 41b〔一式中戦車〕 415c〔中戦車〕
九七式中戦車改 41b〔一式中戦車〕
・九七式飛行艇 146c 495c〔二式飛行艇〕
・九二式重機関銃 147c
九二式重装甲車 184b〔軽戦車〕
九二式一〇センチ加農砲 667b〔野戦重砲〕
九二式歩兵砲 370a〔大隊砲〕 709a〔連隊砲〕
・救農議会 147a 268c〔時局匡救事業〕 275c〔地主制〕 529a〔農山漁村経済更生運動〕
・救農土木事業 147b 147a〔救農議会〕 268c〔時局匡救事業〕
・九八式直接協同偵察機 147b
九八式陸上偵察機 146b〔九七式司令部偵察機〕
・義勇兵役法 147c 218b〔国民義勇隊〕 322b〔鈴木貫太郎内閣〕 379b〔大日本政治会〕 595a〔兵役法〕
臼砲 119a〔カノン砲〕
九〇式野砲 668c〔野砲〕
九四式艦上爆撃機 5b〔愛知航空機会社〕
九四式軽迫撃砲 541a〔迫撃砲〕
九四式三七ミリ砲 361c〔速射砲〕
九四式山砲 262c〔山砲〕
九四式水上偵察機 125a〔川西航空機会社〕 705a〔零式水上偵察機〕
・九六式艦上戦闘機 148a 646c〔三菱重工業会社〕 704b〔零式艦上戦闘機〕
・九六式軽機関銃 148a
九六式一五センチ榴弾砲 667b〔野戦重砲〕
九六式中迫撃砲 541a〔迫撃砲〕
・九六式陸上攻撃機 148b 41c〔一式陸上攻撃機〕 285a〔重慶爆撃〕 473a〔渡洋爆撃〕 568b〔百一号作戦〕 645c〔三菱航空機会社〕 704c〔零式艦上戦闘機〕
『教育』 148c〔教育科学研究会〕
教育改革 20c〔アメリカ教育使節団〕
教育改革同志会 17c〔阿部重孝〕 149a〔教育科学研究会〕 657a〔宗像誠也〕
『教育科学研究』 149a〔教育科学研究会〕
・教育科学研究会 148c 139a〔城戸幡太郎〕 657a〔宗像誠也〕
教育科学研究会綱領 149a〔教育科学研究会〕
『教育学辞典』 18a〔阿部重孝〕
・教育基本法 149b 152b〔教育勅語の失効〕 400b〔田中耕太郎〕
教育局 94c〔海軍省〕
教育研究会 17c〔阿部重孝〕 149a〔教育科学研究会〕
教育刷新委員会 19a〔安倍能成〕 149b〔教育基本法〕
教育召集 297b〔召集〕
・教育審議会 150a 42b〔伊東延吉〕 153b〔教学刷新評議会〕 217b〔国民学校〕 416a〔中等学校令〕
教育制度改革案 17c〔阿部重孝〕
・教育総監 150c 151b〔教育総監部〕 262c〔参謀総長〕 315a〔親補職〕 692a〔陸軍三長官会議〕 694c〔陸軍大臣〕
・教育総監部 151a 150c〔教育総監〕 180a〔軍部〕 263b〔参謀本部〕 694c〔陸軍大臣〕
『教育』談話会 148c〔教育科学研究会〕
・教育勅語 151b 149c〔教育基本法〕 152b〔教育勅語の失効〕 177a〔軍人勅諭〕 178a〔軍隊手帳〕 198c〔皇国史観〕 213a〔国体論〕
・教育勅語の失効 152b
・教育に関する戦時非常措置方策 152c 109b〔学徒動員〕
教育に関する戦時非常措置方策に基く学校整備要領 152c〔教育に関する戦時非常措置方策〕
教育に関する勅語 151c〔教育勅語〕 →教育勅語
『教育の国防国家』 323b〔鈴木庫三〕
教育の世紀社 279c〔下中弥三郎〕
教育の理念及び教育基本法に関すること 149b〔教育基本法〕
教育問題研究会 302a〔昭和研究会〕
教員統制 432a〔帝国教育会〕
『教学』 220c〔国民精神文化研究所〕
教学局 ⇨文部省教学局(664b) 153b〔教学刷新評議会〕 517b〔日本諸学振興委員会〕
教学刷新 240b〔近藤寿治〕 517b〔日本諸学振興委員会〕
教学刷新に関する答申 153a〔教学刷新評議会〕
・教学刷新評議会 153a 42b〔伊東延吉〕
教学錬成所 42c〔伊東延吉〕 221a〔国民精神文化研究所〕 240b〔近藤寿治〕 542a〔橋田邦彦〕
教科研 148c〔教育科学研究会〕 →教育科学研究会
教科書 213a〔国定教科書〕 330b〔墨ぬり教科書〕
教科書裁判 29c〔家永三郎〕
教科内容の改革要領 18a〔阿部重孝〕
暁空丸 428c〔対馬丸事件〕
共産「インターナショナル」に対する日独協定 500b〔日独伊防共協定〕 500c〔日独防共協定〕
共産主義 575c〔ファシズム〕
共産主義インターナショナル 237c〔コミンテルン〕
教授グループ事件 ⇨人民戦線事件(315c) 23a〔有沢広巳〕
供出 162a〔金属品回収〕
・教職追放 153c
行政委員 379b〔大日本政治会〕
行政戒厳 98b〔戒厳令〕
・行政査察使 154a 477a〔内閣顧問〕
行政査察制度 154a〔行政査察使〕 229a〔五大重点産業〕
行政執行法 381b〔大日本帝国憲法〕
強制集団死 289b〔集団自決〕
・強制収容所 154b
強制疎開 400a〔建物疎開〕
・強制連行 154c 120b〔華北労工協会〕 342b〔戦後補償〕 423b〔朝鮮労務協会〕 425c〔徴用制度〕 449b〔東京裁判〕
・協調会 155b 378b〔大日本産業報国会〕
『協同組合研究』 614b〔本位田祥男〕
協同主義 24c〔有馬頼寧〕
協同主義の哲学的基礎 302a〔昭和研究会〕
共同炊事 471a〔隣組〕
共同通信社 462a〔同盟通信社〕
共同風呂 471a〔隣組〕
・京都学派 155b 162a〔近代の超克〕 199c〔高坂正顕〕 208a〔高山岩男〕 323c〔鈴木成高〕 336a〔世界史の哲学〕 402b〔田辺元〕 496b〔西田幾多郎〕
京都人民戦線事件 336c〔世界文化〕
・郷土部隊 156b 708c〔連隊区〕
『行の哲学』 139b〔紀平正美〕
『鏡泊湖』 675c〔鑓田研一〕
教範 443a〔典範令〕
強風 273b〔紫電〕
矯風会 156c〔協和会〕
供米反対闘争 596a〔米穀供出制度〕
『強力政治の将来』 253b〔佐々弘雄〕
協力内閣運動 714a〔若槻礼次郎内閣〕
・協和会 156c
協和教育 157a〔協和会〕
御影 226c〔御真影〕
・玉音放送 157b 12c〔アジア・太平洋戦争〕 144c〔宮城録音盤事件〕 280a〔下村宏〕 285c〔十五年戦争〕 523a〔日本放送協会〕 612a〔ポツダム宣言受諾〕
・玉砕 157b 16c〔アッツ島の戦〕 30b〔硫黄島の戦〕 58b〔海ゆかば〕 289c〔集団自決〕 349b〔戦陣訓〕 439c〔転進〕 659c〔メレヨン島事件〕 670b〔山崎保代〕
旭日旗 171b〔軍艦旗〕 171c〔軍旗〕
旭日章 175c〔勲章〕
「旭日霊峰」 683c〔横山大観〕
局地戦闘機航空隊 93a〔海軍航空隊〕
・極東委員会 157c 264a〔CIE〕 625c〔マッカーサー〕
極東国際軍事裁判 ⇨東京裁判(448b) 53b〔ウェッブ〕 158b〔清瀬一郎〕 313a〔人道に対する罪〕 489a〔南京事件〕 598a〔平和に対する罪〕
極東国際軍事裁判所憲章 61b〔A級戦犯〕 208c〔国際検察局〕 313a〔人道に対する罪〕 450b〔東京裁判開廷〕
極東選手権競技大会 444c〔東亜競技大会〕
極東平和友の会 642a〔水野広徳〕
局部抗戦 286b〔十五年戦争〕
魚形水雷 318b〔水雷〕
挙国一致内閣 79b〔岡田啓介内閣〕 245

a〔斎藤実内閣〕
居住区　478a〔内務班〕
魚雷　101a〔回天〕 158c〔魚雷艇〕 318b〔水雷〕 349b〔潜水艦〕
・魚雷艇　158c
・機雷　158c　318b〔水雷〕
「燦めく星座」　540b〔灰田勝彦〕
・桐工作　159a　32c〔石井秋穂〕 40a〔板垣征四郎〕 274a〔支那事変処理要綱〕 656c〔武藤章〕
霧島　239a〔金剛〕 363c〔ソロモン海戦〕
キリスト教　283a〔宗教団体法〕
ギルバート諸島　403b〔タラワ島の戦〕
・義烈空挺隊　159c　319c〔菅原道大〕
記録映画　216a〔国民映画〕
・銀河　160a
金解禁　300b〔昭和恐慌〕 579b〔深井英五〕
緊急学徒勤労動員方策要綱　109b〔学徒動員〕
・緊急国民動員方策要綱　160b
緊急勅令　380c〔大日本帝国憲法〕
・キング　160b
キングレコード　160c〔キング〕
金鶏学院　629b〔松本学〕 666a〔安岡正篤〕
銀行倶楽部　513a〔日本経済連盟会〕
銀行統合　41a〔一県一行主義〕 244a〔財政金融基本方策要綱〕 550c〔馬場鍈一〕
・銀行等資金運用令　161a　99c〔会社利益配当及資金融通令〕 458c〔統制経済〕
・金鵄勲章　161b　175c〔勲章〕
・錦州爆撃　161c
金城銀行　414c〔中国連合準備銀行〕
金属回収令　162a〔金属品回収〕
・金属品回収　161c
『近代欧州経済史序説(上)』　76b〔大塚久雄〕
『近代歌謡の研究』　585a〔藤田徳太郎〕
『近代芸術』　396b〔瀧口修造〕
・近代の超克　162a　323c〔鈴木成高〕 336a〔世界史の哲学〕 398a〔竹内好〕 430a〔津村秀夫〕 497a〔西谷啓治〕
勤皇まことむすび　⇨まことむすび社(621a)　119a〔鹿子木員信〕
『勤皇まことむすび』　617c〔本間憲一郎〕
勤皇まことむすび運動　621b〔まことむすび社〕
金本位制　131a〔管理通貨制度〕 300c〔昭和恐慌〕 335b〔世界恐慌〕
金本位制停止　300b〔昭和恐慌〕 476b〔ドル買い〕
金融恐慌　300c〔昭和恐慌〕
・金融緊急措置令　162b
・金融組合　162c
・金融事業整備令　162c　41a〔一県一行主義〕 244a〔財政金融基本方策要綱〕
・金融新体制　163a
金融統制会　163a〔金融新体制〕
・金融統制団体令　163b　163a〔金融事業整備令〕 163a〔金融新体制〕 457c〔統制会〕
金輸出再禁止　⇨管理通貨制度(131a)　⇨高橋財政(394c)　44b〔犬養毅内閣〕 98b〔外国為替管理法〕 300b〔昭和恐慌〕 579b〔深井英五〕
金流出　335b〔世界恐慌〕
近隣諸国条項　706b〔歴史教科書論争〕
銀輪部隊　633a〔マレー作戦〕
勤労行政推進査察　379b〔大日本政治会〕
勤労国民党　17b〔安部磯雄〕
・勤労新体制　163b　164a〔勤労動員〕
勤労新体制確立要綱　163b〔勤労新体制〕
勤労青少年輔導緊急対策要綱　333a〔青少年不良化問題〕
勤労挺身隊　383b〔大日本労務報国会〕
・勤労動員　163c　80c〔岡部長景〕 109a〔学徒動員〕 152c〔教育に関する戦時非常措置方策〕 160b〔緊急国民動員方策要綱〕 383a〔大日本労務報国会〕
『勤労の本義』　316a〔臣民の道〕
勤労報国協力令　⇨国民勤労報国協力令(218c)
勤労報国隊　⇨国民勤労報国協力令(218c)　222b〔国民総力朝鮮連盟〕 296a〔商業報国会〕 442a〔転廃業問題〕

く

・グアム攻略戦　164c
グアム島　164c〔グアム攻略戦〕 631a〔マリアナ沖海戦〕
・空軍独立問題　164c
空襲　107b〔学童疎開〕 343a〔戦災〕 361a〔疎開〕 447b〔ドゥーリトル空襲〕 447c〔灯火管制〕 451b〔東京大空襲〕 602a〔防空演習〕 602b〔防空空地帯〕 602c〔防空警報〕 602c〔防空壕〕 603a〔防空頭巾〕 603b〔防空法〕 615c〔本土空襲〕 664c〔もんぺ〕
空襲警報　523a〔日本放送協会〕 602c〔防空警報〕
空戦に関する規則案　536b〔ハーグ空戦規則〕
『空想家とシナリオ』　483a〔中野重治〕
・空中聴音機　165a
『空中漂流一週間』　59a〔海野十三〕
空母　⇨航空母艦(197c)
阮朝　411b〔チャン＝チョン＝キム〕 540c〔バオ＝ダイ〕
駆潜隊　127b〔艦隊〕
・駆潜艇　166a
・「九段の母」　166b
・駆逐艦　166b　357a〔掃海艇〕 366c〔大艦巨砲主義〕 527a〔ねずみ輸送〕
駆逐隊　127b〔艦隊〕 353a〔戦隊〕
『屈原』　110a〔郭沫若〕
宮内大臣　145a〔宮中グループ〕
「国に寄する」四部作　125b〔川端龍子〕
・『くにのあゆみ』　166c　29b〔家永三郎〕
久原鉱業　2a〔鮎川義介〕 86a〔小平浪平〕 167b〔久原房之助〕 504c〔日産財閥〕 566a〔日立製作所〕
久原財閥　⇨日産財閥(504c)　167b〔久原房之助〕
久原商事　504c〔日産財閥〕
首なし事件　622a〔正木ひろし〕
熊本陸軍予備士官学校　698a〔陸軍予備士官学校〕
『雲と椰子』　72a〔大木惇夫〕
苦楽座　251c〔桜隊〕
苦楽座移動隊　251c〔桜隊〕
倉敷労働科学研究所　159b〔桐原葆見〕 438b〔暉峻義等〕 709c〔労働科学研究所〕
グラント戦車　65c〔M3中戦車〕
栗田艦隊　705c〔レイテ沖海戦〕
栗田書店　516b〔日本出版配給会社〕
クルーサー　293b〔巡洋艦〕
久留米陸軍予備士官学校　698a〔陸軍予備士官学校〕
グレート＝アーティスト　610c〔Bockscar〕
呉海軍工廠　⇨海軍工廠(93b)
呉鎮守府　426b〔鎮守府〕
くろがね会　59a〔海野十三〕
「黒船」　671c〔山田耕筰〕
『軍医団雑誌』　691b〔陸軍軍医学校〕
軍楽兵　597a〔兵種〕
・軍歌・戦時歌謡　171a
軍艦　366b〔大艦巨砲主義〕
「軍艦」　58b〔海ゆかば〕
・軍艦旗　171b　171c〔軍旗〕
・軍管区　171b　617b〔本土防空作戦〕
軍管区司令官　171b〔軍管区〕
『軍艦茉莉』　25c〔安西冬衛〕
・軍紀　171c
・軍旗　171c　171b〔軍艦旗〕
・軍機保護法　172a　191a〔憲兵〕 215b〔国防保安法〕
軍鳩　181c〔軍用鳩〕
・軍刑法　172b
軍刑務所　172b〔軍刑法〕
軍犬　181b〔軍用犬〕
軍犬管理規則　181b〔軍用犬〕
軍港　102a〔海兵団〕
軍国歌謡　171b〔軍歌・戦時歌謡〕
・軍国主義　172c　514c〔日本国憲法〕
軍国美談　494c〔肉弾三勇士〕
軍財抱合財政　552b〔林銑十郎内閣〕
軍産学複合体　570c〔平賀譲〕
軍事援護相談所　286c〔銃後奉公会〕
軍事援護美術展　521a〔日本美術報国会〕
・軍事救護法　173a　173b〔軍事扶助法〕 293b〔傷痍軍人〕
軍事教練　⇨学校教練(116a)
軍事参議院　187c〔元帥〕
軍事参議官　315a〔親補職〕
・軍事特別措置法　173a
軍事扶助　410b〔地方事務所〕
・軍事扶助法　173b　173a〔軍事救護法〕 293c〔傷痍軍人〕 349a〔戦傷病者戦没者遺族等援護法〕
・軍事保護院　174a　202a〔厚生省〕

293c〔傷痍軍人〕
軍事目標主義　392b〔田岡良一〕
軍需会社　183c〔経済警察〕
・軍需会社法　174c　175b〔軍需融資指定金融機関制度〕　211b〔国策会社〕　229b〔五大重点産業〕
軍需局　94c〔海軍省〕
軍縮　714b〔ワシントン会議〕　715c〔ワシントン体制〕
軍需工業拡充計画　458b〔統制経済〕
軍需工業動員法　⇨戦時統制三法(348a)　387c〔代用品〕　458b〔統制経済〕
軍需工業動員法適用法　344b〔戦時議会〕
軍需充足会社令　174c〔軍需会社法〕　211b〔国策会社〕
・軍需省　175a　132b〔企画院〕　135a〔岸信介〕　229b〔五大重点産業〕　455b〔東条英機〕　456c〔東条英機内閣〕　529c〔農商省〕
軍需生産美術推進隊　653b〔向井潤吉〕
・軍需融資指定金融機関制度　175b
・勲章　175c　161b〔金鵄勲章〕
軍司令官　315a〔親補職〕
軍司令部　617b〔本土防空作戦〕
・軍神　176a　48a〔岩佐直治〕　144a〔九軍神〕　666c〔靖国神社〕
・軍人援護会　176b　286c〔銃後奉公会〕
軍人援護に関する勅語　176b〔軍人援護会〕
・軍人恩給　176b　343c〔戦災〕　349a〔戦傷病者戦没者遺族等援護法〕　564b〔引揚援護局〕
軍人恩給法　293b〔傷痍軍人〕
軍人会館　267c〔士官・将校〕
軍人傷痍記章　293c〔傷痍軍人〕
・軍人勅諭　176c　171c〔軍紀〕　178a〔軍隊手帳〕　349b〔戦陣訓〕　693b〔陸軍省〕
軍人読法　178a〔軍隊手帳〕
・軍政　177b　94a〔海軍省〕　96a〔海軍大臣〕　180a〔軍部〕　182a〔軍令〕　693a〔陸軍省〕　694b〔陸軍大臣〕
軍政局　264a〔GHQ〕
グンゼ株式会社　177c〔郡是製糸会社〕
・郡是製糸会社　177b
軍曹　91b〔階級〕　112c〔下士官兵〕
・軍属　177c
軍隊教育　443a〔典範令〕
『軍隊教育学概論』　323b〔鈴木庫三〕
・軍隊教育令　178a
軍隊区分　⇨戦闘序列・軍隊区分(353c)
・軍隊手帳　178a　603c〔奉公袋〕
・軍隊内務書　178b　178c〔軍隊内務令〕　478a〔内務班〕
・軍隊内務令　178b
軍都　426b〔鎮守府〕
・軍刀　178c
軍農夫　391a〔台湾人兵士〕
・軍馬　178c　129a〔関東軍軍馬防疫廠〕　557c〔輓馬〕　667b〔野戦重砲〕
・軍配組合　179a
軍馬資源保護法　179a〔軍馬〕
・軍閥　179b
『軍閥興亡史』　43b〔伊藤正徳〕
軍馬補充部　179a〔軍馬〕　693b〔陸軍省〕
軍備拡張　340c〔漸減邀撃作戦〕
軍備充実計画の大綱　298a〔常設師団〕　465c〔特設師団〕
・軍票　179b　179a〔軍配組合〕　356c〔占領地通貨問題〕　412a〔中央儲備銀行〕
軍票交換用物資配給組合　179a〔軍配組合〕
・軍部　180a
軍夫　391a〔台湾人兵士〕
『薫風の島々―南方従軍手帖より―』　255b〔寒川光太郎〕
軍服　223a〔国民服〕
・軍部大臣現役武官制　180c　94b〔海軍省〕　96a〔海軍大臣〕　172c〔軍国主義〕　180b〔軍部〕　437b〔寺内寿一〕　552a〔林銑十郎内閣〕　574a〔広田外交〕　574c〔広田弘毅内閣〕
・軍法会議　181a　172b〔軍刑法〕
軍民離間声明　147b〔救農土木事業〕　245c〔斎藤実内閣〕
軍務局　⇨海軍省軍務局(95a)　⇨陸軍省軍務局(693b)　94c〔海軍省〕　693b〔陸軍省〕
軍用機献納運動　⇨愛国号・報国号(3a)　383a〔大日本連合青年団〕
・軍用犬　181b
軍用資源秘密保護法　172a〔軍機保護法〕　215b〔国防保安法〕
軍用自動車　181c〔軍用自動車補助法〕　273c〔自動車製造事業法〕
・軍用自動車補助法　181b
軍用手票　⇨軍票(179b)
軍用トラック　181c〔軍用自動車補助法〕
・軍用鳩　181c
軍用保護自動車　181c〔軍用自動車補助法〕
・軍律会議　182a
・軍令　182a　177b〔軍政〕　180a〔軍部〕　182c〔軍令部〕　262c〔参謀総長〕　263a〔参謀本部〕　457a〔統帥権〕
・軍令承行令　182c
軍令に関する件　182b〔軍令〕
・軍令部　182c　182a〔軍令〕　183a〔軍令部総長〕　384b〔大本営〕　457a〔統帥権〕
・軍令部総長　183a　27b〔帷幄上奏〕　96a〔海軍大臣〕　182c〔軍令部〕　227c〔御前会議〕　315a〔親補職〕　366a〔大海令・大海指〕　384c〔大本営〕　385a〔大本営御前会議〕　385b〔大本営政府連絡会議〕

け

経営者団体連合会　341b〔全国産業団体連合会〕
軽営倉　61a〔営倉〕
警戒警報　602c〔防空警報〕
軽機関銃　132c〔機関銃〕　436a〔擲弾筒〕
軽金属製造事業法　268b〔事業法〕　458a〔統制経済〕　513a〔日本軽金属会社〕
経国文芸の会　472a〔富沢有為男〕
経済科学局　264b〔GHQ〕
・経済警察　183c　101a〔買い出し〕
経済警察協議会　183c〔経済警察〕
経済再編成研究会　302a〔昭和研究会〕
日本経済再編成試案　302a〔昭和研究会〕
・経済新体制　183c　132b〔企画院事件〕　244a〔財政金融基本方策要綱〕　312b〔新体制運動〕
経済新体制確立要綱　132b〔企画院事件〕　163a〔金融新体制〕　184a〔経済新体制〕　235c〔近衛文麿内閣〕　290c〔重要産業団体令〕　457b〔統制会〕
経済新体制確立要綱案　106c〔革新官僚〕　132a〔企画院〕
『経済生活の日本的転換』　649b〔美濃部洋次〕
経済団体連合会　34a〔石川一郎〕　513b〔日本経済連盟会〕
経済統制　244b〔財政経済三原則〕　348a〔戦時統制三法〕　360a〔総力戦〕　410b〔地方事務所〕
経済同友会　200b〔郷司浩平〕
経済ブロック論　445a〔東亜協同体論〕
『経済本質論』　72c〔大熊信行〕
警察犯処罰令　193a〔言論出版集会結社等臨時取締法〕
警察予備隊　404a〔ダレス〕　515c〔日本国憲法〕　625c〔マッカーサー〕
警察予備隊令　612a〔ポツダム勅令〕
・傾斜生産方式　184a　23b〔有沢広巳〕　337b〔石炭庁〕
軽巡洋艦　293b〔巡洋艦〕
・軽戦車　184b　348c〔戦車〕
軽装甲車　348c〔戦車〕
・携帯口糧　184b
警備府　⇨要港部(679c)　95b〔海軍総隊司令部〕
芸文研究会　448a〔陶希聖〕
刑法　193a〔言論出版集会結社等臨時取締法〕
『刑法講義』　396a〔滝川幸辰〕
・警防団　184b　423c〔町内会・部落会〕　471a〔隣組防火群〕　602b〔防空演習〕　602c〔防空警報〕
『刑法読本』　396a〔滝川幸辰〕
撃ソ論　298a〔情勢の推移に伴ふ帝国国策要綱〕
ケ号作戦　115b〔ガダルカナル島の戦〕
ゲスターポ　466b〔独ソ戦〕
『血縁』　141c〔木村荘十〕
結核　191c〔健民修錬〕　194b〔小泉親彦〕　293c〔傷痍軍人〕
結核対策要綱　191c〔健民修錬〕
結核療養所　174b〔軍事保護院〕
『月刊楽譜』　612c〔堀内敬三〕
『月刊批判』　543b〔長谷川如是閑〕
『月経と作業能力』　159b〔桐原葆見〕
・月月火水木金金　185a
・月光　185a　561b〔B29 Superfortress〕
決号作戦計画準備要綱　617a〔本土決

戦計画〕
決号作戦準備要綱　197c〔航空総軍〕
『結婚の幸福』　18a〔阿部静枝〕
結社取締　192c〔言論出版集会結社等臨時取締法〕
「血戦ガダルカナル」　584c〔藤田嗣治〕
決戦教育措置要綱　109b〔学徒動員〕　195a〔小磯国昭内閣〕　345b〔戦時教育令〕
『決戦の大空へ』　714b〔若鷲の歌〕
決戦美術展　333b〔聖戦美術展〕　696b〔陸軍美術協会〕
・決戦非常措置要綱　185a　456c〔東条英機内閣〕
決戦非常措置要綱に基く学徒動員実施要綱　109b〔学徒動員〕
決戦兵器考案に関する作戦上の要望　578b〔風船爆弾〕
『決戦漫画輯』　81b〔岡本一平〕
血盟団　45b〔井上日召〕　406a〔団琢磨〕
血盟団事件　⇨井上日召(45a)　44b〔犬養毅内閣〕　196a〔五・一五事件〕　230b〔国家改造運動〕　240a〔権藤成卿〕　686b〔四元義隆〕　712c〔ロンドン海軍軍縮条約〕
月曜会　265b〔椎名悦三郎〕　649b〔美濃部洋次〕
ケベック協定　188c〔原爆投下〕
ゲリラ　555b〔パルチザン〕
ゲリンド　20b〔アミル＝シャリフディン〕　675b〔ヤミン〕
「ゲルニカ」　185c〔ゲルニカ爆撃〕
・ゲルニカ爆撃　185b
ケロッグ＝ブリアン条約　587a〔不戦条約〕　→不戦条約
・現役　185c　205c〔後備役〕　243b〔在郷軍人〕　404c〔短期現役兵〕　424c〔徴兵検査〕　687b〔予備役〕
現役兵証書　307c〔初年兵〕
・検閲　186a　172a〔軍機保護法〕　386a〔大本営発表〕
・検閲制度　186b　461c〔同盟通信社〕
建艦競争　366c〔大艦巨砲主義〕
建艦献金運動　427c〔辻詩集〕
研究隣組　354a〔全日本科学技術団体連合会〕
兼業農家　307c〔職工農家〕
「元寇」　134a〔紀元二千六百年記念式典〕
健康保険制度　219a〔国民健康保険〕
健康保険法　710a〔労働者年金保険法〕
「建国音頭」　134a〔紀元二千六百年記念式典〕
建国会　6c〔赤尾敏〕　377b〔大日本皇道会〕　427c〔津久井龍雄〕
建国祭　6c〔赤尾敏〕
・建国大学　187a
・建国体操　187b　76a〔大谷武一〕
「建国の事情と万世一系の思想」　429a〔津田左右吉〕
検事総長　315a〔親補職〕
原子爆弾　63b〔Enola Gay〕　170a〔グローブス〕　188c〔原爆投下〕　189c〔原爆ドーム〕　326b〔スティムソン〕　343a〔戦災〕　476a〔トルーマン〕　497b〔仁科芳雄〕　561c〔B29 Superfortress〕　616c〔本土空襲〕　639a〔マンハッタン計画〕　→原爆
兼二浦製鉄所　47c〔岩崎久弥〕　518b〔日本製鉄会社〕
現情勢下に於ける国政運営要綱　108b〔学徒出陣〕
・元帥　187c
元帥府　187c〔元帥〕
・建制　187c
建制部隊　187c〔建制〕
『建設戦記』　597b〔兵隊作家〕
減租減息　204c〔抗日根拠地〕
『現代作家研究』　11a〔浅見淵〕
『現代支那批判』　84c〔尾崎秀実〕
『現代支那論』　84c〔尾崎秀実〕
源田サーカス　188a〔源田実〕
・現地調達　188b
剣道　382b〔大日本武徳会〕　590a〔武道章検定〕
原爆　5c〔アインシュタイン〕　63b〔Enola Gay〕　86b〔オッペンハイマー〕　188b〔原爆裁判〕　360b〔総力戦〕　449a〔東京裁判〕　610b〔Bockscar〕　→原子爆弾
原爆記念陳列館　405b〔丹下健三〕
・原爆裁判　188b
原爆死没者追悼平和祈念館　599a〔平和博物館〕
・原爆投下　188c　12c〔アジア・太平洋戦争〕　188b〔原爆裁判〕　323a〔鈴木貫太郎内閣〕　375a〔第二次世界大戦〕　476a〔トルーマン〕　611b〔ポツダム宣言〕　611c〔ポツダム宣言受諾〕
・原爆ドーム　189c　599b〔平和博物館〕
・「原爆の図」　190b　189c〔原爆投下〕
・憲兵　191a　595a〔兵科〕
憲兵学校　191a〔憲兵〕
健兵健民政策　219a〔国民健康保険〕
憲兵隊　700a〔流言蜚語〕
憲兵派出所　191a〔憲兵〕
憲法改正　235b〔近衛文麿〕　629b〔松本烝治〕
憲法研究会　234c〔近衛文麿〕　658c〔室伏高信〕
『憲法撮要』　649a〔美濃部達吉〕
憲法草案要綱　658c〔室伏高信〕
憲法問題調査委員会　629b〔松本烝治〕
・玄米食　191a　596b〔米穀通帳〕
・健民運動　191b　688c〔ラジオ体操〕
健民運動中枢団体連絡会　191b〔健民運動〕
健民会　191c〔健民運動〕
・健民修錬　191c　202a〔厚生省〕　222c〔国民体力法〕
健民修錬事業　688c〔ラジオ体操〕
健民修錬所　191c〔健民修錬〕　389c〔体力章検定〕
健民部　191c〔健民運動〕
『健民への道』　76b〔大谷武一〕
『建武中興の本義』　570a〔平泉澄〕
『硯友社の文学運動』　581c〔福田清人〕
玄洋社　11c〔アジア主義〕　462a〔頭山満〕
『原理日本』　192a〔原理日本社〕
・原理日本社　192a　133a〔菊池武夫〕　429b〔津田左右吉事件〕　643a〔三井甲之〕　648c〔蓑田胸喜〕
原料甘藷配給統制規則　126c〔甘藷〕
・元老　192b　145a〔宮中グループ〕　241a〔西園寺公望〕　287a〔重臣〕　477b〔内大臣〕
元老会議　145b〔宮中グループ〕
『元禄忠臣蔵』　216a〔国民映画〕
・言論出版集会結社等臨時取締法　192c　456a〔東条英機内閣〕
言論統制　172c〔軍国主義〕　314a〔新聞統合〕　517c〔日本新聞会〕
言論取締　192c〔言論出版集会結社等臨時取締法〕
『言論報国』　119a〔鹿子木員信〕　377a〔大日本言論報国会〕

こ

・小磯国昭内閣　194c　345a〔戦時議会〕
・五・一五事件　195c　44b〔犬養毅内閣〕　145b〔宮中グループ〕　180b〔軍部〕　192b〔元老〕　230b〔国家改造運動〕　240a〔権藤成卿〕　300b〔昭和維新〕　399b〔橘孝三郎〕　497b〔西田税〕　617c〔本間憲一郎〕　712c〔ロンドン海軍軍縮条約〕
五一六化学戦部隊　487a〔七三一部隊〕
・興亜院　196a　111b〔華興商業銀行〕　371c〔大東亜省〕
興亜運動　365a〔大亜細亜協会〕　377b〔大日本興亜同盟〕
興亜学塾　644b〔満川亀太郎〕
興亜厚生大会　444c〔東亜競技大会〕
『興亜詩集』　65a〔江間章子〕
興亜宗教同盟　380a〔大日本戦時宗教報国会〕　382b〔大日本仏教会〕
興亜世界観研究所　584a〔藤沢親雄〕
興亜専門学校　133a〔菊池武夫〕
興亜総本部　377b〔大日本興亜同盟〕
「興亜大行進曲」　65a〔江間章子〕
『興亜の大義』　467a〔徳富蘇峰〕
興亜仏教協会　382b〔大日本仏教会〕
・興亜奉公日　196b　220a〔国民精神総動員運動〕　368b〔大詔奉戴日〕
・交易営団　196c　35c〔石田礼助〕　61a〔営団〕　211b〔国策会社〕　391a〔台湾重要物資営団〕
『光画』　141a〔木村伊兵衛〕
校外教育研究会　148c〔教育科学研究会〕
・高角砲　196c　200b〔高射砲〕
皇紀二千六百年奉祝芸能祭　522c〔日本文化中央連盟〕
皇紀二千六百年奉祝橿原神宮奉納建国体操大会　187b〔建国体操〕
航技兵　597a〔兵種〕
皇居　144c〔宮城〕　157b〔玉音放送〕
工業組合　441c〔転廃業問題〕
工業組合法　458a〔統制経済〕
工業再分布実施計画に関する件　410a〔地方工業化委員会〕

公共土木事業　271c〔失業救済事業〕
工業の地方分散計画に関する件　410a〔地方工業化委員会〕
航空艦隊　127b〔艦隊〕　137c〔機動部隊〕
航空機技術委員会　197a〔航空機製造事業法〕
航空機製造事業委員会　197a〔航空機製造事業法〕
・航空機製造事業法　197c　268b〔事業法〕　458a〔統制経済〕
航空軍　691c〔陸軍航空隊〕
・航空研究所　197a
航空士官学校　692c〔陸軍士官学校〕
航空整備師団　271a〔師団〕
航空戦隊　353a〔戦隊〕
・航空総軍　197b　617a〔本土決戦計画〕　691c〔陸軍航空隊〕
航空隊　127b〔艦隊〕
『航空部隊』　249c〔榊山潤〕
航空兵　96c〔海軍飛行予科練習生〕　595a〔兵科〕　→海軍飛行予科練習生
航空兵科士官候補生　691b〔陸軍航空士官学校〕
航空兵団　691c〔陸軍航空隊〕
・航空母艦　197c　137c〔機動部隊〕　366c〔大艦巨砲主義〕
航空本部　91c〔海軍艦政本部〕
・紅軍　197c　311b〔新四軍〕　545c〔八路軍〕
『行軍』　473b〔豊田三郎〕
工芸美術作家協会　521a〔日本美術報国会〕
航研機　197b〔航空研究所〕
「高原の旅愁」　43a〔伊藤久男〕
皇后　226c〔御真影〕
・皇国史観　198b　86c〔小沼洋夫〕　133c〔紀元二千六百年記念式典〕　139b〔紀平正美〕　495a〔西岡虎之助〕　569c〔平泉澄〕
皇国史観錬成会　199b〔皇国史観〕
・皇国農村確立運動　199b　270a〔自作農創設政策〕　275c〔地主制〕
皇国民　217b〔国民学校〕
高座海軍工廠　93c〔海軍工廠〕
・工作機械製造事業法　200a　268b〔事業法〕　458a〔統制経済〕
工作兵　597a〔兵種〕
公使館付武官　415a〔駐在武官〕
公使館付武官補佐官　415a〔駐在武官〕
高射師団　271a〔師団〕
高射兵　299a〔少年兵〕　597a〔兵種〕
・高射砲　200b　197a〔高角砲〕　296a〔照空灯〕
杭州湾上陸作戦　374b〔第二次上海事変〕　488a〔南京作戦〕
甲種予科練　96c〔海軍飛行予科練習生〕
工場緊急疎開要綱　201b〔工場疎開〕
工場事業場管理令　211b〔国策会社〕　231b〔国家総動員法〕　458a〔統制経済〕
工場事業場技能者養成令　163c〔勤労動員〕　459a〔統制経済〕
・工場就業時間制限令　200c
・公娼制度　200c
・工場疎開　201b
「荒城の月」　216b〔国民皆唱運動〕
・公職追放　201b　375c〔対日理事会〕
公職追放令　369c〔大政翼賛会〕　612a〔ポツダム勅令〕
『黄塵』　53b〔上田広〕
・厚生運動　201c　202a〔厚生事業〕
興生会　157a〔協和会〕
合成ゴム　388a〔代用品〕
・厚生事業　201c　201c〔厚生運動〕
江西省　580a〔武漢作戦〕
・厚生省　202a　191b〔健民運動〕　194b〔小泉親彦〕　201c〔厚生事業〕　310c〔人口政策確立要綱〕　564b〔引揚援護局〕　581a〔復員〕　581b〔復員省〕　710a〔労働者年金保険法〕　710b〔労務動員計画〕
厚生省研究所　399c〔舘稔〕
公正取引委員会　466a〔独占禁止法〕
厚生年金保険制度　710a〔労働者年金保険法〕
厚生年金保険法　710a〔労働者年金保険法〕
・抗戦建国綱領　202b　219a〔国民参政会〕
抗戦勝利　286b〔十五年戦争〕
交戦法規　347a〔戦時国際法〕
『構想力の論理』　641b〔三木清〕
皇族　582c〔不敬罪〕
講談社　160b〔キング〕
・興中公司　203b　136c〔北支那開発会社〕　362a〔十河信二〕
交通銀行　414c〔中国連合準備銀行〕
交通調整　203c〔交通統制〕
交通電力動員委員会　458c〔統制経済〕
・交通統制　203b
公定価格　101a〔買い出し〕　105b〔価格等統制令〕
『皇道』　377c〔大日本皇道会〕
皇道大本教　582c〔不敬罪〕
皇道会　377c〔大日本皇道会〕
高等警察　122c〔唐沢俊樹〕
皇道主義　308b〔白鳥敏夫〕
高等女学校　416a〔中等学校令〕
皇道朝鮮研究委員会　522a〔日本文学報国会〕
・皇道派　204a　4c〔相沢事件〕　22c〔荒木貞夫〕　79c〔岡田啓介内閣〕　87c〔小畑敏四郎〕　151a〔教育総監〕　179b〔軍閥〕　180b〔軍部〕　215b〔国防の本義と其強化の提唱〕　230b〔国家改造運動〕　459c〔統制派〕　621b〔真崎甚三郎〕
行動美術協会　653b〔向井潤吉〕
皇都興亜塾　112a〔笠木良明〕
抗日運動　371b〔大東亜共栄圏〕
抗日救国運動　298b〔章乃器〕
抗日救国会　368a〔第十九路軍〕
・抗日救国十大綱領　204b　413b〔中国共産党〕
抗日救国のために全同胞に告げる書　545b〔八・一宣言〕　→八・一宣言
抗日ゲリラ地区　257c〔三光作戦〕
・抗日根拠地　204c　257c〔三光作戦〕　311b〔新四軍〕　334b〔整風運動〕　413b〔中国共産党〕　545c〔八路軍〕　569a〔百団大戦〕　655a〔無人区化〕
抗日七君子事件　298b〔章乃器〕
抗日戦争　257c〔三光作戦〕　286b〔十五年戦争〕
抗日統一戦線　268b〔持久戦論〕
・抗日民族統一戦線　205a　413b〔中国共産党〕　545b〔八・一宣言〕　545c〔八路軍〕
鴻池銀行　263c〔三和銀行〕
興農合作社　637c〔満洲中央銀行〕　638a〔満洲農産公社〕
興農金庫　637c〔満洲中央銀行〕
『皇農新風土記』　631c〔丸山義二〕
河野談話　205b〔河野内閣官房長官談話〕　→河野内閣官房長官談話
・河野内閣官房長官談話　205b　27c〔慰安婦〕
「香妃」　671c〔山田耕筰〕
・後備役　205c　243b〔在郷軍人〕　687b〔予備役〕
甲標的　⇨特殊潜航艇「甲標的」(465a)　311c〔真珠湾攻撃〕
・降伏文書調印式　206a　563b〔東久邇宮稔彦内閣〕　641b〔ミズーリ〕
工兵　595a〔兵科〕　597a〔兵種〕
後方展開　439c〔転進〕
・皇民化政策　206b　157a〔協和会〕　358a〔創氏改名〕　468b〔特別志願兵制度〕　477b〔内鮮融和〕　647b〔南次郎〕
・皇民奉公会　207b　207a〔皇民化政策〕　701c〔林献堂〕
港務部　127b〔艦隊〕
『光耀』　552c〔林富士馬〕
高力陶器　388a〔代用品〕
高粱　387b〔代用食〕
蛟龍　465c〔特殊潜航艇「甲標的」〕
「香炉峰」　125b〔川端龍子〕
『公論』　121c〔上村勝弥〕　121c〔上村哲弥〕
コカイン　19b〔阿片政策〕
五ヵ国条約　714c〔ワシントン会議〕　715b〔ワシントン体制〕
御下問　145b〔宮中グループ〕
『コギト』　42c〔伊藤佐喜雄〕　168a〔蔵原伸二郎〕　523c〔日本浪曼派〕
国維会　309c〔新官僚〕　629b〔松本学〕　666a〔安岡正篤〕
国学　213a〔国体論〕
国軍　216c〔国民革命軍〕　→国民革命軍
国語　514b〔日本語教育〕
『国語学史』　672b〔山田孝雄〕
国語対策協議会　514b〔日本語教育〕
国債　346c〔戦時国債〕
国際学友会　492a〔南方特別留学生〕
国際軍事裁判所　313a〔人道に対する罪〕
国際軍事裁判所憲章〔-条例〕　313a〔人道に対する罪〕　352a〔戦争犯罪〕　450a〔東京裁判開廷〕　525c〔ニュルンベルク裁判〕　598a〔平和に対する罪〕
・国際検察局　208b　61c〔A級戦犯〕　131b〔キーナン〕　264b〔GHQ〕　450b〔東京裁判開廷〕
国際商業会議所　513b〔日本経済連盟会〕
国債日銀引受　301b〔昭和恐慌〕　346c〔戦時国債〕　394c〔高橋財政〕
国際文化振興会　509a〔ニッポン〕　509b〔日本工房〕

国際法　347a〔戦時国際法〕　350c〔戦争違法化〕
国際報道株式会社　509c〔日本工房〕
国際報道工芸株式会社　509c〔日本工房〕
国際報道写真協会　43c〔伊奈信男〕　141a〔木村伊兵衛〕
・国際連合　208c　209b〔国際連合憲章〕　210a〔国際連盟〕　262a〔サンフランシスコ平和条約〕　404a〔ダレス〕　676a〔ヤルタ会談〕
・国際連合憲章　209b　208c〔国際連合〕　676a〔ヤルタ会談〕　708a〔連合国共同宣言〕
・国際連盟　209c　54b〔ヴェルサイユ体制〕　208c〔国際連合〕　210a〔国際連盟規約〕　210b〔国際連盟脱退〕　350c〔戦争違法化〕　624a〔松岡洋右〕　636c〔満洲事変〕　699b〔リットン報告書〕　715b〔ワシントン体制〕
・国際連盟規約　210a
国際連盟極東問題諮問委員会　143a〔九ヵ国条約会議〕
・国際連盟脱退　210b　245b〔斎藤実内閣〕　454a〔東郷茂徳〕　508b〔日中戦争〕　624c〔松岡洋右〕
国際連盟脱退後に於ける帝国の対欧米外交方針　454a〔東郷茂徳〕
国策映画　216a〔国民映画〕
・国策会社　210c
・国策研究会　211b　73a〔大蔵公望〕　139c〔基本国策要綱〕　149a〔教育科学研究会〕　396c〔滝正雄〕　667c〔矢次一夫〕
『国策研究会会報』　211c〔国策研究会〕
『国策研究会週報』　211c〔国策研究会〕
国策研究同志会　211b〔国策研究会〕　667c〔矢次一夫〕
国策大綱　212a〔国策の基準〕
・国策の基準　211c　226c〔五相会議〕　489b〔南進論〕　574a〔広田外交〕　574c〔広田弘毅内閣〕
国策のグラフ　280c〔写真週報〕
国策のパンフレット　290b〔週報〕
・『国史概説』　212a　86c〔小沼洋夫〕　198b〔皇国史観〕
『国史学の骨髄』　569c〔平泉澄〕
国粋義勇飛行隊　252a〔笹川良一〕
国粋大衆党　252a〔笹川良一〕
国粋同盟　252b〔笹川良一〕
『国粋之日本』　377c〔大日本国粋会〕
国政一新会　322a〔助川啓四郎〕　480b〔中島知久平〕　590b〔船田中〕
国政研究会　211c〔国策研究会〕　480b〔中島知久平〕
国体　198b〔皇国史観〕　212b〔国体の本義〕　212c〔国体論〕　575c〔ファシズム〕
『国体学総論』　254b〔里見岸雄〕
国体護持　287c〔終戦工作〕　611c〔ポツダム宣言受諾〕
国体主義同盟　254b〔里見岸雄〕
・『国体の本義』　212b　42b〔伊東延吉〕　139b〔紀平正美〕　153b〔教学刷新評議会〕　198b〔皇国史観〕　212a〔国史概説〕　213a〔国体論〕　220c〔国民精神文化研究所〕　316a〔臣民の道〕　546b〔八紘一宇〕　565b〔久松潜一〕　664c〔文部省思想局〕　672a〔山田孝雄〕　717b〔和辻哲郎〕
『国体法の研究』　254b〔里見岸雄〕
国体明徴運動　79c〔岡田啓介内閣〕　213a〔国体論〕　433a〔帝国在郷軍人会〕　664c〔文部省思想局〕
国体明徴声明　79c〔岡田啓介内閣〕　213a〔国体論〕　649a〔美濃部達吉〕
・国体明徴問題　212b
・国体論　212c　198c〔皇国史観〕
国柱会　37c〔石原莞爾〕　400c〔田中智学〕
・国定教科書　213a　176a〔軍神〕
・国土計画　214b　410a〔地方工業化委員会〕
国土計画研究会　302a〔昭和研究会〕
国土計画鉱工協議会　410a〔地方工業化委員会〕
国土計画設定要綱　214b〔国土計画〕
『告白』　526a〔丹羽文雄〕
『国文学試論』　542c〔蓮田善明〕
国防館　677b〔遊就館〕
・国防競技　214c
国防競技要綱　214c〔国防競技〕
・国防献金　214c　378a〔大日本国防婦人会〕
国防国策大綱　212a〔国策の基準〕
国防スポーツ　214c〔国防競技〕
国防体育　214c〔国防競技〕
『国防大事典』　251b〔桜井忠温〕
・『国防の本義と其強化の提唱』　215a　32b〔池田純久〕　79b〔岡田啓介内閣〕　280b〔社会大衆党〕
国防婦人会　285c〔銃後〕　423c〔町内会・部落会〕
国防文芸連盟　74c〔大下宇陀児〕　565a〔久生十蘭〕　59a〔海野十三〕　141c〔木村荘十〕　463a〔戸川貞雄〕
・国防保安法　215b　172a〔軍機保護法〕　191a〔憲兵〕　193a〔言論出版集会結社等臨時取締法〕
国保組合　219a〔国民健康保険〕
国本社　300a〔昭和維新〕　554b〔原嘉道〕　571b〔平沼騏一郎〕
・国民医療法　215c　194b〔小泉親彦〕　511b〔日本医療団〕
国民運動研究会　302b〔昭和研究会〕
・国民映画　216a
・国民映画普及会　216a
国民歌　89a〔音楽挺身隊〕
・国民皆唱運動　216b　58b〔海ゆかば〕　512a〔日本音楽文化協会〕　642a〔みたみわれ〕
国民皆保険政策　202a〔厚生省〕　219a〔国民健康保険〕
・国民革命軍　216c　197c〔紅軍〕　231c〔国共合作〕　294c〔蔣介石〕　→国民政府軍
国民革命軍新編第四軍　198a〔紅軍〕　217a〔国民革命軍〕　311b〔新四軍〕　→新四軍
国民革命軍第八路軍　198a〔紅軍〕　217a〔国民革命軍〕　292a〔朱徳〕　545c〔八路軍〕　→八路軍
・国民学校　217b　107b〔学童疎開〕　150b〔教育審議会〕　152c〔教育に関する戦時非常措置方策〕　297a〔少国民〕　390b〔台湾教育令〕　398c〔竹槍訓練〕　420a〔朝鮮教育令〕　541c〔橋田邦彦〕
『国民合唱』　⇨国民歌謡(217c)　642b〔みたみわれ〕
・『国民歌謡』　217c　58a〔海ゆかば〕　523a〔日本放送協会〕
国民義勇戦闘隊　147c〔義勇兵役法〕　218b〔国民義勇隊〕　322c〔鈴木貫太郎内閣〕　379b〔大日本政治会〕
・国民義勇隊　218a　195a〔小磯国昭内閣〕　222b〔国民総力朝鮮連盟〕　369c〔大政翼賛会〕　379a〔大日本政治会〕　382a〔大日本婦人会〕　383a〔大日本翼賛壮年団〕　398c〔竹槍訓練〕　617b〔本土決戦計画〕
国民教育振興議員連盟　376a〔大日本育英会〕
国民協会　8b〔赤松克麿〕　427c〔津久井龍雄〕
国民勤労訓練所　441c〔転廃業問題〕
国民勤労動員令　164a〔勤労動員〕　195a〔小磯国昭内閣〕　231b〔国家総動員法〕
・国民勤労報国協力令　218c　306b〔女子挺身隊〕
国民勤労報国隊　109b〔学徒動員〕
・国民健康保険　218c　194b〔小泉親彦〕
国民健康保険組合　608b〔保健婦〕
国民健康保険法　219a〔国民健康保険〕　360c〔総力戦〕　608b〔保健婦〕
国民更生金庫　211a〔国策会社〕　391a〔台湾重要物資営団〕　441c〔転廃業問題〕
・国民参政会　219a　205a〔抗日民族統一戦線〕　284c〔重慶国民政府〕
国民社会主義ドイツ労働者党　485c〔ナチス〕　→ナチス
国民主権　514c〔日本国憲法〕
『国民唱歌』　58a〔海ゆかば〕
国民職業指導所　224a〔国民労務手帳法〕　305b〔職業紹介所〕　441c〔転廃業問題〕
国民職業能力申告令　231b〔国家総動員法〕　459a〔統制経済〕
・国民心身鍛錬運動　219b　688c〔ラジオ体操〕
国民生活科学化協会　194b〔小泉親彦〕
国民精神総動員委員会　220a〔国民精神総動員運動〕　571b〔平沼騏一郎内閣〕
・国民精神総動員運動　219b　2a〔相川勝六〕　166b〔九段の母〕　194b〔小泉親彦〕　219b〔国民心身鍛錬運動〕　235a〔近衛文麿〕　369a〔大政翼賛会〕　410c〔地方文化運動〕　522c〔日本文化中央連盟〕
国民精神総動員実施要綱　219b〔国民精神総動員運動〕
国民精神総動員実践網要綱　220a〔国民精神総動員運動〕
国民精神総動員中央本部　220a〔国民精神総動員運動〕
国民精神総動員中央連盟　219c〔国民精神総動員運動〕　223a〔国民服〕　333c〔ぜいたくは敵だ〕
国民精神総動員朝鮮連盟　222b〔国民総

力朝鮮連盟〕
国民精神総動員本部　369a〔大政翼賛会〕
『国民精神文化』　220c〔国民精神文化研究所〕
・国民精神文化研究所　**220b**　42b〔伊東延吉〕　153b〔教学刷新評議会〕　198b〔皇国史観〕
『国民精神文化研究所所報』　220c〔国民精神文化研究所〕
『国民精神文化文献』　220c〔国民精神文化研究所〕
『国民精神文化類輯』　220c〔国民精神文化研究所〕
・国民政府　**221b**　27a〔安内攘外政策〕　67a〔援蔣ルート〕　70a〔汪兆銘〕　103c〔何応欽〕　120a〔華北分離工作〕　130b〔皖南事変〕　134a〔冀察政務委員会〕　198a〔紅軍〕　234a〔近衛声明〕　284c〔重慶国民政府〕　295a〔蔣介石〕　333c〔青天白日旗〕　446a〔東亜新秩序〕　488a〔南京作戦〕　488c〔南京事件〕　508c〔日中戦争〕　597a〔幣制改革〕
国民政府軍　205b〔抗日民族統一戦線〕　216c〔国民革命軍〕　→国民革命軍
国民政府を対手とせず声明　234a〔近衛声明〕　235c〔近衛文麿内閣〕　475a〔トラウトマン和平工作〕　488b〔南京作戦〕　574b〔広田外交〕　574c〔広田弘毅〕　→近衛声明
国民戦技武道基本訓練要項　590a〔武道章検定〕
国民総決起運動　369b〔大政翼賛会〕
国民総武装　218b〔国民義勇隊〕
・国民総力朝鮮連盟　**222b**　206c〔皇民化政策〕　207b〔皇民奉公会〕
国民組織としての婦人組織大綱試案　587a〔婦人時局研究会〕
国民体育大会　659b〔明治神宮国民体育大会〕
国民体力管理制度　389c〔体力章検定〕
国民体力管理法案　222b〔国民体力法〕
国民体力向上修錬会　191c〔健民修錬〕
国民体力審議会　194b〔小泉親彦〕　583c〔藤生安太郎〕
国民体力手帳　389c〔体力章検定〕
・国民体力法　**222b**　191c〔健民修錬〕
国民徴用援護会　⇨国民徴用令(222c)　425b〔徴用制度〕
国民徴用扶助規則　222c〔国民徴用令〕　425b〔徴用制度〕
・国民徴用令　**222c**　69b〔応徴士〕　163c〔勤労動員〕　231b〔国家総動員法〕　284a〔従軍看護婦〕　306b〔女子挺身隊〕　425a〔徴用制度〕　459a〔統制経済〕　571b〔平沼騏一郎内閣〕
国民貯蓄組合法　348a〔戦時貯蓄奨励運動〕
国民貯蓄奨励委員会　348a〔戦時貯蓄奨励運動〕
国民貯蓄奨励に関する件　347c〔戦時貯蓄奨励運動〕
国民党　70a〔汪兆銘〕
国民動員計画　160b〔緊急国民動員方策要綱〕　163c〔勤労動員〕　441c〔転廃業問題〕　710b〔労務動員計画〕
国民党改組同志会　426a〔陳公博〕
国民党軍　197c〔紅軍〕
国民統合　360b〔総力戦〕
国民同盟　365a〔大亜細亜協会〕　483b〔中野正剛〕　699b〔立憲民政党〕
『国民に愬ふ』　570a〔平出英夫〕　123b〔河合栄治郎〕
国民の歌　58a〔海ゆかば〕
『国民体力と体育運動』　168c〔栗本義彦〕
・国民服　**223a**　665a〔もんぺ〕
国民服令　223b〔国民服〕
・国民兵役　**223b**　297b〔召集〕
国民兵召集　297b〔召集〕
国民兵動員令　297b〔召集〕
国民保健指導方策要綱　608c〔保健婦〕
国民保健体操　688b〔ラジオ体操〕
・国民優生法　**223c**
国民錬成所　221a〔国民精神文化研究所〕
・国民労務手帳法　**223c**
・国務大臣　**224a**
小倉石油　519b〔日本石油会社〕
黒龍会　11c〔アジア主義〕　57a〔内田良平〕　166a〔葛生能久〕
国連　208c〔国際連合〕　708a〔連合国共同宣言〕　→国際連合　→国際連盟
国連憲章　350c〔戦争違法化〕
護国協同組合　286c〔銃後奉公会〕
・護国神社　**224a**　90c〔海外神社〕
・護国同志会　**225b**　345a〔戦時議会〕　590b〔船田中〕　680c〔翼賛議会〕
小作争議　147a〔救農議会〕　270a〔自作農創設政策〕　275c〔地主制〕
小作地　530b〔農地改革〕
小作人　226a〔小作料統制令〕　270a〔自作農創設政策〕　441a〔天皇制〕
小作農　225c〔小作料金納化〕　275b〔地主制〕
小作米　225c〔小作料金納化〕
小作料　225c〔小作料金納化〕　226a〔小作料統制令〕　275b〔地主制〕
・小作料金納化　**225c**　530b〔農地改革〕
・小作料統制令　**226a**　275c〔地主制〕
古参兵　233a〔古年兵〕　272b〔私的制裁〕
孤児　351c〔戦争孤児〕　413c〔中国残留孤児〕
『古事記及日本書紀の研究』　429b〔津田左右吉事件〕
・五式戦闘機　**226b**
戸主選挙制　589a〔普通選挙法〕　→家長選挙制
・五相会議　**226b**　211c〔国策の基準〕　245b〔斎藤実内閣〕　574b〔広田弘毅〕　574c〔広田弘毅内閣〕
・御真影　**226c**　151c〔教育勅語〕　304b〔昭和天皇〕　582c〔不敬罪〕
『古神道大義』　110b〔筧克彦〕
五省　97b〔海軍兵学校〕
・御前会議　**227b**　12a〔アジア・太平洋戦争〕　157b〔玉音放送〕　243c〔最高戦争指導会議〕　287c〔終戦工作〕　288a〔終戦の詔書〕　323a〔鈴木貫太郎内閣〕　384c〔大本営御前会議〕　385b〔大本営政府連絡会議〕　455a〔東条英機〕　611c〔ポツダム宣言受諾〕　617b〔本土決戦計画〕
御前に於ける最高戦争指導会議　228a〔御前会議〕
御前に於ける大本営政府連絡会議　228a〔御前会議〕
・五族協和　**228b**
・五大改革指令　**228c**　709c〔労働組合法〕
『古代歌謡の研究』　585a〔藤田徳太郎〕
・五大重点産業　**229a**　459b〔統制経済〕
「コタ・バル」　484c〔中村研一〕
児玉機関　229c〔児玉誉士夫〕
伍長　91b〔階級〕　112c〔下士官兵〕
『国家改造案原理大綱』　136a〔北一輝〕　230a〔国家改造運動〕　497a〔西田税〕
・国家改造運動　**230a**　4b〔相沢三郎〕　26a〔安藤輝三〕　39a〔磯部浅一〕　136b〔北一輝〕　497a〔西田税〕　583b〔藤井斉〕　658a〔村中孝次〕
国家社会主義　230b〔国家改造運動〕
国家主義運動　686b〔四元義隆〕
国家神道　213a〔国体論〕　312c〔神道指令〕　441b〔天皇の人間宣言〕
国家総動員業務委員会　458c〔統制経済〕
国家総動員審議会　231a〔国家総動員法〕
国家総動員政策　106c〔革新官僚〕
国家総動員体制　132a〔企画院〕
・国家総動員法　**230c**　106c〔革新官僚〕　109a〔学徒動員〕　132a〔企画院〕　163c〔勤労動員〕　172c〔軍国主義〕　186b〔検閲制度〕　235a〔近衛文麿〕　235c〔近衛文麿内閣〕　344c〔戦時議会〕　348a〔戦時統制三法〕　360b〔総力戦〕　396c〔滝正雄〕　425c〔賃金統制令〕　521b〔日本文学報国会〕　710a〔労務調整令〕
『国家と経済』　487c〔難波田春夫〕
『国家の研究』　110b〔筧克彦〕
・国共合作　**231c**　198a〔紅軍〕　205a〔抗日民族統一戦線〕　282b〔周恩来〕　295a〔蔣介石〕　413a〔中国共産党〕　415c〔中ソ相互不可侵条約〕　508b〔日中戦争〕　545c〔八路軍〕
国共停戦　216c〔国民革命軍〕
国共内戦　546a〔八路軍〕　661b〔毛沢東〕
「国境の町」　297a〔東海林太郎〕
『古典の親衛隊』　541a〔芳賀檀〕
後藤隆之助事務所　232c〔後藤隆之助〕　301c〔昭和研究会〕
『子供研究講座』　121c〔上村哲弥〕
五人組　378c〔大日本産業報国会〕
五人の会　305a〔昭和天皇独白録〕
・『五人の斥候兵』　**233a**
・古年兵　**233a**
「此の一戦」　218a〔国民歌謡〕
近衛三原則　234a〔近衛声明〕　446a〔東亜新秩序〕
・近衛師団　**233b**　145a〔宮城録音盤事件〕　157b〔玉音放送〕
・近衛上奏文　**233c**　235a〔近衛文麿〕　287b〔重臣〕
近衛新体制運動　84c〔尾崎秀実〕　145b〔宮中グループ〕　192c〔元老〕　280c〔社会大衆党〕　287b〔重臣〕　477c〔内大臣〕　530a〔農村協同体建設同

盟〕 641b〔三木清〕 →新体制運動
近衛新党 231a〔国家総動員法〕
近衛新党運動 235a〔近衛文麿〕 235c〔近衛文麿内閣〕 302b〔昭和研究会〕 512a〔日本革新農村協議会〕
・近衛声明 234a 70a〔汪兆銘〕 70b〔汪兆銘工作〕 235a〔近衛文麿〕 445a〔東亜協同体論〕 446a〔東亜新秩序〕 488b〔南京作戦〕 508b〔日中戦争〕 →国民政府を対手とせず声明 →東亜新秩序声明
『近衛内閣』 112b〔風見章〕
・近衛文麿内閣 235b 344b〔戦時議会〕 368c〔大政翼賛会〕 455a〔東条英機〕
近衛・ローズヴェルト会談 607c〔ホーンベック〕
「この決意」 58b〔海ゆかば〕 216b〔国民皆唱運動〕
「木の葉集」 533b〔信時潔〕
『小林一茶信濃風土記より』 593c〔文化映画〕
「小判鮫の歌」 77b〔大村能章〕
「湖畔の宿」 547c〔服部良一〕
ゴボウ剣 285b〔銃剣〕
湖北省 580a〔武漢作戦〕
『COMMERCE JAPAN』 509c〔日本工房〕
・コミンテルン Comintern 237c 315c〔人民戦線事件〕 325a〔スターリン〕 440c〔天皇制〕 500c〔日独防共協定〕 512b〔日本共産党〕 532b〔野坂参三〕 558a〔反ファシズム統一戦線〕 575c〔ファシズム〕
コム＝アカデミー事件 251a〔桜井武雄〕 571c〔平野義太郎〕
小麦 102b〔外米〕
小麦粉 387b〔代用食〕
米 387a〔代用食〕
米糠油 387c〔代用食〕
コモンウェルス 20c〔アメリカ極東陸軍〕 576a〔フィリピン〕 576b〔フィリピン＝コモンウェルス〕
コルベット 293b〔巡洋艦〕
コレヒドール島 20c〔アメリカ極東陸軍〕 543c〔バタアン攻略戦〕 576c〔フィリピン戦〕
コレラ 386c〔泰緬鉄道〕
・コロネット作戦 238b 611b〔ポツダム宣言受諾〕 617b〔本土決戦計画〕
『根源的主体性の哲学』 497a〔西谷啓治〕
・金剛 239a 366b〔大艦巨砲主義〕
今後採るべき戦争指導の基本大綱 287c〔終戦工作〕
・今後採るべき戦争指導の大綱 239b
コンツェルン 310a〔新興財閥〕
コンバインド＝チーフズ＝オブ＝スタッフ 21c〔アメリカの軍制〕

さ

・彩雲 240c
・『西園寺公と政局』 241a 553c〔原田熊雄〕
在学徴集延期 108b〔学徒出陣〕 109b〔学徒動員〕
在学徴集延期臨時特例 108b〔学徒出陣〕 109b〔学徒動員〕
『再革命の独逸』 137a〔北昤吉〕
・在華紡 241b
・細菌戦 241b 33a〔石井四郎〕 128c〔関東軍軍馬防疫廠〕 292a〔ジュネーブ議定書〕 339a〔浙贛作戦〕 449b〔東京裁判〕 486b〔七三一部隊〕 551b〔ハバロフスク裁判〕
・細菌兵器 242b 129a〔関東軍軍馬防疫廠〕 241b〔細菌戦〕 486b〔七三一部隊〕 551b〔ハバロフスク裁判〕
・サイクロトロン Cyclotron 243a 497b〔仁科芳雄〕
・在郷軍人 243b 297b〔召集〕 334a〔青年訓練所〕 433a〔帝国在郷軍人会〕 446c〔動員〕 603c〔奉公袋〕 708c〔連隊区司令部〕
在郷軍人会 177a〔軍人勅諭〕 398c〔竹槍訓練〕 708c〔連隊区司令部〕 →帝国在郷軍人会
・最高戦争指導会議 243b 194c〔小磯国昭〕 195a〔小磯国昭内閣〕 322c〔鈴木貫太郎内閣〕 385b〔大本営政府連絡会議〕 457a〔統帥権〕 611c〔ポツダム宣言受諾〕
最高戦争指導会議構成員会議 228b〔御前会議〕 243c〔最高戦争指導会議〕
・財産税 243c
財産税法 243c〔財産税〕
『財政学原理』 565c〔土方成美〕
『財政学大綱』 71b〔大内兵衛〕
・財政金融基本方策要綱 244a 41a〔一県一行主義〕 163a〔金融新体制〕
・財政経済三原則 244a 122b〔賀屋興宣〕 348a〔戦時統制三法〕 458b〔統制経済〕 686a〔吉野信次〕
・財政調整制度 244b
『最低賃金の基礎的研究』 26b〔安藤政吉〕
・斎藤実内閣 245a
『斎藤茂吉ノート』 483a〔中野重治〕
・在日朝鮮人 245c 477b〔内鮮融和〕
・財閥 246a 247a〔財閥解体〕 247b〔財閥転向〕 300a〔昭和維新〕 310a〔新興財閥〕
・財閥解体 247a 643c〔三井財閥〕
・財閥転向 247b 300b〔昭和維新〕 476b〔ドル買い〕 620b〔牧田環〕 643b〔三井財閥〕 666b〔安川雄之助〕 687b〔米山梅吉〕
財閥同族支配力排除法 247a〔財閥解体〕
『サイパンから来た列車』 657b〔棟田博〕
サイパン陥落 617c〔本土防空作戦〕
裁判所構成法戦時特例 346c〔戦時刑事特別法〕 348c〔戦時民事特別法〕
サイパン島 12b〔アジア・太平洋戦争〕 247c〔サイパン島の戦〕 340a〔絶対国防圏〕 630c〔マリアナ沖海戦〕
・サイパン島の戦 247c
在米日本資産凍結 236a〔近衛文麿内閣〕 375b〔対日禁輸問題〕 490b〔南部仏印進駐〕
・在米日本資産凍結令 248c
・在満朝鮮人 248c
酒井機関 249b〔酒井隆〕
栄一六四四部隊 241c〔細菌戦〕
相模海軍工廠 93c〔海軍工廠〕
酒匂 8b〔阿賀野〕
佐官 91b〔階級〕 267b〔士官・将校〕
『茶館』 709b〔老舎〕
・作戦記録画 250c 284a〔従軍画家〕 352b〔戦争美術〕 584b〔藤田嗣治〕
・作戦要務令 251a 612b〔歩兵操典〕
桜会 257a〔三月事件〕 282c〔十月事件〕 542a〔橋本欣五郎〕
・桜隊 251b
桜田門事件 44b〔犬養毅内閣〕
「酒は涙か溜息か」 208a〔古賀政男〕 585c〔藤山一郎〕
『鎖国―日本の悲劇―』 717b〔和辻哲郎〕
笹の実 387c〔代用食〕
・細雪 252c
佐世保海軍工廠 ⇨海軍工廠(93b)
佐世保鎮守府 426b〔鎮守府〕
『雑記帳』 629a〔松本竣介〕
雑誌 186b〔検閲制度〕
察東事変 478b〔内蒙工作〕
察東特別自治区 478b〔内蒙工作〕
察南銀行 660b〔蒙疆銀行〕
察南自治政府 660b〔蒙古連合自治政府〕
砂糖 538a〔配給制度〕
里見日本文化研究所 254b〔里見岸雄〕
サボ島 255a〔サボ島沖海戦〕
・サボ島沖海戦 255a 114b〔ガダルカナル島の戦〕
サモア 64a〔FS作戦〕
「沙羅」 533b〔信時潔〕
・Saratoga 255b 706c〔レキシントン〕
サラモア 524c〔ニューギニア戦〕
・三A運動〔三亜-〕 256b 578c〔プートラ〕
三亜青年訓練所 256c〔三A運動〕
・三・一五事件 256c 467a〔徳田球一〕 532b〔野坂参三〕
・三月事件 256c 230b〔国家改造運動〕 300b〔昭和維新〕 465a〔徳川義親〕 481a〔永田鉄山〕 542a〔橋本欣五郎〕 712c〔ロンドン海軍軍縮条約〕
三機工業 643b〔三井財閥〕
・産業組合 257a 24c〔有馬頼寧〕 202a〔厚生事業〕 257b〔産業組合拡充五ヵ年計画〕 340c〔千石興太郎〕 528a〔農会〕 528b〔農業団体法〕 529c〔農事実行組合〕

産業組合運動　341a〔千石興太郎〕
・産業組合拡充五ヵ年計画　257b　257b〔産業組合〕　341a〔千石興太郎〕
産業組合刷新運動　341a〔千石興太郎〕
産業組合青年連盟　341a〔千石興太郎〕　512a〔日本革新農村協議会〕　530a〔農村協同体建設同盟〕　→産青連
産業組合中央会　257b〔産業組合〕　257b〔産業組合拡充五ヵ年計画〕　341a〔千石興太郎〕
産業組合中央金庫　211a〔国策会社〕　341a〔千石興太郎〕　528c〔農業団体法〕
産業組合中央金庫特別融通及損失補償法　147a〔救農議会〕
産業合理化　⇨臨時産業合理局(702b)　291a〔重要産業統制法〕
産業合理化運動　479c〔中島久万吉〕
産業五ヵ年計画　122c〔賀屋興宣〕
『産業心理学』　159b〔桐原葆見〕
産業設備営団　35c〔石田礼助〕　51a〔営団〕　211b〔国策会社〕　391a〔台湾重要物資営団〕　573c〔広瀬久忠〕
産業団体連合会　341a〔全国産業団体連合会〕
産業報国運動　155b〔協調会〕　163c〔勤労新体制〕　341b〔全国産業団体連合会〕　378b〔大日本産業報国会　622b〔町田辰次郎〕
産業報国会　⇨大日本産業報国会(378b)　164a〔勤労動員〕　202a〔厚生事業〕　341b〔全国産業団体連合会〕　622b〔町田辰次郎〕　646c〔南岩男〕
産業報国連盟　155b〔協調会〕　378b〔大日本産業報国会　652b〔三輪寿壮〕
『懺悔道としての哲学』　402b〔田辺元〕
・三光作戦　257c　81a〔岡村寧次〕　324a〔鈴木啓久〕　375b〔第二次世界大戦〕　569b〔百団大戦〕　655a〔無人区化〕
三光政策　257c〔三光作戦〕
三光漫画スタジオ　313c〔新日本漫画家協会〕
・珊瑚海海戦　258b　44c〔井上成美〕　64a〔FS作戦〕　606c〔ポートモレスビー攻略戦〕
『三国干渉以後』　644b〔満川亀太郎〕
三国同盟　⇨日独伊三国同盟(499b)　18c〔阿部信行内閣〕　336b〔世界情勢の推移に伴ふ時局処理要綱〕　501c〔日米交渉〕　506a〔日ソ中立条約〕　571c〔平沼騏一郎内閣〕　624b〔松岡洋右〕　687a〔米内光政内閣〕
三五公司　454c〔東山農事会社〕
サン＝ジェルマン条約　54b〔ヴェルサイユ体制〕
三式戦闘機　⇨飛燕・三式戦闘機(563a)　226b〔五式戦闘機〕
三十四銀行　263c〔三和銀行〕
三十年式銃剣　285b〔銃剣〕
山西産業　207c〔河本大作〕
山西残留　329a〔澄田睞四郎〕
・山西残留問題　259a
山西事件　653c〔向井忠晴〕
産青連　512a〔日本革新農村協議会〕　530a〔農村協同体建設同盟〕　→産業組合青年連盟
・三泰産業会社　259b
三泰油房　259b〔三泰産業会社〕
・サンダカン死の行進　259c
サンタクルーズ諸島　647c〔南太平洋海戦〕
・三単位制師団　259c
暫定総動員期間計画　269c〔資源局〕
三二テーゼ　440c〔天皇制〕
サンニュースフォトス　673b〔山端祥玉〕
三年会　402c〔谷川徹三〕　472b〔富塚清〕
三年式機関銃　147a〔九二式重機関銃〕
・三八式歩兵銃　260a　143c〔九九式歩兵銃〕
サンフランシスコ会議　208c〔国際連合〕
・サンフランシスコ平和条約　261a　538b〔賠償問題〕　685a〔吉田茂㈠〕
産別会議　494b〔二・一ゼネスト〕　523b〔日本労働組合総同盟〕
・参謀　262b
・山砲　262b　612c〔歩兵砲〕　697a〔陸軍野戦砲兵学校〕
・参謀総長　262c　27b〔帷幄上奏〕　150c〔教育総監〕　227c〔御前会議〕　263a〔参謀本部〕　315a〔親補職〕　384b〔大本営〕　385a〔大本営御前会議〕　385b〔大本営政府連絡会議〕　389b〔大陸命・大陸指〕　457a〔統帥権〕　692a〔陸軍三長官会議〕　694c〔陸軍大臣〕
山砲兵　597a〔兵種〕
・参謀本部　263a　180a〔軍部〕　182a〔軍令〕　262c〔参謀総長〕　384b〔大本営〕　457a〔統帥権〕　693a〔陸軍省〕　694c〔陸軍大臣〕
蚕蛹　387c〔代用食〕
・残留元日本兵　263b
『山麓』　677a〔結城哀草果〕
三六倶楽部　236b〔小林順一郎〕
『三六情報』　236b〔小林順一郎〕
・三和銀行　263c

し

・CIE　264a　15b〔あたらしい憲法のはなし〕　153c〔教職追放〕　264b〔GHQ〕　652c〔民主主義〕　→民間情報教育局
・GHQ　264a　23b〔有末機関〕　118a〔過度経済力集中排除法〕　153c〔教職追放〕　186c〔検閲制度〕　201b〔公職追放〕　208c〔国際検察局〕　247a〔財閥解体〕　264a〔CIE〕　312c〔神道指令〕　441b〔天皇の人間宣言〕　450b〔東京裁判開廷〕　466a〔独占禁止法〕　514c〔日本国憲法〕　625b〔マッカーサー〕
GHQ/AFPAC　264a〔GHQ〕　→GHQ
GHQ/SCAP　264a〔GHQ〕　→GHQ
GHQ/SWPA　265a〔GHQ歴史課〕
・GHQ歴史課　265a
GS　264b〔GHQ〕
C級戦犯　559b〔BC級戦犯裁判〕　→BC級戦犯
C作戦　614c〔香港攻略戦〕
G作戦　164c〔グアム攻略戦〕
ジーチーサン商会　673b〔山端祥玉〕
四一式山砲　262c〔山砲〕　370a〔大隊砲〕　709a〔連隊砲〕
シー＝ハリケーン　605a〔ホーカー＝ハリケーン〕
シーファイア　327b〔スピットファイア〕
C47　558b〔ハンプ作戦〕
C46　558b〔ハンプ作戦〕
自衛隊　515c〔日本国憲法〕
シェールオイル　388a〔代用品〕
ジェノサイド　375b〔第二次世界大戦〕
ジェノサイド罪　352b〔戦争犯罪〕
・ジェノサイド条約　265c　313a〔人道に対する罪〕
ジェノサイドの予防と処罰に関する条約　265c〔ジェノサイド条約〕　→ジェノサイド条約
市街地信用組合統制会　163b〔金融統制団体令〕
四ヵ国条約　714c〔ワシントン会議〕　715b〔ワシントン体制〕
士官　267b〔士官・将校〕　469a〔特務士官〕
士官学校事件　4b〔相沢三郎〕　39a〔磯部浅一〕　113c〔片倉衷〕　658a〔村中孝次〕
・師管区　267a　171c〔軍管区〕　708c〔連隊区〕
・士官候補生　267b　296c〔将校団〕　692c〔陸軍士官学校〕　697b〔陸軍幼年学校〕
・士官・将校　267b　→士官　→将校
・志願兵　267c　468b〔特別志願兵制度〕
敷島隊　121a〔神風特別攻撃隊〕　338a〔関行男〕
・持久戦論　268a
・事業法　268b　332b〔生産力拡充計画〕
時局協議会　236b〔小林順一郎〕
・時局匡救事業　268c　147a〔救農議会〕
時局共同融資団　163a〔金融新体制〕　263c〔三和銀行〕
時局懇談会　253b〔佐々弘雄〕
時局処理要綱　⇨世界情勢の推移に伴ふ時局処理要綱(336a)
資金統制委員会　458c〔統制経済〕
・資源局　269c　132a〔企画院〕　332b〔生産力拡充計画〕　360a〔総力戦〕　458a〔統制経済〕
資源調整事業　463a〔同和奉公会〕
・芷江作戦　269c
四国協商体制　500a〔日独伊三国同盟〕
四国同盟論　607c〔北進論〕
自作農　225c〔小作料金納化〕　270a〔自作農創設政策〕　275b〔地主制〕　530b〔農地改革〕
自作農創設維持政策　306a〔食糧増産〕
自作農創設維持補助助成規則　⇨自作農創設政策(270a)
自作農創設事業　199b〔皇国農村確立運

動〕
・自作農創設政策　**270a**　199c〔皇国農村確立運動〕　275c〔地主制〕
自作農創設特別措置法　530b〔農地改革〕
紫山塾　617c〔本間憲一郎〕
時事通信社　462a〔同盟通信社〕
侍従長　145a〔宮中グループ〕
侍従武官長　27b〔帷幄上奏〕　270b〔侍従武官府〕　315a〔親補職〕
・侍従武官府　**270b**
市場対策協議会　459a〔統制経済〕
思斉会　26c〔安藤正純〕
・司政官　**270b**
『四世同堂』　709b〔老舎〕
『思想』　552b〔林達夫〕
思想検察　439b〔転向〕
思想検事　407b〔治安維持法〕
思想懇談会　402c〔谷川徹三〕　717b〔和辻哲郎〕
『思想戦大学講座』　377a〔大日本言論報国会〕
思想善導講習会　542a〔橋田邦彦〕
『思想と風俗』　470a〔戸坂潤〕
『思想の運命』　552b〔林達夫〕
思想犯保護観察制度　439b〔転向〕
・思想犯保護観察法　**270c**
思想錬成会　483b〔中野重治〕
・支隊　**271a**
・師団　**271a**　259c〔三単位制師団〕　267a〔師管区〕　298a〔常設師団〕　465c〔特設師団〕
師団秋季演習　66b〔演習〕
師団捜索隊　357c〔捜索連隊〕
師団対抗演習　66b〔演習〕
師団長　315a〔親補職〕
七・五事件　111a〔影山正治〕　373c〔大東塾〕
七・七禁令　⇨奢侈品等製造販売制限規則(280c)　333c〔ぜいたくは敵だ〕
七七事変　286b〔十五年戦争〕　711c〔盧溝橋事件〕
・自治農民協議会　**271b**　147a〔救農議会〕　482b〔長野朗〕
自治農民党　482b〔長野朗〕
七分搗米　191b〔玄米食〕
『自治民範』　240a〔権藤成卿〕
市町村農会　528a〔農会〕
市町村農業会　528c〔農業団体法〕
市町村農地委員会　⇨農地調整法(531a)
・輜重特務兵　**271b**
輜重兵　595a〔兵科〕　597a〔兵種〕
シチリア島上陸作戦　112a〔カサブランカ会談〕
・実役停年名簿　**271b**
実業学校　416a〔中等学校令〕
・失業救済事業　**271c**
実業補習学校　334a〔青年学校〕　334b〔青年訓練所〕
『躾と体錬』　76b〔大谷武一〕
実施学校　151b〔教育総監部〕
ジットラ＝ライン　633a〔マレー作戦〕
・私的制裁　**272b**　97b〔海軍兵学校〕　478a〔内務班〕
私的独占の禁止及び公正取引の確保に関する法律　466a〔独占禁止法〕　→独占禁止法
・幣原外交　**272b**　273a〔幣原喜重郎〕　636a〔満洲事変〕
・紫電　**273b**　125a〔川西航空機会社〕　273b〔紫電改〕
・紫電改　**273b**　125a〔川西航空機会社〕　188a〔源田実〕
自動車　181c〔軍用自動車補助法〕　273c〔自動車製造事業法〕　473a〔豊田喜一郎〕　473b〔トヨタ自動車工業会社〕　557c〔輓馬〕　662b〔木炭自動車〕
自動車工業法要綱　273c〔自動車製造事業法〕
・自動車製造事業法　**273b**　268b〔事業法〕　332b〔生産力拡充計画〕　458a〔統制経済〕
・自動小銃　**273c**
児童文化新体制懇談会　517a〔日本少国民文化協会〕
児童読物改善に関する指示要綱　517a〔日本少国民文化協会〕
刺突地雷　274a〔刺突爆雷〕
・刺突爆雷　**274a**
支那慣行調査　445c〔東亜研究所〕
支那研究所　609c〔細川嘉六〕
『支那思想と日本』　429a〔津田左右吉〕
支那事変　286a〔十五年戦争〕　372c〔大東亜戦争〕
『支那事変歌集』　376c〔大日本歌人協会〕
・支那事変処理要綱　**274a**　32c〔石井秋穂〕　46b〔井本熊男〕
・支那駐屯軍　**274b**　58b〔梅津・何応欽協定〕　508b〔日中戦争〕
・信濃　**274b**　56a〔宇垣纏〕　366c〔大艦巨砲主義〕　654b〔武蔵〕
・「支那の夜」　**274c**
・支那派遣軍　**275a**　81a〔岡村寧次〕　159a〔桐工作〕　258a〔三光作戦〕　544c〔畑俊六〕
支那派遣軍総司令部　275a〔支那派遣軍〕
支那方面艦隊　95b〔海軍総隊司令部〕
支那問題研究会　302a〔昭和研究会〕
支那問題研究所　482b〔長野朗〕
地主　225c〔小作料金納化〕　270a〔自作農創設政策〕　275b〔地主制〕
・地主制　**275b**　441a〔天皇制〕
芝浦製作所　451a〔東京芝浦電気会社〕　643b〔三井財閥〕
自爆　439c〔転進〕
シビリアン＝コントロール　594a〔文民統制〕
シベリア特措法　277b〔シベリア抑留〕
・シベリア抑留　**277a**　10b〔浅原正基〕　325b〔スターリン〕　540c〔袴田陸奥男〕
資本逃避防止委員会　277c〔資本逃避防止法〕
・資本逃避防止法　**277c**　98b〔外国為替管理法〕
「清水次郎長伝」　573b〔広沢虎造〕
事務検閲　186a〔検閲〕
下志津陸軍飛行学校　696a〔陸軍飛行学校〕
『子夜』　603c〔茅盾〕
社会事業　201c〔厚生運動〕　202a〔厚生事業〕
社会主義協会　17b〔安部磯雄〕
・社会大衆党　**280a**　14a〔麻生久〕　17b〔安部磯雄〕　114a〔片山哲〕　122b〔亀井貫一郎〕　124a〔河上丈太郎〕　205c〔河野密〕　312b〔新体制運動〕　315c〔人民戦線事件〕　324b〔鈴木茂三郎〕　445a〔東亜協同体論〕　588c〔普通選挙法〕　650b〔宮崎竜介〕　652b〔三輪寿壮〕
社会党　624a〔松岡駒吉〕
社会保健省　202a〔厚生省〕
社会保健婦　608b〔保健婦〕
『社会本質論』　316b〔新明正道〕
社会民衆党　17b〔安部磯雄〕　114a〔片山哲〕　280a〔社会大衆党〕　650b〔宮崎竜介〕　686a〔吉野作造〕
ジャカルタ海軍武官府　619c〔前田精〕
酌婦　201a〔公娼制度〕
射撃　379a〔大日本射撃協会〕　382b〔大日本武徳会〕
射撃道　590a〔武道章検定〕
・奢侈品等製造販売制限規則　**280c**　→七・七禁令
写真協会　280c〔写真週報〕　551c〔林謙一〕
・『写真週報』　**280c**　314a〔新日本漫画家協会〕　551c〔林謙一〕
『写真ヒトラー総統伝』　618b〔本領信治郎〕
ジャズ排撃　⇨敵性音楽(435b)
娑婆　409c〔地方〕
『ジャバノフクチャン』　581c〔フクチャン〕
斜陽族　244a〔財産税〕
車輪作戦　89b〔カートホイール作戦〕
ジャワ郷土防衛義勇軍　600a〔ペタ〕
ジャワ島　689b〔蘭印作戦〕
・ジャワ奉公会　**281c**　319b〔スカルノ〕　578c〔プートラ〕　675b〔ヤミン〕
『上海』　593c〔文化映画〕
『SHANGHAI』　509c〔日本工房〕
上海海軍特別陸戦隊　468c〔特別陸戦隊〕
上海事変　⇨第一次上海事変(365a)　⇨第二次上海事変(374a)
『上海戦線』　249c〔榊山潤〕
上海停戦協定　365b〔第一次上海事変〕
上海派遣軍　374a〔第二次上海事変〕　488a〔南京作戦〕
上海反戦グループ事件　482a〔中西功〕
十一会　138a〔木戸幸一〕　234c〔近衛文麿〕
十一月事件　113c〔片倉衷〕　→士官学校事件
十一年式軽機関銃　148b〔九六式軽機関銃〕
充員召集　297b〔召集〕
・自由インド仮政府　**281c**　47a〔岩畔豪雄〕　49b〔インド国民軍〕　50a〔インド独立連盟〕　309b〔シンガポール攻略戦〕　605c〔S・C・ボース〕
充員令　297b〔召集〕
重営倉　61a〔営倉〕
集会取締　192c〔言論出版集会結社等臨時取締法〕
・十月事件　**282c**　195c〔五・一五事件〕　230b〔国家改造運動〕　300b〔昭

和維新〕 542a〔橋本欣五郎〕 658a〔村中孝次〕 712c〔ロンドン海軍軍縮条約〕
衆議院議員選挙法 681b〔翼賛選挙〕
重機関銃 132c〔機関銃〕
宗教教化方策委員会 380a〔大ヨ本戦時宗教報国会〕
従業者移動防止令 ⇨労務調整令(710a) 163c〔勤労動員〕 459a〔統制経済〕
従業者雇入制限令 163c〔勤労動員〕 222c〔国民徴用令〕 231b〔国家総動員法〕 459a〔統制経済〕
宗教団体戦時中央連絡委員会 380a〔大日本戦時宗教報国会〕
・宗教団体法 283a
・宗教報国運動 283b
衆議院総選挙 681b〔翼賛選挙〕
従軍慰安婦 ⇨慰安婦(27b) 342c〔戦後補償〕
従軍慰安婦問題 539a〔賠償問題〕
・従軍画家 283c 696a〔陸軍美術協会〕
・従軍看護婦 284a
従軍記章 175c〔勲章〕
『従軍風土記』 255b〔寒川光太郎〕
従軍ペン部隊 521b〔日本文学報国会〕
重慶 222a〔国民政府〕 568b〔百一号作戦〕 569b〔百二号作戦〕
重慶会談〔-交渉〕 282c〔周恩来〕 661b〔毛沢東〕
重慶工作 276c〔柴山兼四郎〕
・重慶国民政府 284c 81a〔岡村寧次〕 652a〔繆斌工作〕 →重慶政府
重慶作戦 508c〔日中戦争〕
重慶政府〔-政権〕 234a〔近衛声明〕 274a〔支那事変処理要綱〕 568b〔百一号作戦〕 569b〔百団大戦〕 →重慶国民政府
・重慶爆撃 284c 76c〔大西竜治郎〕 356a〔戦略爆撃〕 536b〔ハーグ空戦規則〕 569b〔百二号作戦〕
・銃剣 285b
銃剣術 285b〔銃剣〕 382b〔大日本武徳会〕
・銃剣道 285b 285b〔銃剣〕 590a〔武道章検定〕
銃剣突撃 541b〔白兵主義〕
・銃後 285c 46c〔慰問袋〕
重光堂会談 538b〔梅思平〕
十五銀行 432b〔帝国銀行〕
十五試水上戦闘機 273b〔紫電〕
・十五年戦争 285c
『銃後の土』 631c〔丸山義二〕
・銃後奉公会 286c 46c〔慰問袋〕 176b〔軍人援護会〕
十字架演説 624b〔松岡洋右〕
十・十空襲 616c〔本土空襲〕
修身 213b〔国定教科書〕
・重臣 287a 145a〔宮中グループ〕 233c〔近衛上奏文〕
重臣会議 145c〔宮中グループ〕 287a〔重臣〕 477c〔内大臣〕
修正 97b〔海軍兵学校〕
『終戦覚書』 393a〔高木惣吉〕
終戦記念日 12c〔アジア・太平洋戦争〕
・終戦工作 287b 94c〔海軍省〕 113b〔加瀬俊一〕 145c〔宮中グループ〕 243b〔最高戦争指導会議〕 251c〔迫水久常〕 287b〔重臣〕 288a〔終戦の詔書〕 323a〔鈴木貫太郎内閣〕 477c〔内大臣〕 652a〔繆斌工作〕
重戦車 348c〔戦車〕
終戦処理会議 243c〔最高戦争指導会議〕 385b〔大本営政府連絡会議〕
・終戦の詔書〔-の詔勅〕 288a 157b〔玉音放送〕 251c〔迫水久常〕 285c〔十五年戦争〕 323a〔鈴木貫太郎内閣〕 611b〔ポツダム宣言〕 612a〔ポツダム宣言受諾〕 649b〔美濃部洋次〕
自由タイ運動 435a〔ディレーク＝チャイヤナーム〕 590c〔プリーディー＝パノムヨン〕
・住宅営団 289a 61a〔営団〕 211b〔国策会社〕
・集団自決 289b 293a〔手榴弾〕 349b〔戦陣訓〕 409b〔チビチリガマ〕 634a〔満洲移民〕
集団疎開 107b〔学童疎開〕 361b〔疎開〕 361c〔疎開輸送〕
集団疎開列車 361c〔疎開輸送〕
集団的自衛権 515c〔日本国憲法〕
集団引揚げ 564b〔引揚げ〕
自由党 135a〔岸信介〕
柔道 382b〔大日本武徳会〕 590a〔武道章検定〕
「十二月八日の真珠湾」 333b〔聖戦美術展〕
修武台 691c〔陸軍航空士官学校〕 692c〔陸軍士官学校〕
自由フランス 463b〔ドクー〕 469c〔ド＝ゴール〕
自由ブロック 6b〔アウンサン〕 397b〔タキン党〕
・『週報』 290b 218a〔国民歌謡〕 280c〔写真週報〕
重砲 693a〔陸軍重砲兵学校〕
週報会 290b〔週報〕
重砲兵 299a〔少年兵〕 597a〔兵種〕
自由民主党 135a〔岸信介〕 548b〔鳩山一郎〕
収容 681c〔抑留〕
重要機械製造事業法 268b〔事業法〕
重要産業協議会 513b〔日本経済連盟会〕
重要産業五ヵ年計画 ⇨生産力拡充計画(332b) 613b〔堀場一雄〕
・重要産業団体令 290c 231b〔国家総動員法〕 358b〔造船統制会〕 415b〔中小商工業再編成〕 457b〔統制会〕
重要産業統制団体協議会 513b〔日本経済連盟会〕
重要産業統制団体懇談会 513b〔日本経済連盟会〕
・重要産業統制法 291a 458a〔統制経済〕 702b〔臨時産業合理局〕
重要物資管理営団 ⇨交易営団(196c) 61a〔営団〕 211b〔国策会社〕
・シュールリアリズム事件 291a
修練 416b〔中等学校令〕
修錬農場 199b〔皇国農村確立運動〕 389b〔大陸の花嫁〕
『自由を我等に』 493c〔新居格〕
需給調整協議令 458c〔統制経済〕
粛軍演説 244c〔斎藤隆夫〕
粛軍に関する意見書 39a〔磯部浅一〕 658a〔村中孝次〕
主計科二年現役士官 404b〔短期現役海軍主計科士官〕
主計兵 597a〔兵種〕
朱光会 569c〔平泉澄〕
首相 385b〔大本営政府連絡会議〕 →内閣総理大臣
出版事業令 516b〔日本出版会〕 516c〔日本出版文化協会〕
出版法 ⇨検閲制度(186b) 192c〔言論出版集会結社等臨時取締法〕
・ジュネーブ議定書 292a
・ジュネーブ軍縮会議 292b
・ジュネーブ条約 292c 337a〔赤十字条約〕 614a〔捕虜〕 682a〔抑留〕
ジュネーブ法 352a〔戦争犯罪〕
種の論理 402b〔田辺元〕
主要戦争犯罪人 61b〔A級戦犯〕 448b〔東京裁判〕 →A級戦犯
・手榴弾 293a
シュルレアリスム 291b〔シュールリアリズム事件〕 396b〔瀧口修造〕
准尉 91b〔階級〕 112c〔下士官兵〕 293b〔准士官〕
巡回看護婦 608b〔保健婦〕
巡回産婆 608b〔保健婦〕
遵義会議 282b〔周恩来〕 292a〔朱徳〕 661a〔毛沢東〕 700b〔劉少奇〕
・准士官 293a 91a〔階級〕 112c〔下士官兵〕 294a〔少尉候補者〕
・巡洋艦 293b 366c〔大艦巨砲主義〕
ジョイント＝チーフズ＝オブ＝スタッフ 21c〔アメリカの軍制〕
少尉 91a〔階級〕
・傷痍軍人 293b 174a〔軍事保護院〕
傷痍軍人療養所 174a〔軍事保護院〕 293c〔傷痍軍人〕
・少尉候補者 294a 294a〔少尉候補生〕
・少尉候補生 294a
・焼夷弾 294b 343a〔戦災〕 451b〔東京大空襲〕 561b〔B29 Superfortress〕 602c〔防空壕〕 616c〔本土空襲〕
捷一号作戦 296b〔捷号作戦〕 577a〔フィリピン戦〕 705b〔レイテ沖海戦〕
『正一郎句集』 579c〔深川正一郎〕
『荘園史の研究』 495a〔西岡虎之助〕
唱歌 171a〔軍歌・戦時歌謡〕
常会 290c〔週報〕 369b〔大政翼賛会〕 423c〔町内会・部落会〕 470c〔隣組〕
・翔鶴 295b 258b〔珊瑚海海戦〕 317a〔瑞鶴〕
奨学金制度 376a〔大日本育英会〕
小学校 217b〔国民学校〕
将官 91b〔階級〕 267b〔士官・将校〕
将官演習旅行 66c〔演習〕
娼妓 200c〔公娼制度〕
小機動演習 66c〔演習〕
・鍾馗・二式戦闘機 295c 561b〔B29 Superfortress〕
商業会議所 513a〔日本経済連盟会〕
・商業報国会 295c 442a〔転廃業

問題〕
『上宮聖徳法王帝説の研究』　29c〔家永三郎〕
・照空灯　296a　165b〔空中聴音機〕
『将軍と参謀と兵』　216a〔国民映画〕
湘桂作戦　46c〔井本熊男〕　80c〔岡部直三郎〕　547b〔服部卓四郎〕
証券引受会社統制会　163b〔金融統制団体令〕
将校　⇨士官・将校(267b)　91a〔階級〕　595a〔兵科〕　595b〔兵科将校〕　648c〔見習士官〕
商工会議所　296a〔商工経済会〕　517a〔日本商工会議所〕
商工組合中央金庫　211a〔国策会社〕
商工組合法　211b〔国策会社〕
・商工経済会　296a　517a〔日本商工会議所〕
商工経済会法　296a〔商工経済会〕　517a〔日本商工会議所〕
商港警備府　95b〔海軍総隊司令部〕
・捷号作戦　296b　390c〔台湾軍〕
商工省　529c〔農商省〕
将校相当官　595b〔兵科将校〕
・将校団　296c
・少国民　297a　217b〔国民学校〕
少国民愛国歌　297a〔少国民〕
『少国民文化』　517a〔日本少国民文化協会〕
招魂祭　225a〔護国神社〕　433a〔帝国在郷軍人会〕
招魂社　224b〔護国神社〕　666b〔靖国神社〕
招魂場　224b〔護国神社〕
松根油　338a〔石油〕
少佐　91a〔階級〕
捷三号作戦　296b〔捷号作戦〕
城山農業株式会社　454c〔東山農事会社〕
「娘子関を征く」　195b〔小磯良平〕
・召集　297a
小銃　260b〔三八式歩兵銃〕　285b〔銃剣〕　285b〔銃剣道〕
・召集令状　297c　7a〔赤紙〕　603c〔奉公袋〕　→赤紙
少将　91a〔階級〕
詔書奉戴日　368b〔大詔奉戴日〕
・情勢の推移に伴ふ帝国国策要綱　297c　503a〔日蘭会商〕
常設航空隊　93a〔海軍航空隊〕
・常設師団　298a
商船保護　99c〔海上護衛戦〕
上奏　145a〔宮中グループ〕　270b〔侍従武官府〕
・小隊　298a
『上代日本の社会及思想』　429b〔津田左右吉事件〕
『上代仏教思想史研究』　29b〔家永三郎〕
『上代倭絵年表』　29b〔家永三郎〕
松竹　60c〔映画臨戦体制〕　511a〔日本移動映写連盟〕
松竹国民移動劇団　511b〔日本移動演劇連盟〕
象徴天皇制　441a〔天皇制〕　625b〔マッカーサー〕
商統会　341b〔全国商業統制総会〕
上等水兵　91a〔階級〕
上等兵　91b〔階級〕　112c〔下士官兵〕　307c〔初年兵〕
上等兵曹　91a〔階級〕　112c〔下士官兵〕
「焦土外交」演説　245b〔斎藤実内閣〕
・常徳作戦〔-攻略戦〕　298b　464b〔毒ガス戦〕
昭南島　309b〔シンガポール攻略戦〕　632b〔マレー〕　→シンガポール
昭南日本学園　315a〔神保光太郎〕
捷二号作戦　296b〔捷号作戦〕
小日本主義　36b〔石橋湛山〕
『少年倶楽部』　535a〔のらくろ〕
少年農兵隊　528c〔農業報国会〕
少年飛行兵　96c〔海軍飛行予科練習生〕　299a〔少年兵〕　→海軍飛行予科練習生
・少年兵　298c　96c〔海軍飛行予科練習生〕　268a〔志願兵〕
少年野砲兵　299a〔少年兵〕
小発動艇　383b〔大発〕
傷病兵　293b〔傷痍軍人〕
『小風土記』　677a〔結城哀草果〕
傷兵保護院　174a〔軍事保護院〕　293c〔傷痍軍人〕
祥鳳　258b〔珊瑚海海戦〕
情報委員会　290b〔週報〕
・情報局　299a　3c〔愛国百人一首〕　84a〔奥村喜和男〕　186b〔検閲制度〕　216a〔国民映画〕　281a〔写真週報〕　290b〔週報〕　314b〔新聞統合〕　386a〔大本営発表〕　511b〔日本移動演劇連盟〕　511c〔日本音楽文化協会〕　519c〔日本宣伝文化協会〕
消防組　184b〔警防団〕
消防団　423c〔町内会・部落会〕
『情報天皇に達せず』　610a〔細川護貞〕
情報兵　597a〔兵種〕
・条約派　299b　95b〔海軍省軍務局〕　118a〔加藤寛治〕　127c〔艦隊派〕　180b〔軍部〕　395c〔財部彪〕　673a〔山梨勝之進〕　673c〔山本五十六〕　713a〔ロンドン海軍軍縮条約〕　715b〔ワシントン体制〕
捷四号作戦　296b〔捷号作戦〕
「勝利の日まで」　208b〔古賀政男〕
・昭和維新　300a　510b〔二・二六事件〕
「昭和維新の歌」　300a〔昭和維新〕
・昭和恐慌　300b　268c〔時局匡救事業〕　275c〔地主制〕　335a〔世界恐慌〕
・昭和研究会　301c　84c〔尾崎秀実〕　149a〔教育科学研究会〕　232c〔後藤隆之助〕　242c〔三枝博音〕　249b〔酒井三郎〕　253a〔佐々弘雄〕　396c〔滝正雄〕　445a〔東亜協同体論〕　641b〔三木清〕　668c〔矢部貞治〕　670b〔山崎靖純〕　701a〔笠信太郎〕　710c〔蠟山政道〕
昭和塾　232c〔後藤隆之助〕　253b〔佐々弘雄〕　302b〔昭和研究会〕
昭和神聖会　57a〔内田良平〕　77b〔大本〕
・昭和製鋼所　303a　167b〔久保田省三〕　236c〔小日山直登〕　460c〔東辺道開発会社〕
昭和石炭　628a〔松本健次郎〕
・昭和通商会社　303b　73b〔大倉財閥〕
・昭和電工会社　303b　310a〔新興財閥〕　664a〔森矗昶〕
『昭和天皇実録』　305a〔昭和天皇〕
・『昭和天皇独白録』　305a　438a〔寺崎英成〕　626c〔松平康昌〕
昭和同人会　302b〔昭和研究会〕
昭和飛行機工業　620c〔牧田環〕
昭和肥料会社　⇨森コンツェルン(663a)　310b〔新興財閥〕　664a〔森矗昶〕　303b〔昭和電工会社〕
『昭和風雲録』　644c〔満田巌〕
「昭和遊撃隊」　571a〔平田晋策〕
職業軍人　112c〔下士官兵〕　267c〔士官・将校〕
・職業紹介所　305b
職業紹介法　305b〔職業紹介所〕
殖銀コンツェルン　421c〔朝鮮殖産銀行〕
『植物祭』　619b〔前川佐美雄〕
『植民及植民政策』　668a〔矢内原忠雄〕
・植民地　305b　209c〔国際連盟〕
植民地米　275b〔地主制〕
・食糧営団　305c　61a〔営団〕　183c〔経済警察〕　210c〔国策会社〕　306a〔食糧管理制度〕　387b〔代用食〕
食糧確保臨時措置法　596a〔米穀供出制度〕
・食糧管理制度　305c
食糧管理法　⇨食糧管理制度(305c)　127a〔甘藷〕　275c〔地主制〕　305c〔食糧営団〕　387b〔代用食〕　498a〔二重米価制〕　596a〔米穀供出制度〕　596b〔米穀通帳〕
食糧緊急措置令　596a〔米穀供出制度〕
・食糧増産　306a　348b〔戦時農業要員制度〕
食糧増産隊　528c〔農業報国会〕
食糧配給公団　305c〔食糧営団〕　306a〔食糧管理制度〕
食糧メーデー　625b〔マッカーサー〕
女子学徒隊　567c〔ひめゆり学徒隊〕
『女子勤労』　159b〔桐原葆見〕
女子勤労挺身隊　306b〔女子挺身隊〕　425c〔徴用制度〕　→女子挺身隊
女子勤労動員強化方策　587a〔婦人時局研究会〕
女子勤労動員の促進に関する件　306b〔女子挺身隊〕
女子体力章検定　389c〔体力章検定〕
女子拓殖訓練所　389a〔大陸の花嫁〕
女子拓殖講習会　389a〔大陸の花嫁〕
女子拓殖指導者提要　389a〔大陸の花嫁〕
女子挺身勤労令　164a〔勤労動員〕　195a〔小磯国昭内閣〕　231b〔国家総動員法〕　306c〔女子挺身隊〕
・女子挺身隊　306b　160b〔緊急国民動員方策要綱〕　218c〔国民勤労報国協力令〕　→女子勤労挺身隊
・徐州作戦〔-会戦〕　307a　80c〔岡部直三郎〕　104a〔何応欽〕　464a〔毒ガス戦〕　508b〔日中戦争〕　544b〔畑俊六〕
『女性教養』　18a〔阿部静枝〕
女性参政権　588c〔普通選挙法〕
『女性二千六百年史』　395b〔高群逸枝〕
女性のためのアジア平和国民基金　342

c〔戦後補償〕　670a〔山口淑子〕
・除隊　307b　581a〔復員〕
・職工農家　307c
所得税　340b〔一九四〇年税制改革〕
・初年兵　307c　272c〔私的制裁〕　478a〔内務班〕
諸兵連合演習　66b〔演習〕
庶民金庫　211a〔国策会社〕
女流美術家奉公隊　372b〔大東亜戦皇国婦女皆働之図〕
女流文学委員会　522a〔日本文学報国会〕
ジョンソン＝リード法　540b〔排日移民法〕
・地雷　308a
白梅学徒隊　307a〔女子挺身隊〕
自力更生運動　⇨農山漁村経済更生運動(529a)
「支流を集めて」　56c〔打木村治〕
白紙　425a〔徴用制度〕
新鋭マンガグループ　313c〔新日本漫画家協会〕
新円　162b〔金融緊急措置令〕
シンガポール　106b〔華僑虐殺〕　309a〔シンガポール攻略戦〕　538c〔賠償問題〕　632a〔マレー〕
・シンガポール攻略戦〔-作戦〕　309a　319c〔菅原道大〕　491a〔南方軍〕　671a〔山下奉文〕
『シンガポール総攻撃』　633b〔マレー戦記〕
『新歌謡曲』　217c〔国民歌謡〕
・新官僚　309c　79b〔岡田啓介内閣〕　106c〔革新官僚〕
新協劇団　112b〔火山灰地〕
シンクロトロン　243a〔サイクロトロン〕
新軍備計画　93b〔海軍航空本部〕
新軍備計画論　44c〔井上成美〕
人権指令　563c〔東久邇宮稔彦内閣〕
新憲法の基本原則　158a〔極東委員会〕
新憲法の採択に関する原則　157c〔極東委員会〕
新興演芸部　511b〔日本移動演劇連盟〕
『新興科学の旗のもとに』　550a〔羽仁五郎〕　641a〔三木清〕
新興キネマ　60c〔映画臨戦体制〕
新交響楽団　234b〔近衛秀麿〕　513c〔日本交響楽団〕
新興コンツェルン　246b〔財閥〕
・新興財閥　310a　246a〔財閥〕
・人口政策確立要綱　310c　191b〔健民運動〕　526a〔妊産婦手帳〕　608c〔保健婦〕
新興俳句弾圧事件　87b〔小野蕪子〕
人口問題研究所　310c〔人口政策確立要綱〕　399c〔舘稔〕
『新国策』　211c〔国策研究会〕
晋察冀辺区政府　204c〔抗日根拠地〕
人事局　693b〔陸軍省〕
・新四軍　311b　130b〔皖南事変〕　198a〔紅軍〕　204c〔抗日根拠地〕　205b〔抗日民族統一戦線〕　217a〔国民革命軍〕
新四軍事変〔-事件〕　130b〔皖南事変〕　205b〔抗日民族統一戦線〕　295a〔蔣介石〕　311b〔新四軍〕　→皖南事変
『人種学総論』　238a〔小山栄三〕
真珠湾　12a〔アジア・太平洋戦争〕　311b〔真珠湾攻撃〕
・真珠湾攻撃　311b　286a〔十五年戦争〕　465b〔特殊潜航艇「甲標的」〕　674a〔山本五十六〕
新人画会　5c〔靉光〕　629a〔松本竣介〕
新々官僚　106c〔革新官僚〕
『新生』　658c〔室伏高信〕
「人生劇場」　208a〔古賀政男〕
新政研究会　211c〔国策研究会〕
新制作派協会　195b〔小磯良平〕
『新生日本ニュース』　510b〔日本ニュース〕
『新青年』　565a〔久生十蘭〕
「人生の並木道」　208a〔古賀政男〕
「新雪」　540b〔灰田勝彦〕
「新戦艦高千穂」　571a〔平田晋策〕
人造石油　⇨石油(337c)　434a〔帝国燃料興業会社〕
人造石油製造事業法　268b〔事業法〕　458a〔統制経済〕
『神代史の研究』　429b〔津田左右吉事件〕
・新体制運動　312a　24c〔有馬頼寧〕　112b〔風見章〕　138b〔木戸幸一〕　183c〔経済新体制〕　220b〔国民精神総動員運動〕　232c〔後藤文夫〕　235c〔近衛文麿内閣〕　302b〔昭和研究会〕　345a〔戦時議会〕　368c〔大政翼賛会〕　382c〔大日本翼賛壮年団〕　457a〔統帥権〕　483b〔中野正剛〕　511c〔日本音楽文化協会〕　687a〔米内光政内閣〕　→近衛新体制運動
新体制試案要綱　211c〔国策研究会〕
新体制準備会　368c〔大政翼賛会〕
新体制促進同志会　649c〔三宅正一〕
信託統制会　163b〔金融統制団体令〕
『新知育論』　85b〔長田新〕
・陣中要務令　312c　251a〔作戦要務令〕
神道　283a〔宗教団体法〕　312c〔神道指令〕
神道教派連合会　283c〔宗教報国運動〕
・神道指令　312c　225a〔護国神社〕　441b〔天皇の人間宣言〕
・人道に対する罪　313a　61c〔A級戦犯〕　352b〔戦争犯罪〕　448b〔東京裁判〕　450a〔東京裁判開廷〕　489a〔南京事件〕　525a〔ニュルンベルク継続裁判〕　559b〔BC級戦犯裁判〕　598a〔平和に対する罪〕
新東北学会　401b〔田中メモランダム〕
・人肉食事件　313b
『新日本』　10a〔浅野晃〕
「新日本音楽」運動　402b〔田辺尚雄〕
新日本国民同盟　250a〔坂本孝三郎〕
『新日本の思想原理』　302a〔昭和研究会〕　445a〔東亜協同体論〕
・新日本漫画家協会　313c
親任官　91b〔階級〕　267b〔士官・将校〕　315a〔親補職〕
新比島奉仕団　123a〔カリバピ〕　→カリバピ
振武育英会　176b〔軍人援護会〕
神風特別攻撃隊　⇨かみかぜとくべつこうげきたい(120c)　45b〔猪口力平〕
振武台　697c〔陸軍予科士官学校〕
『人物評論』　77c〔大宅壮一〕
『人物論』　321b〔杉山平助〕
新聞　186b〔検閲制度〕　192c〔言論出版集会結社等臨時取締法〕　314a〔新聞統合〕　517c〔日本新聞会〕
新聞共同会社　314b〔新聞統合〕
新聞事業令　314b〔新聞統合〕　517c〔日本新聞会〕
新聞紙法　⇨検閲制度(186b)　192c〔言論出版集会結社等臨時取締法〕
『新聞太平記』　549c〔花見達二〕
新文展　434b〔帝展改組〕
・新聞統合　314a　517c〔日本新聞会〕
新兵　95b〔海軍精神注入棒〕　594c〔兵営〕
神兵隊事件　20a〔天野辰夫〕　48c〔岩村通世〕　111a〔影山正治〕　427c〔津久井龍雄〕
晋北自治政府　660b〔蒙古連合自治政府〕
・親補職　315a
新漫画派集団　313c〔新日本漫画家協会〕
・新民会　315b　26a〔安藤紀三郎〕
人民革命党　397b〔タキン党〕
・人民戦線事件　315c　71b〔大内兵衛〕　117a〔加藤勘十〕　250b〔向坂逸郎〕　324b〔鈴木茂三郎〕　342a〔全国農民組合〕　521b〔日本文学報国会〕　669b〔山川均〕　→教授グループ事件
・『臣民の道』　315c　153b〔教学刷新評議会〕　664c〔文部省教学局〕
『人民文庫』　524a〔日本浪曼派〕
神武会　37a〔石原広一郎〕　71c〔大川周明〕
・震洋　316b
新様式中戦車研究方針　146c〔九七式中戦車〕
神雷部隊　68a〔桜花〕

す

『素足の娘』　253a〔佐多稲子〕
綏遠事件　128c〔関東軍〕　401c〔田中隆吉〕　478b〔内蒙工作〕　575a〔広田弘毅内閣〕　583a〔傅作義〕
・瑞鶴　317a　258b〔珊瑚海海戦〕　295b〔翔鶴〕
水交会　317b〔水交社〕
・水交社　317b　267c〔士官・将校〕
『水交社記事』　317b〔水交社〕
・出師準備　317b
・水上機母艦　317c
水上偵察機　317c〔水上機母艦〕
『推進語録』　72b〔大熊武雄〕
・彗星　318a　5b〔愛知航空機会社〕
推薦図書制度　516c〔日本出版文化協会〕
・水中探信儀・水中聴音機　318a
水兵　597a〔兵種〕
瑞宝章　175c〔勲章〕
水豊発電所　419c〔朝鮮鴨緑江水電会社〕

634b〔満洲鴨緑江水電会社〕
・水雷　**318b**　541c〔爆雷〕
「水雷神」　125b〔川端龍子〕
水雷隊　127b〔艦隊〕　353b〔戦隊〕
水雷艇　166b〔駆逐艦〕　318b〔水雷〕
水路部　94c〔海軍省〕
枢軸国　⇨日独伊三国同盟(499b)　708a〔連合国共同宣言〕
・枢密院　**318b**　381b〔大日本帝国憲法〕
枢密院議長　145a〔宮中グループ〕
枢密院本会議　227c〔御前会議〕　384c〔大本営御前会議〕
スガモプリズン　61c〔A級戦犯〕
SCAP　625a〔マッカーサー〕　264a〔GHQ〕　→GHQ　→連合国軍最高司令官
・『杉山メモ』　**321b**　321a〔杉山元〕
鈴鹿海軍工廠　93c〔海軍工廠〕
「鈴懸の径」　540b〔灰田勝彦〕
・鈴木貫太郎内閣　**322b**　611b〔ポツダム宣言〕
スターリングブロック　592c〔ブロック経済〕
・スターリングラード攻防戦〔-の戦〕　**325b**　375a〔第二次世界大戦〕　466c〔独ソ戦〕
『すだま』　677a〔結城哀草果〕
スチュアート　65c〔M3軽戦車〕
スティムソン＝ドクトリン　142c〔九ヵ国条約〕　161c〔錦州爆撃〕　326b〔スティムソン〕
スティルウェル事件　295a〔蔣介石〕
ステープル＝ファイバー　327c〔スフ〕　→スフ
ステンレス　388a〔代用品〕
ストライキ絶滅宣言　624a〔松岡駒吉〕
スパイ　425a〔諜報〕　695b〔陸軍中野学校〕
スパイ査問事件　651a〔宮本顕治〕
・Spitfire　**327b**　605a〔ホーカー＝ハリケーン〕
・スフ　**327c**　388a〔代用品〕　660a〔綿糸配給統制規則〕
『スポーツと衛生』　78b〔小笠原道生〕
スマトラ義勇軍　600a〔ペタ〕
スマトラ島　556a〔パレンバン空挺作戦〕　689b〔蘭印作戦〕
・スマラン事件　**328b**
スミソニアン博物館　63c〔Enola Gay〕
住友財閥　247a〔財閥解体〕
住友アルミニウム製錬　329c〔住友財閥〕
・住友化学工業会社　**329a**　330a〔住友財閥〕
住友機械製作　329c〔住友財閥〕
住友九州炭鉱　329c〔住友財閥〕
住友銀行　⇨住友財閥(329c)
・住友金属工業会社　**329b**　113b〔春日弘〕　330a〔住友財閥〕　346b〔戦時金融金庫〕
住友鉱業　330a〔住友財閥〕
住友合資会社　⇨住友財閥(329c)　246c〔財閥〕　330b〔住友通信工業会社〕
・住友財閥　**329c**　84b〔小倉正恒〕　246b〔財閥〕　591c〔古田俊之助〕
住友伸銅鋼管会社　⇨住友金属工業会社(329b)　329c〔住友財閥〕
住友製鋼所　329b〔住友金属工業会社〕
・住友通信工業会社　**330a**
住友電気工業　330a〔住友財閥〕
住友電線製造所　330a〔住友通信工業会社〕
住友肥料製造所　329a〔住友化学工業会社〕
住友別子鉱山　329c〔住友財閥〕
住友本社　246c〔財閥〕　330a〔住友財閥〕
・墨ぬり教科書　**330b**
スメラ学塾　644c〔満田巌〕　684b〔吉田三郎〕
「すめらみくに」　134a〔紀元二千六百年記念式典〕
相撲　111c〔笠置山勝一〕　254a〔佐渡ヶ嶽高一郎〕　588a〔双葉山定次〕　590a〔武道章検定〕
相撲基本体操　254a〔佐渡ヶ嶽高一郎〕
『相撲範典』　111c〔笠置山勝一〕
水雷戦隊　353b〔戦隊〕
・スラバヤ沖海戦　**330c**　545a〔バタビヤ沖海戦〕
スリムの殲滅戦　633b〔マレー作戦〕
スループ　293b〔巡洋艦〕
スルタン　632b〔マレー〕

せ

・西安事件〔-事変〕　**331b**　104a〔何応欽〕　205a〔抗日民族統一戦線〕　216c〔国民革命軍〕　282b〔周恩来〕　294c〔蔣介石〕　331b〔西安事件〕　358b〔宋子文〕　359b〔宋美齢〕　413b〔中国共産党〕　417b〔張学良〕
聖影　226c〔御真影〕
生活改善運動　223b〔国民服〕
生活科学　194b〔小泉親彦〕
生活合理化　223b〔国民服〕
生活綴方　149a〔教育科学研究会〕
『生活の探求』　531b〔農民文学懇話会〕
・生活必需物資統制令　**331c**
生活扶助　425b〔徴用制度〕
生活保護法　343c〔戦災〕
青果物配給統制規則　101a〔買い出し〕
正貨流出　131a〔管理通貨制度〕　301a〔昭和恐慌〕　335b〔世界恐慌〕
青函連絡船空襲　343b〔戦災〕
・『世紀の遺書』　**332a**
清郷委員会　332a〔清郷工作〕
・清郷工作　**332a**
清郷運動　70c〔汪兆銘政権〕
政教分離　313a〔神道指令〕
晴空　496a〔二式飛行艇〕
聖訓の述義に関する協議会　152a〔教育勅語〕
精研　220b〔国民精神文化研究所〕　→国民精神文化研究所
制限会社令　247a〔財閥解体〕
制裁　95b〔海軍精神注入棒〕
生産奨励金　⇨二重米価制(498a)
生産増強勤労緊急対策要綱　425b〔徴用制度〕
『生産地帯』　249c〔榊山潤〕
・生産力拡充計画　**332b**　106c〔革新官僚〕　244b〔財政経済三原則〕　268b〔事業法〕　268c〔事業法〕　458b〔統制経済〕　593a〔ブロック経済〕
生産力拡充政策　210c〔国策会社〕
・生産力理論　**332c**
生産力論　332c〔生産力理論〕
政治機構改革研究会　302a〔昭和研究会〕
政治的・民事的・宗教的自由に対する制限撤廃の覚書　563c〔東久邇宮稔彦内閣〕
『政治哲学の急務』　402b〔田辺元〕
『青春と泥濘』　567c〔火野葦平〕
青少年学徒食糧飼料等増産運動　109b〔学徒動員〕
青少年学徒に賜はりたる勅語　152a〔教育勅語〕
・青少年不良化問題　**333a**
青少年雇入制限令　⇨労務調整令(710a)　163c〔勤労動員〕　459a〔統制経済〕
『正常歩』　76b〔大谷武一〕
青々塾　569c〔平泉澄〕
『征戦愛馬譜・暁に祈る』　8a〔暁に祈る〕
『聖戦に歌ふ』　428a〔辻詩集〕
・聖戦美術展　**333b**　250c〔作戦記録画〕　696b〔陸軍美術協会〕
・ぜいたくは敵だ　**333c**
ぜいたく品廃止運動　333c〔ぜいたくは敵だ〕
聖断　288a〔終戦の詔書〕　304c〔昭和天皇〕　611c〔ポツダム宣言受諾〕
生長の家　402c〔谷口雅春〕
製鉄事業法　268b〔事業法〕　458a〔統制経済〕
・青天白日旗　**333c**
青天白日満地紅旗　333c〔青天白日旗〕
政党　172c〔軍国主義〕
政党政治　145b〔宮中グループ〕　192b〔元老〕　195c〔五・一五事件〕　212c〔国体明徴問題〕　256c〔三月事件〕　300a〔昭和維新〕
政党内閣　287a〔重臣〕
成都事件　417b〔張群〕
青年亜細亜連盟　364c〔大亜細亜協会〕
・青年学校　**334a**　150b〔教育審議会〕　177a〔軍人勅諭〕　334b〔青年訓練所〕　379c〔大日本青少年団〕　398c〔竹槍訓練〕
青年学校義務制案要綱　18a〔阿部重孝〕
・青年訓練所　**334a**　177a〔軍人勅諭〕　334a〔青年学校〕
青年団　423c〔町内会・部落会〕
・青年特別錬成所　**334b**
「青年日本の歌」　300a〔昭和維新〕
青年報道写真研究会　472c〔土門拳〕
精麦　387b〔代用食〕
整備局　693b〔陸軍省〕
整備兵　597a〔兵種〕
・整風運動　**334b**　282c〔周恩来〕　413b〔中国共産党〕　661b〔毛沢東〕　700b〔劉少奇〕
西部防衛司令部　601c〔防衛総司令部〕
西北ルート　67a〔援蔣ルート〕

政民連携運動　245c〔斎藤実内閣〕
生命保険統制会　163b〔金融統制団体令〕
政友会　⇨立憲政友会(698c)　167b〔久原房之助〕　312b〔新体制運動〕　480b〔中島知久平〕　547c〔鳩山一郎〕　588c〔普通選挙法〕　619c〔前田米蔵〕　699a〔立憲民政党〕
セーヴル条約　54b〔ヴェルサイユ体制〕
『世界』　685c〔吉野源三郎〕
『世界維新戦論』　245a〔斎藤忠〕
『世界観と国家観』　156a〔京都学派〕　497a〔西谷啓治〕
・世界恐慌　**334c**　300c〔昭和恐慌〕　394c〔高橋財政〕　592b〔ブロック経済〕
『世界再建と国防国家』　72b〔大熊武雄〕
『世界最終戦論』　38a〔石原莞爾〕　128c〔関東軍〕
『世界史概観』　323c〔鈴木成高〕
『世界史的立場と日本』　155b〔京都学派〕　199c〔高坂正顕〕　208a〔高山岩男〕　323c〔鈴木成高〕　336a〔世界史の哲学〕　497a〔西谷啓治〕
・『世界史の哲学』　**336a**　155b〔京都学派〕　156a〔京都学派〕　162a〔近代の超克〕　208a〔高山岩男〕　496b〔西田幾多郎〕
「世界史の動向と日本」　609c〔細川嘉六〕　682c〔横浜事件〕
・世界情勢の推移に伴ふ時局処理要綱　**336a**　47a〔岩畔豪雄〕　82a〔荻窪会談〕　255c〔沢田茂〕
「世界新秩序の原理」　496b〔西田幾多郎〕
世界政策研究会　302a〔昭和研究会〕
『世界戦争はもう始まっている』　657a〔武藤貞一〕
『世界戦と日本』　319a〔末次信正〕
『世界の一環としての日本』　470a〔戸坂潤〕
・『世界文化』　**336c**　316a〔新村猛〕　478b〔中井正一〕
『世界法の理論』　400a〔田中耕太郎〕
・赤十字条約　**337a**
石炭業　184a〔傾斜生産方式〕
石炭鉱業連合会　436c〔鉄鋼配給統制規則〕　628a〔松本健次郎〕
・石炭庁　**337a**
石炭統制会　628a〔松本健次郎〕
・石油　**337c**　689a〔蘭印作戦〕　689b〔蘭印石油〕　689c〔蘭領東インド〕
石油共販株式会社　519b〔日本石油会社〕
石油業法　268b〔事業法〕　332b〔生産力拡充計画〕　458a〔統制経済〕
石油禁輸　248c〔在米日本資産凍結令〕
石油国策実施計画要項　337c〔石油〕
石油資源開発法　337c〔石油〕　433b〔帝国石油会社〕
石油配給統制株式会社　519b〔日本石油会社〕
・設営隊　**338b**
・浙贛作戦　**338c**　241c〔細菌戦〕　275a〔支那派遣軍〕　464b〔毒ガス戦〕
切磋琢磨　97b〔海軍兵学校〕　692c〔陸軍士官学校〕
・絶対国防圏　**339a**　12b〔アジア・太平洋戦争〕　239b〔今後採るべき戦争指導の大綱〕　248a〔サイパン島の戦〕　386b〔大本営発表〕　626a〔松代大本営〕　630c〔マリアナ沖海戦〕
セルロイド　388a〔代用品〕
「ゼロ・アワー」　453a〔東京ローズ〕
零戦　⇨零式艦上戦闘機(704b)　121a〔神風特別攻撃隊〕　273b〔紫電改〕
ゼロ＝ファイター　704b〔零式艦上戦闘機〕　→零戦　→零式艦上戦闘機
繊維需給調整協議会　458c〔統制経済〕
繊維統制会　457c〔統制会〕
船員保険法　710a〔労働者年金保険法〕
前衛絵画グループ事件　291b〔シュールリアリズム事件〕
尖閣諸島　507c〔日中国交正常化〕
・戦艦　**340a**　6a〔アウト＝レンジ戦法〕　366b〔大艦巨砲主義〕
全官公庁共同闘争委員会　494b〔二・一ゼネスト〕
『戦艦大和ノ最期』　685b〔吉田満〕
『潜艦U一五一一号の運命』　534c〔野村直邦〕
戦記文学　597b〔兵隊作家〕
一九三〇年ロンドン海軍条約　712b〔ロンドン海軍軍縮条約〕
『一九三六』　236b〔小林順一郎〕
一九三六年ロンドン海軍条約　713a〔ロンドン海軍軍縮条約〕　→ロンドン海軍軍縮条約
・一九四〇年税制改革　**340b**
全協刷新同盟　122a〔神山茂夫〕
鮮魚介配給統制規則　101a〔買い出し〕
選挙干渉　681c〔翼賛選挙〕
選挙権　588c〔普通選挙法〕
選挙粛正運動　122c〔唐沢俊樹〕　588c〔普通選挙法〕
『先駆移民』　676c〔湯浅克衛〕
・漸減邀撃作戦　**340c**　32b〔伊号潜水艦〕　311b〔真珠湾攻撃〕　672b〔大和〕　712a〔呂号潜水艦〕
『戦後欧米見聞録』　234c〔近衛文麿〕
戦後改革　118a〔過度経済力集中排除法〕　625b〔マッカーサー〕
戦後強制抑留者に係る問題に関する特別措置法　277b〔シベリア抑留〕
全国機帆船海運組合連合会　459b〔統制経済〕
全国銀行統合並店舗整理案　41b〔一県一行主義〕
全国金融協議会　41a〔一県一行主義〕
全国金融統制会　41a〔一県一行主義〕　163a〔金融新体制〕　163b〔金融統制団体令〕　175b〔軍需融資指定金融機関制度〕　244a〔財政金融基本方策要綱〕　457c〔統制会〕
全国購買組合連合会　341a〔千石興太郎〕
全国購買販売組合連合会　528c〔農業団体法〕
全国産業組合大会　257b〔産業組合拡充五ヵ年計画〕
・全国産業団体連合会　**341a**　340c〔膳桂之助〕
全国紙　314a〔新聞統合〕
全国小学校連合女教員会　432a〔帝国教育会〕
・全国商業統制総会　**341b**
全国商工経済会協議会　⇨商工経済会(296a)　⇨日本商工会議所(516c)
全国少国民「ミンナウタヘ」大会　297a〔少国民〕
・全国水平社　**341c**　250a〔阪本清一郎〕　445a〔東亜協同体論〕　628b〔松本治一郎〕
全国製粉配給株式会社　305c〔食糧営団〕
全国大衆党　324b〔鈴木茂三郎〕
全国大日本主義同盟　111a〔影山正治〕
全国地方銀行協会　41a〔一県一行主義〕
全国農業会　⇨農業団体法(528b)
全国農業経済会　528c〔農業団体法〕
全国農村産業組合協会　341a〔千石興太郎〕
・全国農民組合　**342a**　321c〔杉山元治郎〕　381c〔大日本農民組合〕　520a〔日本農民組合〕
全国米穀商業組合連合会　305c〔食糧営団〕
全国米穀商組合連合会　354b〔全日本商権擁護連盟〕
全国米穀販売購買組合連合会　341a〔千石興太郎〕
全国未亡人団体協議会　671b〔山高しげり〕　353a〔戦争未亡人〕
全国連合教育会　432a〔帝国教育会〕
全国労働組合　205c〔河野密〕
全国労農大衆党　78a〔大山郁夫〕　250a〔坂本孝三郎〕　280a〔社会大衆党〕　324b〔鈴木茂三郎〕　650b〔宮崎竜介〕
「戦後五十周年の終戦記念日にあたって」　658b〔村山首相談話〕
・戦後補償　**342a**　349a〔戦傷病者戦没者遺族等援護法〕
・戦災　**343a**　351c〔戦争孤児〕
戦災援護会　176b〔軍人援護会〕　347c〔戦時災害保護法〕
戦災孤児　⇨戦争孤児(351c)　108a〔学童疎開〕
戦死　355a〔戦病死〕
「戦死」　597c〔兵隊作家〕
戦時衣生活簡素化実施要綱　223b〔国民服〕
戦時海運管理要綱　⇨海運統制(89c)　459b〔統制経済〕
戦時海運管理令　90a〔海運統制〕
・戦時海軍力を以てする砲撃に関する条約　**344a**
戦時会計　98a〔会計法戦時特例〕
戦時学徒体育訓練実施要綱　376c〔大日本学徒体育振興会〕　665b〔野球統制〕
戦時歌謡　⇨軍歌・戦時歌謡(171a)
・戦時議会　**344b**
『戦時議会史』　481b〔中谷武世〕
・戦時教育令　**345b**　109b〔学徒動員〕
・戦時行政職権特例　**345c**　154a〔行政査察使〕　229a〔五大重点産業〕　346a〔戦時行政特例法〕　455b〔東条英機〕　456c〔東条英機内閣〕
・戦時行政特例法　**345c**　154a〔行政査察使〕　229a〔五大重点産業〕
戦時緊急措置委員会　379b〔大日本政治会〕
・戦時緊急措置法　**346a**　225c〔護国同志会〕　322b〔鈴木貫太郎内閣〕

379b〔大日本政治会〕
・戦時金融金庫 346b 163a〔金融新体制〕 175b〔軍需融資指定金融機関制度〕 211a〔国策会社〕 244a〔財政金融基本方策要綱〕
戦時経済協議会 154a〔行政査察使〕 477a〔内閣顧問〕
『戦時経済叢書』 618b〔本領信治郎〕
『戦時経済体制講話』 649b〔美濃部洋次〕
『戦時経済と物資調整』 265c〔椎名悦三郎〕
・戦時刑事特別法 346b 621b〔まことむすび社〕
・戦時国債 346c
・戦時国際法 347a
『戦時国際法講義』 276a〔信夫淳平〕
『戦時国際法論』 399a〔立作太郎〕
戦時国民協助義会 347c〔戦時災害保護法〕
戦時災害援護法案 344a〔戦災〕
・戦時災害保護法 347b 343c〔戦災〕 349a〔戦傷病者戦没者遺族等援護法〕
『戦時社会政策論』 73c〔大河内一男〕
『戦時宣伝論』 238a〔小山栄三〕
『戦史叢書』 495a〔西浦進〕
戦時疎開学園 107b〔学童疎開〕
・戦時貯蓄奨励運動 347c
戦時統制 456c〔東条英機内閣〕
戦時統制経済 135a〔岸信介〕 275c〔地主制〕 →統制経済
・戦時統制三法 348a
「戦時認識の基調」 641b〔三木清〕
戦時農業団 ⇨農業団体法(528b) 341a〔千石興太郎〕
戦時農業団令 528c〔農業団体法〕
・戦時農業要員制度 348b
『戦時の政治と公法』 483c〔中野登美雄〕
・戦時標準船 348b
戦時編制 446c〔動員〕 581a〔復員〕
・戦時民事特別法 348c
・戦車 348c 184b〔軽戦車〕 415c〔中戦車〕
戦車師団 271a〔師団〕
戦車兵 299a〔少年兵〕 597a〔兵種〕
『戦場』 249c〔榊山潤〕
戦場運動 214c〔国防競技〕
戦場精神昂揚運動 369b〔大政翼賛会〕
・戦傷病者戦没者遺族等援護法 348c 176c〔軍人恩給〕 343c〔戦災〕 564b〔引揚援護局〕
・戦陣訓 349b 157c〔玉砕〕 178a〔軍隊手帳〕 455a〔東条英機〕 613c〔捕虜〕
・潜水艦 349b 32b〔伊号潜水艦〕 99c〔海上護衛戦〕 318a〔水中探信儀・水中聴音機〕 319a〔末次信正〕 349c〔潜水艦作戦〕 366c〔大艦巨砲主義〕 541c〔爆雷〕 541c〔波号潜水艦〕 712a〔呂号潜水艦〕
潜水艦及び毒ガスに関する五国条約 464a〔毒ガス戦〕
・潜水艦作戦 349c
・潜水艦事件 350a
潜水艦部 91c〔海軍艦政本部〕
潜水戦隊 353b〔戦隊〕
潜水隊 127b〔艦隊〕 353b〔戦隊〕
潜水艇 349b〔潜水艦〕
・潜水母艦 350a
戦政略爆撃 356a〔戦略爆撃〕 568b〔百一号作戦〕
『戦線』 552c〔林芙美子〕
宣戦講和の大権 380c〔大日本帝国憲法〕
・宣戦の詔書 350b
「前線へ送る夕」 523a〔日本放送協会〕
『戦争』 657a〔武藤貞一〕
・戦争違法化 350b 347b〔戦時国際法〕 352a〔戦争犯罪〕 587b〔不戦条約〕
戦争映画 60b〔映画法〕
戦争画 250c〔作戦記録画〕 584b〔藤田嗣治〕
戦争記録画 250c〔作戦記録画〕
・戦争孤児 351c
『戦争生活と文化』 394b〔高橋健二〕
『戦争政記』 549c〔花見達二〕
『戦争責任』 29c〔家永三郎〕
『戦争と梅干』 87b〔小野蕪子〕
『戦争と人間』 527c〔熱風〕
「戦争日記」 158a〔清沢洌〕
・戦争犯罪 352a 61b〔A級戦犯〕
戦争犯罪委員会 313a〔人道に対する罪〕
『戦争犯罪人』 567c〔火野葦平〕
『戦争犯罪論』 682b〔横田喜三郎〕
・戦争美術 352b
戦争放棄 515c〔日本国憲法〕
戦争抛棄に関する条約 587a〔不戦条約〕 →不戦条約
・戦争未亡人 352c 142b〔逆縁婚〕
『先祖の話』 668b〔柳田国男〕
・戦隊 353a 127b〔艦隊〕
仙台陸軍教導学校 698a〔陸軍予備士官学校〕
・戦地強姦罪 353b
宣伝 425a〔諜報〕
宣伝ビラ ⇨伝単(440a) 578a〔風船爆弾〕
「船頭可愛や」 227b〔古関裕而〕
『戦闘機』 168a〔蔵原伸二郎〕
「戦闘機の歌」 218a〔国民歌謡〕
・戦闘群戦法 353b
戦闘綱領 457b〔統帥綱領〕
戦闘序列 353c〔戦闘序列・軍隊区分〕
・戦闘序列・軍隊区分 353c
遷都計画 626a〔松代大本営〕
セント＝ロー 338a〔関行男〕
全日本愛国者共同闘争協議会 427c〔津久井龍雄〕
・全日本科学技術団体連合会 354a
全日本興国同志会 20a〔天野辰夫〕
全日本産業別労働組合会議 523b〔日本労働組合総同盟〕
・全日本商権擁護連盟 354a
全日本体操連盟 187b〔建国体操〕
全日本彫塑家連盟 521a〔日本美術報国会〕
全日本農民組合 321c〔杉山元治郎〕 342a〔全国農民組合〕 520a〔日本農民組合〕
全日本肥料団体連合会 354b〔全日本商権擁護連盟〕
全日本労働総同盟 205c〔河野密〕 523c〔日本労働組合総同盟〕
・千人針 354b 378a〔大日本国防婦人会〕
全農 342a〔全国農民組合〕 381c〔大日本農民組合〕 →全国農民組合
船舶運営会 ⇨海運統制(89c) 459b〔統制経済〕 523b〔日本郵船会社〕
船舶国家管理 ⇨海運統制(89c)
・船舶喪失問題 354c
船舶兵 597a〔兵種〕
戦犯 ⇨A級戦犯(61b) ⇨BC級戦犯裁判(559b) 598b〔平和に対する罪〕
戦費 702a〔臨時軍事費特別会計〕
・戦病死 355a 115b〔ガダルカナル島の戦〕
・全ビルマ青年連盟 355b
全ビルマ農民機構 397b〔タキン＝ミャ〕
全ビルマ労働組合会議 397b〔タキン＝ミャ〕
全北鉄道株式会社 423a〔朝鮮鉄道十二年計画〕
戦没者 224a〔護国神社〕 415a〔忠魂碑〕 416c〔忠霊塔〕
・鮮満拓殖会社 355c
全面抗戦 286b〔十五年戦争〕
『戦友』 433a〔帝国在郷軍人会〕
『戦友日記』 696b〔陸軍美術協会〕
「戦友別盃の歌」 72a〔大木惇夫〕
・戦略爆撃 356a 356a〔戦略爆撃調査団〕 561a〔B29 Superfortress〕
・戦略爆撃調査団 356a
・占領地通貨問題 356b
戦力増強企業整備要綱 ⇨企業整備令(132c) 442a〔転廃業問題〕
戦力不保持 515c〔日本国憲法〕
全労会議 523c〔日本労働組合総同盟〕
全労統一全国会議 116c〔加藤勘十〕

そ

・ソヴィエト連邦 357a 324c〔スターリン〕
『ソヴエートの友』 43c〔伊奈信男〕
掃海隊 127b〔艦隊〕
・掃海艇 357a
創価学会 357b〔創価教育学会〕 470a〔戸田城聖〕 620b〔牧口常三郎〕
『創価教育学体系』 620b〔牧口常三郎〕
・創価教育学会 357b 470a〔戸田城聖〕 620b〔牧口常三郎〕
造言蜚語 700a〔流言蜚語〕 →流言蜚語
総合国策十年計画案 139c〔基本国策要綱〕
・捜索連隊 357c
・創氏改名 358a 157a〔協和会〕 206b〔皇民化政策〕 647c〔南次郎〕
双十協定 222a〔国民政府〕 661b〔毛沢東〕
総司令部 264a〔GHQ〕 →GHQ

造船事業法　268b〔事業法〕 458a〔統制経済〕
・造船統制会　358b
造船連合会　358b〔造船統制会〕 436c〔鉄鋼配給統制規則〕
・「さうだその意気」　358c　159b〔霧島昇〕 166b〔九段の母〕 208b〔古賀政男〕 218a〔国民歌謡〕
曹長　91b〔階級〕 294a〔少尉候補者〕
壮丁　424b〔徴兵検査〕
操典　443a〔典範令〕
総動員試験研究会　105b〔科学動員協会〕
総動員服　223a〔国民服〕
総動員法制委員会　458c〔統制経済〕
総同盟　523b〔日本労働組合総同盟〕 →日本労働組合総同盟
奏任官　91b〔階級〕 267b〔士官・将校〕
壮年団中央協会　382c〔大日本翼賛壮年団〕
総評　523c〔日本労働組合総同盟〕
相武台　692c〔陸軍士官学校〕
・造兵廠　359b　595c〔兵器廠〕
『蒼氓』　30c〔生きてゐる兵隊〕 34c〔石川達三〕
『双面神』　134c〔岸田国士〕
・蒼龍　359c　645b〔ミッドウェー海戦〕
・総力戦　360a　172c〔軍国主義〕 365c〔第一次世界大戦〕 375a〔第二次世界大戦〕 433b〔帝国在郷軍人会〕
『総力戦』　438b〔寺田弥吉〕
総力戦学会　438b〔寺田弥吉〕
『総力戦教書』　438b〔寺田弥吉〕
・総力戦研究所　360c　28c〔飯村穣〕
総力戦体制　198b〔皇国史観〕 211c〔国策研究会〕 360a〔総力戦〕
・疎開　361a　107b〔学童疎開〕 201b〔工場疎開〕 361c〔疎開輸送〕 400a〔建物疎開〕 603b〔防空法〕
疎開戦法　353c〔戦闘群戦法〕
・疎開輸送　361c
・速射砲　361c　612c〔歩兵砲〕
『続綴方教室』　474a〔豊田正子〕
狙撃砲　612c〔歩兵砲〕
『祖国』　137a〔北昤吉〕
祖国会　137a〔北昤吉〕
祖国事件　701c〔林献堂〕
祖国振興隊　546b〔八紘一宇の塔〕
祖国振興隊運動　2a〔相川勝六〕
祖国同志会　137a〔北昤吉〕
「蘇州夜曲」　274c〔支那の夜〕 547c〔服部良一〕 716c〔渡辺はま子〕
ソナー　99c〔海上護衛戦〕 318a〔水中探信儀・水中聴音機〕
曽根兵器製造所　464c〔毒ガス兵器〕
空知炭鉱　610a〔北海道炭礦汽船会社〕
ゾルゲ事件　84c〔尾崎秀実〕 86b〔オット〕 112b〔風見章〕 215b〔国防保安法〕 302b〔昭和研究会〕 362b〔ゾルゲ〕 445b〔東亜協同体論〕 609c〔細川嘉六〕
ソ連　⇨ソヴィエト連邦(357a)　277a〔シベリア抑留〕 362b〔ソ連の対日参戦〕
・ソ連の対日参戦〔-侵攻，-宣戦〕　362b　12c〔アジア・太平洋戦争〕 323a〔鈴木貫太郎内閣〕 357a〔ソヴィエト連邦〕 369c〔対ソ和平工作〕 413c〔中国残留孤児〕 454b〔東郷茂徳〕 506a〔日ソ中立条約〕 611b〔ポツダム宣言〕 611c〔ポツダム宣言受諾〕 676a〔ヤルタ会談〕
・ソ連・フィンランド戦争　363a
・ソロモン海戦　363b　114b〔ガダルカナル島の戦〕
ソロモン諸島　114b〔ガダルカナル島の戦〕 363c〔ソロモン海戦〕
尊攘同志会　14b〔愛宕山事件〕
『村道』　120c〔上泉秀信〕
『尊皇攘夷の血戦』　84b〔奥村喜和男〕

た

・大亜細亜協会　364c　11b〔アジア主義〕 119a〔鹿子木員信〕 481b〔中谷武世〕 623b〔松井石根〕
大亜細亜建設協会　111c〔笠木良明〕
大亜細亜建設社　111c〔笠木良明〕
大アジア主義〔大亜細亜-〕　⇨アジア主義(11a)　364c〔大亜細亜協会〕 445a〔東亜協同体論〕
『大アジア主義の歴史的基礎』　571c〔平野義太郎〕
体当たり攻撃　120c〔神風特別攻撃隊〕 170b〔黒島亀人〕
大尉　91a〔階級〕
体育　76b〔大谷武一〕 78a〔小笠原道生〕
体育研究所　76a〔大谷武一〕
『体育生理学要綱』　78b〔小笠原道生〕
第一銀行　⇨帝国銀行(432b)　8a〔明石照男〕
第一軍　274b〔支那駐屯軍〕
第一公論社　121c〔上村勝弥〕 121c〔上村哲弥〕
第一国民兵役　205c〔後備役〕 223b〔国民兵役〕 243b〔在郷軍人〕 404c〔短期現役兵〕
・第一次上海事変　365a　39c〔板垣征四郎〕 44b〔犬養毅内閣〕 81a〔岡村寧次〕 367c〔第十九路軍〕 401c〔田中隆吉〕 494b〔肉弾三勇士〕 600c〔便衣兵〕 636c〔満洲事変〕
・第一次世界大戦　365b　209c〔国際連盟〕 352a〔戦争犯罪〕 360a〔総力戦〕 374c〔第二次世界大戦〕 464a〔毒ガス戦〕
第一生命保険会社　35b〔石坂泰三〕
第一総軍　⇨航空総軍(197b)　601c〔防衛総司令部〕 617a〔本土決戦計画〕
第一復員局　581a〔復員〕
第一復員省　581a〔復員〕 581b〔復員省〕 693b〔陸軍省〕
第一補充兵役　609c〔補充兵役〕
大映　60c〔映画臨戦体制〕 511a〔日本移動映写連盟〕
『大海軍を想う』　43b〔伊藤正徳〕
大海指　⇨大海令・大海指(366a)　183b〔軍令部総長〕
大海令　183b〔軍令部総長〕 366a〔大海令・大海指〕
・大海令・大海指　366a　→大海指　→大海令
大化会　48b〔岩田富美夫〕
『大学の留守』　25c〔安西冬衛〕
大学野球　665b〔野球統制〕
対華三原則　574b〔広田弘毅〕
対華新政策　119b〔華北交易統制総会〕
・大艦巨砲主義　366b　6a〔アウト＝レンジ戦法〕 91c〔海軍艦政本部〕 93b〔海軍航空本部〕 127b〔艦隊派〕 137c〔機動部隊〕 340c〔漸減邀撃作戦〕 672b〔大和〕
大観号　683c〔横山大観〕
大韓民国　38a〔李承晩〕
・大韓民国臨時政府　367a　38a〔李承晩〕 126b〔韓国光復軍〕
大機動演習　66c〔演習〕
第九陸軍技術研究所　695b〔陸軍登戸研究所〕
大勲位菊花章　175c〔勲章〕
大鯨　350a〔潜水母艦〕
・大元帥　367b　304a〔昭和天皇〕 384b〔大本営〕 385a〔大本営御前会議〕 457a〔統帥権〕
・太原戦犯管理所　367b　412c〔中国帰還者連絡会〕
大興公司　637c〔満洲中央銀行〕
大孝道場　110c〔影山庄平〕
大佐　91a〔階級〕
大サイクロトロン　497b〔仁科芳雄〕
第三インターナショナル　237c〔コミンテルン〕 500c〔日独防共協定〕
第三十二軍　82b〔沖縄戦〕
大使館付武官　415a〔駐在武官〕
大使館付武官補佐官　415b〔駐在武官〕
・対支新政策　367c　455c〔東条英機〕
『台児荘』　657b〔棟田博〕
台児荘の戦　307b〔徐州作戦〕 698c〔李宗仁〕
第十一軍　81a〔岡村寧次〕
第十一航空隊　93a〔海軍航空隊〕
・第十九路軍　367c
第十軍　374b〔第二次上海事変〕 488a〔南京作戦〕
大衆雑誌　160c〔キング〕
第十七方面軍　420c〔朝鮮軍〕
第十方面軍　390c〔台湾軍〕
大将　91a〔階級〕
大正海上火災保険会社　643b〔三井財閥〕 644a〔三井物産会社〕
『大正公論』　433a〔帝国在郷軍人会〕
『大将白川』　251b〔桜井忠温〕
・大詔奉戴日　368b　196c〔興亜奉公日〕
大審院長　315a〔親補職〕
大豆　387b〔代用食〕
大豆粕　387b〔代用食〕
大西洋会談　208c〔国際連合〕
大西洋艦隊　21b〔アメリカの軍制〕
・大西洋憲章　368b　708a〔連合国共同宣言〕 711b〔ローズヴェルト〕

大政翼賛運動　368c〔大政翼賛会〕
・大政翼賛会　368c　24c〔有馬頼寧〕　26a〔安藤紀三郎〕　172c〔軍国主義〕　191b〔健民運動〕　193a〔言論出版集会結社等臨時取締法〕　207b〔皇民奉公会〕　218b〔国民義勇隊〕　220b〔国民精神総動員運動〕　232c〔後藤文夫〕　235a〔近衛文麿〕　235c〔近衛文麿内閣〕　302b〔昭和研究会〕　312b〔新体制運動〕　345a〔戦時議会〕　360b〔総力戦〕　365a〔大亜細亜協会〕　377b〔大日本興亜同盟〕　378b〔大日本国防婦人会〕　382c〔大日本翼賛壮年団〕　394b〔高橋健二〕　410c〔地方文化運動〕　411c〔中央協力会議〕　478c〔永井柳太郎〕　483b〔中野正剛〕　511a〔日本移動映写連盟〕　511b〔日本移動演劇連盟〕　519c〔日本宣伝文化協会〕　521c〔日本文学報国会〕　548a〔鳩山一郎〕　620a〔前田米蔵〕　624b〔松岡洋右〕　670a〔山崎達之輔〕　680b〔翼賛議会〕　681b〔翼賛選挙〕
大政翼賛会興亜局　377b〔大日本興亜同盟〕
大政翼賛会文化部　134c〔岸田国士〕
「大政翼賛の歌」　218a〔国民歌謡〕
体操　187b〔建国体操〕　688b〔ラジオ体操〕
対ソ交渉　287c〔終戦工作〕
大祖国戦争　466a〔独ソ戦〕
対ソ戦　129a〔関東軍特種演習〕
対ソ戦準備　128c〔関東軍〕　534c〔ノモンハン事件〕
・対ソ和平工作　369c　362c〔ソ連の対日参戦〕
・大隊　370a　708c〔連隊区〕
対泰経済施策要綱　389c〔第六委員会〕
・大隊砲　370a　709a〔連隊砲〕
対中武器貸与法　326c〔スティルウェル〕
・大東亜会議　370a　6c〔青木一男〕　70b〔汪兆銘〕　70c〔汪兆銘政権〕　269b〔重光葵〕　371a〔大東亜共栄圏〕　372b〔大東亜政略指導大綱〕　455c〔東条英機〕　456c〔東条英機内閣〕
・大東亜共栄圏　370c　13a〔アジア＝モンロー主義〕　297c〔情勢の推移に伴ふ帝国国策要綱〕　371b〔大東亜建設審議会〕　371c〔大東亜省〕　373a〔大東亜文学者大会〕　446a〔東亜新秩序〕　593b〔ブロック経済〕
大東亜共栄圏構想　211c〔国策研究会〕
大東亜共栄圏論　445b〔東亜協同体論〕
大東亜共同宣言　⇨大東亜会議(370a)　368c〔大西洋憲章〕　455c〔東条英機〕
大東亜経済建設基本方策　371c〔大東亜建設審議会〕
大東亜研究室　302b〔昭和研究会〕
・大東亜建設審議会　371b　370c〔大東亜共栄圏〕
『大東亜史概説』　212a〔国史概説〕
・大東亜省　371c　6c〔青木一男〕　130a〔関東州〕　196b〔興亜院〕　370b〔大東亜会議〕　389c〔第六委員会〕　397c〔拓務省〕　454b〔東郷茂徳〕　456b〔東条英機内閣〕
大東亜少国民大会　297a〔少国民〕　517b〔日本少国民文化協会〕
大東亜省連絡委員会第一部会　390a〔第六委員会〕
大東亜新秩序　⇨東亜新秩序(445c)　139c〔基本国策要綱〕　235a〔近衛文麿〕
・大東亜政略指導大綱　372a　371a〔大東亜共栄圏〕
・「大東亜戦皇国婦女皆働之図」　372b
・大東亜戦争　372c　11b〔アジア主義〕　286a〔十五年戦争〕　313a〔神道指令〕　383c〔太平洋戦争〕
大東亜戦争完遂の為の対支処理根本方針　367c〔対支新政策〕　372b〔大東亜政略指導大綱〕
・『大東亜戦争肯定論』　372c　372c〔大東亜戦争〕
『大東亜戦争全史』　547b〔服部卓四郎〕
「大東亜戦争と吾等の決意」　398a〔竹内好〕
大東亜戦争美術展　250c〔作戦記録画〕　333b〔聖戦美術展〕
『大東亜戦争便覧』　696b〔陸軍美術協会〕
大東亜宣伝文化政策委員会　509a〔ニッポン〕
・大東亜文学者大会　373a　72a〔大木惇夫〕　522a〔日本文学報国会〕
大東亜文学賞　373b〔大東亜文学者大会〕
・大東塾　373b　110c〔影山庄平〕　111a〔影山正治〕　534b〔野村辰夫〕
・大同炭鉱　373c
大同炭礦股份有限公司　373c〔大同炭鉱〕
大同電力　674b〔山本条太郎〕
大都映画　60c〔映画臨戦体制〕
対南方施策要綱　490b〔南部仏印進駐〕
第二国民兵役　223b〔国民兵役〕　243b〔在郷軍人〕　424c〔徴兵検査〕
・第二次上海事変　374a　473a〔渡洋爆撃〕　488a〔南京作戦〕　508b〔日中戦争〕　582a〔福留繁〕　600c〔便衣兵〕
・第二次世界大戦　374b　12a〔アジア・太平洋戦争〕　206a〔降伏文書調印式〕　210a〔国際連盟〕　286a〔十五年戦争〕　352a〔戦争犯罪〕　360b〔総力戦〕　508c〔日中戦争〕　567a〔ヒトラー〕
第二十一軍　275a〔支那派遣軍〕
第二総軍　⇨航空総軍(197b)　601c〔防衛総司令部〕　617a〔本土決戦計画〕
対日禁輸〔-全面禁輸〕　62a〔ABCD 包囲陣〕　248c〔在米日本資産凍結令〕　298a〔情勢の推移に伴ふ帝国国策要綱〕　432c〔帝国国策遂行要領〕　501b〔日米交渉〕
・対日禁輸問題　375b
・対日経済制裁　375b　169b〔グルー〕　248c〔在米日本資産凍結令〕　375b〔対日禁輸問題〕　502a〔日米通商航海条約廃棄通告〕　554c〔ハル〕　607c〔ホーンベック〕
対日講和条約　404a〔ダレス〕
対日資産凍結　375c〔対日経済制裁〕
『滞日十年』　169b〔グルー〕
対日石油禁輸〔-全面禁輸〕　337c〔石油〕　555a〔ハル〕
対日輸出制限　689c〔蘭印石油〕
・対日理事会　375c
・大日本育英会　376a　478c〔永井柳太郎〕
・大日本映画協会　376b　60a〔映画公社〕　60b〔映画配給社〕
大日本映画製作株式会社　60c〔映画臨戦体制〕
大日本音楽協会　671c〔山田耕筰〕
大日本音楽著作権協会　671c〔山田耕筰〕
大日本海洋美術協会　283c〔従軍画家〕　352c〔戦争美術〕
・大日本学徒体育振興会　376b
・大日本歌人協会　376c　684a〔吉植庄亮〕
大日本教育会　432a〔帝国教育会〕
大日本軍人援護会　176b〔軍人援護会〕
・大日本言論報国会　377a　72c〔大熊信行〕　119a〔鹿子木員信〕　245a〔斎藤忠〕　316b〔新明正道〕　467a〔徳富蘇峰〕　521b〔日本評論家協会〕　644c〔満田巌〕　664a〔森本忠〕
・大日本興亜同盟　377b　166a〔葛生能久〕　365a〔大亜細亜協会〕　584a〔藤沢親雄〕
大日本興行協会　60a〔映画公社〕
大日本航空　210c〔国策会社〕
大日本航空美術協会　283c〔従軍画家〕
・大日本皇道会　377b　7a〔赤尾敏〕
・大日本国粋会　377c
・大日本国防婦人会　378a　4b〔愛国婦人会〕　381c〔大日本婦人会〕
大日本国民服協会　223b〔国民服〕
・大日本産業報国会　378b　163c〔勤労新体制〕　201c〔厚生運動〕　333a〔青少年不良化問題〕　360b〔総力戦〕　369b〔大政翼賛会〕　438c〔暉峻義等〕　511a〔日本移動映写連盟〕　570b〔平生釟三郎〕　652b〔三輪寿壮〕　709c〔労働科学研究所〕　→産業報国会
大日本産婆会　191b〔健民運動〕
・大日本射撃協会　379a
大日本宗教会　283c〔宗教報国運動〕
大日本宗教報国会　283b〔宗教報国運動〕
大日本銃剣道振興会　285b〔銃剣道〕
大日本少年団連盟　379c〔大日本青少年団〕
大日本生産党　57a〔内田良平〕　111a〔影山正治〕
・大日本政治会　379a　118c〔金光庸夫〕　218b〔国民義勇隊〕　225c〔護国同志会〕　345a〔戦時議会〕　548a〔鳩山一郎〕　680c〔翼賛議会〕　681a〔翼賛政治会〕
・大日本青少年団　379b
大日本製糖　392a〔台湾拓殖会社〕
大日本青年団　379b〔大日本青少年団〕　383a〔大日本連合青年団〕
大日本青年党　365a〔大亜細亜協会〕　542a〔橋本欣五郎〕
大日本青年同盟　427c〔津久井龍雄〕
大日本赤誠会　542a〔橋本欣五郎〕
・大日本戦時宗教報国会　379c　382b〔大日本仏教会〕
大日本壮年団連盟　382c〔大日本翼賛壮

年団〕
・大日本体育会 **380a** 191b〔健民運動〕 203b〔郷隆〕 376c〔大日本学徒体育振興会〕
大日本体育協会 203a〔郷隆〕 280a〔下村宏〕 379a〔大日本射撃協会〕 380b〔大日本体育会〕 444c〔東亜競技大会〕
『大日本体育協会史』 324b〔鈴木良徳〕
大日本忠霊顕彰会 416c〔忠霊塔〕
・大日本帝国憲法 **380b** 172c〔軍国主義〕 198c〔皇国史観〕 213a〔国体論〕 457a〔統帥権〕 514c〔日本国憲法〕 601a〔編制大権〕
大日本東京野球倶楽部 256a〔沢村栄治〕 326a〔スタルヒン〕
・大日本農民組合 **381c** 321c〔杉山元治郎〕 342a〔全国農民組合〕 520b〔日本農民組合総同盟〕 531a〔農地制度改革同盟〕
・大日本婦人会 **381c** 4b〔愛国婦人会〕 333a〔青少年不良化問題〕 360b〔総力戦〕 369b〔大政翼賛会〕 378b〔大日本国防婦人会〕
大日本婦人会勤労報国隊 382a〔大日本婦人会〕
・大日本仏教会 **382a** 283c〔宗教報国運動〕 380a〔大日本戦時宗教報国会〕
・大日本武徳会 **382b** 285c〔銃剣道〕 376c〔大日本学徒体育振興会〕 379a〔大日本射撃協会〕 590a〔武道章検定〕
大日本舞踊連盟 33b〔石井漠〕
大日本母子愛育会 1c〔愛育会〕
大日本雄弁会 160b〔キング〕
大日本雄弁会講談社 160b〔キング〕
・大日本翼賛壮年団 **382c** 26a〔安藤紀三郎〕 369b〔大政翼賛会〕 →翼賛壮年団
大日本陸軍従軍画家協会 283c〔従軍画家〕 696a〔陸軍美術協会〕
大日本連合女子青年団 379c〔大日本青少年団〕
・大日本連合青年団 **383a** 232c〔後藤文夫〕 379b〔大日本青少年団〕
大日本連合婦人会 4b〔愛国婦人会〕 378a〔大日本国防婦人会〕 381c〔大日本婦人会〕
・大日本労務報国会 **383a**
『第二の人生』 597b〔兵隊作家〕
第二復員局 581a〔復員〕
第二復員省 94c〔海軍省〕 581a〔復員〕 581b〔復員省〕
第二補充兵役 609c〔補充兵役〕
『大乃木』 251b〔桜井忠温〕
・大発 **383b** 527b〔ねずみ輸送〕
大発動艇 383b〔大発〕 →大発
第百一戦隊 100a〔海上護衛戦〕
対仏印泰施策要綱 588b〔仏印・タイ国境紛争調停〕
「大仏開眼」 134a〔紀元二千六百年記念式典〕
泰平組合 73b〔大倉財閥〕 303b〔昭和通商会社〕
太平鉱業 645c〔三菱鉱業会社〕
・太平洋艦隊 **383c** 21b〔アメリカの軍制〕 390a〔台湾沖航空戦〕 489c〔南西太平洋方面(軍)〕
太平洋協会 158b〔清野謙次〕
・太平洋戦争 **383c** 12a〔アジア・太平洋戦争〕 286b〔十五年戦争〕
『太平洋戦争』 29c〔家永三郎〕
太平洋方面(軍) ⇨南西太平洋方面(軍)(489c)
「太平洋」四部作 125b〔川端龍子〕
・大鳳 **384a** 630c〔マリアナ沖海戦〕
・大本営 **384b** 182c〔軍令部〕 183b〔軍令部総長〕 227c〔御前会議〕 235c〔近衛文麿内閣〕 374b〔第二次上海事変〕 384c〔大本営御前会議〕 385a〔大本営政府連絡会議〕 385c〔大本営発表〕 626a〔松代大本営〕
大本営海軍部 182c〔軍令部〕 384b〔大本営〕
・大本営御前会議 **384c** 227c〔御前会議〕 384b〔大本営〕
・大本営政府連絡会議 **385a** 227c〔御前会議〕 243b〔最高戦争指導会議〕 384c〔大本営〕 457a〔統帥権〕 508c〔日中戦争〕
大本営政府連絡懇談会 227c〔御前会議〕 385b〔大本営政府連絡会議〕
・大本営発表 **385c** 439c〔転進〕 523a〔日本放送協会〕 570a〔平出英夫〕 628a〔松村秀逸〕
『大本営発表』 628a〔松村秀逸〕
大本営報道部 386a〔大本営発表〕 628a〔松村秀逸〕
大本営横浜連絡委員会 23b〔有末機関〕
大本営陸軍部 263b〔参謀本部〕 384b〔大本営〕
対満事務局 79b〔岡田啓介内閣〕 371c〔大東亜省〕 397c〔拓務省〕
大満洲帝国体育連盟 324b〔鈴木良徳〕
・泰緬鉄道 **386b**
・大蒙公司 **386c**
・大鷹 **386c**
・代用食 **387a** 596b〔米穀通帳〕
・代用品 **387c**
第四艦隊事件 91c〔海軍艦政本部〕 111a〔陽炎〕 359c〔蒼龍〕
第四十八師団 390c〔台湾軍〕
大陸開拓文学委員会 522a〔日本文学報国会〕 581c〔福田清人〕
・大陸開拓文芸懇話会 **388a** 11a〔浅見淵〕 473b〔豊田三郎〕 521c〔日本文学報国会〕 675c〔鑓田研一〕 676c〔湯浅克衛〕
大陸銀行 414c〔中国連合準備銀行〕
「大陸策」四部作 125b〔川端龍子〕
大陸指 ⇨大陸命・大陸指(389b)
・大陸打通作戦 **388b** 81a〔岡村寧次〕 205a〔抗日根拠地〕 275a〔支那派遣軍〕 327a〔スティルウェル〕 464b〔毒ガス戦〕 508c〔日中戦争〕 547b〔服部卓四郎〕
・大陸の花嫁 **389a** 634a〔満洲移民〕
『大陸の村つくり―北満紀行―』 631c〔丸山義二〕
大陸文芸懇話会 581c〔福田清人〕
大陸開拓文芸懇話会 630b〔間宮茂輔〕
大陸命 389b〔大陸命・大陸指〕
・大陸命・大陸指 **389b**
体力検査 191c〔健民修錬〕 222b〔国民体力法〕
・体力章検定 **389b** 168c〔栗本義彦〕 192a〔健民修錬〕 659b〔明治神宮国民体育大会〕
『体力章検定必携』 168c〔栗本義彦〕
大連衛生研究所 486c〔七三一部隊〕
大連会議 478b〔内蒙工作〕
・第六委員会 **389c** 491a〔南方経済対策要綱〕 491c〔南方占領地行政実施要領〕
第六艦隊 127b〔艦隊〕
台湾 305b〔植民地〕 391c〔台湾総督府〕 413c〔中国国民党〕 504a〔日華平和条約〕 507a〔日中国交正常化〕 538c〔賠償問題〕
・台湾沖航空戦 **390a** 296b〔捷号作戦〕 705c〔レイテ沖海戦〕 705c〔レイテ島の戦〕
台湾議会設置請願運動 246a〔蔡培火〕 701c〔林献堂〕
・台湾教育令 **390a**
・台湾銀行 **390b** 211a〔国策会社〕
台湾銀行券 305c〔植民地〕
・台湾軍 **390c**
台湾軍司令官 390c〔台湾軍〕
台湾語ローマ字化運動 246a〔蔡培火〕
台湾混成旅団 390c〔台湾軍〕
・台湾重要物資営団 **390c**
・台湾人兵士 **391a**
・台湾製糖会社 **391b** 392a〔台湾拓殖会社〕
台湾青年特別錬成令 334b〔青年特別錬成所〕
台湾総督 390b〔台湾教育令〕 391c〔台湾総督府〕
・台湾総督府 **391b** 206c〔皇民化政策〕 394a〔高砂義勇隊〕 397c〔拓務省〕
・台湾拓殖会社 **392a** 210c〔国策会社〕
台湾地方自治連盟 701c〔林献堂〕
台湾同化会 701c〔林献堂〕
台湾糖業公司 391b〔台湾製糖会社〕
台湾特設勤労団 391a〔台湾人兵士〕
台湾特設農業団 391a〔台湾人兵士〕
台湾特設労務奉公団 391a〔台湾人兵士〕
台湾に於ける戦力増強企業整備基本要綱 390c〔台湾重要物資営団〕
台湾農業義勇団 391a〔台湾人兵士〕
台湾文化協会 246a〔蔡培火〕 701c〔林献堂〕
台湾貿易会 390c〔台湾重要物資営団〕
『田植酒』 631c〔丸山義二〕
ダウンフォール作戦 88a〔オリンピック作戦〕 238b〔コロネット作戦〕 611b〔ポツダム宣言受諾〕
『打開か破滅か興亡の此一戦』 642a〔水野広徳〕
・高雄 **392b**
・高砂義勇隊 **394a** 207b〔皇民化政策〕 391a〔台湾人兵士〕
高砂挺身報国隊 394a〔高砂義勇隊〕
高島炭鉱 645c〔三菱鉱業会社〕
多賀城海軍工廠 93c〔海軍工廠〕

『高杉晋作』　716a〔和田勝一〕
・高橋財政　394c　300c〔昭和恐慌〕
高松差別裁判闘争　341c〔全国水平社〕
『高松宮日記』　395b〔高松宮宣仁親王〕
兌換銀行券　512c〔日本銀行法〕
兌換銀行券条例　131a〔管理通貨制度〕
滝川事件　192b〔原理日本社〕　245b〔斎藤実内閣〕　318c〔末川博〕　396a〔滝川幸辰〕　496c〔西田直二郎〕　548a〔鳩山一郎〕
・タキン党　397a　6b〔アウンサン〕　52b〔ウー＝ヌ〕　355c〔全ビルマ青年連盟〕　551c〔バモオ〕
・拓務省　397c　311a〔人口政策確立要綱〕　371c〔大東亜省〕
竹敷要港部　679c〔要港部〕
・竹槍訓練　398b　218b〔国民義勇隊〕　322c〔鈴木貫太郎内閣〕
竹槍事件　315a〔新名丈夫〕
『戦ふ国戦ふ人』　251b〔桜井忠温〕
『戦う中国にて』　543a〔長谷川テル〕
・『戦ふ兵隊』　398c
忠海兵器製造所　464c〔毒ガス兵器〕
脱脂大豆　387b〔代用食〕
竜巻部隊　68a〔桜花〕
・建物疎開　400a　361b〔疎開〕　603b〔防空法〕
「立てる像」　629a〔松本竣介〕
田中上奏文　401b〔田中メモランダム〕
・田中メモランダム　401b
種馬統制法　179a〔軍馬〕
駄馬　⇨輓馬(557c)　179a〔軍馬〕
ダバオ　689b〔蘭印作戦〕
「旅笠道中」　77b〔大村能章〕
「旅の夜風」　5a〔愛染かつら〕　159b〔霧島昇〕
玉造船所　644a〔三井物産会社〕
多摩部隊　241c〔細菌戦〕
多摩陸軍技術研究所　442c〔電波兵器〕
タラカン　689b〔蘭印作戦〕
タラワ　403b〔タラワ島の戦〕
・タラワ島の戦　403b
「誰か故郷を想わざる」　159b〔霧島昇〕　208b〔古賀政男〕
ダレス工作　113b〔加瀬俊一〕
短歌維新の会　373c〔大東塾〕
・弾丸列車構想〔-計画〕　404b　362a〔十河信二〕
・短期現役海軍主計科士官　404b
・短期現役兵　404c　594c〔兵役法〕
・塘沽停戦協定　405a　49a〔殷汝耕〕　81a〔岡村寧次〕　128c〔関東軍〕　137c〔冀東政権〕　245b〔斎藤実内閣〕　286a〔十五年戦争〕　313b〔秦徳純〕　444a〔土肥原・秦徳純協定〕　478a〔内蒙工作〕　508b〔日中戦争〕　636c〔満洲事変〕
・ダンケルク撤退作戦　405c
短現　404c〔短期現役海軍主計科士官〕
「探鉱日記」　74c〔大鹿卓〕
・断作戦　405c
断種　223c〔国民優生法〕
『誕生日』　552c〔林富士馬〕
団体等規正令　612a〔ポツダム勅令〕
団地　289a〔住宅営団〕
・丹那トンネル　406a
ダンバートンオークス会議　555a〔ハル〕
ダンバートン＝オークス提案　209b〔国際連合憲章〕
ダンピール海峡　406b〔ダンピール海峡の悲劇〕
・ダンピール海峡の悲劇　406b　524c〔ニューギニア戦〕
『暖流』　134c〔岸田国士〕

ち

治安維持会　412b〔中華民国臨時政府〕
・治安維持法　407a　270c〔思想犯保護観察法〕　381b〔大日本帝国憲法〕　407c〔治安警察法〕　439b〔転向〕　468a〔特別高等警察〕　582c〔不敬罪〕　588c〔普通選挙法〕　682c〔横浜事件〕
・治安警察法　407c　192c〔言論出版集会結社等臨時取締法〕　381b〔大日本帝国憲法〕
治安戦　257c〔三光作戦〕
『近きより』　622a〔正木ひろし〕
地下鉄　434b〔帝都高速度交通営団〕
畜産組合　528b〔農業団体法〕
・筑豊炭鉱　408b
地形判別機　442c〔電波兵器〕
千島列島　362b〔ソ連の対日参戦〕
地代論争　250b〔向坂逸郎〕
父　233a〔古年兵〕
『父ありき』　216a〔国民映画〕
『地中海』　472a〔富沢有為男〕
窒息性ガス、毒性ガス又はこれらに類するガス及び細菌学的手段の戦争における使用の禁止に関する議定書　292a〔ジュネーブ議定書〕
『知的協力会議近代の超克』　155c〔京都学派〕
『知と愛』　579c〔深田久弥〕
千歳　317c〔水上機母艦〕
千鳥　318b〔水雷〕
・千鳥ケ淵戦没者墓苑　408c
チハ車　146c〔九七式中戦車〕
千葉陸軍高射学校　697b〔陸軍野戦砲兵学校〕
・チビチリガマ　409b　289c〔集団自決〕
・地方　409c
・地方行政協議会　409c　410c〔地方総監府〕　459b〔統制経済〕
地方行政事務局　410c〔地方総監府〕
地方銀行　41a〔一県一行主義〕
地方銀行統制会　163b〔金融統制団体令〕
地方語　409c〔地方〕
・地方工業化委員会　410a
地方紙　314a〔新聞統合〕
・地方事務所　410b
地方食糧営団　211b〔国策会社〕　305c〔食糧営団〕
地方人　409c〔地方〕
・地方総監府　410b　410a〔地方行政協議会〕
地方服　409c〔地方〕
地方復員部　564b〔引揚援護局〕
・地方文化運動　410c　134c〔岸田国士〕　249b〔酒井三郎〕　480a〔中島健蔵〕
地方分与税　244b〔財政調整制度〕
茶業組合　528b〔農業団体法〕
チャハル民衆抗日同盟軍　577b〔馮玉祥〕
チャンギー収容所　309b〔シンガポール攻略戦〕
チャンギ刑務所　154b〔強制収容所〕
中尉　91a〔階級〕
・中央協力会議　411c　26a〔安藤紀三郎〕
中央協和会　156c〔協和会〕
中央工房　43c〔伊奈信男〕　141a〔木村伊兵衛〕
『中央公論』　170c〔黒田秀俊〕　682c〔横浜事件〕
中央食糧営団　211b〔国策会社〕　305c〔食糧営団〕
中央太平洋方面　489c〔南西太平洋方面(軍)〕
・中央儲備銀行　412a　111b〔華興商業銀行〕　211a〔国策会社〕　356c〔占領地通貨問題〕　593a〔ブロック経済〕
中央儲備銀行券　179a〔軍配組合〕　→儲備券
中央農業会　511a〔日本移動映写連盟〕　528c〔農業団体法〕
中央農林協議会　528c〔農業団体法〕
中央物価統制協力会議　614b〔本位田祥男〕
中央融和事業協会　462c〔同和奉公会〕
中華共和国人民革命政府　368a〔第十九路軍〕
中華人民共和国　292a〔朱徳〕　413b〔中国共産党〕　504a〔日華平和条約〕　507a〔日中国交正常化〕　538c〔賠償問題〕　661b〔毛沢東〕　700b〔劉少奇〕
中華全国文芸界抗敵教会　709b〔老舎〕
中華ソヴィエト共和国臨時中央政府　198a〔紅軍〕　291c〔朱徳〕　368a〔第十九路軍〕　413b〔中国共産党〕　661a〔毛沢東〕　→中国ソヴィエト政府
中学校　416a〔中等学校令〕
中華東亜連盟協会　446b〔東亜連盟〕
中華民国　69c〔汪兆銘〕　216c〔国民革命軍〕　221b〔国民政府〕　284c〔重慶国民政府〕　295b〔蔣介石〕　333c〔青天白日旗〕　504a〔日華平和条約〕　507a〔日中国交正常化〕　538c〔賠償問題〕
・中華民国維新政府　412a　70c〔汪兆銘政権〕　180b〔軍部〕　412b〔中華民国臨時政府〕　479b〔中支那振興会社〕　488c〔南京事件〕　701b〔梁鴻志〕
中華民国国民政府国防部戦犯軍事法廷　489a〔南京事件〕
中華民国新民会　315b〔新民会〕
・中華民国臨時政府　412b　70c〔汪兆銘政権〕　137c〔冀東政権〕　180b〔軍部〕　412b〔中華民国維新政府〕
中華民国連合委員会　412b〔中華民国維新政府〕　412b〔中華民国臨時政府〕
中間子論　497b〔仁科芳雄〕　678b〔湯川

秀樹〕
中共軍　217a〔国民革命軍〕 231c〔国共合作〕
中原大戦　66a〔閻錫山〕
中攻　473a〔渡洋爆撃〕 →九六式陸上攻撃機
中国　538b〔賠償問題〕
中国一撃論　268a〔持久戦論〕 438c〔南京事件〕
中国革命研究会　609c〔細川嘉六〕
・中国帰還者連絡会　412c
・中国共産党　413a　27a〔安内攘外政策〕 130b〔皖南事変〕 197c〔紅軍〕 204b〔抗日救国十大綱領〕 205a〔抗日民族統一戦線〕 216c〔国民革命軍〕 221c〔国民政府〕 231c〔国共合作〕 237c〔コミンテルン〕 257c〔三光作戦〕 259a〔山西残留問題〕 282a〔周恩来〕 291c〔朱徳〕 294c〔蔣介石〕 311b〔新四軍〕 334b〔整風運動〕 413c〔中国国民党〕 545b〔八・一宣言〕 545b〔八路軍〕 660c〔毛沢東〕 700a〔劉少奇〕 701a〔留用〕
中国銀行　414c〔中国連合準備銀行〕
中国工農紅軍　197c〔紅軍〕
・中国(国民政府)の軍制　414b
・中国国民党　413b　27a〔安内攘外政策〕 202b〔抗戦建国綱領〕 205a〔抗日民族統一戦線〕 216c〔国民革命〕 219a〔国民参政会〕 221b〔国民政府〕 231c〔国共合作〕 294c〔蔣介石〕 333c〔青天白日旗〕 413a〔中国共産党〕 701a〔留用〕
中国国民党革命委員会　357c〔宋慶齢〕
・中国残留孤児　413c　564b〔引揚げ〕 634a〔満洲移民〕 635b〔満洲国〕
中国残留婦人　634a〔満洲移民〕 635b〔満洲国〕
中国人強制連行問題　⇨強制連行(154c)　549a〔花岡事件〕
中国人民解放軍　198a〔紅軍〕 546a〔八路軍〕
中国ソヴィエト政府　545b〔八・一宣言〕 →中華ソヴィエト共和国臨時中央政府
中国東亜連盟協会　446b〔東亜連盟〕
『中国文学』　398a〔竹内好〕
『中国文学月報』　398a〔竹内好〕
中国文学研究会　373b〔大東亜文学者大会〕 398a〔竹内好〕
中国民権保障同盟　310a〔沈鈞儒〕 357c〔宋慶齢〕
・中国連合準備銀行　414c　211a〔国策会社〕 356c〔占領地通貨問題〕 593a〔ブロック経済〕
・忠魂碑　415a　225b〔護国神社〕 666c〔靖国神社〕
中佐　91a〔階級〕
・駐在武官　415a
中将　91a〔階級〕
・中小商工業再編成　415b
『中世的世界の形成』　37b〔石母田正〕
『中世に於ける社寺と社会との関係』　569c〔平泉澄〕
『中世に於ける精神生活』　569c〔平泉澄〕
『中世仏教思想史研究』　29c〔家永三郎〕
・中戦車　415c　348c〔戦車〕
・中ソ相互不可侵条約　415c　69a〔王寵恵〕
中ソ友好同盟相互援助条約　661b〔毛沢東〕
・中隊　416a　478a〔内務班〕 593c〔分隊〕
・中等学校令　416a
中南銀行　414c〔中国連合準備銀行〕
中日文化協会　373b〔大東亜文学者大会〕
中部防衛司令部　601c〔防衛総司令部〕
駐蒙軍情報部　469a〔特務機関〕
・冲鷹　416b
中立法規　347a〔戦時国際法〕
忠霊顕彰会　416c〔忠霊塔〕
忠霊公葬神式統一運動　111a〔影山正治〕
・忠霊塔　416c　225b〔護国神社〕 415a〔忠魂碑〕
『弔花』　473b〔豊田三郎〕
長鯨　350a〔潜水母艦〕
・張鼓峰事件　417c　534c〔ノモンハン事件〕
・張作霖爆殺事件　418b
・長沙作戦　419a　81a〔岡村寧次〕
『調査週報』　211c〔国策研究会〕
長津江水電会社　422c〔朝鮮長津江水力発電所〕
長津江水力発電所　⇨朝鮮長津江水力発電所(422c)
長征　198a〔紅軍〕 292a〔朱徳〕 311b〔新四軍〕 413b〔中国共産党〕 661a〔毛沢東〕 700b〔劉少奇〕
朝鮮　305b〔植民地〕 422a〔朝鮮総督府〕
・朝鮮王公族　419b
・朝鮮鴨緑江水電会社　419c　634b〔満洲鴨緑江水電会社〕
朝鮮大倉農場　73b〔大倉財閥〕
・朝鮮貴族　419c
朝鮮義勇隊　126c〔韓国光復軍〕
・朝鮮教育令　420a　206c〔皇民化政策〕
・朝鮮銀行　420a　211a〔国策会社〕 634c〔満洲興業銀行〕
朝鮮銀行券　305c〔植民地〕
朝鮮金山開発株式会社　421a〔朝鮮産金五ヵ年計画〕
朝鮮金融組合連合会　162c〔金融組合〕
・朝鮮軍　420b　128c〔関東軍〕 418a〔張鼓峰事件〕 468b〔特別志願兵制度〕 636b〔満洲事変〕
朝鮮軍管区司令部　420c〔朝鮮軍〕
朝鮮軍司令官　420b〔朝鮮軍〕
朝鮮建国同盟　680a〔呂運亨〕
朝鮮鉱業振興株式会社　421b〔朝鮮重要鉱物増産令〕
・朝鮮産金五ヵ年計画　420c
朝鮮産金令　421a〔朝鮮産金五ヵ年計画〕
・朝鮮産米増殖計画　421a
・朝鮮重要鉱物増産令　421b
・朝鮮殖産銀行　421b　162c〔金融組合〕
・朝鮮食糧営団　421c
朝鮮食糧管理令　421c〔朝鮮食糧営団〕
朝鮮人強制連行問題　⇨強制連行(154c)
朝鮮人特攻隊員　397c〔卓庚鉉〕
朝鮮人内地移入斡旋要綱　423b〔朝鮮労務協会〕
「朝鮮人のいる道」　168a〔蔵原伸二郎〕
・朝鮮人兵士　421c
朝鮮人労務者活用に関する方策　154c〔強制連行〕 423b〔朝鮮労務協会〕
朝鮮水電会社　422c〔朝鮮窒素肥料会社〕 423b〔朝鮮赴戦江水力発電所〕
朝鮮水力電気　422c〔朝鮮長津江水力発電所〕
朝鮮青年特別錬成令　334b〔青年特別錬成所〕
朝鮮戦争　507b〔日中国交正常化〕 625c〔マッカーサー〕
・朝鮮総督府　422a　206b〔皇民化政策〕 222b〔国民総力朝鮮連盟〕 358a〔創氏改名〕 397c〔拓務省〕 423b〔朝鮮労務協会〕
・朝鮮窒素肥料会社　422c　423a〔朝鮮長津江水力発電所〕 423b〔朝鮮赴戦江水力発電所〕
・朝鮮長津江水力発電所　422c
朝鮮鉄道株式会社　423a〔朝鮮鉄道十二年計画〕
・朝鮮鉄道十二年計画　423a
朝鮮土地改良株式会社　421a〔朝鮮産米増殖計画〕
・朝鮮赴戦江水力発電所　423a　423a〔朝鮮長津江水力発電所〕
朝鮮米穀市場株式会社　421c〔朝鮮食糧営団〕
朝鮮民族独立運動　407b〔治安維持法〕
『朝鮮労務』　423b〔朝鮮労務協会〕
・朝鮮労務協会　423b
町内会　58a〔海ゆかば〕 220a〔国民精神総動員運動〕 290c〔週報〕 410b〔地方事務所〕 423c〔町内会・部落会〕 470c〔隣組〕 537c〔配給制度〕
・町内会・部落会　423c　→町内会　→部落会
・徴発　424a
徴兵　156b〔郷土部隊〕
・徴兵忌避　424a
・徴兵検査　424b　185c〔現役〕 307c〔初年兵〕 424a〔徴兵忌避〕 691a〔陸軍軍医学校〕
徴兵制　267c〔志願兵〕
徴兵逃れ　424a〔徴兵忌避〕
・徴兵令　424c　594c〔兵役法〕
・諜報　424c
・徴用制度　425a　442a〔転廃業問題〕
徴用令　⇨国民徴用令(222c)
勅任官　91b〔階級〕 267b〔士官・将校〕
千代田　317c〔水上機母艦〕
貯蓄銀行統制会　163b〔金融統制団体令〕
貯蓄組合　348a〔戦時貯蓄奨励運動〕
貯蓄奨励　410b〔地方事務所〕 471a〔隣組〕
貯蓄奨励運動　122c〔賀屋興宣〕
貯蓄報国　220a〔国民精神総動員運動〕 347c〔戦時貯蓄奨励運動〕
儲備券　356c〔占領地通貨問題〕 412a

〔中央儲備銀行〕 →中央儲備銀行券
地理教育研究会　148c〔教育科学研究会〕
鎮海要港部　679c〔要港部〕
・賃金統制令　425c　222c〔国民徴用令〕　231b〔国家総動員法〕　459a〔統制経済〕
賃金臨時措置令　426a〔賃金統制令〕
・鎮守府　426b　95b〔海軍総隊司令部〕　468c〔特別陸戦隊〕　679c〔要港部〕
鎮守府司令長官　315a〔親補職〕

つ

通州事件　49a〔殷汝耕〕
・通称号　427a
通商破壊戦〔-作戦〕　99c〔海上護衛戦〕　296b〔捷号作戦〕　349b〔潜水艦〕　349c〔潜水艦作戦〕　677c〔Uボート〕
通信兵　299a〔少年兵〕　595b〔兵科〕　597a〔兵種〕
通例の戦争犯罪　61c〔A級戦犯〕　352b〔戦争犯罪〕　450a〔東京裁判開廷〕　525a〔ニュルンベルク継続裁判〕　559b〔BC級戦犯裁判〕　598a〔平和に対する罪〕
津海軍工廠　93c〔海軍工廠〕
津軽　158c〔機雷〕
『津軽の野づら』　579c〔深田久弥〕
・『辻詩集』　427c　522b〔日本文学報国会〕
『辻小説集』　427c〔辻詩集〕　522b〔日本文学報国会〕
対馬丸　343b〔戦災〕　361c〔疎開輸送〕　428c〔対馬丸事件〕
・対馬丸事件　428c
・津田左右吉事件〔-筆禍事件，-不敬事件〕　429b　192b〔原理日本社〕　198c〔皇国史観〕
『土と兵隊』　233a〔五人の斥候兵〕　567b〔火野葦平〕　654a〔麦と兵隊〕
『土に叫ぶ』　627a〔松田甚次郎〕　715c〔和田勝一〕
『綴方教室』　464c〔徳川夢声〕　474a〔豊田正子〕　715c〔和田勝一〕
ツラギ島　114b〔ガダルカナル島の戦〕
釣魚島　507c〔日中国交正常化〕
・剣・特攻専用機　430a
つるし上げ　277a〔シベリア抑留〕
鶴見製鉄造船　308a〔白石元治郎〕
『つはもの日記』　696b〔陸軍美術協会〕

て

DS　264b〔GHQ〕
Dコロ　697c〔陸軍予科士官学校〕
・T34中戦車　431a
・TBF Avenger　431a
TBM　431b〔TBF Avenger〕
TBDデバステイター　431a〔TBF Avenger〕
・帝冠様式　431b
定期検閲　186a〔検閲〕
帝国議会　380c〔大日本帝国憲法〕　680b〔翼賛議会〕
・帝国教育会　432a
・帝国銀行　432b　8a〔明石照男〕　638c〔万代順四郎〕　643b〔三井財閥〕
帝国軍人後援会　176b〔軍人援護会〕
帝国軍用犬協会　181b〔軍用犬〕
帝国芸術院　434b〔帝展改組〕
『帝国憲法と臣民の翼賛』　72b〔大串兎代夫〕
帝国鉱業開発　210c〔国策会社〕
帝国交通協会　434a〔帝国鉄道協会〕
・帝国国策遂行要領　432b　32c〔石井秋穂〕　298a〔情勢の推移に伴ふ帝国国策要綱〕
帝国国防方針　574c〔広田弘毅内閣〕
・帝国在郷軍人会　433a　243b〔在郷軍人〕　404c〔短期現役兵〕　514b〔日本郷友連盟〕 →在郷軍人会
帝国少年団協会　379c〔大日本青少年団〕
・帝国人造絹糸会社　433b
帝国水産統制　211a〔国策会社〕
・帝国石油会社　433b　210c〔国策会社〕　519b〔日本石油会社〕
帝国石油資源開発株式会社　433b〔帝国石油会社〕
・帝国鉄道協会　433c
・帝国燃料興業会社　434a　210c〔国策会社〕
帝国農会　528a〔農会〕
帝国美術院　434b〔帝展改組〕
帝国陸海軍作戦計画大綱　617a〔本土決戦計画〕
帝国連合教育会　432a〔帝国教育会〕
偵察機航空隊　93a〔海軍航空隊〕
逓信院　59b〔運輸通信省〕
帝人株式会社　433b〔帝国人造絹糸会社〕
帝人事件　123c〔河合良成〕　202b〔郷誠之助〕　245c〔斎藤実内閣〕
挺進集団　691c〔陸軍航空隊〕
逓信省　59b〔運輸通信省〕
帝大粛正運動　648c〔蓑田胸喜〕
低調クラブ　448a〔陶希聖〕　538b〔梅思平〕
帝展　434b〔帝展改組〕
・帝展改組　434a
・帝都高速度交通営団　434b　61a〔営団〕　211b〔国策会社〕　232a〔五島慶太〕
『ディドロ研究』　87b〔小場瀬卓三〕
『定本国民座右銘』　522b〔日本文学報国会〕
荻外荘　81c〔荻窪会談〕　235b〔近衛文麿〕
『敵将軍』　567b〔火野葦平〕
・敵性音楽　435b
・敵性語　436a
・擲弾筒　436a
『敵―南方戦記小説集―』　255b〔寒川光太郎〕
「敵は幾万」　58b〔海ゆかば〕
『哲学的人間学』　208a〔高山岩男〕
鉄兜　603a〔防空頭巾〕
・鉄血勤皇隊　436b
鉄鋼業　184a〔傾斜生産方式〕
鉄鋼需給調整協議会　458c〔統制経済〕
鉄鋼需給統制規則　437a〔鉄鋼配給統制規則〕
鉄鋼統制会　237a〔小日山直登〕　570b〔平生釟三郎〕
鉄鋼統制協議会　436c〔鉄鋼配給統制規則〕
・鉄鋼配給統制規則　436c
鉄道会議　516a〔日本国有鉄道〕
鉄道幹線調査会　404b〔弾丸列車構想〕
鉄道軌道統制会　691a〔陸運統制令〕
鉄道省　59b〔運輸通信省〕
鉄道鉄鋼協議会　436c〔鉄鋼配給統制規則〕
鉄道同志会　690c〔陸運統制令〕
鉄道兵　595b〔兵科〕　597a〔兵種〕
テニアン　631a〔マリアナ沖海戦〕
・テヘラン会談　437a　103b〔カイロ宣言〕　537a〔ハーレー〕　711b〔ローズヴェルト〕
手榴弾　293a〔手榴弾〕
照月　8c〔秋月〕
電気機械統制会　666a〔安川第五郎〕
電気事業法　443b〔電力管理法〕
『転形期の歴史学』　550a〔羽仁五郎〕
・電撃戦　438c
・点呼　439a
・転向　439b　270c〔思想犯保護観察法〕
天行会　229c〔児玉誉士夫〕
天行社　617c〔本間憲一郎〕
転向文学　439b〔転向〕
点呼令状　603c〔奉公袋〕
・天山　439b
・転進　439c　386a〔大本営発表〕
天津租界　170a〔クレーギー〕
・天津租界封鎖問題　439c　24a〔有田・クレーギー会談〕　502a〔日米通商航海条約廃棄通告〕　571c〔平沼騏一郎内閣〕　674c〔山脇正隆〕
天津租界問題に関する日英交渉要領大綱　24a〔有田・クレーギー会談〕
伝染病　355b〔戦病死〕
・伝単　440a →宣伝ビラ →ビラ
『伝統』　570a〔平泉澄〕
天皇　145a〔宮中グループ〕　172c〔軍国主義〕　177a〔軍人勅諭〕　182a〔軍令〕　198b〔皇国史観〕　212c〔国体論〕　224a〔国務大臣〕　226c〔御真影〕　227b〔御前会議〕　243b〔最高戦争指導会議〕　315a〔親補職〕　366a〔大海令・大海指〕　367b〔大元帥〕　380c〔大日本帝国憲法〕　384b〔大本営〕　384c〔大本営御前会議〕　385b〔大本営政府連絡会議〕　389b〔大陸命・大陸指〕　440c〔天皇制〕　457a〔統帥権〕　477b〔内大臣〕　514c〔日本国憲法〕　582c〔不敬罪〕
天皇機関説　79b〔岡田啓介内閣〕　133a〔菊池武夫〕　212b〔国体明徴問題〕　649a〔美濃部達吉〕
天皇機関説事件〔-排撃事件，-問題〕　63a〔江藤源九郎〕　145b〔宮中グルー

プ〕 153a〔教学刷新評議会〕 192b〔原理日本社〕 213a〔国体論〕 477c〔内大臣〕 517b〔日本諸学振興委員会〕
・天皇制 440c 380b〔大日本帝国憲法〕 441b〔天皇の人間宣言〕 514c〔日本国憲法〕 575c〔ファシズム〕 612a〔ポツダム宣言受諾〕 625b〔マッカーサー〕
『天皇制に関する理論的諸問題』 122a〔神山茂夫〕
天皇訴追問題 131c〔キーナン〕
天皇大権 145a〔宮中グループ〕 231a〔国家総動員法〕 380c〔大日本帝国憲法〕 457a〔統帥権〕 514c〔日本国憲法〕 601a〔編制大権〕
天皇統治権 514c〔日本国憲法〕
『天皇とプロレタリア』 254b〔里見岸雄〕
・天皇の人間宣言 441b
『天の夕顔』 478c〔中河与一〕
・転廃業問題 441c
電波警戒機 442a〔電波警戒機・電波標定機〕 442c〔電波兵器〕
・電波警戒機・電波標定機 442a
電波高度計 442c〔電波兵器〕
電波探索機 442c〔電波兵器〕
電波探信儀 442b〔電波探信儀・逆探装置〕 442c〔電波兵器〕
・電波探信儀・逆探装置 442b
電波探知機 442c〔電波兵器〕
電波標定機 ⇨電波警戒機・電波標定機(442a) 442c〔電波兵器〕
・電波兵器 442c 695c〔陸軍登戸研究所〕
電波妨害機 442c〔電波兵器〕
電波誘導機 442c〔電波兵器〕
・典範令 443a
滇緬公路 67a〔援蔣ルート〕 573b〔ビルマルート〕
天理本道 582c〔不敬罪〕
電力管理に伴う社債処理に関する法律 443b〔電力管理法〕 520b〔日本発送電会社〕
・電力管理法 443a 520b〔日本発送電会社〕
『電力国策の全貌』 84a〔奥村喜和男〕
電力国家管理法案 106c〔革新官僚〕 132a〔企画院〕 211c〔国策研究会〕 344c〔戦時議会〕
電力審議会 443b〔電力管理法〕
典令範 443a〔典範令〕 →典範令

と

・ドイツ降伏 443c 362b〔ソ連の対日参戦〕 466c〔独ソ戦〕 611b〔ポツダム宣言受諾〕
土肥原機関 471c〔土肥原賢二〕
・土肥原・秦徳純協定 444a 120b〔華北分離工作〕 128c〔関東軍〕 313b〔秦徳純〕 471b〔土肥原賢二〕 478b〔内蒙工作〕
・東亜海運会社 444a 210c〔国策会社〕 523b〔日本郵船会社〕
・東亜勧業会社 444b
東亜共栄協会 246a〔蔡培火〕 701c〔林献堂〕
・東亜競技大会 444c
東亜協同体 155c〔京都学派〕 302a〔昭和研究会〕 445a〔東亜協同体論〕
「東亜協同体の理論」 445a〔東亜協同体論〕
・東亜協同体論 444c 84c〔尾崎秀実〕 114a〔加田哲二〕 710c〔蠟山政道〕
東亜経済懇談会 565c〔土方成美〕
・東亜経済調査局 445b
・東亜研究所 445c 571c〔平野義太郎〕
東亜建設国民連盟 319a〔末次信正〕 365a〔大亜細亜協会〕
・東亜新秩序 445c 13a〔アジア＝モンロー主義〕 302a〔昭和研究会〕 444c〔東亜協同体論〕
東亜新秩序声明 234a〔近衛声明〕 235c〔近衛文麿内閣〕 445a〔東亜協同体論〕 446a〔東亜新秩序〕 508c〔日中戦争〕 641b〔三木清〕 →近衛声明
東亜政治研究会 302a〔昭和研究会〕 399b〔橘樸〕
東亜青年連盟 355b〔全ビルマ青年連盟〕
東亜同文会 446a〔東亜同文書院〕
・東亜同文書院 446a 234c〔近衛文麿〕
『東亜の子かく思ふ』 246a〔蔡培火〕
東亜ブロック経済研究会 302a〔昭和研究会〕
東亜民族論 394b〔高田保馬〕
・東亜連盟 446b
『東亜連盟』 446c〔東亜連盟〕
東亜連盟運動 650b〔宮崎正義〕
東亜連盟協会 38a〔石原莞爾〕 316b〔新明正道〕 377b〔大日本興亜同盟〕 446b〔東亜連盟〕
東亜連盟研究会 446b〔東亜連盟〕
『東亜連盟建設綱領』 446c〔東亜連盟〕
東亜連盟中国総会 446b〔東亜連盟〕
東亜連盟論 11c〔アジア主義〕 38a〔石原莞爾〕 445a〔東亜協同体論〕 446c〔東亜連盟〕 650b〔宮崎正義〕
・動員 446c
動員計画令 446c〔動員〕
動員令 297b〔召集〕 446c〔動員〕
・ドゥーリトル空襲 447b 616b〔本土空襲〕 645b〔ミッドウェー海戦〕
ドゥーリトル隊〔-爆撃隊，-飛行隊〕 555a〔ハルゼー〕 563b〔東久邇稔彦〕 607a〔Hornet〕
藤花 430b〔剣・特攻専用機〕
・灯火管制 447c 184c〔警防団〕 602a〔防空演習〕 603b〔防空法〕
「同期の桜」 77b〔大村能章〕
東京オリンピック 133c〔紀元二千六百年記念式典〕 203a〔郷隆〕 280a〔下村宏〕 629c〔松本学〕 →東京五輪
東京音楽協会 671c〔山田耕筰〕
東京会議 50a〔インド独立連盟〕
東京海上火災保険 105c〔各務鎌吉〕
東京瓦斯電気工業株式会社 31c〔池貝鉄工所〕 566a〔日立航空機会社〕
『東京ガゼット』 290c〔週報〕
東京急行電鉄 232a〔五島慶太〕
東京巨人軍 300a〔正力松太郎〕
東京警備司令官 315a〔親補職〕
東京高速鉄道 434c〔帝都高速度交通営団〕
東京高等体育学校 76a〔大谷武一〕
東京五輪 444c〔東亜競技大会〕 →東京オリンピック
・東京裁判 448b 53b〔ウェッブ〕 61b〔A級戦犯〕 131b〔キーナン〕 208b〔国際検察局〕 313a〔人道に対する罪〕 489a〔南京事件〕 539c〔梅汝璈〕 559b〔BC級戦犯裁判〕 598a〔平和に対する罪〕 600c〔ベルナール〕 625b〔マッカーサー〕 706a〔レーリンク〕 →極東国際軍事裁判
・東京裁判開廷 449c
東京市 453a〔東京都制〕
東京自動車工業 273c〔自動車製造事業法〕
・東京芝浦電気会社 451a 35b〔石坂泰三〕 201b〔工場疎開〕 669b〔山口喜三郎〕
東京商工会議所 354b〔全日本商権擁護連盟〕 590b〔船田中〕
東京少年飛行兵学校 696a〔陸軍飛行学校〕
東京体育専門学校 76a〔大谷武一〕
・東京大空襲 451b 294b〔焼夷弾〕 536b〔ハーグ空戦規則〕 561b〔B29 Superfortress〕 616c〔本土空襲〕 617c〔本土防空作戦〕 704a〔ルメイ〕
東京地下鉄道株式会社 232a〔五島慶太〕 434b〔帝都高速度交通営団〕
東京帝国大学付属航空研究所 197b〔航空研究所〕
東京電気 451a〔東京芝浦電気会社〕
東京電燈 303b〔昭和電工会社〕 513a〔日本軽金属会社〕
・東京都制 453a
東京日日新聞社 509b〔日本映画社〕
「東京の屋根の下」 540b〔灰田勝彦〕
東京府 453a〔東京都制〕
東京復員連絡機関 23b〔有末機関〕
東京婦人市政浄化連盟 671b〔山高しげり〕
東京砲兵工廠 ⇨造兵廠(359b)
東京横浜電鉄 232a〔五島慶太〕
「東京ラプソディ」 208a〔古賀政男〕
東京陸軍航空学校 693c〔陸軍少年飛行兵〕
東京陸軍少年飛行兵学校 693c〔陸軍少年飛行兵〕
東京陸軍幼年学校 697c〔陸軍幼年学校〕
・東京ローズ 453a
東京六大学野球 665b〔野球統制〕
「道化の華」 523c〔日本浪曼派〕
・同交会 453b 124a〔川崎克〕 137a〔北昤吉〕 548a〔鳩山一郎〕
湯崗子会議 265b〔椎名悦三郎〕 332b〔生産力拡充計画〕 636a〔満洲産業開発五ヵ年計画〕

東郷部隊　33a〔石井四郎〕 486c〔七三一部隊〕
東山栽培株式会社　454c〔東山農事会社〕
東山産業株式会社　454c〔東山農事会社〕
・東山農事会社　**454c**
東芝　451a〔東京芝浦電気会社〕 →東京芝浦電気会社
同潤会　289a〔住宅営団〕
東条英機暗殺未遂事件　456c〔東条英機内閣〕
・東条英機内閣　**456a**　287c〔終戦工作〕 345a〔戦時議会〕 557b〔反東条運動〕 680c〔翼賛政治会〕 681b〔翼賛選挙〕
東条英機内閣打倒工作　88a〔小畑敏四郎〕 287c〔終戦工作〕 483b〔中野正剛〕 668c〔矢部貞治〕 →反東条運動
東条英機内閣批判文書事件　373c〔大東塾〕
東神倉庫　643b〔三井財閥〕
東信電気　303b〔昭和電工会社〕 310b〔新興財閥〕 663a〔森コンツェルン〕 664a〔森矗昶〕
・統帥権　**456c**　177a〔軍人勅諭〕 182a〔軍令〕 183a〔軍令部総長〕 367b〔大元帥〕 384b〔大本営〕 446c〔動員〕
統帥権干犯問題　127c〔艦隊派〕 300a〔昭和維新〕 319a〔末次信正〕 457a〔統帥権〕 601a〔編制大権〕 712b〔ロンドン海軍軍縮条約〕 715b〔ワシントン体制〕
統帥権の独立　27b〔帷幄上奏〕 180b〔軍部〕 263a〔参謀本部〕 457a〔統帥権〕 483c〔中野登美雄〕
・統帥綱領　**457b**　694b〔陸軍大学校〕
『統帥参考』　694b〔陸軍大学校〕
統帥大権　180c〔軍部大臣現役武官制〕 380c〔大日本帝国憲法〕 457a〔統帥権〕 601a〔編制大権〕
統帥部　182b〔軍令〕 182c〔軍令部〕
・統制会　**457b**　135a〔岸信介〕 184a〔経済新体制〕 229a〔五大重点産業〕 290c〔重要産業団体令〕
・統制経済　**457c**　61a〔営団〕 84a〔奥村喜和男〕 106c〔革新官僚〕 132a〔企画院〕 186b〔検閲制度〕 →戦時統制経済
『統制経済の理論』　614b〔本位田祥男〕
・統制派　**459c**　4c〔相沢事件〕 79c〔岡田啓介内閣〕 151a〔教育総監〕 179b〔軍閥〕 180b〔軍部〕 204b〔皇道派〕 215a〔国防の本義と其強化の提唱〕 230b〔国家改造運動〕 455a〔東条英機〕 656c〔武藤章〕 658a〔村中孝次〕
『冬扇』　579c〔深川正一郎〕
『闘争か協力か』　396c〔滝正雄〕
『灯台』　460a〔灯台社〕
・灯台社　**460a**　7c〔明石順三〕 582c〔不敬罪〕
東拓　462c〔東洋拓殖会社〕 →東洋拓殖会社
『棠棣の花』　110a〔郭沫若〕
・東南海地震　**460b**　641a〔三河地震〕
道府県農業会　528c〔農業団体法〕
東部憲兵隊　76a〔大谷敬二郎〕
東部防衛司令部　601c〔防衛総司令部〕
・東辺道開発会社　**460c**　303a〔昭和製鋼所〕
東宝　60c〔映画臨戦体制〕 511a〔日本移動映写連盟〕 511b〔日本移動演劇連盟〕
東宝移動文化隊　511b〔日本移動演劇連盟〕
同胞援護会　176b〔軍人援護会〕
東方会　14a〔麻生久〕 280c〔社会大衆党〕 365a〔大亜細亜協会〕 483b〔中野正剛〕 699b〔立憲民政党〕
東方艦隊　31a〔イギリス東洋艦隊〕
・東方社　**460c**　45c〔今泉武治〕 141a〔木村伊兵衛〕 552b〔林達夫〕 593b〔フロント〕
東邦電力　627b〔松永安左エ門〕
東北学会　401b〔田中メモランダム〕
東北興業会社　⇨東北振興調査会(461b)　210c〔国策会社〕
東北交通委員会　362a〔十河信二〕
東北抗日義勇軍　558b〔反満抗日運動〕
・東北抗日聯軍　**461a**　140a〔金日成〕 558b〔反満抗日運動〕
・東北振興調査会　**461b**
東北振興電力会社　⇨東北振興調査会(461b)　210c〔国策会社〕
東北人民革命軍　558b〔反満抗日運動〕
東北電影公司　634b〔満洲映画協会〕
同盟　523c〔日本労働組合総同盟〕 →日本労働組合総同盟
・同盟通信社　**461c**　84a〔奥村喜和男〕 509b〔日本映画社〕
玉蜀黍　387b〔代用食〕
『東陽』　472b〔富沢有為男〕
東洋アルミ　642c〔三井鉱山会社〕
東洋音楽学会　402b〔田辺尚雄〕
・東洋高圧工業会社　**462b**　247b〔財閥転向〕 620b〔牧田環〕 640b〔三池窒素工業会社〕 642b〔三井化学工業会社〕 642c〔三井鉱山会社〕 643b〔三井財閥〕
東洋製鉄　518b〔日本製鉄会社〕
・東洋拓殖会社　**462c**　210c〔国策会社〕 355c〔鮮満拓殖会社〕 397c〔拓務省〕
『東洋と西洋』　402c〔谷川徹三〕
『東洋の満月』　168a〔蔵原伸二郎〕
東洋棉花　643b〔三井財閥〕 644a〔三井物産会社〕
東洋レーヨン会社　⇨三井物産会社(643c)　247b〔財閥転向〕 643b〔三井財閥〕 666b〔安川雄之助〕
東横百貨店　232a〔五島慶太〕
同和事業調査委員会　463a〔同和奉公会〕
・同和奉公会　**462c**
トーチ作戦　112a〔カサブランカ会談〕 136a〔北アフリカ作戦〕
時の立札　281b〔写真週報〕
弩級戦艦　366b〔大艦巨砲主義〕
常盤　158c〔機雷〕
毒ガス・細菌兵器の使用禁止に関するジュネーブ議定書　464a〔毒ガス戦〕
・毒ガス戦　**463c**　292a〔ジュネーブ議定書〕 339a〔浙贛作戦〕 449b〔東京裁判〕
毒ガスの禁止に関するハーグ宣言　464a〔毒ガス戦〕
・毒ガス兵器　**464b**　194b〔小泉親彦〕 365c〔第一次世界大戦〕 604c〔防毒面〕
特種演習　66c〔演習〕
特殊会社　210c〔国策会社〕
特殊銀行　211a〔国策会社〕
特種情報活動　25c〔暗号戦〕
特殊潜航艇　32b〔伊号潜水艦〕
・特殊潜航艇「甲標的」　**465a**　47c〔岩佐直治〕 143c〔九軍神〕 249c〔酒巻和男〕 →甲標的
『特殊労務者の労務管理』　619c〔前田一〕
・特設監視艇　**465c**
特設航空隊　93a〔海軍航空隊〕
・特設師団　**465c**　298a〔常設師団〕
・独占禁止法　**465c**　118a〔過度経済力集中排除法〕 247a〔財閥解体〕
特操　468b〔特別操縦見習士官制度〕
独ソ開戦　369c〔対ソ和平工作〕
独ソ講和斡旋論　369c〔対ソ和平工作〕
・独ソ戦　**466a**　500a〔日独伊三国同盟〕 506a〔日ソ中立条約〕 607c〔北進論〕
・独ソ不可侵条約　**466c**　75a〔大島浩〕 308b〔白鳥敏夫〕 357a〔ソヴィエト連邦〕 375a〔第二次世界大戦〕 499c〔日独伊三国同盟〕 500c〔日独伊防共協定〕 508c〔日中戦争〕 567a〔ヒトラー〕 571b〔平沼騏一郎〕 571c〔平沼騏一郎内閣〕 607b〔ポーランド侵攻〕 607c〔北進論〕 664b〔モロトフ〕
・特年兵　**467b**　298c〔少年兵〕
特別幹部候補生　268a〔志願兵〕 →特幹 →陸軍特別幹部候補生
・特別急行あじあ　**467b**
特別攻撃　93b〔海軍航空隊〕 →特攻
特別攻撃隊　144a〔九軍神〕
・特別甲種幹部候補生　**467c**
・特別高等警察　**467c**　17b〔安倍源基〕 700a〔流言蜚語〕 →特高 →特高警察
特別志願兵　268a〔志願兵〕 595a〔兵役法〕
・特別志願兵制度　**468b**　206c〔皇民化政策〕 391a〔台湾人兵士〕 422a〔朝鮮人兵士〕
特別進級　610c〔ポツダム進級〕
・特別操縦見習士官制度　**468b**
特別大演習　96b〔海軍特別大演習〕 →海軍特別大演習 →陸軍特別大演習
特別年少兵　298c〔少年兵〕
・特別陸戦隊　**468c**　698a〔陸戦隊〕
・特務機関　**468c**
・特務士官　**469a**　91a〔階級〕
特務少尉　91a〔階級〕
特務曹長　91b〔階級〕 112c〔下士官兵〕
特務大尉　91a〔階級〕
特務中尉　91a〔階級〕
特命検閲　186a〔検閲〕
・独立混成旅団　**469a**　701c〔旅団〕
・独立守備隊　**469b**
独立青年社　229c〔児玉誉士夫〕

独立命令　380c〔大日本帝国憲法〕
所沢陸軍飛行学校　696a〔陸軍飛行学校〕
都市計画法　470a〔都市計画緑地〕
・都市計画緑地としけいかくりょくち　470a
都市疎開実施要綱　361c〔疎開輸送〕　400a〔建物疎開〕
都市爆撃　161c〔錦州爆撃〕　375a〔第二次世界大戦〕
都市無差別爆撃　185b〔ゲルニカ爆撃〕　284c〔重慶爆撃〕　536b〔ハーグ空戦規則〕
・土地区画整理事業とちくかくせいりじぎょう　470b
土地収用法　268b〔事業法〕
『土地闘争』　716a〔和田勝一〕
『土地に闘ふ』　716a〔和田勝一〕
特幹　299a〔少年兵〕
「特幹の歌」　714b〔若鷲の歌〕
特攻　68a〔桜花〕　76c〔大西瀧治郎〕　121a〔神風特別攻撃隊〕　430a〔剣・特攻専用機〕　582b〔福留繁〕　→特別攻撃
特高とっこう　⇨特別高等警察(467c)　439b〔転向〕
特攻機　705a〔零式艦上戦闘機〕
特高警察　362b〔ゾルゲ〕　407b〔治安維持法〕　467c〔特別高等警察〕　682c〔横浜事件〕　→特別高等警察　→特高
ドッジ＝ライン　184a〔傾斜生産方式〕
『怒濤』　630b〔間宮茂輔〕
・隣組となりぐみ　470c　58a〔海ゆかば〕　102c〔回覧板〕　162a〔金属品回収〕　220a〔国民精神総動員運動〕　290c〔週報〕　333a〔青少年不良化問題〕　338b〔大詔奉戴日〕　423c〔町内会・部落会〕　471a〔隣組防火群〕　537c〔配給制度〕
「隣組」　81b〔岡本一平〕
隣組回報　102c〔回覧板〕
隣組工場　471a〔隣組〕
・隣組防火群となりぐみぼうかぐん　471a　602b〔防空演習〕
図南産業株式会社　454c〔東山農事会社〕
・利根とね　471a
トマホーク　562c〔P40〕　→P40
友鶴　318b〔水雷〕
友鶴事件　91c〔海軍艦政本部〕　111a〔陽炎〕　359c〔蒼龍〕
図們鉄道株式会社　423a〔朝鮮鉄道十二年計画〕
戸山学校　695a〔陸軍戸山学校〕　→陸軍戸山学校
・渡洋爆撃とようばくげき　472c　148c〔九六式陸上攻撃機〕　488a〔南京作戦〕　488c〔南京事件〕　582a〔福留繁〕
『土曜日』　316a〔新村猛〕　478b〔中井正一〕
豊川海軍工廠　93c〔海軍工廠〕
・トヨタ自動車工業会社トヨタじどうしゃこうぎょうかいしゃ　473b　473a〔豊田喜一郎〕　474b〔豊田利三郎〕
豊田自動織機製作所　273c〔自動車製造事業法〕
豊橋陸軍予備士官学校　698a〔陸軍予備士官学校〕
『豊旗雲』　72a〔大木惇夫〕
・トラウトマン和平工作トラウトマンわへいこうさく　474c　508b〔日中戦争〕
トラック　181c〔軍用自動車補助法〕　557c〔輓馬〕
トラック島　340a〔絶対国防圏〕　475b〔トラック島空襲〕　630c〔マリアナ沖海戦〕　688c〔ラバウル攻略戦〕
・トラック島空襲トラックとうくうしゅう　475a
トラック島の戦　386a〔大本営発表〕
トリアノン条約　54b〔ヴェルサイユ体制〕
・屠龍・二式複座戦闘機とりゅうにしきふくざせんとうき　475b
・ドル買いドルがい　476b　32a〔池田成彬〕　44b〔犬養毅内閣〕　131a〔管理通貨制度〕　300b〔昭和恐慌〕　406a〔団琢磨〕
どんぐり　387c〔代用食〕
・呑龍・一〇〇式重爆撃機どんりゅうひゃくしきじゅうばくげきき　476c

な

内閣　380c〔大日本帝国憲法〕
・内閣顧問ないかくこもん　477a
内閣顧問制　154a〔行政査察使〕
内閣情報部　2b〔愛国行進曲〕　281a〔写真週報〕　290b〔週報〕　299a〔情報局〕
内閣審議会　79b〔岡田啓介内閣〕　150a〔教育審議会〕
内閣総理大臣　224a〔国務大臣〕　227c〔御前会議〕　→首相
内閣調査局　79b〔岡田啓介内閣〕　132a〔企画院〕
内政会議　245b〔斎藤実内閣〕
内鮮一体　206b〔皇民化政策〕　477b〔内鮮融和〕
・内鮮融和ないせんゆうわ　477a
内奏　27b〔帷幄上奏〕　224a〔国務大臣〕　385a〔大本営御前会議〕
・内大臣ないだいじん　477b　145a〔宮中グループ〕　287b〔重臣〕
内大臣府　477b〔内大臣〕
内地馬政計画　179a〔軍馬〕
内地米　387b〔代用食〕
内務省　214b〔国土計画〕　397c〔拓務省〕
内務省警保局　186b〔検閲制度〕　386a〔大本営発表〕　461c〔同盟通信社〕　468a〔特別高等警察〕　700a〔流言蜚語〕
内務省差止命令　186b〔検閲制度〕
・内務班ないむはん　477c　233a〔古年兵〕　416a〔中隊〕　593c〔分隊〕
内面指導　660b〔蒙古連合自治政府〕
・内蒙工作ないもうこうさく　478a　386c〔大蒙公司〕
ナウル　403b〔タラワ島の戦〕
長崎原爆　188c〔原爆投下〕
長崎原爆資料館ながさきげんばくしりょうかん　⇨平和博物館(598c)　189c〔原爆投下〕
長崎造船所　646a〔三菱財閥〕
中支那軍票交換用物資配給組合なかしなぐんぴょうこうかんようぶっしはいきゅうくみあい　⇨軍配組合(179a)　356c〔占領地通貨問題〕
・中支那振興会社なかしなしんこうがいしゃ　479b　210c〔国策会社〕　362a〔十河信二〕　412b〔中華民国維新政府〕
中支那派遣軍　275a〔支那派遣軍〕　412a〔中華民国維新政府〕　464a〔毒ガス戦〕　544b〔畑俊六〕
中支那方面軍　374b〔第二次上海事変〕　488a〔南京作戦〕　488c〔南京事件〕　508b〔日中戦争〕　580a〔武漢作戦〕
長島愛生園　644c〔光田健輔〕
長島事件　644c〔光田健輔〕
・中島飛行機会社なかじまひこうきかいしゃ　480b　480b〔中島知久平〕　645c〔三菱航空機会社〕　704b〔零式艦上戦闘機〕
永田鉄山暗殺事件　151a〔教育総監〕　533a〔野中四郎〕　→相沢事件
・長門ながと　481c　366b〔大艦巨砲主義〕　570c〔平賀譲〕　655c〔陸奥〕　707c〔連合艦隊〕
中野学校　47a〔岩畔豪雄〕　→陸軍中野学校
長野県翼賛壮年団　382c〔大日本翼賛壮年団〕
長野県立桔梗ヶ原女子拓殖訓練所　389b〔大陸の花嫁〕
中野興業　433c〔帝国石油会社〕　519b〔日本石油会社〕
薙刀　382b〔大日本武徳会〕
・ナチス　485c　54c〔ヴェルサイユ体制〕　313a〔人道に対する罪〕　374c〔第二次世界大戦〕　524c〔ニュルンベルク継続裁判〕　558a〔反ファシズム統一戦線〕　566c〔ヒトラー〕　651c〔ミュンヘン会談〕
納得供出　596a〔米穀供出制度〕
ナップ　483a〔中野重治〕
・七三一部隊ななさんいちぶたい　486b　33a〔石井四郎〕　129a〔関東軍軍馬防疫廠〕　158b〔清野謙次〕　241b〔細菌戦〕　242b〔細菌兵器〕　292b〔ジュネーブ議定書〕　339a〔浙贛作戦〕　449b〔東京裁判〕　551b〔ハバロフスク裁判〕　635b〔満洲国〕
『波未だ高し』　255b〔寒川光太郎〕
「成瀬南平の行状」　34c〔石川達三〕
「南苑攻撃」　651a〔宮本三郎〕
南鷗会　484b〔中原義正〕
南京虐殺　488b〔南京事件〕　→南京事件
南京空襲　488c〔南京事件〕
南京軍事裁判　489a〔南京事件〕
南京国民政府　70a〔汪兆銘〕　70c〔汪兆銘政権〕　221c〔国民政府〕　503b〔日華基本条約〕　538b〔梅思平〕　294c〔蔣介石〕　→南京政府
・南京作戦〔-攻略戦〕ナンキンさくせん　488a　374b〔第二次上海事変〕　417a〔長勇〕　480a〔中島今朝吾〕　488c〔南京事件〕　600c〔便衣兵〕　→南京大虐殺
・南京事件ナンキンじけん　488b　488b〔南京作戦〕　623b〔松井石根〕
南京政府　70c〔汪兆銘工作〕　274a〔支那事変処理要綱〕　660c〔蒙古連合自治政府〕　→南京国民政府
南京大虐殺〔-事件〕　488b〔南京事件〕　508b〔日中戦争〕　→南京事件
南京大屠殺　489a〔南京事件〕
南京防衛戦　488a〔南京作戦〕
南昌作戦　81a〔岡村寧次〕
南進　212a〔国策の基準〕　499c〔日独伊

三国同盟〕
・南進論 489b 508c〔日中戦争〕 607c〔北進論〕 608a〔北部仏印進駐〕
・南西太平洋方面(軍) 489c 265a〔GHQ 歴史課〕
・南寧作戦 490a 275a〔支那派遣軍〕 390c〔台湾軍〕
南発券 179c〔軍票〕 490c〔南方開発金庫〕
南部銃製造所 148b〔九六式軽機関銃〕
・南部仏印進駐 490a 236a〔近衛文麿内閣〕 248c〔在米日本資産凍結令〕 297c〔情勢の推移に伴ふ帝国国策要綱〕 337c〔石油〕 375b〔対日禁輸問題〕 501c〔日米交渉〕 503a〔日蘭会商〕 588c〔仏印・タイ国境紛争調停〕 →南部仏領インドシナ進駐
南部仏領インドシナ進駐 375c〔対日経済制裁〕 →南部仏印進駐
・南方開発金庫 490c 179c〔軍票〕 211a〔国策会社〕 244a〔財政金融基本方策要綱〕 593a〔ブロック経済〕
『南方画信』 696b〔陸軍美術協会〕
・南方軍 490c 309b〔シンガポール攻略戦〕 491c〔南方占領地行政実施要領〕
南方経済懇談会 585b〔藤山愛一郎〕
・南方経済対策要綱 491a 371a〔大東亜共栄圏〕 389c〔第六委員会〕 491b〔南方甲地域経済対策要綱〕 491c〔南方占領地行政実施要領〕 689c〔蘭印石油〕
『南方建設と民族人口政策』 238a〔小山栄三〕
・南方甲地域経済対策要綱 491b
南方作戦 311b〔真珠湾攻撃〕 490c〔南方軍〕 556a〔パレンバン空挺作戦〕 572c〔ビルマ作戦〕 614a〔ボルネオ作戦〕
南方施策促進に関する件 298a〔情勢の推移に伴ふ帝国国策要綱〕
『南方詩集』 315a〔神保光太郎〕
・南方占領地行政実施要領 491b 371a〔大東亜共栄圏〕
・南方特別留学生 492a
「南方篇」三部作 125b〔川端龍子〕
・南洋委任統治領 492b
南洋海運株式会社 502c〔日蘭会商〕
南洋協会 585b〔藤山愛一郎〕
南洋群島 209c〔国際連盟〕 305b〔植民地〕 489b〔南進論〕 492b〔南洋委任統治領〕 493a〔南洋庁〕 514b〔日本語教育〕
『南洋群島』 631c〔丸山義二〕
南洋群島開発調査委員会 492c〔南洋拓殖会社〕
・南洋興発会社 492c
・南洋拓殖会社 492c
・南洋庁 493a 397c〔拓務省〕 492b〔南洋委任統治領〕
南洋貿易 492c〔南洋興発会社〕

に

・新潟鉄工所 494a 31c〔池貝鉄工所〕
・二・一ゼネスト 494a 523b〔日本労働組合総同盟〕 625b〔マッカーサー〕
・二階級進級〔-特進〕 494b 121b〔神風特別攻撃隊〕 494b〔肉弾三勇士〕
二月会 229c〔児玉誉士夫〕
二キ三スケ 455a〔東条英機〕
・肉弾三勇士 494b
「ニ」号計画 243a〔サイクロトロン〕
二式艦上偵察機 318a〔彗星〕
・二式水上戦闘機 495c
二式戦闘機 ⇨鍾馗・二式戦闘機(295c)
・二式飛行艇 495c
二式複座戦闘機 ⇨屠龍・二式複座戦闘機(475b)
二式陸上偵察機 185a〔月光〕
『西住戦車長伝』 117c〔加藤隼戦闘隊〕
西田哲学 496a〔西田幾多郎〕
二十ヵ年百万戸送出計画 634a〔満洲移民〕
・二重米価制 498a 275c〔地主制〕 306a〔食糧増産〕
・二世兵士 498a
偽札 695c〔陸軍登戸研究所〕
『贋修道院』 579c〔深田久弥〕
・日印会商 498b 592c〔ブロック経済〕
日印通商条約 ⇨日印会商(498b) 592c〔ブロック経済〕
日映 509b〔日本映画社〕 →日本映画社
・日英会商 499a
日銀 32a〔池田成彬〕 →日本銀行
日銀引受け国債 579b〔深井英五〕
日独伊共同行動協定 499b〔日独伊軍事協定〕 500a〔日独伊三国同盟〕
・日独伊軍事協定 499a 500a〔日独伊三国同盟〕
日独伊経済協定 500a〔日独伊三国同盟〕
・日独伊三国同盟 499b 12a〔アジア・太平洋戦争〕 62a〔ABCD 包囲陣〕 75a〔大島浩〕 169c〔来栖三郎〕 235a〔近衛文麿〕 235c〔近衛文麿内閣〕 291b〔シュターマー〕 370c〔大東亜共栄圏〕 375c〔対日経済制裁〕 454a〔東郷茂徳〕 474a〔豊田貞次郎〕 508c〔日中戦争〕 686c〔米内光政〕 →三国同盟
日独伊ソ四国協商構想 369c〔対ソ和平工作〕 506a〔日ソ中立条約〕
・日独伊防共協定 500b 75a〔大島浩〕 235c〔近衛文麿内閣〕 308b〔白鳥敏夫〕
・日独防共協定 500c 24b〔有田八郎〕 374c〔第二次世界大戦〕 415b〔駐在武官〕 454a〔東郷茂徳〕 574b〔広田外交〕 574c〔広田弘毅内閣〕 700a〔リッベントロップ〕
日仏印共同防衛議定書 491a〔南方軍〕
・日仏印経済協定 501a
日米安全保障条約 135a〔岸信介〕 261b〔サンフランシスコ平和条約〕 404a〔ダレス〕 685a〔吉田茂(一)〕
・日米交渉 501a 12a〔アジア・太平洋戦争〕 22a〔天羽英二〕 30b〔井川忠雄〕 55b〔ウォルシュ〕 79a〔岡田啓介〕 113b〔加瀬俊一〕 169b〔グルー〕 169c〔来栖三郎〕 235a〔近衛文麿〕 235c〔近衛文麿内閣〕 454b〔東郷茂徳〕 455a〔東条英機〕 474a〔豊田貞次郎〕 474c〔ドラウト〕 554c〔ハル〕 555c〔ハル＝ノート〕 624b〔松岡洋右〕
日米通商航海条約 169b〔グルー〕 375b〔対日禁輸問題〕 501b〔日米交渉〕 502a〔日米通商航海条約廃棄通告〕 571c〔平沼騏一郎内閣〕 687a〔米内光政内閣〕
・日米通商航海条約廃棄通告 502a 375c〔対日経済制裁〕
日米諒解案 30b〔井川忠雄〕 501b〔日米交渉〕
日満華共同宣言 377b〔大日本興亜同盟〕
日満華交驩競技大会 324b〔鈴木良徳〕 444c〔東亜競技大会〕
・日満議定書 502b 194c〔小磯国昭〕 245b〔斎藤実内閣〕 636c〔満洲事変〕
日満経済ブロック ⇨ブロック経済(592b)
日満財政経済研究会 332b〔生産力拡充計画〕 565c〔土方成美〕 635c〔満洲産業開発五ヵ年計画〕 650b〔宮崎正義〕
日満支経済ブロック ⇨ブロック経済(592b)
日満人造石油事業振興七ヵ年計画 337c〔石油〕 434a〔帝国燃料興業会社〕
日夕点呼 439b〔点呼〕
日蘭海運会商 502c〔日蘭会商〕
日蘭海運協定 502c〔日蘭会商〕
・日蘭会商 502b 297c〔情勢の推移に伴ふ帝国国策要綱〕 375c〔対日経済制裁〕 489b〔南進論〕 490b〔南部仏印進駐〕 689c〔蘭印石油〕 689c〔蘭領東インド〕
日輪兵舎 57c〔内原訓練所〕
『日輪兵舎』 388b〔大陸開拓文芸懇話会〕
日蓮主義 254b〔里見岸雄〕 401a〔田中智学〕
・日魯漁業会社 503a
日華学芸懇話会 572a〔平野義太郎〕
・日華関税協定 503b
・日華基本条約 503b 70a〔汪兆銘〕 70c〔汪兆銘工作〕 565c〔日高信六郎〕
日華協議記録 203a〔高宗武〕
・日華実業協会 503c
日活 60c〔映画臨戦体制〕
・日華平和条約 504a 507a〔日

中共同声明〕 507b〔日中国交正常化〕 538c〔賠償問題〕
日華労務協会 120c〔華北労工協会〕
・日韓基本条約 504b 265c〔椎名悦三郎〕
日韓請求権・経済協力協定 342b〔戦後補償〕
日系人 115b〔勝組・負組〕 154b〔強制収容所〕 498a〔二世兵士〕
日系人強制収容 711c〔ローズヴェルト〕
日産化学工業株式会社 34a〔石川一郎〕 505a〔日産財閥〕
日産コンツェルン ⇨日産財閥(504c) 2a〔鮎川義介〕 246b〔財閥〕 310a〔新興財閥〕
・日産財閥 504c →日産コンツェルン
日産自動車会社 ⇨日産財閥(504c) 273c〔自動車製造事業法〕 310b〔新興財閥〕
『日支交渉史研究』 9c〔秋山謙蔵〕
『日支交渉史話』 9c〔秋山謙蔵〕
日支事変 286a〔十五年戦争〕
日支新関係調整方針 446a〔東亜新秩序〕
日進 318a〔水上機母艦〕
日新化学工業 329b〔住友化学工業会社〕
日清汽船 444b〔東亜海運会社〕
日赤 284a〔従軍看護婦〕 →日本赤十字社
日曹コンツェルン 246b〔財閥〕 310a〔新興財閥〕 483c〔中野友礼〕 520a〔日本曹達会社〕
・日ソ共同宣言 505a 277b〔シベリア抑留〕 548b〔鳩山一郎〕 564b〔引揚げ〕 628c〔松本俊一〕
・日ソ中立条約 505c 235a〔近衛文麿〕 235c〔近衛文麿内閣〕 362c〔ソ連の対日参戦〕 415c〔日ソ相互不可侵条約〕 501c〔日米交渉〕 607c〔北進論〕 624c〔松岡洋右〕 676b〔ヤルタ会談〕
日ソ不可侵条約 454a〔東郷茂徳〕
・日タイ同盟条約 506b 491a〔南方軍〕
・日窒コンツェルン 506b 246b〔財閥〕 310a〔新興財閥〕
・日中共同声明 506c 504a〔日華平和条約〕 507a〔日中国交正常化〕 538c〔賠償問題〕
日中国交回復 414a〔中国残留孤児〕
・日中国交正常化 507a 504a〔日華平和条約〕 538c〔賠償問題〕
・日中戦争 508a 12a〔アジア・太平洋戦争〕 70b〔汪兆銘工作〕 70c〔汪兆銘政権〕 142c〔九ヵ国条約会議〕 159a〔桐工作〕 217a〔国民革命軍〕 234a〔近衛声明〕 235c〔近衛文麿内閣〕 257c〔三光作戦〕 268a〔持久戦論〕 274a〔支那事変処理要綱〕 285c〔十五年戦争〕 374b〔第二次世界大戦〕 375b〔対日経済制裁〕 445c〔東亜新秩序〕 504a〔日華平和条約〕 637a〔満洲事変〕 →日中全面戦争
日中全面戦争 128c〔関東軍〕 222a〔国民政府〕 295a〔蔣介石〕 508a〔日中戦争〕 604b〔「暴支膺懲」声明〕 711c〔盧溝橋事件〕 →日中戦争
日中平和友好条約 507a〔日中共同声明〕
日朝点呼 439b〔点呼〕
日東化学工業 585b〔藤山愛一郎〕
日糖興業 391b〔台湾製糖会社〕
日配 516b〔日本出版配給会社〕
・『NIPPON』 509a 486b〔名取洋之助〕 509b〔日本工房〕
・日本映画社 509b 509c〔日本ニュース〕
『ニッポン語』 393c〔高倉輝〕
・日本工房 509b 43c〔伊奈信男〕 141a〔木村伊兵衛〕 472c〔土門拳〕 486b〔名取洋之助〕 509a〔ニッポン〕
・『日本ニュース』 509c 509b〔日本映画社〕
日本ニュース映画社 509b〔日本映画社〕 509c〔日本ニュース〕
二等水兵 91a〔階級〕
二等兵 91b〔階級〕 112c〔下士官兵〕 307c〔初年兵〕
二等兵曹 91a〔階級〕 112c〔下士官兵〕
・二・二六事件 510b 4c〔相沢事件〕 26a〔安藤輝三〕 37c〔石原莞爾〕 39a〔磯部浅一〕 79a〔岡田啓介〕 79c〔岡田啓介内閣〕 136b〔北一輝〕 138a〔木戸幸一〕 145b〔宮中グループ〕 151a〔教育総監〕 168b〔栗原安秀〕 180b〔軍部〕 181a〔軍部大臣現役武官制〕 192b〔元老〕 204b〔皇道派〕 230b〔国家改造運動〕 300a〔昭和維新〕 304b〔昭和天皇〕 322a〔鈴木貫太郎〕 394c〔高橋財政〕 459c〔統制派〕 497b〔西田税〕 533a〔野中四郎〕 542a〔橋本欣五郎〕 615a〔本庄繁〕 620c〔牧野伸顕〕 621c〔真崎甚三郎〕 658a〔村中孝次〕
日本医師会 191b〔健民運動〕 215c〔国民医療法〕
・日本遺族会 510c
日本遺族厚生連盟 510c〔日本遺族会〕
『日本イデオロギー論』 470a〔戸坂潤〕
・日本移動映写連盟 511a
・日本移動演劇連盟 511b 134c〔岸田国士〕 251c〔桜隊〕
日本移動文化協会 511a〔日本移動映写連盟〕
・日本医療団 511b 61a〔営団〕 211b〔国策会社〕 216a〔国民医療法〕
日本音楽雑誌株式会社 612c〔堀内敬三〕
・日本音楽文化協会 511c 3c〔愛国百人一首〕 216b〔国民皆唱運動〕 275a〔支那の夜〕 435c〔敵性音楽〕 642b〔みたみわれ〕 671c〔山田耕筰〕
日本音楽文化協会音楽報国挺身隊 89a〔音楽挺身隊〕
日本音楽連盟 512a〔日本音楽文化協会〕
日本海海戦記念日 92b〔海軍記念日〕
『日本外交史』 158a〔清沢洌〕
『日本改造法案大綱』 39a〔磯部浅一〕 136a〔北一輝〕 230a〔国家改造運動〕 497a〔西田税〕
日本科学史学会 242c〔三枝博音〕
日本画家報国会 521a〔日本美術報国会〕
『日本学芸新聞』 522a〔日本文学報国会〕
日本革新党 8b〔赤松克麿〕 63a〔江藤源九郎〕
・日本革新農村協議会 512a 445a〔東亜協同体論〕 530a〔農村協同体建設同盟〕
『日本歌人』 619b〔前川佐美雄〕
日本化成工業 646b〔三菱財閥〕
日本歌謡学院 77b〔大村能章〕
『日本歌謡の研究』 585a〔藤田徳太郎〕
・日本勧業銀行 512b 211a〔国策会社〕 529a〔農工銀行〕 550c〔馬場鍈一〕
日本棋院 73a〔大倉喜七郎〕
日本技術協会 627c〔松前重義〕 651b〔宮本武之輔〕
『日本教育学』 240b〔近藤寿治〕
日本教育学会 85b〔長田新〕 99a〔海後宗臣〕
・日本共産党 512b 122a〔神山茂夫〕 237c〔コミンテルン〕 256c〔三・一五事件〕 439b〔転向〕 467a〔徳田球一〕 532b〔野坂参三〕
日本協同証券 346b〔戦時金融金庫〕
日本基督教団 283b〔宗教団体法〕
日本基督教連盟 283c〔宗教報国運動〕
日本銀行 ⇨日本銀行法(512c) 41b〔一県一行主義〕 163a〔金融新体制〕 163b〔金融統制団体令〕 211a〔国策会社〕 244a〔財政金融基本方策要綱〕 579b〔深井英五〕 677a〔結城豊太郎〕 →日銀
日本銀行券 162b〔金融緊急措置令〕
日本銀行券預入令 162b〔金融緊急措置令〕
・日本銀行法 512c 244a〔財政金融基本方策要綱〕
日本経営者団体連盟 341b〔全国産業団体連合会〕
・日本軽金属会社 513a
『日本経済革新の大綱』 402a〔田辺忠男〕
『日本経済学への道』 565c〔土方成美〕
日本経済研究所 324b〔鈴木茂三郎〕
『日本経済の再編成』 701a〔笠信太郎〕
・日本経済連盟会 513a
日本芸術院 434b〔帝展改組〕
・日本光学工業会社 513b
・日本鋼管会社 513c 308a〔白石元治郎〕
日本鉱業 433c〔帝国石油会社〕 504c〔日産財閥〕 519b〔日本石油会社〕
日本交響楽協会 234b〔近衛秀麿〕
・日本交響楽団 513c
・日本興業銀行 514a 99c〔会社利益配当及資金融通令〕 161b〔銀行等資金運用令〕 175b〔軍需融資指定金融機関制度〕 211a〔国策会社〕 677a〔結城豊太郎〕
日本工業倶楽部 340b〔膳桂之助〕 341a〔全国産業団体連合会〕 479c〔中島久万吉〕 513a〔日本経済連盟会〕
日本工人倶楽部 651b〔宮本武之輔〕
日本交通協会 433c〔帝国鉄道協会〕
・日本郷友連盟 514b
・日本語教育 514b

日本国印度支那間関税制度　501a〔日仏印経済協定〕
・日本国憲法　514c　15a〔あたらしい憲法のはなし〕　149b〔教育基本法〕　173a〔軍国主義〕　304c〔昭和天皇〕　441a〔天皇制〕
日本国語会　585a〔藤田徳太郎〕　672a〔山田孝雄〕
日本国体学　401a〔田中智学〕
『日本国体学』　254b〔里見岸雄〕
日本国体学会　254b〔里見岸雄〕
日本国中華民国間基本関係に関する条約　503b〔日華基本条約〕　→日華基本条約
日本国と大韓民国との間の基本関係に関する条約　504b〔日韓基本条約〕　→日韓基本条約
日本国と中華人民共和国との間の平和友好条約　507a〔日中共同声明〕
『日本国防国家建設の史的考察』　429c〔土屋喬雄〕
日本国民党　57a〔内田良平〕　112c〔餓死対策国民大会〕
・日本国有鉄道　516a
日本国家社会党　8b〔赤松克麿〕　280b〔社会大衆党〕
日本ゴム　36a〔石橋正二郎〕
「日本古謡より」　533b〔信時潔〕
『日本財政論(公債編)』　71b〔大内兵衛〕
日本産業衛生協会　194b〔小泉親彦〕
日本産業会社　⇨日産財閥(504c)　2a〔鮎川義介〕　310a〔新興財閥〕　637a〔満洲重工業開発会社〕
日本産金振興株式会社　210c〔国策会社〕　421a〔朝鮮産金五ヵ年計画〕
日本蚕糸製造株式会社　177b〔郡是製糸会社〕
日本歯科医師会　191b〔健民運動〕　215c〔国民医療法〕
日本思想史学会　657b〔村岡典嗣〕
『日本思想史研究』　657c〔村岡典嗣〕
『日本思想史に於ける宗教的自然観の展開』　29b〔家永三郎〕
『日本思想史に於ける否定の論理の発達』　29b〔家永三郎〕
『日本資本主義発達史講座』　550a〔羽仁五郎〕
日本社会党　114b〔片山哲〕　124a〔河上丈太郎〕　324b〔鈴木茂三郎〕　495b〔西尾末広〕
日本写真公社　551c〔林謙一〕
日本・ジャワ同盟　502c〔日蘭会商〕
日本宗教会　380a〔大日本戦時宗教報国会〕
日本宗教連盟　380a〔大日本戦時宗教報国会〕
日本自由党　548b〔鳩山一郎〕
日本主義芸術研究会　111a〔影山正治〕　373c〔大東塾〕
日本主義精神運動　666a〔安岡正篤〕
・日本出版会　516b　516c〔日本出版文化協会〕
日本出版協会　516b〔日本出版会〕
・日本出版配給会社　516b
日本出版配給統制株式会社　516c〔日本出版配給会社〕
・日本出版文化協会　516c　516b〔日本出版会〕
・日本商工会議所　516c　296a〔商工経済会〕　354a〔全日本商権擁護連盟〕　585b〔藤山愛一郎〕　590b〔船田中〕
・日本少国民文化協会　517a　121c〔上村哲弥〕　297a〔少国民〕
『日本少国民文庫』　685c〔吉野源三郎〕
『日本上代史研究』　429b〔津田左右吉事件〕
日本小児保健報国会　1c〔愛育会〕
日本常民文化研究所　276c〔渋沢敬三〕
・日本諸学振興委員会　517b　85b〔長田新〕　99a〔海後宗臣〕　153b〔教学刷新評議会〕　240b〔近藤寿治〕　664b〔文部省教学局〕
「日本女性史」　395c〔高群逸枝〕
日本人ならぜいたくは出来ない筈だ　333c〔ぜいたくは敵だ〕
『日本人物論』　644c〔満田巌〕
『日本新聞』　10b〔浅原正基〕
・日本新聞会　517c　80a〔緒方竹虎〕
日本新聞連盟　314b〔新聞統合〕　517c〔日本新聞会〕
日本進歩党　622c〔町田忠治〕
・日本人民解放連盟　518a
日本人民反戦同盟　518a〔日本人民解放連盟〕
・日本水産会社　518a　505a〔日産財閥〕
日本世紀社　32b〔井沢弘〕　549b〔花見達二〕
日本製鋼所　620b〔牧田環〕
『日本政治』　549c〔花見達二〕
『日本政治思想史研究』　631c〔丸山眞男〕
・日本製鉄会社　518b　210c〔国策会社〕　247a〔財閥解体〕　479b〔中支那振興会社〕　483a〔永野重雄〕　513c〔日本鋼管会社〕　570b〔平生釟三郎〕　620b〔牧田環〕
日本青年館　383a〔大日本連合青年団〕
日本精麦工業組合連合会　305c〔食糧営団〕
日本製粉　643b〔三井財閥〕
日本製麺工業組合連合会　305c〔食糧営団〕
・日本赤十字社　518c　284a〔従軍看護婦〕
・日本石炭会社　519a　210c〔国策会社〕　628a〔松本健次郎〕
・日本石油会社　519b　433c〔帝国石油会社〕
日本ゼネラル＝モータース　273c〔自動車製造事業法〕
『日本戦争宣言』　245a〔斎藤忠〕
・日本宣伝技術家協会　519b
日本宣伝協会　519c〔日本宣伝文化協会〕
日本宣伝協会技術会　519c〔日本宣伝文化協会〕
日本宣伝人倶楽部　333c〔ぜいたくは敵だ〕
・日本宣伝文化協会　519c
日本戦没学生記念会　133b〔きけ　わだつみのこえ〕
日本戦友団体連合会　514b〔日本郷友連盟〕
『日本総力戦夜話』　438b〔寺田弥吉〕
・日本曹達会社　520a　310a〔新興財閥〕　483c〔中野友礼〕
日本体育協会　380b〔大日本体育会〕
日本体育保健協会　187b〔建国体操〕
日本大衆党　116c〔加藤勘十〕
日本タイヤ　36a〔石橋正二郎〕
日本団体生命保険会社　340b〔膳桂之助〕　341b〔全国産業団体連合会〕
日本窒素肥料会社　⇨日窒コンツェルン(506b)　310a〔新興財閥〕　422c〔朝鮮窒素肥料会社〕　423a〔朝鮮長津江水力発電所〕　532a〔野口遵〕
日本通運　210c〔国策会社〕
日本帝国主義　441a〔天皇制〕
『日本的性格』　543b〔長谷川如是閑〕
『日本的世界観』　244c〔斎藤晌〕
日本電気会社　⇨住友通信工業会社(330a)　329c〔住友財閥〕
日本電工会社　303b〔昭和電工会社〕　310b〔新興財閥〕　663a〔森コンツェルン〕　664a〔森矗昶〕
日本電報通信社　519b〔日本宣伝技術家協会〕
『日本二千六百年史』　71c〔大川周明〕　199a〔皇国史観〕
『日本農業における資本主義の発達』　122a〔神山茂夫〕
『日本農業の再編成』　251b〔桜井武雄〕
『日本農業の展開過程』　460b〔東畑精一〕
『日本農村婦人問題』　631b〔丸岡秀子〕
『日本農本主義』　251a〔桜井武雄〕
・日本農民組合　520a　321c〔杉山元治郎〕　342a〔全国農民組合〕　520b〔日本農民組合総同盟〕　530b〔農地改革〕　531a〔農地制度改革同盟〕
・日本農民組合総同盟　520b　381c〔大日本農民組合〕　520a〔日本農民組合〕　531a〔農地制度改革同盟〕
日本農民文学会　56c〔打木村治〕
日本農民連盟　381c〔大日本農民組合〕　381c〔大日本農民組合〕　531a〔農地制度改革同盟〕
『日本の課題と世界史』　156a〔京都学派〕　208a〔高山岩男〕
『日本の母』　522b〔日本文学報国会〕
「日本の母」顕彰運動　59a〔海野十三〕
『日本の悲劇』　398c〔戦ふ兵隊〕
『日本の理想』　32c〔井沢弘〕
『日本の歴史』　9c〔秋山謙蔵〕
日本俳句作家協会　87b〔小野蕪子〕
・日本発送電会社　520b　210c〔国策会社〕　443b〔電力管理法〕
・日本万国博覧会　520c
日本美術院　683b〔横山大観〕
日本美術及工芸会　521a〔日本美術及工芸統制協会〕
・日本美術及工芸統制協会　520c　521a〔日本美術報国会〕
日本美術及工芸品株式会社　521a〔日本美術及工芸統制協会〕
・日本美術報国会　521a　683c〔横山大観〕
『日本評論』　658c〔室伏高信〕
・日本評論家協会　521b　377a〔大日本言論報国会〕
日本肥料　210c〔国策会社〕
『日本ファシズム批判』　543b〔長谷川如

是閑〕
日本フォード　273c〔自動車製造事業法〕
日本舞踊連盟　33b〔石井漠〕
日本文学者会　579c〔深田久弥〕
『日本文学の思潮』　565b〔久松潜一〕
『日本文学評論史』　565b〔久松潜一〕
・日本文学報国会　521b　3c〔愛国百人一首〕　48c〔厳谷大四〕　59a〔海野十三〕　74c〔大鹿卓〕　87b〔小野蕪子〕　141c〔木村荘十〕　373a〔大東亜文学者大会〕　388b〔大陸開拓文芸懇話会〕　394b〔高橋健二〕　427c〔辻詩集〕　463a〔戸川貞雄〕　467a〔徳富蘇峰〕　579c〔深川正一郎〕　579c〔深田久弥〕　581c〔福田清人〕　584c〔藤田徳太郎〕　632a〔丸山義二〕
『日本文化史序説』　496c〔西田直二郎〕
『日本文化小史』　259b〔サンソム〕
・日本文化中央連盟　522b　133c〔紀元二千六百年記念式典〕
『日本文化の諸問題』　244c〔斎藤晌〕
『日本文化の問題』　496b〔西田幾多郎〕
日本文化連盟　522b〔日本文化中央連盟〕　629b〔松本学〕
日本文芸中央会　388b〔大陸開拓文芸懇話会〕　521c〔日本文学報国会〕　522a〔日本文学報国会〕　581c〔福田清人〕　630b〔間宮茂輔〕
『日本文法論』　672a〔山田孝雄〕
日本米穀株式会社　210c〔国策会社〕　305c〔食糧営団〕
日本貿易会　196c〔交易営団〕　457c〔統制会〕
・日本放送協会　522c　58a〔海ゆかば〕　217c〔国民歌謡〕　280a〔下村宏〕　514a〔日本交響楽団〕　688b〔ラジオ体操〕
日本報道写真協会　472c〔土門拳〕
・日本法理研究会　523a　266b〔塩野季彦〕
『日本法理叢書』　523a〔日本法理研究会〕
日本保健婦協会　191b〔健民運動〕
日本母性保護会　1c〔愛育会〕
日本ポリドール　160c〔キング〕
日本漫画奉公会　81b〔岡本一平〕　314a〔新日本漫画家協会〕
日本民主党　135a〔岸信介〕　548b〔鳩山一郎〕
日本民族学会　277a〔渋沢敬三〕
日本無産党　117a〔加藤勘十〕　315c〔人民戦線事件〕　324b〔鈴木茂三郎〕
日本綿糸布輸出組合　196c〔交易営団〕
日本木材　211a〔国策会社〕
日本野球連盟　436a〔敵性語〕
日本薬剤師会　191b〔健民運動〕
・日本郵船会社　523a　74a〔大阪商船会社〕　89b〔海運自治連盟〕　444b〔東亜海運会社〕
日本油脂　505a〔日産財閥〕
日本輸出農産物　211a〔国策会社〕
「日本よい国」　217c〔国民歌謡〕
日本沃度会社　664a〔森矗昶〕
『日本翼賛体制』　483c〔中野登美雄〕
日本両親再教育協会　121c〔上村哲弥〕
『日本歴史』　167a〔くにのあゆみ〕
日本労働科学研究所　438c〔暉峻義等〕　709c〔労働科学研究所〕
日本労働組合　205c〔河野密〕
日本労働組合会議　250a〔坂本孝三郎〕
日本労働組合全国協議会　122a〔神山茂夫〕
日本労働組合全国評議会　116c〔加藤勘十〕　315c〔人民戦線事件〕
・日本労働組合総同盟　523b　624a〔松岡駒吉〕
日本労働組合同盟　116c〔加藤勘十〕
日本労働倶楽部　250a〔坂本孝三郎〕
日本労働総同盟　495b〔西尾末広〕　523b〔日本労働組合総同盟〕　624a〔松岡駒吉〕
日本労農党　116c〔加藤勘十〕
日本浪曼派　542b〔蓮田善明〕　619b〔前川佐美雄〕
・『日本浪曼派』(雑誌)　523c　10a〔浅野晃〕　42c〔伊藤佐喜雄〕　315a〔神保光太郎〕　481b〔中谷孝雄〕　541a〔芳賀檀〕
『日本浪曼派』(書籍)　42c〔伊藤佐喜雄〕
『娘々廟会』　593c〔文化映画〕
ニューカレドニア　64a〔FS作戦〕
ニューギニア　524b〔ニューギニア戦〕
・ニューギニア戦　524b　12b〔アジア・太平洋戦争〕　475b〔トラック島空襲〕
ニュージョージア島　89b〔カートホイール作戦〕
ニュース　522c〔日本放送協会〕
ニュース映画　60c〔映画法〕　509b〔日本映画社〕　509c〔日本ニュース〕
ニューブリテン島　89b〔カートホイール作戦〕
『NEW LIFE』　461a〔東方社〕
・ニュルンベルク継続裁判　524c
・ニュルンベルク裁判　525b　450a〔東京裁判開廷〕　524c〔ニュルンベルク継続裁判〕　598a〔平和に対する罪〕
「女人和歌連曲」　533b〔信時潔〕
二・四事件　393b〔高倉輝〕
人間魚雷　101a〔回天〕
人間宣言　304c〔昭和天皇〕　441b〔天皇の人間宣言〕
・妊産婦手帳　526a　194b〔小泉親彦〕
・認識票　526a
妊娠中絶　223c〔国民優生法〕

ぬ

ヌ＝アトリー協定　52b〔ウー＝ヌ〕
ヌイイ条約　54b〔ヴェルサイユ体制〕
沼津海軍工廠　93c〔海軍工廠〕

ね

根こそぎ動員　164a〔勤労動員〕　442a〔転廃業問題〕
・ねずみ輸送　527a　115a〔ガダルカナル島の戦〕
熱河作戦〔-侵攻〕　⇨塘沽停戦協定(405a)　128c〔関東軍〕　245b〔斎藤実内閣〕　478a〔内蒙工作〕　508b〔日中戦争〕　636c〔満洲事変〕
・熱帯産業会社　527b　643b〔三井財閥〕
・熱風　527c
年金保険制度　710a〔労働者年金保険法〕
『粘土のお面』　474a〔豊田正子〕
年度陸軍動員計画令　446c〔動員〕
燃料局　337c〔石油〕

の

・農会　528a　257b〔産業組合拡充五ヵ年計画〕　528b〔農業団体法〕
・農家保有米　528b
農業移民　389a〔大陸の花嫁〕
農業会　⇨農業団体法(528b)　257b〔産業組合〕　410b〔地方事務所〕　528a〔農会〕
農業恐慌　⇨昭和恐慌(300b)　335b〔世界恐慌〕
農業協同組合法　528c〔農業団体法〕　529c〔農事実行組合〕
・農業生産統制令　528b　528a〔農会〕
農業増産報国推進隊　528c〔農業報国会〕
農業増産報国推進隊訓練本部　116c〔加藤完治〕
・農業団体法　528b　257b〔産業組合〕　322a〔助川啓四郎〕　528a〔農会〕
『農業と経済』　542b〔橋本伝左衛門〕
・農業報国会　528c
農業報国連盟　116c〔加藤完治〕　528c〔農業報国会〕
農業労働調査所　438c〔暉峻義等〕
農建同　530a〔農村協同体建設同盟〕
・農工銀行　529a　211a〔国策会社〕　512b〔日本勧業銀行〕
・農山漁村経済更生運動　529a　147a〔救農議会〕　199c〔皇国農村確立運動〕　245b〔斎藤実内閣〕　275c〔地主制〕　530a〔農村更生協会〕　634a〔満洲移民〕
・農山漁村文化協会　529b　511a〔日本移動映写連盟〕

・農事実行組合 529c
・農商省 529c
農政懇談会 512a〔日本革新農村協議会〕
『農村学(前篇)』 399a〔橘孝三郎〕
農村議員同盟 322a〔助川啓四郎〕
農村救済請願運動 ⇨救農議会(147a) 271b〔自治農民協議会〕 520a〔日本農民組合〕
・農村協同体建設同盟 530a
農村経済更生運動 229b〔小平権一〕
農村厚生運動 201c〔厚生運動〕
・農村更生協会 530a 35a〔石黒忠篤〕 320a〔杉野忠夫〕
農村振興議員同盟 322a〔助川啓四郎〕
『農村新聞』 482b〔長野朗〕
農村負債整理組合法 147a〔救農議会〕
農村文化協会 529b〔農山漁村文化協会〕
農地委員会 226a〔小作料統制令〕 531a〔農地調整法〕
・農地改革 530b 225c〔小作料金納化〕 275b〔地主制〕 275c〔地主制〕 441a〔天皇制〕
農地改革案 375c〔対日理事会〕
農地開発営団 61a〔営団〕 211b〔国策会社〕
・農地作付統制規則 530c
農地証券 530b〔農地改革〕
・農地制度改革同盟 530c 520b〔日本農民組合総同盟〕
・農地調整法 531a 275c〔地主制〕 530b〔農地改革〕
農文協 529b〔農山漁村文化協会〕 →農山漁村文化協会
・農本主義 531a 230b〔国家改造運動〕 529a〔農山漁村経済更生運動〕
農本連盟 482b〔長野朗〕
農民請願運動 482b〔長野朗〕
『農民道場』 677a〔結城哀草果〕
『農民文学』 56c〔打木村治〕
農民文学委員会 522a〔日本文学報国会〕
・農民文学懇話会 531b 56c〔打木村治〕 388b〔大陸開拓文芸懇話会〕 493c〔新居格〕 521c〔日本文学報国会〕 630b〔間宮茂輔〕 677a〔結城哀草果〕 715c〔和田勝一〕 716a〔和田伝〕
農林計画委員会 302a〔昭和研究会〕
農林省 311a〔人口政策確立要綱〕 529c〔農商省〕
農林中央金庫 528c〔農業団体法〕
・North Carolina 531c
「野崎小唄」 77b〔大村能章〕
能代 8b〔阿賀野〕
『後に続くを信ず』 714b〔若林東一〕
『のどかな戦場』 481b〔中谷孝雄〕
登戸研究所 ⇨陸軍登戸研究所(695a) 47a〔岩畔豪雄〕
野村・ハル会談 501b〔日米交渉〕
『野村望東尼』 481b〔中谷孝雄〕
・ノモンハン事件〔-事変〕 534c 38c〔磯谷廉介〕 82b〔荻洲立兵〕 128c〔関東軍〕 129a〔関東軍特種演習〕 428a〔辻政信〕 454a〔東郷茂徳〕 547a〔服部卓四郎〕 571c〔平沼騏一郎内閣〕 613c〔捕虜〕 674c〔山脇正隆〕
・のらくろ 535a
告り直し組 621b〔まことむすび社〕
・ノルウェー作戦 535b
・ノルマンディ上陸作戦 535c 5b〔アイゼンハワー〕 437a〔テヘラン会談〕 619a〔マーシャル〕

は

・ハーグ空戦規則 536b
ハーグ法 352a〔戦争犯罪〕
・ハーグ陸戦法規 536b
パーフェクトリバティー教団 566b〔ひとのみち教団〕
バーンズ回答 16c〔阿南惟幾〕 243c〔最高戦争指導会議〕 612a〔ポツダム宣言受諾〕
胚芽米 191b〔玄米食〕
配給 107b〔学童疎開〕 306a〔食糧管理制度〕 331c〔生活必需物資統制令〕 387b〔代用食〕 470c〔隣組〕
配給組合 183c〔経済警察〕
・配給制度 537c 100c〔買い出し〕 596b〔米穀通帳〕
配給統制 211a〔国策会社〕
配給統制規則 101a〔買い出し〕 458c〔統制経済〕
配給米 596b〔米穀通帳〕
『拝啓天皇陛下様』 597b〔兵隊作家〕 657b〔棟田博〕
廃娼運動 201a〔公娼制度〕
・賠償問題 538b
・配属将校 540a
配電統制令 520c〔日本発送電会社〕
・排日移民法 540b
廃品回収 471a〔隣組〕
廃品回収運動 162a〔金属品回収〕
廃品回収協議会 162a〔金属品回収〕
癈兵 293b〔傷痍軍人〕
「栄えあれアジヤ」 65a〔江間章子〕
『鮑慶郷』 53b〔上田広〕
迫撃兵 597a〔兵種〕
・迫撃砲 541a 612c〔歩兵砲〕
「爆弾散華」 125b〔川端龍子〕
爆弾三勇士 494b〔二階級進級〕 494b〔肉弾三勇士〕
・白兵主義 541b
白兵戦 541b〔白兵主義〕
白米 191a〔玄米食〕
・爆雷 541c
白話字運動 246a〔蔡培火〕
ハ号作戦 550a〔花谷正〕
・波号潜水艦 541c 32b〔伊号潜水艦〕
パサパラ 6b〔アウンサン〕 52b〔ウー＝ヌ〕 396c〔タキン＝ソウ〕 397a〔タキン＝タントゥン〕 397b〔タキン＝ミャ〕
『恥かしい話・その他』 34c〔石川達三〕
『パスカルに於ける人間の研究』 641a〔三木清〕
『旗』 168a〔蔵原伸二郎〕
・バタアン攻略戦 543b 428a〔辻政信〕
・バタアン「死の行進」 543c 491a〔南方軍〕 554a〔ハラニーリャ〕 618a〔本間雅晴〕
バタアン＝デー 544b〔バタアン「死の行進」〕
バタアン半島 12a〔アジア・太平洋戦争〕 20c〔アメリカ極東陸軍〕 543c〔バタアン攻略戦〕 543c〔バタアン「死の行進」〕 576c〔フィリピン戦〕
バターン＝ボーイズ 264c〔GHQ〕
『はだしのゲン』 189c〔原爆投下〕
「バタビアの夜は更けて」 540b〔灰田勝彦〕
・バタビヤ沖海戦 545a 330c〔スラバヤ沖海戦〕
・八・一宣言 545a 205a〔抗日民族統一戦線〕
八月革命 49c〔インドシナ共産党〕 53c〔ヴェトミン〕 54c〔ヴォー＝グエン＝ザップ〕 540c〔バオ＝ダイ〕
「八月革命」論 650c〔宮沢俊義〕
八九式軽戦車 545b〔八九式中戦車〕
八九式一五センチ加農砲 667b〔野戦重砲〕
八九式重擲弾筒 436a〔擲弾筒〕
八九式旋回機関銃 147a〔九二式重機関銃〕
八九式戦車 415c〔中戦車〕
・八九式中戦車 545b 144a〔九五式軽戦車〕 146c〔九七式中戦車〕 383b〔大発〕
八八式八センチ高射砲 200b〔高射砲〕
・八路軍 545b 130b〔皖南事変〕 198a〔紅軍〕 204c〔抗日根拠地〕 217a〔国民革命軍〕 257c〔三光作戦〕 569a〔百団大戦〕 604b〔彭徳懐〕 →国民革命軍第八路軍
初雁 318b〔水雷〕
発禁 186b〔検閲制度〕 192c〔言論出版集会結社等臨時取締法〕
八紘為宇 546b〔八紘一宇〕
・八紘一宇 546a 313a〔神道指令〕 401a〔田中智学〕 446a〔東亜新秩序〕
・八紘一宇の塔 546b
鳩麦 387c〔代用食〕
・Battle of Britain 548c 13b〔あしか作戦〕 605a〔Hawker Hurricane〕
・花岡事件 549a 342c〔戦後補償〕
『花と兵隊』 567b〔火野葦平〕 654a〔麦と兵隊〕
『花の宴』 42c〔伊藤佐喜雄〕
『パナマ影に怖びゆ』 59a〔海野十三〕
母 233a〔古年兵〕
馬場財政 550c〔馬場鍈一〕
・ババル島事件 551a
・ハバロフスク裁判 551b
浜松陸軍飛行学校 696a〔陸軍飛行学校〕
・林銑十郎内閣 552a
・疾風・四式戦闘機 553a →四式戦闘機
隼(水雷艇) 318b〔水雷〕
・隼・一式戦闘機 553a 117c〔加藤隼戦闘隊〕 →一式戦闘機

パラオ諸島　600b〔ペリリュー島の戦〕
腹切り問答　575a〔広田弘毅内閣〕
原田日記　⇨西園寺公と政局(241a)
パリ規約　587a〔不戦条約〕　→不戦条約
バリクパパン　689b〔蘭印作戦〕
『はるかなる山河に』　133b〔きけ わだつみのこえ〕
・パルチザン Partisan　555b
榛名　239a〔金剛〕
「春の唄」　218a〔国民歌謡〕
・ハル＝ノート Hull Note　555c　12a〔アジア・太平洋戦争〕　169b〔グルー〕　454b〔東郷茂徳〕　456a〔東条英機内閣〕　502a〔日米交渉〕　555a〔ハル〕　607c〔ホーンベック〕
『春の鼓笛』　42c〔伊藤佐喜雄〕
ハル・野村会談　169b〔グルー〕　554c〔ハル〕
・バルバロッサ作戦　556a
ハルビン特務機関　468c〔特務機関〕
ハル四原則　236a〔近衛文麿内閣〕　555a〔ハル〕　555c〔ハル＝ノート〕
馬鈴薯　126c〔甘藷〕　387b〔代用食〕
パレンバン　556a〔パレンバン空挺作戦〕　689b〔蘭印作戦〕
・パレンバン空挺作戦　556a　319c〔菅原道大〕
ハワイ　311b〔真珠湾攻撃〕
・『ハワイ・マレー沖海戦』　556b　17a〔あの旗を撃て〕　117c〔加藤隼戦闘隊〕　216a〔国民映画普及会〕
パン　387b〔代用食〕
汎アジア学会　364c〔大亜細亜協会〕
汎アジア主義　11b〔アジア主義〕
阪急電鉄　236a〔小林一三〕
『反共世界戦争』　32c〔井沢弘〕
反軍演説〔-事件〕　245a〔斎藤隆夫〕　280c〔社会大衆党〕　345a〔戦時議会〕　453c〔同交会〕　548a〔鳩山一郎〕　687a〔米内光政内閣〕
バンコック会議　49b〔インド国民軍〕　50a〔インド独立連盟〕
バンザイ＝クリフ　248b〔サイパン島の戦〕
万才突撃　248a〔サイパン島の戦〕　349b〔戦陣訓〕　541b〔白兵主義〕
『犯罪論序説』　396a〔滝川幸辰〕
反産運動　257c〔産業組合拡充五ヵ年計画〕　341a〔千石興太郎〕　→反産業組合運動
反産業組合運動　257c〔産業組合拡充五ヵ年計画〕　341a〔千石興太郎〕　354b〔全日本商権擁護連盟〕　517a〔日本商工会議所〕
バンジェルマシン　689b〔蘭印作戦〕
半自動銃　273c〔自動小銃〕
『萬世流芳』　669c〔山口淑子〕
ハンセン病　223c〔国民優生法〕　644c〔光田健輔〕
・万朶隊　557a
・反跳爆撃　557b　406b〔ダンピール海峡の悲劇〕
・反東条運動　557b　235a〔近衛文麿〕　→東条英機内閣打倒工作
『半島の舞姫』　408a〔崔承喜〕
反日民族統一戦線　558b〔反満抗日運動〕
判任官　112c〔下士官兵〕
・輓馬　557c　179a〔軍馬〕
万博　520c〔日本万国博覧会〕
反ファシズム人民戦線　315c〔人民戦線事件〕　512b〔日本共産党〕　532b〔野坂参三〕
反ファシズム人民戦線運動　280b〔社会大衆党〕
・反ファシズム統一戦線　558a　237c〔コミンテルン〕　325a〔スターリン〕
パンプキン爆弾　63c〔エノラ＝ゲイ〕
・ハンプ作戦　558a
『万物流転』　570a〔平泉澄〕
バンボン事件　484c〔中村明人〕
飯米闘争　482b〔長野朗〕
・反満抗日運動　558b　635b〔満洲国〕
パンロン協定　6b〔アウンサン〕

ひ

PA蚤　241c〔細菌戦〕
PX　241b〔細菌戦〕　242c〔細菌兵器〕
P基地　465b〔特殊潜航艇「甲標的」〕
B級戦犯　559b〔BC級戦犯裁判〕　→BC級戦犯
PKP　576a〔フィリピン共産党〕
・P51 Mustang　559a　30b〔硫黄島の戦〕　343b〔戦災〕　561c〔B29 Superfortress〕
Pコロ　697c〔陸軍予科士官学校〕
・P38 Lightning　559b
BC級戦犯　144b〔九州大学医学部事件〕　309b〔シンガポール攻略戦〕　332a〔世紀の遺書〕　→C級戦犯　→B級戦犯
・BC級戦犯裁判　559b　80a〔岡田資〕　561c〔B29搭乗員処刑事件〕　614a〔捕虜〕　629c〔マニラ虐殺〕
BC級犯罪　638b〔マンスフィールド〕
・B17 Flying Fortress　560b　185a〔月光〕　560c〔B29 Superfortress〕　562a〔B25 Mitchell〕
PT艇　158c〔魚雷艇〕
・B29 Superfortress　560c　12c〔アジア・太平洋戦争〕　21c〔アメリカの軍制〕　29c〔硫黄島の戦〕　63b〔Enola Gay〕　80a〔岡田資〕　144b〔九州大学医学部事件〕　159c〔義烈空挺隊〕　185a〔月光〕　247c〔サイパン島の戦〕　343a〔戦災〕　451b〔東京大空襲〕　558a〔ハンプ作戦〕　561c〔B29搭乗員処刑事件〕　562b〔B24 Liberator〕　610b〔Bockscar〕　611b〔ポツダム宣言受諾〕　616b〔本土空襲〕　617c〔本土防空作戦〕　631a〔マリアナ沖海戦〕　703c〔ルメイ〕
・B29搭乗員処刑事件　561c
・B25 Mitchell　562a　343b〔戦災〕　447b〔ドゥーリトル空襲〕　616b〔本土空襲〕
・B24 Liberator　562b　343b〔戦災〕
・P40　562b　266a〔シェンノート〕　590b〔Flying Tigers〕
・比叡　562c　239a〔金剛〕　363c〔ソロモン海戦〕
・飛燕・三式戦闘機　563a　561b〔B29 Superfortress〕　→三式戦闘機
非核三原則　515c〔日本国憲法〕
・東久邇宮稔彦内閣　563b
光海軍工廠　93c〔海軍工廠〕
光機関　⇨F機関(64a)
『光をつくる人々』　56c〔打木村治〕
・引揚げ　563c　414a〔中国残留孤児〕　581b〔復員省〕
引揚援護院　564b〔引揚援護局〕
・引揚援護局　564b
引揚援護庁　564b〔引揚援護局〕
引揚孤児　351c〔戦争孤児〕
飛行師団　271a〔師団〕　691c〔陸軍航空隊〕
飛行集団　691c〔陸軍航空隊〕
飛行団　691c〔陸軍航空隊〕
飛行兵　597a〔兵種〕　597a〔兵種〕
飛行連隊　691c〔陸軍航空隊〕
・非国民　564c
美術家連盟　521a〔日本美術報国会〕
美術展覧会取扱要綱　521a〔日本美術報国会〕
美術文化協会　291b〔シュールリアリズム事件〕
『非常時日本文壇史』　48c〔巌谷大四〕
非常大権　380c〔大日本帝国憲法〕
ビスマルク海海戦　⇨ダンピール海峡の悲劇(406b)
・日立航空機会社　566a
・日立製作所　566a　86a〔小平浪平〕　310b〔新興財閥〕　504c〔日産財閥〕　566a〔日立航空機会社〕
日立造船会社　⇨大阪鉄工所(74b)
飛驒文化連盟　65b〔江馬修〕
ビッグE　67b〔Enterprise〕
ビッグベン　590c〔Franklin〕
「必勝歌」　77b〔大村能章〕　218a〔国民歌謡〕
必唱歌曲　58b〔海ゆかば〕　216b〔国民皆唱運動〕
『必勝国民読本』　467a〔徳富蘇峰〕
『ヒットラー伝』　644c〔満田巌〕
ピティアズ海峡　406b〔ダンピール海峡の悲劇〕
美統　520c〔日本美術及工芸統制協会〕　→日本美術及工芸統制協会
比島愛国同志会　620a〔マカピリ〕
比島行政府　576c〔フィリピン戦〕
比島作戦　576c〔フィリピン戦〕　→フィリピン攻略作戦
比島調査委員会　302c〔昭和研究会〕
・ひとのみち教団　566b
ひとのみち教団事件　566b〔ひとのみち教団〕
『美の祭典』　652c〔民族の祭典〕
『日の出』　160c〔キング〕
非告り直し組　373b〔大東塾〕

『日本之危機』 34b〔石川信吾〕
被爆者 188b〔原爆裁判〕
『批判』 543b〔長谷川如是閑〕
美報 521a〔日本美術報国会〕 683c〔横山大観〕
山端写真科学研究所 673b〔山端祥玉〕
秘密戦 425a〔諜報〕 695b〔陸軍中野学校〕 695b〔陸軍登戸研究所〕
『ひむがし』 373c〔大東塾〕
・ひめゆり学徒隊 567c 284b〔従軍看護婦〕 307a〔女子挺身隊〕
ひもろぎ塾 45b〔井上日召〕
・百一号作戦 568b 44c〔井上成美〕 285b〔重慶爆撃〕
一〇〇式重爆撃機 ⇨呑龍・一〇〇式重爆撃機(476c)
・一〇〇式司令部偵察機 568b
・百団大戦 569a 258a〔三光作戦〕 546a〔八路軍〕 604b〔彭徳懐〕
・百二号作戦 569b 285b〔重慶爆撃〕
一〇〇部隊 129a〔関東軍軍馬防疫廠〕 487a〔七三一部隊〕
日向 38c〔伊勢〕
・飛鷹 569c
『氷河のあくび』 321b〔杉山平助〕
標準農村 199b〔皇国農村確立運動〕
評論家協会 521b〔日本評論家協会〕
鵯 318b〔水雷〕
ビラ 186b〔検閲制度〕 440a〔伝単〕
平出放送 570a〔平出英夫〕
・平賀粛学 570b 570c〔平賀譲〕
『拓けゆく国土満洲開拓義勇隊ものがたり』 56c〔打木村治〕
『平田篤胤』 672b〔山田孝雄〕
・平沼騏一郎内閣 571b 18b〔阿部信行内閣〕 344c〔戦時議会〕
飛龍(空母) 645b〔ミッドウェー海戦〕 669c〔山口多聞〕
・飛龍・四式重爆撃機 572b →四式重爆撃機
「蛭川博士」 74c〔大下宇陀児〕
ビルマ 12c〔アジア・太平洋戦争〕 538b〔賠償問題〕 551b〔バモオ〕 572c〔ビルマ国軍〕 572c〔ビルマ作戦〕
ビルマ共産党 396c〔タキン＝ソウ〕 397a〔タキン＝タントゥン〕 397b〔タキン党〕 435b〔テインペイ〕 527a〔ネーウィン〕
ビルマ公路 573b〔ビルマルート〕
・ビルマ国軍 572c 647a〔南機関〕
・ビルマ作戦 572c
ビルマ独立運動 6b〔アウンサン〕
ビルマ独立義勇軍 6b〔アウンサン〕 527a〔ネーウィン〕 572c〔ビルマ国軍〕 573a〔ビルマ作戦〕 647a〔南機関〕
『ビルマ日記』 249c〔榊山潤〕
ビルマ防衛軍 6b〔アウンサン〕 572c〔ビルマ国軍〕
・ビルマルート 573a 51a〔インパール作戦〕 67a〔援蔣ルート〕 69b〔王寵恵〕 326c〔スティルウェル〕 405c〔断作戦〕 573a〔ビルマ作戦〕 647a〔南機関〕
『疲労と精神衛生』 159b〔桐原葆見〕
広海軍工廠 93c〔海軍工廠〕
『ヒロシマ』 189c〔原爆投下〕 472c〔土門拳〕
広島原爆 188c〔原爆投下〕
広島県物産陳列館 599b〔平和博物館〕
広島・長崎アピール 685c〔吉野源三郎〕
広島平和会館原爆記念陳列館 599b〔平和博物館〕
広島平和記念公園 405b〔丹下健三〕
広島平和記念資料館 ⇨平和博物館(598c) 189c〔原爆投下〕 405b〔丹下健三〕
広島平和記念碑 599b〔平和博物館〕
・広田外交 574a
・広田弘毅内閣 574c
広田三原則 574a〔広田外交〕
『貧農の敵』 631c〔丸山義二〕
貧民ウンターヌ結社 397b〔タキン党〕 551c〔バモオ〕

ふ

ファシスト党 54c〔ヴェルサイユ体制〕
・ファシズム Fascism 575b
『ファッシズム批判』 123b〔河合栄治郎〕
ファット＝マン 610b〔Bockscar〕
フィジー 64a〔FS 作戦〕
フィジー・サモア攻略 114b〔ガダルカナル島の戦〕 →FS 作戦
・フィリピン Philippines 576a 12a〔アジア・太平洋戦争〕 538b〔賠償問題〕 544a〔バタアン「死の行進」〕 576b〔フィリピン＝コモンウェルス〕 706a〔レイテ島の戦〕
フィリピン沖海戦 ⇨レイテ沖海戦(705b) 248a〔サイパン島の戦〕
・フィリピン共産党 576a 582b〔フクバラハップ〕
フィリピン共和国 576b〔フィリピン＝コモンウェルス〕 576c〔フィリピン戦〕 688a〔ラウレル〕 712b〔ロハス〕
フィリピン攻略作戦〔-侵攻作戦〕 491a〔南方軍〕 543c〔バタアン攻略戦〕 576c〔フィリピン戦〕 618a〔本間雅晴〕
・フィリピン＝コモンウェルス Commonwealth of the Philippines 576b 85c〔オスメニア〕 184c〔ケソン〕 576c〔フィリピン戦〕
フィリピン作戦 390a〔台湾沖航空戦〕
フィリピン社会党 576b〔フィリピン共産党〕
フィリピン人義勇軍 620a〔マカピリ〕
・フィリピン戦 576c
フィンシュハーフェン戦 524c〔ニューギニア戦〕
「風景(眼のある風景)」 5c〔靉光〕
ブーゲンビル島 577c〔ブーゲンビル島沖航空戦〕
・ブーゲンビル島沖航空戦 577c
・フーコン作戦 578a
『風車』 664a〔森本忠〕
・風船爆弾 578a 294b〔焼夷弾〕 695c〔陸軍登戸研究所〕
『風俗時評』 134c〔岸田国士〕
・プートラ Poetera 578c 319b〔スカルノ〕 675b〔ヤミン〕
富岳図 683b〔横山大観〕
富嶽隊 557a〔万朶隊〕
『深まりゆく日米の危機』 358a〔匝瑳胤次〕
武漢 579c〔武漢作戦〕
・武漢作戦〔-会戦，-攻略戦〕 579c 81a〔岡村寧次〕 104a〔何応欽〕 417c〔張鼓峰事件〕 464a〔毒ガス戦〕 544b〔畑俊六〕 563b〔東久邇稔彦〕
・武器貸与法 580c
「ブキテマの夜戦」 584c〔藤田嗣治〕
武器輸出三原則 515c〔日本国憲法〕
・復員 581a 446c〔動員〕 563b〔東久邇宮稔彦内閣〕
復員局 564b〔引揚援護局〕
・復員省 581b
復員庁 581a〔復員〕 581b〔復員省〕
復員連絡局 564b〔引揚援護局〕
福昌華工会社 120c〔華北労工協会〕
フク団 582b〔フクバラハップ〕 →フクバラハップ
・フクチャン 581c
『フクチャン実践』 581c〔フクチャン〕
『フクチャン従軍記』 581c〔フクチャン〕
『フクチャンの潜水艦』 581c〔フクチャン〕
『フクチャン部隊』 581c〔フクチャン〕
・フクバラハップ 582b 404a〔タルク〕 576b〔フィリピン共産党〕 576c〔フィリピン戦〕
・不敬罪 582c 85b〔尾崎行雄不敬事件〕
府県農会 528a〔農会〕
ふ号装置 578a〔風船爆弾〕
「武魂」 408a〔崔承喜〕
『富士』 160c〔キング〕
富士製鋼株式会社 483a〔永野重雄〕 518b〔日本製鉄会社〕
富士製紙 68c〔王子製紙会社〕 586c〔藤原銀次郎〕
不時点呼 439b〔点呼〕
『武士道の復活』 569c〔平泉澄〕
・撫順戦犯管理所 585c 412c〔中国帰還者連絡会〕
・撫順炭礦 586b 597c〔平頂山事件〕 648a〔南満洲鉄道会社〕
撫順の奇蹟を受け継ぐ会 413a〔中国帰還者連絡会〕
『腐蝕』 603c〔茅盾〕
藤原機関 49b〔インド国民軍〕 50a〔インド独立連盟〕 308c〔シン〕 605b〔R・B・ボース〕
婦人参政権獲得期成同盟会 40b〔市川房枝〕
・婦人時局研究会 586c 40c〔市川房枝〕
『婦人戦線』 395b〔高群逸枝〕
婦人団体一元化に関する建議書 587a〔婦人時局研究会〕
婦人標準服 665a〔もんぺ〕
婦人報国運動 4b〔愛国婦人会〕
婦人問題研究所 40c〔市川房枝〕 587a〔婦人時局研究会〕

・敷設艦 587a 158c〔機雷〕
婦選獲得同盟 40b〔市川房枝〕 586c〔婦人時局研究会〕
赴戦江水力発電所 ⇨朝鮮赴戦江水力発電所(423a)
・不戦条約 587a 350c〔戦争違法化〕 352a〔戦争犯罪〕
・扶桑 587c
扶桑海上火災保険 329c〔住友財閥〕
扶桑金属工業 329b〔住友金属工業会社〕
二葉会 481a〔永田鉄山〕
仏印 ⇨仏領インドシナ(589c)
仏印処理 659a〔明号作戦〕
仏印進駐 ⇨南部仏印進駐(490a) ⇨北部仏印進駐(608a)
・仏印・タイ国境紛争調停 588b
仏印ルート 67a〔援蔣ルート〕
普通銀行統制会 163b〔金融統制団体令〕
・普通選挙法 588c
・物価統制令 589a 105c〔価格等統制令〕 612a〔ポツダム勅令〕
仏教 283a〔宗教団体法〕
仏教各宗派連合会 382a〔大日本仏教会〕
福建人民革命政府 368a〔第十九路軍〕
復興金融金庫 184a〔傾斜生産方式〕 514a〔日本興業銀行〕
復交三原則 504a〔日華平和条約〕 506c〔日中共同声明〕 507b〔日中国交正常化〕
物資疎開 361b〔疎開〕
物資動員委員会 458c〔統制経済〕
・物資動員計画 589b 106c〔革新官僚〕 132a〔企画院〕 210c〔国策会社〕 332c〔生産力拡充計画〕 436c〔鉄鋼配給統制規則〕 457b〔統制会〕 458b〔統制経済〕 491c〔南方占領地行政実施要領〕
物資統制令 ⇨生活必需物資統制令(331c) 231b〔国家総動員法〕
物品販売価格取締規則 105c〔価格等統制令〕 331c〔生活必需物資統制令〕
・仏領インドシナ 589c →フランス領インドシナ
仏領印度支那に関する日仏居住航海条約 501a〔日仏印経済協定〕
普天堡の戦 140a〔金日成〕
武道 187b〔建国体操〕 382b〔大日本武徳会〕 590a〔武道章検定〕
『武道公論』 583c〔藤生安太郎〕
・武道章検定 590a 382b〔大日本武徳会〕 583c〔藤生安太郎〕
武道振興委員会 583c〔藤生安太郎〕
武道振興の根本方策 382b〔大日本武徳会〕
武道綜合団体組織要綱 382b〔大日本武徳会〕
不動貯金銀行恐喝事件 48c〔岩田愛之助〕
不服従運動 128a〔ガンディー〕
・Flying Tigers 590b 266a〔シェンノート〕 562c〔P40〕
部落会 ⇨町内会・部落会(423c) 220a〔国民精神総動員運動〕 290c〔週報〕 410b〔地方事務所〕 470c〔隣組〕
部落会町内会等整備要領 470c〔隣組〕
部落解放運動 341c〔全国水平社〕
部落解放全国委員会 136c〔北原泰作〕 141b〔木村京太郎〕 250b〔阪本清一郎〕 628b〔松本治一郎〕
部落厚生皇民運動 136c〔北原泰作〕 141b〔木村京太郎〕
部落問題研究所 141b〔木村京太郎〕
ブラジル移民 90b〔海外興業会社〕
伯剌西爾拓植会社 ⇨海外興業会社(90b)
ぶらじる丸 74b〔大阪商船会社〕
ブラックリスト作戦 15c〔厚木進駐〕 611c〔ポツダム宣言受諾〕
・Franklin 590c
『フランス古典喜劇成立史―モリエール研究特にイタリア喜劇の影響―』 87b〔小場瀬卓三〕
フランス領インドシナ 49c〔インドシナ共産党〕 490b〔南部仏印進駐〕 608a〔北部仏印進駐〕 659a〔明号作戦〕 →仏領インドシナ
ブリヂストン 36a〔石橋正二郎〕
ブリュッセル会議 ⇨九ヵ国条約会議(142c)
俘虜 613c〔捕虜〕 →捕虜
・俘虜情報局 591a 403b〔田村浩〕
俘虜の待遇に関する条約 292c〔ジュネーブ条約〕 337a〔赤十字条約〕 →ジュネーブ条約
・Prince of Wales 591b 31b〔イギリスの軍制〕 366c〔大艦巨砲主義〕 632b〔マレー沖海戦〕 633a〔マレー作戦〕 707a〔Repulse〕
古河財閥 246b〔財閥〕 479c〔中島久万吉〕
古河電工 513a〔日本軽金属会社〕
ブレトンウッズ会議 555a〔ハル〕
浮浪児 351c〔戦争孤児〕
・ブロック経済 592b 334c〔世界恐慌〕
プロ野球 325c〔スタルヒン〕 665b〔野球統制〕
プロレタリア音楽家同盟 336c〔関鑑子〕
プロレタリア文学 483a〔中野重治〕
・『FRONT』 593b 141a〔木村伊兵衛〕 461a〔東方社〕
・文化映画 593c 60c〔映画法〕
文化映画協会 509b〔日本映画社〕
『文学界』 162a〔近代の超克〕 579c〔深田久弥〕
文学座 134c〔岸田国士〕
文学者愛国大会 522a〔日本文学報国会〕
『文学的自叙伝』 321b〔杉山平助〕
『文学と大陸』 11a〔浅見淵〕
『文学報国』 522a〔日本文学報国会〕
文化勲章 175c〔勲章〕
文化研究会 302a〔昭和研究会〕
文化社 461a〔東方社〕
『文化日本』 522c〔日本文化中央連盟〕
文化奉公会 53b〔上田広〕
『文化類型学』 208a〔高山岩男〕
文協 516c〔日本出版文化協会〕 →日本出版文化協会
文教審議会 150a〔教育審議会〕
文芸家協会 48c〔巌谷大四〕 521b〔日本文学報国会〕 581c〔福田清人〕
『文芸五十年史』 321b〔杉山平助〕
『文芸時代』 478c〔中河与一〕
文芸銃後運動 521c〔日本文学報国会〕
文芸銃後運動講演会 59a〔海野十三〕
『文芸世紀』 479a〔中河与一〕
『文芸日本』 472a〔富沢有為男〕
『文芸批評』 493c〔新居格〕
『文芸復興』 552b〔林達夫〕
『文芸文化』 542c〔蓮田善明〕 552c〔林富士馬〕
文芸報国運動講演会 522a〔日本文学報国会〕
分村移民計画運動 530b〔農村更生協会〕
・分隊 593c
分隊長 593c〔分隊〕
『分隊長の手記』 597b〔兵隊作家〕 657b〔棟田博〕
文壇新体制準備委員会 579c〔深田久弥〕 581c〔福田清人〕 630b〔間宮茂輔〕
『糞尿譚』 567b〔火野葦平〕 653c〔麦と兵隊〕
・文民統制 594a
文民優越 594a〔文民統制〕
「分列行進曲」 58b〔海ゆかば〕

へ

兵 91a〔階級〕 112c〔下士官兵〕 594c〔兵営〕 595a〔兵科〕
・兵営 594c 156b〔郷土部隊〕 178a〔軍隊教育令〕 178b〔軍隊内務書〕 178c〔軍隊内務令〕 416a〔中隊〕 439a〔点呼〕 477c〔内務班〕 708b〔連隊〕
米英最高軍事参謀会議 61c〔ABC 協定〕
兵役忌避 595a〔兵役法〕
・兵役法 594c 147c〔義勇兵役法〕 186a〔現役〕 391a〔台湾人兵士〕 421c〔朝鮮人兵士〕 424c〔徴兵令〕
・兵科 595a 597a〔兵種〕
・兵科将校 595b
・兵棋演習 595b
兵器局 693b〔陸軍省〕
・兵器廠 595b
兵技兵 597a〔兵種〕
米穀管理規則 ⇨米穀供出制度(596a)
・米穀供出制度 596a
米穀国家管理 225c〔小作料金納化〕 275c〔地主制〕 498a〔二重米価制〕
・米穀自治管理法 596b
米国対日資産凍結 593a〔ブロック経済〕
・米穀通帳 596b 387b〔代用食〕 538a〔配給制度〕
・米穀統制法 596c 147a〔救農議会〕
米穀配給統制法 ⇨食糧管理制度(305c) 571b〔平沼騏一郎内閣〕
米穀法 147a〔救農議会〕 596c〔米穀統制法〕
兵式体操 695a〔陸軍戸山学校〕

兵事区　708c〔連隊区〕
『平時国際法論』　399a〔立作太郎〕
平時編制　446c〔動員〕　581b〔復員〕
・兵種　**597a**　595b〔兵科〕
・幣制改革　**597a**
兵籍簿　581a〔復員〕
兵曹長　91a〔階級〕　112c〔下士官兵〕　293b〔准士官〕
『兵隊』　74c〔大鹿卓〕
・兵隊作家　**597b**
『ヘイタイノウタ』　567b〔火野葦平〕
『兵隊の地図』　567b〔火野葦平〕
・兵站　**597c**
兵長　91a〔階級〕　112c〔下士官兵〕　307c〔初年兵〕
・平頂山事件　**597c**　586b〔撫順炭礦〕
兵備局　94c〔海軍省〕
『平凡』　160b〔キング〕
兵務局　693b〔陸軍省〕　693c〔陸軍省軍務局〕
平和祈念像　599b〔平和博物館〕
平和教育　149c〔教育基本法〕
平和公園　599a〔平和博物館〕
平和資料館　599a〔平和博物館〕
・平和に対する罪　**598a**　61b〔A級戦犯〕　352b〔戦争犯罪〕　448b〔東京裁判〕　450a〔東京裁判開廷〕　525a〔ニュルンベルク継続裁判〕　559b〔BC級戦犯裁判〕
・平和の礎　**598b**　599b〔平和博物館〕
平和の塔　546c〔八紘一宇の塔〕
・平和博物館　**598c**
平和問題談話会　261c〔サンフランシスコ平和条約〕　685c〔吉野源三郎〕
『ヘーゲル哲学と弁証法』　402a〔田辺元〕
ペスト感染蚤　241b〔細菌戦〕　242c〔細菌兵器〕
・ペタ PETA　**600a**
ペリリュー島　600b〔ペリリュー島の戦〕
・ペリリュー島の戦　**600b**
ベルリンオリンピック　652c〔民族の祭典〕
・便衣兵　**600c**　488c〔南京事件〕
便衣兵狩り　601a〔便衣兵〕
『変革期日本の政治経済』　84b〔奥村喜和男〕
辺区　⇨抗日根拠地(204c)
辺区券　179c〔軍票〕
編成　⇨編制・編成(601a)
編制　601a〔編制・編成〕
・編制大権　**601a**　380c〔大日本帝国憲法〕
・編制・編成　**601a**
ヘンダーソン基地　114b〔ガダルカナル島の戦〕
辺幣　593a〔ブロック経済〕

ほ

保安隊　404a〔ダレス〕
保育問題研究会　139a〔城戸幡太郎〕　148c〔教育科学研究会〕
奉安庫　152b〔教育勅語〕　227a〔御真影〕
奉安殿　152b〔教育勅語〕　227a〔御真影〕
『包囲された日本―仏印進駐誌』　34c〔石川達三〕
防衛管区　617b〔本土防空作戦〕
防衛召集　297b〔召集〕
防衛司令部　617b〔本土防空作戦〕
・防衛総司令部　**601c**　197b〔航空総軍〕　617c〔本土防空作戦〕
・防衛隊　**601c**
貿易委員会　458c〔統制経済〕
貿易及其の決済の様式に関する日仏協定　501a〔日仏印経済協定〕
貿易省　18c〔阿部信行内閣〕　533c〔野村吉三郎〕　674b〔山本熊一〕
貿易統制会　⇨交易営団(196c)　61a〔営団〕　211b〔国策会社〕　457c〔統制会〕
・砲艦　**602a**
宝冠章　175c〔勲章〕
・防空演習　**602a**　184b〔警防団〕　448a〔灯火管制〕　471a〔隣組〕　603b〔防空法〕
防空学校　697b〔陸軍野戦砲兵学校〕
・防空空地帯　**602b**
・防空警報　**602c**
・防空壕　**602c**
・防空頭巾　**603a**
防空服　223b〔国民服〕
防空兵　595b〔兵科〕
・防空法　**603b**　201b〔工場疎開〕
『封建社会の研究』　323c〔鈴木成高〕
『封建社会崩壊過程の研究』　430a〔土屋喬雄〕
封建論争　250b〔向坂逸郎〕
・奉公袋　**603c**
報国号　⇨愛国号・報国号(3a)　214c〔国防献金〕
防護団　184b〔警防団〕
・鳳翔　**604a**　137c〔機動部隊〕
暴支膺懲　48b〔岩田愛之助〕
・「暴支膺懲」声明　**604a**
法人税　340b〔一九四〇年税制改革〕
報知新聞社　656c〔武藤貞一〕
防諜　215b〔国防保安法〕　425a〔諜報〕　695b〔陸軍中野学校〕　700a〔流言蜚語〕
奉天特務機関　468c〔特務機関〕
報道技術研究会　45c〔今泉武治〕　672c〔山名文夫〕
報道写真　43c〔伊奈信男〕　509b〔日本工房〕
『報道戦線』　630b〔馬淵逸雄〕
『報道班員の手記』　525c〔丹羽文雄〕
防毒マスク　604c〔防毒面〕
・防毒面　**604c**
防備隊　127b〔艦隊〕
法幣　179a〔軍配組合〕　179c〔軍票〕　356c〔占領地通貨問題〕　412a〔中央儲備銀行〕　593a〔ブロック経済〕　597a〔幣制改革〕
砲兵　595a〔兵科〕
砲兵工廠　⇨造兵廠(359b)
・砲兵操典　**604c**
法務局　264b〔GHQ〕
方面軍司令官　171b〔軍管区〕
謀略宣伝ビラ　440a〔伝単〕
『放浪記』　552c〔林芙美子〕
保衛中国同盟　357c〔宋慶齢〕
『吼えろ日蓮』　254b〔里見岸雄〕
・Hawker Hurricane　**605a**　327b〔Spitfire〕
ポートモレスビー　258b〔珊瑚海海戦〕　606c〔ポートモレスビー攻略戦〕
・ポートモレスビー攻略戦〔-作戦〕　**606c**　64a〔FS作戦〕　406b〔ダンピール海峡の悲劇〕　428a〔辻政信〕　524b〔ニューギニア戦〕　547b〔服部卓四郎〕
・Hornet　**606c**　447b〔ドゥーリトル空襲〕　485b〔南雲忠一〕　648a〔南太平洋海戦〕
ボーフィン　428c〔対馬丸事件〕
・ポーランド侵攻　**607a**　357a〔ソヴィエト連邦〕　375a〔第二次世界大戦〕　466c〔独ソ不可侵条約〕　486a〔ナチス〕　567a〔ヒトラー〕
「何日君再来」　716c〔渡辺はま子〕
『北岸部隊』　552c〔林芙美子〕
北支事変　286a〔十五年戦争〕
北支繊維公司　120a〔華北繊維統制総会〕
『北支物情』　134c〔岸田国士〕
・北進論　**607c**　298a〔情勢の推移に伴ふ帝国国策要綱〕
北伐　70a〔汪兆銘〕　128c〔関東軍〕　216c〔国民革命軍〕　221c〔国民政府〕　294c〔蔣介石〕　413c〔中国国民党〕　418b〔張作霖〕
北伐戦　572c〔ビルマ作戦〕
・北部仏印進駐　**608a**　62a〔ABCD包囲陣〕　67a〔援蔣ルート〕　336b〔世界情勢の推移に伴ふ時局処理要綱〕　417a〔長勇〕　484b〔中村明人〕　490a〔南寧作戦〕　623c〔松岡・アンリ協定〕　→北部仏領インドシナ進駐
北部仏領インドシナ進駐　375c〔対日経済制裁〕　→北部仏印進駐
『北辺・開拓・アイヌ』　393b〔高倉新一郎〕
『母系制の研究』　395b〔高群逸枝〕
補欠召集　297b〔召集〕
保健社会省　202a〔厚生省〕
保健所　608b〔保健婦〕
保険制度調査会　710a〔労働者年金保険法〕
・保健婦　**608b**
保健婦規則　608b〔保健婦〕
保護院　174c〔軍事保護院〕
保護観察所　270c〔思想犯保護観察法〕
保護司　270c〔思想犯保護観察法〕
母子手帳　526a〔妊産婦手帳〕
補充学校　151b〔教育総監部〕

・補充兵役 609c 595a〔兵役法〕
母性保護連盟 671b〔山高しげり〕
保善社 667a〔安田財閥〕
『細川日記』 610a〔細川護貞〕
「菩提樹」 216b〔国民皆唱運動〕
北海事件 93a〔海軍航空隊〕
北海曹達 642b〔三井化学工業会社〕
北海道石炭鉱業連盟 619c〔前田一〕
北海道拓殖銀行 211a〔国策会社〕
・北海道炭礦汽船会社 610a 39b〔磯村豊太郎〕 278a〔島田勝之助〕 619c〔前田一〕
『北海道文化史序説』 393b〔高倉新一郎〕
・Bockscar 610b
ポツダム会談 476a〔トルーマン〕
ポツダム少尉 611a〔ポツダム進級〕
・ポツダム進級 610c
ポツダム政令 612a〔ポツダム勅令〕
・ポツダム宣言 611a 12c〔アジア・太平洋戦争〕 138c〔木戸幸一〕 173a〔軍国主義〕 189a〔原爆投下〕 228c〔五大改革指令〕 243c〔最高戦争指導会議〕 287c〔終戦工作〕 304c〔昭和天皇〕 323a〔鈴木貫太郎内閣〕 449c〔東京裁判開廷〕 450a〔東京裁判開廷〕 454b〔東郷茂徳〕 611c〔ポツダム宣言受諾〕
・ポツダム宣言受諾 611b 14b〔愛宕山事件〕 144c〔宮城録音盤事件〕 145c〔宮中グループ〕 157b〔玉音放送〕 228b〔御前会議〕 285c〔十五年戦争〕 287b〔重臣〕 477c〔内大臣〕 654c〔無条件降伏論争〕
・ポツダム勅令 612a
ポツダム命令 611b〔ポツダム宣言〕
『北方画信』 696b〔陸軍美術協会〕
北方性教育運動 149a〔教育科学研究会〕
北方領土 262a〔サンフランシスコ平和条約〕
保定作戦 80c〔岡部直三郎〕
『ホトトギス』 579c〔深川正一郎〕
『焔の記録』 676c〔湯浅克衛〕
『炎は流れる明治と昭和の谷間』 77c〔大宅壮一〕
輔弼 27b〔帷幄上奏〕 145a〔宮中グループ〕 224a〔国務大臣〕 227b〔御前会議〕 380c〔大日本帝国憲法〕 477b〔内大臣〕 694b〔陸軍大臣〕
歩兵 595a〔兵科〕 597a〔兵種〕
歩兵銃 436a〔擲弾筒〕
・歩兵操典 612a 353c〔戦闘群戦法〕
・歩兵砲 612c 361c〔速射砲〕
歩兵連隊 259c〔三単位制師団〕 708c〔連隊区〕
輔翼 27b〔帷幄上奏〕 145a〔宮中グループ〕
『ポリテイア』 552c〔林富士馬〕
・捕虜 613c 157c〔玉砕〕 259c〔サンダカン死の行進〕 289c〔集団自決〕 292c〔ジュネーブ条約〕 349b〔戦陣訓〕 386b〔泰緬鉄道〕 559b〔BC級戦犯裁判〕 591b〔俘虜情報局〕
捕虜虐待 292c〔ジュネーブ条約〕
捕虜収容所 614a〔捕虜〕
ボルネオ 689b〔蘭印作戦〕 614a〔ボルネオ作戦〕
・ボルネオ作戦 614a
ボルネオ俘虜収容所 259c〔サンダカン死の行進〕
ホロコースト 265c〔ジェノサイド条約〕 567a〔ヒトラー〕
本渓湖煤鉄公司 ⇨大倉財閥(73b) 73a〔大倉喜七郎〕 303a〔昭和製鋼所〕 460c〔東辺道開発会社〕
・香港攻略戦 614c
・ポンティアナ事件 615b
・奔敵 615c
・本土空襲 615c 12c〔アジア・太平洋戦争〕 29c〔硫黄島の戦〕 107b〔学童疎開〕 159c〔義烈空挺隊〕 195a〔小磯国昭内閣〕 294b〔焼夷弾〕 322c〔鈴木貫太郎内閣〕 440a〔伝単〕 495c〔西尾寿造〕 561b〔B29 Superfortress〕 561c〔B29搭乗員処刑事件〕 562b〔B24 Liberator〕 602b〔防空演習〕 603b〔防空法〕 611b〔ポツダム宣言受諾〕 617a〔本土決戦計画〕 630c〔マリアナ沖海戦〕
本土決戦 197c〔航空総軍〕 218a〔国民義勇隊〕 287c〔終戦工作〕 322b〔鈴木貫太郎内閣〕 398b〔竹槍訓練〕 626a〔松代大本営〕
・本土決戦計画 617a
本土決戦準備 82b〔沖縄戦〕
・本土防空作戦 617b

ま

マーシャル諸島 475b〔トラック島空襲〕 492c〔南洋委任統治領〕
マーシャル＝プラン 619a〔マーシャル〕
舞鶴海軍工廠 ⇨海軍工廠(93b)
舞鶴地方引揚援護局 564b〔引揚援護局〕
舞鶴鎮守府 426b〔鎮守府〕
舞鶴要港部 679c〔要港部〕
毎日新聞 314b〔新聞統合〕
・マカピリ MAKAPILI 620a 689a〔ラモス〕
『牧野伸顕日記』 620c〔牧野伸顕〕
マグネトロン 442b〔電波探信儀・逆探装置〕 442c〔電波兵器〕
負組 ⇨勝組・負組(115b)
馬公要港部 679c〔要港部〕
『まことむすび』 621a〔まことむすび社〕
・まことむすび社 621a 617c〔本間憲一郎〕
『真崎甚三郎日記』 621c〔真崎甚三郎〕
マジェスティック 88a〔オリンピック作戦〕
・マシュミ Masjoemi 622a 638b〔マンスール〕
待合 201a〔公娼制度〕
・松 623a
・松岡・アンリ協定 623c
松岡外交 500a〔日独伊三国同盟〕 624b〔松岡洋右〕
『マッカーサー＝レポート』 265b〔GHQ歴史課〕 547b〔服部卓四郎〕
松代倉庫工事 626a〔松代大本営〕
・松代大本営 626a 617a〔本土決戦計画〕
マッチ 538a〔配給制度〕
松本四原則 629b〔松本烝治〕
松脂 388a〔代用品〕
真鶴 318b〔水雷〕
マニラ 543c〔バタアン攻略戦〕 576c〔フィリピン戦〕 629c〔マニラ虐殺〕
マニラ会談 16a〔厚木進駐〕
・マニラ虐殺 629c 671a〔山下奉文〕
マニラ市街戦 629c〔マニラ虐殺〕
摩文仁の丘 599b〔平和博物館〕
麻薬 19b〔阿片政策〕
マライ 630c〔マラヤ人民抗日軍〕 632b〔マレー〕 →マラヤ
マラヤ 538b〔賠償問題〕 630c〔マラヤ人民抗日軍〕 632a〔マレー〕
マラヤ共産党 630c〔マラヤ人民抗日軍〕
・マラヤ人民抗日軍 630b
マラリヤ 83b〔沖縄戦〕 355b〔戦病死〕 386c〔泰緬鉄道〕
・マリアナ沖海戦 630c 12b〔アジア・太平洋戦争〕 56a〔宇垣纏〕 85c〔小沢治三郎〕 248a〔サイパン島の戦〕 296b〔捷号作戦〕
マリアナ諸島 12b〔アジア・太平洋戦争〕 247c〔サイパン島の戦〕 492b〔南洋委任統治領〕 630c〔マリアナ沖海戦〕
マル急計画 677b〔夕雲〕
『マルクス・エンゲルス全集』 250b〔向坂逸郎〕
マルクス主義 198b〔皇国史観〕 220b〔国民精神文化研究所〕
ロビンソン『マルクスのロビンソン物語』 72c〔大熊信行〕
マル三計画 111a〔陽炎〕
マルタ 487a〔七三一部隊〕
マルふ 578a〔風船爆弾〕
「丸山式」甘藷増産法 127a〔甘藷〕
マル四 111a〔陽炎〕 316b〔震洋〕 677b〔夕雲〕
・まるレ 632a
マル六金物 101a〔回天〕
・マレー 632a 630c〔マラヤ人民抗日軍〕 →マラヤ
・マレー沖海戦 632b 366c〔大艦巨砲主義〕 591b〔Prince of Wales〕
・マレー作戦 632c 49b〔インド国民軍〕 50a〔インド独立連盟〕 428a〔辻政信〕 491a〔南方軍〕 655b〔牟田口廉也〕
マレーシア 538c〔賠償問題〕
・『マレー戦記』 633b 216a〔国民映画〕
マレー半島 12a〔アジア・太平洋戦争〕 106b〔華僑虐殺〕 286a〔十五年戦争〕
満映 634a〔満洲映画協会〕 →満洲映画協会
『漫画』 313c〔新日本漫画家協会〕
漫画協団 313c〔新日本漫画家協会〕
満業 637a〔満洲重工業開発会社〕 →満洲重工業開発会社

満洲　362c〔ソ連の対日参戦〕 413c〔中国残留孤児〕 636a〔満洲事変〕
満洲移住協会　57c〔内原訓練所〕 116c〔加藤完治〕
・満洲移民　**633c**　116c〔加藤完治〕 444b〔東亜勧業会社〕 461b〔東宮鉄男〕 485c〔那須皓〕 542b〔橋本伝左衛門〕 637b〔満洲拓植公社〕 639b〔満蒙開拓青少年義勇軍〕
・満洲映画協会　**634a**　20a〔甘粕正彦〕 669c〔山口淑子〕
・満洲鴨緑江水電会社　**634b**　419c〔朝鮮鴨緑江水電会社〕
満洲開拓女子拓殖事業対策要綱　389a〔大陸の花嫁〕
満洲開拓政策基本要綱　355c〔鮮満拓殖会社〕 389a〔大陸の花嫁〕
満洲開拓青年義勇隊開拓団　639c〔満蒙開拓青少年義勇軍〕
満洲開拓第二期五箇年計画要綱　389a〔大陸の花嫁〕
満洲経済調査会　332b〔生産力拡充計画〕
『満洲建国記』　675c〔鑓田研一〕
満洲建設女子勤労奉仕隊　389b〔大陸の花嫁〕
満洲光学工業　513c〔日本光学工業会社〕
・満洲興業銀行　**634c**　211a〔国策会社〕 637c〔満洲中央銀行〕
満洲鉱山会社　460c〔東辺道開発会社〕
・満洲合成燃料会社　**634c**　642c〔三井鉱山会社〕
・満洲国　**635a**　39c〔板垣征四郎〕 44b〔犬養毅内閣〕 128c〔関東軍〕 135a〔岸信介〕 228b〔五族協和〕 245b〔斎藤実内閣〕 286a〔十五年戦争〕 305b〔植民地〕 389a〔大陸の花嫁〕 399b〔橘樸〕 502b〔日満議定書〕 508a〔日中戦争〕 564a〔引揚げ〕 580b〔溥儀〕 592c〔ブロック経済〕 609b〔星野直樹〕 633c〔満洲移民〕 635c〔満洲産業開発五ヵ年計画〕 636c〔満洲事変〕 648a〔南満洲鉄道会社〕
満洲国映画法　634a〔満洲映画協会〕
満洲国開拓研究所　542b〔橋本伝左衛門〕
満洲国協和会　446b〔東亜連盟〕
・満洲国軍　**635c**　534c〔ノモンハン事件〕 635b〔満洲国〕 655a〔無人区化〕
・満洲産業開発五ヵ年計画　**635c**　2a〔鮎川義介〕 73a〔大倉喜七郎〕 73b〔大倉財閥〕 135a〔岸信介〕 265b〔椎名悦三郎〕 303a〔昭和製鋼所〕 332b〔生産力拡充計画〕 460c〔東辺道開発会社〕 505a〔日産財閥〕 634c〔満洲興業銀行〕
・満洲事変　**636a**　39c〔板垣征四郎〕 44b〔犬養毅内閣〕 127c〔神田正種〕 210b〔国際連盟脱退〕 272c〔幣原外交〕 285c〔十五年戦争〕 294c〔蔣介石〕 374c〔第二次世界大戦〕 405a〔塘沽停戦協定〕 508a〔日中戦争〕 550a〔花谷正〕 607b〔北進論〕 615a〔本庄繁〕 635a〔満洲国〕 699b〔リットン報告書〕 700b〔柳条湖事件〕 713c〔若槻礼次郎内閣〕
・満洲重工業開発会社　**637a**　2a〔鮎川義介〕 237a〔小日山直登〕 303a〔昭和製鋼所〕 393c〔高碕達之助〕 505a〔日産財閥〕 648a〔南満洲鉄道会社〕
満洲住友鋼管　329c〔住友財閥〕
・満洲生活必需品会社　**637b**
満洲生活必需品配給会社　637b〔満洲生活必需品会社〕
満洲製鉄会社　303a〔昭和製鋼所〕 460c〔東辺道開発会社〕
満洲青年連盟　635a〔満洲国〕
満洲拓植会社　444b〔東亜勧業会社〕 637b〔満洲拓植公社〕
・満洲拓植公社　**637b**　355c〔鮮満拓殖会社〕 444b〔東亜勧業会社〕 633c〔満洲移民〕
満洲炭鉱会社　460c〔東辺道開発会社〕
・満洲中央銀行　**637c**　211a〔国策会社〕 592c〔ブロック経済〕
満洲帝国協和会　635a〔満洲国〕
満洲電業会社　634b〔満洲鴨緑江水電会社〕
満洲電信電話会社　84a〔奥村喜和男〕
満洲東亜連盟誌友会　446b〔東亜連盟〕
満洲農業移民百万戸送出計画　444b〔東亜勧業会社〕
・満洲農産公社　**638a**　259b〔三泰産業会社〕
『満洲評論』　399b〔橘樸〕
『満洲文化記』　11a〔浅見淵〕
満洲某重大事件　418b〔張作霖爆殺事件〕
満鮮拓殖会社　355c〔鮮満拓殖会社〕 637c〔満洲拓植公社〕
満ソ国境紛争処理要綱　534c〔ノモンハン事件〕
『MANCHOUKUO』　509c〔日本工房〕
満鉄　⇨南満洲鉄道会社(648a)　129c〔関東州〕 373c〔大同炭鉱〕 624a〔松岡洋右〕 636a〔満洲産業開発五ヵ年計画〕 636a〔満洲事変〕 650a〔宮崎正義〕 700b〔柳条湖事件〕
満鉄経済調査会　362a〔十河信二〕 635c〔満洲産業開発五ヵ年計画〕
・満鉄調査部　**638c**　35c〔石堂清倫〕 445c〔東亜経済調査局〕 445c〔東亜研究所〕
満鉄調査部事件　35c〔石堂清倫〕 445b〔東亜協同体論〕 639a〔満鉄調査部〕
満鉄付属地　469b〔独立守備隊〕
マンドル事件　615c〔ポンティアナ事件〕
・マンハッタン計画　**639a**　86c〔オッペンハイマー〕 170a〔グローブス〕 188c〔原爆投下〕
万宝山　636b〔満洲事変〕
満蒙開拓　77a〔大日向村〕
・満蒙開拓青少年義勇軍　**639b**　57c〔内原訓練所〕 389a〔大陸の花嫁〕 461c〔東宮鉄男〕 634a〔満洲移民〕 635b〔満洲国〕
満蒙開拓青少年義勇軍訓練所　57c〔内原訓練所〕 116c〔加藤完治〕 531b〔農本主義〕
満蒙開拓団　⇨満洲移民(633c)
満蒙特殊権益　128c〔関東軍〕
『万葉集講義』　672a〔山田孝雄〕

み

三池染料工業所　642c〔三井鉱山会社〕
・三池炭礦　**640a**　642c〔三井鉱山会社〕 643b〔三井財閥〕
・三池窒素工業会社　**640b**　642c〔三井鉱山会社〕
味方識別機　442c〔電波兵器〕
・三河地震　**640c**
未帰還調査部　564b〔引揚援護局〕
・Missouri　**641b**　206a〔降伏文書調印式〕
瑞穂　318a〔水上機母艦〕
「みたから音頭」　547c〔服部良一〕
・「みたみわれ」　**642a**　216b〔国民皆唱運動〕 218a〔国民歌謡〕
・三井化学工業会社　**642b**　462b〔東洋高圧工業会社〕 642c〔三井鉱山会社〕 643b〔三井財閥〕
三井銀行　⇨三井財閥(643a)　8a〔明石照男〕 32a〔池田成彬〕 432b〔帝国銀行〕 638c〔万代順四郎〕
三井軽金属　642c〔三井鉱山会社〕 643b〔三井財閥〕
・三井鉱山会社　**642c**　247a〔財閥解体〕 620b〔牧田環〕 635a〔満洲合成燃料会社〕 640a〔三池炭礦〕 640b〔三池窒素工業会社〕 642b〔三井化学工業会社〕 643b〔三井財閥〕
三井合名会社　⇨三井財閥(643a)　63a〔江戸英雄〕 246b〔財閥〕 247b〔財閥転向〕 406a〔団琢磨〕 635a〔満洲合成燃料会社〕 643c〔三井高公〕 644a〔三井物産会社〕 653c〔向井忠晴〕
・三井財閥　**643a**　32a〔池田成彬〕 63a〔江戸英雄〕 246b〔財閥〕 247a〔財閥解体〕 406a〔団琢磨〕 476b〔ドル買い〕 640a〔三池炭礦〕 642c〔三井鉱山会社〕 643c〔三井高公〕 643c〔三井物産会社〕 653c〔向井忠晴〕
三井信託　643b〔三井財閥〕 687b〔米山梅吉〕
三井精機工業　643b〔三井財閥〕
三井生命保険　643b〔三井財閥〕
三井船舶会社　⇨三井物産会社(643c)　643b〔三井財閥〕
三井倉庫　643b〔三井財閥〕
三井造船会社　⇨三井物産会社(643c)　643b〔三井財閥〕
三井総元方　63a〔江戸英雄〕 643b〔三井財閥〕 643c〔三井高公〕 653c〔向井忠晴〕
三井農林　643b〔三井財閥〕
・三井物産会社　**643c**　39b〔磯村豊太郎〕 63a〔江戸英雄〕 73b〔大倉財閥〕 101c〔海南交易公社〕 119c〔華北食糧平衡倉庫〕 196c〔交易営団〕 259b〔三泰産業会社〕 610b〔北海道炭礦汽船会社〕 635a〔満洲合成燃料会社〕 643b〔三井財閥〕 653c〔向井忠

晴〕 666b〔安川雄之助〕
三井不動産 643b〔三井財閥〕
三井報恩会 247b〔財閥転向〕 687b〔米山梅吉〕
三井本社 63a〔江戸英雄〕 246c〔財閥〕 328c〔住井辰男〕 643b〔三井財閥〕 643c〔三井高公〕 644a〔三井物産会社〕 653c〔向井忠晴〕
三井木材工業 643b〔三井財閥〕
三井木船建造 643b〔三井財閥〕
三井油脂化学工業 643b〔三井財閥〕
・ミッドウェー海戦 645a 7c〔赤城〕 12b〔アジア・太平洋戦争〕 51a〔インド洋作戦〕 64a〔FS作戦〕 104b〔加賀〕 258c〔珊瑚海海戦〕 328a〔スプルーアンス〕 375a〔第二次世界大戦〕 386a〔大本営発表〕 456b〔東条英機内閣〕 485b〔南雲忠一〕 669c〔山口多聞〕
ミッドウェー島 645a〔ミッドウェー海戦〕
三菱海上火災 646a〔三菱財閥〕
三菱銀行 ⇨三菱財閥(646a) 165c〔串田万蔵〕
三菱金属鉱業 645c〔三菱鉱業会社〕
・三菱鉱業会社 645c 237c〔小村千太郎〕 646a〔三菱財閥〕
・三菱航空機会社 645c 646a〔三菱財閥〕 646b〔三菱重工業会社〕
三菱合資会社 ⇨三菱財閥(646a) 47b〔岩崎小弥太〕 47b〔岩崎彦弥太〕 47c〔岩崎久弥〕 246c〔財閥〕
・三菱財閥 646a 141b〔木村久寿弥太〕 246b〔財閥〕 247a〔財閥解体〕 247b〔財閥転向〕 645c〔三菱鉱業会社〕 646b〔三菱重工業会社〕
三菱地所 646a〔三菱財閥〕
三菱社 47b〔岩崎小弥太〕 246c〔財閥〕 646b〔三菱財閥〕
・三菱重工業会社 646b 47b〔岩崎小弥太〕 198a〔郷古潔〕 247a〔財閥解体〕 276b〔斯波孝四郎〕 346b〔戦時金融金庫〕 645c〔三菱航空機会社〕 646a〔三菱財閥〕 704b〔零式艦上戦闘機〕
三菱商事 119c〔華北食糧平衡倉庫〕 646a〔三菱財閥〕
三菱信託 646a〔三菱財閥〕
三菱製鉄 646a〔三菱財閥〕
三菱石油 646a〔三菱財閥〕
三菱倉庫 646a〔三菱財閥〕
三菱造船会社 ⇨三菱重工業会社(646b) 646a〔三菱財閥〕
三菱電機 646a〔三菱財閥〕
三菱内燃機製造 646a〔三菱財閥〕
三菱本社 246c〔財閥〕 646b〔三菱財閥〕
『密猟者』 255b〔寒川光太郎〕
『密林縦断血戦記』 72b〔大熊武雄〕
みどり 464c〔毒ガス兵器〕
水戸陸軍飛行学校 696a〔陸軍飛行学校〕
みどり筒 464a〔毒ガス戦〕 464b〔毒ガス戦〕
緑の週報 290b〔週報〕
南ヴェトナム 539a〔賠償問題〕
南樺太 305b〔植民地〕 362b〔ソ連の対日参戦〕
・南機関 647a 6b〔アウンサン〕 572c〔ビルマ国軍〕 573a〔ビルマ作戦〕
南九州上陸作戦 88a〔オリンピック作戦〕
・南太平洋海戦 647c 115a〔ガダルカナル島の戦〕
南太平洋方面 489c〔南西太平洋方面(軍)〕
南満洲鉄道 469b〔独立守備隊〕
・南満洲鉄道会社 648a 119c〔華北交通会社〕 210c〔国策会社〕 236c〔小日山直登〕 362a〔十河信二〕 397c〔拓務省〕 467b〔特別急行あじあ〕 638c〔満鉄調査部〕 674b〔山本条太郎〕 →満鉄
見習尉官制度 404c〔短期現役海軍主計科士官〕
・見習士官 648c 267b〔士官候補生〕 467c〔特別甲種幹部候補生〕 697c〔陸軍予科士官学校〕
『三宅坂』 628a〔松村秀逸〕
『宮崎周一中将日誌』 650a〔宮崎周一〕
宮沢喜一官房長官談話 706b〔歴史教科書論争〕
『宮沢賢治名作選』 627a〔松田甚次郎〕
『宮本武蔵』 464c〔徳川夢声〕
ミャンマー 538b〔賠償問題〕 →ビルマ
・ミュンヘン会談 651c 678a〔宥和政策〕
ミュンヘン協定 408b〔チェンバレン〕
・妙高 651c
ミョウチッ党 52a〔ウー＝ソオ〕
・繆斌工作 652a 195b〔小磯国昭内閣〕 269b〔重光葵〕
民間情報教育局 ⇨CIE(264a) 55b〔ウォーナー〕 153c〔教職追放〕 264b〔GHQ〕 441b〔天皇の人間宣言〕
民間伝承の会 668b〔柳田国男〕
『民衆生活史研究』 495b〔西岡虎之助〕
・『民主主義』 652c
民政局 264b〔GHQ〕
民政党 312b〔新体制運動〕 588c〔普通選挙法〕 622c〔町田忠治〕 →立憲民政党
民族協和 228b〔五族協和〕
民族研究所 394b〔高田保馬〕
『民族社会学の構想』 316b〔新明正道〕
民族増強運動 191b〔健民運動〕
『民族耐乏』 394b〔高田保馬〕
「民族と階級と戦争」 686a〔吉野作造〕
・『民族の祭典』 652c
『民族の哲学』 156a〔京都学派〕 199c〔高坂正顕〕
『民族の問題』 394b〔高田保馬〕
『民族論』 394b〔高田保馬〕
ミンダナオ島 576c〔フィリピン戦〕
『みんなのうた』 217c〔国民歌謡〕
民報社 628c〔松本重治〕

む

麦 387b〔代用食〕
・『麦と兵隊』(書籍) 653c 567b〔火野葦平〕 597b〔兵隊作家〕 630b〔馬淵逸雄〕
「麦と兵隊」(楽曲) 77b〔大村能章〕 297a〔東海林太郎〕
『無国籍の女』 11a〔浅見淵〕
・武蔵 654a 296c〔捷号作戦〕 366c〔大艦巨砲主義〕 646c〔三菱重工業会社〕
無差別爆撃 451c〔東京大空襲〕 561b〔B29 Superfortress〕 616c〔本土空襲〕
無産婦人連盟 395b〔高群逸枝〕
・霧社事件 654c 464a〔毒ガス戦〕
・無条件降伏論争 654c
・無人区化 655a
無尽統制会 163b〔金融統制団体令〕
『夢声自伝』 465a〔徳川夢声〕
『夢声戦争日記』 465a〔徳川夢声〕
無装荷ケーブル 627c〔松前重義〕
・陸奥 655c 481c〔長門〕 570c〔平賀譲〕
『村里生活記』 677a〔結城哀草果〕
・村山首相談話 658b

め

「名月赤城山」 297a〔東海林太郎〕
・明号作戦 659a
明治鉱業会社 ⇨筑豊炭鉱(408b) 628a〔松本健次郎〕
明治神宮外苑競技場 109a〔学徒出陣〕 444c〔東亜競技大会〕
・明治神宮国民体育大会 659b 214c〔国防競技〕
明治神宮国民錬成大会 659b〔明治神宮国民体育大会〕
明治製糖 391b〔台湾製糖会社〕 392a〔台湾拓殖会社〕
明徳会 266b〔塩野季彦〕
明倫会 37a〔石原広一郎〕
目黒蒲田電鉄 232a〔五島慶太〕
『目醒時計』 11a〔浅見淵〕
『滅共反ソか反英米か』 7a〔赤尾敏〕
メナド 556b〔パレンバン空挺作戦〕 689b〔蘭印作戦〕
メレヨン島 659c〔メレヨン島事件〕
・メレヨン島事件 659c
棉花統制委員会 341b〔全国商業統制総会〕
綿糸 659c〔綿糸配給統制規則〕
・綿糸配給統制規則 659c

綿・スフ統制会　614b〔本位田祥男〕
綿製品　660a〔綿糸配給統制規則〕
綿製品に関する製造・販売・加工制限に関する件　660a〔綿糸配給統制規則〕

も

・蒙疆銀行　660b　211a〔国策会社〕　356c〔占領地通貨問題〕　593a〔ブロック経済〕
蒙疆連合委員会　373c〔大同炭鉱〕　660b〔蒙疆銀行〕
蒙銀券　356c〔占領地通貨問題〕
蒙古軍政府　463c〔徳王〕　478b〔内蒙工作〕
蒙古工作　468c〔特務機関〕
蒙古自治政府　463c〔徳王〕
蒙古自治邦政府　660c〔蒙古連合自治政府〕
蒙古地方自治政務委員会　463c〔徳王〕
『蒙古の雲雀』　11a〔浅見淵〕
・蒙古連合自治政府　660b　463c〔徳王〕
蒙古連盟自治政府　463c〔徳王〕　660b〔蒙古連合自治政府〕
モーゲンソー＝プラン　662a〔モーゲンソー〕
・最上　662a
模擬原爆　63c〔エノラ＝ゲイ〕
・木炭自動車　662b　388a〔代用品〕
木曜会　323c〔鈴木貞一〕　481a〔永田鉄山〕
モスクワ外相会談　555a〔ハル〕
モスクワ宣言　208c〔国際連合〕　525b〔ニュルンベルク裁判〕
持株会社解体指令　246c〔財閥〕
持株会社整理委員会　⇨財閥解体(247a)
ものみの塔　460a〔灯台社〕
・『桃太郎 海の神兵』　662c
『桃太郎の海鷲』　662c〔桃太郎 海の神兵〕
・『燃ゆる大空』(映画)　662c
「燃ゆる大空」(楽曲)　585c〔藤山一郎〕
・森コンツェルン　663a　246b〔財閥〕　310a〔新興財閥〕
モルヒネ　19b〔阿片政策〕
モロトフ＝リッベントロップ条約　466c〔独ソ不可侵条約〕
文部省　171a〔軍歌・戦時歌謡〕　216a〔国民映画〕　517b〔日本諸学振興委員会〕
・文部省教学局　664b　315c〔臣民の道〕　→教学局
・文部省思想局　664c　664b〔文部省教学局〕
・もんぺ　664c

や

八重山　158c〔機雷〕
野球　436a〔敵性語〕　665b〔野球統制〕
・野球統制　665b
野球統制令　665b〔野球統制〕
「椰子の実」　218a〔国民歌謡〕
『椰子・りす・ジャワの子』　72a〔大木惇夫〕
安川電機製作所　666a〔安川第五郎〕
・靖国神社　666b　166b〔九段の母〕　176c〔軍人恩給〕　224c〔護国神社〕　353a〔戦争未亡人〕　355b〔戦病死〕　510c〔日本遺族会〕　564b〔引揚援護局〕　677b〔遊就館〕
靖国神社公式参拝　511a〔日本遺族会〕
『靖国之絵巻』　696b〔陸軍美術協会〕
安田銀行　⇨安田財閥(667a)　667b〔安田一〕　677a〔結城豊太郎〕
・安田財閥　667a　246b〔財閥〕　247a〔財閥解体〕　667b〔安田一〕
安田保善社　⇨安田財閥(667a)　246c〔財閥〕　667b〔安田一〕
・野戦重砲　667b　119a〔カノン砲〕　668c〔野砲〕
野戦重砲兵　595b〔兵科〕　597a〔兵種〕
『梁川星巌』　481b〔中谷孝雄〕
矢矧　8b〔阿賀野〕　672b〔大和〕
八幡製鉄所　47c〔岩崎久弥〕　483a〔永野重雄〕　513c〔日本鋼管会社〕　518b〔日本製鉄会社〕
「野蛮人」　74c〔大鹿卓〕
・野砲　668c　262b〔山砲〕　667b〔野戦重砲〕　697a〔陸軍野戦砲兵学校〕
野砲兵　595b〔兵科〕　597a〔兵種〕
山口銀行　263c〔三和銀行〕
山崎軍神部隊　176a〔軍神〕
山崎経済研究所　670b〔山崎靖純〕
山桜隊　121a〔神風特別攻撃隊〕
山下汽船合名会社　670c〔山下亀三郎〕
「山下，パーシバル両司令官会見図」　333b〔聖戦美術展〕　651a〔宮本三郎〕
「山寺の和尚さん」　547c〔服部良一〕
・大和　672b　43a〔伊藤整一〕　366c〔大艦巨砲主義〕　654a〔武蔵〕　685b〔吉田満〕　707c〔連合艦隊〕
大和楽　73a〔大倉喜七郎〕
『やまと新聞』　48b〔岩田富美夫〕
大和隊　121a〔神風特別攻撃隊〕
『大和魂空閑少佐』　165b〔空閑昇〕
日本体操　57c〔内原訓練所〕
大和村北進寮　461c〔東宮鉄男〕
「山に因む十題」　683c〔横山大観〕
『山の民』　65b〔江馬修〕
・闇市　675a　352a〔戦争孤児〕
ヤミ取引　538a〔配給制度〕
・ヤルタ会談　675c　28c〔イーデン〕　357a〔ソヴィエト連邦〕　362b〔ソ連の対日参戦〕　369c〔対ソ和平工作〕　437b〔テヘラン会談〕　454b〔東郷茂徳〕　506a〔日ソ中立条約〕　711b〔ローズヴェルト〕
ヤルタ体制　676b〔ヤルタ会談〕

ゆ

湯浅倉平内大臣暗殺予備事件　617c〔本間憲一郎〕
『唯物史観と現代の意識』　641a〔三木清〕
唯物論研究会　242c〔三枝博音〕　470a〔戸坂潤〕
唯物論研究会事件　470a〔戸坂潤〕
遊郭　201a〔公娼制度〕
有機合成事業法　268b〔事業法〕
「悠久」　134a〔紀元二千六百年記念式典〕
・夕雲　677b
友軍識別機　442c〔電波兵器〕
『遊撃戦綱要』　541b〔白崇禧〕
勇者の日　544b〔バタアン「死の行進」〕
・遊就館　677b
郵商協定　74b〔大阪商船会社〕
優生手術　223c〔国民優生法〕
優生保護法　223c〔国民優生法〕
夕張炭鉱　⇨北海道炭礦汽船会社(610a)
・Uボート　677c　166c〔駆逐艦〕
幽霊人口　538a〔配給制度〕　596c〔米穀通帳〕
融和事業新体制要綱　462c〔同和奉公会〕
・宥和政策　678a　651c〔ミュンヘン会談〕
雪風　111a〔陽炎〕
『雪国』　593c〔文化映画〕
『雪の結晶』　593c〔文化映画〕
ユサッフェ　USAFFE　20c〔アメリカ極東陸軍〕　576c〔フィリピン戦〕　678b〔ユサッフェ＝ゲリラ〕
・ユサッフェ＝ゲリラ　678b　20c〔アメリカ極東陸軍〕　576c〔フィリピン戦〕　582b〔フクバラハップ〕
油脂統制会　457c〔統制会〕
輸出入品等臨時措置法　⇨戦時統制三法(348a)　280c〔奢侈品等製造販売制限規則〕　344b〔戦時議会〕　387c〔代用品〕　436c〔鉄鋼配給統制規則〕　458b〔統制経済〕　596a〔米穀供出制度〕
・輸出入リンク制　679a
輸出品等臨時措置法　105c〔価格等統制令〕
・輸送艦　679a
・油槽船　679b
ユダヤ人　320b〔杉原千畝〕　486a〔ナチス〕
ユダヤ人大虐殺　265c〔ジェノサイド条約〕　525b〔ニュルンベルク裁判〕　567a〔ヒトラー〕
ユダヤ人迫害　313a〔人道に対する罪〕
『ユダヤ論攷』　32c〔井沢弘〕

『由利旗江』　134c〔岸田国士〕

よ

「夜明け」　671c〔山田耕筰〕
八日会　613b〔堀悌吉〕
・要港部　679c　426b〔鎮守府〕
要塞砲　119a〔カノン砲〕
養蚕組合　528b〔農業団体法〕
養蚕実行組合　529c〔農事実行組合〕
『養子のフクチャン』　581c〔フクチャン〕
要地攻撃　356a〔戦略爆撃〕
用兵綱領　574c〔広田弘毅内閣〕
・Yorktown　680a　645b〔ミッドウェー海戦〕　669c〔山口多聞〕
予科士　697c〔陸軍予科士官学校〕　→陸軍予科士官学校
予科練　⇨海軍飛行予科練習生(96c)
預金封鎖　162b〔金融緊急措置令〕
翼賛一家大和家　313c〔新日本漫画家協会〕
翼賛議員　681b〔翼賛選挙〕
・翼賛議員同盟　680b　681b〔翼賛政治体制協議会〕
・翼賛議会　680b
・翼賛政治会　680c　225b〔護国同志会〕　236c〔小林躋造〕　345a〔戦時議会〕　379a〔大日本政治会〕　456b〔東条英機内閣〕　670a〔山崎達之輔〕　680b〔翼賛議員同盟〕　680c〔翼賛議会〕　681c〔翼賛選挙〕
・翼賛政治体制協議会　681a　670a〔山崎達之輔〕　680c〔翼賛政治会〕　681b〔翼賛選挙〕
・翼賛選挙　681b　85a〔尾崎行雄不敬事件〕　345a〔戦時議会〕　365a〔大亜細亜協会〕　453b〔同交会〕　455b〔東条英機〕　456b〔東条英機内閣〕　678c〔湯沢三千男〕　680b〔翼賛議会〕　680c〔翼賛政治会〕　681a〔翼賛政治体制協議会〕
翼賛壮年団　⇨大日本翼賛壮年団(382c)　530a〔農村協同体建設同盟〕
翼壮議員同志会　345a〔戦時議会〕　680c〔翼賛議会〕
『沃土』　531b〔農民文学懇話会〕　716a〔和田伝〕
・抑留　681c　259a〔山西残留問題〕　277a〔シベリア抑留〕　564b〔引揚げ〕　614a〔捕虜〕
抑留敵国人取扱要綱　681c〔抑留〕
横須賀海軍工廠　⇨海軍工廠(93b)
横須賀鎮守府　426b〔鎮守府〕
・横浜事件　682c　170c〔黒田秀俊〕　251b〔桜井武雄〕　302b〔昭和研究会〕　407b〔治安維持法〕　609c〔細川嘉六〕
・横浜正金銀行　682c　211a〔国策会社〕
横浜地区占領軍受入設営委員会　16a〔厚木進駐〕
横浜船渠　646c〔三菱重工業会社〕
・横浜BC級戦犯裁判　683a　549a〔花岡事件〕
予算　380c〔大日本帝国憲法〕
予士　697c〔陸軍予科士官学校〕　→陸軍予科士官学校
吉本興業　511b〔日本移動演劇連盟〕　717b〔わらわし隊〕
・米内光政内閣　686c　235c〔近衛文麿内閣〕　344c〔戦時議会〕　544c〔畑俊六〕
四年式一五糎榴弾砲　667b〔野戦重砲〕
・予備役　687b　130b〔幹部候補生〕　205c〔後備役〕　243b〔在郷軍人〕
予防拘禁　439b〔転向〕
予防拘禁制
予防拘禁制度　⇨思想犯保護観察法(270c)　407b〔治安維持法〕
読売新聞　314b〔新聞統合〕　551a〔馬場恒吾〕
読売新聞社　299c〔正力松太郎〕　509b〔日本映画社〕　656c〔武藤貞一〕
四式重爆撃機　⇨飛龍・四式重爆撃機(572b)　430a〔剣・特攻専用機〕　476c〔呑龍・一〇〇式重爆撃機〕　557a〔万朶隊〕
四式戦闘機　⇨疾風・四式戦闘機(553a)　295c〔鍾馗・二式戦闘機〕
四式連絡艇　632a〔まるレ〕
四相会議　385b〔大本営政府連絡会議〕
四単位制師団　259c〔三単位制師団〕

ら

『雷撃隊出動』　557a〔ハワイ・マレー沖海戦〕
・雷電　687c　561b〔B29 Superfortress〕
『LIFE』　486b〔名取洋之助〕　673b〔山端祥玉〕
癩予防法　644c〔光田健輔〕
ラウレル　9b〔アキノ〕
ラエ　406b〔ダンピール海峡の悲劇〕
ラオス　538c〔賠償問題〕　589c〔仏領インドシナ〕
洛川会議　204b〔抗日救国十大綱領〕　204c〔抗日根拠地〕
『ラジオ歌謡』　217c〔国民歌謡〕
・ラジオ体操　688b　219b〔国民心身鍛錬運動〕　471a〔隣組〕
ラジオ体操の会　688b〔ラジオ体操〕
ラジオ放送　157b〔玉音放送〕　171a〔軍歌・戦時歌謡〕　217c〔国民歌謡〕　280a〔下村宏〕　522c〔日本放送協会〕　688b〔ラジオ体操〕
ラテンアメリカ不戦条約　587b〔不戦条約〕
ラバウル　89b〔カートホイール作戦〕　114b〔ガダルカナル島の戦〕　406b〔ダンピール海峡の悲劇〕　524b〔ニューギニア戦〕　577c〔ブーゲンビル島沖航空戦〕　688c〔ラバウル攻略戦〕
「ラバウル海軍航空隊」　227b〔古関裕而〕　540b〔灰田勝彦〕
ラバウル航空隊　475b〔トラック島空襲〕
・ラバウル攻略戦　688c
蘭印　⇨蘭領東インド(689c)　614a〔ボルネオ作戦〕
・蘭印作戦　689a　491a〔南方軍〕
・蘭印石油　689b　→蘭領東インド産石油
『ランケと世界史学』　323c〔鈴木成高〕
灤州事件　120b〔華北分離工作〕
・蘭領東インド　689c　689a〔蘭印作戦〕　→オランダ領東インド　→蘭印
蘭領東インド産石油　337c〔石油〕　→蘭印石油
蘭領ボルネオ　689b〔蘭印作戦〕　→オランダ領ボルネオ

り

リース＝ロス使節団　408a〔チェンバレン〕
リー戦車　65c〔M3中戦車〕
・理化学研究所　690b　74a〔大河内正敏〕　243a〔サイクロトロン〕　497b〔仁科芳雄〕　698b〔理研コンツェルン〕
理化学興業　74a〔大河内正敏〕　310a〔新興財閥〕　698b〔理研コンツェルン〕
・陸運統制令　690c　203c〔交通統制〕
陸海軍連合大演習　66c〔演習〕
陸海軍連絡機関　23b〔有末機関〕
「陸軍」　567c〔火野葦平〕
陸軍科学学校　697a〔陸軍砲工学校〕
陸軍科学研究所　464c〔毒ガス兵器〕
陸軍技術本部　693b〔陸軍省〕
・陸軍記念日　691a　57b〔撃ちてし止まむ〕　92b〔海軍記念日〕
陸軍騎兵学校　151b〔教育総監部〕
陸軍機密費事件　139c〔機密費〕
陸軍教導学校　151b〔教育総監部〕
『陸軍軍医学会雑誌』　691b〔陸軍軍医学校〕
・陸軍軍医学校　691a　151b〔教育総監部〕
陸軍軍需動員計画　458b〔統制経済〕
陸軍軍法会議法　181a〔軍法会議〕
陸軍刑法　⇨軍刑法(172b)　193a〔言論出版集会結社等臨時取締法〕
陸軍経理学校　151b〔教育総監部〕　467c〔特別甲種幹部候補生〕
陸軍検閲令　186a〔検閲〕
・陸軍航空士官学校　691b　692b〔陸軍士官学校〕
陸軍航空総監部　691c〔陸軍航空士官学校〕　692a〔陸軍航空隊〕　692a〔陸軍航空本部〕　692c〔陸軍士官学校〕
・陸軍航空隊　691c

・陸軍航空本部　**692a**　693b〔陸軍省〕
陸軍工廠　⇨造兵廠(359b)
陸軍工兵学校　151b〔教育総監部〕
・陸軍三長官会議　**692a**　262c〔参謀総長〕　694c〔陸軍大臣〕
陸軍参謀本部　⇨参謀本部(263a)
・陸軍士官学校　**692b**　97b〔海軍兵学校〕　151b〔教育総監部〕　267b〔士官候補生〕　267c〔士官・将校〕　648c〔見習士官〕　691b〔陸軍航空士官学校〕　697b〔陸軍幼年学校〕　697c〔陸軍予科士官学校〕
陸軍士官学校予科　697b〔陸軍幼年学校〕
・陸軍重砲兵学校　**693a**
・陸軍省　**693a**　177b〔軍政〕　180a〔軍部〕　263a〔参謀本部〕　581a〔復員〕　581b〔復員省〕　693b〔陸軍省軍務局〕　694b〔陸軍大臣〕
・陸軍省軍務局　**693b**
陸軍省軍務局軍事課　693b〔陸軍省軍務局〕　693b〔陸軍省〕
陸軍省戦争経済研究班　23a〔有沢広巳〕
・陸軍少年飛行兵　**693c**
陸軍諸学校　151b〔教育総監部〕
陸軍戦車学校　151b〔教育総監部〕
陸軍造兵廠　359b〔造兵廠〕
・陸軍大学校　**694a**　151b〔教育総監部〕　263b〔参謀本部〕
・陸軍大臣　**694b**　27b〔帷幄上奏〕　150c〔教育総監〕　151b〔教育総監部〕　177b〔軍政〕　227c〔御前会議〕　262c〔参謀総長〕　692a〔陸軍三長官会議〕　693a〔陸軍省〕
陸軍地方幼年学校　692c〔陸軍士官学校〕　697b〔陸軍幼年学校〕
陸軍中央幼年学校　267b〔士官候補生〕　692c〔陸軍士官学校〕　697b〔陸軍幼年学校〕　697c〔陸軍予科士官学校〕
陸軍動員計画令　446c〔動員〕
陸軍特別看護婦　284b〔従軍看護婦〕
陸軍特別幹部候補生　299a〔少年兵〕　→特別幹部候補生
陸軍特別志願兵令　391a〔台湾人兵士〕
・陸軍特別大演習　**694c**　66b〔演習〕　367b〔大元帥〕
・陸軍戸山学校　**695a**　151b〔教育総監部〕　214c〔国防競技〕
・陸軍中野学校　**695b**　425a〔諜報〕
陸軍習志野学校　464c〔毒ガス兵器〕
・陸軍登戸研究所　**695b**　578b〔風船爆弾〕　→登戸研究所
陸軍始め　92b〔海軍記念日〕
陸軍パンフレット　32b〔池田純久〕　79b〔岡田啓介内閣〕　215a〔国防の本義と其強化の提唱〕　→国防の本義と其強化の提唱
・陸軍飛行学校　**696a**
・陸軍美術協会　**696a**　283c〔従軍画家〕　333b〔聖戦美術展〕　352b〔戦争美術〕　584b〔藤田嗣治〕
陸軍美術展　333b〔聖戦美術展〕　696b〔陸軍美術協会〕
陸軍被服廠　693b〔陸軍省〕
陸軍病院　174c〔軍事保護院〕
陸軍兵器学校　299a〔少年兵〕
・陸軍兵器行政本部　**696b**　595c〔兵器廠〕
陸軍兵器廠　595b〔兵器廠〕　693b〔陸軍省〕
陸軍兵器本部　359b〔造兵廠〕　595c〔兵器廠〕
・陸軍砲工学校　**696c**
陸軍歩兵学校　151b〔教育総監部〕
・陸軍野戦砲兵学校　**697a**　151b〔教育総監部〕
・陸軍幼年学校　**697b**　151b〔教育総監部〕　267c〔士官・将校〕　692c〔陸軍士官学校〕
・陸軍予科士官学校　**697c**　267b〔士官候補生〕　648c〔見習士官〕　692b〔陸軍士官学校〕
・陸軍予備士官学校　**698a**　467c〔特別甲種幹部候補生〕
陸士　692b〔陸軍士官学校〕　→陸軍士官学校
陸上交通事業調整法　203c〔交通統制〕　434b〔帝都高速度交通営団〕　690c〔陸運統制令〕
・陸戦隊　**698a**　468c〔特別陸戦隊〕
陸戦の法規慣例に関する条約　464a〔毒ガス戦〕
陸戦の法規慣例に関する規則　536b〔ハーグ陸戦法規〕
陸戦の法規慣例に関する条約　536b〔ハーグ陸戦法規〕
陸大　694a〔陸軍大学校〕　→陸軍大学校
陸地測量部　263b〔参謀本部〕
・理研コンツェルン　**698b**　74a〔大河内正敏〕　105a〔科学主義工業〕　246b〔財閥〕　310a〔新興財閥〕　690b〔理化学研究所〕
・立憲政友会　**698c**　245a〔斎藤実内閣〕　→政友会
・立憲民政党　**699a**　245b〔斎藤実内閣〕　713b〔若槻礼次郎〕　→民政党
リットン調査団　245b〔斎藤実内閣〕
・リットン報告書　**699b**　161c〔錦州爆撃〕　210b〔国際連盟脱退〕　624a〔松岡洋右〕
立命館大学国際平和ミュージアム　599a〔平和博物館〕
リトル＝ボーイ　63c〔エノラ＝ゲイ〕
『リベルテール』　493c〔新居格〕
糧桟　638a〔満洲農産公社〕
糧桟組合　638a〔満洲農産公社〕
留学生　492a〔南方特別留学生〕
・流言蜚語　**700a**　192c〔言論出版集会結社等臨時取締法〕　468a〔特別高等警察〕
流行歌　171a〔軍歌・戦時歌謡〕　217c〔国民歌謡〕
龍驤　363c〔ソロモン海戦〕
・柳条湖事件　**700b**　39c〔板垣征四郎〕　128c〔関東軍〕　285c〔十五年戦争〕　420c〔朝鮮軍〕　508a〔日中戦争〕　635a〔満洲国〕　636a〔満洲事変〕　647b〔南次郎〕　713c〔若槻礼次郎内閣〕
『笠信太郎全集』　701a〔笠信太郎〕
・榴弾砲　**701a**　119a〔カノン砲〕　667b〔野戦重砲〕
龍鳳　350a〔潜水母艦〕
・留用　**701a**
糧穀株式会社　421c〔朝鮮食糧営団〕
糧穀統制委員会　341b〔全国商業統制総会〕
緑風会　253b〔佐々弘雄〕
旅順要港部　679c〔要港部〕
・旅団　**701c**
臨軍費　702a〔臨時軍事費特別会計〕　→臨時軍事費特別会計
臨時演習召集　297b〔召集〕
臨時軍事援護部　174a〔軍事保護院〕　293c〔傷痍軍人〕
・臨時軍事費特別会計　**702a**　347a〔戦時国債〕　594a〔文民統制〕
臨時軍事費特別会計法　344b〔戦時議会〕　347a〔戦時国債〕
臨時検閲　186a〔検閲〕
・臨時産業合理局　**702b**
臨時資金調整法　⇨戦時統制三法(348a)　99c〔会社利益配当及資金融通令〕　161a〔銀行等資金運用令〕　344b〔戦時議会〕　387c〔代用品〕　458b〔統制経済〕
臨時召集　297b〔召集〕
臨時生産増強委員会　459b〔統制経済〕　229a〔五大重点産業〕
臨時船舶管理法　89c〔海運統制〕
・臨時租税増徴法　**702c**　340b〔一九四〇年税制改革〕
臨時動員令　297b〔召集〕
・臨時農地価格統制令　**702c**
・臨時農地等管理令　**703a**　226a〔小作料金納化〕
『倫理学』　717b〔和辻哲郎〕

る

ルクセンブルク協定　342a〔戦後補償〕
・留守部隊・留守師団　**703c**
ルソン作戦　547b〔服部卓四郎〕
ルソン島　296b〔捷号作戦〕　390a〔台湾沖航空戦〕　543b〔バタアン攻略戦〕　547b〔服部卓四郎〕　576c〔フィリピン戦〕　705c〔レイテ島の戦〕
ルンガ沖夜戦　115a〔ガダルカナル島の戦〕

れ

令　443a〔典範令〕
・零式艦上戦闘機　**704b**　6a〔アウト＝レンジ戦法〕　148a〔九六式艦上戦闘機〕　249a〔坂井三郎〕　495c〔二式水上戦闘機〕　568b〔百一号作戦〕　645c〔三菱航空機会社〕　646c〔三菱重

工業会社〕 →零戦
・零式水上偵察機 705a
冷戦 357a〔ソヴィエト連邦〕 507b〔日中国交正常化〕 515c〔日本国憲法〕 611b〔ポツダム宣言〕 676b〔ヤルタ会談〕
・レイテ沖海戦 705b 56a〔宇垣纏〕 85c〔小沢治三郎〕 120c〔神風特別攻撃隊〕 168a〔栗田健男〕 296b〔捷号作戦〕 577a〔フィリピン戦〕 654a〔武蔵〕 →フィリピン沖海戦
レイテ決戦 617a〔本土決戦計画〕
レイテ島 296b〔捷号作戦〕 390a〔台湾沖航空戦〕 547b〔服部卓四郎〕 577a〔フィリピン戦〕 705b〔レイテ沖海戦〕 705c〔レイテ島の戦〕
・レイテ島の戦〔-上陸作戦〕 705c 2b〔アイケルバーガー〕
レーダー 99c〔海上護衛戦〕 442a〔電波警戒機・電波標定機〕 442b〔電波探信儀・逆探装置〕 442c〔電波兵器〕
『歴史』 249c〔榊山潤〕
歴史学研究会 9c〔秋山謙蔵〕 37b〔石母田正〕
『歴史学批判叙説』 550a〔羽仁五郎〕
・歴史教科書論争 706b
・歴史修正主義 706b
『歴史的現実』 402b〔田辺元〕
『歴史的国家の理念』 156a〔京都学派〕 323c〔鈴木成高〕
『歴史的世界』 199c〔高坂正顕〕
『歴史哲学』 641a〔三木清〕
『歴史哲学と政治哲学』 199c〔高坂正顕〕
『歴史の確認』 9c〔秋山謙蔵〕
『歴史の暮方』 552b〔林達夫〕
『歴史の前進』 9c〔秋山謙蔵〕
・Lexington 706c 62c〔エセックス〕 255b〔サラトガ〕 258c〔珊瑚海海戦〕
レコード 81c〔小川近五郎〕 171a〔軍歌・戦時歌謡〕 435b〔敵性音楽〕
レッドパージ 201c〔公職追放〕
レド公路 51a〔インパール作戦〕 405c〔断作戦〕 558b〔ハンプ作戦〕 573b〔ビルマルート〕
・Repulse 707a 31b〔イギリスの軍制〕 366c〔大艦巨砲主義〕 632b〔マレー沖海戦〕 633a〔マレー作戦〕
連銀券 356c〔占領地通貨問題〕
・連合艦隊 707b 95b〔海軍総隊司令部〕 481c〔長門〕 654a〔武蔵〕 655c〔陸奥〕 672b〔大和〕 674a〔山本五十六〕
連合艦隊司令長官 182c〔軍令部〕 707b〔連合艦隊〕
『連合艦隊の最後』 43b〔伊藤正徳〕
連合軍 ⇨連合国共同宣言(708a)
・連合国共同宣言 708a 209b〔国際連合憲章〕 368b〔大西洋憲章〕
連合国軍最高司令官 625a〔マッカーサー〕 375c〔対日理事会〕 612a〔ポツダム勅令〕 →SCAP
連合国軍最高司令官総司令部 ⇨GHQ(264a) 153c〔教職追放〕 264a〔CIE〕
連合国軍総司令部 625b〔マッカーサー〕
練習兵 298c〔少年兵〕
・連隊 708b 594c〔兵営〕 708c〔連隊区〕
連隊旗 ⇨軍旗(171c)
・連隊区 708c 156b〔郷土部隊〕 171c〔軍管区〕 267b〔師管区〕 708c〔連隊区司令部〕
・連隊区司令部 708c 186a〔検閲〕 297c〔召集令状〕 447a〔動員〕 581a〔復員〕 708c〔連隊区〕
・連隊砲 709a 370a〔大隊砲〕

ろ

浪曲 573b〔広沢虎造〕
浪曲向上会 573b〔広沢虎造〕
労資関係調整方策要綱 378b〔大日本産業報国会〕
・労働科学研究所 709b
労働関係調整法 709c〔労働組合法〕
労働基準法 709c〔労働組合法〕
労働組合 407b〔治安維持法〕 494a〔二・一ゼネスト〕 523b〔日本労働組合総同盟〕 709c〔労働組合法〕
労働組合に関する十六原則 158a〔極東委員会〕
・労働組合法 709c 340b〔膳桂之助〕 341a〔全国産業団体連合会〕
労働三法 709c〔労働組合法〕
・労働者年金保険法 710a 360c〔総力戦〕
労働手帳法 459a〔統制経済〕
労働農民党 17b〔安部磯雄〕 77c〔大山郁夫〕
労働問題研究会 302a〔昭和研究会〕
『労農』 669b〔山川均〕
労農派 250b〔向坂逸郎〕 669b〔山川均〕
労農無産協議会 116c〔加藤勘十〕 324b〔鈴木茂三郎〕 588c〔普通選挙法〕
労務協会 383b〔大日本労務報国会〕
労務者 386c〔泰緬鉄道〕
・労務調整令 710a 459a〔統制経済〕
労務動員委員会 458c〔統制経済〕 459a〔統制経済〕
・労務動員計画 710b 155a〔強制連行〕 160b〔緊急国民動員方策要綱〕 163c〔勤労動員〕 441c〔転廃業問題〕 459a〔統制経済〕
労務報国会設立要綱 383a〔大日本労務報国会〕
「露営の歌」 227b〔古関裕而〕
ロームシャ 614a〔捕虜〕
・盧溝橋事件 711c 37c〔石原莞爾〕 40c〔一木清直〕 128c〔関東軍〕 134b〔冀察政務委員会〕 235a〔近衛文麿〕 235c〔近衛文麿内閣〕 274b〔支那駐屯軍〕 285c〔十五年戦争〕 375a〔第二次世界大戦〕 508a〔日中戦争〕 655b〔牟田口廉也〕
ろ号作戦 577c〔ブーゲンビル島沖航空戦〕
・呂号潜水艦 712a 32b〔伊号潜水艦〕
『魯迅』 398a〔竹内好〕
ロスアラモス研究所 86c〔オッペンハイマー〕 639a〔マンハッタン計画〕
露天掘 586b〔撫順炭礦〕
『驢馬』 483a〔中野重治〕
ロバーツ委員会 55a〔ウォーナー〕
ロンドン会議 449c〔東京裁判開廷〕
ロンドン海軍軍縮会議 79a〔岡田啓介〕 79b〔岡田啓介内閣〕 127b〔艦隊派〕 272c〔幣原外交〕 292b〔ジュネーブ軍縮会議〕 366c〔大艦巨砲主義〕 574a〔広田外交〕 713b〔若槻礼次郎〕 715b〔ワシントン体制〕
・ロンドン海軍軍縮条約 712b 117c〔加藤寛治〕 177b〔軍政〕 180a〔軍部〕 299b〔条約派〕 →ロンドン軍縮条約 →ロンドン条約
ロンドン海軍軍縮問題 322a〔鈴木貫太郎〕
ロンドン協定 449c〔東京裁判開廷〕
ロンドン軍縮条約 601a〔編制大権〕 →ロンドン海軍軍縮条約
ロンドン条約 395c〔財部彪〕 715b〔ワシントン体制〕 →ロンドン海軍軍縮条約

わ

Y作戦 101c〔海南島攻略戦〕 →海南島攻略戦
「Y市の橋」 629a〔松本竣介〕
ワウ 524c〔ニューギニア戦〕
『若き女性の倫理』 18a〔阿部静枝〕
『わが山河』 120c〔上泉秀信〕
・若槻礼次郎内閣 713c
『わが闘争』 567a〔ヒトラー〕
若松部隊 129a〔関東軍軍馬防疫廠〕
『我が家』 433a〔帝国在郷軍人会〕
『我が歴史観』 569c〔平泉澄〕
「別れのブルース」 25b〔淡谷のり子〕 547c〔服部良一〕
・「若鷲の歌」 714b 159b〔霧島昇〕 227b〔古関裕而〕
和協外交 22a〔天羽英二〕 245b〔斎藤実内閣〕
ワシントン 531c〔ノース＝カロライナ〕
・ワシントン会議 714b 127b〔艦隊派〕 142b〔九ヵ国条約〕 142c〔九ヵ国条約会議〕 272b〔幣原外交〕 292b〔ジュネーブ軍縮会議〕 340a〔戦艦〕 715a〔ワシントン海軍軍縮条約〕 715b〔ワシントン体制〕
・ワシントン海軍軍縮条約 714c 79b〔岡田啓介内閣〕 292b〔ジュネーブ軍縮会議〕 366b〔大艦巨砲主義〕 →ワシントン条約
ワシントン条約 713a〔ロンドン海軍軍縮条約〕 715b〔ワシントン体制〕 →ワシントン海軍軍縮条約
・ワシントン体制 715b 54b〔ヴ

ェルサイユ体制〕 272*b*〔幣原外交〕
・Wasp[ワスプ] 715*c*
「忘れちゃいやよ」 716*c*〔渡辺はま子〕
『私の支那紀行』 474*a*〔豊田正子〕
『私の東京地図』 253*a*〔佐多稲子〕
わだつみ会 133*b*〔きけ わだつみのこえ〕
『渡良瀬川』 74*c*〔大鹿卓〕
輪西製鉄 518*b*〔日本製鉄会社〕
和平工作 70*b*〔汪兆銘工作〕 70*c*〔汪兆銘政権〕 195*a*〔小磯国昭内閣〕 228*b*〔御前会議〕 234*a*〔近衛声明〕 235*a*〔近衛文麿〕 287*c*〔終戦工作〕 563*b*〔東久邇稔彦〕
和平交渉 574*c*〔広田弘毅〕
笑の王国 464*c*〔徳川夢声〕
・わらわし隊[わらわしたい] 717*b*
割当供出制度 596*a*〔米穀供出制度〕
われらのうた ⇨国民歌謡(217*c*)
「われらの日本」 533*b*〔信時潔〕
ワンショット＝ライター 42*a*〔一式陸上攻撃機〕

図版目録

本　文　図　版　目　録

鮎川義介 ……2
愛国行進曲レコード ……2
軍用機献納運動強化のポスター(1939年，朝日新聞社)　昭和館所蔵 ……3
愛国百人一首(1942年情報局発行)　昭和館所蔵 ……3
愛国婦人会員による出征兵士の留守家庭訪問 ……4
アイゼンハワー ……5
赤紙(臨時召集令状)　平和祈念展示資料館所蔵 ……7
赤城 ……7
秋月 ……9
浅間丸　日本郵船株式会社提供 ……10
芦田均 ……13
愛宕 ……14
『あたらしい憲法のはなし』　国立国会図書館所蔵 ……15
厚木飛行場に降り立つマッカーサー ……16
アッツ島を占領した日本軍　『アサヒグラフ』1942年7月15日号より ……16
阿南惟幾 ……16
安部磯雄 ……17
阿部信行 ……18
安倍能成 ……19
甘粕正彦 ……20
荒木貞夫 ……22
有田・クレーギー会談 ……24
硫黄島の戦　海岸に殺到する米軍の舟艇　外務省編『終戦史録』(1952，新聞月鑑社)より ……30
池田成彬 ……31
石井漠 ……33
石橋湛山 ……36
石原莞爾 ……37
伊勢 ……38
磯部浅一 ……39
板垣征四郎 ……39
一式陸上攻撃機 ……41
井上成美 ……44
井上日召 ……45
慰問袋　毎日新聞社提供 ……46
インド国民軍　東京大空襲・戦災資料センター提供 ……49
インパール作戦　密林を進む日本兵　外務省編『終戦史録』(1952，新聞月鑑社)より ……51
ウェーク攻略戦　米軍飛行場に立つ日本兵　『大東亜戦争写真史』1(1954，富士書苑)より ……52
ウェッブ ……53
ヴォー＝グエン＝ザップ ……55
宇垣一成 ……55
撃ちてし止まむ　日本劇場に掲げられた大写真壁画　写真協会編『銃後の戦果』(1944，目黒書店)より ……57
田河水泡画『あなたも義勇軍になれます』(拓務省)　飯田市歴史研究所所蔵 ……58
梅津美治郎 ……58
雲龍 ……59
東京裁判開廷日の被告席 ……61
閻錫山 ……66
及川古志郎 ……67
沖縄の嘉手納飛行場で米軍に鹵獲された「桜花」　朝日新聞社提供 ……68
汪兆銘 ……69
大川周明 ……71
大山郁夫 ……77
岡田啓介 ……79
岡村寧次 ……81
荻窪会談 ……82
沖縄戦　嘉手納沖から上陸する米軍戦車隊　沖縄県平和祈念資料館提供 ……82
　那覇市内の民家を進む米軍　同上提供 ……83
　アメリカ軍に収容された沖縄県民 ……83
小倉正恒 ……84
小畑敏四郎 ……87
オリンピック東京大会開催決定後の東京銀座街 ……88
パラオの南洋神社鎮座祭　『写真週報』143号より ……90
海軍省 ……94
終戦直後，買い出し列車に殺到する人々 ……100
「回天」模型　周南市回天記念館提供 ……101
東京市隣組の回覧板　江波戸昭『戦時生活と隣組回覧板』(2001，中央公論事業出版)より ……102
カイロ会談 ……103
沖縄戦で火焔放射器を用いる米軍　沖縄県平和祈念資料館提供 ……103
加賀 ……104
賀川豊彦 ……106
学童疎開　学童集団疎開の列車内　外務省編『終戦史録』(1952，新聞月鑑社)より ……107
　疎開児童が描いた絵手紙　東京都北区立中央図書館所蔵 ……107
学徒出陣　学徒出陣壮行会 ……108
　学徒出陣に際して扇子に書かれた寄せ書き　早稲田大学大学史資料センタ

一所蔵 ……108
学徒動員　軍需工場で働く中学生 ……109
『火山灰地』の上演 ……112
餓死対策国民大会 ……113
ガダルカナル島の戦　ガダルカナル島に上陸する米軍 ……114
ガダルカナル島の密林を進む日本軍 ……115
加藤建夫 ……117
加藤寛治 ……118
米艦に突入する攻撃機　『大東亜戦争写真史』3（1954，富士書苑）より ……121
賀屋興宣 ……122
ガンディー ……128
関東軍司令部 ……128
大連の大広場　『大東亜戦争写真史』4（1954，富士書苑）より ……129
キーナン ……131
紀元2600年を祝う行進　『国際写真情報』1940年12月より ……133
岸田国士 ……134
岸信介 ……134
冀東防共自治政府 ……137
木戸幸一 ……138
金日成 ……140
木村伊兵衛　東京大空襲・戦災資料センター提供 ……141
九軍神を報じる『写真週報』212号 ……144
九七式艦上攻撃機 ……146
九六式艦上戦闘機4号型 ……148
九六式陸上攻撃機21型 ……148
教育勅語（謄本）　国立教育政策研究所所蔵 ……151
カリフォルニア州マンザナール強制収容所跡地での慰霊式　朝日新聞社提供 ……154
桐生悠々 ……159
『キング』（『富士』改題号）　国立国会図書館所蔵 ……160
金属品回収　東京市麻布三河台国民学校校庭での銅鉄類の応召　『写真週報』199号より ……161
勤労動員　精密機械作業に従事する女子労働者　東京大空襲・戦災資料センター提供 ……164
久原房之助 ……167
グルー ……169
クレーギー ……170
軍事保護院の発足　朝日新聞社提供 ……174
九軍神の合同葬 ……176
軍隊手帳　国立歴史民俗博物館所蔵 ……178
軍票　貨幣博物館所蔵 ……179
軍用犬の訓練（帝国軍用犬協会第2回展覧会記念絵葉書）　東京都北区立中央図書館所蔵 ……181
爆撃で破壊されたゲルニカの町 ……185
上空からみた原爆投下直後の広島　共同通信社提供 ……189
長崎の浦上天主堂　長崎原爆資料館提供 ……189
被爆直後の原爆ドーム　米軍撮影，広島平和記念資料館提供 ……190
「原爆の図」第一部「幽霊」　原爆の図丸木美術館所蔵 ……190
顧維鈞　毎日新聞社提供 ……193
小磯国昭 ……194
小磯国昭内閣 ……195
五・一五事件　襲撃された首相官邸 ……195
興亜奉公日 ……196
降伏文書　外務省外交史料館所蔵 ……206
ミズーリ号上の降伏文書調印式 ……206
皇民化政策　朝鮮市街に掲げられた「内鮮一体」のスローガン　『大東亜戦争写真史』4（1954，富士書苑）より ……206
正月に皇居に向かい遙拝する台湾の人々　写真協会編『銃後の戦果』（1944，目黒書店）より ……207
河本大作 ……207
古賀政男 ……208
国際連合第1回総会 ……209
国際連盟本部　毎日新聞社提供 ……209
演説する松岡洋右　『大東亜戦争写真史』4（1954，富士書苑）より ……210
国定教科書　『小学国語読本』巻1（1933年）　個人蔵 ……213
『ヨイコドモ』上（1941年）　個人蔵 ……213
『カズノホン』1（1941年）　個人蔵 ……214
『国防の本義と其強化の提唱』　国立国会図書館憲政資料室所蔵 ……215
東京市の明石国民学校 ……217
『国民抗戦必携』（1945年4月，大本営陸軍部）　個人蔵 ……218
国民精神総動員大演説会 ……219
南京国民政府委員就任式 ……221
国民服決定の報道　『写真週報』142号より ……223
群馬県護国神社 ……224
御真影が収められた奉安殿 ……227
御前会議 ……227
衆議院特別委員会で答弁する広田弘毅外相 ……231
近衛師団司令部庁舎（現東京国立近代美術館工芸館） ……233
近衛文麿 ……234
第一次近衛文麿内閣 ……235
小林一三 ……236
金剛 ……239
権藤成卿 ……239
西園寺公望 ……240

図版目録

七三一部隊が開発した陶器製のペスト蚤爆弾（複製，1991年撮影）……241
サイパン島の戦　攻撃を受ける日本軍飛行場……247
向坂逸郎……250
佐々木惣一……252
佐藤尚武……253
珊瑚海開戦　攻撃を受けるレキシントン　外務省編『終戦史録』（1952，新聞月鑑社）より……258
サンフランシスコ平和条約調印式……261
GHQが使用した第一生命ビル……264
志賀義雄……266
重光葵……269
失業救済事業　東京市の日傭労働者登録受付……272
幣原喜重郎……272
シベリア抑留　早田貫一画「吹雪のなか労働へ向かう」　平和祈念展示資料館所蔵……277
シベリア抑留者が着用した袖無しの防寒外套　同上所蔵……277
嶋田繁太郎……278
下中弥三郎……279
1937年総選挙の結果に喜ぶ社会大衆党員　毎日新聞社提供……280
『写真週報』　創刊号……281
「時の立札」（199号）……281
周恩来……282
満洲に向かう日赤看護婦……284
重慶爆撃　『報道写真海軍作戦記録大陸編』（1944，国際報道）より……285
終戦の詔書　国立公文書館所蔵……288
集団自決跡地の碑（渡嘉敷島，2015年6月）　朝日新聞社提供……289
『週報』創刊号　国立国会図書館所蔵……290
朱徳……291
手榴弾投擲の解説　『国民抗戦必携』（1945，大本営陸軍部）より　個人蔵……293
傷兵工場での作業　写真協会編『銃後の戦果』（1944，目黒書店）より……293
横浜に焼夷弾を投下するB29　アメリカ国立公文書記録管理局所蔵……294
蔣介石……294
翔鶴……295
昭和恐慌下の第11回メーデー……300
昭和製鋼所の工場　『大東亜戦争写真史』4（1954，富士書苑）より……303
昭和天皇……303
「肥料事情と対策（米増産図絵5）」（1941年頃）　昭和館所蔵……306
工場で働く女子挺身隊　共同通信社提供……306
徐州を占領する日本軍……307
白鳥敏夫……308
シンガポール攻略戦　山下奉文とパーシヴァルの交渉　外務省編『終戦史録』（1952，新聞月鑑社）より……309
真珠湾攻撃　日本軍の攻撃を受けるアメリカ太平洋艦隊　共同通信社提供……311
第1回新体制準備会……312
瑞鶴……317
スカルノ……319
杉山元……320
鈴木貫太郎……322
鈴木貫太郎内閣……322
スターリン……324
破壊されたスターリングラード市街……325
スフの洗濯　『写真週報』70号より……327
西安を訪れた蔣介石……331
世界恐慌　ニューヨークの取引所に集まる人々……335
浙贛作戦　行軍する日本軍……338
第83帝国議会（臨時）の衆議院本会議での「大東亜民族総蹶起決議案」の採決風景　朝日新聞社提供……344
戦時国債の広告　『写真週報』197号より……346
貯蓄奨励の広告　『写真週報』201号より……347
宣戦の詔書　国立公文書館所蔵……351
引揚船の中の孤児たち　『大東亜戦争写真史』4（1954，富士書苑）より……351
靖国神社社頭での千人針……354
疎開　リヤカーで家財道具を運ぶ人々……361
ゾルゲ……362
ソ連の対日参戦　大連を占領したソ連軍……362
第三次ソロモン海戦で炎上する日本艦船……363
第一次上海事変　閘北地区での海軍陸戦隊の戦闘　『上海事変記念大写真帖』（1932）より……365
大西洋会談でのローズヴェルトとチャーチル……368
大政翼賛会の発足式……369
大東亜会議に参加した各国代表　外務省編『終戦史録』（1952，新聞月鑑社）より……370
大東亜省の発足　毎日新聞社提供……371
第二回大東亜文学者大会　東京大空襲・戦災資料センター提供……373
上海淞滬抗戦祈念館（2006年撮影）……374
第二次世界大戦　ポーランドに侵攻するドイツ軍……374
大日本国防婦人会　野外共同炊事の講習　『写真週報』199号より……378
大日本産業報国会創立大会　朝日新聞社提供……378
大日本帝国憲法　国立公文書館所蔵……381
大日本婦人会　護国神社に必勝を祈願する札幌市支部会員……382
大鳳……384
大本営発表……385
大鷹……387

代用食の配給を知らせる東京都隣組の回覧板　江波戸昭『戦時生活と隣組回覧板』(2001，中央公論事業出版)より ……387
デパートで販売される陶器製の炊飯器 ……387
大陸打通作戦　南部粤漢線沿いを進む日本軍　東京大空襲・戦災資料センター提供 ……388
台湾総督府　日本建築学会提供 ……391
高雄 ……392
財部彪 ……395
滝川幸辰 ……396
竹槍訓練 ……398
田中智学 ……400
タラワ島の戦　アメリカ軍の攻撃 ……403
塘沽停戦協議　『大東亜戦争写真史』4 (1954，富士書苑)より ……405
崔承喜 ……407
千鳥ケ淵戦没者墓苑 ……409
チビチリガマ　沖縄平和祈念資料館提供 ……409
チャーチル ……411
中華民国臨時政府の成立 ……412
抗日戦線を訴える中国共産党全国代表者会議 ……413
成田空港に到着した中国残留孤児　朝日新聞社提供 ……414
シンガポール武威山の忠霊塔　東京大空襲・戦災資料センター提供 ……416
張学良 ……417
張鼓峰事件　ソ連軍による爆撃 ……418
張作霖 ……418
張作霖爆殺事件　列車の爆破現場 ……418
朝鮮銀行本店 ……420
奉天飛行場に到着した朝鮮軍飛行隊　毎日新聞社提供 ……420
朝鮮総督府　日本建築学会提供 ……422
徴兵検査通達書　平和祈念展示資料館所蔵 ……424
津田左右吉 ……429
軍人会館(のち九段会館) ……431
敵性音楽　レコードの供出　『写真週報』257号より ……435
テヘラン会談　外務省編『終戦史録』(1952，新聞月鑑社)より ……437
寺内寿一 ……437
電撃戦　ドイツ軍の進軍 ……439
天津租界の境界に張られたバリケード ……439
戦争による物価高騰を記した連合国軍の伝単(1944年頃)　平和祈念展示資料館所蔵 ……440
ドイツ降伏　ソ連によるベルリン占領 ……443
ドゥーリトル空襲　横須賀への爆撃　アメリカ国立公文書記録管理局所蔵 ……447
灯火管制の説明図　『隣組防空絵解』(1944)より ……447
東京裁判の法廷 ……448
東京大空襲　空襲後の様子 ……452
陸軍経理部の焼跡と迷彩した帝国議会議事堂　石川光陽撮影 ……452
本所吾妻橋の路所避難　同上撮影 ……452
浅草区役所付近の焼跡　同上撮影 ……452
トラックに乗り遺体処理に向かう警察官　同上撮影 ……452
逮捕されたアイバ＝トグリ＝ダキノ ……453
東郷茂徳 ……453
東条英機 ……455
東条英機内閣 ……456
頭山満 ……462
徳王　朝日新聞社提供 ……463
特殊潜航艇「甲標的」甲型 ……465
独ソ戦　ウクライナを進むドイツ軍 ……466
特別急行あじあ　『大東亜戦争写真史』4 (1954，富士書苑)より ……467
戸坂潤 ……469
隣組の共同炊事　写真協会編『銃後の戦果』(1944，目黒書店)より ……470
土肥原賢二 ……471
空襲を受けたトラック島の基地 ……475
トルーマン ……475
内務班における各人の持ち物整理　『連隊内務規定』(1934)より　国立歴史民俗博物館所蔵 ……478
中島久万吉 ……479
永田鉄山 ……480
長門 ……481
永野修身 ……482
南雲忠一 ……485
ナチス　ヒトラーの演説に集まる群衆 ……485
七三一部隊の生体解剖(1991年撮影) ……486
南京作戦　南京に入城する松井石根 ……488
南部仏印に上陸した日本兵 ……490
陸軍士官学校のビルマ留学生　東京大空襲・戦災資料センター提供 ……492
南洋庁 ……493
二・一ゼネスト　ラジオでゼネスト中止命令を伝える伊井弥四郎 ……494
河合映画『忠魂肉弾三勇士』　『キネマ旬報』429号より ……494
西田幾多郎 ……496
日独伊三国同盟祝賀パーティ ……499
日独伊防共協定調印式 ……500
日米会談でホワイトハウスに入る来栖三郎，ハル，野村吉三郎 ……501
日ソ共同宣言調印式 ……505
日ソ中立条約に調印する松岡洋右 ……505
日中首脳会談のため訪中した田中角栄と出迎える周恩来　朝日新聞社提供 ……507
『NIPPON』創刊号　日本カメラ財団所蔵 ……509

図版目録

『日本ニュース』 1941年12月9日「対米英宣戦布告」……510
二・二六事件 原隊への帰順を告げるアドバルーン……510
日本国憲法 国立公文書館所蔵……515
日本国憲法を可決した枢密院本会議 『天皇御近影集』(1949, 日本国書刊行会)より……515
日本文学報国会 1942年6月の文芸報国運動講演会……521
ニミッツ……524
ニューギニア山中を進む日本軍……524
ニュルンベルク裁判の被告……525
認識票 平和祈念展示資料館所蔵……526
農地改革のポスター……530
野坂参三……532
野村吉三郎……533
ノモンハン事件 日本軍の戦車隊……534
ノルマンディ上陸作戦の連合国軍……535
衣料切符 国立公文書館所蔵……537
橋本欣五郎……542
バタアン街道を行く日本軍と投降した米軍 外務省編『終戦史録』(1952, 新聞月鑑社)より……544
畑俊六……544
毛沢東と朱徳……545
鳩山一郎……547
馬場鍈一……550
隼・一式戦闘機……553
ハル……554
パレンバン空挺作戦 『大東亜戦争写真史』1(1954, 富士書苑)より……556
『ハワイ・マレー沖海戦』広告……556
BC級戦犯裁判 横浜裁判所での九州大学医学部事件公判 朝日新聞社提供……559
B29スーパー＝フォートレス アメリカ国立公文書記録管理局所蔵……561
比叡……563
東久邇宮稔彦内閣……563
引揚げ 引揚げ証明書 平和祈念展示資料館所蔵……564
引揚げ船への乗船を待つ人々 『大東亜戦争写真史』4(1954, 富士書苑)より……564
ヒトラー……566
火野葦平……567
ひめゆりの塔……568
平賀譲……570
平沼騏一郎……571
飛龍・四式重爆撃機……572
ビルマ作戦 ラングーン占領 『アサヒグラフ』1942年4月1日号より……573
広田弘毅……574
フィリピン戦 コレヒドール要塞の降伏 外務省編『終戦史録』(1952, 新聞月鑑社)より……576
馮玉祥……577
風船爆弾(1/10模型) 明治大学平和教育登戸研究所資料館所蔵……578
武漢作戦 武漢を占領した日本軍……580
溥儀……580
フクチャンが描かれたマンガ映画決戦大会の広告(1943年7月) 『映画旬報』1943年7月より……582
撫順戦犯管理所 毎日新聞社提供……586
撫順炭礦での露天掘り作業 東京大空襲・戦災資料センター提供……586
扶桑……587
双葉山定次……588
『FRONT』創刊号 日本カメラ財団所蔵……593
供出米の運搬 写真協会編『銃後の戦果』(1944, 目黒書店)より……596
平和の礎 沖縄県平和祈念資料館提供……598
防空演習 東京都麹町区での消火・救護訓練 東京大空襲・戦災資料センター提供……602
防空壕に待避する幼児たち 外務省編『終戦史録』(1952, 新聞月鑑社)より……602
鳳翔……604
防毒面の着け方 『隣組防空絵解』(1944)より……604
R・B・ボース……605
S・C・ボース 『写真週報』298号より……605
ホー＝チ＝ミン……606
ポーランド侵攻 ワルシャワに向かうドイツ軍……607
北部仏印進駐 ハイフォン付近を行進する日本軍……608
北海道炭礦汽船会社 夕張炭礦での掘鑿作業 写真協会編『銃後の戦果』(1944, 目黒書店)より……610
ポツダム会談……611
『歩兵操典』(1909) 国立国会図書館所蔵……612
堀悌吉……613
シンガポールのチャンギー捕虜管理所 東京大空襲・戦災資料センター提供……613
本庄繁……615
本土空襲 名古屋空襲……616
終戦直後の大阪……616
図解「各種焼夷弾の処理方法」 『隣組防空絵解』(1944)より……616
図解「待避所内の待避の姿勢」 同上より……616
マーシャル……619
牧野伸顕……620

真崎甚三郎 ……621
松井石根 ……623
松岡洋右 ……624
マッカーサー ……625
松代大本営　地下壕跡(2015年撮影) ……626
松本烝治 ……629
マリアナ沖海戦　アメリカ軍の攻撃を受ける日本艦隊 ……631
マレー沖海戦　日本海軍機の攻撃を受けるプリンス＝オブ＝ウェールズとレパルス　外務省編『終戦史録』(1952，新聞月鑑社)より ……632
マレー作戦　シンガポールに向かう日本軍　『大東亜戦争写真史』1 (1954，富士書苑)より ……633
満洲移民 ……633
『満洲映画』創刊号　国立国会図書館所蔵 ……634
満洲国国務院　『大東亜戦争写真史』4 (1954，富士書苑)より ……635
満洲事変　錦州城を占領した日本軍 ……636
田河水泡画『あなたも義勇軍になれます』(拓務省)　飯田市歴史研究所所蔵 ……639
ミズーリ　外務省編『終戦史録』(1952，新聞月鑑社)より ……641
ミッドウェー海戦　日本軍の攻撃を受けるヨークタウン ……645
南次郎 ……647
南太平洋海戦　日本軍の攻撃を受けるホーネット ……647
南満洲鉄道会社本社 ……648
妙高 ……652
『麦と兵隊』表紙 ……653
武蔵 ……654
陸奥 ……655
ムッソリーニ ……656
第12回明治神宮国民体育大会　銃剣道の競技　東京大空襲・戦災資料センター提供 ……659
毛沢東 ……660
最上 ……662
木炭自動車　『アサヒグラフ』1938年８月17日号より ……662
松竹『桃太郎海の神兵』 ……662
森戸辰男 ……663
もんぺ姿の女性 ……664
戦闘帽をかぶった戦時下のプロ野球選手　読売新聞社提供 ……665
靖国神社臨時大祭に行幸する昭和天皇　『写真週報』12号より ……666
矢内原忠雄 ……667
柳田国男 ……668
山下奉文 ……671
山田孝雄 ……672
大和 ……672
山本五十六 ……673
新宿駅前の闇市 ……675
ヤルタ会談 ……675
翼賛選挙　選挙違反を戒めるポスター(1942年，愛媛県警察部)　昭和館所蔵 ……681
横山大観 ……683
吉田茂㈠ ……684
米内光政 ……686
パンフレット「ラヂオ体操図解」　国立公文書館所蔵 ……688
蘭印作戦　ジャワ島の鉄橋を復旧する工兵隊 ……689
陸軍士官学校(神奈川県座間) ……692
陸軍登戸研究所　倉庫跡(2015年撮影) ……695
リットン調査団 ……699
リッベントロップ ……699
柳条湖事件記念碑と九・一八歴史博物館(1992年撮影) ……700
零式艦上戦闘機 ……704
レイテ沖海戦　神風特別攻撃隊の攻撃を受ける米護衛空母セント＝ロー　『大東亜戦争写真史』3 (1954，富士書苑)より ……705
レイテ島に上陸するマッカーサー　外務省編『終戦史録』(1952，新聞月鑑社)より ……705
ローズヴェルト ……711
盧溝橋を行軍中の日本兵　毎日新聞社提供 ……711
ロンドン海軍軍縮会議の各国代表 ……712
若槻礼次郎 ……713
ワシントン会議 ……714
蕪湖で公演するわらわし隊　朝日新聞社提供 ……717

口絵図版目録

戦時下のポスター

1 石油の一滴は血の一滴　1944年頃　国民勤労動員署　昭和館所蔵
2 百億貯蓄は保険から　1939年頃　大同生命　同上所蔵
3 日本中ノヨイコドモガ毎日一銭ヅツ貯蓄スレバ一年四百余機ノセントウ機ガツクレマス　1944年　大蔵省・文部省・大日本青少年団　同上所蔵
4 大満洲帝国万歳　奉天承運軍民共仰　満洲国軍政部　南部町祐生出会いの館所蔵
5 大陸日本　築け若人　1938年　満洲移住協会　舞鶴引揚記念館所蔵
6 南方共栄圏資源地図　1942年　コロムビアレコード　昭和館所蔵
7 国民総決起　1944年　大政翼賛会・翼賛政治会　同上所蔵
8 疎開　空襲必至　1944年　防空総本部・大日本防空協会　同上所蔵

戦争画

1 阿部合成「見送る人々」 1938年　137.4×165.6cm　兵庫県立美術館所蔵
2 鶴田吾郎「神兵パレンバンに降下す」 1942年　194.0×255.0cm　東京国立近代美術館所蔵（無期限貸与作品）　Photo: MOMAT/DNPartcom
3 川端龍子「水雷神」 1944年　243.8×482.4cm　大田区立龍子記念館所蔵　ⒸMinami Kawabata & Ryuta Kawabata 2015/JAA1500085
4 藤田嗣治「アッツ島玉砕」 1943年　193.5×259.5cm　東京国立近代美術館所蔵（無期限貸与作品）　ⒸFondation Foujita/ADAGP, Paris&JASPAR, Tokyo, 2015 C0629　Photo: MOMAT/DNPartcom
5 横山大観「南溟の夜」 1944年　81.5×90.0cm　同上所蔵（無期限貸与作品）　Photo: MOMAT/DNPartcom
6 北川民次「鉛の兵隊（銃後の少女）」 1939年　54.7×70.0cm　個人蔵

体験者が描いた戦争

1 市川浩「奥州街道を埋めた被災者の長い列」 すみだ郷土文化資料館所蔵
2 上間信治「赤ちゃんを泣かすな！」 沖縄県平和祈念資料館所蔵
3 菅葉子「縮景園北側の川岸」 広島平和記念資料館所蔵
4 小泉癸巳男『配給物絵日記』第1冊（1944年）　昭和館所蔵
5 酒井キミ子「出征兵士を送る」「慰問袋に入れる乾燥梅干しの供出」『戦争していた国のおらが里』（2012年，桂書房）より　桂書房提供
6 川口光治「坑内切羽」 平和祈念展示資料館所蔵

戦争遺跡

1 八紘一宇の塔　宮崎県宮崎市　安島太佳由撮影
2 原爆ドーム　広島県広島市
3 東寧要塞　中国黒龍江省　安島太佳由撮影
4 七三一部隊ボイラー跡　中国黒龍江省　同上撮影
5 戦地に残る米軍の戦車　北マリアナ諸島サイパン島　同上撮影
6 松代大本営象山地下壕跡　長野県長野市　同上撮影
7 日立航空機立川工場変電所跡　東京都東大和市　同上撮影
8 「回天」発射訓練基地跡　山口県周南市　同上撮影

付　録

1　内　閣
2　内大臣
3　宮内大臣
4　侍従長
5　侍従武官長
6　参謀総長
7　教育総監
8　海軍軍令部長・軍令部総長
9　大政翼賛会機構
10　帝国議会
11　衆議院議長
12　貴族院議長
13　枢密院議長
14　企画院（企画庁）総裁
15　情報局総裁（情報部長）
16　関東軍司令官
17　支那駐屯軍司令官
18　朝鮮総督
19　朝鮮軍司令官（第17方面軍司令官）
20　台湾総督
21　台湾軍司令官（第10方面軍司令官）
22　樺太庁長官
23　南洋庁長官
24　陸軍の主要部隊編制
25　海軍の編制
26　師団編制
27　軍事費の推移
28　日本銀行総裁
29　南満洲鉄道会社総裁
30　日米主要物資生産高比較
31　貿易収支
32　日本海軍の艦艇数
33　石油の輸入先別構成
34　輸送力の日米比較
35　GHQ組織図
36　東京裁判とニュルンベルク裁判の相違
37　東京裁判の判決
38　地域別日本人戦没者数
39　本土空襲による死者数
40　沖縄戦による死者数

付　録

Ⅰ 内 閣

内閣	主な出来事
第2次若槻礼次郎内閣(1931.4.14～12.13)	柳条湖事件(満洲事変勃発).
犬養毅内閣(1931.12.13～1932.5.26)	金輸出再禁止. 上海事変. 血盟団事件. 満洲国建国. 五・一五事件.
斎藤実内閣(1932.5.26～1934.7.8)	日満議定書. 国際連盟脱退通告.
岡田啓介内閣(1934.7.8～1936.3.9)	国体明徴声明. 二・二六事件.
広田弘毅内閣(1936.3.9～1937.2.2)	日独防共協定.
林銑十郎内閣(1937.2.2～6.4)	企画庁設置.
第一次近衛文麿内閣(1937.6.4～1939.1.5)	盧溝橋事件(日中戦争開始). 日独伊防共協定. 国家総動員法.
平沼騏一郎内閣(1939.1.5～8.30)	ノモンハン事件. 日米通商航海条約廃棄通告.
阿部信行内閣(1939.8.30～1940.1.16)	価格等統制令.
米内光政内閣(1940.1.16～7.22)	斎藤隆夫議員除名問題.
第2次近衛文麿内閣(1940.7.22～1941.7.18)	北部仏印進駐. 日独伊三国同盟. 大政翼賛会発足. 日ソ中立条約.
第3次近衛文麿内閣(1941.7.18～10.18)	南部仏印進駐.
東条英機内閣(1941.10.18～1944.7.22)	アジア・太平洋戦争開始. 翼賛選挙. ミッドウェー海戦. サイパン陥落.
小磯国昭内閣(1944.7.22～1945.4.7)	レイテ沖海戦. 本土空襲本格化. 沖縄戦開始.
鈴木貫太郎内閣(1945.4.7～8.17)	広島・長崎原爆投下. ソ連対日参戦. ポツダム宣言受諾.
東久邇宮稔彦内閣(1945.8.17～10.9)	降伏文書調印. 連合国軍の本土進駐.

第2次若槻礼次郎内閣(1931.4.14～12.13)

職名	氏名	備考
総理大臣	若槻礼次郎	貴族院議員, 立憲民政党
外務大臣	幣原喜重郎	貴族院議員
内務大臣	安達謙蔵	衆議院議員, 立憲民政党
大蔵大臣	井上準之助	貴族院議員, 立憲民政党
陸軍大臣	南　次郎	陸軍大将
海軍大臣	安保清種	海軍大将
司法大臣	渡辺千冬	貴族院議員
文部大臣	田中隆三	衆議院議員, 立憲民政党
農林大臣	町田忠治	衆議院議員, 立憲民政党
商工大臣	桜内幸雄	衆議院議員, 立憲民政党
逓信大臣	小泉又次郎	衆議院議員, 立憲民政党
鉄道大臣	江木　翼	貴族院議員, 立憲民政党
	原脩次郎	1931.9.10～　衆議院議員, 立憲民政党
拓務大臣	原脩次郎	衆議院議員, 立憲民政党
	若槻礼次郎(兼)	1931.9.10～　衆議院議員, 立憲民政党
書記官長	川崎卓吉	貴族院議員, 立憲民政党
法制局長官	武内作平	衆議院議員, 立憲民政党
	斎藤隆夫	1931.11.9～　衆議院議員, 立憲民政党

犬養毅内閣(1931.12.13～1932.5.26)

職名	氏名	備考
総理大臣	犬養　毅	衆議院議員, 立憲政友会
	高橋是清(臨兼)	1932.5.16～
外務大臣	犬養　毅(兼)	
	芳沢謙吉	1932.1.14～
内務大臣	中橋徳五郎	衆議院議員, 立憲政友会
	犬養　毅(兼)	1932.3.16～
	鈴木喜三郎	1932.3.25～　貴族院議員, 立憲政友会

職　名	氏　名	備　考
大蔵大臣	高橋是清	立憲政友会
陸軍大臣	荒木貞夫	陸軍中将
海軍大臣	大角岑生	海軍大将
司法大臣	鈴木喜三郎	貴族院議員，立憲政友会
	川村竹治	1932.3.25～　貴族院議員
文部大臣	鳩山一郎	衆議院議員，立憲政友会
農林大臣	山本悌二郎	衆議院議員，立憲政友会
商工大臣	前田米蔵	衆議院議員，立憲政友会
逓信大臣	三土忠造	衆議院議員，立憲政友会
鉄道大臣	床次竹二郎	衆議院議員，立憲政友会
拓務大臣	秦　豊助	衆議院議員，立憲政友会
書記官長	森　恪	衆議院議員，立憲政友会
法制局長官	島田俊雄	衆議院議員，立憲政友会

斎藤実内閣(1932.5.26～1934.7.8)

職　名	氏　名	備　考
総理大臣	斎藤　実	海軍大将
外務大臣	斎藤　実(兼)	
	内田康哉	1932.7.6～　貴族院議員
	広田弘毅	1933.9.14～
内務大臣	山本達雄	貴族院議員，立憲民政党
大蔵大臣	高橋是清	立憲政友会
陸軍大臣	荒木貞夫	陸軍中将
	林銑十郎	1934.1.23～　陸軍大将
海軍大臣	岡田啓介	海軍大将
	大角岑生	1933.1.9～　海軍大将
司法大臣	小山松吉	
文部大臣	鳩山一郎	衆議院議員，立憲政友会
	斎藤　実(兼)	1934.3.3～
農林大臣	後藤文夫	貴族院議員
商工大臣	中島久万吉	貴族院議員
	松本烝治	1934.2.9～　貴族院議員
逓信大臣	南　弘	貴族院議員
鉄道大臣	三土忠造	衆議院議員，立憲政友会
拓務大臣	永井柳太郎	衆議院議員，立憲民政党
書記官長	柴田善三郎	
	堀切善次郎	1933.3.13～
法制局長官	堀切善次郎	
	黒崎定三	1933.3.13～

岡田啓介内閣(1934.7.8～1936.3.9)

職　名	氏　名	備　考
総理大臣	岡田啓介	海軍大将
	後藤文夫(臨代)	1936.2.26～
外務大臣	広田弘毅	
内務大臣	後藤文夫	貴族院議員
大蔵大臣	藤井真信	

職　名	氏　名	備　考
大蔵大臣	高橋是清	1934.11.27～
	町田忠治(兼)	1936.2.27～
陸軍大臣	林銑十郎	陸軍大将
	川島義之	1935.9.5～　陸軍大将
海軍大臣	大角岑生	海軍大将
司法大臣	小原　直	
文部大臣	松田源治	衆議院議員，立憲民政党
	川崎卓吉	1936.2.2～　貴族院議員
農林大臣	山崎達之輔	衆議院議員
商工大臣	町田忠治	衆議院議員，立憲民政党
逓信大臣	床次竹二郎	衆議院議員
	岡田啓介(兼)	1935.9.9～
	望月圭介	1935.9.12～　衆議院議員
鉄道大臣	内田信也	衆議院議員
拓務大臣	岡田啓介(兼)	
	児玉秀雄	1934.10.25～　貴族院議員
書記官長	河田　烈	
	吉田　茂	1934.10.20～
	白根竹介	1935.5.11～
法制局長官	黒崎定三	貴族院議員
	金森徳次郎	1934.7.10～
	大橋八郎	1936.1.11～

広田弘毅内閣(1936.3.9～1937.2.2)

職　名	氏　名	備　考
総理大臣	広田弘毅	
外務大臣	広田弘毅(兼)	
	有田八郎	1936.4.2～
内務大臣	潮恵之輔	貴族院議員
大蔵大臣	馬場鍈一	貴族院議員
陸軍大臣	寺内寿一	陸軍大将
海軍大臣	永野修身	海軍大将
司法大臣	林頼三郎	
文部大臣	潮恵之輔(兼)	
	平生釟三郎	1936.3.25～　貴族院議員
農林大臣	島田俊雄	衆議院議員，立憲政友会
商工大臣	川崎卓吉	貴族院議員
	小川郷太郎	1936.3.28～　衆議院議員，立憲民政党
逓信大臣	頼母木桂吉	衆議院議員，立憲民政党
鉄道大臣	前田米蔵	衆議院議員，立憲政友会
拓務大臣	永田秀次郎	貴族院議員
書記官長	藤沼庄平	貴族院議員
法制局長官	次田大三郎	貴族院議員

林銑十郎内閣(1937.2.2～6.4)

職　名	氏　名	備　考
総理大臣	林銑十郎	陸軍大将
外務大臣	林銑十郎(兼)	
	佐藤尚武	1937.3.3～
内務大臣	河原田稼吉	
大蔵大臣	結城豊太郎	
陸軍大臣	中村孝太郎	陸軍中将
	杉山　元	1937.2.9～　陸軍大将
海軍大臣	米内光政	海軍中将
司法大臣	塩野季彦	
文部大臣	林銑十郎(兼)	
農林大臣	山崎達之輔	衆議院議員
商工大臣	伍堂卓雄	海軍中将
逓信大臣	山崎達之輔(兼)	
	児玉秀雄	1937.2.10～　貴族院議員
鉄道大臣	伍堂卓雄(兼)	
拓務大臣	結城豊太郎(兼)	
書記官長	大橋八郎	貴族院議員
法制局長官	川越丈雄	

第一次近衛文麿内閣(1937.6.4～1939.1.5)

職　名	氏　名	備　考
総理大臣	近衛文麿	貴族院議員
外務大臣	広田弘毅	貴族院議員
	宇垣一成	1938.5.26～　陸軍大将
	近衛文麿(兼)	1938.9.30～
	有田八郎	1938.10.29～　貴族院議員
内務大臣	馬場鍈一	貴族院議員
	末次信正	1937.12.14～　海軍大将
大蔵大臣	賀屋興宣	
	池田成彬	1938.5.26～
陸軍大臣	杉山　元	陸軍大将
	板垣征四郎	1938.6.3～　陸軍大将
海軍大臣	米内光政	海軍大将
司法大臣	塩野季彦	
文部大臣	安井英二	
	木戸幸一	1937.10.22～　貴族院議員
	荒木貞夫	1938.5.26～　陸軍大将
農林大臣	有馬頼寧	貴族院議員
商工大臣	吉野信次	
	池田成彬(兼)	1938.5.26～
逓信大臣	永井柳太郎	衆議院議員，立憲民政党
鉄道大臣	中島知久平	海軍機関大尉，衆議院議員，立憲政友会
拓務大臣	大谷尊由	貴族院議員
	宇垣一成(兼)	1938.6.25～
	近衛文麿(兼)	1938.9.30～
	八田嘉明	1938.10.29～　貴族院議員
厚生大臣	木戸幸一(兼)	1938.1.11(設置)～

職　名	氏　名	備　考
厚生大臣	木戸幸一	1938.5.26～　貴族院議員
書記官長	風見　章	衆議院議員
法制局長官	滝　正雄	衆議院議員
	船田　中	1937.10.25～　衆議院議員，立憲政友会

平沼騏一郎内閣(1939.1.5～8.30)

職　名	氏　名	備　考
総理大臣	平沼騏一郎	
外務大臣	有田八郎	貴族院議員
内務大臣	木戸幸一	貴族院議員
大蔵大臣	石渡荘太郎	
陸軍大臣	板垣征四郎	陸軍中将
海軍大臣	米内光政	海軍大将
司法大臣	塩野季彦	
文部大臣	荒木貞夫	
農林大臣	桜内幸雄	衆議院議員，立憲民政党
商工大臣	八田嘉明	貴族院議員
逓信大臣	塩野季彦(兼)	
	田辺治通	1939.4.7～
鉄道大臣	前田米蔵	衆議院議員，立憲政友会
拓務大臣	八田嘉明(兼)	
	小磯国昭	1939.4.7～　陸軍大将
厚生大臣	広瀬久忠	
班　列	近衛文麿	貴族院議員
書記官長	田辺治通	
	太田耕造	1939.4.7～
法制局長官	黒崎定三	貴族院議員

阿部信行内閣(1939.8.30～1940.1.16)

職　名	氏　名	備　考
総理大臣	阿部信行	陸軍大将
外務大臣	阿部信行(兼)	
	野村吉三郎	1939.9.25～　海軍大将
内務大臣	小原　直	貴族院議員
大蔵大臣	青木一男	貴族院議員
陸軍大臣	畑　俊六	陸軍大将
海軍大臣	吉田善吾	海軍中将
司法大臣	宮城長五郎	
文部大臣	河原田稼吉	貴族院議員
農林大臣	伍堂卓雄	海軍造兵中将，貴族院議員
	酒井忠正	1939.10.16～　貴族院議員
商工大臣	伍堂卓雄(兼)	
	伍堂卓雄	1939.10.16～　海軍造兵中将，貴族院議員
逓信大臣	永井柳太郎	衆議院議員，立憲民政党
鉄道大臣	永井柳太郎(兼)	
	永田秀次郎	1939.11.29～　貴族院議員
拓務大臣	金光庸夫	衆議院議員，立憲政友会金光派

職　名	氏　名	備　考
厚生大臣	小原　直(兼)	
	秋田　清	1939.11.29～　衆議院議員，第一議員倶楽部
書記官長	遠藤柳作	貴族院議員
法制局長官	唐沢俊樹	

米内光政内閣(1940.1.16～7.22)

職　名	氏　名	備　考
総理大臣	米内光政	海軍大将
外務大臣	有田八郎	貴族院議員
内務大臣	児玉秀雄	貴族院議員
大蔵大臣	桜内幸雄	衆議院議員，立憲民政党
陸軍大臣	畑　俊六	陸軍大将
海軍大臣	吉田善吾	海軍中将
司法大臣	木村尚達	
文部大臣	松浦鎮次郎	
農林大臣	島田俊雄	衆議院議員，立憲政友会
商工大臣	藤原銀次郎	貴族院議員
逓信大臣	勝　正憲	衆議院議員，立憲民政党
鉄道大臣	松野鶴平	衆議院議員，立憲政友会
拓務大臣	小磯国昭	陸軍大将
厚生大臣	吉田　茂	貴族院議員
書記官長	石渡荘太郎	
法制局長官	広瀬久忠	

第2次近衛文麿内閣(1940.7.22～1941.7.18)

職　名	氏　名	備　考
総理大臣	近衛文麿	貴族院議員
外務大臣	松岡洋右	
内務大臣	安井英二	貴族院議員
	平沼騏一郎	1940.12.21～
大蔵大臣	河田　烈	貴族院議員
陸軍大臣	東条英機	陸軍中将
海軍大臣	吉田善吾	海軍中将
	及川古志郎	1940.9.5～　海軍大将
司法大臣	風見　章	衆議院議員
	柳川平助	1940.12.21～　陸軍中将
文部大臣	橋田邦彦	
農林大臣	近衛文麿(兼)	
	石黒忠篤	1940.7.24～
	井野碩哉	1941.6.11～
商工大臣	小林一三	
	豊田貞次郎	1941.4.4～　海軍大将
逓信大臣	村田省蔵	貴族院議員
鉄道大臣	村田省蔵(兼)	
	小川郷太郎	1940.9.28～　衆議院議員
拓務大臣	松岡洋右(兼)	
	秋田　清	1940.9.28～　衆議院議員

職　名	氏　名	備　考
厚生大臣	安井英二(兼)	
	金光庸夫	1940.9.28～　衆議院議員
国務大臣	平沼騏一郎	1940.12.6～12.21
	星野直樹	1940.12.6～1941.4.4
	鈴木貞一	1941.4.4～7.18　陸軍中将
	小倉正恒	1941.4.2～7.18　貴族院議員
班列	星野直樹	1940.7.22～12.6
書記官長	富田健治	
法制局長官	村瀬直養	

第3次近衛文麿内閣(1941.7.18～10.18)

職　名	氏　名	備　考
総理大臣	近衛文麿	貴族院議員
外務大臣	豊田貞次郎	海軍大将
内務大臣	田辺治通	貴族院議員
大蔵大臣	小倉正恒	貴族院議員
陸軍大臣	東条英機	陸軍中将
海軍大臣	及川古志郎	海軍大将
司法大臣	近衛文麿(兼)	
	岩村通世	1941.7.25～
文部大臣	橋田邦彦	
農林大臣	井野碩哉	
商工大臣	左近司政三	海軍中将
逓信大臣	村田省蔵	貴族院議員
鉄道大臣	村田省蔵(兼)	
拓務大臣	豊田貞次郎(兼)	
厚生大臣	小泉親彦	陸軍軍医中将
国務大臣	平沼騏一郎	
	鈴木貞一	陸軍中将
	柳川平助	陸軍中将
書記官長	富田健治	
法制局長官	村瀬直養	

東条英機内閣(1941.10.18～1944.7.22)

職　名	氏　名	備　考
総理大臣	東条英機	陸軍大将
外務大臣	東郷茂徳	
	東条英機(兼)	1942.9.1～
	谷正之	1942.9.17～
	重光葵	1943.4.20～
内務大臣	東条英機(兼)	
	湯沢三千男	1942.2.17～
	安藤紀三郎	1943.4.20～　陸軍中将
大蔵大臣	賀屋興宣	貴族院議員
	石渡荘太郎	1944.2.19～　貴族院議員
陸軍大臣	東条英機(兼)	
海軍大臣	嶋田繁太郎	海軍大将

職　名	氏　名	備　考
海軍大臣	野村直邦	1944.7.17～　海軍大将
司法大臣	岩村通世	
文部大臣	橋田邦彦	
	東条英機(兼)	1943.4.20～
	岡部長景	1943.4.23～　貴族院議員
農林大臣	井野碩哉	
	山崎達之輔	1943.4.20～11.1(廃止)
商工大臣	岸　信介	
	東条英機(兼)	1943.10.8～11.1(廃止)
逓信大臣	寺島　健	海軍中将
	八田嘉明(兼)	1943.10.8～11.1(廃止)
鉄道大臣	寺島　健(兼)	
	八田嘉明	1941.12.2～1943.11.1(廃止)　貴族院議員
拓務大臣	東郷茂徳(兼)	
	井野碩哉(兼)	1941.12.2～1942.11.1(廃止)
厚生大臣	小泉親彦	陸軍軍医中将
大東亜大臣	青木一男	1942.11.1(設置)～　貴族院議員
農商大臣	山崎達之輔	1943.11.1(設置)～　衆議院議員，翼賛政治会
	内田信也	1944.2.19～　衆議院議員，翼賛政治会
軍需大臣	東条英機(兼)	1943.11.1(設置)～
運輸通信大臣	八田嘉明	1943.11.1(設置)～　貴族院議員
	五島慶太	1944.2.19～
国務大臣	鈴木貞一	陸軍中将
	安藤紀三郎	1942.6.9～1943.4.20　陸軍中将
	青木一男	1942.9.17～11.1　貴族院議員
	大麻唯男	1943.4.20～　衆議院議員，翼賛政治会
	後藤文夫	1943.5.26～　貴族院議員
	岸　信介	1943.10.8～　衆議院議員，翼賛政治会
	藤原銀次郎	1943.11.17～　貴族院議員
書記官長	星野直樹	貴族院議員
法制局長官	森山鋭一	

小磯国昭内閣(1944.7.22～1945.4.7)

職　名	氏　名	備　考
総理大臣	小磯国昭	陸軍大将
外務大臣	重光　葵	
内務大臣	大達茂雄	
大蔵大臣	石渡荘太郎	貴族院議員
	津島寿一	1945.2.21～
陸軍大臣	杉山　元	陸軍大将
海軍大臣	米内光政	海軍大将
司法大臣	松阪広政	
文部大臣	二宮治重	陸軍中将
	児玉秀雄	1945.2.10～　貴族院議員
農商大臣	島田俊雄	衆議院議員，翼賛政治会
軍需大臣	藤原銀次郎	貴族院議員
	吉田　茂	1944.12.19～　貴族院議員
運輸通信大臣	前田米蔵	衆議院議員，翼賛政治会
大東亜大臣	重光　葵(兼)	

職名	氏名	備考
厚生大臣	広瀬久忠	貴族院議員
	相川勝六	1945.2.10～
国務大臣	町田忠治	衆議院議員，翼賛政治会
	緒方竹虎	
	児玉秀雄	1944.7.22～1945.2.10　貴族院議員
	広瀬久忠	1945.2.10～2.21　貴族院議員
	石渡荘太郎	1945.2.21～4.7　貴族院議員
	小林躋造	1944.12.19～1945.3.1　海軍大将，貴族院議員
書記官長	三浦一雄(兼)	
	田中武雄	1944.7.29～
	広瀬久忠(兼)	1945.2.10～
	石渡荘太郎(兼)	1945.2.21～
法制局長官	三浦一雄	衆議院議員，翼賛政治会

鈴木貫太郎内閣(1945.4.7～8.17)

職名	氏名	備考
総理大臣	鈴木貫太郎	海軍大将
外務大臣	鈴木貫太郎(兼)	
	東郷茂徳	1945.4.9～　貴族院議員
内務大臣	安倍源基	
大蔵大臣	広瀬豊作	
陸軍大臣	阿南惟幾	陸軍大将
海軍大臣	米内光政	海軍大将
司法大臣	松阪広政	
文部大臣	太田耕造	貴族院議員
農商大臣	石黒忠篤	貴族院議員
軍需大臣	豊田貞次郎	海軍大将
運輸通信大臣	豊田貞次郎(兼)	
	小日山直登	1945.4.11～5.19(廃止)
運輸大臣	小日山直登	1945.5.19(設置)～
大東亜大臣	鈴木貫太郎(兼)	
	東郷茂徳(兼)	1945.4.9～
厚生大臣	岡田忠彦	衆議院議員，大日本政治会
国務大臣	桜井兵五郎	衆議院議員，大日本政治会
	左近司政三	海軍中将，貴族院議員
	下村宏	貴族院議員
	安井藤治	1945.4.11～　陸軍中将
書記官長	迫水久常	
法制局長官	村瀬直養	貴族院議員

東久邇宮稔彦内閣(1945.8.17～10.9)

職名	氏名	備考
総理大臣	東久邇宮稔彦	貴族院議員
外務大臣	重光葵	貴族院議員
	吉田茂	1945.9.17～
内務大臣	山崎巌	
大蔵大臣	津島寿一	

職　名	氏　名	備　考
陸軍大臣	東久邇宮稔彦(兼)	
	下村　定	陸軍大将
海軍大臣	米内光政	海軍大将
司法大臣	岩田宙造	貴族院議員
文部大臣	松村謙三(兼)	
	前田多門	1945.8.18～　貴族院議員
厚生大臣	松村謙三	衆議院議員，大日本政治会
大東亜大臣	重光　葵(兼)	1945.8.26廃止
農商大臣	千石興太郎	1945.8.26廃止　貴族院議員
軍需大臣	中島知久平	1945.8.26廃止　海軍機関大尉，衆議院議員，大日本政治会
農林大臣	千石興太郎	1945.8.26(設置)～　貴族院議員
商工大臣	中島知久平	1945.8.26(設置)～　海軍機関大尉，衆議院議員，大日本政治会
運輸大臣	小日山直登	
国務大臣	近衛文麿	貴族院議員
	緒方竹虎	貴族院議員
	小畑敏四郎	1945.8.19～　陸軍中将
書記官長	緒方竹虎(兼)	
法制局長官	村瀬直養	貴族院議員

2 内大臣

氏　名	在任期間	備　考
牧野伸顕	1925. 3.30－1935.12.26	
斎藤　実	1935.12.26－1936. 2.26	海軍大将
一木喜徳郎	1936. 3. 6	枢密院議長
湯浅倉平	1936. 3. 6－1940. 6. 1	
木戸幸一	1940. 6. 1－1945.11.24	

(1)満洲事変勃発時(1931.9.18)在任以降を記載した.
(2)備考欄の職務は就任時の兼職を示す.

3 宮内大臣

氏　名	就任年月日	備　考
一木喜徳郎	1925. 3.30	
湯浅倉平	1933. 2.15	
松平恒雄	1936. 3. 6	
石渡荘太郎	1945. 6. 4	貴族院議員，研究会
松平慶民	1946. 1.16	

満洲事変勃発時(1931.9.18)在任以降を記載した.

4 侍従長

氏　名	就任年月日
鈴木貫太郎	1929. 1.22
百武三郎	1936.11.20
藤田尚徳	1944. 8.29

満洲事変勃発時(1931.9.18)から敗戦(1945.8.15)までの在任者を記載した.

5 侍従武官長

氏　名	就任年月日	備　考
奈良武次	1922.11.24	陸軍中将・大将
本庄　繁	1933. 4. 6	陸軍中将・大将
宇佐美興屋	1936. 3.23	陸軍中将
畑　俊六	1939. 5.25	陸軍大将
蓮沼　蕃	1939. 8.30	陸軍中将・大将

満洲事変勃発時(1931.9.18)在任以降を記載した.

6 参謀総長

氏　名	就任年月日	備　考
金谷範三	1930. 2.19	陸軍大将
閑院宮載仁親王	1931.12.23	陸軍大将
杉山　元	1940.10. 3	陸軍大将
東条英機	1944. 2.21	内閣総理大臣・陸軍大臣・軍需大臣，陸軍大将
梅津美治郎	1944. 7.18	陸軍大将

(1)満洲事変勃発時(1931.9.18)在任以降を記載した.
(2)備考欄の職務は就任時の兼職を示す.

7 教育総監

氏　名	就任年月日	備　考
武藤信義	1927. 8.26	陸軍大将
林銑十郎	1932. 5.26	陸軍大将
真崎甚三郎	1934. 1.23	陸軍大将
渡辺錠太郎	1935. 7.16	陸軍大将
西　義一	1936. 3. 5	陸軍大将
杉山　元	1936. 8. 1	陸軍中将・大将
寺内寿一	1937. 2. 9	陸軍大将
畑　俊六	1937. 8.26	陸軍中将・大将
安藤利吉	1938. 2.14	代理，教育総監部本部長，陸軍中将
西尾寿造	1938. 4.30	陸軍中将・大将
河辺正三	1939. 9. 4	代理，教育総監部本部長，陸軍中将
山田乙三	1939.10.14	陸軍中将・大将
杉山　元	1944. 7.18	陸軍大将
野田謙吾	1944. 7.22	代理，教育総監部本部長，陸軍中将
畑　俊六	1944.11.22	陸軍大将
土肥原賢二	1945. 4. 7	陸軍大将
下村　定	1945. 8.25	陸軍大臣，陸軍大将

(1)満洲事変勃発時(1931.9.18)在任以降を記載した.
(2)備考欄の職務は就任時の兼職を示す.

8 海軍軍令部長・軍令部総長

氏　名	就任年月日	備　考
谷口尚真	1930. 6.11	海軍大将
伏見宮博恭王	1932. 2. 2	海軍大将
伏見宮博恭王	1933.10. 1	海軍大将
永野修身	1941. 4. 9	海軍大将
嶋田繁太郎	1944. 2.21	海軍大臣，海軍大将
及川古志郎	1944. 8. 2	海軍大将
豊田副武	1945. 5.29	海軍大将

(1)満洲事変勃発時(1931.9.18)在任以降を記載した.
(2)1933.10.1より軍令部総長.
(3)備考欄の職務は就任時の兼職を示す.

9　大政翼賛会機構(1941年1月)

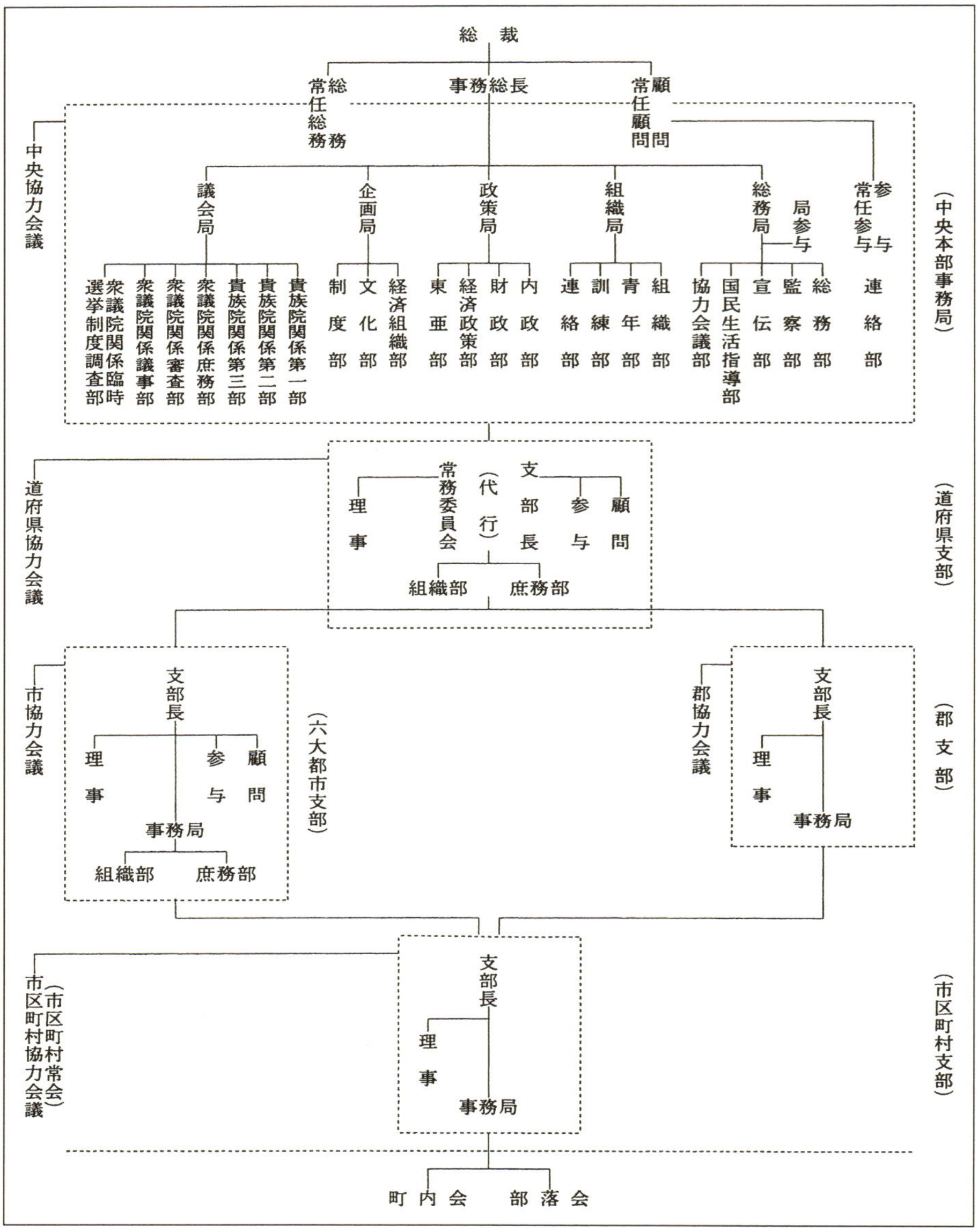

10 帝国議会

回　次	会　　期	内　　閣	主な成立法案
(第17回総選挙　1930.2.20)			
第58回(特別)	1930. 4.23－1930. 5.13	浜口雄幸内閣	
第59回(通常)	1930.12.26－1931. 3.27	同	重要産業統制法案
第60回(通常)	1931.12.26－1932. 1.21(解散)	犬養毅内閣	
(第18回総選挙　1932.2.20)			
第61回(臨時)	1932. 3.20－1932. 3.24	犬養毅内閣	
第62回(臨時)	1932. 6. 1－1932. 6.14	斎藤実内閣	
第63回(臨時)	1932. 8.23－1932. 9. 4	同	
第64回(通常)	1932.12.26－1933. 3.25	同	米穀統制法案
第65回(通常)	1933.12.26－1934. 3.25	同	
第66回(臨時)	1934.11.28－1934.12. 9	岡田啓介内閣	
第67回(通常)	1934.12.26－1935. 3.25	同	
第68回(通常)	1935.12.26－1936. 1.21(解散)	同	
(第19回総選挙　1936.2.20)			
第69回(特別)	1936. 5. 4－1936. 5.26	広田弘毅内閣	米穀自治管理法案，自動車製造事業法案，思想犯保護観察法案
第70回(通常)	1936.12.26－1937. 3.31(解散)	広田内閣，林銑十郎内閣	臨時租税増徴法案，防空法案
(第20回総選挙　1937.4.30)			
第71回(特別)	1937. 7.25－1937. 8. 7	第一次近衛文麿内閣	人造石油製造業法案
第72回(臨時)	1937. 9. 4－1937. 9. 8	同	臨時資金調整法案，輸出入品等臨時措置法案
第73回(通常)	1937.12.26－1938. 3.26	同	国民健康保険法案，電力管理法案，農地調整法案，国家総動員法案，工作機械製造事業法案，航空機製造事業法案
第74回(通常)	1938.12.26－1939. 3.25	第一次近衛内閣，平沼騏一郎内閣	宗教団体法案
第75回(通常)	1939.12.26－1940. 3.26	阿部信行内閣，米内光政内閣	国民体力法案，国民優生法案
第76回(通常)	1940.12.26－1941. 3.25	第二次近衛文麿内閣	国防保安法案
第77回(臨時)	1941.11.16－1941.11.20	東条英機内閣	
第78回(臨時)	1941.12.16－1941.12.17	同	言論・出版・集会・結社等臨時取締法案
第79回(通常)	1941.12.26－1942. 3.25	同	食糧管理法案，国民医療法案，戦時刑事特別法案，戦時民事特別法案，戦時災害保護法案
(第21回総選挙　1942.4.30)			
第80回(臨時)	1942. 5.27－1942. 5.28	東条英機内閣	
第81回(通常)	1942.12.26－1943. 3.25	同	石油専売法案，戦時行政特例法案
第82回(臨時)	1943. 6.16－1943. 6.18	同	
第83回(臨時)	1943.10.26－1943.10.28	同	軍需会社法案
第84回(通常)	1943.12.26－1944. 3.24	同	
第85回(臨時)	1944. 9. 7－1944. 9.11	小磯国昭内閣	
第86回(通常)	1944.12.26－1945. 3.25	同	軍事特別措置法案
第87回(臨時)	1945. 6. 9－1945. 6.12	鈴木貫太郎内閣	義勇兵役法案，戦時緊急措置法案
第88回(臨時)	1945. 9. 4－1945. 9. 5	東久邇宮稔彦内閣	
第89回(臨時)	1945.11.27－1945.12.18(解散)	幣原喜重郎内閣	衆議院議員選挙法改正案(婦人参政権)，農地調整法改正案，労働組合法案
(第22回総選挙　1946.4.10)			
第90回(臨時)	1946. 6.20－1946.10.11	第一次吉田茂内閣	憲法改正案(日本国憲法案)，自作農創設特別措置法案
第91回(臨時)	1946.11.26－1946.12.25	同	
第92回(通常)	1946.12.28－1947. 3.31(解散)	同	内閣法案，財政法案，労働基準法案，教育基本法案，学校教育法案，独占禁止法案

遠山茂樹・安達淑子『近代日本政治史必携』(1961，岩波書店)などをもとに作成した.

11　衆議院議長

氏　名	在任期間	備　考
中村啓次郎	1931.12.23—1932. 1.21	立憲民政党
秋田　清	1932. 3.18—1934.12.13	立憲政友会
浜田国松	1934.12.24—1936. 1.21	同
富田幸次郎	1936. 5. 1—1937. 3.31	立憲民政党
小山松寿	1937. 7.23—1941.12.22	同
田子一民	1941.12.24—1942. 5.25	翼賛議員同盟
岡田忠彦	1942. 5.25—1945. 4. 9	翼賛政治会
島田俊雄	1945. 6. 8—1945.12.18	大日本政治会
樋貝詮三	1946. 5.22—1946. 8.23	日本自由党
山崎　猛	1946. 8.23—1947. 3.31	同

満洲事変勃発時(1931.9.18)以降，帝国議会廃止までを記載した.

12　貴族院議長

氏　名	在任期間	備　考
徳川家達	1924.12. 5—1931.12. 5	公爵
徳川家達	1931.12. 5—1933. 6. 9	公爵，火曜会
近衛文麿	1933. 6. 9—1937. 6. 7	公爵，火曜会
松平頼寿	1937. 6.19—1939. 7. 9	伯爵，研究会
松平頼寿	1939. 7.13—1944. 9.13	伯爵，研究会
徳川圀順	1944.10.11—1946. 6.19	公爵，火曜会
徳川家正	1946. 6.19—1947. 5. 2	公爵，火曜会

満洲事変勃発時(1931.9.18)在任以降を記載した.

13　枢密院議長

氏　名	在任期間	備　考
倉富勇三郎	1926. 4.12—1934. 5. 3	授男爵
一木喜徳郎	1934. 5. 3—1936. 3.13	男爵
平沼騏一郎	1936. 3.13—1939. 1. 5	男爵
近衛文麿	1939. 1. 5—1940. 6.24	公爵
原　嘉道	1940. 6.24—1944. 8. 7	
鈴木貫太郎	1944. 8.10—1945. 4. 7	男爵，海軍大将
平沼騏一郎	1945. 4. 9—1945.12. 3	男爵
鈴木貫太郎	1945.12.15—1946. 6.13	男爵，海軍大将
清水　澄	1946. 6.13—1947. 5. 2	

満洲事変勃発時(1931.9.18)在任以降を記載した.

14　企画院(企画庁)総裁

氏　名	就任年月日	備　考
結城豊太郎	1937. 5.14	大蔵大臣
広田弘毅	1937. 6.10	外務大臣
滝　正雄	1937.10.25	
青木一男	1939. 1.11	
武部六蔵(心得)	1940. 1.16	
竹内可吉	1940. 1.17	
星野直樹	1940. 7.22	
鈴木貞一	1941. 4. 4	国務大臣
安倍源基(心得)	1943.10. 8	

(1)1937.10.25，企画庁から企画院に改組.
(2)備考欄は就任時の兼職を示す.

15　情報局総裁(情報部長)

氏　名	就任年月日	備　考
横溝光暉	1937. 9.15	
熊谷憲一	1940. 2.26	
伊藤述史	1940. 8.13	
伊藤述史	1940.12. 6	
谷　正之	1941.10.18	
天羽英二	1943. 4.20	
緒方竹虎	1944. 7.22	国務大臣
下村　宏	1945. 4. 7	国務大臣
緒方竹虎	1945. 8.17	国務大臣
河相達夫	1945. 9.13	

(1)1940.12.6，情報部から情報局に改組.
(2)備考欄は就任時の兼職を示す.

16　関東軍司令官

氏　名	就任年月日	備　考
本庄　繁	1931. 8. 1	陸軍中将
武藤信義	1932. 8. 8	陸軍大将，駐満特命全権大使・関東長官
菱刈　隆	1933. 7.28	陸軍大将，駐満特命全権大使・関東長官
南　次郎	1934.12.10	陸軍大将，駐満特命全権大使・関東長官
植田謙吉	1936. 3. 6	陸軍大将，駐満特命全権大使
梅津美治郎	1939. 9. 7	陸軍中将・大将，駐満特命全権大使
山田乙三	1944. 7.18	陸軍大将，駐満特命全権大使

(1)満洲事変勃発時(1931.9.18)在任以降を記載した.
(2)1942.10.1より関東軍総司令官と呼称.
(3)備考欄の職務は就任時の兼職を示す.

17　支那駐屯軍司令官

氏　名	就任年月日	備　考
香椎浩平	1930.12.22	陸軍少将・中将
中村孝太郎	1932. 2.29	陸軍少将・中将
梅津美治郎	1934. 3. 5	陸軍少将・中将
多田　駿	1935. 8. 1	陸軍少将・中将
田代皖一郎	1936. 5. 1	陸軍中将
香月清司	1937. 7.11	陸軍中将

(1)満洲事変勃発時(1931.9.18)在任以降を記載した.
(2)1937.8.25廃止.

18　朝鮮総督

氏　名	就任年月日	備　考
宇垣一成	1931. 6.17	陸軍大将
南　次郎	1936. 8. 5	陸軍大将
小磯国昭	1942. 5.29	陸軍大将
阿部信行	1944. 7.24	陸軍大将

満洲事変勃発時(1931.9.18)在任以降を記載した.

19　朝鮮軍司令官(第17方面軍司令官)

氏　名	就任年月日	備　考
林銑十郎	1930.12.22	陸軍中将・大将
川島義之	1932. 5.26	陸軍中将・大将
植田謙吉	1934. 8. 1	陸軍中将・大将
小磯国昭	1935.12. 2	陸軍中将・大将
中村孝太郎	1938. 7.15	陸軍大将
板垣征四郎	1941. 7. 7	陸軍大将
板垣征四郎	1945. 2. 6	第17方面軍司令官，陸軍大将
上月良夫	1945. 4. 7	第17方面軍司令官，陸軍中将

満洲事変勃発時(1931.9.18)在任以降を記載した.

20　台湾総督

氏　名	就任年月日	備　考
太田政弘	1931. 1.16	貴族院議員
南　弘	1932. 3. 2	貴族院議員
中川健蔵	1932. 5.27	
小林躋造	1936. 9. 2	海軍大将
長谷川清	1940.11.27	海軍大将
安藤利吉	1944.12.30	陸軍大将，第10方面軍司令官

(1)満洲事変勃発時(1931.9.18)在任以降を記載した.
(2)備考欄の職務は就任時の兼職を示す.

21　台湾軍司令官(第10方面軍司令官)

氏　名	就任年月日	備　考
真崎甚三郎	1931. 8. 1	陸軍中将
阿部信行	1932. 1. 9	陸軍中将・大将
松井石根	1933. 8. 1	陸軍中将・大将
寺内寿一	1934. 8. 1	陸軍中将・大将，伯爵
柳川平助	1935.12. 2	陸軍中将
畑　俊六	1936. 8. 1	陸軍中将
古荘幹郎	1937. 8. 2	陸軍中将
児玉友雄	1938. 9. 8	陸軍中将
牛島実常	1939.12. 1	陸軍中将
本間雅晴	1940.12. 2	陸軍中将
安藤利吉	1941.11.16	1944.9.22より第10方面軍司令官，陸軍中将・大将

満洲事変勃発時(1931.9.18)在任以降を記載した.

22　樺太庁長官

氏　名	就任年月日
県　忍	1929. 7. 9
岸本正雄	1931.12.17
今村武志	1932. 7. 5
棟居俊一	1938. 5. 7
小河正儀	1940. 4. 9
大津敏男	1943. 7. 1

満洲事変勃発時(1931.9.18)在任以降を記載した.

23　南洋庁長官

氏　名	就任年月日	備　考
横田郷助	1923. 4. 4	
堀口満貞	1931.10.12	
田原和男	1931.11.21	
松田正之	1932. 2. 5	男爵
林　寿夫	1933. 8. 4	
北島謙次郎	1936. 9.19	
近藤駿介	1940. 4. 9	
細萱戊子郎	1943.11. 5	予備役海軍中将

満洲事変勃発時(1931.9.18)在任以降を記載した.

24　陸軍の主要部隊編制（1941年12月，アジア・太平洋戦争開戦直前）

大　本　営

- 支那派遣軍
  - 支那派遣軍総司令部
  - 北支那方面軍
    - 北支那方面軍司令部
    - 第１軍
      - 第１軍司令部
      - 第36師団，第37師団，第41師団，独立混成第３旅団，独立混成第４旅団，独立混成第９旅団，独立混成第16旅団
    - 第12軍
      - 第12軍司令部
      - 第32師団，独立混成第５旅団，独立混成第６旅団，独立混成第10旅団
    - 駐蒙軍
      - 駐蒙軍司令部
      - 第26師団，独立混成第２旅団，騎兵集団（騎兵第１・第４旅団）
    - 第27師団，第35師団，第110師団，独立混成第１旅団，独立混成第７旅団，独立混成第８旅団，独立混成第15旅団
  - 第11軍
    - 第11軍司令部
    - 第３師団，第６師団，第13師団，第34師団，第39師団，第40師団，独立混成第14旅団，独立混成第18旅団
  - 第13軍
    - 第13軍司令部
    - 第15師団，第17師団，第22師団，第116師団，独立混成第11旅団，独立混成第12旅団，独立混成第13旅団，独立混成第17旅団，独立混成第20旅団
  - 第23軍
    - 第23軍司令部
    - 第38師団，第51師団，第104師団，独立混成第19旅団，第１砲兵隊
  - 第１飛行団
- 南　方　軍
  - 南方軍総司令部
  - 第14軍
    - 第14軍司令部
    - 第16師団，第48師団，第65旅団
  - 第15軍
    - 第15軍司令部
    - 第33師団，第55師団（一部欠）
  - 第16軍
    - 第16軍司令部
    - 第２師団，混成第56歩兵団
  - 第25軍
    - 第25軍司令部
    - 近衛師団，第５師団，第18師団，第56師団，第３戦車団，第17野戦防空隊
  - 第21師団，独立混成第21旅団，第３飛行集団（第３・第７・第12飛行団），第５飛行集団（第４・第10飛行団，第１挺進団）
- 南海支隊
- 関　東　軍
  - 関東軍司令部
  - 第３軍
    - 第３軍司令部
    - 第９師団，第12師団，第57師団，第４独立守備隊，第１国境守備隊，第１戦車団

-
  - 第４軍
    - 第４軍司令部
    - 第１師団，第８独立守備隊，第５国境守備隊，第６国境守備隊，第７国境守備隊，第13国境守備隊
  - 第５軍
    - 第５軍司令部
    - 第11師団，第24師団，第６独立守備隊，第４国境守備隊，第12国境守備隊，第２戦車団，騎兵第３旅団，第１工兵隊
  - 第６軍
    - 第６軍司令部
    - 第14師団，第23師団，第８国境守備隊
  - 第20軍
    - 第20軍司令部
    - 第８師団，第25師団，第２国境守備隊，第３国境守備隊，第10国境守備隊，第11国境守備隊
  - 関東防衛軍
    - 関東防衛軍司令部
    - 第１独立守備隊，第２独立守備隊，第３独立守備隊，第５独立守備隊，第９独立守備隊
  - 航空兵団
    - 航空兵団司令部
    - 第２飛行集団（第２・第８飛行団），第９飛行団，第13飛行団，白城子陸軍飛行学校教導飛行団
  - 第10師団―第７独立守備隊
  - 第28師団
  - 第29師団
  - 琿春駐屯隊―第９国境守備隊
  - 阿爾山駐屯隊
  - 旅順要塞
- 防衛総司令部
- 東部軍
  - 東部軍司令部
  - 第52師団，留守近衛師団，留守第２師団，留守第51師団，第61独立歩兵団，第62独立歩兵団，東部軍砲兵隊，東部防空旅団，東京湾要塞，父島要塞
- 中部軍
  - 中部軍司令部
  - 第53師団，第54師団，留守第３師団，留守第４師団，第63独立歩兵団，第64独立歩兵団，中部防空旅団
- 西部軍
  - 西部軍司令部
  - 留守第５師団，留守第６師団，留守第55師団，留守第56師団，第66独立歩兵団，留守第65独立歩兵団，西部軍砲兵隊，西部防空旅団，下関要塞，対馬要塞，長崎要塞，壱岐要塞，奄美大島要塞，中城湾要塞，船浮要塞
- 北部軍
  - 北部軍司令部
  - 第７師団，留守第57師団，樺太混成旅団，第67独立歩兵団，北千島要塞，宗谷要塞，津軽要塞
- 朝鮮軍
  - 朝鮮軍司令部
  - 第19師団，第20師団，留守第19師団，留守第20師団，羅津要塞，鎮海湾要塞，永興湾要塞，麗水要塞
- 台湾軍
  - 台湾軍司令部
  - 第48師団補充部隊，澎湖島要塞，基隆要塞，高雄要塞
- 第１飛行集団（第17飛行団、第101・第102・第103教育飛行団）
- 第４師団
- （参謀総長）
  - 船舶輸送司令部（中支那船舶隊，第１・第２揚陸団）
  - 第１鉄道輸送司令部

防衛庁防衛研修所戦史部編『陸海軍年表』（『戦史叢書』102，1980，朝雲新聞社）より．

25　海軍の編制（1941年12月，アジア・太平洋戦争開戦時）

大本営
- 連合艦隊
  - 第１艦隊——第２戦隊，第３戦隊，第６戦隊，第９戦隊，第１水雷戦隊，第３水雷戦隊，第３航空戦隊
  - 第２艦隊——第４戦隊，第５戦隊，第７戦隊，第８戦隊，第２水雷戦隊，第４水雷戦隊
  - 第３艦隊——第16戦隊，第17戦隊，第５水雷戦隊，第６潜水戦隊，第12航空戦隊，第１根拠地隊，第２根拠地隊，第32特別根拠地隊
  - 第４艦隊——第18戦隊，第19戦隊，第６水雷戦隊，第７潜水戦隊，第24航空戦隊，第３根拠地隊，第４根拠地隊，第５根拠地隊，第６根拠地隊
  - 第５艦隊——第21戦隊，第22戦隊，第７根拠地隊
  - 第６艦隊——第１潜水戦隊，第２潜水戦隊，第３潜水戦隊
  - 第１航空艦隊——第１航空戦隊，第２航空戦隊，第４航空戦隊，第５航空戦隊
  - 第11航空艦隊——第21航空戦隊，第22航空戦隊，第23航空戦隊
  - 南遣艦隊——香椎，占守，第９根拠地隊，第11特別根拠地隊
  - 第１戦隊，第24戦隊，第11航空戦隊，第４潜水戦隊，第５潜水戦隊，第１連合通信隊
- 支那方面艦隊
  - 第１遣支艦隊
  - 第２遣支艦隊
  - 第３遣支艦隊
  - 海南警備府
- 横須賀鎮守府——横須賀第１海兵団，横須賀第２海兵団，横須賀警備戦隊，横須賀防備戦隊，横須賀海軍航空隊，館山海軍航空隊，木更津海軍航空隊，第11連合航空隊（霞ヶ浦，筑波，谷田部，百里原，鹿島，鈴鹿，土浦）
- 呉鎮守府——呉海兵団，大竹海兵団，呉警備戦隊，呉防備戦隊，第６潜水隊，呉海軍航空隊，佐伯海軍航空隊，岩国海軍航空隊，第12連合航空隊（大分，宇佐，博多，大村）
- 舞鶴鎮守府——舞鶴海兵団，舞鶴警備隊，舞鶴防備戦隊，舞鶴海軍航空隊
- 佐世保鎮守府——佐世保第１海兵団，佐世保第２海兵団，佐世保警備戦隊，佐世保防備戦隊，大島根拠地隊，佐世保海軍航空隊
- 大湊警備府——大湊防備隊，大湊海軍航空隊，第１駆逐隊，第27掃海隊
- 大阪警備府——紀伊防備隊，小松島海軍航空隊，第32掃海隊
- 鎮海警備府——鎮海防備戦隊，羅津根拠地隊，鎮海海軍航空隊
- 旅順警備府——旅順防備隊，第50掃海隊
- 馬公警備府——馬公防備隊，第44掃海隊，第45掃海隊，第46掃海隊

海軍歴史保存会編『日本海軍史』7（1995，第一法規出版），原剛・安岡昭男編『日本陸海軍辞典（コンパクト版）』下（2003，新人物往来社）より．

26　**師団編制**(平時，満洲事変直前期)

近衛師団(東　京)	近衛歩兵第1旅団(東京)	近衛歩兵第1連隊(東京) 近衛歩兵第2連隊(東京)
	近衛歩兵第2旅団(東京)	近衛歩兵第3連隊(東京) 近衛歩兵第4連隊(東京)
	騎兵第1旅団(習志野)	騎兵第13連隊(習志野) 騎兵第14連隊(習志野)
	野戦重砲兵第4旅団(東京)	野戦重砲兵第4連隊(下志津) 野戦重砲兵第8連隊(東京)
	近衛騎兵連隊(東京)　近衛野砲兵連隊(東京) 近衛工兵大隊(東京)　近衛輜重兵大隊(東京) 鉄道第1連隊(千葉)　鉄道第2連隊(習志野) 電信第1連隊(東京)　飛行第5連隊(立川) 気球大隊(所沢)	
第1師団(東　京)	歩兵第1旅団(東京)	歩兵第1連隊(東京) 歩兵第49連隊(甲府)
	歩兵第2旅団(東京)	歩兵第3連隊(東京) 歩兵第57連隊(佐倉)
	騎兵第2旅団(習志野)	騎兵第1連隊(東京) 騎兵第15連隊(習志野) 騎兵第16連隊(習志野)
	野戦重砲兵第3旅団(国府台)	野戦重砲兵第1連隊(国府台) 野戦重砲兵第7連隊(国府台)
	野砲兵第1連隊(東京)　横須賀重砲兵連隊 工兵第1大隊(東京)　輜重兵第1大隊(東京)	
第2師団(仙　台)	歩兵第3旅団(仙台)	歩兵第4連隊(仙台) 歩兵第29連隊(若松)
	歩兵第15旅団(高田)	歩兵第16連隊(新発田) 歩兵第30連隊(高田) 第3大隊(村松)
	騎兵第2連隊(仙台)　野砲兵第2連隊(仙台) 独立山砲兵第1連隊(高田)　輜重兵第2大隊(仙台) 工兵第2大隊(仙台)	
第3師団(名古屋)	歩兵第5旅団(名古屋)	歩兵第6連隊(名古屋) 歩兵第68連隊(岐阜)
	歩兵第29旅団(静岡)	歩兵第18連隊(豊橋) 歩兵第34連隊(静岡)
	騎兵第4旅団(豊橋)	騎兵第3連隊(名古屋) 騎兵第25連隊(豊橋) 騎兵第26連隊(豊橋)
	野戦重砲兵第1旅団(三島)	野戦重砲兵第2連隊(三島) 野戦重砲兵第3連隊(三島)
	野砲兵第3連隊(名古屋)　高射砲第1連隊(浜松) 工兵第3大隊(豊橋)　輜重兵第3大隊(名古屋)	

	飛行第1連隊(岐阜)　飛行第2連隊(岐阜) 飛行第7連隊(浜松)	
第4師団(大　阪)	歩兵第7旅団(大阪)	歩兵第8連隊(大阪) 歩兵第70連隊(篠山)
	歩兵第32旅団(和歌山)	歩兵第37連隊(大阪) 歩兵第61連隊(和歌山)
	騎兵第4連隊(堺)　野砲兵第4連隊(信太山) 深山重砲兵連隊　工兵第4大隊(高槻) 輜重兵第4大隊(堺)	
第5師団(広　島)	歩兵第9旅団(広島)	歩兵第11連隊(広島) 歩兵第41連隊(福山)
	歩兵第21旅団(山口)	歩兵第21連隊(浜田) 歩兵第42連隊(山口)
	騎兵第5連隊(広島)　野砲兵第5連隊(広島) 工兵第5大隊(広島)　輜重兵第5大隊(広島) 電信第2連隊(広島)	
第6師団(熊　本)	歩兵第11旅団(熊本)	歩兵第13連隊(熊本) 歩兵第47連隊(大分)
	歩兵第36旅団(鹿児島)	歩兵第23連隊(都城) 歩兵第45連隊(鹿児島)
	騎兵第6連隊(熊本)　野砲兵第6連隊(熊本) 工兵第6大隊(熊本)　輜重兵第6大隊(熊本)	
第7師団(旭　川)	歩兵第13旅団(旭川)	歩兵第25連隊(札幌) 歩兵第26連隊(旭川)
	歩兵第14旅団(旭川)	歩兵第27連隊(旭川) 歩兵第28連隊(旭川)
	騎兵第7連隊(旭川)　野砲兵第7連隊(旭川) 函館重砲兵大隊　工兵第7大隊(旭川) 輜重兵第7大隊(旭川)	
第8師団(弘　前)	歩兵第4旅団(弘前)	歩兵第5連隊(青森) 歩兵第31連隊(弘前)
	歩兵第16旅団(秋田)	歩兵第17連隊(秋田) 歩兵第32連隊(山形)
	騎兵第3旅団(盛岡)	騎兵第8連隊(弘前) 騎兵第23連隊(盛岡) 騎兵第24連隊(盛岡)
	野砲兵第8連隊(弘前)　工兵第8大隊(盛岡) 輜重兵第8大隊(弘前)	
第9師団(金　沢)	歩兵第6旅団(金沢)	歩兵第7連隊(金沢) 歩兵第35連隊(富山)
	歩兵第18旅団(敦賀)	歩兵第19連隊(敦賀) 歩兵第36連隊(鯖江)

	騎兵第９連隊(金沢)　山砲兵第９連隊(金沢) 工兵第９大隊(金沢)　輜重兵第９大隊(金沢)	
第10師団(姫　路)	歩兵第８旅団(姫路)	歩兵第39連隊(姫路) 歩兵第40連隊(鳥取)
	歩兵第33旅団(岡山)	歩兵第10連隊(岡山) 歩兵第63連隊(松江)
	騎兵第10連隊(姫路)　野砲兵第10連隊(姫路) 工兵第10大隊(岡山)　輜重兵第10大隊(姫路) 陸軍教化隊(姫路)	
第11師団(善通寺)	歩兵第10旅団(善通寺)	歩兵第12連隊(善通寺) 歩兵第22連隊(松山)
	歩兵第22旅団(徳島)	歩兵第43連隊(徳島) 歩兵第44連隊(高知)
	騎兵第11連隊(善通寺)　山砲兵第11連隊(善通寺) 工兵第11大隊(善通寺)　輜重兵第11大隊(善通寺)	
第12師団(久留米)	歩兵第12旅団(福岡)	歩兵第14連隊(小倉) 歩兵第24連隊(福岡)
	歩兵第24旅団(久留米)	歩兵第46連隊(大村) 歩兵第48連隊(久留米)
	野戦重砲兵第２旅団(小倉)	野戦重砲兵第５連隊(小倉) 野戦重砲兵第６連隊(小倉)
	騎兵第12連隊(久留米)　野砲兵第24連隊(久留米) 独立山砲兵第３連隊(久留米)　下関重砲兵連隊 佐世保重砲兵大隊　鶏知重砲兵大隊 工兵第18大隊(久留米)　輜重兵第18大隊(久留米) 飛行第４連隊(太刀洗)　戦車第１大隊(久留米)	
第14師団(宇都宮)	歩兵第27旅団(宇都宮)	歩兵第２連隊(水戸) 歩兵第59連隊(宇都宮)
	歩兵第28旅団(高崎)	歩兵第15連隊(高崎) 歩兵第50連隊(松本)
	騎兵第18連隊(宇都宮)　野砲兵第20連隊(宇都宮) 工兵第14大隊(水戸)　輜重兵第14大隊(宇都宮)	
第16師団(京　都)	歩兵第19旅団(京都)	歩兵第９連隊(京都) 歩兵第20連隊(福知山)
	歩兵第30旅団(津)	歩兵第33連隊(津) 歩兵第38連隊(奈良)
	騎兵第20連隊(京都)　野砲兵第22連隊(京都) 舞鶴重砲兵大隊(京都)　工兵第16大隊(京都) 輜重兵第16大隊(京都)　飛行第３連隊(八日市) 高射砲第３連隊(大津)	

第19師団(羅　南)	歩兵第37旅団(咸興)	歩兵第73連隊(羅南) 歩兵第74連隊(咸興)
	歩兵第38旅団(羅南)	歩兵第75連隊(会寧) 歩兵第76連隊(羅南)
	騎兵第27連隊(羅南)　山砲兵第25連隊(羅南) 工兵第19大隊(会寧)	
第20師団(龍　山)	歩兵第39旅団(平壌)	歩兵第77連隊(平壌) 歩兵第78連隊(龍山)
	歩兵第40旅団(龍山)	歩兵第79連隊(龍山) 歩兵第80連隊(大邱)
	騎兵第28連隊(龍山)　野砲兵第26連隊(龍山) 高射砲第6連隊(平壌)　馬山重砲兵大隊(馬山) 工兵第20大隊(龍山)　飛行第6連隊(平壌)	

秦郁彦編『日本陸海軍総合事典』(1991，東京大学出版会)より．

27　軍事費の推移

年度	直接軍事費	備　考
	千円	
1887	22,452	
1888	22,786	
1889	23,584	
1890	25,692	
1891	23,682	
1892	23,768	
1893	22,832	
1894	128,427	日清戦争
1895	117,047	
1896	73,408	
1897	110,543	
1898	112,428	
1899	114,308	
1900	133,174	北清事変
1901	102,249	
1902	85,768	
1903	150,915	
1904	672,960	日露戦争
1905	730,580	
1906	378,728	
1907	214,664	
1908	213,384	
1909	175,397	
1910	183,626	韓国併合
1911	203,749	
1912	199,611	
1913	191,886	
1914	304,566	第一次世界大戦
1915	236,411	
1916	256,538	

年度	直接軍事費	備　考
	千円	
1917	345,508	
1918	580,069	シベリア出兵
1919	856,303	
1920	931,636	
1921	837,920	
1922	690,295	ワシントン海軍軍縮条約
1923	527,534	
1924	497,067	
1925	448,009	
1926	437,111	
1927	494,612	山東出兵(第一次)
1928	517,173	山東出兵(第二次・第三次)
1929	497,516	
1930	444,258	ロンドン海軍軍縮条約
1931	461,298	満州事変
1932	701,539	上海事変(第一次)
1933	853,863	
1934	951,895	
1935	1,042,621	
1936	1,088,888	
1937	3,277,937	盧溝橋事件
1938	5,962,749	
1939	6,468,077	ノモンハン事件
1940	7,947,196	
1941	12,503,424	アジア・太平洋戦争開戦
1942	18,836,742	
1943	29,828,820	
1944	73,514,674	
1945	17,087,683	敗戦

(1)直接軍事費は陸海軍省費・臨時軍事費および徴兵費の合計.
(2)大蔵省昭和財政史編集室編『昭和財政史』4(1955)より.

28　日本銀行総裁

氏　名	就任年月日
土方久徴	1928. 6.12
深井英五	1935. 6. 4
池田成彬	1937. 2. 9
結城豊太郎	1937. 7.27
渋沢敬三	1944. 3.18
新木栄吉	1945.10. 9
一万田尚登	1946. 6. 1

満洲事変勃発時(1931. 9. 18)在任以降を記載した.

29　南満洲鉄道会社総裁

氏　名	就任年月日
内田康哉	1931. 6.13
林博太郎	1932. 7.26
松岡洋右	1935. 8. 2
大村卓一	1939. 3.24
小日山直登	1943. 7.14
山崎元幹	1945. 5. 5

満洲事変勃発時(1931. 9. 18)在任以降を記載した.

30　日米主要物資生産高比較

	1929年	1933年	1938年	1941年	1944年
石炭	16.1	10.5	7.2	9.3	13.8
石油	501.2	468.0	485.9	527.9	956.3
鉄鉱石	416.8	55.6	37.5	74.0	26.5
銑鉄	38.9	9.2	7.3	11.9	15.9
鋼塊	25.0	7.4	4.5	12.1	13.8
銅	12.4	3.1	5.3	10.7	11.3
亜鉛	26.0	9.5	7.5	11.7	9.5
鉛	208.0	37.9	31.3	27.4	11.6
アルミニウム	—	—	8.7	5.6	6.3
水銀	—	41.6	24.8	—	—
燐鉱石	254.7	72.3	45.2	—	—
計(算術平均値)	166.6	71.5	60.5	77.9	118.3

(1)日本の生産高を1としたときのアメリカの生産高の倍率を示した.
(2)三和良一・原朗編『近現代日本経済史要覧(補訂版)』(2010, 東京大学出版会)より.

31　貿易収支(内地・樺太のみ)

(単位: 百万円)

	円ブロック貿易			対米国貿易
	輸出	輸入	差額	差　額
1935年	575	350	225	△274
1936年	657	394	263	△253
1937年	791	438	353	△630
1938年	1166	564	601	△490
1939年	1747	683	1064	△361
1940年	1867	756	1111	△672
1941年	1659	855	804	△294
1942年	1513	1222	290	△14
1943年	1299	1322	△23	△5
1944年	1122	1707	△585	△1

原朗『日本戦時経済研究』(2013, 東京大学出版会)より.

32　日本海軍の艦艇数

	戦艦		航空母艦		巡洋艦		駆逐艦		潜水艦		その他		合計	
	完成	喪失	完成	喪失	完成	喪失	完成	喪失	完成	喪失	完成	喪失	完成	喪失
開戦時	10		10		38		116		64		53		291	
1941年	1	—	—	—	—	—	—	3	—	3	1	—	2	6
1942年	1	2	6	6	1	6	10	19	20	16	4	2	42	51
1943年	—	1	3	1	3	3	12	35	37	26	18	4	73	70
1944年	—	4	6	12	1	20	24	62	39	57	103	37	173	192
1945年	—	1	—	—	—	6	17	16	29	25	51	63	97	111
除籍等		—		—		—		1		5		9		15
合計	2	8	15	19	5	35	63	136	125	132	177	115	387	445
敗戦時	4		6		8		43		57		115		233	

(1)「その他」は，水上機母艦，潜水母艦，砲艦，海防艦，敷設艦，水雷艇を指す．
(2)山田朗『軍備拡張の近代史』(1997，吉川弘文館)より．

33　石油(製品を含む)の輸入先別構成

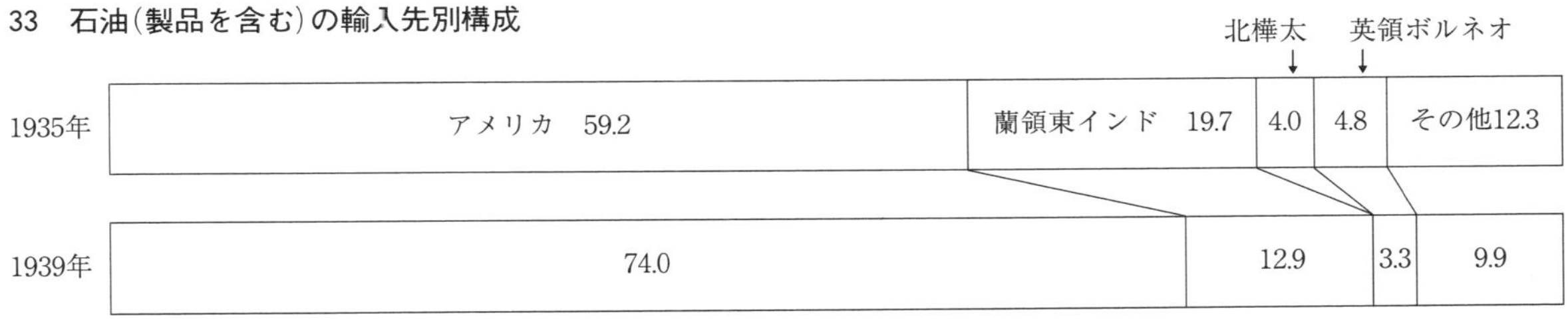

『週刊朝日百科　日本の歴史』120（1988）より．

34　輸送力の日米比較

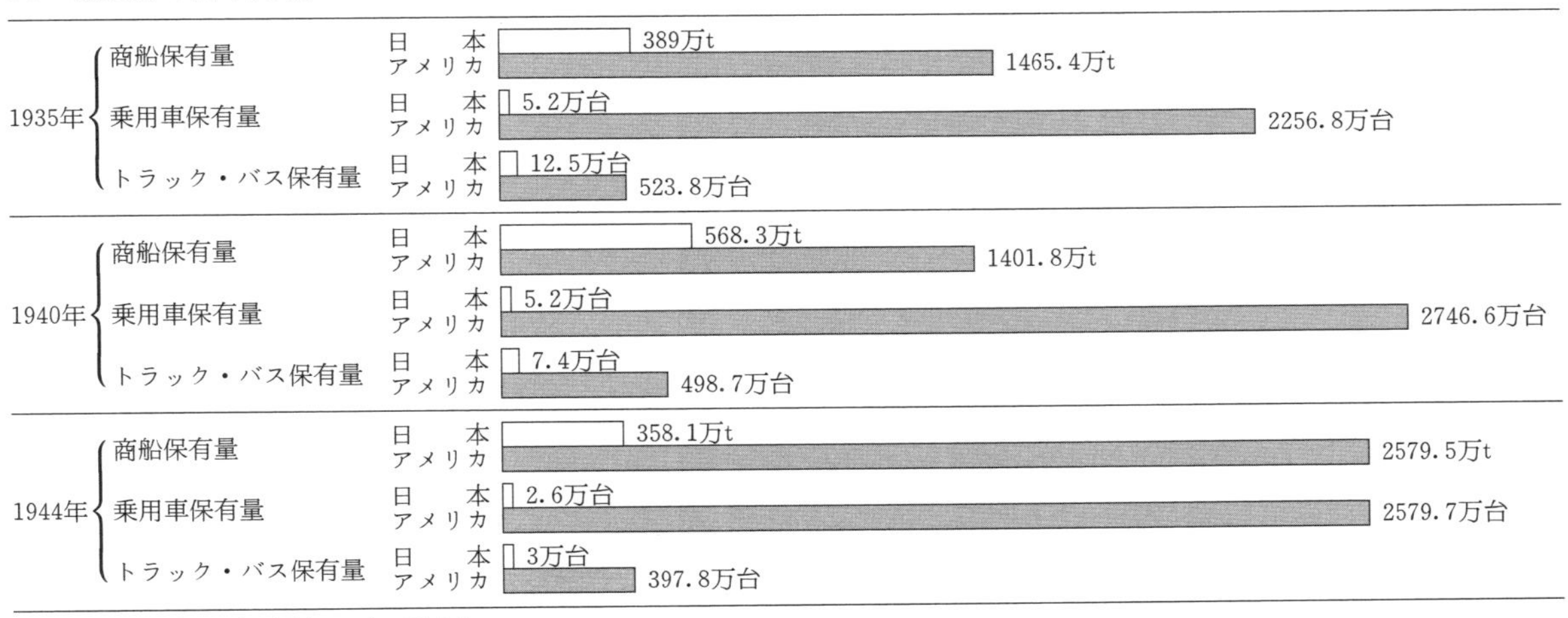

『週刊朝日百科　日本の歴史』120(1988)より．

35　GHQ組織図（1946年8月現在）

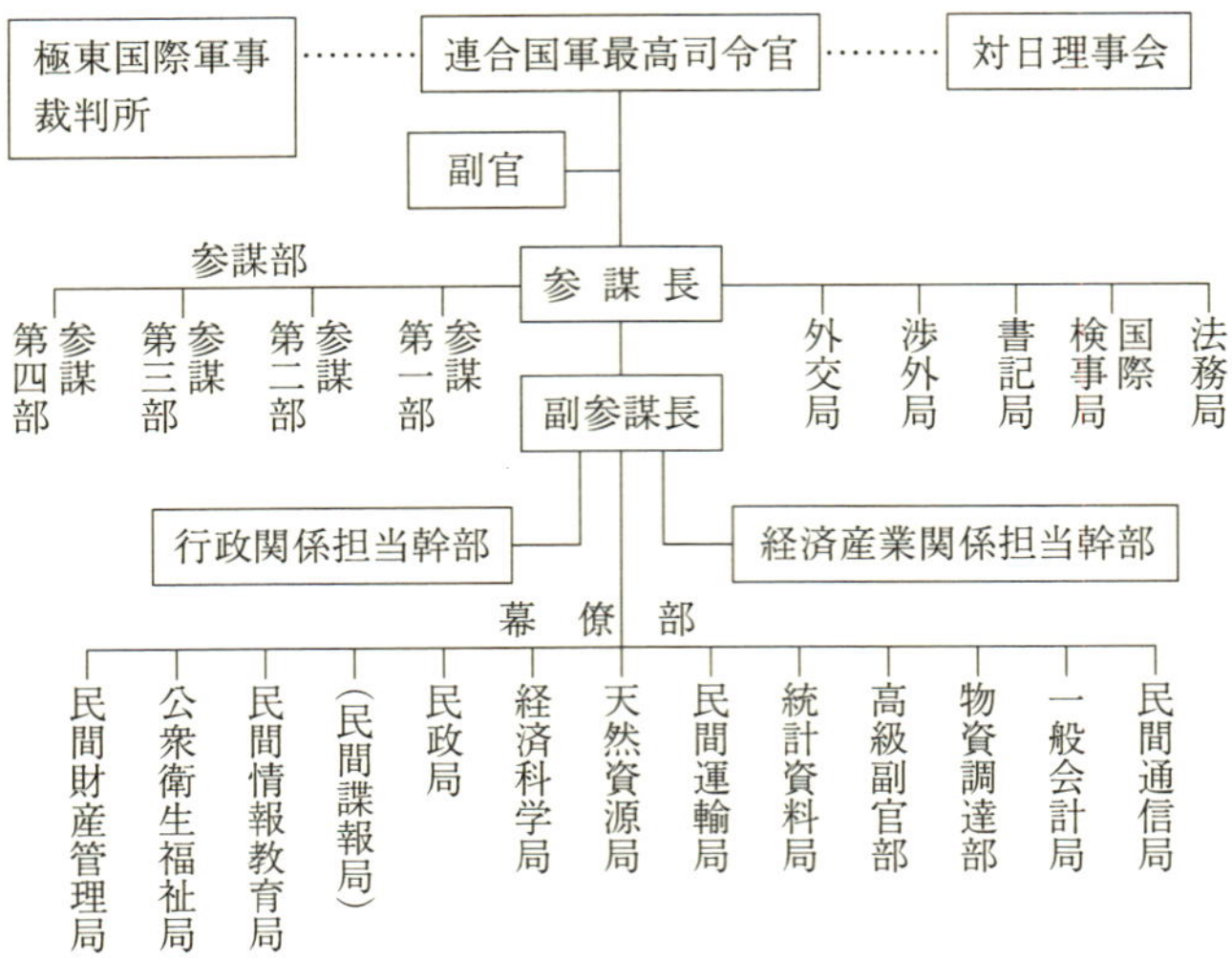

竹前栄治『GHQ』（『岩波新書』，1983，岩波書店）より．

36　東京裁判とニュルンベルク裁判の相違

		ニュルンベルク裁判	東　京　裁　判
裁判所	判　事	4国（米，英，仏，ソ）の4名の判事に，各1名の予備裁判官を各国が任命	極東委員会構成国11ヵ国（英，米，仏，蘭，ソ，中，印，豪，ニュージーランド，比，加）の11名の判事を連合国軍最高司令官（SCAP）が任命
	定足数	4名全員，または欠席裁判官にかわる予備裁判官の出席	判事の過半数
	裁判長	審理開始前の協議により裁判官の互選，審理ごとの輪番制が原則	SCAPが任命
検　事		4国それぞれ主任検察官1名を任命し，検察委員会として多数決で行動し，委員会の議長も輪番制を原則として選任	SCAPが首席検察官を任命し，戦争犯罪人の被疑事実の取調べ，および職責に任ぜしめ，極東委員会構成国各国より参与検察官1名を任命して，首席検察官を補佐させる

『大百科事典』（1985，平凡社）より．

37　東京裁判の判決

判　決	氏　名	訴　因	仮釈放
絞首刑	東条英機	第1，27，29，31，32，33，35，54について有罪	
	土肥原賢二	第1，27，29，31，32，35，36，54について有罪	
	広田弘毅	第1，27，55について有罪	
	板垣征四郎	第1，27，29，31，32，35，36，54について有罪	
	木村兵太郎	第1，27，29，31，32，54，55について有罪	
	松井石根	第55について有罪	
	武藤章	第1，27，29，31，32，54，55について有罪	
終身の禁錮刑	荒木貞夫	第1，27について有罪	1955年6月
	橋本欣五郎	第1，27について有罪	1955年9月
	畑俊六	第1，27，29，31，32，55について有罪	1954年10月
	平沼騏一郎	第1，27，29，31，32，36について有罪	1952年8月獄死
	星野直樹	第1，27，29，31，32について有罪	1955年12月
	賀屋興宣	第1，27，29，31，32について有罪	1955年9月
	木戸幸一	第1，27，29，31，32について有罪	1955年12月
	小磯国昭	第1，27，29，31，32，55について有罪	1950年11月獄死
	南次郎	第1，27について有罪	1954年1月
	岡敬純	第1，27，29，31，32について有罪	1954年10月
	大島浩	第1について有罪	1955年12月
	佐藤賢了	第1，27，29，31，32について有罪	1956年3月
	嶋田繁太郎	第1，27，29，31，32について有罪	1955年4月
	白鳥敏夫	第1について有罪	1949年6月獄死
	梅津美治郎	第1，27，29，31，32について有罪	1949年1月獄死
	鈴木貞一	第1，27，29，31，32について有罪	1955年9月
20年の禁錮刑	東郷茂徳	第1，27，29，31，32について有罪	1950年7月獄死
7年の禁錮刑	重光葵	第27，29，31，32，33，55について有罪	1950年11月

(1)訴因の内容は下記の通り．

第1＝東アジア，太平洋およびインド洋と，その地域内にある諸国との支配を獲得するために，侵略戦争を行う共同謀議をなしたこと．

第27＝中国に対して侵略戦争を行なったこと．

第29＝アメリカに対して侵略戦争を行なったこと．

第31＝イギリス連邦に対して侵略戦争を行なったこと．

第32＝オランダに対して侵略戦争を行なったこと．

第33＝フランスに対して侵略戦争を行なったこと．

第35＝ハサン湖でソヴィエトに侵略戦争を行なったこと．

第36＝ノモンハンでソヴィエトに侵略戦争を行なったこと．

第54＝通常の戦争犯罪の遂行を命令し，授権し，許可したこと．

第55＝捕虜と一般抑留者に関する規則の実施を怠ったこと．

(2)『大百科事典』(1985，平凡社)より．

38　地域別日本人戦没者数

地　　域	戦没者概数	収容遺骨概数	未収容遺骨概数
	人	柱	柱
硫黄島	21,900	10,360	11,540
沖　縄	188,100	187,240	860
中国東北部(ノモンハンを含む)	245,400	39,310	206,090
中国本土	465,700	438,470	27,230
台湾，北朝鮮，韓国	95,400	51,710	43,690
アリューシャン(樺太，千島を含む)	24,400	1,740	22,660
ロシア(旧ソ連，モンゴルを含む)	54,400	21,150	33,250
中部太平洋	247,000	73,600	173,400
フィリピン	518,000	148,530	369,470
ヴェトナム，カンボジア，ラオス	12,400	7,090	5,310
タイ，マレーシア等	21,000	20,200	800
ミャンマー	137,000	91,400	45,600
インド	30,000	19,950	10,050
北ボルネオ	12,000	6,910	5,090
インドネシア	31,400	11,030	20,370
西イリアン	53,000	33,430	19,570
東部ニューギニア	127,600	51,050	76,550
ビスマーク・ソロモン諸島	118,700	59,170	59,530
合　　計	2,403,400	1,272,340	1,131,060

(1)厚生労働省「地域別戦没者遺骨収容概見図」(2015年5月末現在)より作成.
(2)厚生労働省によると，1937年7月以降の全戦没者数は約310万人(うち軍人・軍属約230万人)で，海外(沖縄・硫黄島を含む)戦没者数は約240万人(うち軍人・軍属約210万人).

39　本土空襲による死者数

	第１復員省	復員省第２次	アメリカ戦略爆撃調査団報告	経済安定本部	戦災都市連盟	戦災都市	非戦災都市	戦災遺族会報告書	日本の空襲	東京新聞	地域史
北海道	624	684	624	835	853	440	438	816	1,086	1,187	1,283
青函連絡船										411	51
青　森	1,040		1,040	920	1,767	1,018	22	1,732	747	928	865
岩　手	579		579	594	507	585		528	560	616	1,070
宮　城	1,008		1,008	1,018	904	904	13	967	911	1,117	1,212
秋　田	105		105	70			70		70	94	103
山　形	18		18	16			24	16	30	41	37
福　島	410		410	400	587	267		460	255	661	649
茨　城	1,228	231	1,228	1,584	1,584	2,134	4	2,632	1,852	2,452	2,214
栃　木	578		578	534	533	528	8	521	521	612	673
群　馬	499	251	499	609	571	593	119	916	1,092	967	1,216
埼　玉	306		306	385	234	234	70	242	277	392	467
千　葉	1,320	8	1,320	1,286	1,506	1,277	65	1,306	1,279	1,450	1,425
東　京	93,781		93,781	96,318	94,621	91,840	435	96,723	96,319	116,959	107,021
神奈川	5,861	297	5,931	5,930	5,680	7,107	37	5,727	5,697	9,197	5,824
新　潟	904		904	1,150	1,167	1,143	73	1,450	1,150	1,467	1,558
富　山	2,174		2,174	2,164	2,275	2,275		2,275	2,300	2,300	2,805
石　川				1						27	27
福　井	1,737		1,737	1,758	1,757	1,747		1,801	1,747	1,809	1,929
山　梨	832		832	1,027	826	740		1,127	880	1,181	1,174
長　野	30		30	20			30	15	31	53	40
岐　阜	892		892	904	892	892		942	958	1,191	1,216
静　岡	5,655		5,651	5,141	5,309	5,385		5,943	5,138	6,234	6,337
愛　知	10,989		10,989	10,974	9,360	9,829	2,443	11,926	12,650	12,379	10,139
三　重	2,948		2,948	3,297	2,986	2,871	45	2,853	3,007	5,612	3,068
滋　賀	35		35	26			15		27	35	43
京　都	88		88	82					93	215	132
大　阪	16,087		16,090	10,985	12,627	12,272	583	13,233	11,942	14,770	13,123
兵　庫	11,179		11,179	10,869	9,632	11,833	60	10,763	9,558	11,997	11,107
奈　良	1		1	1						32	36
和歌山	1,755		1,755	1,427	1,338	1,805		1,481	1,386	1,615	1,733
鳥　取	5		5			40	5				106
島　根									31	38	33
岡　山	1,758		1,758	1,686	1,737	1,678		1,737	1,774	1,773	1,772
広　島	44,803		65,856	80,397	262,256	80,404		2,283	202,997	262,425	142,430
山　口	2,552	322	2,552	2,365	2,026	1,710	993	2,098	3,353	2,615	2,276
徳　島	1,070		1,070	570	741	1,166		1,144	1,451	1,710	1,472
香　川	1,274		1,273	927	1,316	1,273		1,233	1,313	1,359	1,409
愛　媛	991		887	1,162	1,236	1,076	17	962	1,072	1,097	1,207
高　知	447		447	401	401	401		417	417	487	647

	第1復員省	復員省第2次	アメリカ戦略爆撃調査団報告	経済安定本部	戦災都市連盟	戦災都市	非戦災都市	戦災遺族会報告書	日本の空襲	東京新聞	地域史
福　岡	4,238		4,238	4,238	3,763	5,133	126	4,161	1,824	5,770	4,374
佐　賀	25	137	25	25			13		25	139	187
長　崎	14,401		21,351	24,847	75,634	75,043	30	1,089	74,342	75,380	71,695
熊　本	691		700	528	616	573		547	528	869	939
大　分	236		237		177	177	40	99	659	710	400
宮　崎	488	36	488		335	486		438	425	646	565
鹿児島	2,833	3,060	2,833		2,785	3,786	295	3,843	3,937	4,604	4,608
沖　縄										225	371
合　計	238,475	5,026	266,452	277,471	510,539	330,665	6,073	186,446	455,711	557,848	413,068

(1)本表は空襲などの死者数についての下記の諸調査を集計したものであるが，艦砲射撃などを含んでいる．
「第1復員省」＝第1復員省が1945年11月に作成した「大東亜戦争戦災害状況概見図」に記載された死者数．

「復員省第2次」＝1946年6月の第1復員省第2次調査に記載された死者数．

「アメリカ戦略爆撃調査団報告」＝1947年の「アメリカ戦略爆撃調査団報告」に記載された死者数．

「経済安定本部」＝1949年4月に経済安定本部が作成した「大平洋戦争による我国の被害総合報告書」に記載された死者数．

「戦災都市連盟」＝全国戦災都市連盟が1956年10月に建立した「大平洋戦全国戦災都市空爆死没者慰霊塔」の側柱に刻まれた死者数．

「戦災都市」＝1959年発行の建設省編『戦災復興誌』に記載された，建設省計画局区画整理課調べの戦災都市の死者数．

「非戦災都市」＝1959年発行の建設省編『戦災復興誌』に記載された，建設省計画局区画整理課調べの非戦災都市の死者数．

「戦災遺族会報告書」＝1977年度に日本戦災遺族会が調査した「全国戦災都市別被害状況表」に記載された死者数．

「日本の空襲」＝1981年10月三省堂刊の『日本の空襲』の「全国都市の被災一覧」に記載された死者数．

「東京新聞」＝1994年8月の『東京新聞』の調査による死者数．ここには推定の死者数の場合や，軍人・軍属を含む場合がある．

「地域史」＝地域史などの調査による死者数．推定は除き，記録に書かれた死者数を取り，軍人・軍属は除くようにした．
(2)東京大空襲・戦災資料センター編『決定版　東京空襲写真集』(2015，勉誠出版)所収の表「本土空襲地域別死者数諸調査」をもとに作成した．同表は各都道府県の都市ごとに死者数を示したものであり，調査対象とされた都市は各調査により異なるが，本表では都道府県ごとの合計を示した．

40　沖縄戦による死者数

			人
日　　本	沖縄県出身者	一般人	94,000
		軍人・軍属	28,228
		合　計	122,228
	他都道府県出身兵		65,908
	合　　計		188,136
アメリカ			12,520

(1)沖縄県援護課発表(1976年3月)．
(2)沖縄県出身者の死亡者数は約15万人とする推定もある．

アジア・太平洋戦争辞典

二〇一五年（平成二十七）十月十日　第一版第一刷印刷
二〇一五年（平成二十七）十一月十日　第一版第一刷発行

編集　吉田裕　森武麿　伊香俊哉　高岡裕之

発行者　吉川道郎

発行所　株式会社　吉川弘文館
〒一一三―〇〇三三
東京都文京区本郷七丁目二番八号
☎（〇三）三八一三―九一五一（代表）
振替口座〇〇一〇〇―五―二四四
http://www.yoshikawa-k.co.jp/

落丁・乱丁本はお取替えいたします

ISBN978―4―642―01473―1

製版印刷　株式会社　東京印書館
本文用紙　三菱製紙株式会社
表紙クロス　ダイニック株式会社
製　本　誠製本株式会社
製　函　株式会社光陽紙器製作所

装　幀　伊藤滋章